JURISPRUDENCE GÉNÉRALE

SUPPLÉMENT AU RÉPERTOIRE

MÉTHODIQUE ET ALPHABÉTIQUE

DE LÉGISLATION,

DE DOCTRINE ET DE JURISPRUDENCE

EN MATIÈRE DE DROIT CIVIL, COMMERCIAL, CRIMINEL, ADMINISTRATIF,
DE DROIT DES GENS ET DE DROIT PUBLIC

TOME QUATORZIÈME

JURISPRUDENCE GÉNÉRALE

SUPPLÉMENT AU RÉPERTOIRE

MÉTHODIQUE ET ALPHABÉTIQUE

DE LÉGISLATION

DE DOCTRINE ET DE JURISPRUDENCE

EN MATIÈRE DE DROIT CIVIL, COMMERCIAL, CRIMINEL, ADMINISTRATIF,
DE DROIT DES GENS ET DE DROIT PUBLIC

De MM. DALLOZ,

PUBLIÉ SOUS LA DIRECTION DE MM.

Gaston GRIOLET
Docteur en droit

Charles VERGÉ
Maître des Requêtes honoraire au Conseil d'État

Avec le concours de M. C. KŒHLER, Docteur en droit

Et la collaboration de plusieurs magistrats et jurisconsultes.

TOME QUATORZIÈME

A PARIS
AU BUREAU DE LA JURISPRUDENCE GÉNÉRALE
RUE DE LILLE, N° 19
—
1894

JURISPRUDENCE GÉNÉRALE

SUPPLÉMENT

AU

RÉPERTOIRE MÉTHODIQUE ET ALPHABÉTIQUE

DE LÉGISLATION, DE DOCTRINE

ET DE JURISPRUDENCE

TIT. 1er. — PROLÉGOMÈNES. — HISTORIQUE ET LÉGISLATION. — DROIT COMPARÉ. — DISPOSITIONS GÉNÉRALES (*Rép.* n°s 5 à 121).

CHAP. Ier. — Prolégomènes. — Historique et législation. — Droit comparé (*Rép.* n°s 5 à 111).

1. — I. Historique et législation (*Rép.* n°s 5 à 65). — Nous ne reviendrons pas ici sur l'origine de l'hypothèque. La question de savoir si cette institution a été empruntée aux Grecs par les Romains est douteuse et controversée entre les romanistes. Si le nom de l'hypothèque vient évidemment du grec, on peut inférer de quelques textes des anciens auteurs latins que l'institution elle-même ou au moins quelque chose d'analogue existait à Rome avant que le mot grec eût pénétré dans la langue juridique romaine (V. notamment : Caton, *De re rustica*, c. 146 ; Plaute, *Truculentus*, act. 2, sc. 1, vers. 4 ; *Pseudolus*, act. 1, vers. 85 ; Térence, *Phormion*, act. 4, sc. 3, vers. 56 ; Catulle, *Carmen* 26, *Ad Furium*. — Sur l'institution de l'hypothèque en Grèce, V. : Caillemer, *Le crédit foncier à Athènes*, p. 10 et suiv. ; Dareste, *Les inscriptions hypothécaires en Grèce*, dans la *Nouvelle Revue historique de droit français et étranger*, 1885, p. 1 et suiv. — Sur l'hypothèque en droit romain, V. Machelard, *Textes de droit romain*, 2e part., *Sur l'hypothèque*, p. 106 et suiv. ; Jourdan, *Etudes de droit romain, L'hypothèque* ; Accarias, *Précis de droit romain*, t. 1, n°s 284 et suiv. ; Van Wetter, *Cours élémentaire de droit romain*, t. 1, p. 253 et suiv. ; Rambaud, *Explication élémentaire du droit romain*, t. 2, p. 575 et suiv.

2. Les développements qu'a reçus l'hypothèque dans notre ancien droit ont été exposés, depuis la publication du *Répertoire*, par M. Esmein, dans ses *Etudes sur les contrats dans le très ancien droit français* (Paris, 1883). On pourra aussi compléter les renseignements donnés au *Répertoire* sur ce sujet en consultant les ouvrages suivants : Beaune, *Droit coutumier français, Les contrats*, p. 511 et suiv. ; Viollet, *Histoire du droit civil français*, 2e édit., p. 713 et suiv. ; Besson, *Les livres fonciers et la réforme hypothécaire* ; Gillard, *La constitution de l'hypothèque conventionnelle*, introduction. — En ce qui concerne les lois hypo-

thécaires du 9 mess. an 3, et du 11 brum. an 7, V. Challamel, *Etude sur les cédules hypothécaires*, et les ouvrages de MM. Viollet, Besson et Gillard, précités.

3. On a exposé au *Rép.*, nᵒˢ 60 et suiv., les principaux reproches qui ont été adressés au système hypothécaire du code civil. Depuis la loi du 23 mars 1855, qui a déjà remédié aux plus graves inconvénients de ce système, un certain nombre de lois, la plupart promulguées dans ces dernières années, y ont encore apporté d'utiles améliorations. Chacune de ces lois sera étudiée avec la matière spéciale à laquelle elle se rapporte.

TABLEAU CHRONOLOGIQUE DES LOIS ET DÉCRETS CONCERNANT
LES PRIVILÈGES ET LES HYPOTHÈQUES.

16 nov. 1859. — Décret relatif au service de la conservation des hypothèques du département de la Seine (D. P. 59. 4. 89).

8-11 juin 1864. — Loi portant fixation du budget général des dépenses et des recettes de l'exercice 1865 (D. P. 64. 4. 89). Les art. 26 à 31 de cette loi autorisent les conservateurs des hypothèques à fournir leurs cautionnements soit en immeubles, soit en rentes sur l'Etat, et fixent la quotité de ces cautionnements.

11-22 août 1864. — Décret portant règlement d'administration publique pour l'exécution des art. 26, 27, 28, 29 et 30 de la loi du 8 juin 1864, relatifs aux cautionnements des conservateurs des hypothèques (D. P. 64. 4. 107).

9 juin-28 juill. 1866. — Décret qui fixe le salaire des conservateurs des hypothèques pour la transcription des actes de mutation et des procès-verbaux de saisie immobilière (D. P. 66. 4. 135).

12-20 fév. 1872. — Loi portant modification des art. 450 et 550 c. comm. (D. P. 72. 4. 36). Cette loi restreint le privilège du bailleur en cas de faillite du locataire (V. *suprà*, vᵒ *Faillites et banqueroutes, liquidations judiciaires*, nᵒˢ 1108 et suiv.).

22-26 mars 1873. — Loi relative aux cautionnements fournis par les conservateurs des hypothèques en rentes sur l'Etat (D. P. 73. 4. 45).

10-22 déc. 1874. — Loi qui rend les navires susceptibles d'hypothèque (D. P. 75. 4. 64. V. *suprà*, vᵒ *Droit maritime*, nᵒ 25).

23 déc. 1874-2 janv. 1875. — Loi relative à la protection des enfants du premier âge et en particulier des nourrissons (D. P. 75. 4. 79). L'art. 14 de cette loi place au nombre des créances privilégiées les mois de nourrice dus par les parents ou par toute autre personne.

5-7 janv. 1875. — Loi ayant pour objet d'assurer la conservation des registres hypothécaires et d'en faciliter la reconstitution partielle (D. P. 75. 4. 83).

28 août-17 sept. 1875. — Décret relatif à la tenue du registre sur lequel les conservateurs des hypothèques inscrivent les remises d'actes et de bordereaux pour être transcrits, mentionnés ou inscrits (D. P. 76. 4. 45).

15-16 juin 1878. — Loi portant reconstitution des formalités hypothécaires accomplies au bureau de Tulle (Corrèze), et dont les registres ont été détruits par un incendie (D. P. 78. 4. 79).

17-18 déc. 1878. — Loi relative à la reconstitution des formalités hypothécaires accomplies au bureau de Tulle (Corrèze) et dont les registres ont été détruits par un incendie (D. P. 79. 4. 28).

10-11 juill. 1885. — Loi qui modifie celle du 10 déc. 1874 sur l'hypothèque maritime (D. P. 86. 4. 17. V. *suprà*, vᵒ *Droit maritime*, nᵒ 25).

13-15 févr. 1889. — Loi portant modification de l'art. 9 de la loi du 23 mars 1855 (hypothèque légale de la femme) (D. P. 89. 4. 24).

19-20 févr. 1889. — Loi relative à la restriction du privilège du bailleur d'un fonds rural et à l'attribution des indemnités dues par suite d'assurances (D. P. 89. 4. 29).

4-5 mars 1889. — Loi portant modification à la législation des faillites (D. P. 89. 4. 9). L'art. 22 de cette loi, modifiant l'art. 549 c. com., admet au nombre des créances privilégiées, en cas de faillite ou de liquidation judiciaire, les salaires dus aux ouvriers pendant les trois mois qui ont précédé l'ouverture de la liquidation judiciaire ou de la faillite, ainsi que les salaires dus aux commis pour les six mois qui précèdent le jugement déclaratif (V. *suprà*, vᵒ *Faillites et banqueroutes, liquidations judiciaires*, nᵒ 1099).

25-29 juill. 1891. — Loi ayant pour objet d'étendre à certains travaux l'application du décret du 26 pluv.-28 vent. an 2 (D. P. 91. 4. 68).

11-13 juill. 1892. — Loi ayant pour objet d'ajouter un paragraphe à l'art. 2280 c. civ. (D. P. 92. 4. 88).

12-14 avr. 1893. — Décret réglant les modifications apportées par la loi du 12 avr. 1893 à la compétence territoriale des 2ᵉ et 3ᵉ bureaux des hypothèques du département de la Seine (D. P. 94. 4. 8).

17-18 juin 1893. — Loi portant application de l'art. 2151 c. civ. aux créances privilégiées (D. P. 93. 4. 107).

1ᵉʳ-3 août 1893. — Loi portant modification de la loi du 24 juill. 1867 sur les sociétés par actions (D. P. 93. 4. 68). Art. 69, ajouté à la loi de 1867, disposant qu'il pourra être constitué hypothèque au nom de toute société commerciale en vertu des pouvoirs résultant de son acte de formation, même sous seing privé, ou des délibérations ou autorisations constatées dans les formes réglées par ledit article.

4. Malgré ces améliorations de détail, la partie des privilèges et hypothèques est encore aujourd'hui la plus critiquée de toute notre législation civile. L'idée d'en faire une refonte complète, qui avait été adoptée déjà en 1849, mais qui alors n'a pas abouti (V. *Rép.* nᵒ 65), a repris faveur depuis quelques années. Les jurisconsultes et les hommes d'affaires s'accordent maintenant à reconnaître qu'une réforme générale s'impose. Ils diffèrent toutefois sur les principes qui devront présider à cette réforme. Les uns pensent qu'il suffirait de perfectionner le régime en vigueur actuellement, sans en changer les bases, de soumettre tous les privilèges immobiliers et toutes les hypothèques, sans exception, au double principe de la publicité et de la spécialité, et, pour compléter l'œuvre de la loi du 23 mars 1855, d'étendre le système de publicité établi par cette loi pour les actes translatifs de propriété immobilière aux partages et autres actes déclaratifs, ainsi qu'aux mutations par décès. Dans un nombreux congrès qui s'est tenu à Paris, en octobre 1892, pour l'étude de la transmission de la propriété foncière, ces propositions ont réuni l'unanimité des voix. D'autres, au contraire, voudraient importer en France le système germanique des livres fonciers ou celui de l'*Act Torrens*, sur lesquels on trouvera plus loin quelques indications. Le caractère général de ces systèmes consiste à subordonner l'existence de tous les droits réels à leur inscription sur un registre, qui constitue en quelque sorte l'état civil de la propriété et n'admet aucune preuve contre les mentions qu'il renferme.

L'étude de ces questions est soumise en ce moment à une commission extra-parlementaire, dite *du cadastre*, qui a été instituée par un décret du 30 mai 1891 (D. P. 92. 4. 28). Cette commission a reçu mission d'« étudier les diverses questions que soulève le renouvellement des opérations cadastrales, notamment au point de vue de l'assiette de l'impôt, de la détermination juridique de la propriété immobilière et de son mode de transmission ». Elle doit, dit le rapport du ministre des finances sur lequel a été rendu le décret qui l'a instituée, « étudier et préciser les réformes à adopter et les mesures à prendre pour que le cadastre ne soit pas seulement le régulateur de l'impôt, mais devienne en même temps la garantie et la sauvegarde de la propriété foncière ». A cet effet, elle doit rechercher les moyens de déterminer d'abord physiquement chaque immeuble, en le rattachant à un plan d'ensemble, puis de le déterminer juridiquement, en donnant publicité à tous les droits dont il est l'objet. « Cette détermination physique résultera de la reconnaissance des limites de l'immeuble, de sa contenance et de son rattachement exact à un plan d'ensemble ; c'est l'objet des opérations qui constituent la partie d'art du cadastre..... La détermination juridique doit faire connaître les droits qui existent sur l'immeuble, principalement le droit de propriété. Il y aura lieu d'examiner si l'on doit adopter le système ayant pour base une absolue et complète publicité de la propriété foncière et de ses démembrements et si l'on doit y ajouter l'obligation de la spécialisation de tous les privilèges et hypothèques, conformément aux résultats des travaux du ministère de la justice ».

La commission du cadastre s'est divisée en deux sous-commissions, l'une juridique et l'autre technique. Dès le commencement de ses travaux, la sous-commission juridique s'est prononcée en faveur du système des livres fonciers, et elle a entrepris l'étude de la réforme hypothécaire de manière à la faire concorder avec ce système (V. les *Procès-verbaux de la commission extraparlementaire du cadastre*, publiés par le ministère des finances, fascicule nᵒ 2 p. 91 et suiv.).

5. — II. DROIT COMPARÉ. (*Rép.* nᵒˢ 66 à 141.) — Comme on l'a indiqué au *Rép.* nᵒ 66, les législations étrangères peuvent être réparties, au point de vue hypothécaire, en deux groupes principaux : celui des législations dérivées du système romain ou français et celui des législations qui sui-

vent le système germanique. Un troisième groupe, qui se rattache d'ailleurs au système germanique, tend à se former depuis un certain nombre d'années : il comprend les législations qui tirent leur origine du *Real property act* ou *Act Torrens*, inauguré en Australie en 1858. Voici, d'après M. Besson (*Les livres fonciers et la réforme hypothécaire*, p. 183 et suiv.), comment se répartissent les législations du globe entre ces trois groupes.

A la première classe appartiennent les régimes de publicité des pays suivants : 1° la Belgique (loi du 16 déc. 1851) ; 2° Monaco (code civil du 25 oct. 1884, liv. 3) ; 3° l'Italie (code civil du 2 avr. 1865) ; 4° le Luxembourg (code civil français) ; 5° la Hollande (code civil du 1er oct. 1838) ; 6° l'Alsace-Lorraine (lois du 24 juill. 1889 et du 22 juin 1891) ; 7° le Palatinat (loi du 26 avr. 1888) ; 8° la Suisse romande ; 9° la Roumanie (code civil de 1864) ; 10° la Grèce (lois du 11 août 1836 au 29 oct. 1856) ; 11° la Louisiane (code civil du 12 avr. 1824 et constitution de 1868, art. 123) ; 12° le Canada (code civil de 1879) ; 13° l'Illinois (*Acts* du 29 mars 1872 et du 3 avr. 1873) ; 14° le Japon (loi du 11 août 1886).

Les législations du second groupe sont celles des Etats ci-après : 1° la Prusse (loi du 5 mai 1872) ; 2° le district de Jade (loi du 23 mars 1873) ; 3° la Nouvelle-Poméranie et Rugen (loi du 26 mai 1873) ; 4° le Sleswig-Holstein (loi du 27 mai 1873) ; 5° le ressort de la cour d'appel de Cassel (lois du 29 mai 1873 et du 28 mai 1885) ; 6° le royaume de Hanovre (loi du 28 mai 1873) ; 7° le territoire de Hohenzollern (loi du 31 mai 1873) ; 8° le grand-duché de Brunswick (loi du 8 mars 1878) ; 9° la Hesse rhénane (loi du 6 juin 1879) ; 10° la Bavière cis-rhénane (loi du 1er juin 1822, du 23 févr. 1879 et du 29 mai 1886) ; 11° le Wurtemberg (loi du 21 mai 1828) ; 12° la Saxe (loi du 6 nov. 1843 ; code civil du 1865 ; ordonnance du 9 janv. 1865) ; 13° Francfort-sur-le-Mein (ordonnance du 16 mars 1820 ; loi du 16 juin 1834) ; 14° Lubeck (ordonnance du 16 juin 1872) ; 15° Hambourg (loi du 4 déc. 1868) ; 16° Brême (lois du 3 juill. 1860, des 1er avr., 10 juin et 28 juin 1876) ; 17° Schwarzbourg-Sondershausen (loi du 20 juill. 1857) ; 18° Gotha (loi du 9 juin 1859) ; 19° Cobourg (loi du 24 mai 1860) ; 20° Reuss (lois du 22 nov. 1858 et du 27 févr. 1873) ; 21° Oldenbourg (loi du 3 avr. 1876) ; 22° les Etats rhénans (loi du 12 avr. 1888) ; 23° la Suisse allemande ; 24° l'Autriche (loi du 25 juill. 1871) ; 25° la Hongrie (ordonnance du 15 déc. 1855 ; loi des 18-21 juin 1880) ; 26° la Dalmatie (loi du 10 févr. 1881) ; 27° la Russie (code de 1832 ; avis du Conseil de l'empire du 19 mai 1881) ; 28° la Suède (lois du 16 juin 1875 et du 22 avr. 1881) ; 29° l'Espagne (lois du 8 févr. 1861, du 21 déc. 1869, du 7 juill. 1877 ; code civil de 1889) ; 30° le Portugal (code civil de 1868 ; décret du 28 avr. 1870).

Le groupe australien comprend : 1° Le *Real property Act*, appliqué en South-Australia (2 juill. 1858), dans le Queensland et en Tasmanie (1861), à Victoria et à New-South Wales (1862), en Nouvelle-Zélande (1870), à Western-Australia (1874), dans la Colombie britannique et aux îles Fidji ; dans les établissements anglais de Malacca (1886) ; 2° les lois tunisiennes du 1er juill. 1885 et du 16 mai 1886 ; 3° le décret rendu pour les îles Philippines, le 31 août 1888 ; 4° l'*Act* de 1875 et le projet de loi présenté en 1888, sur la transmission de la propriété foncière en Angleterre ; 5° les décrets promulgués au Brésil le 31 mai 1890 et le 5 nov. suivant.

Il serait superflu de faire ici un examen détaillé de toutes ces législations. On va seulement passer en revue les principales, en renvoyant aux ouvrages où le lecteur pourra en trouver le texte ou l'analyse.

6. — 1° *Belgique* (*Rép.*, nos 101 à 104). — Le régime hypothécaire de la Belgique se trouve dans la loi du 16 déc. 1851, qui est déjà analysée au *Rép.* nos 101 et suiv. (V. le texte de cette loi dans Antoine de Saint-Joseph, *Concordance entre les codes civils étrangers et le code Napoléon*, 1856, t. 2, p. 55). — Une loi du 15 avr. 1889 a modifié l'art. 80 de la loi de 1851, relatif aux hypothèques constituées en garantie d'une ouverture de crédit. Comme les conservateurs des hypothèques refusaient de radier les inscriptions de ces hypothèques, sur la mainlevée du créancier, sous prétexte que l'hypothèque pouvait être exercée par des tiers porteurs d'effets créés ou négociés en exécution de l'ouverture

de crédit, cette loi du 15 avr. 1889 porte que « le créancier conserve vis-à-vis des tiers le droit de disposer de l'hypothèque, même si des obligations imputables sur le crédit sont représentées par des titres négociables. Toutefois, ajoute la loi, le porteur de ces titres peut, par une opposition, suspendre les effets des actes de mainlevée ou autres qui porteraient atteinte à son droit. L'opposition doit être signifiée au conservateur des hypothèques et au créancier, et contenir élection de domicile dans l'arrondissement. Le conservateur la transcrira en marge de l'inscription, et mention de cette transcription sera faite au bas de l'original de l'exploit. L'opposition n'aura effet que pendant deux ans, si elle n'est renouvelée ; il pourra en être donné mainlevée par simple exploit » (*Annuaire de législation étrangère*, 1890, p. 506 et suiv.).

7. — 2° *Monaco.* — Le code civil monégasque, promulgué le 15 oct. 1884 et entré en vigueur le 1er janv. 1885, reproduit (liv. 3, tit. 16, art. 1595 à 2100), sans différences importantes, les dispositions du code civil français et de la loi du 23 mars 1855.

8. — 3° *Italie.* — A l'exemple de la loi belge du 16 déc. 1851, le code civil italien de 1865 a perfectionné le régime hypothécaire du droit français, sans en changer les bases. Ce code applique avec plus de rigueur que le nôtre les principes de la publicité et de la spécialité des hypothèques. Toute hypothèque conventionnelle, légale ou judiciaire, n'a d'effet que si elle est rendue publique par l'inscription (art. 1981), et l'inscription ne peut être prise que sur des immeubles spécialement désignés par leur nature, la commune où ils sont situés, le numéro du cadastre ou des mappes de cens et trois au moins des confins (art. 1979 et 1987). L'hypothèque légale de la femme s'étend à tous les immeubles du mari, mais celui-ci doit indiquer, dans le contrat de mariage, quels sont ses immeubles, et l'hypothèque légale doit être inscrite dans les vingt jours du contrat par les soins du mari et du notaire (art. 1982). De même, l'hypothèque légale du mineur ou de l'interdit doit être inscrite dans les vingt jours de la première réunion du conseil de famille ; c'est au tuteur, au protuteur et au greffier qu'incombe l'obligation de prendre inscription (art. 1983). Ces personnes, ainsi que celles qui sont chargées d'inscrire l'hypothèque de la femme, encourent une amende et sont responsables envers les tiers, lorsque la formalité n'est pas remplie (art. 1984). Au lieu d'un privilège, le code italien accorde au vendeur et à tout aliénateur une hypothèque légale, qui est inscrite d'office par le conservateur des hypothèques après la transcription de l'acte d'aliénation (art. 1969 et 1985). L'hypothèque judiciaire existe en Italie, comme en France, et frappe tous les biens du condamné ; mais les biens grevés doivent être spécifiés dans l'inscription, et, pour ceux que le débiteur acquiert après la condamnation, l'inscription ne peut être prise qu'au fur et à mesure des acquisitions (art. 1986). L'hypothèque conventionnelle peut être consentie par acte public ou par acte sous seing privé (art. 1978). Dans le cas où elle résulte d'un acte sous seing privé, l'inscription n'en peut être opérée que si la signature du constituant a été authentiquée par un notaire ou certifiée judiciairement, et l'original de l'acte doit rester déposé au bureau des hypothèques (art. 1989). L'inscription conserve l'hypothèque pendant trente ans (art. 2001). Les registres hypothécaires peuvent être librement consultés par tous les intéressés, aux heures fixées par les règlements ; mais le conservateur a seul qualité pour délivrer des extraits de ces registres ou des certificats relatifs aux formalités qu'ils contiennent (art. 2066).

La transcription des actes translatifs de propriété immobilière est nécessaire, en Italie comme en France, pour que ces actes soient opposables aux tiers (art. 1932 et 1942). La loi exige, comme en Belgique, que les actes soumis à la transcription soient authentiques ou, s'ils sont sous seing privé, que les signatures aient été authentiquées par un notaire ou certifiées sur un jugement (art. 1935). Mais les actes ne sont pas transcrits littéralement sur les registres. Avec l'expédition ou l'original, il doit être déposé au bureau des hypothèques, en double exemplaire, un extrait analytique du titre, indiquant la nature et la situation de l'immeuble transmis, le numéro du cadastre ou des mappes de cens et trois au moins des confins (art. 1937 et 1979). Cet extrait seul est transcrit, et l'un des doubles, ainsi que l'expédition ou l'ori-

ginal du titre, reste dans les archives du bureau (art. 1939).

9. — 4° *Hollande.* — Le code civil hollandais de 1838 (art. 1177 à 1268) a organisé aussi d'une manière plus efficace que le code français la publicité des droits réels. Il exige l'inscription de toutes les hypothèques. Il n'admet pas l'hypothèque judiciaire. Il n'accorde une hypothèque à la femme mariée et au mineur ou à l'interdit qu'autant qu'elle a été stipulée et spécialisée quant aux biens, dans le contrat de mariage ou dans une délibération du conseil de famille ou, à défaut de ces actes, dans un jugement. L'hypothèque ne peut jamais affecter que les biens présents du débiteur. En ce qui concerne les privilèges, le code néerlandais n'admet que celui des frais de justice, celui du constructeur et un privilège en faveur du mineur ou de l'interdit dont les droits n'ont pas été garantis par une hypothèque. Le vendeur, le bailleur de fonds et le copartageant n'ont une hypothèque que lorsqu'ils l'ont expressément réservée ; ils doivent alors l'inscrire dans les huit jours de la transcription de l'acte de vente ou de partage.

Les conservateurs des hypothèques, en Hollande, sont en même temps les conservateurs du cadastre. Ils tiennent un registre général sur lequel sont indiqués, sous le nom de chaque propriétaire, d'une part, toutes les parcelles cadastrales qui lui appartiennent, et d'autre part toutes les aliénations, constitutions de droits réels et affectations hypothécaires dont ses biens sont grevés. Une table parcellaire permet au conservateur de connaître le propriétaire et la situation hypothécaire de chaque parcelle. Dans cette table, les parcelles figurent par ordre de numéros ; quand l'une d'elles vient à être divisée ou réunie à une autre, elle est rayée sur la liste et reportée à la suite de la section sous un nouveau numéro. Les plans cadastraux sont eux-mêmes tenus au courant des modifications qui se produisent, au moyen de plans supplémentaires, annexés aux anciens. Grâce à ces combinaisons, la publicité organisée par le code hollandais est à la fois personnelle et réelle ; elle permet de connaître aussi bien la situation d'un immeuble que celle de chaque propriétaire. Les intéressés peuvent, d'ailleurs, consulter eux-mêmes directement les registres (V. Antoine de Saint-Joseph, *Concordance entre les lois hypothécaires étrangères et françaises;* Besson, *Les livres fonciers et la réforme hypothécaire,* p. 220 et suiv.).

Dès avant que le code de 1838 eût remplacé en Hollande le code civil français, une loi de 1828 avait supprimé la nécessité du renouvellement décennal des inscriptions. Il en est résulté qu'un grand nombre d'inscriptions subsistaient indéfiniment et encombraient les registres. Dans la session de 1874-1875, le gouvernement proposa de rétablir l'obligation d'un renouvellement périodique; mais la chambre pensa qu'il valait mieux se borner à un renouvellement ordonné pour une fois, comme mesure transitoire. Une loi du 5 juin 1878 prescrivit ce renouvellement général; les frais, consistant dans les salaires du conservateur, furent, après de vifs débats, mis à la charge des créanciers (V. *Ann. de lég. étr.,* 1879, p. 514).

10. — 5° *Alsace-Lorraine.* — Le code civil français, resté en vigueur en Alsace-Lorraine, a été modifié dans la partie relative aux privilèges et hypothèques par une loi du 24 juill. 1889. La délégation d'Alsace-Lorraine (*Landesausschuss*) avait été d'abord saisie, en 1884 et 1886, d'un projet de loi tendant à l'établissement de livres fonciers; mais elle a rejeté ce projet et a préféré adopter la loi de 1889, à titre transitoire, pour préparer le remplacement des livres fonciers, qui, d'après une nouvelle loi du 22 juin 1891, doit être introduit progressivement, au fur et à mesure que le cadastre sera renouvelé.—Dans le but d'assurer la publicité de tous les actes intéressant la propriété foncière, la loi de 1889 dispose que l'aliénation et le partage d'un immeuble par convention entre vifs ne peut s'effectuer qu'au moyen d'un acte authentique, passé devant notaire ou homologué par justice (art. 7). La transcription est rendue obligatoire pour les actes translatifs ou déclaratifs; les notaires sont tenus de faire opérer la formalité pour les actes qu'ils reçoivent (art. 7). Le privilège du vendeur doit, sous peine de dégénérer en hypothèque, être inscrit dans les quarante-cinq jours de la vente (art. 9). L'action résolutoire n'est admise, en cas d'inexécution des obligations non garanties par le privilège du vendeur, qu'autant qu'elle a été réservée expres-

sément dans l'acte et que l'acte a été transcrit (art. 8). Les privilèges et hypothèques ne prennent force et rang que du jour de l'inscription, et l'inscription n'est prise valablement que pour une somme déterminée, à évaluer, s'il y a lieu, en principal et accessoires, et sur des immeubles déterminés individuellement et désignés d'une manière exacte (art. 9). L'hypothèque judiciaire est maintenue, mais ne peut résulter que des condamnations à une somme déterminée; elle peut être inscrite indivisiblement sur les divers immeubles du débiteur, à moins que le créancier ne le requière autrement (art. 22). L'hypothèque légale du mineur est inscrite à la requête du tribunal de bailliage, pour la somme et sur les immeubles déterminés par le conseil de famille (art. 11 et 12). Si une première inscription devient insuffisante, il peut être pris une inscription supplémentaire. Si, au contraire, l'inscription excède les valeurs à garantir, elle peut être restreinte sur la demande du tuteur; la décision du conseil de famille doit alors être homologuée par le tribunal régional. Le conseil de famille peut ordonner qu'il soit sursis à l'inscription (art. 13). L'inscription d'hypothèque légale de la femme mariée ne peut être prise que dans la mesure où elle est nécessaire pour garantir efficacement les droits de la femme; les sommes garanties et les biens grevés doivent être spécifiés (art. 17). La femme peut, avec l'autorisation de son mari, renoncer à son hypothèque sur les immeubles vendus par ce mari et donner mainlevée de l'inscription; elle peut aussi céder l'hypothèque ou y renoncer en faveur des tiers, mais seulement quand l'hypothèque a été inscrite et en tant qu'elle grève certains immeubles; la subrogation générale est interdite (art. 20). Les hypothèques légales du pupille et de la femme mariée, une fois qu'elles sont inscrites, sont dispensées du renouvellement de l'inscription jusqu'à la fin de l'année qui suit la cessation de la tutelle ou la dissolution du mariage. Après cette année, si l'hypothèque légale n'a pas été inscrite, elle est éteinte (art. 15, 17, 21). La transcription d'une aliénation fait obstacle à toute inscription, sauf le délai accordé pour l'inscription du privilège du vendeur et du copartageant.

La loi du 24 juill. 1889 a diminué, dans une certaine mesure, les droits fiscaux et les honoraires des actes. Une autre loi du même jour a dispensé du timbre les registres hypothécaires, les bordereaux d'inscription, les expéditions et extraits à remettre aux bureaux d'hypothèques et qui doivent rester dans ces bureaux, les copies, extraits, certificats et quittances délivrés par les conservateurs des hypothèques (V. Blumstein, *Bulletin de la Société de législation comparée,* 1890, p. 373 et suiv.; *Ann. de lég. étr.,* 1890, p. 305 et suiv.; Besson, *Les livres fonciers,* p. 224 et suiv.).

Enfin, tandis que l'administration procédait à la revision du cadastre, ordonnée par la loi du 31 mars 1884, une nouvelle loi, du 22 juin 1891, a décidé que, dans les communes ou parties de commune dont le cadastre aura été renouvelé, il sera établi d'office un livre foncier comprenant, d'après le cadastre, les immeubles situés sur le territoire de chacune d'elles, à l'exception de ceux qui appartiennent au domaine public (art. 1). Le livre foncier est établi et tenu par le tribunal cantonal (art. 2). Il doit remplacer à la fois les anciens registres de transcription et d'inscription; il est destiné à rendre publics tant les actes translatifs de propriété et de droits réels que les baux à ferme de plus de neuf ans, les quittances ou cessions de loyers ou fermages non échus, excédant trois ans, les hypothèques, les privilèges et les restrictions au droit de disposer (art. 3). Tous ces actes, qui doivent être inscrits au livre foncier, ne deviennent opposables aux tiers que par leur inscription (art. 4). Mais cette inscription n'a pas, comme en Prusse (V. *infrà,* n° 13), un effet définitif et irréfragable. La transmission de la propriété et des autres droits réels s'opère par la seule vertu du consentement, pourvu qu'il ait été reçu en forme authentique, et l'existence du droit, même à l'égard des tiers, reste subordonnée à la validité du contrat.

Le livre foncier est dressé par feuillets personnels; c'est-à-dire qu'un compte spécial est ouvert à toute personne qui est propriétaire dans la commune; sur ce compte figurent les divers immeubles appartenant à cette personne, avec les charges et restrictions qui affectent chacun d'eux. Le feuillet foncier doit tenir lieu à l'avenir de la matrice cadastrale (art. 42). Les inscriptions sur ce feuillet ne consistent, d'ail-

leurs, qu'en quelques mentions sommaires portées dans les colonnes qui leur sont affectées. Ces inscriptions ne sont pas sujettes à renouvellement, sauf celles des privilèges du vendeur et du copartageant, qui tombent en péremption au bout de dix ans, et les inscriptions des hypothèques légales des femmes mariées et des mineurs ou interdits, qui doivent être renouvelées dans l'année qui suit la dissolution du mariage ou la cessation de la tutelle (art. 7 et suiv.). Les notaires sont tenus de requérir l'inscription ou la mention au livre foncier des aliénations ou partages de propriété dont ils ont dressé l'acte (art. 17). Le consentement à la radiation d'une hypothèque ou d'un privilège peut être donné par acte sous seing privé, légalisé en justice ou par-devant notaire (art. 24). Toute inscription ou annotation sur le livre foncier doit être demandée au tribunal cantonal. La procédure à suivre à cet effet est déterminée par la loi et par une ordonnance du 1er oct. 1891 (V. la traduction de la loi du 22 juill. 1891, par M. J. Challamel, dans *Ann. de lég. étr.* 1892, p. 331).

11. — 6° *Palatinat.* — Le Palatinat est encore régi, au point de vue hypothécaire, par les dispositions de notre code civil. Toutefois, une loi du 26 avr. 1888 a soumis à l'inscription, dans les quarante-six jours qui suivent le contrat, les privilèges du vendeur et du copartageant. Elle a subordonné aussi l'efficacité des hypothèques légales du mineur et de la femme mariée à la condition qu'elle soit inscrite pour des sommes déterminées et sur des immeubles spécialement désignés. L'hypothèque du mineur ou de l'interdit est inscrite par les soins du juge du bailliage. Celle de la femme doit être inscrite à la diligence du mari, de la femme ou de l'un des proches parents de celle-ci ; le mari est responsable du défaut d'inscription (V. le résumé de la loi de 1888 dans *Ann. de lég. étr.*, 1889, p. 354 et suiv.). Cette loi de 1888 paraît n'être, d'ailleurs, qu'une mesure transitoire destinée à préparer l'établissement du système allemand des livres fonciers ; c'est pourquoi elle n'a pas donné à la transcription plus d'importance qu'elle n'en avait d'après le code civil.

12. — 7° *Japon.* — La publicité des actes translatifs de biens-fonds, de constructions ou de navires et des actes de constitution d'hypothèque ou d'antichrèse a été organisée au Japon par une loi du 11 avr. 1886. Cette loi dispose que les actes de vente, d'achat, de cession, de donation, d'antichrèse ou d'hypothèque, qui n'ont pas été transcrits au bureau de la transcription de la localité où sont situés les biens-fonds ou les constructions ou, s'il s'agit de navires, au bureau de la transcription du port d'inscription desdits navires, *n'auront aucune valeur légale vis-à-vis des tiers* (art. 6). Pour faire opérer la transcription, les deux contractants doivent se présenter au bureau et produire leurs titres (art. 14 et 21). Il en est de même lorsqu'il s'agit de transcrire un acte annulant ou modifiant un autre acte déjà transcrit (art. 10 et 23). Les saisies ayant pour objet des biens-fonds, des constructions ou des navires sont inscrites sur les registres de transcription, en vertu d'une ordonnance du tribunal (art. 9). L'ordre entre les ayants droit est fixé par les dates des transcriptions (art. 24). Lorsque les biens aliénés ou donnés en antichrèse ou en hypothèque sont déjà grevés de charges, il doit être inscrit une déclaration constatant que le nouveau propriétaire ou le nouveau créancier a connaissance des charges antérieures (art. 14 et 22). Les conservateurs des registres de transcription doivent délivrer aux personnes qui leur en font la demande copie ou extrait des actes transcrits et mettre les registres à la disposition des personnes qui veulent les consulter (art. 11) (V. *Ann. de lég. étr.*, 1887, p. 980 et suiv.).

13. — 8° *Prusse.* — Le régime hypothécaire de la Prusse était encore, à l'époque de la publication du *Répertoire*, celui établi par la loi sur les hypothèques du 20 déc. 1783 et par le code général prussien du 1er juin 1794 (V. *Rép.* nos 78 et suiv.). Ces lois avaient déjà organisé la publicité des droits réels par le moyen des livres fonciers ; mais cette publicité était insuffisante sous plusieurs rapports. Elle a été complétée et développée par quatre lois promulguées le 5 mai 1872 et mises en vigueur le 1er oct. suivant : la première de ces lois établit les règles relatives à la transmission de la propriété immobilière, à la constitution et à la conservation des droits réels immobiliers ; la seconde, pu-

rement réglementaire, détermine la forme matérielle des livres fonciers et la procédure des inscriptions et des radiations ; la troisième règle la forme des actes ayant pour objet la division des immeubles ; enfin la quatrième soumet à un droit de 1 p. 100 les actes d'aliénation d'immeubles et à un droit de 1/12 p. 100 les inscriptions et radiations d'hypothèque ou de dette foncière (V. la traduction de ces lois par M. P. Gide dans *Ann. de lég. étr.*, 1873, p. 208 et suiv.).

Le livre foncier (*Grundbuch*) prussien a pour base le cadastre (*Flurbuch*). Il peut contenir des feuillets réels (*Realfolien*) ou des feuillets personnels (*Personalfolien*). Un feuillet réel est affecté à chaque corps de biens (*Grundstück*). Il comprend un titre et trois sections. Le titre contient la désignation de l'immeuble d'après le cadastre. La première section indique le propriétaire et l'origine de son droit de propriété ; la seconde, les charges permanentes de l'immeuble, les restrictions au droit de propriété ; la troisième, les hypothèques et les dettes foncières (1re loi de 1872, art. 1 à 13). Le système des feuillets personnels est adopté dans les circonscriptions où la propriété est très morcelée et où le conservateur reconnaît l'impossibilité d'établir des feuillets réels. Chaque propriétaire y a son chapitre spécial, dans lequel sont désignés, d'après le cadastre, tous les immeubles qui lui appartiennent ; il y est ensuite fait mention des charges qui les grèvent et des mutations qui les concernent.

Il existe une conservation des livres fonciers au chef-lieu de tout ressort judiciaire. Le conservateur (*Grundbuchrichter*) est pris parmi les juges du siège ; il ne doit opérer aucune inscription qu'après avoir vérifié la régularité du titre quant au fond et quant à la forme (2e loi, art. 48). Sa décision a le caractère d'un jugement, dont on peut appeler. Le conservateur est responsable de toute faute commise dans l'exercice de ses fonctions ; s'il est insolvable, la partie lésée a un recours contre l'État. Il doit donner connaissance des livres fonciers à tous ceux qui justifient d'un intérêt juridique à obtenir cette communication. Seule l'inscription (*Eintragung*) au registre foncier opère entre les parties comme vis-à-vis des tiers la transmission du droit de propriété et de ses démembrements ou la constitution de l'hypothèque (1re loi, art. 1, 12 et 18). L'ordre de préférence entre les droits réels établis sur le même immeuble dépend de l'ordre des inscriptions, et l'ordre des inscriptions dépend de l'ordre dans lequel les demandes d'inscription sont présentées au conservateur (1re loi, art. 17 et 34). L'inscription est susceptible d'être annulée entre les parties, suivant les principes du droit civil. Mais l'annulation ne peut nuire aux tiers qui, sur la foi de l'inscription, auraient acquis des droits sur l'immeuble à titre onéreux et de bonne foi (même loi, art. 9). Dans ce cas, le droit de la partie qui obtient l'annulation se résout forcément en dommages-intérêts. Pour se prémunir contre cette éventualité, la partie qui veut attaquer une inscription peut se faire autoriser par le juge ou par la partie adverse à prendre une prénotation (*Vormerkung*) sur le registre. Si la prétention du demandeur vient à être reconnue fondée, l'inscription de son droit rétroagit au jour de la prénotation et fait tomber les droits acquis par les tiers à partir de cet avertissement. Si, au contraire, le demandeur succombe, la prénotation doit être radiée. Quelque chose d'analogue est autorisé dans notre droit par l'art. 958 c. civ., dans le cas de la demande en révocation d'une donation pour cause d'ingratitude.

L'acquisition de l'hypothèque, comme celle de la propriété, étant subordonnée à l'inscription au registre foncier, la loi prussienne n'admet ni privilège ni hypothèque tacite. Le vendeur peut seulement se réserver une hypothèque ou un droit de créance foncière sur l'immeuble vendu, en consentant à l'inscription au profit de l'acheteur (1re loi, art. 26 et 27). L'inscription d'hypothèque doit contenir la désignation de l'immeuble et l'estimation du montant de la créance en monnaie légale (même loi, art. 23). Son effet s'étend aux accroissements, aux fruits et à l'indemnité d'assurance en cas d'incendie (art. 30). L'hypothèque est, du reste, indépendante de la créance ; elle ne s'éteint que par la radiation de l'inscription (art. 57).

Une des conceptions les plus remarquables de la loi prussienne est celle de la dette foncière (*Grundschuld*), dette qui grève un immeuble indépendamment du propriétaire et qu'on peut comparer à notre ancienne rente fon-

cière, sauf qu'elle est remboursable et exigible. Tout propriétaire a le droit de faire inscrire sur son immeuble une ou plusieurs dettes foncières, soit à son nom personnel, soit au nom d'un tiers. L'inscription d'une telle dette peut aussi avoir lieu sur la demande du créancier, en vertu d'un jugement ou sur la réquisition de toute autorité compétente (1ʳᵉ loi, art. 19). Aussitôt après l'inscription, le conservateur délivre au propriétaire ou au créancier un bon foncier ou lettre de gage (Grundschuldbrief), contenant la désignation de l'immeuble, les prix auxquels il a été vendu depuis dix ans et la somme pour laquelle le titre est émis. Muni de coupons d'intérêts payables au porteur, le bon foncier est transmissible par endossement en blanc. Lorsqu'il est devenu exigible, le porteur peut, à défaut de payement, poursuivre l'expropriation de l'immeuble. Ce système, que la loi du 9 messidor an 3 a déjà essayé, mais sans succès, d'introduire en France, est extrêmement favorable au crédit immobilier, puisqu'il permet au propriétaire foncier de donner son immeuble en gage aussi facilement qu'une valeur mobilière : c'est en quelque sorte la mobilisation de la propriété foncière. Il paraît cependant qu'on n'en a pas encore jusqu'ici fait grand usage, même en Prusse (V. Ann. de lég. étr., 1889, p. 324). — L'hypothèque est également susceptible d'être ainsi mobilisée. Après toute inscription d'hypothèque, il peut être délivré un bon hypothécaire (Pfandbrief) ; il est annexé au titre de créance par un lien cacheté et scellé et se transmet, avec la créance, par endossement, comme le bon foncier (2ᵉ loi de 1872, art. 122 et suiv.). — Bien que les bons fonciers ou hypothécaires ne soient pas délivrés au porteur, mais au nom du créancier originaire, le propriétaire peut ignorer en quelles mains ils se trouvent. S'il veut en libérer l'immeuble, il doit faire procéder à une publication (Aufgebot), par laquelle le porteur du bon est mis en demeure de se faire connaître. À la suite de cette publication, si le porteur reste inconnu, le propriétaire consigne le capital et les intérêts et fait ordonner par le tribunal la radiation de l'inscription.

14. — 9° *Duché de Brunswick.* — Quatre lois promulguées le 8 mars 1878 ont organisé le régime hypothécaire d'après les bases adoptées par les lois prussiennes,du 5 mai 1872 (V. Ann. de lég. étr., 1879, p. 191 et suiv.). Une loi du 5 déc. 1888 a statué, depuis, que l'investiture et l'inscription des droits réels, hypothèques, etc., ne sont point nulles par cela seul que ceux-ci n'ont pas pour base un contrat judiciaire ou notarié (V. Ann. de lég. étr., 1889, p. 386).

15. — 10° *États rhénans.* — Une loi du 12 avr. 1888 a déclaré applicables, avec quelques modifications, les deux lois prussiennes du 5 mai 1872, sur l'acquisition de la propriété foncière et sur les livres fonciers, dans les États de droit rhénan, qui jusque-là avaient été régis par le code civil français (V. cette loi dans Ann. de lég. étr., 1889, p. 319 et suiv.).

16. — 11° *Suisse.* — Il existe en Suisse vingt-neuf législations hypothécaires différentes. Non seulement chaque canton a la sienne, mais encore il en est quelques-uns dont le système de publicité varie d'un district à l'autre. Ces législations disparates se rattachent à deux groupes bien distincts : le système français et le système germanique. Le régime hypothécaire de la France est en vigueur dans les cantons de la Suisse romande : Genève, Fribourg, le Tessin, Neuchâtel et les quatre bailliages du Jura bernois. Le régime allemand est établi dans les cantons de Zurich, Bâle, Soleure, Uri, Schwitz, Zug, les Grisons, Argovie, Thurgovie, Berne, Lucerne, Schaffhouse, Glaris, Appenzell, Saint-Gall, Nidwalden, Vaud, Unterwald.

Les hypothèques du mineur et de la femme mariée sont soumises à l'inscription et à la spécialité dans le canton de Fribourg (c. civ., art. 656) et dans celui de Genève (L. 12 sept. 1868). À Neuchâtel elles sont supprimées. L'hypothèque judiciaire a été abrogée dans le canton de Genève par une loi du 6 janv. 1851. Le code de Neuchâtel ne l'a conservée que pour les jugements prononçant une condamnation supérieure à 200 fr., et il exige que la condamnation détermine la somme garantie et les immeubles grevés (art. 1721 et 1722). — Dans le canton de Neuchâtel aussi, il est établi dans les bureaux d'hypothèques un répertoire des parcelles cadastrales, présentant

pour chaque parcelle un renvoi aux inscriptions portées sur les registres hypothécaires. A Genève, une loi du 28 juin 1820 est revenue au principe de la loi du 11 brum. an 7, en ordonnant la transcription de tous les actes translatifs de la propriété immobilière ou de ses démembrements, des actes de partage et autres actes déclaratifs, et des baux à loyer ou à ferme, quelle qu'en soit la durée. En général, dans la Suisse romande, la transcription a le même effet qu'en France ; mais presque tous les codes, sauf celui du Tessin, exigent l'authenticité pour tous les actes transcrits; quelques-uns même (codes de Fribourg, de Neuchâtel) font de l'authenticité une condition du transport de la propriété entre les parties. — Dans le canton de Berne, une loi du 26 févr. 1888 a modifié quelques dispositions du code civil français, qui est resté en vigueur dans les districts de Delémont, de Franches-Montagnes, de Laufon et de Porrentruy. Elle a statué que les privilèges énoncés en l'art. 2103 ne pourraient s'exercer sur les immeubles qu'à la condition d'être inscrits. Elle a supprimé l'hypothèque légale attribuée à l'État, aux communes et aux établissements publics et soumis à l'inscription les hypothèques légales des femmes mariées, des mineurs et des interdits. Elle a abrogé l'art. 2154, qui exige le renouvellement décennal des inscriptions. Enfin elle a rendu obligatoire à l'égard des tiers la transcription des actes translatifs de propriété immobilière ou de droits réels susceptibles d'hypothèque, des actes constitutifs d'usufruit, de servitude, d'usage et d'habitation, ainsi que des actes portant renonciation à ces mêmes droits (V. Ann. de lég. étr., 1889, p. 692). — Dans le même canton, un arrêté du grand conseil, en date du 2 févr. 1884, a décidé, par interprétation de l'art. 2127 c. civ., que le mandat de constituer une hypothèque conventionnelle peut être donné valablement par acte sous seing privé (Ann. de lég. étr., 1885, p. 564). — A Genève, une loi du 6 oct. 1888 a modifié l'art. 2183 c. civ. pour simplifier les formalités de la purge des hypothèques. Le nouveau propriétaire doit seulement faire dresser par un notaire l'ordre des créances inscrites et faire signifier aux créanciers un extrait de son titre et une mise en demeure de prendre connaissance de l'ordre dans le délai de quarante jours. Les créanciers peuvent former opposition à l'ordre devant le tribunal (Ann. de lég. étr., 1887, p. 545).

Le régime hypothécaire du canton de Valais se rattache également au code civil de ce canton. Le code civil de ce canton, qui date de 1853, a été remanié, dans sa partie relative aux privilèges et hypothèques, par une loi du 19 nov. 1870. Les privilèges que le code établissait en faveur des femmes, des fils de famille, des mineurs et des interdits, ainsi que ceux en faveur des avocats et des procureurs, ont été abolis. L'hypothèque sur les meubles, que le code civil autorisait encore et qui existe dans une partie de la Suisse allemande sous le nom de Pfandverschreibung, a été également supprimée. Enfin la transcription a été rendue obligatoire pour tous les actes entre vifs translatifs de propriété immobilière et d'usufruit ou constitutifs d'antichrèse, de charges foncières, de droits d'usufruit et d'habitation ; pour tous actes portant renonciation à ces droits de cette nature; pour les baux de plus de dix ans et pour les jugements qui établissent l'existence d'une convention verbale ayant les mêmes effets. Jusqu'à la transcription, les droits ne sont pas opposables aux tiers. Le vendeur d'un immeuble a trente jours à partir de la vente pour conserver son privilège (V. Ann. de lég. étr., 1878, p. 644).

C'est une règle universellement admise dans les cantons de la Suisse allemande, que le transfert de la propriété ne se réalise, même entre les parties, que par l'inscription du titre translatif sur les registres publics. De même, l'hypothèque ne prend naissance qu'au moment où elle est inscrite sur les registres à ce destinés. Dans certains cantons toutefois (Saint-Gall, Appenzell, Thurgovie, Lucerne, Berne, Schaffhouse et Argovie), l'acquisition des droits réels exige l'intervention de l'autorité municipale, devant laquelle les parties doivent comparaître en personne ou par un fondé de procuration. C'est cette autorité qui ordonne que le titre translatif de propriété ou constitutif d'hypothèque sera inscrit sur le registre public. L'acquéreur ou le créancier reçoit du greffier du conseil un extrait du registre. Le titre ainsi délivré au créancier hypo-

thécaire (*Pfandurkunde*) se négocie à la manière d'une lettre de gage; mais chaque cession doit être notifiée à l'autorité communale et inscrite sur le registre. — En général, il n'est pas permis à un propriétaire d'emprunter sur hypothèque une somme supérieure au montant de l'estimation de l'immeuble grevé ou même aux trois quarts de cette estimation, qui est faite par experts, et les experts sont parfois responsables de leurs erreurs d'appréciation (V. notamment : la loi sur les cédules hypothécaires du canton d'Appenzell, du 27 avr. 1884, dans *Ann. de lég. étr.*, 1885, p. 336 et suiv.; le résumé de la loi hypothécaire du canton d'Argovie, du 1er mars 1888, dans *Ann. de lég. étr.*, p. 677 et suiv.). — L'institution des livres fonciers germaniques est établie dans les cantons de Bâle-Ville, Berne, Soleure, Schwitz, Glaris, Vaud, et Unterwald (V. notamment le code civil de Glaris, art. 255 et suiv., dans *Ann. de lég. étr.*, 1875, p. 552 et suiv.). Elle tend à se propager dans les autres territoires de la Suisse allemande. Plusieurs cantons toutefois ont reculé jusqu'ici devant les frais d'une rénovation cadastrale complète, et ils cherchent à suppléer par de bons répertoires à l'insuffisance des registres établis suivant l'ancien système (V. *Code civil du canton de Zurich*, traduit et annoté par Ernest Lehr, introduction).

17. — 12° *Autriche*. — Le système hypothécaire du code civil autrichien de 1811, résumé au *Rép.* nos 88 et suiv., a été réformé par une loi du 23 juill. 1871. Cette loi organique a seulement posé les principes généraux sur la tenue des registres fonciers; les dispositions réglementaires applicables à chaque province ont fait l'objet de lois spéciales, votées par les diètes provinciales, soit par le Reischtag. — En Autriche, comme en Prusse, l'acquisition de la propriété foncière et des droits réels immobiliers ne se réalise, entre les parties comme à l'égard des tiers, que par l'inscription sur un livre foncier. Il existe un bureau des registres fonciers auprès de chaque cour de justice de première instance et de chaque tribunal cantonal. Il est tenu autant de livres fonciers qu'il y a de circonscriptions cadastrales dans le ressort du tribunal. Ces livres se composent du livre principal (*Hauptbuch*) et du livre des titres (*Urkundenbuch*). Toutes les propriétés immobilières de la circonscription sont immatriculées dans le livre principal sous le numéro et le nom qu'elles portent au cadastre. Le feuillet ou chapitre (*Einlage*) attribué à chaque domaine se divise en trois sections, dont la première (*Besitzstandblatt*) contient la désignation du domaine, la seconde (*Eigenthumsblatt*) les noms des propriétaires successifs, la troisième (*Lastenblatt*) les charges qui grèvent la propriété et les restrictions au droit de disposer du propriétaire. Tous les immeubles appartenant au même propriétaire dans les limites de la circonscription sont réunis sur le même feuillet; mais les inscriptions sont prises spécialement pour chaque domaine, la loi n'autorisant pas le système prussien des feuillets personnels. C'est le tribunal, et non pas seulement un juge comme en Prusse, qui statue sur les demandes d'inscription. L'inscription peut être attaquée soit par voie de recours contre le jugement qui l'a autorisée, soit par action principale. Des délais sont accordés aux parties intéressées, pendant lesquels elles peuvent faire mentionner leur action en nullité au livre foncier; pour que la nullité, si elle est ensuite prononcée, soit opposable aux tiers. Les droits réels inscrits au livre foncier ne sont, par conséquent, à l'abri de toute éviction qu'après l'expiration de ces délais, qui peuvent parfois se prolonger autant que la prescription ordinaire. A côté du livre foncier principal, il y a, comme on l'a dit, un livre des titres, où sont réunies les copies certifiées des actes inscrits au livre principal. A ces registres sont annexés, pour faciliter les recherches, un répertoire parcellaire (*Parcellenregister*) et une table alphabétique des propriétaires (*Personenregister*) (V. Ortlieb, *Etude sur les livres fonciers en Autriche*, dans le *Bulletin de la Société de législation comparée*, 1876, p. 343 et suiv.; Besson, *Les livres fonciers*, p. 298 et suiv.). — D'après la loi du 25 juill. 1871, art. 31 et 53, les actes sous seing privé présentés pour être inscrits ne sont admis qu'autant que les signatures ont été légalisées par un juge ou par un notaire. Mais cette disposition, qui occasionne des frais, a été critiquée. En général même, la loi de 1871 est trouvée défectueuse, et en 1875 la chambre des députés a émis un vœu tendant à sa revision (V. *Ann. de*

lég. étr., 1875, p. 232; 1876, p. 488 et suiv.). — Des registres fonciers spéciaux pour les chemins de fer (*Eisenbahnbücher*) ont été établis par une loi du 19 mai 1874 (V. *Ann. de lég. étr.*, 1875, p. 286 et suiv.).

18. — 13° *Hongrie*. — C'est aussi le système des livres fonciers qui est appliqué en Hongrie. Il a été introduit par la loi 21 de 1840 et organisé par une ordonnance du 15 déc. 1855, qui a servi de modèle à la loi autrichienne du 25 juill. 1871. Toutefois, la constitution des livres n'a pu s'opérer que très lentement. Une loi de 1886 en a réglé à nouveau la procédure. Chaque immeuble est un livret, divisé en trois feuilles, la première (feuille A) étant la feuille de la situation, la seconde (B), la feuille de la propriété, et la troisième (C), la feuille des charges. Chaque livret reçoit un numéro d'ordre, destiné à le classer dans le registre foncier. Il existe un registre foncier par commune. L'ensemble des livrets forme le livre foncier de la commune. Chaque livre foncier communal contient une table alphabétique divisée en deux colonnes : dans la première sont inscrits les noms des propriétaires; dans la seconde, les numéros des parcelles leur appartenant (V. Besson, *Les livres fonciers*, p. 306; *Ann. de lég. étr.*, 1884, p. 298; 1887, p. 363 et suiv.). Il existe des registres fonciers spéciaux pour les chemins de fer et les canaux (V. *Ann. de lég. étr.*, 1882, p. 369).

19. — 14° *Russie*. — Le *Svod* de 1832 ou code civil russe ne contient pas, dit M. Lehr, *Eléments de droit civil russe*, t. 1, p. 335, une loi hypothécaire proprement dite, et il est assez difficile de trouver un équivalent français aux mots de *zaklad* ou surtout de *zalogh*, qui correspondent assez exactement au mot allemand de *Pfand*, mais qui n'expriment pas une chose absolument identique, dans ses principes et dans ses effets, à l'hypothèque ou au privilège français. On rend *zalogh* tantôt par *garantie immobilière*, tantôt par *engagement d'immeubles*, tantôt par *garantie hypothécaire* ou par *hypothèque*. — Sous l'empire du *Svod*, il existait un registre foncier auprès de chaque tribunal de district et d'arrondissement, au siège des régences de Sibérie et du Caucase et dans les chancelleries militaires de l'Oural et de Négrepont. Un greffier était préposé à la tenue du registre, sous la surveillance du tribunal. Les contrats de vente, les donations, les affectations hypothécaires et en général tous les contrats relatifs à la propriété foncière devaient être non pas seulement inscrits ou transcrits, mais dressés sur le livre foncier, à peine de nullité (art. 408 à 424). Le code de procédure civile de 1864 et la loi sur le notariat du 14 avr. 1866 ont modifié cette organisation. Actuellement, c'est le notaire en chef de chaque arrondissement qui a, dans son étude, le livre foncier. Tout acte constituant une garantie immobilière doit être confirmé par ce notaire et inscrit sur ce livre. On doit indiquer, avec précision, le montant de la créance, la nature et la situation des immeubles grevés. Si plusieurs immeubles distincts, situés dans des localités différentes, sont affectés à la sûreté de la même dette, l'obligation se divise proportionnellement entre les divers immeubles, et il doit être dressé pour chacun un acte d'engagement spécial, ou du moins, s'il n'en est fait qu'un seul, il doit être indiqué à quelle partie de la charge immeuble est spécialement affecté. L'acte doit être certifié par la signature de deux témoins (art. 1644 et 1645). Aussitôt après la passation du contrat, le tribunal met opposition à toute aliénation de l'immeuble et fait publier cette opposition dans le *Journal du Sénat* (art. 1647). A partir de ce moment, l'immeuble est frappé d'inaliénabilité, jusqu'à ce que le débiteur ait désintéressé le créancier ou ait été exproprié. L'immeuble engagé ne peut même pas être grevé d'un nouvel engagement, à moins que la première hypothèque n'ait été consentie en faveur d'un établissement de crédit (art. 1630). Les actes d'engagement d'immeuble ne peuvent pas être transmis par voie d'endossement (art. 1653). Lorsque la dette est payée, le créancier ou son mandataire mentionne sur l'acte d'engagement qu'il a reçu ce qui lui était dû; l'acte est présenté au notaire compétent, qui inscrit le payement sur un registre particulier; l'inscription est certifiée sur le registre par le créancier et le débiteur, puis le tribunal prononce la mainlevée de l'engagement et la fait annoncer dans le *Journal du sénat* (art. 1650). Si, pour une raison quelconque, le créancier n'est pas en mesure de recevoir à l'échéance, le débiteur peut consigner la somme

due entre les mains du tribunal (art. 1631). Lorsque le débiteur qui a consenti l'engagement n'acquitte pas sa dette, le créancier a le droit de poursuivre l'expropriation de l'immeuble ; en cas d'insuffisance du prix, il ne peut se récupérer sur le reste de la fortune du débiteur, à moins que ce droit ne lui ait été expressément conféré dans l'acte.

Le régime foncier de la Russie est imparfait en beaucoup de points. Les principes d'un nouveau régime, en ce qui concerne la constitution du droit de propriété et des autres droits réels sur les immeubles, ont été posés par un avis du conseil de l'Empire, sanctionné par l'empereur le 19 mai 1881 ; ils se rapprochent notablement de ceux des lois prussiennes du 5 mai 1872 (V. *Ann. de lég. étr.*, 1882, p. 685 et suiv. ; Besson, *Les livres fonciers*, p. 307 et suiv.).

20. — 15° *Suède.* — Dans l'ancien droit de la Suède, comme dans toutes les législations germaniques, toute transmission de propriété, toute constitution de droit réel immobilier, ne pouvait avoir lieu que par un acte public, en présence du *thing*, tribunal populaire composé de douze hommes libres et présidé par le centenier ou *laghman*. Plus tard, on a admis que le seul consentement suffit à transférer la propriété ; mais l'acte public ou l'investiture légale (*lafart aa faang*) est demeuré nécessaire pour rendre la transmission opposable aux tiers. Ce principe a été conservé par les lois du 16 juin 1875, relatives à l'investiture légale des immeubles, à l'inscription des droits immobiliers, etc. L'investiture doit être demandée au tribunal, qui l'accorde ou la refuse suivant que le titre du requérant lui paraît régulier. Quand il l'accorde, il fait insérer sa décision sur un registre public, et il délivre des lettres d'investiture. D'après une loi du 22 avr. 1881, la personne qui a de bonne foi acquis un immeuble et qui, après en avoir obtenu l'investiture, l'a possédé sans interruption pendant vingt ans, en devient irrévocablement propriétaire par prescription (V. *Ann. de lég. étr.*, 1882, p. 651). Suivant une autre loi du même jour, le tribunal qui refuse l'investiture peut, sur la réquisition du demandeur, ordonner une publication de la demande, et, si aucune action en revendication ne se produit dans le délai de dix ans, l'investiture doit être accordée (Annuaire précité, p. 652 et suiv.). L'inscription hypothécaire (*inteckning*) est aussi demandée au tribunal ; quand il l'autorise, il donne acte de l'hypothèque au pied du titre. Si ce titre est à ordre ou au porteur, l'hypothèque participe de cette qualité et le suit entre les mains des tiers. Elle est néanmoins indépendante de la créance garantie et peut être rattachée à une autre créance. Les droits réels, comme l'usufruit, l'usage et les servitudes, se conservent également par une inscription. — Les principes de la spécialité et de la publicité de l'hypothèque sont, d'ailleurs, appliqués en Suède d'une manière absolue. Aucune inscription ne peut être consentie que pour une somme fixe, et la loi n'admet aucune hypothèque tacite, générale ou indéterminée. Les registres publics n'ont pas la même force probante que les livres fonciers allemands ; ce sont, comme nos registres français, des répertoires sur lesquels se transcrivent les actes et se relatent les procédures d'investiture et d'inscription. Une ordonnance du 14 sept. 1875 a réglé la tenue de ces registres, qui sont au nombre de deux, l'un pour les investitures et l'autre pour les inscriptions. Une feuille spéciale y est consacrée à chaque domaine (*hemman*), qui correspond à chaque division du cadastre ou livre terrien (*jordebok*). Les notaires n'existant pas en Suède, l'authenticité est conférée aux actes par la juridiction gracieuse des tribunaux ou par le concours de témoins instrumentaires. Le concours de deux témoins est nécessaire pour la constitution d'une hypothèque. L'inscription hypothécaire est ordinairement demandée par le débiteur en son propre nom sur ses immeubles ; elle est mentionnée sur un billet en blanc, que le débiteur cède ensuite à son créancier. Les inscriptions doivent être renouvelées tous les dix ans. Elles ne conservent que trois ans d'intérêts. Le vendeur non payé a un privilège, qui doit être inscrit dans un certain délai après l'investiture, sous peine de dégénérer en simple hypothèque et de ne prendre rang qu'à sa date. — Tel est, dans ses traits généraux, le système hypothécaire de la Suède ; les lois de 1875 n'ont fait que codifier, en y apportant des modifications de détail (V. ces lois, précédées d'une notice par

M. P. Dareste, dans *Ann. de lég. étr.*, 1876, p. 804 et suiv. V. aussi *Ann. de lég. étr.*, 1883, p. 837).

Quatre lois du 13 avr. 1883 ont remanié la législation suédoise sur l'hypothèque industrielle, dont l'organisation remontait au code de commerce de 1736. Cette hypothèque a son origine dans la législation des mines. En Suède, les mines sont considérées comme des meubles ; il a fallu, par des dispositions particulières, permettre aux propriétaires de mines de les hypothéquer. Par extension, on en arriva à autoriser les grands industriels à conférer hypothèque à leurs bailleurs de fonds sur l'ensemble de leur matériel mobilier, machines, instruments, matières premières et produits (V. *Ann. de lég. étr.*, p. 677 et suiv.).

21. — 16° *Espagne.* — Le régime hypothécaire espagnol résulte d'une loi du 8 févr. 1861 et d'un règlement du 21 juin de la même année ; mais cette législation a été revisée par une seconde loi du 21 déc. 1869 et par un règlement du 21 oct. 1870, et n'est devenue exécutoire que le 1er janv. 1871. Des modifications y ont encore été apportées par une autre loi du 7 juill. 1877. Le nouveau code civil de 1889 n'a fait que s'y référer (V. Lehr, *Éléments de droit civil espagnol*, 1re part., n°s 413 et suiv. ; 2e part., n°s 408 et suiv. ; Besson, *Les livres fonciers*, p. 322 et suiv., et p. 375 et suiv.).

Il existe des registres publics de la propriété dans chaque chef-lieu d'arrondissement judiciaire. Ils sont tenus par un *registrador* ou conservateur. Doivent être inscrits sur ces registres, pour être opposables aux tiers, tous les actes translatifs de propriété ou constitutifs de droits réels immobiliers, les mutations par décès, les baux immobiliers de plus six ans, les quittances ou cessions par anticipation de trois années de loyers ou fermages, les jugements d'interdiction ou autres qui modifient la capacité de disposer (art. 2). L'inscription n'est pas nécessaire entre les parties. Mais les actes non inscrits ne peuvent pas être produits en justice à l'encontre des tiers (art. 396). Quelle que soit la nature du titre à inscrire, qu'il s'agisse d'une transmission de propriété ou d'une affectation hypothécaire, la formalité ne peut avoir lieu qu'en vertu d'un acte authentique (art. 3). Par exception seulement, la loi admet l'inscription des titres sous seing privé antérieurs à sa promulgation, à la condition qu'ils restent annexés au registre (art. 405). Elle permet aussi aux propriétaires qui n'ont point de titre écrit de se faire inscrire comme possesseurs, en vertu d'un jugement constatant leur possession (art. 397). Toutes les inscriptions, celles des aliénations comme celles des hypothèques, sont seulement analytiques ; la loi n'exige jamais la transcription complète du titre, mais elle détermine les mentions que l'inscription doit contenir, en indiquant celles qui doivent être tenues pour substantielles (art. 9 et suiv., 30 et suiv.). L'inscription rend le titre opposable aux tiers dès le jour de sa date ; elle ne le purge pas des vices dont il peut être affecté, mais les actions en nullité fondées sur ces vices ne peuvent réfléchir contre les tiers qui ont traité de bonne foi et à titre onéreux d'après les énonciations du registre (art. 33 et suiv.).

La loi espagnole n'admet aucune hypothèque occulte ou générale. Elle ne reconnaît que des hypothèques *volontaires* et des hypothèques *légales*. Les hypothèques volontaires peuvent être constituées par acte authentique ou par testament. Les hypothèques légales existent au profit des femmes mariées sur les biens de leurs maris, au profit des enfants mineurs sur les biens de leurs parents ou tuteurs, et des autres incapables sur les biens de leurs curateurs ; au profit de l'État, des provinces et des communes, sur les biens des comptables et des contribuables ; au profit des assureurs, sur les biens assurés, pour les primes de deux années (art. 168). Mais ces hypothèques légales n'ont d'effet que si elles sont inscrites sur des immeubles déterminés et pour des sommes également spécifiées. C'est au ministère public que la loi espagnole a confié le soin de faire inscrire les hypothèques des incapables ; les notaires et les conservateurs sont tenus de lui signaler les cas où l'inscription peut avoir lieu. Les privilèges généraux sur les meubles, frais funéraires, frais de dernière maladie, etc., ne peuvent s'exercer sur les immeubles qu'après les hypothèques. Pour tenir lieu de l'hypothèque judiciaire, la loi permet à toute personne qui revendique en justice un immeuble ou un droit réel, à celle

qui a obtenu un mandat de saisie, un jugement exécutoire ou une mise sous séquestre, de requérir une prénotation ou annotation préventive sur les registres (art. 42). Cette prénotation garantit celui qui l'a obtenue contre les actes qui pourraient être faits à son préjudice. Lorsqu'elle est suivie d'une inscription, l'effet de celle-ci rétroagit à la date de la prénotation. De telles annotations préventives peuvent encore être requises par celui qui intente une action en interdiction ou une déclaration de décès d'un absent, par le légataire d'immeubles, de créances hypothécaires ou de rentes foncières, par l'architecte ou l'entrepreneur qui n'est pas payé des travaux d'amélioration qu'il a faits à un immeuble, par toute personne qui présente au bureau un titre dont l'inscription ne peut avoir lieu immédiatement à raison d'un vice réparable ou d'une objection faite par le conservateur.

Le service des livres fonciers est, en Espagne, annexé au ministère de la justice sous le nom de *Direction générale du registre de la propriété*. Les *registradores* relèvent de cette direction, et sont en même temps sous la surveillance des présidents de cour d'appel. Ils répondent sur leur cautionnement et sur leurs biens des fautes commises dans leur gestion. Leur responsabilité ne se prescrit que par vingt ans; toutefois, quand la personne lésée a eu connaissance de la faute et a été à même d'agir, la prescription est réduite à un an. Pour prévenir, autant que possible, toute erreur, la loi veut que le *registrador*, avant d'opérer une inscription ou une prénotation, en communique le projet au requérant, si celui-ci le demande; en cas de désaccord entre le fonctionnaire et l'intéressé, le président de la cour ou son délégué résout la difficulté dans un délai de six jours. Les registres sont publics et tout intéressé a le droit de se les faire présenter et d'en demander des extraits.

Malgré ses nombreuses qualités, le régime de publicité de la loi espagnole n'a pas réalisé, paraît-il, tous les avantages qu'on en attendait. Un projet de loi tendant à y substituer un système conforme à l'*Act Torrens* a été présenté en 1890 par un membre du parlement, et a obtenu un vote de prise en considération.

22. — 17° *Angleterre.* — Il n'existe encore en Angleterre aucune organisation générale pour porter à la connaissance du public les actes translatifs ou modificatifs de la propriété immobilière. Le régime légal de cette propriété est toujours dominé par la distinction entre le franc tènement (*free and common socage, freehold*), condition du bien-fonds qui relève directement du souverain, et le villenage (*copyhold*), tenure qui relève d'un seigneur. En ce qui concerne les *copyholds*, les actes translatifs doivent être inscrits sur les registres du manoir de la seigneurie. Cette inscription est également nécessaire lorsque le *copyholder* veut engager sa terre à un créancier par le *mortgage*. Quant aux *freeholds*, ils sont soumis à un régime différent. Leur transmission, qui exigeait autrefois une investiture solennelle (*livery of seisin*), qui plus tard put se consommer par une double opération, portant d'abord sur la possession et ensuite sur la propriété (*lease and release*), peut résulter, depuis un *act* de 1845 (St. 8 et 9, Victoria, c. 106) d'un simple acte de concession (*deed of grant*). Le *deed* en bonne forme suffit pour opérer l'aliénation tant au regard des tiers qu'entre les parties. Pour se protéger contre un *mortgage* qui ne lui serait pas révélé, l'acquéreur doit se faire remettre les titres de propriété; à cette condition, il sera à peu près en sécurité, les créanciers mortgagistes ayant l'habitude de retenir ces titres comme garantie. L'acquéreur peut aussi s'assurer que le bien vendu n'est pas grevé d'autres droits, tels que privilèges, rentes foncières, etc., en consultant les registres de la cour des Plaids communs ou d'autres cours, où de tels droits doivent être inscrits. — Le gouvernement anglais s'est dès longtemps préoccupé des inconvénients de cette législation. Trois *acts* passés sous la reine Anne en 1704, 1708 et 1709 et un *act* de 1735 ordonnèrent qu'à l'égard des *freeholds* situés dans les comtés de Middlesex, d'York et de Kingston-Upon-Hull, un résumé du *deed* de transfert devrait être inscrit sur un registre foncier local, sous peine de nullité à l'égard des acquéreurs ou mortgagistes ultérieurs; mention de l'inscription est faite au dos de l'acte. De même, les actes concernant des terres comprises dans le *Bedford level* doivent être inscrits au *Bed-*

fort level office; mais la priorité d'inscription ne confère aucune préférence (V. Payen, *Étude sur la propriété immobilière en Angleterre*, dans le *Bulletin de la Société de législation comparée*, 1878, p. 254 et suiv.; Lehr, *Éléments de droit civil anglais*, n° 397).

La pratique anglaise s'est toujours montrée récalcitrante à l'extension du principe de l'inscription des droits réels. Plusieurs *bills* présentés par le gouvernement en vue d'obtenir ce résultat ont été rejetés par les chambres. En 1863, lord Westbury parvint à faire voter deux lois qui instituaient un bureau d'enregistrement pour les actes relatifs aux biens-fonds et permettaient aux propriétaires de se faire délivrer des titres inattaquables, emportant par eux-mêmes la preuve absolue des droits qu'ils constataient. Ce système, imité du régime que sir Robert Torrens venait d'inaugurer en Australie, n'obtint aucun succès. Un nouvel *act* adopté en 1875, sur la proposition de lord Cairns, et qui n'instituait aussi qu'un régime de publicité facultative, n'eut pas plus d'effet que le précédent (V. *Ann. de lég. étr.*, t. 5, p. 178 et suiv.). Malgré tous ces échecs successifs, le gouvernement n'a pas renoncé à ses projets de réforme. En 1881, une loi, due également à l'initiative de lord Cairns, lord chancelier, a simplifié et amélioré les modes de transfert de la propriété immobilière et de constitution d'hypothèque, en fixant les conditions qui, à défaut de clauses contraires, doivent être sous-entendues dans les actes (V. *Ann. de lég. étr.*, 1882, p. 39 et suiv.). Enfin, en 1888, le lord chancelier, reprenant sur de nouvelles bases le *bill* de 1875, a présenté à la Chambre des communes un projet de loi tendant à rendre obligatoire l'immatriculation de tous les *freeholds*, ainsi que des baux d'une certaine durée (*leaseholds*), sur des livres fonciers, au fur et à mesure des transferts et des actes de disposition dont chaque immeuble sera l'objet (V. Besson, *Les livres fonciers*, p. 366 et suiv.).

A proprement parler, l'Angleterre ne connaît pas l'hypothèque. Le *mortgage* anglais, qui peut porter sur un meuble ou sur un immeuble, est un fond, comme on l'a dit au *Rép.* n° 111, une vente à réméré. A moins de stipulation contraire, le créancier hypothécaire peut se mettre en possession du fonds. Dans ce cas, il a le pouvoir de le donner à bail Il peut, dans tous les cas, quand le payement devient exigible, et trois mois après une sommation de payer faite au débiteur, vendre l'immeuble, en tout ou en partie, aux enchères publiques ou à l'amiable; il peut, à toute époque postérieure à la constitution d'hypothèque, assurer l'immeuble contre l'incendie et récupérer les primes d'assurance au même rang et au même taux que la somme garantie par l'hypothèque; il peut, après l'échéance, nommer un receveur des revenus du fonds. Quand il est en possession, il peut couper et vendre les arbres d'âge à être coupés. Ces droits rigoureux sont, toutefois, atténués par la jurisprudence des cours d'équité. Le créancier peut aussi devenir personnellement propriétaire de l'immeuble, après certaines formalités et certains délais (V. Loi précitée du 22 avr. 1881, art. 18 et suiv.; Glasson, *Histoire du droit et des institutions de l'Angleterre*, t. 6, § 297, p. 383 et suiv.; Lehr, *op. cit.*, n° 502 et suiv.).

23. — 18° *Australie.* — « Antérieurement à l'*Act Torrens*, dit M. Besson (*Les livres fonciers et la réforme hypothécaire*, p. 339), les colonies anglaises de l'Australie participaient au régime foncier de la métropole. La propriété foncière n'y avait d'autre base que les *deeds* de transfert. Ces *deeds* devaient, il est vrai, être enregistrés au bureau du *registrar general*, pour être opposables aux tiers. Mais cet enregistrement n'ajoutant rien à la valeur du titre, ne conférait à l'acquéreur et aux tiers qu'une sécurité illusoire ». Le *registrar general* de la colonie de South-Australia, sir Robert Richard Torrens, frappé des défectuosités de ce régime, conçut l'idée du nouveau système qui a conservé son nom et qui, après avoir été d'abord consacré, dans l'Australie du Sud, par une loi du 2 juill. 1858 (*Real property act*), amendée et complétée en 1861 et 1878, s'est répandu depuis dans le Queensland et en Tasmanie (1861), dans les colonies de Victoria et de New-South-Wales (1862), dans la Nouvelle-Zélande (1870), dans l'Australie occidentale (1874) dans la Colombie britannique et les îles Fidji, dans les établissements anglais de Malacca (1886) et, avec des res-

trictions, en Tunisie (1885). — L'*Act Torrens* a pour principe essentiel de faire résider la preuve du droit de propriété dans un titre unique, établi sur un registre, dont une copie est délivrée au propriétaire, et dont la mutation s'opère dans des conditions analogues à celles du transfert d'un certificat nominatif de rente sur l'État. Ce titre suffit à lui seul à établir le droit du propriétaire et toutes les modalités dont ce droit peut être affecté. Le titulaire, comme on l'a dit, n'a plus à s'inquiéter de rien pour le passé, et ceux qui traitent avec lui comme acquéreurs ou prêteurs sur hypothèque n'ont pas à s'en inquiéter davantage (Ch. Gide, *Étude sur l'Act Torrens*). Les détails diffèrent suivant les lois des divers pays, mais là est le trait caractéristique du système, qui réalise de la manière la plus absolue la publicité des droits réels. En Australie et en général dans les autres pays où il a pénétré, ce système n'est pas obligatoire. Tout propriétaire est libre de laisser ses immeubles sous le régime du droit ancien ou de les placer sous l'empire de l'*Act Torrens*, en formant une demande d'immatriculation. C'est grâce aux sérieux avantages qu'il présente que ce système s'est répandu si rapidement. — La formalité de l'immatriculation, dont les effets sont irrévocables, est naturellement entourée des plus minutieuses précautions. Quand la demande a été présentée avec les pièces à l'appui, elle est soumise à un examen approfondi, qui porte sur la détermination de l'immeuble et sur la reconnaissance des droits du demandeur. Cet examen a lieu par les soins et sous la direction du *registrar general*, dont les fonctions sont analogues à celles du juge foncier prussien. Une commission, présidée par le *registrar*, prononce l'admission ou le rejet de la demande. L'immatriculation n'est ensuite opérée qu'après des notifications aux propriétaires voisins, des publications et l'expiration d'un certain délai, laissé aux intéressés pour former opposition et faire reconnaître leurs droits par les tribunaux. Le titre destiné à devenir le signe représentatif de la propriété est établi sur un folio spécial et numéroté du registre-matrice; le *registrar* y inscrit la nature du droit du propriétaire (pleine propriété, nue propriété ou copropriété), la désignation de l'immeuble, complétée par un plan colorié au verso du feuillet, puis les hypothèques, servitudes, baux, rentes foncières ou autres droits réels grevant l'immeuble. On y mentionne aussi les faits qui peuvent modifier la capacité du propriétaire : minorité, interdiction, mariage. Un double du titre ou certificat, portant le numéro du registre et l'indication du folio, est ensuite remis au propriétaire. A partir de ce moment, le droit du titulaire est inattaquable. Aux termes de l'art. 33 du *Real property act*, « tout certificat de titre fait foi en justice de son contenu et fait preuve que la personne qui y est dénommée est réellement investie des droits qui y sont spécifiés ». L'action en revendication contre le titulaire du certificat n'est recevable qu'exceptionnellement, en cas d'immatriculation obtenue par fraude ou dans certaines hypothèses strictement déterminées. En dehors de ces cas exceptionnels, il ne reste à la personne lésée par l'immatriculation qu'une action en indemnité contre le bénéficiaire et un recours subsidiaire contre un fonds d'assurance institué par l'*Act Torrens*. D'ailleurs, même dans les hypothèses où l'action en revendication est recevable, par exemple au cas d'immatriculation frauduleuse, cette action ne peut jamais réfléchir contre les tiers de bonne foi. Une fois l'immeuble immatriculé, il ne peut être vendu, hypothéqué ou affecté d'une charge quelconque sans que le certificat soit envoyé au *registrar general*, avec un *memorandum* énonçant le droit concédé. Le *registrar* mentionne ce droit sur le titre et sur le certificat et retourne celui-ci, soit au nouveau propriétaire, soit à l'ancien, suivant qu'il s'agit d'une mutation de propriété ou d'une constitution d'hypothèque, *mortgage* ou autre droit. Dans ce second cas, le *memorandum* est fait en double, et l'un des doubles est adressé par le *registrar* au créancier hypothécaire ou concessionnaire du droit. Quand le créancier est désintéressé, ce double lui est représenté au *registrar* pour qu'il opère la radiation de l'hypothèque sur le titre et sur le certificat. Le créancier ne requiert pas l'inscription, il signifie seulement une défense au *registrar* d'inscrire aucun droit sur le titre avant un certain délai; tant que ce délai n'est pas expiré, le *mortgage in equity* n'a pas besoin d'être inscrit, et si, avant

l'expiration, le débiteur s'est libéré, le créancier lui restitue son certificat; dans le cas contraire, il fait procéder à l'inscription. Le *registrar general* a, du reste, le devoir de s'assurer à chaque transfert qu'aucun obstacle ne s'oppose à l'inscription, que l'acte est régulièrement établi et que les parties ont la capacité légale de contracter. Faute de justifications suffisantes, il peut refuser l'inscription, mais sa décision est susceptible d'appel. Il n'est pas personnellement responsable envers les parties, mais si celles-ci ont éprouvé un préjudice par sa faute, la loi australienne leur accorde un recours sur un fonds d'assurance constitué au moyen d'une taxe d'un penny par livre (0 fr. 20 pour 100) sur la valeur de tout immeuble immatriculé. Ajoutons que les registres matrices sont à la disposition de toute personne qui veut les consulter. — Il est certain qu'avec l'*Act Torrens* la preuve des droits réels, leur constitution, leur transmission, leur publicité sont très simplifiées. Un seul progrès pourrait procurer une mobilisation plus complète du sol; ce serait celui qui rendrait les certificats transmissibles au porteur, et peut-être ce progrès n'est-il pas désirable (V. pour plus de détails, le *Real property act* de 1861, dans le *Bulletin de statistique et de législation comparée du ministère des finances*, juin 1885; Gide, *Étude sur l'Act Torrens*, dans le *Bulletin de la Société de législation comparée*, 1886, p. 307; Daniel, *Du système Torrens comparé au régime hypothécaire et au mode de transmission de la propriété immobilière en droit français*; Worms, *De la propriété consolidée*, p. 332 et suiv.).

24. — 19° *Tunisie.* — Une loi du 1er juill. 1885 a institué en Tunisie un régime foncier dont les principes se rapprochent beaucoup de l'*Act Torrens*. Comme en Australie, ce régime est facultatif. Il a pour base l'immatriculation des immeubles dans un registre foncier. Celui qui désire placer son immeuble sous l'empire de la loi de 1885 doit déposer à la conservation foncière de Tunis une demande d'immatriculation, avec ses titres de propriété en français et en arabe; il doit en même temps consigner le montant approximatif des frais d'immatriculation. La procédure de l'immatriculation comprend trois phases: la délimitation de l'immeuble, la purge des droits réels et l'établissement du titre de propriété. La délimitation est opérée par le juge de paix, contradictoirement avec les propriétaires voisins, et après des publications qui ont pour but de mettre en demeure les tiers intéressés de former opposition à l'immatriculation. Un plan de l'immeuble est dressé par les géomètres du service topographique. Le dossier de la demande est ensuite transmis par le conservateur au tribunal mixte, à qui il appartient de statuer sur les contestations qui ont pu se produire, et d'ordonner, s'il y a lieu, l'immatriculation. La loi tunisienne se sépare ici de l'*Act Torrens*, qui accorde compétence au *registrar* pour prononcer en premier ressort sur les demandes d'immatriculation. A Tunis, c'est un tribunal spécial, composé de magistrats français et indigènes, qui prononce, sur le rapport d'un juge et en dernier ressort. Au vu du jugement, le conservateur rédige le titre de propriété, il y indique la dénomination de l'immeuble, le nom du propriétaire, la nature, les limites, la contenance et la situation de l'immeuble, ainsi que les droits réels et les charges dont il est grevé. Ce titre est inscrit sur le registre foncier, sous le numéro d'ordre qui lui est assigné par la date de l'immatriculation. Une copie en est remise au propriétaire, avec une réduction du plan. Le titre ainsi immatriculé fait foi à l'égard des tiers. De plus, aucun droit réel concernant l'immeuble ne pourra exister désormais au regard des tiers que par le fait et du jour de son inscription sur ce titre. La loi tunisienne soumet à la même condition d'inscription les baux de plus d'un an, les quittances ou cessions anticipées de plus d'une année de fermage, loyers ou rentes. Les mutations par décès y sont également soumises. L'inscription toutefois n'est pas nécessaire pour la transmission des droits réels entre les parties.

La loi tunisienne reconnaît deux sortes d'hypothèques: l'hypothèque conventionnelle et l'hypothèque forcée. Les hypothèques forcées sont celles du mineur, de la femme mariée et du vendeur non payé de son prix. Ces diverses hypothèques doivent être inscrites: celle de la femme mariée, à la diligence du mari, de la femme, de ses parents ou amis; celle du mineur, à la requête du tuteur ou du subrogé tuteur, du conseil de famille, des magistrats, des parents et amis du

mineur ou de ce dernier personnellement. L'hypothèque judiciaire n'est pas admise. À l'exemple des lois prussiennes, la loi tunisienne décide que les actions tendant à faire prononcer l'annulation de droits réels immobiliers seront rendues publiques au moyen d'une prénotation. Les actes d'aliénation ou de constitution d'hypothèque ne sont assujettis à aucune forme particulière. Le conservateur a seulement le droit d'exiger, avant de procéder à l'inscription, que l'identité et la capacité des parties lui soient justifiées. S'il a des doutes, il réserve le rang d'inscription du requérant, au moyen d'une prénotation, et il l'invite à lui produire dans un certain délai les justifications qui manquent. Faute par le requérant d'avoir fait ces justifications, sa demande est rejetée, mais il peut se pourvoir devant le tribunal par simple requête, et si le tribunal autorise l'inscription, les effets de cette formalité rétroagissent à la date de la prénotation. Celui qui requiert une inscription doit produire, avec l'acte en vertu duquel elle est requise, un double bordereau contenant l'analyse de cet acte. L'inscription d'une mutation par décès se fait sur la production de l'acte de décès, du testament, s'il y a lieu, et d'un certificat constatant les droits de l'héritier ou du légataire, et délivré, pour les Européens, par le juge de paix ou l'agent consulaire, pour les musulmans, par le cadi. La demande d'inscription doit être accompagnée de la copie du titre de propriété, afin que l'inscription y soit faite en même temps que sur le registre. Dans le cas de fractionnement d'un immeuble immatriculé, l'ancien titre est annulé et un nouveau titre, avec plan, est créé pour chaque portion. L'inverse a lieu en cas de réunion de plusieurs parcelles. L'inscription produit ses effets tant qu'elle n'est pas rayée matériellement ou tant que le droit n'est pas prescrit. Le registre foncier est complété par un répertoire où chaque immeuble a son feuillet, dans lequel les inscriptions portées sur le titre à leur date chronologique sont groupées par catégories d'actes ou de droits réels. Deux tables alphabétiques dressées, l'une par noms de propriétaires, ou de titulaires de droits réels, l'autre par noms d'immeubles, permettent d'établir la situation hypothécaire de chaque individu ou de chaque immeuble. Le conservateur est responsable des erreurs commises par son propre fait. Les personnes lésées par suite d'une immatriculation ou d'une inscription ont un recours en indemnité contre un fonds d'assurance constitué au moyen d'une taxe de 1 pour 1000 sur la valeur des immeubles immatriculés. — En somme, comme le dit M. Besson, *op. cit.*, p. 388, la loi tunisienne a concilié très ingénieusement les procédés de l'*Act Torrens*, avec la théorie générale du droit français; elle réalise la publicité des droits réels, la spécialité des charges foncières, la force probante des inscriptions, sans porter atteinte au principe de la transmission de la propriété entre les parties par le seul consentement (V. la loi tunisienne du 1er juill. 1885, les décrets des 16 mai 1886, 22 juin 1888, 17 juill. 1888, la loi du 6 nov. 1888, *Ann. de lég. franç.* publié par la Société de législation comparée, 1886, p. 147 et suiv.; 1887, p. 151, 195 et suiv.; 1889, p. 107 et suiv.; *Exposition universelle de 1889, Notice sur l'application de la loi foncière en Tunisie*, par M. Piat).

25. — 20° *Brésil.* — Le régime hypothécaire brésilien a été constitué par une loi du 24 sept. 1864, modifiée par une autre loi du 5 oct. 1885 et par un décret du 19 janv. 1890; ce régime a pour base la publicité et la spécialité. La loi de 1864 n'avait conservé le caractère de généralité qu'à l'hypothèque légale de la femme mariée et celle des mineurs et des interdits. La loi du 5 oct. 1885, sans leur retirer ce caractère, avait seulement soumis ces hypothèques à l'inscription pour leur efficacité à l'égard des tiers. Le décret du 19 janv. 1890 les a soumises au principe de la spécialité. D'après le régime actuel, toute hypothèque, quelle que soit son espèce, légale, conventionnelle ou judiciaire, pour valoir contre les tiers, doit être non seulement inscrite, mais spéciale, s'il s'agit d'une hypothèque conventionnelle, ou spécialisée, s'il s'agit d'une hypothèque légale ou judiciaire. L'hypothèque judiciaire ne consiste, d'ailleurs, en droit brésilien, que dans le droit attribué au créancier de poursuivre l'exécution de la condamnation sur les biens aliénés par le condamné pendant la durée du litige; le jugement ne confère aucun droit de préférence à l'encontre des autres créanciers (V. *Ann. de lég. étr.* 1886, p. 740 et 716; 1887, p. 934;

1891, p. 930). Le système *Torrens* a été introduit au Brésil par un décret du 31 mai 1890, complété par un autre du 5 novembre suivant; mais l'inscription au registre est facultative. Par exception, les terres de l'État aliénées après la publication du décret sont soumises au nouveau régime, à peine de nullité de l'aliénation, le prix devant être remboursé par le Trésor, avec déduction de 25 pour 100 (*Ann. de lég. étr.*, 1891, p. 931).

CHAP. 2. — Dispositions générales (*Rép.* nos 112 à 121).

26. L'art. 2092 c. civ. pose le principe que quiconque s'est obligé personnellement est tenu de remplir son engagement sur tous ses biens mobiliers et immobiliers. L'application de ce principe a fait difficulté, comme on l'a dit au *Rép.* n° 116, relativement aux engagements de certaines personnes frappées par la loi d'une incapacité partielle. Quelques auteurs ont pensé que la femme séparée de biens, ayant le droit de disposer de son mobilier, mais non de ses immeubles (c. civ. art. 1449), ne doit pouvoir aussi s'obliger que sur son mobilier, et que, par suite, les obligations contractées par elle dans les limites de sa capacité ne sont pas susceptibles d'être exécutées sur ses biens immobiliers. Mais cette opinion est maintenant généralement repoussée par la doctrine. Dès l'instant que la femme séparée de biens s'est obligée valablement, son engagement, à moins d'une exception qui n'existe dans aucun texte, a nécessairement tous les effets que la loi attribue à toute obligation valable (V. en ce sens, outre les auteurs cités au *Rép.* n° 116 : Laurent, *Principes de droit civil français*, t. 29, n° 268; Guillouard, *Traité du contrat de mariage*, t. 3, n° 1199). De même, le mineur émancipé et l'individu pourvu d'un conseil judiciaire, bien qu'ils ne puissent pas aliéner seuls leurs immeubles, engagent tous leurs biens, mobiliers et immobiliers, quand ils s'obligent valablement pour l'administration de leur patrimoine (V. *supra*, vis *Interdiction-conseil judiciaire*, n° 260, et *Minorité, tutelle, émancipation*, n° 706).

27. Le principe de l'art. 2092 est soumis par la loi à certaines restrictions : objets insaisissables, biens dotaux, etc. (V. *Rép.* n° 113). En outre, il n'est pas pleinement applicable aux personnes morales publiques. Les biens de l'État, des communes et des établissements publics ne peuvent être saisis par les créanciers comme ceux des particuliers (V. en ce qui concerne : l'État, *infra*, v° *Trésor public*, et *Rép. eod.* v°, nos 383 et suiv.; ... les communes, *supra*, v° *Commune*, n° 1282 et suiv.; ... les fabriques ecclésiastiques, *supra*, v° *Culte*, n° 634, et *Rép. eod.* v°, nos 635 et suiv.; ... les hospices, *supra*, v° *Hospices-hôpitaux*, mais n° de ces, et *Rép. eod.* v°, n° 137. V. aussi *infra*, v° *Vente publique d'immeubles*, et *Rép. eod.* v°, nos 133 et suiv.). D'après une jurisprudence fortement établie, les créanciers des gouvernements étrangers ne peuvent pas non plus saisir en France les biens possédés par ces gouvernements (V. *supra*, v° *Droits civils*, n° 177).

28. Aux termes de l'art. 2093 c. civ., « les biens du débiteur sont le gage commun de ses créanciers ». Mais cela suppose que les biens sont restés dans le patrimoine du débiteur, sans quoi les créanciers ne pourraient plus les saisir. Toutefois, lorsqu'un débiteur s'est dépouillé de tout ou partie de ses biens afin de les soustraire à ses créanciers, la loi donne à ceux-ci une action pour faire rentrer dans le patrimoine de leur débiteur les biens qu'il a aliénés en fraude de leurs droits; c'est l'*action paulienne* ou *révocatoire*; il en est traité *supra*, v° *Obligations*, nos 329 et suiv.; *Rép. eod.* v°, nos 954 et suiv.). — Il peut se faire, il arrive même généralement que l'action paulienne ne soit exercée que par un seul des créanciers, et alors se présente la question de savoir si elle profite à tous les autres, si le bien qui n'est rentré dans le patrimoine du débiteur que par l'effet de l'action paulienne demeure le gage de tous les créanciers, conformément à l'art. 2093. Cette question est vivement controversée dans la doctrine. L'opinion que nous avons adoptée au *Rép.* n° 120, et d'après laquelle l'action paulienne profite à tous les créanciers antérieurs à l'acte révoqué, tend à prévaloir dans la jurisprudence (V. *supra*, v° *Obligations*, n° 370; *Rép. eod.* v°, nos 1015 et suiv.).

29. Les biens du débiteur formant le gage commun de

ses créanciers, le prix de ses biens, comme l'indique l'art. 1093, doit se répartir entre tous les créanciers par contribution, sans égard à la date respective des créances. Il n'en est autrement que lorsqu'il existe entre les créanciers des causes légitimes de préférence. D'après l'art. 2093, les causes légitimes de préférence sont les privilèges et hypothèques. Mais, comme on l'a dit au *Rép.* n° 121, ces causes de préférence ne sont pas les seules ; il faut y ajouter le nantissement, qui comprend le gage et l'antichrèse (V. *suprà*, v° *Nantissement*), et le droit de rétention (V. *infrà*, v° *Rétention*). Nous n'avons à nous occuper ici que des privilèges et hypothèques.

TIT. 2. — DES PRIVILÈGES (*Rép.* n°s 122 à 720)

30. Le privilège est défini par l'art. 2095 c. civ. « un droit que la qualité de la créance donne à un créancier d'être préféré aux autres créanciers, même hypothécaires ». Ce droit ne peut résulter que de la loi (*Rép.* n° 123). Il n'est donc pas au pouvoir d'un débiteur de créer, au profit d'un ou de plusieurs de ses créanciers, des privilèges en dehors de ceux qui sont établis par la loi. La jurisprudence a eu à appliquer plusieurs fois ce principe (V. Paris, 27 mars 1830, et sur pourvoi, Req. 12 déc. 1831, *Rép.* n° 519 ; Paris, 6 mars 1834, *Rép.* n° 472-1°). Il a été jugé, depuis la publication du *Répertoire* : 1° que, la loi n'ayant pas établi de privilège pour garantie d'éviction en matière d'échange, un tel privilège ne peut être stipulé entre les coéchangistes (Civ. cass. 26 juill. 1852, aff. Grémillion, D. P. 52. 1. 196) ; — 2° Que le créancier d'une faillite ne peut réclamer un privilège en vertu d'une convention qui serait intervenue entre lui, le syndic de la faillite et le juge-commissaire, et d'après laquelle il aurait renoncé à un droit de rétention sur des marchandises, sous la promesse qu'un privilège lui serait attribué sur le prix de ces marchandises (Lyon, 1er avr. 1884, aff. Mure, D. P. 82. 2. 44) ; — 3° Qu'aucune disposition légale n'assurant aux sommes prêtées à une compagnie de chemins de fer un privilège sur les produits de l'exploitation, la clause d'un traité dans laquelle il est énoncé que « les obligations conserveront leurs droits de privilège conformément au droit et aux précédents », ne peut avoir pour conséquence de créer au profit de ces obligations des garanties qu'elles ne possédaient pas auparavant (Paris, 2 févr. 1888, aff. Syndic de la faillite de la Compagnie du chemin de fer d'Orléans à Châlons, D. P. 89. 2. 165) ; — 4° Que, la loi du 26 pluv. an 2 n'accordant de privilège aux ouvriers et fournisseurs des entrepreneurs de travaux faits ou à faire pour le compte de la nation que sur le prix des travaux et non sur le cautionnement de l'entrepreneur, l'extension de ce privilège au cautionnement ne peut résulter du cahier des charges de l'entreprise (Civ. cass. 4 mars 1889, aff. Berthaud et autres, D. P. 89. 1. 426).

31. Du principe que la convention des parties ne peut créer un privilège, il suit que lorsque le privilège s'est éteint par le payement de la créance qu'il garantissait, les parties ne peuvent le faire revivre en annulant le payement qui a entraîné son extinction. La cour de cassation de Belgique a pourtant jugé qu'un bailleur qui avait été payé d'avance des six premiers mois de son loyer pouvait exercer son privilège pour la créance ainsi éteinte, alors que le locataire lui avait restitué la quittance et avait été remboursé du montant des loyers tant en argent qu'en marchandises (C. cass. de Belgique, 25 janv. 1877, aff. Delannoy, D. P. 77. 2. 185). Mais cette décision a été à bon droit critiquée (V. la note sous l'arrêt précité).

CHAP. 1er. — Des privilèges établis par le code civil
(*Rép.* n°s 127 à 504).

SECT. 1re. — DES PRIVILÈGES GÉNÉRAUX SUR LES MEUBLES
(*Rép.* n°s 130 à 217).

32. L'art. 2101 c. civ. indique les créances qui sont privilégiées sur « la généralité des meubles ». Il n'est pas douteux, comme on l'a dit au *Rép.* n° 128, que ces termes comprennent tout ce qui est meuble d'après sa nature ou par la détermination de la loi (En ce sens : Aubry et Rau, *Cours de droit civil français*, t. 3, § 260, p. 127, note 1 ;

Laurent, *Principes de droit civil*, t. 29, n° 312). Jugé, notamment, que le privilège attribué à la régie des Contributions indirectes sur les meubles et effets mobiliers des redevables porte sur les créances, et en particulier sur le prix encore dû d'une vente d'immeubles, aussi bien que sur les meubles corporels (Civ. cass. 12 juill. 1854, aff. Contributions indirectes, D. P. 54. 1. 303).

ART. 1er. — Frais de justice (*Rép.* n°s 131 à 174).

33. La loi entend, dans l'art. 2101 c. civ., par frais de justice, tous les frais faits dans l'intérêt commun des créanciers, pour la conservation, la liquidation et la réalisation des biens du débiteur, ainsi que pour la distribution du prix en provenant (V. *Rép.* n° 131 ; Aubry et Rau, t. 3, § 260, p. 128 ; Laurent, t. 29, n° 322 ; Demante et Colmet de Santerre, *Cours analytique de code civil*, t. 9, n° 14 bis-I ; Baudry-Lacantinerie, *Précis de droit civil*, t. 3, n° 1073 ; Thézard, *Du nantissement, des privilèges et hypothèques et de l'expropriation forcée*, n° 371 ; André, *Traité pratique du régime hypothécaire*, n° 137).

34. On a donné au *Rép.* n°s 132 et suiv., d'après la jurisprudence, de nombreux exemples de frais de justice privilégiés. Ainsi qu'on l'a dit, n° 149, des frais peuvent être considérés comme frais de justice, bien qu'ils n'aient pas été faits devant un tribunal, s'ils ont néanmoins profité à la masse des créanciers. Il a été jugé : 1° que le privilège des frais de justice s'étend aux dépenses faites par un séquestre nommé par un tribunal, du consentement de tous les créanciers, et notamment des créanciers hypothécaires, lorsque ces dépenses ont eu pour résultat de conserver et utiliser le gage commun de tous les créanciers (Civ. rej. 29 juin 1875, aff. Crédit foncier colonial, D. P. 75. 1. 474 ; 26 juin 1878, aff. Banque de la Réunion, D. P. 78. 1. 343) ; — 2° Que les avances faites par des tiers à un séquestre dans un but utile à son administration et dans les limites de son mandat ont le caractère de frais de justice et doivent être colloquées, à ce titre, par privilège (Civ. rej. 18 mai 1881, aff. Demoiselle Sauger, D. P. 82. 1. 115) ; — 3° Qu'il en est de même du salaire d'un ouvrier chargé d'un travail par le séquestre judiciaire des biens d'une société en faillite, lorsqu'il est établi que le séquestre avait mission de relever à la continuation des opérations sociales et que le travail exécuté a conservé et utilisé le gage commun des créanciers (Trib. civ. Senlis, 9 juin 1885, et sur pourvoi, Req. 30 mars 1886, aff. Syndic de la société *La Pantographie voltaïque*, D. P. 86. 1. 455). Et, dans ce dernier cas, le privilège n'est pas limité au salaire dû à l'ouvrier pour le mois qui a précédé la mise en faillite de la société ; ici ne s'applique pas l'art. 549 c. com. qui restreint au travail accompli dans cette période le privilège accordé pour leur salaire aux ouvriers directement employés par le failli (Mêmes décisions).

35. Sont privilégiés comme frais de justice tous les frais judiciaires ou extrajudiciaires faits dans l'intérêt commun des créanciers par l'héritier bénéficiaire (V. *infrà*, v° *Successions*; *Rép.* eod. v°, n°s 830 et suiv.), par le curateur à succession vacante (*Rép.* v° *Successions*, n° 995), par le syndic de faillite ou le liquidateur judiciaire (V. *suprà*, v° *Faillites et banqueroutes, liquidations judiciaires*, n°s 1193 et suiv.). — Le privilège s'étend naturellement aux avances que les héritiers bénéficiaires, syndics ou liquidateurs font dans l'intérêt de la masse. Ainsi, il a été jugé que la prime due à une compagnie d'assurances contre l'incendie peut, en cas de faillite de l'assuré, si elle est payée par le syndic ou pour lui, figurer dans les dépenses d'administration de la faillite et être, à ce titre, prélevée sur l'actif mobilier (Civ. cass. 26 janv. 1875, aff. Danis, D. P. 75. 1. 52). D'après le même arrêt, cette prime ne saurait, sous le prétexte d'une prétendue assimilation avec les frais généraux de justice, être colloquée sur le prix des immeubles assurés, au préjudice des créanciers hypothécaires, parce qu'elle n'est pas payée pour l'utilité particulière de ces derniers, et qu'elle n'a pas pour effet de conserver leur gage immobilier. Mais cette solution ne serait plus exacte aujourd'hui : les indemnités d'assurances étant de plein droit déléguées aux créanciers privilégiés ou hypothécaires par l'art. 2 de la loi du 19 févr. 1889 (D. P. 89. 4. 29), le payement de la prime

serait utile aussi bien aux créanciers hypothécaires qu'aux créanciers chirographaires, et par conséquent la prime pourrait être comprise dans les frais privilégiés même à l'égard des premiers (Comp. Nancy, 20 déc. 1871, aff. Simón Remy, D. P. 72. 2. 35, cassé par l'arrêt du 26 janv. 1875, précité).

Il a encore été jugé : 1° que le liquidateur d'une société, qui a fait des avances pour le compte et dans l'intérêt de tous les créanciers de la société, doit être payé de ces avances par préférence aux créances antérieures à la mise en liquidation de la société (Req. 1er avr. 1890, aff. Mercier, D. P. 91. 1. 364); — 2° Que les avances faites par un tiers à un liquidateur judiciaire ou un syndic de faillite, agissant dans la limite de ses pouvoirs, ont le caractère de frais de justice et doivent être colloquées par privilège, quand elles ont été faites pour la conservation, la réalisation et la liquidation de tout ou partie de l'actif (Civ. cass. 10 juill. 1893, aff. Courtois et comp., D. P. 93. 1. 521). En pareil cas, le privilège n'est point subordonné à la preuve que les avances constituaient un acte de bonne administration et ont réellement profité à la gestion, car le tiers qui les a faites sur la demande du liquidateur ou syndic n'avait ni le droit ni le pouvoir de contrôler l'administration de celui-ci (Même arrêt).

36 Sur la question de savoir si les dépens des instances judiciaires intentées ou soutenues par les syndics de faillite doivent ou non être payés par privilège, V. *supra*, v° *Faillites et banqueroutes*, n°s 1196 et suiv. Les solutions données sur cette question peuvent être appliquées par analogie aux dépens des instances soutenues par les héritiers bénéficiaires, les curateurs à succession vacante et les liquidateurs judiciaires.

37 On ne peut toutefois considérer comme frais de justice les frais faits à la demande du débiteur lui-même ou par un liquidateur sans caractère judiciaire et qui n'est pas le délégué des créanciers. Ainsi, il a été jugé : 1° qu'un créancier qui a fait des travaux de conservation et d'amélioration sur l'immeuble de son débiteur, placé sous séquestre judiciaire, ne peut prétendre au privilège des frais de justice, lorsqu'il est constaté que ces travaux ont été entrepris et achevés en exécution d'un contrat passé avant la constitution du séquestre, et qu'au surplus ces travaux n'ont été d'aucune utilité pour les autres créanciers (Civ. cass. 15 mars 1875, aff. D'Ambelle de Peindray, D. P. 75. 1. 273); — 2° Qu'un mandataire choisi par un négociant pour liquider ses affaires ne peut se prévaloir de la qualité de liquidateur pour obtenir le remboursement de ses avances de fonds par préférence aux autres créanciers dans l'intérêt et pour le profit desquels elles auraient été faites, alors qu'il n'a obtenu la qualité de liquidateur ni d'une décision de justice ni du concours de tous les créanciers (Lyon, 1er avr. 1881, aff. Mure et autres, D. P. 82. 2. 44).

38 Les frais de partage peuvent-ils être privilégiés comme frais de justice? En ce qui concerne les frais d'un partage amiable, la négative est généralement admise; ces frais, bien qu'ils puissent profiter indirectement aux créanciers, ne sont pas faits en réalité dans l'intérêt de ceux-ci; ils n'ont pas à proprement parler pour objet la réalisation du gage du débiteur (V. en ce sens, *Rép.* n°155; Req. 14 févr. 1853, aff. Papillon, D. P. 53. 1. 32; Aubry et Rau, t. 3, §260, p. 128; Laurent, t. 29, n° 341. — *Contra*, André, *Traité pratique du régime hypothécaire*, n° 144).

Pour les frais de partage judiciaire, la question est controversée. Il a été jugé que ces frais jouissent d'un privilège spécial sur l'objet indivis, soit parce qu'ils doivent être considérés comme frais de justice, soit parce qu'ils ont été faits dans l'intérêt de tous les communistes et profitent ainsi à tous leurs créanciers (Trib. Clamecy, 12 juin 1846, aff. Rousseau-Saint-Léger, D. P. 47. 3. 96; Trib. Condom, 24 nov. 1864, aff. Labbé, D. P. 67. 5. 333; Trib. Die, 29 mars 1865) (1). Jugé, au contraire : 1° que les frais d'un partage judiciaire de succession ne sont privilégiés comme frais de justice ni au profit de l'avoué qui en a fait l'avance, ni au profit de la partie qui les a exposés, à l'égard des créanciers de la succession ou des héritiers (Trib. Clamecy, 30 avr. 1846, aff. Quenisset, D. P. 47. 3. 95; Bourges, 16 nov. 1853, aff. Martin, D. P. 53. 2. 118; Pau, 12 mai 1863 (2); Toulouse, 16 mai 1863(3); — 2° Qu'il en est de même des frais d'une demande en par-

---

(1) (Brun, Joubert et Morand C. Créanciers Eydoux). — En 1862, les héritiers Eydoux ont procédé judiciairement au partage des biens dépendant de la succession de leur mère. Après une expertise dont le sieur Morand avait été chargé, le tribunal ordonna le prélèvement des frais sur la masse à partager. En 1864, un des copartageants, Antoine Eydoux, se trouvant poursuivi par le sieur Brun, son créancier, vendit les immeubles qui lui étaient échus et qu'il avait grevés d'hypothèques. L'acquéreur notifia son contrat aux créanciers et, malgré cette notification, le créancier qui poursuivait lui fit sommation de payer ou de délaisser. Dans l'ordre ouvert pour la distribution du prix, ce créancier demanda collocation pour ses frais de poursuites. Le sieur Joubert, avoué, auquel était encore due une partie des frais du partage, et le sieur Morand qui n'avait pas été payé de son expertise, intervinrent à l'ordre et demandèrent à être colloqués par privilège. Sur l'opposition des autres créanciers, le tribunal de Die a ainsi statué :

Le tribunal; — Attendu que les frais de commandement de sommation hypothécaire, réclamés par Jean Brun, ont été sans utilité pour la masse des créanciers; que si, dans certains cas, ces formalités peuvent être privilégiées, il ne saurait en être ainsi dans l'espèce, puisque le commandement n'a pas été suivi de la saisie, et que la sommation hypothécaire est intervenue deux ou trois jours après la vente, le lendemain du jour où cette vente fut notifiée audit Brun, alors que ce dernier ne pouvait ignorer que l'acquéreur se mettait en demeure de distribuer son prix, dont le capital et les intérêts étaient formellement délégués aux créanciers inscrits; — Attendu qu'aux termes des art. 2101, 2104 et 2107 c. civ., les frais de justice sont privilégiés, et même dispensés d'inscription; — Attendu que si l'art. 2101, déclarant les frais de justice privilégiés, n'a pas défini plus étroitement le caractère, le législateur a voulu en laisser l'appréciation aux tribunaux; — Qu'il faut considérer comme jouissant de cette faveur ceux qui ont pour effet d'assurer le gage des créanciers sur la tête de leurs débiteurs, et qu'à ce titre les frais de partage doivent passer en première ligne; qu'au surplus, les jugements rendus par le tribunal de céans, les 29 avril et 4 nov. 1862, et 19 mai 1863, entre les copartageants Eydoux, le décident expressément; — Attendu que, comme expert opérant pour toutes les parties, le sieur Morand a des droits solidaires contre elles, et que, d'autre part, il peut se prévaloir de l'indivisibilité de son privilège pour demander dans l'ordre la somme entière liquidée dans l'exécu-

toire qu'il produit; qu'il y a lieu seulement, puisque le prix en distribution va servir à le désintéresser au détriment du premier créancier en perte, de subroger ce dernier à tous ses droits contre les héritiers Eydoux, codébiteurs des frais de partage dont il s'agit; — Attendu qu'il doit en être de même à l'égard de la somme de 70 fr. 40 cent., accessoires réclamés par M. Joubert, avoué, pour solde de frais par lui avancés dans ledit partage; — Par ces motifs, dit n'y avoir lieu d'allouer en privilège les frais de commandement et de sommation hypothécaire; ordonne que Morand et Joubert soient alloués en privilège pour frais d'expertise et de partage, etc. Du 29 mars 1865.-Trib. de Die.

(2) (Communay C. N....) — La cour; — Attendu que les frais qui font l'objet de la demande de la partie de Touzet (Me Communay) ont été exposés dans une instance en partage introduite entre cohéritiers pour faire uniquement déterminer la part leur revenant dans la succession de l'auteur commun; — Que les frais auxquels les parties peuvent être condamnées dans une pareille instance ne sauraient constituer, en faveur de celles qui ont obtenu cette condamnation, qu'une simple créance recouvrable par les voies du droit commun, et qu'aucune disposition de la loi n'y attache de motifs de préférence ou un privilège; — Que l'idée de privilège est même anormale et inadmissible dans l'instance précitée, puisqu'il ne s'agit que de poursuivre l'attribution de la part revenant à chaque cohéritier, et non de chercher pour eux des causes de préférence dans une matière soumise, avant tout, à un principe inexorable d'égalité; — Que la partie de Touzet confond donc à tort ses frais de justice exposés dans l'intérêt commun des créanciers, pour parvenir à la vente de l'immeuble qui répond de leur créance, avec les frais d'une procédure de partage, restés en dehors des dispositions du code civil relatives aux privilèges et hypothèques; — Que c'est justement que les premiers juges ont débouté ladite partie de Touzet de ses conclusions; — Par ces motifs, déboute la partie de Touzet de son appel, etc. Du 12 mai 1863.-C. de Pau, 1re ch.-MM. Dartigaux, pr.-Lespinasse, 1er av. gén.

(3) (Sancer-Dufour C. Mariande et autres.) — La cour; — Attendu que si les dépens exposés pour le partage d'une succession doivent, comme frais de justice, obtenir le bénéfice du privilège établi par l'art. 2101 c. civ., vis-à-vis des copartageants

tage introduite par une veuve à l'effet de faire déterminer l'importance de ses reprises, à l'égard des créanciers dont la créance n'était pas née à cette époque et qui depuis ont fait saisir le mobilier compris dans lesdites reprises (Trib. Nogent, 11 mai 1866, et sur pourvoi, Req. 24 juin 1867, aff. Romagny, D. P. 67. 1. 374). Mais la partie qui a avancé les frais d'un partage ou l'avoué qui a fait cette avance pour son client et qui a obtenu la distraction des dépens, peut exercer le privilège de l'art. 2103, n° 3, vis-à-vis des autres copartageants (Trib. Clamecy, 30 avr. 1843, précité). — M. Laurent, t. 29, n° 340, fait une distinction. Pour qu'il y ait privilège, dit-il, il faut que les frais soient faits dans un intérêt commun ; or, les copartageants ont un intérêt commun quand il s'agit d'opérations qui ont pour but de mettre fin à l'indivision, et leurs créanciers, ne pouvant saisir leur part tant qu'elle est indivise, sont également intéressés au partage. Il en est autrement des créanciers de la succession, auxquels l'indivision n'est pas opposable. M. Laurent accorde, en conséquence, le privilège à l'égard des créanciers personnels d'un copartageant, qui ont demandé le partage ou y sont intervenus, et à l'égard des créanciers hypothécaires n'ayant hypothèque que sur une part indivise et dont l'hypothèque était subordonnée à l'effet du partage. Il décide, au contraire, que les frais de partage ne sont pas privilégiés à l'égard des créanciers d'une succession ou d'une communauté indivise (V. au surplus, *infrà*, v° *Successions; Rép.* eod. v°, n°ˢ 1860 et suiv.).

39. Quant aux frais faits par un créancier dans une poursuite qui lui est personnelle, pour faire reconnaître sa créance ou pour se procurer un titre exécutoire, ils ne sont pas des frais de justice au sens de l'art. 2101-1° ; ils ne viennent qu'au rang de la créance dont ils sont l'accessoire (*Rép.* n°ˢ 140 et suiv. ; Aubry et Rau, t. 3, § 260, p. 128 ; Laurent, t. 29, n° 324 ; Demante et Colmet de Santerre, t. 9, n° 14 *bis*-II ; Baudry-Lacantinerie, t. 3, n° 1074. V. aussi Req. 23 juill. 1893, aff. Loiselet, D. P. 93. 1. 599).

40. De même, les frais de commandement et de sommation hypothécaire ne jouissent d'aucun privilège lorsqu'ils ont été sans utilité pour la masse des créanciers (*Rép.* n° 145 ; Trib. Die, 29 mars 1865, *supra*, n° 38).

41. Pour le même motif, le créancier d'un failli a été déclaré non fondé à réclamer une collocation privilégiée au passif de la faillite, pour le remboursement des frais d'une action en justice qu'il avait intentée pour faire annuler un transport consenti par son débiteur, alors que, d'une part, il n'avait pas agi comme mandataire du failli, mais dans son propre intérêt et à ses risques et périls, et que, d'autre part, le transport attaqué avait été annulé, non sur sa demande, mais sur une nouvelle instance introduite par le syndic (Paris, 16 mai 1878, aff. Lambert, D. P. 80. 2. 143).

42. Aux termes de l'art. 714 c. proc. civ., les frais extraordinaires de poursuite sont payés par privilège sur le prix

d'adjudication de l'immeuble saisi, lorsqu'il en a été ainsi ordonné par jugement (Sur ce qu'il faut entendre par « frais extraordinaires de poursuite », V. *infrà*, v° *Vente publique d'immeubles; Rép.* eod. v°, n°ˢ 1725 et suiv.) Il a été jugé que l'adjudicataire évincé d'un des immeubles à lui adjugés, et qui a intenté l'action *quanti minoris* contre le vendeur, ne peut considérer les frais de cette action comme privilégiés ni les retenir sur son prix d'adjudication (Riom, 30 déc. 1884, aff. Monanges, D. P. 86. 2. 220).

43. Le privilège des frais de justice, bien qu'il figure parmi les privilèges généraux, n'est pas nécessairement général. Si les frais n'ont profité qu'à quelques-uns des créanciers, et non à tous, ils ne sont alors privilégiés qu'à l'égard des créanciers auxquels ils ont profité. Ainsi, les frais qui n'ont été faits que dans l'intérêt de la masse des créanciers chirographaires ne peuvent être payés par privilège au préjudice des créanciers hypothécaires (*Rép.* n°ˢ 158 et suiv. ; Pont, *Commentaire-traité des privilèges et hypothèques*, t. 1, n° 67 ; Aubry et Rau, t. 3, § 260, p. 129 ; Laurent, t. 29, n° 328). Jugé : 1° que les honoraires dus au syndic d'une faillite, à raison du recouvrement et de la liquidation de l'actif mobilier du failli, ne jouissent du privilège des frais de justice que sur cet actif, et non sur le prix des immeubles du failli (Nîmes, 20 juill. 1858, aff. Trône, D. P. 59. 1. 417) ; — 2° Que le privilège existant au profit des frais de faillite sur le prix des immeubles aliénés doit être restreint aux frais qui ont été faits dans l'intérêt de la masse entière des créanciers, tels que les frais de la déclaration de faillite, les frais d'apposition et de levée de scellés et les frais d'inventaire ; qu'il ne peut être étendu aux frais qui n'intéressent que la masse chirographaire, tels que ceux des jugements ayant pour objet de fixer l'époque de la cessation des payements et autres de même nature (Riom, 24 août 1863, aff. Synd. Bouchet, D. P. 63. 2. 161) ; — 3° Que la prime due à une compagnie d'assurance contre l'incendie et qui a été payée par le syndic de la faillite de l'assuré, peut être prélevée sur l'actif mobilier, mais non sur le prix des immeubles assurés, au préjudice des créanciers hypothécaires dont elle ne conserve pas le gage (Civ. cass. 26 janv. 1875, aff. Danis, D. P. 75. 1. 52. V. toutefois, *supra*, n° 35).

44. Ainsi encore, les frais faits dans l'intérêt de la masse des créanciers, mais qui n'ont eu aucune utilité pour certains créanciers investis de privilèges spéciaux, tels que le bailleur, le créancier gagiste, l'aubergiste ou le voiturier, ne sont pas privilégiés à l'égard de ces créanciers (*Rép.* n°ˢ 163 et suiv. ; Aubry et Rau, t. 3, § 260, p. 129 ; Baudry-Lacantinerie, t. 1, n° 1074 ; André, n° 140). Jugé que les frais avancés par un notaire pour arriver à la vente du fonds de commerce du failli, bien que constituant des frais de justice privilégiés sur la généralité du mobilier, ne peuvent être payés par préférence au bailleur (Paris, 11 juill. 1861) (1).

45. Si le privilège des frais de justice n'existe pas à

---

dans l'intérêt desquels ils ont été avancés, ils ne sauraient avoir le même caractère et jouir de la même faveur à l'égard des créanciers du défunt ; — Que le droit de ces derniers est, en effet, préexistant à l'ouverture de la succession, et que leur gage ne peut souffrir aucune atteinte des débats ultérieurs qui s'agitent entre les cohéritiers pour le partage de la chose commune ; — Qu'il importe peu que le créancier de la succession auquel on oppose le privilège soit en même temps l'un des cohéritiers ; que les deux qualités, quoique reposant sur la même tête, ne sauraient se confondre ; qu'elles restent indépendantes l'une de l'autre, dans les droits et obligations qui s'attachent à chacune d'elles ; — Attendu que Sancer-Dufour, créancier et cohéritier de la succession dont s'agit au procès, doit conserver, en vertu du premier de ces deux titres, le privilège de séparation de patrimoine résultant des art. 878 et 2111 c. civ., si d'ailleurs il a rempli les conditions qu'ils imposent ; — Mais attendu que Sancer-Dufour n'a fait inscrire sa créance pour laquelle il a produit dans l'ordre, qu'à la date du 3 sept. 1858, bien longtemps après l'expiration du délai prescrit par l'art. 2111 précité ; que c'est donc d'après cette date seulement que doit être fixé le rang de sa collocation ; — Attendu que ceux des intimés dont les créances sont inscrites excipent vainement de l'autorité de la chose jugée, pour réclamer le privilège de l'art. 2101 c. civ. ; — Attendu que si les jugements ou arrêts produits ont ordonné en leur faveur le prélèvement sur la masse, ou sur les parts héréditaires, des dépens dont ils avaient fait l'avance, il ne s'ensuit nullement que ces décisions judiciaires aient conféré à ces dépens le caractère de frais privilégiés de justice ; que la

masse de la succession sur laquelle le prélèvement est ordonné ne peut s'entendre que sur des valeurs héréditaires liquidées, déduction faite des dettes antérieurement contractées par le défunt ; — De tout quoi il suit que les premiers juges ont fait à la cause une fausse application de l'art. 2101 c. civ., précité, et qu'il y a lieu de réformer leur décision ; — Par ces motifs, considérant que les frais de partage de la succession échue aux cohéritiers Dufour et dont le prélèvement sur la masse a été ordonné par jugements ou arrêts définitifs ne sont point frais privilégiés de justice à l'égard de Sancer-Dufour, en sa qualité de créancier de la succession, etc.

Du 16 mai 1863.-C. de Toulouse, 2° ch.-MM. Caze pr.-de Vaux, av. gén.-Dugabé fils, Martin et Astré, av.

(1) (Dumas C. Lefébure de Saint-Maur.) — La cour ; — Considérant que le privilège accordé par l'art. 2101 c. civ., pour les frais de justice a pour cause et pour mesure l'utilité dont les frais du payement desquels il s'agit a été pour les créanciers contre lesquels l'attribution est demandée ; que le prélèvement des frais de justice ne peut, ainsi que le prescrivent là raison et l'équité, être demandé que contre les créanciers sur l'ordre, au profit ou dans l'intérêt desquels ces frais ont été effectués ; — Considérant que, en conséquence, on ne peut réclamer au détriment du privilège spécial accordé par l'art. 2102 c. civ., au propriétaire locateur, sur les meubles garnissant les lieux loués, des frais n'ayant aucunement profité à ce propriétaire locateur ; que décider le contraire tendrait à anéantir ou considérablement affaiblir le privilège que confèrent d'une manière absolue au

l'égard des créanciers auxquels les frais n'ont pas profité, ce privilège, à plus forte raison, n'est pas opposable au créancier contre lequel les frais ont été faits (Aubry et Rau, t. 3, § 260, p. 129). Par exemple, un héritier bénéficiaire qui a contesté les droits d'un créancier, et qui a succombé dans l'instance, ne peut point être préféré à ce créancier pour les dépens qu'il a exposés en agissant contre lui (Civ. cass. 25 avr. 1854, aff. Villefranque frères, D. P. 54. 1. 137. V. aussi quant aux dépens auxquels un syndic de faillite est condamné, *supra*, v° *Faillites et banqueroutes*, n° 1188).

46. Enfin, lorsque les frais de justice n'ont servi qu'à la conservation, à la réalisation et à la liquidation de certains objets déterminés, ces frais ne sont privilégiés que sur le prix de ces objets (*Rép.* n°s 171 et suiv.; Pont, t. 1, n° 68; Laurent, t. 29, n° 328; Thézard, n° 373).

Art. 2. — *Frais funéraires* (*Rép.* n°s 175 à 182).

47. On a signalé au *Rép.* n° 177, le dissentiment qui existe entre les auteurs quant à l'étendue du privilège des frais funéraires. Ce dissentiment, depuis quelque temps, s'est encore aggravé. On peut aujourd'hui distinguer trois opinions différentes dans la doctrine sur cette question.

Suivant quelques-uns, on ne devrait admettre comme frais funéraires privilégiés que les dépenses strictement nécessaires à l'inhumation, c'est-à-dire celles du transport et de l'ensevelissement du corps, à l'exclusion des frais de culte et de deuil (Laurent, t. 29, n°s 357 et suiv.; André, n° 146. Comp. en ce sens, Trib. Seine, 16 janv. 1885, aff. Hellot; D. P. 87. 2. 119). Mais cette opinion est contraire à l'interprétation traditionnelle qui, tout en considérant les frais d'inhumation comme des frais funéraires de premier ordre, accordait pourtant encore un rang privilégié aux frais funéraires de second ordre (V. Pothier, *Traité de la procédure civile*, 4ᵉ part., chap. 2, sect. 2, art. 7, § 2). Le code civil n'ayant pas reproduit cette distinction, on doit en conclure qu'il a entendu accorder le privilège à tout ce qui généralement avait le caractère de frais funéraires. C'est aussi le sentiment de la plupart des auteurs. Ils décident, comme nous l'avons fait au *Rép. ibid.*, que ces frais comprennent, en principe, toutes les dépenses utiles faites à l'occasion de la mort du débiteur, depuis le décès jusqu'à la sépulture inclusivement, notamment le salaire de la personne qui a gardé le corps, les émoluments de la fabrique

et les honoraires des ministres du culte. Le mot « *funéraire*, en effet, dit M. Colmet de Santerre, t. 9, n° 16 *bis*-II, étant dérivé de *funérailles* et du latin *funus*, implique l'idée, non pas seulement d'une inhumation, d'un enfouissement, mais d'une cérémonie, d'honneurs rendus à la dépouille mortelle d'une personne décédée. Cette cérémonie et ces honneurs entraînent des frais qui sont privilégiés comme ceux de sépulture, à la condition toutefois qu'ils soient en rapport avec la situation du défunt et sa fortune (V. en ce sens, Aubry et Rau, t. 3, § 260, p. 130 ; Baudry-Lacantinerie, t. 3, n° 1075). Cette opinion a été consacrée par la cour de Paris, qui a jugé que les frais funéraires privilégiés aux termes de l'art. 2101 c. civ. ne sont pas seulement ceux strictement nécessaires à l'inhumation du défunt; qu'en cette matière il convient de prendre en considération la position sociale et la fortune apparente de la personne décédée (Paris, 9 févr. 1887, aff. Hellot, D. P. 87. 2. 119).

48. Certains auteurs se montrent encore plus larges ; ils considèrent comme frais funéraires des dépenses qui ne se rattachent que indirectement aux funérailles, comme l'acquisition d'une concession au cimetière, la pose d'une pierre ou l'érection d'un monument sur la tombe (Pont, t. 1, n° 73; Thézard, n° 374). Il nous semble difficile, quant à nous, d'étendre jusque-là le privilège (V. les auteurs cités *supra*, n° 47. V. aussi Agen, 28 août 1834, *Rép.* n° 180). Il a été jugé : 1° que le privilège pour frais funéraires s'applique exclusivement aux frais nécessaires pour les funérailles, mais ne s'étend pas au prix d'un monument funèbre, si modeste qu'il soit (Trib. Seine 6 mai 1885, aff. Baroché, D. P. 75. 3. 8); — 2° Que les frais funéraires privilégiés ne peuvent comprendre les frais d'un cercueil de voyage d'un prix exceptionnel, mais seulement la somme représentative du coût d'un cercueil ordinaire (C. de just. de Genève, 21 sept. 1885) (1).

49. Le deuil de la veuve, des enfants et des domestiques est-il compris dans les frais funéraires? La question est examinée au *Rép.* n° 179. Ici encore le désaccord persiste entre les auteurs. « Le deuil, dit M. Pont, t. 1, n° 73, est une de ces nécessités que les convenances imposent comme un hommage pieux rendu par les vivants à la mémoire des morts; c'est par là surtout que les frais de deuil sont de même nature que les frais funéraires en général, parce que, comme ceux-ci, ils sont leur origine dans le décès même du débiteur. C'est aussi pour cela qu'ils ont droit au privi-

---

propriétaire sur le mobilier garnissant les lieux loués l'art. 2102 c. civ. et les art. 661 et 662 c. proc. civ. ; — Considérant que, dans l'espèce, Dumas n'a donné aucun mandat direct et personnel à Lefébure de Saint-Maur; que la vente à un adjudicataire insolvable et la tentative de revente sur folle enchère non suivie d'adjudication opérées par Lefébure de Saint-Maur et dont il réclame les frais, portaient, pour la majeure partie, sur des objets non soumis au privilège de Dumas : le fonds de commerce de Dallet, son achalandage et le droit à la continuation du bail consenti par Dumas à Dallet, et comprenaient accessoirement seulement quelques objets mobiliers d'une importance secondaire affectés au fonds de commerce mis en vente, objets que frappait le privilège de Dumas, mais qu'il n'a point revendiqués, dont il n'a point demandé la ventilation, et du prix desquels le recouvrement n'a pas été facilité par les actes auxquels a procédé Lefébure de Saint-Maur; — Que dans ces circonstances, il n'y a lieu d'admettre Lefébure de Saint-Maur à prélever, sur le prix du mobilier affecté avec privilège à la créance de Dumas, la majeure partie de frais que Dumas lui a demandés et qui ne lui ont aucunement profité; — Considérant que l'action de Lefébure de Saint-Maur contre la masse sur l'actif de la faillite non frappé de privilèges spéciaux, atteindra d'ailleurs Dumas, non complètement désintéressé sur le prix des objets qui étaient affectés par privilège à sa créance, dans la proportion où auraient pu lui profiter les actes de Lefébure de Saint-Maur, si la vente et la tentative de vente opérées par celui-ci avaient été suivies d'un résultat utile; qu'ainsi Dumas contribuera aux frais faits par Lefébure de Saint-Maur dans la proportion de l'intérêt pour lequel le syndic représentant de la masse des créanciers non privilégiés de la faillite peut être réputé avoir profité pour lui à Lefébure de Saint-Maur le mandat dont celui-ci excipe; — Infirme et déboute Lefébure de Saint-Maur de sa demande, etc. — Du 11 juill. 1861.-C. de Paris, 3e ch.-MM. Perrot de Chézelles, pr.-de Vallée, av. gén.-Barboux, Racle et Trinité, av.

(1) (Erath C. Roussy.) — LA COUR; — 1° La succession vacante de feu Goldstein, représentée par Roussy, doit-elle à Erath la

somme par lui réclamée ? — 2° Cette créance doit-elle être payée par privilège, en tout ou en partie? — 1. Considérant qu'en mourant, Goldstein a laissé comme habiles à lui succéder ses enfants sous la tutelle légale de leur mère ; qu'un peu plus tard, la tutrice au nom de ses pupilles a régulièrement renoncé à la succession ; que cette succession a été déclarée vacante et que Roussy en a été nommé curateur ; — Considérant que le cercueil, dont le prix est réclamé par Erath, lui a été commandé, immédiatement après le décès, par la veuve Goldstein qui, à ce moment-là, avait seule qualité pour le faire ; qu'à ce moment-là rien en apparence ne révélait l'état réel de la succession Goldstein, que le sieur Erath était d'autant plus autorisé à avoir confiance, que la commande du cercueil lui a été transmise par le bureau des pompes funèbres, lequel déclarait qu'elle lui avait été faite par le consul d'Allemagne ; qu'il a donc agi de bonne foi, et que la succession Goldstein a été dûment engagée envers lui par la personne qui avait qualité pour le faire; — II. Considérant que la loi, en donnant aux frais funéraires le rang de créance privilégiée, n'a entendu accorder de privilège qu'aux frais ordinaires de funérailles, à ceux admis par l'usage ou nécessités par l'observation des règlements; — Considérant que le cercueil fourni par Erath était un cercueil de voyage, d'un prix très supérieur à celui des cercueils ordinaires, même de première classe ; que la collocation par privilège de la totalité du prix de ce cercueil serait manifestement contraire au vœu de la loi qu'à l'intérêt des créanciers; qu'il y a lieu de passer par privilège une somme équivalente au prix d'un cercueil ordinaire de première classe, et de colloquer chirographairement le surplus de la créance d'Erath :

Par ces motifs; — Réforme le jugement du tribunal civil du 3 févr. 1885, dont est appel ; et statuant à nouveau, condamne la succession vacante Goldstein, soit Roussy ès qualité, à payer à Erath, avec intérêts, la somme de 717 fr., prix d'un cercueil ; — Dit que, sur cette somme, celle de 80 fr. seulement sera colloquée par privilège; et que le surplus sera colloqué comme simple créance chirographaire, etc. — Du 21 sept. 1885.-C. de just. de Genève.-M. Bard, pr.

lège, puisque le leur refuser, ce serait priver les créanciers qui en feraient l'avance d'une sécurité sans laquelle ils ne consentiraient peut-être pas à y pourvoir, et par là mettre la famille dans la position de ne pouvoir satisfaire à l'obligation que les lois sociales lui imposent ». Cependant les derniers commentateurs se prononcent généralement dans le sens contraire. Le deuil, en effet, ne rentre pas dans les frais de funérailles proprement dites ; les vêtements de deuil en remplacent d'autres, la raison d'être du privilège n'existe pas au même degré (Aubry et Rau, t. 3, § 260, p. 130, note 11 ; Laurent, t. 29, n° 358 ; Baudry-Lacantinerie, t. 3, n° 1075 ; Thézard, n° 374). — Quant au point de savoir si le deuil de la veuve est garanti par son hypothèque légale, V. *infrà*, tit. 3, ch. 3, sect. 1, art. 2, § 2.

50. En revanche, la plupart des auteurs admettent que, par frais funéraires, il faut entendre non seulement ceux du débiteur lui-même, mais encore ceux de sa femme, de ses enfants ou de ses proches parents demeurant avec lui. Les motifs de décence et de salubrité sur lesquels est fondé le privilège s'appliquent évidemment avec la même force à l'inhumation de ces personnes (Aubry et Rau, t. 3, § 260, p. 130, note 12 ; Colmet de Santerre, t. 9, n° 16 *bis*-III ; Thézard, n° 374. — *Contrà*: Laurent, t. 29, n° 329 ; Baudry-Lacantinerie, t. 3, n° 1075). Il va de soi, d'ailleurs, que les

frais funéraires de ces personnes ne peuvent être réclamés par privilège sur les biens du chef de famille que si la succession du défunt est incapable de les supporter. — Mais le tiers qui aurait commandé les funérailles d'une personne quelconque ou même d'un parent décédé ailleurs que dans sa demeure, n'aurait pas pour cela assujetti ses biens au privilège. On ne peut attribuer aux créanciers pour frais funéraires un privilège personnel que la loi n'accorde même pas à ceux qui vendent des subsistances et font des fournitures nécessaires à la vie (Colmet de Santerre, t. 9, n° 16 *bis*-III).

Art. 3. — *Frais quelconques de la dernière maladie* (*Rép.* n°s 183 à 186).

51. Les frais de la dernière maladie, que l'art. 2101-3° déclare privilégiés, doivent-ils s'entendre exclusivement des frais de la maladie dont le débiteur est mort ? L'affirmative a prévalu dans la jurisprudence (V. *Rép.* n° 186 ; Trib. com. Seine, 17 déc. 1857, aff. Levacher, D. P. 59. 3. 64 ; 11 déc. 1862, aff. Bonnière, D. P. 66. 3. 39 ; Civ. rej. 21 nov. 1864, aff. Vergnes, D. P. 64. 1. 457 ; Trib. civ. Nantes, 13 déc. 1865, aff. Perthuis, D. P. 66. 3. 39 ; Trib. civ. Saint-Jean-d'Angely, 1er déc. 1881 (1) ; Civ. cass. 27 juin 1892, aff. Morisse,

---

(1) (Devers C. Dubois.) — Le tribunal ; — Sur le contredit formé par le docteur Devers, et ayant pour objet de revendiquer au profit de ce dernier le privilège sur les meubles consacré par l'art. 2101-3°, c. civ. : — Attendu qu'il s'agit, pour résoudre la question soulevée, de rechercher quel est le véritable sens de ces mots de la loi : « les frais quelconques de la dernière maladie » ; que la jurisprudence et les auteurs surtout ont beaucoup disserté sur la portée de ces expressions, les uns voulant les restreindre à la maladie à laquelle le débiteur a succombé, les autres cherchant à les étendre à la maladie qui a précédé, non pas seulement la mort, mais encore l'insolvabilité du débiteur, c'est-à-dire sa faillite ou sa déconfiture ; que les principales raisons qu'on fait valoir dans ce dernier système sont les suivantes : on invoque d'abord un motif d'humanité en vertu duquel il importe, dit-on, d'encourager les soins à donner aux malades, plutôt que de s'exposer à les en priver en n'assurant pas au médecin le payement de ses visites, ou pansements, comme si, pour les médecins, tout devait être ramené à cette considération matérielle, et si, au contraire, le beau côté de leur art n'était pas le dévouement qu'ils ont mis de tout temps à soulager les infirmités et les misères humaines, sans trop se préoccuper de la rémunération légitime qui leur est due ; l'on ajoute qu'il serait peu rationnel que le médecin qui a eu l'avantage de sauver son malade fût moins bien traité que celui qui l'a perdu, et l'on s'arme, en dernier lieu, de ces expressions de la loi « frais de la dernière maladie » pour expliquer que le législateur, s'il avait entendu restreindre le privilège à la maladie qui a causé la mort, aurait rendu autrement sa pensée et aurait dit alors, d'une manière absolue, les frais « de dernière maladie » ainsi qu'il l'a écrit dans l'art. 385-4° c. civ. ; qu'en employant ces mots : « de la dernière maladie », locution relative, qui suppose un événement postérieur, mais rapproché de la maladie dont il est question, il a voulu évidemment faire entendre aussi par là la maladie qui a précédé l'insolvabilité du débiteur, manifestée par sa faillite ou sa déconfiture ; — Attendu que cette opinion, qui a ses partisans, paraît dépasser l'esprit et la lettre de la loi ; que tout d'abord on peut, en s'étayant de l'avis de Brodeau sur Louet, lettre C, sect. 29, n° 4, soutenir avec avantage qu'à l'égard des maladies guéries le médecin et le pharmacien, en faisant crédit au débiteur, suivent sa foi et rentrent ainsi dans le droit commun, n'ayant, ajoute Brodeau, que la personne qui a reçu l'assistance n'étant plus au monde pour avoir soin d'une dette si charitable et favorable, la loi y emploie son office et donne un privilège » ; enfin on peut dire encore, avec M. Troplong, « que, la dernière maladie étant plus grave et le malade étant aux prises avec la mort, l'humanité s'oppose à ce qu'on vienne ajouter à ses angoisses par des réclamations pécuniaires ; que, pour indemniser les pharmaciens, médecins et autres de ce silence pieux, la loi a trouvé juste de rendre leurs créances privilégiées » ; — Attendu, en second lieu, qu'on semble reconnaître, de la part des partisans de l'interprétation la plus large, que, si le législateur, au lieu de dire : « les frais de la dernière maladie », s'était exprimé ainsi : « les frais de dernière maladie », la question qui s'agite n'aurait pas pris naissance, car il aurait bien fallu qu'on convensât alors que la maladie qu'il avait eue en vue était réellement la dernière, c'est-à-dire celle qui a entraîné la mort ; que si donc il était démontré que, pour le législateur, ces mots, « de la dernière maladie », et ceux-ci, « de dernière maladie », ont eu absolument le même sens, et qu'il a voulu désigner ainsi une situation unique, à savoir, la maladie qui a amené la mort, la difficulté

cesserait, et le privilège ne pourrait être utilement revendiqué que dans un cas unique, celui où la maladie pour laquelle on demande le payement de soins ou de médicaments aurait été suivie de décès ; — Attendu, à cet égard, qu'en se reportant à la discussion qui a eu lieu au conseil d'État, on voit que l'art. 9, devenu ensuite l'art. 10 du projet, et, depuis, l'art. 2101 c. civ., portait : « 3° des frais quelconques de la dernière maladie », rédaction qui a été conservée ; mais l'art. 13 du même projet, devenu plus tard l'art. 2104 c. civ., disait : « Les privilèges qui s'étendent sur les meubles et les immeubles sont ceux pour les frais de justice, les frais funéraires, ceux de dernière maladie, etc. » ; l'art. 16 du projet, devenu l'art. 2107 du code, s'exprimait aussi, de son côté, comme il suit : « Sont exceptés de la formalité de l'inscription : 1° les frais de scellés, 2° les frais funéraires, 3° ceux de dernière maladie, etc. » ; enfin, dans sa rédaction définitive, le projet, au lieu de reproduire comme précédemment une énumération qui aurait été identiquement la même, s'est borné, dans l'art. 13, pour abréger, à dire : « Les privilèges qui s'étendent sur les meubles et les immeubles sont ceux énoncés en l'art. 10 », et l'art. 16 s'est aussi contenté de renvoyer au même art. 10 pour l'indication des créances qui seraient exemptées de la formalité de l'inscription ; ces art. 13 et 16, ainsi formulés, ont constitué plus tard, comme on l'a déjà dit, les art. 2104 et 2107 c. civ. ; qu'on voit très clairement par là que, dans l'esprit du législateur, le privilège a été attaché qu'aux « frais de dernière maladie » de la maladie, en un mot, qui s'est terminée par la mort du débiteur, les mots « de dernière maladie » et « dernière maladie » ayant présenté, à ses yeux, une synonymie ou équipollence complète ; que ce point est tellement hors de conteste que M. le conseiller Treilhard, dans son exposé des motifs, lors de la présentation au Corps législatif du titre 6 du livre 3 du projet intitulé : *Des privilèges et hypothèques*, a reproduit les mêmes termes, en disant : « Les privilèges sur les meubles sont ou particuliers, c'est-à-dire sur certains meubles,... ou généraux sur tous les meubles, comme les frais de justice, de dernière maladie, les salaires des domestiques, etc. » ; plus loin, il dit encore : « Nous avons distingué dans les créances privilégiées celles pour frais de justice, de dernière maladie, funéraires, etc. » ; — Attendu que ces mots, « de dernière maladie », pris, comme ils doivent l'être, dans leur sens absolu, ne peuvent évidemment s'entendre que de la maladie qui a fait cesser l'existence et qui, seule, peut procurer la faveur du privilège ; que cette interprétation de l'art. 2101-3° trouve encore sa confirmation dans ce fait que cet article a été tiré de l'ancien droit, comme le fait très justement remarquer l'arrêt de cassation du 21 nov. 1864 (D. P. 64. 1. 457) ; qu'on lit, en effet, dans Pothier, *Procédure civile*, p. 194 : « Les frais de dernière maladie sont ceux qui sont dus aux médecins, pharmaciens, chirurgiens, gardes, pour leurs soins et fournitures pendant la maladie dont le défunt est mort » (V. aussi Collect. de Denisart, v° *Privilège*, n° 10, et v° *Médicaments*, n° 2, et encore *Dictionnaire de droit* de Ferrière, v° *Médecin*, p. 304, col. 1re, alinéa 6) ; — Attendu, en outre, que, d'après Pothier, il était d'usage que les frais de dernière maladie ne vinssent qu'après les frais funéraires ; que c'est précisément cet ordre que le code a aussi adopté ; que le législateur, comme on le voit, ayant suivi exactement en tout l'opinion de Pothier, on est d'autant plus autorisé à soutenir que la dernière maladie dont il a entendu parler est bien celle, ainsi que le dit Pothier, « dont le défunt est mort » ; qu'il s'est conformé en cela à l'ancien droit, dont il s'est uniquement inspiré pour la

D. P. 92. 1. 376. — *Contrà :* Trib. com. Fécamp, 2 sept. 1890, aff. Vaudin, D. P. 94. 2. 121 ; Trib. civ. Narbonne, 5 juin 1891 (1) ; — Les auteurs sont toujours divisés (V. dans le même sens que la jurisprudence précitée : Aubry et Rau, t. 3, § 260, p. 131, note 16 ; Laurent, t. 29, n° 361 ; Thézard, n° 375 ; — *Contrà :* Pont, t. 1, n° 76 ; Colmet de Santerre, t. 9, n° 17 *bis*-I ; Baudry-Lacantinerie, t. 3, n° 1076).

52. D'après la plupart des auteurs, ce sont seulement les frais de la dernière maladie du débiteur qui sont privilégiés, et non ceux de la dernière maladie d'une ou plusieurs personnes dépendant de la famille dont il est le chef. La loi, en effet, ne parle pas ici de la famille du débiteur comme elle le fait à propos du privilège qu'elle accorde pour les fournitures de subsistances (Aubry et Rau, t. 3, § 260, p. 131, note 15 ; Baudry-Lacantinerie, t. 3, n° 1076 ; André, n° 148). M. Colmet de Santerre, t. 9, n° 17 *bis*-II, est cependant d'un avis contraire, et il invoque précisément la disposition qui institue le privilège pour les fournisseurs de subsistances faites au débiteur et à sa famille. Cette disposition, dit-il, est fondée sur ce que le débiteur doit nourrir sa famille ; or, il lui doit également des soins dans la maladie, d'où il faut conclure que le privilège de l'art. 2101-3° garantira aussi les créances nées à l'occasion de la dernière maladie d'un membre de la famille du débiteur.

53. Si le débiteur est mort d'une maladie chronique, on estime plus généralement que les frais ne sont privilégiés qu'à partir du moment où la maladie a pris un caractère particulier de gravité (En ce sens : *Rép.* n° 184 ; Trib. civ. Montdidier, 27 nov. 1884 (2) ; Aubry et Rau, t. 3, § 260, p. 132, note 18 ; Thézard, n° 375). D'après M. Baudry-Lacantinerie, t. 3, n° 1076, il serait difficile d'admettre ici d'autre limitation que celle résultant de la prescription (c. civ. art. 2272). Le médecin, le pharmacien, etc., pourraient donc réclamer le privilège de toute la partie de leur créance qui n'est pas éteinte par la prescription. Toutefois, suivant MM. Aubry et Rau, t. 3, § 260, p. 136, la prescription de l'art. 2272 c. civ., n'emportant pas une présomption absolue de libération en faveur du débiteur, ne s'opposerait pas non plus d'une manière absolue à l'exercice du privilège pour la partie de la créance soumise à cette prescription. Le créancier aurait toujours la ressource de déférer le serment autorisé par l'art. 2275 c. civ. (V. *infrà*, n° 60).

En tout cas, il appartient aux tribunaux de déterminer l'étendue du privilège des frais de dernière maladie, eu

---

rédaction de l'art. 2101 ; que la place même assignée à ce privilège, qui vient immédiatement après celui accordé pour les frais funéraires, est une preuve de plus qu'il n'est attaché qu'à la maladie qui a été suivie de funérailles, et par conséquent à « la dernière », comme le dit formellement la loi ; — Attendu enfin qu'on est dans une matière où tout est de droit étroit, et qu'un privilège, quelque favorable qu'il soit, ne peut être étendu au delà du cas pour lequel il a été limitativement créé ; que décider autrement, ce serait mettre de simples considérations à la place de la loi et lui donner une extension qu'elle n'a pas ; — Attendu, en fait, que le contredit présenté au nom du sieur Devers circonscrit le débat aux frais de la maladie de Dubois fils, maladie qui se serait déclarée, est-il dit, au moment de la déconfiture de Dubois père ; que cela importe peu, Dubois fils n'ayant pas succombé à la maladie pour laquelle il a reçu les soins du docteur Devers, circonstance qui, seule, aurait pu faire admettre le contredit ; — Par ces motifs ; — Déclare le contredit mal fondé, le rejette, etc.

Du 1er déc. 1881.-Trib. civ. de Saint-Jean-d'Angély.-MM. Sorin Dessources, pr.-Dumontet, subst.-Godet, av.

(1) (Rey *C.* Gauthier.) — Le tribunal ; — Attendu que, dans la distribution des deniers alloués à titre de dommages-intérêts au sieur Etienne Graves, suivant jugement du 15 juin 1886, à la suite d'un accident dont il a été victime au service de la compagnie des chemins de fer du Midi, le sieur Gauthier, docteur en médecine, a été colloqué au rang des privilèges pour une somme de 680 fr., à raison des soins qu'il avait donnés audit Etienne Graves pendant la maladie qui a suivi l'accident ; que cette collocation ayant été contestée, il y a lieu de statuer sur le contredit ; — Attendu que l'art. 2101, § 3, c. civ. déclare en termes généraux que les frais quelconques de la dernière maladie sont privilégiés sans indiquer que ce soit la maladie dont le débiteur est mort, ce qui implique que les frais faits à l'occasion de la maladie qui a précédé un événement autre que la mort, mais nécessitant une distribution de deniers, sont également privilégiés; que la même disposition existait dans l'ancien droit; que la jurisprudence a limité le privilège aux frais occasionnés par la maladie à laquelle le débiteur a succombé, lorsque celui-ci avait subi plusieurs maladies consécutives et distinctes, les frais des premières ne pouvant jouir de la même faveur, à raison des facilités qu'avait le créancier pour obtenir d'être payé dans l'intervalle d'une maladie à l'autre; mais que la question de savoir si les frais occasionnés par la maladie qui a précédé immédiatement la faillite ou déconfiture du débiteur sont ou non privilégiés n'a pas été résolue par les anciennes décisions sur la matière; — Attendu que ce privilège est basé sur l'impossibilité morale d'agir où se trouve placé le créancier, l'humanité lui interdisant de s'adresser dans ce but au débiteur, pendant que ce dernier est aux prises avec la maladie; que la même raison de décider existe lorsque la faillite ou déconfiture se produit au cours d'une maladie, pour les frais quelconques de cette maladie, puisqu'elle est la dernière avant l'événement qui donne lieu à la distribution des deniers; qu'il n'existe aucune raison de distinguer entre le cas où le débiteur a recouvré sa santé et celui où il a succombé; pourvu que son insolvabilité soit concomitante; que refuser le privilège dans le premier cas et l'admettre dans le second serait accorder une prime au médecin dont les efforts ont été impuissants, et ranger au contraire au rang des créanciers non favorisés celui dont les soins ont arraché le débiteur à la mort; — Attendu que, quel que soit l'événement qui donne lieu à la distribution des deniers, la créance des gens de service et de

ceux qui ont fourni des subsistances est toujours privilégiée, suivant l'opinion unanime des auteurs qui ont écrit sur la matière; qu'on ne saurait placer leurs situation inférieure à celle des médecins, dont le privilège est préférable à celui des créanciers dont il vient d'être parlé, en refusant ce caractère à leur créance lorsqu'il s'agit d'un événement autre que la mort; — Attendu que le privilège devrait être refusé au médecin s'il avait suivi la foi du son débiteur, c'est-à-dire si un temps plus ou moins long s'était écoulé entre la convalescence et la faillite ou déconfiture de ce dernier sans que la créance ait été réclamée; mais que tel n'est pas le cas dans l'espèce; que la maladie à l'occasion de laquelle le docteur Gautier a donné ses soins à Etienne Graves s'est prolongée jusqu'au 15 juin 1886, date du jugement qui alloue à titre d'indemnité la somme mise en distribution, et qu'aussitôt après cette décision, de nombreuses oppositions furent jetées par les divers créanciers de Graves entre les mains de la compagnie des chemins de fer du Midi, débitrice de cette indemnité; que, tenant ces oppositions et l'insolvabilité notoire du débiteur, le docteur Gauthier était dans l'impossibilité d'obtenir le payement de ses honoraires; que c'est donc à bon droit que M. le juge-commissaire a considéré sa créance comme privilégiée; — Mais attendu que le montant des honoraires réclamés paraît exagéré, eu égard à la condition sociale d'Etienne Graves, qui était journalier au service de la compagnie des chemins de fer du Midi, ne possédait d'autres ressources que le produit de son travail, et est devenu insolvable par suite du repos forcé auquel l'a contraint l'accident dont il a été victime; — Par ces motifs; — Maintient la collocation du sieur Elzéar Gauthier, docteur en médecine, au deuxième rang des privilèges; — Dit toutefois que sa créance sera réduite en capital à 408 fr., etc.

Du 5 juin 1891.-Trib. civ. de Narbonne.-MM. Delpech, pr.-Peigné, subst.-Taillefer, av.

(2) (L... *C.* B...). — Le tribunal; — Attendu que le législateur, en déclarant privilégiés les frais de dernière maladie, a voulu assurer aux malades tous les soins que leur état rendait nécessaires, et enlever à leurs créanciers toute préoccupation de leurs intérêts personnels, à un moment où les malades, faisant appel à leur science et à leur crédit, se trouvaient dans l'impossibilité de faire face aux justes réclamations qui auraient pu leur être adressées; mais que cette disposition, dictée par un sentiment d'humanité, ne peut s'étendre à tous les frais d'une maladie chronique de longue durée; qu'il appartient, dans ce cas, aux tribunaux de déterminer, d'après le caractère, les progrès et la gravité du mal, ce qui, quant aux frais, doit constituer la dernière maladie; — Attendu que X.. était atteint d'une gastro-entérite, maladie chronique remontant au moins à l'année 1880, et qu'il est mort le 22 févr. 1882, d'une péritonite; que cette péritonite n'était qu'une phase nouvelle ou une complication de la première affection, et ne saurait être considérée isolément comme étant la dernière maladie de X...; mais qu'il est facile de reconnaître que c'est au mois de mai 1881 qu'a commencé la période grave et dangereuse de cette maladie, et, par suite, de déterminer les frais qui doivent bénéficier de l'art. 2101 c. civ.; — Attendu que la demande de L... est justifiée et s'applique au temps de la dernière maladie; — Par ces motifs; — Déclare non recevable et mal fondée la contestation soulevée contre la créance du docteur L...; dit que la collocation provisoire et privilégiée de celui-ci sera maintenue, etc.

Du 27 nov. 1884.-Trib. civ. de Montdidier.-MM. Pillon, pr.; Lafon de Fongaufier, pr. de la Rép.

égard à la situation de fortune du débiteur (Trib. civ. Seine, 2 juin 1891) (1).

Art. 4. — *Salaires des gens de service (Rép. n°s 187 à 204).*

54. D'après la cour de cassation, le privilège établi par l'art. 2101-4° c. civ., pour le salaire des gens de service, appartient aux serviteurs attachés à une exploitation rurale comme à ceux qui sont réservés au service des personnes ou des habitations, lorsqu'ils se livrent aux travaux de la campagne dans les conditions de la domesticité (Civ. cass. 26 juin 1878, aff. Banque de la Réunion, D. P. 78. 1. 343 ; Civ. rej. 26 juin 1878, aff. Crédit foncier colonial, *ibid.*; Civ. cass. 5 juill. 1886, aff. Banque de la Guadeloupe, D. P. 86. 1. 463). Ainsi, ce privilège doit être accordé aux travailleurs immigrants d'un domaine situé aux colonies, qui sont engagés pour plusieurs années, à raison de gages fixes, logés, vêtus, soignés et nourris par leur engagiste, sur le domaine par eux cultivé, et dont l'engagement peut, sans leur consentement, être cédé à un nouveau propriétaire avec l'exploitation elle-même (Mêmes arrêts. — *Contrà :* Bordeaux, 20 avr. 1875, aff. Crédit foncier colonial, D. P. 77. 2. 186. Comp. *Rép.* n° 189 ; Aubry et Rau, t. 3, § 260, p. 133, note 19 ; Colmet de Santerre, t. 9, n°s 18 *bis*-I et suiv.; Baudry-Lacantinerie, t. 3, n° 1079 ; Thézard, n° 133).

55. Mais le privilège de l'art. 2101-4° ne s'applique pas aux appointements des clercs de notaire ou d'autres officiers ministériels (Civ. cass. 15 janv. 1855, aff. Margotteau, D. P. 55. 1. 5. — Conf. *Rép.* n° 190 ; Aubry et Rau, t. 3, § 260, p. 133 ; Thézard, n° 376. — *Contrà :* Colmet de Santerre, t. 9, n° 18 *bis*-I).

56. Ce privilège ne doit pas non plus être étendu aux commis des marchands ou des industriels (*Rép.* n°s 194 et suiv.; Aubry et Rau, *loc. cit.* — *Contrà :* Colmet de Santerre, *loc. cit.*). Il n'appartient pas, notamment, aux correcteurs d'imprimerie (Pau, 17 févr. 1866, aff. Piquet, D. P. 67. 2. 150. V. toutefois, *infrà*, n° 59).

57. On refuse également le privilège de l'art. 2101-4° aux artistes dramatiques, acteurs ou musiciens de l'orchestre d'un théâtre (Aix, 10 mars 1861 (2); Paris,

20 juin 1863, aff. Teissier, D. P. 63. 2. 169 ; Trib. com. Havre, 24 janv. 1863, aff. Verpy, D. P. 65. 3. 34 ; Req. 24 févr. 1864, aff. Lesage, D. P. 64. 1. 135 ; Aubry et Rau, t. 3, § 260, p. 134, n° 24 ; Laurent, t. 29, n° 366 ;Thézard, n° 376 ; André, n° 154. — V. toutefois en sens contraire : Montpellier, 25 mars 1862, aff. N..., D. P. 62. 5. 260).

58. Enfin les ouvriers à la journée ou à la tâche ne sont pas des gens de service, au sens de l'art. 2101-4° ; ils n'ont donc pas droit au privilège, alors même qu'ils seraient employés habituellement dans la même maison, et qu'ils ne recevraient leurs salaires qu'à la fin du mois ou même de l'année (*Rép.* n° 199; Aubry et Rau, t. 3, § 260, p. 133; Colmet de Santerre, t. 9, n° 18 *bis*-II ; Baudry-Lacantinerie, t. 3, n° 1079; Thézard, n° 376 ; André, n° 153). Il en est de même, à plus forte raison, des ouvriers employés dans une fabrique (V. *Rép.* n°s 200 et suiv.). Il résulte d'un arrêt de la cour de cassation que le privilège de l'art. 2101-4° ne doit pas être étendu aux salaires de tous ceux qui louent leurs services dans les termes de l'art. 1780 c.| civ., et que, par suite, une cour d'appel n'a pu valablement accorder ce privilège aux employés et travailleurs d'un établissement sucrier, sans rechercher la nature des services pour lesquels ils étaient engagés (Civ. cass. 9 juin 1873, aff. Crédit foncier colonial, D. P. 73. 1. 338. Comp. en ce sens, Bordeaux 20 avr. 1875, même affaire, D. P. 77. 2. 186. Mais V. Civ. cass. 26 juin 1878, même affaire, D. P. 78. 1. 343, et les autres arrêts cités *suprà*, n° 54).

59. Toutefois, en cas de faillite, l'art. 549 c. com., modifié par la loi des 28 mai 1838, a étendu le privilège de l'art. 2101-4° : 1° au salaire des ouvriers employés directement par le failli, pour le mois qui a précédé la déclaration de faillite ; 2° au salaire des commis, pour les six mois qui ont précédé cette même déclaration de faillite. Et la loi du 4 mars 1889, art. 22, modifiant de nouveau l'art. 549 c. com., a statué que le salaire des ouvriers serait privilégié « pendant les trois mois qui ont précédé l'ouverture de la liquidation judiciaire ou la faillite » (V. *suprà*, v° *Faillites et banqueroutes, liquidations judiciaires,* n°s 1099 et suiv.).

60. Le privilège attribué aux gens de service est restreint par l'art. 2101-4° aux salaires de l'année échue et à ce qui est

---

(1) (Pourcheiroux.) — Le tribunal ; — En ce qui touche Antoine Pourcheiroux — Attendu que l'art. 2101 c. civ , dans un but d'humanité, et pour assurer au débiteur les soins exigés par son état de maladie, a garanti par un privilège général le payement des honoraires du médecin ; mais qu'il n'a entendu le faire que dans la mesure strictement nécessaire au traitement de la maladie qui a précédé la mort ; que, pour déterminer l'étendue de ce privilège, il appartient aux tribunaux d'avoir égard à la situation de fortune du débiteur et à veiller à ce que le prélèvement autorisé par la loi ne porte pas une trop grave atteinte aux droits des autres créanciers ; que, dans l'espèce, la succession de Pourcheiroux ne se composait que d'un mobilier vendu pour le prix de 4521 fr.; que Pourcheiroux, pendant sa dernière maladie, a reçu les soins constants du docteur Caire, qui a réclamé la somme de 476 fr.; que, si le payement de cette créance est garanti par un privilège, il n'en saurait être ainsi de la totalité des honoraires demandés par le docteur Valmont, dont les consultations, en raison de la situation obérée du débiteur et de l'assistance d'un autre médecin, ne peuvent bénéficier des dispositions de l'art. 2101 c. civ. que jusqu'à concurrence de la somme de 100 fr.; — Attendu que les frais de garde et de médicaments ne présentent aucun caractère d'exagération, et que, de ces chefs, les collocations de Pourcheiroux doivent être maintenues ; — Par ces motifs ; — Dit que Antoine Pourcheiroux ne pourra être admis, pour les honoraires qu'il a payés au sieur Valmont, que jusqu'à concurrence de 100 fr., etc.
Du 2 juin 1891.-Trib. civ. de la Seine.-MM. Roy de Pierrefitte, pr.-Bourdillon et Challamel, av.

(2) (Girel C. syndic Chabrillat et Tronchet.) — Le 10 mai 1860, jugement du tribunal de commerce d'Aix ainsi conçu : — « Attendu que le sieur Girel, comme régisseur et comme cessionnaire du sieur Berlingard, acteur au théâtre du Gymnase, demande, à titre de créancier privilégié des sieurs Chabrillat et Tronchet, anciens directeurs faillis, un solde d'appointements ; — Que la question pour lui soulevée est celle de savoir si les acteurs jouissent du privilège que le code de commerce accorde dans les faillites aux gens de service, aux commis et aux ouvriers ; — Attendu que les acteurs font, avec un directeur de théâtre, un contrat de louage d'industrie; que ce contrat ne peut être classé dans aucune des trois catégories indiquées par l'art. 1779 c. civ., article qui n'est point limitatif, puisqu'il déclare ne désigner que les principales espè-

ces de louage d'ouvrage ; — Attendu, en effet, que la seule des trois espèces dénommées par cet article à laquelle on puisse rapporter l'engagement des acteurs est celle du louage des gens de travail qui s'engagent au service de quelqu'un ; — Attendu que les articles suivants qui traitent de cette espèce de contrat, sont placés sous la rubrique : du louage des domestiques et ouvriers, et qu'ainsi la loi indique qu'elle ne s'applique qu'aux domestiques; — Attendu qu'à l'égard des domestiques et ouvriers, la loi a établi en faveur du maître le droit d'être cru sur son affirmation pour la quotité des gages, le payement du salaire de l'année échue et les acomptes donnés pour l'année courante; — Que l'on comprendrait difficilement l'extension de cette disposition aux artistes dont en réalité les relations et la position sociale à l'égard d'un directeur sont différentes de celle des domestiques et ouvriers à l'égard du chef de maison qui les emploie; — Attendu que le législateur, quand il a eu à distinguer des professions sociales pour déterminer les droits et les obligations de ceux qui les exercent, a dû se conformer, à moins qu'il ne fasse d'autres classifications, aux distinctions généralement admises ; — Que, dans les relations de la société et dans le langage usuel, un artiste n'est point rangé parmi les domestiques, les ouvriers et les commis; qu'il loue bien son travail, mais qu'il loue un travail d'un autre genre, et que les distinctions des professions s'établissent d'après la nature du travail auquel on se livre ; — Attendu que la loi n'a pas suivi d'autres errements; qu'indépendamment de la preuve tirée du rapprochement des premiers articles du titre du contrat de louage, la loi a encore indiqué, par l'art. 549 c. com, que le terme *gens de service*, employé par l'art. 2101 c. civ., ne comprenait ni les ouvriers, ni les commis, et était forcément restreint ainsi aux domestiques ; — Que le code civil n'a fait que substituer ce terme de *gens de service* à celui de *domestiques* employé dans une loi précédente ; — Attendu que les artistes ne peuvent donc invoquer ni l'art. 2101 c. civ., qui n'est fait que pour les domestiques, ni l'art. 549 c. com., qui n'a été établi qu'en faveur des ouvriers et des commis; — Attendu que, d'après les décomptes produits, le sieur Berlingard est resté créancier de 666 fr. et le sieur Girel de 1066 fr.; que le montant de ces deux créances dues au sieur Girel est de 1732 fr.; — Par ces motifs, etc. — Appel.
La cour ; — Adoptant les motifs, etc.; — Confirme, etc.
Du 10 mars 1861.-C. d'Aix.-MM. Bédarrides, pr.-Arnaud et Thourel, av.

dû sur l'année courante. On doit entendre, par l'année courante, l'année où se produit le décès, la déclaration de faillite, l'ouverture de la liquidation judiciaire ou la déconfiture du débiteur. Le commencement de cette année pourra ne pas être le même pour tous les gens de service, car tous ne seront ordinairement pas entrés à la même date au service du débiteur. Au contraire, le privilège accordé aux ouvriers et aux commis par l'art. 549 c. com. ne remonte jamais au delà des trois mois ou des six mois qui ont précédé la faillite ou la liquidation judiciaire (Aubry et Rau, t. 3, § 260, p. 134 ; Laurent, t. 29, n° 367; Colmet de Santerre, t. 9, n° 18 *bis* III et suiv.).

61. Pour les gens de service qui se louent à l'année, l'étendue du privilège concorde avec le délai de la prescription. Ce délai pour eux, en effet, est d'un an (c. civ. art. 2272), et, comme la prescription ne court qu'après l'échéance de la dette, les salaires de l'année échue et de l'année courante ne peuvent être prescrits. Mais en ce qui concerne les gens de service engagés au mois, au trimestre ou au semestre, la prescription n'est que de six mois (c. civ. art. 2271). Il pourra ainsi arriver qu'une partie de leurs salaires de l'année échue et de l'année courante soit prescrite, si d'ailleurs la prescription n'a pas été interrompue. En pareil cas, plusieurs auteurs décident que le privilège ne peut s'exercer pour les salaires atteints par la prescription (Pont, t. 1, n° 86 ; Baudry-Lacantinerie, t. 3, n° 1080). Mais nous croyons plus exact de dire, avec MM. Aubry et Rau, t. 3, § 260, p. 136, que la prescription *brevis temporis*, établie par les art. 2271 et suiv., n'emporte pas, comme la prescription ordinaire, une présomption absolue de libération et, par suite, n'entraîne pas nécessairement l'extinction du privilège attaché à la créance. Il reste toujours au créancier privilégié, auquel on oppose cette prescription, la ressource de déférer le serment admis par l'art. 2275 ; le créancier ne saurait, en effet, être privé de la faculté de déférer ce serment par cela seul que la prescription lui serait opposée dans une distribution de deniers, par d'autres créanciers et non par le débiteur. D'autre part, on prétendrait à tort que le refus par le débiteur de prêter le serment serait sans valeur vis-à-vis des tiers comme constituant une renonciation au bénéfice de la prescription, car ce bénéfice est précisément subordonné par la loi à cette prestation de serment, qui dépend uniquement de la conscience du débiteur (Comp. Trib. civ. d'Orange, 12 juill. 1890, aff. Appay et cons. D. P. 93. 2. 276).

62. La loi du 23 déc. 1874, art. 14, déclare privilégiés « les mois de nourrice dus par les parents ou par toute autre personne ». Ce privilège prend rang même avant celui des gens de service (V. *infrà*, n° 310). Toutefois, si la nourrice demeure chez les parents de l'enfant, elle est privilégiée comme personne de service (André, n° 151).

Art. 5. — *Fournitures de subsistances* (Rép. n°s 203 à 217).

63. Les fournitures de subsistances, que l'art. 2101-5° déclare privilégiées, ne sont pas seulement les fournitures ayant pour objet des choses nécessaires à l'alimentation. Sur ce point tous les auteurs sont d'accord, mais ils se divisent sur le détail des fournitures. D'après M. Colmet de Santerre (t. 3, n° 19 *bis*-I), on doit considérer comme privilégiées les créances résultant de la fourniture de choses nécessaires à l'existence physique de l'homme : la nourriture d'abord, le chauffage, l'éclairage et même le vêtement. En regardant les choses strictement, au sens littéral des mots, le vêtement ne sert pas à l'alimentation, mais il est absolument nécessaire à l'homme pour subsister, c'est-à-dire pour vivre. Au contraire, suivant MM. Aubry et Rau, t. 3, § 260, p. 135, les fournitures de vêtements ne sont pas privilégiées, parce que les vêtements ne rentrent pas dans la consommation journalière (En ce sens: Baudry-Lacantinerie, t. 3, n° 1081 ; Thézard, n° 377 ; André, n° 157). M. Laurent, t. 29, n° 371, refuse le privilège même aux fournitures de vin, ce qui est peut-être une rigueur excessive.

Dans tous les cas, il est certain que le privilège ne pourrait être exercé à raison de fournitures ayant pour objet des choses non nécessaires à la vie, pour des consommations de luxe ou des dépenses superflues (V. *Rép.* n° 214 et les auteurs précités). Il a été jugé, notamment, que le privilège ne peut être appliqué à des fournitures d'eau-de-vie (Civ. rej. 1er févr. 1893, aff. Delettré, D. P. 93. 1. 184).

64. Le privilège est accordé par la loi aux marchands en détail, pour les fournitures faites pendant les six derniers mois, et aux maîtres de pension et marchands en gros, pour les fournitures faites pendant la dernière année. On a dit au *Rép.*, n° 207, que le privilège ne pourrait pas s'étendre aux fournitures faites par un particulier non marchand (V., dans le même sens, Aubry et Rau, t. 3, § 260, p. 136). Cette solution, toutefois, est contestée. La loi, dit-on, en supposant que les fournitures ont été faites par des marchands, a parlé du cas le plus ordinaire ; mais, tout d'abord, ce ne sont pas les *fournisseurs* de subsistances qu'elle déclare privilégiés, ce sont les *fournitures*; peu importe donc la qualité du fournisseur (Colmet de Santerre, t. 9, n° 19 *bis*-V ; Baudry-Lacantinerie, t. 3, n° 1081).

65. Pour déterminer l'étendue du privilège accordé aux fournisseurs de subsistances par l'art. 2101-5°, il faut considérer la nature des fournitures et non la classe à laquelle appartient le marchand. Ainsi, la créance est privilégiée pour une année, lorsque les fournitures ont eu lieu en gros, bien qu'elles aient été faites par un marchand en détail ; réciproquement, la créance n'est privilégiée que pour six mois, bien que les fournitures aient été faites par un marchand en gros, si elles ont eu lieu en détail (Civ. rej. 1er févr. 1893, aff. Delettré, D. P. 93. 1. 184).

66. L'année et les six mois dont parle l'art. 2101-5° s'entendent, avons-nous dit, de l'année ou des six mois antérieurs au décès, à la faillite ou à la déconfiture du débiteur (Comp. *suprà*, n° 60). Pour le cas de déconfiture, on a soutenu que le privilège ne peut s'étendre qu'à l'année ou aux six mois qui ont précédé la production légale du créancier dans la distribution (Valette, *Traité des privilèges et des hypothèques*, n° 35 ; Pont, t. 1, n° 91). Mais cette opinion ne paraît pas devoir être suivie, car l'étendue du privilège ne doit pas dépendre du plus ou moins de diligence que peuvent mettre les créanciers à requérir l'ouverture de la distribution par contribution (V. en ce sens, Baudry-Lacantinerie, t. 3, n° 1081 ; Thézard, n° 378). Il vaut mieux s'attacher à la saisie du mobilier, qui révèle ordinairement la déconfiture ; elle équivaut, sous ce rapport, à la déclaration de faillite et doit fixer les droits des créanciers sur les biens saisis. De là il résulte que les fournitures faites au débiteur après la saisie et avant la distribution pourraient encore être privilégiées, de même qu'en cas de faillite la subsistance du failli et de sa famille est à la charge de la masse (V. en ce sens: Aubry et Rau, t. 3, § 260, p. 136, note 32 ; Baudry-Lacantinerie, t. 3, n° 1081 ; Thézard, n° 378).

67. Le privilège de l'art. 2101-5° s'applique aux fournitures faites pour les besoins du débiteur, de sa femme, de ses enfants et des parents, alliés ou domestiques, demeurant habituellement avec lui (Rép. n° 215; Aubry et Rau, t. 3, § 260, p. 135 ; Colmet de Santerre, t. 9, n° 19 *bis*-II ; Baudry-Lacantinerie, t. 3, n° 1081). Mais, comme on l'explique au *Rép.* n° 216, ce privilège ne s'étend pas aux fournitures faites à un aubergiste ou à un maître de pension pour l'exercice de leur profession (V. en ce sens les auteurs précités). Il peut s'appliquer aux fournitures faites aux gens de service du débiteur, s'ils vivent avec lui et font partie de sa maison. Au contraire, on ne peut l'étendre aux fournitures de denrées alimentaires faites aux travailleurs immigrants dans une colonie, qui, attachés à une exploitation industrielle, sont logés et nourris aux frais de l'engagiste et sur son domaine, mais ne vivent point dans sa maison (Civ. rej. 22 mars 1892, aff. Lafaye, D. P. 92. 1. 247).

68. Les juges du fond doivent apprécier, d'après les circonstances de la cause, si la fourniture pour laquelle le privilège est réclamé, a été réellement nécessaire pour assurer la subsistance du débiteur et de sa famille. Il a été jugé qu'ils ne peuvent rejeter la demande en collocation en se fondant uniquement sur les motifs qu'une fourniture de vin ne rentre pas dans l'hypothèse de l'art. 2101-5° lorsqu'elle a été faite par livraisons de plus de 100 litres à la fois (Civ. cass. 10 juin 1890, aff. Bourgeois, D. P. 91. 1. 178). — C'est aussi aux juges du fond qu'il appartient de décider si les fournitures ont été faites en gros ou en détail. Spécialement, un jugement a pu valablement décider que du vin, vendu à un particulier dans les conditions où cette boisson est habituellement livrée pour la consommation

journalière, constitue une fourniture en détail, encore qu'il ait été livré par pièce (Civ. rej. 1er févr. 1893, aff. Delettré, D. P. 93. 1. 184).

69. Les maîtres de pension ont droit au privilège pour les frais d'entretien de leurs élèves, mais nullement pour le prix de l'enseignement, non plus que pour les fournitures de livres et autres objets servant aux études (Trib. civ. Perpignan, 22 août 1871, aff. Fabre, D. P. 72. 3. 40; Baudry-Lacantinerie, t. 3, n° 1081).

70. Pour le cas où les fournitures de subsistances auxquelles est attaché le privilège de l'art. 2101-5° seraient prescrites par application des art. 2271 et suiv. c. civ., V. *suprà*, n° 61.

Sect. 2. — Des privilèges sur certains meubles (*Rép.* n°s 218 à 409).

Art. 1er. — *Loyers et fermages d'immeubles* (*Rép.* n°s 219 à 294).

§ 1er. — Qui a droit au privilège (*Rép.* n°s 220 à 228).

71. L'art. 2102-1°, dans l'énumération qu'il fait des créances privilégiées sur certains meubles, indique d'abord « les loyers et fermages des immeubles ». Il s'ensuit, comme on l'a expliqué au *Rép.* n°s 220 et suiv., que le privilège appartient à tout locateur d'immeubles, soit d'immeubles urbains, soit d'immeubles ruraux. Si la loi parle ensuite de maison louée et de ferme, elle n'entend pas pour cela exclure le locateur de tout autre genre d'immeubles. Ainsi, il a été jugé que le propriétaire d'un terrain vague, qui l'a loué pour y placer des échafaudages destinés à recevoir des spectateurs un jour de fête publique, a privilège, pour le payement du prix de location, sur les bois ayant servi à la construction de ces échafaudages, à moins qu'il n'ait su que ces bois n'appartenaient pas au locataire (Aix, 30 mars 1865, aff. Rambert, D. P. 66. 2. 9. V. en ce sens, Laurent, t. 29, n°s 381).

72. Peu importe que le locateur soit le propriétaire de l'immeuble loué, ou qu'il en soit seulement l'usufruitier, le possesseur ou le locataire principal (V. *Rép.* n°s 220 et suiv.). En ce qui concerne le locataire principal, l'art. 819 c. proc. civ., qui lui accorde le droit de saisir-gager les meubles du sous-locataire, lui reconnaît par là même implicitement vis-à-vis de celui-ci les mêmes droits que ceux du propriétaire, et notamment le privilège (Comp. Metz, 8 déc. 1869, aff. Thomé, D. P. 70. 2. 139). V. toutefois, quant aux droits et obligations du propriétaire et du locataire principal, en cas de sous-location, *infrà*, n° 92.

73. Le bailleur à colonage partiaire a, comme tout autre locateur, droit au privilège de l'art. 2102-1°. Cela était admis par la doctrine et la jurisprudence dès avant la loi du 18 juill. 1889, dont l'art. 10 est ainsi conçu : « Le bailleur exerce le privilège de l'art. 2102 c. civ. sur les meubles, effets, bestiaux et portions de récolte appartenant au colon, pour le payement du reliquat du compte à rendre par celui-ci » (Comp. Limoges, 26 août 1848, aff. Brosset, D. P. 49. 2. 173 ; Poitiers, 18 déc. 1890, aff. Chopin et autres, D. P. 92. 2. 377 ; Aubry et Rau, t. 4, § 371, p. 510 ; Laurent, t. 29, n° 480 ; Guillouard, *Traité du contrat de louage*, t. 2, n°s 629 et 633-XX).

74. On doit encore reconnaître le privilège de l'art. 2102-1° au locateur d'un appartement garni. Nous lisons dans les motifs d'un jugement « que ce privilège ne peut exister que vis-à-vis du locataire qui, conformément à l'art. 1752 c. civ., est obligé de garnir les lieux loués de meubles suffi-

sants pour répondre des loyers ; que le privilège dérive alors de l'intention des parties, qui veulent l'une comme l'autre que le bailleur trouve sa garantie dans les meubles introduits par le locataire ; que cette intention ne peut se supposer dans la location d'un appartement garni, puisqu'il est de l'essence de ce contrat que le locataire n'apporte aucun meuble et que le bailleur se repose, pour la perception des loyers, sur la solvabilité personnelle de son débiteur » (Trib. civ. de Bruxelles, 10 déc. 1866, aff. Hermel, D. P. 67. 3. 79). Mais cette doctrine nous semble en opposition tout à la fois avec le texte de la loi et avec l'intention présumable des parties. La loi accorde au locateur un privilège sur « tout ce qui garnit la maison louée » ; or, les effets apportés par le locataire dans une maison ou un garni contribuent encore à la garnir et rentrent, par conséquent, dans cette définition. De plus, le locateur d'une telle maison est autorisé à considérer ces effets comme son gage, car autrement il serait moins bien traité que l'aubergiste, auquel pourtant la loi accorde un privilège sur les effets apportés par les voyageurs dans son auberge (art. 2102-5°).

75. Enfin, le privilège que l'art. 2102-1° accorde au bailleur est attaché à la nature même de la créance, indépendamment de toutes conventions intervenues entre le bailleur et le preneur. La cour de cassation a décidé, notamment, que ce privilège avait été dénié à tort au propriétaire d'une usine à gaz pour un prix de location fixé par le bail à 30 pour 100 des recettes de l'usine (Civ. cass. 24 nov. 1880) (1).

76. Mais le privilège suppose l'existence d'un contrat de bail. Il a été jugé que, le redevable des droits de place dans les halles, foires et marchés, n'étant pas un véritable locataire au regard de la commune qui perçoit les droits, la commune et, par voie de conséquence, le fermier qui s'est substitué pour la perception de ces droits, ne peut exercer le privilège de l'art. 2102-1° pour obtenir payement des droits ou taxes dont il s'agit, sur les objets mobiliers dont le redevable est propriétaire et qui garnissent la place occupée par lui (Alger, 9 mai 1892, aff. Gaillard, Fivel frères, D. P. 92. 2. 376).

De plus, le privilège n'est accordé par la loi qu'aux locations d'immeubles ; on ne peut donc pas l'étendre aux locations de meubles. On a déjà cité au *Rép.*, n° 220-1°, un arrêt d'après lequel le locataire principal d'un bâtiment, qui a établi des machines dans ce bâtiment, et qui le sous-loue avec ces machines, n'a pas de privilège pour la partie du loyer qui s'applique aux machines. Il a été jugé, dans le même sens, que le loueur de force motrice, qui a stipulé un prix de location par chaque jour de travail effectué, ne peut prétendre exercer le privilège établi par l'art. 2102-1° pour les loyers et fermages d'immeubles, et ne doit être admis à la faillite du locataire que comme créancier chirographaire (Trib. com. Seine, 20 août 1871, aff. Homburger, D. P. 73. 3. 40. Comp. Laurent, t. 29, n° 380 ; Baudry-Lacantinerie, t. 3, n° 1085 ; Thézard, n° 336).

77. Le privilège du locateur d'immeubles, en tant qu'il porte sur ce qui garnit la maison ou la ferme, est fondé sur un nantissement tacite. De là, les auteurs ont conclu que ce privilège cesse d'exister pour le locateur dès qu'il n'a plus la possession de l'immeuble. Il a été jugé, conformément à cette théorie, que celui qui a cessé d'être propriétaire ou locataire principal n'a plus le droit de former une saisie-gagerie pour les loyers échus avant l'aliénation de l'immeuble loué ou avant la cession ou la résiliation du bail principal (Nîmes, 31 janv. 1820, *Rép.* n° 223 ; Orléans, 23 nov. 1838, *Rép.* v° *Saisie-gagerie*, n° 4 ; Caen, 9 mars 1891 (2). V. dans le même sens : Aubry et Rau, t. 3, § 261,

---

(1) (Moulinard C. Société des houillères de Montrambert et Dupont.) Arrêt (après délib. en la ch. du cons.) — La cour ; — ... Sur le deuxième moyen du pourvoi ; — Vu l'art. 2102, § 1, c. civ. ; — Attendu que, tout en reconnaissant que la somme de 2734 fr. 33 cent. représente 30 pour 100 des recettes de l'usine à gaz, faites par Dupont, pendant sa location et qui, d'après le bail entre eux arrêté, a été attribuée à Moulinard pour prix de location de cette usine, le jugement attaqué a néanmoins décidé que Moulinard ne pourrait exercer, pour cette somme, le privilège du bailleur sur tous les objets mobiliers garnissant l'usine louée à l'époque de la cessation du bail passé à Dupont, y compris les charbons livrés à ce dernier par la société anonyme de Montrambert et ce, par le motif que toute convention particulière qui

aurait pu intervenir entre Moulinard et Dupont à cet égard, ne peut être opposée aux tiers, créanciers de ce dernier, et constituer un droit de préférence au profit de Moulinard ; — Mais attendu que le privilège que l'art. 2102, § 1, accorde au bailleur est attribué par la loi à la nature même de la créance, indépendamment de toutes conventions intervenues entre le bailleur et le preneur ; — D'où suit en statuant comme il l'a fait, le jugement attaqué a violé l'art. 2102, § 1, ci-dessus visé ; — Casse, etc.

Du 24 nov. 1880.-Ch. civ.

(2) (Héritiers Lepelletier C. Lepareux.) — La cour ; — Attendu qu'en règle générale les biens d'un débiteur sont le gage com-

p. 138, note 4 ; Laurent, t. 29, n° 383 ; Colmet de Santerre, t. 9, n° 28 *bis*-III). — On a admis cependant que le propriétaire qui a formé une saisie-gagerie sur les meubles du locataire, dès avant la vente de son immeuble, conserve le droit de donner suite à cette saisie et d'exercer son privilège pour les loyers échus avant la vente, concurremment avec celui de l'acquéreur de l'immeuble pour les loyers postérieurs à cette vente (Paris, 12 janv. 1848, aff. Druard, D. P. 48. 2. 96 ; Laurent, *loc. cit.*). Toutefois, M. Colmet de Santerre, *loc. cit.*, a judicieusement fait observer qu'en tant qu'il porte sur les fruits de la récolte de l'année, le privilège du locateur n'est pas un privilège de gagiste et n'exige pas, nécessairement la possession : le bailleur ici est privilégié parce que c'est lui qui a mis en quelque sorte la récolte dans le patrimoine du débiteur, et, si tel est le fondement de son privilège, le bailleur doit pouvoir l'exercer alors même qu'il n'a plus la possession de l'immeuble. M. Thézard, de son côté, n° 336, soutient que le bailleur, en vendant son immeuble, peut, par une clause expresse, se réserver son privilège pour les loyers arriérés, sans qu'on puisse objecter un privilège ne peut résulter d'une convention. En effet, dit-il, si l'on prétend que la perte du privilège, en cas d'aliénation, provient d'une renonciation tacite, cette renonciation est écartée par la manifestation d'une volonté contraire ; si l'on considère que le privilège cesse avec le nantissement, la réponse est que le nantissement continue d'exister entre les mains de l'acquéreur qui possède pour le vendeur ; si enfin l'on dit que les conditions exigées par la loi ne sont plus réalisées, puisque le locateur n'est plus locateur, cette objection n'est pas exacte, car il y a toujours des loyers et fermages dus pour la location de l'immeuble sur lequel se trouvent les objets grevés du privilège, et la loi n'exige rien de plus (Comp. Caen, 2 juin 1851, aff. Blutel, D. P. 54. 5. 603).

§ 2. — Quelles choses sont grevées du privilège (*Rép.* n°s 229 à 260).

78. Le privilège du bailleur porte, d'après l'art. 2102-1°, d'une part, sur les fruits de la récolte de l'année, et, d'autre part, sur tout ce qui garnit la maison louée ou la ferme et tout ce qui sert à l'exploitation de la ferme (*Rép.* n° 229). De plus, la loi du 19 févr. 1889 (D. P. 89. 4. 29) a étendu le privilège du bailleur aux indemnités d'assurances pouvant être dues au locataire en cas de sinistre (V. *infra*, n° 99).

79. — I. Fruits de la récolte de l'année (*Rép.* n°s 230 à 238). — Le privilège s'étend, comme on l'a dit au *Rép.* n° 231, non seulement aux fruits déjà perçus, mais aussi aux fruits pendants que le propriétaire est autorisé à frapper de saisie-brandon dans les six semaines qui précèdent l'époque de la maturité (c. proc. civ., art. 626 et suiv.) (Comp. Civ. rej. 11 juill. 1864, aff. De Méré, D. P. 64. 1. 488).

80. L'art. 2102-1° ne parlant que des fruits de la récolte de l'année, on s'est demandé si le privilège ne porte pas aussi sur les fruits des années précédentes (*Rép.* n° 238). Cette question semble devoir être résolue par une distinction. Le privilège spécial sur les fruits et récoltes de l'année appartient à tout locateur de biens ruraux, que le bail comprenne ou ne comprenne pas des bâtiments de ferme. S'il n'y a pas de bâtiments ou si le fermier n'a pas engrangé dans les bâtiments, les fruits de la récolte de l'année seront seuls affectés du privilège, car le texte de la loi ne peut être étendu aux fruits des autres années. Mais si, au contraire, ces derniers fruits se trouvent aussi dans les lieux loués, ils restent le gage du bailleur comme objets garnissant la ferme, et il en sera habituellement ainsi, puisque l'art. 1767 oblige le fermier à engranger dans les lieux à ce destinés (V., en ce sens, Aubry et Rau, t. 3, § 261, p. 140 et suiv. ; Colmet de Santerre, t. 9, n° 28 *bis*-X ; Thézard, n° 347 ; André, n° 174). — Le privilège sur les fruits de la récolte de l'année subsiste, d'ailleurs, alors même que les fruits sont transportés hors de la ferme ; il n'est pas soumis, comme le privilège portant sur ce qui garnit la maison louée ou la ferme, à la condition que les objets déplacés soient revendiqués dans un certain délai (Besançon, 11 déc. 1845) (1).

81. Lorsque les fruits de la récolte de l'année ont été déposés par le fermier dans une grange appartenant à un autre propriétaire, un conflit s'élève entre le privilège du bailleur et le privilège du propriétaire de la grange (*Rép.* n° 236). Il a été jugé, avec raison suivant nous, que c'est à

---

mun de ses créanciers, qui s'en partagent le prix par contribution ; — Que la privilège est une exception de droit étroit ; — Qu'il est soumis, tant pour sa création que pour son maintien, à certaines conditions rigoureuses-prescrites par la loi ; — Attendu que le privilège du bailleur ne s'étend pas sur la généralité des meubles, comme le privilège des fournitures de subsistances ; qu'il est spécial et ne porte que sur certains meubles ; qu'il a pour base essentielle un nantissement de fait ; — Que c'est ce qui résulte de la concordance des art. 1752 et 1766 c. civ., d'une part, et de l'art. 2102 du même code ; que les deux premiers articles obligent le preneur d'une maison ou d'un héritage rural à garnir les lieux loués d'un mobilier suffisant pour répondre des loyers ou fermages, et que l'art. 2102 accorde ensuite au créancier un privilège sur les objets ainsi apportés en nantissement, et sur les récoltes, dont le propriétaire est également nanti, lorsqu'elles cessent de faire partie du sol même ; — Que c'est ce qui résulte encore surabondamment des travaux préparatoires du code civil ; — Attendu que l'art. 819 c. proc. civ. ne modifie pas les règles posées par le code civil ; qu'il ne fait que les appliquer en autorisant le propriétaire à saisir-gager et à revendiquer les effets et fruits étant dans les maisons ou bâtiments ruraux et sur les terres ; — Que la saisie-gagerie, ainsi que le mot l'indique, suppose au droit que confère le gage ; qu'il en est de même de la revendication ; — Attendu que toute supposé nécessairement la possession comme condition essentielle ; que l'art. 2076, énonçant à cet égard une règle générale, porte que, dans tous les cas, le privilège ne subsiste sur le gage qu'autant que ce gage est resté en la possession du créancier ou d'un tiers convenu entre les parties ; — Attendu que le bailleur possède, par l'immeuble dont il a conféré la jouissance au preneur, le mobilier apporté par celui-ci en nantissement ; — Que le propriétaire qui transmet à un acquéreur la propriété entière de l'immeuble, sans s'en réserver la jouissance ou la possession, perd tout droit de gage sur le mobilier ou les récoltes ; qu'il n'a plus, par conséquent, ni privilège, ni droit de saisir-gager ; qu'on ne saurait admettre qu'il pût conserver indéfiniment ces deux droits, intimement liés l'un à l'autre, notamment sur un mobilier de ferme qui se renouvelle constamment et sur les récoltes excrues depuis la vente ; — Attendu, en fait, que le 12 déc. 1888, par acte reçu par M° Loupie, notaire à Vire, les héritiers Lepelletier d'Anneville ont vendu à Leneveu, pour le prix de 93 000 fr., des immeubles

loués à Fautrat ; qu'il est stipulé dans cet acte que l'entrée en jouissance de l'acquéreur était fixée par anticipation au 29 septembre précédent ; que l'acte ne contient rien relativement aux fermages dus aux vendeurs ; — Que, dans ces circonstances, les vendeurs étaient sans droit pour procéder, le 2 mai 1889, à une saisie-gagerie contre le fermier, et qu'ils ne sont pas fondés à réclamer un privilège pour leurs fermages ; — Par ces motifs, confirme.

Du 9 mars 1891.-C. de Caen, 1re ch.-MM. Houyvet, 1re pr.-Bénard et Carel, av.

(1) (Cons. Gollotte C. Dusonzy, Chourlin et Blum.) — La cour ; — Attendu que l'intimé Dusonzy ayant vendu par acte authentique du 30 mai 1844, reçu, Courbet, notaire à Pesmes, à David Blum la récolte pendante par racines sur les fonds amodiés au premier par les consorts Gollotte, ceux-ci ne pouvaient plus employer la voie de la saisie-gagerie contre leur fermier qui n'était plus en possession de ces fruits ; que s'ils eussent fait établir une saisie-gagerie entre les mains de Blum ou des frères Chourlin à qui il avait revendu verbalement les mêmes objets, on leur eût opposé que l'art. 557 c. proc. civ. n'était point applicable en ce cas, puisque ni Blum ni les Chourlin n'étaient débiteurs de Dusonzy, ayant acheté de lui la récolte en acquittement de créance ; qu'ils ne détenaient point non plus d'effets qui appartinssent à leur fermier ; que les appelants, en agissant en revendication, par suite du privilège que leur accordait l'art. 2102 c. civ. ont donc agi régulièrement pour faire valoir leurs droits sur les objets qui servaient de gage ; — Attendu que cet article établit un privilège spécial en faveur du propriétaire, pour les fermages d'immeubles ruraux, sur les fruits provenant de la récolte de l'année ; que ce droit dérive de la qualité de propriétaire, puisque les fruits n'appartiennent au fermier qu'à la condition qu'il payera le prix du bail ; qu'il s'étend donc sur les fruits non récoltés comme sur ceux qui déjà ont été séparés du sol ; qu'il est indépendant de la circonstance que le fermier occuperait la maison louée, et distinct du privilège que la loi accorde en outre sur les meubles, qui ne peut s'exercer que sur le prix de ce qui garnit la ferme ou sert à son exploitation ; que, lors même que ces fruits ont été transportés dans une maison louée et hors de la ferme, le propriétaire n'en conserve pas moins son privilège, qui est inhérent à la qualité de propriétaire, puisque, quand il

ce dernier qu'il faut accorder la préférence, si le bailleur n'a pas eu la précaution de conserver son droit en revendiquant les fruits dans le délai de la loi ou en signifiant au propriétaire de la grange que la récolte transportée était grevée de son privilège, et si d'ailleurs il n'est pas établi que ce propriétaire ait connu, au moment du transport, la nature et la provenance de la récolte (Paris, 25 juin 1853, aff. Delaunay, D. P. 55. 2. 353. V. dans le même sens : Aubry et Rau, t. 3, § 261, p. 140 et suiv. ; Colmet de Santerre, t. 9, n° 28 bis-IX ; Baudry-Lacantinerie, t. 3, n° 1092).

82. Dans le cas où les fruits sont vendus à l'amiable par le fermier, le privilège du bailleur subsiste tant qu'ils n'ont pas été réellement livrés à l'acquéreur, car le bailleur ne peut perdre son privilège, droit réel, par le seul effet de la volonté du débiteur (V. Rép. n°s 232 et suiv.). Mais à partir de la livraison, par application de la règle : en fait de meubles, possession vaut titre, le privilège s'éteint, à moins que le bailleur n'exerce son droit de revendication (Lyon, 24 févr. 1836, Rép. n° 234). Plusieurs auteurs soutiennent même que le droit de revendication ne peut pas être exercé au préjudice d'un tiers de bonne foi, lorsqu'il s'agit de choses telles que des fruits et récoltes, qui par leur nature sont destinées à être vendues (V. infra, n° 133).

83. La loi, dans l'art. 2102-1°, n'a parlé que des fruits naturels ; mais M. Colmet de Santerre, t. 9, n° 28 bis-XI, fait justement remarquer que la raison théorique qui a donné naissance au privilège sur les fruits naturels a produit un résultat analogue relativement aux fruits civils, c'est-à-dire aux loyers et fermages que peut procurer au locataire l'immeuble loué. En cas de sous-location, en effet, la créance de loyers ou de fermages qui appartient au sous-locataire n'est pas le gage commun de ses créanciers ; elle peut être exercée par le bailleur principal directement contre le sous-locataire ou sous-fermier (c. civ. art. 1753). Cette action directe équivaut pour le bailleur à un privilège.

84. — II. MEUBLES GARNISSANT LA MAISON LOUÉE OU LA FERME (Rép. n°s 239 à 260). — On a recherché au Rép. n° 246 ce qu'il faut entendre par « tout ce qui garnit la maison louée ou la ferme et tout ce qui sert à l'exploitation de la ferme ». On a constaté d'abord que cette expression ne peut comprendre les droits incorporels, tels que les créances, ni même tous les objets corporels qui peuvent se trouver dans une maison. Elle ne comprend pas notamment l'argent comptant, les titres nominatifs ou au porteur (V. en ce sens : Aubry et Rau, t. 3, § 261, p. 138 et suiv.; Laurent, t. 29, n°s 411 et suiv.; Colmet de Santerre, t. 9, n° 28 bis-IV; Baudry-Lacantinerie, t. 3, n° 1087; Thézard, n° 343; André, n° 175). Il a été jugé que le privilège du bailleur ne s'applique qu'aux meubles corporels, et non aux droits résultant d'un brevet d'invention (Lyon, 26 déc. 1863, aff. Sonier-Dupré, D. P. 64. 2. 234);... que, par suite, le propriétaire qui a pratiqué une saisie-gagerie sur le mobilier et les métiers placés par le locataire dans les lieux loués n'est pas fondé à demander la validité de cette saisie-gagerie en tant qu'elle comprendrait le droit de se servir des métiers en vertu de l'autorisation conférée à cet effet au locataire par l'inventeur breveté (même arrêt). Il a été jugé aussi que, si après la faillite du locataire d'un moulin, le bailleur laisse continuer l'exploitation par le syndic de la faillite, il n'a aucun privilège sur le prix des moutures à façon opérées par le syndic (Paris, 22 févr. 1861, aff. Levasseur, D. P. 64. 5. 386). Les bénéfices résultant de l'exploitation d'une usine ne constituent pas, en effet, des meubles corporels garnissant les lieux loués.

85. Le privilège du bailleur porte-t-il sur les bijoux possédés par le locataire ? La négative est assez généralement admise. Les bijoux, en effet, comme le dit M. Laurent, t. 29, n° 413, ne garnissent pas la maison ; ils ornent la personne. Quand on loue une maison garnie, quelque luxueuse qu'elle soit, on ne la garnit pas de bijoux (V. en ce sens : Rép. n° 247; Aubry et Rau, t. 3, § 261, p. 139; Colmet de Santerre, t. 9, n° 28 bis-IV; Thézard, n° 243). M. Baudry-Lacantinerie, t. 3, n° 1087, soutient néanmoins l'opinion contraire. Il s'appuie sur l'autorité de Pothier, qui, en commentant l'art. 171 de la Coutume de Paris, emploie indifféremment les expressions « meubles étant dans la maison » ou « meubles garnissant la maison ». Pothier n'exceptait de l'application du privilège que les titres de créances et l'argent comptant; rien n'indique que les rédacteurs du code aient voulu s'écarter de sa doctrine. L'art. 819 c. proc. civ. semble bien, au contraire, s'y référer formellement, quand il permet aux propriétaires de faire saisir-gager, pour les loyers et les fermages échus, « les effets et fruits étant dans les maisons ou bâtiments ruraux ».

86. Si les bijoux et les pierreries ne sont pas soumis au privilège du bailleur, ils ne sont pas, en tout cas, insaisissables; le bailleur peut donc les saisir, comme tout autre créancier, sauf à venir en concurrence sur le prix (Colmet de Santerre, t. 9, n° 28 bis-VI).

87. En ce qui concerne l'argenterie, les livres, le linge et les vêtements, la plupart des auteurs décident qu'ils sont soumis au privilège (V. Aubry et Rau, loc. cit.; Laurent, t. 29, n° 412; Colmet de Santerre, t. 9, n° 28 bis-IV). M. Thézard, toutefois, loc. cit., en excepte les vêtements et le linge de corps, qui, bien que se trouvant dans la maison, sont affectés à l'usage du locataire en dehors de cette maison, et, par suite, ne sont pas réputés la garnir. Mais cette exception ne nous paraît admissible que dans la mesure où ces objets sont insaisissables (c. proc. civ. art. 592).

88. Bien que la loi parle de ce qui garnit la maison ou la ferme, ces dernières expressions ne doivent pas être prises à la lettre, et l'on a vu supra, n° 71, que le privilège appartient à tout locataire d'immeubles. La jurisprudence a décidé, notamment, que le privilège s'étend : 1° aux bois ayant servi à la construction d'échafaudages destinés à recevoir des spectateurs dans un jour de fête publique (Aix, 30 mars 1865, aff. Rambert, D. P. 66. 2. 9); — 2° Aux matériaux à provenir de constructions édifiées par le preneur, sans le consentement du propriétaire, et dont celui-ci exige la démolition (Metz, 8 déc. 1869, aff. Thomé, D. P. 70. 2. 139); — 3° Au métal des clichés et aux imprimés en feuilles se trouvant dans les ateliers d'un imprimeur (Besançon, 26 juill. 1876, aff. Thomas, D. P. 77. 2. 39); — 4° Aux charbons garnissant une usine et livrés au locataire de cette usine (Civ. cass. 24 nov. 1880, supra, n° 75). — On peut citer d'autres hypothèses analogues, où le privilège du bailleur serait applicable : par exemple, le propriétaire d'un terrain, qui aurait cédé à son locataire le droit d'en extraire des matériaux (pierre, sable, etc.) pourrait, à notre avis, exercer ce privilège sur lesdits matériaux.

89. Le privilège du bailleur porte sur les marchandises formant l'objet du commerce ou de l'industrie du preneur et qui se trouvent dans les lieux loués (Rép. n° 251; Riom, 24 août 1868, et sur pourvoi, Req. 9 nov. 1869, aff. Poulain et Perrot, D. P. 70. 1. 213; Paris, 15 avr. 1885, aff. Desportes, D. P. 86. 2. 127; 21 avr. 1886, aff. Barbizet, D. P. 87. 2. 52). Comme ces marchandises sont destinées à être vendues, le bailleur ne peut pas s'opposer à ce que le locataire les vende en détail et à charge de les remplacer par d'autres. Mais si elles sont vendues en bloc ou ne sont pas remplacées, le bailleur a le droit d'exiger des garanties équivalentes à celles qu'il perd, par exemple le dépôt d'une

---

s'agit de la récolte de l'année, la même condition n'est pas prescrite que lorsqu'il est question d'objets qui garnissent la maison louée; car, dans le premier cas, la conduite des récoltes dans une autre maison n'en enlevant pas la possession au fermier, le privilège peut donc continuer à être exercé; et, dans le second, la revendication est nécessaire pour empêcher l'extinction du privilège; que c'est donc à tort que les premiers juges ont déclaré nulle la revendication exercée par les appelants Gollotte; — Que c'est aussi mal à propos qu'ils leur ont refusé le droit de faire prononcer, dans leur intérêt, la nullité de la vente faite à Blum, ainsi que celle de la revente verbale qu'ont obtenue les frères Chourlin, d'autant plus que la première vente n'a pas été sincère,

puisqu'il résulte des documents de la cause que Dusonzy n'avait aliéné sa récolte que dans le dessein de soustraire ce gage au propriétaire; que toutes les parties étant en présence, et les objets vendus étant rentrés dans la possession du fermier, c'est le cas de déclarer la vente faite à Blum nulle au profit des consorts Gollotte, comme faite en fraude de leurs droits, et d'ordonner aux frères Chourlin, détenteurs des objets revendiqués, de les reproduire pour être vendus dans la forme prescrite par la loi, pour le prix en être distribué aux appelants jusqu'à due concurrence;

Par ces motifs, etc.
Du 11 déc. 1845.-C. de Besançon, 2e ch.-M. Bourquenez, pr.

somme à la Caisse des dépôts et consignations ou la nomination d'un séquestre qui encaissera le prix de la vente, sur lequel s'exercera le privilège (V. Paris, 15 avr. 1885 et 24 avr. 1886, précités. V. aussi Laurent, t. 29, n° 416; Colmet de Santerre, t. 9, n° 28 *bis*-V; Baudry-Lacantinerie, t. 3, n° 1087).

90. Le privilège du bailleur d'un héritage rural s'étend, d'après la loi, à « tout ce qui sert à l'exploitation de la ferme ». On a vu dans ces mots une superfétation, car, a-t-on dit, les objets qui servent à l'exploitation de la ferme, charrue, chevaux, voitures, machines, sont certainement compris dans les choses qui garnissent les lieux loués (Colmet de Santerre, t. 9, n° 28 *bis*-IV). Cependant il peut arriver qu'en fait ces objets ne soient pas placés habituellement sur les lieux loués, et alors on aurait pu soutenir qu'ils n'étaient pas grevés du privilège. Il a été jugé : 1° que le privilège du bailleur sur les meubles du locataire s'étend aux bestiaux servant à la culture des terres louées, alors même qu'ils seraient placés dans un bâtiment appartenant au fermier et seraient devenus postérieurement au bail, à l'insu du locateur, la propriété d'un tiers (Trib. civ. Gray, 3 mars 1885, aff. Mourlet, D. P. 86. 3. 94); — 2° Que celui qui a donné à bail des terres sans bâtiment a privilège sur tout ce qui peut accroître le revenu du domaine, augmenter la richesse du fermier, et notamment sur les chevaux, vaches et voitures trouvés et saisis chez celui-ci (Douai, 29 juill. 1890) (1). Mais il a été décidé, en sens contraire, que le bailleur d'un pré loué sans bâtiment de ferme et dont l'herbe, au lieu d'être fauchée, est mangée sur pied par des bestiaux, qui y sont placés au mois d'avril au mois d'octobre, n'a privilège que sur la récolte et non sur les bestiaux (Bourges, 1er juin 1886) (2). — Ce dernier arrêt nous paraît attribuer un sens trop étroit aux termes de l'art. 2102. 1°. Le mot *ferme* est sans doute employé souvent pour désigner un bâtiment rural; mais, dans un autre sens, également très usuel, il s'applique à tout domaine rural, loué à un fermier, bien qu'aucun bâtiment n'en fasse partie. Or, si la loi avait entendu restreindre le privilège aux objets garnissant la maison de ferme, elle ne l'aurait pas également fait porter sur « tout ce qui sert à l'exploitation de la ferme ». D'autre part, l'art. 819 c. proc. civ. autorise « les propriétaires de maisons et biens ruraux » à faire saisir-gager « les effets et fruits étant dans lesdites maisons ou bâtiments ruraux et sur les terres ». Cet article est évidemment applicable même aux effets qui se trouvent sur les terres dépourvues de tout bâtiment : le privilège doit, par

conséquent, s'y appliquer aussi (Comp. L. 18 juill. 1889, art. 10, cité *suprà*, n° 73).

91. Suivant un arrêt de la cour de cassation, le privilège du bailleur sur les meubles du locataire s'étend même aux meubles qui, destinés à être transportés sur les lieux loués pour les garnir, ont été déposés, en attendant qu'ils y soient introduits, dans un lieu voisin, indépendant de la location, mais appartenant au bailleur, et où ils sont demeurés à sa disposition (Civ. rej. 3 janv. 1883, aff. Liljoly, D. P. 83. 1. 443).

92. En cas de sous-location, comme on l'a dit au *Rép.* n° 240, le privilège du bailleur porte sur les meubles du sous-locataire. Cela résulte, notamment, de l'art. 820 c. proc. civ., qui permet au bailleur de faire saisir-gager les meubles des sous-locataires ou sous-fermiers, car la saisie-gagerie est le préliminaire de l'exercice du privilège. Mais le bailleur n'a privilège sur les meubles du sous-preneur que jusqu'à concurrence du prix de sous-location dont celui-ci peut être débiteur au moment de la saisie (art. 1753) (V. *suprà*, v° *Louage*, n° 253 et suiv.; *Rép.* eod. v°, n° 429 et suiv.). Les meubles du sous-locataire, étant également grevés du privilège du sous-locateur, sont ainsi affectés de deux privilèges superposés. Si ces deux privilèges se trouvent en concours, celui du bailleur principal viendra naturellement en première ligne, et ce qui sera touché par ce bailleur sur le produit des meubles du sous-locataire viendra en déduction de ce qui sera dû par celui-ci au locataire principal (V. Aubry et Rau, t. 3, § 261, p. 141; Laurent, t. 29, n°s 426 et suiv.; Baudry-Lacantinerie, t. 3, n° 1089; Thézard, n° 345). — Toutefois, lorsque la sous-location a eu lieu contrairement à une clause du bail, interdisant au preneur de sous-louer, les meubles du sous-locataire sont grevés du privilège du bailleur sans restriction et même s'ils appartiennent au locataire principal. Il a été jugé, notamment, que la disposition de l'art. 550 c. com., modifié par la loi du 12 févr. 1872, qui restreint le privilège du bailleur en cas de faillite, ne s'applique pas dans le cas d'une sous-location ayant eu lieu contrairement au bail, si le sous-locataire tombe en faillite; et que le bailleur peut réclamer, sur le prix des meubles du sous-locataire failli vendus par les soins du syndic, sa collocation privilégiée, non seulement pour le prix de la sous-location, conformément à l'art. 1753 c. civ., mais encore pour tous les loyers échus ou à échoir, dus par le locataire principal (Bordeaux, 22 juill. 1891, et sur pourvoi, Req. 11 avr. 1892, aff. Videau, syndic Saint-Marc, D. P. 92. 1. 345. V. aussi la note de M. de Loynes, *ibid.*).

---

(1) (Flamant C. Dehoucke et Mouchy.) — La cour; — Attendu que, suivant bail authentique des 3 et 16 déc. 1881, le sieur Flament a loué au sieur Sénéchal une pâture et des pièces de terre sises à Fruges; que, le sieur Sénéchal n'ayant pas payé les loyers échus les 1er octobre et 25 déc. 1888 et ceux des 1er octobre et 25 déc. 1889, Flament a pu faire signifier un commandement, suivi de la saisie des meubles et objets mobiliers appartenant à Sénéchal; que parmi les objets saisis se trouvent une jument, un cheval, deux voitures et deux vaches; que Dehoucke et Mouchy ont fait opposition à la saisie, revendiquant : Dehoucke, deux chevaux et deux voitures; Mouchy une vache et son veau; — Attendu que les défendeurs soutiennent le bien fondé de cette revendication, prétendant que le bail consenti à Sénéchal ne comprend que des terres à labour et une pâture sans bâtiment; — Attendu que l'art. 2102 c. civ. accorde un privilège sur les fruits de la récolte de l'année sur le prix de tout ce qui garnit la maison louée ou la ferme et de tout ce qui sert à l'exploitation de la ferme; que par ces mots il faut entendre tout ce qui peut accroître le revenu du domaine, augmenter la richesse du fermier et, comme tel, être le gage du bailleur, dont il assure le fermage après avoir été la cause du crédit du preneur; — Attendu que les chevaux, les vaches et les voitures saisis sont une augmentation de la fortune du fermier et assurent le payement du bail; qu'ils sont ainsi le gage du bailleur et se trouvent grevés du privilège de l'art. 2102 c. civ.; que l'art. 819 c. proc. civ. autorise la saisie, pour loyers et fermages, des effets et fruits étant sur les terres; que c'est donc à tort que les premiers juges ont ordonné la distraction des objets saisis sur Flament et revendiqués par Dehoucke et Mouchy;
Par ces motifs, émendant, dit que la saisie faite sur Flament tiendra effet sur les objets revendiqués par Dehoucke et Mouchy, et que la vente en sera poursuivie conformément à la loi;
Condamne les intimés aux dépens.
Du 29 juill. 1890.-C. de Douai, 1re ch.-M. Honoré, pr.

(2) (De Noailles C. Villiers et Mougne.) — La cour; — Attendu que l'art. 2102 c. civ. distingue le locateur d'immeubles comprenant des bâtiments de ferme du locateur des mêmes immeubles sans bâtiments; qu'au premier, il accorde un double privilège portant : 1° sur les meubles qui garnissent la ferme et sur tout ce qui sert à l'exploitation rurale; 2° sur les fruits et récoltes de l'année; qu'il limite, au contraire, le privilège du second à ces fruits et récoltes; qu'il s'ensuit que le bailleur d'un pré d'embauche sans bâtiments de ferme, c'est-à-dire d'un pré dont l'herbe, au lieu d'être fauchée, est mangée sur pied par des bestiaux qui y sont placés, du mois d'avril au mois d'octobre, n'a de privilège que sur la récolte; qu'étendre ce privilège aux animaux qui y sont placés serait violer la règle que les privilèges sont de droit strict et de stricte interprétation, et qu'en outre la signification de l'expression *garnit* serait singulièrement altérée si on l'appliquait aux bestiaux qui pâturent dans un pré; — Attendu que le principe de la matière confirme cette stricte interprétation; le mobilier de la ferme et tout ce qui sert à l'exploitation rurale constituant, en effet, la garantie du bailleur, en vertu du gage tacite qui résulte de la nature de la convention; or, ce gage tacite ne saurait se rencontrer dans la convention de louage d'un pré d'embauche, les animaux qui y sont placés étant destinés à être vendus, et le locataire pouvant, à son gré, selon son unique intérêt, à quelque époque de l'année que ce soit, disposer de ces animaux et les déplacer; qu'au surplus les parties n'ont entendu si peu considérer les bestiaux comme un gage, qu'elles ont stipulé que les loyers seraient payables au mois de décembre, c'est-à-dire à une époque où, par la force des choses, les animaux ont quitté le pré, et rendu ainsi tout gage illusoire en cas de non-payement; — Attendu que, l'appelant n'ayant pas de privilège, c'est sans droit et à tort qu'il a fait procéder à la saisie-revendication objet du litige; — Par ces motifs; — Confirme, etc.
Du 1er juin 1886.-C. de Bourges.-MM. Colle, pr.-Jeny, subst.-Thiot-Varenne et Ch. Lucas, av.

93. Tous les meubles qui garnissent les lieux loués ou qui servent à l'exploitation de la ferme sont soumis, en principe, au privilège du bailleur lors même qu'ils appartiendraient à des tiers. Pothier, *Traité du contrat de louage*, n° 241, fondait cette règle sur le consentement présumé du propriétaire des objets. « Celui, disait-il, qui prête ou qui loue des meubles à mon locataire, ou qui, pour quelque autre raison, les place chez lui, est censé, en souffrant qu'ils garnissent ma maison, consentir qu'ils soient obligés au loyer, parce qu'il sait ou doit savoir que tout ce qui occupe une maison répond des loyers et de toutes les obligations du bail ». Mais, en fait, ce consentement présumé serait souvent contraire à la réalité. L'art. 2279 c. civ. fournit un motif plus juridique, qui a été indiqué par M. Valette, *Traité des hypothèques*, n° 56, et que M. Laurent, t. 29, n° 417, expose ainsi : « Celui qui possède un objet mobilier à titre de propriétaire en acquiert la propriété, s'il est de bonne foi. Si l'on peut acquérir la propriété d'un objet mobilier par la possession de bonne foi, on peut aussi acquérir un droit réel sur un objet mobilier que l'on possède de bonne foi ; or, le bailleur a un droit réel sur les objets qui garnissent les lieux loués ; il l'a à titre de gage, donc parce qu'il possède, car il n'y a pas de gage sans possession. C'est le preneur qui les soumet à ce gage en les recevant chez lui ; peu importe qu'il ne soit pas propriétaire, car la propriété des objets mobiliers est acquise à l'acquéreur quand même le vendeur n'en a pas la propriété ; de même le bailleur acquiert son droit réel sur les meubles qu'il possède par l'intermédiaire du preneur, quoique celui-ci n'en soit pas propriétaire : il suffit que le bailleur les possède de bonne foi » (V. aussi en ce sens : Aubry et Rau, t. 3, § 261, p. 141, note 19; Colmet de Santerre, t. 9, n° 28 *bis*-VII; Baudry-Lacantinerie, t. 3, n° 1089; Thézard, n° 344).

94. Toutes les fois donc que le bailleur peut être considéré comme étant de bonne foi relativement aux meubles possédés par son locataire, c'est-à-dire toutes les fois qu'il a pu et dû croire que ces meubles étaient au locataire, les meubles sont soumis à son privilège. Et, suivant la règle de l'art. 2268 c. civ., sa bonne foi doit être présumée; c'est donc au tiers qui se prétend propriétaire des meubles à prouver que le bailleur a su qu'ils n'étaient pas au locataire. Mais cette preuve peut être faite par témoins et même par présomptions (Laurent, t. 29, n° 421, et les auteurs précités). Il suffit, d'ailleurs, que la bonne foi du locateur ait existé au moment où les objets ont été introduits dans sa maison ou dans sa ferme; car alors le privilège a pris naissance au moment de l'introduction des objets, et le bailleur conservera ce privilège alors même qu'il appartenaient plus tard que les objets sont à un tiers, de même que l'acquéreur de bonne foi peut conserver l'objet acquis quand même sa bonne foi a cessé (c. civ. art. 2268) (Laurent, t. 29, n° 419; Baudry-Lacantinerie, t. 3, n° 1089. Comp. Civ. rej. 3 janv. 1883, aff. Lejoly, D. P. 83. 1. 443, et la note).

95. Ainsi, en résumé, le privilège du bailleur ne pourra pas s'exercer sur des objets appartenant à des tiers : 1° lorsqu'il sera prouvé que le bailleur a été prévenu, avant l'introduction des objets dans la maison ou la ferme, que les objets n'étaient pas au locataire ; 2° lorsqu'il résultera des circonstances, notamment de la profession exercée par le locataire, que le bailleur n'a pas pu considérer les objets comme étant à ce dernier. La jurisprudence est, en général, d'accord avec la doctrine sur ces principes (V. *Rép.* n°s 253 et suiv.). Il a été jugé depuis la publication du *Répertoire* : 1° que le propriétaire d'un terrain loué pour recevoir des échafaudages, un jour de fête publique, n'a pas

privilège sur les bois employés aux échafaudages lorsqu'il a su que ces bois n'appartenaient pas au locataire (Aix, 30 mars 1865, aff. Rambert, D. P. 66. 2. 9); — 2° Qu'il suffit que le concierge d'une maison, en sa qualité de mandataire du propriétaire, ait reconnu par écrit qu'un meuble, tel qu'un piano, n'a été introduit dans le logement d'un locataire qu'à titre de chose louée par un tiers, pour que ce meuble échappe au privilège du propriétaire de la maison (Trib. civ. Seine, 1er mars 1870, aff. Flandrin, D. P. 70. 3. 56. Comp. Paris, 2 mars 1829, *Rép.* n° 256; Trib. civ. de Bruxelles, 10 déc. 1866, aff. Hermel, D. P. 67. 3. 79); — 3° Que le privilège du bailleur sur les objets qui garnissent la maison ne s'étend pas aux marchandises que le locataire a reçues en dépôt ou en consignation, à titre de commissionnaire, alors surtout que le bailleur a été, avant l'introduction de ces marchandises dans les lieux loués, instruit de leur origine et de leur destination; qu'il importe peu, d'ailleurs, que le bailleur ait été éclairé à cet égard par une notification du propriétaire des marchandises ou par toute autre voie (Paris, 27 déc. 1871, et sur pourvoi, Req. 13 août 1872, aff. Rebours et Guizelin, D. P. 72. 1. 466); — 4° Que le privilège du locateur, à raison des loyers et fermages d'immeubles, s'étend sur le prix de tout ce qui garnit la maison ou la ferme louée, et par suite, même sur le prix des meubles appartenant aux tiers, à moins qu'il ne résulte des circonstances ou de la nature de l'industrie exercée par le locataire que le locateur a su ou dû savoir que des meubles, appartenant aux tiers n'avaient été remis au locataire qu'en vue seulement de l'emploi ou d'un usage déterminé; qu'en conséquence, doit être validée la saisie-gagerie pratiquée à la requête du propriétaire contre un tailleur, son locataire, sur les pièces de drap confiées à ce dernier pour faire des vêtements, alors que rien n'a pu faire connaître au propriétaire que ces pièces de drap n'étaient pas au locataire (Paris, 22 juin 1872, et sur pourvoi, Req. 17 mars 1873, aff. Cahen-Lyon, D. P. 74. 1. 442); — 5° Que le bailleur de la maison dans laquelle le locataire a ses ateliers d'imprimerie est privilégié sur le métal des clichés et sur les imprimés en feuilles qui s'y trouvent, et que, par suite, ces objets ne peuvent pas être revendiqués par l'éditeur, qui s'est servi des clichés pour le tirage d'une édition d'un ouvrage lui appartenant, et qui les a laissés dans l'imprimerie en vue de les utiliser pour des éditions nouvelles, alors surtout que ces clichés n'ont pas été remis ou confiés par l'éditeur au locataire comme imprimeur, en vue d'un travail déterminé, mais qu'ils ont été confectionnés par cet imprimeur, qui a fourni la main-d'œuvre, les outils et la matière première (Besançon, 26 juill. 1876, aff. Thomas, D. P. 77. 2. 39).

96. Au surplus, d'après la cour de cassation, c'est aux juges du fait qu'il appartient de décider si le propriétaire a été informé en temps utile que les meubles revendiqués par un tiers n'appartenaient pas au locataire (Civ. rej. 3 janv. 1883, aff. Lejoly, D. P. 83. 1. 443).

97. Mais le juge des référés n'est pas compétent pour décider si les meubles dont un tiers se prétend propriétaire sont ou non soumis au privilège du bailleur (Paris, 12 juin 1876) (1).

98. Lorsqu'un propriétaire a loué à même locataire des locaux différents par deux baux distincts, le prix de chaque location est garanti par un privilège spécial sur les meubles qui garnissent chacun des locaux, et le propriétaire ne peut prétendre se faire payer indistinctement de ses loyers sur le prix des meubles garnissant l'un ou l'autre local. En pareil cas, en effet, la situation doit se régler comme si

---

(1) (Chatel *C.* veuve de Lutho.) — Le 4 mai 1876, M. le président du tribunal civil de la Seine a rendu en référé l'ordonnance suivante : — « Attendu que la veuve de Lutho, pensionnaire des religieuses franciscaines oblates du Sacré-Cœur-de-Jésus, justifie que le petit mobilier par elle introduit dans leur couvent, sis rue de la Glacière, n° 25, lui appartient personnellement; — Que le propriétaire, Chatel, ne paraît pas avoir un intérêt sérieux à retenir, comme gage des loyers qui lui sont dus par cette communauté, lesdits meubles, dont les frais de réalisation absorberaient la valeur; — Qu'il y a urgence pour la demanderesse à quitter le couvent, en raison de son mauvais état de santé; — Autorisons la demanderesse à enlever du couvent dont s'agit, nonobstant toutes oppositions des religieuses franciscaines, et de

Chatel, tous les meubles, effets mobiliers, linges, hardes lui appartenant et qu'elle avait apportés audit couvent en sa qualité de pensionnaire; et ce, avec l'assistance, s'il en est besoin, du commissaire de police et de la force armée; — Ce qui sera exécutoire par provision nonobstant appel. — Appel par Chatel.
La cour; — Considérant que la question qui se présente à juger est celle de savoir si les meubles dont la dame de Lutho se prétend propriétaire sont le gage de Chatel, propriétaire de la maison; — Considérant que la cour, en état, de référé, n'est pas compétente pour décider cette question; — Qu'il y a lieu de renvoyer les parties au principal;
Par ces motifs, infirme, etc.
Du 12 juin 1876.—C. de Paris, 5e ch.

chaque bail avait été consenti par un propriétaire différent (V. en ce sens : Trib. civ. Lyon, 11 déc. 1869, aff. Dupasquier, D. P. 70. 3. 56).

99. — III. INDEMNITÉS D'ASSURANCE OU AUTRES. — Sous l'empire du code, le privilège du bailleur sur les fruits de la récolte de l'année et sur les meubles garnissant la maison louée ou la ferme ou servant à l'exploitation de la ferme, s'éteignait lorsque les fruits ou les meubles venaient à périr par un incendie ou par tout autre cas fortuit. Il importait peu que le locataire eût fait assurer sa récolte ou ses meubles; l'indemnité d'assurance, au moins suivant l'opinion qui avait prévalu en doctrine et en jurisprudence, n'était pas substituée de plein droit aux objets assurés; la créance du locataire quant à cette indemnité, étant un droit personnel, formait le gage commun de ses créanciers (V. supra, v° Assurances terrestres, n°s 207 et suiv.; Paris, 8 déc. 1879, aff. Compagnie Le Phénix, D. P. 81. 2. 23; Aubry et Rau, t. 3, § 261, p. 139; Laurent, t. 29, n° 415; Baudry-Lacantinerie, t. 3, n° 1088). Cet état de choses a été modifié par la loi du 19 févr. 1889, dont l'art. 2 est ainsi conçu : « Les indemnités dues par suite d'assurances contre l'incendie, contre la grêle, contre la mortalité des bestiaux ou les autres risques, sont attribuées, sans qu'il y ait besoin de délégation expresse, aux créanciers privilégiés ou hypothécaires, suivant leur rang. Néanmoins, les payements faits de bonne foi avant opposition sont valables ». Il résulte de ce texte que le bailleur d'une maison ou d'un fonds rural est privilégié sur l'indemnité d'assurance pouvant être due au locataire, en cas de perte du mobilier ou de la récolte, comme il le serait sur le prix de ces objets assurés s'ils avaient été vendus (V. Toulouse, 27 mai 1890, aff. Bibent, D. P. 93. 2. 54).

100. Mais, d'après le second paragraphe de l'art. 2 précité, le bailleur doit, pour conserver son privilège, former opposition au payement de l'indemnité d'assurance. À défaut d'opposition, les payements faits de bonne foi, dit la loi, seraient valables. Par ces mots : payements faits de bonne foi, il faut entendre les payements qui auraient été faits au locataire ou à ses ayants cause par le débiteur de l'indemnité, avant que le bailleur n'eût formé aucune réclamation, et alors d'ailleurs que le débiteur était autorisé à croire que l'assuré pouvait librement disposer de l'indemnité. Un payement qui aurait lieu immédiatement après le sinistre et avant que le bailleur n'eût eu le temps moralement nécessaire pour former opposition ne devrait pas, à notre avis, être considéré comme un payement fait de bonne foi (V. infrà, chap. 3, sect. 4, art. 2).

101. En cas de sinistre, par exemple en cas d'incendie de son mobilier, le locataire peut avoir une action en dommages et intérêts à exercer contre le voisin par la faute de qui l'incendie a eu lieu (c. civ. art. 1382). Le privilège du bailleur pourra aussi s'exercer sur les indemnités ou dommages et intérêts que le locataire obtiendra par ce moyen. C'est ce qui résulte de l'art. 3 de la loi du 19 févr. 1889. L'art. 2 venant de dire que les indemnités dues par suite d'assurances sont attribuées, sans qu'il y ait besoin de délégation expresse, aux créanciers privilégiés ou hypothécaires, l'art. 3 ajoute : « Il en est de même des indemnités dues en cas de sinistre par le locataire ou par le voisin, par application des art. 1733 et 1382 c. civ. ». Des indemnités dont il s'agit ici, celle due par le locataire en vertu de l'art. 1733 a pour but de réparer le préjudice résultant de la perte de l'immeuble, alors que cette perte est imputable au locataire; cette indemnité ne pourra donc jamais être affectée au payement des loyers; mais, au contraire, l'indemnité qui sera due au locataire par le voisin responsable de l'incendie aura pour cause ordinairement la perte du mobilier qui garnissait les lieux loués, et il est juste que le bailleur soit payé de ses loyers sur cette indemnité comme il l'aurait été sur le mobilier lui-même. Il pourra arriver toutefois qu'une indemnité soit due au locataire par le voisin responsable de l'incendie pour la perte de choses, telles que des billets de banque ou des titres au porteur, sur lesquelles ne portait pas le privilège du locataire, et dans ce cas nous croyons que le bailleur ne serait pas non plus privilégié sur l'indemnité.

102. L'art. 3, § 1, de la loi n'étend qu'aux indemnités dues par un locataire ou par un voisin le principe de la substitution de l'indemnité à la chose. Cette disposition semble devoir être considérée comme limitative, et par conséquent le bailleur n'aurait aucun droit de préférence sur l'indemnité due par tout autre qu'un voisin pour la perte ou la détérioration des choses grevées de son privilège.

103. Le deuxième paragraphe de l'art. 3 de la loi du 19 févr. 1889 confère encore au bailleur un droit spécial, non plus pour la garantie des loyers ou fermages, mais pour celle des dommages et intérêts qui peuvent lui être dus par le locataire à raison des conséquences d'un sinistre. Ce paragraphe est ainsi conçu : « En cas d'assurance du risque locatif ou du recours du voisin, l'assuré ou ses ayants droit ne peuvent toucher tout ou partie de l'indemnité sans que le propriétaire de l'objet loué, le voisin ou le tiers subrogé à leurs droits aient été désintéressés des conséquences du sinistre ». On a prétendu que ce texte n'a pas établi en faveur du bailleur ou du voisin un véritable privilège sur l'indemnité due à l'assuré, mais seulement un droit de rétention, qui leur attribuerait aucun droit de préférence vis-à-vis des autres créanciers de l'assuré (V. Escorbiac, Commentaire de la loi du 19 févr. 1889, dans les Lois nouvelles analysées et expliquées, année 1890, 1re part., p. 416 et suiv.). Mais cette interprétation, qui prétend s'appuyer sur les travaux préparatoires de la loi, serait manifestement contraire aux intentions du législateur, qui a voulu ici encore, comme dans les dispositions qui précèdent, substituer l'indemnité à la chose qu'elle représente. La disposition qui nous occupe a été introduite dans la loi sur la proposition de M. Lacombe, sénateur, et voici comment l'auteur de cette proposition l'expliquait et la motivait dans la séance du Sénat du 6 mars 1888 : « Le deuxième paragraphe de l'art. 3 est relatif au cas d'assurance, consentie par le locataire ou par le voisin, de leurs risques respectifs. Jusqu'à présent, l'indemnité due, en cas de sinistre, à la suite de l'assurance des risques locatifs ou du recours du voisin, n'est pas dévolue d'une manière spéciale au propriétaire dont l'immeuble a été incendié; il peut être ruiné par le fait du locataire; celui-ci peut, de son côté, n'avoir rien à perdre parce qu'il est suffisamment assuré; mais, au lieu de servir à réparer les conséquences du sinistre, l'indemnité est le gage des créanciers du locataire, dont la situation pourra être ainsi rendue meilleure par la faute imputable à leur débiteur; le propriétaire sera primé par les cessionnaires de l'indemnité, ou, s'il n'y a pas de cession, il viendra en concours et au marc le franc avec tous créanciers saisissants. Il y a là une situation anormale, à laquelle l'article a pour but de remédier ». Sur une question qui lui fut adressée par M. Oudet, dans la même séance du 6 mars, M. Lacombe disait encore : « Nous ne modifions pas la portée du contrat d'assurance, nous nous bornons à dire que, lorsqu'il y aura lieu à indemnité, cette indemnité sera dévolue par droit de préférence aux autres créanciers » (V. D. P. 89. 4. 31, note 2). C'est donc bien un droit de préférence, et conséquemment un privilège, que la loi a conféré au propriétaire bailleur ou voisin de l'assuré sur l'indemnité due à ce dernier.

104. Il y a lieu de remarquer, toutefois, que le mot propriétaire, employé par le législateur, ne doit pas être pris dans un sens étroit. Le bail peut avoir été fait par un usufruitier, par un locataire principal, par un antichrésiste, qui auraient, comme le propriétaire, un recours contre le locataire à raison du sinistre. On doit évidemment accorder le privilège à tout bailleur vis-à-vis duquel le locataire est responsable du préjudice que lui cause le sinistre (En ce sens : Guillouard, Traité du contrat de louage, 3e éd., t. 1, n° 277-VI).

105. La loi n'a pas reproduit ni rappelé, à l'occasion du second paragraphe de l'art. 3, la disposition du premier paragraphe, d'après laquelle « les payements faits de bonne foi avant opposition sont valables ». Cette disposition n'aurait pas non plus ici la même raison d'être. Lorsqu'il s'agit de l'indemnité due à un assuré pour la perte causée directement à cet assuré par le sinistre, l'assureur peut de bonne foi ignorer l'existence des créanciers privilégiés ou hypothécaires. Lorsque, au contraire, il s'agit de l'indemnité due en cas de recours du bailleur ou du voisin, ce bailleur ou ce voisin seront nécessairement connus de l'assureur. Celui-ci a donc le devoir strict de vérifier s'ils ont été désintéressés avant de verser l'indemnité à l'assuré ou à ses

ayants droit. Pour faire ce versement en toute sécurité, il devra, soit se faire remettre la quittance pour solde du bailleur ou du voisin, soit leur faire approuver le payement.

106. Le bailleur serait-il également privilégié sur l'indemnité accordée au locataire pour la privation de sa jouissance en cas d'expropriation pour cause d'utilité publique? L'affirmative a été jugée (Rouen, 12 juin 1863) (1); mais cette décision ne nous paraît pas juridique. L'indemnité n'est pas un objet corporel soumis au privilège du bailleur et n'est pas non plus la représentation des objets grevés de ce privilège. Pour soutenir que le bailleur peut se payer sur elle par préférence aux autres créanciers du preneur, on invoque à tort l'art. 1741 c. civ. et l'art. 18 de la loi du 3 mai 1841. Il est vrai qu'en vertu du premier de ces articles, le bailleur a l'action en résolution du contrat au cas où le preneur ne remplit pas ses engagements. Mais l'art. 18 de la loi de 1841, quand il dispose que les actions en résolution, en revendication et toutes autres actions réelles, ne peuvent arrêter l'expropriation, que le droit des réclamants sera transporté sur le prix, et que l'immeuble en demeurera affranchi, n'a en vue que les actions relatives à la propriété de l'immeuble. C'est que le prix de l'immeuble qu'il transporte le droit de ceux auxquels compètent ces actions; or, l'indemnité accordée au locataire exproprié n'est nullement le prix de l'immeuble; elle représente uniquement le préjudice résultant pour le locataire de la cessation de sa jouissance : à défaut d'un texte formel qui confère au bailleur un droit de préférence sur cette indemnité, elle doit nécessairement se répartir entre tous les créanciers du preneur (En ce sens : Aubry et Rau, t. 3, § 261, p. 440, note 11).

§ 3. — Quelle est l'étendue de la créance privilégiée.
(*Rép.* nos 261 à 280.)

107. Depuis la publication du *Répertoire*, deux lois nouvelles ont modifié dans des hypothèses particulières l'étendue du privilège du bailleur sous le rapport des créances que ce privilège garantit. La loi du 12 févr. 1872, incorporée au code de commerce sous les art. 450 et 550, a restreint l'étendue du privilège, dans le cas de faillite ou de liquidation judiciaire, en ce qui concerne les immeubles affectés à l'industrie ou au commerce de ce dernier. Les nouvelles dispositions de cette loi ont été commentées *suprà*, vo *Faillites et banqueroutes, liquidations judiciaires*, nos 1108 et suiv.; nous n'y reviendrons pas ici. La seconde des lois, dont nous avons déjà parlé, est celle du 19 févr. 1889 (D. P. 89. 4. 29), qui, dans son art. 1, restreint également l'étendue du privilège du bailleur en ce qui concerne les fonds ruraux.

Il y a lieu d'examiner d'abord, comme on l'a fait au *Rép.*

nos 261 et suiv., quelle est l'étendue de la créance privilégiée du bailleur d'après l'art. 2102-1o c. civ., qui reste applicable pour tous les cas où la loi n'y a pas dérogé. Nous expliquerons ensuite quelle est la portée de l'innovation de la loi du 19 févr. 1889. Et enfin nous traiterons séparément du droit de relocation qui appartient aux créanciers du locataire lorsque le bailleur a été payé par anticipation des loyers ou fermages à échoir.

108. — I. CRÉANCE PRIVILÉGIÉE DU BAILLEUR EN GÉNÉRAL D'APRÈS L'ART. 2102-1o C. CIV. (*Rép.* nos 261 à 275). — Le privilège du bailleur garantit, non seulement les loyers et fermages, mais encore, comme l'indique l'art. 2101-1o, § 3, les réparations locatives à la charge du preneur et *tout ce qui concerne l'exécution du bail*. Par ces derniers mots, il faut entendre toutes les obligations que la loi ou le contrat imposent au preneur. La garantie du privilège s'étend notamment aux dommages-intérêts qui peuvent être dus par le preneur pour abus de jouissance ou pour le préjudice causé au bailleur dont il est responsable (Bruxelles, 3 avr. 1863, *Pasicrisie belge*, 1866. 2. 143; Laurent, t. 29, no 407. Comp. L. 19 févr. 1889, art. 1, *infrà*, no 117). — On a vu *suprà*, no 103, que, pour les dommages-intérêts dus par le preneur en cas de sinistre, le bailleur est, de plus, privilégié sur l'indemnité à laquelle le preneur a droit en cas d'assurance de son risque locatif.

109. Le privilège du bailleur garantit aussi le remboursement des avances que le bailleur a faites au preneur pour lui faciliter l'exécution du bail, telles que les sommes avancées pour l'acquisition d'un cheptel (V. *Rép.* nos 261 et suiv.; Rennes, 6 juin 1861, aff. Loncle, D. P. 62. 2. 12; Alger, 25 juin 1878, aff. Dibos, D. P. 79. 2. 209; Bordeaux, 26 févr. 1879, et sur pourvoi, Req. 19 janv. 1880, aff. Bourdeille, syndic Motteau, D. P. 82. 1. 79; Alger, 28 mars 1892, aff. Mirchouse, D. P. 93. 2. 414). Il en est ainsi non seulement pour les avances constatées par le bail ou faites en conformité d'une clause de ce bail, mais encore pour celles qui ont lieu au cours du bail sans avoir été prévues lors du contrat (*Rép.* no 264; Laurent, t. 29, no 409; Thézard, no 342. — *Contrà* : Colmet de Santerre, t. 9, no 28 bis-XII; André, no 176).

110. En cas de résolution du bail prononcée contre le preneur pour inexécution de ses engagements, le bailleur est privilégié pour les dommages-intérêts qui lui sont alloués par le tribunal, et aussi pour les frais de l'action en résolution (Paris, 26 déc. 1871, *infrà*, no 324). De même, lorsque le bail est résilié à l'amiable entre le bailleur et le preneur, ou entre le bailleur et les créanciers du preneur, moyennant indemnité au profit du bailleur, le privilège

(1) (Mameaux et consorts C. Dumont.) — Le 4 févr. 1863, jugement du tribunal civil de Bernay ainsi conçu : — « Attendu que le capital mis en distribution consiste uniquement dans le montant de l'indemnité accordée à Lemenu, à raison de l'expropriation pour cause d'utilité publique de l'usine qu'il tenait à loyer des époux Dumont; que cette indemnité représente d'une manière particulière et générale la jouissance à laquelle Lemenu avait droit en vertu de son bail; qu'à la vérité, elle représente aussi, mais d'une manière particulière seulement : 1o la dépréciation subie par le matériel d'exploitation, qui a nécessairement perdu de sa valeur par le déplacement; 2o le chômage imposé à l'industrie du locataire, mais que toutes ces causes particulières de l'indemnité se rattachent essentiellement à la cause générale qui est l'expropriation de la jouissance concédée à Lemenu par son bail, de sorte qu'il est toujours vrai de dire que l'indemnité dans son entier représente cette jouissance dont il a été privé; — Attendu qu'à défaut de payement des loyers, qui étaient dus par Lemenu, les époux Dumont avaient le droit incontestable et incontesté de faire résoudre le bail, et de rentrer en jouissance de leur chose, aux termes de l'art. 1741 c. civ.; que ce droit a été transporté sur le prix, aux termes de l'art. 18 de la loi du 3 mai 1841; — Que c'est équivoquer à tort que de se prévaloir du mot *immeuble*, qui se trouve dans ces articles, pour soutenir qu'il n'est applicable qu'au prix de l'immeuble exproprié et non à l'indemnité accordée au locataire, puisque la jouissance de celui-ci est expropriée comme l'immeuble lui-même; que cette indemnité est le prix de la jouissance qui lui est enlevée, comme l'indemnité qui lui est pareillement enlevée, et qu'il n'y a aucune raison pour qu'il en soit différemment dans un cas que dans l'autre; — Attendu qu'il suit de là que les époux Dumont ont le droit de revendiquer pour leur propre compte le montant de

l'indemnité dont il s'agit jusqu'à concurrence des loyers qui leur étaient dus par leur locataire au moment où la jouissance de celui-ci a cessé par l'effet de l'expropriation, loyers qui leur sont encore dus et dont le chiffre n'est pas contesté; — Que les époux Dumont invoquent encore par analogie d'autres dispositions de la loi notamment le no 1 de l'art. 2102 c. civ., relatif au bénéfice de relocation accordé aux autres créanciers par suite de l'exercice du privilège du propriétaire sur le mobilier, relocation qui ne peut être faite par ceux-ci qu'à la charge de payer au propriétaire tout ce qui peut lui être encore dû; mais que la consécration du droit dont il s'agit est spécialement dans les art. 1741 c. civ., et 18 de la loi de 1841; qu'elle y est d'une manière positive et claire; que leur droit est plus qu'un privilège; qu'il est radical, inhérent aux entrailles mêmes de l'indemnité, et que personne ne peut rien réclamer de cette indemnité qu'après qu'ils auront été intégralement soldés; — Attendu, enfin, que la portion d'indemnité représentant spécialement la dépréciation du matériel excède à elle seule de beaucoup la somme nécessaire pour désintéresser les époux Dumont de leur créance principale et des accessoires; que dès lors, dans le système même des contestants qui prétendent réduire leur privilège au seul mobilier qui garnissait leur immeuble, il y aurait encore lieu de maintenir leur location au rang qu'elle occupe, puisqu'en fait, dans cette opposition même, elle n'apporte aucun préjudice aux autres collocations; — Maintient la collocation privilégiée des époux Dumont ».

Appel par les autres créanciers du sieur Lemenu.

LA COUR; — Adoptant les motifs, etc. ;

Confirme, etc.

Du 12 juin 1863.-C. de Rouen, 3e ch.-MM. de Molin, pr.-Martin, av. gén.-Decorde et Desseaux, av.

garantit le payement de l'indemnité (Amiens, 10 nov. 1859, aff. Créanciers Isart, D. P. 61. 5. 387; Rouen, 20 avr. 1880) (1).

111. Dans quelle mesure le bailleur peut-il exercer son privilège pour les loyers ou fermages échus ou à échoir.? Cette question, qui est examinée au *Rép.* nos 265 et suiv., nécessite, comme on l'a dit, une distinction entre le cas où le bail est constaté par un acte authentique ou par un acte sous seing privé ayant date certaine et le cas où la location résulte simplement d'un acte sous seing privé sans date certaine ou d'un bail verbal (V. c. civ. art. 2102-1°).

Par *acte ayant date certaine*, il faut entendre un acte de bail ayant acquis date certaine, par l'un des moyens indiqués dans l'art. 1328 c. civ., antérieurement à l'événement qui donne lieu à la distribution des deniers entre les créanciers. Cet événement sera, en cas de déconfiture, la saisie du mobilier du locataire, et, en cas de succession bénéficiaire, le décès du débiteur. En cas de faillite ou de liquidation judiciaire, ce sera le jugement qui a déclaré la faillite ou ordonné la liquidation (Aubry et Rau, t. 3, § 261, p. 144 et suiv.; Laurent, t. 29, n° 386; Colmet de Santerre, t. 9, n° 28 *bis*-XIV; Baudry-Lacantinerie, t. 3, n° 1094). La certitude de la date est exigée par la loi avant ces événements pour éviter qu'une entente frauduleuse ne se produise entre le locataire et le bailleur au préjudice des créanciers. Et c'est pourquoi la cour de cassation a jugé que le bail même qui a acquis date certaine par l'enregistrement antérieurement à la faillite du locataire, mais après sa cessation de payements, peut être déclaré sans effet à l'égard de la masse des créanciers, lorsque le locateur, au moment où il l'a fait enregistrer, avait connaissance de la cessation des payements (Civ. cass. 2 mars 1869, aff. Faillite Descourt, D. P. 69. 1. 473. Comp. Civ. cass. 30 mai 1870, aff. Marmiesse, D. P. 70. 1. 254, et sur renvoi, Aix, 9 janv. 1871, D. P. 71. 2. 46. V. aussi *suprà*, v° *Faillites et banqueroutes*, n° 1121).

112. Lorsque le bail est authentique ou a date certaine, l'art. 2102-1° autorise le bailleur à exercer son privilège tant pour les loyers échus que pour tous les loyers à échoir (*Rép.* nos 267 et suiv.). Toutefois, l'exercice du privilège pour les loyers à échoir suppose, comme on l'a dit au *Rép.* n° 266, que le bailleur est en concours avec d'autres créanciers du preneur. S'il était seul créancier, il ne pourrait se faire payer que de ce qui lui serait actuellement dû, c'est-à-dire des loyers ou fermages échus; la vente devrait être restreinte aux meubles pour le payement de ces loyers ou fermages et des frais (c. proc. civ. art. 622). Si les meubles restant n'offraient plus une garantie suffisante pour l'avenir, le bailleur pourrait seulement demander de nouvelles sûretés, et, à défaut, la résiliation du bail (c. civ. art. 1752) (V., en ce sens, Baudry-Lacantinerie, t. 3, n° 1094).

113. Mais le droit pour le bailleur de faire valoir son privilège pour tous les loyers à échoir, quand le bail est authentique ou à date certaine, et de toucher ces loyers par anticipation, existe, d'après la jurisprudence, alors même que les lieux loués continuent d'être garnis de meubles suffisants. Ce droit résulte, en effet, du principe que le débiteur en faillite ou en déconfiture est déchu du bénéfice du terme (c. civ. art. 1188; c. com. art. 444). En compensation de ce droit du bailleur, la loi permet seulement aux créanciers de relouer les lieux à leur profit (V. *infrà*, nos 123 et

suiv.). Il a été jugé : 1° que le bailleur, en cas de faillite du preneur, peut se faire payer par anticipation des loyers à échoir, quoique les meubles et marchandises du preneur aient été achetés par le tiers auquel le syndic de la faillite a reloué les lieux et qu'ils soient ainsi restés dans ces lieux (Paris, 2 mai 1857, et sur pourvoi, Civ. rej. 7 déc. 1858, aff. Syndic Baron, D. P. 59. 1. 62; Dijon, 28 avr. 1858, et sur pourvoi, Req. 28 déc. 1858, aff. Berthet, *ibid.*; Rouen, 29 juin 1859, aff. Leprevost, D. P. 60. 2. 21; Civ. cass. 28 mars 1865, aff. Deschamps, D. P. 65. 1. 208, et sur renvoi, Orléans, 10 nov. 1865, D. P. 65. 2. 227); — 2° Que le bailleur a encore ce droit alors même que le locataire, qui a fait faillite et qui a obtenu son concordat, laisse ou apporte dans les lieux loués des meubles et des marchandises en assez grande quantité pour assurer, dans la mesure fixée par l'art. 1752 c. civ., le payement des loyers à échoir (Civ. cass. 28 mars 1865, aff. Jarsain, D. P. 65. 1. 201. — *Contrà* : Paris, 12 déc. 1861, même affaire, D. P. 62. 2. 1, et les notes de M. Thiercelin, sous cet arrêt, et de M. Mourlon, sous l'arrêt du 28 mars 1865, précité); — 3° Que le payement par anticipation des loyers à échoir ne peut être remplacé par l'offre, faite au propriétaire par le syndic de la faillite, de lui fournir, pour la garantie de ces loyers, une caution, une hypothèque ou même une consignation (Dijon, 28 avr. 1858; Req. 28 déc. 1858, et Orléans, 10 nov. 1865, précités; Req. 15 juill. 1868, aff. Héroult et Lameray, D. P. 72. 1. 95; Civ. cass. 16 févr. 1870, aff. Cognieux, D. P. 70. 1. 260. V. toutefois Metz, 27 mars 1862, aff. Menaille, D. P. 62. 2. 166); — 4° Que le propriétaire qui, depuis la faillite de son locataire, a continué pendant plusieurs termes à toucher les loyers, ne s'est pas pour cela rendu non recevable à réclamer le payement immédiat ou la consignation des termes restant à courir (Req. 28 juill. 1868, aff. Syndic Roulland, D. P. 71. 5. 311). C'est cette jurisprudence qui, par les conséquences désastreuses qu'entraînait dans les faillites, a déterminé la loi du 12 févr. 1872, qui restreint, en cas de faillite, l'étendue du privilège du bailleur (V. sur cette loi et sur la jurisprudence qui l'a provoquée, *suprà*, v° *Faillites et banqueroutes*, nos 1108 et suiv.).

114. Lorsque le bail n'a pas date certaine, le privilège n'existe, d'après la loi, quant aux loyers à échoir, que « pour une année à partir de l'expiration de l'année courante », c'est-à-dire pour l'année en cours et celle qui la suivra (*Rép.* n° 271). Il en est ainsi, à plus forte raison, quand le bail est purement verbal. Toutefois, dans cette hypothèse, le privilège ne peut s'étendre au delà de la durée du bail telle qu'elle est fixée par les art. 1758 et 1774 c. civ.; si donc la fin du bail doit arriver avant l'expiration de l'année qui suivra l'année courante, c'est seulement pour les loyers ou fermages restant à courir jusqu'à la fin du bail que le bailleur sera privilégié (Colmet de Santerre, t. 9, n° 28 *bis*-XX). — On a soutenu que, réciproquement, si le bail devait d'après la loi se prolonger au delà d'une année après l'année courante, le bailleur serait privilégié pour tous les termes restant à courir, car, a-t-on dit, quand c'est la loi elle-même qui prolonge la durée d'un bail, aucune fraude n'est à craindre, et le bail doit avoir le même effet que s'il résultait d'un acte authentique. Mais ce cas ne pourrait guère se produire que pour les baux de fonds ruraux, et nous verrons qu'en ce qui concerne ces baux la loi du

(1) (Exel C. Bidault.) — La cour, — Au fond: — Attendu que les deux motifs, le premier en fait, le second en droit, sur lesquels s'est fondé le juge-commissaire pour rejeter la collocation des appelants, ne paraissent pas susceptibles d'une sérieuse discussion; que d'abord il est constant au procès que le bail de Chrétien, du prix annuel de 3200 fr., avait encore sept ans de durée, et qu'en le résiliant, moyennant une indemnité de 1200 fr. les époux Exel ont formellement entendu réserver leur privilège; que ce fait est reconnu par le saisi lui-même et qu'il ne peut y avoir l'ombre d'un doute sur ce point; qu'ainsi les appelants justifient non seulement leur demande, mais établissent encore qu'ils n'ont jamais renoncé à leur droit; que l'objection tirée du prétendu silence de l'art. 2102 c. civ. n'a pas plus de valeur; que cet article accorde au propriétaire un privilège sur le prix de tout ce qui garnit la maison louée non seulement pour tout ce qui est échu et tout ce qui est à échoir si le bail est authentique, mais encore pour les réparations locatives et

tout ce qui concerne l'exécution du bail; que l'indemnité de relocation n'est que la représentation des loyers à échoir; mais que, fût-elle allouée sous forme de dommages-intérêts pour inexécution des obligations du preneur, elle serait protégée par la même garantie; que l'art. 1760 entre en termes exprès, qu'en cas de relocation par la faute du locataire, celui-ci est tenu de payer le prix du bail pendant le temps nécessaire à la relocation sans préjudice des dommages-intérêts qui ont pu résulter de l'abus, et que ces dispositions, combinées avec le texte précis de l'art. 2102, ne laissent aucune place à la controverse, que telle est la doctrine et la jurisprudence; qu'il serait inadmissible en effet, quand la résiliation profite au locataire, ou à ses créanciers, que le propriétaire soit privé, sans compensation, du gage qu'il tient de la loi. — Par ces motifs, etc.
Du 20 avr. 1880.-C. de Rouen, 1re ch.-MM. Neveu-Lemaire, 1er pr.-Gauthier de la Ferrière, av. gén. c.-conf.-Ricard et Hardoin, av.

19 févr. 1889 a restreint en toute hypothèse le privilège aux fermages de l'année courante et de la suivante (V. infrà, nᵒˢ 119 et suiv.).

115. On a vu Rép., nᵒˢ 171 et suiv., qu'il y avait controverse sur le point de savoir si, en cas de bail purement verbal ou de bail écrit, mais sans date certaine, le privilège pouvait être exercé pour les années échues. L'opinion qui considère le privilège comme s'étendant à toutes les années échues a prévalu en jurisprudence (V. en sus des arrêts cités au Rép. nᵒ 271 : Bourges, 21 juin 1856, aff. Syndic Duvivier, D. P. 57. 2. 69; Metz, 5 janv. 1859, aff. Petit, D. P. 59. 2. 8). Cette opinion a même été indirectement sanctionnée par la loi du 20 févr. 1872, qui a modifié l'art. 550 c. com. Le nouvel article dispose qu'en cas de faillite, le propriétaire d'immeubles affectés à l'industrie ou au commerce du failli aura privilège, si le bail est résilié, pour deux années échues et pour l'année courante, et si le bail n'est pas résilié, mais que les meubles garnissant les lieux loués soient vendus et enlevés, pour deux années échues, comme en cas de résiliation, et aussi pour une année en sus de l'année courante, « que le bail ait ou non date certaine ». Si le législateur a limité à deux années échues l'exercice du privilège en cas de faillite, on doit évidemment en conclure qu'en dehors de ce cas le privilège garantit toutes les années échues (V. en ce sens : Baudry-Lacantinerie, t. 3, nᵒ 1097; Thézard, nᵒ 341).

116. A l'égard, toutefois, de l'administration des Contributions indirectes et de celle des Douanes, le privilège du bailleur, lorsqu'il porte sur les meubles garnissant une maison louée, ne peut s'exercer que pour six mois de loyers (V. infrà, nᵒˢ 292 et 295).

117. — II. Créance privilégiée du bailleur de fonds ruraux d'après la loi du 19 févr. 1889. — La loi du 19 févr. 1889 est intitulée « loi relative à la restriction du privilège du bailleur d'un fonds rural et à l'attribution des indemnités dues par suite d'assurances ». Dans ses art. 2 et 3, comme on l'a vu supra, nᵒˢ 99 et suiv., cette loi a étendu le privilège du bailleur à des objets sur lesquels il ne portait pas auparavant, les indemnités dues au locataire en cas d'assurance de son mobilier, ou son risque locatif ou du recours du voisin. Dans son art. 1, cette même loi a restreint le privilège quant à l'étendue de la créance qu'il a pour but de garantir. Aux termes de cet article, « le privilège accordé au bailleur d'un fonds rural par l'art. 2102 c. civ. ne peut être exercé, même quand le bail a acquis date certaine, que pour les fermages des deux dernières années échues, de l'année courante et d'une année à partir de l'expiration de l'année courante, ainsi que pour tout ce qui concerne l'exécution du bail et pour les dommages-intérêts qui pourront lui être accordés par les tribunaux ».

Les motifs de cette disposition ont été ainsi exposés par M. Maunoury, rapporteur du projet de loi, à la Chambre des députés : « L'art. 1, quand il s'agit d'un bien rural, restreint la garantie aux fermages des deux dernières années échues, de l'année courante et d'une année à partir de l'année courante. La restriction ne concerne que les sommes dues pour fermages; la garantie reste entière pour les indemnités et obligations résultant de l'exécution du bail. Cette disposition a pour but d'améliorer éventuellement la condition des créanciers du fermier, ce qui permet à ce dernier de trouver plus facilement du crédit. Une disposition identique, et ayant la même base, a été édictée par la loi du 12 févr. 1872 pour les loyers dus par les commerçants faillis. Il est certain que les propriétaires qui restent garantis pour quatre années entières de fermages ne peuvent se plaindre d'être sacrifiés. Ils ont eu le temps, pendant les trois années qui suivent le dernier payement, de mettre leur fermier en demeure de se libérer. On a objecté que les propriétaires seront portés à accorder moins de délai à leurs fermiers quand approchera le moment où le montant du fermage ne sera plus garanti, en sorte que la loi tournerait contre le cultivateur. Cette objection n'a guère de portée. Il est rare de rencontrer des propriétaires accordant plus de trois années de délai, à moins qu'ils ne soient décidés à renoncer au payement. D'autre part, c'est une question de savoir si les fermiers ont intérêt à ce que leurs bailleurs les laissent s'endetter aussi longtemps, au risque de les exposer, en cas de changement de propriétaire, à des poursuites pour de fortes sommes exigibles. Il suit de là qu'il n'y a aucun danger à restreindre la garantie du propriétaire à quatre années de fermage ».

118. L'art. 1 de la loi du 19 févr. 1889 ne s'applique, d'après son texte et d'après l'intitulé même de la loi, qu'au bailleur d'un fonds rural. Par fonds rural, il faut entendre tout immeuble affecté à l'exploitation agricole. Cet article ne serait pas applicable au bailleur d'une maison située hors ville, à la campagne, mais qui ne serait pas louée avec des terres et ne servirait pas à la culture. Il ne serait pas davantage applicable au bailleur d'une carrière, d'un étang ou de tous autres immeubles situés à la campagne, tels que moulins, usines, à moins qu'ils n'aient été loués accessoirement à un domaine rural (En ce sens : Escorbiac, Lois nouvelles, 1890, 1ʳᵉ part., p. 382). En revanche, nous croyons qu'il faudrait considérer comme un fonds rural, au sens de notre loi, un terrain situé dans l'enceinte d'une ville, mais loué à un jardinier ou à un pépiniériste pour l'exercice de sa profession.

119. Les fermages des deux dernières années échues, auxquels la loi conserve le bénéfice du privilège, sont les fermages afférents aux deux années qui ont précédé celle dans le cours de laquelle a eu lieu la saisie des meubles du fermier. Les années doivent se compter à partir du commencement du bail. Ainsi, par exemple, si le bail a commencé le 1ᵉʳ janv. 1889 et que la saisie ait eu lieu le 1ᵉʳ avr. 1892, les fermages conservés par le privilège seront ceux ayant couru du 1ᵉʳ janv. 1890 au 1ᵉʳ janv. 1892.

120. Si les fermages antérieurs à ceux des deux années garanties par le privilège sont également dus, le bailleur conserve évidemment le droit d'en réclamer le payement. La loi de 1889 ne restreint, en effet, que le privilège; elle ne porte aucune atteinte à la créance. Seulement, pour la partie de sa créance qui n'est plus privilégiée, le bailleur ne sera payé qu'au marc le franc, comme tout autre créancier chirographaire.

121. En ce qui concerne les fermages à échoir, la loi supprime toute différence entre les baux authentiques ou sous seing privé ayant date certaine et les baux sans date certaine ou purement verbaux. Elle limite, dans tous les cas, le privilège aux fermages de l'année courante et d'une année en sus. Il faut bien remarquer que cette limitation n'a de raison d'être que dans le cas où le bailleur n'a pas demandé la résiliation du bail. S'il l'a demandée, en effet, il n'a droit aux fermages que jusqu'au jour de la résiliation, sauf les dommages-intérêts qui peuvent lui être accordés et qui seront aussi privilégiés. Lorsque, au contraire, le bailleur n'a pas fait résilier le bail, il peut se faire colloquer par privilège pour les fermages à échoir dans les limites qui sont déterminées par la loi, mais alors aussi les créanciers ont le droit de relouer la ferme. Il semble même que le bailleur pourrait demander encore à être colloqué comme créancier chirographaire pour toutes les années restant à courir à partir de la dernière année garantie par le privilège; mais par là il s'obligerait à laisser aux créanciers la jouissance des lieux loués jusqu'à l'expiration du bail, et cette hypothèse ne paraît guère susceptible de se réaliser en pratique (V. supra, vᵒ Faillites et banqueroutes, nᵒ 1122).

122. La loi de 1889 maintient le privilège pour tout ce qui concerne l'exécution du bail, expressions empruntées à l'art. 2102-1ᵒ c. civ. et à la loi du 12 févr. 1872, et qui conservent ici le même sens (V. supra, nᵒ 108). Elle le maintient aussi, avec la loi de 1872, pour les dommages-intérêts qui pourront être accordés au bailleur par les tribunaux, c'est-à-dire pour les dommages-intérêts auxquels le bailleur aura droit ordinairement à raison de la résolution du bail (V. supra, nᵒ 110). Il a été jugé : 1ᵒ que le privilège du bailleur s'applique non seulement aux loyers dus par le fermier, mais encore aux indemnités dues pour les détériorations commises ou pour la perte d'objets mobiliers et de denrées (instruments agricoles, pailles, fourrages) qui devaient être restitués à l'expiration du bail (Toulouse, 27 mai 1890, aff. Bibent, D. P. 93. 2. 54) ; — 2ᵒ Que le privilège du bailleur s'étend aux avances faites au preneur en exécution du bail et dans l'intérêt de la culture, et qu'il en est ainsi spécialement en cas de bail à colonage partiaire (Poitiers, 18 déc. 1890, aff. Chopin et autres, D. P. 92. 2. 377); mais que, pour les loyers échus, le privilège doit s'appliquer seulement aux deux dernières années non

payées, et non à la totalité des loyers échus, comme le décidait la jurisprudence en matière de bail à colonage partiaire, la loi du 19° févr. 1889 ayant dérogé à cette jurisprudence (même arrêt).

123. — III. Droit de relocation réservé aux créanciers du preneur (*Rép.* n°ˢ 276 à 280). — Le locateur ayant été payé par anticipation de ses loyers à échoir, les créanciers du preneur ont, en vertu de la loi, le droit de relouer la maison ou la ferme. Ils ont ce droit, comme on l'a dit au *Rép.* n° 276, alors même que le bail aurait interdit au preneur de sous-louer ou de céder son droit au bail sans le consentement du bailleur; ce dernier, en se faisant payer d'avance, est présumé avoir renoncé à cette clause (Dijon, 28 avr. 1858, et sur pourvoi, Req. 28 déc. 1858, aff. Berthet, D. P. 59. 1. 62; Rouen, 29 juin 1859, aff. Leprevost, D. P. 60. 2. 24; Aubry et Rau, t. 3, § 261, p. 146, note 32; Laurent, t. 29, n° 405; Thézard, n° 339; André, n° 179).

124. Le droit de relocation appartient aux créanciers même quand le bail a date certaine (*Rép.* n° 279; Aubry et Rau, t. 3, § 261, p. 145, note 29; Laurent, t. 29, n° 404. Comp. c. com. art. 550, modifié par la loi du 12 févr. 1872).

125. Mais ce droit n'existe, bien entendu, que si le bailleur n'a pas fait prononcer la résolution du bail (Civ. rej. 30 janv. 1827, *Rép.* n° 400; Aubry et Rau, t. 3, § 261, p. 146; Laurent, t. 29, n° 400).

126. La relocation doit-elle nécessairement avoir lieu pour tout le restant du bail, ou peut-elle n'être faite par les créanciers que pour la période dont le bailleur a été payé par anticipation? Malgré les termes de l'art. 2102-1°, qui paraissent exiger que la relocation ait lieu pour toute la durée du bail, on a admis, au *Rép.* n° 277, qu'elle peut être restreinte par les créanciers au temps pour lequel le bailleur a reçu d'avance les loyers ou fermages, et cette opinion a prévalu dans la doctrine comme dans la jurisprudence (Rennes, 18 déc. 1858, et sur pourvoi, Civ. rej. 4 janv. 1860, aff. De Lestang, D. P. 60. 1. 35; Aubry et Rau, t. 3, § 261, p. 146, note 31; Laurent, t. 29, n° 402; Thézard, n° 339).

127. Mais si les créanciers veulent relouer l'immeuble à leur profit pour tout le restant du bail, alors que le bailleur n'a été payé, au moyen de son privilège, que d'une partie des loyers à échoir, ils doivent parfaire immédiatement le payement de tous les loyers à échoir jusqu'à la fin du bail. Le bailleur, en effet, n'est pas tenu de se contenter pour l'avenir du locataire qui lui est présenté par les créanciers ni des autres sûretés, telles que caution, hypothèque ou consignation, qu'ils pourraient lui offrir; il peut se prévaloir de la déchéance du bénéfice du terme, encourue par le locataire pour se faire payer tous les loyers à venir (Paris, 2 mai 1857, et sur pourvoi, Civ. rej. 7 déc. 1858, aff. Syndic Baron, D. P. 59. 1. 62; Dijon, 28 avr. 1858, aff. Berthet, *ibid.*; Rouen, 29 juin 1859, aff. Leprevost, D. P. 60. 2. 24; Paris, 26 janv. 1860, aff. Syndic Ollivier, D. P. 60. 5. 298; Orléans, 22 août 1860, aff. Syndic Angevère, D. P. 62. 2. 118, et les autres arrêts cités *suprà*, n° 113. V. dans le même sens: Aubry et Rau, t. 3, § 261, p. 145, note 30; Laurent, t. 29, n° 403; Thézard, n° 339). Cette solution, dont la rigueur est justement critiquée, mais qui résulte du texte de l'art. 2102-1°, a été implicitement sanctionnée par la loi du 12 févr. 1872, qui y a dérogé pour le cas de faillite (V. *suprà*, v° *Faillites et banqueroutes*, n° 1123).

128. Quand les créanciers usent du droit de relocation, ils perçoivent les loyers ou fermages à leur profit, et ils ont eux-mêmes le privilège du bailleur vis-à-vis du nouveau lo-

cataire. Mais ils sont tenus personnellement envers le propriétaire de l'exécution de toutes les conditions du bail (*Rép.* n° 278. Comp. Req. 28 déc. 1858, aff. Berthet, D. P. 59. 1. 62; Paris, 26 janv. 1860, aff. Syndic Ollivier, D. P. 60. 5. 298).

§ 4. — Du droit de suite (*Rép.* n°ˢ 281 à 291)

129. La loi a mis à la disposition du bailleur plusieurs moyens pour lui permettre d'exercer son privilège. Il peut, comme tout créancier, s'il a un titre exécutoire, pratiquer une saisie-exécution sur les meubles du locataire ou du fermier ou une saisie-brandon sur les fruits pendants par racine. La loi l'autorise même à saisir sans titre ni permission du juge; c'est la saisie-gagerie. Lorsque les objets affectés à son privilège ont été vendus, soit à l'amiable par le preneur, soit judiciairement à la requête d'un créancier, le bailleur peut alors requérir de saisie-arrêt le prix de la vente; il a même été jugé que le bailleur peut alors, à raison de son privilège, procéder par voie de simple opposition (Trib. civ. Gray, 3 mars 1885, aff. Mourlet, D. P. 86. 3. 94).

Mais, pour conserver son privilège sur les objets qui garnissent sa maison ou sa ferme, le bailleur doit s'opposer à ce qu'ils soient déplacés; il a pour cela le droit de les revendiquer au moyen d'une saisie spéciale qu'on appelle la *saisie-revendication* (V. *Rép.* v° *Saisie-revendication*). Ce droit de revendication doit être exercé dans un certain délai, que la loi fixe à *quarante jours* pour les meubles garnissant une ferme et à *quinze jours* seulement quand il s'agit des meubles garnissant une maison (c. civ. art. 2102-1°, *in fine*). Passé ce délai, le bailleur n'aurait même plus un droit de préférence sur le prix des objets vendus et livrés; il pourrait, sans doute, comme tout autre créancier, faire une saisie-arrêt entre les mains du débiteur de ce prix, mais il ne viendrait dans la distribution que comme créancier chirographaire, car, par le dessaisissement de son débiteur et l'expiration du délai de revendication, il aurait perdu le droit de mainmise sur la chose qui servait de base à son privilège (Lyon, 25 févr. 1836; *Rép.* n° 234; Aubry et Rau, t. 3, § 261, p. 149 et suiv.; Thézard, n° 348).

130. Le délai imparti au bailleur pour la revendication court, comme on l'a dit au *Rép.* n° 283, à compter du jour où les meubles ont été déplacés. Toutefois, d'après la plupart des auteurs, si le preneur et le tiers auquel il a remis les meubles ont employé des moyens frauduleux pour empêcher que le déplacement ne fût connu du bailleur, s'ils ont, par exemple, corrompu à prix d'argent le concierge de la maison pour qu'il gardât le silence sur l'enlèvement, le délai ne courra que du jour où le bailleur en aura été informé; c'est une application du principe de l'action paulienne (En ce sens : Aubry et Rau, t. 3, § 261, p. 149, note 41; Laurent, t. 29, n° 444; Baudry-Lacantinerie, t. 3, n° 1103; Thézard, n° 350; André, n° 183).

131. C'est le déplacement, et non la vente seule, qui fait courir le délai de quarante jours ou de quinze jours. Le bailleur conserve son privilège sur les meubles vendus par le preneur tant qu'ils restent dans le lieu loué (V. en ce sens, Limoges, 26 août 1848, aff. Brosset, D. P. 49. 2. 173; Aubry et Rau, t. 3, § 261, p. 148 et suiv.; Laurent, t. 29, n° 436). Il en est ainsi quand bien même la vente aurait été notifiée au bailleur (C. cass. de Rome, 28 déc. 1882) (1). Il est, d'ailleurs, évident que la vente des meubles du preneur, faite par autorité de justice, après saisie, faillite ou accep-

---

(1) (Fagioli C. Perugini et Natali.) — La cour; — Considérant que l'arrêt attaqué refuse à Fagioli le droit d'exercer son privilège sur la vache et les produits agricoles existant sur le fonds cultivé par Perugini à titre de colon partiaire; — Qu'il fonde sa décision sur ce que ces objets appartenaient non plus à Perugini mais à Fagioli, qui en était devenu propriétaire en vertu d'un contrat de société conclu le 10 janv. 1880 et notifié à Natali le 20 mai suivant; — Considérant que les bestiaux, du jour où ils sont introduits dans le fonds loué et deviennent en partie la propriété du fermier, constituent sans égard, de même que les autres objets mobiliers garnissent ledit fonds et la part du colon dans les fruits, du privilège attribué au bailleur par l'art. 1958 c. civ.; — Considérant que cette affectation n'a pu subir aucune atteinte par l'effet de la convention précitée et de la notification qui en

a été faite à Fagioli; qu'en effet, le privilège subsiste sur les meubles qui en sont affectés, tant qu'ils restent attachés à l'immeuble lui-même, et qu'il importe peu que le propriétaire ait connaissance de la cession de ces objets faits par le colon à un tiers; que cette connaissance n'implique pas qu'il ait consenti à la cession ni qu'il ait renoncé à l'exercice de son privilège; que les droits du colon ne passent au cessionnaire qu'avec les charges dont ils sont grevés; que, par conséquence, les juges du fond ont décidé, à tort que l'acquisition par Natali de la propriété de la vache et de la part appartenant à Perugini dans les produits du fonds mettait obstacle à l'exercice du privilège de Fagioli sur lesdits objets; — Par ces motifs, casse, etc.

Du 28 déc. 1882, C. cass. de Rome.—MM. Auriti, pr.-Bonnelli, rap.

tation bénéficiaire de la succession, n'entraîne pas la perte du privilége du bailleur, quoiqu'elle soit suivie du déplacement des meubles (Poitiers, 4 mars 1863, aff. Giraudeau, D. P. 63. 2. 218).

132. Le droit de revendication ne peut pas être exercé par le bailleur quand il a consenti au déplacement des meubles; il est alors réputé avoir renoncé à son privilége sur les meubles déplacés. On admet généralement que le consentement peut n'être que tacite (*Rép.* n° 285; Laurent, t. 29, n° 445; Colmet de Santerre, t. 9, n° 28 *bis*-XXI; Baudry-Lacantinerie, t. 3, n° 1102; Thézard, n° 349).

133. On décide même que le consentement du bailleur doit être présumé toutes les fois qu'il s'agit d'objets destinés par leur nature même à être vendus au jour le jour, comme les fruits de la récolte d'un fermier, les marchandises d'un locataire commerçant. La vente de ces choses est nécessaire à l'exercice de la profession du preneur, et le bailleur a certainement consenti à ce que la profession puisse s'exercer. Il ne serait admis à revendiquer qu'en cas de ventes faites en bloc, par lesquelles le preneur transformerait tout son actif, ou une notable partie, en argent comptant (Aubry et Rau, t. 3, § 261, p. 148; Laurent, t. 29, n° 446; Colmet de Santerre, t. 9, n° 28 *bis*-XXI; Thézard, n° 349). Toutefois, le bailleur pourrait revendiquer les fruits ou autres objets destinés à être vendus, s'ils étaient déplacés en dehors du cas de vente (V. *Rép.* n° 288; Laurent, *loc. cit.*).

134. Le bailleur a-t-il le droit de revendication lorsque le mobilier qui garnit les lieux loués reste suffisant pour garantir l'exécution du bail? La négative, que nous avons admise au *Rép.* n° 287, a pour elle actuellement la majorité des auteurs (V. Aubry et Rau, t. 3, § 261, p. 149, note 40; Laurent, t. 25, n° 247; Thézard, n° 349; André, n° 181). Il a été jugé, en ce sens: 1° que le privilége qui appartient au propriétaire sur tout ce qui garnit la maison louée ne fait pas obstacle à ce que le locataire retire une partie de ces objets, lorsque le reste est suffisant pour garantir le payement des termes à échoir (Rouen, 30 juin 1846 (1); Lyon, 28 mai 1891, aff. Berthon, D. P. 93. 2. 210); — 2° Que, le locataire ou fermier n'étant tenu de garnir l'immeuble que de meubles suffisants pour garantir l'exécution de ses obligations, le bailleur ne peut suivre les meubles déplacés par le preneur et les faire rétablir dans l'immeuble qu'à partir du moment où les meubles restant seraient devenus insuffisants; qu'ainsi le propriétaire d'une ferme n'est pas fondé à revendiquer trois têtes de bétail déplacées par le fermier qui a toujours payé régulièrement ses fermages, alors que les autres bestiaux et objets de toute nature qui restent grevés du privilége du bailleur garantissent suffisamment sa créance et la bonne exploitation du fonds (Besançon, 1er juill. 1886) (2); — 3° Que le propriétaire qui, par vexation, a empêché son locataire d'emporter quelques meubles à la campagne, alors qu'il restait des meubles suffisants pour répondre du loyer, doit être condamné à des dommages-intérêts (Trib. civ. Seine, 7 oct. 1893) (3). L'opinion contraire, cependant, est encore soutenue par M. Baudry-Lacantinerie, t. 3, n° 1102. Suivant cet auteur, l'art. 2102 décide la question, puisqu'il accorde le droit de revendication pour tous les objets auxquels s'applique le privilége. Quant à l'art. 1752, qu'on invoque en sens contraire, il donne bien au locataire le droit de ne garnir la maison louée que des meubles suffisants pour la garantie du locateur; mais il n'autorise pas pour cela le locataire, quand il a fourni des sûretés plus considérables, à les diminuer sans le consentement du bailleur (V. en ce sens les arrêts cités au *Rép.* n° 286).

135. Le bailleur qui revendique des objets déplacés n'a qu'une chose à prouver: c'est que les objets garnissaient sa maison ou sa ferme. Il n'est pas tenu de démontrer que le preneur en est propriétaire (Laurent, t. 29, n° 442).

136. Si les objets sont entre les mains d'un tiers, le

---

(1) (Buhot *C.* Leblond.) — Le sieur Buhot, locataire d'une maison appartenant au sieur Leblond, avait enlevé une partie du mobilier qui garnissait cette maison pour le faire transporter dans une propriété qu'il avait à la campagne. Leblond fit pratiquer une saisie-gagerie sur les meubles qui restaient dans les lieux loués et une saisie-revendication sur ceux qui avaient été déplacés. Buhot, prétendant que le mobilier qui restait dans la maison était suffisant pour la garantie des droits du propriétaire, fit estimer ce mobilier par un commissaire-priseur et assigna Leblond pour faire prononcer la mainlevée des saisies. Le tribunal de Rouen, par jugement du 29 avr. 1846, refusa de prononcer cette mainlevée, par le motif que, d'après l'art. 2102 c. civ. tous les meubles, sans exception, qui garnissaient les lieux loués, étaient affectés du privilége du bailleur. Appel par Buhot.
LA COUR; — Attendu qu'il résulte de la combinaison des art. 2102, n° 1, 1752 c. civ. et 819 c. proc. civ. que le privilége qui appartient au propriétaire, sur le prix de tout ce qui garnit la maison louée, ne fait mettre obstacle à ce que le locataire puisse déplacer quelques-uns de ces objets lorsque ce qui reste est plus que suffisant pour assurer le payement du propriétaire, car le gage n'a plus de cause et par suite d'existence, lorsqu'il n'a plus pour but de garantir une créance dont le recouvrement est assuré par le privilége qui reste au propriétaire; — Attendu que si, lors des déplacements faits par Buhot d'une partie des meubles garnissant la maison à lui louée par Leblond, celui-ci a eu de justes motifs de craindre qu'une partie du gage nécessaire pour assurer le prix de son loyer lui fût enlevé, et si, par suite, il a pu avoir recours aux mesures conservatoires d'une saisie-gagerie et de revendication, il aurait dû en arrêter les suites lorsqu'il a appris, notamment par le procès-verbal d'un commissaire-priseur, que les meubles restés dans la maison occupée par Buhot suffisaient à sa garantie; — Réformant, fait mainlevée des saisie-gagerie et revendication des 27 mars et 2 avril derniers.
Du 30 juin 1846.-C. de Rouen, 1re ch.-MM. Gesbert, pr.-Riat, av. gén.-Deschamps et Néel, av.

(2) (Lebaud *C.* veuve Laurençot.) — LA COUR; — Considérant, en droit, que le droit particulier de gage que la loi confère au bailleur sur les objets qui se trouvent dans la maison louée ou la ferme, ne saurait être assimilé d'une manière complète au nantissement dont les règles sont établies par les art. 2073 et suiv. c. civ.; que si, dans l'un comme dans l'autre cas, le créancier est privilégié sur le prix des meubles saisis et vendus, les effets du droit de suite que la loi attache au gage du bailleur ne sauraient être aussi étendus que ceux du droit de rétention qui appartient au créancier gagiste; que celui-ci ne peut être contraint de se dessaisir de tout ou partie des objets, quelle qu'en soit l'importance, qu'après qu'il est complétement désintéressé; que le locataire ou fermier ne pouvant être tenu de garnir l'immeuble que de meubles suffisants pour garantir l'exécution de ses obligations, le bailleur ne peut, au contraire, suivre les meubles déplacés par le preneur et les faire rétablir dans l'immeuble, qu'à partir du moment où les meubles restant seraient devenus insuffisants; que, s'il en était autrement, tout meuble qui pourrait, même passagèrement, sortir de la ferme, ne pourrait plus en sortir et que le fermier ne pourrait pas même disposer des fruits de la récolte de l'année, alors même que, comme dans l'espèce, il ne serait débiteur d'aucune somme envers le propriétaire; que vainement l'intimée se prévaut de la disposition de l'art. 2102 civ. aux termes de laquelle le propriétaire peut saisir les meubles qui garnissent sa maison ou sa ferme lorsqu'ils ont été déplacés sans son consentement; que de ce que cette disposition édicte une déchéance contre le propriétaire qui a consenti au déplacement des meubles, on ne saurait conclure qu'elle lui reconnaît un droit absolu de suite et de revendication, lorsqu'il n'a pas donné ce consentement; — Considérant, en fait, que le fermier n'est point en retard de ses fermages et qu'il les a toujours payés régulièrement; que le bail expire au mois de mars prochain; que dix-neuf têtes de bétail restent encore dans la ferme, outre les autres objets mobiliers grevés du privilége du bailleur; que de toutes ces circonstances résulte preuve complète que les objets de toute nature qui restent grevés du privilége du bailleur après le déplacement des trois têtes de bétail dont s'agit garantissent suffisamment la créance de l'intimée et la bonne exploitation du fonds; — Considérant que la mesure d'exécution dont s'agit a causé aux appelants un préjudice dont la cour est en mesure d'apprécier; — Par ces motifs, annule la saisie en date du 17 mars 1886; condamne l'intimée en 100 fr. de dommages-intérêts et aux dépens de première instance et d'appel.
Du 1er juill. 1886.-C. de Besançon, 2e ch.-MM. Granet, pr.-Lambert et Pfortner, av.

(3) (Briant *C.* Bertouin.) — Le 30 oct. 1891, le juge de paix du 16e arrondissement de Paris avait rendu la décision suivante: — « Attendu que si, en principe, le propriétaire a le droit de gage sur tous les meubles et objets mobiliers qui garnissent les lieux loués, néanmoins il est admis en droit et jurisprudence constante que le propriétaire ne saurait empêcher le locataire, au moment de son départ pour la campagne, d'emporter les objets mobiliers dont il peut avoir besoin, lorsque les meubles et objets mobiliers restant dans les lieux sont d'une valeur suffisante pour

bailleur n'a pas non plus à prouver la mauvaise foi de ce tiers. La revendication peut être exercée même à l'encontre des tiers de bonne foi (Pont, t. 1, n° 132; Aubry et Rau, t. 3, § 261, p. 148, note 37; Laurent, t. 29, n° 438; Baudry-Lacantinerie, t. 1, n° 1100; Thézard, n° 349).

137. Cette règle n'est pas douteuse; mais une controverse s'est élevée dans la doctrine et dans la jurisprudence sur le point de savoir si le bailleur n'était pas tenu de rembourser au possesseur de bonne foi le prix des objets déplacés, lorsque ce possesseur les avait achetés dans une foire, un marché ou une vente publique ou chez un marchand vendant des choses pareilles. L'affirmative, qui invoquait par analogie la disposition de l'art. 2280 c. civ. relative aux choses volées ou perdues, était soutenue par plusieurs auteurs (Valette, *Traité des privilèges et hypothèques*, n° 67; Pont, t. 1, n° 131; Aubry et Rau, t. 3, § 261, p. 149), et elle avait été admise par quelques tribunaux (V. les jugements cités *infrà*, n° 140). Mais la grande majorité de la jurisprudence avait adopté l'opinion contraire. La cour de cassation avait décidé par deux arrêts « que nulle disposition de la loi n'oblige le créancier gagiste à payer au tiers détenteur la valeur des objets saisis, lorsque ce dernier les a achetés dans une foire, dans un marché, dans une vente publique, ou d'un marchand vendant des choses pareilles; que les règles particulières établies par l'art. 2280 c. civ., pour la revendication de meubles perdus ou volés, ne sauraient être étendues au cas absolument différent de la saisie-revendication du gage; que la loi, ayant voulu constituer au profit du propriétaire bailleur un privilège, n'a pu vouloir le rendre en même temps illusoire, en subordonnant le droit de suite de ce propriétaire au remboursement par lui de la valeur du gage » (Civ. rej. 30 oct. 1888, aff. Mouchet, D. P. 89. 1. 61; 10 juill. 1889, aff. Raffin, D. P. 90. 1. 392. V. dans le même sens, Trib. civ. Gray, 3 mars 1884, aff. De Buyer, D. P. 82. 3. 62; Trib. civ. Senlis, aff. Frémy, *ibid.*; Amiens, 27 juin 1882, aff. Frémy, D. P. 83. 5. 369; C. sup. de justice de Luxembourg, 14 août 1883, aff. X... C. Ditsch, Simmer et Porters; Nancy, 6 déc. 1884, aff. De Berlaymont, D. P. 85. 2. 153; Angers, 23 nov. 1885, aff. Mouchet, D. P. 89. 1. 61; Chambéry, 13 juill. 1886, aff. Raffin, D. P. 87. 2. 72).

Cette jurisprudence ayant soulevé des réclamations, parce qu'elle entravait les ventes de bestiaux sur les mar-

chés lorsque les bestiaux appartenaient à des fermiers, une loi nouvelle, du 11 juill. 1892 (D. P. 92. 4. 88), a ajouté le paragraphe suivant à l'art. 2280 c. civ.: « Le bailleur qui revendique, en vertu de l'art. 2102, les meubles déplacés sans son consentement et qui ont été achetés dans les mêmes conditions, doit également rembourser à l'acheteur le prix qu'ils lui ont coûté ».

138. Cette nouvelle disposition s'applique, suivant les termes de l'art. 2280, § 1, lorsque les objets déplacés ont été « achetés dans une foire ou dans un marché ou dans une vente publique ou d'un marchand vendant des choses pareilles » (V. *supra*, v° *Prescription civile*, n°s 180 et suiv.; *Rép.* eod. v°, n°s 292 et suiv.).

139. C'est seulement l'acheteur de bonne foi qui peut exiger le remboursement du prix des objets déplacés. Quand même ces objets auraient été achetés dans les conditions prévues par la loi, si l'acheteur était de mauvaise foi, il n'aurait droit à aucune restitution. Mais que faut-il pour que l'acheteur soit réputé de mauvaise foi? Suffit-il qu'il ait connu les objets appartenaient à un fermier? Faut-il de plus qu'il ait su que le bailleur s'opposait à leur déplacement? Cette seconde condition nous paraît nécessaire, au moins quand il s'agit d'objets tels que les bestiaux ou les denrées que les fermiers ont l'habitude de vendre sans opposition du bailleur. Le consentement de ce dernier est alors présumé; il faut donc que son défaut de consentement se soit manifesté, soit par une saisie-gagerie, soit de toute autre manière; et qu'en outre ce défaut de consentement ait été connu de l'acheteur, pour que celui-ci puisse être considéré comme de mauvaise foi. De plus, la mauvaise foi ne se présumant pas, c'est au bailleur qui revendique à la prouver (V. les observations de M. Besnard, au Sénat et la réponse de M. Camescasse, rapporteur, D. P. 92. 4. 88, notes 1 et 2, n° 3).

140. L'acheteur de bonne foi contre lequel la revendication est exercée a le droit de se faire rembourser non seulement le prix d'acquisition des objets déplacés, mais encore, s'il y a lieu, les frais qui lui ont été occasionnés par la garde des objets, et notamment, s'il s'agit de bestiaux, le coût de leur nourriture. Il doit, en un mot, être rendu indemne. Des jugements l'ont ainsi décidé dès avant la loi de 1892 (Trib. civ. Hazebrouck, 23 oct. 1880 (1); Trib. civ. Montmédy, 20 mars 1884) (2).

---

garantir ses droits; — Attendu que du procès-verbal de constat, dressé par Daubannay, huissier à Paris, le 26 septembre dernier, il résulte que Bertouin a tenté de faire sortir de son appartement quelques meubles et objets mobiliers dont l'enlèvement desquels Briant s'est opposé, alors que le surplus du mobilier, se trouvant dans l'appartement, était d'une valeur plus que suffisante pour garantir le payement des loyers; — Attendu, dans cette position, qu'il y a eu vexation et abus de la part du propriétaire, en empêchant Bertouin de déménager; qu'il lui est dû une réparation pour le préjudice causé, et que nous avons les éléments nécessaires pour en fixer le chiffre à 50 fr.; — Par ces motifs, — Condamnons Briant à payer à Bertouin 50 fr. à titre de dommages-intérêts et aux dépens ». — Appel par Briant.

Le tribunal; — Attendu que Briant a voulu empêcher son locataire Bertouin d'emporter quelques meubles à la campagne; — Attendu que Bertouin prouve qu'il laissait des meubles suffisants pour répondre du payement des loyers, et qu'à cette époque il ne devait aucun terme de loyer à Briant; — Et adoptant au surplus les motifs des premiers juges; — Confirme.

Du 7 oct. 1893.-Trib. civ. de la Seine, ch. des vacat.-MM. Labrouste, pr.-Tournade, subst.-Duparcq et Astresse, av.

(1) (Debaecker C. Gaeymacy et Denys.) — Le 28 août 1880, le tribunal civil d'Hazebrouck a rendu un premier jugement ainsi conçu : — « Attendu qu'aux termes de l'art. 2102 c. civ., le propriétaire conserve son privilège, pour le payement des fermages, sur les meubles garnissant la ferme louée, et déplacés sans son consentement, lorsque la revendication en a été faite par lui dans les quarante jours à partir de leur déplacement; que le droit de suite que lui confère ledit article est absolu; que lesdits meubles doivent en effet être regardés comme le gage de la créance qu'il possède en qualité de propriétaire, et dont il est considéré comme étant nanti ainsi que d'un gage réel; — Attendu que la revendication faite par ledit sieur Debaecker l'a été dans le délai imparti par la loi; qu'elle est par conséquent valable; — Attendu néanmoins qu'en fait de meubles possession vaut titre; que le sieur Gaeymacy prétend qu'il a acheté les moutons saisis et revendiqués par le sieur Debaecker au marché de Fauquembergue; que, dès lors, conformément aux termes de l'art. 2280

c. civ., la revendication étant admise, le prix qu'il a payé, ainsi que les frais d'entretien, de nourriture et de garde desdits moutons, doit lui être remboursé; — Attendu que, sur ce point, le sieur Gaeymacy articule et offre de prouver que les moutons saisis-revendiqués lui ont été vendus par le sieur Denys, le 27 mai 1880, sur le marché de Fauquembergue, moyennant le prix de 2243 fr. 50 cent.; — Attendu que ce fait est pertinent et concluant; qu'il est dénié par le sieur Debaecker; que ce dernier, de son côté, articule et offre de prouver, etc...; — Par ces motifs, etc. ». Les enquêtes ordonnées par ce jugement ayant eu lieu, le tribunal a statué définitivement ainsi qu'il suit :

Le tribunal; — Attendu que, par jugement en date du 28 août 1880, le tribunal a admis en principe, conformément à l'art. 2280 c. civ., que, si la vente des moutons revendiqués par Debaecker a eu lieu sur un marché public, celui-ci ne peut les réclamer qu'en payant à Gaeymacy le prix d'achat, ainsi que les frais d'entretien, de nourriture et de garde du troupeau; — Attendu qu'en présence des dénégations réciproques formulées à la barre par Debaecker et Gaeymacy, ce dernier a été autorisé à prouver, tant par titres que par témoins, que les moutons saisis-revendiqués lui ont été vendus par le sieur Denys, le 27 mai 1880, sur le marché de Fauquembergue, moyennant le prix de 2243 fr.50 cent., et le sieur Debaecker a été admis à faire la preuve que le troupeau objet du litige se trouvait le 26 mai dans la ferme du sieur Denys; — Attendu que des enquêtes et contre-enquête, ainsi que des documents fournis à l'audience du 25 septembre dernier, il ressort la preuve que le troupeau de moutons a quitté la ferme de Denys le 26 mai, vers huit heures du matin, a été vendu le 27 mai à Gaeymacy, sur le marché public de Fauquembergue, pour le prix principal de 2243 fr. 50 cent., soit 2223 fr., plus les vins; — Attendu que, la vente ayant été passée publiquement sur un marché, Gaeymacy a droit, conformément à l'art. 2280 c. civ. précité, au remboursement du prix principal de vente, s'élevant à 2223 fr., ainsi que de tous les frais occasionnés par le séjour du troupeau de moutons dans la ferme...; — Par ces motifs, etc.

Du 23 oct. 1880.-Trib. civ. d'Hazebrouck.

(2) (De Berlaymont C. Maire.) — Le tribunal; — Attendu

Art. 2. — *Sommes dues pour semences ou frais de récolte ou pour ustensiles (Rép. nos 292 à 299).*

141. Sous le même numéro de l'art. 2101 où il est traité du privilège du bailleur, la loi a établi, comme on l'a dit au *Rép.* n° 292, deux privilèges distincts, portant chacun sur des objets séparés : les frais de semences ou de récolte, que la loi déclare privilégiés sur la récolte de l'année, ne peuvent être payés sur les ustensiles, quand même le fournisseur de ces ustensiles serait désintéressé, et réciproquement le fournisseur des ustensiles n'est pas privilégié sur la récolte (V. en ce sens, Civ. cass. 12 nov. 1839, *Rép.* n° 299; Baudry-Lacantinerie, t. 3, n° 1104; Thézard, n° 354; André, n° 188).

142. Ces deux privilèges priment celui du bailleur sur les objets auxquels ils s'appliquent. Il a été jugé, en conséquence : 1° qu'en cas de résiliation d'un bail à ferme, le bailleur ne peut s'approprier la récolte pendante, pour se payer de ses loyers, qu'à charge de verser le prix des semences à celui auquel il est encore dû; qu'il objecterait vainement que, n'étant débiteur des frais de semences qu'envers son fermier, il a le droit d'en compenser le montant avec ses loyers (Civ. rej. 11 juill. 1864, aff. De Méré, D. P. 64. 1. 488); — 2° Qu'alors même que le privilège du bailleur d'un fonds rural prime le privilège des gens de service attachés à l'exploitation du fonds, ceux-ci peuvent cependant se faire payer par préférence au bailleur, en invoquant le privilège établi par l'art. 2102 c. civ. sur le prix de la récolte de l'année au profit de ceux qui ont fourni les semences, fait les labours ou levé les récoltes, mais à charge de prouver que les salaires pour lesquels ils réclament ce privilège proviennent exclusivement de fournitures ou de travaux faits pour la récolte de l'année (Civ. cass. 18 juin 1889, aff. De Sarrazin, D. P. 89. 1. 399).

143. Le privilège pour semences ou frais de récolte appartient à tous ceux qui ont pris une part directe à l'ensemencement des terres ou à la levée des récoltes, soit comme ayant vendu les semences, soit comme ayant fourni leur travail ou celui de leurs animaux (*Rép.* n° 293). Mais il ne peut être réclamé par un fournisseur sous prétexte que ses fournitures auraient servi à l'alimentation des ouvriers qui ont fait la récolte (Trib. civ. de Vitry-le-Français, 31 juill. 1884, *infrà*, n° 322). Le créancier qui réclame ce privilège doit, d'ailleurs, prouver que les semences ou les travaux qu'il a fournis ont été employés sur les terres d'où provient la récolte (Douai, 21 janv. 1865, *infrà*, n° 151).

144. On s'est demandé si le privilège existe aussi bien en faveur de ceux qui ont contribué à l'ensemencement ou à la récolte des terres exploitées par le propriétaire que de ceux qui ont fourni leurs semences ou leurs travaux à un fermier (Comp. Req. 11 déc. 1861, aff. Guiraud, D. P. 62. 1. 419). Mais, bien que l'art. 2102 semble n'accorder ce privilège qu'à l'encontre du bailleur, et ainsi seulement aux créanciers du fermier, il n'y a aucune raison de supposer que la loi ait entendu le refuser aux créanciers du propriétaire qui exploite lui-même. Dans l'un et l'autre cas, la créance de l'ouvrier ou du journalier et celle du fournisseur de semences méritent la même faveur (V. en ce sens : Pont, t. 1, n° 134, p. 109, note 1 ; Laurent, t. 29, n° 450).

145. La créance de celui qui a fourni les engrais employés lors de l'ensemencement est-elle privilégiée

comme rentrant dans les frais de semences? La logique, aussi bien que l'intérêt de l'agriculture, exigerait que le bénéfice du privilège fût étendu à cette créance. Néanmoins l'interprétation qui le refuse en pareil cas a prévalu dans la doctrine et dans la jurisprudence (V. Trib. de Mayenne, 17 déc. 1856, et sur pourvoi, Req. 9 nov. 1857, aff. Gerbault, D. P. 58. 1. 30; Amiens, 2 mai 1863, aff. Lavialle, D. P. 63. 5. 302; Douai, 21 janv. 1865, *infrà*, n° 151 ; Rennes, 4 mai 1871, aff. Guégan, D. P. 73. 5. 379; Dijon, 18 mai 1893, aff. Leblanc, D. P. 93. 2. 479; Aubry et Rau, t. 3, § 261, p. 150, note 47; Laurent, t. 29, n° 351 ; Baudry-Lacantinerie, t. 1, n° 1105; Thézard, n° 354; André, n° 189. — *Contrà* : Caen, 28 juin 1837, *Rép.* n° 294; Pont, t. 1, n° 134).

On conteste également que celui qui a fourni des barriques pour loger la récolte des vignes ait droit au privilège pour frais de récolte. Il y a toutefois deux arrêts de la cour de Bordeaux qui accordent le privilège en pareil cas (Bordeaux, 2 août 1831, *Rép.* v° *Distribution par contribution*, n° 77; 1er janv. 1872, aff. Dumézil, D. P. 73. 2. 14. V. dans le même sens Laurent, t. 29, n° 452. — *Contrà* : Aubry et Rau, t. 3, § 261, p. 151, note 48; Baudry-Lacantinerie, t. 3, n° 1105). Quoi qu'il en soit, le fournisseur des barriques est privilégié sur les barriques elles-mêmes, conformément au n° 4 de l'art. 2102. Il peut aussi invoquer sur le prix des vins le privilège accordé par l'art. 2102-2° à celui qui a fait des frais pour la conservation de la chose. Seulement ces deux derniers privilèges sont primés par celui du bailleur.

146. Le privilège pour frais de semences ou de récolte n'existe que sur la récolte de l'année ou, en d'autres termes, sur la récolte pour laquelle ils ont eu lieu (*Rép.* n° 295). Il ne peut être exercé sur cette récolte elle-même qu'autant qu'elle est détachée du sol ou qu'elle a été saisie séparément de l'immeuble; c'est, en effet, sur le prix de la récolte, et non sur le prix de l'immeuble chargé de récolte, que le privilège est établi. Il s'agit ici d'un privilège sur des meubles (V. toutefois *infrà*, tit. 3, chap. 7, sect. 1).

147. Il n'y a pas de droit de suite attaché au privilège des frais de semences ou de récolte. Ce privilège disparaît, par conséquent, dès l'instant que la récolte est sortie de la possession du fermier et qu'elle est passée entre les mains d'un tiers de bonne foi, soit, par exemple, entre les mains du bailleur ou du nouveau fermier, après résiliation du bail (Bourges, 3 mars 1877, aff. Pervoy, D. P. 78. 2. 56). Le privilège subsisterait seulement si le créancier avait eu soin de faire connaître ses droits au nouveau bailleur par une signification antérieure à la résiliation du bail (Civ. rej. 11 juill. 1864, aff. De Méré, D. P. 64. 1. 488).

148. Le second privilège établi par l'art. 2101-1°, § 4, s'applique aux sommes dues pour la vente ou la réparation des ustensiles servant à l'exploitation de l'immeuble loué. Ces sommes sont, il est vrai, garanties aussi par le privilège du vendeur ou par celui des frais faits pour la conservation d'une chose. Mais le privilège pour ustensiles prime celui du locateur, que celui-ci ait ou non que les objets n'étaient pas payés, tandis que le privilège du vendeur ou des frais de conservation est primé par celui du locateur, quand ce dernier n'a pas été averti du non-payement des objets (V. *Rép.* nos 296 et suiv. ; Baudry-Lacantinerie, t. 3, n° 1106; Thézard, n° 352). Ce privilège, toutefois, comme celui des frais de semences ou de récolte, ne subsiste qu'autant que les objets sont encore en la possession du fermier;

---

que Maire prétend que les animaux revendiqués ont été achetés par lui, le 15 juin 1883, sur le champ de foire d'Etain, d'un marchand vendant des choses pareilles, et que, dès lors, il a le droit de les conserver tant que de Berlaymont n'offre pas de lui rembourser le prix qu'ils lui ont coûté ; que de Berlaymont ne conteste pas que Maire ait acheté les animaux dont s'agit dans les conditions sus-indiquées ; mais qu'il soutient que ce dernier n'en est pas moins tenu de les rendre, sans aucun remboursement du prix d'achat; que, d'après l'art. 2280 c. civ., si le possesseur actuel de la chose volée ou perdue l'a achetée dans une foire, ou dans un marché, ou dans une vente publique ou d'un marchand vendant des choses pareilles, le propriétaire originaire ne peut se la faire rendre qu'en remboursant au possesseur le prix qu'elle lui a coûté; qu'il suit évidemment de cet article que, si le propriétaire originaire ne peut se faire rendre la chose qu'il a perdue ou qui lui a été volée qu'en remboursant au possesseur le prix qu'elle lui a coûté, cette obligation de remboursement préalable incombe, à plus forte raison, à celui

qui n'avait sur la chose qu'un simple droit de gage, c'est-à-dire un droit qui, pour être entouré par la loi de mesures les plus protectrices, n'était pas moins que ce dernier ; que rien dans les termes de l'art. 2280 n'indique que cette disposition doive s'appliquer exclusivement à l'espèce prévue par l'art. 2279; que l'art. 2280 est, au contraire, fondé sur cette maxime : *Nemo detrimento alterius locupletior fieri debet*, qu'il faut appliquer dans tous les cas qui ne sont pas formellement exceptés par la loi ; — Par ces motifs, — Donne acte à Maire de ce qu'il offre le payement à de Berlaymont des bestiaux revendiqués contre le payement du prix d'achat, soit de la somme de 1875 fr., des intérêts de cette somme du jour de la vente, de celle de 1 fr. par tête de bétail et par jour pour frais de nourriture et entretien depuis le jour de la vente. — Déboute de Berlaymont de ses fins et conclusions contraires, etc.

Du 20 mars 1884.—Trib. civ. de Montmédy.—MM. Schœffer, pr.-; Lejeune, proc.-Clémence et Goujon, av.

il ne jouit d'aucun droit de suite à l'encontre des tiers de bonne foi (V. *suprà*, n° 147. Comp. Civ. cass. 9 mai 1853, aff. Arnoult, D. P. 53. 1. 251).

Art. 3. — *Créance sur le gage dont le créancier est saisi*
(*Rép.* n°s 300 à 305).

149. Il est traité du privilège du créancier gagiste, *suprà*, v° *Nantissement*, n°s 99 et suiv.; *Rép.* eod. v°, n°s 151 et suiv.

Art. 4. — *Frais faits pour la conservation de la chose*
(*Rép.* n°s 306 à 326).

150. L'art. 2102-3° déclare privilégiés « les frais faits pour la conservation de la chose ». Le mot *chose*, comme le remarque M. Laurent, t. 29, n° 458, est aussi vague et, par conséquent, aussi large que possible; il comprend donc toutes choses mobilières, les droits et créances aussi bien que les meubles corporels. C'est, du reste, l'interprétation généralement admise (V. *Rép.* n°s 307 et suiv.; Aubry et Rau, t. 3, § 261, p. 151; Baudry-Lacantinerie, t. 3, n° 1108; Thézard, n° 352).—Il a été jugé que le privilège de l'art. 2102-3° ne peut porter que sur un objet déterminé et non sur la généralité de l'actif du débiteur (Lyon, 1er avr. 1881, aff. Mure et autres, D. P. 82. 2. 44. V. aussi les conclusions de M. l'avocat général Baudouin, qui précèdent cet arrêt). Mais cette restriction ne nous paraît pas imposée par la loi. Des frais qui auraient eu pour effet de conserver tout l'actif d'une personne, ceux, par exemple, d'une action en pétition d'hérédité intentée contre le détenteur d'une succession, pourraient être, à notre avis, privilégiés sur l'ensemble de l'actif.

151. Mais le privilège, d'après les termes de la loi, s'applique seulement aux choses mobilières. Quant aux immeubles, il peut y avoir lieu, suivant les cas, soit au privilège des architectes, entrepreneurs et ouvriers (c. civ. art. 2103-3°), soit au droit de rétention (c. civ. art. 555). Il a été jugé, notamment, que le privilège de l'art. 2102-3° ne peut pas être étendu aux immeubles, ni par conséquent aux récoltes qui sont considérées comme immeubles tant qu'elles n'ont pas été détachées du sol (Douai, 21 janv. 1865) (1).

152. Il résulte d'un arrêt de la cour de cassation que le droit de péage sur un pont, bien qu'étant un droit mobilier, susceptible d'être saisi et vendu, ne peut être affecté du privilège de l'art. 2102-3° au profit d'un ouvrier ayant contribué à la construction ou à la réparation du pont (Civ. rej. 20 févr. 1865, aff. Roland, D. P. 65. 1. 308). Cette déci-

sion paraît fondée sur le motif que le pont et le droit de péage sont deux choses différentes. Mais celui qui contribue à la conservation du pont ne contribue-t-il pas par cela même à la conservation de la concession du droit de péage?

153. Par *frais de conservation*, il faut entendre tous les frais sans lesquels la chose aurait péri en tout ou en partie, et même ceux sans lesquels cette chose serait devenue impropre à l'usage auquel elle est destinée (*Rép.* n° 312; Aubry et Rau, t. 3, § 261, p. 151; Baudry-Lacantinerie, t. 3, n° 1108). Il a été jugé, en ce sens : 1° que l'avoué qui a occupé pour une partie et qui a obtenu un jugement, grâce auquel cette partie a été payée d'une somme qui lui était due, est privilégié sur cette somme pour le recouvrement des frais d'instance (Bourges, 9 juin 1846, aff. Durand, D. P. 46. 4. 423); — 2° Que le préposé à la gestion d'un magasin de nouveautés qui, conformément aux conventions faites entre lui et ses commettants, a versé ses économies dans la caisse de cette maison et l'a ainsi empêchée de périr, est privilégié sur les marchandises du magasin pour les sommes ainsi versées (Angers, 8 déc. 1848, aff. Rigot, D. P. 49. 2. 17); — 3° Que le créancier, qui a fourni les fûts dans lesquels des vins ont été conservés, a privilège sur le prix des vins (Bordeaux, 1er janv. 1872, aff. Dumézil, D. P. 73. 2. 14; Civ. cass. 10 mai 1887, aff. Sassy, D. P. 87. 1. 397); — 4° Que le vétérinaire qui a soigné et nourri un cheval malade a, en cas de faillite du propriétaire du cheval, privilège sur le prix de vente de l'animal pour les soins et la nourriture qu'il a donnés, ainsi que pour les médicaments qu'il a fournis (Poitiers, 8 févr. 1892, aff. Moisy, D. P. 92. 2. 219).

On a cité au *Rép.* n° 315 un arrêt d'après lequel le maréchal qui a ferré des chevaux ne peut être considéré comme ayant conservé par là ces animaux et n'a pas droit au privilège sur leur prix. Mais cette appréciation est très contestable, car, s'ils n'étaient pas ferrés, les chevaux seraient incapables de remplir les usages pour lesquels on les emploie. En tout cas, le privilège pourrait être invoqué par celui qui aurait fourni le fourrage nécessaire à la nourriture d'un cheval ou par le vétérinaire qui aurait soigné un animal en cas de maladie (Pont, t. 1, n° 139).

154. Toutefois, il a été jugé : 1° que le privilège spécial aux frais faits pour la conservation de la chose n'est attaché à une créance qu'autant que la somme qui fait l'objet de cette créance a été non seulement versée dans ce but, mais employée en réalité pour la conservation de l'actif du débiteur, par exemple à la paye des ouvriers d'une entreprise

---

(1) (Veuve Drouvroy et héritiers Crépin C. Bruneau et Dazin.) — Le sieur Dazin, fabricant de sucre, avait affermé des terres de la veuve Drouvroy et de la veuve Crépin. Il fut déclaré en faillite le 28 juill. 1861. Des jugements prononcèrent la résolution des baux qui lui avaient été consentis. Lors de la vérification des créances, le sieur Bruneau réclama une somme de 14 855 fr. 80 cent. pour les frais d'engrais, de semences et de récoltes de l'année, ainsi que pour les avances qu'il prétendait avoir faites dans l'intérêt de la masse des créanciers. Cette réclamation n'ayant pas été admise, Bruneau assigna le syndic de la faillite Dazin et les dames Drouvroy et Crépin devant le tribunal civil d'Arras. Un jugement de ce tribunal fixa la créance de Bruneau à 13 498 fr. 80 cent. et dit que cette somme serait prélevée par privilège sur le prix des récoltes de l'année. — Appel par la veuve Drouvroy et par les héritiers de la veuve Crépin, décédée depuis le jugement. — La cour; — Attendu que Bruneau prétend primer les héritiers Crépin et la veuve Drouvroy sur le prix des récoltes qui ont crû sur leurs terres : 1° parce que ses dépenses ont été faites pour la conservation de la chose (art. 2102 c. civ., § 3); 2° parce qu'elles sont relatives aux semences et aux frais de récolte de l'année (art. 2102, § 1); 3° parce qu'il a été *negotiorum gestor* et qu'il a droit, à ce titre, à se faire rembourser de ses avances; — Attendu que Bruneau n'a rien fait ni déboursé pour la conservation des immeubles des propriétaires, ni des récoltes réputées immeubles, jusqu'à ce qu'elles soient détachées du sol; que du reste, l'art. 2102, sous la rubrique des privilèges sur certains meubles est ici sans application; — Attendu que les frais de récolte dont parle l'art. 2102 ne s'entendent que des frais de moisson; mais que les récoltes dont s'agit ont été vendues sur pieds qu'ainsi leur enlèvement restait à la charge des adjudicataires et que les betteraves ont été arrachées et transportées, par la veuve Crépin et par les propriétaires; — Attendu que le privilège du propriétaire sur les fruits n'est primé ni par les fournitures, la nourriture, l'entretien du fermier, de ses gens ou de ses bestiaux,

ni par les salaires des gens de service pour lesquels un privilège a été établi par l'art. 2101; — Qu'il ne peut s'agir de privilège pour prix des ustensiles, *instrumentum fruendi*, puisque les appelants n'ont rien réclamé de ce qui garnissait la ferme et servait à l'exploitation; — Qu'ainsi il faut écarter des réclamations de Bruneau les mémoires et factures de Boone pour engrais, de Ricourt pour fournitures d'épicerie, de Delannoy pour fécules et graisse, de Heart et Desfontaine pour farine et pain, de Dazin pour salaires à lui dus; — Qu'il reste uniquement le mémoire de Désailly qui peut s'appliquer aux semences; — Attendu qu'il ne suffit pas à Bruneau de justifier qu'il a acheté des semences; qu'il devait établir qu'elles ont été jetées sur les terres des appelants; — Que la ferme de Fins se composait de 208 hectares, et qu'il ne justifie pas, ni n'offre de prouver, que ces semences aient servi aux 50 hectares de la veuve Crépin ou aux 17 hectares de la veuve Drouvroy; — Qu'ainsi la base du privilège manque à Bruneau, et qu'une proportionnalité entre l'étendue des terres, alors qu'une partie était avètie en betteraves et est étrangère à l'emploi des semences de Désailly, ne peut remplacer la preuve nécessaire de l'emploi des semences; — Attendu que la prétention de Bruneau d'avoir fait la chose des propriétaires ne peut se soutenir; — Que Bruneau est intervenu dans la direction de la ferme de Fins comme mandataire de Dazin et d'un grand nombre de créanciers chirographaires; — Que les baux étaient d'entretien pour Dazin et sa faillite; qu'en cultivant les terres des héritiers Crépin et de la veuve Drouvroy, Dazin et sa faillite n'ont fait que remplir une des conditions des baux; — Attendu qu'en qualité de mandataire de Dazin et de ses créanciers chirographaires, Bruneau pouvait avoir un recours contre eux pour ses avances, mais qu'il n'a rien à répéter des propriétaires dont il n'a été ni le mandataire ni le *negotiorum gestor*;

Infirme, etc.

Du 21 janv. 1865.-C. de Douai, 2e ch.-MM. Danel, pr.-Carpentier, av. gén.-Talon, Emile Flamant et Dupont, av.

déterminée, ou au payement des marchandises nécessaires pour l'achèvement de cette entreprise (Chambéry, 6 août 1873, sous Civ. rej. 30 déc. 1874, aff. Faillite Grosse, D. P. 76. 1. 25); — 2° Qu'un créancier ne peut obtenir une collocation privilégiée pour les frais d'actes de poursuite exercés par lui, s'il n'est pas établi que ces actes aient eu pour résultat de conserver une partie du gage commun (Paris, 16 mai 1879, aff. Lambert, D. P. 80. 2. 143); — 3° Que le privilège accordé au créancier par l'art. 2102, § 3, c. civ. pour les frais relatifs à la conservation de la chose, ne peut être invoqué par un banquier qui a fait des remises de fonds à une société avant la mise en liquidation de celle-ci, lorsqu'il est constaté que ces négociations n'étaient que les opérations, dans les conditions ordinaires, d'une maison de banque qui reçoit des traites de ses clients en retour des valeurs qu'elle leur fournit (Req. 1er avr. 1890, aff. Raverot, D. P. 91. 1. 374).

155. D'après la cour de cassation, les juges du fond décident souverainement si les avances pour lesquelles le privilège de l'art. 2102-3° est réclamé ont été faites pour la conservation de la chose (Req. 15 mars 1882, aff. Raverot, en note sous Civ. cass. 10 mai 1887, D. P. 87. 1. 397).

Il suffit, d'ailleurs, pour que les avances soient privilégiées, qu'elles aient eu réellement pour effet de conserver la chose et de sauvegarder ainsi ou d'augmenter le gage des créanciers; il est indifférent que le créancier les ait faites ou non dans ce but (Civ. cass. 10 mai 1887, précité).

156. Une compagnie d'assurances peut-elle invoquer le privilège de l'art. 2102-3° sur le prix de la chose assurée pour le recouvrement de la prime d'assurance? La négative prévalait dans la doctrine et dans la jurisprudence avant la loi du 19 févr. 1889 (V. supra, v° Assurances terrestres, n° 147). Mais, cette loi ayant substitué de plein droit l'indemnité d'assurance à la chose assurée pour l'exercice des droits des créanciers privilégiés ou hypothécaires, il est maintenant vrai de dire, dans tous les cas, que le payement de la prime a pour effet de conserver le gage des créanciers. Cela est vrai incontestablement après un sinistre, lorsque c'est l'indemnité d'assurance qui est mise en distribution. Mais cela nous paraît vrai également lorsqu'il n'y a pas eu de sinistre, car l'assurance a eu lieu aussi bien au profit des créanciers qu'au profit du débiteur, et elle a toujours servi à sauvegarder, au moins éventuellement, leur gage. Nous estimons donc que la prime d'assurance doit désormais être assimilée aux frais faits pour la conservation de la chose.

157. Les auteurs et la jurisprudence s'accordent à reconnaître que le privilège de l'art. 2102-2° ne peut être étendu aux frais qui ont eu pour objet non de conserver la chose, mais seulement de l'améliorer (Rép. n° 319; Aubry et Rau, t. 3, § 261, p. 152, note 53; Laurent, t. 29, n° 456; Colmet de Santerre, t. 9, n° 30 bis-II; Baudry-Lacantinerie, t. 3, n° 1109; Thézard, n° 353). Il a été jugé que le privilège n'appartient pas : 1° à l'ouvrier qui a donné à la chose sa forme et en a ainsi augmenté la valeur, spécialement à un ouvrier ayant scié et travaillé des bois (Req. 25 févr. 1878, aff. Lemoine, D. P. 78. 1. 302); — 2° Au gérant d'usines qui a fait des avances à ses patrons en leur procurant des marchandises et en payant leurs fournisseurs (Lyon, 1er avr. 1881, aff. Murc et autres, D. P. 82. 2. 44).

158. Celui qui a amélioré une chose par son travail ou par l'adjonction d'un élément nouveau a seulement le droit de retenir la chose améliorée jusqu'à ce qu'il soit payé de ce qui lui est dû (c. civ. art. 570). Mais ce droit de rétention ne peut être exercé par le créancier qu'autant qu'il a conservé la chose entre ses mains, tandis que celui par lequel une chose a été conservée peut faire valoir son privilège, même après s'en être dessaisi, et tant qu'elle est aux mains du débiteur (Civ. cass. Req. 25 févr. 1878, cité supra, n° 157. V. aussi infra, v° Rétention; Rép. eod. v°, n°s 34 et suiv.).

159. Le privilège attaché aux frais faits pour la conservation de la chose s'éteint lorsque la chose conservée a passé entre les mains d'un tiers de bonne foi. C'est l'application du principe que les meubles n'ont pas de suite par hypothèque (c. civ. art. 2119), principe auquel il n'a été dérogé par la loi qu'en faveur du bailleur (Laurent, t. 29, n° 468).

Art. 5. — *Prix d'effets mobiliers non payés.* — *Privilège.* — *Droit de revendication.* — *Règles spéciales au commerce* (*Rép. n°s 327 à 386*).

160. La loi, dans l'art. 2102-4°, accorde au vendeur d'effets mobiliers non payés un privilège sur le prix de ces effets, soit que la vente ait été faite à terme ou sans terme. Elle lui accorde, en outre, mais dans le cas seulement où la vente a été faite sans terme, un droit de revendication. Avec ce privilège et ce droit de revendication, le vendeur d'effets mobiliers a encore deux autres garanties : un droit de rétention (c. civ. art. 1612), et une action en résolution (c. civ. art. 1654). Il est traité du droit de rétention du vendeur et de l'action en résolution, sous le mot *Vente* (V. *Rép.* v°, n°s 699 et suiv. et n°s 1230 et suiv.). On s'occupera ici successivement, comme on l'a fait au *Répertoire*, du privilège et du droit de revendication.

Pour avoir droit à ces garanties diverses, le vendeur doit, comme on l'explique au *Rép.* n°s 328 et suiv., être encore créancier du prix et n'avoir pas consenti une novation de sa créance. Sur le point de savoir dans quels cas il y a novation, V. *supra*, v° *Obligations*, n°s 951 et suiv.; *Rép.* eod. v°, n°s 2358 et suiv.

§ 1er. — Du privilège sur le prix d'effets mobiliers non payés (*Rép. n°s 332 à 365*).

161. — I. Créance privilégiée (*Rép. n°s 333 à 344*). La créance qui jouit du privilège est celle de tout vendeur d'effets mobiliers, qui a droit à un prix. Il faut d'abord qu'il y ait vente, c'est la cause du privilège. Il a été jugé, avec raison, que la personne qui remet à un industriel une marchandise pour qu'il la façonne, notamment celle qui remet à un meunier du blé pour le faire moudre à façon, ne peut pas, en cas d'incendie, exercer le privilège de l'art. 2102-4° sur l'indemnité due par la compagnie d'assurance (Grenoble, 12 mars 1883, aff. Senn et consorts, D. P. 83. 2. 233). Dans cette hypothèse, en effet, aucune vente n'a eu lieu, puisque la personne qui a remis la marchandise est restée propriétaire; aucun prix de vente n'est dû, et par conséquent il ne peut être question du privilège du vendeur. On pourrait toutefois soutenir que l'art. 2 de la loi du 29 févr. 1889, aux termes duquel les indemnités d'assurance sont attribuées de plein droit aux créanciers privilégiés ou hypothécaires suivant leur rang, devrait ici s'appliquer par *à fortiori*, car, si l'indemnité d'assurance est substituée à la chose assurée à l'égard des créanciers qui avaient un droit réel sur cette chose, elle doit l'être également, ce semble, à l'égard de celui qui était resté propriétaire de la chose et l'avait seulement remise momentanément à un tiers (Comp. *supra*, v° *Assurances terrestres*, n° 216). Quoi qu'il en soit, ce n'est pas à titre de vendeur que le propriétaire de la chose assurée pourrait réclamer un droit de préférence sur l'indemnité.

162. Mais il peut y avoir vente sans que le mot *vente* soit prononcé, sans qu'il soit question de vendeur ni d'acheteur : tels sont les cas où l'estimation donnée à une chose, qui doit être restituée par celui à qui elle est livrée, est considérée comme une vente. Le créancier du prix d'estimation de la chose a droit alors au privilège du vendeur. Il en est ainsi notamment de la femme qui s'est constitué en dot des objets mobiliers, qui ont été estimés dans le contrat de mariage sans déclaration que l'estimation n'en vaudrait pas vente (Montpellier, 26 juin 1848, aff. Isalène, D. P. 48. 2. 173; Laurent, t. 29, n° 473).

163. On s'est demandé au *Rép.* n° 334 si le privilège de l'art. 2102-4° appartient au vendeur de meubles incorporels comme au vendeur de meubles corporels. L'affirmative est maintenant généralement admise; l'expression d'*effets mobiliers* comprend, en effet, tout ce qui est déclaré meuble par la loi (c. civ. art. 535) (En ce sens : *Rép.* n° 337; Aubry et Rau, t. 3, § 261, p. 152 et suiv.; Colmet de Santerre, t. 9, n° 31 bis-II; Baudry-Lacantinerie, t. 3, n° 1112; Thézard, n° 355; André, n° 230. V. toutefois en sens contraire, Laurent, t. 29, n° 474). La jurisprudence accorde couramment le privilège au vendeur ou cédant d'une créance (Civ. cass. 28 nov. 1827, *Rép.* n° 338), de l'achalandage d'un fonds de commerce (Paris, 8 févr. 1834, *Rép.* n° 338-1°; 1er déc. 1834

Rép. n° 379-4° ; Req. 2 janv. 1838, *Rép.* n° 338-1° ; Paris, 4 déc. 1871, aff. Perrin des Iles, D. P. 74. 2. 24 ; 11 juin 1872, *infrà*, n° 168 ; Riom, 20 mars 1879, aff. Triffaut, D. P. 80. 2. 4 ; Paris, 25 juill. 1882, aff. Dame Tartara, D. P. 83. 2. 215) ou d'un office ministériel (V. les arrêts cités au *Rép.* n°s 338 et suiv., et en outre : Bourges, 1er mars 1844, aff. Lochon et Dufour, D. P. 47. 2. 180 ; Orléans, 3 juill. 1847, aff. Guerche, *ibid.* ; Lyon, 26 janv. 1848, aff. Dame Couvert, D. P. 48. 3. 16 ; Req. 18 déc. 1867, aff. Petitpas, D. P. 69. 1. 289). Elle a reconnu également l'existence du privilège en faveur du vendeur d'un cabinet d'agréé (Req. 14 déc. 1847, aff. Dieutre, D. P. 48. 1. 12).

164. — II. Objet du privilège (*Rép.* n°s 345 à 347). — Le privilège du vendeur d'effets mobiliers porte sur les effets vendus, s'ils sont encore en la possession du débiteur, et il s'exerce sur le prix provenant de la revente de ces objets. On admet généralement aujourd'hui que le privilège peut s'exercer aussi bien sur le prix d'une vente consentie à l'amiable par le débiteur, lorsque ce prix est distribué par contribution après des saisies-arrêts, que sur le prix d'une vente judiciaire (V. *Rép.* n° 345 ; Aubry et Rau, t. 3, § 261, p. 154, note 63 ; Laurent, t. 29, n° 480 ; Colmet de Santerre, t. 9, n° 32 *bis*-III ; Baudry-Lacantinerie, t. 3, n° 1118 ; Thézard, n° 358 ; André, n° 233). Il a été jugé, notamment, que le vendeur d'un fonds de commerce cédé à une société peut faire valoir son privilège sur le prix de l'adjudication ultérieure de ce fonds (Riom, 20 mars 1879, aff. Triffaut, D. P. 80. 2. 4).

165. C'est, d'ailleurs, seulement sur le prix de la cession consentie par le débiteur que le privilège peut s'exercer au profit du cédant d'un office ministériel, car l'office ne peut être saisi ni vendu aux enchères. Le premier cédant doit, par suite, pour assurer l'exercice de son privilège, former opposition entre les mains du second cessionnaire, et il n'est pas tenu pour cela d'attendre que les termes de payements par lui accordés soient échus (Aubry et Rau, t. 3, § 261, p. 156 ; Thézard, n° 358).

166. Mais, d'après la jurisprudence, si le cessionnaire d'un office vient à être destitué, le cédant n'a aucun privilège sur l'indemnité que le Gouvernement impose au nouveau titulaire de verser à son prédécesseur (V. les arrêts cités au *Rép.* n° 344, et *suprà*, v° *Office*, n° 70). La jurisprudence, il faut bien le reconnaître, est ici peu d'accord avec l'équité. Il n'est guère juste de priver le vendeur d'un office du pri-vilège sur lequel il était autorisé à compter, par cela seul que son successeur a encouru la destitution ; il perd ainsi son droit de préférence sans qu'il y ait de sa faute et ordi-nairement quand ce droit lui serait le plus utile à cause de l'insolvabilité de son débiteur (V. au surplus, *suprà*, v° *Of-fice*, n°s 68 et suiv. ; *Rép.* eod. v°, n°s 327 et suiv. Comp. Limoges, 6 août 1888, aff. Trésor public, D. P. 89. 2. 149). Une proposition de loi ayant pour but de remédier à cet état de choses a été présentée au Sénat par M. Thézard. Adoptée en première délibération dans la séance du 18 févr. 1892, elle a été rejetée dans celle du 8 mars suivant, sur la demande du ministre de la justice.

La solution adoptée par la jurisprudence en cas de destitution ne s'étend pas au cas de démission forcée ; il a toujours été admis dans ce cas que le privilège du précé-dent titulaire existe sur le prix dû au titulaire démission-naire par son successeur (Nîmes, 13 mars 1851, aff. Syndic Martin, D. P. 53. 1. 257 ; Besançon, 4 janv. 1853, *Rép.* v° *Office*, n° 333 ; Bourges, 21 mars 1854, aff. Créanciers D..., D. P. 55. 2. 134 ; Civ. rej. 30 août 1854, aff. Bouillaud, D. P. 54. 1. 286 ; Orléans, 7 juill. 1876, aff. Héraud, D. P. 77. 2. 83 ; et sur pourvoi, Req. 30 mai 1877, D. P. 79. 1. 295 ; Bordeaux, 10 févr. 1891, aff. Ordonneau, D. P. 92. 2. 17). Il en est de même en cas de suppression d'un office, relativement à la somme payée par les membres de la corpo-ration qui profite de la suppression (Civ. rej. 11 avr. 1865, aff. Lemonnier, D. P. 65. 1. 192 ; Bordeaux, 10 févr. 1891, précité. V. *suprà*, v° *Office*, n° 71).

167. Aux termes de l'art. 550 c. com., le privilège du vendeur d'effets mobiliers n'est pas admis en cas de faillite (V. *suprà*, v° *Faillites et banqueroutes, liquidations judiciaires*, n°s 1256 et suiv.). Cette règle est applicable lorsque le ces-sionnaire d'un office est mis en faillite (*Rép.* n° 342 et *suprà*, v° *Faillites et banqueroutes*, n° 1258).

168. Il a été jugé que le privilège du vendeur d'un fonds de commerce peut s'exercer sur l'indemnité allouée au loca-taire, en cas d'expropriation pour cause d'utilité publique de l'immeuble dans lequel était établi le fonds de commerce, pour la part de cette indemnité qui représente la déprécia-tion du fonds et la perte du droit au bail cédé avec ce fonds (Paris, 11 juin 1872) (1). La part de l'indemnité sur laquelle porte le privilège doit, par suite, être ventilée pour l'exercice des droits du cédant (Même arrêt). C'est là une application fort juste du principe général édicté par l'art. 18 de la loi du

---

(1) (Chataing C. Dumas.) — Le sieur Dumas avait acquis des époux Chataing un pensionnat établi dans un immeuble qui fut exproprié par la Ville de Paris. Il obtint une indemnité de 60 000 fr. pour le préjudice que lui causait l'expropriation. Cette indemnité s'étant distribuée par contribution, les époux Cha-taing furent colloqués par privilège pour une partie du prix de vente, qui leur était encore due. Par jugement du tribunal de la Seine, en date du 22 janv. 1870, cette collocation privilégiée fut annulée, par le motif que « l'indemnité d'éviction ne repré-sentait pas, dans l'espèce, la valeur de l'institution dirigée par Dumas ». Mais sur l'appel des époux Chataing, la cour a statué comme il suit :

La cour ; — Considérant que, s'il est vrai de reconnaître avec les premiers juges que l'expropriation pour cause d'utilité pu-blique de l'immeuble où était placé le pensionnat vendu par Chataing à Dumas n'a point eu pour effet d'anéantir absolument le fonds vendu, le mobilier, le matériel et la clientèle, il n'est pas moins constant que l'indemnité allouée à l'amiable à Dumas, et dont le montant est en distribution, comporte des éléments autres et divers ; qu'à côté du dédommagement pour établisse-ment ou préjudice éventuel fait à l'achalandage, il entre égale-ment dans la somme allouée une quote-part proportionnelle pour tenir compte à l'exproprié, et de la dépréciation du fonds, et de la perte totale du droit au bail accessoirement cédé par les époux Chataing avec le fonds ; — Considérant qu'il ressort de là que c'est avec raison que les premiers juges ont débouté les appelants de leur demande en collocation privilégiée, en tant que bailleurs, sur un matériel et un mobilier qui n'ont point disparu par le fait de l'expropriation ; — Mais qu'il n'en saurait être de même en ce qui touche l'indemnité s'appliquant à la déprécia-tion de la chose vendue et au droit au bail cédé ; qu'il a été décidé, par jugement du tribunal civil de la Seine, du 25 mai 1869, passé en force de chose jugée, que la créance des appelants résultant des jugements des 8 déc. 1866 et 5 mars 1867, et aussi du jugement sus-énoncé du 25 mai 1869, leur appartient non comme termes de loyers échus et accessoires, mais à titre d'accroissement de prix de vente stipulé dans l'acte du 1er nov.

1862 ; — Considérant qu'à ce deuxième point de vue, le montant estimatif de la dépréciation encourue sur le fonds et la valeur du droit au bail cédé sont aujourd'hui transportés sur l'indemnité en distribution, conformément à la règle générale en matière d'expropriation, et par application, par voie d'analogie, du prin-cipe de l'art. 18 de la loi du 3 mai 1841 ; — Qu'il s'agit, dans la cause, d'une partie de la chose vendue, non payée et encore en la possession du débiteur au moment de la dépossession pro-noncée en justice pour cause d'utilité publique ; que les appe-lants sont donc fondés à faire valoir leur créance comme prix d'effets mobiliers et à réclamer l'attribution à leur profit du pri-vilège conféré à tous vendeurs aux termes de l'art. 2102, § 4, c. civ. ; — Considérant qu'on objectera en vain que les droits vendus et cédés sont purement incorporels ; que les droits incor-porels sont réputés meubles aux termes des art. 529 et 535 c. civ. ; que la loi, en l'art. 2102, § 4, ne distingue pas, et qu'enfin la doctrine et la jurisprudence sont aujourd'hui unanimes pour reconnaître le bien fondé du privilège réclamé par le vendeur sur le prix d'effets mobiliers incorporels ; — Considérant, ensuite de ce qui précède, pour l'application du privilège réclamé, qu'il convient d'opérer, sur le montant total de l'indemnité amiable allouée par la Ville de Paris à Dumas, la ventilation de la part afférente aux droits légitimes de créance des époux Chataing ; — Qu'avec les éléments qu'elle possède, en y tenant compte des faits et circonstances, notamment de ce fait que le bail n'avait plus que quatre années à courir au moment de la dépossession, il convient de fixer cette part au sixième de l'indemnité, soit à 10 000 fr. ; — Considérant qu'il ressort de tout ce qui précède que les époux Chataing doivent être colloqués, par privilège de vendeurs d'effets mobiliers, sur ladite somme de 10 000 fr. à prendre dans les 60 000 fr. de l'indemnité en distribution ;

Par ces motifs : — Infirme ; — Maintient le règlement provi-soire de la contribution, qui a colloqué les appelants par privi-lège de vendeurs conformément au paragraphe 4 de l'art. 2102 c. civ.

Du 11 juin 1872.-C. de Paris, 4e ch.-MM. Alexandre, pr.-Buffard, av. gén.-Cléry et Craquelin, av.

3 mai 1841, et suivant lequel les droits réels existant sur la chose expropriée sont transportés sur l'indemnité d'expropriation.

169. Aux termes de l'art. 2 de la loi du 19 févr. 1889, « les indemnités dues par suite d'assurances contre l'incendie, contre la grêle, contre la mortalité des bestiaux ou les autres risques, sont attribuées, sans qu'il y ait besoin de délégation expresse, aux créanciers privilégiés ou hypothécaires suivant leur rang ». Le privilège du vendeur d'un objet mobilier peut donc, d'après ce texte, être exercé sur l'indemnité d'assurance due à l'acquéreur, en cas de sinistre, pour la perte ou la détérioration de l'objet vendu (Comp. *suprà*, n°s 99 et suiv.).

170. Le privilège du vendeur d'objets mobiliers s'étend-il au prix des reventes ultérieures? Cette question est controversée dans la doctrine. Pour l'affirmative, on invoque par analogie la disposition de l'art. 2103-1°, relative au privilège du vendeur d'immeubles et suivant laquelle, en cas de plusieurs ventes successives, le premier vendeur est préféré au second, le deuxième au troisième, et ainsi de suite (En ce sens, Pont, t. 1, n° 150). Mais on objecte à ce système qu'il étend aux ventes mobilières une disposition qui est la conséquence du droit de suite inhérent au privilège en matière de vente d'immeubles (Aubry et Rau, t. 3, § 261, p. 156, notes 64 et 68). — La jurisprudence a eu à résoudre cette question au sujet des cessions d'offices. Elle s'était d'abord prononcée en faveur de l'exercice du privilège sur le prix des cessions ultérieures (V. les arrêts cités au *Rép.* v° *Office*, n° 324). Mais elle n'a pas tardé à abandonner cette solution, et la cour de cassation a décidé que le cédant d'un office est bien privilégié sur le prix de la revente consentie par son cessionnaire, mais non sur le prix de la revente ultérieure faite par le second cessionnaire (Civ. cass. 8 avr. 1860, aff. Bonnevay, D. P. 60. 1. 377. V. dans le même sens, les autres arrêts cités au *Rép.* v° *Office*, n° 325).

171. — III. Condition d'exercice du privilège (*Rép.* n°s 348 à 365). — Le privilège du vendeur d'effets mobiliers non payés ne peut, d'après la loi, être exercé que si les effets sont encore en la possession du débiteur (c. civ. art. 2102-4°). Il en est ainsi nonobstant toute stipulation contraire (Civ. cass. 4 août 1852, aff. Courroux, D. P. 52. 1. 197). C'est l'application du principe que les privilèges sur les meubles, sauf l'exception faite en faveur du bailleur, ne comportent pas de droit de suite. Le tiers acheteur d'un meuble, dit très bien M. Laurent, t. 29, n° 478, est à l'abri de la revendication du propriétaire en vertu de la maxime qu'en fait de meubles la possession vaut titre; il doit, à plus forte raison, être garanti contre l'action qu'un créancier voudrait exercer contre lui pour faire valoir un simple droit réel tel qu'un privilège.

172. Comme on l'a dit au *Rép.* n° 330, le débiteur peut s'être dessaisi matériellement de la chose sans en avoir perdu la possession et sans, par suite, que le privilège soit éteint. Ainsi, lorsque l'acheteur a donné en gage à un de ses créanciers les objets mobiliers dont il doit encore le prix, le privilège du vendeur subsiste malgré ce nantissement; mais le créancier nanti sera préféré au vendeur, s'il a reçu le gage de bonne foi, c'est-à-dire sans connaître les droits du vendeur (Arg. art. 2102-4°, § 3) (Aubry et Rau, t. 3, § 261, p. 157; Laurent, t. 29, n° 483; Baudry-Lacantinerie, t. 3, n° 1114; Thézard, n° 360; André, n° 236).

173. Le privilège du vendeur subsiste-t-il quand l'acheteur, qui n'a pas encore payé son prix, a lui-même revendu la chose, mais ne l'a pas encore livrée? Avec la grande majorité des auteurs, nous avons admis l'affirmative au *Rép.* n°s 352 et suiv. Tant qu'il n'a pas livré, l'acheteur est toujours en possession de la chose; l'art. 2102-4° reste donc applicable. Cependant cette solution est combattue par MM. Aubry et Rau, t. 3, § 261, p. 153, note 62, et par M. Laurent, t. 29, n° 479; elle est, d'après ces auteurs, contraire aux principes du code civil sur la transmission de la propriété mobilière: cette propriété se transférant par le seul consentement, dès le moment où la chose a été revendue par l'acheteur, elle cesse d'être soumise aux poursuites de ses créanciers; et, permettre au vendeur primitif de la saisir pour l'exercice de son privilège, c'est lui accorder, contrairement à la loi, un droit de suite au préjudice du nouvel acheteur. Mais ce raisonnement ne nous paraît pas

exact: il est vrai que la propriété d'une chose mobilière se transfère par le seul consentement, mais, quand cette chose est grevée d'un privilège au profit d'un tiers, il ne peut suffire de la seule volonté du débiteur pour dépouiller ce tiers de son privilège; c'est seulement par la dépossession du débiteur que le privilège s'éteint. Aussi longtemps, du reste, que le débiteur possède, le créancier privilégié n'a besoin d'aucun droit de suite pour faire valoir ses droits. M. Laurent, *loc. cit.*, objecte encore que la chose, à partir de la revente consentie par l'acheteur, ne profite plus aux créanciers de celui-ci, et que, par suite, il n'est pas juste qu'ils soient encore primés par le vendeur, dont le privilège n'a plus de raison d'être. Mais il est facile de répondre que, bien que les créanciers ne puissent plus se payer sur la chose elle-même, ils profitent cependant du prix de revente, qui, soit comme créance, soit comme argent versé, vient augmenter le patrimoine de leur débiteur. Ce n'est donc pas aux créanciers chirographaires de l'acheteur que l'exercice du privilège fera tort, c'est plutôt au tiers acquéreur; celui-ci toutefois a dû s'attendre à subir l'effet du privilège tant qu'il n'était pas mis en possession de la chose (En ce sens: Colmet de Santerre, t. 9, n° 32 *bis*-II; Baudry-Lacantinerie, t. 3, n° 1117).

174. La loi n'exige pas pour le privilège du vendeur d'effets mobiliers, comme elle l'exige pour la revendication permise à ce même vendeur (V. *infrà*, n° 181), que la chose vendue soit encore *dans le même état;* un changement dans l'état de la chose ne ferait donc pas obstacle à l'exercice du privilège. Il faut seulement que la chose soit encore reconnaissable, que son identité ne soit pas douteuse ou soit du moins démontrée par le vendeur (V. *Rép.* n°s 355 et suiv.; Aubry et Rau, t. 3, § 261, p. 157 et suiv.; Laurent, t. 29, n°s 485 et suiv.; Colmet de Santerre, t. 9, n° 32 *bis*-V; Baudry-Lacantinerie, t. 3, n° 1115). Toutefois, d'après M. Thézard, n° 357, il faudrait donner une solution différente si la chose vendue avait été unie d'une façon indissoluble à une autre, et que celle-ci dût être considérée comme principale, car alors elle absorberait la première (c. civ. art. 569). La chose vendue n'aurait plus son individualité; le produit formerait une chose unique, et les droits à établir sur ce produit se rattacheraient à la chose principale.

175. Le privilège du vendeur peut-il encore être exercé lorsque les effets mobiliers ont été immobilisés par l'acheteur? Comme on l'a indiqué au *Rép.* n°s 358 et suiv., la plupart des auteurs distinguent entre le cas où l'objet vendu est devenu immeuble par nature et le cas où il n'est immeuble que par destination. Dans la première hypothèse, on décide que le privilège du vendeur est éteint et que l'objet vendu, étant incorporé à un immeuble, se trouve par suite affecté au payement des créanciers qui ont des droits de privilège ou d'hypothèque sur l'immeuble; il y a alors, comme le remarque M. Thézard, n° 357, une sorte d'interversion dans la possession aux mains du débiteur, et un changement d'affectation équivalant à un nantissement nouveau qu'il aurait consenti sur l'objet acquis par lui (V. en ce sens: Pont, t. 1, n° 154; Colmet de Santerre, t. 9, n° 32 *bis*-V; Baudry-Lacantinerie, t. 3, n° 1119). Mais quand le meuble n'est devenu immeuble que par destination, lorsque, par conséquent, il ne se rattache à l'immeuble que par un lien purement juridique ou par un lien matériel, mais peu solide et qu'il est facile de rompre, lorsqu'il s'agit, par exemple, d'animaux attachés par le propriétaire à la culture, ou de machines à vapeur placées sur le fonds pour son exploitation, dans cette seconde hypothèse, les auteurs ne sont plus d'accord. Les uns estiment que le privilège du vendeur subsiste d'une manière absolue (Colmet de Santerre, t. 9, n° 32 *bis*-VI; Baudry-Lacantinerie, *loc. cit.*; Thézard, n° 357). Les autres distinguent suivant que le vendeur est en concours avec des créanciers chirographaires ou avec des créanciers hypothécaires; ils lui accordent le privilège à l'égard des premiers, mais non à l'encontre des seconds. Le privilège du vendeur, disent-ils, ne doit pas l'emporter sur une hypothèque qui, de sa nature, s'étend aux améliorations et augmentations faites à l'immeuble et les affecte avec l'immeuble lui-même (Arg. art. 2133 c. civ.) (Pont, t. 1, n° 154; Aubry et Rau, t. 3, § 261, p. 159, et § 284, p. 409).

176. Quant à la jurisprudence, elle écarte, en général, toutes ces distinctions. Quelques arrêts, il est vrai, ont admis que le vendeur d'objets mobiliers conservait son privilège après l'immobilisation de ces objets par destination, même à l'encontre des créanciers hypothécaires (V. les arrêts cités au *Rép.* nº 362 et en outre Dijon, 16 août 1842, aff. Hugon, D. P. 45. 2. 65; C. cass. Belgique, 11 févr. 1848, aff. Visschers, D. P. 48. 2. 76. V. aussi Bruxelles, 16 févr. 1848, aff. Proust de la Gironnière, D. P. 48. 2. 61; Req. 9 juin 1847, aff. Maire, D. P. 47. 1. 248). Mais, suivant la grande majorité des arrêts, le privilège du vendeur est toujours éteint par l'immobilisation de l'objet vendu, soit qu'elle ait lieu par l'incorporation de cet objet à un immeuble, soit qu'elle ait lieu seulement par simple destination (V. les arrêts cités au *Rép.* nºs 349 et 365). Il a été encore jugé en ce sens : 1º que le vendeur non payé d'appareils qui, placés dans une sucrerie pour le service de cette usine, y sont devenus par là immeubles par destination, ne peut exercer sur eux son privilège vis-à-vis d'un créancier hypothécaire (Req. 11 janv. 1887, aff. Société *La Diffusion*, D. P. 87. 1. 394); — 2º Que le vendeur d'effets mobiliers (dans l'espèce, des foudres) qui sont devenus immeubles par destination ne peut exercer son privilège à l'encontre des créanciers hypothécaires qui sont inscrits sur l'immeuble auquel lesdits objets ont été incorporés (Alger, 15 févr. 1892, aff. Comp. des fonderies et forges de l'Horme, D. P. 92. 2. 472).

§ 2. — De la revendication des effets mobiliers non payés (*Rép.* nºs 366 à 377).

177. On a examiné au *Rép.* nº 366 et suiv. quelle est la nature du droit de revendication que l'art. 2102-4º accorde au vendeur d'un objet mobilier non payé. Ce droit n'est pas l'exercice d'un droit de propriété, puisque le vendeur, par le seul effet de la vente et avant même la livraison, a cessé d'être propriétaire (c. civ. art. 1583). Ce droit n'est pas non plus l'exercice du privilège du vendeur, car le privilège ne peut s'exercer que sur le prix de la chose vendue après une revente; or la revendication a précisément pour objet d'empêcher la revente (c. civ. art. 2102-4º). On reconnaît aujourd'hui que le droit de revendication est un moyen pour le vendeur de récupérer le droit de rétention qui lui est conféré par l'art. 1612, c. civ., lorsqu'il a vendu sans terme. D'après cet article, il n'est pas tenu alors de délivrer la chose, si l'acheteur ne lui en paye pas le prix. Lorsque néanmoins il l'a livrée, en comptant sur un payement immédiat, qu'il n'est pas payé, la loi lui permet de la reprendre, sous certaines conditions. Le droit de revendication ne doit, par suite, pas être confondu avec l'action résolutoire qui appartient aussi au vendeur pour défaut de payement du prix. Bien qu'ayant exercé la revendication, le vendeur garde le droit d'exiger le prix, en livrant la chose, si l'acheteur se trouve plus tard en mesure de payer, et réciproquement l'acheteur lui-même ou ses créanciers ont le droit d'exiger la livraison de la chose en payant le vendeur (En ce sens : Aubry et Rau, t. 4, § 356, p. 406; Laurent, t. 29, nºs 494 et suiv.; Colmet de Santerre, t. 9, nºs 33 *bis*-I et suiv.; Baudry-Lacantinerie, t. 3, nºs 1120 et suiv.; Thézard, nº 361).

178. L'exercice du droit de revendication est subordonné par la loi à une première condition, qui est que la vente ait été faite sans terme. Si, en effet, le vendeur a concédé un terme pour le payement du prix, le droit de rétention n'a pas existé pour lui (c. civ. art. 1612); il ne doit donc pas pouvoir exercer la revendication qui a pour but de rendre ce droit au vendeur. — Toutefois, d'après l'art. 1613 c. civ., le vendeur n'est plus obligé de livrer la chose, quand même il aurait accordé un délai pour le payement, si, depuis la vente, l'acheteur est tombé en déconfiture. Le cas de la déconfiture de l'acheteur est précisément celui où la revendication sera le plus utile au vendeur, et dans ce cas, comme on le voit, la loi lui accorde le droit de rétention quand même il aurait vendu à terme. Aura-t-il également le droit de revendication? La logique obligerait à le lui accorder. Mais le seul auteur qui, à notre connaissance, ait prévu la question, M. Laurent, t. 29, nº 498, semble considérer que la loi s'y oppose.

179. À cette condition principale, imposée à l'exercice du droit de revendication, la loi en ajoute trois autres : 1º que la chose soit encore en la possession de l'acheteur; 2º qu'elle soit dans le même état qu'au moment de la livraison; 3º que la revendication soit exercée dans le délai de huitaine à partir de la livraison (V. *Rép.* nº 372 et suiv.).

180. Il résulte de la première de ces conditions que la revendication ne peut être exercée au préjudice d'un tiers possesseur de bonne foi et pouvant invoquer la règle : *En fait de meubles, possession vaut titre*. Elle ne pourrait non plus s'exercer au préjudice du locateur de bonne foi, dans la maison duquel la chose vendue aurait été introduite sans qu'il sût qu'elle n'était pas payée (Baudry-Lacantinerie, t. 3, nº 1123). Cependant, M. Thézard, nº 362, estime que, dans le bref délai où doit avoir lieu la revendication, le nantissement fictif du bailleur n'a pas le temps de se consolider suffisamment pour exclure cette revendication du vendeur, suite immédiate de son droit de rétention.

En tout cas, la simple saisie de l'objet vendu, faite par les créanciers de l'acheteur, ne formerait pas obstacle à la revendication, qui, en pareille circonstance, pourrait avoir lieu au moyen d'une demande en distraction, conformément à l'art. 608 c. proc. civ. (Aubry et Rau, t. 4, § 356, p. 406).

181. La revendication n'est possible, en second lieu, que si la chose est encore dans le même état que lors de la livraison. Il ne suffit donc pas, comme pour le privilège, que la chose soit reconnaissable (V. *suprà*, nº 174); il faut qu'elle n'ait subi aucune modification (Comp. Req. 11 janv. 1887, aff. Société *La Diffusion*, D. P. 87. 1. 394).

182. Enfin, comme troisième condition, il faut que la revendication soit exercée dans le délai de huitaine, c'est-à-dire dans les huit jours qui suivent celui de la livraison. On peut se demander, à ce sujet, en quoi consiste précisément l'exercice de la revendication. Il a été jugé qu'il ne suffit pas que le vendeur ait, après une saisie pratiquée par un tiers chez l'acheteur, fait signifier, dans le délai de huitaine, à partir de la livraison, une opposition entre les mains du gardien de la saisie, si cette opposition n'a été suivie de la demande qu'après l'expiration du délai (Douai, 18 déc. 1868, aff. Goussart, D. P. 69. 2. 96). Cependant la revendication du vendeur peut être faite sous la forme d'une saisie-revendication, conformément aux art. 826 et suiv. c. proc. civ., et alors il suffit que la saisie ait lieu dans le délai; il ne semble pas nécessaire que la demande en validité soit également formée dans la huitaine (Laurent, t. 29, nº 502; Baudry-Lacantinerie, t. 3, nº 1124. V. *infrà*, vº *Saisie-revendication; Rép.* eod. vº, nº 19).

183. Une fois la chose revendiquée, le vendeur peut, comme on l'a dit *suprà*, nº 177, demander, à son choix, ou l'exécution du contrat, ou la résolution. S'il ne veut pas redevenir propriétaire de la chose, s'il tient au marché qu'il a fait, il poursuivra le payement du prix en offrant la livraison de la chose, et, s'il n'est pas payé, il la fera vendre et exercera son privilège sur le prix. S'il trouve, au contraire, son avantage à reprendre définitivement la chose vendue, il demandera la résolution de la vente (Laurent, t. 29, nº 503; Colmet de Santerre, t. 9, nº 33 *bis*-VII).

§ 3. — Règles spéciales au commerce (*Rép.* nºs 378 à 386).

184. D'importantes restrictions sont apportées par la loi commerciale au privilège et au droit de revendication du vendeur d'effets mobiliers non payés en cas de faillite de l'acheteur (V. *suprà*, vº *Faillites et banqueroutes*, nºs 1256 et suiv.; *Rép.* eod. vº, nºs 1228 et suiv.). Les mêmes restrictions sont applicables lorsque l'acheteur commerçant est admis à la liquidation judiciaire (L. 4 mars 1889, art. 24).

Art. 6. — *Fournitures d'un aubergiste* (*Rép.* nºs 387 à 394).

185. L'art. 2102-5º déclare privilégiées « les fournitures d'un aubergiste » sur les effets du voyageur qui ont été transportés dans son auberge ». On a indiqué au *Rép.* nº 388 ce qu'il faut entendre par *fournitures*. Les auteurs exigent que ces fournitures aient été faites à un *voyageur*, et non à une personne habitant la localité. Dans ce dernier cas, en effet, le texte de la loi n'est plus applicable, et le privilège n'a pas la même raison d'être; l'aubergiste doit connaître les per-

sonnes du pays qu'il habite, il peut apprécier leur solvabilité et stipuler des sûretés. À l'égard de ces personnes, ce serait plutôt le privilège général pour fournitures de subsistances qui lui appartiendrait (Pont, t. 1, n° 163 ; Laurent, t. 29, n° 506 ; Baudry-Lacantinerie, t. 3, n° 1127 ; Thézard, n° 364 ; André, n° 250).

186. D'après la plupart des auteurs également, le privilège de l'aubergiste ne peut être invoqué par les cabaretiers, taverniers ou cafetiers sur les objets que des consommateurs auraient déposés chez eux. Leur créance, en effet, ne semble pas mériter la même faveur que celle de l'aubergiste, et par suite le bénéfice du privilège ne doit pas leur être étendu (Troplong, *Des privilèges et hypothèques*, t. 1, n° 202 ; Pont, t. 1, n° 163 ; Laurent, t. 29, n° 506 ; Baudry-Lacantinerie, t. 3, n° 1126 ; André, n° 251).

187. Mais les logeurs en garni sont compris parmi les aubergistes. S'ils ne fournissent pas d'aliments, ils fournissent le logement, et sous ce rapport leur créance a droit à la garantie du privilège (Laurent, t. 29, n° 506).

188. Peu importe, d'ailleurs, que le voyageur ait stipulé, en entrant dans l'auberge, une durée plus ou moins considérable pour la location du logement. Dans ce cas, le privilège n'en existe pas moins, et il s'étend à la somme convenue pour toute la durée de la location stipulée, et non pas seulement à celle due pour le temps du séjour réel du voyageur (Paris, 1er févr. 1867) (1).

189. Le privilège de l'aubergiste porte sur les effets du voyageur qui ont été transportés dans son auberge. Il frappe même, comme on l'a décidé au *Rép.* n° 390, les objets qui ne seraient pas la propriété du voyageur, si d'ailleurs l'aubergiste ignorait cette circonstance, et s'il ne s'agit pas d'objets perdus ou volés (Aubry et Rau, t. 3, § 261, p. 161 ; Laurent, t. 29, n° 508 ; Colmet de Santerre, t. 9, n° 32 *bis*-II ; Baudry-Lacantinerie, t. 3, n° 1128 ; Thézard, n° 364 ; André, n° 247). Il a été jugé, en ce sens, que le privilège de l'aubergiste sur les effets transportés chez lui par une femme mariée s'étend même aux objets qui sont la propriété personnelle du mari, s'il n'est pas établi que l'aubergiste ait su que ces objets n'étaient pas à la femme (Dijon, 11 juill. 1872, aff. Collet, D. P. 73. 2. 215).

190. L'aubergiste ne garde son privilège qu'à la condition que les effets du voyageur restent déposés dans l'auberge ou dans les lieux qui en dépendent (*Rép.* n° 392). De là il résulte que le privilège ne peut être exercé que pour les fournitures faites au voyageur depuis la dernière intro-

duction des effets, et non pour celles d'un précédent voyage (Trib. comm. Nantes, 20 sept. 1873 (2) ; Aubry et Rau, t. 3, § 261, p. 162 ; Laurent, t. 29, n° 509 ; Baudry-Lacantinerie, t. 3, n° 1129 ; Thézard, n° 364 ; André, n° 249).

191. Si les effets sont enlevés clandestinement par le voyageur, l'aubergiste peut-il les revendiquer ? Cette question divise les auteurs. Il en est qui accordent à l'aubergiste un droit de revendication analogue à celui du créancier-gagiste, qui peut revendiquer, même contre un tiers, l'objet donné en gage, lorsque cet objet a été perdu ou volé (Valette, *Traité des privilèges et des hypothèques*, n° 70 ; Pont, t. 1, n° 167 ; Martou, t. 2, n°s 500 et suiv.). D'autres déclarent applicable par analogie à l'aubergiste la disposition qui organise le droit de revendication du locateur (Mourlon, *Examen critique et pratique du Commentaire de M. Troplong sur les privilèges*, t. 1, n° 144 ; Baudry-Lacantinerie, t. 3, n° 1129). D'autres enfin refusent à l'aubergiste tout droit de revendication (Aubry et Rau, t. 3, § 261, p. 161, note 78 ; Laurent, t. 29, n° 510).— Ces derniers objectent aux partisans de la première opinion que l'aubergiste ne peut invoquer l'art. 2279 c. civ. à l'égard du voyageur, qui n'a pas commis de vol en reprenant sa chose, même clandestinement. Aux partisans de la seconde opinion, ils opposent que la disposition de l'art. 2102-1°, § 5, est exceptionnelle et ne peut pas être étendue d'un cas à un autre. À notre avis, la première objection est plus forte que la seconde. L'aubergiste est une sorte de locateur ; c'est même un locateur plus favorable que tout autre, car il n'a pas la liberté de connaître et de choisir ses locataires. Cela est si vrai qu'il pourrait, au besoin, dans bien des cas, faire abstraction de sa qualité d'aubergiste, pour se présenter seulement comme locateur et exercer à ce titre le privilège du bailleur. Quel que soit le caractère exceptionnel de la disposition qui permet au bailleur de revendiquer les objets grevés de son privilège, nous pensons que cette disposition doit, à plus forte raison, bénéficier à l'aubergiste.

Art. 7. — *Frais de voitures et dépenses accessoires* (*Rép.* n°s 395 à 401).

192. L'art. 2102 c. civ. déclare privilégiés : « 6° les frais de voiture et les dépenses accessoires, sur la chose voiturée ». Nous n'avons à nous occuper ici que du privilège du voiturier en général et en matière civile. En ce qui concerne le privilège du commissionnaire de transport, V. su-

---

(1) (Compagnie immobilière *C.* créanciers Eardley.) — LA cour ; — Considérant que la compagnie immobilière exploite, rue Scribe n° 1, une maison garnie dépendant du Grand Hôtel, lui appartenant également et tenue pour son compte par la dame Treillet, gérante ; — Considérant que Eardley est venu occuper dans cette maison un logement garni qu'il a habité pendant un certain temps, et dans lequel la Compagnie lui a fourni, chaque jour, sa nourriture. — Que cela résulte des termes de la location consentie à Eardley, des documents de la cause, et notamment des registres et main courante, et des relevés et dépouillements de livres produits par les appelants ; — Que la maison garnie dont il s'agit est imposée à la patente de 4e classe et rangée dans la catégorie des auberges ; qu'elle est astreinte aux visites de la police et aux livres prescrits par elle ; — Que peu importe qu'Eardley ait stipulé, en entrant, une durée plus ou moins considérable pour la location du logement ; que cette circonstance, qui se reproduit dans tous les hôtels importants de Paris, ne porte aucune atteinte au privilège accordé à l'hôtelier ou aubergiste pour les fournitures par lui faites aux voyageurs ; — Que c'est donc à tort que les premiers juges ont refusé à la Compagnie immobilière le privilège qu'elle réclamait comme aubergiste en vertu du paragraphe 5 de l'art. 2102 c. civ. ; — Que ce privilège doit s'étendre à toute la durée de la location arrêtée par Eardley, et qu'il n'y a pas lieu d'admettre la distinction invoquée par les intimés ; — Émendant, etc.
Du 1er févr. 1867.-C. de Paris, 3e ch.-MM. Roussel, pr.-Lenté et Demonjay, av.

(2) (Morillon *C.* Bouger.) — LE TRIBUNAL ; — Attendu que, le 30 août dernier, Bouger, qui recevait habituellement dans son auberge les chevaux de Morillon, entrepreneur d'une voiture publique, saisit les chevaux de ce dernier et s'opposa à leur sortie de ses écuries ; — Que le même jour, à l'heure du départ ordinaire de sa voiture, Morillon protesta par huissier contre les agissements de Bouger, et lui offrit une somme de 100 fr., à valoir sur ce qu'il pouvait lui devoir ; — Que Bouger ne voulut

rien entendre, et que Morillon se vit obligé de laisser à Nantes chevaux et voitures ; — Attendu que, le 2 septembre, Bouger dénonça à Morillon qu'il était prêt à lui délivrer ses chevaux, qui étaient son gage, moyennant le versement de la somme qu'il lui devait, et l'assigna pour s'entendre condamner à la lui payer ; — Attendu que, le 4 du même mois, Morillon, de son côté, assigna Bouger, pour lui rendre ses deux chevaux, et lui payer 300 fr. à titre de dommages-intérêts, pour le préjudice qu'il lui causait, protestant qu'il était prêt à payer la somme qu'il avait toujours été, à lui payer ce qu'il lui devait, dès qu'il lui en aurait été fourni un compte ; — Attendu, que le 6 septembre, Morillon compta à Bouger 317 fr., sous réserve des ses droits à l'instance pendante, et rentra en possession de ses chevaux dont il avait été privé pendant huit jours ; — Qu'il ne s'agit donc, aujourd'hui, que de dire si Bouger était en droit de retenir les chevaux de Morillon, et, dans la négative, quel préjudice a-t-il causé à ce dernier ; — Attendu que les causes sont connexes et qu'il y a lieu de les joindre ; — Attendu que l'art. 2102 c. civ. déclare privilégiées les fournitures d'un aubergiste sur les effets du voyageur qui ont été transportés dans son auberge, mais qu'il est de principe que l'aubergiste n'a le droit de retenir les objets de ceux qui sont chez lui que pour sûreté de la dépense faite dans le temps qui précède immédiatement et sans interruption l'instant où il use de ce droit ; — Qu'en effet, il est évident qu'un hôtelier ne peut se constituer après coup un privilège auquel il est censé avoir renoncé en se dessaisissant de son gage, pour fournitures qu'il a données à crédit, et pour lesquelles il a accordé terme ; — Attendu qu'il est reconnu au procès que Bouger a saisi par lui-même et retenu les chevaux de Morillon, non pour dépenses actuelles, puisque celles-ci ne s'élevaient, le 30 août, qu'à quelques francs, et que Morillon lui faisait l'offre de lui en compter cent, mais pour des dépenses antérieures ; qu'il a donc commis un acte illégal et arbitraire qui donne ouverture à des dommages-intérêts ; — ... — Par ces motifs, etc.
Du 20 sept. 1873.-Trib. com. de Nantes.-MM. Rivron, pr.-Chargau et Labruyère, av.

prà, v° *Commissionnaire*, n°s 42 et suiv. V. aussi *infrà*, v° *Voirie par chemins de fer : Rép.* eod. v°, n°s 483 et suiv. En ce qui concerne le privilège du chargeur de navire, de l'armateur et du capitaine, V. *suprà*, v° *Droit maritime*, n°s 1140 et suiv.

193. Suivant la loi, la créance privilégiée sur la chose voiturée est celle des « frais de voiture », par conséquent celle due au voiturier. Il a été jugé que celui qui a loué des chevaux ou des bateaux à un entrepreneur de transports ne peut se prévaloir du privilège sur les objets transportés (Nîmes, 12 août 1812, *Rép.* n° 397; Bordeaux, 16 mars 1857, aff. Compagnie du Grand-Central, D. P. 59. 3. 308).

194. Les auteurs estiment généralement aujourd'hui que le privilège du voiturier a pour fondement une constitution tacite de gage consentie par l'expéditeur (Aubry et Rau, t. 3, § 261, p. 162, n° 184; Colmet de Santerre, t. 9, n° 37 *bis*-II; Baudry-Lacantinerie, t. 3, n° 1131). Quelques-uns admettent, en outre, que ce privilège a encore sa raison d'être dans la plus-value que le transport donne ordinairement à la chose voiturée (Laurent, t. 29, n° 512; Thézard, n° 365). Mais la preuve du dernier motif n'est pas la principal, c'est qu'il est des cas où le transport, loin d'augmenter la valeur de la chose, la diminue; c'est ce qui arrive, notamment, lorsque des marchandises affluent sur un marché en telle quantité qu'elles ne trouvent plus d'acheteur. En pareil cas, cependant, le voiturier a toujours droit à son privilège. Quoi qu'il en soit, tous les auteurs reconnaissent maintenant, contrairement à une opinion qui a eu autrefois des partisans (V. *Rép.* n° 400), que le privilège du voiturier est subordonné à la possession de la chose voiturée. Ce privilège s'éteint, par conséquent, dès que la chose a été remise au destinataire (V. en ce sens les arrêts cités au *Rép.* n° 401, et C de justice de Luxembourg, 24 déc. 1885) (1). Toutefois, lorsqu'il est d'usage dans un pays que les voituriers laissent les objets voiturés pendant quelques jours à la disposition du destinataire, pour en faire l'examen et la vérification, sauf à se représenter ensuite pour percevoir les frais de voiture ou pour reprendre les marchandises non acceptées, ce dessaisissement provisoire et conditionnel ne peut pas entraîner la perte de son privilège (Arrêt précité du 24 déc. 1885, motifs).

Du principe que le privilège est attaché à la possession, il résulte que le voiturier qui a fait plusieurs transports pour le même débiteur ne peut exercer son droit de préférence sur les marchandises transportées en dernier lieu, pour les frais des transports antérieurs (V. *Rép.* n° 399; Rouen,

(1) (Welter C. curateur de la faillite Weyland et Peeters.) — Le sieur Welter, entrepreneur de transports, a demandé à être colloqué par privilège, en vertu de l'art. 2102, § 6, c. civ. pour des marchandises qu'il avait transportées en différentes fois pour le compte des sieurs Weyland et Peeters, qui étaient depuis tombés en faillite. Sa prétention fut repoussée, d'abord par le curateur de la faillite, et ensuite par un jugement du tribunal de Luxembourg, en date du 24 nov. 1885 et ainsi motivé : — Le tribunal; — Attendu qu'il est de principe que le dessaisissement prive le voiturier de son droit de préférence; que cela ressort de l'art. 106 c. com., qui permet au voiturier de ne pas se dessaisir de la chose voiturée pour se faire payer du prix de transport; — Par ces motifs, etc. ».

Appel du sieur Welter. — La cour; — Attendu qu'aux termes de l'art. 2102, § 6, c. civ., les frais de voiture et les dépenses accessoires sont privilégiés sur la chose voiturée; — Attendu que, quelque généraux que soient les termes dans lesquels est conçue cette disposition, et encore que l'exercice du privilège ne soit expressément subordonné par la loi à aucune condition, il échet cependant, pour rechercher la pensée du législateur qui a présidé à la création du privilège, d'établir la cause du droit de préférence accordé au voiturier, laquelle seule peut déterminer la nature et la durée du privilège sur la chose voiturée; — Attendu qu'il résulte des travaux préparatoires du code civil, plus particulièrement du rapport fait au Tribunal par Grenier, que tous les privilèges de l'art. 2102 reposent sur l'une ou l'autre de ces deux causes : mise ou conservation d'un objet dans le patrimoine du débiteur; constitution expresse ou tacite d'un droit de gage sur la chose possédée par le créancier; — Attendu que, dans le cas du transport, le voiturier ne met pas et ne conserve pas dans le patrimoine du débiteur la chose voiturée; que ce n'est pas, en effet, de lui, mais de l'expéditeur, que le destinataire détient l'objet transporté; qu'habituellement, celui-ci n'est pas conservé par le déplacement; que, le fût-il exceptionnellement, le voi-

5 juin 1847, aff. Syndic Blanche, D. P. 49. 2. 134, et sur pourvoi, Req. 13 févr. 1849, D. P. 49. 1. 156). Si, toutefois, il s'agissait d'une seule et même opération de transport, effectuée en plusieurs voyages, mais pour un prix unique, les dernières marchandises transportées seraient alors affectées à la garantie du prix tout entier, en vertu de l'indivisibilité du privilège (Comp. en ce sens : Aubry et Rau, t. 3, § 261, p. 163; Laurent, t. 29, n° 516).

Art. 8. — *Créances résultant d'abus et de prévarications commis par les fonctionnaires publics* (Rép. n°s 402 à 409).

195. Il est traité du privilège établi par l'art. 2102-7° au profit de ces créances sur le cautionnement des fonctionnaires publics, *suprà*, v° *Cautionnement de fonctionnaires, titulaires et comptables*, n°s 7 et suiv.; — *Rép.* eod. v°, n°s 52 et suiv.

Sect. 3. — Des privilèges sur certains immeubles (*Rép.* n°s 410 à 495).

Art. 1er. — *Privilège du vendeur* (Rép. n°s 411 à 439).

196. — I. Qui a droit au privilège du vendeur. — Tout vendeur d'un immeuble jouit, en principe, du privilège établi par l'art. 2103-1°, sans qu'il y ait à distinguer si l'acte de vente est authentique ou sous seing privé. Le privilège existe par la seule force de la loi (V. *Rép.* n° 426). Il appartient au vendeur d'un immeuble incorporel, tel qu'une action de la Banque de France, aussi bien qu'au vendeur d'un immeuble corporel (Baudry-Lacantinerie, t. 3, n° 1138). Il résulte d'une vente judiciaire comme d'une vente volontaire. Ainsi, l'héritier bénéficiaire, qui a fait vendre un immeuble de la succession pour arriver à la liquidation du passif, a le privilège du vendeur sur cet immeuble, alors même que le prix en est absorbé en totalité par les créanciers (Req. 8 févr. 1870, aff. Bellier, D. P. 70. 1. 420).

Toutefois, comme on l'a dit au *Rép.* n° 412, il faut, pour que le vendeur ait droit au privilège, que le prix de la vente soit dû, en totalité ou en partie, et que le non-payement de ce prix résulte de l'acte de vente. Si cet acte portait purement et simplement quittance du prix, le vendeur ne pourrait plus réclamer de privilège, bien que, dans la réalité, l'acheteur n'eût donné en payement que des billets, ou qu'il résultât d'une contre-lettre que la quittance du prix est simulée (*Rép.* n° 414; Aubry et Rau, t. 3, § 263, p. 168;

turier pourrait se prévaloir de l'art. 2102, § 3, c. civ.; que c'est aussi à tort que l'appelant base le privilège sur la plus-value apportée par le transport à la chose voiturée; qu'en effet, d'un côté, la loi ne crée pas de privilège pour l'amélioration d'une chose, mais n'accorde pour ce fait qu'un droit de rétention, qui se perd par le dessaisissement de la chose améliorée, et que, d'un autre côté, s'il eût été dans l'intention du législateur de faire exception à la règle et d'accorder au voiturier un privilège à raison de la plus-value éventuelle créée par le transport, il eût sans doute limité le privilège à la valeur ajoutée par le transport à la chose voiturée; — Attendu que, si le privilège du voiturier ne peut se fonder sur la mise ou conservation de la chose dans le patrimoine du destinataire, il doit se baser sur un gage tacite, c'est-à-dire un contrat de nantissement présumé entre le voiturier et l'expéditeur, au moyen duquel celui-ci donne en gage, pour le payement du prix de transport, la chose voiturée; — Attendu que le créancier gagiste perd son droit de préférence avec la possession du gage; d'où il suit que le privilège du voiturier s'éteint par la remise au destinataire de l'objet transporté; — Attendu que, d'après un usage généralement suivi sur la place de Luxembourg, les voituriers laissent les objets voiturés pendant quelques jours à la disposition du destinataire, pour en faire l'examen et la vérification, sauf à se représenter ensuite pour percevoir les frais de voiture ou pour reprendre les marchandises non acceptées; qu'on peut admettre que cette mise à la disposition à fin de vérification n'implique pas le dessaisissement absolu du voiturier et ne lui fait pas perdre son privilège; que cette règle n'est cependant pas applicable à l'espèce; qu'il s'agit, en effet, de toute une série de transports remontant de trois à neuf mois; que le voiturier s'est définitivement dessaisi, et qu'il a incontestablement suivi la foi du destinataire pour le payement des frais de transport; — Par ces motifs, etc. Du 24 déc. 1885.-C. sup. just. de Luxembourg (appel).- MM. Vannerus, pr.-Chome, proc. gén.-Ed. Simonis et Flor. Schmit, av.

Laurent, t. 30, n° 8; Thézard, n° 279). Mais s'il résulte de l'acte même que le prix a été converti en billets ou en effets de commerce, le privilège existera pour la garantie du payement de ces billets ou effets, car, en ce cas, les tiers sont suffisamment avertis que le prix n'a pas été payé effectivement (V. *Rép.* n° 413 et les auteurs précités. V. aussi Civ. cass. 22 juin 1841, *Rép.* v° *Obligations*, n° 2505-1°). Jugé, en ce sens, que le vendeur d'immeuble qui a donné quittance du prix, comme l'ayant reçu en lettres de change, n'a pas consenti, en le faisant, une novation de sa créance de vendeur et n'a pas perdu son privilège (Toulouse, 8 mai 1888, aff. Dugué, D. P. 89. 2. 208). Le renouvellement des lettres de change à leur échéance n'opère pas non plus novation ni perte du privilège (Même arrêt).

Le privilège du vendeur d'un immeuble subsiste d'ailleurs, quoiqu'il soit justifié d'une quittance du prix de la vente, si cette quittance n'est pas valable ni libératoire, par exemple si elle émane d'une personne incapable de recevoir (Trib. civ. de Caen, 16 avr. 1883, aff. Mauger, D. P. 85. 3. 23).

197. Il est indifférent, pour l'existence du privilège, que le prix consiste, soit en une somme principale à payer par l'acheteur, soit en une rente perpétuelle ou viagère, constituée dans l'acte de vente en faveur du vendeur ou d'un tiers. Il importe même peu que la rente ait été constituée directement ou après l'indication d'un prix en capital (V. *Rép.* n° 416; Aubry et Rau, t. 3, § 263, p. 167 et suiv.). Mais si le prix avait été déterminé d'abord en un capital exigible et était ensuite, par un acte postérieur, converti en une rente, sans réserve du privilège, il y aurait alors novation et le privilège serait éteint (Pont, t. 1, n° 191; Aubry et Rau, t. 3, § 263, p. 168, note 7).

198. Le privilège du vendeur résulte d'une vente sur licitation quand elle est faite à un autre qu'un colicitant; mais, si l'adjudicataire est un des copartageants, il est réputé avoir été propriétaire de l'immeuble depuis l'origine de l'indivision (c. civ. art. 883), et, ainsi, il n'est pas un acheteur à l'égard des autres; le privilège qui a lieu alors est celui du copartageant, non celui du vendeur (V. *infrà*, n° 219).

199. En cas de dation d'un immeuble en payement d'une certaine somme, si l'estimation de l'immeuble excède la somme à payer, celui qui a cédé l'immeuble a le privilège du vendeur pour l'excédent; il reste en effet créancier à titre de vendeur quant à cet excédent (Baudry-Lacantinerie, t. 3, n° 1139).

200. La cession des droits de mitoyenneté, qu'elle soit volontaire ou imposée par la loi, qu'elle ait lieu moyennant une somme convenue entre les parties ou déterminée par le tribunal sur un rapport d'expert, contient tous les caractères d'une vente. Il en résulte donc pour le cédant un privilège de vendeur qui, en cas de vente de l'immeuble du propriétaire qui a acquis la mitoyenneté, peut s'exercer, non sur la totalité du prix de cet immeuble, mais sur la partie de ce prix équivalente à la mitoyenneté vendue (Trib. civ. de la Seine, 8 févr. 1880, aff. Compagnie générale des tra-

vaux publics, D. P. 80. 3. 119. V. aussi Req. 10 avr. 1889, aff. Héritiers Fougères, D. P. 89. 1. 321, et la dissertation de M. Brésillion sous cet arrêt). Mais la créance du copropriétaire d'un mur mitoyen qui a fait l'avance des frais de reconstruction de ce mur n'est point garantie par un privilège, comme celle résultant de la vente d'un droit de mitoyenneté (Lyon, 4 févr. 1890, aff. Brun. *Journal des conservateurs des hypothèques*, 1891, art. 4161, p. 154).

201. Le vendeur d'une servitude, d'un droit d'usage ou d'habitation, n'a pas de privilège parce que ces droits ne sont pas susceptibles d'être saisis et vendus aux enchères; outre son action personnelle, ce vendeur ne peut exercer, à défaut de payement, que l'action résolutoire (Thézard, n° 276; Baudry-Lacantinerie, t. 3, n° 1138).

202. Celui qui vend un meuble destiné à être immobilisé entre les mains de l'acheteur n'a pas droit au privilège du vendeur d'immeubles. Il en est ainsi alors même que ce meuble était déjà immobilisé par destination chez le vendeur. Il y a lieu alors seulement au privilège du vendeur d'effets mobiliers (*Rép.* n° 428; Thézard, n° 276).

203. Dans le cas d'échange d'immeubles fait avec soulte, l'échangiste créancier de la soulte a le privilège du vendeur sur l'immeuble qu'il a donné en échange, car la soulte est le prix de vente d'une partie de cet immeuble (*Rép.* n° 429; Req. 11 mai 1863, aff. Mignot, D. P. 64. 1. 191; Aubry et Rau, t. 3, § 263, p. 169, note 12; Laurent, t. 30, n° 19; Colmet de Santerre, t. 9, n° 51 *bis*-V; Baudry-Lacantinerie, t. 3, n° 1140; Thézard, n° 276; André, n° 302). L'échangiste aurait même aussi privilège pour l'exécution des charges imposées à son coéchangiste et qui pourraient être considérées comme une soulte (Comp. Chambéry, 2 févr. 1870, aff. Veuve Gaillard, D. P. 71. 2. 176. V. *infrà*, n° 209). Toutefois, d'après M. Baudry-Lacantinerie, *loc. cit.*, comme la soulte n'est le prix que d'une partie de l'immeuble, on pourrait soutenir que le privilège qui en garantit le payement porte, non pas sur l'immeuble tout entier, ainsi que le décident tous les auteurs, mais seulement sur la partie de cet immeuble dont la soulte est le prix, c'est-à-dire sur la partie qui ne trouve pas sa contre-valeur dans l'autre immeuble. Il y aurait lieu de déterminer cette partie par une sorte de ventilation.

204. Mais, à part le cas de la soulte, l'échangiste n'a pas de privilège pour la garantie qui lui est due, soit au cas d'éviction proprement dite, soit au cas où, pour conserver l'immeuble qu'il a reçu en échange, il a été obligé de payer les créanciers inscrits sur cet immeuble. Il ne peut donc se faire payer par préférence, sur le prix de l'immeuble cédé par lui en échange, ni des dommages-intérêts à lui dus pour l'éviction de l'immeuble qu'il avait reçu (Paris, 20 janv. 1834, *Rép.* n° 431), ni des sommes par lui payées comme tiers détenteur aux créanciers inscrits (Civ. cass. 26 juill. 1852, aff. Grémillion, D. P. 52. 1. 196; Civ. rej. 14 nov. 1859, aff. Dufour, D. P. 60. 1. 221; Bordeaux, 6 avr. 1865 (1); Pont, t. 1, n° 187; Aubry et Rau, t. 3, § 263, p. 169; Colmet de Santerre, t. 9, n° 51 *bis*-V; Baudry-La-

---

(1) (Matha et héritiers Dellac C. Dubernet.) — Le 9 août 1864, jugement du tribunal civil de Bazas ainsi conçu : — « Attendu que, par contrat du 3 nov. 1855, Matha a cédé à titre d'échange, à Dillon, une propriété située dans la commune d'Uzeste, aux lieux dits de Largileyre et de Sablerouge; — Attendu qu'il est dit dans cet acte que, pour sûreté de l'échange, et pour garantir à Matha la radiation des inscriptions grevant les immeubles cédés en contre-échange par Dillon à Matha, celui-ci conservera son privilège sur les immeubles cédés, et Dillon hypothèque, sur les propriétés qu'il possède encore dans la commune d'Uzeste; — Attendu que, le 4 déc. 1855, une inscription de privilège et hypothèque a été prise au bureau des hypothèques à Bazas, au profit de Matha en vertu de l'acte du 3 novembre : 1° sur les immeubles cédés par Matha à Dillon; 2° sur les propriétés que Dillon possédait, en outre, dans la commune d'Uzeste; — Attendu que Dillon a vendu une pièce de terre située au lieu de Largileyre, à Dubernet, par acte public du 24 juill. 1857, moyennant le prix de 2000 fr., dont 300 fr. payés comptant; — Attendu que Dubernet a fait transcrire ce contrat le 14 août suivant, et a requis le conservateur la délivrance d'un état des inscriptions; — Attendu que cet état lui a été délivré le 18 août, et qu'on n'y voit pas figurer l'inscription prise le 4 déc. 1855; — Attendu que, dans ces circonstances, Dubernet a payé à Dillon le solde de son prix, suivant quittance du 23 oct. 1857; — Attendu que, le 25 avr. 1864, Matha

agissant tant en vertu de ladite inscription du 4 déc. 1855, que de l'hypothèque légale de la femme Dillon, inscrite le 8 avr. 1861, et à laquelle il s'est trouvé subrogé, suivant quittance publique du 22 mai 1863, a fait sommation à Dubernet, tiers détenteur, de lui payer la somme de 5378 fr., montant des évictions par lui subies, ou délaisser; — Attendu que, Dubernet s'étant pourvu en référé contre cette sommation, il a été sursis aux poursuites de Matha par ordonnance du 25 mai dernier; — Attendu que Dubernet, ayant depuis longtemps porté sa demande devant le tribunal, Matha a appelé devant les héritiers du conservateur Dellac; — Attendu que Dubernet a argué, en premier lieu, de ce que l'inscription prise le 4 déc. 1855, pour la conservation du privilège que Matha s'était réservé dans l'acte du 3 novembre précédent, est nulle, la loi n'accordant pas de privilège à l'échangiste sur les biens qu'il a cédés; — Attendu qu'en effet, il n'existe pas de privilège en faveur de l'échangiste, au moins lorsque, comme dans l'espèce, l'échange a été fait sans soulte; mais que si l'inscription prise le 4 déc. 1855 est sans effet comme inscription privilégiée, elle est valable du moins comme inscription hypothécaire; — Attendu, en effet, que si Matha a entendu se réserver une hypothèque privilégiée sur les immeubles par lui cédés à Dillon, à plus forte raison a-t-il entendu se réserver une simple hypothèque; que, par conséquent, l'acte d'échange du 3 nov. 1855, impuissant à créer un privilège en faveur de Matha, lui a du moins conféré sur ces immeubles une simple

cantinerie, t. 3, n° 1140 ; Thézard, n° 276 ; André, n°s 302 et suiv. — *Contrà* : Poitiers, 1er mai 1849, aff. Grémillion, D. P. 50. 2. 169). Il en est ainsi alors même qu'un privilège aurait été expressément stipulé au profit de l'un ou de l'autre des coéchangistes dans l'acte d'échange, une telle stipulation ne pouvant suppléer une constitution expresse d'hypothèque (Arrêts précités du 26 juill. 1852 et du 6 avr. 1865). Toutefois, l'échangiste qui a payé les créanciers inscrits sur l'immeuble reçu par lui est subrogé dans les droits de ces créanciers, par application de l'art. 1251 (Arrêt précité du 14 nov. 1859).

205. L'acquéreur sous faculté de rachat, comme on l'a expliqué au *Rép.* n° 432, jouit bien d'un droit de rétention pour le remboursement du prix, des frais du contrat et de ses impenses nécessaires ou utiles ; mais s'il abandonne l'immeuble à son vendeur sans que celui-ci ait rempli les

conditions auxquelles est subordonné l'exercice du rachat, il n'a pas de privilège pour la garantie du remboursement du prix ou de l'accomplissement des autres conditions. Par suite, le prêteur qui aurait fourni les fonds au vendeur à réméré pour exercer le rachat et qui se serait fait subroger dans les droits de l'acheteur n'aurait pas non plus de privilège (V. en sus des auteurs cités au *Rép.* : Aubry et Rau, t. 3, § 263, p. 169, note 15; Laurent, t. 30, n° 3 ; Colmet de Santerre, t. 9, n° 51 *bis*-VII ; Baudry-Lacantinerie, t. 3, n° 1142 ; Thézard, n° 278 ; André, n° 304. Comp. Req. 26 avr. 1827, *Rép.* n° 480).

206. D'après la jurisprudence et la majorité des auteurs, le donateur d'un immeuble n'a point de privilège pour l'exécution des charges qu'il a imposées au donataire (V. en sus des arrêts et des auteurs cités au *Rép.* n° 434 : Colmar, 30 mai 1865 (1) ; Bordeaux, 22 juill.

---

hypothèque ne prenant rang, vis-à-vis des créanciers hypothécaires, que du jour de son inscription ; — Attendu que Dubernet excipe, en second lieu, de ce que l'inscription du 4 déc. 1855 ayant été omise dans l'état qui lui a été délivré le 18 août 1857, l'immeuble qu'il a acquis en demeure affranchi, sauf la responsabilité de qui de droit; — Attendu que l'art. 2198 dispose, en effet, que l'immeuble à l'égard duquel le conservateur aurait omis dans les certificats une ou plusieurs des charges inscrites, en demeure, sauf la responsabilité du conservateur, affranchi dans les mains du nouveau-possesseur, lorsque, comme dans l'espèce, celui-ci a requis le certificat depuis la transcription de son titre ; — Attendu qu'à la vérité les héritiers du conservateur Dellac invoquent à leur tour l'art. 2197, qui porte que les conservateurs sont responsables du défaut de mention, dans leurs certificats, d'une ou plusieurs des inscriptions existantes, à moins que l'erreur ne provienne de désignations insuffisantes qui ne pourraient leur être imputées, pour prétendre que l'omission de l'inscription du 4 déc. 1855, dans l'état de transcription délivré à Dubernet provient de ce que, dans l'acte de vente transcrit, il est dit, relativement à l'origine de la propriété, que l'immeuble appartient au vendeur, comme l'ayant reçu en échange du sieur Dillon, par acte passé devant Me Magondeaux et son collègue, notaires à Bazas, dans le mois de mars 1856, alors, qu'en réalité cet acte d'échange avait été passé le 3 nov. 1855; qu'ils soutiennent qu'en présence de cette énonciation de l'acte soumis à la transcription, l'inscription par laquelle Matha contre Dillon, le 4 déc. 1855, avait dû être omise, par la raison que Dillon, n'étant devenu propriétaire de l'immeuble qu'en mars 1856, n'avait pu, à une époque antérieure, l'hypothéquer conventionnellement ; — Attendu que cette argumentation n'est nullement fondée; qu'il est de principe, en effet, que les conservateurs ne sont pas juges du mérite des inscriptions; — Attendu qu'aux termes mêmes de l'intitulé de l'état délivré à Dubernet, et de la mention finale qui figure au bas de cette pièce, cet état devait comprendre toutes les inscriptions, au jour de la transcription, sur la pièce de terre de Largileyre, tant du chef de Dillon, vendeur, que du chef de Matha, précédent propriétaire; — Attendu que le conservateur devait donc porter sur son état l'inscription prise contre Dillon le 4 déc. 1855, sans se préoccuper de l'énonciation relative à l'origine de propriété dans l'acte de vente transcrit quelques jours auparavant; — Qu'il le devait d'autant plus que le peu de précision de la date indiquée, dans cet acte, comme étant celle de l'échange entre Matha et Dillon, et surtout le rapprochement de ladite inscription du 4 déc. 1855, avec l'énonciation contenue dans l'acte de vente Dillon à Dubernet, étaient de nature à lui faire supposer qu'une erreur avait pu se glisser dans cette énonciation; — Attendu, dès lors, que le conservateur Dellac, ou ses héritiers doivent garantir Matha du préjudice que l'anéantissement de son inscription du 4 déc. 1855, au regard de Dubernet, peut lui faire éprouver; — Attendu que ce préjudice sera diminué d'autant si Matha peut agir utilement contre Dubernet, en vertu de l'hypothèque légale de la femme Dillon, à laquelle il a été subrogé; qu'il faut donc examiner si Matha peut se prévaloir contre Dubernet de sa subrogation à cette hypothèque légale, et pour quelles sommes il peut s'en prévaloir... (sans intérêt); — Par ces motifs, etc.

Appel par Matha et les héritiers Dellac.

LA COUR; — Attendu que la sommation adressée par Matha à Dubernet comme tiers détenteur, est fondée : 1° sur le contrat d'échange du 3 nov. 1855 et l'inscription du 4 déc. 1855 prise en conséquence de ce contrat; 2° sur la quittance du 22 mai 1863 et l'inscription du 8 avr. 1861 prise par la dame Dillon en vertu de son hypothèque légale, à laquelle Matha est subrogé; — Attendu que Dubernet, et avec lui les héritiers Dellac, contestent le droit en vertu duquel Matha aurait pris son inscription du 4 déc. 1855 sur les biens dont Dubernet est aujourd'hui détenteur; que ces biens ont été acquis par ce dernier de Pierre Dillon, et que Dillon les tenait lui-même de Matha, suivant con-

trat d'échange du 3 nov. 1855; qu'aux termes de ce contrat, Matha, qui prévoyait des causes d'éviction sur les biens qu'il recevait de Dillon, stipula qu'il conserverait son privilège sur les immeubles par lui cédés et que Dillon lui hypothéqua en outre les propriétés qu'il possédait encore dans la commune d'Uzeste; — Attendu que les privilèges sont établis par la loi seule, et que, nulle part la loi n'a reconnu de privilège au profit de l'échangiste; que Matha a donc fait une chose absolument inefficace en se réservant un privilège sur les biens par lui cédés à Dillon sans soulte aucune; — Attendu qu'on objecte vainement qu'au moins s'est-il, par cette stipulation, réservé un simple droit hypothécaire; qu'en cette matière, tout est de droit étroit, parce que l'intérêt des tiers est en jeu; qu'il ne suffisait pas que l'intention des parties au contrat du 3 nov. 1855 eût été d'établir une hypothèque au profit de Matha sur les biens par lui cédés à Dillon; qu'il faudrait qu'elles l'eussent réellement établie en termes clairs et exprès pour que cette intention pût porter ses fruits; qu'il était donc nécessaire, à cet effet, que Dillon lui-même, en devenant propriétaire des biens de Matha, lui conférât sur ces biens une hypothèque, comme il lui en conférait une sur les autres propriétés qu'il possédait sur la commune d'Uzeste; mais que cette stipulation a été omise; que Matha s'est donc trouvé sans droit hypothécaire sur les biens abandonnés par lui; que, par suite, son inscription du 4 déc. 1855 prise sans titre, reste dépourvue de valeur vis-à-vis de Dubernet devenu plus tard acquéreur d'une partie de ces mêmes biens, et qui ferait évidemment prononcer la nullité si elle lui était opposée comme figurant dans l'état à lui délivré sur la transcription de son contrat d'acquisition; — Attendu que l'omission de cette inscription sur ledit état perd, des lors, toute importance; que la faute commise à cet égard n'entraîne pas des conséquences dommageables pour Matha, puisqu'elle ne le prive pas d'un droit réellement existant; qu'elle n'engendre donc, à son compte, aucune responsabilité, soit de la part du conservateur, si la faute doit être attribuée à ce dernier, soit de la part de Dubernet, s'il a induit Dellac en erreur par des désignations insuffisantes; qu'il devient, par suite, inutile de rechercher à qui cette faute devrait être imputée, et que les héritiers Dellac, appelés en garantie à ce sujet seulement par Matha, mais à tort, doivent être renvoyés de la demande; — Attendu, quant à l'inscription du 8 avr. 1861... (sans intérêt); — Par ces motifs, faisant droit de l'appel interjeté par la veuve et les héritiers Dellac dans le chef qui les a condamnés à relever Matha indemne de tout ce qu'il pourrait perdre par la faute du conservateur Dellac, infirme, quant à ce, le jugement du tribunal civil de Bazas du 9 août 1864; émendant, relaxe la veuve et les héritiers Dellac de la demande en garantie dirigée contre eux, etc.

Du 6 avr. 1865.-C. de Bordeaux, 2e ch.-MM. Dégrange-Touzin, pr.-Vaucher et Rateau, av.

(1). (Kœnig C. North). — Le tribunal civil de Strasbourg, par jugement du 13 juill. 1864, a ainsi statué : — Attendu, en fait, que, par acte du 19 mai 1855, reçu Wassner, transcrit et inscrit d'office au bureau des hypothèques de Strasbourg, le 1er juin suivant, les conjoints Mortié ont fait donation entre vifs, à titre de préciput et hors part, à leur fille, femme Marx, de divers objets mobiliers, d'une maison et de quatorze parcelles de terre de Brumath; qu'entre autres charges et conditions, cette donation a imposé à la donataire l'obligation de payer à sa sœur Joséphine une somme de 3666 fr. 65 cent., et pareille somme à son frère Félix, ensemble 7333 fr. 30 cent., dont est-il dit dans l'acte, le sieur et la dame Moitié leur font donation secondaire à titre d'avancement d'hoirie; — Que la même acte porte que les deux sommes seront exigibles six mois après le décès du survivant des donateurs; qu'à la sûreté de l'exécution des charges les immeubles donnés resteront hypothéqués dans l'intérêt des donateurs et de leurs ayants cause, et que les valeurs données appartiendront à la communauté de biens existant entre les conjoints Marx à charge par elle d'exécuter les conditions de

1890) (1); Demolombe, *Cours de droit civil*, t. 20, n° 576; Aubry et Rau, t. 3, § 263, p. 169, note 16; Thézard, n° 277; André,

la donation et de faire état à la dame Marx, en temps et lieu d'une somme de 3866 fr. 65 cent., pour laquelle elle s'est montrée égalisée avec son frère et sa sœur; — Attendu que par contrat passé devant M° Burtz, le 26 mars 1857, transcrit et inscrit d'office le 31 de ce mois, les conjoints Marx ont vendu tous ces immeubles aux conjoints North, demandeurs en opposition, avec délégation de payer à son échéance la somme de 7333 fr. 30 cent., à Joséphine et Félix Moitié; — Attendu que, par acte reçu Chevroton le 1er mai 1857, les conjoints Moitié ont révoqué comme n'ayant pas été acceptée, la donation secondaire, et cédé la somme de 7333 fr. 30 cent., à Antoine Ulmer; que cet acte a été signifié par ce cessionnaire, les 4 et 5 du même mois, tant aux époux Marx qu'aux conjoints North, et que, le 8 mai, il a pris au bureau des hypothèques de Strasbourg, tant contre les débiteurs Marx que contre le demandeur, en qualité de tiers détenteur, une inscription en renouvellement de l'inscription d'office du 1er juin 1855, par privilège et en tant que de besoin, par hypothèque conventionnelle, y est-il dit, sur tous les immeubles ayant fait l'objet de la donation; — Attendu que, par acte passé devant ledit Chevroton, le 15 nov. 1859, Ulmer a cédé, entre autres sommes, celle de 3332 fr. 30 cent., à Koenig, défendeur en opposition, qui a fait signifier cette cession aux conjoints North le 12 décembre suivant, et l'a fait inscrire en marge de l'inscription du 8 mai 1857 et de celle d'office du 1er juin 1855; — Attendu que, cette créance étant devenue exigible par le décès des donateurs, le défendeur en opposition a fait faire, le 19 janvier dernier, commandement à deux fins pour obtenir le payement de cette somme, et, par exploit du 20 février suivant, aux conjoints North, sommation de payer ou de délaisser; — Attendu que, dans cet état de choses, il s'agit d'apprécier le mérite de l'opposition aux poursuites que les tiers détenteurs ont fait signifier à Koenig le 19 mars dernier; — Attendu que cette opposition est régulière en la forme; — Au fond : — Attendu que les conclusions principales des demandeurs en opposition tendent à faire déclarer nuls tant le commandement que la sommation, par le motif, entre autres, que le défendeur ne possède ni par lui-même ni par ses cédants aucune inscription frappant les immeubles dont il leur demande le délaissement; — Attendu que le commandement à deux fins et la sommation en délaissement indiquent que les demandeurs en opposition sont poursuivis non comme engagés personnellement, mais en leur qualité de tiers détenteurs seulement; — Attendu que, suivant les art. 2166 et suiv. c. civ., le tiers détenteur n'est tenu hypothécairement qu'envers les créanciers privilégiés ou hypothécaires inscrits sur l'immeuble affecté à leur créance; — Attendu que le contrat de vente qui a transmis aux tiers détenteurs les immeubles qui ont fait l'objet de la donation a été transcrit le 8 mai 1857; — Qu'à partir de cette date, et aux termes de la loi du 23 mars 1855, aucun créancier privilégié ou hypothécaire ne pouvait plus prendre utilement inscription sur les conjoints Marx, précédents propriétaires; — Attendu que Koenig, se prévalant de l'inscription prise sur le cédant Ulmer, le 8 mai 1857, en renouvellement de celle d'office du 1er juin 1855, soutient que cette inscription a conservé à son profit le privilège et, en tant que de besoin, l'hypothèque conventionnelle compétant aux donateurs; — Mais attendu que, d'une part, cette inscription d'office ne mentionne même pas l'hypothèque que les donateurs avaient stipulée dans l'acte du 19 mai; qu'elle n'avait par conséquent pas pour but et ne pouvait, dans aucun cas avoir pour effet de donner la publicité légale à cette hypothèque; — Attendu, d'une autre part, et en ce qui concerne l'énonciation d'un privilège en faveur des donateurs, qu'il est de principe que les privilèges sont de droit strict et ne peuvent être étendus à des qualités de créances auxquelles la loi ne les a pas spécialement attachés; que le donateur ne peut, à moins d'un privilège que l'art. 2102 c. civ. reconnaît un privilège sur les immeubles, et qu'aucune autre disposition du code ne lui confère un pareil droit, par la raison sans doute qu'en cas d'inexécution des charges et conditions de la donation, il lui compète un droit spécial, non moins considérable, puisque, aux termes de l'art. 954, il peut exercer l'action dérogatoire avec droit de suite contre le tiers détenteur; — Attendu que Koenig n'ayant par conséquent aucune inscription sur les immeubles acquis par les demandeurs en opposition, c'est à bon droit que ceux-ci demandent l'annulation de la sommation en délaissement qu'il leur a fait signifier; — Attendu que, par suite de ce qui précède, il n'y a pas lieu de statuer sur les conclusions subsidiaires des demandeurs; — Par ces motifs, reçoit les conjoints North opposant à la sommation de payer ou de délaisser que le défendeur leur a fait signifier par exploit du 20 février dernier, et, faisant droit à leur opposition, déclare cette sommation nulle et de nul effet... » — Appel de la part du sieur Koenig.

La cour; — Attendu que les privilèges sont de droit, étroit et positif; — Qu'aucun texte de loi n'accorde aux donateurs sur les

n° 305). Le contraire, toutefois, est soutenu par M. Pont, t. 1, n° 188, et par M. Baudry-Lacantinerie, t. 3, n° 1141. Suivant

biens donnés le privilège que l'art. 2108 confère aux vendeurs sur les biens aliénés; — Que par suite, la transcription de l'acte de donation du 19 mai 1855 et l'inscription, prise d'office, le 1er juin suivant, par le conservateur des hypothèques de Strasbourg, ne pouvaient engendrer un privilège au profit des époux Moitié ou de leurs ayants cause; — Que l'unique question qui a été débattue en appel est celle de savoir si cette inscription, inefficace pour opérer un privilège, ne pouvait pas valoir comme inscription simplement hypothécaire, à raison des clauses de la donation portant que les immeubles qui faisaient l'objet de la donation resteraient affectés et hypothéqués à la sûreté de la fidèle exécution de toutes les charges stipulées en faveur des ascendants donateurs; — Que la solution affirmative ne serait admissible qu'autant que le conservateur, agissant dans l'intérêt des créanciers comme aurait pu le faire toute autre personne aux termes de l'art. 2148 c. civ., aurait requis et inscrit l'hypothèque conventionnelle; — Qu'au lieu de cela, obéissant aveuglément, soit à des instructions, soit à des traditions administratives, il a cru devoir non pas pour sauvegarder les droits d'autrui, mais uniquement mettre sa responsabilité à couvert, porter sur ses registres une inscription privilégiée; — Qu'en effet l'inscription d'office traite au privilège découlant de la nature de l'acte, et prise au nom des donateurs contre les donataires sans faire aucune mention de l'hypothèque conventionnelle; — Que l'appelant soutient vainement que l'erreur dans la qualification du droit réel qui lui a été transmis ne peut pas invalider l'inscription, dans laquelle se retrouvent toutes les indications exigées par l'art. 2148, au point de l'empêcher d'en retirer le bénéfice d'une inscription hypothécaire; — Qu'il n'est pas possible de faire sortir une hypothèque d'un privilège qui n'existe pas; — Que si l'art. 2113 c. civ. porte que les créances privilégiées soumises à la formalité de l'inscription à l'égard desquelles les conditions prescrites par les cinq articles précédents n'ont pas été accomplies, ne cessent pas néanmoins d'être hypothécaires, c'est là une disposition tout exceptionnelle qui ne peut être étendue hors des cas limitativement déterminés par la loi; — Qu'il est inutile d'ailleurs de rechercher si les conjoints North ont su ou non que les biens par eux achetés étaient grevés d'un droit hypothécaire; — Que, d'après l'art. 2116 c. civ., le droit de suite ne peut être exercé contre eux, en leur qualité de tiers détenteurs, que par un créancier ayant privilège ou hypothèque inscrite sur les immeubles qui lui ont été vendus par les époux Marx le 26 mars 1857; — Qu'aucune inscription valable ne frappait l'immeuble au 31 du même mois, date de la transcription du contrat de vente, et n'a pu être prise depuis; — Adoptant au surplus les motifs des premiers juges; — Confirme, etc.

Du 30 mai 1865.-C. de Colmar, 1re ch.-MM. Pillot, pr.-De Langardière, 1er av. gén.-Gérard et Chauffour, av.

(1) (Dame Charron C. créanciers Charron fils). — La cour; — Attendu que, suivant contrat retenu le 27 avr. 1882 par M° Béchade, notaire, la dame Charron fit à ses enfants donation de tous ses immeubles à la condition qu'ils procéderaient immédiatement entre eux au partage des biens abandonnés; qu'elle stipula à son profit d'importantes prestations en nature et le payement d'une rente viagère en argent; qu'enfin, par une clause dont il est essentiel de reproduire textuellement les termes, il fut énoncé dans l'acte précité qu'à la sûreté et garantie du service exact de la rente ou pension annuelle et de l'exécution des charges et conditions, les biens donnés demeurent affectés et hypothéqués par privilège au profit de la dame Charron; — Attendu qu'à la date du 1er août 1882 l'appelante fit inscrire au bureau de Lesparre, en vertu du contrat du 27 avr. 1882, le privilège résultant de ce dernier acte pour la garantie du capital nécessaire afin d'assurer le payement de la rente et la délivrance des prestations; — Attendu que la validité et les effets de l'inscription ci-dessus ont été contestés dans l'ordre ouvert pour la distribution du prix des biens expropriés au préjudice de Daniel Charron, l'un des donataires; — Attendu qu'il est certain que le donateur n'a pas, comme le vendeur, un privilège destiné à procurer l'exécution des conditions imposées par l'auteur de la libéralité; que d'abord, le donateur dont stipuler des garanties particulières, s'il ne se croit pas suffisamment protégé par l'action révocatoire que la loi lui accorde dans l'art. 953 c. civ. pour le cas où les conditions sous lesquelles la donation a été faite ne sont pas remplies; que les privilèges ne peuvent résulter que de la loi, et, en aucun cas des stipulations des parties; que l'acte de donation de 1882 n'a donc pu assurer à l'appelante un droit de préférence de cette nature; — Attendu que la dame Charron le reconnaît; qu'elle soutient seulement que des conventions de l'acte précité un droit d'hypothèque que l'inscription aurait manifesté et conservé au regard des autres créanciers de son fils; que cette prétention doit être examinée à un double point de vue.

ces auteurs, la donation avec charge se décompose en deux opérations : vente d'une part, donation de l'autre; il y a vente pour la partie de l'immeuble qui trouve sa contre-valeur dans les charges pécuniaires imposées au donataire; donation, pour le surplus. Cette solution a été adoptée par la loi belge du 16 déc. 1851, art. 27, n° 8, qui accorde expressément au donateur, sur l'immeuble donné, un privilège pour les charges pécuniaires ou autres prestations liquides imposées au donataire, pourvu que l'acte de donation fasse connaître ces prestations et leur montant. (V. Laurent, t. 30, n° 23 et suiv.). La question, d'ailleurs, n'a pas un grand intérêt pratique, car le donateur peut toujours, en cas d'inexécution des charges, faire résoudre la donation (c. civ. art. 953).

On s'est demandé si le donateur, en imposant des charges au donataire, ne pourrait pas se réserver une hypo-thèque privilégiée sur l'immeuble donné. Il est certain qu'en théorie pure le donateur devrait pouvoir se réserver un droit d'hypothèque préférable aux créanciers antérieurs du donataire, comme il peut se réserver un droit d'usufruit ou une servitude. Mais cette solution ne semble pas avoir été admise par les auteurs de la loi du 23 mars 1855; l'art. 6 de cette loi n'accorde qu'au vendeur et au copartageant la faculté d'inscrire leur privilège dans un certain délai après la vente ou le partage pour le rendre opposable aux tiers.

207. Le procès-verbal constatant l'adjudication d'immeubles différents à des acquéreurs distincts, donne naissance pour le vendeur à autant de privilèges qu'il y a d'adjudicataires (Civ. rej. 13 avr. 1893, aff. Thouvenel, D. P. 93. 1. 531). Et en cas d'adjudication à un même acquéreur de plusieurs lots appartenant au même vendeur, avec stipulation de prix distincts pour chaque lot, le vendeur jouit d'un privilège distinct sur chacun des lots (Civ. cass. 11 mars 1891, aff. Coulongne, D. P. 91. 1. 253. V. infrà, tit. 2, chap. 10, sect. 1, art. 1, § 3).

208. — II. Créances garanties par le privilège du vendeur. — Le privilège du vendeur garantit, comme on l'a dit au Rép. n° 418, le prix porté au contrat, mais non les suppléments ou augmentations de prix qui seraient convenus entre les parties sans être énoncés dans l'acte (Aubry et Rau, t. 3, § 263, p. 168; Baudry-Lacantinerie, t. 3, n° 1143).

209. Le privilège garantit aussi les accessoires du prix, tels que pots de vin, épingles, quand l'acte en fait mention, ainsi que les autres charges imposées à l'acheteur (Laurent, t. 30, n° 9; Thézard, n° 279; Baudry-Lacantinerie, t. 3, n° 1143). — Lorsqu'une charge a été stipulée par le vendeur au profit d'un tiers, cette charge est également garantie par le privilège, et le tiers peut, en vertu de l'art. 1166 c. civ., exercer la créance privilégiée. La cour de cassation l'a jugé ainsi dans un cas où il s'agissait de charges purement éventuelles, incombant aux copartageants d'un marais desséché envers l'administration du desséchement; l'un des copartageants ayant vendu son lot et ayant imposé à l'acheteur l'obligation d'acquitter ces charges, s'il y avait lieu, en dehors du prix, il a été décidé que l'administrateur du desséchement, étant aux droits du vendeur, pouvait exercer le

privilège résultant de la vente, pour le montant desdites charges devenues exigibles (Rennes, 15 juill. 1854, et sur pourvoi, Req. 12 juin 1855, aff. Buchet-Bellanger, D. P. 55. 1. 314).

210. Le privilège s'étend également aux intérêts du prix (Rép. n° 420). Jusqu'à la loi du 17 juin 1893, qui a modifié l'art. 2151 c. civ., la jurisprudence décidait que la disposition de cet article, qui limitait à deux années et à l'année courante le montant des intérêts ou arrérages conservés par une inscription hypothécaire, ne devait pas être appliquée au privilège du vendeur (V. en ce sens, outre les arrêts et les auteurs cités au Rép. n° 422 et suiv., Req. 11 mai 1863, aff. Mignot, D. P. 64. 1. 191; Civ. cass. 30 juill. 1873, aff. Clouet, D. P. 74. 1. 106; Aubry et Rau, t. 3, § 285, p. 422, note 15; Colmet de Santerre, t. 9, n° 131 bis-XVII. — Contrà: Baudry-Lacantinerie, t. 3, n° 1400; Thézard, n° 279). Mais aujourd'hui, aux termes du nouvel art. 2151 c. civ., le vendeur n'a plus le droit d'être colloqué que pour trois années d'intérêts au même rang que le principal; il peut seulement prendre des inscriptions particulières pour les intérêts qui lui sont dus en sus des trois années garanties de plein droit (V. infrà, tit. 2, chap. 7, sect. 6, art. 1). Quant aux intérêts courus avant la promulgation de la nouvelle loi, un délai de six mois à partir de cette promulgation a été accordé aux créanciers pour leur conserver le même rang que le principal, en les faisant inscrire.

211. La jurisprudence considère aussi comme garantis par le privilège les frais et loyaux coûts du contrat, lorsqu'ils ont été avancés par le vendeur à la décharge de l'acheteur. Cette solution a été combattue au Rép. n° 424; mais elle a été consacrée par deux arrêts de la cour de cassation, qui ont fait cesser la controverse, au moins dans la pratique (V. Metz, 21 déc. 1859, aff. Demolon, D. P. 60. 2. 6; Civ. cass. 1er avr. 1863, aff. Fagnion, D. P. 63. 1. 184; 1er déc. 1863, aff. Nové, D. P. 63. 1. 450; Lyon, 23 mars 1865, aff. Chevret, D. P. 66. 5. 379; Nîmes, 14 déc. 1872, aff. Guérin, D. P. 73. 5. 380; Aubry et Rau, t. 3, § 263, p. 167, note 5; Colmet de Santerre, t. 9, n° 51 bis-IV; Baudry-Lacantinerie, t. 3, n° 1143; Thézard, n° 279; André, n° 294. — Contrà : Trib. d'Altkirch, 11 mars 1857, aff. Bourcard, D. P. 57. 3. 34; Trib. de Réthel, 5 août 1859, sous Metz, 21 déc. 1863, précité; Trib. de Châtellerault, 22 août 1860, sous Civ. cass. 1er avr. 1863 précité; Trib. de Saint-Quentin, 20 déc. 1861, sous Civ. cass. 1er déc. 1863, précité; Laurent, t. 30, n° 11 et suiv.).

212. En ce qui concerne les dommages-intérêts qui peuvent être dus au vendeur pour inexécution des charges stipulées au contrat, les auteurs décident généralement qu'ils ne sont pas compris dans le privilège. Ces dommages-intérêts dépendant de l'arbitraire du juge, il serait dangereux, dit-on, d'en faire subir le prélèvement aux créanciers qui ont dû compter sur l'exécution des charges en nature et qui n'ont pas été avertis du chiffre auquel la condamnation pourrait s'élever. Dans tous les cas, on ne peut pas considérer les dommages-intérêts dont il s'agit comme faisant partie du prix, auquel seulement le pri-

Attendu qu'on peut admettre, avec les premiers juges, recherchant la commune intention des parties, au lieu de s'arrêter au sens littéral des termes employés, qu'une garantie hypothécaire a été stipulée au profit de la donatrice; qu'on en trouve la preuve dans ce fait que les biens donnés doivent demeurer affectés et hypothéqués à la sûreté du service de la rente et des prestations; que l'addition du mot *par privilège* ne peut vicier ni détruire la convention spéciale constitutive d'un gage hypothécaire; — Mais attendu qu'il ne suffisait pas à la dame Charron de se prévaloir d'une hypothèque; qu'il faut encore, s'agissant d'une hypothèque conventionnelle, qu'elle en ait assuré l'efficacité vis-à-vis des tiers par une inscription; — Attendu, en effet que la publicité est l'un des éléments essentiels du régime hypothécaire, et que l'inscription sur les registres du conservateur est le seul moyen de rendre l'hypothèque publique dans tous les cas où le législateur n'a pas dispensé de l'accomplissement de cette formalité; qu'il est donc vrai de dire qu'en principe général et à l'égard des tiers les effets d'une hypothèque sont subordonnés à l'existence d'une inscription régulièrement prise en temps utile; — Or attendu que si la dame Charron a fait inscrire, le 1er août 1883, un privilège qu'elle disait résulter de l'acte de donation du 27 août 1882, elle n'a pas pris la même précaution pour l'hypothèque que ce

même contrat lui concédait; — Attendu que l'inscription dont il s'agit ne pouvait remplir le vœu de la loi; qu'elle révélait seulement aux tiers la prétention de la dame Charron à un privilège de donateur dont ils pouvaient apprécier l'inexistence légale lorsqu'ils auraient à traiter avec les donataires; qu'elle ne leur faisait pas connaître, au contraire, la constitution d'une hypothèque conventionnelle de nature à primer celles qui pourraient être plus tard consenties; — Attendu que l'art. 2113 c. civ. ne peut recevoir d'application dans la cause; que les privilèges soumis à l'inscription et tardivement inscrits dégénèrent en simples hypothèques lorsqu'ils s'appliquent à des créances réellement privilégiées, la loi faisant de l'existence même d'un pareil droit la condition de l'effet qu'elle attribue à une inscription qui ne s'est pas produite dans les délais; mais qu'on ne saurait admettre que l'inscription d'un privilège inexistant puisse suppléer à celle d'une hypothèque, en manifester l'existence et en procurer vis-à-vis des tiers les résultats utiles; qu'il résulte donc de tout ce qui précède que la demande de collocation de la dame Charron a été avec raison rejetée de l'ordre; qu'il est, par suite, sans intérêt d'examiner le mérite des conclusions prises pour régler les conditions et le sens de l'exercice d'un droit qui n'est pas reconnu; — Par ces motifs, confirme.
Du 22 juill. 1890.-C. de Bordeaux.

vilège (V. *Rép.* n° 424; Aubry et Rau, t. 3, § 263, p. 167; Laurent, t. 30, n° 14; Thézard, n° 279; André, n° 295. Comp. Bordeaux, 27 févr. 1829; *Rép.* n° 425). La plupart des auteurs refusent le bénéfice du privilège pour les dommages-intérêts, alors même qu'ils auraient été fixés d'avance et à forfait par une clause pénale insérée au contrat de vente. Cependant, suivant M. Thézard, *loc. cit.*, la somme ainsi déterminée à forfait devrait être considérée comme formant, conditionnellement au moins, une portion du prix et comme garantie, à ce titre, par le privilège.

Les dépens que le vendeur est obligé de faire pour obtenir le payement de son prix nous paraissent devoir être compris dans le privilège, comme accessoires de la créance. Cependant, M. Laurent, t. 30, n° 14, les assimile à des dommages-intérêts dus pour inexécution des charges de la vente, et il décide qu'ils ne sont pas privilégiés.

213. — III. Objet sur lequel porte le privilège du vendeur. — Le privilège du vendeur porte sur l'immeuble même qui a été vendu. Lorsque la vente a pour objet seulement une portion d'immeuble, le privilège se restreint à la portion vendue et ne frappe pas le surplus (*Rép.* n° 437; Aubry et Rau, t. 3, § 263, p. 168; Thézard, n° 281). Il a été jugé, en ce sens, que le cohéritier qui était propriétaire seulement d'un tiers de l'immeuble vendu n'a privilège que sur le tiers du prix obtenu par la revente de l'immeuble (Poitiers, 10 juill. 1889, aff. Rulleau, D. P. 90. 2. 183).

214. Si la vente a pour objet un usufruit, le privilège ne portera que sur l'usufruit de l'immeuble et s'éteindra avec cet usufruit. Mais lorsque l'usufruitier et le nu propriétaire s'entendent pour vendre ensemble l'immeuble, leur intention est ordinairement de vendre, non pas chacun séparément l'usufruit et la nue propriété, mais bien l'immeuble entier; par suite, chacun d'eux a privilège sur cet immeuble pour la part revenant à chacun dans le prix, et, dans ce cas, le privilège qui compète à l'usufruitier ne s'éteint pas avec l'usufruit (Paris, 19 juill. 1855, et sur pourvoi, Req. 16 avr. 1856, aff. De Roussy, D. P. 56. 1. 317). Si l'un seulement des deux vendeurs, l'usufruitier ou le nu propriétaire, est désintéressé, on peut se demander si le privilège de l'autre s'étendra à tout l'immeuble. M. Thézard, n° 281, décide que le privilège de l'usufruitier

demeurera restreint à une part de l'immeuble équivalente au prix de vente de l'usufruit, mais que le privilège du nu propriétaire, au contraire, portera sur tout l'immeuble, à raison de la consolidation opérée par la vente. Mais cette différence de traitement à l'égard des deux covendeurs ne nous paraît pas rationnelle; par l'effet de la réunion de la nue propriété et de l'usufruit, l'immeuble tout entier doit être considéré comme affecté à la garantie de chaque partie du prix.

215. Le privilège du vendeur d'un immeuble s'étend-il aux constructions ou améliorations provenant du fait de l'acquéreur, et notamment aux cheptels ou autres immeubles par destination établis sur l'immeuble par celui-ci? Non, d'après plusieurs auteurs. Ce serait, disent-ils, dépasser la cause sur laquelle repose le privilège que de l'étendre à des objets qui ne proviennent pas du vendeur et qui, unis seulement à l'immeuble par un lien fictif ou même matériel, en sont cependant parfaitement distincts (Pont, t. 1, n° 197; Aubry et Rau, t. 3, § 263, p. 410. V. aussi les arrêts cités au *Rép.* nos 435 et suiv.). Mais la jurisprudence se prononce en sens contraire : elle applique au privilège du vendeur la disposition de l'art. 2133, aux termes duquel l'hypothèque s'étend à toutes les améliorations de l'immeuble hypothéqué. Le privilège n'est autre chose en effet qu'une hypothèque jouissant d'un rang privilégié (En ce sens : Laurent, t. 30, n° 17; Thézard, n° 280; André, n° 296). Il a été jugé : 1° que le privilège du vendeur d'un immeuble frappe tout ce qui est incorporé à cet immeuble, et notamment les objets qui y ont été placés par le propriétaire pour l'exploitation du fonds; que, par conséquent, le vendeur d'un terrain sur lequel l'acquéreur a établi une usine peut exercer son privilège sur cette usine et sur le mobilier industriel qui y est immobilisé (Paris, 15 févr. 1866, et sur pourvoi, Req. 15 juill. 1867, aff. Syndic Detouche, D. P. 68. 1. 269); — 2° Que, le privilège du vendeur s'étendant comme l'hypothèque à tout ce qui est incorporé à l'immeuble vendu, le vendeur d'une usine peut, en cas de faillite de l'acquéreur, exiger que les machines établies par celui-ci et devenues immeubles par destination soient comprises dans l'adjudication de l'usine, poursuivie par le syndic (Colmar, 8 déc. 1868) (1); — Que le privilège du vendeur porte

---

(1) (Syndic Hodel C. Klein.) — Le sieur Klein a vendu, en octobre 1866, aux époux Hodel un établissement industriel comprenant une machine à vapeur de trente chevaux et cinquante-un métiers à tisser. L'acquéreur établit dans l'usine vingt-six nouveaux métiers, mais il fut déclaré en faillite le 10 janv. 1868. Le syndic de la faillite fit mettre l'usine en vente, sans comprendre dans la désignation insérée au cahier des charges les vingt-six nouveaux métiers établis par le failli. Le sieur Klein forma opposition à la vente et demanda que ces métiers fussent vendus avec l'immeuble, par le motif qu'ils étaient, comme les autres, grevés du privilège du vendeur. — Le 26 juill. 1868, le tribunal civil de Colmar statua en ces termes : « — ... Attendu qu'il faut, que le demandeur soutient c'est à tort que, d'après le cahier des charges de tissage mécanique Hodel est mis en vente sans y comprendre les vingt-six métiers que ce failli y a incorporés; — Que d'après la vente consentie entre ce dernier et le demandeur, en octobre 1866, et dont l'acte authentique n'a été dressé que le 19 oct. 1867, celui-ci a transmis aux conjoints Hodel la propriété d'un tissage avec une machine à trente chevaux, et le mobilier industriel servant à l'exploitation de l'établissement, consistant en cinquante et un métiers mécaniques; qu'il a été remarquer qu'on leur a cédé une transmission pour cent métiers, en prévision, par conséquent, des métiers qu'ils jugeaient à propos d'incorporer par suite à l'usine par eux acquise; — Que toutes les parties sont d'accord pour reconnaître que, le 10 janvier 1868, jour où le sieur Hodel est tombé en faillite, il avait déjà longtemps utilisé les avantages résultant pour lui présentant l'acquisition d'une transmission de cent métiers en incorporant au tissage par lui acquis vingt-six métiers mécaniques; — Qu'aux termes de l'art. 524 c. civ., les vingt-six métiers ayant été placés par le sieur Hodel, propriétaire de l'usine, pour le service et l'exploitation de son tissage mécanique, prenaient le caractère d'immeubles par destination, faisant partie intégrante et constitutive du fonds de l'usine, tant qu'ils n'en étaient pas détachés par le propriétaire et qu'il continuait à les employer au service et à l'exploitation de son établissement; — Qu'il est avéré dans la cause que, depuis le jour où le propriétaire, le sieur Hodel, a incorporé ces vingt-six métiers à son tissage mécanique, il n'a jamais cessé de les affecter à l'usage et à l'exploitation de son usine, et que son syndic, le défendeur, leur a conservé la même destination depuis la faillite, en les utilisant de la même ma-

nière, pour l'exploitation de son usine; — Que les art. 2103 et 2108 c. civ., conféraient au demandeur, non payé de son prix de vente, un privilège qui frappait sur l'intégrité de l'immeuble vendu, sur toutes les parties qui s'y trouvaient incorporées par la destination que le propriétaire leur avait assignée pour le service et l'exploitation de son usine; — Que non seulement ce droit lui était irrévocablement acquis en vertu de l'art. 524 précité, mais qu'il lui était encore attribué par l'art. 2114 c. civ., en ce que son privilège n'étant qu'une hypothèque préférentielle, participait de l'indivisibilité de toute hypothèque : *est tota in toto et tota in qualibet parte;* — Que son privilège portait ainsi sur les vingt-six métiers, comme ayant été incorporés par le propriétaire au fonds de son usine, dont ils formaient désormais une partie intégrante et indivisible au regard du créancier privilégié; — Qu'au surplus, telle est la jurisprudence de la cour suprême, notamment dans son arrêt du 18 nov. 1844 (D. P. 45. 1. 55); — Que vainement on prétend que le créancier s'enrichirait ainsi aux dépens de son acquéreur; que cette critique, si elle était fondée, remonterait directement au législateur de l'art. 2133 qui dispose que l'hypothèque acquise s'étend à toutes les améliorations survenues à l'immeuble hypothéqué; — Que, pour répondre à cette objection, il suffit de permettre que l'expérience prouve que le gage hypothécaire ou privilège du créancier vient presque toujours à diminuer sensiblement, et même le plus souvent par le fait personnel, c'est l'effet d'une chance aléatoire très rare et par le résultat d'une juste et équitable compensation; que le demandeur est donc fondé dans la modification qu'il entend introduire dans le cahier des charges, et que c'est au syndic à s'imputer le retard apporté à la vente et les frais de nouvelles affiches et insertions nécessitées par son cahier des charges portant atteinte au privilège du demandeur; — Par ces motifs, ordonne que les vingt-six métiers incorporés par le failli et prétérits par le syndic seront vendus à l'instar des autres métiers ». —

Appel par le syndic. Les parties ont reproduit devant la cour les moyens déjà présentés en première instance. En outre, Klein opposait à l'appel du syndic un moyen de nullité tiré de ce que

sur les constructions incorporées à l'immeuble par l'acquéreur (Bordeaux, 28 avr. 1873, aff. Robert, D. P. 74. 2. 57).

216. Depuis la loi du 7 févr. 1889, le vendeur d'un immeuble peut exercer son privilège sur l'indemnité d'assurance due à l'acquéreur, en cas de sinistre, et sur les dommages-intérêts dus par le locataire ou par le voisin, par application des art. 1733 et 1382 c. civ. (V. *infrà*, tit. 2, chap. 3, sect. 4, art. 2).

217. En cas d'expropriation pour cause d'utilité publique de l'immeuble vendu, le privilège du vendeur s'exerce aussi sur l'indemnité allouée à l'acquéreur, pourvu que ce privilège soit inscrit dans le délai fixé par la loi (V. *suprà*, v° *Expropriation pour cause d'utilité publique*, n° 232). Mais l'indemnité allouée au propriétaire d'un immeuble démoli par ordre de l'autorité militaire, en cas de guerre, n'a pas le caractère d'une indemnité d'expropriation et, par suite, ne doit pas être attribuée par préférence au vendeur de l'immeuble, alors d'ailleurs que l'État n'a acquis aucune partie de cet immeuble et que le sol et les matériaux des constructions démolies sont restés au propriétaire (Paris, 18 août 1876, et sur pourvoi, Req. 12 mars 1877, aff. Cunningham, D. P. 77. 1. 97).

218. Aux termes de l'art. 2103-1°, § 2, « s'il y a plusieurs ventes successives dont le prix soit dû en tout ou en partie, le premier vendeur est préféré au second, le deuxième au troisième, et ainsi de suite ». Il faut toutefois que le privilège de chaque vendeur ait été conservé (V. *infrà*, n° 341).

Art. 2. — *Privilège des cohéritiers ou autres copartageants*
(*Rép.* n°* 440 à 455).

219. — **I. Qui a droit au privilège.** — Le privilège que l'art. 2103-3° accorde expressément aux cohéritiers appartient également, comme on l'a dit au *Rép.* n° 441, à tout

La cour; — ... Sur le défaut de qualité opposé à Klein par le syndic et sur le fond de la cause; — ...Adoptant les motifs des premiers juges, et considérant au surplus que l'immeuble vendu par Klein à Hodel, le 19 oct. 1867, était en vertu d'une clause formelle du contrat authentique, spécialement hypothéqué pour sûreté du prix, jusqu'à parfait payement, et que le contrat a été transcrit au bureau des hypothèques, le 9 novembre suivant, avec inscription d'office;
Confirme, etc.
Du 8 déc. 1868.-C. de Colmar, 1re ch.-MM. Hennau, pr.-de Langardière, 1er av. gén.-Sée et Simottel, av.

(1) (Bollon *C.* époux Coste.) — Dans un acte de partage, passé entre les héritiers Dufour, le 30 mai 1845, la dame Coste, née Dufour, représentée par son mari, a cédé à Louis Dufour, son frère, tous ses droits successifs, moyennant le prix de 8,000 fr. Louis Dufour fut exproprié avant d'avoir payé la totalité de ce prix. Dans l'ordre ouvert à la suite de l'expropriation, les époux Coste ont demandé à être colloqués pour le solde de leur créance, en vertu du privilège de vendeur qu'ils prétendaient résulter pour eux de la cession de droits successifs consentie dans le partage de 1845. Le juge-commissaire admit leur prétention et les colloqua avant le sieur Bollon, créancier hypothécaire inscrit. Celui-ci contesta cette collocation, en soutenant que les époux Coste n'avaient droit qu'au privilège de copartageant, et que, n'ayant pas pris inscription dans les soixante jours de l'acte de partage, ils ne pouvaient être colloqués qu'à la date de leur inscription, qui était postérieure à la sienne. — Le 28 nov. 1864, jugement qui maintient la collocation du juge-commissaire.
Appel par Bollon.
La cour; — Attendu qu'aux termes, de l'art. 888 c. civ., tout acte faisant cesser l'indivision entre cohéritiers, qu'il ait été qualifié de partage, de vente, de transaction ou de tout autre titre, est sujet à la rescision pour cause de lésion de plus du quart; — Qu'il résulte de cette disposition qu'aux yeux de la loi une vente de droits successifs faite dans les conditions qu'elle a déterminées, est un véritable partage, dans le sens absolu de cette qualification; — Attendu qu'à ce point de vue, et spécialement eu égard aux stipulations que contient l'acte du 20 mai 1845 qui fait le sujet du litige, cet acte doit être considéré comme étant de sa nature un acte de partage, soit dans la partie qui concerne Dufour Louis, et Dufour Jacques, soit dans celle qui porte une cession de droits successifs faite par Victor Coste au nom de sa femme et en vertu de son contrat de mariage, au profit de Victor Louis, moyennant la somme de 8000 fr.; le

copartageant ou colicitant d'un ou plusieurs immeubles indivis (V. Toulouse, 20 mai 1881, *infrà*, n° 379; Aubry et Rau, t. 3, § 263, p. 170, note 18; Colmet de Santerre, t. 9, n° 55 *bis*-I; Baudry-Lacantinerie, t. 3, n° 1147; Thézard, n° 285).

Le privilège a lieu dans les partages d'ascendants, tout aussi bien que dans les partages faits après décès entre cohéritiers (*Rép.* n° 442; Aubry et Rau, t. 3, § 263, p. 171; Baudry-Lacantinerie, t. 3, n° 1147. V. toutefois, *infrà*, n° 229).

Toute opération qui équivaut à partage, alors même que les parties ne lui auraient pas donné ce nom, engendre, d'ailleurs, le privilège. Ainsi, la cession de droits successifs, lorsqu'elle fait cesser l'indivision d'une manière absolue, confère au cédant le privilège du copartageant, et non le privilège du vendeur, sur les immeubles de la succession (Bourges, 26 janv. 1844, aff. Goussot, D. P. 45. 2. 130; Civ. rej. 10 nov. 1862, aff. Faisse, D. P. 62. 1. 470; Nîmes, 22 août 1865 (1); Paris, 4 févr. 1892, aff. Thomas, D.P. 92. 2. 145; Aubry et Rau, t. 3, § 263, p. 171; Baudry-Lacantinerie, t. 3, n° 1147; Thézard, n° 285. V. au surplus, *infrà*, v° *Succession*; — *Rép.* eod. v°, n° 2128 et suiv.). Il a pourtant été jugé, mais à tort, croyons-nous, que la cession de droits successifs, même dans le cas où elle fait cesser toute indivision, peut engendrer le privilège du vendeur lorsque les parties l'ont considérée comme une vente (Riom, 13 juin 1846, aff. Chautard, D. P. 47. 2. 103; Req. 25 juin 1845, aff. Prothon et aff. Bonnefoy, D.P. 45. 1. 376). — Mais l'acte par lequel un cohéritier cède ses droits à un ou plusieurs de ses cohéritiers constitue une vente, d'où résulte pour le cédant le privilège du vendeur, si l'indivision continue de subsister entre quelques-uns des cohéritiers (Toulouse, 2 janv. 1847, aff. Besse, D. P. 47. 2. 103; Lyon, 29 juill. 1853, aff. Georges, D.P. 54. 2. 236; Alger, 4 avr. 1877 (2). V. aussi en ce

quart passif de la succession demeurant à la charge des cédants; — Attendu que l'acte dont il s'agit ne conférant donc aux mariés Coste qu'un droit de copartageant, les mariés Coste auraient dû faire inscrire leur privilège en cette qualité dans les soixante jours aux termes de l'art. 2109 c. civ.; qu'ils n'ont pu prendre une inscription utile pour conférer le privilège du vendeur, qui ne leur appartenait point, sur les immeubles de Dufour Louis; — Que cette inscription ne vaut que comme inscription hypothécaire ayant ses effets à partir de sa date seulement vis-à-vis des tiers; qu'elle est conséquemment primée par l'inscription Bollon, qui est d'une date antérieure; — Que c'est donc à tort que le juge-commissaire a alloué aux mariés Coste, dans l'ordre ouvert pour la distribution du prix des biens de Dufour, comme ayant un privilège de vendeur en force de l'acte du 20 mars 1845 ; que c'est à tort aussi que les premiers juges ont maintenu cette allocation par leur jugement; qu'il y a lieu de la réformer sur ce point... — Par ces motifs, déclare que l'inscription prise par les mariés Coste à la date du 15 déc. 1862, sur les biens de Dufour Louis, ne vaut que comme inscription hypothécaire n'ayant d'effet et ne donnant de rang que du jour de sa date ; ce faisant, accueille la collocation faite par le juge-commissaire et sanctionnée par les premiers juges; Ordonne en conséquence que Bollon primera dans l'ordre les mariés Coste, etc.
Du 22 août 1865.-C. de Nîmes, 3e ch.-MM. Liquier, pr.-Faudon, subst.-Ferd. Boyer et Redorès, av.

(2) (Sgitcovich *C.* Manégat.) — La cour; — Attendu que, pour l'appréciation du litige soumis à la cour, il importe de rappeler les faits suivants : — Que, par acte authentique du 14 nov. 1855, Antoine Sgitcovich a cédé à la veuve Sgitcovich les droits qui lui compétaient dans les successions de Nicolas Sgitcovich, de Lucie Berardi et d'Antoinette Sgitcovich; que par arrêt définitif du 27 juin 1868 sur l'action en rescision pour cause de lésion formée par Antoine Sgitcovich, la cour de céans a fixé à 27 000 fr. le supplément à fournir par le cohéritier cessionnaire; que, le 22 juill. 1869, Antoine Sgitcovich, voulant parer à toutes les éventualités, faisait transcrire l'arrêt de 1868 pour la conservation du privilège de vendeur, et prenait, le même jour, inscription de privilège de copartageant ; que, par acte authentique du 5 mai 1869, Antoine Sgitcovich cédait au sieur Manégat la créance de 27 000 fr. qu'il avait contre les époux Daudé ; qu'enfin, le 8 sept. 1869, Dominique Sgitcovich, l'un des cohéritiers, se rendait adjudicataire, sur licitation, de la plus grande partie des immeubles dépendant des successions, pour le prix de 90 625 fr.; qu'après cette licitation, une instance en liquidation a été ouverte, dans laquelle Manégat est intervenu en qualité de créancier ; que, par jugement du 27 oct. 1874, aujourd'hui passé en force de chose jugée, le tribunal d'Oran a admis l'interven-

sens les auteurs précités. — *Contrà :* Montpellier, 21 déc. 1844, aff. Miquel, D. P. 45. 2. 130; Pau, 15 déc. 1890, aff. Lagleize, D. P. 92. 2. 120).

220. Le privilège des cohéritiers ou copartageants, étant un privilège sur les immeubles, ne saurait prendre naissance par suite du partage d'un meuble ou d'une masse indivise ne comprenant que des meubles (Baudry-Lacantinerie, t. 3, n° 1147).

221. L'héritier qui a renoncé à la succession, et qui ensuite s'est fait restituer contre sa renonciation, ne peut se prévaloir du privilège de copartageant à l'effet de primer les hypothèques établies par le détenteur légal des immeubles héréditaires au profit de tiers qui ont contracté sous la foi de cette renonciation; il est, en effet, tenu de respecter les droits acquis par des tiers dans l'intervalle où il a pu être considéré comme renonçant (Grenoble, 17 juin 1878, et sur pourvoi, Req. 13 nov. 1879, aff. Baudran, D. P. 80. 1. 68).

De même, et à plus forte raison, lorsque deux copropriétaires d'un immeuble indivis ont conjointement hypothéqué cet immeuble pour sûreté d'une dette solidaire entre eux, et qu'ensuite l'un d'eux a cédé ses droits à l'autre, le privilège de colicitant qui appartient au premier pour le prix de la cession ne peut être exercé par lui ou par un tiers auquel il l'a transmis, au préjudice du créancier hypothécaire (Limoges, 22 nov. 1862, aff. Marchandon, D. P. 63. 2. 15).

222. Si le copartageant auquel un immeuble indivis a été adjugé sur licitation avait l'usufruit de cet immeuble et s'il a droit, par suite, à l'usufruit du prix, l'immeuble reste-t-il grevé du privilège de copartageant au profit des colicitants nu propriétaires, pour la garantie de leur part dans le prix jusqu'à la cessation de l'usufruit? Cette question se présente ordinairement en pratique lorsqu'un époux survivant, donataire ou légataire de l'usufruit de la succession de son conjoint, se porte adjudicataire d'un immeuble dépendant de la communauté ayant existé entre les deux époux. L'époux adjudicataire conserve alors comme usufruitier la part du prix qui revient aux héritiers de l'époux prédécédé. Dans cette hypothèse, a-t-on dit, l'époux survi-

vant, se trouvant à la fois créancier et débiteur du prix de l'adjudication, sa dette s'éteint par confusion *ipso jure*, en même temps qu'il est constitué débiteur du montant de ce prix à un autre titre, à titre d'usufruitier. Par suite, le privilège de copartageant disparaît à l'instant où s'opère cette confusion légale (Thézard, *Revue critique de législation*, 1888, p. 210). — On pourrait objecter contre ce système que l'époux adjudicataire reste débiteur envers ses colicitants pour le temps où son usufruit cessera; au lieu de leur part de nue propriété dans l'immeuble, les colicitants ont acquis la nue propriété d'une créance contre l'époux; or, rien ne s'oppose à ce que cette créance reste garantie par le privilège portant sur la nue propriété de l'immeuble, acquise par l'époux.

Quoi qu'il en soit, plusieurs arrêts ont admis qu'en pareil cas l'extinction du privilège résulte de l'attribution faite à l'adjudicataire, dans la liquidation qui intervient entre lui et ses copartageants, de l'usufruit du prix dont il est débiteur. Par cette attribution, faite sans réserve du privilège, il y a, d'après la cour de cassation, novation de la dette et, par suite, extinction du privilège (V. *suprà*, v° *Obligations.* n°s 979) et suiv.; et spécialement, Civ. cass. 9 août 1882, aff. Poullain, D. P. 83. 1. 134; Req. 15 nov. 1886, aff. Brassy, D. P. 87. 1. 499; Civ. cass. 9 déc. 1891, aff. Rabourdin, D. P. 92. 1. 68. V. aussi *infrà*, n° 481). Il a encore été jugé, en ce sens, que la veuve donataire d'une partie des biens dépendant de la succession de son mari et usufruitière dispensée de caution et d'emploi, qui s'est rendue adjudicataire sur licitation d'un immeuble de la succession, et à qui attribution a été faite, dans l'acte de liquidation intervenu entre elle et son fils, héritier de son mari, d'une partie du prix de licitation en usufruit, détient la somme à elle attribuée, non plus comme débitrice, mais comme usufruitière; qu'en conséquence, elle a le droit de faire prononcer la mainlevée de l'inscription du privilège de copartageant, prise contre elle au profit de son fils après la liquidation, ainsi que de toute mention de subrogation prise en marge de cette inscription par les cessionnaires du fils (Trib. civ. Seine, 7 nov. 1891) (1).

223. Le privilège de l'héritier copartageant ne doit pas

---

tion de Manégat et fait attribution à ce dernier, sous la réserve des droits de Dominique Sgitcovich, de la part dévolue à la dame Daudé; que la question est maintenant de savoir si Manégat, cessionnaire d'Antoine Sgitcovich, est fondé à réclamer le payement de sa créance sur le prix de la licitation et à quel titre; qu'il invoque, en premier lieu, le privilège de copartageant qu'il prétend être attaché à la cession de droits successifs, consentie, en 1855, par Antoine Sgitcovich à la veuve Sgitcovich; — Attendu que la cession de droits successifs, par un cohéritier à l'un de ses cohéritiers, ne saurait être considérée comme un partage; qu'en effet, le partage est l'acte qui met fin à l'indivision; que la doctrine et la jurisprudence sont, il est vrai, divisées sur le point de savoir si la cessation de l'indivision doit avoir lieu à l'égard de tous les héritiers ou à l'égard de quelques-uns d'entre eux pour que l'acte puisse être qualifié partage; que, sans trancher en thèse cette question délicate, il est à remarquer que, dans l'espèce, la vente de droits successifs, intervenue en 1855 entre deux cohéritiers, laissait en dehors le troisième et, par suite, ne faisait vraiment cesser l'indivision à l'égard de personne; qu'il y avait toujours nécessité de composer trois lots, bien qu'il n'y eût plus que deux copartageants, puisque l'un de ces derniers venait à la fois de son chef et du chef du cohéritier dont il était exclusivement cessionnaire; — Attendu, au surplus, qu'il y a sur ce point chose jugée par l'arrêt du 3 janv. 1874; qu'à cette époque Manégat, se prévalant du privilège de copartageant, avait sommé l'adjudicataire de payer ou de délaisser et avait fait procéder à une saisie immobilière; que le tribunal d'Oran, d'abord, et la cour d'Alger, ensuite, ont formellement décidé que Manégat n'avait pas le privilège de copartageant et qu'il avait indûment, à ce titre, fait procéder à des actes d'exécution; que c'est donc à bon droit que les premiers juges ont accueilli la prétention identique de Manégat l'exception de chose jugée; — Attendu que Manégat fonde, en deuxième lieu, sa demande sur le privilège de vendeur qui appartient à son cédant, dont il exerce les droits; — Attendu que Dominique Sgitcovich soutient que, cohéritier devenu adjudicataire sur licitation, il est censé, aux termes de l'art. 883 du C. civ., avoir succédé seul et immédiatement aux immeubles à lui échus sur licitation; que, par l'effet de la même fiction légale, Antoine Sgitcovich est censé n'avoir jamais eu la propriété desdits immeubles, et qu'il n'a pu conséquemment les grever d'aucune affectation privilégiée ou hypothécaire; que la rétroactivité du partage efface l'indivision et tous les actes qui

ont pu se placer dans cette période; — Attendu que c'est là une manifeste exagération de l'effet déclaratif du partage; que la fiction, ainsi étendue non seulement aux effets de la succession, mais au prix en provenant, appliquée non seulement aux rapports des cohéritiers entre eux ou avec les créanciers d'un cohéritier, mais encore aux rapports des créanciers des cohéritiers, éteignant non seulement le droit de suite sur l'immeuble dépendant de la succession, mais encore le droit de préférence sur le prix de la licitation, aurait pour résultat de détourner l'art. 883 du sens indiqué par son origine historique, encore aujourd'hui hautement attesté par son texte et par son esprit; que la rétroactivité du partage, idée ingénieuse et féconde de nos légistes, n'a d'autre but que d'assurer la sécurité du partage et la stabilité de la propriété dans les mains des copartageants; que, dans la cause, Dominique Sgitcovich, adjudicataire, n'est menacé d'aucune éviction, et qu'on lui demande uniquement de payer son prix d'adjudication; que, lorsqu'il conteste à Manégat le privilège de vendeur, et qu'il oppose la créance qu'il a lui-même contre les époux Daudé, il n'agit plus comme un cohéritier pouvant se couvrir contre son cohéritier ou les créanciers de celui-ci de la fiction de l'art. 883, mais bien comme le créancier d'un cohéritier en lutte avec un autre créancier du même cohéritier; que l'art. 883 n'est pas fait pour régler un pareil conflit; — Par ces motifs, sans s'arrêter aux fins et conclusions de l'appelant, rejette l'appel, etc.

Du 4 avr. 1877.-C. d'Alger.-MM. Bazot, 1er pr.-Piette, av. gén.-Dszinière, Mallarmé et Chéronnet, av.

(1) (Veuve Berthellemy C. Drouard et autres.) — LE TRIBUNAL; — Attendu qu'à la suite du décès de Jean-Adolphe Berthellemy, un jugement du 12 mars 1889 a ordonné le partage de la communauté ayant existé entre lui et sa veuve et la succession, et préalablement la licitation des immeubles indivis et impartageables en nature; que la veuve Berthellemy s'est rendue adjudicataire de l'immeuble sis rue d'Enghien, 42, dépendant de la succession; que, dans le partage qui a suivi, il lui a été fait attribution, pour la remplir de ses droits dans ladite succession, notamment comme usufruitière dispensée de caution et d'emploi, d'une somme de 160 589 fr. 07 cent., à prendre sur le prix par elle dû, et que la nue propriété de cette même somme, à concurrence de 50 000 fr., à été attribuée à André Berthellemy son fils, héritier du *de cujus*; — Attendu que, pour sûreté de cette somme de 50 000 fr. en nue propriété à prendre sur le prix dû

être confondu avec le droit de prélèvement qu'un cohéritier peut exercer sur les biens héréditaires à l'encontre de son cohéritier qui est débiteur de la succession et qui est tenu au rapport de ce qu'il doit. Si l'on suppose, par exemple, qu'un cohéritier se trouve débiteur envers la succession d'une somme supérieure à sa part héréditaire, comme il doit le rapport de cette somme (c. civ., art. 829), il est par cela même nanti d'avance du montant de ses droits, et, par suite, le surplus de la succession reste à ses cohéritiers, qui doivent être réputés avoir succédé seuls aux biens qu'ils recueillent (c. civ. art. 883). Il en résulte que les inscriptions qui seraient prises sur ces biens par les créanciers du cohéritier débiteur ne peuvent produire aucun effet (Civ. rej. 29 mars 1892, aff. Cohen et Bidault, D. P. 93. 1. 168). Mais, pour écarter ces créanciers, les autres cohéritiers n'ont pas besoin d'invoquer le privilège du copartageant, et il n'y a pas à se préoccuper de savoir s'ils ont ou non conservé ce privilège. Leur droit de préférence est alors la conséquence des principes sur le rapport des dettes et sur l'effet déclaratif du partage.

224. — II. CRÉANCES GARANTIES PAR LE PRIVILÈGE DES COPARTAGEANTS. — Les créances garanties sont, d'après l'art. 2103-3°: 1° la créance de garantie du partage; 2° les soultes ou retours de lots; et 3°, d'après l'art. 2109, le prix de licitation ou le prix de cession amiable, lorsque la cession a fait cesser complètement l'indivision (*Rép.* n° 444).

225. — 1° *Créance de garantie du partage.* — Le privilège est d'abord attaché, comme on l'explique au *Rép.* n° 445, à l'action en garantie que le cohéritier ou copartageant peut exercer contre chacun de ses cohéritiers, en proportion de sa part héréditaire, pour tous troubles ou évictions procédant d'une cause antérieure au partage (Comp. Rouen, 4 mars 1863, et sur pourvoi, Req. 24 déc. 1866, aff. Syndic Delaunay, D. P. 67. 1. 241).

226. Le privilège attaché à la garantie des créances mises au lot d'un des copartageants comme à la garantie de tous les autres biens partagés (*Rép.* n° 446). Toutefois, il ne peut être invoqué, en cas d'insolvabilité du débiteur d'une créance, que si cette insolvabilité est antérieure au partage, car les copartageants ne sont pas garants, à moins de convention spéciale, de l'insolvabilité qui survient postérieurement au partage. Il a été jugé que, lorsqu'un mari survivant a pris à sa charge et dans son lot, dans le partage de la communauté, une créance de celle-ci sur l'un de ses enfants, au lieu de se faire payer, comme il le pouvait, par voie de rapport et de prélèvement, de sa part de cet enfant dans l'actif, l'insolvabilité de l'enfant débiteur, survenue après le partage, ne permet pas au mari ou à ses héritiers d'invoquer le privilège du copartageant sur les immeubles qui provenaient à l'enfant de la communauté partagée

par sa mère, André Berthellemy a pris, à la date du 7 juill. 1890, une inscription de privilège de copartageant, dans laquelle il a ultérieurement subrogé Drouard, Auger et Allourd; — Attendu que la veuve Berthellemy est fondée de demander la mainlevée ou la radiation de cette inscription; qu'en effet, si les art. 2103, § 3, et 2109 accordent au cohéritier ou copartageant un privilège sur les immeubles de la succession pour la garantie des partages, et spécialement sur le prix licité de la licitation, et s'ils l'autorisent à le conserver par voie d'inscription, il est d'autre part constant que, conformément à la règle générale édictée par l'art. 2180 c. civ., ce privilège s'éteint par l'extinction de l'obligation principale dont il avait pour but d'assurer l'exécution; — Attendu qu'aux termes d'une clause expresse de l'acte de partage, les attributions faites à la veuve Berthellemy des sommes par elles dues et figurant aux masses actives des communauté et succession ont eu pour effet de la libérer de ces mêmes sommes jusqu'à due concurrence; que l'acte liquidatif, approuvé par les parties majeures, a dû en outre être homologué, à raison de l'état de minorité d'André Berthellemy, et l'a été en effet par jugement du 28 mai 1889, passé en force de chose jugée; que la dame Berthellemy est donc bien et définitivement libérée de son prix; que, d'autre part, André Berthellemy est complètement rempli de ses droits sur la part lui revenant dans ce prix par l'attribution qui lui a été faite de la nue propriété de cette part grevée de l'usufruit de sa mère; que si celleci n'a pas matériellement payé cette part à André Berthellemy et si celui-ci ne l'a point touchée, c'est là une conséquence de la nature des droits respectifs que le partage attribue à chacun d'eux sur la somme de 50 000 fr.; qu'elle est en effet demeurée aux mains de l'usufruitière pendant toute la durée de sa jouis-

(Besançon, 2 août 1864, aff. Héritiers Bourny, D. P. 64. 2. 196).

227. Le privilège s'applique aussi à la garantie de toutes les prestations que les copartageants se doivent en vertu du partage et sans lesquelles l'égalité voulue par la loi serait rompue. Par conséquent, un cohéritier soumis au rapport est redevable des fruits ou intérêts de la chose rapportable, la créance de ses cohéritiers pour ces fruits et intérêts est garantie par le privilège (Riom, 3 juill. 1829; Req. 11 août 1830, *Rép.* n° 448; Aubry et Rau, t. 3, § 263, p. 172; Martou, t. 2, n° 578; Thézard, n° 286. — *Contrà:* Toulouse, 9 juin 1824; Aix, 12 juill. 1826; Pau, 28 juill. 1828, *Rép.* n° 448).

228. Le privilège s'applique encore au recours du copartageant qui, par une cause quelconque, se voit obligé de payer une dette commune au delà de la part pour laquelle il doit y contribuer, ou qui est recherché pour le payement de dettes que le partage avait mises à la charge d'un autre copartageant (*Rép.* n° 449; Aubry et Rau, t. 3, § 263, p. 172). Ainsi, lorsqu'une somme à prendre sur le prix d'un immeuble dépendant de la masse à partager a été attribuée à l'un des copartageants à charge de payer certaines dettes, les autres copartageants qui ont été obligés de payer ces dettes peuvent exercer leur privilège sur la part du prix qui formait l'attribution de leur copartageant, si d'ailleurs ils ont conservé ce privilège par une inscription prise en temps utile (Paris, 2 févr. 1884, aff. Barré, D. P. 85. 2. 39).

229. Mais lorsque le partage comprend deux masses de biens d'origines différentes, lorsque, par exemple, des enfants ont réuni dans un même partage les biens provenant de la succession du père et ceux qui leur ont été abandonnés par la mère survivante, le privilège de l'art. 2103-3° n'affecte les immeubles de la première masse ou de la succession que pour la garantie du partage de cette succession, et si l'abandon de la mère a été fait sous la condition que les donataires acquitteraient les dettes contractées par elle depuis le décès de son mari, la créance de garantie dont les copartageants sont tenus réciproquement pour l'exécution de cette clause n'est pas privilégiée sur les immeubles héréditaires; ces immeubles, en effet, ont pu être grevés d'hypothèques du chef de l'un des cohéritiers avant l'abandon de la mère, et le privilège résultant du partage des biens abandonnés n'est pas opposable aux créanciers inscrits sur les immeubles de la succession (Civ. cass. 6 avr., *alias* 5 avr. 1884, aff. Subra, D. P. 81. 1. 358).

230. — 2° *Soultes et retours de lots.* — Le privilège établi par l'art. 2103-3° garantit, en second lieu, les soultes et retours de lots (*Rép.* n° 450). Il a été jugé qu'on ne doit pas considérer comme une soulte, garantie par le privilège des copartageants, la charge imposée, dans un partage de suc-

sance; qu'ainsi, par l'effet même desdites attributions, il y a eu interversion de titre entre les mains de la veuve Berthellemy, qui détient cette même somme non plus comme débitrice du prix de l'immeuble licité, dont le partage homologué lui a donné quittance, mais comme usufruitière dispensée de caution et d'emploi; — Attendu que les obligations qui lui incombent en cette qualité vis-à-vis du nu propriétaire ont un caractère tout différent et purement chirographaire; qu'elles ne sont garanties par aucun privilège; que, le partage étant consommé, et le prix de licitation ayant cessé d'être dû par l'effet des attributions acceptées et homologuées, le privilège destiné à assurer l'exécution du partage et le payement du prix n'avait plus de raison d'être ni de cause légale dès avant le jour où il a été inscrit; que cette inscription n'aurait donc pas dû être prise et doit en tous cas disparaître comme grevant à tort les biens de la veuve Berthellemy; — Mais attendu que ladite demanderesse ne justifie pas d'un préjudice autre que celui qui sera réparé par la condamnation des défendeurs aux dépens; que, s'il y a eu faute de la part d'André Berthellemy, il n'apparaît pas que les autres défendeurs, en se faisant subroger dans l'inscription, aient eux-mêmes commis une faute qui puisse créer entre eux un lien de solidarité; — Par ces motifs; — Fait mainlevée pure et simple, entière et définitive de l'inscription de copartageant prise au profit du sieur André Berthellemy, au premier bureau des hypothèques de la Seine, le 7 juill. 1890, vol. 1543, n° 20, ainsi que de toute mention de subrogation et autres qu'elle comporte, notamment de celle profitant à MM. François Drouard, Lami, etc.

Du 7 nov. 1891.-Trib. civ. de la Seine, 2e ch.-MM. Thureau, pr.-Lacoin et Raoul Rousset, av.

cession, au cohéritier dans le lot duquel est tombé un fonds grevé d'une servitude de prise d'eau, de faire les réparations nécessaires à l'exercice de cette servitude. Cette charge, d'après la cour de cassation, étant, comme accessoire de la servitude, inhérente au fonds servant, le suivant dans quelques mains qu'il passe, ne peut être confondue avec les obligations ordinaires pour soulte et retour de lots qui naissent d'un partage et auxquelles le privilège est attaché (Lyon, 24 févr. 1858, et sur pourvoi, Civ. rej. 7 mars 1859, aff. d'Aubigny, D. P. 59. 1. 157). M. Laurent, t. 30, n° 29, conteste cette solution : « La charge imposée au propriétaire du fonds servant, dit-il, est certainement personnelle dans son principe ; donc il y a une créance, et par conséquent une soulte. Qu'importe que la loi imprime à cette créance un caractère de réalité, en imposant la dette à tout détenteur de l'héritage? Cela n'empêche pas qu'il y ait un droit au profit du propriétaire du fonds dominant, résultant du partage, contre l'héritier qui a dans son lot l'héritage servant et contre ses ayants cause. Or, d'après le texte, il suffit qu'il y ait un droit ; c'est restreindre la loi que de la limiter à une créance purement personnelle ». Mais ce raisonnement ne nous paraît pas exact. Le propriétaire du fonds dominant ne peut avoir à la fois un droit réel de servitude et un privilège, autre droit réel, pour la garantie du premier. Si là où il s'agit est réelle, elle ne peut constituer une créance privilégiée.

231. — 3° *Prix de licitation.* — Le privilège des copartageants garantit encore le prix de la licitation, lorsque l'immeuble licité a été adjugé à l'un des colicitants (*Rép.* n° 453). Au prix de la licitation, il faut assimiler le prix de la cession faite à l'un des copropriétaires, lorsqu'elle a mis fin à l'indivision (V. *suprà*, n° 219).

232. Le privilège garantirait aussi le supplément de prix moyennant lequel des colicitants auraient renoncé à une demande en nullité de la licitation pour cause de lésion de plus du quart (Comp. en ce sens, Civ. cass. 30 juill. 1873, aff. Epoux Clouet, D. P. 74. 1. 106).

233. Mais par le prix de la licitation, il faut entendre seulement, comme on l'a dit au *Rép.* n° 454, la portion du prix afférente à ceux des colicitants qui ne sont pas adjudicataires. Les colicitants n'ont aucun droit à la part du prix qui représente les droits de l'adjudicataire dans l'immeuble, puisqu'il s'éteint par confusion sur la tête de l'adjudicataire, et par conséquent le privilège ne s'y applique pas. Il a pourtant été jugé, mais à tort, que des copartageants peuvent obtenir collocation sur le prix d'un immeuble licité, puis revendu à un tiers par l'adjudicataire sur licitation, jusqu'à concurrence de la totalité du prix de licitation, et non pas seulement pour la part de ce prix à laquelle ils ont droit (Paris, 4 févr. 1892, aff. Thomas, D. P. 92. 2. 145. V. en sens contraire, la note de M. Garsonnet, *ibid.*).

234. Il peut être stipulé dans une adjudication sur licitation que, si l'un des colicitants, devenu adjudicataire, ne satisfait pas aux conditions de l'adjudication, il sera soumis à la revente sur folle enchère (V. Req. 2 janv. 1884, aff. Jacquin, D. P. 84. 1. 315). Lorsque cette hypothèse se produit, il y a lieu de se demander si l'étendue du privilège des colicitants pour leur part dans le prix est fixée par le prix de la première adjudication ou par celui de la seconde. Un arrêt, qui a été cité au *Rép.* n° 455, a décidé que les colicitants n'ont privilège que pour leur part revenant dans le prix de la seconde adjudication (Rouen, 30 déc. 1850, aff. Boullard, D. P. 51. 2, 246). Mais cette solution est contestée par plusieurs auteurs, surtout depuis la loi du 21 mai 1858. L'art. 779 c. proc. civ., modifié par cette loi, suppose, suivant eux, que la folle enchère, tout en substituant un second adjudicataire au premier, laisse cependant subsister l'adjudication originaire, avec tous les droits qu'elle avait conférés aux parties intéressées (Aubry et Rau, t. 3, § 263, p. 174, note 19 ; Thézard, n° 286). L'opinion de ces auteurs nous paraît néanmoins très douteuse, et nous nous rangerions plus volontiers à la solution adoptée par l'arrêt précité. Il est vrai que le fol enchérisseur reste tenu vis-à-vis de ses colicitants de la totalité du prix de son adjudication ; mais le fait par lui d'avoir porté l'immeuble à un prix exagéré ne doit pas procurer à ses colicitants un bénéfice au détriment de ses propres créanciers hypothécaires, et c'est

pourtant le résultat qui se produira si l'on accorde aux colicitants un privilège aussi étendu que le prix de la première adjudication. A notre avis, le privilège, portant en réalité sur le prix de la seconde, doit être restreint à la part des colicitants sur ce prix, et pour le surplus ils n'ont qu'une action personnelle contre le fol enchérisseur (V. en ce sens, Pont, t. 1, n° 208).

235. — III. OBJET SUR LEQUEL PORTE LE PRIVILÈGE DES COPARTAGEANTS. — Quant à l'objet du privilège des copartageants, il faut distinguer suivant que ce privilège est affecté à la garantie de l'égalité entre les copartageants, ou à la garantie des soultes ou retours de lots, ou enfin à la garantie du prix d'une licitation ou d'une cession de droits indivis. — En tant qu'il garantit le partage, le privilège porte sur tous les immeubles qui étaient compris dans la masse à partager (V. toutefois *suprà*, n° 229).

236. En tant qu'il est affecté à la garantie d'une soulte, le privilège grève aussi, en principe, tous les immeubles partagés, même ceux échus à des copartageants qui ne sont chargés d'aucune soulte (*Rép.* n° 451). Il n'en est ainsi toutefois, d'après plusieurs auteurs, que si le copartageant chargé de la soulte était déjà insolvable lors du partage et si l'on n'avait pas mis dans son lot des immeubles suffisants pour assurer le payement de la soulte. Lorsqu'au contraire, l'insolvabilité du débiteur de la soulte n'est survenue qu'après le partage, ou lorsque les immeubles compris dans son lot et qui garantissaient suffisamment la soulte sont venus à périr par cas fortuit, le privilège ne peut être invoqué sur les immeubles mis aux lots des autres copartageants (Pont, t. 1, n° 207 ; Thézard, n° 288 ; Baudry-Lacantinerie, t. 3, n° 1151). MM. Aubry et Rau, t. 3, § 263, p. 173, n'admettent pas cette restriction. « Tous les copartageants, disent-ils, étant de droit garants envers celui à qui le partage attribue une soulte, les immeubles compris dans leurs lots sont grevés du privilège indépendamment de toute question de solvabilité ou d'insolvabilité du copartageant débiteur de la soulte. C'est ce qu'indique nettement le n° 3 de l'art. 2103, en soumettant *les immeubles de la succession à la garantie des soultes et retours de lots* ; et il serait contraire aux règles d'une saine interprétation de considérer cette disposition, si formelle et corroborée encore par la première partie de l'art. 2109, comme ayant été restreinte par ces mots purement indicatifs *sur le bien chargé de soulte*, qui se trouvent dans la dernière partie du même article. Il peut sans doute arriver que le copartageant créancier d'une soulte perde son recours contre les autres, faute d'avoir conservé ses droits au regard du débiteur de la soulte, ou de l'avoir poursuivi en temps utile ; mais c'est là une question de déchéance, qui doit être appréciée d'après les circonstances, et dont la solution affirmative, dans un cas donné, n'empêchera pas que le droit à la garantie n'ait existé en vertu même du partage et avec le privilège qui y est attaché ». Nous croyons qu'en effet le privilège qui garantit les soultes ou retours de lot s'étend, comme le dit la loi, à tous les immeubles de la succession ; mais ce privilège ne peut être exercé que lorsqu'il y a lieu à garantie ; or, il n'y a pas lieu à garantie lorsque l'insolvabilité du débiteur de la soulte résulte d'un fait postérieur au partage et qui ne pouvait être prévu lors du partage (Arg. art. 1695 c. civ. Comp. en ce sens, *suprà*, n° 226).

237. Les immeubles compris au lot de chaque copartageant ne sont, d'ailleurs, affectés du privilège, soit pour la garantie du partage, soit pour celle des soultes ou retours de lots, que dans la mesure où chaque copartageant est tenu de l'obligation de garantie. Cette obligation, d'après la loi, se divise entre les cohéritiers ou copartageants ; chacun d'eux n'en est tenu qu'en proportion de sa part (c. civ. art. 885). Chacun d'eux, par suite, ne peut être poursuivi par privilège sur les immeubles mis dans son lot que pour sa part dans la dette (Caen, 10 févr. 1851, aff. Monnoyé, D. P. 53. 2. 5 ; Orléans, 3 juin 1863, et sur pourvoi, Req. 19 juill. 1864, aff. Leblanc, D. P. 64. 1. 470 ; Aubry et Rau, t. 3, § 263, p. 173, note 28 ; Colmet de Santerre, t. 9, n° 55 *bis*-V ; Thézard, n° 286).

238. Pour la garantie d'un prix de licitation ou d'un prix de cession de droits indivis, le privilège des copartageants ne porte que sur l'immeuble qui a été licité ou qui a fait

l'objet de la cession (*Rép.* n° 453 ; Aubry et Rau, t. 3, § 263, p. 172, note 26 ; Baudry-Lacantinerie, t. 3, n° 1152 ; Thézard, n° 289).

Art. 3. — *Privilège des architectes, entrepreneurs et ouvriers*
(*Rép.* n°ˢ 456 à 472).

239. — I. Qui a droit au privilège et quelles créances sont privilégiées. — Aux termes de l'art. 2103-4°, « les architectes, entrepreneurs, maçons et autres ouvriers employés pour édifier, reconstruire ou réparer des bâtiments, canaux ou autres ouvrages quelconques », sont privilégiés sur ces ouvrages. Comme on l'a dit au *Rép.* n° 456, les personnes qui ont droit à ce privilège sont celles qui ont exécuté des ouvrages de construction ou de réparation, en général des *travaux d'art*. Les auteurs de travaux agricoles, défrichements, semis ou plantations, ne peuvent bénéficier du privilège (Aubry et Rau, t. 3, § 263, p. 173, note 29 ; Colmet de Santerre, t. 9, n° 56 *bis*-I ; Baudry-Lacantinerie, t. 1, n° 1153 ; Thézard, n° 292 ; André, n° 322). Il a été jugé que le privilège accordé par l'art. 2103-4° ne peut être étendu aux architectes, entrepreneurs, maçons ou autres employés à des travaux quelconques relatifs à la recherche, à l'établissement ou à l'exploitation des carrières (Metz, 7 févr. 1866, aff. Billotte, D. P. 66. 2. 31). En ce qui concerne les travaux de desséchement de marais, la recherche des mines et la fourniture du matériel nécessaire à leur exploitation, les travaux de drainage, le recouvrement des taxes pour le pavage des villes, V. *infrà*, n°ˢ 278 et suiv., 283, 287).

240. Le privilège n'est accordé qu'aux architectes, entrepreneurs et ouvriers ayant traité directement avec le propriétaire ; il n'existe donc pas au profit des sous-entrepreneurs et ouvriers employés par l'entrepreneur principal (*Rép.* n° 458 ; Aubry et Rau, t. 3, § 263, p. 174, note 31 ; Laurent, t. 30, n° 45 ; Thézard, n° 292). Quant aux ouvriers, toutefois, ils ont, aux termes de l'art. 1798 c. civ., une action directe contre le propriétaire, jusqu'à concurrence de ce dont il se trouve débiteur envers l'entrepreneur au moment où leur action est intentée. Au moyen de cette action, sont privilégiés tant à l'égard des créanciers du propriétaire, qu'à l'égard de l'entrepreneur lui-même et de ses autres créanciers (Nancy, 21 févr. 1861) (1). V. dans le

même sens les auteurs précités et Colmet de Santerre, t. 9, n° 55 *bis*-II.

241. Comme on l'a expliqué au *Rép.* n° 459, le possesseur ou le tiers détenteur d'un immeuble ne jouit pas du privilège pour les dépenses qu'il y a faites. Il en est ainsi, d'après la plupart des auteurs, alors même qu'il s'agirait de dépenses nécessaires (Aubry et Rau, t. 3, § 263, p. 174, note 32 ; Laurent, t. 30, n° 46 ; Thézard, n° 292). Il a été jugé : 1° que les dépenses faites par le syndic d'une faillite, pour réparations et améliorations d'un immeuble dépendant de l'actif de la faillite, ne constituent pas, au profit de la masse chirographaire, une créance privilégiée à rembourser sur le prix de l'immeuble par préférence aux créanciers hypothécaires, l'art. 2103-4° ne s'appliquant pas à cette hypothèse (Civ. rej. 23 juin 1862, aff. Martin-Martinière, D. P. 63. 1. 243) ; — 2° Que le locataire ne peut exercer le privilège de l'art. 2103-4° pour des réparations nécessaires faites par lui à l'immeuble loué, s'il n'a pas rempli les formalités exigées par la loi pour s'assurer ce privilège (Paris, 15 nov. 1875, aff. Fouquet, D. P. 77. 2. 99). Il semble résulter de ce dernier arrêt que le locataire aurait pu obtenir le privilège s'il avait rempli les formalités légales (Comp. en ce sens : Rennes, 3 janv. 1821, *Rép.* n° 459 ; Req. 14 nov. 1824, *Rép.* n° 460. — *Contrà* : Angers, 4 août 1838, et sur pourvoi, Req. 8 juill. 1840, *Rép.* n° 459-2°).

242. — II. Sur quoi porte le privilège des architectes entrepreneurs et ouvriers. — Le privilège dont il s'agit ne porte, comme on l'explique au *Rép.* n°ˢ 462 et suiv., que sur la plus-value procurée à l'immeuble par les travaux effectués, et encore constante au moment de l'aliénation volontaire ou forcée de cet immeuble.

243. Lorsque cette plus-value est insuffisante pour assurer le payement de la créance privilégiée, le créancier ne jouit pour le surplus d'aucun privilège sur l'immeuble. En pareil cas, quelques auteurs ont pensé que les acomptes payés antérieurement au créancier devraient être imputés, soit sur la partie de créance qui se trouve garantie par le privilège, soit proportionnellement sur cette partie et sur celle qui excède le montant de la plus-value (V. *Rép.* n° 464). Mais ces opinions sont maintenant abandonnées. Tous les auteurs décident que, le privilège étant indivisible, la plus-value reste affectée tout entière à la garantie de ce qui reste dû, tant que la créance n'est pas entièrement

---

(1) (Syndic Aubertin C. Sidérot et autres). — Le sieur Aubertin avait entrepris la construction d'un édifice pour la ville de Nancy. Il céda diverses parties du travail à des sous-entrepreneurs. Il fut déclaré en faillite, et les sieurs Sidérot, charpentier, Bernet, couvreur, Grignon, serrurier, et autres, qu'il n'avait pas payés, assignèrent la ville de Nancy devant le tribunal de commerce pour se faire payer par elle directement jusqu'à concurrence des sommes qu'elle redevait à Aubertin. Leur demande fut admise par le tribunal. — Appel par le syndic de la faillite Aubertin.

La cour : — Considérant que l'art. 1798 c. civ. accorde aux maçons, charpentiers et autres ouvriers, qui ont été employés à la construction d'un bâtiment ou d'autres ouvrages faits à l'entreprise, une action contre celui qui ont été faits, et ce jusqu'à concurrence de ce qui reste dû à l'entrepreneur au moment de leur demande ; — Que cette disposition, dans ses termes et dans son objet, est évidemment distincte du principe général consacré par l'art. 1166 ; qu'on ne saurait non plus la confondre avec les privilèges mentionnés dans les art. 2103 c. civ. et 549 c. com., car elle en diffère par son étendue comme par ses effets ; — Qu'elle constitue pour les ouvriers un droit spécial prenant son origine dans ce principe qu'ayant amélioré la chose du propriétaire, l'ayant rendu plus riche par leur travail, ils ont contre lui une action directe et personnelle ; que ce dernier, devient leur débiteur, afin qu'ils aient une double garantie, et qu'il peut se libérer de ce qu'il doit entre leurs mains comme entre celles de l'entrepreneur lui-même ; — Mais qu'il suit de là, qu'aussitôt que cette action accordée aux ouvriers est exercée par eux, elle se substitue à celle de l'entrepreneur ou de ses ayants droit : car la loi n'a pu vouloir concéder une faveur inutile et laisser subsister en même temps deux actions qui pourraient s'annuler et se détruire mutuellement ; — Que cette interprétation, conforme aux principes généraux du droit, est une saine application des termes comme de l'esprit de l'art. 1798 c. civ. ;

Sur les conclusions subsidiaires, et sur le premier chef ; — Considérant qu'aux termes de l'art. 1787 c. civ., les ouvriers employés à la confection d'un ouvrage peuvent être chargés de

fournir seulement leur travail ou leur industrie, ou de fournir en même temps la matière ; — Que l'art. 1798 ne distingue pas entre ces deux catégories d'ouvriers ; qu'il accorde une action directe aux uns comme aux autres ; et que les motifs de la loi semblent s'appliquer d'une manière plus favorable encore à ces ouvriers qui, joignant la fourniture de la matière à leur travail manuel, ont ainsi incorporé une double valeur à la chose du propriétaire ;

Sur le deuxième chef : — Considérant qu'il n'y a pas lieu de faire la ventilation réclamée, et de n'admettre l'action des ouvriers que sur les sommes afférentes aux travaux exécutés par chacun d'eux et sur lesquelles a été opérée la retenue qui forme la dette de la ville ; — Que cette ventilation serait presque toujours impossible, et qu'elle est contraire à la loi, qui accorde une action aux ouvriers sur ce qui reste dû à l'entrepreneur sans aucune distinction d'origine de la dette, qui doit se distribuer au marc le franc entre les ouvriers intéressés ;

Sur le troisième chef : — Considérant qu'en supposant que la faillite ait fait des dépenses et des sous-traités onéreux, pour éviter la mise en régie qui aurait pu absorber les sommes dues par la ville à l'entrepreneur et qui font l'objet de l'action de Sidrot et consorts, le syndic n'a fait en cela que protéger les intérêts de la masse, qui en a profité, d'une part en conservant le cautionnement de l'entrepreneur, d'autre part en voyant diminuer d'autant, par les payements qui seront faits aux ouvriers, le nombre des créances qui viendront prendre part à la distribution de l'actif ; — Que, dans tous les cas, la demande serait prématurée en ce qui concerne les dépenses qui auraient pu être faites dans l'intérêt des ouvriers en cause et que des réserves ont été faites à cet égard par les premiers juges ; — Par ces motifs : — Déclare non recevable l'appel en ce qu'il s'applique aux demandes des sieurs Pherson, Thomas... ; — Dit qu'il a été jugé vis-à-vis d'eux en dernier ressort, leurs créances qui forment l'objet du litige étant inférieures à 1500 fr. au fond et dans tous les cas, — Déclare l'appel mal fondé, le met à néant, rejette les conclusions subsidiaires et subsidiaires de l'appelant.

Du 24 févr. 1861.-C. de Nancy, 1ʳᵉ ch.-MM. Lezaud, 1ᵉʳ pr.-Benoit, subst. proc. gén., c. conf.-Volland et Bernard, av.

payée (Arg. art. 2083 et 2114 c. civ. V. en ce sens : Pont, t. 1, n° 214; Martou, t. 2, n° 608; Aubry et Rau, t. 3, § 263, p. 175, note 34; Laurent, t. 30, n° 56; Thézard, n° 292).

244. — III. Conditions auxquelles est subordonné le privilège des architectes, entrepreneurs et ouvriers. — L'acquisition du privilège des architectes, entrepreneurs et ouvriers, est subordonnée par la loi à une double condition, à savoir : 1° qu'il soit dressé, avant le commencement des travaux, par un expert nommé d'office par le tribunal de la situation de l'immeuble, un procès-verbal constatant l'état des lieux relativement aux ouvrages que le propriétaire a l'intention de faire exécuter; 2° que, dans les six mois au plus de leur perfection, les ouvrages soient reçus par un expert, également nommé d'office (Rép. n° 465). Cette exigence de la loi, comme le remarque M. Laurent, t. 30, n° 48, empêche le plus souvent les architectes, entrepreneurs ou ouvriers de bénéficier du privilège; il leur est, en effet, bien difficile de requérir l'accomplissement de formalités d'où résulte une suspicion contre la solvabilité du propriétaire qui les emploie.

245. Les deux procès-verbaux prescrits par la loi doivent de plus être inscrits (V. infrà, n° 384). Il a été jugé : 1° que le propriétaire peut lui-même requérir la première expertise, sans être obligé de mettre en cause ni les architectes, entrepreneurs, maçons ou autres ouvriers, ni ses créanciers (Metz, 7 févr. 1866, aff. Billotte, D.P. 66. 2. 31); — 2° Qu'en général les formalités d'expertises et d'inscriptions nécessaires pour l'acquisition ou la conservation du privilège de l'art. 2103-4° peuvent être valablement accomplies dans l'intérêt de tous les intéressés, sur la requête de l'un ou de quelques-uns d'entre eux (Nîmes, 31 mai 1867, et sur pourvoi, Req. 18 nov. 1868, aff. De Robernier, D. P. 69. 1. 89).

246. Si les expertises destinées à constater la plus-value procurée à l'immeuble par les travaux n'ont pas eu lieu, ou si la première expertise n'a eu lieu qu'après l'achèvement des travaux, le privilège ne peut être réclamé par les architectes, entrepreneurs ou ouvriers (Civ. cass. 11 juill. 1855, aff. Giovanetti et Raffi, D. P. 56. 1. 9). Il en est ainsi quand bien même il ne serait pas d'usage, dans la localité où les travaux ont été exécutés, de faire procéder à ces formalités, un usage local ne pouvant pas déroger à la loi (Même arrêt. V. aussi Paris, 15 nov. 1875, aff. Fouquet, D. P. 77. 2. 99, et les autres arrêts cités Rép. n° 468).

247. En ce qui concerne spécialement la première expertise, la jurisprudence exige qu'elle ait lieu préalablement à tout nouveau travail et avant toute démolition des ouvrages qui existaient déjà sur l'immeuble (Rép. n° 471; Paris, 29 mai 1851, et sur pourvoi, Req. 1er mars 1852, aff. Jouin, D. P. 53. 1. 216; Lyon, 11 févr. 1869) (1). Cependant quelques auteurs admettent qu'un procès-verbal d'expert, rédigé après le commencement des travaux, suffirait pour assurer le privilège quant aux travaux exécutés depuis sa rédaction, si d'ailleurs l'état primitif des lieux était encore, à l'époque de l'expertise, parfaitement reconnaissable et susceptible d'être constaté avec précision et certitude au moyen d'une simple inspection (Aubry et Rau, t. 3, § 263, p. 176 ; Colmet de Santerre, t. 9, n° 57 bis-II ; Thézard, n° 294. Comp. en ce sens les arrêts cités au Rép. n° 472, et Paris, 20 août 1867, aff. Meyer, D. P. 67. 2. 288).

248. La deuxième expertise doit être opérée, d'après la loi, dans les six mois, au plus, de l'achèvement des travaux. Il a été jugé qu'en cas de résiliation du marché avant la fin des travaux et de nomination d'un expert pour la constatation des malfaçons, le délai de six mois court, non de la cessation effective de ces travaux, mais du jugement qui en a fixé le solde (Nîmes, 31 mai 1867, et sur pourvoi, Req. 18 nov. 1868, aff. De Robernier, D. P. 69. 1. 89).

Art. 4. — *Privilèges des prêteurs de deniers et des cessionnaires de créances privilégiées* (Rép. n°s 473 à 495).

249. — I. Des prêteurs de deniers (Rép. n°s 474 à 489). — Le privilège que la loi accorde expressément, dans l'art. 2103, n°s 2 et 5, à ceux qui ont fourni des deniers pour l'acquisition d'un immeuble ou pour le payement des ouvriers, n'est en définitive que le privilège du vendeur ou celui des architectes, entrepreneurs et ouvriers, transporté aux prêteurs de deniers par voie de subrogation. Bien que la loi ne l'ait pas dit, le privilège des cohéritiers ou copartageants peut également être exercé, sous les mêmes conditions, par celui qui a fourni l'argent pour le payement d'une soulte ou d'un prix de licitation (Rép. n° 474; Baudry-Lacantinerie, t. 1, n° 1156).

250. Les conditions auxquelles le prêteur de deniers peut exercer le privilège de son emprunteur sont les mêmes que celles exigées par l'art. 1250-2° pour la subrogation qui a lieu par le fait du débiteur et sans le concours du créancier (V. Rép. n°s 482 et suiv. Comp. Rép., v° Obligations, n°s 1862 et suiv.; suprà, eod. v°, n°s 759 et suiv.).

251. — II. Des cessionnaires des créances privilégiées (Rép. n°s 490 à 495). — Les privilèges sur les immeubles se transfèrent comme accessoires de la créance à laquelle ils sont attachés, soit par la subrogation légale ou conventionnelle, soit par la cession de la créance privilégiée. Ils peuvent aussi être cédés indépendamment de la créance; il y a alors ce qu'on appelle cession d'antériorité de rang (V. Rép. n° 491).

252. Le cessionnaire de la créance du vendeur a-t-il droit à l'action résolutoire comme au privilège? V. infrà, v° Vente; — Rép. eod. v°, n°s 1717 et suiv.

253. Lorsqu'une créance privilégiée n'a été cédée qu'en partie, le cédant et le cessionnaire, à moins de convention contraire, ont également droit au privilège; si donc le produit de l'immeuble n'est pas suffisant pour les payer tous les deux, ils viennent en concurrence et la perte se répartit proportionnellement entre eux (Rép. n° 495; Laurent, t. 30, n° 118). Par la même raison, les cessionnaires de diverses portions d'une même créance privilégiée doivent être payés par contribution, sans égard aux dates respectives de leurs cessions (Civ. cass. 29 mai 1866, aff. Cassius de Linval, D. P. 66. 1. 481).

254. Mais lorsque, de deux créanciers cessionnaires, l'un se présente en vertu d'une cession par laquelle le cédant lui a transmis tous ses droits, avec priorité et préférence à lui-même, tandis que le second a été averti par le cédant qu'il était primé par le premier cessionnaire, ces créanciers, bien qu'ils produisent en vertu d'un même privilège, doivent être classés suivant le rang que leur assigne le titre constitutif de leur créance (Req. 31 oct. 1888, aff. Beauchamp, D. P. 90. 1. 68).

---

(1) (Vauger C. Carny.) — La cour; — Sur le point de savoir si la somme de 4271 fr. pour travaux exécutés avant le procès-verbal de constatation de l'état des lieux peut être admise comme privilégiée: — Attendu, en droit, qu'aux termes de l'art. 2103 c. civ., quatrième paragraphe, les entrepreneurs sont privilégiés pour la plus-value existant à l'époque de l'aliénation de l'immeuble, et résultant des travaux qui y ont été faits, pourvu que, par un expert nommé d'office, il ait été dressé préalablement un procès-verbal à l'effet de constater l'état des lieux relativement aux ouvrages que le propriétaire déclarera avoir dessein de faire; — Attendu que les privilèges sont de droit étroit, et que les règles prescrites pour les acquérir et les conserver, doivent être scrupuleusement observées; — Que notamment la formalité de procès-verbal préalable a son incontestable utilité, et doit être remplie afin que l'opération de l'expert ait une base certaine, qu'il ne soit rien laissé aux éventualités d'une vérification plus ou moins conjecturale, de cela seul qu'interviendrait après l'exécution d'une partie des travaux; — Attendu d'ailleurs que si l'on s'écartait de la rigueur des principes, et que l'on admit

comme remplissant le vœu de la loi des procès-verbaux postérieurs au commencement des travaux, on ne voit pas pourquoi l'on n'admettrait pas de même les procès-verbaux postérieurs à l'achèvement de l'édifice; — Que des appréciations arbitraires pourraient se substituer de la sorte à la fixité des bases posées par le législateur; — Qu'en conséquence, c'est le cas de suivre la règle ubi verba clara, nulla sit interpretatio, et de s'en tenir au texte formel de la loi; ce qui est parfaitement juridique, surtout en matière de droit hypothécaire, où le système des formalités équipollentes pourrait avoir les plus graves inconvénients ; — Attendu, en fait, que le procès-verbal de constatation de l'état des lieux porte la date du 30 sept. 1863, tandis qu'il avait été exécuté antérieurement des travaux pour la somme de 4271 fr.; — Attendu, dès lors, que cette somme ne saurait être admise comme privilégiée; — Par ces motifs, confirme, dit que la somme de 4271 fr. sera retranchée de la collocation privilégiée faite en faveur des intimés.

Du 11 févr. 1869.-C. de Lyon, 2e ch.-MM. Barafort, pr.-Royé-Belliard, av. gén.-Sabran et Gayet, av.

255. Que décider lorsque le cédant a seulement garanti au premier cessionnaire la solvabilité du débiteur? Dans ce cas-là encore, d'après un arrêt rapporté au *Rép.* n° 494, le premier cessionnaire doit être préféré au second ; la promesse de garantie implique de la part du cédant une cession d'antériorité, qui est opposable aux ayants droit du cédant comme au cédant lui-même (V. en ce sens, Pont, t. 1, n° 239). Au contraire, suivant un autre arrêt, la clause par laquelle un créancier, qui cède une portion de sa créance, déclare garantir la solvabilité actuelle et future du débiteur, n'équivaut pas à la stipulation expresse, au profit du cessionnaire, d'un droit de préférence exclusif de toute concurrence: dès lors, si le créancier vient à céder postérieurement une autre portion de la même créance avec déclaration identique de garantie de la solvabilité actuelle et future du débiteur, les deux cessionnaires doivent être colloqués au même rang (Nancy, 9 mars 1858, aff. Goult, D. P. 58. 2. 108). Cette seconde solution est admise par M. Laurent, t. 30, n° 119. La garantie, dit-il, est une obligation personnelle qui ne donne au cessionnaire aucun droit réel sur la chose; cette obligation n'est opposable qu'au cédant et non au second cessionnaire. Mais ce raisonnement ne nous semble pas exact lorsque la garantie s'applique à une créance privilégiée : promettre alors que la créance sera payée, c'est renoncer par cela même à se prévaloir à l'encontre du cessionnaire d'aucune partie du privilège pour l'empêcher d'être payé.

256. La clause d'un acte de vente par laquelle l'acheteur est chargé de payer à un créancier du vendeur tout ou partie du prix ne constitue pas par elle-même une cession de ce prix au profit du créancier; ce n'est qu'une indication de payement ou un mandat, révocable à la volonté du vendeur, tant que le créancier n'a pas formellement accepté le bénéfice de cette clause. Par suite, si le vendeur a cédé à un tiers une portion du prix à prendre par préférence à lui-même, et si le cessionnaire a signifié ce transport à l'acheteur avant toute signification de l'acceptation de l'indication de payement par le créancier délégataire, le cessionnaire sera payé par préférence à ce créancier (Orléans, 23 déc. 1861, aff. Guichet, D. P. 62. 2. 88. V. *suprà*, v° *Obligations*, n°ˢ 1038 et suiv.).

Sect. 4. — **Des privilèges qui s'étendent sur les meubles et les immeubles** (*Rép.* n°ˢ 496 à 504).

257. Les créances privilégiées sur la généralité des meubles (frais de justice, frais funéraires, frais de dernière maladie, salaires des gens de service et fournitures de subsistances) sont également privilégiées sur la généralité des immeubles (c. civ. art. 2104). Elles sont payées sur les meubles même avant les créanciers jouissant d'un privilège spécial, tels que le vendeur, et avant les créanciers hypothécaires (c. civ. art. 2105). La loi belge du 16 déc. 1851 a sur ce point modifié le code civil : tout en conservant aux créanciers de l'art. 2101 leurs privilèges sur les immeubles, elle a statué que ces privilèges ne s'exerceraient qu'après ceux de l'art. 2103 et après les créances hypothécaires.

258. On admet toutefois que les frais de justice faits pour la vente du mobilier ne sont pas privilégiés sur les immeubles. C'est l'application du principe que les frais de justice ne sont privilégiés qu'à l'égard des créanciers dans l'intérêt desquels ils ont été faits (V. *suprà*, n° 43).

259. Les privilèges généraux de l'art. 2101 ne s'exercent sur les immeubles qu'à défaut de mobilier (c. civ. art. 2105) (*Rép.* n° 498). Il en est ainsi du moins en tant que ces privilèges sont opposés aux créanciers spécialement privilégiés sur les immeubles. Et, par suite, si un créancier de l'art. 2101 a négligé de se présenter à la distribution du prix du mobilier, il ne peut plus se faire colloquer sur le prix des immeubles par préférence aux créanciers privilégiés de l'art. 2103, dans la proportion de la collocation qu'il aurait obtenue sur la masse mobilière (*Rép.* n° 502 ; Aubry et Rau, t. 3, § 262, p. 165). — La même déchéance est encourue par lui, suivant l'opinion générale, à l'égard des créanciers hypothécaires. Quelques auteurs décident cependant que le créancier qui a négligé de réclamer sa collocation privilégiée sur les meubles doit néanmoins primer les créanciers hypothécaires (la loi, en effet, disent-ils, dans

l'art. 2105, n'a supposé les créanciers de l'art. 2101 en conflit qu'avec les créanciers privilégiés sur les immeubles ; c'est donc seulement à l'égard de ceux-ci qu'elle a dit que les premiers ne doivent être payés qu'à défaut du mobilier. Vis-à-vis des créanciers hypothécaires, ils peuvent invoquer l'art. 2104, aux termes duquel leur privilège s'étend sur les immeubles comme sur les meubles, et rien ne les oblige à se faire payer d'abord dans la distribution mobilière (Colmet de Santerre, t. 9, n° 61 *bis*-II ; Baudry-Lacantinerie, t. 3, n° 1159). Mais ce système nous paraît contraire, sinon au texte de la loi, du moins à la pensée qui résulte de ses différentes dispositions. Les créanciers de l'art. 2101 sont déclarés par cet article privilégiés « sur la généralité des meubles » ; l'art. 2104 statue ensuite que leurs privilèges « s'étendent sur les meubles et les immeubles », et enfin l'art. 2105 suppose qu'ils ne se présentent pour être payés sur le prix des immeubles qu' « à défaut de mobilier » : l'idée du législateur est donc bien qu'ils doivent être payés d'abord sur le mobilier. Or, on ne saurait admettre qu'ils puissent à leur gré restreindre et quelquefois annuler les droits des créanciers hypothécaires, en laissant le mobilier aux créanciers chirographaires et en se faisant colloquer sur les immeubles. Ce que la loi a dit du cas où ils sont en concours avec des créanciers privilégiés spécialement sur les immeubles doit être étendu, par identité de motif, au cas où ils sont en présence de créanciers hypothécaires.

Dans tous les cas, s'il reste quelque chose du prix des immeubles, après le payement des créanciers privilégiés de l'art. 2103 et des créanciers hypothécaires, le créancier privilégié de l'art. 2101 qui ne s'est pas fait payer sur les meubles doit être colloqué par préférence aux créanciers chirographaires, car ceux-ci n'ont pas d'intérêt à ce qu'il soit payé plutôt sur une masse que sur l'autre (*Rép.* n° 504 ; Baudry-Lacantinerie, t. 3, n° 1159).

260. Quand le prix des immeubles du débiteur est distribué avant celui des meubles, les créanciers privilégiés de l'art. 2101 ont le droit de se faire colloquer éventuellement dans l'ordre, pour le cas où le prix des meubles ne suffirait pas à les désintéresser. S'ils sont ensuite payés en tout ou en partie dans la distribution mobilière, leur collocation sur le prix des immeubles sera annulée d'autant; et, s'ils ont déjà touché le montant de cette collocation, les créanciers à privilège ou hypothèque sur les immeubles, que leur concours a empêchés d'arriver en ordre utile, seront colloqués en leur lieu et place sur la masse mobilière (*Rép.* n°ˢ 500 et suiv.; Aubry et Rau, t. 3, § 262, p. 166 ; Baudry-Lacantinerie, t. 3, n° 1159 ; Thézard, n° 381).

261. Les privilèges généraux de l'art. 2101, pour s'exercer sur les immeubles, n'ont pas besoin d'être inscrits (c. civ. art. 2107). Suivant M. Thézard, n° 381, alors même qu'ils seraient inscrits, ils n'emporteraient pas le droit de suite contre les tiers. Les privilèges de l'art. 2101 n'exercent leur droit que sur le patrimoine tel quel du débiteur dont ils ont suivi la foi ; ils doivent respecter tous les actes passés par celui-ci. Ils ne pourraient, par suite, être admis à produire dans l'ordre ouvert sur des immeubles expropriés contre un tiers détenteur ou en cas de purge, car l'aliénation consentie par le débiteur leur aurait fait perdre leur gage sur ces immeubles. Mais cette théorie est contraire à l'opinion commune. Du jour où les privilèges de l'art. 2101 ont pris inscription sur les immeubles, il semble que leur droit doit être opposable à tous les tiers sans exception, conformément aux principes de l'art. 2106 c. civ. et 3 de la loi du 23 mars 1855 (V. en ce sens, *Rép.* n° 628 et les auteurs cités *infrà*, n° 381).

CHAP. 2. — Des privilèges établis par le code de commerce et par des lois ou règlements spéciaux, en faveur de particuliers ou du trésor public (*Rép.* n°ˢ 505 à 583).

Sect. 1ʳᵉ. — Des privilèges établis par le code de commerce (*Rép.* n°ˢ 506 à 513).

262. — I. Privilège du commissionnaire. — Il est traité de ce privilège, établi par l'art. 95 c. com., *suprà*, v° *Commissionnaire*, n°ˢ 42 et suiv.

263. — II. Privilège des ouvriers et des commis du commerçant mis en faillite ou en liquidation judiciaire. — Ce privilège résulte de l'art. 549 c. com. et de l'art. 22 de la loi du 4 mars 1889. V. *suprà*, v° *Faillites et banqueroutes, liquidations judiciaires*, n°s 1099 et suiv.

264. — III. Privilèges particuliers au droit maritime. — Ces privilèges sont établis par les art. 191, 271, 280, 307, 320 à 323 c. com. Ils portent sur les navires ou autres bâtiments de mer, sur les agrès et apparaux, sur le fret et sur les marchandises chargées (V. *suprà*, v° *Droit maritime*, n°s 334 et suiv., 768 et suiv., 1140 et suiv., 1509 et suiv.).

Sect. 2. — Des privilèges résultant de lois ou règlements spéciaux en faveur de particuliers (*Rép.* n°s 514 à 532).

265. — I. Privilège du bailleur de fonds sur le cautionnement des fonctionnaires, entrepreneurs ou fournisseurs de l'État. — Il est traité de ce privilège *suprà*, v° *Cautionnement de fonctionnaires, titulaires et comptables*, n°s 15 et suiv.

266. — II. Privilège des ouvriers et fournisseurs employés par les entrepreneurs de travaux publics (*Rép.* n°s 515 à 520). — Ce privilège a été établi par un décret du 26 pluv. an 2 (V. *Rép.*, v° *Travaux publics*, p. 844, et n°s 640 et suiv.). Il est attaché par l'art. 3 de ce décret aux « créances provenant du salaire des ouvriers employés par les entrepreneurs ou adjudicataires des ouvrages faits ou à faire pour le compte de la Nation », et aux « sommes dues pour fournitures de matériaux et autres objets servant à la construction des ouvrages ». Il a été jugé qu'un artiste chargé par l'État d'exécuter une œuvre d'art, notamment des statues destinées à la décoration d'un pont, peut être considéré comme un entrepreneur et que, par suite, les artistes qu'il a employés, ont le droit d'invoquer le privilège établi par le décret du 26 pluv. an 2 (Paris, 13 juill. 1861, et sur pourvoi, Req. 20 août 1862, aff. Sous-Comptoir des entrepreneurs, D. P. 63. 1. 141).

267. Ce privilège n'existait, d'après le décret de pluviôse an 2, qu'en faveur des ouvriers et fournisseurs des entrepreneurs de travaux exécutés pour le compte de l'État. Il n'était pas applicable lorsqu'il s'agissait de travaux exécutés pour le compte des particuliers (Paris, 17 août 1863, aff. Tabouret, D. P. 63. 2. 150) ;... de travaux communaux (*Rép.* n° 519 ; Paris, 13 févr. 1860, et sur pourvoi, Civ. rej. 12 août 1862, aff. Jolly et aff. Syndic Lejeune-Couillard, D. P. 62. 1. 349) ;... de travaux départementaux (Bordeaux, 30 nov. 1858, aff. Marionnaud, D. P. 60. 2. 32, et sur pourvoi, Req. 9 août 1859, D. P. 59. 1. 454. — *Contra*: Angers, 31 mars 1852, aff. Caisse de la Sarthe, D. P. 53. 2. 22) ;... ou de travaux exécutés pour le compte d'une compagnie de chemin de fer (Poitiers, 8 mars 1859, aff. Syndic Letermillier et Bouquier, D. P. 59. 2. 105, et sur pourvoi, Req. 16 juill. 1860, D. P. 60. 1. 387; Limoges, 30 avr. 1875, *infrà*, n° 270).

Il a été jugé aussi que le privilège dont il s'agit n'était pas applicable au cas de travaux exécutés pour le compte de la liste civile, et notamment de travaux faits sur des immeubles distincts du domaine de l'État pour être affectés à la dotation de la Couronne (Civ. cass. 18 déc. 1860, aff. Sous-Comptoir des entrepreneurs, D. P. 61. 1. 28).

268. Toutefois, il a été reconnu que des travaux de mise en viabilité des rues de Paris, payés moitié par cette ville, moitié par le trésor public, avaient le caractère de travaux faits pour le compte de l'État; et que, par suite, les fournisseurs des matériaux ayant servi à la confection de ces travaux avaient droit à être payés par privilège sur les sommes dues aux entrepreneurs, conformément au décret de pluviôse an 2 (Paris, 30 juill. 1857, aff. Synd. Leroy de Chabrol, D. P. 57. 2. 181).

Mais il a été jugé que des travaux exécutés pour une commune ne devaient pas être assimilés à des travaux faits pour le compte de l'État, au point de vue de l'exercice du privilège, par cela seul que l'État avait fourni une subvention à la commune (Paris, 13 févr. 1860, et sur pourvoi, Civ. rej. 12 août 1862, aff. Jolly, D. P. 62. 1. 349). Même décision pour des travaux exécutés au compte d'une compagnie de chemin de fer, à laquelle l'État avait garanti un minimum d'intérêts sur la somme nécessaire à l'accomplissement de ces travaux (Req. 16 juill. 1860, aff. Goepfer, D. P. 60. 1. 387).

269. La différence de traitement qui était faite par la loi et par la jurisprudence entre les ouvriers et fournisseurs des entreprises de l'État et les ouvriers et fournisseurs d'autres entreprises de travaux publics, se justifiait difficilement ; une loi du 25 juill. 1891 (D. P. 91. 4. 68) l'a fait cesser. L'article unique de cette loi est ainsi conçu : « Les dispositions du décret du 26 pluv.-28 vent. an 2 sont étendues à tous les travaux ayant le caractère de travaux publics. En conséquence, les sommes dues aux entrepreneurs de ces travaux ne pourront être frappées de saisie-arrêt ni d'opposition au préjudice soit des ouvriers auxquels des salaires sont dus, soit des fournisseurs qui sont créanciers à raison de fournitures de matériaux et d'autres objets servant à la construction des ouvrages. Les sommes dues aux ouvriers pour salaires seront payées de préférence à celles dues aux fournisseurs ».

270. On peut remarquer que cette loi, pas plus que le décret du 26 pluv. an 2, ne prononce le mot de privilège. Le rapporteur de la loi au Sénat en a fait lui-même la remarque (V. D. P. 91. 4. 68, note 3, n° 5). Mais, dit-il, « il est certain qu'en accordant aux ouvriers et aux fournisseurs de matériaux, à l'exclusion des autres créanciers des entrepreneurs, le droit de former des saisies-arrêts ou des oppositions sur les fonds de l'entreprise, le décret de pluviôse a organisé à leur profit, sous une autre forme, un véritable privilège » (V. en ce sens, Guillouard, *Traité du contrat de louage*, t. 2, n° 897). Ce privilège diffère de l'action directe que l'art. 1798 c. civ. accorde aux ouvriers d'une entreprise quelconque contre celui pour lequel les ouvrages ont été faits, jusqu'à concurrence de ce dont il se trouve débiteur envers l'entrepreneur. Cette action directe, en effet, n'empêche pas que les sommes dues à l'entrepreneur ne puissent lui être versées, être cédées par lui ou saisies par ses créanciers, au préjudice des ouvriers, tant qu'ils n'ont pas intenté l'action; elle leur donne seulement un droit de préférence à l'encontre des autres créanciers de l'entrepreneur sur ce qui est dû à celui-ci au moment où ils agissent. Au contraire, le privilège du décret de pluviôse affecte par préférence au payement des ouvriers et fournisseurs de l'entrepreneur toutes les sommes dues à celui-ci, en interdisant à tous autres créanciers de saisir ces sommes avant la réception des travaux, et en ne permettant de les saisir, même après cette réception, que lorsque les ouvriers et fournisseurs ont été entièrement payés (V. *suprà*, v° *Louage d'ouvrage et d'industrie*, n°s 95 et suiv.). Il a été jugé, en ce sens, que l'action directe accordée à l'ouvrier par l'art. 1798 n'équivaut pas à un privilège dont l'exercice rendrait inefficace une cession consentie antérieurement par l'entrepreneur (Limoges, 30 avr. 1875) (1).

271. La loi du 25 juill. 1891 contient deux innovations : 1° elle étend à tous les ouvriers et fournisseurs des entrepreneurs de travaux publics le privilège qui n'appartenait auparavant qu'aux ouvriers et fournisseurs des entrepreneurs de travaux exécutés directement par l'État; 2° elle attribue aux ouvriers un droit de préférence sur les fournisseurs.

272. Quant au point de savoir quels travaux doivent être

(1) (Syndic Rioland C. Pinaud.) — La cour ; — Considérant que, suivant acte en date du 25 déc. 1872, Pinaud et comp. ont ouvert à Rioland et Mautrant un crédit de 35 000 fr. pour faire face aux besoins d'une entreprise de travaux à eux concédés par la compagnie d'Orléans ; — Et que comme garantie lesdits Rioland et Mautrant leur ont consenti cession et transport, à titre de nantissement savoir : pour 25 000 fr., montant du cautionnement fourni à la Compagnie, et 10 000 fr. sur les retenues du dixième de garantie des travaux faits ou à faire ; — Que cet acte de nantissement et transport a été signifié à la Compagnie par acte en date du 27 janv. 1873 ; — Considérant qu'il est prétendu par Seymat (syndic de la faillite Rioland) que ce transport est nul et de nul effet à l'encontre des ouvriers et fournisseurs, créanciers en cette qualité de la faillite Rioland à raison du privilège résultant pour eux, soit de l'art. 1798 c. civ., soit du décret du 26 pluv. an 2, soit de l'art. 15 du cahier des charges de la Compagnie ; — Sur l'application de l'art. 1798 c. civ : — Considérant qu'il est accordé par cet article, à l'ouvrier qui a

considérés comme des travaux publics, le législateur a entendu se référer à la jurisprudence établie en cette matière. Le projet originaire de la loi parlait spécialement des travaux des départements, des communes, des établissements publics et des compagnies subventionnées par l'une de ces personnes morales. Mais la commission du Sénat a adopté un texte plus général, pour ne pas exclure, a dit le rapporteur, d'autres travaux auxquels la doctrine et la jurisprudence ont reconnu le caractère de travaux publics, par exemple : ceux de desséchement des marais, ceux d'assainissement des landes, ceux des associations syndicales forcées, ceux qui ont été déclarés d'utilité publique, les travaux de drainage exécutés par les associations formées en conformité de l'art. 3 de la loi du 10 juin 1854, les travaux exécutés par les compagnies de chemins de fer, quand ils ont été autorisés par l'Administration (Civ. cass. 22 août 1860, aff. Bosq et autres, D. P. 61. 1. 83), ceux enfin exécutés par les chambres de commerce ou de navigation (V. *infrà*, v° *Travaux publics*).

273. La dernière disposition de la loi, qui constitue la seconde des innovations indiquées ci-dessus, a été introduite au cours de la délibération qui a eu lieu à la Chambre des députés. Le décret du 26 pluv. an 2 mettait sur la même ligne les ouvriers et les fournisseurs de matériaux. « La situation des premiers, dit le rapport au Sénat, étant en général plus précaire que celle des seconds, un député, M. Royer, a demandé que l'ouvrier passât avant le fournisseur. Cette disposition a été acceptée ». Bien qu'elle paraisse se référer uniquement aux travaux publics dont s'occupe la nouvelle loi, il n'est pas douteux qu'elle est également applicable aux travaux exécutés par l'État.

274. Le privilège des ouvriers et fournisseurs porte, d'après le décret du 26 pluv. an 2, sur les sommes dues aux entrepreneurs ou adjudicataires de travaux pour le prix de leurs ouvrages. La jurisprudence décide qu'il ne s'étend pas au cautionnement déposé par les entrepreneurs ou adjudicataires (Req. 31 juill. 1849, aff. Debrousses, D. P. 49. 1. 197; Civ. cass. 4 mars 1889, aff. Berthaud, D. P. 89. 1. 426. — *Contra :* Angers, 20 déc. 1850, aff. Houette, D. P. 52. 2. 132). Mais ce privilège s'exerce sur les sommes dues à raison des travaux, nonobstant toutes cessions que les entrepreneurs en auraient consenties, soit au profit de tierces personnes, soit au profit de quelques-uns seulement des créanciers privilégiés (Paris, 27 août 1853, aff. Cogne, D. P. 54. 2. 104; Req. 24 mars 1853, aff. Guilbert, D. P. 56. 1. 118. — V. au surplus, pour les divers cas d'application du décret de pluviôse an 2 et de la loi du 25 juill. 1894, *infrà*, v° *Travaux publics*).

275. — III. Privilège des sous-traitants pour fournitures faites au service de la Guerre (*Rep.* n°s 521 à 528). — Ce privilège est accordé par un décret du 12 déc. 1806, dit *décret de Posen*, aux sous-traitants, préposés ou agents des entrepreneurs de fournitures à faire au service de la Guerre (V. *Rép.*, v° *Marché de fournitures*, p. 94, note 3, et n° 60).

276. Le privilège des sous-traitants ne peut être invoqué par celui qui, simple vendeur, a livré des marchandises à l'entrepreneur principal en suivant la foi de ce dernier, alors surtout qu'il s'est présenté vis-à-vis de l'État, non comme sous-traitant, mais comme cessionnaire des sommes dues à l'entrepreneur (Orléans, 17 mai 1884, aff. Mery Samson, D. P. 82. 2. 55).

277. A la différence du privilège des ouvriers et fournisseurs des entrepreneurs de travaux de l'État, le privilège accordé aux sous-traitants, préposés ou agents des fournisseurs du service de la Guerre, n'est pas restreint seulement aux sommes dues par l'État pour fournitures; il porte sur toutes les sommes dues aux entrepreneurs et notamment sur leur cautionnement (Paris, 6 mars 1866, aff. Conti et autres, D. P. 66. 2. 76 ; Civ. cass. 4 mars 1889, aff. Berthaud, D. P. 89. 1. 427). Il s'exerce, d'ailleurs, sur ces sommes nonobstant tous transports ou cessions que les entrepreneurs en auraient consentis (Arrêt précité du 6 mars 1866).

278. — IV. Privilège de l'État ou des concessionnaires pour desséchement de marais. — Un privilège, à raison de la plus-value résultant des desséchements de marais, est établi par la loi du 16 sept. 1807, art. 23, pour le montant des indemnités dues à l'État ou aux concessionnaires ayant opéré les desséchements (V. *supra*, v° *Marais*, n° 18; *Rép.* eod. v°, n°s 49 et suiv.).

279. — V. Privilège des bailleurs de fonds pour l'établissement d'une mine. — Aux termes de l'art. 20 de la loi du 21 avr. 1810, une mine concédée par le Gouvernement peut être affectée par privilège en faveur de ceux qui, par acte public et sans fraude, justifient avoir fourni des fonds pour les recherches de la mine, ainsi que pour les travaux de construction ou confection de machines nécessaires à son exploitation, à la charge de se conformer aux art. 2103 et autres du code civil, relatifs aux privilèges (V. *supra*, v° *Mines*, n° 203; *Rép.* eod. v°, n°s 131 et suiv.). Il ne faudrait pas induire des termes de l'art. 20 de la loi de 1810 que le privilège sur la mine résulte de la convention passée entre le concessionnaire et le bailleur de fonds; le privilège résulte de la loi, mais il est subordonné à des conditions analogues à celles exigées par l'art. 2103-3° pour le transport du privilège des ouvriers aux prêteurs de deniers (Pont, t. 1, n° 58; Aubry et Rau, t. 3, § 264, p. 198, note 91).

280. — VI. Privilège de la ville de Paris pour crédit accordé aux bouchers (*Rép.* n° 529). — Ce privilège, qui résultait du décret du 6 févr. 1811 et du 15 mai 1813 (V. *Rép.*, v° *Boucher*, n° 106), n'existe plus aujourd'hui, par suite de l'art. 8 du décret du 24 févr. 1858, qui a supprimé la caisse dite de *Poissy*, au moyen de laquelle la Ville de Paris faisait des avances aux bouchers parisiens (V. *supra*, v° *Boucher*, n° 58).

281. — VII. Privilège des facteurs de la halle aux farines de Paris (*Rép.* n° 530). — Ce privilège, établi par un décret du 27 févr. 1811 (V. *Rép.* n°s 579 et suiv.), a cessé d'exister depuis le décret du 22 juin 1863, qui a abrogé la plupart des anciens règlements sur la boulangerie (V. *supra*, v° *Boulanger*, p. 19 et n° 82).

282. — VIII. Privilège du Crédit foncier. — Aux termes des art. 29 et 30 du décret-loi du 28 févr. 1852, la société du Crédit foncier peut, en cas de retard du payement des annuités qui lui sont dues par ceux qui ont contracté auprès d'elle des prêts hypothécaires, se faire mettre en possession des immeubles hypothéqués, et elle est alors privilégiée sur les revenus et récoltes des immeubles pour le montant des termes échus d'annuités et des frais (V. *Rép.* v° *Sociétés de crédit foncier*, n°s 173 et suiv.).

283. — IX. Privilèges en matière de drainage. — La loi du 17 juill. 1856 a accordé à l'État, pour le recouvrement des prêts destinés à faciliter les opérations de drainage, un privilège sur les terrains drainés, jusqu'à concurrence de la plus-value résultant du drainage, et sur les récoltes et revenus de ces terrains (V. *Rép.* n°s 579 et suiv.). Mais une loi postérieure, du 28 mai 1858 (D. P. 58. 4. 65), a substitué la société du Crédit foncier de France à l'État, dans les prêts relatifs aux opérations de drainage (V. *Rép.* v° *Sociétés de crédit foncier*, n°s 246 et suiv.). Le privilège sur la plus-value des terrains drainés est également accordé : 1° aux syndicats pour le recouvrement de la taxe d'entretien et des prêts ou avances faits par eux ; 2° aux prêteurs pour le remboursement des prêts faits à des syndicats ; 3° aux entrepreneurs, pour le montant des travaux de drainage ; 4° à ceux qui ont prêté des deniers pour payer ou rembourser les entrepreneurs. Les syndicats ont, de plus, pour la taxe d'entretien de l'année échue et de l'année courante,

---

été employé à une construction faite à l'entreprise, une action contre le propriétaire ; — Que la loi appelle ce droit, non un privilège, mais une action directe, et qu'elle en limite les effets, aux sommes dont le propriétaire est débiteur envers l'entrepreneur au moment où l'action est intentée ; — Qu'il résulte de cette restriction que toutes les autres sommes sont de libre disposition pour l'entrepreneur ; — Qu'il peut en toucher le montant, et qu'il peut aussi en transmettre la propriété par voie de cession ;

— D'où il suit que l'action directe accordée à l'ouvrier par l'art. 1798 ne saurait équivaloir à un privilège dont l'exercice rendrait inefficace une cession consentie à son encontre ;...

Par ces motifs, etc.

Du 30 avr. 1875.-C. de Limoges, 3e ch.-MM. Peyrot, pr.-Belin, av. gén.-Ninard, Nicard des Rieux, Delignat, Lavaur et Chauffour, av.

un privilège sur les récoltes ou revenus des terrains drainés (V. *infrà*, v° *Servitudes; Rép.* eod. v°, n°s 301 et suiv.).

284. — X. Privilège des mois de nourrice. — Aux termes de l'art. 14 de la loi du 23 déc. 1874, relative à la protection des enfants du premier âge, « les mois de nourrice dus par les parents ou par toute autre personne font partie des créances privilégiées et prennent rang entre les numéros 3 et 4 de l'art. 2101 c. civ. » Ce principe toutefois n'existe que lorsque l'enfant a été mis en nourrice hors du domicile de ses parents, car c'est le seul cas dont s'occupe la loi de 1874. Si la nourrice demeure chez les parents de l'enfant elle a pour ses gages le privilège des gens de service (André, *Traité pratique du régime hypothécaire*, n° 151).

Le privilège des mois de nourrice s'étend, comme tous les privilèges de l'art. 2101, d'abord sur les meubles et ensuite sur les immeubles. Il s'exerce après celui des frais de dernière maladie et avant celui des gens de service.

Sect. 3. — Des privilèges du trésor public
(*Rép.* n°s 533 à 583).

285. Aux termes de l'art. 2098 c. civ., § 2, « le trésor public ne peut obtenir de privilège au préjudice des droits antérieurement acquis à des tiers ». On a dit au *Rép.* n° 534 que cette disposition ne signifie pas que les privilèges du Trésor sont toujours primés par les droits de privilège ou d'hypothèque qui leur sont antérieurs. On y a vu seulement une application du principe de la non-rétroactivité des lois. Cette interprétation a été adoptée, depuis la publication du *Répertoire*, par la cour de cassation dans les motifs d'un de ses arrêts (V. Civ. cass. 2 déc. 1862, aff. Enregistrement, D. P. 62. 1. 513. V. aussi dans le même sens : Baudry-Lacantinerie, t. 3, n° 1065). Mais, suivant MM. Aubry et Rau, t. 3, § 263 *bis*, p. 186, note 39, qui invoquent à l'appui de leur opinion la discussion qui a eu lieu sur l'art. 1098 au conseil d'Etat, le législateur n'a pas seulement voulu que cet article sauvegardât les droits acquis à des tiers avant la promulgation de lois nouvelles en faveur du Trésor ; il a bien réellement voulu maintenir l'efficacité des privilèges acquis par des tiers avant la naissance des créances du Trésor auxquelles seraient assimilés les privilèges. C'est ainsi que le consul Cambacérès disait : « Il est nécessaire d'exprimer cette limitation, et de dire que les privilèges du trésor public ne pourront détruire *ceux qui existeraient antérieurement à la gestion du comptable* (Locré, *Législation civile*, t. 16, p. 246, n°s 19 et suiv.) ». La loi du 5 sept. 1807, relative aux frais de justice criminelle, aurait fait une application particulière de la disposition de l'art. 1098, en statuant, art. 4, que le privilège du Trésor ne s'exercera sur les immeubles des condamnés qu'après les hypothèques, légales ou autres, antérieures au mandat d'arrêt ou au jugement de condamnation. Une autre application se trouverait dans la loi du 5 sept. 1807, qui a établi le privilège du Trésor sur les biens des comptables : ce privilège, qui a lieu sur les biens meubles et immeubles, ne s'étend qu'aux immeubles acquis à titre onéreux par le comptable postérieurement à sa nomination ; sur les autres immeubles, le Trésor n'a qu'une hypothèque (Comp. en ce sens, Demante et Colmet de Santerre, t. 9, n°s 8 et 8 *bis*).

286. — I. Privilège pour le recouvrement des contributions directes (*Rép.* n°s 536 à 540). — La loi du 12 nov. 1808, art. 1, accorde au Trésor, comme on l'explique au *Rép.* n° 536, un double privilège : l'un spécial, pour la contribution foncière de l'année échue et de l'année courante, sur les récoltes, fruits, loyers et revenus des immeubles soumis à cette contribution (V. *suprà*, v° *Impôts directs*, n° 270 ; *Rép.* eod. v°, n°s 571 et suiv.) ; l'autre général, pour l'année échue et l'année courante des contributions mobilières, des portes et fenêtres, des patentes, et toute autre contribution directe et personnelle, sur tous les meubles et autres effets mobiliers appartenant aux redevables, en quelque lieu qu'ils se trouvent (V. *suprà*, v° *Impôts directs*, n° 271, *Rép.* eod. v°, n°s 578 et suiv.).

287. Il a été jugé que le privilège relatif aux contributions mobilières s'applique au recouvrement des frais d'entretien, de réparation ou de reconstruction des digues et ouvrages d'art sur les rivières non navigables, par la raison que ce recouvrement doit se faire, d'après la loi du 14 flor.

an 11, comme celui des contributions publiques (Civ. cass. 15 juill. 1868, aff. Feydeau, D. P. 68. 1. 373). Il semble résulter de cette décision que le privilège dont il s'agit peut être invoqué pour toutes les taxes assimilées aux contributions directes (V. *Rép.* v° *Impôts directs*, n° 578). Mais il a été jugé que les droits de voirie dus à la Ville de Paris pour autorisation de bâtir ne sont assimilés aux contributions directes que pour les formes dans lesquelles on en poursuit le recouvrement, et non pour le privilège attaché à ces contributions (Paris, 7 nov. 1889, et sur pourvoi, Req. 21 janv. 1891, aff. Faillite Launeau, D. P. 92.1. 47. V. *infrà*, v° *Taxes*).

288. — II. Privilège pour droits et amendes en matière de timbre (*Rép.* n° 541). — Ce privilège, établi par l'art. 76, § 2, de la loi de finances du 28 avr. 1816, est le même que celui qui garantit le recouvrement des contributions mobilières ; il s'étend, par conséquent, sur tous les meubles et autres effets mobiliers appartenant aux redevables (V. *infrà*, v° *Timbre*; *Rép.* v° *Enregistrement*, n° 6064, note 2, et n° 6193; Pont, t. 1, n° 54; Aubry et Rau, t. 3, § 263 *bis*, p. 186).

289. — III. Privilège pour droits de mutation par décès (*Rép.* n° 542). — Les questions auxquelles a donné lieu ce privilège sont examinées *suprà*, v° *Enregistrement*, n°s 2968 et suiv.).

290. — IV. Privilège de la régie des Douanes (*Rép.* n°s 543 à 548). — L'existence de ce privilège n'est plus contestée aujourd'hui. Il est conféré à la régie des Douanes, comme on l'explique au *Rép.* n° 543, par la loi des 6-22 août 1791, tit. 13, art. 22, et par celle du 4 germ. an 2, tit. 6, art. 4 (V. aussi la loi de finances du 28 avr. 1816, art. 58, *Rép.* v° *Douanes*, p. 583).

291. Ce privilège, qui porte sur la généralité des meubles et effets mobiliers des redevables, s'étend aux effets mobiliers des cautions solidaires de ceux-ci (*Rép.* n° 544; Pont, t. 1, n° 31; Aubry et Rau, t. 3, § 263 *bis*, p. 177. Comp. Paris, 29 nov. 1864, *infrà*, n° 299).

292. Il s'exerce par préférence à tous créanciers, « à l'exception, dit la loi, des frais de justice et autres privilégiés, de ce qui sera dû pour six mois de loyer seulement, et sauf aussi la revendication, dûment formée par les propriétaires, des marchandises en nature qui seront encore sous balle et sous corde » (L. 6-22 août 1791, tit. 13, art. 22; *Rép.* v° *Douanes*, p. 555). Les « autres frais privilégiés » dont il est question dans ce texte sont les créances qui, d'après l'ancienne jurisprudence, jouissaient déjà, comme les frais de justice, d'un privilège général sur les meubles, c'est-à-dire les frais funéraires et de dernière maladie, les gages des gens de service et les fournitures de substances (Troplong, *Des privilèges et hypothèques*, t. 1, n° 34; Pont, t. 1, n° 33; Aubry et Rau, t. 3, § 263 *bis*, p. 177, note 3).

Il a été jugé : 1° que le privilège de l'administration des Douanes l'emporte sur le privilège attribué au commissionnaire par l'ancien art. 93 c. com. (aujourd'hui l'art. 95) (Trib. civ. de Marseille, 31 mars 1849, et sur pourvoi, Req. 19 mars 1850, aff. Vernange, D. P. 50. 1. 154); — 2° Que ce privilège est, par sa nature, exclusif de tout concours de la part de la caution qui, après avoir payé le montant de la dette cautionnée, voudrait agir comme subrogée au privilège pour s'attribuer, au détriment de la douane, une part des biens du redevable qui n'est pas entièrement libéré envers elle (Trib. civ. Mantes, 12 avr. 1886, et sur pourvoi Civ. rej. 4 janv. 1888, aff. Vincent, D. P. 88. 1. 55).

293. Le privilège de l'administration des Douanes ne grève la marchandise assujettie au droit que tant qu'elle reste dans les mains du redevable : il ne la suit pas entre les mains du tiers qui l'a acquise de bonne foi, alors même que le redevable en serait resté détenteur pour le compte de cet acquéreur. En conséquence, le commissionnaire, qui a acquitté les droits de douane grevant les marchandises par lui expédiées à son commettant, ne peut, à supposer qu'il soit subrogé au privilège de l'Administration, exercer ce privilège, pour se faire rembourser de ses avances, ni sur les marchandises, si le redevable les a revendues à un tiers de bonne foi, en se bornant à en garder la détention pour les fabriquer au compte de ce dernier, ni même sur le prix de la vente, si ce prix a été réglé en compte courant entre le vendeur et l'acheteur (Douai, 16 juin 1858, et sur

pourvoi, Req. 19 déc. 1859, aff. Vanderschrick, D. P. 60. 1. 110. Comp. les arrêts cités au *Rép.* n° 346).

294. En cas de faillite d'un redevable, la douane ne perd pas les privilèges qui lui sont conférés par les lois spéciales qui la régissent. Par suite, le privilège, qui lui est accordé par les lois des 6-22 août 1791 et 4 germ. an 2, est susceptible de s'exercer aussi bien sur les meubles appartenant au redevable au moment de sa faillite que sur ceux qui peuvent lui advenir plus tard (Trib. civ. Nantes, 31 janv. 1887, et son pourvoi, Civ. rej. 16 mai 1888, aff. Cinqualbre, synd. Emile Etienne et Cézard, D. P. 88. 1. 353). Il s'exerce également, après le payement des créances hypothécaires ou privilégiées, sur le prix d'un immeuble du failli, réalisé par une vente même postérieure à la faillite, et cela nonobstant l'inscription d'hypothèque prise par le syndic en faveur de la masse (Mêmes décisions). Il ne pourrait toutefois préjudicier à la masse si la créance privilégiée était née postérieurement à la déclaration de faillite (Comp. Req. 30 avr. 1889, aff. Faillite Gaurand D. P. 90. 1. 20).

295. La douane ne peut opposer son privilège au vendeur qui revendique les marchandises par lui vendues, soit en vertu de l'art. 2102-4° c. civ., soit dans le cas prévu par l'art. 576 c. com. (Civ. cass. 12 févr. 1845, aff. Gebart, D. P. 45. 1. 162; Aubry et Rau, t. 3, § 263 *bis,* p. 178).

296. — V. Privilège de la régie des Contributions indirectes (*Rép.* n°s 549 à 553). — Le privilège établi en faveur de l'administration des Contributions indirectes, sur les meubles et effets mobiliers des redevables, par l'art. 47 du décret du 1er germ. an 13, est identique à celui de la régie des Douanes. Les mêmes principes régissent ces deux privilèges (V. *Rép.* n° 554).

Par *redevables,* il faut entendre non seulement les débiteurs des contributions, mais encore ceux qui se sont portés cautions pour eux (Paris, 29 nov. 1864, *infrà,* n° 299).

297. En ce qui concerne l'étendue et le rang du privilège des contributions indirectes, il a été jugé : 1° que ce privilège est primé par les frais avancés à l'effet de mettre sous la main de justice le gage commun, pour en réaliser et en attribuer le prix, ainsi que les frais exposés par le propriétaire des lieux loués pour faire reconnaître et conserver son droit (Paris, 12 déc. 1856, aff. Contributions indirectes, D. P. 59. 5. 306) ; — 2° Qu'il s'exerce même sur les meubles que le redevable, avant de contracter la dette des droits réclamés, avait remis en nantissement à un prêteur ou à un créancier, et qu'il prime le privilège du créancier gagiste (Caen, 15 janv. 1870, aff. Béquet, D. P. 73. 2. 178). — Toutefois, d'après l'art. 8 de la loi du 28 mai 1858 (D. P. 58. 4. 69), les marchandises déposées dans les magasins généraux ne sont soumises au privilège des contributions indirectes ou des douanes que pour les droits dus spécialement pour ces marchandises elles-mêmes. Mais il a été jugé que cette disposition ne s'applique pas aux marchandises déposées à titre de nantissement chez un consignataire ordinaire, et que le privilège s'exerce alors avec toute sa généralité (Arrêt précité du 15 janv. 1870).

298. En cas de faillite, le privilège de l'administration des Contributions indirectes ne subit aucune restriction (Civ. cass. 16 mai 1888, aff. Montégut, syndic Duprat et Duhor, D. P. 88. 1. 353. V. *suprà,* n° 294). Il n'en est ainsi toutefois que si ce privilège est antérieur à la faillite. Lorsque la créance privilégiée est née seulement après la déclaration de faillite, le privilège ne peut s'exercer sur les biens du failli au préjudice de la masse des créanciers, investie d'un droit de gage sur tout l'actif du débiteur (Req. 30 avr. 1889, aff. Contributions indirectes, D. P. 90. 1. 20).

299. Pour l'exercice du privilège en cas de faillite, l'administration des Contributions indirectes n'est pas soumise aux formalités ordinaires de production et de vérification ; elle peut toujours procéder par voie de contrainte, et c'est le tribunal civil qui est compétent pour connaître de l'opposition à la contrainte (Paris, 29 nov. 1864) (1).

300. — VI. Privilège sur les biens des comptables (*Rép.* n°s 556 à 568). — Aux termes de l'art. 2 de la loi du 5 sept. 1807, le trésor public jouit d'un privilège sur tous les biens meubles des comptables, pour le payement de leurs débets. On doit considérer comme comptables, comme on l'a dit au *Rép.* n° 557, tous ceux qui, opérant des recettes ou des payements pour le compte de l'Etat, ont le maniement de deniers publics. Peu importe qu'ils soient ou non justiciables de la cour des comptes. Il a été jugé, contrairement à un ancien arrêt (Colmar, 10 juin 1820, *Rép.* n° 1078) et à l'opinion de beaucoup d'auteurs, que les percepteurs des contributions directes sont des comptables de deniers publics et que leurs biens sont soumis, par suite, au privilège du Trésor (Nancy, 8 mars 1884, aff. De Combarieu, D. P. 86. 2. 9).

301. Le privilège du Trésor sur les biens du comptable s'étend à tous les meubles qui se trouvent dans les maisons habitées par celui-ci. Si la femme, même séparée de biens, prétend que ces meubles lui appartiennent en tout ou en partie, il lui incombe d'en faire la preuve suivant les règles du droit commun (*Rép.* n° 563; Aubry et Rau, t. 3, § 263 *bis,* p. 181, note 21). Mais ce privilège ne s'exerce qu'après les privilèges généraux et spéciaux énoncés aux art. 2101 et 2102 c. civ.

302. Outre le privilège général sur les meubles des comptables, le Trésor a un privilège spécial sur les immeubles acquis par eux, à titre onéreux, postérieurement à leur nomination (V. *Rép.* n°s 564 et suiv.). Ce privilège étant fondé sur la présomption que les immeubles dont il s'agit ont été acquis avec les deniers du Trésor, plusieurs auteurs décident que les immeubles acquis par voie d'échange, de même que ceux acquis à titre gratuit, ne sont pas grevés du privilège (Pont, t. 1, n° 44; Aubry et Rau, t. 3, § 263 *bis,* p. 182). Mais les immeubles acquis par la femme du comptable, même en cas de séparation de biens, sont grevés comme s'ils avaient été acquis par le mari, à moins que la femme ne prouve que les deniers employés à l'acquisition lui appartenaient en propres (Aubry et Rau, *loc. cit.*).

303. — VII. Privilège pour frais de justice criminelle (*Rép.* n°s 569 à 576). — Ce privilège, établi, comme le précédent, par une loi du 5 sept. 1807, garantit au Trésor le remboursement des frais dont la condamnation a été prononcée à son profit en matière criminelle, correctionnelle ou de simple police. Il porte sur les meubles et les immeubles du condamné, mais ne s'exerce sur les immeubles que subsidiairement, à défaut du mobilier. — Dans un cas où, après la destitution d'un notaire, un décret avait, en supprimant l'office, enjoint aux autres notaires de la même ville de verser, au profit de qui de droit, à la Caisse des dépôts et consignations, une certaine somme pour la valeur de l'office et des minutes, il a été jugé que la somme ainsi déposée était grevée du privilège du Trésor pour les frais de justice criminelle auxquels le notaire destitué avait été condamné en cour d'assises (Limoges, 6 août 1888, aff. Trésor public, D. P. 89. 2. 149). Cette décision, quoique très juridique, est difficile à concilier avec la jurisprudence qui refuse l'exercice du pri-

---

(1) (Syndic Paintendre C. Contributions indirectes.) — Le 16 juill. 1863, jugement du tribunal civil de la Seine qui déclare valable la saisie-arrêt entre les mains du directeur de la Caisse des consignations, formée par l'administration des Contributions indirectes, sur le prix de marchandises ayant appartenu au sieur Paintendre, déclaré en faillite. — Appel par le syndic de la faillite Paintendre. L'appelant invoque une exception d'incompétence fondée sur l'état de faillite qui, suivant lui, devait entraîner la compétence du tribunal de commerce. Il soutient, en outre, que le failli n'était que caution pour les sommes dues à l'Administration, et qu'à ce titre ses biens n'étaient pas grevés du privilège établi par la loi du 1er germ. an 13.

La cour. — Sur la compétence ; — Considérant que le privilège accordé par la loi du 1er germ. an 13, à l'administra-

tion des Contributions indirectes, sur les meubles des redevables est régi par des dispositions spéciales, qui dérogent au droit commun ; — Que, en cas de faillite du débiteur, l'Administration n'est pas assujettie aux formalités ordinaires de production et de vérification ; — Qu'elle procède par voie de contrainte, et que l'opposition à la contrainte est de la compétence exclusive des tribunaux civils, ainsi que les contestations qui peuvent s'élever sur l'exercice du privilège ; — Au fond : — Considérant que Paintendre en se portant caution d'un débiteur est devenu redevable de l'administration des Contributions indirectes; que la loi n'établit pas de distinction entre la dette personnelle et celle résultant d'un cautionnement ; — Confirme, etc.

Du 29 nov. 1864.-C. de Paris, 1re ch.-MM. Devienne, 1er pr.-Dumas, subst.-Cliquet et Rousset, av.

vilège du vendeur sur l'indemnité accordée aux créanciers de l'officier ministériel destitué (V. *suprà*, n° 165).

304. D'après l'art. 2 de la loi du 5 sept. 1807, le privilège du Trésor ne s'exerce sur le mobilier qu'après : 1° les privilèges désignés aux art. 2101 et 2102 c. civ.; 2° les sommes dues pour la défense personnelle du condamné.

En ce qui concerne ces dernières sommes, on a indiqué au *Rép.*, n° 574, qu'un dissentiment s'était produit dans la jurisprudence sur le point de savoir si le défenseur était privilégié, non pas seulement à l'égard du trésor public, mais encore à l'égard de tous les créanciers chirographaires du condamné. Suivant un premier système, ses honoraires pouvaient bien être prélevés sur la collocation accordée pour les frais de justice, mais le Trésor devait ensuite concourir au marc le franc pour le montant desdits honoraires, avec les autres créanciers (V. en ce sens, Trib. d'Albi, 8 juin 1854, aff. G..., D. P. 55. 3. 6; Rennes, 13 août 1878, aff. X..., D. P. 79. 2. 75 ; Troplong, t. 1, n° 35). Dans ce système aussi, le défenseur ne jouissait d'aucun privilège lorsque sa créance ne se trouvait pas en concurrence avec celle du Trésor (V. l'arrêt précité du 13 août 1878). Mais le système contraire a été adopté, d'abord par la cour de cassation de Belgique, et ensuite par la chambre civile de la cour de cassation française, sur un pourvoi formé par le procureur général dans l'intérêt de la loi (C. cass. Belgique, 16 juill. 1885, aff. État belge, D.P. 87. 2. 179 ; Civ. cass. 18 mai 1887, aff. Rougé, D. P. 87. 1. 349). Il résulte de ces arrêts que les sommes dues pour les honoraires du défenseur d'un condamné forment une créance distincte de celle du trésor public pour les frais de justice criminelle, et que la créance du défenseur est, aux termes des art. 2 et 4 de la loi du 5 sept. 1807, garantie par un privilège sur les meubles et les immeubles du condamné; ce privilège ne s'identifie pas avec celui du Trésor; il est propre au défenseur et s'exerce séparément, après les privilèges énumérés aux art. 2101 et 2102 c. civ. et avant celui des frais de justice criminelle dus au Trésor (V. en ce sens, Pont, t. 1, n° 48; Aubry et Rau, t. 3, § 263 *bis*, p. 183, note 26. V. aussi le rapport de M. le conseiller Greffier, rapporté avec l'arrêt précité du 18 mai 1887).

305. Sur les immeubles, le privilège des frais de justice ne s'exerce, aux termes de l'art. 4 de la loi du 5 sept. 1807, qu'après : 1° les privilèges de l'art. 2101 c. civ. ; 2° les privilèges de l'art. 2103 c. civ., s'ils ont été régulièrement conservés ; 3° les hypothèques légales ayant pris naissance antérieurement au mandat d'arrêt décerné contre le condamné, ou antérieurement au jugement de condamnation, lorsqu'il n'y a pas eu de mandat d'arrêt; 4° les autres hypothèques résultant d'actes antérieurs au mandat d'arrêt ou au jugement de condamnation ; 5° les sommes dues pour la défense personnelle du condamné. Il a été jugé qu'un mandat de dépôt ne peut tenir lieu du mandat d'arrêt exigé ici par la loi pour que les hypothèques cessent d'être opposables au Trésor (Nancy, 8 avr. 1865, et sur pourvoi, Req. 7 janv. 1868, aff. Enregistrement, D. P. 68. 1. 51; Civ. cass. 13 janv. 1874, aff. Préfet d'Alger, D. P. 74. 1. 169). — Le privilège des frais de justice doit, d'ailleurs, pour conserver son rang, être inscrit au bureau des hypothèques dans les deux mois qui suivent le jugement de condamnation. Et il ne peut plus être inscrit utilement, en cas d'aliénation des immeubles du condamné, après la transcription des actes d'aliénation (Aubry et Rau, t. 3, § 263 *bis*, p. 184. — V. *infrà*, n° 409).

306. A la condition d'être conservé en temps utile, c'est-à-dire d'être inscrit dans les deux mois à partir du jugement de condamnation, le privilège des frais de justice criminelle, quand il a pris naissance avant la faillite du condamné, n'est point primé par l'hypothèque de la masse des créanciers de la faillite (Civ. cass. 13 janv. 1874, aff. Préfet d'Alger, D. P. 74. 1. 169).

307. — VIII. Privilège sur le cautionnement fourni par un inculpé mis en liberté provisoire (*Rép.* n° 577). — Ce privilège résulte des art. 114 et 123 c. instr. crim., modifiés par la loi du 14 juill. 1865 (V. *infrà*, v° *Procédure criminelle*).

308. — IX. Adjudications administratives (*Rép.* n° 578). — C'est moins un privilège qu'une hypothèque légale qui, d'après la jurisprudence, résulterait de certaines adjudica-

tions administratives (V. *infrà*, tit. 2, chap. 3, sect. 3, art. 2).

309. — X. Drainage (*Rép.* n°s 579 à 583). — V. *suprà*, n° 283.

CHAP. 3. — De l'ordre dans lequel doivent être classés les privilèges (*Rép.* n°s 584 à 625).

Sect. 1re. — Du classement des privilèges établis par le code civil (*Rép.* n°s 585 à 613).

Art. 1er. — Du rang des privilèges sur les meubles (*Rép.* n°s 586 à 608).

310. — I. Privilèges généraux (*Rép.* n° 586). — Le rang des privilèges généraux entre eux est réglé par l'art. 2101 c. civ. Ils s'exercent dans l'ordre suivant, qui est déterminé par la faveur plus ou moins grande dont le législateur a jugé digne chaque espèce de créances : 1° les frais de justice ; 2° les frais funéraires; 3° les frais de dernière maladie; 4° les mois de nourrice (L. 23 déc. 1874, art. 14. V. *suprà*, n° 284); 5° les salaires des gens de service; 6° les fournitures de subsistances. Si plusieurs créanciers jouissant du même privilège (par exemple, le médecin et le pharmacien, créanciers pour frais de dernière maladie, ou plusieurs gens de service) se trouvent en concours, et que les fonds disponibles soient insuffisants pour les désintéresser tous, ils viennent au marc le franc, sans distinction de la date de leurs créances (*Rép.* n° 586 ; Thézard, n° 379).

311. L'ordre des privilèges généraux entre eux peut toutefois se trouver modifié en cas de concours de ces privilèges avec certains privilèges du trésor public (V. *infrà*, n°s 407 et suiv.).

312. — II. Privilèges spéciaux (*Rép.* n°s 587 à 594). — Pour déterminer l'ordre des privilèges spéciaux, que la loi n'a pas elle-même classés, il faut consulter, comme on l'a dit au *Rép.* n° 588, non pas l'ordre dans lequel ils sont énumérés par l'art. 2102 c. civ., mais la qualité de chaque créance et la cause de chaque privilège. Au point de vue de la cause, ces privilèges se divisent en deux catégories : les uns reposent sur un nantissement exprès ou tacite; les autres sont motivés par le fait d'avoir augmenté ou conservé le patrimoine du débiteur. Dans la première catégorie rentrent le privilège du bailleur, celui du créancier gagiste, celui de l'aubergiste, celui du voiturier et celui du créancier pour faits de charge sur le cautionnement d'un fonctionnaire ; dans la seconde catégorie se placent les privilèges des frais de conservation de la chose, des sommes dues pour semences, récoltes ou ustensiles, du vendeur non payé et du bailleur de fonds d'un cautionnement. En équité, il semblerait que les privilèges de la seconde catégorie devraient s'exercer les premiers ; mais, comme il s'agit de privilèges sur les meubles, il a, lui, pour rester fidèle au principe qu'en fait de meubles la possession vaut titre, doit d'abord donner la préférence au créancier nanti, qui possède de bonne foi. En thèse générale donc, les privilèges qui reposent sur un gage exprès ou tacite viennent au premier rang. Mais cette règle reçoit exception dans deux cas : 1° lorsque le créancier nanti a eu connaissance des droits du créancier qui a augmenté ou conservé le gage ; 2° lorsque, sans même en avoir eu connaissance, il a profité de l'augmentation ou de la conservation du gage (V. en ce sens: Pont, t. 1, n° 182; Aubry et Rau, t. 3, § 289, p. 480 et suiv.; Laurent, t. 29, n° 529 ; Colmet de Santerre, t. 9, n° 49 *bis*-VII; Baudry-Lacantinerie, t. 3, n°s 1082 et 1134).

313. La loi elle-même a fait l'application de ces idées dans quelques hypothèses. Ainsi, elle a décidé que le bailleur prime le vendeur de meubles non payés, à moins qu'il ne soit prouvé que le bailleur savait que les meubles n'étaient pas la pleine propriété du fermier ou du locataire (c. civ. art. 2102-4°, § 3. — V. *suprà*, n°s 93 et suiv. V. aussi Trib. civ. de Melle, 11 juin 1881, aff. Bibault, D. P. 82. 3. 37; Dijon, 10 mai 1893, aff. Leblanc, D. P. 93. 2. 479). Il faut décider de même, comme on l'a fait au *Rép.* n° 592, que l'aubergiste et le voiturier priment le vendeur, lorsqu'ils n'ont pas su que celui-ci n'était pas payé. Le vendeur a, d'ailleurs, un moyen très simple de sauvegarder son droit à l'égard des créanciers gagistes; c'est de

leur faire connaître son privilège. Il suffit même qu'ils l'aient connu d'une manière quelconque pour être tenus de le subir, car ils n'ont pu alors posséder de bonne foi (V. les auteurs précités).

314. D'après l'art. 2102-1°, les sommes dues pour les semences ou pour les frais de la récolte de l'année sont payées sur le prix de la récolte, et celles dues pour ustensiles, sur le prix de ces ustensiles, par préférence au bailleur, alors même qu'il a ignoré la dette, parce que les semences, les frais de récolte, la vente ou la réparation des ustensiles lui ont profité (V. suprà, n° 141). Ainsi, encore, le créancier qui a fait des frais pour la conservation de la chose depuis qu'elle sert de gage au bailleur, celui, par exemple, qui a nourri les animaux de la ferme, doit primer le bailleur (V. Trib. civ. de Joigny, 20 janv. 1870, infrà, n° 324; Paris, 5 mars 1872, aff. Delacombe, D. P. 73. 2. 182).

315. Le conflit peut s'élever aussi entre créanciers privilégiés de même catégorie. Il s'élèvera difficilement entre les créanciers dont le privilège est fondé sur le nantissement (bailleur, gagiste, aubergiste, voiturier), parce que la possession de l'un exclura la possession de l'autre. Toutefois, il faudra voir si le nouveau possesseur peut opposer sa possession à l'ancien, autrement dit, s'il est de bonne foi, s'il a ignoré l'existence du privilège plus ancien (En ce sens : Colmet de Santerre, t. 9, n° 49 bis-X).

316. Entre créanciers privilégiés pour avoir augmenté ou conservé le gage, la préférence se réglera facilement par l'application du principe d'équité qui veut que celui qui a profité de l'augmentation ou de la conservation du gage soit primé par celui auquel il doit cet avantage. Ainsi, par exemple, entre un vendeur et un ouvrier qui a conservé la chose vendue, l'ouvrier doit être préféré ; entre deux créanciers ayant conservé la même chose, c'est évidemment le plus récent qui doit primer l'autre, car le plus ancien aurait perdu son privilège si la chose avait péri (Colmet de Santerre, t. 9, n° bis-IX).

317. — III. Conflit entre les privilèges généraux et les privilèges spéciaux (Rép. n° 595 à 606). — On a indiqué au Rép. n° 595 et suiv., que la question du concours des privilèges généraux avec les privilèges spéciaux a donné lieu à trois systèmes. L'un et l'autre de ces systèmes ont encore leurs partisans et peuvent invoquer des décisions de jurisprudence.

318. Le premier système donne, en principe, la préférence aux privilèges généraux sur les privilèges spéciaux. Il a pour lui tous les jurisconsultes qui ont concouru à la rédaction du code civil (V. Rép. n° 595), et il est encore enseigné par M. Colmet de Santerre, t. 9, n° 49 bis-I et suiv. Cet auteur fait d'abord remarquer que le premier système est le plus naturellement indiqué, à cause de la place que les privilèges généraux occupent dans le code, et

qui peut faire présumer que la préférence du législateur était pour ces privilèges, puisqu'ils se présentaient les premiers à sa pensée. Il ajoute que la loi, en affectant à ces créanciers la totalité des biens du débiteur, a encore témoigné qu'elle les considérait comme plus dignes de protection que ceux qui étaient réduits à un privilège sur un bien particulier. Enfin, il argumente par analogie de l'art. 2105 c. civ., qui a attribué aux privilèges généraux la priorité sur les privilèges particuliers, lorsqu'il s'agit d'exercer ces divers privilèges sur les immeubles. A l'objection tirée contre ce système de l'art. 662 c. proc. civ., qui place le privilège général des frais de poursuite, en cas de contribution, après le privilège spécial du bailleur (V. infrà, n° 324), M. Colmet de Santerre répond que cet article a moins pour but de déterminer le rang des deux privilèges que de statuer sur l'existence du privilège des frais de justice et de nier que ce privilège existe par rapport au bailleur, auquel les frais n'ont pas profité.

Il a été jugé en ce sens : 1° que les frais de justice doivent être colloqués avant les frais de récolte (Bordeaux, 12 avr. 1853, aff. Villefranque, D. P. 53. 2. 242) ; — 2° Que les privilèges pour fournitures d'aliments priment le privilège du bailleur (Trib. de Senlis, 11 mars 1884) (1). V. aussi les arrêts cités au Rép. n° 596.

319. Le second système, directement opposé au premier, donne le pas aux privilèges spéciaux sur les privilèges généraux, en exceptant seulement les frais de justice, nécessaires pour l'exercice des uns et des autres. C'est le système que nous avons adopté au Rép. n° 600. Aux arguments que nous avons développés, M. Thézard, n° 380, ajoute le suivant : « Les privilèges généraux portent sur le patrimoine du débiteur tel qu'il est, et ne confèrent aucun droit réel sur les objets : les créanciers doivent respecter tous les actes consentis par leur débiteur ; si celui-ci avait aliéné et livré un objet mobilier, l'acquéreur échapperait à toute recherche, grâce à la règle de l'art. 2279 ; et même, s'il n'y avait pas en livraison, il serait autorisé à former la demande en distraction, à l'encontre des privilèges généraux ; de même, ceux-ci doivent subir l'effet de tous les droits de nantissement ou d'affectation qui ont été établis sur les meubles par le débiteur, ou qui sont suppléés par la loi : ils n'ont le droit de saisir ces meubles et de s'en faire attribuer le prix que cum sua causa ».

320. Il a été jugé, conformément à ce système : 1° que le privilège spécial établi au profit du propriétaire pour le payement de ses loyers et fermages prime le privilège général résultant de fournitures d'aliments (Trib. Coutance, 7 déc. 1847, et sur pourvoi, Req. 20 mars 1849, aff. Deloge, D. P. 49. 1. 250 ; Trib. civ. de Melle, 11 juin 1881, aff. Bibault, D. P. 82. 3. 37) ; — 2° Que les privilèges spéciaux sur les meubles, énumérés dans l'art. 2102 c. civ., l'emportent sur les privilèges généraux de l'art. 2101, à l'exception des

---

(1) (Pottier et Richoux C. consorts d'Epensival.) — Le tribunal ; — Attendu que, par acte reçu par M° Desjardin, notaire à Betz, le 2 févr. 1879, faisant suite à un autre acte passé devant M° Dumars, notaire au même lieu, le 12 avr. 1864, Mme Varin d'Epensival et ses enfants ont loué aux époux Manier un corps de ferme et 97 hectares de terre et bois, situés territoire de Betz, pour une durée expirant en 1904, moyennant un fermage annuel de 4800 fr. ; — Attendu que les meubles, objets mobiliers, matériel et récoltes qui garnissaient les lieux loués, ont été vendus par suite de saisie sur les époux Manier, et qu'une contribution judiciaire a été ouverte pour la distribution d'une somme de 25 947 fr. 78, formant le prix de la vente ; que les héritiers d'Epensival ont produit à cette contribution pour les loyers échus à eux dus et ceux à échoir ; que divers autres créanciers, notamment les sieurs Pottier frères et Richoux, boulangers, Marin, boucher, et Augé, marchand de vins en gros, ont également réclamé collocation par privilège en vertu de l'art. 2101, § 5, c. civ. ; — Attendu que, sur ces diverses demandes le juge-commissaire a dressé un règlement provisoire de la contribution, et a colloqué au premier rang, c'est-à-dire avant le propriétaire, les fournisseurs de subsistances ; — Attendu que les héritiers d'Epensival ont, dans le délai légal, contesté ledit règlement, en prétendant que les loyers dus à un propriétaire doivent être colloqués avant les créances pour fournitures de subsistances ; qu'il s'agit donc de savoir si les créances privilégiées pour le vertu de l'art. 2101, doivent être colloquées préférablement aux loyers privilégiés sur certains meubles, en vertu de l'art. 2102 ; qu'il est vrai que le code, en distinguant les pri-

vilèges sur les meubles en privilèges généraux et en privilèges spéciaux, n'a dit nulle part que l'une de ces deux classes aurait la préférence sur l'autre en cas de concours ; mais qu'il résulte des discussions qui ont précédé l'adoption des art. 2101 et suiv. c. civ., que c'est par un principe d'humanité et dans un intérêt d'ordre public que les créances énoncées en l'art. 2101 doivent jouir du premier rang, et qu'aucune créance ne saurait être préférable aux frais de dernière maladie et de sépulture, ni aux salaires des gens de service et aux fournitures d'aliments ; que le législateur a tellement voulu assurer le recouvrement de ces créances qu'il a prescrit que le privilège s'étendrait sur la totalité de l'actif mobilier et immobilier, et que, dans l'art. 2105, il est dit qu'à défaut de mobilier, lesdites créances devront être payées sur le prix des immeubles, alors même qu'elles se présenteraient en concours avec les créances privilégiées sur lesdits immeubles ; que, s'il est vrai que le propriétaire de la ferme a un droit de gage, soumis à certaines conditions, sur le mobilier du preneur, il faut reconnaître que le vendeur d'un immeuble est bien plus solidement nanti par son privilège ; — Attendu que l'argument tiré de l'art. 662 c. proc. civ. ne modifie en rien ce qui vient d'être énoncé ; que cet article statue pour le cas où les créances préférables au propriétaire étant payées, les créanciers chirographaires ne pourront pas l'obliger à supporter les frais d'une poursuite de distribution par contribution ; — Par ces motifs ; — Déclare la veuve et les héritiers d'Epensival mal fondés dans leurs dires et contestations, les en déboute et maintient le règlement provisoire ci-dessus énoncé. Du 11 mars 1884.-Trib. civ. de Senlis.

frais de justice indispensables pour la réalisation et la distribution du gage commun (Trib. civ. Châtillon-sur-Seine 20 mai 1863, aff. André, D. P. 63. 3. 43) ; — 3° Que le privilège spécial du bailleur prime le privilège général des gens de service (Dijon, 10 mai 1893, aff. Leblanc, D. P. 93. 2. 479).

321. Le troisième système, qui paraît prévaloir actuellement dans la jurisprudence, ne diffère guère du précédent qu'en théorie. Partant de ce point, que la préférence entre les privilèges généraux et les privilèges spéciaux n'a pas été déterminée par la loi, les auteurs qui préconisent ce système décident qu'il faut remonter à la raison d'être de ces divers privilèges, et les classer suivant la faveur que méritent leurs causes respectives. Ils ne s'accordent pas complètement, toutefois, sur le classement des différentes causes. Voici celui qui a été proposé par Demante (*Thémis*, t. 6, p. 130 et 248 ; *Cours analytique de code civil*, t. 9, n° 47) : 1° dépenses faites dans l'intérêt de la masse des créanciers (frais de justice et frais de conservation du gage) ; 2° nantissement exprès ou tacite (privilèges du locateur, du gagiste, du voiturier et de l'aubergiste ; privilège pour le cautionnement pour faits de charge) ; 3° propriété conservée sous certains rapports (privilèges du vendeur et du bailleur de fonds du cautionnement) ; 4° motifs d'humanité ou d'ordre public (frais funéraires, frais de dernière maladie, salaires des gens de service, fournitures de subsistances). MM. Aubry et Rau, t. 3, § 289, p. 482 et suiv., modifient un peu ce classement. Ils placent, à tort suivant nous, les privilèges généraux, autres que celui des frais de justice, avant le privilège des frais faits pour la conservation d'une chose particulière et avant le privilège du vendeur. Ces deux privilèges spéciaux, qui priment parfois même les privilèges fondés sur le nantissement (V. *suprà*, n° 314), se trouvent ainsi primés par des privilèges généraux qui ne sont jamais opposables aux créanciers nantis, à part peut-être le privilège des frais funéraires, qui peut, dans certains cas, obtenir la priorité sur celui du locateur ou de l'aubergiste.

322. La cour de cassation, qui s'était d'abord prononcée, comme on l'a vu, pour le second système, s'est ralliée au troisième par un arrêt de la chambre civile du 19 janv. 1864 (aff. Boitel, D. P. 64. 1. 80). Elle a posé en principe que la préférence à établir entre les privilèges généraux de l'art. 2101 c. civ. et les privilèges spéciaux de l'art. 2102, concourant sur les mêmes meubles, doit, dans le silence de la loi, se déterminer d'après les différentes qualités des privilèges en concours ; et elle a jugé, en conséquence, que le

privilège du bailleur, pour loyers échus, prime, sur le mobilier garnissant les lieux loués, le privilège des gens de service pour leurs salaires. Il a encore été jugé : 1° que le privilège de ceux qui ont fait des frais pour les semences ou la récolte de l'année passe avant le privilège des gens de service (Civ. cass. 15 mars 1875, aff. D'Ambelle de Peindray, D. P. 75. 1. 273 ; Bordeaux, 31 déc. 1878, même affaire, D. P. 79. 2. 246) ; — 2° Que le privilège du bailleur est préférable à celui du fournisseur de subsistances, et prime même les frais de justice dont le bailleur n'a pas profité (Trib. civ. de Vitry-le-François, 31 juill. 1884) (1) ; — 3° Que le privilège du bailleur d'un fonds rural prime le privilège des gens de service attachés à l'exploitation de ce fonds (Civ. cass. 18 juin 1889, aff. Veuve de Sarrazin, D. P. 89. 1. 399) ; — 4° Que le bailleur, étant assimilé au créancier gagiste, par cela même qu'il est considéré comme nanti du mobilier garnissant les lieux loués et qu'il peut le revendiquer en cas de déplacement, doit avoir la priorité sur les autres créanciers privilégiés (Poitiers, 18 déc. 1890, aff. Chopin et autres, D. P. 92. 2. 377).

323. Quant au privilège des frais de justice, il prime, comme on l'a dit au *Rép.* n°s 601 et suiv., tous les autres privilèges, soit généraux, soit spéciaux. Il prime notamment les privilèges spéciaux pour frais de la récolte de l'année, et pour frais faits pour la conservation de la chose (Civ. cass. 25 avr. 1854, aff. Villefranque, D. P. 54. 1. 137). Mais par *frais de justice*, on ne doit entendre que les frais indispensables pour arriver à la réalisation du gage commun dans l'intérêt de tous les créanciers, et non point ceux qui n'ont pas profité au créancier auquel on les oppose. Ainsi, un héritier bénéficiaire qui a contesté les droits d'un créancier et y a succombé dans l'instance ne peut point être préféré à ce créancier pour le dépens qu'il a exposés en agissant contre lui (Même arrêt. V. aussi *suprà*, n° 45).

324. Aux termes de l'art. 662 c. proc. civ., les *frais de poursuite* sont prélevés par privilège avant toute créance autre que celle pour loyers dus au propriétaire. Les frais de poursuite dont il s'agit ici sont les frais de la distribution par contribution. Ils ne sont pas préférés à la créance du bailleur quand cette créance n'est pas contestée, parce qu'alors la distribution par contribution est inutile à son égard. Il en est de même quand la créance du bailleur a été l'objet d'une contestation reconnue mal fondée (V. *suprà*, v° *Distribution par contribution*, n° 22 ; Paris, 5 mars 1872, aff. Delacombe, D. P. 73. 2. 182). Mais lorsque, au contraire, le bail-

---

(1) (Simonnet C. Lhuilier.) — Le tribunal ; — Attendu qu'une distribution par contribution a été ouverte au greffe de ce tribunal sous le n° 82, pour répartir entre les créanciers la somme de 6287 fr. 87, déposée à la Caisse des consignations, après la vente mobilière faite sur les époux Dehlinger fils, fermiers à Vanault-les-Dames ; — Attendu que cette distribution a été réglée provisoirement le 11 juin 1884, et que plusieurs contestations ont été soulevées par Simonnet, créancier produisant ; — Attendu qu'il prétend que c'est à tort qu'il a été colloqué postérieurement au propriétaire de la ferme, alors qu'il jouit de deux privilèges, tous deux préférables au privilège du bailleur, fondés, l'un sur l'art. 2101, § 5, c. civ., pour fourniture de subsistances au débiteur et à sa famille, et l'autre sur l'art. 2102, § 1er, 4e alinéa, lesdites fournitures devant rentrer dans les frais de récolte de l'année ;

I. Sur la préférence du privilège spécial sur les meubles de l'art. 2102, § 1, au privilège général de l'art. 2101, § 5 : — Attendu que la loi ne s'explique pas sur le rang des privilèges généraux en concours avec les privilèges spéciaux sur les meubles ; — Attendu que le jugement n'a en conséquence qu'à se référer aux principes contenus dans les art. 2095 et 2096 c. civ., et à régler les préférences par les différentes qualités des privilèges ; — Attendu que le créancier nanti d'un gage doit en principe être préféré ; — Attendu que ce serait contrairement à l'art. 2073 c. civ., et à tous les principes de droit et d'équité qu'il verrait sa confiance trompée par la préférence d'un privilège général, alors qu'il a dû compter sur ses sûretés et qu'on ne peut lui reprocher de négligence ; — Attendu qu'aucune cause de préférence ne résulte de l'ordre dans lequel la loi a énuméré les privilèges, et de leur division en privilèges généraux et en privilèges spéciaux ; que le privilège général ne paraît avoir été établi sur les meubles et sur les immeubles que parce qu'il est impossible de le faire porter sur une nature de biens plutôt que sur une autre ; — Attendu que telle était d'ailleurs la règle de l'ancien droit, à laquelle il ne paraît pas que le code civil ait

voulu déroger ; — Attendu que le privilège spécial du bailleur doit en conséquence être préféré au privilège général de celui qui a fourni les subsistances ; que le bailleur peut, écartant les frais de justice qui ne lui ont pas été utiles, se faire payer par privilège à ces frais même, conformément à l'art. 662 c. proc. civ.

II. Sur le privilège pour frais de récolte : — Attendu que la créance pour laquelle le privilège est demandé est celle même de fourniture de vin, puisque ce vin aurait été consommé par les ouvriers ayant fait cette récolte ; — Attendu que l'art. 2102, § 1er, 4e alinéa, a pour but de pourvoir aux nécessités de la culture de la ferme comme l'ensemencement et la récolte, mais que le vin ne peut être compté comme une de ces nécessités ; que le privilège ne peut appartenir qu'à ceux qui ont pris une part directe à la récolte, et non à ceux qui y ont aidé indirectement par des fournitures ; que décider autrement, serait étendre les termes de l'art. 2102, § 1, 4e alinéa, au delà de leur portée, et que les privilèges sont de droit étroit ; — Attendu qu'en réalité Simonnet ne fait que réclamer sous une autre qualification le privilège de l'art. 2102, § 5, par la raison qu'il a conservé la chose du débiteur ; que, si l'on suivait ce système, tout créancier, pour avoir un droit de préférence, n'aurait qu'à établir en fait qu'il a conservé le gage commun des créanciers ; — Mais que le tribunal ne peut entrer dans cette voie, et créer ni classer des privilèges par appréciation de faits ; qu'il n'y a donc pas lieu de rechercher si une certaine quantité de vin fournie par Simonnet a été consommée par les ouvriers ayant fait la récolte ;

Par ces motifs ;

Statuant en matière sommaire et en premier ressort ; — Déclare Simonnet mal fondé en sa demande en collocation par préférence au sieur Lhuilier, l'en déboute ; — Maintient de ce chef le règlement provisoire.

Du 31 juill. 1884.-Trib. civ. de Vitry-le-François.-MM. Nicod, pr.-Charles des Étangs, proc. de la Rép.-Bitsch, Guillaumot et Hatier, av.

leur a vu sa créance justement contestée et n'a pas été en définitive colloqué au rang ou pour la somme qu'il demandait, il doit subir le prélèvement des frais de la procédure de distribution, qui se trouve alors avoir été utile à son égard (Paris, 26 déc. 1871) (1).

Art. 2. — *Du rang des privilèges sur les immeubles* (Rép. n°s 607 à 613).

325. Le classement des privilèges généraux ou spéciaux sur les immeubles ne présente pas de difficultés. En effet, la loi dispose que les privilèges généraux de l'art. 2101, quand ils s'exercent sur les immeubles à défaut du mobilier, ont la priorité sur les privilèges spéciaux de l'art. 2103 (c. civ., art. 2105). D'autre part, tous les privilèges spéciaux sur les immeubles sont fondés sur la même cause ; ils résultent de ce que le créancier a mis le bien dans le patrimoine du débiteur. Dès lors, pour les classer, il suffit de rechercher quel est le créancier qui a le premier fourni la valeur sur laquelle portent les droits privilégiés. C'est en vertu de ce principe qu'en cas de plusieurs ventes successives, d'après la loi, le premier vendeur est préféré au second, le second

---

(1) (Courcier et Goetschy C. Bonneviot.) — Par une sentence arbitrale rendue entre les époux Bonneviot et le sieur Bilbaut, leur fermier à colonage partiaire, celui-ci avait été condamné à payer aux bailleurs une somme de 2798 fr. pour leur part des fruits de la ferme et 1000 fr. de dommages-intérêts ; il était en outre condamné aux dépens. Ses récoltes ayant été saisies et vendues, une distribution par contribution s'ouvrit sur le prix. Les diverses créances privilégiées furent colloquées dans l'ordre suivant : 1° les frais de contribution ; 2° les salaires des gens de service ; 3° les fournitures de subsistances ; 4° les sommes dues aux propriétaires pour fermages, dommages-intérêts et frais. — Les époux Bonneviot ayant contesté ce règlement, le tribunal civil de Joigny rendit, à la date du 20 janv. 1870, le jugement suivant : « Sur les contestations relatives à la créance Bonneviot : — En ce qui touche les dommages-intérêts prononcés par la sentence arbitrale : — Attendu que le privilège du propriétaire garantit, aux termes de l'art. 2102 c. civ., toute l'exécution du bail ; qu'il existe, en conséquence, pour les détériorations survenues par la faute du fermier et pour le préjudice occasionné par sa mauvaise administration, aussi bien que pour les fermages eux-mêmes ; — Attendu qu'il résulte des termes de la sentence que les dommages-intérêts dont s'agit ont été alloués au propriétaire à titre de réparation pour l'ensemble des pertes que lui a causées Bilbaut, par défaut de remplir ses obligations comme fermier, et pour ses fautes dans l'exploitation ; qu'ils ont donc leur origine dans le bail même et qu'ils sont couverts par le même privilège ; — En ce qui touche les frais de procès et d'arbitrage ; — Attendu que les accessoires de la créance doivent passer au même rang qu'elle ; — Attendu que les différents procès dont les frais sont réclamés par Bonneviot sont nés et ont été la conséquence de l'inexécution du bail, et qu'ils ont eu pour résultat de déterminer la créance privilégiée du propriétaire ; que le compromis et l'arbitrage qui ont mis fin à l'une des instances ont conduit au même but, et qu'ainsi les frais exposés à l'occasion de ces différentes instances et auxquels Bilbaut a été condamné par les jugements cités en la sentence ont été justement déclarés comme accessoires de la créance de Bonneviot ; — Attendu que, d'autre part, l'arbitrage volontaire est une juridiction légale et que la jurisprudence est unanime à reconnaître la légitimité des honoraires des arbitres ; — Attendu que les honoraires dont s'agit doivent être compris dans les frais de l'instance arbitrale et en suivre le sort ;... — En ce qui touche les façons des sombres : — Attendu que les époux Bonneviot ont reconnu que la somme de 450 fr., pour façons de 15 hectares en sombres, devait être retranchée de la collocation à leur profit ; — En ce qui touche le rang du privilège de Bonneviot : — Attendu que la créance du propriétaire est garantie par un privilège spécial, aux termes de l'art. 2102 c. civ., sur les fruits de la récolte de l'année, et qu'elle ne peut être primée que par les créances qui, par leur nature, leur qualité, ont sur elle un droit de préférence ; — Attendu que l'art. 662 c. proc. civ., déclare formellement que les frais de poursuite de la contribution passent après la créance du propriétaire ; — Que, si l'on peut dire, dans le cas où celui-ci se trouve seul privilégié et où les deniers de la vente se trouvent absorbés par sa créance, qu'il est contraire à la saine raison comme à son intérêt de l'obliger à poursuivre, selon les prescriptions de l'art. 661 du code précité, une contribution parfaitement inutile à son égard, puisqu'il doit recevoir l'intégralité de sa créance, il n'en est pas de même lorsqu'il se trouve en présence de créanciers opposants légalement privilégiés, dont le rang, par rapport à lui, doit être déterminé ; que le recours à la procédure de contribution n'étant plus alors volontaire, mais obligatoire, l'art. 662 reçoit incontestablement son application ; — En ce qui touche la collocation de Chevallier : — Attendu que, le rang de la créance de Chevallier reste seul à fixer, tous les autres ayant déclaré adhérer aux droits de contestation de Bonneviot et accepter qu'il leur soit préféré ; — Attendu que les salaires de tous ceux qui contribuent à entretenir et à conserver la chose doivent primer le propriétaire qui, en définitive, tire profit de leur travail ; — Attendu que les travaux de culture d'un jardin compris dans le bail d'une ferme se rattachent intimement à l'exploitation et contribuent à la conservation du domaine ; — Attendu que Chevallier, ayant loué ses services pour six mois, à partir du mois de février, était un domestique ; que, bien qu'il paraisse avoir été plus spécialement employé à la culture du jardin, il n'en est pas moins autorisé, tant comme homme de service que comme ayant coopéré à mettre le jardin dans l'état de culture où Bonneviot l'a trouvé au jour de la résiliation, à invoquer un droit de préférence sur le propriétaire lui-même ; — Attendu enfin que les créanciers préférés au propriétaire doivent, en force des choses, être dispensés de supporter les frais de poursuite de la contribution et profiter de l'exemption édictée par l'art. 662 ».

Le sieur Courcier, créancier poursuivant, et Me Goetschy, son avoué, appelèrent seuls de ce jugement.

La cour ; — En ce qui touche les conclusions de Courcier et de Goetschy à fin de collocation des frais de poursuite par privilège et en première ligne : — Considérant que les époux Bonneviot sont propriétaires du domaine de Crouzille dont Bilbaut est fermier ; — Que les récoltes de l'année 1868 ayant été vendues judiciairement sur Bilbaut, et une contribution ayant été ouverte au greffe du tribunal de Joigny sur le prix de cette vente, déposé à la Caisse des consignations, Courcier, les époux Bonneviot et Chevallier ont demandé à être colloqués par privilège en première ligne, savoir : Courcier, créancier poursuivant pour les frais de poursuite de contribution, les époux Bonneviot pour leurs loyers et accessoires, Chevallier, ouvrier, pour ses salaires ; — Considérant que le juge-commissaire ayant colloqué par privilège, et en premier rang, Courcier, pour les frais de poursuite ; en deuxième rang, Chevallier, Dumont, Breton, Binot, Arsène de Guyot et la dame Fougeraux ; en troisième rang, les époux Bonneviot, et ensuite tous les créanciers chirographaires au franc, ce règlement provisoire fut contesté de part et d'autre, Courcier et Bilbaut prétendant : 1° que la créance des époux Bonneviot était exagérée dans son chiffre et devait être réduite ; 2° que n'étant pas une créance pour loyers, elle ne devait jouir d'aucun privilège ; les époux Bonneviot soutenant, de leur côté, que la créance du propriétaire devait être admise avant les frais de poursuite de la contribution et avant toutes autres créances ; — Considérant que les premiers juges saisis de ces contestations, ayant admis que la créance des époux Bonneviot était privilégiée et primait les frais de poursuite, mais ayant reconnu en même temps qu'elle devait subir une réduction de 450 fr. et être colloquée en deuxième rang, seulement après la créance de Chevallier, ont réformé le règlement provisoire, colloqué Chevallier en première ligne, les époux Bonneviot pour leur créance réduite de 450 fr. en deuxième ligne, par préférence à tous autres, même aux frais de poursuite ; — Considérant que, si d'après l'art. 662 c. proc. civ., les frais de poursuite doivent être prélevés par privilège avant toute créance autre que celle pour loyers dus au propriétaire, le motif évident de l'exception en faveur du propriétaire est que les poursuites n'ont été d'aucune utilité pour lui ; que cette disposition ne saurait être étendue au delà du cas pour lequel elle a été édictée ; qu'elle reçoit son application non seulement lorsque le propriétaire use de la faculté ouverte par l'art. 661, ou quand sa créance n'est pas contestée dans la contribution, mais encore lorsque, ayant été l'objet de contestations reconnues mal fondées, elle obtient une collocation en première ligne, parce que, dans ces diverses circonstances, le propriétaire, considéré comme nanti d'un gage, n'a pas à supporter les frais d'une procédure qui lui est inutile et à laquelle il devait rester étranger ; mais qu'il n'en saurait être de même alors que le propriétaire, ayant produit à la contribution, a vu sa créance justement contestée et dans son chiffre et dans son rang, et qu'il n'est pas en définitive colloqué en première ligne ; que sa présence à la contribution étant alors indispensable pour que les contestations soient vérifiées, la quotité et le rang de la créance déterminés par les juges compétents, il ne saurait se refuser, dans ce cas, au prélèvement des frais d'une procédure qui lui profite et sans laquelle il ne pourrait toucher le montant de la créance ; — Considérant que les premiers juges, en réduisant la collocation des époux Bonneviot de 450 fr. et en la plaçant en deuxième ligne, ne pouvaient méconnaître que la poursuite suivie pour arriver à cette réduction avait été faite à bon droit, qu'elle avait été rendue nécessaire par l'exagération même de la demande, et que, dès lors, les époux Bonneviot ne pouvaient être dispensés d'en supporter les frais ; — Sur les autres chefs de conclusions, adoptant les motifs des premiers juges ; — Par ces motifs,

au troisième et ainsi de suite (c. civ., art. 2103-1°, § 2) (En ce sens : Aubry et Rau, t. 3, § 290, p. 484; Colmet de Santerre, t. 9, n° 65 *bis*-I).

326. Au surplus, comme on l'explique au *Rép.* n°s 608 et suiv., les cinq privilèges énumérés par l'art. 2103 se réduisent en réalité à trois, puisque les bailleurs de fonds dont s'occupent les n°s 2 et 5 de cet article ne sont que des créanciers subrogés aux privilèges de ceux qu'ils ont désintéressés. On doit leur appliquer les principes qui régissent la subrogation. Le créancier privilégié qui n'a reçu qu'un payement partiel est préféré, pour ce qui lui reste dû, au subrogé qui l'a payé (c. civ., art. 1252). Lorsqu'il y a plusieurs bailleurs de fonds, ils viennent tous en concurrence, sans égard aux dates respectives des payements par eux faits (Aubry et Rau, t. 3, § 290, p. 484; Laurent, t. 30, n° 65. V. *suprà*, v° *Obligations*, n°s 838 et suiv.).

327. Les trois privilèges spéciaux sur les immeubles qui peuvent se trouver en concours sont ceux du vendeur, du cohéritier ou copartageant et de l'architecte, entrepreneur ou ouvrier. En cas de concours du privilège du vendeur avec celui du copartageant, la priorité appartient, comme en cas de ventes successives, au créancier le plus ancien (*Rép.* n° 611; Aubry et Rau, t. 3, § 290, p. 485; Laurent, t. 30, n° 61; Colmet de Santerre, t. 9, n° 65 *bis*-I; André, n° 453).

328. Quant au privilège des architectes, entrepreneurs ou ouvriers, comme il ne porte que sur la plus-value procurée à l'immeuble par les travaux, il prime naturellement sur cette plus-value le privilège du vendeur et celui du copartageant (*Rép.* n° 612; Aubry et Rau, *loc. cit.*; Laurent, t. 30, n° 62; Colmet de Santerre, t. 9, n° 65 *bis*-II; André, n° 455).

SECT. 2. — DU CLASSEMENT DES PRIVILÈGES ÉTABLIS PAR LE CODE DE COMMERCE OU PAR DES LOIS PARTICULIÈRES (*Rép.* n°s 614 à 625).

329. Le classement des privilèges résultant de lois spéciales a donné lieu, depuis la publication du *Répertoire*, à quelques décisions judiciaires.

330. D'après un jugement du tribunal de commerce de la Seine, il n'y aurait aucune priorité à établir entre le privilège des contributions indirectes et celui des douanes sur les meubles et effets mobiliers des redevables, et ces deux privilèges devraient venir en concurrence (Trib. com. Seine, 17 mai 1882) (1). Mais, sur l'appel de ce jugement, la cour de Paris a jugé, au contraire, que le privilège des contributions indirectes prime celui des douanes, et cette décision a été confirmée par la cour de cassation (Paris, 28 mai 1884, et sur pourvoi, Req. 9 mars 1885, aff. Gourdin, D. P. 86. 1. 109).

331. En cas de faillite, comme on l'a vu, *suprà*, n°s 294 et 298, le privilège des douanes et celui des contributions indirectes, priment l'hypothèque de la masse sur les immeubles du failli, si la créance privilégiée est née antérieurement à la déclaration de faillite (Civ. rej. 16 mai 1888, aff. Cinqualbrem, syndic Emile Etienne et Cézard, D. P. 88. 1. 353; Civ. cass. 16 mai 1888, aff. Montégut, syndic Duprat et Dubor, D. P. 88.

1, 353). Il en est de même du privilège du Trésor pour frais de justice criminelle (Civ. cass. 13 janv. 1874, aff. Préfet d'Alger, D. P. 74. 1. 169). Mais ces divers privilèges ne peuvent s'exercer au préjudice de la masse, lorsque la créance privilégiée n'a pris naissance qu'après la déclaration de faillite (Req. 30 avr. 1889, aff. Faillite Gaurand, D. P. 90. 1. 20).

332. En ce qui concerne le rang du privilège du Trésor pour les droits de mutation par décès, V. *suprà*, v° *Enregistrement*, n°s 3000 et suiv.).

333. Le rang des privilèges du code de commerce et du droit maritime est indiqué aussi là où l'on a traité plus spécialement de ces privilèges (V. *suprà*, n°s 262 et suiv.).

334. La loi du 23 déc. 1874, qui a établi un privilège pour les mois de nourrice a, en même temps, décidé que ce privilège prendrait rang entre celui des frais de dernière maladie et celui des gens de service (V. *suprà*, n° 284).

CHAP. 4. — De la manière dont se conservent les privilèges (*Rép.* n°s 626 à 720.

335. Tous les privilèges, tant ceux sur les meubles que ceux sur les immeubles, emportent un droit de préférence entre les créanciers. Les privilèges sur les immeubles emportent de plus, comme les hypothèques, un droit de suite contre les tiers auxquels le débiteur a, bien affecté du privilège (c. civ., art. 2166). C'est pourquoi la loi, comme on l'explique au *Rép.* n° 626, a jugé nécessaire de soumettre l'exercice des privilèges sur les immeubles à certaines conditions de publicité. En général, ces privilèges ne sont efficaces, pour l'exercice du droit de préférence comme pour l'exercice du droit de suite, qu'autant qu'ils sont inscrits sur les registres de la conservation des hypothèques (c. civ., art. 2106). Par exception, les privilèges généraux de l'art. 2101, quand ils s'exercent sur les immeubles, sont dispensés de la formalité de l'inscription, au moins quant à l'exercice du droit de préférence (V. *infrà*, n° 337). Le privilège du vendeur conserve aussi exceptionnellement son efficacité, indépendamment de toute inscription, par l'effet de la transcription de l'acte de vente (V. *infrà*, n° 340).

336. On s'est demandé au *Rép.* n° 627, si l'inscription, nécessaire en général pour l'exercice des privilèges sur les immeubles, a de plus pour effet de déterminer leur rang. La manière dont est rédigé l'art. 2106 c. civ. pourrait le donner à penser; d'après cet article, en effet, les privilèges ne produisent d'effet à l'égard des immeubles que lorsqu'ils sont inscrits, *et à compter de la date de cette inscription*. Mais alors cet article serait en contradiction avec l'art. 2096, aux termes duquel la préférence, pour les créanciers privilégiés, se règle par les différentes qualités des privilèges. L'explication que nous avons donnée au *Rép.* n° 627 des mots « et à compter de la date de cette inscription », dans l'art. 2106, est celle de la majorité des auteurs. Elle a été de nouveau très clairement présentée par M. Thézard, n° 305 : « Si on se reporte, dit-il, à l'origine de l'art. 2106, on voit qu'il n'a point pour but de régler le rang par l'inscription. L'art. 2

infirme en ce que les premiers juges ont décidé que les époux Bonneviot seraient colloqués par préférence aux frais de poursuite; émendant quant à ce..., dit que Courcier et Gœtschy seront colloqués en premier ordre pour les frais de poursuite, par privilège et préférence à tous autres, notamment aux époux Bonneviot, etc.

Du 26 déc. 1874.-C. de Paris, 5e ch.-MM. Brière-Valigny, pr.-Manuel, subst.-Gœschy et Guerrier, av.

(1) (Lafontaine, Prévost, Martinet et comp. C. Gourdin et comp.) — LE TRIBUNAL ; — Attendu que, pour établir la priorité qu'ils réclament pour le privilège des contributions indirectes sur celui des douanes, les demandeurs soutiennent que le classement de ces privilèges résulterait des textes mêmes qui les ont institués; qu'en effet, il y aurait une différence de rédaction entre l'art. 22, tit. 13, de la loi du 22 août 1791, et l'art. 47 de la loi du 1er germ. an 13; que la loi de 1791, applicable aux douanes stipulerait que la Régie aurait privilège et préférence à tous créanciers sur les meubles et effets mobiliers des comptables pour leurs débets et sur ceux des redevables, à l'exclusion des frais de justice *et autres privilégiés*; que ces mots *et autres privilégiés*, qui figurent dans ce texte et qui ne se trouvent pas dans la loi du 1er germ. an 13, relative aux contributions indi-

rectes, créeraient au profit de la Régie de ces dernières une priorité sur la Régie des douanes; — Mais attendu que ces mots « et autres privilégiés » venant à la suite des mots « les frais de justice » ne peuvent s'entendre que par « les autres frais privilégiés »; que cette formule s'applique aux frais et créances énoncés dans l'art. 2101 c. civ., et qu'on ne saurait comprendre dans les frais privilégiés la créance de la Régie des contributions indirectes, alors que rien ne peut faire supposer qu'elle pût y figurer à un titre quelconque; — Attendu en outre, qu'en plus de la loi de 1791 dont il est question ci-dessus, le privilège des douanes est encore établi par la loi du 4 germ. an 2, qui stipule d'une manière absolue que « la République est préférée à tous créanciers », sans qu'il soit fait mention d'aucune exception; que cette loi de l'an 2 est antérieure à celle de l'an 13, et que dans celle-ci rien ne vient affaiblir le privilège des douanes au profit des contributions indirectes; que, dans ces conditions, rien ne justifiant la prétention des demandeurs, il y a lieu de la repousser;

Par ces motifs; — Déclare Claude Lafontaine, H. Prévost, P. Martinet et comp., mal fondés en leur demande, les en déboute; — Dit qu'il n'y a lieu à aucune préférence entre le privilège des demandeurs et celui des défendeurs.

Du 17 mai 1882.-Trib. com. de la Seine.-M. Salmon, pr.

de la loi du 11 brum. an 7 disait que *l'hypothèque ne prend rang et les privilèges n'ont d'effet que par leur inscription*, marquant ainsi l'antithèse entre les deux droits, tout en indiquant la condition commune de l'inscription. Cette disposition, en passant dans le code, s'est dédoublée ; pour l'hypothèque, l'art. 2134 a décidé qu'elle *n'a de rang que du jour de l'inscription* ; pour le privilège, l'art. 2106 a disposé qu'il *n'a d'effet* que par l'inscription, et à compter de cette inscription, mais sans statuer ici sur le rang ; ce dernier texte exprime donc simplement l'idée que l'inscription est la condition nécessaire de l'exercice du privilège ; on peut dire littéralement que l'effet ne se produit qu'à *compter de l'inscription*, mais que cet effet, comme celui de la condition qui, elle aussi, fait naître le droit, est un effet rétroactif. Un texte qui a ainsi besoin d'interprétation est loin d'être irréprochable, et qu'elle soit nécessaire » (V. dans le même sens : Colmet de Santerre, t. 9, nos 66 *bis*-III et suiv.). — M. Baudry-Lacantinerie, t. 3, n° 1190, a toutefois proposé une explication nouvelle, que nous rapporterons sans la discuter, la question n'ayant guère qu'un intérêt purement théorique. Suivant lui, l'art. 2106 contient deux règles, une première règle d'après laquelle les privilèges sur les immeubles ne produisent d'effet qu'autant qu'ils sont rendus publics par une inscription, et une deuxième règle suivant laquelle ces privilèges ne prennent rang qu'à compter de la date de leur inscription. Pour cette seconde règle, l'art. 2106 déroge réellement à l'art. 2096. « L'art. 2106, dit cet auteur, applique aux privilèges sur les immeubles, du moins à ceux qui demeurent soumis à la formalité de l'inscription, la règle : *Prior tempore potior jure*. Mais il annonce que la règle comporte des exceptions ; or, si nous passons à l'examen des exceptions, nous voyons qu'en fait elles étouffent la règle, et que c'est l'exception qui nous apparaît comme étant vraiment la règle. Quels sont, en effet, les privilèges qui demeurent soumis à la formalité de l'inscription et auxquels s'applique la deuxième règle posée par l'art. 2106 ? Ce sont les privilèges des copartageants, des constructeurs et des créanciers qui demandent la séparation des patrimoines. Or il résulte des art. 2109, 2110 et 2111 que, si ces privilèges sont inscrits dans les conditions de temps déterminées par la loi, on ne leur applique plus la règle : *Prior tempore potior jure* ; le privilège inscrit en temps utile est conservé dans toute sa plénitude ; son rang devient indépendant de la date de l'inscription, et il est fixé par la qualité de la créance. C'est seulement quand le créancier a été négligent, quand il s'est inscrit tardivement, que le rang de son privilège est déterminé par la date de son inscription. On peut affirmer que le créancier ne manquera guère, dans la pratique, de remplir en son temps une formalité qui est pour lui de telle importance ; la règle sera donc que le rang du privilège sera fixé par la qualité de la créance, et ce n'est qu'exceptionnellement qu'il sera réglé par la date de l'inscription... En somme, il y avait deux manières d'exprimer ce qu'a voulu dire le législateur. La première, qui nous paraît la plus correcte, consistait à dire que le rang du privilège est déterminé par la qualité de la créance, qu'exceptionnellement il est réglé par la date de l'inscription lorsque le créancier s'est inscrit tardivement. La deuxième consistait à dire que le privilège, en principe, prend rang à compter de son inscription, mais qu'exceptionnellement son rang est déterminé par la qualité de la créance lorsque le créancier s'est inscrit dans les conditions de temps déterminées par la loi. La première formule est celle de l'art. 2096 ; la seconde est celle des art. 2106 et suiv. Ce qu'on peut reprocher surtout au législateur, à notre avis, c'est d'avoir employé à la fois l'une et l'autre formule ; car autrement il nous serait assez indifférent qu'il eût adopté l'une ou l'autre, vu qu'il y a des cas, et celui-là nous paraît être du nombre, où il est assez difficile, au point de vue logique, de dire de quel côté est la règle et de quel côté est l'exception ». En résumé, suivant cette interprétation, l'art. 2106, en disant que les privilèges ne produisent d'effet qu'à compter de la date de leur inscription, aurait en vue le cas où, faute de l'accomplissement des conditions nécessaires pour la conservation de leur rang, les privilèges dégénèrent en simples hypothèques et ne datent, conformément à l'art. 2113 c. civ., que de l'époque des inscriptions.

337. Comme on l'a montré au *Rép.* n° 628, les privilèges généraux de l'art. 2101 (frais de justice, frais funéraires, frais de dernière maladie, mois de nourrice, salaires des gens de service, fournitures de subsistances) sont, d'une manière complète, dispensés de la formalité de l'inscription en ce qui concerne le droit de préférence qui y est attaché (c. civ. art. 2107). Les créanciers auxquels ces privilèges compètent peuvent donc, indépendamment de toute inscription, se présenter aux ordres ouverts sur le débiteur pour la distribution du prix de ses immeubles, et réclamer leur payement de préférence aux autres créanciers, même hypothécaires. Mais les privilèges dont il s'agit restent soumis à la nécessité de l'inscription pour la conservation du droit de suite, c'est-à-dire de l'action réelle que les créanciers prétendraient exercer contre les acquéreurs des biens du débiteur, à supposer que cette action leur appartienne (En ce sens : Aubry et Rau, t. 3, § 269, p. 300 ; Colmet de Santerre, t. 9, n° 147 *bis*-XIV ; André, n° 397. V. toutefois, *suprà*, n° 261). Quant au point de savoir jusqu'à quelle époque ces privilèges peuvent être inscrits, V. *infrà*, tit. 2, chap. 3, sect. 3, art. 3.

SECT. 1re. — De la conservation du privilège du vendeur (Rép. nos 630 à 678).

ART. 1er. — *Des formalités établies par la loi du 11 brum. an 7, pour la conservation des privilèges nés d'une vente antérieure à la publication de cette loi* (Rép. nos 631 à 637).

338. — V. *Rép.* nos 631 et suiv.

ART. 2. — *Des formalités établies par la loi du 11 brum. an 7, pour la conservation du privilège du vendeur ou de ses ayants cause* (Rép. nos 638 à 643).

339. — V. *Rép.* nos 638 et suiv.

ART. 3. — *Des règles relatives à la conservation du privilège du vendeur, résultant du code civil, du code de procédure civile et de la loi du 23 mars 1855, sur la transcription* (Rép. n° 644 à 678).

340. — I. PAR QUELS MOYENS SE CONSERVE LE PRIVILÈGE DU VENDEUR. — Il résulte de l'art. 2108 c. civ. que le privilège du vendeur se conserve par la seule transcription de l'acte de vente sur les registres du conservateur des hypothèques. Néanmoins, d'après le même article, le conservateur est tenu, sous peine de dommages-intérêts envers les tiers, de faire d'office, sur ses registres, l'inscription des créances résultant de l'acte translatif de propriété, tant en faveur du vendeur qu'en faveur des prêteurs subrogés à ses droits par le contrat (*Rép.* n° 644). Nous avons vu *suprà*, n° 196, que le vendeur n'a un privilège qu'autant que, d'après l'acte, il reste créancier du prix, en tout ou en partie. Si l'acte contient la quittance du prix, le privilège n'existe pas et le conservateur ne doit pas l'inscrire (*Rép.* n° 647). Il faut que la quittance soit régulière et donnée par une personne capable de recevoir. Ainsi, il a été jugé : 1° que le privilège du vendeur d'un immeuble subsiste et doit être inscrit d'office par le conservateur, lors même que le contrat de vente porte quittance du prix, si la quittance n'est ni valable, ni libératoire, et notamment si elle émane d'une personne incapable de recevoir (Trib. civ. Caen, 16 avr. 1883, aff. Mauger, D. P. 85. 3. 23) ; — 2° Que le conservateur des hypothèques ne peut se dispenser de prendre une inscription d'office du privilège du vendeur, à la suite de la transcription de l'acte de vente d'un immeuble dotal, bien que le prix de la vente ait été déclaré payé comptant, s'il n'est pas justifié du remploi obligatoire (Pau, 24 juill. 1886, aff. Tapie, D. P. 87. 2. 33). La déclaration, faite par le vendeur dans l'acte de vente, qu'il a reçu le prix en effets de commerce ou autres valeurs, laisse subsister le privilège pour la garantie du payement des valeurs à leur échéance ; elle ne suffit donc pas pour dispenser de prendre l'inscription d'office (V. *suprà*, n° 196 et Trib. civ. de Sarlat, 14 juin 1872, aff. X..., D. P. 74. 5. 138 ; Trib. civ. de Marennes, 18 mars 1873, aff. Loyer, *ibid.*).

341. Cependant le conservateur ne doit inscrire le privi-

lège du vendeur que dans la mesure où, d'après les titres qui lui sont produits, ce privilège subsiste et doit être conservé. Il a été jugé que, dans le cas où deux individus ont acquis solidairement un immeuble, sans détermination de leurs parts respectives, et où l'un d'eux paye la totalité du prix avant la transcription de la vente et se fait subroger par le vendeur, pour la totalité de la somme payée, contre l'autre acquéreur, le conservateur entre les mains duquel l'acte de vente et la quittance subrogatoire sont déposés pour être transcrits agit régulièrement en ne prenant inscription d'office contre l'acquéreur resté débiteur de la moitié du prix, la convention intervenue entre le vendeur et l'acquéreur qui a payé n'ayant pu rendre l'autre acquéreur débiteur de la totalité, alors qu'il n'était réputé devoir que la moitié, conformément au principe de l'art. 1213 c. civ. (Trib. civ. de la Seine, 17 mars 1892, aff. Montier, D. P. 93. 2. 297). Cette solution, toutefois, nous paraît contestable, car, dans l'espèce, les deux coacquéreurs étaient solidaires, et par conséquent l'inscription devait être prise pour le tout contre chacun d'eux ; la position de celui qui restait débiteur n'eût donc pas été aggravée quand même cette inscription aurait été prise contre lui pour la totalité du prix, comme le demandait l'acquéreur qui avait payé.

342. Pour que la transcription de l'acte de vente conserve le privilège, il est nécessaire que l'acte indique la nature et la situation des biens vendus ; autrement les tiers ne pourraient apprendre par la transcription sur quoi porte le privilège. Ainsi, il a été jugé qu'un acte par lequel un héritier cède « tous les droits qu'il peut prétendre dans telle succession » n'engendre aucun privilège pour le vendeur, alors même que la cession a compris des droits immobiliers et que l'acquéreur a fait transcrire l'acte (Pau, 30 nov. 1876) (1). Et il a été décidé avec raison, dans le même cas, que l'insuffisance des énonciations du contrat n'a pu être réparée dans l'inscription d'office prise par le conservateur des hypothèques, ni dans le renouvellement de cette inscription requis par le vendeur : les tiers, en effet, qui veulent savoir s'il existe un privilège, ne sont pas tenus de prendre connaissance de l'inscription d'office ; ils peuvent se borner à consulter la transcription.

343. Le donateur d'un immeuble n'ayant pas de privilège pour l'exécution des charges imposées par lui au donataire (V. suprà, n° 206), rien n'oblige le conservateur des hypothèques, sur la présentation de la donation à la transcription, de prendre au profit du donateur une inscription d'office. Néanmoins, il a été jugé que, si la donation contient en faveur du donateur une stipulation d'hypothèque, l'inscription d'office le conservateur a prise, en pareil cas, peut profiter au donateur, non comme inscription de privilège, mais comme inscription hypothécaire (Agen, 4 janv. 1854, aff. Pardoux et Chamaillard, D. P. 55. 2. 42. — V. toutefois, Colmar, 30 mai 1863, suprà, n° 206, et Bordeaux, 22 juill. 1890, ibid.).

344. En cas d'expropriation d'un immeuble pour cause

---

(1) (Abbadie C. Abbadie.) — Par acte notarié, passé à Lourdes le 2 nov. 1863, Pierre Abbadie cédait à son frère Jean-Baptiste Abbadie « tous les droits qu'il pourrait prétendre dans la succession de Marie Verger, sa mère, et de Barthélemy Verger, son grand-père maternel ». Ce transport était fait moyennant la somme de 4000 fr., en diminution de laquelle le cessionnaire versait au cédant celle de 1000 fr., s'obligeant à lui payer les 3000 fr. restant à raison de 400 fr. par an, etc. A la garantie des payements à faire, Jean-Baptiste Abbadie affectait et hypothéquait spécialement les biens, prés, champs, bâtiments et dépendances qu'il possédait aux Granges et à Julos. Cet acte fut transcrit, et alors même qu'il ne contenait aucune désignation des droits cédés ; le conservateur des hypothèques prit une inscription d'office pour le privilège du cédant « sur les droits immobiliers des successions cédées ». Cette inscription fut renouvelée par le cédant en 1873, avec l'indication qu'elle portait sur les droits immobiliers de Jean-Baptiste Abbadie, sis aux Granges et à Julos. — Les biens de Jean-Baptiste Abbadie ayant été vendus, Pierre Abbadie demanda à être colloqué par privilège pour ce qui lui était dû en vertu de la cession du 2 nov. 1863, mais sa demande fut rejetée par le juge-commissaire, à raison de ce que l'inscription du privilège ne mentionnait pas suffisamment les immeubles qui en étaient grevés. Un jugement du tribunal de Lourdes du 17 mai 1876 adopta cette manière de voir, et ce jugement a été confirmé par la cour de Pau dans les termes suivants :

LA COUR ; — Statuant tant sur l'appel principal que sur l'appel incident ; — Attendu qu'à quelque point de vue qu'on envisage l'acte du 8 nov. 1863, la solution reste la même, soit qu'on le considère comme faisant cesser toute indivision entre les contractants quant à l'hérédité par suite l'acte du 8 nov. 1863 ; équivalant dès lors à un partage dans les termes des art. 883 et 888 c. civ.; soit qu'on l'envisage comme une simple cession de droits successifs et qu'on lui applique les règles ordinaires de la vente : art. 1582, 1596 et suiv.; — Qu'en effet, dans la première hypothèse, le cédant eût dû, conformément à l'art. 2109 c. civ., inscrire son privilège dans les soixante jours à dater de l'acte de partage, et que, ne l'ayant pas fait, il est au regard des tiers déchu de tout droit de suite et de privilège ; — Que, dans la deuxième hypothèse, s'il est vrai qu'aux termes de l'art. 2108, la transcription vaut inscription, il n'en est pas moins certain que c'est à la condition que l'acte constitutif du privilège du vendeur permette non seulement de l'asseoir sur des biens qui en soient susceptibles au point de vue du droit de suite, mais encore d'en révéler l'existence aux tiers, soit par la transcription, soit par l'inscription faite d'office par le conservateur ; — Et attendu en fait que l'acte du 8 nov. 1863 porte que Pierre Abbadie cède à Jean-Baptiste Abbadie, son frère, tous les droits qu'il pouvait prétendre dans les successions de Marie Verger, leur mère, et de Barthélemy Verger, leur grand-père maternel, sans spécifier d'aucune façon en quoi consistent ces successions et quels sont les biens qui les composent ; — Qu'un privilège de vendeur résultant d'un acte ainsi conçu ne peut reposer que sur les droits successifs vendus ; que cette désignation est insuffisante pour porter à la connaissance des tiers la nature, l'étendue et la portée dudit privilège ; ni même le point de savoir s'il s'étend sur des immeubles, puisque rien dans ledit acte n'indique que ces successions soient composées d'immeubles ; qu'il faut donc reconnaître que l'acte du 8 nov. 1863 ne pouvait conférer ni en conféra réellement aucun droit de privilège ; — Attendu qu'il est allégué, il est vrai, que l'inscription prise par lui d'office, conformément audit art. 2108, le conservateur des hypothèques a mentionné qu'elle portait sur les droits immobiliers des successions cédées, mais qu'ainsi qu'il a été dit, rien dans l'acte de cession n'autorisait cette précision, et qu'il est manifeste que l'inscription ne peut que reproduire les termes mêmes de l'acte constitutif du privilège, sans y rien ajouter ; que ce n'est pas l'inscription, mais l'acte qui crée le droit au privilège, et que c'est ainsi que, du reste, conformément aux dispositions dudit article 2108, la transcription de l'acte vaut inscription pour le vendeur ; que tel est le sens de cette maxime de droit admise et sanctionnée par ledit article et devenue ainsi une prescription légale, et que ce n'est qu'ainsi entendue qu'elle est conforme aux principes fondamentaux de notre législation en matière hypothécaire ; que, du reste, cette inscription ne mentionne nullement, pas plus que l'acte du 8 nov. 1863, la situation, pas moins les immeubles successifs cédés, le droit à l'inscription étant subordonné à l'existence d'une hypothèque que la partie régulièrement acquis ; qu'ainsi, l'acte du 8 nov. 1863 ne conférant explicitement aucun privilège sur aucun des immeubles quelconques, ceux qui ont été ultérieurement licités et dont le prix fait l'objet de l'ordre dans lequel sont nées les contestations dont s'agit ne peuvent en être aucunement affectés ; — Qu'il est dès lors superflu d'examiner si les termes de l'inscription prise le 4 nov. 1873 en renouvellement de celle du 4 déc. 1863 et dans laquelle on remarque ce détail, qui n'existait pas dans la première, que les droits immobiliers sont situés aux Granges, commune de Julos, satisfait aux prescriptions de l'art. 2148 c. civ.; — Qu'il est certain que s'il fallait l'examiner seule, au point de vue de l'hypothèque, il y aurait lieu, ainsi que l'ont dit les premiers juges, de la déclarer insuffisante au point de vue de la spécialité ; — Mais qu'il ne s'agit pas dans la cause d'une hypothèque conventionnelle soumise à la règle de la spécialité au point de vue de l'inscription et des mentions qu'elle doit renfermer à cet égard ; qu'il s'agit d'un privilège établi par la loi en faveur d'un vendeur d'immeubles ; qu'ainsi qu'il a été dit plus haut, ce privilège ne saurait être reconnu dans la cause, l'acte dont on prétend l'inférer ne mentionnant explicitement aucune cession d'immeubles ; — Qu'ainsi, en se bornant à appliquer simplement à l'inscription du 4 nov. 1873 les règles de l'art. 2154, on est conduit à remonter à l'hypothèque primordiale du 4 déc. 1863 et à l'acte du 8 nov. 1863, et qu'on est amené toujours aux mêmes conclusions ; — Attendu, d'autre part, que Pierre Abbadie n'a pas à profit l'hypothèque conventionnelle qui lui était conférée par ledit acte, et qu'il ne l'a pas vivifiée par une inscription faite dans les termes ordinaires du droit ; — Qu'il ne peut donc arguer, dans la cause, ni d'un droit hypothécaire, ni d'un droit de préférence légitimement constitué ou conservé ; — Par ces motifs,

Confirme, etc.

Du 30 nov. 1876.-C. de Pau, 2e ch.-MM. François Saint-Maur, pr.-Bouniceau-Gesmont, av. gén.-Forest et Laserre, av.

d'utilité publique, bien que l'art. 16 de la loi du 3 mai 1841 ordonne la transcription du jugement d'adjudication, aucune inscription d'office ne doit être prise contre l'expropriant (V. *supra*, v° *Expropriation pour cause d'utilité publique*, n° 237; Dijon, 5 août 1853, aff. Conserv. des hypoth. de Mâcon, D. P. 55. 5. 357).

345. La transcription est ordinairement effectuée à la requête de l'acquéreur. Mais, comme on l'a dit au *Rép.* n° 649, elle peut également être faite, pour la conservation du privilège, à la requête du vendeur ou du prêteur subrogé à ses droits (Aubry et Rau, t. 3, § 355, p. 278; Baudry-Lacantinerie, t. 3, n° 1167).

346. Lorsque deux ventes du même immeuble ont eu lieu successivement et que la première n'a pas été transcrite, la transcription de la seconde et l'inscription d'office prise en conséquence par le conservateur n'ont pas pour effet de conserver le privilège du premier vendeur, alors même que la seconde vente ferait mention de la première et du prix encore dû (*Rép.* n°s 650 et suiv.; Colmar, 14 mai 1844, et sur pourvoi, Req. 29 avr. 1845, aff. Reinhard, D. P. 45. 1. 300; Montpellier, 9 juin 1853, aff. Laransie, D. P. 54. 2. 173; Aubry et Rau, t. 3, § 278, p. 355; André, n° 400. V. aussi Poitiers, 30 nov. 1860, aff. Jacquillon, D. P. 61. 2. 75).

347. Le privilège du vendeur, qui se conserve par la transcription de l'acte de vente, peut aussi, comme tout autre privilège, être conservé par une inscription requise par le vendeur. On a objecté que, si la vente a été transcrite, cette inscription est inutile, et que, si la transcription n'a pas été faite, le vendeur ne peut avoir encore aucune raison de prendre inscription, puisque, d'après l'art. 3 de la loi du 23 mars 1855, il reste propriétaire de l'immeuble à l'égard des tiers et n'a pas besoin par conséquent de prendre inscription sur lui-même (Pont, t. 1, n° 263). Mais par le fait seul de la vente et dès avant la transcription, le vendeur a cessé d'être propriétaire, à l'égard de l'acheteur, et il est devenu créancier du prix; il doit donc pouvoir s'inscrire comme créancier. La faculté pour lui de prendre inscription, au lieu de faire transcrire son contrat, ne semble guère contestable en présence de l'art. 6 de la loi de 1855, qui lui accorde un délai de quarante-cinq jours à partir de la vente pour *inscrire* utilement son privilège nonobstant toute transcription faite dans ce délai. Il est vrai que, tant que son contrat n'a pas été transcrit et que l'immeuble est toujours entre les mains de l'acquéreur, l'inscription que le vendeur prendrait serait sans utilité; mais du jour où l'immeuble passerait aux mains d'un tiers acquéreur, elle deviendrait efficace (V. en ce sens: *Rép.* n°s 653 et suiv.; Aubry et Rau, t. 3, § 278, p. 355, note 4; Laurent, t. 30, n° 76; Colmet de Santerre, t. 9, n° 69 *bis*-VII et suiv. 147*bis*-XXIV et suiv.; Baudry-Lacantinerie, t. 3, n°1189).

On doit observer, toutefois, que, lorsque la vente a été transcrite, si l'acte de vente est par lui-même insuffisant pour avertir les tiers de l'existence du privilège, l'inscription qui serait prise ensuite par le vendeur ne pourrait servir à réparer les lacunes du contrat (V. Pau, 30 nov. 1876, *supra*, n° 342).

348. L'inscription qui, aux termes de l'art. 2108 c. civ., doit être prise d'office par le conservateur des hypothèques, a pour but d'avertir les tiers des « créances résultant de l'acte translatif de propriété, tant en faveur du vendeur qu'en faveur des prêteurs ». Elle doit, par conséquent, faire mention, non seulement de la créance du prix, mais encore des charges qui constituent des créances accessoires de ce prix. Elle doit, d'ailleurs, en général, contenir toutes les énonciations requises pour la validité d'une inscription hypothécaire (V. *infrà*, tit. 2, chap. 4, sect. 4). Mais ces énonciations ne peuvent être empruntées par le conservateur qu'à l'acte de vente (V. Pau, 30 nov. 1876, *supra*, n°342).

349. Si le conservateur n'a pas pris l'inscription d'office ou s'il ne l'a pas prise régulièrement, le privilège du vendeur n'en subsiste pas moins, car la transcription qui, d'après l'art. 2108 « vaut inscription », suffit pour le conserver (*Rép.* n° 663 et suiv.). Mais le conservateur pourra être actionné en dommages-intérêts par les tiers que le défaut ou l'irrégularité de l'inscription aurait induits en erreur. En effet, comme l'explique M. Laurent, t. 30, n° 97, « ceux qui veulent s'assurer si les biens de la personne avec laquelle

ils vont traiter sont grevés d'hypothèques demandent au conservateur un certificat des inscriptions; ils ne consultent pas le registre des transcriptions, qui a pour objet principal de constater les mutations immobilières. Il faut donc que le registre des inscriptions soit complet, afin de donner aux tiers une connaissance exacte de la situation hypothécaire de leur débiteur. Ils seraient trompés et lésés si des privilèges conservés par la transcription ne se trouvaient pas inscrits. C'est pour sauvegarder l'intérêt des tiers que la loi exige l'inscription d'office. Si elle n'est pas faite, et si les tiers en ont souffert un dommage, ils auront une action en dommages-intérêts contre le conservateur par la négligence duquel l'inscription a été omise. C'est l'application du principe général de responsabilité, consacré par les art. 1382 et 1383 c. civ. » (V. *infrà*, tit. 2, chap. 10, sect. 2, art. 1).

350. La loi ne fixe pas de délai au conservateur pour prendre l'inscription d'office; mais il doit la prendre aussitôt après la transcription de la vente, sous peine d'engager sa responsabilité (*Rép.* n° 666). Le vendeur ne peut dispenser le conservateur de prendre l'inscription qu'en renonçant formellement et valablement au privilège (Comp. Trib. civ. de Montluçon, 27 janv. 1865, aff. Parillaud, D. P. 65. 3. 78; Trib. civ. de Sarlat, 14 juin 1872, aff. X..., D. P. 74. 5. 138; Trib. civ. de Marennes, 18 mars 1873, aff. Loyer, *ibid.*).

351. L'inscription d'office doit-elle être renouvelée avant l'expiration du délai de dix ans, conformément à l'art. 2154 c. civ.? L'affirmative est aujourd'hui généralement admise dans la doctrine et dans la jurisprudence (V. *Rép.* n° 667; Poitiers, 30 nov. 1860, aff. Jacquillon, D. P. 61. 2. 75; Civ. rej. 2 déc. 1863, aff. Blanqui, D. P. 64. 1. 105; Civ. cass. 7 mars 1865, aff. Léonard, D. P. 65. 1. 121; — Toulouse, 8 mai 1888, aff. Dugué, D. P. 89. 2. 208; Aubry et Rau, t. 3, § 280, p. 373, note 3; Thézard, n° 302). Le renouvellement de l'inscription n'a pas lieu d'office; il doit être requis par le vendeur ou par ses ayants cause. Il ne résulterait pas de la mention faite dans la transcription d'une seconde vente et dans l'inscription prise d'office en vertu de cette vente, de l'existence de la créance privilégiée du précédent vendeur et de la délégation à ce dernier de tout ou partie du prix de la nouvelle vente (Poitiers, 30 nov. 1860 et Civ. cass. 7 mars 1865, précités).

Si le conservateur avait négligé de prendre l'inscription d'office, le vendeur n'en serait pas moins tenu d'inscrire son privilège avant l'expiration des dix ans à partir de la transcription. Il devrait alors prendre inscription, non en renouvellement de celle qui n'aurait pas été prise, mais en renouvellement de la transcription qui, d'après la loi (c. civ. art. 2108), vaut inscription (Laurent, t. 30, n° 104).

352. Lorsque le renouvellement de l'inscription d'office n'a pas eu lieu dans le délai de dix ans, le vendeur n'est pas pour cela irrévocablement déchu de son privilège. La situation est la même que si les formalités requises pour la conservation de ce privilège, c'est-à-dire la transcription et l'inscription n'avaient jamais été remplies. Mais le privilège peut encore être inscrit utilement tant que l'immeuble vendu est entre les mains de l'acquéreur et qu'il n'est survenu aucun événement qui empêche de prendre inscription contre cet acquéreur (V. *Rép.* n° 668; Besançon, 14 déc. 1861, aff. Blanc, D. P. 62. 2.104; Poitiers, 18 juill. 1864, aff. Domond, D. P. 64. 2. 201; Req. 14 févr. 1865, aff. Poisson, D. P. 65. 1. 254; Trib. civ. de Lyon, 13 juin 1865, aff. Jullien, D. P. 66. 3. 38; Civ. cass. 6 mai 1868, aff. Demoiselle Grand, D. P. 68. 1. 316; Montpellier, 5 mai 1869, aff. Sélignac, D. P. 71. 2. 147; Paris, 17 août 1877, aff. Besson et Prévost, D. P. 78. 2. 36; Nancy, 3 févr. 1891, aff. Guyot et Ancel, D. P. 92. 2.-161; Pau, 24 juin 1891, aff. Veuve Figarol, D. P. 92. 2. 349. V. *infrà*, n° 353, et suiv.).

353. — II. Délai pendant lequel le privilège du vendeur peut être conservé. — Aucun délai n'est imparti au vendeur pour effectuer la transcription, prendre inscription ou renouveler l'inscription d'office, en tant que ces formalités sont destinées à assurer la conservation du droit de préférence résultant de son privilège. Le vendeur peut donc toujours remplir ces formalités tant que l'immeuble n'est pas sorti des mains de l'acquéreur, et il conserve ainsi le droit de se faire payer sur le prix de l'immeuble, en cas de vente volontaire ou forcée, par préférence à tous créanciers de l'acheteur, même aux créanciers hypothécaires qui ont

pris inscription antérieurement (V. les arrêts cités *suprà*, n° 352).

Pour pouvoir opposer également son privilège aux sous-acquéreurs de l'immeuble, en d'autres termes, pour conserver son droit de suite, le vendeur devait, avant la loi du 23 mars 1855 et en vertu de l'art. 834 c. proc. civ., remplir les formalités nécessaires à la conservation de son droit, c'est-à-dire faire transcrire son contrat ou prendre inscription, au plus tard dans la quinzaine qui suivait la transcription de la revente consentie par l'acheteur. Mais l'art. 834 c. proc. civ. a été abrogé par la loi de 1855. (art 6). Depuis le 1er janv. 1856, le vendeur doit avoir conservé son privilège avant la transcription de la revente ; toutefois, il jouit, à partir de la vente qu'il a consentie, d'un délai de quarante-cinq jours durant lequel aucune transcription ne peut avoir lieu à son préjudice. Ce délai de quarante-cinq jours lui est imparti par la loi pour qu'il ait le temps de remplir les formalités nécessaires à la conservation de son droit et ne soit pas exposé à se voir dépouillé de son privilège par l'effet d'une revente immédiate, transcrite avant qu'il ait pu lui-même faire transcrire son contrat (V. *Rép.* n° 670 et v° *Transcription hypothécaire*, n°s 547 et suiv.).

354. Bien que la loi du 23 mars 1855, art. 6, dise que le vendeur peut *inscrire* son privilège dans le délai qu'elle fixe, il est certain que le privilège peut être conservé par la transcription de l'acte de vente, opérée dans ce délai, aussi bien que par une inscription. Aux termes de l'art. 2108 c. civ., en effet, la transcription vaut inscription pour le vendeur ; elle est, d'ailleurs, suivie de l'inscription d'office que le conservateur est tenu de prendre, sous sa responsabilité personnelle (V. *Rép.*, v° *Transcription hypothécaire*, n°s 556 et suiv.).

355. On admet généralement aujourd'hui, contrairement à l'opinion qui a été adoptée au *Rép.*, v° *Transcription hypothécaire*, n° 550, que le privilège du vendeur peut encore être conservé, même après le délai de quarante-cinq jours, quand l'immeuble n'est pas sorti des mains de l'acquéreur. Le vendeur ne perd, en principe, la possibilité de conserver son privilège que par la transcription d'une revente du chef de l'acquéreur. Par exception, il peut même le conserver, nonobstant cette transcription, quand il s'est écoulé moins de quarante-cinq jours depuis le jour de son contrat. Mais cette exception édictée en sa faveur ne doit pas être rétorquée contre lui ; elle lui laisse la faculté de maintenir son privilège, par la transcription ou l'inscription, à l'encontre des créanciers chirographaires ou hypothécaires de l'acheteur, tant que celui-ci n'a pas revendu l'immeuble et que la revente n'a pas été transcrite (V. en ce sens : Req. 14 févr. 1865, aff. Poisson et consorts, D. P. 65. 1. 254 ; Civ. cass. 6 mai 1868, aff. Demoiselle Grand, D. P. 68. 1. 316 ; Aubry et Rau, t. 3, § 278, p. 357, note 6).

356. Toutefois, le privilège ne peut plus être conservé, à l'égard des créanciers de l'acheteur, lorsque celui-ci est tombé en faillite (c. civ. art. 2146 ; c. com. art. 448. V. *suprà*, v° *Faillites et banqueroutes*, n°s 739 et suiv.). En conséquence, lorsque l'inscription d'office est périmée, faute d'avoir été renouvelée dans les dix ans, le privilège s'éteint si, avant toute inscription nouvelle, l'acquéreur est déclaré en faillite (Grenoble, 13 mars 1858, aff. Girard, D. P. 58. 2. 176 ; Lyon, 23 févr. 1861, et sur pourvoi, Civ. rej. 2 déc. 1863, aff. Blanqui, D. P. 64. 1. 105 ; Agen, 5 déc. 1888, et sur pourvoi, Civ. rej. 24 mars 1891, aff. Georges Guizot, D. P. 91. 1. 145 ; Aubry et Rau, t. 3, § 278, p. 358, note 8 ; Thézard, n° 307 ; André, n° 405. *Contrà* : Pont, t. 2, n° 903). Il en est ainsi, du moins, à l'égard de la masse des créanciers de la faillite. Mais les créanciers hypothécaires du failli sont sans qualité pour se prévaloir du défaut d'inscription ou de renouvellement ; par rapport à eux, l'immeuble est censé n'être jamais sorti du patrimoine de l'acheteur, et l'inscription du privilège peut être prise utilement, même après la faillite et quel que soit le délai écoulé depuis la vente (Toulouse, 8 mai 1888, aff. Dugué, D. P. 89. 2. 108).

Le privilège du vendeur cesse encore de pouvoir être conservé par la transcription ou l'inscription, lorsque l'acheteur vient à mourir, si la succession est acceptée sous bénéfice d'inventaire ou déclarée vacante (c. civ., art. 2146. V. *infrà*, tit. 2, chap. 4, sect. 3, art. 2). Par suite, le vendeur ne peut

plus opposer son privilège aux créanciers chirographaires de la succession bénéficiaire de l'acheteur, s'il a laissé périmer l'inscription d'office et ne l'a pas renouvelée avant l'ouverture de la succession (Toulouse, 2 mars 1826, *Rép.* n° 673-3° ; Nîmes, 23 juin 1829, *Rép.* n° 1545-3° ; Montpellier, 6 avr. 1859, D. P. 59. 2. 113, et sur pourvoi, Civ. rej. 27 mars 1861, aff. Joyeuse et Lassalle, D. P. 61. 1. 102 ; Aubry et Rau, § 278, p. 360, note 12 ; André, n° 406). Jugé, cependant, que la disposition de l'art. 2146 c. civ., qui déclare sans effet les inscriptions prises sur une succession bénéficiaire, est inapplicable au privilège du vendeur (Besançon, 14 déc. 1861, aff. Blanc, D. P. 62. 2. 104).

Il peut se faire que la faillite de l'acheteur ou l'ouverture de sa succession bénéficiaire se produise immédiatement après la vente. En ce cas, suivant MM. Aubry et Rau, t. 3, § 278, p. 358, note 12, le vendeur jouirait du délai de quarante-cinq jours à lui imparti par l'art. 6 de la loi du 22 mars 1855, pour conserver son privilège à l'égard des créanciers de la faillite ou de la succession, comme à l'égard d'un tiers acquéreur. Cette solution, sans résulter expressément du texte de la loi de 1855, est conforme à son esprit.

357. Quant au point de savoir si le vendeur qui a perdu son privilège, dans le cas de faillite ou de succession bénéficiaire de l'acheteur, conserve son action résolutoire, V. *infrà*, n° 364.

358. Si l'immeuble vendu est exproprié pour cause d'utilité publique, le vendeur doit inscrire son privilège, au plus tard, dans la quinzaine de la transcription du jugement d'expropriation (L. 3 mai 1841, art. 17 ; Aubry et Rau, t. 2, § 209, p. 297, note 43 ; Colmet de Santerre, t. 9, n° 147 bis-XXVI ; André, n° 406. V. *supra*, v° *Expropriation pour cause d'utilité publique*, n° 232. V. toutefois, *Rép.*, v° *Transcription hypothécaire*, n° 380).

359. A défaut pour le vendeur d'avoir conservé son privilège dans le délai de quarante-cinq jours à partir du jour de la vente ou au plus tard avant la transcription de la revente consentie par l'acquéreur, il en est déchu d'une manière absolue, tant au point de vue du droit de suite qu'au point de vue du droit de préférence. Il ne peut donc plus, ni faire valoir sa créance à l'encontre du tiers acquéreur, ni même la conserver par une inscription, à titre de simple hypothèque, à l'encontre des créanciers de son propre acquéreur. Il n'est plus, en un mot, que simple créancier chirographaire (V. en ce sens : Civ. cass. 7 mars 1865, aff. Léonard et autres, D. P. 65. 1. 124 ; Aix, 23 déc. 1870, aff. Baud, D. P. 72. 2. 105 ; *Rép.*, v° *Transcription hypothécaire*, n° 563 ; Aubry et Rau, t. 3, § 278, p. 361, note 16). Il résulte de là, comme M. Thézard en fait la remarque, n° 305, que le privilège du vendeur ne peut jamais dégénérer en simple hypothèque dans les termes de l'art. 2113 c. civ. ; ou bien il sera complètement éteint, faute d'avoir été rendu public avant la transcription de la revente ; ou bien, étant conservé, à quelque époque que ce soit, il primera tous les créanciers antérieurs.

Une solution analogue avait déjà prévalu sous l'empire de l'art. 834 c. proc. civ. On décidait que le vendeur qui n'avait pas conservé son privilège au plus tard dans la quinzaine de la transcription de la revente, en perdait irrévocablement même à l'encontre des créanciers de l'acheteur (V. *Rép.* n°s 674 et suiv. *Adde* : Montpellier, 9 juin 1853, aff. Veuve Larausie, D. P. 54. 2. 173).

360. Il résulte d'un arrêt de la cour de cassation que la revente d'une part indivise d'un immeuble, alors même qu'elle est transcrite, n'entraîne pas, comme la revente de tout l'immeuble, la déchéance du privilège du précédent vendeur, quoique ce privilège n'ait pas été conservé régulièrement ; tant que le premier acquéreur reste propriétaire par indivis d'une part quelconque de l'immeuble, le vendeur peut encore conserver son privilège (Civ. cass. 29 mai 1866, aff. Cassius de Linval, D. P. 66. 1. 481). Il en est ainsi alors même que le tiers acquéreur de la part indivise deviendrait ensuite, lors de la licitation de l'immeuble, acquéreur de la totalité ; on ne peut prétendre qu'il doit être réputé avoir acquis la propriété exclusive de l'immeuble dès le jour où il était devenu propriétaire d'une part indivise, et que, par suite, c'est dès la transcription de cette première acquisition que le privilège du vendeur originaire aurait dû être con-

servé. « Si, pour faciliter les partages et en général la cessation des indivisions, dit la cour de cassation dans l'arrêt précité, la loi admet que chaque héritier ou communiste est censé avoir eu seul, dès le commencement de l'indivision, la propriété de toutes les choses comprises dans son lot ou à lui échues sur licitation, et si, en vertu de ce principe, sont nulles les hypothèques consenties pendant l'indivision par tous les copropriétaires indivis autres que celui que l'événement ultérieur du partage ou de la licitation déclare propriétaire, les mêmes raisons n'existent pas pour annuler, en conséquence du même principe, un privilège de vendeur qui n'a point été créé par les indivisionnaires et dont l'immeuble était déjà grevé lorsqu'il est entré dans l'indivision. Le privilège de vendeur se conserve par la seule transcription du titre, et l'inscription n'étant exigée par la loi pour la conservation de ce privilège que lorsque la propriété de l'immeuble qui en est grevé passe plus tard en de nouvelles mains, cette inscription ne saurait être obligatoire au cas de revente d'une portion indivise dudit immeuble, puisqu'il est incertain si la propriété a changé de mains par cette revente partielle, tant qu'il n'est pas intervenu de lieu de partage ou de licitation entre les propriétaires indivis » (V. dans le même sens, Aubry et Rau, t. 3, § 278, p. 357, note 7).

361. D'après un autre arrêt de la cour de cassation, l'art. 6 de la loi du 23 mars 1855, qui ne permet plus au vendeur d'inscrire son privilège après la transcription de la revente de l'immeuble, lorsqu'il s'est écoulé plus de quarante-cinq jours depuis la première vente, ne doit pas être appliqué au cas où la revente et sa transcription ont eu lieu dans le but frauduleusement concerté entre les deux parties de faire encourir au vendeur primitif la déchéance prononcée par cet article (Req. 14 mars 1859, aff. Toureil, D. P. 59. 1. 500). En pareil cas, en effet, le sous-acquéreur, qui est de mauvaise foi, ne peut pas opposer le défaut de conservation du privilège au vendeur, car celui-ci aurait contre lui une action en dommages-intérêts pour le préjudice qu'il subirait. Toutefois, si le sous-acquéreur avait, avant l'inscription du privilège, conféré une hypothèque ou tout autre droit réel à un tiers de bonne foi, cette hypothèque ou ce droit réel serait certainement opposable au vendeur.

362. — III. CONSERVATION DE L'ACTION RÉSOLUTOIRE DU VENDEUR. — Sous l'empire du code civil, le vendeur d'immeuble qui ne pouvait plus exercer son privilège, faute de l'avoir conservé, pouvait toujours rentrer dans la propriété de l'immeuble en demandant la résolution de la vente pour défaut de payement du prix, conformément à l'art. 1654 c. civ. Si les titres étaient garantis contre le privilège par la nécessité de la transcription du contrat, ils ne l'étaient pas contre l'action résolutoire. La loi du 23 mars 1855 a remédié à cette lacune en statuant que la perte du privilège entraînerait désormais celle de l'action résolutoire. Aux termes de l'art. 7 de cette loi, « l'action résolutoire établie par l'art. 1654 c. civ. ne peut être exercée après l'extinction du privilège du vendeur, au préjudice des tiers qui ont acquis des droits sur l'immeuble du chef de l'acquéreur, et qui se sont conformés aux lois pour les conserver ». Il résulte de ce texte que si le privilège du vendeur n'a pas été régulièrement conservé par la transcription ou par une inscription, dûment renouvelée, l'action résolutoire ne peut pas être exercée contre un sous-acquéreur qui a transcrit son contrat (Comp. Poitiers, 30 nov. 1860, aff. Hér. Jacquillon, D. P. 61. 2. 78). Toutefois, comme on l'a vu supra, n° 352, la péremption de l'inscription d'office du privilège du vendeur n'emporte pas extinction du privilège, tant que l'immeuble reste entre les mains de l'acquéreur, le vendeur ou son cessionnaire peut toujours, au moyen d'une inscription nouvelle, conserver le privilège et l'action résolutoire (Montpellier, 5 mai 1869, aff. Sélignac, D. P. 74. 2. 147).

Il suffit, d'ailleurs, que le privilège du vendeur subsiste au moment où l'action résolutoire est intentée. Cette action pourra continuer à s'exercer alors même que l'inscription du privilège viendrait à périmer avant que le tribunal ait statué (Civ. cass. 3 août 1868, aff. Boutard, D. P. 68. 1. 449), où alors même que le vendeur aurait, en cas d'ordre, encouru la déchéance prononcée par l'art. 753 c. proc. civ. (Civ. cass. 27 mai 1884, aff. Société générale algérienne, D. P. 85. 1. 17). Une fois la résolution de la vente prononcée sur une action introduite par le vendeur en temps utile, les conséquences de cette résolution s'imposent même aux tiers qui n'auraient pas été parties au procès, et, par application de la maxime : *Resoluto jure dantis, resolvitur jus accipientis*, le vendeur peut alors revendiquer entre les mains de tout tiers détenteur l'immeuble dont il est redevenu propriétaire (Arrêt précité du 27 mai 1884). Il est vrai que les tiers qui auraient traité avec l'acquéreur depuis l'introduction de la demande en résolution et postérieurement à la péremption de l'inscription du privilège pourront être trompés. Le seul moyen d'empêcher ce résultat serait d'exiger l'inscription de la demande en résolution ; mais la loi ne l'a pas fait (V. au surplus, infra, v° Vente).

363. Le vendeur qui a conservé son privilège peut exercer, à son choix, ou le privilège ou l'action résolutoire. Cependant, si l'immeuble vient à être exproprié, il ne peut laisser procéder à l'adjudication en se réservant, soit de produire à l'ordre, soit de former une action résolutoire contre l'adjudicataire. Il le pouvait autrefois, mais ce droit lui a été retiré par la loi du 21 mai 1858, qui a modifié divers articles du code de procédure civile. D'après le nouvel art. 692 édicté par cette loi, une sommation de prendre communication du cahier des charges sur lequel aura lieu l'adjudication doit être faite, dans les huit jours après le dépôt au greffe de ce cahier des charges, à tous les créanciers inscrits, et si parmi ces créanciers se trouve le vendeur de l'immeuble saisi, la sommation qui lui est faite doit porter qu'à défaut de former sa demande en résolution et de la notifier au greffe avant l'adjudication, il sera définitivement déchu, à l'égard de l'adjudicataire, du droit de la faire prononcer. L'art. 717 c. proc. civ., sanctionnant cette disposition, déclare que « l'adjudicataire ne pourra être troublé par aucune demande en résolution fondée sur le défaut de payement du prix des anciennes aliénations, à moins qu'avant l'adjudication la demande n'ait été notifiée au greffe du tribunal où se poursuit la vente ». A défaut de cette notification, le vendeur ne peut que faire valoir son privilège dans l'ordre entre les créanciers. Si, au contraire, il a notifié sa demande en résolution, le tribunal sursoit à l'adjudication et fixe un délai dans lequel le vendeur doit statuer sur sa demande (V. infra, v° Vente publique d'immeubles ; — Rép. eod. v°, n° 1186 et suiv.).

364. On a vu supra, n° 356, que si le privilège du vendeur n'a pas été régulièrement conservé avant la faillite de l'acheteur, il ne peut plus être opposé aux créanciers de cette faillite. Le vendeur, dans ce cas, est-il également déchu de son action résolutoire ? Cette question, très controversée, est traitée au Rép. v° Transcription hypothécaire, n° 602, et supra, v° Faillites et banqueroutes, n° 741. Pour soutenir que le vendeur conserve alors l'action résolutoire, on a dit que, bien qu'il ne puisse plus inscrire son privilège à partir du jugement déclaratif de faillite, ce privilège n'est pourtant pas éteint d'une manière absolue ; s'il ne peut plus être opposé aux créanciers chirographaires, il continue de subsister à l'égard des créanciers hypothécaires. On a ajouté que l'art. 7 de la loi du 23 mars 1855, en déclarant que l'action résolutoire ne peut plus être exercée après « l'extinction du privilège du vendeur », ne s'est nullement préoccupé de l'intérêt des créanciers de la faillite de l'acheteur ; qu'il n'est pas juste, en effet, que ces créanciers soient payés sur l'immeuble vendu par préférence au vendeur ; mais que le législateur a voulu seulement garantir contre l'action résolutoire, suivant les termes de la loi, « les tiers qui ont acquis des droits sur l'immeuble du chef de l'acquéreur, et qui se sont conformés aux lois pour les conserver », c'est-à-dire les sous-acquéreurs et leurs créanciers hypothécaires. Les créanciers de la masse ne sauraient être considérés comme des tiers ayant acquis des droits sur l'immeuble et les ayant conservés, au moins tant qu'il n'a pas été pris inscription à leur profit par les syndics conformément à l'art. 490 c. com. (V. en ce sens, Aubry et Rau, t. 3, § 278, p. 359, note 10 ; Colmet de Santerre, t. 9, n° 120 bis-XII et suiv. ; Thézard, n° 307). On est allé plus loin, et l'on a soutenu que l'action résolutoire subsisterait encore, quand même il aurait été pris inscription au profit de la masse, en vertu de l'art. 490 c. com. ; cette inscription, a-t-on dit, n'a pour effet que de conserver le droit des divers créanciers du failli tel qu'il existe, et de lui assurer la préférence contre des

créanciers postérieurs; mais elle ne préjudicie en rien aux droits qu'ont les créanciers actuels les uns envers les autres. D'autre part, cette inscription ne peut avoir plus d'effet que n'en aurait une inscription prise par un créancier hypothécaire de l'acheteur avant sa faillite; or une telle inscription ne serait pas opposable au vendeur privilégié (Aubry et Rau, t. 3, § 278, p. 359, note 11; Thézard, *loc. cit.*).

Ce système prévalait dans la jurisprudence jusqu'à ces derniers temps. Il a été jugé : 1° que le privilège du vendeur ne peut être réputé *éteint* dans le sens de l'art. 7 de la loi du 23 mars 1855, par cela seul qu'il n'a pas été inscrit avant la faillite de l'acheteur; qu'en conséquence, le vendeur conserve, malgré ce défaut d'inscription, le droit d'exercer l'action résolutoire contre les créanciers, même utilement inscrits, de ce dernier (Bordeaux, 15 juill. 1857, aff. Martaguet, D. P. 57. 2. 185); — 2° Que la nullité dont l'inscription du privilège du vendeur se trouve frappée relativement aux créanciers du failli, lorsqu'elle a été prise après la déclaration de faillite de l'acheteur, laissant subsister ce privilège à l'égard du failli, des tiers détenteurs et des créanciers postérieurs à la faillite, ne l'éteint pas dans le sens de l'art. 7 de la loi de 1855, et que, par suite, le vendeur conserve son action résolutoire et peut l'exercer même au préjudice des créanciers de la faillite de l'acheteur (Civ. rej. 1er mai 1860, aff. Lavauzelle, D. P. 60. 1. 236); — 3° Que le vendeur d'un immeuble, dont le privilège n'a pas été inscrit avant le jugement déclaratif de la faillite de l'acheteur, n'en conserve pas moins l'action résolutoire pour défaut de payement du prix, au moyen de la transcription du contrat de vente, opérée même postérieurement audit jugement par les soins du syndic de la faillite (Bordeaux, 15 févr. 1875, aff. Synd. Mingons, D. P. 77. 2. 191. V. aussi les arrêts cités *infrà*, n° 365). Mais plus récemment la cour de cassation s'est prononcée en sens contraire. Elle a jugé que, le sort de l'action résolutoire étant intimement lié à celui du privilège du vendeur, et le privilège, quand il n'a pas été conservé avant la faillite, ne pouvant plus être opposé aux créanciers pour lesquels le syndic a pris inscription conformément à l'art. 490 c. com., l'action résolutoire ne peut pas davantage être exercée contre la masse (Civ. rej. 24 mars 1891, aff. Georges Guizot, D. P. 91. 1. 145). Cette décision est conforme à l'opinion que l'on a soutenue au *Rép.* v° *Transcription hypothécaire*, n° 602. La principale objection qui peut lui être opposée, c'est qu'un vendeur peut être surpris par la faillite de celui dont il vient de vendre son immeuble, avant qu'il ait pu conserver son privilège par la transcription de la vente. Alors, il serait certainement injuste que le vendeur se trouvât privé tout à la fois de son privilège et de son action résolutoire, et que les créanciers chirographaires de l'acheteur vinssent se faire payer concurremment avec lui sur le prix de l'immeuble. Mais cette objection milite aussi bien contre la perte du privilège que contre celle du droit de résolution, et le meilleur moyen de l'écarter serait peut-être d'admettre, avec MM. Aubry et Rau, t. 3, § 278, p. 358, note 8, que le vendeur doit pouvoir conserver son privilège par la transcription ou l'inscription, même après la déclaration de faillite de l'acheteur, tant que les quarante-cinq jours à partir de la vente ne sont pas expirés (V. *suprà*, n° 356). En tout cas, il suffit que le privilège ait été inscrit avant la faillite, fût-ce seulement dans les dix jours qui l'ont précédée, pour que l'action résolutoire puisse être exercée (Riom, 1er juill. 1852, aff. Maigne, D. P. 59. 2. 124).

365. De même que la faillite, l'acceptation sous bénéfice d'inventaire, ou la déclaration de vacance de la succession de l'acquéreur, enlève au vendeur la faculté de rendre son privilège efficace à l'égard des créanciers héréditaires (V. *suprà*, n° 356). Les mêmes auteurs qui pensent que, malgré l'inefficacité de son privilège en cas de faillite, le vendeur conserve son action résolutoire, décident, à plus forte raison, que l'action résolutoire subsiste malgré l'acceptation bénéficiaire ou la vacance de la succession. Ici, en effet, pour prétendre qu'ils sont des tiers ayant acquis et conservé des droits sur l'immeuble, aux termes de l'art. 7 de la loi du 23 mars 1855, les créanciers de la succession ne peuvent se prévaloir d'une inscription comme celle que l'art. 490 c. com. autorise le syndic à prendre sur les biens du failli (V. Aubry et Rau, t. 3, § 278, p. 360, note 13; Colmet de

Santerre, t. 9, n° 120 *bis*-XV; Thézard, n° 307. V. toutefois, en sens contraire, *Rép.* v° *Transcription hypothécaire*, n°s 611 et suiv.). Il a été jugé que l'art. 7 de la loi du 23 mars 1855, d'après lequel le vendeur déchu de son privilège perd le droit d'exercer son action résolutoire à l'égard des tiers qui ont acquis des droits sur l'immeuble vendu, du chef de l'acquéreur, et qui se sont conformés aux lois pour les conserver, ne peut être invoqué que par ceux qui sont investis de droits réels sur l'immeuble; qu'en conséquence, le vendeur conserve son action résolutoire contre les créanciers chirographaires de la succession bénéficiaire de l'acheteur, quoiqu'il ait perdu son privilège, faute de renouvellement de l'inscription d'office, et qu'il ne puisse plus l'inscrire, à raison de l'ouverture de cette succession bénéficiaire, de tels créanciers n'étant pas des tiers nantis de droits réels dans le sens de l'art. 7 de la loi de 1855 (Montpellier, 6 avr. 1859, D. P. 59. 2. 113, et sur pourvoi, Civ. rej. 27 mars 1861, aff. Joyeuse et Lassalle, D. P. 61. 1. 103). Jugé, de même, que le vendeur qui n'a pas conservé son privilège peut néanmoins exercer l'action résolutoire pour défaut de payement du prix, à l'encontre de la succession vacante de l'acheteur (Trib. Seine, 21 févr. 1891, aff. Trezel C. Chenayès, *Journal des conservateurs des hypothèques*, 1891, art. 4170, p. 193). — L'arrêt de la cour de cassation du 24 mars 1891, cité *suprà*, n° 364, sans être absolument inconciliable avec ces décisions, procède cependant d'une doctrine opposée. S'il suffit que le privilège du vendeur ne soit plus susceptible d'être exercé à l'égard des créanciers de la faillite de l'acheteur pour que l'action résolutoire ne leur soit pas non plus opposable, il semble que la perte du privilège encoure vis-à-vis des créanciers de la succession bénéficiaire ou vacante doive entraîner aussi la perte de l'action résolutoire.

366. Comme, avant la loi du 23 mars 1855, l'action résolutoire du vendeur était indépendante du privilège, il pouvait se faire, au moment où cette loi fut promulguée, qu'un vendeur eût perdu son privilège tout en ayant toujours son action résolutoire. C'est en vue de cette situation qu'a été édicté le paragraphe 4 de l'art. 11 de la loi de 1855, ainsi conçu : « Le vendeur dont le privilège serait éteint au moment où la présente loi deviendra exécutoire (1er janv. 1856) pourra conserver vis-à-vis des tiers l'action résolutoire qui lui appartient, aux termes de l'art. 1654 c. civ., en faisant inscrire son action au bureau des hypothèques, dans le délai de six mois à partir de la même époque ». En conséquence, celui qui a vendu un immeuble par acte ayant acquis date certaine avant le 1er janv. 1856, ne peut encore demander la résolution de la vente que dans deux cas : 1° s'il a eu soin de conserver son privilège; 2° ou, faute d'avoir conservé ce privilège, s'il a eu soin de faire inscrire spécialement son action résolutoire avant le 1er juill. 1856, conformément au texte que nous venons de citer (V. Limoges, 23 août 1860, aff. Legrand, D. P. 61. 2. 6 ; Paris, 30 nov. 1860, aff. Hérit. Jacquillon, D. P. 61. 2. 75. V. aussi *infrà*, v° *Transcription hypothécaire*). Il a été jugé que l'action résolutoire a pu être valablement inscrite dans les six premiers mois de l'année 1856, en vertu de l'art. 11 de la loi du 23 mars 1855, bien qu'à ce moment l'acheteur se trouvât en faillite (Grenoble, 13 mars 1858, aff. Créanciers Girard, D. P. 58. 2. 176).

L'action résolutoire née d'une vente ayant date certaine avant le 1er janv. 1856 pourrait cependant encore être exercée, bien qu'elle n'eût pas été inscrite, si l'immeuble était resté dans les mains du vendeur (Rouen, 28 déc. 1857, aff. Viorney, D. P. 58. 2. 111. V. *suprà*, n° 355).

367. — IV. Conservation du privilège du prêteur subrogé aux droits du vendeur. — Celui qui a fourni les fonds pour l'acquisition d'un immeuble peut être subrogé au privilège du vendeur sous certaines conditions déterminées par la loi (c. civ. art. 1250 et art. 2103-2°. V. *suprà*, n°s 249 et suiv.). Lorsque la subrogation résulte de l'acte même de la vente, le privilège est conservé au profit du prêteur par la transcription de cet acte, et le conservateur prend alors l'inscription d'office au nom du bailleur de fonds, car c'est à lui que le privilège appartient (V. c. civ. art. 2108 ; *Rép.* n°s 657 et suiv.). Si la subrogation a eu lieu postérieurement à l'acte de vente, le prêteur conserve son privilège par une inscription prise en vertu tant de l'acte authentique d'emprunt,

indiquant la destination des deniers, que de la quittance authentique du vendeur, constatant leur emploi à cette destination (Aubry et Rau, t. 3, § 278, p. 361. Comp. *Rép.* n° 641).

368. Il a été jugé que la présentation simultanée, au bureau des hypothèques, d'un contrat de vente immobilière à transcrire et d'un acte postérieur portant subrogation d'un tiers dans tous les droits, actions, privilèges et hypothèques des vendeurs sur le prix, n'oblige nullement le conservateur à prendre l'inscription d'office au nom du tiers subrogé (Trib. civ. Joigny, 1ᵉʳ oct. 1874, aff. D., D. P. 72. 3. 8). C'est seulement, en effet, pour « les créances résultant de l'acte translatif de propriété » qu'aux termes de l'art. 2108, le conservateur des hypothèques est tenu de prendre inscription d'office, tant en faveur du vendeur qu'en faveur des prêteurs.

Mais, le cessionnaire de la créance privilégiée du vendeur étant investi, par l'existence même du transport, des mêmes droits que le cédant, le bénéfice de l'inscription prise au nom de ce dernier lui profite, et pour mieux s'assurer cet avantage, il peut faire mentionner sa subrogation en marge de l'inscription (Même jugement).

Il a encore été jugé que le cessionnaire de la créance du vendeur peut, avant toute signification du transport, soit prendre une inscription de privilège en son propre nom, soit faire mentionner sa subrogation dans l'inscription prise au nom de son auteur (Paris, 17 août 1877, aff. Besson et Prévost, D. P. 78. 2. 36).

369. Si, du reste, le privilège propre du prêteur de deniers n'avait pas été conservé, ce prêteur n'en serait pas moins autorisé à se prévaloir du privilège du vendeur, pourvu que ce privilège lui-même eût été dûment conservé et que les conditions requises pour la subrogation du prêteur eussent été remplies (Aubry et Rau, t. 3, § 278, p. 362).

370. Toutes les règles établies pour la conservation du privilège du vendeur, celles notamment relatives aux délais dans lesquels la transcription ou l'inscription doivent ou peuvent être requises, sont également applicables au privilège du prêteur subrogé aux droits du vendeur.

371. Comme on l'a dit au *Rép.* n° 659 et *suprà*, n° 256, l'indication de payement par laquelle un acheteur est chargé de payer à un créancier du vendeur tout ou partie du prix, n'équivaut pas à une cession de la créance du vendeur ni à une subrogation, tant qu'elle n'a pas été régulièrement acceptée par le créancier. Cette indication n'oblige donc pas le conservateur des hypothèques à prendre inscription d'office au profit dudit créancier. Et quand même il serait fait mention de cette indication ou délégation dans l'inscription d'office, le vendeur n'en pourrait pas moins la révoquer et céder son prix à un tiers, tant que le créancier délégataire n'aurait pas signifié son acceptation à l'acheteur (Orléans, 23 déc. 1861, aff. Guichet, D. P. 62. 2. 88. V. aussi les arrêts cités au *Rép.* n°ˢ 659 et suiv.).

Sect. 2. — De la conservation du privilège des cohéritiers ou copartageants (*Rép.* n°ˢ 679 à 696).

372. Les actes de partage ou de licitation, étant considérés comme des actes déclaratifs, et non translatifs, ne sont pas soumis à la transcription (c. civ. art. 883; L. 23 mars 1855, art. 1). C'est pourquoi, d'après l'art. 2109 c. civ., le privilège du cohéritier ou copartageant se conserve, non plus comme celui du vendeur, par la transcription, mais par une inscription (V. *Rép.* n° 680). Comme en cette matière tout est de rigueur et qu'une formalité ne peut en remplacer une autre, il faut en conclure que la transcription de l'acte de partage n'opérerait pas la conservation du privilège (V. en ce sens, les arrêts cités au *Rép.* n° 684, et Aubry et Rau, t. 3, § 278, p. 362; Baudry-Lacantinerie, t. 3, n° 1172). La transcription n'est, d'ailleurs, jamais requise en matière de partage, et c'est par une erreur évidente qu'une cour avait considéré un copartageant comme déchu de son privilège à l'égard des tiers, parce qu'il n'avait pas fait transcrire le jugement homologatif du partage (Civ. cass. 23 juin 1890, aff. Traucou, D. P. 91. 1. 168).

373. Aux termes de l'art. 2109 c. civ., l'inscription du privilège du cohéritier ou copartageant doit être prise dans les *soixante jours*, à dater de l'acte de partage ou de l'adju-

dication par licitation. C'est à cette condition que le cohéritier ou copartageant conserve son droit de préférence sur le prix de l'immeuble partagé ou licité. D'autre part, d'après l'art. 6, § 2, de la loi du 23 mars 1855, le copartageant, comme le vendeur, jouit d'un délai de *quarante-cinq jours*, à compter de l'acte de partage, pour inscrire son privilège, nonobstant toute transcription d'actes faite dans ce délai. Le délai de soixante jours est donc imparti au copartageant pour la conservation de son droit de préférence, et le délai de quarante-cinq jours a pour but de lui assurer la conservation de son droit de suite. Le point de départ de ces deux délais est, d'ailleurs, le même. Mais c'est à tort qu'il a été jugé que le privilège du copartageant dégénère en simple hypothèque quand il a été inscrit plus de quarante-cinq jours après la date du partage (Riom, 17 janv. 1889, aff. Rochette, D. P. 91. 1. 313). Cet arrêt a confondu le délai prescrit par la loi de 1855 pour la conservation du privilège à l'égard des tiers acquéreurs avec le délai de l'art. 2109 (V. *infrà*, n° 380).

374. Bien que l'art. 2109, qui prescrit l'inscription du privilège du cohéritier ou copartageant dans les soixante jours de l'acte de partage, ne parle spécialement que du privilège « pour les soulte et retour de lots ou pour le prix de la licitation », les mêmes règles sont applicables au privilège qui garantit le copartageant contre l'éviction des biens compris dans son lot (V. *Rép.* n° 681; Civ. rej. 12 juill. 1853, aff. Pernot, D. P. 53. 1. 334; Aubry et Rau, t. 3, § 278, p. 366, note 32; Colmet de Santerre, t. 9, n° 70 *bis*-II; Baudry-Lacantinerie, t. 3, n° 1170).

375. Il a été jugé que le privilège du cohéritier ou copartageant ne peut être inscrit avant le partage ou le jugement d'adjudication sur licitation; qu'une inscription prise à une époque où il n'existe encore ni lot, ni soulte, ni prix de licitation à conserver, est nulle comme prématurée (Req. 1ᵉʳ mai 1860, aff. Rocher, D. P. 60. 1. 510).

376. Quant au point de départ du délai dans lequel doit être inscrit le privilège, il résulte des décisions de la jurisprudence : 1° que le délai de soixante jours court à dater de l'acte qui a pour effet de faire cesser l'indivision, tel que le tirage au sort des lots immobiliers, en cas de partage judiciaire, et non pas seulement du jour de la liquidation définitive des comptes des cohéritiers (Montpellier, 4 janv. 1845, aff. Dulignon, D. P. 45. 2. 102; Civ. cass. 19 juin 1849, aff. Merian-Bourcard, D. P. 49. 1. 186); — 2° Qu'il en est ainsi à l'égard des copartageants mineurs, comme à l'égard des majeurs (Mêmes arrêts), encore qu'une clause du procès-verbal de tirage au sort aurait rejeté au jour de la liquidation définitive le point de départ du délai (Arrêt précité du 19 juin 1849); — 3° Que de même ce délai de soixante jours court, en cas de licitation, à l'égard des colicitants mineurs, comme à l'égard des majeurs, à partir de l'adjudication par licitation, et non pas seulement du jour de la liquidation des comptes des colicitants (Agen, 6 févr. 1852, aff. Sourget, D. P. 52. 2. 118); — 4° Qu'en cas de donation-partage, faite par un ascendant, le délai de soixante jours doit être compté du jour de l'acte de donation-partage qui a fait cesser l'indivision; et que, pour la garantie d'une somme moyennant laquelle des copartageants ont renoncé par transaction à une action en nullité ou en rescision formée par eux contre la donation-partage, il ne suffit pas qu'une inscription de privilège ait été prise dans les soixante jours de la transaction, si aucune inscription n'avait été prise dans les soixante jours de l'acte de partage primitif (Civ. cass. 30 juill. 1873, aff. Clouet, D. P. 74. 1. 106. V. aussi *Rép.* n° 692).

De même, en ce qui concerne le délai de quarante-cinq jours, il a été jugé que ce délai commence à courir dès le jour où cesse l'indivision, par le partage ou la licitation, et non pas seulement du jour de la liquidation des droits des parties (Lyon, 23 janv. 1866, aff. Rolland, D. P. 66. 2. 228; Orléans, 18 janv. 1879, aff. Boutteville, D. P. 79. 2. 243).

Lorsqu'un partage d'ascendants a été fait par testament, l'effet du partage commence au jour du décès du testateur; c'est pourquoi la plupart des auteurs décident que le délai dans lequel le privilège doit être inscrit commence aussi à partir de ce jour (Troplong, *Des privilèges et hypothèques*, t. 1, n° 315; Pont, t. 1, n° 294; Flandin, *De la*

transcription, t. 2, n° 1137). Quelques-uns, toutefois, y apportent ce tempérament : si l'existence du testament qui opère le partage est restée ignorée du cohéritier privilégié, le point de départ du délai doit être reculé jusqu'à l'époque où ce cohéritier en a eu connaissance (Aubry et Rau, t. 3, § 278, p. 363, note 26 ; Baudry-Lacantinerie, t. 3, n° 1170).

377. Le délai de soixante jours ou celui de quarante-cinq jours représente le soixantième ou le quarante-cinquième jour à dater du partage ou de l'adjudication sur licitation. Ce jour tout entier est utile pour l'inscription du privilège, mais c'est le dernier, car la loi dit que le privilège doit être inscrit *dans* les soixante jours ou *dans* les quarante-cinq jours (c. civ. art. 2109 ; L. 23 mars 1855, art. 6, § 2).

378. L'inscription du privilège du copartageant doit remplir les conditions exigées pour la validité de toute inscription en général (V. *infrà*, tit. 2, chap. 4, sect. 4). Il a été jugé

que cette inscription est nulle lorsqu'elle ne mentionne ni la nature du titre en vertu duquel elle est prise, ni la situation des biens grevés du privilège (Riom, 9 août 1858, et sur pourvoi, Req. 1er mai 1860, aff. Rocher, D. P. 60. 1. 510). Mais il n'est pas nécessaire que l'inscription indique la valeur estimative de la créance qu'elle garantit (Trib. civ. Castelsarrasin, sous Toulouse, 20 mai 1881, *infrà*, n° 379).

379. Un copartageant peut prendre inscription sur les immeubles attribués par le partage à son copartageant alors même qu'il n'est menacé d'aucune éviction. Il a été jugé, avec raison, que le copartageant contre lequel l'inscription est prise ne peut faire condamner celui qui l'a requise à en donner mainlevée au cas où celui-ci n'aurait pas fait connaître, dans un certain délai, une cause réelle d'éviction (Toulouse, 20 mai 1881) (1).

380. Inscrit dans le délai légal, le privilège du co-

---

(1) (Peyrusse C. Peyrusse.) — Le sieur Pierre Peyrusse avait fait donation à son fils, par contrat de mariage, du tiers de tous ses immeubles, francs et quittes de toutes dettes et charges. Un partage de ces immeubles, fut passé entre le père et le fils le 12 janv. 1880. Les immeubles de Peyrusse père étaient grevés d'une inscription hypothécaire pour la garantie d'une rente viagère qu'il devait à sa mère, Antoinette Ferrié, épouse en secondes noces du sieur Sarrau. Peyrusse fils prit inscription de privilège contre son père le 9 févr. 1880, pour la somme de 18 200 fr. à laquelle il évaluait le capital de la rente viagère hypothéquée sur les immeubles partagés. Peyrusse père, ayant obtenu de sa mère la mainlevée de l'hypothèque qui frappait les immeubles du fils, signifia cette mainlevée à ce dernier et lui fit sommation de donner lui-même mainlevée de l'inscription de privilège du 9 févr. 1880. Le fils Peyrusse donna cette mainlevée, mais aussitôt après il prit une nouvelle inscription contre son père en vertu de l'acte de partage, pour sûreté de l'obligation de garantie résultant de ce partage. Assignation fut donnée par le père au fils devant le tribunal de Castelsarrasin, pour obtenir la mainlevée de cette nouvelle inscription qui, suivant le père, n'avait pas de raison d'être, puisque, depuis la mainlevée donnée par sa grand'mère, le fils n'avait plus à craindre aucune éviction.

Par jugement du 23 juill. 1880, le tribunal de Castelsarrasin a statué ainsi qu'il suit : — « Attendu que Peyrusse fils oppose à son père une fin de non-recevoir, tirée de ce que, en vertu du partage précité et aux termes des art. 2103, § 3, 2109 et 884 c. civ., il a un privilège de copartageant sur les biens immeubles du lot qui a été attribué à son père, le 12 janvier dernier, pour la garantie de son lot, garantie qui a pour but de maintenir l'égalité des lots dans les partages ; — Sur cette fin de non-recevoir : — Attendu qu'il s'agit de savoir : 1° si le privilège dont parle l'art. 2103, § 3, est accordé par la loi aux copartageants ; 2° si pour être valable l'inscription doit être prise nécessairement dans les soixante jours sous peine de nullité ; 3° si la cause du trouble ou de l'éviction doit être imminente ou actuelle, ou bien si elle doit être simplement éventuelle ; 4° si les droits éventuels doivent être déterminés ou bien indéterminés dans l'inscription quant à leur évaluation et quant à leur durée ; — Sur la première question : — Attendu qu'il est de principe que les art. 815 et 884 c. civ., s'appliquent à toute indivision de propriété, quelle qu'en soit l'origine, qu'elle provienne d'une hérédité, d'une libéralité quelconque, d'une acquisition en commun ou de tout autre mode lorsque cette indivision prend fin ; que l'égalité doit être la règle des partages et que le seul moyen de maintenir cette égalité est de recourir à la garantie des lots, édictée par l'art. 884, et que, pour que cette garantie fût effective, le législateur a dû accorder à tout copartageant un privilège sur chaque lot résultant du partage ; qu'à la vérité l'art. 2103 s'exprime de la manière suivante : « Les créanciers privilégiés sur les immeubles sont : ... 3° Les cohéritiers, sur les immeubles de la succession, pour la garantie des partages faits entre eux », et qu'il est muet sur le communiste qui a procédé à un partage ; mais que l'art. 2109 a réparé cette omission en édictant que « le cohéritier ou copartageant conserve son privilège sur les biens de chaque lot, etc... » par l'inscription faite à sa diligence dans les soixante jours à dater de l'acte de partage ; qu'il est donc exact de dire que le communiste qui, comme dans notre espèce, a procédé à un partage, a le même privilège que le cohéritier ;

« Sur le second point : — Attendu que l'art. 2113 c. civ. donne la solution de cette question ; qu'il en résulte que, si le copartageant ne prend son inscription qu'après les soixante jours, il descend dans la classe des créanciers hypothécaires, et son rang dépend de l'époque de l'inscription, laquelle est ainsi parfaitement valable ;

« Sur le troisième point : — Attendu qu'il n'est pas nécessaire que la cause du trouble ou de l'éviction soit actuelle ou imminente ; qu'il suffit qu'elle soit éventuelle ; qu'en effet l'art. 884 est

général, il ne distingue pas les causes actuelles ou imminentes d'avec celles purement éventuelles ; il dit « trouble et éviction qui procèdent d'une cause antérieure au partage » ; le législateur n'exige donc qu'une condition, celle de l'existence et de l'antériorité à l'époque du partage ; ... Attendu que par le seul fait qu'il peut y avoir possibilité de trouble et d'éviction, c'est le cas d'user de la loi et de déclarer que c'est à bon droit que Peyrusse Guillaume fils a, conformément à l'art. 2103, § 3, c. civ., inscrit son privilège éventuel de copartageant sur les biens formant le lot de son père dans le partage précité du 12 janvier dernier ;

« Sur le quatrième point : — Attendu que la législateur n'a imposé aucune limite à la valeur à donner au privilège du copartageant ; qu'il n'a pas édicté que l'inscrivant serait obligée de déterminer cette valeur suivant une base établie, d'où suit que la somme à inscrire peut être indéterminée ; que le législateur belge l'a ainsi interprété et a si bien compris les inconvénients graves qui peuvent en résulter que, dans la nouvelle loi hypothécaire qui régit la Belgique, il a inséré un article qui oblige le créancier à formuler une évaluation basée sur les éléments constitutifs du partage lui-même ; que la durée de la garantie est aussi indéterminée, qu'elle n'a de limite que la prescription trentenaire ; que, dans ces conditions, Guillaume Peyrusse a pu, à juste titre, inscrire sa créance éventuelle privilégiée comme il l'a fait ; — Attendu toutefois qu'il est incontestable que cette inscription frappe d'indisponibilité les biens immeubles de Peyrusse père ; que ce résultat est éminemment contraire à la liberté des héritages ; qu'il convient donc de prendre dans ces circonstances des mesures qui sauvegardent à la fois les intérêts de Peyrusse fils et ceux de Peyrusse père, tout en se conformant à la loi ; que dans l'espèce les causes d'éviction résultant de l'hypothèque légale, de la donation de l'épouse Sarrau étant écartées, et les immeubles, objets du partage, se trouvant dans la famille depuis un temps déjà très long, et les causes possibles de troubles étant demeurées inconnues malgré les efforts faits pour les découvrir, il est juste de fixer un délai à l'expiration duquel Peyrusse fils devra se désister de sa créance éventuelle privilégiée, en donner mainlevée, s'il ne fait pas connaître une cause réelle d'éviction ; — Et attendu que le tribunal possède les éléments suffisants pour déterminer ce délai ; que c'est le cas de le fixer à un an ; — Par ces motifs ; — Dans le cas où il ne ferait pas connaître, dans un an à partir d'aujourd'hui, une cause réelle d'éviction, dit et ordonne que M. le conservateur des hypothèques sera tenu de radier ladite inscription de ses registres sur le vu de l'expédition du présent jugement ; ce faisant, réserve à Peyrusse père tous ses droits pour faire restreindre cette hypothèque privilégiée, le cas échéant ; — Dit qu'il sera fait une masse des dépens, pour moitié être supportée par Peyrusse père et moitié par Peyrusse fils. »

Ce jugement a été frappé d'appel par les deux parties.

LA COUR ; — Attendu que le privilège établi par les art. 2103 et 2109 c. civ., s'applique aussi bien aux copartageants d'une communauté quelconque, qu'aux cohéritiers d'une succession ; que, dans l'un comme dans l'autre cas, l'égalité des lots est la règle qui domine et protège la convention des parties, quelle que soit la cause qui les a placés dans l'indivision ; que ainsi, lors le privilège que la loi organise pour garantir cette égalité doit être maintenu, s'il est régulièrement inscrit, aussi longtemps que la garantie doit produire ses effets ; qu'à cet égard, le copartageant, dont les droits, quels qu'ils puissent être dans le présent et dans l'avenir, sont sauvegardés par la loi, n'est tenu de faire

partageant prime non seulement les créances hypothécaires inscrites contre le débiteur depuis le partage ou la licitation, mais aussi les créances qui étaient inscrites auparavant et qui ont frappé la part indivise du débiteur dans l'immeuble dès avant l'acte qui a mis fin à l'indivision. Le copartageant pourra donc exercer son privilège avant les créanciers à hypothèque légale ou judiciaire dont l'hypothèque était déjà inscrite contre le débiteur antérieurement au partage; il primera aussi les créanciers qui auront obtenu du débiteur pendant l'indivision, une hypothèque conventionnelle sur l'immeuble à partager (Baudry-Lacantinerie, t. 3, n° 1169).

381. Si le privilège du copartageant n'a pas été inscrit dans les soixante jours du partage ou de la licitation, il dégénère en simple hypothèque et ne prend plus rang qu'à dater du jour de son inscription (c. civ., art. 2113) (Pau, 15 déc. 1890, aff. Lagleize, D. P. 92. 2. 120). Lorsque plusieurs copartageants ont ainsi laissé dégénérer leur privilège en hypothèque, le rang de leurs créances respectives est déterminé par leurs inscriptions, entre eux comme entre tous autres créanciers hypothécaires; l'art. 2097 c. civ., aux termes duquel les créanciers privilégiés de même rang viennent en concurrence, n'est plus alors applicable (Rouen, 4 mars 1865, et sur pourvoi, Req. 24 déc. 1866, aff. Syndic Delaunay, D. P. 67. 1. 211; Aubry et Rau, t. 3, § 278, p. 366).

382. Le copartageant est-il, comme le vendeur, déchu du droit d'inscrire son privilège après la déclaration de faillite du débiteur ou lorsque le débiteur meurt et que sa succession est acceptée bénéficiairement ou déclarée vacante? Cette question se présente différemment suivant qu'au moment de la déclaration de faillite ou de la mort du débiteur le délai de soixante jours pendant le partage est ou non expiré. Si ce délai est expiré, le privilège ne peut certainement plus être inscrit au préjudice de la masse des créanciers; ce privilège est alors dégénéré en hypothèque, et il ne peut être traité plus favorablement que toute autre hypothèque (V. infra, tit. 2, chap. 4. sect. 4, art. 1). Si, au contraire, on est encore dans le délai, la plupart des auteurs admettent que le privilège peut encore être inscrit. La loi, disent-ils, en accordant au copartageant créancier un délai de soixante jours pour conserver son droit à l'encontre de tous les autres créanciers du copartageant débiteur, lui garantit par là même que, pendant ce délai, aucun autre droit ne pourra s'établir à son préjudice. On doit d'autant plus le décider ainsi que le partage est un acte nécessaire, et qu'il serait injuste que la faillite ou la mort du débiteur, survenant immédiatement après cet acte, eût pour effet d'améliorer la situation des créanciers chirographaires de ce débiteur aux dépens du créancier copartageant (Pont, t. 2, n°s 899 et 927; Aubry et Rau, t. 3, § 278, p. 364, note 27; Thézard, n° 314; André, n° 317. — Contrà: Demangeat, sur Bravard, Traité de droit commercial, t. 5, 2e édit., p. 293 note 2).

383. Si dans les soixante jours du partage le copartageant débiteur aliène l'immeuble grevé du privilège, le copartageant créancier doit, pour la conservation de son droit de suite à l'égard du tiers acquéreur, prendre inscription avant l'expiration du délai de quarante-cinq jours à dater du partage (V. suprà, n° 373). Mais quand même il aurait laissé passer ce délai, il pourrait encore s'inscrire utilement avant l'expiration des soixante jours, pour conserver son droit de préférence sur le prix de l'immeuble, à l'égard des créanciers du débiteur, si le prix était encore dû. Telle est, du moins, l'opinion que l'on a admise au Rép. n° 696 (V. dans le même sens: Pont, t. 1, n° 318; Aubry et Rau,

t. 3, § 278, p. 364, note 28; André, n° 421). Cette opinion, toutefois, est combattue par divers auteurs. « Sans doute, dit M. Thézard, n° 313, si l'immeuble fût resté aux mains du débiteur, le privilège aurait conservé son rang par l'inscription faite dans les soixante jours. Mais, dès lors qu'il en est sorti, et que d'ailleurs le délai de faveur accordé contre le tiers acquéreur est lui-même écoulé, on retombe dans la règle générale; l'inscription prise après la transcription de l'aliénation purge complètement tout privilège ou hypothèque du chef du précédent propriétaire, et l'extinction du droit de suite entraîne celle du droit de préférence : la loi ne consacre pas ici d'exception analogue à celle qu'elle établit pour l'hypothèque légale de la femme mariée ou du mineur dans l'art. 2195 c. civ. et dans l'art. 717 c. proc. civ. » (V. aussi en ce sens: Flandin, De la transcription en matière hypothécaire, t. 2, n°s 1142 et suiv. L'argumentation de cet auteur est rapportée au Rép.; v° Transcription hypothécaire, n° 564).

Sect. 3. — DE LA CONSERVATION DU PRIVILÈGE DES ARCHITECTES, ENTREPRENEURS ET OUVRIERS (Rép. n°s 697 à 703).

384. La conservation du privilège des architectes, entrepreneurs et ouvriers, sur la plus-value résultant des travaux par eux effectués, est soumise, d'après l'art. 2110 c. civ., à une double inscription: 1° celle du procès-verbal constatant l'état des lieux avant le commencement des travaux; et 2° celle du procès-verbal de réception des travaux exécutés (V. Rép. n° 697). Le privilège de ceux qui ont fourni des deniers pour payer les architectes, entrepreneurs et ouvriers se conserve aussi de la même manière; il n'est pas nécessaire, pour assurer ce privilège, de faire inscrire l'acte authentique constatant la destination et l'emploi des sommes prêtées (Rép. n° 699; Aubry et Rau, t. 3, § 278, p. 370).

L'inscription des deux procès-verbaux peut être requise par tous les architectes, entrepreneurs et ouvriers ou seulement par l'un d'eux, par le prêteur subrogé à leurs droits ou encore par le propriétaire; toutes ces personnes, en effet, ont, à divers titres, intérêt à l'exercice du privilège (V. les arrêts cités suprà, n° 245. En ce sens : Laurent, t. 30, n° 107).

385. A quelle époque doit être opérée cette double inscription? En ce qui concerne le premier procès-verbal, on reconnaît généralement qu'il doit être inscrit, aussi bien que dressé, avant tout commencement des travaux. Le but de l'inscription étant d'avertir les tiers que la plus-value produite par les travaux est grevée du privilège, il faut, de toute nécessité, pour que les tiers soient avertis à temps et ne comptent pas sur cette plus-value, que l'inscription soit antérieure aux travaux (V. Rép. n° 700; Aubry et Rau, t. 3, § 278, p. 367; Colmet de Santerre, t. 9, n° 71 bis-I; Baudry-Lacantinerie, t. 3, n° 1174; Thézard, n° 316). — Quant au second procès-verbal, il y a désaccord sur le point de savoir s'il doit être inscrit dans un certain délai. Suivant les uns, son inscription, comme sa rédaction, devrait être opérée dans le délai de six mois fixé par l'art. 2103-4° pour la réception des travaux à la suite de leur achèvement. Ce second procès-verbal, dit-on à l'appui de ce système, forme le complément indispensable du premier, dont l'inscription n'est que l'annonce d'un privilège éventuel; l'inscription du second est destinée à faire connaître aux tiers le montant de la plus-value et l'importance de la créance privilégiée; on ne saurait admettre que le législateur, tout en exigeant, pour la conservation du privilège, cette seconde inscription, ait laissé au créancier la faculté de la requérir quand bon lui semblerait (Flandin, De la transcription, t. 2,

---

aucune justification; — Attendu que ces principes devaient être appliqués d'autant plus rigoureusement dans l'espèce que la donation de tiers des biens de Peyrusse père a été faite à son fils par contrat de mariage, et qu'à ce point de vue elle affecte le caractère d'un contrat à titre onéreux; que d'ailleurs l'inscription de privilège dont la radiation est demandée n'a été requise par Peyrusse fils qu'en vertu d'une convention formelle écrite dans l'acte de partage du 22 févr. 1880; — Attendu, dès lors, que les premiers juges ont à tort limité le droit de Peyrusse fils de maintenir son inscription en fixant un délai d'un an à l'expiration duquel il sera tenu de se désister de sa créance privilégiée et d'en donner mainlevée, à moins qu'il ne fasse connaître à cette époque une cause réelle d'éviction; qu'il y a lieu sur ce

chef de réformer le jugement attaqué; — Par ces motifs, Démet Peyrusse père de l'appel incident qu'il a relevé envers le jugement de Castelsarrasin du 23 juill. 1880; — Disant droit à l'appel principal de Peyrusse fils envers le même jugement, le réforme sur le chef qui lui impartit un délai d'une année à l'expiration de laquelle il sera tenu de se désister de sa créance privilégiée et de donner mainlevée, à moins qu'il ne fasse, à cette époque, connaître une cause d'éviction; — En conséquence, rejette la demande en radiation et maintient du privilège inscrit le 23 avr. 1880, à la requête de Peyrusse fils, sur les biens de Peyrusse père, déclare que son inscription produira son effet pendant tout le temps que durera l'action en garantie.
Du 20 mai 1881. C. de Toulouse.

nos 1039 et 1041 ; Aubry et Rau, t. 3, § 278, p. 368, note 38).
Suivant une autre opinion, qui nous paraît préférable, il n'y
a pas de délai fatal pour l'inscription du second procès-
verbal ; la réception des travaux dans les six mois de leur
achèvement est une condition de l'acquisition du privilège,
mais non de sa conservation. A l'objection consistant à
dire qu'il était inutile d'exiger la deuxième inscription si
elle peut être prise utilement jusqu'au dernier moment, on
peut répondre que cette inscription est exigée beaucoup moins
dans l'intérêt des tiers, suffisamment avertis par l'inscription du premier procès-verbal, que dans l'intérêt du débiteur lui-même, pour limiter l'atteinte que le privilège porte
à son crédit ; la loi a donc pu laisser aux parties, et spécialement au débiteur, seul intéressé, le soin d'accomplir cette
formalité quand il leur conviendrait ; il n'y avait pas de raison d'édicter une déchéance contre le créancier qui ne se
hâterait pas de faire procéder à l'inscription, et de fait cette
déchéance n'est pas prononcée (Colmet de Santerre, t. 9,
no 71 bis-III ; Baudry-Lacantinerie, t. 3, no 1174 ; Thézard,
no 317. V. aussi en ce sens : Lyon, 13 mars 1830, Rép.
no 701).

386. Lorsque le premier procès-verbal a été inscrit
avant le commencement des travaux, le privilège des architectes, entrepreneurs et ouvriers est conservé dans toute sa
plénitude ; il prime même les hypothèques inscrites antérieurement. En disant dans l'art. 2110 c. civ. que le privilège est conservé « à la date de l'inscription du procès-verbal », la loi n'a certainement pas entendu le transformer
en une simple hypothèque ; elle a voulu dire qu'il est conservé à cette date en tant que privilège (V. suprà, no 336). Mais
si l'inscription n'a été prise qu'après le commencement des
travaux, en supposant d'ailleurs que le procès-verbal ait été
dressé avant ce commencement, car autrement le privilège
ne pourrait pas exister (V. suprà, no 247), l'art. 2113 c. civ.,
devient applicable : le privilège dégénère en hypothèque et
ne prend rang qu'à la date de l'inscription. Il en est ainsi,
incontestablement, à l'égard des créanciers hypothécaires
qui se sont inscrits sur l'immeuble depuis le commencement des travaux ; ceux-là, en effet, ont pu légitimement
compter sur la plus-value résultant des travaux, alors qu'aucune inscription de privilège n'existait sur cette plus-value.
Il doit même en être ainsi, suivant nous, à l'égard
des créanciers dont l'hypothèque est antérieure aux travaux ; s'il est vrai que ces créanciers n'ont pas dû considérer la plus-value comme leur gage, ils peuvent néanmoins
invoquer la règle que l'hypothèque s'étend à toutes les
améliorations survenues à l'immeuble hypothéqué (c. civ.
art. 2133) ; c'est peut-être, d'ailleurs, en considération de
l'amélioration procurée par les travaux qu'ils n'ont pas
poursuivi leur payement ou exigé un supplément de garantie. Et enfin, du moment que le privilège des constructeurs,
inscrit tardivement, est primé par les créanciers qui ont
pris inscription depuis le commencement des travaux, les
créanciers qui priment ces derniers doivent également le
primer ; c'est une application légitime de l'adage : Si vinco
vincentem te, a fortiori te vincam. Le privilège, en définitive, à défaut de l'accomplissement des formalités nécessaires
pour sa conservation, ne prend rang à l'égard des tiers
qu'à la date de son inscription, et il en est ainsi à l'égard de
tous les tiers qui ont des droits antérieurs sur l'immeuble,
car la loi ne distingue pas (En ce sens : Colmet de Santerre, t. 9, nos 71 bis-V et suiv. ; Baudry-Lacantinerie, t. 3,
no 1175 ; Thézard, no 316. — Contrà : Aubry et Rau, t. 3,
§ 278, p. 367, note 34).

387. En cas d'aliénation volontaire ou forcée de l'immeuble, l'inscription du premier procès-verbal ne peut plus
être prise après la transcription (L. 23 mars 1855, art. 6,
§ 1). On n'est pas d'accord sur le point de savoir si la transcription fait également obstacle à l'inscription du second
procès-verbal. Ceux qui estiment que cette seconde inscription doit être prise dans les six mois de l'achèvement des
travaux décident, en général, qu'elle peut l'être, dans ce
délai, même après la transcription (Troplong, Commentaire
de la loi du 23 mars 1855 sur la transcription, nos 284 et
suiv. ; Aubry et Rau, t. 3, § 278, p. 368 et suiv.). Parmi
ceux qui pensent qu'il n'y a pas de délai pour inscrire le
second procès-verbal, les uns ne croient pas que cette inscription puisse encore avoir lieu quand l'immeuble est sorti

des mains du débiteur. Ils considèrent que l'inscription des
deux procès-verbaux est également nécessaire pour que le
privilège soit établi à l'égard des tiers, et par une application rigoureuse de l'art. 6 de la loi du 23 mars 1855, ils
concluent que l'inscription du second procès-verbal, comme
celle du premier, n'est plus possible après que l'immeuble
a été aliéné par le débiteur et que l'aliénation a été transcrite (Colmet de Santerre, t. 9, no 147 bis-XVII). M. Pont,
t. 1, no 315, et t. 2, no 1123, tout en acceptant en principe
cette dernière solution, y apporte quelque tempérament.
« Il serait équitable, dit-il, de maintenir le privilège dans
tous les cas où l'achèvement des travaux serait séparé de
la transcription du contrat de vente par un intervalle trop
court pour que l'ouvrier ou l'entrepreneur eût pu faire recevoir les travaux et inscrire le procès-verbal de réception ».
D'autres auteurs enfin, et nous sommes disposé à nous ranger à leur avis, enseignent qu'aucun délai n'est imparti
pour l'inscription du second procès-verbal, soit quant au droit
de suite, soit quant au droit de préférence. « Admettre que
le délai pour l'inscription du second procès-verbal n'est
autre que le délai prescrit pour sa confection, c'est, comme
le dit M. Thézard, no 317, forcer les termes de la loi : si le
procès-verbal est rédigé le dernier jour du délai de six mois,
l'exigence de l'art. 2103 est satisfaite ; pour dire que le procès-verbal doit être inscrit ce même jour, il faut ajouter une
exigence de plus. D'ailleurs, quand l'art. 2111 dit que l'inscription des deux procès-verbaux conserve le privilège « à
la date de l'inscription du premier », il indique par là
même que la date de l'inscription du second est indifférente. Au point de vue de la publicité, l'inscription du premier procès-verbal signale suffisamment l'existence du privilège à ceux qui veulent traiter avec le propriétaire ». Dans
ce système, l'acquéreur de l'immeuble, ayant transcrit, ne
doit pas payer son prix tant qu'il n'a pas obtenu la mainlevée de l'inscription du premier procès-verbal, et l'inscription du second peut utilement être faite jusqu'au moment
où les créanciers sont tenus de se produire à l'ordre ouvert
pour la distribution du prix (Comp. en ce sens, Lyon,
13 mars 1830, Rép. no 701. V. aussi Rép. vo Transcription
hypothécaire, nos 569 et suiv.).

388. Les mêmes dissentiments existent sur le point de
savoir si la mise en faillite du propriétaire de l'immeuble ou
sa mort suivie de l'acceptation bénéficiaire de sa succession
mettrait obstacle à l'inscription du second procès-verbal.
Quant au premier procès-verbal, il ne peut certainement
plus être inscrit après l'un ou l'autre de ces événements ;
son inscription, d'ailleurs, qui doit précéder les travaux,
n'aurait alors plus d'objet (V. Rouen, 12 juin 1841, Rép.
no 468-3o ; Limoges, 1er mars 1847, aff. Chiron, D. P. 47. 2.
147). Mais, pour le second procès-verbal, les auteurs qui
décident qu'il doit être inscrit, aussi bien que dressé, dans
les six mois de l'achèvement des travaux, admettent que,
pourvu qu'on soit encore dans ce délai, l'inscription peut
être faite nonobstant la faillite ou l'ouverture de la succession bénéficiaire (Aubry et Rau, t. 3, § 278, p. 369, note 41).
Les auteurs suivant lesquels l'inscription du second procès-
verbal n'est pas soumise au délai de six mois refusent ou
permettent de prendre cette inscription, en cas de faillite ou
de succession bénéficiaire, suivant le plus ou moins d'extension qu'ils donnent aux dispositions de l'art. 2146 c. civ.
et de l'art. 448 c. com. « L'inscription du premier procès-
verbal, dit M. Thézard, no 318, est la base de la publicité
prescrite ; l'inscription du second, qui en est le complément,
et pour laquelle la loi ne fixe aucun délai, sera utilement
faite jusqu'au moment indiqué pour la production à l'ordre ». M. Colmet de Santerre, t. 9, no 120 bis-VII, enseigne,
de même, que l'inscription du second procès-verbal, n'ayant
pas d'influence sur le rang assigné au créancier, peut être
prise à l'époque où, d'après les art. 2146 et 448, l'inscription
des hypothèques et des privilèges est interdite.

SECT. 4. — DES RÈGLES RELATIVES A LA CONSERVATION DE LA SÉPARATION DES PATRIMOINES (Rép. nos 704 à 713).

389. Il est traité de la séparation des patrimoines au
Rép. vo Succession, no 1395 et suiv. (V. aussi infrà,
vo Succession). Il n'en sera question ici qu'autant qu'elle se
rattache à la matière des privilèges.

390. Tout d'abord, la séparation des patrimoines, que l'art. 878 c. civ. permet aux créanciers d'une succession de demander contre tout créancier de l'héritier, constitue-t-elle un véritable privilège? Cette question divise les auteurs. Tous reconnaissent que la séparation des patrimoines, en tant qu'elle permet aux créanciers de la succession de se payer sur les biens héréditaires par préférence aux créanciers personnels de l'héritier, engendre un droit de préférence qui s'étend à la fois sur les meubles et sur les immeubles. On doit remarquer seulement que les privilèges n'existent généralement que sur les biens d'un même débiteur, tandis que la séparation des patrimoines a pour but de faire considérer les biens héréditaires et les biens de l'héritier comme n'appartenant pas au même débiteur. Mais les privilèges, outre le droit de préférence, emportent encore deux autres attributs: le droit de suite et l'indivisibilité. La question de savoir si la séparation des patrimoines est un privilège consiste donc à savoir si elle confère aux créanciers héréditaires: 1° le droit de saisir et de faire vendre les immeubles de la succession, pour se payer sur le prix, alors que ces immeubles sont sortis des mains de l'héritier; 2° le droit pour les créanciers de réclamer la totalité de ce qui leur est dû contre tout détenteur d'une part quelconque des biens héréditaires.

391. Pour soutenir que le bénéfice de la séparation des patrimoines constitue un véritable privilège emportant le droit de suite, on argumente du texte de l'art. 2111 c. civ., aux termes duquel les créanciers et légataires qui demandent la séparation des patrimoines « conservent, à l'égard des créanciers des héritiers ou représentants du défunt, leur privilège sur les biens de la succession, par les inscriptions faites sur chacun de ces biens, dans les six mois à compter de l'ouverture de la succession ». Le même article ajoute qu'avant l'expiration de ce délai de six mois, « aucune hypothèque ne peut être établie avec effet sur ces biens par les héritiers ou représentants au préjudice des créanciers ou légataires ». La loi, dit-on, qualifie elle-même ici la séparation des patrimoines de *privilège*, et cette expression a d'autant plus de portée qu'elle se trouve dans le titre même consacré aux privilèges. Au titre des successions, dans les art. 878 et suiv., le législateur n'était pas encore complètement fixé sur la nature et l'avantage qu'il accordait aux créanciers et légataires. De là vient que l'art. 880 dispose qu'à l'égard des immeubles l'action en séparation des patrimoines peut être exercée « tant qu'ils existent dans la main de l'héritier ». Mais l'art. 2111, en érigeant la séparation des patrimoines en privilège, a dérogé à cette disposition. Les rédacteurs du code ont compris que le droit des créanciers héréditaires serait illusoire si une aliénation pouvait le détruire. On veut pas pourquoi, d'ailleurs, l'aliénation faite par l'héritier serait plus opposable aux créanciers héréditaires que la constitution d'hypothèque consentie par le même héritier. Sans doute, avant le décès du *de cujus*, les créanciers n'avaient qu'un droit de gage imparfait, susceptible d'être restreint ou anéanti par tout acte de disposition du débiteur. Mais du moins les créanciers avaient le débiteur qu'ils avaient eux-mêmes choisi. Ils ont désormais affaire à un héritier qu'ils ne connaissaient pas; c'est pourquoi la loi doit leur accorder plus de garanties. Ce qui prouve que la loi entend bien, en effet, leur attribuer un droit nouveau, c'est que l'art. 2111 met les créanciers sur le même pied que les légataires, qui, eux, n'avaient aucun droit de gage avant le décès du *de cujus* et auxquels l'art. 1017 accorde expressément un droit hypothécaire. Puis vient l'art. 2113, d'après lequel les créanciers privilégiés qui n'ont pas conservé leur privilège par l'inscription « ne cessent pas néanmoins d'être hypothécaires », disposition qui s'applique aux créanciers et légataires de l'art. 2111 comme à tous les autres créanciers privilégiés obligés de s'inscrire dans un certain délai. Si les rédacteurs du code n'ont pas expressément mentionné le privilège de la séparation des patrimoines à la suite des autres privilèges sur les immeubles, c'est qu'il s'exerce à la fois sur les meubles et sur les immeubles; il ne rentrait donc pas dans la catégorie des privilèges dont il est question dans la section 2 du chapitre des privilèges. Quant aux auteurs qui objectent que les privilèges ne s'exercent que sur une partie du même patrimoine, et non pas sur le patrimoine tout entier, ils oublient que, par l'effet du décès et

de la dévolution héréditaire, le patrimoine du *de cujus* s'est réuni à celui de l'héritier, qui demeure, nonobstant la séparation des patrimoines, le débiteur personnel des créanciers de la succession; c'est donc bien sur une partie du patrimoine de l'héritier, sur celle lui provenant du défunt, que portent le droit de préférence et le droit de suite résultant de la séparation des patrimoines (V. en ce sens: Demolombe, *Cours de code civil*, t. 17, n°s 208 et suiv.; Gabriel Demante, *Revue critique de législation*, année 1854, t. 5, p. 177 et suiv.; Colmet de Santerre, t. 9, n°s 59 *bis*-I et suiv.; Le Sellyer, *Commentaire sur le titre des successions*, t. 3, n° 1742).

Ce système est celui qui prévaut dans la jurisprudence. Il a été jugé que les créanciers héréditaires qui ont pris l'inscription de séparation des patrimoines dans les six mois du décès du *de cujus* ont un droit de suite et de surenchère sur les immeubles de la succession aliénés par l'héritier depuis l'inscription prise (Orléans, 22 août 1840, *Rép.* v° *Succession*, n° 1502; Req. 27 juill. 1870, aff. Bénassy, D. P. 74. 1. 352. V. aussi Metz, 27 mai 1868, aff. Pécard, D. P. 68. 2. 103).

392. Ce système toutefois est repoussé par la majorité de la doctrine. Il est contraire à la tradition (V. Pothier, *Traité des successions*, chap. 5, art. 4; Domat, *Lois civiles*, liv. 3, tit. 2, sect. 4, n° 5; de Montvalon, *Des successions*, t. 1, p. 163). Or, il résulte des travaux préparatoires du code que ses rédacteurs n'ont pas entendu innover en cette matière. L'art. 880 c. civ. est d'ailleurs formel: en statuant qu'à l'égard des immeubles la séparation des patrimoines peut être exercée « tant qu'ils existent dans la main de l'héritier », il indique par cela même que la séparation des patrimoines n'emporte pas de droit de suite sur les immeubles. Ce texte est tellement décisif qu'on est obligé de soutenir qu'il a été abrogé par l'art. 2111. Mais une semblable contradiction dans le code ne devrait être admise que s'il n'y avait aucun moyen de concilier les deux dispositions; or il suffit pour les concilier de ne pas attribuer au mot *privilège*, dans l'art. 2111, un sens plus étendu que celui qui résulte des art. 878 et suiv. Et cette interprétation est d'autant plus raisonnable que l'art. 2111 est placé dans la section où le code ne traite des privilèges qu'au point de vue du droit de préférence. Ce n'est aussi que dans cette section qu'il est parlé de la séparation des patrimoines: là où le législateur a fait l'énumération des divers privilèges sur les meubles et les immeubles, celui de la séparation des patrimoines n'est pas nommé, et plus loin, là où le code s'occupe du droit de suite, il n'en est encore pas question. Quant à l'art. 2113, il ne doit être appliqué au privilège de la séparation des patrimoines que dans la mesure où il lui est applicable. Il a pour but d'indiquer que le privilège qui n'a pas été inscrit dans le délai n'est pas nécessairement perdu pour cela, mais peut encore valoir à la date où il sera inscrit; cela est vrai du privilège de la séparation en tant que simple droit de préférence. Enfin, à l'argument tiré par l'opinion contraire du second paragraphe de l'art. 2111, d'après lequel aucune hypothèque ne peut être établie par l'héritier sur les biens héréditaires au préjudice des créanciers qui ont pris inscription dans les six mois, on répond qu'il résulte de là seulement que la séparation des patrimoines protège les créanciers héréditaires contre les hypothèques légales, judiciaires et conventionnelles, procédant du chef de l'héritier, mais non contre les actes d'aliénation pouvant être consentis par celui-ci. On ajoute que les aliénations sont moins à redouter pour les créanciers que les hypothèques qui peuvent frapper les biens héréditaires au moment même de l'ouverture de la succession. « Les aliénations, dit M. Thézard, n° 329, constituent un fait nouveau, qui ne s'accomplit pas d'ordinaire dès le premier jour, fait que les créanciers du défunt peuvent conjurer en saisissant immédiatement les biens, et contre lequel, en cas de précipitation frauduleuse, ils auront l'action paulienne. Pourquoi, dans le silence de la loi, leur accorder davantage? Ces créanciers, s'ils n'avaient pas stipulé d'hypothèques, avaient suivi la foi du défunt, et celui-ci pouvait librement aliéner; l'héritier qui continue sa personne doit avoir le même droit. La séparation des patrimoines est donnée contre l'héritier lui-même, ni contre ses acquéreurs, mais, d'après l'art. 878, *contre tout créancier*; et d'après l'art. 2111, qui se réfère formellement à l'art. 878, l'effet de l'inscription de cette séparation est seulement que les *hypothèques*

ne peuvent être établies au préjudice des créanciers de la succession ou des légataires. La loi ne vise donc que les créanciers de l'héritier, et ses acquéreurs restent dans le droit commun » (V. en ce sens: Troplong, *Des privilèges et hypothèques*, t. 1, n° 323 et suiv.; *Commentaire sur la loi du 23 mars 1855*, n° 288; Pont, *Des privilèges et hypothèques*, t. 1, n° 299; Mourlon, *De la transcription*, t. 2, n° 740; Verdier, *De la transcription*, t. 2, n° 502; Aubry et Rau, t. 6, § 619, note 67; Baudry-Lacantinerie, t. 3, n° 1182).

393. Dans le système qui considère la séparation des patrimoines comme un véritable privilège, cette séparation ne peut plus être inscrite utilement sur un immeuble aliéné par l'héritier après la transcription de l'aliénation, et cela alors même qu'il se serait écoulé moins de six mois depuis l'ouverture de la succession; c'est l'application de l'art. 6, § 1, de la loi du 23 mars 1855, auquel le paragraphe 2 n'a dérogé qu'en faveur du vendeur et du copartageant (Flandin, *De la transcription*, t. 2, n°s 1054 et suiv.; Colmet de Santerre, t. 9, n°s 147 *bis*-XVIII). Au contraire, pour ceux qui ne voient dans la séparation des patrimoines qu'un droit de préférence *sui generis*, qui n'emporte pas le droit de suite, il suffit que l'inscription soit prise dans les six mois de l'ouverture de la succession, et il importe peu qu'elle n'ait été requise qu'après l'aliénation des immeubles héréditaires et la transcription de l'acte d'aliénation; le droit de préférence n'en pourra pas moins s'exercer sur le prix des immeubles aliénés tant qu'il restera dû à l'héritier (Trib. civ. d'Aix, 18 mars 1873, *infrà*, v° *Succession*; Pont, t. 1, n° 314; Aubry et Rau, t. 6, § 619, p. 486, note 47; Baudry-Lacantinerie, t. 3, n° 1435). Mais il est bien entendu que, dans ce système, la séparation des patrimoines, même inscrite dans les six mois, resterait sans effet en ce qui concerne les immeubles aliénés, dès que le prix aurait été payé ou confondu de toute autre manière avec les biens personnels de l'héritier (V. au surplus, *infrà*, v° *Transcription hypothécaire*; *Rép.* eod. v°, n°s 574 et suiv.).

394. Ceux qui reconnaissent au droit des créanciers et des légataires usant du bénéfice de la séparation des patrimoines la qualité de privilège, c'est-à-dire le caractère hypothécaire ou le droit de suite, sont amenés à se demander si ce droit est indivisible. Cette question suppose qu'il y a plusieurs héritiers: s'il n'y en a qu'un, il est certain que chacun des biens héréditaires est affecté pour le tout au payement des créanciers de la succession par préférence aux créanciers de l'héritier. Mais, s'il y a plusieurs héritiers, on peut alors se demander si les créanciers de la succession peuvent poursuivre leur payement pour le tout sur les biens échus à chacun des héritiers, comme le pourraient de véritables créanciers hypothécaires, ou s'ils ne peuvent agir que pour la part incombant à l'héritier dans la dette. Quelques auteurs, poussant jusqu'au bout l'assimilation du bénéfice de la séparation des patrimoines aux privilèges, admettent que chaque bien de la succession est affecté au payement des créanciers héréditaires pour le tout (V. en ce sens: Hureaux, *Études sur le code civil*, t. 2, *De la séparation des patrimoines*; Ducauroy, Bonnier et Roustain, *Commentaire théorique et pratique du code civil*, t. 2, n° 766; Demante, *Cours analytique de code civil*, t. 3, n° 222 *bis*-II et suiv.). Mais, suivant d'autres auteurs, le droit des créanciers et légataires peut être hypothécaire et néanmoins exister divisément sur les biens de chaque héritier. « En effet, dit M. Colmet de Santerre, t. 9, n° 59 *bis*-VII, l'indivisibilité de l'hypothèque (c. civ. art. 2114) produit ses effets quand cette hypothèque a garanti à un certain moment la créance tout entière; la division ultérieure de la créance n'a pas de conséquence par rapport à l'hypothèque. Mais, dans l'hypothèse que nous examinons, le privilège naît au moment même où la dette se divise; il n'a donc jamais garanti la dette dans son unité, il a garanti dès sa naissance plusieurs dettes, ou, pour mieux dire, il ne naît pas un privilège, il naît autant de privilèges qu'il existe de dettes » (V. dans le même sens: Demolombe, t. 17, n°s 210 et suiv.; Le Sellyer, *op. cit.*, t. 3, n° 1744). Quant aux auteurs pour lesquels la séparation des patrimoines n'est pas un privilège ou du moins ne produit qu'un simple droit de préférence, ils décident unanimement que ce droit ne modifie pas la règle de la division des dettes et ne porte pas d'une manière indivisible sur tous les biens de la succession (Aubry et Rau, t. 6, § 619, p. 502, note 68; Thé-

zard, n° 326; Baudry-Lacantinerie, t. 3, n° 1183). La cour de cassation s'est prononcée en ce sens: elle a jugé que le créancier d'un défunt, qui, pour conserver le bénéfice de la séparation des patrimoines, a pris inscription sur un immeuble de la succession, ne peut poursuivre l'héritier auquel cet immeuble est échu que pour sa portion héréditaire, et non pour la totalité de la créance (Civ. cass. 9 juin 1857, aff. Legabilleux, D. P. 57. 1. 295. V. dans le même sens: *Rép.* v° *Succession*, n° 1492; note sous Civ. rej. 3 févr. 1857, aff. Villars, D. P. 57. 1. 49; Caen, 9 févr. 1860, aff. Le Petit, D. P. 60. 2. 193; Limoges, 16 juin 1860, aff. Rebeyratte, D. P. 61. 2. 71; Nancy, 13 avr. 1867, aff. Dolmaire, D. P. 67. 2. 103).

En ce qui concerne les légataires, toutefois, il ne faut pas oublier qu'outre le droit de demander la séparation des patrimoines ils ont encore une hypothèque légale sur les biens de la succession (c. civ. art. 1017) (V. *infrà*, n° 721). En conséquence, quand ils se prévalent seulement de la séparation des patrimoines, ils ne peuvent agir sur les biens échus à chaque héritier que pour la part de celui-ci. Mais il en est autrement s'ils invoquent l'hypothèque que leur attribue l'art. 1017 c. civ.; ils peuvent alors exercer l'action hypothécaire pour le tout.

395. L'inscription qui, d'après l'art. 2111 c. civ., doit être prise dans les six mois du décès pour la conservation du privilège de la séparation des patrimoines, n'est valable qu'à la condition d'être spéciale, c'est-à-dire de contenir l'indication de l'espèce et de la situation des biens sur lesquels elle est prise. Cette règle résulte du texte de l'art. 2111 qui veut que l'inscription soit prise sur « chacun des biens » de la succession. Au surplus, l'art. 2148 c. civ., qui détermine les formalités à remplir pour prendre inscription, ne dispense de l'obligation d'indiquer l'espèce et la situation des biens que les créanciers à hypothèque légale ou judiciaire; or, la séparation des patrimoines ne rentre pas dans cette exception (Lyon, 24 déc. 1862, aff. Commune de Malmont, D. P. 63. 5. 341; Agen, 23 janv. 1867, aff. Courty, D. P. 67. 2. 247; Dijon, 23 nov. 1876, *suprà*, v° *Compte courant*, n° 60; Req. 30 juill. 1878, aff. De Saint-Paul, D. P. 79. 1. 366; Troplong, *Des privilèges et hypothèques*, t. 1, n° 324; Aubry et Rau, t. 6, § 619, p. 484, note 41; André, n° 382. V. toutefois *Rép.* v° *Succession*, n° 1480).

396. L'inscription doit être prise contre l'héritier et sur les immeubles qui dépendent de la succession. Rien ne s'oppose à ce qu'elle soit prise aussi sur les immeubles dépendant de la communauté ayant existé entre le *de cujus* et son conjoint, pour la part pouvant revenir à la succession. Mais il a été jugé, avec raison, que les créanciers du mari ne peuvent prendre inscription en séparation de patrimoine à la fois contre les héritiers du défunt et contre sa veuve, sur les immeubles de la communauté, comme s'ils faisaient partie de la succession du mari (Civ. cass. 15 juill. 1891, aff. Hacquard-Née, D. P. 93. 1. 465. Comp. *suprà*, v° *Contrat de mariage*, n° 914).

397. Les créanciers qui n'ont qu'un titre sous seing privé peuvent requérir l'inscription de séparation des patrimoines en vertu de ce titre. La loi, en effet, accorde le droit de demander cette séparation à tous les créanciers sans distinction, et par suite ces créanciers, quel que soit leur nombre, doivent pouvoir conserver leur droit par l'inscription (Aubry et Rau, t. 6, § 619, note 38; Baudry-Lacantinerie, t. 3, n° 1178). Quant aux créanciers qui n'ont pas de titre, ils peuvent se faire autoriser à prendre inscription par une ordonnance du président du tribunal, rendue sur requête, comme en matière de saisie-arrêt (Demolombe, t. 17, n° 106; Aubry et Rau, t. 6, § 619, p. 483, note 39). Ils n'ont même besoin, suivant quelques auteurs, d'aucune autorisation (V. *Rép.* v° *Succession*, n° 1482; André, n° 383).

398. L'inscription doit, pour conserver d'une manière complètement efficace le bénéfice de la séparation des patrimoines, être prise dans les six mois à dater de l'ouverture de la succession. Si l'inscription n'a pas été prise dans ce délai, la séparation des patrimoines ne sera pas opposable aux créanciers personnels de l'héritier qui auraient une hypothèque ou un privilège régulièrement conservé antérieurement. Toutefois le bénéfice de la séparation des patrimoines ne sera pas perdu pour cela. Tant que les immeubles de la succession demeurent entre les mains de l'héritier,

l'inscription peut encore être prise, et le créancier inscrit sera préféré aux créanciers hypothécaires qui ne s'inscriront qu'ultérieurement, ainsi qu'aux créanciers chirographaires (V. Paris, 30 nov. 1861, *infrà*, n° 581; Toulouse, 16 mai 1863, *suprà*, n° 38; Aubry et Rau, t. 6, § 619, p. 484 Thézard, n° 327; Baudry-Lacantinerie, t. 3, n° 1180).

399. Le droit de préférence résultant de la séparation des patrimoines n'existe qu'à l'égard des créanciers de l'héritier; il laisse tous les créanciers ou légataires de la succession au rang qu'ils avaient précédemment. Toutefois le créancier ou le légataire qui a pris inscription ne doit pas souffrir de la négligence de ceux qui ne se sont pas inscrits. Il doit obtenir dans la répartition des biens héréditaires ce qu'il aurait obtenu si les autres créanciers s'y étaient inscrits comme lui. Ainsi, supposons une succession dont les immeubles valent 75 000 fr. et dont les dettes se montent à 100 000 fr.; un seul créancier a pris inscription en séparation de patrimoine pour 60 000 fr.; ensuite sont survenues des inscriptions prises par des créanciers de l'héritier. Les 60 000 fr. conservés par l'inscription du créancier diligent ne doivent pas lui être attribués à lui seulement; mais il a le droit de demander la part qu'il aurait si tous les autres créanciers de la succession s'étaient également inscrits en temps utile, c'est-à-dire la part qui lui serait revenue sur le montant total des biens héréditaires et non pas seulement sur 60 000 fr. Son dividende sera ainsi de 75 pour 100 et non pas seulement de 60 pour 100. Le surplus des 60 000 fr. se distribuera au marc le franc entre les autres créanciers de la succession (Trib. civ. d'Aix, 18 mars 1873, *infrà*, v° *Succession*; Aubry et Rau, t. 6, § 619, p. 493 et suiv., notes 54 et suiv.; Colmet de Santerre, t. 9, n° 72 *bis*-V.) Ce système a été consacré par la cour de cassation (Civ. cass. 15 juill. 1891, cité *suprà*, n° 396. V. la note de M. de Loynes, D. P. *ibid.*). — D'après une autre opinion, le créancier inscrit primant les créanciers hypothécaires de l'héritier, lesquels priment les créanciers héréditaires non inscrits, ceux-ci n'auraient droit à rien; le créancier inscrit pourrait invoquer la maxime *Si vinco vincentem, a fortiori te vincam.* (V. Rép. n° 708; note de M. Mérignhac, sous Paris, 17 avr. 1884, D. P. 86. 2. 81.—V. au surplus *infrà*, v° *Succession*).— Un autre système tout opposé, mais qui nous paraît encore moins équitable, permet à tous les créanciers héréditaires qui n'ont pas pris inscription de venir au marc le franc avec celui qui s'est inscrit sur la somme réservée par l'inscription de celui-ci (Comp. Req. 4 déc. 1871, aff. Desgrottes, D. P. 71. 1. 249, et les conclusions de M. l'avocat général Reverchon).

400. L'inscription prise pour la conservation du privilège de la séparation des patrimoines est assujettie au renouvellement décennal (Agen, 23 janv. 1867, aff. Courty, D. P. 67. 2. 247).

401. L'art. 2161 c. civ., qui autorise la réduction des inscriptions excessives, est-il applicable à l'inscription de séparation des patrimoines? V. *infrà*, tit. 2, chap. 9, sect. 1, art. 3.

402. L'inscription requise pour la conservation du bénéfice de la séparation des patrimoines cesse d'être nécessaire lorsque la succession a été acceptée sous bénéfice d'inventaire. Cette acceptation, en effet, entraîne de plein droit la séparation des patrimoines (c. civ. art. 802-2°) (V. *infrà*, v° *Succession*; Rép. eod. v°, n°s 785 et suiv.). Il en est de même quand une succession est déclarée vacante (Rép. v° *Succession*, n° 1483; Aubry et Rau, t. 6, § 619, p. 508).

403. L'inscription en séparation des patrimoines peut être prise valablement dans les six mois de l'ouverture de la succession, alors même que le *de cujus* serait déclaré en faillite depuis son décès, ou nonobstant la mise en faillite de l'héritier. Dans le cas de déclaration de faillite du *de cujus*, l'art. 2146 c. civ. n'est évidemment pas applicable, car c'est contre l'héritier et non contre le *de cujus* que l'inscription est prise. Dans le cas où l'héritier lui-même est mis en faillite, l'inscription doit également pouvoir être prise dans les six mois de l'ouverture de la succession; autrement, si la faillite survenait immédiatement après le décès, les créanciers personnels de l'héritier pourraient s'enrichir aux dépens des créanciers de la succession (Comp. *suprà*, n° 382. V. en ce sens: Paris, 30 nov. 1861, *infrà*, n° 581; Montpellier, 2 avr. 1868 (1); Aubry et Rau, t. 6, § 619, p. 485 et suiv.; Le Sellyer, *op. cit.*, t. 3, n° 1752).

404. Les créanciers hypothécaires ou privilégiés du défunt n'ont pas besoin de prendre inscription en séparation des patrimoines pour conserver leur privilège ou leur hypothèque, si d'ailleurs cette hypothèque ou ce privilège a été régulièrement conservé. Ils pourraient cependant avoir intérêt à invoquer la séparation des patrimoines, et par suite ils devraient prendre inscription conformément à l'art. 2111, si leur hypothèque ou leur privilège était restreint à certains immeubles; la séparation des patrimoines leur procurerait ainsi un droit de préférence sur les autres biens héréditaires. Ils auraient encore intérêt à l'invoquer pour éviter d'être primés sur les immeubles mêmes grevés de leur droit hypothécaire par les créanciers de l'héritier jouissant d'un privilège général sur les meubles et sur les immeubles. Ces créanciers, en effet, pourraient, sans la séparation des patrimoines, se faire colloquer par privilège sur les biens de la succession, considérés comme biens de l'héritier (Comp. en ce sens, Aubry et Rau, t. 6, § 619, p. 472, note 4). Mais les créanciers hypothécaires ou privilégiés du défunt n'ont pas besoin de la séparation des patrimoines pour éviter d'être primés sur les biens grevés de leur hypothèque ou de leur privilège par les créanciers de

(1) (Synd. Campergue C. Gensac.) — La cour; — Attendu que l'art 878 c. civ. accorde aux créanciers d'une succession le droit de demander, dans tous les cas et contre tous les créanciers de l'héritier, la séparation du patrimoine du défunt d'avec le patrimoine de l'héritier; que ce bénéfice découle de ce principe essentiellement juste et juridique que tous les biens du défunt sont gage commun de ses créanciers, et que l'héritier n'y a droit qu'après les dettes payées, l'art. 724 n'accorde, en effet, la saisine à l'héritier que sous l'obligation d'acquitter toutes les charges de la succession; — Attendu qu'aux termes de l'art. 880, même code, le droit de demander la séparation des patrimoines peut être exercé à l'égard des immeubles, tant qu'ils existent dans les mains de l'héritier; — Attendu que pour la conservation de ce droit, à l'encontre des créanciers de l'héritier, l'art. 2111, même code, accorde aux créanciers du défunt un privilège sur les immeubles de la succession; — Attendu que ce privilège doit, il est vrai, être inscrit dans les six mois de l'ouverture de la succession; mais que, après l'expiration de ce délai, le droit à la séparation des patrimoines peut être encore inscrit, aux termes de l'art. 2113; seulement le privilège dégénère en hypothèque qui ne date, à l'égard des tiers, que du jour de son inscription; — Attendu qu'il résulte des dispositions combinées de ces divers articles que le droit à la séparation des patrimoines n'est ni perdu ni atteint par l'expiration du délai de six mois; qu'il peut toujours être exercé sur les immeubles de la succession qui sont restés aux mains de l'héritier; seulement, il a perdu le droit de l'exercer par un privilège, au lieu de l'être par un privilège; il a perdu la priorité sur les créances hypothécaires consenties par l'héritier et inscrites avant lui, mais il conserve entier et peut être exercé à l'encontre

des créanciers chirographaires de l'héritier et de ses créanciers hypothécaires dont l'inscription est postérieure à la sienne; — Attendu que le jugement déclaratif de faillite de l'héritier ne pourrait empêcher les créanciers du défunt de demander la séparation des patrimoines à l'égard des immeubles de la succession qui sont encore dans ses mains; — Que, par suite, l'exercice de ce droit peut être conservé par l'inscription hypothécaire prise par les créanciers, même après la déclaration de faillite; — Attendu que les art. 2146 c. civ., et 448 c. com., sont ici sans application, car ils ne prohibent que les inscriptions prises sur les biens du failli et ne s'opposent à la constitution, après la faillite, de tout droit de préférence entre les créanciers personnels du failli, et il s'agit ici d'une inscription prise sur les biens du défunt, et de conserver un droit de préférence sur ces biens au profit d'un créancier du défunt contre les créanciers personnels de l'héritier failli; — Attendu enfin que, dans son système, l'appelant reconnaît que, si l'inscription dont s'agit avait eu lieu dans les six mois de l'ouverture de la succession, le privilège serait valablement inscrit, quoique inscrit postérieurement au jugement déclaratif de la faillite de l'héritier; qu'il ne dénie cette validité qu'à l'inscription hypothécaire faite par le créancier de la succession après les six mois à dater de l'ouverture de la succession; — Mais qu'on cherche vainement un motif juridique de cette distinction, qui n'est fondée ni sur un texte de loi, ni sur document de jurisprudence; — Que, bien plus, elle est formellement repoussée par le texte même de l'art. 448 c. com., qui place sur la même ligne et soumet à un sort commun les privilèges et les hypothèques; — Confirme, etc.
Du 2 avr. 1868.-C. de Montpellier, 1re ch.-MM. Sygaudy, 1er pr.- De la Baume, 1er av. gén. Lisbonne et Cabanous, av.

l'héritier qui auraient une hypothèque générale, légale ou judiciaire, antérieure à la leur. Cette hypothèque générale, en effet, ne peut frapper les biens héréditaires qu'au moment de l'ouverture de la succession ; elle n'a donc sur ces biens qu'un rang postérieur à celui des créanciers hypothécaires déjà inscrits (V. en ce sens, Grenoble, 18 mars 1834, aff. Vallet, D. P. 55. 2. 93. — *Contrà* : Pont, t. 1, n° 300).

405. Il a été jugé, mais à tort suivant nous, que le créancier hypothécaire inscrit avant le décès du *de cujus* n'a pas besoin de prendre, après le décès, une nouvelle inscription dans les six mois, conformément à l'art. 2111, pour conserver le droit de demander la séparation des patrimoines, et qu'en invoquant cette séparation il peut se faire colloquer par préférence aux créanciers de l'héritier, pour la totalité des intérêts qui lui sont dus, et non pas seulement pour deux années et l'année courante (Bordeaux, 2 juill. 1846, et sur pourvoi, Req. 30 nov. 1847, aff. Labrousse, D. P. 48. 1. 41). L'art. 2151, qui limite les intérêts pour lesquels un créancier inscrit a le droit de se faire colloquer au même rang que pour le capital, ne peut, en effet, être opposé par les créanciers personnels de l'héritier aux créanciers de la succession qui jouissent du bénéfice de la séparation des patrimoines. Cette séparation doit évidemment produire son effet tant qu'ils ne sont pas payés de tout ce qui leur est dû. Mais il nous semble qu'une simple inscription hypothécaire antérieure ne saurait tenir lieu de l'inscription requise par l'art. 2111. Une inscription d'hypothèque ne peut conserver que l'hypothèque, et elle ne suffit pas pour avertir les créanciers de l'héritier qu'ils n'ont pas à compter sur les immeubles de la succession (V. en ce sens, Agen, 23 janv. 1867, aff. Courty, D. P. 67. 2. 247; Demolombe, t. 17, n° 175; Pont, t. 1, n° 300; Aubry et Rau, t. 6, § 619, p. 483, note 37).

406. Pour la conservation du privilège de la séparation des patrimoines en tant qu'il peut s'exercer sur les meubles, aucune inscription n'est nécessaire. Mais il résulte d'un arrêt de la cour de cassation que les créanciers et légataires peuvent, en invoquant la séparation des patrimoines, prendre des mesures conservatoires sur les meubles de la succession, et notamment qu'une veuve, instituée légataire d'une rente viagère par son mari, a le droit de former des saisies-arrêts, pour la garantie des termes non encore échus de sa rente, sur les sommes dues à la succession du mari (Civ. cass. 16 août 1869, aff. Veuve Vibert, D. P. 69. 1. 463).

Sect. 5. — Des règles relatives à la conservation des privilèges du Trésor public (*Rép.* n° 714 à 720).

407. Le privilège du Trésor sur les immeubles acquis à titre onéreux par les comptables doit, aux termes de l'art. 5 de la loi du 5 sept. 1807, constitutive de ce privilège, être inscrit dans les deux mois de l'enregistrement de l'acte translatif de propriété. De même, aux termes de l'art. 3 de l'autre loi du 5 sept. 1807, le privilège du Trésor sur les immeubles des condamnés se conserve par une inscription prise dans les deux mois du jugement de condamnation (V. supra, n° 302 et 305). Si le comptable ou condamné aliène ses immeubles avant l'expiration du délai de deux mois, il y a lieu de se demander si l'inscription du Trésor pourra encore être prise utilement dans ce délai, nonobstant la transcription de l'aliénation. Nous nous sommes prononcés pour la négative au *Rép.*, n° 715, par application de l'art. 6 de la loi du 23 mars 1855. On peut invoquer en ce sens un arrêt de la cour de Poitiers, du 9 févr. 1849, confirmé, sous pourvoi, par la chambre des requêtes (Req. 12 juill. 1852, aff. Brossart, D. P. 52. 1. 209), qui a jugé, sous l'empire de l'art. 834 c. proc. civ., que le privilège du Trésor ne pouvait plus s'exercer sur les immeubles aliénés par un condamné, lorsqu'il n'avait pas été inscrit dans la quinzaine de la transcription de l'aliénation, alors même que l'inscription aurait été prise dans les deux mois de la condamnation (V. dans le même sens, *Rép.* v° *Transcription hypothécaire*, n° 582; Aubry et Rau, t. 3, § 263 *bis*, p. 184, note 31). — Suivant quelques auteurs, le défaut d'inscription du privilège avant la transcription de l'aliénation empêche bien l'exercice du droit de suite sur l'immeuble aliéné, mais laisse subsister le droit de préférence sur le prix, sous la condition que l'inscription soit prise dans le délai de deux mois (Troplong, *Des privilèges et hypothèques*, t. 1, n° 95 *bis*; André,

Traité pratique du régime hypothécaire, n° 429). — Enfin, M. Thézard, n° 319, enseigne que le privilège du Trésor sur les immeubles des comptables ou sur ceux des condamnés, pourvu qu'il soit inscrit dans le délai fixé par les art. 3 et 5 des lois de 1807, peut s'exercer même contre le tiers acquéreur qui a fait transcrire son acte d'acquisition dans l'intervalle. Dans ce système, par conséquent, l'inscription du privilège dans le délai légal suffirait pour conserver aussi bien le droit de suite que le droit de préférence. M. Thézard, toutefois, n'indique pas sur quel motif se fonderait, suivant lui, cette grave dérogation au principe général édicté par l'art. 6 de la loi du 23 mars 1855.

408. Si le privilège du Trésor n'était inscrit sur l'immeuble d'un comptable que deux mois après l'enregistrement de la vente de cet immeuble, mais néanmoins avant la transcription du contrat de vente, il demeurerait opposable au tiers acquéreur, mais serait primé par les créanciers hypothécaires inscrits antérieurement (Aubry et Rau, t. 3, § 263 *bis*, p. 181; Thézard, n° 319).

409. Quant au privilège sur les immeubles des condamnés, il est toujours primé par les hypothèques inscrites avant le mandat d'arrêt ou le jugement de condamnation (L. 5 sept. 1807, art. 4). Mais, s'il est inscrit dans les deux mois du jugement, le Trésor prime tous les créanciers qui ont obtenu des hypothèques contre le condamné depuis le mandat ou depuis la condamnation ; si, au contraire, le Trésor n'a pris inscription qu'après les deux mois, il ne doit être colloqué qu'à la date de son inscription (Aubry et Rau, t. 3, § 263 *bis*, p. 184; Thézard, n° 319).

410. Le privilège du Trésor peut être inscrit sur les immeubles des comptables ou des condamnés dans le délai fixé par les lois du 5 sept. 1807, alors même que le débiteur aurait été déclaré en faillite, et l'inscription prise par les syndics au nom de la masse ne tiendrait pas lieu de l'inscription spéciale requise pour la conservation du privilège du Trésor (Metz, 28 févr. 1856, aff. Metzger, D. P. 57. 2. 49; Besançon, 30 août 1856, aff. Sucillon, D. P. 57. 2. 51; Aubry et Rau, t. 3, § 263 *bis*, p. 185, note 33).

411. On a indiqué au *Rép.*, n° 718 et suiv., comment se conservent les privilèges établis en matière de drainage et de desséchement de marais (V. supra, n° 278 et 283). Ces privilèges, s'exerçant sur la plus-value produite par les travaux de drainage ou de desséchement, sont d'ailleurs soumis à des règles analogues à celles du privilège des architectes, entrepreneurs et ouvriers (V. supra, n° 384 et suiv.).

En ce qui concerne le privilège accordé au Trésor par la loi du 22 frim. an 7, pour les droits de mutation par décès (*Rép.* n° 720). V. supra, v° *Enregistrement*, n° 2976 et suiv., et 2998.

Tit. 3. — **DES HYPOTHÈQUES** (*Rép.* n° 721 à 3029).

CHAP. 1er. — **De la nature de l'hypothèque** (*Rép.* n° 721 à 750).

412. D'après l'art. 2114 c. civ. (*Rép.* n° 721), « l'hypothèque est un droit réel sur les immeubles affectés à l'acquittement d'une obligation ». En tant que droit réel, l'hypothèque est opposable à tous, aux créanciers du même débiteur et aux détenteurs de l'immeuble hypothéqué. Elle emporte ainsi à la fois un droit de préférence et un droit de suite. — On a discuté la question de savoir si elle constitue un démembrement de la propriété. Suivant quelques auteurs, l'idée de démembrement de la propriété doit être restreinte aux droits qui confèrent une partie des avantages de la propriété. L'hypothèque, ayant seulement pour but d'assurer le payement d'une créance sur le prix d'un immeuble ne rentrerait donc pas dans cette idée. Cependant, s'il est vrai que l'hypothèque n'enlève pas au débiteur la jouissance de son immeuble, elle lui en retire dans une certaine mesure la libre disposition. Il n'aurait plus le droit de détruire l'immeuble ni d'exercer des actes de jouissance abusive, comme, par exemple, de démolir la maison hypothéquée ou de couper une futaie non aménagée, au préjudice du créancier. Il ne peut non plus vendre l'immeuble à qui il lui plaît ni pour le prix qui lui conviendrait, puisque le créancier aurait le droit de surenchérir. C'est pourquoi, la plupart des

jurisconsultes admettent que la propriété est réellement démembrée par l'effet de l'hypothèque (V. en ce sens : Laurent, *Principes de droit civil français*, t. 30, n° 174 ; Thézard, *Du nantissement, des privilèges et hypothèques*, n° 35 ; Baudry-Lacantinerie, *Précis de droit civil*, t. 3, n° 1193).

113. L'hypothèque, comme on l'a dit au *Rép.* n° 727, n'est jamais que l'accessoire d'une obligation. De là l'on a conclu que, quoique assise sur un immeuble, elle n'est pas nécessairement un droit immobilier ; étant l'accessoire d'une obligation mobilière, elle participe du caractère mobilier de l'obligation. C'est seulement lorsqu'elle est attachée à une obligation immobilière, cas très rare d'ailleurs, que l'hypothèque constitue réellement un droit immobilier (*Rép.* n° 780 et suiv. ; Colmet de Santerre, *Cours analytique de code civil*, t. 9, n° 75 *bis*-III). Mais cette théorie est aujourd'hui très vivement contestée. L'hypothèque étant un droit réel dans un immeuble ne peut, dit-on, changer de nature par cela seul qu'elle a pour but de garantir le payement d'une obligation. L'accessoire prend le caractère du principal dans les choses matérielles, non dans les relations juridiques. Un droit de gage sur un meuble pourrait être constitué pour la garantie d'une créance immobilière ; serait-il pour cela immobilier ? V. en ce sens, Laurent, t. 30, n° 174 ; Baudry-Lacantinerie, t. 3, n° 1198. — La question n'est pas purement théorique. Si l'hypothèque doit être envisagée comme un droit immobilier, il faut pour en disposer valablement la capacité requise pour disposer des immeubles. C'est ainsi que, d'après la jurisprudence, le tuteur, qui a qualité pour représenter son pupille dans une dette, ne peut cependant, sans y être habilité par une délibération du conseil de famille, homologuée par le tribunal, renoncer aux droits privilégiés ou hypothécaires appartenant au pupille, en votant au concordat (Civ. rej. 18 juill. 1843, *Rép.* v° *Minorité*, n° 514 ; Paris, 17 juill. 1866, *supra*, v° *Faillites et banqueroutes*, n° 916). Néanmoins, le créancier capable de recevoir un payement est habile à recevoir celui d'une dette hypothécaire, lors même qu'il serait incapable d'aliéner un droit immobilier. Si le tuteur, d'après la jurisprudence qui vient d'être citée, ne peut renoncer à l'hypothèque seule, il peut cependant en donner mainlevée en recevant le payement de la créance ; capable de disposer du principal, il est alors capable de disposer du même temps de l'accessoire. (V. *infrà*, tit. 2, chap. 9, sect. 2, art. 1). De même, le caractère immobilier de l'hypothèque ne saurait empêcher une créance mobilière, garantie par une hypothèque, de tomber dans la communauté (V. *Rép.* v° *Contrat de mariage*, n° 585).

114. De ce que l'hypothèque est un droit accessoire, on a conclu encore qu'elle ne peut être cédée indépendamment de la créance qu'elle garantit (Req. 25 janv. 1853, aff. Charvin et Fischer, D. P. 53. 1. 12 ; Berthaud, *De la subrogation à l'hypothèque légale des femmes mariées*, 2° éd., n°s 11 et suiv. ; Aubry et Rau, *Cours de droit civil français*, t. 3, § 288, p. 455, note 2 ; Laurent, t. 31, n°s 324 et suiv.). L'opinion contraire tend à prévaloir aujourd'hui. « Tout ce qui résulte du caractère accessoire de l'hypothèque, dit M. Baudry-Lacantinerie, t. 3, n° 1198, c'est qu'elle doit nécessairement se rattacher à une créance ; mais il n'en résulte pas qu'une fois attachée à une créance déterminée elle ne puisse pas être transportée avec cette créance. Cette solution, admise dans notre ancien droit et qui trouvait déjà un point d'appui dans l'art. 1278 c. civ., semble être devenue inattaquable depuis la promulgation de la loi du 23 mars 1855. L'art. 9 de cette loi suppose que la femme mariée peut « céder son hypothèque légale » ; si l'hypothèque légale de la femme peut être cédée, abstraction faite de la créance qu'elle garantit, il doit en être de même évidemment de toute autre hypothèque, car où serait la raison de distinguer ? » (V. dans le même sens : *Rép.* n° 949 ; Caen, 11 mars 1854, aff. Brémontier, D. P. 55. 5. 446 ; Req. 31 janv. 1883, aff. Courtier, D. P. 83. 1. 316 ; Pont, *Des privilèges et hypothèques*, t. 1, n° 334 ; Beudant, *De la subrogation aux droits d'hypothèque et des sous-ordres*, *Revue critique*, 1866, t. 28, p. 30 et suiv., 240 et suiv. ; Rivière et Huguet, *Questions sur la transcription*, n° 382 ; Colmet de Santerre, t. 9, n° 75 *bis*-VI et suiv. ; Verdier, *Transcription hypothécaire*, t. 2, n° 722 ; Thézard, *Du nantissement, des privilèges et hypothèques*, n° 35 ; Mérignhac, *Traité des*

contrats relatifs à l'hypothèque légale de la femme mariée, n°s 14 et suiv. ; Gillard, *La constitution de l'hypothèque conventionnelle*, n° 225).

Il est bien entendu, toutefois, qu'une hypothèque ne peut être cédée séparément de la créance garantie que dans la mesure où elle existe, et cette mesure est déterminée par la créance même pour laquelle l'hypothèque a été créée. « Une hypothèque, comme l'a dit Troplong, *Commentaire de la loi du 23 mars 1855 sur la transcription*, n° 329, reçoit, au moment de sa constitution, une mesure, des limites, des conditions d'existence que le créancier n'a pas le pouvoir d'élargir et d'étendre ; établie pour sûreté d'une somme déterminée, elle ne pourra jamais garantir le payement d'une somme plus considérable, lors même que les immeubles grevés auraient beaucoup plus de valeur qu'il ne faut pour la créance primitivement garantie ». La durée de l'hypothèque cédée sera également limitée par celle de la créance primitive à laquelle elle était attachée. Le payement, la compensation qui éteindront cette créance, mettront fin à l'hypothèque, comme la mort d'un usufruitier qui a cédé son droit met fin à la jouissance du cessionnaire de l'usufruit. La cession d'une hypothèque séparée n'offrira donc jamais qu'une garantie très précaire, à moins qu'il ne s'agisse d'une hypothèque légale de femme mariée, indéterminée dans son chiffre et susceptible de durer autant que la communauté conjugale (Colmet de Santerre, t. 9, n°s 75 *bis*-XII et suiv.).

115. L'hypothèque est, de sa nature, indivisible (c. civ. art. 2114). On a expliqué au *Rép.*, n° 732, le sens de cette règle. Nous en rappellerons ici sommairement les conséquences, en indiquant les applications qu'elle a reçues dans la jurisprudence : 1° tout d'abord, si plusieurs immeubles sont hypothéqués à une même dette, chacun d'eux, et chacune de leur partie, répond de la dette pour le tout (Comp. Req. 18 nov. 1844, aff. Veuve Collier, D. P. 45. 1. 55) ; — 2° Si l'immeuble hypothéqué a été partagé entre plusieurs ayants droit ou si une portion de cet immeuble a été vendue, chacune de ses portions répond de la totalité de la dette, chaque détenteur pouvant être demandé son payement intégral à chaque détenteur, sauf pour ce dernier le droit de délaisser la portion qu'il détient ou de la laisser exproprier (V. *Rép.* n° 734 ; Req. 1er févr. 1848, aff. Verger, D. P. 48. 5. 237). Il a été jugé, par application du même principe, que le privilège du vendeur d'un fonds de commerce cédé à deux individus associés, n'est pas éteint pour partie par la faillite de l'un des acquéreurs, mais qu'il peut s'exercer intégralement sur la part de l'autre dans le prix de la revente du fonds (Paris, 4 déc. 1871, aff. Perrin des Iles, D. P. 74. 2. 24) ; — 3° Quand la créance garantie par l'hypothèque vient à s'éteindre pour partie, l'immeuble hypothéqué n'en reste pas moins affecté tout entier au payement de la partie de la créance qui reste due (V. *Rép.* n° 733). Il a même été jugé, mais à tort, suivant nous, que l'indivisibilité de l'hypothèque s'oppose à ce qu'en cas de payement partiel de la créance hypothécaire à l'un des héritiers du créancier, l'inscription subisse une réduction proportionnelle (Civ. rej. 20 déc. 1848, aff. Héritiers Dupuis, D. P. 49. 1. 81). L'indivisibilité de l'hypothèque n'empêche pas que la créance, et avec elle l'hypothèque, puisse s'éteindre pour partie (V. Req. 11 janv. 1847, aff. Colonie de la Guyane, D. P. 47. 1. 125, et *infrà*, chap. 9, sect. 1, art. 3) ; — 4° Enfin, quand le débiteur d'une dette hypothécaire meurt laissant plusieurs héritiers, la division de la dette qui s'opère entre ces héritiers, conformément à l'art. 1220 c. civ., n'empêche pas celui d'entre eux dans le lot duquel tombera l'immeuble hypothéqué d'être tenu hypothécairement de la dette pour le tout, sauf son recours contre les héritiers (V. *Rép.* n° 738 et suiv. Sur l'indivisibilité de l'hypothèque en général, V. Pont, t. 1, n°s 330 et suiv. ; Aubry et Rau, t. 3, § 284, p. 412 et suiv. ; Laurent, t. 30, n°s 175 et suiv. ; Colmet de Santerre, t. 9, n°s 75 *bis*-IV et suiv. ; Baudry-Lacantinerie, t. 3, n° 1196 ; Thézard, n° 36).

116. Toutefois, le principe de l'indivisibilité de l'hypothèque ne doit pas être exagéré. Pour qu'il s'applique et pour que l'hypothèque s'étende sur la totalité et sur chaque portion de l'immeuble, une condition est nécessaire : c'est qu'au moment où elle a pris naissance, elle ait grevé l'im-

meuble tout entier. Si elle a grevé seulement une portion indivise de cet immeuble, elle est forcément restreinte à cette portion, et le surplus de l'immeuble reste libre. Peu importe même que, par des acquisitions successives, toutes les portions viennent à être ultérieurement réunies dans la même main; l'étendue de l'affectation primitive n'a pu être augmentée par l'effet de ces acquisitions; les portions qui étaient libres dans la main du vendeur restent également libres dans la main de l'acquéreur. Il a été jugé, en ce sens, qu'une femme ayant une hypothèque légale sur une portion, soit un douzième, d'un immeuble qui appartenait par indivis à plusieurs cohéritiers, dont les parts ont été successivement réunies dans les mains d'un tiers acquéreur, ne peut exercer son droit hypothécaire sur l'immeuble tout entier, mais seulement sur le douzième, seul grevé de ce droit (Toulouse, 8 avr. 1865, aff. Vasse, D. P. 65. 2. 117).

417. Dans le même ordre d'idées, il est à remarquer que l'art. 1017 c. civ. a fait une application inexacte de l'indivisibilité de l'hypothèque. Cet article dispose que les héritiers d'un testateur sont tenus d'acquitter les legs hypothécairement pour le tout, jusqu'à concurrence de la valeur des immeubles de la succession dont ils seront détenteurs. Or l'hypothèque du légataire, dans le cas où il y a plusieurs héritiers, n'est pas attachée à une créance unique, car cette créance s'est divisée entre les héritiers du testateur. L'indivisibilité de l'hypothèque exigeait donc seulement que chacun des héritiers fût tenu sur les immeubles mis dans son lot de la portion du legs qui lui incombe personnellement.

418. L'indivisibilité de l'hypothèque existe dans l'intérêt du créancier, mais elle ne peut pas être invoquée par le débiteur. Si, par exemple, la créance hypothécaire s'est divisée entre les héritiers du créancier, le débiteur n'est pas en droit d'exiger que tous les héritiers se réunissent pour recevoir le payement total de la créance et pour lui donner mainlevée; chaque héritier peut lui demander sa part de la créance et lui offrir mainlevée en ce qui le concerne personnellement (Req. 9 nov. 1847, aff. Finet et Villefort, D. P. 48. 1. 49; Laurent, t. 30, n° 178).

419. Les parties peuvent, d'ailleurs, déroger, comme on l'explique au *Rép.* n°s 743 et suiv., au principe de l'indivisibilité de l'hypothèque (V. en ce sens: Laurent, t. 30, n°s 175 et 179; Colmet de Santerre, t. 9, n° 75 bis-V; Baudry-Lacantinerie, t. 3, n° 1197).

420. Le propriétaire de l'immeuble hypothéqué conserve, en principe, l'exercice de toutes les facultés inhérentes au droit de propriété. Ainsi, il peut aliéner l'immeuble, le grever, soit de nouvelles hypothèques, soit de servitudes personnelles ou réelles, ou le donner en antichrèse. Il peut aussi en vendre les fruits, ou le donner à bail, même pour plus de neuf années, et même céder ou toucher par anticipation les loyers et fermages. Tous ces actes de disposition ou de jouissance lui sont permis, à la seule condition qu'ils n'aient pas pour but et pour effet de diminuer la valeur de l'immeuble (V. *Rép.* n°s 747 et suiv.; Aubry et Rau, t. 3, § 286, p. 427 et suiv.). Il a été jugé: 1° que le propriétaire qui loue un immeuble pour une longue durée ne doit pas être pour cela considéré comme agissant en fraude des créanciers hypothécaires, alors surtout qu'il s'est réservé le droit de résilier le bail en avertissant le preneur un an à l'avance (Rouen, 18 févr. 1854, aff. Clostre, D. P. 54. 2. 242); — 2° Que le propriétaire dont l'immeuble est grevé d'hypothèque n'en conserve pas moins le droit de disposer des bois existant sur sa propriété, soit en les coupant lui-même, soit en vendant les coupes sur pied, et que

le créancier hypothécaire ne peut exiger la consignation du prix des coupes pour s'en faire attribuer le profit (Dijon, 6 juill. 1883) (1). V. au surplus, sur les mesures que les créanciers hypothécaires peuvent prendre pour sauvegarder leur gage, *infrà*, chap. 5, sect. 2, art. 1; *Rép.* n°s 1756 et suiv.

421. Les lois qui régissent les hypothèques sont du statut réel (V. *suprà*, v° *Lois*, n°s 367 et suiv.; *Rép.* eod. v° n° 410). Il en résulte que les immeubles possédés en France par les étrangers ne peuvent être grevés d'autres hypothèques que de celles reconnues par la loi française. Ils ne pourraient pas, notamment, être affectés d'une hypothèque générale par une convention (Aubry et Rau, t. 1, § 31, p. 100). Avant la loi du 10 déc. 1874, qui a permis d'hypothéquer les navires, la jurisprudence décidait que les droits d'hypothèque établis sur des navires étrangers, conformément aux lois étrangères, ne pouvaient être exercés en France au préjudice de créanciers français (Req. 19 mars 1872, aff. Craven, D. P. 74. 1. 465, et les autres décisions citées *suprà*, v° *Droit maritime*, n° 350). Depuis cette loi, au contraire, l'hypothèque constituée sur un navire étranger est valable aux yeux de la loi française, et le créancier hypothécaire peut se faire colloquer sur le prix du navire saisi et vendu dans un port français, pourvu que le contrat constitutif de l'hypothèque ait été déclaré exécutoire par un tribunal français (Civ. cass. 25 nov. 1879, aff. Barbaressos, D. P. 80. 1. 56).

CHAP. 2. — Des biens susceptibles d'hypothèque
(Rép. n°s 751 à 843)

422. L'art. 2118 c. civ. déclare *seuls* susceptibles d'hypothèque: 1° les biens immobiliers qui sont dans le commerce et leurs accessoires réputés immeubles; 2° l'usufruit des mêmes biens et accessoires pendant le temps de sa durée. L'art. 2119 ajoute que les meubles n'ont pas de suite par hypothèque. Il résulte de ces textes que les immeubles seuls, et non les meubles, peuvent être hypothéqués. — Ce principe toutefois reçoit une exception importante en matière de droit maritime. La loi du 10 déc. 1874, qui a été refondue dans une autre du 10 juill. 1885, a déclaré susceptibles d'être hypothéqués par convention les navires de vingt tonneaux et au-dessus (V. *suprà*, v° *Droit maritime*, n°s 445 et suiv.).

SECT. 1re. — DE L'HYPOTHÈQUE SUR LES IMMEUBLES
(Rép. n°s 753 à 790)

423. Les *biens immobiliers* qui, aux termes de l'art. 2118-1°, peuvent être hypothéqués, sont les immeubles par leur nature (V. *suprà*, v° *Biens*, n°s 3 et suiv.; *Rép.* eod. n°s 3 et suiv.). Les parts indivises dans ces immeubles sont également susceptibles d'hypothèque: seulement la validité de l'hypothèque dépend du partage (V. *infrà*, v° *Succession*; *Rép.* eod. v°, n°s 2078 et suiv.).

424. La question de savoir si les actions ou intérêts dans les sociétés sont susceptibles d'hypothèque du chef des associés revient à savoir si ces actions ou intérêts constituent des droits indivis immobiliers. Pour les actions ou intérêts dans les sociétés commerciales, la négative n'est pas douteuse: l'art. 529 c. civ. les déclare meubles, à l'égard des associés, tant que dure la société, alors même que cette société possède des immeubles (V. *Rép.* n° 773). On peut seulement se demander à quelle époque le droit de chaque associé cessera d'être considéré comme meuble et deviendra un droit indivis, mobilier ou immobilier, suivant que l'actif

(1) (Laurent et Montmessin C. Roudière.) — Par acte notarié en date du 19 déc. 1878, le sieur Laurent a vendu au sieur Roudière un immeuble grevé d'hypothèque au profit du sieur Montmessin. Une contestation s'étant engagée entre les parties sur la validité de la vente, le sieur Montmessin est intervenu dans la cause. — Le 9 août 1882, jugement du tribunal civil de Mâcon, ainsi conçu: — ... En ce qui touche l'intervention du créancier Montmessin et sa demande tendant, si la vente est validée, à exiger la consignation du prix des coupes à faire, pour ce prix être attribué aux créanciers hypothécaires; — Attendu qu'il y a lieu d'examiner les prétentions de Montmessin, tant au point de vue de son droit hypothécaire, qu'au point de vue du titre sur

lequel il se fonde; — Attendu, sur le premier point, qu'il ressort des principes du droit, qu'un propriétaire dont l'immeuble est grevé d'hypothèques, n'en conserve pas moins la faculté de disposer, dans les conditions qui lui conviennent le mieux, soit en coupant lui-même, soit en vendant les coupes sur pied, des bois de coupe qui croissent sur cette propriété; — Attendu qu'à la vérité, le créancier hypothécaire a le droit de se pourvoir par l'action paulienne (c. civ. art. 1167) contre ces actes, s'il les considère comme faits en fraude de ses droits, ou, si ces actes ont diminué ses sûretés, de demander le remboursement de sa créance, ou un supplément d'hypothèque, (c. civ. art. 2131) ou encore, si le débiteur n'exécute pas ses engagements,

social sera composé de meubles ou d'immeubles. D'après la cour de cassation, le droit des associés reste purement mobilier, même après la dissolution de la société, jusqu'à la fin de sa liquidation ; la cour suprême a décidé, en conséquence, que tant que la liquidation n'est pas terminée, la femme de l'un des associés ne peut exercer ni inscrire son hypothèque légale sur les immeubles sociaux (Req. 29 mai 1865, aff. Bigot-Duval, D. P. 65. 1. 380). En ce qui concerne les actions ou intérêts dans les sociétés civiles, leur caractère mobilier ou immobilier dépend du point de savoir si ces sociétés constituent ou non des personnes morales (V. *suprà*, vº *Biens*, nº 46, et *infrà*, vº *Société*).

425. Nous avons signalé au *Rép.*, nº 777, comme susceptibles d'hypothèque, les actions de la Banque de France, mais dans le cas seulement où elles ont reçu, par la volonté de leur titulaire, la qualité d'immeubles, au moyen d'une déclaration spéciale sur les registres des transferts (V. *suprà*, vº *Banque*, nº 27 ; *Rép.* eod. vº, nºs 405 et suiv.). Les actions des canaux d'Orléans et du Loing, qui avaient été assimilées sous ce rapport aux actions de la Banque de France (*Rép.* nº 778), ont été rachetées par l'État (V. L. 1ᵉʳ août 1860, D. P. 60. 4. 125; 20 mai 1863, D. P. 63. 4. 116). Les rentes sur l'État peuvent, comme les immeubles, être affectées au placement ou au remploi des sommes appartenant aux femmes mariées ou aux incapables (L. 16 sept.-2 oct. 1874, D. P. 74. 4. 69); mais elles ne sont pas susceptibles d'être hypothéquées.

426. Bien que l'hypothèque puisse être considérée comme un droit immobilier (V. *suprà*, nº 414), elle n'est pas elle-même susceptible d'hypothèque (*Rép.* nº 783 ; Laurent, t. 30, nº 218 ; Colmet de Santerre, t. 9, nº 78 *bis*-VIII; Baudry-Lacantinerie, t. 3, nº 1215; Thézard, nº 41). Mais un créancier hypothécaire peut céder son hypothèque ou subroger quelqu'un dans ses droits ; ce qui conduit pratiquement à peu près au même résultat que l'hypothèque de l'hypothèque (V. *suprà*, nº 414 et *infrà*, chap. 7, sect. 5).

427. On a examiné au *Rép.*, nºs 785 et suiv., la question de savoir si les constructions élevées par un tiers, et notamment par un locataire, sur le terrain d'autrui, peuvent être grevées d'hypothèque du chef du constructeur. L'affirmative, que l'on a soutenue au *Rép.* nº 789, a été adoptée par plusieurs arrêts. Il a été jugé : 1º que les constructions élevées par un locataire, autorisé à les établir par une clause du bail, sous la condition qu'elles seront démolies à la fin du bail ou que le bailleur en restera propriétaire moyennant un certain prix, sont, pendant la durée du bail, la propriété du locataire et peuvent être hypothéquées par lui et saisies immobilièrement par ses créanciers (Paris, 30 mai 1864, aff. Lamadou, D. P. 66. 2. 174); — 2º Qu'un chalet construit sur des fondements en maçonnerie et solidement adhérent et incorporé au sol constitue un immeuble, et que le locataire qui, en vertu de son bail, l'a fait élever sur le terrain loué, peut valablement l'hypothéquer (Orléans, 19 avr. 1866, aff. Syndic Botto, D. P. 66. 2. 94); — 3º Que les locataires d'un terrain peuvent conférer une hypothèque valable, mais seulement résoluble comme leur droit, sur les constructions élevées par eux sur ce terrain (Lyon, 14 août 1868, aff. Reverdel, D. P. 71. 3. 33, note 1); — 4º Que les bâtiments construits par le locataire sur le terrain loué ont vis-à-vis de lui le caractère d'immeubles par nature tant que dure le bail et peuvent être frappés d'hypothèque de son chef pour cette durée; qu'en conséquence, le prix d'adjudication des constructions vendues sur les poursuites du bailleur doit être distribué par voie d'ordre (Lyon, 18 mars 1871, aff. Turge, D. P. 72. 2. 191; et sur pourvoi, Req. 13 févr. 1872, D. P. 72. 1. 256. V. dans le même sens : Toulouse, 19 févr. 1885, aff. Société du Moulin-du-Château-Nar-

bonnais, D. P. 85. 2. 139; Pont, t. 1, nº 359, et t. 2, nº 634). En sens contraire, il a été jugé que le bâtiment construit par le locataire sur le terrain loué n'est vis-à-vis de lui qu'un bien mobilier, sur lequel il ne peut, par suite, constituer une hypothèque (Trib. civ. Lyon, 10 janv. 1868, aff. Reverdel, D. P. 71. 3. 33, note 1; Trib. civ. Seine, 17 févr. 1870, aff. Syndic Maige, D. P. 71. 3. 33. V. aussi Grenoble, 2 janv. 1827, *Rép.* vº *Biens*, nº 24; Besançon, 22 mai 1845, et sur pourvoi, Req. 14 févr. 1849, aff. Berger, D. P. 49. 1. 167).

La jurisprudence, toutefois, dans ses plus récentes décisions, tend à résoudre cette question par une distinction. En principe, et à moins de conventions contraires, les constructions élevées sur le sol d'autrui, par un locataire ou par un tiers sans droit sur l'immeuble, appartiennent au propriétaire du sol en vertu du droit d'accession : c'est l'application de la règle : *Superficies solo cedit*. Ces constructions ne sont donc pas susceptibles d'être grevées d'hypothèque du chef du locataire ou du tiers constructeur (V. Paris, 4 nov. 1884, aff. Syndic Mouchet, D. P. 88. 2. 4; Aubry et Rau, t. 2, § 164, p. 7; Demolombe, *Traité de la distinction des biens*, t. 1, nºs 167 et suiv.; Laurent, *Principes de droit civil*, t. 5, nº 415, et t. 30, nº 213; Guillouard, *Traité du contrat de louage*, t. 1, nº 296 et suiv.). Mais le propriétaire du sol peut renoncer expressément ou tacitement au droit d'accession, et s'il résulte du contrat de bail intervenu entre lui et le preneur qu'il a en effet reconnu à celui-ci la propriété des constructions qui seraient édifiées, les hypothèques consenties par le constructeur sont valables. Jugé en ce sens : 1º que les constructions que le preneur a élevées sur le terrain loué, en vertu d'une clause du bail qui l'y autorisait et lui en attribuait la propriété, peuvent, malgré le caractère temporaire et résoluble du droit ainsi conféré, être hypothéquées par le locataire constructeur (Paris, 23 févr. 1872, aff. Chevreau, Nicole et autres, D. P. 74. 2. 21); — 2º Que les constructions élevées par le preneur en vertu d'un bail pour lequel il s'est réservé par avance une hypothèque sur ces constructions, sont la propriété du preneur et, comme telles, grevées en premier ordre des hypothèques judiciaires inscrites contre lui antérieurement à l'hypothèque du bailleur (Paris, 27 déc. 1872, et sur pourvoi, Req. 5 nov. 1873, aff. Société immobilière du boulevard de Strasbourg, D. P. 74. 1. 373); — 3º Que le propriétaire qui s'engage à livrer à un tiers des lots de terrain sur lesquels celui-ci s'oblige à bâtir, pour le tout être vendu à profits communs, renonce à l'exercice du droit d'accession au regard des constructions, qui deviennent la propriété du constructeur, lequel peut dès lors valablement les hypothéquer à ses créanciers (Paris, 9 août 1889, aff. Dupont, D. P. 90. 2. 119); et que l'expulsion et la résiliation ordonnées par justice, ne pouvant avoir effet que pour l'avenir, ne sauraient remettre le propriétaire du sol dans la situation où il se trouvait antérieurement au contrat, et faire disparaître rétroactivement les droits réels concédés par le constructeur (Même arrêt); — 4º Que, lorsqu'un propriétaire de terrains a autorisé son locataire à construire sur les lieux loués, en lui reconnaissant la propriété des constructions, celles-ci peuvent être frappées d'hypothèque du chef du locataire (Paris, 8 févr. 1892, aff. Rabaté, D. P. 92. 2. 409); que l'hypothèque ainsi établie se transporte sur la somme due au locataire par le bailleur, à titre d'indemnité pour la conservation des constructions à la fin du bail, alors même que cette indemnité aurait été fixée à la valeur des matériaux, et sans que le propriétaire qui conserve les constructions puisse opposer aucune compensation au créancier hypothécaire à raison des loyers à lui dus par le locataire (Même arrêt); que la résiliation anticipée du bail

---

d'agir par la voie de la saisie immobilière et, réalisant ainsi son droit de gage, de l'exercer non seulement sur l'immeuble, mais sur des bois y adhérents, qui restent quant à lui, tant qu'ils n'ont pas été abattus (c. civ. art. 521), des accessoires immobiliers, soumis à son hypothèque et qu'il peut faire comprendre dans la saisie; — Attendu que ce dernier droit résulte expressément de l'art. 682 c. proc., qui immobilise, à partir de la transcription de la saisie, tous les fruits naturels et industriels de l'immeuble saisi ; — Mais attendu que, dans l'espèce, le créancier Montmessin ne demande ni la nullité de la vente consentie à Roudière, ni un supplément de gage, et qu'il n'a

fait procéder à aucune saisie sur les bois dont la coupe a été vendue ; — Attendu qu'il s'arme seulement de sa qualité de créancier hypothécaire pour prétendre critiquer la vente de bois ou s'en faire attribuer le profit ; — Attendu qu'à ce point de vue, d'après les principes sus indiqués, l'intervention de Montmessin et sa demande ne sont point fondées, etc. — Appel. — Arrêt.

La cour, — Adoptant les motifs des premiers juges ; — Confirme.

Du 6 juill. 1883.-C. de Dijon, 1ʳᵉ ch.-MM. Cantel, 1ᵉʳ pr.-Vergoin, av. gén.-Meſnan, Cardot et Pauly, av.

ne modifie pas la durée que devait avoir l'hypothèque d'après les conventions primitives, lorsqu'elle survient par suite d'un accord de volontés auquel le créancier hypothécaire reste étranger (Même arrêt).

La distinction ainsi admise par la jurisprudence, suivant que le propriétaire a conservé ou non le bénéfice du droit d'accession, est approuvée par MM. Aubry et Rau, t. 2, § 223, p. 440 ; mais elle est combattue par M. Laurent, t. 30, nos 215 et suiv., et par M. Guillouard, op. cit., t. 1, no 299. D'après ce dernier auteur, la renonciation du bailleur au droit d'accession ne peut avoir pour effet de changer la nature du droit du preneur, qui jouit des constructions au même titre qu'il jouit du sol pendant la durée du bail. La seule différence que crée la renonciation du bailleur, c'est qu'au lieu d'avoir à subir l'alternative d'une indemnité en argent ou de l'enlèvement des matériaux, le preneur est assuré de pouvoir enlever ces matériaux ; mais cette circonstance ne change en rien la nature de son droit de jouissance, et ne crée pas à son profit cette propriété superficiaire que lui reconnaît la jurisprudence (V. aussi, en ce sens, Demolombe, t. 4, no 172 ; Martou, Des privilèges et hypothèques, t. 3, no 955). On peut répondre cependant que le droit d'accession n'est pas d'ordre public ; l'art. 553 c. civ. montre bien qu'il peut subir des exceptions par la convention des parties ou par l'effet de la prescription ; or, si les parties y ont expressément dérogé, la propriété des constructions du locataire, ne pouvant pas être réclamée par le propriétaire, doit nécessairement rester au locataire, et cette propriété est immobilisée puisque, d'après l'art. 518 c. civ., les bâtiments sont immeubles par leur nature. Le caractère résoluble de cette propriété n'en modifie pas la nature et n'empêche pas, par conséquent, qu'elle puisse être hypothéquée (V. pour plus de développements, la note de M. Planiol, D. P. 92. 2. 409).

428. Lorsqu'un immeuble est exproprié pour cause d'utilité publique, les droits réels, les privilèges et hypothèques qui le grevaient, s'exercent sur l'indemnité d'expropriation (L. 3 mai 1841, art. 16 et suiv. V. suprà, vo Expropriation pour cause d'utilité publique, no 230 et suiv.). Il a été jugé que l'indemnité allouée au propriétaire d'un immeuble démoli par ordre de l'autorité militaire, en cas de guerre, n'a pas le caractère d'une indemnité d'expropriation, en conséquence, ne doit pas être attribuée par préférence aux créanciers ayant des privilèges ou hypothèques sur l'immeuble détruit, alors d'ailleurs que l'État n'a acquis aucune partie de l'immeuble, le sol et les matériaux des constructions démolies étant restés au propriétaire (Paris, 18 août 1876, et sur pourvoi, Req. 12 mars 1877, aff. Cunningham, D. P. 77. 1. 97. Comp. suprà, no 217. — V. toutefois la note sous ces arrêts). De même, l'indemnité promise au propriétaire d'une maison, à raison de l'engagement pris par lui de la démolir, n'est pas soumise à l'action des créanciers hypothécaires inscrits sur cette maison (Orléans, 5 mars 1853, aff. Pélissot-Croué, D. P. 55. 2. 341).

Jusqu'à la loi du 19 févr. 1889, les indemnités d'assurance dues en cas de perte totale ou partielle d'un immeuble grevé de privilèges ou d'hypothèques n'étaient pas substituées à l'immeuble pour l'exercice des droits de préférence (V. suprà, vo Assurances terrestres, nos 207 et suiv.). Mais il en est autrement depuis cette loi (V. suprà, nos 99 et suiv. et infrà, chap. 3, sect. 4, art. 2).

SECT. 2. — DE L'HYPOTHÈQUE SUR LES ACCESSOIRES RÉPUTÉS IMMEUBLES (Rép. nos 791 à 800).

429. L'art. 2118 c. civ. déclare susceptibles d'hypothèque, avec les biens immobiliers, « leurs accessoires réputés immeubles ». La loi entend par là, comme on l'a dit au Rép. no 791, les immeubles par destination, c'est-à-dire les objets mobiliers que le propriétaire d'un fonds y a placés pour le service de ce fonds ou qu'il y a attachés à perpétuelle demeure (V. suprà, vo Biens, nos 16 et suiv.). Ces objets n'étant immeubles que par une fiction de la loi, en raison de leur qualité d'accessoires d'un immeuble par nature, ne peuvent être hypothéqués séparément de cet immeuble (Rép. no 795). L'hypothèque constituée sur l'immeuble auquel ils sont attachés les frappe de plein droit (V. Paris, 22 janv. 1847, aff. Mainguet, D. P. 48. 2.

16 ; Req. 15 juill. 1867, aff. Syndic Detouche, D. P. 68. 1. 269 ; Paris, 22 mai 1868, aff. Gouy et Ruant, D. P. 69. 2. 72 ; 3 avr. 1875, aff. Faillite Dugenait et comp., D. P. 76. 2. 239). Il a été jugé, notamment, que le propriétaire d'un meuble peut, en consentant une hypothèque sur un immeuble, valablement l'étendre sur la portion indivise d'un mobilier industriel lui revenant dans une succession, si ce mobilier avait été précédemment affecté par le de cujus au service de l'immeuble hypothéqué, et si l'héritier lui a conservé cette destination au moment de la constitution d'hypothèque (Douai, 28 févr. 1882, aff. Bossuz et comp., D. P. 83. 2. 16).

430. Les objets immobilisés par destination perdent leur qualité d'immeubles lorsqu'ils sont séparés du fonds. Cette séparation suffit-elle pour faire tomber l'hypothèque qui grevait ces objets en même temps que le fonds ? Au point de vue du droit de suite, oui, car les meubles n'ont pas de suite par hypothèque ; le créancier hypothécaire ne peut donc pas inquiéter les tiers acquéreurs auxquels ces objets ont été vendus et livrés comme meubles par le propriétaire, sauf, bien entendu, le cas où la vente aurait eu lieu en fraude des droits des créanciers et où le tiers acquéreur serait de mauvaise foi (V. Req. 5 août 1829, Rép., vo Biens, no 134 ; Martinique, 10 août 1835, et sur pourvoi, Req. 17 juill. 1838, ibid. ; Bourges, 31 janv. 1843, Rép., vo Biens, no 132 ; Civ. cass. 5 juill. 1880, aff. Faillite Sénéclauze, D. P. 80. 1. 321, et sur renvoi, Chambéry, 17 août 1881, D. P. 82. 2. 148 ; Alger, 19 mars 1884, aff. Debono, D. P. 85. 2. 134 ; Demolombe, Traité de la distinction des biens, t. 1, nos 322 et suiv. ; Aubry et Rau, t. 3, § 286, p. 428 et suiv.).

Si toutefois le propriétaire avait seulement vendu lesdits objets sans les livrer, le créancier hypothécaire pourrait s'opposer à la livraison, l'acquéreur fût-il de bonne foi. On peut objecter que la vente a suffi pour mobiliser les immeubles par destination, et ainsi pour les soustraire à l'hypothèque, puisque l'hypothèque ne peut porter que sur des immeubles. Mais, la vente étant res inter alios acta par rapport au créancier hypothécaire, la mobilisation qui en résulte ne lui est pas opposable ; elle n'existe que dans les rapports du vendeur et de l'acheteur (Baudry-Lacantinerie, t. 3, no 1205). Le créancier hypothécaire conserve donc le droit de saisir et de faire vendre les immeubles par destination vendus comme meubles par le propriétaire, tant qu'ils n'ont pas été déplacés (Paris, 29 déc. 1836, Rép. no 796 ; 22 mai 1868, aff. Gouy, D. P. 69. 2. 72).

De plus, lorsque les objets ont été livrés, le créancier hypothécaire conserve son droit de préférence sur le prix, tant que ce prix reste dû au propriétaire (Douai, 3 janv. 1815, et sur pourvoi, Civ. rej. 4 févr. 1817, Rép., vo Biens, no 92 ; Civ. rej. 31 janv. 1870, aff. Faillite Dassonville-Declée, D. P. 70. 1. 117 ; Caen, 21 juill. 1874, aff. Dame Legrand, D. P. 76. 2. 57 ; Aubry et Rau, t. 3, § 286, p. 429). Il en est ainsi surtout lorsque le droit des créanciers hypothécaires a été formellement réservé dans la vente (Civ. rej. 31 janv. 1870, précité). Toutefois, il a été jugé que le créancier hypothécaire qui, ayant lui-même fait saisir mobilièrement les animaux et ustensiles aratoires placés par le propriétaire pour le service et l'exploitation du fonds, ne s'est pas opposé à la séparation et a laissé procéder, sans protestation ni réserve, à leur réalisation distincte et à leur livraison, a perdu tout droit hypothécaire sur ces objets, et spécialement tout droit de préférence sur leur prix, alors que ce prix a été frappé d'opposition par les créanciers chirographaires du vendeur (Douai, 16 déc. 1886, aff. Caisse commerciale du Quesnoy, D. P. 88. 2. 43). Mais c'est là une décision inspirée par les circonstances, motivée surtout par ce fait que le créancier hypothécaire avait lui-même considéré les objets immobilisés comme des meubles distincts du fonds.

431. Les arbres, plantes et fruits participent du caractère immobilier du fonds sur lequel ils croissent ; ils sont même immeubles par nature, tant qu'ils n'ont pas été séparés du fonds (V. suprà, vo Biens, no 15). S'ils sont plantés dans des pots ou des caisses, ils ne sauraient alors évidemment avoir la qualité d'immeubles par nature ; mais ils peuvent encore être immeubles par destination, comme ayant été placés sur le fonds pour son service et son exploitation. Cependant, lorsqu'il s'agit des arbres, plantes ou ar-

bustes d'une pépinière, ils peuvent former, dans leur ensemble, une propriété distincte de celle du sol sur lequel ils sont placés, et cette propriété alors est mobilière (Civ. cass. 5 juill. 1880, aff. Sénéclauze, D. P. 80. 1. 321, et sur renvoi, Chambéry, 17 août 1881, D. P. 82. 2. 148). En tout cas, les arbres, plantes et arbustes qui composent une pépinière prennent la qualité de meubles au moment où ils sont extraits ou séparés du fonds pour être vendus, et si la pépinière est ainsi exploitée d'une manière normale et non abusive, l'exploitant ne doit pas compte aux créanciers ayant un privilège ou une hypothèque sur le fonds des prix de vente des arbres, plantes et arbustes dont il a disposé (Mêmes arrêts).

432. L'hypothèque qui grève un fonds dans son intégralité grève aussi par cela même la source qui y est située lorsque, à l'époque de la constitution de l'hypothèque, aucun travail n'avait encore été fait pour capter la source et lui créer une individualité distincte de celle du fonds où elle sourd et dont elle constituait encore, par conséquent, la dépendance et l'accessoire (Grenoble, 25 juin, 1892, aff. Clément, D. P. 93. 2. 423). Bien que la source ait été vendue séparément du fonds, comme cette vente, pour être opposable aux tiers, doit être transcrite, la source est grevée par l'hypothèque qui a été conférée par le propriétaire du fonds postérieurement à la vente, mais antérieurement à la transcription (Même arrêt. V. aussi *infrà*, chap. 3, sect. 4, art. 1).

SECT. 3. — DE L'HYPOTHÈQUE SUR L'USUFRUIT ET AUTRES DROITS RÉELS : EMPHYTÉOSE, DROIT DE SUPERFICIE, MINES, ACTIONS IMMOBILIÈRES (*Rép.* nos 801 à 843).

433. L'art. 2118 c. civ. déclare encore susceptible d'hypothèque l'usufruit des biens immobiliers et de leurs accessoires pendant sa durée. On a examiné au *Rép.*, nos 803 et suiv., si toute cause d'extinction de l'usufruit entraîne nécessairement la perte de l'hypothèque dont l'usufruit est grevé. — En ce qui concerne la consolidation ou la réunion sur la même tête de l'usufruit et de la nue propriété, on a distingué entre le cas où elle a lieu sur la tête de l'usufruitier, par l'acquisition faite par celui-ci de la nue propriété, et le cas où elle se produit au contraire sur la tête du nu propriétaire, par l'acquisition que ce dernier a faite de l'usufruit; on a décidé que, dans le premier cas, la consolidation anéantit les hypothèques, tandis qu'elle les laisse subsister dans le second cas. Mais cette distinction n'est généralement pas admise par les auteurs. Les uns, et c'est le plus grand nombre, considèrent la consolidation résultant de la réunion de l'usufruit à la nue propriété par suite d'acquisition, comme une situation de fait plutôt que comme un mode d'extinction de l'usufruit; ils en concluent que les hypothèques n'en subsistent pas moins jusqu'au décès de l'usufruitier (Demolombe, *Cours de code civil*, t. 10, nos 747 et suiv.; Aubry et Rau, t. 2, § 234, p. 515; Baudry-Lacantinerie, t. 3, no 1210). D'autres, appliquant à la lettre l'art. 617 c. civ., qui dit que l'usufruit s'éteint par la consolidation, décident sans distinction qu'elle fait toujours tomber les hypothèques (Martou, *Des privilèges et des hypothèques*, t. 2, no 734; Laurent, t. 30, no 212).

434. Celui qui a la pleine propriété d'un immeuble pourrait-il n'en hypothéquer que l'usufruit ? Ce serait une convention peu pratique, et nous l'avons même, au *Rép.* no 814, considérée comme impossible, à raison de la maxime : *Res sua nemini servit* (V. en ce sens, Thézard, no 39). Cependant l'opinion contraire prévaut dans la doctrine : le propriétaire, dit-on, peut faire tout ce que la loi ne lui défend pas ; de même qu'il peut détacher l'usufruit en l'aliénant, il doit pouvoir aussi le séparer de la nue propriété pour l'hypothéquer (Pont, t. 1, no 381; Laurent, t. 30, no 211; Baudry-Lacantinerie, t. 3, no 1208).

Réciproquement, le propriétaire pourrait, suivant les mêmes auteurs, n'hypothéquer que la nue propriété.

435. On reconnaît généralement que l'usufruit légal des père et mère sur les biens de leurs enfants et le droit de jouissance du mari sur les biens de la femme, ne sont pas susceptibles d'être hypothéqués. Cette solution s'impose, du moment que ces droits ne sauraient être cédés ni saisis (*Rép.* no 815; Baudry-Lacantinerie, t. 3, no 1209; Thézard, no 39. V. toutefois Laurent, t. 30, nos 209 *bis* et suiv.).

436. Les droits d'usage et d'habitation, étant incessibles, ne sont pas non plus susceptibles d'hypothèque (*Rép.* no 816; Laurent, t. 30, no 213; Colmet de Santerre, t. 9, no 78 *bis*-III; Baudry-Lacantinerie, t. 3, no 1214; Thézard, no 39).

437. Il en est de même des servitudes réelles ou services fonciers, en tant que ces droits sont distincts du fonds dominant; mais ils sont grevés des hypothèques qui frappent ce fonds (*Rép.* no 819; Aubry et Rau, t. 3, § 259, p. 126; Laurent, t. 30, no 213; Colmet de Santerre, t. 9, no 78 *bis*-III; Baudry-Lacantinerie, t. 3, no 1213).

438. Les droits d'usage dans les forêts, qui ne sont pas cessibles séparément du fonds auquel ils sont attachés, ne peuvent pas davantage être hypothéqués (Aubry et Rau, t. 3, § 259, p. 126, note 8. V. *infrà*, vo *Usage*; *Rép.* eod. vo, nos 314 et suiv.).

439. La question de savoir si l'emphytéose constitue un droit réel susceptible d'hypothèque est toujours très controversée dans la doctrine. La négative a été soutenue, depuis la publication du *Répertoire*, par MM. Aubry et Rau, t. 2, § 224 *bis*, p. 454 et suiv.; Colmet de Santerre, t. 9, no 78 *bis*-VII; Baudry-Lacantinerie, t. 1, no 1261; Guillouard, *Traité du contrat de louage*, t. 1, no 10. Mais l'affirmative, qui est admise par M. Laurent, t. 8, nos 340 et suiv., et t. 30, no 214, et par M. Thézard, no 40, paraît définitivement consacrée par la jurisprudence (V. en sus des arrêts cités au *Rép.* no 820, Civ. rej. 26 janv. 1864, aff. Dorient de Bellegarde, D. P. 64. 1. 83). Quant aux conditions constitutives de l'emphytéose, V. *Rép.* no 821, et *supra*, vo *Louage emphytéotique* nos 3 et suiv. — Il a été jugé qu'un bail fait d'abord pour 18 ans et dont la durée a été ensuite prorogée à 99 ans, mais contenant interdiction pour le preneur de sous-louer ou de céder sans le consentement du bailleur, ne constitue pas un bail emphytéotique et ne confère au preneur qu'un droit personnel, non susceptible d'hypothèque ni de saisie immobilière (Alger, 8 avr. 1878) (1).

440. S'il y a controverse sur l'emphytéose, tout le monde, en revanche, reconnaît le droit de superficie, dont on a parlé au *Rép.* nos 822 et suiv., peut être hypothéqué. MM. Aubry et Rau, t. 2, § 223, p. 438, définissent ce droit

_____

(1) (Préfet d'Alger C. Cervera.) — LA COUR ; — Attendu que la solution du litige dépend exclusivement de la question de savoir si le sieur Tordieu avait contracté avec l'État un bail emphytéotique, et s'il était par suite investi d'un droit réel, *jus in re*, susceptible d'hypothèque et d'expropriation ; — Attendu que, sans qu'il soit besoin de remonter à l'origine de l'emphytéose, ni de rechercher ses diverses transformations, sans qu'il faille non plus examiner si elle est encore au nombre des démembrements de la propriété autorisés par notre législation, il suffit pour la cour de constater un état général de la doctrine et de la jurisprudence auquel elle donne sa pleine adhésion ; — Attendu que le caractère essentiel de l'emphytéose, celui qui lui sert vraiment de type et qui la distingue du bail ordinaire, c'est qu'elle transmet au preneur un *quasi-domaine*, qui lui permet de disposer d'une manière absolue, sinon de l'immeuble emphytéosé, du moins du droit conféré par l'emphytéose; que le long terme assigné au bail, la modicité de la redevance, la condition d'améliorer le fonds, sont des conditions habituelles de l'emphytéose, mais non pas des traits caractéristiques; qu'ainsi la loi belge,

s'inspirant de notre jurisprudence, qu'elle a heureusement résumée dans un texte, définit l'emphytéose : « Un droit réel qui consiste à avoir la pleine jouissance d'un immeuble appartenant à autrui, sous la condition de lui payer une redevance annuelle, soit en argent, soit en nature, en reconnaissance de son droit de propriété »; — Attendu que c'est à la lumière de ces principes qu'il convient d'apprécier les conventions arrêtées entre les parties; — Attendu qu'il est intervenu successivement, entre l'État et le sieur Tordieu, deux conventions relatives au même immeuble, la première à la date du 31 août 1862, la seconde à la date des 2 oct. et 17 nov. 1868; qu'il est à remarquer d'abord que, dans ces deux contrats préparés par l'administration des Domaines, le mot d'emphytéose n'est jamais prononcé, et que, tout au contraire, les expressions employées sont celles de bail-de-location; qu'en analysant les clauses de la convention du 31 août 1862, on constate l'existence d'un contrat qualifié de bail, fait pour dix-huit années, avec interdiction au preneur de sous-louer ou de céder, avec réserve expresse des règles ordinaires applicables aux baux; qu'il est manifeste que cette première convention, dans laquelle ne se rencontrent ni le caractère essentiel de l'emphy-

« un droit de propriété portant sur les constructions, arbres ou plantes, adhérant à la surface d'un fonds (édifices et superfices), dont le dessous (tréfonds) appartient à un autre propriétaire » (V. aussi *supra*, v° *Biens*, n° 36). Le droit de superficie peut être perpétuel ou temporaire; quand il n'est que temporaire, l'hypothèque qui le grève ne peut nécessairement lui survivre.

L'une des formes du droit de superficie est celle qu'il revêt dans le bail à domaine congéable ou bail à convenant usité en Bretagne. On admet aussi que, dans ce bail, le colon ou domanier peut hypothéquer son droit, sous réserve de la faculté qu'a le propriétaire foncier de le congédier et le colon lui-même de provoquer son congément (V. *Rép.*, v° *Louage à domaine congéable*, n°s 21 et suiv.; Guillouard, *Traité du contrat de louage*, t. 2, n° 664).

441. Dans le bail ordinaire, on sait que la jurisprudence reconnaît au droit du preneur un certain caractère de réalité (V. *supra*, v° *Louage*, n° 282). On n'a jamais prétendu que ce droit fût susceptible d'hypothèque. Cependant, la jurisprudence admet, comme nous l'avons vu, *supra*, n° 427, que les constructions élevées par le preneur sur l'immeuble loué peuvent, au moins sous certaines conditions, être hypothéquées par le constructeur; il a été jugé qu'en pareil cas le droit au bail, formant l'accessoire des constructions, se trouve nécessairement compris dans l'affectation hypothécaire (Paris, 23 févr. 1872, aff. Chevreau, Nicole et autres, D. P. 74. 2. 21).

442. Les mines régulièrement concédées par le Gouvernement peuvent être hypothéquées (V. *Rép.* n°s 828 et suiv. et *supra*, v° *Mines*, n°s 196 et suiv.; *Rép.* eod. v°, n°s 118 et suiv.). La redevance à laquelle donne lieu la concession d'une mine est un accessoire de la propriété du fonds; elle ne peut être hypothéquée séparément de ce fonds, mais elle est grevée de plein droit des hypothèques dont le fonds est affecté (*Rép.* n° 832, et *supra*, v° *Mines*, n°s 200 et suiv.; *Rép.* eod, v°, n°s 123 et suiv.). Toutefois, si le droit à la redevance était cédé séparément par le propriétaire du fonds, ce droit, cessant d'être un accessoire de la surface, cesserait en même temps d'être immobilier, et, par suite, ne serait plus susceptible d'hypothèque (Civ. cass. 13 nov. 1848, aff. Chol, D. P. 48. 1. 245; Baudry-Lacantinerie, t. 3, n° 1204).

443. Les minières, les tourbières et les carrières ne constituent pas des propriétés immobilières distinctes des fonds dans lesquels elles sont exploitées. Cependant, elles pourraient être hypothéquées en tant que parties de ces fonds (*Rép.* n° 834. V. aussi *Rép.*, v° *Mines*, n° 763. Comp. en ce sens, Liège, 1er déc. 1848, *Pasicrisie belge*, 1849, 2. 95; Laurent, t. 30, n° 201).

444. On a admis, au *Rép.*, n°s 837 et suiv., que les concessions de chemins de fer constituaient des droits immobiliers susceptibles d'hypothèque. Mais la jurisprudence s'est prononcée en sens contraire. Il résulte d'un arrêt de la cour de cassation que les chemins de fer font partie du domaine public, que les compagnies concessionnaires n'ont sur le chemin qu'un droit d'exploitation ou de jouissance purement mobilier et n'ayant pas le caractère d'un démembrement de la propriété (Civ. cass. 15 mai 1861, aff. Mancel, D. P. 61. 1. 225; Req. 5 nov. 1867, aff. Clertan, D. P. 68. 1. 117; Aucoc, *Conférences sur l'administration et le droit administratif*, 2e éd. t. 3, n° 1312). Un tel droit, qui n'est pas susceptible d'être saisi immobilièrement, ne peut donc pas être hypothéqué.

445. Il en est de même du droit des compagnies concessionnaires sur les canaux, qui font aussi partie du domaine public (V. *infrà*, v° *Voirie par eau*; *Rép.* eod. v°, n° 153).

446. La jurisprudence a décidé aussi que le droit de péage sur un pont dépendant du domaine public est un droit purement mobilier, qui ne peut être hypothéqué ni grevé du privilège de l'art. 2103-4° au profit des ouvriers qui ont construit le pont (Nîmes, 2 août 1847, aff. Lafayole de Latourne, D. P. 48. 2. 41, et sur pourvoi, Civ. rej. 7 janv. 1851, D. P. 51. 1. 28; Paris, 6 nov. 1862, et sur pourvoi, Civ. rej. 20 févr. 1865, aff. Roland, D. P. 65. 1. 308).

447. On s'est demandé si les actions immobilières, rangées parmi les immeubles par l'art. 526 c. civ., telles que les actions en revendication, en réméré, en rescision d'un partage d'immeubles ou en nullité de vente, sont susceptibles d'hypothèque. « L'action tendant à revendiquer un immeuble, dit M. Thézard, n° 41, ne saurait être soumise à l'hypothèque en tant qu'action; mais l'hypothèque portera valablement sur l'immeuble à recouvrer par cette action, lequel forme le véritable objet du droit, dont l'action n'est qu'une manifestation. Soit qu'il s'agisse d'une action en revendication pure et simple, soit qu'il s'agisse d'un droit subordonné à une condition résolutoire ou suspensive, l'immeuble qui en sera l'objet pourra être hypothéqué, sous les modalités et conditions dont dépendra la propriété elle-même » (V. en ce sens : *Rép.* n° 843; Laurent, t. 30, n° 219; Colmet de Santerre, t. 9, n° 78 *bis*-IV; Baudry-Lacantinerie, t. 3, n° 1214).

CHAP. 3. — Des différentes sortes d'hypothèques : hypothèque légale, hypothèque judiciaire, hypothèque conventionnelle (*Rép.* n°s 844 à 1356).

Sect. 1re. — De l'hypothèque légale (*Rép.* n°s 845 à 1095).

Art. 1er. — *De l'hypothèque légale des femmes mariées avant le code civil. — Questions transitoires* (*Rép.* n°s 846 à 862).

448. V. *Rép.* n°s 846 et suiv.

Art. 2. — *De l'hypothèque légale des femmes mariées sous le code civil* (*Rép.* n°s 863 à 948).

§ 1er. — Des femmes auxquelles l'hypothèque légale est attribuée, et de la dispense d'inscription (*Rép.* n°s 864 à 879).

449. Les femmes mariées ont une hypothèque légale sur les biens de leur mari par le fait seul du mariage, comme on l'a dit au *Rép.* n° 864, pourvu que le mariage soit valable. Et même si un mariage nul a été contracté de bonne foi par les époux ou par la femme seulement, l'hypothèque légale existera au profit de la femme pour toutes les créances nées à son profit depuis la célébration de ce mariage jusqu'à la décision judiciaire qui en aura prononcé la nullité (V. *suprà*, v° *Mariage*, n°s 318 et suiv.).

450. L'hypothèque légale appartient à la femme quel que soit le régime matrimonial des époux (*Rép.* n° 864). Elle existe même au profit de la femme séparée de biens judiciairement ou séparée de corps (Aubry et Rau, t. 3, § 264 *ter*, p. 217, note 5). Et la femme ne peut y renoncer quand bien même la liquidation qui a suivi la séparation de corps ou de biens n'a établi à son profit l'existence d'aucune

---

téose, ni même les conditions habituelles de ce contrat, ne constitue un bail ordinaire; que la convention des 2 oct. et 17 nov. 1868, qui a succédé à celle de 1862, n'est que la prorogation de celle-ci, ainsi que cela résulte formellement de l'intitulé et du préambule de l'acte; que, si la durée du bail est prorogée de dix-huit années à quatre-vingt-dix-neuf ans, la nature du contrat n'est pas modifiée, puisqu'on prend soin d'y rappeler les clauses de la convention précédente et notamment l'interdiction de sous-louer et de céder, ainsi que l'application des règles ordinaires des baux; qu'il suit de là que, pas plus dans la seconde convention que dans la première, le preneur n'est investi de ce *quasi-domaine* qui lui permettrait de disposer du droit à lui confié; qu'ainsi le preneur n'a, par la convention, qu'un droit personnel insusceptible d'hypothèque et d'expropriation, et qu'il ne saurait dès lors être considéré comme un emphytéote; que les premiers juges, en repoussant l'action du domaine, ont donc

inexactement interprété les conventions et mal apprécié les droits des parties;

Par ces motifs, en donnant défaut contre Tordieu non comparant bien que régulièrement assigné; — Reçoit l'appel interjeté au nom de l'État et y faisant droit; — Infirme le jugement déféré; — Déclare nulle et irrégulière la saisie immobilière pratiquée par le sieur Fourrier; — Déclare recevable et bien fondée l'action en distraction de l'État; — Ordonne, en conséquence, que les droits aux baux susvisés, compris à tort dans la saisie immobilière du 23 nov. 1874, seront distraits de ladite saisie et ne font point partie de la saisie à la requête de Fourrier; — Ordonne, quant à ce, la radiation de ladite saisie avec mention en marge de tous actes et procès-verbaux enregistrés et transcrits au présent arrêt, etc.

Du 8 avr. 1878.-C. d'Alger, 1re ch.-MM. Bazot, 1er pr.-Cunie, subst.-Garau, Robe et Chéronnet, av.

créance (Amiens, 27 nov. 1877, et sur pourvoi, Req. 20 mai 1878) (1).

451. Lorsque le mariage a été célébré à l'étranger, l'existence de l'hypothèque légale de la femme n'est pas subordonnée à la transcription de l'acte de célébration, prescrite par l'art. 171 c. civ. Cette solution, qui a été controversée, est aujourd'hui généralement admise (V. *Rép.* n° 865, et *suprà*, v° *Mariage*, n° 207; Aubry et Rau, t. 3, § 264 *ter*, p. 216; Thézard, n° 88).

452. L'étrangère qui a épousé un Français, même en pays étranger, et qui est devenue française par son mariage, a droit à l'hypothèque légale sur les biens de son mari situés en France (*Rép.* n° 867; Douai, 25 août 1851, aff. Durin, D. P. 54. 5. 424).

453. Mais, au contraire, d'après une jurisprudence aujourd'hui bien établie, la femme, même française d'origine, qui est devenue étrangère en épousant un étranger, et à plus forte raison celle qui a toujours été étrangère, ne jouit pas de l'hypothèque légale sur les biens possédés en France par son mari (V. en sus des arrêts cités au *Rép.* n° 868: Civ. cass. 20 mai 1862, aff. Seligman, D. P. 62. 1. 201, et sur renvoi, Grenoble, 23 août 1863, D. 63. 2. 186; Douai, 29 déc. 1881, et sur pourvoi, Civ. rej. 4 mars 1884, aff. Pépin, D. P. 84. 1. 205; Paris, 13 août 1889, aff. Dame Taher-ben-Aïad, D. P. 90. 2. 161). Suivant la cour de cassation, l'hypothèque légale ne relève pas du droit des gens; elle est, quant à son existence et à ses effets, une institution du droit civil, et elle ne peut naître que d'un mariage entre Français ou entre ceux à qui la jouissance des droits civils est accordée par la loi française (Arrêt précité du 4 mars 1884). L'hypothèque légale rentre, en effet, comme le disent MM. Aubry et Rau, t. 1, § 78, p. 304, note 62, dans la classe de ces institutions qui ne doivent leur origine qu'à la législation positive, qui, admises par le peuple d'une manière plus ou moins étendue, sont absolument rejetées par tel autre; de fait, cette hypothèque n'est point reçue en Angleterre, en Écosse, en Hollande, en Autriche, en Russie, ni dans plusieurs des cantons suisses. D'ailleurs, suivant une remarque faite par M. Colmet de Santerre, t. 9, n° 81 bis-II, si l'on accordait l'hypothèque légale à la femme étrangère, cette hypothèque ferait souvent double emploi avec les garanties d'un autre genre que la loi étrangère peut attribuer aux femmes mariées. En outre, on exposerait les Français à des surprises, puisque ni le mariage ni l'hypothèque n'auraient reçu la plupart du temps aucune publicité en France (V. dans le même sens, Demolombe, t. 1, n° 88; Baudry-Lacantinerie, t. 3, n° 1225). D'autres auteurs, tout en admettant la même solution, la fondent sur un autre motif. « L'hypothèque, dit M. Thézard, n° 88, a chez nous ce caractère spécial d'exiger pour sa formation, non pas seulement une convention expresse ou tacite, mais une sanction de la puissance publique française: l'hypothèque judiciaire ne peut résulter que d'un jugement rendu par un tribunal français, ou rendu exécutoire par lui; l'hypothèque conventionnelle, de même, ne résulte pas des actes, même

authentiques, passés à l'étranger ». De même encore, conclut cet auteur, la loi étrangère n'a pas par elle-même l'autorité nécessaire pour créer une hypothèque légale en France; elle ne le peut pas plus en faveur d'une femme mariée qu'elle ne le pourrait en faveur d'un État ou d'un établissement public étranger (Comp. en ce sens *Rép.* n° 868).

Trois autres opinions se sont produites dans la doctrine et ont trouvé de l'écho dans quelques arrêts. L'une considère l'hypothèque légale de la femme comme faisant partie du statut réel, et, par suite, elle l'accorde à toutes les femmes étrangères (Troplong, *Des privilèges et hypothèques*, t. 2, n° 513 *ter*; Pont, t. 1, n° 333; Conclusions de M. l'avocat général de Raynal, rapportées avec l'arrêt précité du 20 mai 1862, D. P. 62. 1. 201. V. aussi, en ce sens, Grenoble, 19 juill. 1849, aff. Dupré, D. P. 51. 2. 10). Une autre distingue suivant que le mariage a été célébré à l'étranger ou en France; dans le premier cas, l'hypothèque légale devrait être refusée à la femme étrangère; mais elle devrait lui être reconnue dans le second cas (Tessier, *De la dot*, t. 2, note 1092, p. 288 et suiv. Comp. en ce sens, Aix, 8 mars 1875, aff. Abudarham, D. P. 77. 2. 225. Mais V. en sens contraire: *Rép.* n° 869; Aubry et Rau, t. 1, § 78, p. 306, note 64). Une autre opinion enfin admet bien que l'hypothèque légale est du statut réel sous certains rapports, comme le sont, par exemple, les lois sur la transmission héréditaire des biens. Mais elle soutient que l'attribution de l'hypothèque légale, en tant qu'elle dépend de la condition personnelle de la femme créancière, se rattache au statut personnel. De là on conclut que si la loi nationale de la femme étrangère ne lui confère pas une hypothèque légale, elle ne peut en avoir une sur les biens du mari situés en France. Lorsque, au contraire, l'hypothèque légale est attribuée à la femme par sa loi nationale, les partisans de cette opinion y voient un effet civil du mariage, et dès l'instant que la loi française admet en France tous les effets civils du mariage célébré à l'étranger, ils estiment qu'il n'y a pas lieu de faire exception pour l'hypothèque légale de la femme (Valette, *Traité des hypothèques*, p. 277; Demangeat, *Histoire de la condition civile des étrangers en France*, n° 82, et notes sur Foelix, *Droit international privé*, t. 1, n° 67; Laurent, t. 30, n°s 252 et suiv. Comp. en ce sens, Alger, 21 mars 1860, *infrà*, n° 454. Mais V. en sens contraire, *Rép.* n° 870).

454. La femme étrangère dont le mari a été autorisé par le Gouvernement à établir son domicile en France jouit incontestablement de l'hypothèque légale (*Rép.* n° 871; Bordeaux, 14 juill. 1845, aff. Palmer, D. P. 46. 2. 163; Alger, 21 mars 1860, aff. Seligman, D. P. 62. 1. 201).

455. La femme étrangère peut encore avoir droit à l'hypothèque légale en vertu des traités diplomatiques existant entre son pays et la France (*Rép.* n° 871. V. aussi Civ. cass. 20 mai 1862, aff. Seligman, D. P. 62. 1. 201). Ainsi l'hypothèque a été reconnue par la jurisprudence: 1° à la femme sarde, en vertu du traité conclu le 24 mars 1760 entre la France et la Sardaigne (Grenoble, 19 juill. 1849, aff. Dupré, D. P. 51. 2. 10; Civ. cass. 5 févr. 1872, aff. Converso,

---

(1) (Leroy C. dame Leroy.) — La séparation de corps ayant été prononcée entre les époux Leroy, il a été procédé à la liquidation de la communauté ayant existé entre eux. De cette liquidation il est résulté que le mari restait créancier de la communauté, tandis que la femme n'avait aucunes reprises. La dame Leroy avait néanmoins pris deux inscriptions sur les immeubles de son mari, le 28 mai 1868. Plus tard, le mari vendit deux de ses immeubles, et il assigna sa femme devant le tribunal de Montdidier pour faire prononcer la radiation des inscriptions prises par elle, non seulement en tant qu'elles frappaient les deux immeubles vendus, mais en tant qu'elles s'étendaient à tous ses biens. Le tribunal ordonna seulement, du consentement de la femme, la radiation des inscriptions sur les deux immeubles vendus. Le sieur Leroy interjeta appel; mais le jugement fut confirmé par un arrêt de la cour d'Amiens, du 27 nov. 1877, ainsi conçu: « — Adoptant les motifs des premiers juges; — Considérant, en outre, en ce qui touche l'hypothèque légale, que toute satisfaction a été donnée à Leroy par la renonciation aux deux inscriptions portées sur les registres; que la femme ne saurait au contraire renoncer d'une manière générale à l'hypothèque que la loi lui accorde pour garantir éventuellement les droits et créances qu'elle pourrait avoir contre son mari jusqu'à la dissolution du mariage; — Par ces motifs, etc. ». Pourvoi en cassation par le sieur Leroy.

LA COUR; — ... Sur le moyen pris de la violation des art. 2121 et 2135 c. civ.; — Attendu que la séparation de corps ne peut anéantir l'hypothèque légale accordée à la femme comme garantie de ses droits nés ou à naître contre son mari; — Attendu que la question ne peut être douteuse tant que dure la liquidation ou lorsqu'elle a révélé et qu'elle laisse subsister des créances de la femme; qu'il en est évidemment de même pour la garantie des gains de survie et autres avantages éventuels résultant du contrat de mariage; qu'enfin, l'art. 1450 prévoit des cas où, quoique la séparation des époux persiste, le mari peut devenir garant de l'emploi ou du remploi du prix des immeubles aliénés par la femme, et que cette garantie aura pour sanction l'hypothèque légale; — Attendu que l'arrêt attaqué a donc justement déclaré que la femme ne saurait renoncer d'une manière générale à l'hypothèque légale garantissant éventuellement les droits qu'elle pourrait avoir jusqu'à la dissolution du mariage; qu'il a également à bon droit fait ressortir le défaut d'intérêt du demandeur à soutenir la thèse contraire, alors qu'il obtenait satisfaction par la radiation des deux inscriptions de l'hypothèque, radiation sur laquelle il n'échet de statuer en l'absence de pourvoi d'une partie intéressée:

Rejette;

Du 20 mai 1878.-Ch. req.-MM. Bédarrides, pr.-Babinet, rap.-Robinet de Cléry, av. gén., c. conf.-Brugnon, av.

D. P. 73. 1. 76) ; — 2° A la femme française d'origine, mariée à un Toscan, le traité de 1760 étant devenu applicable à la Toscane par suite de la réunion de ce pays aux Etats sardes (Aix, 8 nov. 1875, aff. Abudarham, D. P. 77. 2. 225, et sur pourvoi, Civ. rej. 5 nov. 1878, D. P. 78. 1. 476) ; — 3° A la femme suisse, du canton de Genève (Paris, 19 août 1851, aff. Dame Sutter, D. P. 54. 2. 13) ; — 4° A la femme ottomane, bien qu'elle n'ait un droit de privilège et d'antériorité sur les créanciers du mari, et non une hypothèque légale (Paris, 13 août 1889, aff. Dame Taher-ben-Aïad, D. P. 90. 2. 161).

456. L'hypothèque légale de la femme qui a épousé un commerçant ou un homme qui est devenu commerçant dans l'année du mariage est soumise, en cas de faillite du mari, par l'art. 563 c. com., à des règles spéciales, soit quant à son étendue, c'est-à-dire quant aux immeubles qui en sont grevés, soit quant au mode privée des créances à raison desquelles elle est exercée (V. *suprà*, v° *Faillites et banqueroutes, liquidations judiciaires*, n°s 1155 et suiv.).

457. Aux termes de l'art. 2135 c. civ., l'hypothèque légale existe au profit de la femme mariée indépendamment de toute inscription (*Rép.* n° 877). La loi du 23 mars 1855 n'a soumis cette hypothèque à la nécessité de l'inscription que dans deux cas : 1° dans le cas où la femme la cède ou y renonce en faveur d'un tiers ; 2° lorsque le mariage est dissous et dans l'année qui suit la dissolution (V. *infrà*, chap. 4, sect. 6, art. 2). Il a été jugé que la femme étrangère qui a droit à l'hypothèque légale sur les immeubles de son mari situés en France, en vertu d'un traité diplomatique, doit être colloquée, indépendamment de toute inscription, au rang hypothécaire qui lui appartient d'après la loi française, alors même que, d'après son statut personnel, l'hypothèque légale de la femme mariée serait soumise à la nécessité de l'inscription (Civ. rej. 5 nov. 1878, aff. Abudarham, D. P. 78. 1. 476).

§ 2. — Pour quelles créances la femme mariée a-t-elle hypothèque légale? (*Rép.* n°s 880 à 904).

458. L'hypothèque légale garantit, suivant les termes de l'art. 2121 c. civ., tous les *droits et créances* que la femme peut avoir contre son mari en sa qualité de femme mariée (Comp. Civ. cass. 29 août 1870, aff. Lenfant et Boucher, D. P. 70. 1. 353). L'hypothèque légale ne garantirait pas, toutefois, les créances que la femme aurait eues contre le mari dès avant le mariage ; il n'en serait autrement que si ces créances avaient été formellement comprises dans l'apport de la femme contenu au mari par le contrat de mariage. L'hypothèque ne s'appliquerait pas non plus aux dommages-intérêts qui pourraient être dus par le mari à la femme pour des délits commis envers sa personne et en dehors de l'administration de ses biens (Thézard, n° 90 ; Baudry-Lacantinerie, t. 3, n° 1227).

459. Suivant l'art. 2135 c. civ., qui énumère les principales créances auxquelles s'applique l'hypothèque légale, pour en fixer le rang, cette hypothèque garantit d'abord la *dot*, c'est-à-dire, en général, les apports en mariage. Sous le régime de la communauté, la femme n'a le droit de reprendre ses apports mobiliers qu'autant qu'elle se les est réservés propres par le contrat de mariage ou que la communauté a été réduite aux acquêts; autrement les apports mobiliers sont tombés dans la communauté et la femme ne peut les reprendre à la dissolution du mariage; elle a seulement droit à la moitié de la communauté, si elle l'accepte. N'ayant pas alors de créance de reprises, elle n'a donc pas d'hypothèque légale pour ses apports (V. en ce sens : Rennes, 24 juill. 1891, aff. Hubault, D. P. 91. 2. 403; Pont, t. 1, n° 435; Aubry et Rau, t. 3, § 264 *ter*, p. 219; Laurent, t. 30, n° 335 ; Thézard, n° 91 ; Baudry-Lacantinerie, t. 3, n° 1228. V. cependant Aix, 16 août 1872, aff. Codur, D. P. 74. 2. 131).

460. Au contraire, si la femme mariée sous le régime de la communauté a stipulé la reprise de son mobilier total, en tout ou en partie, elle a une action, de ce chef, contre le mari, et cette action est garantie par l'hypothèque légale (V. *Rép.* n° 883). Bien entendu, pour faire valoir cette hypothèque, la femme ou ses ayants cause devront justifier du montant de la dot mobilière conformément aux art. 1499,

1502 et 1504 c. civ. (V. *suprà*, v° *Contrat de mariage*, n°s 978 et suiv.).

461. Sous le régime exclusif de communauté, le mari, ayant seulement la jouissance des biens de la femme, doit en faire la restitution à la dissolution du mariage; la femme a donc une action pour la reprise de sa dot, et avec cette action une hypothèque légale (Laurent, t. 30, n° 337).

462. Sous le régime de séparation de biens, la femme qui a conservé l'administration et la jouissance de ses biens n'a aucune action contre le mari. Mais si, comme il arrive souvent, le mari est intervenu dans l'administration des biens de la femme, s'il a touché des capitaux, il est responsable vis-à-vis de la femme, et l'action en responsabilité de celle-ci est garantie par l'hypothèque légale (Laurent, t. 30, n° 338. Comp. Montpellier, 27 avr. 1846, aff. Lebrou, D. P. 47. 2. 70 ; Paris, 9 févr. 1856, aff. Roubo, D. P. 56. 2. 95 ; Civ. cass. 31 mars 1879, aff. Delcro, D. P. 79. 1. 425).

463. Sous le régime dotal, comme on l'a montré au *Rép.* n°s 880 et suiv., la femme peut invoquer l'hypothèque légale, non seulement pour ses créances dotales, mais aussi pour les créances qu'elle peut avoir contre le mari relativement à ses biens paraphernaux (V. en sus des auteurs et arrêts cités au *Rép.* n°s 880 et suiv. ; Paris, 9 févr. 1856, aff. Roubo, D. P. 56. 2. 95 ; Civ. cass. 4 févr. 1868, aff. Vignes, D. P. 68. 1. 57 ; Paris, 7 juill. 1874, aff. Crédit foncier, D. P. 76. 2. 65 ; Aubry et Rau, t. 3, § 264 *ter*, p. 218; Laurent, t. 30, n° 339).

464. L'hypothèque légale de la femme s'étend, d'ailleurs, indistinctement aux créances qui ont pour objet la répétition d'un capital et à celles qui consistent dans un compte de fruits et revenus perçus par le mari (Civ. cass. 31 mars 1879, aff. Delcro, D. P. 79. 1. 425. V. aussi *Rép.* n° 882).

465. Elle s'applique aux créances à liquider aussi bien qu'à celles qui sont liquides et exigibles (Civ. cass. 31 mars 1879, précité; 25 févr. 1891, aff. Cavailhès, D. P. 91. 1. 201).

466. L'hypothèque légale garantit, aux termes de l'art. 2135 c. civ., outre les créances dotales, celles résultant, au profit de la femme, des *conventions matrimoniales*. Cela comprend, d'après MM. Aubry et Rau, t. 3, § 264 *ter*, p. 220, d'une part, les créances que la femme a pu acquérir contre son mari, administrateur de ses biens personnels, soit en vertu d'un mandat formel qu'elle lui a donné dans le contrat de mariage, soit en vertu des pouvoirs inhérents au régime sous lequel les époux sont mariés ; et, d'autre part, les avantages que le mari a conférés à la femme par des clauses expresses du contrat de mariage, ou que, d'après l'intention présumée des époux, la loi assure à la femme en l'absence de toute stipulation. Toutefois, on entend le plus souvent par *conventions matrimoniales*, quand il s'agit de créances garanties par l'hypothèque légale de la femme, les donations ou autres avantages que le mari a faits à celle-ci par le contrat de mariage (Laurent, t. 30, n° 342).

467. Tous les avantages matrimoniaux que le contrat de mariage peut contenir au profit de la femme sont-ils garantis par l'hypothèque légale? Suivant la plupart des auteurs, cette question doit se résoudre par une distinction entre les avantages qui confèrent des droits acquis à la femme contre le mari ou sa succession, et les avantages qui ne constituent que des droits éventuels sur la masse de la communauté ou de la société d'acquêts. L'hypothèque légale, en effet, ne peut s'attacher qu'aux actions qui appartiennent à la femme contre le mari ; mais elle s'y attache alors même que ces actions sont subordonnées à l'échéance d'un terme ou à une condition suspensive. Ainsi, par exemple, lorsque le contrat de mariage accorde seulement à la femme le droit de faire un prélèvement sur l'actif net de la communauté, acceptée par elle, la femme, n'ayant aucun droit, n'a acquis non plus aucune hypothèque contre le mari. Mais, au contraire, si le contrat de mariage donne à la femme le droit d'exercer un prélèvement ou préciput sur la communauté, même en cas de renonciation, ce qui la constitue, pour ce cas du moins, créancière du mari, la créance qui appartient alors à la femme est garantie par l'hypothèque légale. De même, lorsque le mari a institué la femme contractuellement donataire d'une certaine somme ou de certains biens à prendre sur sa succession ou même d'une part en propriété ou en usufruit de cette succession;

la femme a dès à présent un droit acquis vis-à-vis du mari ou de ses héritiers ; ce droit est également susceptible d'être garanti par l'hypothèque. — Il faut remarquer toutefois que cette hypothèque ne peut avoir plus d'extension que le droit lui-même. Ainsi, en cas d'institution contractuelle, le mari conserve la faculté de disposer à titre onéreux ; il a seulement perdu le droit de disposer à titre gratuit. De là il résulte que la femme ne pourra exercer son hypothèque légale pour le montant de l'institution à l'encontre des tiers auxquels le mari aura conféré des droits à titre onéreux, tiers acquéreurs, créanciers hypothécaires ou même créanciers chirographaires ; la femme primera seulement les donataires ou légataires du mari et les créanciers des héritiers du mari (V. en ce sens, Aubry et Rau, t. 3, § 264 *ter*, p. 221 et suiv.; Laurent, t. 30, n°s 343 et suiv.; Thézard, n° 91). On peut objecter cependant qu'en ce qui concerne les donataires ou légataires du mari, la femme instituée contractuellement n'a pas besoin d'invoquer l'hypothèque légale pour les primer, et qu'à l'égard des créanciers des héritiers elle peut demander la séparation des patrimoines. L'hypothèque légale lui est donc peu utile pour la garantie de l'institution contractuelle. Aussi quelques auteurs ne la lui attribuent pas dans cette hypothèse ; ils considèrent que la femme n'est pas alors réellement créancière du mari, qu'elle n'a qu'un droit successoral, d'où ne résulte pour elle qu'une simple expectative (V. Pont, t. 1, n° 438).

468. La jurisprudence n'est pas encore bien fixée sur l'application de l'hypothèque légale aux avantages matrimoniaux. Elle tendait d'abord, comme on l'a indiqué au *Rép.* n° 886, à ne pas étendre l'hypothèque aux institutions contractuelles. La cour de cassation a jugé, notamment, que la femme n'a pas d'hypothèque légale pour sûreté de la donation à elle faite par son mari d'une somme à prendre, en cas de survie, sur les valeurs les plus claires de la succession du donateur (Req. 16 mai 1855, aff. Veuve de Dauvet, D. P. 55. 1. 245. V. aussi en ce sens, Rouen, 11 juill. 1856, aff. Lemoine, D. P. 57. 2. 109; 20 déc. 1856, aff. Samson, *ibid.*). Il a été jugé, dans le même sens, que l'hypothèque légale de la femme ne peut être invoquée pour sûreté des droits résultant d'une institution contractuelle, et, en particulier, d'une donation de l'usufruit des biens que le mari laissera à son décès (Bordeaux, 15 déc. 1868, aff. Queyroux, D. P. 69. 2. 244).

Mais il est survenu, depuis lors, un certain nombre d'arrêts dans le sens contraire. Il a été jugé : 1° que, lorsqu'une femme séparée de corps se trouve donataire contractuelle, en cas de survie, d'une partie de la succession de son mari,

celui-ci n'est pas fondé, en lui faisant des offres réelles du montant de ses reprises, à y mettre pour condition la mainlevée de son hypothèque légale (Paris, 18 juin 1870, aff. Poirié, D. P. 71. 2. 156) ; — 2° Que la rente viagère et le préciput assurés à la femme, en cas de survie, par le contrat de mariage, et qui constituent la femme créancière du mari dès le jour du mariage, sont garantis par l'hypothèque légale ; qu'en conséquence, la femme doit être éventuellement colloquée, pour cette rente viagère et ce préciput, dans un ordre ouvert sur le prix d'un immeuble du mari (Paris, 7 juill. 1874, aff. Crédit foncier, D. P. 76. 2. 65); — 3° Que l'hypothèque légale de la femme s'étend aux institutions contractuelles faites en sa faveur ; qu'en conséquence, la femme donataire, par contrat de mariage, de l'usufruit des biens que laissera son mari, peut, après la séparation de corps, et bien qu'elle soit payée du montant de ses reprises, s'opposer à la radiation des inscriptions hypothécaires existant à son profit sur les biens du mari et garantissant l'exécution de cette donation (Paris, 15 juin 1874, aff. Gonsard, D. P. 77. 2. 208); — 4° Que la femme qui a obtenu la séparation de corps et qui, en vertu du contrat de mariage, a droit, en cas de survie, à l'usufruit de la part du mari dans les bénéfices de la communauté d'acquêts, bénéfices déjà fixés par la liquidation de cette communauté, ne peut être tenue de donner mainlevée de l'inscription d'hypothèque légale prise par elle sur les biens du mari (Amiens, 11 déc. 1876) (1); — 5° Que la clause d'un contrat de mariage par laquelle le mari donne à la femme l'usufruit d'une somme d'argent à partir de son décès confère à la femme une créance, subordonnée, quant à ses effets, à la condition de survie, mais néanmoins garantie par l'hypothèque légale (Grenoble, 8 févr. 1879, aff. Rossignol, D. P. 80. 2. 149).

Il a encore été jugé par la cour de cassation que, d'après le droit en vigueur avant le code civil, la disposition d'un contrat de mariage par laquelle le futur époux donnait, pour bagues et joyaux, à la future épouse, en cas de survie, une certaine somme à prendre sur ses biens les plus liquides, qu'il y eût enfants ou non du mariage, constituait une donation actuelle, garantie par l'hypothèque légale à la date même du mariage (Civ. rej. 26 févr. 1861, aff. Marty et autres, D. P. 61. 1. 481).

469. Il est généralement admis que la femme n'a pas d'hypothèque légale pour sûreté de la part qui peut lui revenir dans la communauté, non plus que pour le préciput conventionnel stipulé en sa faveur en cas d'acceptation. Ce ne sont pas là des créances de la femme contre le mari ou sa

---

(1) (Leroy C. dame Leroy). — Dans le contrat de mariage des époux Leroy, daté du 2 mai 1856, il est stipulé que le survivant des époux aurait l'usufruit, sa vie durant, de la part afférente à l'époux prédécédé dans les bénéfices de la communauté. En 1869, la séparation de corps a été prononcée sur la demande de la dame Leroy ; la communauté a été liquidée, et les bénéfices ont été reconnus de 62 956 fr. 92 cent., dont 30 838 fr. 27 cent. pour chaque époux, plus quelques créances laissées indivises comme douteuses. Le mari, ayant ensuite vendu un de ses immeubles, a requis la femme de lui donner mainlevée de son hypothèque légale, qu'elle avait fait inscrire. Sur le refus de la femme, il l'a assignée devant le tribunal civil de Laon, qui, par jugement du 5 juill. 1876, a statué ainsi qu'il suit : — « Attendu que s'il résulte de l'acte rectificatif de la liquidation de la communauté qui a existé entre les époux Leroy, dressé par M° Monneuse, notaire à Chauny, le 4 mars 1876, que la dame Leroy s'est reconnue entièrement remplie de ses reprises et de ses droits dans la communauté, il en résulte encore : 1° que les époux Leroy ont laissé dans l'indivision une action de jouissance du chemin de fer de Lyon à la Croix-Rousse, diverses créances de la société Leroy fils et compagnie encore non recouvrées ; 2° Que la dame Leroy s'est réservé de réclamer à son profit sa part de créances déclarées mauvaises ou douteuses, non recouvrées, autres que celles énoncées comme restées indivises et passées au compte de profits et pertes de la société Leroy fils et comp., pendant le temps qu'a duré la communauté ; — Que même, en admettant que la dame Leroy soit demeurée détentrice de l'action du chemin de fer de Lyon à la Croix-Rousse et que le liquidateur de la société Leroy fils et compagnie lui ait écrit qu'il tenait à sa disposition la somme de 2 042 fr. formant sa part dans le solde des créances à recouvrer, ladite dame Leroy n'en restera pas moins créancière de son mari de ces chefs, tant que celui-ci ne produira pas un règlement de compte avec elle, opérant libération complète, le tribunal de commerce de Chauny ayant, par

jugement du 14 oct. 1875, débouté la dame Leroy de toute prétention de s'immiscer dans la société Leroy fils et compagnie, dont elle n'est ni ne peut être l'associée ; — Attendu, en outre, que le contrat réglant les conditions du mariage des époux Leroy, dressé par M° Bouly de Lesdin, notaire à Saint-Quentin, le 2 mai 1856, contient cette clause (Art. 9) : « Comme condition du futur mariage, les futurs époux conviennent que le survivant d'eux aura l'usufruit, sa vie durant, de la portion afférente à l'époux prédécédé dans les bénéfices de la communauté, avec dispense de fournir caution ou de faire emploi, mais à la charge de faire dresser bon et fidèle inventaire ». Cette convention entre associés aura son effet, qu'il y ait ou non des enfants issus du mariage, au jour de sa dissolution » ; — Que cette clause, qui caractérise l'intention des parties, n'est, pour ainsi dire, que la reproduction et l'application des art. 1525 et 1527. c. civ., puisque les contractants se sont bornés à conditionner que le survivant aurait l'usufruit de la moitié des bénéfices de la communauté d'acquêts qui existerait entre eux ; qu'on n'y remarque rien qui caractérise une donation, soit au fond, soit dans la forme ; — Qu'il présente, elle ne présente qu'un simple gain de survie, réciproque, éventuel, prenant sa source dans un pacte intéressé de part et d'autre, et qu'on ne peut, en conséquence, regarder comme obtenu à titre purement gratuit ; — Que cette clause donne donc à la dame Leroy contre son mari une créance devenue certaine, mais subordonnée à la condition de survie, et garantie par l'hypothèque légale, puisque la liquidation, faite en conséquence de la séparation de corps et de biens prononcée contre le sieur Leroy, a fixé les bénéfices réalisés de la communauté à 62 956 fr. 92 cent. ; — Par ces motifs, déclare le sieur Leroy mal fondé en sa demande ».

Appel par le sieur Leroy.

La cour ; — Adoptant les motifs des premiers juges, confirme. Du 11 déc. 1876.-C. d'Amiens, 1re ch.-MM. Saudbreuil, 1er pr.-Gesbert de la Noë-Seiche, 1er av. gén.-Goblet, av.

succession; ce sont des droits que la femme tient de sa qualité de copropriétaire et qui peuvent être seulement garantis par le privilège du copartageant, à charge d'inscription dans les soixante jours du partage (*Rép.* n° 887; Civ. cass. 9 janv. 1855, aff. Aleat, D. P. 55. 1. 28; Bastia, 25 janv. 1862, aff. Alfonsi, D. P. 68. 2. 147; Aubry et Rau, t. 3, § 264 *ter*, p. 221; Laurent, t. 30, n° 351; Thézard, n° 92).

470. Le bénéfice de l'hypothèque légale de la femme s'étend à la créance de ses habits de deuil par elle expressément stipulée dans le contrat de mariage, aussi bien qu'à tous les autres droits dérivant pour elle des conventions matrimoniales (Riom, 20 juill. 1853, aff. Douhet, D. P. 55. 2. 358). Et alors même que le contrat de mariage ne contient ce sujet aucune stipulation ou qu'il n'existe pas de contrat, on doit admettre que l'hypothèque légale garantit la créance de la femme pour son deuil, quel que soit le régime (c. civ. art. 1481 et 1570), et, sous le régime dotal, la créance de la femme pour ses aliments et pour son deuil pendant l'année du deuil (c. civ., art. 1570). Les dispositions de la loi sur ces objets constituent des conventions matrimoniales tacites, fondées sur l'intention présumée des parties, et qui doivent être garanties aussi bien que les conventions matrimoniales expresses (V. *Rép.* n° 895; Alger, 6 mars 1882 (1); Aubry et Rau, t. 3, § 264 *ter*, p. 222, note 25; Laurent, t. 30, n° 345; Baudry-Lacantinerie, t. 3, n° 1228; Thézard, n° 92. — *Contrà :* Bordeaux, 25 janv. 1858 (2) ; Troplong, *Des privilèges et hypothèques*, t. 2, n° 418 *bis*; Pont, t. 1, n° 437). — Spécialement, en ce qui concerne le deuil, on a dit que l'hypothèque légale serait inutile à la femme, parce que le deuil rentre dans les frais funéraires, qui sont garantis par un privilège. Mais l'extension de ce privilège aux frais de deuil est très contestable (V. *suprà*, n° 49), et, même en l'admettant, la femme pourrait encore avoir intérêt à invoquer l'hypothèque légale. En effet, le privilège des frais funéraires, comme tous les privilèges généraux, n'emporte le droit de suite sur les immeubles qu'à la condition d'être inscrit avant la transcription des aliénations; tandis que l'hypothèque légale de la femme est dispensée de la nécessité de l'inscription pendant toute l'année qui suit la dissolution du mariage et peut alors s'exercer sur les immeubles nonobstant toute transcription.

471. L'hypothèque légale de la femme s'étend-elle aux aliments que le mari peut être condamné à lui fournir, en vertu de l'art. 214 c. civ., soit en cas de séparation de fait, soit après la séparation de biens ou la séparation de corps, soit même après le divorce, conformément à l'art. 301 c. civ.? Cette question divise la jurisprudence et les auteurs. Pour la négative, on dit que l'obligation alimentaire résulte du mariage, et non spécialement des conventions matrimoniales, qu'elle est réciproque entre les époux, ne naît pas de la dépendance de la femme, et qu'il n'y a ainsi pas de motif d'y attacher, en faveur de la femme seulement, une garantie hypothécaire qui porterait préjudice aux créanciers du mari (Bruxelles, 19 févr. 1829, *Pasicrisie belge*, 1829, p. 65; Liège, 29 mars 1862, aff. Cochart, *ibid.*, 1862. 2. 203; Grenoble, 6 févr. 1868 (3); Lyon, 16 juill.

---

(1) (Fabre C. Bruat.) — La cour; — ... En ce qui touche la liquidation des droits de la dame Bruat : — Attendu que la femme dotale tient des dispositions de l'art. c. civ. le droit d'exiger de la succession de son mari une indemnité pour habitation pendant un an, et le payement de ses habits de deuil; que cette créance, qui prend sa source dans les conventions matrimoniales, se trouve garantie, aussi bien que la restitution de la dot, par l'hypothèque légale accordée à la femme. — Du 6 mars 1882.-C. d'Alger, 1re ch.-MM. Parisot, pr.-Gariel, av. gén.-Dazinière et Chéronnet, av.

(2) (Veuve de Sautereau C. Vallantin.) — Le 30 mai 1857, le tribunal civil d'Angoulême a rendu le jugement suivant : — « Attendu que, par divers contrats en date des 13 févr. 1827 et 3 avril même année, le sieur Azolan de Sautereau a vendu aux époux Béchade et aux époux Boisnard, tous représentés aujourd'hui par les époux Vallantin, demandeurs, trois pièces d'héritage qui lui étaient propres; — Attendu que le sieur de Sautereau étant décédé, sa veuve a pris inscription pour cause d'hypothèque légale le 22 mars 1856;... — Attendu que les époux Vallantin ont, par exploit d'ajournement du 17 avril dernier, poursuivi contre la dame de Sautereau la mainlevée et la radiation de cette inscription, et que, par jugement par défaut du 9 mars présent mois, le tribunal a ordonné lesdites mainlevée et radiation contre la dame de Sautereau; — Attendu que, par requête d'avoué à avoué du 15 du présent mois, la dame de Sautereau a formé opposition à ce jugement, et a reconnu que ce n'était pas par suite de la vente de ses propres ou par suite des apports qu'elle avait à exercer la garantie hypothécaire qu'elle avait prise, mais pour les droits qu'elle croit devoir réclamer tant pour deuil que pour aliments pendant l'année de viduité, à raison desquels droits elle prétend avoir une hypothèque légale du jour du mariage; — Attendu qu'aux termes de l'art. 2135 c. civ., la femme a hypothèque légale du jour du mariage pour raison de sa dot et des conventions matrimoniales; que la créance qui appartient à la femme pour son deuil, ses aliments et son droit d'habitation, ne saurait être comprise sous ces termes, si généraux qu'ils soient, « dot et conventions matrimoniales »; que rien, en effet, ne tient moins de la dot que cette créance, et qu'elle ne peut être réputée faire de plein droit partie des conventions matrimoniales, si le contrat de mariage garde le silence sur elle; — Qu'en tout cas, et dans l'espèce, la dame de Sautereau n'était pas mariée sous le régime dotal, mais l'était sous le régime de la communauté; — Qu'aux termes très explicites des art. 1465, 1481 et 1570 c. civ., la créance de la femme, pour ce cas, est une créance contre les héritiers du mari, et n'a, dès lors, rien de commun avec la créance toute différente résultant de la dot et des conventions matrimoniales; — Attendu que, lorsque les termes de la loi sont si formels et si clairs, il serait étrange qu'on allât en chercher le sens ailleurs que dans leur contexture même, et se livrer à des commentaires qui n'auraient d'autre but que d'obscurcir une formule simple et toute rationnelle d'ailleurs; — Attendu que cette créance de la femme ne saurait non plus être comprise ou rangée sous la rubrique des frais funéraires; que ces termes répugnent également à admettre dans leur disposition la créance de la femme en ce cas; — Par ces motifs, reçoit l'opposition de la dame de Sautereau en la forme seulement, la déclare mal fondée, etc. ». — Appel par la dame de Sautereau.

La cour; — Attendu que l'appelante, mariée sous le régime de la communauté, a pris, après le décès de son mari, en vertu de son hypothèque légale, inscription sur des immeubles vendus par celui-ci en 1827, pour la conservation d'une créance qu'elle évalue à 3 000 fr., et qui se compose de deux éléments distincts : 1° la nourriture et le logement accordés à la veuve par l'art. 1465 c. civ.; 2° le deuil mis à la charge des héritiers du mari par l'art. 1481 du même code; — Qu'il s'agit de savoir si cette inscription doit être maintenue, ou, en d'autres termes, si la femme a hypothèque légale du jour du mariage pour les deux créances dont il s'agit; — Sur la première créance : — Attendu, en fait, que l'appelante ne justifie pas qu'elle ait pourvu, à ses frais, à sa nourriture et à son logement pendant les trois mois et quarante jours qui sont accordés pour faire inventaire et pour délibérer; qu'on doit présumer qu'elle a été nourrie sur la masse commune et logée dans la maison conjugale; — Attendu, en droit, que l'art. 1465 n'accorde point à la veuve une créance en argent, mais des prestations en nature; que sa nourriture doit être prise sur les provisions existantes, et, à défaut, par emprunt au compte de la masse commune, et qu'elle doit être logée dans une maison dépendant de la communauté ou appartenant aux héritiers; que ce n'est pas là évidemment une dette du mari, mais une faveur, un droit d'hospitalité accordé par égard à la veuve, aux frais de la masse commune ou des héritiers; qu'un pareil droit ne peut remonter, et s'exercer par voie d'hypothèque légale sur les biens aliénés par le mari; — Attendu qu'il en est de même de la deuxième créance; que l'art. 1481 met expressément le deuil de la veuve aux frais des héritiers du mari, parce que c'est pour eux un devoir de faire honorer la mémoire du défunt; qu'il ne se prenait autrefois que sur les biens existants au décès; que les expressions dont se sert le législateur montrent qu'il n'a pas voulu déroger à cette jurisprudence; qu'il répugnerait, d'ailleurs, que la veuve pût, en vertu d'un droit qui lui est accordé par honneur pour le mari, porter atteinte aux contrats qu'il a consentis, et troubler les acquéreurs qui se reposaient sur sa foi; — Par ces motifs, confirme, etc. — Du 25 janv. 1858.-C. de Bordeaux, 1re ch.-MM. de la Seiglière, 1er pr.-Battur et Vaucher, av.

(3) (Veuve Actorie C. héritiers Actorie.) — Le 16 juill. 1867, jugement du tribunal civil de Vienne ainsi conçu : — « Attendu que par un jugement du 29 mars 1862, le tribunal civil de Lyon a rejeté la demande en séparation de corps formée par la dame Actorie contre son mari, et que cette décision a été confirmée par arrêt de la cour, le 28 août suivant; — Attendu qu'après le décès de son mari, la dame Actorie a assigné les héritiers de celui-ci en payement de ses reprises, de son deuil et des aliments qu'elle prétendait lui être dus, et qu'il a été statué sur cette demande par jugement du même tribunal en date du 21 nov. 1865, jugement exécuté pour le payement des sommes fixées; — Attendu que le 19 déc. 1861, la dame Actorie a fait inscrire au bureau des

1881, aff. Chabanne, D. P. 82. 2. 175; Caen, 21 août 1883 (1); Troplong, t. 2, n° 418 *bis*; Aubry et Rau, t. 3, § 264 *ter*, p. 247, note 6; Thézard, n° 90). Mais on invoque, pour l'affirmative, les termes généraux de l'art. 2121 c. civ. qui accorde l'hypothèque légale aux femmes mariées pour leurs droits et créances sur les biens de leur mari; d'où l'on conclut qu'il n'y a pas à distinguer entre les droits et créances résultant du mariage même et ceux qui résultent seulement des conventions matrimoniales tacites ou présumées. L'art. 2135 c. civ., en désignant spécialement les divers genres de créances de la femme, n'est pas limitatif; il a seulement pour but de fixer le rang de l'hypothèque. Le droit de la femme aux aliments est un droit de créance contre le mari; on peut même remarquer que l'art. 301 c. civ. assimile en quelque sorte ce droit aux avantages matrimoniaux, puisqu'il permet d'accorder des aliments à l'époux qui a obtenu le divorce, à défaut d'avantages suffisants qui résulteraient du contrat. Enfin, il importe que le mari séparé de corps ou divorcé ne puisse pas facilement se soustraire au payement de la pension alimentaire due par lui à la femme (Nancy, 3 juin 1882 (2); Montpellier, 16 nov. 1889, aff. Gauthier, D. P. 90. 2. 171; Laurent, t. 30, n° 346; Colmet de Santerre, t. 9, n°s 105 *bis*-XVI). — Suivant ce second système, la pension alimentaire allouée à la femme par application de l'art. 301 c. civ. continuerait de demeurer garantie hypothécairement sur les biens du mari, même après le décès de celui-ci (V. *suprà*, v° *Divorce et séparation de corps*, n° 597). Mais nous ne

croyons pas que la femme puisse invoquer l'hypothèque légale en faveur du droit à des aliments qui lui appartient, en vertu du nouvel art. 205, modifié par la loi du 9 mars 1891 (D. P. 91. 4. 17), sur la succession de son mari prédécédé. La loi, en effet, a déterminé elle-même la manière dont s'exercerait ce droit spécial, en disant que le capital de la pension alimentaire serait prélevé sur l'hérédité. Et, comme ce droit ne peut naître qu'après la dissolution du mariage, il nous paraît difficile d'admettre que l'hypothèque légale, qui n'a plus sa raison d'être à ce moment-là, puisse encore s'y attacher (V. *suprà*, v° *Mariage*, n° 358). L'hypothèque légale ne pourrait, à plus forte raison, pas être invoquée par la femme survivante pour la garantie du droit d'usufruit résultant à son profit du nouvel art. 767 c. civ. (V. *infrà*, v° *Succession*).

472. L'hypothèque légale de la femme existe encore, d'après l'art. 2135 c. civ., *pour les sommes dotales qui proviennent de successions à elle échues ou de donations à elle faites pendant le cours du mariage*. Il s'agit ici de toutes les sommes qui ont été perçues par le mari pendant le mariage et qui doivent être restituées à la femme lors de la dissolution du mariage ou de la séparation de biens. Ainsi, il a été jugé: 1° que la femme mariée à laquelle un tiers a, par contrat de mariage, constitué en dot une somme à prendre sur les biens les plus clairs et les plus apparents de sa succession, acquiert, dans le cas où le mari a reçu cette somme du vivant du donateur, et dès ce moment, une créance

hypothèques de Vienne, en vertu de son contrat de mariage et d'un jugement du 23 nov. 1861, condamnant Actorie au payement d'une provision de 300 fr., son hypothèque légale sur les biens de son mari; — Attendu qu'en l'état, la dame Actorie est complètement réglée de ses reprises, et que la provision qui lui a été accordée a été payée en son temps; qu'il n'y a pas lieu, de ce chef, de maintenir l'inscription précitée; — Attendu, en ce qui concerne ses répétitions contre la succession de son mari à raison des dépenses faites pour aliments et entretien, qu'aux termes des art. 212 et 214 c. civ., la femme est tenue d'habiter avec son mari, qui, de son côté, est obligé de la nourrir; — Qu'il y a là, une obligation alimentaire, et que, du moment où la femme délaisse le domicile conjugal et manque à ses devoirs, le mari n'est pas tenu de lui fournir au dehors des aliments; — Attendu qu'Actorie a constamment ouvert son domicile à sa femme, et que celle-ci a refusé d'y rentrer; — Attendu, d'autre part, que cette prétendue créance, qui n'est point justifiée en fait, ne serait pas garantie par l'hypothèque légale; — Par ces motifs, etc. »

Appel pour la veuve Actorie.

La cour; — Attendu que la femme Actorie demande reconventionnellement contre les héritiers de son mari des aliments qu'elle prétend lui être dus, en vertu de l'art. 214 c. civ., pendant le temps qu'elle a passé hors du domicile conjugal, c'est-à-dire du 10 oct. 1862, jour où elle a quitté ce domicile, jusqu'au 8 oct. 1865, date du décès de son mari; — Attendu que l'obligation imposée au mari par l'art. 214 constitue une charge purement personnelle pour laquelle il n'existe pas d'hypothèque légale; qu'en effet, les aliments dus en conformité de cet article ne sauraient être considérés comme accessoires de la dot, puisque le mari les devrait lors même qu'il n'aurait pas reçu de dot; qu'ils ne pourraient non plus être considérés comme prévus par les conventions matrimoniales; qu'enfin ils ne rentrent dans aucun des cas spécifiés dans l'art. 2135, même code; — Attendu, dès lors, qu'en admettant que la créance réclamée par la femme Actorie fût justifiée en fait et en droit, elle ne serait point un obstacle à la radiation, demandée par les intimés, de l'inscription qu'elle a prise au bureau de Vienne le 19 déc. 1861; qu'il suit de là que la demande reconventionnelle doit être déclarée non recevable, comme n'étant point une défense contre l'action principale, le tribunal saisi, n'étant pas d'ailleurs celui de l'ouverture de la succession Actorie; — Adoptant au surplus les motifs des premiers juges, sauf ceux tendant à établir le mal fondé de la demande reconventionnelle; — Déclare la dame Actorie non recevable dans sa demande reconventionnelle en payement de la somme de 6 000 fr., pour les causes dont s'agit, lui réservant tous ses droits, au fond, de ce chef; confirme le jugement dans toutes ses autres dispositions, prononce la mainlevée de l'inscription, etc. »

Du 6 févr. 1868.-C. de Grenoble, 2e ch.-MM. Charmeil, pr.-Belger, av. gén.-Giraud et Bovier-Lapierre, av.

(1) (Dame Bunel C. Bunel.) — La cour; — Attendu que l'art. 2135 c. civ., accorde aux femmes une hypothèque légale à compter du jour du mariage sur les immeubles de leur mari pour raison de leurs dot et conventions matrimoniales; que l'appel soulève la question de savoir si cette hypothèque garantit une

condamnation à une pension alimentaire prononcée contre le mari Bunel par le jugement de séparation de corps rendu au profit de la femme; — Attendu que la séparation de corps n'est pas un événement entrant dans les prévisions des époux qui contractent mariage; qu'elle n'intervient au contraire que comme un accident fâcheux du mariage; que les obligations nées à son occasion ne sauraient être considérées comme résultant des conventions matrimoniales dans le sens de l'art. 2135; que l'obligation de servir une pension alimentaire à la femme ne comporte pas d'autres garanties que celles qui protégeraient une obligation semblable imposée à la femme au profit du mari; que la doctrine contraire pourrait résulter de graves préjudices pour les tiers, qui subiraient les conséquences d'un événement imprévu, né des fautes de l'un des époux ou peut-être de fautes communes à l'un et à l'autre;

Par ces motifs; — Confirme le jugement du tribunal civil de Caen, en date du 5 janv. 1883.

Du 21 août 1883.-C. de Caen, 1re ch.-MM. Pochonnet, pr.-Vaudrus, subst.-Desruisseaux et Milliard, av.

(2) (Millot C. Evrard.) — La cour; — Sur l'étendue de l'hypothèque légale inscrite au profit de la dame Millot : — Attendu que, par le fait même du mariage, les époux contractent, l'un envers l'autre, et spécialement le mari envers sa femme, l'obligation de payer, le cas échéant, une pension alimentaire; qu'en effet, suivant les prescriptions de l'art. 57 c. civ., l'acte de célébration constate la lecture du chapitre 6, titre 5, livre 1er, contenant entre autres dispositions les art. 212 et 214; — Attendu qu'au titre des hypothèques, l'art. 2121 c. civ., placé dans la section première, sous la rubrique : « Des hypothèques légales », pose le principe suivant : « Les droits et créances auxquels l'hypothèque légale est attribuée sont ceux des femmes mariées sur les biens de leur mari »; — Attendu que cet article s'exprime dans les termes les plus généraux; qu'il ne distingue pas entre les droits ou créances qui appartiennent à la femme contre son mari en vertu du contrat passé devant le notaire, et les droits ou créances qu'elle peut avoir contre lui en vertu du contrat passé devant l'officier de l'état civil; qu'on n'aperçoit pas d'ailleurs pour quel motif les uns seraient protégés plus efficacement que les autres; — Attendu, à la vérité, que, dans le même titre du code, l'art. 2135 se réfère uniquement à la dot et aux reprises de diverses natures; — Mais que, d'une part, de l'aveu de tous, cette disposition est simplement énonciative; — Et que, d'autre part, elle dépend, non pas de la section première où se trouve posé le principe, mais de la section quatrième, sous la rubrique : « Du rang que les hypothèques ont entre elles »; — Attendu, en conséquence, que l'inscription prise au profit de la dame Millot garantit, comme l'a décidé le tribunal, en outre des reprises liquidées à 2451 fr. 95 cent., la pension alimentaire allouée par le jugement du 6 juill. 1880, sauf, bien entendu, le droit réservé à l'appelant de se faire payer, s'il est fondé dans cette réclamation, la somme de 542 fr. 20 cent. qu'il prétend lui être due; — Attendu qu'ainsi la dame Millot a eu raison de refuser la mainlevée de son inscription, et que les intérêts de ses reprises doivent courir conformément à l'art. 1470; — Par ces motifs; — Confirme.

Du 3 juin 1882.-C. de Nancy.

contre son mari, garantie par l'hypothèque légale (Civ. cass. 23 janv. 1879, aff. Lambert, D. P. 79. 1. 83); — 2° Que la femme dotale dont le mari a recueilli dans une succession à elle advenue, durant le mariage, des valeurs mobilières et a négligé d'en faire l'emploi prescrit par le contrat de mariage, n'est point privée, par ce défaut d'emploi, de sa créance contre son mari, et, par suite, a une hypothèque légale sur les biens de celui-ci pour garantir la restitution des valeurs ainsi touchées pour elle (Nîmes, 28 janv. 1879, aff. Martin, D. P. 80. 2. 127); — 3° Que, lorsqu'il est fait donation à la femme, à titre de supplément de dot, du montant d'une créance dont elle est codébitrice solidaire avec son mari, il en résulte à son profit contre le mari une créance garantie par l'hypothèque légale (Pau, 17 juin 1889, aff. Larrouy, D. P. 90. 2. 21).

473. La femme a également hypothèque, suivant l'art. 2135 c. civ., *pour l'indemnité des dettes qu'elle a contractées avec son mari*. — Tout d'abord, si la femme a effectivement payé une dette de son mari, le recours qu'elle peut exercer contre celui-ci est évidemment garanti par l'hypothèque légale. Il en est ainsi alors même que la femme a payé la dette volontairement et sans obligation préexistante de sa part (Civ. cass. 29 août 1870, aff. Lenfant et Bouclier, D. P. 70. 1. 353; Laurent, t. 30, n° 358). — Mais, de plus, quand la femme s'oblige avec son mari, ou même quand elle s'oblige seule avec l'autorisation de son mari, elle n'est réputée, quant à celui-ci, que simple caution (V. *supra*, v° *Contrat de mariage*, n° 345). Par suite, si la femme est obligée de payer la dette sur ses biens personnels, elle a contre le mari une créance à laquelle s'attache l'hypothèque légale. C'est ce qui arrive notamment lorsqu'un créancier du mari, envers lequel la femme s'est obligée et qu'elle a subrogé dans son hypothèque légale, est colloqué pour le montant des reprises de la femme sur le prix d'un immeuble du mari. La femme, en effet, se trouve alors dans la même situation que si, après avoir touché le montant de ses reprises, elle payait le créancier envers qui elle s'est obligée comme caution de son mari, payement qui lui donnerait une action en indemnité contre ce dernier (Bourges, 30 juill. 1853, aff. Nicaud, D. P. 56. 2. 205; Req. 11 févr. 1867, aff. Arnoust, D. P. 67. 1. 465). — Enfin, même avant d'avoir payé, la femme qui s'est obligée conjointement ou solidairement avec son mari, et qui n'est alors réputée s'être obligée que comme caution, a une action en indemnité contre le mari, dans les termes de l'art. 2032 c. civ. En conséquence, le jour où s'ouvrira un ordre sur les biens du mari, quoique la dette ne soit pas encore acquittée ni par le mari ni par la femme, celle-ci pourra se prévaloir de son hypothèque légale et se faire colloquer éventuellement, pour le cas où elle serait obligée de payer (Civ. rej. 24 mai 1869, aff. Combe et Billon, D. P. 69. 1. 276; Nancy, 20 déc. 1871, aff. Simon-Remy, et sur pourvoi, Civ. rej. 26 janv. 1875, D. P. 75. 1. 52; Agen, 20 mars 1889, aff. Escousse et Lalanne, D. P. 90. 2. 143. V. aussi *Rép.* n°s 2331 et suiv. et *infrà*, chap. 7, sect. 3).

474. La femme a même droit à l'hypothèque légale pour se faire indemniser d'une dette contractée par elle dans l'intérêt de son mari, en cas de faillite de celui-ci, et alors même que la femme a garanti une dette antérieure du mari dans la période où, d'après l'art. 446 c. com., les hypothèques conventionnelles ou judiciaires constituées par le failli pour dettes antérieurement contractées sont nulles à l'égard de la masse. La nullité ainsi prononcée, en ce qui concerne les hypothèques conventionnelles ou judiciaires, ne doit pas, en effet, être étendue à l'hypothèque légale de la femme, car les déchéances sont de droit étroit (Req. 7 nov. 1848, aff. Berout, D. P. 48. 1. 241; Douai, 29 janv. 1857, aff. Arnoutz, D. P. 57. 2. 113, et sur pourvoi, Civ. cass. 15 mars 1859 (motifs), D. P. 59. 1. 105; Amiens, 26 mars 1860, et sur pourvoi, Civ. rej. 19 févr. 1862, aff. Arnoutz, D. P. 62. 1. 127; Poitiers, 5 mai 1879, aff. Saugé, D. P. 79. 2. 165; Aubry et Rau, t. 3, § 264 *ter*, p. 223, note 27; Thézard, n° 95; Demangeat, sur Bravard-Veyrières, *Traité de droit commercial*, 2° éd., t. 3, p. 247, note 1.—*Contrà* : Poitiers, 16 janv. 1860, aff. Audry, D. P. 60. 2. 25; Nancy, 4 août 1860, aff. Jacquinot-Bourdon, D. P. 60. 2. 196; Pont, t. 1, n° 447).

Il en est ainsi, du moins, quand la femme s'est obligée de bonne foi, dans le but seulement de procurer des ressources à son mari. Le bénéfice de l'hypothèque légale devrait lui être refusé à l'égard de la masse si elle avait agi en connaissance de la cessation des payements du mari et pour favoriser un ou plusieurs créanciers au détriment des autres (Arg. art. 447 c. com.) (Angers, 21 janv. 1846, aff. Tison, D. P. 46. 2. 83, et sur pourvoi, Civ. rej. 15 mai 1850 (1); Poitiers, 5 mai 1879, précité (motifs). V. aussi les auteurs précités. Comp. *supra*, v° *Faillite*, n° 644). — Pour le cas où la femme subroge le créancier au bénéfice de l'hypothèque légale garantissant son recours éventuel contre le mari, V. *infrà*, n° 632).

475. Si c'est dans son intérêt personnel que la femme s'est obligée avec son mari, alors elle n'a évidemment aucun recours en garantie contre celui-ci, et n'a pas non plus, par conséquent, d'hypothèque légale (Caen, 29 nov. 1872, aff. Hardy, D. P. 74. 2. 107).

476. La femme a encore hypothèque, aux termes de l'art. 2135 c. civ., *pour le remploi de ses propres aliénés*. Sous le régime de la communauté, sous le régime exclusif de communauté et sous le régime dotal, le prix des immeubles aliénés par la femme est touché par le mari, en sa qualité d'administrateur des biens de la femme. S'il n'en est pas fait remploi, la femme a une créance contre le mari, créance garantie par l'hypothèque légale. Sous le régime de séparation de biens, le défaut de remploi donne lieu, de même, à une créance de la femme contre le mari et à l'hypothèque, lorsque l'aliénation a eu lieu avec le concours du mari ou lorsqu'il a touché le prix de vente (c. civ. art. 1450) (V. *supra*, v° *Contrat de mariage*, n°s 722 et suiv.).

477. Lorsqu'un immeuble dotal a été indûment aliéné, la femme peut faire révoquer l'aliénation; mais elle peut aussi la laisser subsister et se contenter de l'action en indemnité qu'elle a contre son mari, action garantie par l'hypothèque légale (V. *Rép.* n° 900, et *supra*, v° *Contrat de mariage*, n°s 1377 et suiv.). — Il y a controverse sur le point de savoir à quelle époque la femme peut opter définitivement entre l'action en nullité de l'aliénation et l'action en indemnité contre le mari. Suivant la majorité des auteurs, cette option ne peut être exercée par la femme qu'après la dissolution du mariage. Pendant le mariage, la femme peut seulement se faire colloquer provisoirement, dans l'ordre ouvert sur les biens du mari, pour l'indemnité éventuelle qu'elle aura le droit de lui réclamer (V. en ce sens, Aubry et Rau, t. 5, § 537, p. 564, note 28; Colmet de Santerre, t. 6, n° 232 *bis*-XXII; Laurent, t. 23, n° 510; Guillouard, *Traité du contrat de mariage*, t. 4, n° 1906. Comp. Riom, 6 déc.

---

(1) (Dame Tison *C.* syndics Tison.) — La dame Tison s'est pourvue en cassation contre l'arrêt de la cour d'Angers du 21 janv. 1846, rapporté D. P. 46. 2. 83.

LA COUR; — ... En ce qui touche le deuxième moyen du pourvoi, pris de la violation des art. 446 et 447 c. com. et de l'art. 2135 c. civ.; — Attendu que, bien qu'il s'agisse, dans les faits de la cause, de l'hypothèque légale qui peut résulter au profit de la femme des obligations qu'elle a contractées avec son mari, il ne s'agit pas d'apprécier si les dispositions de l'art. 446 c. com. sont applicables à cette hypothèque légale, mais bien de l'application de l'art. 447, dont les dispositions plus générales s'étendent à tous les actes onéreux passés par le failli après la cessation de ses payements; — Attendu que cet article donne aux tribunaux la faculté d'annuler tous actes à titre onéreux passés par le débiteur failli, après la cessation de ses payements, et avant le jugement déclaratif de faillite, si, de la part de ceux qui ont reçu du débiteur, ou qui ont traité avec lui, lesdits actes ont eu lieu avec connaissance de la cessation de ses payements; — Attendu que l'arrêt définitif, en date du 10 juin 1846, constate que les billets faits à Triger et à Rottier, par Tison et par sa femme, ont une date antérieure à la véritable et ont été faits avec la connaissance qu'avait celle-ci, ainsi que les bénéficiaires desdits billets, de la cessation des payements de Tison, et avant sa déclaration de faillite; — Attendu que ledit arrêt déclare que c'est en pleine connaissance de cause que la dame Tison a souscrit des actes ayant pour objet de favoriser deux de ses créanciers, au préjudice de la masse, prohibée par l'art. 447 c. com.; — Attendu qu'en constatant et déclarant ces faits, la cour d'appel d'Angers était dans la plénitude de ses attributions, et qu'en appliquant aux faits ainsi posés l'art. 447 c. com., ledit arrêt, loin de violer ledit article, en a fait, au contraire, une juste et saine application; — Rejette, etc. Du 15 mai 1850. — Ch. civ. MM. Portalis, p. p. pr.-Mérilhou, rap.-Nicias-Gaillard, 1er av. gén., c. conf.-Ripault et Labot, av.

1848, aff. Chouvier, D. P. 49. 2. 140). Jugé, cependant, que l'option peut être exercée utilement par la femme, après la séparation de biens et avant la dissolution du mariage, par voie de demande en collocation dans l'ordre ouvert sur le prix de vente des immeubles dotaux (Toulouse, 18 nov. 1889, aff. Vidal, D. P. 90. 2. 199. V. aussi Civ, rej. 3 mai 1853, aff. De Brézets, D. P. 53. 1. 137).

478. L'hypothèque légale garantit encore, bien que l'art. 2135 c. civ. n'ait pas prévu cette catégorie de créances, les dommages et intérêts résultant des fautes commises par le mari dans l'administration des biens personnels de la femme ; par exemple, ceux auxquels le mari serait condamné pour avoir laissé dépérir les biens de la femme faute de réparations d'entretien ou pour les avoir détériorés (V. Rép. n° 903 ; Req. 27 déc. 1859, aff. Bonneteau, D. P. 60. 1. 405).

479. Enfin l'hypothèque légale garantit le payement des dépens auxquels le mari peut être condamné envers la femme dans les instances formées par celle-ci à raison de sa qualité de femme mariée (Laurent, t. 30, n° 360). Il en est ainsi, notamment, des dépens faits par la femme pour obtenir l'autorisation de justice, quand le mari lui a refusé la sienne (Agen, 15 nov. 1847, aff. Bousquet, D. P.48. 2.29. V. toutefois, en ce qui concerne la date de l'hypothèque légale dans cette hypothèse, Rép. n° 894). L'hypothèque s'étend également aux dépens de l'instance en séparation de biens (Rép. n° 891; Civ. cass. 4 févr. 1868, aff. Vignes, D. P. 68. 1. 57. Comp. C. de Savoie, 23 mars 1857, aff. Pantalon, D. P. 58. 2. 42; Grenoble, 6 juill. 1882, aff. Dame Chapelle, D. P. 83. 2. 89; Civ. cass. 10 févr. 1892, aff. Germa, D. P. 92. 1. 118), ou aux dépens de l'instance en séparation de corps (Paris, 28 juill. 1853, aff. Leguay, D. P. 55. 2. 64), ou de l'instance en divorce (Bordeaux, 22 mars 1889, aff. Vignaud, D. P. 89. 2. 280. V. en ce sens, Laurent, t. 30, n° 363).

480. Les intérêts des créances garanties par l'hypothèque légale de la femme sont conservés envers la femme, encore bien qu'ils soient dus pour plus de trois années (V. Rép. n°s 2417 et suiv., et infrà, chap. 7, sect. 6, art. 1).

481. L'hypothèque légale subsiste au profit de la femme ou de ses héritiers tant que les créances auxquelles elle est attachée n'ont pas été acquittées par le mari. Toutefois, après le décès de la femme, lorsque le mari est donataire ou légataire en usufruit des biens delaissés par elle, et qu'il conserve à ce titre les valeurs dotales dont il est débiteur, on peut se demander si ces valeurs sont toujours garanties par l'hypothèque légale. Comme on l'a exposé au Rép. n°s 888 et suiv., la jurisprudence résout cette question par une distinction. Si le mari cesse de posséder la dot à titre de mari pour la posséder désormais à titre d'usufruitier, ce qui a lieu, par exemple, lorsque les héritiers de la femme lui ont consenti la délivrance de l'usufruit, la novation qui en résulte entraîne l'extinction de l'hypothèque légale (V. les arrêts cités au Rép. n° 888, et, en outre: Civ. cass. 27 juin 1876; aff. Syndics Pelorson, D. P. 77. 1. 127; Limoges, 28 févr. 1879, aff. Héritiers Basset, D. P. 80. 2. 126. V. aussi suprà, v° Obligations, n° 970). — Mais au contraire, l'hypothèque légale subsiste tant qu'il n'est intervenu entre le mari et les héritiers de la femme aucune liquidation et qu'il n'y a eu ainsi aucune intervention de nature (Caen, 18 juin 1879, infrà, chap. 4, sect. 6, art. 2; Lyon, 1er déc. 1880, aff. Parrayon, D. P. 81. 2. 21). Il n'importe que le mari donataire ait été dispensé par l'acte de donation de donner caution ou de faire emploi (Trib. de Thiers, 10 avr. 1856, aff. Syndics Dufraisse, D. P. 56. 3. 30; Toulouse, 14 févr. 1879, aff. Dabeaux et Garquet, D. P. 80. 2. 13; Trib. civ. d'Orange, 12 juill. 1890, aff. Appay et cons., D. P. 93. 2. 276. — Contrà: Paris, 7 avr. 1858, aff. Devilliers, D. P. 81. 2. 21, note 2).

L'hypothèque légale peut même continuer de subsister, nonobstant la liquidation des reprises de la femme, lorsqu'il a été convenu que le montant de ces reprises resterait entre les mains du mari sans novation, et lorsque les parties ont fait la réserve expresse de l'hypothèque, comme le leur permet l'art. 1278 c. civ. (Req. 27 nov. 1855, aff. Dupery et Millaud, D. P. 56. 1. 25). Jugé, notamment, que la liquidation effectuée entre le mari usufruitier et les héritiers de la femme n'entraîne pas l'extinction de l'hypothèque par

voie de novation, alors que, par le même acte, le mari a autorisé lesdits héritiers à poursuivre immédiatement le recouvrement de leur créance dans l'ordre ouvert sur le prix de ses immeubles, sous réserve, en sa faveur, des intérêts du capital qui leur serait attribué (Toulouse, 14 févr. 1879, aff. Dabeaux et Garquet, D. P. 80. 2. 13. Comp. en ce sens, Aubry et Rau, t. 3, § 264 ter, p. 247, note 83; Baudry-Lacantinerie, t. 3, n° 1229). Mais la cession, consentie par les héritiers de la femme au mari usufruitier, de certains objets que celui-ci aurait dû restituer à la fin de son usufruit, substitue à la créance de reprises qui dérivait du contrat de mariage une créance de prix de vente, et entraîne par suite l'extinction de l'hypothèque légale en tant qu'elle garantissait la restitution de ces objets (Trib. civ. d'Orange, 12 juill. 1890, précité).

§ 3. — De quelle époque date l'hypothèque légale de la femme mariée (Rép. n°s 905 à 927).

482. Aux termes de l'art. 2135 c. civ., l'hypothèque légale existe au profit des femmes mariées, pour raison de leurs dot et conventions matrimoniales, à compter du jour du mariage. On a exposé et combattu au Rép. n° 905, une opinion d'après laquelle cette hypothèque remonterait au jour du contrat de mariage, lorsque la célébration du mariage a été précédée d'un tel contrat. Cette opinion a encore été soutenue depuis le Répertoire (V. Trib. civ. de Montpellier, 7 janv. 1870, aff. Rigal, D. P. 71. 3. 7). Mais elle a été condamnée par la cour de cassation, et les derniers auteurs s'accordent à la rejeter (V. Caen, 5 juin 1876, et sur pourvoi, Req. 22 janv. 1878, aff. Dame Gosselin, D. P. 78. 1. 154 ; Aubry et Rau, t. 3, § 264 ter, p. 239, note 64; Baudry-Lacantinerie, t. 3, n° 1335; Thézard, n° 226).

483. On a indiqué au Rép. n° 907, et suprà, n°s 459 et suiv., ce qu'il faut entendre par la dot et les conventions matrimoniales. Relativement à la dot, il a été jugé : 1° que la femme mariée sous le régime dotal, dont la dot se compose d'effets mobiliers qui ont été mis à la disposition du mari dès le jour du mariage et qui ont été dissipés par lui, a droit, pour le recouvrement de cette dot, encore bien qu'elle s'en serait réservé la propriété par une stipulation particulière du contrat, à une hypothèque légale prenant rang du jour même du mariage; qu'on prétendrait à tort qu'il y a lieu d'appliquer en pareil cas la disposition de l'art. 2135 c. civ., suivant laquelle la femme n'a d'hypothèque pour le remploi de ses propres aliénés qu'à compter du jour de la vente (Paris, 9 févr. 1856, aff. Roubo, D. P. 56. 2. 95); — 2° Que, lorsqu'il ressort du compte de liquidation établi à la dissolution du mariage que la femme est créancière du mari du chef de ses reprises dotales, sa créance est garantie par une hypothèque légale remontant à la date du mariage (et non du contrat de mariage, comme il est dit dans l'arrêt) (V. suprà, n° 482; Grenoble, 8 févr. 1879, aff. Rossignol, D. P. 80. 2. 149). Relativement aux conventions matrimoniales, V. les arrêts cités suprà, n°s 468 et suiv.

484. En ce qui concerne les valeurs mobilières que la femme a apportées en mariage, mais dont elle s'est réservé la propriété par le contrat de mariage, la question de savoir à quelle date elles sont garanties par l'hypothèque légale nécessite quelques distinctions. Comme le dit M. Colmet de Santerre, t. 9, n° 105 bis-III, cette question dépend avant tout des pouvoirs que le régime matrimonial confère au mari sur ces objets. Si le mari a le pouvoir de les aliéner sans le consentement de la femme, l'hypothèque doit dater du jour du mariage, car la femme, qui ne peut empêcher l'aliénation, ne doit pas être moins bien protégée parce que le mari n'aura fait qu'après s'être dépouillé de ses immeubles. Lorsque, au contraire, les valeurs ne peuvent pas être aliénées sans le consentement de la femme, l'hypothèque ne doit dater, en principe, que de l'aliénation consentie par elle, à moins qu'il ne s'agisse d'objets corporels, auxquels s'applique la règle: « En fait de meubles, la possession vaut titre ». Pour de tels objets, la femme est, en quelque sorte, à la discrétion du mari; s'il les aliène, ils seront presque toujours perdus pour elle ; c'est pourquoi la femme, encore dans cette hypothèse, doit être garantie par l'hypothèque légale dès le jour du mariage. Mais s'il s'agit de meubles

incorporels, de créances, d'actions ou d'obligations nominatives, dont l'aliénation ne peut s'opérer sans la volonté de la
femme, l'hypothèque ne doit dater, comme en cas de vente
des immeubles propres, que du jour de l'aliénation (Comp.
en ce sens, *Rép.* n° 912; Thézard, n° 228. V. toutefois Paris,
9 févr. 1856, cité *suprà*, n° 483).

485. Si la femme avait, au moment du mariage, une
action en nullité, en rescision ou en dommages-intérêts, la
somme qu'elle obtiendra en exerçant cette action semble
devoir être garantie, comme on l'a décidé au *Rép.* n° 910,
par une hypothèque remontant au jour du mariage. C'est
l'application de la règle : *Qui actionem habet ad rem recupe-*
randam, rem ipsam habere videtur. On ne doit pas, d'ailleurs,
appliquer à la somme ainsi obtenue la règle concernant les
sommes advenues à la femme par succession ou donation,
car on ne peut assimiler un droit acquis à une simple espérance (V. en ce sens, outre les auteurs cités au *Rép.*, Aubry
et Rau, t. 3, § 264 *ter*, p. 142, note 72).

486. Pour les *sommes dotales provenant de successions à*
elle échues ou de donations à elle faites pendant le mariage,
la femme n'a pas d'hypothèque, dit l'art. 2135 c. civ., qu'à compter
de l'ouverture des successions ou du jour où les donations
ont eu leur effet (*Rép.* n° 906). Par *successions*, on doit
entendre également les legs et les institutions contractuelles.
Quant au *jour où les donations ont eu leur effet*, c'est,
d'après MM. Aubry et Rau, t. 3, n° 264 *ter*, p. 241, note 67,
le jour où le mari est devenu responsable des biens donnés;
d'où il résulte qu'en cas de donation faite à terme ou sous
condition, l'hypothèque légale ne daterait qu'à compter de
l'échéance du terme ou de l'accomplissement de la condition.— D'autres auteurs estiment que les donations doivent
être considérées comme ayant eu leur effet dès le jour où
elles ont été acceptées. En conséquence, si une donation a
été faite à la femme sous une condition suspensive, l'hypothèque prend rang du jour de l'acceptation de la donation,
et non pas seulement du jour de la réalisation de la condition, car le germe du droit existe dès le moment où l'acte
est parfait, et la condition, si elle s'accomplit, fait rétroagir
le droit à ce moment (Thézard, n° 226).

487. Ce qui est dit des *sommes dotales* provenant de
successions ou de donations ne doit pas être appliqué aux
valeurs qui, d'après les conventions matrimoniales des
époux, demeurent la propriété de la femme et ne peuvent
être aliénées sans son consentement. Pour ces valeurs,
comme pour celles de même nature faisant partie de la dot,
la femme est sauvegardée par un droit de propriété. Si elle
consent à les aliéner, l'hypothèque légale pour la récompense du prix touché par le mari ne datera que du jour de
l'aliénation (Baudry-Lacantinerie, t. 3, n° 1336. V. *suprà*,
n° 484). Jugé, toutefois, que, lorsque la femme dotale
recueille par succession une rente qui vient ensuite à être
amortie pendant le mariage, son hypothèque légale pour le
remboursement du capital de la rente date du jour de l'ouverture de la succession (Caen, 18 août 1871, aff. Veuve Piton,
D. P. 73. 2. 228. V. aussi, quant à l'hypothèque légale
qui garantit une indemnité d'assurance, Nancy, 20 juill.
1889, *infrà*, n° 496).

Il résulte d'un arrêt de la cour de cassation que la femme
mariée à laquelle un tiers a, par contrat de mariage, constitué en dot une somme à prendre sur les biens les plus
clairs et les plus apparents de sa succession, acquiert,
dans le cas où le mari a reçu cette somme du vivant
du donateur, et dès ce moment, une créance contre son
mari (V. *suprà*, n° 472). Par suite, elle peut exercer son
hypothèque légale à la date du payement, jusqu'à concurrence de la somme reçue pour elle : on objecterait en vain
que ce payement anticipé constitue une dérogation aux
conventions matrimoniales des époux (Civ. cass. 23 janv.
1879, aff. Lambert, D. P. 79. 1. 83). Il est inexact, d'ailleurs, que l'exécution anticipée d'une donation faite aux
époux constitue une dérogation aux conventions matrimoniales; l'art. 1395 c. civ. ne prohibe pas les changements
qui ne concernent que l'exécution de ces conventions, alors
surtout qu'ils sont avantageux aux époux (V. *suprà*, v° *Con-*
trat de mariage, n° 95).

488. Pour les *dettes contractées par la femme avec son*
mari, l'hypothèque légale prend rang du jour de l'obligation
et non pas seulement du jour où la femme a payé la dette

(c. civ. art. 2135) (V. *Rép.* n° 917). Dans un cas où une
femme mariée s'était obligée solidairement avec son mari et
où le créancier avait fait donation de sa créance à la femme
elle-même, à titre de supplément de dot, il a été jugé que
l'hypothèque légale de la femme, pour le montant de la
créance donnée, datait seulement du jour de la donation et
non du jour de l'obligation (Pau, 17 juin 1889, aff. Larrouy,
D. P. 90. 2. 21). Cette décision est une application de
l'art. 1285 c. civ., aux termes duquel la remise de la dette
consentie au profit de l'un des codébiteurs solidaires libère
tous les autres ; la remise consentie en faveur de la femme
devait donc libérer le mari et éteindre complètement l'obligation. Par suite, la femme ne pouvait plus invoquer contre
le mari qu'une créance de reprise, datant seulement de la
donation. Mais c'est à tort que la cour de Pau a motivé sa décision sur la confusion qui s'était produite en la personne de
la femme : la confusion qui s'opère dans la personne de
la caution n'entraîne point l'extinction de l'obligation principale (c. civ. art. 1301) ; or, la femme obligée avec le mari
est réputée sa caution. De là il résulte que la femme qui
deviendrait héritière du créancier conserverait le bénéfice
de l'hypothèque légale à dater du jour de l'obligation.

489. L'hypothèque de la femme, *pour le remploi de ses*
propres aliénés, c'est-à-dire pour l'indemnité qui lui est due
à défaut de remploi, date, d'après l'art. 2135, du jour de la
vente. Cette règle s'applique incontestablement à l'aliénation des immeubles propres sous les divers régimes de
communauté et sous le régime exclusif de communauté.
Mais s'applique-t-elle également, sous le régime dotal, à
l'aliénation des immeubles dotaux? Cette question divise
la jurisprudence et les auteurs. Elle se présente, avec des
nuances différentes, dans trois hypothèses qu'on a examinées
séparément au *Rép.* n°ˢ 912 et suiv. — 1° La première hypothèse, qu'il importe de distinguer, est celle où le mari a pu
aliéner seul et sans le concours de la femme les immeubles
dotaux, en vertu du pouvoir qui lui était donné à cet effet
par le contrat de mariage. Dans ce cas, le mari était comptable, en quelque sorte, des immeubles dotaux dès le jour
où il les avait reçus ; l'hypothèque qui en garantit la valeur
à la femme semble donc devoir remonter au jour du mariage,
s'il s'agit d'immeubles apportés en dot ; au jour de la donation ou de l'ouverture de la succession, s'il s'agit d'immeubles donnés ou recueillis par succession (Comp. en ce
sens, Req. 27 juill. 1826, *Rép.* n° 912 ; Grenoble, 6 janv.
1831, *Rép.* v° *Dispositions entre vifs*, n° 1434 ; Grenoble,
14 déc. 1863, et, sur pourvoi, Civ. rej. 16 mai 1865, aff.
Charrin, D. P. 65. 1. 265 ; Aubry et Rau, t. 3, § 264 *ter*,
p. 244, note 77 ; Thézard, p. 316, note 1. *Contrà*, Baudry-
Lacantinerie, t. 3, n° 1340). — 2° Lorsque l'aliénation des
immeubles dotaux ne pouvait avoir lieu qu'avec le consentement de la femme, et lorsqu'elle a eu lieu, en effet, dans
ces conditions, il semble, au contraire, que l'hypothèque
légale ne doit dater que du jour de l'aliénation. La femme,
en effet, a conservé seule, jusqu'à ce jour-là, la propriété
de ses immeubles et le droit d'en disposer ; c'est par l'aliénation seulement qu'elle a acquis un droit de créance contre
le mari. On ne voit pas pourquoi la femme mariée sous le
régime dotal serait alors traitée plus favorablement que la
femme mariée en communauté : pas plus sous un régime
que sous l'autre, les tiers qui traitent avec le mari ne doivent
toute aliénation des biens propres ou dotaux ne doivent
s'attendre à être primés par la femme pour le prix de ces
biens ; ils doivent même d'autant moins s'y attendre, sous le
régime dotal, que l'aliénation est plus entravée par la loi.
La jurisprudence cependant, même dans cette hypothèse,
fait remonter l'hypothèque légale de la femme à la date du mariage
(V. Toulouse, 12 juin 1860, aff. Pigasson et Corneille, D. P.
61. 2. 35 ; Riom, 16 juin 1877, aff. Rigaudeaux, D. P. 78. 2.
150 ; Nîmes, 28 janv. 1879, aff. Martin, D. P. 80. 2. 127 ;
Toulouse, 18 nov. 1889, aff. Vidal, D. P. 90. 2. 199. V aussi
en ce sens : Troplong, t. 2, n° 589 *bis* ; Pont, t. 2, n° 707.—
V. toutefois, en sens contraire, Caen, 7 juill. 1851, aff. Cara
bœuf, D. P. 52. 2. 243, et sous Civ. rej. 21 déc. 1853, D. P.
54. 1. 6 ; Caen, 29 nov. 1872, aff. Hardy, D. P. 74. 2. 107 ;
Trib. civ. d'Orange, 17 févr. 1891, aff. Blanc, D. P. 92. 2.
612 ; Aubry et Rau, t. 3, § 264 *ter*, p. 242, note 74 ;
Colmet de Santerre, t. 9, n° 105 *bis*-VI ; Thézard, n° 227 ;
Baudry-Lacantinerie, t. 3, n° 1340). — 3° La troisième

hypothèse est celle où les immeubles dotaux ont été aliénés, soit par le mari, soit par la femme, en dehors des cas où l'aliénation en était permise par la loi ou par le contrat de mariage. La femme alors a l'action en nullité pour rentrer dans la propriété de ses immeubles ; elle peut aussi ne pas exercer cette action et se contenter du prix touché par le mari (V. suprà, n° 477). Si elle préfère ce dernier parti, son option ne doit pas préjudicier aux droits des créanciers antérieurs du mari. Il n'y a aucune raison, comme on l'a montré au Rép. n° 914, de traiter ici la femme dotale plus favorablement que la femme commune (En ce sens : Agen, 10 juin 1859 (1) ; Pont, t. 2, n° 770 ; Aubry et Rau, t. 3, § 264 ter, p. 244, note 76 ; Thézard, n° 227). Cependant, dans ce cas encore, la cour de cassation fixe la date de l'hypothèque au jour du mariage (Civ. cass. 10 févr. 1892, aff. Germa, D. P. 92. 1. 118).

490. Pour le cas d'aliénation d'effets mobiliers dont la femme s'était réservé la propriété par contrat de mariage, V. suprà, n° 487.

491. Si la vente des immeubles propres de la femme a eu lieu irrégulièrement, si, par exemple, elle a été consentie pas le mari seul, et qu'elle soit ensuite ratifiée par la femme, l'hypothèque légale pour la garantie du prix ne datera pas seulement du jour de la ratification ; sous tout autre régime que le régime dotal, elle datera du jour de la vente, conformément à la règle de l'art. 2135 c. civ.; sous le régime dotal, elle datera du jour du mariage, du jour où l'immeuble était advenu à la femme par succession ou donation si c'est seulement du jour de la vente, suivant le parti que l'on prendra sur la question exposée, suprà, n° 489 (V. Paris, 18 juin 1863, aff. Bouchet, D. P. 64. 1. 208).

492. Lorsque l'obligation contractée par la femme avec son mari ou l'aliénation d'un de ses propres, consentie par elle, n'est constatée que par un acte sous seing privé, il y a lieu de se demander si l'hypothèque légale a pour point de départ la date même de l'acte, ou seulement le jour où cette date est devenue certaine par l'un des moyens indiqués dans l'art. 1328 c. civ. Suivant une opinion, la loi n'exige pas que le contrat qui donne naissance à l'hypothèque ait date certaine, bien que les créanciers hypothécaires auxquels ce contrat peut être opposé soient certainement des tiers : l'art. 2135 déroge sur ce point à l'art. 1328. Le but principal de l'art. 2135 étant de dispenser la femme de toute formalité, il eût été inutile, dit-on, de la dispenser de l'inscription si on lui imposait l'enregistrement ; elle serait à la discrétion de l'imprudence ou de la mauvaise volonté de son mari (V. en ce sens, Colmet de Santerre, t. 9, n° 105 bis-V). — Mais cette doctrine est contraire à la jurisprudence, et nous croyons, comme on l'a déjà dit au Rép. n° 923, qu'il ne faut pas hésiter à la rejeter ; elle rendrait trop facile la fraude qui consisterait à antidater l'obligation ou l'aliénation pour donner à la femme un rang d'hypothèque plus avantageux. A défaut, du reste, d'une dérogation expresse, qui n'est pas dans la loi, l'art. 1328 doit nécessairement être appliqué, et par suite, les actes d'où la femme prétend faire résulter l'hypothèque légale ne peuvent être opposés aux tiers que du jour où ils ont acquis date certaine (V. Civ. cass. 5 févr. 1851, aff. Lévesque, D. P. 51. 1. 14; Agen, 21 mars 1851, aff. Barsalon, D. P. 51. 2. 150 ; Rennes, 21 août 1851, aff. Guiot, D. P. 54. 5. 423 ; Rouen, 24 mars 1852, aff. Lévesque. D. P. 53. 2. 143 ; Civ. cass. 15 mars 1859, aff. Arnoutz, D. P. 59. 1. 105 ; Agen, 10 juin 1852, suprà, n° 489 ; Req. 13 août 1870, aff. Neveu, D. P. 70. 1. 126 ; Bordeaux, 1er mars 1887, aff. Crété, D. P. 88. 2. 96 ; Aubry et Rau, t. 3, § 264 ter, p. 241, note 70 ; Baudry-Lacantinerie, t. 3, n° 1337).

493. Il est un cas, toutefois, dans lequel la femme pourra invoquer son hypothèque quoique l'acte constatant son engagement n'ait pas date certaine : c'est lorsque le mari sera tombé en faillite et que l'obligation souscrite par lui et

---

(1) (Lamolère C. dame Dandrieux et Mouran.) — La cour ; — Sur l'appel incident de la dame Dandrieux ; — Attendu que l'art. 2135 c. civ. n'accorde hypothèque légale à la femme pour l'indemnité des dettes qu'elle a contractées avec son mari et pour le remploi de ses propres aliénés, qu'à compter du jour de l'obligation et de la vente ; que cette disposition, introduite sur les observations du Tribunal, a eu pour but de tarir la source des fraudes que la rétroactivité de l'hypothèque permettait aux époux de commettre envers les tiers ; — Attendu que le motif qui a fait adopter l'amendement du Tribunal s'applique à tous les régimes ; qu'à la vérité le mot « propres » s'emploie généralement pour désigner les biens personnels de la femme mariée sous le régime de la communauté ; mais que le législateur lui-même s'en est servi dans l'art. 1546 c. civ., relatif au régime dotal, et qu'il résulte de l'ensemble des dispositions de l'art. 2135 qu'on n'a pas entendu, par ce mot, restreindre au régime de la communauté la disposition qui s'applique au remploi des immeubles de la femme aliénés pendant le mariage ; qu'en effet, les deux premiers paragraphes du n° 2 de cet article sont incontestablement applicables à tous régimes ; si le législateur n'avait entendu restreindre le troisième alinéa au régime de la communauté, il l'aurait formellement exprimé ; que, d'ailleurs, cette restriction est repoussée par la doctrine et par la jurisprudence, qui appliquent sans difficulté la disposition de ce paragraphe au remploi des paraphernaux aliénés, et qu'on ne trouve ni dans le texte ni dans l'esprit de la loi aucun motif pour ne l'appliquer également à l'aliénation du bien dotal ; — Attendu qu'on prétendrait en vain faire remonter l'hypothèque légale de la dame Dandrieux au jour du mariage, sous le prétexte qu'en annulant, sans remploi, le bien dotal, son mari a violé la clause du contrat de mariage qui l'obligeait à faire le remploi, cette violation lui donne le droit d'invoquer la disposition du premier paragraphe du n° 2 de l'art. 2135, qui fait remonter au jour du mariage l'hypothèque légale accordée aux femmes à raison de leurs « conventions matrimoniales » ; que cette expression doit s'entendre des avantages faits à la femme dans le contrat de mariage, et non des clauses qui ne font que régler les conditions de l'association conjugale relativement à l'administration et à la disposition des biens de la femme ; que si l'on devait l'étendre à la stipulation de remploi, il faudrait également faire remonter l'hypothèque au jour du mariage même au profit de la femme commune qui, par son contrat de mariage, aurait exigé le remploi de ses propres aliénés, prétention inadmissible en présence des termes de l'art. 2135, dont la disposition générale ne peut être éludée, lorsqu'il s'agit de l'indemnité due à la femme commune pour remploi de ses propres aliénés pendant le mariage ; — Attendu qu'on invoque en vain la faveur spéciale accordée pour la conservation de son droit à la femme mariée sous le régime dotal ; que ses intérêts sont suffisamment garantis par la faculté que lui donne la loi de faire révoquer l'aliénation du bien dotal, consentie par son mari ou par elle sous l'accomplissement des conditions prescrites par le contrat de mariage ; que si la femme renonce à cette faculté pour demander le prix de la vente, elle se prive volontairement de la garantie spéciale attachée au régime dotal, et par conséquent elle ne peut se plaindre de ce qu'on lui applique les dispositions de l'art. 2135, sous l'empire duquel elle a bien voulu se placer ; — Attendu enfin qu'il existe, dans l'espèce, un motif particulier pour ne pas faire remonter l'hypothèque de la femme Dandrieux au jour du mariage ; qu'en effet, les immeubles vendus dont elle réclame le prix ne lui sont échus par succession ou donation qu'en 1842, dix-sept ans après le mariage ; qu'il serait évidemment contraire à l'esprit de l'art. 2135 de faire rétroagir le droit hypothécaire de la femme à une époque antérieure lorsque cet article a proscrit formellement la rétroactivité de l'hypothèque pour les sommes dotales provenant de successions échues à la femme ou de donations à elle faites pendant le mariage ; — Attendu, en conséquence, que les premiers juges ont à bon droit refusé de colloquer la dame Dandrieux à la date de son mariage pour le remploi de ses immeubles aliénés, et qu'il y a lieu de confirmer en cette partie leur décision ; — Attendu que l'acte, portant la date du 22 août 1847, par lequel Dandrieux, se portant fort pour sa femme, a vendu les immeubles à elle échus en 1842, est sous seing privé, et n'a reçu date certaine que par le dépôt qui en a été fait dans l'étude d'un notaire le 9 mai 1858 ; — Attendu que la règle posée par l'art. 1328 c. civ. est générale et s'applique à tous les actes sous seing privé ; que l'art. 2135 ni aucune autre disposition de la loi n'y a dérogé en faveur des femmes pour la constatation de la date des obligations en vertu desquelles fixe le rang de leur hypothèque légale ; — Attendu, à la vérité, que la dame Dandrieux prétend se retrancher à cette règle en soutenant qu'on ne peut l'assujettir à établir par un acte ayant date certaine une vente faite par son mari sans son concours ; que, sans doute, elle pourrait refuser de ratifier cette vente et repousser l'acte du 22 août 1847 comme res inter alios acta ; mais, puisqu'elle entend, au contraire, se prévaloir de cet acte, elle doit le prendre tel qu'il est, et ne pas lui donner plus d'effet que si elle l'avait souscrit elle-même ; — Attendu, en conséquence, qu'en ordonnant que la femme Dandrieux serait colloquée à la date de l'acte de vente sous seing privé consenti par son mari, quoique cet acte n'eût acquis date certaine que le 9 mai 1858, les premiers juges ont violé l'art. 1328, et que leur décision doit être sur ce point réformée ; — Par ces motifs, etc.

Du 10 juin 1859.-C. d'Agen, 2e ch.-MM. Réquier, pr.-Donnodevie, av. gén.-Brocq et Périé, av.

par la femme, d'où résulte pour celle-ci le droit à une indemnité, aura été admise au passif. Pour que la femme puisse invoquer son hypothèque contre la masse, il suffit que son droit ait date certaine avant la faillite. Or l'admission de la créance souscrite par la femme établit l'antériorité du droit à une indemnité et rend, par suite, l'hypothèque légale opposable à la masse (V. Civ. cass. 15 mars 1859, aff. Arnouts, D. P. 59. 1. 105 ; Amiens, 26 mars 1860, même affaire, et sur nouveau pourvoi, Civ. rej. 19 févr. 1862, D. P. 62. 1. 127 ; Aubry et Rau, t. 3, § 264 ter, p. 241, note 70).

494. L'art. 2135 c. civ. n'a pas prévu toutes les hypothèses dans lesquelles la femme peut avoir droit à l'hypothèque légale. De là la question de savoir quel sera le rang de l'hypothèque lorsqu'il s'agira de créances non prévues par cet article. On a proposé, à ce sujet, diverses théories. On a soutenu notamment que l'art. 2135 établit d'abord un principe général, puis apporte des exceptions à ce principe. Le principe qui devrait être appliqué à tous les cas ne rentrant pas dans les exceptions serait que l'hypothèque de la femme remonte au jour du mariage (V. Baudry-Lacantinerie, t. 3, n° 1341). Mais ce système aurait pour conséquence de mettre trop souvent les créanciers du mari à la discrétion des deux époux. Ainsi, il suffirait à la femme de donner mandat à son mari d'aliéner ses valeurs paraphernales pour qu'elle acquît une hypothèque datant du jour du mariage et primât ainsi tous les créanciers antérieurs du mari. Nous croyons, avec M. Colmet de Santerre, t. 9, n° 105 bis-IX, que la détermination du rang des diverses créances qui ne rentrent pas dans l'énumération de l'art. 2135, ne peut pas être faite en bloc et en vertu d'une règle absolue; qu'elle doit être faite, dans chaque espèce, par analogie avec les hypothèses prévues, sans oublier d'ailleurs que l'idée première du législateur était de donner à l'hypothèque légale de la femme, comme à celle du mineur ou de l'interdit, une date unique et de fixer cette date au jour du mariage (V. aussi, en ce sens, Aubry et Rau, t. 3, § 264 ter, p. 239).

En ce qui concerne, notamment, les créances de la femme dotale ou de la femme séparée de biens, dans le cas où le mari aura touché des capitaux faisant partie des paraphernaux ou des biens personnels de la femme séparée, l'hypothèque ne datera pas du jour du mariage, car les biens dont il s'agit ne peuvent pas être assimilés aux biens que la femme a apportés en dot lors du mariage; c'est un fait postérieur au mariage qui en a donné l'administration au mari; l'hypothèque frappera donc les biens du mari seulement à partir du jour où aura commencé son administration, c'est-à-dire du jour où il aura reçu mandat de la femme, ou du jour où il se sera immiscé dans la gestion des biens de celle-ci, de même que, sous les régimes où le mari a droit à l'administration de la fortune de la femme, l'hypothèque date, pour les sommes advenues à celle-ci par succession, du jour de l'ouverture de la succession qui a constitué le mari mandataire à l'effet de recevoir les capitaux et de poursuivre les débiteurs (Aubry et Rau, t. 3, § 264 ter, p. 245 ;

Colmet de Santerre, t. 9, n°s 105 bis-X et suiv.). Toutefois, quand le mari aura effectué le recouvrement des créances paraphernales de la femme en vertu d'un mandat à lui donné dans le contrat de mariage, l'hypothèque alors datera du jour du mariage (V. Rép. n° 912 ; Civ. cass. 4 févr. 1868, aff. Veuve Vignes, D. P. 68. 1. 57 ; Pont, t. 2, n° 772 ; Aubry et Rau, t. 3, § 264 ter, p. 245, note 78).

495. Au cas d'aliénation par la femme d'un bien paraphernal, ou d'un bien quelconque quand elle est séparée, la date de l'hypothèque pour le défaut de remploi dépendra de la circonstance qui rendra le mari responsable de ce défaut de remploi. S'il est responsable, conformément à l'art. 1450, parce que la vente a été faite en sa présence et de son consentement, l'hypothèque frappe ses biens du jour de la vente, comme elle frapperait les biens du mari commun qui aurait autorisé la vente d'un propre. Si, au contraire, n'ayant pas concouru à la vente, il n'est engagé que parce qu'il a reçu le prix ou en a profité, l'hypothèque ne peut dater que du jour où son obligation a commencé (Colmet de Santerre, t. 9, n° 105 bis-XIV).

496. Pour les dommages-intérêts qui pourront être dus par le mari à raison des dégradations commises par lui sur les biens propres de la femme, l'hypothèque datera du jour du mariage si le mari avait l'administration des biens en vertu du contrat de mariage. Il en sera ainsi, notamment, pour les biens dotaux (V. Poitiers, 14 déc. 1830, Rép. n° 903 ; Limoges, 5 mars 1859, et sur pourvoi, Req. 27 déc. 1859, aff. Veuve Bonneteau, D. P. 60. 2. 105 ; Aubry et Rau, t. 3, § 264 ter, p. 242). Lorsqu'il s'agira de biens dont l'administration appartenait à la femme, l'hypothèque datera seulement du jour où la responsabilité du mari aura été engagée (V. suprà, n° 494). Il a été jugé que, sous le régime de la communauté, l'indemnité d'assurance, touchée par le mari par suite de l'incendie d'un immeuble recueilli par la femme dans une succession, remonte au jour de l'ouverture de la succession, et non pas seulement au jour où s'est ouvert pour la femme le droit à l'indemnité (Nancy, 20 juill. 1889) (1).

497. Quant aux frais du procès en séparation de biens, et à ceux de la liquidation des reprises de la femme, on les considère généralement comme des accessoires des reprises ; ils sont, par conséquent, garantis par l'hypothèque à la même date que les reprises, et, si la femme a plusieurs créances de reprises, susceptibles d'être colloquées à des rangs divers, les frais de séparation doivent être colloqués avec ces diverses créances, proportionnellement à leur importance (V. en ce sens, Civ. cass. 4 févr. 1868, aff. Veuve Vignes, D. P. 68. 1. 57 ; Grenoble, 6 juill. 1882, aff. Dame Chapelle, D. P. 83. 2. 89 ; Colmet de Santerre, t. 9, n° 105 bis-XV. — V. toutefois, en sens contraire, C. d'appel de Savoie, 23 mars 1857, aff. Pantalon, D. P. 58. 2. 42). Il a été jugé, notamment, que, dans le cas où le mari a vendu les immeubles dotaux de la femme contrairement à la règle de l'inaliénabilité du fonds dotal, l'hypothèque légale de la femme prend rang dès le jour du mariage, tant pour le capital et les intérêts du prix des immeubles

---

(1) (Valence C. Grégoire.) — La cour ; — Attendu que l'hypothèque légale attribuée à la femme mariée par l'art. 2121 c. civ., sur les biens de son mari, a pour but de la protéger contre les dangers que peut lui faire courir la mauvaise administration de celui-ci pendant l'existence du mariage et de la communauté ; — Attendu que cette hypothèque légale est le correctif nécessaire du droit d'administration étendu, et pour ainsi dire illimité, que le mari tient de l'art. 1428 sur les biens personnels de sa femme ; — Attendu que, le droit d'administration du mari étant le principe et le fondement de l'hypothèque légale de la femme, il en résulte, par voie de conséquence, que cette hypothèque, pour être efficace, doit prendre rang du jour où le droit d'administration s'ouvre lui-même ; — Attendu, en fait, que Valence est devenu l'administrateur de la maison incendiée, dont l'indemnité d'assurance forme l'objet du litige, le 24 févr. 1881, jour où sa femme l'a recueillie dans la succession paternelle, et que, dès lors, c'est à cette époque que doivent se reporter l'effet et le rang de l'hypothèque légale de cette dernière ; — Attendu que vainement Grégoire invoque le correctif des dispositions du paragraphe 3, n° 2, de l'art. 2135 c. civ., qui fixe le point de départ de l'hypothèque légale pour les dettes contractées par la femme avec son mari et pour le remploi de ses propres aliénés, sur les biens du mari et pour le remploi de ses propres aliénés, sur l'obligation ou de la vente ; — Attendu, en effet, que cette exception

au principe général est uniquement fondée sur le concours de la femme aux obligations contractées et aux aliénations consenties ; que la pensée de la loi est qu'en participant elle-même à des actes de l'administration de son mari, elle s'est enlevé le droit de les critiquer dans le passé, et de se prévaloir à leur égard du bénéfice de son hypothèque légale, dont les effets ne peuvent recevoir leur application que dans l'avenir seulement ; — Attendu que rien de semblable ne se rencontre dans l'espèce ; que le droit à l'indemnité d'assurance s'est ouvert au profit de la femme par un cas purement fortuit, auquel elle est restée complètement étrangère, et qui laisse subsister vis-à-vis d'elle l'intégralité du droit qu'elle puise dans son hypothèque légale, d'après le principe ci-dessus énoncé ; — Attendu que Valence ne se présente pas, et qu'il y a lieu de donner défaut contre lui, tout en déclarant le présent arrêt commun avec lui ; — Par ces motifs,

Dit que l'hypothèque légale de la dame Valence, pour le montant de ses reprises de 2464 fr. 09 cent., ayant pour cause la destruction partielle d'un de ses immeubles, remonte au 24 févr. 1881, jour où elle a recueilli l'immeuble dans la succession de son père, etc.

Du 20 juill. 1889.-C. de Nancy, 1re ch.-MM. Serres, 1er pr.-Obrin, av. gén.-Mengin et P. Lombard, av.

aliénés que pour les frais de la séparation de biens, conséquence de l'aliénation illégalement opérée (Civ. cass. 10 févr.
1892, aff. Germa, D. P., 92. 1. 118).

498. Quant aux frais de l'instance en séparation de
corps ou en divorce, ils ont été assimilés par quelques
arrêts aux frais de séparation de biens (V. Paris, 28 juill.
1853, aff. Leguay, D. P. 55. 2. 64; Bordeaux, 22 mars 1889,
aff. Vignaud, D. P., 89. 2. 280).— M. Colmet de Santerre, t. 9,
n° 105 bis-XVI, pense qu'ils ne peuvent pas être traités de la
même manière, parce qu'ils ne sont pas relatifs aux biens.
Il décide que la femme doit être colloquée pour ces frais à
la date du mariage, comme elle devrait l'être aussi à cette
date pour une pension alimentaire qu'elle aurait obtenue
par jugement contre son mari. Cet auteur en donne
pour motif que, dans l'intention des rédacteurs du code,
l'hypothèque légale de la femme devait en principe remonter au jour du mariage, et que c'est aussi à ce jour que
remonte pour le mari l'obligation de bien traiter sa femme
(V. en ce sens, Montpellier, 16 nov. 1889, aff. Gauthier,
D. P. 90. 2. 171). Cette solution nous laisse des doutes.
S'il est vrai que les rédacteurs du code ont entendu
d'abord faire remonter, en toute hypothèse, l'hypothèque de
la femme à la date du mariage, en fait, ils ne lui ont assigné cette date, dans l'art. 2135 c. civ., que pour la fin des
conventions matrimoniales; or les frais de l'instance en
divorce ou en séparation de corps ne sauraient rentrer dans
ces expressions. D'autre part, nous ne croyons pas qu'on
puisse soutenir que l'hypothèque légale garantit, dès le
début du mariage, l'obligation toute morale qu'a le mari de
protéger et de bien traiter sa femme. C'est pourquoi, nous
serions disposé à admettre que la femme ne doit être colloquée pour les frais de l'instance en divorce ou en séparation
de corps mis à la charge du mari qu'à la date où sa créance
a pris naissance, c'est-à-dire à la date de la demande.

499. En ce qui concerne la pension alimentaire que le
mari serait condamné à payer à la femme, il nous paraît
également excessif de la considérer comme garantie hypothécairement dès le jour du mariage (V. cependant, Montpellier, 16 nov. 1889, aff. Gauthier, D. P. 90. 2. 171).
Lorsque la femme habite avec le mari, elle ne saurait prétendre se faire colloquer avant les créanciers de celui-ci
pour les aliments qu'il lui doit en vertu de l'art. 214 c. civ.
En cas de séparation, la seule différence qui puisse exister,
selon nous, c'est que la femme pourra se faire colloquer
pour ses aliments en vertu du jugement qui aura reconnu
et fixé sa créance et seulement à la date où elle a formé sa
demande. Suivant une décision du tribunal de la Seine,
l'hypothèque légale ne devrait alors remonter qu'au jour où
le droit de la femme à des aliments est constaté et liquidé
par un jugement (Trib. de la Seine, 28 nov. 1891, aff.
Aujet). Mais il est de principe que l'effet des jugements
rétroagit au jour de la demande (V. suprà, v° *Jugement*,
n° 334). En cas de situation de la femme ne doit pas être modifiée
par le plus ou moins de retard que peut subir sa demande
devant le tribunal.

500. Les époux pourraient-ils déroger, par leur contrat
de mariage, aux dispositions de l'art. 2135 c. civ. qui déterminent le rang hypothécaire des divers droits et créances
de la femme? Cette question, qui est déjà traitée au *Rép.*
n° 925, peut se présenter de deux manières. Tout d'abord,
on peut se demander si la clause qui ferait remonter
l'hypothèque légale pour certaines créances de la femme à
une date antérieure à celle que fixe l'art. 2135 c. civ.
serait valable. On a admis au *Rép. loc. cit.* qu'une telle
clause serait valable en tant que constituant une hypothèque conventionnelle; mais il faut reconnaître que cette
hypothèque ne jouirait pas du bénéfice de la dispense d'inscription. En réalité, par conséquent, l'hypothèque légale ne
saurait remonter, en vertu de la convention des parties, à
une autre date que celle qui lui est assignée par la loi
(V. en ce sens, Aubry et Rau, t. 3, § 264 *ter*, p. 239,
note 62).— D'autre part, les parties pourraient-elles stipuler
que pour certaines créances de la femme l'hypothèque
légale n'aura qu'un rang postérieur à celui fixé par
l'art. 2135? Cette difficulté s'est produite dans la jurisprudence, et il a été jugé que la clause d'un contrat de mariage,
disposant que les immeubles du mari seraient affranchis de
l'hypothèque légale à raison des créances apportées en dot

par la femme jusqu'au recouvrement qui en serait fait par
le mari, était nulle (Grenoble, 7 mars 1868, aff. J..., D. P.
68. 2. 171). Suivant cette décision, les règles de l'art. 2135
doivent être considérées comme d'ordre public, parce que
l'hypothèque légale a été instituée comme le contrepoids
de la puissance maritale et la sauvegarde de la dot; si le
législateur a permis de la restreindre sur certains immeubles du mari, soit par le contrat de mariage, pourvu que
les parties fussent majeures (c. civ. art. 2140), soit après le
mariage, à la condition du consentement de la femme et
d'un avis de parents homologué par justice (c. civ.
art. 2144 et 2145), il a hautement manifesté par ces exceptions et par les précautions dont il a entouré leur application qu'aucune autre dérogation aux principes constitutifs
de cette hypothèque n'était autorisée (V. dans le même
sens, Aubry et Rau, t. 3, § 264 *ter*, p. 239, note 63. — *Contrà* : Trib. de Valence, 13 avr. 1867, aff. J..., D. P. 68. 2.
171). Dans l'espèce sur laquelle la décision dont il s'agit
est intervenue, les parties avaient adopté le régime dotal,
et la future épouse avait compris diverses créances dans sa
constitution de dot, tout en stipulant que ces créances
« resteraient sur sa tête d'après les titres actuels ou ceux
qui leur seraient substitués »; la cour a considéré que le
mari en devenait néanmoins responsable dès le jour du mariage et que, par suite, l'hypothèque légale devait en assurer la conservation à partir de ce jour-là. Mais il est évident que la décision n'aurait pu être la même si la femme
s'était formellement réservé ses créances comme paraphernales (V. suprà, n° 494).

§ 4. — Sur quels biens porte l'hypothèque légale de la femme.
(Rép. nos 924 à 948).

501. L'hypothèque légale de la femme porte sur tous les
immeubles présents et à venir du mari (c. civ. art. 2122).
Elle s'étend même aux immeubles qui adviennent au mari
après la dissolution du mariage (V. Rép. n° 878 ; Lyon,
23 nov. 1850, aff. Veyret, D. P. 51. 2. 241; 3 juill. 1867,
sous Civ. rej. 24 mai 1869, aff. Combe et Billon, D. P. 69.
1. 276). Elle ne frappe pas toutefois les immeubles des héritiers du mari, alors même que ces héritiers sont tenus des
obligations de leur auteur. « Générale hypothèque de tous
biens, disait Loysel, sous l'ancien droit, comprend les biens
présents et à venir et non ceux des hoirs ». Les rédacteurs
du code n'ont certainement pas entendu donner une plus
grande extension à l'hypothèque légale (V. en ce sens,
Colmet de Santerre, t. 9, n° 81 bis-IV; Baudry-Lacantinerie, t. 3, n° 1250).

502. Sous le régime de communauté, l'hypothèque légale porte-t-elle sur les immeubles dépendant de la communauté? Cette question n'a pas cessé, depuis la publication
du *Répertoire*, d'être discutée dans la doctrine (V. la note de
M. Brésillion, D. P. 69. 2. 161). Il convient, pour la résoudre,
de se placer successivement dans l'hypothèse où la femme
doit renoncer à la communauté et dans l'hypothèse contraire.

503. Lorsque, à la dissolution de la communauté, la
femme y renonce, on admet généralement aujourd'hui que
les immeubles qui dépendaient de la communauté, même
ceux qui ont été aliénés par le mari pendant le mariage,
sont grevés de l'hypothèque légale (V. outre les arrêts
cités au *Rép.* n° 928 : Civ. rej. 4 févr. 1856, aff. Veuve de
Clausel, D. P. 56. 1. 61; Bastia, 25 janv. 1862, aff. Alfonsi,
D. P. 68. 2. 147; Paris, 13 juin 1874, et sur pourvoi, Civ.
rej. 26 janv. 1876, aff. Syndic Monlaurent, D. P. 76. 1. 62;
Paris, 6 juin 1882, *suprà*, v° *Mariage*, n° 503-2°;
Pau, 23 juin 1884, aff. Vignalon, D. P. 85. 2. 253. V. dans
le même sens, Aubry et Rau, t. 3, § 264 *ter*, p. 225,
note 30; Colmet de Santerre, t. 9, n° 81 bis-IX; Baudry-
Lacantinerie, t. 3, n° 1252; Thézard, n° 98; André n° 634).
La femme qui a renoncé peut donc exercer son hypothèque légale, soit à l'encontre des tiers auxquels le mari a
vendu, pendant la communauté ou depuis la dissolution de
cette communauté, des immeubles qui en dépendaient, soit
à l'encontre des créanciers qui ont acquis du chef du mari
des hypothèques conventionnelles ou spéciales sur les immeubles
communs. Il en est ainsi, bien entendu, à la condition que
l'hypothèque légale de la femme remonte à une date anté-

rieure à la transcription des aliénations, ou à l'inscription des hypothèques, consenties par le mari (V. *infrà*, n° 506). De plus, l'hypothèque légale ne serait évidemment pas opposable aux tiers, acquéreurs ou créanciers, vis-à-vis desquels la femme aurait renoncé, expressément ou tacitement, à s'en prévaloir (V. *infrà*, n° 507).

504. Lorsque la femme accepte la communauté, on admet encore qu'elle pourra faire valoir son hypothèque légale sur les immeubles communs à l'encontre des créanciers chirographaires du mari ou de la communauté ; mais la jurisprudence et la plupart des auteurs lui refusent le droit d'exercer cette hypothèque au préjudice des tiers auxquels le mari a vendu des immeubles communs ou accordé des hypothèques sur de tels immeubles, durant la communauté. En acceptant, dit-on, la femme a ratifié les actes passés par le mari comme chef de la communauté ; elle est censée avoir été représentée par le mari dans ces actes, qui l'obligent comme si elle y avait concouru. Elle se trouve ainsi soumise à l'obligation de garantie résultant de la vente ou de la constitution d'hypothèque, et ne peut par conséquent venir évincer les tiers avec lesquels le mari a traité (Req. 16 févr. 1841, *Rép.* v° *Contrat de mariage*, n° 2401 ; Colmar, 1er mars 1855, aff. Mérian, D. P. 57. 2. 37 ; Paris, 6 juin 1882, *suprà*, v° *Mariage*, n° 503-2°. Comp. Civ. rej. 4 févr. 1856, aff. De Clausel, D. P. 56. 1. 61 ; Pau, 23 juin 1884, aff. Vignalon, D. P. 85. 2. 253. V. aussi en ce sens : Aubry et Rau, t. 3, § 264 *ter*, p. 226, note 31 ; Laurent, t. 30, n° 370 ; Thézard, n° 98 ; André, n° 634).

Ce système est combattu par plusieurs auteurs. Suivant eux, la femme, malgré son acceptation de la communauté, doit conserver tous les droits qu'elle tient de sa qualité de créancière de ses reprises vis-à-vis du mari, et par suite pouvoir exercer l'hypothèque légale attachée à cette qualité, même à l'encontre des tiers qui ont acquis des droits, du chef du mari seulement, sur les immeubles communs. A l'objection consistant à dire que la femme, en acceptant, a ratifié les actes du mari, on répond que cette présomption de ratification est inexacte, la femme n'ayant pas à ratifier des actes que le mari a passés dans la limite de ses pouvoirs. Le sens de l'acceptation, c'est simplement de laisser la femme soumise aux conséquences des actes du mari en sa qualité de commune, rien de plus. Il n'est pas exact non plus de considérer la femme comme ayant été représentée par le mari. Le mari, dans l'administration de la communauté, n'est pas véritablement le mandataire de la femme ; il agit comme chef en vertu des pouvoirs qu'il tient de la loi ; il dispose ainsi des droits pouvant appartenir à la femme en tant que commune en biens, mais non des droits qu'elle a en sa qualité de créancière ; sous ce dernier rapport, la femme est un tiers à l'égard du mari. On le reconnaît, puisqu'on admet qu'elle peut opposer son hypothèque légale aux créanciers chirographaires ; or elle ne saurait être liée davantage vis-à-vis des créanciers hypothécaires ou des tiers acquéreurs. Il est vrai que, par son acceptation, la femme est tenue, dans une certaine mesure, des obligations de garantie contractées par le mari ; mais elle n'en est tenue que pour moitié et même, si elle a fait inventaire, que jusqu'à concurrence de son émolument ; elle doit donc pouvoir exercer son hypothèque pour se payer de ses reprises sur les immeubles conquêts, au moins dans la mesure où elle n'est pas obligée vis-à-vis des créanciers communs. Créancière elle-même, sa condition ne doit pas être pire que celle des autres. (V. en ce sens, Pont, t. 1, n° 526 ; Bertauld, *De l'hypothèque légale sur les conquêts*, n° 37 et suiv. ; Baudry-Lacantinerie, t. 3, n° 1252). Il a été jugé, conformément à ce second système, que la femme, même après avoir accepté la communauté, peut exercer son hypothèque légale sur un immeuble à elle attribué en payement de ses reprises, lorsqu'elle vient à être évincée de cet immeuble par un créancier hypothécaire du mari (Paris, 15 juin 1868, aff. Tavernier, D. P. 69. 2. 161. V. aussi Rouen, 29 mai 1843, et sur pourvoi, Civ. rej. 28 juin 1847, aff. Veuve Chouquet, D. P. 47. 1. 299).

505. Un troisième système a été proposé par M. Colmet de Santerre, t. 9, n°s 81 *bis*-VIII et suiv. Quand la femme renonce à la communauté, dit cet auteur, les immeubles qui en dépendaient sont censés n'avoir jamais appartenu qu'au mari ; ils sont donc grevés de l'hypothèque légale

de la femme absolument comme les biens propres du mari. Si, au contraire, la femme accepte la communauté, elle consent à être et, par conséquent, à avoir été copropriétaire des biens communs. Lorsque les immeubles sont partagés entre les époux, chacun de ceux-ci est réputé avoir été propriétaire du lot qui lui est échu dès le commencement de l'indivision, c'est-à-dire depuis que les biens sont entrés en communauté (c. civ. 883) ; la femme, par suite, a hypothèque sur les immeubles tombés dans le lot du mari ou des héritiers du mari ; mais elle ne peut avoir hypothèque sur les immeubles qui forment son propre lot, à raison de la règle : *Nemini res sua pignori esse potest.* En ce qui concerne les immeubles qui ont été aliénés par le mari pendant la communauté, l'aliénation, pour une moitié de ces immeubles, n'a pu être consentie par le mari que comme mandataire de la femme, et, sur cette moitié, celle-ci ne saurait prétendre à une hypothèque, car elle n'a pas pu acquérir hypothèque sur sa propre chose. Mais l'autre moitié de l'immeuble aliéné doit être frappée de l'hypothèque légale ; quant à cette moitié, qui était celle du mari et qui a été aliénée par lui *proprio jure*, on ne peut pas opposer à la femme qu'elle a participé à la vente. « La solution à laquelle nous arrivons, conclut M. Colmet de Santerre, nous paraît se justifier par des considérations sur l'origine des biens à propos desquels naît la difficulté. Comment refuser à la femme des garanties sur ces biens ? Elle aurait ces garanties sur des propres de son mari, sur des biens acquis par succession, c'est-à-dire indépendamment d'elle, de ses biens, de son économie, et elle n'aurait pas l'hypothèque sur un bien qu'elle a contribué à acquérir, sur un *conquêt !* Il y a là un *à fortiori* qui conduit à donner à la femme l'hypothèque légale toutes les fois qu'on ne se refuse pas à en principe ».

La théorie de M. Colmet de Santerre diffère du second système exposé ci-dessus en ce que la femme qui a accepté la communauté n'a jamais hypothèque que sur la moitié des immeubles communs, aliénés ou non, tandis que le système précédent lui permet d'exercer son hypothèque sur la totalité des immeubles. Cette différence est importante, non seulement quant à ceux de ces immeubles qui ont été aliénés, mais encore quant à ceux qui tombent au lot de la femme. Si ceux-ci, en effet, ont été grevés d'hypothèque par le mari, la femme ne peut faire valoir sur eux son hypothèque légale, quand même cette hypothèque serait antérieure à celle du créancier du mari. — On peut objecter contre cette solution, que la femme, quant à ces créanciers, est ainsi moins bien traitée que les autres créanciers hypothécaires du mari. L'hypothèque conférée par le mari subsiste après le partage de la communauté aussi bien sur les immeubles tombés au lot de la femme que sur ceux tombés au lot du mari. Pourquoi l'hypothèque conférée par la loi à la femme contre le mari ne subsisterait-elle pas de même sur tous ces immeubles ? On répond que la femme ne peut avoir hypothèque sur son propre bien. Mais, quand elle est évincée par le créancier hypothécaire du mari, la situation est la même que si l'immeuble ne lui avait pas été attribué ; et, quand l'immeuble a été aliéné par le mari, le principe qu'on invoque n'a pas de raison de s'appliquer.

506. Quoi qu'il en soit, la femme ne peut prétendre à une hypothèque sur les immeubles communs aliénés par son mari que si elle était créancière de celui-ci dès avant l'aliénation. Elle n'aurait pas le droit de prendre inscription sur ces immeubles pour les créances éventuelles qui lui adviendraient dans l'avenir (Comp. en ce sens : Riom, 6 déc. 1848, aff. Chouvier, D. P. 49. 2. 140 ; Nancy, 22 mai 1869, aff. Girard, D. P. 69. 2. 201).

507. Il est bien entendu, d'ailleurs, que la femme, soit acceptante, soit renonçante, ne pourrait faire valoir son hypothèque légale contre les acquéreurs ou les créanciers envers lesquels elle aurait consenti, soit expressément, soit tacitement, une renonciation ou une subrogation à cette hypothèque (V. Civ. cass. 25 févr. 1862, aff. Rack, D. P. 62. 1. 240 ; 26 août 1862, aff. Rouillon, D. P. 62. 1. 344 ; Metz, 31 déc. 1867, aff. Bidault, D. P. 68. 2. 145 ; Thézard, n° 98).

508. Sous le régime dotal avec société d'acquêts, la question de savoir si la femme a hypothèque sur les acquêts est la même que celle qui se pose pour la femme commune en ce qui concerne les immeubles de la communauté (V. *suprà*, n°s 502 et suiv.). Ainsi, lorsque la femme a

renoncé à la société d'acquêts, elle peut exercer son hypo-thèque légale sur tous les immeubles qui en dépendaient, soit au préjudice des créanciers du mari, soit à l'encontre des tiers acquéreurs des immeubles. Elle le peut alors même qu'elle se serait personnellement engagée envers les créan-ciers ou qu'elle aurait concouru aux aliénations, s'il s'agit de la reprise de ses valeurs dotales inaliénables, car elle n'a pu valablement renoncer à l'hypothèque légale garantissant cette reprise (V. en ce sens : Orléans, 16 mars 1850, aff. Guiry, D. P. 50. 2. 76; Aubry et Rau, t. 5, § 541-*bis*, p. 645, note 9; Jouitou, *Étude sur le système du régime dotal*, t. 2, nᵒˢ 652 et suiv.). — Mais l'acceptation de la société d'acquêts, d'après certains auteurs, rend la femme irrecevable à invoquer contre les tiers acquéreurs ou créanciers hypothécaires, son hypothèque légale sur les immeubles acquêts, même pour ses droits inaliénables : la femme acceptante ratifie et confirme tout ce qui a été fait par le mari antérieurement à la disso-lution de la société d'acquêts (Troplong, *Du contrat de ma-riage*, t. 3, nᵒ 654); Jouitou, *op. cit.*, nᵒ 654). Il a été jugé, en ce sens, que les héritiers d'une femme dotale ne peuvent, après avoir accepté la société d'acquêts, rechercher les tiers détenteurs des acquêts immeubles aliénés par le mari (Bor-deaux, 3 déc. 1858) (1). Cependant, d'après MM. Aubry et Rau, t. 5, § 541-*bis*, p. 645, l'acceptation de la société d'acquêts pourrait, en certaines circonstances, ne pas emporter renon-ciation de la part de la femme à faire valoir, sur les immeu-bles de cette société, l'hypothèque légale destinée à garantir ses reprises dotales, à l'encontre des créanciers hypothécaires

du mari et même de ceux envers lesquels elle se serait engagée. Les renonciations, en effet, ne se présument pas, et, en dehors même du cas où la femme, ayant fait inven-taire, jouirait du bénéfice de l'art. 1483, il pourrait se pré-senter des circonstances telles qu'il ne serait plus permis de considérer l'acceptation de la société d'acquêts comme impliquant de sa part l'intention de renoncer aux avantages particuliers résultant du régime dotal (V. dans le même sens Guillouard, *Traité du contrat de mariage*, t. 4, nᵒ 2209). Cette opinion peut invoquer en sa faveur un arrêt de la cour de cassation, d'après lequel l'acceptation expresse ou tacite de la société d'acquêts par les héritiers de la femme ne leur enlève pas la faculté de faire valoir l'hypothèque légale, pour le payement des reprises et créances dotales, sur les biens dépendant de la société et à l'encontre des créanciers envers lesquels la femme s'est obligée solidairement avec son mari, lorsque lesdits héritiers, quoique n'ayant pas fait inventaire des biens communs, ne se sont pas immiscés dans ces biens (Civ. rej. 28 juin 1847, aff. Veuve Chouquet, D. P. 47. 1. 299).

509. Dans tous les cas, la femme ou ses héritiers peu-vent exercer l'hypothèque légale sur les immeubles acquêts en renonçant à la communauté ou à la société d'acquêts. Par suite, si, avant la dissolution de cette communauté ou de cette société, un ordre est ouvert sur le mari pour la distribution du prix de tels immeubles, la femme peut se faire colloquer éventuellement pour la conservation de ses propres ; le montant de sa collocation doit alors être consi-

---

(1) (Amouroux *C.* Moisset et autres.) — Le 20 août 1857, juge-ment du tribunal civil de Sarlat conçu en ces termes : — « Attendu que les deux frères Amouroux se posent au procès comme investis d'un droit d'hypothèque qui aurait appartenu à Jeanne Verdier leur mère; qu'ils agissent comme héritiers de celle-ci, et pour avoir payement de leurs reprises et créances dotales; qu'ils entendent exercer leurs droits sur les immeubles détenus par les demandeurs en opposition et par eux acquis médiatement et immédiatement de Jean-Baptiste Amou-roux, mari et père; — Attendu, dès lors, que pour apprécier la valeur légale des sommations de délaisser qui ont eu lieu, en même temps, le mérite de l'opposition faite à ces actes de rigueur, le tribunal doit tout d'abord examiner si le droit de suite qui est revendiqué subsiste réellement; — Attendu que ladite Jeanne Verdier et ledit Jean-Baptiste Amouroux étaient mariés sous le régime dotal avec une société d'acquêts; qu'il n'a pas été contesté par les parties que les biens sur lesquels on voudrait aujourd'hui porter l'hypothèque légale de la femme fussent des immeubles acquis et aliénés pendant le mariage; — Attendu, en droit, que la question de savoir quels sont les effets de l'hypothèque légale de la femme en général, par rapport aux acquêts ou conquêts de communauté, est une question ardue et qui divise les auteurs; cette hypothèque frappe-t-elle sur les conquêts aliénés pendant la communauté, et peut-elle se réflé-chir contre des tiers? — Attendu qu'une distinction est faite à cet égard; qu'il est généralement admis, en jurisprudence et par les auteurs, que l'hypothèque affecte et suit les conquêts si la femme devient renonçante, et que le droit se perd et s'anéantit si elle accepte et demeure commune; — Attendu que, se confor-mant à l'état de la jurisprudence et de la doctrine sur ce point, le tribunal doit déclarer, dans l'espèce, que les deux frères Amouroux ont inutilement procédé; qu'ils n'ont aucun droit de suite à l'encontre des parties de Mᵉ Laudry; que, par consé-quent, la sommation de délaisser ou de payer qu'ils leur ont adressée le 12 mars 1857 doit être annulée; — Attendu que Jeanne Verdier est décédée associée aux acquêts avec son mari; que les héritiers ne rapportent pas la preuve qu'ils aient répudié la société; — Par ces motifs, déclare bien fondée l'opposition à la sommation du 12 mars 1857, etc. ».

Appel des frères Amouroux.

LA COUR; — Adoptant les motifs des premiers juges; — Et attendu que le législateur, après avoir tracé les règles du régime dotal, dispose (art. 1581) qu'en se soumettant à ce régime, les époux peuvent néanmoins stipuler une société d'acquêts, et que les effets de cette société sont réglés comme il est dit aux art. 1498 et 1499; — Attendu qu'en accordant cette faculté le législateur n'a pu vouloir rien de contradictoire, et n'a pu entendre que la société d'acquêts détruirait le régime dotal, ou que le régime dotal détruirait la société d'acquêts; — Que ces deux régimes doivent pouvoir coexister et se développer chacun avec les conditions qui lui sont propres; que la dot demeure inaliénable, que les biens de la société d'acquêts conserve-ront leur entière disponibilité; — Attendu que la femme qui s'est mariée sous le régime dotal ainsi modifié a le choix de renoncer à la société d'acquêts ou de l'accepter; — Que si elle renonce, elle est censée n'avoir jamais été commune et qu'elle

peut, ainsi du reste que la femme mariée en communauté, exercer son hypothèque légale tant sur les biens de la société d'acquêts que sur les biens propres de son mari; — Que si, au contraire, elle accepte, elle est copropriétaire des biens de la société; qu'il ne peut plus être question sur ces biens d'hypo-thèque légale au préjudice des créanciers; qu'il y a lieu à liqui-dation et partage d'après les règles ordinaires; que le passif doit être déduit de l'actif, et le reliquat, et seulement partagé; — Que, là encore, et à un certain point de vue, la condition de la femme mariée sous le régime dotal demeurera là même que celle de la femme mariée en communauté; que toutes les deux sont tenues au payement des dettes jusqu'à concurrence de leur émolument; et ne peuvent rien prendre dans la société que tous les créanciers ne soient payés; — Mais attendu qu'il existe entre elles cette différence radicale qui caractérise le régime dotal et en maintient toute l'efficacité et toute l'énergie, à savoir : que la femme commune peut être tenue au delà de son émolument, indéfiniment sur ses biens propres, par les engagements qu'elle aurait personnellement contractés, tandis que la femme protégée par le régime dotal, ne peut jamais être tenue au delà de son émolument, et que, cet émolument étant épuisé, elle peut, en présence et à l'encontre de tous ses créanciers, reprendre ses biens dotaux s'ils ont été aliénés, et poursuivre ses créances dotales sur les biens de son mari; — Que c'est ainsi que se trouvent conciliés, sans qu'il y ait aucun antagonisme, deux régimes si peu mutativement autorisés par la loi; — Qu'il en résulte que la femme mariée sous le régime dotal, avec société d'acquêts, et qui a accepté cette société, ne peut pas rechercher, en vertu de son hypothèque légale, les tiers détenteurs des acquêts immeubles aliénés par le mari, parce que ces aliéna-tions ont été dans le droit incontestable du mari; parce que, au moyen de son acceptation, la femme les a ratifiées et se les est appropriées; parce qu'elle ne peut pas attaquer, comme femme dotale, des actes auxquels elle aurait garanti comme femme com-mune, à moins que ces actes n'aient été faits en violation de principes de l'inviolabilité de la dot'; — Que cette doctrine est d'autant plus conforme aux anciens principes, qui sont la véritable loi du procès actuel, puisqu'il s'agit d'un contrat de mariage passé en l'an 2 de la République; qu'en effet, il a été jugé, par arrêt de la cour de Bordeaux du 15 vent. an 12, que la femme qui avait accepté ne pouvait exercer son droit de rétention sur les immeubles de la société au préjudice des créanciers; que, pour la question à résoudre, il n'y a aucune différence à faire entre le droit de rétention et le droit hypothécaire; qu'on pour-rait même dire que, si elle ne peut pas retenir les immeubles en nature, elle peut encore moins les faire vendre pour en toucher le prix; — Attendu que tout ce qui est dit de la femme est évi-demment applicable à ses héritiers; — Attendu qu'il y a d'au-tant plus lieu de prononcer ainsi dans la cause, que, lors de la dissolution de la société arrivée par le prédécès de la femme, ses héritiers n'ont pas fait faire inventaire, en sorte qu'il est impossible de déterminer quel aurait été son émolument dans la société, ni justifier de la consistance de cette société à l'égard des tiers; — Confirme, etc.

Du 3 déc. 1858.-C. de Bordeaux, 4ᵉ ch.-MM. Boscheron-Des-portes, pr.-Jorant, subst.-Mouteaud et Girard, av.

gné pour être touché par elle ou par ses héritiers en cas de renonciation et pour être versé aux autres créanciers hypothécaires du mari en cas d'acceptation (Bastia, 25 janv. 1862, aff. Alfonsi, D. P. 68. 2. 147; Civ. cass. 19 nov. 1872, aff. Burgues, D. P. 73. 1. 38; Paris, 6 juin 1882, *suprà*, v° *Mariage*, n° 503 ; Pau, 23 juin 1884, aff. Vignalon, D. P. 85. 2. 253). La femme peut obtenir cette collocation conditionnelle même avant la séparation de biens (Bastia, 25 janv. 1862, précité), ou après que la séparation de biens a été annulée (Civ. cass. 19 nov. 1872, précité). Et, en pareil cas, il appartient au juge-commissaire chargé de régler l'ordre et au tribunal de fixer provisoirement la somme nécessaire à la garantie des droits éventuels de la femme (Mêmes arrêts. V. aussi Paris, 6 juin 1882, précité). Jugé, toutefois, que la femme mariée sous le régime de la communauté ne peut pas se faire colloquer sur le prix d'un immeuble commun aliéné par le mari, alors qu'aucun ordre n'est ouvert pour la distribution de ce prix, et qu'ainsi sa prétention aurait pour résultat d'entraver le mari dans l'exercice du droit, qu'il tient des conventions matrimoniales, de percevoir les capitaux appartenant à la communauté ou même à la femme (Metz, 31 déc. 1867, aff. Bidault, D. P. 68. 2.145).

510. Les immeubles donnés en échange par le mari restent grevés de l'hypothèque légale de la femme aussi bien que les immeubles que le mari a vendus, aussi longtemps du moins que le coéchangiste n'a pas rempli les formalités de la purge. De plus, en cas d'échange, l'hypothèque légale s'étend à l'immeuble reçu en contre-échange, de même d'ailleurs qu'elle frapperait l'immeuble acquis avec le prix de vente d'un autre immeuble (Pont, t. 1, n° 515 ; Aubry et Rau, t. 3, § 264, p. 201 ; Baudry-Lacantinerie, t. 3, n° 1251). Toutefois, le coéchangiste qui est évincé, par l'effet de l'hypothèque légale, peut demander la résolution de l'échange et rentrer ainsi en possession de l'immeuble qu'il avait cédé au mari, sauf le cas où son action en garantie pourrait être repoussée par l'exception de prescription (Toulouse, 13 févr. 1858, aff. Lourtet, D. P. 58. 2. 156). Il a été jugé que, lorsqu'un acte d'échange d'immeubles, consenti par un mari avec le concours de sa femme, a été annulé pour cause de fraude au préjudice des créanciers du mari, les immeubles qui rentrent dans le patrimoine de celui-ci, libres de toutes charges du chef de son coéchangiste, demeurent frappés de l'hypothèque légale de la femme (Bordeaux, 27 janv. 1891, aff. Redon, D. P. 92. 2. 464). Il en est ainsi, d'ailleurs, alors même que la femme serait intervenue dans l'instance en nullité pour se joindre à l'action révocatoire des créanciers du mari, et que le jugement qui a annulé l'acte d'échange l'aurait déclarée non recevable et mal fondée dans ses conclusions, comme s'étant rendue elle-même complice de la fraude commise (Même arrêt). S'il est vrai, en effet, que l'annulation prononcée sur la demande des créanciers ne doit pas profiter à la femme qui a participé à la fraude du mari, elle ne doit pas non plus lui nuire ; or, elle lui nuirait si son hypothèque lui était enlevée alors même que l'échange est annulé.

511. Lorsque le mari était commerçant lors du mariage ou lorsque, n'ayant pas alors d'autre profession déterminée, il est devenu commerçant dans l'année qui a suivi le mariage, l'hypothèque légale de la femme ne peut s'exercer, d'après l'art. 563 c. com., en cas de faillite du mari, que sur les immeubles qui lui appartenaient à l'époque de la célébration du mariage ou sur ceux qui lui sont échus depuis, par succession, donation ou testament (V. *suprà*, v° *Faillites et banqueroutes, liquidations judiciaires*, n°s 1158 et suiv.). — L'immeuble qui appartenait au mari commerçant lors du mariage, mais qui a été ameubli par le contrat de mariage, reste néanmoins soumis à l'hypothèque légale, malgré la faillite du mari, alors surtout que la femme a renoncé à la communauté (Paris, 13 juin 1874, et sur pourvoi, Civ. rej. 26 janv. 1876, aff. Syndic Monlaurent, D. P. 76. 1. 62).

512. D'après la jurisprudence, les sociétés, même non commerciales, forment un corps moral sur les immeubles duquel les associés n'ont, tant qu'elles durent, aucun droit indivis et privatif de copropriété, mais sont seulement investis d'un droit purement mobilier (V. *infrà*, v° *Société* ; *Rép. eod.* v°, n° 182). En conséquence, les immeubles sociaux ne

sont pas grevés de l'hypothèque légale des femmes des associés, et l'inscription d'une telle hypothèque, prise pendant l'existence de la société, est nulle (Orléans, 26 août 1869, aff. Du Patural et Faran, D. P. 69. 2. 185). La femme d'un associé ne pourrait même pas prendre inscription, pendant la durée de la société, sur la part qui pourra échoir à son mari lors du partage (Même arrêt). — Il en est ainsi non seulement pendant la durée de la société, mais encore après sa dissolution et jusqu'à la fin de la liquidation. Par suite, le liquidateur pourrait poursuivre la radiation de l'inscription prise par la femme et qui ferait obstacle au payement du prix des immeubles sociaux vendus par lui (Paris, 21 mars 1864, et sur pourvoi, Req. 29 mai 1865, aff. Bigot-Duval, D. P. 65. 1. 380). — Après le partage, l'hypothèque légale de la femme frappera les immeubles mis au lot du mari, sans toutefois pouvoir s'exercer sur ces immeubles au préjudice des droits hypothécaires dont ils seraient grevés en faveur des créanciers de la société. Les immeubles sociaux ne peuvent, en effet, entrer dans les lots des associés que sous réserve des droits qui ont été consentis par le gérant ou les gérants de la société, agissant dans le cercle de leurs attributions (V. *Rép.* n° 936. Comp. en ce sens, Guillouard, *Traité du contrat de société*, n° 356).

Art. 3. — *Des subrogations, cessions ou renonciations relatives à l'hypothèque légale de la femme mariée (Rép. n°s 949 à 1005).*

513. Les actes, connus sous le nom général de *subrogations à l'hypothèque légale de la femme mariée*, sont nés dans la pratique sans avoir été prévus par le code civil : de là les nombreuses questions qu'ils ont soulevées et qui étaient encore presque toutes controversées à l'époque de la publication du *Répertoire*. Depuis lors, les principales de ces questions ont été résolues, soit par la loi, soit par la jurisprudence.

514. Le premier texte législatif qui ait fait mention du genre de conventions dont il s'agit est le décret du 28 févr. 1852, sur les sociétés de crédit foncier (art. 20) : « Lorsque la femme mariée est présente au contrat de prêt, elle peut, si elle n'est pas mariée sous le régime dotal, consentir une subrogation à son hypothèque légale jusqu'à concurrence du montant du prêt ». Puis, la loi du 23 mars 1855, sur la transcription, est venue réglementer formellement les subrogations d'hypothèque légale. Son article 9 est ainsi conçu : « Dans le cas où les femmes mariées peuvent céder leur hypothèque légale ou y renoncer, cette cession ou cette renonciation doit être faite par acte authentique, et les cessionnaires n'en sont saisis à l'égard des tiers que par l'inscription de cette hypothèque prise à leur profit, ou par la mention de la subrogation en marge de l'inscription préexistante. Les dates des inscriptions ou mentions déterminent l'ordre dans lequel ceux qui ont obtenu des cessions ou renonciations exercent les droits hypothécaires de la femme ». — Ce texte a donné lieu à de nouvelles controverses. Il prévoit, tout à la fois, les cessions de l'hypothèque légale et les renonciations à cette hypothèque, mais ne soumet expressément que les cessionnaires à la nécessité de l'inscription. Et, parmi les renonciations, on doit distinguer celles faites en faveur d'un créancier et celles en faveur de l'acquéreur d'un immeuble du mari ou de la communauté ; les premières ont pour but de transférer au créancier le bénéfice de l'hypothèque légale ; elles sont *translatives* ; les autres ont seulement pour objet de garantir l'acquéreur contre les effets de l'hypothèque ; en apparence, tout au moins, elles sont simplement *abdicatives* ou *extinctives*. Fallait-il également appliquer à ces deux sortes de renonciations les conditions d'authenticité et de publicité exigées par l'art. 9 de la loi de 1855 ? Les auteurs se sont divisés, la jurisprudence s'est montrée hésitante ; une loi nouvelle a été réclamée dès 1862, pour fixer la solution des difficultés d'un intérêt considérable (V. D. P. 89. 4. 24, note 3), et cette loi a été promulguée le 13 févr. 1889. Elle a complété l'art. 9 de la loi du 23 mars 1855, en y ajoutant les dispositions suivantes : « La renonciation par la femme à son hypothèque légale au profit de l'acquéreur d'immeubles grevés de cette hypothèque en emporte l'extinction et vaut à partir, soit de la transcription

de l'acte d'aliénation, si la renonciation y est contenue, soit de la mention faite en marge de la transcription de l'acte d'aliénation, si la renonciation a été consentie par acte authentique distinct. — Dans tous les cas, cette renonciation n'est valable et ne produit les effets ci-dessus que si elle est contenue dans un acte authentique. — En l'absence de stipulation expresse, la renonciation par la femme à son hypothèque légale ne pourra résulter de son concours à l'acte d'aliénation que si elle stipule, soit comme covenderesse, soit comme garante ou caution du mari. — Toutefois, la femme conserve son droit de préférence sur le prix, mais sans pouvoir répéter contre l'acquéreur le prix ou la partie du prix par lui payé de son consentement, et sans préjudice du droit des autres créanciers hypothécaires. — Le concours ou le consentement donné par la femme, soit à un acte d'aliénation contenant quittance totale ou partielle du prix, soit à l'acte ultérieur de quittance totale ou partielle, emporte, même à due concurrence, subrogation à l'hypothèque légale sur l'immeuble vendu, au profit de l'acquéreur, vis-à-vis des créanciers hypothécaires postérieurs en rang ; mais cette subrogation ne pourra préjudicier aux tiers qui deviendraient cessionnaires de l'hypothèque légale de la femme sur d'autres immeubles du mari, à moins que l'acquéreur ne se soit conformé aux prescriptions du paragraphe 1 du présent article ».

515. Le commentaire de ces nouvelles dispositions trouvera place dans l'étude que nous allons faire des conditions et des effets des subrogations, cessions et renonciations qui peuvent être consenties par la femme mariée relativement à son hypothèque légale. Nous examinerons successivement, suivant l'ordre qui a été adopté au *Répertoire :* 1° dans quel cas une femme peut subroger ou renoncer à son hypothèque légale ; 2° quelles sont les différentes sortes de subrogations ou de renonciations, expresses ou tacites ; 3° à quelles conditions de forme ou de publicité elles sont soumises ; 4° quels en sont les effets.

Bien que les mots *subrogation, cession* et *renonciation* ne soient pas synonymes, le mot *subrogation* s'applique, dans un sens générique, à tous les cas où la femme cède à un

tiers le bénéfice de son hypothèque légale, et cette cession peut avoir lieu même sous forme de renonciation (V. *infrà,* n° 537). Le mot *renonciation* est employé plus spécialement dans l'hypothèse où la femme se désiste de son hypothèque en tant qu'elle porte sur un immeuble aliéné par le mari.

§ 1er. — De la capacité nécessaire à la femme mariée pour subroger ou renoncer à son hypothèque légale (*Rép.* nos 952 à 959).

516. Une femme mariée n'est pas toujours capable de consentir une subrogation dans son hypothèque légale, de la céder ou d'y renoncer. Cela résulte de ces premiers mots de l'art. 9 de la loi du 23 mars 1855 : « Dans le cas où les femmes mariées peuvent céder leur hypothèque légale ou y renoncer... ». Tout d'abord, pour pouvoir disposer de son hypothèque, la femme doit être majeure. La subrogation, pouvant entraîner pour elle la perte totale ou partielle de ses reprises, rentre évidemment dans la catégorie des actes qui excèdent la capacité de la femme mineure, émancipée par le mariage (V. en ce sens, Mérignhac, *Traité des contrats relatifs à l'hypothèque légale de la femme mariée,* n° 27 ; André, *Traité pratique du régime hypothécaire,* n° 1074).

517. La question de capacité de la femme mariée, pour consentir une subrogation dans son hypothèque légale, dépend du statut personnel de la femme. Il a été jugé que l'art. 2054 de l'ancien code civil sarde, portant interdiction pour la femme mariée de cautionner son mari ou tout autre, constituait un statut personnel indépendant du régime matrimonial des époux ; que, cette disposition ayant été abrogée par la substitution du code civil français au code sarde, après l'annexion de la Savoie à la France, une femme sarde, non mariée sous le régime dotal, a pu, depuis cette annexion, consentir une subrogation dans son hypothèque légale en faveur d'un créancier de son mari ; qu'elle n'a eu besoin pour cela que de l'autorisation du mari, et non de celle de la justice (Chambéry, 19 nov. 1877) (1). V. aussi *Rép.* v° *Cautionnement,* n° 127, et *suprà,* v° *Lois,* n° 141.

518. En principe, la femme mariée peut consentir une

(1) (Duchesne C. Brasier, Saran, Périllat.) — La cour ; — Au fond ; — En ce qui concerne le cautionnement donné par Antoinette Perrot, femme Brasier, aux termes de l'acte reçu par Victor Goy, notaire à Saint-Julien, le 15 juill. 1861, à l'occasion de l'ouverture de crédit consentie à François Brasier, son mari, par le Comptoir d'escompte de Genève ; — Attendu que les époux Brasier, mariés sans contrat en 1840, sous l'empire de la loi sarde, se sont soumis de ce seul fait au régime paraphernal, qui constituait alors le droit commun ; — Attendu qu'il est incontestable que cette situation, créée librement, irrévocablement, par l'effet de leur volonté, ne pouvait être modifiée ultérieurement par la loi française ; mais que les questions intéressant la capacité personnelle de la femme sont subordonnées à d'autres principes ; qu'en effet, aucun texte du code civil sarde n'attachait expressément au régime ainsi adopté par les époux Brasier l'incapacité pour la femme de cautionner sans autorisation de justice les engagements contractés par son mari, et que la prohibition invoquée par les intimés résultant seulement de l'art. 2054 du même code au titre du cautionnement ; — Attendu que ce dernier article, qui reproduit les prescriptions du sénatus-consulte velléien, est complètement étranger à l'ensemble des dispositions relatives aux conventions matrimoniales et aux biens des époux ; qu'il constitue un statut personnel réglant d'une manière générale la capacité de la femme quelle que soit d'ailleurs, si elle est mariée, la loi qui régit son union quant aux biens ; — Attendu qu'un statut de cette nature, essentiellement d'ordre public, et auquel ne pouvait déroger aucune convention matrimoniale, était lui-même susceptible d'être supprimé par le législateur, et remplacé par une loi nouvelle, empreinte du même caractère, réglant d'une manière générale la capacité personnelle des femmes et modifiant pour l'avenir les limites de cette capacité ; — Attendu que tel a été l'effet de la substitution de la loi française à la loi sarde en cette matière ; que, dès lors, la capacité de la femme Brasier au 15 juill. 1861, date de l'acte contenant le cautionnement donné par elle, était régie par le code civil français, seul applicable à cette époque, et qu'aucune disposition de ce code, ni générale, ni spéciale au régime paraphernal, ne l'assujettissait pour un engagement de cette nature contracté conformément à l'art. 217 de ce code, avec le concours de son mari, à la nécessité d'obtenir l'autorisation de la justice, le cautionnement stipulé dans l'acte précité a pu être valablement consenti ; — Attendu que les art. 131 et 133 c. civ. sarde, invoqués par les intimés, ont le même caractère que la disposition

édictée par l'art. 2054 du même code ; qu'ils sont incontestablement un statut personnel, non maintenu par le code français et ne sauraient ainsi justifier les conclusions des consorts Brasier ;

En ce qui touche la stipulation, comprise dans l'acte du 15 juill. 1861 et par lequel Antoinette Perrot, femme Brasier, a cédé au Comptoir d'escompte la priorité du rang que lui assurait son hypothèque légale sur les biens de son mari ; — Attendu que la règle établie par les art. 2264 et 2265 c. civ. sarde, uniquement relative aux formalités à accomplir en vue d'obtenir la réduction des hypothèques légales des femmes et des mineurs, complètement indépendante des conventions matrimoniales qui régissent les liens des époux, est aussi de celles que la volonté du législateur peut toujours modifier, et que du fait, sous l'empire de laquelle est demandée ou opérée cette réduction, tout ou autre équivalent, doit seule être appliquée ; — Qu'aucune disposition du code civil français n'interdit à la femme mariée sous le régime paraphernal la faculté de subroger à son droit hypothécaire un créancier de son mari ; et que, d'après une jurisprudence aujourd'hui constante, les conditions imposées par la validité d'une subrogation pareille que les art. 2144 et 2145 c. civ., ne sont applicables à la femme mariée sous un autre régime que le régime dotal, que si la réduction ou la subrogation sont consenties par elle dans l'intérêt de son mari seul, isolé de tout créancier et dans le but unique d'affranchir de cette hypothèque, une partie des biens de ce dernier ; — Attendu en fait qu'il n'en est point ainsi dans l'espèce soumise à la cour, et que, dans les circonstances qui ont déterminé l'acte du 15 juillet, aucune loi ne restreignait la capacité de la femme Brasier agissant avec le concours de son mari, conformément à l'art. 217 c. civ. ; — Attendu que les consorts Brasier soutiendraient vainement encore que les stipulations de l'acte précité constituent de la part de leur mère de véritables aliénations ; qu'il n'y a pas lieu de s'arrêter à cette objection, alors que l'exécution des engagements contractés n'affecte pas les biens frappés de dotalité ; — Par ces motifs ; — Recevant l'appel interjeté par Duchesne ; — Déclare bons et valables le cautionnement et la cession de priorité hypothécaire, consentis par Antoinette Perrot, femme Brasier, en faveur du Comptoir d'escompte de Genève, dans l'acte du 15 juill. 1861, Gaye, notaire ; — Ordonne que Louis Duchesne, pris en sa qualité de directeur dudit comptoir, sera colloqué au premier rang hypothécaire sur le prix à distribuer, etc. — Du 19 nov. 1877.-C. de Chambéry.-MM. Roé, pr.-Tappie, av. gén.-Laracine et Finet, av.

subrogation à son hypothèque légale, si elle est capable de disposer de sa dot et de ses reprises garanties par l'hypothèque. Ainsi, le pouvoir de subroger appartient à la femme mariée sous le régime de la communauté (*Rép.* n° 952), et à la femme séparée de biens (Nimes, 5 août 1862, aff. Souchières, D. P. 63. 2. 29). Il a même été décidé en jurisprudence qu'une femme ne peut valablement, en dehors du régime dotal, se rendre, par contrat de mariage, incapable de s'obliger sur ses biens et dans l'intérêt de son mari (V. *supra*, v° *Contrat de mariage*, n°ˢ 10 et suiv. *Adde*, en ce sens, Mérignhac, *op. cit.*, n° 35).

519. Mais la femme mariée sous le régime dotal ne peut pas consentir de subrogation à son hypothèque, en tant que cette subrogation compromettrait le recouvrement de sa dot (*Rép.* n° 953). Il n'y a pas à distinguer sous ce rapport, d'après la jurisprudence, entre la dot immobilière et la dot mobilière : la femme dotale ne peut pas plus disposer de son hypothèque légale en tant qu'elle garantit celle-ci que celle-là (V. *supra*, v° *Contrat de mariage*, n°ˢ 1230 et suiv.).

520. Lorsque le contrat de mariage permet à la femme, mariée sous le régime dotal, d'aliéner ses immeubles ou même, en général, ses biens dotaux, la femme a-t-elle par cela même la faculté de disposer de son hypothèque légale? Bien que cette question soit controversée, la négative a prévalu dans la jurisprudence (V. *supra*, v° *Contrat de mariage*, n° 1281. *Contrà:* Bertauld, *Traité de la subrogation à l'hypothèque légale des femmes mariées*, n°ˢ 57 et suiv. ; Baudry-Lacantinerie, t. 3, n° 1233 ; Mérignhac, *op. cit.*, n° 28). Une femme dotale ne peut donc valablement consentir une subrogation ou une renonciation à son hypothèque légale, en ce qui concerne ses reprises dotales, que si elle y est formellement habilitée par une clause expresse de son contrat de mariage, telle que celle qui lui permettrait de donner mainlevée de son hypothèque légale, d'y renoncer et d'y subroger en tout ou en partie (Comp. les arrêts cités *supra*, v° *Contrat de mariage*, n° 1281 et Civ. rej. 2 févr. 1870, aff. Gayetty, D. P. 70. 1. 385).

521. Toutefois, dans les cas exceptionnels où la femme dotale peut aliéner ses biens dotaux avec l'autorisation de justice (c. civ. art. 1558) ou même seulement avec l'autorisation du mari (c. civ. art. 1555 et 1556), elle peut également subroger ou renoncer à son hypothèque légale, sous les mêmes conditions (Mérignhac, *op. cit.* n° 29. V. *supra*, v° *Contrat de mariage*, n°ˢ 1294 et 1339).

522. Enfin, même sous le régime dotal, la subrogation à son hypothèque légale, consentie par la femme, est valable en ce qui concerne les reprises ou créances paraphernales (*Rép.* n° 956; Montpellier, 4 août 1890, aff. Veuve Laffite, D. P. 91. 2. 234; Aubry et Rau, t. 3, § 288 *bis*, p. 463; Baudry-Lacantinerie, t. 3, n° 1232; Mérignhac, *op. cit.*, n° 27).

523. En dehors du régime dotal, il peut être stipulé dans le contrat de mariage que les immeubles de la femme ne pourront être aliénés qu'à charge de remploi (V. *supra*, v° *Contrat de mariage*, n° 534). Mais cette clause, dans le cas même où elle est opposable aux tiers, ne rend pas la femme incapable de s'obliger sur ses biens et n'empêche pas qu'elle ne puisse subroger un tiers dans son hypothèque légale, même en tant que cette hypothèque garantit le remploi ou la restitution du prix de ses immeubles aliénés (V. la jurisprudence citée *supra*, v° *Contrat de mariage*, n° 536. *Adde*, en ce sens, Mérignhac, *op. cit.*, n° 34).

524. La femme mariée en communauté peut aussi avoir stipulé dans son contrat de mariage qu'elle reprendrait son apport franc et quitte de toutes dettes, même de celles auxquelles elle se serait obligée ou aurait été condamnée (V. *supra*, v° *Contrat de mariage*, n° 1052). La question de savoir si cette clause rend ou non la femme incapable de consentir des subrogations à son hypothèque légale dépend du point de savoir si elle est ou non opposable aux tiers. Dans le doute, on doit présumer qu'il s'agit seulement d'une convention destinée à régler les rapports des époux entre eux, d'un avantage matrimonial fait à la femme et qui ne diminue pas sa capacité. Mais, s'il résulte clairement des termes du contrat que la reprise de l'apport doit avoir lieu même au préjudice des tiers, c'est alors une stipulation partielle de dotalité, et les renonciations ou subrogations que la femme aurait consenties resteront sans effet relativement à

l'apport ainsi réservé (V. les arrêts et les auteurs cités, v° *Contrat de mariage*, n° 1052. *Adde* : Riom, 24 juill. 1886, aff. Desorme, D. P. 87. 2. 252 ; Mérignhac, *op. cit.* n° 33).

525. Il est certains droits à l'égard desquels, quel que soit le régime adopté dans le contrat de mariage, la subrogation consentie par la femme n'aurait aucun effet. Ainsi, la créance pouvant appartenir à la femme en vertu des art. 1465, 1481, 1492, 1566 et 1570 c. civ., soit pour sa nourriture et son habitation après le décès du mari, soit pour les linges et hardes à son usage, soit pour son deuil, échapperait aux conséquences de toute subrogation, car elle ne saurait être détournée du but que le législateur a entendu lui assigner. De même, si la femme avait fait condamner son mari à lui payer une pension alimentaire, elle ne pourrait subroger un tiers dans son hypothèque légale en tant que cette hypothèque serait affectée à la garantie de la pension (V. *supra*, n° 471. V. aussi *supra*, v° *Mariage*, n°ˢ 391 et suiv.). Enfin, la subrogation ne serait pas opposable à l'avoué qui, ayant prêté son ministère à la femme dans l'instance en séparation de biens, en séparation de corps ou en divorce, aurait fait prononcer à son profit la distraction des dépens ; il pourrait, nonobstant toute subrogation consentie à des tiers par sa cliente, se faire colloquer personnellement sur les biens du mari, au rang de l'hypothèque légale (En ce sens, Mérignhac, *op. cit.*, n° 36).

526. Il est bien entendu que la femme, pour consentir une subrogation valable de son hypothèque légale, doit y être autorisée par son mari ou par justice (*Rép.* n° 983 ; Baudry-Lacantinerie, t. 3, n° 1232 ; Mérignhac, *op. cit.*, n° 95).

527. Quant à la veuve ou aux héritiers de la femme, ils pourront, s'ils sont majeurs et capables, subroger librement dans l'hypothèque légale, sauf la question de savoir si la subrogation sera soumise alors aux mêmes conditions que lorsqu'elle est consentie par la femme pendant le mariage (V. *infra*, n° 573).

§.2. — Des différentes sortes de subrogations ou de renonciations, expresses ou tacites (*Rép.* n°ˢ 960 à 977).

528. On doit d'abord distinguer en cette matière le cas où la femme consent une subrogation, une cession ou une renonciation, relativement à son hypothèque légale, au profit d'un créancier, pour lui garantir le payement de ce qui lui est dû, du cas où elle renonce à son hypothèque en faveur de l'acquéreur d'un immeuble vendu par le mari, afin de faciliter la vente. Ces deux sortes d'opérations, n'ayant pas le même but, sont nécessairement régies par des principes différents.

529. — I. SUBROGATION, CESSION OU RENONCIATION EN FAVEUR D'UN CRÉANCIER. — La subrogation d'un créancier dans le bénéfice de l'hypothèque légale de la femme peut être expresse ou tacite (*Rép.* n° 960). Nous indiquerons d'abord les différents cas de subrogation expresse, et nous examinerons ensuite dans quels cas la subrogation a lieu tacitement.

530. — 1° Subrogation, cession ou renonciation expresse. — Les diverses formules par lesquelles une femme mariée dispose de son hypothèque légale en faveur d'un créancier peuvent se classer dans quatre hypothèses différentes : cession de l'hypothèque légale seule et indépendamment de la créance de reprises ; cession de la créance elle-même avec l'hypothèque ; cession du droit de priorité résultant de l'hypothèque ; renonciation à l'hypothèque.

531. — A. *Cession de l'hypothèque légale séparément de la créance.* — La possibilité de céder une hypothèque séparément de la créance qu'elle garantit a été, comme on l'a vu *supra*, n° 414, longtemps contestée dans la doctrine ; mais elle paraît aujourd'hui consacrée, au moins en ce qui concerne l'hypothèque légale des femmes mariées, par l'art. 9 de la loi du 23 mars 1855. La femme peut donc, tout en conservant sa créance de reprises contre son mari, céder à un tiers l'hypothèque légale qui en est l'accessoire et la rattacher à la créance de ce tiers. Par l'effet d'une telle cession, qui peut intervenir au profit d'un créancier de la femme, mais qui a lieu le plus souvent en faveur d'un créancier du mari, le cessionnaire a le droit d'exercer, au lieu et place de la femme, l'hypothèque légale qui garantit la restitution

de la dot et le payement des créances matrimoniales ; il pourra, en définitive, se faire colloquer, pour sa propre créance, au rang de l'hypothèque légale. Il ne le pourra toutefois que dans la mesure de sa propre créance et dans la mesure où la femme est elle-même créancière. Dans la mesure de sa propre créance : l'hypothèque légale ne lui est, en effet, cédée que jusqu'à concurrence du montant de la créance dont il est investi. Dans la mesure de la créance de la femme : la femme, en effet, n'a pu lui céder que l'hypothèque qu'elle avait elle-même (V. *infrà*, nos 626 et suiv.).

532. — B. *Cession de la créance de la femme avec l'hypothèque légale.* — Au lieu de céder son hypothèque légale détachée de la créance, la femme peut céder sa créance elle-même contre son mari, avec l'hypothèque qui la garantit. Le cessionnaire se trouvera alors pleinement investi de la créance, jusqu'à concurrence du montant de la cession, et les sommes qu'il touchera libéreront d'autant le mari vis-à-vis de la femme.

Dans la pratique notariale, c'est ordinairement sous cette forme qu'a lieu la subrogation dans l'hypothèque légale. Il est dit dans l'acte que la femme « cède et transporte ses reprises et créances, présentes et futures, et subroge le créancier dans tous ses droits d'hypothèque légale, par préférence à elle-même et à tous autres », ou quelque chose d'analogue. Mais, il ne faut pas s'y tromper ; il n'y a le plus souvent, sous cette terminologie, qu'une simple cession de l'hypothèque légale. Quand la cession est faite en faveur d'un créancier du mari, la femme entend généralement se réserver le droit de faire valoir sa créance tout entière, après le payement du créancier cessionnaire. Elle conserve donc cette créance, nonobstant la cession ; elle n'a eu, en réalité, l'intention de se dépouiller que du droit hypothécaire. Dans le doute, on doit plutôt admettre que telle a été son intention, car une renonciation plus étendue ne doit pas se présumer (Comp. Toulouse, 24 févr. 1892, *infrà*, n° 533). — Cette distinction ne manque pas d'intérêt, car, indépendamment de la question de forme qui se pose en pareil cas (V. *infrà*, n° 567), si l'on admet que c'est la créance elle-même qui a été cédée, le créancier cessionnaire pourra,

en invoquant l'art. 1474 c. civ., se prévaloir du mode particulier d'exercice que cet article accorde à la femme faisant valoir ses reprises ; en d'autres termes, il pourra se faire attribuer, à défaut d'argent comptant, les meubles ou les immeubles de la communauté. Or, ce résultat serait presque toujours contraire à l'intention des parties ayant consenti la subrogation. Même dans l'hypothèse, toutefois, où la cession porterait sur la créance elle-même, la femme, étant réputée s'être obligée comme caution du mari (c. civ. art. 1431), aurait acquis par cela même une nouvelle créance, égale à celle dont elle se serait démise en faveur du cessionnaire (V. Req. 11 févr. 1867, aff. Arnoust, D. P. 67. 1. 465, et la note de M. Beudant sous cet arrêt).

533. Il a été jugé que la cession consentie par une femme mariée, dans un acte d'emprunt souscrit par elle et son mari, d'une somme à prendre sur les droits et reprises que la cédante peut exercer du chef de sa mère contre son père, avec subrogation dans l'hypothèque légale grevant les biens de ce dernier, ne doit pas être considérée comme une cession-transport de la créance de reprises, mais seulement comme une subrogation dans l'hypothèque légale ; qu'en conséquence, entre deux cessionnaires auxquels de pareilles cessions ont été consenties, la préférence est déterminée par l'ordre des inscriptions de l'hypothèque légale prise à leur profit, et non par la date des significations faites par les créanciers au père débiteur des reprises (Toulouse, 24 févr. 1892) (1).

534. Il peut se faire cependant qu'une femme cède réellement sa créance de reprise à l'un de ses créanciers personnels, pour le payer, ou à un tiers, moyennant un prix. Il y a lieu alors de se demander si la cession est soumise, quant à la forme, aux mêmes règles que la cession de l'hypothèque légale seule, si elle n'est pas plutôt régie par les art. 1689 et 1690 c. civ. (V. *infrà*, n° 567).

535. — C. *Cession du rang hypothécaire ou du droit d'antériorité.* — La cession de rang, de priorité ou d'antériorité est distincte de la cession de créance et de la cession d'hypothèque ; elle suppose deux créanciers ayant également hypothèque sur le même immeuble et consiste dans la convention par laquelle ces créanciers échangent respec-

---

(1) (Demoiselle Chalon et Espinasse C. de Bures.) — LA COUR ; — Attendu, au fond, que les époux de Bourdès, suivant acte de Roger, notaire, du 4 févr. 1879, ont emprunté de la demoiselle Chalon la somme de 1000 fr., remboursable dans cinq années ; — Que, pour sûreté de cet emprunt, la dame de Bourdès a cédé et transporté à sa prêteuse pareille somme de 1000 fr., avec tous accessoires correspondants, à prendre à due concurrence et avec toute garantie de priorité et préférence à la cédante et à tous autres, sur les dots et reprises qu'elle est en droit d'exercer contre Tristan de Bures, son père, du chef de la dame Reynaud sa mère, lesquelles dots et reprises reposent sur tous les biens immeubles que ce dernier possède ; qu'en conséquence, la dame de Bourdès a subrogé, toujours jusqu'à due concurrence, avec toute priorité et préférence à elle-même et à tous autres, la demoiselle Chalon dans tous les droits, actions et hypothèques qu'elle peut avoir à exercer contre sondit père, et, notamment dans l'utilité de l'hypothèque légale qu'elle a contre les biens de ce dernier ; — Attendu qu'une inscription a été prise, le 21 févr. 1879, au nom de la demoiselle Chalon, de l'hypothèque légale contre de Bures (cette inscription renouvelée le 8 févr. 1889) ; — Attendu que, suivant acte du 4 janv. 1882, les mariés de Bourdès ont emprunté d'Espinasse 10000 fr. et ont donné à ce créancier, dans les mêmes termes que ci-dessus, garantie contre de Bures ; — Qu'il est dit dans cet acte : « Le sieur et la dame de Bourdès déclarent qu'ils ont déjà consenti pareille cession et subrogation sur lesdites dots et reprises en faveur de la demoiselle Maria Chalon » ; — Attendu que, le 3 févr. 1882, Espinasse a réalisé à son tour l'inscription de l'hypothèque légale ; — Attendu que, le 24 déc. 1887, Espinasse a fait signifier le transport à de Bures ; — Qu'au nom de la demoiselle Chalon, on a fait à ce dernier, le 15 avr. 1890, pareille notification ; — Or, attendu qu'à la date du 23 nov. 1889, suivant quittance de Duqué, notaire, la dame de Bourdès avait reconnu avoir reçu de son père la somme de 11000 fr. sur le montant de ses reprises évaluées à 42000 fr., sous toutes réserves, et frappées d'usufruit pour moitié au profit de de Bures, par où serait exigible actuellement contre ce dernier seulement une somme de 10000 fr., qu'il offre de payer à qui par justice sera ordonné ; — Attendu, sur la question de savoir qui, de la demoiselle Chalon ou d'Espinasse, doit être la première en rang sur la somme due par de Bures, que les conventions du 4 févr. 1879 et du 4 janv. 1882, relatives à l'hypothèque légale de la dame de Bourdès, ne constituent point des

cessions-transports ; — Qu'une cession de créance suppose une vente, un transport de propriété moyennant un prix d'achat ; — Que la créance de la dame de Bourdès contre son père était d'ailleurs à liquider ; — Qu'il suffit de remarquer que les sommes prêtées par la demoiselle Chalon et Espinasse étaient remboursables dans cinq années, ce qui exclut l'idée de cession-transport conférant immédiatement la propriété des reprises ; — Qu'il s'agissait simplement d'emprunts dont l'hypothèque légale était la garantie ; — Que les déclarations de cession de droits et reprises n'expriment qu'une simple idée de subrogation, dans les conditions de l'art. 9 de la loi du 23 mars 1855, subrogation qui comporte seulement la double formalité d'authenticité et de publicité, réalisée dans l'espèce par la demoiselle Chalon antérieurement à Espinasse, et qui n'est point régie par les dispositions de l'art. 1690 c. civ. ; — Qu'on objecterait en vain que l'art. 9 de la loi de 1855 n'a en vue que le cas où c'est la femme mariée elle-même qui consent la subrogation à l'hypothèque légale ; — Que cet article est général et s'applique à la subrogation à l'hypothèque légale, quelle que soit la personne du subrogeant, que ce subrogeant soit la femme mariée, la veuve ou les héritiers de la femme ; — Attendu qu'Espinasse a été éclairé sur cette situation par la mention, dans l'acte de la subrogation antérieure, qu'il ne pouvait, du reste, ignorer en tant que droit réel dûment formalisé ; — Qu'il y a là une véritable stipulation dans les termes de l'art. 1121 c. civ. ; — Attendu, relativement à la validité de la quittance du 25 nov. 1889, qu'il est constant que de Bures a été de bonne foi lorsqu'il a payé, et qu'il n'y a eu aucun concert frauduleux ; — Qu'il restait et reste débiteur de 31000 fr., somme suffisante pour désintéresser la demoiselle Chalon et Espinasse ; — Que si, à la vérité, 10000 fr. seulement sont exigibles aujourd'hui, les subrogés ont à se reprocher de n'avoir point averti de Bures qu'ils considéraient comme indisponible entre ses mains, à l'égard de sa fille, sa dot des reprises ; — Que, d'une manière générale, les subrogés à l'hypothèque légale ne sont pas investis de la propriété des créances de leur débitrice et ne sauraient prétendre qu'ils sont placés dans une situation équivalente à celle d'une saisie-arrêt ; — Que, dans l'espèce, la demoiselle Chalon et Espinasse auraient dû demander l'assistance de de Bures à leurs actes ou lui notifier leur subrogation avec défense de se libérer ;

Par ces motifs, etc.

Du 24 févr. 1892.-C. de Toulouse.

tivement leur rang hypothécaire. Tandis que la possibilité de la cession d'hypothèque est contestée dans la doctrine (V. suprà, n° 414), la légalité de la cession d'antériorité est, au contraire, à peu près unanimement reconnue (V. Troplong, *Commentaire de la loi sur la transcription*, n° 324; Pont, *Traité des privilèges et hypothèques*, t. 1, n° 334; Beudant, *Revue critique*, 1866, p. 213; Aubry et Rau, t. 3, § 288, p. 456, note 3; Laurent, t. 31, n°s 330 et suiv.; Colmet de Santerre, t. 9, n° 75 bis-XVI. V. toutefois, en sens contraire, Bertauld, *op. cit.*, n° 21). La jurisprudence admet également la validité de la cession d'antériorité (V. Req. 25 janv. 1853, aff. Charvin et Fischer, D. P. 53. 1. 12; 11 févr. 1867 (motifs), aff. Arnoust, D. P. 67. 1. 465; 8 avr. 1872, infrà, n° 1012; Lyon, 10 août 1880, aff. Crédit lyonnais, D. P. 81. 2. 160).

De la part de la femme mariée, la cession d'antériorité ne peut intervenir qu'en faveur d'un créancier hypothécaire du mari. On peut la comprendre de deux manières différentes. Dans un premier système, la femme renonce simplement au droit d'exercer son hypothèque légale avant celle du créancier. Il y a là une simple *promesse d'abstention* qui n'implique aucun transport, aucun échange des hypothèques attachées aux créances respectives des parties ; c'est plutôt une renonciation de la femme à son rang hypothécaire qu'une véritable cession de ce rang. Le créancier se fera colloquer avant la femme, il est vrai, mais en vertu de sa propre hypothèque. D'où il suit que si ce créancier n'a pas pris soin de conserver son hypothèque, s'il a laissé périmer son inscription, il ne pourra plus obtenir collocation (V. en ce sens, Req. 25 janv. 1853, précité; Paris, 24 août 1853, aff. Boisseau-Laborde, D. P. 54. 2. 105; Proudhon, *Traité de l'usufruit*, t. 5, n° 2339). Dans un autre système, qui a prévalu en doctrine et en jurisprudence, la cession d'antériorité consentie par la femme mariée emporte pour le créancier cessionnaire la faculté de profiter du rang ou du droit de préférence attaché à l'hypothèque légale, sauf le droit réciproque pour la femme de se faire colloquer à la date de l'inscription hypothécaire du créancier. L'opération consiste ainsi en un échange de rang entre la femme et le bénéficiaire du contrat; elle constitue, sous ce rapport, une véritable subrogation à l'hypothèque légale. Elle diffère cependant de la cession d'hypothèque ou subrogation proprement dite en ce qu'elle ne porte que sur le droit de préférence et n'autorise pas le créancier cessionnaire à se prévaloir du droit de suite attaché à l'hypothèque légale. Dans ce système, il n'est pas nécessaire que le cessionnaire ait conservé son inscription pour qu'il puisse se faire colloquer au rang de l'hypothèque de la femme; il suffit que son hypothèque subsiste, qu'elle ne se soit pas éteinte, par l'effet de l'extinction de la créance ou autrement. Toutefois, s'il a laissé périmer son inscription, en échange de laquelle la femme lui avait cédé son droit d'antériorité, il sera obligé, en profitant de ce droit, d'indemniser la femme du préjudice qui pourra résulter pour elle de la péremption; il devra, en définitive, lui abandonner ce qu'elle aurait obtenu dans l'ordre si l'inscription avait été renouvelée en temps utile (V. en ce sens, Riom, 3 août 1863, aff. Veuve Pic, D. P. 63. 2. 133, et sur pourvoi, Civ. rej. 9 août 1865, D. P. 66. 1. 32; Pont, t. 1, n° 480, en note; Aubry et Rau, t. 3, § 288, p. 458; Mérignhac, *op. cit.*, n°s 116 et suiv.).

536. Il est bien entendu, d'ailleurs, que la cession d'antériorité, pas plus que la cession d'hypothèque, ne peut nuire aux créanciers dont les hypothèques viennent après l'hypothèque légale de la femme. S'il a cédé à celle-ci de renoncer en faveur d'un tiers à son rang hypothécaire, elle ne peut pas pour cela repousser à un rang plus éloigné les créanciers qui lui sont postérieurs. Après la collocation du créancier cessionnaire au rang de l'hypothèque légale, elle ne pourra elle-même obtenir collocation à ce rang que pour ce qui restera de ses reprises, déduction faite du montant de la collocation du cessionnaire. S'il en était autrement, on ferait produire à l'hypothèque légale un double effet pour une valeur égale à cette collocation. Les autres reprises ne seront colloquées qu'au rang de l'hypothèque du cessionnaire, ou de la nouvelle hypothèque légale née de l'engagement même contracté par la femme. Ainsi la cession d'antériorité ne portera aucun préjudice aux créanciers déjà inscrits au moment de cette opération (Comp. en

ce sens, Paris, 15 déc. 1881, et sur pourvoi, Req. 31 janv. 1883, aff. Courtier, D. P. 83. 1. 316; Mérignhac, *op. cit.*, n° 120. — Contrà : Bertauld, *op. cit.*, n° 21).

537. — D. *Renonciation à l'hypothèque.* — Il se peut que la femme, au lieu de céder son hypothèque, se soit bornée à y renoncer en faveur d'un créancier du mari. Elle ne pourrait valablement y renoncer en faveur du mari seul, sans remplir les formalités prescrites par les art. 2144 et suiv. c. civ. pour la restriction de l'hypothèque légale (V. infrà, n° 560).

538. La renonciation qui a lieu au profit d'un créancier du mari peut, de même que la cession d'antériorité (V. suprà, n° 535), être interprétée de deux manières. On peut y voir, soit une renonciation purement *abdicative*, consistant en une simple promesse d'abstention de la part de la femme, soit une renonciation *translative*, équivalente à la cession de l'hypothèque légale. Dans le premier cas, la femme aurait simplement renoncé à exercer son hypothèque légale au préjudice du créancier, mais le créancier ne pourrait exercer lui-même l'hypothèque légale à l'encontre des autres créanciers que cette hypothèque primerait. Il en résulterait que le bénéficiaire de la renonciation serait nécessairement primé par tous les créanciers auxquels le mari aurait consenti ou laissé acquérir des hypothèques sur ses biens avant cette renonciation. Si la femme avait également renoncé à son hypothèque en faveur de ces créanciers, il serait indifférent que sa nouvelle renonciation fût abdicative ou translative, car elle-même ne pourrait plus se prévaloir de son hypothèque à l'encontre des premiers créanciers. Mais si aucune subrogation ou renonciation n'a eu lieu en faveur de ceux-ci, la femme, en supposant qu'elle ait des reprises antérieures à leurs créances, pourra se faire colloquer avant eux. Or, le créancier auquel elle aurait consenti une renonciation purement abdicative ne pourrait, au contraire, obtenir collocation qu'après eux; il devrait, dans tous les cas, s'attendre à être primé jusqu'à concurrence du montant de leurs créances, soit par ces créanciers, soit même par la femme colloquée en leur lieu et place (V. en ce sens, Mourlon, *Traité de la subrogation*, p. 605 et suiv.; *Traité de la transcription*, n° 338).

Cette manière d'interpréter la convention par laquelle une femme renonce à son hypothèque légale en faveur d'un créancier de son mari n'a pas prévalu. On considère que cette interprétation ne répond pas suffisamment à l'intention des parties, qui doit être de procurer au créancier tous les moyens dont la femme dispose pour lui faire obtenir le payement de sa créance. Si telle n'est pas, en effet, la commune intention des parties, si la femme n'entend promettre que son abstention, la convention doit l'exprimer. Autrement, le créancier a le droit de croire qu'il est investi de l'hypothèque de la femme dans la mesure de sa créance. La renonciation à l'hypothèque légale équivaut ainsi à la cession de l'hypothèque. Cette assimilation a, du reste, été faite, d'une manière évidente, par l'art. 9 de la loi du 23 mars 1855. *Cession et renonciation* y sont mises sur la même ligne, déclarées équivalentes par la conjonction *ou*, considérées comme produisant le même résultat et astreintes aux mêmes formalités, ce qui ne se comprendrait pas si elles procédaient d'un principe différent. L'une et l'autre ont donc pour effet de transmettre l'hypothèque légale au créancier, qui, dans les deux cas, est qualifié par la loi de *cessionnaire* (V. en ce sens, *Rép.* n° 949; Pont, t. 1, n° 476; Bertauld, *op. cit.*, n° 30 et suiv.; Aubry et Rau, t. 3, § 288 bis, p. 470, note 28; Thézard, n° 409; Baudry-Lacantinerie, t. 3, n° 1238; Mérignhac, *op. cit.*, n°s 23 et suiv.).

539. La renonciation translative de l'hypothèque suppose nécessairement l'acceptation, sinon expresse, au moins tacite, du créancier au profit duquel elle a lieu (Comp. Pau, 17 juin 1889. aff. Larrouy, D. P. 90. 2. 21).

540. Il résulte, toutefois, d'un arrêt de la cour de cassation, déjà cité au *Rép.* n° 992, que la renonciation de la part d'une femme mariée à son hypothèque légale, en faveur du créancier qui vient immédiatement après elle dans l'ordre des collocations, a le caractère d'un acte unilatéral et n'a pas besoin d'être accepté par ce créancier pour être irrévocable (Req. 29 nov. 1858, aff. Denis, D. P. 56. 1. 175). Lorsque la renonciation a lieu ainsi par la seule volonté de

la femme, sans la participation du créancier, il n'est pas possible de la considérer comme translative, car la cession de l'hypothèque serait un contrat synallagmatique ; on ne peut voir dans cette hypothèse qu'une renonciation purement extinctive.

541. — 2° *Subrogation ou renonciation tacite.* — La femme qui s'oblige envers un créancier de son mari renonce évidemment par cela même à se prévaloir de son hypothèque légale contre ce créancier; elle lui confère même le pouvoir de l'exercer, comme nous le voir, avoir lieu en vertu de l'art. 1166 c. civ. Mais ce créancier n'obtient ainsi aucun privilège; lorsqu'il exercera les droits de la femme, il devra subir le concours de tous les autres créanciers de sa débitrice. La femme, cependant, peut faire davantage pour lui; elle peut lui céder, par préférence à tous autres, ses droits hypothécaires, s'interdire d'en disposer à l'avenir au profit d'un autre et l'en investir lui-même d'une façon exclusive et absolue. Cette cession de l'hypothèque légale de la femme ne doit pas nécessairement être expresse; elle peut, dans certains cas, comme nous allons le voir, avoir lieu tacitement; elle résulte alors des conventions des parties, des circonstances dans lesquelles la femme s'est obligée. La question de savoir si la femme a entendu céder son hypothèque est, avant tout, une question de fait, laissée à l'appréciation des tribunaux. Mais, dans le doute, elle doit être décidée par la négative, parce que l'abandon d'un droit ne peut pas être présumé (En ce sens : Colmet de Santerre, t. 9, n° 81 *bis*-XVIII; Baudry-Lacantinerie, t. 3, n° 1238).

542. Si la femme s'est obligée conjointement ou même solidairement avec son mari envers un créancier purement chirographaire de celui-ci, elle ne peut être réputée avoir implicitement subrogé ce créancier dans son hypothèque légale, quand même l'obligation aurait eu lieu dans un acte authentique. Le créancier, n'ayant stipulé aucune hypothèque de ses débiteurs, est présumé avoir eu pleine confiance dans leur solvabilité et s'être contenté du gage général que lui confèrent les art. 2092 et 2093 c. civ. Comme créancier de la femme, il pourra seulement exercer les droits de celle-ci en vertu de l'art. 1166 et se faire payer, concurremment avec tous les autres créanciers de sa débitrice, par la voie du sous-ordre, sur toutes les collocations auxquelles elle aura droit dans les ordres ouverts contre le mari (V. *Rép.* n° 961; Civ. cass. 14 mars 1865, aff. Leriche, D. P. 65. 1. 129 ; Amiens, 26 mai 1874, aff. Brunette et Choisy, D. P. 76. 2. 130; Pont, t. 1, n° 463; Aubry et Rau, t. 3, § 288 *bis*, p. 464; Colmet de Santerre, t. 9, n° 81 *bis*-XX; André, n° 1070; Baudry-Lacantinerie, t. 3, n° 1238; Mérignhac, *op. cit.,* n° 125. Comp. quant à l'exercice des droits de la femme en vertu de l'art. 1166 c. civ., Amiens, 11 nov. 1858, aff. Waxin, D. P. 59. 2. 128).

543. Un jugement de condamnation obtenu contre le mari et la femme n'opérerait pas non plus subrogation du créancier dans l'effet de l'hypothèque légale, car la subrogation ne peut émaner que du consentement de la femme (*Rép.* n°s 962 et suiv.; Civ. cass. 14 mars 1865, cité *supra*, n° 542; Aubry et Rau, *loc. cit.,* cité *supra*, n° 126). Toutefois, le jugement qui validerait une saisie-arrêt, pratiquée par un créancier de la femme sur les créances dotales, investirait le créancier du droit d'exercer l'hypothèque légale comme accessoire des créances saisies (Mérignhac, *ibid.*)

544. Mais la femme mariée, qui contracte conjointement ou solidairement avec son mari une obligation pour sûreté de laquelle une hypothèque est consentie sur des immeubles appartenant au mari ou à la communauté, est réputée par cela seul subroger tacitement le créancier au bénéfice de l'hypothèque légale sur les immeubles, jusqu'à concurrence de la somme pour laquelle elle s'est personnellement engagée (*Rép.* n° 967; Amiens, 11 mars 1854, et sur pourvoi, Req. 8 août 1854, aff. Lafeuille, D. P. 55. 1. 337; Amiens, 11 nov. 1858, aff. Waxin, D. P. 59. 2. 128; Civ. cass. 25 févr. 1862, aff. Rack, D. P. 62. 1. 240; Pont, t. 1, n° 464; Aubry et Rau, t. 3, § 288 *bis*, p. 464; Colmet de Santerre, t. 9, n° 81 *bis*-XIX et 81 *bis*-XXI; André, n° 1070; Baudry-Lacantinerie, t. 3; n° 1238; Mérignhac, *op. cit.,* n° 127).

545. Il suffit, d'ailleurs, pour que la subrogation ait lieu, que la femme s'oblige avec son mari, dans l'acte où celui-ci

hypothèque ses immeubles ou les immeubles de la communauté; il n'est pas nécessaire que la femme participe expressément elle-même à la constitution d'hypothèque (*Rép.* n° 969; Pont, *loc. cit.,* Bertauld, *op. cit.,* n° 72; Mérignhac, *op. cit.,* n° 129). Toutefois, si l'intervention de la femme à l'acte avait une autre raison d'être que la subrogation ou la renonciation à son hypothèque, cette subrogation ou cette renonciation ne résulterait pas nécessairement de l'acte. Ainsi, dans un cas où deux époux avaient constitué une dot à leur enfant, dans son contrat de mariage, avec garantie hypothécaire sur un immeuble du mari, il a été jugé que le concours de la mère à cette constitution dotale, pour une somme déterminée, n'emportait pas renonciation de sa part à son hypothèque légale sur l'immeuble hypothéqué pour sûreté du payement de la dot (Limoges, 3 juin 1854, et sur pourvoi, Req. 4 juin 1855, aff. Beaune-Beaurie, D. P. 55. 1. 389).

546. Faut-il, pour que la subrogation tacite se produise, que la femme s'oblige dans l'acte même qui contient l'obligation hypothécaire du mari? On a admis l'affirmative au *Rép.* n° 970. Mais, suivant M. Mérignhac, *op. cit.,* n° 129, la subrogation tacite se produirait aussi si la femme s'obligeait par un acte séparé. « Il est probable, il est même sûr, dit cet auteur, qu'il sera donné connaissance à la femme des clauses du contrat auquel elle va adhérer; dans tous les cas, elle sera censée l'avoir connu, puisqu'elle l'aura ratifié ». Il y a là, avant tout, une question de fait. De ce que la femme s'est engagée comme caution du mari, il ne résulte pas nécessairement qu'elle a connu toutes les conditions de l'obligation principale. En tout cas, la subrogation tacite ne pourrait se produire que si la femme s'était engagée par un acte authentique (V. *infrà*, n° 566).

547. L'obligation contractée par la femme, dans un acte authentique, de payer le montant des condamnations prononcées dans un jugement rendu contre son mari, entraîne la subrogation tacite à son hypothèque légale, car la nature même du titre suffit pour avertir la femme qu'il a conféré au créancier une hypothèque sur tous les biens présents et à venir du mari (Mérignhac, *op. cit.,* n° 130).

548. Mais, en principe, la subrogation que la femme est réputée consentir dans l'effet de son hypothèque, lorsqu'elle s'oblige solidairement avec son mari dans un acte de constitution hypothécaire, ne s'applique qu'aux immeubles mêmes sur lesquels est constituée l'hypothèque accordée au créancier (Amiens, 11 nov. 1858, aff. Waxin, D. P. 59. 2. 128. V. aussi les autres arrêts et les auteurs cités *supra*, n° 544). Par suite, relativement aux autres immeubles du mari, le créancier n'a que le droit de réclamer sa collocation en sous-ordre, en vertu de l'art. 1166 c. civ., et se trouve dès lors primé par les tiers qui auraient été subrogés expressément ou tacitement dans l'hypothèque de la femme sur ces autres immeubles (Arrêt précité du 11 nov. 1858).

549. La subrogation tacite, qui résulte de l'accession de la femme à une obligation hypothécaire du mari, n'est ainsi, au fond, qu'une cession du rang ou du droit d'antériorité de la femme sur les immeubles affectés de l'hypothèque du créancier. Elle a pour effet de transférer au bénéficiaire le droit de préférence de la femme, mais aussi son effet se restreint à ce droit de préférence en ce qui concerne les immeubles hypothéqués. Il en résulte que le créancier subrogé tacitement dans l'hypothèque légale ne peut exercer cette hypothèque au préjudice des tiers auxquels le mari a vendu antérieurement une partie de ses immeubles; il n'a quant à ces immeubles aliénés ni droit de suite ni droit de préférence; il ne pourrait les atteindre qu'en exerçant les droits de la femme, comme tout créancier chirographaire (V. en ce sens, Mérignhac, *op. cit.,* n°s 118 et suiv., et 128). Néanmoins, la conservation du droit de préférence résultant de la subrogation tacite n'est pas subordonnée pour le créancier à la conservation de l'inscription de sa propre hypothèque, sauf le droit pour la femme de se faire indemniser par lui du préjudice résultant pour elle du non-renouvellement de l'inscription (V. *supra*, n° 535, et les arrêts cités *ibid.* V. aussi en ce sens les arrêts cités au *Rép.* n° 976, et en sens contraire ceux cités au n° 975).

550. — II. Renonciation au profit d'un acquéreur. — Lorsque le mari aliène un de ses immeubles propres ou un

immeuble de la communauté, il arrive souvent que la femme renonce à son hypothèque légale sur cet immeuble pour garantir l'acquéreur contre les effets de cette hypothèque. Cette renonciation, comme celle qui est consentie par la femme en faveur d'un créancier auquel le mari donne hypothèque sur ses biens, peut être expresse ou tacite. Mais elle est presque toujours tacite. Sous l'empire de la loi du 23 mars 1855, on se demandait si cette renonciation était régie, quant à ses conditions de validité et quant à ses effets, par l'art. 9 de cette loi. La loi du 13 févr. 1889 a eu pour but de faire cesser les controverses auxquelles cette question avait donné lieu.

551. — 1° *Renonciation expresse.* — La femme peut renoncer expressément à son hypothèque légale en faveur d'un tiers acquéreur, soit dans l'acte même d'aliénation, soit dans un acte postérieur. Cela résulte formellement du premier paragraphe ajouté à l'art. 9 de la loi de 1855 par la loi de 1889 (V. *suprà*, n° 514). Dans les deux cas, toutefois, l'acte doit être authentique (V. *infrà*, n°s 602 et suiv.). Bien entendu, pour être expresse, la renonciation n'a pas besoin d'avoir lieu en termes sacramentels. Il suffit que l'intention de la femme soit clairement exprimée; il n'est pas nécessaire que l'acte contienne ces mots : « renonciation à l'hypothèque légale ». Il suffirait, par exemple, que la femme déclarât donner mainlevée de son hypothèque, ou subroger l'acquéreur dans son hypothèque.

552. — 2° *Renonciation tacite.* — Avant la loi du 13 févr. 1889, la jurisprudence décidait que la renonciation en faveur d'un tiers acquéreur résultait tacitement du concours de la femme à l'acte d'aliénation, lorsque l'intervention de la femme à cet acte ne pouvait s'expliquer autrement (V. les arrêts cités au *Rép.* n° 1004 et en outre : Metz, 13 déc. 1854, aff. Ouzaneau, D. P. 56. 2. 243 ; Civ. rej. 6 nov. 1855, aff. Drouard, D. P. 55. 1. 449 ; Limoges, 29 juin 1854, et sur pourvoi, Req. 30 juin 1856, aff. Durepaire, D. P. 57. 1. 93 ; Civ. cass. 26 août 1862, aff. Rouillon, D. P. 62. 1. 344 ; Angers, 27 mai 1864, aff. Synd. Alix, D. P. 64. 2. 152 ; Agen, 14 mars 1866, aff. Malaret, D. P. 67. 2. 129 ; 21 mars 1866, aff. Escalot, *ibid.*; Poitiers, 10 juill. 1866, et sur pourvoi, Req. 12 févr. 1868, aff. Vital-Domond, D. P. 68. 1. 346; Dijon, 17 nov. 1876, aff. Larguille, D. P. 78. 2. 57 ; Trib. civ. de la Flèche, 26 août 1878, aff. De Paillot, D. P. 80. 3. 134 ; Dijon, 4 août 1880, aff. Robin, D. P. 80. 2. 241).

553. Le législateur de 1889 a cru devoir préciser les conditions dans lesquelles le concours de la femme à l'acte d'aliénation entraînerait désormais sa renonciation à son hypothèque légale. Il l'a fait dans l'intérêt de la femme elle-même, pour qu'elle puisse se rendre compte de la portée du consentement donné par elle, et aussi dans l'intérêt des tiers qui elle voudra plus tard subroger dans son hypothèque et qui seront intéressés à savoir si cette hypothèque existe encore sur les immeubles précédemment aliénés par le mari (V. l'analyse de la discussion de la loi au Sénat, D. P. 89. 4. 27, note 2). « En l'absence de stipulation expresse, dit le troisième paragraphe ajouté à l'art. 9 de la loi de 1855 (paragraphe 5 de cet article modifié), la renonciation par la femme à son hypothèque légale ne pourra résulter de son concours à l'acte d'aliénation que si elle stipule, soit comme covenderesse, soit comme garante ou caution du mari ». Ce texte est évidemment limitatif. Il fixe au juge une règle

d'interprétation d'après laquelle le concours de la femme à l'acte d'aliénation ne pourra être considéré comme emportant renonciation à son hypothèque légale que dans trois cas : lorsqu'elle sera intervenue soit comme covenderesse du mari, soit comme garante de la vente, soit comme caution de l'obligation de garantie contractée par le mari. Bien entendu, il ne sera pas indispensable que ces expressions mêmes se trouvent dans l'acte ; mais il faudra que la femme y ait contracté des engagements de la nature de ceux que ces expressions renferment. En dehors de ces trois hypothèses, et alors même que l'intention de la femme de renoncer à son hypothèque légale résulterait des circonstances, les juges devraient déclarer que la renonciation n'est pas valable (V. en ce sens, Escorbiac, *Hypothèque légale de la femme, Commentaire de la loi du 13 févr. 1889*, dans les *Lois nouvelles, analysées et expliquées*, 1890, p. 140 et suiv. ; César-Bru, *Étude sur la renonciation par la femme mariée à son hypothèque légale au profit de l'acquéreur d'immeubles du mari*, p. 57 et suiv.).

554. Ainsi, la femme conserverait son hypothèque sur l'immeuble vendu si elle avait seulement signé l'acte de vente, ou si elle s'était bornée à approuver la vente faite par le mari (V. les discours au Sénat cités D. P. 89. 4. 27, note 2). Il en serait de même, à plus forte raison, si la femme était intervenue à l'acte pour des motifs étrangers à son hypothèque légale.

555. La loi exigeant que la femme soit « covenderesse, garante ou caution du mari », il en résulte que l'intervention de la femme à un autre acte qu'une vente, à un acte de donation, par exemple, n'emporterait pas renonciation à son hypothèque légale, si d'ailleurs la femme n'y contractait pas une obligation de garantie ou de cautionnement avec le mari. Il a été jugé que, lorsque deux époux ont, dans leur contrat de mariage, fait donation d'une partie de leurs biens présents et à venir à celui des enfants mâles à provenir de leur union qu'il leur plaira de choisir, la femme conserve son hypothèque légale sur l'immeuble abandonné plus tard à cet enfant en vertu de la donation (Limoges, 29 juin 1854, et sur pourvoi, Req. 30 juin 1856, aff. Durepaire, D. P. 57. 1. 93).

556. Mais, malgré l'expression de « covenderesse » employée par la loi, la femme qui interviendrait comme codonatrice à un acte de constitution de dot ou comme coéchangiste à un acte d'échange, conjointement avec son mari, renoncerait par cela même à son hypothèque sur les immeubles constitués en dot ou donnés en échange, car elle serait tenue par le mari de l'obligation de garantie qui résulte de la constitution de dot ou de l'échange (V. c. civ. art. 1440, 1547, 1705). Il a été jugé, en ce sens, que la donation faite par deux époux à un enfant commun, à titre de constitution de dot, d'un immeuble appartenant au mari, emporte renonciation, de la part de la femme, à son hypothèque légale sur cet immeuble (Req. 9 févr. 1859, aff. Veuve Tillard, D. P. 59. 1. 460). Cette solution serait encore vraie sous l'empire de la loi nouvelle. Par la même raison, si la femme concourait avec le mari à un acte par lequel celui-ci ferait l'apport d'un immeuble dans une société, ce concours, qui rendrait la femme garante de l'apport (c. civ. art. 1845), emporterait renonciation à son hypothèque légale sur l'immeuble (Nancy, 10 août 1875) (1).

---

(1) (Chappuis *C.* Créanciers Rémy et comp.) — La cour; — En ce qui touche le moyen tiré de la subrogation de l'appelant à l'hypothèque légale de la dame Rémy; — Sur la première branche de ce moyen : droit prétendu de la dame Rémy à une indemnité ou reprise de 15 000 fr., par suite de l'obligation par elle contractée comme caution de son mari, par l'acte du 26 févr. 1873, adoptant les motifs du jugement ainsi conçu : — « Attendu qu'il est de jurisprudence que la subrogation dans l'hypothèque légale de la femme, alors que celle-ci s'est engagée solidairement avec son mari, commerçant en état de cessation de payements, ne peut produire aucun effet et est frappée d'une nullité aussi radicale que celle qui atteint l'hypothèque même sur ses propres immeubles par le mari lui-même, surtout si, comme dans l'espèce, elle n'a plus de reprises à exercer contre celui-ci pour cause antérieure (Arrêt de la cour de Nancy, du 4 août 1860, D. P. 60. 2. 196) » ; — Sur la seconde branche de ce moyen : droits de reprises de l'épouse Rémy en vertu de son contrat de mariage ; — Attendu qu'en supposant que la dame Rémy puisse, dans un avenir plus ou moins éloi-

gné, faire prononcer sa séparation de biens et liquider ses reprises, lesquelles se réduiraient, en tout cas, à une somme bien modique, il est dès à présent certain qu'elle ne pourrait pas, pour l'exercice de ces reprises, primer les actionnaires et les créanciers de la société Rémy ; — Qu'en effet, elle a, par l'art. 7 du contrat du 28 déc. 1865, déclaré se désister, au profit de la société, de tous ses droits d'hypothèque légale sur les biens formant son apport, et celui de son mari, et subrogé la société dans l'effet de cette hypothèque légale ; qu'à la vérité cette renonciation a été, comme l'objecte l'appelant, la condition de l'entrée de la dame Rémy dans la société comme associée en nom collectif, au même titre que son mari, et que, par le jugement du 10 sept. 1873, qui a relevé la dame Rémy de l'état de faillite, il a été décidé qu'elle n'avait pu légalement être l'associée et la cogérante de son mari, contrairement à la loi civile et aux principes d'ordre public qui investissent celui-ci d'une supériorité nécessaire comme chef de la communauté, mais que nonobstant cette décision provoquée par la dame Rémy dans son intérêt après la déclaration de faillite et la ruine de la société Rémy, cette

557. Alors même, d'ailleurs, que la femme sera covenderesse, garante ou caution du mari vendeur, elle ne devra pas nécessairement être réputée avoir renoncé à son hypothèque légale, s'il résulte des circonstances qu'elle n'a pas voulu ou n'a pas pu faire cette renonciation. La loi ne dit pas que la femme covenderesse, garante ou caution, sera toujours censée avoir renoncé à son hypothèque; la loi dit seulement que la renonciation ne pourra s'induire que des engagements indiqués. On comprendrait, par exemple, que la contractée par son mari, tout en se réservant son hypothèque légale; mais ce serait à elle à prouver qu'elle a fait cette réserve, à moins, bien entendu, qu'elle ne se soit mariée sous le régime dotal, auquel cas la réserve résulterait de son incapacité même (Comp. en ce sens, César-Bru, *op. cit.*, p. 64 et suiv.).

558. La renonciation tacite de la femme peut-elle avoir lieu, de même que la renonciation expresse (V. *supra*, n° 55), dans un acte postérieur à l'acte d'aliénation? Pris à la lettre, le troisième paragraphe ajouté à l'art. 9 de la loi de 1855 serait favorable à la négative. Nous croyons cependant qu'un acte ultérieur contenant engagement de la femme comme covenderesse, garante ou caution du mari, emporterait renonciation à l'hypothèque, quand même la renonciation n'y serait pas formellement exprimée. On ne voit pas, en effet, pourquoi l'engagement de la femme n'aurait pas alors les mêmes conséquences que s'il s'était produit au moment de la vente. La preuve que la renonciation peut intervenir par un acte ultérieur résulte même, suivant nous, du dernier paragraphe ajouté à l'art. 9, aux termes duquel « le concours ou le consentement donné par la femme, soit à un acte d'aliénation contenant quittance totale ou partielle du prix, soit à l'acte ultérieur de quittance totale ou partielle, emporte, même à due concurrence, subrogation à l'hypothèque légale de l'immeuble vendu, au profit de l'acquéreur, vis-à-vis des créanciers hypothécaires postérieurs en rang, etc. ». Ce texte, à notre avis, est applicable aussi bien au cas où la femme intervient à la quittance sans avoir préalablement concouru à l'acte d'aliénation qu'au cas où elle est intervenue successivement aux deux actes (V. *infra*, n° 674). Il prouve, par conséquent, que la renonciation de la femme ne doit pas nécessairement avoir lieu dans le même acte que l'aliénation (V. en ce sens, Wable, *Traité des renonciations par la femme à son hypothèque légale au profit du tiers acquéreur*, n° 42).

559. D'après l'interprétation que nous venons de donner du dernier paragraphe de l'art. 9 de la loi de 1855, modifié par la loi du 13 févr. 1889, la renonciation tacite de la femme à son hypothèque légale en faveur d'un acquéreur peut encore résulter du concours ou du consentement de la femme à l'acte portant quittance totale ou partielle du prix. Si la quittance est totale, la femme, en y intervenant, renoncera tout à la fois à son droit de suite et à son droit de préférence; si la quittance n'est que partielle, son consentement à la quittance emportera l'abdication absolue de son droit de suite, mais laissera subsister son droit de préférence sur la partie du prix restant due (V. *infra*, n° 663).

§ 3. — Des conditions de forme et de publicité requises pour la subrogation ou la renonciation à l'hypothèque légale. — Acte authentique. — Inscription (*Rép.* n°s 978 à 993).

560. On a soutenu autrefois que, pour la validité des subrogations ou renonciations consenties par la femme en faveur des créanciers du mari ou des acquéreurs de ses biens, il était nécessaire d'observer les formalités établies par les art. 2144 et 2145 c. civ. Mais cette opinion est maintenant abandonnée. L'opération prévue par les art. 2144 et 2145 est celle par laquelle la femme consent à la restriction de son hypothèque légale en faveur du mari seul, non en faveur d'un tiers; c'est pour cette abdication pure et simple d'une partie de ses garanties que la femme a été soumise par la loi à des formalités spéciales : avis de ses quatre plus proches parents et jugement prononçant la réduction de l'hypothèque (V. *infra*, chap. 9, sect. 1; art. 1). Mais les subrogations et renonciations que la femme consent directement en faveur des tiers sont des actes tout différents. Il est bien vrai que ces sortes de contrats ont lieu le plus souvent dans l'intérêt du mari, et qu'ils peuvent être funestes à la femme. Néanmoins, il faut reconnaître que le code civil ne les a pas interdits. La femme non mariée sous le régime dotal peut librement, avec l'autorisation de son mari, aliéner son patrimoine, disposer en tout ou en partie de ses reprises; elle doit pouvoir, à plus forte raison, disposer seulement de l'hypothèque qui n'est que l'accessoire de sa créance de reprises. Enfin, depuis les lois du 23 mars 1855 et du 13 févr. 1889, il n'est plus possible d'admettre que les subrogations d'hypothèque sont soumises à d'autres formalités que celles qui ont été prescrites par ces lois. Il n'y a plus lieu d'établir sous ce rapport, comme on l'a fait au *Rép.* n°s 978 et suiv., aucune distinction entre le cas où la femme est mariée en communauté et celui où elle est séparée de biens. Dès l'instant qu'elle est mariée sous un régime lui laissant la capacité de disposer de ses biens avec la seule autorisation de son mari ou de justice, elle n'est tenue de remplir les formalités des art. 2144 et 2145 ni pour céder son hypothèque à un créancier de son mari, ni pour y renoncer sur un immeuble aliéné par celui-ci (V. Aubry et Rau, t. 3, § 264*ter*, n° 7, p. 246 et suiv.; Thézard, n° 102; Mérignhac, *Traité des contrats relatifs à l'hypothèque légale*, introduction; n° 16. Quant à la jurisprudence antérieure à la loi du 23 mars 1855, V. les arrêts cités au *Rép.* n°s 978 et suiv.; et en outre : Douai, 20 mars 1851, aff. Ouzaneau, D. P. 52. 2. 137; Metz, 13 déc. 1854, aff. Ouzaneau, D. P. 56. 2. 243; Chambéry, 19 nov. 1877, *supra*, n° 517. V. aussi les arrêts cités, *infra*, n° 562).

561. Les formalités des art. 2144 et 2145 c. civ. ne sont, du reste, pas nécessaires pour la validité de la renonciation de la femme à son hypothèque sur un immeuble vendu par le mari, quand même la renonciation n'a lieu que postérieurement à la vente, soit sous forme de ratification de cette vente (V. Lyon, 21 déc. 1840, *Rép.* n° 978), soit sous forme de mainlevée donnée par la femme (Trib. civ. de Nantes, 17 juill. 1871) (1). Cela ne peut même être contesté depuis la loi du 13 févr. 1889 (V. *supra*, n° 551).

---

dame n'en a pas moins retiré du pacte social de 1865 tous les avantages sur lesquels elle avait pu compter, puisqu'elle est restée en fait l'associée et la cogérante de son mari pendant toute la durée de la société; — Qu'elle ne peut donc se soustraire à l'effet des obligations prises par elle dans un contrat dont elle a recueilli tout le bénéfice; — Attendu que la dame Rémy avait, en participant à l'acte du 26 déc. 1865, une double qualité, celle de commune en biens, autorisée par son mari à contracter, et celle de future associée et cogérante de la société en voie de formation; qu'en faisant même abstraction de cette seconde qualité, elle a pu, comme femme mariée commune en biens, se joindre à son mari, qui faisait lui, un acte parfaitement légal, pour assurer aux actionnaires de plus amples garanties en leur cédant le bénéfice sur l'exercice de ses droits d'hypothèque légale sur les biens de son mari; que la situation de la dame Rémy est celle d'une femme commune concourant avec son mari à l'aliénation des biens propres à celui-ci ou de communauté au profit d'un tiers acquéreur (ici, de la société Rémy et comp.), concours qui, d'après une doctrine et une jurisprudence constantes, emporte une renonciation absolue et nécessaire de la femme, à son hypothèque légale sur les biens objet de cette aliénation; — Attendu que Chappuy, subrogé dans

le bénéfice de l'hypothèque légale de la dame Rémy ne pourrait exercer d'autres et plus amples droits, que sa cédante; qu'il est donc, comme elle le serait elle-même, tout autant non recevable que mal fondé dans sa prétention de primer, dans le bénéfice de cette hypothèque, les créanciers de la société Rémy et comp.; d'où il suit que le sursis par lui sollicité serait sans intérêt et sans aucune utilité; — Confirme, etc. — Du 10 août 1875.-C. de Nancy, 2e ch.-MM. Briard, pr.-Augenoux, av. gén.-Besval, Boulangé père et Boulangé fils, av.

(1) (Blanchard C. Conservateur des hypothèques de Nantes.) — Le tribunal; — Attendu que, suivant acte au rapport de Me Nidelet, notaire à Nantes, en date des 20 avr. et 4 mai 1867, les sieurs Pantin de la Guère frères ont vendu, avec leur garantie solidaire de fait et de droit, au sieur François Blanchard, meunier, le moulin de la Salverte, situé commune de Chantenay, avec les bâtiments et terres qui en dépendent, le tout d'une contenance d'environ 36 ares 50 cent., indivis entre les vendeurs et leur provenant de la succession de M. Louis-Julien-Léon Pantin de la Guère, leur père; — Attendu que d'après la transcription de ce contrat de vente au bureau des hypothèques de Nantes, le 10 mai 1867, la dame Justine de Possin,

562. Il faut observer, toutefois, qu'une prétendue subrogation ou renonciation à l'hypothèque légale en faveur de créanciers ou d'acquéreurs, devrait être annulée, pour défaut d'accomplissement des formalités prescrites par les art. 2144 et 2145 c. civ., si l'opération n'était en réalité qu'une réduction pure et simple de l'hypothèque en faveur du mari. Ainsi il a été jugé qu'une femme, même séparée de corps et de biens, et payée de ses reprises, n'avait pu valablement se désister de son hypothèque légale et donner mainlevée de son inscription, en tant que cette hypothèque et cette inscription grevaient certains immeubles que le mari se proposait d'aliéner (Civ. cass. 26 avr. 1864, aff. Souchières, D. P. 64. 1. 181, et sur renvoi, Montpellier, 30 nov. 1864, D. P. 65. 2. 216). Un arrêt a cependant admis qu'une femme avait pu renoncer d'une façon générale à son droit d'hypothèque légale au profit de tous les créanciers de son mari, présents ou futurs, sous la condition que ces créanciers accorderaient au mari un atermoiement (Nancy, 4 mai 1886, sous Civ. cass. 11 mai 1890, aff. Bouillard, D. P. 91. 1. 35). Mais cet arrêt a été cassé pour défaut de motifs, et il avait certainement eu tort d'admettre la validité de la renonciation de la femme à l'égard des créanciers dont les droits n'étaient pas encore nés à l'époque de cette renonciation.

563. Nous devons maintenant étudier les règles de forme et de publicité auxquelles les subrogations, cessions ou renonciations d'hypothèque légale ont été assujetties tant par l'art. 9 de la loi du 23 mars 1855 que par la loi du 13 févr. 1889. Nous nous occuperons d'abord des subrogations qui ont lieu en faveur d'un créancier et ensuite des renonciations consenties par la femme au profit d'un acquéreur d'immeuble.

564. — I. Subrogation, cession ou renonciation en faveur d'un créancier. — Jusqu'à la loi du 23 mars 1855, les divers contrats portant subrogation ou renonciation expresse ou tacite, à l'hypothèque légale d'une femme mariée n'étaient soumis à aucune condition particulière de forme ni de publicité, soit pour leur validité entre les parties, soit pour leur efficacité à l'égard des tiers. La subrogation pouvait avoir lieu aussi bien par acte sous seing privé que par acte authentique (V. *Rép.* n° 986). Et le créancier subrogé profitait de la dispense d'inscription accordée par la loi à l'hypothèque légale (V. *Rép.* n°s 988 et suiv.). La jurisprudence qui s'était formée sur ces deux points, non sans quelques dissidences, reste encore aujourd'hui applicable aux actes ayant acquis date certaine antérieurement au 1er janv. 1856,

date à partir de laquelle la loi du 23 mars 1855 est devenue exécutoire (art. 10 de cette loi).

565. D'après l'art. 9 de la loi du 23 mars 1855 (V. *suprà*, n° 515), la cession ou la renonciation d'hypothèque légale doit être faite par acte authentique, et les cessionnaires n'en sont saisis à l'égard des tiers que par l'inscription de l'hypothèque, prise à leur profit, ou par la mention de la subrogation en marge de l'inscription préexistante. Nous examinerons séparément les deux conditions exigées par la loi : acte authentique; inscription ou mention en marge de l'inscription préexistante.

566. — 1° *Acte authentique.* — Tout d'abord, l'art. 9 de la loi du 23 mars 1855 porte que, « dans les cas où les femmes peuvent céder leur hypothèque légale ou y renoncer, cette cession ou cette renonciation doit être faite par acte authentique ». Il n'est pas douteux que cette règle s'applique aux subrogations et renonciations tacites comme aux subrogations et renonciations expresses (V. Amiens, 26 mai 1874, aff. Brunette et Choisy, D. P. 76. 2. 130; Aubry et Rau, t. 3, § 288 *bis*, p. 466).

567. On peut se demander, toutefois, si un acte authentique est nécessaire lorsque la femme cède sa créance de reprises contre le mari, comme quand elle cède seulement son hypothèque ou son rang hypothécaire. La loi ne parle que de la cession de l'hypothèque légale, d'où l'on pourrait inférer que la cession de la créance de la femme demeure régie par les art. 1689 et suiv. c. civ.; elle pourrait avoir lieu, comme toute autre cession de créance, même par acte sous seing privé; le cessionnaire serait saisi de la créance vis-à-vis des tiers par la signification de la cession au mari ou par l'acceptation que le mari en ferait par acte authentique. Ce système, en effet, a été soutenu (V. Rivière et Huguet, *Questions sur la transcription hypothécaire*, n°s 393 et suiv.; Pont, t. 2, n°s 456 et suiv. Comp. Toulouse, 24 févr. 1892, *suprà*, n° 533), mais il ne nous paraît conforme ni au texte ni à l'esprit de la loi. Comme l'a dit M. Troplong, *Commentaire de la loi sur la transcription*, n° 336, il y a deux manières pour la femme de céder son hypothèque légale : elle peut la céder seule et abstraction faite de la créance; elle peut aussi la céder avec sa créance principale. Or, l'art. 9 embrasse ces deux cas, et rien dans son texte n'autorise à le restreindre au premier seulement. De plus, si le législateur a jugé nécessaire d'accorder à la femme qui cède son hypothèque les garanties résultant de la présence d'un officier public, on ne peut pas raisonna-

épouse du sieur Paul de la Guère, a fait inscrire son hypothèque légale audit bureau, le 8 août 1867, sur tous les biens présents et à venir de son mari, situés dans l'arrondissement hypothécaire de Nantes; mais que, par acte rapporté par Me Nidelet, le 25 juill. 1868, elle a déclaré consentir la mainlevée de cette inscription en ce qui concerne spécialement les biens vendus au sieur Blanchard; qu'expédition de cette mainlevée a été déposée aux mains du conservateur des hypothèques, qui a refusé de radier; — Attendu qu'au jour où la dame de la Guère a souscrit, avec l'autorisation de son mari, l'acte de mainlevée de son hypothèque, elle était en communauté de biens réduite aux acquêts avec sondit mari, aux termes de leur contrat de mariage; — Que, d'après les dispositions du code civil, art. 217, elle pouvait donner, aliéner et s'obliger avec le concours de son mari dans l'acte, ou son consentement par écrit ; — Attendu qu'il n'y a lieu de remplir les formalités prescrites par l'art. 2144 que lorsque la femme veut restreindre à certains immeubles de son mari la garantie que la loi assure sur tous les immeubles de celui-ci pour raison de sa dot, de ses reprises et conventions matrimoniales; que, dans ce cas, la réduction de l'hypothèque générale de la femme s'opère au profit du mari et sur les biens qui sont en sa possession, sans aucune considération d'un intérêt étranger; c'est avec son mari et en sa faveur que la femme traite, et la loi alors a dû la soumettre à une certaine entrave pour la mettre en garde contre sa propre faiblesse et ses entraînements; mais il n'en saurait être de même quand la femme renonce à ses droits hypothécaires en faveur d'un tiers, elle jouit à cet égard de toute sa liberté, elle peut avec l'autorisation de son mari, contracter toute espèce d'engagement entraînant la perte complète de son hypothèque légale, et on ne voit pas pourquoi il lui serait interdit de faire beaucoup moins, en consentant en faveur d'un tiers acquéreur d'un bien de son mari envers lequel elle ne s'est pas obligée par avance, la radiation de son hypothèque; — Attendu que la mainlevée d'inscription de son hypothèque légale donnée par la

dame de la Guère, le 25 juill. 1868, l'a été en considération de la vente faite au sieur Blanchard, les 20 avril et 4 mai 1867 ; que cette mainlevée se réfère au contrat de vente, le rappelle et limite aux objets acquis la renonciation de la dame de la Guère à son droit hypothécaire, le réservant formellement sur les biens de son mari; que, s'il est vrai que cette réduction de l'hypothèque de la femme vient à tourner à l'avantage du mari en le mettant à l'abri du recours de son acquéreur, il faut toujours reconnaître que c'est ce dernier qui a le principal intérêt à obtenir la radiation de l'inscription qui grève son immeuble; que c'est pour lui donner sécurité que la femme a voulu libérer le bien vendu et renoncer à s'y exercer aucune suite en vertu de son droit d'hypothèque légale; que l'intérêt du mari n'est ici que secondaire et ne peut être considéré comme exclusivement déterminant de la stipulation consentie librement par la femme; — Attendu qu'après avoir donné mainlevée de son hypothèque au profit du sieur Blanchard, la dame de la Guère n'était plus habile à faire de nouveau inscrire sur le bien acheté par celui-ci sa créance hypothécaire; — Que son droit d'hypothèque général subsiste toujours sans doute, mais qu'elle ne peut l'exercer sur l'immeuble qu'elle en a volontairement libéré; — Qu'elle a abdiqué son droit d'inscription, par suite de l'acte du 25 juill. 1868, qui fait loi entre elle et le sieur Blanchard, et par conséquent celui-ci doit pouvoir jouir et disposer de la propriété purgée irrévocablement de l'hypothèque légale de la dame de la Guère, inscrite ou à inscrire; — Attendu que l'acte de mainlevée du 25 juill. 1868 devait donc être accepté par M. le conservateur des hypothèques et opérer la radiation définitive, sur l'immeuble acquis par Blanchard, de l'hypothèque de la dame de la Guère;
Par ces motifs; — Dit et juge que l'inscription prise pour son hypothèque légale au profit de la dame de la Guère, contre son mari sera radiée, etc.
Du 17 juill. 1871.-Trib. civ. de Nantes.-MM. Laennec, vice-pr.- Dupuy, subst.-Thibault, Nicollières et Waldeck-Rousseau, av.

blement admettre que la cession de la créance avec l'hypothèque puisse avoir lieu sans que la femme soit entourée des mêmes garanties (V. en ce sens, *Rép.*, v° *Transcription*, n° 788; Thézard, n° 142). D'ailleurs, comme nous l'avons déjà dit *suprà*, n° 532, la plupart du temps, quand la femme déclare céder ses droits et reprises à un créancier pour sûreté de sa créance, elle n'entend en réalité céder que son hypothèque. Cette formule a été adoptée en pratique à raison de la controverse qui existait sur le point de savoir si l'hypothèque légale de la femme était susceptible d'être cédée séparément des reprises; elle n'a donc, le plus souvent, pour objet que de subroger le créancier dans le bénéfice de l'hypothèque, et, dans ce cas, il n'est pas douteux que l'art. 9 est applicable : la subrogation n'est valable que si elle est faite par acte authentique; elle ne devient opposable aux tiers qu'au moyen de l'inscription (Pont, t. 1, n° 469; Aubry et Rau, t. 3, § 228 *bis*, p. 468, note 20).

568. Est-ce à dire cependant que la cession de sa créance de reprises contre le mari, que la femme ferait par acte sous seing privé, serait sans effet? La femme mariée, sauf le cas du régime dotal, est capable de s'obliger et d'aliéner ses biens, avec l'autorisation de son mari ou de justice. Quand elle s'oblige, par acte authentique ou sous seing privé, elle dispose implicitement en faveur de son créancier de sa créance de reprises comme de toutes les autres valeurs de son patrimoine. Elle peut céder, même par acte sous seing privé, les créances qu'elle a contre des tiers, et aucune loi ne lui défend de céder de la même manière ses créances contre son mari. L'art. 9 de la loi de 1855, dans son texte et dans son esprit, n'a réglementé que la cession de l'hypothèque légale; il a donc laissé la cession de la créance, séparée de l'hypothèque, sous l'empire du droit commun. Cette dernière cession peut donc encore valablement être effectuée par acte sous seing privé; seulement, conformément à l'art. 1690 c. civ., il suffira qu'elle ait été signifiée au débiteur, ou acceptée par lui dans un acte authentique, pour qu'elle soit parfaite et opposable aux tiers; à ces conditions, le cessionnaire pourra exiger le payement de la créance à l'époque où la cédante elle-même aurait pu l'exiger. Seulement, si la cession n'a pas été faite par acte authentique, ce cessionnaire ne pourra pas exercer l'hypothèque légale; il n'aura pas le droit de se faire colloquer, au rang de la femme, dans un ordre ouvert sur le mari, à l'encontre des créanciers inscrits et subrogés dans l'hypothèque; il ne pourra pas davantage exercer le droit de suite contre un tiers détenteur. Il obtiendra seulement une collocation en sous-ordre sur la collocation pouvant revenir à la femme personnellement, sans être pourtant obligé de subir la concurrence des créanciers chirographaires de la femme auxquels la créance n'aura pas été spécialement cédée (Comp. en ce sens, Mérignhac, *op. cit.*, n°s 165 et suiv.).

569. Tandis que, d'après l'art. 2127 c. civ., l'hypothèque conventionnelle ne peut être consentie que par acte authentique passé devant notaire, l'art. 9 de la loi de 1855 ne parle que d'un acte authentique. La subrogation ou la renonciation à l'hypothèque légale peut donc être conférée par tout autre acte dressé conformément aux dispositions de l'art. 1317 c. civ. Tel serait, par exemple, un jugement qui constaterait que la femme a déclaré devant le juge consentir à la subrogation, ou un procès-verbal d'une réunion de créanciers dressé par le juge-commissaire d'une faillite (V. *suprà*, v° *Obligations*, n°s 1359 et suiv.; v° *Faillites et banqueroutes*, n° 925).

570. Le mandat donné par la femme à l'effet de subroger dans son hypothèque légale doit, comme la subrogation elle-même, être passé par acte authentique (Req. 24 mai 1886, aff. Guitard, D. P. 87. 1. 222. Comp. *infrà*, n° 844).

571. En présence du texte impératif de l'art. 9, on ne peut douter que la subrogation ou renonciation d'hypothèque légale non passée par acte authentique est nulle. Mais par qui peut être invoquée cette nullité? La solution de cette question dépend du point de savoir dans l'intérêt de qui l'authenticité est exigée. On a soutenu, en s'appuyant sur les travaux préparatoires de la loi du 23 mars 1855, que cette condition n'avait pas été établie dans l'intérêt de la femme. « L'acte de subrogation, était-il dit dans l'exposé des motifs de la loi, doit être authentique puisqu'il doit ser-

vir de première base à une inscription qui ne peut se fonder que sur un acte solennel ». D'autre part, il a été déclaré, dans le rapport de la commission du Corps législatif, que la loi n'avait pas pour but de modifier la législation relative aux droits de la femme mariée en matière de cession ou de renonciation de l'hypothèque légale (V. D. P. 55. 4. 29, n° 15, et 32, n° 38). On a conclu de là que l'authenticité, n'ayant d'autre but que de servir de base à la publicité, n'était requise, comme celle-ci, qu'en faveur des tiers, et que, par suite, les tiers seuls pouvaient se prévaloir du défaut d'acte authentique (V. en ce sens, Rivière et Huguet, *Questions sur la transcription*, n° 390; Flandin, *Traité de la transcription*, t. 2, n° 1547; Pont, t. 1, n° 467). Mais ce système ne pourrait plus être admis aujourd'hui. L'une de ses conséquences était que la renonciation de la femme à son hypothèque, quand elle avait lieu en faveur de l'acquéreur d'un immeuble du mari, n'était pas soumise à la condition d'authenticité. Or, cette opinion a été définitivement condamnée par la loi du 13 févr. 1889 (V. *infrà*, n° 603), et, dans les travaux préparatoires de cette loi, l'exigence d'un acte authentique dans tous les cas de subrogation ou de renonciation à l'hypothèque légale a été très certainement considérée comme une protection pour la femme. On ne saurait donc plus contester à la femme le droit d'invoquer la nullité de toute subrogation ou renonciation qui aurait eu lieu par acte sous seing privé (V. en ce sens, Baudry-Lacantinerie, t. 3, n° 1239).

Toutefois, comme le font remarquer MM. Aubry et Rau, t. 3, § 288 *bis*, p. 468, note 19, la femme n'aura aucun intérêt à se prévaloir de cette nullité si, comme il arrive d'ordinaire, elle se trouve engagée personnellement envers le tiers au profit duquel elle a renoncé à son hypothèque. Il se pourrait cependant que la subrogation consentie en faveur d'un créancier du mari n'eût été accompagnée d'aucune obligation personnelle de la femme; dans ce cas, celle-ci aurait à la fois intérêt et qualité pour en opposer la nullité. Et, de plus, lorsque la femme est sans intérêt à l'opposer, ses créanciers chirographaires peuvent, eux du moins, s'en prévaloir contre le prétendu subrogé qui réclamerait un droit de préférence en vertu d'un titre sous seing privé (Comp. en ce sens : Trib. civ. Bourganeuf, 27 févr. 1869, aff. Faye, D. P. 74. 5. 290; Req. 22 nov. 1880, aff. Jouannaud, D. P. 81. 1. 58. — *Contra*: Nancy, 4 mai 1886, sous Civ. cass. 11 juin 1890, aff. Bouillard, D. P. 91. 1. 35).

572. La nullité de la subrogation non consentie par acte authentique pourrait incontestablement être opposée par les tiers que la femme aurait subrogés par des actes authentiques postérieurs, et aussi par les créanciers hypothécaires du mari qui, étant aussi créanciers de la femme, mais non subrogés, auraient intérêt à ne pas être primés par un créancier subrogé (V. en ce sens, Mérignhac, *op. cit.*, n°s 48 et 61. Comp. Req. 14 déc. 1858, aff. Pernet et comp., D. P. 59. 1. 150).

573. Lorsque la subrogation dans l'hypothèque légale d'une femme mariée est consentie après la dissolution du mariage, soit par la femme elle-même devenue veuve ou divorcée, soit par les héritiers de la femme, doit-elle encore avoir lieu par acte authentique, et est-elle soumise, en général, aux prescriptions de l'art. 9 de la loi du 23 mars 1855? L'affirmative a été jugée (Toulouse, 24 févr. 1892, *suprà*, n° 533). On pourrait objecter contre cette solution qu'après la dissolution du mariage, la condition d'authenticité n'a plus de raison d'être, puisque la femme n'a plus besoin d'être protégée contre l'abus du pouvoir marital. Pour ce motif, nous pensons que la subrogation consentie par la veuve ou par les héritiers de la femme dans un acte sous seing privé serait valable entre les parties. Mais, d'autre part, il nous semble difficile d'admettre qu'une telle subrogation puisse devenir opposable aux tiers autrement que par l'inscription de l'hypothèque légale au profit du subrogé. Le texte de l'art. 9 est général : il veut que les cessionnaires de l'hypothèque légale d'une femme mariée ne soient saisis à l'égard des tiers que par l'inscription de cette hypothèque prise à leur profit ou par la mention de la subrogation en marge de l'inscription préexistante; que les dates des inscriptions ou mentions déterminent l'ordre dans lequel les cessionnaires exerceront les droits de la femme. Il n'est pas douteux que l'inscription ou la mention ne

puisse encore être requise après la dissolution du mariage. Elle conserve alors, d'ailleurs, son utilité vis-à-vis des tiers auxquels la femme ou ses héritiers proposeraient de céder l'hypothèque. Si donc l'effet d'une subrogation consentie par la veuve ou par les héritiers de la femme reste subordonné à l'inscription ou à la mention exigée par l'art. 9, la subrogation doit avoir lieu par acte authentique, sinon pour sa validité entre les parties, au moins pour que le subrogé puisse requérir l'inscription ou la mention et rendre ainsi son droit opposable aux tiers (Comp. *infrà*, n°⁵ 710 et chap. 7, sect. 5).

574. — 2° *Inscription ou mention en marge de l'inscription préexistante.* — Avant la loi du 23 mars 1855, la jurisprudence avait admis, non sans quelques divergences, que le créancier subrogé à l'hypothèque légale de la femme devait profiter de la dispense d'inscription accordée par la loi à la femme ; il en résultait que le rang des créanciers subrogés entre eux se déterminait par la date de leurs subrogations et non par celle des inscriptions qu'ils pouvaient avoir prises (V. *Rép.* n°⁵ 988 et suiv.). Notamment, un créancier hypothécaire qui avait laissé périmer son inscription, faute de renouvellement, pouvait, comme subrogé à l'hypothèque légale de la femme, se faire colloquer avant un autre créancier subrogé et ayant conservé son inscription, mais dont la subrogation était postérieure à celle du premier (V. Amiens, 11 mars 1854, et sur pourvoi, Req. 8 août 1854, aff. Lafeuille, D. P. 55. 1. 337).

Cet état de choses était très défavorable au crédit, car un créancier voulant traiter avec deux époux n'avait aucun moyen de savoir si la femme n'avait pas déjà cédé son hypothèque légale à d'autres, qui le primeraient. C'est pourquoi la loi du 23 mars 1855 a exigé, pour l'efficacité de la subrogation à l'égard des tiers, qu'elle soit rendue publique. L'art. 9 de cette loi, après avoir statué que la cession ou la renonciation à l'hypothèque légale doit être faite par acte authentique, ajoute : « et les cessionnaires n'en seront saisis à l'égard des tiers que par l'inscription de cette hypothèque prise à leur profit, ou par la mention de la subrogation en marge de l'inscription préexistante. — Les dates des inscriptions ou mentions déterminent l'ordre dans lequel ceux qui ont obtenu des cessions ou renonciations exercent les droits hypothécaires de la femme ».

575. La loi de 1855 aurait pu fixer un délai pendant lequel tous les créanciers subrogés antérieurement à sa promulgation auraient dû opérer l'inscription ou la mention exigée par l'art. 9. Mais elle ne l'a pas fait. En conséquence, elle ne régit pas les actes de subrogation qui ont acquis date certaine avant le 1er janv. 1856, jour à partir duquel cette loi est devenue exécutoire. Entre les créanciers ayant obtenu des subrogations avant ce jour, la préférence doit encore se déterminer par les dates respectives de leurs subrogations, et cela sans égard aux inscriptions ou mentions qu'ils auraient fait opérer depuis cette époque. C'est ce qui résulte, d'ailleurs, des deux premiers paragraphes de l'art. 11 de la loi (V. en ce sens : Rennes, 21 juill. 1858, aff. Gélis, D. P. 59. 2. 67 ; Bourges, 4 juin 1858, et sur pourvoi, Civ. rej. 9 mai 1860, aff. Daumy-Saulnier, D. P. 60. 1. 217 ; Paris, 4 mars 1863, et sur pourvoi, Civ. rej. 3 juill. 1866, aff. Perin-Menaucourt, D. P. 66. 1. 289 ; Aubry et Rau, t. 3, § 288 *bis*, p. 465, note 16).

576. Toutefois, l'art. 8 de la loi de 1855 a imposé aux femmes mariées et à leurs héritiers ou ayants cause l'obligation d'inscrire l'hypothèque légale dans l'année qui suit la dissolution du mariage, et, pour les mariages dissous avant le 1er janv. 1856, l'art. 11, § 5, a statué que l'hypothèque devrait être inscrite dans l'année à compter du jour où la loi serait exécutoire. En ce qui concerne les créanciers subrogés avant ce même jour, on s'est demandé s'ils étaient tenus, comme la femme et à son défaut, d'inscrire l'hypothèque légale conformément aux art. 8 et 11, § 5. Le droit de ces créanciers ne pouvait évidemment être plus étendu que celui de la femme, et, dès l'instant que la dispense d'inscription cessait pour la femme, elle devait aussi cesser pour eux. Par conséquent, si ces créanciers voulaient conserver vis-à-vis des autres créanciers inscrits sur les biens du mari le rang de l'hypothèque légale, ils devaient s'assurer que l'inscription exigée par les art. 8 et 11, § 5, avait été faite par la femme ou par ses héritiers, ou ils devaient la prendre eux-mêmes, dans leur intérêt propre, avant l'expiration du

délai légal (V. en ce sens, Trib. civ. Dôle, 20 mai 1857, aff. Grusse, D. P. 57. 3. 36 ; Bourges, 20 août 1859, aff. Ramon, D. P. 60. 2. 80 ; Riom, 1er mai 1860, aff. Dupeyroux, D. P. 61. 5. 261 ; Metz, 19 mars 1861, aff. Collignon, D. P. 61. 2. 435 ; Paris, 30 nov. 1861, *infrà*, n° 581 ; Troplong, *Commentaire de la loi sur la transcription*, n° 358 ; Flandin, *Traité de la transcription*, n°⁵ 1516 et suiv. ; Bertauld, *Traité de la subrogation*, n° 103 ; Pont, t. 2, n° 821 ; Mérignhac, n° 70. V. aussi la note sous Civ. rej. 3 juill. 1866, aff. Perin-Menaucourt, D. P. 66. 1. 289. — *Contrà :* Paris, 8 janv. 1859, aff. Foigne-Marécat, D. P. 59. 2. 65 ; 4 mars 1863, rapporté avec l'arrêt précité du 3 juill. 1866 ; Mourlon, *Traité de la transcription*, t. 2, n° 1115).

Mais on a confondu à tort l'inscription requise par l'art. 8 avec celle dont il s'agit dans l'art. 9. De ce que la première avait été prise par un créancier subrogé, on a voulu conclure qu'il devrait pour cela primer tous les autres subrogés qui n'avaient pas également pris cette inscription ou qui ne l'avaient prise que postérieurement. C'était une erreur. Par l'effet de l'inscription prise dans les termes de l'art. 8 et de l'art. 11, § 5, l'hypothèque légale conservait son rang à l'égard des tiers ; mais, entre créanciers subrogés antérieurement au 1er janv. 1856 et non soumis à la règle de l'art. 9, le rang ne continuait pas moins d'être déterminé par la date des actes de subrogation, sans qu'il y eût à se préoccuper de la date des inscriptions (V. en ce sens, les arrêts cités *supra*, n° 575). — M. Pont, t. 2, n° 821, de la première édition de son *Traité des privilèges et hypothèques*, a pensé qu'il ne suffisait pas, pour la conservation du rang de l'hypothèque légale au profit des créanciers subrogés, que l'inscription exigée par l'art. 8 ou par l'art. 11, § 5, eût été prise en temps utile par la femme ou par ses héritiers ; que cette inscription devait être prise spécialement par tout subrogé, dans son intérêt propre. C'était encore confondre la publicité générale, demandée par les art. 8 et 11, § 5, avec la publicité spéciale imposée à chaque subrogé par l'art. 9, depuis l'entrée en vigueur de la loi de 1855. La jurisprudence a décidé, avec raison, que toute inscription requise par un des créanciers subrogés suffisait pour satisfaire aux prescriptions des art. 8 et 11, § 5, et pour conserver le bénéfice du rang hypothécaire tant au profit de la femme qu'au profit de tous ses ayants cause, à la condition seulement que cette inscription eût été prise en termes généraux, et non spécialement pour la conservation de la créance de l'inscrivant (Comp. Civ. rej. 3 juill. 1866, aff. Perin-Menaucourt, D. P. 66. 1. 290 ; Req. 1er mai 1866, aff. Chamblanc, D. P. 66. 1. 292, et les notes sous ces deux arrêts). M. Pont n'a pas reproduit l'opinion indiquée plus haut dans la seconde édition de son ouvrage). Au surplus, il a été jugé que l'inscription requise par l'art. 8 peut être valablement suppléée, au moins dans l'intérêt d'un créancier subrogé, par la mention de la subrogation faite dans l'inscription de l'hypothèque conventionnelle conférée à ce créancier par le mari, encore que cette inscription ne contienne pas élection de domicile pour la femme dans l'arrondissement du bureau, alors d'ailleurs qu'elle désigne suffisamment la cause et la nature des droits de la femme, leur valeur, la personne des débiteurs et celle du créancier (Bourges, 20 août 1859, aff. Ramon, D. P. 60. 2. 80. V. toutefois, Amiens, 10 juill. 1843, aff. Desnoyelles, D. P. 46. 2. 164).

577. Pour les créanciers subrogés dans l'hypothèque légale d'une femme mariée par des actes ayant acquis date certaine depuis que la loi du 23 mars 1855 est devenue exécutoire, c'est-à-dire depuis le 1er janv. 1856 (art. 10 de la loi), il n'y a pas à se préoccuper, quant à la fixation du rang de ces créanciers, de la date des actes de subrogation ; la préférence se règle exclusivement d'après les dates des inscriptions ou mentions qui ont dû être prises conformément à l'art. 9 de la loi (V. *infrà*, n°⁵ 589 et suiv.).

578. L'inscription requise par l'art. 9 devra contenir les énonciations exigées pour toute inscription d'hypothèque légale, en général (V. *infrà*, chap. 4, sect. 5, art. 1). Elle doit être prise, d'après le texte de l'art. 9, au profit du créancier subrogé, et non pas au profit de la femme. — Lorsque le créancier a obtenu, en même temps que la subrogation de la femme, une hypothèque conventionnelle sur les immeubles du mari, on s'est demandé si la mention de la subrogation dans l'inscription de l'hypothèque con-

ventionnelle pourrait tenir lieu de l'inscription requise par l'art. 9. Pour l'affirmative, on a dit qu'il suffisait que la subrogation fût rendue publique et que peu importait sous quelle forme la publicité avait lieu, pourvu, d'ailleurs, qu'on trouvât dans l'inscription toutes les énonciations nécessaires; qu'enfin l'art. 9 n'avait pas déterminé dans quelle forme l'inscription devait être prise (Pont, t. 2, n° 790; Thézard, n° 232). Mais cette opinion a été repoussée par la jurisprudence, qui, conformément au texte de l'art. 9, exige qu'il y ait une inscription réelle de l'hypothèque légale, et non pas une simple mention de la subrogation dans l'inscription d'une autre hypothèque (Civ. rej. 4 févr. 1856, aff. De Clausel, D. P. 56. 1. 61; Paris, 27 févr. 1857, aff. Curabeth, D. P. 58. 2. 22; Douai, 8 juill. 1858, et sur pourvoi, Req. 1er juin 1859, aff. Florent, D. P. 60. 1. 381. V. dans le même sens, Aubry et Rau, t. 3, § 288 bis, p. 469).

Toutefois, la jurisprudence admet que l'inscription de l'hypothèque conventionnelle et l'inscription de l'hypothèque légale peuvent être requises par le créancier subrogé dans un même bordereau, et que, par suite, ces deux inscriptions peuvent être prises cumulativement, pourvu qu'elles contiennent toutes les indications substantielles prescrites par les art. 2148 et 2153 c. civ. (Orléans, 20 févr. 1857, aff. Conservat. des hyp. d'Orléans, D. P. 57. 2. 135; Dijon, 13 juill. 1858, aff. Cerf-Alkan, D. P. 60. 5. 196; Saint-Denis, 15 déc. 1871, et sur pourvoi, Req. 9 déc. 1872, aff. Deshayes, D. P. 73. 1. 339).

579. L'art. 2153 c. civ. relatif à l'inscription des hypothèques légales n'exigeant pas, comme l'art. 2148 c. civ., pour les inscriptions d'hypothèques judiciaires ou conventionnelles, l'indication de l'espèce et de la situation des biens grevés, il a été jugé que l'inscription prise par un créancier subrogé, conformément à l'art. 9 de la loi du 23 mars 1855, ne doit pas nécessairement contenir cette indication; que, par suite, l'effet de cette inscription n'est pas limité aux immeubles qui y sont spécialement désignés, mais s'étend à la généralité des biens du mari, alors d'ailleurs que la subrogation dans l'hypothèque n'a pas été restreinte aux immeubles indiqués dans l'inscription (Dijon, 24 févr. 1869, aff. Lhommelin, D. P. 74. 2. 19; Paris, 9 déc. 1890, aff. Geffroy, D. P. 91. 2. 368).

580. Lorsque l'hypothèque légale a déjà été inscrite au nom de la femme, le créancier subrogé n'est pas tenu de prendre une inscription spéciale en son propre nom; il doit seulement requérir la mention de sa subrogation en marge de l'inscription préexistante (L. 23 mars 1855, art. 9). Cette inscription contenant les énonciations requises par la loi, il suffira que la mention contienne les indications relatives à la subrogation : les nom, prénoms et domicile du créancier subrogé; son élection de domicile dans l'arrondissement du bureau; l'énonciation de l'acte de subrogation et celle de la créance.

581. La mention de la subrogation en marge de l'inscription de la femme ne peut valoir qu'autant que l'inscription est elle-même valable. Et, lorsque cette inscription vient à tomber en péremption, la mention fait par cela même ne peut plus produire d'effet; elle ne saurait être considérée ni comme une inscription nouvelle, ni comme un renouvellement de l'inscription préexistante (Paris, 30 nov. 1861) (1).

---

(1) Lacoste, syndic Pilatre-Jacquin C. dame Grillet.) — Suivant acte notarié du 20 févr. 1849, les époux Jacquin ont reconnu devoir au sieur Braillon une somme de 20 000 fr., et ils ont hypothéqué à la garantie de cette somme une maison sise à Paris, au Grand-Charonne, la dame Jacquin a de plus subrogé le sieur Braillon dans son hypothèque légale contre son mari. Inscription tant de l'hypothèque conventionnelle que de l'hypothèque légale a été prise par le sieur Braillon le 1er mars 1849. Le 26 juill. 1854, la somme de 20 000 fr. a été remboursée au sieur Braillon par la dame Grillet, qui a été subrogée dans tous les droits du créancier et a fait mentionner sa subrogation en marge de l'inscription. — Les époux Jacquin sont décédés en 1856 et en 1857, laissant pour héritier le sieur Pilatre-Jacquin, leur fils adoptif, qui, le 4 juill. 1859, a été déclaré en faillite. La dame Grillet avait laissé périmer l'inscription du 1er mars 1849; mais, le 12 juill. 1859, elle prit une nouvelle inscription d'hypothèque conventionnelle et légale sur la maison du Grand-Charonne. Le 19 juillet, le sieur Lacoste, syndic de la faillite, prit inscription au nom de la masse sur tous les immeubles du failli. Le 10 décembre suivant, la dame Grillet requit une inscription de séparation de patrimoines sur tous les immeubles dépendant des successions des époux Jacquin et notamment sur une maison située rue du Temple, vendue à la requête du syndic, avec la maison du Grand-Charonne. Le même jour, la dame Grillet assigna le syndic Lacoste pour faire prononcer à son profit la séparation des patrimoines, afin d'être payée sur le prix des immeubles provenant des époux Jacquin par préférence aux créanciers personnels du failli, et elle mit en cause les acquéreurs de ces immeubles pour faire déclarer le jugement commun avec eux et leur faire défense de se libérer hors sa présence. Le syndic, de son côté, forma contre la dame Grillet une action tendant à faire déclarer nulle, en vertu de l'art. 448 c. com., l'inscription du 12 juill. 1859. — Le tribunal civil de la Seine a statué en ces termes : — « En ce qui touche la demande en séparation de patrimoine : — Attendu que si, aux termes des art. 878 et 880 c. civ., la séparation de patrimoine du défunt d'avec le patrimoine de l'héritier, peut, dans tous les cas, être demandée, et ce droit, à l'égard des immeubles, peut être exercé tant qu'ils existent dans la main de l'héritier, l'art. 2111 du même code n'accorde de privilège sur les immeubles, à ceux qui demandent cette séparation, qu'à la condition d'une inscription prise sur chacun des biens dans les six mois du jour de l'ouverture de la succession; qu'aux termes de l'art. 2113, l'hypothèque ne date à l'égard des tiers que de l'époque des inscriptions, si elles sont prises après le délai de six mois; — Attendu qu'il est constant, en fait, que la dame Grillet, créancière des époux Jacquin père et mère, n'a point pris dans le délai de six mois, à partir de leur décès, sur chacun de leurs biens, l'inscription prescrite par l'art. 2111; — Attendu que, si l'inscription qui militait encore à son profit sur l'immeuble du Grand-Charonne pouvait la dispenser de requérir à ce moment une autre inscription sur ledit immeuble, cette inscription étant tombée en péremption faute de renouvellement le 1er mars 1859, avant toute demande en séparation de patrimoine, n'a pu avoir pour effet de protéger son droit à l'égard des tiers, à partir dudit jour; — Qu'elle doit même être considérée, à leur égard, comme n'ayant jamais existé; — Qu'en tous cas, cette inscription ne pouvait lui assurer aucun privilège sur l'immeuble de la rue du Temple; — Attendu que, comme subrogée à l'hypothèque légale de la femme Jacquin, la femme Grillet saurait invoquer des droits nouveaux; — Attendu en effet que, aux termes, de la loi du 23 mars 1855, les hypothèques légales des femmes, lorsqu'elles n'ont pas été inscrites au moment qui suit la dissolution du mariage, ne datent, à l'égard des tiers, que du jour des inscriptions prises ultérieurement; sont, dépouillées ainsi du privilège qui leur était accordé par l'art. 2135 c. civ., elles tombent au rang des hypothèques ordinaires; — Que dès lors l'inscription d'hypothèque légale prise, le 1er mars 1849, au nom de la femme Jacquin sur l'immeuble du Grand-Charonne, encore qu'elle ait conservé toute sa force pendant l'année qui a suivi le décès du mari, doit être également considérée à défaut de renouvellement à la date du 1er mars 1859, comme n'ayant jamais existé; — Attendu que la nouvelle inscription prise, le 22 juill. 1859, n'a pu faire revivre l'inscription périmée; qu'elle ne peut être, par conséquent, opposée aux tiers qui auraient acquis antérieurement des droits sur l'immeuble; — Attendu que la femme Grillet n'est que l'ayant cause, dans le sens de l'art. 8 de la loi du 23 mars 1855, de la femme Jacquin, et qu'elle ne peut être traitée plus favorablement que sa cédante; que l'art. 11 de ladite loi ne fait aucune exception à ce principe en faveur des créanciers subrogés; qu'il se borne à excepter des effets de l'art. 9 les actes ayant acquis date certaine, avant le 1er janv. 1856; ce qui ne peut s'appliquer qu'aux formalités de la cession, et à l'ordre de collocation entre les différents cessionnaires dont s'occupe ledit article ; — Attendu que la question qui reste à décider est celle de savoir si la faillite de Jacquin fils, survenue le 4 juill. 1859, peut faire obstacle à la demande en séparation de patrimoines et aux inscriptions prises pour en assurer le bénéfice; — Attendu qu'on ne peut soutenir avec une apparence de raison que la faillite de l'héritier puisse empêcher l'exercice des droits que les art. 878 et 880 c. civ. accordent aux créanciers du défunt tant sur ses meubles que sur ses immeubles; — Attendu que ces droits deviendraient illusoires, si ces créanciers ne pouvaient, malgré cette faillite, prendre inscription sur les biens de la succession conformément aux dispositions de l'art. 2111; que cette inscription n'est pas requise, en ce cas, contre le failli personnellement; qu'elle n'est prise que contre la succession débitrice; — Qu'on ne saurait, dès lors, invoquer les dispositions de l'art. 448 c. com., qui ne peuvent être applicables qu'au cas où les biens qu'on voudrait frapper d'une inscription sont et doivent rester confondus avec les biens propres du failli; — Que, s'il en pouvait être autrement, il faudrait décider que la faillite de l'héritier survenue même avant l'ouverture de la succession, suffirait pour enlever aux créanciers du défunt le droit qui leur est accordé par les art. 878 et 2111, ce qui est inadmissible; — Attendu que le retard apporté

582. Du reste, même dans l'hypothèse où l'hypothèque légale est déjà inscrite au nom de la femme, le créancier subrogé n'est pas tenu de procéder par voie de mention en marge, c'est une simple facilité que la loi lui donne. Il peut tout aussi bien requérir à son profit une inscription spéciale. On l'a contesté, sous prétexte que les tiers qui ne verraient pas de mention en marge de l'inscription prise par la femme pourraient en conclure qu'aucune subrogation n'a été consentie par celle-ci (Mourlon, *Traité de la transcription*, t. 2, nos 1022 et suiv.). Mais cette opinion tendrait à faire décider que toute subrogation devra être mentionnée en marge de l'inscription de la femme, et cette exigence n'est pas dans la loi. Les tiers, d'ailleurs, qui veulent connaître la situation de la femme relativement à son hypothèque légale, doivent prendre un état des inscriptions existant contre le mari, et cet état leur révélera les inscriptions spéciales des créanciers subrogés aussi bien que les mentions faites en marge de l'inscription de la femme (V. en ce sens, Mérignhac, n° 55).

583. L'inscription prise par un créancier subrogé, en vertu de l'art. 9 de la loi de 1855, est soumise, comme toutes les autres inscriptions, à la péremption décennale établie par l'art. 2154. c. civ.; elle doit, par conséquent, être renouvelée avant le délai de dix ans, sous peine de perdre tout effet (Caen, 18 déc. 1878, aff. Boudet, D. P. 79. 2.241; Aubry et Rau, t. 3, § 280, p. 386, note 42; Mérignhac, n° 59).

584. La loi n'a pas déterminé jusqu'à quelle époque l'inscription requise par l'art. 9 pour la publicité de la subrogation peut être prise valablement. Cette question nous paraît devoir être examinée, d'abord dans l'hypothèse où le subrogé procède par voie d'inscription directe, et ensuite dans le cas où il fait mentionner la subrogation en marge d'une inscription préexistante.

Dans le premier cas, comme il s'agit pour le subrogé d'inscrire l'hypothèque légale à son profit, on peut poser en principe que l'inscription peut être prise tant que la femme pourrait s'inscrire elle-même. Ainsi, l'inscription ne sera plus possible après la transcription d'une vente sur expropriation ayant pour effet de purger de plein droit les hypothèques (c. proc. civ. art. 717), ni après l'expiration du délai de deux mois fixé, en cas de purge d'hypothèques légales, pour l'inscription de ces hypothèques (c. civ.

art. 2195). Mais la transcription d'une aliénation consentie par le mari n'empêche pas, suivant nous, que le créancier subrogé ne puisse encore inscrire l'hypothèque légale, à la condition que la femme n'ait pas concouru à l'aliénation et renoncé à son hypothèque, expressément ou tacitement, en faveur du tiers acquéreur. — Cette solution, toutefois, est contestée. On soutient, en s'appuyant sur les art. 3 et 6 de la du 23 mars 1855, qu'aucune inscription ne peut plus être prise après la transcription, aussi bien par un créancier subrogé dans l'hypothèque légale de la femme que par un créancier investi d'une hypothèque conventionnelle ou judiciaire. D'après l'art. 3 précité, dit-on, c'est seulement jusqu'à la transcription que l'aliénation ne peut être opposée « aux tiers qui ont des droits sur l'immeuble et qui les ont conservés en se conformant aux lois ». Le créancier subrogé est un tiers : il est tenu, aux termes de l'art. 9, de conserver son droit hypothécaire par l'inscription; s'il ne l'a pas effectivement conservé avant la transcription, l'aliénation lui est opposable. Il est vrai, ajoutent les partisans de ce système, que, d'après l'art. 6, ce sont seulement « les créanciers privilégiés ou ayant hypothèque, aux termes des art. 2123, 2127 et 2128 c. civ. » qui ne peuvent plus s'inscrire à partir de la transcription, et que ce texte laisse de côté les créanciers à hypothèque légale; mais il n'en est ainsi que lorsque ces créanciers jouissent de la dispense d'inscription. Si cette dispense a cessé, s'il s'agit, par exemple, d'une femme mariée qui n'a pas pris inscription, conformément à l'art. 8 de la loi de 1855, dans l'année du décès de son mari, tout le monde reconnaît que l'inscription ne pourra plus être prise sur les immeubles aliénés par les héritiers du mari après la transcription de l'aliénation. De même, lorsqu'il s'agit d'un créancier subrogé et soumis à la nécessité de prendre inscription par l'art. 9, la transcription, pour lui comme pour tout autre créancier investi d'une hypothèque conventionnelle ou judiciaire, doit arrêter le cours des inscriptions (V. en ce sens, Bufnoir, note sur un arrêt de la chambre des requêtes du 22 nov. 1880. Comp. Mourlon, *Traité de la transcription*, t. 2, n° 1101; Amiaud, *De la renonciation à son hypothèque légale par la femme du vendeur*, p. 215 et suiv.). Ce système, suivant nous, doit être repoussé, car il étend arbitrairement et sans motifs suffisants la règle des art. 3 et 6 de la loi de 1855 à une hypothèque que ces textes n'ont pas prévue. Lorsque la femme n'a pas renoncé à son hypothèque

---

par la dame Grillet dans le renouvellement de son inscription et dans sa demande en séparation de patrimoines peut même l'empêcher de s'en prévaloir à l'égard des créanciers de l'héritier qui se seraient fait inscrire antérieurement, mais qu'il ne peut faire obstacle à ce que cette inscription produise son effet à l'égard de ce dernier; — Que cette faillite n'a pu par elle-même créer, au profit de la masse chirographaire, des droits réels, sur les biens de l'hérédité, tant que l'inscription n'a pas été requise sur ces biens au nom du syndic; — Attendu vainement le syndic soutient l'inscription du 12 juill. 1859 n'est pas une inscription de séparation de patrimoine; — Attendu que l'art. 2111 n'exige pas que cette inscription énonce la volonté, de la part du créancier, de former ultérieurement sa demande en séparation; qu'il ne prescrit pas qu'elle soit prise dans une autre forme que les inscriptions ordinaires; qu'il suffit qu'elle soit requise contre la succession; — Attendu toutefois que l'inscription de la femme Grillet, du 12 juill. 1859, ayant été requise limitativement sur la maison du Grand-Charonne, n'a pu produire aucun effet à l'encontre des tiers à l'égard de l'immeuble de la rue du Temple; — Que l'inscription sur ce dernier immeuble, n'ayant été prise qu'à la date du 10 déc. 1859, ne peut nuire à l'inscription, prise antérieurement par le syndic à la date du 19 juillet, au profit de la masse des créanciers de l'héritier, conformément à l'art. 490 c. com.; — Qu'il résulte de la combinaison de l'art. 490 et de l'art. 517 que la loi nouvelle sur les faillites a voulu conférer à la masse des créanciers du failli une véritable hypothèque sur tous les biens du failli; — Qu'en effet, l'art. 517, en déclarant que l'homologation du concordat conservera à chacun des créanciers l'hypothèque inscrite en vertu du paragraphe 3 de l'art. 490, suppose évidemment que cette hypothèque est déjà existante, et qu'il n'y a plus qu'à la renouveler par une deuxième inscription qui fixe d'une manière précise le montant des créances admises par le concordat; — En ce qui touche la demande de Lacoste en nullité de l'inscription prise par la femme Grillet le 12 juill. 1859; — Attendu que, par les motifs ci-dessus, il n'y a lieu de faire droit à cette demande; — Par ces motifs, dit qu'il y aura séparation des patrimoines, tant à l'égard de la succession Jacquin qu'à l'égard de la femme Jacquin; ordonne que l'immeuble du Grand-Cha-

ronne demeurera séparément et distinctement affecté aux créanciers hypothécaires des époux Jacquin, pour être, lesdits créanciers, payés sur le prix selon leur rang d'hypothèque, à l'exclusion des créanciers du failli; dit qu'à l'égard de l'immeuble de la rue du Temple, l'hypothèque de la femme Grillet ne datera, à l'égard des créanciers de la faillite, que de son inscription du 10 déc. 1859; déclare la femme Grillet mal fondée dans le surplus de ses conclusions; déclare Lacoste si noms mal fondé dans sa demande en nullité de l'inscription prise le 12 juill. 1859, etc. — Appel principal par le syndic, appel incident par la dame Grillet.

La cour; — En ce qui touche l'appel principal; — Adoptant les motifs des premiers juges; — En ce qui touche l'appel incident : — Donne acte à la femme Grillet de ce qu'elle restreint ledit appel à ce qui concerne les dispositions relatives à l'immeuble de Charonne; — Considérant que la subrogation consentie au profit de la femme Grillet par acte passé devant Desprez, notaire, le 26 juill. 1854, n'a eu pour effet que de mettre ladite femme Grillet aux lieu et place de Braillon, et de la substituer à ce dernier dans l'hypothèque à lui conférée le 20 févr. 1849; — Considérant que si mention de cette subrogation a été faite, le 25 août 1854, en marge du registre constatant l'inscription hypothécaire de Braillon, cette mention n'a pu produire un autre effet que l'inscription hypothécaire elle-même; et par conséquent n'a conservé que le rang et la date de l'hypothèque inscrite au nom de Braillon le 1er mars 1849, transmise à la femme Grillet; — Qu'il n'est pas possible de voir dans la mention de la subrogation de la femme Grillet aux droits de Braillon, faite le 25 août 1854 en marge de l'inscription Braillon du 1er mars 1849, soit une inscription nouvelle, soit un renouvellement de l'inscription prise au profit de Braillon en 1849, qui prorogerait l'effet de ladite inscription, effet que la mention de la subrogation consentie par Braillon tendait seulement à assurer à la femme Grillet; — Que la péremption de l'inscription du 1er mars 1849, faute d'avoir été renouvelée dans les dix ans, ne permet pas à la femme Grillet d'exciper utilement de ladite inscription; — Adoptant au surplus, les motifs des premiers juges; — Confirme, etc. Du 30 nov. 1861.-C. de Paris, 3e ch.-MM. Perrot de Chézelle, pr.-Barbier, av. gén.-c.'conf., Trinité et Hébert, av.

légale en faveur de l'acquéreur d'un immeuble du mari, elle conserve indubitablement, nonobstant la transcription de l'acte d'aliénation, le droit d'exercer cette hypothèque à l'encontre du tiers acquéreur. Elle conserve nécessairement aussi le droit de céder cette même hypothèque, et il importe peu, d'ailleurs, au tiers acquéreur que l'hypothèque soit exercée par la femme elle-même ou par son cessionnaire. Si, en fait, elle a cédé son hypothèque, alors l'art. 9 devient applicable; le cessionnaire est tenu d'inscrire l'hypothèque légale, et il doit pouvoir le faire, comme la femme le pourrait elle-même. L'art. 3 de la loi de 1855 ne s'y oppose nullement; il dit bien que jusqu'à la transcription les droits résultant des actes soumis à cette formalité ne peuvent être opposés aux tiers qui ont des droits sur l'immeuble et *qui les ont conservés en se conformant aux lois*, d'où l'on peut déduire *a contrario* que les tiers qui n'ont pas conservé leurs droits conformément aux lois ne peuvent plus s'en prévaloir après la transcription; mais les droits hypothécaires de la femme se conservent de par la loi indépendamment de toute inscription. Ces droits peuvent être cédés par elle après la transcription, et alors évidemment on ne saurait reprocher au cessionnaire de n'avoir pas pris inscription avant cette formalité; il ne pouvait pas, puisqu'il n'était pas encore cessionnaire. Or, si celui qui n'est devenu cessionnaire de l'hypothèque légale qu'après la transcription peut valablement inscrire l'hypothèque à son profit, il n'y a aucune raison de refuser le droit de s'inscrire à celui qui est devenu cessionnaire dès avant la transcription; on ne voit pas pourquoi celui-ci serait traité plus défavorablement que le précédent, d'autant plus que, si l'on décidait qu'il a perdu par la transcription le droit de s'inscrire, rien n'empêcherait la femme de lui consentir une nouvelle cession pour lui restituer ce droit. Quant à l'art. 6, qui est précisément le texte destiné à déterminer les effets de la transcription, il ne s'oppose pas, comme nous l'avons vu, aux inscriptions d'hypothèque légale; il ne concerne que les créanciers privilégiés ou ayant hypothèque aux termes des art. 2123, 2127 c. civ. et ne vise pas ceux dont s'occupe l'art. 9 de la loi de 1855, ce qui serait indispensable pour que la règle qu'il édicte fût également applicable à ceux-ci. Cette règle, il est vrai, doit être étendue aux créanciers à hypothèque légale tenus de s'inscrire conformément à l'art. 8; mais c'est qu'alors l'hypothèque légale est complètement assimilée par ce même article à l'hypothèque judiciaire ou conventionnelle, qui ne date à l'égard des tiers que du jour de l'inscription. Dans le cas de l'art. 9, au contraire, l'hypothèque légale conserve son rang; l'inscription est requise dans l'intérêt des cessionnaires de cette hypothèque, et non dans l'intérêt des tiers pouvant traiter avec le mari, lesquels sont avertis de l'existence de l'hypothèque par cela seul qu'ils traitent avec un homme marié; il est juste, par conséquent, que le défaut de l'inscription avant la transcription de leur contrat, ne puisse pas être invoqué par ces tiers. On peut même remarquer que ceux-ci n'auraient le plus souvent aucun intérêt à l'invoquer: c'est ce qui arriverait toutes les fois que le créancier subrogé aurait la femme pour obligée; alors, en effet, il pourrait exercer l'hypothèque légale au nom de sa débitrice, quand même cette hypothèque ne serait pas inscrite (V. en ce sens Riom, n° 64. Comp. Paris, 18 août 1876, aff. Pigot, D. P. 78. 2. 78).

585. Arrivant maintenant au cas où, l'hypothèque légale de la femme ayant été déjà inscrite au nom de celle-ci, le créancier subrogé veut procéder par voie de mention en marge de l'inscription; nous pensons qu'on doit encore admettre en principe que la mention peut être opérée tant que l'inscription elle-même pourrait être requise, mais pas au delà. En cas de vente par expropriation ou de purge, l'hypothèque légale ne peut plus être valablement inscrite par la femme après la transcription du jugement d'adjudication ou après l'expiration du délai de deux mois imparti par l'art. 2194 c. civ. On a soutenu que, si la femme a inscrit son hypothèque légale dans les délais, le créancier auquel elle cède le bénéfice de cette hypothèque peut encore et même doit, pour rendre sa cession opposable aux tiers, en faire mention en marge de l'inscription, conformément à l'art. 9 de la loi (Mérignhac, n° 65). Mais cette opinion a été, avec raison, condamnée par la jurisprudence. A partir

de la transcription de l'adjudication sur saisie immobilière ou de l'expiration du délai de l'art. 2194, l'hypothèque légale est purgée; elle ne peut, par conséquent, plus être inscrite ni au profit de la femme ni au profit d'un de ses ayants cause; la femme n'a plus qu'une créance privilégiée sur l'acquéreur de l'immeuble. Cette créance peut être cédée par la femme, comme toute créance; mais le cessionnaire, pour en être saisi à l'égard des tiers, doit alors remplir les formalités prescrites par l'art. 1690 c. civ., faire signifier la cession à l'acquéreur ou la faire accepter par lui dans un acte authentique. La mention qu'il ferait en marge de l'inscription ne suffirait pas pour le garantir, car l'acquéreur peut se libérer valablement en versant son prix entre les mains des créanciers inscrits avant la transcription ou avant l'expiration du délai de la purge (V. en ce sens, Riom, 3 juill. 1884, et sur pourvoi, Civ. rej. 6 juin 1887, aff. Marche, D. P. 88. 1. 33).

586. L'inscription ou la mention exigée par l'art. 9 de la loi de 1855 peut-elle encore être opérée valablement après la déclaration de faillite du mari ou après sa mort suivie de l'acceptation bénéficiaire de sa succession? L'affirmative doit être admise (V. *infrà*, chap. 4, sect. 6, art. 1 et 2).

587. Plusieurs créanciers, subrogés par un même acte dans le bénéfice de l'hypothèque légale d'une femme mariée, ont le droit de requérir cumulativement l'inscription ou la mention de la subrogation, comme ils pourraient requérir de la même manière l'inscription d'une hypothèque conventionnelle (Mérignhac, n° 56).

588. Par l'effet de l'inscription ou de la mention opérée conformément à l'art. 9, le créancier cessionnaire de l'hypothèque légale en est *saisi à l'égard des tiers*, dit cet article. On peut se demander quels sont les tiers dont il s'agit ici. Un premier point est certain: c'est que l'inscription ou la mention n'est pas requise au regard de la femme; celle-ci, ayant été partie au contrat, ne saurait par conséquent invoquer contre le créancier subrogé l'omission des formalités, exigées uniquement dans l'intérêt des tiers. Un autre point non moins certain, c'est que le défaut de publicité pourra être opposé par tous ceux au profit desquels la femme aura postérieurement consenti, expressément ou tacitement, une cession de son hypothèque légale ou une renonciation à cette hypothèque : ce sont ceux-là surtout que l'art. 9 a pour but de protéger. — Mais il y a doute sur le point de savoir s'il ne faut pas considérer aussi comme des tiers pouvant invoquer le défaut de publicité les créanciers de la femme, chirographaires ou hypothécaires, mais non subrogés dans l'hypothèque légale. Ces créanciers auront intérêt à se prévaloir du défaut d'inscription ou de mention, soit que la subrogation ait été consentie en faveur d'un créancier du mari, soit qu'elle existe au profit d'un créancier de la femme : s'il s'agit d'un créancier du mari, ils le primeront en exerçant l'hypothèque légale de leur débitrice; s'il s'agit d'un créancier de la femme, ils partageront avec lui, au marc le franc, le montant de la collocation revenant à la femme. Mais, a-t-on dit, l'intérêt ne suffit pas pour créer un droit : les créanciers non subrogés ne peuvent avoir plus de droits que la femme elle-même, leur débitrice; ils sont, non des tiers, dans le sens de l'art. 9, mais des ayants cause de la femme, qui, comme elle, ne sauraient reprocher à un créancier subrogé par celle-ci de n'avoir pas publié sa subrogation (Mourlon, *Traité de la transcription*, t. 2, n° 1103; Bertauld, *Traité de la subrogation*, n° 95). On a considéré, au contraire, que les expressions de l'art. 9, « ne sont saisis à l'égard des tiers », sont littéralement les mêmes que celles de l'art. 1690 c. civ., qui régit les transports de créances; qu'elles ne sauraient, dès lors, avoir une autre signification dans l'art. 9 de la loi de 1855 que dans l'art. 1690, et que, de même qu'il est certain que, dans ce dernier texte, les créanciers chirographaires sont des tiers, de même aussi, dans le premier, ils ont cette qualité (Caen, 18 déc. 1878, aff. Boudet, D. P. 79. 2. 241). Cette seconde solution nous paraît, en effet, la plus exacte. Elle peut, d'ailleurs, s'appuyer sur un argument plus solide que celui qu'on a tiré de l'analogie des textes de l'art. 9 de la loi de 1855 et de l'art. 1690 c. civ. En matière hypothécaire, il est de règle que le défaut d'inscription peut être invoqué par tout créancier du débiteur; c'est l'inscription seule, en effet, qui assure au créancier hypothécaire un rang préférable à celui des

autres créanciers (c. civ. art. 2134). Ce principe général doit être appliqué aussi bien à l'égard du créancier subrogé et tenu de s'inscrire en vertu de l'art. 9 de la loi de 1855 qu'à l'égard de tout autre créancier soumis à la nécessité de l'inscription (V. en ce sens : Lyon-Caen, note sur l'arrêt de de la cour de Caen précité ; Mérignhac, nos 62 et suiv.). Conformément à ce système, il a été jugé que le créancier chirographaire d'une femme mariée, qui a pratiqué une saisie-arrêt sur le prix d'un immeuble vendu par elle et son mari, peut se prévaloir contre un créancier subrogé dans l'hypothèque légale de la femme, et qui a laissé périmer son inscription, du défaut de renouvellement de l'inscription (Caen, 18 déc. 1878 précité). Mais si le créancier subrogé fait inscrire son hypothèque avant que la saisie-arrêt pratiquée par le créancier chirographaire ait été validée, cette inscription vaut notification de transport-cession vis-à-vis du créancier chirographaire et nécessite un partage au marc le franc entre les deux créanciers (Même arrêt).

589. « Les dates des inscriptions ou mentions, dit l'art. 9, § 2, de la loi de 1855, déterminent l'ordre dans lequel ceux qui ont obtenu des cessions ou renonciations exercent les droits hypothécaires de la femme ». Avant la loi de 1855, comme nous l'avons vu *suprà*, no 564, c'était d'après les dates des actes de subrogation que se réglait le rang des créanciers subrogés (V. *Rép.* nos 995 et suiv.; Paris, 30 juin 1853, aff. Guiffrey, D. P. 55. 2. 356 ; Bourges, 18 mars 1854, et sur pourvoi, Req. 15 nov. 1854, aff. Coste, D. P. 55. 1. 113 ; Metz, 22 janv. 1856, aff. Bénédic, D. P., 56. 2. 152). Et il en est encore ainsi pour les subrogations résultant d'actes ayant date certaine avant le 1er janv. 1856 (V. *suprà*, no 564). Mais, pour toutes les subrogations postérieures à l'entrée en vigueur de la loi de 1855, le principe est absolu : la préférence se règle uniquement d'après la date des inscriptions prises par le subrogé ou des mentions de la subrogation en marge de l'inscription préexistante. Il a été jugé que ce principe reste applicable alors même que le contrat du créancier qui s'est inscrit le premier contient l'indication des subrogations consenties antérieurement au profit de créanciers qui ont négligé de prendre inscription (Bordeaux,11 juin 1864, aff. Navailles,D.P. 61.5. 262. — V. aussi Toulouse, 24 févr. 1892, *suprà*, no 533).

590. Si plusieurs créanciers ont pris inscription ou ont fait mentionner leur subrogation le même jour, ils exercent l'hypothèque légale au même rang, sans qu'il y ait à se préoccuper de l'ordre dans lequel ils ont déposé leurs bordereaux au bureau des hypothèques. Telle est la décision donnée par l'art. 2147 c. civ. pour les inscriptions d'hypothèque en général. On a contesté qu'elle dût être appliquée aux inscriptions requises par l'art. 9 de la loi de 1855, en alléguant qu'elle constitue une dérogation au droit commun, exprimé par la règle : *Prior tempore potior jure*, et que par suite elle ne doit pas être étendue à un cas qui n'a pu être prévu par les rédacteurs de l'art. 2147 (Mourlon, *Traité de la transcription*, t. 2, no 1093). Mais l'art. 2147 est précisément une règle de droit commun à laquelle on ne saurait déroger sans un texte formel, et les raisons qui l'ont fait édicter existent aussi bien pour l'inscription de l'art. 9 que pour toute autre inscription hypothécaire (V. en ce sens : Troplong, *De la transcription*, no 339 ; Pont, t. 2, no 797 ; Bressolles, *Exposé des règles du droit civil résultant de la loi du 23 mars 1855 sur la transcription*, no 106 ; Mérignhac, no 67).

591. En cas de vente des immeubles du mari par expropriation, l'inscription ou la mention requise par l'art. 9 ne peut plus avoir lieu valablement, comme nous l'avons vu *suprà*, no 584, à partir de la transcription du jugement d'adjudication. Il pourrait se faire toutefois que cette inscription ou cette mention fût requise le même jour que la transcription du jugement, et alors se présenterait la question de savoir quel en serait l'effet. Cette question, toutefois, n'est pas spéciale à l'inscription ou à la mention dont il s'agit ; elle sera examinée plus loin relativement à toute espèce d'inscriptions (V. *infrà*, chap. 4, sect. 3, art. 3).

592. Aux termes de l'art. 717 c. proc. civ. dernier paragraphe, les créanciers à hypothèques légales qui n'ont pas fait inscrire leur hypothèque avant la transcription du jugement d'adjudication ne conservent de droit de préférence sur le prix qu'à la condition de produire avant l'expiration du délai fixé par l'art. 754, même code (quarante jours à partir de la sommation de produire), dans le cas où l'ordre se règle judiciairement, et de faire valoir leurs droits avant la clôture, si l'ordre se règle amiablement, conformément aux art. 751 et 752. Cette disposition est-elle applicable aux créanciers subrogés en sa qualité de subrogé, il a conservé néanmoins son droit de préférence par cela seul que, dans les quarante jours de la sommation de produire à lui adressée comme créancier hypothécaire du mari, il a produit à l'ordre son titre de créance, contenant subrogation à son profit dans l'hypothèque légale, et a formé une demande générale de collocation (Civ. cass. 14 déc. 1863, aff. De Saint-Mauris-Chatenoy, D. P. 64. 1. 114).

593. L'inscription ou la mention faite par un créancier subrogé en conformité de l'art. 9 de la loi de 1855 ne peut évidemment profiter à ce créancier et lui procurer collocation sur les biens du mari que jusqu'à concurrence du montant en principal de sa créance, énoncé dans l'inscription ou dans la mention, et des intérêts, frais et accessoires. Il en est ainsi alors même que le chiffre indiqué se trouverait inférieur à l'importance réelle de la créance (Comp. Grenoble. 15 janv. 1880, *infrà*, chap. 4, sect. 6, art. 1).

594. D'après l'art. 2151 c. civ., l'inscription hypothécaire pour un capital produisant intérêts n'assure une collocation à ce créancier que pour le capital et trois années d'intérêts (deux années et l'année courante, jusqu'à la loi du 17 juin 1893, qui a modifié l'art. 2151. V *infrà*, chap. 7, sect. 6, art. 1). Cette règle, restrictive des effets de l'hypothèque, doit-elle être étendue aux inscriptions d'hypothèque légale et aux mentions de subrogation requises par un créancier subrogé? Dans un premier système, on a soutenu que la règle de l'art. 2151 est une disposition exceptionnelle, dérogeant au principe : *Accessorium sequitur principale*, édictant une déchéance, et par suite ne devant pas être appliquée à une hypothèse que cet article n'a pas prévue (Mourlon, *Traité de la transcription*, t. 2, no 1094). Il a été jugé, en ce sens, que, lorsqu'il est stipulé dans le titre d'un créancier subrogé que les intérêts non payés seront capitalisés de plein droit chaque année et lorsque cette clause a été mentionnée dans l'inscription, ce créancier a le droit d'être colloqué non seulement pour deux années et l'année courante, mais pour la totalité des intérêts et des intérêts d'intérêts dus (Nancy, 30 déc 1871, aff. Simon-Remy, D. P. 72.2. 35). — Mais ce système n'a pas prévalu. L'art. 2151 c. civ. est, en effet, général : elle a pour but d'obliger les créanciers hypothécaires à ne pas laisser s'accumuler indéfiniment les intérêts à la charge des débiteurs, et il n'y a aucune raison de traiter les créanciers subrogés différemment des autres. Du moment que l'hypothèque légale qui a été l'objet d'une cession ou d'une subrogation ne vaut à l'égard des tiers qu'à la condition d'être inscrite, elle ne peut avoir d'effet que dans les limites attribuées par la loi à toute inscription. Le créancier subrogé ne doit donc pouvoir, comme tout autre créancier inscrit, réclamer collocation que pour trois années d'intérêts au même rang que pour le capital. C'est, du reste, ce qu'a décidé la cour de cassation (Req. 17 nov. 1879, aff. Duchêne-Pinault, D. P. 80, 1. 380; Civ. cass. 27 janv. 1885, aff. Manceau, D. P. 85. 1. 373. V. dans le même sens, Verdier, *Traité de la transcription*, t. 2, no 702; Mérignhac, no 93).

595. L'inscription ou la mention prise par un créancier subrogé dans les conditions de l'art. 9 de la loi de 1855 ne profite en principe qu'à celui qui l'a prise, et non à d'autres créanciers subrogés. Avant la loi de 1855, on s'est demandé s'il ne suffisait pas, en cas de purge d'hypothèque légale, que l'hypothèque eût été inscrite à la requête d'un seul des créanciers subrogés pour qu'elle dût être considérée comme inscrite au profit de tous les autres et de la femme elle-même. La jurisprudence a résolu cette question par une distinction. Il a été jugé, d'une part, par la cour de cassation que l'inscription prise au profit d'une femme mariée, pour sûreté des reprises et indemnités auxquelles elle a droit, sans aucune détermination de somme, profite à tous les créanciers qu'elle a antérieurement subrogés dans son hypothèque légale, alors même que cette inscription a été requise par l'un d'eux, si rien dans son contexte n'indique qu'elle

n'a pas été prise par la femme elle-même ou pour elle; et que l'on ne peut, d'ailleurs, se fonder sur des actes occultes ou sur des circonstances extrinsèques à l'inscription pour attribuer tout le bénéfice de l'hypothèque légale ainsi publiée à quelques-uns des créanciers, à l'exclusion des autres (Civ. cass. 25 févr. 1862, aff. Rack, D. P. 62. 1. 240). Mais la cour de cassation a décidé, d'autre part, par plusieurs arrêts, que l'inscription d'hypothèque légale prise par un créancier subrogé dans son intérêt exclusif et jusqu'à concurrence seulement du montant de sa créance ne profite, en cas de purge, qu'à ce créancier, et non aux autres subrogés ni à la femme (Req. 1er juin 1859, aff. Florent, D. P. 60. 1. 381; Civ. rej. 21 juill. 1863, aff. Poinsel, D. P. 63. 1. 339; Dijon, 2 janv. 1865, aff. Tharaud, D. P. 65. 2. 55; Req. 1er mai 1866, aff. Chamblanc, D. P. 66. 1. 292. V. aussi en ce sens *Rép.* n° 998).

596. Il a été jugé, notamment: 1° que le créancier subrogé doit être réputé avoir requis l'inscription dans son intérêt exclusif, lorsqu'il a déclaré la prendre pour sûreté des sommes jusqu'à concurrence desquelles la femme s'est engagée envers lui, alors même qu'il aurait ajouté qu'il la prenait pour sûreté « de toutes autres sommes qui pourraient être dues à la femme par son mari », ces dernières expressions, en rapport avec les termes généraux de la subrogation, ayant simplement pour but d'en assurer les effets (Req. 1er juin 1859, cité *suprà*, n° 595); — 2° Que l'inscription dans laquelle le subrogé déclare qu'ayant été subrogé jusqu'à concurrence de sa créance à l'hypothèque légale, il en requiert l'inscription pour sûreté et conservation de la dot et des conventions portées au contrat de mariage de la femme, doit être considérée comme prise dans l'intérêt exclusif de l'inscrivant, et que, par suite, les autres subrogés qui n'ont pris, de leur côté, aucune inscription dans les délais de la purge, sont déchus du bénéfice de leur subrogation (Req. 1er mai 1866, cité *suprà*, n° 595). — En ce qui concerne l'inscription prise en vertu de l'art. 9 de la loi de 1855, on doit, avec plus de raison encore, décider qu'elle ne peut profiter en général qu'au créancier qui l'a requise. Cette inscription, en effet, doit être prise, d'après la loi, non au profit de la femme, mais au profit du créancier subrogé; elle a pour but de saisir ce créancier de l'hypothèque légale à l'égard des tiers et de déterminer le rang auquel il pourra exercer l'hypothèque; elle ne peut donc être invoquée que par lui (V. en ce sens, Pont, t. 2, n° 800; Aubry et Rau, t. 3, § 288 *bis*, p. 469 et suiv.; Bertauld, *Traité de la subrogation*, n° 101).

597. La question de savoir si la femme peut profiter de l'inscription prise par un créancier subrogé s'est encore présentée dans la jurisprudence lorsqu'il s'agit de donner mainlevée d'une telle inscription. On a prétendu que la mainlevée ne pouvait pas être consentie par le subrogé seul, mais devait l'être aussi par la femme. La femme, en effet, disait-on, a intérêt à ce que son hypothèque légale soit inscrite, car elle ne peut exercer les droits attachés à cette hypothèque qu'à cette condition, et, en cas de vente par expropriation, ou de purge, elle peut perdre ces droits à défaut d'inscription. Or, aux termes de l'art. 2157 c. civ., les inscriptions ne peuvent être rayées que du consentement

des parties intéressées; et, par conséquent, le consentement de la femme est nécessaire, aussi bien que celui du subrogé, pour la radiation complète de l'inscription prise par celui-ci. Il a été jugé, conformément à ce système, que l'inscription de l'hypothèque légale d'une femme mariée, requise par un créancier subrogé à cette hypothèque, subsiste au profit de la femme malgré la mainlevée qui en est donnée par le créancier, et que, par suite, le conservateur peut se refuser à opérer en vertu de cette mainlevée la radiation de l'inscription en ce qui concerne la femme (Amiens, 31 mars 1857, aff. Macquéron, D. P. 58. 2. 26; Req. 2 juin 1858, aff. Réquier, D. P. 58. 1. 249); et ce, alors même qu'il a été exprimé dans le bordereau d'inscription qu'elle était requise par le créancier subrogé à son profit exclusif, que l'inscription pourrait être rayée sur la simple mainlevée dudit créancier, comme devant profiter à celui-ci seul, et non à la femme (Orléans, 4 août 1859, aff. Guerrier, D. P. 59. 2. 149). — Ce système, toutefois, n'a pas prévalu. Il a été condamné par la chambre civile de la cour de cassation, dans un arrêt fortement motivé, qui a cassé l'arrêt précité de la cour d'Orléans. Le droit du créancier auquel une hypothèque a été cédée, dit la cour suprême, ne dérive que de la cession qui la lui confère et qui en détermine pour lui l'étendue et les conditions; c'est de ce droit, tel que la cession le lui a transmis, que l'inscription lui assure le bénéfice; il en est le maître absolu; il pourrait ne pas en user; il peut y renoncer seul, et doit, par suite, pouvoir de même donner seul mainlevée de l'inscription qui n'en est que l'accessoire et la manifestation extérieure. Cela est vrai pour l'hypothèque légale d'une femme mariée comme pour toute autre hypothèque. Les dispositions par lesquelles la loi, dans l'intérêt des femmes et plus encore dans l'intérêt des tiers, a prescrit d'inscrire l'hypothèque légale au profit de la femme, sont étrangères aux créanciers de celle-ci, qui ne sont pas chargés de veiller pour elle et qui, en dehors de leur intérêt propre, n'ont pas mission pour prendre, sans son autorisation, une inscription dont ils ne peuvent le plus souvent apprécier l'opportunité. Dans les diligences qu'ils font pour s'assurer à eux-mêmes le bénéfice de l'hypothèque, on ne saurait voir l'exécution d'un mandat tacite de la femme. Le texte de l'art. 9 de la loi du 23 mars 1855 est d'accord avec ces principes: il impose au créancier, cessionnaire de l'hypothèque légale, l'obligation, à l'égard des tiers, de la faire inscrire, mais seulement à son profit, c'est-à-dire dans les conditions ou la mesure de son droit propre et personnel; cet article n'attribue à l'inscription d'autre effet que de déterminer l'ordre dans lequel les cessionnaires de la femme exerceront leurs droits hypothécaires. Le cessionnaire est donc la seule partie intéressée dans cette inscription, dont la femme n'a pas besoin pour conserver son hypothèque, qui continue d'exister à son profit indépendamment de cette formalité. Le cessionnaire seul, par conséquent, peut valablement donner mainlevée de l'inscription (Civ. cass. 5 févr. 1861, aff. Chouteau, D. P. 61. 1. 65. V. dans le même sens, les conclusions de M. l'avocat général Raynal sur cet arrêt; Rouen, 26 déc. 1862 (1); Pont, t. 2, n° 804; Aubry et Rau, t. 3, § 281, p. 389; Thézard, n° 236).

598. Si pourtant le créancier subrogé ne s'était pas bor-

---

(1) (Mazet C. Barrabé.) — La cour; — Sur la première question soulevée par les conclusions de l'appelante : — Attendu que cette question est celle de savoir si, lorsqu'un créancier, cessionnaire de l'hypothèque légale de la femme, a fait inscrire cette hypothèque pour s'assurer les effets de la cession, cette inscription profite nécessairement à la femme, de telle sorte qu'elle ne puisse être radiée sans son consentement; — Attendu qu'il résulte des documents du procès que la subrogation consentie par la dame Mazet, le 11 mai 1858, donne le pouvoir à Barrabé, créancier subrogé, d'inscrire l'hypothèque légale de sa débitrice directement à son profit et sans le concours de cette dame; qu'il est aussi constant que l'inscription prise le 28 du même mois par Barrabé a été dans les conditions et dans les termes de l'acte même de subrogation, dont il n'a été que la conséquence et l'exécution; qu'il résulte donc de l'époque où ces deux actes sont intervenus et des mentions qu'ils contiennent que ces actes sont placés sous le seul empire de la loi du 23 mars 1855 et qu'ils ne sont que l'évidente application de l'art. 9 de cette loi; — Attendu que le législateur, reconnaissant que le cessionnaire des droits de la femme n'étant pas protégé par les considérations qui peuvent empêcher la femme de prendre ins-

cription contre son mari, a exigé, dans l'intérêt des tiers, une publicité d'hypothèque qui seule pouvait à leur égard assurer au créancier subrogé le bénéfice de la cession; que, par une conséquence naturelle et légitime, l'inscription destinée à sauvegarder les droits propres des cessionnaires ne devait être prise qu'à leur profit, et dans la mesure de leurs intérêts; — Attendu que cette déduction ressortait des principes généraux du droit qui veulent que nul ne puisse faire d'acte judiciaire ou extrajudiciaire, en son nom, que pour lui-même, sauf les exceptions qui ne se rencontrent pas dans l'espèce; mais que la loi qui voulait faire cesser toutes les controverses qui s'étaient élevées sur la portée de ces inscriptions, a eu le soin de dire d'une manière expresse et formelle qu'elles seraient prises par le créancier subrogé, à son profit; — Qu'il résulte donc des faits de la cause et des principes du droit que Barrabé n'a fait inscrire l'hypothèque légale de sa débitrice que dans son intérêt personnel et non dans celui de la dame Mazet, entièrement distinct du sien; que, par une conséquence inévitable, Barrabé, maître absolu du droit, que lui conférait la cession, et partant de l'inscription qui lui en assurait les avantages, a pu valablement en donner mainlevée et sans le consentement de l'appelante, puisqu'il n'avait ni

né à réquérir l'inscription à son profit, s'il l'avait aussi requise dans l'intérêt de la femme et pour la conservation des droits de celle-ci, il est certain que le consentement de la femme serait alors nécessaire pour que l'inscription pût être radiée à son préjudice. C'est ce qui a été jugé dans une espèce où l'acquéreur d'un immeuble dotal, dont l'aliénation était permise au mari sous la condition « d'en hypothéquer le prix sur des biens suffisants », avait pris inscription contre le mari, à la fois, dans son intérêt personnel, en vertu de l'hypothèque conventionnelle qui lui avait été consentie pour lui garantir, le cas échéant, la restitution du prix, et dans l'intérêt de la femme, en vertu de son hypothèque légale; il a été reconnu avec raison que l'inscription de cette dernière hypothèque ne pouvait être radiée sur la seule mainlevée de l'acquéreur et sans le consentement de la femme (Nîmes, 15 déc. 1865) (1).

599. Du principe que l'inscription prise par le créancier cessionnaire de l'hypothèque légale, conformément à l'art. 9 de la loi de 1855, ne profite, en général et sauf l'exception qui vient d'être indiquée, qu'à ce créancier et non à la femme, il résulte que cette inscription ne dispense pas la femme ou ses héritiers de l'obligation, qui leur est imposée par l'art. 8 de la même loi, d'inscrire l'hypothèque légale dans l'année de la dissolution du mariage (V. suprà, n° 576 et infrà, chap. 4, sect. 6, art. 2). Réciproquement, le défaut de l'inscription exigée par l'art. 8 ne peut pas nuire aux créanciers subrogés qui ont pris eux-mêmes inscription pendant le mariage ou dans l'année qui a suivi sa dissolution.

600. Il peut se faire, c'est même ce qui arrivera le plus souvent, que le créancier cessionnaire de l'hypothèque légale soit en même temps créancier hypothécaire du mari. Comme nous l'avons déjà vu suprà, n° 535, il peut alors exercer l'hypothèque légale, alors même qu'il aurait négligé de faire inscrire sa propre hypothèque ou d'en renouveler l'inscription, car les deux hypothèques sont indépendantes l'une de l'autre. Néanmoins, quand la femme a consenti la cession de l'hypothèque légale, elle a pu légitimement compter exercer en échange l'hypothèque du créancier subrogé, et si, par le fait ou la négligence de celui-ci, elle se trouve privée de cet avantage, elle est en droit de lui réclamer la somme qu'elle aurait touchée si l'inscription avait été prise ou conservée; elle peut se faire colloquer en sous-ordre, pour cette somme, sur la collocation attribuée au subrogé (V. en ce sens, Riom, 3 août 1863, aff. Veuve Pic, D. P. 63. 2. 133, et sur pourvoi, Civ. rej. 9 août 1865, D. P. 66. 1. 32; Pont, t. 1, n° 480, en note; Aubry et Rau, t. 3, § 288, p. 458; Mérignhac, n° 94).

601. — II. RENONCIATION A L'HYPOTHÈQUE LÉGALE EN FAVEUR D'UN ACQUÉREUR. — Nous avons déjà expliqué suprà, n°s 550 et suiv., dans quelles circonstances la femme peut renoncer expressément ou tacitement à son hypothèque légale en faveur de l'acquéreur d'un immeuble du mari ou de la communauté. Nous devons maintenant nous occuper des conditions de forme et de publicité auxquelles est soumise une telle renonciation.

Jusqu'à la loi du 13 févr. 1889, on n'était pas d'accord sur le point de savoir si l'art. 9 de la loi du 23 mars 1855 était applicable à la renonciation consentie par la femme en faveur d'un acquéreur ou si, au contraire, l'application de ce texte devait être restreinte aux cessions ou renonciations consenties en faveur d'un créancier. Il en résultait une double controverse : 1° la renonciation en faveur d'un acquéreur devait-elle nécessairement avoir lieu par acte authentique? 2° devait-elle, pour que l'acquéreur pût s'en prévaloir à l'égard des tiers, être rendue publique, soit par une inscription de l'hypothèque légale, soit par une mention en marge de l'inscription préexistante? La loi du 13 févr. 1889 a résolu ces deux questions. Elle a exigé un acte authentique pour la validité de la renonciation en faveur d'un acquéreur, mais a décidé que cette renonciation devait être rendue publique par la voie de la transcription, et non par celle de l'inscription. Nous devons donc examiner successivement chacune de ces conditions d'authenticité et de publicité. Et, à l'occasion de chacune d'elles, nous rappellerons les controverses qui ont précédé la loi de 1889 et qui conservent encore de l'intérêt relativement aux actes antérieurs à cette loi.

602. — 1° Acte authentique. — Un acte authentique était-il nécessaire avant la loi du 13 févr. 1889 pour la validité de la renonciation à son hypothèque légale, consentie par une femme mariée en faveur de l'acquéreur d'un immeuble du mari ou de la communauté? Jusqu'à la loi du 23 mars 1855, l'authenticité n'était requise par aucun texte; la renonciation pouvait donc avoir lieu incontestablement par acte sous seing privé. Mais l'art. 9 de cette loi ayant statué que, « dans le cas où les femmes peuvent céder leur hypothèque légale ou y renoncer, cette cession ou cette renonciation doit être faite par acte authentique », on a dû nécessairement se demander si ce texte régissait les renonciations en faveur d'un acquéreur, aussi bien que les cessions ou renonciations en faveur d'un créancier. Dans un premier système, on soutenait que l'art. 9 était inapplicable aux renonciations consenties par la femme en faveur d'un acquéreur; ces renonciations, en effet, disait-on, n'ont pas

---

d'après la loi, ni d'après la convention, ni d'après les termes de l'inscription qui en a été la suite, aucune mission pour veiller aux intérêts de la dame Mazet; que, d'ailleurs, il est contraire à la nature des choses qu'une inscription restreinte, spéciale et prise dans un intérêt privé, puisse virtuellement protéger un droit général indéterminé, et indépendant de celui du créancier inscrivant; — Sur la seconde question... (sans intérêt); — Confirme, etc.

Du 26 déc. 1862.-C. de Rouen, 2e ch.-MM. Gerbert, pr.-Bardou, 1er av. gén.-Chasseau et Deschamps, av.

(1) (Le conservateur des hypothèques d'Avignon C. Béraud.) — LA COUR; — Considérant que, dans son contrat de mariage avec Jean-Pierre Béraud, reçu Jaume, notaire à Avignon, le 1er mai 1837, la fiancée, Jeanne-Françoise Coulon, en se soumettant au régime dotal, constitua tous ses biens présents et à venir dotaux, et conféra à son futur époux la faculté de les aliéner, à la condition d'en hypothéquer le prix sur des biens suffisants; — Considérant que, par acte reçu Barbérassy, notaire à Avignon, le 8 févr. 1838, ledit Béraud vendit à Eugène-Antoine Coulon, son parent, entre autres immeubles, une maison et ses dépendances appartenant à la dame Coulon, son épouse, moyennant le prix de 5551 fr. 65 cent.; qu'une partie de ce prix fut payée et quittancée dans l'acte de vente et le surplus dans un acte du 27 mai 1838, reçu le même notaire; que, dans ce dernier acte, Jean-Pierre Béraud consentit à son acquéreur, Eugène Coulon, une hypothèque sur tous ses biens pour assurer, le cas échéant, la restitution du prix de la vente faite à ce dernier; — Considérant que, 13 mars 1848, ledit Coulon prit inscription au bureau des hypothèques d'Avignon, en vertu de l'hypothèque conventionnelle ci-dessus relatée et que, de plus, et dans le même bordereau, il requit inscription sur tous les biens présents et à venir de Béraud, dans l'intérêt de Françoise Coulon, épouse de ce der-

nier, en vertu de leur contrat de mariage et, au besoin, au profit de cette dernière; qu'enfin, il se servit, pour qualifier cette hypothèque, du nom d'hypothèque légale; — Considérant qu'on ne saurait, sans violer ouvertement le texte du bordereau précité, méconnaître qu'il contient une inscription de l'hypothèque légale de la femme Béraud pour la conservation du prix des immeubles lui appartenant, aliénés par son mari; — Considérant que la femme Béraud et les tiers ont d'ailleurs entendu dans ce sens le bordereau dont s'agit puisque la femme Béraud a consenti, dans leur intérêt, à la réduction en cette inscription; — Considérant, enfin, qu'on lit dans cet acte une disposition par laquelle élection de domicile est faite pour la femme Béraud à Avignon, chez Monestier, négociant, place Saint-Pierre; que cette clause serait un véritable non-sens si on n'admettait pas que l'inscription a été faite dans l'intérêt et au nom de ladite femme Béraud; — Considérant que, 2 mars 1858, cette inscription fut renouvelée au bureau des hypothèques d'Avignon sur la réquisition de Joseph Colombe, subrogé aux droits d'Eugène Coulon; que Colombe avait, par suite de cette subrogation, un intérêt identique à celui de la femme Béraud, pour la conservation de la dot de celle-ci; que dans ce titre de cointéressé, il puisait encore plus que dans le titre si vague d' « ami », le droit de rendre publiques, par une inscription hypothécaire, les hypothèques occultes compétant à la femme sur les biens de son mari; — Qu'on doit d'autant plus le décider ainsi que les dispositions de l'art. 1289 c. civ., ayant été édictées pour protéger la sûreté des transactions doivent être appliquées dans leur sens le plus large; — Attendu que, dans cet état de choses, ledit Colombe n'a pas eu qualité pour consentir à la radiation de l'inscription du 13 mars 1848, au préjudice de la femme Béraud, ainsi qu'il l'a fait par l'acte du 11 janv. 1865, reçu Jaume, notaire à Avignon; — Réformant, etc.

Du 15 déc. 1865.-C. de Nîmes, 3e ch.-M. Teissonnière, pr.

pour objet de transmettre à l'acquéreur le bénéfice de l'hypothèque ; l'intention des parties est seulement de purger l'immeuble vendu ; la renonciation de la femme est ainsi purement extinctive et non translative. Or, l'art. 9, dans son texte et dans son esprit, s'occupe uniquement des renonciations translatives : il parle à la fois de la cession et de la renonciation ; il a pour but de fixer les conditions auxquelles les cessionnaires de l'hypothèque en seront saisis à l'égard des tiers, et de déterminer l'ordre dans lequel ils exerceront les droits hypothécaires de la femme ; cet article ne peut, par conséquent, intéresser l'acquéreur envers lequel la femme s'est bornée à renoncer à se prévaloir de son hypothèque et auquel elle n'a rien cédé (V. en ce sens, Pont, *Commentaire-traité des privilèges et hypothèques*, t. 1, n° 486, et *Revue du notariat*, t. 8, p. 161, n° 1703; Mourlon, *Traité de la transcription*, t. 2, n°s 970 et 1105 ; Berger, *Transcription*, n° 347 ; Thézard, *Du nantissement des privilèges et hypothèques*, n° 114 ; Mérignhac, *Traité des contrats relatifs à l'hypothèque légale de la femme mariée*, n°s 137 et suiv. ; Tessier, *Revue critique*, 1889, p. 634). — Le système contraire s'appuyait sur la généralité du texte de l'art. 9, qui ne distinguait pas entre les divers cas de renonciation. Il ajoutait que la renonciation de la femme en faveur d'un acquéreur, pour atteindre son but visé par les parties, avait nécessairement un effet translatif dans l'hypothèse où l'immeuble vendu était grevé d'hypothèques postérieures en rang à l'hypothèque légale de la femme, l'acquéreur qui avait payé son prix au mari étant alors intéressé à se prévaloir de l'hypothèque légale à l'encontre des autres créanciers hypothécaires. On faisait valoir enfin qu'une renonciation même purement extinctive équivalait pour la femme à une renonciation translative; dans l'un et l'autre cas, l'hypothèque légale était perdue pour elle; dans l'un et l'autre cas, par conséquent, la présence d'un officier public était utile pour éclairer la femme et la prémunir contre un entraînement irréfléchi (Bertauld, *Traité de la subrogation à l'hypothèque légale des femmes mariées*, n° 83 ; Aubry et Rau, *Cours de droit civil français*, t. 3, § 288 *bis*, p. 456 ; Garnier, *De la subrogation à l'hypothèque légale de la femme mariée*, n°s 603 et suiv. ; Le Baron, *Étude sur l'hypothèque légale*, n° 603 ; Labbé, *Revue critique de législation et de jurisprudence*, 1881, p. 339 ; Verdier, *Transcription hypothécaire*, t. 2, n° 754). La cour de cassation s'est prononcée en faveur de ce second système ; elle a jugé, dans un cas, il est vrai, où la renonciation de la femme pouvait être considérée comme translative de l'hypothèque légale, à raison des autres hypothèques dont était grevé l'immeuble vendu, que cette renonciation faite par acte sous seing privé était nulle, et que la nullité pouvait être opposée par la femme elle-même, et non pas seulement par les tiers (Req. 22 nov. 1880, aff. Joannard, D. P. 81. 1. 58. V. dans le même sens, Lyon, 6 mars 1880, *ibid.*, et le rapport de M. le conseiller Crépon).

603. La loi du 13 févr. 1889 a consacré législativement cette solution de la jurisprudence. L'idée première de cette loi se trouve dans des pétitions qui furent présentées à la Chambre des députés, en 1880, par un grand nombre de notaires ; mais il n'y était pas question de la nécessité d'un acte authentique. Il n'est donc pas non plus question dans un premier projet qui fut présenté à la Chambre en 1881, par le Gouvernement. Ce fut la commission chargée d'examiner ce projet qui crut devoir exiger un acte authentique pour la renonciation consentie par la femme, mais seulement dans le cas où cette renonciation se produirait par un acte distinct du contrat de vente. Le projet ainsi modifié, n'ayant pu venir en discussion devant la Chambre élue en 1881, fut repris par le Gouvernement et présenté à nouveau en 1885. La nouvelle commission à laquelle il fut renvoyé exigea cette fois l'authenticité même pour le cas où la renonciation résulterait du concours de la femme au contrat de vente. La rédaction proposée en ce sens par la commission fut adoptée par la Chambre des députés. La commission du Sénat qui en ensuite à étudier le projet revint au système consistant à n'exiger l'authenticité que dans le cas où la renonciation aurait lieu par un acte distinct. Mais, quand le projet vint en discussion, M. Léon Renault proposa un amendement ayant pour but d'imposer la nécessité d'un acte authentique dans tous les cas. Sur les observations de M. Fallières, ministre de la justice, cet amendement fut

renvoyé à la commission, qui le repoussa tout d'abord ; mais, après l'adoption du projet en première lecture, la commission revint sur sa première détermination et se rallia à l'amendement. Combattu par M. Léon Clément, dans la séance du Sénat du 29 octobre 1888, cet amendement fut défendu, dans la même séance, par M. Trarieux, qui fit valoir en sa faveur deux arguments principaux. Il soutint que la nécessité d'un acte authentique était conforme aux principes généraux du régime hypothécaire, principes attestés par l'art. 2127 c. civ. et par l'art. 9 de la loi du 23 mars 1855, qui exigeaient déjà l'authenticité pour la constitution d'hypothèque et pour la cession d'hypothèque légale. Il fit remarquer, en outre, que si l'on était d'accord pour requérir la présence d'un officier public, dans l'intérêt de la femme, lorsque celle-ci renoncerait à son hypothèque par un acte séparé, il n'y avait aucun motif de ne pas accorder à la femme la même protection lorsqu'elle renoncerait dans l'acte même de vente. Sur ces observations, l'amendement fut adopté. Il forme le paragraphe 2 du texte ajouté à l'art. 9 de la loi de 1855 : « Dans tous les cas, cette renonciation n'est valable et ne produit les effets ci-dessus que si elle est contenue dans un acte authentique ».

604. Ici, comme dans le premier paragraphe de l'art. 9, par « acte authentique », il ne faut pas nécessairement entendre un acte notarié (V. *supra*, n° 560. En ce sens : Wable, *Traité des renonciations par la femme à son hypothèque légale au profit du tiers acquéreur*, n° 74. — *Contra*, Escorbiac, *Lois nouvelles*, 1890, p. 134).

605. Si la renonciation a été consentie par-devant notaire, l'acte doit, en principe, être dressé en minute. Il en est ainsi surtout lorsque la renonciation a lieu dans l'acte de vente (L. 25 vent. an 11, art. 20). Cependant un acte séparé de renonciation semble pouvoir être délivré en brevet, aussi bien qu'un acte de constitution d'hypothèque (V. *infra*, n° 839. En ce sens, Wable, *op. cit.*, n° 75).

606. La procuration donnée à un tiers par la femme pour consentir une renonciation à son hypothèque légale devrait être authentique (V. *infra*, n° 839) ; mais pourrait aussi être délivrée en brevet (L. 25 vent. an 11, art. 20).

607. Une renonciation qui aurait lieu dans un acte sous seing privé deviendrait authentique, et par suite valable, si elle était déposée au rang des minutes d'un notaire, soit par la femme elle-même, autorisée de son mari, soit par le tiers acquéreur, muni d'une procuration authentique de la femme, soit par tous les deux ensemble. Mais, dans ce cas, la renonciation ne daterait que de l'acte de dépôt (Comp. *infra*, n° 840). — D'après quelques auteurs, il serait nécessaire que la femme ou son mandataire, en déposant l'acte contenant sa renonciation, renouvelât expressément cette renonciation devant le notaire (V. Mourlon, *Traité de la transcription*, t. 2, n° 1011 ; Wable, *op. cit.*, n° 84). Mais cette exigence nous paraît superflue : par le fait même que l'acte de renonciation est déposé par la femme elle-même au rang des minutes d'un notaire, il acquiert la valeur d'un acte authentique (Escorbiac, *op. cit.*, p. 139).

608. La renonciation consentie par la femme dans un acte authentique doit-elle être acceptée par l'acquéreur dans la même forme ? La négative paraît certaine, car la condition d'authenticité a été exigée par la loi dans l'intérêt de la femme renonçante et non évidemment dans l'intérêt du tiers acquéreur. L'acceptation de la renonciation par celui-ci n'est soumise à aucune formalité : elle peut avoir lieu expressément ou tacitement. On peut même se demander si cette acceptation est nécessaire, et si la femme pourrait encore rétracter la renonciation qu'elle aurait régulièrement consentie, alors que l'acquéreur ne l'aurait pas encore acceptée. Pour l'affirmative, on soutient, avec raison suivant nous, que si la renonciation de la femme est un acte unilatéral, elle n'en est pas moins un contrat entre elle et le bénéficiaire, et que tout contrat n'est parfait que par le concours des volontés des deux contractants (Arg. art. 1103 c. civ.) (V. en ce sens, Wable, *op. cit.*, n°s 76 et suiv.). Mais on peut invoquer en sens contraire plusieurs décisions de jurisprudence, d'après lesquelles la renonciation purement abdicative d'une femme mariée à son hypothèque légale est irrévocable indépendamment de l'acceptation des tiers qui doivent en profiter (Req. 19 nov. 1855, aff. Denis,

D. P. 56. 1. 175 ; Nîmes, 5 août 1862, aff. Souchères, D. P. 63. 2. 29).

609. Si la renonciation de la femme a eu lieu par acte sous seing privé ou, ce qui revient au même, si l'acte authentique dans lequel elle a eu lieu n'est pas valable comme acte authentique, cette renonciation est absolument nulle. Le texte de la loi ne peut laisser aucun doute à cet égard. La nullité pourra être invoquée non seulement par tous les tiers qui y auront intérêt, et notamment par les cessionnaires postérieurs de l'hypothèque légale de la femme, mais aussi par la femme elle-même, car il n'est pas douteux que l'authenticité a été exigée par la loi dans l'intérêt de la femme (V. *suprà*, n° 571). Toutefois, il faut bien reconnaître que cette nullité profitera rarement à la femme elle-même. Généralement, dans l'acte qui contiendra sa renonciation elle se sera obligée personnellement vis-à-vis de l'acquéreur ; elle figurera comme covenderesse, garante ou caution. Or, la nullité ne frappe que la renonciation à l'hypothèque légale, et non l'obligation personnelle contractée par la femme, car la femme, avec l'autorisation de son mari, a pu valablement s'obliger. Il en résulte qu'elle pourra bien encore céder son hypothèque légale, et que la renonciation ne sera pas opposable aux cessionnaires ; mais si elle prétendait l'exercer elle-même, si elle voulait poursuivre elle-même l'expropriation de l'immeuble vendu par le mari, l'acquéreur serait en droit de lui opposer la règle : *Quem de evictione tenet actio, eumdem agentem repellit exceptio* (V. en ce sens, Dalmbert, *De la purge des privilèges et hypothèques*, 2e éd., p. 358, n° 9 *bis* ; Wable, *op. cit.*, n° 82).

610. La renonciation consentie par un acte sous seing privé ou par un acte nul comme acte authentique peut-elle être confirmée par une ratification, et quel sera l'effet de la ratification ? Cette question est à peu près la même que celle de savoir si la constitution d'hypothèque conventionnelle qui n'aurait pas eu lieu par un acte notarié valable serait susceptible de ratification (V. *infrà*, n° 857). En tout cas, la confirmation de la renonciation ne pourrait se faire valablement que par acte authentique, et, suivant la plupart des auteurs, elle ne deviendrait opposable aux tiers que du jour où elle serait mentionnée en marge de la transcription de l'acte d'aliénation (César-Bru, *op. cit.*, p. 80 ; Wable, *op. cit.*, n° 81).

611. D'après une jurisprudence que nous avons signalée *suprà*, n° 504, la femme qui accepte la communauté ratifie les actes faits par son mari relativement aux biens communs ; elle est censée avoir été représentée par son mari, et ces actes lui sont opposables comme s'ils y avait figuré. On en tire cette conséquence que, si le mari a aliéné des immeubles de communauté, l'acceptation rend la femme garante de la vente et lui fait perdre le droit d'exercer son hypothèque légale à l'encontre des tiers acquéreurs. L'acceptation de la communauté constitue donc, dans ce système, une renonciation tacite de la femme à son hypothèque légale au profit des acquéreurs des biens communs. Mais, aux termes du paragraphe 2 de la loi du 13 févr. 1889, une telle renonciation ne peut avoir lieu que par acte authentique. Il semble résulter de là que l'acceptation de la communauté qui n'aurait eu lieu que dans un acte sous seing privé ne suffirait pas pour faire perdre à la femme son hypothèque légale sur les conquêts aliénés par le mari (V. en ce sens, Wable, *op. cit.*, n° 85). Toutefois, suivant la jurisprudence que nous avons rappelée, la femme qui n'aurait accepté que par acte sous seing privé n'en serait pas moins tenue de l'obligation de garantie, et, par conséquent, elle ne pourrait exercer elle-même son hypothèque au préjudice des tiers acquéreurs (V. *suprà*, n° 609).

612. — 2° *Publicité de la renonciation : transcription ou mention en marge de la transcription.* — Avant la loi du 23 mars 1855, la renonciation à son hypothèque légale consentie par la femme en faveur de l'acquéreur d'un immeuble du mari ou d'un immeuble commun était opposable aux tiers dès le moment où l'acte qui la constatait avait acquis date certaine. Mais depuis la loi de 1855, on se demandait si les règles de publicité édictées par cette loi étaient applicables à la renonciation dont il s'agit. Ici, comme sur la question de savoir si cette renonciation devait avoir lieu par acte authentique, deux principaux systèmes s'étaient fait jour. L'un, appelé quelquefois le système de l'*extension*,

invoquait la généralité du texte de l'art. 9. La renonciation, disaient les partisans de ce système, peut être translative ou simplement extinctive de l'hypothèque. Lorsqu'elle est translative, et elle doit l'être s'il existe sur l'immeuble vendu des hypothèques postérieures à celle de la femme, l'acquéreur ne saurait évidemment exercer l'hypothèque légale, l'opposer aux autres créanciers hypothécaires, sans avoir requis à son profit l'inscription ou la mention prescrite par l'art. 9. Mais, dans le cas même où il n'existe pas d'autre hypothèque que celle de la femme, et où, par suite, la renonciation peut être considérée comme purement extinctive, l'inscription ou la mention a encore sa raison d'être. Il importe, en effet, que les tiers auxquels la femme cédera plus tard son hypothèque légale soient avertis que l'immeuble vendu est affranchi de cette hypothèque. Si la renonciation leur était opposable alors même qu'elle n'aurait pas été publiée, ils seraient trompés sur la valeur de l'hypothèque légale, et c'est précisément le résultat que l'art. 9 de la loi de 1855 a eu pour but de prévenir (V. en ce sens, Rivière et Huguet, *Questions théoriques et pratiques sur la transcription hypothécaire*, n° 391 ; Bertauld, *Traité de la subrogation à l'hypothèque légale*, n° 93 ; Verdier, *Transcription hypothécaire*, t. 2, n°⁵ 661 et suiv., et *Revue pratique*, 1867, p. 209, et suiv., 1868, p. 5 et suiv. ; Aubry et Rau, t. 3, § 288 *bis*, p. 466, note 18 ; Garnier, *De la subrogation à l'hypothèque légale*, n°⁸ 349 et suiv. ; Le Baron, *Étude sur l'hypothèque légale*, n° 627 ; Baudry-Lacantinerie, *Précis de droit civil*, 1re édit., n° 1217 ; *Journal des conservateurs des hypothèques*, 1890, n° 4115, p. 422 et suiv.).

L'opinion contraire, dite de la *non-extension*, soutenait que la renonciation purement abdicative ou extinctive ne rentrait pas dans les prévisions de l'art. 9. Cet article, disait-on, n'exige l'inscription de l'hypothèque qu'afin que « les cessionnaires » en soient « saisis à l'égard des tiers ». Peut-on considérer comme un cessionnaire l'acquéreur auquel la femme n'a rien cédé ? On ajoutait : la loi ne prévoit que deux modes de publicité : une inscription au profit du cessionnaire, si l'hypothèque légale n'est pas encore inscrite ; une mention au profit du même en marge de l'inscription déjà prise. La loi ne s'est ainsi nullement préoccupée de l'acquéreur qui obtient de la femme une renonciation pour être dispensé de la purge légale, car cet acquéreur devrait requérir : 1° une inscription de l'hypothèque ; 2° une mention de radiation. Ce mode de procéder est en dehors des dispositions du législateur. Le but de l'acquéreur est, en effet, tout autre que celui du cessionnaire ; tandis que celui-ci se propose d'exercer l'hypothèque à son profit, l'acquéreur ne veut que la faire disparaître ; or il serait absurde d'obliger l'acquéreur, comme le cessionnaire, à rendre publique cette hypothèque qui n'existe plus, à inscrire le néant. A l'objection consistant à dire que les tiers qui traiteraient par la suite avec la femme avaient besoin d'être avertis de sa renonciation à l'hypothèque sur l'immeuble vendu, on répondait que, dès l'instant qu'une vente avait été faite par le mari, les tiers étaient suffisamment avertis de se défier et qu'il leur était facile de se renseigner au moyen de la transcription de l'acte de vente. On faisait enfin valoir les difficultés pratiques qu'entraînerait la nécessité pour tout acquéreur d'un immeuble vendu par un homme marié de faire inscrire l'hypothèque légale de la femme à son profit et de conserver, par cette inscription, les inscriptions des hypothèques légales de toutes les femmes des précédents propriétaires, aussi longtemps que ces hypothèques pourraient subsister ; les registres des conservateurs y suffiraient à peine ; les frais et les ennuis dépasseraient ceux d'une purge d'hypothèque légale qu'ils auraient pour but d'éviter (Pont, *Commentaire-traité des privilèges et hypothèques*, t. 1, n° 486, et *Revue du notariat*, t. 8, n° 1703 ; Mourlon, *Traité de la transcription*, t. 2, n°⁵ 970 et 1105 ; Thiercelin, D. P. 64. 2. 193, note ; Amiaud, *Revue pratique*, 1867, p. 481 et suiv., 1869, p. 58 et suiv. ; Boulanger, *Traité des radiations volontaires*, 2e édit., n° 152 ; Labbé, *Revue critique de législation et de jurisprudence*, 1881, p. 340 ; Mérignhac, *Traité des contrats relatifs à l'hypothèque légale de la femme mariée*, n°⁵ 155 et suiv. ; Thézard, *Du nantissement, des privilèges et hypothèques*, n° 114 ; Tissier, *Revue critique*, 1889, p. 634).

Les partisans de ce second système, dit de la *non-exten-*

sion, étaient eux-mêmes en dissentiment sur un point. Suivant les uns, la transcription de l'acte de vente était nécessaire pour que la renonciation extinctive produisît ses effets à l'égard des tiers. La transcription seule, disaient-ils, peut arrêter le cours des inscriptions sur l'immeuble vendu; jusque-là, par conséquent, les cessionnaires de l'hypothèque légale peuvent toujours inscrire l'hypothèque à leur profit (Thiercelin, *loc. cit.;* Thézard, *op. et loc. cit.*). Suivant les autres, la renonciation consentie par la femme en faveur de l'acquéreur n'était pas plus soumise à la publicité résultant de la transcription que à celle résultant de l'inscription: la renonciation seule, contenue dans l'acte de vente ou dans un acte postérieur, avait pour effet immédiat d'arrêter le cours des inscriptions de subrogation, dès qu'elle avait acquis date certaine, selon le droit commun. Il paraissait, en effet, certain que les actes de renonciation à l'hypothèque n'étaient pas, par eux-mêmes, soumis à la transcription, puisque l'art. 1 de la loi de 1855 n'imposait cette formalité que pour les actes translatifs de propriété immobilière ou de droits réels susceptibles d'hypothèque. D'autre part, on soutenait que la renonciation, qui avait pour objet de remplacer la purge de l'hypothèque légale, devait, comme cette purge elle-même, arrêter le cours des inscriptions de subrogation (Mourlon, *op. cit.*, t. 2, nº 1106; Mérignhac, *op. cit.*, nºs 463 et suiv.).

613. Quelle était l'attitude de la jurisprudence, en présence de ces divergences? Jusqu'à ces derniers temps, on peut dire qu'elle était assez ambiguë. Tout d'abord, elle avait paru favorable au système suivant lequel la renonciation au profit de l'acquéreur devait être rendue publique par l'inscription. La cour de Lyon et, après elle, la cour de cassation avaient jugé qu'un acquéreur au profit duquel la femme du vendeur avait renoncé à son hypothèque légale ne pouvait, s'il n'avait pas fait inscrire l'hypothèque conformément à l'art. 9 de la loi du 23 mars 1855, se prévaloir de la renonciation contre les tiers qui, ayant été subrogés à la même hypothèque, même depuis la transcription de l'acte de vente, avaient requis l'inscription ou la mention prescrite par l'art. 9 (Lyon, 22 déc. 1863, aff. Trunel, Tracol et autres; D. P. 64. 2. 193, et sur pourvoi, Civ. rej. 29 août 1866, D. P. 67. 1. 49). Mais les partisans du système contraire faisaient remarquer que ces décisions étaient intervenues dans une hypothèse où la renonciation devait être considérée comme translative, et non pas seulement comme extinctive. C'était exact, car, au moment où la femme avait eu lieu, l'immeuble vendu était déjà grevé d'une hypothèque conventionnelle postérieure en rang à celle de la femme; l'acquéreur avait néanmoins payé son prix aux vendeurs, puis, obligé de le rapporter aux créanciers, il avait prétendu se faire colloquer avant eux, en vertu de la renonciation de la femme. Il ne pouvait, suivant la cour de cassation, exercer ainsi les droits hypothécaires de la femme, faute d'avoir rempli les formalités de l'art. 9.

Dans des cas où aucune raison n'existait pour qu'on dût attribuer à la renonciation de la femme un effet translatif, plusieurs jugements et arrêts décidèrent que l'immeuble vendu était affranchi de l'hypothèque légale par le fait seul de la renonciation, et que l'acquéreur n'était pas tenu d'inscrire l'hypothèque (Trib. de la Flèche, 26 août 1878, aff. De Paillot, D. P. 80. 3. 134; Trib. de Beaune, 28 août 1879, aff. Dupont, *ibid.*; Trib. du Mans, 28 janv. 1880, aff. Sarcé, *ibid.*; Dijon, 4 août 1880, aff. Robin, D. P. 80. 2. 241; 6 févr. 1889, aff. Lefèvre, D. P. 90. 2. 326). Si ces décisions exemptaient l'acquéreur de la nécessité de l'inscription, quelques-unes exigeaient du moins que l'acte de vente eût

été transcrit pour que la renonciation fût opposable aux tiers (V. notamment les deux arrêts de la cour de Dijon précités). Mais d'autres décisions étaient rendues en sens contraire (Trib. de Charolles, 6 sept. 1879 (1); Douai, 22 déc. 1887, aff. Bracq, D. P. 90. 1. 467), en sorte que la jurisprudence était incertaine jusqu'à la loi du 13 févr. 1889. C'est seulement après cette loi que la cour de cassation a rendu un arrêt en faveur du système qui fait résulter de la transcription l'efficacité de la renonciation vis-à-vis des tiers. « Attendu, dit cet arrêt, que la loi du 23 mars 1855, dans son art. 9, dont le texte primitif est seul applicable à la cause, n'assujettissait à la nécessité de l'inscription que la renonciation dont l'effet était de saisir les cessionnaires ou subrogés des droits hypothécaires de la femme; — Que la renonciation pure et simple de celle-ci à son hypothèque légale, dans un acte de vente régulièrement transcrit, au profit de l'acquéreur d'un immeuble grevé de cette hypothèque, ayant un caractère extinctif et non translatif, se trouvait, par suite, dispensée de toute formalité autre que celle de la transcription; — Que si la loi du 13 févr. 1889, dont le but a été de mettre fin, sur ce point, à toute controverse, contient en ce sens une disposition expresse, elle n'a point innové, dans cette mesure, mais consacré la doctrine généralement admise dans la pratique, tout en la complétant par des dispositions accessoires » (Civ. cass. 5 mai 1890, aff. Bracq, D. P. 90. 1. 467).

614. Dès avant cet arrêt, dont la théorie est applicable aux actes antérieurs à la loi du 13 févr. 1889, cette loi, réclamée depuis longtemps par le notariat, avait été promulguée. « Les interprétations diverses données à l'art. 9 de la loi du 23 mars 1855, disait le rapporteur de cette loi au Sénat, ont créé à la pratique, dans une matière aussi usuelle que celle des subrogations et renonciations par les femmes à leur hypothèque légale, une situation pleine d'embarras et de périls, qu'il faut absolument faire cesser. En édictant que la renonciation par la femme à son hypothèque légale au profit de l'acquéreur d'immeubles, ou du mari ou de la communauté, en emporte extinction et vaut purge, le projet écarte les inconvénients qui résultent de l'accomplissement des formalités d'une purge légale. » (Rapport de M. Merlin, *Journ. off.*, 8 avr. 1888, annexes du Sénat, nº 37). Toutefois, comme nous le verrons *infra*, nºs 656 et suiv., la renonciation de la femme n'équivaut pas absolument à la purge de l'hypothèque légale, puisqu'elle fait disparaître le droit de suite, mais laisse subsister contre l'acquéreur le droit de préférence. Nous rappelons aussi que, d'après le paragraphe 3 de la loi de 1889, cette renonciation doit être expresse ou résulter du concours de la femme à l'acte d'aliénation en qualité de covenderesse, garante ou caution du mari (V. *supra*, nºs 552 et suiv.), et que, d'après le paragraphe 2, elle n'est valable que si elle est contenue dans un acte authentique (V. *supra*, nºs 602 et suiv.).

615. Le paragraphe 1 de la loi de 1889 (§ 3 de l'art. 9 modifié de la loi du 23 mars 1855) est ainsi conçu : « La renonciation par la femme à son hypothèque légale au profit de l'acquéreur d'immeubles grevés de cette hypothèque en emporte l'extinction et vaut purge, soit de la transcription de l'acte d'aliénation, si la renonciation y est contenue, soit de la transcription ou de la mention faite en marge de l'acte d'aliénation, si la renonciation a été consentie par acte authentique distinct ». Ce texte distingue deux hypothèses : ou la renonciation a lieu dans l'acte d'aliénation, ou elle a lieu par un acte distinct; dans le premier cas, la transcription de l'acte suffit pour rendre la

---

(1) (Robin C. Gautheron et François.) — Le tribunal ; — Attendu que les mariés Robin ne se sont nullement conformés aux prescriptions de l'art. 9 de la loi du 23 mars 1855 ; qu'en effet ils n'ont pas inscrit à leur profit l'hypothèque légale de la femme Gautheron, ils n'ont fait aucune mention en marge d'inscriptions préexistantes, et ne se sont livrés à l'accomplissement d'aucune formalité de purge ; — Attendu que la renonciation consentie à leur profit par la dame Gautheron n'est pas, par conséquent, opposable à François qui, subrogé dans l'hypothèque légale de celle-ci aux termes d'une obligation reçue Forges, notaire, le 9 mars 1876, a inscrit ladite hypothèque légale à son profit le 25 dudit mois, au bureau des hypothèques de Charolles; — Attendu que les mariés Robin excipent vainement de la trans-

cription de leur acte de vente effectuée au même bureau dès le 28 janv. 1875 ; qu'en effet, d'une part, l'art. 6 de la loi du 23 mars 1855, spécial aux hypothèques judiciaires et conventionnelles, n'est pas applicable dans l'espèce, et que, d'autre part, le mode de publicité édicté par l'art. 9 de la même loi ne saurait être suppléé par un autre mode ayant un tout autre objet, et spécialement par la transcription du contrat de vente contenant désistement par la femme au profit de l'acquéreur de son hypothèque légale sur l'immeuble vendu; — Attendu que la sommation de payer ou délaisser a donc bien procédé et doit être maintenue;

Par ces motifs, etc.
Du 6 sept. 1879.-Trib. civ. de Charolles.

renonciation opposable aux tiers; dans le second cas, il faut que la renonciation soit mentionnée en marge de la transcription de l'acte. — Il est bien entendu, toutefois, que ces formalités ne sont exigées qu'à l'égard des tiers; entre les parties, et notamment vis-à-vis de la femme, la renonciation existe et produit son effet dès le moment où elle a été consentie avec les conditions de forme déterminées par la loi. « La transcription, comme on l'a fait observer avec beaucoup de raison, n'a jamais été considérée dans le droit moderne comme un élément, soit essentiel, soit même secondaire, de la formation d'un contrat quelconque. L'aliénation d'un immeuble, même non transcrite, ne laisse pas d'être valable entre les parties contractantes et leurs ayants droit. La renonciation dont il s'agit dans la loi nouvelle sera régie par la même règle » (Escorbiac, *Hypothèque légale de la femme*, dans les *Lois nouvelles*, 1890, p. 127). Cette distinction ne résulte pas du texte de la loi, qui semble exiger la transcription d'une manière absolue et à l'égard de tous. Le projet de loi déposé par le Gouvernement était sur ce point plus exact. Il posait en principe que la renonciation emportait extinction de l'hypothèque, et il ajoutait : « Elle vaut purge pour l'acquéreur et est opposable aux créanciers subrogés par la femme dans ses droits hypothécaires. lorsqu'ils n'ont pas fait inscrire la subrogation antérieurement à la transcription du contrat de vente, si la renonciation a été consentie dans ce contrat, ou à la mention de la renonciation, etc. ». La rédaction a été changée, mais la pensée de la loi est certainement restée la même. Le passage suivant du rapport de M. Merlin au Sénat prouverait, au besoin, que la transcription n'est requise que comme moyen de publicité vis-à-vis des tiers : « En ordonnant, a dit le rapporteur, la transcription de l'acte d'aliénation qui contient la renonciation, ou la mention, en marge de cette transcription, de la renonciation, si elle a été consentie par acte distinct, on organise *une publicité qui met les tiers à l'abri de toute surprise*. Le créancier, en effet, auquel une femme mariée propose de le subroger dans son hypothèque légale, saura qu'il ne peut accepter cette offre sans avoir préalablement consulté le registre des transcriptions qui lui apprendra clairement tout ce qu'il a intérêt à connaître » (*Journ. off.*, 8 avr. 1888, annexes du Sénat, n° 37. V. en ce sens : Escorbiac, *loc. cit.*; César-Bru, *Étude sur la renonciation par la femme mariée à son hypothèque légale*, p. 82 et suiv.; Wable, *Traité des renonciations par la femme à son hypothèque légale*, n° 86).

616. Le système, qui consiste à faire résulter de la transcription de l'acte de vente ou d'une mention en marge de cette transcription la publicité nécessaire pour avertir les tiers de la renonciation de la femme, a été critiqué dans les travaux préparatoires de la loi de 1889. On a dit que, s'agissant au fond d'une mainlevée de l'hypothèque légale, il eût été plus conforme aux principes du régime hypothécaire de rendre la renonciation publique par une mention sur le registre des inscriptions (V. les observations de M. Léon Clément et de M. Cazot à la séance du Sénat du 6 févr. 1888, D. P. 89. 4. 26, note 1). Mais il a été répondu ce dernier mode de publicité, s'il était plus logique, présenterait en pratique de graves inconvénients. Il aurait fallu obliger l'acquéreur à inscrire l'hypothèque légale, puis à faire mentionner en marge la renonciation intervenue à son profit; chaque nouvelle renonciation aurait dû être également mentionnée. Les marges des registres auraient fini souvent par se trouver insuffisantes. Puis la nécessité de l'inscription ou de la mention en marge de cette inscription, venant s'ajouter à la transcription du contrat, aurait augmenté les frais. En droit, d'ailleurs, la renonciation de la femme n'est que le complément de la vente; elle achève et consolide le transfert de la propriété au profit de l'acquéreur. Il n'y a donc rien d'illogique à la faire mentionner sur le registre des transcriptions plutôt que sur celui des inscriptions. Le seul inconvénient de ce procédé est d'obliger les tiers qui veulent se renseigner sur le sort de l'hypothèque légale d'une femme mariée à consulter tout à la fois le registre des inscriptions, pour savoir si la femme a cédé son hypothèque, et le registre des transcriptions, pour savoir si elle a renoncé à cette hypothèque sur les immeubles aliénés par le mari (V. les observations de M. Boulanger à la même séance du Sénat du 6 févr. 1888, *ibid.*).

617. La loi n'a accordé à l'acquéreur aucun délai pour rendre publique la renonciation de la femme. Son intérêt doit suffire pour lui faire requérir la transcription ou la mention en marge de la transcription le plus vite possible, car, tant que cette formalité n'est pas remplie, il est exposé à voir survenir des inscriptions de la part des cessionnaires de l'hypothèque légale de la femme. Ces inscriptions frapperaient l'immeuble vendu, alors même que les cessions d'hypothèque auraient été consenties par la femme depuis la vente. L'acquéreur prétendrait vainement que les cessionnaires n'ont pas dû compter sur l'immeuble, parce qu'ils avaient connaissance de la renonciation consentie par la femme. Les cessionnaires répondraient à bon droit que, tant que cette renonciation n'a pas été publiée légalement, ils sont présumés l'ignorer, et que nulle preuve n'est admise contre la présomption de la loi (c. civ. art. 1352) (V. en ce sens : Escorbiac, *loc. cit.*, p. 130; César-Bru, *op. cit.*, p. 88 et suiv.; Wable, *op. cit.*, n° 95).

618. La renonciation de la femme à son hypothèque légale peut se produire non seulement en cas de vente, mais aussi en cas d'échange, de dation en payement, de constitution de dot, d'aliénation quelconque, à titre gratuit ou onéreux. Dans toutes ces hypothèses, la publicité est également requise et doit avoir lieu de la même manière. La loi parle d'un *acte d'aliénation*, et non pas seulement d'un *acte de vente*, d'un *acquéreur*, et non pas d'un *acheteur*. Le coéchangiste, le créancier qui reçoit un immeuble en payement, le donataire, doivent donc, comme l'acheteur, faire transcrire leur titre d'acquisition contenant renonciation, ou faire inscrire en marge de la transcription la mention de la renonciation constatée par un acte distinct (César-Bru, *op. cit.*, n° 86).

619. La transcription ou la mention en marge suffit, d'ailleurs, non seulement dans le cas où la renonciation est purement extinctive, mais encore lorsqu'elle est translative et emporte subrogation au profit de l'acquéreur. Cela résulte du paragraphe 5 de la loi de 1889. Ce texte ne soumet à la publicité prescrite par le paragraphe 1 de l'art. 9 de la loi de 1855, c'est-à-dire aux formalités de l'inscription ou de la mention en marge de l'inscription, la subrogation consentie par la femme au profit de l'acquéreur que lorsqu'elle s'étend à d'autres immeubles du mari (V. *infrà*, n°s 677 et suiv.).

620. Par qui peut être opposé le défaut de publicité? Dans le projet du Gouvernement, déjà cité *supra*, n° 615, il était dit que la renonciation « vaut purge pour l'acquéreur et est opposable *aux créanciers subrogés par la femme dans ses droits hypothécaires*, lorsqu'ils n'ont pas fait inscrire la subrogation antérieurement à la transcription, etc. ». Cette rédaction a été abandonnée, et la loi dit seulement que la renonciation « vaut purge à partir, soit de la transcription, etc. ». De la première rédaction, il résultait que la publicité de la renonciation n'était exigée qu'à l'égard des cessionnaires de l'hypothèque légale de la femme, et non par rapport aux ayants cause du mari. Mais, cette rédaction ayant été changée, on en a tiré cette conclusion que le défaut de publicité peut être opposé par tous les tiers intéressés. On accorde notamment le droit de s'en prévaloir aux créanciers hypothécaires du mari, inscrits sur l'immeuble avant la renonciation, mais primés par l'hypothèque légale de la femme. Vis-à-vis de ces créanciers, la renonciation, comme nous l'avons vu *supra*, n° 612, a un effet translatif et permet à l'acquéreur d'exercer le droit de préférence attaché à l'hypothèque. A défaut de la publicité requise, l'acquéreur pourra, dit-on, être écarté par les créanciers hypothécaires du mari, comme non valablement subrogé aux droits de la femme (Wable, *op. cit.*, n° 96). Toutefois, les créanciers hypothécaires du mari ne pourraient à la fois se prévaloir du défaut de publicité de la renonciation pour empêcher l'acquéreur d'exercer l'hypothèque légale, et de la renonciation elle-même pour refuser aussi à la femme le droit de l'exercer. Il est donc difficile de supposer que ces créanciers aient intérêt à opposer la non-publicité : s'ils écartent l'acquéreur, la femme pourra faire valoir l'hypothèque à son profit, et l'acquéreur lui-même, ayant la femme pour obligée, pourra exercer le droit hypothécaire de sa débitrice. Il n'en serait autrement que si la femme avait, postérieurement à sa renonciation en faveur de l'acquéreur, renoncé aussi à

se prévaloir de son hypothèque légale à l'égard des créanciers hypothécaires du mari. Sauf ce cas spécial, dans lequel d'ailleurs les ayants cause du mari deviendraient également les ayants cause de la femme, on peut dire qu'en principe les tiers n'ayant traité qu'avec le mari seront sans intérêt à opposer le défaut de publicité de la renonciation. La publicité a pour but d'avertir les tiers pouvant traiter avec la femme ou même ayant déjà traité avec la femme, car, si elle ne peut plus détourner ceux-ci de contracter, elle peut du moins les déterminer à exiger leur payement; ce sont donc, en général, les ayants cause de la femme qui pourront invoquer la non-publicité (V. en ce sens, César-Bru, *loc. cit.*, p. 86 et suiv.).

621. Mais le droit de se prévaloir du défaut de transcription de la renonciation appartient-il même aux créanciers chirographaires de la femme? Nous avons admis *suprà*, n° 588, que ces créanciers peuvent invoquer le défaut d'inscription à l'encontre des créanciers cessionnaires de l'hypothèque légale, bien que la femme ne puisse pas l'invoquer elle-même, et au premier abord on pourrait être tenté de décider qu'ils doivent pouvoir de même se prévaloir contre l'acquéreur de la non-publicité de la renonciation. Mais ce serait, à notre avis, une erreur : la transcription n'a pas pour but, comme l'inscription, de fixer le rang des créanciers. La règle de l'art. 2134, qui n'accorde un droit de préférence aux créanciers hypothécaires que sous la condition de l'inscription, peut bien être invoquée de créancier à créancier, mais non de créancier à tiers détenteur. Les créanciers chirographaires étant tenus de respecter, indépendamment de toute inscription, les actes d'aliénation consentis par la femme, leur débitrice, doivent de même respecter les actes de renonciation consentis par elle en faveur d'un acquéreur; ils ne peuvent donc pas plus qu'elle-même se prévaloir de la non-transcription de ces actes (V. en ce sens, Wable, *op. cit.*, n° 97).

§ 4. — Des effets de la subrogation ou de la renonciation à l'hypothèque légale (*Rép.* n°s 994 à 1005).

622. Nous nous occuperons d'abord des effets de la subrogation ou de la renonciation consentie par la femme en faveur d'un créancier; nous traiterons ensuite des effets de la renonciation consentie en faveur d'un acquéreur d'immeubles du mari ou de la communauté.

I. Effets de la subrogation ou renonciation a l'hypothèque légale en faveur d'un créancier. — Ces effets doivent être considérés, comme on l'a dit au *Rép.* n° 994, par rapport aux créanciers subrogés et par rapport à la femme, ou plus généralement par rapport aux époux.

623. — 1° *Effets à l'égard des créanciers subrogés.* — En règle générale, et sauf les hypothèses qui ont été signalées *suprà*, n°s 535 et 540, où la femme n'aurait consenti qu'une simple cession d'antériorité ou qu'une renonciation purement abdicative, la subrogation ou la renonciation à l'hypothèque légale confère au créancier subrogé le droit de préférence et le droit de suite attachés à l'hypothèque. En conséquence, comme l'explique très bien M. Thézard, *Du nantissement, des privilèges et hypothèques*, n° 106, « le créancier pourra, s'il n'est pas payé, faire valoir le droit hypothécaire de la femme, jusqu'à concurrence de sa propre créance, et, en cas de vente et d'expropriation des biens du mari détenteur, obtenir une collocation comme l'eût obtenue la femme elle-même. Non seulement la femme ne pourra pas faire valoir son hypothèque contre lui et se faire colloquer par préférence à lui, ce qui serait le résultat d'une renonciation au sens le plus étroit, et en quelque sorte l'effet négatif de la convention; non seulement encore le créancier, s'il a lui-même hypothèque sur un immeuble déterminé du mari, pourra prendre sur cet immeuble le rang qui appartient à la femme, ce qui serait l'effet d'une simple cession d'antériorité, mais il pourra, en principe, exercer le droit hypothécaire de la femme, et au même rang qui appartiendrait à celle-ci, sur tous les immeubles quelconques du mari, qu'il ait ou non hypothèque personnelle sur ces immeubles; il pourra faire valoir ce droit contre les tiers acquéreurs et contre les créanciers hypothécaires postérieurs, aussi bien que contre la femme elle-même. Telle est la portée normale de la convention : l'effet en pourrait

cependant être limité par cette convention même; rien n'interdit évidemment de stipuler que le créancier sera subrogé seulement dans les droits de la femme sur tel immeuble déterminé, que le mari lui affecte spécialement par le contrat; mais une telle limitation ne se présume pas » (Comp. dans le même sens, Mérignhac, *Traité des contrats relatifs à l'hypothèque légale de la femme mariée*, n°s 75 et suiv.).

624. Le créancier subrogé expressément ou tacitement dans l'hypothèque légale a un droit acquis, dont le bénéfice ne peut plus lui être enlevé par la femme ni par les ayants cause de celle-ci. Les cessions, subrogations ou renonciations que la femme pourra consentir ultérieurement, soit quant à son hypothèque, soit quant à ses reprises, ne sauraient nuire à ce créancier, à la condition, bien entendu, qu'il ait eu soin de conserver régulièrement son droit par l'inscription ou la mention prescrite par l'art. 9 de la loi du 23 mars 1855. La restriction de l'hypothèque légale, qui serait opérée par jugement, sur la demande du mari, conformément aux art. 2144 et 2145 c. civ., ne devrait pas non plus préjudicier au créancier subrogé, à moins qu'elle n'ait eu lieu contradictoirement avec lui, comme dans l'hypothèse prévue par l'art. 2161 (V. en ce sens, Aubry et Rau, t. 3, § 288 *bis*, p. 473 ; Colmet de Santerre, t. 9, n° 81 *bis*-XXVI ; Thézard, n° 107 ; Mérignhac, *op. cit.*, n° 77). Il a été jugé que, si la subrogation consentie par la femme laisse au mari la faculté de demander la restriction de l'hypothèque légale, il appartient néanmoins au tiers subrogé de s'opposer à cette restriction en tant que l'hypothèque ne porterait plus sur des biens suffisants pour garantir pleinement la dot et les droits de la femme, alors surtout que le mari a connu l'acte de subrogation et y a pris part (Bordeaux, 10 août 1853, aff. Jarjavay, D. P. 54. 2. 26).

625. Entre plusieurs créanciers qui ont été successivement subrogés par une femme mariée dans son hypothèque légale, le premier doit être préféré au second, le second au troisième, et ainsi de suite, comme on l'a expliqué au *Rép.* n°s 995 et suiv. Seulement, depuis la loi du 23 mars 1855, l'ordre ne se détermine plus par les dates des actes de subrogation, mais par les dates des inscriptions prises par ces créanciers ou des mentions de leurs subrogations en marge d'une inscription préexistante (V. *suprà*, n°s 589 et suiv.).

626. Bien que le créancier subrogé ait un droit acquis qu'il ne dépend plus de la femme de lui enlever, l'effet de la subrogation reste néanmoins subordonné à la condition que la femme aura des reprises à exercer. En général, on peut dire que la femme qui subroge un créancier dans son hypothèque légale ne lui confère qu'un droit purement éventuel et soumis à toutes les vicissitudes de la créance de reprises. Si importante que soit cette créance au moment de la cession de l'hypothèque, il pourra se faire qu'elle diminue par la suite, même qu'elle soit réduite à néant, et l'hypothèque légale cédée au créancier diminuera ou s'évanouira en même temps. C'est ce qui arrivera, notamment, lorsque le mari effectuera l'emploi de la dot ou le remploi des propres aliénés de la femme, ou lorsque le mari acquerra lui-même contre la femme une créance qui se compensera avec celle des reprises. — On a prétendu à tort que la compensation des reprises avec les créances du mari contre la femme n'est pas opposable au subrogé (V. Toulouse, 22 juill. 1859, sous Req. 17 janv. 1860, aff. Nicolau, D. P. 60. 1. 400 ; Mérignhac, *op. cit.*, n° 77). La compensation est un mode d'extinction de la créance des reprises dont le créancier subrogé a d'autant moins le droit de se plaindre qu'elle a lieu de plein droit, indépendamment de la volonté de la femme et par cela seul que les deux dettes sont liquides et exigibles (V. en ce sens : Paris, 3 févr. 1855, aff. Roy, D. P. 55. 2. 285 ; *Rép.* n° 999 ; Pont, t. 1, n° 481; Thézard, n° 107). Mais cependant, si la dette certaine et actuelle du mari n'était pas susceptible d'être compensée avec aucune autre dette de la femme, actuellement exigible, le créancier subrogé pourrait, comme le pourrait la femme elle-même, réclamer une collocation actuelle et définitive dans l'ordre ouvert contre le mari (Lyon, 3 juill. 1867, et sur pourvoi, Civ. rej. 24 mai 1869, aff. Combe et Billon, D. P. 69. 1. 276).

627. Le principe que le droit du subrogé est subordonné à l'existence des reprises reçoit son application en cas d'acceptation de la communauté par la femme. Si, par exemple,

la femme a stipulé la reprise de son apport en cas de renonciation, seulement, et qu'elle accepte la communauté, le subrogé ne pourra pas faire valoir l'hypothèque légale pour la reprise d'apport (Req. 30 avr. 1849, aff. Bellavoine, D. P. 50. 1. 117 ; Pont, t. 1, n° 483 ; Bertauld, *Traité de la subrogation à l'hypothèque légale*, n° 126 ; Aubry et Rau, t. 3, § 288 *bis*, p. 472 ; Thézard, n° 108 ; Baudry-Lacantinerie, t. 3, n° 1236).

628. L'acceptation de la communauté peut encore influer d'une autre manière sur le droit du subrogé. Suivant la jurisprudence qui a été indiquée *suprà*, n° 504, l'hypothèque légale ne pourra pas s'exercer sur les acquêts qui, par l'effet du partage de la communauté, auront été mis au lot de la femme ; ces acquêts demeureront le gage exclusif des créanciers personnels de la femme (Civ. rej. 1er août 1848, aff. Duhoullay, D. P. 48. 1. 189 ; Colmar, 1er mars 1853, aff. Mérian, D. P. 57. 2. 37). En outre, la femme qui a accepté la communauté, ou le tiers subrogé à son hypothèque légale, ne pourront être colloqués en vertu de cette hypothèque sur les acquêts échus au mari dans le partage qu'après les créanciers auxquels ces mêmes acquêts ont été hypothéqués pendant la communauté, par le mari, celui-ci étant censé avoir agi en cela comme mandataire de sa femme (Colmar, 1er mars 1855, précité ; Paris, 31 mars 1853, et sur pourvoi, Civ. rej. 26 juin 1855, aff. Devilliers, D. P. 55. 1. 273). L'acceptation de la communauté par la femme peut ainsi être funeste au subrogé ; mais c'est une éventualité qu'il devait prévoir et dont il est obligé de subir les conséquences. Il aurait seulement le droit de la faire déclarer nulle et non avenue à son égard, si elle avait eu lieu en fraude de ses droits et dans l'intention de lui porter préjudice (Mérignhac, *op. cit.*, n° 81). La jurisprudence a même admis que si la femme refusait de renoncer à la communauté contre son intérêt évident, ses créanciers subrogés pouvaient exercer ses droits hypothécaires de la même manière que s'il y avait eu renonciation (Orléans, 12 juill. 1854, et sur pourvoi, Civ. rej. 4 févr. 1856, aff. Veuve de Clausel, D. P. 56. 1. 61).

629. Si la femme se trouve être l'héritière du mari, par testament ou *ab intestat*, et réciproquement si le mari est l'héritier de la femme, l'acceptation de la succession entraînera l'extinction de la créance de reprises par confusion (c. civ. art. 1300). On décide généralement que le créancier subrogé perdra par cela même le bénéfice de la subrogation, et qu'il ne pourra critiquer l'acceptation de la succession, si elle a eu lieu sans fraude (Pont, t. 1, n° 483 ; Aubry et Rau, t. 3, § 288 *bis*, p. 473 ; Thézard, n° 108 ; Mérignhac, n° 82. — *Contrà*, Bertauld, n° 117 et suiv.). De même, le créancier subrogé ne peut invoquer la subrogation lorsque les héritiers de la femme, étant en même temps les héritiers du mari, ont accepté la succession de celui-ci (Orléans, 16 mars 1849, aff. Picault de la Ferrandière, D. P. 49. 2. 156).

630. Dans les différentes hypothèses que nous venons d'exposer, il est certain que la volonté de la femme aura une influence sur l'existence de l'hypothèque légale cédée au créancier, suivant que la femme acceptera ou non son remploi, répudiera ou non la communauté ou la succession de son mari ; mais cette influence ne s'exercera qu'indirectement sur l'hypothèque. On doit seulement refuser à la femme le droit de porter atteinte par un acte direct de sa volonté au droit de son subrogé, par exemple, en faisant d'autres subrogations au préjudice d'une précédente ou en consentant à la restriction de son hypothèque légale (V. *suprà*, n° 624. Comp. en ce sens, Colmet de Santerre, t. 9, n° 81 *bis*-XXVI ; Mérignhac, n° 84). — Toutefois, au lieu d'une simple subrogation ou cession de son hypothèque légale, la femme pourrait faire, comme nous l'avons vu *suprà*, n° 567, une cession ayant spécialement pour objet telle créance de reprises déterminée, qui serait ainsi détachée du compte général de ses reprises, comme déjà née et acquise, et appartiendrait dès lors au cessionnaire qui lui serait affectée à titre de nantissement. En ce cas, ni le payement qui serait fait de la créance cédée ou engagée, ni aucun autre mode d'extinction survenu entre le mari et la femme, ne seraient plus opposables au cessionnaire ou au créancier gagiste (Thézard, n° 154).

631. La subrogation ne pouvant valoir que dans la mesure des droits et reprises de la femme, le créancier subrogé qui veut en profiter doit prouver l'existence et la quotité des créances de la femme contre le mari. Il a pour cela à sa disposition les mêmes moyens de preuve que pourrait employer la femme elle-même (Comp. Civ. rej. 26 juin 1855, aff. Devilliers, D. P. 55. 1. 273 ; Agen, 23 mars 1870, aff. Boutet, D. P. 70. 2. 148).

632. Le créancier subrogé peut notamment faire valoir l'hypothèque attachée aux indemnités qui sont dues à la femme par le mari pour les obligations qu'elle a contractées dans l'intérêt de celui-ci ou de la communauté. Et même, quand la subrogation résulte d'une obligation contractée par la femme conjointement avec le mari, le créancier peut, à raison de cet engagement et de l'indemnité à laquelle il donne lieu, se faire colloquer sur les biens du mari, bien que la femme n'ait aucune autre créance à faire valoir (Metz, 22 janv. 1856, aff. Bénédic, D. P. 56. 2. 152 ; Paris, 8 janv. 1859, aff. Foigne-Marécat, D. P. 59. 2. 65 ; Caen, 31 août 1863, aff. Lemuet, D. P. 64. 2. 138 ; Lyon, 3 juill. 1867, et sur pourvoi, Civ. rej. 24 mai 1869, aff. Combe et Billon, D. P. 69. 1. 276 ; Nancy, 20 déc. 1871, aff. Simon-Remy, D. P. 72. 2. 35, et sur pourvoi, Civ. cass. 26 janv. 1875, D. P. 75. 1. 52 ; Agen, 20 mars 1889, aff. Escousse et Lalanne, D. P. 90. 2. 143). En pareil cas, le créancier subrogé n'est pas tenu de justifier que la femme a payé ou sera à même de payer à la décharge du mari l'obligation qu'elle a contractée avec celui-ci : la femme étant réputée n'être obligée que comme caution (c. civ. art. 1431), le créancier subrogé peut se prévaloir de l'art. 2032 c. civ., aux termes duquel la caution a le droit d'agir en indemnité contre le débiteur lorsqu'il est en faillite ou en déconfiture ; le créancier a ainsi le droit d'obtenir une collocation actuelle dans l'ordre ouvert contre le mari (V. les arrêts précités). Toutefois, cette collocation ne peut être obtenue par lui qu'à la date de l'obligation contractée par la femme, car c'est à partir de cette date seulement que la femme a droit à une indemnité (Paris, 8 janv. 1859 ; Nancy, 20 déc. 1871 ; Agen, 20 mars 1889, précités. V. aussi Civ. rej. 26 juin 1855, aff. Devilliers, D. P. 55. 1. 273) ; et, par la même raison, le créancier subrogé ne pourrait prétendre exercer l'hypothèque légale de la femme sur les immeubles aliénés antérieurement à cette date (Req. 11 févr. 1867, aff. Arnoust, D. P. 67. 1. 465). — Un créancier subrogé dans l'hypothèque légale d'une femme mariée ne pourrait pas non plus, en invoquant l'art. 2032 c. civ., se faire colloquer sur les biens du mari au préjudice du créancier envers lequel la femme se serait obligée conjointement avec le mari, sans toutefois l'avoir subrogé. Le subrogé, en effet, ne saurait avoir plus de droits que la femme subrogeante, et il est évident que celle-ci ne pourrait se prévaloir de l'hypothèque légale qui lui appartient en qualité de caution à l'encontre de celui-là même envers lequel elle s'est obligée comme caution (Douai, 12 févr. 1891, aff. Bourdon, D. P. 93. 2. 481. V. cependant Agen, 20 mars 1889, précité).

633. Pour obtenir le règlement des reprises de la femme, le créancier subrogé n'a pas le droit de former au nom de celle-ci une action en séparation de biens contre le mari (V. *suprà*, v° *Contrat de mariage*, n° 619). Mais l'art. 1446 c. civ., qui lui refuse cette faculté, l'autorise, au cas de faillite ou de déconfiture du mari, à exercer les droits de la femme jusqu'à concurrence du montant de sa créance. Il peut, par conséquent, dès avant la dissolution de la communauté et la liquidation des reprises, introduire, en vertu de la subrogation, l'action hypothécaire de la femme contre les tiers détenteurs des immeubles grevés de l'hypothèque légale, sauf à justifier, dans l'instance en expropriation, de l'existence de ses droits et de ceux de la femme subrogeante (Comp. Civ. cass. 14 janv. 1817, *Rép.* n° 1003 ; Metz, 20 janv. 1859 (1) ; Mérignhac, n° 96. — V. aussi *suprà*, v° *Contrat de mariage*, n° 619).

634. Si, avant la dissolution du mariage ou la séparation

---

(1) (Gérard *C.* Guillaume et François). — Par acte notarié du 31 janv. 1852, les époux Boulangé ont reconnu devoir solidairement au sieur Gérard une somme de 1500 fr., et la dame Bou-   langé a subrogé le créancier dans son hypothèque légale. Le sieur Boulangé étant tombé en déconfiture, l'hypothèque légale de la femme a été inscrite le 26 déc. 1857. Le sieur Gérard a fait

de biens, le créancier subrogé poursuit son payement sur les biens du mari, ou si, sur la poursuite d'autres créanciers, il est appelé à un ordre, il a le droit de faire valoir les reprises de la femme telles qu'elles se trouvent à ce moment, sans qu'on puisse lui opposer l'éventualité que ces créances pourront disparaître avant la dissolution ou la séparation effective : les biens grevés de l'hypothèque légale étant vendus, les droits des créanciers de la femme doivent se liquider comme s'il y avait dissolution ou séparation (Arg. art. 1446 c. civ.) (Thézard, n° 107).

635. Le créancier subrogé, dûment inscrit, peut exercer le droit de suite attaché à l'hypothèque légale en notifiant au tiers détenteur la sommation de payer ou de délaisser prévue par l'art. 2169 c. civ. Cette sommation, toutefois, n'est possible que si les reprises de la femme sont certaines, exigibles et liquides, au moins en partie. Dans tous les cas, elle ne pourrait être faite pour une somme excédant ces reprises. Elle devra, bien entendu, être fondée sur un titre authentique exécutoire, et précédée d'un commandement au débiteur, c'est-à-dire au mari et aussi à la femme, si celle-ci seulement a cédé son hypothèque, mais s'est en même temps obligée personnellement (Mérinchac, n° 100).

636. En cas de purge poursuivie par un acquéreur d'immeubles grevés de l'hypothèque légale, le créancier subrogé, qui a pris inscription avant la transcription de l'acte d'alié-

nation, doit être traité comme tout créancier inscrit et jouit des mêmes droits. On doit lui faire les notifications prescrites par les art. 2183 et 2184 c. civ. ; et, s'il est en même temps créancier hypothécaire du mari, à titre conventionnel ou judiciaire, ces notifications devront lui être adressées tant en cette qualité qu'en celle de subrogé. Le tableau dressé en exécution du premier desdits articles devra, en désignant le créancier, indiquer sa qualité de subrogé ou de cessionnaire de l'hypothèque légale, le titre qui sert de base à la subrogation, la somme qu'elle garantit et la date de l'inscription ou de la mention en marge, de manière que les créanciers inscrits, étant avertis de son rang hypothécaire, soient suffisamment éclairés sur le point de savoir s'ils doivent ou non surenchérir (V. en ce sens, Angers, 3 avr. 1835, *Rép.* n° 2211 ; Paris, 24 août 1840, *ibid.* ; Aubry et Rau, t. 3, § 288 *bis*, p. 474 ; Mérignhac, n° 99. — *Contra*, Amiens, 10 juill. 1843, aff. Desnoyelles, D. P. 46. 2. 164). Après les notifications, le subrogé peut faire une surenchère du dixième, conformément à l'art. 2185 c. civ. Il ne jouit toutefois de cette faculté, comme subrogé, que s'il justifie que la femme a des reprises à exercer, et que l'hypothèque légale qui les garantit a pris naissance, en vertu de l'art. 2135 c. civ., avant la vente de l'immeuble.

637. Lorsque le tiers détenteur procède à la purge des hypothèques légales, le créancier subrogé doit, comme nous l'avons vu *suprà*, n° 584, avoir pris inscription ou

commandement aux époux Boulangé de lui payer sa créance, et, ce commandement étant resté infructueux, il a, comme subrogé à l'hypothèque légale de la femme, fait saisir une maison qui avait été vendue par le sieur Boulangé au sieur François, le 2 avr. 1848, moyennant 300 fr., et revendue par le sieur François, au sieur Guillaume, le 12 juin suivant. Les sieurs Guillaume et François ont formé opposition à la saisie, en soutenant que Gérard ne pouvait exercer l'hypothèque légale de la femme Boulangé, avant la liquidation des reprises de celle-ci. Par jugement du 15 oct. 1858, le tribunal civil de Briey a admis cette opposition. — Appel par le sieur Gérard.

La cour : — Attendu que le tribunal de Briey, dans le jugement dont est appel, n'a tenu aucun compte, ni de la déconfiture imputée à François Boulangé, ni des effets que peut quelquefois produire cette déconfiture d'un mari débiteur au profit des créanciers personnels de la femme de celui-ci ; qu'il convient d'examiner, sous ce rapport, la situation des parties ; — Attendu, en droit, que l'art. 1446 c. civ. contient, dans deux règles distinctes, la mise en action des principes généraux énoncés dans les art. 1166 et 1167, même code ; — Que, d'une part, la faculté de demander la séparation de biens est considérée comme un des droits attachés exclusivement à la personne de la femme ; que, d'autre part, le privilège, personnellement réservé à la femme, ne doit pas préjudicier aux créanciers, qui peuvent, en cas de déconfiture du mari, exercer les droits de leur débitrice jusqu'à concurrence du montant de leurs créances ; — Attendu que les termes mêmes de l'art. 1446 impliquent nécessairement que le droit conféré aux créanciers n'est point éventuel et subordonné à la liquidation des reprises de la femme, mais qu'il peut, au contraire, s'exercer avant toute dissolution de la communauté ; que ce droit engendre, dans la mesure de la créance du poursuivant, une action spéciale qui participe, dans ses effets, de la séparation elle-même, puisqu'elle amène une sorte de liquidation prématurée, fictive et partielle, que la loi fait découler de la déconfiture du mari, afin que les créanciers de la femme ne soient point lésés par la négligence ou la collusion de cette dernière ; — Attendu que, dans le cas où le créancier exerce, par voie d'expropriation, le droit énoncé dans le second paragraphe de l'art. 1446, en agissant contre un tiers détenteur d'immeubles grevés de l'hypothèque légale de la femme, il doit se conformer sans doute aux art. 2213 c. civ. et 551 c. proc. civ., qui n'autorisent la vente forcée des immeubles qu'en vertu de titres authentiques exécutoires, et pour une créance certaine et liquide, mais, qu'il faut entendre ces articles dans un sens qui n'anéantisse pas dans son germe la règle tracée par l'art. 1446 ; qu'ainsi le créancier poursuivant doit prouver : 1° que le mari est en déconfiture ; 2° qu'il est le créancier de la femme, et subrogé dans des droits exécutoires ; 3° que la femme elle-même est créancière de son mari d'une somme certaine, liquide et garantie par une hypothèque régulière qui frappe, conformément à l'art. 2135 c. civ., l'immeuble dont l'expropriation est poursuivie ; — Attendu que le tiers détenteur, de son côté, peut, s'il le juge convenable, contester toutes ces conditions ; mais qu'il ne lui est pas permis de tirer, des art. 2213 et 551, une fin de non-recevoir générale et absolue dont l'effet serait d'arrêter les poursuites d'expropriation tant qu'il n'y aurait pas de séparation judiciaire et de liquidation définitive ; que s'il en était ainsi, l'inertie de la femme pourrait toujours rendre illusoire le privilège accordé au créancier ; — Que, pour concilier les diverses dispositions de la

loi, c'est l'instance d'expropriation que le tiers détenteur doit être admis à faire valoir les motifs desquels résulte, selon lui, l'extinction de la créance ou de l'hypothèque, sans qu'il faille renvoyer l'examen de ces motifs à une autre instance qui peut ne venir jamais, et même être rendue perpétuellement impossible, par le mauvais vouloir des personnes intéressées à l'empêcher ; — Attendu, en fait, qu'il est établi par les pièces et l'ensemble de la procédure que, dans une instance d'expropriation dirigée par l'appelant contre l'intimé, François Boulangé, poursuivi dès 1854, était ruiné et tombé dans un état de déconfiture complète et notoire ; — Attendu que, par acte public du 2 avr. 1818, Jean-Baptiste François a acquis de François Boulangé, moyennant 300 fr., une maison sise à Cautebonne ; que cette maison a été revendue par Jean-Baptiste François à Pierre-Nicolas Guillaume, selon un acte sous seing privé du 12 juin 1848, enregistré à Audens-le-Roman, le 21 août suivant ; — Attendu que cet immeuble était grevé de l'hypothèque légale de la femme Boulangé ; que cette hypothèque a été régulièrement inscrite et que le tiers acquéreur n'a rempli aucune des formalités propres à la purger ; — Attendu que, par acte authentique du 31 juill. 1852, Boulangé et sa femme se sont reconnus débiteurs solidaires envers Gérard de la somme de 1300 fr. ; que, par le même acte, la femme Boulangé a subrogé le créancier dans l'effet de son hypothèque légale ; qu'une inscription a été prise par Gérard pour la conservation de cette hypothèque ; — Attendu que l'hypothèque légale de la femme Boulangé devait garantir notamment les créances résultant, au profit de celle-ci, de la vente de ses propres, faite par le mari, selon divers actes publics ou sous seing privé enregistrés, passés les 8 et 15 févr. 1845, 27 sept. 1847 et 12 juill. 1848 ; — Attendu que la femme Boulangé n'a point obtenu de remploi pour ces ventes ; que si, par acte authentique du 28 nov. 1847, François Boulangé a transmis à son épouse, à titre de remploi, une maison évaluée 2250 fr., ce remploi était destiné à couvrir une autre aliénation de propres de la femme faite le même jour pour pareille somme de 2250 fr., que d'ailleurs la maison acquise en remploi pour ces 2250 fr., a été revendue définitivement aux époux Roussy, moyennant 2400 fr. qui ont été payés aux créanciers du mari, de telle sorte que le remploi mentionné dans l'acte du 28 nov. 1847 n'a jamais profité à la femme, et que, dans tous les cas, il n'aurait désintéressé celle-ci que de la valeur immobilière aliénée le jour même du remploi avorté ; — Attendu que, dans ces circonstances, il demeurait certain, avant les poursuites de Gérard, que cet appelant, subrogé aux droits de la femme Boulangé, avait, en cette qualité, une créance authentique, certaine, liquide et hypothécaire, régulièrement assise sur l'immeuble acheté par François et vendu à Guillaume ; — Attendu que Guillaume, interpellé, soit en première instance, soit en appel, de critiquer la créance ou l'hypothèque de la femme Boulangé, n'a pu établir l'extinction ni de l'une ni de l'autre, et s'est contenté d'opposer le moyen de forme qui a été repoussé plus haut ; qu'en cet état, il y a lieu de réformer le jugement ; — Par ces motifs, met l'appellation et l'acte dont est appel au néant ; émendant, décharge l'appelant des condamnations prononcées contre lui ; — Au principal, déclare l'opposition de Guillaume et de François non recevable et mal fondée, les en déboute ; — Ordonne la continuation des poursuites, etc.

Du 20 janv. 1859.-C. de Metz.

fait mention de sa subrogation en marge de l'inscription préexistante, avant l'expiration du délai de deux mois imparti par l'art. 2194 c. civ. Mais, à défaut même de l'inscription ou de la mention, il peut encore faire valoir le droit de préférence à la condition de produire à l'ordre, dans les quarante jours de la sommation de produire, si l'ordre se règle judiciairement, ou avant la clôture, s'il s'agit d'un ordre amiable (V. suprà, n° 592).

638. La subrogation consentie par une femme mariée peut être plus ou moins étendue quant aux immeubles sur lesquels elle porte. Il y a lieu, sous ce rapport, de distinguer entre la subrogation tacite et la subrogation expresse. La subrogation ou renonciation tacite, qui résulte de l'obligation contractée par la femme conjointement avec le mari dans un acte où celui-ci hypothèque des immeubles spécialement désignés, ne peut être présumée s'étendre à d'autres immeubles que ceux hypothéqués par le mari (V. suprà, n° 548). Au contraire, la subrogation résultant d'une convention expresse s'étend de droit à tous les biens grevés de l'hypothèque légale, à moins qu'elle ne soit limitée à certains biens par la convention. Il en est ainsi, en tout cas, lorsque la subrogation a été consentie en termes généraux et absolus (Civ. rej. 3 juill. 1866, aff. Perin-Menaucourt, D. P. 66. 1. 294; Lyon, 27 déc. 1882, aff. Lallier, D. P. 83. 2. 243). Le créancier ainsi subrogé d'une manière générale et qui a pris inscription peut faire valoir l'hypothèque légale sur les immeubles acquis par le mari depuis la subrogation (Arrêt précité du 27 déc. 1882). Il peut également exercer les droits hypothécaires de la femme sur les biens aliénés antérieurement à la subrogation, à supposer, bien entendu, que la femme n'ait pas, dès avant cette subrogation, renoncé à son hypothèque en faveur de l'acquéreur des biens (Aubry et Rau, t. 3, § 288 bis, p. 474). Et même, suivant l'opinion qui a été admise suprà, n° 584, le subrogé peut faire valoir l'hypothèque légale sur les immeubles aliénés par le mari, alors qu'il n'a pris inscription ou fait mentionner la subrogation en marge de l'inscription préexistante qu'après la transcription des actes d'aliénation (V. en ce sens, Paris, 18 août 1876, aff. Pigot, D. P. 78. 2. 78).

639. La subrogation peut encore être plus ou moins étendue relativement aux créances de la femme. Ainsi, au lieu de céder son hypothèque d'une manière générale, pour assurer le payement du créancier subrogé, la femme peut ne la céder que jusqu'à concurrence d'une somme déterminée. Dans ce cas, elle devra laisser colloquer le subrogé au rang de l'hypothèque légale, par préférence à elle-même, pour une somme équivalente au montant de la subrogation. De même, si la femme n'a cédé que l'hypothèque légale attachée à telle de ses créances contre le mari, le créancier subrogé sera colloqué avant elle pour le montant de cette créance; ici, toutefois, la collocation ne pourra avoir lieu qu'au rang de la créance spécifiée par la subrogation (Mérignhac, n° 93). Mais si la femme avait restreint la subrogation à une part aliquote, à la moitié, par exemple, de ses droits et reprises, elle serait, à moins de convention contraire, placée sur la même ligne que le subrogé, de telle sorte que le montant de la collocation attribuée à l'hypothèque légale se partagerait par moitié entre elle et lui (Mourlon, *Traité des subrogations à l'hypothèque légale de la femme mariée*, p. 24 et suiv. et p. 575; Bertauld, n°s 166 et suiv.; Aubry et Rau, t. 3, § 288, p. 461).

640. En ce qui concerne la question de savoir si le créancier subrogé peut être colloqué pour les intérêts de sa créance au delà de trois années, V. suprà, n° 594.

641. — 2° *Effets à l'égard des époux.* — La femme, qui a cédé son hypothèque légale ou y a renoncé en faveur d'un créancier, est primée, comme on vient de le voir, par ce créancier sur le prix des immeubles du mari. Mais la subrogation ne peut nuire ni au mari ni aux tiers qui ont traité antérieurement avec le mari et ont acquis de lui des hypothèques ou d'autres droits réels sur ses biens : c'est d'après ce principe que doivent être déterminés les effets de la subrogation en ce qui concerne les époux (V. en ce sens, Aubry et Rau, t. 3, § 288 bis, p. 475).

642. Ces effets sont différents suivant que la subrogation a eu lieu au profit d'un créancier de la femme seule ou pour une dette contractée dans l'intérêt du mari. Dans le premier cas, les sommes touchées par le subrogé sur le prix des immeubles du mari réduisent d'autant les droits et créances de la femme contre celui-ci; l'hypothèque légale est en même temps réduite dans la même proportion. Le même effet se produirait aussi si la subrogation avait été consentie au profit d'un tiers qui n'aurait ni le mari ni la femme pour obligés. Que le mari paye à la femme ou à un tiers subrogé aux droits de celle-ci, peu importe; il se libère d'autant envers elle, quand ce n'est pas à ses propres créanciers qu'est fait le payement (Aubry et Rau, loc. cit., Mérignhac, n° 114).

643. Mais quand le subrogé n'est pas le créancier du mari, celui-ci peut-il valablement se libérer, entre les mains de la femme ou des héritiers de celle-ci, au préjudice du subrogé? Oui, si la subrogation a eu lieu à l'insu du mari et ne lui a pas été notifiée. C'est ce qui a été jugé dans un cas où la subrogation à l'hypothèque légale d'une femme avait été consentie après le décès de celle-ci, par sa fille, son unique héritière : le mari survivant ayant payé de bonne foi une partie des reprises entre les mains de la fille, ce payement a été déclaré valable et opposable au créancier subrogé (Toulouse, 24 févr. 1892, suprà, n° 533). — On pourrait objecter que le subrogé, étant saisi de l'hypothèque légale à l'égard des tiers par l'inscription prise conformément à l'art. 9 de la loi du 23 mars 1855, doit en être saisi également et à plus forte raison à l'égard du mari débiteur. On pourrait dire que l'inscription tient lieu alors de la signification requise par l'art. 1690 en cas de cession de créance; qu'elle vaut opposition entre les mains du mari. Mais ces arguments ne nous semblent pas décisifs. Le mari n'est certainement pas compris dans les tiers dont parle l'art. 9 de la loi de 1855; le législateur s'est placé dans l'hypothèse la plus usuelle, où la subrogation est consentie par la femme avec l'autorisation du mari et souvent même dans l'unique intérêt de celui-ci; l'inscription alors est absolument inutile vis-à-vis du mari, et ce n'est pas pour lui qu'elle est prescrite. D'autre part, l'inscription prise contre le mari ne peut pas être assimilée d'une manière absolue à la signification d'une cession au débiteur cédé, parce que, tandis que la signification s'adresse directement au débiteur, l'inscription peut fort bien être prise à l'insu du mari et rester inconnue de lui. C'est pourquoi, dans les cas très exceptionnels où la subrogation d'hypothèque légale peut avoir lieu sans que le mari y participe, nous pensons qu'il est nécessaire qu'elle lui soit signifiée pour qu'il ne puisse pas se libérer valablement entre les mains de la femme ou de ses ayants cause.

644. Lorsque, au contraire, la subrogation a eu lieu en faveur d'un créancier du mari, pour une dette qui lui est personnelle ou qui doit rester à sa charge exclusive, la femme ne perd pas ses reprises dans la mesure où la subrogation se réalise : elle reste créancière du mari pour tout ce qu'il lui devait, puisque c'est la dette du mari qui est payée. Elle perd seulement le droit d'exercer son hypothèque légale au rang et dans la mesure où cette hypothèque a été exercée par le subrogé. Pour mieux préciser en pareil cas les effets de la subrogation à l'égard de la femme, il convient de les examiner successivement dans l'hypothèse où le créancier subrogé n'est qu'un simple créancier chirographaire du mari ou du moins n'a pas lui-même d'hypothèque sur les immeubles dont le prix est distribué, et dans l'hypothèse où le subrogé est en même temps créancier hypothécaire sur ces immeubles.

645. Si la femme a subrogé un créancier chirographaire du mari ou même un créancier hypothécaire de celui-ci, mais dont l'hypothèque ne grève pas les biens sur lesquels ce créancier est colloqué en vertu de l'hypothèque légale, l'exercice de la subrogation fait perdre à la femme le rang attaché à sa créance de reprises, dans la mesure de la collocation obtenue par le subrogé; elle lui fait perdre également, dans la même mesure, le droit de suite inhérent à sa créance. Le subrogé, n'ayant pas d'hypothèque de son propre chef, n'a pu, en effet, se faire colloquer dans l'ordre qu'en vertu de l'hypothèque légale; et, par conséquent, jusqu'à concurrence du montant de sa collocation, l'hypothèque légale ne peut plus être opposée aux créanciers hypothécaires dont l'inscription est antérieure à la subrogation ni aux tiers qui avaient acquis des immeubles du mari avant cette subrogation. Mais comme, en pareil cas, la femme a le droit de réclamer de son mari une indemnité

pour l'obligation qu'elle a contractée et qui se trouve payée aux dépens de ses reprises, et comme cette indemnité est garantie par l'hypothèque légale à la date de la subrogation, la femme pourra faire valoir cette hypothèque contre les créanciers hypothécaires dont les inscriptions sont postérieures à la subrogation, et contre les tiers acquéreurs dont les titres n'ont été transcrits que depuis cet acte (Aubry et Rau, t. 3, § 288 bis, p. 476; Mérignhac, n° 107).

646. Il a été jugé : 1° que la collocation en rang utile du montant de ses reprises, obtenue par la femme, dans l'ordre distributif du prix de l'un des immeubles du mari, a pour effet d'éteindre sa créance à raison de ces mêmes reprises, encore que cette collocation ait profité, non à elle personnellement, mais à un créancier envers lequel elle s'était obligée solidairement avec son mari et qui a été colloqué en sous-ordre contre elle; qu'en pareil cas, la femme a seulement une action en indemnité contre le mari, comme ayant acquitté en qualité de caution la dette de celui-ci; qu'elle n'a plus, par conséquent, d'hypothèque légale sur les autres immeubles du mari qu'à raison de cette indemnité et à la date de l'obligation contractée par elle; et que, dès lors, son action hypothécaire ne peut atteindre les détenteurs des immeubles du mari aliénés antérieurement à cette obligation (Bourges, 30 juill. 1853, aff. Nicaud, D. P. 56. 2. 205); — 2° Que la collocation obtenue par un créancier chirographaire du mari, sur le prix de l'un des immeubles de celui-ci, en vertu d'une subrogation consentie par la femme dans l'effet de son hypothèque légale, avec cession et transport de tous ses droits et créances, éteint tout à la fois la créance et l'hypothèque de la femme, pour le montant de ladite collocation, et en affranchit les autres immeubles du mari; que la femme investie, en ce cas, d'une nouvelle créance contre son mari, par suite de l'obligation qu'elle a contractée comme caution de ce dernier et du payement fait au subrogé, n'a que l'hypothèque légale attachée à cette créance nouvelle; hypothèque qui ne date que du jour de son obligation, et ne peut, dès lors, être exercée sur les immeubles antérieurement aliénés (Req. 11 févr. 1867, aff. Arnoust, D. P. 67. 1. 465). Ces solutions sont exactes au fond et conformes aux principes exposés ci-dessus. La dernière, toutefois, a été justement critiquée en ce qu'elle a considéré la subrogation comme ayant eu pour effet de transmettre au subrogé, avec l'hypothèque légale, la créance même de la femme, et a, par suite, déclaré cette créance éteinte par la collocation attribuée au subrogé. Comme l'a fort bien dit M. Beudant, dans la note sous l'arrêt précité du 11 févr. 1867, lorsque les subrogés produisent eux-mêmes à l'ordre, au lieu et place de la femme, lorsque le montant de la collocation à laquelle la femme eût eu droit leur est personnellement attribué, on ne peut pas dire que la femme, qui ne reçoit pas matériellement sa dot, la touche par l'intermédiaire des subrogés qui ne sont pas ses ayants cause; elle reste créancière de ses reprises, mais créancière chirographaire, sauf, bien entendu, le bénéfice de l'hypothèque nouvelle qu'elle acquiert, aux termes de l'art. 2135-2° c. civ., pour le cas où, sa créance n'étant pas payée ou ne l'étant que partiellement, elle recourrait contre le mari, par l'action de gestion d'affaires, pour le service qu'elle lui a rendu et dont elle souffre (V. suprà, n° 532).

647. Si le créancier subrogé avait lui-même une hypothèque sur les immeubles sur le prix desquels il a été colloqué en vertu de l'hypothèque légale, la femme a bien encore perdu le rang dont jouissait la créance de reprises pour laquelle le subrogé a obtenu collocation, mais, en revanche, la femme est elle-même subrogée légalement à l'hypothèque du subrogé. En effet, aux termes de l'art. 1251-3° c. civ., la subrogation a lieu de plein droit au profit de celui qui, étant tenu avec d'autres ou pour d'autres au payement de la dette, avait intérêt à l'acquitter. Or, quand même la femme ne serait pas obligée personnellement envers le subrogé, quand même elle n'aurait fait que lui céder son hypothèque légale, la femme est elle-même subrogée légalement à l'hypothèque du subrogé. En effet, aux termes de l'art. 1251-3° c. civ., la subrogation a lieu de plein droit au profit de celui qui, étant tenu avec d'autres ou pour d'autres au payement de la dette, avait intérêt à l'acquitter. Or, quand même la femme ne serait pas obligée personnellement envers le subrogé, quand même elle n'aurait fait que lui céder son hypothèque légale, puisqu'elle s'était engagée à lui procurer le payement au moyen de ses reprises, et on peut dire qu'elle l'a payé, puisqu'il est désintéressé avec des deniers qui lui étaient affectés à elle-même : les conditions de la subrogation légale sont donc remplies. Il en résulte que la femme

peut, à son tour, exercer l'hypothèque du subrogé dans la mesure où celui-ci a exercé l'hypothèque légale (V. Amiens, 12 mars 1842, et sur pourvoi, Req. 30 déc. 1844, aff. Paillet, D. P. 45. 1. 72; Lyon, 4 août 1853 et 11 août 1855, Rép. v° Obligations, n° 1969. V. toutefois, suprà, v° Obligations, n° 820). La femme, il est vrai, trouvera presque toujours une garantie équivalente dans l'hypothèque légale attachée à l'action en indemnité qu'elle peut exercer contre le mari, hypothèque légale qui date, comme nous l'avons vu suprà, n° 645, du jour de la subrogation. Si la subrogation et l'hypothèque du créancier ont pris naissance dans le même acte, la femme peut invoquer indifféremment l'hypothèque du subrogé ou sa propre hypothèque légale; elle n'a aucun intérêt à user de l'une plutôt que de l'autre, car elles ont toutes deux la même date. Mais si la subrogation a été consentie par la femme dans un acte postérieur à celui qui a constitué l'hypothèque du créancier, la femme sera intéressée à invoquer cette hypothèque, lorsque d'autres créanciers se seront inscrits dans l'intervalle de la constitution de l'hypothèque et de la subrogation; elle ne pourrait, en effet, primer ces créanciers en vertu de la nouvelle hypothèque légale née de la subrogation (V. en ce sens : Gauthier, Traité de la subrogation, n° 587 et suiv.; Aubry et Rau, t. 3, § 288 bis, p. 476 et suiv.; Thézard, n° 108; Mérignhac, n° 105 et suiv.). — On peut observer aussi que l'échange de rang qui a lieu entre la femme et le créancier subrogé ne doit ni nuire ni profiter aux créanciers inscrits à la suite de celui-ci. En conséquence, comme le disent MM. Aubry et Rau, loc. cit., si l'hypothèque personnelle du créancier subrogé primait celles des autres créanciers du mari, il devrait être considéré comme n'ayant point usé de la subrogation, et par suite la femme conserverait, vis-à-vis de ceux-ci, son droit hypothécaire pour la totalité de ses droits et créances.

648. Par rapport aux tiers acquéreurs des immeubles du mari, l'effet de la subrogation, dans l'hypothèse où le subrogé était de plus créancier hypothécaire, semble devoir entraîner les conséquences suivantes, qui varient suivant la diversité des situations. Si le subrogé a été colloqué sur le prix d'immeubles qui étaient restés en la possession du mari, la femme, ayant conservé intégralement sa créance de reprises, a conservé également son droit de suite contre les tiers détenteurs des immeubles aliénés antérieurement par le mari; elle peut donc encore exercer son hypothèque sur ces tiers détenteurs pour la totalité de ses reprises (Comp. en ce sens, Paris, 27 mai 1848, aff. De Serilly, D. P. 48. 2. 128; Aubry et Rau, t. 3, § 288 bis, p. 477). Si le subrogé a été colloqué sur le prix d'un immeuble qui se trouvait entre les mains d'un tiers détenteur, mais sur lequel le subrogé avait hypothèque de son chef, la femme, tout en conservant son droit de suite contre les autres tiers détenteurs des immeubles aliénés par le mari, ne pourra les poursuivre pour le montant de ses reprises que déduction faite de la part pour laquelle ils auraient pu eux-mêmes exercer un recours contre le propriétaire de l'immeuble sur lequel le subrogé a été colloqué; autrement, en effet, la position des tiers détenteurs se trouverait aggravée par le fait de la subrogation, puisque, s'ils étaient obligés de payer la totalité des reprises, ils seraient privés de tout recours contre le tiers détenteur sur lequel le subrogé a été colloqué et qui était tenu de subir l'exercice des droits de la femme au même titre qu'ils l'étaient eux-mêmes. Enfin, si le subrogé a été colloqué sur le prix d'un immeuble aliéné par le mari, mais qui n'était pas grevé de l'hypothèque personnelle du subrogé, la femme, pour la raison qui vient d'être indiquée, ne pourra poursuivre les autres tiers détenteurs que déduction faite du montant total de la collocation obtenue par le subrogé (V. en ce sens, Aubry et Rau, loc. cit.).

649. Comme on l'a déjà vu suprà, n° 632, la femme qui s'est obligée conjointement avec le mari, étant réputée caution vis-à-vis de celui-ci, peut invoquer le bénéfice de l'art. 2032-2° c. civ., qui permet à la caution d'exercer, même avant d'avoir payé, son recours contre le débiteur lorsque celui-ci est en faillite ou en déconfiture. Conformément à cette doctrine, il a été jugé que la femme mariée qui s'est engagée solidairement avec son mari à payer le prix de vente d'un immeuble acquis conjointement par les deux époux, et dont une portion est affectée au remploi de

ses propres aliénés, a le droit d'obtenir, en vertu de son hypothèque légale, que le créancier auquel le prix de vente est dû soit colloqué en son lieu et place sur le prix de revente de la portion appartenant à son mari, tombé en déconfiture, à l'effet de se libérer elle-même envers ce créancier (Caen, 31 août 1863, aff. Dame Lemuet et autres, D. P. 64. 2. 138).

650. Lorsque la subrogation à l'hypothèque légale a été consentie par la femme au profit d'un créancier du mari dans la période où l'art. 446 c. com. déclare nulle de droit, à l'égard de la masse, toute hypothèque conventionnelle ou judiciaire stipulée ou obtenue dans cette période par un créancier, à raison de dettes antérieurement contractées, il y a lieu de se demander : 1° si la subrogation consentie en faveur du créancier à raison d'une dette antérieure est valable ; 2° si cette subrogation confère à la femme, pour la garantie de son recours contre le mari, une hypothèque légale datant de la subrogation et opposable à la masse. Ces deux questions ont donné lieu à de vives controverses. On a vu *suprà*, v° *Faillite*, n° 645, qu'elles sont aujourd'hui généralement résolues en jurisprudence par l'affirmative. La faillite du mari laisse, en effet, à la femme la capacité de s'obliger et de céder ses reprises. Et l'art. 446 c. com., qui édicte une déchéance à l'encontre des hypothèques conventionnelles et judiciaires, ne doit pas être étendu aux hypothèques légales. Toutefois, l'art. 447 c. com. autorise l'annulation de tous actes passés avec le failli depuis la cessation des payements et en connaissance de cette cessation, s'ils portent préjudice à la masse. La subrogation consentie par la femme peut tomber sous l'application de cet article, lorsque soit le tiers subrogé, soit la femme, soit tous les deux ensemble, connaissaient, au moment du contrat, l'état de cessation de payements du mari (V. Angers, 21 janv. 1846, aff. Tison, D. P. 46. 2. 83; et sur pourvoi, Civ. rej. 15 mai 1850, *suprà*, n° 474; Poitiers, 5 mai 1879, aff. Saugé, D. P. 79. 2. 165). Alors se présentera la question de savoir quelle sera la conséquence de l'annulation. Sera-ce la nullité absolue de l'engagement de la femme? Suivant nous, il faut distinguer. Si la femme connaissait la cessation de payements, elle doit rester liée envers le créancier; mais elle ne pourra exercer l'hypothèque légale, à raison de son engagement, au préjudice de la masse ; elle sera considérée, vis-à-vis de la masse, comme simple créancière chirographaire, sauf à exercer l'hypothèque légale sur les immeubles qui seraient acquis plus tard par le mari, au cas où il reviendrait à meilleure fortune. Mais, si l'acte était annulé en raison de la connaissance de la cessation de payements chez le créancier seul, la femme devrait se trouver dégagée envers lui, et l'acte serait ainsi nul pour le tout. On devrait, en effet, présumer que la femme n'a consenti la subrogation qu'à la condition d'un recours garanti par son hypothèque légale, et, comme elle ne pourrait exercer ce recours à l'encontre de la masse, elle devrait être dégagée vis-à-vis du créancier (V. *suprà*, v° *Faillites et banqueroutes*, n°s 672 et suiv.; Thézard, n° 95. V. aussi Besançon, 9 févr. 1858, et sur pourvoi, Req. 14 déc. 1858, aff. Pernet et comp., D. P. 59. 1. 150. Comp. la note de M. Beudant, sous Req. 9 déc. 1868, aff. Synd. Vuillet, D. P. 69. 1. 5).

651. — II. Effets de la renonciation a l'hypothèque légale en faveur d'un acquéreur. — Nous examinerons d'abord quels étaient ces effets avant la loi du 13 févr. 1889, qui régit maintenant cette matière. Nous étudierons ensuite les nouvelles dispositions de cette loi.

652. — 1° *Effets de la renonciation en faveur d'un acquéreur avant la loi du 13 févr. 1889.* — Antérieurement à la loi du 13 févr. 1889, la doctrine et la jurisprudence étaient mal fixées sur les effets de la renonciation consentie par la femme en faveur de l'acquéreur des immeubles du mari ou de la communauté. Nous avons vu *suprà*, n° 602 et n° 612, les controverses qui s'étaient élevées sur le point de savoir si cette renonciation était soumise aux conditions d'authenticité et de publicité prescrites par l'art. 9 de la loi du 23 mars 1855. Ces discussions provenaient surtout du désaccord qui existait sur la manière d'envisager la renonciation au point de vue de ses effets. Pour les uns, elle était purement *extinctive*, c'est-à-dire qu'elle avait pour objet non de transmettre l'hypothèque légale au tiers acquéreur, mais

de la faire disparaître, de l'anéantir vis-à-vis de lui. Pour les autres, au contraire, elle était *translative*, c'est-à-dire que tous les droits hypothécaires de la femme étaient transmis à l'acquéreur, dans la mesure où ils pouvaient lui être utiles pour le garantir soit contre les subrogations ultérieurement consenties par la femme, soit contre les poursuites des créanciers hypothécaires inscrits sur l'immeuble. La question n'avait d'intérêt pratique que s'il existait des hypothèques postérieures en rang à celle de la femme. Si l'acquéreur, nonobstant ces hypothèques, avait payé son prix au mari, et si plus tard il était obligé de purger ou si l'immeuble était vendu sur la poursuite des créanciers, on soutenait que l'acquéreur devait pouvoir se faire colloquer au lieu et place de la femme, pour la somme qu'il avait versée au mari. Autrement, disait-on, les créanciers postérieurs à la femme auraient bénéficié de la renonciation, au détriment de l'acquéreur, ce qui aurait été contraire à l'intention des parties (Mourlon, *Traité des subrogations personnelles*, p. 609; Bertauld, *Traité de la subrogation à l'hypothèque légale*, n° 140; Aubry et Rau, t. 3, § 288 *bis*, p. 471 et suiv., notes 29 et 30; Garnier, *De la subrogation à l'hypothèque légale*, n° 230; Le Baron, *Étude sur l'hypothèque légale de la femme mariée*, n° 574). Mais cet effet translatif attribué à la renonciation en faveur de l'acquéreur était vivement contesté. L'acquéreur, disait-on, était en faute d'avoir payé son prix au mari sans purger les hypothèques inscrites. En l'admettant à se faire colloquer dans l'ordre pour réparer l'erreur qu'il avait commise, on retirait à la femme le droit de se faire colloquer elle-même; on la dépouillait de son droit de préférence et on l'attribuait à l'acquéreur. Mais une simple renonciation ne suffisait pas pour investir celui-ci de ce droit; il eût fallu une subrogation expresse et remplissant les conditions exigées par l'art. 9 de la loi de 1855 (Pont, t. 1, n°s 484 et 486; Mérighnac, *Traité des contrats relatifs à l'hypothèque légale de la femme mariée*, n°s 137 et suiv.). Entre ces deux systèmes, la jurisprudence ne s'était pas formellement prononcée. Cependant la théorie qui tenait la renonciation pour translative pouvait invoquer en sa faveur un ancien arrêt de la cour de cassation (Civ. cass. 14 janv. 1817, *Rép.* n° 1003).

653. La jurisprudence sans difficulté que la renonciation, expresse ou tacite (V. *suprà*, n°s 551 et suiv.), suffisait par elle-même, sauf la question d'authenticité de l'acte (V. *suprà*, n° 602), pour faire perdre à la femme son droit de suite, en ce sens que l'acquéreur se trouvait désormais à l'abri de toute surenchère et de toute action hypothécaire en payement ou en délaissement de la part de la femme.

654. On était également d'accord pour reconnaître que, si l'immeuble vendu était grevé d'hypothèques postérieures en rang à celle de la femme, celle-ci conservait son droit de préférence sur le prix à l'encontre des créanciers inscrits après elle, et pouvait se faire colloquer avant eux, en cas d'ordre ouvert pour la distribution du prix. C'était la conséquence du principe que la renonciation, étant *res inter alios acta* pour les créanciers, ne pouvait pas leur profiter (Req. 21 févr. 1849, aff. Syndic Sachet, D. P. 49. 1. 157; Angers, 27 mai 1864, aff. Alix, D. P. 64. 2. 142; Agen, 14 mars 1866, aff. Malaret, D. P. 67. 2. 129; Paris, 10 févr. 1873, aff. Marthieu et Banque de la Réunion, D. P. 74. 2. 133; Dijon, 17 nov. 1876, aff. Larguille, D. P. 78. 2. 57. — V. toutefois, en sens contraire, Lyon, 31 juill. 1839, sous Req. 24 déc. 1873, aff. Picard, D. P. 74. 1. 147).

655. Mais, de plus, suivant certains arrêts, la renonciation emportait pour le mari le droit de disposer librement du prix de l'immeuble, de le toucher et de le céder sans le concours de la femme (Amiens, 3 mars 1853, aff. Gastineau, D. P. 54. 5. 427; Metz, 31 déc. 1867, aff. Bidault, D. P. 68. 2. 145; Req. 12 févr. 1868, aff. Vital-Domond, D. P. 68. 1. 346). Il avait été jugé, notamment, que la femme, après avoir renoncé à son hypothèque légale lors de la vente, ne pouvait demander à être colloquée sur le prix, alors qu'aucun ordre n'était ouvert pour la distribution de ce prix, une telle demande ne pouvant avoir pour objet que d'empêcher la libération de l'acquéreur entre mains du mari (Metz, 31 déc. 1867, précité). Dans ce système, qui avait aussi ses partisans dans la doctrine, la renonciation de la femme était encore *extinctive* en ce sens qu'elle anéantissait complète-

ment l'hypothèque légale au regard de l'acquéreur et du mari. Le droit de préférence qui restait à la femme vis-à-vis des créanciers inscrits n'était certes ainsi susceptible de s'exercer que tant que les choses demeuraient entières, c'est-à-dire tant que le prix restait entre les mains de l'acquéreur et n'avait pas été l'objet d'une cession ou d'une délégation régulière (Pont, t. 1, n° 485; Mérignhac, n° 445).

656. D'autres arrêts, au contraire, décidaient que, malgré la renonciation de la femme, le mari ne pouvait pas seul disposer du prix de l'immeuble vendu. Il a été jugé, en ce sens : 1° que la femme, par son concours à la vente d'un immeuble de son mari, n'est réputée renoncer à son hypothèque légale qu'en ce qui touche cet immeuble et au profit de l'acquéreur seulement, et non quant au prix de vente, dont aucune fraction ne peut être cédée à son préjudice par le mari, tant qu'il est entre les mains de l'acquéreur, et cela bien que dans l'acte de vente elle ait donné mainlevée de son inscription prise sur le fonds vendu (Amiens, 16 févr. 1854, aff. Gastineau, D. P. 54. 2. 148); — 2° Qu'il en est ainsi, en tout cas, lorsque l'acte de vente réserve à la femme ses droits sur le prix de l'immeuble, en l'associant à son mari pour le payement de ce prix et pour la délivrance de la grosse; et que la cession consentie par le mari seul doit surtout être déclarée sans effet contre la femme, lorsqu'elle n'a été faite que sauf la ratification de celle-ci (Civ. rej. 6 nov. 1855, même affaire, D. P. 55. 1. 449); — 3° Qu'alors même que la femme, par son concours à la vente d'un immeuble du mari, a renoncé au regard du tiers acquéreur à l'hypothèque légale garantissant ses droits paraphernaux, l'acquéreur qui se libère aux mains du mari seul ne peut opposer à la femme le payement par lui fait et reste tenu envers elle du montant de ses reprises jusqu'à concurrence du prix indûment payé (Agen, 21 mars 1866, aff. Escalot, D. P. 67. 2. 129); — 4° Que la femme mariée qui a concouru à la vente d'un immeuble de communauté faite par le mari et qui, après séparation de biens, a renoncé à la communauté, conserve son droit de préférence sur le prix de la vente, et que l'acquéreur ne se libère pas valablement de son prix en le payant au mari sans le concours de celui-ci (Dijon, 19 nov. 1876, aff. Larguille, D. P. 78. 2. 57). Cette jurisprudence était approuvée par M. Bertauld, *Traité de la subrogation*, n° 49, et par MM. Aubry et Rau, t. 3, § 288 *bis*, p. 464, note 9, et p. 471, note 29. Suivant ces derniers auteurs, la renonciation de la femme devait s'analyser en une simple promesse de ne pas exercer l'hypothèque légale à l'encontre du tiers acquéreur; en ce sens, elle était *abdicative*, mais non *extinctive*, car la femme conservait le droit d'opposer cette hypothèque aux créanciers, et même aux cessionnaires du mari. La loi du 13 févr. 1889, comme on va le voir, a pleinement consacré ce système.

657. Sur le point de savoir si la loi du 13 févr. 1889 est interprétative du droit qui l'a précédée, V. *infrà*, n° 683.

658. — 2° *Effets de la renonciation en faveur d'un acquéreur depuis la loi du 13 févr. 1889.* — D'après la loi nouvelle, la renonciation à l'hypothèque légale de la femme au profit du tiers acquéreur n'éteint que le droit de suite. Le droit de préférence reste entier à la femme. Les paragraphes 4 et 4 de la loi (paragraphes 3 et 6 de l'art. 9 nouveau, de la loi du 23 mars 1855) ne laissent aucun doute à cet égard : « La renonciation par la femme à son hypothèque légale, dit le paragraphe 1, au profit de l'acquéreur d'immeubles grevés de cette hypothèque, *en emporte extinction et vaut purge* »; et le paragraphe 4 ajoute : « Toutefois la femme conserve son droit de préférence sur le prix ». Tel est l'effet ordinaire et normal de la renonciation. Ainsi lorsque la femme déclare renoncer purement et simplement à son hypothèque légale au profit de l'acquéreur, cette renonciation, malgré la généralité de ses termes, ne doit s'entendre que du droit de suite. Il en est de même de la renonciation tacite qui résulte du concours de la femme à l'aliénation en qualité de covenderesse, de garante ou de caution.

659. Le droit de suite étant éteint, la femme ne peut plus faire valoir son hypothèque légale contre l'acquéreur ou ses ayants cause ni par voie de sommation de payer ou de délaisser et de saisie, ni par voie de surenchère en cas de purge. Bien qu'on soit d'accord sur ce point, un auteur a contesté qu'il y ait réellement extinction du droit de suite. Suivant lui, « la renonciation au profit de l'acquéreur a

pour effet non d'éteindre le droit de suite, mais de détacher l'hypothèque légale de l'immeuble, qu'elle affranchit, et de la reporter sur le prix, qui, par une *fiction légale*, devient, au respect de la femme, la représentation de l'immeuble » (Dalmbert, *Traité de la purge des privilèges et hypothèques*, 2° édit., p. 354). Cette théorie, qui explique la loi par une fiction créée par le législateur, a pour but de la mettre en harmonie avec le système des jurisconsultes qui n'admettent pas que le droit de suite puisse être séparé du droit de préférence (V. *infrà*, chap. 6, sect. 2, art. 2, § 3). Mais il faut bien reconnaître que ce système n'était pas celui des auteurs de la loi de 1889. Voici notamment comment s'exprimait le rapporteur au Sénat, à propos du paragraphe 4 : « Vous savez que l'hypothèque donne un double droit : le droit de suite et le droit de préférence. Le droit de suite, la femme l'abandonne incontestablement au profit de l'acquéreur envers lequel elle s'est obligée; mais elle conserve et elle doit conserver, malgré la purge qui résulte de la renonciation, le droit de préférence sur le prix » (*Journ. off.*, Sénat, séance du 6 févr. 1888). Ces principes n'ont jamais été mis en discussion au Sénat ni à la Chambre des députés dans les travaux préparatoires de la loi. L'auteur que nous avons cité, d'ailleurs, en convient lui-même lorsqu'il dit du législateur de 1889, que « imbu de la doctrine erronée que le droit hypothécaire se décomposait en deux droits distincts, il a confondu les cas où le droit de suite est éteint en réalité avec ceux où il se trouve, comme dans notre espèce, simplement transformé en action sur le prix » (Dalmbert, *op. cit.*, p. 355). C'est là, comme on l'a dit avec raison, une critique, bien plutôt qu'une interprétation de la loi de 1889 (V. en ce sens, Wable, *Traité des renonciations par la femme à son hypothèque légale au profit du tiers acquéreur*, n°s 106 et suiv.).

660. Ainsi que nous l'avons déjà expliqué *suprà*, n° 615, l'effet de la renonciation, et spécialement l'extinction du droit de suite, ne se produit pas en même temps entre les parties et à l'égard des tiers. Dès que la renonciation a été consentie, l'acquéreur est à l'abri des poursuites de la femme : elle ne peut plus le sommer de payer ou de délaisser; elle ne peut refuser le prix de la vente et faire surenchère. Mais c'est seulement à partir de la transcription de l'acte d'aliénation, ou de la mention faite en marge de la transcription, si la renonciation a eu lieu par acte séparé, que l'acquéreur se trouve garanti contre les tiers cessionnaires de l'hypothèque, antérieurs ou postérieurs à la renonciation; ils ne peuvent plus dès lors inscrire l'hypothèque légale à leur profit sur l'immeuble vendu (Wable, n° 108; César-Bru, *Étude sur la renonciation par la femme mariée à son hypothèque légale*, p. 130. — V. toutefois en sens contraire, Dalmbert, n° 12).

661. Il semble aussi qu'à partir de la renonciation l'acquéreur peut exiger la mainlevée de l'inscription d'hypothèque légale prise par la femme en son nom, en tant que cette inscription frappe l'immeuble vendu (V. en ce sens, Amiens, 3 mars 1853, aff. Gastineau, D. P. 54. 5. 427; Civ. cas. 26 août 1862, aff. Rouillon, D. P. 62. 1. 344; Dijon, 4 août 1880, aff. Robin, D. P. 80. 2. 244). Le contraire cependant a été jugé, avant la loi de 1889, par le motif que la renonciation laisse subsister le droit de préférence sur le prix (Amiens, 19 déc. 1846, aff. Neuhans, D. P. 47. 2. 97; Angers, 27 mai 1864, aff. Alix, D. P. 64. 2. 152; Dijon, 17 nov. 1876, aff. Larguille, D. P. 78. 2. 57). Mais, l'immeuble même étant affranchi par la renonciation, l'inscription n'a plus de raison d'être en ce qui le concerne; elle n'est, du reste, pas nécessaire pour la conservation du droit de préférence. En tout cas, la femme renonçante ne pourrait refuser sa mainlevée sous réserve de ce droit de préférence sur le prix encore dû, et le conservateur devrait opérer la radiation dans ces conditions (*Journal des notaires*, 1889, art. 24199, p. 133; *Journal des conservateurs des hypothèques*, 1890, art. 4075, p. 256; Wable, n° 111). Le conservateur, toutefois, ne pourrait être contraint par l'acquéreur d'opérer cette radiation en vertu de la seule renonciation, car il n'est pas juge de la valeur de cet acte; il a donc le droit d'exiger une mainlevée expresse de la femme (*Journal des conservateurs des hypothèques*, loc. cit., p. 258. — *Contrà*, Wable, loc. cit.).

662. La loi suppose que la renonciation à l'hypothèque

légale est faite « par la femme »; mais elle pourrait être consentie également par un tiers subrogé à l'hypothèque légale, et, relativement à ce tiers renonçant, elle aurait le même effet que la loi lui attribue à l'égard de la femme. Elle serait alors aussi, dans la mesure de la subrogation, obligatoire pour la femme, qui ne pourrait critiquer le payement que l'acquéreur aurait fait au subrogé, ou à tout autre avec le consentement du subrogé (Comp. Poitiers, 10 juill. 1866, et sur pourvoi, Req. 12 févr. 1868, aff. Vital-Domond, D. P. 68. 1. 346).

663. En ce qui concerne le droit de préférence, le paragraphe 4 de la loi (paragraphe 6 de l'art. 9 nouveau de la loi de 1855) s'exprime ainsi : « Toutefois, la femme conserve son droit de préférence sur le prix, mais sans pouvoir répéter contre l'acquéreur le prix ou la partie du prix par lui payée de son consentement et sans préjudice du droit des autres créanciers hypothécaires ». Ce paragraphe 4 a été ajouté à la loi par la commission du Sénat, qui par là n'a pas entendu innover, mais seulement confirmer les décisions de la jurisprudence antérieure, rapportées *suprà*, n° 654 (V. la note sous ce paragraphe, D. P. 89. 4. 28).

La survivance du droit de préférence au droit de suite est conforme au principe juridique, d'après lequel les renonciations doivent être interprétées dans leur sens le plus étroit. Il est possible que la femme, en renonçant à son hypothèque légale sur l'immeuble vendu par le mari, ait voulu seulement dispenser l'acquéreur de la nécessité de la purge, le mettre en sécurité sans qu'il ait à remplir cette formalité. Il est possible aussi qu'elle ait voulu en outre renoncer au droit d'exercer son hypothèque sur le prix et procurer de l'argent au mari. Dans le doute, la loi se décide avec raison pour la première hypothèse. La seule chose qui importe à l'acquéreur et qui a pu le déterminer à exiger le concours de la femme au contrat, c'est, comme le dit très bien M. Baudry-Lacantinerie, t. 3, n° 1241, de ne pas être évincé par l'exercice du droit de suite, attaché à l'hypothèque légale comme à toutes les hypothèques en général. Il n'a pas intérêt à ce que la femme et ses ayants droit perdent, en outre, leur droit de préférence sur le prix. Ce droit de préférence sera donc maintenu, à moins que la femme n'y ait renoncé formellement; elle avait intérêt à se le réserver, et la loi suppose sagement qu'elle l'a fait.

664. Ce n'est là, du reste, qu'une simple présomption de la loi, une règle interprétative de la volonté des parties, à laquelle celles-ci peuvent déroger. Cette présomption ne sera même pas admissible lorsqu'il s'agira d'une aliénation à titre gratuit; la femme ne pourrait, en effet, se réserver un droit sur le prix quand il n'y a pas de prix. Il en sera de même en cas d'échange ou de dation en payement; la femme, par son concours à l'échange ou à la dation en payement, renoncera implicitement tout à la fois au droit de suite et au droit de préférence sur l'immeuble (César-Bru, p. 108 et suiv.; Wable, n° 101).

665. La survivance du droit de préférence au droit de suite est un fait exceptionnel dont notre droit; il importe d'en bien préciser la nature. Tout d'abord, ce droit n'est pas identique à celui des créanciers hypothécaires par la purge, à celui notamment de la femme qui a inscrit son hypothèque légale dans les deux mois de l'art. 2194 c. civ. Dans ce dernier cas, l'hypothèque continue à grever l'immeuble jusqu'au payement effectif ou jusqu'à la consignation du prix (c. civ. art. 2186 et 2195 combinés). Si le bordereau de collocation qui est alors délivré à la femme reste en souffrance, elle pourra poursuivre la revente de l'immeuble par voie de folle enchère, après une vente judiciaire, ou, en cas de vente amiable, par expropriation forcée non seulement contre l'acquéreur, mais encore contre un sous-acquéreur, à la condition qu'elle n'ait pas laissé périmer son inscription, et elle se fera colloquer au rang de son hypothèque dans le second ordre ouvert sur le prix de la nouvelle adjudication. Au contraire, dans le cas de renonciation, la femme, ayant perdu le droit de suite, n'a qu'une action personnelle contre l'acquéreur, et, s'il est insolvable, elle peut seulement exercer, en vertu de l'art. 1166 c. civ., du chef du mari, soit le privilège du vendeur, soit l'action résolutoire, si ces droits ont été dûment conservés (Dalmbert, n° 13; Wable, n° 121).

666. Le droit de préférence conservé par la femme renonçante est très analogue à celui qui reste à la femme,

aux termes des art. 717 et 772 c. proc. civ., lorsque son hypothèque légale n'a pas été inscrite, en cas de vente sur saisie, avant la transcription du jugement d'adjudication, ou, en cas de purge d'hypothèque légale, avant l'expiration du délai de deux mois (c. civ. art. 2195, § 1). Tranchant un débat qui divisait la jurisprudence, la loi du 27 mai 1858, qui a visé la procédure d'ordre, a décidé que dans ces hypothèses le droit de préférence des créanciers à hypothèques légales subsisterait sur le prix, à la condition qu'ils l'exerceraient dans un court délai; en cas d'adjudication sur saisie, ils doivent produire à l'ordre, soit avant l'expiration du délai fixé par l'art. 754 c. proc. civ., si l'ordre se règle judiciairement, soit avant la clôture, si l'ordre se règle amiablement.; en cas de purge, ils ne sont admis à produire dans ces conditions qu'autant qu'un ordre est ouvert dans les trois mois qui suivent l'expiration du délai de l'art. 2195 c. civ. Dans l'élaboration de la loi de 1889, la commission du Sénat avait d'abord cru devoir se référer à ces dispositions; elle avait ainsi rédigé le paragraphe 4 : « Toutefois, la femme conserve son droit de préférence sur le prix conformément aux dispositions des art. 717 et 772 c. proc. civ. ». Mais un sénateur, M. Lacombe, fit observer que l'application de l'art. 772 aurait pour effet de renfermer l'exercice du droit de la femme dans un délai qu'il ne convenait pas de lui imposer en cas de vente amiable, et c'est pourquoi le renvoi aux art. 717 et 772 c. proc. civ. a été supprimé (V. Journ. off., Sénat, séance du 7 févr. 1888. V. aussi D. P. 89. 4. 28, note 1, in fine). — Malgré cette suppression, il est évident que les auteurs de la loi de 1889 ont entendu laisser à la femme renonçante un droit de préférence semblable à celui qui était déjà accordé précédemment à la femme qui n'avait pas pris l'inscription en cas de vente sur expropriation, ou de purge. Toutefois, le droit de la femme renonçante est plus avantageux que celui-ci sous deux rapports. En premier lieu, il n'est pas limité dans sa durée, et reste, par suite, susceptible d'être exercé pendant trente ans (Comp. Paris, 10 févr. 1873, aff. Marthieu et Banque de la réunion, D. P. 74. 2. 133). En second lieu, il n'est pas subordonné à la condition que la femme le réclamera d'une manière expresse dans la distribution du prix : ce droit, par le fait seul qu'il subsiste, est opposable au tiers acquéreur et aux créanciers inscrits. L'acquéreur ne peut pas, comme après la purge, dans l'hypothèse de l'art. 2195, § 1, c. civ., ne plus se préoccuper de l'hypothèque légale; il ne peut pas payer le mari ou ses ayants cause, il doit payer la femme ou obtenir qu'elle renonce à son droit de préférence. Tranchant sur ce point la controverse qui divisait la jurisprudence (V. suprà, n°s 655 et suiv.), le paragraphe 4 de la loi de 1889 décide que le payement du prix de l'immeuble ne sera libératoire qu'autant qu'il aura été consenti par la femme. Le droit que cette loi conserve à la femme n'est donc pas seulement un simple privilège sur le prix, opposable aux autres créanciers du mari; c'est une créance privilégiée contre l'acquéreur (V. en ce sens, César-Bru, p. 104 et suiv.; Wable, n°s 112 et suiv.).

667. Il n'est pas douteux que la femme pourrait exiger un nouveau payement de l'acquéreur qui aurait payé tout ou partie du prix au mari et sans le concours de la femme. Cela résulte, par a contrario, du paragraphe 4, et le rapporteur de la loi au Sénat l'a formellement déclaré. « Le consentement de la femme au payement du prix, a dit M. Merlin dans son second rapport, sera nécessaire pour mettre l'acquéreur à l'abri de toute réclamation de la part de la femme ». Ce qui est dit du payement du prix doit s'appliquer également à la cession que le mari ferait de sa créance. Le mari ne peut pas plus disposer de la créance qu'en recevoir le payement au préjudice des droits de la femme. La femme sera donc préférée aux cessionnaires du mari, à moins qu'elle n'ait, par son concours à la cession, renoncé à se prévaloir de son droit (Comp. les arrêts cités suprà, n° 656). — On ne peut nier qu'il n'y ait là une atteinte, au moins indirecte, aux pouvoirs du mari comme chef de la communauté. Le mari conserve, il est vrai, théoriquement tous ses pouvoirs; mais la femme, en tant que créancière hypothécaire, peut en paralyser l'exercice. Un des commentateurs de la nouvelle loi le démontre fort bien : « Quand un immeuble de communauté est vendu, le prix est un capital qui, comme tel, tombe dans la communauté. A ce titre, le mari a le droit

d'en disposer comme bon lui semble, même à titre gratuit (c. civ. art. 1422), de l'exposer dans de folles spéculations, etc. Désormais le prix, provenant de la vente d'un immeuble de communauté ou d'un propre du mari, pourra, en cas de renonciation et si la femme refuse son consentement au payement, devenir indisponible entre les mains de l'acquéreur. Celui-ci, en effet, le retiendra ou le déposera à la Caisse des dépôts et consignations » (Wable, n° 135. V. cependant César-Bru, p. 135 et suiv.).

668. S'il y a des créanciers inscrits sur l'immeuble, l'acquéreur peut, après leur avoir notifié son contrat, conformément aux art. 2183 et suiv. c. civ., provoquer l'ouverture d'un ordre. Il n'a pas à notifier son acte à la femme, qui le connaît, puisqu'elle y est intervenue, et qui, du reste, ne pourrait pas surenchérir. Mais la femme devra être appelée à l'ordre amiable, qui ne pourra se régler sans son assentiment; elle devra aussi être sommée de produire dans l'ordre judiciaire. Comme la plupart du temps son hypothèque légale n'aura pas été inscrite, l'acquéreur devra veiller à ce qu'elle soit régulièrement avertie : il y est grandement intéressé, car autrement l'ordre et les payements faits en conséquence pourraient être annulés au regard de la femme. La femme peut aussi elle-même requérir l'ouverture de l'ordre (Dalmbert, n°s 14 et suiv.; Wable, n° 120).

669. La survie du droit de préférence au profit de la femme suppose nécessairement que la femme a des reprises à exercer. Si, après la dissolution du mariage ou la séparation de biens, la femme n'a aucune créance contre le mari, elle n'a eu par cela même aucune hypothèque légale et elle se trouve avoir renoncé à un droit qu'elle n'avait pas. Le caractère éventuel du droit hypothécaire de la femme entraîne une conséquence pratique importante : c'est que, toutes les fois qu'il y a des créanciers ayant hypothèque sur l'immeuble, l'acquéreur ne peut payer son prix en toute sécurité qu'après une procédure d'ordre. S'il verse, en effet, tout ou partie de ce prix au mari, même avec le consentement de la femme, il sera bien subrogé à l'hypothèque légale vis-à-vis des créanciers inscrits. Mais l'hypothèque légale, comme nous l'avons vu *suprà*, n° 626, peut disparaître avec la créance de reprises, et alors la subrogation n'aurait aucun effet. L'ouverture d'un ordre est pour l'acquéreur le seul moyen d'éviter cet inconvénient. Dans cette procédure, les créanciers hypothécaires, y compris la femme, produiront leurs titres, et il arrivera de deux choses l'une : ou la femme sera colloquée provisoirement, à charge de fournir caution pour la restitution du montant de sa collocation, le cas échéant; ou l'acquéreur consignera son prix (Escorbiac, *Lois nouvelles*, 1889, *Commentaire de la loi du 13 fév.* 1889, p. 156; Wable, n° 139).

670. La femme qui a conservé son droit de préférence sur le prix peut y renoncer. Elle y renonce implicitement lorsqu'elle autorise le mari à toucher tout ou partie du prix, lorsqu'elle intervient à la quittance donnée à l'acquéreur. Cette renonciation, soit expresse, soit tacite, doit-elle, comme celle qui suit le droit de suite, avoir lieu par acte authentique? Quelques jurisconsultes se sont prononcés pour l'affirmative. Ils ont invoqué l'esprit de la loi nouvelle, qui obligerait à soumettre à l'authenticité tous les contrats concernant l'hypothèque légale. L'authenticité, étant requise dans l'intérêt de la femme, serait, suivant eux, encore plus utile pour la renonciation au droit de préférence que pour la renonciation au droit de suite. Enfin, on argumente, en ce sens, du premier paragraphe de l'art. 9 et du dernier paragraphe ajouté à cet article par la loi nouvelle : il résulte de ce dernier texte que le consentement donné par la femme, soit à l'acte d'aliénation contenant quittance totale ou partielle du prix, soit à un acte ultérieur de quittance, emporte subrogation à l'hypothèque légale au profit de l'acquéreur, vis-à-vis des créanciers hypothécaires postérieurs en rang; or, dit-on, l'acte de quittance ne peut produire cet effet qu'à la condition d'être authentique, conformément à l'art. 9, § 1 (Escorbiac, *Lois nouvelles*, 1890, p. 134; Baudry-Lacantinerie, t. 3, n° 1241 *bis*). — Cette opinion ne nous semble pas suffisamment justifiée. Le paragraphe 2 de la loi de 1889 (§ 4 de l'art. 9 nouveau) n'exige formellement l'authenticité que pour la renonciation à l'hypothèque légale, qui emporte extinction du droit de suite; on ne saurait demander plus sans dépasser les exigences du législateur.

Il suffit, d'ailleurs, pour la protection de la femme, que sa première renonciation ait eu lieu devant un officier public; tout ce que veut la loi, c'est que la femme soit éclairée sur les conséquences de sa renonciation, et quand l'aliénation a déjà été passée par acte authentique, ce serait pousser outre mesure l'idée de protection que de demander encore un acte authentique pour la quittance. Quant au premier paragraphe de l'art. 9, il est absolument étranger à notre hypothèse; il ne s'occupe que de la subrogation ou de la renonciation à « l'hypothèque légale »; or, dans notre cas, l'hypothèque est éteinte, le droit réel qui la constitue n'existe plus; il ne reste qu'un droit de préférence, qui ne peut lui être assimilé. La femme doit donc pouvoir renoncer valablement à ce droit, comme à tout autre droit de créance, par un simple consentement, exprès ou tacite, donné avec l'autorisation du mari ou de justice (César-Bru, p. 150 et suiv.; Dalmbert, n° 18; Wable, n° 131).

671. Le droit de préférence que la loi réserve à la femme qui a renoncé à son hypothèque légale en faveur de l'acquéreur se conserve à son profit sans inscription, ni autre moyen de publicité, car il n'y a plus de droit réel d'hypothèque sur l'immeuble. Conséquemment, la quittance contenant extinction totale ou partielle de ce droit ou la renonciation expresse à ce même droit est opposable aux tiers dès qu'elle a acquis date certaine, et sans condition de publicité. La loi aurait pu exiger que cette quittance ou cette renonciation, quand elle serait consentie par la femme après l'acte d'aliénation, fût mentionnée en marge de la transcription. Quelques auteurs reprochent au législateur de n'avoir pas prescrit cette mention pour avertir les tiers auxquels la femme proposerait plus tard une subrogation dans ses droits. Mais les tiers qui voudront s'assurer le bénéfice de la créance de la femme contre l'acquéreur devront au préalable s'informer si cette créance existe encore, comme ils le feraient avant d'accepter la cession d'une créance quelconque.

672. Le paragraphe 4, après avoir déclaré que la femme ne pourra répéter contre l'acquéreur le prix ou la partie du prix par lui payé de son consentement, ajoute : « et sans préjudice du droit des autres créanciers hypothécaires ». Ces mots ont été ainsi expliqués dans le rapport supplémentaire de la commission du Sénat : « Le consentement de la femme ne pourra porter préjudice aux droits des autres créanciers hypothécaires, qui, dans l'ordre ouvert sur le prix, quoique partiellement ou totalement payé, pourront exiger que la femme déduise de sa production la somme représentant la portion du prix au payement de laquelle elle aura consenti ». Il est évident que la femme, après avoir renoncé à son hypothèque légale sur une partie du prix de l'immeuble vendu par le mari, ne saurait émettre la prétention d'être encore colloquée sur l'autre partie pour tout ce qui lui est dû, au préjudice des créanciers hypothécaires du mari. Sa renonciation ne devant pas nuire à ces créanciers, elle ne peut plus obtenir collocation avant eux que déduction faite de la somme qu'elle a laissé toucher au mari, sauf à être ensuite colloquée pour cette somme à la date de sa renonciation.

673. La renonciation de la femme à son droit de préférence produit des effets différents, elle est *extinctive* ou *translative*, suivant les circonstances dans lesquelles elle se produit. S'il n'y a pas de créanciers hypothécaires postérieurs à la femme, la renonciation est purement extinctive, car cela suffit à l'acquéreur. « Ce qui lui importe, en effet, dit M. Baudry-Lacantinerie, t. 3, n° 1241 *bis*, c'est que les droits résultant de l'hypothèque légale ne puissent pas être exercés contre lui, que ces droits soient éteints; il n'a pas besoin d'être investi de ces droits, d'y être subrogé de manière à pouvoir les exercer au lieu et place de la femme ». Mais lorsqu'il existe sur l'immeuble aliéné d'autres hypothèques postérieures en rang à l'hypothèque légale, l'acquéreur qui consent par prix moyennant la renonciation de la femme à son droit de préférence, a intérêt à être subrogé à ce droit pour pouvoir l'opposer aux créanciers hypothécaires. C'est pourquoi le paragraphe 5 de la loi de 1889 (§ 7 de l'art. 9 nouveau de la loi du 23 mars 1855) dispose que « le consentement donné par la femme, soit à un acte d'aliénation contenant quittance totale ou partielle du prix, soit à l'acte

ultérieur de quittance totale ou partielle, emporte même, à due concurrence, subrogation à l'hypothèque légale sur l'immeuble vendu, au profit de l'acquéreur, vis-à-vis des créanciers hypothécaires postérieurs en rang ». La renonciation de la femme, dans ce cas, est translative. On doit remarquer que c'est seulement au droit de préférence que l'acquéreur est subrogé et non pas, comme paraît le dire le texte, à l'hypothèque légale. Le droit de suite est éteint; il y a purge en ce qui le concerne; il ne reste donc que le droit de préférence, et c'est à ce droit seulement que l'acquéreur peut être subrogé (Dalmbert, n° 18, p. 360 ; Wable, n° 143). ·

674. La subrogation au profit de l'acquéreur résulte, suivant la loi, du concours ou du consentement donné par la femme, soit à l'acte d'aliénation portant quittance totale ou partielle du prix, soit à l'acte ultérieur de quittance totale ou partielle. Lorsque la quittance est donnée dans l'acte même d'aliénation, elle est nécessairement authentique, puisque la renonciation de la femme ne peut être valable qu'à cette condition. Mais lorsque le prix n'est payé et la quittance donnée que postérieurement à l'aliénation, la quittance, suivant l'opinion qui a été adoptée *suprà*, n° 670, peut être sous seing privé (Dalmbert, n° 20, p. 362 ; César-Bru, p. 160 et suiv. ; Wable, n° 149. — *Contrà*: Escorbiac, *Lois nouvelles*, 1890, p. 162 ; Baudry-Lacantinerie, t. 3, n° 1241 *bis*). Il est évident, toutefois, que la quittance devrait être authentique si la femme n'était pas intervenue à l'acte d'aliénation et si sa renonciation à son hypothèque avait lieu dans la quittance même.

· **675.** Pour être opposable aux créanciers hypothécaires postérieurs à la femme, la subrogation de l'acquéreur dans le droit de préférence de celle-ci n'est soumise à aucune condition de publicité. C'est ce qui résulte de ce passage du second rapport de M. Merlin au Sénat : « Le consentement de la femme au payement du prix ou, ce qui revient au même, son concours à l'acte portant quittance, emportera de plein droit subrogation au profit de l'acquéreur, et, dès lors, ce dernier exercera, vis-à-vis des créanciers inscrits, le droit de priorité que possédait la femme ; il les écartera jusqu'à concurrence du prix ou de la portion du prix qu'il aura payé, et, par suite, la renonciation de la femme à son hypothèque légale lui profitera réellement. La subrogation, dans ce cas, peut s'accomplir de plein droit et sans aucune forme de publicité, le contrat intervenu entre la femme et l'acquéreur ne modifiant pas la situation des autres créanciers inscrits » (V. D. P. 89. 4. 29, note 1).

676. La subrogation de l'acquéreur au droit de préférence ne peut, toutefois, être efficace, comme nous l'avons vu *suprà*, n° 669, qu'au cas où la femme aura des reprises à exercer contre le mari. Si elle n'en a pas, les créanciers hypothécaires pourront opposer à l'acquéreur qu'il n'est subrogé à rien, car ayant payé son prix au mari au même à la femme, il n'a en réalité pas payé un créancier qui leur fût préférable; qu'il est donc tenu de payer une seconde fois entre leurs mains.

677. Le paragraphe 5 de la loi de 1889 se termine ainsi : « Mais cette subrogation ne pourra préjudicier aux tiers qui deviendraient cessionnaires de l'hypothèque légale de la femme sur d'autres immeubles du mari, à moins que l'acquéreur ne se soit conformé aux prescriptions du paragraphe 1 du présent article ». Cette disposition a été expliquée comme il suit dans le rapport supplémentaire de M. Merlin au Sénat. L'auteur de ce rapport vient de dire que la subrogation de l'acquéreur, pour être opposée aux créanciers inscrits sur l'immeuble, n'exige aucune forme de publicité (V. *suprà*, n° 675); il continue : « Il est un cas, cependant, où la condition de publicité exigée par le premier paragraphe de l'art. 9 devra être imposée à l'acquéreur ; c'est celui où l'hypothèque légale de la femme grève d'autres immeubles du mari que l'immeuble vendu avec le concours de la femme. La femme alors reste libre de traiter avec les tiers de cette hypothèque à laquelle elle n'a pas renoncé; elle peut la céder ou y subroger ; mais on comprend que la créance que l'hypothèque générale était destinée à garantir se trouve réduite de la somme représentant le prix ou la portion du prix de l'immeuble vendu au payement duquel elle a consenti, et que, dès lors, elle ne peut, sans tromper le tiers avec lequel elle traitera, lui céder qu'une garantie correspondant à ce qui lui reste effectivement dû sur sa

créance. Mais comment le tiers sera-t-il averti de la situation, si ce n'est par l'accomplissement des formalités de publicité prescrites par le paragraphe 1 de l'art. 9? »

Sauf quelques inexactitudes, que nous allons rectifier, cette explication nous paraît assez claire. L'acquéreur subrogé dans le droit de préférence de la femme fera valoir ce droit jusqu'à concurrence de la somme qu'il a payée. Mais ce droit suppose, comme nous l'avons vu *suprà*, n° 669, que la femme a des reprises, partant une hypothèque légale, et dans la mesure où cette hypothèque profite à l'acquéreur, elle ne pourra plus profiter aux tiers auxquels la femme la cédera dans la suite ; c'est pour en avertir ces tiers que la loi impose à l'acquéreur l'obligation de remplir les formalités du paragraphe 1 de l'art. 9, c'est-à-dire d'inscrire l'hypothèque légale à son profit pour la somme qu'il a payée et qu'il aurait le droit de prélever sur le prix en cas d'éviction, ou, si l'hypothèque légale est déjà inscrite, de faire mention de la quittance, d'où résulte la subrogation, en marge de l'inscription. Tel est, suivant nous, le sens des explications données par le rapporteur, qui, toutefois, a eu le tort de confondre dans ses paroles l'hypothèque légale avec la créance qu'elle garantit ; la subrogation au profit de l'acquéreur ne réduit pas la créance de reprises de la femme ; c'est seulement la garantie hypothécaire de cette créance qui peut se trouver diminuée et même épuisée par l'effet de la subrogation. Voilà en quoi le langage du rapporteur est inexact. En tout cas, il résulte de ses paroles mêmes que l'hypothèse qu'il prévoit est celle où « l'hypothèque légale de la femme grève d'autres immeubles du mari que l'immeuble vendu », et où la femme voudra céder cette « hypothèque générale », c'est-à-dire cette hypothèque qui porte tant sur l'immeuble vendu que sur d'autres immeubles.

678. Revenant maintenant au texte de la loi, nous devons y signaler aussi quelque chose d'inexact; mais cette inexactitude ne doit pas, suivant nous, faire méconnaître le véritable sens de la disposition. La loi dit que la subrogation au profit de l'acquéreur ne pourra, si les prescriptions du paragraphe 1 de l'art. 9 ne sont pas remplies, « préjudicier aux tiers qui deviendraient cessionnaires de l'hypothèque légale de la femme *sur d'autres immeubles du mari* ». Ces derniers mots sont de trop ; il eût fallu les supprimer ou dire : « tant sur l'immeuble vendu que sur d'autres immeubles ». On comprend toutefois qu'ils soient venus sous la plume du rédacteur de l'article, parce que généralement la femme qui aura renoncé à son hypothèque légale sur un immeuble vendu par le mari ne cédera plus tard cette hypothèque que si le mari a d'autres immeubles. Mais il est évident que, si elle la cédait seulement sur ces autres immeubles, le cessionnaire ne pourrait pas se plaindre de ne pas pouvoir l'exercer sur l'immeuble vendu; la subrogation consentie à l'acquéreur ne pourrait faire aucun tort à ce cessionnaire, et, par suite, il serait inutile d'ordonner à l'acquéreur de rendre cette subrogation publique par une inscription. Cette prescription de la loi ne peut donc être réellement utile et n'a été effectivement ordonnée, comme en témoigne le rapport au Sénat, que pour la garantie des tiers auxquels la femme céderait plus tard son hypothèque légale d'une manière générale, comme cela se fait presque toujours en pratique, et même aussi pour la garantie de ceux auxquels l'hypothèque légale serait cédée spécialement tant sur l'immeuble vendu que sur d'autres immeubles, mais non en vue de ces tiers auxquels l'hypothèque serait cédée d'une manière spéciale sur certains autres immeubles (V: en ce sens, *Journal des notaires*, *De la renonciation à l'hypothèque légale*, mai 1889, p. 262 et suiv.; *Journal des conservateurs des hypothèques*, *commentaire de la loi du 13 fèvr.* 1889-1890, art. 4026, p. 53 ; Escorbiac, *Lois nouvelles*. 1890, p. 164; Baudry-Lacantinerie, t. 3, n° 1241 *bis*).

679. Les auteurs qui s'en tiennent à la lettre de la disposition finale du paragraphe 5, et qui ne veulent l'appliquer qu'à l'égard des cessionnaires de l'hypothèque légale sur d'autres immeubles que l'immeuble vendu, sont incapables d'en donner une explication satisfaisante. Les uns concluent simplement que cette disposition est inapplicable et doit être tenue pour une erreur du législateur. En effet, disent-ils, aucun conflit n'est possible entre l'acquéreur de l'immeuble et les cessionnaires ultérieurs de l'hypothèque légale sur d'autres immeubles. Il était donc absolument

inutile d'obliger l'acquéreur à publier sa subrogation pour la faire connaître à ces cessionnaires (V. en ce sens, César-Bru, p. 163 et suiv.). D'autres adoptent une interprétation qui a été donnée par le rapporteur de la loi à la Chambre des députés et d'après laquelle l'acquéreur ne serait obligé de remplir les formalités du premier paragraphe de l'art. 9 que s'il se faisait subroger lui-même, pour supplément de garantie, sur d'autres immeubles du mari. Mais cette explication, qui ne s'adapte nullement au texte de la loi, ne saurait être admise (V. *Circulaire du comité des notaires des départements*, nᵒ 211, p. 526; Bressoles *Recueil de l'académie de législation de Toulouse*, 1889, p. 155). D'autres encore expliquent la disposition dont il s'agit en ce sens que le législateur aurait seulement voulu prémunir les cessionnaires postérieurs de l'hypothèque légale sur les autres immeubles du mari contre la perte de rang que subira la créance de reprises dans la mesure où l'acquéreur l'aura fait valoir (Dalmbert, nᵒ 20, p. 362 et suiv.; Wable, nᵒˢ 157 et suiv.).

Cette dernière explication se rapproche beaucoup de celle que nous avons donnée; mais elle est incomplète, car, comme l'avoue l'un des auteurs qui l'admettent, la loi devait se préoccuper d'abord du cas où des tiers deviendraient cessionnaires de l'hypothèque légale en tant qu'elle frappait l'immeuble vendu (Wable, nᵒ 163). Or, en fait, le législateur s'est si bien préoccupé de cette hypothèse que c'est celle-là d'abord qu'il a voulu régir. L'origine du paragraphe 5 se trouve dans un amendement qui avait été présenté au Sénat par M. Lacombe, en ces termes : « Le concours de la femme et son consentement au payement total ou partiel du prix emporte, au profit de l'acquéreur et à due concurrence, subrogation à l'hypothèque légale, *mais seulement sur l'immeuble vendu*, et à charge par lui de se conformer aux prescriptions du paragraphe premier du présent article ». Il s'agissait donc de l'hypothèque légale considérée en tant qu'elle grevait l'immeuble aliéné. La rédaction de l'amendement a été modifiée; on a voulu la rendre plus explicite, indiquer que la publicité n'était exigée qu'à l'égard des tiers ayants cause de la femme, et aussi qu'elle l'était à l'égard de tous ces tiers, même de ceux qui seraient en même temps subrogés à l'hypothèque légale sur d'autres immeubles; mais c'est bien toujours l'amendement de M. Lacombe que la commission du Sénat a entendu adopter : le rapporteur l'a déclaré à plusieurs reprises (V. D. P. 89. 4. 29, note 1). Cet amendement fournit ainsi une indication décisive sur la véritable portée de la disposition qui nous occupe. Ajoutons que, suivant la troisième interprétation que nous venons de rapporter et de réfuter, la publicité exigée n'aurait le plus souvent aucune sanction : le prix de l'immeuble vendu et celui des autres immeubles du mari pourront, en effet, être distribués dans des ordres différents; or, les tiers qui ne seraient cessionnaires de l'hypothèque légale qu'en tant qu'elle porterait sur les autres immeubles seraient sans qualité pour s'opposer à la collocation de l'acquéreur dans l'ordre ouvert sur l'immeuble vendu, à raison du défaut de publicité de sa subrogation. Comme le dit fort bien M. Dalmbert, *loc. cit.*, « l'ordre étant la distribution du prix d'un immeuble entre les créanciers privilégiés et hypothécaires suivant l'ordre de leurs créances ou inscriptions, il ne saurait exister de litige qu'entre créanciers ayant des droits privilégiés ou hypothécaires sur le même immeuble ».

680. On a dit que la publicité à laquelle est astreint l'acquéreur subrogé présenterait de grandes difficultés pratiques (V. César-Bru, p. 179 ; Wable, nᵒ 160). Mais, ces difficultés, nous ne les apercevons pas. L'acquéreur n'est subrogé dans le droit de préférence de la femme que sur l'immeuble vendu; c'est donc seulement sur cet immeuble qu'il doit inscrire l'hypothèque légale à son profit, pour le montant de la somme qu'il a payée et qu'il aurait le droit de réclamer aux époux vendeurs en cas d'éviction. Si l'hypothèque légale de la femme est déjà inscrite, l'acquéreur peut seulement, comme l'indique le paragraphe 1 de l'art. 9, faire mention de la renonciation de la femme au droit de préférence à son profit ou de la quittance, d'où résulte cette renonciation, en marge de l'inscription préexistante. Il importe peu, d'ailleurs, que l'acquéreur se déclare subrogé à l'hypothèque légale et prenne inscription en cette qualité,

alors même qu'il n'est en réalité subrogé qu'au droit de préférence. La cause de l'inscription suffit pour révéler le caractère du droit conservé. Au surplus, cette inscription est prise sur un immeuble dont l'inscrivant est propriétaire; il n'y a, par suite, aucun inconvénient à ce qu'elle ne se distingue pas d'une inscription emportant le droit de suite. L'inscription, bien entendu, doit être renouvelée avant la péremption décennale, et maintient tant que subsistent les hypothèques dont l'immeuble est grevé du chef du mari.

681. La femme qui a conservé son droit de préférence sur l'immeuble vendu doit pouvoir aussi bien y subroger un tiers qu'elle peut y subroger l'acquéreur. Comme le dit M. Baudry-Lacantinerie, t. 3, nᵒ 1241 *bis*, la femme peut disposer de cette épave de son hypothèque légale par voie de cession ou de renonciation. Mais comment en disposera-t-elle? Suivant la plupart des commentateurs de la loi de 1889, ce droit, qui n'est en réalité qu'une créance privilégiée contre l'acquéreur, peut être cédé, comme toute créance, par acte authentique ou sous seing privé, et la cession, pour être opposable aux tiers, doit être signifiée au débiteur ou acceptée par lui dans un acte authentique, conformément à l'art. 1690 c. civ. (V. en ce sens, César-Bru, p. 119 et suiv.; Dalmbert, nᵒ 17, p. 359; Wable, nᵒˢ 140 et suiv.). Mais cette théorie ne s'accorde pas avec le dernier paragraphe de la loi, aux termes duquel la subrogation n'est opposable aux tiers qui deviendraient cessionnaires de l'hypothèque légale que moyennant l'accomplissement des prescriptions du paragraphe 1 de l'art. 9. S'il en est ainsi de la subrogation consentie par la femme au profit de l'acquéreur, il ne peut en être autrement de celle consentie en faveur d'un autre que l'acquéreur. Bien que l'objet de cette subrogation ne soit pas véritablement l'hypothèque légale, mais seulement cette hypothèque diminuée du droit de suite, le législateur a évidemment entendu que la cession de l'hypothèque ainsi réduite resterait soumise aux formalités du paragraphe 1 de l'art. 9. Nous croyons donc, avec M. Baudry-Lacantinerie, *loc. cit.*, que le droit de préférence réservé à la femme, après sa renonciation au droit de suite, ne peut être cédé que par acte authentique, et que la cession ne deviendra opposable aux tiers que par l'inscription en marge prescrite par l'art. 9, § 1, de la loi de 1855. On objecte que l'inscription n'est plus possible sur l'immeuble vendu, qui est purgé du droit de suite. Mais cette objection est en opposition avec le texte même de la loi : il faut bien que l'inscription soit encore possible, puisque la loi l'exige formellement en ce qui concerne la subrogation au profit de l'acquéreur.

682. Lorsque le cessionnaire du droit de préférence aura rempli la condition de publicité prescrite par l'art. 9, l'acquéreur ne pourra faire aucun payement de son prix au préjudice de ce subrogé, pas plus qu'il ne le pourrait au préjudice des subrogés antérieurs qui se seraient conformés aux prescriptions de la loi, pour la conservation de leur droit. Il devra donc garder son prix ou le consigner. Autrement il s'exposerait à être obligé de payer une seconde fois. La situation de l'acquéreur sera la même, dit encore M. Baudry-Lacantinerie, *loc. cit.*, à l'égard du créancier que la femme aurait subrogé d'une manière générale dans son hypothèque légale, subrogation qui comprend le droit de préférence sur l'immeuble aliéné. Ce droit de préférence étant, en effet, une dépendance de l'hypothèque légale, nous pensons aussi qu'il doit être considéré comme implicitement cédé au tiers que la femme subrogera par la loi même, sans restriction, dans cette hypothèque (Comp. en ce sens, Escorbiac, *Lois nouvelles*, 1890, p. 164. — *Contrà*, César-Bru, p. 127).

683. En terminant l'étude de la loi du 13 févr. 1889, il ne sera pas inutile d'indiquer en quoi cette loi a innové et en quoi elle est interprétative de la loi de 1855 et peut avoir un effet rétroactif.

La loi de 1889 a eu, comme nous l'avons vu *suprà*, nᵒ 614, pour but principal de faire cesser la controverse qui existait sur le point de savoir si la renonciation de la femme à son hypothèque légale en faveur de l'acquéreur d'un immeuble du mari devait être publiée conformément à l'art. 9 de la loi de 1855. En décidant que la renonciation n'est pas soumise à cette publicité, qu'elle devient opposable aux tiers par la seule transcription de l'acte de vente, la loi de 1889 a

ratifié l'opinion qui l'emportait dans la jurisprudence; elle a donc fait œuvre d'interprétation, comme l'a d'ailleurs déclaré la cour de cassation (V. *suprà*, n° 613).

La loi de 1889 a encore confirmé la jurisprudence antérieure en exigeant un acte authentique pour la validité de la renonciation de la femme à son hypothèque légale (V. *suprà*, n°ˢ 602 et suiv.), et en décidant que la femme qui a renoncé conserve son droit de préférence sur le prix, tant qu'elle n'a pas consenti au payement de ce prix (V. *suprà*, n° 656).

Mais les autres dispositions de la loi de 1889 sont introductives d'un droit nouveau. Il en est ainsi, notamment, de la disposition qui prescrit la mention de la renonciation postérieure à l'acte d'aliénation en marge de la transcription de l'acte (§ 1); de celle qui détermine limitativement les circonstances desquelles peut s'induire une renonciation tacite (§ 3), et de la disposition finale qui exige la publication du droit de préférence transféré à l'acquéreur (§ 5).

Art. 4. — *De l'hypothèque légale des mineurs et des interdits* (*Rép.* n°ˢ 1006 à 1070).

§ 1ᵉʳ. — De l'hypothèque légale des mineurs et des interdits avant le code civil. — Questions transitoires (*Rép.* n°ˢ 1007 à 1013).

684. V. *Rép.* n°ˢ 1007 et suiv.

§ 2. — Des personnes dont les biens sont soumis à l'hypothèque légale des mineurs et des interdits (*Rép.* n°ˢ 1014 à 1043).

685. L'art. 2121, § 3, c. civ., attribue une hypothèque légale aux droits et créances des mineurs et interdits sur les biens de leur tuteur. Comme les textes qui établissent des droits de préférence ne sont pas susceptibles d'une interprétation extensive, il est généralement reconnu que l'hypothèque légale n'appartient que:

1° Aux absents, sur les biens de ceux qui gèrent leur patrimoine (*Rép.* n° 1014);

2° Au mineur émancipé, sur les biens de son curateur (*Rép.* n° 1016);

3° Au mineur non émancipé, sur les biens du subrogé tuteur (*Rép.* n° 1017), du conseil spécial nommé à la mère tutrice conformément à l'art. 391 c. civ. (Comp. *Rép.* n° 1032), ou des tuteurs *ad hoc* (*Rép.* n° 1021);

4° Au défendeur à une demande d'interdiction, sur les biens de l'administrateur provisoire qui lui a été nommé (*Rép.* n°ˢ 1020 et 1037);

5° Aux appelés, sur les biens du tuteur à la substitution, qui n'est en réalité qu'un curateur (*Rép.* n° 1021, et *ibid*, v° *Substitution*, n° 24);

6° A l'individu pourvu d'un conseil judiciaire, sur les biens de ce conseil (*Rép.* n° 1022);

7° Aux créanciers d'une succession acceptée bénéficiairement ou déclarée vacante, sur les biens de l'héritier bénéficiaire ou du curateur (*Rép.* n° 1023).

686. On décide généralement aussi, dans la doctrine et la jurisprudence, contrairement à l'opinion qui a été soutenue au *Rép.*, n° 1035, que l'enfant mineur légitime, possédant des biens personnels, n'a pas d'hypothèque légale sur les biens de son père administrateur (V. en ce sens, outre les autorités citées au *Rép.*, n° 1035: Toulouse, 2 janv. 1863, aff. Valières, D. P. 63. 2. 215; Bordeaux, 19 mars 1875, aff. Ricaud, D. P. 77. 2. 25; Martou, *Des privilèges et hypothèques*, t. 1, n°775; Pont, *Commentaire-Traité des privilèges et hypothèques*, t. 1, n° 493; Aubry et Rau, *Cours de droit civil français*, t. 3, § 264 *bis*, p. 206; Laurent, *Principes de droit civil*, t. 30, n° 271; Colmet de Santerre, *Cours analytique de code civil*, t. 9, n° 82 *bis*-IV; Thézard, *Du nantissement, des privilèges et hypothèques*, n° 116; Baudry-Lacantinerie, *Précis de droit civil*, t. 3, n° 1244). Le divorce et la mère, ne donnant pas lieu à l'ouverture de la tutelle, n'a pas non plus pour conséquence l'établissement de l'hypothèque légale sur les biens du père ou de l'époux auquel est confiée la garde des enfants issus du mariage (V. *suprà*, v° *Minorité-tutelle-émancipation*, n° 28).

Toutefois, un enfant mineur peut avoir hypothèque légale sur les biens de son père, même pendant le mariage de ses père et mère, à raison de la portion par lui recueillie dans l'hérédité d'un autre enfant issu d'un précédent mariage et ayant eu le père pour tuteur (Bordeaux, 19 mars 1875, précité).

687. L'hypothèque légale appartient aux mineurs: 1° sur les biens de tout tuteur, qu'il soit légal, testamentaire ou datif, et quand même il serait lui-même mineur, ce qui peut arriver pour le père ou la mère; 2° sur les biens du protuteur (*Rép.* n° 1024); 3° sur les biens du mari cotuteur (*Rép.* n° 1028).

688. La jurisprudence et la majorité des auteurs décident également que l'hypothèque légale existe sur les biens de la mère remariée qui, ayant perdu de plein droit la tutelle de ses enfants du premier lit, pour n'avoir pas convoqué le conseil de famille comme l'exige l'art. 395, § 1, c. civ., a cependant en fait conservé la tutelle; et aussi sur les biens du second mari, qui est solidairement responsable avec sa femme des suites de la tutelle indûment conservée (V. en ce sens: *Rép.* n°ˢ 1029 et suiv.; Req. 27 juin 1877, aff. Ben-Chimol, D. P. 78. 1. 412; Aubry et Rau, t. 3, § 264 *bis*, p. 209 et suiv., notes 13 et 14; Thézard, n° 117; Baudry-Lacantinerie, t. 3, n° 1245. — *Contrà*, Laurent, t. 30, n° 264). Quelques auteurs cependant n'admettent pas que la responsabilité solidaire qui pèse sur le second mari soit garantie par une hypothèque légale sur ses biens, car, disent-ils, il n'a jamais été tuteur et n'a pas pu le devenir par le fait d'où est résulté pour sa femme la déchéance de la tutelle (Marcadé, *Explication du code civil*, t. 2, art. 395; Colmet de Santerre, t. 9, n° 82 *bis*-IV). Mais ce raisonnement ne réside que dans les mots; au fond, la responsabilité encourue par le second mari est une responsabilité tutélaire, de même nature que celle de sa femme; elle doit donc être assurée par la même garantie. De plus, il serait singulier que la situation du mari cotuteur de fait fût meilleure qu'elle ne serait s'il avait été régulièrement nommé cotuteur, comme le prescrit la loi. — M. Pont, t. 1, n° 500, fait ici une distinction qui ne nous paraît pas non plus devoir être adoptée. Suivant lui, le second mari qui aura en fait géré la tutelle sera bien soumis à l'hypothèque légale pour ses actes de gestion: mais s'il n'a pas participé à l'administration tutélaire, s'il l'a laissée à sa femme, qui a continué de gérer seule la tutelle, comme elle le faisait avant son second mariage, l'hypothèque légale ne doit pas être étendue aux biens du mari. Le plus grand tort de cette distinction consisterait dans la difficulté de savoir si en réalité c'est la mère ou le second mari qui a géré. Puis, le défaut de gestion peut être lui-même une cause de responsabilité, et si le fait de gérer peut entraîner l'existence de l'hypothèque légale contre le second mari, on ne voit pas pourquoi le fait de ne pas gérer n'aurait pas aussi le même résultat, alors que, dans l'un et l'autre cas, il est également présumé avoir participé à la faute de sa femme et rendu responsable des conséquences (Comp. l'arrêt précité du 27 juin 1877).

689. L'hypothèque légale frappe-t-elle les biens de celui qui a géré comme tuteur, mais sans avoir réellement cette qualité, la fortune d'un mineur ou d'un interdit? Les auteurs sont toujours divisés sur cette question. L'affirmative, que l'on a adoptée au *Rép.* n° 1025, est admise aussi par M. Pont, t. 1, n° 500; mais elle est repoussée par MM. Aubry et Rau, t. 3, § 264 *bis*, p. 208, note 9, comme incompatible avec le principe de la publicité, qui forme la base de notre régime hypothécaire. « Si, par dérogation à ce principe, disent ces auteurs, le code civil a déclaré l'hypothèque légale des mineurs et des femmes mariées efficace à l'égard des tiers indépendamment de toute inscription, il ne l'a fait qu'en considération de la publicité, réelle ou légalement présumée, qui entoure la célébration du mariage ou la délation de la tutelle, et en prenant d'ailleurs certaines mesures destinées à procurer l'inscription de l'hypothèque. On se place en dehors des prévisions de la loi, et l'on ajoute une exception à celles qu'elle a admises, en accordant au bénéfice d'une hypothèque légale dispensée d'inscription sur les biens de celui qui, sans vocation officielle, a pris la gestion de ses affaires. En effet, il ne s'attache à ce fait aucune présomption de publicité, et nous ne voyons pas sur quoi l'on se fonderait pour dire aux tiers qu'ils auraient pu et dû le connaître. D'un autre côté, les précautions prises par la loi pour assurer l'inscription

de l'hypothèque du mineur, resteraient sans application possible dans l'hypothèse qui nous occupe ». — On peut répondre à cette argumentation que la publicité sur laquelle le législateur a compté, quand il a attribué au mineur une hypothèque légale dispensée d'inscription, est celle qui résulte du fait de la gestion tutélaire, bien plutôt que celle pouvant être attachée à la délation de la tutelle. Quant aux précautions prises pour faire inscrire l'hypothèque du mineur, elles sont si peu efficaces qu'on ne saurait raisonnablement en faire une condition de l'attribution de l'hypothèque. La seule raison d'être de cette hypothèque est la nécessité de sauvegarder les intérêts du mineur ; or les intérêts du mineur ont au moins autant besoin d'être sauvegardés contre celui qui se comporte comme son tuteur, sans l'être, que contre celui qui l'est réellement. MM. Aubry et Rau eux-mêmes, d'ailleurs, admettent une dérogation à leur système, qui en contredit le principe. Ils conviennent que « les biens de celui qui, par suite d'une erreur commune, a été publiquement considéré comme investi d'une tutelle qu'il ne pouvait gérer ou qui ne lui était pas dévolue, sont grevés de l'hypothèque légale, comme ils le seraient dans le cas d'une tutelle réellement et valablement déférée ». Tel serait, suivant M. Thézard, n° 117, qui paraît adhérer à l'opinion de MM. Aubry et Rau, le cas de l'ascendant qui, dans la croyance générale de la mort de son fils tuteur, aurait pris les fonctions de tuteur légal.

690. Quoi qu'il en soit, il est certain que celui qui aurait géré les biens d'un pupille en une autre qualité que celle de tuteur, ou même sans prendre aucune qualité, ne serait pas soumis à l'hypothèque légale (V. *Rép.* n° 1026 ; Pont, t. 1, n° 500).

691. L'hypothèque légale frappe aussi, comme on l'a dit au *Rép.* n° 1033, les biens du tuteur officieux (V. en ce sens : Aubry et Rau, t. 3, § 264 *bis*, p. 209, note 12 ; Thézard, n° 117). Cette solution n'est contestée que par M. Pont, t. 1, n° 495 : « La tutelle officieuse, dit-il, est, non point une espèce de tutelle, mais un mode particulier d'adoption ». Il ajoute qu'« une hypothèque légale résultant de la tutelle officieuse ne se comprend pas, parce que c'est là un contrat volontaire, une convention qui, outre l'obligation prise par le tuteur officieux de nourrir, élever et mettre le pupille en état de gagner sa vie, est réglée par les stipulations particulières (c. civ. art. 364), auxquelles peut se joindre l'hypothèque conventionnelle (c. civ. art. 2117) ». Mais il peut arriver que le mineur placé sous la tutelle officieuse n'ait pas de biens au moment du contrat et qu'il en acquière par la suite ; alors l'administration de ces biens passera au tuteur officieux (c. civ. art. 364), et il devra en rendre compte (c. civ. art. 370). Dans cette situation, les intérêts du mineur ne semblent pas devoir être moins bien protégés que dans la tutelle ordinaire.

692. Sont encore soumis à l'hypothèque légale : 1° le tuteur de l'individu interdit pour cause d'imbécillité, de démence ou de fureur (*Rép.* n° 1037) ; — 2° le tuteur du condamné frappé d'interdiction légale (*Rép.* n° 1038).

Les personnes placées dans des établissements publics ou privés d'aliénés n'ont pas l'hypothèque légale de l'art. 2121 c. civ. Mais, comme on l'a exposé au *Rép.* n° 1039, la loi du 30 juin 1838 les garantit autrement : elles jouissent d'un privilège sur le cautionnement du receveur de l'établissement (art. 31) ; de plus, le jugement qui nomme un administrateur provisoire de leurs biens peut constituer sur les immeubles de cet administrateur une hypothèque générale ou spéciale, jusqu'à concurrence d'une somme déterminée par ce jugement (art. 34). Cette hypothèque, outre qu'elle est facultative, diffère encore de l'hypothèque légale en ce que : 1° elle peut être spéciale quant aux biens, et elle est toujours limitée à une certaine somme ; 2° elle ne prend rang qu'à dater de l'inscription, que le procureur de la République doit faire opérer dans la quinzaine du jugement (même art. 34). M. Colmet de Santerre, t. 9, n° 82 *bis*-VI, appelle cette hypothèque « mixte, mi-partie légale, mi-partie judiciaire ».

693. En cas de déchéance de la puissance paternelle, prononcée conformément à la loi du 24 juill. 1889 (D. P. 89. 4. 15), le tribunal peut décider que « la tutelle sera constituée dans les termes du droit commun, sans qu'il y ait, toutefois, obligation pour la personne désignée d'accepter

cette charge » (art. 10). Les tuteurs institués dans ce cas « remplissent leurs fonctions sans que leurs biens soient grevés de l'hypothèque légale du mineur. Toutefois, au cas où le mineur possède ou est appelé à recueillir des biens, le tribunal peut ordonner qu'une hypothèque générale ou spéciale soit constituée jusqu'à concurrence d'une somme déterminée » (même art. 10). L'hypothèque dont la constitution est ainsi autorisée est de même nature que celle dont il s'agit dans la loi du 30 juin 1838 (V. *suprà*, n° 692).

Bien que la loi de 1889 ne s'en explique pas, nous pensons que cette hypothèque est aussi sujette à inscription et ne prend rang qu'à dater du jour de l'inscription. Il est regrettable que la loi n'ait pas pris soin de le dire et d'indiquer par qui sera requise l'inscription. Il nous semble, toutefois, que les art. 2136 et suiv. c. civ., qui prescrivent aux tuteurs et aux subrogés tuteurs et, à leur défaut, au procureur de la République, d'inscrire les hypothèques des mineurs, sont ici applicables. Nous pensons aussi que le tribunal peut constituer l'hypothèque non seulement au moment où il ordonne la constitution de la tutelle, mais aussi dans la suite, lorsqu'il survient des biens au mineur (V. en ce sens, Leloir, *Code de la puissance paternelle*, n° 562).

694. La loi du 24 juill. 1889, art. 13, autorise encore l'établissement d'une tutelle officieuse, lorsque, pendant l'instance en déchéance de la puissance paternelle, une personne s'adresse au tribunal pour que l'enfant lui soit confié. Nous avons décidé *suprà*, n° 691, que les biens du tuteur officieux institué selon le code civil sont soumis à l'hypothèque légale du mineur. Quant au tuteur officieux de la loi de 1889, on doit le considérer comme affranchi de cette hypothèque par l'art. 10. Le paragraphe 2 de cet article, aux termes duquel « les tuteurs institués en vertu de la présente loi remplissent leurs fonctions sans que leurs biens soient grevés de l'hypothèque légale du mineur », est général ; de plus, il est conforme à l'esprit de la loi d'en étendre le bénéfice au tuteur officieux de l'art. 13. Les biens de ce tuteur peuvent seulement être grevés d'une hypothèque générale ou spéciale, que le tribunal constituera, s'il le juge nécessaire, jusqu'à concurrence d'une somme déterminée (V. en ce sens, Leloir, *op. cit.*, n° 570).

695. Le mineur ou l'interdit étranger a-t-il une hypothèque légale sur les biens de son tuteur situés en France? Cette question est analogue à celle qui se présente pour la femme mariée étrangère. D'après la jurisprudence citée *suprà*, n° 454, l'hypothèque légale ne peut pas être réclamée par le mineur ou par l'interdit étranger, si ce n'est en vertu des traités diplomatiques existant entre son pays et la France (Comp. les arrêts cités au *Rép.* n° 1040 et suiv.).

§ 3. — Sur quels biens et pour quelles créances s'exerce l'hypothèque légale des mineurs et des interdits (*Rép.* n° 1044 à 1059).

696. — I. Biens sur lesquels porte l'hypothèque légale (*Rép.* n° 1044 à 1046). — Comme l'hypothèque légale de la femme mariée, celle du mineur ou de l'interdit est générale : elle porte sur tous les biens présents et à venir du débiteur. Elle s'étend même aux immeubles qui adviennent au tuteur depuis la cessation de la tutelle (Lyon, 23 nov. 1850, aff. Veyret, D. P. 51. 2. 241. V. *suprà*, n° 501 et suiv.). Mais elle peut être réduite (V. *infrà*, chap. 9, sect. 1, art. 2).

697. L'hypothèque légale du mineur n'est pas, en cas de faillite du tuteur, même quand celui-ci est le père du mineur, soumise à la restriction établie par l'art. 563 c. com. pour l'hypothèque légale de la femme mariée ; elle frappe indistinctement tous les immeubles dont le tuteur était propriétaire au jour de l'ouverture de la tutelle ou qu'il a acquis depuis, à un titre quelconque (V. *Rép.* n° 1045 ; Aubry et Rau, t. 3, § 264 *bis*, p. 213, note 23. Comp. Colmar, 2 févr. 1857, aff. Synd. Maimbourg, D. P. 58. 2. 61).

698. — II. Créances garanties par l'hypothèque légale (*Rép.* n° 1047 à 1059). — L'hypothèque légale des mineurs et des interdits existe, d'après la loi, sur les immeubles du tuteur, à raison de sa gestion (c. civ. art. 2135). Elle est attachée à toute créance appartenant au mineur ou à l'interdit contre son tuteur en cette qualité : aux créances naissant de faits de gestion, comme à celles résultant des fautes ou des malversations commises par le tuteur dans sa ges-

tion (V. *Rép.* nᵒˢ 1047 et suiv.). Quant aux sommes dont le tuteur se trouverait personnellement débiteur envers le pupille pour des causes étrangères à la tutelle, elles seront encore garanties par l'hypothèque légale, comme on l'explique au *Rép.* nᵒ 1049, si elles deviennent exigibles pendant le cours de la tutelle, car alors le tuteur a dû les porter en recettes (V. en ce sens : Aubry et Rau, t. 3, § 264 *bis*, p. 212; Laurent, t. 30, nᵒ 273 ; Colmet de Santerre, t. 9, nᵒ 81 *bis*-I ; Thézard, nᵒ 119 ; Baudry-Lacantinerie, t. 3, nᵒ 1246).

699. L'usufruit qui appartiendrait au tuteur sur tout ou partie des biens du pupille n'empêcherait pas l'hypothèque légale de garantir la gestion et la restitution de ces biens. Il a été jugé que l'hypothèque légale établie sur les biens de la mère, tutrice de son enfant mineur, garantit, à la date qui lui est assignée par la loi, la restitution de toutes les valeurs composant la succession du père et dont la mère a eu la gestion, y compris la portion desdites valeurs dont la jouissance appartenait à la mère en vertu d'une clause de son contrat de mariage et avec dispense de fournir caution (Toulouse, 18 juin 1877, et sur pourvoi, Req. 16 janv. 1878, aff. Barrère, D. P. 78. 1. 268. Comp. dans le même sens, Bruxelles, 10 mai 1809, rapp. avec Req. 12 mars 1811, *Rép.* nᵒ 1009 ; Bourges, 6 mars 1855, aff. De Jouffroy, D. P. 55. 2. 300 ; Laurent, t. 30, nᵒ 275).

700. L'hypothèque légale garantit les accessoires des créances du pupille aussi bien que le capital (V. *Rép.* nᵒ 1052). Elle s'applique notamment aux intérêts, encore qu'ils soient dus pour plus de trois années (Comp. Bordeaux, 10 août 1849, aff. Leps, D. P. 52. 2. 102).

701. L'hypothèque légale, comme on l'a expliqué au *Rép.* nᵒ 1053, s'étend même à la gestion continuée après la cessation de la tutelle, en tant qu'elle est la suite nécessaire de l'administration tutélaire (Comp. *suprà*, vᵒ *Minorité, tutelle, émancipation*, nᵒ 570. V. aussi les arrêts cités au *Rép.* nᵒˢ 1054 et suiv.). Mais, après le décès du tuteur, l'hypothèque légale ne frappe pas les biens personnels de ses héritiers, bien que ceux-ci soient obligés, s'ils sont majeurs, de continuer d'administrer jusqu'à la nomination d'un nouveau tuteur (*Rép.* nᵒ 1057; Aubry et Rau, t. 3, § 264, p. 201).

702. Le mineur dont les immeubles ont été aliénés par le tuteur sans l'observation des formalités prescrites par la loi peut, à son choix, ou poursuivre l'annulation de la vente et la restitution des immeubles contre le tiers acquéreur, ou respecter la vente et en réclamer le prix au tuteur ; son action, dans ce dernier cas, jouit du bénéfice de l'hypothèque légale (*Rép.* nᵒ 1058; Aubry et Rau, t. 3, § 264 *bis*, p. 214; Thézard, nᵒ 119).

703. Le mineur qui se trouve sous la tutelle de son père a, pour sûreté des droits et reprises lui provenant de sa mère, non seulement l'hypothèque légale qui appartenait à cette dernière, mais encore l'hypothèque qui lui compète à lui-même, en sa qualité de mineur, sur les biens de son père tuteur. Ces deux hypothèques sont indépendantes l'une de l'autre. Néanmoins, si la mère a consenti des cessions d'antériorité ou des subrogations à son hypothèque au profit de créanciers de son mari ou d'autres tiers, le mineur est obligé, comme héritier de sa mère, de subir l'effet de ces conventions sur les reprises de celle-ci. Par suite, quand même les créanciers subrogés auraient laissé périmer leurs inscriptions et pourraient être ainsi primés par le mineur en vertu de l'hypothèque légale de la minorité, le mineur ne pourrait exercer cette hypothèque à leur préjudice pour obtenir payement des droits et reprises de sa mère (Riom, 3 août 1863, aff. Veuve Pic, D. P. 63. 2. 133, et sur pourvoi, Civ. rej. 9 août 1865, D. P. 66. 1. 32 ; Aubry et Rau, t. 3, § 264 *bis*, p. 214).

704. Il a été jugé, toutefois, que si le père a encouru la déchéance de l'usufruit légal prononcée par l'art. 1442 c. civ. contre l'époux survivant qui n'a pas fait inventaire, le mineur peut alors exercer l'hypothèque légale de la minorité pour obtenir payement des intérêts des reprises de la mère par préférence aux créanciers subrogés par celle-ci, à supposer, bien entendu, que la mère, en consentant les subrogations, ne s'est pas obligée personnellement envers les créanciers et que, par suite, le mineur ne se trouve pas non plus obligé envers eux. Les intérêts en question cons-

tituent alors, en effet, non un accessoire des reprises de la mère, mais une sorte d'indemnité accordée directement par la loi aux enfants pour le préjudice que le défaut d'inventaire peut leur causer ; en conséquence, ils ne peuvent être considérés comme compris dans ces reprises affectées à la garantie des créanciers subrogés (V. l'arrêt du 9 août 1865, précité).

§ 4. — A quelle époque commence et à quelle époque finit l'hypothèque légale des mineurs et des interdits (*Rép.* nᵒˢ 1060 à 1070).

705. L'hypothèque légale des mineurs et des interdits remonte, comme on l'explique au *Rép.* nᵒˢ 1060 et suiv., pour tous les droits et créances du pupille indistinctement, à une date unique, que l'art. 2135 c. civ. fixe au *jour de l'acceptation de la tutelle*, et l'art. 2194, au jour *de l'entrée en gestion du tuteur.* « Les rédacteurs du code se sont exprimés de cette manière, disent MM. Aubry et Rau, t. 3, § 264 *bis*, p. 215, note 29, parce que d'ordinaire les tuteurs acceptent les fonctions qui leur sont déférées à partir du moment même où la loi leur en impose l'obligation ; mais il est bien évident que si le tuteur avait, sans motif légitime, refusé d'accepter la tutelle, ou qu'il eût négligé de la gérer pendant un temps plus ou moins long, l'hypothèque légale, destinée à garantir d'une manière complète les intérêts du pupille, n'en devrait pas moins remonter au jour où la responsabilité du tuteur a commencé ».

706. L'hypothèque légale du mineur ou de l'interdit subsiste, en principe, aussi longtemps que les créances qu'elle a pour but de garantir. Elle continue d'assurer le payement du reliquat du compte de tutelle, tant que ce reliquat reste dû au mineur, sauf le cas où le tuteur aurait conservé ce reliquat à un autre titre, comme, par exemple, en qualité d'usufruitier en vertu d'un prêt qui lui aurait été consenti par son ex-pupille. En principe, une telle novation ne doit pas se présumer. — Il a été jugé que la clause d'un compte de tutelle portant qu'une somme laissée au père tuteur, en vertu d'une donation d'usufruit qui lui a été faite par son conjoint décédé, et que, dès lors, il continuera à la détenir comme mari et comme tuteur, est licite ; qu'en conséquence, la restitution de cette somme demeure garantie par la double hypothèque légale grevant les biens du père du chef de sa femme et de son enfant, alors même que cette double hypothèque n'a pas été plus expressément réservée (Req. 27 nov. 1855, aff. Dupery et Millaud, D. P. 56. 1. 25. V. aussi *suprà*, nᵒ 481).

707. L'hypothèque légale du mineur ou de l'interdit s'éteint par la prescription de dix ans, avec l'action en reddition de compte ou en revision du compte (*Rép.* nᵒ 1065). Mais, d'après la jurisprudence, elle subsiste encore, même après le payement du reliquat du compte, pour le montant des redressements et des rectifications que l'ex-pupille ou ses ayants droit pourront avoir à réclamer ; elle prime, quant à ce, si elle a été dûment inscrite dans l'année de la cessation de la tutelle, toutes les hypothèques d'un rang postérieur (V. en ce sens les arrêts cités au *Rép.* nᵒ 1067. *Adde* : Req. 23 déc. 1856, aff. Veuve Mirabel, D. P 57. 1. 105 ; Rouen, 10 mai 1875, *infrà*, nᵒ 1676; Civ. cass. 9 août 1882, aff. Poullain, D. P. 83. 1. 134; Aubry et Rau, t. 3, § 264 *bis*, p. 215, et § 292, p. 489). Par suite, le tuteur n'est pas fondé, même après la reddition de son compte, à réclamer la mainlevée de l'inscription de l'hypothèque légale, tant qu'il reste soumis à l'action du son ancien pupille relativement aux faits de la tutelle (Arrêt précité du 9 août 1882).

708. Après la reddition du compte de tutelle, l'ex-pupille ou ses ayants droit peuvent librement donner mainlevée de l'hypothèque légale et de l'inscription prise en vertu de cette hypothèque (V. *Rép.* nᵒˢ 1068 et suiv.). Ils peuvent aussi subroger des tiers dans cette hypothèque ou y renoncer en faveur des acquéreurs des immeubles du tuteur (Req. 24 déc. 1873, aff. Picard, D. P. 74. 1. 147). Les dispositions de l'art. 9 de la loi du 23 mars 1855 et de la loi du 13 févr. 1889, étant spéciales à la femme mariée, ne sont pas applicables aux subrogations ou renonciations consenties par l'ex-pupille ; ces conventions ne doivent donc pas nécessairement avoir lieu par acte authentique, et elles sont opposables aux tiers, suivant le droit commun, dès que les

actes qui les constatent ont acquis date certaine par l'un des moyens énoncés dans l'art. 1328 c. civ.

709. Aux termes de l'art. 8 de la loi du 23 mars 1855, le mineur devenu majeur, l'interdit relevé de l'interdiction, leurs héritiers ou ayants cause doivent, pour conserver le rang de leur hypothèque légale à l'égard des tiers, prendre inscription dans l'année qui suit la cessation de la tutelle (V. infrà, nos 1136 et suiv.).

Art. 5. — *De l'hypothèque légale de l'État, des départements, des communes et des établissements publics (Rép. nos 1074 à 1086).*

710. Après les droits et créances des femmes mariées et ceux des mineurs et interdits, l'art. 2121 c. civ. déclare encore garantis par une hypothèque légale ceux de l'État, des communes et des établissements publics. Il faut y ajouter ceux des départements. A l'époque de la rédaction du code, les départements n'étaient que de simples circonscriptions administratives; mais la loi du 10 mai 1838 leur a conféré la personnalité morale (V. suprà, vo *Organisation administrative*, no 30); ils rentrent ainsi, lato sensu, dans l'expression d'*établissements publics*. L'intention des rédacteurs du code a été, d'ailleurs, d'établir une hypothèque légale sur les biens de tous les comptables de deniers publics; or, aux termes du décret du 31 mai 1862, sur la comptabilité publique, art. 1, « les deniers publics sont ceux de l'État, des départements, des communes et des établissements publics ou de bienfaisance » (V. en ce sens : Aubry et Rau, t. 3, § 264 *quater*, p. 248; Colmet de Santerre, t. 9, no 83 *bis*-I; Thézard, no 122).

711. Suivant la plupart des auteurs, les établissements publics qui jouissent de l'hypothèque légale sont seulement ceux dont les deniers sont rangés dans la catégorie des deniers publics. Cette définition comprend les hospices et les hôpitaux et les bureaux de bienfaisance (V. Décr. 31 mai 1862, art. 1 et 547 à 585). Mais elle exclut les établissements reconnus d'utilité publique, tels que les caisses d'épargne, les sociétés de secours mutuels, les congrégations reconnues, etc. (V. en ce sens : Aubry et Rau, t. 3, § 264 *quater*, p. 248; Laurent, t. 30, nos 417 et suiv.; Colmet de Santerre, t. 9, no 83 *bis*-I; Thézard, no 122; Baudry-Lacantinerie, t. 3, no 1249). En ce qui concerne les caisses d'épargne, V. Rép. no 1086.

712. Pour les établissements ecclésiastiques, tels que les chapitres cathédraux ou collégiaux, les séminaires, les fabriques d'église, les conseils presbytéraux et les consistoires, on estimait généralement, jusqu'aux décrets dont nous allons parler, qu'ils n'avaient pas d'hypothèque légale sur les biens de leurs receveurs ou trésoriers, par le motif que leurs deniers n'étaient pas des deniers publics (V. suprà, vo *Culte*, no 618; C. cass. de Belgique, 7 juin 1849, *Pasicrisie belge*, 1849, 1. 362; Pont, t. 1, no 505; Aubry et Rau, t. 3, § 264 *quater*, p. 248 et suiv.; Laurent, t. 30, no 420; Thézard, no 122. V. toutefois, en sens contraire, C. cass. du grand-duché de Luxembourg, 17 déc. 1889, aff. Kayl, D. P. 90. 2. 273, et la note de M. Planiol, *ibid.*). Mais des décrets du 27 mars 1893 (D. P. 94, 4e partie) ont soumis les comptables des deniers des fabriques, des conseils presbytéraux, des consistoires et des communautés israélites, aux mêmes obligations que les comptables des deniers des hospices et des bureaux de bienfaisance. Aux termes de ces décrets, l'hypothèque légale n'est inscrite sur les biens de ces comptables que si l'inscription est autorisée par une décision spéciale du juge de leurs comptes, et seulement dans les cas de gestions occultes, condamnations à l'amende pour retards dans la présentation des comptes, malversations, débets avoués ou résultant du jugement des comptes. L'hypothèque est inscrite, conformément aux dispositions des art. 2121 et 2122 c. civ., sur tous les biens présents et à venir des comptables, et sous réserve du droit du juge des comptes de prononcer sur les demandes en réduction ou translation formées par ces justiciables.

713. Les personnes dont les biens sont soumis à l'hypothèque légale de l'État, des départements, des communes et des établissements publics, sont, d'après l'art. 2121, *les receveurs et administrateurs comptables*. On doit entendre par là, comme on l'a dit au Rép. no 1074, tous les fonctionnaires qui ont une gestion en deniers, dont ils sont comptables, mais non ceux qui ordonnent ou surveillent l'emploi des deniers, sans les manier personnellement. Ainsi, les ministres, les préfets, les maires, les inspecteurs des finances ou de l'enregistrement, ne sont pas atteints par l'hypothèque légale (Aubry et Rau, t. 3, § 264 *quater*, p. 249; Colmet de Santerre, t. 9, no 83 *bis*-II; Thézard, no 122; Baudry-Lacantinerie, t. 3, no 1248).

714. Les comptables en matières, tels que les entrepositaires, ne sont pas non plus considérés comme soumis à l'hypothèque légale (Aubry et Rau, Thézard, loc. cit. Comp. Civ. rej. 19 févr. 1856, aff. Bénier, D. P. 56. 1. 78).

715. Il en est de même des percepteurs des contributions directes, qui ont, il est vrai, un maniement de deniers, mais qui, étant de simples préposés des trésoriers-payeurs généraux, ne rendent pas directement compte au Trésor (V. Rép. no 1078; Aubry et Rau, t. 3, § 264 *quater*, p. 249; Colmet de Santerre, t. 9, no 83 *bis*-II; Thézard, no 122; Baudry-Lacantinerie, t. 3, no 1248. V. toutefois, en sens contraire, Nancy, 8 mars 1884, aff. De Combarieu, D. P. 86. 2. 9).

716. L'hypothèque légale dont il s'agit ici est générale et s'étend à tous les biens présents et à venir des personnes qui y sont soumises. Elle n'est même pas susceptible de réduction, comme celles des femmes mariées et des mineurs et interdits. Mais, elle ne prend rang et ne produit effet contre les tiers qu'à la condition d'être inscrite.

717. Comme on l'a vu, suprà, nos 300 et suiv., le trésor public a un privilège général sur les meubles des comptables et un privilège spécial sur les immeubles acquis par eux, à titre onéreux, postérieurement à leur nomination; ce dernier privilège s'étend aussi aux immeubles acquis par la femme du comptable, même séparée de biens, à moins qu'elle ne prouve les avoir acquis avec des deniers à elle propres. L'hypothèque légale de l'État grève seulement, par conséquent, les autres immeubles des comptables, c'est-à-dire ceux qu'ils possédaient déjà au moment de leur nomination et ceux qui leur sont advenus depuis à titre de succession ou de donation; elle ne frappe nullement ceux de leur femme ou de leurs enfants.

Art. 6. — *Des hypothèques légales autres que celles mentionnées dans l'art. 2121 c. civ. (Rép. nos 1087 à 1095).*

718. — I. Privilèges dégénérés en hypothèques légales (Rép. no 1087). — D'après l'art. 2113 c. civ., les créances privilégiées soumises à la formalité de l'inscription, à l'égard desquelles cette formalité n'a pas été remplie, ne cessent pas néanmoins d'être hypothécaires; mais l'hypothèque ne date à l'égard des tiers que de l'époque des inscriptions. Le privilège attaché à la créance n'est plus alors qu'une simple hypothèque qui ne prend rang qu'à la date où elle a été inscrite. Il en est ainsi : 1o pour le privilège du copartageant, lorsqu'il n'a pas été inscrit dans les soixante jours du partage (V. suprà, no 381); — 2o Pour le privilège du constructeur, lorsque l'inscription du procès-verbal destiné à constater l'état des lieux n'a pas été prise avant le commencement des travaux (V. suprà, no 386); — 3o Pour le privilège de séparation des patrimoines, lorsqu'il n'a pas été inscrit dans les six mois de l'ouverture de la succession (V. suprà, no 398); — 4o Pour le privilège du trésor public sur les immeubles acquis à titre onéreux par les comptables, lorsqu'il n'a pas été inscrit dans les deux mois de l'acte translatif de propriété (V. suprà, no 408), et pour celui sur les immeubles des condamnés, lorsqu'il n'a pas été inscrit dans les deux mois du jugement de condamnation (V. suprà, no 409).

719. — II. Hypothèque légale des légataires (Rép. nos 1088 à 1094). — Il est généralement admis en doctrine et en jurisprudence que l'art. 1017 c. civ. confère aux légataires une hypothèque légale sur les immeubles de la succession (V. Rép. no 1088; Toulouse, 23 déc. 1870, aff. Baldy-Jonguet, D. P. 72. 5. 274; Rennes, 21 mai 1875, sous Civ. cass. 22 janv. 1879, aff. Dame Sauvageon, D. P. 79. 1. 121; Bordeaux, 5 mai 1887, aff. Baffard, D. P. 89. 2. 7; Troplong, *Traité des privilèges et hypothèques*, t. 2, no 432 ter; Demolombe, *Traité des donations et testaments*, t. 4, nos 673 et suiv.; Pont, t. 1, no 424; Thézard, no 124; Baudry-Lacantinerie, t. 2, no 614). Quelques auteurs, cependant, se fondant

surtout sur ce que l'hypothèque des légataires n'est pas comprise dans l'énumération de l'art. 2121 c. civ., ont soutenu que le droit hypothécaire dont il s'agit dans l'art. 1017 n'est autre que le droit résultant pour les légataires de la séparation des patrimoines (Gabriel Demante, *Revue critique*, 1854, p. 179 ; Aubry et Rau, t. 7, § 722, p. 493, note 24). Mais cette opinion a contre elle tout à la fois, le texte de l'art. 1017 et les traditions du droit romain et de l'ancien droit. Les termes de l'art. 1017 indiquent l'existence d'un véritable droit hypothécaire. Cet article exagère même au profit des légataires le principe de l'indivisibilité de l'hypothèque en stipulant que chaque héritier sera tenu des legs pour le tout sur les immeubles héréditaires dont il sera détenteur (V. *supra*, n° 417). L'hypothèque des légataires a été établie par Justinien (L. unique, *Code Communia de legatis*) : elle était admise dans notre ancienne jurisprudence, et l'art. 1017 prouve bien que les auteurs du code ont entendu sur ce point conserver l'ancien droit. « Cette hypothèque se justifie, d'ailleurs, dit M. Thézard, *loc. cit.*, par la nécessité d'assurer l'exécution des volontés des défunts ; comme ils ne peuvent constituer une hypothèque au profit de leurs légataires, sur leurs propres biens, la loi y pourvoit. On comprend même que les légataires soient mieux traités à cet égard que les créanciers du défunt ; ceux-ci ont pu stipuler une hypothèque : *cavere sibi potuerunt*, et s'ils ne l'ont pas fait, ils ont été négligents ; les légataires n'ont pas eu ce pouvoir, et c'est suivre le vœu du testateur que d'assurer leurs droits contre le mauvais vouloir des héritiers » (V. cependant, *Rép.* n° 1094).

720. L'hypothèque des légataires dérivant de l'intention présumée du testateur, celui-ci peut, dans son testament, par une disposition expresse ou tacite, affranchir de cette hypothèque tout ou partie des immeubles qu'il laisse à ses héritiers (V. *Rép.* n° 1091 ; Rennes, 21 mai 1875, sous Civ. cass. 22 janv. 1879, aff. Dame Sauvageon, D. P. 79. 1. 121). Mais il a été jugé que la dispense de fournir caution accordée par le testateur au légataire universel ne prive pas le légataire particulier d'une rente viagère et d'une somme en nue propriété du droit de prendre inscription en vertu de l'art. 1017 c. civ. (Poitiers, 2 juill. 1884, *infrà*, n° 724).

721. Si un seul ou quelques-uns seulement des héritiers ou légataires ont été chargés par le testateur de l'acquittement d'un legs, le légataire, comme on l'explique au *Rép.* n° 1090, n'a hypothèque que sur les immeubles dévolus à ces héritiers ou légataires ayant incombe son legs. On s'est demandé si l'immeuble légué à titre particulier à l'un des héritiers, avec ou sans dispense de rapport, est grevé de l'hypothèque au profit des légataires de sommes d'argent. L'affirmative semble résulter de la disposition générale de l'art. 1017 ; mais cette solution serait inexacte. L'art. 1017, en

disant que les héritiers seront tenus hypothécairement des legs jusqu'à concurrence de la valeur des immeubles de la succession dont ils seront détenteurs, doit être entendu en ce sens que l'hypothèque frappe la part d'immeubles advenue à chaque héritier à titre héréditaire. Les immeubles légués à titre particulier, soit à un héritier, soit à un étranger, sont la propriété du légataire du jour du décès (c. civ. art. 1014) et ne font pas partie de la succession. L'héritier légataire doit avoir, sous ce rapport, les mêmes droits qu'un légataire étranger ; or l'immeuble légué à titre particulier à un étranger ne serait certainement pas grevé de l'hypothèque ; l'immeuble légué à un héritier ne peut pas l'être davantage. En supposant même que le legs ne soit pas fait par préciput, l'héritier n'en doit le rapport qu'à ses cohéritiers, et non aux créanciers et légataires (c. civ. art. 857) ; au regard de ces derniers, il a droit d'être considéré comme un légataire étranger, et par conséquent il n'est pas soumis à leur hypothèque légale. A plus forte raison doit-il en être ainsi lorsque le legs a été fait par préciput et hors part. En ce sens, Thézard, *Revue critique*, 1879, et *Du nantissement, des privilèges et hypothèques*, n° 124).

722. L'hypothèque des légataires ne prend rang et n'a d'effet contre les tiers qu'à dater de son inscription. A ce point de vue, la séparation des patrimoines peut être plus avantageuse, car, lorsqu'elle est inscrite dans le délai de six mois à partir du jour du décès, ses effets remontent à ce jour-là même (V. *supra*, n° 397). — Quant à la manière dont l'hypothèque des légataires doit être inscrite, V. *infrà*, n° 1159 et suiv.

723. L'hypothèque légale des légataires est-elle susceptible de réduction ? V. *infrà*, chap. 9, sect. 1, art. 3.

724. Cette hypothèque s'éteint par l'obligation qu'elle a pour objet de garantir, par la délivrance du legs ou par un acte équivalent. Il a été jugé que le légataire auquel une certaine somme a été attribuée en payement de son legs, dans la liquidation de la succession, ne peut plus se prévaloir contre l'héritier de l'hypothèque de l'art. 1017 c. civ., alors que cette somme est restée entre les mains de l'héritier à raison de l'usufruit qui en appartenait à celui-ci (Civ. cass. 9 août 1882, aff. Poullain, D. P. 83. 1. 134, et sur renvoi, Orléans, 4 mai 1883) (1). — Jugé, toutefois, que l'hypothèque de l'art. 1017 subsiste au profit du légataire d'une rente viagère et de la nue propriété d'une certaine somme, alors même que ce légataire, étant en même temps héritier réservataire, a, dans un acte passé entre lui et le légataire universel, déclaré renoncer à sa qualité d'héritier pour s'en tenir aux avantages de son legs particulier, et que, dans le même acte, le légataire universel s'est engagé à remplir toutes les obligations qui lui étaient imposées par le testament (Poitiers, 2 juill. 1884) (2). Il est à remarquer que, dans

---

(1) (Poullain *C.* de Montbrun.) — La cour de cassation ayant, par arrêt de la chambre civile du 9 août 1882, rapporté D. P. 83. 1. 134, cassé un arrêt de la cour de Rennes du 4 déc. 1878, les parties ont été renvoyées devant la cour d'Orléans. Le 6 janv. 1883, la cour d'Orléans, devant laquelle les époux de Montbrun ont fait défaut, a statué en ces termes : — La cour ; — Attendu qu'à la date du 5 avr. 1875, les époux de Montbrun ont pris inscription d'hypothèque sur les biens d'Alcide Poullain, pour sûreté du legs fait par le sieur Poullain, père, à Marie Poullain, épouse du sieur de Montbrun, et pour la garantie des attributions faites à ladite dame par la liquidation et le partage du 1er févr. 1870, homologuées par jugement du 7 juillet suivant ; — Attendu que c'est à bon droit que le tribunal de Châteaubriant a prononcé la mainlevée de cette inscription ; qu'en effet, la dame de Montbrun avait été remplie de ses droits par la liquidation sus-datée, et qu'elle ne pouvait plus se prévaloir des art. 1017, 2103 et 2113 c. civ., lesquels n'ont pour effet que d'assurer le payement des droits des légataires et des copartageants ; qu'il importe peu que la somme revenant à la dame de Montbrun lui ait été simplement délivrée et non effectivement versée, puisque, si elle a été retenue par son père, c'est à raison des droits d'usufruit de celui-ci ; qu'il est résulté de cette interversion de titre une novation qui a rendu la dette nouvelle purement chirographaire, et fait disparaître l'hypothèque qu'y attachait l'art. 1017 ; — Attendu que, de même, la qualité d'usufruitier d'Alcide Poullain ne laissait plus subsister la sûreté hypothécaire qui aurait pu militer au profit de la dame de Montbrun, en vertu des art. 2103, 2109 et 2113 c. civ., en admettant qu'on lui eût reconnu le caractère de copartageante ; qu'Alcide Poullain n'est donc tenu que des restitutions imposées par la loi aux usufruitiers ; qu'il a été dispensé de donner cau-

tion, et qu'à aucun titre l'hypothèque litigieuse ne saurait subsister ; — En adoptant, au surplus, sur ce point, les motifs du jugement du tribunal de Châteaubriant, du 25 août 1877 ; — Donne défaut contre les époux de Montbrun ; — Confirme le jugement dont est appel : — En conséquence, fait mainlevée et ordonne la radiation de l'inscription prise par les époux de Montbrun, au bureau des hypothèques de Châteaubriant, pour garantie des droits revenant à la dame de Montbrun dans la succession de son grand-père, Amaury Poullain, etc. ».

Opposition par les époux de Montbrun.

La cour ; — Statuant comme cour de renvoi ; — Reçoit les époux de Montbrun opposants à l'arrêt par défaut du 6 janv. 1883, et persistant dans les motifs de cet arrêt ; — Adoptant au surplus, ceux du jugement du tribunal civil de Châteaubriant, en date du 25 août 1877 ; — Déclare les époux de Montbrun mal fondés dans leur opposition ; — Maintient en son entier l'arrêt du 6 janv. 1883 ; — En conséquence, confirme le jugement dont est appel, en ce qu'il a fait mainlevée et ordonné la radiation de l'inscription prise par les époux de Montbrun, le 5 avr. 1875, au bureau des hypothèques de Châteaubriant, pour garantie des droits revenant à la dame de Montbrun dans la succession de son grand-père Amaury Poullain, etc.

Du 4 mai 1883.-C. d'Orléans, aud. sol.-MM. Dumas, 1er pr.-Gonod d'Artemare, av. gén.-René Vincent (du barreau de Paris) et Desplanches, av.

(2) (Brunet *C.* Arcicaud.) — La cour ; — Attendu que tout débiteur d'un legs est hypothécairement tenu de l'acquitter jusqu'à concurrence de la valeur des immeubles de la succession dont il est détenteur ; — Attendu que cette garantie hypothécaire ne peut disparaître qu'en même temps que, par la délivrance ou

ce dernier cas, l'acte intervenu entre le légataire particulier et le légataire universel ne contenait ni règlement de droit ni attributions. Les juges en ont tiré avec raison cette conclusion qu'il n'y avait pas eu interversion de titre entre les parties; le légataire universel était resté débiteur du legs particulier en tant que légataire universel, et non en vertu d'un engagement personnel; l'hypothèque devait donc subsister au profit du légataire particulier. Dans l'espèce précédemment citée, au contraire, le légataire particulier avait reçu l'attribution d'une certaine somme prise sur les valeurs héréditaires, et cette somme, après avoir été ainsi affectée au payement du legs, avait été laissée entre les mains de l'héritier, qui en avait l'usufruit; l'héritier ne détenait donc plus cette somme qu'en qualité d'usufruitier, et, dans cette situation, le legs ayant reçu son exécution, l'hypothèque du légataire était éteinte (Comp. supra, n° 481).

725. — III. HYPOTHÈQUE DE LA MASSE DES CRÉANCIERS, EN CAS DE FAILLITE OU DE LIQUIDATION JUDICIAIRE (Rép. n° 1095). — La plupart des auteurs admettent, comme on l'a décidé au Rép. n° 1095, que l'hypothèque conférée aux créanciers du failli par les art. 490 et 517 c. com. est une hypothèque légale, et non une hypothèque judiciaire (V. supra, v° Faillites et banqueroutes, n° 818. Adde, Demangeat, sur Bravard, Cours de droit commercial, 2e éd., t. 5, p. 314, note 1). La même hypothèque appartient aux créanciers du commerçant admis au bénéfice de la liquidation judiciaire (L. 4 mars 1889, art. 4. V. supra, v° Faillites et banqueroutes, n° 117).

726. Quant à la manière dont cette hypothèque doit être inscrite, V. infra, n° 1162 et suiv.; et quant à ses effets, V. supra, v° Faillites et banqueroutes, n°s 819 et suiv.

SECT. 2. — DE L'HYPOTHÈQUE JUDICIAIRE (Rép. n°s 1096 à 1185).

727. Il est exact, comme on l'a dit au Rép. n° 1096, que l'hypothèque judiciaire a été établie par l'ordonnance de Moulins de 1566 (art. 53). Mais sa première origine se trouve dans l'ancienne Coutume de Paris, de 1510, dont l'art. 78 était ainsi conçu : « Une cédule privée qui porte promesse de payer emporte hypothèque du jour de la confession d'icelle en jugement ». Il résulte de ce texte que l'hypothèque judiciaire fut admise comme une conséquence du principe d'après lequel les obligations constatées par acte notarié emportaient hypothèque de plein droit sur tous

les biens du débiteur; on devait logiquement attribuer le même effet aux obligations constatées par acte sous seing privé lorsqu'elles avaient été reconnues en justice. La disposition de la Coutume de Paris fut reproduite par l'ordonnance de Villers-Cotterets, de 1539 (art. 92 et 93), qui en étendit l'application à toute la France. L'ordonnance de Moulins statua ensuite, d'une manière générale, que toute partie qui obtiendrait une condamnation en dernier ressort aurait hypothèque sur les biens du condamné, et la même règle fut insérée dans la nouvelle rédaction de la Coutume de Paris, en 1580 (art. 107).

L'hypothèque judiciaire fut maintenue, dans le droit intermédiaire, par les lois des 9 therm. an 3 et du 11 brum. an 7. L'art. 3 de cette dernière loi portait : « L'hypothèque existe, mais à la charge de l'inscription : 1° pour une créance consentie par un acte notarié; 2° pour celle résultant d'une condamnation judiciaire; 3° pour celle qui résulte d'un acte privé dont la signature aura été reconnue ou déclarée telle par un jugement ». L'art. 4 de la même loi disait : « L'hypothèque judiciaire ne peut affecter que les biens appartenant au débiteur lors du jugement ». — Les auteurs du code, tout en supprimant l'hypothèque attachée aux actes notariés, ont conservé celle résultant des jugements et des actes sous seing privé reconnus en justice. Ils ont soumis l'hypothèque judiciaire au principe de la publicité, comme l'avait déjà fait la loi de brumaire; mais ils lui ont aussi donné plus d'extension en statuant qu'elle pourrait s'exercer sur les immeubles actuels du débiteur et sur ceux qu'il pourra acquérir (V. de Vareilles-Sommières, L'hypothèque judiciaire, p. 8 et suiv.; Thézard, Du nantissement, des privilèges et hypothèques, n° 71 ; Baudry-Lacantinerie, Précis de droit civil, t. 3, n° 1254).

728. On a exposé au Rép. n° 1097, les principales critiques de l'institution de l'hypothèque judiciaire a soulevées. Encore aujourd'hui, sa suppression est réclamée par la majorité des jurisconsultes. Quelques-uns cependant ont cherché à la défendre. « L'hypothèque judiciaire n'est pas injuste, dit M. Colmet de Santerre, t. 9, n° 86 bis-II ; ce n'est pas le débiteur qui peut s'en plaindre : puisqu'il ne remplit pas ses engagements, il est juste que le créancier réalise son droit de gage, et si on se préoccupe de l'intérêt des autres créanciers chirographaires, on doit songer qu'ils ont le même droit, qu'ils peuvent surveiller le débiteur et le presser. L'avantage de l'hypothèque judiciaire est de déve-

---

par un acte équivalent d'attribution, s'est éteinte l'obligation principale de remettre entre les mains du bénéficiaire les choses formant le montant de son legs; — Attendu que cette condition de l'attribution ne se trouve remplie qu'autant que les parties, ayant réglé leurs droits, ont, en même temps, distribué entre elles, conformément au testament, les meubles ou immeubles dépendant de la succession; — Attendu que, le 11 avr. 1837, la dame Martin, épouse Arcicaud, léguait au sieur Arcicaud, son mari, tous les biens qu'elle laisserait à son décès, à la charge par lui de payer à la veuve Martin, sa mère, héritière réservataire, une rente annuelle de 200 fr., et imposait, en outre, aux héritiers de son mari, l'obligation de payer, six mois après le décès de ce dernier, à ladite veuve Martin, une somme de 15000 fr., sur laquelle le sieur Arcicaud conserverait son usufruit jusqu'à son décès; que ce legs était fait sous la condition que la dame Martin renoncerait à sa qualité d'héritière réservataire, pour s'en tenir aux avantages de ce legs particulier; — Attendu que le sieur Arcicaud et la veuve Martin se sont réunis, le 27 août 1837, dans l'étude de Me Thouvenin, notaire à Saint-Jean d'Angély, et, pour donner à ces dispositions testamentaires la consécration de leur acceptation, la dame Martin ayant, comme héritière, accordé à Arcicaud l'envoi en possession de son legs universel, a aussitôt déclaré que désormais elle renonçait à cette qualité d'héritière pour prendre celle de légataire particulier, tandis que, de son côté, Arcicaud s'engageait à remplir toutes les obligations qui lui étaient imposées comme légataire universel; — Attendu que, loin de procéder avec Arcicaud à un règlement de droits et à une attribution particulière de choses dépendant de la succession, la dame Martin s'est bornée, par ses déclarations, à fixer sa qualité de légataire particulier pour en réclamer plus tard les bénéfices, et elle a laissé au légataire universel tous les biens pour être possédés in universum, comme ils l'étaient au moment de l'ouverture de la succession, sans même en établir la consistance par leur énumération; — Attendu qu'on ne saurait déduire du seul fait, de la dame Martin, d'avoir renoncé à sa qualité d'héritière pour accepter les avantages du legs particulier, a eu pour résultat, en déterminant la nature de

sa créance, de substituer à la succession débitrice le légataire universel, qui serait alors personnellement tenu d'acquitter le legs, comme si, l'indivision ayant cessé, celui-ci eût conservé tous les biens en vertu d'un pacte intervenu entre lui et le légataire à titre particulier; que, si cette déclaration pouvait avoir de telles conséquences juridiques, il faudrait constater que les inscriptions hypothécaires, prises en vertu de l'art. 1017 c. civ., sont de vaines et inutiles formalités, car ce serait le plus souvent le même acte qui engendrerait et anéantirait le droit à la garantie de l'hypothèque légale; — Attendu que les parties n'ont point hésité sur l'interprétation qu'il convenait de donner à l'acte du 27 août 1857, car, dès le 5 octobre suivant, inscription était prise au profit de la dame Martin sur la succession de la dame Arcicaud, et était renouvelée à chaque période décennale, sans soulever de protestations de la part du légataire universel, qui avait eu connaissance de cette inscription, tout au moins à partir de 1869, date de la vente de la maison affectée à l'hypothèque; — Attendu, enfin, que, s'il est vrai que le testateur puisse dispenser ses gratifiés de subir les formalités que la loi a édictées pour mieux assurer l'exécution de ses volontés, il n'est pas moins certain qu'on ne doit pas, par voie d'interprétation, ajouter à ses dispositions en supprimant des garanties qu'il a voulu maintenir, puisqu'il ne les a pas exclues par son testament; qu'ainsi, la dispense de fournir caution, formulée par la dame Arcicaud en faveur de son mari, n'ayant pas pour conséquence nécessaire d'enlever à la légataire particulière le droit de prendre une inscription hypothécaire, on doit reconnaître que cette faculté lui a été conservée par le testament même tant qu'elle ne la lui a pas retirée; — Attendu qu'à raison de ces faits, l'inscription hypothécaire est régulière et doit être maintenue au profit de la dame Martin, veuve Brunet, qui, comme héritière unique de la dame Martin, a requis ce renouvellement sur la succession de la dame Arcicaud, et, plus spécialement, sur une maison... dépendant de la communauté ayant existé entre ladite dame Arcicaud et son mari; — Par ces motifs; — Dit qu'il y a lieu, etc.

Du 2 juill. 1884.-C. de Poitiers, 2e ch.-MM. le cons. Moreau, pr.-Chanvin, av. gén.-Pichot et Druet, av.

lopper le crédit chirographaire, de réduire le nombre des hypothèques conventionnelles, et partant de favoriser en même temps le développement des affaires et la liberté des propriétés foncières ». Mais ces raisons nous semblent contestables. L'hypothèque judiciaire est injuste pour la masse des créanciers chirographaires, car elle procure à quelques-uns une situation privilégiée sans cause suffisante, uniquement parce qu'ils ont été prévenus les premiers de la déconfiture du débiteur, et quelquefois parce qu'ils ont eux-mêmes provoqué cette déconfiture en exerçant des poursuites intempestives. L'hypothèque judiciaire est aussi très funeste aux débiteurs ; elle contribue presque toujours à aggraver leur situation par les nombreuses condamnations et l'excès des frais de justice qu'elle attire sur leur tête. Elle entrave le crédit bien plutôt qu'elle ne le favorise : rien, en effet, n'est plus capable de faire reculer les prêteurs de bonne volonté que la crainte qu'ils ont de voir les biens de leur débiteur absorbés par quelques créanciers au détriment de tous les autres. Enfin, si l'hypothèque judiciaire empêche la naissance de quelques hypothèques conventionnelles, ce résultat, favorable à la liberté des biens, est largement contrebalancé par la généralité de cette hypothèque, qui frappe indéfiniment tous les immeubles de ceux qui ont encouru quelque condamnation. Nous sommes donc de ceux qui pensent que l'hypothèque judiciaire devrait disparaître. Tout au plus pourrait-on la rendre facultative pour le juge, ou l'attacher seulement à certaines condamnations qui mériteraient d'être privilégiées (V. *Rapport sur la question de l'hypothèque judiciaire*, par J. Challamel, dans les *Procès-verbaux de la commission extra-parlementaire du cadastre*, fascicule n° 2, p. 205 et suiv., et la discussion de la sous-commission juridique, fascicule n° 2, p. 681 et suiv. ; fascicule n° 3, p. 65 et suiv. Comp. *Journal des conservateurs des hypothèques*, 1892, art. 4329, p. 450 et suiv.).

729. L'hypothèque judiciaire est, comme on l'a dit au *Rép.* n° 1099, une hypothèque *générale ;* elle s'étend sur l'universalité des biens présents et à venir du débiteur. — Il a été jugé que l'hypothèque judiciaire ne frappe les biens à venir qu'autant que l'inscription en contient une mention expresse ou au moins implicite (Limoges, 3 juin 1871, aff. Crouzaud, D. P. 72. 2. 88). Mais cette décision nous paraît trop absolue. Si l'inscription requise en vertu de cette hypothèque a été prise spécialement sur certains immeubles, son effet sera bien limité à ces immeubles ; mais il suffit que cette inscription ait été prise d'une manière générale et sans restriction pour que l'hypothèque puisse s'exercer, suivant la loi, tant sur les immeubles actuels du débiteur que sur ceux qu'il pourra acquérir par la suite (Arg. art. 2123, § 2, et 2148, dernier paragraphe) (V. *infrà*, n° 940).

730. L'hypothèque résultant d'un jugement obtenu contre le mari sous le régime de la communauté frappe-t-elle définitivement les conquêts, de telle sorte qu'elle subsiste même après le partage de la communauté sur les immeubles mis au lot de la femme ? On a résolu cette question au *Rép.* n°s 1100 et suiv. en adoptant une distinction faite par Pothier : l'hypothèque résultant d'un jugement rendu contre le mari pendant la durée de la communauté grève d'une manière définitive les conquêts présents et futurs et les suit, après le partage, entre les mains de la femme, comme le ferait l'hypothèque conventionnelle qui aurait été consentie par le mari ; mais, au contraire, l'hypothèque résultant d'un jugement rendu contre le mari avant le mariage, bien qu'elle puisse être exercée sur les conquêts durant la communauté, ne grève plus la part de la femme après la dissolution de la communauté, parce que la condamnation emportant hypothèque n'a été prononcée, dans cette seconde hypothèse, que contre le mari personnellement, et non contre le mari chef de la communauté (V. en ce sens : Lyon, 16 juill. 1881, aff. Fourneyron, D. P. 82. 2. 175 ; Aubry et Rau, t. 3, § 265, p. 259, note 29 ; Baudry-Lacantinerie, t. 3, n° 1276 ; Guillouard, *Traité du contrat de mariage*, t. 3, n° 1336, et *suprà*, v° *Contrat de mariage*, n° 808). — Cette opinion, toutefois, n'est pas admise par tous les auteurs. Suivant M. Pont, t. 2, n° 593, il importe peu que le jugement ait été rendu contre le mari avant ou pendant la communauté ; l'hypothèque judiciaire qui a frappé les conquêts du chef du mari reste opposable à la femme

sur son lot à quelque époque que cette hypothèque ait pris naissance.

731. Le jugement de condamnation prononcé contre une femme mariée sous le régime dotal emporte-t-il hypothèque sur les immeubles dotaux inaliénables ? M. Baudry-Lacantinerie, t. 3, n° 1274, établit sur ce point la règle suivante : « Le jugement emportera hypothèque sur tous les immeubles que le créancier pourrait atteindre, indépendamment du jugement, en vertu du droit de gage général que lui confère l'art. 2092 c. civ., mais non sur ceux qui échappent à ce droit de gage. Le jugement n'a pas, en effet, pour résultat d'augmenter l'étendue du droit de gage du créancier, en y faisant entrer des biens qui n'y auraient pas été compris sans lui, mais seulement de consolider ce droit de gage, de le fortifier, en conférant au créancier une hypothèque et par conséquent un droit de préférence ». De là il résulte que le créancier d'une obligation contractée par la femme dotale pendant le mariage n'acquerra pas, au moyen du jugement de condamnation qu'il obtiendra, une hypothèque judiciaire sur les immeubles dotaux inaliénables de sa débitrice. Il en sera autrement, toutefois, du créancier qui aura le droit de poursuivre la femme même sur ses biens dotaux, tel, par exemple, que celui qui obtiendra contre elle une condamnation à des dommages-intérêts pour réparation d'un délit ou d'un quasi-délit (V. *suprà*, v° *Contrat de mariage*, n°s 1242 et suiv., 1352 et suiv.).

732. Le jugement rendu contre un prodigue ou un faible d'esprit pourvu d'un conseil judiciaire emporte hypothèque sur les biens du débiteur, si d'ailleurs celui-ci a été assisté par son conseil judiciaire dans l'instance. Il en est ainsi alors même que le jugement aurait été rendu pour une dette que le prodigue ou le faible d'esprit aurait contractée sans l'assistance de son conseil (V. *suprà*, n°s 26, et v° *Interdiction-conseil judiciaire*, n° 241).

733. Le jugement qui prononce une condamnation contre une commune régulièrement autorisée à plaider emporte-t-il hypothèque sur les immeubles du domaine privé de la commune ? L'affirmative nous paraît certaine, bien qu'elle ait été contestée. On a objecté que les biens des communes ne peuvent pas être vendus sans l'autorisation de l'Administration, et que là où la vente n'est pas possible, l'hypothèque n'a pas de raison d'être (V. le journal *La Loi*, n° 25-26-27 sept. 1892, et le *Journal des conservateurs des hypothèques*, 1892, art. 4312, p. 375). Mais de ce qu'une autorisation est nécessaire pour la vente des biens communaux, il ne résulte pas qu'ils soient inaliénables. Nul ne conteste, d'ailleurs, qu'une commune puisse constituer une hypothèque conventionnelle ; pourquoi alors ses immeubles ne pourraient-ils pas être grevés d'une hypothèque judiciaire ? Enfin, l'art. 2123 est général ; l'hypothèque judiciaire est attachée à tout jugement de condamnation, et aucun texte n'a fait exception pour les jugements rendus contre les communes (V. en ce sens, Agen, 18 juill. 1892, D. P. 94, 1re partie. Comp. *infrà*, n° 764).

734. L'hypothèque judiciaire ne frappe que les immeubles présents et à venir du débiteur contre lequel est rendu le jugement ; elle n'atteint pas, après la mort de ce débiteur, les immeubles de ses héritiers, eussent-ils accepté sa succession purement et simplement. L'hypothèque obtenue par un créancier en vertu d'un acte sous seing privé pourra ainsi se trouver plus ou moins étendue selon qu'il prendra jugement contre le débiteur lui-même ou contre les héritiers de ce débiteur : dans ce dernier cas, les biens des héritiers seront atteints par l'hypothèque judiciaire, parce qu'ils seront condamnés personnellement (Thézard, n° 81 ; Baudry-Lacantinerie, t. 3, n° 1277).

Art. 1er. — *De l'hypothèque judiciaire résultant des jugements ou sentences arbitrales* (Rép. n°s 1103 à 1173).

§ 1er. — *Des jugements ou actes judiciaires auxquels l'hypothèque est attachée* (Rép. n°s 1104 à 1166).

735. D'après l'art. 2117 c. civ., l'hypothèque judiciaire « résulte des jugements ou actes judiciaires ». En réalité, comme on l'a déjà fait observer au *Rép.* n° 1104, l'hypothèque judiciaire ne résulte que des jugements. Si l'on rapproche l'art. 2117 de l'art. 2123, on voit que le législateur a entendu désigner par l'expression d'*actes judiciaires* les

reconnaissances ou vérifications d'écritures faites en justice qui ont lieu aussi par jugements, mais ne sont pas toujours accompagnées d'une condamnation (Comp. en ce sens: Thézard, n° 72; Baudry-Lacantinerie, t. 3, n° 1269, note 1. V. *infrà*, n° 771).

736. Les jugements emportent hypothèque judiciaire quelle que soit, en général, la juridiction dont ils émanent. Ainsi, l'hypothèque peut résulter des jugements rendus par les tribunaux de commerce (*Rép.* n° 1105) ou par les conseils de prud'hommes. Elle est attachée aux décisions rendues par les tribunaux criminels, correctionnels ou de simple police, soit au profit des particuliers, pour les réparations civiles, soit au profit de l'Etat pour les amendes (*Rép.* n° 1106); quant aux frais, le recouvrement en est garanti par un privilège (V. *supra*, n°ˢ 303 et suiv.). Elle peut résulter aussi des décisions rendues par les juridictions administratives : ministres, conseil de préfecture, conseil d'Etat, Cour des comptes (*Rép.* n°ˢ 1108 et suiv.). Aux termes de l'art. 49 de la loi du 22 juill. 1889 sur la procédure à suivre devant les conseils de préfecture, les arrêts du conseil de préfecture sont exécutoires et emportent hypothèque».

737. D'après un avis du conseil d'Etat des 16-25 therm. an 12, inséré au *Bulletin des lois* (*Rép.* v° *Privilèges et hypothèques*, p. 46), les condamnations et les contraintes émanées des administrateurs, dans les cas et pour les matières de leur compétence, emportent hypothèque de la même manière et aux mêmes conditions que celles de l'autorité judiciaire. Mais, d'après la jurisprudence de la cour de cassation, cet avis ne s'applique qu'aux contraintes décernées par des administrateurs faisant office de juges. En conséquence, l'hypothèque judiciaire n'est pas attachée : 1° aux contraintes que décerne la régie de l'Enregistrement pour le recouvrement des droits fiscaux (Civ. cass. 28 janv. 1828, *Rép.* v° *Enregistrement*, n° 5176); — 2° Aux contraintes décernées par l'administration des Contributions indirectes (Req. 9 nov. 1880, aff. Contributions indirectes, D. P. 81. 1. 249. V. toutefois, en sens contraire, *Rép.* n° 1111, et les conclusions de M. l'avocat général Chévrier devant la cour de Paris, rapportées dans cet arrêt). Il en est de même, à plus forte raison, des contraintes décernées par l'administration des Contributions directes; le dispositif de ces actes n'est même pas dirigé contre les contribuables, il ne renferme qu'une injonction aux agents chargés de la poursuite (V. en ce sens : Aubry et Rau, t. 3, § 265, p. 254, note 15; Thézard, n° 72). Toutefois, un avis du conseil d'Etat des 29 oct.-

12 nov. 1811 (*Rép.* v° *Douanes*, p. 516), attribue l'hypothèque judiciaire aux contraintes décernées par l'administration des Douanes (V. *supra*, v° *Douanes*, n° 598).

738. L'art. 3 de la loi du 5 août 1881, sur les actes notariés (D. P. 82. 4. 39), dispose que « la taxe des actes notariés, régulièrement faite par le président du tribunal, donnera ouverture à un exécutoire, qui sera délivré sur la réquisition du notaire par le greffier. Cet exécutoire sera susceptible d'opposition de la part des parties ». L'exécutoire de taxe ainsi délivré au notaire emporte-t-il hypothèque judiciaire ? La question est controversée. On soutient, d'une part, que l'exécutoire est un acte de juridiction, un acte judiciaire, au sens de l'art. 2117 c. civ., susceptible, il est vrai, d'être réformé sur opposition, mais devant produire par lui-même tous les effets d'un jugement. On a comparé cet acte à l'ordonnance rendue par le président, en cas de désistement, conformément à l'art. 403 c. proc., pour contraindre au payement des frais la partie qui s'est désistée (Amiaud, *Explication de la loi du 5 août 1881*, n° 46). Il a été jugé, en ce sens, que « l'ordonnance de taxe est un véritable jugement rendu sur production de titre par le président du tribunal auquel la loi donne à cet effet délégation et attribution spéciale; que ce jugement comporte condamnation, et que l'exécutoire est ce que la grosse est aux autres décisions de justice; que les deux effets des jugements étant l'exécution par voie parée et l'hypothèque, on ne comprendrait pas pourquoi l'ordonnance exécutoire de taxe, assortie du premier, serait privée du second » (Trib. civ. Brive, 10 nov. 1886, aff. Tallet *C.* Labrousse, journal *La Loi*, du 10 décembre). Dans le même sens: Trib. civ. Privas, 15 juill. 1886, aff. Blanchenay *C.* Malleval). — Mais, d'autre part, on fait valoir que l'exécutoire ne rentre nullement dans les « actes judiciaires » dont parle l'art. 2117 c. civ., ces expressions s'appliquant seulement aux reconnaissances de signatures qui sont faites dans un jugement (V. *supra*, n° 735). Quant à l'ordonnance prévue par l'art. 403 c. proc., si elle emporte hypothèque, c'est qu'elle constitue une décision judiciaire rendue par le président, « parties présentes », ou appelées par acte d'avoué à avoué », tandis que l'exécutoire est délivré au notaire sur sa simple demande, sans que la partie contre laquelle il est requis ait été appelée à se défendre et puisse être considérée comme condamnée (V. en ce sens : Trib. civ. Valence, 30 juill. 1884 (1); Trib. civ. Bourges, 24 juill. 1887 (2); Testoud, *Revue critique*, 1882, p. 169; Didio, *Com-*

---

(1) (Ginot *C.* Ferrand.) — Le tribunal; — Attendu que Ferrand a obtenu, le 22 juin 1883, de M. le président du tribunal, exécutoire de la somme de 837 fr., pour divers actes reçus pendant l'année 1879, pour le compte de Ginot; qu'en vertu de cet exécutoire, inscription a été prise au bureau des hypothèques de Valence, le 29 févr. 1884, et commandement signifié à Ginot, les 14 et 15 mars suivants; que, par exploit du 5 juin dernier, Ginot a formé opposition à ce commandement, et assigné les liquidateurs de l'étude Ferrand devant le tribunal; — Attendu que Ginot soutient qu'il ne doit rien à Ferrand, qu'il a au contraire son créancier de la somme de 255 fr. 87 cent., qu'il demande la radiation de l'inscription hypothécaire comme irrégulièrement prise, l'exécutoire n'ayant pu la conférer, et enfin le payement d'une somme de 200 fr., à titre de dommages-intérêts ; — En ce qui touche l'opposition à commandement...; — En ce qui touche la demande en radiation d'inscription hypothécaire; — Attendu qu'aux termes de l'art. 2117 c. civ., l'hypothèque judiciaire résulte des « jugements ou actes judiciaires » ; que l'art. 2123 établit, de l'avis des auteurs, la distinction qui doit être faite entre le premier et le second de ces termes; qu'il faut entendre par *jugement*, la décision d'un tribunal sur un différend, et par *acte judiciaire*, la constatation d'un fait par le tribunal; qu'ainsi, en prenant pour exemple un des cas prévus par ledit art. 2123, dans les termes suivants : « L'hypothèque judiciaire résulte aussi des reconnaissances ou vérifications, faites en jugement, des signatures apposées à un acte obligatoire sous seing privé », en cas de reconnaissance devant le tribunal, il y a acte judiciaire, et en cas de vérification, il y a jugement ; — Attendu que, dans tous les cas, il faut, pour donner ouverture à l'hypothèque judiciaire, une décision de justice renfermant le principe d'une condamnation ; que, par conséquent, l'ordonnance d'exécutoire délivrée à un officier ministériel ne peut conférer ce genre de garantie que lorsqu'il existe un jugement antérieur, portant condamnation aux dépens; que tel n'est pas le cas prévu et réglé par l'art. 3 de la loi du 5 août 1881, relatif aux taxes des notaires, en vertu duquel

Ferrand s'est fait délivrer exécutoire et a cru pouvoir prendre inscription; — En ce qui touche la demande en dommages-intérêts...; — Par ces motifs, etc.; — Déclare nulle et de nul effet, comme irrégulièrement prise, l'inscription hypothécaire, du 29 févr. 1884, etc.

Du 30 juill. 1884.-Trib. civ. de Valence.

(2) (L... *C.* D...) — Le tribunal; — Attendu que M° L... a obtenu contre la demoiselle D... un exécutoire pour frais d'actes régulièrement taxés; qu'il a inscrit une hypothèque judiciaire en vertu de cet exécutoire et a produit à la distribution des prix des immeubles vendus sur sa débitrice; — Attendu que le juge aux ordres a rejeté cette demande en collocation, par le motif que l'exécutoire délivré en vertu de la loi du 5 août 1881 n'emporte pas hypothèque; que M° L... a contredit au règlement provisoire; — Attendu que le contestant invoque l'art. 2117 c. civ., aux termes duquel l'hypothèque judiciaire résulte des jugements et actes judiciaires; qu'il soutient que l'ordonnance de taxe, ainsi que le rapporteur de la loi de 1881 l'a reconnu au Sénat, a les caractères d'un jugement par défaut ; — Attendu que l'hypothèque judiciaire n'est pas attachée à tous les actes qui constatent des obligations; que l'art. 2117 ne saurait être séparé de l'art. 2123 qui en limite la portée; que l'hypothèque ne peut résulter que d'une décision de justice, dont le dispositif condamne une partie à l'exécution d'une obligation, on donne acte à son adversaire d'un aveu fait devant le juge et impliquant l'existence de l'obligation ; — Attendu que la taxe de président ne réunit aucune de ces conditions et ne constitue en faveur du notaire qu'une simple présomption de créance; que la loi du 5 août 1881, en décidant que la taxe donne ouverture à un exécutoire, n'a pas modifié le caractère, et que, d'après les principes généraux du droit, une partie qui n'a pas été appelée à se défendre ne saurait être considérée comme condamnée; — Attendu, dès lors, qu'il importe peu qu'au cours d'une discussion confuse sur les délais d'opposition il ait été dit au Sénat que l'ordonnance de taxe ressemble à un jugement par défaut;

mentaire de la loi du 5 août 1881, n° 35; Vignancour, *Etude sur la loi du 5 août* 1881, n° 36). La cour de cassation s'est montrée favorable à cette seconde opinion dans les motifs d'un arrêt par lequel elle a reconnu aux notaires le droit de prendre, à leur choix, pour se faire payer de leurs honoraires, soit un jugement, soit un exécutoire (Civ. cass. 3 août 1887, aff. Blanchenay, D. P. 88. 1. 259).

739. Il a été jugé aussi qu'un simple exécutoire de frais n'emporte pas hypothèque judiciaire au profit de la partie ou de l'avoué qui l'a obtenu (Nancy, 30 janv. 1892, aff. Pécheux, D. P. 92. 2. 538).

740. Il est généralement admis qu'un bordereau de collocation n'est pas un titre qui confère l'hypothèque judiciaire (V. *Rép.* n° 118; Aubry et Rau, t. 3, § 265, p. 253; Thézard, n° 77. — *Contrà*, Limoges, 30 juill. 1889, aff. Veuve Massy et Durand, D. P. 92. 1. 183). Mais le jugement qui rejette la contestation soulevée par l'adjudicataire d'un immeuble hypothéqué contre la collocation délivrée au créancier saisissant a pour effet d'attribuer à ce dernier une hypothèque judiciaire sur tous les immeubles de l'adjudicataire et de lui conférer le droit de poursuivre le payement de son bordereau de collocation sur tous les biens personnels de cet adjudicataire (Req. 24 déc. 1890, aff. Veuve Massy et Durand, D. P. 92. 1. 183).

741. L'hypothèque judiciaire suppose, comme toute autre hypothèque, une obligation à l'acquittement de laquelle elle serve de garantie. C'est pourquoi, parmi les jugements même, ceux-là seuls emportent hypothèque qui prononcent une condamnation ou qui tout au moins constatent à la charge d'une partie le principe d'une obligation ou le germe d'une condamnation future (V. *Rép.* n°ˢ 1116 et suiv.). Par application de ce principe, il a été jugé que l'hypothèque judiciaire ne résulte pas : 1° du jugement qui, après avoir déclaré la nullité d'une société, ordonne, sur la demande de l'une des parties et avec l'acquiescement de l'autre, qu'un tribunal arbitral sera constitué pour la liquidation des droits respectifs desdites parties dans la société de fait qui a existé entre elles, un tel jugement ne renfermant ni ne préjugeant aucune condamnation (Civ. cass. 8 déc. 1857, aff. Chabalier et Balmel, D. P. 58. 1. 87); — 2° Du jugement d'avant dire droit qui, sur une action en supplément de légitime, se borne à ordonner une expertise et la liquidation de la succession, sans statuer sur cette action et sans impliquer au profit du demandeur l'existence du droit de créance par lui réclamé (Bordeaux, 7 mai 1862, et sur pourvoi, Req. 22 févr. 1864, aff. Fonreau, D. P. 64. 1. 276); — 3° D'un jugement ordonnant une mesure préparatoire, et spécialement une expertise, dans le but de faciliter au juge l'appréciation du bien ou mal fondé des prétentions des parties (Paris, 4 janv. 1868, aff. Monvoisin, D. P. 68. 2. 136); — 4° De l'arrêt qui, sans prononcer aucune condamnation, s'est borné à déclarer que l'un des associés doit être crédité d'une certaine somme dans les comptes généraux de ces associés, et à renvoyer les parties devant l'expert chargé de procéder à l'apurement de ces comptes, une telle décision n'impliquant nullement que l'associé crédité restera créancier après le règlement des comptes (Civ. cass. 6 mai 1868, aff. Héritiers Ficatier, D. P. 68. 1. 316; — 5° De l'arrêt qui, en l'absence de tout débat et de toute décision sur ce point, se borne à énoncer une créance dans ses motifs (Alger, 27 mars 1879, et sur pourvoi, Req. 4 août 1879, aff. Salfati, D. P. 81. 1. 174); — 6° Du jugement qui se borne à prescrire les mesures nécessaires à la liquidation d'une société, à l'établissement de la situation active et passive et des comptes particuliers entre les associés, sans préjuger l'existence d'aucun droit de

créance, et sans imposer à l'une des parties le principe de l'obligation de payer le reliquat dont elle serait reconnue débitrice (Riom, 22 déc. 1886, aff. Daumas, D. P. 87. 2. 230).

742. Au contraire, il a été reconnu que l'hypothèque judiciaire résultait : 1° d'un jugement qui, sur une demande d'arrérages, rejetant la cause d'extinction de la créance, tirée par le débiteur de l'existence d'une contre-lettre, et qui reconnaissait ainsi la légitimité de la créance réclamée (Req. 13 déc. 1871, aff. Tessier et Soreau, D. P. 72. 1. 245); — 2° D'un jugement qui, en prononçant la dissolution d'une société, nommait l'un des associés liquidateur, avec obligation de remettre pendant la liquidation toutes les recettes à l'autre associé, et rendait ainsi le liquidateur comptable de sa gestion envers son coassocié (Req. 19 août 1878, aff. De Corsi, D. P. 79. 1. 264); — 3° Du jugement qui rejetait la contestation soulevée par l'adjudicataire d'un immeuble hypothéqué contre la collocation délivrée au créancier saisissant (Req. 24 déc. 1890, aff. Veuve Massy et Durand D. P. 92. 1. 183).

743. Le jugement de validité d'une saisie-arrêt, impliquant nécessairement l'existence d'une dette du débiteur saisi, emporte hypothèque judiciaire sur les biens de celui-ci, au profit du saisissant, et ce, alors même que ce jugement ne prononcerait de condamnation que contre le tiers saisi (Req. 1ᵉʳ août 1881, aff. Pac-Fronsac, D. P. 82. 1. 416). Le même jugement emporte également hypothèque sur les biens du tiers saisi (Req. 20 mai 1839, *Rép.* n° 1121).

744. Le jugement qui condamne un mandataire ou un administrateur à rendre compte emporte-t-il hypothèque sur ses biens ? Oui, en tant que ce jugement impose à celui qu'il déclare comptable une obligation de faire, qui, en cas d'inexécution, se résoudra en dommages-intérêts. Ainsi, le jugement qui ordonne la liquidation d'une société, et condamne l'un des associés à un compte envers son coassocié, emporte hypothèque judiciaire au profit de ce dernier, lorsque la partie condamnée soutenait n'avoir pas de compte à rendre, en niant, par exemple, l'existence de la société (Riom, 4 juill. 1864, et sur pourvoi, Req. 23 mars 1867, aff. Laprade-Molin, D. P. 68. 1. 423). — Oui, encore, suivant divers arrêts, en tant que le jugement implique à la charge du comptable l'obligation de payer le reliquat du compte (Comp. en ce sens, Civ. rej. 21 août 1810, *Rép.* n° 1122-2°, et les autres arrêts cités *ibid.*; Req. 19 août 1878, aff. De Corsi, D. P. 79. 1. 264). Mais cette seconde solution est contestée. « La vérité, dit M. Baudry-Lacantinerie, t. 3, n° 1260, est que le jugement qui condamne un comptable à rendre compte ne lui impose qu'une seule obligation, celle de rendre compte, et par suite ce jugement, comme nous l'avons dit, ne produit d'hypothèque judiciaire que pour les dommages et intérêts qui pourront être dus à raison de l'inexécution de cette obligation. L'obligation de payer le reliquat ne résulte pas du jugement, mais bien de la reddition du compte, ou plutôt de cette circonstance que le comptable a reçu plus qu'il n'a dépensé pour le compte de l'oyant, auquel cas le reliquat est à sa charge, ou qu'il a dépensé plus qu'il n'a reçu, auquel cas le reliquat est à la charge de l'oyant. Et la preuve que l'obligation de payer le reliquat ne résulte pas du jugement, c'est que, le compte une fois rendu, l'oyant, créancier d'un reliquat, ne pourra pas en poursuivre le payement par voie de saisie des biens du débiteur, en vertu du jugement qui a ordonné la reddition du compte; il faudra qu'il obtienne un autre jugement condamnant le comptable au payement du reliquat constaté par le compte. C'est ce jugement, mais celui-ci seulement, qui entraînera hypothèque judiciaire pour le payement du reliquat ». Toutefois, du moment que l'on admet que le

que la loi de 1881 lui refuse implicitement ce caractère de jugement en n'exigeant pas que l'exécutoire soit signifié, et qu'il faudrait un texte absolument formel pour décider qu'une hypothèque judiciaire peut être inscrite sur les biens d'une personne ignorant la délivrance de l'exécutoire; — Attendu que le contestant ne saurait invoquer, par voie d'analogie, les ordonnances prévues par les art. 191 et 403 c. proc. civ. qui, suivant les auteurs, emportent l'hypothèque judiciaire; que l'art. 191 qualifie improprement d'ordonnance un véritable jugement de condamnation qui ne peut émaner que du tribunal, et que, dans le cas prévu par l'art. 403, le président ne rend son ordonnance que parties présentes ou appelées par acte d'avoué à avoué; —

Attendu qu'on allègue vainement que, si l'exécutoire ne confère pas une hypothèque, la position des notaires est aggravée par la loi de 1881, qui ne leur permet plus d'assigner devant le tribunal; — Attendu que la loi nouvelle n'a pas une semblable portée; qu'en autorisant les notaires à se faire délivrer exécutoire, elle ne leur enlève pas le droit de procéder par voie d'assignation, en vertu de l'art. 60 c. proc. civ.; qu'elle leur réserve même formellement cette faculté en réglant dans l'art. 1 la prescription de l'action; — Par ces motifs; — Déclare nulle et de nul effet l'inscription hypothécaire prise au bureau de Bourges, le 11 nov. 1885, maintient le règlement provisoire, etc.

Du 21 juill. 1887.-Trib. civ. de Bourges.

jugement qui condamne à rendre compte emporte hypo-thèque, il est difficile de nier que cette hypothèque garan-tisse le reliquat éventuel du compte au profit de l'oyant. Si, en effet, l'obligation de rendre compte n'est pas exécutée, quelle sera la base des dommages-intérêts dus par le ren-dant ? Il n'y en aura pas d'autre que le reliquat qu'aurait produit le compte. C'est donc bien, en réalité, pour ce reli-quat, que l'hypothèque est attribuée. Quant à l'argument consistant à dire que l'oyant ne pourrait exercer des pour-suites en vertu du jugement qui a ordonné la reddition de compte, il conduirait à décider que l'hypothèque judiciaire ne peut résulter que d'une condamnation à une somme cer-taine et liquide, ce qui serait contraire à l'opinion de tous les commentateurs (V. aussi, en ce sens, *Rép.* n° 1122).

745. L'hypothèque judiciaire résulte-t-elle du jugement qui nomme un administrateur comptable, tel qu'un cura-teur à succession vacante ou un administrateur provi-soire chargé de prendre soin de la personne et des biens d'un individu dont l'interdiction est demandée ? L'affirma-tive, qui a été soutenue au *Rép.* n° 1124, n'a pas prévalu. Le jugement dont il s'agit, dit-on, ne contient en lui-même aucun germe ou principe de condamnation. Ce n'est point de ce jugement, mais du fait subséquent de la gestion que procédera, pour le curateur ou l'administrateur provisoire, l'obligation de rendre compte, obligation qui, en cas de contestation, devra être déclarée par un nouveau jugement. On a aussi tiré, en ce sens, un argument des travaux pré-paratoires du code. Le projet mentionnait comme sources de l'hypothèque judiciaire « les jugements qui établissent des gardiens, des séquestres ou des cautions judiciaires »; or cette partie du texte a disparu de la rédaction définitive (Aubry et Rau, t. 3, § 265, p. 253, note 15; Thé-zard, n° 77; Baudry-Lacantinerie, t. 3, n° 1261). — En ce qui concerne l'administrateur provisoire nommé aux biens d'un individu placé dans un établissement d'aliénés, V. *suprà*, n° 692.

746. En tout cas, l'hypothèque judiciaire ne peut pas être attachée à la nomination d'un conseil judiciaire à un prodigue ou à un faible d'esprit, car ce conseil n'est tenu d'aucune gestion et n'est pas comptable.

747. Suivant l'opinion générale, l'hypothèque judiciaire ne résulte pas non plus d'un jugement qui se borne à ren-voyer des parties, et notamment des associés, devant un arbitre chargé de régler leurs comptes; celle même des parties qui se trouvera créancière par l'effet du compte ne pourra pas prendre inscription en vertu du jugement (Tou-louse, 9 août 1844, *Rép.* n° 1126; Civ. cass. 8 déc. 1857, aff. Chabalier et Balmel, D. P. 58. 1. 87; 6 mai 1868, aff. Héritiers Ficatier, D. P. 68. 1. 316; Riom, 22 déc. 1886, aff. Daumas, D. P. 87. 2. 230. V. toutefois Montpel-lier, 7 janv. 1857 et 2 juin 1841, *Rép.* n° 1125).

748. De même, aucune hypothèque ne résulte, au profit de l'une ou de l'autre des parties, du jugement qui, dans une instance en partage, renvoie les parties devant un notaire pour y procéder aux comptes qu'elles peuvent se devoir, à la formation de la masse générale et à la composition des lots (Civ. cass. 18 avr. 1855, aff. Quériaux, D. P. 55. 1. 258). Mais le jugement qui homologue un partage emporte hypothèque judiciaire pour garantie des obligations qui en résultent entre les copartageants, alors même que cette homologation n'a donné lieu à aucune contestation; l'hypo-thèque judiciaire peut être alors plus avantageuse que le privilège du copartageant, en ce qu'elle s'étend sur tous les immeubles du débiteur (Paris, 20 nov. 1862, aff. De Bros-sard, D. P. 62. 2. 203).

749. Contrairement à l'opinion émise au *Rép.* n° 1129, M. Baudry-Lacantinerie, t. 3, n° 1262, enseigne que le juge-ment qui reçoit une caution judiciaire, c'est-à-dire qui déclare solvable et par suite acceptable la caution fournie par le débiteur et refusée par le créancier, n'entraîne aucune hypothèque, ni sur les biens du débiteur, car c'est lui qui obtient ce jugement contre le créancier qui conteste la sol-vabilité de la caution, ni l'hypothèque judiciaire n'existe que sur les biens de celui qui est condamné, ni sur les biens de la caution, car le jugement ne la condamne à rien. Les obligations éventuelles auxquelles se soumet la caution ne résultent pas du jugement, mais de son engagement même, de la soumission qu'elle a faite au greffe du tribunal.

750. Quant au jugement qui condamne un débiteur à fournir caution, il engendre une hypothèque, comme on l'a dit au *Rép.* n° 1130, sur les biens du débiteur. Cette hypo-thèque garantit le payement des dommages-intérêts qui pourront être dus en cas d'inexécution de l'obligation de fournir caution. La caution une fois fournie, l'hypothèque s'éteint, parce que l'obligation est acquittée (En ce sens, Baudry-Lacantinerie, *loc. cit.*).

751. On est d'accord pour reconnaître que les jugements d'adjudication ne confèrent pas hypothèque au poursuivant sur les biens de l'adjudicataire (V. *Rép.* n° 1133; Pont, t. 2, n° 577; Aubry et Rau, t. 3, § 265, p. 253, note 14; Colmet de Santerre, t. 9, n° 87-*bis*-II; Thézard, n° 77). Le jugement d'adjudication n'engendrerait même pas d'hypothèque judi-ciaire au cas où il aurait été stipulé, dans le cahier des charges, que le poursuivant serait autorisé à prendre ins-cription sur les biens de l'adjudicataire pour sûreté du prix et des charges : une pareille clause serait à considérer comme non avenue (Limoges, 3 mars 1854, aff. Lascaux, D. P. 55. 2. 29. V. aussi en ce sens, *Rép.* n° 1134 et suiv.; Aubry et Rau, *loc. cit.*).

752. L'hypothèque judiciaire est attachée aux jugements convenus ou d'expédient, par lesquels les tribunaux statuent sur les conclusions conformes des parties. Comme les autres, ces décisions sont l'œuvre du juge : peu importe comment il y est arrivé (*Rép.* n° 1132; Aubry et Rau, t. 3, § 265, p. 254; Thézard, n° 75; Baudry-Lacantinerie, t. 3, n° 1263). — Il en est autrement, dit M. Thézard, *loc. cit.*, des jugements par lesquels les tribunaux donnent simplement acte d'une déclaration ou d'une convention entre les parties, si d'ailleurs le dispositif ne porte pas de condamnation en conséquence. Mais cette opinion ne nous paraît pas exacte. Un jugement de reconnaissance de signature ne fait que donner acte au créancier de l'aveu du débiteur, et pourtant d'après la loi, il emporte hypothèque (c. civ. art. 2123).

753. On admet en pratique que l'hypothèque judiciaire peut résulter valablement d'un jugement rendu par un juge de paix, sur l'accord des parties, qui ont comparu volon-tairement devant ce magistrat et ont prorogé sa compé-tence, conformément à l'art. 7 c. proc. civ. (V. *Rép.* n° 1137 et suiv.). Il est incontestable, comme on l'a montré au *Rép.* n° 1139, qu'en rendant de pareils jugements, les juges de paix empiètent sur le domaine du notariat, et donnent aux parties un moyen facile d'établir une hypothèque générale, c'est-à-dire de faire indirectement ce que la loi ne permet pas de faire directement (c. civ. art. 2129). C'est aussi pourquoi M. Pont, t. 2, n° 589, décide que l'hypothèque ne s'attacherait pas à un jugement qui, procédant de la seule volonté des parties, ne serait pas autre chose que l'équiva-lent d'une convention. Mais, suivant MM. Aubry et Rau, t. 3, § 265, p. 257, note 25, la solution contraire résulte invinciblement du texte de l'art. 2123 c. civ., combiné avec le principe que l'autorité de la chose jugée s'attache aux ju-gements passés d'accord, aussi bien qu'à ceux qui intervien-nent après une contestation sérieuse. « Pour être conséquent avec lui-même, disent ces auteurs, et écarter com-plètement cette objection, M. Pont aurait dû faire un pas de plus, et refuser l'hypothèque à tout jugement de recon-naissance de signature passé d'accord entre les parties, même devant un tribunal de première instance, et cepen-dant il n'a pas cru pouvoir aller jusque-là. Nous ajouterons que rien ne serait plus facile, si la distinction qu'il propose était exacte, que d'en éluder l'application : il suffirait pour cela de simuler devant le juge de paix une difficulté sur l'époque du payement pour provoquer un jugement de condamnation avec octroi de termes; et c'est même ainsi que les choses se passent d'ordinaire dans la pratique ».

754. En tout cas, l'hypothèque judiciaire ne résulte pas des procès-verbaux de conciliation dressés par les juges de paix, encore que ces procès-verbaux contiennent des aveux, des conventions ou des reconnaissances de signatures; dans ces actes, le juge de paix n'intervient pas comme juge; il siège comme conciliateur, il facilite et constate les conven-tions des parties, qui n'ont alors que force d'obligation privée (c. proc. civ. art. 54) (*Rép.* n° 1175 et suiv.; Aubry et Rau, t. 3, § 265, p. 253; Thézard, n° 75; Baudry-Lacan-tinerie, t. 3, n° 1263).

755. Les vices ou nullités dont un jugement peut être

entaché n'empêchent pas qu'il confère hypothèque, et n'autoriseraient pas le conservateur, quelque apparents qu'ils fussent, à refuser l'inscription requise par le créancier. Il en est ainsi même des jugements rendus par un juge incompétent *ratione materiæ* ou dont la compétence, restreinte à une certaine somme, n'aurait pas été valablement prorogée. C'est la conséquence de la règle : « Voies de nullité n'ont pas lieu en France contre les jugements ». (*Rép.* nos 1140 et suiv.; Pont, t. 2, n° 578 ; Aubry et Rau, t. 3, § 265, p. 255 ; Thézard, n° 75 ; Baudry-Lacantinerie, t. 3, n° 1263). Mais, bien entendu, le sort de l'hypothèque est subordonné à celui du jugement; si ce jugement vient à être rétracté, réformé ou cassé, l'hypothèque tombe et l'inscription doit être considérée comme non avenue (*Rép.* nos 1165 et suiv. V. *infrà*, n° 760).

756. L'hypothèque judiciaire peut-elle être obtenue par un créancier qui a déjà contre son débiteur un titre exécutoire ou même un titre lui conférant une hypothèque spéciale? L'affirmative est maintenant généralement admise, en doctrine et en jurisprudence; il ne faut pas, en effet, dit-on, que les avantages attachés à un titre exécutoire ou hypothécaire soient, pour le créancier qui en est muni, une cause d'infériorité; on ne doit pas les rétourner contre lui (*Rép.* nos 1143 et suiv.; Pont, t. 2, n° 594 ; Aubry et Rau, t. 3, § 265, p. 259, note 30; Thézard, n° 79. Comp. Paris, 15 mai 1865, *infrà*, n° 898).

757. Les sentences arbitrales n'emportent hypothèque qu'autant qu'elles sont revêtues de l'ordonnance judiciaire d'exécution, conformément aux art. 1020 et suiv. c. proc. civ. (c. civ. art. 2123, § 3). Elles ne peuvent, avant cette ordonnance, servir de base à une inscription hypothécaire (*Rép.* n° 1155). Mais, une fois revêtues de cette ordonnance, elles ont le même effet que les jugements. Il a été jugé que la sentence arbitrale qui règle un compte et en fixe le reliquat emporte hypothèque judiciaire pour le tout, encore que cette sentence n'ait fait, pour une partie de la dette, que maintenir une obligation authentique antérieure, payable à longue échéance et sans stipulation d'hypothèque (Paris, 14 juill. 1859, aff. Lachassagne, D. P. 59. 5. 218).

758. Les parties peuvent-elles déroger à la règle qui attache l'hypothèque judiciaire aux jugements et aux sentences arbitrales? Peuvent-elles convenir à l'avance qu'aucune inscription ne sera prise par le créancier sur les biens de la partie condamnée, et les juges doivent-ils leur donner acte de cette convention ? La négative a été soutenue ; on a dit que l'hypothèque judiciaire, étant destinée à assurer l'exécution de la chose jugée, constitue une institution d'ordre public sur laquelle les conventions particulières sont sans effet (V. en ce sens, Bruxelles, 9 janv. 1807, *Rép.* n° 1153). Mais ce système exagère évidemment le caractère de l'hypothèque judiciaire. Un créancier capable peut renoncer à sa créance, au lieu de la faire sanctionner par le juge : pourquoi ne pourrait-il pas aussi bien renoncer à l'hypothèque, qui n'est que l'accessoire de cette créance ? Tout le monde reconnaît qu'un créancier peut s'obliger à ne pas faire inscrire son hypothèque avant un certain délai; pourquoi ne pourrait-il pas, de même, s'interdire le droit de s'inscrire à tout jamais pour une certaine créance, ce qui reviendrait au même que de renoncer à l'hypothèque judiciaire devant assurer le payement de cette créance ? Il est bien vrai que l'intérêt public exige l'exécution de la chose jugée, mais c'est à la condition que celui qui a obtenu cette chose jugée veuille s'en prévaloir. Il a été jugé, en ce sens, qu'une sentence arbitrale peut donner acte aux parties de leur consentement à ce qu'aucune inscription ne soit prise sur les biens de la partie condamnée, si elle paye le montant de la condamnation dans un certain délai, et que, par suite, le créancier ne peut valablement prendre inscription dans ce délai en vertu de la sentence (Orléans, 15 févr. 1854,

aff. Pélissot-Croué, D. P. 55. 5. 247, et sur pourvoi, Req. 20 juin 1854, D. P. 54. 1. 231. V. dans le même sens, *Rép.* n° 1156 ; Baudry-Lacantinerie, t. 3, n° 1256).

§ 2. — De la date à laquelle les jugements emportent hypothèque, et de l'inscription de cette hypothèque *Rép.* nos 1157 à 1166).

759. L'hypothèque judiciaire est acquise de plein droit par le seul fait du jugement: le créancier n'a point à la requérir par des conclusions, ni le juge à la formuler dans le dispositif de sa décision. Mais elle ne prend rang que du jour de l'inscription (c. civ. art. 2134). Cette inscription, toutefois, peut être prise dès que le jugement est rendu, avant même qu'il ait acquis force de chose jugée et qu'il ait été levé ou signifié (*Rép.* nos 1158 et suiv.). « Sans doute, dit à ce sujet M. Thézard, n° 80, le conservateur n'est tenu d'inscrire que sur le vu de l'expédition du jugement (c. civ. art. 2148) ; mais s'il opère l'inscription sans cette condition, et sous sa responsabilité personnelle, pourvu que ce soit après le prononcé du jugement, cette inscription est valable ». Le tribunal peut, d'ailleurs, autoriser le créancier à prendre inscription sur minute et avant l'enregistrement du jugement.

760. L'inscription d'hypothèque judiciaire peut même être prise en vertu d'un jugement par défaut frappé d'opposition ou d'un jugement en premier ressort frappé d'appel (Bordeaux, 22 août 1854, aff. Martin, D. P. 55. 2. 122 ; Pont, t. 2, n° 596). Seulement, l'efficacité de l'inscription est alors subordonnée à la décision qui interviendra sur l'opposition ou sur l'appel. Si le jugement est rétracté, réformé ou annulé, l'hypothèque s'évanouira et l'inscription sera comme non avenue. Si, au contraire, le jugement est maintenu, l'hypothèque prendra rang à dater du jour où elle a été inscrite (*Rép.* nos 1165 et suiv.; Civ. rej. 17 mars 1880) (1). — On peut prévoir le cas où le jugement serait cassé et où le tribunal devant lequel l'affaire aurait été renvoyée par la cour de cassation jugerait comme le premier : l'hypothèque judiciaire daterait-elle alors de l'inscription prise en vertu du premier jugement, ou seulement d'une nouvelle inscription qui devrait être prise en vertu du second ? M. Baudry-Lacantinerie, t. 3, n° 1263, répond, avec raison, que l'hypothèque ne pourrait dater que de l'inscription prise en vertu du second jugement; le premier, ayant été cassé, c'est-à-dire mis à néant, ne peut plus produire aucun effet. La même solution serait applicable si, un jugement ayant été annulé sur requête civile, le tribunal jugeait à nouveau l'affaire dans le même sens que la première fois.

761. Dans le cas où le jugement ayant servi de base à l'inscription n'est pas réformé ou annulé qu'en partie, l'hypothèque continue de subsister, à la date de l'inscription, pour la partie du jugement qui a été maintenue (*Rép.* n° 1166). Il a été jugé : 1° que l'hypothèque judiciaire, produite par un jugement de condamnation, continue de subsister quoique, en appel, la condamnation ait été modifiée quant à son objet, et que, par exemple, une restitution à faire en nature ait été substituée à une restitution à faire en argent ; qu'en pareil cas, l'inscription prise en vertu de la première condamnation garantit la seconde, sans qu'il soit besoin d'une inscription nouvelle (Bordeaux, 25 avr. 1866, et sur pourvoi, Req. 31 déc. 1867, aff. Alazard, D. P. 68. 1. 219) ; — 2° Que l'inscription hypothécaire prise par le préfet pour garantie d'une créance départementale, en vertu d'un arrêté du conseil de préfecture qui a condamné un entrepreneur de travaux à la restitution d'une somme déterminée, est valable et doit être maintenue, bien que, sur le pourvoi de l'entrepreneur, le conseil d'État ait ordonné une expertise, avant faire droit, pour être ensuite statué ce qu'il appartiendra (Rouen, 20 mai 1877, aff. Chérel, D. P. 77. 2. 78).

---

(1) (Leblanc C. Laurent; — — ... Sur les troisième et quatrième moyens réunis : — Attendu que l'opposition formée par les héritiers Laurent au jugement par défaut du 20 févr. 1851 ayant été rejetée par le jugement du 1er mars 1873, l'hypothèque prise en vertu du premier de ces jugements a subsisté pour la garantie de la créance de 33 800 fr. ;

Attendu que l'instance de 1851, qui a interrompu la prescription des intérêts de ladite créance, n'a pas pris fin par le jugement de 1854, qui n'a pas statué sur cette instance, mais seu-

lement sur le jugement du 1er mars 1873, qui a rejeté l'opposition des consorts Laurent ; qu'il en résulte qu'en maintenant la collocation des consorts Leblanc pour le capital et les intérêts échus depuis plus de cinq ans, l'arrêt attaqué n'a violé aucune des dispositions de la loi invoquées par le pourvoi ;

Rejette, etc.

Du 17 mars 1880.-Ch. civ.-MM. Mercier, 1er pr.-Charrias, 1er av. gén.-Larnac et Devin, av.

762. C'est la date de l'inscription qui détermine le rang de l'hypothèque judiciaire même pour les biens à venir, en sorte que cette hypothèque primera sur ces immeubles, comme sur les immeubles présents, toutes les hypothèques judiciaires ou légales survenues postérieurement (V. *infrà*, n° 940).

763. Il a été jugé que l'hypothèque judiciaire ne frappe les biens à venir qu'autant que l'inscription en contient une mention expresse ou au moins implicite (Limoges, 3 juin 1874, aff. Crouzaud, D. P. 72. 2. 88, V. toutefois, *suprà*, n° 729).

764. Rien ne s'oppose à ce qu'une inscription d'hypothèque judiciaire soit prise contre une commune. On a objecté que l'inscription est le préliminaire de la poursuite et qu'il n'est pas permis au créancier, qui a obtenu un jugement de condamnation contre une commune d'en poursuivre l'exécution sans l'autorisation de l'Administration (V. *suprà*, v° *Commune*, n° 1285). Mais l'inscription n'est pas un acte d'exécution ; c'est un acte conservatoire qui, indépendamment même de toutes poursuites, a son utilité réelle. Le créancier n'a pas d'autre moyen pour assurer son droit de préférence sur les biens du domaine privé de la commune. Une fois cette garantie acquise, il pourra solliciter de l'Administration la vente forcée de ces biens ; ou, si la commune, régulièrement autorisée, vend elle-même les immeubles grevés, il pourra exercer l'action hypothécaire contre les tiers détenteurs. Il a été jugé, en ce sens, que les créanciers envers lesquels une commune a été condamnée au payement d'une certaine somme par arrêté du conseil de préfecture, peuvent prendre inscription, en vertu de cet arrêté, sur les biens du domaine privé de la commune, et qu'ils peuvent poursuivre hypothécairement, sans autorisation administrative, les tiers acquéreurs de ces biens (Agen, 18 juill. 1892, et sur pourvoi, Req. 18 déc. 1893, D. P. 94, 1re partie. — Comp. *suprà*, n° 733.)

§ 3. — *De l'hypothèque résultant des jugements ou sentences arbitrales rendus à l'étranger* (Rép. n°s 1167 à 1173).

765. Les jugements rendus par les tribunaux étrangers ne peuvent être mis à exécution en France qu'après avoir été rendus exécutoires par un tribunal français (c. proc. civ. art. 546) ; ils ne produisent alors d'hypothèque judiciaire sur les biens situés en France qu'à cette condition (c. civ. art. 2123, § 4). Le tribunal français compétent pour accorder l'*exequatur* est, suivant le droit commun, le tribunal civil du domicile du défendeur à la demande en *exequatur*, ou celui de sa résidence (c. proc. civ. art. 59) ; s'il n'a ni domicile ni résidence en France, celui du domicile du Français demandeur (Arg. art. 14 et 15 c. civ.) ; ou enfin, celui du lieu où le jugement devra être exécuté (Arg. art. 554 c. proc. civ.). (V. *suprà*, v° *Compétence civile des tribunaux d'arrondissement*, n°s 125 et suiv.).

766. De graves controverses se sont élevées dans la doctrine sur le point de savoir quel est le pouvoir des tribunaux français appelés à déclarer exécutoire un jugement d'un tribunal étranger. Il suffit de rappeler ici les trois principaux systèmes que cette question a fait naître. D'après l'un de ces systèmes, le tribunal français n'a pas à réviser la décision du tribunal étranger ; il doit seulement examiner, d'une part, si l'acte qui lui est présenté a le caractère d'un jugement et réunit les conditions auxquelles sa validité est subordonnée par la législation sous l'empire de laquelle il a été rendu, et, d'autre part, s'il ne contient rien de contraire à l'ordre public et aux principes fondamentaux de notre droit. — Un autre système distingue entre le cas où le jugement étranger est rendu contre un Français et le cas où il est rendu contre un étranger : les tribunaux français devraient réviser le jugement dans le premier cas, mais non dans le second. — Enfin, suivant l'opinion qui a prévalu en jurisprudence, le tribunal français doit, dans tous les cas, réviser le jugement étranger et soumettre le fond de l'affaire à un nouvel examen (V. *suprà*, v° *Droits civils*, n°s 236 et suiv.). On objecte à ce dernier système que, si le tribunal français revise le jugement, ce n'est plus alors le jugement étranger qui est exécuté et produit hypothèque, mais le jugement français. La réponse est que le tribunal français revise le jugement étranger non pour le refaire ou le réformer, mais seulement pour apprécier s'il y a lieu ou non d'en autoriser l'exécution. S'il approuve ce jugement, ce sera ce jugement même qui emportera hypothèque, et l'hypothèque sera inscrite tant en vertu de ce jugement qu'en vertu du jugement d'*exequatur* (V. *suprà*, n° 240. *Adde :* Thézard, n° 73 ; Baudry-Lacantinerie, t. 3, n°s 1265 et suiv.).

767. Après avoir posé la règle que l'hypothèque ne peut résulter des jugements rendus à l'étranger qu'autant qu'ils ont été déclarés exécutoires par un tribunal français, l'art. 2123, § 4, ajoute : « sans préjudice des dispositions contraires qui peuvent être dans les lois politiques et dans les traités ». Il n'existe actuellement aucune loi politique qui déroge à la règle dont il s'agit. Mais quelques traités contiennent des dispositions relatives à cette matière (V. Traité du 24 mars 1760 entre la France et la Sardaigne et Déclaration du 11 sept.-15 nov. 1860, *Rép.*, v° *Traité international*, n° 73. Ce traité et cette déclaration sont aujourd'hui applicables entre la France et l'Italie. V. Montpellier, 10 juill. 1872, aff. Couve et Dugrip, D. P. 72. 2. 240. — V. aussi Convention du 16 avr. 1846 entre la France et le grand-duché de Bade, art. 1, D. P. 46. 3. 85; Convention du 15 juin 1869 entre la France et la Confédération suisse, art. 15 et suiv., D. P. 70. 4. 6; Convention du 11 déc. 1871 entre la France et l'Allemagne, art. 18, D. P. 72. 4. 9. V. au surplus, *infrà*, v° *Traité international*). — Il a été jugé : 1° que les jugements rendus par les tribunaux suisses ou par les tribunaux français ne peuvent servir de base pour prendre une inscription hypothécaire en France ou en Suisse qu'autant qu'ils ont été préalablement revêtus de la formule de *pareatis* dans le pays où l'hypothèque doit être inscrite (Aix, 16 déc. 1869, aff. De Vanoy, D. P. 71. 2. 25); — 2° Que, de même, l'inscription, en Sardaigne, d'une hypothèque résultant d'un jugement rendu par un tribunal français n'est valable qu'autant que ce jugement a été revêtu de la formule d'*exequatur* par la cour supérieure de Sardaigne dans le ressort de laquelle l'hypothèque a été inscrite (Même arrêt).

768. Comme on l'a dit au *Rép.* n° 1169, le principe de réciprocité admis par l'art. 11 c. civ. lorsqu'il existe des traités accordant aux Français la jouissance de certains droits civils en pays étranger, ne peut recevoir ici aucune application. La question de savoir quel effet un jugement étranger peut avoir en France n'est pas une question de jouissance de droits civils. Il ne suffirait donc pas qu'un traité accordât aux jugements français l'effet de produire hypothèque sur le territoire de la nation qui a traité avec la France pour que les jugements des tribunaux de cette nation eussent de plein droit le même effet en France (V. en ce sens, Colmet de Santerre, t. 9, n° 89 *bis*-II).

769. Quant aux sentences arbitrales rendues à l'étranger, M. Thézard, n° 74, pose les règles suivantes, qui nous paraissent très juridiques : il décide : 1° qu'elles doivent être rendues exécutoires en France par jugement du tribunal compétent, et non par simple ordonnance du président ; l'art. 1020 c. proc. ne donne en effet pouvoir au président que pour les sentences rendues dans son arrondissement, et, d'autre part, la question de la validité de la convention et de la sentence offrira souvent des difficultés d'appréciation, qui exigeront l'examen du tribunal entier ; — 2° Que, si la sentence est le résultat d'un compromis volontaire, elle doit, dans tous les cas, si d'ailleurs elle est valable, être déclarée exécutoire sans examen du fond ; car elle tire son autorité de la convention même des parties, qui doit faire loi pour elles ; — 3° Que si, au contraire, la sentence est le résultat d'un arbitrage forcé, comme celui qui existait autrefois en France, en matière de société (c. com. art. 51 à 64), elle doit être assimilée à un jugement des juridictions publiques, et par suite doit être examinée au fond, si elle a été rendue contre un Français (V. *Rép.* n° 1171, et *suprà*, v° *Droits civils*, n° 253).

770. En ce qui concerne les jugements rendus dans un territoire occupé par l'ennemi, V. *Rép.* n° 1173, et *suprà*, v° *Droits civils*, n° 263.

Art. 2. — *De l'hypothèque résultant des reconnaissances ou vérifications d'actes sous seing privé* (Rép. n°s 1174 à 1185).

771. L'hypothèque judiciaire, d'après l'art. 2123 c. civ., résulte non seulement des jugements contenant une con-

damnation ou au moins le principe d'une condamnation, mais aussi « des reconnaissances ou vérifications, faites en jugement, des signatures apposées à un acte obligatoire sous seing privé ». Il s'agit bien encore ici de jugements *lato sensu*, mais de jugements contenant une simple constatation, et dans lesquels il n'y a pas de condamnation prononcée, la dette n'étant pas échue (Aubry et Rau, t. 3, § 265, p. 257 ; Thézard, n° 78 ; Baudry-Lacantinerie, t. 3, n° 1269).

772. Les reconnaissances d'écrits sous seing privé contenues dans les procès-verbaux de conciliation dressés par les juges de paix ne sont pas garanties par l'hypothèque judiciaire (V. *Rép.* n°ˢ 1175 et suiv., et *suprà*, n° 754). Mais cette hypothèque peut résulter d'un jugement de reconnaissance de signature rendu par un juge de paix entre les parties ayant comparu volontairement devant lui et ayant prorogé sa juridiction (*Rép.* n°ˢ 1178 et suiv., et *suprà*, n° 753).

773. L'art. 2123 c. civ. suppose que la reconnaissance ou la vérification d'écritures a lieu relativement à un acte « obligatoire ». Il a été jugé que l'acte obligatoire, dans le sens de l'art. 2123 c. civ., est celui qui réunit les conditions exigées par la loi pour faire preuve complète de l'obligation qu'il a pour but de constater ; qu'on ne saurait, par suite, considérer comme un tel acte une traite acceptée par une femme non commerçante, dont la signature n'a pas été précédée du *Bon* ou *Approuvé*, prescrit par l'art. 1326 c. civ., et que le jugement par lequel a été vérifiée la signature apposée sur cette traite n'a pu conférer au créancier l'hypothèque judiciaire (Trib. Douai, 31 mai 1879, aff. De Saint-Philbert, D. P. 81. 3. 40). Cette décision nous semble juste. Un simple jugement de vérification de signature ne couvre pas toutes les nullités dont l'acte qui a été l'objet de la vérification peut être affecté. Il n'emporte chose jugée qu'en ce qui concerne la signature, et permet de contester sous d'autres rapports la validité de l'obligation et en même temps l'hypothèque.

774. Le créancier ne peut prendre inscription, en vertu du jugement de reconnaissance ou de vérification de signature rendu avant l'échéance de la dette, qu'à défaut de payement de l'obligation après son échéance ou son exigibilité, à moins qu'il n'y ait eu stipulation contraire : ainsi le décide l'art. 1 de la loi du 3 sept. 1807 (V. *Rép.* n°ˢ 1180 et suiv.). — En réservant l'effet d'une convention qui autoriserait le créancier à prendre inscription avant l'échéance, la loi de 1807, dit M. Colmet de Santerre, t. 9, n° 87 *bis*-V, a peut-être été inspirée par un respect exagéré pour la liberté des conventions. Elle a, en effet, fourni aux parties un moyen facile d'éluder la règle qui prohibe l'hypothèque conventionnelle générale : il leur suffira, pour arriver à ce résultat, de constituer l'obligation dans la forme sous seing privé et de convenir que l'hypothèque judiciaire résultant de la reconnaissance d'écriture pourra être inscrite immédiatement. Suivant M. Baudry-Lacantinerie, t. 3, n° 1271, s'il est démontré que telle a été la volonté des parties, l'hypothèque sera nulle ; car il ne saurait être permis de faire indirectement ce que la loi défend de faire directement. Cependant les parties ne pourraient-elles pas répondre qu'elles ont fait en réalité une chose que la loi permet, quand elle est faite par les moyens qu'elles ont employés ?

SECT. 3. — DE L'HYPOTHÈQUE CONVENTIONNELLE
(*Rép.* n°ˢ 1186 à 1349).

ART. 1ᵉʳ. — *Des personnes qui peuvent conférer hypothèque*
(*Rép.* n°ˢ 1187 à 1239).

775. D'après l'art. 2124 c. civ., les hypothèques conventionnelles ne peuvent être consenties que par ceux qui ont la capacité d'aliéner les immeubles qu'ils y soumettent. De cette disposition, il résulte que celui qui constitue une hypothèque conventionnelle doit : 1° être propriétaire de l'immeuble grevé ; 2° avoir la capacité d'aliéner cet immeuble. Mais la loi n'exige pas que celui qui constitue l'hypothèque soit le débiteur de la créance que l'hypothèque a pour but de garantir. On peut constituer une hypothèque conventionnelle pour la dette d'autrui sans s'obliger personnellement à la dette. La situation du constituant se rapproche alors de celle du tiers acquéreur de l'immeuble hypothéqué. Elle en diffère cependant, car il est obligé de respecter le contrat qu'il a consenti et de ne rien faire qui puisse compromettre la sûreté qu'il a fournie. Il jouit de la faculté de délaisser l'immeuble, mais il ne peut pas purger. En revanche, il peut invoquer contre le créancier le bénéfice de l'art. 2037 c. civ., suivant lequel la caution est déchargée lorsque la subrogation aux droits, hypothèques et privilèges du créancier ne peut plus, par le fait de ce créancier, s'opérer en sa faveur ; ce bénéfice, au contraire, est généralement refusé au tiers acquéreur (V. *infrà*, n° 1234).

§ 1ᵉʳ. — De la qualité de propriétaire requise chez le constituant.

776. — I. HYPOTHÈQUE DE LA CHOSE D'AUTRUI. — Du principe qu'il faut être propriétaire d'un immeuble pour pouvoir l'hypothéquer, résulte cette conséquence que l'hypothèque de la chose d'autrui est nulle. Mais quel est le caractère de cette nullité et par qui peut-elle être opposée ? Cette question, qui a été traitée en détail au *Rép.* n°ˢ 1188 et suiv., est toujours controversée. Elle est complexe et doit être considérée sous différents aspects.

Tout d'abord, si celui qui a hypothéqué l'immeuble d'autrui devient plus tard propriétaire de cet immeuble, soit par voie d'acquisition, soit par succession, pourra-t-il se prévaloir contre le créancier hypothécaire de la nullité de la constitution d'hypothèque? Oui, en principe, d'après la majorité des auteurs, qui considèrent la nullité de l'hypothèque constituée sur l'immeuble d'autrui comme absolue et d'ordre public. « L'art. 2129 c. civ., dit M. Thézard, n° 48, en déclarant qu'il n'y a d'hypothèque valable que celle qui a été constituée avec désignation spéciale sur des biens appartenant actuellement au débiteur, en ajoutant que les biens à venir ne peuvent être hypothéqués, frappe d'une inefficacité radicale et irréparable la convention d'hypothèque qui interviendrait *a non domino* ». (V. en ce sens : Pont, *Des privilèges et hypothèques*, t. 1, n°ˢ 628 et suiv.; Aubry et Rau, *Cours de droit civil français*, t. 3, § 266, p. 261, note 4, et p. 264 ; Laurent, *Principes de droit civil*, t. 30, n°ˢ 467 et suiv.; Baudry-Lacantinerie, *Précis de droit civil*, t. 3, n° 1284). Un arrêt de la cour de cassation est, par ses motifs au moins, favorable à ce système (Civ. cass. 24 mai 1892, aff. Veuve Donandy, D. P. 92. 1. 327).

MM. Aubry et Rau, *loc. cit.*, exceptent cependant le cas où le constituant aurait agi de mauvaise foi et se serait rendu coupable de stellionat ; dans cette hypothèse, en effet, le créancier aurait contre lui une action en dommages-intérêts pour le préjudice pouvant résulter de la nullité. Du reste, comme le font remarquer les mêmes auteurs, p. 264, note 10, la question, en ce qui concerne le débiteur, n'a guère d'intérêt, car s'il demande la nullité de l'hypothèque et la radiation de l'inscription, le créancier, dont les sûretés se trouveront par cela même diminuées, pourra exiger, soit la constitution d'une hypothèque régulière, soit le remboursement immédiat de sa créance (Arg. art. 1188 et 2131 c. civ.).

777. Mais l'opinion de Merlin et de Troplong, relatée au *Rép.* n° 1188, compte encore aujourd'hui des partisans. L'art. 2129 c. civ., disent ceux-ci, prohibe la constitution d'une hypothèque générale ; c'est par une conséquence de cette prohibition qu'il interdit d'hypothéquer les biens à venir. Il ne s'oppose nullement à ce qu'un débiteur hypothèque spécialement tel immeuble dont il projette l'acquisition, sous la condition que cette acquisition se réalisera, car, alors, il y a désignation précise de l'immeuble sur lequel portera l'hypothèque. Cette convention, il est vrai, ne peut actuellement produire aucun effet, à cause des droits du propriétaire de l'immeuble. Mais si cet obstacle disparaît, si le constituant devient lui-même propriétaire, il n'y a plus de raisons pour décider que la convention restera inefficace. Au contraire, autoriser le constituant devenu propriétaire à se prévaloir de la nullité de l'hypothèque sur laquelle, sur sa promesse, le créancier a pu légitimement compter, ce serait méconnaître l'obligation qui lui incombe de respecter la convention qu'il a formée avec le créancier, ce serait lui permettre de violer un de ses contrats. Et il n'y a pas lieu de distinguer, sous ce rapport, entre le constituant qui a agi de bonne foi et celui qui a agi de mauvaise

foi, attendu que le premier est tenu de l'obligation de garantie aussi bien que le second (Colmet de Santerre, *Cours analytique de code civil*, t. 9, n°s 92 *bis*-III et suiv.; Gillard, *La constitution de l'hypothèque conventionnelle*, n°s 96 et suiv.). Cette doctrine peut invoquer en sa faveur plusieurs décisions de jurisprudence (V. les arrêts cités au *Rép.* n° 1190, et en outre : Metz, 20 avr. 1836, *Rép.* n° 1193; Nancy, 30 mai 1843, *Rép.* n° 1192; Bruxelles, 10 août 1840, *Pasicrisie belge*, 1841. 2. 158; Trib. Neufchâteau, *Pasicrisie*, 1875. 3. 139). Et toutefois ses partisans sont obligés d'excepter le cas où l'hypothèque serait constituée sur un bien dépendant d'une succession non encore ouverte; ils reconnaissent qu'alors il y aurait nullité absolue de l'opération, par application de l'art. 1130 c. civ., aux termes duquel on ne peut faire aucune stipulation sur une succession future (V. Gillard, *op. cit.*, p. 153, note 1). Or, cette concession nécessaire montre le côté faible de leur système. Dans la constitution d'hypothèque sur un immeuble d'autrui, même spécialement déterminé, la stipulation sur succession future peut être implicite, sans se révéler d'une manière expresse. Et il se peut, d'ailleurs, que la prohibition d'hypothéquer les biens à venir ait été inspirée au législateur aussi bien par le désir d'empêcher les stipulations de ce genre que par l'intention d'éviter les hypothèques générales. S'il en est ainsi, cette prohibition s'oppose d'une manière absolue à toute constitution d'hypothèque sur la chose d'autrui, et la nullité d'une pareille convention doit pouvoir être invoquée même par le constituant.

778. Dans l'opinion qui permet au débiteur lui-même de se prévaloir de la nullité de l'hypothèque consentie sur l'immeuble d'autrui, cette nullité peut, à plus forte raison, être proposée par les tiers auxquels le constituant aurait vendu ou hypothéqué cet immeuble après en être devenu propriétaire (V. en ce sens : Aubry et Rau, t. 3, § 266, p. 263, note 8; Laurent, t. 30, n° 470; Thézard, n° 50; Baudry-Lacantinerie, t. 3, n° 1284). Ici la jurisprudence est favorable au système de la nullité (V. les arrêts cités au *Rép.* n° 1192. *Adde* Civ. cass. 24. mai 1892, aff. Veuve Donandy, D. P. 92. 1. 327). — Mais les partisans du système contraire refusent aux tiers comme au débiteur le droit d'invoquer cette nullité. « Pour nous, dit l'un d'eux, les tiers ne peuvent pas plus que le constituant prétendre que l'hypothèque ne leur est pas opposable. Nous nous appuyons, pour le décider ainsi, sur la règle : *Nemo plus juris ad alium transferre potest quam ipse habet*. Comme on ne transmet que les droits qu'on a et tels qu'on les a, les ayants cause à titre particulier sont obligés de subir les conséquences de tous les faits juridiques émanés de leur auteur avant qu'ils aient contracté avec lui, et qui viennent restreindre le droit à eux transmis. Il est bien vrai qu'au moment où elle est intervenue, la première constitution hypothécaire, faite *a non domino*, n'a pas pu produire d'effets, parce que la volonté du constituant n'avait pas alors d'action sur la chose; mais, du jour où celui-ci est devenu propriétaire, il a, suivant le système que nous avons admis, rendu efficace l'hypothèque qui n'était jusque-là que virtuelle, et, par là même, il s'est mis dans l'impossibilité de porter atteinte, par des actes postérieurs, à un droit dont il s'était précédemment dépouillé et qui s'est trouvé validé par l'acquisition. Il en résulte que, si le tiers est un acheteur, l'immeuble vendu n'est entré dans son patrimoine que grevé de l'hypothèque; si c'est un créancier hypothécaire, son hypothèque n'a pas pu primer une hypothèque qui existait déjà sur l'immeuble au moment où il l'a reçu, et tout sauf la question d'inscription. Au surplus, les tiers n'ont pas le droit de se plaindre et de prétendre qu'ils n'ont pas été prévenus, car l'inscription a dû leur faire connaître l'existence de l'hypothèque dont l'immeuble était grevé du chef de leur auteur » (Gillard, n° 100).

779. En tout cas, comme on l'a expliqué au *Rép.* n° 1195, la constitution d'hypothèque consentie par un autre que le véritable propriétaire de l'immeuble, ne peut avoir aucun effet au préjudice de ce propriétaire, ni à l'encontre des créanciers hypothécaires ou chirographaires de ce propriétaire. L'inscription prise du chef du constituant ne leur est pas opposable.

780. En vertu du principe que les actes translatifs de la propriété immobilière ne sont opposables aux tiers qu'à la condition d'être transcrits, il peut se faire cependant qu'une hypothèque soit valablement constituée par celui qui a cessé d'être propriétaire. C'est ainsi qu'il a été jugé qu'un créancier avait pu valablement accepter une hypothèque et prendre inscription sur un immeuble déjà vendu par son débiteur, alors même qu'il avait connu cette vente, parce que l'acte qui la constatait n'avait pas été transcrit ni même été enregistré (Agen, 5 nov. 1888, aff. Abadie, D. P. 91. 2. 261).

781. Celui qui n'est pas propriétaire d'un immeuble pourrait-il valablement l'hypothéquer sous la condition qu'il en acquerra la propriété? Oui, suivant les auteurs qui soutiennent que l'hypothèque de l'immeuble d'autrui n'est nulle que relativement au véritable propriétaire. On a fait valoir en faveur de cette opinion deux arguments. On a dit que l'art. 2125 c. civ., en autorisant à hypothéquer les immeubles sur lesquels on n'a qu'un droit suspendu par une condition, autorise par là même à hypothéquer sous la condition qu'on deviendra propriétaire (Troplong, *Traité des privilèges et hypothèques*, n° 528). On soutient, en outre, que l'hypothèque des biens à venir interdite par l'art. 2129 c. civ. est seulement celle qui s'étendrait en général à tous les biens devant être acquis par le débiteur et non celle qui ne porte que sur un immeuble déterminé (Colmet de Santerre, t. 9, n° 96 *bis*-III, 3°; Gillard, n°s 99 et 104). — Les partisans de la nullité absolue de l'hypothèque constituée *a non domino*, n'ont pas de peine à réfuter le premier de ces arguments. L'art. 2125, en effet, suppose que celui qui constitue l'hypothèque sous condition a lui-même déjà sur l'immeuble un droit conditionnel. Quant à l'argument tiré de l'art. 2129, on y répond non moins facilement en disant que la prohibition édictée par le dernier alinéa de cet article est générale et ne peut recevoir exception que dans les conditions et dans les limites indiquées par l'art. 2130 (V. en ce sens : *Rép.* n° 1197; Aubry et Rau, t. 3, § 266, p. 262, note 5; Laurent, t. 30, n° 472; Thézard, n° 49).

782. Même dans le système qui considère comme nulle, d'une nullité absolue, l'hypothèque constituée sur l'immeuble d'autrui, la convention qui a pour objet de constituer cette hypothèque ne peut-elle produire aucun effet juridique? Si les parties ont su que l'immeuble appartenait à autrui, il est difficile d'admettre qu'elles aient voulu faire l'impossible, c'est-à-dire conclure un contrat donnant immédiatement naissance au droit réel d'hypothèque. Conformément à la règle d'interprétation qui veut qu'une clause susceptible de deux sens soit entendue plutôt dans celui où elle peut produire un effet que dans celui où elle n'en produirait aucun (c. civ. art. 1157), il semble qu'on devra, en pareil cas, considérer le contrat comme une promesse d'hypothèque, comme un engagement, de la part du promettant, de conférer hypothèque sur l'immeuble au moyen d'arrangements pris ou à prendre avec le véritable propriétaire. Cette obligation de faire, si elle n'est pas exécutée, se résoudra en dommages-intérêts (c. civ. art. 1142). — Dans le cas, plus pratique, où les parties auront cru faussement que l'immeuble appartenait au constituant, on ne pourra pas dire qu'elles ont seulement voulu faire une promesse d'hypothèque. Mais, suivant M. Colmet de Santerre, t. 9, n° 92 *bis*-V, la convention doit au moins faire naître une obligation d'indemniser le créancier hypothécaire. Celui-ci, en effet, a eu confiance dans le débiteur : il lui a prêté, ou, s'il avait déjà prêté, il a accordé peut-être du temps, parce qu'il comptait sur l'hypothèque; cette hypothèque vient à lui manquer, et il est exposé à subir un dommage par le fait du constituant; ce fait, alors même qu'il a été accompli de bonne foi, implique une certaine négligence chez celui qui l'a commis, et cela suffit pour entraîner l'obligation de réparer le tort (c. civ. art. 1382); si ce fait a été commis de mauvaise foi par le débiteur, il constitue un délit civil, le stellionat (c. civ. art. 2059), ce qui ne permet pas de mettre en doute l'existence d'une action en dommages-intérêts. M. Gillard, n° 97, va plus loin : il estime que le droit du créancier à une indemnité dérive, non pas seulement de la faute qui a pu être commise par le constituant, mais directement du contrat. « S'il se trouve, dit-il, que l'hypothèque promise n'a pas été valablement donnée, parce que le constituant n'était pas propriétaire de l'immeuble, c'est seulement l'hypothèque qui n'est pas valable; mais l'engagement de fournir une sûreté au créancier n'en subsiste pas moins plein et entier à

la charge du constituant, et celui-ci doit le remplir, sinon en donnant au créancier une autre hypothèque valable, au moins en lui procurant l'équivalent de la sûreté absente sous forme d'indemnité ». En tout cas, la nullité de l'hypothèque constituée entraînera toujours la déchéance du bénéfice du terme (Arg. art. 1188 c. civ).

783. Si celui qui a constitué une hypothèque sur l'immeuble d'autrui s'est porté fort pour le propriétaire de l'immeuble, nul doute qu'il ne soit valablement obligé, sous peine de dommages-intérêts, à procurer la ratification du propriétaire. Mais quel sera l'effet de cette ratification? En général, on décide qu'elle n'aura pas d'effet rétroactif au préjudice des tiers auxquels le propriétaire a consenti des hypothèques avant de ratifier celle conférée par le porte-fort. C'est une dérogation à la règle d'après laquelle la ratification des actes d'un gérant d'affaires a le même effet que le mandat: *Ratihabitio mandato æquiparatur*. Mais cette règle n'est vraie que sous réserve des droits des tiers. Telle était déjà la solution donnée par Pothier, *Traité de l'hypothèque*, ch. 1, sect. 2, § 2, n° 50: « L'effet rétroactif, disait-il, n'a lieu qu'entre le créancier et moi qui ai ratifié ce qui a été fait en mon nom; mais il ne peut avoir lieu au préjudice des tiers qui ont acquis un droit d'hypothèque sur mes biens dans le temps intermédiaire; car, celui qui a contracté en mon nom n'ayant aucune qualité pour pouvoir m'engager et hypothéquer mes biens, ils ne l'étaient point avant que j'eusse ratifié, et par conséquent je les ai valablement hypothéqués à ces créanciers intermédiaires, et il n'a pas dû dépendre de moi de les priver de ce droit d'hypothèque qui leur était acquis, en ratifiant un acte que j'étais le maître de ne pas ratifier » (V. en ce sens, *Rép.* n° 1230; Pont, t. 2, n° 626; Aubry et Rau, t. 3, § 266, p. 262, note 6; Thézard, n° 50). Cette solution est admise aussi par la jurisprudence (V. les arrêts cités au *Rép.* n° 1230, et Civ. cass. 13 déc. 1875, aff. Dupasquier (motifs), D. P. 76. 1. 97).

Mais elle a été contestée récemment. La ratification de l'hypothèque constituée par celui qui s'est porté fort doit être distinguée, a-t-on dit, de la vente faite dans les mêmes conditions. Si la ratification de la vente n'est pas opposable à un tiers auquel le propriétaire a consenti une vente antérieure, c'est parce que les deux actes sont incompatibles; par la seconde vente, le propriétaire a perdu le droit de ratifier la première. Mais, au contraire, deux hypothèques peuvent coexister sur le même immeuble, et en consentant lui-même une hypothèque après celle qui a été constituée par le porte-fort, le propriétaire n'a pas nécessairement renoncé à confirmer celle-ci. Le créancier qui a obtenu la seconde ne pourra, d'ailleurs, pas se plaindre de l'effet rétroactif de la ratification; l'inscription qui existait a dû lui faire prévoir cette éventualité (Gillard, n° 102. Comp. Labbé, *De la ratification des actes d'un gérant d'affaires*, n° 64). La distinction sur laquelle repose ce système est, selon nous, inexacte. M. Garsonnet, dans une note sur l'arrêt précité de la chambre civile du 13 déc. 1875, l'a très bien montré. Qu'importe, en effet, qu'il s'agisse de deux actes établissant des droits compatibles l'un avec l'autre, comme deux hypothèques, et non de deux actes conférant un droit qui ne peut appartenir qu'à une seule personne, comme la propriété? Cette considération est indifférente, car, dans un cas comme dans l'autre, on peut également se plaindre de ce que le propriétaire a perdu la faculté de ratifier l'acte du porte-fort au détriment des droits qu'il a lui-même conférés. En second lieu, le droit d'hypothèque est un droit réel comme la propriété, donc un droit exclusif, et, quand on dit que deux droits d'hypothèque peuvent exister sur une même chose, cela signifie que le débiteur peut conférer deux hypothèques, mais non pas que la seconde puisse porter atteinte à la première. On doit donc reconnaître que la ratification par le propriétaire de l'hypothèque conférée par le porte-fort ne rétroagit pas au préjudice des tiers auxquels le propriétaire a conféré précédemment des droits réels sur l'immeuble et qui les ont dûment conservés.

784. Une autre question se pose au sujet de la ratification de l'hypothèque consenti par celui qui s'est porté fort pour le propriétaire: cette ratification, pour être opposable même aux tiers qui acquerront par la suite des droits sur l'immeuble, devra-t-elle être inscrite? L'affirmative est soutenue par la plupart des auteurs qui considèrent l'hypothè-

que de la chose d'autrui comme absolument nulle. Suivant eux, non seulement la ratification consentie par le véritable propriétaire ne rétroagit pas, mais elle n'a même pas d'effet pour l'avenir, à moins de revêtir tous les caractères d'une constitution d'hypothèque. Elle doit donc avoir lieu par acte authentique. De plus, les tiers auxquels, même depuis cette ratification, on opposerait l'inscription prise en vertu de l'acte primitif, soutiendraient valablement qu'elle a été prise en vertu d'un titre nul et qu'elle est, par suite, inefficace; il ne suffit pas, pour que l'hypothèque vaille contre eux, qu'il existe un titre valable; il faut que l'inscription ait été prise en vertu de ce titre (Aubry et Rau, t. 3, § 266, p. 262, note 6; Laurent, t. 30, n° 474; Thézard, n° 49 et suiv.; Aubry, *Revue du notariat*, novembre 1879. Comp. en ce sens Trib. de Baume-les-Dames, 9 juill. 1873, et Besançon, 17 déc. 1873, sous Civ. cass. 13 déc. 1875, D. P. 76. 1. 97). — La cour de cassation s'est prononcée dans le sens contraire, et avec raison, suivant nous; elle a jugé: 1° que, si un mari hypothèque l'immeuble de sa femme en se portant fort pour elle, la ratification de la femme rétroagit à l'encontre des créanciers hypothécaires postérieurs à cette ratification, en ce sens que l'inscription primitive est opposable à compter de sa date, et sans qu'une inscription nouvelle soit nécessaire (Req. 3 août 1859, aff. Dassier, D. P. 59. 1. 419); — 2° Que la ratification, donnée par le propriétaire à la constitution d'une hypothèque consentie par une personne qui s'est portée fort, produit ses effets à compter de la date de l'acte ratifié, vis-à-vis des tiers qui ont acquis des droits postérieurement à cette ratification; qu'en conséquence, le créancier auquel cette hypothèque a été consentie et qui l'a fait inscrire est préférable à ceux qui n'ont pris inscription que postérieurement à la ratification (Civ. cass. 13 déc. 1875, aff. Dupasquier, D. P. 76. 1. 97. V. aussi Civ. rej. 25 avr. 1856, aff. Saissi et Guyon, D. P. 56. 1. 385). L'opinion repoussée par ces arrêts méconnaît la règle *Ratihabitio mandato æquiparatur*, et viole l'art. 1120 c. civ., aux termes duquel on peut se porter fort pour un tiers. Il est bien vrai que la ratification de l'hypothèque n'est valable qu'à la condition d'être consentie par acte authentique (V. *infrà*, n° 860). Mais, cette condition remplie, elle doit produire les effets ordinaires de toute ratification, c'est-à-dire valider l'acte sous réserve des droits acquis à des tiers. Par suite, l'inscription prise en vertu de cet acte se trouve validée par cela même (V. en ce sens, Pont, t. 2, n° 626; Gillard, n° 103; Garsonnet, note sur l'arrêt précité du 13 déc. 1875).

785. On ne doit pas assimiler à l'hypothèque constituée *à non domino* l'hypothèque constituée d'une manière générale et sans restriction sur un immeuble, par celui qui n'en a que l'usufruit. Le droit d'usufruit, étant susceptible d'hypothèque, il y a lieu de présumer, en pareil cas, que le constituant a voulu seulement hypothéquer ce droit. Il a été jugé: 1° que le débiteur qui consent une hypothèque sur un immeuble qu'il croit lui appartenir, mais sur lequel il n'a qu'un droit d'usufruit et d'hypothèque légale, ne peut exercer cette dernière hypothèque au préjudice du créancier hypothécaire (Caen, 1er févr. 1848, aff. Rivière, D. P. 49. 2. 63); — 2° Que le débiteur qui consent hypothèque sur « les biens entiers qu'il possède » dans une certaine commune doit être réputé n'avoir entendu hypothéquer que l'usufruit desdits biens, si déjà il en avait précédemment donné la nue propriété, bien que l'acte de donation ne fût pas encore transcrit lors de l'affectation hypothécaire; il suffit, dans ce cas, que le créancier ait été averti de la situation par les énonciations de l'acte, portant que les immeubles grevés étaient « possédés et jouis » par le donateur et le donataire « à quelque titre que ce soit » (Montpellier, 6 janv. 1866, aff. Tissié-Sarrus, D. P. 66. 2. 41, et sur pourvoi, Req. 12 mars 1867, D. P. 67. 1. 347); — 3° Que la constitution d'une hypothèque « sur tous les immeubles, sans exceptions, que le constituant possède dans tel canton », est valable en tant que portant sur l'usufruit de ces immeubles, alors que le constituant n'en a que l'usufruit (Chambéry, 3 juin 1889, aff. Jules Mercier, D. P. 91. 2. 307).

786. — II. HYPOTHÈQUE CONSENTIE PAR CELUI QUI N'A QU'UN DROIT DE PROPRIÉTÉ CONDITIONNEL, RÉSOLUBLE OU RESCINDABLE. — Aux termes de l'art. 2125 c. civ., ceux qui n'ont sur l'immeuble qu'un droit suspendu par une condition, ou

résoluble dans certains cas, ou sujet à rescision, ne peuvent consentir qu'une hypothèque soumise aux mêmes conditions ou à la même rescision. Cette disposition n'est qu'une conséquence de la règle : *Nemo plus juris ad alium transferre potest quam ipse habet.* Son application a donné lieu pourtant, dans la doctrine et dans la pratique, à plusieurs difficultés.

787. Parmi ceux qui ont sur un immeuble un droit suspendu par une condition et qui peuvent valablement consentir une hypothèque soumise à la même condition, on doit comprendre sans aucun doute celui qui, sans posséder actuellement un immeuble, a, pour s'en faire déclarer propriétaire, soit une action en revendication, soit une action en nullité ou en rescision de l'acte par lequel l'immeuble a été aliéné par lui ou par son auteur. Dans cette hypothèse, l'immeuble n'a jamais été aliéné ou n'a pas été aliéné valablement par le propriétaire, qui a conservé, par conséquent, le droit de l'hypothéquer. Mais ce droit appartient-il aussi à celui qui, ayant aliéné, peut redevenir propriétaire par l'effet d'une condition résolutoire, par exemple, au vendeur non payé qui a l'action en résolution pour défaut de payement, au donateur dont la donation est susceptible d'être résolue pour inexécution des conditions ou pour survenance d'enfant, ou encore au vendeur qui s'est réservé la faculté de rachat? Après Grenier, dont l'opinion a été rapportée au *Rép.* n° 1198, MM. Aubry et Rau, t. 3, § 266, p. 265, note 13, soutiennent la négative. Suivant eux, « le propriétaire qui aliène sa chose, quoique sous une condition résolutoire seulement, ne se dépouille pas moins d'une manière complète de sa propriété ; et, en cas de résolution, il y aura, non point consolidation d'un droit acquis sous condition, mais tout simplement retour de la chose à l'ancien propriétaire, qui, dans l'intervalle, avait cessé de l'être. Si ce retour s'opère en général *ex tunc*, et si l'immeuble rentre dans le domaine de ce dernier avec anéantissement de tous les actes de disposition émanés de l'acquéreur, il n'en est pas moins vrai que de fait celui-ci aura été propriétaire dans l'intervalle de l'acquisition à sa résolution ». — Conformément à ce système, la jurisprudence a décidé maintes fois que le vendeur sous réserve de réméré ne peut pas hypothéquer l'immeuble vendu avant d'avoir exercé le retrait. La vente faite avec faculté de rachat, disent en substance les arrêts, dessaisit complètement le vendeur de la propriété et ne lui laisse qu'un *jus ad rem*, une simple action ; cette action est tout ce qu'il peut céder et tout ce dont ses créanciers peuvent se prévaloir en son nom (Req. 21 déc. 1825, *Rép.* n° 1199 ; Bordeaux, 5 janv. 1833, *Rép.* v° *Vente*, n° 1463-2° ; Montpellier, 4 mars 1841, et sur pourvoi, Req. 14 avr. 1847, aff. Veuve Montlaur, D. P. 47. 1. 217 ; Grenoble, 17 févr. 1849, aff. Buisson, D. P. 51. 2. 235 ; Nîmes, 18 déc. 1849, aff. Bernard, D. P. 52. 2. 122 ; Paris, 12 août 1871, aff. Chevallier, D. P. 73. 2. 133 ; Req. 23 août 1871, aff. Hadot, D. P. 73. 1. 321).

788. Mais ce système est justement repoussé par la presque unanimité des auteurs. M. Thézard, n° 51, démontre très bien qu'il repose sur des raisons plus spécieuses que solides : « Celui qui doit, sous une certaine condition, rentrer dans sa chose comme s'il n'avait jamais cessé d'en être propriétaire, a sur cette chose un véritable droit réel conditionnel ; dès lors que l'acquéreur, propriétaire actuel, n'a qu'un droit résoluble, *ex tunc*, l'ancien propriétaire a un droit complémentaire du premier, et qui produit tout son effet dès que celui-ci disparaît. La propriété de l'acquéreur s'évanouissant rétroactivement et entraînant avec elle les hypothèques par lui consenties, il est nécessaire que, dans l'intervalle sur lequel opère cette rétroactivité, la propriété ait reposé sur la tête du propriétaire primitif : les hypothèques par lui consenties devront donc être valables ». Il y a ainsi, sur la même chose, deux droits de propriété subordonnés, l'un, celui du vendeur, à une condition suspensive, et l'autre, celui de l'acquéreur, à une condition résolutoire, de sorte que le vendeur et l'acquéreur doivent pouvoir, l'un et l'autre, hypothéquer l'immeuble *pendente conditione*. Chacun d'eux a non pas seulement un *jus ad rem*, c'est-à-dire un simple droit personnel, mais un droit réel, un *jus in re*. Ceci résulte, comme le démontre à son tour M. Gillard, n° 108, des dispositions du code civil : « Peut-on voir, en effet, un *jus ad rem* dans un droit que le vendeur peut exercer, aux termes de l'art. 1664, contre un second acquéreur, un ayant cause à titre particulier de l'acheteur à pacte de rachat, un tiers par conséquent à l'égard du premier contrat, quand même la faculté de réméré n'aurait pas été déclarée dans le second contrat? Peut-on voir un *jus ad rem* dans un droit en vertu duquel, d'après l'art. 1673 c. civ., le vendeur reprend son héritage franc et quitte de toutes les charges dont l'acquéreur l'aurait grevé? Évidemment non, car tout droit opposable aux tiers est un droit réel, un *jus in re*. Sans doute ce droit est conditionnel, mais cela n'a d'autre effet que de rendre également conditionnelle l'hypothèque consentie par le vendeur *pendente conditione* (art. 2125) : si la condition s'accomplit, si dans le délai le vendeur exerce le droit de rachat, l'hypothèque deviendra ferme et stable ; elle s'évanouira, au contraire, si la condition vient à défaillir » (V. dans le même sens, Pont, t. 2, n° 639 ; Colmet de Santerre, t. 5, n° 100 *bis*-III ; Laurent, t. 30, n° 477 ; Demolombe, *Cours de code civil*, t. 25, n°s 408 et suiv. ; Larombière, *Traité des obligations*, t. 2, art. 1181, n° 8 ; Labbé, *Revue critique*, nouvelle série, t. 1, p. 497 et suiv.). — Conformément à ce second système, il a été jugé : 1° qu'en cas de révocation d'une donation pour inexécution des conditions, l'hypothèque conférée conjointement par le donateur et le donataire sur l'immeuble donné est nulle du chef du donataire, mais valable en tant qu'elle a été consentie par le donateur (Bordeaux, 13 août 1872, aff. Docteur et Papin, D. P. 73. 2. 209) ; — 2° Que le vendeur à réméré, conservant sur la chose un droit réel, peut consentir sur l'immeuble vendu une hypothèque qui sera efficace si le réméré est exercé en temps utile (Alger, 2 nov. 1885) (1).

---

(1) (Hurlimann C. Comptoir d'escompte de Mascara.) — Le 15 janv. 1885, jugement du tribunal de Mascara, ainsi conçu : — Le tribunal ; — Attendu que les contestants fondent leur demande en réformation du règlement provisoire de l'ordre Carlini, en date du 20 août 1884, sur la prétendue nullité de l'inscription du 2 août 1881, vol. 6, n° 20, en tant que prise par le directeur du comptoir d'escompte de Mascara sur des immeubles vendus à pactes de rachat, alors que le réméré n'avait pas été exercé ; que suivant acte reçu par minutes de M° Lelarge, alors notaire à Saint-Denis-du-Sig, le 25 oct. 1869, le sieur Carlini a vendu sous la réserve de réméré le bien le prix soit en distribution ; qu'il appert de l'acte du 21 oct. 1882, passé devant le successeur de M° Lelarge, que c'est par le vendeur lui-même que le réméré a été exercé en temps utile ; que, de la combinaison des art. 1662, 1664 et 1673 c. civ., il résulte, jusqu'à l'évidence, que le vendeur à réméré conserve sur la chose un droit réel, puisqu'il peut agir contre les tiers sous-acquéreurs et que tous les droits concédés par l'acquéreur s'évanouissent par l'exercice du réméré ; qu'en sa qualité de propriétaire sous condition suspensive, le vendeur à pacte de rachat peut, aux termes de l'art. 2125 du même code, consentir une hypothèque frappant l'immeuble si la condition s'accomplit ; que l'exercice ou non réméré par le sieur Carlini de la faculté de réméré a eu pour effet de résoudre le contrat de vente, et de replacer au même état que si ce contrat n'avait jamais existé ; que ces principes, soutenus par la presque unanimité des auteurs et par les cours de Douai,

22 juill. 1820, et de Rennes, 6 avr. 1870 (D. P. 71. 2. 67), ont reçu une consécration nouvelle par arrêt de la cour régulatrice du 12 mai 1880 (D. P. 81. 1. 19) ; que la validité des hypothèques conférées par le vendeur à réméré n'est contestée que dans des espèces ou le rachat avait été exercé, non par le vendeur lui-même mais bien par le concessionnaire ; — Attendu, d'ailleurs, que le contrat du 25 oct. 1869 ne cache rien moins qu'un prêt, qu'un contrat pignoratif, ainsi que le soutient le comptoir d'escompte dans ses conclusions subsidiaires ; qu'en effet, on rencontre dans l'espèce le concours des principales circonstances auxquelles on peut connaître l'impignoration, savoir : 1° vente à réméré ; 2° vileté de prix ; 3° relocation au vendeur ; que la vileté de prix résulte de la différence entre la somme de 20 000 fr., prix de la vente à réméré, et celle de 37 000 fr., prix de l'adjudication porté au jugement de l'audience des criées du tribunal de céans, en date du 20 mars 1884 ; que les parties de M° Massa n'apportent aucun élément pour déterminer l'importance de la plus-value résultant pour les immeubles vendus à réméré des constructions y édifiées par le sieur Carlini postérieurement à cette vente ; que, s'il fallait s'en référer à l'acte de retrait de réméré, la plus-value payée par le retrayant à l'acquéreur ne serait que de 200 fr., quoiqu'elle doive être bien supérieure à ce chiffre ; qu'il est à considérer que les immeubles de Perrigueux avaient, avant la rupture de décembre 1881, époque de la rupture du barrage de l'oued Fergong, une valeur de beaucoup supérieure à celle à laquelle on les a évalués ensuite, et que la vente

789. Il peut se faire que l'action en résolution de la vente d'un immeuble soit exercée par un tiers à qui le vendeur l'a cédée ; alors se pose la question de savoir si les hypothèques consenties par le vendeur avant la cession peuvent s'exercer sur l'immeuble au préjudice du cessionnaire. La solution que nous adoptons avec la plupart des auteurs sur la question qui précède conduit à l'affirmative, et ce résultat paraît injuste à l'égard du cessionnaire, dans le cas où il s'agit d'une vente à réméré, car c'est alors le cessionnaire qui a déboursé l'argent sans lequel l'immeuble serait encore dans le patrimoine de l'acheteur ; c'est par conséquent lui qui a conservé à ses dépens le gage des créanciers du vendeur. Les décisions de la jurisprudence qui refusent au vendeur sous pacte de rachat le droit d'hypothéquer l'immeuble ont généralement pour but d'éviter ce résultat (V. les arrêts cités *suprà*, n° 787).—Parmi les auteurs qui reconnaissent au vendeur à réméré le droit d'hypothéquer, il en est aussi que ce résultat a fait reculer. Ils ont cherché à y échapper par le raisonnement suivant : quand l'action en réméré est exercée par un cessionnaire, l'immeuble ne rentre pas dans le patrimoine du vendeur, et par conséquent l'hypothèque conférée par celui-ci, sous la condition, expresse ou tacite, que cet immeuble lui ferait retour, s'évanouit, parce que la condition n'est pas accompli (V. en ce sens, Pont, t. 1, n° 516 ; Demolombe, t. 25, n° 411 *bis*). Ce raisonnement toutefois rencontre une très grave objection : par suite de l'exercice de l'action en réméré, l'acheteur est réputé n'avoir jamais été propriétaire, les hypothèques qu'il aurait conférées lui-même sur l'immeuble seraient nulles ; de son côté, le cessionnaire ne peut prétendre avoir été propriétaire avant le jour où l'action lui a été cédée ; il y a donc entre la vente et la cession un espace de temps pendant lequel le vendeur seul a été propriétaire, pendant lequel, par conséquent, il a pu valablement hypothéquer l'immeuble ; or il n'a pu anéantir par un acte purement volontaire, par la cession de son action, une garantie qu'il avait régulièrement conférée à son créancier (V. en ce sens, Labbé, *Revue critique*, 1872, p. 197 ; Thézard, n° 135 ; Gillard, n° 109). En fait, cette dernière solution n'a rien d'injuste à l'égard du cessionnaire d'une action en résolution de vente pour défaut de payement ou d'une action en résolution de donation pour inexécution des conditions ; il doit, comme tout acquéreur, subir les charges dont l'immeuble a été grevé par son auteur. En ce qui concerne le cessionnaire d'une action à réméré, la justice exige, au contraire, qu'il puisse recouvrer sur l'immeuble, par préférence aux autres ayants cause du cédant, le prix moyennant lequel il a exercé le rachat. Le moyen le plus juridique de sortir de cette difficulté serait peut-être de considérer le cessionnaire comme légalement subrogé, en vertu de l'art. 1251-2° c. civ., au privilège de vendeur que l'acheteur à réméré pouvait réclamer sur l'immeuble pour le prix du rachat (Comp. Labbé, *loc. cit.*).

790. En tout cas, il est certain que les hypothèques consenties par le vendeur postérieurement à la cession de l'action en résolution ou en réméré ne grèveraient pas l'immeuble, alors même qu'elles seraient antérieures à l'exercice de l'action, car, au point de cette action, le vendeur aurait perdu tout droit sur l'immeuble, et, par conséquent, à partir de la cession il ne pourrait plus l'hypothéquer valablement (V. *Rép.* n° 1199).

791. L'hypothèque constituée par celui qui n'est propriétaire que sous condition résolutoire reste sans effet si la condition se réalise, conformément à la règle *Resoluto jure dantis, resolvitur jus accipientis*. Ce cas se produit, notam-

ment, pour l'hypothèque constituée par l'acheteur à réméré, quand l'action à réméré est exercée (c. civ. art. 1673) ; pour celle constituée par le donataire, quand la donation est révoquée pour cause de survenance d'enfant (c. civ. art. 963) ; pour celle constituée soit par le donataire, soit par le légataire, si la donation ou le legs est révoqué pour inexécution des conditions (c. civ. art. 954 et 1046) ; pour celle constituée par le grevé de substitution, lorsque les appelés lui survivent, sauf le cas où ceux-ci auraient répudié la substitution qu'auraient accepté la succession du grevé (c. civ. art. 1049 et suiv.) ; pour celle constituée par le donataire sur un immeuble dont le donateur a stipulé le retour à son profit en cas de prédécès dudit donataire ou de ses descendants (c. civ. art. 951 et suiv.) ; pour celle consentie par un donataire sur l'immeuble soumis au rapport en nature (c. civ. art. 865) ou à la réduction (c. civ. art. 929. V. pour le cas d'une hypothèque constituée par un donataire dont la donation a été résolue pour cause d'inexécution des conditions (Bordeaux, 13 août 1872, aff. Docteur et Papin, D. P. 73. 2. 209).

792. Il peut arriver cependant que le titre du propriétaire soit résolu sans que les hypothèques constituées par ce propriétaire disparaissent en même temps ; c'est ce qui a lieu, aux termes de l'art. 958 c. civ., en cas de révocation d'une donation pour cause d'ingratitude. Cette exception à la règle : *Resoluto jure dantis, resolvitur jus accipientis*, se justifie par une distinction qui est exposée au *Rép.* n°° 803 et 1201.—Dans le cas où une hypothèque aurait été constituée par un héritier qui ensuite serait déclaré indigne, la plupart des auteurs sont d'avis qu'il faudrait appliquer par analogie la disposition de l'art. 958 (V. *Rép.*, v° *Succession*, n° 154 ; Aubry et Rau, t. 6, § 594, p. 292, note 13 ; Demante et Colmet de Santerre, *Cours analytique du code civil*, t. 3, n° 38 *bis*-IV). D'autres auteurs, au contraire, considèrent que la résolution du titre de l'indigne procède d'une cause antérieure à la constitution de l'hypothèque, d'une cause qui, au moment de cette constitution, ne dépendait plus de la volonté du constituant, et ils en concluent que l'hypothèque doit tomber avec le titre de l'héritier (Demolombe, t. 13, n° 279 ; Gillard, n° 122).

793. Comme l'a jugé un arrêt cité au *Rép.* n° 1201, les biens grevés de substitution peuvent être hypothéqués par le grevé, sauf la résolution de l'hypothèque en cas d'ouverture du droit des appelés (V. aussi *suprà*, n° 791). Mais si le grevé encourt la déchéance prononcée contre lui par l'art. 1057 c. civ., pour n'avoir pas fait nommer un tuteur, comme le lui prescrit l'art. 1056, quel sera le sort de l'hypothèque ? Cette question suppose que l'acte de substitution a été transcrit, car s'il ne l'avait pas été le créancier hypothécaire pourrait invoquer le bénéfice de l'art. 1070 c. civ., suivant lequel l'acte de substitution non transcrit n'est pas opposable aux tiers. La formalité de la transcription étant donc supposée remplie, une opinion décide que la déchéance encourue par le grevé qui n'a pas fait nommer de tuteur entraîne la résolution des hypothèques consenties par lui sur les biens substitués (Aubry et Rau, t. 7, § 696, p. 341, note 38). Les principes doivent faire admettre, au contraire, que les hypothèques subsisteront, nonobstant la déchéance encourue, parce qu'ailleurs la substitution ne s'ouvre pas régulièrement dans la suite au profit des appelés, et si les biens substitués, sans cette déchéance, étaient restés au grevé. La cause de la résolution du droit de celui-ci consiste alors, en effet, dans un fait volontaire de sa part et postérieur à son titre d'acquisition ; il ne faut pas que par un tel fait il puisse anéantir l'hypothèque qu'il a conférée à son créancier (V. en ce sens, Demolombe, t. 22, n° 624 ;

---

aux enchères du 20 mars 1884 a eu lieu dans des conditions encore plus défavorables que celle de même nature ; que la relocation s'induit de ces circonstances que le sieur Carlini est resté, comme par le passé, en possession des immeubles à pacte de rachat, et qu'il y a élevé des constructions après la vente ; que le maintien en possession est attesté par le bail du 24 mars 1884, enregistré au Sig le 31 mème mois, et les reçus des 2 mai et 11 juill. 1881, enregistrés à Mascara le 22 déc. 1884 ; que, tout en déniant l'existence des constructions pour écarter la relocation, les contestants la reconnaissent, dans leurs conclusions, pour repousser la vileté du prix ; que l'obligation licite, mais insolite, imposée au revendeur par l'acte de 1869, de supporter

les frais et loyaux coûts du contrat, évalués à 900 fr., achève de former la conviction du tribunal sur le caractère simulé de ce contrat ; — Par ces motifs ; — Déclare valable l'inscription prise le 2 août 1881, vol. 6, n° 20, par le directeur du comptoir d'escompte de Mascara ; — Déboute les parties de M° Massa de leur contestation, etc. ».

Appel par le sieur Hurlimann.

La cour ; — Adoptant les motifs qui ont déterminé les premiers juges ; — Confirme purement et simplement le jugement dont est appel, etc.

Du 2 nov. 1885.-C. d'Alger, 1re ch.-MM. Paech, pr.-de Mairon, av. gén.-Chéronnet et Doudart de la Grée, av.

Colmet de Santerre, t. 4, n° 212 bis-VII; Laurent, t. 14, n° 542; Gillard, n° 123. Comp. Colmar, 14 août 1840, Rép. v° Substitution, n° 364).

794. On doit décider aussi, suivant nous, pour les mêmes motifs, que l'hypothèque constituée par l'usufruitier subsiste nonobstant la cessation de l'usufruit pour cause d'abus de jouissance (V. en ce sens, Rép. n° 807 et suiv.; Laurent, t. 7, n° 86; Gillard, n° 124. Contra : Demolombe, t. 10, n° 750; Demante, t. 2, n° 465 bis).

795. Suffit-il que la résolution encourue par l'acquéreur pour défaut de payement, par le donataire pour inexécution des conditions, et en général la résolution encourue ex causa antiqua (V. supra, n° 792), soit constatée amiablement entre les parties pour que les hypothèques consenties par l'acquéreur ou le donataire soient annulées, ou faut-il que cette résolution soit prononcée par la justice? Suivant M. Laurent, t. 24, n° 371, la résolution doit être prononcée judiciairement; autrement rien ne garantit, vis-à-vis des tiers, qu'elle a une cause nécessaire (V. aussi en ce sens les auteurs cités au Rép. n° 1743). Mais cette opinion est repoussée avec raison par la majorité des auteurs et par la jurisprudence. Pourquoi, en effet, obliger l'acquéreur ou le donataire à supporter les frais d'un jugement quand il ne peut éviter la résolution? En cas de fraude, les créanciers hypothécaires auront toujours le droit de prouver que cette résolution n'avait pas une cause nécessaire et n'est en réalité qu'une rétrocession (V. Req. 10 mars 1836, Rép. n° 1743; Bourges, 12 févr. 1853, aff. Héritiers Demay, D. P. 53. 2. 175; Riom, 11 déc. 1863, aff. Farry, D. P. 66. 2. 179; Pont, t. 2, n° 646; Aubry et Rau, t. 3, § 266, p. 267 et suiv.).

796. En ce qui concerne les hypothèques constituées par l'héritier apparent, une jurisprudence constante les considère comme valables, sauf le cas où le créancier qui a accepté l'hypothèque aurait été imprudent et aurait pu facilement connaître le vice de la possession du constituant (V. Rép. n° 1202; et infrà, v° Succession; Rép. eod. v°, n° 573; Req. 3 juill. 1877, aff. Laurence, D. P. 77. 1. 429).

797. On devrait également tenir pour valable l'hypothèque constituée par une personne qui était le propriétaire apparent d'un immeuble, en vertu d'un titre régulier et ostensible, alors même qu'en réalité elle n'aurait été, d'après une contre-lettre, que le prête-nom du véritable propriétaire. Cette solution résulte de l'art. 1321 c. civ., aux termes duquel les contre-lettres n'ont pas d'effet contre les tiers (V. en ce sens, Paris, 13 févr. 1809, Rép. n° 1206-1°; Req. 24 avr. 1826, Rép. v° Vente, n° 150-5°; Civ. cass. 30 mars 1836, Rép. n° 1206-2°; Aubry et Rau, t. 3, § 266, p. 268). Il n'en peut être ainsi toutefois que si, au moment où il a traité avec le propriétaire apparent, le créancier ignorait l'existence de la contre-lettre; s'il l'a connue, elle lui est opposable, et il doit alors s'imputer à lui-même le dommage qu'il éprouve (V. Aubry et Rau, t. 8, § 756 bis, p. 268, note 21; Larombière, Traité des obligations, t. 5, art. 1321, n° 10; Laurent, t. 19, n° 192).

798. Mais, comme on l'a dit au Rép., n° 1204, on doit se garder d'assimiler à l'héritier ou au propriétaire apparent le possesseur à titre particulier dont le titre, vicieux dans l'origine, a été ultérieurement annulé. Relativement aux hypothèques constituées par ce possesseur, même en faveur des tiers de bonne foi, la règle : Resoluto jure dantis, resolvitur jus accipientis reprend son empire. Ainsi, il a été jugé que l'hypothèque conférée par une femme mariée sur un immeuble acheté par le mari sous le nom de sa femme, pour faire fraude à ses créanciers, doit être tenue pour nulle, quand, postérieurement à l'inscription, un jugement, rendu sur la demande des créanciers du mari, a ordonné que l'immeuble rentrerait dans le patrimoine de celui-ci; qu'il en est ainsi nonobstant la bonne foi du créancier hypothécaire, et alors même que le jugement, annulant comme fait en fraude des créanciers l'acte d'acquisition de l'immeuble hypothéqué, n'a pas été transcrit, mais a été seulement mentionné en marge de la transcription de cet acte (Paris, 6 juin 1872, aff. Compagnie générale des eaux, D. P. 73. 2. 124. V. aussi Civ. cass. 24 déc. 1834, Rép. n° 1204).

799. L'hypothèque constituée par celui qui a cessé d'être propriétaire en vertu d'un acte d'aliénation non transcrit, est valable, pourvu qu'elle soit inscrite avant la trans-

cription de l'acte d'aliénation (L. 23 mars 1855, art. 3). Il en est de même, à plus forte raison, de l'hypothèque constituée par celui qui n'a aliéné l'immeuble grevé que par un acte sous seing privé non enregistré; le constituant est, en effet, resté propriétaire à l'égard des tiers, et le créancier hypothécaire peut invoquer le bénéfice de l'art. 1328 c. civ. (Angers, 1er avr. 1868, aff. Gauron et héritiers Housseau, D. P. 68. 2. 83).

800. En général, l'hypothèque constituée par celui dont le titre de propriété est annulé pour cause d'erreur, de violence ou de dol ou rescindé pour cause de lésion, tombe comme ayant été consentie à non domino. C'est l'application pure et simple de la théorie rappelée supra, n° 792, puisque la nullité procède alors ex causâ antiquâ et nécessariâ. Par exception, toutefois, lorsque la nullité ou la rescision est prononcée à la requête du constituant, l'hypothèque qu'il a consentie sur l'immeuble acquis en vertu de l'acte annulé ou rescindé doit être maintenue, en vertu du principe que nul ne peut par son fait porter atteinte aux droits qu'il a concédés. Aucune différence ne doit être faite, sous ce rapport, entre le cas où l'hypothèque aurait été conférée avant que le constituant eût connaissance du vice dont la convention était atteinte et celui où elle aurait été créée après la découverte de ce vice. Dans un cas comme dans l'autre, le constituant doit garantie à son créancier hypothécaire, et cette obligation s'oppose à ce qu'il puisse détruire par un acte personnel et volontaire la sûreté qu'il a donnée (Gillard, n° 428 et suiv.).

801. Quant au point de savoir si l'annulation d'une vente pour fraude aux droits des créanciers du vendeur entraîne la nullité de l'hypothèque consentie par l'acquéreur au profit d'un tiers de bonne foi, V. supra, v° Obligations, n° 368.

802. — III. HYPOTHÈQUE CONSENTIE PAR UN COPROPRIÉTAIRE PAR INDIVIS. — Par suite du principe établi par l'art. 883 c. civ., et qui est généralement considéré comme applicable à tous les cas de partage d'une propriété indivise, chaque copropriétaire par indivis se trouve dans la situation d'un propriétaire sous condition suspensive : par l'effet du partage, son droit sur l'immeuble disparaîtra ou se consolidera avec effet rétroactif au jour où a commencé l'indivision. De même, l'hypothèque constituée par le copropriétaire s'évanouira ou se consolidera, suivant que l'immeuble tombera au lot d'un autre copropriétaire ou au lot du constituant (V. infrà, v° Succession; Rép. eod. v°, n° 2078 et suiv.). — Le copropriétaire par indivis peut hypothéquer, soit l'immeuble entier ou une portion matérielle déterminée de cet immeuble, soit seulement sa part indivise. Dans l'un et l'autre cas, l'hypothèque disparaîtra, par application du principe de l'art. 883, si l'événement du partage met l'immeuble au lot d'un autre copartageant. Mais si, au contraire, l'immeuble échoit au constituant, l'hypothèque, dans le premier cas, le grèvera tout entier ou grèvera entièrement la portion matérielle hypothéquée; dans le second cas, elle grèvera seulement la part indivise que le constituant avait dès avant le partage (V. Civ. cass. 6 déc. 1826, Rép. v° Succession, n° 2087; Pont, t. 2, n° 640; Aubry et Rau, t. 3, § 266, p. 268; Laurent, t. 10, n° 404; Gillard, n° 110 et suiv.). Dans un cas où le débiteur avait hypothéqué ses biens présents et à venir et avait désigné comme biens présents sa part indivise avec ses cohéritiers dans des immeubles qui appartenaient indivisément pour une moitié au débiteur et à ses cohéritiers dans la succession de son grand-père et pour l'autre moitié à son aïeule maternelle, il a été jugé que l'immeuble échu au débiteur dans le partage de la totalité desdits immeubles, après la réunion par donation de la seconde moitié indivise à la première, était grevé de l'hypothèque, en tant qu'elle portait sur biens présents, pour une moitié indivise, et en tant qu'elle portait sur biens à venir, pour l'autre moitié indivise (Caen, 18 août 1871, aff. Veuve Piton, D. P. 73. 2. 228. Comp. infrà, n° 880).

803. En cas de licitation d'un immeuble indivis, l'hypothèque subsiste, comme en cas de partage, si l'immeuble est acquis par le constituant. Mais si l'immeuble est acquis par un autre colicitant, l'hypothèque disparaît-elle entièrement? Le créancier hypothécaire ne conserve-t-il pas au moins son droit de préférence sur le prix? Pour soutenir

que ce droit de préférence reste au créancier, on dit que le principe de l'art. 883 c. civ. cesse d'être applicable dès que l'intérêt des copartageants ne réclame plus son application ; or, s'il importe au copartageant qui s'est rendu acquéreur de l'immeuble sur licitation que le créancier hypothécaire perde son droit de suite sur l'immeuble, il n'importe, au contraire, nullement, ni à lui ni à ses ayants cause, que ce créancier conserve son droit de préférence sur la part du prix de licitation revenant au constituant (V. Aix, 23 janv. 1835, *Rép.* v° *Succession*, n° 2092; Alger, 4 avr. 1877, *supra*, n° 219; Aubry et Rau, t. 6, § 625, p. 563, note 24 ; Daniel de Folleville, *Revue générale du droit*, 1877, p. 403).

Mais la survivance du droit de préférence au droit de suite n'est pas admise dans cette hypothèse par la jurisprudence. Cette survivance est, en effet, une exception qui ne paraît pouvoir résulter que d'un texte formel. L'art. 883 c. civ., loin d'y être favorable, semble au contraire, l'exclure, puisqu'il dit que celui des cohéritiers auquel les biens héréditaires ne sont pas échus par le partage ou la licitation est censé n'en avoir jamais eu la propriété ; ne résulte-t-il pas de là que l'hypothèque constituée par ce cohéritier est nulle pour le tout ? (V. Lyon, 14 févr. 1853, aff. Girard, D. P. 54. 5. 544 ; Angers, 8 mars 1876, aff. Ledoux et autres, D. P. 78. 2. 185; Alger, 8 janv. 1877, aff. Roque et Mégy, *ibid.* ; Caen, 18 mai 1877, aff. David et Julien, *ibid.* ; Req. 16 avr. 1888, aff. Couralet et Ducousso, D. P. 88. 1. 249, et le rapport de M. le conseiller Talandier ; Demolombe, t. 17, n° 320; Laurent, t. 10, n° 419 ; Le Sellyer, *Commentaire théorique et pratique sur le titre des successions*, t. 3, n° 1807). — En Belgique, la survivance du droit de préférence, en cas de licitation, sur la part du débiteur dans le prix, est consacrée par l'art. 2 de la loi du 15 août 1854. En France, la pratique obtient à peu près le même résultat en faisant céder au créancier hypothécaire par le constituant sa part éventuelle dans le prix de la licitation et en signifiant par avance cette cession à tous les copropriétaires du constituant. Il a été décidé par la cour de cassation que, dans ce cas, la signification « doit produire effet à sa date même, puisqu'elle a, en réalité, été faite à celui qui, par l'événement de la licitation, est réputé avoir été propriétaire et débiteur au moment où elle a eu lieu » (Civ. cass. 16 mai 1886, aff. Couet et cons., D. P. 86. 1. 281).

804. Lorsque l'immeuble indivis est adjugé sur licitation à un étranger, la licitation étant alors une vente et non un partage, l'hypothèque constituée par l'un des copropriétaires pendant l'indivision subsiste, pour le droit de suite comme pour le droit de préférence, jusqu'à concurrence de la part indivise que le constituant avait dans l'immeuble. Il en est ainsi, d'ailleurs, soit que le constituant ait hypothéqué seulement cette part indivise, soit qu'il ait hypothéqué l'immeuble en général (*Rép.* v° *Succession*, n° 2086 ; Grenoble, 27 janv. 1859, en note sous Civ. rej. 14 déc. 1887, D. P. 88. 1. 385 ; Aubry et Rau, t. 3, § 266, p. 266 ; Thézard, n° 52 ; Gillard, n° 115. Comp. Douai, 28 févr. 1867, aff. Bossuz, D. P. 83. 2.16). — Ici encore, toutefois, une controverse s'est produite dans la doctrine et même aussi dans la jurisprudence. Suivant un premier système, l'hypothèque ne subsiste sur l'immeuble adjugé sur licitation à un étranger que si les droits de chacun des copropriétaires ont été liquidés et déterminés dès avant la licitation ; mais, si cette licitation n'a été qu'une opération préliminaire au partage, l'hypothèque constituée par l'un des copropriétaires indivis demeure encore subordonnée au résultat du partage ; elle ne subsistera que si le prix de licitation est ensuite attribué, en tout ou en partie, au constituant, et seulement dans la mesure de cette attribution ; si, au contraire, ce prix est attribué en entier à un autre copartageant, l'hypothèque s'évanouira (V. en ce sens, Aix, 23 janv. 1835, *Rép.* v° *Succession*, n° 2092 ; Grenoble, 2 juin et 19 août 1863, aff. Giroud de Marinière, D. P. 64. 2. 100; Douai, 5 juin 1866 (1) ; Dijon, 20 mars 1889, aff. De Martelle, D. P. 93. 1. 191 ; Demante, t. 3, n° 225 *bis*-IV ; Demolombe, t. 17, n° 273 ; Aubry et Rau, t. 6, § 625, p. 564, note 23 ; Le Sellyer, t. 3, n° 1796). — Mais ce système a été repoussé récemment par la cour de cassation. Il étend, en effet, l'application de l'art. 883 c. civ. au delà de l'hypothèse régie par cet article. L'hypothèque constituée par un copropriétaire pendant l'indivision est, en principe, valable, comme le déclare la cour de cassation, sur la part indivise que le constituant avait dans l'immeuble ; si elle tombe par l'effet du partage ou de la licitation quand l'immeuble passe à un autre copropriétaire, elle ne peut être effacée par la vente de cet immeuble à un tiers. Le prix de vente se divise alors de plein droit, conformément au principe de l'art. 1220 c. civ., entre les anciens copropriétaires proportionnellement à leurs droits ; le partage opéré postérieurement n'empêche pas que cette conséquence, qui résulte des principes, ne se soit produite, et s'il met, par exemple, la totalité du prix au lot de l'un des copartageants, cette attribu-

---

(1) (Demoiselles Léa C. Gatoux.) — Le sieur Léa étant décédé, l'usine de Bringel, qui dépendait de sa succession, fut licitée entre ses héritiers par acte du 28 sept. 1852, et les demoiselles Léa, cohéritières, se rendirent adjudicataires pour 65 120 fr. En 1853, elles conférèrent hypothèque sur cette usine au sieur Gatoux pour la garantie d'une somme de 1 200 fr. Comme elles ne purent payer le prix de leur adjudication, l'usine fut revendue à leur folle enchère et adjugée au sieur Grivel moyennant 31 200 fr. Dans le partage qui eut lieu ensuite entre les héritiers Léa, les demoiselles Léa, se trouvant débitrices envers leurs cohéritiers, n'obtinrent aucune attribution sur le prix de l'immeuble licité. Après l'homologation de ce partage, auquel le sieur Gatoux n'était pas intervenu, un ordre fut ouvert pour la distribution du prix de l'immeuble. Le sieur Gatoux étant en faillite, le syndic demanda à être colloqué sur la part de ce prix pouvant revenir aux demoiselles Léa. Sa demande n'ayant pas été admise par le juge-commissaire à l'ordre, il se pourvut devant le tribunal et forma, subsidiairement, tierce opposition au jugement homologatif du partage. — Le tribunal de Saint-Pol rejeta les conclusions du syndic par un jugement ainsi conçu : — « Considérant que, si les demoiselles Léa ont pu, dans l'intervalle de l'adjudication prononcée à leur profit et de la revente sur la folle enchère, consentir valablement hypothèque sur leurs parts indivises dans les immeubles dépendant de la succession de leur père, cette hypothèque était nécessairement, et en vertu de l'art. 883 c. civ., subordonnée au résultat du partage, qui seul devait fixer définitivement leurs droits sur les meubles et les immeubles de ladite succession ; — Considérant qu'un partage de la succession de Léa père est intervenu entre les demoiselles Léa et leurs cohéritiers, suivant acte dressé par M° Deremetz, notaire à la résidence de Rollancourt, à ce commis par justice, à la date du 23 oct. 1865, et qu'il a été homologué par jugement du tribunal de Saint-Pol, confirmé en appel ; — Que par ce partage, à raison de leurs obligations envers leurs héritiers, il n'a été rien attribué aux demoiselles Léa, soit dans les immeubles hypothéqués par elles, soit dans le prix dû par les acquéreurs de ces immeubles ; que, dès lors, les demoiselles Léa sont censées, en vertu de la fiction de l'art. 883 sus-cité, n'avoir jamais eu aucun droit sur ces immeubles, ni sur le prix qui les représente, et que, par conséquent, elles n'ont pu conférer à Gatoux plus de droits qu'elles n'en avaient elles-mêmes ; — Considérant qu'il est sans intérêt de rechercher si l'on doit faire les demoiselles Léa, si la licitation au profit de Georges Grivel, étranger à la succession, pouvait donner lieu à la fiction de l'art. 883, puisque cette licitation, qui n'avait effectivement aucun des caractères d'un partage véritable qui, seul, a eu pour effet d'anéantir les droits éventuels des demoiselles Léa, et par suite de leurs ayants cause ; — Que, pour empêcher que le partage ne s'effectuât en fraude de ses droits, Gatoux pouvait, aux termes de l'art. 882 c. civ., s'opposer à ce qu'il y fût procédé hors de sa présence ; mais, n'ayant pas jugé à propos d'user de cette faculté, il ne peut pas, aujourd'hui, attaquer, en dehors des cas prévus par la loi, un partage consommé et homologué en première instance et en appel.

« Sur les conclusions subsidiaires de Gatoux ; — Considérant que les créanciers hypothécaires ne peuvent, si ce n'est pour cause de dol ou de fraude, former tierce opposition aux jugements dans lesquels ils ont été représentés par leurs débiteurs ; — Que, d'ailleurs, le tribunal est incompétent pour connaître d'une tierce opposition à un jugement qui a été confirmé par arrêt de la cour, la tierce opposition, incidente à une action en première instance, devant, suivant l'art. 476 c. proc. civ., être portée par action principale à la cour qui a rendu l'arrêt attaqué... ».

Appel par les demoiselles Léa.

La cour, etc. — ... Au fond, adoptant les motifs des premiers juges, etc.

Confirme, etc. —

Du 5 juin 1866.-C. de Douai, 1re ch.-MM. Dupont, pr. s.-de Bionval, subst.-Lequien, Rossignol, Coquelin, Merlin, de Beaulieu et Flamant, av.

tion n'est au fond qu'une cession partielle du prix consentie par les autres ; mais l'hypothèque n'en doit pas moins subsister sur la part qu'avait, dans l'immeuble, celui qui l'a constituée (Civ. rej. 14 déc. 1887, aff. Touzet, D. P. 88. 1. 385 ; Civ. cass. 17 févr. 1892, aff. De Martelles, D. P. 93. 1. 191. V. dans le même sens : Colmet de Santerre, *Revue critique*, 1864, t. 24, p. 490 et suiv. ; Laurent, t. 10, n° 400 ; Gillard, n° 415).

805. Comme nous l'avons vu *supra*, n° 558, les membres d'une société qui constitue une personne morale ne peuvent conférer aucune hypothèque sur leur part dans les immeubles appartenant à la société tant qu'elle dure, et même tant qu'elle n'est pas liquidée. Quand la société n'a pas la personnalité civile, chacun des associés, étant copropriétaire des immeubles sociaux, peut grever d'hypothèque ses droits indivis dans ces immeubles, et alors les règles qui précédent sont applicables.

806. — IV. Hypothèque consentie par un représentant conventionnel ou légal du propriétaire. — L'hypothèque peut aussi bien être constituée par un représentant conventionnel ou légal du propriétaire que par le propriétaire lui-même, à la condition que ce représentant ait des pouvoirs suffisants.

807. — 1° *Mandataire spécial ; gérant ou liquidateur de société.* — Aux termes de l'art. 1988 c. civ., un mandat conçu en termes généraux ne donne pas le pouvoir d'hypothéquer. Il faut pour cela un mandat exprès (V. *Rép.* n° 1223). La jurisprudence applique ce principe aux gérants des sociétés. Il a été jugé : 1° que les gérants d'une société commerciale en commandite, même investis par les statuts des pouvoirs les plus étendus pour l'administration de la société, ne peuvent conférer hypothèque sur les immeubles sociaux, sans un mandat spécial qui, s'il ne résulte pas des statuts, doit être donné par l'assemblée des actionnaires (Nancy, 26 mars 1879 (1). Comp. Req. 24 avr. 1841 ; *Rép.* n° 1223 ; Req. 15 nov. 1880, aff. Marteau, D. P. 81. 1. 418 ; Civ. cass. 23 déc. 1885, aff. Caisse industrielle du Nord, D. P. 86. 1. 97) ; — 2° Que les administrateurs d'une société anonyme ne peuvent non plus, en l'absence d'une autorisation expresse résultant des statuts, hypothéquer les immeubles de la société (Paris, 5 juill. 1877, aff. Syndicat des sucreries de Sermaize, D. P. 77. 2. 168).

808. Mais il a été jugé : 1° que la loi n'a prescrit aucune expression sacramentelle pour conférer le mandat exprès d'hypothéquer, et que, par suite, la clause d'un acte de société qui attribue au gérant non seulement des pouvoirs d'administration, mais encore le droit de traiter tout ce qui serait relatif à la marche des affaires et à l'établissement de la société, peut être interprétée comme conférant au gérant la faculté d'hypothéquer les immeubles sociaux à la garantie d'un emprunt fait au nom de la société (Besançon, 21 juill. 1868, et sur pourvoi, Req. 8 nov. 1869, aff. Jouart, D. P. 72. 1. 195) ; — 2° Que, lorsque les statuts d'une société anonyme stipulent expressément que les immeubles sociaux seront affectés à la garantie des obligations à émettre, et autorisent les administrateurs de la société à faire tous actes d'emprunts et d'affectations hypothécaires, ces administrateurs peuvent valablement conférer une hypothèque en vertu de ces pouvoirs généraux, mais exprès ; qu'en ce cas,

il n'est pas nécessaire que l'assemblée générale ratifie l'affectation hypothécaire (Paris, 5 déc. 1885, aff. Syndicat de la faillite de la Société métallurgique de Tarn-et-Garonne, D. P. 87. 2. 55) ; — 3° Que le pouvoir d'hypothéquer les immeubles sociaux, donné au gérant par les statuts, étant conféré *à la gérance*, il est indifférent que le gérant en fonctions au moment où l'hypothèque a été consentie ne soit pas le même que celui qui gérait au moment de la rédaction des statuts (Civ. cass. 23 déc. 1885, aff. Caisse industrielle du Nord, D. P. 86. 1. 97).

809. Le liquidateur d'une société dissoute est dans la même position qu'un gérant ; il ne peut grever d'hypothèque les immeubles dépendant de la société dissoute sans avoir reçu à cet effet un pouvoir exprès des associés (Req. 2 juin 1836, *Rép. v° Société*, n° 1038 ; Troplong, *Du contrat de société*, t. 2, n° 1022 ; Gillard, n° 140. — *Contra* : Pont, *Traité des sociétés civiles et commerciales*, t. 2, n° 1958 ; Lyon-Caen et Renault, *Traité de droit commercial*, t. 2, n° 386).

810. — 2° *Tuteur.* — Le tuteur, représentant la personne du mineur dans tous les actes civils, peut hypothéquer les immeubles de celui-ci suivant les formes établies par la loi (*Rép.* n° 1210. V. *supra*, v° *Minorité, tutelle, émancipation*, n° 523).

811. — 3° *Père administrateur légal.* — D'après un arrêt, le père administrateur légal des biens de son enfant mineur peut également hypothéquer les biens de cet enfant, en s'y faisant autoriser par le tribunal (Paris, 15 juill. 1865, et sur pourvoi, Req. 3 juin 1867, aff. Pauc et Camjoan, D. P. 68. 1. 27). Mais la plupart des auteurs soutiennent que la seule autorisation du tribunal est insuffisante et que le père doit, pour hypothéquer valablement, remplir toutes les formalités imposées au tuteur par les art. 457 et suiv. c. civ. (Valette, sur Proudhon, *De l'état des personnes*, t. 2, p. 283, note a III ; Demolombe, t. 6, n° 446 ; Aubry et Rau, t. 1, § 123, p. 506, note 34 ; Gillard, n° 144. V. *infra*, v° *Puissance paternelle*).

812. — 4° *Administrateur provisoire des biens d'une personne non interdite placée dans un établissement d'aliénés.* — Cet administrateur n'a le droit de faire, comme son nom l'indique et comme l'art. 31 de la loi du 30 juin 1838 le déclare, que les actes de simple administration ; il ne peut donc pas hypothéquer les biens dont la gestion lui est confiée. Si l'intérêt de l'aliéné exige qu'une hypothèque soit constituée sur ses immeubles, il faudra ou que cette hypothèque soit consentie par l'aliéné lui-même dans un intervalle lucide, ou que l'aliéné soit interdit pour que l'hypothèque puisse être constituée par le tuteur suivant les formes légales (Gillard, n° 145).

813. — 5° *Envoyé en possession provisoire des biens d'un absent.* — On a admis au *Rép.*, n° 1219, qu'une autorisation du tribunal pourrait donner à l'envoyé en possession provisoire le pouvoir d'hypothéquer les immeubles de l'absent. La nécessité pratique impose cette solution. On peut aussi argumenter en ce sens des derniers mots de l'art. 2126 c. civ., qui, après avoir dit que « les biens des mineurs, des interdits et ceux des absents, tant que la possession n'en est déférée que provisoirement, ne peuvent être hypothéqués que pour les causes et dans les formes établies par la

---

(1) (Huel-Demange et comp.) — La cour ; — Attendu que si, aux termes de l'art. 13 des statuts de la société en commandite Huel-Demange et comp., les gérants avaient les pouvoirs les plus étendus pour l'administration de cette maison de banque ; si même on peut admettre qu'ils avaient la capacité suffisante pour contracter un emprunt destiné à procurer des ressources à la société, il est certain que le mandat exprès exigé par l'art. 1988 c. civ., pour les autoriser à consentir une hypothèque sur un immeuble social, ne leur était pas conféré ; que l'existence d'un tel mandat ne résulte ni du texte, ni de l'esprit des statuts ; qu'en effet, lors de sa formation, la société ne possédait aucun immeuble ; qu'uniquement créée en vue d'opérations de banque, rien ne faisait présumer qu'elle deviendrait propriétaire d'un immeuble sur lequel des constructions importantes seraient édifiées avec ses deniers et une hypothèque consentie ; que cette éventualité n'ayant pas été prévue, un acte de cette nature ne pouvait entrer dans les attributions des gérants, sans une mention expresse qui ne se rencontre pas dans les statuts ; que prévoyant le cas où, par suite de circonstances, et dans l'intérêt de la société, il serait utile de confier aux gérants des pouvoirs

supplémentaires, l'art. 26 des statuts a laissé à l'assemblée générale le soin de pourvoir à cette nécessité ; qu'avant de consentir, le 31 mai 1877, l'acte qui doit être annulé en tant qu'il confère une hypothèque sur un immeuble social, les gérants ont eu le tort de ne pas demander à l'assemblée des actionnaires, qui ont ignoré cet acte, l'autorisation de souscrire, et les intimés ont commis l'imprudence de traiter avec les gérants sans exiger d'eux la justification d'un mandat qui leur était indispensable pour contracter ; — Attendu, enfin, que, dans une société en commandite, l'intérêt des actionnaires et des créanciers exige que les gérants se renferment scrupuleusement dans leurs attributions, et que, leur permettre de s'en écarter, c'est ouvrir la porte à des abus dangereux que les tribunaux ne doivent pas favoriser ; — Par ces motifs... ; — Admet, comme valablement contracté, l'emprunt qui a donné lieu à l'acte authentique du 31 mai 1877...; — Dit que les gérants de la société ne puisaient ni dans leur qualité, ni dans les statuts employés dans aucun acte, le pouvoir de conférer hypothèque sur un immeuble social, etc.

Du 26 mars 1879.-C. de Nancy.

loi », ajoute : « ou en vertu de jugements ».Ces derniers mots ne doivent pas faire allusion à l'hypothèque judiciaire, car il ne s'agit dans tout le chapitre que de l'hypothèque conventionnelle ; du reste, ces mots seuls justifient la mention des absents dans l'article, car, en ce qui les concerne, il n'y a pas de formes établies par la loi pour hypothéquer leurs biens, et autrement il faudrait dire que ces biens ne peuvent jamais être hypothéqués (Pont, t. 2, nos 650 et 652; Demolombe, t. 2, no 111 ; Aubry et Rau, t. 1, § 153, note 12; Colmet de Santerre, t. 9, no 93 *bis*-II ; Gillard, nos 142 et 146).

814. — 6o *Mari.* — Quel que soit le régime matrimonial adopté par les époux, le mari doit, en principe, être muni d'une procuration expresse donnée par la femme pour consentir valablement une hypothèque sur les biens de celle-ci. C'est une conséquence de la règle que le propriétaire seul a le droit d'hypothéquer. La loi n'admet d'exception à ce principe que sous le régime de la communauté, en ce qui concerne les immeubles communs, que le mari peut hypothéquer seul et pour le tout, non seulement sans le consentement de la femme, mais même malgré elle (c. civ. art. 1421). Sous le régime dotal, dans le cas exceptionnel où la propriété des immeubles dotaux est transférée au mari par le contrat de mariage, le mari a évidemment le droit de les hypothéquer (c. civ. art. 1552 et suiv.). L'hypothèque que le mari aurait conférée sur les biens propres de la femme sans le consentement de celle-ci devrait être considérée comme établie sur la chose d'autrui (Laurent, t. 30, no 487 ; Gillard, nos 147 et suiv.).

815. — 7o *Syndic de faillite; liquidateur judiciaire; héritier bénéficiaire ; curateur à succession vacante.* — V. *Rép.* no 1222. — En ce qui concerne les syndics de faillite et les liquidateurs judiciaires, V. aussi *suprà*, vo *Faillites et banqueroutes*, nos 125 et suiv.; 823 et suiv.—En ce qui concerne les héritiers bénéficiaires et les curateurs aux successions vacantes, V. *infrà*, vo *Succession; Rép.* eod. vo, nos 945 et suiv.

816. — 8o *Représentants légaux des départements, des communes, hospices et autres établissements publics.* — Quant aux départements, V. *Rép.* no 1227, et *suprà*, vo *Organisation administrative*, nos 407 et 416. — Quant aux communes, V. *Rép.* no 1225, et *suprà*, vo *Commune*, nos 1198 et suiv. — En ce qui concerne les hospices, V. *Rép.* no 1226, et vo *Hospices-hôpitaux*, no 144.

§ 2. — De la capacité d'aliéner exigée chez le constituant.

817. Il ne suffit pas d'être propriétaire d'un immeuble pour pouvoir l'hypothéquer ; il faut de plus être capable de l'aliéner (c. civ. art. 2124) (V. *Rép.* no 1209). Ce principe, toutefois, reçoit quelques exceptions (V. *infrà*, nos 831 et suiv.).

818. — I. Personnes incapables d'hypothéquer, comme d'aliéner. — Les personnes incapables d'aliéner et par cela même d'hypothéquer sont les mineurs, les interdits, les individus pourvus d'un conseil judiciaire, les femmes mariées, les faillis et les commerçants en état de liquidation judiciaire, etc.

819. — 1o *Mineurs.* — V. *Rép.* nos 1211 et suiv. — Conformément à l'opinion soutenue au *Rép.* no 1212, il est généralement admis aujourd'hui que le mineur émancipé ne peut pas hypothéquer ses immeubles même pour la garantie des obligations qu'il est capable de contracter (V. en ce sens, outre les auteurs cités au *Rép.* no 1212 : Demolombe, t. 8, nos 289 et suiv.; Pont, t. 2, no 613 ; Aubry et Rau, t. 1, § 132, p. 551, note 12 ; Laurent, t. 30, no 490 ; Baudry-Lacantinerie, t. 3, no 1287 ; Gillard, no 157).

820. — 2o *Interdits.* — V. *suprà*, vo *Interdiction-conseil judiciaire*, nos 130 et suiv. — L'interdit légal est incapable d'hypothéquer, comme l'interdit judiciaire. Toutefois, suivant la plupart des auteurs, une différence existe entre ces deux sortes d'interdits. Tandis que la nullité de l'hypothèque consentie par l'interdit judiciaire est purement relative et ne peut être opposée que par l'interdit lui-même ou par ses ayants cause, la nullité de l'hypothèque constituée par l'interdit légal peut être demandée par tout intéressé parce qu'elle constitue une sanction d'intérêt général, établie en vue d'assurer l'exécution des lois répressives (Valette, sur Proudhon, *De l'état des personnes*, t. 2, p. 556 et suiv.; De-

molombe, t. 1, no 193 ; Aubry et Rau, t. 1, § 85, p. 354 notes 6 et 7 ; Gillard, no 170).

821. — 3o *Individus pourvus d'un conseil judiciaire.* — V. *Rép.* no 1213, et *suprà*, vo *Interdiction-conseil judiciaire*, no 255 et suiv.

822. — 4o *Femmes mariées.* — V. *Rép.* no 1216. — Par exception, les femmes marchandes publiques peuvent aliéner et hypothéquer leurs immeubles pour la garantie des obligations contractées dans leur commerce, à moins qu'elles ne soient mariées sous le régime dotal (c. com. art. 7) (V. *suprà*, vo *Commerçant*, nos 96 et suiv.).

823. La femme mariée sous le régime dotal, qui s'est réservé par contrat de mariage le droit d'aliéner ses biens dotaux, a-t-elle par cela même le droit de les hypothéquer? V. *suprà*, vo *Contrat de mariage*, no 1277.

824. En tout cas, la constitution de dot ne peut en rien porter atteinte aux hypothèques qui ont été consenties antérieurement par la femme dotale ou par ses auteurs sur les biens compris dans cette constitution. Il a été jugé que les immeubles affectés hypothécairement par un preneur à la garantie des engagements d'un bail de six années, divisé en deux termes de trois ans, avec faculté de résiliation à l'expiration du premier, restent grevés pendant la durée totale dudit bail de l'hypothèque consentie, alors même que, par le décès du preneur au cours de la première période triennale, lesdits immeubles sont devenus propriété dotale d'une fille de celui-ci, mariée sous une constitution générale de dot, qui n'a pas usé du droit de résiliation; qu'il en est ainsi à plus forte raison quand la femme dotale dont il s'agit, eût-elle eu le désir de résilier, n'aurait pu, par sa seule volonté, mettre fin au contrat à l'expiration de la première période, parce que son auteur s'était porté preneur solidairement avec un tiers dans ledit bail (Req. 10 janv. 1882, aff. Robillon, D. P. 82. 1. 63).

825. Les époux peuvent, en adoptant le régime dotal, se réserver la faculté de vendre, échanger et hypothéquer les immeubles dotaux avec ou sans conditions restrictives ; ils peuvent n'imposer de conditions qu'à l'exercice de l'une ou de l'autre de ces facultés et, notamment, n'en imposer aucune à la faculté d'hypothéquer, alors même qu'ils en auraient stipulé pour le cas de vente et d'échange. Par suite, lorsqu'il est constaté que les époux, adoptant le régime dotal, ont stipulé la faculté de vendre et échanger les immeubles dotaux sous certaines conditions, sans subordonner à aucune condition la faculté d'hypothéquer qu'ils se sont également réservée, c'est à bon droit que l'hypothèque consentie par la femme avec le concours de son mari est déclarée valable en l'absence des conditions imposées par le contrat de mariage pour la vente et l'échange des biens dotaux (Req. 3 févr. 1891, aff. Papon, D. P. 92. 1. 28).

826. — 5o *Faillis.* — Le jugement déclaratif de faillite emportant de plein droit, aux termes de l'art. 443 c. com., dessaisissement pour le failli de l'administration de tous ses biens, il ne peut, à partir de ce jugement, ni vendre ni hypothéquer ses immeubles. L'incapacité du failli, au point de vue de la constitution d'hypothèque, commence même, sous certains rapports, dès avant le jugement déclaratif. L'art. 446 c. com. déclare nulle et sans effet, relativement à la masse, toute hypothèque conventionnelle ou judiciaire, constituée sur les biens du failli depuis l'époque de la cessation de ses payements ou dans les dix jours qui l'ont précédée, pour dettes antérieures contractées (V. *suprà*, vo *Faillites et banqueroutes*, no 637 et suiv.). De plus, l'art. 447 c. com. rend facultative pour le tribunal l'annulation de tous actes à titre onéreux, et par conséquent de toute constitution d'hypothèque, lorsque l'acte a été passé par le failli après la cessation de ses payements et que le tiers qui a traité avec lui connaissait cette cessation de payements (V. *suprà*, eod. vo, nos 670 et suiv.). Mais l'hypothèque constituée par le failli, soit avant, soit après le jugement déclaratif de faillite, n'est nulle ou annulable que relativement à la masse (V. *suprà*, eod. vo, nos 705 et suiv.). De là il résulte, notamment, que le jugement qui prononce la nullité de l'hypothèque dans l'intérêt de la masse ne peut ordonner en même temps la radiation de l'inscription (Besançon, 2 mai 1884) (1).

(1) (Décombard C. syndic Joseph Bègue). — Par jugement du   13 déc. 1883, le tribunal de commerce de Gray a déclaré nulle,

827. — 6° *Commerçants admis au bénéfice de la liquidation judiciaire.* — Aux termes de l'art. 5 de la loi du 4 mars 1889, le commerçant qui, ayant cessé ses payements, a obtenu le bénéfice de la liquidation judiciaire, « ne peut contracter aucune nouvelle dette ni aliéner tout ou partie de son actif ». Il ne peut, par suite, de même que le failli, consentir aucune hypothèque sur ses immeubles au préjudice de ses créanciers (V. *suprà*, v° *Faillites et banqueroutes*, n° 105). — Les nullités prononcées par les art. 446 et 447 c. com. sont-elles applicables en cas de liquidation judiciaire? V. *suprà*, eod. v°, n°s 119 et suiv.

828. — 7° *Débiteur insolvable ayant fait abandon de ses biens à ses créanciers.* — Le non-commerçant qui tombe en déconfiture n'est pas dessaisi de ses biens comme le failli ; il conserve le droit de conférer hypothèque à l'un quelconque de ses créanciers, sauf pour les autres la faculté d'attaquer l'acte, en vertu de l'art. 1167 c. civ. (V. Bordeaux, 17 août 1848, aff. Larnandès, D. P. 49. 2. 61 ; Civ. cass. 3 mars 1869, aff. Beaurain, D. P. 69. 1. 200).

Mais le débiteur insolvable qui a fait l'abandon de ses biens à ses créanciers pourrait-il encore constituer une hypothèque sur les biens qu'il a abandonnés ? La négative est admise sans distinction par un certain nombre d'auteurs. Bien que la cession de biens ne confère point la propriété aux créanciers, mais leur donne seulement le droit de faire vendre les biens à leur profit (c. civ. art. 1269), elle dessaisit suffisamment le débiteur, disent les partisans de ce système, pour lui faire perdre le droit d'aliéner et en même temps le droit d'hypothéquer. La cession implique en faveur de ceux auxquels elle est consentie le mandat de faire vendre tous les biens pour se payer ; or, ce mandat est irrévocable, et le débiteur ne peut rien faire qui en diminue les effets (Persil, *Questions sur les privilèges et hypothèques*, art. 2146, n° 10 ; Grenier, *Traité des hypothèques*, t. 1, n° 124 ; Pont, t. 2, n° 621 ; Colmet de Santerre, t. 5, n° 214 *bis*). D'autres auteurs distinguent. L'hypothèque qui serait conférée par le débiteur à l'un des créanciers ayant été parties au contrat d'abandon de biens serait nulle à l'égard des autres, comme contraire au contrat accepté par ce créancier. Mais l'hypothèque conférée à un tiers n'ayant pas participé au contrat d'abandon serait valable, car le débiteur a conservé le droit de disposer de ses biens à l'égard des tiers ; la cession n'est soumise à aucune mesure de publicité efficace (V. c. proc. civ. art. 901 et suiv.) ; et d'ailleurs, il n'en résulte au profit des créanciers qu'un mandat, c'est-à-dire un droit personnel, qui par lui-même ne peut faire obstacle aux droits réels qui seraient ultérieurement confé-

rés par le débiteur. Seulement, comme la constitution d'hypothèque constituerait une dérogation au contrat d'abandon de biens, les créanciers avec lesquels ce contrat aurait été passé pourraient en demander la résolution (Aubry et Rau, t. 3, § 266, p. 272, notes 38 et 39 ; Laurent, t. 30, n° 495 ; Gillard, n° 200).

829. — 8° *Personnes soumises à une défense temporaire d'aliéner ou d'hypothéquer.* — D'après la jurisprudence, une défense temporaire d'aliéner peut être imposée, dans certains cas, comme condition d'une donation ou d'un legs (V. *suprà*, v° *Dispositions entre vifs et testamentaires*, n°s 55 et suiv.). Lorsque cette clause est valable, elle emporte pour le donataire ou légataire l'impossibilité d'hypothéquer l'immeuble qui en est l'objet, car autrement l'interdiction d'aliéner serait illusoire (V. en ce sens, Gillard, n° 200. — *Contrà :* Laurent, t. 11, n° 468). — La jurisprudence admet aussi qu'un immeuble donné ou légué peut être déclaré insaisissable à l'égard des créanciers antérieurs à la donation ou à l'ouverture du legs (V. notamment : Req. 10 mars 1852, aff. Lefrançois, D. P. 52. 1. 111 ; Civ. cass. 20 déc. 1864, aff. Douillet, D. P. 64. 1. 494), et même aussi à l'égard des créanciers postérieurs, pour un temps et dans les mêmes conditions où la défense d'aliéner est reconnue valable (V. Req. 27 juill. 1863, aff. Douillet, D. P. 64. 1. 494). Cette condition d'insaisissabilité rendrait aussi, pendant sa durée, les biens qui en seraient l'objet non susceptibles d'hypothèque (Gillard, n° 203).

La prohibition d'hypothéquer contenue dans une donation ou dans un legs devrait naturellement être considérée comme licite, dans la même mesure et sous les mêmes conditions que la prohibition d'aliéner.

830. La prohibition temporaire d'aliéner et d'hypothéquer semble même pouvoir être valablement insérée dans un contrat à titre onéreux, si d'ailleurs elle se justifie par un intérêt sérieux et légitime du stipulant (Comp. Paris, 11 nov. 1812, n° 1344). Il a été jugé, en ce sens, que la condition, imposée par le vendeur d'un immeuble à l'acquéreur, de ne consentir, avant l'entier payement du prix, aucune hypothèque sur cet immeuble, est licite (Rennes, 21 juill. 1888) (1). La sanction de cette condition consiste pour le vendeur dans le droit de demander la résolution de la vente, résolution qui fera tomber les hypothèques que l'acquéreur aurait constituées contrairement à la prohibition. Mais nous ne croyons pas que cette prohibition soit directement opposable aux créanciers hypothécaires de l'acquéreur, car elle n'a pu engendrer qu'une obligation personnelle à la charge de celui-ci, et cette obligation est *res inter alios*

---

relativement à la masse de la faillite du sieur Joseph Bègue, une hypothèque consentie par celui-ci, au profit du sieur Décombard, postérieurement à l'époque déterminée par le tribunal comme étant celle de la cessation de payements du failli. Le même jugement a ordonné la radiation de l'inscription prise pour la conservation de cette hypothèque. — Appel par le sieur Décombard.

La cour ; — Attendu que la radiation de l'inscription prise par Décombard en vertu de l'obligation contractée à son profit par le sieur Bègue, le 2 mai 1882, n'était pas demandée et ne pouvait d'ailleurs l'être, l'hypothèque consentie conservant sa valeur vis-à-vis du débiteur et ne perdant son effet utile qu'au regard de la masse de la faillite, aussi bien que l'obligation qu'elle garantissait ; — Que le tribunal eût donc dû se borner à prononcer la nullité de l'obligation en vertu des dispositions de l'art. 446 c. com., et qu'il y a lieu, tout en maintenant le jugement attaqué dans ses parties essentielles, de le réformer en tant qu'il a ordonné la radiation de l'inscription prise ; — Par ces motifs, etc.

Du 2 mai 1884.-C. de Besançon.-1re ch.-MM. Chauffour, 1er pr.-Besson, subst. proc. gén.-Pfortner et Belin, av.

(1) (Comptoir d'escompte de Lorient C. consorts Mathourais). — La cour ; — Considérant que c'est à bon droit que les premiers juges ont déclaré nulle, en tant que nouvelle, l'inscription du privilège de vendeur prise le 4 août 1884, au profit des consorts Mathourais, par le motif qu'il n'avait pas été satisfait aux exigences de l'art. 2148, notamment en ce qui concerne l'indication de l'époque d'exigibilité du prix ; — Mais considérant que cette même inscription du 4 août doit, au contraire, être réputée valable en tant qu'opérée un renouvellement de l'inscription d'office prise pour 18 000 fr. le 8 mars 1875, et à laquelle elle se réfère expressément ; que la mention, insérée dans celle-ci, que

ladite somme était payable en divers termes dont le dernier devait échoir en janvier 1885, suffit à remplir le vœu de l'art. 2148 ; qu'en tous cas, il était facile aux tiers, à qui ces énonciations auraient paru incomplètes, de se reporter à la transcription de l'acte de vente opérée le même jour que l'inscription d'office ; qu'il importe peu d'ailleurs que l'inscription du 4 août ait été prise au profit des vendeurs originaires au lieu de l'être à la requête de leurs héritiers ou pour le compte de leur succession indivise, circonstance qui n'était nullement de nature à induire les tiers en erreur ; — Considérant que le privilège du vendeur a donc été conservé en principe, du moins pour 18 000 fr.

Sur la validité de la clause de l'acte de vente concernant la condition rigoureusement imposée aux acquéreurs de ne consentir, avant leur complète libération, aucune hypothèque sur l'immeuble vendu ; — Adoptant les motifs des premiers juges, et considérant que cette prohibition avait pour but, comme l'ont exprimé les parties, de fournir aux vendeurs une plus grande sécurité, c'est-à-dire de les assurer contre les effets de la déchéance possible de leur privilège, d'où suit que les tiers à qui des hypothèques ont été consenties au mépris de cette clause parfaitement valable, s'ils peuvent s'en prévaloir entre eux, ne sont pas admissibles à les opposer aux vendeurs ; — Considérant qu'il en doit être de même de la subrogation à l'hypothèque légale de la dame Leclerc, consentie au profit du Comptoir de Lorient ; qu'il s'agit bien ici d'une hypothèque purement conventionnelle à son origine, qui n'a fait que se juxtaposer à côté de l'hypothèque légale, et dont la nature n'a point été changée, si son efficacité pouvait s'accroître par l'effet de la subrogation ; — Considérant qu'en vain prétendrait-on que le vendeur, qui n'a point formellement exclu l'hypothèque légale, n'a pas d'intérêt à écarter cette hypothèque conventionnelle qui se confond en définitive avec elle, et qu'il lui est indifférent que la dame

acta à l'égard des créanciers qui ont obtenu un droit d'hypothèque sur l'immeuble (V. en ce sens, Gillard, n° 205).

831. — II. Personnes capables d'hypothéquer, bien qu'elles ne puissent pas aliéner. — Par exception, certaines personnes qui ne sont pas capables d'aliéner peuvent cependant hypothéquer.

832. — 1° *Mineur commerçant.* — En vertu de l'art. 6 c. com., le mineur émancipé autorisé à faire le commerce est pleinement capable d'hypothéquer ses immeubles pour les opérations de son commerce, bien qu'il ne puisse les aliéner qu'en suivant les formalités prescrites pour la vente des biens de mineurs (V. *Rép.* n° 1214). Suivant plusieurs auteurs, cette distinction est difficile à justifier : il eût été plus logique et en même temps plus juridique, comme la remarque en a été faite par Bérenger et Berlier au conseil d'Etat, d'accorder au mineur commerçant, comme on l'a accordé à la femme marchande publique, le droit absolu de disposer de ses biens pour les besoins de son commerce; sinon, il fallait maintenir son incapacité pour la constitution d'hypothèque comme pour l'aliénation (V. Locré, *Législation civile*, t. 17, p. 136 et suiv.; Laurent, t. 30, n° 490 *bis*; Lyon-Caen et Renault, *Précis de droit commercial*, t. 1, n° 168; Gillard, n° 181). En tout cas, le droit d'hypothéquer accordé au mineur commerçant ne peut être étendu par analogie au mineur émancipé qui exerce une profession non commerciale (*Rép.* n° 1215).

833. — 2° *Mari commun en biens, en cas d'ameublissement, jusqu'à concurrence d'une certaine somme.* — Lorsque, dans un contrat de mariage où les époux ont adopté le régime de la communauté, la femme a déclaré ameublir un ou plusieurs immeubles ou même tous ses immeubles jusqu'à concurrence d'une certaine somme, le mari n'a pas le droit d'aliéner ces immeubles, mais il peut les hypothéquer, jusqu'à concurrence de la somme fixée, sans le concours de la femme (c. civ. art. 1507 et suiv.) (V. *suprà*, v° *Contrat de mariage*, n° 1029).

834. — 3° *Débiteur saisi immobilièrement.* — Aux termes de l'art. 686 c. proc. civ., la partie saisie ne peut, à compter du jour de la transcription de la saisie, aliéner les immeubles saisis, à peine de nullité et sans qu'il soit besoin de la faire prononcer. On admet généralement que, malgré cette disposition, le débiteur conserve le droit de conférer des hypothèques sur les immeubles saisis. Dans la discussion de la loi du 2 juin 1841, qui a revisé le titre de la saisie immobilière, la proposition d'ajouter à la défense d'aliéner celle d'hypothéquer a été rejetée; on en infère qu'aujourd'hui le droit pour le débiteur saisi de constituer des hypothèques n'est plus contestable (V. *Rép.* n° 1777, v° *Vente publique d'immeubles*, n° 665; Persil, *Commentaire de la loi du 2 juin 1841*, p. 131 et suiv.; Pont, t. 1, n° 353, et t. 2, n° 623; Aubry et Rau, t. 3, § 266, p. 271, note 37; Boitard et Colmet-Daâge, *Leçons de procédure civile*, t. 2, n° 932). Ce droit est néanmoins contesté par quelques auteurs. N'est-il pas étrange, dit M. Glasson, qu'un créancier chirographaire qui a pratiqué une saisie immobilière ait le droit de demander la nullité des aliénations ou des constitutions de servitudes, consenties après la transcription de la saisie, et qu'il n'ait pas celui d'attaquer les hypothèques nées après la même époque? Celui qui est incapable d'aliéner est par cela même incapable aussi de consentir des charges réelles telles que l'hypothèque. Il faudrait un texte formel pour qu'on pût s'écarter de ce principe fondamental. Or, ce texte n'existe pas, et les explications échangées dans la discussion d'une loi ne sauraient le remplacer (*Leçons de procédure civile*, par MM. Boitard et Colmet-Daâge, édit. de 1885, p. 367, note. — V. dans le même sens, Gillard, n° 164. V. aussi *infrà*, v° *Vente publique d'immeubles*).

835. — III. Ratification de l'hypothèque annulable pour cause d'incapacité du constituant. — L'hypothèque consentie par celui qui n'avait pas la capacité d'aliéner ou d'hypothéquer est susceptible d'être confirmée ou ratifiée par le constituant quand son incapacité a cessé (c. civ. art. 1338). — En ce qui concerne les conditions nécessaires à la validité de la ratification, V. *infrà*, n° 860.

836. La confirmation ou ratification, quand elle réunit les conditions exigées par la loi, a pour effet de valider l'hypothèque dès le jour où elle a été constituée. Il en est ainsi, du moins, à l'égard du constituant et de ses créanciers chirographaires. Mais on n'est pas d'accord sur le point de savoir si l'effet rétroactif de la confirmation se produit même à l'égard des tiers qui ont acquis sur l'immeuble, depuis l'acte confirmé, des hypothèques ou d'autres droits réels. — Suivant un premier système, qui a été adopté au *Rép.* n° 1232 et suiv., la confirmation n'a pas d'effet rétroactif au préjudice des tiers acquéreurs ou créanciers hypothécaires, parce que, en traitant avec eux, le constituant a perdu le droit de consentir un nouvel acte pouvant anéantir ou restreindre les effets de celui qu'il passait. Cette solution peut, du reste, s'appuyer sur le dernier paragraphe de l'art. 1338, qui, après avoir indiqué que la confirmation emporte renonciation aux moyens et exceptions que l'on pouvait opposer contre l'acte confirmé, ajoute: « sans préjudice néanmoins du droit des tiers » (V. en ce sens, les auteurs cités au *Rép.* n° 1232, et les arrêts cités n° 1234, et en outre, Montpellier, 6 janv. 1866, aff. Tissié-Sarrus, D. P. 66. 2. 41; Marcadé, *Explication du code civil*, art. 1338, n° 4; Larombière, *Traité des obligations*, art. 1338, n° 53 et suiv.; Thézard, n° 56).

Bien que cette première opinion soit celle en faveur de laquelle la jurisprudence semble se prononcer, elle est cependant combattue par beaucoup d'auteurs. Ces auteurs, en général, considèrent qu'en hypothéquant l'immeuble ou même en le ratifiant avant de confirmer l'hypothèque annulable, le constituant n'a pas nécessairement renoncé à consentir par la suite cette confirmation, parce que le maintien de l'hypothèque qui pouvait être annulée n'est pas incompatible avec la nouvelle hypothèque constituée ou avec l'aliénation de l'immeuble. Quant à l'argument tiré par l'opinion contraire de l'art. 1338, on le repousse en disant que les tiers ont été avertis par l'inscription de l'existence de l'hypothèque annulable; qu'ils ont su ainsi que cette hypothèque pouvait être validée, et que par conséquent ils n'ont pas un droit acquis auquel la confirmation puisse préjudicier. On ajoute enfin que la confirmation expresse doit produire autant d'effet que la confirmation tacite qui résulte de la prescription de l'action en nullité; or, de l'avis presque unanime des auteurs, la prescription accomplie conformément à l'art. 1304 c. civ. rend l'hypothèque pleinement valable *ergà omnes* (V. Paris, 15 déc. 1830, *Rép.* n° 1235; Valette, sur Proudhon, *De l'état des personnes*, t. 2, p. 501; Pont, t. 2, n° 616; Labbé, *De la ratification des actes d'un gérant d'affaires*, n° 74; Gillard, n° 169). — MM. Aubry et Rau, t. 3, § 266, p. 269 et suiv., se rattachent à cette dernière opinion en considérant que la confirmation valide l'hypothèque annulable au regard des créanciers auxquels le constituant a conféré d'autres hypothèques ou même avant l'acte de confirmation. Mais, en même temps, ils enseignent que la confirmation ne peut plus avoir lieu après l'aliénation de l'immeuble par le constituant. Ils concèdent, par conséquent, que cette aliénation implique de la part du constituant la renonciation au droit de ratifier l'hypothèque. Mais, comme nous l'avons déjà montré *suprà*, n° 783, à propos de la ratification de l'hypothèque constituée par celui qui s'est porté fort pour le propriétaire, une telle renonciation n'est guère moins présumable dans le cas où le

---

Leclerc produise à l'ordre par elle-même ou par un subrogé; qu'à cela il est facile de répondre qu'ayant été partie au contrat de vente, et, s'étant obligée solidairement avec son mari au payement du prix, la dame Leclerc n'aurait pu se prévaloir contre les vendeurs de son droit d'hypothèque tant qu'elle n'était pas libérée envers eux; qu'à ce point de vue, les consorts Mathourais n'avaient rien à craindre de l'hypothèque de la femme et que l'on comprend aisément qu'ils ne s'en soient pas préoccupés; mais que la situation devenait tout autre, dès lors

qu'elle se substituait à un tiers qui, n'étant point tenu au payement du prix, eût pu agir sans se heurter, comme elle, à une fin de non-recevoir et primer les vendeurs eux-mêmes, en supposant périmés leur privilège et leur action résolutoire; — Attendu qu'il y avait là, pour les consorts Mathourais, une éventualité périlleuse contre laquelle il appert, tant des termes que de l'esprit de l'acte du 24 févr. 1875, qu'ils ont entendu se prémunir; — Par ces motifs, etc.

Du 21 juill. 1888.-C. de Rennes.

constituant hypothèque l'immeuble que dans celui où il l'aliène (Comp. la note de M. Garsonnet, sous Civ. cass. 13 déc. 1875, aff. Dupasquier, D. P. 76. 1. 97).

837. Quant à la question de savoir si la confirmation doit être énoncée dans l'inscription ou mentionnée en marge, pour être opposable aux tiers, V. *infra*, n° 1048.

838. La nullité résultant du défaut de capacité chez le constituant peut encore être couverte par la prescription de l'action en nullité (c. civ. art. 1304. V. *suprà*, v° *Obligations*, n°s 1313 et suiv.). On est d'accord pour reconnaître que la prescription efface la nullité rétroactivement, même à l'égard des tiers qui ont acquis des droits pendant l'intervalle entre l'acte constitutif et l'accomplissement du délai. « La prescription, dit M. Thézard, n° 56, fait considérer l'acte qu'elle confirme comme ayant toujours été valable; elle oppose une fin de non-recevoir absolue à tout droit contraire; du moment où ceux qui pouvaient faire valoir la nullité ont laissé écouler le temps fixé par la loi sans la faire prononcer, ils en sont définitivement déchus ».

Art. 2. — *Des actes par lesquels l'hypothèque conventionnelle peut être constituée* (Rép. n°s 1240 à 1285).

839. Aux termes de l'art. 2127 c. civ., l'hypothèque conventionnelle ne peut être consentie que par acte passé en forme authentique, devant deux notaires ou devant un notaire et deux témoins (V. *Rép.* n°s 1243 et suiv.). Un acte notarié ordinaire est d'ailleurs suffisant; la loi du 21 juin 1843 ne range pas les actes constitutifs d'hypothèque parmi ceux pour lesquels il est nécessaire que le second notaire ou les deux témoins instrumentaires soient réellement présents au moment de la lecture et de la signature de l'acte. On admet généralement aujourd'hui qu'un acte portant constitution d'hypothèque peut être passé en brevet (*Rép.* n° 1255; Alger, 7 mai 1870, aff. Tabet et Dubois, D. P. 71, 2. 1; Pont, t. 2, n° 665; Aubry et Rau, t. 3, § 266, p. 273, note 46; Laurent, t. 30, n° 432; Baudry-Lacantinerie, t. 3, n° 1315; Gillard, n° 214). En Belgique, d'après M. Laurent, *loc. cit.*, la constitution d'hypothèque doit être reçue en minute.

840. Suivant la jurisprudence, la constitution d'hypothèque est valable, comme si elle avait été passée par acte notarié, lorsque, consentie dans un acte sous seing privé, cet acte a été reconnu devant notaire par les parties, ou lorsqu'il a été déposé par elles entre les mains d'un notaire, qui a dressé acte de dépôt. Il suffit même que le dépôt ait été effectué par le constituant seul, soit en la présence, soit en l'absence du créancier, et régulièrement constaté par le notaire; l'hypothèque est valable du jour de l'acte de dépôt (V. les arrêts cités au *Rép.* n°s 1244 et suiv.). Il a encore été jugé, en ce sens, que, quand les statuts sous seing privé d'une société anonyme sont déposés dans les minutes d'un notaire qui constate l'accomplissement de cette formalité, ils prennent le caractère d'un acte notarié; qu'en conséquence, s'ils confèrent aux membres du conseil d'administration le mandat de consentir des garanties hypothécaires en faveur des tiers, ce mandat est revêtu de la forme authentique exigée par la loi, pour la validité de la concession d'hypothèque (Paris, 5 déc. 1885, aff. Syndic de la société métallurgique du Tarn-et-Garonne, D. P. 87. 2. 55, et sur pourvoi, Civ. rej. 3 déc. 1889, D. P. 90. 1. 405. V. aussi Paris, 5 déc. 1887, aff. Synd. de la fonderie générale de Grenelle, D. P. 89. 2. 185). — Cette solution de la jurisprudence est approuvée par la plupart des auteurs (V. Pont, t. 2, n° 664; Aubry et Rau, t. 3, § 266, p. 273; Larombière, *Traité des obligations*, t. 5, art. 1317, n° 40; Thézard, n° 58-4°; Gillard, n° 228). Telle était déjà l'opinion de Pothier qui dit, dans son *Traité de l'hypothèque*, n° 19 : « Les actes sous signature privée, lorsqu'ils sont déposés chez un notaire, et reconnus par les parties qui les ont souscrits, produisent hypothèque du jour de l'acte de reconnaissance qu'en dresse le notaire; car, quoique ces actes sous signature privée ne soient par eux-mêmes munis d'aucune autorité publique qui puisse produire l'hypothèque, ils le deviennent par l'acte de reconnaissance qui en est fait par-devant notaire ». M. Colmet de Santerre, t. 9, n° 95 *bis*-IV, émet pourtant un avis contraire : « Le législateur, dit-il, veut que les parties soient conseillées au moment même où elles font leurs

conventions; le conseil résulte forcément du rôle actif que remplit le notaire quand il est le rédacteur de l'acte. S'il ne fait que recevoir un dépôt, il joue un rôle passif : rien ne l'oblige à étudier l'acte dont il accepte le dépôt, rien ne prouve qu'il l'a lu et médité; sa responsabilité est donc bien moins engagée, et sa présence ne produit plus l'effet que la loi en attendant. Ces différences ont certainement été aperçues et appréciées par le législateur, car le texte de l'art. 2127 est des plus formels : l'hypothèque ne peut être *consentie que par acte passé en forme authentique*. L'acte authentique doit donc avoir été passé pour constater la convention même d'hypothèque; or, l'acte de dépôt ne constate pas la convention, mais la remise matérielle d'un écrit antérieurement passé pour constater une convention préexistante » (V. aussi en ce sens : Bugnet, sur Pothier, *loc. cit.*; Baudry-Lacantinerie, t. 3, n° 1316). Cette dernière opinion nous paraît attacher une importance exagérée à la formule employée par l'art. 2127. Ce que le législateur a voulu, en somme, c'est que la constitution d'hypothèque fût constatée par acte authentique. Il l'a voulu surtout pour assurer la sincérité des signatures; il l'a voulu aussi, sans doute, pour que le constituant fût éclairé, au besoin, par un officier public, au moment où il consent l'hypothèque. Or, dans le système qui admet que l'hypothèque peut résulter d'un acte sous seing privé déposé chez un notaire, l'hypothèque n'est réellement constituée que par l'acte de dépôt; elle ne prend naissance que par l'effet de cet acte. Le constituant peut donc très bien recevoir les conseils du notaire. Il est déjà lié, il est vrai, par l'obligation qu'il a contractée, et s'il refuse d'effectuer le dépôt, il s'expose à être poursuivi par son créancier; mais c'est la situation de tout débiteur qui s'est obligé, même par acte sous seing privé.

841. Bien que l'hypothèque conventionnelle ne puisse s'établir que par acte authentique, la promesse de constituer une hypothèque est valable sous quelque forme qu'elle ait lieu; elle peut être constatée par un acte sous seing privé ou même par une simple lettre (*Rép.* n° 1256; Req. 5 nov. 1860, aff. Legras, D. P. 61. 1. 300; Pont, t. 2, n° 658; Aubry et Rau, t. 3, § 266, p. 275; Laurent, t. 30, n° 453; Thézard, n° 58; Baudry-Lacantinerie, t. 3, n° 1316). Une telle promesse engendre une obligation de faire, dont le créancier peut réclamer l'exécution devant les tribunaux : à défaut par le débiteur de consentir l'hypothèque promise par acte notarié, il sera déchu du terme et condamné au payement immédiat de la créance, et tous ses biens seront alors affectés de l'hypothèque judiciaire. Pour échapper à cette hypothèque générale, il aurait intérêt à fournir l'hypothèque convenue, s'il ne s'était pas engagé à l'étendre même à ses biens à venir. Suivant M. Gillard, n° 252, dont l'opinion nous paraît fondée, le tribunal ne pourrait pas décider que, faute par le promettant de passer l'acte d'hypothèque dans tel délai, le jugement en tiendrait lieu. L'intervention du juge ne peut remplacer celle du notaire, seule admise par l'art. 2127 c. civ. pour la constitution de l'hypothèque conventionnelle.

842. La nécessité d'un acte notarié n'existe que pour la constitution de l'hypothèque, mais non pour la constatation de la créance que l'hypothèque est destinée à garantir. D'ordinaire, cette créance est établie dans le même acte que l'hypothèque; mais elle peut être constatée par un acte séparé, et il n'est pas nécessaire que cet acte soit notarié (Aubry et Rau, t. 3, § 266, p. 274). — L'acte constitutif de l'hypothèque doit, toutefois, spécifier la créance pour laquelle l'hypothèque est constituée (c. civ. art. 2132). La cour de cassation a cassé à bon droit un arrêt dans lequel les juges du fait s'étaient appuyés sur des conventions constatées par un acte sous seing privé, pour étendre une hypothèque à d'autres sommes que celle mentionnée dans l'acte constitutif (Civ. cass. 1er déc. 1852, aff. Syndics Tesnières, D. P. 54. 1. 275. V. toutefois, Req. 7 déc. 1880, aff. Faillite Vias, D. P. 81. 1. 312).

843. Il n'est pourtant pas nécessaire que le *quantum* de la créance garantie soit déterminé dans l'acte authentique. Une hypothèque, en effet, peut être constituée pour sûreté d'une créance non encore liquidée, d'une créance de dommages-intérêts, par exemple. L'art. 2132 c. civ., qui prévoit le cas, impose alors au créancier l'obligation d'évaluer la créance dans l'inscription. La liquidation de cette créance

n'est donc pas exigée dans l'acte constitutif; elle pourra résulter d'un acte séparé, même sous seing privé (Thézard, n° 58; Baudry-Lacantinerie, t. 3, n° 1317; Gillard, n° 208).

844. D'après une jurisprudence contraire à celle qu'avait adoptée autrefois la cour de cassation, mais qui semble aujourd'hui bien établie, la procuration à l'effet de consentir une hypothèque doit être rédigée dans la forme authentique, comme l'acte constitutif d'hypothèque lui-même, et l'hypothèque constituée par un mandataire en vertu d'une procuration sous seing privé est nulle (V. *Rép.* n°s 1263 et suiv.; Civ. rej. 7 févr. 1854, aff. De Barante, D. P. 54. 1. 49; Civ. cass. 12 nov. 1855, aff. Dumoulin, D. P. 55. 1. 483; Amiens, 9 avr. 1856, aff. Coulbeau, D. P. 57. 2. 20; Toulouse, 9 juill. 1859, aff. Ansas, D. P. 59. 2. 201; Req. 19 janv. 1864, aff. Beyssac et Gauthier, D. P. 64. 1. 292; Bordeaux, 26 avr. 1864, aff. Calvet et Parre, D. P. 64. 2. 220. *Adde* les arrêts cités *infrà*, n° 845, et les conclusions de M. l'avocat général Desjardins, sous Civ. rej. 23 déc. 1885, aff. Caisse industrielle du Nord, L. Dupont et comp., D. P. 86. 1. 97. V. aussi en ce sens : Pont, t. 1, n° 470, et t. 2, n° 657; Aubry et Rau, t. 3, § 266, p. 274, note 49; Colmet de Santerre, t. 9, n° 94 *bis*-V; Thézard, n° 58-2°; Gillard, n° 231. — *Contrà*: Marcadé, *Revue critique*, 1852, t. 2, p. 199 et suiv.; Pascaud, *Revue critique*, 1882, p. 157 et suiv.).

845. C'est surtout à propos des emprunts hypothécaires contractés par les sociétés civiles ou commerciales que la nécessité d'un mandat authentique pour la constitution d'hypothèque a été affirmée par la jurisprudence dans ces dernières années, jusqu'à la loi du 1ᵉʳ août 1893 (V. *infrà*, n° 847).

Plusieurs hypothèses doivent ici être distinguées. — Tout d'abord, il pourrait se faire que les membres de la société, réunis en assemblée générale, hypothéquassent eux-mêmes, directement, les immeubles sociaux. Dans ce cas, sur lequel la jurisprudence n'a pas eu à statuer, il est certain que l'acte constitutif d'hypothèque, qui se confondrait avec le procès-verbal de l'assemblée générale des associés, devrait être un acte notarié. C'est l'application pure et simple de l'art. 2127 c. civ.

Il peut se faire, en second lieu, que l'assemblée générale des associés ou actionnaires donne pouvoir à un de ses membres, à un gérant ou même à un tiers, de consentir une hypothèque au nom de la société sur les biens sociaux. Ici évidemment la doctrine de la jurisprudence sur la nécessité d'une procuration authentique à l'effet d'hypothéquer se trouve applicable. La délibération de l'assemblée générale conférant le pouvoir d'hypothéquer doit être revêtue de la forme authentique. Il a été jugé, en ce sens : 1° que l'hypothèque constituée par les administrateurs d'une

société anonyme, en vertu d'une délibération de l'assemblée générale des actionnaires, n'est pas valable lorsque la délibération n'a pas été constatée par acte notarié (Paris, 5 juill. 1877, aff. Synd. des Sucreries de Sermaize, D. P. 77. 2. 168); — 2° Qu'il en est de même de l'hypothèque constituée par le gérant d'une société en commandite, en vertu d'une délibération de l'assemblée générale des associés, non constatée dans la forme authentique (Paris, 7 août 1880 (1); Douai, 4 mars 1880, et sur pourvoi, Req. 15 nov. 1880, aff. Marteau, D. P. 81. 1. 118); — 3° Que le délégué du conseil d'administration d'une société anonyme ne peut, à peine de nullité, conférer une hypothèque sur les immeubles sociaux que s'il est muni d'un pouvoir authentique à cet effet (Req. 27 juin 1881, aff. Société civile des bons hypothécaires des forges de Liverdun, D. P. 82. 1. 175; Civ. cass. 29 juin 1881, aff. Faillite de la société des Thermes d'Enghien, D. P. 82. 1. 416, et sur renvoi, Orléans, 11 mai 1882, D. P. 83. 5. 288).

Une troisième hypothèse est celle où le pouvoir général d'hypothéquer est donné aux gérants par l'acte constitutif de la société ou par une délibération de l'assemblée générale des associés, ayant modifié ou complété sous ce rapport l'acte de société. Aux termes de l'art. 1834 c. civ., comme de l'art. 39 c. com. et des art. 2 et 47 de la loi du 24 juill. 1867, un acte sous seing privé est toujours suffisant pour la constitution d'une société civile ou commerciale. D'autre part, toute société pouvant acquérir, posséder et aliéner des immeubles, doit par cela même pouvoir les hypothéquer. Pour la constitution d'hypothèque, comme pour tout autre acte, une société ne peut agir que par le fait de ses gérants. Mais si l'acte constitutif de la société a été passé par acte sous seing privé, les gérants qui tiennent leurs pouvoirs de cet acte pourront-ils valablement consentir une constitution d'hypothèque? Avant la loi du 1ᵉʳ août 1893, cette question était controversée. Pour l'affirmative, on disait que la loi, en permettant de constituer une société par acte sous seing privé, a par cela même permis d'insérer valablement dans les contrats de société passés sous cette forme toutes les clauses qui rentrent dans la nature de cet acte, qui en sont les conditions essentielles ou tout au moins naturelles; or la clause qui permet aux gérants d'hypothéquer les immeubles sociaux rentre évidemment dans ces conditions; elle est une des parties intégrantes de l'acte de société et ne doit, par conséquent, pas être assujettie à d'autres formalités que celles requises pour la validité de l'acte lui-même (V. en ce sens : Rataud, *Revue critique*, 1882, p. 209; Labbé, note sous Civ. cass. 23 déc. 1885; Gillard, n°s 234 et suiv.). — Mais la cour de cassation n'avait pas admis ce système. Elle a jugé que « le gérant d'une société en commandite, qui consent, au nom

---

(1) (Maillard, syndic de la Société des Forges de Liverdun C. Société des bons hypothécaires de Liverdun.) — Le 19 déc. 1874, une assemblée générale de la Société des Forges de Liverdun a conféré au conseil d'administration de cette société le pouvoir général d'hypothéquer les immeubles sociaux. Par une délibération du 18 mars 1876, le conseil d'administration a chargé spécialement un de ses membres, le sieur Piedferré, de consentir des hypothèques au profit de la Société des Bons hypothécaires de Liverdun. Plus tard, la Société des Forges étant tombée en faillite, le syndic a demandé la nullité des hypothèques, en soutenant qu'elles avaient été constituées contrairement aux stipulations de l'acte social et par un mandataire dont le pouvoir n'était pas constaté par acte authentique. Le tribunal civil de la Seine a statué en ces termes : — « Au fond : — En ce qui touche la prétendue nullité de l'assemblée générale du 19 déc. 1874 : — Attendu qu'aux termes des statuts originaires (art. 25) le conseil d'administration de la Société des forges de Liverdun ne pouvait, sans l'assentiment de l'assemblée générale, engager ni hypothéquer les immeubles sociaux; que la décision de l'assemblée générale du 19 déc. 1871 a modifié cet article en autorisant le conseil d'administration à hypothéquer les immeubles sociaux, sauf à en rendre compte à l'assemblée générale dans la plus prochaine réunion; — Attendu que cette modification ne saurait être considérée comme ayant altéré les bases constitutives de la société; qu'elle n'a eu, ni pour but ni pour effet, de modifier dans son ensemble le pacte social; que la conséquence était uniquement d'étendre les pouvoirs du conseil d'administration, en lui conférant la faculté de faire, sans autorisation préalable, des opérations que les statuts avaient prévues à l'origine; d'où il suit que l'unanimité des actionnaires n'était pas nécessaire pour que la délibération attaquée fût valable; — En ce qui touche la nullité de la constitution hypothécaire :

— Attendu que le conseil d'administration ayant agi en vertu des pouvoirs statutaires, et non point d'un mandat qui lui aurait été donné par l'assemblée-générale, il n'échet d'examiner si cette assemblée a pu donner ce consentement sans recourir à un acte authentique; — Mais attendu qu'il est établi et d'ailleurs non contesté que le conseil d'administration n'a pas conféré lui-même l'hypothèque, comme il l'aurait pu par un acte authentique; qu'il s'est borné, dans sa délibération du 18 mars 1876, à déléguer un de ses membres, le sieur Piedferré, pour réaliser des affectations hypothécaires sur les immeubles de la société; que, sans examiner la régularité du mandat, ainsi donné dans une note marginale, il est constant que Piedferré, qui a seul consenti les hypothèques, n'a jamais reçu un mandat authentique; — Attendu qu'aux termes de l'art. 2127 c. civ., l'hypothèque conventionnelle ne peut être consentie que par acte passé en forme authentique; que cette disposition précise, générale et exclusive de toute distinction, exige que l'expression entière du consentement à l'hypothèque soit constatée au moyen des conditions d'authenticité; que ce serait méconnaître cette disposition que d'admettre que l'acte de procuration, qui peut constater le consentement du débiteur, puisse être donné sous seing privé; que par suite il y a lieu de déclarer nulle l'hypothèque consentie au profit de la Société civile des bons de Liverdun.

Par ces motifs;

Déclare nulle et de nul effet l'hypothèque consentie par la Société des forges de Liverdun au profit de la Société des bons hypothécaires, etc. — Appel par la Société des bons hypothécaires de Liverdun.

La cour; — Adoptant les motifs des premiers juges; — Confirme, etc.

Du 7 août 1880. — C. de Paris, 4ᵉ ch.-MM. Sénart, pr.-Lebrasseur et Leberquier, av.

de la société, hypothèque sur les immeubles sociaux, agit comme mandataire de la société ; que le gérant d'une société en commandite ne tient pas de la loi, ni des règles générales de cette sorte de société, le pouvoir d'hypothéquer ; que, si ce pouvoir, qui dépasse les pouvoirs ordinaires d'administration d'un gérant, lui est conféré par la volonté sociale, soit dans les statuts, soit dans les délibérations des assemblées ou des conseils de la société, l'acte qui exprime cette volonté constitue un mandat spécial, c'est-à-dire le pouvoir de faire exceptionnellement, au nom et pour le compte d'autrui, un acte juridique que le propriétaire avait seul le droit de faire » ; d'où la cour suprême concluait que l'hypothèque consentie par le gérant de la société était nulle lorsque les statuts qui lui donnaient le pouvoir d'hypothéquer avaient été passés par acte sous seing privé (Civ. rej. 23 déc. 1885, aff. Caisse industrielle du Nord, L. Dupont et comp. D. P. 86. 1. 97). V. dans le même sens les conclusions de M. l'avocat général Desjardins, D. P. ibid.). Conformément à la doctrine consacrée par cet arrêt, la cour de Paris a déclaré nulle, pour défaut d'authenticité, l'hypothèque consentie par des administrateurs d'une société anonyme, en vertu de pouvoirs à eux donnés par le conseil d'administration, à raison de ce que le conseil d'administration n'avait reçu lui-même le pouvoir d'hypothéquer que par la délibération d'une assemblée générale extraordinaire, modificative des statuts, non constituée par acte authentique (Paris, 5 déc. 1887, aff. Syndic de la fonderie générale de Grenelle, D. P. 89. 2. 185).

846. S'il était nécessaire que l'acte de société qui conférait aux gérants le pouvoir d'hypothéquer fût authentique, fallait-il encore que les procurations données par les associés qui n'avaient pas comparu en personne à cet acte eussent été également passées par-devant notaire ? L'affirmative semblait résulter logiquement du système de la jurisprudence. L'authenticité de l'acte de société ne pouvait être, en effet, complète que si toutes les signatures des associés avaient été reçues par un officier public. Aussi, dans l'espèce sur laquelle avait statué l'arrêt de la cour de cassation du 23 déc. 1885, cité supra, n° 845, la cour de Douai avait annulé une hypothèque constituée par le gérant en vertu d'une délibération statutaire qui avait été constatée par un acte notarié, mais dans laquelle la majorité des actionnaires n'avaient été représentés que par des mandataires munis de procurations sous seing privé. Dans cette situation, la cour avait pensé que l'hypothèque était nulle pour le tout, bien qu'une partie des associés eussent été valablement représentés à l'assemblée, parce que la part indivise des membres d'une société de commerce n'est pas susceptible d'être hypothéquée (V. supra, n° 805), et qu'il ressortait d'ailleurs des circonstances de la cause que chacun des associés avait entendu subordonner la constitution de l'hypothèque à la condition que toutes les parts seraient, sans exception aucune, frappées d'une seule et même affectation hypothécaire (V. les motifs de l'arrêt de Douai, du 20 déc. 1883, aff. Caisse industrielle du Nord, D. P. 86. 1. 97). — Mais la cour de cassation n'a pas poussé jusque-là les conséquences de son système. Elle a considéré qu'« il importait peu que, parmi les personnes qui avaient constitué

la société, quelques-unes eussent comparu à l'acte constitutif par des mandataires munis de pouvoirs sous seing privé, puisque c'était la société dûment constituée qui avait donné au gérant le pouvoir d'hypothéquer les immeubles de cette société ». En conséquence, l'arrêt de Douai a été cassé en tant qu'il avait déclaré nulle l'hypothèque constituée par le gérant en vertu d'une délibération passée devant notaire, mais à laquelle avaient participé des mandataires munis de procuration sous seing privé (V. Civ. cass. 23 déc. 1885, aff. Caisse industrielle du Nord, D. P. 86. 1. 97). Si cette solution avait l'avantage d'éviter de grandes difficultés pratiques, elle concordait difficilement avec le système qui exigeait que l'acte de société fût rédigé en la forme notariée quand il permettait aux gérants d'hypothéquer les immeubles sociaux. On a remarqué avec raison que le motif donné par la cour de cassation pour justifier sa dernière solution pouvait être facilement retourné contre la première. Quant à l'acte de société sous seing privé, c'est aussi « la société dûment constituée qui donne au gérant le pouvoir d'hypothéquer les immeubles de cette société » (V. la note sous l'arrêt précité).

847. Du reste, la question est maintenant résolue législativement. La loi du 1er août 1893 (D. P. 93. 4. 68), qui a modifié celle du 24 juill. 1867 sur les sociétés par actions, a ajouté à cette dernière loi l'article suivant : « Art. 69. Il pourra être consenti hypothèque au nom de toute société commerciale en vertu des pouvoirs résultant de son acte de formation même sous seing privé, ou des délibérations ou autorisations constatées dans les formes réglées par ledit acte. L'acte d'hypothèque sera passé en forme authentique, conformément à l'art. 2127 c. civ. » (V. infra, v° Sociétés).

848. On a vu supra, n° 844, que la jurisprudence assimile, pour la validité d'une constitution d'hypothèque, un acte sous seing privé déposé par les parties chez un notaire à un acte reçu directement par le notaire. Par application de cette doctrine, il suffisait, dès avant la loi de 1893, que les statuts sociaux qui donnaient aux gérants le pouvoir d'hypothéquer, ou la délibération de l'assemblée des actionnaires qui autorisait la constitution d'hypothèque, eussent été déposés au rang des minutes d'un notaire. Il a été jugé, en effet, que, lorsque les statuts d'une société anonyme stipulent expressément que les immeubles sociaux seront affectés à la garantie des obligations à émettre et autorisent les administrateurs de la société à faire tous actes d'emprunt et d'affectation hypothécaire, ces administrateurs peuvent valablement conférer une hypothèque, en vertu de ces pouvoirs généraux, authentiquement constatés par les statuts sous seing privé, déposés au rang des minutes d'un notaire, qui a dressé acte de l'accomplissement régulier du dépôt (Paris 5 déc. 1885, aff. Syndic de la faillite de la Société métallurgique de Tarn-et-Garonne, D. P. 87. 2. 55, et sur pourvoi, Civ. rej. 3 déc. 1889, D. P. 90. 1. 105). — Mais fallait-il que le dépôt eût été effectué directement par tous les associés ou par un mandataire auquel tous eussent donné une procuration authentique ? Un arrêt a admis que le dépôt effectué par un mandataire muni d'une simple procuration sous seing privé était suffisant (Rennes, 29 oct. 1885) (1). Cette décision toutefois n'était, selon

<hr>

(1) (Leroux C. Elizalde.) — Le 11 nov. 1879, par acte reçu de Me Vérant, notaire à Morlaix, trois administrateurs de la Société anonyme des Sucreries de l'Ouest ont consenti une hypothèque sur les immeubles sociaux en faveur du sieur Leroux, banquier, pour la garantie d'un crédit de 500 000 fr. ouvert par celui-ci à la société. Il était stipulé dans l'acte que la ratification du conseil d'administration serait donnée suivant les formes indiquées par les statuts de la société. Cette ratification fut donnée, en effet, trois jours après, le 14 novembre, par une délibération du conseil d'administration, constatée par acte sous signatures privées et dont une expédition, certifiée conforme par le président, fut adressée au notaire Vérant pour être déposée au rang de ses minutes. Le dépôt en fut effectué le 18 novembre, par le sieur Delestre, clerc de notaire. Plus tard, le conseil d'administration de la même société, par un acte authentique en date du 4 mars 1881, chargea le sieur Guérin, l'un de ses membres, de contracter un emprunt hypothécaire, qui fut réalisé le 11 du même mois, devant Me Guitton, notaire à Nantes. Le montant de cet emprunt, qui était de 500 000 fr., fut fourni par le sieur Elizalde et fut employé, dans l'acte même, à rembourser une somme de 100 000 fr. due au prêteur et à payer la somme de 382 284 fr. 19 cent.

à valoir sur celle de 482 284 fr. 19 cent., due à Leroux par suite de l'ouverture de crédit du 11 nov. 1879. La Société des sucreries de l'Ouest ayant été mise en liquidation et ses immeubles ayant été vendus, un ordre fut ouvert au greffe du tribunal de Guingamp. Le sieur Leroux y fut colloqué en première ligne pour 111 677 fr. 45 cent. ; le sieur Elizalde venait ensuite pour la somme de 500 000 fr. à lui due. Ce règlement fut contesté par Elizarde, qui soutint que l'hypothèque conférée à Leroux était nulle, faute d'authenticité des actes en vertu desquels elle avait été autorisée ou ratifiée. Cette nullité fut admise par le tribunal de Guingamp, dans un jugement du 25 févr. 1885. Mais, sur l'appel de Leroux, ce jugement a été infirmé par la cour de Rennes (le pourvoi formé contre cet arrêt par Elizarde a été rejeté par un arrêt de la cour de cassation, chambre des requêtes, du 18 juill. 1887, rapporté, D. P. 87. 1. 475).

La cour. — Considérant qu'aux termes de la stipulation insérée dans l'acte authentique du 11 nov. 1879, une expédition du procès-verbal constatant la ratification, par le conseil d'administration, de la convention souscrite sans mandat par trois de ses membres, devait être déposée à Vérant ; que, par les soins du

nous, nullement d'accord avec le système de la jurisprudence en matière de mandat à l'effet d'hypothéquer. Il nous semble que la présence du notaire était indispensable à l'assemblée des actionnaires, sinon pour dresser procès-verbal de la délibération elle-même qui conférait le pouvoir d'hypothéquer, au moins pour dresser acte du mandat donné par l'assemblée à l'effet de faire le dépôt de ce procès-verbal ou des statuts. La cour de cassation, à laquelle cette question a été soumise, ne s'est pas prononcée. Elle a jugé seulement que le moyen pris de ce que le dépôt des statuts dans les minutes du notaire aurait été opéré irrégulièrement, en ce qu'il serait l'œuvre d'un seul des administrateurs non muni d'un pouvoir authentique à cet effet, était mélangé de fait et de droit, et par conséquent irrecevable devant la cour de cassation, quand il n'avait pas été soumis aux juges du fond (Arrêt précité du 3 déc. 1889). Depuis la loi du 1er août 1893, au contraire, la délibération qui autorise les gérants à emprunter n'a plus besoin d'être authentique ni même d'être déposée au rang des minutes d'un notaire, si elle a été prise dans les formes réglées par l'acte de société. L'acte seul de la constitution d'hypothèque doit être notarié (V. *infrà*, v° *Société*).

849. L'autorisation maritale ayant pour but d'habiliter une femme mariée à constituer une hypothèque sur ses immeubles doit-elle être donnée par acte authentique ? Oui, suivant une première opinion. Le consentement à l'affectation hypothécaire se compose, dit-on, quand l'hypothèque est constituée par une femme mariée, de deux volontés qui se complètent ; ces deux volontés doivent donc être constatées authentiquement (Labbé, note sur un arrêt de la Chambre des requêtes du 27 juin 1881, Comp. Req. 1er déc. 1846, aff. Patouillet, D. P. 47. 1. 15). Mais cette opinion a contre elle la plupart des commentateurs. L'art. 217 c. civ. exige seulement, pour que la femme soit capable de donner, d'aliéner, d'hypothéquer, etc., le concours du mari dans l'acte ou son consentement par écrit. La loi n'ayant pas demandé davantage, on en conclut généralement que l'autorisation du mari peut toujours être donnée par un acte sous seing privé, et même par simple lettre. C'est, d'ailleurs, la femme seule qui consent et peut consentir hypothèque sur l'immeuble dont elle est proprié-

taire ; l'autorisation du mari n'est qu'un acte d'autorité et de protection, qui ne doit pas nécessairement se produire dans les mêmes formes que le contrat pour lequel elle est requise (En ce sens : Demolombe, t. 4, n° 194 ; Aubry et Rau, t. 5, § 472, p. 151, note 54 ; Laurent, t. 3, n° 119 ; Gillard, n° 248).

850. L'individu pourvu d'un conseil judiciaire ne peut valablement hypothéquer qu'avec l'assistance de son conseil. Mais cette assistance ne doit pas nécessairement être donnée en même temps que la constitution d'hypothèque, et, comme pour l'autorisation maritale, aucun texte n'exige qu'elle soit constatée par acte authentique. Comp. *suprà*, v° *Interdiction-conseil judiciaire*, n° 267).

851. La constitution d'hypothèque, qui est un contrat entre le constituant et le créancier au profit duquel est établie l'hypothèque, doit nécessairement être acceptée par le créancier. Ce principe a été méconnu, en apparence au moins, par quelques décisions, notamment par un arrêt de la cour de Lyon, du 9 mai 1837, rapporté au *Rép.* n° 1260-1°, dans les motifs duquel on lit que, « dans un contrat unilatéral, une acceptation de la part de celui envers lequel on s'engage est inutile, puisque lui-même ne s'oblige à rien ». Il y a là évidemment une inexactitude : le consentement des deux parties est nécessaire dans tout contrat. La seule question qui puisse se poser en matière de constitution d'hypothèque est de savoir si le consentement du créancier doit intervenir en même temps que celui du débiteur, et doit être comme celui-ci constaté par acte notarié. L'affirmative a été enseignée pour la première fois par Zachariæ, *Cours de droit civil français*, t. 2, § 266, et elle est soutenue très vivement par M. Laurent, t. 30, n°s 423 et suiv., 438 et suiv., 448 et suiv. Mais, tout d'abord, cette opinion est contraire à une pratique générale et immémoriale : de tout temps, les notaires ont reçu des actes de constitution d'hypothèque en l'absence du créancier. Si les auteurs du code avaient voulu réformer cette pratique ancienne, s'ils avaient eu l'intention d'exiger pour l'hypothèque conventionnelle une acceptation spéciale et authentique comme pour les donations (c. civ. art. 932), ils n'auraient pas manqué de l'exprimer ; ils ne se seraient pas bornés à dire que l'hypothèque doit être *consentie* par acte passé devant notaire (c. civ. art. 2127), car

conseil, ce dépôt a été effectué ; qu'il en a été dressé acte et qu'ainsi la ratification donnée sous signatures privées a acquis l'authenticité dès le 18 nov. 1879 ; — Considérant qu'en spécifiant que l'expédition du procès-verbal serait déposée à Vérant, les administrateurs parties à l'acte et Leroux avaient donné à ce notaire un mandat impliquant nécessairement la faculté de faire concourir un tiers à la formalité du dépôt, et que ce mandat donné en la forme authentique a été ratifié, en même temps que la convention elle-même, dans un acte devenu postérieurement authentique ; — Considérant qu'alors même qu'il serait plus exact de dire que le dépôt de l'expédition a été effectué par Delestre, clerc de Vérant, en vertu d'un mandat sous seing privé, donné à celui-ci dans la lettre missive du 15 novembre, laquelle est ainsi conçue : « Nous vous remettons sous ce pli copie du procès-verbal de notre séance d'hier, relative à l'ouverture de crédit de Me A. Leroux, banquier en notre ville. Veuillez lui en faire part et faire le nécessaire pour la bonne régularisation de cette affaire », il ne résulterait cependant pas de la circonstance que le mandat à fin d'effectuer le dépôt aurait été donné sous signature privée, que le dépôt ait été inopérant pour procurer l'authenticité à la ratification ; qu'en effet, dès lors qu'un acte sous seing privé a été mis au rang des minutes d'un notaire par les soins du débiteur, au su du créancier et en exécution d'une convention intervenue entre les parties dans un acte authentique, cet acte a acquis *ipso facto* l'authenticité ; — Considérant qu'en admettant que l'acte du 11 nov. 1879 a été valablement ratifié ainsi qu'il vient d'être dit par la mise d'une expédition du procès-verbal contenant ratification au rang des minutes du notaire Vérant, il se manifeste que sa ratification est contenue dans les actes authentiques des 4 et 12 mars 1881, lesquels se complètent et s'expliquent par l'un par l'autre ; que, si le nom de Leroux n'a pas été inséré dans l'acte du 4 mars, alors que la plus importante des créances qui y sont visées est précisément celle dont il réclamait le remboursement, Guérin a déclaré dans l'acte du 12 que « conformément à la délibération du conseil d'administration du 3 courant ci-dessus énoncée, l'emprunt contracté était destiné en majeure partie à rembourser Leroux des avances faites par lui à la société, en exécution d'un acte d'ouverture de crédit reçu par Vérant, notaire à Morlaix, le 11 nov. 1879 et contenant hypothèque sur les trois usines de la société,

hypothèque inscrite dans les divers bureaux de la situation des immeubles, aux dates des 27 novembre et 3 et 22 déc. 1879 » ; — Considérant que la ratification consistant en l'approbation donnée après coup par une personne à un acte auquel elle n'a point concouru et qui a été fait par elle par un tiers sans mandat, diffère absolument de la ratification ou confirmation régie par les art. 1338, 1339 et 1340 c. civ. et qui consiste « dans la renonciation que fait une personne au droit qu'elle avait de former une action en nullité ou en rescision contre une convention consentie par elle ou par son auteur ; que la ratification par le maître des actes faits par le gérant n'est point soumise à des conditions spéciales ; qu'elle peut, en conséquence, résulter de tout acte qui implique, de la part du maître, l'approbation certaine des actes faits par le gérant et l'intention non équivoque de les tenir pour valables ; qu'il appert jusqu'à l'évidence des déclarations ci-dessus rappelées que, dans des actes authentiques antérieurs aux inscriptions prises par Elizalde, le conseil d'administration de la Société des Sucreries de l'Ouest a approuvé, tenu pour valable et ainsi ratifié l'acte du 11 nov. 1879 ; — Considérant, au surplus, que la validité du droit hypothécaire de Leroux est contestée, non par un tiers qui lui soit demeuré étranger, mais bien par un tiers qui, le 12 mars 1881, a traité avec lui en même temps qu'avec le débiteur commun ; qu'en effet, la Société des Sucreries de l'Ouest n'a emprunté d'Elizalde que pour payer Leroux et à la condition qu'au cas où le payement serait opéré, Leroux, premier créancier, conserverait sa priorité ; mais que s'il était remboursé par un tiers, Elizalde viendrait en concurrence avec celui-ci ; qu'ainsi il est intervenu entre la Société des Sucreries, Leroux et Elizalde, une convention ayant pour objet de régler entre les créanciers et leurs subrogés le rang que chacun d'eux prendrait dans la distribution du prix des immeubles hypothéqués ; que cette convention fait la loi des parties, d'où il suit qu'Elizalde est non seulement mal fondé, mais encore non recevable en son action ; — Par ces motifs ; — Réforme le jugement attaqué ; dit que Leroux demeurera colloqué pour la somme de 144 677 fr. 45 cent., au rang de son inscription du 11 nov. 1879 ; — Dit qu'Elizalde demeurera colloqué pour sa créance de 500 000 fr. en principal au rang de son inscription du 22 mars 1881.

Du 29 oct. 1885.-C. de Rennes.

cette expression ne peut guère s'entendre que du consentement qui doit être donné par le constituant. De plus, si l'on comprend l'utilité d'un acte authentique quand il s'agit de constater la volonté de celui qui consent l'hypothèque, on ne voit pas pourquoi l'acceptation du créancier qui bénéficiera de l'hypothèque devrait être entourée de la même garantie. C'est donc à bon droit que la jurisprudence, conformément d'ailleurs à la doctrine de la presque unanimité des auteurs, décide que l'acceptation du créancier n'a pas besoin d'être constatée formellement dans l'acte constitutif de l'hypothèque, qu'elle peut avoir lieu même tacitement, et que la preuve de cette acceptation peut résulter de toute manifestation de volonté, telle que le fait, de la part du créancier, d'avoir requis inscription ou d'avoir produit dans un ordre (V. en ce sens : les arrêts cités au *Rép.* n° 1260, et en outre Req. 4 déc. 1867, *suprà*, v° *Dispositions entre vifs*, n° 463; Chambéry, 20 janv. 1872, aff. Romoblet, D. P. 73. 2. 146. V. aussi Pont, t. 2, n° 659; Aubry et Rau, t. 3, § 266, p. 275, note 51; Thézard, n° 58-3°; Baudry-Lacantinerie, t. 3, n° 1318; Gillard, n° 243).

852. L'authenticité n'étant pas exigée pour l'acceptation du créancier, il va de soi qu'elle n'est pas non plus nécessaire pour le mandat donné par celui-ci à un tiers à l'effet d'accepter l'hypothèque en son nom. Actuellement, dans la pratique notariale, le créancier n'est souvent représenté à l'acte de constitution d'hypothèque que par un mandataire verbal. Un tiers, sans mandat, pourrait également l'y représenter. Il suffit que le créancier ratifie, expressément ou tacitement, pour que l'hypothèque soit valable *ab initio*, conformément à la règle : *Ratihabitio mandato æquiparatur* (Gillard, n° 244). Dans l'ancien droit, c'était le notaire qui acceptait lui-même pour le créancier, comme l'a constaté un acte de notoriété du Châtelet de Paris, du 8 mai 1716 : « Attestons, portait cet acte, qu'il est d'usage et s'est toujours observé par les notaires du Châtelet et autres, lorsqu'un débiteur passe une obligation au profit de son créancier absent, que les notaires stipulent et acceptent l'obligation pour le créancier absent; que lesdites obligations ont toujours été valables, etc. ». Aujourd'hui, comme le dit M. Thézard, n° 58-3°, une telle acceptation serait doublement inefficace, parce que la qualité de notaire n'emporte pas celle de mandataire des parties, et parce que le notaire ne doit pas figurer comme partie ou représentant des parties dans les actes qu'il passe. — Mais cette intervention personnelle du notaire dans l'acte de constitution d'hypothèque reçu par lui rendrait-elle nul l'acte tout entier? Il résulte de plusieurs arrêts que l'acte auquel le notaire instrumentant accepte l'hypothèque pour le créancier absent est à considérer comme dépourvu d'authenticité, par application de l'art. 68 de la loi du 25 vent. an 11, et comme ne pouvant, par suite, constater valablement la constitution d'hypothèque (Toulouse, 31 juill. 1830, *Rép.* n° 1261; Besançon, 17 juill. 1844, *Rép.* n° 1262; Civ. rej. 3 août 1847, aff. Damalix, D. P. 47. 1. 305; Limoges, 11 juill. 1854, aff. Tingaud, D. P. 55. 2. 50; Amiens, 9 avr. 1856, aff. Coulbeau, D. P. 57. 2. 20; Grenoble, 8 juill. 1858, aff. De Sainte-Colombe, D. P. 59. 2. 83; Civ. cass. 11 juill. 1859, aff. Couturier, D. P. 59. 1. 401. V. aussi en ce sens : Merville, *Revue pratique*, 1856, t. 1, p. 308 et suiv.; Aubry et Rau, t. 3, § 266, p. 275; Gillard, n° 245). Il a été jugé, au contraire, que, la constitution d'une hypothèque étant un acte unilatéral, pour lequel l'intervention de celui qui l'accorde est seule nécessaire, et dont l'acceptation peut résulter même tacitement d'actes postérieurs, l'hypothèque constituée par un père au profit de son fils, dans un titre clérical, pour la garantie d'une rente viagère, est valable, alors même qu'elle a été acceptée, dans l'acte de constitution, par le notaire qui l'a reçu (Chambéry, 20 janv. 1872, aff. Romoblet, D. P. 73. 2. 146). Cette dernière solution peut s'appuyer sur la règle : *Utile per inutile non vitiatur*. Puisqu'il n'est pas nécessaire, comme nous l'avons vu *suprà*, n° 851, que l'acceptation du créancier soit authentiquement constatée, la nullité de l'acceptation faite par le notaire en personne ne doit pas entraîner la nullité de la constitution hypothécaire; il suffira que le créancier accepte réellement par la suite, pour que l'hypothèque soit validée (V. en ce sens : *Rép.* n° 1261; Pont, t. 2, n° 659; Thézard, n° 58-3°).

853. Il est admis aujourd'hui, en doctrine et en jurisprudence, qu'une hypothèque peut être valablement constituée pour la garantie d'une obligation transmissible par voie d'endossement et dans l'acte même qui constate cette obligation à ordre (V. les arrêts cités au *Rép.* n° 1267. *Adde :* Alger, 7 mai 1870, aff. Tabet et Dubois, D. P. 71. 2. 1. V. aussi Beudant, note sous Civ. cass. 8 mai 1878, D. P. 78. 1. 241; Pascaud, *Les obligations civiles à ordre*, *Revue critique*, 1878, p. 705 et suiv.; Gillard, n°s 219 et suiv.). En pareil cas, si l'acte est reçu en minute, c'est la grosse délivrée au créancier qui constitue le titre hypothécaire; c'est elle seule qui circule, et sur elle que sont écrits les endossements successifs. Le débiteur, lorsqu'il veut se libérer, doit exiger que la grosse lui soit remise au moment du payement; s'il s'acquittait, sans cette précaution, entre les mains du créancier originaire, il resterait obligé vis-à-vis du cessionnaire porteur de la grosse. Ce danger est évité lorsque l'obligation à ordre est passée en brevet; c'est alors l'acte obligatoire lui-même qui passe aux mains des différents cessionnaires. Aussi M. Beudant, *loc. cit.*, a fait observer avec juste raison, que « si l'extension de l'ordre aux créances civiles se généralise, ce qui est probable, il serait prudent de n'admettre la cession par endossement des obligations notariées qu'autant qu'elles seraient reçues en brevet; l'art. 20 de la loi de ventôse n'admet qu'exceptionnellement la rédaction en brevet, il faudrait qu'elle fût ici seule autorisée ».

854. Il est admis également que l'obligation hypothécaire peut revêtir la forme d'un titre au porteur. L'obligation est alors souscrite au profit du créancier originaire ou de celui qui sera le porteur de la grosse exécutoire ou de l'original en brevet, et le droit de créance se transmet, avec sa garantie hypothécaire, même à l'égard des tiers, par la simple remise ou tradition manuelle du titre qui la constate (V. Trib. civ. d'Angoulême, 1er juin 1842, sous Bordeaux, 18 mars 1852, aff. Thibaud, D. P. 52. 2. 280. Comp. Alger, 7 mai 1870, cité *suprà*, n° 853). — Il se peut aussi que le titre au porteur et l'acte constitutif d'hypothèque soient distincts : c'est ce qui a lieu notamment lorsqu'une société émet des obligations au porteur, dont elle assure le payement par une garantie hypothécaire qui profitera à tous les porteurs d'obligations. La validité de cette constitution d'hypothèque a été contestée à raison de la disposition de l'art. 2148 c. civ., qui prescrit d'indiquer dans l'inscription le nom du créancier. Mais, tout d'abord, l'omission de cette indication n'est pas une cause de nullité de l'inscription (V. *infrà*, n° 1013). Puis, on peut facilement tourner la difficulté en faisant prendre l'inscription par un tiers qui déclare agir comme gérant d'affaires pour les porteurs d'obligations. C'est ce tiers qui représente alors les obligataires pour les notifications qui peuvent leur être faites en leur qualité de créanciers hypothécaires. La validité de ce procédé est reconnue par la jurisprudence (V. Douai, 12 mai 1880, aff. Faillite de la Société des filatures et tissages de Lille, D. P. 82. 2. 243). Parfois aussi on crée une société civile de tous les obligataires, et c'est au nom des représentants de cette société que l'inscription est prise (V. Paris, 15 mai 1878, sous Civ. cass. 29 juin 1881, aff. Faillite de la Société des thermes d'Enghien, D. P. 82. 1. 106).

855. On peut se demander si une hypothèque ne pourrait même pas être constituée comme transmissible par endossement ou par la simple remise du titre constitutif, indépendamment de la créance qu'elle garantirait. La constitution hypothécaire à ordre est admise pour l'hypothèque maritime par la loi du 10 juill. 1885, art. 12 : « Si le titre constitutif de l'hypothèque est à ordre, sa négociation par voie d'endossement emporte la translation du droit hypothécaire ». Peut-on constituer de même à ordre une hypothèque immobilière? Peut-on également constituer au porteur une hypothèque, soit terrestre, soit maritime? La solution de ces questions suppose qu'il est possible de détacher une hypothèque de la créance pour laquelle elle a été constituée (V. *suprà*, n° 444). Cette possibilité étant admise, nous ne voyons rien qui s'oppose à la constitution d'une hypothèque à ordre ou au porteur. En effet, comme le dit M. Gillard, n° 226, qui pourrait s'en plaindre? « Ce n'est certes pas le créancier, à qui cette combinaison n'offre que des avantages et qui, d'ailleurs, était libre de ne pas la stipuler. Ce n'est pas non plus le débiteur, auquel il est en principe

indifférent d'être tenu hypothécairement envers tel ou tel créancier. Sont-ce les tiers ? Pas davantage. Lorsque l'hypothèque est directement constituée à ordre, comme au cas d'une obligation hypothécaire de même nature, une personne est désignée dans l'inscription, un domicile est élu, et toutes sommations, notifications, sont valablement adressées à cette personne et à ce domicile. Il en est de même dans le cas d'une hypothèque constituée au porteur. Dira-t-on de l'hypothèque, droit réel, ne saurait être rendue négociable comme un droit de nature commerciale ? Nous répondrons que c'est la forme du titre et non le caractère du droit qui rend ce dernier transmissible de telle ou telle façon. Sans doute on peut être entraîné fort loin avec la doctrine de la transmissibilité de l'hypothèque par endossement ou par simple remise de titre ; mais où est le texte qui la condamne ? »

856. Si l'acte portant constitution d'hypothèque est nul comme acte notarié, soit à cause de l'incompétence ou de l'incapacité du notaire rédacteur, soit pour un vice de forme, et à plus forte raison si c'est un acte sous seing privé, l'hypothèque n'est pas valable. Il en est de même, d'après la jurisprudence, lorsque l'hypothèque a été consentie par un mandataire muni d'une procuration sous seing privé (V. les arrêts cités *supra*, n° 844).

857. L'hypothèque nulle pour défaut d'authenticité de l'acte constitutif peut-elle être validée rétroactivement par un acte de ratification passé en forme authentique ? Pour soutenir l'affirmative, on dit que si le défaut d'authenticité entraîne la nullité de l'acte constitutif, il laisse néanmoins subsister la convention d'hypothèque ; lorsque cette convention, insuffisamment constatée à l'origine, vient à être revêtue de la forme requise par la loi, l'hypothèque est par cela même confirmée. On ajoute que cette confirmation peut rétroagir même à l'encontre des tiers qui ont acquis des hypothèques dans l'intervalle de l'acte primitif à l'acte confirmatif, parce que ces tiers ont été suffisamment avertis par l'inscription prise en vertu du premier acte (Labbé, note sous Req., 27 juin 1881 ; Gillard, n° 250). — Mais cette opinion nous paraît méconnaître le véritable caractère de la nullité dont il s'agit. L'authenticité est exigée en cas de constitution d'hypothèque, non pas seulement pour la preuve de la convention, mais encore pour la validité de cette convention ; d'où il suit que, si l'authenticité fait défaut, la convention elle-même est frappée de nullité. Il y a là, par conséquent, une nullité absolue, non susceptible d'être couverte ni par une ratification ultérieure, ni par la prescription. On doit dire alors de l'hypothèque ce que le législateur lui-même a dit de la donation : « Nulle en la forme, il faut qu'elle soit refaite en la forme légale » (c. civ. art. 1339). En tout cas, la confirmation, si elle était possible, ne pourrait préjudicier aux tiers inscrits antérieurement sur l'immeuble ; il est de règle en effet que la confirmation d'un acte nul ne peut porter atteinte aux droits acquis à des tiers : l'inscription prise en vertu d'un acte nul ne suffit pas pour faire admettre une exception à cette règle ; elle n'empêche pas que les tiers qui ont pris régulièrement inscription avant l'acte confirmatif n'aient réellement un droit acquis, dont ils ne peuvent plus être dépouillés (V. en ce sens, Laurent, t. 30, nos 437 et 447). Il a été jugé qu'à supposer qu'une constitution d'hypothèque faite irrégulièrement (en vertu d'un mandat sous seing privé) soit susceptible de ratification de la part des parties, cette ratification ne pourrait avoir d'effet rétroactif au préjudice des tiers (Riom, 31 juill. 1850, aff. Mandaroux-Vertamy, D. P. 52. 2. 222) ;... qu'elle ne pourrait notamment couvrir la nullité de l'inscription prise en vertu de l'acte irrégulier, même à l'encontre des tiers qui, ayant déjà acquis des droits hypothécaires, ne les auraient pas encore inscrits à l'époque de ladite confirmation (Civ. rej. 7 févr. 1854, même affaire, D. P. 54. 1. 49).

858. Si la nullité résultant du défaut d'authenticité de la constitution d'hypothèque est absolue, on doit décider qu'elle peut être opposée par tout intéressé, et que le constituant lui-même est admis à s'en prévaloir (En ce sens, Nîmes, 26 oct. 1886, *Recueil de Nîmes*, 1887, p. 29. — *Contrà*, Gillard, n° 251).

859. Dans tous les cas, la ratification de l'hypothèque nulle pour défaut d'authenticité de l'acte constitutif devrait être expresse et ne pourrait résulter d'un acte sous seing privé. Il a été jugé : 1° que l'hypothèque nulle comme constituée dans un acte notarié privé d'authenticité, à raison de l'existence, chez le notaire rédacteur, d'un intérêt personnel, ne devient pas valable par le seul effet de l'acte notarié régulier dans lequel le créancier a ultérieurement accordé au débiteur une prorogation de délai, cet acte de prorogation n'impliquant pas, de la part du débiteur, la volonté, soit directe, soit indirecte, de conférer à son créancier une nouvelle hypothèque (Bourges, 8 déc. 1863, et sur pourvoi, Req. 4 août 1864, aff. Ruc et aff. Nivet et autres, D. P. 64. 1. 437); — 2° Que la ratification de l'hypothèque constituée par un mandataire en vertu d'une procuration sous seing privé, à supposer qu'elle soit possible, ne saurait résulter que d'une déclaration expresse et spéciale du mandant, contenue dans un acte authentique (Orléans, 11 mai 1882, aff. Faillite de la Société des Thermes d'Enghien, D. P. 83. 5. 288).

860. L'hypothèque constituée par un tiers qui s'est porté fort pour le propriétaire, ou par un propriétaire incapable d'hypothéquer, est susceptible d'être ratifiée (V. *supra*, nos 783 et 835). — Mais il y a lieu alors de se demander si la ratification doit nécessairement être consignée dans un acte notarié. Suivant quelques auteurs, lorsqu'une hypothèque a été consentie avec les solennités prescrites, lorsque le consentement de celui qui a comparu à l'acte en qualité de constituant s'est manifesté dans la forme requise, la loi est satisfaite au point de vue de l'authenticité ; si le constituant n'était pas capable d'hypothéquer ou s'il n'était qu'un gérant d'affaires, il suffira de l'adhésion volontaire de l'incapable, après la cessation de son incapacité, ou du propriétaire, pour que l'hypothèque soit validée, et peu importe la forme sous laquelle cette adhésion se produira (V. en ce sens : Renckhoff, *De la confirmation des actes entachés de nullité*, n° 38 ; Gillard, n° 241). Mais la majorité des auteurs considèrent la forme notariée comme indispensable pour la validité de la ratification. C'est, en effet, comme on l'a très bien dit, au moment de la ratification que se produit l'adhésion volontaire du débiteur ou du propriétaire à la constitution de l'hypothèque ; c'est donc à ce moment que la volonté du constituant doit être entourée de la garantie d'authenticité exigée par la loi (V. en ce sens : Pothier, *Introduction à la coutume d'Orléans*, tit. 20, chap. 1, sect. 2, § 2, n° 24 ; Aubry et Rau, t. 3, § 266, p. 262, note 6 ; Laurent, t. 30, n° 450 ; Labbé, note citée *supra*, n° 849). Il a été jugé que, lorsqu'une hypothèque a été constituée par les administrateurs d'une société anonyme auxquels les statuts ne conféraient pas le pouvoir d'hypothéquer, la ratification donnée par l'assemblée générale des actionnaires à cette constitution d'hypothèque n'est pas valable, si elle n'a été constatée que par un acte sous seing privé (Paris, 5 juill. 1877, aff. Syndics des sucreries de Sermaize, D. P. 77. 2. 168. V. toutefois en sens contraire, Rennes, 29 oct. 1885, *supra*, n° 848).

861. Tout acte authentique, comme on l'a dit au *Rép.* n° 1270, n'est pas susceptible de conférer une hypothèque conventionnelle ; cette hypothèque ne peut être constituée que dans un acte notarié (c. civ. art. 2127). — La jurisprudence, toutefois, considère comme subsistantes les dispositions spéciales de l'art. 14, tit. 2, de la loi des 28 oct.-5 nov. 1790, et de l'art. 3 de la loi des 4-7 mars 1793, dispositions en vertu desquelles les baux et autres contrats passés au nom de l'État, par des agents administratifs, avec des fournisseurs, entrepreneurs ou ouvriers, emportent hypothèque pour sûreté des engagements contractés envers l'État (V. *Rép.* nos 1276 et suiv., et v° *Marché de fournitures*). Mais, suivant la plupart des auteurs, il faut que l'hypothèque soit constituée d'une manière expresse, et elle doit l'être dans les conditions formellement prévues et pour les contrats spécialement mentionnés dans les lois de 1790 et de 1793. Ainsi, deux particuliers ne pourraient pas constituer une hypothèque, l'un au profit de l'autre, dans un acte administratif, alors même qu'ils seraient parties à cet acte (V. *Rép.* nos 1273 et suiv.; *supra*, v° *Marché de fournitures*, n° 21 ; *Rép. eod.* v°, n° 30 ; Aubry et Rau, t. 3, § 266 p. 275, note 53 ; Thézard, n° 59 ; Gillard, n° 210 ; Ducrocq, *Cours de droit administratif*, t. 2, n° 1036). Plusieurs auteurs soutiennent même que les textes précités de 1790 et de 1793 ont été dépouillés de toute autorité par l'art. 56 de la loi du 11 brum. an 7, qui abroge formellement « toutes les

lois, coutumes et usages antérieurs sur les constitutions d'hypothèque » (Pont, t. 2, n° 663 ; Laurent, t. 30, n° 46). — En tout cas, il ne faut pas appliquer les dispositions des lois précitées à d'autres contrats administratifs que ceux prévus par ces lois. Un décret du 12 août 1807 a décidé que les baux à ferme des hospices et autres établissements de bienfaisance ou d'instruction publique seraient à l'avenir passés aux enchères devant notaire, et que le droit d'hypothèque sur tous les biens du preneur serait stipulé avec la désignation des biens, conformément au code civil. La même règle est applicable aux baux des biens des communes (V. suprà, v° Louage administratif, n° 11 ; Rép. eod. v°, n° 26 ; et suprà, v° Commune, n°s 1234 et suiv. V. aussi, quant aux marchés de fournitures passés pour le compte de l'État, suprà, v° Marchés de fournitures, n° 21).

862. Les actes passés en pays étranger, même en la forme authentique, ne peuvent conférer hypothèque sur les immeubles situés en France (c. civ., art. 2128). Il en est ainsi alors même que ces actes auraient été déclarés exécutoires en France, par un tribunal français, conformément à l'art. 546 c. pr. (V. Rép. n° 1279 ; Baudry-Lacantinerie, t. 3, n° 1319 ; Gillard, n° 283 et suiv.). Cette grave dérogation à la règle locus regit actum se comprend difficilement, comme le remarque M. Colmet de Santerre, t. 9, n° 95, quand on songe que l'aliénation d'un immeuble français peut être consentie par un acte passé à l'étranger, que la donation même, bien qu'elle soit comme l'hypothèque un acte solennel, peut être valablement faite à l'étranger dans la forme admise par la loi étrangère.

Le code italien a adopté sur ce point un système tout opposé ; on sait qu'il n'exige pas un acte authentique pour la constitution d'hypothèque (V. suprà, n° 8). Il admet aussi (art. 1990) que les actes passés à l'étranger peuvent donner hypothèque sur les biens situés en Italie, à la condition seulement d'être légalisés. — On peut se demander si un Français pourrait acquérir une hypothèque sur un immeuble italien en vertu d'un acte sous seing privé passé en France. L'affirmative n'est pas douteuse. Ce serait détourner la règle locus regit actum de sa véritable signification que de l'invoquer en pareil cas ; cette règle ne s'applique qu'à la forme des actes ; le point de savoir si un acte peut conférer hypothèque sur un immeuble dépend de la loi de la situation de l'immeuble (En ce sens, Gillard, n° 255).

863. Il résulte de la règle de l'art. 2128 c. civ. que les Français qui sont à l'étranger et qui veulent emprunter hypothécairement sur leurs immeubles situés en France ne peuvent le faire qu'en venant passer le contrat devant un notaire français, ou tout au moins en envoyant au pays où ils se trouvent une procuration authentique à l'effet d'hypothéquer. Ils peuvent cependant aussi se servir du ministère des chanceliers des consulats français, qui font office de notaires pour nos nationaux (Ord. des 23 et 26 oct. 1833. V. suprà, v° Consuls, n° 52). Certaines conventions consulaires autorisent même les consuls, vice-consuls, chanceliers et agents consulaires à recevoir les actes passés entre les Français et les habitants du pays où ils résident ou les actes passés entre les sujets de ce dernier pays, quand ces actes ont pour objet des biens situés en France ; les actes ainsi reçus ont la force et la valeur d'actes notariés passés en France et peuvent, par conséquent, contenir des constitutions d'hypothèque (V. la convention du 23 févr. 1853 avec les États-Unis, art. 6, D. P. 53. 4. 214 ; celle du 10 déc. 1860, avec le Brésil, art. 6, D. P. 61. 4. 42 ; celle du 7 janv. 1862, avec l'Espagne, art. 19, D. P. 62. 4. 32 ; celle du 26 juill. 1862, avec l'Italie, art. 8, D. P. 62. 4. 117 ; celle du 11 juill. 1866, avec le Portugal, art. 7, D. P. 67. 4. 128 ; celle du 11 déc. 1866, avec l'Autriche, art. 9, D. P. 67. 4. 13 ; celle du 1er avr. 1874, avec la Russie, art. 9, D. P. 74. 4. 12 ; celle du 7 janv. 1874, avec la Grèce, art. 10 et 11, D. P. 78. 4. 30 ; celle du 5 juin 1878, avec la République de Salvador, art. 10 et 11, D. P. 80. 4. 12).

864. L'art. 2128 c. civ., après avoir stipulé que les contrats passés en pays étranger ne peuvent donner hypothèque sur les biens de France, réserve le cas où il y aurait des dispositions contraires dans les lois politiques ou dans les traités. Aucune loi politique n'a encore dérogé à la règle dont il s'agit. Quant aux traités, on peut citer celui du

24 mars 1760, entre la France et la Sardaigne, art. 22, aux termes duquel les hypothèques établies en France par actes publics ou judiciaires sont tenues pour valables en Sardaigne et réciproquement (V. Rép. v° Traité international, p. 512. — V. aussi, en ce qui concerne les actes de partage, la convention du 15 juin 1869 avec la Suisse, art. 5, D. P. 70. 4. 6).

865. On s'est demandé si l'hypothèque constituée à l'étranger, dans les cas où les traités autorisent cette constitution, doit satisfaire aux conditions imposées par la loi française, si elle est soumise notamment à la règle de la spécialité. La négative, qui a été admise au Rép. n° 1282, est contestée par M. Pont, t. 2, n° 667. Même à l'étranger, dit-il, l'hypothèque dont il s'agit est une hypothèque française. Et comment la constituer autrement que conformément aux lois françaises ? On peut dire aussi que la loi qui détermine les conditions dans lesquelles l'hypothèque peut être constituée est du statut réel (Comp. en ce sens, Civ. cass. 25 nov. 1879, aff. Barbaressos, D. P. 80. 1. 56).

866. D'après l'art. 2 de la loi du 10 juill. 1885, le contrat par lequel l'hypothèque maritime est consentie doit être rédigé par écrit, mais peut être fait par acte sous signatures privées. Il peut, par conséquent, avoir lieu soit par acte authentique, soit par acte sous seing privé passé à l'étranger (V. suprà, v° Droit maritime, n° 472). Et, l'hypothèque maritime étant admise par la loi française, le créancier auquel une hypothèque a été constituée sur un navire étranger peut s'en prévaloir en France, si le contrat d'où elle résulte a été déclaré exécutoire par un tribunal français (Civ. cass. 25 nov. 1879, aff. Barbaressos, D. P. 80. 1. 56).

Art. 3. — Des formes constitutives de l'hypothèque conventionnelle, spécialité, biens à venir, hypothèque éventuelle, crédit (Rép. n°s 1286 à 1328).

§ 1er. — De la spécialité (Rép. n°s 1286 à 1301).

867. L'art. 2129 c. civ. exige que l'acte authentique constitutif de la créance hypothécaire ou un acte authentique postérieur « déclare spécialement la nature et la situation de chacun des immeubles... ». Par la nature, la loi entend, dit un ancien arrêt de la cour de cassation, l'état de la superficie des immeubles, leur mode d'exploitation (Civ. cass. 20 févr. 1810, Rép. n° 1292) ; c'est aussi ce que la loi appelle l'espèce des biens dans l'art. 2148-5°. — La jurisprudence exige cette indication à peine de nullité de l'hypothèque (V. Rép. n° 1292). Il a été jugé : 1° qu'un acte constitutif d'hypothèque ne renferme pas une désignation suffisante des immeubles hypothéqués, lorsqu'il y est énoncé que l'hypothèque est établie sur tous les immeubles dont le débiteur est propriétaire dans telles communes, sans mention de la nature de ces immeubles (Civ. cass. 26 avr. 1852, aff. Siau, D. P. 52. 1. 131) ; — 2° Que l'hypothèque conventionnelle établie suivant les termes de l'acte qui l'a constituée, sur « les immeubles, nature de maison, bâtiment et terre », situés dans un arrondissement déterminé, ne s'étend pas à une fonderie ou usine possédée par le débiteur dans le même arrondissement (Amiens, 31 juill. 1880, et sur pourvoi, Req. 12 juill. 1881, aff. Rohaut-Tanneur, Loncle et comp., D. P. 83. 1. 30).

868. En ce qui concerne l'indication de la situation des immeubles hypothéqués, la jurisprudence se montre assez large, plus large peut-être que ne le comporterait l'application stricte du texte de l'art. 2129. Elle estime qu'il est suffisamment satisfait au vœu de la loi lorsque l'affectation porte « sur tous les biens que le constituant possède dans l'étendue de tel arrondissement hypothécaire ou de telle commune », si d'ailleurs la nature de ces biens est sommairement indiquée (V. les arrêts cités au Rép. n° 1293 et suiv. Adde: Req. 12 mars 1867, aff. Lignon, D. P. 67. 1. 347 ; 25 nov. 1868, aff. Boisnard-Grandmaison, D. P. 69. 1 149 ; Chambéry, 3 juin 1889, aff. Jules Mercier, D. P. 91. 2. 307 ; Paris, 11 avr. 1892, infrà, n° 1063-3°).

Cette doctrine, qui regarde comme suffisante une désignation collective lorsque le débiteur déclare hypothéquer tous les immeubles qu'il possède dans telle commune ou dans tel arrondissement, est critiquée par la plupart des auteurs récents. « Le principe de la spécialité a été introduit,

disent MM. Aubry et Rau, t. 3, § 266, p. 278, note 58, dans le triple but : 1° de prémunir le débiteur contre la facilité avec laquelle il pourrait se laisser entraîner à consentir des hypothèques trop étendues, qui épuiseraient sans nécessité son crédit ; 2° de prévenir les entraves que de pareilles hypothèques apporteraient à la libre transmission des biens ; 3° de rendre la publicité des hypothèques aussi complète que possible. Or, permettre au débiteur d'affecter, par une constitution faite d'une manière générale, tous les immeubles qu'il possède actuellement dans une ou plusieurs communes, ou même dans un ou plusieurs arrondissements, n'est-ce pas précisément l'exposer au danger dont le législateur a voulu le préserver? N'est-ce pas aussi faire revivre, du moins partiellement, au préjudice de l'intérêt public, les inconvénients des hypothèques générales?... Enfin, les inscriptions contenant des désignations simplement collectives ne procurent qu'une publicité incomplète, en ce que, à elles seules, elles ne suffisent pas à faire connaître la situation hypothécaire du débiteur et que, pour savoir si tels ou tels de ses immeubles sont encore libres, les tiers seraient obligés de rechercher, en dehors du registre des inscriptions, les dates des acquisitions qu'il a pu faire » (V. aussi en ce sens : Pont, t. 2, n° 674; Laurent, t. 30, n°s 503 et suiv.; Thézard, n° 63 ; Gillard, n° 264). — Ces critiques, qui s'attaquent à une pratique presque générale du notariat, nous paraissent empreintes de quelque exagération, étant donnée surtout l'extrême division de la propriété en France. Quand le débiteur hypothèque tous les immeubles qu'il possède sur une même commune ou sur un même arrondissement, et qui peuvent être parfois très nombreux, une désignation détaillée de ces immeubles serait le plus souvent inutile. La désignation collective a même l'avantage d'avertir immédiatement les tiers que tous les immeubles possédés par le débiteur dans la circonscription indiquée sont également affectés. Et l'inconvénient qu'on signale par rapport aux tiers n'a rien de sérieux : si plus tard, le débiteur, ayant acquis de nouveaux immeubles dans la même circonscription, offre de les hypothéquer à un nouveau créancier, celui-ci peut facilement s'assurer qu'ils sont libres en demandant au débiteur de lui justifier de la date des acquisitions. Quant aux inconvénients résultant pour le crédit public des hypothèques générales, on ne peut guère en tirer argument tant que la loi admettra l'hypothèque judiciaire et les hypothèques légales avec le caractère de généralité qu'elle leur attribue.

869. Au surplus, comme on l'a dit au *Rép.*, n° 1295, la question de savoir si le titre constitutif de l'hypothèque énonce suffisamment la nature et la situation des biens affectés est une question de fait, abandonnée à l'appréciation souveraine des juges du fond (V. en sus des arrêts cités au *Rép.* n° 1295 : Req. 12 mars 1867, aff. Lignon, D. P. 67. 1. 347; 12 juill. 1881, aff. Rohaut-Tanneur, D. P. 83. 1. 30).

870. S'il est nécessaire d'indiquer dans l'acte constitutif la nature et la situation des biens grevés, il n'est pas indispensable, d'après la jurisprudence, d'énoncer la nature du droit que le débiteur peut avoir sur ces biens. Ainsi, il a été jugé : 1° que l'hypothèque constituée sur un immeuble dont le débiteur n'a que l'usufruit est valablement établie sur cet usufruit, bien que l'acte constitutif n'énonce pas que le débiteur est simple usufruitier de l'immeuble (Montpellier, 6 janv. 1866, aff. Tissié-Sarrus, D. P. 66. 2. 41, et sur pourvoi, Req. 12 mars 1867, D. P. 67. 1. 347); — 2° Que l'intention d'hypothéquer la totalité d'un immeuble (dans l'espèce, un matériel d'usine, immeuble par destination), dont le constituant n'a qu'une part indivise, n'empêche pas l'hypothèque d'être valable sur la portion dont le constituant est réellement propriétaire (Douai, 28 févr. 1882, aff. Bossuz et

comp., D. P. 83. 2. 16) ; — 3° Que la constitution d'une hypothèque sur « tous les immeubles, sans exception, que le constituant possède dans tel canton », est valable, alors même que le constituant n'a sur ces immeubles qu'un droit d'usufruit (Chambéry, 3 juin 1889, aff. Jules Mercier, D. P. 91. 2. 307).

871. Le défaut de désignation, dans un acte constitutif d'hypothèque, de la nature et de la situation de chacun des immeubles hypothéqués, emporte nullité de l'hypothèque, encore que cette désignation serait faite dans l'inscription prise ultérieurement. Le vice résultant de l'absence de spécialité dans le contrat hypothécaire ne peut pas, en effet, être purgé par l'inscription (*Rép.* n° 1296; Civ. cass. 26 avr. 1852, aff. Siau, D. P. 52. 1. 131 ; Aubry et Rau, t. 3, § 266, p. 280 et suiv. ; Laurent, t. 30, n°s 499 et 510; Baudry-Lacantinerie, t. 3, n° 1296).

872. La nullité résultant du défaut de spécialité de l'hypothèque conventionnelle peut incontestablement être invoquée par les tiers qui ont intérêt à faire écarter l'hypothèque, notamment par les créanciers hypothécaires de date postérieure. Sur la question de savoir si cette nullité peut aussi être invoquée par le débiteur, l'affirmative, soutenue au *Rép.* n° 1299, est admise, en général, par les auteurs (V. Aubry et Rau, t. 3, § 266, p. 280, note 63 ; Laurent, t. 30, n° 512 ; Baudry-Lacantinerie, t. 3, n° 1294, Comp. dans le même sens, Bourges, 17 janv. 1816, *Rép.* n° 1300). Mais on n'est pas d'accord sur les conséquences de la nullité. Contrairement à la doctrine développée au *Rép.* n° 1298, plusieurs auteurs accordent au créancier, dont l'hypothèque a été déclarée nulle pour défaut de spécialité, le droit de réclamer au débiteur une nouvelle garantie non viciée comme la première, c'est-à-dire une hypothèque spéciale. A l'objection consistant à dire qu'un acte radicalement nul ne peut être la source d'un droit, on répond que ce qui est nul, c'est uniquement l'hypothèque, mais que la nullité de l'hypothèque n'empêche pas que l'engagement de fournir une garantie ne subsiste à la charge du débiteur. Il serait non seulement contraire à l'équité, dit M. Laurent, t. 30, n° 513, il serait aussi contraire à la volonté des parties contractantes que le débiteur pût retenir les deniers alors qu'il ne remplit pas les conditions sous lesquelles ils lui ont été prêtés. Faute donc par le débiteur de fournir une nouvelle hypothèque spéciale, le créancier, dans ce système, pourrait réclamer le remboursement immédiat de sa créance, et le jugement qui condamnerait le débiteur à effectuer ce remboursement emporterait sur ses biens une hypothèque générale, qui cette fois serait valable (V. en ce sens, Laurent, *loc. cit.*; Gillard, n° 269. — *Contrà* : Pont, t. 2, n° 678, et les arrêts cités au *Rép.* n° 1298).

873. Lorsqu'il y a doute sur l'étendue de l'hypothèque concédée, c'est en faveur du débiteur, et dans le sens qui tend à restreindre l'hypothèque, que le doute doit être interprété (*Rép.* n° 1301. Comp. Montpellier, 6 janv. 1866, aff. Tissié-Sarrus, D. P. 66. 2. 41, et sur pourvoi, Req. 12 mars 1867, D. P. 67. 1. 347; Amiens, 31 juill. 1880, et sur pourvoi, Req. 12 juill. 1881, aff. Rohaut-Tanneur, Loncle et comp., D. P. 83. 1. 30). Il a été jugé, notamment, que l'acte par lequel une affectation hypothécaire est consentie sur un domaine dont les différentes parcelles sont désignées par les numéros qu'elles ont au cadastre et par leur contenance totale, n'emporte pas hypothèque sur les immeubles, dépendant de ce domaine, dont ni les numéros ni la contenance ne sont compris dans la désignation, alors d'ailleurs qu'on ne rencontre dans l'acte aucune formule accessoire qui soit de nature à démontrer que l'énumération des parcelles est purement énonciative (Toulouse, 24 févr. 1890) (1).

---

(1) (Bardon C. Galvès de Saint-Cyr et Crédit foncier de France.) — Le 10 juill. 1889, jugement du tribunal civil de Montauban ainsi conçu : « — Attendu, en droit, qu'il n'y a d'hypothèque conventionnelle valable que celle qui, soit dans le titre constitutif de la créance, soit dans un acte authentique postérieur, déclare spécialement la nature et la situation des biens sur lesquels le débiteur consent l'hypothèque ; que cette règle, édictée par l'art. 2129 c. civ., et qui est confirmée en ce qui touche l'inscription par l'art. 2148 du même code, a principalement pour objet d'assurer la publicité des charges hypothécaires, et de donner aux tiers la possibilité de se rendre un

compte exact de la situation du débiteur; qu'elle emporte cette conséquence que la désignation des immeubles ne doit, à peine de nullité, laisser subsister aucun doute sur l'étendue de l'affectation hypothécaire; que vainement, en cette matière, on invoquerait l'intention des parties en alléguant qu'elles ont voulu étendre l'hypothèque à d'autres immeubles que ceux spécialement désignés; qu'en effet, leur intention est de chercher dans l'acte qui crée l'hypothèque et qu'on ne peut la chercher ailleurs, la constitution étant viciée en la forme; — Attendu, en fait, qu'il y a lieu de vérifier si, à l'inspection des actes, l'inscription du Crédit foncier et celle de la dame de Saint-Cyr, s'étendent, sans

Mais il a été jugé que lorsqu'une hypothèque a été constituée sur tous les immeubles dont se compose un domaine, désigné par son titre dans une commune déterminée, avec toutes ses appartenances et dépendances, cette hypothèque s'étend à une prairie dépendant de ce domaine, mais située dans une autre commune, non mentionnée dans l'affectation hypothécaire (Agen, 14 janv. 1891, aff. De Gilas, *Journ. des conserv. des hypothèques*, 1891, art. 4149, n° 107).

874. L'hypothèque conventionnelle, par cela même qu'elle doit être spéciale quant aux immeubles sur lesquels elle porte, ne peut être constituée que d'une manière expresse. A la différence de la subrogation à l'hypothèque légale de la femme, la constitution d'hypothèque ne peut avoir lieu tacitement. Mais peu importe les termes dans lesquels elle est faite ; il n'y a pour cela aucune expression sacramentelle. Ainsi, il a été jugé qu'il y a une constitution d'hypothèque expresse de la part de l'ascendant qui, intervenant à l'acte par lequel un de ses enfants hypothèque des immeubles qu'il lui a donnés par une donation-partage non transcrite, tant en son nom qu'au nom de sa femme, se porter caution et se soumettre à toutes les obligations qui viennent d'être souscrites par son fils, consentant que l'affectation hypothécaire concédée par ce fils sur les immeubles désignés dans l'acte ait son entière utilité à dater de l'inscription qui sera prise ; qu'en conséquence, l'inscription prise en vertu de cet acte, tant contre l'ascendant que contre l'enfant, est opposable aux créanciers postérieurs de l'ascendant, comme remplissant les conditions de spécialité et de publicité requises par la loi, en tant qu'elle porte sur les immeubles énumérés dans l'acte (Toulouse, 8 avr. 1876, et sur pourvoi, Req. 13 mars 1877, aff. Lannes, D. P. 78. 1. 106).

§ 2. — De l'hypothèque des biens à venir (*Rép.* n°s 1303 à 1311).

875. La défense d'hypothéquer les biens à venir, édictée par l'art. 2129 c. civ., est, comme on l'a dit au *Rép.* n° 1302, une conséquence du principe de la spécialité de l'hypothèque conventionnelle. Quelques auteurs en concluent que c'est seulement l'hypothèque des biens à venir à titre universel qui est prohibée, et que la convention ayant pour objet un immeuble déterminé, hypothéqué sous la condition qu'il appartiendra plus tard au constituant, ne tombe pas sous le coup de cette prohibition. V. toutefois, *suprà*, n° 776.

876. L'art. 2130 c. civ. apporte une dérogation à la défense d'hypothéquer les biens à venir. « Si les biens présents et libres du débiteur sont insuffisants pour la sûreté de la créance, dit cet article, il peut, en exprimant cette insuffisance, consentir que chacun des biens qu'il acquerra par la suite y demeure affecté à mesure des acquisitions ». Cette disposition a été critiquée par M. de Vatimesnil, dans son rapport sur le projet de réforme hypothécaire élaboré par l'Assemblée législative en 1850 : « La faculté accordée par l'art. 2130 c. civ., disait l'honorable rapporteur, est presque nulle dans la pratique des affaires, et, si l'on en usait, elle serait peu morale. Quel est, en effet, l'individu qui peut se faire un moyen de crédit de ses biens à venir ? En général, c'est le fils de famille qui escompte ainsi d'avance la succession de ses parents. Et quels sont les hommes qui peuvent consentir à lui prêter sur un gage aussi éventuel ? Trop souvent des usuriers, qui trouvent dans l'énormité de l'intérêt ou dans des stipulations frauduleuses l'équivalent du risque auquel ils s'exposent ». Ces considérations ont déterminé le législateur belge à supprimer l'art. 2130 (Laurent, t. 30, n° 515). Cet article ne se trouve pas non plus dans le code civil italien. Cependant, « il est permis de se demander, dit un auteur, si les dangers auxquels la disposition de l'art. 2130 expose les prodigues peuvent être mis en balance avec la faveur que mérite l'honnête travailleur, dénué de fortune, que la possibilité d'offrir pour gage à ses créanciers les biens dont il deviendra propriétaire sauvera peut-être de la ruine, en l'aidant à créer ou à rétablir son crédit » (Gillard, n° 273). C'est l'idée qu'exprimaient en 1841, dans l'enquête sur la réforme hypothécaire, les cours d'appel qui se prononcèrent pour le maintien de l'art. 2130 c. civ. (Observations des cours d'Angers, de Grenoble, de Montpellier, de Pau, etc., dans les *Documents hypothécaires*, t. 3, p. 332, 338 et suiv.). L'hypothèque que l'art. 2130 permet de constituer sur les biens à venir n'a pas, d'ailleurs, les mêmes inconvénients que les hypothèques générales, car elle reste soumise à la règle de la spécialité quant à l'inscription (V. *infrà*, n° 880).

877. D'après l'art. 2130 c. civ., le débiteur ne peut hypo-

---

erreur possible, sur l'entier domaine de la Commanderie, ainsi qu'ils le soutiennent ; — Attendu que l'obligation consentie par Jourdan, au Crédit foncier, aux termes d'un acte reçu le 16 janv. 1883, par Me Pechdo, notaire à Septfonds, emporte l'affectation hypothécaire d'un domaine dit de la Commanderie, situé tout entier dans la commune de Puylaroque, consistant en bâtiments d'habitation et d'exploitation, sol, cave, jardin, terres labourables, pâture, friches, prés, bois, vignes et moulin à eau, formant les numéros 580, 582, 583, 585, 585 bis, 586, 586 bis, 587, 587 bis, 588, 596, 597 et 599 de la section H, et les numéros 958, 957 et 956 de la section G, du plan cadastral, de la commune de Puylaroque, ayant une contenance totale de 49 hectares 39 ares ; que la même acte, pour plus de précision, indique comment cette contenance se subdivise par nature d'immeubles et arrive encore au chiffre de 49 hectares 39 ares ; — Attendu que, dans l'énumération qui précède, sont omis un grand nombre d'immeubles placés en bordure le long du corps du domaine et situés aux lieux dits : Ayriès, Moisset, dans le moulin de Braguette et Saint-Hugues ; — Attendu que les immeubles, désignés dans l'acte par leurs numéros au cadastre, ont la contenance indiquée de 49 hectares 39 ares ; — Attendu que, dans ces conditions, Bardon est fondé à soutenir que l'hypothèque du Crédit foncier ne s'étend pas à l'entier domaine de la Commanderie, mais seulement à ce domaine tel qu'il est formé par la réunion des immeubles expressément désignés, ayant la contenance précédemment indiquée ; qu'il faut examiner, en effet, que le titre constitutif de l'hypothèque ne désigne pas suffisamment les immeubles dont les numéros ne sont pas mentionnés dans l'énumération qu'il contient, alors qu'on ne rencontre dans l'acte aucune formule ultérieure qui soit de nature à démontrer que cette énumération est purement énonciative ; — Que c'est donc à bon droit que M. le juge-commissaire a colloqué Bardon sur le prix des immeubles non désignés, par préférence et priorité, avant le Crédit foncier, qui prétend opposer à Bardon une fin de non-recevoir, tirée de ce que ledit Bardon, dont la créance est antérieure au mois de janvier 1883, n'a pu être induit en erreur par l'ambiguïté des termes de l'affectation hypothécaire consentie par Jourdan à cette époque ; qu'en effet, d'une part, Bardon allègue qu'il n'aurait pas avancé les frais du jugement du 27 avr. 1885, si, après examen des inscriptions, prises tant par le Crédit foncier que par la dame de Saint-Cyr, il n'avait acquis la conviction

que son débiteur avait encore des biens libres sur lesquels porterait utilement l'hypothèque judiciaire résultant du jugement que, d'autre part, toute personne, à la seule condition qu'elle y ait intérêt, peut se prévaloir de la nullité résultant de l'insuffisance de désignation, dans le titre constitutif des biens que le créancier prétend soumettre à son hypothèque ; — Attendu que les motifs qui précèdent s'appliquent au contredit formé par la dame de Saint-Cyr ; qu'en effet, l'acte constitutif de l'hypothèque, qu'elle fait valoir dans l'ordre, est conçu dans les mêmes termes que celui qui est invoqué par le Crédit foncier, mais que de plus, et en ce qui la concerne, il convient d'observer que son titre renferme une clause par laquelle Jourdan déclare qu'il entend affecter et hypothéquer les mêmes immeubles déjà hypothéqués par lui au Crédit foncier de France ; que cependant, dans le paragraphe où il est question du domaine de la Commanderie, la dame de Saint-Cyr fait ajouter aux immeubles déjà énumérés dans l'obligation du Crédit foncier ceux portant les numéros 959 à 963 de la section J, de la commune de Puylaroque ; — Que cette adjonction permet de penser que, même dans l'opinion de la dame de Saint-Cyr, les hypothèques consenties, tant à son profit que pour la garantie du Crédit foncier, ne portaient que sur les immeubles qui, dans les actes constitutifs, étaient expressément désignés par leurs numéros au cadastre ; — Attendu que les parties qui succombent supportent les dépens ; que, toutefois, les frais de la ventilation ordonnée par M. le juge-commissaire doivent rester à la charge de la dame de Saint-Cyr et de Bardon, dans l'intérêt desquels ils ont été faits ; — Par ces motifs, etc. ».

Appel par la dame de Saint-Cyr et par le Crédit foncier.

LA COUR ; — Attendu que les considérants dont la décision entreprise est assortie la justifient ; — Qu'il n'est pas possible d'admettre qu'on ait compris dans l'affectation hypothécaire les vingt articles omis, formant une contenance de près de 6 hectares ; — Qu'il n'y a pas à s'arrêter à cette circonstance, que des moulins à eau étaient compris dans la désignation générale, puisque l'énumération des biens selon leur nature qui seule précisait l'assiette de l'hypothèque et son cantonnement n'en a point parlé ; — Par ces motifs et ceux des premiers juges qu'elle adopte ;

Confirme.

Du 24 févr. 1890.-C. de Toulouse, ch. civ.-MM. Fabreguettes 1er pr.-Jordain, av. gén.-Ebelot et Boscredon, av.

théquer ses biens à venir qu'à une double condition. Il faut : 1° que les biens présents et *libres* du débiteur soient insuffisants pour la sûreté de la créance ; 2° que cette insuffisance soit exprimée au contrat. On admet, en général, que la simple déclaration de l'insuffisance des biens présents ne rendrait pas valable l'hypothèque des biens à venir si cette déclaration était fausse. La loi, en effet, exige deux choses : d'abord, que les biens présents soient insuffisants et, en second lieu, que l'insuffisance soit déclarée (*Rép.* n° 1305 ; Thézard, n° 66 ; Baudry-Lacantinerie, t. 3, n° 1301 ; Gillard, n° 276). — Malgré la généralité de l'expression *biens présents*, nous croyons que la loi n'a entendu parler que des biens susceptibles d'hypothèque, c'est-à-dire des immeubles. Suivant M. Colmet de Santerre, t. 9, n° 97 *bis*-II, la loi se serait, au contraire, préoccupée de la solvabilité générale du débiteur, et non pas seulement de son crédit hypothécaire. Mais la loi parle de biens présents *et libres*, c'est-à-dire non encore grevés d'hypothèque. Nous pensons donc que l'hypothèque des biens à venir serait valable alors même que le débiteur aurait des valeurs mobilières suffisantes pour répondre de la créance (En ce sens, Gillard, n° 274).

878. La mention d'insuffisance des biens présents n'est soumise à aucune forme sacramentelle. Il a été jugé que le vœu de la loi est suffisamment rempli par l'insertion dans l'acte d'une déclaration du débiteur qu'il « procède en vertu de l'art. 2130 c. civ. pour garantir davantage le remboursement de la somme empruntée et le service des intérêts » (Nancy, 22 août 1867, aff. Muller, Fribourg et Picard, D. P. 68. 2. 117).

879. Celui qui n'a pas de biens présents peut-il hypothéquer ses biens à venir? La jurisprudence paraît fixée dans le sens de la négative ; elle estime que l'hypothèque des biens à venir n'est possible que subsidiairement, après que le débiteur a d'abord hypothéqué les immeubles qu'il possède actuellement (V. les arrêts cités au *Rép.* n° 1308, et en outre Nancy, 22 août 1867, aff. Muller, Fribourg et Picard, D. P. 68. 2. 117; Civ. cass. 30 janv. 1872, aff. Aribaud, D. P. 74. 1. 99). Les auteurs sont toujours divisés sur cette question. Ceux qui admettent la solution de la jurisprudence invoquent le texte et l'esprit de la loi. Le texte, dit-on, ne permet l'hypothèque des biens à venir que si les biens présents sont insuffisants ; il suppose donc qu'il y a des biens présents, et comme la disposition est exceptionnelle, on ne peut l'étendre à un autre cas que celui qu'elle prévoit. On ajoute que la restriction de la loi a sa raison d'être dans le principe de la spécialité de l'hypothèque conventionnelle : tout en portant atteinte à ce principe, le législateur lui reste fidèle cependant dans une certaine mesure, en imposant au débiteur l'obligation d'avoir des biens présents et de les affecter immédiatement d'une manière spéciale, de telle sorte que l'affectation des biens futurs ne doit constituer qu'un supplément de garantie (Pont, t. 2, n° 688; Aubry et Rau, t. 3, § 266, p. 268, note 27). — On objecte, en sens contraire, que le débiteur qui ne possède rien est encore plus digne de faveur que celui qui a déjà des immeubles, et que, si la loi, dans l'art. 2130, a voulu venir en aide à celui dont les biens présents et libres sont insuffisants, elle n'a pas dû pour cela exclure celui qui n'a pas de biens présents ; autrement il faudrait dire qu'elle a exclu également celui qui n'a pas de biens libres, celui dont les biens sont grevés pour plus que leur valeur ; or, cette dernière solution, conforme à la lettre du texte, serait absolument contraire à son esprit et n'est admise par personne. On fait remarquer, en outre, qu'il n'est guère probable que le législateur ait voulu établir une prohibition aussi facile à éluder que le serait la défense faite au débiteur qui n'a pas de biens d'hypothéquer ses biens à venir ; ce débiteur, en effet, n'aurait qu'à acheter quelques mètres de terrain pour acquérir par lui-même le droit qu'on veut lui dénier (Colmet de Santerre, t. 9, n° 97 *bis*-II ; Thézard, n° 66 ; Baudry-Lacantinerie, t. 3, n° 1302 ; Gillard, n°279). Les partisans de cette seconde opinion reconnaissent toutefois que celui qui possède des biens présents et libres ne pourrait pas hypothéquer ses biens à venir sans affecter en même temps ceux qu'il a déjà (V. les auteurs précités, et notamment Gillard, n° 280).

880. L'hypothèque conventionnelle valablement constituée sur les biens à venir du débiteur frappe indistinctement,

comme on l'a montré au *Rép.* n° 1304, les biens qui sont acquis par ce débiteur, soit à titre onéreux, soit à titre gratuit, depuis la constitution ; mais elle ne prend rang sur ces biens que du jour de l'inscription prise spécialement par le créancier, à mesure des acquisitions (V. en ce sens, outre les arrêts et les auteurs cités au *Rép.* n° 1303, Pont, t. 2, n° 685; Aubry et Rau, t. 3, § 273, p. 337; Colmet de Santerre, t. 9, n° 97 *bis*-I ; Thézard, n° 66-4° ; Gillard, n° 277). Il a été jugé, conformément à ces principes, que si un débiteur, dans une constitution d'hypothèque, a désigné comme bien présent sa part indivise dans des immeubles appartenant indivisément pour une moitié à son aïeule maternelle et pour l'autre moitié tant à ce débiteur qu'à ses cohéritiers dans la succession de son aïeul paternel, l'immeuble qui lui échoit par suite de la réunion par donation de la seconde moitié à la première, dans le partage de la totalité desdits immeubles, sera grevé pour moitié à la date de la constitution d'hypothèque, et pour l'autre moitié seulement à la date de l'inscription prise postérieurement à la donation (Caen, 18 août 1871, aff. Veuve Piton, D.P.73.2.228).

881. Il y a ainsi, comme le dit très bien M. Thézard, *loc. cit.*, une inégalité de situation entre le créancier muni d'une hypothèque générale, soit légale, soit judiciaire, portant, d'après la loi, sur tous les biens présents et à venir du débiteur, et celui auquel a été consenti une hypothèque subsidiaire sur les biens à venir ; l'inscription en termes généraux qu'aura prise le premier sera suffisante, et le saisira de plein droit tous les biens, situés dans l'arrondissement, qui adviendront au débiteur, au moment même où il en acquerra la propriété ; pour le second, l'inscription spéciale qu'il devra prendre sera forcément postérieure aux acquisitions et, par suite, il sera toujours primé par les créanciers à hypothèque générale, même par ceux dont l'hypothèque n'aura été acquise et inscrite qu'après la sienne. Il eût été équitable, ajoute le même auteur, de corriger ce résultat, en donnant au créancier investi d'une hypothèque conventionnelle sur les biens à venir un délai dans lequel il devrait inscrire son hypothèque sur ces biens après leur acquisition par le débiteur, moyennant quoi elle prendrait son rang d'origine à l'encontre des hypothèques générales.

882. La validité de l'hypothèque conventionnelle sur les biens à venir étant subordonnée à la condition de l'insuffisance des biens présents, il a été jugé que le créancier ne peut poursuivre son payement sur le prix des biens acquis par le débiteur postérieurement à l'acte constitutif qu'autant qu'il n'a pu se faire payer sur le prix des biens que le débiteur possédait lors du contrat (Nancy, 22 août 1867, aff. Muller, Fribourg et Picard, D. P. 68. 2. 117). Cette solution, toutefois, ne devrait pas, selon nous, être étendue au cas où il serait évident ou au moins très probable que les biens possédés par le débiteur lors de la constitution d'hypothèque sont insuffisants pour couvrir la créance ; on ne saurait alors obliger le créancier à ne saisir les biens acquis par le débiteur postérieurement à l'acte constitutif qu'après la saisie et la distribution du prix des biens que le débiteur possédait lors de cet acte. Une double saisie n'aurait pas de raison d'être en pareil cas. Du moment que la validité de l'affectation des biens à venir est hors de contestation, l'hypothèque peut s'exercer sur ces biens, avec son caractère d'indivisibilité, comme sur les biens présents, et, par conséquent, le créancier non payé est autorisé à saisir sans distinction tous les immeubles affectés à sa créance.

§ 3. — Des hypothèques éventuelles ou affectées à la garantie d'ouvertures de crédit (*Rép.* n° 1312 à 1328).

883. On peut constituer une hypothèque conventionnelle pour la garantie de toute espèce de créances, quel qu'en soit l'objet, que le chiffre en soit dès à présent déterminé ou dépende d'un règlement à faire plus tard, que la créance soit pure et simple, à terme ou conditionnelle (*Rép.* n° 1312 et suiv.). Quand le montant de la créance est indéterminé, l'art. 2132 c. civ. exige que sa valeur estimative soit déclarée dans l'inscription ; mais il n'est pas nécessaire que l'évaluation en soit faite dans l'acte constitutif de l'hypothèque (V. *infrà*, n° 1050).

884. L'hypothèque peut même être établie pour la garantie d'une créance future, par exemple d'un prêt à faire ultérieurement (*Rép.* n° 1320). Suivant quelques auteurs, une hypothèque ne pourrait être valablement attachée à la garantie d'un prêt à venir dont la réalisation dépendrait non seulement de la volonté de l'emprunteur, mais encore de celle du prêteur (V. notamment Pont, t. 2, n° 712). Mais nous croyons qu'il y a là une erreur et qu'il est indifférent, pour la validité de l'hypothèque, que le futur prêteur soit ou non obligé dès le principe. L'obligation garantie par l'hypothèque est celle de l'emprunteur, non celle du prêteur. Si la dette de l'emprunteur n'existe pas au moment de la convention, si ce n'est pas même alors une dette conditionnelle, elle naîtra si l'emprunt se réalise. Cela suffit pour qu'elle puisse servir de fondement à une hypothèque, aucun principe ni aucun texte ne s'opposant à ce qu'on établisse une hypothèque pour sûreté d'une obligation future (Gillard, n° 309).

885. Il est, en tout cas, généralement admis aujourd'hui, en doctrine et en jurisprudence, qu'une hypothèque peut être consentie pour la garantie de la créance résultant d'une ouverture de crédit (V. *Rép.* n° 1320 et suiv., et les arrêts cités, *ibid.*, n° 1322. *Adde* : Troplong, t. 2, n° 478 ; Pont, *Revue critique*, t. 12, 1858, p. 193 et suiv. ; Doublet, *Revue pratique*, t. 7, 1859, p. 191 et suiv. ; Aubry et Rau, t. 3, § 266, p. 281 ; Laurent, t. 30, n° 528 ; Thézard, n° 69 ; Gillard, n° 310). La jurisprudence et la doctrine admettent également que l'hypothèque ainsi constituée prend rang du jour de son inscription, et non pas seulement du jour de la réalisation du crédit (V. en sus des autorités citées au *Rép.* n° 1323 : Demolombe, *Cours de code civil*, t. 25, n° 392 et suiv. ; Pont, t. 2, n° 719 ; Aubry et Rau, t. 3, § 266, p. 283 ; Thézard, *loc. cit.* ; Gillard, n° 311). Ces solutions ont été, du reste, confirmées par la loi fiscale du 23 août 1871, dont l'art. 5 dispose que « le droit d'hypothèque, fixé à un pour mille par l'art. 60 de la loi du 28 avr. 1816, sera perçu lors de l'inscription des hypothèques garantissant les ouvertures de crédit ». Le rapport présenté au nom de la commission à l'Assemblée nationale motivait ainsi cette disposition : « Que le droit sur l'obligation du crédité ne puisse pas être exigé, cela se conçoit, puisque au moment de la formation du contrat cette obligation n'a pas encore d'existence ; mais pourquoi le droit d'hypothèque ne serait-il pas exigible au moment où l'inscription est prise ? Une hypothèque peut être valablement constituée au profit d'une créance purement éventuelle ; l'hypothèque consentie dans l'acte d'ouverture de crédit, spécialement, produit des effets à partir de l'inscription et garantit à sa date toutes les réalisations ultérieures ; elle prime, par conséquent, tous autres créanciers dont les inscriptions seraient postérieures, bien que leurs prêts et leurs inscriptions fussent antérieurs aux versements faits ou crédités. Si l'hypothèque produit ainsi des effets immédiats, il est juste de percevoir le droit au moment de l'inscription » (V. aussi *supra*, v° *Enregistrement*, n° 740 et suiv.).

886. Dans le cas où l'hypothèque a été constituée pour sûreté d'un prêt futur ou d'une ouverture de crédit, la réalisation du prêt ou du crédit n'a pas besoin d'être constatée par acte authentique. Seule, la constitution hypothécaire est assujettie à l'authenticité. Quant aux versements divers, d'où résultera la créance, ils peuvent être établis par simples quittances ou autres actes sous seing privé, par lettres missives, et, lorsque la créance est de nature commerciale, par témoin ou par les livres de commerce des parties (*Rép.* n° 1324 ; Aubry et Rau, t. 3, § 266, p. 283 ; Laurent, t. 30, n° 529 et 537 ; Thézard, n° 69 ; Gillard, p. n° 313).—Il est certain que les tiers peuvent toujours contester l'existence des versements ; mais il n'est pas nécessaire pour que ces versements leur soient opposables que les actes qui les constatent aient date certaine, car ils ont dû s'attendre à être primés par le créancier créditeur jusqu'à concurrence de la somme énoncée dans l'inscription (V. cependant Alger, 8 nov. 1870, sous Civ. rej. 23 mars 1874, aff. Zermati, D. P. 74. 1. 316).

887. Il a été jugé qu'une hypothèque consentie pour sûreté d'un cautionnement devant être donné en constituant par aval ou endossement sur des valeurs négociables, jusqu'à concurrence d'une certaine somme, garantissait également des billets à ordre souscrits directement, alors d'ail-

leurs que les tiers avaient été avertis par l'inscription que le créancier hypothécaire pourrait exercer un droit de préférence jusqu'à concurrence de la somme convenue et qui n'avait pas été dépassée (Alger, 4 déc. 1879, cité sous Req. 7 déc. 1880, aff. Faillite Vias, D. P. 81. 1. 312). En tout cas, une telle interprétation de la convention des parties est faite souverainement par les juges du fond (Même arrêt du 7 déc. 1880).

888. Ordinairement, l'acte d'ouverture de crédit impose au crédité l'obligation de remettre, au fur et à mesure des versements, des billets à ordre souscrits par lui ou d'autres effets négociables. Le créditeur peut alors rentrer immédiatement dans ses avances, en négociant les valeurs remises par le crédité, qui devient l'obligé des tiers porteurs de ces valeurs. Les tiers porteurs, comme cessionnaires de la créance, peuvent se prévaloir de l'hypothèque, qui en est l'accessoire (V. *supra*, v° *Effets de commerce*, n° 150).

889. En ce qui concerne l'étendue de l'hypothèque stipulée pour sûreté d'une ouverture de crédit, il est évident que l'hypothèque ne peut dépasser ni quant à la somme, ni quant au temps, les limites du crédit ouvert. Si le crédit n'a été limité que quant à la somme, l'hypothèque garantit toutes les avances réellement effectuées jusqu'à concurrence de cette somme, quelle que soit d'ailleurs l'époque à laquelle ces avances ont été faites. — Il peut se faire qu'au moment de l'ouverture de crédit, le créditeur se trouve déjà créancier du crédité en vertu de billets ou d'effets négociables souscrits antérieurement par celui-ci. Lorsque ces billets seront renouvelés, l'hypothèque garantira la créance résultant des nouveaux billets, à supposer, d'ailleurs, que telle soit l'intention des parties. Il a été jugé : 1° que l'hypothèque stipulée pour sûreté d'un crédit ouvert s'applique aux sommes dues au créancier antérieurement à l'ouverture du crédit et qui ont été comprises, par l'effet d'une novation, dans le montant de ce crédit, et ce, alors même que le crédit ouvert serait limité à ces sommes (Nîmes, 3 août 1854, sous Req. 13 août 1855, aff. Grasset, D. P. 56. 1. 165) ; — 2° Que l'hypothèque stipulée pour sûreté d'avances à faire en vertu d'une ouverture de crédit, au fur et à mesure des besoins du crédité, s'applique à la créance résultant d'un billet souscrit par le crédité au créditeur depuis l'acte de crédit, même en renouvellement d'un premier billet antérieur à cet acte, le nouveau billet devant être considéré, non comme représentant l'ancienne dette, mais comme ayant pour cause une avance faite en exécution de l'ouverture de crédit (Caen, 12 juill. 1859, et sur pourvoi, Req. 2 juin 1863, aff. Vaussy, D. P. 63. 1. 337) ; — 3° Que l'hypothèque qui garantit le remboursement des avances faites en exécution d'une ouverture de crédit est valable et a rang à la date de son inscription, alors même qu'aucune avance n'a été faite en exécution de l'ouverture de crédit, lorsqu'il est constaté que le crédit a été réalisé par la remise de billets antérieurement souscrits et escomptés par le débiteur au profit du créditeur, et arrivés à échéance (Req. 3 août 1870, aff. Simonne et autres, D. P. 71. 1. 281. — Comp. en sens contraire, Caen, 21 mars 1867, aff. Fouilleul, D. P. 69. 1. 202) ; — 4° Que, lorsque pour sûreté du crédit ouvert à son mari, une femme consent une hypothèque jusqu'à concurrence d'une somme déterminée, cette hypothèque garantit même les avances faites antérieurement par le banquier créditeur, alors que la femme était solidairement engagée avec son mari par un premier acte, que les opérations ont continué sans interruption, et que la commune intention des parties était d'affecter l'hypothèque à la garantie de toutes les parties du compte courant (Dijon, 7 nov. 1872, aff. Dame Larmier, D. P. 73. 2. 239) ; — 5° Qu'une ouverture de crédit doit être considérée comme réalisée par la souscription de billets faits lors du contrat, bien que ces billets soient relatifs à des dettes antérieures, s'ils sont causés « valeur suivant ouverture de crédit », et si cette indication de cause est conforme à l'intention des parties (Paris, 4 juin 1886, aff. Petit, D. P. 87. 2. 100) ; — 6° Que l'hypothèque constituée pour sûreté d'une ouverture de crédit à partir d'une certaine date garantit le payement des effets de commerce même antérieurs à cette date, s'ils ont été renouvelés entre le créditeur et le crédité depuis cette époque (Pau, 12 mars 1888, aff. Duboy, D. P. 89. 2. 276).

Cependant la cour de cassation a décidé que, lorsqu'un crédit a été ouvert à une personne pour toutes les opérations qu'elle fera « dans un délai de cinq années *à compter du jour du contrat* », le juge ne peut, en s'attachant à l'intention présumée des parties, déclarer que le crédit ouvert s'applique à des opérations antérieures à la date du contrat (Civ. cass. 29 nov. 1892, aff. Genot, D. P. 93. 1. 85. V. aussi Dijon, 12 juill. 1893, même affaire, D. P. 94. 2° partie). Mais l'hypothèque constituée en garantie d'une ouverture de crédit s'appliquerait à des avances constatées pour des billets antérieurs, si ces billets étaient renouvelés postérieurement à l'acte, ou si leur montant était compris dans un compte courant convenu entre les parties (V. la note sous Dijon, 12 juill. 1893, précité. Comp. Angers, 29 juill. 1891, et sur pourvoi, Req. 12 avr. 1892, aff. Bougère, D. P. 93. 1. 503).

890. Il est bien entendu toutefois que l'hypothèque constituée pour la garantie d'une ouverture de crédit ne saurait échapper à la nullité prononcée par l'art. 446 c. com., à l'égard de toute hypothèque consentie par le failli après la cessation de ses payements ou dans les dix jours qui l'ont précédée, pour dettes antérieurement contractées, lorsque le crédit se trouvait déjà en tout ou en partie réalisé au moment de la constitution hypothécaire. En ce cas, l'hypothèque ne doit être annulée, en principe, que jusqu'à concurrence de la créance déjà existante au moment de l'ouverture du crédit (Besançon, 9 févr. 1858, et sur pourvoi, Req. 14 déc. 1858, aff. Pernet et comp., D. P. 59. 1. 150 ; Poitiers, 20 avr. 1885, aff. Babut, D. P. 86. 2. 6). Elle doit cependant être annulée pour le tout s'il est établi en fait que les avances nouvelles ont été le prix de la garantie frauduleusement donnée au créancier pour des prêts antérieurs (Nancy, 4 août 1860, aff. Jacquinot-Bourdon, D. P. 60. 2. 196 ; Req. 7 janv. 1879, aff. Bloch, D. P. 79. 1. 286 ; 13 août 1883, aff. Gallet, D. P. 84. 1. 207) ;... et, à plus forte raison, si elle ne s'applique, en réalité, qu'à des dettes antérieurement contractées (Req. 17 mars 1873, aff. Comptoir général d'escompte d'Annecy, D. P. 74. 1. 371 ; Poitiers, 20 avr. 1885, aff. Babut, D. P. 86. 2. 6).

891. Mais l'art. 446 c. com. est-il également applicable dans le cas où les parties, au moment de l'ouverture de crédit, étaient en compte courant? On peut invoquer pour la négative le principe de l'indivisibilité du compte courant. Ce compte, dit-on, dans l'intention des parties, ne constitue qu'une opération unique, qui ne peut être scindée ; il n'y a, pendant sa durée, ni créances ni dettes, mais seulement des articles de crédit et de débit. En pareil cas, l'hypothèque garantit seulement le solde du compte, tel qu'il sera arrêté lors de la clôture du crédit ; elle ne peut donc tomber, même pour partie, sous le coup de la nullité prononcée par l'art. 446, car elle a été constituée avant et non après la naissance de l'obligation garantie (V. en ce sens, Gillard, n° 180. Comp. Rouen, 10 févr. 1876, et sur pourvoi, Civ. rej. 29 déc. 1880, aff. Faillite Pimont, D. P. 81. 1. 54 ; Lyon, 5 mai 1882, aff. Jarlot et Rodary, D. P. 83. 2. 235). — Cette doctrine nous paraît inexacte. Si dans la réalité le créditeur était déjà créancier du crédité au moment de l'ouverture du crédit, le fait par les parties d'avoir adopté la méthode du compte courant pour la constatation de leurs opérations ne saurait faire obstacle à l'application de l'art. 446 c. com. Autrement la disposition de cet article serait vraiment trop facile à éluder. Du reste, l'indivisibilité du compte courant, laquelle ne résulte que de la convention des parties, n'est pas opposable aux tiers (V. Civ. cass. 22 mars 1852, aff. De la Planche, D. P. 52. 1. 86). Le créditeur ne peut, par conséquent, s'en prévaloir contre les créanciers du crédité tombé en faillite, car ces créanciers, lorsqu'ils agissent en vertu de l'art. 446, agissent comme tiers et non comme ayants cause du failli. Il importe donc peu que le créditeur et le crédité aient été en compte courant, s'il est constaté en fait que le créditeur était déjà créancier du crédité, au moment de la constitution d'hypothèque. L'hypothèque n'en doit pas moins être déclarée nulle, conformément à l'art. 446, en tant qu'elle a été constituée pour une dette antérieure ; elle ne peut valoir que pour la partie du crédit qui n'a été réalisée qu'après l'acte constitutif.

892. Lorsque le crédit est limité à la fois à une certaine somme et à un certain temps, l'hypothèque ne garantit que les avances faites jusqu'à concurrence de la somme stipulée et pendant le temps convenu. Si, au terme fixé, le crédit n'était pas épuisé, l'hypothèque ne s'appliquerait pas aux avances faites ultérieurement, quand même ces avances ajoutées aux précédentes ne dépasseraient pas le montant du crédit (Pont, t. 2, n° 715 ; Aubry et Rau, t. 3, § 266, p. 282 ; Thézard, n° 69 ; Gillard, n° 314). Il a été jugé : 1° que l'hypothèque constituée pour sûreté d'un crédit ouvert par compte courant, pour un temps déterminé, avec stipulation qu'à l'expiration de ce temps le compte courant sera balancé et arrêté, ne vaut que pour la somme dont le crédit se trouvait débiteur au terme fixé, bien que le compte courant, n'ayant pas été arrêté à cette époque, se soit continué entre les parties (Civ. cass. 22 mars 1852, aff. De la Planche, D. P. 52. 1. 86, et sur renvoi, Paris, 21 déc. 1852, D. P. 53. 2. 81 ; Bordeaux, 19 août 1874, aff. Ramat, D. P. 77. 2. 130) ; — 2° Que, lorsqu'un crédit a été ouvert jusqu'à une époque déterminée et qu'une clause de la convention réservait au créancier la faculté de continuer le crédit après cette époque, l'hypothèque constituée pour sûreté de ce crédit ne peut être invoquée pour les avances postérieures à ladite époque, vis-à-vis d'un tiers acquéreur de l'immeuble hypothéqué, si la réserve ci-dessus indiquée n'a pas été mentionnée dans l'inscription (Alger, 8 nov. 1870, et sur pourvoi, Civ. rej. 23 mars 1874, aff. Zermati, D. P. 74. 1. 316).

893. L'hypothèque, toutefois, continue de garantir le montant des avances qui ont été faites avant l'époque fixée pour la clôture du crédit, alors même que ces avances sont représentées par des effets de commerce postérieurs à cette époque, si ces effets ont été souscrits, sans novation, en renouvellement d'autres effets remis au créditeur dans les limites du chiffre et du temps déterminés par l'acte d'ouverture de crédit (Alger, 20 janv. 1868, et sur pourvoi, Req. 9 mars 1869, aff. Neboth, D. P. 69. 1. 398).

894. Dans le cas où le montant du crédit a été dépassé, les acomptes payés en diminution de sa dette par le crédité doivent être imputés, suivant un arrêt, sur la partie de la créance non garantie par l'hypothèque, car on doit présumer que le créancier a entendu conserver le bénéfice de la sûreté hypothécaire qu'il s'était fait donner (Paris, 8 déc. 1874, aff. Lecocq, D. P. 74. 2. 46).

895. L'hypothèque consentie pour sûreté du crédit ouvert à une société ou association de fait ne saurait évidemment, après la dissolution de cette société, servir de garantie pour les avances faites à une société nouvelle, quand même cette seconde société ne ferait que continuer les opérations de la première (Limoges, 23 août 1873, aff. Tixier, D. P. 74. 5. 287).

Art. 4. — *Du supplément d'hypothèque* (Rép. n°° 1329 à 1349).

896. Aux termes de l'art. 1188 c. civ., le débiteur qui a, « *par son fait*, diminué les sûretés qu'il avait données à son créancier », est déchu du bénéfice du terme (V. *suprà*, v° *Obligations*, n°° 515 et suiv.). D'après l'art. 2131 c. civ., lorsque l'immeuble ou les immeubles assujettis à l'hypothèque ont péri ou éprouvé des dégradations, de manière qu'ils sont « devenus insuffisants pour la sûreté du créancier », celui-ci peut poursuivre dès à présent son remboursement ou obtenir un supplément d'hypothèque. L'art. 1188, qui suppose que les sûretés du créancier ont été diminuées par le fait du débiteur, est plus sévère pour celui-ci, comme on l'a expliqué au *Rép.* n° 1332, que l'art. 2131, qui régit le cas où l'immeuble hypothéqué est devenu insuffisant pour la garantie de la créance, même sans la faute du débiteur. Dans l'hypothèse de l'art. 1188, le débiteur, déchu du terme, ne peut pas en conserver le bénéfice en offrant des sûretés nouvelles. Dans le cas, au contraire, de l'art. 2131, le débiteur peut éviter d'être poursuivi avant l'échéance de sa dette, en offrant au créancier un supplément d'hypothèque. Bien que l'art. 2131 semble laisser au créancier le droit d'opter entre son remboursement immédiat ou un supplément d'hypothèque, tous les auteurs reconnaissent que cet article a entendu conférer cette option au débiteur, et que celui-ci peut forcer le créancier à se contenter du supplément d'hypothèque suffisant pour la garantie de la créance (V. *Rép.*

n° 1333 ; Pont, t. 2, n° 692 ; Aubry et Rau, t. 3, § 286, p. 435, note 29 ; Laurent, t. 30, n° 523 ; Thézard, n° 67 ; Baudry-Lacantinerie, t. 3, n° 1304).

897. Le supplément d'hypothèque que le débiteur peut offrir au créancier est une nouvelle hypothèque, dont la constitution exige un nouvel acte authentique et une nouvelle inscription. Si le créancier la trouve insuffisante, le juge décidera (Pont, t. 2, n° 696 ; Laurent, t. 30, n° 524). Suivant M. Baudry-Lacantinerie, t. 3, n° 1304, le créancier pourrait même être obligé de se contenter d'une hypothèque sur les biens à venir du débiteur, dans le cas notamment où celui-ci paraîtrait appelé prochainement, en qualité d'héritier réservataire, à une succession comprenant des immeubles. Le mot *pareillement*, qui rattache l'art. 2131 à l'art. 2130, semble, en effet, indiquer qu'il s'agit d'une nouvelle exception à la défense d'hypothéquer les biens à venir. Nous croyons cependant, avec M. Colmet de Santerre, t. 9, n° 98 *bis*-II, que le supplément d'hypothèque ne pourrait pas être fourni en une hypothèque sur les biens à venir. L'art. 2130 ayant parlé du cas où les biens présents du débiteur sont insuffisants, le mot *pareillement*, au commencement de l'art. 2131, indique simplement qu'il s'agit d'un autre cas d'insuffisance des biens. Pour contraindre le créancier à recevoir un supplément de garantie au lieu de son remboursement immédiat, il faut au moins que cette nouvelle garantie soit sérieuse et non aléatoire.

898. Suivant le texte de l'art. 2131, c'est lorsque l'immeuble « a péri » ou « a éprouvé des dégradations », que le créancier peut réclamer son payement ou un supplément d'hypothèque. On décide généralement qu'une dépréciation, qui ne serait pas la conséquence d'un changement dans l'état matériel de l'immeuble, n'autoriserait pas le créancier à agir (*Rép.* n° 1335, V. dans le même sens : Pont, t. 2, n° 693 ; Aubry et Rau, t. 3, § 286, p. 436 ; Laurent, t. 30, n° 517 ; Thézard, n° 67 ; Baudry-Lacantinerie, t. 3, n° 1305). — Il a été jugé que le créancier peut réclamer un supplément d'hypothèque, lorsque la créance est échue et que les immeubles hypothéqués, ayant été vendus, n'ont produit qu'un prix insuffisant pour acquitter les créances inscrites (Paris, 15 mai 1865) (1). Mais, quand la créance est échue, le créancier peut exiger son payement ; il peut donc à plus forte raison demander de nouvelles garanties (V. *infra*, n° 904).

899. Le créancier ne pourrait pas invoquer l'art. 2131, si l'insuffisance des sûretés hypothécaires existait déjà au moment de la constitution d'hypothèque, ou la diminution de valeur subie par les immeubles grevés devait être prévue lors du contrat (V. *Rép.* n°s 1337 et suiv., et les auteurs précités). Ainsi le créancier ayant hypothèque sur un bois ne peut se plaindre de la dépréciation qui résulte de l'exploitation régulière de ce bois (Dijon, 6 juill. 1883, *supra*, n° 420).

900. Par la même raison, le créancier ayant accepté une hypothèque sur un immeuble indivis n'a pas non plus le droit de se prévaloir de l'art. 2131 lorsque l'immeuble est enlevé au débiteur par l'effet d'un partage ou d'une licitation (*Rép.* n° 1348 ; Thézard, n° 67).

901. Mais lorsque l'immeuble hypothéqué vient à périr ou à subir des dégradations matérielles, l'art. 2131 est applicable quelle que soit la cause de la perte ou des détériora-

tions, alors même que le débiteur y est complètement étranger. Il a été jugé, notamment, que le débiteur peut être contraint au remboursement de la créance, à moins qu'il ne fournisse un supplément d'hypothèque, dans le cas où les immeubles hypothéqués, se trouvant entre les mains d'un tiers détenteur, ont subi des dégradations par le fait de ce dernier (Orléans, 24 mars 1859, *infra*, n° 1222).

902. On a admis au *Rép.*, n° 1336, que l'art. 2131 pourrait recevoir application dans le cas où l'immeuble hypothéqué vient à être exproprié pour cause d'utilité publique. Alors, cependant, le droit du créancier hypothécaire est transporté sur l'indemnité d'expropriation. C'est pourquoi la cour de cassation de Belgique a jugé que le créancier peut, en ce cas, se faire payer sur l'indemnité, même avant l'exigibilité de la créance, et que le débiteur n'a pas le droit de s'y opposer en offrant un supplément d'hypothèque (C. cass. belge, 26 août 1850, aff. Hospices de Huy, *Pasicrisie belge*, 1851. 1. 138). La cour de Paris s'est prononcée dans le même sens : elle a jugé que l'expropriation pour cause d'utilité publique a pour effet de rendre immédiatement exigibles les créances à terme pour sûreté desquelles l'immeuble exproprié a été hypothéqué, encore que le débiteur offrirait à son créancier une autre hypothèque, présentant même plus de garantie que la première (Paris, 13 févr. 1858, aff. Gassion, D. P. 58. 1. 37). MM. Aubry et Rau, t. 3, § 285, p. 418, note 7, approuvent cette décision, car, disent-ils, « l'expropriation pour cause d'utilité publique opère, comme la vente volontaire ou l'expropriation forcée, la réalisation même du gage hypothécaire, et ne saurait en aucune manière être considérée comme une diminution de ce gage. D'un autre côté, si l'art. 2131 donne au débiteur la faculté d'offrir un supplément d'hypothèque lorsque les sûretés hypothécaires ont été diminuées par cas fortuit ou force majeure, c'est uniquement pour le soustraire à la nécessité de se procurer immédiatement les fonds nécessaires à un remboursement qu'il ne devait faire qu'après un certain terme ; et ce serait étendre cette faculté, contrairement à l'esprit dans lequel elle a été accordée, que de permettre au débiteur exproprié de toucher lui-même le montant de l'indemnité » (V. aussi en ce sens : Pont, t. 2, n° 698 ; Martou, t. 3, n° 1009 ; Laurent, t. 30, n° 521 ; Baudry-Lacantinerie, t. 3, n° 1307. Comp. *supra*, v° *Expropriation pour cause d'utilité publique*, n° 233 ; *Rép.* aud. v°, n° 351).

903. D'après la loi du 19 févr. 1889, art. 2, l'indemnité d'assurance, en cas d'incendie, est attribuée de plein droit aux créanciers hypothécaires (V. *infra*, n°s 917 et suiv.). Si l'indemnité est égale à la valeur qu'avait l'immeuble avant l'incendie, le créancier ne peut pas prétendre que sa garantie a diminué ; il n'a donc pas le droit d'invoquer l'art. 2131. Mais l'immeuble peut avoir été assuré pour une somme inférieure à sa valeur, et alors, si la garantie est devenue insuffisante, le créancier pourra exiger son remboursement ou un supplément d'hypothèque (V. en ce sens, Baudry-Lacantinerie, t. 3, n° 1306).

On s'est demandé toutefois si le débiteur ne pourrait pas, en offrant au créancier un supplément d'hypothèque, demander à toucher lui-même la somme due par la compagnie d'assurance et conserver ainsi le bénéfice du terme. Pour M. Gillard, *La constitution de l'hypothèque conventionnelle*, n° 294, l'affirmative n'est pas douteuse. La disposition de

---

(1) (Époux Caillon C. époux Lagoguey.) — Les sieurs Debonnaire et Lavernade avaient prêté aux époux Lagoguey une somme de 26.000 fr., à la garantie de laquelle les débiteurs avaient hypothéqué leurs immeubles. Ces immeubles furent expropriés, et le prix s'étant trouvé insuffisant pour rembourser les créanciers, le sieur Caillon, notaire, qui avait négocié le placement, et sa femme payèrent ce qui restait dû aux sieurs Debonnaire et Lavernade en se faisant subroger dans leurs droits. Ils actionnèrent ensuite les époux Lagoguey devant le tribunal civil de la Seine pour obtenir contre eux une condamnation au payement de la somme qu'ils avaient acquittée à leur décharge. — Par jugement du 30 août 1864, le tribunal a repoussé la demande par le motif que les époux Caillon avaient déjà un titre exécutoire contre leurs débiteurs. — Appel par les époux Caillon. — Arrêt par défaut.

LA COUR. — Considérant que, aux termes des quittances authentiques des 28 févr., 2 mars et 8 août 1860, reçues par Audebert et Frottier, notaires à Sens, les époux Caillon ont été subrogés dans les droits de Lavernade et Debonnaire par eux

remboursés jusqu'à concurrence de 11.630 fr., qu'au moyen des sommes par eux touchées dans plusieurs contributions, les époux Caillon se trouvent aujourd'hui créanciers des époux Lagoguey, débiteurs solidaires, de la somme principale de 10.243 fr. 43 c., et des intérêts depuis le 1er avr. 1864 ; — Considérant que l'art. 2131 c. civ. accorde au créancier la faculté de réclamer un supplément d'hypothèque lorsque les immeubles assujettis à son hypothèque conventionnelle ont péri ou sont devenus insuffisants pour la sûreté de sa créance ; — Considérant que cette faculté doit être accordée, à plus forte raison, lorsque, comme dans l'espèce, la créance est échue et que les immeubles hypothéqués ayant été vendus n'ont produit qu'un prix insuffisant pour désintéresser les créanciers inscrits ; — Considérant que, dans cette situation, les titres authentiques dont les appelants sont porteurs sont absolument inefficaces ; que les époux Caillon ont, par conséquent, intérêt et qualité pour réclamer une condamnation qui pourra leur conférer hypothèque judiciaire ; — Infirme, etc.

Du 15 mai 1865. — C. de Paris, 1re ch. — MM. Devienne, 1er pr. — Benoist, av. gén. — Faveri, av.

l'art. 2131, dit cet auteur, est une règle d'équité, introduite en faveur du créancier, auquel, *stricto jure*, le débiteur ne devrait pas être tenu de fournir un supplément d'hypothèque, alors que la perte de l'immeuble est survenue sans sa faute. Cela étant, pour quel motif le créancier, qui ne court aucun risque, puisque le remboursement de sa créance sera garanti par une sûreté équivalente à la précédente, serait-il admis à priver le débiteur, auquel il n'a rien à reprocher, des facilités de payement qu'il lui a volontairement accordées par le contrat? Le propriétaire de l'immeuble assuré peut avoir un besoin pressant de toucher lui-même le montant de l'indemnité due par la compagnie : permettre au créancier hypothécaire de l'en empêcher, ne serait-ce pas autoriser gratuitement une rigueur que ne justifie ni la conduite du débiteur vis-à-vis du créancier, ni même l'intérêt de ce dernier? — M. Gillard reconnaît cependant que si, dans le contrat constitutif de l'hypothèque, l'indemnité d'assurance a été cédée par avance au créancier, ou même seulement si le débiteur s'est obligé à assurer l'immeuble hypothéqué, le débiteur a par cela même renoncé implicitement au bénéfice de l'art. 2131 et ne peut, par suite, sans violer la loi du contrat, toucher lui-même l'indemnité en offrant une hypothèque supplémentaire. Cette concession nous paraît ébranler la thèse de l'auteur que nous citons, car l'art. 2 de la loi du 19 févr. 1889, qui attribue les indemnités d'assurance aux créanciers hypothécaires, n'a eu d'autre but, comme M. Gillard le constate lui-même, que de procurer à tous les créanciers privilégiés ou hypothécaires le même avantage qu'obtenaient déjà auparavant ceux qui dans l'acte constitutif d'une hypothèque conventionnelle avaient la précaution de se faire céder la créance conditionnelle du débiteur contre l'assureur de l'immeuble. L'attribution légale qui résulte de la loi de 1889 tient lieu de l'ancienne cession conventionnelle. Or, si le créancier avait le droit, par le fait de cette cession, de toucher lui-même directement l'indemnité, nous ne voyons pas comment on pourrait lui refuser le même droit aujourd'hui. L'art. 2 de la loi de 1889 est absolument formel : les indemnités « sont, dit-il, attribuées, sans qu'il y ait besoin de délégation expresse, aux créanciers privilégiés ou hypothécaires suivant leur rang ». En présence de ce texte, il nous paraît impossible d'accorder au débiteur le droit de toucher l'indemnité, même en offrant de nouvelles sûretés au créancier, si celui-ci refuse ces sûretés et prétend profiter de l'attribution qui lui est faite par la loi.

904. Si la créance hypothécaire est exigible lorsque se produit la perte ou la détérioration de l'immeuble, il n'y a pas lieu évidemment à l'application de l'art. 2131; le créancier peut poursuivre et faire condamner le débiteur, ce qui lui procurera une hypothèque judiciaire (Paris, 2 mai 1849, aff. Crapez, D. P. 50. 5. 276; Paris, 15 mai 1865, *supra*, n° 898). De même, lorsque l'immeuble hypothéqué a été exproprié et que le prix s'est trouvé insuffisant pour le payement de la créance échue, le créancier peut requérir condamnation contre le débiteur pour la partie restée impayée et obtenir ainsi, pour sûreté de cette portion restant due, une hypothèque judiciaire (Paris, 22 nov. 1853, aff. R... et Lault, D. P. 55. 2. 172).

905. Lorsque le débiteur a aliéné une partie des biens hypothéqués, c'est l'art. 1188, et non l'art. 2131, qui peut être appliqué; car, dit M. Thézard, n° 67, le débiteur, en forçant le créancier à diviser ses poursuites, et par conséquent à avancer des frais plus considérables pour la réalisation de son gage, diminue par son fait la sûreté donnée (V. toutefois, *Rép.* n°ˢ 1339 et suiv.).

906. L'art. 2131 c. civ., qui se trouve dans la section des hypothèques conventionnelles, peut-il être étendu aux hypothèques légales ou judiciaires? En principe, non, car ces dernières hypothèques sont générales; elles frappent tous les biens présents et à venir du débiteur, et par conséquent celui-ci ne saurait offrir un supplément d'hypothèque. De plus, l'hypothèque légale ou judiciaire ne procède pas de la volonté des parties; si elle devient insuffisante inopinément, ce fait ne rompt pas l'équilibre des conditions du contrat, comme lorsqu'il s'agit d'une hypothèque conventionnelle; cette insuffisance ne doit donc pas entraîner pour le débiteur la déchéance du bénéfice du terme. Toutefois, si une hypothèque légale ou judiciaire avait été réduite

à certains immeubles déterminés, et que, plus tard, ces immeubles vinssent à périr ou à subir des dégradations, l'art. 2131 serait applicable, car, si une hypothèque légale a été réduite, c'est parce qu'on l'a considérée comme suffisante; du moment qu'elle cesse de l'être, le créancier doit pouvoir, à plus forte raison encore que celui qui n'a qu'une hypothèque conventionnelle, réclamer un supplément d'hypothèque (Rouen, 6 juill. 1840, *Rép.* n° 2617; Pont, t. 2, n° 699 et suiv.; Thézard, n° 67).

SECT. 4. — DE QUELQUES RÈGLES COMMUNES AUX HYPOTHÈQUES LÉGALES, JUDICIAIRES ET CONVENTIONNELLES : EXTENSION DE L'HYPOTHÈQUE AUX AMÉLIORATIONS; ATTRIBUTION DES INDEMNITÉS D'ASSURANCES AUX CRÉANCIERS PRIVILÉGIÉS OU HYPOTHÉCAIRES (*Rép.* n°ˢ 1350 à 1356).

ART. 1ᵉʳ. — *De l'extension de l'hypothèque aux améliorations survenues à l'immeuble hypothéqué.*

907. Aux termes de l'art. 2133 c. civ., « l'hypothèque acquise s'étend à toutes les améliorations survenues à l'immeuble hypothéqué ». Ce principe s'applique, d'après la cour de cassation, à toutes les améliorations, de quelque nature qu'elles soient, apportées à l'immeuble par le propriétaire, sans qu'il y ait à distinguer si ces améliorations constituent elles-mêmes des immeubles par nature ou seulement des immeubles par destination, ni si le propriétaire de qui elles émanent est le débiteur principal ou bien un tiers détenteur (Req. 2 août 1886, aff. Faillite de la société anonyme des Grands Hôtels français, D. P. 87. 1. 293). Ainsi, il a été jugé que l'hypothèque établie sur un immeuble s'étend de plein droit aux eaux d'une source que le propriétaire y a amenées pour l'usage et comme accessoire de l'immeuble, en dérivant les eaux par une canalisation, du fonds sur lequel elle jaillit et qui est aussi sa propriété, et, dès lors, que si, à la suite de l'expropriation forcée de ces deux fonds, il y a lieu de distribuer le prix des eaux de la source, c'est, non pas aux créanciers inscrits sur le fonds où la source prend naissance, mais à ceux ayant comme garantie l'immeuble où les eaux sont amenées, que ledit prix doit être attribué; qu'il en est ainsi surtout lorsque la dérivation de la source était antérieure à la concession de l'hypothèque sur la prairie où ladite source prend naissance (Req. 30 mars 1892, aff. Cons. Bourde, D. P. 92. 1. 389).

908. L'hypothèque s'étend, notamment, aux objets mobiliers qui, postérieurement à l'acte constitutif, sont adjoints au fonds comme immeubles par destination, soit qu'on les y rattache à perpétuelle demeure, soit qu'on les y place pour le service et l'exploitation de ce fonds, comme les animaux et ustensiles aratoires employés à la culture d'un fonds rural, les meubles meublants garnissant une hôtellerie et nécessaires à son exploitation, etc. (V. Req. 2 août 1886, cité *supra*, n° 907, V. auss *supra*, n°ˢ 175 et suiv.). Mais le principe de l'art. 2133 ne serait plus applicable si l'amélioration ne formait pas un accessoire de l'immeuble hypothéqué. Ainsi, l'hypothèque constituée sur un terrain qui est annexé à une usine frappera les bâtiments qui seront construits sur ce terrain pour l'agrandissement de l'usine; mais elle ne s'étendra pas au mobilier industriel qui sera placé dans ces bâtiments, car ce mobilier est l'accessoire de l'usine envisagée dans son ensemble, et non de la partie de l'usine se trouvant sur le terrain hypothéqué (Nancy, 19 févr. 1881, *infra*, vᵒ *Société*).

Quant au point de savoir si des objets mobiliers sont devenus immeubles par destination, c'est une question de fait qui dépend de l'appréciation du juge (V. *supra*, vᵒ *Biens*, n° 33). Il a été jugé que le cheptel constitué par le propriétaire d'un domaine au profit de son fermier ne devient pas le gage du créancier à qui une hypothèque a été concédée antérieurement sur ce domaine, lorsqu'il résulte des circonstances que le propriétaire n'a pas entendu rendre ce cheptel immeuble par destination et s'interdire le droit d'en disposer ultérieurement comme de tous objets mobiliers (Bourges, 15 juin 1892, aff. D'Émmery de la Chenaye, D. P. 93. 2. 428).

909. Il est maintenant généralement admis, en doctrine et en jurisprudence, que, sous le terme *améliorations* d l'art. 2133, on doit comprendre même les constructions nou-

velles qui sont élevées par le propriétaire (V. *Rép.* n° 1350; Pont, t. 1, n° 410; Aubry et Rau, t. 3, § 284, p. 409; Laurent, t. 30, n° 206; Thézard, n° 42). Il a été jugé maintes fois, depuis la publication du *Répertoire*, que l'hypothèque légale de la femme s'étend aux constructions élevées pendant le mariage sur un terrain nu ou tout autre immeuble propre au mari (Rouen, 29 déc. 1855, aff. Courcelle, D. P. 57. 2. 197; Grenoble, 28 juin 1858, aff. Bonnet-Ballot, D. P. 59. 2. 191; Rennes, 16 févr. 1866, *supra*, v° *Contrat de mariage*, n° 1495; Nancy, 19 févr. 1881, *infrà*, v° *Société*). Jugé notamment qu'il en est ainsi même à l'égard d'un tiers qui prétendrait avoir fourni les fonds employés à élever les constructions et avoir été l'associé du mari pour l'exploitation de l'immeuble, lorsque d'ailleurs ce tiers n'a pas rempli les formalités nécessaires pour acquérir le privilège du constructeur ou du bailleur de fonds, et lorsque la société qu'il allègue n'a pas été publiée et n'a vis-à-vis de la femme aucune existence légale (Arrêt précité du 16 févr. 1866).

910. On n'est pas d'accord seulement sur le point de savoir si les améliorations ou constructions faites par le mari demeurent frappées par l'hypothèque légale de la femme, lorsque le mari était commerçant au moment du mariage et qu'il est depuis tombé en faillite. La négative nous paraît résulter du texte et de l'esprit de l'art. 563 c. com. (V. en ce sens, Montpellier, 29 juill. 1867, *supra*, v° *Faillites et banqueroutes*, n° 1163, et les auteurs cités *ibid*. — V. toutefois, en sens contraire, Rouen, 29 déc. 1855; Grenoble, 28 juin 1858, cités *supra*, n° 909).

911. Les améliorations ou constructions nouvelles sont atteintes par l'hypothèque alors même qu'elles sont le fait d'un tiers détenteur, sauf le droit pour celui-ci d'exiger des créanciers hypothécaires le remboursement de la plus-value qu'elles ont procurée à l'immeuble (Nancy, 19 févr. 1881, *infrà*, v° *Société*; Pau, 4 mars 1885, et sur pourvoi Req. 2 août 1886, aff. Faillite de la Société anonyme des Grands Hôtels français, D. P. 87. 1. 293). Jugé notamment que lorsque l'hypothèque affecte tant une hôtellerie que le mobilier destiné à son exploitation, il n'y a pas lieu de distinguer entre les meubles que le propriétaire primitif, débiteur de la créance hypothéquée, a lui-même placés dans l'hôtel, et ceux que le tiers détenteur y a adjoindre après la transcription de son contrat d'acquisition; les uns comme les autres forment le gage des créanciers inscrits du propriétaire primitif, sauf l'action du tiers détenteur en remboursement d'impenses, s'il y a plus-value du mobilier d'exploitation qu'il prétend avoir améliorée (Pau, 4 mars 1885 et Req. 2 août 1886, précités. V. *infrà*, n°s 1242 et suiv.).

912. En ce qui concerne les améliorations et constructions faites par le locataire de l'immeuble hypothéqué, V. *supra*, n° 427.

913. Aux améliorations ou constructions faites sur l'immeuble on ne peut assimiler les acquisitions nouvelles, fussent-elles contiguës et réunies dans le même enclos (*Rép.* n° 1353. V. dans le même sens : Pont, t. 1, n° 411; Aubry et Rau, t. 3, § 284, p. 409; Laurent, t. 30, n° 207; Baudry-Lacantinerie, t. 3, n° 1323; Gillard, n° 297). Il a été jugé, conformément à cette doctrine, que l'hypothèque établie sur un immeuble ne s'étend pas de plein droit à un fonds contigu, qui viendrait à être confondu avec le premier, par suite de la réunion des deux immeubles entre les mains du même propriétaire (Poitiers, 1er juin 1875, aff. Boutifert et veuve Babin, D. P. 77. 2. 232).

914. De même, l'hypothèque établie sur des constructions élevées par un locataire ne s'étend pas au terrain sur lequel les constructions reposent, lorsque ce terrain est acquis par le propriétaire des constructions (Comp. Paris, 9 déc. 1890, aff. Geffroy, D. P. 91. 2. 368).

915. L'hypothèque constituée par celui qui n'avait que la nue propriété d'un immeuble s'étend, comme on l'a dit au *Rép.* n° 1354, à la propriété entière lorsque l'usufruit vient à se réunir à la nue propriété pour une cause quelconque. C'est l'opinion générale. M. Laurent, toutefois, t. 30, n° 208, en conteste l'exactitude. « L'usufruit, dit-il, n'est pas un accessoire de la nue propriété, les deux droits sont parfaitement distincts; l'un et l'autre peuvent être hypothéqués; celui qui hypothèque la nue propriété hypothèque une propriété démembrée; il n'hypothèque pas l'usufruit, qu'il n'a pas le droit d'hypothéquer. De quel droit le créan-

cier hypothécaire viendrait-il enlever aux créanciers chirographaires la valeur de la jouissance qui ne lui a pas été donnée en hypothèque? Le droit d'accession est hors de cause; la jouissance est un attribut de la toute propriété, elle n'est pas un attribut, ni un accessoire de la nue propriété. Il suit de là que le créancier hypothécaire ne pourra exercer son droit de préférence que sur la partie du prix qui représente la valeur de la nue propriété ». Cette opinion nous paraît contraire, sinon au texte, du moins à l'esprit de l'art. 2133; la réunion de l'usufruit à la nue propriété constitue évidemment un accroissement de l'immeuble par rapport au propriétaire qui profite de cette réunion; il est juste que cette sorte d'amélioration profite aussi au créancier hypothécaire. Les créanciers chirographaires ne peuvent pas se plaindre, car ils ont dû s'attendre à la consolidation et en prévoir l'effet (En ce sens, Baudry-Lacantinerie, t. 3, n° 1208).

916. Quand c'est l'usufruit qui a été hypothéqué et que la nue propriété se réunit à l'usufruitier, on admet généralement que l'hypothèque ne s'étend pas à la nue propriété (*Rép.* n° 1356; Laurent, t. 30, n° 208). — Quant à la question de savoir si l'hypothèque subsiste sur l'usufruit, V. *supra*, n° 433.

Art. 2. — *De l'attribution des indemnités d'assurance aux créanciers privilégiés ou hypothécaires* (Loi du 19 févr. 1889).

917. En principe, une indemnité due à raison de la perte ou de la détérioration d'une chose n'est pas de plein droit substituée à cette chose pour l'exercice des privilèges, hypothèques ou autres droits qui la grevaient. L'indemnité représente, en effet, non la chose elle-même, mais le préjudice que la perte ou la détérioration de cette chose cause au propriétaire. Pour que la somme destinée à réparer ce préjudice fût grevée de droits de préférence au profit des créanciers qui avaient des privilèges ou des hypothèques sur la chose, il faudrait un texte formel, qui n'existe pas. Ainsi, la jurisprudence a décidé : 1° que, lorsque l'acquéreur d'un immeuble est évincé, le prix qui lui est restitué et les dommages-intérêts qui lui sont payés par le vendeur ou par un tiers garant de l'éviction, ne doivent pas être attribués par préférence au créancier auquel l'acquéreur avait hypothéqué l'immeuble (Bourges, 1er févr. 1831, *Rép.*, v° *Contrat de mariage*, n° 1424); — 2° qu'on doit considérer comme purement mobilier, et non comme un complément du prix de l'immeuble, devant appartenir aux créanciers hypothécaires par préférence aux simples chirographaires, la somme que l'adjudicataire de l'immeuble hypothéqué a été condamné à payer au débiteur, à titre de dommages-intérêts, pour avoir par des manœuvres frauduleuses écarté les enchérisseurs (Civ. rej. 22 août 1842, *Rép.* n° 2174-4°); — 3° Que l'indemnité promise par une ville au propriétaire d'une maison, à raison de l'engagement pris par lui de la démolir et de la reconstruire suivant un certain alignement, n'est pas soumise au droit de préférence des créanciers hypothécaires inscrits sur cette maison (Orléans, 5 mars 1853, aff. Pélissot-Croué, D. P. 55. 2. 341); — 4° Que l'indemnité allouée au propriétaire d'une usine, à la suite de travaux publics exécutés sur les cours d'eau où elle est établie, constitue une indemnité purement mobilière, non soumise dès lors aux privilèges ou hypothèques grevant l'immeuble, et doit être distribuée par voie de contribution entre tous les créanciers (Req. 25 janv. 1869, aff. Duvivier, D. P. 70. 1. 74); — 5° Qu'il en est de même de l'indemnité allouée par l'État au propriétaire d'un immeuble démoli par ordre de l'autorité militaire en cas de guerre (Paris, 18 août 1876, et sur pourvoi, Req. 12 mars 1877, aff. Cunningham, D. P. 77. 1. 97).

918. Suivant la doctrine et la jurisprudence qui prévalaient avant la loi du 19 févr. 1889, l'indemnité due par une compagnie d'assurance au propriétaire, dont l'immeuble avait été détruit ou détérioré par un incendie ou un autre sinistre, n'était pas non plus affectée par préférence au payement des créanciers qui avaient des droits de privilège ou d'hypothèque sur l'immeuble assuré; elle restait le gage commun de tous les créanciers de l'assuré (V. *Rép.* n° 2277 et *supra*, v° *Assurances terrestres*, n°s 207 et suiv. V. aussi dans le même sens, Colmar, 11 mars 1852, aff. Merian, D. P.

55. 2. 251 ; Douai, 3 janv. 1873, aff. Lebaudy, D. P. 73. 5. 36 ; Paris, 8 déc. 1879, aff. Comp. d'assurance *Le Phénix*, D. P. 81. 2. 23 ; Trib. civ. Corbeil, 4 janv. 1882, aff. De Dorlodot, *Jurisprudence générale des assurances terrestres*, par Bonneville de Marsangy, 3ᵉ part., p. 283 ; Trib. de l'Empire d'Allemagne, 11 juill. 1884, aff. M..., 2ᵉ ch. civ. ; Pont, t. 2, nᵒ 698 ; Aubry et Rau, t. 3, § 283, p. 490, note 10 ; Colmet de Santerre, t. 9, nᵒ 99 *bis*-IV).

919. Il est cependant équitable que l'indemnité accordée au propriétaire, à raison de la perte totale ou partielle d'un bien, profite plutôt aux créanciers ayant des droits réels, tels que des privilèges ou des hypothèques, sur ce bien, qu'aux créanciers chirographaires du propriétaire, lesquels ne pouvaient rien prétendre sur la chose détruite ou détériorée tant que les créanciers privilégiés ou hypothécaires n'étaient pas payés. Le législateur avait lui-même déjà consacré ce principe d'équité dans diverses lois antérieures à celle de 1889.

La loi du 27 avr. 1825, relative à l'indemnité accordée aux émigrés, dans son art. 18, a admis les créanciers des indemnitaires à exercer leurs droits suivant le rang des privilèges ou hypothèques qu'ils avaient sur les immeubles confisqués (V. *suprà*, vᵒ *Émigré*, nᵒ 59 ; *Rép.* eod. vᵒ, nᵒˢ 380 et suiv.).

La loi du 3 mai 1841, sur l'expropriation pour cause d'utilité publique, dans ses art. 17 et suiv., admet aussi les créanciers inscrits ou privilégiés sur l'immeuble exproprié à faire valoir leurs droits sur l'indemnité d'expropriation (V. *suprà*, nᵒ 428, et vᵒ *Expropriation pour cause d'utilité publique*, nᵒˢ 230 et suiv. ; *Rép.* eod. vᵒ, nᵒˢ 137 et suiv.).

La loi du 28 mai 1858, relative aux marchandises déposées dans les magasins généraux, art. 10, dispose que « les porteurs de récépissés et de warrants ont sur les indemnités d'assurances, dues en cas de sinistres, les mêmes droits et privilèges que sur la marchandise assurée » (V. *infrà*, vᵒ *Warrants* ; *Rép.* eod. vᵒ, nᵒ 54).

920. Une disposition analogue se trouvait dans la loi du 10déc.1874 sur l'hypothèque maritime ; l'art. 17 subrogeait de plein droit, en cas de perte ou d'innavigabilité du navire, l'indemnité d'assurance au navire hypothéqué, et statuait que l'inscription de l'hypothèque valait opposition au payement de l'indemnité. Cette disposition toutefois souleva des réclamations de la part des assureurs, et elle n'a pas été reproduite dans la loi du 10 juill. 1885, qui a abrogé et remplacé celle de 1874 (V. *suprà*, vᵒ *Droit maritime*, nᵒ 525).

921. En pratique, les actes de constitution d'hypothèque contenaient ordinairement au profit du créancier hypothécaire une cession de l'indemnité éventuelle qui serait due au débiteur, en cas de sinistre, par la compagnie à laquelle l'immeuble hypothéqué était assuré ; cette cession était signifiée à la compagnie, qui par suite devait payer l'indemnité entre les mains du créancier. On atténuait ainsi les inconvénients du système de la jurisprudence. Tout le monde reconnaissait néanmoins qu'il était à désirer que l'indemnité d'assurance fût subrogée de plein droit à l'immeuble, et cette réforme avait été réalisée par plusieurs lois étrangères ; notamment : en Belgique, par la loi du 16 déc. 1851, art. 10 ; en Prusse, par la loi sur l'acquisition de la propriété immobilière et sur les droits réels immobiliers, du 5 mai 1872, art. 30 (V. *Ann. de législ. étrang.*, 1873, p. 255) ; en Alsace-Lorraine, par la loi du 4 juill. 1881 (V. *Ann. de législ. étr.*, 1882, p. 292) ; dans la partie de la Prusse rhénane où le code civil français est resté en vigueur, par la loi du 17 mai 1884 (V. *Ann. de législ. étr.*, 1885, p. 203) ; dans la principauté de Monaco, par le code civil de 1884, art. 1921 (V. *Ann. de législ. étr.*, 1885, p. 457).

922. En France, la même réforme avait été déjà admise par la commission de l'Assemblée nationale qui, en 1850 et 1851, avait élaboré un projet de loi destiné à remplacer le titre des *Privilèges et hypothèques*. Le nouvel art. 2094 attribuait l'indemnité d'assurance aux créanciers privilégiés ou hypothécaires suivant leur rang, sous réserve du cas où cette indemnité serait appliquée à la reconstruction, à la réparation ou au remplacement des objets assurés (V. *Moniteur universel*, 12 déc. 1850, p. 3547 ; 2 juill. 1851, p. 1868). Mais le projet de loi n'ayant pas été voté définitivement avant les événements de décembre 1851, ce n'est que trente-neuf ans plus tard que la règle si équitable qu'il

contenait est entrée dans notre législation. La loi du 19 févr. 1889, dont l'art. 1, relatif au privilège du bailleur, a déjà été étudié *suprà*, nᵒˢ 117 et suiv., dispose dans son art. 2, que « les indemnités dues par suite d'assurances contre l'incendie, contre la grêle, contre la mortalité des bestiaux ou les autres risques, sont attribuées, sans qu'il y ait besoin de délégation expresse, aux créanciers privilégiés ou hypothécaires, suivant leur rang ». Et, d'après l'art. 3, « il en est de même des indemnités dues en cas de sinistre par le locataire ou par le voisin, par application des art. 1733 et 1382 c. civ. »

923. Les indemnités spécialement désignées dans les art. 2 et 3 sont évidemment les seules auxquelles ces dispositions sont applicables. On peut regretter que la règle ne soit pas plus générale et que toute indemnité due pour la perte ou la détérioration d'une chose ne soit substituée de plein droit à cette chose vis-à-vis des créanciers privilégiés ou hypothécaires. Mais les dispositions de la loi de 1889 sont essentiellement limitatives. Elles ne semblent même pas pouvoir être appliquées aux indemnités d'assurances maritimes. L'art. 17 de la loi du 10 déc. 1874, qui contenait des règles analogues en matière d'hypothèque maritime, ayant été abrogé par la loi du 10 juill. 1885, une loi générale comme celle de 1889 ne saurait à elle seule anéantir l'effet de cette abrogation. Il est de principe, en effet, que les lois générales ne dérogent pas aux lois spéciales (En ce sens, Escorbiac, *Commentaire de la loi du 19 févr. 1889*, dans les *Lois nouvelles*, 1890, 1ʳᵉ partie, p. 396).

924. La loi de 1889 ne parlant que des « créanciers privilégiés ou hypothécaires », le bénéfice de ses dispositions ne pourrait pas être invoqué par un créancier qui n'aurait qu'un simple droit de rétention, notamment par un créancier antichrésiste (Baudry-Lacantinerie, t. 3, nᵒ 1062). Ce point, toutefois est contesté. Suivant M. Escorbiac, *op. cit.*, p. 400, l'indemnité étant, en vertu de la loi nouvelle, assimilée à un prix de vente, il s'ensuit que le détenteur, privé de son gage contre son gré et par un cas de force majeure, devra être admis à prélever sur cette indemnité le montant de sa créance garantie par le droit de rétention.

925. Il nous paraît certain que, pour être saisis de l'indemnité d'assurance, qui leur est attribuée par la loi elle-même, les créanciers privilégiés ou hypothécaires ne sont pas tenus, comme le seraient des cessionnaires ordinaires, de notifier leur titre à la compagnie débitrice de l'indemnité. Nous ne croyons même pas, quoi qu'on en ait dit, que la nécessité de cette notification puisse être soutenue (V. toutefois, Escorbiac, *op. cit.*, p. 402). Par cela même que la délégation de l'indemnité résulte de la loi, elle est opposable aux tiers, et l'art. 1690 c. civ. n'a plus de raison de s'appliquer.

926. « Néanmoins, dit le deuxième paragraphe de l'art. 2, les payements faits de bonne foi avant opposition sont valables ». La bonne foi étant toujours présumée, c'est au créancier privilégié ou hypothécaire qui se plaint que l'indemnité ait été payée à son préjudice à prouver que la compagnie d'assurances qui a payé n'était pas de bonne foi, c'est-à-dire qu'elle connaissait au moment du payement l'existence du privilège ou de l'hypothèque. Cette preuve doit se faire suivant le droit commun, c'est-à-dire par écrit ou au moins avec un commencement de preuve par écrit, lorsqu'il s'agit de plus de 150 fr. En général, cependant, nous croyons que la compagnie ne peut être réputée avoir ignoré l'existence des privilèges ou hypothèques qui étaient inscrits avant le payement. L'inscription rend les droits hypothécaires opposables aux tiers ; elle vaut, par conséquent, opposition et suffit pour empêcher la compagnie de verser l'indemnité entre les mains de l'assuré. Mais le créancier dont le privilège ou l'hypothèque n'est pas inscrit, le créancier à hypothèque légale, par exemple, doit signifier une opposition à la compagnie ou obtenir de celle-ci une reconnaissance écrite de son droit ; au-dessus de 150 fr., il ne pourrait prouver par témoins qu'il s'était fait connaître aux agents de la compagnie.

927. Le créancier privilégié ou hypothécaire qui a droit à l'indemnité d'assurance a, par cela même, le droit d'en poursuivre le règlement. Il peut de son propre chef provoquer la nomination d'un expert pour faire estimer le dom-

mage, sauf à l'assureur à mettre en cause l'assuré pour rendre l'expertise opposable à celui-ci. Réciproquement, si c'est l'assuré qui a requis la nomination d'experts, l'assureur pourra mettre en cause le créancier pour que l'opération lui soit opposable. — Enfin, il ne nous paraît pas douteux que le créancier ait le droit d'intervenir de son chef à l'expertise. On objecte que, lorsqu'un débiteur vend un immeuble, les créanciers hypothécaires n'ont pas le droit d'intervenir dans les pourparlers qui précèdent la vente; ils ne peuvent, dit-on, que surenchérir, d'où l'on conclut qu'ils doivent laisser fixer l'indemnité entre l'assuré et l'assureur, sauf à en critiquer le montant lorsqu'il leur sera notifié (Escorbiac, *op. cit.*, p. 406). Mais, si l'on veut comparer le règlement judiciaire de l'indemnité d'assurance à une vente, c'est à la vente judiciaire, et non à la vente amiable, qu'on doit l'assimiler. En cas de vente amiable, les créanciers hypothécaires conservent leurs droits sur l'immeuble ; en cas de vente judiciaire sur saisie immobilière, au contraire, ils perdent ces droits, et la situation ressemble à celle où l'immeuble assuré a péri. Or, dans la vente judiciaire, la loi a soin de réserver pour les créanciers hypothécaires le droit d'intervenir (c. proc., art. 692). Et c'est précisément parce que leur intervention n'a pas lieu dans les ventes amiables qu'elle leur accorde alors le droit de surenchérir. L'indemnité peut, il est vrai, aussi être réglée à l'amiable entre l'assureur et l'assuré; en ce cas, il est certain que le règlement n'est pas opposable au créancier hypothécaire. Toutefois, le droit pour celui-ci de critiquer ce règlement serait souvent illusoire si le créancier ne pouvait assister aux opérations de vérification et d'expertise qui précèdent le règlement, car ce qui reste de l'immeuble peut disparaître, et alors comment le créancier pourra-t-il contrôler l'estimation faite par les parties? Du moment, d'ailleurs, que l'indemnité d'assurances appartient en vertu de la loi aux créanciers hypothécaires avant d'appartenir à l'assuré, il est inadmissible que l'on puisse écarter ces créanciers d'une procédure qui a pour but de fixer le montant de cette indemnité.

928. Le chiffre de l'indemnité étant réglé, la somme doit être distribuée, entre les créanciers inscrits ou opposants, par voie d'ordre, si la chose assurée était un immeuble; par voie de contribution, si l'assurance portait sur une chose mobilière (Escorbiac, *op. cit.*, p. 408). L'assureur a, d'ailleurs, la faculté de requérir l'ouverture de l'ordre; il doit être assimilé, sous ce rapport, à l'adjudicataire auquel l'art. 750 c. proc. reconnaît ce droit. Il peut aussi consigner la somme et faire ouvrir une contribution, un mois après le règlement de l'indemnité, faute par l'assuré et les créanciers opposants de s'être accordés dans ce délai (Arg. art. 656 et suiv. c. proc.). Toutefois, la distribution par contribution n'étant pas autorisée par la loi lorsque les deniers suffisent pour payer les créanciers opposants, dans ce cas, l'acquéreur qui veut se libérer doit offrir la somme aux créanciers et à l'assuré, et consigner, faute par eux de s'être accordés pour la recevoir.

929. En cas d'ordre ouvert pour la distribution de l'indemnité d'assurance, les créanciers à hypothèque légale qui ne sont pas inscrits doivent produire avant l'expiration du délai fixé par l'art. 754 c. proc., si l'ordre se règle judiciairement, ou avant la clôture, si l'ordre se règle amiablement (Arg. art. 717 c. proc.). On ne peut évidemment leur opposer la déchéance prononcée contre eux par l'art. 772 c. proc. pour le cas où ils n'ont pas fait inscrire leur hypothèque dans le délai de l'art. 2195 c. civ., et où l'ordre n'est ouvert que plus de trois mois après l'expiration de ce délai; cette déchéance n'est susceptible d'être appliquée que lorsqu'il a été procédé à la purge des hypothèques légales et lorsqu'ils ont été mis en demeure de s'inscrire.

930. Aux termes de l'art. 3, § 1, de la loi du 19 févr. 1889, les indemnités dues en cas de sinistre par le locataire ou le voisin, par application des art. 1733 et 1382 c. civ., sont, comme les indemnités d'assurances, déléguées de plein droit aux créanciers privilégiés ou hypothécaires. Cette disposition, ajoutée au projet de la commission du Sénat sur la demande de M. Lacombe, a été ainsi justifiée par son auteur : « Si l'immeuble est assuré, on trouve juste que l'indemnité soit dévolue aux créanciers privilégiés ou hypothécaires. Mais si l'immeuble non assuré est entre les

mains d'un locataire, responsable de l'incendie, l'indemnité qui est due par ce locataire a évidemment le même caractère vis-à-vis du propriétaire et de ses créanciers que celle que devrait la compagnie d'assurances. Si donc l'une de ces indemnités doit être distribuée entre les créanciers privilégiés ou hypothécaires selon leur rang, on ne voit pas pourquoi il n'en serait pas de même de l'autre » (D. P. 89. 4. 31). L'art. 3 ne parlant que des indemnités dues par le locataire ou par le voisin, sa disposition ne serait pas applicable à l'indemnité due par un usufruitier, par un antichrésiste ou par tout autre détenteur responsable de la perte ou de la détérioration d'une chose grevée de privilèges ou d'hypothèques. Il est regrettable que les auteurs de la loi n'aient pas, comme les législateurs étrangers, proclamé d'une manière générale le principe de la substitution de l'indemnité à la chose détruite ou détériorée.

931. Il y a même lieu de remarquer qu'il ne s'agit dans l'art. 3, § 1, que des « indemnités dues en cas de sinistre ». Or, on ne peut entendre par là que les indemnités susceptibles d'être l'objet d'un contrat d'assurance. Celles qui seraient dues, par exemple, par le locataire pour défaut de réparations locatives, ou par le voisin pour des dommages causés à l'immeuble par suite de travaux exécutés sur sa propriété, ne rentreraient pas dans le cas prévu par la loi.

932. Le locataire ou le voisin responsable du sinistre peut s'être lui-même assuré contre les risques de sa responsabilité. En pareil cas, d'après le paragraphe 2 de l'art. 3, « l'assuré ou ses ayants droit ne peuvent toucher tout ou partie de l'indemnité sans que le propriétaire de l'objet loué, le voisin ou le *tiers subrogé à leurs droits* aient été désintéressés des conséquences du sinistre ». Il résulte de ce texte que le propriétaire de l'immeuble sinistré a le droit de toucher, directement et par préférence aux créanciers du locataire ou du voisin, l'indemnité d'assurance due à celui-ci (V. *supra*, n⁰ˢ 103 et suiv.). Cette indemnité est-elle également soumise à la règle de l'art. 2; doit-elle être attribuée aux créanciers privilégiés ou hypothécaires du propriétaire? L'affirmative nous paraît résulter du texte et de l'esprit de la loi. Le texte met le tiers subrogé aux droits du propriétaire sur la même ligne que ce propriétaire; or, l'intention du législateur a été de subroger, par les art. 2 et 3, les créanciers privilégiés ou hypothécaires aux droits de leur débiteur dans toutes les indemnités pouvant revenir à celui-ci à raison du sinistre survenu à l'immeuble grevé. Si l'art. 3, § 2, confère au propriétaire un droit de préférence sur l'indemnité d'assurance due au locataire ou au voisin, l'art. 2, d'autre part, autorise les créanciers privilégiés ou hypothécaires du propriétaire à exercer leurs droits de préférence sur toute indemnité due à celui-ci par suite d'assurances. Peu importe qu'il s'agisse d'une indemnité à laquelle le propriétaire a droit en vertu d'un contrat d'assurance formé par son locataire ou par lui-même ; l'art. 2, dont le texte est général, n'en doit pas moins recevoir application. La compagnie qui a assuré le locataire ou le voisin est avertie par l'art. 3 qu'elle ne peut payer valablement sans que le propriétaire de l'immeuble sinistré ait été indemnisé, et elle est aussi avertie par l'art. 2 que l'indemnité due au propriétaire appartient de droit aux créanciers privilégiés ou hypothécaires. L'indemnité, en définitive, doit revenir à ceux qui subissent les conséquences du sinistre car, quand un immeuble hypothéqué est détruit, la perte est pour le créancier hypothécaire plus encore que pour le propriétaire, si celui-ci est insolvable, car il a reçu du créancier, au moins en partie, la valeur de l'immeuble.

933. On a fait à cette opinion une objection qui nous paraît sans valeur ; on a dit : en cas d'assurance du risque locatif ou du recours du voisin, ce qui fait l'objet de l'assurance, c'est non une chose matérielle, un corps certain sur lequel puisse porter un privilège ou une hypothèque, mais un fait moral, une responsabilité ; il ne peut donc être question ici du droit de préférence des créanciers privilégiés ou hypothécaires (Escorbiac, *loc. cit.*, p. 419). La même objection pourrait aussi bien être faite contre le paragraphe 1 de l'art. 3, qui attribue formellement aux créanciers privilégiés ou hypothécaires du propriétaire de l'immeuble assuré l'indemnité due par le locataire ou le voisin par application des art. 1733 et 1382 c. civ. Cette indemnité ne représente, en effet, que la part de responsabilité que peut avoir le lo-

cataire ou le voisin dans le sinistre ; elle n'en est pas moins substituée à l'immeuble au regard des créanciers privilégiés ou hypothécaires. Or l'indemnité due par l'assureur au locataire ou au voisin, pour le garantir contre sa responsabilité, doit aussi prendre la place de l'immeuble, aussi bien vis-à-vis de ces créanciers que vis-à-vis du propriétaire.

934. Lorsque le propriétaire de l'immeuble grevé de privilèges ou d'hypothèques était assuré et a droit à une indemnité d'assurance, et qu'en outre il a une action en responsabilité contre un locataire ou un voisin qui était lui-même assuré contre le risque locatif ou le recours du propriétaire voisin, les créanciers privilégiés ou hypothécaires peuvent exercer leur droit de préférence, en premier lieu, sur l'indemnité d'assurance due au propriétaire ; en second lieu, sur l'indemnité due par le locataire ou par le voisin, et en troisième lieu, suivant l'opinion admise *supra*, nº 932, sur l'indemnité d'assurance due au locataire ou au voisin. Ils pourront, par conséquent, demander à être colloqués sur la première de ces trois indemnités qui sera mise en distribution, sauf à tenir compte dans les distributions ultérieures de ce qu'ils auront touché dans la première. — Lorsque c'est d'abord l'indemnité d'assurance due au propriétaire qui est distribuée, aucune difficulté ne peut se produire : les créanciers inscrits sur l'immeuble se feront colloquer sur cette somme, et la compagnie d'assurances, subrogée à leurs droits, réclamera la somme qu'elle leur aura payée, dans la distribution de l'indemnité à laquelle le locataire ou le voisin aura été condamné comme responsable du sinistre ; après le prélèvement de cette somme, les créanciers inscrits se feront colloquer pour le restant de leur créance sur l'excédent de l'indemnité due par le locataire ou le voisin, et celui-ci recevra l'indemnité à lui due par la compagnie qui l'a assuré. — Que si la première somme distribuée est celle à laquelle le locataire ou le voisin a été condamné, les créanciers inscrits pourront également demander collocation pour le montant de leurs créances ; et la somme qui aura été prise par eux sera reprise par le locataire ou le voisin, ou par les créanciers personnels de celui-ci, dans l'indemnité d'assurance à lui due par la compagnie qui l'a assuré, car c'est cette compagnie qui doit en définitive supporter la perte résultant du sinistre, jusqu'à concurrence de la somme qu'elle a garantie. — Lorsque, enfin, ce sera l'indemnité d'assurance due au locataire ou au voisin qu'on distribuera en premier lieu, la somme qui aura été touchée par les créanciers privilégiés ou hypothécaires dans cette distribution, sera reprise par le locataire ou le voisin, ou par ses créanciers, dans la distribution de l'indemnité à laquelle ce locataire ou voisin aura été condamné, de manière que les créanciers inscrits sur l'immeuble ne pourront plus faire valoir leurs droits, pour ce qui leur restera dû, que sur le surplus de ladite indemnité, en supposant qu'elle dépasse celle qui était due par la compagnie d'assurances.

935. L'art. 4 et dernier de la loi du 19 févr. 1889 est une disposition transitoire ; il est ainsi conçu : « Les dispositions de l'art. 2 ne préjudicieront pas aux droits des intéressés dans le cas où l'indemnité aurait fait l'objet d'une cession éventuelle à un tiers, par acte ayant date certaine au jour où la présente loi sera exécutoire, à la condition toutefois que le transport, s'il n'a pas été notifié antérieurement, en conformité de l'art. 1690 c. civ., le soit au plus tard dans les mois qui suivra ». La loi, ayant été insérée au *Journal officiel* le 20 février, n'est devenue exécutoire que le 21 (V. Décret des 5-11 nov. 1870, art. 2) ; toute cession d'indemnité d'assurance signifiée postérieurement au 21 mars 1889 n'est donc pas opposable aux créanciers privilégiés ou hypothécaires inscrits antérieurement sur l'immeuble assuré.

936. Quant aux créanciers dont les droits de privilège ou d'hypothèque sont nés postérieurement à la loi du 19 févr. 1889, on peut se demander si l'attribution des indemnités d'assurance qui résulte à leur profit de l'art. 2 de la loi devrait produire son effet alors même que l'assuré aurait, avant la naissance de leurs droits, cédé à un tiers, par exemple, à un créancier chirographaire, sa créance éventuelle à une indemnité en cas de sinistre, par un transport régulièrement signifié à la compagnie. Pour la négative, on peut dire que les créanciers hypothécaires sont autorisés par la loi à compter sur l'indemnité d'assurance, et qu'ils pour-

ront cependant être déçus dans leur espérance, s'il suffit que l'indemnité ait été cédée à l'avance par l'assuré pour que leur droit soit anéanti. Nous croyons néanmoins que la cession consentie par l'assuré et signifiée à l'assureur antérieurement à la naissance des droits des créanciers hypothécaires, c'est-à-dire antérieurement à l'inscription pour les hypothèques qui doivent être inscrites, et antérieurement au rang attribué par la loi aux privilèges et aux hypothèques dispensés d'inscription, est opposable à ces créanciers. En effet, la loi n'astreint pas le débiteur à assurer ses immeubles grevés d'hypothèques ; c'est au créancier à lui imposer cette obligation, s'il le juge à propos. Or, de même qu'un débiteur peut ne pas s'être assuré avant d'emprunter par hypothèque, de même il peut avoir cédé par anticipation le bénéfice de son assurance ; dans l'un et l'autre cas, le créancier hypothécaire n'a pas le droit de se plaindre, s'il n'a pas fait de l'assurance la condition du prêt. Lorsque l'immeuble n'est pas assuré, cela est certain, car le créancier pouvait facilement exiger du débiteur la justification de l'assurance. Lorsque l'immeuble était assuré au moment du prêt, le créancier, il est vrai, a pu ignorer que l'indemnité éventuelle avait été cédée ; mais s'il ne s'en est pas préoccupé, il a suivi sur ce point la foi du débiteur ; si, au contraire, il l'a soupçonné, il pouvait sans grande difficulté se renseigner en s'informant auprès de la compagnie d'assurance si aucune cession ne lui avait été signifiée. La cession ne lui fait donc, en somme, aucun grief contre lequel il n'ait pu se prémunir. D'ailleurs, l'attribution légale de l'indemnité d'assurance aux créanciers privilégiés ou hypothécaires n'a pour fondement que la volonté présumée des parties, et il faudrait un texte formel pour retirer aux parties la faculté d'y déroger ; or, une cession antérieure de l'indemnité par l'assuré est valable, du moment que la loi n'en prononce pas la nullité ; étant valable, cette cession fait obstacle à ce que la cession légale de l'art. 2 de notre loi puisse produire son effet.

937. On doit reconnaître néanmoins que, lorsqu'un immeuble hypothéqué était assuré au moment de la constitution de l'hypothèque, l'assurance fait partie des garanties sur lesquelles le créancier hypothécaire était en droit de compter. En conséquence, si le débiteur vient à résilier le contrat d'assurance, ou s'il ne paye pas régulièrement les primes, nous pensons que le créancier pourra invoquer l'art. 1188 c. civ., qui déclare le débiteur déchu du bénéfice du terme lorsque par son fait il a diminué les sûretés données par le contrat à son créancier.

CHAP. 4. — De l'inscription des privilèges et hypothèques (*Rép.* nᵒˢ 1357 à 1697).

938. Aux cinq sections que comprend ce chapitre dans le *Répertoire*, nous ajouterons une sixième section où il sera traité spécialement de l'inscription des hypothèques légales, tant au profit des femmes mariées, mineurs, etc., qu'au profit des créanciers subrogés dans le bénéfice de ces hypothèques. Cette sorte d'inscription a pris un grand développement depuis la loi du 23 mars 1855 ; c'est pourquoi il est nécessaire aujourd'hui de l'étudier à part.

Sect. 1ʳᵉ — De l'inscription avant le code civil ; questions transitoires (*Rép.* nᵒˢ 1358 à 1369).

939. — V. *Rép.* nᵒˢ 1358 et suiv.

Sect. 2. — De l'inscription sous le code civil, et des personnes qui peuvent ou doivent la requérir (*Rép.* nᵒˢ 1370 à 1406).

940. Pour toutes les hypothèques qui ne sont pas dispensées de la formalité de l'inscription, le rang dépend de la date de l'inscription ; entre deux créanciers hypothécaires, le plus anciennement inscrit est colloqué dans l'ordre avant celui dont l'inscription est plus récente. On a discuté au *Rép.* nº 1392 la question de savoir si cette règle demeure applicable entre créanciers à hypothèques générales, même pour les biens qui ont été acquis par le débiteur depuis que ces hypothèques ont été inscrites. Mais cette question n'est plus douteuse aujourd'hui en doctrine et en jurisprudence. L'opi-

nion des auteurs qui soutenaient que les créanciers à hypothèques générales devaient venir en concours sur les biens à venir, à la date de l'acquisition de ces biens par le débiteur, était, comme le disent MM. Aubry et Rau, *Cours de droit civil français*, t. 3, § 291, p. 485, note 2, « le résultat d'une confusion entre la question de savoir à partir de quelle époque l'immeuble nouvellement acquis se trouve grevé de l'hypothèque, et celle de savoir d'après quelle donnée doit se régler la préférence sur cet immeuble entre les créanciers auxquels il se trouvera définitivement affecté. Or, bien que l'hypothèque sur les biens à venir soit subordonnée au fait de leur acquisition, elle n'en confère au moins au créancier un droit éventuel, auquel s'applique la règle : *Prior tempore potior jure* » (V. au surplus, *Rép.* n° 1392 ; Pont, *Des privilèges et hypothèques*, t. 2, n° 598 ; Colmet de Santerre, *Cours analytique de droit civil*, t. 9, n° 111 *bis*-III ; Thézard, *Du nantissement, des privilèges et hypothèques et de l'expropriation forcée*, n° 130 ; André, *Traité pratique du régime hypothécaire*, n° 742). Il a été jugé, en ce sens : 1° qu'entre plusieurs créanciers ayant des hypothèques judiciaires, le premier inscrit doit être préféré (Caen, 5 avr. 1856) (1) ; — 2° Que l'hypothèque judiciaire s'étend de plein droit, en vertu de l'inscription qui en est prise, à tous les immeubles présents et à venir du débiteur, et prime, même sur les biens à venir, toute hypothèque inscrite postérieurement (Req. 5 nov. 1873, aff. Société immobilière du boulevard de Strasbourg, D. P. 74. 1. 373).

941. De même, entre hypothèques légales dispensées d'inscription, celle qui se trouve être la première en date prime celle qui lui est postérieure, même sur les biens que le débiteur n'a acquis qu'après la naissance de la seconde (Aubry et Rau, t. 3, § 291, p. 486, et les autres auteurs cités *suprà*, n° 940).

942. Toutefois, comme on l'a vu *suprà*, n° 880, l'hypothèque conventionnelle, constituée sur biens présents et à venir, ne prend rang sur les biens à venir qu'à la date des inscriptions prises spécialement sur chacun de ces biens ; d'où il suit que cette hypothèque est nécessairement primée sur ces biens par toute hypothèque générale déjà née et inscrite ou dispensée d'inscription au moment où les biens sont acquis par le débiteur.

943. L'hypothèque consentie sous une condition suspensive prend rang au jour de l'inscription, et non pas seulement du jour où la condition s'est réalisée (Arg. art. 1179) (Agen, 3 janv. 1844, *Rép.* n° 2316 ; Aubry et Rau, t. 3, § 291, p. 486).

944. C'est également la date de l'inscription qui détermine le rang d'une hypothèque constituée pour sûreté d'une créance éventuelle ou conditionnelle, quelle que soit l'époque où la créance devient certaine par la réalisation de la condition. Il en est ainsi, notamment, pour l'hypothèque constituée en garantie d'une ouverture de crédit (V. *suprà*, n° 885).

945. Les hypothèques inscrites le même jour viennent en concurrence et au même rang, sans qu'il y ait lieu de faire aucune distinction à raison de l'ordre des inscriptions (c. civ. art. 2147). Cette règle s'applique à toutes les hypothèques soumises à inscription et aux privilèges dégénérés en hypothèques, faute d'avoir été conservés en temps utile (*Rép.* n° 1396 ; Pont, t. 2, n° 736 ; Aubry et Rau, t. 3, § 291, p. 486).

Deux hypothèques légales dispensées d'inscription, qui auraient pris naissance le même jour, viendraient également au même rang. Et il en serait de même d'une hypothèque de ce genre et d'une hypothèque soumise à inscription, qui aurait été inscrite le jour auquel remonte l'effet de la première (Pont, t. 2, n° 735 ; Aubry et Rau, t. 3, § 291, p. 487).

946. Pour pouvoir prendre inscription sur les biens de quelqu'un, il n'est pas nécessaire d'avoir une créance actuelle ; mais il faut avoir une créance au moins éventuelle et un privilège ou une hypothèque affectée à la garantie de cette créance (V. *Rép.* n° 1398 et suiv. ; Aubry et Rau, t. 3, § 267, p. 287). Il a été jugé : 1° qu'un copartageant peut prendre inscription de privilège contre son copartageant alors même qu'on ne peut prévoir aucune cause d'éviction (Toulouse, 20 mai 1881, *suprà*, n° 379) ; — 2° Que le cessionnaire de la créance du vendeur d'un immeuble peut, avant toute signification du transport, soit prendre une inscription de privilège en son propre nom, soit faire mentionner sa subrogation dans l'inscription prise au nom de son auteur (Paris, 17 août 1877, aff. Besson et Prévost, D. P. 78. 2. 36). — Quant au point de savoir si la femme qui n'a aucune cause de reprise peut néanmoins prendre inscription d'hypothèque légale, V. *infrà*, n° 1121.

947. Tout titulaire d'une créance hypothécaire a, comme tel, qualité pour requérir l'inscription de l'hypothèque attachée à sa créance. C'est là un acte conservatoire qui peut être accompli même par les incapables, comme la femme mariée non autorisée ou par le mineur (c. civ. art. 2139 et arg. de cet article) (*Rép.* n° 1450 ; Aubry et Rau, t. 3, § 270, p. 320).

948. Le créancier peut employer, pour requérir une inscription, l'intermédiaire d'un tiers, et le mandat donné à cet effet peut être purement verbal. La preuve de ce mandat résulte suffisamment, comme le disent MM. Aubry et Rau, t. 3, § 270, p. 321, du fait même que le tiers qui requiert l'inscription est porteur de l'original en brevet ou d'une expédition, en bonne forme de l'acte ou du jugement qui donne naissance au privilège ou à l'hypothèque ; de sorte que le conservateur des hypothèques ne pourrait refuser d'opérer l'inscription sous le prétexte que le requérant ne justifierait pas de son pouvoir (Arg. art. 2148, § 1, c. civ.).

949. L'inscription peut encore être requise par le créancier du titulaire d'une créance hypothécaire pour la conservation des droits de celui-ci (c. proc. art. 775), ou même par un tiers sans mandat, agissant comme gérant d'affaires et à l'insu du créancier (*Rép.* n° 1451 ; Pont, t. 2, n° 936 ;

(1) (De la Conté C. Flandin.) — LA COUR ; — Considérant, en fait, qu'il est constant que les biens dont il s'agit de distribuer le prix ne sont échus à la dame Lepeton que le 11 août 1849, et que tous les créanciers qui figurent au procès n'ont sur ces biens que des hypothèques judiciaires, inscrites avant cette époque ; mais, que les inscriptions des intimés sont antérieures à celle des appelants ; — Considérant, en droit, qu'aux termes de l'art. 2123 c. civ., les hypothèques judiciaires peuvent s'exercer non seulement sur les immeubles actuels du débiteur, mais encore sur ceux qu'il pourra acquérir ; — Que, d'après la disposition finale de l'art. 2148, il n'est pas nécessaire, en inscrivant ces sortes d'hypothèques, d'indiquer l'espèce et la situation des biens, et qu'une seule inscription suffit pour frapper tous les immeubles compris dans l'arrondissement du bureau ; que la généralité de ces expressions prouve que les immeubles à venir sont frappés aussi bien que les immeubles présents, et qu'en effet l'art. 2161 reconnaît formellement qu'une inscription peut être efficacement prise sur les biens à venir ; — Que, dès lors que les hypothèques judiciaires frappent même les immeubles qui n'ont été acquis par le débiteur qu'après qu'elles ont été inscrites, elles doivent avoir rang sur les immeubles du jour de l'inscription prise, comme sur ceux que le débiteur possédait précédemment, conformément à l'art. 2134 ; — Qu'on objecte inutilement que ces hypothèques n'ont pu se réaliser qu'au moment où les biens auxquels elles s'appliquent sont entrés dans le patrimoine du débiteur, et que toutes celles qui avaient été ins-

crites auparavant, n'importe à quelle date, les ayant ainsi affectés au même moment, il y a lieu d'admettre la concurrence comme dans le cas de l'art. 2147 ; que, d'abord, cette concurrence serait contraire au texte précis de l'art. 2134, qui donne rang aux hypothèques judiciaires, aussi bien qu'aux hypothèques conventionnelles, du jour des inscriptions, et même à l'art. 2147, qui ne l'admet qu'entre les créanciers inscrits le même jour ; qu'en second lieu, il est vrai que les hypothèques ne se soient réalisées que quand il est entré dans la possession du débiteur un immeuble qui leur a servi d'assiette, il n'est pas moins vrai que, par l'effet des inscriptions prises, le droit était dès lors acquis aux créanciers de profiter de cette réalisation, par préférence à ceux qui s'inscriraient ultérieurement ; qu'il est d'ailleurs éminemment équitable que le créancier qui, le premier, a pris les précautions que la loi lui indiquait pour la conservation de ses droits, recueille le fruit de sa vigilance, et que celui qui, en s'inscrivant, a rencontré des inscriptions préexistantes, a dû nécessairement s'attendre à ce qu'elles recevraient leur effet avant la sienne ; qu'enfin, le système des appelants aurait le grave inconvénient d'ouvrir la porte à des fraudes qu'il serait souvent difficile de déjouer ; qu'aussi a-t-il été proscrit par une pratique universelle ;

Par ces motifs, — Confirme, etc.

Du 5 avr. 1856. — C. de Caen, 2° ch. — MM. Binard, pr. — Farjas, av. gén.-Leblond, Bertauld, Carel et Dubaust-Desjardins av.

Aubry et Rau, t. 3, § 270, p. 321). Il a été jugé que, bien que le donateur d'un immeuble n'ait pas de privilège pour la garantie des charges imposées au donataire, et que, par suite, le conservateur des hypothèques ne doive pas prendre inscription d'office en cas de transcription d'une donation comme en cas de transcription d'une vente, si néanmoins un donateur a stipulé une hypothèque à son profit sur l'immeuble donné et si le conservateur a inscrit cette hypothèque, l'inscription est valable et efficace, le conservateur, en ce cas, étant réputé avoir agi, non comme officier public, mais comme particulier et de même qu'aurait pu le faire tout autre tiers à titre de *negotiorum gestor* (Agen, 4 janv. 1854, aff. Pardoux et Chamaillard, D. P. 55. 2. 42). Mais l'inscription de privilège prise d'office par le conservateur au profit d'un donateur ne pourrait valoir comme inscription hypothécaire si elle ne faisait aucune mention de l'hypothèque constituée dans l'acte de donation (Colmar, 30 mai 1865, *suprà,* n° 206).

950. Il résulte aussi de divers arrêts qu'une inscription peut être requise par un héritier, tant à son profit qu'au profit de cohéritiers (Req. 17 mars 1852, aff. De la Marthonie, D. P. 52. 1. 116; 4 août 1890, aff. Delpeut, D. P. 91. 1. 359) ; par un créancier, tant pour lui que pour ses cocréanciers, même non solidaires (Bordeaux, 1ᵉʳ déc. 1885, aff. Duguit, D. P. 87. 2. 42).

951. Certaines personnes sont tenues parfois, sous leur responsabilité personnelle, de requérir une inscription. En principe, tous ceux qui, en vertu d'un mandat légal ou conventionnel, sont chargés de la fortune d'autrui, doivent, à peine de dommages-intérêts, requérir l'inscription des créances hypothécaires comprises dans les biens dont la gestion leur est confiée (V. en ce qui concerne les tuteurs, *suprà*, v° *Minorité*, n° 376; en ce qui concerne le mari administrateur des biens de sa femme, *suprà*, v° *Contrat de mariage*, n°ˢ 500 et suiv.). — L'usufruitier d'une créance hypothécaire doit en requérir l'inscription, non seulement dans son intérêt personnel, mais encore au nom du nu-propriétaire (V. *infrà*, v° *Usufruit; Rép.* eod. v°, n° 499; Aubry et Rau, t. 3, § 270, p. 320). — Le notaire qui a reçu un acte portant constitution d'hypothèque n'est pas tenu, par cela seul, de requérir l'inscription de l'hypothèque; mais cette obligation peut lui incomber, lorsqu'il a assumé expressément ou tacitement le mandat d'assurer l'exécution de l'acte (V. *infrà*, v° *Responsabilité; Rép.* eod. v°, n°ˢ 368 et suiv.).

952. Parfois aussi le devoir ou le droit de requérir une inscription est imposé ou conféré à certaines personnes non seulement dans l'intérêt du créancier hypothécaire, mais encore dans l'intérêt des tiers; c'est ce qui a lieu pour les hypothèques légales des femmes mariées et des mineurs ou interdits (V. *infrà*, n°ˢ 1111 et suiv.).

953. L'inscription n'est exigée par la loi que pour faire connaître aux tiers l'existence et les conditions de l'hypothèque ou du privilège. A l'égard du débiteur et de ses héritiers ou successeurs universels, les droits privilégiés ou hypothécaires peuvent produire leur effet indépendamment de toute inscription. Il en résulte que le débiteur ne peut ni exciper de la nullité d'une inscription irrégulière ni en demander la radiation, à supposer, bien entendu, que l'hypothèque qui a motivé cette inscription soit régulière (V. en ce sens, outre les arrêts cités au *Rép.* n°ˢ 1403 et suiv.: Limoges, 16 juin 1886, aff. Consorts Thomas, D. P. 89. 2. 31; Pont, t. 2, n° 730; Aubry et Rau, t. 3, § 267, p. 286; Laurent, t. 30, n° 553; Thézard, n° 137; André, n° 757). Il a été jugé, notamment, que les légataires universels chargés du payement d'une rente ne peuvent demander la nullité de l'inscription en séparation des patrimoines prise par le crédirentier, sous prétexte que cette inscription ne contiendrait aucune désignation des immeubles héréditaires (Arrêt précité du 16 juin 1886).

954. Le débiteur ne peut pas non plus se prévaloir du défaut de renouvellement d'une inscription prise contre lui (Civ. cass. 16 avr. 1839, *Rép.* n° 1404). Il a été jugé, notamment, que, lorsque le propriétaire d'un immeuble grevé d'inscriptions hypothécaires prises par ses créanciers a vendu cet immeuble, puis l'a fait hypothéquer à son profit par l'acquéreur, il ne peut, non plus que son cessionnaire, se prévaloir du non-renouvellement de l'une des inscriptions, pour en faire résulter la priorité de sa propre

hypothèque (Agen, 16 mars 1855 et sur pourvoi, Req. 24 juill. 1855, aff. Dubroca, D. P. 55. 1. 396; Aubry et Rau, t. 3, § 267, p. 286).

955. Du principe que l'inscription n'est pas nécessaire à l'égard du débiteur ou de ses héritiers, on a encore tiré cette conséquence, que le créancier hypothécaire d'un défunt peut, sans avoir pris inscription et malgré la division de la dette entre plusieurs héritiers, poursuivre pour le tout l'héritier détenteur de tout ou partie des immeubles hypothéqués. En effet, dit-on, l'héritier tenu, personnellement pour sa part et portion, et hypothécairement pour le tout, des obligations du défunt (c. civ. art. 873), est soumis, par le fait même qu'il détient un immeuble grevé, à l'indivisibilité de l'hypothèque (Aubry et Rau, t. 3, § 267, p. 286; Thézard, n° 137). — M. Laurent, toutefois, t. 30, n° 554, conteste cette solution. Suivant lui, l'héritier qui paye sa part dans la dette cesse d'être débiteur personnel, il devient tiers détenteur; or, comme tiers détenteur, il peut opposer le défaut d'inscription (Comp. *infrà*, n° 1628).

956. L'inscription étant requise dans l'intérêt des tiers, il va de soi que sa nullité ou son défaut de renouvellement peut être opposé par eux. On doit entendre par *tiers*, sous ce rapport, d'abord tous autres créanciers privilégiés ou hypothécaires du débiteur et les acquéreurs des immeubles grevés (V. *Rép.* n°:1405). — La question de savoir si les créanciers chirographaires sont aussi des tiers par rapport aux créanciers privilégiés ou hypothécaires et s'ils peuvent par suite se prévaloir du non-accomplissement des formalités nécessaires à la validité ou à l'exercice des droits de privilège ou d'hypothèque a été vivement agitée dans les années qui ont suivi la promulgation du code. Mais elle a été résolue affirmativement par la cour de cassation (V. notamment Civ. rej. 11 juin 1817, *Rép.* n° 1441-1°; Civ. cass. 17 août 1868, aff. Barbier, D. P. 68. 1. 398), et cette solution est généralement admise depuis longtemps dans la doctrine et dans la jurisprudence (V. *Rép.* n°ˢ 1370 et 1406; Aubry et Rau, t. 3, § 267, p. 286, note 3; Thézard, n° 137). Suivant M. Laurent, t. 30, n° 551, il ne serait pourtant nullement prouvé que cette solution est bien conforme aux intentions des rédacteurs du code civil. « La cour de cassation, dit-il, a raison de dire que le système de publicité, qui est la base fondamentale de notre système hypothécaire, doit profiter à tous les tiers sans distinction, puisqu'il a pour objet d'avertir tous ceux qui peuvent y avoir intérêt que le patrimoine de celui avec qui ils vont traiter est déjà absorbé, en tout ou en partie, par des inscriptions hypothécaires. Dans ce système, tous les intérêts sont sauvegardés par la publicité; tandis que, en restreignant le bienfait de la publicité aux tiers acquéreurs et créanciers hypothécaires, on limite la publicité et on la mutile. Seulement nous doutons que cet esprit de publicité ait été celui des auteurs du code civil; dans le système du code, les créanciers chirographaires étaient sans garantie contre les actes de disposition faits par le débiteur, ils n'avaient d'autre garantie que l'action paulienne ».

957. La connaissance personnelle qu'un tiers aurait eue de l'existence d'un privilège ou d'une hypothèque ne pourrait tenir lieu, vis-à-vis de lui, de l'inscription, ni le priver du droit d'en opposer la nullité (Arg. art. 1071 c. civ.). Il en serait ainsi alors même que l'existence du privilège ou de l'hypothèque lui aurait été révélée dans l'acte même d'où résulteraient ses droits sur l'immeuble grevé (Bruxelles, 6 juin 1809, *Rép.* n° 1370-3°; Turin, 16 mars 1811, *Rép.* n° 1588; Civ. rej. 27 mars 1859, aff. Lejeune, D. P. 49. 1. 168). « Cependant, dit M. Thézard, n° 137, en cas de fraude spécialement concertée pour détruire l'effet de l'hypothèque, les tiers ne seraient pas à l'abri de toute action. Qu'un débiteur, le jour même où il a consenti une hypothèque sur un de ses immeubles, vende ce même immeuble à un tiers complice de sa fraude et qui se hâte de faire transcrire son contrat d'acquisition, avant que le créancier ait eu le temps moralement nécessaire pour requérir son inscription, cette aliénation frauduleuse et la transcription qui en aura été la suite seront annulables par l'action paulienne. De même, celui qui se serait engagé, expressément ou tacitement, à ne pas faire valoir son droit au détriment du créancier hypothécaire, ne pourrait invoquer le défaut d'inscription de la part de celui-ci » (Comp. Req. 7 déc. 1831, *Rép.* n° 1371 ;

Pont, t. 2, n° 728; Aubry et Rau, t. 3, § 267, p. 287, note 9).

Sect. 3. — Du temps pendant lequel l'inscription peut être prise. — De l'inscription sur un débiteur en faillite ou sur une succession bénéficiaire. — De l'effet de la transcription par rapport a l'inscription des privilèges ou hypothèques. (Rép. n°s 1407 à 1446 ; 1700 à 1735).

958. Nous réunissons dans cette section tout ce qui concerne la question de savoir à partir de quelle époque et jusqu'à quelle époque une inscription de privilège ou d'hypothèque peut être valablement prise, en réservant seulement pour la section 6 ce qui est spécial à l'inscription des hypothèques légales. C'est pourquoi, aux deux articles dont se compose cette section au *Répertoire*, et qui traitent de l'inscription sur un débiteur en faillite ou sur une succession bénéficiaire, nous en ajouterons un troisième, qui traitera de l'effet de la transcription par rapport à l'inscription des privilèges et hypothèques.

959. En principe, l'inscription peut être prise immédiatement après la naissance du privilège ou de l'hypothèque. Cette règle, toutefois, comporte deux exceptions : 1° l'hypothèque résultant d'un jugement de reconnaissance de signature, rendu sur une créance à terme ou conditionnelle, ne peut être valablement inscrite avant l'échéance du terme ou l'événement de la condition (L. 3 sept. 1807, art. 1) (V. *suprà*, n° 774); — 2° lorsque l'hypothèque conventionnelle s'étend aux biens à venir du débiteur, l'inscription ne peut être prise sur ce qui concerne ces biens qu'au fur et à mesure de leur acquisition (V. *suprà*, n° 880).

960. L'inscription peut aussi, en général, être prise tant que le droit de privilège ou d'hypothèque n'est pas éteint, quels que soient d'ailleurs les changements survenus dans la situation du débiteur. Mais cette règle également n'est pas sans exceptions. Certains événements ont pour effet d'arrêter le cours des inscriptions, soit sur l'ensemble des biens du débiteur, soit seulement sur certains biens. Ces événements sont : 1° la faillite ou la mise en liquidation judiciaire du débiteur; 2° sa mort, si sa succession est ensuite acceptée sous bénéfice d'inventaire ou déclarée vacante; 3° la transcription d'un acte d'aliénation des biens grevés du privilège ou de l'hypothèque.

Art. 1er. — *De l'inscription sur un débiteur en faillite ou en liquidation judiciaire* (Rép. n°s 1408 à 1430).

961. Avant la loi du 28 mai 1838, qui a réformé le livre 3 c. com. sur les faillites, aucune inscription de privilège ou d'hypothèque ne pouvait plus être prise valablement sur les biens du failli dès avant l'ouverture de la faillite, dans les dix jours qui la précédaient (c. com. art. 443 ancien et c. civ. art. 2146). Mais, comme on l'explique au *Rép.* n° 1408, cette prohibition a été remplacée par les dispositions des art. 446 et 448 c. com. Le premier de ces articles déclare nulle et sans effet relativement à la masse toute hypothèque conventionnelle ou judiciaire, constituée sur les biens du failli, pour dettes antérieurement contractées, depuis l'époque déterminée par le tribunal comme étant celle de la cessation des payements ou dans les dix jours qui ont précédé cette époque. L'art. 448 dispose que les droits d'hypothèque et de privilège, valablement acquis, pourront être inscrits jusqu'au jour du jugement déclaratif de la faillite. Il permet toutefois aux tribunaux d'annuler les inscriptions prises après l'époque de la cessation des payements ou dans les dix jours qui l'ont précédée, s'il s'est écoulé plus de quinze jours entre la date de l'acte constitutif de l'hypothèque ou du privilège et celle de l'inscription; ce délai doit être augmenté d'un jour à raison de cinq myriamètres de distance entre le lieu où le droit d'hypothèque a été acquis et le lieu où l'inscription a été prise. (Pour le commentaire de ces dispositions, V. *suprà*, v° *Faillites et banqueroutes, liquidations judiciaires*, n°s 637 et suiv., 727 et suiv. — Sur le point de savoir si les art. 446 et 448 c. com. sont applicables en cas de liquidation judiciaire, V. *suprà*, eod. v°, n°s 419 et suiv.)

962. La disposition de l'art. 448 c. com. ne vise pas,

bien entendu, les inscriptions prises en renouvellement d'une inscription précédente, valable et non périmée. Il a été jugé que l'inscription hypothécaire prise au nom d'une société ne peut être annulée sous prétexte qu'elle est postérieure de plus de deux ans à l'acte constitutif d'hypothèque, et de plusieurs mois à la cessation des payements de la société, lorsqu'elle se borne à renouveler une inscription antérieure non encore périmée; qu'en ce cas, l'art. 448 c. com. est inapplicable (Paris, 5 déc. 1885, aff. Syndic de la faillite de la Société métallurgique de Tarn-et-Garonne, (D. P. 87. 2. 55).

963. A partir du jour où la faillite est déclarée, toute inscription d'hypothèque ou de privilège est nulle relativement à la masse des créanciers (c. civ. art. 2146; c. com. art. 448). Il en est de même en cas de liquidation judiciaire, à partir du jour où la liquidation est ordonnée (L. 4 mars 1889, art. 5). Les conséquences de cette règle qui suspend le cours des inscriptions en cas de faillite sont exposées, tant au *Rép.* n°s 1417 et suiv., que *suprà*, v° *Faillites*, n°s 734 et suiv. On ajoutera ici seulement quelques indications complémentaires.

964. La question de savoir si la règle des art. 2146 c. civ. et 448 c. com. s'applique aux privilèges comme aux hypothèques est traitée *suprà*, v° *Faillites*, n°s 739 et suiv. — V. aussi, quant au privilège du vendeur, *suprà*, n° 356, et quant à l'action résolutoire de ce même vendeur, *suprà*, n° 364; quant au privilège du copartageant, *suprà*, n° 382; quant au privilège du constructeur, *suprà*, n° 388; quant au privilège de la séparation des patrimoines, *suprà*, n° 403; quant au privilège du trésor public sur les biens des comptables ou des condamnés, *suprà*, n° 410.

965. La nullité des inscriptions prises depuis le jour du jugement déclaratif de faillite ou de liquidation judiciaire est purement relative et ne peut être opposée que par la masse des créanciers (Rép. n° 1424, et *suprà*, v° *Faillites*, n°s 705 et suiv.). Il résulte de là, notamment, que le failli, après avoir obtenu un concordat, est non recevable à demander la radiation de ces inscriptions (Rouen, 21 janv. 1862, et sur pourvoi, Req. 10 févr. 1863, aff. Auffant, D. P. 63. 1. 300; Aubry et Rau, t. 3, § 272, p. 332, note 22. V. aussi *suprà*, n° 826).

966. La règle des art. 2146 c. civ. et 448 c. com. ne s'applique, du reste, qu'aux inscriptions de privilège ou d'hypothèque prises en vertu de créances antérieures à l'ouverture de la faillite ou de la liquidation judiciaire. Il peut arriver que depuis cette ouverture il naisse contre le failli un droit privilégié ou hypothécaire; ce droit pourra être inscrit valablement. On peut supposer, par exemple, que le failli a recueilli une succession dont le partage n'a lieu qu'après sa faillite. Les créanciers de la faillite ne sauraient ainsi contester la validité de l'inscription par laquelle les copartageants du failli assureraient leurs droits. De même, les créanciers d'une succession échue au failli pourraient prendre inscription en séparation des patrimoines conformément à l'art. 2111 (Colmet de Santerre, t. 9, n° 120 bis-XVI). Toutefois, la nullité prononcée au profit de la masse frapperait l'inscription prise en vertu d'un jugement postérieur à l'ouverture de la faillite, mais portant condamnation contre le failli pour une dette antérieure (Req. 18 févr. 1873, aff. Rosay; D. P. 74. 1. 166).

967. En outre, les inscriptions prises contre le failli ne sont nulles qu'en tant qu'elles portent sur les immeubles qu'il possédait au moment de sa faillite; elles conservent leur effet sur les biens qu'il acquiert par la suite. Il a été jugé que le créancier hypothécaire, dont l'inscription est tombée en péremption depuis la faillite du débiteur, peut, au moyen d'une inscription nouvelle, faire valoir ses droits sur les immeubles acquis par le failli depuis le concordat (Req. 18 févr. 1878, aff. Des Essarts, D. P. 78. 1. 291).

968. Les dispositions des art. 2146 c. civ. et 448 c. com. sont de droit étroit; elles ne peuvent pas, par conséquent, être étendues par analogie au cas de déconfiture d'un débiteur non commerçant (Rép. n° 1428; Pont, t. 2, n° 876; Aubry et Rau, t. 3, § 272, p. 332; Laurent, t. 31, n° 28; Thézard, n° 454; Baudry-Lacantinerie, t. 3, n° 1374). Il a été jugé que la mise en liquidation amiable d'une société n'autorise pas les tribunaux à prononcer la nullité des inscriptions d'hypothèque prises, depuis l'ouverture de la liquidation, sur

les immeubles de cette société (Lyon, 13 mai 1886, *Rép.* v° *Faillites*, n° 744).

969. De même, en cas de cession de biens consentie à ses créanciers par un débiteur non commerçant, la plupart des auteurs admettent, contrairement à l'opinion soutenue au *Rép.* n° 1429, qu'une inscription qui serait prise en vertu d'une hypothèque valablement acquise avant la cession, et par un créancier qui serait resté étranger à cette cession, ne pourrait pas être annulée (Pont, t. 2, n° 877 ; Aubry et Rau, t. 3, § 272, p. 332 ; Baudry-Lacantinerie, t. 3, n° 1374). — Quant aux créanciers qui auraient été parties au contrat d'abandonnement ou au jugement par lequel la cession a été admise, la question de savoir s'ils pourraient encore, en prenant inscription, rendre efficace au. regard des autres créanciers une hypothèque qu'ils auraient sur les biens cédés, est, suivant MM. Aubry et Rau, t. 3, § 272, p. 333, une question d'application ou d'interprétation de la convention ou du jugement qui a admis la cession. Si, par exemple, la convention portait que le prix des biens cédés sera distribué entre les créanciers dans l'ordre des inscriptions alors existantes, aucune inscription nouvelle ne pourrait survenir utilement de la part des créanciers ayant accepté cette clause.

Art. 2. — *De l'inscription sur une succession bénéficiaire ou vacante (Rép. n°⁵ 1431 à 1446).*

970. Le second événement qui, d'après l'art. 2146, § 2, c. civ., rend inutile toute inscription de privilège ou d'hypothèque, c'est l'ouverture de la succession du débiteur, lorsque cette succession est ensuite acceptée sous bénéfice d'inventaire. Dans ce cas, comme dans celui de faillite, la loi ne veut pas qu'un créancier puisse se faire après coup une situation préférable à celle des autres. Ici, toutefois, la nullité peut atteindre un créancier auquel aucune négligence ni aucune intention de fraude ne saurait être reprochée, lorsque, par exemple, le débiteur est mort immédiatement après la constitution d'hypothèque. Aussi, comme on l'a dit au *Rép.* n° 1438, le projet de loi de 1850 sur la réforme hypothécaire supprimait la disposition de l'art. 2146, § 2, et cette disposition a été effectivement abrogée en Belgique par la loi du 16 déc. 1851. « Le créancier, disait le rapporteur de cette loi à la Chambre des représentants, doit-il être privé du droit qui lui est garanti par un contrat solennel, par le seul motif que l'héritier de son débiteur a trouvé convenable de n'accepter la succession que sous bénéfice d'inventaire? Comment un droit légitime serait-il anéanti par le fait de celui qui représente le débiteur? »

971. Suivant la plupart des auteurs, la disposition de l'art. 2146, § 2, c. civ., repose sur la présomption que, dans la plupart des cas, une succession acceptée bénéficiairement est une succession insolvable. Mais cette présomption n'est pas toujours exacte ; c'est pourquoi M. Colmet de Santerre, t. 9, n° 119 *bis*-I, a essayé de donner de cette disposition une autre explication, que lui-même résume ainsi : « L'inscription est comme la confirmation de l'hypothèque : or la confirmation ne peut pas avoir lieu quand la constitution serait impossible. L'héritier bénéficiaire ne pourrait pas, sans abdiquer sa qualité, constituer une hypothèque ; or la loi ne peut pas le dépouiller de sa qualité parce qu'un créancier prendrait une inscription ; donc l'inscription ne peut pas avoir l'effet confirmatif qu'elle a par nature, puisqu'elle a pour but de faire naître d'une façon effective le droit de préférence ». Mais de ce que l'héritier bénéficiaire ne peut pas constituer une hypothèque sur les biens héréditaires, il ne résulte nullement que le créancier qui a valablement acquis une hypothèque du chef du défunt ne doit pas pouvoir la conserver par l'inscription. L'inscription, en effet, n'exige pas, pour être prise, le consentement ou l'intervention de l'héritier ; le plus ou moins de capacité de celui-ci importe donc peu sous ce rapport (V. en ce sens, Baudry-Lacantinerie, t. 3, n° 1375). — Quoi qu'il en soit, la loi est formelle, et de plus elle ne fait aucune distinction entre le cas où l'acceptation bénéficiaire a lieu par la volonté de l'héritier et celui où elle est imposée par la loi à raison de ce que la succession est échue à un incapable. Aussi, il est généralement admis que l'art. 2146, § 2, est applicable toutes les fois qu'une succession est échue à un mineur ou à un inter-

dit et ne peut, par suite, être acceptée que bénéficiairement (*Rép.* n° 1441 ; Aubry et Rau, t. 3, § 272, p. 333 ; Colmet de Santerre, t. 9, n° 119 *bis*-II ; Thézard, n° 154 ; Baudry-Lacantinerie, t. 3, n° 1377).

972. Lorsque le défunt a laissé plusieurs héritiers et la succession est acceptée bénéficiairement par l'un d'eux et purement et simplement par l'autre ou les autres, l'art. 2146, a-t-on dit au *Rép.* n° 1443, trouve encore son application. Il y a un arrêt de la cour de cassation dans ce sens (Civ. cass. 18 nov. 1833, *Rép.*, v° *Succession*, n° 788). Mais d'autres opinions se sont produites dans la doctrine. Suivant MM. Aubry et Rau, t. 3, § 272, p. 334, le sort des inscriptions prises sur les immeubles héréditaires restera en suspens pendant l'indivision, de telle sorte que si ces immeubles sont vendus en commun par les héritiers ou sur les poursuites des créanciers, elles demeureront destituées de toute efficacité au regard de ces derniers, et que si, au contraire, ces immeubles sont partagés en nature, elles produiront effet quant à ceux qui tomberont aux lots des héritiers purs et simples : relativement aux héritiers purs et simples, il n'y a aucun motif, dit-on, de maintenir la nullité des inscriptions, car ils répondent des dettes héréditaires même sur leur propre patrimoine (V. aussi en ce sens, Colmet de Santerre, t. 9, n°⁵ 119 *bis*-IV et suiv. ; Thézard, n° 154). M. Baudry-Lacantinerie, t. 3, n° 1378, estime que les inscriptions, dans l'hypothèse qui nous occupe, sont pleinement valables. La loi, en effet, dit-il, n'annule les inscriptions prises après le décès que « dans le cas où la succession n'est acceptée que par bénéfice d'inventaire » : ce qui suppose que tous les héritiers acceptent de cette manière. On doit d'autant plus facilement adopter cette solution que la disposition de l'art. 2146, § 2, outre qu'elle est d'une rigueur extrême, contient une exception à une règle générale, et une exception dont le mérite est fort contestable ; or les exceptions doivent être prises dans leur sens le plus étroit.

973. L'art. 2146, § 2, est généralement considéré comme applicable lorsqu'une succession a été déclarée vacante, car elle est alors soumise au régime des successions bénéficiaires (*Rép.* n° 1444 ; Paris, 24 juin 1862, aff. Lavo, D. P. 63. 2. 1 ; Orléans, 26 août 1869, aff. Du Patural et Faran, D. P. 69. 2. 185 ; Pont, t. 2, n° 916 ; Aubry et Rau, t. 3, § 272, p. 335 ; Colmet de Santerre, t. 9, n° 119 *bis*-II ; Thézard, n° 154 ; Le Sellyer, *Commentaire sur le titre des successions*, t. 2, n° 1055). Mais il ne suffit pas, pour que l'art. 2146 fût applicable, que l'un ou plusieurs des héritiers eussent renoncé à la succession. L'héritier qui renonce est censé n'avoir jamais été héritier ; l'héritier qui accepte est, au contraire, censé l'avoir été toujours été (c. civ. art. 777 et 785). La validité des inscriptions survenues depuis le décès reste donc subordonnée à la décision que prendra l'héritier auquel la succession est dévolue après la renonciation des autres (Baudry-Lacantinerie, t. 3, n° 1379).

974. Si la succession est acceptée purement et simplement, les hypothèques pourront être utilement inscrites, alors même que les héritiers seraient insolvables et que les créanciers du défunt auraient demandé la séparation des patrimoines. Et même, si l'héritier, après avoir d'abord accepté bénéficiairement, est déchu du bénéfice d'inventaire et déclaré héritier pur et simple, les inscriptions prises depuis le décès deviendront efficaces (*Rép.* n° 1432 ; Aubry et Rau, t. 3, § 272, p. 334 ; Colmet de Santerre, t. 9, n° 119 *bis*-IX ; Thézard, n° 154 ; Baudry-Lacantinerie, t. 3, n° 1376. — V. toutefois, en sens contraire, Grenoble, 26 déc. 1891, aff. Merson et autres, D. P. 92. 2. 279).

975. En cas de succession bénéficiaire ou déclarée vacante, l'art. 2146 c. civ. fait obstacle aux inscriptions de privilège aussi bien qu'aux inscriptions d'hypothèque. On doit, toutefois, admettre une exception, suivant nous, pour l'inscription du privilège du vendeur, quand elle est prise dans les quarante-cinq jours de la vente, et pour l'inscription du privilège du copartageant, quand elle prise dans les soixante jours du partage. — V. d'ailleurs, en ce qui concerne le privilège du vendeur, *suprà*, n°⁵ 356 et 365 ; en ce qui concerne le privilège du copartageant, *suprà*, n° 382, et en ce qui concerne le privilège du constructeur, *suprà*, n° 388. — Quant aux inscriptions d'hypothèque légale, V. *infrà*, n° 1135.

976. L'ouverture de la succession bénéficiaire n'empêche,

pas plus que la faillite, de renouveler les inscriptions antérieures non périmées et de prendre inscription pour les intérêts d'une créance hypothécaire déjà inscrite (*Rép.* n° 1439; Aubry et Rau, t. 3, § 272, p. 335; Thézard, n° 154. Comp. *suprà*, n° 962).

977. L'acceptation bénéficiaire ne rendrait pas non plus inefficaces les inscriptions qui seraient prises, depuis l'ouverture de la succession sur des immeubles aliénés par le *de cujus* avant son décès ou sur des immeubles dont le *de cujus* était tiers détenteur. Ainsi, dans le cas où le créancier du défunt aurait hypothèque sur un bien que celui-ci aurait aliéné en vertu d'un acte non transcrit, ce créancier pourrait encore utilement s'inscrire; le tiers acquéreur n'aurait pas le droit de se plaindre, car l'art. 2146 ne statue pas en sa faveur, mais seulement en faveur des créanciers de la succession; les créanciers, de leur côté, n'auraient aucun intérêt à se plaindre, parce que, vis-à-vis d'eux, le bien serait sorti du patrimoine du débiteur par le seul fait de l'aliénation et dès avant la transcription. A l'inverse, si le défunt avait acquis un immeuble en vertu d'un titre non encore transcrit, les créanciers ayant hypothèque du chef du précédent propriétaire pourraient prendre inscription jusqu'à la transcription du titre, car, quant à eux, l'immeuble serait réputé encore appartenir à l'ancien propriétaire (Pont, t. 2, n° 928; Aubry et Rau, t. 3, § 272, p. 335; Thézard, n° 155. Comp. *suprà*, v° *Faillite*, n° 735).

Art. 3. — *De l'effet de la transcription par rapport à l'inscription des privilèges et hypothèques.*

978. Nous devons examiner ici à partir de quelle époque et jusqu'à quelle époque l'inscription peut être prise relativement aux immeubles grevés de privilèges et d'hypothèques. On a exposé au *Rép.* n°* 1700 et suiv., et v° *Transcription hypothécaire*, n° 15 et suiv., les différentes phases par lesquelles a passé la législation en cette matière depuis la loi du 11 brum. an 7. Il suffira de les résumer.

979. La loi du 11 brum. an 7 avait établi le principe que la mutation des biens immeubles n'avait son effet, vis-à-vis des tiers, que par la transcription de ces actes sur les registres du conservateur (*Rép.* n° 1700). Il en résultait que les inscriptions de privilèges ou d'hypothèques pouvaient être prises utilement, sur les immeubles grevés, non pas seulement tant que ces immeubles n'avaient pas été aliénés par le débiteur, mais jusqu'à la transcription des actes d'aliénation; c'était la transcription seule qui arrêtait le cours des inscriptions. Le code civil ne maintint pas le système de la loi de brumaire; il n'exigea la transcription que comme une formalité préliminaire de la purge (c. civ. art. 2181). L'art. 1583 c. civ. dispose que la vente est parfaite entre les parties et que la propriété est acquise de droit à l'acheteur à l'égard du vendeur, dès que les parties sont convenues de la chose et du prix; aucun autre texte ne dérogeait à cette règle dans l'intérêt des tiers; il en résultait qu'à partir de la vente aucune inscription ne pouvait plus être prise du chef du vendeur, puisque celui-ci avait cessé d'être propriétaire *erga omnes*; la vente, dès qu'elle avait acquis date certaine, arrêtait le cours des inscriptions, comme auparavant la transcription (*Rép.* n° 1702).

980. On s'est demandé si les nouveaux principes admis par le code civil devaient s'appliquer même aux ventes d'immeubles qui avaient été consenties sous l'empire de la loi de brumaire et qui, par conséquent, devaient être transcrites pour devenir opposables aux tiers. La jurisprudence, après quelques hésitations, s'est prononcée pour la négative. Elle a décidé que les ventes faites sous la loi de brumaire n'avaient pas été dispensées par le code civil de la formalité de la transcription requise par cette loi pour faire cesser le cours des inscriptions; que la promulgation du titre *de la vente* ne pouvait être considérée comme équivalant à la transcription de ces ventes et comme emportant extinction des hypothèques alors non inscrites: ceux hypothèques ont ainsi continué de pouvoir être inscrites jusqu'à la transcription; l'inscription a même cessé d'être nécessaire quant aux hypothèques légales des femmes et des mineurs ou interdits, à partir de la promulgation du titre des *Privilèges et hypothèques*, qui les a dispensées d'inscription (*Rép.* n°* 1718 et

suiv.; Req. 17 déc. 1834, aff. Marty, D. P. 55. 1. 52; Civ. rej. 26 févr. 1861, aff. Marty et autres, D. P. 61. 1. 481).

981. L'art. 834 c. proc. civ. apporta une dérogation au code civil; il permit aux créanciers hypothécaires ou privilégiés qui n'avaient pas fait inscrire leur titre antérieurement à l'aliénation de l'immeuble grevé, de requérir inscription postérieurement à la vente et même dans la quinzaine qui suivait la transcription. La transcription n'étant requise que pour la purge, le résultat de cette règle était donc que les créanciers conservaient le droit d'inscrire leurs hypothèques, même après l'aliénation de l'immeuble, tant que l'acquéreur ne remplissait pas les formalités de la purge (V. *Rép.* n°* 1703 et suiv.; Aubry et Rau, t. 3, § 272, p. 326 et suiv.; Laurent, t. 31, n° 20). L'inscription prise dans la quinzaine de la transcription de l'acte d'aliénation par les créanciers de l'ancien propriétaire, produisait, en général, les mêmes effets que si elle avait été requise dès avant l'aliénation. Toutefois, ceux de ces créanciers dont les inscriptions étaient postérieures à la transcription, se trouvaient dans une position moins favorable que les créanciers inscrits antérieurement, en ce que l'acquéreur qui voulait purger n'était pas obligé de leur faire notifier son contrat, et qu'ils étaient ainsi exposés à encourir la déchéance de la faculté de surenchérir, sans avoir été mis personnellement en demeure de l'exercer (c. proc. art. 835).

982. Il a même été jugé, sous l'empire de l'art. 834 c. proc., qu'une hypothèque ne pouvait être déclarée éteinte faute d'avoir été inscrite dans la quinzaine de la transcription qui avait suivi la vente de l'immeuble hypothéqué, lorsqu'il était établi que cette vente était le résultat d'une fraude concertée entre le vendeur et l'acheteur pour soustraire l'immeuble vendu à l'action du créancier hypothécaire (Toulouse, 16 août 1854; sur pourvoi, Req. 10 avr. 1855, aff. Verdier, D. P. 55. 1. 109). Il a été jugé aussi que le conservateur des hypothèques, n'étant pas juge de la valeur légale des inscriptions auxquelles il est requis de procéder, agissait régulièrement, soit en portant sur son registre une inscription requise sur un vendeur plus de quinze jours après la transcription de l'acte translatif de propriété, soit en comprenant plus tard cette inscription dans le certificat de la délivrance lui était demandée (Trib. civ. Seine, 11 janv. 1868, aff. Crapez, D. P. 68. 3. 86).

983. La faculté de prendre inscription dans la quinzaine de la transcription n'existait, sous l'empire de l'art. 834 c. pr., qu'en cas d'aliénation volontaire. La vente sur saisie immobilière était restée soumise aux principes du code civil, en sorte qu'aucune inscription ne pouvait plus être utilement prise sur l'immeuble saisi, postérieurement au jugement d'adjudication (V. *Rép.* v° *Vente publique d'immeubles*, n° 1824; Aubry et Rau, t. 3, § 272, p. 328). Mais, les adjudications faites par autorité de justice, en dehors du cas de vente sur saisie immobilière, les ventes de biens de mineurs ou d'interdits, en particulier, étaient considérées comme des ventes volontaires pour l'application de l'art. 834 c. proc. (*Rép.* v° *Vente publique d'immeubles*, n° 2143; Aubry et Rau, *loc. cit.*, note 10).

984. Il a été jugé, par application de l'art. 834 c. pr., que la transcription d'une vente emportait déchéance de tous droits d'hypothèque ou de privilège non inscrits dans la quinzaine de cette transcription, alors même que la vente se trouvait résolue par la survenance d'une surenchère (Civ. rej. 23 févr. 1837, aff. Marmillot, D. P. 57. 1. 88; Civ. cass. 7 mai 1860, aff. Sève, D. P. 60. 1. 234), ou, s'il s'agissait d'une vente de droits indivis, alors même que cette vente était résolue par l'effet d'un partage ou d'une licitation (Arrêt précité du 7 mai 1860).

985. La loi du 23 mars 1855 est revenue au système de la loi de brumaire. D'après l'art. 6 de cette loi, qui abroge expressément les art. 834 et 835 c. proc., l'inscription ne peut plus être prise après la transcription de l'acte d'aliénation (V. *Rép.* v° *Transcription hypothécaire*, n°* 525 et suiv.). Il a été jugé que les créanciers du vendeur d'un immeuble ne peuvent, après que la vente a été régulièrement transcrite, être autorisés par les juges à prendre inscription sur l'immeuble, sans qu'au préalable cette vente ait été annulée (Civ. cass. 7 mars 1877, aff. Demoiselle Baudrand, D. P. 78. 1. 38, et sur renvoi, Chambéry, 31 juill. 1877, sous Civ. rej. 4 août 1880, D. P. 81. 1. 438).

986. Mais jusqu'à la transcription, les privilèges et hypothèques procédant du chef du vendeur ou autre aliénateur peuvent être valablement inscrits sur l'immeuble, alors même que la vente est parfaite entre les parties et qu'elle a acquis date certaine vis-à-vis des tiers. La transcription seule arrête le cours des inscriptions du chef du précédent propriétaire, car les créanciers privilégiés ou hypothécaires sont des tiers ayant des droits sur l'immeuble et pouvant, à ce titre, aux termes de l'art. 3 de la loi du 23 mars 1855, opposer à l'acquéreur le défaut de transcription; ils le peuvent alors même que leur titre serait postérieur à celui de l'acquéreur lui-même. — On a contesté l'application de ces principes en matière d'hypothèque judiciaire; on a soutenu et il a été jugé que l'hypothèque judiciaire ne saurait frapper l'immeuble dont le débiteur a aliéné la propriété par un acte régulier, opposable à ses ayants cause, et que, par conséquent, si cette hypothèque a été obtenue contre le vendeur postérieurement à la vente, elle ne frappe pas l'immeuble vendu, bien qu'elle ait été inscrite avant la transcription de la vente (Nancy, 14 juin 1876, aff. L... D. P. 78. 2. 129; Mourlon, *Traité de la transcription*, t. 2, n° 490; Binet, *Revue critique*, 1877, p. 433 et suiv.). Mais cette opinion est contraire au texte et à l'esprit de l'art. 3 de la loi de 1855. Il est vrai que les créanciers chirographaires du vendeur ne sont pas des tiers ayant des droits sur l'immeuble, au sens de cet article, et que, comme créanciers chirographaires, ils doivent subir les conséquences des actes passés par leur débiteur; la vente consentie par celui-ci leur est donc opposable avant qu'elle ait été transcrite. Mais dès l'instant où ces créanciers acquièrent une hypothèque judiciaire, ils deviennent par le fait même des tiers et acquièrent, par suite, vis-à-vis de l'acquéreur le droit d'opposer le défaut de transcription de la vente. On objecte qu'étant des ayants cause ils ne peuvent ainsi se transformer en tiers. Cette objection suppose à tort que les créanciers chirographaires sont garants des actes de leur débiteur; ils sont seulement tenus d'en supporter les conséquences, mais ils ne doivent personnellement aucune garantie à l'acquéreur. Leur situation, en somme, n'est pas autre que celle du tiers qui acquiert du débiteur une hypothèque sur l'immeuble vendu; si cette hypothèque est inscrite avant la transcription, elle devient opposable à l'acquéreur. Il n'y a pas de raison pour que l'hypothèque obtenue judiciairement par un créancier du vendeur et inscrite aussi avant la transcription soit traitée moins favorablement (V. en ce sens, Aubry et Rau, t. 2, § 209, p. 307, note 80; Demangeat, sur Bravard, *Traité de droit commercial*, 2° édit., p. 300, note 1; Beudant, note sous Req. 25 juill. 1877, aff. Thomas, D. P. 78. 1. 49). Par un arrêt plus récent, la cour de Nancy s'est ralliée à cette seconde opinion (Nancy, 27 déc. 1879, aff. Louis, D. P. 80. 2. 119).

987. Lorsqu'une inscription a été prise le jour même où la transcription d'un acte d'aliénation a été opérée, la question de savoir si l'hypothèque inscrite frappe l'immeuble aliéné, dépend toujours du point de savoir si l'inscription est antérieure à la transcription; ici évidemment ne peut s'appliquer la règle que les créanciers inscrits le même jour viennent en concurrence. Le registre de dépôts, dans lequel le conservateur enregistre, à mesure qu'ils lui sont remis, les titres dont on requiert la transcription ou l'inscription, indiquera le plus souvent laquelle des formalités a été requise la première. Il a été jugé, en ce sens, que l'antériorité de la transcription peut être établie par la circonstance que le dépôt de l'acte à transcrire a été constaté à un numéro d'ordre moins élevé que le dépôt des pièces relatives à l'inscription (Trib. civ. de Die, 17 juin 1868, aff. Mège, D. P. 69. 3. 91; Trib. civ. de Forcalquier, 30 déc. 1880 (1). Comp. dans le même sens, Bordeaux, 3 mai 1888, aff. Digeos, D. P. 90. 2. 4; Req. 18 déc. 1888, aff. Villotte-Gillet, D. P. 89. 1. 185). — Le registre de dépôts, toutefois, n'est qu'un registre d'ordre, dont les énonciations ne font pas preuve authentique contre les parties. C'est pourquoi, il a été aussi jugé que la priorité entre une inscription et une transcription requises le même jour n'est pas déterminée d'une manière absolue par le rang donné aux actes sur le registre de dépôts, et qu'une partie peut être admise à prouver par témoins, contrairement aux énonciations de ce registre, que sa réquisition d'inscription a été en fait antérieure à la réquisition de la transcription opérée le même jour (Bastia, 12 déc. 1881, aff. Alata, D. P. 82. 2. 195). Dans l'espèce sur laquelle est intervenu cet arrêt, le créancier inscrit offrait de prouver que son bordereau d'inscription avait été déposé au bureau du conservateur, le matin, à l'ouverture du bureau; que le dépôt de l'acte d'aliénation n'avait eu lieu que l'après-midi; que si le bordereau n'avait été mentionné au registre de dépôts qu'après l'acte de vente, c'était par la connivence de l'acquéreur avec un des employés du bureau; que ce fait avait été découvert le même jour et avait donné lieu immédiatement à des réclamations de la part du créancier. Ces faits ont été déclarés à bon droit pertinents, et la preuve en a été ordonnée (V. au surplus, *infrà*, v° *Transcription*; *Rép.* eod. v°, n° 520).

988. La règle que les inscriptions ne peuvent plus être prises utilement après la transcription, s'applique aux inscriptions de privilège comme aux inscriptions d'hypothèque (L. 23 mars 1855, art. 6) (V. en ce qui concerne les privilèges généraux, *suprà*, n° 337; en ce qui concerne le privilège du constructeur, *suprà*, n° 387; en ce qui concerne celui de la séparation des patrimoines, *suprà*, n° 393, et en ce qui concerne le privilège du trésor public, *suprà*, n° 407). Une double exception, toutefois, est faite par la loi en faveur du vendeur et du copartageant, qui sont autorisés à inscrire les privilèges à eux conférés par les art. 2108 et 2109 c. civ., dans les quarante-cinq jours de l'acte de vente ou du partage, nonobstant toute transcription d'actes faits dans ce délai (V. pour le privilège du vendeur, *suprà*, n°s 353 et suiv.; pour le privilège du copartageant, *suprà*, n°s 372 et suiv.).

---

(1) (Vial C. Augier.) — Le 3 sept. 1880, au bureau des hypothèques de Forcalquier, transcription d'une vente d'immeuble consentie par le sieur Augier à la dame Vial. Le même jour, inscription d'hypothèque légale requise par les enfants du sieur Augier, comme héritiers de leur mère, décédée depuis plusieurs années. Le tribunal de Forcalquier, sur la question de savoir si l'inscription frappait l'immeuble vendu, a statué en ces termes:

Le tribunal; — Attendu que, pour apprécier si la transcription au bureau des hypothèques du contrat de vente en date du 3 septembre dernier prime l'inscription prise le même jour sur l'immeuble qui a fait l'objet du contrat susvisé, il y a lieu de rechercher laquelle de ces deux formalités a été faite la première; — Attendu qu'il résulte d'un extrait du registre du conservateur des hypothèques de Forcalquier, tenu en conformité de l'art. 2200 c. civ., que le numéro d'ordre donné à la formalité de la transcription est le n° 387, tandis que celui donné à la formalité de l'inscription est le n° 388; qu'il faut conclure de cette double mention que, lorsque l'inscription a été prise contre Augier sur l'immeuble dont s'agit, une transcription de l'acte constatant la mutation de ce même immeuble au profit de la femme Vial avait déjà eu lieu; — Attendu qu'il doit être déduit du considérant qui précède qu'au moment où l'inscription a été prise, les enfants d'Antoine Augier, comme héritiers de leur mère décédée depuis huit ans environ, n'avaient plus le droit, aux termes de la loi du 23 mars 1855, de faire inscrire sur cet immeuble cette hypothèque pour garantir les reprises matrimoniales de leur mère; — Attendu qu'il a été vainement objecté qu'aux termes de l'art. 2147 c. civ. tous les créanciers inscrits le même jour exercent leur hypothèque au même rang; que, dès lors, une inscription requise avant la fermeture du bureau produit les mêmes effets que si elle avait été prise au commencement de la journée à l'heure la plus favorable; d'où on a tiré cette induction qu'une inscription, par une fiction de la loi, doit toujours être considérée comme antérieure aux transcriptions du même jour; mais qu'une pareille interprétation ne peut être admise; qu'elle repose sur une assimilation impossible; — Attendu, en effet, que la disposition consacrée par l'art. 2147 constitue une dérogation aux principes généraux; que, par conséquent, elle ne peut être étendue à un cas qu'elle n'a pas spécialement prévu; — Attendu, d'ailleurs, que l'on ne peut assimiler à le cas de concours de plusieurs inscriptions celui de concours d'une inscription et d'une transcription à la même date; qu'en effet, si un concours est facile entre les divers créanciers, on ne conçoit pas comment il serait possible d'attribuer des effets proportionnels tout à la fois à une inscription et à une transcription, etc.

Par ces motifs, etc..

Du 30 déc. 1880.-Trib. civ. Forcalquier.-MM. Rémusat, pr.-Loison, proc.-Sicard et Amouroux, av.

989. La transcription a-t-elle pour effet d'arrêter le cours des inscriptions non seulement quant aux privilèges et hypothèques qui procèdent du chef du vendeur, mais encore quant à ceux qui procèdent des précédents propriétaires, alors même que les actes par lesquels ces propriétaires ont aliéné l'immeuble n'auraient pas été, eux-mêmes, transcrits ? Cette question, qui est traitée au *Rép.* n°ˢ 2064 et suiv., et v° *Transcription hypothécaire*, n°ˢ 493 et suiv., est toujours très controversée dans la doctrine. Contrairement à l'opinion admise au *Rép., loc. cit.*, les derniers auteurs soutiennent que la transcription n'a d'effet qu'à l'égard des privilèges ou hypothèques qui procèdent du dernier aliénateur, et qu'elle ne suffit pas pour former obstacle à l'inscription des privilèges ou hypothèques procédant du chef des précédents propriétaires. Par suite, en cas de plusieurs aliénations successives, le cours des inscriptions des privilèges ou hypothèques existant du chef des précédents propriétaires n'est arrêté, pour chacun d'eux en particulier, qu'à partir de la transcription de l'acte par lequel il a aliéné l'immeuble. Ce système, qui semble prévaloir dans la doctrine, s'appuie principalement sur des considérations pratiques, tirées de la manière dont sont tenus les registres et répertoires des conservateurs des hypothèques. Lorsque de plusieurs ventes successives la dernière seule a été transcrite, les noms des parties entre lesquelles a eu lieu cette vente sont les seuls qui figurent sur les registres; les tiers qui veulent traiter avec l'un des propriétaires antérieurs n'ont ainsi aucun moyen de savoir que l'immeuble a été aliéné par cet ancien propriétaire. Or, dit-on, entre ces tiers qui peuvent s'être inscrits de bonne foi et le dernier acquéreur qui leur oppose la transcription de son acte, ce sont les premiers qui doivent l'emporter, car l'acquéreur qui a négligé de vérifier si le titre de son vendeur a été transcrit a commis une imprudence, tandis que le tiers qui a traité avec l'ancien propriétaire sur lequel il n'existe aucune transcription n'a aucune faute à se reprocher (V. en ce sens: Aubry et Rau, t. 2, § 209, p. 315, note 99; Laurent, t. 29, n° 182; André, n° 102). Un arrêt récent s'est prononcé en faveur de ce second système; il a jugé que, lorsque l'acheteur primitif a omis de transcrire son titre, le sous-acquéreur ne peut se borner à transcrire le sien pour devenir propriétaire au regard des tiers, et que l'antériorité de sa transcription ne saurait lui profiter qu'autant qu'il a fait transcrire également l'acte constatant le desaisissement du propriétaire antérieur au profit de son propre auteur (Dijon, 10 juin 1891, aff. Lecomte, D. P. 92. 2. 469).

990. De ce que les privilèges et hypothèques procédant du chef du vendeur peuvent être valablement inscrits jusqu'à la transcription, il ne faut pas conclure que les privilèges et hypothèques procédant du chef de l'acquéreur ne peuvent pas être utilement inscrits dès avant la transcription. La vente, aux termes de l'art. 1583 c. civ., étant parfaite entre les parties et la propriété étant transmise à l'acheteur dès que lui et le vendeur sont convenus de la chose et du prix, l'acquéreur peut disposer dès lors de l'immeuble vendu et l'hypothéquer; ses créanciers hypothécaires peuvent donc aussi dès lors prendre inscription (V. Paris, 9 mess. an 12, *Rép.* n° 1723; Lyon, 9 mars 1882, aff. Favier, D. P. 82. 2. 154; Trib. civ. de la Seine, 23 févr. 1883, sous Paris, 5 déc. 1885, aff. Syndic de la faillite de la Société métallurgique de Tarn-et-Garonne, D. P. 87. 2. 55). Toutefois, s'il s'élève un conflit entre les créanciers du vendeur et ceux de l'acheteur inscrits avant la transcription, les premiers pourront opposer aux seconds le défaut de transcription. Le vendeur étant resté saisi de la propriété à l'égard des tiers, l'hypothèque qu'il a consentie doit l'emporter sur celle consentie par l'acquéreur. Le créancier hypothécaire de l'acquéreur aurait dû, d'ailleurs, s'assurer que le titre de son débiteur avait été transcrit; il le pouvait, tandis que le créancier du vendeur n'avait pas la possibilité de savoir que l'immeuble avait été aliéné par son débiteur (V. *Rép.* n° 1722; et v° *Transcription hypothécaire* n° 498; Aubry et Rau, t. 2, § 209, p. 317, note 100).

991. Il peut se faire que parmi les créanciers hypothécaires de l'acquéreur les uns se soient inscrits avant la transcription et les autres après; mais cette circonstance est indifférente en ce qui les concerne. Tenant leurs droits du même propriétaire, ils ne sont pas des tiers les uns à l'égard

des autres, et les seconds ne seraient pas fondés à opposer aux premiers le défaut de transcription du titre d'acquisition de leur débiteur commun; celui-ci, en effet, a pu valablement hypothéquer l'immeuble par lui acquis aussi bien avant qu'après la transcription de son acte d'acquisition (Lyon, 9 mars 1882, aff. Favier, D. P. 82. 2. 154; Aubry et Rau, t. 2, § 209, p. 314, note 97).

992. Les jugements d'adjudication sur saisie immobilière étant soumis à la transcription comme les adjudications et les ventes volontaires, les créanciers du saisi conservent le droit de s'inscrire tant que le jugement n'a pas été transcrit. On a vu *suprà*, n° 983, qu'il en était autrement avant la loi du 23 mars 1855; c'était alors le jugement d'adjudication qui arrêtait le cours des inscriptions.

993. Suivant la plupart des auteurs, la loi du 23 mars 1855 n'a pas dérogé aux dispositions des art. 16 et 17 de la loi du 3 mai 1841 sur l'expropriation pour cause d'utilité publique. En conséquence, les créanciers de l'exproprié peuvent toujours faire inscrire leurs privilèges ou hypothèques, non seulement jusqu'à la transcription du jugement d'expropriation ou du traité amiable, mais encore dans la quinzaine qui suit cette transcription (V. *suprà*, v° *Expropriation pour cause d'utilité publique*, n°ˢ 230 et suiv.; Aubry et Rau, t. 2, § 209, p. 297, note 43; Colmet de Santerre, t. 9, n° 147 *bis*-XXVI. — V. toutefois en sens contraire, *Rép.* v° *Transcription hypothécaire*, n° 380).

994. La transcription n'est, d'ailleurs, exigée par la loi que pour les actes d'aliénation entre vifs. Les donations testamentaires sont toujours, par conséquent, opposables aux tiers, aujourd'hui comme avant la loi du 23 mars 1855, dès le moment de l'ouverture de la succession. Il en résulte qu'aucune inscription ne peut plus être prise, du chef du débiteur, à partir de son décès, sur les immeubles faisant l'objet de legs particuliers, sauf cependant l'inscription en séparation de patrimoines (V. *Rép.* v° *Transcription*, n° 544; Aubry et Rau, t. 3, § 272, p. 330; Laurent, t. 34, n° 21; Baudry-Lacantinerie, t. 3, n° 1373). Toutefois, suivant M. Thézard, n° 167, ce serait seulement la délivrance, consentie volontairement au légataire particulier par l'héritier, ou ordonnée par justice, qui rendrait le legs opposable aux tiers; dans ce système, l'immeuble légué pourrait être grevé d'inscriptions du chef du défunt jusqu'au moment de la délivrance du legs (V. *infrà*, n° 1168).

SECT. 4. — DU MODE DE L'INSCRIPTION, ET DES DIVERSES ÉNONCIATIONS QU'ELLE DOIT CONTENIR (*Rép.* n°ˢ 1447 à 1474).

995. C'est au bureau de la conservation des hypothèques dans l'arrondissement duquel sont situés les biens soumis au privilège ou à l'hypothèque, que les inscriptions doivent être opérées (c. civ. art. 2146). Une inscription prise dans un autre bureau serait inefficace, et c'est évidemment aux parties qu'il incombe de requérir l'inscription dans le bureau même où elle doit être prise. Il a été jugé qu'aucune responsabilité n'est encourue par le conservateur qui inscrit une hypothèque sur la présentation d'un bordereau énonçant que l'inscription doit être faite à son bureau, alors que l'immeuble hypothéqué est situé en dehors de sa circonscription (Paris, 26 janv. 1872, aff. Mosler et comp., D. P. 72. 2. 421, et sur pourvoi, Req. 25 nov. 1872, D. P. 73. 1. 134).

996. Par décret du 16 nov. 1859 (D. P. 59. 4. 89), le service de la conservation des hypothèques du département de la Seine a été réparti entre trois bureaux. Un décret du 12 avr. 1893 (D. P. 94. 4. 8) a apporté, aux dispositions de ce décret, les changements nécessaires pour les mettre en harmonie avec la loi du 12 avr. 1893 (D. P. *ibid.*) qui a modifié les circonscriptions administratives du département de la Seine.— Lorsqu'il y a lieu de prendre inscription sur une action immobilisée de la Banque de France, la formalité doit être accomplie au premier bureau, dans la circonscription duquel se trouve le siège de la Banque (Arg. L. 17 mai 1834, art. 5; Pont, t. 2, n° 868; Aubry et Rau, t. 3, § 268, p. 288; André, n° 766; Buchère, *Traité des valeurs mobilières*, n° 241, et *Traité des opérations de la Bourse*, p. 271).

997. Celui qui requiert une inscription doit représenter au conservateur le titre ou une expédition authentique du titre qui donne naissance au privilège ou à l'hypothèque

(c. civ. art. 2148, § 1). Il résulte d'une instruction de l'administration de l'Enregistrement, du 13 avr. 1865 (D. P. 66. 3. 36), qu'en dehors des cas d'inscription d'hypothèque légale, ou d'inscription requise par le syndic d'une faillite, ou de renouvellement d'une inscription antérieure, les conservateurs doivent exiger la représentation des titres en vertu desquels il est pris inscription, et certifier, par une mention spéciale sur le registre de dépôt, que ces titres leur ont été représentés.

997. Avec le titre, le requérant doit présenter au conservateur deux bordereaux, écrits sur papier timbré, dont l'un peut être porté sur l'expédition du titre (c. civ. art. 2148, § 2). D'après l'opinion générale et la pratique constante, ces bordereaux n'ont pas besoin d'être signés par l'inscrivant (Laurent, t. 31, n° 35; André, n° 769). Il en est autrement, toutefois, en matière d'hypothèque maritime (V. *suprà*, v° *Droit maritime*, n° 491).

998. Pour opérer l'inscription, le conservateur, d'après l'art. 2150 c. civ., « fait mention sur son registre du contenu aux bordereaux ». Suivant l'instruction générale de l'administration de l'Enregistrement citée *suprà*, n° 997, qui reproduit une décision du ministre des finances en date du 11 févr. 1865, les conservateurs des hypothèques doivent copier en entier les bordereaux qui leur sont présentés; ils peuvent seulement, tout en effectuant la transcription littérale et complète des énonciations contenues dans ces bordereaux, en intervertir l'ordre, s'il y a lieu, pour la clarté des écritures et la facilité des recherches.

1000. On a dit au *Rép.*, n° 1460, que le conservateur qui s'apercevrait que les bordereaux ne contiendraient pas toutes les énonciations exigées par la loi pourrait, de son chef, suppléer à cette omission. Il a été jugé, toutefois : 1° que le ministère du conservateur des hypothèques, en cette matière, est tout passif et doit se borner à l'inscription telle qu'elle est requise; que le conservateur n'est pas tenu, notamment, d'avertir l'inscrivant de l'erreur commise par celui-ci, dans le cas où l'immeuble sur lequel est requise l'inscription ne se trouve pas dans la circonscription du bureau (Paris, 26 janv. 1872, aff. Mosler et comp., D. P. 72. 2. 121, et sur pourvoi, Req. 25 nov. 1872, D. P. 73. 1. 134); — 2° Que la loi n'impose pas au conservateur l'obligation de compléter, à l'aide de recherches extrinsèques ou de connaissances personnelles, les actes et les bordereaux à lui remis, et de suppléer aux indications des réquisitions et aux inscriptions par des inductions tirées d'analogies plus ou moins apparentes, plus ou moins faciles, entre l'état des personnes ou la situation des communes de leurs domiciles (Civ. cass. 26 avr. 1882, aff. Jalouzet, D. P. 82. 1. 331); — 3° Que le conservateur des hypothèques qui transcrit sur ses registres, conformément à des bordereaux réguliers qui lui sont présentés, une inscription hypothécaire prise. en renouvellement d'une précédente, ne fait que remplir le devoir que ses fonctions lui imposent, et qu'il ne lui appartient pas de rectifier, à l'aide des mentions de ses registres, les bordereaux de renouvellement qui lui sont soumis, de ne déférer, en cas de radiation partielle, à la réquisition qui lui est faite que pour la partie non radiée, et de refuser de renouveler l'inscription pour le surplus (C. cass. de Belgique, 17 juin 1886, aff. Conservateur des hypothèques de Bruxelles, D. P. 89. 2. 173).

1001. Les frais des inscriptions sont à la charge du débiteur, s'il n'y a pas stipulation contraire : l'avance en est faite par l'inscrivant (c. civ. art. 2155) (*Rép.* n° 1467). Ces frais, ainsi que ceux de l'acte d'obligation, lorsqu'ils ont été avancés par le créancier, ne sont garantis par l'hypothèque qu'à la condition d'avoir été l'objet d'une évaluation expresse dans l'inscription; ils ne peuvent être compris dans la collocation hypothécaire s'ils ont été seulement mentionnés pour mémoire (Civ. cass. 14 août 1883, aff. Dunel et comp., D. P. 84. 1. 64. V. *infrà*, n° 1052).

1002. Les frais pouvant être réclamés au débiteur comprennent le timbre des bordereaux et les droits payés au conservateur; le créancier ne serait pas fondé à répéter les honoraires payés pour la rédaction des bordereaux, à défaut d'une convention spéciale intervenue entre les parties (Martou, t. 3, n° 1173; André, n° 770).

1003. En ce qui concerne les droits fiscaux d'inscription des privilèges et hypothèques, V. *suprà*, v° *Enregis-*

trement n°s 3482 et suiv. — Quant aux salaires dus au conservateur pour les inscriptions, V. *infrà*, n°s 1714 et suiv.

1004. Les énonciations que doit contenir l'inscription, et qui doivent d'abord se trouver dans les bordereaux, sont énumérées par l'art. 2148 c. civ. Elles sont exposées en détail au *Rép.*, n°s 1475 à 1628, et on s'en occupera également dans les six articles qui suivent.

1005. On admet généralement, comme on l'a expliqué au *Rép.* n°s 1472 et suiv., que toutes les énonciations requises par l'art. 2148 ne sont pas également nécessaires, qu'il y a lieu de distinguer entre les énonciations *substantielles* et les énonciations purement *réglementaires* ou *accessoires*; les premières sont les seules dont l'absence entraîne la nullité de l'inscription (V. en ce sens, outre les auteurs cités au *Rép.* n° 1472: Pont, t. 2, n°s 955 et suiv.; Aubry et Rau, t. 3, § 276, n° 2, p. 346 et suiv.; Colmet de Santerre, t. 9, n°s 130 *bis*-I et suiv.; Thézard, n° 143; Baudry-Lacantinerie, t. 3, n° 1389). — Mais les auteurs ne s'accordent plus lorsqu'il s'agit de définir et surtout de déterminer quelles sont les énonciations substantielles. MM. Aubry et Rau, *loc. cit.*, entendent par là « celles dont l'insertion est indispensable à la complète réalisation du double principe de la spécialité et de la publicité des hypothèques », ce qui comprend : 1° l'indication du débiteur; 2° la date et la nature du titre; 3° le montant de la créance; 4° l'époque de l'exigibilité; 5° la nature et la situation de l'immeuble hypothéqué. M. Colmet de Santerre, exige aussi cinq énonciations, mais qui ne sont pas toutes exactement les mêmes que celles demandées par MM. Aubry et Rau. Suivant lui, l'inscription doit faire connaître : 1° le créancier; 2° le débiteur ou la personne qui a hypothéqué son immeuble pour la dette d'autrui; 3° le titre d'où provient la dette; 4° le montant de cette dette; 5° les biens frappés par l'hypothèque. M. Thézard, *loc. cit.*, considère comme prescrites à peine de nullité quatre énonciations seulement : 1° la désignation du débiteur; 2° l'indication ou l'évaluation du montant de la créance; 3° l'époque de l'exigibilité; 4° la désignation spéciale des immeubles.

1006. D'autres auteurs tendent à transformer la question de savoir quelles énonciations sont substantielles en matière d'inscription, en une simple question de fait. Dans ce système, la validité ou la nullité de l'inscription dépend du point de savoir si l'omission d'une énonciation requise a ou non lésé un intérêt que la publicité devait garantir. « Les formalités substantielles, dit M. Laurent, t. 31, n° 95, sont celles qui empêchent les tiers d'être lésés, en leur apprenant ce qu'ils ont intérêt à savoir. Une formalité n'est-elle pas observée, on ne peut pas décider *à priori* si elle est essentielle ou non; il faut voir si l'inobservation de la loi a induit les tiers en erreur et leur a causé un préjudice; dans ce cas, l'inscription n'a pas atteint son but, par conséquent, une formalité substantielle a été omise. » (Comp. en ce sens : Troplong, t. 3, n° 665; Pont, t. 2, n°s 959 et suiv.). On reproche à ce système de méconnaître le caractère impératif des dispositions des art. 2148 et 2153 c. civ. « La forme même de ces articles, disent MM. Aubry et Rau, et l'énumération détaillée des mentions ou énonciations requises indiquent nettement que le législateur a jugé nécessaire de déterminer lui-même, et en dehors de toute appréciation judiciaire des faits de la cause, les éléments que l'inscription doit contenir pour réaliser les principes fondamentaux de la spécialité et de la publicité, qu'il les comprenait et qu'il entendait les organiser ». Il est donc très douteux que le code civil permette de subordonner, comme on le propose, la question de nullité des inscriptions à celle de l'existence d'un préjudice pour les tiers. Mais ce système avait été adopté, comme on l'a dit au *Rép.* n° 1473, par les auteurs du projet de loi hypothécaire de 1850, et il a été sanctionné par la loi belge du 16 déc. 1851. Il paraît, d'ailleurs, avoir eu d'heureux résultats en Belgique. « Voilà vingt-cinq ans, a dit M. Laurent, t. 31, n° 96, que la loi belge fonctionne, et notre jurisprudence est muette sur ces questions de nullité qui jadis étaient si souvent portées devant les tribunaux. Cela ne vient certes pas de ce qu'il n'y a plus d'inscriptions irrégulières, mais cela prouve qu'il est très rare que l'irrégularité cause un préjudice aux tiers; la publicité, quoique incomplète, est suffisante, en ce sens qu'elle apprend aux tiers ce qu'ils ont intérêt à savoir. C'est

tout ensemble la justification de la loi nouvelle, et la condamnation du code civil et de l'ancienne jurisprudence ».

1007. En France, les tribunaux considèrent, en général, comme requises à peine de nullité de l'inscription les formalités suivantes : 1° la désignation du débiteur (V. *infra*, n°s 1026 et 1040); — 2° Une élection de domicile par le créancier dans l'arrondissement du bureau où l'inscription est prise, ou au moins l'indication du domicile du créancier dans cet arrondissement (V. *infra*, n° 1035) ; — 3° L'indication de la date et de la nature du titre (V. *infra*, n° 1042); — 4° L'indication du montant de la créance ou son évaluation (V. *infra*, n° 1050); — 5° L'indication de l'époque de l'exigibilité de la créance (V. *infra*, n° 1057); — 6° L'indication de l'espèce et de la situation des biens grevés de l'hypothèque, sauf les cas où cette dernière indication n'est pas requise (V. *infra*, n° 1063). En général, aussi, la nullité de l'inscription est prononcée par la jurisprudence, pour l'omission de l'une quelconque de ces formalités, indépendamment du point de savoir si en fait cette irrégularité a ou non porté préjudice à des tiers (Comp. en ce sens, Rennes, 27 janv. 1874, aff. Corlosquet, D. P. 75. 2. 13. V. toutefois en sens contraire, Montpellier, 6 juin 1856, aff. Casse, D. P. 57. 2. 123. V. aussi le rapport de M. le conseiller Denis, sous Req. 9 févr. 1891, D. P. 92. 1. 11).

1008. La question de savoir si une inscription contient ou non telle indication exigée à peine de nullité n'est pas, d'ailleurs, une simple question de fait, abandonnée à l'appréciation souveraine des tribunaux; la cour de cassation y voit une question de droit, tombant sous son contrôle : sans accepter sur ce point la décision des juges du fait, elle a ordinairement soin de vérifier si les termes de l'inscription en litige satisfont ou non aux prescriptions de la loi (V. *Rép.* n° 1582, et dans le même sens, Aubry et Rau, t. 3, § 276, p. 353, notes 31 et 32. Comp. : en ce qui concerne la désignation du débiteur, Civ. cass. 25 juin 1821, *Rép.* n° 2972-2°...; en ce qui concerne l'indication de l'époque d'exigibilité de la créance, Civ. cass. 28 mars 1838, *Rép.* n° 1594-4° ; 19 août 1840, *Rép.* n° 1740-3° ; Ch. réun. 6 déc. 1844, aff. Belhomme, D. P. 45. 1. 15 ; Req. 15 mars 1852, aff. Syndics Dumesnil, D. P. 52. 1. 74 ; 15 nov. 1852, aff. Gamet, D. P. 53. 1. 98 ; 15 juin 1864, aff. Vassal et Desmonts, D. P. 64. 1. 421; 1er mai 1876, aff. Dame Salabert, D. P. 76. 1. 481 ; ... en ce qui concerne l'indication de l'espèce et de la situation des biens grevés, Req. 4 mars 1873, aff. Clauzel, D. P. 73. 1. 247. V. toutefois Req. 12 nov. 1890, aff. Perdu, D. P. 91. 5. 306).

1009. Les erreurs ou les inexactitudes qui ne portent pas sur des énonciations substantielles n'entraînent pas la nullité de l'inscription ; mais elles peuvent en diminuer l'effet. Ainsi, l'erreur en moins dans l'indication du montant de la créance ne rend pas l'inscription nulle ; elle empêchera seulement le créancier d'être colloqué pour une somme supérieure à celle indiquée. Si l'erreur est en plus, elle ne nuira pas au créancier; le débiteur, toutefois, aura le droit

de faire rectifier l'inexactitude commise par le créancier, aux frais de celui-ci (V. *infra*, n° 1050).

1010. L'inscription irrégulière ou incomplète peut être rectifiée au moyen de deux nouveaux bordereaux, en vertu desquels il sera pris une inscription complémentaire. Mais cette rectification n'a d'effet que pour l'avenir et ne valide pas rétroactivement l'inscription primitive (Thézard, n° 145). Quand la nullité de l'inscription est une conséquence de la nullité de l'hypothèque, la ratification de l'hypothèque ne valide pas non plus rétroactivement l'inscription ; il doit en être pris une nouvelle en vertu de l'acte de ratification (Civ. rej. 7 févr. 1854, aff. De Barante, D. P. 54. 1. 49).

1011. Il est de principe que le rang des créanciers hypothécaires se règle d'après la date de leurs inscriptions (c. civ. art. 2134). Mais les parties peuvent déroger à ce principe : il peut être convenu, par exemple, entre le débiteur qui constitue l'hypothèque et le créancier, que celui-ci sera primé, jusqu'à concurrence d'une certaine somme, par un autre créancier auquel le débiteur se propose d'accorder aussi une hypothèque. Cette convention, portant cession éventuelle d'antériorité de rang, pourra être opposée par le second créancier au premier, si le débiteur a réellement conféré au second le droit d'en profiter; mais si rien dans le contrat passé avec le second créancier n'indique qu'il a été autorisé à se prévaloir de cette clause, on doit présumer que le débiteur n'a pas entendu y donner suite (Pau, 7 janv. 1885, aff. Dugrit-Dubédat, D. P. 86. 2. 272).

1012. La clause dont il s'agit peut être subordonnée à une condition, notamment à la condition que les fonds prêtés au créancier qui profitera de l'antériorité serviront, en tout ou en partie, à rembourser des créanciers jouissant d'une première hypothèque : dans cette hypothèse, le second créancier ne peut se prévaloir de la clause vis-à-vis du premier que si la condition d'emploi a été remplie. Toutefois, il a été jugé que, lorsque l'inscription prise par un créancier hypothécaire ayant autorisé son débiteur à céder à un tiers l'antériorité de son rang hypothécaire sous certaines conditions, énonce cette autorisation, sans mentionner en même temps les conditions auxquelles elle est soumise, ces conditions ne sont pas opposables au tiers au profit duquel la cession d'antériorité a eu lieu, et que par suite ce tiers doit jouir du bénéfice de la cession alors même que les conditions stipulées par le créancier n'ont pas été remplies (Bordeaux, 4 avr. 1870, et sur pourvoi, Req. 8 avr. 1872) (1).

Art. 1er. — *De l'indication des noms, prénoms et professions du débiteur et du créancier (Rép. n°s 1475 à 1517).*

§ 1er. — De l'indication des nom, prénoms et profession du créancier (Rép. n°s 1475 à 1504).

1013. En principe, comme on l'a dit au *Rép.* n° 1475, l'inscription doit faire connaître le créancier et le débiteur.

---

(1) (Rambaud C. Parazol.) — Le 11 août 1869, le tribunal civil de Bordeaux a rendu le jugement suivant : — « Attendu qu'en dressant le règlement provisoire pour la distribution, entre les ayants droit, du prix des biens des époux Béziade, M. le juge aux ordres a colloqué au troisième rang des créanciers hypothécaires le sieur Mauras et au quatrième les sieurs Parazol et comp.; — Que ces derniers soutiennent que la date de leur inscription, qui est antérieure de plus de trois ans à celle de Mauras, aurait dû leur faire colloquer avant lui; — Qu'en effet, si le 10 mai 1865, en recevant de leurs débiteurs un supplément d'hypothèque, ils les ont autorisés à consentir à un nouveau prêteur, jusqu'à concurrence de 36 000 fr., le droit de les primer eux-mêmes, cette cession d'antériorité ne devait avoir d'effet qu'autant que, sur ces 36 000 fr., 22 000 auraient servi à désintéresser des créanciers qui leur étaient préférables, de telle sorte qu'ils ne fussent primés que par des créances s'élevant au plus à 56 000 fr.; mais que la condition qu'ils avaient mise à la validité de cette stipulation n'a pas été remplie; que les époux Béziade ont emprunté 14 000 fr. d'un sieur Bellamy, le 16 juin 1865, et qu'ils ont valablement cédé du droit qui leur avait été conféré au profit de ce bailleur de fonds; — Mais que, quant aux 22 000 fr. restant pour compléter le sieur Mauras, ils le devaient, pour jouir de l'antériorité stipulée au contrat du 10 mai 1865, être employés à éteindre des créances en rang préférable à celle constituée par l'acte du 12 déc. 1862; qu'il n'en a pas été ainsi, puisque les époux Béziade ont employé à leurs besoins les 14 000 fr. qu'ils

ont empruntés à Bellamy et les 14 000 fr. qui leur ont été fournis par Mauras, si bien que si ce dernier était colloqué, comme Bellamy, avant eux, ils seraient primés pour 28 000 fr., alors qu'aux termes du contrat du 10 mai 1865, ils ne peuvent l'être que pour 14 000 ; que la cession d'antériorité consentie à leur préjudice par leurs débiteurs à Mauras ne doit donc pas profiter à ce dernier, parce qu'il lui était facile de prendre communication de l'acte en vertu duquel les époux Béziade agissaient, et de s'assurer ainsi de l'étendue de leurs droits et des conditions qui avaient été mises à leur exercice ; que Mauras a commis une imprudence dont il doit porter la peine, et que sa collocation ne peut pas être maintenue au rang qui lui est accordé; — Mais attendu que Mauras n'avait pas le droit d'aller prendre chez le notaire, détenteur de la minute, communication d'un acte auquel il était étranger; que les époux Béziade ne l'avaient pas à leur disposition; que, d'ailleurs, il est de principe incontestable que la situation hypothécaire d'une personne est révélée aux tiers par l'état des inscriptions qui grèvent ses immeubles, parce que ces inscriptions, placées sous la responsabilité de ceux au profit desquels elles sont prises, doivent indiquer clairement les conditions d'existence des créances qu'elles ont pour objet de garantir; — Attendu qu'avant de contracter avec les époux Béziade, Mauras prit au bureau des hypothèques un état des inscriptions qui grevaient leurs immeubles, et qu'il vit alors que l'inscription du 19 oct. 1862, au profit des sieurs Parazol et comp., une mention exprimant formellement que ces derniers avaient, par acte

Suivant la plupart des auteurs cependant, l'indication exacte des nom, prénoms, profession et domicile du créancier, exigée par l'art. 2148-1°, ne doit pas être considérée comme une formalité substantielle; son omission n'a d'autre effet que d'exposer le créancier à ne pas recevoir les notifications qui, au cas de purge, de saisie immobilière et d'ouverture d'ordre, doivent être faites aux créanciers régulièrement inscrits et à perdre ainsi ses droits sur le gage hypothécaire, si ce gage est réalisé et réparti à son insu (V. en ce sens, Pont, t. 2, n° 969; Aubry et Rau, t. 3, § 276, p. 350 et suiv.; Thézard, n° 145). — M. Colmet de Santerre, t. 9. n° 130 *bis*-IV, se sépare des autres commentateurs sur ce point. Il constate que la connaissance du nom du créancier peut être utile aux tiers, et il en conclut qu'une désignation insuffisante sous ce rapport doit entraîner la nullité de l'inscription. « L'inscrivant, dit-il, n'est pas seulement le titulaire d'un droit réel d'hypothèque; il est en même temps créancier, et son hypothèque dépend de sa créance : les tiers n'ont-ils pas intérêt à connaître le nom du créancier, pour s'assurer s'il n'est pas survenu quelque cause d'extinction de la créance? Ne peuvent-ils vouloir faire les offres réelles pour se faire subroger dans les droits du créancier hypothécaire? » On peut répondre que, si le nom du créancier a été omis, les tiers, avertis par l'inscription, peuvent toujours, avant de traiter avec le débiteur, se faire renseigner par lui à cet égard.

1014. Quoi qu'il en soit, la jurisprudence se montre très peu exigeante en ce qui concerne les diverses indications destinées à faire connaître le créancier. Il suffit pour s'en rendre compte de parcourir les nombreux arrêts qui sont cités au *Rép.* n°s 1476 et suiv. (V. aussi Req. 9 févr. 1891, aff. Hanze Bombled, D. P. 92. 1. 11, et le rapport de M. le conseiller Denis, *ibid.*).

1015. A cette question se rattache une circulaire du ministre de la justice, du 12 mai 1882 (D. P. 83. 5. 292), qui a recommandé aux notaires d'énoncer avec exactitude les noms et prénoms du créancier et du débiteur dans les actes et les bordereaux en vertu desquels les inscriptions hypothécaires sont demandées. Les erreurs, en cette matière,

dit le ministre, peuvent être l'occasion de préjudices graves pour les intéressés et exposent les conservateurs à des responsabilités onéreuses. Il importe que les notaires, en rédigeant les actes, prennent soin, conformément à l'art. 13 de la loi du 25 vent. an 11, d'indiquer toujours le premier, et avant toutes autres dénominations, le nom patronymique. Ce nom ne peut être que celui porté sur l'acte de naissance tel qu'il est écrit dans cet acte, et sans l'addition d'aucun autre; les prénoms doivent être placés ensuite, puis les surnoms, noms de terre et sobriquets; il est désirable que ces prénoms et surnoms soient placés entre parenthèses et que le nom patronymique soit seul hors de la parenthèse. On arrivera ainsi à distinguer aisément le nom des autres dénominations et à éviter des confusions dangereuses.

1016. Quand il s'agit d'une créance appartenant à une société en nom collectif ou en commandite, il n'est pas nécessaire d'énoncer dans l'inscription les noms des associés; il suffit d'indiquer la raison sociale (V. *Rép.* n°s 1484 et suiv.; Pont, t. 2, n° 963; Laurent, t. 31, n° 47; André, n° 784).

1017. La jurisprudence a reconnu la validité de l'inscription prise par un tiers en son nom personnel, alors que ce tiers n'est en réalité que le mandataire du véritable créancier (Req. 6 juill. 1842, *Rép.* n° 1488; Trib. civ. Lyon, 6 mai 1886, *Mon. Lyon,* 16 août 1886).

1018. Il est admis aussi que le cessionnaire d'une créance hypothécaire peut prendre inscription sous le nom du cédant (*Rép.* n° 1498 et les arrêts cités n° 1499). Il peut également prendre inscription en son propre nom, même avant la signification du transport au débiteur (Civ. cass. 25 mars 1816, *Rép.* n° 1499-4°, et les autres arrêts cités *ibid.*); Paris, 17 août 1877, aff. Besson et Prévost, D. P. 78. 2. 36). Le cessionnaire ou subrogé peut encore faire mentionner sa subrogation dans l'inscription prise au nom de son auteur (Arrêt précité du 17 août 1877). — Il a été jugé que celui à qui une créance a été donnée en nantissement par un transport qui a été accepté par le débiteur, avec pouvoir de la recouvrer et même de la faire vendre, si bon lui semble, doit être considéré comme un véritable cession-

---

public du 10 mai 1865, consenti à ce qu'un emprunt de 36 000 fr., que les époux Béziade se proposaient de faire, primât l'inscription susdatée; — Que l'inscription au profit de Bellamy, qui, par acte reçu par M° Rambaud, avait déjà prêté 44 000 fr aux époux Béziade, porte à son tour une autre mention de laquelle il résulte expressément que lesdits débiteurs avaient encore la faculté d'emprunter 22 000 fr. (sans condition d'emploi), qui seraient hypothécairement garantis au même rang que la créance Bellamy; — Qu'enfin, dans l'inscription prise le 19 oct. 1865, par les sieurs Parazol et comp. eux-mêmes, il est déclaré que ces créanciers ont consenti, par contrat du 10 mai précédent, à ce que leurs droits d'hypothèque et inscriptions fussent primés sur tous les immeubles de leurs débiteurs par les droits que ces derniers demeuraient autorisés à concéder aux prêteurs des 36 000 fr., indépendants, ajoute-t-on, d'une somme de 20 000 fr. devant subsister au premier rang hypothécaire, au profit de MM. de Lambellerie, et qu'on termine, en disant que les sieurs Parazol et comp. ont accordé aux époux Béziade la faculté de consentir toute antériorité des inscriptions de la maison Parazol et comp. au profit de tous prêteurs des époux Béziade, de ladite somme de 36 000 fr. et accessoires; — Attendu que ces indications si précises et si formelles ne pouvaient laisser aucun doute à Mauras sur le droit qu'avaient encore les époux Béziade de donner à de nouveaux prêteurs, jusqu'à concurrence de 22 000 fr., des garanties préférables à celles des sieurs Parazol et comp.; — Que si, dans la dernière inscription, il est question d'une créance de 20 000 fr. due à MM. de Lambellerie, qui devra passer au premier rang hypothécaire, indépendamment des 36 000 fr. à emprunter, cette énonciation est telle qu'elle n'exclut pas forcément l'idée de l'existence d'autres créances qui devaient être encore préférées à l'emprunt projeté; — Que, dans tous les cas, si un doute, malgré les mentions si explicites relatées dans la précédente inscription de Parazol et comp. et dans celle de Bellamy, eût pu naître dans l'esprit de Mauras, c'est évidemment contre les auteurs de ce doute qu'il devrait s'interpréter, et qu'il faut reconnaître que Mauras a été de bonne foi dans sa négociation avec les époux Béziade; — Que son contrat doit alors porter tous ses effets à son profit; que sa créance doit avoir un rang préférable à celui de la créance de Parazol et comp., et que c'est avec juste raison qu'elle a été colloquée avant elle; que sur ce point, le contrat est donc mal fondé; — Attendu, sur la demande en garantie contre M° Rambaud, notaire à Bordeaux, que ce dernier ne conteste pas que le contrat du 10 mai 1865, doive

avoir, entre les parties, la portée que les sieurs Parazol et comp. invoquent; — Que si, en ce qui le concerne, ce contrat ne porte pas tous ses effets, ce résultat est dû aux mentions ci-dessus relatées qui accompagnent les inscriptions prises au profit desdits Parazol et comp., les 19 déc. 1862 et 19 oct. 1865 et celle au profit de Bellamy, du 3 juill. 1865; — Attendu que M° Rambaud ne nie pas que ces inscriptions aient été prises par ses soins, et que, dès lors, c'est par son fait et par sa faute, comme mandataire, que les sieurs Parazol et comp. sont exposés à subir le préjudice qui les menace, et que conséquemment il doit les en relever indemnes; — Que vainement il allègue, pour s'affranchir de toute garantie, que le conservateur a inexactement transcrit les inscriptions ou les mentions qui devaient les accompagner; — Qu'en effet, si le conservateur a commis la faute qui lui est reprochée, cette faute engage sa responsabilité, et que M° Rambaud devrait l'appeler à sa garantie, ce qu'il n'a pas fait; mais que Mauras n'avait aucune action directe contre lui; — Qu'il suit de là que le recours exercé par Parazol et comp. contre M° Rambaud est fondé; — Par ces motifs, maintient le règlement provisoire d'ordre, et condamne Rambaud à rembourser à Parazol et comp., ce qui, après les prélèvements ci-dessus opérés sur leur collocation, manquera pour compléter le montant de leur créance ».

Sur appel, arrêt de la cour de Bordeaux, du 4 avr. 1870, qui, adoptant les motifs du tribunal, confirme.

Pourvoi en cassation par le sieur Rambaud, pour violation soit de l'art. 2134 c. civ., en ce que l'arrêt attaqué n'a pas donné le premier rang au créancier hypothécaire qui était le premier en date d'inscription; soit de l'art. 1134 du même code, en ce que, pour écarter un créancier de son rang légal, l'arrêt aurait appliqué, comme si elle était pure et simple, une convention qu'il déclare lui-même conditionnelle.

La cour; — Attendu que l'art. 2134 c. civ. ne s'oppose point à ce que, entre deux créanciers inscrits à des dates diverses, il soit convenu que le premier ne sera colloqué qu'après l'autre; — Et attendu que le principe de la publicité, qui domine toute la matière des hypothèques, peut entraîner cette conséquence qu'une convention ne sera valable que pour partie vis-à-vis des tiers, si l'inscription ne fait connaître qu'une partie; — Qu'en le décidant ainsi, l'arrêt attaqué n'a violé ni l'art. 1134; — Rejette, etc.

Du 8 avr. 1872.-Ch. req.-MM. de Raynal, pr.-Demangeat, rapp.-Reverchon, av. gén., c. conf.-Bosviel, av.

naire; que dès lors l'inscription qu'il prend en son nom personnel pour la conservation du privilége attaché à cette créance ne saurait être annulée pour n'avoir pas été prise au nom du véritable propriétaire, alors surtout que le cessionnaire était chargé par l'acte de requérir et entretenir l'inscription, et que, d'ailleurs, cette inscription mentionne tous les titres constitutifs de la créance et les divers créanciers sur la tête desquels elle a successivement reposé (Grenoble, 13 mars 1858, aff. Créanciers Girard, D. P. 58. 2. 176).

1019. Si le titre de l'obligation est à ordre ou au porteur, l'inscription ne peut contenir que les nom, prénoms, profession et domicile du premier titulaire de la créance. Il a été jugé qu'elle ne peut être prise simplement « au profit du porteur » (Poitiers, 15 déc. 1829, *Rép.* n° 1487). Mais cette décision est contraire à la théorie qui prévaut dans la doctrine et dans la jurisprudence; si l'indication du créancier n'est pas requise dans l'intérêt des tiers, il n'y a pas nullité de l'inscription parce que le créancier n'y est pas désigné nominativement (V. *suprà*, n° 1014).—Quand des obligations hypothécaires au porteur sont émises par une société, l'usage est de faire prendre l'inscription par un tiers qui déclare agir comme gérant d'affaires pour les porteurs d'obligations. La désignation individuelle de ce tiers écarte toute objection contre la régularité de l'inscription : c'est lui qui recevra les sommations, notifications, assignations regardant les obligataires, et ceux-ci, par le fait même de la souscription aux obligations ou de l'acquisition qu'ils en font par la suite, ratifient la représentation et en acceptent les conséquences. Ainsi, la jurisprudence a reconnu valables : 1° l'inscription prise au profit d'une ville, représentée par son maire et agissant pour le compte des porteurs d'obligations émises par une société et hypothéquées sur des terrains vendus par la ville à cette société

(Aix, 8 avr. 1878) (1); — 2° l'inscription prise par le souscripteur d'obligations hypothécaires au porteur, tant pour lui-même qu'au profit des cessionnaires futurs de ces obligations (Douai, 12 mai 1880, aff. Faillite de la Société des filatures et tissages de Lille, D. P. 82. 2. 243). — Parfois aussi on crée une société civile entre tous les obligataires actuels et futurs, et c'est au nom de cette société que l'inscription est prise. Ce détour, toutefois, est inutile; on peut même se demander s'y a là une cause suffisante pour la constitution d'une société. Il a été jugé, néanmoins, que l'inscription d'une hypothèque qui garantit des obligations hypothécaires émises par une société commerciale est valable, bien qu'elle ait été prise par les représentants de la société civile formée entre les obligataires, et que ceux-ci n'y soient pas individuellement dénommés (Paris, 15 mai 1878, sous Civ. cass. 29 juin 1881, aff. Faillite de la Société des thermes d'Enghien, D. P. 82, 1. 106).

1020. Tout créancier peut inscrire les créances appartenant à son débiteur (c. civ., art. 1166; c. proc., art. 778). Il doit les inscrire au nom du débiteur, à moins qu'il n'ait acquis le droit d'en disposer par une cession ou par une saisie-arrêt validée; dans cette seconde hypothèse, il peut prendre inscription en son propre nom (*Rép.* n° 1496; Req. 20 mai 1839, *Rép.* n° 1124; Pont, t. 2, n° 932; André, n° 785).

1021. Une délégation ou une indication de payement suffirait-elle pour autoriser le créancier délégataire à prendre inscription en son propre nom contre le débiteur délégué? Non, suivant plusieurs arrêts, si le créancier n'a pas accepté la délégation (V. *Rép.* n° 1502 et suiv. *Adde.* Aix, 27 juill. 1846; *Rép.* n° 659-4°). Mais il nous semble que le fait de prendre inscription emporte acceptation tacite de la part du créancier, et que, par suite, on ne peut plus lui opposer le défaut d'acceptation (V. *Rép.* n° 1503).

(1) (Compagnie immobilière C. Société marseillaise).—Aux termes d'un traité en date du 23 janv. 1856, la ville de Marseille, représentée par son maire, avait vendu des terrains au sieur Mirès qui s'est substitué la société des Ports. Une partie des terrains a été livrée, moyennant le payement d'une part proportionnelle du prix. La société des Ports, ayant à se procurer des fonds pour le payement du surplus, souscrivit des obligations négociables pour une somme de dix millions. En vertu d'une convention intervenue entre elle et la ville de Marseille, c'est par celle-ci que les obligations furent émises et les versements durent être effectués dans la caisse municipale. La ville stipula, en outre, des garanties spéciales dans l'intérêt des prêteurs, et notamment la constitution d'une hypothèque sur les terrains déjà livrés à la société des Ports, hypothèque dont l'inscription devait être prise, et fut prise en effet, par le maire au profit des intéressés. Des difficultés s'étant élevées au sujet de la validité de cette inscription, un jugement du tribunal civil de Marseille, en date du 11 août 1877, les résolues en ces termes :
« Attendu qu'il est reconnu par la jurisprudence qu'une hypothèque peut être valablement constituée dans une obligation à ordre souscrite en la forme authentique et cédée par voie de simple endossement (Req. 10 août 1831, *Rép.* v° *Privilèges et hypothèques*, n° 1267-4°); — qu'il n'est pas essentiel que la personne dont le nom figure soit le créancier lui-même; — Qu'ainsi un mandataire peut inscrire en son personnel nom et pour le compte d'un autre (Req. 6 juill. 1842, *Rép.* v° *Privilèges et hypothèques*, n° 1488) un cessionnaire peut inscrire au nom de son cédant, des héritiers peuvent inscrire au nom de leur auteur, pour sommes dues à la succession; — Attendu qu'en vertu de ces principes, conformes au texte et à l'esprit de la loi, l'hypothèque au profit des obligataires de la société des Ports a été régulièrement constituée et inscrite; — Attendu que, en effet, l'acte notarié du 13 oct. 1858 énonce tout d'abord en quelle qualité a agi M. Honorat, maire de Marseille, qui y est partie; cet acte porte : « Ont été présents : M. Honorat, maire de Marseille, agissant tant au nom de ladite ville de Marseille qu'au nom des porteurs d'obligations »; qu'ainsi c'est aussi bien au nom de la ville qu'au nom des porteurs d'obligations que le maire stipule; — Attendu que l'affectation hypothécaire est formulée en ces termes : « Il y a lieu de procéder aujourd'huy, dans l'intérêt des tiers porteurs, à l'exécution des affectations et subrogations promises dans le traité précité du 3 mars dernier; à cet effet, M. Solar, en la qualité qu'il agit, affecte hypothèque au profit de M. le maire de la ville de Marseille, agissant et acceptant au nom des porteurs d'obligations dont il a été parlé ci-dessus », les 21 727 mètres de terrain, etc. »; — Attendu que par conséquent c'est au profit du maire en nom qualifié, procédant au nom de la ville de Marseille et acceptant au nom des por-

teurs d'obligations, que l'hypothèque est constituée; que cette clause est précédée presque immédiatement de la reproduction des termes du traité du 3 mars 1858, d'après lesquels la ville de Marseille s'est chargée de prendre et de conserver l'hypothèque; — Attendu qu'il est donc vrai que c'est au profit de la ville de Marseille que l'hypothèque est consentie, que le bordereau d'inscription l'énonce formellement; que l'inscription à la date du 17 oct. 1858, prise en renouvellement de celle du 30 oct. 1858, l'exprime très nettement; qu'elle est, en effet, ainsi conçue : « Bordereau d'inscription requise au bureau des hypothèques de Marseille, au profit de la ville de Marseille, par M. Antoine-Théodore Bernex, boulevard de l'Observatoire, n° 1, agissant tant au nom de la ville de Marseille qu'au nom, dans l'intérêt et pour le compte des porteurs d'obligations dont il a été parlé, poursuite et diligence de M. Jules-Charles Lourens de Magallon, receveur général »; — Attendu qu'il n'y a rien d'incertain ni d'indécis, dans ce dernier acte; l'hypothèque est consentie et l'inscription est prise au profit de la ville de Marseille, représentée par le maire et agissant pour le compte et au nom des porteurs d'obligations; la ville, en effet, a pris l'engagement d'obtenir et d'inscrire l'hypothèque, et s'est intéressée à remplir cette obligation, puisque, à défaut, sa responsabilité serait engagée; elle acquiert et inscrit l'hypothèque au nom, dans l'intérêt et pour le compte de chacun des porteurs d'obligations, car elle a publiquement et solennellement promis à chacun des porteurs d'obligations qu'elle acquerrait, inscrirait et conserverait pour son compte et dans son intérêt l'hypothèque, qu'elle serait sa tutrice, c'est-à-dire son mandataire et sa protectrice, et cette promesse a été acceptée, ce mandat a été ratifié par chacun des porteurs d'obligations, car il est de la nature de l'engagement au porteur que l'acceptation résulte du versement de fonds constaté par la possession du titre; — Attendu que l'hypothèque est donc établie et inscrite au profit de chacun des porteurs, constituant ainsi une hypothèque légale, certaine, parfaitement déterminée; que pour qu'aucun doute ne soit possible, à ce sujet, l'acte du 23 janv. 1856, le traité du 3 mars 1858 et l'acte du 13 oct. 1858 sont analysés dans l'inscription qui satisfait du reste à toutes les autres conditions prescrites par l'art. 2148 c. civ.; — Attendu que la constitution et l'inscription d'hypothèque sont donc complètement régulières et valables, et que, dès lors, les actes en vertu desquels a eu lieu la saisie immobilière constituent un titre exécutoire qui a pu servir de base à cette saisie ;... — Par ces motifs, etc. »
— Appel par la Compagnie immobilière.
— La cour; — Adoptant les motifs des premiers juges : — Confirme.
Du 8 avr. 1878.-C. d'Aix, 1re ch.-MM. Rigaud, 1er pr.-Pontier, subst.

1022. Une inscription prise au nom d'un créancier est valable, quoique ce créancier fût décédé à l'époque où elle a été requise. On peut inscrire aussi au nom de la succession ou des héritiers du créancier, sans désigner individuellement les héritiers (*Rép.* n° 1489 ; Laurent, t. 31, n° 46 ; André, n° 782. V. aussi le rapport de M. le conseiller Denis, sous Req. 9 févr. 1891, aff. Hanze Bombled, D. P. 92. 1. 11). Un auteur a pensé que cela ne serait plus possible après le partage, et qu'alors l'inscription devrait être prise au nom de l'héritier dans le lot duquel la créance est passée (*Rép.* n° 1490). Mais cette opinion est inexacte. L'héritier auquel la créance est échue est le cessionnaire des autres héritiers pour leur part dans cette créance ; en qualité de cessionnaire, il peut, comme on l'a vu *suprà*, n° 1018, requérir l'inscription soit en son nom, soit en celui du cédant (Pont, t. 2, n° 963).

1023. En général, comme on l'a dit au *Rép.* n° 1493, une inscription ne peut valoir que pour le créancier au profit duquel elle a été prise (*Rép.* n° 1493). L'inscription collective, prise en vertu du même titre, ne crée même aucun lien de solidarité ou d'indivisibilité entre les créanciers au nom desquels elle a été requise. Il en résulte que, si l'un des créanciers la renouvelle seul pour le montant de sa créance personnelle, ce renouvellement ne profite pas aux autres créanciers et lui assure un droit de préférence sur eux (Bordeaux, 1ᵉʳ déc. 1885, aff. Duguit, D. P. 87. 2. 12). — Toutefois une inscription peut être prise tant pour le compte de celui qui l'a requise que dans l'intérêt d'autres créanciers, solidaires ou non ; elle profite alors à tous les intéressés. Ainsi plusieurs arrêts ont admis que l'inscription prise au nom d'un époux survivant, pour une créance dont il a seulement l'usufruit et dont la nue propriété appartient à ses enfants, profite à ces derniers, alors même qu'ils n'y sont pas désignés (*Rép.* n° 1495). Il a été jugé qu'une inscription d'hypothèque prise par l'héritier d'un interdit « pour sûreté et garantie de toutes les sommes qui pourraient être dues à l'interdit ou à sa succession à raison de la gestion du tuteur », profite à tous les cohéritiers non dénommés, les termes dans lesquels l'inscription a été requise n'ayant rien de restrictif d'où l'on doive induire que celle-ci a été prise dans l'intérêt exclusif de l'héritier requérant (Req. 4 août 1890, aff. Delpeut, D. P. 91. 1. 359). Du moins l'arrêt qui le décide ainsi, en constatant en fait que l'héritier qui avait pris l'initiative de l'inscription n'avait pas agi seulement dans son intérêt, mais pour la conservation des droits de tous les héritiers, ne viole aucune loi (Même arrêt).

1024. Si le nom de l'un des créanciers cointéressés a été omis dans l'inscription, cette omission n'est certainement pas de nature à empêcher l'inscription de produire effet ; mais l'effet se trouve naturellement restreint aux seules per-

sonnes désignées. Si ces personnes ne font pas difficulté d'admettre au règlement, lorsqu'il y sera procédé, la personne omise, le fait sera sans conséquence. Toutefois cette personne fera bien, lorsqu'elle s'apercevra de l'omission, de prendre une nouvelle inscription, complémentaire et rectificative, en expliquant dans les bordereaux que cette nouvelle inscription est requise en raison de l'omission qui s'est produite dans la première.

1025. En cas de subrogation conventionnelle, la mention de cette subrogation en marge de l'inscription de l'hypothèque affectée à la sûreté de la créance n'est pas nécessaire pour que la subrogation, qui est constatée dans un acte sous seing privé ayant acquis date certaine, soit opposable aux tiers (Toulouse, 21 juin 1887, aff. Graves, D. P. 88. 2. 77), sauf, d'ailleurs, le cas où il s'agit d'une subrogation à l'hypothèque légale d'une femme mariée (V. *suprà*, n° 574).

§ 2. — De l'indication des nom, prénoms et profession du débiteur (*Rép.* nᵒˢ 1505 à 1517).

1026. Tout le monde reconnaît que la désignation du débiteur est une formalité substantielle de l'inscription. Mais il n'est pas indispensable que l'inscription contienne exactement « les nom, prénoms, domicile du débiteur, sa profession, s'il en a une connue » ; il suffit qu'elle renferme, comme le dit l'art. 2148-2° « une désignation individuelle et spéciale, telle que le conservateur puisse reconnaître et distinguer dans tous les cas l'individu grevé d'hypothèque » (V. les auteurs et les arrêts cités au *Rép.* n° 1505 et suiv. *Adde* : Aubry et Rau, t. 3, § 276, p. 348, note 14 ; Laurent, t. 31, n° 54 et suiv. ; Thézard, n° 148 ; Baudry-Lacantinerie, t. 3, n° 1388 ; André, nᵒˢ 790 et 793). Il a été jugé, depuis la publication du *Répertoire* : 1° que la désignation du débiteur sous le prénom de Pierre, tandis que son véritable prénom est celui de Jean, rend l'inscription nulle, quand elle ne renferme aucune énonciation pouvant manifester l'identité entre la personne désignée et le débiteur (Toulouse, 24 août 1883) (1) ; — 2° Que l'erreur dans l'énonciation des prénoms et de la qualité du débiteur, lorsqu'elle consiste, par exemple, en ce que l'inscription a été prise contre *Jean Robert, propriétaire cultivateur*, au lieu d'*Antoine Robert, propriétaire cultivateur louant ses services*, est une cause de nullité de ladite inscription alors que, dans la commune, le nom de Robert est porté par un grand nombre d'individus, et que l'indication dans l'inscription des biens grevés n'est pas suffisante pour mettre en lumière l'individualité du débiteur (Bordeaux, 20 mai 1892, aff. Robert et Fretel, D. P. 92. 2. 416). — Mais il a été décidé : 1° que la substitution d'un prénom à un autre dans l'indication de ceux du débiteur ne porte pas atteinte à la validité

---

de l'inscription lorsque cette indication, prise dans son ensemble et rapprochée des autres énonciations, constitue une désignation individuelle et spéciale suffisante pour permettre, sans difficulté, de reconnaître et de distinguer le débiteur ; et que le créancier auquel, par suite de l'erreur dont il s'agit, un certificat négatif a été délivré, n'est pas fondé à actionner le titulaire de l'inscription en réparation du préjudice que ladite erreur lui aurait causé, alors qu'il ne justifie ni de la quotité ni même de l'existence de ce préjudice (Rouen, 24 avr. 1874, aff. Ladvocat, D. P. 75. 2. 13) ; — 2° Que l'erreur commise dans l'indication surabondante du nom de la femme du débiteur ne vicie pas une inscription, si d'ailleurs elle remplit les conditions essentielles déterminées par la loi, en mentionnant les nom, prénoms, profession et domicile du mari auquel appartiennent en propre les immeubles hypothéqués (Trib. civ. de Melle, 18 mai 1892, aff. Jorigni C. Guérin, Journal des conservateurs des hypothèques, 1892, art. 4306, p. 364).

1027. Nous rappelons qu'une circulaire ministérielle du 12 mai 1882 a déterminé la méthode que doivent suivre les notaires dans l'indication des noms, prénoms et surnoms des débiteurs contre lesquels ils requièrent inscription (V. supra, n°1015).

1028. En cas de décès du débiteur sur lequel l'inscription doit être prise, le créancier peut la prendre sur le défunt même ou sur ses héritiers, à la condition de désigner suffisamment soit le défunt, soit les héritiers (c. civ. art. 2149) (Rép. n°s 1510 et suiv.). Il est bon néanmoins de désigner tout à la fois le défunt et les héritiers ; la désignation du défunt suppléerait au besoin à l'omission d'un des héritiers (Pont, t. 2, n° 973 ; André, n° 792).

1029. Quand l'hypothèque a été constituée par un tiers pour la dette d'autrui, c'est sur le constituant, et non sur le débiteur proprement dit, que l'inscription doit être prise. Si la loi parle du débiteur dans l'art. 2148-2°, c'est qu'elle se place dans le cas le plus fréquent ; mais elle entend par là, comme la suite du texte l'indique, « l'individu grevé d'hypothèque ». L'inscription n'a, en effet, d'autre but que de faire connaître aux tiers les charges qui affectent les biens de celui qui a constitué l'hypothèque ; il faut donc que l'inscription soit prise sur celui-là : peu importe qu'il ait agi comme débiteur principal ou comme caution (En ce sens : Pont, t. 2, n° 976 ; Aubry et Rau, t. 3, § 271, p. 322, note 1 ; Laurent, t. 31, n° 11).

1030. Si l'immeuble hypothéqué a été aliéné, l'inscription n'en doit pas moins toujours être prise sur celui qui a créé l'hypothèque, et il n'est pas nécessaire qu'elle indique le tiers détenteur de l'immeuble ; elle serait même nulle si elle avait été prise sur le tiers détenteur seulement, à moins qu'il ne soit tenu personnellement d'acquitter la dette (V. Rép. n°s 1513 et suiv., et particulièrement Civ. cass. 27 mai 1816, Rép. n° 1515-6°. V. aussi Civ. cass. 5 avr. 1892, aff. Veuve Gand, D. P. 92. 1. 283).

Art. 2. — De l'indication des domiciles du créancier et du débiteur (Rép. n°s 1518 à 1535).

§ 1er. - De l'indication du domicile du créancier (Rép. n°s 1518 à 1532).

1031. La loi exige l'indication du domicile réel du créancier et, en outre, celle d'un domicile élu par lui dans l'arrondissement du bureau où l'inscription est prise (c. civ. art. 2148-1°). Les tiers peuvent avoir intérêt à connaître le domicile réel du créancier, par exemple, lorsque, étant eux-mêmes créanciers, ils veulent user de la faculté, que leur confère l'art. 1251-1°, de payer un créancier qui leur est préférable, pour être subrogés dans ses droits ; c'est au domicile réel, et non au domicile élu, que doivent être signifiées les offres de payement (Civ. rej. 5 déc. 1854, aff. Chollier et comp., D. P. 55. 1. 72). Néanmoins, les auteurs considèrent généralement l'indication du domicile réel comme exigée principalement dans le but de mieux faire connaître le créancier ; ils décident, en conséquence, que le défaut de cette indication n'est pas une cause de nullité de l'inscription (V. en ce sens, outre les auteurs cités au Rép. n° 1518 : Pont, t. 2, n° 969 ; Aubry et Rau, t. 3, § 276, p. 350 ; Thézard, n° 145 ; André, n° 786. V. aussi en ce sens les arrêts cités au Rép. n° 1521. Comp. Laurent, t. 31, n° 48 ; Baudry-Lacantinerie, t. 3, n° 1388).

1032. Quant à l'élection de domicile dans l'arrondissement du bureau, il n'est pas douteux qu'elle est requise dans l'intérêt des tiers ; elle leur est utile lorsqu'il s'agit de faire les différentes notifications prescrites par l'art. 2183, § 1, pour opérer la purge, ou la sommation requise par l'art. 692-1° c. proc. pour parvenir à l'expropriation de l'immeuble. Toutefois, la question de savoir si l'élection de domicile constitue une formalité substantielle de l'inscription est toujours controversée dans la doctrine, et même aussi dans la jurisprudence (V. Rép. n°s 1524 et suiv.). Il y a sur ce point trois systèmes différents.

1033. Le premier, qui a été admis au Rép. n° 1524, considère que l'élection de domicile n'a d'autre objet que de faciliter aux tiers acquéreurs ou aux créanciers les notifications ou significations qu'ils peuvent avoir à faire au titulaire de l'inscription ; on en conclut que la seule sanction qui doive s'attacher à l'omission de l'élection de domicile, eu égard à son but, est de priver le créancier inscrit du droit d'exiger les notifications et significations dont il s'agit et de se plaindre qu'elles ne lui aient pas été faites (V. en sus des auteurs et des arrêts cités au Rép. n° 1524 et suiv. : Orléans, 4 juin 1860, aff. Jacques, D. P. 61. 2. 100 ; Agen, 7 févr. 1861, aff. Héritiers Gourdon, ibid. ; Metz, 22 janv. 1862, aff. Triclin, D. P. 63. 5. 210 ; Alger, 8 janv. 1863 (1) ; Rennes, 27 janv. 1874, aff. Corlosquet, D. P. 75. 2. 13 ; Poitiers, 10 juin 1878, aff. Chatteris et Maynard, D. P. . 79. 2. 69 ; Pont, t. 2, n° 970 ; Aubry et Rau, t. 3, § 276, p. 350,

---

(1) (Juben C. Bardin.) — La cour ; — Considérant que l'unique question du procès est celle de savoir si les formalités édictées par l'art. 2148 c. civ., qui régit la matière, sont tellement absolues, tellement liées entre elles, que l'une d'elles venant à manquer, l'acte indiqué par la loi pour opérer l'inscription se trouve radicalement vicié et ne saurait produire aucun effet ; — Considérant qu'en se rendant compte de l'esprit qui a présidé à la rédaction de cet art. 2148, on est naturellement amené à distinguer parmi les formalités qu'il prescrit ; que les unes sont substantielles, indispensables pour le but que se propose l'inscription, et doivent être rigoureusement exigées, parce qu'elles intéressent à la fois et le créancier qui s'inscrit et les autres créanciers garantis par le même immeuble ; tandis que d'autres lui sont purement personnelles ou n'ont été introduites que par mesure d'ordre pour économiser les frais et faciliter la célérité des procédures ; — Que l'on comprend, en effet, que, la base du système hypothécaire étant la publicité, il ne saurait exister la moindre équivoque sur le nom et l'identité du débiteur, sur la nature du titre, sur le montant de la créance, et enfin, sur l'indication, l'espèce et la situation des biens soumis à l'hypothèque ; — Que toutes ces indications sont de la plus haute importance pour les intérêts de tous, et que leur inobservation, quand rien ne les supplée, peut déterminer la nullité des inscriptions ; — Mais qu'il n'en saurait être de même quand il s'agit uniquement de l'élection d'un domicile dans l'arrondissement de la situation des biens ; que, dans ce cas, l'erreur dans la désignation d'un domicile, ou

même l'absence de toute élection de domicile pourra avoir pour conséquence la mise à la charge du créancier des frais occasionnés par sa négligence, peut-être même la perte de sa créance si, à défaut de production en temps utile, il se trouve exclu de l'ordre ; mais qu'il serait d'une excessive rigueur de repousser sa production en se fondant uniquement sur l'irrégularité relevée, et de lui faire subir une peine qui, en définitive, n'est nullement prononcée par la loi ; — Considérant que, dans l'espèce, on trouve toutes les formalités substantielles de l'inscription ; que le nom du créancier, celui du débiteur, sont clairement énoncés ; que la nature du titre, le montant de la créance, l'époque de l'exigibilité, l'espèce et la situation des immeubles affectés y sont parfaitement précisés ; que l'ordre ayant été ouvert sur les poursuites des acquéreurs, les sommations de produire ont été faites à Juben comme aux autres créanciers, sans que ni les tiers détenteurs, ni les débiteurs, ni la masse des créanciers aient songé à lui faire aucun grief de son élection de domicile en dehors de l'arrondissement ; qu'il est même à remarquer que l'élection de domicile à Alger, à quelques heures seulement de Blidah, rendait les actes de la procédure d'ordre bien autrement faciles que si le domicile eût été désigné sur un point éloigné dans l'arrondissement de Blidah ; que Bardin est le seul qui se soit cru fondé à élever une contestation sur ce point, et à soutenir que cette élection de domicile lui cause un préjudice ; mais que cette contestation ne peut se soutenir si l'on considère que sa créance remonte par son origine à une époque bien antérieure à celle de Juben ; qu'elle est établie par des

note 21 ; Thézard, n° 145). Il résulte spécialement des arrêts précités : 1° que l'omission d'une élection de domicile dans l'arrondissement du bureau hypothécaire n'entraîne pas la nullité de l'inscription, alors surtout qu'il résulte des faits de la cause que cette élection de domicile ne pouvait avoir aucune utilité pour l'exercice d'une action quelconque se rattachant au droit hypothécaire (Orléans, 4 juin 1860, précité); — 2° Qu'une inscription n'est pas nulle par cela seul que le domicile élu est situé hors de l'arrondissement du bureau (Agen, 7 févr. 1861, et Alger 8 janv. 1863, précités);... alors surtout que cette inscription a été prise en renouvellement d'une inscription antérieure dans laquelle toutes les formalités avaient été remplies (Même arrêt du 7 févr. 1861); — 3° Que l'omission de l'élection de domicile dans une inscription hypothécaire prise en renouvellement d'une inscription antérieure, qui contenait elle-même une élection de domicile, n'est pas une cause de nullité de l'inscription nouvelle (Metz, 22 janv. 1862, précité); — 4° Que l'omission d'une énonciation accessoire, telle que l'élection de domicile dans l'arrondissement de la situation des biens hypothéqués, ne rend l'inscription caduque que lorsqu'elle a eu pour effet de causer préjudice aux tiers (Rennes, 27 janv. 1874, et Poitiers, 10 juin 1878, précités); qu'en.tout cas la nullité serait couverte par une transaction passée postérieurement par les parties et constatant leur intention de faire disparaître toute difficulté relative à la validité de l'inscription (Même arrêt du 10 juin 1878).

1034. Dans un second système, qui a été suivi par la cour de cassation jusqu'en 1863, l'inscription hypothécaire qui ne contient pas élection de domicile pour le créancier dans l'arrondissement du bureau où elle a été prise, est nulle d'une manière absolue; alors même que le domicile réel du créancier est situé dans l'arrondissement du bureau, la mention de ce domicile ne peut tenir lieu de l'indication d'un domicile élu (V. les arrêts cités au *Rép.* n° 1527. *Adde*, Civ. cass. 26 juill. 1858, aff. Housse, D. P. 58. 1. 354). Suivant M. Colmet de Santerre, t. 9, n° 130 *bis*-VII, qui admet cette solution, l'indication du domicile réel dans l'arrondissement où doit avoir lieu l'élection de domicile ne saurait être considérée comme l'équivalent de cette élection. L'art. 2148-1° demande à la fois l'indication du domicile réel et celle d'un domicile élu. La loi ne veut pas que le créancier inscrivant puisse changer, à sa fantaisie, avec son domicile réel, le lieu où les tiers auront à lui adresser des

billets à ordre souscrits en 1856, en vertu desquels il a plus tard obtenu des jugements et pris des inscriptions judiciaires ; — Qu'il ne saurait donc prétendre avoir été déterminé à traiter avec les époux Martin par l'irrégularité de l'inscription prise par Juben; qu'à la vérité on oppose l'intérêt qu'il aurait à faire tomber cette inscription qui le prime; mais que cet intérêt, quelque appréciable qu'il soit, ne peut recevoir satisfaction et se réaliser par une simple erreur; nullité et déchéance que repoussent également et la lettre et l'esprit de l'art. 2148 c. civ., et qu'on ne trouve écrites dans aucune des dispositions relatives au régime hypothécaire. — Par ces motifs, dit qu'il a été mal jugé, etc.

Du 8 janv. 1863.-C. d'Alger.-M. Cavailhon, cons. f. f. pr.

(1) (Bocquet C. Dubus-Degain.) — La cour ; — Attendu, aux termes de l'art. 2148 c. civ., que, pour opérer l'inscription de l'hypothèque, le créancier représente au conservateur deux bordereaux, contenant ses nom, prénoms, domicile, profession, s'il en a une, et l'élection d'un domicile pour lui dans un lieu quelconque de l'arrondissement du bureau; que, suivant l'art. 2150, le conservateur fait mention sur le registre du contenu des bordereaux; que si, d'après l'art. 2152, il est loisible au créancier de changer sur le registre des hypothèques le domicile par lui élu, c'est à la charge d'en choisir ou indiquer un autre dans le même arrondissement ; — Attendu que cette formalité, si impérativement prescrite, d'un domicile élu dans l'arrondissement où l'immeuble hypothéqué est situé, constitue une condition essentielle de la validité de l'inscription de l'hypothèque ; qu'elle est tout à la fois exigée dans l'intérêt du débiteur, des créanciers inscrits et des tiers acquéreurs; qu'au égard aux agissements légaux pouvant résulter de leurs droits respectifs sur l'immeuble, la connaissance de cet intérêt est également nécessaire à chacun d'eux; — Et attendu que l'inscription prise au bureau des hypothèques de Douai, le 14 févr. 1883, au profit de Bosquet, mécanicien à Lille, et de Lohier, rentier à Thalempin, arrondissement de Lille, sur les immeubles sis à Coutiches et Auby (communes de l'arrondissement de Douai), ne contient pas élection d'un

notifications (V. aussi en ce sens, Baudry-Lacantinerie, t. 3, n° 1388).

1035. Enfin un troisième système, auquel la cour de cassation s'est ralliée par un arrêt des chambres réunies en 1863, admet qu'il est suffisamment satisfait à l'art. 2148 c. civ., en ce qui concerne l'élection de domicile, lorsque le créancier a indiqué dans l'inscription un lieu quelconque de l'arrondissement comme lieu de son domicile. On évite ainsi de prononcer la nullité de l'inscription pour défaut d'élection de domicile toutes les fois que le domicile réel du créancier, énoncé dans l'inscription, se trouve dans l'arrondissement du bureau. Les tiers dans ce cas n'ont pas à se plaindre, puisqu'il ne leur est pas plus difficile de faire leurs notifications au domicile réel qu'à tout autre domicile qui aurait pu être choisi dans l'arrondissement. A l'objection consistant à dire qu'un domicile réel peut varier au gré du créancier, on répond, non sans raison, qu'un domicile élu peut présenter le même inconvénient, car la loi n'a pas exigé qu'il fût permanent: il peut se rattacher au domicile réel d'une personne, et varier avec lui (Rennes, 7 mars 1820, *Rép.* n° 1525-3°; Grenoble, 12 avr. 1821, *ibid.;* Limoges, 10 déc. 1845, aff. Lebrun, D. P. 47. 2. 109; Aix, 8 mars 1860, aff. House, D. P. 60. 2. 106; Ch. réun. rej. 14 janv. 1863, même affaire, D. P. 63. 1. 104 ; Douai, 27 déc. 1892, aff. Graux-Ledru, D. P. 93. 2. 525). Mais toutes les fois que le domicile réel du créancier se trouve en dehors de l'arrondissement du bureau, le défaut d'une élection de domicile dans cet arrondissement entraîne, d'après la cour de cassation, la nullité de l'inscription (Civ. cass. 28 mars 1882, aff. Martinie et Taussac, D. P. 83. 1. 125. Conf. Amiens, 3 mars 1882, sous Civ. cass. 14 août 1883, aff. Dunet et comp., D. P. 84. 1. 64; Douai, 4 juill. 1884 (1); Agen, 23 mars 1892, aff. Malartic, D. P. 93. 2. 406). — Il a, d'ailleurs, été jugé que, dans une inscription prise collectivement au profit de plusieurs créanciers, l'indication de leurs différents domiciles ne supplée pas à celle d'un domicile élu (Lyon 22 févr. 1890) (2).

La loi belge du 16 déc. 1851 a prévenu toutes les difficultés pouvant résulter de l'omission d'une élection de domicile, en disposant (art. 83), qu'à défaut de cette formalité, toutes significations et notifications relatives à l'inscription pourront être faites au procureur du roi (V. Laurent, t. 34, n° 49. V. aussi *Rép.* n° 1529).

1036. La formalité d'une élection de domicile dans l'ar-

domicile pour les créanciers dans un lieu quelconque de ce dernier arrondissement ; qu'en considérant dès lors l'inscription comme manquant d'un de ses éléments constitutifs, le tribunal de Douai a fait une juste application des prescriptions édictées par la loi ; — Par ces motifs ; — Confirme, etc.

Du 4 juill. 1884.-C. de Douai, 2e ch.-M. Duhem, pr.

(2) (Ordre Seigneret-Bas.) — La cour; — ... En ce qui touche la collocation faite au profit des consorts Favre, Duc et Béraud ; — Considérant que l'inscription, en vertu de laquelle ces créanciers pourraient prétendre à la répartition du premier prix, est à la date du 7 mars 1887; mais que cette inscription ne contient pas d'élection de domicile ; — Considérant que l'art. 2148 c. civ. exige d'une manière formelle l'élection d'un domicile dans un lieu quelconque de l'arrondissement du bureau; que cette élection est une formalité substantielle imposée par la loi dans l'intérêt, tant du débiteur que des autres créanciers inscrits et du tiers détenteur; que, dès lors, l'omission de cette formalité doit faire considérer l'inscription comme manquant d'un de ses éléments constitutifs; que vainement les consorts Favre, Duc et Béraud objectent que leur domicile personnel était indiqué dans l'inscription critiquée; que l'énonciation du domicile réel ne supplée pas à celle du domicile élu, alors surtout que l'inscription était prise collectivement au profit de trois créanciers qui avaient chacun un domicile réel différent; — Que vainement encore, les consorts Favre, Duc et Béraud objectent que l'inscription du 7 mars 1887 était un renouvellement d'une inscription primitive qui était régulière; qu'en fait, cela n'est pas exact, l'inscription du 7 mars 1887 ayant surtout pour but d'assevir un droit hypothécaire conféré par Bas père, et qui n'existait pas lors de l'inscription primitive; qu'en droit, un renouvellement d'inscription est soumis aux mêmes conditions de validité que l'inscription primitive;...

Par ces motifs, etc.

Du 22 févr. 1890.-C. de Lyon, 2e ch.-MM. Ollivier, pr.-Tallon, av. gén.-Garraud, Aubois et Dulong de Rosnay (du barreau de Trévoux), av.

rondissement du bureau est-elle nécessaire même dans les inscriptions prises d'office pour la garantie d'un privilège de vendeur? V. pour la négative, Douai, 27 déc. 1892, aff. Graux-Ledru, D. P. 93. 2. 525.

1037. L'élection de domicile qui a lieu dans l'inscription n'a pour but que de faciliter l'accomplissement des formalités hypothécaires ; son effet ne doit pas être étendu aux significations relatives à la créance elle-même. Il a été jugé, en conséquence, que des offres réelles ne peuvent être signifiées au domicile élu, même dans le but d'obtenir une subrogation légale (Grenoble, 20 août 1853, et sur pourvoi, Civ. rej. 5 déc. 1854, aff. Chollier et comp., D.P. 55. 1. 72).

1038. Dans la pratique, les créanciers élisent parfois domicile dans le bureau de la conservation des hypothèques où l'inscription doit être prise. Il a été jugé qu'une telle élection de domicile, faite sans le consentement du conservateur, n'engendre pour ce fonctionnaire ni obligation, ni responsabilité, bien qu'il l'ait consignée dans l'inscription; qu'en conséquence, lorsque les notifications prescrites par les art. 691 et 692 c. proc. civ. sont faites à son bureau, il n'est tenu ni de transmettre aux intéressés les copies signifiées, ni de leur donner avis des significations (Rennes, 25 févr. 1892, aff. Guillemet, D. P. 92. 2. 517).

1039. L'art. 2152 c. civ. permet à celui qui a requis une inscription, ainsi qu'à ses représentants ou cessionnaires par acte authentique, de changer sur le registre des hypothèques le domicile par lui élu, à la charge d'en choisir et indiquer un autre dans le même arrondissement (V. Rép. nºs 1530 et suiv.). On peut conclure de cette disposition que, si l'élection de domicile a été omise, cette omission peut être réparée, au moins pour l'avenir, tant que les délais pour inscrire le privilège ou l'hypothèque ne sont pas expirés. Il a été jugé, en ce sens, que l'inscription de l'hypothèque légale d'une femme mariée, prise par un créancier subrogé, et dans laquelle l'inscrivant n'a point fait l'élection de domicile prescrite par l'art. 2148 c. civ. peut être régularisée, même après que l'hypothèque a été mise en mouvement par une sommation de payer ou de délaisser, et jusqu'à l'accomplissement des formalités de purge tracées par les art. 2193 et suiv. c. civ. (Bourges, 11 juin 1855, et sur pourvoi, Civ. rej. 30 nov. 1858, aff. Libeyre et cons., D. P. 59. 1. 74).

§ 2. — De l'indication du domicile du débiteur
(Rép. nºs 1533 à 1535).

1040. L'indication du domicile du débiteur n'est requise que comme moyen de mieux faire connaître ce débiteur. Son omission ne doit donc entraîner la nullité de l'inscription que si elle a pour effet de rendre l'individualité du débiteur incertaine ou de produire une confusion entre ce débiteur et quelque autre personne (V. Rép. nº 1533; Trib. civ. d'Orange, 12 juill. 1890, aff. Appay et cons., D. P. 93. 2. 267). — Une indication fausse, quant au domicile, serait, en général, plus grave que l'omission de toute indication. Il a été jugé que l'inscription qui désigne le débiteur comme domicilié dans une localité où il n'a eu qu'une résidence temporaire, limitrophe de celle où se trouve son domicile réel, mais dépendant d'un département différent, ne contient pas ce que veut la loi, et que l'omission de cette inscription dans l'état individuel délivré sur une réquisition indiquant le véritable domicile du débiteur, n'engage point la responsabilité du conservateur des hypothèques (Chambéry, 22 mars 1872, aff. Dame Comtat, D. P. 74. 2. 198). Cette décision implique que l'inscription dont il s'agissait dans l'espèce était nulle; car l'erreur qu'elle contenait aurait pu tromper un tiers aussi bien que le conservateur (Comp., dans le même sens, Req. 1er avr. 1854, Rép. nº 1534, et en sens contraire, Agen, 5 janv. 1810, Rép. nº 1533-2º; Bruxelles, 3 mai 1815, Rép. nº 1533-4º).

Art. 3. — De l'indication de la date et de la nature du titre
(Rép. nºs 1536 à 1559).

1041. L'inscription doit, en troisième lieu, aux termes de l'art. 2148-3º, énoncer la date et la nature du titre constitutif de l'hypothèque. Ces énonciations sont généralement considérées comme substantielles, en ce sens que le défaut

d'indication soit de la date, soit de la nature du titre, entraîne la nullité de l'inscription. « Les tiers, dit M. Colmet de Santerre, t. 9, nº 127 bis-I, ont intérêt à connaître la date du titre, pour apprécier sa validité au point de vue de la capacité des parties, comme aussi pour examiner si le droit n'a pas péri par prescription. Ils doivent connaître la nature du titre, au point de vue de sa forme, pour savoir si l'hypothèque a été valablement consentie, au point de vue du fond pour connaître le rang du créancier quand l'inscrivant est un créancier privilégié » (V. dans le même sens, Rép. nº 1544 ; Aubry et Rau, t. 3, § 276, p. 348, note 15; Laurent, t. 31, nº 59; Thézard, nº 145).

1042. Aux nombreuses décisions de jurisprudence citées au Rép. nºs 1543 et suiv., il y a lieu d'ajouter les suivantes, d'après lesquelles une inscription est nulle : 1º quand elle n'indique pas la date du titre en vertu duquel elle est prise (Limoges, 28 févr. 1879, supra, vº Ordre, nº 90 ; Lyon, 23 déc. 1881, aff. Gallet frères et comp., D. P. 83. 2. 204 ; Agen, 16 févr. 1887, aff. Vermot, D. P. 87. 2. 220, et sur pourvoi, Req. 9 janv. 1888, D. P. 88. 1. 176) ; — 2º Quand il s'agit de l'inscription d'un privilège de copartageant et qu'elle ne mentionne ni la nature du titre, ni la situation des biens grevés (Riom, 9 août 1858, et sur pourvoi, Req. 1er mai 1860, D. P. 60. 1. 510).

1043. La mention de la date du titre pourrait cependant être suppléée par des énonciations équivalentes qui se trouveraient dans l'inscription, à la condition qu'elles fussent assez claires pour permettre aux tiers de connaître exactement l'époque à laquelle l'hypothèque a été constituée (Comp. Lyon, 23 déc. 1881, et Req. 9 janv. 1888, cités supra, nº 1042). Mais on ne saurait évidemment suppléer au défaut de date par les énonciations d'autres inscriptions (Lyon, 23 déc. 1881, précité).

1044. Pour la « nature du titre », on admet, en général, quand il s'agit d'une hypothèque conventionnelle ou judiciaire, qu'il suffit de l'indication que l'hypothèque résulte d'un acte passé devant tel notaire ou d'un jugement rendu par le tribunal (V. Req. 11 mars 1816, Rép. nº 1546-4º ; Toulouse, 23 mai 1820, Rép. nº 1546-7º; Req. 26 juill. 1825, Rép. nº 1521). Mais dans une inscription de privilège, il est nécessaire d'indiquer la cause de la créance, afin qu'on sache de quel privilège il s'agit (Pont, t. 1, nº 982 ; Aubry et Rau, t. 3, § 276, p. 348, note 15).

1045. Il résulte d'un arrêt que l'omission du nom du notaire qui a reçu le titre ne rend pas l'inscription nulle quand d'ailleurs la nature du titre est suffisamment indiquée, quand il est dit, notamment, que l'inscription est prise « à raison d'une obligation pour règlement de compte, contenant affectation hypothécaire et cautionnement solidaire » (Lyon, 23 déc. 1881, aff. Gallet frères et comp., D. P. 83. 2. 204).

1046. Si l'inscription doit énoncer la nature du titre, il n'est pas indispensable qu'elle indique la nature du droit hypothécaire : un privilège, par exemple, peut être inscrit sous le nom d'hypothèque (Rép. nº 1539). — Il a été jugé que l'inscription prise par erreur, pour conservation d'un privilège de copartageant, au profit d'un héritier, sur un immeuble appartenant à son cohéritier, mais étranger à la succession, conserve l'hypothèque judiciaire résultant du jugement qui homologue le partage, si elle contient l'indication de ce jugement (Paris, 20 nov. 1862, aff. De Brossard, D. P. 62. 2. 203).

1047. C'est le titre constitutif de l'hypothèque ou du privilège qui doit être énoncé (Rép. nº 1551). Il n'est pas nécessaire de relater les divers autres titres qui s'y rapportent, tels que titres nouvels, prorogations de délai, actes interruptifs de prescription, etc. (Rép. nºs 1552 et suiv. ; Aubry et Rau, t. 3, § 276, p. 344, note 4). Lorsque la créance a été cédée, il n'est pas nécessaire d'énoncer l'acte de transport (Rép. nº 1557). Si un tiers a été subrogé dans l'hypothèque, l'acte de subrogation ne doit pas non plus nécessairement être mentionné dans l'inscription ou en marge (Rép. nº 1559 ; Toulouse, 24 juin 1887, aff. Graves, D. P. 88. 2. 77). Toutefois, l'indication des divers actes de confirmation ou de mutation de la créance aura toujours son utilité.

1048. Si le titre constitutif de l'hypothèque est irrégulier et a été suivi d'une ratification ou d'une confirmation, est-il nécessaire d'énoncer aussi l'acte confirmatif? L'affirmative

est enseignée et a été jugée (*Rép.* n°⁸ 1555 et suiv.; Pont, t. 2, n° 984). M. Laurent, toutefois, t. 31, n° 64, se prononce en sens contraire. Le vice, dit-il, qui infecte le titre ne l'empêche pas d'être valable, en ce sens qu'il produit tous ses effets jusqu'à ce qu'il ait été annulé; l'inscription peut donc être prise en vertu d'un titre nul. Quand ensuite l'acte est confirmé, cette confirmation devrait aussi être rendue publique, afin de prévenir les tiers qu'ils ne doivent pas compter sur la nullité. Mais la loi n'exige pas cette publication, et l'interprète ne peut rien ajouter à la loi. Par la même raison, il faut décider que si, lors de l'inscription, l'acte est déjà confirmé, il n'est pas nécessaire d'y indiquer l'acte confirmatif. On peut invoquer à l'appui de cette seconde opinion : 1° un arrêt de la cour de cassation, duquel il résulte que l'hypothèque consentie par un mineur, et ratifiée par lui, depuis sa majorité, est opposable aux créanciers du constituant inscrits postérieurement à la ratification, sans qu'il soit besoin d'une inscription nouvelle ni de la mention de la ratification dans l'inscription déjà existante (Civ. rej. 25 nov. 1856, aff. Saissi et Guyon, D. P. 56. 1. 385); — 2° Un arrêt de cour d'appel suivant lequel, lorsqu'une inscription hypothécaire, prise en vertu d'une obligation consentie par un tuteur au nom de son pupille, a mentionné la date et la nature du titre, et lorsque le mineur devenu majeur a, depuis, ratifié cette obligation, il suffit pour la validité de l'inscription prise en renouvellement de la première, que cette seconde inscription vise et reproduise la précédente, et il n'est point nécessaire qu'elle énonce l'acte de ratification (Riom, 27 mai 1884, aff. Clau, Mazet et Delrieu, D. P. 85. 2. 229).

1049. Quand le titre de l'hypothèque est distinct de celui de la créance, on a admis au *Rép.*, n° 1551, qu'il n'est pas indispensable que ce dernier titre soit mentionné dans l'inscription. M. Colmet de Santerre, t. 9, n° 127 *bis*-I, exprime sur ce point un avis contraire, car, dit-il, la validité de la créance, son extinction par la prescription, ont par voie de conséquence une influence sur l'hypothèque.

Art. 4. — *De l'indication du montant de la créance ou de son évaluation* (*Rép.* n°⁸ 1560 à 1578).

1050. L'indication du montant de la créance ou l'évaluation de la créance, quand elle est indéterminée, constitue suivant l'opinion générale, une condition essentielle de la validité de l'inscription (V. *Rép.* n° 1561; Civ. cass. 11 nov. 1814, *Rép.* n° 1026; Aubry et Rau, t. 3, § 276, p. 349; Laurent, t. 31, n° 62; Colmet de Santerre, t. 9, n° 128 *bis*-I). Toutefois, si l'inscription énonce une somme supérieure ou inférieure à celle due, cette erreur n'emporte pas nullité. Lorsque la somme indiquée est supérieure, il est évident que le créancier ne peut néanmoins prétendre qu'à la somme qui lui est réellement due. L'exagération du montant de sa créance a seulement l'inconvénient de l'exposer à subir les frais d'une action en réduction de la part du débiteur (V. *infrà*, n° 1596). Il peut même être condamné pour ce fait à des dommages-intérêts (Paris, 7 févr. 1866) (1).

1051. Si, au contraire, l'inscription a été prise pour une somme inférieure à celle réellement due, le créancier ne pourra exercer l'hypothèque que jusqu'à concurrence de la somme indiquée; il ne sera considéré pour le surplus, à l'égard des tiers, que comme un simple créancier chirographaire, à moins qu'il n'ait pris une inscription complé-

mentaire qui lui donnerait rang du jour sa date (Aubry et Rau, t. 3, § 276, p. 352, note 23; André, n° 799). Il a été jugé : 1° que l'inscription prise pour une partie seulement du capital de la créance ne conserve l'hypothèque que jusqu'à concurrence du chiffre indiqué, bien qu'elle ait été indûment opérée en même temps pour un chiffre d'intérêts supérieur au reste du capital (Nîmes, 23 nov. 1869, et sur pourvoi, Req. 20 mars 1872, aff. Époux Lauret, D. P. 72. 1. 401); — 2° Que l'évaluation des prestations ou des droits éventuels ou indéterminés que doit contenir l'inscription hypothécaire ne saurait être considérée comme simplement approximative ou provisoire, et que le créancier ne peut être colloqué hypothécairement pour un chiffre supérieur au montant de cette évaluation; qu'ainsi, lorsque, dans l'inscription de l'hypothèque garantissant un prêt fait par le Crédit foncier, les frais d'administration stipulés au contrat ont été évalués à une certaine somme, la collocation hypothécaire de cet établissement dans l'ordre ouvert sur le prix des immeubles de l'emprunteur ne peut comprendre ces frais que jusqu'à concurrence du montant de l'évaluation, encore que celle-ci soit inférieure à la quotité réellement due (Paris, 27 juill. 1878, et sur pourvoi, Req. 8 juill. 1879, aff. Crédit foncier de France, D. P. 80. 1. 293).

1052. Pour assurer aux accessoires de la créance le même rang qu'au capital, l'inscription doit en indiquer le montant ou en donner l'évaluation. Cette indication ou cette évaluation est nécessaire notamment pour les intérêts ou arrérages *échus*, pour les dommages-intérêts et pour les frais qui se rattachent accessoirement à la créance, tels que le coût des inscriptions hypothécaires, les droits avancés par le créancier pour l'obtention ou l'enregistrement du titre, les dépens à lui dus par suite de contestations relatives à la validité ou à l'exécution de ce titre (*Rép.* n° 1563; Pont, t. 2, n° 994; Aubry et Rau, t. 3, § 274, p. 340 et suiv.). Il a été jugé : 1° que la mention des dommages-intérêts portés pour mémoire, dans une inscription hypothécaire, à la suite de l'énonciation du capital, n'équivaut pas à la mention des intérêts de ce capital, les intérêts, fruits ou loyers d'un capital étant autre chose que les dommages-intérêts, réparation d'un préjudice causé (Civ. rej. 30 déc. 1868, aff. Rudel-Dumiral, D. P. 69. 1. 88); — 2° Que les accessoires de la créance, tels que les frais du titre, ne sont garantis par l'hypothèque qu'autant que leur quotité a été indiquée dans l'inscription, et non lorsqu'ils ont été mentionnés seulement pour mémoire (Trib. civ. de Grenoble, 2 mai 1870, aff. N..., D. P. 71. 3. 247); — 3° Que les frais d'acte relatifs à la créance et ceux de l'inscription elle-même ne sont garantis par l'hypothèque qu'à la condition d'avoir été l'objet d'une évaluation expresse; qu'ils ne peuvent être compris dans la collocation hypothécaire s'ils ont été mentionnés seulement pour mémoire sans l'inscription requise par le créancier (Civ. cass. 14 août 1883, aff. Dunet, D. P. 84. 1. 64).

1053. Les intérêts à échoir n'ont pas besoin d'être évalués dans l'inscription; ils sont conservés de plein droit, au même rang que le capital, jusqu'à concurrence de trois années (V. *infrà*, n°⁸ 1468 et suiv.), à la condition toutefois que l'inscription indique que la créance est productive d'intérêts et le taux. On s'est demandé s'il ne serait pas possible d'assurer à l'avance la collocation au même rang que le capital de tous les intérêts à échoir, en les évaluant dans l'inscription. Cette question est examinée *infrà*, n° 1500. En

---

(1) (Mirablon *C.* Balutet.) — Le 22 avr. 1865, le tribunal civil de la Seine a rendu le jugement suivant : — « Attendu qu'il est justifié que mainlevée de l'inscription hypothécaire a été donnée; — Que le tribunal n'a plus à statuer que sur les conclusions prises par Balutet à fin de dommages-intérêts; — Attendu que si, aux termes du jugement rendu par le tribunal, certains travaux exécutés par Balutet pour le compte de Mirablon ont été laissés à la charge dudit Balutet, et s'il pouvait résulter des dispositions de ce jugement un principe de dommages-intérêts qui autorisât Mirablon à prendre, en vertu dudit jugement, une inscription hypothécaire de nature à sauvegarder ses droits et sa créance, ce jugement néanmoins pouvait être frappé d'appel; — Attendu que les mesures conservatoires prises par Mirablon ne pouvaient l'être qu'à ses risques et périls; — Que l'arrêt à intervenir par suite de l'appel interjeté pouvait seul avoir pour résultat de déclarer et de constater un droit de créance; — Attendu, en conséquence, que Balutet, qui, par suite de l'arrêt intervenu, a

été déchargé de toute responsabilité, est fondé à demander la réparation du préjudice que l'inscription prise par Mirablon a pu lui occasionner; — Dit qu'il n'y a lieu de statuer sur la demande en mainlevée de l'inscription hypothécaire; condamne Mirablon à payer à Balutet la somme de 1200 fr. à titre de dommages-intérêts ». — Appel par le sieur Mirablon.

La cour; — Considérant que, en prenant à ses risques et périls l'inscription hypothécaire dont s'agit, Mirablon a eu, dans tous les cas, le tort d'apporter une grande exagération dans la fixation du chiffre de la créance éventuelle qu'il entendait garantir au moyen de ladite inscription; — Considérant que la réparation accordée à Balutet par le jugement dont est appel est en rapport exact, eu égard aux circonstances et documents de la cause, avec l'importance du préjudice souffert par ledit Balutet; — Adoptant, au surplus, etc.; — Confirme, etc.

Du 7 févr. 1866.-C. de Paris, 3° ch.-MM. Barbier, pr.-Legendre, subst.-Dutard et Rivière, av.

tout cas, le créancier peut toujours prendre inscription pour les intérêts échus qui dépassent deux années; seulement l'inscription alors ne conserve les intérêts qu'à sa date.

1054. L'art. 2153 c. civ. n'exige pas l'évaluation des créances indéterminées dans les inscriptions d'hypothèque légale prises en faveur des femmes mariées sur les biens du mari, des mineurs et interdits, sur les biens du tuteur, de l'État, des communes et des établissements publics, sur les biens des comptables (V. *infrà*, n° 1128). On a examiné au *Rép.*, n° 1567, la question de savoir si cette exception doit être étendue aux inscriptions d'hypothèque judiciaire. La jurisprudence s'est prononcée pour l'affirmative (V. les arrêts cités au *Rép.* n° 1568). Il a été jugé aussi, depuis la publication du *Répertoire*, que le copartageant qui requiert l'inscription de son privilège n'est pas tenu d'indiquer la valeur estimative de sa créance (Toulouse, 20 mai 1881, *suprà*, n° 379). La plupart des auteurs, au contraire, enseignent que la règle qui exige la déclaration ou l'évaluation de la créance est générale et doit être appliquée à l'inscription de tous les privilèges et hypothèques qui n'en sont pas formellement dispensés par la loi (V. en ce sens, outre les auteurs cités au *Rép.* n° 1567, Pont, t. 2, n° 989; Aubry et Rau, t. 3, § 274, p. 339, note 7; Colmet de Santerre, t. 9, n° 128 *bis*-V).

1055. Lorsqu'une créance est éventuelle ou conditionnelle, il est inexact que l'inscrivant doive, comme le dit l'art. 2148-4°, en évaluer le montant comme en cas de créance indéterminée. Il suffit alors que l'inscription indique, conformément à l'acte constitutif d'hypothèque, la circonstance ou la condition à laquelle l'existence de la créance est subordonnée (V. *Rép.* n° 1573. Comp. Req. 1er mai 1876, aff. Dame Salabert, D. P. 76. 1. 481).

1056. L'art. 2148-4° énumère parmi les créances qu'il faut évaluer « les rentes et prestations ». Mais l'évaluation n'est réellement nécessaire que pour les arrérages de rente payables autrement qu'en argent, pour ceux qui consistent en grains ou en denrées, par exemple. Conformément à l'opinion admise au *Rép.* n° 1578, il a été jugé que, même pour une rente viagère, la loi n'oblige pas le créancier à évaluer dans l'inscription le capital qui, en cas de l'aliénation de l'immeuble hypothéqué, devra être réservé pour le service de la rente, l'art. 1978 c. civ. conférant en ce cas au créancier le droit de faire ordonner l'emploi d'une somme suffisante pour le service des arrérages (Poitiers, 7 déc. 1885, aff. Chaigneau, D. P. 87. 2. 60. Comp. Montpellier, 25 mars 1890, *infrà*, n° 1593).

Art. 5. — *De l'indication de l'époque d'exigibilité de la créance et de l'effet des rectifications opérées dans les inscriptions, en vertu de la loi du 4 sept. 1807 (Rép. n°s 1579 à 1609).*

§ 1er. — De l'indication de l'époque d'exigibilité de la créance (*Rép.* n°s 1579 à 1603).

1057. Une jurisprudence constante considère l'indication de l'époque d'exigibilité de la créance, exigée par l'art. 2148-4°, comme une énonciation substantielle dont l'omission emporte nullité de l'inscription (V. outre les arrêts cités au *Rép.* n°s 1585 et suiv., Civ. rej. 27 mars 1849, aff. Lejeune, D. P. 49. 1. 46; Civ. cass. 20 juin 1863, aff. Veuve Gervais, D. P. 63. 1. 277; Caen, 23 juill. 1863, et sur pourvoi, Req. 15 juin 1864, aff. Vassal et Desmonts, D. P. 64. 1. 421; Grenoble, 10 mars 1865, aff. Veuve Roux, D. P. 65. 2. 135; Alger, 13 févr. 1869, et sur pourvoi, Req. 26 mars 1872, aff. Teissier, Brémont et autres, D. P. 72. 1. 425; Limoges, 28 févr. 1879, *suprà*, v° *Ordre entre créanciers*, n° 90; Rennes, 21 juill. 1888, *suprà*, n° 830. Conf. Pont, t. 2, n° 992 et suiv.; Aubry et Rau, t. 3, § 276, p. 349, note 18; Colmet de Santerre, t. 9, n° 128 *bis*-VI).

1058. Toutefois, la mention de l'époque d'exigibilité n'est pas assujettie à des termes sacramentels et peut être suppléée par des indications équivalentes qui rendent cette époque certaine pour ceux qui ont intérêt à la connaître (V. *Rép.* n°s 1589 et suiv.). Il a été jugé depuis la publication du *Répertoire* : 1° qu'il n'est pas nécessaire que la mention de l'exigibilité, dans un bordereau d'inscription, soit expresse; qu'il suffit qu'elle résulte de l'ensemble des énonciations qu'il contient, par exemple, de la mention de subro-

gations à des créances depuis longtemps exigibles, ou de l'énonciation que la créance pour la garantie de laquelle la créance privilégiée a été cédée à titre de nantissement est exigible à une certaine époque (Grenoble, 13 mars 1858, aff. Créanciers Girard, D. P. 58. 2. 176); — 2° Que l'inscription hypothécaire qui, reproduisant littéralement l'acte constitutif d'hypothèque, indique, au lieu d'une date précise, l'acte ou le fait qui doit déterminer l'exigibilité et régler l'échéance, est valable (Req. 1er mai 1876, aff. Dame Salabert, D. P. 76. 1. 481); — 3° Que la mention de l'époque de l'exigibilité de la dette résulte suffisamment de l'énonciation que l'inscription est prise en vertu d'un jugement commercial par défaut portant condamnation au payement de diverses sommes, déclarées productives d'intérêts à partir d'une époque déterminée (Nancy, 27 déc. 1879, aff. Louis, D. P. 80. 2. 119); — 4° Que l'indication dans l'inscription que la dette est payable en divers termes, dont le dernier doit échoir en tel mois, suffit à remplir le vœu de la loi (Rennes, 21 juill. 1888, *suprà*, n° 830. V. aussi dans le même sens, Ch. réun. rej. 6 déc. 1844, aff. Belhomme, D. P. 45. 1. 15; Req. 15 mars 1852, aff. Syndics Dumesnil, D. P. 52. 1. 74; 8 mars 1853, aff. Veuve Bordelot, D. P. 54. 1. 341).

1059. Mais il a été jugé : 1° que, si la mention de l'époque d'exigibilité de la créance peut n'être point expresse, et avoir lieu en termes équipollents, les énonciations de l'inscription n'ont ce caractère qu'autant qu'elles présentent clairement à l'esprit le même sens que l'expression qu'elles remplacent; qu'ainsi, l'indication de l'époque d'exigibilité ne résulte pas suffisamment de cette énonciation de l'inscription, que « si, à l'époque fixée pour le remboursement de la créance, il existait du papier-monnaie ou toute autre valeur fictive, le créancier pourrait s'opposer au remboursement, et proroger le terme d'exigibilité d'une ou plusieurs années, sans que cette prorogation puisse excéder une nouvelle période de trois ans » : une telle énonciation n'implique pas nécessairement que l'exigibilité de la créance ait été fixée à l'expiration d'une nouvelle période de trois ans à partir de sa date, et n'en détermine, dès lors, l'époque que dans des termes susceptibles d'interprétations diverses, exclusives de toute précision (Caen, 23 juill. 1863, et sur pourvoi, Req. 15 juin 1864, aff. Vassal et Desmonts, D. P. 64. 1. 421); — 2° Que, lorsque dans une obligation hypothécaire, après la mention de l'époque d'exigibilité de la créance, il est dit que le remboursement pourra être exigé avant ce terme en cas de non-payement des intérêts, il ne suffit pas, pour la validité de l'inscription, que l'échéance éventuelle et subordonnée y soit mentionnée, si l'on a omis d'énoncer le terme principal et invariable (Grenoble, 10 mars 1865, aff. Veuve Roux, D. P. 65. 2. 135); — 3° Que l'inscription prise pour une somme « stipulée payable à des époques à fixer ultérieurement », est nulle comme ne contenant pas une indication suffisamment précise de l'époque d'exigibilité de la créance (Alger, 13. févr. 1869, sous Req. 26 mars 1872, aff. Teissier, Brémont et autres, D. P. 72. 1. 425). Cette dernière décision de la cour d'Alger nous paraît critiquable. Quand l'inscription reproduit fidèlement la clause de l'acte obligatoire relative à l'exigibilité de la créance, la loi est satisfaite, car les tiers sont suffisamment avertis (Comp. Req. 1er mai 1876, cité *suprà*, n° 1058).

1060. L'erreur commise dans l'indication de l'époque d'exigibilité ne doit pas être assimilée à l'omission de cette indication; elle n'emporte pas nullité de l'inscription lorsqu'elle n'a porté aucun préjudice aux tiers (V. les arrêts cités au *Rép.* n°s 1598 et suiv. *Adde*, Grenoble, 13 mars 1858, aff. Créanciers Girard, D. P. 58. 2. 76). Si l'inscrivant a avancé l'époque d'exigibilité, cette inexactitude est sans importance, car elle ne saurait nuire aux tiers. Si, au contraire, l'échéance a été reculée, ceux-là seuls pourront se plaindre de cette irrégularité et demander pour ce motif la nullité de l'inscription qui se sont inscrits avant l'échéance indiquée (Aubry et Rau, t. 3, § 276, p. 352).

§ 2. — De l'effet des rectifications opérées dans les inscriptions, en vertu de la loi du 4 sept. 1807 (*Rép.* n°s 1604 à 1609).

1061. V. *Rép.* n°s 1604 et suiv. Le texte de la loi du 4 sept. 1807 est rapporté au *Rép.* n° 1584, en note.

Art. 6. — *De l'indication de l'espèce et de la situation des biens grevés* (Rép. nᵒˢ 1610 à 1628).

1062. Aux termes de l'art. 2148-5ᵒ, l'inscription doit contenir, en dernier lieu, « l'indication de l'espèce et de la situation des biens sur lesquels le créancier entend conserver son privilège ou son hypothèque ». C'est en cette indication que consiste, comme on l'a dit au *Rép.* nᵒ 1610, la spécialité de l'inscription. Elle correspond à la spécialité de l'hypothèque conventionnelle (V. *suprà*, nᵒˢ 867 et suiv.). — L'indication de l'espèce et de la situation des biens grevés n'est pas nécessaire dans les inscriptions d'hypothèques judiciaires (V. *suprà*, nᵒ 729), ni dans celles d'hypothèques légales (V. *infrà*, nᵒˢ 1160 et 1164).

1063. Cette indication, lorsqu'elle est requise, constitue, en principe, une formalité substantielle, dont l'omission entraîne nullité de l'inscription (V. *Rép.* nᵒˢ 1615 et suiv.; Req. 1ᵉʳ mai 1860, aff. Rocher, D. P. 60. 1. 510). Ici toutefois se reproduit la divergence que nous avons signalée *suprà*, nᵒ 868, au sujet de la spécialité de l'hypothèque conventionnelle. Suivant une opinion, chacun des immeubles hypothéqués devrait être désigné individuellement dans l'inscription, comme dans l'acte constitutif d'hypothèque (V. en ce sens ; Aubry et Rau, t. 3, § 276, p. 350 ; Thézard, nᵒ 143 ; Baudry-Lacantinerie, t. 3, nᵒ 1388). On a remarqué, il est vrai, que la rédaction de l'art. 2148-5ᵒ ne concorde pas absolument avec celle de l'art. 2129, qui établit la règle de la spécialité de l'hypothèque conventionnelle ; on en a conclu qu'il y avait lieu d'être moins exigeant pour l'indication des immeubles grevés dans l'inscription que pour leur désignation dans l'acte constitutif d'hypothèque, et qu'une désignation collective pouvait être regardée comme suffisante au point de vue de la publicité (Pont, t. 2, nᵒˢ 1004 et suiv.). Mais, comme à MM. Aubry et Rau, *loc. cit.*, cette idée ne nous paraît pas exacte ; si la désignation spéciale de chaque immeuble hypothéqué est imposée par la loi dans l'acte constitutif, elle n'est pas moins nécessaire dans l'inscription, car elle doit avoir lieu dans l'intérêt des tiers, et c'est par l'inscription que les tiers peuvent la connaître. — Quoi qu'il en soit, la jurisprudence n'exige pas plus dans l'inscription que dans le titre la désignation individuelle des immeubles grevés ; elle se contente, quant à l'espèce et quant à la situation de ces immeubles, d'une désignation collective (V. *Rép.* nᵒˢ 604 et suiv.). Il a été jugé, depuis la publication du *Répertoire* : 1ᵒ qu'il suffit que l'inscription contienne une indication générale des immeubles

hypothéqués, de nature à renseigner les tiers sur la situation hypothécaire du débiteur et à éviter toute erreur ; qu'ainsi, est valable l'inscription de privilège, prise « sur tous les biens immeubles expropriés contre A et qui ont été adjugés à B, par jugement du..., lesquels biens sont situés sur la commune de... » (Req. 4 mars 1873, aff. Clauzel, D. P. 73. 1. 247) ; — 2ᵒ Que l'inscription prise, en conformité du titre constitutif de l'hypothèque, sur certaines parcelles spécifiées individuellement, et, en outre, sur tous les bâtiments, maisons, cours, jardins, héritages, terres labourables, prés, bois, appartenant au débiteur dans tel arrondissement, contient une désignation suffisante de la nature et de la situation de tous les immeubles compris dans la constitution d'hypothèque (Req. 12 nov. 1890, aff. Perdu, D. P. 91. 5. 306) ; — 3ᵒ Que l'inscription prise sur tous les biens immeubles appartenant au débiteur, en nature de bâtiments, maisons et terrains, dans une commune déterminée, satisfait aux prescriptions des art. 2129 et 2148 c. civ., qu'elle frappe tous les immeubles possédés par le débiteur dans la commune indiquée, alors même que quelques-uns de ces immeubles auraient ensuite plus spécialement désignés (Paris, 11 avr. 1892) (1). Il a même été jugé que, l'art. 2148 c. civ. n'attachant pas la peine de nullité à l'inobservation des formalités auxquelles il soumet l'inscription hypothécaire, les tribunaux ne peuvent annuler une inscription pour omission de l'une de ces formalités, et notamment pour défaut de désignation suffisante de l'espèce et de la situation de l'immeuble grevé, qu'autant que cette omission a pu induire les tiers en erreur (Montpellier, 6 juin 1856, aff. Casse, D. P. 57. 2. 123. V. toutefois nos observations en note sous cet arrêt, et *suprà*, nᵒ 1007).

Sect. 5. — De la durée de l'inscription et de son renouvellement (*Rép.* nᵒˢ 1629 à 1697).

Art. 1ᵉʳ. — *Par qui le renouvellement de l'inscription peut ou doit être fait, et dans quel délai* (Rép. nᵒˢ 1630 à 1644).

1064. Les inscriptions conservent l'hypothèque ou le privilège pendant dix années, à compter du jour de leur date ; leur effet cesse, si elles n'ont pas été renouvelées avant l'expiration de ce délai (c. civ. art. 2154). On a dit au *Rép.*, nᵒ 1630, que la commission de l'Assemblée législative qui élabora en 1850 un projet de réforme hypothécaire pro-

---

(1) (Coutan frères.) — La cour ; — Considérant qu'en avril 1884 Bessac était propriétaire, dans la commune du Raincy (Seine-et-Oise), d'un terrain de 8662 mètres sur diverses parties duquel il avait élevé certaines constructions alors inachevées ; que voulant contracter un emprunt à la garantie duquel seraient hypothéqués le terrain et les constructions, il fut mis en relation avec les frères Coutan ; que ces derniers firent apprécier la valeur du gage offert par un architecte, qui, par un rapport en date du 23 avr. 1884, la fixa, pour les terrains et les constructions, à la somme totale de 64 730 fr. 10 cent. ; — Que sur la vue de cette estimation, suivant acte notarié du 13 mai 1884, les frères Coutan prêtèrent à Bessac, l'un la somme de 14 000 fr., l'autre celle de 8000 fr., et que Bessac, en s'en reconnaissant débiteur vis-à-vis d'eux, affecta hypothécairement à la garantie de ses obligations tous les biens immeubles lui appartenant en nature de bâtiments, maisons et terrains dans le département de Seine-et-Oise, et spécialement au Raincy..., et spécialement encore, sans qu'une hypothèque déroge à l'autre : 1ᵒ un terrain de 669 mètres 59 centimètres situé au Raincy ; 2ᵒ une propriété de 1977 mètres 74 centimètres, comprenant plusieurs maisons, sise au Raincy ; 3ᵒ un terrain, sis au Raincy, de 785 mètres 83 centimètres ; — Que l'acte énonce que le rapport de l'architecte, du 23 avr. 1884, a estimé à la somme de 64 730 fr. 10 cent. la valeur des immeubles hypothéqués, et que ce rapport, dûment visé et signé, a été annexé à l'acte notarié ; — Considérant que l'inscription prise au bureau des hypothèques de Pontoise reproduit textuellement les termes du contrat dans la partie relative à l'affectation hypothécaire ; — Considérant que, l'ensemble des lots comprenant tout le terrain de Bessac, au Raincy, ayant été saisi et vendu avec les constructions élevées sur ce terrain, c'est à tort que les premiers juges ont refusé de colloquer les consorts Coutan au rang de leur inscription hypothécaire, sur le prix provenant de la vente de quatre lots dépendant dudit terrain, par ce motif qu'ils n'avaient pas été spécialement affectés par l'acte constitutif

de l'hypothèque et par l'inscription hypothécaire à la garantie de la créance desdits consorts Coutan ; — Considérant, en effet, que, dans cet acte et dans l'inscription, il a été suffisamment satisfait aux prescriptions des art. 2129 et 2148 c. civ., qui exigent que les immeubles hypothéqués soient désignés par leur nature ou leur espèce et leur situation ; — Que les biens immeubles compris dans les quatre lots en question consistaient en terrains, bâtiments ou constructions ; que leur nature ou leur espèce était donc très exactement indiquée ; que leur situation l'était également, puisque la constitution de l'hypothèque et l'inscription hypothécaire visaient tout spécialement les immeubles situés dans la commune du Raincy ; — Considérant qu'il est absolument certain, d'après ce qui précède et les termes formels de l'acte, que, dans l'intention commune des parties contractantes, tous les terrains, avec leurs constructions, appartenant à Bessac dans la commune du Raincy, ont bien été affectés à la garantie de la créance des frères Coutan ; — Que si, dans l'acte d'affectation hypothécaire, certaines parcelles du terrain hypothéqué ont été spécialement visées, c'est à raison de leur importance et notamment des constructions dont l'une était plus particulièrement couverte ; mais que cette circonstance ne fait pas disparaître, pour les autres parcelles, l'effet de l'affectation conçue en termes plus larges, qui les faisait connaître par leur nature et leur situation ; — Considérant, enfin, que l'inscription prise par les frères Coutan était de nature à renseigner de la façon la plus précise et la plus exacte les tiers sur la situation hypothécaire du débiteur Bessac, et à éviter de leur part toute erreur ; Par ces motifs, Infirme ; — Ordonne que la créance des appelants, en principal et intérêts, sera colloquée, au rang de l'inscription prise, sur le prix en distribution provenant de la vente des terrains et constructions appartenant à Bessac dans la commune du Raincy, etc. Du 11 avr. 1892.-C. de Paris.

posait de porter à trente ans la durée de validité des inscriptions. En Belgique, la loi du 16 déc. 1851 a fixé cette durée à quinze ans. L'opportunité d'une semblable innovation nous paraît contestable. Nous ne dirons pas, sans doute, avec M. Laurent, t. 31, n° 107, que « le législateur a tort de ménager la négligence des hommes ; c'est un mauvais service qu'il leur rend ; il faut les habituer, au contraire, à veiller à la conservation de leurs droits, sous leur responsabilité ». Le législateur doit bien plutôt tenir grand compte de cette négligence, et ne pas subordonner l'existence de droits légitimes à des formalités non absolument indispensables. Mais nous croyons que la règle qui limite à dix ans la durée des inscriptions peut, sans inconvénient, être maintenue, parce que la plupart des prêts hypothécaires ne sont pas faits pour un temps plus long, et aussi parce que cette règle fournit à la pratique un moyen très simple d'éviter des frais de radiation. « Alors même que la créance est éteinte, comme le dit M. Colmet de Santerre, t. 9, n° 134 bis-II, on laisse subsister l'inscription, si le délai de dix ans est sur le point d'expirer, et l'immeuble est dégrevé de plein droit... Un bon nombre d'inscriptions se purgent ainsi d'elles-mêmes, au grand avantage de la propriété et du crédit ».

1065. D'après le code sarde de 1838, qui était en vigueur dans les pays formant aujourd'hui les départements de la Savoie et de la Haute-Savoie et les arrondissements de Nice et de Puget-Théniers, avant leur annexion à la France, les inscriptions hypothécaires conservaient leur effet pendant quinze ans ; les inscriptions d'hypothèque légale étaient même dispensées du renouvellement. Une loi du 3 juin 1865 (D. P. 65. 4. 42) a déterminé les conditions dans lesquelles les règles du code civil seraient substituées dans ces pays à l'ancienne législation ; elle a prescrit de renouveler, avant le 1er janv. 1866, toutes les inscriptions d'hypothèque légale qui remontaient à plus de quinze ans au moment de la promulgation de la loi, puis elle a statué que toute inscription prise ou renouvelée depuis le 25 août 1860 ne serait valable que pour dix ans.

1066. Le défaut de renouvellement d'une inscription hypothécaire dans les dix ans entraîne la péremption de cette inscription, mais n'anéantit pas le droit hypothécaire ; le créancier qui n'a pas renoncé à ce droit peut donc prendre une nouvelle inscription, tant que l'immeuble grevé est encore entre les mains du débiteur, et même, s'il cet immeuble a été aliéné, jusqu'à la transcription de l'acte d'aliénation (Req. 16 janv. 1884, aff. Létrange et comp., D. P. 84. 1. 323. V. dans le même sens, Colmet de Santerre, t. 9, n° 134 bis-III et suiv. ; Thézard, n° 151 ; Baudry-Lacantinerie, t. 3, n° 1403). — Mais une inscription périmée ne peut plus être valablement renouvelée s'il est survenu un des événements qui, d'après la loi, arrête le cours des inscriptions ; si, par exemple, le débiteur est tombé en faillite, ou s'il est décédé et que sa succession ait été acceptée bénéficiairement (Lyon, 6 févr. 1890, aff. De la Jonquière, D. P. 91. 2. 377). Toutefois, le créancier hypothécaire d'un failli qui a négligé de renouveler son inscription, mais n'a pas renoncé à son hypothèque en prenant part au concordat, peut prendre une nouvelle inscription pour faire valoir son hypothèque sur les immeubles acquis par le failli depuis le concordat, à supposer d'ailleurs que cette hypothèque s'étende aux biens à venir du débiteur (Req. 18 févr. 1878, aff. Des Essarts, D. P. 78. 1. 291).

1067. La disposition de l'art. 2154 c. civ., qui impose le renouvellement des inscriptions dans le délai de dix ans, est générale et s'applique, en principe, à toutes les inscriptions, sans aucune exception (V. Rép. n° 1631 ; Aubry et Rau ; t. 3, § 280, p. 372 ; Colmet de Santerre, t. 9, n° 134 bis-VI). Cette disposition s'applique notamment aux inscriptions d'hypothèque légale prises en faveur des mineurs ou interdits, des femmes mariées, des ayants cause de ces incapables ou des tiers subrogés à leurs droits (V. infra, n° 1134).

1068. Les inscriptions d'office prises par le conservateur, conformément à l'art. 2108 c. civ., pour la conservation du privilège du vendeur non payé, sont elles-mêmes soumises à la nécessité du renouvellement, qui doit être opéré à la diligence du vendeur ou de ses ayants droit (V. Rép. n° 1639, et supra, n° 351). Toutefois, le renouvelle

ment de ces inscriptions peut encore être fait utilement même après leur péremption résultant de l'expiration du délai de dix ans depuis qu'elles ont été prises, si l'immeuble vendu est encore entre les mains de l'acquéreur (V. supra, n° 352).

1069. Le renouvellement d'une inscription peut et doit être requis par les mêmes personnes qui peuvent ou doivent requérir l'inscription elle-même (V. supra, n° 947 et suiv.). Ainsi, les liquidateurs d'une faillite sont, à l'égard des inscriptions hypothécaires existant au profit de la masse qu'ils représentent, tenus de les renouveler en temps utile, si elles sont valables, de même qu'ils devraient en prendre de nouvelles, si elles étaient nulles : s'ils laissent périmer une inscription faute de renouvellement, comme s'ils négligent d'en prendre une nouvelle, en cas de nullité de la première, ils sont responsables du préjudice qui en résulte pour la masse (Comp. Civ. rej. 3 févr. 1874, aff. Leprestre, D. P. 74. 1. 103).

1070. L'inscription collective prise en vertu du même titre ne crée, à moins de stipulation contraire, aucun lien de solidarité ou d'indivisibilité entre les créanciers au nom desquels elle a été prise ; en conséquence, si l'un des créanciers la renouvelle seul pour le montant de sa créance personnelle, le renouvellement de cette inscription ne profite pas aux autres créanciers, et lui assure un droit de préférence sur eux (Bordeaux, 1er déc. 1885, aff. Duguit, D. P. 87. 2. 12).

1071. Par une faveur spéciale, les inscriptions prises au profit de la société du Crédit foncier sont dispensées du renouvellement décennal, pendant toute la durée des prêts qu'elles garantissent, durée qui peut être au maximum de soixante-quinze ans (Décr. 28 févr. 1852, art. 47. V. infra, v° Sociétés de crédit foncier et de crédit mobilier). Comme ces inscriptions doivent figurer sur les états d'inscriptions qui sont demandés aux conservateurs des hypothèques, il a été recommandé à ces fonctionnaires, par l'administration de l'Enregistrement, de les annoter d'un signe particulier sur leur répertoire (Instruct. de la Régie, 3 févr. 1862, D. P. 62. 3. 40). Il a été jugé que la dispense de renouvellement décennal accordée au Crédit foncier n'est pas un privilège personnel et incessible pour cette société ; que cette dispense profite aux tiers subrogés dans les droits du Crédit foncier, et qu'elle persiste pendant toute la durée du prêt, alors même que les biens hypothéqués sont sortis des mains de l'emprunteur (Toulouse, 1er mars 1889, aff. Carayon-Talpayrac, D. P. 90. 2. 70).

Art. 2. — *Comment se compte le délai décennal pour le renouvellement des inscriptions (Rép. nos 1645 à 1656).*

1072. Trois opinions différentes se sont produites, comme on l'expose au Rép. nos 1646 et suiv., sur le mode de supputation du délai de dix ans à l'expiration duquel les inscriptions tombent en péremption, si elles n'ont pas été renouvelées. D'après une première opinion, il faudrait comprendre dans le calcul le jour où l'inscription a été prise (dies à quo) et le jour de l'expiration du délai (dies ad quem), de sorte qu'une inscription prise le 1er janv. 1883 devrait être renouvelée le 31 déc. 1892 (V. en ce sens, les arrêts cités au Rép. n° 1648). — Suivant une autre opinion, au contraire, il ne faudrait faire entrer dans le calcul des dix ans aucun des jours termes ; ainsi, l'inscription opérée le 1er janv. 1883 pourrait encore être renouvelée le 2 janv. 1893 (V. les auteurs et les arrêts cités au Rép. nos 1649 et suiv. Adde, Taulier, Théorie du code civil, t. 7, p. 352). — Mais ces deux opinions extrêmes sont aujourd'hui généralement abandonnées. La jurisprudence, d'accord avec la grande majorité de la doctrine, admet que le jour où l'inscription a été prise ne doit pas être compris dans le délai. C'est l'application de la règle traditionnelle d'après laquelle le jour où un délai commence à courir ne doit pas être compté pour la supputation du délai : Dies à quo non computatur in termino. C'est aussi l'application littérale de la loi, qui veut que « les inscriptions conservent l'hypothèque et le privilège pendant dix années, à compter du jour de leur date (c. civ. art. 2154). » Les dix années, qui courent à partir du jour de l'inscription, doivent être pleines ; or elles ne le seraient pas si ce jour y était compris, car l'inscription peut

n'avoir été prise qu'à la fin de ce jour. Mais le dernier jour des dix années doit être compris, car dès que ce jour est expiré, l'hypothèque n'est plus conservée, et l'inscription, étant périmée, ne peut plus être valablement renouvelée. Il en résulte, pour reprendre l'exemple cité plus haut, qu'une inscription prise le 1er janv. 1883 peut encore être renouvelée le 1er janv. 1893, mais non le 2 janvier (En ce sens, les arrêts cités au *Rép.* nos 1647 et 1651, et les auteurs cités n° 1649, *in fine. Adde* : Paris, 6 août 1868 (1); Martou, t. 3, n° 1141; Pont, t. 2, n° 1039; Aubry et Rau, t. 3, § 280, p. 381, note 28; Laurent, t. 31, n° 111; Colmet de Santerre, t. 9, n° 134 *bis*-V; Thézard, n° 151; Baudry-Lacantinerie, t. 3, n° 1407; André, n° 911). Cette solution reste vraie, d'ailleurs, même quand le dernier jour du délai est un jour férié; cette circonstance ne peut, en effet, permettre de prolonger au delà des dix ans fixés par la loi l'effet de l'inscription (V. *Rép.* n° 1653; Pont, t. 2, n° 1040; Aubry et Rau, t. 3, § 280, p. 382, note 29; Laurent, *loc.cit.*; Baudry-Lacantinerie, *loc. cit.*).

1073. Par des décrets du 9 sept. 1870 (D. P. 70. 4. 87) et du 3 oct. 1870 (D. P. 70. 4. 95), et par une loi du 26 mai 1871 (D. P. 71. 4. 144), les prescriptions et forclusions en matière d'inscriptions hypothécaires et de transcriptions ont été suspendues pendant toute la période qui s'est écoulée depuis le 19 juill. 1870, jour de la déclaration de guerre à la Prusse, jusqu'au onzième jour après celui de la promulgation de la loi du 26 mai 1871, c'est-à-dire jusqu'au 12 juin 1871. Cette suspension s'étant appliquée aux inscriptions qui devaient tomber en péremption pendant la guerre comme à toutes celles qui étaient alors en cours, il en est résulté que les inscriptions prises dans tout le territoire français depuis le 20 juill. 1860 jusqu'à la déclaration de guerre, ont en une durée légale de dix ans, augmentée d'autant de jours qu'il s'en est écoulé depuis le 19 juill. 1870 jusqu'au 12 juin 1871 (Civ. cass. 26 juin 1872, aff. Billaut, D. P. 72. 1. 259; Civ. rej. 20 avr. 1875, aff. Allard et cons., D. P. 75. 1. 209; Toulouse, 15 mai 1875, aff. X..., D. P. 76. 2. 155; Req. 15 mars 1876, aff. Drago, D. P. 78. 1. 64; Angers, 27 mars 1878, aff. Benoiste, D. P. 78. 2. 164). Toutefois, une loi du 20 déc. 1879 (D. P. 80. 4. 72) a statué qu'aucune augmentation de délai n'aurait plus lieu pour les prescriptions ou péremptions qui se produiraient un an après sa promulgation; en conséquence, la durée de validité de toute inscription prise depuis le 21 déc. 1870 a été, par cette loi, ramenée à dix ans (V. *suprà*, v° *Prescription civile*, n° 493).

1074. L'inscription prise en renouvellement d'une inscription précédente ne conserve en elle-même l'hypothèque que pendant dix ans à partir du jour où elle a été prise; c'est donc dans les dix ans à compter de ce jour, et non pas seulement dans les dix ans dans à partir de l'expiration de la première inscription, qu'un second renouvellement devra être opéré (Bourges, 30 avr. 1853, aff. Veuve Gros, D. P. 54. 2. 52; Pont, t. 2, n° 1064; Laurent, t. 31, n° 112; André, n° 913).

Art. 3. — *Des formalités à observer pour le renouvellement de l'inscription* (Rép. nos 1657 à 1667).

1075. L'inscription prise en renouvellement doit-elle, à peine de nullité, contenir toutes les énonciations substan-

tielles exigées pour une inscription première? L'affirmative peut être soutenue, non sans force, car la loi ne distingue pas deux espèces d'inscriptions; elle prescrit le renouvellement des inscriptions dans les dix ans à partir de leur date, mais elle ne dit pas qu'une inscription prise en renouvellement d'une précédente ne doit pas contenir toutes les indications exigées par les art. 2148 et 2153 c. civ. De plus, si l'inscription nouvelle n'est pas assujettie aux mêmes formalités que l'ancienne, on ne sait plus alors quelles formalités sont nécessaires pour sa validité (V. en ce sens, *Rép.* n° 1657; Lyon, 22 févr. 1890, *suprà*, n° 1035; Martou, t. 3, n° 1146; Laurent, t. 31, n° 117). — Néanmoins, la jurisprudence admet, comme on l'a dit au *Rép.* n° 1658, qu'une inscription de renouvellement, pourvu qu'elle se réfère à la précédente, ne doit pas nécessairement reproduire toutes les énonciations de celle-ci (V. les arrêts cités au *Rép.* n° 1658. V. aussi en ce sens: Pont, t. 2, n° 1052; Aubry et Rau, t. 3, § 280, p. 383, note 34; Baudry-Lacantinerie, t. 3, n° 1405). Il a été jugé, conformément à cette doctrine : 1° que l'omission de l'élection de domicile dans une inscription hypothécaire prise en renouvellement d'une inscription antérieure, qui contenait elle-même une élection de domicile, n'est pas une cause de nullité de l'inscription nouvelle (Metz, 22 janv. 1862, aff. Triclin, D. P. 63. 5. 210. Comp. Agen, 7 févr. 1861, aff. Héritiers Gourdon, D. P. 61. 2. 100; Riom, 27 mai 1884, aff. Clau, Mazet et Delrieu, D. P. 85. 2. 229); — 2° Que le défaut d'indication de l'époque d'exigibilité du prix ne rend pas nulle une inscription prise en renouvellement de l'inscription d'office d'un privilège de vendeur, lorsque cette indication se trouve dans l'inscription primitive (Rennes, 21 juill. 1888, *suprà*, n° 830); — 3° Que l'erreur sur la désignation du créancier dans un acte de renouvellement hypothécaire ne peut être considérée comme un vice substantiel de cet acte, alors surtout qu'elle est facile à reconnaître; qu'ainsi, lorsqu'une créance hypothécaire dépendant d'une succession a été attribuée à l'un des héritiers, celui-ci est à bon droit colloqué au rang de l'inscription d'hypothèque deux fois renouvelée, encore bien que l'avant-dernier renouvellement ait été fait au nom d'un cohéritier auquel le partage ne laissait aucun droit sur la créance et, par suite, aucune qualité pour le conserver (Req. 9 févr. 1891, aff. Hanze Bombled, D. P. 92. 1. 11. V. aussi Douai, 27 déc. 1892, aff. Graux-Ledru, D.P. 93.2.525).

1076. Il n'est pas nécessaire de mentionner dans l'inscription prise en renouvellement d'une inscription précédente, outre le nom du débiteur originaire qui a constitué l'hypothèque, les noms des tiers auxquels l'immeuble a pu être successivement transmis depuis la constitution de l'hypothèque (Civ. cass. 5 avr. 1892, aff. Veuve Gaud, D. P. 92. 1. 283. Comp. *suprà*, n° 1030).

1077. Le créancier qui renouvelle l'inscription d'une hypothèque judiciaire ou de toute autre hypothèque générale, comme celui qui prend une telle inscription pour la première fois, n'a pas à indiquer l'espèce et la situation des biens qu'elle frappe (V. *suprà*, n° 1062). Il en est autrement, toutefois, lorsque l'effet de l'inscription primitive a été restreint par suite de radiations partielles; le créancier doit alors, sous peine de s'exposer à des dommages-intérêts au profit du propriétaire des immeubles qui ont cessé d'être soumis à l'hypothèque, mentionner dans le renouvellement

---

(1) (Lambert C. Chamel et Valentin.) — Le 19 déc. 1867, jugement du tribunal civil de Pontoise ainsi conçu : — En ce qui touche les contestations soulevées par le sieur Lambert contre les collocations faites au profit des sieur et dame Chamel sous les art. 4 et 5 du règlement provisoire...; — Attendu que le sieur Lambert prétend en outre que l'inscription prise au profit de la dame Chamel le 23 janv. 1865, en renouvellement d'une précédente inscription prise le 23 janv. 1855, l'a été tardivement; — Attendu qu'aux termes de l'art. 2154 c. civ., les inscriptions conservent l'hypothèque pendant dix ans; — Attendu qu'il est de principe que le jour où une inscription a été prise ne doit pas être compté dans la supputation du délai accordé pour le renouvellement de cette inscription; — Attendu que le renouvellement de l'inscription du 23 janv. 1855 a donc eu lieu dans le délai imparti par la loi; — Attendu enfin que le sieur Lambert prétend que la demande en collocation de la dame Chamel n'était pas appuyée de justifications suffisantes, tous les bordereaux primitifs et en renouvellement des inscriptions pour

le montant desquelles elle a été colloquée ne figurant pas parmi les pièces par elle produites, et que, le bordereau inscrit le 23 janv. 1865 ne contenant pas l'indication qu'il fût en renouvellement de l'inscription de 1838, prise pour sûreté d'une somme de 1600 fr., ladite inscription devait être considérée comme périmée et ne pouvait plus servir de base à une collocation; — Attendu que, dans l'inscription du 23 janv. 1865, il est formellement expliqué que cette inscription est prise en renouvellement de celle prise le 23 janv. 1855, vol. 647, n° 38, laquelle en renouvelait elle-même de plus anciennes, et notamment une inscription du 24 janv. 1845, vol. 445, n° 82; — Attendu que les indications contenues dans cette inscription, se référant à celles de 1855 et 1845, dans lesquelles sont rappelées les inscriptions primitives de 1833 et 1838, sont plus que suffisantes pour renseigner et éclairer les tiers sur la véritable situation hypothécaire, qui d'ailleurs était antérieurement connue de Lambert; qu'elle satisfait complètement aux exigences de la loi; que la production de la dame Chamel était, dès lors, appuyée de toutes les justifications néces-

les radiations partielles, et désigner, soit les immeubles sur lesquels l'hypothèque continue à exister, soit ceux qui en sont libérés (Lyon, 8 mai 1873 et sur pourvoi, Req. 11 mars 1874, aff. Pichat, D. P. 74. 1. 293. — *Contrà*, Dijon, 9 juill. 1868. sous Civ. cass. 21 juin 1870, même affaire, D. P. 71. 1. 92).

1078. Il est généralement admis aujourd'hui, contrairement à l'opinion de M. Troplong, reproduite au *Rép.* n° 1662, que l'inscription nouvelle doit, pour conserver à l'hypothèque son rang primitif, énoncer qu'elle est prise en renouvellement de l'inscription antérieure. Faute de cette mention, elle n'empêche pas celle-ci de tomber en péremption et ne conserve, par suite, le rang de l'hypothèque qu'à sa date ; elle ne vaut, en un mot, que comme inscription première (V. en ce sens, outre les arrêts cités au *Rép.* n° 1663 : Agen, 22 janv. 1861, aff. Lavergne-Boussuge, D. P. 61. 2. 148 ; Civ. cass. 16 févr. 1864, aff. Veuve Iriart, D. P. 64. 1. 90 ; 6 juill. 1881, aff. Pruès-Latour, D. P. 82. 1. 348 ; Riom, 27 mai 1884, aff. Clau, Mazel et Delrieu, D. P. 85. 2. 229 ; Pont, t. 2, n° 1053 ; Aubry et Rau, t. 3, § 280, p. 383, note 54 ; Laurent, t. 31, n° 118 ; Baudry-Lacantinerie, t. 3, n° 1405).

1079. Toutefois, lorsque plusieurs renouvellements d'inscription ont lieu successivement, il suffit que chacune des inscriptions nouvelles se réfère à la précédente ; le rang assigné au créancier par l'inscription originaire ne saurait lui être contesté sous le prétexte qu'il ne serait pas fait mention de cette inscription dans celle prise en dernier lieu (Civ. cass. 6 juill. 1881, aff. Pruès-Latour, D. P. 82. 1. 348. V. aussi Paris, 6 août 1868, *supra*, n° 1072).

1080. Le législateur n'a, du reste, imposé pour la validité du renouvellement aucune formule spéciale, aucune expression déterminée. Il suffit que le renouvellement soit indiqué d'une manière claire et précise par l'énonciation de l'inscription primitive, de la date et de la nature du titre constitutif de la créance, de manière qu'en lisant la nouvelle inscription, toute personne puisse reconnaître qu'elle conserve les droits résultant d'une inscription antérieure (Trib. civ. de Dijon, 23 oct. 1891, aff. Mollerat, *Journal des conservateurs des hypothèques*, 1892, art. 4293, p. 306).

1081. La personne qui requiert le renouvellement d'une inscription n'est pas tenue de représenter de nouveau au conservateur le titre en vertu duquel elle a été prise (*Rép.* n° 1667 ; Aubry et Rau, t. 3, § 280, p. 382 ; Laurent, t. 31, n° 116 ; Baudry-Lacantinerie, t. 3, n° 1405). Mais le requérant doit remettre, comme au cas d'inscription première, les deux bordereaux exigés par l'art. 2148, § 2. L'un de ces bordereaux peut, sans contravention à la loi du timbre, être écrit en marge ou à la suite de l'expédition du titre, quoique cette expédition contienne déjà le bordereau de l'inscription primitive (Solut. de la Régie, 12 juin 1863) (1).

1082. Les frais des inscriptions prises en renouvellement sont à la charge du débiteur, comme ceux de l'inscription primitive (c. civ. art. 2155). — Pour renouveler son inscription aux frais du débiteur, le créancier n'est évidemment pas obligé d'attendre la veille de l'expiration du délai de dix ans ; il peut faire le renouvellement, sinon dans la dernière année de la période décennale, au moins dans le dernier semestre (Arg. art. 2263 c. civ.).

Art. 4. — *A quelle époque cesse l'obligation du renouvellement* (*Rép.* n°s 1668 à 1697).

1083. Le renouvellement demeure obligatoire, en principe, tant que l'hypothèque n'a pas produit son effet légal,

c'est-à-dire tant que le droit du créancier hypothécaire n'est pas transporté de l'immeuble sur le prix. On reconnaît généralement aujourd'hui que ni la faillite du débiteur, ni la vacance ou l'acceptation de sa succession sous bénéfice d'inventaire, ne dispensent le créancier de renouveler son inscription (V. *Rép.* n° 1669 et suiv. ; Pont, t. 2, n° 1054 ; Aubry et Rau, t. 3, § 280, p. 375, note 13 ; Laurent, t. 31, n°s 143 et suiv. ; Colmet de Santerre, t. 9, n°s 134 *bis*-XII et suiv. ; Thézard, n° 152 ; Baudry-Lacantinerie, t. 3, n° 1409. V. aussi en ce sens, Civ. rej. 2 déc. 1863, aff. Blanqui, D. P. 64. 1. 105 ; 24 mars 1891, aff. Georges Guizot, D. P. 91. 1. 145).

1084. La saisie de l'immeuble hypothéqué ne dispense pas non plus d'opérer le renouvellement, qui reste même encore nécessaire après les sommations faites aux créanciers, conformément à l'art. 692 c. proc., de prendre communication du cahier des charges et d'assister à sa publication (V. *Rép.* n° 1675 et les arrêts cités n° 1677. *Adde :* Nîmes, 11 juill. 1884, aff. Parant et Venissac, D. P. 85. 2. 159 ; Aubry et Rau, t. 3, § 280, p. 375).

1085. Le moment où le droit du créancier hypothécaire sur l'immeuble est converti en un droit sur le prix et où, par suite, le renouvellement de l'inscription devient inutile, varie suivant que l'immeuble est l'objet d'une vente sur saisie immobilière, d'une expropriation pour cause d'utilité publique ou d'une aliénation volontaire suivie de purge ou d'ordre. Nous allons examiner successivement ces trois hypothèses ; nous parlerons ensuite du cas où le créancier hypothécaire devient acquéreur de l'immeuble hypothéqué.

1086. — I. Cas de vente sur saisie immobilière. — Dans le cas où l'immeuble hypothéqué est vendu par expropriation, on n'est pas d'accord sur le moment précis où cesse la nécessité du renouvellement. Avant la loi du 23 mars 1855, deux systèmes différents étaient déjà en présence sur cette question. L'un, qui a été adopté au *Rép.* n° 1678, soutenait que l'inscription ne pouvait être réputée avoir produit tout son effet qu'au moment de la clôture de l'ordre et de la délivrance des bordereaux, d'où l'on concluait que le renouvellement de l'inscription était nécessaire jusque-là. L'autre système, qui avait prévalu dans la jurisprudence et dans la doctrine, décidait que l'inscription avait produit son effet légal dès le moment de l'adjudication et qu'à partir de ce moment-là elle n'avait plus besoin d'être renouvelée (V. en ce sens, les arrêts cités au *Rép.* n° 1679).

1087. Ce second système est encore soutenu depuis la loi du 23 mars 1855. « Ce qu'il faut avant tout chercher, dit M. Colmet de Santerre, t. 9, n° 134 *bis*-XVIII, c'est le moment où les créanciers inscrits ont acquis un droit contre l'acquéreur, parce que c'est à ce moment que leur droit s'est transformé en un droit sur l'immeuble. Cette acquisition d'un droit contre l'acquéreur de la propriété, cette transformation du droit du créancier hypothécaire a lieu lors de l'adjudication ; la règle de l'art. 1 de la loi de 1855 est sans influence sur ce fait ; par l'adjudication, l'adjudicataire contracte, en quelque sorte, avec les créanciers inscrits, puisqu'ils ont été liés à la procédure de saisie et de vente : il est placé par rapport à eux dans la position de l'acquéreur à l'amiable qui fait des notifications à fin de purge, et puisque l'on admet que, du jour des notifications à fin de purge, le droit des créanciers inscrits cesse d'être soumis au renouvellement, on doit décider de même lorsque, à la suite d'une saisie, une adjudication a été prononcée » (V. en ce sens : Bordeaux, 19 nov. 1868 (2) ; Chambéry, 12 mai 1869,

---

saires ; — Déclare Lambert mal fondé, etc. ». — Appel.
La cour ; — Adoptant, etc. ; — Confirme, etc.
Du 6 août 1868.-C. de Paris, 4e ch.-MM. Metzinger, pr.-Descoutures, av. gén.-Salle et Lefèvre-Pontalis, av.

(1) « Aux termes de l'art. 23 de la loi du 13 brum. an 7, il ne peut être fait ni expédié deux actes à la suite l'un de l'autre sur la même feuille de papier timbré. Il a été dérogé à cette disposition par l'art. 2148 c. civ., d'après lequel on peut porter sur l'expédition du titre de la créance un ou deux bordereaux qui doivent être présentés au conservateur pour opérer l'inscription hypothécaire. On a demandé si l'on peut, sans contravention, écrire en marge ou à la suite de l'expédition du titre un des bordereaux en renouvellement, lorsqu'il existe déjà sur la même expédition un bordereau de l'inscription définitive. Cette question

a été résolue affirmativement, d'après les considérations ci-après : — L'art. 2154 c. civ., qui prescrit le renouvellement des inscriptions avant l'expiration du délai de dix ans, pour conserver les privilèges et hypothèques, garde le silence sur la forme de ce renouvellement ; on doit en induire qu'il se réfère, à ce sujet, aux dispositions de l'art. 2148. En permettant, d'ailleurs, de porter un des bordereaux sur l'expédition du titre, le législateur paraît avoir voulu que le créancier eût sur la même pièce le titre constitutif de l'hypothèque et la preuve de l'inscription. Il n'y a aucune raison pour refuser cet avantage au créancier lorsqu'il requiert une inscription en renouvellement.
Du 12 juin 1863.-Solut. de la Régie.

(2) (Bouchard et autres *C.* Maraval.) — Le 10 janv. 1868, jugement du tribunal de Sarlat ainsi conçu : « — Attendu que la loi,

aff. Barjaud, D. P. 60. 2. 164; Caen, 9 mai 1871, aff. Maingot, D. P. 76. 2. 102; Agen, 16 nov. 1886, aff. Peyret et Sentex, D. P. 87. 2. 109; Aubry et Rau, t. 3, § 280, p. 376, note 14; Dalmbert, *Traité de la purge des privilèges et hypothèques*, n° 58; Garsonnet, *Traité de procédure*, t. 4, § 709. Comp. Toulouse, 1er mars 1889, aff. Carayon-Talpayrac, D. P. 90. 2. 70; Pont, t. 2, n° 1056; Laurent, t. 31, n° 131).

1088. Mais, d'après un troisième système, qui nous paraît plus exact et que la cour de cassation a sanctionné, les inscriptions hypothécaires ne peuvent être réputées avoir produit leur effet légal, d'après la loi du 23 mars 1855, qu'à partir de la transcription du jugement d'adjudication, et, par suite, c'est à partir seulement de cette transcription que les inscriptions sont dispensées du renouvellement. Il résulte, en effet, des art. 1, 3 et 6 de la loi de 1855 que jusqu'à la transcription de l'adjudication, la propriété de l'immeuble continue de reposer, au regard des tiers, sur la tête du vendeur, qui, en cas de vente par expropriation, est le saisi; jusqu'à la transcription, de nouveaux créanciers hypothécaires du saisi peuvent encore s'inscrire

valablement sur l'immeuble. S'il en est ainsi, les créanciers précédemment inscrits doivent maintenir leurs inscriptions, car autrement les nouveaux inscrits pourraient se prévaloir vis-à-vis d'eux du défaut d'inscription. Ce n'est donc que la transcription du jugement d'adjudication qui fixe définitivement le droit des créanciers hypothécaires sur le prix de l'immeuble; et c'est bien aussi ce qui semble résulter du texte de l'art. 717 c. proc., modifié par la loi du 21 mai 1858, aux termes duquel « le jugement d'adjudication, *dûment transcrit*, purge toutes les hypothèques et les créanciers n'ont plus d'action que sur le prix » (V. en ce sens: Aix, 10 juin 1884 (1); Nîmes, 11 juill. 1884, aff. Parant et Venissac, D. P. 85. 2. 159; Bordeaux, 1er déc. 1885, aff. Duguit, D. P. 87. 2. 12; Bastia, 30 avr. 1888, et sur pourvoi, Civ. rej. 4 mai 1891, aff. De Peretti, D. P. 92. 1. 9; Thézard, n° 152. Comp. Req. 22 janv. 1877, aff. Delestre, D. P. 77. 1. 249).

1089. Tout en se ralliant à ce dernier système, un tribunal a décidé que le créancier inscrit qui s'est rendu adjudicataire et qui n'a fait transcrire le jugement que long-

---

telle que l'interprétait, avant le 23 mars 1855, une jurisprudence constante, consacrée par les plus nombreux arrêts et les autorités doctrinales les plus considérables, réglait qu'en matière d'expropriation forcée, l'adjudication purgeait les hypothèques, et n'exigeait plus la formalité du renouvellement décennal, abandonnée, dès lors, à la seule prudence des intéressés; — Que les tribunaux avaient été conduits à cette interprétation par cette considération, que l'adjudication sur saisie est un contrat judiciaire équivalant au contrat volontaire, résultant des offres par notification, qui lie à l'acquéreur les créanciers inscrits et ceux-ci entre eux; que par suite, du jour de l'adjudication, l'hypothèque avait épuisé son effet et se détachait de l'immeuble pour demeurer fixée sur son prix et en régler l'attribution d'après le rang qu'elle occupait sur cet immeuble; — Attendu que cette interprétation de la loi, ainsi juridiquement justifiée, se justifiait également en fait par le défaut d'intérêt du renouvellement; en effet, cette formalité n'avait plus à maintenir la certitude d'une situation hypothécaire effacée, ni à conserver sur l'immeuble, que cependant elle frappe seul, des droits passés sur un autre gagé et dont lui-même était affranchi; — Attendu que, pour résoudre la même question, il faut aujourd'hui tenir compte d'un élément nouveau, la loi du 23 mars 1855 et celle du 21 mars 1858 : la première exige, pour que l'immeuble adjugé se trouve à l'abri d'inscriptions nouvelles, la transcription du jugement d'adjudication; la seconde (art. 717 nouveau) porte que ce jugement dûment transcrit purge les hypothèques légales; — Ne résulte-t-il pas de ces textes que l'immeuble n'est affranchi que par l'effet de la transcription, et que, par suite, toutes les inscriptions qui le grèvent doivent être maintenues jusqu'à elle? — Attendu que ces textes, interprétés suivant leur lettre et suivant l'esprit qui les a dictés, ne peuvent avoir cette portée; — Attendu qu'il résulte bien de leur lettre que l'adjudicataire est tenu de faire transcrire son titre pour arrêter les inscriptions nouvelles ou tardivement renouvelées qui pourraient se produire du chef des propriétaires antérieurs, mais qu'il n'en ressort point que, jusqu'à la transcription, les créances précédemment inscrites et non périmées continuent de grever l'immeuble; — Attendu, d'autre part, que sous la loi nouvelle comme sous l'ancienne, les créanciers sont parties dans la procédure en expropriation; que sommation leur est faite de prendre communication du cahier des charges et d'assister à la vente; qu'ainsi, aujourd'hui comme autrefois, les éléments du contrat judiciaire se rencontrent dans le jugement d'adjudication sur saisie, et la même interprétation de la loi s'appuie sur les mêmes considérations; — Attendu que les innovations introduites par la loi de 1855 (dont l'art. 717 c. proc., modifié, n'est qu'une application spéciale) n'ont rien de contraire au maintien de cette théorie; que si aujourd'hui des inscriptions nouvelles ou renouvelées peuvent se produire utilement dans l'intervalle du jugement à sa transcription, si par conséquent la purge opérée par l'adjudication peut n'être pas complète, ce même résultat se produisait aussi, et d'une manière plus dangereuse, sous l'ancienne législation, qui laissait survivre à la purge des hypothèques ordinaires les hypothèques dispensées d'inscription; — Attendu que, si la jurisprudence établie sous l'empire de l'ancienne législation était juste et conforme au véritable esprit du législateur, elle n'a point cessé de l'être au regard de la nouvelle loi, dont l'esprit tend à dégager la situation des créanciers et celle des immeubles, tandis que le système du contredit, s'il était exact, lui donnerait pour résultat de rendre cette situation moins nette; — Attendu que cette solution de la question soumise au tribunal est aussi celle qu'ont proclamée, au moins dans leurs motifs, plusieurs arrêts postérieurs aux lois nouvelles (V. notamment, Paris, 24 mars 1860, *infrà*, n° 1096); — Qu'ainsi la jurisprudence nouvelle en confirme l'exactitude; — Attendu en fait que Gustave Maraval

a été colloqué dans le règlement provisoire de l'ordre Frégis, en vertu d'une inscription hypothécaire remontant au 6 janv. 1857 et non périmée le 11 juill. 1866, date du jugement d'adjudication des biens saisis au préjudice des héritiers Frégis, sur lesquels elle restait inscrite; — Attendu que, dans ces circonstances, c'est avec juste raison que la créance garantie par cette inscription a été remise à son rang; — Par ces motifs, etc. »

Appel par Bouchard et consorts.

La cour; — Adoptant les motifs des premiers juges; — Confirme, etc.

Du 19 nov. 1868.-C. de Bordeaux, 2e ch.-MM. Gelibert, pr.-Jorant, av. gén.-Dégrange-Touzin fils et de Barbonnier-Marzac, av.

(1) (Lieutaud C. Veuve Mauras). Le 14 mars 1884, jugement du tribunal civil d'Aix ainsi conçu : — « Attendu qu'au cas de vente sur saisie immobilière, le gage des créances hypothécaires se trouve réalisé au moment de l'adjudication des immeubles qui sont affectés; qu'il suit de là que l'adjudicataire devient débiteur direct et personnel du prix envers les créanciers inscrits, et aussi que les hypothèques ayant produit tout leur effet, elles ne sont pas soumises à la nécessité du renouvellement jusqu'au jour de la transcription du jugement d'adjudication; — Attendu que l'on soutiendrait vainement que, depuis la loi du 23 mars 1855, les inscriptions hypothécaires ne produisent leur effet définitif que par la transcription du jugement d'adjudication; qu'aucune disposition de cette loi, dont le but principal a été d'édicter des mesures de publicité, ne permet de supposer que le législateur a voulu enlever au jugement d'adjudication les conséquences juridiques qu'il comporte; — Attendu qu'il a été fait, dans l'espèce, une juste application des principes qui viennent d'être énoncés, et que c'est à bon droit que la dame Mauras, créancière contestée, a été colloquée au second rang des hypothèques, en vertu d'une créance inscrite le 12 sept. 1872; que le jugement d'adjudication étant intervenu le 27 juill. 1882, ladite inscription n'était pas sujette à renouvellement, et avait produit tous ses effets, quoique le jugement d'adjudication n'ait été transcrit que le 12 novembre suivant; que c'est le cas par suite de passer outre; — Par ces motifs; — Rejette le contredit, etc. ».

Appel par M. Lieutaud.

La cour; — Attendu que, le 12 nov. 1882, date de la transcription du jugement d'adjudication, l'hypothèque de la dame Mauras était périmée; qu'à tort elle soutient que cette inscription ayant produit tout son effet le jour de l'adjudication, il était inutile de la renouveler après cette époque; qu'il n'en serait ainsi que si, à ce moment, le gage hypothécaire étant réalisé en une somme d'argent, la propriété de l'immeuble grevé de l'hypothèque était passée sur la tête de l'adjudicataire; — Attendu qu'aux termes des art 1, 4 et 6 de la loi du 23 mars 1855, l'adjudicataire n'est propriétaire au regard des ayants cause du saisi que par la transcription du jugement d'adjudication; que jusqu'à cette époque, les hypothèques peuvent être inscrites du chef du saisi; qu'on ne s'inscrit pas sur une somme d'argent; que la propriété de l'immeuble repose donc sur la tête du saisi; que l'art 717 c. proc., *in fine*, dit expressément « que c'est le jugement d'adjudication *dûment transcrit* qui purge l'immeuble des hypothèques, et ne laisse plus d'action aux créanciers que sur le prix »; que c'est donc à partir de cette transcription seulement que l'inscription a produit tout son effet, au regard de l'adjudicataire et des autres créanciers, et que cesse la nécessité de la renouveler pour conserver le droit de préférence; — Par ces motifs; — Infirme, etc.

Du 10 juin 1884.-C. d'Aix.-MM. Germondy, pr.-Fabre, av. gén.-Contencin et Cremieu, av.

temps après le délai de quarante-cinq jours à lui imparti par l'art. 750 c. proc. civ., ne peut pas se prévaloir, à l'égard d'un autre créancier dont l'inscription est tombée en péremption après ce délai, du non-renouvellement de cette inscription (Trib. civ. de Cahors, 25 janv. 1892, aff. Lagrize, D. P. 92. 2. 418). Mais cette décision est très contestable. La seule sanction édictée par l'art. 750 c. proc. civ., contre l'adjudicataire qui n'a pas fait transcrire dans les quarante-cinq jours, est le droit pour les créanciers de poursuivre la revente sur folle enchère. Le retard apporté par l'adjudicataire laisse subsister la faute du créancier inscrit qui a omis de renouveler son inscription, et cette faute doit pouvoir lui être opposée par celui qui est à la fois créancier inscrit et adjudicataire, aussi bien qu'elle pourrait l'être par celui qui ne serait que créancier ou qu'adjudicataire (V. en ce sens, *Journal des conservateurs des hypothèques*, 1882, art. 4305, p. 363).

1090. La dispense de renouvellement des inscriptions qui résulte, suivant le système admis *suprà*, n° 1088, de la transcription du jugement d'adjudication, ne cesse pas s'il survient une surenchère ou une revente par folle enchère. Ces événements ont seulement pour effet de substituer un nouvel adjudicataire à l'adjudicataire primitif; ils ne changent pas la situation faite par l'adjudication aux créanciers hypothécaires; ces créanciers acquièrent un nouveau débiteur, mais leur droit, qui est devenu un droit de créance, ne change plus de nature (Aubry et Rau, t. 3, § 280, p. 376, note 15; Laurent, t. 31, n° 132; Colmet de Santerre, t. 9, n°s 134 *bis*-XIX et suiv.; Thézard, n° 152. — *Contrà*, Pont, t. 2, n°s 1057 et suiv.). Il a été jugé, conformément à cette doctrine, que le créancier hypothécaire, porteur d'un bordereau de collocation à lui délivré dans un ordre ouvert pour la distribution du prix de l'adjudication de l'immeuble hypothéqué, a le droit, en cas de non-payement du montant de ce bordereau, de poursuivre la revente sur folle enchère du même immeuble, encore que son inscription hypothécaire se soit trouvée périmée depuis l'adjudication, faute de renouvellement (Chambéry, 12 mai 1869, aff. Barjand, D. P. 69. 2. 164).

1091. Il en serait autrement, toutefois, si le jugement d'adjudication était déclaré nul ou infirmé sur appel. L'adjudication étant alors résolue avec tous ses effets, les créanciers se trouveraient dans la même situation que si elle n'avait pas eu lieu, et par conséquent leurs inscriptions, si elles n'avaient pas été renouvelées à temps, seraient périmées (Aubry et Rau, t. 3, § 280, p. 377; Thézard, n° 152).

1092. Suivant M. Laurent, t. 3, n° 133, les créanciers auraient encore intérêt à maintenir leurs inscriptions dans l'hypothèse exceptionnelle où une adjudication sur folle enchère produirait un prix supérieur à celui de la première adjudication. « Les créanciers, en effet, dit le savant auteur, n'ont de droit acquis que sur le prix que le premier adjudicataire s'était obligé de payer entre leurs mains; ils n'acquièrent un droit sur le supplément du prix que le second adjudicataire s'oblige de payer qu'en vertu de l'adjudication nouvelle; et pour acquérir ce droit, ils doivent être inscrits ». Nous croyons que c'est là une erreur. Le prix de la revente sur folle enchère, étant substitué au prix de la première vente, doit être attribué aux mêmes personnes auxquelles aurait été attribué ce dernier prix, s'il avait été équivalent à celui de la revente. Le montant du prix dû par le fol enchérisseur n'est pas à considérer, puisqu'il n'a pas été payé. Le prix de la revente le remplace, et revient de

droit aux créanciers qui, étant inscrits lors de la première adjudication, avaient dès lors un droit acquis contre celui qui se trouverait être en définitive le véritable adjudicataire. C'est ce qu'indique, d'ailleurs, l'art. 779 c. proc., aux termes duquel l'adjudication sur folle enchère, quand elle se produit dans le cours de l'ordre, ne donne pas lieu à une nouvelle procédure, le juge devant seulement modifier les collocations, c'est-à-dire les diminuer ou les augmenter, suivant les résultats de l'adjudication, et rendre les bordereaux exécutoires contre le nouvel adjudicataire.

1093. Il y a lieu d'observer que la dispense de renouvellement qui résulte de la transcription de l'adjudication sur saisie immobilière, n'a lieu que dans les rapports des créanciers inscrits avec l'adjudicataire et dans les rapports de ces créanciers les uns à l'égard des autres. Cette dispense de renouvellement ne pourrait pas être invoquée par les créanciers du saisi à l'encontre des sous-acquéreurs de l'adjudicataire et des créanciers de celui-ci ou des sous-acquéreurs. Si donc les créanciers du saisi ne sont pas payés par l'adjudicataire, et si l'adjudicataire revend l'immeuble, les créanciers pourront, sans doute, alors même qu'ils n'auraient pas renouvelé leurs inscriptions, procéder par voie de folle enchère et faire ainsi tomber la revente consentie par l'adjudicataire; mais, s'ils n'emploient pas ce moyen, ils ne peuvent suivre l'immeuble entre les mains du sous-acquéreur ni exercer leur droit de préférence à l'égard des créanciers hypothécaires de l'adjudicataire ou du sous-acquéreur que s'ils ont eu soin de maintenir leurs inscriptions (V. en ce sens, Aubry et Rau, t. 3, § 280, p. 380, note 25; Laurent, t. 31, n° 134). Il a été jugé, en conséquence, que le créancier hypothécaire, porteur d'un bordereau de collocation sur l'acquéreur des immeubles hypothéqués, est, en cas de revente sur saisie de ces immeubles, déchu du droit de préférence vis-à-vis des créanciers de l'acquéreur, s'il n'a pas renouvelé son inscription depuis la délivrance du bordereau impayé (Bordeaux, 31 juill. 1882, aff. Delruc, D. P. 84. 2. 35; Pau, 2 mars 1891, aff. Marie Lannes et Léa Lacrampe-Couloume, D. P. 92. 2. 223). En pratique, il est donc prudent pour les créanciers de renouveler leurs inscriptions tant qu'ils n'ont pas été intégralement payés; autrement, et alors même que des bordereaux leur ont été remis, ils sont encore exposés à perdre le montant de leurs créances, si le débiteur des bordereaux devient insolvable.

1094. Tout ce qui est dit ci-dessus pour le cas où l'immeuble hypothéqué est vendu sur saisie immobilière ne doit par être appliqué au cas de vente de cet immeuble sur conversion de saisie. La vente sur conversion doit être assimilée, au point de vue du renouvellement des inscriptions, à une vente volontaire, et non à une vente forcée (V. *infrà*, n° 1293).

Il en est autrement, toutefois, lorsque cette vente n'a lieu qu'après les sommations aux créanciers inscrits ordonnées par l'art. 692 c. proc. En général, la dispense de renouveler les inscriptions résulte de toute vente qui opère de plein droit la purge des hypothèques inscrites (V. *infrà*, n°s 1292 et suiv.). Il a été jugé, notamment, que la nécessité du renouvellement cesse à dater de la transcription de l'adjudication sur surenchère du sixième, à la suite d'une vente sur licitation (Trib. civ. Narbonne, 15 juill. 1891) (1).

1095. II. Cas d'expropriation pour cause d'utilité publique. — Lorsque l'immeuble hypothéqué vient à être exproprié pour cause d'utilité publique, on estime générale-

---

(1) (Consorts Aubinel.) — Le Tribunal; — Attendu que les immeubles ayant appartenu à Alexandre Falc ont été adjugés sur licitation à divers, en neuf lots séparés, savoir : le sixième lot suivant procès-verbal du 25 août 1887, et les huit autres lots suivant procès-verbal du 22 septembre de la même année, après surenchère du sixième; — Que dans l'ordre ouvert pour la distribution du prix de ces immeubles, les consorts Aubinel ont été colloqués au premier rang des hypothèques sur le prix du sixième lot seulement, en vertu d'une hypothèque inscrite le 2 juill. 1879, mais que leur demande en collocation a été rejetée en ce qui concerne les autres lots, motifs pris de ce que plus de dix ans s'étaient écoulés entre la date de leur inscription hypothécaire et le jour de l'ouverture de l'ordre, 8 oct. 1889; — Attendu que, pour admettre la demande en collocation des consorts Aubinel sur le sixième lot, M. le juge aux ordres a con-

déré, à bon droit, que l'adjudicataire de ce lot ayant fait notifier le procès-verbal d'adjudication aux créanciers inscrits conformément aux dispositions de l'art. 2183 c. civ., et aucune surenchère du dixième n'étant intervenue dans le délai de quarante jours à partir de cette notification, les hypothèques avaient produit leur effet légal, d'où la conséquence que les créanciers étaient dispensés de tout renouvellement; que, pareille notification n'ayant pas été faite par les adjudicataires des autres lots, la même conséquence n'a pas été admise; — Mais attendu que les hypothèques inscrites sur tous les immeubles indistinctement ayant appartenu à Alexandre Falc ont produit leur effet légal, que les différents lots autres que le sixième ont été adjugés définitivement, après surenchère du sixième, suivant procès-verbal du 22 sept. 1888, transcrit le 21 janv. 1889, c'est-à-dire moins de dix ans depuis l'inscription prise le 2 juill. 1879 au

ment que le jugement d'expropriation n'a pas pour effet immédiat de dispenser les créanciers hypothécaires du renouvellement de leurs inscriptions. Il résulte de l'art. 17 de la loi du 3 mai 1841 que les privilèges et hypothèques peuvent encore être inscrits sur l'immeuble exproprié pendant la quinzaine qui suit la transcription du jugement, et que c'est seulement à l'expiration de ce délai que l'immeuble est affranchi de tous privilèges et hypothèques, de quelque nature qu'ils soient. C'est donc aussi à ce moment que cesse la nécessité du renouvellement. En cas de cession amiable, c'est également à l'expiration de la quinzaine qui suit la transcription de l'acte de cession que l'effet légal des inscriptions est produit (Aubry et Rau, t. 3, § 280, p. 377, note 17; Colmet de Santerre, t. 9, n° 134 bis-XXI). Toutefois, M. Pont, 2° éd., t. 2, n° 1059, p. 412, note 2, admet que les inscriptions ont produit leur effet légal et sont dispensées du renouvellement dès le moment où soit le jugement d'expropriation, soit l'acte de cession amiable qui en tient lieu, a été transcrit (Comp. en ce sens, Civ. cass. 30 janv. 1865, aff. Caisse des consignations, D. P. 65. 1. 75). M. Dalmbert, dans son Traité de la purge des privilèges et hypothèques, n° 66, p. 91, note 2, soutient même que c'est à la date du jugement d'expropriation ou de la cession amiable que les inscriptions cessent d'être soumises à la nécessité du renouvellement. Il résulte, dit-il, de l'art. 18 de la loi du 3 mai 1841, combiné avec l'art. 17 de la même loi, que le jugement d'expropriation transporte les droits des créanciers sur l'indemnité, dont le chiffre seul reste en suspens, et l'art. 19, § 1, étend la même règle à l'acte de cession amiable. Mais on peut répondre que l'effet du jugement ou de la cession n'est légalement porté à la connaissance des créanciers que par la transcription; de plus, puisque les créanciers de l'exproprié conservent le droit de s'inscrire pendant la quinzaine qui suit la transcription, ils ont intérêt à ce que les inscriptions antérieures soient maintenues jusqu'à la fin de ce délai; autrement, ils pourraient être trompés, et on doit, par conséquent, leur reconnaître le droit d'opposer le défaut d'inscription aux créanciers dont les inscriptions se seraient trouvées périmées au moment où eux-mêmes se sont inscrits. Enfin l'art. 18 de la loi de 1841 ne concerne que les actions en résolution, en revendication ou autres actions

réelles; c'est l'art. 17 qui détermine les droits des créanciers hypothécaires; or cet article dispose que, « à défaut d'inscription dans le délai de quinzaine, l'immeuble exproprié sera affranchi de tous privilèges et hypothèques ». Ce texte semble bien indiquer que l'immeuble exproprié n'est définitivement purgé, au regard des tiers, qu'à l'expiration du délai de quinzaine.

1096. — III. Cas d'aliénation volontaire, suivie de purge ou d'ordre. — En cas d'aliénation volontaire de l'immeuble hypothéqué, la transcription de l'acte qui la constate empêche qu'il ne puisse être pris de nouvelles inscriptions du chef du vendeur; mais elle ne dispense pas de renouveler les inscriptions existantes. Les créanciers, en effet, conservent leurs hypothèques, mais n'ont pas encore de droit sur le prix, qui est dû au vendeur et non à eux, puisqu'ils sont restés étrangers à l'aliénation. Il faut donc que l'hypothèque demeure inscrite, même après la transcription, dans l'intérêt des tiers auxquels l'acquéreur peut conférer de nouveaux droits réels (V. les arrêts cités au Rép. n° 1684. V. aussi Pont, t. 2, n° 1059; Aubry et Rau, t. 3, § 280, p. 378; Laurent, t. 31, n° 135; Colmet de Santerre, t. 9, n° 134 bis-XIV; Thézard, n° 152). Il importerait peu que l'acte de vente transcrit ou le cahier des charges sur lequel la vente a eu lieu imposât à l'acquéreur l'obligation de payer son prix aux créanciers inscrits et le privant ainsi de la faculté de délaisser : une telle clause, tant qu'elle n'a pas été acceptée par les créanciers, ne constitue qu'une indication de payement et n'a pas pour effet de convertir le droit des créanciers en un droit sur le prix; elle ne suffit donc pas pour les dispenser du renouvellement (Paris, 24 mars 1860) (1).

1097. On considérera comme aliénations volontaires, au point de vue du renouvellement des inscriptions, même les ventes sur conversion de saisie immobilière, lorsque le jugement de conversion a été rendu avant les sommations prescrites par l'art. 692 c. proc. civ., et généralement toutes les ventes qui, bien qu'ordonnées par justice et entourées de formalités judiciaires, n'ont pas pour effet d'opérer par elles-mêmes la purge des inscriptions (V. infrà, n°s 1298 et suiv.).

1098. La nécessité du renouvellement des inscriptions

<hr />

profit des consorts Aubinel; qu'aux termes de l'art. 965 c. civ., aucune surenchère ne peut être reçue après une seconde adjudication; que la notification prescrite par l'art. 2183 a uniquement pour objet de mettre les créanciers inscrits en demeure de surenchérir, et que, cette faculté ne leur appartenant plus après surenchère du sixième, la notification dont s'agit devient dans ce cas sans objet et ne doit pas avoir lieu; — Que, sans doute, dans une vente sur licitation, les créanciers ne sont pas parties en cause comme dans une vente sur saisie immobilière, mais que la double adjudication à laquelle donnent lieu les immeubles affectés à leur créance est une garantie que les immeubles atteignent leur plus haut prix, comme en matière de surenchère du dixième; qu'ils sont d'ailleurs suffisamment avertis par les moyens de publicité que la loi édicte en pareil cas et peuvent, s'ils le jugent à propos, prendre part aux enchères de manière à sauvegarder leurs droits; — Attendu que le renouvellement décennal des hypothèques n'est prescrit par l'art. 2154 c. civ. que pour assurer aux créanciers le droit de suite; or, par l'effet d'un jugement d'adjudication définitif, le droit de suite n'existe plus et se trouve converti en un droit de préférence sur le prix; d'où la conséquence que le renouvellement des inscriptions hypothécaires n'a plus sa raison d'être; — Qu'une saine interprétation des art. 2183 c. civ. et 965 c. proc. civ. combinés devait donc faire admettre la demande en collocation des consorts Aubinel sur tous les lots de la licitation, et qu'il y a lieu sur ce point de modifier le règlement provisoire; — Attendu que les dépens font suite au principal; — Par ces motifs, — Dit et ordonne que le règlement provisoire de l'ordre Alexandre Falc sera modifié en ce sens que les consorts Aubinel seront colloqués au premier rang des hypothèques, non seulement sur le sixième lot, mais sur tous les lots indistinctement; — Déclare les dépens frais d'ordre.
Du 15 juill. 1891.-Trib. civ. de Narbonne.

(1) (Fidière-Desprinvaux C. Leprieur de Merville.) — La cour; — Considérant que l'inscription en vertu de laquelle Leprieur a obtenu sa collocation sur l'immeuble dont le prix est à distribuer est à la date du 13 juill. 1846; que cette inscription n'a pas été renouvelée dans le délai de la loi, mais que Leprieur prétend que son inscription avait obtenu tout son effet avant

l'expiration des dix années, et qu'elle se trouvait ainsi dispensée du renouvellement; — Considérant, en fait, que, suivant jugement de l'audience du 21 nov. 1854, Bourgeois s'est rendu adjudicataire de l'immeuble de la rue Ferdinand dont le prix est à distribuer; que cette adjudication a eu lieu après conversion de la saisie dudit immeuble en vente sur publications volontaires; que ce jugement d'adjudication, transcrit immédiatement par Bourgeois, n'a cependant point été suivi de sa part des notifications prescrites pour la purge des privilèges et hypothèques; — Qu'en 1857, une surenchère du dixième ayant été formée par un créancier inscrit, l'immeuble a été remis en vente aux enchères publiques, et que Bourgeois s'en est rendu de nouveau adjudicataire; — Que Leprieur soutient, en droit, que la seconde adjudication se confond avec la première, puisqu'elle a été tranchée au profit du même adjudicataire; que c'est à cette première adjudication conséquemment qu'il faut remonter pour déterminer l'époque à laquelle son inscription doit être réputée avoir produit son effet; que la première adjudication ayant eu lieu sur un cahier des charges qui imposait au futur adjudicataire l'obligation de payer son prix aux créanciers inscrits sur l'immeuble, il s'est formé entre ces créanciers et ledit adjudicataire un contrat judiciaire qui ne permettait plus à ce dernier de délaisser l'immeuble, dont l'effet, par conséquent, a été de convertir le droit des créanciers inscrits sur l'immeuble en un droit sur le prix; que dès ce moment tous les droits des ces mêmes créanciers avaient produit tout leur effet et se trouvaient ainsi dispensés du renouvellement; — Mais considérant que, d'après la jurisprudence la plus favorable, il est admis qu'en matière de vente autre que celle sur expropriation forcée, l'inscription n'est réputée avoir produit son effet, et se trouve par suite affranchie de l'obligation du renouvellement décennal, non point du jour de la vente ou de la transcription de l'acte de vente ou du jugement d'adjudication sur publications volontaires, mais du jour des notifications faites par ces créanciers inscrits non suivies de surenchère de leur part, parce que ce n'est qu'à ce moment que le contrat judiciaire est formé; que Leprieur ne se trouve pas dans ce cas, puisque la première adjudication n'a pas été notifiée par Bourgeois aux créanciers inscrits; — Considérant que Leprieur se prévaut en vain de ce que le cahier des charges sur lequel a eu lieu la première adjudication, imposait

subsiste alors même que l'un ou plusieurs des créanciers ont introduit des poursuites, contre le tiers détenteur de l'immeuble hypothéqué, en lui faisant sommation de payer ou de délaisser. Cette interpellation, à laquelle le créancier qui l'a faite peut ne pas donner suite, n'est qu'une formalité préalable de la saisie et de l'expropriation de l'immeuble contre le tiers détenteur; et si, à la suite d'une opposition formée par le tiers détenteur, le créancier obtient contre celui-ci un jugement qui le condamne à payer ou à délaisser, ce jugement ne dispensera encore pas le créancier de l'obligation de maintenir son inscription. Ce jugement ne confère, en effet, au créancier qui l'a obtenu, aucun droit de préférence sur le prix; il l'autorise seulement à saisir l'immeuble, à défaut de payement (V. les arrêts cités au *Rép.* n° 1690. *Adde:* Gand, 23 mai 1843, *Pasicrisie belge,* 1843. 2. 163; Toulouse, 19 mars 1861; aff. Héritiers Chatard, D. P. 61. 2. 83; Aubry et Rau, t. 3, § 280, p. 378; Laurent, t. 31, n° 136 et suiv.).

1099. Mais, d'après la jurisprudence, la notification de son contrat avec offre de payer son prix, faite par l'acquéreur de l'immeuble hypothéqué aux créanciers inscrits, a pour effet d'attribuer à ces créanciers un droit sur le prix; par suite, c'est à partir de cette notification que les créanciers sont dispensés, tant vis-à-vis de l'acquéreur que dans leurs rapports respectifs, d'opérer le renouvellement de leurs inscriptions (V. les arrêts cités au *Rép.* n° 1685. *Adde:* Dijon, 13 août 1855, aff. Des Etangs et Colas, D. P. 56. 2. 101, et sur pourvoi, Civ. rej. 19 juill. 1858, D. P. 58. 1. 345; Paris, 24 mars 1860, *supra,* n° 1096 ; Req. 15 mars 1876, aff. Drago, D. P. 78. 1. 64. V. dans le même sens, Aubry et Rau, t. 3, § 280, p. 379, note 23 ; Colmet de Santerre, t. 9, n° 134 *bis*-XIV; Thézard, n° 152). Ici, comme en cas de vente sur saisie immobilière, l'opinion soutenue au *Rép.* n°s 1678 et 1683, d'après laquelle le renouvellement serait nécessaire jusqu'à la délivrance des bordereaux, n'a pas prévalu. — La jurisprudence a repoussé également l'opinion de Troplong, qui fait commencer la dispense de renouvellement que du jour où l'offre de payer faite par l'acquéreur est réputée acceptée, par suite de l'expiration du délai de quarante jours après la notification. Cette dernière opinion, toutefois, admise aussi par M. Pont, t. 2, n° 1060, et par M. Martou, t. 3, n° 1165, est encore vivement soutenue par M. Laurent, t. 31, n° 140. Suivant lui, il est contraire aux principes de dire que l'acceptation de l'offre par les créanciers rétroagit au jour de la notification : c'est confondre une simple pollicitation avec une obligation conditionnelle. « Si la condition rétroagit dans les contrats, c'est que les deux parties ont traité sous cette condition ; c'est en vertu de leur volonté que le contrat existe dès le moment où elles l'ont formé, dans le cas où la condition vient à s'accomplir. Or, quand le tiers acquéreur fait l'offre de son prix, il n'y a pas encore de contrat, pas plus conditionnel que pur et simple ; car le contrat conditionnel exige aussi un concours de consentement ; il ne peut donc être question de rétroactivité. La vérité est que l'offre de l'acquéreur est une pollicitation et qu'elle ne devient obligatoire pour celui qui l'a faite et pour les créanciers qu'après que ceux-ci l'ont acceptée, soit expressément, soit tacitement » (Comp. en ce sens, Civ. rej. 14 nov. 1882, aff. Guimaraës (motifs), D. P. 83. 1. 271). La réponse à cette argumentation nous paraît donnée par M. Colmet de Santerre, t. 9, n° 134 *bis*-XIV. Il y a cette différence, dit-il en substance, entre notre cas et le cas d'une pollicitation, qu'aussitôt après l'offre faite par l'acquéreur qui a notifié son contrat, le droit

des créanciers est indépendant de la volonté de l'auteur de l'offre. A partir de cette offre, le créancier a un droit conditionnel contre le tiers acquéreur qui purge. Il n'y a donc pas là une simple proposition demandant a être acceptée pour être sérieuse : il a été fait un acte commandé par la loi dans l'intérêt de certains tiers ; l'acte étant accompli, un droit est né en faveur de ces tiers, comme naît un droit en faveur des créanciers d'une succession par l'acceptation de l'héritier.

1100. D'après la jurisprudence encore, la dispense du renouvellement des inscriptions remonte au jour de la notification du contrat, alors même que cette notification est suivie d'une surenchère requise par un créancier (Paris, 21 févr. 1825, *Rép.* n° 1686-1° ; Montpellier, 3 janv. 1827, et Civ. rej. 30 mars 1831, *ibid.*; Dijon, 13 août 1855, aff. Des Etangs et Colas, D. P. 56. 2. 101, et sur pourvoi, Civ. rej. 19 juill. 1858, D. P. 58. 1. 345 ; Montpellier, 28 juin 1868, *infrà,* n° 1152; Req. 15 mars 1876, aff. Drago, D.P. 78. 1. 64. V. aussi en ce sens: Aubry et Rau, t. 3, § 280, p. 380, note 24; Colmet de Santerre, t. 9, n° 134 *bis*-XV ; Thézard, n° 152). — Mais les mêmes auteurs, qui ne font dater la dispense du renouvellement que du jour de l'acceptation expresse ou présumée de l'offre faite par le tiers acquéreur, critiquent aussi cette solution. « Le contrat entre l'acquéreur et les créanciers ne s'étant pas formé, dit M. Laurent, t. 31, n° 142, ceux-ci ne peuvent plus prétendre qu'ils ont un droit acquis sur le prix qu'ils ont refusé. A vrai dire, la procédure de la purge cesse pour faire place à la procédure de l'expropriation ; on rentre donc dans l'hypothèse de la vente forcée, et, par conséquent, il faut appliquer ce que nous avons dit de l'adjudication. Le droit des créanciers hypothécaires ne se réalisera que par l'adjudication de l'immeuble ; ils doivent donc avoir soin de renouveler leur inscription jusqu'à ce que l'adjudication soit prononcée » (V. dans le même sens: Troplong, t. 3, n° 726 ; Martou, t. 3, n° 1163 ; Pont, t. 2, n° 1061). Quelques arrêts sont ou paraissent favorables à ce système (V. Grenoble, 12 mai 1824, *Rép.* n° 1686 ; Bordeaux, 17 mars 1828, *Rép.* n° 1687-2° ; Toulouse, 30 juill. 1835, *Rép.* n° 1685-5° ; Paris, 16 janv. 1840, *ibid.*; Rouen, 23 avr. 1846, aff. Bioche, D. P. 47. 2. 10; Colmar, 27 avr. 1853, aff. Dreyfuss, D. P. 55. 2. 338 ; Paris, 24 mars 1860, *supra,* n° 1096). On répond, toutefois, justement au raisonnement qui précède que la surenchère n'a rien d'inconciliable avec le droit au prix qui résulte, en faveur des créanciers inscrits, de la notification du contrat d'aliénation. La surenchère, en effet, ne change pas la situation des créanciers ; elle ne peut que l'améliorer, en leur procurant un prix plus élevé. Elle ne rend, pas d'ailleurs, le renouvellement des inscriptions plus utile qu'auparavant. « Les tiers, dit M. Colmet de Santerre, *loc. cit.*, n'ont pas d'intérêt à connaître les hypothèques existantes, car il n'est personne qui puisse en ce moment constituer des droits sur l'immeuble : ce n'est pas l'aliénateur, car, par rapport à lui, l'aliénation est consommée ; ce n'est pas l'acquéreur, qui n'a plus de droit ; ce n'est pas le futur adjudicataire, qui s'ignore lui-même. La publicité de l'hypothèque est donc inutile, et par conséquent le renouvellement de l'inscription ».

1101. Il a été jugé que la notification du contrat d'acquisition aux créanciers inscrits emporte la dispense du renouvellement de son inscription même en faveur du créancier qui a été omis dans l'état délivré par le conservateur des hypothèques sur la transcription du contrat, et auquel la notification n'a pas été faite : ce créancier n'en conserve

au futur adjudicataire l'obligation de payer son prix aux créanciers inscrits, et le privait ainsi de la faculté de délaisser; que, d'une part, le cahier des charges mettait la purge des hypothèques aux risques de l'adjudicataire, et que la clause spéciale dont s'agit portait textuellement qu'après l'expiration des délais de la purge, soit que l'adjudicataire en eût ou non rempli toutes les formalités, il serait tenu de payer son prix aux vendeurs, aux créanciers inscrits ou aux délégataires; qu'une pareille formule, à défaut de la notification, jusqu'à l'acceptation virtuelle ou implicite des créanciers, ne constituait qu'une simple indication de payement, et que, de l'autre part, il importe peu que le futur adjudicataire eût ou n'eût pas la faculté de délaisser, la faculté de délaissement étant sans aucun rapport ou indirect avec la conservation du droit hypothécaire ; — Considérant, enfin, que

les créanciers inscrits, à la différence de ce qui a lieu pour le cas d'expropriation forcée, ne sont pas parties dans la poursuite sur conversion de saisie immobilière en vente sur publications volontaires; que leur droit de suite sur l'immeuble subsiste après cette adjudication tant que les notifications à fin de purge ne leur ont pas été faites ; que ce droit peut encore se manifester par une surenchère, et que c'est seulement après ces notifications non suivies de surenchère que leur droit de suite sur la chose peut être converti en un droit sur le prix;

Par ces motifs; — Infirme, dit que Leprieur sera rejeté de l'ordre, maintient en conséquence le règlement provisoire que rejette sa collocation, etc.

Du 24 mars 1880.-C. de Paris.-MM. Poinsot, pr.-Sallé, av. gén., c. conf.-Mathieu et Taillandier, av.

pas moins son droit de préférence sur le prix vis-à-vis des autres créanciers, et il doit être colloqué à son rang, bien que son inscription, valable au moment de la notification, n'ait pas été renouvelée depuis (Civ. rej. 14 nov. 1882, aff. époux Guimaraés, D. P. 83. 1. 271).

1102. A défaut de notification du contrat, la dispense du renouvellement des inscriptions peut encore résulter, d'après la jurisprudence, de tout acte impliquant, d'une part, l'offre par l'acquéreur de payer son prix aux créanciers en ordre de le recevoir, et, d'autre part, l'acceptation du prix par tous les créanciers inscrits. Ainsi, lorsqu'un ordre amiable ou judiciaire est ouvert pour la distribution du prix d'un ou plusieurs immeubles vendus par le même débiteur, les créanciers ayant hypothèque sur ces immeubles sont dispensés de renouveler leurs inscriptions, si dans les réunions tenues devant le juge commissaire les acquéreurs ont déclaré être prêts à payer leur prix aux créanciers en ordre de le recevoir, et si tous les créanciers inscrits ont accepté cette offre, dispensé les acquéreurs de la notification et consenti à ce qu'il fût procédé à l'ordre (Req. 15 mars 1876, aff. Drago, D. P. 78. 1. 64. V. *suprà*, v° *Ordre entre créanciers*, n° 16). — Mais il a été jugé qu'une inscription hypothécaire n'est pas dispensée du renouvellement décennal par la demande en attribution de prix qui, dans le cas où il y a moins de quatre créanciers inscrits, est portée directement devant le tribunal, si tous les créanciers n'ont pas été appelés sur cette demande pour faire fixer contradictoirement le prix à distribuer, et si, dès lors, il n'y a pas eu de contrat judiciaire passé entre les divers créanciers hypothécaires (Caen, 9 févr. 1860, aff. Le Petit et autres, D. P. 60. 2. 193).

1103. En cas de purge après une vente volontaire, comme en cas de vente sur saisie immobilière (V. *supra*, n° 1093), la dispense de renouvellement des inscriptions n'est que relative ; elle n'a lieu que dans les rapports des créanciers avec l'acquéreur et dans leurs rapports respectifs. Mais les créanciers ne peuvent conserver le droit de suite sur l'immeuble à l'encontre des sous-acquéreurs et le droit de préférence vis-à-vis des créanciers personnels de ceux-ci qu'en renouvelant, en temps utile, leurs inscriptions (Req. 21 mars 1848, aff. Crevel et Rouland, D. P. 48. 1. 117; Dijon, 13 août 1855, aff. Des Etangs et Colas, D. P. 56. 2. 104 ; Aubry et Rau, t. 3, § 280, p. 380, notes 25 et 26. V. aussi les arrêts cités *supra*, n° 1093). Il a même été jugé, dans un cas où un immeuble avait été acheté par deux coacquéreurs et où l'un d'eux, après avoir payé de ses deniers le vendeur et les autres créanciers inscrits, avait obtenu la radiation de leurs inscriptions, qu'en admettant que ces inscriptions, qui avaient produit leur effet par les formalités de la purge ne fussent pas soumises au renouvellement à l'égard des créanciers entre eux, et que l'acquéreur subrogé dans l'effet de ces inscriptions fût lui-même affranchi de ce renouvellement, cet acquéreur ne pouvait plus les opposer à la masse des créanciers de son coacquéreur, tombé en faillite, alors qu'elles avaient été rayées par suite de sa propre renonciation au bénéfice de la subrogation (Req. 1er juill. 1857, aff. Delsaux, D. P. 57. 1.438).

1104. — IV. Cas où l'immeuble hypothéqué est acquis par un créancier hypothécaire. — Le créancier hypothécaire qui se rend acquéreur de l'immeuble hypothéqué et dont la créance s'éteint par compensation avec le prix dont il est débiteur reste-t-il soumis à la nécessité de renouveler son inscription pour pouvoir s'opposer aux autres créanciers inscrits ? Cette question est traitée au *Rép.* n° 1691 et suiv. La jurisprudence, d'accord avec la doctrine, la résout par l'affirmative (V. les arrêts cités au *Rép.* n° 1692, et dans le même sens : Paris, 21 août 1862, *supra*, v° *Obligations*, n° 1232; Pont, t. 2, n° 1054; Martou, t. 3, n° 1169; Laurent, t. 31, n° 144 ; Colmet. de Santerre, t. 9, n° 134 *bis*-XVI).

Sect. 6. — De l'inscription des hypothèques légales.

1105. Il n'a pas été traité séparément au *Répertoire* de l'inscription des hypothèques légales. Mais, comme nous l'avons déjà dit *supra*, n° 938, l'importance pratique qu'a prise cette sorte d'inscription depuis la loi du 23 mars 1855 nous oblige aujourd'hui à lui consacrer une section spéciale. Cette section sera divisée en trois articles, dans lesquels

il sera traité : 1° de l'inscription des hypothèques légales de la femme mariée et du mineur ou de l'interdit pendant le mariage ou la tutelle ; 2° dè l'inscription de ces mêmes hypothèques légales, après la dissolution du mariage ou la cessation de la tutelle ; 3° enfin, de l'inscription des hypothèques légales autres que celles de la femme et du mineur ou interdit. — Quant à l'inscription que doit prendre le créancier subrogé à l'hypothèque légale de la femme mariée, V. *supra*, n°s 574 et suiv.

Art. 1er. — De l'inscription des hypothèques légales de la femme mariée et du mineur ou de l'interdit pendant le mariage ou la tutelle.

1106. L'hypothèque légale de la femme mariée et celle du mineur ou de l'interdit sont dispensées d'inscription, pendant la durée du mariage ou de la tutelle, en ce sens que le défaut d'inscription ne rend pas ces hypothèques légales inefficaces soit à l'égard des créanciers privilégiés ou hypothécaires du mari ou du tuteur, soit à l'égard des tiers acquéreurs des biens grevés de l'hypothèque. Cette dispense existe au point de vue du droit de suite, comme au point de vue du droit de préférence (Arg. art. 2193 c. civ.). Ainsi, alors même que son hypothèque légale n'est pas inscrite, la femme mariée, ou le créancier qu'elle a subrogé dans ses droits ou qui les exerce en vertu de l'art. 1166 c. civ., peut demander collocation dans un ordre ouvert pour la distribution du prix des immeubles du mari (Arg. art. 717, § 7, c. proc. civ. V. en ce sens, Paris, 20 juill. 1833, *Rép.* v° *Contrat de mariage*, n° 1054; Civ. cass. 14 déc. 1863, aff. De Saint-Mauris-Chatenoy, D. P. 64. 1. 111). Le créancier à hypothèque légale peut aussi, sans avoir pris inscription, exercer le droit de surenchérir, en cas de purge sur aliénation volontaire des immeubles grevés de son hypothèque (Caen, 23 août 1839, *Rép.* v° *Surenchère*, n° 47 ; Aubry et Rau, t. 3, § 269, p. 301).

1107. En ce qui concerne l'exercice du droit de suite, il y a eu doute sur le point de savoir si la femme mariée ou le mineur peuvent, sans une inscription préalable, agir en délaissement contre le tiers détenteur. Mais l'affirmative a prévalu (V. *infra*, n° 1189).

1108. Il a été jugé que la femme italienne, à laquelle le traité conclu le 24 mars 1760 entre la France et la Sardaigne confère le droit d'exercer l'hypothèque légale résultant à son profit de sa loi nationale sur les immeubles de son mari situés en France, doit être colloquée, indépendamment de toute inscription, au rang hypothécaire qui lui appartient d'après la loi française, alors même que, d'après son statut personnel, l'hypothèque légale de la femme mariée est soumise à la nécessité de l'inscription (Aix, 8 nov. 1875, aff. Abudarham, D. P. 77. 2. 225, et sur pourvoi, Civ. rej. 5 nov. 1878, D. P. 78. 1. 476). — Quant à l'hypothèque légale des femmes devenues françaises par l'annexion de la Savoie, V. Chambéry, 15 mars 1892, aff. Rieux, D. P. 93. 2. 275).

1109. Toutefois, l'hypothèque légale de la femme mariée, du mineur ou de l'interdit, cesse d'être dispensée d'inscription, même pendant le mariage ou la tutelle, dans trois cas : 1° en cas de purge des hypothèques légales poursuivie par les tiers acquéreur des immeubles du mari ou du tuteur (V. *infra*, n° 1395) ; 2° en cas de vente sur saisie immobilière (V. *infra*, n° 1295); 3° en cas d'expropriation pour cause d'utilité publique (V. *infra*, n° 1305). On doit observer seulement que l'inscription n'est jamais exigée pendant le mariage ou la tutelle que pour la conservation du droit de suite ; le droit de préférence continue de subsister sur le prix de l'immeuble ou sur l'indemnité d'expropriation, alors même que l'inscription n'a pas été requise dans le délai fixé (V. *infra*, n° 1403).

1110. L'inscription d'hypothèque légale, prise à la suite des formalités de la purge, est-elle soumise à la nécessité du renouvellement dans les dix ans ? V. *infra*, n° 1409.

1111. Tout en dispensant l'hypothèque légale de la femme mariée ou du mineur de la formalité de l'inscription pendant le mariage ou la tutelle, la loi a cependant pris quelques mesures pour que cette hypothèque fût inscrite dans l'intérêt des tiers. Tout d'abord, elle a enjoint aux maris et aux tuteurs de requérir eux-mêmes, sans délai,

inscription sur les immeubles à eux appartenant et sur ceux qui pourront leur appartenir par la suite, et elle a déclaré stellionataires et, comme tels, contraignables par corps, les maris ou tuteurs qui, ayant manqué de requérir l'inscription dont il s'agit, « auraient consenti ou laissé prendre des privilèges ou des hypothèques sur leurs immeubles, sans déclarer expressément que lesdits immeubles étaient affectés à l'hypothèque légale des femmes et des mineurs » (c. civ. art. 2136). — On a examiné au *Rép.* n°s 1376 et suiv. quel est le sens exact des expressions « consenti ou laissé prendre des privilèges ou des hypothèques » dont se sert la loi. D'après MM. Aubry et Rau, t. 3, § 269, p. 313 et suiv., ces expressions comprennent, avec les actes de constitution d'hypothèque, toute transmission conventionnelle, par exemple par voie de subrogation, de privilèges ou d'hypothèques qui se trouvent primés par l'hypothèque légale de la femme ou du mineur. Mais la disposition de l'art. 2136 n'est pas applicable au cas où les biens du mari ou du tuteur viennent à être frappés par des hypothèques judiciaires ou légales. Cette disposition ne doit pas non plus être étendue au mari ou au tuteur qui vend ses immeubles sans déclarer expressément qu'ils sont grevés d'hypothèque légale (V. aussi Baudry-Lacantinerie, t. 3, n° 1353).

1112. Au surplus la détermination précise du sens de l'art. 2136 a perdu beaucoup de son importance depuis que la loi du 22 juill. 1867 a aboli la contrainte par corps, qui constituait la principale sanction du stellionat (V. cependant *Rép.* v° *Contrainte par corps*, n°s 180 et suiv.).

1113. L'art. 2137 c. civ. oblige aussi les subrogés tuteurs, sous leur responsabilité personnelle et sous peine de tous dommages-intérêts, à veiller à ce que les inscriptions soient prises sans délai sur les biens du tuteur, pour raison de sa gestion, et même à faire opérer ces inscriptions (V. *Rép.* n°s 1379 et suiv.). Il a été jugé : 1° que la disposition de l'art. 2137 c. civ. est applicable sans qu'il y ait lieu de distinguer entre l'inscription à prendre sur les biens du tuteur encore en exercice à la fin de la minorité et celle qui doit être prise sur les biens d'un premier tuteur décédé avant cette époque (Nancy, 28 févr. 1880, aff. De Meixmoron, D. P. 81. 2. 221) ;... et que des dommages-intérêts peuvent être réclamés au subrogé tuteur par toute personne lésée par le défaut d'inscription (Même arrêt, motifs) ; — 2° Que le subrogé tuteur qui a négligé de faire prendre par le tuteur ou de requérir lui-même l'inscription de l'hypothèque légale accordée au pupille sur la gestion de celui-ci, à raison de la gestion de celui-ci, est personnelle-

ment responsable du préjudice qu'a causé à un tiers ce défaut d'inscription ; qu'il doit notamment être déclaré responsable du non-remboursement d'un créancier hypothécaire du tuteur, qui n'avait consenti à prêter à celui-ci, avec hypothèque sur ses biens, que dans l'ignorance de l'hypothèque pupillaire qui les grevait et qui a fait obstacle à son remboursement ; que cette responsabilité ne saurait disparaître par la faute du rédacteur de l'acte d'emprunt, qui a négligé, au moment de la passation dudit acte, d'interroger le tuteur emprunteur sur son état civil (Angers, 19 janv. 1892, aff. Douet, D. P. 92. 2. 212, et sur pourvoi, Req. 15 nov. 1892, D. P. 93. 1. 37).

1114. Il semble, toutefois, que le subrogé-tuteur pourrait repousser une demande de dommages-intérêts formée contre lui par un tiers à raison du défaut d'inscription de l'hypothèque tutélaire, en prouvant que le demandeur avait connaissance de cette hypothèque au moment où il a traité avec le tuteur. En ce cas, en effet, l'inscription de l'hypothèque n'aurait rien appris de plus au tiers. Il est vrai qu'en général la connaissance personnelle qu'un tiers peut avoir d'une hypothèque ne peut suppléer à l'inscription (V. *suprà*, n° 957). Mais, ici, le défaut d'inscription est la base d'une action en dommages-intérêts, et celui contre lequel est intentée cette action doit pouvoir se défendre en prouvant qu'en fait le défaut d'inscription n'est pas la cause du préjudice : *scienti et volenti non fit injuria* (En ce sens, Aubry et Rau, t. 3, § 270, p. 316, note 49).

1115. Le subrogé tuteur peut être responsable du défaut d'inscription même envers le pupille, mais seulement dans les cas exceptionnels où l'hypothèque légale doit être inscrite pendant la durée de la tutelle (V. *suprà*, n° 1109). Il a été décidé que le mineur devenu majeur à l'époque où les formalités de la purge légale ont commencé ne peut, lorsqu'il a connu la vente de l'immeuble, exercer aucun recours contre le subrogé tuteur à raison du défaut d'inscription, alors même que l'acquéreur aurait notifié le dépôt de son contrat au subrogé tuteur, et non au mineur devenu majeur, qui aurait ainsi ignoré cette notification (Nancy, 28 févr. 1880, aff. De Meixmoron, D. P. 81. 2. 221). Mais jugé que le subrogé tuteur, qui a reçu la notification prescrite par l'art. 2194 c. civ. à l'effet de le mettre en demeure d'inscrire l'hypothèque légale du mineur et qui n'a pas requis cette inscription est en faute, et que lui ou ses héritiers doivent être déclarés responsables envers le mineur devenu majeur du préjudice causé par sa négligence (Paris, 26 févr. 1891) (1).

---

(1) (Levassor *C.* Levassor.) — La cour; : ... En ce qui concerne l'appel de Marie-Louise-Eugénie et de Gabrielle-Amélie Levassor : — Considérant qu'elles soutiennent, toutes deux, que les intimés héritiers de François-Célestin Levassor, doivent, en cette qualité, être rendus responsables des conséquences de la faute que François-Célestin Levassor, leur subrogé tuteur, a commise à leur préjudice, en n'assurant pas l'emploi en rentes sur l'Etat d'une somme de 50 000 fr. due sur le prix de l'étude de leur père, et ce conformément à une délibération de leur conseil de famille ; — Que Gabrielle-Amélie Levassor seule (Marie-Louise-Eugénie, sa sœur, ayant renoncé à critiquer sur ce point la sentence des premiers juges), soutient que les intimés doivent, en outre, être déclarés responsables envers elle du défaut d'inscription de son hypothèque légale sur un immeuble situé à Béville-le-Comte ; — Sur le premier chef de responsabilité relevé par les deux appelantes : — Adoptant les motifs des premiers juges ; — Et considérant en outre que, si l'on peut justement reprocher à François-Célestin Levassor de n'avoir pas apporté dans l'accomplissement de son mandat de subrogé tuteur l'activité et la diligence nécessaires, il n'est pas démontré que, en faisant tout ce qu'il était en son pouvoir de faire, il eût pu certainement conjurer la perte éprouvée par les mineures Levassor ; que cette perte ne saurait, dès lors, être mise à la charge de ses héritiers ; — Sur le deuxième chef de responsabilité relevé par Gabrielle-Amélie Levassor seule : — Considérant qu'il est constant et non contesté en fait que François-Célestin Levassor, mis en demeure par acte signifié le 12 août 1884, conformément à l'art. 2194 c. civ., en qualité de subrogé tuteur de la mineure Levassor, de prendre inscription de l'hypothèque légale appartenant à cette mineure sur une maison sise à Béville-le-Comte, et vendue par sa mère et tutrice et le mari de celle-ci, son cotuteur, s'est abstenu de prendre cette inscription ; qu'il a ainsi encouru la responsabilité expressément édictée par l'art. 2137 du même code ; — Que, vainement, afin d'échapper aux effets de cette responsabilité, les héritiers de François-Célestin Levassor invoquent, pour

excuser la négligence de leur auteur, l'exemple du frère et de la sœur aînée de Gabrielle-Amélie Levassor, qui se sont également abstenus, à la suite des formalités de la purge légale, de faire inscrire leur hypothèque sur la maison de Béville ; que si Louis-Paul-Claudius et Marie-Louise-Amélie Levassor, devenus majeurs et maîtres de leurs droits, ont pu les compromettre par l'omission des mesures protectrices, le subrogé tuteur avait le devoir étroit et rigoureux de sauvegarder les intérêts de sa pupille et n'a pu, sous aucun prétexte, s'affranchir de ce devoir en présence des dispositions très précises et nettement impératives des articles susvisés ; — Considérant qu'aux termes du procès-verbal de liquidation et partage dûment homologué, Gabrielle-Amélie Levassor a été constituée créancière de sa mère et tutrice pour une somme de 17 807 fr. 54 cent. ; que cette créance était entière au moment où Levassor eût dû faire inscrire l'hypothèque légale ; que, depuis lors, Gabrielle-Amélie Levassor a touché 5125 fr. sur le prix d'immeubles appartenant à sa mère ; que sa créance contre sa mère se trouve ainsi actuellement réduite en capital à 12 682 fr. 53 cent. qu'il est aujourd'hui hors de doute que cette somme est complètement irrecouvrable ; — Que si les premiers juges ont pu hésiter à proclamer l'insolvabilité de la dame Delanoue, mère de la mineure Levassor, cette hésitation n'est plus actuellement possible, des poursuites dirigées contre la dame Delanoue depuis le jugement dont est appel, ayant abouti à un procès-verbal de carence en date du 10 décembre dernier ; que le préjudice résultant pour la mineure Levassor du défaut d'inscription de son hypothèque légale est donc certain ; qu'il reste à déterminer l'importance de ce préjudice et la réparation qu'il doit entraîner ; — Considérant que si tout se fût régulièrement passé et si toutes les hypothèques, notamment celle de Gabrielle, avaient été inscrites, elles eussent utilement porté sur une somme de 20 000 fr., dont un tiers, soit 6 666 fr., serait revenu à chacun des trois enfants Levassor ; que ce tiers, sur lequel la mineure Gabrielle pouvait légitimement compter, doit servir de base à la fixation du dommage qu'elle a éprouvé ;

1116. Quant au point de savoir si le subrogé tuteur est responsable envers le mineur du fait que l'hypothèque légale de la mère de celui-ci n'a pas été inscrite, pendant la tutelle, avant l'expiration de l'année qui a suivi la dissolution du mariage des père et mère du mineur, V. *infrà*, n° 1143.

1117. A défaut par les maris, les tuteurs et les subrogés tuteurs de faire inscrire les hypothèques légales, la loi charge le procureur de la République près le tribunal civil de première instance du domicile des maris ou tuteurs ou du lieu de la situation des biens de requérir l'inscription (c. civ. art. 2138; *Rép.* n° 1383). Cette prescription, tout impérative qu'elle est, n'est généralement pas exécutée. Elle n'a d'ailleurs pas de sanction.

1118. Contrairement à l'opinion admise au *Rép.* n° 1385, MM. Aubry et Rau, t. 3, § 269, p. 312, et M. Thézard, n° 157, estiment que le conservateur des hypothèques ne pourrait pas, en cas d'inaction du ministère public, prendre inscription d'office en faveur d'une femme mariée, d'un mineur ou d'un interdit.

1119. L'art. 2139 c. civ. autorise les parents, soit du mari, soit de la femme, et les parents du mineur, ou, à défaut de parents, ses amis, à requérir l'inscription de l'hypothèque légale (*Rép.* n° 1386). La cour de cassation a jugé que l'inscription de l'hypothèque légale d'une femme mariée ne peut être requise par une personne étrangère à la famille des époux, les parents du mari et de la femme ayant seuls le droit de faire cette réquisition; et que les tiers qui fait inscrire l'hypothèque légale sans avoir reçu mandat à cet effet, engage sa responsabilité et peut être condamné à des dommages-intérêts envers le mari (Civ. cass. 4 août 1874, aff. Guillots, D. P. 75. 1. 163). Mais le mari ne peut critiquer l'inscription de l'hypothèque légale de sa femme, faite en vertu d'une réquisition dont la signature était illisible, s'il ne prouve pas que cette réquisition émanait d'une personne sans qualité pour la faire (Caen, 30 août 1869, et sur pourvoi, Req. 29 juin 1870, aff. Guillots, D. P. 71. 1. 225).

1120. L'inscription de l'hypothèque légale peut être requise par la femme ou par le mineur lui-même (c. civ. art. 2139; *Rép.* n°s 1383 et 1450). La femme n'a pas besoin pour cela d'être autorisée par son mari ou par justice (V. *suprà*, v° *Mariage*, n° 443). Il a été jugé que la femme dont l'apport, purement mobilier, est tombé dans la communauté légale, n'en a pas moins le droit de faire inscrire son hypothèque légale pendant le mariage, et que le mari ne peut obtenir la radiation de l'inscription prise par elle (Aix, 16 août 1872, aff. Codur, D. P. 74. 2. 131).

1121. On a vu *suprà*, n° 450, que la femme séparée de corps et de biens conserve son hypothèque légale sur les biens du mari, pour les créances éventuelles qu'elle pourra avoir contre lui, même après que ses reprises ont été liquidées et qu'elle en a été payée. La femme séparée conserve-t-elle également le droit de faire inscrire son hypothèque? On peut dire pour l'affirmative que toute hypothèque, en principe, par cela seul qu'elle existe, peut être inscrite, à moins que la loi n'en ait disposé autrement, comme l'a fait, par exemple, la loi du 3 sept. 1807, pour l'hypothèque judiciaire résultant d'une reconnaissance de signature demandée avant l'échéance de la dette. Or aucune exception de ce genre n'a été faite pour l'hypothèque légale. Il est vrai que la femme séparée, nantie de ses reprises, n'a pas d'intérêt à prendre inscription tant qu'elle n'est pas redevenue créancière de son mari, parce que les nouvelles créances qu'elle pourra acquérir ne seront garanties par l'hypothèque qu'à la date où elles naîtront. Mais on sait que la date de certaines créances de la femme est sujette à controverse (V. *suprà*, n° 499). D'autre part, la femme séparée aurait encore intérêt à prendre inscription avant la naissance de toute nouvelle créance, pour ne pas

être exposée aux déchéances qu'elle encourrait faute de s'être inscrite à temps en cas de purge ou dans l'année qui suivrait la dissolution du mariage. — Il a été jugé, cependant, que la femme séparée de corps et de biens qui a renoncé à la communauté d'acquêts ayant existé entre elle et son mari, et a reçu le montant de ses reprises, ne peut faire inscrire son hypothèque sur les immeubles du mari, alors que son contrat de mariage ne lui assure aucun avantage, même éventuel, et que le bénéfice de l'hypothèque ne serait ainsi réclamé que pour ce qui pourrait lui advenir plus tard par donation ou succession (Bordeaux, 22 juill. 1869, aff. Beyon, D. P. 71. 2. 89). Il y aurait aujourd'hui encore plus de raison de le décider ainsi, depuis que la loi du 6 févr. 1893 a rendu à la femme séparée de corps le plein exercice de sa capacité civile (V. *infrà*, v° *Séparation de corps*).

1122. Si la femme et le mineur ont toujours le droit de faire inscrire eux-mêmes leur hypothèque légale, ils ne sont jamais tenus personnellement de le faire tant que dure le mariage ou la tutelle. Si l'inscription n'est pas opérée dans les cas où, par exception, elle devient nécessaire, le mari ou le tuteur est responsable, et il ne peut sous aucun prétexte rejeter cette responsabilité sur la femme ou sur le pupille (Comp. Riom, 16 mars 1882, aff. Charmensat, D. P. 83. 2. 35).

1123. Les frais d'inscription des hypothèques légales ne doivent pas nécessairement être avancés par l'inscrivant; la loi dit que le conservateur des hypothèques a son recours pour ces frais « contre le débiteur » (c. civ. art. 2155). Le débiteur, en ce qui concerne l'hypothèque légale de la femme, c'est le mari. On a dit qu'il doit supporter les frais de l'inscription parce qu'il a volontairement assumé cette charge en contractant mariage (Colmet de Santerre, t. 9, n° 135 *bis*-I; Baudry-Lacantinerie, t. 3, n° 1392). Encore faut-il toutefois, suivant nous, qu'il doive réellement quelque chose à la femme; si celle-ci n'avait aucune créance contre son mari, nous pensons que ce serait à elle qu'incomberaient les frais de l'inscription.

1124. Dans le cas d'inscription de l'hypothèque légale du pupille, le débiteur est le tuteur. C'est lui, sans doute, qui est tenu des frais envers le conservateur; mais on admet qu'il peut les comprendre dans son compte de tutelle, comme dépense faite dans l'intérêt du pupille. La tutelle étant une charge obligatoire et gratuite, il est bien juste qu'une telle dépense, qui n'est utile qu'au pupille, soit supportée en définitive par celui-ci (Arg. art. 471 c. civ. V. en ce sens, Colmet de Santerre, t. 9, n° 135 *bis*-II; Baudry-Lacantinerie, *loc. cit.*).

1125. Lorsque l'inscription d'une hypothèque légale est requise par le ministère public, les frais en sont avancés par l'administration de l'enregistrement (Décr. 18 juin 1811, art. 124 et suiv. V. *Rép.* n° 1467).

1126. Celui qui requiert l'inscription de l'hypothèque légale d'une femme mariée, d'un mineur ou d'un interdit, n'est tenu de représenter au conservateur aucun titre; le titre constitutif de l'hypothèque, en effet, n'est autre que la loi (Pont, t. 2, n° 939; Aubry et Rau, t. 3, § 275, p. 341 et p. 342, note 2; André, n°s 842 et 834).

1127. L'inscrivant doit seulement présenter deux bordereaux, qui doivent contenir les énonciations exigées par l'art. 2153 c. civ., savoir : 1° les nom, prénoms, profession et domicile réel du créancier, et le domicile qui sera par lui ou pour lui élu dans l'arrondissement; 2° les nom, prénoms, profession, domicile, ou désignation précise du débiteur; 3° la nature des droits à conserver, et le montant de leur valeur quant aux objets déterminés, sans être tenu de les fixer quant à ceux qui sont conditionnels, éventuels ou indéterminés. — Il résulte de ce texte, comparé à l'art. 2148, que les inscriptions d'hypothèque légale diffè-

qu'il convient toutefois de reconnaître que l'insolvabilité de la dame Delanoue, mère et tutrice, est en partie la conséquence de la renonciation par elle faite, en faveur de ses enfants, à l'usufruit que son contrat de mariage lui conférait sur la moitié des biens leur provenant de la succession de leur père; que cette renonciation n'a pu être dictée que par le désir de compenser, dans une certaine mesure, le tort qu'elle avait conscience d'avoir causé à ses enfants par sa mauvaise gestion de leurs intérêts;

que ce dédommagement partiel ne peut être omis dans l'appréciation du préjudice que les intimés ont à réparer; que, tenant compte de toutes les circonstances de la cause, il échet de décider que la réparation sera suffisante par l'allocation d'une somme de 5000 fr., avec les intérêts à partir du jour de la demande;

Par ces motifs, etc.

Du 26 févr. 1891.-C. de Paris (4e ch.)

rent des autres seulement sous les rapports suivants : 1° elles n'ont à faire mention d'aucun titre; 2° elles ne doivent indiquer le montant des droits et créances garantis par l'hypothèque que lorsque ces droits et créances sont déterminés; 3° la loi n'exige pas qu'elles indiquent l'époque d'exigibilité de ces droits et créances; 4° il n'est pas exigé non plus qu'elles indiquent l'espèce et la situation des biens grevés de l'hypothèque. Pour tout le reste, elles sont soumises aux mêmes règles que les inscriptions d'hypothèque conventionnelle ou judiciaire.

1128. L'art. 2153-3° exigeant l'indication de la valeur des droits garantis par l'hypothèque légale « quant aux objets déterminés », mais non « quant à ceux qui sont conditionnels, éventuels ou indéterminés », il y a lieu d'examiner dans quels cas les droits de la femme peuvent être considérés comme suffisamment déterminés pour que leur valeur doive être énoncée dans l'inscription. Un arrêt a jugé que, bien que les apports d'une femme mariée sous le régime dotal aient été déterminés dans le contrat de mariage, l'inscription prise par cette femme ne doit pas nécessairement contenir l'indication de la valeur de ces apports (Rouen, 13 juin 1850, aff. Morlait, D. P. 50. 2. 120). Cette décision a été généralement approuvée dans la doctrine. — Suivant MM. Aubry et Rau, t. 3, § 276, p. 345 et suiv., « les droits et reprises d'une femme mariée sont à considérer comme indéterminés dans le sens de l'art. 2153 c. civ., tant qu'ils n'ont pas été réglés au moyen d'une liquidation faite après la dissolution du mariage ou à la suite d'une séparation de biens judiciaire. Jusque-là, il n'est donc pas nécessaire d'indiquer dans l'inscription le montant des récompenses ou indemnités qui peuvent être dues à la femme, à raison d'actes ou de faits déjà consommés, ni même le montant de ses apports ou des biens qui lui seraient échus pendant le mariage ». On peut observer, en faveur de cette opinion, qu'alors même que les apports d'une femme auront été estimés dans le contrat de mariage, il ne sera pas toujours possible à la femme elle-même, et encore moins au parent qui voudra prendre inscription pour elle, de se procurer le contrat pour énoncer la valeur des apports dans l'inscription (V. en ce sens, Pont, t. 2, n° 997; André, n° 840). Et, néanmoins, il a été jugé récemment que le bordereau d'inscription de l'hypothèque légale d'une femme mariée doit contenir l'indication des droits à conserver quand ces droits sont déterminés dans le contrat de mariage par la constitution dotale ou dans un autre titre connu de la femme; que l'inscription prise pendant le mariage, qui ne satisfait pas à cette condition, est nulle comme n'énonçant pas le capital de la créance qu'elle a pour objet de garantir (Montpellier, 4 août 1890, aff. Veuve Laffite, D. P. 91. 2. 134; Aix, 20 nov. 1891, aff. Société Marseillaise, D. P. 92. 2. 585, et la note de M. Planiol sous cet arrêt).

1129. C'est à tort que l'art. 2153-3°, comme l'art. 2148-4°, assimile aux droits indéterminés les droits conditionnels ou éventuels; le montant de ceux-ci peut fort bien avoir été fixé dès le principe dans le titre même qui leur a donné naissance, et alors il doit être énoncé dans l'inscription (Comp. *supra*, n° 1053).

1130. L'inscription d'hypothèque légale prise pour des sommes spéciales et déterminées ne garantit que ces sommes-là, lorsqu'il n'est pas indiqué qu'elle est prise aussi pour d'autres sommes non déterminées ou, en général, pour tous les droits et créances que la femme ou le mineur aura à exercer contre le mari ou le tuteur. Ainsi, il a été jugé : 1° que l'inscription d'hypothèque légale prise pour une partie seulement du capital de la créance ne conserve l'hypothèque qu'à concurrence du chiffre indiqué, bien qu'elle ait été indûment opérée en même temps pour un chiffre d'intérêts supérieur au reste du capital (Nîmes, 23 nov. 1869, et sur pourvoi, Req. 20 mars 1872, aff. Lauret, D. P. 72. 1. 401); — 2° Que lorsqu'il n'a été pris au nom d'une femme mariée, sur un immeuble appartenant à son mari, que des inscriptions limitées à certaines sommes, la femme ne peut être colloquée, dans l'ordre ouvert sur le prix de l'immeuble, pour des sommes supérieures à celles énoncées dans les inscriptions (Grenoble, 15 janv. 1880) (1); — 3° Que la femme mariée qui, dans l'inscription de son hypothèque légale, n'a mentionné que les droits résultant des actes d'administration et de disposition dont ses biens paraphernaux ont été l'objet de la part du mari, ne peut se prévaloir de cette inscription à l'effet d'obtenir collocation pour le montant de ses reprises dotales (Civ. cass. 25 avr. 1882, aff. Casoni, D. P. 82. 1. 374). — Ces décisions, toutefois, supposent que l'hypothèque légale a été inscrite alors que la dispense d'inscription avait cessé, c'est-à-dire, soit en cas de purge, de saisie immobilière ou d'expropriation pour cause d'utilité publique, soit après l'année qui a suivi la dissolution du mariage ou la cessation de la

(1) (Blache C. Créanciers Blache.) — Le tribunal de Valence a rendu le 11 juin 1879, un jugement ainsi conçu : — Attendu que quatre inscriptions ont été prises au profit de la femme Blache; l'une en date du 18 janv. 1868, au nom d'un subrogataire de la femme, le sieur Sambaud, pour une somme éventuelle de 1000 fr. que celui-ci avait payée au sieur Blache en sa qualité de mari et de maître des droits de dame Marie Couches, son épouse; la deuxième et la troisième, toutes deux en date du 28 mars 1868, au nom de la femme Blache, en vertu de son contrat de mariage, mais pour une somme limitative de 1000 fr. pour la deuxième inscription et de 600 fr. pour la troisième, résultant de deux actes contenant quittance et affectation hypothécaire; la quatrième, en date du 26 avr. 1870, toujours au nom de la femme Blache en vertu de la loi du contrat de mariage et d'un acte contenant arrêté de compte de tutelle, décharge et affectation hypothécaire, pour sûreté d'une somme de 9380 fr. 60 cent., que Blache a touchée comme mari et comme administrateur des droits de sa femme; que ces quatre inscriptions, toutes limitatives et prises dans l'intérêt des tiers qui les requéraient, ne portent que sur des sommes spéciales et déterminées, ne le frappent qu'un seul immeuble, une maison et un jardin situés à Saint-Donat; que, dès lors, la femme Blache et pour elle ses enfants mineurs ne peuvent venir que jusqu'à concurrence du montant des créances garanties par les inscriptions restreintes et limitées dans leurs termes; — Attendu qu'on objecte, il est vrai, qu'aux termes de l'art. 2153, § 3, c. civ., l'inscription d'une hypothèque légale n'est pas assujettie pour sa validité à l'évaluation des valeurs pour lesquelles elle est prise tant que ces valeurs sont indéterminées et elles doivent être considérées comme telles, dans le sens de cet article, tant que les droits et reprises de la femme n'ont pas été réglés au moyen d'une liquidation faite après la dissolution du mariage ou à la suite d'une séparation de biens judiciaire; qu'il importe peu, ajoute-t-on dans l'intérêt de la femme, de rechercher dans quel but et par qui ces inscriptions ont été prises, pourvu qu'elles aient été faites régulièrement, puisque le motif qui a déterminé tel ou tel créancier à agir ne peut rien changer au droit résul-

tant pour la femme du fait matériel de la publicité donnée à son hypothèque légale par les diverses inscriptions qui ont été prises; — Attendu que, si les principes ci-dessus sont vrais en eux-mêmes, les conséquences que l'on veut en tirer ne peuvent avoir la portée qu'on leur donne dans l'espèce; que s'il est permis, en effet, soit à la femme, soit au tiers qui requiert en son nom de prendre une inscription indéterminée d'hypothèque légale, c'est à la condition que cette inscription du mari énonce qu'elle est prise sur la généralité des biens présents et à venir, pour reprises, créances ou conventions matrimoniales; que, dans ces cas alors, l'hypothèque est générale, et alors même qu'elle a été requise par un tiers elle peut profiter à la femme si elle a été prise dans les conditions des art. 2148 et 2153, combinées; — Mais attendu que ce n'est pas ainsi qu'on a procédé dans l'espèce, qu'on s'est contenté de prendre quatre inscriptions limitatives, en vertu du contrat de mariage, pour des sommes déterminées; que les tiers ont dû voir dans ces inscriptions la manifestation d'un droit dérivant de l'hypothèque légale elle-même, qui, pour assurer la garantie qui y est attachée, aurait dû être inscrite d'une manière générale; que ces tiers ont dû croire que le chiffre indiqué dans les inscriptions était réel et qu'il ne pouvait être dépassé, puisqu'il s'agissait de créances déterminées; qu'on ne saurait donc accorder à la femme un droit plus étendu que celui que ces inscriptions ont garanti; — Par ces motifs; — Dit que la somme en distribution sera fixée à 15 000 fr.; — Maintient le règlement provisoire du juge aux ordres, et dit que l'hypothèque légale de la femme Blache ne pourra pas s'exercer sur le prix en distribution pour une somme supérieure à 11 980 fr. en principal ». — Appel.

La cour. — Adoptant les motifs exprimés par les premiers juges, qui ont reconnu que les quatre inscriptions prises ne l'avaient été qu'à concurrence du montant de certaines créances...; — Confirme sur ce point; — Attendu cependant... (l'arrêt se fondant sur d'autres motifs, notamment sur la fraude qui avait été pratiquée à l'égard de la femme, reconnaît à celle-ci le droit d'exercer ses droits hypothécaires dans toute leur étendue). Du 15 janv. 1880.-C. de Grenoble.

tutelle. Tant que l'inscription de l'hypothèque légale n'est pas nécessaire, il importe peu, suivant nous, qu'une inscription ait été prise pour une partie seulement des droits de la femme ou du mineur. La publicité incomplète donnée à l'hypothèque ne saurait être préjudiciable à la femme ou au mineur quand aucune publicité n'est exigée (Comp. en ce sens, Chambéry, 1er mai 1874, sous Req. 3 févr. 1875, aff. Lombard, D. P. 75. 1. 486). Il y a lieu de remarquer aussi que, même dans les cas où l'hypothèque doit être inscrite, si l'inscription n'a été prise que pour une partie de la créance garantie, le droit de préférence peut encore être exercé pour le surplus dans les termes des art. 717, § 7, et 772, § 5 c. proc. civ.

1131. L'indication de l'espèce et de la situation des biens n'est pas exigée dans les inscriptions d'hypothèque légale prises pour une femme mariée ou pour un mineur ou interdit. Mais quel sera l'effet d'une inscription prise spécialement et limitativement sur certains immeubles du mari ou du tuteur? Cette question ne semble pas présenter de sérieuses difficultés. L'effet de l'inscription sera nécessairement restreint aux immeubles sur lesquels elle aura été prise; la publicité donnée à l'hypothèque légale ne s'étendra pas au delà. Mais l'hypothèque elle-même ne sera pas pour cela restreinte à ces immeubles; elle continuera de grever les autres immeubles du mari ou du tuteur aussi longtemps du moins qu'elle n'aura pas été purgée. Il a été jugé : 1° que l'inscription prise par une femme mariée, ou par ses héritiers ou ayants droit, sur un immeuble déterminé du mari, comme affecté spécialement à la créance, ne frappe que sur cet immeuble, et non sur les autres immeubles du mari, encore que le bordereau porte qu'elle est requise pour la conservation de l'hypothèque légale de la femme, cette

énonciation n'étant point exclusive de la restriction de l'inscription (Paris, 15 févr. 1858, aff. Conservateur des hypothèques de Troyes, D. P. 58. 2. 54); — 2° Qu'une inscription d'hypothèque légale prise par une femme mariée sur certains immeubles seulement du mari n'a d'effet que relativement à ces immeubles, et que, lorsqu'elle a été radiée, le conservateur des hypothèques ne doit pas la faire figurer comme existante dans un état des inscriptions grevant les autres immeubles du mari (Limoges, 6 août 1861) (1); — 3° Que l'inscription de l'hypothèque légale de la femme, prise spécialement et limitativement sur un immeuble déterminé du mari, ne grève que cet immeuble; qu'en conséquence, elle ne doit pas être comprise par le conservateur des hypothèques dans l'état qu'il délivre, sur réquisition, à la suite de la transcription d'un acte de vente d'un autre immeuble (Trib. civ. de Pont-l'Evêque, 28 mai 1878, aff. Boscher, D. P. 79. 3. 111. V. toutefois, infrà, n° 1768).

1132. Il a été jugé, toutefois, que l'inscription d'hypothèque légale, prise par les héritiers d'une femme mariée sur « tous les biens présents et à venir du mari », ne doit pas être considérée comme restreinte en ce sens qu'elle ne s'appliquerait pas aux biens aliénés par le mari avant la date de cette inscription, et que, par suite, c'est avec raison que le conservateur des hypothèques a compris l'inscription dont il s'agit dans un état des inscriptions existant sur les biens aliénés antérieurement par le mari (Trib. civ. de Sens, 27 déc. 1872) (2). — Il a été jugé aussi que, lorsqu'un créancier subrogé dans l'hypothèque légale d'une femme mariée, fait inscrire en même temps une hypothèque conventionnelle qui lui a été consentie par le mari sur un immeuble déterminé, et l'hypothèque légale dans laquelle il

---

(1) (Blanchard C. Vanel et Lassout.) — « La cour; — Attendu que l'hypothèque légale de la femme est générale; qu'elle existe indépendamment de toute inscription, et qu'elle ne peut être restreinte que par une clause du contrat de mariage ou d'après les formalités de l'art. 2144 c. civ.; — Qu'il s'en est pas de même de sa publicité, que les intéressés à la produire, pouvant ne pas la réclamer, ont incontestablement la faculté de la spécialiser; que la différence entre cette hypothèque et son inscription est manifeste, l'une étant le droit occulte indivisible, sans limite, et l'autre un fait patent, borné par ses termes et de nature à se fractionner; — Que la preuve de cette différence est inscrite dans les art. 2194 c. civ., et 692 c. proc. civ., puisque, s'il y a vente volontaire ou vente forcée des biens du mari, une inscription peut ou doit être prise, non sur tout ce qui appartient à ce dernier, mais sur les immeubles aliénés seulement, ou sur ceux compris dans la saisie; qu'il suit donc de là que l'inscription ne frappe que sur les biens qu'elle indique, et qu'elle n'a aucune force à l'égard de ceux qu'elle ne mentionne pas; — Qu'on ne voit pas pourquoi il en serait autrement, la désignation d'un immeuble ne pouvant préjudicier à la femme à cause du privilège entier de son droit, et ne pouvant nuire aux tiers qui garantis contre le silence du mari par l'art. 2136, sont informés par une publicité partielle de la plus grande étendue de ce droit; — En un mot, désigner c'est choisir, sans aller au delà, ni restreindre; — Attendu que les obligations faites aux conservateurs sont non seulement d'accord avec ces principes, mais encore qu'elles les justifient; qu'en effet, ces fonctionnaires ne sont tenus, d'après l'art. 2196, de délivrer copie que des inscriptions existantes sur leurs registres, et ne sont responsables que de l'omission dans leurs certificats de celles inscrites; qu'ils n'ont donc qu'à voir le fait matériel pour le constater, qu'il a été requis, tel qu'il est circonscrit, et non à juger ou apprécier ce fait pour l'étendre ou le généraliser; — Attendu qu'en prenant, le 16 mai 1859, une inscription sur les biens de la commune de Gioux, qui venaient d'être vendus par son mari, la dame Blanchard s'était conformée à l'art. 2194 c. civ., sans que cette inscription, limitée par elle, pût entraîner la publicité totale de son hypothèque; que cela est si vrai, que cette inscription, dont il n'a pas été fait usage, a été rayée quelques mois après, à la suite d'un ordre et sur ordonnance du juge-commissaire, et que lors de la vente consentie à Lassout, le 12 juill. 1860, les vendeurs, parmi lesquels se trouvait ladite dame Blanchard, n'ont déclaré, dans le contrat, que l'hypothèque légale non inscrite, sans s'occuper de celle spéciale de 1859, qu'ils n'auraient pas négligé de faire, puisque l'acquéreur devait remplir les formalités de la purge; — Attendu, dès lors, qu'en signalant comme existante sur la maison vendue à Lassout, l'hypothèque qui avait été requise sur les biens Gioux, sous le prétexte que l'inscription, bien que rayée, rendait publique la généralité de l'hypothèque légale, le conservateur a dépassé les règles de sa compétence, et qu'il doit être tenu d'effacer cette inscription du certificat qu'il a délivré

audit Lassout; — Par ces motifs, réformant : — Dit que c'est mal à propos que le conservateur des hypothèques de l'arrondissement d'Aubusson a compris, dans l'état délivré à Lassout, l'hypothèque prise le 16 mai 1859 sur les biens de la commune de Gioux, comme existant sur la maison située en la ville d'Aubusson; — Ordonne, en conséquence, qu'il sera tenu de retrancher cette inscription de son état, etc.
Du 6 août 1861-C. de Limoges, MM. Mesnier, pr.-de la Marsonnière, 1er av. gén.-Butauld et Péconnet, av.

(2) (Philippe C. Fels et autres.) — Le tribunal; — Attendu que l'hypothèque légale de la femme subsiste et prend rang, à dater du jour du mariage et indépendamment de toute inscription, sur tous les biens du mari; qu'il suit de là que l'inscription de cette hypothèque prise dans les délais et dans les formes de la loi, frappe tous lesdits biens, à dater du jour du mariage, et doit être délivrée par le conservateur, même sur les biens sortis de la main du mari, à moins de mainlevée d'hypothèque formellement consentie, ou purge régulièrement opérée, mainlevée ou purge suivie de la radiation partielle de l'inscription ou d'une mention équivalant à la radiation; — Attendu que, dans l'espèce, l'inscription de l'hypothèque légale, prise par les héritiers de la dame Hébert, le 19 avr. 1869, vol. 517, n° 180, ne contient ni radiation, ni mention de mainlevée; — Qu'on ne saurait voir une radiation, ou mention équivalente, dans cette énonciation : que l'inscription est prise sur tous les biens présents et à venir du sieur Hébert, énonciation qui serait exclusive des biens aliénés par le mari avant la date de l'inscription; — Attendu qu'en effet, ces expressions générales, « biens présents et à venir », excluent, au contraire, la pensée d'une restriction d'hypothèque; qu'assurément, par exemple, si le sieur Hébert avait, dans l'intervalle écoulé entre le décès de sa femme et l'inscription de l'hypothèque légale sur les registres du conservateur, aliéné un ou des immeubles, les héritiers de la femme seraient fondés à soutenir que ces mots « biens présents et à venir » ne doivent pas être pris à la lettre, mais doivent s'entendre, au contraire, tout au moins des biens existants à la date du décès de la dame Hébert; — Attendu que, dès lors, c'est avec raison que le conservateur ne s'est point arrêté à ces expressions élastiques et a délivré l'inscription comme s'appliquant à tous les biens du mari, à partir du jour du mariage; — Attendu que les héritiers de la dame Hébert, s'ils avaient réellement l'intention de ne prendre inscription que sur les biens existant entre les mains du mari à la date de cette inscription, auraient dû donner mainlevée de l'hypothèque légale, en ce qu'elle concernait des immeubles antérieurement aliénés, et faire mentionner la mainlevée dans l'inscription; — Que, ne l'ayant pas fait, les parties de Mes Provent et Landry sont fondées à exiger d'eux aujourd'hui cette mainlevée;
Par ces motifs, etc.
Du 27 déc. 1872.-Trib. civ. de Sens.

est subrogé, l'inscription de l'hypothèque légale s'étend de plein droit à tous les immeubles du mari situés dans l'arrondissement du bureau des hypothèques où elle a été prise (Paris, 9 déc. 1890, aff. Geffroy, D. P. 91. 2. 368).

1133. Il convient de remarquer, avec MM. Aubry et Rau, t. 3, § 273, p. 337, que les personnes chargées par la loi de rendre publique l'hypothèque légale de la femme mariée, du mineur ou de l'interdit, sont tenues, à moins que l'hypothèque n'ait été valablement restreinte, de prendre une inscription générale sur tous les immeubles auxquels s'étend cette hypothèque; elles ne rempliraient pas suffisamment l'obligation qui leur incombe en ne requérant qu'une inscription spéciale.

1134. L'inscription des hypothèques légales doit, d'ailleurs, être renouvelée comme elle doit être prise, et sous les mêmes sanctions, par les personnes auxquelles est imposée l'obligation d'assurer la publicité de ces hypothèques (V. Avis du conseil d'Etat, 15 déc. 1807-22 janv. 1808, *Rép.*, p. 47).

1135. Les hypothèques légales de la femme mariée, du mineur ou de l'interdit, peuvent être inscrites même après la faillite du mari ou du tuteur ou malgré l'acceptation de sa succession sous bénéfice d'inventaire. Il en est ainsi, du moins, tant que les hypothèques sont dispensées d'inscription, c'est-à-dire pendant toute la durée du mariage ou de la tutelle et pendant l'année suivante. L'inscription alors, en effet, a un caractère purement conservatoire; elle ne procure pas à l'hypothèque légale un rang qu'elle n'avait pas ; elle ne fait donc aucun tort aux créanciers de la faillite ou de la succession (V. *Rép.* n° 1422; *suprà*, v° *Faillites et banqueroutes*, n° 737; Colmet de Santerre, t. 9, n° 120 *bis*-VI; Baudry-Lacantinerie, t. 3, n° 1381). Un créancier subrogé à l'hypothèque légale de la femme peut, d'ailleurs, comme celle-ci, faire inscrire l'hypothèque à son profit, conformément à l'art. 9 de la loi du 23 mars 1855, quoique le mari soit en faillite (Poitiers, 18 nov. 1892, *suprà*, n° 632). — Mais après l'année qui suit la dissolution du mariage ou la cessation de la tutelle, l'hypothèque légale ne peut plus être utilement inscrite et c'est le survenu un des événements qui arrêtent le cours des inscriptions (V. *infrà*, n° 1146).

Art. 2. — *De l'inscription des hypothèques légales de la femme mariée et du mineur ou de l'interdit après la dissolution du mariage ou la cessation de la tutelle.*

1136. Sous le code civil, la dispense d'inscription établie par l'art. 2135 c. civ. en faveur des hypothèques légales des mineurs ou interdits et des femmes mariées, n'était soumise à aucune restriction quant à sa durée; elle subsistait après la cessation de la tutelle ou la dissolution du mariage, aussi longtemps que l'hypothèque légale elle-même, et sans distinction entre les immeubles que le tuteur ou le mari avait acquis avant ou depuis cette époque (V. *Rép.* n° 877 et suiv.; Aubry et Rau, t. 3, § 269, p. 302 et suiv.). Encore aujourd'hui, la dispense d'inscription subsiste, dans toute son étendue, pendant l'année qui suit la cessation de la tutelle ou la dissolution du mariage. Mais, aux termes de l'art. 8 de la loi du 23 mars 1855, sur la transcription en matière hypothécaire, « si la veuve, le mineur devenu majeur, l'interdit relevé de l'interdiction, leurs héritiers ou

ayants cause, n'ont pas pris inscription dans l'année qui suit la dissolution du mariage ou la cessation de la tutelle, leur hypothèque ne date à l'égard des tiers que du jour des inscriptions prises ultérieurement ».

1137. L'art. 8 de la loi de 1855 parlant spécialement de la *veuve*, du *mineur devenu majeur* et de l'*interdit relevé de l'interdiction*, on s'est demandé, dans les premières années qui ont suivi la promulgation de la loi, si cet article était applicable dans les cas où la dissolution du mariage se produit autrement que par le décès du mari et où la tutelle cesse autrement que par la majorité du mineur ou par la mainlevée de l'interdiction. Mais il est généralement admis aujourd'hui que l'art. 8 prescrit l'inscription de l'hypothèque légale dans tous les cas où le mariage est dissous, soit par le décès de l'un des époux, soit par le divorce, et toutes les fois que la tutelle cesse, soit par la majorité du mineur, soit par la mainlevée de l'interdiction, soit par le décès du mineur ou de l'interdit (V. Pont, t. 2, n°s 808 et 815; Aubry et Rau, t. 3, § 269, p. 304, note 17; Colmet de Santerre, t. 9, n° 107 *bis*-II ; Thézard, n° 229; Baudry-Lacantinerie, t. 3, n° 1343). Il a été jugé en ce sens : 1° que les héritiers de la femme prédécédée sont tenus, comme la veuve ou ses héritiers, de faire inscrire l'hypothèque légale de la défunte dans l'année de la dissolution du mariage (Bordeaux, 12 mars 1860, aff. Fourgeaud, D. P. 61. 2. 67 ; Aix, 10 janv. 1861, *infrà*, n° 1154); Grenoble, 26 févr. 1862, aff. Cazeaud, D. P. 63. 2. 68, et sur pourvoi, Civ. rej. 2 mai 1866, aff. Chevallier, D. P. 66. 1. 244; Orléans, 26 août 1869, aff. Du Patural et Faran, D. P. 69. 2. 185 ; Req. 2 juill. 1877, aff. Manem et Arnaud-Bleynie-Lagrave, D. P. 78. 1. 408); — 2° Que les enfants d'un second lit, héritiers de leur sœur consanguine, décédée en état de minorité, doivent inscrire, dans l'année qui suit le décès de celle-ci, l'hypothèque légale lui appartient sur les biens du père commun qui a été son tuteur légal (Civ. cass. 22 août 1876, aff. Maurel, D. P. 78. 1. 212). Et le délai d'un an dans lequel l'inscription doit être prise n'est pas suspendu en faveur des héritiers de la femme, dans le cas où celle-ci a institué un légataire universel, par un testament qu'ils ont attaqué et dont la nullité n'a été prononcée qu'après l'expiration de l'année (Bordeaux, 12 mars 1860, précité).

1138. Mais, lorsque la tutelle cesse par l'émancipation du mineur, on s'accorde à reconnaître que l'hypothèque légale reste dispensée d'inscription jusqu'à la majorité du mineur, et que le délai d'un an, pendant lequel l'inscription doit être prise, courra seulement à partir de cette majorité. « Le mineur est émancipé, sans doute, dit M. Pont, t. 2, n° 814, mais il reste toujours incapable ; et, en outre, il n'est pas dans les termes de la loi nouvelle, qui ne met l'inscription à la charge du mineur lui-même que lorsqu'il est *devenu* majeur. Un curateur lui est nommé, sans doute ; mais, pas plus que lui, ce curateur n'est tenu d'inscrire l'hypothèque: car, prendre une inscription est un acte d'administration; c'est faire un acte conservatoire, et un simple curateur n'est pas tenu d'administrer. Nous ne sommes donc pas dans l'hypothèse de l'art. 8 de la loi nouvelle ; l'hypothèque doit rester dispensée d'inscription » V. en ce sens : Agen, 6 déc. 1864, aff. Anguirande-Lescure, D. P. 65. 2. 26 ; Alger, 26 avr. 1880 (1); Aubry et Rau, t. 3, § 269,

---

(1) (Bloch C. Syndic Farnarier.) — LA COUR; — Attendu que les questions soulevées par les conclusions des appelants sont celles de savoir : 1° si l'inscription de l'hypothèque légale des dames Lévy et Quenel remontait, quant à ses effets, au 29 nov. 1867, jour où la tutelle était ouverte; 2° ...; — Sur la première question : — Attendu que l'art. 8 de la du 23 mars 1855, dans le but de favoriser le développement du crédit foncier, a modifié la législation sur les hypothèques légales en établissant que celle du mari, ou celle-ci n'est inscrite dans un délai déterminé, ne date, à l'égard des tiers, que du jour de l'inscription prise ultérieurement; — Attendu qu'une loi qui, en créant la déchéance d'un droit, apporte une si grande atteinte à la position favorable que l'art. 2135 c. civ. avait faite aux mineurs, en dispensant les hypothèque de toute inscription, a dû établir très nettement les obligations qu'elle imposait pour la conservation de droits qui en étaient complètement affranchis, et qu'elle ne peut être appliquée qu'aux situations qu'elle a textuellement prévues ou qui ressortent manifestement des intentions du législateur; — Attendu que ledit art. 8 n'impose l'obligation d'inscrire son hypothèque dans l'année qui suit la cessation de la tutelle qu'au mineur

devenu majeur; qu'il n'a donc pas en vue le mineur émancipé par le mariage, lequel n'est affranchi d'ailleurs que d'une partie des incapacités attachées à son âge; — Attendu cependant qu'il semble que c'est parce que les dames Lévy et Quenel se trouvaient, le 19 mars 1875, lorsque leur hypothèque légale a été inscrite, en état de mineures émancipées par le mariage, que les premiers juges, considérant que plus d'une année s'était écoulée entre le mariage et l'inscription du 19 mars 1875, ont décidé que leur collocation ne pouvait prendre rang qu'à ladite date du 19 mars 1875; que leur jugement doit donc être réformé, quant à ce ; qu'il ne doit l'être toutefois qu'à l'égard de la dame Quenel, laquelle, née le 23 août 1856, n'était pas encore majeure quand son hypothèque a été inscrite, mais non en ce qui concerne la dame Lévy, laquelle, ainsi que cela résulte des constatations du jugement dont est appel lui-même, étant née le 10 juill. 1852, était majeure depuis plus d'une année, lorsque a été prise l'inscription du 19 mars 1875 ; ... — Par ces motifs;
Infirme. —
Du 26 avr. 1880.-C. d'Alger.-MM. Périne, pr.-Cuniac, av. gén.-Dazinière et Bouriaud, av.

p 304, note 16; Thézard, n° 229; Baudry-Lacantinerie, t. 3, n° 1345).

1139. La dispense d'inscription subsiste également en cas de décès, de démission ou de destitution du tuteur. Alors, en effet, la tutelle ne cesse pas pour le mineur; l'art. 8 n'est donc pas applicable; l'hypothèque existant contre l'ancien tuteur devra seulement être inscrite dans l'année qui suivra la majorité du mineur ou dans l'année de son décès, s'il vient à mourir pendant la tutelle (Metz, 8 févr. 1859, aff. Bing, *Jurisprudence de la cour de Metz*, 1859, p. 158; Grenoble, 10 juill. 1867 (1); Pont, t. 2, n° 814; Colmet de Santerre, t. 9, n° 107 *bis*-III; Baudry-Lacantinerie, t. 3, n° 1345).

1140. L'obligation d'inscrire l'hypothèque légale dans l'année de la dissolution du mariage ou de la cessation de la tutelle, s'impose-t-elle aux héritiers mineurs d'une femme mariée ou d'un mineur décédé pendant la tutelle, aussi bien qu'à des héritiers majeurs? Cette question est surtout délicate dans le cas où elle se présente le plus fréquemment en pratique : lorsque des mineurs, héritiers de leur mère, ont pour tuteur leur père contre lequel l'inscription doit être prise. C'est en se plaçant principalement dans cette hypothèse qu'on a soutenu que le délai d'un an devait être prorogé en faveur des héritiers mineurs et qu'il suffisait que l'hypothèque légale de leur mère fût inscrite, comme leur propre hypothèque pupillaire, dans l'année de la cessation

de la tutelle. En effet, a-t-on dit, si leur état de minorité a pour effet de les dispenser d'inscrire l'hypothèque qu'ils ont de leur chef contre leur tuteur, cette même incapacité doit également entraîner, à leur profit, la dispense d'inscrire l'hypothèque qui leur appartient du chef de leur mère. Tel est bien l'esprit de la loi : le législateur de 1855 a entendu conserver la dispense d'inscription établie par le code civil tant qu'elle est nécessaire pour la protection des incapables; il a affirmé son intention à cet égard dans l'exposé des motifs. « Cette grande faveur sera maintenue, y est-il dit, tant que sera maintenue sa raison d'être : tant que la femme est dans la dépendance du mari, dont l'intérêt est contraire au sien, tant que le mineur est sous l'autorité d'un tuteur disposé à se défendre contre toute inscription, si elle était nécessaire, la loi supplée, par une protection peut-être exorbitante, à la résistance du mari ou du tuteur. Mais, quand la capacité d'action sera venue à l'un et à l'autre, le besoin de la publicité reprendra ses droits ». Par conséquent, aussi longtemps que des enfants mineurs se trouvent, comme l'était la femme elle-même, sous l'autorité de leur père tuteur légal, ils ne peuvent être astreints à prendre inscription contre lui (V. en ce sens : Riom, 3 août 1863, aff. Veuve Pic, D. P. 63. 2. 133; Trib. civ. du Puy, 12 janv. 1863, aff. Femme Vigouroux, D. P. 65. 3. 13; La Martinique, 23 juill. 1866, aff. Héritier Clavier, D. P. 66. 2. 173; Lyon, 11 janv. 1876 (2); Troplong, *Commentaire de la loi sur la transcription*,

---

(1) (Couchoud C. Geynet.) — LA COUR; — Attendu que la dispense d'inscrire les hypothèques légales est de droit commun au profit de ceux à qui elles sont attribuées; — Que l'obligation de les inscrire dans certains cas et dans certains délais est une restriction apportée, dans l'intérêt du crédit, au principe général, et que cette restriction doit être maintenue dans les limites que la loi définit, et rester subordonnée aux conditions qu'elle détermine; — Attendu que les termes de l'art. 8 de la loi du 23 mars 1835 sont clairs et précis en ce qui concerne l'obligation particulière d'inscrire l'hypothèque légale du mineur sur les biens de son tuteur, dans les situations et les délais qu'elle indique; que cette obligation d'inscrire n'existe que pour le mineur devenu majeur, et qu'elle doit être remplie dans l'année de la cessation de la tutelle; que la majorité est ainsi la condition de l'exception à la règle principale, et la cessation de la tutelle, le point de départ du délai imparti pour l'inscription à prendre; que si le mineur est devenu majeur, il inscrira dans l'année de la cessation de la tutelle, quand la tutelle aura cessé au moment où l'accomplissement de la majorité sera survenu, de même que si le mineur vient à décéder, ses héritiers devront inscrire dans l'année de la cessation de la tutelle, arrivée alors par l'effet du décès; mais que si la tutelle vient à cesser par la mort, la démission ou la destitution du tuteur avant l'événement de la majorité et durant la minorité même, la dispense d'inscription continue à subsister tant que la condition du retrait de cette dispense ne s'est pas présentée, c'est-à-dire, tant que le terme de la majorité n'est pas atteint; — Attendu que les expressions employées dans la loi ne laissent aucun doute sur la portée de ses dispositions à cet égard; que la cessation de la dispense d'inscrire accordée, à raison de l'état d'incapacité présumé de la femme, du mineur et de l'interdit, a pour cause, suivant la loi, la cessation de cette incapacité même dans la personne du bénéficiaire direct de l'hypothèque légale, c'est-à-dire, de la femme, du mineur ou de l'interdit; que la loi met surtout cette cause déterminante en relief, par les premiers termes employés dans la rédaction de l'art. 8 précité : « la veuve, le mineur devenu majeur, le relevé de l'interdiction », termes qui recèlent en quelque sorte, dans leur signification propre, les conditions véritables de la cessation de dispense d'inscrire, d'où il suit que la femme qui vit et dont le mariage n'a pas été dissous, bien qu'elle soit rentrée dans l'administration de sa fortune par la séparation de corps ou de biens, le mineur qui n'est point devenu majeur, mais qui est resté, tout en changeant de tuteur, sous l'autorité de la tutelle en elle-même, l'interdit qui a vu succéder un tuteur à un autre dans l'administration de sa personne ou de ses biens, sans cesser d'être frappé d'interdiction, ne sont, ni les uns ni les autres, obligés d'inscrire leur hypothèque légale, parce que ce n'est pas pour eux qu'a été introduite et formulée la déchéance résultant du défaut d'inscription dans l'année de la cessation du mariage ou de la tutelle; que toutes les considérations tirées des diverses théories juridiques ou économiques relatives au crédit sont sans effet sur la question soulevée par les contredits à l'allocation des mineurs Geynet, alors que cette question est aussi clairement résolue par la loi elle-même, tenant la balance et faisant la mesure entre les intérêts des incapables et des faibles, et les exigences modernes du crédit; — Attendu qu'en expliquant ainsi les dispositions expresses de la loi du 23 mars 1855, sans la refaire par des conjectures sur les intentions ou les systèmes attribués au législa-

teur, on est conduit à reconnaître que la décision des premiers juges est contraire à ces dispositions, et doit être réformée, en maintenant l'allocation obtenue par les mineurs Geynet dans l'état préparatoire de l'ordre; — Par ces motifs, réforme, etc. Du 10 juill. 1867.-C. de Grenoble, 4e ch.-MM. Gauthier, pr.-Berger, av. gén.-d'Auzias, V. Arnaud, Gayet et Taulier, av.

(2) (Dephilibert C. Thivend). — LA COUR; — Considérant que la dame Dephilibert, née Dulac, a fait sommation à Thivend de lui payer les reprises de la dame Benoît-Marie Dulac, sa mère, ou de délaisser l'immeuble sur lequel frappe l'hypothèque légale de cette dernière; — Considérant que Thivend a formé opposition à cette sommation, en soutenant que cette hypothèque légale n'existe plus, la dame Benoît-Marie Dulac étant décédée le 28 mars 1855, et aucune inscription n'ayant été prise dans l'année, à partir du jour où la loi du 23 mars 1855 est devenue exécutoire; — Considérant que la dame Dephilibert répond qu'elle était mineure au décès de la dame Benoît-Marie Dulac, sa mère; qu'elle avait pour tuteur son père lui-même, contre lequel eût dû être prise l'inscription; que l'art. 8 de la loi du 23 mars 1855 ne lui est pas applicable, parce qu'il n'impose l'obligation de faire inscrire son hypothèque qu'à la veuve, qui survit à son mari, et non aux enfants mineurs de la femme dont le décès dissout le mariage; — Considérant que le système soutenu dans l'intérêt de Thivend et adopté par le tribunal n'est conforme ni au texte, ni à l'esprit de la loi; — Considérant d'abord, quant au texte, que l'art. 8 de la loi du 23 mars 1855 porte : « Si la veuve, ses héritiers ou ayants cause n'ont pas pris inscription dans l'année qui suit la dissolution du mariage, leur hypothèque ne date, à l'égard des tiers, que du jour des inscriptions prises ultérieurement; — Qu'ainsi le texte de la loi est formel; qu'il n'impose l'obligation de prendre inscription qu'à la veuve ou aux représentants de la veuve; qu'il ne prévoit que le cas de dissolution du mariage par la mort du mari; — Mais considérant que c'est surtout l'esprit de la loi qui est décisif; — Que, pendant tout le cours de la discussion, le législateur a protesté de son intention de maintenir l'hypothèque légale de tous les incapables, pendant tout le temps où ils resteraient incapables; qu'il a déclaré hautement que cette hypothèque était utile, nécessaire même; qu'il n'entendait obliger la femme à prendre inscription que lorsqu'elle aurait recouvré toute sa capacité, lorsqu'elle ne se représentants ne seraient plus sous l'influence du mari; — Qu'il a fait remarquer que la femme veuve avait toute sa capacité; qu'il n'y avait aucun motif sérieux pour la dispenser de prendre inscription; — Considérant qu'évidemment le législateur, si préoccupé des intérêts des incapables, se serait défendu comme d'une inconséquence et d'une véritable énormité de l'intention qu'on aurait pu lui prêter de soumettre à cette même obligation de prendre inscription, le représentant incapable de la femme, un mineur ayant presque toujours pour tuteur celui-là même contre qui l'inscription devait frapper; — Considérant, dès lors, que le système admis par les premiers juges doit être repoussé par la cour; — Que les magistrats peuvent quelquefois passer par-dessus ou à côté du texte d'une loi pour mieux se conformer à son esprit; qu'ils peuvent même méconnaître l'esprit du législateur, pour appliquer un texte, quand ce texte est tellement précis qu'il ne se prête à aucune interprétation; — Mais que ce serait violer tous les principes que de s'écarter à la fois du texte

n° 251; Pont, t. 2, n° 809; Nicollet, *Revue critique*, 1858, t. 13, p. 548 et suiv., et 1867, t. 30, p. 369 et suiv.; Bouniceau-Gesmon, *Revue pratique*, 1866, t. 21, p. 449 et suiv., et 1867, t. 23, p. 97 et suiv.).

1141. Mais la doctrine contraire a prévalu. Elle se fonde sur la généralité du texte de la loi, qui oblige *les héritiers*, sans distinction, à prendre inscription dans l'année de la dissolution du mariage ou de la tutelle. En principe, d'ailleurs, des mineurs qui acquièrent une créance hypothécaire contre leur tuteur ne sont pas pour cela dispensés de la conserver par l'inscription. Si l'inscription n'est pas prise, ils n'ont d'autre garantie que l'hypothèque légale attachée à la tutelle. A défaut d'un texte qui déroge à ces règles, on ne peut les appliquer à la situation des mineurs qui succèdent à la créance de reprises de leur mère contre leur père et tuteur (Grenoble, 29 avr. 1858, aff. Aubert, D. P. 61, 2. 68; Aix, 10 janv. 1861, *suprà*, n° 1137 Grenoble, 26 févr. 1862, aff. Cazeau, D. P. 63. 2. 68; Toulouse, 2 janv. 1863, aff. Valières, D. P. 63. 2. 215; Civ. rej. 2 mai 1866, aff. Cazeaux D. P. 66. 1. 241, et la dissertation de M. Mourlon, sous cet arrêt; Bourges, 17 févr. 1872, *infrà*, n° 1142; Aix, 9 janv. 1875, aff. Pelissier, D. P. 76. 2. 178; Paris, 21 janv. 1875, *infrà*, n° 1142; Civ. cass. 22 août 1876, aff. Maurel, D. P. 78. 1. 212; Trib. civ. de Gray, 4 déc. 1877, aff. Contant, D. P. 78. 3. 24; Alger, 12 mai 1880, *suprà*, v° *Minorité*, n° 577; Angers, 19 janv. 1892, aff. Douet, D. P. 92. 2. 212; Aubry et Rau, t. 3, § 269, p. 305, notes 18 et 19; Thézard, n° 230; Baudry-Lacantinerie, t. 3, n° 1344; Eyssautier, *Revue pratique*, 1866, t. 22, p. 448 et suiv.).

1142. En tout cas, lorsque l'hypothèque légale attachée à une créance des mineurs contre leur tuteur, telle que la créance des reprises de leur mère, n'a pas été inscrite dans le délai fixé par l'art. 8 de la loi du 23 mars 1855, le tuteur

est responsable du défaut d'inscription, et cette responsabilité est garantie par l'hypothèque légale propre aux mineurs. Ceux-ci peuvent ainsi obtenir collocation sur les biens du tuteur, pour le montant de la créance de reprises, non plus, il est vrai, à la date de la naissance de cette créance, mais du moins à la date de l'ouverture de la tutelle (Bourges, 17 févr. 1872, *suprà*, v° *Ordre entre créanciers*, n° 57; Paris, 21 janv. 1875 (1); Alger, 12 mai 1880, *suprà*, v° *Minorité*, n° 577. V. aussi, en ce sens, les autres arrêts et les auteurs cités *suprà*, n° 1141).

1143. Le subrogé tuteur est-il également responsable, vis-à-vis des mineurs, du défaut d'inscription de l'hypothèque légale leur appartenant du chef de leur mère? On a dit, pour la négative, que l'art. 2137 c. civ., qui oblige le subrogé tuteur à veiller à ce que les inscriptions soient prises sans délai sur les biens du tuteur, pour raison de sa gestion, ne s'applique qu'aux inscriptions devant rendre publique l'hypothèque de la tutelle, qui est due condition, qui est de droit rigoureux, ne peut être étendue par analogie à l'inscription d'une autre sorte d'hypothèque légale (Douai, 18 mars 1840, *Rép.* n° 1382; Nancy, 28 févr. 1880, aff. De Meixmoron, D. P. 81. 2. 221; Aubry et Rau, t. 3. § 269, p. 317). — Mais il a été jugé, au contraire, que le subrogé tuteur est responsable, aux termes de l'art. 2137 c. civ., s'il a négligé de surveiller ou de requérir l'inscription de l'hypothèque légale de la femme à laquelle les mineurs se trouvent substitués (Angers, 19 janv. 1892, aff. Douet, D. P. 92. 2. 212). Cette dernière solution peut s'appuyer, plus solidement peut-être que sur l'art. 2137, sur le principe général de l'art. 420 c. civ., d'après lequel le subrogé tuteur doit agir pour les intérêts du mineur, lorsqu'ils sont en opposition avec ceux du tuteur. Quand il y a lieu pour le mineur de prendre une inscription contre le tuteur, l'opposition d'in-

---

et de l'esprit de la loi; — Considérant qu'en réalité l'opinion du tribunal ne s'appuie que sur de simples considérations auxquelles on peut opposer plus d'une réponse; — Considérant qu'on fait remarquer, d'abord, que la veuve peut mourir dans l'année qui suivra la dissolution du mariage, et ne laisser que des héritiers mineurs, et que cependant, aux termes de l'art. 8 de la loi du 23 mars 1855, ces héritiers mineurs devront faire inscrire l'hypothèque légale; — Mais qu'il est facile de répondre qu'il s'agit d'un cas assez rare, qui n'a pas dû préoccuper beaucoup le législateur; que rien ne prouve que les mineurs devront prendre inscription contre leur propre tuteur, et qu'enfin, l'obligation d'inscrire l'hypothèque légale aura au moins été imposée pendant un certain temps à une personne capable; — Considérant qu'on allègue, en second lieu, que tout le monde est à peu près d'accord pour obliger les héritiers majeurs de la femme qui décède avant son mari à inscrire l'hypothèque légale sur les biens de ce mari, et qu'on en tire la conséquence que, puisque, malgré le texte de la loi, on soumet les héritiers majeurs de la femme qui décède avant le mari, à la même règle que la femme qui survit au mari, il n'y a pas lieu de faire une distinction entre les héritiers majeurs et les héritiers mineurs; — Mais considérant que l'esprit de la loi peut bien autoriser les tribunaux à assimiler, malgré le texte, la femme veuve et les héritiers majeurs de la femme prédécédée, mais non à placer sur la même ligne les héritiers mineurs et les héritiers majeurs, quand ce n'est pas seulement le texte, mais l'esprit de la loi qui s'y oppose; — Considérant qu'on invoque une dernière considération tirée de l'intérêt public; qu'il importe, dit-on, de débarrasser le plus promptement possible le mari d'une hypothèque légale occulte qui nuit à son crédit et qui paralyse la libre disposition de ses biens; — Considérant que cette considération ne vaut pas plus que toutes les autres; que le mari, tuteur de ses enfants mineurs, qui ne prend pas inscription pour les reprises de sa femme, est frappé du moins de l'hypothèque pupillaire, aussi occulte que l'hypothèque de la femme et qui comprend les mêmes sommes; — Que son crédit n'est en aucune manière sauvegardé par le système admis par les premiers juges; — Que ce système profite non au mari, mais aux tiers auxquels il a vendu des biens antérieurement au décès de sa femme, et qui ont commis la grande imprudence de ne point faire opérer la purge des hypothèques légales; — Par ces motifs; — Réformant le jugement du tribunal de Villefranche, et déclarant nulle et non avenue l'opposition de Thivend aux poursuites dirigées contre lui par la dame Dephilibert, ordonne qu'il sera passé outre auxdites poursuites, nonobstant cette opposition, etc.

Du 11 janv. 1876.-C. de Lyon, 4° ch.-MM. Rieussec pr.,-Geneste, av. gén.;-Bonnard, Bernard et Couprie (du barreau de Villefranche), av.

(1) (Duval C. Royer.) — Le 15 avr. 1873, le tribunal civil de

la Seine a rendu un jugement dont nous extrayons ce qui suit: — « ... Attendu que l'inscription prise au profit des mineurs Royer contre leur père et tuteur, pour conservation de leur hypothèque légale, n'a été prise que le 26 juill. 1870, plus d'une année après le décès de leur mère; — Qu'il est de jurisprudence que l'obligation de faire inscrire, dans l'année qui suit la dissolution du mariage, l'hypothèque légale de la femme, est imposée, non seulement à la femme elle-même, mais encore à ses héritiers, alors même qu'ils sont mineurs; — Qu'en conséquence, les mineurs Royer ne peuvent invoquer l'hypothèque légale du chef de leur mère; — Mais attendu qu'ils ont pour la garantie de leur créance une autre hypothèque légale, celle des pupilles sur les biens de leur tuteur; — Que cette hypothèque, dont l'effet remonte au jour de l'ouverture de la tutelle, a été régulièrement conservée par l'inscription prise le 28 juill. 1870, puisqu'elle doit être inscrite au plus tard dans l'année de la cessation de la tutelle, et que la tutelle dure encore; — Qu'il est constant que l'hypothèque légale des mineurs garantit non seulement les créances nées pendant la tutelle, mais encore celles que le mineur acquiert ou qu'il avait acquises par succession contre son tuteur; — Que, dans l'espèce, les mineurs ont, au décès de leur mère, par sa succession, acquis contre leur père tuteur, la créance dont ils réclament aujourd'hui le montant, et qu'ils sont, dès lors, fondés à invoquer l'hypothèque légale de tutelle; — Que, par suite, leur collocation doit primer celle de Duval, qui n'a pris aucune inscription que postérieurement à l'ouverture de la tutelle, etc. ». — Appel par le sieur Duval.

La cour; — En ce qui touche les conclusions principales de l'appel : — Adoptant les motifs des premiers juges; — En ce qui touche les conclusions complémentaires : — Considérant que Duval soutient vainement que si l'hypothèque légale des pupilles garantit leur créance à l'encontre des créanciers du tuteur dont elle tient les droits en suspens, cette créance provisoire, éventuelle, subordonnée à l'événement de la fin de la tutelle, ne comporte pas d'attribution immédiate et définitive sur le prix de l'immeuble grevé; — Qu'en effet, la créance des mineurs est certaine, liquide, déterminée dans sa quotité par le chiffre même des reprises dotales de leur mère, lesquelles étaient exigibles à la dissolution du mariage; qu'elle résiste par sa nature à toute compensation à celle qui pourra résulter au profit du tuteur du compte de tutelle, et constitue le patrimoine des mineurs dont elle peut seule assurer l'entretien et l'éducation; — Que c'est donc à bon droit qu'en maintenant la collocation telle qu'elle était établie au règlement provisoire, au profit des mineurs Royer, les premiers juges ont fait une attribution immédiate et définitive et qu'ils ont prononcé contre Duval une forclusion et un rejet définitif de tous droits sur le prix de l'ensemble de son débiteur; — Par ces motifs, confirme, etc.

Du 21 janv. 1875.-C. de Paris, 2° ch.-MM. Puget, pr.-Manuel, av. gén.-Octave Falateuf et Devin, av.

térêts est certaine, et par conséquent le subrogé tuteur a le devoir d'agir (Comp. Civ. rej. 2 mai 1866 (motifs), aff. Chevallier, D. P. 66. 1, 241).

1144. Il va de soi que l'inscription de l'hypothèque légale de la femme ou du mineur n'aurait pas besoin d'être prise dans l'année de la dissolution du mariage ou de la cessation de la tutelle, si l'hypothèque avait déjà été inscrite antérieurement et que l'inscription ne fût pas périmée. Mais, si l'inscription antérieure devait tomber en péremption avant l'expiration de l'année, il serait nécessaire de la renouveler ou d'en prendre une nouvelle conformément à l'art. 8 (Colmet de Santerre, t. 9, n° 134 bis-VII).

1145. Toute inscription d'hypothèque légale doit, aux termes de l'art. 2153-3° c. civ., mentionner la nature des droits à conserver. De là il résulte que l'inscription prise au nom d'enfants mineurs pour sûreté des droits, reprises et avantages matrimoniaux leur provenant de leur mère décédée n'a pas pour effet de conserver l'hypothèque légale appartenant aux mêmes mineurs sur les biens de leur père et tuteur légal pour raison de sa gestion tutélaire (Trib. civ. de Gray, 4 déc. 1877, aff. Contant, D. P. 78. 3. 24).

1146. Pendant le délai d'un an accordé par l'art. 8 de la loi de 1855, de même que pendant le mariage ou pendant la tutelle, l'hypothèque légale de la femme ou du mineur peut être utilement inscrite, nonobstant la mise en faillite de celui contre lequel l'inscription doit avoir lieu, ou malgré l'acceptation bénéficiaire ou la déclaration de vacance de sa succession (Civ. cass. 17 août 1868 (motifs), aff. Barbier, D. P. 68. 1. 398; Pont, t. 2, n°s 890 et 895; Aubry et Rau, t. 3, § 269, p. 305 et suiv.; Demangeat, sur Bravard, *Traité de droit commercial*, 2° éd., t. 5, p. 293, note 2. V. *supra*, n° 1135).

1147. Le défaut d'inscription de l'hypothèque légale de la femme ou du mineur dans le délai fixé par l'art. 8 n'emporte pas extinction de cette hypothèque. Seulement, à partir de l'expiration de ce délai, l'hypothèque ayant cessé d'être dispensée d'inscription rentre dans le droit commun : elle peut encore être inscrite, mais elle n'aura plus rang à l'égard des tiers que du jour de l'inscription qui sera prise (L. 23 mars 1855, art. 8. — Comp. c. civ. art. 2113). En conséquence, l'hypothèque légale inscrite seulement après l'année qui a suivi la dissolution du mariage ou la cessation de la tutelle, n'est pas opposable aux créanciers hypothécaires qui se sont inscrits antérieurement sur les immeubles grevés de cette hypothèque, ni aux tiers qui ont acquis des droits réels sur ces immeubles par un titre transcrit avant l'inscription de l'hypothèque légale (V. notamment Agen, 5 mai 1858, aff. Veuve Vialès, D. P. 59. 2. 66 ; Limoges, 14 juin 1860, aff. Desvalois, D. P. 60. 2. 222; Paris, 30 nov. 1861, *supra*, n° 581; Req. 2 juill. 1877, aff. Manem et Arnaud-Bleynie-Lagrave, D. P. 78. 1. 408; Trib. civ. de Gray, 4 déc. 1877, aff. Contant, D. P. 78. 3. 24).

1148. Le défaut d'inscription de l'hypothèque légale dans le délai de l'art. 8 peut même être opposé par les créanciers chirographaires du débiteur (Civ. cass. 17 août 1868, aff. Barbier, D. P. 68. 1. 398; Orléans, 26 août 1869, aff. Du Patural et Faran, D. P. 69. 2. 185. V. *supra*, n° 956). Mais il ne peut l'être par le débiteur lui-même ni par ses héritiers (V. *supra*, n° 954). Il a été jugé spécialement que le défaut d'inscription de l'hypothèque légale de la veuve dans l'année qui a suivi la dissolution du mariage, ne peut être opposé par un héritier du mari, même lorsqu'il a pris sur les biens héréditaires une inscription de privilège de copartageant (Nancy, 28 nov. 1877, sous Civ. cass. 8 déc. 1880, aff. Dame Galette, D. P. 81. 1. 183).

1149. Quant à la forme, il y a lieu de se demander si l'inscription d'hypothèque légale qui n'est prise qu'après le délai fixé par l'art. 8, est régie par l'art. 2153 c. civ., relatif aux inscriptions d'hypothèque légale, ou par l'art. 2148, qui détermine les conditions des inscriptions en général. Il a été jugé que l'hypothèque légale de la femme mariée, bien qu'elle n'ait pas été inscrite dans l'année de la dissolution du mariage, conserve son caractère d'hypothèque légale et reste, par suite, régie, quant aux formalités de l'inscription, par l'art. 2153 c. civ., qui n'exige ni l'énonciation du titre, ni l'indication du montant de la créance, à moins que cette créance ne soit déterminée, ni l'indication de l'époque d'exigibilité (Caen, 18 juin 1879 (1); Bordeaux, 18 nov. 1890, aff. Dancy, D. P. 94, 2° partie). — Mais une doctrine contraire semble résulter des motifs d'un arrêt de la cour de cassation du 20 mars 1872 (aff. Lauret, D. P. 72. 1. 401). Après avoir rappelé qu'aux termes de l'art. 2153 l'inscription d'hypothèque légale doit contenir l'indication du montant de la créance, lorsque la créance est déterminée par des actes intervenus entre les parties, l'arrêt ajoute : « que cette indication est plus impérieusement exigée encore dans le cas où l'inscription n'a été requise qu'après l'expiration des délais accordés par la loi du 23 mars 1855, et lorsque l'hypothèque, ayant perdu son caractère privilégié, ne prend rang qu'à la date de l'inscription, qui, soumise à toutes les conditions de publicité prescrites par la loi commune dans l'intérêt des tiers, ne peut produire effet pour une somme supérieure à celle qui a été indiquée » (Comp. Caen, 27 janv. 1870, aff. Barbier, D. P. 71. 2. 99). Dans ce système, lorsque l'inscription est prise après l'expiration du délai de l'art. 8, elle serait assujettie aux mêmes conditions légales qu'une inscription d'hypothèque conventionnelle ; elle devrait, par suite, contenir l'évaluation du montant de la créance, même dans le cas où la créance est indéterminée, et aussi la désignation des biens grevés (En ce sens, André, n° 856).

1150. Lorsque l'hypothèque légale n'a pas été inscrite dans le délai de l'art. 8, elle ne peut plus l'être valablement après les événements qui, aux termes de l'art. 2146 c. civ., arrêtent le cours des inscriptions. Ainsi, l'inscription qui n'est prise qu'après la déclaration de faillite du mari ou du tuteur n'est pas opposable aux créanciers de la faillite (Civ. cass. 17 août 1868, aff. Barbier, D. P. 68. 1. 398; Rouen, 17 juin 1869, aff. Leduc, D. P. 72. 2. 215; Caen, 27 janv. 1870, aff. Barbier, D. P. 71. 2. 69; Lyon, 19 août 1871, aff. Ponlichet, D. P. 72. 5. 270). De même, si le mari ou le tuteur est décédé et que sa succession soit acceptée bénéficiairement ou déclarée vacante, l'hypothèque légale qui n'a pas été inscrite dans le délai de l'art. 8 ne peut plus l'être à l'égard des créanciers de la succession (Paris, 24 juin 1862, aff. Lavo, D. P. 63. 2. 1 ; Orléans, 26 août 1869, aff. Du Patural et Faran, D. P. 69. 2. 185. — V. toutefois, en sens contraire, Trib. civ. de Valence,

---

(1) (Syndic Payen *C.* Payeu). — La cour; ... Sur la deuxième question : — Attendu que le contrat de mariage des époux Payen attribuait à Payen, après le décès de sa femme, la moitié en usufruit de la succession de celle-ci ; mais qu'il avait trois enfants, dont deux étaient mineurs; que Payen n'a pas fait dresser d'inventaire et que la tutelle n'a pas été constituée; qu'il n'est intervenu ni partage, ni liquidation, ni délivrance d'usufruit; que, par conséquent, Payen n'a pas cessé d'être débiteur, comme mari, des droits et reprises de son épouse prédécédée, et que l'hypothèque légale garantissant lesdites reprises n'a pas été éteinte; que vainement le syndic oppose le contrat de mariage de la dame Gouley, passé le 4 juillet 1873; que, dans cet acte, celle-ci n'a consenti, à son père, aucune délivrance d'usufruit; que c'est ce dernier qui a constitué, en faveur de sa fille, une pension annuelle de 2000 fr., qui devait être réduite, dans le cas où les trois enfants Payen demanderaient à leur père un compte ou un partage; que, dès lors, ce contrat de mariage, loin de contenir une délivrance d'usufruit, réservait les droits de tous les enfants, y compris ceux de la dame Gouley;

Sur la troisième question : — Attendu que l'art. 8 de la loi du 23 mars 1855, suivant lequel l'hypothèque légale, qui n'a pas été inscrite dans l'année qui suit la dissolution du mariage ou de la tutelle, ne date, à l'égard des tiers, que du jour des inscriptions prises ultérieurement, ne modifie pas le caractère de cette hypothèque; qu'elle continue à être légale, et qu'elle ne devient ni conventionnelle, ni judiciaire, puisqu'il ne survient ni convention, ni jugement; que seulement, le texte précité la soumet à la formalité de l'inscription; et que, relativement à la teneur de cette inscription, il se réfère aux règles tracées par le code civil ; que ces règles sont différentes, selon qu'il s'agit d'hypothèques légales ou conventionnelles; et que l'art. 2153 c. civ., qui s'applique aux premières, n'exige ni l'énonciation du titre, ni l'indication de la créance, à moins qu'elle ne soit déterminée, ni l'indication de l'époque d'exigibilité; — Attendu que l'inscription du 20 déc. 1877 réunit toutes les conditions requises par l'art. 2153 précité, et que les droits qu'elle a pour objet de conserver n'ayant pas été discutés entre les parties, le montant de la valeur desdits droits ne pouvait pas être précisé. —

Du 18 juin 1879.-C. de Caen, 1re ch.-MM. Champin, 1er pr.-Soret de Boisbrunet, av. gén.-Toutain et Carel, av.

1er mars 1866, aff. Tarbouriech, D. P. 66. 3. 62 et la dissertation de M. Thiercelin en note sous l'arrêt précité du 24 juin 1862). Il a même été jugé que la nullité de l'inscription d'hypothèque légale prise par une femme mariée, plus d'un an après la dissolution du mariage, sur les biens du mari décédé et dont la succession a été acceptée bénéficiairement, doit être prononcée d'office par le juge, dans l'ordre où la femme demande à être colloquée en vertu de cette inscription (Trib. Seine, 4 août 1891, aff. Cuissard, *Journal des conservateurs des hypothèques*, art. 4237, 1892, p. 74).

1151. Le défaut d'inscription de l'hypothèque légale dans le délai fixé par l'art. 8 entraîne d'ailleurs, en cas de purge, de vente sur saisie immobilière ou d'expropriation pour cause d'utilité publique, la déchéance du droit de préférence aussi bien que du droit de suite. La dispense d'inscription ayant cessé, il n'y a plus lieu alors à l'application des textes qui consacrent la survivance du droit de préférence au droit de suite en faveur des hypothèques légales (c. proc. civ. art. 717, § 7, et 772, § 5; L. 3 mai 1841, art. 17). En conséquence, la femme devenue veuve, le ci-devant pupille ou leurs ayants droits qui, le délai de l'art. 8 étant passé, n'auraient pas pris inscription soit avant la transcription de l'acte d'aliénation, en cas de purge d'hypothèques légales, soit avant la transcription du jugement d'adjudication, en cas de saisie immobilière, soit dans la quinzaine de la transcription du jugement d'expropriation pour cause d'utilité publique, ne devraient être admis à exercer aucun droit de préférence sur le prix de l'immeuble vendu ou exproprié; ils seraient, en effet, dans la même situation que tout autre créancier hypothécaire qui n'aurait pas inscrit son hypothèque (V. en ce sens, Aubry et Rau, t. 3, § 269, p. 310, note 29. — Comp. Paris, 24 juin 1862, aff. Lavo, D. P. 63. 2. 4; Caen, 27 janv. 1870, aff. Barbier, D. P. 71. 2. 99; Lyon, 49 août 1871, aff. Ponticllot, D. P. 72. 5. 270).

1152. Il est évident toutefois que l'inscription de l'hy-

pothèque légale n'est pas nécessaire dans le délai de l'art. 8, lorsque l'hypothèque a produit son effet légal dès avant l'expiration de ce délai (V. *suprà*, nos 1083 et suiv.). Il a été jugé, en ce sens, que l'inscription de l'hypothèque légale d'une femme mariée n'avait pas eu besoin d'être inscrite avant l'expiration du délai fixé par l'art. 8 de la loi du 23 mars 1855, alors que, dès avant la dissolution du mariage, la femme, ayant obtenu sa séparation de biens et ayant reçu des immeubles de son mari en payement de ses reprises, avait fait transcrire, puis avait notifié aux créanciers du mari, l'acte de cession de ces immeubles, qui, à la suite d'une surenchère formée par un créancier, avaient été pour la majeure partie adjugés à la femme (Montpellier, 28 juin 1868) (1).

1153. Mais l'hypothèque légale reste soumise à l'inscription exigée par l'art. 8, alors même que, dès avant l'expiration du délai fixé par cet article, un tiers, acquéreur des immeubles du mari ou du tuteur, aurait procédé à la purge des seules hypothèques inscrites et consigné son prix; cette purge, en effet, qui n'intéressait que les créanciers inscrits, n'a pas fait produire son effet légal à l'hypothèque légale (Limoges, 14 juin 1860, aff. Desvalois, D. P. 60. 2. 222). De même, l'hypothèque légale ne pourrait être considérée comme ayant produit son effet légal, par cela seul que la femme, le mineur ou leurs ayants cause auraient fait liquider leurs droits et auraient saisi les immeubles du mari ou du tuteur (Agen, 5 mai 1858, aff. Veuve Vialès, D. P. 59. 2. 66), ou qu'ils auraient fait sommation de payer ou de délaisser au tiers détenteur de ces immeubles et obtenu contre lui un jugement validant cette sommation (Toulouse, 19 mars 1864, aff. Chatard, D. P. 61. 2. 83. V. *suprà*, nº 1098).

1154. L'inscription de l'hypothèque légale qui a été opérée conformément à l'art. 8 doit, du reste, pour conserver son effet, être renouvelée avant dix ans, comme toutes les autres inscriptions (Aix, 10 janv. 1861) (2).

1155. L'art. 11, § 5, de la loi du 23 mars 1853, a étendu

---

(1) (Laporte C. Thédenat et autres.) — LA COUR; — ... Au fond; — Attendu que Marguerite Albouze, séparée de biens d'avec son mari, Jean Laporte, reçut de celui-ci, en payement de ses reprises matrimoniales, divers immeubles, au prix de 2400 fr.; — Attendu que son contrat fut, à la date du 26 juin 1850, notifié aux créanciers inscrits et suivi d'une sommation après laquelle les mêmes immeubles furent, le 5 juin 1853, adjugés à Mathieu Jalbert, premier créancier hypothécaire, au prix de 2600 fr.; — Attendu que celui-ci fit adjudication de command au profit de Marguerite Albouze, sous la réserve seulement d'un immeuble désigné sous le nom de Morte-Vielle; — Attendu que la dame Marguerite Albouze, étant décédée, les enfants Pierre Laporte et Pierre-Antoine Laporte se mirent en possession des immeubles qui leur étaient échus, pendant que Pierre Laporte, représentant de Mathieu Jalbert, conservait, du chef de celui-ci, l'immeuble qu'il s'était réservé; — Attendu que cet état de choses s'était perpétué pendant une quinzaine d'années sans réclamation aucune de la part des créanciers du vendeur primitif, lorsque l'un d'eux, Charles Seguret, a provoqué l'ouverture d'un ordre pour la distribution du prix de l'adjudication sur surenchère; — Attendu que les enfants Laporte, créanciers du chef de leur mère, doivent y figurer au premier rang, et que c'est bien à tort qu'ils ont été, par les premiers juges, considérés comme simples créanciers chirographaires pour n'avoir pas inscrit leur hypothèque aux termes de l'art. 8 de la loi du 23 mars 1853 sur la transcription; — Attendu que l'obligation d'inscription ne peut s'appliquer aux hypothèques qui ont déjà produit leur effet légal; — Attendu qu'en matière de vente volontaire, cet effet se produit dès l'instant que l'acquéreur a transcrit et notifié son contrat, avec offre d'en payer le prix; qu'il est admis par la jurisprudence et par la doctrine que, sous l'influence de cette notification, il s'opère entre le vendeur, l'acquéreur et le créancier un quasi-contrat dont le résultat est de fixer dès ce moment le sort des inscriptions prises, en même temps qu'il détermine le prix de l'immeuble; — Attendu que si l'immeuble vendu est, par suite d'une surenchère, l'objet d'une nouvelle adjudication, le quasi-contrat continue, car le prix seul est modifié, et il est à l'avantage des créanciers qui ne sauraient s'en plaindre; — Attendu que le droit hypothécaire cessant donc d'être réel, n'ayant plus s'exercer que sur le prix, cesse par cela même d'être soumis à l'inscription, qui, d'après la loi sur la transcription, ne s'applique qu'aux droits réels et immobiliers; — Attendu que les choses n'avaient point changé, et qu'elles étaient, à l'ouverture de l'ordre, telles qu'elles avaient été définitivement établies par la notification du contrat aux créanciers; que, dès lors, les enfants Laporte avaient droit au

premier rang du chef de leur mère, et que Pierre Laporte, l'un d'eux, devait être colloqué immédiatement après, en cas de fonds disponibles, du chef de Mathieu Jalbert, dont il est le représentant, etc...; — Réformant, etc...
Du 28 juin 1868.-C. de Montpellier, Ch. civ.-MM. Sigaudy, 1er pr.-de la Baumes, 1er av. gén.-Couderc et Cazal, av.

(2) (Espinel C. Brune.) — Inscription d'hypothèque légale avait été prise en 1847 par la dame Balester, légataire universelle de la dame Costollier, pour la garantie des reprises de celle-ci, sur les biens du sieur Costollier, mari survivant. La dame Balester, étant décédée, a laissé pour héritier le mineur Espinel, son fils. L'inscription de 1847 n'a pas été renouvelée dans les dix ans. Le sieur Costollier étant, lui aussi, décédé, les immeubles dépendant de sa succession ont été vendus, un ordre a été ouvert pour la distribution du prix, et le mineur Espinel a demandé à être colloqué pour la somme de 1600 fr., montant des reprises de la dame Costollier. Le sieur Brune, créancier inscrit du sieur Costollier, s'est opposé à la collocation du mineur, pour la raison que l'hypothèque légale invoquée par celui-ci aurait dû être inscrite conformément aux art. 8 et 11 de la loi du 23 mars 1853. Le 2 mars 1860, le tribunal civil de Forcalquier a statué ainsi qu'il suit : — « Attendu qu'en prescrivant le renouvellement des inscriptions tous les dix ans, le législateur a voulu que le conservateur des hypothèques n'eût qu'à rechercher ces inscriptions dans les dix dernières années pour pouvoir donner un certificat exempt d'erreurs; — Attendu que, la loi étant faite dans cet esprit, il est évident que la péremption est applicable à toute inscription et même à celles qui ne sont devenues nécessaires qu'en vertu de lois particulières; — Attendu que l'argument tiré de l'art. 2193 c. civ. n'est point concluant; il s'agit dans cet article des inscriptions pratiquées par des tiers acquéreurs pour la purgation des hypothèques légales, et les mineurs étant dispensés d'inscrire jusqu'à ce que le tiers acquéreur les eût mis en demeure de le faire, il est évident que leur inscription alors opérée devait avoir son plein et entier effet; mais, depuis la loi de 1855, un délai ayant été donné pour inscrire après le mariage ou la majorité, les femmes et les mineurs sont atteints par la loi générale et doivent renouveler leur inscription tous les dix ans; — Si l'on admettait le contraire, le conservateur des hypothèques serait obligé ou de se livrer à des recherches indéfinies, ou de s'exposer à donner des certificats erronés, et c'est là précisément ce qu'on a voulu éviter en ordonnant la péremption; — Attendu, en fait, que l'inscription prise en 1847 n'a pas été renouvelée en 1857; que dès lors cette inscription est périmée; — Par ces motifs, etc. », — Appel au nom du mineur Espinel.

l'application de l'art. 8 aux hypothèques légales des femmes dont le mariage était dissous dès avant cette loi, ainsi qu'à celles des mineurs dont la tutelle avait cessé ; ce texte a prescrit d'inscrire ces hypothèques dans l'année à compter du jour où la loi était exécutoire, c'est-à-dire à compter du 1er janv. 1856, en ajoutant que « à défaut d'inscription dans ce délai, l'hypothèque légale ne prend rang que du jour où elle est ultérieurement inscrite » (V. des applications de cette disposition transitoire dans Agen, 5 mai 1858, aff. Veuve Vialès, D. P. 59. 2. 66 ; Limoges, 14 juin 1860, aff. Desvalois, D. P. 60. 2. 222 ; Toulouse, 19 mars 1861, aff. Chatard, D. P. 61. 2. 83 ; Montpellier, 28 juin 1868, *supra*, n° 1152).

Art. 3. — *De l'inscription des hypothèques légales autres que celles de la femme mariée, du mineur ou de l'interdit (hypothèque légale de l'État et des établissements publics ; privilèges dégénérés en hypothèques ; hypothèque des légataires ; hypothèque de la faillite).*

1156. — I. Inscription de l'hypothèque légale de l'état et des établissements publics sur les biens des comptables. — L'hypothèque légale de l'Etat et des établissements publics sur les biens des comptables ne prend rang, comme on l'a vu *supra*, n° 716, et ne produit effet contre les tiers qu'à la date de son inscription. La loi du 5 sept. 1807, art. 7 (*Rép.*, p. 47) a pris des dispositions pour faire opérer cette inscription. Elle impose aux comptables qu'elle énumère l'obligation d'énoncer leurs titres et qualités dans les actes de vente, d'acquisition, de partage, d'échange et autres actes translatifs de propriété qu'ils passeront. Au vu de ces actes, les receveurs de l'enregistrement et les conservateurs des hypothèques sont tenus de requérir ou opérer l'inscription.

1157. L'hypothèque légale de l'Etat et des établissements publics, n'étant pas dispensée d'inscription, ne pourrait pas être inscrite utilement après la faillite du débiteur ou après sa mort suivie d'acceptation bénéficiaire de sa succession (c. civ. art. 2146) (V. en ce sens, Baudry-Lacantinerie, t. 3, n° 1381).

1158. — II. Inscription des privilèges (dégénérés en hypothèques légales. — On a énuméré *supra*, n° 718, les privilèges qui, faute d'avoir été inscrits dans le délai fixé par la loi, dégénèrent en hypothèques et ne datent plus, à l'égard des tiers, que de l'époque de leur inscription. Cette inscription est soumise aux règles des inscriptions ordinaires, et non à celles des inscriptions d'hypothèque légale.

1159. — III. Inscription de l'hypothèque légale des légataires. — La jurisprudence admet, comme on l'a vu *supra*, n° 719, que les légataires ont une hypothèque légale sur les immeubles de la succession. Cette hypothèque doit être inscrite pour être opposable aux tiers. Comme elle ne peut exister qu'en vertu d'un testament, le conservateur doit demander à celui qui requiert une inscription comme légataire, la représentation d'un extrait authentique du testament d'où résulte le droit au legs et à l'hypothèque (André, n° 862).

1160. De ce que l'hypothèque des légataires est une hypothèque légale, la jurisprudence a conclu, par application de l'art. 2148-5°, que son inscription ne doit pas nécessairement contenir l'indication de l'espèce et de la situation des biens sur lesquels porte l'hypothèque (Toulouse, 23 déc. 1870, aff. Baldy-Jonguet, D. P. 75. 5. 271 ; Bordeaux, 5 mai

1887, aff. Bafford, D. P. 89. 2. 7). Quelques auteurs cependant sont d'un avis contraire ; ils considèrent que l'hypothèque des légataires est spéciale de sa nature, puisqu'elle ne frappe que les immeubles recueillis par l'héritier dans la succession du testateur ; ils décident, en conséquence, que l'inscription doit être prise spécialement sur ces immeubles (Pont, t. 2, n° 1001. V. aussi *infrà*, n° 1164). L'inscription, dans tous les cas, doit être spéciale quand le testateur a, dans son testament, restreint l'hypothèque à certains immeubles (V. *supra*, n° 720).

1161. L'hypothèque des légataires reste soumise, quant à son inscription, aux dispositions de l'art. 2146 c. civ. ; elle ne peut plus être valablement inscrite après la faillite de l'héritier débiteur du legs ou après son décès, suivi de l'acceptation bénéficiaire de sa succession (Baudry-Lacantinerie, t. 3, n° 1381). Mais l'acceptation bénéficiaire de la succession du testateur n'empêcherait pas un légataire de pouvoir prendre inscription.

1162. — IV. Inscription de l'hypothèque de la masse des créanciers, en cas de faillite ou de liquidation judiciaire. — C'est aux syndics ou aux liquidateurs provisoires qu'incombe l'obligation de prendre inscription, au profit de la masse des créanciers, sur les biens du failli ou du commerçant en liquidation (c. com. art. 490). L'art. 4 de la loi du 4 mars 1889 prescrit même aux liquidateurs de requérir cette inscription dans les vingt-quatre heures de leur nomination.

1163. Aux termes de l'art. 490 c. com., les syndics doivent, en requérant l'inscription, joindre aux bordereaux un certificat constatant leur nomination. Dans la pratique, ce certificat est remplacé par un extrait, délivré par le greffier, du jugement qui a déclaré la faillite ou la liquidation judiciaire (André, n° 866).

1164. Suivant quelques arrêts, l'hypothèque de la masse est générale et s'étend à tous les biens présents et à venir du failli (Dijon, 5 août 1862, aff. Perret, D. P. 62. 2. 149 ; Paris, 27 mai 1863, aff. Crouillebois, D. P. 63. 2. 174). S'il en est ainsi, il suffit que l'inscription de cette hypothèque soit prise sur tous les immeubles présents et à venir du failli situés dans l'arrondissement du bureau des hypothèques. Mais, au contraire, d'après la plupart des auteurs, l'hypothèque de la masse est spéciale, en ce qu'elle porte seulement sur les immeubles présents du failli, et elle doit être inscrite spécialement sur chacun de ces immeubles. Ce sentiment s'appuie d'abord sur le texte de l'art. 490 c. com., d'après lequel l'inscription doit être prise par les syndics « sur les immeubles du failli dont ils connaîtront l'existence ». On invoque aussi le principe général de la spécialité des inscriptions, auquel il y aurait lieu de se conformer, à défaut d'une dérogation expresse (Pont, t. 2, n° 1001 ; Aubry et Rau, t. 3, § 264, p. 205, note 15 ; Thézard, n° 126 ; Lyon-Caen et Renault, *Précis de droit commercial*, t. 2, n° 2707). Ces arguments, toutefois, ne sont pas absolument décisifs. En ordonnant aux syndics de prendre inscription sur les immeubles du failli dont ils connaîtront l'existence, la loi a pu seulement vouloir dire qu'une inscription devra être prise dans tous les arrondissements où les syndics sauront que le failli possède des immeubles. D'autre part, si l'hypothèque de la masse est une hypothèque légale, la dérogation au principe de la spécialité peut résulter, en ce qui concerne cette hypothèque, de la disposition finale de l'art. 2148 c. civ. (Comp. en ce sens : Demangeat, sur Bravard, *Cours de droit commercial*, 2e édit. ; t. 5, p. 452, note 1, et page 453, note 1).

La cour, — Attendu qu'il s'agit au procès de savoir si l'hypothèque légale inscrite le 1er oct. 1847 sur les biens de Costollier, en garantie d'une somme dotale de 1600 fr. appartenant à sa femme, et non renouvelée en 1857, se trouve périmée faute de renouvellement dans les dix ans ; — Adoptant, à cet égard, les motifs des premiers juges ; — Attendu, en outre, que, si l'obligation d'inscrire (et par conséquent de renouveler plus tard) est imposée à la veuve par l'année de la dissolution du mariage par l'art. 8 de la loi du 23 mars 1855, ce texte est également applicable au cas du prédécès de la femme, car il n'y a aucune raison de distinguer ; — Attendu, en effet, que la loi a considéré la dissolution du mariage comme le terme de l'incapacité de la femme et n'a parlé du prédécès du mari qu'à titre d'exemple ; — Que lorsque cette dissolution se réalise par le prédécès de la femme elle-même, l'obligation d'inscrire ou de renouveler son

hypothèque incombe à ses héritiers ; — Attendu que, si ces héritiers sont mineurs, le délai d'un an accordé pour prendre inscription n'est pas suspendu par cet événement ; — Attendu, en effet, que les courtes prescriptions courent contre les mineurs ; — Attendu que les représentants de la femme ne sauraient, en agissant à son lieu et place, avoir plus de droit qu'elle ; que la charge d'inscrire incombe en pareil cas au tuteur qui n'est pas détourné par son intérêt personnel de prendre inscription sur les biens du mari ; — D'où il suit que le mineur Espinel ne saurait être relevé, dans l'espèce, du défaut de renouvellement de l'hypothèque légale inscrite au requis de sa mère, comme légataire universelle de la femme Costollier ;

Confirme, etc.

Du 10 janv. 1861.-C. d'Aix, 2e ch.-MM. Bédarrides, pr.-Gabrielly, av. gén.-de Falbaire et Mottet, av.

1165. Lorsque la faillite aboutit à un concordat, l'art. 517 c. com. prescrit aux syndics, pour la conservation de l'hypothèque de la masse, de faire inscrire aux hypothèques le jugement d'homologation, à moins qu'il n'en ait été décidé autrement par le concordat (V. Rép. v° *Faillites et banqueroutes*, n°s 838 et suiv.). Cette inscription, qui peut consister dans la simple transcription du jugement sur le registre des inscriptions, a pour but de faire connaître au public le chiffre du dividende au payement duquel les immeubles sont affectés. — Il y a ici, dit M. Demangeat, *op. cit.*, p. 453, note 1, quelque chose d'analogue à ce que la loi exige pour la conservation du privilège des architectes et entrepreneurs. De même que l'art. 2110 c. civ. ne fixe pas de délai dans lequel doive être inscrit le deuxième procès-verbal, de même l'art. 517 c. com. ne fixe pas non plus un délai dans lequel doive être transcrit le jugement d'homologation.

CHAP. 5. — **De l'effet des privilèges et hypothèques contre le tiers détenteur, ou du droit de suite** (Rép. n°s 1698 à 1989).

Sect. 1re. — De la transcription (Rép. n°s 1700 à 1735).

1166. La transcription ayant pour effet, depuis la loi du 23 mars 1855, d'arrêter le cours des inscriptions, sauf le délai supplémentaire accordé au vendeur et au copartageant pour inscrire leur privilège, on a dû déroger sur ce point à l'ordre qui avait été suivi au *Répertoire* et traiter de la transcription, dans ses rapports avec les privilèges et hypothèques, *suprà*, n°s 978 et suiv.

Sect. 2. — Du droit de suite et de ses effets (Rép. n°s 1736 à 1911).

Art. 1er. — *De l'exercice du droit de suite ou de l'action hypothécaire* (Rép. n°s 1737 à 1777).

1167. — I. Contre qui s'exerce le droit de suite. — Le droit de suite qui appartient au créancier privilégié ou hypothécaire n'est autre que le droit de saisir l'immeuble grevé entre les mains d'un tiers acquéreur non obligé à la dette. L'exercice du droit de suite suppose donc que l'immeuble a été aliéné. Jusqu'à l'aliénation, en effet, le créancier se trouve en présence du débiteur, contre lequel il n'a pas même besoin de son droit d'hypothèque, ou en présence des créanciers du débiteur, contre lesquels il lui suffit de se prévaloir de son droit de préférence. Mais l'aliénation de l'immeuble ne devient opposable aux tiers, d'après la loi du 23 mars 1855, art. 3, et n'est, par conséquent, opposable au créancier hypothécaire, que par la transcription de l'acte qui la constate. La transcription est ainsi la condition préalable de l'exercice du droit de suite. Quand un créancier hypothécaire veut saisir l'immeuble, il doit, avant de pratiquer la saisie, examiner l'état de la propriété. Cet état se détermine par la transcription. Tant qu'aucun acte d'aliénation n'a été transcrit, le droit de saisir peut s'exercer contre le débiteur, sans qu'il y ait à se préoccuper de l'acquéreur. Après la transcription d'un acte d'aliénation, au contraire, le droit de saisir doit s'exercer contre le tiers acquéreur, en observant les formalités prescrites par l'art. 2169 c. civ.

1168. Ces principes, qui sont certains, reçoivent seulement exception dans le cas où l'immeuble hypothéqué ou grevé de privilège a été l'objet d'un legs particulier. Les legs, comme nous l'avons vu *suprà*, n° 994, n'ont pas été soumis à la formalité de la transcription par la loi de 1855; depuis comme avant cette loi, le légataire d'un corps certain, et spécialement d'un immeuble, devient propriétaire de l'immeuble légué dès le jour du décès du testateur (c. civ. art. 1014.

V. *suprà*, v° *Dispositions entre vifs et testamentaires*, n° 968). A partir de ce jour, par conséquent, l'immeuble légué ne peut plus être saisi par le créancier hypothécaire qu'avec les formalités qui doivent être observées vis-à-vis d'un tiers détenteur. M. Thézard, toutefois, dans son traité *Du nantissement, des privilèges et hypothèques et de l'expropriation forcée*, n° 167, estime que le légataire de l'immeuble hypothéqué n'acquiert la qualité de tiers détenteur que par la délivrance du legs. « La délivrance du legs, dit cet auteur, a pour effet de modifier le caractère de la propriété que la mort du testateur a transmise au légataire et de lui donner un titre opposable aux tiers. Par suite : 1° jusqu'à ce que le légataire ait été *mis en possession* par une délivrance volontaire ou ordonnée par justice (c. civ. art. 1014), il ne sera pas encore *tiers détenteur ;* l'expropriation pourra être poursuivie par les créanciers, soit hypothécaires, soit chirographaires du défunt, non pas contre lui, mais contre les héritiers saisis de la succession ; 2° la délivrance, au contraire, constituera le légataire détenteur à l'égard des tiers ; elle vaudra transcription de son droit, et, dès lors, les créanciers hypothécaires seuls pourront le poursuivre, et sous la condition d'être inscrits avant cette délivrance ; ils devront agir contre lui comme tiers détenteur, et il aura tous les droits attachés à ce titre » (Comp. en ce sens, Civ. rej. 11 janv. 1882, aff Wion, D. P. 82. 1. 364). — On peut objecter à ce système, très rationnel d'ailleurs, qu'il ne repose sur aucun texte. Avant la loi du 23 mars 1855, le légataire d'un immeuble en devenait propriétaire dès le jour du décès du testateur, aussi bien à l'égard des tiers qu'à l'égard de l'héritier. Or, la loi de 1855 n'a rien pu changer à cela, puisqu'elle n'a pas compris les legs dans les actes d'aliénation qui doivent être transcrits pour devenir opposables aux tiers. D'autre part, la qualité de tiers détenteur ne dépend nullement de la possession réelle de l'immeuble. Celui qui a acquis un immeuble par un titre transcrit n'en est pas moins tiers détenteur, alors même qu'en vertu d'une clause expresse du titre il n'est pas encore en possession. On ne peut donc pas argumenter du fait que le légataire qui n'a pas obtenu la délivrance ne possède pas encore l'immeuble, pour lui dénier la qualité de tiers détenteur (V. *infrà*, n° 1270).

1169. Mais, réciproquement, la seule possession de l'immeuble ne suffit pas pour conférer la qualité de tiers détenteur. Il a été jugé que les poursuites hypothécaires ne peuvent s'exercer au moyen d'une sommation de payer ou de délaisser que contre les tiers acquéreurs devenus, en vertu d'un titre, propriétaires de l'immeuble hypothéqué ; que, par suite, le créancier qui trouve l'immeuble indûment possédé par un tiers, doit le saisir directement sur le débiteur demeuré propriétaire et ne peut exercer contre le tiers possesseur qu'une action en revendication du chef de son débiteur (Poitiers, 20 déc. 1876, aff. Hénault, D. P. 77. 2. 228). Si le possesseur, dans cette hypothèse, se prétend propriétaire, il formera, après la saisie, une demande en distraction, conformément aux art. 725 et suiv. c. proc. civ. Le créancier pourrait aussi, en prévision de cette demande en distraction, exercer d'abord contre le possesseur l'action en revendication du chef du débiteur, pour procéder ensuite à l'expropriation contre celui-ci (Thézard, n° 167; Baudry-Lacantinerie, t. 3, n° 1441).

1170. Si un créancier avait par erreur exercé des poursuites hypothécaires contre un tiers acquéreur dont le titre d'acquisition n'aurait pas été transcrit, il n'aurait pas perdu pour cela le droit de saisir l'immeuble hypothéqué sur son débiteur resté propriétaire à l'égard des tiers (Comp. Toulouse, 19 août 1880) (1). Mais c'est à tort qu'il a été jugé que le créancier hypothécaire, qui a pris inscription avant la transcription d'une donation comprenant des biens grevés de son hypothèque, peut encore, après que cette donation a été transcrite, saisir l'immeuble sur le donateur (Arrêt précité du 19 août 1880). En pareil cas, le donataire, par la trans-

<hr>

(1) (Femme Guilhot C. Carrié.) — Le sieur Rolland avait fait donation, par contrat de mariage, à sa fille Marguerite, future épouse du sieur Antoine Guilhot, du tiers indivis des immeubles qu'il possédait dans la commune de Conbervuger. Le 19 sept. 1877, Rolland a hypothéqué tous ses immeubles au profit du sieur Carrié, qui a pris inscription le lendemain. Le contrat de mariage des époux Guilhot n'a été transcrit que le 17 juin 1878.

— Le 14 févr. 1880, Carrié a fait signifier à Rolland un commandement de payer ; puis, le 25 du même mois, il a fait sommation de payer ou de délaisser à la dame Guilhot. Celle-ci, qui possédait alors en séparation de corps, s'est fait autoriser par le tribunal à purger les hypothèques inscrites sur les immeubles lui appartenant par indivis avec son père ; et, le 22 mars 1880, elle a notifié son contrat de mariage aux créan-

cription, est devenu tiers détenteur de l'immeuble, qui par conséquent ne peut plus être saisi sur le donateur.

1171. Le droit de suite peut être exercé contre tout tiers détenteur qui a acquis, soit la pleine propriété de l'immeuble hypothéqué, soit la nue propriété, soit l'usufruit, soit un droit d'emphythéose (V. *Rép.* n°s 1793 et suiv.). Si le débiteur ou un acquéreur du débiteur a constitué sur l'immeuble une servitude réelle ou un droit d'usage ou d'habitation, les tiers au profit desquels ces droits ont été consentis ne sont pas non plus à l'abri du droit de suite, car leurs titres d'acquisition, transcrits postérieurement à l'inscription du créancier hypothécaire, ne peuvent préjudicier à ce créancier. Seulement les servitudes réelles et les droits d'usage ou d'habitation ne sont pas susceptibles d'être saisis et vendus séparément. Le créancier hypothécaire poursuivra donc l'expropriation de l'immeuble, tel qu'il était au jour de l'inscription de son hypothèque et comme si les droits de servitude ou d'usage constitués depuis n'existaient pas. L'immeuble sera vendu comme non grevé de ces droits (Pont, t. 2, n° 1116; Laurent, t. 31, n° 248; Colmet de Santerre, t. 9, n° 147 *bis*-VII; Thézard, n° 216). — Suivant M. Thézard, il ne sera même pas nécessaire de mettre en cause ceux auxquels les droits de servitude, d'usage ou d'habitation, auront été consentis, ni de leur adresser une sommation de payer ou de délaisser. D'après MM. Aubry et Rau, t. 3, § 250, p. 72, le créancier hypothécaire qui exproprie un immeuble hypothéqué grevé de tels droits ou qui surenchérit sur la vente volontaire de l'immeuble, peut faire insérer au cahier des charges une clause portant que l'immeuble sera vendu comme franc. Mais, pour éviter les difficultés de la part du tiers auquel a été concédé le droit de servitude, il fera bien de porter cette clause à sa connaissance, avec sommation d'intervenir, s'il le juge convenable. — Quant à la question de savoir si le tiers acquéreur d'une servitude ou d'un droit d'usage peut purger, V. *infrà*, n° 1276.

1172. Lorsque le débiteur n'a aliéné qu'une part indivise de l'immeuble hypothéqué, le créancier ne peut exercer son droit de suite séparément sur cette part indivise (Arg. art. 2205 c. civ.). Mais il peut saisir l'immeuble tout entier, tant sur le débiteur que sur le tiers acquéreur, à la condition d'avoir rempli préalablement à l'égard de celui-ci les formalités requises par l'art. 2169 c. civ. Si ces formalités n'avaient pas été remplies et que l'immeuble eût été saisi seulement contre le débiteur, le tiers acquéreur pourrait demander la distraction de sa part dans l'immeuble (Lyon, 7 août 1850, aff. Carel, D. P. 54. 5. 676). — Sur le point de savoir si l'acquéreur d'une part indivise peut purger, V. *infrà*, n° 1278.

1173. Le créancier qui n'a hypothèque que sur la part indivise de son débiteur dans un immeuble ne peut pas saisir cette part séparément; il doit provoquer, au nom de son débiteur, le partage ou la licitation de l'immeuble (c. civ. art. 2205). Mais lorsque l'immeuble indivis a été aliéné par tous les copropriétaires, la situation est différente; l'indivision alors a cessé et le débiteur n'a plus droit qu'à une part du prix. Le créancier ne peut plus, par conséquent, faire procéder au partage ou à la licitation, du chef de son débiteur. Il conserve seulement son droit d'hypothèque, qui n'est plus subordonné au résultat du partage, et il peut intenter l'action hypothécaire contre le tiers acquéreur, saisir et faire vendre l'immeuble sur celui-ci, sauf à ne réclamer son payement que sur la part du prix d'adjudication correspondant à la portion indivise qu'avait le débiteur lors de l'aliénation (Metz, 16 juill. 1861, et sur pourvoi, Req. 2 déc. 1862, aff. Liquidation Maillard et comp., D. P. 63. 1. 151; Poitiers, 7 févr. 1883, aff. Pradeau, D. P. 84. 2. 184; Riom, 27 mai 1884, aff. Clau, Basset et Delrieu, D. P. 85. 2. 229. Comp. Civ. cass. 26 juill. 1848, aff. Pelletier, D. P. 49. 1. 328). Si c'est seulement la part indivise, hypothéquée au créancier, qui a été aliénée par le débiteur, le

---

ciers, notamment à Carrié, en évaluant à 10 000 fr. le tiers indivis dont elle était propriétaire. Carrié n'en a pas moins saisi la totalité des immeubles sur Roland comme si celui-ci eût été seul propriétaire. La dame Guilhot a formé opposition à la saisie et en a demandé la nullité, en soutenant qu'elle avait le droit de purger, et que dans tous les cas la saisie ne pouvait être faite valablement que contre elle-même pour la part qu'elle avait dans les immeubles hypothéqués. — Le 14 mai 1880, le tribunal de Castel-Sarrasin a statué en ces termes : — Le tribunal; — Au fond; — Sur le mérite de l'incident :... (V. *suprà*, v° *Dispositions entre vifs et testamentaires*, n° 398) ; — En fait : — Attendu que Carrié est devenu créancier hypothécaire de Rolland père, donateur de sa fille, le 19 sept. 1877; que son hypothèque a été inscrite le lendemain 20 septembre; qu'à cette époque la donation faite par Rolland à sa fille du tiers de ses biens dans le contrat de mariage de cette dernière, avec le sieur Guilhot, n'était point transcrite; qu'elle ne l'a été que le 17 juin 1878; qu'ainsi, aux termes de la loi, la donation étant au regard de Carrié inexistante, Rolland père est resté seul propriétaire de tous les biens par lui représentés, et que c'est à bon droit que Carrié en a poursuivi l'expropriation sur la tête de son débiteur; — Mais attendu que Marguerite Rolland, épouse Guilhot, oppose à Carrié deux fins de non-recevoir, la première tirée de la sommation de payer, purger ou délaisser faite par Carrié à l'épouse Guilhot le 25 févr. 1880, par laquelle il aurait reconnu les droits de la dame Guilhot sur le tiers des biens saisis; et la seconde, sur le motif que la dame Guilhot a intérêt à s'opposer à la vente du tiers qui lui a été transmis jusqu'à ce que les immeubles restant à Rolland son père, donateur, auront été discutés en conformité de l'art. 2170; — Sur le premier moyen : — Attendu que le commandement en expropriation contre Rolland, donateur, a été fait le 14 févr. 1880; que, le 25 du même mois, Carrié a sommé la dame Guilhot de payer ou délaisser et de purger; que, le 22 mars suivant, la signature du contrat de mariage a été effectuée par la dame Guilhot aux créanciers inscrits conformément à l'art. 2183 c. civ.; et que les 23, 24, 25 et 26 du même mois de mars, Carrié a fait saisir immobilièrement les entiers biens de son débiteur Rolland; que la notification de la saisie a eu lieu le 27 mars, a été transcrite le même jour; — Attendu que la sommation à laquelle Carrié a fait procéder le 25 février n'était autre chose que l'exercice d'un droit qui ne saurait impliquer l'abandon d'un autre droit résultant de l'inscription hypothécaire, manifesté par le commandement du 14 février; que ce droit est distinct du premier; que celui qui a deux voies à suivre pour arriver à un certain résultat peut choisir d'abord l'une de ces voies, sans cependant renoncer par cela seul à prendre ulté-

rieurement la seconde, et par le seul fait qu'après avoir fait procéder au commandement, il a fait une sommation pour purger, on ne doit pas en conclure qu'il ait renoncé à la voie parée, car on ne doit pas supposer facilement l'abandon d'un droit; — Attendu, en outre, que la notification faite aux créanciers inscrits par la dame Guilhot ne saurait être considérée par Carrié comme étant sérieuse, puisque d'abord il est à craindre que la valeur de 10 000 fr. soit purement fantaisiste, puisque aucune estimation n'aurait été faite régulièrement, aucune ventilation n'aurait eu lieu, et que, d'un autre côté, l'épouse Guilhot aurait si peu l'intention de payer la somme de 10 000 fr., qu'elle a élevé la prétention d'opposer à Carrié le bénéfice de discussion des biens du débiteur principal en conformité de l'art. 2170; qu'il en résulte que cette exception n'est pas fondée, et qu'il n'y a pas lieu de s'y arrêter; — En ce qui touche le deuxième moyen, tiré du bénéfice de discussion dont parle l'art. 2170 c. civ.; — Attendu qu'à aucun titre, la dame Guilhot ne saurait invoquer l'application de cet article; qu'en effet, pour que le tiers détenteur puisse requérir la discussion préalable des biens du débiteur principal, il faut que le tiers détenteur ne soit pas personnellement obligé à la dette; or, tel n'est pas le cas de notre espèce, la dame Rolland, épouse Guilhot, est, par son contrat de mariage donataire du tiers des biens présents et à venir de ses père et mère; elle est donc donataire à titre universel de tous les biens, meubles et immeubles de son père, et à ce titre, étant bénéficiaire d'une quote-part de l'universalité des biens de son père, elle est personnellement tenue d'une partie des dettes correspondant à la partie dont elle est bénéficiaire *per modum quotæ* (c. civ. art. 873 et 1012); que ce résultat est acquis en tant que simple donataire des biens présents; que si, au contraire, on considère la dame Rolland sous sa véritable situation, c'est-à-dire celle de donataire de biens présents et à venir, le donataire, en cas d'acceptation, serait soumis au payement de toutes les dettes et charges, et ce conformément aux art. 1084 et 1085 du même code; qu'il en résulte que la dame Rolland, étant personnellement tenue tout au moins de dettes correspondant au tiers de l'universalité des biens immeubles de son père qui fait l'objet de la saisie immobilière dont s'agit, ne saurait opposer au créancier hypothécaire inscrit le bénéfice de discussion; qu'il faut en conclure que les diverses exceptions proposées ne sont que des exceptions dilatoires sans valeur, qui ne peuvent être justifiées, et qu'elles doivent être repoussées; — Par ces motifs, etc.

La cour; — Adoptant les motifs des premiers juges; — Confirme.

Du 19 août 1880.-C. de Toulouse, 2e ch.-MM. le cons. Violas, pr.-Fabreguette, av. gén., c. conf.-Cousin et Pillore, av.

créancier, ne pouvant saisir cette part seule, doit alors encore provoquer le partage de l'immeuble; mais il n'est pas tenu, avant d'exercer l'action en partage, de faire sommation de payer ou de délaisser au tiers acquéreur (Civ. cass. 1er oct. 1810, *Rép.* nº 1824).

1174. L'héritier qui n'est tenu de la dette que pour partie et qui a dans son lot un immeuble hypothéqué, doit-il être considéré comme tiers détenteur, et l'expropriation de l'immeuble ne peut-elle être poursuivie contre lui, pour le payement de la part des autres cohéritiers, qu'en observant les formalités prescrites par l'art. 2169 c. civ.? Cette question controversée a été traitée au *Rép.* nºs 1821 et suiv. Depuis lors, la cour de cassation a persisté dans la jurisprudence qu'elle avait déjà adoptée dans son arrêt du 19 juill. 1837 (*Rép.* vº *Succession,* nº 1368). Elle a jugé de nouveau que l'héritier n'est pas un tiers détenteur, même pour ce qui excède sa part contributive dans la dette, et que, par suite, l'immeuble hypothéqué peut être valablement saisi contre lui, sans qu'il soit nécessaire de lui signifier la sommation de payer ou de délaisser, prescrite par l'art. 2169 précité (Civ. rej. 2 déc. 1867, aff. Videau. D. P. 67. 1. 469. — V. toutefois, en ce qui concerne le point de savoir si l'héritier peut délaisser, *infra,* nº 1197).

1175. Le créancier hypothécaire a d'action que contre son débiteur et contre le tiers détenteur de l'immeuble hypothéqué. Si cet immeuble a changé plusieurs fois de mains depuis la constitution de l'hypothèque, les tiers qui, après l'avoir acquis, l'ont revendu, ne peuvent pas être poursuivis contre lui, sauf seulement le cas où l'immeuble aurait été détérioré par leur fait ou leur négligence (Civ. cass. 16 juill. 1884, aff. Brunet, D. P. 85. 1. 146. V. *infra,* nº 1222).

1176. Lorsque l'immeuble hypothéqué a été acquis par une commune, l'art. 110 de la loi du 5 avr. 1884 apporte une entrave à l'exercice de l'action hypothécaire. Aux termes de cet article, la vente des biens mobiliers et immobiliers des communes, autres que ceux servant à un usage public, peut être autorisée sur la demande de tout créancier, porteur de titre exécutoire, mais seulement par un décret du président de la République, qui détermine les formes de la vente. Le créancier hypothécaire ne peut donc poursuivre la vente de l'immeuble qui est entré dans le patrimoine privé d'une commune qu'après en avoir obtenu l'autorisation conformément à cette disposition. Mais, en revanche, le créancier qui a une hypothèque sur un bien communal n'aura plus besoin d'autorisation pour exercer son droit de suite lorsque l'immeuble grevé aura été vendu par la commune à un simple particulier; dans ce cas, en effet, l'art. 110 de la loi de 1884 n'est pas applicable. V. *supra,* nº 764).

1177. — II. ÉTENDUE DU DROIT DE SUITE. — On a examiné au *Rép.* nº 1746, la question de savoir si le créancier qui a une hypothèque générale peut, après un échange d'immeubles opéré entre le débiteur et un tiers, exercer à la fois son droit de suite sur l'immeuble hypothéqué, et sur l'immeuble donné en échange par le débiteur ou sur l'immeuble que celui-ci a reçu en contre-échange. L'affirmative prévaut dans la doctrine, sous réserve du droit qui appartient au tiers échangiste de poursuivre la résolution de l'échange, lorsqu'il est évincé de l'immeuble qu'il avait reçu (V. en sus des arrêts et des auteurs cités au *Rép.* nº 1746, Toulouse, 13 févr. 1858, aff. Lourtet. D. P. 58. 2 150; Pont, t. 2, nº 515; Aubry et Rau, t. 3, § 264, p. 201; Baudry-Lacantinerie, t. 3, nº 1251). — Il a été jugé que l'échangiste qui, évincé par l'effet d'une action hypothécaire, demande la résolution de l'échange tant contre le débiteur son coéchangiste, que contre un tiers acquéreur auquel l'immeuble a été transmis par le débiteur, peut se voir opposer la prescription acquise par le tiers acquéreur (Arrêt précité du 13 févr. 1858). Mais si le tiers acquéreur ne se prévaut pas de cette prescription, le créancier hypothécaire ne peut lui-même lui opposer, pour en bénéficier, quand l'échange, qui était le titre d'acquisition de son débiteur, est résolu, car son droit hypothécaire se trouve résolu également (Civ. cass. 28 août 1860, aff. Lourtet, D. P. 60. 1. 354).

1178. Quant à la question de savoir si le créancier qui a pris inscription en séparation de patrimoines peut exercer le droit de suite contre les tiers détenteurs des immeubles héréditaires, et s'il peut aussi poursuivre pour la totalité de sa créance chaque héritier, sur la part d'immeubles héréditaires qu'il détient, question dont on s'est occupé au *Rép.* nºs 1747 et suiv., V. *supra,* nº 389 et suiv.

1179. Le créancier hypothécaire, comme on l'a vu *supra,* nº 430, conserve son droit de suite sur les meubles devenus immeubles par destination, alors même qu'ils ont été aliénés séparément du fonds par le débiteur ou par le tiers détenteur; mais il perd ce droit après que ces objets ont été livrés à un tiers, parce que les meubles n'ont pas de suite par hypothèque. Le créancier n'a plus alors d'autre ressource que d'attaquer l'aliénation comme faite en fraude de ses droits (V. les arrêts cités *supra,* nº 430).

1180. La loi donne au créancier le droit de réclamer le remboursement de sa créance si les immeubles hypothéqués ont péri ou ont éprouvé des dégradations (c. civ. art. 1231. V. *supra,* nº 901). Mais le créancier n'est pas obligé de demander ainsi la résolution du contrat; il peut aussi en exiger l'exécution, et par conséquent s'opposer à ce que le débiteur ou le tiers détenteur dégrade les biens hypothéqués. Relativement au débiteur, cela n'est pas douteux, puisqu'il s'agit de l'obliger à respecter le contrat qu'il a souscrit. À l'égard du tiers détenteur, cela est certain aussi, car son droit est limité comme celui du débiteur (c. civ. art. 2175). Si donc le propriétaire de l'immeuble entreprend la démolition des bâtiments, s'il fait des coupes de bois avant terme, s'il abat les arbres d'une forêt de haute futaie, le créancier hypothécaire peut s'y opposer. Il peut faire faire défense au propriétaire de continuer la démolition ou l'abatage; faire ordonner que les matériaux enlevés seront remis en place ou vendus; que leur prix ou le prix des bois abattus sera versé à la Caisse des dépôts et consignations, pour être distribué avec le prix de l'immeuble. Le créancier pourrait également provoquer la nomination d'un séquestre chargé de maintenir les choses en l'état et de veiller à la conservation du gage (V. *Rép.* nºs 1760 et suiv.; Aubry et Rau, t. 3, § 286, p. 427 et suiv.; Laurent, t. 30, nºs 224 et suiv.).

1181. Si le propriétaire a vendu les bâtiments pour être démolis ou les arbres pour être abattus, le créancier hypothécaire a le droit de s'opposer à l'exécution du marché, quand même l'acquéreur serait de bonne foi. La vente, excédant les actes d'administration permis au propriétaire, n'est pas opposable au créancier tant que les objets vendus font encore partie de l'immeuble (Req. 10 juin 1844, *Rép.* vº *Biens,* nº 48). — Mais lorsque la démolition est effectuée ou lorsque l'abatage s'est consommé sans que les créanciers s'y soient opposés, ils n'ont aucun droit de suite sur les matériaux de démolition ou sur les bois abattus, entre les mains de l'acquéreur de bonne foi (Req. 9 août 1825, *Rép.* vº *Biens,* nº 53; Aubry et Rau, t. 3, § 286, p. 428; Laurent, t. 30, nº 226, V. aussi les arrêts cités *supra,* nº 430). M. Laurent, *loc. cit.,* conteste même, dans ce dernier cas, au créancier le droit de se payer par préférence sur le prix encore dû au débiteur; le créancier, dit-il, n'ayant pas d'action hypothécaire, on ne voit pas en vertu de quel droit il agirait sur le prix d'une chose sur laquelle il n'a aucun droit. Mais la jurisprudence et la majorité des auteurs se prononcent en sens contraire (V. *supra,* nº 430).

1182. Il a été jugé que le créancier hypothécaire est recevable à contester la légitimité d'une revendication portant sur des objets compris dans la saisie de l'immeuble hypothéqué comme immeubles par destination; une telle revendication, en effet, si elle était admise, aurait pour effet de réduire l'importance du gage hypothécaire (Orléans, 23 déc. 1880, aff. De Beauffremont, D. P. 82. 2. 89).

1183. Le propriétaire d'un immeuble hypothéqué conserve le droit de le louer, et les baux qu'il passe sont opposables aux créanciers hypothécaires quand ils n'excèdent pas les limites des actes d'administration (V. *Rép.* nº 1764; Caen, 31 janv. 1862, et sur pourvoi, Req. 8 avr. 1863, aff. Leture et cons. D. P. 63. 1. 411). Mais quels baux doivent être considérés comme excédant les pouvoirs d'administration du débiteur ou du tiers détenteur? D'après la loi belge du 16 déc. 1851, art. 43, le créancier hypothécaire n'est obligé de respecter que les baux de neuf ans ou au-dessous. En France, la loi du 23 mars 1855, art. 1-4º, exige que les baux de plus de dix-huit ans soient transcrits. De là, la plu-

part des auteurs ont conclu que tous les baux de dix-huit ans ou au-dessous ne constituent pas des actes de disposition, mais seulement des actes d'administration, et sont, par suite, opposables aux créanciers hypothécaires, en ce sens que ces créanciers ne peuvent faire vendre l'immeuble qu'à charge par l'adjudicataire de maintenir ces baux (Pont, t. 1, n° 369 ; Aubry et Rau, t. 3, § 286, p. 430; Colmet de Santerre, t. V, n° 147 *bis*-VI ; Thézard, n° 217). — Il importe peu, quant aux baux de dix-huit ans ou au-dessous, qu'ils aient été passés avant ou depuis les inscriptions prises par les créanciers. Quant aux baux de plus de dix-huit ans, ils sont opposables aux créanciers pour toute leur durée, s'ils ont été transcrits avant la date des inscriptions ; mais s'ils n'ont pas été transcrits ou s'ils ne l'ont été que depuis les inscriptions, ils ne peuvent être exécutés que pour ce qui reste de la période de dix-huit ans en cours au moment de la transcription de la saisie (Arg. L. 23 mars 1855, art. 3. V. Rép., v° *Transcription hypothécaire*, n°s 636 et suiv.).

1184. Les créanciers hypothécaires peuvent se trouver en présence de quittances de loyers ou fermages payés par anticipation ou de cessions de loyers ou fermages à échoir. La question de savoir dans quelle mesure ces quittances ou cessions sont valables à leur égard a donné lieu à beaucoup de controverses dans la doctrine et dans la jurisprudence (V. Rép. n°s 1765 et suiv.). D'après la loi du 23 mars 1855, art. 1-5° et 3, tout acte ou jugement constatant quittance ou cession d'une somme équivalente à trois années de loyers ou fermages non échus doit être transcrit pour pouvoir être opposé aux tiers qui ont des droits sur l'immeuble et qui les ont conservés conformément aux lois. Il résulte de cette disposition : 1° que les quittances ou cessions anticipées de trois années de loyers ou fermages ou de plus de trois années sont opposables aux créanciers hypothécaires pour toute leur durée, lorsqu'elles ont été transcrites avant que les créanciers n'aient inscrit leur hypothèque ou avant que l'hypothèque n'ait pris naissance, si elle est dispensée d'inscription ; 2° que dans le cas contraire, c'est-à-dire lorsque ces quittances ou cessions n'ont pas été transcrites avant l'inscription ou la naissance de l'hypothèque jouissant de la dispense d'inscription, elles ne peuvent pas être opposées aux créanciers, en ce sens que les bénéficiaires de ces actes ne pourront s'en prévaloir pour les loyers ou fermages qui courront à partir du moment où les créanciers auront droit aux revenus de l'immeuble, c'est-à-dire à partir de la transcription de la saisie, si l'immeuble est resté entre les mains du débiteur, ou de la sommation de payer ou de délaisser, s'il est entre les mains d'un tiers détenteur.

1185. Mais il reste la question de savoir quel sera l'effet des quittances ou cessions anticipées de loyers ou fermages portant sur moins de trois années et qui ne sont pas assujetties par la loi à la transcription. Ces quittances ou cessions seront-elles opposables aux créanciers hypothécaires pour les loyers ou fermages à courir postérieurement à la transcription de la saisie ou à la sommation de payer ou de délaisser? MM. Aubry et Rau, t. 3, § 286, p. 432 et suiv., distinguent entre le cas où la quittance a acquis date certaine ou, s'il s'agit d'une cession, le cas où la cession a été signifiée au débiteur ou acceptée par lui avant l'inscription du créancier hypothécaire et le cas où la quittance n'a acquis date certaine et où la cession n'a été signifiée ou acceptée qu'après l'inscription. Dans le premier cas, ils admettent que la quittance ou la cession, s'appliquant à moins de trois ans de loyers ou fer-

mages, peut être opposée au créancier pour toute sa durée ; mais, dans le second cas, ils décident qu'elle ne peut valoir pour aucune partie des loyers ou fermages à échoir après la transcription de la saisie. Dès le moment de son inscription le créancier hypothécaire, disent les auteurs que nous citons, a un droit réel sur les fruits et revenus qui seront immobilisés par la transcription de la saisie ; ces fruits et revenus font partie de son gage ; or, une quittance ou une cession postérieure à l'inscription du créancier ne peut le dépouiller de son droit éventuel à ces fruits et revenus. C'est ainsi que, d'après l'art. 1091, § 1, c. civ., l'antichrèse constituée sur un immeuble ne préjudicie pas aux droits des créanciers hypothécaires ; s'il en est ainsi de l'antichrèse, il doit en être de même d'une cession anticipée des fruits. M. Thézard, n° 216, pense, au contraire, que les quittances ou cessions anticipées de loyers ou fermages doivent produire effet, jusqu'à concurrence de trois années, à partir de la transcription de la saisie, alors même qu'elles n'ont acquis date certaine ou n'ont été signifiées qu'après l'inscription des créanciers hypothécaires. « Ce sont là, dit-il, des actes d'administration qui ne sortent pas du pouvoir laissé au propriétaire. Le fermier qui aura payé à l'avance, ou le cessionnaire de fermages, ont dû compter qu'ils ne seraient pas inquiétés à l'occasion de cette anticipation modérée sur les droits à venir ; les créanciers hypothécaires, de leur côté, ont dû s'attendre à cette restriction possible de leur gage » (Comp. en ce sens, Pont, t. 1, n° 366). — Ces deux théories opposées se retrouvent dans la jurisprudence. Jugé, d'une part, que la transcription de la saisie d'un immeuble frappe d'immobilisation, en faveur des créanciers inscrits, les loyers et fermages à échoir, même cédés ou délégués par le débiteur antérieurement à cette transcription, si la cession ou la délégation qui en a été faite est postérieure aux inscriptions de ces créanciers (Trib. de Bône, 27 oct. 1857, et sur pourvoi, Req. 23 mai 1859, aff. Soulé, D. P. 59. 1. 433. Metz, 30 avr. 1863 (1). V. aussi Caen, 21 déc. 1874, aff. Brunet, D. P. 76.2. 84). Mais, décidé, d'autre part, que la loi du 23 mars 1855, d'après laquelle les quittances et cessions de loyers ou fermages non échus, de moins de trois années, ne sont pas assujetties à la transcription pour être opposables aux créanciers hypothécaires, dispense ces actes de la transcription même vis-à-vis des créanciers inscrits antérieurement à leur date (Aix, 17 août 1866, et sur pourvoi, Req. 6 mai 1867, aff. Tesserie, D. P. 67. 1. 308. Trib. Bourges, 29 déc. 1887, aff. Torchon, Journ. des cons. des hypothèques, 1889, art. 3912).

1186. On doit encore se demander quel sera l'effet des quittances ou cessions anticipées de plus de trois années de loyers ou fermages, lorsqu'elles n'auront pas été transcrites, comme le veut la loi du 23 mars 1855, ou lorsqu'elles ne l'auront été qu'après les inscriptions des créanciers hypothécaires. Cette question peut se poser dans l'opinion qui admet que les quittances ou cessions de moins de trois années sont opposables aux créanciers, et même aussi dans l'opinion de MM. Aubry et Rau, rapportée plus haut, lorsque les quittances ont acquis date certaine ou que les cessions ont été signifiées au débiteur, antérieurement aux inscriptions des créanciers. On a soutenu, et il a été jugé, que ces quittances ou cessions doivent être considérées comme nulles à l'égard des tiers par cela seul qu'elles n'ont pas été transcrites, et que, par suite, elles ne peuvent être opposées aux créanciers hypothécaires même pour moins de trois années (Caen, 21 mars 1874, aff. Brunet, D. P. 76.

---

(1) (Cabart C. Paris.) — La cour ; — En ce qui touche les parties de loyers échues depuis la transcription de la saisie ; — Attendu que Paris est créancier des mariés de Laborderie par acte obligatoire des 20 et 22 nov. 1858, et qu'il a pris inscription hypothécaire le 29 du même mois ; — Attendu que la saisie immobilière, pratiquée à sa requête contre les débiteurs, a procédé en vertu de ce titre et a été transcrite le 17 août 1861 ; — Attendu que la cession qui sert de base aux poursuites de la demoiselle Cabart n'est intervenue qu'au mois de juin 1861, c'est-à-dire longtemps après l'inscription hypothécaire de Paris ; que par conséquent elle ne saurait prévaloir contre le droit de ce dernier ; — Attendu qu'en effet aux termes de l'art. 685 c. proc. civ., les loyers et fermages sont immobilisés à partir de la transcription de la saisie, pour être distribués avec le prix de l'immeuble ; — Attendu qu'il résulte de ces dispositions que le

droit réel du créancier, au moment où il se manifeste par l'inscription hypothécaire, saisit non seulement l'immeuble hypothéqué, mais encore les fruits que cet immeuble doit produire postérieurement à l'époque indiquée par la loi ; qu'on ne serait pas fondé à soutenir que ce droit ne prend naissance qu'au moment de la transcription de la saisie ; qu'il existe au contraire *ab initio* avec un caractère éventuel, et qu'il ne peut dépendre du débiteur de l'infirmer par des actes ultérieurs, la transcription de la saisie étant, dans ce cas, la condition dont l'accomplissement réalise d'une manière définitive le but de l'obligation et dont l'effet remonte au jour du contrat ; — Attendu que, s'il pouvait en être autrement, la disposition de l'art. 685 c. proc. civ., deviendrait complètement illusoire ; ... — Confirme, etc.

Du 30 avr. 1863. C. de Metz, ch. civ.-MM. Alméras-Latour, 1er pr.-Remond et Dommanger, av.

2. 81 ; Trib. de Saint-Dié, 3 juin 1891 (1) ; Troplong, *Commentaire de la loi sur la transcription*, n° 209). Cette opinion a été combattue au *Rép.* v° *Transcription hypothécaire*, n° 650. Elle a été aussi repoussée par MM. Aubry et Rau, t. 3, § 286, p. 433, note 25, et par M. Thézard, n° 218.

1187. Dans tous les cas, comme le dit M. Thézard, *loc. cit.*, tout ce qui concerne les loyers ou fermages échus jusqu'à la transcription de la saisie ou jusqu'à la sommation de payer ou de délaisser, suivant que l'immeuble est entre les mains du débiteur ou d'un tiers détenteur, ne donne lieu à aucune répétition au profit des créanciers hypothécaires, car, jusque-là, le débiteur ou le tiers détenteur a conservé la jouissance de l'immeuble, et il a pu disposer des revenus comme bon lui semblait.

Art. 2. — *Des formalités à observer pour l'exercice de l'action hypothécaire* (*Rép.* n° 1778 à 1827).

1188. Le droit de suite ne peut être exercé par le créancier hypothécaire que si la créance est exigible. D'après l'art. 2167 c. civ., le tiers détenteur jouit des termes et délais accordés au débiteur originaire. Il jouit même, par conséquent, du délai de grâce obtenu par ce débiteur (V. *Rép.* n° 1781). Mais aussi, comme on l'a établi au *Rép.* n° 1780, la poursuite peut être intentée contre le tiers détenteur dès que la dette est devenue exigible par n'importe quelle circonstance, et notamment lorsque le débiteur est déchu du bénéfice du terme par suite de faillite ou de déconfiture (V. en ce sens, Pont, t. 2, n° 1131; Martou, t. 3, n° 1252; Aubry et Rau, t. 3, § 287, p. 431, note 1; Laurent, t. 31, n° 245).

1189. Pour l'exercice du droit de suite, comme pour l'exercice du droit de préférence, le créancier hypothécaire doit avoir pris transcription avant la transcription de l'acte d'aliénation de l'immeuble; en cas de legs, avant le décès du testateur ou avant la délivrance du legs, suivant l'opinion l'on adopte sur la question exposée *supra*, n° 1168. — Il y a, toutefois, exception à la nécessité de l'inscription en faveur des créanciers dont les hypothèques sont dispensées d'inscription, et pendant la durée seulement de cette dispense (V. *Rép.* n° 1749 et 1751; Toulouse, 10 juin 1860, aff. Pigassou, D. P. 61, 2. 35. V. dans le même sens: Pont, t. 2, n° 1120; Aubry et Rau, t. 3, § 269, p. 301; Colmet de Santerre, t. 9, n° 147 *bis*-X; Thézard, n° 165). En vertu de cette exception, la femme mariée, le mineur ou l'interdit jouissent du droit de suite, sous la seule condition que la date des créances garanties soit antérieure à la transcription de l'acte d'aliénation. « Les règles établies par le code au point de vue du droit de préférence, pour les hypothèques légales de la femme et du mineur (c. civ. art. 2135), doivent, comme le dit M. Thézard, *loc. cit.*, s'appliquer par analogie au droit de suite. L'hypothèque légale du mineur ou de l'interdit, prenant toujours rang du jour de l'ouverture de la tutelle, est donc opposable à tout tiers acquéreur des biens du tuteur qui n'aurait transcrit son titre que depuis cette époque. De même, l'hypothèque légale de la femme, pour les créances qui prennent rang du jour du mariage, a effet contre tout acquéreur des biens du mari qui a fait transcrire depuis le mariage; pour les créances auxquelles la loi assigne une date postérieure, elle a effet contre les acquisitions transcrites depuis cette date, mais non contre celles qui auraient été transcrites avant la date fixée, quoique depuis le mariage » (Comp. Bourges, 30 juill. 1853, aff. Nicaud, D. P. 56. 2. 205).

1190. La saisie de l'immeuble entre les mains du tiers détenteur doit, aux termes de l'art. 2169 c. civ., être précédée d'un commandement au débiteur et d'une sommation au tiers détenteur de payer la dette ou de délaisser l'immeuble. La loi n'a pas dit formellement que le commandement doit avoir lieu avant la sommation. De là la question de savoir si la sommation qui aurait été faite avant le commandement serait nulle (V. *Rép.* n° 1800 et suiv.). D'après l'opinion qui a prévalu, la sommation ne peut valablement précéder le commandement; elle doit, à peine de nullité, être signifiée, sinon après, au moins en même temps que cet acte. On en donne une double raison. Si le commandement pouvait être fait après la sommation, et pendant les trois années durant lesquelles celle-ci conserve son effet, le tiers détenteur pourrait se trouver déchu de la faculté de purger, trente jours après la sommation, avant même d'être passible de la saisie. De plus, l'immobilisation des fruits de l'immeuble, attachée à la sommation, pourrait aussi se produire avant que le créancier fût en mesure de saisir. Ces deux conséquences semblent contraires à l'esprit de la loi (V. en ce sens, outre les arrêts cités au *Rép.* n° 1804, Civ. cass. 17 mars 1886, aff. Cousin, D. P. 86. 1. 340; Civ. rej. 6 avr. 1886, aff. Pradeau, D. P. 87. 1. 68; Aubry et Rau, t. 3, § 287, p. 437, note 6; Laurent, t. 31, n° 256). — Toutefois, il a été jugé : 1° que la sommation de payer ou de délaisser faite au tiers détenteur d'un immeuble hypothéqué peut n'être point précédée d'un commandement préalable au débiteur originaire, lorsqu'elle émane du syndic de la faillite du débiteur, ce syndic agissant au nom du créancier hypothécaire et en même temps représentant le débiteur, ce qui le

---

(1) (Roos C. Sutter et Braun.) — Le tribunal; — Attendu que si, en principe, les fruits d'un immeuble échappent par leur nature à toute affectation hypothécaire, l'art. 685 c. proc. civ., par une fiction, immobilise, à partir de la transcription de la saisie, les loyers et fermages pour être distribués avec le prix de l'immeuble; qu'à raison de cette immobilisation la cession anticipée de loyers non échus consentie par le propriétaire de l'immeuble hypothéqué, lorsqu'elle n'est devenue efficace à l'égard des tiers que postérieurement à l'inscription d'un créancier hypothécaire, ne peut être opposée à ce dernier pour aucune partie des loyers à échoir après la transcription de la saisie; — Attendu qu'en effet le droit réel du créancier saisit non seulement l'immeuble grevé mais encore les fruits qu'il pourra produire à partir de l'acte auquel la loi attache l'immobilisation et que deviennent ainsi une partie intégrante de l'immeuble; que, d'autre part, l'immobilisation ayant sa cause générale dans le droit hypothécaire et non dans la transcription de la saisie, les effets en remontent au jour même où le droit réel que confère l'hypothèque s'est manifesté à l'égard des tiers par l'inscription (Aubry et Rau, t. 3, § 286, p. 432, note 21); — Attendu que, dès lors, ce droit, suspendu il est vrai jusqu'au moment de l'exercice de l'hypothèque, mais réalisé par la transcription de la saisie, doit assurer à celui qui est appelé à en bénéficier la préférence sur le cessionnaire d'une obligation mobilière, dont le droit est conséquemment purement personnel et se trouve nécessairement postérieur à celui des créanciers hypothécaires; — Attendu qu'à cet égard, l'art. 2091, alin. 1, c. civ., fournit un argument d'analogie décisif; qu'il y a même raison de décider que pour l'antichrèse, le débiteur n'ayant pu par son fait paralyser un effet légal attaché à l'exercice de l'action hypothécaire (Troplong, *Privilèges et hypothèques*, t. 3, n° 778 *bis*, p. 348); qu'au surplus, s'il pouvait en être autrement, les dispositions de l'art. 685 c. proc. civ. deviendraient illusoires; que cet article n'a été abrogé par aucun texte de loi, et qu'il n'a pu l'être virtuellement par la loi du 23 mars 1855, comme l'ont prétendu les défendeurs, en invoquant un arrêt de la cour de cassation du 6 mai 1867 (D. P. 67. 1. 308); — Attendu que cet arrêt s'applique uniquement aux cessions de loyers non échus de moins de trois années qui, considérées comme des actes de pure administration, peuvent être opposées pour toute leur durée, et en l'absence de toute transcription même aux créanciers hypothécaires ayant des droits antérieurs; — Mais attendu qu'il n'en résulte aucunement que la cour suprême, ait entendu abandonner cette doctrine consacrée par la chambre des requêtes le 23 mai 1859 (D. P. 59. 1. 433) « que les créanciers hypothécaires ne sauraient perdre leurs droits sur les fruits immobilisés sans perdre une partie des droits qui leur étaient acquis à l'avance par les dispositions de la loi et par les avantages attachés par elle à leur titre; que tout système qui tendrait à la validité sans égard aux droits des créanciers hypothécaires tiennent de la loi, aurait pour effet de favoriser les fraudes et de détruire ou de paralyser des droits antérieurs au profit de droits postérieurs en date, de rendre illusoires les droits d'un créancier hypothécaire et de ne laisser aux mains d'un créancier vigilant qu'un gage sans valeur »; — Attendu, en fait, que la cession de loyers non échus à payer par Sutter pendant une durée de neuf années consentie à Braun, suivant acte reçu Virbel, notaire à Saint-Dié, le 16 oct. 1890, étant postérieure à l'inscription hypothécaire d'Albert Roos, doit effet doit lui être refusé à partir de la transcription de la saisie qui a été opérée le 2 févr. 1891, les formalités prescrites par l'art. 685 c. proc. civ. ayant été régulièrement remplies;

Par ces motifs, etc.

Du 3 juin 1891.-Trib. civ. de Saint-Dié.-MM. Tissot, pr.-Didierjean et Brunot, av.

mettrait dans la nécessité de s'adresser le commandement à lui-même (Montpellier, 30 nov. 1858, et sur pourvoi, Req. 7 juin. 1859, aff. Henry et Donnat, D. P. 60. 1. 21) ; — 2° Que la sommation de payer ou de délaisser ne saurait être déclarée nulle par ce seul fait qu'elle a précédé le commandement au débiteur saisi (Bourges, 1er mars 1893, aff. Génot et autres, D. P. 93. 2. 520).

1191. En tout cas, la nullité résultant de ce que la sommation aurait eu lieu avant le commandement, est une nullité de pure forme, qui est couverte, conformément à l'art. 173 c. proc. civ., lorsqu'elle n'est pas proposée avant toute défense au fond (Toulouse, 10 juin 1860, aff. Pigassou et Corneille, D. P. 61. 2. 35; Poitiers, 7 févr. 1883, aff. Pradeau, D. P. 84. 2. 184, et sur pourvoi, Civ. rej. 6 avr. 1886, D. P. 87. 1. 68; 7 mars 1893, aff. Morange, D. P. 93. 1. 156). Le tiers détenteur ne peut, pour repousser la fin de non-recevoir tirée de l'art. 173 c. proc. civ., se prévaloir des dispositions de l'art. 728 du même code, car ce dernier article ne concerne que les nullités invoquées au cours de la procédure de saisie immobilière, et le commandement et la sommation ne font point partie de cette procédure (Arrêt précité du 6 avr. 1886).

1192. Pour faire un commandement, il faut un titre exécutoire. Le plus souvent, le créancier privilégié ou hypothécaire en a un dans le titre même de sa créance; il en est ainsi toujours ou presque toujours pour le créancier muni d'une hypothèque judiciaire et pour celui qui a une hypothèque conventionnelle. Lorsque le créancier n'a pas de titre exécutoire, s'il s'agit, par exemple, d'un vendeur dont le privilège résulte d'un acte de vente sous seing privé, ou d'un créancier à hypothèque légale, il doit s'en procurer un en prenant jugement contre le débiteur. Il a été jugé que la grosse du contrat de mariage est un titre exécutoire, qui permet à la veuve, créancière de ses reprises et ayant inscrit son hypothèque légale, de faire, au tiers détenteur d'un immeuble ayant appartenu au mari, sommation de la désintéresser ou de délaisser l'immeuble (Besançon, 12 déc. 1882, aff. Mariotte, D. P. 83. 2. 184).

1193. Le tiers détenteur peut-il se prévaloir des nullités dont peut être entaché le commandement signifié au débiteur? Du moment que l'on admet que la validité de la sommation de payer ou de délaisser est subordonnée à la signification préalable du commandement, il semble que le tiers détenteur a intérêt et qualité pour invoquer toutes les nullités dont le commandement peut être vicié. C'est aussi en ce sens que se prononcent MM. Aubry et Rau, t. 3, § 287, p. 439, note 13. Ils argumentent de l'art. 715 c. proc. civ., aux termes duquel les nullités prononcées par la loi en cette matière peuvent être proposées par tous ceux qui y ont intérêt (V. dans le même sens, Dalmbert, *Traité de la purge des privilèges et hypothèques*, n° 118 *quater*, note 12). — M. Laurent, t. 31, n° 259, approuve cependant la distinction faite par d'anciens auteurs cités au *Rép.* n° 1803, entre les nullités qui tiennent à la substance de l'acte et les nullités de pure forme. Les premières, qui consistent dans l'inobservation des formalités requises pour que le débiteur soit averti, pourraient seules être invoquées par le tiers détenteur ; les autres n'intéresseraient que le débiteur et ne seraient proposables que par lui (Comp. en ce sens, Req. 18 févr. 1852, aff. Delorme, D. P. 52. 1.241).

1194. On a examiné au *Rép.* n°s 1808 et suiv. la question, assez délicate, de savoir si le commandement signifié au débiteur par le créancier hypothécaire tombe en péremption lorsqu'il n'a pas été suivi de la sommation de payer ou de délaisser et de la saisie dans les quatre-vingt-dix jours de sa date. Conformément aux arrêts de la cour de cassation cités n°s 1109-3° et 1109-5°, les derniers auteurs décident que la péremption a lieu et peut être invoquée par le tiers détenteur. Un nouveau commandement est, par conséquent, nécessaire pour la régularité de la saisie, quand il s'est écoulé quatre-vingt-dix jours depuis le précédent (V. en ce sens : Pont, t. 2, n° 1147; Aubry et Rau, t. 3, § 287, p. 438; Laurent, t. 31, n° 257). La jurisprudence continue à se prononcer en ce sens, et elle décide même que la péremption du commandement entraîne celle de la sommation de payer ou de délaisser, en sorte que cette sommation, elle aussi, doit être renouvelée avant la saisie (Colmar, 4 févr. 1862, et sur pourvoi, Req. 25 nov. 1862, aff. Knoepffler, D. P. 63. 1. 209; Civ. cass. 17 mars 1886, aff. Cousin, D. P. 86. 1. 340). — Suivant MM. Aubry et Rau, t. 3, § 287, p. 439, note 12, la sommation de payer ou de délaisser resterait, au contraire, valable pendant trois ans. On ne peut entendre, disent ces auteurs, à la sommation signifiée au tiers détenteur une péremption qui n'est prononcée que pour le commandement, et l'on ne comprendrait pas que la sommation, tout en conservant ses effets quant à l'immobilisation des fruits, tombât en péremption en ce qui concerne le droit de saisie, alors cependant que cette immobilisation n'est elle-même qu'une conséquence de ce droit (Comp. les arrêts cités au *Rép.* n° 1814). Il a été jugé, conformément à cette opinion, que si le commandement tombe en péremption après le délai de quatre-vingt-dix jours, il en est autrement même que le commandement est périmé, le tiers détenteur n'en est pas moins déchu de la faculté de purger, s'il a laissé passer plus d'un mois depuis la sommation sans notifier son contrat aux créanciers (Paris, 23 juin 1882) (1).

1195. La sommation de payer ou de délaisser se fait

---

(1) (Fortin C. Faroult.) — Jugement du tribunal de première instance ainsi conçu : —Le Tribunal; — Attendu que Faroult se prétend créancier des époux Gasselin d'une somme actuellement exigible de 218 fr. 75 cent., en vertu d'une obligation passée devant Me Chassoux, notaire à Thoiry, le 19 déc. 1879, et contenant constitution d'hypothèque consentie par les époux Gasselin sur divers immeubles qui appartiennent aujourd'hui aux époux Fortin, tiers détenteurs ; — Qu'à ce titre, après commandement signifié aux époux Gasselin par exploit de Perdu, huissier à Maule, le 28 juin 1880, et sommation de payer ou délaisser signifiée aux époux Fortin par exploit de Bideault, huissier à Rambouillet, le 9 août 1880, Faroult a fait pratiquer, le 15 oct. 1880, par exploit de Perdu, susnommé, une saisie réelle sur les immeubles hypothéqués à la garantie de sa créance; — Que, de leur côté, les époux Fortin ont, par exploit de Thibault, huissier à Versailles, en date du 3 nov. 1880, notifié leur prix d'acquisition à l'effet d'arriver à la purge des hypothèques grevant les immeubles par eux acquis ; — Attendu que, d'une part, la saisie immobilière est arguée de nullité par les époux Gasselin ; — Que, d'autre part, Faroult prétend nulles les notifications ; — En ce qui touche la saisie immobilière : — Attendu que Faroult, porteur d'un titre exécutoire, était manifestement en droit de poursuivre le payement de sa créance sur les immeubles hypothéqués, quels que puissent être, d'ailleurs, la date de son inscription et le rang de sa créance; — Qu'il s'agit de rechercher si la saisie a été pratiquée dans les termes et délais prescrits; — Attendu qu'aux termes des art. 674 et 675 c. proc. civ., la saisie immobilière doit être formée dans le délai de quatre-vingt-dix jours à partir du commandement, à peine de nullité; que l'art. 674 est conçu dans des termes généraux; qu'il ne comporte aucune distinction et, conséquemment, reçoit une égale application, au cas où l'immeuble saisi est demeuré la propriété du débiteur principal, au cas où il est passé aux mains d'un acquéreur ; — Attendu que plus de trois mois se sont écoulés entre le commandement signifié aux époux Gasselin, débiteurs principaux, et la saisie de l'immeuble hypothéqué ; — Que, par suite, la saisie se trouve entachée de nullité ; — Que le commandement cesse de produire effet comme étant périmé ; — Qu'il en est autrement de la sommation au tiers détenteur, les nullités étant de droit étroit et aucun texte n'ayant étendu à ladite sommation la prescription de l'art. 675 relative aux commandements ; — Que la sommation continue donc de produire les effets qu'elle comporte, notamment celui de faire courir les délais pour les notifications à fin de purge;

En ce qui touche les notifications: — Attendu qu'aux termes de l'art. 2183 c. civ., l'acquéreur qui veut purger est tenu de faire les notifications prescrites dans le mois, au plus tard, à compter de la première sommation; — Que de ce texte il résulte que le créancier qui a signifié la sommation a un droit acquis à la continuation des poursuites à partir de l'expiration du délai, lequel est de rigueur et entraîne la déchéance absolue de la faculté de purger; — Attendu que plus d'un mois s'est écoulé entre la signification de la sommation aux époux Gasselin et les notifications faites par ces derniers; — Par ces motifs, — Déclare périmé le commandement du 28 juin 1880 ; — En conséquence, dit nulle la saisie immobilière du 15 oct. 1880, ainsi que les actes qui l'ont suivie ; — Dit les époux Fortin déchus de la faculté de purger. — Appel par les deux parties.

La cour ; — En ce qui touche l'annulation de la saisie; — Considérant que Faroult, créancier hypothécaire, a fait commandement aux époux Gasselin, précédents propriétaires, et débiteurs originaires, par acte en date du 28 juin 1880; — Que;

dans la forme ordinaire des exploits (*Rép.* n° 1815). D'après la jurisprudence, il n'est pas nécessaire qu'elle contienne, comme le commandement, la copie du titre du créancier (V. les arrêts cités au *Rép.* n° 1817; et, en outre, Alger, 24 juin 1870, aff. Cabanillas, D. P. 73. 2. 23. V. dans le même sens : Pont, t. 2, n° 1150 ; Aubry et Rau, t. 3, § 287, p. 438; Laurent, t. 31, n° 254). — Mais la sommation de payer ou de délaisser doit désigner d'une manière certaine l'immeuble dont le délaissement est demandé. Il a été jugé que cette sommation est nulle, pour désignation insuffisante de l'immeuble, lorsque, faite à la requête d'un créancier à hypothèque légale, elle porte seulement que, faute de payer, le tiers détenteur y sera contraint par la saisie de ses biens, si mieux il n'aime délaisser « tous les immeubles qu'il a acquis du débiteur, et qui sont grevés de l'hypothèque légale en vertu de laquelle la sommation est faite » (Riom, 29 janv. 1859, et sur pourvoi, Req. 6 juin 1860, aff. De la Tour d'Auvergne, D. P. 61. 1. 171).

La sommation de payer ou de délaisser n'est pas, toutefois, assujettie à des expressions sacramentelles et peut résulter de termes équipollents, pourvu que le tiers détenteur soit averti clairement et sans équivoque du but de cette sommation. Ainsi, l'injonction de payer ou de délaisser résulte suffisamment de la sommation faite au tiers détenteur, avec menace d'expropriation, de notifier aux créanciers son titre d'acquisition, et se conformant aux dispositions de l'art. 2183 c. civ., l'invocation de cet article impliquant l'injonction de payer, et la menace d'expropriation, celle de délaisser (Metz, 17 juill. 1867, aff. Marx, D. P. 67. 2. 151).

1196. Il a été jugé que la sommation de payer ou de délaisser, bien qu'elle ait pour effet d'immobiliser les fruits entre les mains du tiers détenteur, n'est pas un acte d'exécution, mais constitue un simple avertissement et une mise en demeure vis-à-vis du tiers détenteur de révéler ses intentions relativement à la purge de l'immeuble ; que, par suite, cette sommation peut être valablement faite à l'héritier du tiers détenteur, alors même que le délai de huitaine prescrit par l'art. 877 c. civ. n'est pas encore expiré (Bourges, 1er mars 1893, aff. Genot et autres, D. P. 93. 2. 520).

Art. 3. — *Du délaissement hypothécaire et de ses effets*
(*Rép.* n° 1828 à 1911).

§ 1er. — *Quelles personnes peuvent délaisser*
(*Rép.* n° 1829 à 1868).

1197. Le délaissement peut être fait, aux termes de l'art. 2172 c. civ., par tous les tiers détenteurs qui *ne sont*

pas *personnellement obligés à la dette* et qui *ont la capacité d'aliéner*. Il résulte de la première condition que l'héritier du débiteur, étant tenu personnellement de la dette, ne peut pas délaisser. Mais, lorsque le débiteur a laissé plusieurs héritiers, il y a lieu de se demander si celui au lot duquel se trouve l'immeuble hypothéqué peut délaisser, en offrant au créancier sa part dans la dette. La question est généralement résolue dans la doctrine par une distinction. Si le créancier a reçu séparément la part de l'héritier, celui-ci, une fois qu'il a payé, n'est plus obligé personnellement, et par conséquent il peut délaisser (*Rép.* n° 1835 ; Laurent, t. 31, n° 285). Mais, d'après l'art. 1221-1°, le principe de la division des dettes entre les héritiers reçoit exception lorsque la dette est hypothécaire. L'héritier du débiteur ne peut donc alors contraindre le créancier à recevoir un payement partiel, et dès lors le délaissement ne lui est pas permis (*Rép.* n° 1836 ; Baudry-Lacantinerie, t. 3, n° 1447 et 1461. V. aussi les arrêts cités *supra*, n° 1174).

1198. L'acquéreur qui s'est obligé par son contrat, vis-à-vis du vendeur, à payer les créanciers inscrits, doit-il être considéré comme *personnellement obligé* à la dette, et est-il privé par cela même de la faculté de délaisser ? Ici encore la plupart des auteurs distinguent. Ils considèrent que l'acquéreur n'est véritablement obligé envers les créanciers que lorsque ceux-ci ont accepté expressément ou implicitement la délégation qui leur a été faite du prix ; autrement, il n'y a qu'une indication de payement, qui ne suffit pas pour priver l'acquéreur du droit de délaisser, au moins vis-à-vis des créanciers. On verra tout à l'heure qu'il peut n'avoir pas ce droit vis-à-vis du vendeur. Mais la clause par laquelle le vendeur a stipulé le payement du prix entre les mains des créanciers inscrits constitue une stipulation pour autrui, rentrant dans les termes de l'art. 1121 c. civ., et dont les créanciers peuvent se prévaloir pour poursuivre directement, par une action personnelle, l'acquéreur en payement de son prix ; l'acquéreur ne peut, au moyen du délaissement, se soustraire à cette action (V. en ce sens : Aubry et Rau, t. 3, § 287, p. 446 ; Laurent, t. 31, n° 294). — Indépendamment même de toute stipulation en faveur des créanciers, ceux-ci peuvent poursuivre l'acquéreur en exerçant les droits et actions du vendeur, leur débiteur, conformément à l'art. 1166 c. civ. ; dans ce cas-là encore, l'acquéreur, auquel les créanciers demandent simplement l'exécution du contrat qu'il a souscrit, ne peut pas délaisser (V. en ce sens : Pont, t. 2, n° 1180 ; Thézard, n° 176. V. aussi les arrêts cités au *Rép.* n° 1850 et 1852. *Adde* : Req. 12 févr. 1867, *supra*, v° *Ordre entre créanciers*, n° 16 ; Metz, 17 juill. 1867, aff. Marx, D. P. 67. 2. 151).

1199. Mais lorsque les créanciers hypothécaires, sans

le 16 oct. 1880, plus de quatre-vingt-dix jours après le commandement, il a procédé, sur les époux Fortin, tiers détenteurs, à la saisie de l'immeuble hypothéqué ; — Considérant qu'aux termes de l'art. 2169 c. civ., la saisie immobilière exercée contre les tiers détenteurs, doit être précédée: 1° d'un commandement signifié au débiteur originaire en vertu du titre authentique par lequel l'hypothèque a été constituée ; 2° d'une sommation signifiée au tiers détenteur de payer la somme exigible, ou de délaisser l'héritage ; — Que l'art. 2217 du même code dispose que les formes du commandement qui doit précéder l'expropriation d'un immeuble sont réglées par les lois sur la procédure ; — Qu'aux termes de l'art. 674 c. proc. civ., faisant partie du titre qui traite de la saisie immobilière, le créancier qui laisse écouler, sans procéder à la saisie, quatre-vingt-dix jours depuis le commandement, doit réitérer cet acte ; — Considérant que cette disposition générale ne fait aucune distinction entre le commandement signifié au débiteur qui est resté en possession de l'immeuble et l'acte signifié au même débiteur après aliénation ; qu'aucune circonstance ne semblerait justifier cette distinction ; que l'aliénation de l'immeuble ne peut modifier les droits du créancier hypothécaire ni proroger le délai pendant lequel il peut procéder à la saisie ; — Considérant qu'il n'y a lieu de s'arrêter à cette circonstance, relevée par l'appelant, Faroult, que la mise en demeure prescrite par l'art. 2169 a été signifiée moins de trois mois avant la saisie ; — Qu'il résulte de ce qui vient d'être dit que la validité de la procédure suppose la signification de deux actes valables ; — Que le commandement périmé doit être considéré comme inexistant ; — Considérant dès lors, qu'il n'a pas été régulièrement procédé à la saisie, qui doit être déclarée nulle ; En ce qui touche l'annulation des notifications : — Considé-

rant que la sommation de payer ou de délaisser a été signifiée aux époux Fortin le 9 août 1880 ; qu'ils n'ont notifié leur contrat que le 3 nov. 1880 ; — Considérant que cette notification était faite plus d'un mois après la mise en demeure ; mais que les époux Fortin se prévalent de la péremption du commandement signifié au débiteur originaire; qu'ils soutiennent que l'acte de mise en demeure n'a pu, dans ces circonstances, produire aucun effet et notamment obliger le tiers détenteur à payer l'immeuble dans le délai d'un mois, à compter de la signification ; — Considérant que, si l'immeuble hypothéqué a été aliéné, le créancier hypothécaire a un double droit : 1° il peut, si la quittance est exigible, mettre le tiers détenteur en demeure de payer ou de délaisser ; 2° il est fondé à mettre le tiers détenteur en demeure de notifier le contrat et de fixer, ainsi, au profit de tous les ayants droit, l'importance du gage hypothécaire ; — Considérant que ce double droit peut être exercé par un seul et même acte tendant au payement ou au délaissement, mais qu'aucune disposition de la loi ne suppose l'indivisibilité de cet acte en ce qui concerne les deux résultats juridiques qu'il peut produire ; — Que si, par une circonstance extrinsèque, notamment en raison de la péremption du commandement, il devient inefficace en tant que préliminaire essentiel de la saisie, il ne s'ensuit pas qu'il cesse d'être valable en tant qu'il obligeait le tiers acquéreur à notifier le contrat dans le délai imparti à cet effet ; — Et considérant que les époux Fortin n'ont procédé aux notifications qu'après l'expiration du délai que l'acte à eux signifié a valablement fait courir ; qu'ils sont dès lors, déchus du droit qu'ils n'ont pas exercé en temps utile ; — Adoptant sur tous les chefs les motifs des premiers juges ; — Met les appellations principale et incidente à néant.

Du 23 juin 1882.-C. de Paris, 3e ch.-MM. Try, pr.-Manuel, av. gén.

se préoccuper du contrat et de la délégation qu'il peut contenir en leur faveur, poursuivent l'acquéreur hypothécairement, en lui faisant sommation de payer ou de délaisser, on reconnaît généralement alors à l'acquéreur la faculté de délaisser (V. les auteurs précités. V. aussi les arrêts cités au *Rép.* n° 1853, et Trib. de Nevers, 24 nov. 1891, *infrà*, n° 1200). Même dans ce cas, toutefois, M. Laurent, t. 31, n° 292, n'admet pas que le délaissement soit possible, si la délégation du prix a été acceptée par les créanciers. Le tiers détenteur est alors, en effet, personnellement obligé à la dette. C'est le cas prévu par l'art. 2172 c. civ., qui suppose bien que le tiers détenteur est poursuivi hypothécairement, car autrement il ne saurait être question de délaissement.

1200. Quoi qu'il en soit, alors même que les créanciers ont poursuivi l'acquéreur par la voie hypothécaire et n'ont pas contesté le délaissement qu'il a fait, le vendeur peut avoir intérêt à s'opposer à ce délaissement : il ne faut pas que l'acquéreur y trouve un moyen de rompre le contrat et de se dégager de ses obligations, surtout quand le montant des charges hypothécaires ne dépasse pas le prix encore dû (V. *Rép.* n°s 1841 et suiv.; Trib. civ. de Nevers, 24 nov. 1891 (1). V. aussi *infrà*, n°s 1226 et suiv.).

1201. L'acquéreur qui a notifié son contrat aux créanciers inscrits, en déclarant être prêt à acquitter les dettes et charges hypothécaires jusqu'à concurrence du prix, est personnellement obligé dans les limites de cette offre, lorsqu'elle est devenue irrévocable par l'effet de l'expiration des délais de surenchère et de la mise en distribution du prix. Par suite, il ne peut plus s'affranchir de cette obligation en délaissant l'immeuble (Civ. rej. 4 févr. 1857, aff. Maget-Prestat, D. P. 57. 1. 83 ; Aubry et Rau, t. 3, § 287, p. 446 ; Laurent, t. 31, n° 293).

1202. La faculté de délaisser appartient, comme on l'a dit au *Rép.* n° 1857, au propriétaire qui a hypothéqué son immeuble pour la dette d'autrui. On doit présumer, dit à ce sujet M. Colmet de Santerre, t. 9, n° 152 *bis*-XV, que ce propriétaire a consenti à être traité, par rapport à la dette, comme le serait l'acquéreur d'un immeuble hypothéqué par le débiteur. Il ne détruit pas, d'ailleurs, quand il délaisse, le droit qu'il a constitué, puisqu'il ne fait pas obstacle à la vente aux enchères, qui est le dénouement naturel où tend l'action personnelle, et qu'il cherche seulement à rendre

la procédure qui conduit à cette vente moins désagréable et onéreuse pour lui.

1203. Pour délaisser, le tiers détenteur doit être capable d'aliéner (c. civ. art. 2172). M. Laurent, t. 31, n° 294, critique avec raison cette règle. « Celui qui délaisse, dit-il, n'abdique ni la propriété ni la possession de l'immeuble ; il en abandonne seulement la détention, et dans le but unique de s'épargner la honte et les ennuis qui accompagnent l'expropriation forcée. S'il n'aliène pas, pourquoi exige-t-on qu'il ait la faculté d'aliéner ? » Quoi qu'il en soit, la règle est formelle. Son application au cas où l'immeuble se trouve dans les mains d'un mineur ou d'un interdit a soulevé des difficultés. On a soutenu au *Rép.* n° 1860, précisément parce que le délaissement n'est pas une aliénation, mais plutôt un acquiescement à l'action hypothécaire, que le tuteur peut le consentir avec la seule autorisation du conseil de famille. Mais cette opinion, admise par M. Pont, t. 2, n° 1172, est rejetée par les derniers auteurs. Suivant eux, le texte de la loi décide la question. La capacité d'aliéner étant exigée pour le délaissement, le tuteur ne peut délaisser que comme il peut aliéner, c'est-à-dire avec l'autorisation du conseil de famille et l'homologation du tribunal (Aubry et Rau, t. 3, § 287, p. 448, note 43 ; Laurent, t. 31, n° 295 ; Colmet de Santerre, t. 9, n° 152 *bis*-XVI ; Thézard, n° 175 ; Baudry-Lacantinerie, n° 1464).

1204. En ce qui concerne l'héritier bénéficiaire, on a admis au *Rép.* n° 1865, qu'il peut délaisser. Mais, suivant M. Pont, t. 2, n° 1181, et Laurent, t. 31, n° 287, si l'héritier bénéficiaire n'est tenu des dettes et charges de la succession que jusqu'à concurrence de son émolument, il n'en est pas moins obligé personnellement. « Toutes les règles qui s'observent en l'héritier simple, dit Loyseau, *Du déguerpissement*, liv. 4, chap. 4, n° 20, doivent être gardées en l'héritier par bénéfice d'inventaire, fors qu'il ne peut jamais être tenu outre la valeur des biens héréditaires; mais, outre cette particularité et peu d'autres qui en résultent, il est en tout et partout semblable à l'héritier pur et simple ». On conclut de là que l'héritier bénéficiaire ne peut pas délaisser s'il est seul héritier ; que, s'il y a plusieurs héritiers, il pourrait délaisser après avoir payé sa part de la dette. Toutefois, M. Laurent ajoute qu'en délaissant, l'héritier bénéficiaire pourrait encourir la déchéance du bénéfice d'inventaire, comme ayant fait un acte de disposition sans les formes

---

(1) (Ducarroy C. Moreau et veuve Ogier.) — Le tribunal ; — Attendu que Ducarroy a fait assigner Moreau pour voir prononcer la nullité de l'acte de délaissement par lui fait au greffe de ce tribunal le 17 juin 1891 qui lui a été régulièrement signifié, par le double motif : 1° que cette nullité résulterait de ce que Moreau, aux termes de son acte d'acquisition reçu Breton, notaire à Decize, le 22 mars 1889, s'est engagé à verser son prix aux mains des créanciers hypothécaires et que cet engagement qui constitue une obligation de payer les charges hypothécaires, fait obstacle au délaissement ; 2° que les formalités nécessaires pour la purge sont prévues par le contrat de vente sus-énoncé qui indique dans quelles conditions elles devraient être remplies ; — Attendu que ledit Ducarroy a également fait assigner en déclaration de jugement commun la veuve Ogier qui, en qualité de première créancière inscrite sur les immeubles vendus à Moreau, a fait à celui-ci, après accomplissement de toutes les formalités antérieures requises par la loi, le commandement de payer ou délaisser sur lequel est intervenu le délaissement contesté ; — En ce qui concerne la veuve Ogier; — Attendu qu'elle déclare s'en rapporter à droit sur la demande de Ducarroy; qu'au surplus, il est bien certain qu'en ce qui la concerne, elle serait irrecevable à demander la nullité du délaissement dont s'agit dès l'instant que, en faisant à Moreau commandement de payer ou délaisser, elle a manifesté l'intention de ne pas accepter la délégation consentie au profit des créanciers inscrits dans le contrat de vente sus-visé, laquelle à son égard est demeurée à l'état de simple indication de payement et de ne pas user de l'action personnelle qu'elle aurait pu avoir contre le tiers détenteur pour s'en tenir à l'action hypothécaire; — En ce qui concerne Moreau; — Attendu que, s'il serait excessif de considérer comme un engagement synallagmatique à l'égard du vendeur, faisant obstacle absolu au délaissement, l'engagement pris par l'acquéreur de payer les dettes inscrites, dès l'instant que cette délégation est restée à l'état de simple indication de payement que les créanciers hypothécaires n'ont pas acceptée, il n'en est pas moins vrai que Ducarroy est recevable à critiquer le délaissement en se prévalant d'autres griefs qui lui sont propres; — Attendu qu'il en serait notamment ainsi et sans que le tribunal

ait à se préoccuper de la circonstance, constante en fait, que le prix est inférieur aux créances inscrites, s'il était démontré que le vendeur a virtuellement interdit le délaissement en convenant du mode que devrait employer l'acquéreur pour se soustraire aux conséquences fâcheuses pour lui de l'action hypothécaire ; que le principe absolu doit être, en effet, que le délaissement ne peut jamais devenir pour l'acquéreur un moyen de rompre unilatéralement le contrat de vente et de se dégager ainsi de l'obligation de payer son prix, lorsqu'il n'a pas de motifs légitimes pour y recourir et cet expédient ; — Or, attendu, en fait, qu'en même temps que le contrat de vente consenti à Moreau le 22 mars 1889 contient une délégation aux créanciers inscrits, il stipule l'interdiction pour celui-ci de pouvoir notifier auxdits créanciers avant le 11 novembre suivant, « à moins qu'il n'y soit contraint par les voies légales avant cette date »; — Attendu que du rapprochement de ces clauses résulte la preuve évidente qu'au moment de son acquisition, Moreau a su que les immeubles par lui acquis étaient grevés d'inscriptions hypothécaires dont le montant surpassait son prix et que des notifications en connaissance de cause cette situation, il ne saurait aujourd'hui s'y soustraire et cela avec d'autant plus de raison qu'il était assuré en purgeant de ne rien payer au delà de son prix venu à échéance depuis déjà longtemps; — Attendu qu'il y a donc lieu d'annuler le délaissement qu'il a ainsi indûment opéré; — Attendu, sur les dommages-intérêts qui lui sont réclamés et sur les dépens, que le délaissement dont tous les frais et conséquences demeureront à sa charge n'aura en réalité causé aucun préjudice sérieux à Ducarroy, qui trouvera une réparation suffisante par la mise de tous les dépens, y compris ceux exposés par la veuve Ogier, à la charge dudit Moreau.
Par ces motifs ; — Disant le présent jugement commun à toutes les parties ; — Déclare nul et non avenu le délaissement fait par Moreau au greffe de ce tribunal le 17 juin dernier ; — Et le condamne en tous les dépens, y compris ceux exposés par la dame veuve Ogier et ce pour tous dommages-intérêts.
Du 24 nov. 1891.-Trib. civ. de Nevers.-MM. Couinaud, pr.-Meillet et Gautherin, av.

prescrites par la loi pour la vente des immeubles héréditaires. Il a été déjà répondu à cet argument au *Rép. loc. cit.*: les formes de la vente par expropriation qui suit le délaissement peuvent tenir lieu de celles exigées pour la vente des biens dépendant de la succession bénéficiaire.

§ 2. — Dans quel délai et suivant quelles formes le délaissement hypothécaire peut être fait (*Rép.* n°s 1869 à 1881).

1205. Le délaissement ne peut avoir lieu avant la sommation de payer ou de délaisser, car, dit M. Thézard, n° 176, tant que le créancier n'a pas poursuivi, il n'appartient pas au tiers détenteur de provoquer une éviction, pour laquelle il recourrait contre le débiteur originaire, et que celui-ci aurait peut-être évitée en payant la dette; tout ce que peut faire le tiers détenteur non poursuivi, c'est de suspendre le payement en vertu de l'art. 1653 c. civ., ou de purger (V. *Rép.* n° 1854).

1206. Le tiers détenteur, touché de la sommation de payer ou de délaisser, doit opter entre trois partis: payer la dette hypothécaire, purger ou délaisser l'immeuble. Faute par lui d'avoir choisi l'un ou l'autre de ces trois partis, l'immeuble peut être saisi sur lui, soit par le créancier qui a fait la sommation, soit par tout autre créancier inscrit, trente jours après cette sommation (c. civ., art. 2169 et 2183; Caen, 1er déc. 1849, aff. Auger, D. P. 52. 2. 73).—Toutefois, tant que la saisie n'est pas faite, le tiers détenteur conserve le droit de délaisser. M. Laurent, t. 31, n° 278, soutient, au contraire, que, par l'expiration du délai de trente jours, il y a droit acquis pour les créanciers de faire vendre l'immeuble sur le tiers détenteur. Mais on a déjà réfuté cette opinion au *Rép.* n° 1869.

1207. Le créancier peut-il encore délaisser après la saisie de l'immeuble? La jurisprudence s'est prononcée pour l'affirmative. Il a été jugé: 1° que le jugement, qui convertit la saisie immobilière en vente volontaire, ne fait pas perdre au tiers détenteur, même lorsqu'il lui est commun, la faculté de délaisser (Paris, 10 janv. 1851, aff. Blenart, D. P. 53. 2. 230; 17 févr. 1853, aff. Desmontis et autres, *ibid.*); — 2° Que le tiers détenteur peut faire le délaissement même après la saisie de l'immeuble faite contre lui par un créancier qui lui a été commun, et cela, bien qu'il ait fait notifier son contrat à ce créancier avant la saisie (Angers, 14 juill. 1855, aff. Bouchard, D. P. 56. 2. 52);—

---

(1) (Augier C. Thevenon.) — Le 31 mai 1860, jugement du tribunal civil de Montbrison ainsi conçu : — « Attendu en fait qu'il est constant que, par suite d'un échange intervenu entre Bonhomme et Thevenon, ce dernier est créancier hypothécaire de Bonhomme d'une somme assez considérable; que Bonhomme a vendu à Augier les immeubles sur lesquels est inscrite l'hypothèque de Thevenon; — Attendu que, dont la créance est exigible, n'étant pas payé par son débiteur originaire, lui a fait, le 21 janv. 1860, commandement de solder, que le 26 du même mois il a fait à Augier, en qualité de tiers détenteur, sommation de lui payer sa créance ou de délaisser les immeubles hypothéqués; — Attendu qu'Augier n'ayant point payé et n'ayant pas fait de déclaration de délaissement dans le délai déterminé par l'art. 2169 c. civ., le 5 mars suivant, Thevenon a fait saisir, sur Augier et sur Bonhomme, les immeubles affectés à son hypothèque; — Attendu que c'est seulement après la saisie, et le 16 mars 1860, c'est-à-dire cinquante jours environ après la sommation qui lui a été faite, qu'Augier a déclaré, par acte fait au greffe de ce tribunal de Montbrison, qu'il délaissait les immeubles qu'il a acquis par Bonhomme; mais que cette déclaration faite le 20 mars, transcrite le 23, et que ce n'est que le 24 du même mois de mars qu'Augier a fait signifier à Thevenon sa déclaration de délaissement, a fait ensuite opposition à la saisie immobilière de Thevenon; — Attendu, en droit, que suivant les dispositions de l'art. 2166 c. civ., les créanciers ayant hypothèque inscrit sur un immeuble le suivent en quelque main qu'il passe; que l'art. 2169 du même code dispose que : « faute par le tiers détenteur de satisfaire pleinement à l'une de ses obligations, chaque créancier hypothécaire a droit de faire vendre sur lui l'immeuble hypothéqué, trente jours après commandement fait au débiteur originaire, et sommation faite au tiers détenteur de payer la dette exigible ou de délaisser l'héritage »; — Qu'en présence de dispositions aussi précises, il ne semble pas qu'il puisse exister d'équivoque quant à la durée du délai accordé au tiers détenteur pour le délaissement, et sur les conséquences qui doivent résulter pour lui du défaut de délaissement dans les délais prescrits; que, par la sommation qui lui

---

3° Que le délaissement peut encore être fait par le tiers détenteur après le délai de trente jours à partir de la sommation de payer ou de délaisser et après la saisie de l'immeuble, à charge par le délaissant de rembourser au créancier saisissant le coût des actes et formalités judiciaires régulièrement accomplis avant la signification du délaissement et qui ne profiteront pas au saisissant (Lyon, 4 déc. 1860 (1). V. dans le même sens, Pont, t. 2, n° 1186; Martou, t. 3, n° 1304; Aubry et Rau, t. 3, § 287, p. 443; Thézard, n° 176; Baudry-Lacantinerie, t. 3, n° 1463. V. en sens contraire, *Rép.* n°s 1870 et suiv.; Laurent, t. 31, n° 278).

1208. Le délaissement s'opère au moyen d'une déclaration faite au greffe du tribunal dans le ressort duquel l'immeuble est situé (c. civ., art. 2174). Cette déclaration doit être signée du délaissant ou de son fondé de pouvoir spécial, assisté d'un avoué, ainsi que du greffier (Thézard, n° 177).

1209. Le délaissement doit ensuite être signifié au créancier poursuivant et au vendeur, débiteur personnel, avec sommation de se présenter à l'audience pour voir donner acte (*Rép.* n°s 1874 et suiv.; Pont, t. 2, n° 1189; Aubry et Rau, t. 3, § 287, p. 448; Laurent, t. 31, n° 276; Thézard, n° 177). Toutefois, si le poursuivant et le vendeur déclarent accepter le délaissement, il n'y a pas lieu d'aller devant le tribunal; ce serait alors une procédure inutile, et partant frustratoire (Pont, *loc. cit.*; Laurent, *loc. cit.*). Mais, à défaut de l'acceptation du créancier poursuivant et du vendeur, le délaissement reste imparfait et doit être tenu pour non avenu, tant que le tribunal n'en a pas donné acte (Bourges, 2 avr. 1862, aff. Gunet, D. P. 54. 5. 421 ; Riom, 8 déc. 1852, aff. Durand, D. P. 54. 5. 420).

1210. Lorsque le délaissement n'a pas été accepté, le tribunal, saisi par la notification faite au poursuivant et au vendeur, avec sommation de comparaître à l'audience, nomme un curateur à l'immeuble, par le jugement même qui donne acte du délaissement. S'il n'y a pas de contestation sur le délaissement ou si le jugement qui en a donné acte n'a pas nommé le curateur, la partie la plus diligente présente requête au tribunal pour qu'il nomme le curateur en chambre du conseil (Pont, t. 2, n° 1190; Bertin, *Chambre du conseil*, n° 1260).

1211. Le ministère du curateur, dit M. Laurent, t. 31, n° 277, est, en général, purement passif; il n'est nommé

est faite, le tiers détenteur est mis en demeure de payer ou de délaisser, et dûment averti qu'il s'expose à une procédure en expropriation, pour faire vendre sur lui l'immeuble hypothéqué, qu'en admettant qu'il puisse encore délaisser, après le délai de trente jours, on ne saurait cependant décider sans inconvénient que le délaissement est encore possible lorsque la saisie a été pratiquée; — Attendu que la partie de Me Molin, usant du droit qui lui est conféré par l'art. 2169 c. civ., a fait procéder contre Augier à une saisie immobilière, régulière en la forme; que cette saisie a été pratiquée avant le délaissement, et dénoncée et transcrite avant la signification du délaissement; qu'il s'est ainsi opéré entre le saisissant et le saisi un lien de droit qui ne peut être détruit par la volonté de ce dernier; qu'ainsi ce délaissement fait tardivement par Augier ne peut être considéré comme valable; que l'opposition doit être rejetée; qu'il n'y a lieu de nommer un curateur à l'immeuble saisi ; — Par ces motifs, déclare nul et de nul effet et comme tel non avenu le délaissement fait par Augier, le 16 mars dernier, etc. — Appel par le sieur Augier.

La cour; — Considérant que l'art. 2969 c. civ. dispose bien que le créancier hypothécaire aura le droit de poursuivre en expropriation le tiers détenteur trente jours après une sommation de payer ou de délaisser, mais que cet article ne dit point que le tiers détenteur sera, à partir de cette époque, privé de la faculté du délaissement; — Que donner une telle portée à cet article, c'est ajouter à son texte et créer une déchéance qui n'est pas dans la loi;

Par ces motifs, met au néant le jugement dont est appel; émendant, donne à l'appelant acte du délaissement par lui fait; déclare ce délaissement régulier et valable, à la charge néanmoins, par l'appelant, de rembourser à l'intimé le prix des actes et formalités judiciaires régulièrement accomplies par la partie expropriante, avant la signification du délaissement, mais ce, dans le cas seulement où lesdits actes et formalités ne profiteraient pas à la partie expropriante.

Du 4 déc. 1860.-C. de Lyon, 4e ch.-MM. Durieu, pr.-Plasman, av. gén.-Gayet et Boussand, av.

que pour figurer dans l'instance en expropriation. Toutefois, la nomination du curateur a des conséquences juridiques qui ne sont pas sans importance. Il est le contradicteur légal des créanciers qui poursuivent l'expropriation ; il représente donc les parties intéressées : ce qui est jugé avec lui peut être opposé au débiteur et au tiers acquéreur. Par suite, le débiteur ne pourrait pas former tierce opposition contre un jugement rendu avec le curateur (Paris, 10 janv. 1835, *Rép.* v° *Tierce opposition*, n° 84). — A titre de gardien et de représentant, le curateur a aussi le droit et le devoir de veiller aux intérêts des créanciers. Ainsi, il a été jugé que le curateur au délaissement hypothécaire a qualité pour revendiquer contre les tiers ceux des immeubles délaissés que les créanciers ont omis de comprendre dans leurs poursuites d'expropriation, et que l'acquéreur a revendus après le délaissement, lorsque le prix des biens saisis a été insuffisant pour payer toutes les créances hypothécaires : le curateur ne fait, en ce cas, qu'user de son droit de maintenir l'intégralité du délaissement, dont il est comptable envers les créanciers, tant que leurs créances ne sont pas complétement soldées (Limoges, 3 juill. 1865, et sur pourvoi, Req. 30 janv. 1867, aff. Bariat, D. P. 67. 1. 230). Au surplus, dans cette hypothèse, rien n'empêcherait les créanciers d'agir eux-mêmes contre les tiers détenteurs des immeubles délaissés ; le délaissement étant resté sans suite quant à ces immeubles, on ne saurait l'invoquer contre les créanciers, lorsqu'ils viendraient exercer leur hypothèque sur lesdits immeubles (Laurent, *loc. cit.*).

§ 3. — Des effets du délaissement (*Rép.* n°s 1882 à 1911).

1212. Le délaissement, a-t-on dit au *Rép.* n° 1883, ne fait pas perdre au tiers acquéreur la propriété, mais seulement la possession de l'immeuble. « Le *délai*, disait Pothier, *Traité de l'hypothèque*, chap. 2, sect. 1, art. 3, n'est que de la possession et n'exproprie pas celui qui l'a fait jusqu'à l'adjudication ». Loyseau, dans son traité du *Déguerpissement*, liv. 6, chap. 3, n° 3, s'exprimait peut-être plus exactement, lorsqu'il disait : « Il faut prendre garde que celui qui délaisse les héritages pour les hypothèques ne quitte pas absolument la *propriété* et la *possession* d'iceux, mais seulement il en quitte la simple *détention* ou *occupation* ». Le délaissement n'a d'autre but, en effet, que d'exempter le tiers acquéreur du désagrément d'être impliqué dans une poursuite d'expropriation, et, s'il reste propriétaire de l'immeuble, on ne voit pas à qui pourrait être attribuée la possession. Il résulte de là, notamment, que la prescription peut continuer de courir à son profit, et qu'il aura le droit de l'invoquer plus tard, s'il use de la faculté, que l'art. 2173 c. civ. lui accorde, de reprendre l'immeuble, avant l'adjudication, en payant toute la dette et les frais (V. en ce sens, Laurent, t. 31, n° 275 ; Baudry-Lacantinerie, t. 3, n° 1459).

1213. On a indiqué au *Rép.* n°s 1884 et suiv. les principales conséquences du principe que le délaissement ne fait pas perdre au tiers acquéreur la propriété de l'immeuble délaissé. Il y a lieu de remarquer encore que les hypothèques qui seraient constituées par le tiers détenteur sur l'immeuble, même après le délaissement, seraient valables, et que les créanciers auxquels elles auraient été consenties viendraient à leur rang sur le prix d'adjudication (Arg. art. 2177 c. civ. ; Colmet de Santerre, t. 9, n° 152 *bis*-IX ; Baudry-Lacantinerie, t. 3, n° 1459-4°).

1214. Le délaissement est assujetti par la loi de l'enregistrement à un droit fixe de 5 francs (L. 22 frim. an 7, art. 68, § 4), et non à un droit proportionnel de mutation. Le délaissant qui se rendrait adjudicataire ne devrait le droit de mutation que sur ce qui dépasserait le prix de la vente qui lui a été consentie (*Dictionnaire des droits d'enregistrement*, v° *Délaissement*, n° 14 ; Garnier, *Répertoire général de l'enregistrement*, n° 6032. Comp. Civ. cass. 3 juill. 1849, aff. Chamblant, D. P. 49. 1. 252).

1215. La loi dit que le tiers détenteur peut reprendre l'immeuble en payant toute la dette et les frais. « Il en résulte, dit M. Laurent, t. 31, n° 299, que les créanciers poursuivants peuvent exiger le payement avant d'abandonner la détention de l'héritage ; ils ne sont pas tenus de se contenter d'un engagement que le tiers détenteur contracterait de les payer. Sans doute les créanciers peuvent consen-

tir à ce que le tiers détenteur reprenne l'immeuble sous la condition qu'il s'engage à payer les dettes, mais, s'ils refusent, le tribunal ne pourrait pas autoriser la reprise malgré eux ». Suivant M. Thézard, n° 178, au contraire, il n'est même pas nécessaire que le tiers détenteur paye préalablement ou immédiatement, pour reprendre l'immeuble ; il suffit qu'il offre de payer, sauf les poursuites nouvelles, s'il ne remplit pas cette offre (V. en ce sens, les arrêts cités au *Rép.* n° 1889. V. aussi, Martou, t. 3, n° 1305 ; Pont, t. 2, n° 1195). Quoi qu'il en soit, le tiers détenteur qui reprend l'immeuble délaissé, devient par le fait même débiteur personnel des créanciers inscrits ; ils peuvent le poursuivre sur tous ses biens, et, à partir de ce moment-là, ils sont dispensés de renouveler leurs inscriptions, comme en cas d'adjudication sur saisie immobilière (Bordeaux, 14 août 1828, et sur pourvoi, Req. 24 févr. 1830, *Rép.* n° 1685-3° ; Laurent, *loc. cit.*).

1216. Dans un cas où le délaissement avait été régulièrement opéré par un tuteur au nom d'un mineur, mais où l'immeuble délaissé avait été ensuite vendu à l'amiable par les créanciers, il a été jugé que le mineur devenu majeur ne pouvait demander la nullité de cette vente et revendiquer l'immeuble ; qu'il pouvait user du droit, accordé au tiers détenteur par l'art. 2173 c. civ., de reprendre l'immeuble délaissé en payant le montant de toutes les créances inscrites et les frais (Rennes, 31 juill. 1854, et sur pourvoi, Req. 2 avr. 1855, aff. Brochieri, D. P. 55. 1. 341). Tant que le tiers détenteur, en effet, n'a pas repris l'immeuble, il n'a pas d'intérêt à se prévaloir des irrégularités qui peuvent avoir été commises dans la poursuite en expropriation ; après le délaissement, cette poursuite ne le regarde plus (V. *Rép.* n° 1881).

1217. On a vu *suprà*, n° 1200, que le délaissement ne doit pas être pour l'acquéreur un moyen de se dégager de ses obligations vis-à-vis du vendeur. Son seul objet est d'empêcher que l'expropriation de l'immeuble ne soit poursuivie contre le tiers détenteur ; mais si la poursuite en expropriation est abandonnée, si le prix dû par l'acquéreur est reconnu suffisant pour l'extinction des charges hypothécaires, où si le débiteur parvient à dégrever l'immeuble ou à en réduire les charges à une somme inférieure au prix actuellement exigible, le délaissement alors n'a plus de raison d'être, et l'on admet généralement que le vendeur peut obliger l'acquéreur à reprendre l'immeuble délaissé (V. *Rép.* n°s 1887 et suiv. ; Pont, t. 2, n° 1196 ; Aubry et Rau, t. 3, § 287, p. 449 ; Laurent, t. 31, n° 300). Il a été jugé, conformément à cette doctrine, que le délaissement n'est valable que si l'acquéreur est exposé à payer au delà de son prix ou à être exproprié ; que, par suite, l'acquéreur qui a délaissé l'immeuble grevé de charges supérieures à son prix peut être, sur la demande de son vendeur, contraint de reprendre l'immeuble et d'en payer le prix, en cas de distribution de ce prix par un ordre amiable et de radiation des inscriptions non utilement colloquées, si l'ordre amiable a été réglé avant que le délaissement ne soit devenu irrévocable par l'adjudication de l'immeuble (Civ. cass. 28 avr. 1874, aff. Lansel, D. P. 74. 1. 287). Il n'est même pas nécessaire, pour que le tiers détenteur puisse être contraint à reprendre l'immeuble, que les inscriptions qui le grevaient soient radiées ; il suffit que les poursuites en expropriation soient arrêtées. « Qu'importe, dit avec raison M. Laurent, t. 31, n° 300, que les inscriptions subsistent ? Les inscriptions ne donnent pas au tiers détenteur le droit de délaisser ; il les a connues en acquérant la propriété de l'immeuble, il sait donc qu'il est assujetti à l'expropriation s'il ne purge pas ; mais, tant qu'il n'est pas menacé d'expropriation, il n'a pas le droit de délaisser, et ce droit cesse, ainsi que le délaissement qui aurait été fait, si les poursuites en expropriation cessent ».

1218. Soit qu'il délaisse, soit qu'il laisse exproprier l'immeuble contre lui, le tiers détenteur cesse de percevoir les fruits de l'immeuble aux créanciers hypothécaires à partir de la sommation de délaisser (c. civ. art. 2176). On a signalé au *Rép.* n° 1894 la différence qu'il y a sous ce rapport entre le cas où l'immeuble est exproprié contre le débiteur et le cas où l'expropriation a lieu contre un tiers détenteur ou contre le curateur à l'immeuble délaissé. Lorsque l'immeuble est saisi entre les mains du débiteur,

les fruits ne sont immobilisés, pour être distribués avec le prix de l'immeuble par ordre d'hypothèque, qu'à partir de la transcription de la saisie (c. proc. civ. art. 682. V. *Rép.*, v° *Vente publique d'immeubles*, n°ˢ 692 et suiv.). Au contraire, si l'immeuble se trouve aux mains d'un tiers détenteur, la sommation, qui précède toujours la saisie d'au moins trente jours, immobilise immédiatement les fruits au profit des créanciers hypothécaires. — Un auteur a prétendu que la sommation de payer ou de délaisser, tout en obligeant le tiers détenteur à rendre compte des fruits à ses créanciers, ne devait pas avoir pour effet, comme la transcription de la saisie, de les attribuer par préférence aux créanciers hypothécaires (Tarrible, cité au *Rép.* n° 1894). Mais ce système n'a pas prévalu. Il résulte, en effet, de l'art. 2176 c. civ. que le tiers détenteur doit les fruits à partir de la sommation; or, à qui les doit-il, si ce n'est aux créanciers pour le compte desquels est faite la sommation? De plus, comme l'a remarqué M. Thézard, n° 184, quand l'immeuble est exproprié sur le débiteur, les fruits doivent rester le gage commun de tous les créanciers de ce débiteur, jusqu'à la transcription de la saisie, qui la rend opposable aux tiers; mais, quand l'immeuble est aux mains d'un tiers détenteur, les créanciers chirographaires du débiteur ne peuvent plus avoir droit aux fruits; il convient donc de les attribuer exclusivement aux créanciers hypothécaires, dès la sommation adressée au tiers détenteur (V. dans le même sens : Laurent, t. 31, n° 311; Baudry-Lacantinerie, t. 3, n° 1477).

1219. On doit suivre, dit encore ici M. Thézard, *loc. cit.*, pour l'attribution des fruits avant ou après la sommation, les distinctions ordinaires entre les fruits naturels ou industriels et les fruits civils : les fruits naturels ou industriels non perçus au moment de la sommation seront compris dans la saisie, sauf indemnité au tiers détenteur pour les frais d'ensemencement et de culture (c. civ. art. 548); les fruits civils, c'est-à-dire les loyers et fermages, non encore échus lors de la sommation, se partageront entre le tiers détenteur et les créanciers hypothécaires, dans la proportion du temps écoulé avant et depuis la sommation (c. civ. art. 586). — V. au surplus, quant aux conséquences de l'immobilisation des fruits, *infrà*, v° *Vente publique d'immeubles*; *Rép.* cod. v°, n°ˢ 692 et suiv.

1220. Le tiers détenteur qui rend compte des fruits aux créanciers hypothécaires à partir de la sommation de payer ou de délaisser, ne peut évidemment pas être tenu de leur

payer en même temps les intérêts de son prix d'acquisition, lorsqu'il est encore débiteur de ce prix. Les créanciers ne peuvent lui réclamer tout à la fois les fruits de l'immeuble et les intérêts du prix, représentatifs des fruits (Baudry-Lacantinerie, t. 3, n° 1477). Mais si le tiers acquéreur, sommé de payer ou de délaisser, offre son prix aux créanciers et que ceux-ci l'acceptent, ou si, renonçant à poursuivre l'expropriation de l'immeuble, les créanciers poursuivent l'acquéreur en payement du prix, les intérêts de ce prix seront dus alors aux créanciers, comme le seraient les fruits de l'immeuble en cas d'expropriation, à partir de la sommation de payer ou de délaisser, et seulement à partir de cette sommation. Les intérêts qui ont couru jusque-là, et qui seraient encore dus au vendeur, constituent une valeur mobilière, à répartir entre tous les créanciers indistinctement (*Rép.* n° 1895; Civ. cass. 9 août 1859, aff. Navarre et autres, D. P. 59. 1. 346; Civ. rej. 23 juin 1862, aff. Martin-Martinière, D. P. 63. 1. 243; Metz, 19 nov. 1867, aff. Dame Barthélemy, D. P. 67. 2. 203; Aubry et Rau, t. 3, § 287, p. 450; Laurent, t. 31, n° 213. V, *infrà*, n° 1363).

1221. La sommation de payer ou de délaisser, qui oblige le tiers détenteur à tenir compte des fruits ou des intérêts aux créanciers hypothécaires, est un acte extrajudiciaire qui, de sa nature, ne serait pas soumis aux règles du code de procédure sur la péremption d'instance. Mais il résulte de l'art. 2176 c. civ. que cette sommation se périme en effet par trois ans : si les poursuites sont interrompues pendant ce délai, le tiers détenteur ne devra plus compte des fruits qu'à partir de la nouvelle sommation qui lui sera adressée. Cette péremption, à la différence de celle qui s'applique aux instances judiciaires, n'a pas besoin d'être demandée; elle est acquise de plein droit par l'expiration du délai (Pont, t. 2, n° 1211; Laurent, t. 31, n° 312; Colmet de Santerre, t. 9, n° 157 *bis*-II; Thézard, n° 184).

1222. Aux termes de l'art. 2175 c. civ., les détériorations qui procèdent du fait ou de la négligence du tiers détenteur au préjudice des créanciers hypothécaires ou privilégiés donnent lieu contre lui à une action en indemnité (V. *Rép.* n°ˢ 1896 et suiv.). Cette action peut être exercée par les créanciers hypothécaires dès qu'ils s'aperçoivent des détériorations et avant qu'ils aient commencé des poursuites en expropriation, avant même l'exigibilité de leur créance (Orléans, 24 mars 1859 (1); Merville, *Revue pratique*, 1859, t. 8, p. 162 et suiv.; Aubry et Rau, t. 3, § 287, p. 451,

---

(1) (Bourat et autres *C.* dame de Trécesson et autres.) — La dame de Trécesson devait à ses enfants, pour solde de compte de tutelle, une somme de 213,415 fr. 75 cent., dont elle avait l'usufruit. Par acte du 24 août 1855, elle consentit hypothèque, pour la garantie de cette somme, sur son domaine de Vaulx-Pins; elle s'obligeait par l'acte à exploiter le bois existant sur ce domaine qu'en se conformant à l'usage du pays pour l'âge et les réserves à faire, comme le ferait un bon père de famille. Le 20 oct. 1857, la dame de Trécesson vendit le domaine de Vaulx-Pins aux sieurs Bourat et consorts, en stipulant que les acquéreurs auraient la faculté de défricher les bois dans les conditions où elle l'avait elle-même, et sans garantie de sa part au cas où les créanciers inscrits s'y opposeraient. Les sieurs Bourat et consorts s'étant mis à abattre et à défricher les bois, les enfants de Trécesson protestèrent; puis, comme les acquéreurs ne s'arrêtaient pas devant leurs réclamations, ils assignèrent en même temps leur mère et les sieurs Bourat et consorts devant le tribunal de Montargis. Leurs conclusions tendaient à ce que leur mère leur fournît un supplément d'hypothèque ou sinon fût condamnée solidairement avec les sieurs Bourat et consorts, au payement de la somme de 213 415 fr. 75 cent.; ils concluaient en outre à ce que les sieurs Bourat et consorts fussent condamnés personnellement envers eux à 20 000 fr. de dommages-intérêts. La dame de Trécesson exerça un recours en garantie contre les sieurs Bourat et consorts, et ceux-ci demandèrent également à être garantis par elle. — Le 27 juill. 1858, jugement du tribunal de Montargis, qui ordonne à la dame de Trécesson de fournir le supplément d'hypothèque demandé, sinon et faute de ce faire, la condamne, solidairement avec les sieurs Bourat et consorts, à rembourser immédiatement à ses enfants le montant de leur créance en principal et accessoires; et, pour faciliter l'exécution de ces condamnations, ordonne que lesdits sieurs Bourat et consorts seront tenus de verser le prix de leur acquisition à la Caisse des dépôts et consignations. — Appel par les sieurs Bourat et consorts.

La cour; — Statuant sur la demande principale à l'égard de la dame de Trécesson : — Attendu que, dans la partie du juge-

ment qui a statué sur la demande des enfants de Trécesson contre leur mère, celle-ci est condamnée à fournir à ses enfants un supplément d'hypothèque, et, à défaut, à leur payer le montant intégral de leur créance; — Attendu que, dans l'état de faits reconnus constants, et des conclusions des demandeurs, l'immeuble ayant subi une dégradation considérable, cette disposition du jugement a fait à la cause une juste application de l'art. 2131 c. civ.; — Que l'objet dudit article est, en effet, de maintenir, entre le créancier et le débiteur, l'intégrité du contrat hypothécaire, quelle que soit la cause de la détérioration du gage, alors même que le débiteur y serait complètement étranger, l'immeuble hypothéqué fût-il même sorti de ses mains; — Attendu d'ailleurs que les enfants de Trécesson demandant la confirmation du jugement de première instance au chef dont il s'agit, il devient inutile de rechercher si la dame de Trécesson avait concouru par son fait à la diminution des sûretés promises à ses enfants, et si elle se trouvait passible des dispositions de l'art. 1188 c. civ.; — Attendu que les enfants Trécesson n'étant pas propriétaires des 213 415 fr. 75 cent. dont l'usufruit appartient à leur mère, celle-ci n'aurait pas dû, faute de fournir le supplément d'hypothèque, être condamnée à opérer le remboursement immédiat de la créance; — Qu'il y avait lieu seulement, par analogie des dispositions de l'art. 602 c. civ., d'ordonner l'emploi et le placement du capital, de manière à concilier et sauvegarder les intérêts respectifs des ayants droit; — À l'égard des sieurs Bourat et consorts : — Attendu, en droit, que, vis-à-vis des créanciers hypothécaires, le tiers détenteur, averti par l'inscription de l'existence de l'hypothèque, n'a pas la libre et absolue disposition de la chose hypothéquée; que sa jouissance doit se concilier avec la conservation du gage, que les créanciers inscrits ont le droit de suivre et qu'ils doivent retrouver intact entre ses mains; — Attendu que, s'il détériore le fonds hypothéqué, il en résulte pour les créanciers inscrits un dommage, à la réparation duquel le législateur a pourvu par l'art. 2175 c. civ., lequel dispose que les détériorations provenant du fait ou de la négligence du tiers détenteur donnent lieu contre lui à une action en indemnité; — Qu'il importe peu, pour l'ap-

note 55 ; Laurent, t. 31, n° 303 ; Thézard, n° 181). Elle pourrait même être exercée par un créancier dont le droit serait conditionnel ; il serait autorisé à faire ordonner par justice l'estimation des dégradations commises, et à exiger du tiers détenteur la consignation de la somme ainsi déterminée, pour que cette somme fût distribuée par ordre d'hypothèque, en cas d'insuffisance du prix de l'immeuble (V. en ce sens les auteurs précités).

1223. L'indemnité à laquelle peut être condamné le tiers détenteur à raison des dégradations procédant de son fait ou de sa négligence doit être mesurée sur la dépréciation causée à l'immeuble par les dégradations. Le tiers détenteur ne peut, par conséquent, être rendu responsable personnellement de la totalité des charges hypothécaires, ni surtout être condamné solidairement avec le débiteur à les acquitter (Orléans, 24 mars 1859, suprà, n° 1222).

1224. Le tiers détenteur qui a détérioré l'immeuble dont il est propriétaire, a d'ailleurs, un recours contre le débiteur pour le montant de l'indemnité qu'il a payée aux créanciers hypothécaires à raison des détériorations, comme pour le surplus de la valeur de l'immeuble dont il est évincé par l'action hypothécaire (Rép. n° 1907 ; Baudry-Lacantinerie, t. 3, n° 1476). Il n'aurait aucun recours, toutefois, à raison des détériorations s'il en avait profité, s'il avait, par exemple, exploité ou vendu à son profit la superficie d'un bois dont son auteur lui aurait interdit de disposer au préjudice des créanciers inscrits (Orléans, 24 mars 1859, suprà, n° 1222).

1225. D'après l'art. 2177, § 2, les créanciers personnels du tiers détenteur, après tous ceux qui sont inscrits sur les précédents propriétaires, exercent leur hypothèque, à leur rang, sur le bien délaissé ou adjugé. C'est une des conséquences du principe que le droit de propriété du tiers détenteur subsiste sur l'immeuble, malgré le délaissement et à plus forte raison malgré la saisie de l'immeuble contre lui (V. suprà, n° 1212). On doit remarquer, toutefois, que les créanciers hypothécaires du tiers détenteur seront primés par tous les créanciers qui se seront inscrits sur l'immeuble

du chef des précédents propriétaires, non seulement avant l'acquisition faite par le tiers détenteur, mais avant la transcription de son titre d'acquisition (V. suprà, n° 990).

Ce ne sont pas seulement, d'ailleurs, les créanciers hypothécaires du tiers détenteur qui auront droit sur le prix de l'immeuble après les créanciers inscrits du chef des précédents propriétaires. Le tiers détenteur lui-même prendra l'excédent du prix de vente, s'il y en a un, après le payement des créances hypothécaires, et ses créanciers chirographaires pourront se le partager au marc le franc (Pont, t. 2, n° 1193 ; Aubry et Rau, t. 3, § 287, p. 453 ; Colmet de Santerre, t. 9, n° 159 bis-II ; Thézard, n° 187. Comp. Req. 15 déc. 1862, aff. Renouard (motifs), D. P. 63. 1. 161).

1226. Aux termes de l'art. 2178 c. civ., « le tiers détenteur qui a payé la dette hypothécaire, ou délaissé l'immeuble hypothéqué, ou subi l'expropriation de cet immeuble, a un recours en garantie, tel que de droit, contre le débiteur principal ». Le tiers détenteur, en effet, qui est poursuivi hypothécairement, subit une éviction, quel que soit le parti qu'il prenne. S'il se laisse exproprier, cela est évident. S'il délaisse l'immeuble, il en est évincé alors même qu'il s'en rendrait ensuite adjudicataire, car ce ne serait plus en vertu de son contrat primitif qu'il en serait propriétaire. Enfin s'il paye les dettes hypothécaires, en supposant, bien entendu, qu'il ait déjà payé son prix ou que, ne l'ayant pas payé, il soit obligé de payer au delà de ce prix, on peut dire qu'il est encore évincé, car il ne conserve l'immeuble que grâce au payement qu'il a fait aux créanciers. Dans toutes ces hypothèses, le tiers détenteur peut avoir un double recours : un recours en garantie contre son auteur, à raison de l'éviction qu'il a subie ; un recours contre le débiteur dont il a acquitté la dette hypothécaire. Souvent, il est vrai, l'auteur du tiers détenteur sera en même temps le débiteur. C'est même ce que semble supposer l'art. 2178 c. civ. Mais il peut en être autrement, et c'est pourquoi il importe de déterminer par quels principes seront régies ces deux actions récursoires différentes.

1227. Le tiers détenteur n'aura l'action en garantie

---

plication dudit article, qu'il soit invoqué contre le tiers détenteur en dehors de l'instance d'expropriation ou en délaissement ; — Que la situation à laquelle l'article précité a entendu porter remède est indépendante de la mise en mouvement de l'expropriation ou du délaissement et qu'il est juste que l'action qu'il donne, en réparation du tort causé, soit ouverte aussitôt que le préjudice se fait sentir ; — Attendu que, dans l'espèce, Bourat et consorts, auteurs des faits d'abus énumérés plus haut, ont d'autant mieux encouru l'application de l'art. 2475, qu'ils étaient instruits de l'existence des hypothèques tout à la fois, par la publicité des inscriptions et par les clauses mêmes de leur propre contrat d'acquisition, et qu'ils ont passé outre nonobstant les protestations et les défenses des enfants de Trécesson ; — Mais attendu que le tiers détenteur, quoi qu'il n'est lié envers les créanciers inscrits par aucune obligation personnelle, ne peut être tenu vis-à-vis d'eux qu'à la représentation du gage, dont il est possesseur et gardien ; — Que, dès lors, s'il l'a dégradé et amoindri, l'indemnité par lui due doit être mesurée suivant l'importance de la détérioration ; — Qu'aller au delà, ce serait méconnaître tout à la fois les termes de l'article précité et la nature du rapport de droit qui existe entre le tiers détenteur et les créanciers inscrits ; — Attendu néanmoins que les premiers juges, sous le prétexte d'une responsabilité sagement caractérisée d'ailleurs, ont condamné Bourat et consorts, dès à présent et personnellement, à payer solidairement avec la dame de Trécesson aux enfants de Trécesson leur créance intégrale de 243 415 fr. 75 cent., et, pour faciliter le payement, les ont, en outre, condamnés à verser à la Caisse des consignations le montant de leur prix d'acquisition ; — Attendu que ces condamnations qui ne sont fondées ni sur l'art. 2175 ni sur aucun autre texte, ne peuvent se soutenir et ne sauraient être maintenues ; — Que, d'une part, le tiers détenteur, à moins qu'il ne soit personnellement obligé, n'est jamais tenu des créances inscrites que comme bien tenant, et dans les termes seulement de l'art. 2168 c. civ. ; et que, d'un autre côté, il n'est astreint, vis-à-vis des créanciers inscrits, au versement de son prix qu'après l'accomplissement des formalités de la purge, s'il juge convenable d'y avoir recours ; — Qu'il y a donc lieu de réduire les demandes des enfants de Trécesson et les condamnations prononcées à leur profit, à l'application pure et simple de l'art. 2175 ; — Attendu qu'il ne s'agit plus que de liquider le montant de l'indemnité, et, pour cela, d'apprécier l'importance de la détérioration commise ; — Attendu que la cour ne possède pas d'éléments suffisants à cet égard ; — Statuant sur les demandes en garantie : — 1° De

la dame de Trécesson contre Bourat et consorts ; — Attendu que l'action des enfants de Trécesson contre leur mère est fondée exclusivement sur les clauses de l'acte du 24 août 1855 ; que, de son côté, la dame de Trécesson n'a contre ses acquéreurs que l'action résultant du contrat de vente du 20 oct. 1857 ; que ces actions n'ont rien de commun, ni quant à leur cause, ni quant à leur objet ; que les sieurs Bourat et consorts ne se sont d'ailleurs personnellement engagés à assumer en quoi que ce soit la responsabilité des obligations de la dame de Trécesson vis-à-vis de ses enfants ; que, par suite, son action récursoire n'est pas fondée ; — Attendu d'ailleurs qu'elle n'a exercé de son chef contre Bourat et consorts aucune des actions qui pourraient dériver à son profit du contrat de vente susdaté ; — 2° Des sieurs Bourat et consorts contre la dame de Trécesson ; — Attendu que la demande en garantie desdits sieurs Bourat et consorts contre la dame de Trécesson est moins sérieuse encore ; que si la dame de Trécesson a en effet donné à ses acquéreurs la faculté de défricher, il n'a pu agir que dans la mesure de son droit personnel, et qu'elle a pris soin d'ailleurs de stipuler que cette faculté ne leur était donnée qu'autant que cela était en son pouvoir, et qu'elle n'entendait être astreinte envers eux au payement d'aucune indemnité, dans le cas où l'un des créanciers inscrits aurait le droit de s'y opposer ;

Par ces motifs, condamne la dame de Trécesson à fournir à ses créanciers un supplément d'hypothèque pour répondre de sa créance sus-énoncée de 243 415 fr. 75 cent. ; — Dit que, faute par elle de fournir ledit supplément d'hypothèque dans le mois de la signification du présent arrêt, elle sera tenue de verser à la Caisse des dépôts et consignations ladite somme de 243 415 fr. 75 cent. pour être immédiatement employée et convertie, par les soins et à la diligence du préposé de cette caisse, en rentes sur l'État 3 pour 100, lesquelles seront immatriculées, savoir pour la nue propriété au profit des enfants de Trécesson, parties en cause ; et pour l'usufruit au profit de la dame de Trécesson, leur mère, si mieux n'aiment les parties, en disposer autrement ; — Avant faire droit à l'égard des sieurs Bourat et consorts, ordonne que par trois experts convenus entre les parties, etc. ;

Déclare la dame de Trécesson et les sieurs Bourat et consorts respectivement mal fondés dans leurs demandes en garantie l'un contre l'autre, etc.

Du 24 mars 1859.-C. d'Orléans, 1re ch.-MM. de Vauzelles, 1er pr.-Merville, 1er av. gén.-Nicollet (du barreau de Paris), Lecoy et Robert de Massy, av.

proprement dite contre son auteur que si son titre d'acquisition est de ceux qui donnent naissance à la garantie, s'il s'agit d'une vente, par exemple (c. civ. art. 1603), d'un échange (c. civ. art. 1707) ou d'une donation faite *dotis causa* (c. civ. art. 1440), mais non s'il s'agit d'une donation pure et simple ou d'un legs, ou même s'il s'agit d'une vente faite sans garantie. — Par l'action en garantie, quand il l'a, le tiers détenteur pourra réclamer contre son auteur tous les objets indiqués dans l'art. 1630 c. civ.: 1° la restitution du prix, s'il a déjà été payé, ou la libération de ce prix, s'il n'a pas été payé; 2° celle des fruits dont le tiers détenteur aura été obligé de tenir compte aux créanciers à partir de la sommation de payer ou de délaisser ; 3° les frais que le tiers détenteur aura faits ou auxquels il aura été condamné par la poursuite des créanciers ; 4° enfin des dommages-intérêts, ainsi que les frais et loyaux coûts du contrat. Le recours en garantie du tiers détenteur contre son auteur est, d'ailleurs, soumis à tous les points aux règles du droit commun (V. *infrà*, v° *Vente; Rép.* eod. v°, n°s 778 et suiv.).

Si le vendeur ou ses ayants cause prétendaient se faire payer du prix de l'immeuble, malgré l'éviction subie par le tiers détenteur, celui-ci évidemment aurait le droit de leur opposer une exception fondée sur la maxime : *Quem de evictione tenet actio, eumdem agentem repellit exceptio* (Trib. civ. de Moulins, 31 mai 1851) (1). Même dans le cas où le tiers détenteur aurait délaissé l'immeuble et s'en serait rendu ensuite adjudicataire, pour un prix inférieur à celui de son premier contrat d'acquisition, le vendeur ou les créanciers de celui-ci ne pourraient pas lui réclamer la différence entre le prix de la première vente et le prix d'adjudication. A cette demande le tiers détenteur opposerait encore victorieusement son exception de garantie. Pour pouvoir le contraindre à exécuter la première vente, il aurait fallu que le vendeur dégrevât l'immeuble ou au moins arrêtât les poursuites des créanciers avant l'adjudication. (V. *suprà*, n° 1217).

1228. Le tiers détenteur aura de plus, dans tous les cas, un recours contre le débiteur de la dette, pour ce qu'il aura payé à sa décharge. Il sera même subrogé dans les droits des créanciers contre ce débiteur, en vertu de l'art. 1251-3°, aux termes duquel « la subrogation a lieu de plein droit au profit de celui qui, étant tenu avec d'autres ou pour d'autres au payement de la dette, avait intérêt de l'acquitter ». « Tout tiers détenteur, dit M. Laurent, t. 31, n° 321, est tenu pour le débiteur principal, en ce sens que, si le débiteur ne paye pas, le tiers détenteur sera contraint de payer. Il payera directement si, sur la sommation qui lui est faite de délaisser ou de payer, il se décide à payer les dettes hypothécaires ; il a paye pour le débiteur, il est intéressé à payer afin de conserver la propriété de l'immeuble; partant il peut invoquer la subrogation légale. Si, au lieu de payer, il délaisse, l'expropriation continue, l'immeuble hypothéqué sera vendu sur le curateur et le prix distribué aux créanciers inscrits; or, ce prix appartient au tiers détenteur ; c'est lui qui paye les créanciers ; donc il est subrogé à leurs droits. Il en est de même s'il ne délaisse point: il est directement exproprié, et le prix de sa chose servant à payer ces créanciers, il leur est subrogé ». — Dans ce cas, toutefois, le recours ne peut être exercé par le tiers détenteur que jusqu'à concurrence des dettes payées. Il est donc moins avantageux que l'action en garantie, qui lui permet de demander des dommages-intérêts. En revanche, il appartient au tiers détenteur à quelque titre qu'il ait acquis, fût-ce à titre de donation (V. en ce sens, *Rép.* n° 1911; Colmet de Santerre, t. 7, n° 160 *bis*, Thézard, n°s 188 et suiv.; Baudry-Lacantinerie, t. 3, n°s 1482 et suiv.).

1229. Le recours contre le débiteur ne peut être exercé par le tiers détenteur que depuis que les créanciers ont été payés soit par lui directement, soit avec le prix de l'immeuble exproprié. Au contraire, il n'est pas nécessaire, comme paraît le supposer l'art. 2178, que le tiers détenteur ait payé, délaissé ou subi l'expropriation, pour pouvoir agir en garantie contre son vendeur. Ce droit lui appartient dès qu'il a reçu la sommation de payer ou de délaisser, car dès lors son vendeur doit, sinon l'indemniser, du moins prendre sa défense (V. *infrà*, v° *Vente*; *Rép.* eod. v°, n°s 852 et 854; Laurent, t. 31, n° 320 ; Baudry-Lacantinerie, t. 3, n° 1482).

1230. Il va de soi que l'action en garantie du tiers détenteur ne saurait être exercée en son nom par les créan-

---

(1) (Jossinet *C.* Auriol et Dubost.). — Le tribunal : — Considérant que, suivant acte reçu M° Auriol, notaire à Dornes, le 27 déc. 1843, les époux Bourdelier ont vendu au sieur Jossinet une locaterie située commune de Toury-Larcy, moyennant 6000 fr., payables à des époques déterminées dont la première avait été fixée au 11 nov. 1846, que partie de ce prix avait été assignée devoir revenir à des mineurs ; — Considérant que, postérieurement à la date du 9 juin 1846, le sieur Louis Dubost a fait sommation au sieur Jossinet de payer ou de délaisser, et après avoir fait un commandement auxdits époux Bourdelier, conformément à l'art. 2169, a poursuivi la vente par suite de ladite locaterie contre le tiers détenteur Jossinet ; que, par suite, ladite locaterie a été adjugée devant le tribunal au sieur Mathieu, huissier à Moulins, le 7 déc. 1846, moyennant 1500 fr., et que ce dernier en a pris possession ; — Considérant que, le 26 mars 1849, le sieur Auriol, se disant cessionnaire des époux Bourdelier, a fait commandement au sieur Jossinet de lui payer 6135 fr.; montant du prix de la vente qui lui avait été consentie ledit jour, 27 déc. 1843 ; que le sieur Jossinet a formé opposition à ce commandement, et a demandé devant le tribunal la nullité desdites poursuites, et la décharge de l'obligation contenue dans l'acte de la vente susénoncée ; qu'en outre, il a formé demande en mainlevée contre le sieur Dubost d'une opposition formée par celui-ci, et entre ses mains, sur les époux Dubost ;
En ce qui concerne le sieur Dubost : — Considérant que le sieur Jossinet a donné, le 12 avr. 1851, mainlevée de la saisie-arrêt pratiquée à sa requête sur les époux Bourdelier entre les mains du sieur Jossinet, par exploit de l'huissier Audreau, en date du 8 déc. 1848 ; que cette mainlevée, envoyée le 20 mai 1851 à Moulins, a été signifiée par acte d'avoué à celui-ci le lendemain, 21 mai, et que, à l'audience, l'avoué du sieur Dubost a renouvelé ce désistement ; qu'il y a lieu, dès lors, d'en donner acte et de mettre ledit sieur Dubost hors de cause ;
En ce qui concerne le sieur Auriol : — Considérant que le sieur Auriol, cessionnaire des époux Bourdelier, ne peut avoir plus de droits que ceux-ci ; que les époux Bourdelier ne pourraient prétendre au prix de la vente par eux consentie au sieur Jossinet qu'autant qu'ils auraient rempli à son égard l'obligation qu'ils avaient contractée de lui faire jouir de la vente ; que, loin de là, par leur fait, et à défaut par eux d'avoir payé leurs créanciers, le sieur Jossinet a été évincé de l'immeuble à

lui vendu ; que, dès lors, si en cas d'éviction, aux termes de l'art. 1630, le vendeur doit la restitution du prix pour le cas où l'acquéreur serait libéré, il y a même motif de décharger de l'obligation d'acquitter son prix l'acquéreur qui ne l'aurait pas encore payé et qui serait évincé ; que ce principe, posé en l'art. 1630 précité pour les cas de vente, a été de nouveau consacré par l'art. 2178 pour le cas spécial où l'acquéreur a été évincé par suite d'expropriation poursuivie contre le vendeur ; — Considérant que le sieur Auriol n'est pas fondé à prétendre que le sieur Jossinet a été évincé faute par lui d'avoir purgé ; qu'en effet, il n'y a pas pour l'acquéreur obligation de purger suivant les formes prescrites par la loi, mais seulement faculté que s'il ne trouve pas avantageux d'user de cette faculté et préfère s'en tenir aux termes de son contrat, il en a le droit et qu'alors c'est au vendeur à prendre les précautions nécessaires pour qu'il ne soit pas porté atteinte aux conditions de la vente et que l'acquéreur ne soit pas évincé ; que, de même faculté lui est accordée pour le délaissement, et qu'il ne peut être soumis à avancer les frais qu'exige cette procédure ; — Considérant qu'en l'espèce, loin que le sieur Auriol ait obtenu des délais pour se libérer ; qu'avant l'expiration de ces délais, la poursuite en expropriation dirigée contre lui comme tiers détenteur de l'immeuble a été commencé ; que les époux Bourdelier en ont été instruits par le commandement qui leur a été préalablement fait ; qu'ainsi c'était à eux à prendre les mesures nécessaires pour éviter ladite expropriation ; qu'ils ne l'ont pas fait, et qu'ils doivent en subir toutes les conséquences provenant de leur fait, car ils ne pouvaient raisonnablement exiger que le sieur Jossinet, auquel ils avaient accordé des délais pour se libérer, consentît à y renoncer et à solder immédiatement son prix.
Par ces motifs :
Donne acte au sieur Dubost de son désistement, le met hors de cause et le condamne aux dépens faits à cette occasion ; — Reçoit le sieur Jossinet opposant au commandement à lui fait par le sieur Auriol ; dit que celui-ci, comme cessionnaire des époux Bourdelier, ne peut exciper d'aucun droit de créance résultant de l'acte de vente du 17 déc. 1843, qui est anéanti, et que, dès lors, les poursuites par lui commencées ne sont pas valables ; en conséquence, ordonne la discontinuation d'icelles, et condamne le sieur Auriol aux dépens.
Du 31 mai 1851.-Trib. civ. de Moulins.

ciers hypothécaires, car ils n'ont pas le tiers détenteur pour débiteur personnel (Civ. cass. 16 juill. 1884, aff. Brunet, D. P. 85. 1. 146).

Sect. 3. — Des exceptions que le tiers détenteur peut opposer a l'exercice du droit de suite (Rép. n°s 1912 à 1989).

Art. 1er. — De l'exception de discussion (Rép. n°s 1913 à 1944).

1231. L'exception de discussion, admise par la loi en faveur du tiers détenteur, lui permet d'exiger qu'avant de saisir l'immeuble qui se trouve entre ses mains, le créancier poursuive l'expropriation des autres immeubles hypothéqués à la dette et qui sont restés entre les mains du débiteur (c. civ. art. 2170). On a indiqué au Rép. n° 1917 in fine, que le projet de réforme hypothécaire de 1850 proposait la suppression de cette exception. Elle a été, en effet, supprimée en Belgique. Suivant M. Laurent, t. 31, n° 263, ce bénéfice de discussion est une dérogation au droit du créancier qu'aucun principe ne justifie. « Celui qui a une hypothèque sur tous les immeubles du débiteur peut poursuivre hypothécairement chacun de ces immeubles comme il l'entend ; c'est une conséquence de l'indivisibilité de son droit. Or, l'aliénation que le débiteur fait de l'un des immeubles hypothéqués ne porte aucune atteinte aux droits du créancier ; il peut, par conséquent, agir contre le tiers acquéreur, sans que celui-ci puisse le renvoyer à discuter les autres immeubles hypothéqués. Si l'ancien droit lui donnait le bénéfice de discussion, c'est par une suite de la faveur qu'il témoignait au tiers détenteur ; cette faveur, qui s'explique sous le régime de la clandestinité, n'a plus de raison d'être sous le régime de la publicité ».

1232. D'après le code civil lui-même, d'ailleurs, l'exception de discussion n'existe en faveur du tiers détenteur qu'à l'encontre des créanciers à hypothèque générale ; elle ne peut être opposée, dit l'art. 2171, « au créancier privilégié ou ayant hypothèque spéciale sur l'immeuble » (Rép. n° 1941). Il a été jugé qu'on doit considérer comme hypothèque spéciale toute hypothèque conventionnelle, et que, par suite, le bénéfice de discussion ne peut être opposé au créancier auquel une semblable hypothèque a été consentie sur tous les immeubles du débiteur (Grenoble, 10 janv. 1870 (1). V. dans le même sens, Rép. n° 1941; Pont, t. 2, n° 1161; Aubry et Rau, t. 3, § 287, p. 442, note 21; Baudry-Lacantinerie, t. 3, n° 1448; André n° 990).

1233. L'exception de discussion ne peut jamais non plus être opposée aux créanciers privilégiés, même dans le cas, assez rare il est vrai, où le privilège s'exerce sur la généralité des immeubles. Cela résulte du texte de l'art. 2171 c. civ., qui ne distingue pas. M. Colmet de Santerre, t. 9, n° 151 bis-XIII, en donne cette raison : « Le privilège est une hypothèque privilégiée ; il doit donc être traité en tous points comme l'hypothèque la plus favorisée ; il serait étrange qu'une certaine hypothèque eût des avantages que n'aurait pas le privilège. Pour éviter cette étrangeté, il a fallu assimiler les privilèges aux hypothèques spéciales quant au bénéfice de discussion » (V. aussi en ce sens, Pont, t. 2, n° 1161 ; Baudry-Lacantinerie, t. 3, n° 1448).

1234. L'exception de discussion ne serait encore pas opposable au légataire exerçant l'hypothèque légale de l'art. 1017 c. civ.; car, comme le dit M. Baudry-Lacantinerie, loc. cit., cette hypothèque est spéciale ; elle ne porte

que sur les immeubles de la succession, et non sur les autres immeubles qui appartiennent aux héritiers.

1235. Enfin l'exception de discussion ne pourrait même pas être opposée au créancier ayant une hypothèque judiciaire ou une hypothèque légale qui aurait été restreinte par la volonté des parties ; l'hypothèque restreinte, en effet, est devenue spéciale. Il a été jugé, en ce sens, que le bénéfice de discussion ne peut être opposé par le tiers détenteur d'un immeuble au créancier à hypothèque légale qui, lors de la surenchère par lui formée, ne jouissait plus que d'une hypothèque restreinte, parce qu'il avait renoncé volontairement à son hypothèque sur les immeubles restés aux mains du débiteur (Civ. rej. 14 nov. 1884, aff. Vigier-Lafosse, D. P. 82. 1. 168. V. aussi Civ. cass. 3 mars 1856, aff. Lorrain, D. P. 56. 1. 321).

1236. Pour pouvoir proposer l'exception de discussion, le tiers détenteur ne doit pas être personnellement obligé à la dette, soit comme débiteur principal, soit même, d'après la plupart des auteurs, comme caution (V. Rép. n°s 1921 et 1924; Pont, t. 2, n° 1160; Aubry et Rau, t. 3, § 287, p. 441, note 17; Baudry-Lacantinerie, t. 3, n° 1446). — M. Colmet de Santerre, t. 9, n° 151 bis-IV, ne pense pas qu'on doive priver du bénéfice de discussion le détenteur dont la qualité de caution implique elle-même droit à ce bénéfice. Mais cette opinion paraît inconciliable avec le texte de l'art. 2170 c. civ.; la caution est personnellement obligée à la dette.

1237. Quand le débiteur est mort laissant plusieurs héritiers, celui qui détient l'immeuble hypothéqué est tenu personnellement pour partie de l'obligation, et, comme il ne peut forcer le créancier à recevoir divisément le payement de sa part, il n'est pas recevable à lui opposer, en lui offrant ce payement, l'exception de discussion. Cette exception, toutefois, lui serait ouverte si le créancier avait consenti à recevoir la part qu'il devait payer (V. en ce sens : Rép. n° 1922; Aubry et Rau, t. 3, § 287, p. 441; Thézard, n° 168-1°; Baudry-Lacantinerie, t. 3, n° 1447; André, n° 992. V. aussi suprà, n° 1197).

1238. Le légataire particulier, n'étant pas tenu des dettes de la succession, jouit, comme tiers détenteur, du bénéfice de discussion (Rép. n° 1923) ; mais, d'après la cour de cassation, il n'a la qualité de tiers détenteur et ne peut par suite opposer l'exception de discussion aux poursuites des créanciers hypothécaires du défunt, qu'après avoir obtenu la délivrance régulière de son legs (Civ. rej. 11 janv. 1882, aff. Wion, D. P. 82. 1. 304. V. toutefois, suprà, n° 1168).

1239. Le tiers détenteur, qui se trouve dans les conditions déterminées par la loi, peut seulement, d'après l'art. 2170 c. civ., requérir la discussion des « autres immeubles hypothéqués à la même dette » qui se trouvent « dans la possession du principal ou des principaux obligés ». Il en résulte, comme on l'a montré au Rép. n° 1926, que l'exception de discussion accordée aux tiers détenteurs est moins étendue que celle qui appartient à la caution. Ainsi le tiers détenteur ne peut obliger le créancier à saisir préalablement ni les biens meubles du débiteur, ni les immeubles qui, tout en étant hypothéqués à la dette, sont entre les mains d'autres tiers détenteurs (V. les arrêts cités au Rép. n° 1927). — On admet généralement aussi que le tiers détenteur ne peut pas requérir la discussion des immeubles hypothéqués à la dette, qui se trouvent entre les mains de la caution ni, à plus forte raison, ceux du tiers qui a consenti une hypothèque sur ses biens, sans s'obliger personnellement (V. en ce sens, Rép. n° 1917; Aubry et Rau, t. 3, § 287, p. 441, note 20; Colmet de Santerre, t. 9, n° 151 bis-

<hr/>

(1) (Suffet C. Foullu.) — Le 3 juill. 1869, jugement du tribunal de Saint-Marcellin, ainsi conçu : — « Attendu que Suffet, créancier hypothécaire de Foullu père, a régulièrement procédé en faisant, le 26 mars 1869, sommation à Foullu fils, tiers détenteur, par donation contractuelle, d'immeubles frappés d'hypothèques, de payer, purger ou de délaisser ; — Attendu que Foullu fils n'est pas fondé à renvoyer Suffet à discuter préalablement les immeubles affectés des mêmes hypothèques et restés entre les mains de Foullu père, par le motif qu'il s'agit d'hypothèques conventionnelles ; — Attendu, enfin, que le bénéfice de discussion établi au profit du tiers détenteur, par l'art. 2170 c. civ., ne peut être opposé, aux termes de l'art. 2171, au créancier ayant hypothèque spéciale sur l'immeuble ; — Attendu que l'on doit entendre par hypothèque spéciale dans la loi, toute hypo-

thèque conventionnelle ; une semblable hypothèque, alors même qu'elle aurait été concédée sur tous les immeubles du débiteur (ce qui était le cas de l'espèce), prenant dans la convention même quelque chose de plus énergique et de plus étroit qui s'oppose à ce que le droit qu'elle procure soit suspendu, et d'ailleurs, les inscriptions qui en sont prises devant contenir, aux termes de l'art. 2148, la spécialisation des immeubles, à la différence des hypothèques légales et judiciaires, qui seules sont générales, etc. » — Appel.

La cour; — Adoptant les motifs exprimés par les premiers juges;

Confirme.

Du 10 janv. 1870.-C. de Grenoble, 1re ch.-MM. Petit, pr.-Boscary, subst.-Giraud et L. Michal, av.

IX; Thézard, n° 168-3°; Baudry-Lacantinerie, t. 3, n° 1449). L'opinion contraire, toutefois, soutenue par Troplong, t. 3, n° 800 bis, est admise par M. Pont, t. 2, n° 1163. « Si, par rapport au débiteur direct, dit ce jurisconsulte, la caution est un débiteur accessoire, il est vrai de dire qu'il est elle-même débiteur principal ou principalement obligée par rapport au tiers détenteur.... Et, quant au tiers qui a donné hypothèque sur son immeuble pour garantir l'engagement pris par le débiteur direct, il est clair qu'il est aussi obligé principal dans le sens de notre article ». Mais, dans le langage ordinaire de la loi, la caution est opposée au débiteur ou à l'obligé principal, et le tiers qui a hypothéqué son immeuble n'est même pas obligé; ce tiers jouirait lui-même, d'ailleurs, du bénéfice de discussion, et il n'y a pas de raison pour qu'il soit poursuivi avant tout autre détenteur.

1240. La discussion doit être requise, dit l'art. 2170 c. civ. « selon la forme réglée au titre du cautionnement ». Il résulte de là que le tiers détenteur doit, conformément à l'art. 2022 c. civ., opposer son exception sur les premières poursuites dirigées contre lui, c'est-à-dire, sinon après la sommation de payer ou de délaisser, au moins immédiatement après la dénonciation de la saisie (V. Rép. n°s 1937 et suiv.; Pont, t. 2, n° 1165; Aubry et Rau, t. 3, § 287, p. 442, note 24).

1241. On applique également au tiers détenteur la disposition de l'art. 2023 c. civ., d'après laquelle la caution qui requiert la discussion doit avancer les deniers suffisants pour la faire (Rép. n°s 1934 et suiv.). On décide encore, conformément au second paragraphe de cet article, que le tiers détenteur ne pourrait indiquer, comme immeubles à discuter, des biens litigieux (Rép. n°s 1929 et suiv.). — Mais il y a désaccord sur le point de savoir s'il faut étendre au tiers détenteur la règle du même article qui ne permet pas à la caution d'indiquer des biens situés hors du ressort de la cour où le payement doit être fait (Rép. n° 1933). L'application de cette règle au tiers détenteur est admise par M. Pont, t. 2, n° 1164, et par MM. Aubry et Rau, t. 3, § 287, p. 442; mais elle est rejetée par M. Thézard, n° 168-3°, et par M. Baudry-Lacantinerie, t. 3, n° 1430; ce dernier objecte qu'il ne s'agit pas là d'une règle de forme et que, par conséquent, son application n'est pas prescrite par l'art. 2170.

Art. 2. — *De l'exception prétendue à raison des impenses faites au fonds hypothéqué (Rép. n°s 1945 à 1963).*

1242. Il résulte de l'art. 2175 c. civ. que le tiers détenteur a le droit de « répéter les impenses et améliorations qu'il a faites au fonds hypothéqué, jusqu'à concurrence de la plus-value résultant de l'amélioration ». Mais, comme on l'a dit au Rép. n° 1946, ce droit ne constituerait une exception opposable au créancier hypothécaire que si le tiers détenteur pouvait retenir l'immeuble jusqu'au payement de l'indemnité à lui due pour ses impenses ou améliorations. Or, les auteurs et la jurisprudence sont presque généralement d'accord pour refuser au tiers détenteur tout droit de rétention. Il a été jugé par la cour de cassation que, « si l'art. 2175 c. civ. accorde au tiers détenteur le droit de répéter la plus-value de ses améliorations, ce droit de répétition, qui ne constitue qu'un simple droit de créance, ne peut entraver l'exercice de l'action hypothécaire, et ne doit s'exercer que par voie de distraction sur le prix d'adjudication, qui est en même temps un des éléments nécessaires pour fixer le montant de cette plus-value » (Civ. rej. 14 nov. 1881, aff. Vigier-Lafosse, D. P. 82. 1. 168. V. dans le même sens: Rép. n°s 1947 et suiv.; Pont, t. 2, n° 1208; Aubry et Rau, t. 3, § 287, p. 445, note 32; Laurent, t. 31, n° 309; Thézard, n° 183; Baudry-Lacantinerie, t. 3, n° 1476. — Contrà : Glasson, *Du droit de rétention*, p. 140 et suiv.; Colmet de Santerre, t. 9, n° 156 bis-III).

1243. Le tiers détenteur n'a pas non plus de privilège sur le prix d'adjudication de l'immeuble, pour raison de la plus-value résultant de ses impenses, car aucun texte ne lui accorde ce privilège (Rép. n° 1949; Pont, loc. cit.; Martou t. 3, n° 1322; Aubry et Rau, t. 3, § 287, p. 432, note 57; Laurent, loc. cit. — Contrà : Troplong, t. 3, n° 836).

1244. Et néanmoins le tiers détenteur doit être payé de ses impenses, à l'exclusion des créanciers, sur la plus-value procurée par lui à l'immeuble. Il a, par suite, le droit de

demander la distraction du montant de cette plus-value lors de l'adjudication. Il peut faire cette demande, soit avant l'adjudication, soit après, dans l'ordre ouvert pour la distribution du prix. Avant l'adjudication, il peut réclamer l'insertion au cahier des charges d'une clause portant que l'adjudicataire devra, soit en sus, soit en déduction du prix, lui payer une somme déterminée pour ses améliorations. Après l'adjudication, il peut demander, dans l'instance d'ordre, la ventilation du prix et la distraction à son profit de la partie représentant la plus-value. Cette plus-value sera estimée, au cours de l'expropriation ou de la procédure d'ordre, soit à l'amiable, entre le tiers détenteur, les créanciers inscrits et le débiteur, soit par le tribunal, au moyen d'une expertise (V. Rép. n° 1950; Bourges, 3 févr. 1851, aff. Pavie-Blondel, D. P. 55. 2. 16; Pont, t. 2, n° 1208; Aubry et Rau, t. 3, § 287, p. 452; Thézard, n° 183. V. aussi les arrêts cités infrà, n° 1248).

1245. Le droit de répéter ainsi la plus-value résultant de ses impenses et améliorations n'est accordé par l'art. 2175 c. civ. qu'au tiers détenteur. Ce droit ne peut appartenir évidemment au débiteur. Mais il ne pourrait être exercé non plus par un simple possesseur dont le titre, faute d'avoir été transcrit, ne serait pas opposable aux créanciers hypothécaires ; il y aurait lieu alors à l'application du principe de l'art. 2133 c. civ., d'après lequel l'hypothèque s'étend à toutes les améliorations survenues à l'immeuble hypothéqué (Douai, 18 mars 1840, Rép. n° 1954; Bruxelles, 3 juin 1885, aff. Société anonyme de l'Union industrielle des deux-Luxembourg, D. P. 86. 2. 174).

1246. Lorsque l'immeuble a passé successivement entre les mains de plusieurs tiers détenteurs, celui qui a fait le délaissement ou sur qui l'expropriation a lieu peut réclamer une indemnité non seulement pour les impenses et améliorations qu'il a lui-même procurées, mais aussi pour celles qui ont été procurées par les précédents tiers détenteurs, non obligés à la dette. Ayant acquis et payé l'immeuble amélioré, il a le droit de garder le bénéfice des améliorations (V. Rép. n° 1954). — Si ce tiers détenteur négligeait de réclamer une indemnité pour cette cause, nous pensons que le tiers détenteur antérieur, qui aurait fait les améliorations et qui serait exposé à une action en garantie de la part du tiers détenteur exproprié ou ayant délaissé, pourrait agir lui-même, en vertu du principe que nul ne doit s'enrichir aux dépens d'autrui. Mais, bien entendu, il ne pourrait toucher la somme représentant les améliorations faites par lui qu'à charge de rapporter au tiers détenteur exproprié ou aux créanciers la totalité du prix qu'il aurait reçu de lui (Comp. Nancy, 19 févr. 1881, infrà, v° Société).

1247. En tout cas, la demande d'une indemnité pour impenses ou améliorations ne peut être faite, soit par le tiers détenteur actuel, soit par un tiers détenteur antérieur, qu'après le délaissement de l'immeuble ou après la saisie pratiquée par les créanciers, car jusque-là l'éviction, qui seule donne lieu à l'indemnité, n'est pas certaine (V. l'arrêt précité). M. Laurent, t. 31, n° 304, dit même que l'indemnité ne peut être réclamée que lorsque l'adjudication est prononcée, parce que jusque-là le débiteur peut toujours payer la dette, et que les créanciers sont libres de se désister de leurs poursuites. Mais autre chose est de réclamer l'indemnité, autre chose est de la toucher. Si le débiteur paye, il est bien évident que l'expropriation n'aura pas lieu et qu'aucune indemnité ne sera due (V. suprà, n° 1215). Néanmoins, le tiers détenteur peut avoir intérêt à former sa demande dès avant l'adjudication et sous forme d'incident à la poursuite en expropriation, pour faire insérer dans le cahier des charges une clause relative à l'indemnité pouvant lui être due (V. suprà, n° 1244).

1248. L'art. 2175 c. civ. n'accorde au tiers détenteur le droit de répéter ses impenses et améliorations que jusqu'à concurrence de la plus-value résultant de l'amélioration. S'il s'agit d'impenses simplement utiles, ce texte ne donne lieu à aucune difficulté ; c'est seulement l'augmentation de valeur procurée à l'immeuble par ces impenses que le tiers détenteur peut réclamer. Cette plus-value doit être estimée, non à l'époque où les impenses ont été faites, mais à l'époque où le tiers détenteur est dépouillé de l'immeuble par le délaissement ou par l'expropriation ; car si, malgré les améliorations, l'immeuble avait baissé de valeur, le tiers déten-

teur ne devrait pas supporter seul la perte, et réciproquement si l'immeuble, indépendamment des améliorations, avait augmenté de valeur, le tiers détenteur ne devrait pas en avoir seul le profit (V. Angers, 14 janv. 1837, sous Req. 28 nov. 1838, *Rép.* n° 459-1°). Il peut se faire cependant que la diminution ou l'augmentation de valeur ait porté uniquement sur la plus-value ; alors naturellement elle doit préjudicier ou bénéficier au tiers détenteur seulement, et non au créancier hypothécaire (V. Req. 24 nov. 1868, aff. Boisney, D. P. 71. 5. 214).

1249. Lorsqu'il a été fait des impenses nécessaires, c'est-à-dire des impenses sans lesquelles l'immeuble aurait péri ou aurait été gravement détérioré, il est possible que, tout en conservant l'immeuble, ces impenses n'aient pas augmenté sa valeur ; on s'est demandé, dans ce cas, si le tiers détenteur aurait droit à une indemnité. La négative est soutenue par une notable partie de la doctrine. La loi, dit-on, ne distingue pas entre les impenses nécessaires ou les impenses utiles ; elle n'accorde au tiers détenteur que le droit de répéter la plus-value. S'il n'y a pas de plus-value, si le gage des créanciers n'a pas été augmenté par son fait, il n'a droit à rien. On ne saurait l'assimiler à un *negotiorum gestor* (c. civ. art. 1375), car, en conservant l'immeuble, il a agi pour son compte personnel et n'a point géré l'affaire des créanciers ; dès lors, ceux-ci ne peuvent être tenus envers lui que par l'action *de in rem verso*, dans les limites de l'augmentation effective du gage (En ce sens : Troplong, t. 3, n° 838 *bis* ; Martou, t. 3, n° 1320 ; Pont, t. 2, n° 1206 ; Aubry et Rau, t. 3, § 287, p. 451, note 56). — Nous avons déjà combattu cette opinion au *Rép.* n° 1958, et nous persistons à la considérer comme inexacte. Les dépenses nécessaires, sans lesquelles l'immeuble aurait péri en tout ou en partie, ont incontestablement profité aux créanciers, puisque sans elles ils auraient perdu leur gage. Il est donc vrai que ce gage en vaut mieux ; et, par conséquent, les créanciers s'enrichiraient au préjudice du tiers détenteur, si celui-ci n'était pas indemnisé de telles impenses. Cela suppose, bien entendu, que les impenses ont été vraiment nécessaires : il ne faudrait pas qualifier ainsi des réparations qui auraient coûté plus cher que l'immeuble lui-même ne valait après leur achèvement, ou dont le prix serait supérieur à la diminution de valeur qui menaçait cet immeuble. Cela suppose, en outre, que l'effet de ces réparations n'a pas été détruit par des circonstances ultérieures ; que la conservation du gage profite effectivement aux créanciers. Dans ces conditions, il n'est pas besoin de recourir aux principes de la gestion d'affaires ; la seule application de l'art. 2175 suffit que le tiers détenteur soit remboursé, en tout ou en partie, de ses impenses, jusqu'à concurrence de la valeur du gage qu'elles ont conservé (V. en ce sens, Req. 11 nov. 1824, *Rép.* n° 460-1° ; Laurent, t. 31, n° 306 ; Thézard, n° 182 ; Baudry-Lacantinerie, t. 3, n° 1476).

1250. On a examiné au *Rép.* n° 1961 quel est le droit du tiers détenteur lorsque la plus-value procurée à l'immeuble par ses impenses est supérieure à ce qu'il a déboursé. Suivant la plupart des auteurs, le tiers détenteur ne peut jamais rien réclamer au delà de ses impenses. Toutefois, l'opinion soutenue au *Répertoire*, d'après laquelle le tiers détenteur a droit, au contraire, à toute la plus-value que ses impenses ont procurée, est admise par M. Laurent, t. 31, n° 308 : « Les créanciers, dit-il, ne doivent pas indemniser le tiers détenteur de ce que celui-ci a dépensé, ils doivent l'indemniser du profit qu'ils retirent de la dépense ; ce profit constitue une véritable perte pour le tiers détenteur, car s'il avait vendu le fonds, il en aurait retiré la valeur qu'il lui a donnée par ses travaux ; c'est donc de cette valeur qu'il s'appauvrit réellement et que les créanciers s'enrichissent, ce qui est décisif ».

Art. 3. — *De l'exception prétendue à raison des hypothèques antérieures que le tiers détenteur peut avoir sur l'immeuble* (Rép. n° 1964).

1251. Comme on l'explique au *Rép.* n° 1964, l'exception de *priorité d'hypothèque* que pouvait autrefois opposer le tiers détenteur qui avait, soit de son chef, soit par subrogation, une hypothèque préférable à celle du créancier poursuivant, n'est plus admise sous le code civil. Tout créancier,

quel que soit son rang, a le droit de faire vendre l'immeuble (c. civ. art. 2169), et le tiers détenteur qui est lui-même créancier hypothécaire, est tenu, comme tout autre, ou de purger ou de subir l'expropriation (Civ. cass. 10 févr. 1818, *Rép.* n° 1755, et sur renvoi, Paris, 8 févr. 1819, *Rép.* v° *Vente publique d'immeubles*, n° 137 ; Pont, t. 2, n° 1143 ; Aubry et Rau, t. 3, § 287, p. 443, note 27 ; Laurent, t. 31, n° 265 ; Thézard, n° 170-1° ; Baudry-Lacantinerie, t. 3, n° 1452).

1252. Le tiers détenteur, qui serait en même temps créancier, ne pourrait pas non plus demander que le créancier qui poursuit lui garantisse par une caution que l'immeuble sera porté à un prix assez élevé pour qu'il soit payé de sa créance. La doctrine de M. Troplong sur ce point est rejetée par la plupart des auteurs (V. *Rép.* n° 1964 ; Martou, t. 3, n° 1172 ; Pont, *loc. cit.* ; Aubry et Rau, t. 3, § 287, p. 443, note 28 ; Laurent, t. 31, n° 266).

Art. 4. — *De l'exception de garantie* (Rép. n°s 1965 à 1970).

1253. En ce qui concerne l'exception de garantie, elle peut être opposée par le tiers détenteur, lorsque le créancier poursuivant se trouve personnellement obligé envers lui à la garantie de l'éviction qu'il lui ferait subir, soit comme héritier du vendeur, soit en qualité de caution (V. *Rép.* n° 1965 et suiv. ; Troplong, t. 3, n° 806 ; Pont, t. 2, n° 1167 ; Aubry et Rau, t. 3, § 287, p. 443 ; Laurent, t. 31, n° 264 ; Thézard, n° 170 ; Baudry-Lacantinerie, t. 3, n° 1451). Pour les conditions de la garantie, V. *infrà*, v° *Vente ; Rép.* eod. v°, n° 788 et suiv.

Art. 5. — *De l'exception «cedendarum actionum»* (Rép. n°s 1971 à 1989).

1254. Le tiers détenteur qui paye un créancier ayant privilège ou hypothèque sur l'immeuble est, de plein droit, et sans qu'il soit nécessaire d'aucune stipulation, subrogé dans les droits, actions, privilèges ou hypothèques de ce créancier (c. civ. art. 1251, § 2 et 3. *Rép.* eod. v° et suiv. V. aussi *suprà*, v° *Obligations*, n° 819 ; *Rép.* eod. v°, n° 1968). On décidait dans l'ancien droit que si, par le fait du créancier, la subrogation ne pouvait plus avoir lieu en faveur du tiers détenteur, celui-ci était autorisé à repousser l'action hypothécaire par une exception dite de *cession d'actions*. La question de savoir si cette exception, que l'art. 2037 c. civ. accorde à la caution, peut encore être invoquée par le tiers détenteur, a été vivement controversée depuis le code civil ; elle a même été résolue en sens divers par la cour de cassation. Mais, contrairement à l'opinion exprimée au *Rép.* n° 1975, il est généralement admis aujourd'hui, dans la doctrine et dans la jurisprudence, que le bénéfice de cession d'actions, accordé par la loi à la caution, ne doit pas être étendu au tiers détenteur. « Si la caution est déchargée, dit M. Laurent, t. 31, n° 267, quand, par le fait du créancier, la subrogation ne peut plus s'opérer en sa faveur, c'est que cette subrogation est la condition sous laquelle elle s'est obligée envers le créancier ; le créancier, en empêchant la subrogation, rompt le contrat ; or, le tiers détenteur ne peut pas dire que le créancier a rompu le contrat, puisqu'il n'y a point de contrat entre eux ». On peut invoquer, il est vrai, en faveur du tiers détenteur, une considération d'équité. S'il n'est pas intervenu de convention entre lui et le créancier poursuivant, il n'en a pas moins dû compter sur la subrogation pour se couvrir en cas d'éviction ; il est donc lésé si le créancier a rendu la subrogation impossible. Mais M. Laurent répond : « Même au point de vue de l'équité, le tiers détenteur est sans droit, par la raison que la loi lui donne un moyen de sauvegarder ses intérêts. En remplissant les formalités de la purge, il se met à l'abri de tout préjudice : si donc il est exproprié et lésé, c'est à sa négligence qu'il doit s'en prendre. Sous ce rapport encore, il y a une différence essentielle entre le tiers détenteur et la caution. Celle-ci n'a qu'une seule garantie, c'est la subrogation ; aussi ne s'est-elle obligée que sous la condition d'être subrogée aux droits du créancier ; de plus, elle s'est obligée pour rendre service ; l'équité exige donc, aussi bien que le droit, qu'elle soit déchargée quand la seule garantie qu'elle a lui est enlevée par le créancier. Il n'en est pas de même du tiers

détenteur ; la loi a organisé en sa faveur un moyen spécial d'effacer les hypothèques et les privilèges en vertu desquels il pourrait être évincé ; qu'il en use ! » (V. dans le même sens, Martou, t. 3, n° 1275 ; Pont, t. 2, n° 1168 ; Aubry et Rau, t. 3, § 287, p. 444, note 30 ; Thézard, n° 170-2° ; Baudry-Lacantinerie, t. 3, n° 1432. V. aussi *suprà*, v° *Obligations*, n° 837 ; *Rép.* code. v°, n°s 1987 et suiv.].

1255. La jurisprudence, comme nous l'avons dit, a varié sur cette question. Un arrêt de la cour de cassation et quelques arrêts de cour d'appel ont autrefois admis le tiers détenteur à opposer l'exception de cession d'actions (V. Civ. cass. 23 janv. 1815, *Rép.* n° 1979 ; Poitiers, 18 juin 1838, *Rép.* v° *Contrat de mariage*, n° 1890 ; Bastia, 2 févr. 1846, aff. Renucoli, D. P. 46. 2. 110 ; 22 nov. 1847, aff. Marini, D. P. 47. 2. 117). Mais depuis longtemps déjà la cour de cassation et les cours d'appel se sont constamment prononcées dans le sens contraire. Il résulte de leurs décisions : 1° que le créancier jouissant d'une hypothèque inscrite sur les diverses portions d'un immeuble, peut donner mainlevée de cette hypothèque sur quelques-unes des portions de l'immeuble demeurées en la possession du débiteur, pour la concentrer sur d'autres portions aliénées, sans que le tiers détenteur de ces portions d'immeuble, qui les a acquises antérieurement à la mainlevée et alors que l'hypothèque frappait toutes les parties de l'immeuble, soit fondé à opposer au créancier l'exception *cedendarum actionum*..., pourvu, d'ailleurs, que la mainlevée ait été donnée sans fraude et dans l'exercice d'un droit légitime, comme si, par exemple, le créancier a eu pour but de s'assurer le payement d'une autre créance inscrite sur les portions dégrevées et primées par l'hypothèque ainsi fractionnellement éteinte (Bourges, 3 avr. 1844, et sur pourvoi, Civ. rej. 22 déc. 1846, aff. De Maumigny, D. P. 47. 1. 5) ; — 2° Que le créancier dont l'hypothèque grève plusieurs immeubles conserve son action hypothécaire contre le détenteur de l'un de ces immeubles, quoiqu'il ait laissé perdre par la prescription son hypothèque sur les autres immeubles, et qu'à leur égard la subrogation établie par l'art. 2039 c. civ. soit ainsi devenue impossible (Civ. cass. 17 mars 1852, aff. Marini, D. P. 52. 1. 97, et sur renvoi, Aix, 24 mai 1853, D. P. 54. 5. 724) ; — 3° Que l'art. 2039 c. civ., qui déclare la caution déchargée lorsque la subrogation aux droits, hypothèques et privilèges du créancier, ne peut plus, par le fait de ce créancier, s'opérer en faveur de la caution, n'est pas applicable au tiers détenteur et spécialement à l'acheteur qui n'a pas purgé et qui est poursuivi, en vertu des hypothèques grevant l'immeuble par lui acheté ; qu'en conséquence, cet acheteur ne peut repousser les poursuites hypothécaires exercées contre lui, sous prétexte que les créanciers qui intentent ces poursuites se trouveraient, par leur fait, dans l'impossibilité de le subroger dans leurs droits sur d'autres biens également hypothéqués à leurs créances (Civ. cass. 18 déc. 1854, aff. Pipet, D. P. 55. 1. 33) ; — 4° Que le créancier subrogé légalement aux droits d'un autre créancier à hypo-

thèque générale peut donner mainlevée de cette hypothèque sur plusieurs des immeubles pour la concentrer sur un seul, sans que le tiers détenteur de ce dernier immeuble soit fondé à lui opposer l'exception *cedendarum actionum*, pourvu que la mainlevée ait été donnée sans fraude (Caen, 26 nov. 1870, aff. Juin, D. P. 73. 2. 181).

1256. Il a été jugé aussi que, sous l'empire du code sarde de 1838 aussi bien que sous l'empire du code civil français, le bénéfice de l'exception *cedendarum actionum* ne pouvait être réclamé par le tiers détenteur contre le créancier hypothécaire, alors surtout que ce créancier était investi d'une hypothèque spéciale (Chambéry, 31 août 1861) (1).

1257. Toutefois, s'il était prouvé que le créancier hypothécaire a renoncé aux sûretés attachées à la créance ou qu'il les a laissé perdre frauduleusement, pour qu'elles ne puissent pas profiter au tiers détenteur, celui-ci pourrait, à raison de cette fraude, faire repousser l'action du créancier (V. en ce sens : Aubry et Rau, t. 3, § 287, p. 444, note 31 ; Laurent, t. 31, n° 267, *in fine*; Thézard, n° 170-2°. Comp. Civ. rej. 22 déc. 1846, et Caen, 26 nov. 1870, cités *suprà*, n° 1255). Il a été jugé, conformément à cette doctrine, qu'un créancier à hypothèque générale peut être déclaré mal fondé dans l'action hypothécaire dirigée par lui contre le tiers détenteur de l'un seul des immeubles hypothéqués à sa créance, lorsqu'il a cédé son rang d'antériorité sur les autres immeubles, bien qu'il sût que le tiers détenteur contre lequel il se proposait d'agir avait déjà payé son prix au vendeur et l'avait payé sans purge, sur l'assurance à lui donnée, par le mandataire du créancier, que les autres immeubles hypothéqués suffiraient au payement de toutes les créances inscrites (Rouen, 31 mars 1855, et sur pourvoi, Req. 22 avr. 1856, aff. Troche, D. P. 56. 1. 326).

1258. Il semble aussi que le tiers qui a fourni une hypothèque pour sûreté de la dette d'autrui doit être ici assimilé à la caution et admis, comme elle, à invoquer l'exception *cedendarum actionum*. Bien que ce tiers ne se soit pas obligé personnellement, il a cependant traité directement avec le créancier ; il peut, par conséquent, objecter à celui-ci qu'il n'avait traité qu'en vue des sûretés dont il ne pourra plus profiter par le fait de ce créancier. De plus, suivant l'opinion qui prévaut dans la doctrine, ce tiers n'a pas, comme le tiers détenteur ordinaire, la faculté de purger (V. *infrà*, n° 1271) ; il n'a donc pour toute ressource que la subrogation, et l'équité exige qu'il cesse d'être tenu de l'hypothèque quand, par la faute du créancier, cette ressource lui est ôtée (V. en ce sens, Aubry et Rau, t. 3, § 287, p. 454).

1259. Si le tiers détenteur poursuivi ne peut pas, en règle générale, opposer l'exception *cedendarum actionum*, il a du moins le droit de mettre en cause les détenteurs des autres immeubles affectés à la garantie de la dette, pour les faire condamner à contribuer au payement (V. les arrêts cités au *Rép.* n° 1980). « Quand il y a plusieurs détenteurs d'immeubles affectés à la garantie de la même créance, dit M. Lau-

---

(1) (Bertrand C. Hospice de Chambéry). — La cour; — Attendu que les premiers juges ont sainement apprécié les faits de la cause et leur ont appliqué les vrais principes du droit; — Attendu que le système opposé à celui que pour eux consacré au sujet de l'exception *cedendarum actionum*, serait diamétralement contraire à l'effet que la loi attribue à l'hypothèque spéciale; qu'une parcelle hypothéquée suit les immeubles, et chaque parcelle des immeubles affectés, dans quelque main qu'ils passent, pour sauvegarder la totalité de la créance à laquelle elle se trouve attachée, sans qu'on puisse opposer l'exception ou le bénéfice de discussion au créancier qui en est nanti conformément aux articles combinés : 2163, 2283, 2289, c. civ. sarde, 2114; 2166 et 2171, c. civ.; — Attendu que si le législateur sarde de 1838 avait voulu attribuer au tiers détenteur le bénéfice de l'exception dont il s'agit, il l'aurait indubitablement exprimé d'une manière précise, comme il l'a fait à l'égard de la caution solidaire par une seule addition à l'art. 2037 c. civ.; mais qu'il a gardé le silence sur le tiers détenteur, et a manifesté ainsi l'intention de ne pas lui accorder la même faveur qu'à la caution; — Attendu que la jurisprudence des états sardes, aussi bien que le texte de la loi, paraît en parfaite harmonie avec la jurisprudence française monumentée sur ce point par de nombreuses décisions de la cour de cassation elle-même (arrêts rejetés du 22 déc. 1846; du 17 mars 1852 et du 18 déc. 1854); qu'en effet, dans un arrêt notable, rendu par la cour de Savoie le 5 mai 1859,

on lit le passage suivant « si la jurisprudence a pu être un instant incertaine sur la question de savoir si l'exception *cedendarum actionum* peut compéter aux tiers détenteurs, elle est aujourd'hui sûrement établie en sens négatif, et cela parce que les art. 2288, 2289, c. civ. ont bien attribué aux tiers détenteurs le bénéfice de discussion (sauf le cas où le créancier a une hypothèque spéciale); mais ils sont muets quant à l'exception dont parle l'art. 2074, parce que, entre le créancier et la caution il y a eu convention et, dès lors, obligation tacite de la part du premier de conserver à la seconde les garanties données par le débiteur; mais qu'une telle convention n'existe point entre le créancier et le tiers détenteur dont le titre est *res inter alios* vis-à-vis du créancier ; — Attendu qu'il suit de là, que, sous l'empire des deux législations, on peut tenir pour certain que le bénéfice de l'art. 2074 c. sarde et de l'art. 2037 c. civ., ne saurait être réclamé par le tiers détenteur contre le créancier surtout lorsque celui-ci est investi d'une hypothèque spéciale ; — Attendu que, dans l'espèce, des considérations d'équité viennent se joindre aux considérations juridiques, pour faire consacrer les principes tutélaires du jugement en faveur de l'hospice de charité de Chambéry, dont les deniers sont tombés dans le patrimoine des héritiers Bertrand ;

Par ces motifs, confirme, etc.

Du 31 août 1861, C. de Chambéry, 2e ch.-MM. C. de Perdrix pr.-Diffre, av. gén.-Ougier et Richoud, av.

rent, t. 31, n° 269, le créancier peut, à la vérité, poursuivre l'un des détenteurs pour toute la dette, et celui-ci doit la payer tout entière en vertu de l'indivisibilité de l'hypothèque. Mais, en payant la dette, il est subrogé au droit du créancier contre les autres détenteurs des immeubles hypothéqués à la dette; en définitive, la charge hypothécaire, grevant, à titre égal, plusieurs immeubles, doit être supportée par tous. Pour éviter un circuit inutile d'actions, il est plus simple que le détenteur poursuivi mette les autres détenteurs en cause, afin que le tribunal fixe la part contributoire de chacun dans la dette ». Le recours du tiers détenteur qui a seul été poursuivi peut également être exercé contre les autres tiers détenteurs des immeubles hypothéqués à la dette; en définitive, la charge hypothécaire, grevant, à titre égal, plusieurs immeubles, doit être supportée par tous. Pour éviter un circuit inutile d'actions, il est plus simple que le détenteur poursuivi mette les autres détenteurs en cause, après l'expropriation (V. en ce sens, Req. 28 juin 1882, aff. Aubert, D. P. 83. 5. 446; Aubry et Rau, t. 3, § 287, p. 443 et p. 454).

1260. En général, on décide que le tiers détenteur qui est poursuivi ou qui a payé la dette ne peut, à son tour, exercer l'action hypothécaire contre les autres tiers détenteurs que dans la proportion de la valeur des immeubles qu'ils détiennent, comparée à celle de l'immeuble qu'il détenait lui-même (V. *Rép.* n° 1977; Troplong, t. 4, n° 788 *ter*; Larombière, *Théorie et pratique des obligations*, t. 3, art. 1251, n° 28; Colmet de Santerre, t. 5, n° 197 *bis*-VI et suiv.; Aubry et Rau, t. 3, § 287, p. 454, notes 65 et 69, et t. 4, § 321, p. 188, note 83). Suivant quelques auteurs, le tiers détenteur, étant subrogé légalement dans les droits du créancier, peut recourir pour le tout contre les autres tiers détenteurs d'immeubles soumis à l'hypothèque. Vainement les autres tiers détenteurs allègueraient la possibilité d'un recours semblable qu'ils auraient eu contre lui, s'ils avaient payé les premiers : cette simple possibilité ne saurait constituer pour eux un droit acquis. Sans doute, s'ils payent eux-mêmes le subrogé, ils seront à leur tour subrogés dans ses droits, mais sans bénéficier des garanties irrévocablement éteintes (V. en ce sens : Gauthier, *Traité de la subrogation des personnes*, n° 468; Thézard, n° 174). — Ce second système aboutirait à faire supporter toute la dette par le dernier tiers détenteur poursuivi, et cette conséquence nous paraît inadmissible. Si le créancier est libre de poursuivre l'un plutôt que les autres, le choix qu'il fait ne doit ni nuire ni profiter aux autres. Il est vrai que le créancier pourrait même renoncer à l'hypothèque en faveur de l'un, sans perdre pour cela le droit de poursuivre les autres pour le tout. Mais, quand il n'a pas fait une pareille renonciation, la situation de tous les tiers détenteurs reste la même; ils sont tous également tenus de la dette *propter rem* et, bien qu'ils ne puissent pas opposer au créancier ni s'opposer entre eux l'exception *cedendarum actionum*, ils peuvent du moins invoquer les uns envers les autres l'obligation réciproque dont ils sont tenus. La charge de la dette doit, par conséquent, se répartir entre eux tous, proportionnellement à la valeur des immeubles qu'ils détiennent. Ce que disait Pothier, *Introduction au titre 20 de la coutume d'Orléans*, n° 42, reste vrai, malgré la suppression du bénéfice de cession d'actions : il est toujours vrai que, subrogé à l'action hypothécaire du créancier, « je ne pourrai pas l'exercer pour le total contre chacun de ces détenteurs, mais seulement au prorata de ce que chacun d'eux et moi possédons des héritages hypothéqués à la dette: autrement il se ferait un circuit d'actions; car ce détenteur, contre lequel j'agirais, en me remboursant du total de la dette que j'ai acquittée, aurait droit d'être lui-même subrogé comme je l'aurais été à tous les droits et hypothèque du créancier, et par conséquent d'agir contre moi, comme étant moi-même détenteur d'héritages hypothéqués à cette dette » (Comp. c. civ. art. 875, 1214 et 2033).

Il a été jugé que le tiers détenteur poursuivi hypothécairement par le créancier qui lui-même a acquis du débiteur divers immeubles hypothéqués à la dette ne peut demander que le créancier supporte une part de cette dette proportionnelle à la valeur des immeubles dont il s'est rendu acquéreur (Grenoble, 25 juin 1892, aff. Clément, D. P. 93. 2. 245). Suivant cet arrêt, l'acquisition par le créancier d'un immeuble hypothéqué pour sûreté de la créance a pour effet d'éteindre par confusion l'hypothèque sur cet immeuble, d'où il résulte que les autres immeubles hypothéqués doivent à eux seuls supporter toute la créance. Mais il a là, suivant nous, une application fausse

des principes relatifs à la confusion : la confusion, en effet, profite à la caution (c. civ. art. 1301), mais elle ne doit pas lui nuire; elle ne doit pas nuire davantage au tiers détenteur et, par conséquent, ne peut faire obstacle à la répartition proportionnelle de la dette sur tous les immeubles hypothéqués.

1261. Le tiers détenteur qui a payé la dette ou qui a subi l'expropriation peut-il exercer un recours contre celui qui s'est porté caution de cette dette? On a soutenu au *Rép.* n°s 1986 et suiv., que le tiers détenteur a toujours le droit d'exiger que la caution contribue pour moitié avec lui au payement de la dette, et cela sans distinction entre le tiers détenteur qui aurait lui-même hypothéqué son immeuble pour la dette d'autrui et le tiers détenteur qui aurait acquis l'immeuble hypothéqué du débiteur. Mais, en ce qui concerne au moins le tiers détenteur qui est l'ayant cause du débiteur, cette solution est contestée par MM. Aubry et Rau, t. 4, § 321. p. 188, note 84 : « Le tiers acquéreur d'un immeuble hypothéqué, disent-ils, qui paye le prix de son acquisition sans recourir aux formalités de la purge, commet une imprudence dont il doit supporter les conséquences, sans pouvoir s'en rédimer au détriment de la caution. D'ailleurs, celle-ci n'ayant aucun moyen de s'opposer à l'aliénation des immeubles hypothéqués, il ne serait pas juste que sa position pût être détériorée par le fait de cette aliénation. À ces raisons générales vient encore se joindre un motif spécial pour le cas où l'hypothèque a été constituée dès avant ou en même temps que le cautionnement. Dans ce cas, en effet, la caution a pu légitimement compter sur l'hypothèque, comme garantie de l'engagement personnel qu'elle contractait » (V. dans le même sens : Mourlon, *Traité des subrogations personnelles*, p. 84 et suiv.; Gauthier, *op. cit.* n° 456; Colmet de Santerre, t. 5, n° 197 *bis*-X). — Il a été jugé, en sens contraire : 1° que l'acquéreur d'un droit immobilier qui emploie son prix au payement d'un créancier inscrit sur l'immeuble, est subrogé de plein droit aux droits et actions de ce créancier, aussi bien contre la caution que contre le débiteur principal (Civ. cass. 28 déc. 1853, aff. Halary, D. P. 54. 1. 10); — 2° Que l'acquéreur, légalement subrogé aux droits du créancier qu'il a désintéressé avec son prix d'acquisition, est fondé à faire valoir ces mêmes droits contre la femme du débiteur, qui s'est engagée solidairement avec celui-ci, et ce nonobstant l'art. 1431 c. civ., aux termes duquel la femme, en pareil cas, est réputée, à l'égard du mari, ne s'être obligée que comme caution (Bordeaux, 31 août 1854, aff. Augiéras, D. P. 56. 5. 438).

1262. La caution, de son côté, peut-elle, lorsqu'elle a été obligée de payer, exercer l'action hypothécaire contre le tiers détenteur? On a admis au *Rép.* n° 1984, qu'elle le peut, sauf à supporter elle-même sa part de la dette. Mais, d'après les auteurs cités *suprà*, n° 1261, cette solution ne serait exacte qu'à l'égard du tiers détenteur qui aurait hypothéqué son immeuble pour la dette d'autrui. Vis-à-vis du tiers détenteur qui s'est rendu acquéreur de l'immeuble hypothéqué par le débiteur, la caution qui a payé pourrait exercer tous les droits et actions du créancier (V. en ce sens, Aubry et Rau, t. 4, § 321, p. 189, note 85; Mourlon, *op. cit.*, p. 413 et suiv.; Colmet de Santerre, *loc. cit.*).

CHAP. 6. — De la purge des privilèges et hypothèques (*Rép.* n°s 1990 à 2259).

1263. V. *Rép.* n°s 1991 et suiv.

1264. — I. Qui peut purger. — La purge des privilèges et des hypothèques est, comme on l'explique au *Rép.* n° 2009, une faculté pour le tiers acquéreur, dont il peut toujours user, à moins qu'il n'y ait renoncé expressément ou tacite-

ment. M. Laurent, t. 31, n°s 430 et suiv., soutient même que l'acquéreur ne peut valablement abdiquer le droit de purger dans l'acte de vente. La raison en est, suivant lui, que le droit de purge tient à l'intérêt général, et qu'il n'est pas permis aux particuliers de déroger aux lois qui concernent l'ordre public (c. civ. art. 6). Le même auteur admet cependant que, si l'acquéreur s'engage à payer des créances hypothécaires, soit en vertu de l'acte de vente, soit en vertu d'une convention postérieure, il ne pourra pas purger les hypothèques des créanciers qu'il s'est obligé de désintéresser. Avec M. Dalmbert, *Traité théorique et pratique de la purge des privilèges et hypothèques*, n° 108, note 1, nous croyons que l'acquéreur peut renoncer à la faculté de purger aussi bien dans son acte d'acquisition qu'après qu'il est devenu propriétaire. La purge, tout en étant établie dans un intérêt général, n'a cependant pour objet que la protection des intérêts privés; le droit d'en user ne serait donc pas d'ordre public.

Et, réciproquement, la purge est toujours facultative pour le tiers acquéreur, à moins qu'il ne se soit obligé à y procéder : sauf ce cas, le vendeur ne pourrait pas lui faire grief de s'être laissé exproprier par des créanciers hypothécaires plutôt que de leur avoir notifié son contrat (Trib. civ. de Moulins, 31 mai 1851, *supra*, n° 1227. Comp. Trib. civ. de Nevers, 24 nov. 1891, *supra*, n° 1200).

1265. Suffit-il que l'acquéreur ait pris vis-à-vis du vendeur l'engagement de payer le montant des charges hypothécaires pour qu'il ait par cela même perdu le droit de purger? Cette question ne peut être résolue qu'au moyen de plusieurs distinctions. — Si l'acquéreur s'est engagé dans l'acte de vente à payer telle ou telle créance hypothécaire, le titulaire de cette créance peut, en vertu des art. 1121 et 1166 c. civ., invoquer le bénéfice de cet engagement, et, par suite l'acquéreur aura perdu vis-à-vis de lui la faculté de purger. Mais si l'acquéreur n'a fait que contracter l'obligation générale de verser son prix entre les mains des créanciers hypothécaires qui seront en ordre de le recevoir, cette obligation, prise seulement à l'égard du vendeur, n'emportera pas la perte du droit de purge, aussi longtemps du moins que les créanciers eux-mêmes n'auront pas déclaré vouloir en profiter (En ce sens, Aubry et Rau, t. 3, § 293 *bis*, p. 507, notes 32 et 33; Laurent, t. 31, n° 431 ; Dalmbert, n°s 108 et suiv.). Il a été jugé, conformément à cette dernière solution, que l'acquéreur d'un immeuble qui s'est obligé par son contrat à verser son prix soit entre les mains de son vendeur, soit entre celles des créanciers inscrits, ne devient pas, par l'effet d'une telle clause, débiteur personnel de ces créanciers, et, par suite, qu'il conserve le droit de leur notifier son contrat, pour les mettre en demeure de surenchérir ou de recevoir son prix par voie d'ordre; qu'il en est ainsi alors même que le vendeur justifierait que le chiffre des inscriptions, qui excéderait le prix de vente d'après l'état du conservateur, lui est au contraire de beaucoup inférieur (Civ. cass. 13 févr. 1867, aff. Marsault, D. P. 67. 1. 172). Même dans le cas, toutefois, où l'acquéreur aurait seulement pris l'engagement général de payer les créanciers hypothécaires, M. Dalmbert, n° 108 *ter*, estime que le droit de purger lui serait interdite si le chiffre des inscriptions révélées par l'état du conservateur était visiblement inférieur au montant du prix et si toutes les créances inscrites étaient échues. Dans cette hypothèse, en effet, les frais faits pour arriver à la purge seraient frustratoires, puisque l'acquéreur pourrait affranchir son immeuble en exécutant l'engagement pris dans son acte d'acquisition.

1266. Le tiers acquéreur peut, d'ailleurs, purger alors même que son auteur serait déchu de cette faculté. On ne saurait objecter ici la règle : *Nemo plus juris ad alium transferre potest quam ipse habet*, car le droit de purge résulte de la loi ; c'est un bénéfice conféré par le législateur à tout tiers détenteur, et l'acquéreur ne se trouve nullement de ce droit (Req. 6 juill. 1829, *Rép.* n° 2015 ; Aubry et Rau, t. 3, § 293 *bis*, note 34 ; Laurent, t. 31, n° 429; Dalmbert, n° 107).

1267. Le droit de purger les hypothèques n'appartient qu'aux tiers détenteurs (c. civ. art. 2167, 2180, § 3, 2181). Par suite, ce droit ne peut être exercé par l'acquéreur qui est personnellement tenu de la dette, soit comme caution, soit comme héritier ou successeur universel du débiteur, soit

même comme simple codébiteur conjoint (*Rép.* n° 2013 ; Aubry et Rau, t. 3, § 273 *bis*, p. 504; Laurent, t. 31, n° 422; Colmet de Santerre, t. 9, n°s 169 *bis*-II et suiv.; Baudry-Lacantinerie, t. 3, n° 1516). Il a été jugé, spécialement : 1° que, lorsqu'un fermier a affecté un de ses immeubles à la garantie hypothécaire de l'exécution du bail, l'acquéreur de l'immeuble hypothéqué, qui devient en même temps cessionnaire du droit au bail et se substitue à la personne même du preneur et directement aux obligations du preneur, ne peut éteindre par la purge l'hypothèque consentie au profit du bailleur (Req. 5 déc. 1882, aff. Bocquillon et consorts, D. P. 83. 1. 378); — 2° Que l'acheteur d'un immeuble qui est demeuré débiteur de la totalité du prix, et qui, après avoir vendu le bien, l'a ensuite racheté, ne peut pas purger le privilège de son premier vendeur, dont il est resté débiteur personnel (Paris, 9 juill. 1892, aff. Delaunay et Boussard, D. P. 93. 2. 559, et la note de M. de Loynes sous cet arrêt); — 3° Que l'acquéreur qui est personnellement obligé envers l'un ou plusieurs des créanciers inscrits, non seulement n'est pas recevable à purger l'hypothèque de ces créanciers, mais n'a pas non plus le droit de purger les autres hypothèques (C. de Lucques, 5 mars 1891, D. P. 93. 2. 507). Cette dernière solution, toutefois, ne serait plus exacte, à notre avis, si la purge ne devait porter aucune atteinte aux droits du créancier envers lequel l'acquéreur serait obligé ou si elle avait lieu du consentement de ce créancier; les autres créanciers ne pourraient pas alors s'y opposer.

1268. Lorsque le débiteur a laissé plusieurs héritiers, celui de ses héritiers qui a payé sa part de la dette hypothécaire et qui a dans son lot un immeuble grevé, peut-il purger? L'affirmative a été admise au *Rép.* n° 2013 (V. dans le même sens, Laurent, t. 31, n° 422). Cette solution est combattue aujourd'hui par beaucoup d'auteurs : toutefois, des divergences existent parmi les partisans du système contraire. La plupart se bornent à soutenir que l'héritier partiaire ne peut pas purger l'immeuble hypothéqué tombé dans son lot, en offrant de payer sa part personnelle de la dette. Et, en effet, le créancier qui a une hypothèque indivisible sur l'immeuble ne peut être contraint d'accepter un payement partiel (V. en ce sens : Aubry et Rau, t. 3, § 293 *bis*, p. 506 ; Thézard, n° 194 ; Baudry-Lacantinerie, t. 3, n° 1516. V. aussi *supra*, n° 1197). Mais d'autres commentateurs vont plus loin ; ils soutiennent qu'alors même que l'héritier aurait déjà payé, avec l'assentiment du créancier, sa part de la dette, il ne pourrait encore pas prétendre à purger. La raison en est, dit-on, que l'héritier est non seulement tenu de payer sa part dans la dette, mais encore soumis à l'obligation contractée tacitement par son auteur, lors de la constitution d'hypothèque, de ne pas porter atteinte aux droits résultant de cette constitution, de ne rien faire qui puisse nuire au créancier, et la purge nuirait à celui-ci, au moins dans le cas où il y aurait d'autres immeubles hypothéqués à la dette et où la purge ne lui procurerait, elle-même, qu'un payement partiel (Pont, t. 2, n° 1273 ; Colmet de Santerre, t. 9, n° 169 *bis*-VI; Dalmbert, n° 106, B). — On peut répondre à cette théorie que l'héritier qui a payé sa part de la dette est dans la même situation que tout tiers détenteur ; il n'est plus tenu qu'à raison de la détention de l'immeuble hypothéqué ; il peut délaisser (V. *supra*, n° 1197), il doit pouvoir purger, car la purge n'est pas une atteinte aux droits du créancier : c'est un bénéfice accordé par la loi aux tiers détenteurs, et elle procure, en définitive, au créancier la valeur de son gage, c'est-à-dire tout ce qu'il pourrait obtenir en exerçant l'action hypothécaire contre l'héritier. Il est vrai que, s'il y a d'autres immeubles hypothéqués dans les mains des autres héritiers, le créancier éviterait d'être payé partiellement en agissant en même temps contre tous les détenteurs. Mais l'intérêt que peut avoir le créancier à poursuivre ainsi la réalisation de l'intégralité de son gage n'a pas empêché la loi d'accorder aux tiers détenteurs la faculté de purger; et, tandis que le tiers qui a acquis du débiteur seul, sans la participation du créancier, un des immeubles hypothéqués, jouit de ce bénéfice, on ne voit pas pourquoi ce même bénéfice serait refusé à l'héritier qui s'est libéré vis-à-vis du créancier, avec le consentement de celui-ci.

1269. L'héritier sous bénéfice d'inventaire ne peut pas purger. Par l'acceptation bénéficiaire en effet, l'immeuble est présumé être resté dans la succession du débiteur (Pont,

t. 2, n° 1274; Aubry et Rau, t. 3, § 293 *bis*, p. 506; Colmet de Santerre, t. 9, n° 169 *bis*-IX; Dalmbert, n° 106 *bis*. — Comp. en ce qui concerne la faculté de délaissement, *suprà*, n° 1204). Mais si l'héritier bénéficiaire s'est rendu adjudicataire d'un immeuble de la succession, il pourra purger, car, dans ce cas, il possède l'immeuble à un titre nouveau, entièrement distinct de son titre héréditaire, et, n'étant pas tenu sur son propre patrimoine des dettes du défunt, il est un véritable tiers détenteur (V. en ce sens les décisions citées *suprà*, v° *Enregistrement*, n° 3537. — *Adde* : Pont, Aubry et Rau, Dalmbert, *loc. cit.* — *Contrà*, Colmet de Santerre, t. 9, n° 169 *bis*-X).

1270. La faculté de purger appartient à l'acquéreur à titre gratuit aussi bien qu'à l'acquéreur à titre onéreux, lorsqu'il n'est pas obligé à la dette. Ainsi, le légataire à titre particulier, comme le donataire de l'immeuble hypothéqué, n'étant pas tenu des obligations du défunt, peut purger. En ce qui concerne le légataire, on a objecté que l'art. 2181 c. civ. qui ordonne la transcription des « contrats translatifs » de la propriété immobilière, comme préliminaire de la procédure de purge, n'admet cette procédure qu'à la suite des acquisitions par contrat. On a dit aussi que le légataire aurait un moyen facile, en purgeant, de frustrer les créanciers hypothécaires d'une partie de la valeur de l'immeuble ; étant libre d'estimer cet immeuble à la somme qu'il lui plairait, il pourrait calculer cette somme de manière qu'elle fût supérieure aux neuf dixièmes de la valeur, pour empêcher les créanciers de surenchérir, et en même temps inférieure à la valeur réelle ; si, par exemple, l'immeuble valait 100 000 fr., le légataire, en n'offrant que 94 000 fr., rendrait toute surenchère impossible et bénéficierait néanmoins de 6000 fr. sur les créanciers. — Mais ces objections n'ont pas empêché la plupart des auteurs et la jurisprudence elle-même de reconnaître au légataire à titre particulier le droit de purger. Si l'art. 2181 ne parle que de *contrats*, rien n'indique que les rédacteurs du code n'aient pas entendu désigner par là tous titres translatifs de propriété immobilière. On est bien obligé d'étendre cette expression aux jugements qui ont pour effet de transférer la propriété ; on peut bien aussi de même l'étendre aux actes de dernière volonté. Quant aux inconvénients résultant de la latitude qu'a le légataire d'estimer à son gré l'immeuble légué, ils existent aussi en cas de donation, et cependant la loi a permis formellement au donataire de purger (c. civ. art. 2183 et 2184). Ils sont même moins à craindre en cas de legs, car les créanciers hypothécaires qui ne seraient pas entièrement payés avec le prix offert par le légataire et qui ne pourraient recouvrer le complément de leur créance contre l'héritier ou sur les autres biens de la succession, auraient le droit de faire déclarer le legs caduc, à raison de l'insuffisance des biens héréditaires, ce qui ferait en même temps tomber la procédure de purge (V. en ce sens: Labbé, *Revue critique*, 1856, t. 8, p. 217, n° 7; Pont, t. 2, n° 1276; Aubry et Rau, t. 3, § 293 *bis*, p. 504; Colmet de Santerre, t. 9, n°s 169 *bis*-XI et suiv.; Laurent, t. 31, n° 425; Baudry-Lacantinerie, t. 3, n° 1515; Dalmbert, n° 505). La cour de cassation, par un arrêt rendu en matière d'enregistrement, a reconnu au légataire à titre particulier le droit de purger (Civ. cass. 6 févr. 1889, aff. Administration de l'Enregistrement, D. P. 89. 1. 299).

1271. D'après la plupart des auteurs récents, celui qui a constitué une hypothèque sur son immeuble pour la dette d'un tiers, sans s'obliger personnellement, ne peut pas purger, bien qu'on lui reconnaisse le droit de délaisser (V. *suprà*, n° 1202). En délaissant, dit-on, il ne fait qu'exécuter le contrat qu'il a signé, tandis que, s'il purge, il retire, au mépris de ce contrat, la sûreté hypothécaire qu'il a donnée (Labbé, *Revue critique*, 1856, t. 8, p. 210, n° 2; Pont, t. 2, n° 1272; Aubry et Rau, t. 3, § 293 *bis*, note 24; Colmet de Santerre, t. 9, n° 169 *bis*-VIII; Baudry-Lacantinerie, t. 3, n° 1515). M. Laurent, t. 31, n° 424, admet la même solution pour un autre motif. Suivant lui, la purge est réservée par la loi seulement au tiers détenteur qui est en même temps nouveau propriétaire (Arg. art. 2183 et 2185 c. civ.), ce qui exclut le propriétaire qui a lui-même hypothéqué son immeuble, qu'il soit ou non obligé à la dette. Quant à nous, la solution qui prévaut dans la doctrine nous inspire des doutes. La question à résoudre est au fond une question

d'interprétation de volonté. Celui qui hypothèque son immeuble pour la dette d'autrui pourrait fort bien se réserver la faculté de purger ; par cela même qu'il ne se l'est pas réservée expressément, l'a-t-il abdiquée? Dans le doute, il nous semble que cette faculté devrait lui être laissée comme à tout tiers détenteur non obligé à la dette (V. en ce sens, Troplong, t. 4, n° 903 *bis*, et t. 3, n° 816; Martou, t. 4, n° 1379, et t. 3, n° 1280).

1272. L'acquéreur qui a revendu l'immeuble hypothéqué ou qui en a revendu une portion peut avoir intérêt à ce que l'immeuble soit purgé, car, tant que les hypothèques subsistent, il reste garant vis-à-vis du nouvel acquéreur. Cette considération a déterminé la cour de cassation à admettre qu'un acquéreur qui avait revendu une portion divise d'un immeuble hypothéqué avait pu, malgré cette revente, purger la totalité de l'immeuble des hypothèques qui le grevaient (Req. 5 mai 1847, aff. Aurès, D. P. 47. 1. 283). Mais tous les auteurs s'accordent à critiquer cette décision. Celui qui a vendu n'est plus tiers détenteur de ce qu'il a vendu ; or, la loi n'accorde le droit de purger qu'au tiers détenteur ; ce droit n'appartient donc pas au vendeur. La purge, d'ailleurs, impose des obligations à celui qui la fait ; elle l'expose à être évincé par une surenchère; elle ne peut donc être opérée que par celui qui a cessé d'être propriétaire (V. en ce sens, Caen, 21 avr. 1841, aff. Burnel, D. P. 47. 4. 402; Pont, t. 2, n° 1278; Martou, t. 4, n° 1382; Laurent, t. 31, n° 426; Dalmbert, n° 107). Mais il a été jugé que, si le vendeur ne peut purger de son propre chef les privilèges et hypothèques grevant les immeubles par lui aliénés, rien ne s'oppose du moins à ce qu'il remplisse les formalités de la purge en vertu d'un mandat à lui donné à cet effet par l'acquéreur; et que ce mandat résulte suffisamment, pour le vendeur, de la clause de l'acte de vente par laquelle il a été chargé de faire la purge à ses frais (Trib. de Saint-Yrieix, 13 févr. 1856, aff. Dauriat, D. P. 56. 3. 17).

1273. Dans un cas où la vente d'un immeuble avait été résolue sur la demande du vendeur, par un jugement passé en force de chose jugée vis-à-vis de l'acquéreur, mais infirmé sur l'appel interjeté par un créancier hypothécaire inscrit du chef de cet acquéreur, il a été jugé que le vendeur devait être considéré comme tiers détenteur par rapport au créancier hypothécaire, et qu'il avait, par suite, la faculté de purger, alors surtout que le créancier avait lui-même procédé contre le vendeur comme si celui-ci n'était que tiers détenteur, en lui faisant sommation de payer ou de délaisser, conformément à l'art. 2168 c. civ. (Bordeaux, 17 févr. 1864, et sur pourvoi, Req. 28 nov. 1865, aff. Rougemont et Gobin, D. P. 66. 1. 159).

1274. Le prêteur de deniers pourrait avoir, comme le vendeur, grand intérêt à purger, pour rendre l'immeuble qui lui est offert en gage libre de toute hypothèque, surtout de toute hypothèque légale non inscrite. Mais il ne suffit pas d'être intéressé à purger pour en avoir le droit; ce droit n'étant accordé par la loi qu'au tiers détenteur n'appartient pas au prêteur (Baudry-Lacantinerie, t. 3, n° 1515). — La règle que le prêteur n'a pas le droit de purger souffre cependant une exception au profit de la société du Crédit foncier: la loi du 10 juin 1853 lui a donné la faculté de purger ; auparavant la loi du 28 févr. 1852 lui en imposait l'obligation (V. *infrà*, v° *Sociétés de crédit foncier et de crédit mobilier*; *Rép.* eod. v°, n°s 138 et suiv.).

1275. L'acquéreur de la nue propriété d'un immeuble et celui de l'usufruit jouissent, l'un et l'autre, de la faculté de purger, aussi bien que l'acquéreur, de la pleine propriété (Pont, t. 2, n° 1283; Aubry et Rau, t. 3, § 293 *bis*, p. 504; Laurent, t. 31, n° 435; Colmet de Santerre, t. 9, n° 169 *bis*-XXI; Dalmbert, n°s 87 *bis* et 89). Lorsque l'hypothèque grève la pleine propriété, la purge opérée par l'usufruitier n'empêchera pas que l'hypothèque maintenue sur la nue propriété ne s'étende de nouveau à la pleine propriété lorsque l'usufruit se sera éteint (Arg. art. 2133 c. civ.). Au contraire, si c'est le nu-propriétaire qui a purgé, l'hypothèque qui subsiste sur l'usufruit s'éteindra avec lui (Comp. en ce sens, Colmet de Santerre, t. 9, n° 169 *bis*-XXXIII, *in fine*; Dalmbert, n° 87 *bis*, note b).

1276. On a admis au *Rép.* n°s 1774 et suiv., que l'acquéreur d'une servitude réelle ou d'un droit d'usage ou d'habitation pourrait purger ce droit des privilèges et hypo-

thèques qui grèveraient l'immeuble sur lequel ce droit aurait été établi (V. aussi en ce sens, Labbé, *Revue critique*, 1856, t. 8, p. 231, n° 12). Mais cette opinion n'a pas prévalu. Suivant la plupart des auteurs, les servitudes, les droits d'usage et d'habitation n'admettent pas la purge, parce qu'ils ne sont pas susceptibles d'être mis aux enchères séparément du fonds qui les supporte (Pont, t. 2, n° 1283; Aubry et Rau, t. 3, § 293 *bis*, p. 505; Laurent, t. 31, n° 435; Colmet de Santerre, t. 9, n° 169 *bis*-XXIII et suiv.; Thézard, n° 195; Baudry-Lacantinerie, t. 3, n° 1315; Dalmbert, n° 89. — Comp. en ce sens, Paris, 4 janv. 1831, sous Req. 18 janv. 1832, *Rép.* v° *Vente*, n° 1093-3°). Il en résulte que l'acquéreur de semblables droits, s'il ne veut pas délaisser ou payer intégralement les créanciers, doit subir l'expropriation, lorsqu'elle est poursuivie contre le débiteur ou le propriétaire de l'immeuble (V. *suprà*, n° 1171).

1277. La source qui est située sur un fonds est susceptible d'une propriété distincte de celle du fonds. Si elle est vendue séparément, l'acquéreur jouit de la faculté de purger, à la différence de celui qui n'aurait sur la source qu'un simple droit de servitude (Grenoble, 25 juin 1892, aff. Clément, D. P. 93. 1. 425).

1278. L'acquéreur d'une part indivise dans un ou plusieurs immeubles hypothéqués peut-il purger, pendant l'indivision, les hypothèques existant du chef de son cédant ou des précédents propriétaires? La plupart des auteurs qui ont examiné cette question se prononcent pour la négative, malgré la généralité des termes de l'art. 2181, qui accorde le droit de purge à tous les tiers détenteurs d'immeubles ou de droits réels immobiliers. La purge paraît, en effet, absolument incompatible avec le principe de la rétroactivité du partage : tant que dure l'indivision, il est impossible de savoir quelle portion de l'immeuble appartiendra, en définitive, à l'acquéreur. En cas de cession de droits successifs mobiliers et immobiliers, la difficulté est encore plus grande, puisqu'on ne sait même pas si le cessionnaire sera apportionné en meubles ou en immeubles. Comment alors les créanciers hypothécaires pourraient-ils accepter ou refuser, en connaissance de cause, les offres faites par l'acquéreur ou le cessionnaire? On sait, d'ailleurs, que la loi ne permet pas à un créancier de saisir une part indivise (c. civ. art. 2205); elle a considéré qu'un droit de propriété indivise est aléatoire, se vend mal, ne trouve pas d'amateurs sérieux. Par la même raison, l'acquéreur d'une part indivise ne doit pas pouvoir obliger les créanciers hypothécaires à surenchérir sur cette part et à la faire mettre aux enchères; il doit procéder préalablement au partage (V. en ce sens: Aubry et Rau, t. 3, § 293 *bis*, p. 506, note 29; Laurent, t. 31, n° 434; Pont, 3° éd., t. 2, n° 1270 *bis*; Thézard, n° 174; Dalmbert, n° 88. — *Contrà* : Pont, t. 2, n° 1270). Il a été jugé, dans le même sens, que, tant que dure l'indivision, le cessionnaire de droits successifs immobiliers ne peut utilement remplir les formalités de la purge, alors surtout qu'il existe, du chef du cédant, des hypothèques sur la part qui doit lui revenir dans les immeubles de la succession (Orléans, 31 mai 1859, aff. Langlois, D. P. 59. 2. 137). — On cite quelquefois en sens opposé un arrêt de cassation, qui en réalité n'a pas statué sur la question (Civ. cass. 21 janv. 1839, *Rép.* n° 1740-4°). Cet arrêt a été rendu, il est vrai, dans une espèce où de fait il y avait eu purge et surenchère, à la suite d'une cession de droits indivis; mais, s'il a cassé l'arrêt de la cour de Grenoble qui avait annulé la surenchère, c'est en constatant seulement que cette cour s'était fondée sur le motif erroné que le cessionnaire de droits indivis n'a qu'une action en partage non susceptible d'hypothèque.

1279. Celui, toutefois, qui aurait acquis un immeuble conjointement avec d'autres coacquéreurs pourrait procéder à la purge, en notifiant aux créanciers l'acte d'acquisition et en leur offrant la totalité du prix. Mais la notification qu'il ferait ainsi aurait-elle pour effet d'obliger ses coacquéreurs? En principe, l'indivision ne confère pas à chacun des copropriétaires par indivis le droit d'obliger ses communistes au cas des actes nécessaires à la conservation de la chose commune (V. Guillouard, *Traité du contrat de société, Appendice sur la communauté*, n° 391). Par conséquent, l'indivision ne peut, à elle seule, emporter pour chaque copropriétaire par indivis le droit de purger. Il en est sur-

tout ainsi lorsque l'indivision ne s'est pas formée par un contrat volontaire entre les copropriétaires, lorsqu'elle résulte, par exemple, d'un legs. — Dans certains cas, toutefois, la notification du titre peut être considérée comme un acte de bonne gestion ou comme la conséquence de l'acquisition faite en commun. C'est ainsi, par l'application des principes de la gestion d'affaires ou du mandat tacite, et non par le principe de l'indivisibilité de l'hypothèque, absolument étranger à la question, que peut se justifier un arrêt qui a jugé qu'un coacquéreur devait supporter les conséquences de la notification faite par son communiste après une sommation de payer ou de délaisser (Riom, 12 janv. 1882, aff. Faure, D. P. 83. 2. 12).

1280. On décide généralement que l'acquéreur sous condition résolutoire, tel que l'acheteur à réméré, a le droit de purger (*Rép.* n° 2018). Mais de grands dissentiments existent entre les auteurs et la jurisprudence sur le point de savoir quel sera l'effet de la purge opérée par cet acquéreur, si la condition résolutoire vient à s'accomplir, si, par exemple, le vendeur exerce l'action en réméré. Quelques auteurs appliquent ici d'une manière absolue la règle : *Resoluto jure dantis, resolvitur jus accipientis*. « Il y a, dit M. Laurent, t. 31, n° 427, deux propriétaires en présence sur une même chose : le vendeur est propriétaire sous condition suspensive, l'acheteur l'est sous condition résolutoire. L'acquéreur sous condition résolutoire est propriétaire ; donc, il peut purger, mais il ne peut le faire que dans les limites de son droit ; or, personne ne peut purger une propriété qui ne lui appartient pas, ni une propriété qui se résout par l'accomplissement d'une condition ; l'acheteur ne peut donc pas purger la propriété du vendeur quand il n'a qu'une propriété résolutoire. Le conflit se vide par des principes très simples. La condition de rachat rétroagit comme toute condition, et en rétroagissant elle anéantit les droits de l'acheteur, si, comme nous le supposons, le vendeur use de son pacte de rachat ; et, si l'acheteur n'a jamais été propriétaire, tous les actes qu'il a faits comme lui tombent ». Ainsi, dans ce système, l'effet de la purge opérée par l'acquéreur sous pacte de rachat est anéanti par l'exercice du retrait. Les hypothèques sont censées n'avoir pas été effacées ; s'il y a eu adjudication sur surenchère, elle est nulle, et l'adjudicataire doit restituer l'immeuble au vendeur. L'acquéreur, qui a payé les créanciers, peut réclamer ce qu'il a payé, soit au vendeur qui reprend l'immeuble, soit aux créanciers eux-mêmes. V. dans le même sens, Pont, t. 2, n° 1286).

1281. D'autres auteurs font une distinction entre les hypothèques qui grèvaient l'immeuble du chef du vendeur à réméré et celles qui le grevaient du chef des précédents propriétaires. La purge opérée par l'acquéreur doit être assimilée, disent les partisans de cette opinion, à celle qui aurait été opérée par le vendeur lui-même, puisque la propriété de l'acquéreur est effacée rétroactivement. Or, le vendeur aurait bien pu purger les hypothèques constituées par les précédents propriétaires, mais non celles constituées par lui-même. Pour les premières seulement la purge est définitive ; pour les secondes, elle est nulle, et le vendeur reprend l'immeuble affecté des charges hypothécaires qu'il avait lui-même consenties. Cette éventualité pouvant être prévue dans l'ordre qui suit la purge, les créanciers du vendeur sur lesquels les fonds manquent ont le droit de demander que leurs inscriptions ne soient pas radiées, tant que la vente restera susceptible d'être résolue (Larombière, *Théorie et pratique des obligations*, art. 1183, n°s 21 et suiv.).

1282. Un troisième système a été soutenu par M. Labbé (*Revue critique*, 1856, t. 8, p. 220 et suiv., n° 10. V. aussi Labbé, *Revue critique*, 1871-1872, p. 497 et suiv.). Partant du point que la vente sous condition résolutoire met en présence deux droits de propriété conditionnels, le droit de l'acquéreur, soumis à une condition résolutoire, et le droit du vendeur, soumis à une condition suspensive, mais oubliant peut-être que ces deux droits ne sont au fond que le même droit envisagé par rapport à deux personnes différentes, qu'ils ne constituent pas deux démembrements de la propriété, cet auteur décide que la purge opérée par l'acquéreur n'a qu'un effet partiel. Les créanciers non admis en ordre utile conservent, suivant lui, dans tous les cas, leurs hypothèques sur l'immeuble : si cet immeuble rentre

dans le patrimoine du vendeur, ils pourront faire valoir ces hypothèques, sauf à être primés par l'acquéreur, subrogé de plein droit aux créanciers qu'il a payés. Si, au contraire, l'acquéreur conserve l'immeuble, il doit leur offrir, par une sorte de purge nouvelle, un supplément de prix pour le complément de propriété qu'il a acquis par l'effet de la défaillance de la condition. Lorsqu'il y a eu surenchère sur la première purge, M. Labbé admet que l'événement de la condition ou l'exercice du réméré entraîne la résolution du droit de propriété du surenchérisseur ; cette solution s'impose, car, la purge n'ayant porté que sur la propriété affectée de la condition résolutoire, le surenchérisseur reste soumis à cette condition. M. Labbé argumente aussi en ce sens de l'art. 837 c. proc. civ., aux termes duquel l'acte d'aliénation déposé au greffe tient lieu de minute d'enchère.

1283. M. Colmet de Santerre, t. 9, nos 169 *bis*-XXVII et suiv., tout en reconnaissant à l'acquéreur sous condition résolutoire le droit de purger, estime que l'adjudication à la suite de la surenchère opère la purge de toutes les hypothèques existant lors de l'aliénation, et qu'elle reste valable malgré l'arrivée de la condition résolutoire. « Nous ne voyons à cette solution qu'un inconvénient, dit M. Colmet de Santerre, c'est qu'elle prive l'aliénateur sous condition résolutoire de la chance qu'il avait de reprendre sa propriété au cas d'arrivée de la condition. Mais on peut dire qu'il s'est exposé sciemment à cette éventualité; lorsqu'il a aliéné une propriété grevée d'hypothèque, il devait comprendre que l'acquéreur voudrait purger, et que l'effet de cette purge pourrait produire, par une surenchère suivie d'adjudication, la résolution de l'aliénation conditionnelle par lui consentie et son remplacement par une adjudication impliquant aliénation pure et simple de la propriété ». — Mais, d'après le même auteur, s'il n'y a pas de surenchère, ou si c'est l'acquéreur sous condition qui, après surenchère, reste adjudicataire, la propriété de cet acquéreur sera résolue par l'événement de la condition ; il aura seulement contre le vendeur une action en restitution du prix payé aux créanciers. Et, dans cette hypothèse, la purge faite par l'acquéreur ne pourra pas profiter au vendeur, parce qu'il n'est pas l'ayant cause de l'acquéreur et ne peut se prévaloir des actes faits par celui-ci.

1284. Enfin, un autre système est encore soutenu par M. Dalmbert, no 95 et suiv. « La rétroactivité des effets de la condition résolutoire accomplie, dit cet auteur, est une fiction légale. Cette fiction a bien pour résultat l'anéantissement de l'aliénation, sa révocation avec toutes ses conséquences juridiques. Mais là s'arrête sa sphère d'action. Elle ne peut aller jusqu'à détruire les faits qui par leur nature soustrait à l'action des effets de l'accomplissement de la condition. Il en est notamment ainsi de ces faits ineffaçables, que le contrat a existé en réalité, que le vendeur a transmis la possession à l'acquéreur, et que celui-ci, ayant possédé *animo domini*, a été tiers détenteur ». M. Dalmbert déduit naturellement de ces principes que la purge effectuée par l'acquéreur sous condition résolutoire reste valable, malgré l'événement de la condition, et qu'elle est opposable même aux créanciers du vendeur. Tout est consommé par le payement du prix entre les mains des créanciers utilement colloqués ; l'immeuble, dit l'art. 2186 c. civ., est libéré de

tous privilèges et hypothèques ; aux termes des art. 751, 759, 769 et 777 c. proc. civ., les inscriptions sont radiées. On ne peut, sans violer ces textes, décider que les privilèges et hypothèques, après la purge, subsistent d'une manière quelconque (V. aussi, en ce sens, la note de M. Cazalens, sous Req. 23 août 1871, cité *infrà*, no 1285).

1285. Cette dernière opinion est peut-être moins rigoureusement juridique que la première ; mais elle répond mieux aux nécessités de la pratique. C'est aussi celle qui prévaut dans la jurisprudence. Il résulte de deux arrêts de la cour de cassation que la purge par l'acquéreur de l'immeuble vendu à réméré opère l'extinction définitive des hypothèques légales ou inscrites qui le grèvent (Req. 14 avr. 1847, aff. Montlaur, D. P. 47, 1. 217 ; 23 août 1871, aff. Hadot, D. P. 73. 1. 321). Jugé, en conséquence, que les hypothèques éteintes sur l'immeuble par l'effet de la purge ne passent pas sur l'action en réméré, sauf aux créanciers du vendeur à se saisir de cette action pour l'exercer à leur profit en vertu de l'art. 1166 c. civ. ; et que, si le vendeur a transporté son droit de réméré à un tiers, l'immeuble arrive dans les mains de ce cessionnaire libre de toute hypothèque du chef du vendeur, et notamment de l'hypothèque légale de la femme de celui-ci (Arrêt précité du 14 avr. 1847) ; — 2o Que si le vendeur sous pacte de rachat, postérieurement à la purge effectuée par l'acquéreur, renonce à l'exercice du droit de réméré, moyennant une certaine somme payée par l'acquéreur, cette somme ne doit pas être attribuée aux créanciers hypothécaires que le prix de la vente n'avait pas suffi à désintéresser ; qu'elle doit être distribuée entre tous les créanciers du vendeur indistinctement, au marc le franc de leurs créances respectives (Arrêt précité du 23 août 1871).

1286. Il y a encore désaccord sur la question de savoir si l'acquéreur sous condition suspensive peut purger. Suivant M. Pont, t. 2, no 1285, l'affirmative est certaine : de même que le propriétaire sous condition suspensive peut hypothéquer (c. civ., art. 2125), de même il doit pouvoir dégrever l'immeuble, en vue de l'éventualité qui le rendra propriétaire définitif. Mais tous les autres auteurs se prononcent en sens contraire. La loi, dans les art. 2181 et suiv., n'accorde, en effet, le droit de purger qu'au tiers détenteur ; elle suppose ce tiers détenteur propriétaire. Comment, d'ailleurs, la purge pourrait-elle avoir lieu avec celui qui n'a qu'un droit subordonné à une condition suspensive ? Quel prix offrirait-il aux créanciers ? Et si les créanciers refusaient l'offre, comment pourraient-ils faire vendre sur l'acquéreur conditionnel un immeuble qui ne lui appartient pas? (V. en ce sens: Labbé, *Revue critique*, 1856, t. 8, p. 230, no 9 ; Aubry et Rau, t. 3, § 293 *bis*, p. 505, note 22; Laurent, t. 31, no 428; Colmet de Santerre, t. 9, no 169 *bis*-XXXVI ; Thézard, no 195 ; Dalmbert, no 93).

1287. Tant que dure l'affectation hypothécaire des immeubles constituant le cautionnement d'un conservateur des hypothèques, c'est-à-dire jusqu'à l'expiration de la dixième année après la cessation de ses fonctions, l'acquéreur de tout ou partie de ces immeubles ne peut pas purger l'hypothèque existant, en vertu de la loi du 21 vent. an 7, pour la garantie de la responsabilité du conservateur (Trib. civ. de Nogent-sur-Seine, 15 mars 1855 (1) ; Trib. civ.

---

(1) (Pille *C.* Administration de l'Enregistrement et autres.) — Le sieur X... ancien conservateur des hypothèques, ayant vendu des immeubles qui lui appartenaient en commun avec sa femme et qui étaient encore affectés à son cautionnement, le sieur Pille, acquéreur, procéda à la purge des privilèges et hypothèques qui les grevaient. Dans l'ordre qui fut ouvert sur le prix, l'administration de l'Enregistrement intervint et s'opposa à la purge et à la consignation du prix. Sur cette contestation, le tribunal civil de Nogent-sur-Seine a ainsi statué :
Le TRIBUNAL ; — En ce qui touche le contredit tendant à ce que le sieur Pille soit tenu, jusqu'à l'expiration des dix années de responsabilité du conservateur, de garder la somme de 36040 fr. 78 c., formant, après ventilation, le prix des immeubles qui font l'objet du cautionnement ; — Attendu que deux cautionnements doivent être fournis par les conservateurs des hypothèques : l'un en numéraire, pour garantie de leur gestion envers le Trésor, exigé par les lois des 5 pluv. an 13, 16 vent. an 13, et par les art. 86 et 92 de la loi du 28 avr. 1816 ; l'autre en immeubles, réglé par la loi du 21 vent. an 7 ; — Attendu que cette dernière loi dispose (art. 7) que le cautionnement sera reçu par le tribu-

nal de la situation des biens et assuré par une inscription ; ce cautionnement (art. 8) demeure spécialement et exclusivement affecté à la responsabilité du préposé à la conservation des hypothèques pour les erreurs et omissions dont la loi le rend garant envers les citoyens ; que cette affectation subsistera pendant toute la durée des fonctions et dix années après ; passé lequel délai les biens servant de cautionnement seront affranchis de plein droit de toutes actions de recours qui n'auraient pas été intentées dans cet intervalle ; — Attendu qu'il résulte clairement de cette disposition qu'en cas de vente des immeubles soumis à l'inscription de cautionnement, l'acquéreur est tenu d'en souffrir l'existence jusqu'à l'expiration du délai de responsabilité ; — Attendu que le sieur Pille prétendrait vainement que l'art. 8 de la loi de ventose aurait été abrogé par les art. 2183 et suiv. c. civ. ; — Attendu, en effet, que ces articles font partie du chapitre 8, titre 18, livre 3, dudit code, intitulé : *Du mode de purger les privilèges et hypothèques*, et qu'ils ne concernent point le cautionnement à fournir en immeubles par le conservateur, lequel est réglé par une législation spéciale ; — Attendu que, si un avis du conseil d'État du

Gray, 20 oct. 1876, *Journal des notaires*, art. 15606). Cette hypothèque n'est point purgée non plus dans le cas de l'adjudication de l'immeuble sur saisie (Trib. civ. de Pontoise, 27 juin 1882, aff. Batardy, D. P. 85, 3, 111). — Mais les jugements d'expropriation pour cause d'utilité publique et les cessions amiables consenties par les propriétaires de terrains soumis à l'expropriation, après l'accomplissement des formalités édictées par l'art. 2 de la loi du 3 mai 1841, libèrent l'immeuble de l'affectation hypothécaire, car, par l'effet de l'expropriation pour cause d'utilité publique, l'immeuble est mis hors du commerce et devient ainsi non susceptible d'hypothèque (Dalmbert, n° 54).

1288. Les art. 530 et 1911 c. civ. déclarant les rentes foncières essentiellement rachetables, il en résulte que l'hypothèque qui garantit une rente de cette nature peut être purgée moyennant l'offre faite par le tiers détenteur de payer le capital de la rente jusqu'à concurrence du prix de l'immeuble (V. *Rép.* n° 2154. V. aussi en ce sens, Caén, 24 janv. 1827, *Rép.* n° 2012-2°; Dalmbert, n° 124 *bis*, note 2).

1289. Quant aux rentes viagères, il y a doute, parce qu'elles ne sont pas rachetables (c. civ., art. 1979). Contrairement à l'opinion admise au *Rép.* n° 2155, M. Dalmbert, *loc. cit.*, pense que l'hypothèque affectée à la garantie d'une telle rente peut aussi être purgée. Il se fonde sur la tradition et sur l'art. 2186 c. civ. Dans l'ancien droit, le décret forcé, le décret volontaire et, plus tard, les lettres de ratification purgeaient les rentes viagères (V. Pothier, *Du contrat de constitution de rente*, chap. 8, n° 231). Puis, à son tour, l'art. 2186 autorise le nouveau propriétaire à affranchir l'immeuble de toutes les charges hypothécaires quelconques qui le grèvent. — Sur la manière de purger l'hypothèque garantissant une rente viagère, V. *infra*, n° 1335.

1290. Quelle capacité est requise chez celui qui veut purger? Comme l'enseigne M. Laurent, t. 31, n° 476 et suiv., il ne suffit pas, pour pouvoir purger, que le tiers détenteur soit capable de payer; il faut qu'il puisse s'obliger, car, par les notifications à fin de purge, il s'engage à payer son prix aux créanciers hypothécaires, il devient débiteur personnel vis-à-vis d'eux. Mais doit-on conclure de là avec M. Laurent, que le tuteur ne peut valablement purger, au nom du mineur, sans l'autorisation du conseil de famille? Nous ne pensons pas : le tuteur représente le mineur dans tous les actes civils (c. civ. art. 450); il a le pouvoir d'obliger le mineur dans tous les cas où la loi ne lui prescrit pas d'observer des formalités particulières. Rien ne s'oppose donc à ce qu'il fasse seul pour le mineur les notifications à fin de purge. Ajoutons que la nécessité où il serait d'obtenir pour cela l'autorisation du conseil de famille aurait en pratique des inconvénients, à cause de la brièveté du délai dans lequel les notifications doivent être faites, lorsqu'un créancier a commencé des poursuites hypothécaires : le tuteur ne pourrait pas toujours facilement réunir le conseil

de famille dans ce délai, et le mineur risquerait ainsi d'être déchu de la faculté de purger (V. en ce sens : Troplong, t. 4, n° 923 ; Martou, t. 4, n° 1438, V. aussi *supra*, v° *Minorité, tutelle, émancipation*, n° 344). — En ce qui concerne le mineur émancipé, comme il ne peut faire seul que les actes de pure administration, nous croyons qu'il doit, pour procéder valablement à la purge des hypothèques grevant ses immeubles, être assisté de son curateur. Par identité de motifs, le prodigue ou le faible d'esprit pourvu d'un conseil judiciaire doit aussi se faire assister du son conseil (V. en ce sens, Martou, t. 4, n° 1439; Laurent, t. 31, n° 479).

1291. Quant à la femme mariée, alors même qu'elle est séparée de biens, nous inclinons à admettre qu'elle a besoin de l'autorisation de son mari pour purger, parce que la purge n'est pas un simple acte d'administration (V. en ce sens, Laurent, t. 2, n° 479). Cependant cette solution est susceptible de controverse, à raison de l'étendue des pouvoirs d'administration de la femme séparée de biens(Comp. *supra*, v° *Contrat de mariage*, n° 693 et suiv.).

1292. — II. Cas dans lesquels la purge a lieu de plein droit. — Il a toujours été généralement admis que l'adjudication sur expropriation forcée purge les hypothèques inscrites sur l'immeuble adjugé (V. *Rép.* n° 2023 et suiv.). Quant aux hypothèques légales dispensées d'inscription, il y avait controverse jusqu'à la loi du 21 mai 1858 (V. *Rép.* n° 2198 et suiv., et v° *Vente publique d'immeubles*, n° 1822). Mais, aux termes de l'art. 717, § 7, c. proc. civ., modifié par cette loi, « le jugement d'adjudication transcrit purge *toutes les hypothèques*, et les créanciers n'ont plus d'action que sur le prix ». Toutefois, il y a encore désaccord sur le point de savoir à quel moment précis se produit la purge : est-ce à partir du jugement d'adjudication, ou seulement à partir de la transcription de ce jugement que le droit des créanciers hypothécaires est transporté de l'immeuble sur le prix ? V. *supra*, n° 1086 et suiv.

1293. La purge a lieu de plein droit, en cas d'adjudication sur saisie immobilière, sans qu'il y ait lieu de distinguer si la saisie a été poursuivie contre le débiteur lui-même, contre un tiers détenteur ou contre le curateur à l'immeuble délaissé par hypothèque (Ollivier et Mourlon, *Commentaire de la loi du 21 mai 1858*, n° 250 ; Aubry et Rau, t. 3, § 293 *bis*, p. 498; Dalmbert, n° 42, note 3).

1294. Et la purge s'étend non seulement aux hypothèques constituées et inscrites avant la saisie, mais encore à celles qui n'auraient pris naissance et n'auraient été inscrites qu'au cours de la poursuite en expropriation, ou même entre le jugement et sa transcription (Ollivier et Mourlon, *op. cit.*, n° 236; Mourlon, *Traité théorique et pratique de la transcription*, t. 2, n° 587 et suiv.; Aubry et Rau, t. 3, § 293 *bis*, p. 500; Dalmbert, *loc. cit.*). Ainsi, il a été jugé que l'adjudication sur saisie immobilière opère le purgement des hypothèques même vis-à-vis des créanciers dont l'hypothèque n'était pas inscrite au moment où la som-

---

18 avr. 1809 déclare que l'inscription de cautionnement est soumise au renouvellement décennal prescrit par l'art. 2154 c. civ., contrairement à l'art. 3 de la loi du 1809, cette disposition, qui ne concerne que la publicité et le maintien de l'inscription, laisse subsister les effets mêmes de cautionnement et ne porte aucune atteinte à l'art. 8 de cette loi; — Attendu que l'ordonnance royale du 14 juin 1829, relative à l'organisation de la conservation des hypothèques dans les colonies, ne fait que consacrer les principes de la loi de ventôse, en déclarant (art. 44) que l'affectation du cautionnement subsiste pendant toute la durée de la gestion du conservateur et pendant les dix années qui suivront la cessation de ses fonctions (art. 45); que la mainlevée des inscriptions ne pourra être ordonnée qu'après ce délai; — Attendu que, s'il était permis au sieur Pille de consigner son prix conformément à l'art. 2186 c. civ., un second cautionnement en numéraire serait substitué au cautionnement en immeubles, ce qui serait contraire aux prescriptions de la loi; — Attendu que Pille peut d'autant moins se soustraire à l'application de la loi de ventôse an 7 que, dans le cahier des charges de l'adjudication qui a eu lieu à son profit, il est dit que, sur la portion de son prix applicable aux immeubles faisant l'objet du cautionnement, il sera tenu de conserver entre ses mains la somme destinée à faire face aux valeurs dudit cautionnement *tant qu'il durera*; — Attendu que, si le même cahier des charges déclare que les vendeurs devront toutefois dégrever la propriété mise en vente du cautionnement et faire cesser cette situation dans le délai de deux années, cette clause

ne peut être évidemment opposée aux tiers, dont les droits sont garantis par l'inscription de cautionnement, et qu'elle est d'ailleurs soumise à la condition d'employer la somme qui représente celle-ci à acquérir d'autres immeubles d'une valeur équivalente pour les affecter à la même garantie; — Qu'il est dit en outre que, jusqu'à ce que les sieur et dame X... aient obtenu la translation dudit cautionnement et des inscriptions qui le concernent sur les nouveaux immeubles acquis, ceux précédemment adjugés resteront affectés, par privilège, à la garantie de la somme payée par l'adjudicataire; — Qu'il en résulte que Pille ne pourrait consigner, comme il le demande, son prix, sans contrevenir aux obligations de son contrat; —

Par ces motifs; — Déclare, par rectification du règlement provisoire, nulles et de nul effet les formalités de purge accomplies par le sieur Pille à l'égard de l'inscription de cautionnement prise sur les biens du sieur X...; — Dit que la somme de 86 040 fr. 78 cent., représentant le prix des immeubles, devra rester intégralement entre les mains de l'adjudicataire jusqu'au 16 janv. 1863, époque à laquelle expire le délai fixé par la loi pour la responsabilité du conservateur, sauf qu'il puisse être fait, avant cette époque, mainlevée de ladite inscription ni de celle des créanciers éventuels colloqués sur le cautionnement; — Dit que, pendant ce délai, aucun prélèvement ne pourra être fait sur ce prix pour frais de notification et de poursuite d'ordre, etc.

Du 15 mars 1855.-Trib. civ. de Nogent-sur-Seine.

mation prescrite par l'art. 692 c. proc. a été faite, et qui n'ont pas reçu cette sommation (Douai, 6 févr. 1855, aff. Minet et autres, D. P. 55. 2. 189). L'opinion contraire, qui a été émise au *Rép.* nos 2023 et 2033, n'a pas prévalu.

1295. Mais l'effet de la purge ne se produirait pas à l'encontre du créancier qui, inscrit avant la transcription de la saisie et porté sur l'état d'inscriptions délivré au poursuivant, n'aurait pas reçu la sommation prescrite par l'art. 692 c. proc. par la faute de l'avoué ou de l'huissier du saisissant. Il en serait de même à l'égard du créancier à hypothèque légale dispensée d'inscription pour lequel la sommation n'aurait pas eu lieu, alors que l'existence de ce créancier devait être connue du poursuivant, d'après son titre (Arg. art. 692 et 715 c. proc. V. en ce sens, *Rép.* nos 2031 et suiv.; Dalmbert, *loc. cit.*).— Quant au créancier inscrit qui n'aurait pas reçu la sommation parce qu'il aurait été omis sur l'état des inscriptions par la faute du conservateur, sa situation est régie par les art. 2197 et suiv. c. civ. (V. *infrà*, nos 1782, 1787 et suiv.).— En tout cas, le créancier inscrit ou dispensé d'inscription qui n'a pas été mis en cause dans la poursuite en expropriation peut toujours faire valoir son droit de préférence tant que le prix d'adjudication est encore dû et que l'ordre n'est pas clos (Civ. rej. 25 avr. 1888, aff. Sous-Comptoir du commerce et de l'Industrie, D. P. 89. 1. 102).

1296. La purge résulte également de plein droit de toute adjudication sur surenchère, à la suite d'aliénation volontaire ou faite en justice. C'est la conséquence de la règle : *Surenchère sur surenchère ne vaut*, consacrée par maintes dispositions de nos lois (c. proc. civ. art. 710, § 2; 838, § 7; 965, § 2; 973, § 6; 988, § 2; c. com. art. 573, § 4). La purge, en effet, ayant pour but de mettre les créanciers hypothécaires en demeure de surenchérir, devient sans objet par cela même que le prix de l'immeuble est définitivement fixé et qu'aucune surenchère n'est plus admissible (V. en ce sens : *Rép.* nos 2026 et suiv.; Pont, t. 2, no 1349; Aubry et Rau, t. 3, § 293 bis, p. 498 et suiv., notes 7 et 8; Colmet de Santerre, t. 9, no 169 bis-XIX; Thézard, no 198; Dalmbert, nos 62, 64 et 65).— Il a cependant été jugé que l'adjudication sur surenchère du sixième sur une vente opérée après conversion de saisie immobilière, en l'absence des créanciers inscrits, ne dispense pas l'adjudicataire de l'accomplissement des formalités ordinaires pour la purge des hypothèques; qu'en conséquence, ces créanciers, quoique privés par l'art. 965 c. proc. du droit de former ultérieurement une surenchère du dixième, n'en conservent pas moins leur droit de suite sur les immeubles grevés, en sorte que, si ces immeubles sont revendus par l'adjudicataire pour un prix supérieur à celui de son adjudication, lesdits créanciers peuvent se faire colloquer sur l'intégralité de ce prix, sans qu'il y ait lieu de distraire au profit des créanciers personnels de l'adjudicataire la portion excédant le montant de l'adjudication (Amiens, 17 mai 1851, aff. Boitelle, D. P. 54. 2. 83). Mais il y a contradiction, comme le font remarquer MM. Aubry et Rau, t. 3, § 293 bis, p. 498, note 8, à décider, d'une part, que l'adjudication sur surenchère ne purge pas l'immeuble et, d'autre part, qu'elle fait pourtant perdre aux créanciers inscrits leur droit de surenchérir. L'exclusion de la faculté de surenchérir emporte virtuellement la conversion du droit des créanciers sur le prix d'adjudication; elle leur enlève la possibilité de réclamer quoi que ce soit en sus de ce prix. Il est vrai que le droit de suite ne sera pas définitivement éteint tant que le prix d'adjudication ne sera pas payé : ce droit pourra, à défaut de payement, s'exercer par voie de folle enchère. Mais, si le prix d'adjudication est offert aux créanciers hypothécaires, peu importe qu'il le soit par l'adjudicataire lui-même ou par son ayant cause; ils ne peuvent rien demander de plus, parce que leur droit ne va pas au delà.

1297. A la différence du jugement d'adjudication sur saisie immobilière, l'adjudication sur surenchère, après aliénation volontaire ou faite en justice, ne tient pas lieu de la purge des hypothèques légales. C'est ce qui résulte de l'art. 838, § 8, c. proc. civ. On a soutenu, en s'appuyant sur cette disposition, que les créanciers à hypothèque légale, mis en demeure de s'inscrire par cette purge, auront encore le droit de faire une surenchère du dixième, nonobstant la surenchère ayant eu lieu déjà après l'aliéna-

tion (Ollivier et Mourlon, *op. cit.*, no 249, p. 439 et suiv.). Cette opinion, basée sur le texte de l'art. 838, § 8, est en contradiction avec le paragraphe 7 du même article. Après avoir, dans le paragraphe 7, consacré la règle *Surenchère sur surenchère ne vaut*, le législateur ne peut l'avoir luimême violée dans le paragraphe suivant. Il ajoute, il est vrai, paragraphe 8, qu'après le jugement d'adjudication par suite de surenchère, la purge des hypothèques légales, si elle n'a pas eu lieu, se fait comme au cas d'aliénation volontaire. Mais la purge des hypothèques légales ne tend pas directement à provoquer, de la part des créanciers qu'elle vise, l'exercice de la faculté de surenchérir : son objet spécial est de mettre ces créanciers, dispensés d'inscription, dans la nécessité de s'inscrire, sous peine d'être déchus de leur droit de suite. Ce droit leur sera bien conservé par l'inscription qu'ils prendront dans le délai de la purge, mais il n'emportera pas pour eux la faculté de faire une nouvelle surenchère, alors qu'il y en a déjà eu une; avec celui de tous les autres créanciers hypothécaires, il sera converti en un droit sur le prix dû par l'adjudicataire (En ce sens : Aubry et Rau, t. 3, § 293 bis, p. 498, note 7; Dalmbert, no 51).

1298. Sauf le cas où elles sont suivies d'une surenchère, les ventes judiciaires autres que l'adjudication sur saisie immobilière ne purgent pas par elles-mêmes les hypothèques. Il en est ainsi, spécialement, des ventes d'immeubles appartenant à des mineurs ou interdits, ou dépendant d'une succession bénéficiaire ou vacante, des ventes d'immeubles dotaux et des adjudications sur licitation (*Rép.* nos 2034 et suiv., et vo *Surenchère*, nos 16 et suiv.; Bourges, 12 janv. 1876, aff. Aladam de Paraize et autres, D. P. 76. 2. 26; Aubry et Rau, t. 3, § 293 bis, p. 501 et suiv.; Colmet de Santerre, t. 9, nos 169 bis-XIV et suiv.; Thézard, no 198; Dalmbert, no 43, note 2).— Il en est de même des ventes sur conversion de saisie, quand la conversion a eu lieu avant que les sommations prescrites par l'art. 692 c. proc. eussent été faites aux créanciers inscrits (Amiens, 17 mai 1851, aff. Boitelle, D. P. 54. 2. 60; Orléans, 5 août 1853, aff. Brunet-Prévost, D. P. 54. 2. 60; 15 févr. 1859, aff. Montargis, D. P. 59. 2. 44; Caen, 17 juin 1874, aff. Hélie, D. P. 77. 5. 397). Mais, lorsque la conversion n'a été prononcée qu'après les sommations faites aux créanciers et du consentement de ceux-ci, la vente qui intervient ensuite a le même effet que l'adjudication sur saisie immobilière, car la situation des créanciers est la même que si l'expropriation avait suivi son cours (Dijon, 24 mars 1847, aff. Mayer-David, D. P. 54. 2. 60. V. aussi en ce sens : *Rép.* nos 2044 et suiv.; Ollivier et Mourlon, *op. cit.*, no 252 et 460; Aubry et Rau, t. 3, § 293 bis, p. 503, note 16; Colmet de Santerre, t. 9, no 169 bis-XVII; Dalmbert, no 44). On doit même remarquer que, relativement au créancier poursuivant, sans le consentement duquel la conversion sur saisie ne peut jamais avoir lieu, la vente sur conversion opère toujours la purge à son égard (V. Caen, 13 déc. 1833, *Rép.* vo *Surenchère*, no 18; Dalmbert, no 44, note 1).

1299. Quant aux ventes des immeubles d'un failli, qui ont lieu sur la poursuite des syndics lorsque les créanciers sont en état d'union, la question de savoir si elles purgent virtuellement les hypothèques est très controversée. Comme cette controverse a déjà été exposée *suprà*, vo *Faillites et banqueroutes*, nos 1221 et suiv., on se bornera à rappeler ici les solutions qu'elle a reçues dans la jurisprudence.

1300. D'après le système qui a été admis par la cour de cassation et par le plus grand nombre des arrêts de cours d'appel, l'adjudication des immeubles du failli, quand elle a lieu conformément aux art. 572 et 573 c. com., opère par elle-même la purge des hypothèques inscrites du chef du failli (V. les arrêts cités *suprà*, vo *Faillites*, no 1223. V. aussi en ce sens : Pont, t. 2, no 1345 bis; Thézard, no 200). Mais, en ce cas, l'effet de la purge ne s'étend pas aux hypothèques inscrites du chef des précédents propriétaires (V. *suprà*, eod. vo, no 1224). Pour libérer l'immeuble de ces hypothèques, la purge ordinaire est donc encore nécessaire. Les formalités de la purge des hypothèques légales restent également nécessaires quant à celles de ces hypothèques qui ne sont pas inscrites (En ce sens, sur ce dernier point : Colmet de Santerre, t. 9, no 183 bis-VI; Dalmbert, no 48, note 1).

1301. Suivant le système contraire, qui est soutenu par la majorité des auteurs et auquel se rattachent aussi un certain nombre d'arrêts, la vente des immeubles du failli, quand elle n'a pas été suivie de surenchère, n'entraîne pas la purge des hypothèques ; il n'y a aucune assimilation à faire entre cette vente et celle qui a lieu sur saisie immobilière, car les créanciers hypothécaires du failli ne sont pas avertis de la vente, par des notifications individuelles, comme en cas de saisie. Par suite, l'adjudicataire, pour affranchir son immeuble des privilèges et hypothèques, doit, dans tous les cas, recourir aux formalités de la purge des art. 2183 et suiv. c. civ. (V. en ce sens, les auteurs et les arrêts cités *suprà*, v° *Faillites*, n°s 1226 et 1227. *Adde* : Besançon, 15 mars 1880, aff. Richard, D. P. 81. 2. 55 ; Colmet de Santerre, t. 9, n° 169 *bis*-XVI ; Dalmbert, n° 49).

1302. Quoi qu'il en soit, même dans le système qui prévaut en jurisprudence, il ne faut pas assimiler à la vente poursuivie par les syndics après l'union, la vente à laquelle les syndics et le failli peuvent procéder avant l'union, en vertu d'un jugement du tribunal ; cette autre espèce de vente n'a pas, au même degré que la première, le caractère de vente forcée ; elle n'emporte donc pas la purge virtuelle des hypothèques, quand elle n'est pas suivie de surenchère (V. en ce sens, Besançon, 15 mars 1880, aff. Richard, D. P. 81. 2. 55, et sur pourvoi, Req 6 juill. 1881, D. P. 82. 1. 449 ; Civ. rej. 4 juin 1889, aff. Crédit foncier de France, D. P. 90. 1. 133).

1303. Mais, en revanche, toutes les hypothèques inscrites sur les immeubles du failli sont certainement purgées lorsque la vente poursuivie par les syndics, soit avant, soit après l'union, a été suivie d'une surenchère, qui peut être du sixième ou du dixième, suivant les cas (V. *suprà*, v° *Faillites*, n° 1229). Alors s'applique la règle : *Surenchère sur surenchère ne vaut* (V. *suprà*, n° 1296). Il peut seulement y avoir lieu encore à la purge des hypothèques légales non inscrites, et, dans cette hypothèse même, la voie de la surenchère demeure définitivement fermée (V. *suprà*, n° 1297).

1304. Une adjudication sur folle enchère n'entraîne pas à elle seule la purge. Il est vrai qu'après une telle adjudication une surenchère du sixième n'est plus admise (V. *infrà*, v° *Surenchère*). Mais on reconnaît généralement que la surenchère du dixième réservée aux créanciers hypothécaires par l'art. 2185 c. civ. peut encore avoir lieu (Paris, 10 mai 1834, *Rép.* v° *Surenchère*, n° 27 ; Dijon, 7 mars 1855, aff. Chauffray, D. P. 55. 2. 127 ; Bordeaux, 23 juill. 1861, aff. Lunel, D. P. 62. 2. 126, et sur pourvoi, Civ. rej. 6 juill. 1864, D. P. 64. 1. 279 ; Bordeaux, 3 mai 1867, *infrà*, v° *Surenchère* ; Pont, 3e éd., t. 2, n° 1350 ; Aubry et Rau, t. 3, § 293 *bis*, p. 504, note 14 ; Thézard, n° 201 ; Dalmbert, n° 46). Toutefois, lorsque la revente sur folle enchère a lieu à la suite d'une adjudication sur saisie immobilière, il est évident que l'immeuble est purgé (V. *suprà*, n° 1292). De même, lorsque la folle enchère est intervenue à la suite d'une surenchère du sixième, aucune autre surenchère n'est possible et il y a purge des hypothèques inscrites sur l'immeuble, mais non des hypothèques légales dispensées d'inscription (V. *suprà*, n°s 1296 et suiv. V. aussi les arrêts cités au *Rép.* v° *Surenchère*, n° 287, et en outre : Colmar, 13 mai 1857, aff. Landwerlin, D. P. 58. 2. 45 ; Pau, 28 mars 1860, aff. Ségassies, D. P. 60. 2. 183 ; Bourges, 8 avr. 1873, aff. Hervier, D. P. 74. 2. 144 ; Rouen, 4 juill. 1884, aff. Baillet, C. Rillet et autres, 1re ch., M. Montaubin, 1er pr. ; Aix, 10 août 1888, et sur pourvoi, Req. 21 oct. 1889, aff. Caisse du Crédit de Nice, D. P. 90. 1. 11. V. au surplus, *infrà*, v° *Surenchère*).

1305. Dans le cas d'expropriation pour cause d'utilité publique, le jugement d'expropriation ou la cession amiable consenti par le propriétaire de l'immeuble exproprié, après l'accomplissement des formalités prescrites par l'art. 2 de la loi du 3 mai 1841, opère la purge des hypothèques en subrogeant l'indemnité d'expropriation au prix de cession à l'immeuble (L. 3 mai 1841, art. 17, § 3, art. 18, 19, § 1 et 3. V. *suprà*, v° *Expropriation pour cause d'utilité publique*, n°s 230 et suiv. ; — *Rép.* eod. v°, n°s 337 et suiv.). Quant au point de savoir à quel moment les créanciers hypothécaires cessent d'être soumis à la nécessité de renouveler leurs inscriptions, V. *suprà*, n° 1095.

Le droit de surenchère étant incompatible avec l'expropriation pour cause d'utilité publique, la loi, pour sauvegarder les intérêts des créanciers hypothécaires, leur accorde la faculté d'intervenir devant le jury, lors de la fixation de l'indemnité due à leur débiteur (L. 3 mai 1841, art. 21, §.2). En cas de cession amiable, ces créanciers peuvent exiger que l'indemnité soit fixée par le jury (L. 3 mai 1841, art. 17, § 3). Mais ils doivent, soit pour intervenir devant le jury, soit pour requérir eux-mêmes le règlement de l'indemnité par le jury, se faire connaître à l'expropriant dans la huitaine de la notification du jugement d'expropriation au propriétaire (V. *suprà*, v° *Expropriation pour cause d'utilité publique*, n° 277 ; — *Rép.* eod. v°, n°s 389 et suiv.). Il suffit, toutefois, aux créanciers hypothécaires d'avoir pris inscription avant la transcription ou dans la quinzaine qui l'a suivie pour que leurs droits sur l'indemnité soient conservés (Trib. civ. de Remiremont, 9 févr. 1888, et sur pourvoi, Req. 23 oct. 1888, aff. Préfet des Vosges, D. P. 88. 1. 461).

1306. Lorsque la valeur de l'immeuble exproprié ne dépasse pas 500 fr., la loi autorise l'Administration à en payer le prix sans l'accomplissement des formalités de publication, de notification et de transcription prescrites pour les cas ordinaires (L. 3 mai 1841, art. 19, § 2). Mais alors, à défaut de transcription, le cours des inscriptions n'est pas arrêté. Et le payement n'est fait ainsi par l'administration qu'à ses risques et périls. S'il a lieu au préjudice des créanciers hypothécaires, ceux-ci peuvent obliger l'administration à payer deux fois (V. *suprà*, v° *Expropriation pour cause d'utilité publique*, n° 238 ; — *Rép.* eod. v°, n°s 364 et suiv. ; Req. 23 oct. 1888, aff. Préfet des Vosges, D. P. 88. 1. 461, et le rapport de M. le conseiller Féraud-Giraud). — Quand l'expropriation a lieu dans l'intérêt d'une commune, le maire ne peut user de la faculté de ne point purger les hypothèques pour les immeubles dont la valeur n'excède pas 500 fr. qu'avec l'autorisation du conseil municipal et l'approbation du préfet (Ordon. 18 avr. 1842, art. 2, D. P. 46. 3. 160).

1307. Aux termes d'un décret du 14 juill. 1866 (D. P. 66. 4. 139), qui a abrogé et remplacé l'art. 1 de l'ordonnance royale du 18 avr. 1842, citée au *Rép.*, n° 2051, les maires des communes, autorisés à cet effet par délibérations des conseils municipaux approuvées par les préfets, peuvent se dispenser de remplir les formalités de purge des hypothèques pour les acquisitions d'immeubles faites de gré à gré et dont le prix n'excède pas 500 fr. (V. *suprà*, v° *Commune*, n° 1173). La même faculté a été accordée aux présidents des commissions administratives ou des conseils d'administration des hospices et autres établissements publics de bienfaisance, par un décret du 7 juin 1875 (D. P. 76. 4. 14. V. *suprà*, v° *Hospices-hôpitaux*, n° 106).

§ 1er. — De la transcription du titre
(Rép. n°s 2056 à 2071).

1308. Le tiers détenteur ne peut purger avant d'avoir fait transcrire l'acte qui l'a rendu propriétaire (c. civ., art. 2181). La loi du 23 mars 1855 n'exige la transcription, comme on l'a vu *suprà*, n° 994, que pour les actes entre vifs. D'autre part, l'art. 2181 c. civ. qui, dès avant cette loi, prescrivait la transcription comme formalité préalable de la purge, parle des « contrats translatifs de la propriété d'immeubles ou droits réels immobiliers », ce qui paraît exclure les actes de mutation par décès. Néanmoins ce dernier texte n'est pas généralement considéré comme limitatif, et l'on décide que le légataire à titre particulier qui veut purger doit, comme l'acquéreur par acte entre vifs, faire d'abord transcrire son titre (Troplong, t. 4, n° 903 ; Pont, t. 2, n° 1291 ; Martou, t. 4, n° 1389 ; Laurent, t. 31, n° 441 ; Labbé, *Revue critique*, 1873-1874, p. 354 et suiv. ; Baudry-Lacantinerie, t. 3, n° 1522 ; Dalmbert, n°s 111 et suiv.). Il a été jugé, en ce sens, en matière d'enregistrement, que l'adjudication sur licitation d'un immeuble dépendant d'une succession, au profit du légataire particulier d'une part indivise de cet immeuble, étant de nature à être transcrite pour la purge des hypothèques qui peuvent grever l'immeuble du chef du testateur, donne lieu au droit proportionnel de transcription à 1 fr. 50 cent. pour 100 à l'enregistrement du

procès-verbal d'adjudication (Civ. cass. 6 févr. 1889, aff. Chaumont, D. P. 89. 1. 299).

1309. La loi dit que le titre du tiers acquéreur doit être transcrit « en entier » (c. civ. art. 2181). Cela signifie que la transcription doit consister dans une copie littérale, et non en un simple extrait analytique. Mais quand il s'agit d'un acte complexe, comprenant avec une translation de propriété d'autres dispositions distinctes et indépendantes, il suffit de faire transcrire la partie de l'acte qui est relative à la transmission de l'immeuble. Ainsi le légataire particulier peut ne faire transcrire que la partie du testament qui concerne son legs, et non les autres dispositions qui y sont étrangères (En ce sens, Baudry-Lacantinerie, t. 3, n° 1523; Dalmbert, n° 116. V. au surplus, infrà, v° Transcription; Rép. eod. v°, n°s 413 et suiv.).

1310. Le tiers détenteur qui veut purger n'est-il tenu que de faire transcrire son propre titre, ou doit-il aussi faire transcrire les actes d'acquisition des précédents propriétaires qui n'auraient pas accompli cette formalité? On a vu suprà, n° 989, que, d'après l'opinion dominante, la transcription du dernier acte d'aliénation ne suffit pas pour arrêter le cours des inscriptions procédant du chef des précédents propriétaires dont les contrats d'aliénation n'ont pas été transcrits. Il en résulte que si le tiers détenteur procède à la purge sans que l'acte d'un de ses auteurs ait été transcrit, la purge n'aura pas pour effet de consolider son acquisition à l'égard des ayants droit du propriétaire antérieur à l'acte non transcrit. La purge restera ainsi incomplète; mais elle n'en produira pas moins ses effets vis-à-vis de tous les créanciers inscrits auxquels le tiers détenteur aura régulièrement notifié son titre après l'avoir fait transcrire. La loi, en effet, n'exige, dans les art. 2181 et 2183 c. civ., pour la validité de la purge, que la transcription du titre de celui qui purge, et non la transcription de tous les titres des propriétaires antérieurs, ce qui serait souvent une condition impossible à remplir (V. en ce sens, outre les arrêts cités au Rép. n° 2065, Bordeaux, 16 mai 1859 (1); Pont, t. 2, n° 1292; Aubry et Rau, t. 3, § 291, p. 511, note 1; Colmet de Santerre, t. 9, n°s 170 bis-VIII et suiv.; Dalmbert, n° 114).

1311. Si le tiers détenteur n'a pas de titre qu'il puisse faire transcrire, soit parce qu'il a acquis l'immeuble par la prescription trentenaire, soit parce que son titre est perdu, sera-t-il privé de la faculté de purger? On l'a soutenu (V. consultation de M. Valette, D. P. 73. 1. 199, note 1). Cependant nous croyons, avec M. Dalmbert, n° 115, que la loi, quand elle dispose des art. 2181 et 2183 qui prescrivent la transcription du titre, doit être considérée comme ayant statué de eo quod plerumque fit; de ce qu'elle a supposé que le tiers acquéreur aurait un titre, ce qui est le cas le plus général, il ne résulte pas nécessairement qu'elle a entendu

refuser à celui qui, par exception, n'en aurait pas la faculté d'affranchir par la purge l'immeuble qu'il a légalement acquis; nous pensons donc que la purge, en pareil cas, pourrait avoir lieu sans transcription. — M. Dalmbert, n° 115 bis, estime même que le simple possesseur animo domini pourrait, dès avant l'accomplissement de la prescription trentenaire, user du bénéfice de la purge, sauf le droit, pour les créanciers du propriétaire, de revendiquer l'immeuble en exerçant les droits de leur débiteur propriétaire négligent. Mais cette opinion nous paraît plus contestable; la purge est un avantage accordé au tiers acquéreur ou tiers détenteur, et la simple possession ne confère pas cette qualité (V. suprà, n° 1169).

§ 2. — Des notifications à faire aux créanciers inscrits
(Rép. n°s 2072 à 2161).

1312. — I. Délai dans lequel les notifications doivent être faites (Rép. n°s 2073 à 2085). — Le tiers détenteur a le droit de purger tant que les créanciers ne l'ont pas poursuivi hypothécairement; mais, si l'un d'eux lui fait sommation de payer ou de délaisser, il est tenu de leur notifier son titre dans le mois qui suit cette sommation, sous peine d'être déchu de la faculté de purger (c. civ. art. 2183). Il est maintenant généralement reconnu, contrairement aux arrêts cités au Rép. n° 2081, que la sommation qui, aux termes de l'art. 2183, met le tiers détenteur en demeure de purger et fait courir le délai d'un mois, est la même que celle qui, d'après l'art. 2169 c. civ., doit précéder la saisie de l'immeuble entre les mains du tiers détenteur (V. en ce sens, outre les arrêts cités au Rép. n° 2080, Paris, 6 oct. 1842, Rép. v° Vente publique d'immeubles, n° 411; Req. 25 nov. 1862, aff. Knoepfler, D. P. 63. 1. 209. V. aussi Pont, t. 2, n°s 1149 et 1298; Aubry et Rau, t. 3, § 294, p. 512, note 4; Laurent, t. 31, n° 417; Colmet de Santerre, t. 9, n° 172 bis-II; Dalmbert, n° 118 bis).

1313. La sommation de payer ou de délaisser ne fait, du reste, courir le délai de la purge que si elle est régulière, notamment si elle a été précédée d'un commandement au débiteur et si ce commandement n'est pas tombé en péremption (V. suprà, n°s 1190 et suiv.).

1314. Le délai d'un mois qui, aux termes de l'art. 2183 c. civ., est laissé au tiers détenteur pour faire les notifications aux créanciers est le même que le délai de trente jours après lequel, aux termes de l'art. 2169 c. civ., les créanciers hypothécaires peuvent saisir l'immeuble. La déchéance de la faculté de purger est, en effet, corrélative à la faculté de saisir. — On doit remarquer aussi que, suivant le calendrier républicain qui était encore en vigueur lors de la promulgation du code civil, les mois se composaient invariablement

---

(1) (Barbe C. Darcos.) — La cour; — Sur la question de savoir si Darcos est fondé à exiger qu'il soit passé, entre ses vendeurs et lui, un contrat supplémentaire pour rectifier une erreur que contiendrait le contrat du 4 janv. 1858 dans la désignation de l'objet vendu, et pour établir avec exactitude l'origine de la propriété; — En ce qui concerne la désignation de l'objet vendu : — Attendu que l'exactitude dans la désignation de l'immeuble vendu est nécessaire pour purger les hypothèques spéciales qui le grèvent; qu'il n'est pas contesté que les immeubles vendus à Darcos sont exactement spécialisés par la commune dans laquelle ils sont situés et par leurs confrontations; mais qu'il est dit dans le contrat qu'ils sont situés au lieu « de la Castille », et qu'il paraît que partie de ces immeubles seraient appelés « la vieille Tuilerie »; que la désignation est inexacte sous ce rapport; — Que si Darcos a requis, après transcription, un état des inscriptions grevant, du chef des vendeurs, les immeubles désignés sous le nom de « la Castille », il se peut que le conservateur ait omis de porter sur cet état les inscriptions d'hypothèques spéciales qui grèveraient les biens connus sous le nom de « la vieille Tuilerie »; que sous ce rapport, l'inexactitude de la désignation pourrait être dommageable à Darcos; mais qu'un acte supplémentaire n'est nullement nécessaire pour prévenir la possibilité du dommage; qu'il suffit, pour préserver Darcos de tout danger à cet égard, qu'il requière un état sur transcription de toutes les hypothèques grevant les immeubles vendus et connus sous les noms de « la vieille Tuilerie » et de « la Castille »;
En ce qui concerne l'origine de la propriété : — Attendu qu'il est de jurisprudence constante que l'acquéreur d'un immeuble n'est tenu de faire transcrire que le contrat qui lui a transmis

la propriété; que cette transcription a l'efficacité de purger toutes les hypothèques, tant celles qui existent du chef du vendeur, que celles qui existent du chef des propriétaires antérieurs; — Qu'il suit de là qu'il n'est pas nécessaire que le contrat de vente mentionne l'origine de la propriété; que, par conséquent, Darcos n'est pas fondé à exiger qu'il soit fait un acte supplémentaire pour faire établir cette origine; — Mais que Darcos, pour purger la propriété, doit indiquer au conservateur les précédents propriétaires; que l'état qui lui aurait déjà été délivré pourrait laisser en dehors des inscriptions qui grèveraient l'objet vendu du chef des propriétaires antérieurs; — Qu'il faut donc, pour sa sûreté, qu'il requière un état sur transcription, en indiquant, dans sa réquisition, les précédents propriétaires qui sont aujourd'hui peu connus de lui; — Qu'un délai lui être accordé pour requérir cet état, s'il le juge nécessaire à sa sûreté; — Fait droit de l'appel principal interjeté par Jean Barbe, Thomas Barbe et les époux Pauly, du jugement rendu par le tribunal civil de La Réole, le 12 août 1858, dans le chef portant que ledit jugement tiendra lieu à Darcos d'acte rectificatif du contrat du 4 janv. 1858; — Dit qu'il n'y a lieu de rectifier ledit acte; et néanmoins, sursoit à toute poursuite contre Darcos pendant quinze jours à partir de la prononciation du présent arrêt, afin qu'il puisse, s'il le juge convenable, requérir un état sur transcription dans les conditions ci-dessus indiquées; l'autorise à retenir sur son prix le coût dudit acte, si déjà un premier état n'a pas été pris par lui;
Ordonne que, dans les autres chefs, le jugement sera exécuté selon sa forme et teneur, etc.
Du 16 mai 1859.-C. de Bordeaux, 1re ch.-MM. de la Seiglière, 1er pr.-Battor et Rateau, av.

de trente jours. C'est donc exactement *trente jours* après la sommation de payer ou de délaisser que le tiers détenteur ne peut plus purger (*Rép.* n° 2084; Pont, t. 2, n° 1298; Aubry et Rau, t. 3, § 294, p. 312, note 3; Colmet de Santerre, t. 9, n° 172 *bis*-II; Thézard, n° 203-2°; Baudry-Lacantinerie, t. 3, n° 1526; Dalmbert, n° 118 *ter*). Le jour de la sommation, *dies à quo*, ne doit pas être compté dans les trente jours; mais les notifications doivent être faites au plus tard le trentième jour (*Rép.* n° 2084; Laurent, t. 9, n° 261; Dalmbert; *loc. cit.* — *Contrà :* Pont, t. 2, n°s 1153 et 1298).

1315. — II. A QUELS CRÉANCIERS LES NOTIFICATIONS DOIVENT ÊTRE FAITES (*Rép.* n°s 2086 à 2100). — Les notifications doivent être faites à tous les créanciers inscrits avant la transcription du titre du tiers détenteur (*Rép.* n° 2086). Il résulte de cette règle, dit M. Dalmbert, n° 119, note 1, que le tiers détenteur n'est tenu de notifier son contrat ni au vendeur, ni au copartageant, dont les privilèges ont été inscrits dans les quarante-cinq jours déterminés par l'art. 6, § 2, de la loi du 23 mars 1855, mais postérieurement à la délivrance par le conservateur des hypothèques de l'état sur transcription. Il est vrai que l'art. 6, § 2, précité accorde au vendeur et au copartageant la faculté de s'inscrire, pour conserver leur droit de suite, dans les quarante-cinq jours de la vente ou du partage, d'où l'on pourrait induire que le tiers détenteur doit leur faire les notifications lorsqu'ils ont pris inscription dans ce délai. Mais cette solution est inadmissible en présence de l'art. 2183 c. civ. qui oblige le tiers détenteur à notifier son contrat dans le mois de la première sommation de payer ou de délaisser qui lui est faite. Il arriverait, si le vendeur ou le copartageant n'avaient pris inscription qu'un mois après la sommation de payer ou de délaisser, que le nouveau propriétaire ne pourrait se conformer aux prescriptions de la loi. — V. toutefois Troplong, *Commentaire de la loi sur la transcription*, n° 281. « Le vendeur, dit cet auteur, qui a conservé son privilège au moyen d'une inscription prise après une revente transcrite, mais dans les quarante-cinq jours de son propre contrat, doit, si le dernier acheteur veut purger, recevoir de lui la notification prescrite par l'art. 2183; l'art. 835 c. proc. civ., qui dispensait l'acheteur de faire des notifications aux créanciers inscrits après la transcription, est abrogé ».

1316. Chaque créancier doit recevoir individuellement les notifications. Il a été jugé qu'elles ne peuvent être faites en bloc, et par une seule copie, même à des créanciers qui ont une créance commune, résultant d'un même titre, en vertu duquel ils ont conjointement pris une seule inscription, élu un seul domicile et adressé au tiers détenteur une seule sommation, ces circonstances n'empêchant pas leurs droits d'être distincts (Bourges, 9 janv. 1857, aff. Martin, D. P. 57. 2. 195. V. dans le même sens : Pont, t. 2, n° 1304; Aubry et Rau, t. 3, § 294, p. 514; Laurent, t. 31, n° 457; Thézard, n° 203-2°; Dalmbert, n° 119, note 2). Il en serait autrement, toutefois, si les créanciers formaient un corps moral ou une union ayant un représentant (V. l'arrêt précité du 9 janv. 1857).

1317. Lorsque le tiers détenteur a négligé de faire la notification à un créancier inscrit, il faut distinguer si le défaut de notification est imputable au tiers détenteur, ou s'il résulte de ce que le créancier a été omis par le conservateur des hypothèques dans l'état des inscriptions. Dans le premier cas, la purge est inefficace à l'égard du créancier qui n'a pas été mis en demeure d'user du droit de surenchère ; il conserve son action hypothécaire contre le tiers détenteur (Paris, 9 juill. 1892, aff. Delaunay et Broussard, D. P. 93. 2. 569; *Rép.* n° 2094; Pont, t. 2, n° 1302; Aubry et Rau, t. 3, § 294, p. 514; Laurent, t. 31, n° 461). — Ce créancier pourrait toutefois, s'il avait connaissance de l'ouverture de l'ordre, se faire colloquer suivant son rang, tant que le prix n'aurait pas été définitivement distribué; il serait même admis à former tierce opposition au jugement ou à l'arrêt qui aurait homologué le règlement d'ordre, si la somme à distribuer se trouvait encore déposée à la Caisse des dépôts et consignations (Comp. Aix, 26 mars 1885, et sur pourvoi, Civ. rej. 25 avr. 1888, aff. Sous-Comptoir du commerce et de l'industrie, D. P. 89. 1. 102). Mais, évidemment, il ne suffirait pas de convoquer ce créancier à l'ordre amiable, ni de le sommer de produire à l'ordre judiciaire, pour réparer à son égard le défaut de notification; malgré

la convocation et la sommation qu'il aurait reçues, il n'en conserverait pas moins, s'il n'avait pas comparu, le droit de faire annuler l'ordre et de faire rétablir son inscription dont la radiation aurait été indûment ordonnée (Paris, 9 juill. 1892, précité).

1318. Au cas où le défaut de notification résulte d'une omission du conservateur, la purge est valable même à l'égard du créancier qui n'a pas reçu la notification. Ce créancier est déchu du droit de suite. Il conserve seulement son droit de préférence sur le prix jusqu'au règlement définitif de l'ordre et une action en responsabilité contre le conservateur (c. civ., art. 2198. V. *Rép.* n° 2089 et suiv.). De la perte du droit de suite, encourue par ce créancier, il résulte: 1° que ce créancier ne peut plus exercer aucune action hypothécaire contre un sous-acquéreur de l'immeuble, ni aucun droit de préférence vis-à-vis des créanciers personnels du sous-acquéreur, alors même qu'il aurait conservé son inscription; 2°. qu'à partir des notifications faites aux créanciers portés sur l'état des inscriptions, l'hypothèque du créancier omis, étant transformée en un droit sur le prix, n'est plus susceptible d'être prescrite en tant que droit réel; la seule prescription qui puisse être opposée à ce créancier, quant au droit de préférence qui lui reste, est la prescription trentenaire (Civ. rej. 25 avr. 1888, aff. Sous-Comptoir du commerce et de l'industrie, D. P. 89. 1. 102; Dalmbert, n° 132 *bis*); — 3° Que si l'existence de l'inscription omise vient à être connue du tiers détenteur, celui-ci a le droit de demander la radiation à l'encontre du créancier (Douai, 8 mai 1891, aff. Béghin-Leroy, D. P. 92. 2. 541. V. *infrà*, n°s 1787 et suiv.).

1319. — III. FORME DES NOTIFICATIONS; ÉNONCIATIONS QU'ELLES DOIVENT CONTENIR (*Rép.* n°s 2101 à 2155). — Les notifications doivent être faites aux domiciles élus par les créanciers dans leurs inscriptions (c. civ., art. 2183). Il a été jugé que la notification est valablement faite au domicile élu dans l'inscription, même à l'égard du créancier qui, dans le contrat constitutif de son hypothèque, a fait une élection de domicile différente pour le payement de sa créance, et, par exemple, a stipulé que le payement aurait lieu dans l'étude du notaire rédacteur de l'acte, sans que l'inscription fasse mention de cette convention (Req. 24 mars 1862, aff. Descampeaux, D. P. 62. 1. 468).

1320. Il est, d'ailleurs, loisible au tiers détenteur de faire les notifications aux domiciles réels des créanciers, car c'est dans son intérêt que la loi a prescrit de les faire aux domiciles élus, et il est libre de renoncer à cet avantage (*Rép.* n° 2101; Req. 26 nov. 1884, aff. Cinto, D. P. 85. 1. 115; Aubry et Rau, t. 3, § 294, p. 514, note 13; Laurent, t. 31, n° 459; Baudry-Lacantinerie, t. 3, n° 1526; Dalmbert, n° 119 *ter*, note 4).

1321. La notification destinée à un créancier mineur doit régulièrement être adressée à son tuteur. Mais il a été jugé qu'elle est valable lorsqu'elle a été faite au subrogé tuteur, si le juge reconnaît qu'il y avait opposition d'intérêts entre le mineur et le tuteur (Req. 26 nov. 1884, cité *suprà*, n° 1320. Comp. *suprà*, v° *Minorité*, n° 208). Jugé, en conséquence, que le délai de quarante jours accordé au créancier mineur pour surenchérir court à partir de la notification opérée dans les conditions ci-dessus; et que, si l'acquéreur, à la suite d'une sommation hypothécaire à lui adressée par un créancier du mineur, prétendant exercer les droits de celui-ci, notifie de nouveau, et par mesure de prudence, son contrat, tant à ce créancier qu'au tuteur, cette notification ne saurait servir de point de départ à un second délai de surenchère pour le mineur, la première signification à lui faite en la personne de son subrogé tuteur ayant été valable (Même arrêt).

1322. Les notifications doivent, à peine de nullité, être faites par un huissier commis à cet effet par le président du tribunal de première instance de l'arrondissement où elles ont lieu, et elles doivent contenir constitution d'avoué près le tribunal où la surenchère et l'ordre seront portés (c. civ., art. 832 et 838). — Il a été jugé que la clause d'un procès-verbal d'adjudication de plusieurs immeubles, qui impose aux différents adjudicataires de ces immeubles l'obligation de la faire notifier par un seul et même acte aux créanciers inscrits, est valable (Req. 14 mars 1853, aff. Juchet et Herfort, D. P. 53. 1. 197).

1323. Quant aux énonciations que doivent comprendre les notifications, ce sont, comme le dit M. Thézard, nº 203-2º, les éléments nécessaires pour que les créanciers soient à même de se rendre compte de la situation, et de reconnaître s'ils ont intérêt ou à surenchérir, ou à s'en tenir aux offres de l'acquéreur. L'art. 2183 c. civ. énumère ces énonciations, mais il ne les prescrit pas formellement à peine de nullité, différant en cela de l'art. 2185, qui détermine les conditions auxquelles les créanciers peuvent requérir la mise aux enchères de l'immeuble. En conséquence, la question de savoir quelles irrégularités doivent entraîner la nullité des notifications est une question de fait plutôt que de droit; elle revient à savoir si les créanciers ont été à même de prendre un parti en connaissance de cause. Tous les auteurs sont d'accord sur le principe (Pont, t. 2, nº 1322; Aubry et Rau, t. 3, § 294, p. 516 et suiv.; Laurent, t. 31, nº 452; Colmet de Santerre, t. 9, nº 172 bis-XVIII; Baudry-Lacantinerie, t. 3, nº 1528; Dalmbert, nº 123). Les applications que ce principe a reçues dans la jurisprudence seront indiquées ci-après, à propos des diverses formalités exigées par la loi.

1324. La nullité dont se trouverait entachée la notification faite à tel ou tel créancier est purement relative et ne peut être invoquée que par celui vis-à-vis duquel l'irrégularité a été commise. Les autres créanciers n'ont pas le droit de s'en prévaloir (Toulouse, 29 juin 1836, Rép. nº 2075-2º; Trib. civ. de la Seine, 16 mai 1893, aff. Vautier, D. P. 93. 2. 553; Pont, t. 2, nº 1323; Aubry et Rau, t. 3, § 294, p. 522; Laurent, t. 31, nº 454; Colmet de Santerre, t. 9, nº 162 bis-XIX; Dalmbert, nº 123, note 17). Le vendeur ne pourrait pas non plus invoquer cette nullité (Orléans, 14 juill. 1846, aff. Chenon et Dugué, D. P. 46. 2. 142; Civ. rej. 9 nov. 1858, aff. Ablon, D. P. 58. 1. 440). Et les notifications ne formant pas un tout indivisible, l'acquéreur qui les a faites et à l'égard duquel elles ont été annulées sur la demande d'un créancier, ne peut opposer cette nullité aux autres créanciers demeurés étrangers à la demande de nullité (Trib. civ. de la Seine, 16 mai 1893, précité).

1325. Enfin cette nullité peut être couverte par la renonciation expresse ou tacite du créancier ayant le droit de s'en prévaloir. Ainsi, elle ne pourrait plus être invoquée par le créancier qui aurait poursuivi l'ordre sur le prix offert dans les notifications (Toulouse, 29 juin 1836, Rép. nº 2075-2º; ni par le créancier qui aurait demandé collocation dans l'ordre amiable ou judiciaire, sans protestation ni réserve (Civ. rej. 4 mai 1892, aff. Amieux, D. P. 94, 1ʳᵉ partie). V. Pont, t. 2, nº 1324; Aubry et Rau, loc. cit.; Laurent, t. 31, nº 455; Dalmbert, nº 123 bis, note 18). — Mais, en général, on décide qu'une simple réquisition de mise aux enchères n'emporte pas renonciation au droit de demander la nullité des notifications, parce que les créanciers, étant obligés de surenchérir dans un court délai, ont pu agir seulement dans le but d'éviter une déchéance et sans abandonner aucun de leurs droits (Bordeaux, 8 juill. 1814, Rép. nº 2146-3º; Troplong, t. 4, nº 925 bis, Aubry et Rau, loc. cit.; Laurent, loc. cit.; Dalmbert, loc. cit.).

1326. — 1º Extrait du titre; déclaration du prix et des charges; ventilation (Rép. nᵒˢ 2105 à 2137). — En premier lieu, le tiers détenteur doit notifier un extrait du titre, contenant les mentions exigées par l'art. 2183-1º (V. Rép. nᵒˢ 2105 et suiv.). Cet extrait doit indiquer, notamment « le prix et les charges faisant partie du prix de la vente, ou l'évaluation de la chose, si elle a été donnée ». — La notification serait-elle nulle si l'acquéreur offrait un prix inférieur au prix réel? Cette question, examinée au Rép. nᵒˢ 2110 et suiv., est toujours controversée dans la doctrine. Suivant MM. Aubry et Rau, t. 3, § 294, p. 517, note 26, la dissimulation d'une partie du prix doit entraîner la nullité des notifications, parce qu'elle a presque toujours pour résultat de forcer les créanciers à recourir au remède extrême, périlleux et coûteux de la surenchère, dont ils pourraient, au contraire, s'abstenir s'ils étaient informés du véritable état des choses; par suite, cette dissimulation vicie, dans son essence, la notification, dont l'objet est précisément de les mettre en situation d'exercer en pleine connaissance de cause l'option qui leur appartient (V. dans le même sens, outre les auteurs cités au Rép. nº 2110, Dalmbert, nº 123). M. Thézard, nº 203-2º, estime au contraire que la notification qui porte

un prix inférieur au prix réel de la vente n'en est pas moins valable, les créanciers n'ayant à surenchérir que sur le prix déclaré (Comp. en ce sens, Paris, 23 mars 1850, aff. Fleulard, D. P. 50. 2. 166 et Rép. nº 2111).—En tout cas, lorsque le prix énoncé dans l'extrait notifié aux créanciers est inférieur au prix véritablement convenu, les créanciers peuvent exiger de l'acheteur la portion de prix par lui indûment retenue, quoiqu'ils aient tacitement accepté le prix déclaré, en ne formant pas de surenchère (V. les arrêts cités au Rép. nº 2112). Il a été jugé qu'en cas de dissimulation du véritable prix de vente d'un immeuble, au détriment des créanciers du vendeur, ceux-ci ont contre l'acquéreur l'action autorisée par l'art. 1167 c. civ., bien qu'ils soient sans droit de suite contre ce dernier, parce que, notamment, les formalités de purge ont été remplies; qu'en conséquence, la portion dissimulée du prix demeure le gage des créanciers du vendeur et est affectée aux droits concurrents ou de préférence qui peuvent leur appartenir; mais, cependant, que l'acheteur ne peut être poursuivi en payement de cette portion de prix, s'il en a versé le montant entre les mains de créanciers préférables à ceux qui lui en demandent compte (Civ. cass. 21 juill. 1857, aff. Moehrl et cons. D. P. 57. 1. 404).

1327. Si, à l'inverse, l'acquéreur déclare dans ses notifications un prix supérieur au prix réel, il s'oblige par cela même à le payer, et les auteurs décident unanimement que les notifications sont valables (Aubry et Rau, t. 3, § 294, p. 517, note 27; Laurent, t. 31, nº 453; Thézard, nº 203-2º; Dalmbert, nº 123.V. aussi en ce sens: Paris, 27 nov. 1841, Rép. nº 2116-2º; 8 déc. 1874, aff. Demoiselle Ract, D. P. 76. 2. 219, et sur pourvoi, Civ. rej. 9 avr. 1878, D. P. 78.1.372).—Toutefois, l'acquéreur pourrait, au moyen d'une nouvelle notification, redresser une erreur matérielle qu'il aurait commise dans l'indication du prix. La nouvelle notification faite dans ce but aurait pour effet de rouvrir le délai de surenchère, dont elle deviendrait le point de départ (Aubry et Rau, t. 3, § 294, p. 519, note 37; Laurent, t. 31, nº 475).

1328. La jurisprudence a annulé, pour défaut d'indication suffisante du prix : 1º des notifications dans lesquelles l'acquéreur énonçait, en suite de l'indication de son prix et de l'offre de le payer, la réserve d'exercer l'action quanti minoris, à raison du défaut de contenance qui pourrait exister dans l'objet vendu (Toulouse, 17 juill. 1844, aff. Duchan, D. P. 45. 2. 71) ; — 2º La notification du contrat d'acquisition, faite sous la réserve, par l'acquéreur, de demander une diminution de prix dans le cas où il serait jugé qu'un domaine compris dans la vente avait été affermé à des conditions autres que celles annoncées par le vendeur (Chambéry, 28 nov. 1870, aff. Dugout, D. P. 72. 2. 78).

Mais il a été jugé qu'une réduction de prix, prononcée au profit de l'acquéreur d'un immeuble à la suite d'une éviction partielle, est opposable aux créanciers inscrits auxquels une délégation du prix avait été faite; qu'elle ne donne d'autre droit à ces créanciers que celui d'exiger les notifications légales pour les mettre à même, s'ils le jugent convenable, de faire porter le prix à toute la valeur de l'immeuble par une nouvelle adjudication (Paris, 5 mai 1892, aff. Lerey, D. P. 93. 2. 566).

1329. Outre le prix, l'acquéreur doit déclarer « les charges faisant partie du prix de la vente ». On doit entendre par là, suivant MM. Aubry et Rau, t. 3, § 294, p. 515, toutes les sommes ou prestations que, pour devenir propriétaire de l'immeuble, l'acquéreur s'est obligé de payer ou de fournir en sus du prix proprement dit, soit au vendeur lui-même, soit à ses créanciers à sa décharge, soit à des tiers qu'il en a gratifiés, et dont le payement ou l'accomplissement doit ainsi tourner directement ou indirectement au profit de ce dernier (V. dans le même sens: Laurent, t. 31, nº 449; Dalmbert, nº 221). Il y a lieu de déclarer, notamment, la somme que l'acquéreur serait convenu de payer à titre de pot-de-vin (Civ. cass. 3 avr. 1815, Rép. vº Surenchère, nº 191-3º); les fournitures qu'il se serait engagé à faire au vendeur ou à ses créanciers (Paris, 19 mars 1836, Rép. eod. vº, nº 418); l'obligation imposée à l'acquéreur par le contrat, d'acquitter les frais qui ne sont pas de plein droit à sa charge, tels que les frais de purge (Comp. Bordeaux, 14 déc. 1827, Rép. eod. vº, nº 192); l'obligation de

payer des contributions déjà échues avant l'époque de l'entrée en jouissance de l'acquéreur (*Rép. eod.* v°, n°s 201 et suiv.), etc.

1330. Dans les charges faisant partie du prix, il ne faut pas comprendre les intérêts. En effet, alors même que l'acquéreur en serait débiteur (c. civ. art. 1652), ces intérêts ne sauraient grossir le capital du prix de vente, qui doit être augmenté d'un dixième en cas de surenchère. Ils ne représentent pas une partie de la valeur de l'immeuble, mais seulement la jouissance de cette valeur même (Pont, t. 2, n° 1319; Aubry et Rau, t. 3, § 294, p. 516, note 21; Colmet de Santerre, t. 9, n° 172 *bis*-IV; Dalmbert, n°s 121 et 125 *bis*. V. aussi *Rép.* v° *Surenchère*, n° 198). — Il a été jugé, en sens contraire, que l'acquéreur qui notifie son contrat aux créanciers inscrits doit comprendre, en sus du prix, les intérêts échus depuis le contrat et qui, au jour de la notification, n'auraient pas été versés entre les mains du vendeur (Orléans, 11 janv. 1853, aff. De Solms, D. P. 54. 2. 170). Cette solution suppose, dans tous les cas, que le vendeur est le débiteur personnel des créanciers; autrement ceux-ci ne pourraient réclamer à son préjudice les intérêts courus avant la sommation de payer ou de délaisser ou avant la notification (V. au surplus, *infrà*, n° 1364).

1331. L'obligation, contractée par l'acquéreur, d'assurer l'immeuble et de payer les primes d'assurances pour les années à échoir à partir de son entrée en jouissance, ne rentre pas non plus dans les charges faisant partie du prix et devant être déclarées dans les notifications (*Rép.* v° *Surenchère*, n° 203; Aubry et Rau, t. 3, § 294, p. 516; Dalmbert, n° 121).

1332. Lorsque, parmi les charges imposées à l'acquéreur, il en est qui sont à considérer comme faisant partie du prix, et d'autres qui n'ont pas ce caractère, l'acquéreur n'est pas tenu de distinguer les unes des autres; il satisfait suffisamment à la loi en les énonçant toutes indistinctement (Civ. cass. 2 nov. 1813, *Rép.* v° *Surenchère*, n° 207; Aubry et Rau, *loc. cit.*; Dalmbert, *loc. cit.*).

1333. En cas de donation, comme il n'y a pas de prix, la loi exige que le donataire qui purge fasse dans ses notifications « l'évaluation de la chose ». Cette disposition, dit M. Baudry-Lacantinerie, t. 3, n° 1527, doit être généralisée et appliquée à tous les cas dans lesquels le titre du nouveau propriétaire ne comporte pas l'expression d'un prix. Ainsi, le coéchangiste doit aussi évaluer l'immeuble qu'il a reçu à titre d'échange (V.*Rép.* n° 2417). Celui qui purge est libre, d'ailleurs, de faire l'évaluation que bon lui semble : il indique ainsi la somme qu'il consent à sacrifier pour conserver l'immeuble : si les créanciers la trouvent insuffisante, ils peuvent user du droit de surenchérir, et s'ils n'en usent pas, il est à présumer que l'évaluation est conforme au prix réel (Colmet de Santerre, t. 9, n° 172 *bis*-V). Il a été jugé : 1° que le vendeur d'un immeuble, au profit duquel la vente a été résolue par un jugement passé en force de chose jugée à l'égard de l'acquéreur, mais infirmé vis-à-vis d'un créancier inscrit du chef de cet acquéreur, créancier qui seul en avait interjeté appel, a la faculté de purger l'hypothèque de ce créancier et peut offrir régulièrement, dans la notification, la somme à laquelle il évalue l'immeuble qui lui est revenu par suite de la résolution; qu'il n'est pas tenu d'offrir le prix de la vente résolue (Bordeaux, 17 févr. 1864, et sur pourvoi, Req. 28 nov. 1865, aff. Rougemont et Gohin, D. P. 66. 1. 159); — 2° Que, lorsqu'un immeuble a été vendu moyennant un prix fixé et payable, moitié en argent, moitié en une valeur variable (dans l'espèce, un certain nombre d'actions d'une société), l'acquéreur qui fait aux créanciers inscrits les notifications à fin de purge, satisfait aux prescriptions de la loi en offrant cette valeur variable suivant l'évaluation faite au jour de l'offre, lorsque, dans l'intention des parties, le vendeur devait la recevoir pour le prix qu'elle aurait au moment du payement effectif (Douai, 14 mars 1882, aff. Créanciers Anckaert, D. P. 82. 2. 237, et sur pourvoi, Req. 26 févr. 1883, D. P. 83. 1. 453).

1334. L'acquéreur, tenu de déclarer, en cas de vente, les charges faisant partie du prix (*suprà*, n° 1329), doit-il de plus faire l'évaluation de ces charges, lorsqu'elles consistent dans des prestations en nature ou dans une rente viagère? La plupart des auteurs soutiennent l'affirmative. La nécessité de l'évaluation découle virtuellement, disent-ils, de

l'obligation, imposée au tiers acquéreur par l'art. 2184 c. civ., d'offrir le payement immédiat des dettes hypothécaires jusqu'à concurrence de son prix, c'est-à-dire de la somme représentant toute la valeur de l'immeuble. L'évaluation des charges peut seule faire connaître aux créanciers le montant de l'offre qui leur est faite et qu'ils doivent accepter ou refuser (Troplong, t. 4, n° 925; Martou, t. 4, n° 1396; Aubry et Rau, t. 3, § 294, p. 516, note 24; Laurent, t. 31, n° 448; Colmet de Santerre, t. 9, n° 172 *bis*-VII; Baudry-Lacantinerie, t. 3, n° 1527. V. aussi, en ce sens, Paris, 5 févr. 1814, *Rép.* v° *Surenchère*, n° 206). — Il résulte, au contraire, de plusieurs arrêts, rapportés ou cités au *Rép.* v° *Surenchère*, n°s 204 et suiv., que l'acquéreur n'est pas tenu d'évaluer les charges accessoires du prix, et que la seule indication de ces charges, avec l'offre de payer le prix principal, satisfait au vœu de la loi. Cette opinion est défendue par M. Dalmbert, n° 121 *bis* : « Et d'abord, dit-il, l'évaluation n'est pas nécessaire, parce que, la loi ne l'exigeant pas, ce serait empiéter sur le domaine législatif que d'annuler une notification ne contenant pas l'évaluation des charges faisant partie du prix. En second lieu, l'hypothèque ne confère pas aux créanciers la faculté de substituer aux obligations prises par l'acquéreur des obligations d'une autre nature. S'il en est différemment en matière de donation, de legs et d'échange, c'est parce que la loi le dit formellement (c. civ. art. 2183-1°; c. proc. civ. art. 836-2°). Vainement objecte-t-on que, sans l'évaluation des charges faisant partie du prix, les créanciers ne peuvent en connaissance de cause opter entre l'acceptation ou le refus des offres. Cette objection tombe, à notre avis, devant cette considération pratique, que les charges dont il s'agit consistent presque toujours dans des prestations viagères imposées à l'acquéreur au profit de créanciers dont les droits sont garantis par une inscription utile, et que dès lors il ne servirait de rien aux autres créanciers de trouver dans les notifications une évaluation de ces prestations. En effet, il serait loisible au nouveau propriétaire de porter ces charges à une somme ou à un capital supérieur à leur valeur, puisqu'il se libère en fournissant les prestations elles-mêmes au créancier à qui ces prestations sont dues. Et, d'un autre côté, il arrivera très rarement que le nouveau propriétaire s'engage à payer à des tiers des charges indéterminées qui ne seront pas garanties par une hypothèque préférable à celle des autres créanciers, à moins que le prix principal ne soit suffisant et au delà pour désintéresser ces derniers » (V. dans le même sens, Pont, t. 2. n° 1312). A vrai dire, comme le fait justement remarquer M. Thézard, n° 203-2°, la question en somme a peu d'intérêt : l'omission d'évaluer les charges ne doit pas entraîner la nullité des notifications, parce qu'elle n'est pas de nature à nuire aux créanciers; ceux-ci, en effet, doivent être admis à surenchérir sur le prix principal, sans avoir à tenir compte des charges que l'acquéreur n'a pas évaluées et dont, par suite, il ne leur offre pas l'équivalent.

1335. M. Dalmbert, *loc. cit.*, décide même que si le prix tout entier consiste dans une rente viagère, le tiers détenteur est encore dispensé de procéder à une évaluation. Mais alors on peut demander à quoi aboutira la purge et sur quelle somme les créanciers pourront surenchérir. Il nous semble qu'en pareil cas l'acquéreur doit au moins indiquer ce qu'il offre aux créanciers, soit le capital de la rente, à charge de leur en payer les arrérages au crédi-rentier pendant sa vie, soit une somme à forfait, comme prix de la libération de l'immeuble, sauf à l'acquéreur à rester chargé, à ses risques et périls, du service de la rente (Comp. en ce sens, Paris, 5 févr. 1814, *Rép.* v° *Surenchère*, n° 206. V. aussi *infrà*, n°s 1420 et suiv.).

1336. On a exposé au *Rép.*, n°s 2120 et suiv., les cas dans lesquels le tiers détenteur est tenu, aux termes de l'art. 2192 c. civ., de faire une ventilation de son prix dans les notifications. D'après MM. Aubry et Rau, t. 3, § 294, p. 538 et suiv., et Dalmbert, n°s 135 et suiv., l'art. 2192 doit recevoir application : 1° si le titre d'acquisition du tiers détenteur porte à la fois sur des meubles et sur des immeubles ; 2° s'il porte sur des immeubles dont les uns sont hypothéqués et dont les autres ne le sont pas; 3° s'il porte sur des immeubles tous hypothéqués, mais situés en différents arrondissements ; 4° s'il porte sur des immeubles tous

hypothéqués, même situés dans le même arrondissement, mais frappés d'inscriptions particulières et distinctes, au profit de différents créanciers ou même au profit d'un seul créancier pour une créance unique, mais en vertu de différents actes constitutifs d'hypothèque. La ventilation requise diffère suivant les circonstances : dans la première hypothèse, il suffit de déclarer le prix afférent aux immeubles ; dans la seconde, celui afférent aux immeubles hypothéqués ; dans la troisième, il faut indiquer la portion du prix applicable aux immeubles situés dans l'arrondissement où se poursuit la surenchère ; enfin, dans la quatrième hypothèse, qui peut d'ailleurs se combiner avec les trois autres, il faut indiquer le prix relatif à chaque immeuble frappé d'inscriptions particulières et séparées.

1337. La ventilation n'est pas nécessaire dans le cas de vente de plusieurs immeubles frappés d'hypothèques générales ou qui s'étendent également à tous ces immeubles (V. *Rép.* v° *Surenchère*, n° 41). Mais lorsqu'il existe en même temps des hypothèques spéciales à certains immeubles, la ventilation doit avoir lieu à l'égard des créanciers ayant des hypothèques générales aussi bien qu'à l'égard de ceux qui ont des hypothèques spéciales (V. *Rép.* v° *Surenchère*, n°s 42 et suiv. ; Paris, 17 août 1859, aff. Hérault, D. P. 60. 5. 310 ; Chambéry, 28 nov. 1870, aff. Dugout, D. P. 72. 2. 78 ; Paris, 15 nov. 1888) (1).

1338. Le défaut de ventilation, dans le cas où elle est exigée, entraîne la nullité des notifications (*Rép.* n° 2126). Cette nullité peut être invoquée par les créanciers hypothécaires et, suivant la jurisprudence, même par ceux qui, ayant une hypothèque générale, ne pourraient pas de leur chef réclamer la ventilation (V. Paris, 30 avr. 1853, aff. Darbois, D. P. 53. 5. 3, et les autres arrêts cités *supra*, n° 1337. V. toutefois, en sens contraire, *Rép.* n°s 2133 et suiv. ; Dalmbert, n° 135 *bis*, note 3). Mais le défaut de ventilation ne peut pas être invoqué par le vendeur pour faire annuler les notifications, la surenchère et tout ce qui s'en est suivi, car la ventilation n'est pas requise dans l'intérêt du vendeur (Toulouse, 12 août 1857, sous Civ. rej. 6 févr. 1860, aff. Darrieux, D. P. 60. 1. 253. V. aussi en ce sens : Aubry et Rau, t. 3, § 295, p. 540 ; Dalmbert, *loc. cit.*).

1339. Les créanciers et le vendeur lui-même doivent-ils être admis à critiquer la ventilation opérée, par la raison qu'elle ne représenterait pas exactement la valeur proportionnelle des divers objets ? L'affirmative est soutenue au *Rép.* n°s 2123 et suiv. (V. aussi en ce sens : Pont, t. 2, n° 1309 ; Martou, t. 4, n° 1574 ; Aubry et Rau, *loc. cit.* ; Dalmbert, n° 135 *bis, in fine*). Suivant M. Thézard, n° 213, il est difficile de voir comment pourrait aboutir cette critique : dès lors que la valeur entière des immeubles se trouve répartie, ou bien la valeur donnée à tel immeuble est trop élevée, et les créanciers inscrits sur cet immeuble n'ont pas à se plaindre, puisque l'offre leur assure un prix supérieur à celui qu'ils pouvaient espérer ; ou ils la jugent trop faible, et ils n'ont qu'à former une surenchère pour éviter tout préjudice (Comp. en ce sens, Civ. rej. 3 juill. 1838, *Rép.* v° *Surenchère*, n° 189).

1340. — 2° *Extrait de la transcription* (*Rép.* n° 2138). — Le second document que doivent contenir les notifications, d'après l'art. 2183 c. civ., c'est « un extrait de la transcription de l'acte de vente ». Les auteurs font remarquer que le mot « extrait » employé ici par la loi, est impropre. Pour en comprendre le sens, dit M. Dalmbert,

n° 121 *ter*, il faut se reporter à la loi du 16 brum. an 7. L'art. 30 de cette loi prescrivait la notification du certificat de transcription de l'acte d'acquisition : c'est de ce certificat que les rédacteurs du code ont voulu parler dans l'art. 2183. Sa notification aux créanciers a pour but de justifier que la formalité de la transcription a été remplie ; elle facilite aussi les recherches dans les registres du conservateur, pour le cas où les créanciers voudraient avoir une copie entière du titre dont il ne leur est notifié qu'un extrait. — On décide généralement que le tiers détenteur doit donner ce certificat de la transcription quelle que soit la nature du titre, qu'il s'agisse d'un legs, d'une donation, d'un échange, aussi bien que d'une vente, quoique la loi, qui s'est placée dans le cas le plus ordinaire, ne parle que d'un acte de vente (Colmet de Santerre, t. 9, n° 172 *bis*-VIII ; Thézard, n° 203-2° ; Dalmbert, *loc. cit.*). Toutefois, si le tiers détenteur n'avait pas de titre, il est évident que la notification du certificat de la transcription ne pourrait pas avoir lieu (Dalmbert, *ibid.* V. *supra*, n° 1311).

1341. — 3° *Tableau des inscriptions* (*Rép.* n°s 2138 à 2143). — Les notifications doivent comprendre, en troisième lieu, un tableau sur trois colonnes, dont la première contiendra la date des hypothèques et celle des inscriptions ; la seconde, le nom des créanciers ; la troisième, le montant des créances inscrites (c. civ. art. 2183-3°). Dans la pratique, la première colonne est divisée en deux parties, l'une contient la date des hypothèques et l'autre la date des inscriptions. — On a vu, *supra*, n° 1279, que plusieurs acquéreurs, qui ont acquis par un même acte, peuvent se réunir pour faire les notifications par un même exploit. En pareil cas, comme aussi toutes les fois que la purge est faite en même temps pour plusieurs immeubles, il n'est pas nécessaire d'indiquer dans le tableau sur trois colonnes quelles sont celles des inscriptions qui portent spécialement et privativement sur chacun des immeubles vendus : l'indication de la totalité des inscriptions assises sur les divers immeubles suffit à chacun des créanciers pour le mettre à même de connaître et de vérifier la situation hypothécaire de l'immeuble qui lui est particulièrement affecté, sans qu'il puisse résulter aucun préjudice pour son droit de surenchère de la notification surabondante des inscriptions relatives aux autres immeubles (Paris, 22 janv. 1852, et sur pourvoi, Req. 14 mars 1853, aff. Juchet et Herfort, D. P. 53. 1. 197. V. conf. Pont, t. 2, n° 1315).

1342. — 4° *Offre d'acquitter les dettes et charges hypothécaires* (*Rép.* n°s 2144 à 2155). — Comme conclusion de l'acte qui renferme les notifications, le tiers détenteur doit déclarer « qu'il est prêt à acquitter, sur-le-champ, les dettes et charges hypothécaires, jusqu'à concurrence seulement du prix, sans distinction des dettes exigibles ou non exigibles » (c. civ. art. 2184). Ces expressions, bien entendu, ne sont pas sacramentelles : elles peuvent être remplacées par des termes équivalents (V. en ce sens : Turin, 22 mars 1811, *Rép.* n° 2110 ; Req. 28 mai 1817, *Rép.* n° 2151 ; Pont, t. 2, n° 1317 ; Aubry et Rau, t. 3, § 294, p. 518 ; Laurent, t. 31, n° 469 ; Dalmbert, n° 124 *ter*. — V. toutefois, en sens contraire, Caen, 17 juin 1823, *Rép.* n° 2152).

1343. En s'obligeant à payer immédiatement la totalité de son prix, le tiers détenteur qui purge renonce au bénéfice des termes que son contrat lui accordait. Mais il a été jugé que cette renonciation n'est pas d'ordre public, et que le tiers détenteur peut en être dispensé par les créanciers ;

---

(1) (Garnier C. Beaufils.) — Considérant qu'aux termes de l'art. 2192 c. civ., l'acquéreur dont le titre comprend plusieurs immeubles acquis pour un seul et même prix, est tenu, dans le cas où les uns sont hypothéqués et les autres non hypothéqués, de déclarer dans l'acte de notification, signifié aux créanciers inscrits en conformité de l'art. 2183, le prix de chaque immeuble frappé d'inscriptions particulières et séparées, en faisant la ventilation du prix total exprimé dans son titre ; — Considérant que Beaufils ne méconnaît pas qu'il ne s'est pas conformé aux prescriptions de l'article sus-visé ; qu'en effet, les notifications par lui faites ne contiennent aucune ventilation du prix, bien qu'il se trouvât dans le cas où elle est ordonnée par la loi ; mais qu'il soutient que les créanciers bénéficiaires d'inscriptions spéciales sur une partie des immeubles auraient seuls qualité pour arguer de nullité les notifications de ce chef, et que Garnier, bénéficiaire d'une hypothèque qui grève la généralité des immeubles dont il est devenu

propriétaire, serait sans droit pour lui faire grief de l'inobservation des formalités prescrites par l'art. 2192 ; — Considérant que les termes dudit article sont formels, qu'ils imposent une règle générale et impérative, sans spécifier aucune exception ; que, décider qu'il n'appartient qu'aux créanciers bénéficiaires d'hypothèques spéciales de se prévaloir de l'inobservation des dispositions de l'art. 2192, tandis que ce droit serait refusé aux créanciers dont l'hypothèque la grève tous, serait établir arbitrairement une distinction que rien n'autorise, et que contredisent, au contraire les termes de la loi ; —

Par ces motifs ; — Met le dont est appel à néant ; — Déclare irrégulières et nulles au regard de Garnier, les notifications faites par Beaufils à la suite de l'adjudication du 18 avr. 1881, etc.

Du 15 nov. 1888.-C. de Paris, 6e ch.-MM. Miauville, pr.-Duval, subst. du proc. gén.-Coquelin et Frénimet, av.

que, par suite, lorsqu'un créancier inscrit a concouru à la rédaction du cahier des charges de l'adjudication et consenti à l'insertion dans ce cahier d'une clause accordant aux adjudicataires la faculté de ne payer leur prix que six mois après le décès du bénéficiaire d'une rente grevant les immeubles, ce créancier n'est pas fondé à arguer de nullité la notification faite par les adjudicataires dans les termes du cahier des charges et à poursuivre la revente de ces immeubles (Req. 2 mars 1885, aff. Léon Simon, D. P. 86. 1.449). — Un arrêt a admis aussi qu'il y avait eu dérogation à la règle de l'exigibilité des créances en cas de purge, dans une espèce où les précédents propriétaires de l'immeuble grevé avaient stipulé qu'une certaine somme ne serait payée qu'après leur décès et que l'intérêt leur en serait servi jusque-là, alors que cette clause, insérée dans le contrat de l'acquéreur, avait été reproduite dans les notifications faites aux créanciers hypothécaires ; il a été jugé que ces créanciers n'étaient pas fondés à demander le payement immédiat de leurs créances au préjudice des précédents vendeurs, qui avaient le droit d'exiger que l'acquéreur restât nanti du prix et continuât à leur en payer les intérêts (Bordeaux, 2 févr. 1892, aff. Coste, syndic Baret et Gardonnet, D. P. 92. 2. 527. V. toutefois la note sous cet arrêt).

1344. Sauf le cas d'une semblable dérogation convenue entre l'acquéreur et les créanciers, l'offre d'acquitter sur-le-champ toutes les dettes jusqu'à concurrence du prix, doit être pure et simple ; elle n'admet aucune réserve qui serait fondée sur les clauses de l'acte d'acquisition, car ces clauses ne sont point opposables aux créanciers qui n'ont pas été parties à l'acte. Ainsi, l'acquéreur qui serait créancier du vendeur ne pourrait pas se prévaloir de la clause par laquelle il aurait été stipulé qu'une partie du prix se compenserait avec ce que le vendeur lui doit ; il serait tenu d'offrir le payement intégral de son prix (Liège, 8 mai 1811, *Rép.* n° 2172-2°; Trib. civ. de la Seine, 16 mai 1893, aff. Vautier, D. P. 93. 2. 553; Aubry et Rau, t. 3, § 294, p. 518, note 32; Dalmbert, n° 124 *bis*, note 4).

1345. Quand bien même le prix aurait été stipulé non productif d'intérêts jusqu'au terme accordé à l'acquéreur, celui-ci devrait encore offrir le payement immédiat et intégral de son prix ; il ne serait pas admis à faire une retenue sur ce prix, à titre d'escompte, et sous le prétexte que le payement anticipé d'une somme non productive d'intérêts équivaut au payement d'une somme supérieure à celle due (Comp. Civ. rej. 4 nov. 1863, aff. Normand, D. P. 63. 1.471).

1346. Dans l'opinion de ceux qui admettent que l'hypothèque garantissant une rente viagère peut être purgée (V. *suprà*, n° 1289), le tiers détenteur doit également offrir le payement immédiat de son prix ou de la somme à laquelle il évalue l'immeuble. La manière de colloquer le crédirentier sera déterminée dans l'ordre (V. *infrà*, n°° 1420 et suiv.).

1347. — IV. Effets des notifications (*Rép.* n°° 2156 à 2164). — Le tiers détenteur qui a notifié son titre d'acquisition aux créanciers inscrits, en leur déclarant qu'il était prêt à acquitter les dettes et charges hypothécaires jusqu'à concurrence du prix ou du montant de l'évaluation de l'immeuble, devient, par l'effet de cette notification, débiteur direct et personnel des créanciers, lorsque ceux-ci ont laissé écouler le délai de quarante jours qui leur est accordé pour surenchérir (c. civ. art. 2185), sans requérir la mise aux enchères de l'immeuble (*Rép.* n° 2156). Il en est de même si, dès avant l'expiration du délai de quarante jours, les créanciers ont accepté expressément ou tacitement l'offre du tiers détenteur, s'ils ont, par exemple, requis l'ouverture d'un ordre pour la distribution du prix offert. Dès lors, l'obligation contractée par le tiers détenteur envers les créanciers est irrévocable ; la cour de cassation a jugé qu'il ne peut s'en affranchir ni directement, en délaissant l'immeuble, ni indirectement, en exerçant contre son vendeur une action en résolution du contrat de celui-ci, à laquelle il se serait fait subroger par le précédent propriétaire, pour faire tomber, par voie de suite, son propre contrat d'acquisition (Civ. rej. 4 févr. 1857, aff. Maget-Prestat, D. P. 57. 1. 83. V. aussi Trib. civ. de la Seine, 16 mai 1893, aff. Vautier, D. P. 93. 2. 553).

1348. Si même le tiers détenteur avait, dans ses notifications, omis de faire sur son prix une déduction à laquelle il avait droit en vertu de son contrat, il ne pourrait plus opérer cette déduction à partir de l'acceptation expresse ou tacite des créanciers (V. en ce sens : Paris, 13 déc. 1834, *Rép.* n° 2157-2°; Caen, 17 juin 1861, et sur pourvoi, Civ. rej. 4 nov. 1863, aff. Normand, D. P. 63. 1. 471; Paris, 8 déc. 1874, aff. Demoiselle Ract, D. P. 76. 2. 249, et sur pourvoi, Civ. rej. 9 avr. 1878, D. P. 78. 1. 372). Les auteurs admettent, toutefois, que le tiers détenteur pourrait, en faisant de nouvelles notifications, qui auraient pour effet de rouvrir le délai de surenchère, rectifier une erreur matérielle ou de calcul qu'il aurait commise (V. *suprà*, n° 1327). Suivant M. Dalmbert, n° 124 *quinquies*, le tiers détenteur devra être admis à demander une réduction de son offre toutes les fois qu'il invoquera à l'appui de sa prétention une erreur excusable ; mais sa réclamation devra être repoussée lorsqu'il demandera à être relevé des conséquences d'une faute qui lui est imputable. Ainsi l'acquéreur d'une pièce de terre ne pourra pas faire réduire ses offres à raison d'un déficit dans la contenance ; il pouvait, en effet, vérifier la contenance avant de notifier son contrat et faire juger au préalable la question en litige (V. toutefois, en sens contraire, Grenoble, 14 juin 1849, aff. Guichard, D. P. 51. 2. 152).

1349. En tout cas, si postérieurement aux notifications le tiers détenteur vient à subir une éviction partielle, il pourra demander dans l'ordre une réduction du prix par lui offert (Grenoble, 25 mai 1863, aff. Rozier, D. P. 64. 5. 307). Et même, si l'éviction se produisait après une réduction des bordereaux de collocation, le tiers détenteur aurait de ce chef une action en restitution de l'indû contre les derniers créanciers colloqués (Aubry et Rau, t. 3, § 294, p. 519; Dalmbert, n° 124 *quinquies*).

1350. Le tiers détenteur peut-il retirer ou modifier ses offres tant que le délai de quarante jours n'est pas expiré et qu'elles n'ont pas été acceptées par les créanciers? L'affirmative a été admise au *Rép.* n° 2159; elle a pour partisan M. Laurent, t. 31, n° 473, qui fait remarquer que la loi n'a pas ici dérogé au droit commun en matière de conventions, qu'elle n'a pas dit que l'acquéreur serait lié par sa seule offre, indépendamment de l'acceptation des créanciers (Comp. Civ. rej. 4 févr. 1857, aff. Maget-Prestat, D. P. 57. 1. 83). Mais l'opinion contraire prévaut dans la doctrine. Suivant M. Dalmbert, n° 124 *quater*, « accorder aux créanciers hypothécaires le droit d'accepter ou de refuser les offres pendant quarante jours, les réputer acceptants par leur silence après l'expiration des quarante jours, c'est par cela même les considérer comme acceptants, durant le même délai, aussi longtemps et par le seul fait qu'ils n'ont pas manifesté une intention contraire » (V. dans ce sens, Aubry et Rau, t. 3, § 294, p. 518, note 34; Colmet de Santerre, t. 9, n° 172 *bis*-XVII; Thézard, n° 204).

1351. Quoi qu'il en soit, les notifications, même après l'acceptation des créanciers ou l'expiration du délai de quarante jours, n'obligent le tiers détenteur que dans la limite des droits hypothécaires des créanciers : elles n'impliquent pas la reconnaissance de ces droits, ni aucune renonciation à en contester l'existence ou la validité (Civ. cass. 26 août 1812, aff. Rouillon, D. P. 62. 1. 344). Le tiers détenteur qui a notifié son contrat conserve, notamment, le droit d'invoquer contre les créanciers la prescription de leurs hypothèques par dix ou vingt ans, si cette prescription était acquise dès avant les notifications (Bordeaux, 13 janv. 1835, *Rép.*, v° *Prescription civile*, n° 1126; Bourges, 3 févr. 1843, *Rép.* n° 2523). — La jurisprudence décide même que cette prescription n'est pas interrompue par les notifications (Dijon, 29 nov. 1836, et sur pourvoi, Civ. rej. 6 mai 1840, *Rép.* n° 2523; Douai, 17 nov. 1863 (1). V. aussi en ce sens : Aubry

---

(1) (Héritiers Dugimont C. veuve Lhoste.) — Par acte notarié du 25 déc. 1849, les époux Frangneu ont reconnu devoir la somme de 2750 fr. au sieur Dugicourt et ils lui ont consenti hypothèque sur une maison leur appartenant. Plus tard, ils ont vendu cette maison à la veuve Lhoste, qui l'a revendue, à son tour, au sieur Gérard, par acte du 10 janv. 1853, pour le prix de 3000 fr. Le sieur Gérard notifia son contrat au créancier inscrit le 4 mars 1854. Les choses restèrent en cet état jusqu'en 1862. Le sieur Dugimont étant mort, la veuve Lhoste assigna ses héritiers pour faire déclarer que l'hypothèque conférée à leur

et Rau, t. 3, § 294, p. 520, note 40; Dalmbert, n° 131). Mais cette dernière solution est contestable. Il a été jugé, en sens contraire, que l'obligation contractée envers les créanciers inscrits, par le tiers détenteur qui leur a notifié son contrat, ne peut être prescrite que par trente ans à partir de la notification (Riom, 2 janv. 1858, aff. Héritiers Bertrand, D. P. 58. 2. 136). M. Thézard, n° 204, enseigne que, si la notification est faite avant l'entier accomplissement de la prescription, elle constitue une reconnaissance de l'hypothèque et en interrompt la prescription. Tel est aussi notre avis. Il nous paraît inadmissible que le créancier auquel le tiers détenteur a offert son payement, qui a accepté l'offre et qui ne peut plus agir par l'action hypothécaire, soit néanmoins tenu d'intenter une action en déclaration d'hypothèque contre le tiers détenteur pour arrêter le cours de la prescription vis-à-vis de celui-ci.

1352. Si les créanciers qui ont reçu les notifications acceptent l'offre du tiers détenteur ou s'ils laissent passer le délai de quarante jours sans requérir la mise aux enchères de l'immeuble, ils sont déchus du droit de saisir cet immeuble, et les poursuites en expropriation qu'ils exerceraient, malgré leur acceptation expresse ou tacite des offres, seraient nulles (Civ. cass. 13 févr. 1867, aff. Marsaul de Parsay, D. P. 67.1.172). — Mais si, au contraire, les offres n'ont pas été acceptées, si l'un ou l'autre des créanciers a surenchéri, le tiers détenteur peut-il se désister des notifications, renoncer à purger et délaisser l'immeuble ou obliger les créanciers à le saisir entre ses mains ? La négative est généralement admise (*Rép.* n° 2160; Pont, t. 2, n° 1321 ; Martou, t. 4, n° 1437 ; Laurent, t. 31, n° 474). M. Laurent, *loc. cit.*, décide même que si les créanciers avaient seulement déclaré ne pas accepter l'offre du tiers détenteur, sans faire immédiatement la surenchère, le tiers détenteur ne pourrait dès lors plus le priver du droit de surenchérir. En effet, dit-il, l'offre faite par le tiers détenteur est complexe : elle ne consiste pas simplement, pour le tiers acquéreur, à accepter ou à refuser, elle consiste aussi à surenchérir ; donc, du moment où les créanciers déclarent refuser l'offre, ils ont le droit et l'obligation même de surenchérir; partant le tiers détenteur ne peut entraver l'exercice de ce droit, qui est en même temps une obligation. Il a été jugé, cependant, que si, après que le tiers détenteur a notifié son titre à un créancier, celui-ci saisit l'immeuble, le détenteur peut encore délaisser (Angers, 14 juill. 1855, aff. Bouchard, D. P. 56. 2. 52. V. *suprà*, n° 1199).

§ 3. — De la surenchère (*Rép.* n° 2162).

1353. V. *infrà,* v° *Surenchère*, *Rép. eod. v°*, n°s 12 et suiv.

§ 4. — Du payement du prix ou de sa consignation (*Rép.* n°s 2163 à 2195).

1354. Lorsque les créanciers inscrits ont accepté les offres du tiers détenteur ou laissé écouler le délai imparti par l'art. 2185 c. civ. sans requérir, dans les formes légales, la mise aux enchères de l'immeuble, la valeur de cet immeuble est définitivement fixée au prix déclaré dans les notifications (c. civ., art. 2186) (*Rép.* n° 2163). Il en serait de même s'il y avait eu une surenchère et qu'elle eût été dé-

clarée nulle (Bordeaux, 10 mai 1842, *Rép.*, v° *Surenchère*, n°223-2°). — Mais les hypothèques des créanciers pouvant venir en ordre utile continuent à frapper l'immeuble tant que le tiers détenteur n'a pas payé ou consigné son prix (Arg. art. 2179 et 2186 c. civ., 771 et 777, dernier paragraphe, c. proc. civ.Conf. Civ. cass. 24 août 1847, aff. Veuve Paris, D. P. 47. 1. 329 ; 4 juin 1850, aff. Veuve Encausse, D. P. 50. 1. 214; Rennes, 6 févr. 1880, et sur pourvoi, Req. 11 janv. 1881, aff. Le Doussal, D. P. 81. 1. 242 ; Troplong, t. 4, n° 958 *ter*; Pont, t. 2, n° 1332 ; Dalmbert, t. 3, § 293, p. 496, note 22; Laurent, t. 31, n° 556; Dalmbert, n° 130).

1355. Le créancier hypothécaire qui a perdu le droit de surenchérir, après l'expiration du délai de quarante jours accordé pour la surenchère, conserve néanmoins le droit d'attaquer pour fraude ou simulation le titre d'acquisition du tiers détenteur (V. en ce sens, *Rép.* n°s 2113 et suiv., et v° *Vente*, n° 153. *Adde:* Bordeaux, 14 juill. 1873, aff. Brinon, D. P. 75. 2. 18; Req. 18 févr. 1878, aff. Des Essarts, D. P. 78. 1. 291 ; Pont, t. 2, n° 1331 ; Aubry et Rau, t. 3, § 294, p. 533 ; Laurent, t. 31, n° 555 ; Dalmbert, n° 134). M. Dalmbert, *loc. cit.*, fait, toutefois, ici une distinction : « Si le créancier, dit-il, avait expressément accepté les offres, il serait irrecevable dans sa demande. L'intérêt, en effet, est la mesure des actions, et l'action paulienne d'ailleurs suppose un préjudice. Or, par suite de l'acceptation expresse des offres, le créancier a fait voir qu'il n'en éprouvait aucun. Mais lorsque l'acceptation des offres est tacite, qu'elle résulte de l'expiration du délai de quarante jours, le silence du créancier prouve bien une négligence de sa part, mais n'implique nullement un aveu que l'aliénation ne lui est pas préjudiciable ». A notre avis, cette distinction n'est pas fondée. L'acceptation tacite, qui résulte du fait que le créancier n'a pas surenchéri dans le délai de quarante jours, a la même valeur qu'une acceptation expresse. Si, malgré l'acceptation tacite des offres, les créanciers conservent le droit d'attaquer pour fraude la vente faite au tiers détenteur, on doit également leur reconnaître le même droit après une acceptation expresse, sauf le cas où cette acceptation constituerait une renonciation à l'action en nullité, une confirmation formelle de l'acte entaché de fraude (Comp. Thézard, n° 208).

1356. D'un autre côté, si les créanciers découvrent qu'en dehors du prix déclaré dans les notifications et par eux accepté expressément ou tacitement, il y a un supplément dissimulé, ils sont encore recevables à demander que ce supplément leur soit versé, de préférence au vendeur ou à ses créanciers chirographaires. M. Laurent, t. 31, n° 555, justifie fort bien cette solution, qui paraît contraire au principe que la valeur de l'immeuble demeure définitivement fixée à la somme offerte par le nouveau propriétaire (c. civ. art. 2186). « La dissimulation du supplément de prix, dit-il, est une fraude dont le but est de priver les créanciers d'une partie de la valeur de l'immeuble ; s'ils se sont contentés d'une valeur moindre déclarée par le nouveau propriétaire, c'est par erreur ; ils croyaient que la somme offerte était le vrai prix, ils se sont trompés, et c'est la fraude du nouveau propriétaire qui les a induits en erreur ; ils peuvent demander, de ce chef, la nullité de la convention. En effet, l'erreur est substantielle, dans l'espèce, car il est de l'essence de la purge que les créanciers reçoivent la valeur intégrale de l'immeuble » (V. dans le même sens

auteur était éteinte par la prescription et faire prononcer la mainlevée de l'inscription prise sur l'immeuble qu'elle avait vendu et dont elle n'avait pu encore toucher le prix. Cette demande fut admise par un jugement ainsi conçu : — Attendu que les défendeurs, sans contester le titre et la bonne foi invoquée par la demanderesse qui leur oppose la prescription de leur créance hypothécaire, prétendent seulement que la notification faite par Gérard, le 4 mars 1854, conformément aux art. 2183 et 2184 c. civ., aurait interrompu la prescription dont elle se prévaut, en vertu des art. 2189, 2265 et suiv. c. civ. ; — Attendu que si cette notification avait réellement constitué une reconnaissance par Gérard du droit prétendu des défendeurs, ceux-ci pourraient victorieusement s'en prévaloir contre la demanderesse, non comme une renonciation à une prescription (art. 2225), mais comme interruption d'une prescription non acquise (art. 2248) ; — Mais attendu que la notification prévue par l'art. 2183, en empêchant le tiers détenteur de délaisser l'im-

meuble après l'avoir faite, ne l'oblige personnellement, jusqu'à concurrence de son prix, qu'envers les créanciers ayants droit, venant en ordre de recevoir (art. 2186) dont la créance est certaine; qu'elle n'a point cet effet exorbitant; que ni le texte, ni la raison de la loi n'autorisent de constituer, ni d'impliquer de sa part la reconnaissance du droit hypothécaire de toutes les créances inscrites, avec renonciation au droit de les attaquer, moins encore la prescription dont les créanciers hypothécaires peuvent toujours se garantir par l'action en déclaration d'hypothèque ou toute autre interruption légitime. — Appel par les héritiers Dugimont.

La cour; — Vu l'art. 2268 c. civ. ; — Attendu que la bonne foi est toujours présumée ; que les appelants qui prétendent que Gérard aurait été de mauvaise foi, ne rapportent aucune preuve à l'appui de leur allégation. — Confirme, etc.

Du 17 nov. 1863.-C. de Douai, 1re ch.-MM. Dumont, 1er pr.-de Biouval, subst.-Merlin et Legrand, av.

les arrêts cités au *Rép.* n° 2112. V. aussi *suprà*, n° 1326, et *Civ.* cass. 21 juill. 1857, aff. Moehrl et cons., D. P. 57. 1. 404. *Adde*: Pont, t. 2, n° 1331; Aubry et Rau, t. 3, § 294, p. 533; Thézard, n° 208; Dalmbert, n° 134 *bis*).

1357. Dès que ses offres ont été acceptées, le tiers détenteur n'est pas tenu d'attendre que les créanciers aient procédé entre eux à un ordre amiable ou aient fait procéder à un ordre judiciaire, pour se libérer; il a le droit de consigner (c. civ. art. 2186) (*Rép.* n° 2164). Les parties, il est vrai, pourraient déroger à ce droit. Ainsi, les créanciers pourraient n'accepter l'offre du tiers détenteur que sous la condition qu'il ne consignera pas. L'interdiction de consigner pourrait aussi résulter d'une clause de l'acte par lequel le tiers acquéreur est devenu propriétaire; cette clause, toutefois, devrait être précise et formelle, car elle emporterait de la part de l'acquéreur renonciation à un droit, et les renonciations ne doivent pas être présumées (En ce sens, Laurent, t. 31, n° 562). Il a été jugé que le droit de consigner subsistait malgré la clause qui obligeait l'acquéreur à payer son prix entre les mains des créanciers inscrits immédiatement après l'accomplissement des formalités de la purge (Dijon, 5 janv. 1855, aff. Mestre, D. P. 55. 2. 131). Cette décision est très juridique, dit M. Laurent, *loc. cit.* Si par « les formalités de la purge » on entend la convention qui intervient entre les créanciers et le tiers détenteur, sur les offres de celui-ci, la clause est d'une exécution impossible; en effet, le nouveau propriétaire ne peut pas payer tant que l'ordre n'est pas arrêté. La clause dont il s'agit ne signifie donc autre chose que ce qui est de droit commun, c'est-à-dire que l'acquéreur qui purge doit payer dès que l'ordre entre créanciers sera arrêté; mais elle ne le prive pas du droit de consigner, si les créanciers n'ont pas réglé l'ordre au moment où il consigne.

1358. En principe, le tiers détenteur n'est pas obligé de consigner; c'est une faculté que la loi lui accorde. Mais pourrait-il y être contraint par les créanciers? L'affirmative nous paraît certaine, bien que la question soit controversée. Dès l'instant que le tiers acquéreur s'est soumis envers les créanciers à payer son prix stipulé, il doit le verser, pourvu que les créanciers lui offrent le moyen de se libérer avec une entière sécurité. S'il est vrai qu'aucun texte, ni l'art. 2186 c. civ., ni l'art. 777 c. proc., ne rend la consignation obligatoire, elle peut toujours du moins être exigée comme un acte conservatoire, par l'un quelconque des créanciers, en vertu de l'art. 1180 c. civ (Caen, 29 avr. 1864 (1); Pont, 3° éd., t. 2, n° 1336 *bis*; Aubry et Rau, t. 3, § 294, p. 532, note 100; Dalmbert, n° 134 *ter*. V. aussi *Rép.* v° *Ordre entre créanciers*, n° 565. — *Contrà*: Ollivier et Mourlon, *Commentaire de la loi du 21 mai 1858*, n° 590; Laurent, t. 31, n° 562 *bis*).

1359. Le code civil n'a pas déterminé les formes dans lesquelles doit avoir lieu la consignation, en cas de purge. Mais cette lacune a été comblée par la loi du 21 mai 1858,

dans l'art. 777 c. proc. civ. revisé par cette loi (V. *suprà*, v° *Ordre entre créanciers*, n°s 68 et suiv., *Rép. eod.* v°, n°s 562 et suiv.).

1360. La consignation doit comprendre, en principe, le montant du prix et des charges, tel que le tout a été déclaré ou évalué dans les notifications (V. *suprà*, n°s 1326 et suiv. V. aussi *suprà*, v° *Ordre entre créanciers*, n°s 62 et suiv.; *Rép. eod.* v°, n°s 504 et suiv.).

1361. Quant aux intérêts, la question de savoir dans quels cas et à partir de quel moment ils sont dus par le tiers détenteur a soulevé de nombreuses difficultés. Tout d'abord, si d'après son contrat le tiers détenteur n'est pas obligé de payer des intérêts, si l'on suppose, par exemple, que le tiers détenteur est un donataire, devra-t-il néanmoins des intérêts aux créanciers hypothécaires auxquels il a offert son prix ou l'estimation de l'immeuble? L'affirmative semble devoir être admise lorsque l'immeuble est frugifère, car, aux termes de l'art. 2176 c. civ., les créanciers hypothécaires ont droit aux fruits de l'immeuble à compter de la sommation de payer ou de délaisser. Or, les intérêts du prix sont la représentation des fruits (Arg. art. 1652, § 3, c. civ.), et par conséquent, ils doivent revenir aux créanciers hypothécaires, au lieu et place des fruits, quand à vis d'eux le prix est substitué à l'immeuble (V. en ce sens : Req. 29 avr. 1839, *Rép.* n° 2112-3°; Montpellier, 13 mai 1841, *Rép.* n° 2186; Pont, t. 2, n° 1337; Aubry et Rau, t. 3, § 294, p. 521, note 43; Dalmbert, n° 126. V. aussi, Civ. rej. 4 nov. 1863, aff. Normand, D. P. 63. 1. 471). Toutefois, la doctrine et la jurisprudence tendent à exonérer le tiers détenteur de l'obligation de payer des intérêts aux créanciers hypothécaires lorsqu'il en a été formellement dispensé par son contrat, si la clause qui l'en dispense a été mentionnée dans les notifications, et lorsque d'ailleurs les intérêts auxquels cette dispense s'applique ont été compris dans le prix (V. les arrêts cités au *Rép.* n°s 2184 et 2185, et les auteurs précités).

1362. M. Dalmbert, n° 127, suppose que la clause suivante a été insérée dans un contrat de vente : « L'immeuble est vendu pour 7000 fr.; les intérêts ne courront qu'à partir de l'accomplissement des formalités de la purge; l'acheteur, d'ailleurs, ne doit le prix que déduction faite des frais de purge ». En ce cas, si les frais de purge sont de 500 fr., l'acquéreur devra-t-il aux créanciers les intérêts sur la totalité du prix ou seulement sur le prix diminué des frais de purge, sur 6500 fr.? M. Dalmbert répond : le tiers acquéreur doit les intérêts sur 7000 fr. Dans l'opinion qui décide que les frais de purge sont, de plein droit, à la charge du vendeur, (V. *infrà*, n° 1367), cette solution n'est pas douteuse; car, alors même que l'acquéreur n'est pas tenu de supporter les frais de purge, il est obligé, en purgeant, d'offrir tout son prix et doit, par conséquent, les intérêts de tout ce prix. Mais, de plus, en toute hypothèse, cette solution paraît justifiée, vu qu'au moment des notifications l'acquéreur n'a pas encore

---

(1) (Loiseau C. Quentin.) — LA COUR; — Considérant que Loiseau avait acquis le 24 sept. 1860, de la famille Jourdain, une filature, pour le prix de 22 000 fr.; que des délais lui avaient été accordés pour le payement de son prix, mais qu'il a fait notifier aux créanciers inscrits son contrat et a renoncé au bénéfice du terme stipulé; — Considérant que d'après que le prix moyennant lequel il avait acheté a été définitivement fixé, il n'a pas offert aux créanciers, de se libérer entre leurs mains, et qu'il n'a pas songé à consigner son prix; — Considérant que Quentin, premier créancier inscrit, et en même temps privilégié, lui a fait sommation de consigner ce même prix; — Considérant que les questions soumises à la cour sont celles de savoir : 1° si l'action de Quentin est recevable; 2° si elle serait fondée; — Sur la recevabilité de l'action : — Considérant qu'il résulte des documents du procès que la position de Loiseau doit donner, quant à sa solvabilité, les inquiétudes les plus sérieuses à ses créanciers; qu'il a quitté la France pour passer en Espagne, où il prétend pouvoir utiliser avec fruit certains brevets d'invention qu'il a obtenus, mais qu'il est constant qu'il a laissé des dettes considérables pour lesquelles des condamnations ont été prononcées; que ses créanciers sont donc fondés à réclamer toutes les mesures conservatoires propres à sauvegarder leurs intérêts; — Qu'aux termes de l'art. 1180 c. civ. Quentin n'a pas eu besoin, pour exercer l'action par lui intentée, du concours des autres créanciers, et qu'il a pu de son côté réclamer la mesure qu'il a demandée; — Que la fin de non-recevoir qui lui est opposée ne peut donc être accueillie; — Au fond : — Consi-

dérant que, pour faire rejeter son action, on invoquerait vainement l'ordonnance du 3 juill. 1816, l'art. 2186 c. civ. et l'art. 777 c. proc. civ.; — Que l'ordonnance du 3 juill. 1816 n'a eu d'autre objet que de déterminer la caisse dans laquelle, à l'avenir, les consignations devaient être faites; qu'elle n'a ni voulu ni pu d'ailleurs modifier les lois qui règlent les intérêts des parties entre elles; — Qué l'art. 2186 a donné à l'acquéreur qui a notifié son contrat aux créanciers deux moyens de se libérer, mais qu'il n'a pas abrogé l'art. 1180 et a laissé aux parties les moyens de défendre et de sauvegarder leurs intérêts conformément au droit commun; — Que si l'art. 777 c. proc. civ. n'a pas admis l'obligation, pour l'acquéreur, ainsi que le portait le projet primitif de la loi, de consigner son prix dans un délai déterminé, il n'a pas non plus entendu modifier les droits des créanciers, et a laissé subsister pour eux la faculté de demander toutes les mesures qu'ils jugeraient propres à conserver leurs droits; — Que, sous ce rapport, la prétention de l'appelant doit être dite à tort; — Considérant enfin que Loiseau ne peut, pour rejeter la demande de l'intimé, argumenter d'oppositions qui lui auraient été signifiées; que les oppositions pourraient bien mettre obstacle au payement, mais que la consignation qui est pour les opposants, comme pour les autres créanciers, une mesure essentiellement conservatoire; — Sans avoir égard à la fin de non-recevoir qui est dite à tort, confirme le jugement dont est appel.

Du 29 avr. 1864.-C. de Caen, 2° ch.-MM. Le Mennet de la Jugannière, pr.-Boivin-Champeaux, av. gén.-Toutain et Trolley, av.

déboursé les frais de purge, qui ne deviennent liquides et exigibles que lorsqu'ils ont été taxés par le juge.

1363. Et maintenant, à partir de quel moment les intérêts du prix, lorsqu'ils sont dus par le tiers détenteur, doivent-ils profiter aux créanciers hypothécaires ? D'après l'opinion admise au *Rép.* n° 2178 et qui a définitivement prévalu en jurisprudence, le tiers détenteur doit compte des intérêts de son prix aux créanciers hypothécaires à partir de la sommation de payer ou de délaisser qu'ils lui ont faite, ou, s'il a purgé avant toutes poursuites, à partir des notifications à fin de purge (V. les arrêts cités au *Rép.* n°s 2181 et suiv. *Adde :* Civ. cass. 9 août 1859, aff. Navarre et autres, D. P. 59. 1. 346 ; Civ. rej. 23 juin 1862, aff. Martin-Martinière, D. P. 63. 1. 243 ; 25 févr. 1863, aff. Arnouts, D. P. 63. 1. 147 ; Metz, 19 nov. 1867, aff. Berthelemy, D. P. 67. 2. 203 ; Civ. cass. 1er mars 1870, même affaire, D. P. 70. 1. 262 ; Bordeaux, 21 févr. 1893, aff. Drujon et Crespin de la Jeannière, D. P. 93. 2. 361). V. aussi en ce sens : Aubry et Rau, t. 3, § 294, p. 520 et p. 521, note 42 ; Thézard, n° 204). Nous devons toutefois signaler quatre solutions différentes qui ont été proposées : 1° on a soutenu que l'acquéreur doit compte aux créanciers hypothécaires de tous les intérêts courus à partir du jour de son acquisition, alors même qu'il les aurait déjà payés à son vendeur (V. les arrêts cités au *Rép.* n° 2180) ; — 2° Dans un système moins absolu, l'acquéreur devrait encore rapporter aux créanciers hypothécaires les intérêts dus depuis son acquisition, mais seulement s'il ne les a pas payés avant la sommation de payer ou de délaisser ou avant les notifications (En ce sens, les arrêts cités au *Rép.* n°s 2179-1° et 2179-2° ; Orléans, 11 janv. 1853, aff. De Solms, D. P. 54. 2. 170 ; Troplong, t. 4, n°s 929 et suiv.) ; — 3° Suivant une autre opinion, l'acquéreur ne doit les intérêts de son prix aux créanciers hypothécaires qu'à partir du moment où ses offres ont été acceptées par eux, ou à partir de l'expiration du délai de quarante jours accordé pour surenchérir (Bruxelles, 5 avr. 1848, *Pasicrisie*, 1848, 2. 120 ; Pont, t. 2 n°s 1319 et 1337 ; Martou, t. 4, n° 1427 ; Laurent, t. 31, n° 464) ; — 4° Enfin, une autre opinion encore consiste à soutenir que les intérêts sont toujours dus par l'acquéreur à compter des notifications à fin de purge, et qu'il en est ainsi alors même que les notifications ont été précédées d'une sommation de payer ou de délaisser (Colmet de Santerre, t. 9, n° 172 *bis*-XV ; Dalmbert, n° 125 *sexto*). — Les deux premiers systèmes, qui font naître le droit des créanciers hypothécaires, en ce qui touche les intérêts, jusqu'au jour de l'acquisition, méconnaissent le principe que les intérêts du prix représentent les fruits de l'immeuble (V. *suprà*, n° 1364) ; les créanciers hypothécaires ne peuvent prétendre à un droit de préférence sur les intérêts que pour pouvoir exercer ce même droit sur les fruits. Le troisième système nie à tort que l'acceptation des offres par les créanciers rétroagit au jour des notifications ; c'est à ce jour, en effet, que doit remonter l'obligation du tiers détenteur, puisque c'est dès ce jour qu'il a offert son prix ; c'est donc aussi dès ce jour qu'il doit l'intérêt du prix. Enfin le quatrième système nous paraît également devoir être repoussé : lorsqu'il y a eu sommation de payer ou de délaisser faite au tiers détenteur, les créanciers hypothécaires ont droit aux fruits de l'immeuble dès cette sommation (c. civ. art. 2176) ; et si, par l'effet de la purge, le prix est substitué à l'immeuble, les intérêts du prix doivent également être substitués aux fruits, à compter du moment où les fruits sont dus.

1364. Voici quelles sont les conséquences pratiques de la doctrine qui prévaut dans la jurisprudence quant à l'époque à partir de laquelle les créanciers hypothécaires ont droit aux intérêts du prix : 1° l'acquéreur n'est pas tenu de rapporter dans l'ordre les intérêts échus antérieurement à la sommation de payer ou de délaisser ou aux notifications, lorsqu'il justifie qu'il n'en est point débiteur envers le vendeur, soit parce qu'il les a payés, soit parce qu'ils se sont compensés avec une dette dont le vendeur était tenu envers lui, soit parce qu'il en est libéré de toute autre manière (Civ. cass. 9 août 1859, aff. Navarre et autres, D. P. 59. 1. 346 ; Bordeaux, 21 févr. 1893, aff. Drujon et Crespin de la Jeannière, D. P. 93. 2. 361) ; — 2° Les intérêts dus au vendeur au moment de la sommation de payer ou de dé-

laisser ou au moment des notifications ne doivent point être attribués, comme accessoires du prix, aux créanciers hypothécaires, mais doivent être distribués au marc le franc entre tous les créanciers hypothécaires ou chirographaires de l'aliénateur (Rouen, 16 juill. 1844, aff. Hamel, D. P. 45. 2. 113 ; Metz, 19 nov. 1867, aff. Berthelemy, D. P. 67. 2. 203 ; Civ. cass. 1er mars 1870, même affaire, D. P. 70. 1. 262). Et il en est ainsi alors même qu'il s'agit d'intérêts provenant du prix de vente d'une nue propriété (Paris, 24 avr. 1843, aff. Filhol, D. P. 45. 2. 113) ; ... ou d'intérêts que le contrat imposerait à l'acquéreur de payer à compter d'une époque antérieure à l'aliénation, s'il avait été en même temps stipulé que l'acquéreur aurait droit aux fruits de l'immeuble ou recevrait le montant des fermages à partir de la même époque (Civ. cass. 1er mars 1870, précité) ; ... alors même aussi que l'acte de vente contiendrait au profit des créanciers hypothécaires une délégation des intérêts, si elle n'avait pas été acceptée par les délégataires avant que les créanciers chirographaires eussent frappé ces intérêts de saisies-arrêts (Metz, 19 nov. 1867, précité). En pratique, toutefois, dit M. Dalmbert, p. 200, note 15, lorsque la purge a lieu peu de temps après l'acquisition, les créanciers chirographaires ne s'opposent pas d'ordinaire à ce que les intérêts courus depuis le jour de la vente jusqu'aux notifications ou à la sommation de payer ou de délaisser soient distribués aux créanciers hypothécaires. On comprend alors ces intérêts dans la masse à répartir par ordre d'hypothèque avec le prix de l'immeuble. Mais il peut arriver que le vendeur, n'étant pas le débiteur personnel des créanciers inscrits, ait un intérêt légitime à ce que les intérêts dont il s'agit soient acquittés entre ses mains ou entre celles des créanciers ; dans ce cas, il est en droit de les faire retrancher de la somme mise en distribution.

1365. D'après l'art. 2186 c. civ., l'acquéreur qui a purgé doit, pour libérer définitivement l'immeuble de tous privilèges ou hypothèques, ou consigner son prix, ou le payer « aux créanciers qui seront en ordre de recevoir ». Il a été jugé, en conséquence, que si l'acquéreur est lui-même créancier inscrit sur l'immeuble, aucune compensation ne peut avoir lieu entre le prix et sa créance tant que la question de savoir quels créanciers sont en ordre de recevoir ledit prix reste incertaine ; que cette incertitude ne peut légalement cesser et les deux dettes respectives devenir exigibles que par l'effet d'un règlement d'ordre ou d'un jugement d'attribution, et que, par suite, les intérêts des sommes respectivement dues doivent jusque-là suivre leur cours et ne peuvent se compenser ni à partir des notifications faites aux créanciers, ni après l'expiration du délai de quarante jours qui a suivi ces notifications (Civ. cass. 27 janv. 1885, aff. Manceau, D. P. 85. 1. 373).

1366. Les intérêts du prix ou du montant de l'évaluation de l'immeuble à partir des notifications ne sont pas soumis à la prescription quinquennale de l'art. 2277 c. civ. jusqu'à la clôture de l'ordre. Ces intérêts n'étant pas payables à des époques périodiques et les créanciers ne pouvant en réclamer le payement tant que l'ordre n'est pas réglé, la raison d'être de cette prescription fait défaut (V. *suprà*, v° *Prescription civile*, n° 644 ; *Rép.* eod. v°, n° 1089 ; Riom, 4 août 1860, et sur pourvoi, Civ. rej. 27 avr. 1864, aff. Hérit. Bertrand, D. P. 64. 1. 433 ; Aubry et Rau, t. 8, § 774, p. 439 ; Dalmbert, n° 129).

1367. Par qui, du vendeur ou de l'acquéreur, doivent être supportés les frais de purge des hypothèques inscrites ? Cette question, comme on l'a dit au *Rép.* n° 2193, est controversée (V. aussi v° *Vente*, n°s 1099 et suiv.). Dans un premier système, on assimile ces frais aux « frais d'actes et autres accessoires à la vente », que l'art. 1593 c. civ. met à la charge de l'acheteur. On argumente, dans le même sens, de l'art. 2155 c. civ., qui impose aussi à l'acquéreur les frais de la transcription, et de l'art. 2188, qui dispose qu'en cas de surenchère l'adjudicataire est tenu, en cas de plus du prix de son adjudication, de restituer à l'acquéreur dépossédé, non seulement les frais et loyaux coûts du contrat et ceux de la transcription, mais encore ceux des notifications. L'art. 774 (ancien art. 777) c. proc. civ. porte, il est vrai, que l'acquéreur doit être colloqué dans l'ordre par préférence pour le coût de l'extrait des inscriptions et des dénonciations aux créanciers inscrits ; mais cette disposition,

dit-on, ne concerne que les actes de la procédure d'ordre et ne doit pas être étendue à ceux de la purge (V. en ce sens les auteurs et les arrêts cités au *Rép.* n° 2193. *Adde*, Grenoble, 7 janv. 1857, aff. Carrier, D. P. 58. 5. 304). — Mais d'après l'opinion qui prévaut actuellement dans la doctrine et dans la jurisprudence, les frais de purge, à moins de stipulation contraire, doivent être supportés par le vendeur. La purge, en effet, est une conséquence de l'obligation, qui incombe au vendeur, de délivrer et garantir l'immeuble franc et quitte de toute charge ; elle est faite dans son intérêt, puisque le payement du prix peut lui être refusé tant que cette condition n'est pas remplie (c. civ. art. 1653). Les frais de purge diffèrent des frais d'acte ou de transcription ; ceux-ci sont nécessaires pour la transmission de la propriété, et il est naturel qu'ils soient payés par l'acquéreur, tandis que les premiers ont pour objet la libération de l'immeuble vendu et doivent, par conséquent, rester à la charge du vendeur. L'art. 2188 c. civ. n'est pas contraire à cette solution ; s'il oblige l'adjudicataire sur surenchère à rembourser les frais de notification à l'acquéreur, c'est parce que, dans cette hypothèse spéciale, les frais de notification sont compris dans les frais faits pour parvenir à la revente ; ils sont, dans ce cas, inhérents au mode d'acquisition de l'adjudicataire et doivent, par suite, être assimilés aux frais d'actes ou accessoires à la vente dont parle l'art. 1593 c. civ. Mais, en dehors de cette hypothèse, l'art. 774 c. proc. civ. indique bien que les frais de purge doivent être supportés par le vendeur, puisqu'il prescrit de les prélever sur le prix de vente par préférence à toutes les autres créances. Cet article doit s'entendre des frais de purge, et non pas seulement des frais d'ordre, car autrement il ferait double emploi avec l'art. 759 c. proc. civ. qui a déjà ordonné la collocation par préférence de ces derniers frais. Cette solution a, d'ailleurs, été consacrée par la cour de cassation (Civ. cass. 22 avr. 1856, aff. Delpu, D. P. 56. 1. 210. V. dans le même sens : Ollivier et Mourlon, *Commentaire de la loi du 21 mai 1858*, n°s 546 et suiv.; Aubry et Rau, t. 3, § 293 *bis*, p. 508, note 35 ; Thézard, n° 208 ; Baudry-Lacantinerie, t. 3, n° 1531 ; Dalmbert, n° 189).

1368. Lorsque les créanciers ont requis la mise aux enchères de l'immeuble et que l'adjudication est prononcée au profit d'un autre que l'acquéreur qui a fait les notifications, l'adjudicataire est tenu, aux termes de l'art. 2188 c. civ., de restituer à l'acquéreur les frais et loyaux coûts de son contrat, ceux de la transcription, ceux des notifications et ceux faits pour parvenir à la revente. On s'est demandé si, dans ce cas-là encore, les frais de notifications doivent retomber à la charge du vendeur ou de l'adjudicataire, après les avoir remboursés à l'acquéreur dépossédé, pourra les réclamer par privilège dans l'ordre, en vertu de l'art. 774 c. proc. civ. L'affirmative a été jugée (Trib. civ. d'Alençon, 7 déc. 1874, aff. Ganivet, D. P. 75. 3. 79). — Mais l'opinion contraire est plus généralement admise. En assimilant, dans l'art. 2188, les frais de notification, aux frais et loyaux coûts du contrat et à tous ceux faits pour parvenir à la revente, le législateur a entendu obliger l'adjudicataire sur surenchère à acquitter tous ces frais en sus de son prix. La règle générale de l'art. 774 c. proc., ne saurait emporter dérogation à cette disposition spéciale (Rouen, 10 févr. 1827, *Rép.* v° *Vente publique d'immeubles*, n° 2152 ; Paris, 17 avr. 1874, aff. Greffier, D. P. 76. 2. 11 ; Carré et Chauveau, *Lois de la procédure*, 3° éd., t. 6, quest. 2618 *ter*; Troplong, t. 4, n° 962 ; Pont, t. 2, n° 1396 ; Aubry et Rau, t. 3, § 294, p. 537 ; Laurent, t. 31, n° 550 ; Dalmbert, n° 189 *bis*).

1369. Si c'est l'acquéreur originaire qui devient adjudicataire sur surenchère, l'art. 2188 c. civ. n'est pas applicable, et, par suite, il semble que les frais de notification doivent rester à la charge du vendeur et pouvoir être réclamés par l'acquéreur, conformément à l'art. 774 c. proc. civ. En effet, l'acquéreur demeure propriétaire en vertu de son premier contrat, et le jugement d'adjudication n'est pas alors soumis à la formalité de la transcription (c. civ. art. 2189). Les frais de notification ne peuvent plus, dans cette hypothèse, être assimilés à des frais d'actes ; ils restent ce qu'ils étaient, comme s'il n'y avait pas eu de surenchère, c'est-à-dire de simples frais de justice faits pour la réalisation du gage ; ils doivent donc être prélevés, à défaut d'un texte

qui les impose à l'acquéreur, comme le fait l'art. 2188 c. civ. pour le cas où l'adjudication est tranchée au profit d'un tiers (En ce sens, Dalmbert, n° 189 *ter*). — Un tribunal a jugé, au contraire, que l'acquéreur originaire qui devient adjudicataire sur surenchère ne peut invoquer l'art. 774 c. proc. civ. et se faire colloquer par préférence pour les frais de notification (Trib. civ. des Andelys, 2 août 1886, aff. Registre et Vistrate, D. P. 87. 3. 23). Mais cette décision repose sur des motifs contradictoires : elle reconnaît, d'une part, que l'acquéreur primitif, demeuré adjudicataire, est propriétaire en vertu de son titre original, et, d'autre part, elle l'assimile à un adjudicataire étranger, car, dit le tribunal, en tant qu'adjudicataire il se doit à lui-même, comme acquéreur, le remboursement de ses frais, de telle sorte qu'il y a extinction de la dette par la confusion des qualités de créancier et de débiteur sur la même tête. Cela revient, au fond, à appliquer l'art. 2188 c. civ., quoique l'hypothèse ne rentre nullement dans les termes de cet article.

1370. Il a été jugé que les frais de notification à des créanciers dont les inscriptions étaient radiées ou périmées doivent être compris dans la taxe des frais de purge dus par l'adjudicataire sur surenchère, alors que ces notifications, faites en conformité de l'art. 2183 c. civ., étaient indispensables et que les avoués n'auraient pu en négliger aucune sans engager imprudemment leur responsabilité (Req. 7 juill. 1868, aff. Troussel, D. P. 71. 5. 323).

Art. 2. — *De la purge des hypothèques légales, non inscrites, des femmes mariées, des mineurs et des interdits* (*Rép.* n°s 2196 à 2259).

1371. La purge dont il s'agit ici s'applique uniquement, comme on l'a dit au *Rép.* n° 2196, aux hypothèques légales dispensées d'inscription, c'est-à-dire aux hypothèques légales des femmes, des mineurs et des interdits, lorsqu'elles n'ont pas été inscrites ; dans le cas contraire, la purge ordinaire est applicable. La purge des hypothèques légales est, d'ailleurs, facultative pour le tiers détenteur, comme celle des hypothèques inscrites (V. *Rép.* n° 2222 ; Dalmbert, n° 162).

1372. Il est des cas où la purge des hypothèques légales a lieu virtuellement et où, par conséquent, il est inutile de recourir à la procédure spéciale à cette purge, organisée par les art. 2193 et suiv. c. civ. Jusqu'à la loi du 21 mai 1858, la question de savoir si l'adjudication sur saisie immobilière purgeait les hypothèques légales dispensées d'inscription, aussi bien que les hypothèques inscrites, a fait l'objet d'une vive controverse, qui a été exposée au *Rép.* n°s 2198 et suiv. Mais cette question est aujourd'hui résolue par l'art. 717 c. proc. civ., modifié par la loi précitée. Aux termes du dernier paragraphe de cet article, le jugement d'adjudication dûment transcrit purge *toutes* les hypothèques, et les créanciers n'ont plus d'action que sur le prix. Cette solution, contraire à la jurisprudence qui avait prévalu avant la loi de 1858, trouve sa raison d'être dans les précautions qui ont été prises par cette loi pour que les créanciers à hypothèque légale non inscrite soient avertis de la poursuite en expropriation. D'après l'art. 692 c. proc. civ., tel qu'il a été complété en 1858, une sommation de prendre communication du cahier des charges doit être faite aux femmes qui peuvent avoir sur l'immeuble une hypothèque légale et aux subrogés tuteurs des mineurs et interdits, ou à ces incapables eux-mêmes, s'ils sont devenus capables. Cette formalité est nécessaire dans le cas où le mariage ou la tutelle d'où résulte l'hypothèque légale est connu du poursuivant ; dans le cas contraire, pour les créanciers dont le titre du poursuivant ne lui révèle pas l'existence, il est fait une publication analogue à celle exigée dans la procédure de purge (c. proc. civ. art. 696).

1373. À la différence de l'adjudication sur saisie immobilière, l'adjudication sur surenchère, comme on l'a vu *suprà*, n° 1297, n'a pas pour effet de purger les hypothèques légales non inscrites. Il en est de même de la vente des immeubles du failli, poursuivie par les syndics ou nom des créanciers formés en état d'union (V. *suprà*, n° 1300).

1374. La purge des hypothèques légales dispensées d'inscription résulte, au contraire, virtuellement des jugements d'expropriation pour cause d'utilité publique et des

cessions amiables consenties par les propriétaires des terrains soumis à l'expropriation, après l'accomplissement des formalités énoncées dans l'art. 2 de la loi du 3 mai 1841 (V. *suprà*, n° 1305).

1375. La loi du 13 févr. 1889 a organisé une nouvelle purge virtuelle de l'hypothèque légale de la femme mariée : c'est celle qui résulte de la renonciation consentie par la femme à son hypothèque légale au profit de l'acquéreur d'un immeuble du mari, quand la renonciation a été passée et rendue publique dans les formes et sous les conditions déterminées par cette loi (V. *suprà*, n°s 658 et suiv.).

1376. L'hypothèque légale de la femme mariée peut être purgée sous quelque régime que la femme soit placée, et, par conséquent, même sous le régime dotal (Paris, 7 juill. 1874, aff. Crédit foncier de France, D. P. 76. 2. 65; Chambéry, 15 mars, 1892, aff. Crédit foncier, D. P. 93. 2. 275; Jouitou, *De la restriction de l'hypothèque légale de la femme*, n° 30).

1377. La purge des hypothèques légales, comme celle des hypothèques inscrites, n'est établie que pour le cas d'aliénation, en faveur des tiers détenteurs ou nouveaux propriétaires; ni les maris ou tuteurs dont les biens sont grevés de l'hypothèque, ni les prêteurs de deniers ne peuvent user de cette procédure. Il n'y a d'exception que pour le Crédit foncier qui, pour ses prêts, a la faculté de purger au moyen de formalités particulières (V. *infrà*, v° *Sociétés de crédit foncier*). Ainsi cette purge ne pourrait pas être employée par le mari ni par la femme pour dégrever les immeubles que le mari aurait cédés à la femme en remploi; il y aurait lieu alors de procéder par voie de restriction de l'hypothèque légale (Comp. *suprà*, n°s 1272 et suiv. V. notamment Trib. de Saint-Yrieix, 13 févr. 1856, aff. Dauriat, D. P. 56. 3. 17. V. toutefois, Orléans, 29 mars 1862, aff. De Pambour, D. P. 62. 2. 99, et *infrà*, n° 1563).

§ 1er. — Du dépôt du titre au greffe et de l'affiche à apposer dans l'auditoire du tribunal (*Rép.* n°s 2234 à 2245).

1378. Le tiers acquéreur qui veut purger les hypothèques légales doit tout d'abord faire transcrire son titre. « Sous l'empire de la législation antérieure à la loi du 23 mars 1855, disent MM. Aubry et Rau, t. 3, § 293 *bis*, p. 511, note 44, la transcription requise par l'art. 2181 c. civ. ne constituait qu'une formalité préalable à la purge ordinaire, et l'on décidait avec raison qu'elle se trouvait remplacée, pour la purge des hypothèques légales non inscrites, par le dépôt au greffe du contrat translatif de propriété, exigé par l'art. 2194 (V. *Rép.* n° 2236). Mais aujourd'hui que la transcription est nécessaire pour rendre efficace à l'égard des tiers, et notamment des créanciers hypothécaires, tout contrat translatif de propriété immobilière, l'acquéreur serait sans qualité pour procéder à la purge des hypothèques légales non inscrites tant que son titre n'aurait pas été soumis à la transcription, et les titulaires de ces hypothèques conserveraient, malgré une pareille purge, le droit de les inscrire, conformément aux art. 3 et 6 de la loi du 23 mars 1855, jusqu'à l'accomplissement de cette formalité » (V. dans le même sens, Thézard, n° 213; Baudry-Lacantinerie, t. 3, n° 1547; Dalmbert, n° 166).

1379. Le titre translatif de propriété étant transcrit, le tiers acquéreur doit en déposer une copie, dûment collationnée, au greffe du tribunal civil du lieu de la situation des biens (c. civ. art. 2194). Il a été jugé que le dépôt d'une copie de la transcription du titre ne satisfait pas aux prescriptions légales; le greffier est en droit de refuser le dépôt d'une semblable copie (C. de la Martinique, 20 juill. 1865, et sur pourvoi, Civ. rej. 14 juill. 1868, aff. Lowinski-Duboulay, D. P. 68. 1. 329). Et si la procédure de purge s'est continuée sur une pareille copie, cette procédure est irrégulière, et les hypothèques légales continuent de grever l'immeuble (Req. 19 janv. 1891, aff. Veuve Lumeau, D. P. 91. 1. 341. Conf. Dalmbert, n° 166).

1380. La loi exige que la copie du titre soit dûment collationnée. Des difficultés se sont élevées dans la pratique sur le point de savoir par qui peut être collationnée et certifiée cette copie. Lorsqu'il s'agit d'un acte authentique, elle peut l'être évidemment par l'officier public qui a reçu l'acte, notaire ou greffier, suivant que cet acte est un acte

notarié ou un jugement d'adjudication. Il n'est pas nécessaire, du reste, que la copie ait été faite spécialement en vue de la purge; on peut se servir de toute expédition délivrée par le notaire ou le greffier, car une expédition régulière remplit complètement le vœu de la loi. Mais il faut que cette expédition ait été prise sur la minute; celle qui aurait été faite sur une autre expédition, même collationnée et déposée en l'étude d'un notaire, ne serait pas suffisante (Comp. les arrêts cités *suprà*, n° 1379).

1381. Lorsque le titre translatif de propriété est un acte sous seing privé, on a prétendu qu'il fallait le déposer chez un notaire pour en avoir une copie authentique (Duranton, t. 20, n° 416, note 1; Colmet de Santerre, t. 9, n° 184 *bis*-III). Mais c'est aller au delà des prescriptions de la loi. La plupart des auteurs admettent que l'acquéreur peut, dans ce cas, déposer au greffe l'acte lui-même, ou l'une des originaux de cet acte, ou une copie collationnée et certifiée par les parties elles-mêmes (*Rép.* n° 2244; Aubry et Rau, t. 3, § 295, p. 541; Dalmbert, n° 166). Si l'acte est sous seing privé, la copie peut aussi en être collationnée et certifiée par un notaire (V. *Rép.*, v° *Obligations*, n° 4392).

1382. Sur le point de savoir si les avoués ont qualité pour dresser et certifier une copie dûment collationnée en vue de la purge des hypothèques légales, les auteurs et la jurisprudence ne sont pas d'accord. « L'avoué pourra aussi faire la copie, la collationner et la certifier, pourvu qu'il prenne cette copie sur la minute même, dit M. Colmet de Santerre, t. 9, n° 184 *bis*-II; la compétence de l'avoué résulte de ce qu'il peut toujours certifier les copies d'une pièce de procédure, et, bien qu'il n'ait pas une compétence exclusive en matière de purge (V. *infrà*, n° 1383), il ne peut pas être déclaré incapable d'assister les parties dans une opération qui se passe au greffe du tribunal. Il joue alors le même rôle que dans les renonciations de succession ou de communauté, actes pour lesquels l'art. 91, § 18, du tarif reconnaît sa compétence en lui allouant un droit de vacation » (V. en ce sens, Nîmes, 9 mai 1857, aff. X..., D. P. 57. 2. 149; Pont, t. 2, n° 1408; Chauveau, *Journal des avoués*, 1855, art. 2025, p. 153; Chauveau et Godoffre, *Commentaire du tarif en matière civile*, n° 4862). Dans un autre système, on soutient que, la purge des hypothèques légales n'ayant rien de contentieux, les avoués peuvent bien y intervenir comme mandataires des parties, mais non comme officiers ministériels, et que, par suite, ils n'ont aucune compétence pour authentiquer la copie du contrat (V. Trib. Saint-Yrieix, 13 févr. 1856, aff. Dauriat, D. P. 56. 3. 17; Boucher d'Argis et Sorel, *Nouveau dictionnaire raisonné de la taxe en matière civile*, v° *Purge des hypothèques légales*, n° 2; Dalmbert, n° 166, p. 287, note 3. V. aussi *Rép.*, v° *Copie de pièces*, n° 53).

1383. Il est généralement admis que le dépôt de la copie au greffe peut être fait par l'acquéreur sans l'assistance d'un avoué (*Rép.* n° 2237; Pont, t. 2, n° 1408; Colmet de Santerre, t. 9, n° 184 *bis*-II; Dalmbert, n° 166). Il a même été jugé qu'un avoué ne peut être chargé d'opérer ce dépôt que comme simple particulier, en vertu d'un mandat spécial, constaté par écrit et que le greffier doit exiger la représentation (Trib. Saint-Yrieix, 13 févr. 1856, aff. Dauriat, D. P. 56. 3. 17. Conf. Dalmbert, *loc. cit.*, p. 288, note 6). Mais, la loi n'ayant rien précisé à cet égard, nous croyons que le dépôt serait valablement fait par tout mandataire, même verbal, de l'acquéreur, et à plus forte raison par un avoué (Comp. en ce sens : Toulouse, 23 juin 1829, *Rép.* n° 2223-1°; Nîmes, 9 mai 1857, aff. X..., D. P. 57. 2. 149; Riom, 23 juill. 1860, aff. De Faymoreau, D. P. 60. 2. 149).

1384. Lorsque plusieurs immeubles ont été vendus séparément par la même personne à divers acquéreurs, il est loisible à ceux-ci de se réunir pour opérer la purge des hypothèques légales; ils peuvent déposer, à cet effet, en même temps et ensemble, les copies collationnées de leurs contrats, et exiger du greffier la rédaction d'un seul acte de dépôt et la perception d'un unique émolument (V. en ce sens les décisions citées au *Rép.* n° 2243. *Adde* : Riom, 23 juill. 1860, aff. De Faymoreau, D. P. 60. 2. 149; Pont, t. 2, n° 1407; Dalmbert, n° 166; Boucher d'Argis et Sorel, *Nouveau dictionnaire raisonné de la taxe en matière civile*, v° *Purge des hypothèques légales*. — *Contrà* : Agen,

1er juin 1859, aff. Escudié et cons., D. P. 59. 2. 219; Tonnelier, *Manuel des greffiers*, p. 62).

1385. Un extrait de l'acte translatif de propriété doit être affiché dans l'auditoire du tribunal pendant deux mois, à partir de la dernière des significations ou insertions exigées par la loi (V. *infrà*, n° 1388 et suiv.). Cet extrait doit contenir la date de l'acte, les noms, prénoms, professions et domiciles des contractants, la désignation de la nature et de la situation des biens, le prix et les autres charges de la vente. « L'omission d'une de ces indications, dit M. Dalmbert, n° 171, entraîne la nullité de la procédure à fins de purge, si cette omission porte sur une indication sans laquelle les créanciers mis en demeure de prendre inscription ne pourraient savoir s'ils doivent ou non répondre à l'appel qui leur est fait et s'inscrire ».

1386. L'art. 1 du décret du 24 mai 1854 (D. P. 54. 4. 90) a tranché en faveur des greffiers la question de savoir si c'est par eux ou par les avoués que doit être dressé l'extrait destiné à être affiché dans l'auditoire du tribunal ; il est alloué aux greffiers pour cet extrait un émolument de 1 fr., plus 0 fr. 50 cent. pour chaque acquéreur en sus, lorsqu'il y a des lots distincts (V. *Rép.* n° 2242).

1387. L'affichage de l'extrait est constaté par le greffier dans l'acte de dépôt, et, à l'expiration du délai, le greffier délivre un certificat, dit certificat d'exposition, constatant que l'extrait est resté affiché durant le temps prescrit. En délivrant ce certificat, le greffier rend la copie collationnée qui a été déposée (Décis. min. fin. 14 niv. an 13).

§ 2. — De la signification de l'acte de dépôt
(*Rép.* n°s 2246 à 2259).

1388. D'après l'art. 2194 c. civ., l'acquéreur doit faire notifier tant à la femme ou au subrogé tuteur qu'au procureur de la République l'acte de dépôt dressé par le greffier. Pour le cas où l'acquéreur ne pourrait remplir cette formalité, faute de connaître la femme ou le subrogé tuteur et, en

général, les créanciers ayant hypothèque légale sur l'immeuble, un avis du conseil d'Etat des 9 mai-1er juin 1807 a statué que la notification à la femme ou au subrogé tuteur peut être remplacée par une publication dans un journal. L'acquéreur, dans la signification qu'il adresse au procureur de la République, doit en premier lieu déclarer « que ceux du chef desquels il pourrait être formé des inscriptions pour raison d'hypothèques légales existant indépendamment de l'inscription n'étant pas connus, il fera publier la susdite signification dans les formes prescrites par l'art. 683 c. proc. civ. »; en second lieu, « il faut que le susdit acquéreur fasse cette publication dans lesdites formes de l'art. 683 c. proc. civ., ou que, s'il n'y avait pas de journal dans le département, l'acquéreur se fasse délivrer par le procureur de la République un certificat portant qu'il n'en existe pas ». — On a critiqué cette disposition, par la raison qu'elle fournirait aux acquéreurs un moyen facile de se dispenser des notifications individuelles prescrites par l'art. 2194. Mais, d'après la jurisprudence, le droit de suppléer aux notifications par une publication est subordonné à la condition expresse que les créanciers à hypothèques légales soient inconnus de celui qui veut purger (V. les arrêts cités au *Rép.* n°s 2249 et suiv.). Il a encore été jugé, en ce sens, que l'avis du conseil d'Etat des 9 mai-1er juin 1807 ne dispense l'acquéreur de se conformer à l'art. 2194 c. civ., pour la notification personnelle, que lorsque ceux du chef desquels des hypothèques peuvent exister indépendamment de toute inscription ne sont pas connus et ne peuvent pas être connus de l'acquéreur; qu'autrement la purge est irrégulière (Pau, 23 juin 1884, aff. Vignalon, D. P. 85. 2. 253).

1389. Si l'acquéreur connaît l'existence d'un mineur ayant hypothèque sur l'immeuble et que ce mineur ne soit pas actuellement pourvu d'un subrogé tuteur, l'acquéreur doit lui en faire nommer un, pour pouvoir faire la signification prescrite par l'art. 2194 c. civ. (V. les arrêts et les auteurs cités au *Rép.* n° 2252. *Adde* : Nîmes, 25 mai 1857(1);

---

(1) (Coumoul C. Blancon.) — Dans le contrat de mariage passé le 26 janv. 1833 entre la demoiselle Marie Ollier et le sieur Louis Favre, la future s'est constitué en dot une somme de 2500 fr. dont son père Jean-Pierre Ollier était débiteur envers elle pour ses droits dans la succession de sa mère. Par le même acte, elle a cédé à son frère Jean-Baptiste Ollier pour pareille somme de 2500 fr., que cette succession, sous réserve des intérêts courus à son profit depuis le décès de la mère jusqu'au jour de la cession. Le mariage projeté entre Marie Ollier et Louis Favre n'eut pas lieu, et Marie Ollier épousa quelque temps après le sieur Blancon. Le 22 juin 1833, Ollier père vend à Ollier fils un domaine pour le prix de 11 000 fr., en déduction duquel Ollier est autorisé à retenir une somme de 5000 fr., tant pour ses droits dans la succession de sa mère que pour les droits de sa sœur, dont il est cessionnaire. Ollier fils, sommé de payer ou de délaisser par un créancier inscrit, offre son prix, sur lequel un ordre est ouvert. Ollier fils est colloqué pour la somme de 5000 fr. et pour les intérêts de cette somme depuis le décès de la mère; la dame Blancon, qui s'était réservé sa part desdits intérêts, n'étant pas créancière inscrite, est restée étrangère à l'ordre. En 1850, Ollier fils est poursuivi par ses créanciers, et ses immeubles sont adjugés au sieur Coumoul, qui remplit les formalités de la purge des hypothèques légales; il notifie l'acte de dépôt de son titre d'acquisition à la femme d'Ollier fils et, pour les autres créanciers à hypothèque légale, considérés comme inconnus, il procède conformément à l'avis du conseil d'Etat des 9 mai-1er juin 1807. La dame Blancon étant décédée, le sieur Blancon, pour lequel aucune inscription n'a été prise dans le délai de la purge, se présente à l'ordre et réclame collocation en vertu de l'hypothèque légale de sa grand'mère, femme de Jean-Pierre Ollier, tant pour les droits de sa mère dans la succession de celle-ci que pour les intérêts courus depuis l'ouverture de cette succession.
Le 3 juill. 1854, le tribunal de Marvejols admet cette demande de collocation par un jugement ainsi conçu : « ... Attendu que l'avis du conseil d'Etat invoqué, et qui, dans la situation qu'il réglemente, attache la purgation des hypothèques légales inconnues à une insertion dans le journal, ne reçoit d'application qu'au cas exceptionnel où l'existence elle-même de l'hypothèque, c'est-à-dire de la femme ou du mineur, est inconnue; que l'existence du mineur ne peut porter sur ce point et non pas sur le fait accessoire que le mineur n'a pas de subrogé tuteur; que, du moment où l'existence du mineur n'a pu raisonnablement être ignorée, l'acquéreur reste soumis au droit commun et doit purger conformément aux dispositions du code civil; — Attendu, en fait, que le

sieur Coumoul a connu l'existence de Marie Ollier et de sa famille; qu'en effet, le Malzieu, où réside Coumoul, est voisin de Juillanges, où réside la famille Ollier; que le sieur Coumoul a été en relation d'affaires avec Ollier, qui est le créancier hypothécaire; que, depuis la mort de sa mère, le mineur est resté avec son oncle à Juillanges, et qu'il résulte des pièces produites, que le sieur Coumoul et Marie Ollier étaient issus de germains et que l'hypothèque légale à purger provenant des reprises de Marie-Jeanne Coumoul, mère de ladite Ollier et tante de Coumoul, adjudicataire; que ce dernier n'a donc pu raisonnablement ignorer l'existence du mineur Blancon, et ne pouvait purger son hypothèque légale que conformément au code civil, ce qu'il n'a pas fait.
« Attendu que le contrat de mariage du 26 janv. 1833 contient, de la part de Marie Ollier, en faveur de son frère, cession de la somme de 2500 fr. formant la moitié en principal seulement de la dot de Marie-Jeanne Coumoul, mère commune; que le mineur Blancon n'a donc rien à demander à raison de ce capital cédé; qu'il est vrai que ce contrat de mariage est tombé faute de célébration, mais que le transport n'était pas une convention matrimoniale proprement dite, quoique se trouvant par occasion dans un contrat de mariage; que son existence ne dépendait du sort de celui-ci; que le défaut de célébration, qui a fait tomber les conventions du mariage, a laissé debout et dans toute sa force le contrat de cession, alors que la cédante, majeure à cette époque, était capable de contracter en dehors d'un contrat de mariage; qu'il est vrai pareillement que la cédante s'était réservé le privilège de la dot, jusqu'au jugement du prix de la cession encore dû par le cessionnaire; mais que cette réserve, par laquelle, en l'absence du débiteur, le créancier cédant attachait au prix de la cession le privilège inhérent à la créance cédée, ne valait en droit, la loi n'autorisant cette espèce de transport hypothécaire que dans le cas d'une novation de créance entre le débiteur et le créancier, l'hypothèque légale ne pouvant d'ailleurs survivre à la vente du 22 juin 1833, par laquelle Ollier père, débiteur, s'était pleinement libéré du capital des reprises dotales; — Attendu qu'en cédant le capital, Marie Ollier s'était réservé les intérêts antérieurs; qu'elle ne peut réclamer que cinq années et la courante, parce que la réserve de tous intérêts, dans le contrat du 26 janvier, était faite en l'absence d'Ollier père, débiteur, et étrangère à Ollier fils, qui n'en était pas débiteur à cette époque, parce que le mineur Blancon, répudiant en entier le premier ordre, ne peut en diviser les éléments et le résultat; que la prescription opposée frappe utilement tout ce qui dépasse les cinq années et la courante, mais ne saurait atteindre celle-ci, malgré

Pont, t. 2, nº 1411; Aubry et Rau, t. 3, § 295, p. 542, note 7; Baudry-Lacantinerie, t. 3, nº 1347; Dalmbert, nº 170).

1390. La notification de l'acte de dépôt n'a pas besoin d'être faite par un huissier commis (*Rép.*, nº 2256; Pont, t. 2, nº 1409; Aubry et Rau, t. 3, § 295, p. 542, note 5; Dalmbert, nº 167). Cette notification étant un acte extrajudiciaire, le droit de copie appartient à l'huissier. « Il en est autrement, dit M. Dalmbert, *loc. cit.*, lorsqu'il s'agit des notifications à fins de purge des hypothèques inscrites. Là, le droit de copie de l'extrait du contrat et du tableau appartient à l'avoué, car ces notifications sont précédées d'une requête et d'une ordonnance pour commettre un huissier; elles doivent contenir, en outre, constitution d'avoué, et sont, par suite, des actes judiciaires » (Arg. art. 143 du tarif du 16 févr. 1807. V. *Rép.*, vº *Copie de pièces*, nº 56).

1391. C'est à la personne de la femme elle-même et non à celle du mari, à la personne du subrogé tuteur et non à celle du tuteur, que doit être faite la notification, car la femme est en opposition d'intérêts avec son mari, le mineur avec le tuteur. Toutefois, si la notification était faite au domicile de la femme, en parlant à la personne du mari, elle ne serait pas nulle pour cela, alors même que la femme serait séparée de biens (V. *Rép.*, nºˢ 2257 et suiv.; Aubry et Rau, t. 3, § 295, p. 542, note 6; Dalmbert, nº 167). En cas de séparation de corps, la femme n'étant plus domiciliée de droit chez son mari (V. *suprà*, vº *Domicile*, nº 49), la notification devra être faite au domicile légal choisi par elle.

1392. En notifiant l'acte de dépôt à la femme, l'huissier remet ordinairement aussi une copie au mari comme administrateur et pour l'autorisation; mais cette précaution est superflue et son omission ne saurait entraîner la nullité de la purge, car la femme n'a pas besoin de l'autorisation de son mari pour requérir l'inscription de son hypothèque légale (Arg. art. 2139 c. civ. Conf. André, *Traité pratique du régime hypothécaire*, nº 1268).

1393. Quand la purge a lieu dans l'année qui suit la dissolution du mariage ou la cessation de la tutelle, les notifications sont adressées à la veuve, à l'ancien mineur ou à leurs héritiers et représentants (V. *Rép.* nº 2255). Si le mineur est émancipé, il y a lieu de faire les notifications à son curateur en même temps qu'à lui. Le mineur émancipé, en effet, ne peut sans l'assistance de son curateur disposer de ses capitaux mobiliers, et il en disposerait indirectement en s'abstenant de prendre inscription dans le délai de la purge (Arg. c. civ. art. 482. V. *Rép.* nº 2239 et D. P. 76. 2. 65 note). — On a examiné au *Rép.*, nº 2239, la question délicate de savoir s'il est nécessaire de nommer un *curateur ad hoc* à la femme mariée, encore mineure, quand l'immeuble sur lequel se poursuit la purge a été aliéné par son mari. Il a été jugé, mais par application de la loi du 10 juin 1853, relative aux sociétés de crédit foncier, que la purge des hypothèques légales, effectuée par le Crédit foncier, conformément à l'art. 19 de ladite loi, est nulle si la signification exigée par cet article a été faite au mari emprunteur et à la femme mineure, sans que cette dernière fût assistée d'un *curateur ad hoc* (Paris, 7 juill. 1874, aff. Nivière, D. P. 76. 2. 65). Quelques auteurs cependant estiment que, dans la purge légale ordinaire, la nomination d'un *curateur ad hoc* à la femme mineure n'est pas nécessaire (V. en ce sens, Flandin, cité au *Rép.* nº 2259; Pont, 3ᵉ éd., t. 2, nº 1410 *bis*; Dalmbert, nº 168).

1394. Dans le cas où la femme a subrogé un ou plu-

sieurs créanciers dans son hypothèque légale, ces créanciers, depuis la loi du 23 mars 1855, ont dû prendre inscription à leur profit; la purge des hypothèques légales est donc inutile à leur égard (V. *suprà*, nº 1371), et il n'y a pas lieu de leur signifier l'acte de dépôt; il suffit de faire cette signification à la femme.

§ 3. — Du délai pour inscrire les hypothèques légales, de la surenchère et des effets de la purge.

1395. Lorsque les formalités prescrites par l'art. 2194 c. civ. ont été remplies, elles font cesser la dispense d'inscription accordée aux femmes mariées, aux mineurs et aux interdits pour leurs hypothèques légales. Ces hypothèques doivent être inscrites dans le délai de deux mois, qui court du jour de l'apposition de l'affiche dans l'auditoire du tribunal, pour les personne à qui des notifications individuelles ont été faites, et seulement du jour de la publication dans un journal ou du jour de la délivrance du certificat du procureur de la République constatant qu'il n'existe pas de journal dans le département, pour les créanciers inconnus de l'acquéreur (*Rép.* nº 2216). En pratique, toutefois, on ne calcule le délai de deux mois que du jour de la dernière formalité accomplie, notification individuelle ou publication (Comp.: André, nº 1289; Baudry-Lacantinerie, t. 3, nº 1347).

1396. On décide généralement que le délai de deux mois n'est pas susceptible d'augmentation à raison des distances, quand même les créanciers à hypothèque légale seraient domiciliés hors de France (Grenoble, 8 mars 1855, aff. Berquet, D. P. 56. 2. 69; Pont, t. 2, nº 1417; Dalmbert, nº 164. — *Contrà* : Trib. civ. Bergerac, 23 févr. 1854, aff. Lespinasse, D. P. 54. 3. 20).

1397. Dans le cas où la purge a lieu avant la majorité du mineur ayant hypothèque légale sur l'immeuble, le subrogé tuteur doit veiller à ce que l'hypothèque légale soit inscrite dans le délai; autrement il devrait indemniser le mineur du préjudice que causerait à celui-ci le défaut d'inscription (Comp. Nancy, 28 févr. 1880, aff. De Meixmoron, D. P. 81. 2. 221).

1398. L'inscription peut-elle être prise d'une manière générale sur tous les immeubles du mari ou du tuteur, ou bien doit-elle être prise spécialement sur l'immeuble qui fait l'objet de la purge? Nous croyons qu'une inscription générale suffit pour remplir le vœu de la loi (Arg. art. 2148, dernier paragraphe). Cependant, il a été jugé que, lorsque le ministère public, à l'occasion des formalités de la purge remplies par l'acquéreur d'un immeuble, a requis l'inscription de l'hypothèque légale de la femme du vendeur, cette inscription ne doit porter que sur l'immeuble vendu, et, par suite, que le refus n'est pas fondé, dans le cas où l'inscription effectuée en vertu de cette réquisition a été générale, à en demander la radiation, en tant que le conservateur des hypothèques l'aurait fait figurer sur les états délivrés soit sur transcription, soit sur purge d'hypothèques légales, pour tous autres immeubles du vendeur (Trib. civ. Bordeaux, 27 août 1862, aff. Duret, D. P. 63. 3. 8).

1399. L'inscription prise par un créancier subrogé à l'hypothèque légale d'une femme mariée profite-t-elle à celle-ci et peut-elle tenir lieu de celle qui doit être requise dans le délai de la purge? Non, en principe, à moins que le créancier n'ait agi, non pas seulement pour la conservation de ses droits personnels, mais comme exerçant les droits de la femme, en vertu des art. 1166, 2093 c. civ. et

---

long espace écoulé, par le motif que, sur une sommation de payer ou de délaisser, Ollier fils, acquéreur, fit notifier son contrat en l'année 1833; qu'à partir de cette date, il y eut contrat nouveau entre l'acquéreur et les créanciers, et dévolution du prix en faveur de ces derniers, selon leur rang à cette époque, tant pour le capital que pour les intérêts utiles; — Attendu qu'Ollier fils, bien instruit de l'existence de sa sœur et de son hypothèque, n'ayant encore rien fait pour purger celle-ci, ne pouvait, d'après la loi, faire ouvrir aucun ordre, ne pouvait du moins y faire procéder en l'absence de sa sœur; que cette dernière n'ayant été ni appelée, ni intervenant, ne peut être liée par une procédure pareille et forclose dans son hypothèque; que le mineur Blancon n'était pas obligé, et n'avait pas non plus le droit d'assigner principalement ou incidemment, soit en nullité et revision de ce premier travail, soit en tierce opposition à fin de confection d'un

nouvel ordre; qu'il devait se borner à requérir l'ouverture du second ordre ou à profiter, pour économiser les frais, de l'ouverture faite sur la revente, et qu'une simple production suffisait à la conservation et exécution de ses droits; — Par ces motifs, déclare l'hypothèque légale non due; maintient le contrat de cession quant au capital de la dot; admet la prescription pour tous intérêts antérieurs à cinq années et la courante au jour de la notification; la rejette pour tous intérêts depuis; ordonne que la maison Blancon sera allouée pour les deux sommes ci-dessus, etc. ».

Appel par le sieur Coumoul.

La cour; — Adoptant ces motifs donnés par les juges; — Confirme, etc.

Du 25 mai 1857.-C. de Nimes, 3ᵉ ch.-MM. Goirand de Labaume, pr.-Tourné, av. gén.-Balmelle et Redon, av.

775 c. proc. civ. (V. *suprà*, n° 595). Au surplus, comme M. Dalmbert, n° 172, en fait la remarque, l'hypothèse où un créancier subrogé prendrait inscription en qualité de simple ayant cause de la femme, comme s'il n'avait pas de droit propre et personnel, hypothèse qui s'est présentée avant la loi du 23 mars 1855, ne paraît plus devoir se produire depuis les prescriptions de l'art. 9 de cette loi, qui impose au créancier subrogé, pour assurer le rang de sa subrogation, l'obligation d'inscrire à son profit l'hypothèque légale de la femme, ou de mentionner la subrogation en marge de l'inscription préexistante. Mais un créancier de la femme, quoique non subrogé dans l'hypothèque légale, peut toujours faire inscrire l'hypothèque dans le délai de la purge, pour la conservation des droits de sa débitrice (c. proc. civ., art. 775).

1400. Bien que la loi ne l'ait pas dit, on reconnaît généralement aujourd'hui que les créanciers à hypothèque légale jouissent du droit de requérir la mise aux enchères de l'immeuble dans le délai de deux mois qui leur est imparti pour prendre inscription. S'ils n'ont pas notifié leur réquisition de mise aux enchères dans ce délai, le prix se trouve irrévocablement fixé à leur égard et nulle surenchère n'est plus recevable de leur part. M. Dalmbert, n° 165, résume ainsi les arguments sur lesquels repose cette solution : « Deux chapitres séparés et distincts, dit-il, tracent les formalités de la purge des hypothèques ; l'un a trait aux hypothèques inscrites, l'autre à celles dispensées d'inscription et non inscrites. Ces deux procédures se suffisent à elles-mêmes, et n'ont rien à emprunter l'une à l'autre. Pour les hypothèques inscrites, le délai de la surenchère court à partir des notifications ; pour celles non inscrites, ce délai court nécessairement à partir de l'affiche de l'extrait de l'acte d'acquisition dans l'auditoire du tribunal, vu qu'elle remplace la notification de l'art. 2183. En second lieu, les formalités de la purge des hypothèques légales, dispensées d'inscription, ont été copiées sur l'édit de 1771, d'après lequel le délai pour surenchérir se confondait avec celui qui était donné pour former opposition (art. 9 de l'édit). Enfin, en troisième lieu, nous argumentons de l'art. 2195 c. civ. lui-même, qui distingue deux hypothèses, celle où il n'a pas été pris d'inscription, et celle, au contraire, où il en a été pris, et qui décide que, dans ce dernier cas, l'acquéreur se libère valablement en payant son prix entre les mains des créanciers suivant leur droit et leur rang. Qu'est-ce à dire, si ce n'est que, par l'expiration du délai de deux mois, la purge est accomplie, sous la condition du payement du prix, que ce prix est définitivement fixé, et que dès lors il n'y a pas lieu à surenchère » (V. en ce sens, *Rép.* n°s 2227 et suiv., et v° *Surenchère*, n°s 81 et suiv. — *Adde* : Paris, 26 nov. 1857, aff. Huard, D. P. 58. 2. 143 ; Bordeaux, 1er juin 1863, aff. Fauqueux, D. P. 66: 5. 454 ; Civ. cass. 1er mars 1870 (motifs), aff. Berthelemy, D. P. 70. 1. 262 ; Pont, t. 2, n° 1419 ; Aubry et Rau, t. 3, § 295, p. 544, note 14 ; Colmet de Santerre, t. 9, n° 186 *bis*-II ; Thézard, n° 215 ; Baudry-Lacantinerie, t. 3, n° 1549).

1401. Toutefois, les créanciers à hypothèque légale ne seraient pas admis à surenchérir, si une première surenchère avait déjà été faite à la suite de la purge des hypothèques inscrites, cette surenchère ayant eu déjà pour effet de fixer le prix de l'immeuble ; c'est une application de la règle : *Surenchère sur surenchère ne vaut* (Baudry-Lacantinerie, *loc. cit.*).

1402. Au point de vue des effets de la purge légale, il faut distinguer s'il a été pris ou non inscription du chef des femmes, mineurs ou interdits dans le délai de deux mois. Lorsque aucune inscription n'a été prise, les immeubles qui ont été l'objet de la purge sont affranchis définitivement de toute hypothèque légale occulte à l'égard de l'acquéreur : ils passent à l'acquéreur, dit l'art. 2195 c. civ., sans aucune charge à raison des dot, reprises et conventions matrimoniales de la femme, ou de la gestion du tuteur, et sauf le recours, s'il y a lieu, contre le mari ou le tuteur. Cet effet subsiste alors même que l'acquéreur serait évincé plus tard de la propriété des immeubles purgés, soit par l'effet d'une condition résolutoire, telle qu'une clause de réméré (Montpellier, 21 mars 1844, *Rép.* n° 2214, et sur pourvoi, Req. 14 avr. 1847, aff. Veuve Montlaur, D. P. 47. 1. 217), soit par suite d'une surenchère (Douai, 8 juill. 1858, et sur pourvoi,

Req. 1er juin 1859, aff. Florent, D. P. 60. 1. 381) où d'une autre revente sur folle enchère (Nîmes, 15 janv. 1861, et sur pourvoi, Civ. rej. 21 juill. 1863, aff. Poinsel, D. P. 63. 1. 339. Conf. : Pont, t. 2, n° 1421 ; Aubry et Rau, t. 3, § 295, p. 544 ; Dalmbert, n° 180, note 1).

1403. Il y avait autrefois une grande controverse sur le point de savoir si les créanciers à hypothèque légale qui n'avaient pas pris inscription dans le délai de la purge pouvaient néanmoins se présenter à l'ordre à l'effet de se faire colloquer sur le prix, en d'autres termes, s'ils conservaient leur droit de préférence à l'égard des autres créanciers hypothécaires, bien qu'ils fussent déchus du droit de suite vis-à-vis de l'acquéreur (V. *Rép.* n°s 2202 et suiv.). La cour de cassation décidait que le droit de préférence était éteint comme le droit de suite (V. notamment Ch. réun. cass., 23 févr. 1852, aff. Vabre, D. P. 52. 1. 39, et les autres arrêts cités au *Rép.* n° 2204. *Adde* : Paris, 27 févr. 1857, aff. Curabeth, D. P. 58. 2. 22 ; Douai, 8 juill. 1858, et sur pourvoi, Req. 1er juin 1859, aff. Florent, D. P. 60. 1. 381). La majorité des auteurs et des cours d'appel s'étaient prononcés en faveur de la survivance du droit de préférence dans cette hypothèse (V. les auteurs cités au *Rép.* n° 2202 et les arrêts cités n° 2203). La loi du 21 mai 1858, en réformant les art. 717 et 772 c. proc. civ., a tranché la question dans ce dernier sens. Elle a subordonné toutefois le droit, pour les femmes, mineurs ou interdits, de se faire colloquer par préférence sur le prix des immeubles purgés du droit de suite, à une double condition : la première, c'est qu'un ordre soit ouvert dans les trois mois du délai de la purge ; la seconde, que les créanciers à hypothèque légale produisent à cet ordre dans le délai fixé par l'art. 754 c. proc. civ., si l'ordre est judiciaire, ou avant la clôture, si l'ordre est amiable.

1404. De ces deux conditions, la première n'est pas requise par la loi dans le cas où l'extinction du droit de suite résulte d'une adjudication sur saisie immobilière ; elle n'est établie que pour l'hypothèse spéciale où cette extinction est l'effet de la purge des hypothèques légales : elle est fondée, en effet, sur l'idée que, dans le cas d'aliénation volontaire, l'ordre n'est ouvert souvent que fort longtemps après la purge, et qu'il y a de l'inconvénient à ce que le droit de préférence survive trop longtemps au droit de suite. L'exactitude de cette idée est contestable, et il semble que le législateur eût mieux fait de ne pas limiter ainsi arbitrairement à une durée de trois mois le droit de préférence qu'il reconnaissait aux créanciers non inscrits sur le prix restant à distribuer (V. Colmet de Santerre, t. 9, n° 185 *bis*-IV). — En tout cas, pour ne pas être déchus de ce droit par l'expiration du délai de trois mois, ces créanciers ont la faculté de requérir eux-mêmes l'ouverture de l'ordre (*Rép.* v° *Ordre entre créanciers*, n° 148 ; Colmet de Santerre, t. 9, n° 185 *bis*-V ; Dalmbert, n° 187). Et pour que le délai courre et que la déchéance puisse être encourue, il faut que l'ouverture d'un ordre soit possible, notamment que la purge des hypothèques inscrites ait eu lieu avant ou en même temps que la purge des hypothèques légales. Ainsi, il a été jugé que la femme qui n'a pas fait inscrire son hypothèque légale, conformément à l'art. 2195 c. civ., sur un immeuble vendu par son mari, n'encourt pas la déchéance de son droit de préférence, bien qu'il n'y ait pas eu d'ordre ouvert dans le délai fixé par l'art. 772 c. proc. civ., si cette procédure ne pouvait avoir lieu en raison du défaut de purge des hypothèques inscrites (Civ. cass. 24 juin 1891, aff. d'Arnaudy, D. P. 92. 1. 93). — La déchéance ne peut pas non plus être encourue lorsque la femme a renoncé volontairement à son hypothèque légale au profit de l'acquéreur d'un immeuble du mari, et qu'il n'y a pas eu de purge légale, car alors la femme n'a pas été mise en demeure de prendre inscription ; elle conserve donc la faculté d'exercer son droit de préférence à quelque époque que l'ordre soit ouvert (Paris, 10 févr. 1873, aff. Marthieu et Banque de la Réunion, D. P. 74. 2. 133).

1405. La survivance du droit de préférence, après la perte du droit de suite, est une faveur accordée aux créanciers à hypothèque légale jouissant du bénéfice de la dispense d'inscription. Cette faveur n'a plus sa raison d'être lorsque la dispense d'inscription a cessé. C'est donc à bon droit qu'il a été jugé que la femme mariée qui n'a pas inscrit son hypothèque légale, conformément à l'art. 8 de la loi du 23 mars

1855, dans l'année de la dissolution du mariage, ne peut être admise à faire valoir le droit de préférence attaché à cette hypothèque jusqu'à la clôture de l'ordre, en vertu des art. 717 et 772 c. proc. civ. (Orléans, 9 juin 1874, aff. Héraud C. Savart.-MM. Mantellier, pr.-Desplanches et Johanet, av.). De même, un créancier subrogé dans l'hypothèque légale d'une femme mariée et qui n'aurait pas pris inscription conformément à l'art. 9 de la loi de 1855, ne pourrait pas non plus, croyons-nous, invoquer à son profit la survivance du droit de préférence. Il pourrait seulement l'invoquer comme exerçant les droits de la femme, sa débitrice, et devrait alors subir le concours de tous les autres créanciers de celle-ci (V. en ce sens, *suprà*, n° 588. — V. toutefois, en sens contraire, Civ. cass. 14 déc. 1863, cité *suprà*, n° 592).

1406. Il est bien entendu, d'ailleurs, que le droit de préférence ne survit au droit de suite qu'autant que le prix reste entre les mains de l'acquéreur ; ce droit s'éteint par le payement que l'acquéreur fait de bonne foi à son vendeur, par la cession du prix faite par le vendeur à un tiers ou par la délégation consentie par lui à ses créanciers. Ces actes suffisent également pour empêcher la survivance du droit de préférence lorsqu'ils ont précédé l'accomplissement des formalités de la purge légale (Arg. art. 2198 c. civ.; Dalmbert, n° 185).

1407. Il a été jugé que la loi du 21 mai 1858, d'après laquelle la purge de l'hypothèque légale d'une femme mariée laisse subsister le droit de préférence contre les créanciers inscrits et n'éteint que le droit de suite contre le tiers acquéreur, a introduit un droit nouveau, et que, dès lors, elle ne s'applique pas aux ordres ouverts antérieurement à cette loi (Nîmes, 15 janv. 1861, et sur pourvoi, Civ. rej. 21 juill. 1863, aff. Poinsel, D. P. 63. 1. 339).

1408. Dans le cas où il a été pris des inscriptions au profit des créanciers à hypothèque légale avant l'expiration du délai de la purge, les droits hypothécaires de ces créanciers sont convertis en actions sur le prix. Ici, toutefois, comme en matière de purge des hypothèques inscrites, la subrogation du prix à l'immeuble est subordonnée à la réalisation des deniers. L'hypothèque légale des incapables qui arrivent en rang utile continue donc à grever l'immeuble jusqu'à ce que le nouveau propriétaire ait payé régulièrement ou consigné son prix (Arg. art. 2186 et 2195, § 3, c. civ. V. les arrêts et les auteurs cités *suprà*, n° 1354). L'action des créanciers sur le prix dure trente ans, sauf la prescription de l'hypothèque, conformément à l'art. 2180-4°, ou celle de la créance du prix (Dalmbert, n° 178).

1409. Le droit des créanciers à hypothèque légale étant, par l'effet de la purge, transporté sur le prix, il en résulte que les inscriptions prises par ces créanciers ne sont pas soumises à la nécessité du renouvellement dans les dix ans (Metz, 14 juin 1837, sous Civ. rej. 22 févr. 1841, *Rép.* n° 1637 ; Grenoble, 8 août 1837, aff. Société de Lamothe-les-Bains, D. P. 58. 2. 9 ; Aubry et Rau, t. 3, § 280, p. 385; Dalmbert, n° 178. — *Contrà* : Nancy, 28 juill. 1853, aff. Belleville, D. P. 55. 2. 355). Il y a doute seulement sur le point de savoir si la dispense de renouvellement persiste après l'année qui suit la dissolution du mariage ou la cessation de la tutelle. MM. Aubry et Rau, *loc. cit.*, p. 386, enseignent que le défaut de renouvellement fait perdre alors à la femme devenue veuve, au mineur devenu majeur ou à l'interdit relevé de l'interdiction, leurs droits hypothécaires. M. Dalmbert, *loc. cit.*, n° 308, note 19, admet bien que l'hypothèque légale, dont l'inscription n'a pas été conservée, ne pourra pas être opposée aux ayants cause ou aux créanciers personnels de l'acquéreur (V. *suprà*, n° 1103); mais il décide avec raison que le renouvellement de l'inscription n'est pas nécessaire vis-à-vis de l'acquéreur qui a purgé ni vis-à-vis des créanciers hypothécaires du vendeur ou des précédents propriétaires, inscrits sur l'immeuble. En substituant le prix à l'immeuble, la formalité de la purge a constitué le nouveau propriétaire débiteur direct des titulaires des hypothèques occultes et conféré à ces derniers un droit acquis sur le prix. Pour apprécier l'efficacité et fixer le rang de ces créanciers, on doit se reporter uniquement au moment de la substitution du prix à la chose.

1410. Il a été jugé que les formalités de la purge des hypothèques légales peuvent, à défaut des exploits ou autres pièces qui les constatent, être prouvées à l'aide de simples

présomptions, lorsque leur accomplissement est articulé, non par l'acquéreur lui-même, mais par des créanciers inscrits (Nîmes, 15 janv. 1861, et sur pourvoi, Civ. rej. 21 juill. 1863, aff. Poinsel, D. P. 63. 1. 339) ; qu'il en est ainsi surtout lorsque l'impossibilité pour les créanciers de rapporter une preuve littérale de la purge résulte d'un concert frauduleux entre la femme du vendeur et l'acquéreur (Bordeaux, 24 mai 1864, et sur pourvoi, Req. 2 janv. 1866, aff. Bleynie-Lagrave et cons., D. P. 66. 1. 379).

1411. A qui incombent les frais de la purge des hypothèques légales ? Un système met ces frais, comme ceux de la purge des hypothèques inscrites, à la charge du vendeur. On reconnaît bien que l'art. 774 c. proc. civ., qui prescrit de colloquer par préférence l'acquéreur pour le coût de l'extrait des inscriptions et des dénonciations aux créanciers inscrits, ne parle pas des frais de la purge légale. On estime néanmoins que ces frais doivent être privilégiés comme frais de justice, en vertu de l'art. 2101-1° c. civ. (En ce sens, Dalmbert, n° 189). Dans un système tout opposé et qui prévaut en jurisprudence, on décide que les frais dont il s'agit doivent être supportés par l'acquéreur, à moins d'une stipulation contraire dans le contrat, aucun texte ne les mettant à la charge du vendeur ni ne permettant de les prélever dans l'ordre au préjudice des créanciers (V. les arrêts cités au *Rép.* v° *Ordre entre créanciers*, n°s 626 et suiv. *Adde :* Grenoble, 7 janv. 1857, aff. Carrier, D. P. 58. 5. 304). — MM. Aubry et Rau, t. 3, § 204, p. 509, notes 36 et 37. font ici une distinction. Ils admettent que les frais de la purge légale peuvent être prélevés lorsque la purge avait pour objet des hypothèques grevant l'immeuble du chef du vendeur lui-même. Dans ce cas, disent-ils, il n'y a pas de motifs pour soustraire le vendeur à l'obligation de payer les frais spéciaux auxquels peut donner lieu la purge des hypothèques légales non inscrites, puisqu'il est en faute de ne pas en avoir requis l'inscription, comme mari ou comme tuteur, sur ses propres biens. Quant aux frais de purge exposés par l'acquéreur dans le but de provoquer l'inscription d'hypothèques légales qui pourraient grever l'immeuble du chef de précédents propriétaires, MM. Aubry et Rau, *loc. cit.*, distinguent encore. S'il est survenu des inscriptions, les frais doivent être supportés par le vendeur, qui était tenu de dégrever l'immeuble. Si, au contraire, aucune hypothèque légale n'a été inscrite, les frais doivent rester à la charge de l'acquéreur, car il ne serait pas juste de faire supporter au vendeur ou à ses créanciers les frais d'une procédure qui est à considérer comme ayant été engagée sans nécessité.

CHAP. 7. — De l'effet des privilèges et hypothèques entre les créanciers, ou de l'ordre à suivre pour leur collocation (*Rép.* n°s 2260 à 2453).

SECT. 1re. — DES PRINCIPES GÉNÉRAUX EN MATIÈRE DE COLLOCATION (*Rép.* n°s 2262 à 2302).

1412. Les créanciers hypothécaires doivent être colloqués dans l'ordre suivant leur rang, conformément à la règle : *Prior tempore, potior jure*, et, pour les hypothèques soumises à inscription, le rang est déterminé par la date des inscriptions (c. civ., art. 2134) (V. *Rép.* n° 2262). Cette règle, toutefois, doit fléchir, aussi bien que toutes les autres règles du droit, lorsqu'une fraude est imputable à celui qui l'invoque. Ainsi, la jurisprudence a décidé que le créancier auquel une hypothèque a été consentie avec déclaration des inscriptions grevant, à la date de l'acte, l'immeuble hypothéqué, est recevable à demander la nullité de l'inscription prise avant la sienne par un créancier postérieur du même débiteur, s'il est établi que l'antériorité de l'hypothèque ainsi obtenue par cet autre créancier est le résultat d'un concert frauduleux qui a eu lieu entre lui et le débiteur pour priver le premier créancier de la priorité de rang qui lui avait été promise (Limoges, 26 juin 1866, et sur pourvoi, Req. 22 janv. 1868, aff. Font-Réaulx, D. P. 68. 1. 167).

1413. Le droit de préférence des créanciers privilégiés ou hypothécaires porte sur le prix réel et total de l'immeuble grevé : ils doivent être colloqués même sur la portion du prix qui aurait été dissimulée au contrat (V. *suprà*, n° 1326).

1414. Lorsqu'un immeuble hypothéqué a été vendu

avec les fruits pendants, on peut se demander si les créanciers hypothécaires ont droit à la totalité du prix, nonobstant le privilège établi par l'art. 2102-1°, § 4, au profit de ceux auxquels sont dus les frais de semence. Un point certain, c'est que le créancier des semences ne peut faire valoir son privilège, à l'encontre du tiers acquéreur, sur la récolte qui sera faite par celui-ci; en agissant ainsi, il exercerait un véritable droit de suite, contrairement à la règle édictée par l'art. 2119 (V. suprà, n° 147), Mais n'est-il pas autorisé à se faire payer, par préférence, sur le prix dû par l'acheteur, ou, du moins, sur la portion de ce prix correspondant à la récolte qui existait sur l'immeuble lors de la vente? Dans le sens de l'affirmative, on peut dire qu'il ne saurait appartenir au débiteur de priver le créancier, par un fait auquel celui-ci n'avait aucun moyen de se soustraire, de la garantie spéciale qui lui est accordée par la loi. Cette solution, si on l'admet pour les ventes amiables, devrait, ce semble, s'appliquer aussi au cas où il s'agirait d'une vente sur expropriation forcée. Mais elle soulève de sérieuses objections.

1415. Les récoltes, peut-on dire, tant qu'elles pendent par racines, sont immeubles comme le sol lui-même (c. civ., art. 520); elles font partie intégrante du fonds auquel elles sont attachées, et ne cessent d'en constituer l'accessoire qu'après qu'elles ont été détachées, soit matériellement par la coupe, soit légalement par la saisie-brandon. Jusque-là, elles forment avec le fonds un tout indivisible; la saisie qui le frappe, la vente dont il est l'objet, s'appliquent à elles comme à une partie matérielle de l'immeuble; et si cet immeuble est hypothéqué, elles demeurent affectées avec lui au gage des créanciers hypothécaires. Le privilège en question ne saurait, dès lors, s'exercer sur aucune portion du prix. Classé par la loi au nombre de ceux qui ne portent que sur les meubles, il n'a son assiette que sur le prix de la récolte de l'année, après que cette récolte a été mobilisée. Il ne peut donc s'exercer, dans aucune mesure, sur le prix provenant du fonds et de ses accessoires immobiliers, y compris la valeur de la récolte encore pendante par racines au jour de la vente; ce prix représente pour le tout une valeur immobilière, et aucune portion n'en peut être distraite au détriment des créanciers hypothécaires (Comp. en ce sens, pour le cas de vente sur saisie immobilière, Montpellier, 4 mai 1861, et sur pourvoi, Req. 11 déc. 1861, aff. Guiraud, D. P. 62. 1. 119; et pour le cas de vente aux enchères, sur licitation, C. de la Martinique, 14 mars 1874, et sur pourvoi, Civ. rej. 7 janv. 1880, aff. Usine de la Dillon, D. P. 80. 1. 129). — Malgré ces raisons, très graves il est vrai, nous croyons qu'il serait juste de reconnaître au créancier privilégié pour frais de semences le droit de demander, en cas de saisie immobilière, la distraction des fruits grevés de son privilège, pour qu'ils soient vendus comme choses mobilières, et même, en cas de vente amiable de l'immeuble, le droit de faire procéder à une ventilation du prix, pour que le privilège puisse s'exercer sur la portion afférente à la récolte. Cette opinion pourrait même trouver quelque appui dans les motifs de l'arrêt de la cour de cassation du 7 janv. 1880, précité.

1416. Quant au point de savoir dans quels cas et sous quelles conditions les créanciers privilégiés et hypothécaires peuvent exercer leurs droits de préférence sur les indemnités d'assurance ou autres, dues à raison de la perte ou de la détérioration de l'immeuble grevé, V. suprà, n° 917 et suiv.

1417. Dans le cas où un créancier a hypothèque sur l'usufruit ou sur la nue propriété d'un immeuble, et où la pleine propriété de cet immeuble a été vendue pour un prix unique, le créancier est fondé à provoquer la ventilation du prix entre l'usufruit et la nue propriété et à réclamer une collocation immédiate de la portion du capital afférente à son gage (V. Rép. n° 813, et v° Ordre entre créanciers, n° 535). Ainsi, il a été jugé : 1° que, lorsque, sur la saisie de la nue propriété d'un immeuble par les créanciers du nu-propriétaire, l'usufruitier consent à ce que son usufruit soit vendu simultanément avec la nue propriété, la clause portant que l'usufruit ainsi vendu sera converti, au profit de l'usufruitier, en un usufruit portant sur la totalité du prix d'adjudication, lequel ne sera, dès lors, versé aux créanciers inscrits qu'après le décès de l'u-

surfruitier, est nulle à l'égard de ces créanciers, s'ils n'y ont pas concouru, alors même qu'ils n'auraient fait aucunes réserves lors de la vente, et qu'il ne serait survenu de leur part aucune surenchère dans les délais légaux; que, par suite, les créanciers hypothécaires du nu-propriétaire ont, nonobstant une telle clause, le droit d'exiger le payement immédiat de la portion du prix correspondant à la nue propriété qui appartenait à leur débiteur, sans qu'on puisse leur opposer le défaut de réserves et de surenchère (Civ. cass. 24 nov. 1858, aff. Martin, D. P. 58. 1. 438) ; — 2° Que l'usufruitier qui a consenti à ce que son usufruit fût vendu avec la nue propriété n'est pas fondé à réclamer, vis-à-vis du nu propriétaire et des créanciers hypothécaires de celui-ci, le prix intégral provenant de la vente, pour en jouir jusqu'à sa mort; qu'il y a lieu, dans ce cas, de fixer par une ventilation la partie du prix correspondant à la valeur de la nue propriété et la partie correspondant à la valeur de l'usufruit (Lyon, 7 nov. 1863, aff. De Béville, D. P. 64. 2. 54).—Quant à la manière dont il doit être procédé à la ventilation du prix, V. suprà, v° Ordre entre créanciers, n° 63 et suiv.; Rép. eod. v°, n° 534 et suiv.).

1418. Dans le cas de plusieurs ventes successives du même immeuble, si ces ventes n'ont pas été suivies de payement du prix ni d'ouverture d'un ordre, c'est le prix de la dernière vente qui constitue le gage des créanciers et qui doit être pris pour base du règlement d'ordre (Metz, 20 déc. 1863, aff. Morel, D. P. 66. 2. 10, et sur pourvoi, Civ. rej. 22 juill. 1868, D. P. 68. 1. 451). Il importerait même peu, dans cette hypothèse, qu'un des précédents acquéreurs eût rempli les formalités de la purge à l'égard d'un créancier ayant hypothèque légale; ces formalités auraient bien pu rendre l'acquéreur débiteur personnel de ce créancier, mais elles seraient sans effet à l'égard des autres, et, par suite, le créancier dont il s'agit ne pourrait prétendre exercer sur le prix de la dernière vente les mêmes droits qu'il aurait pu exercer sur le prix de la vente suivie de purge, si ce prix avait été réalisé, sauf d'ailleurs le droit qui lui appartient de recourir contre l'acquéreur qui s'est obligé personnellement envers lui par l'effet de la purge (V. les arrêts précités).

1419. Lorsqu'un créancier s'est rendu acquéreur d'un immeuble grevé de privilège ou d'hypothèque tant à son profit qu'au profit d'autres créanciers, aucune compensation ne peut s'opérer entre sa créance et le prix dont il est débiteur, tant que les droits respectifs des créanciers inscrits n'ont pas été l'objet d'un règlement d'ordre définitif ou d'un jugement d'attribution (V. Rép. n° 2294 et suiv., et suprà, v° Obligations, n° 1193 et suiv.).

Sect. 2. — De la collocation des rentes perpétuelles ou viagères (Rép. n° 2303 à 2324).

1420. L'hypothèse où il se trouve parmi les créances hypothécaires une rente perpétuelle ne présente pas de difficulté; il est clair, en effet, que le crédi-rentier doit être colloqué pour le capital intégral de la rente (V. Rép. n° 2303 et suiv.). S'il s'agit, au contraire, d'une rente viagère, les intérêts respectifs du crédi-rentier, des créanciers postérieurs en rang et de l'acquéreur sont plus difficiles à concilier (V. Rép. n° 2305 et suiv., et v° Rente viagère, n° 143 et suiv.). Voici sur cette matière les solutions qui résultent de la jurisprudence.

1421. Tout d'abord, le créancier de la rente viagère, s'il vient en ordre utile, ne peut pas exiger que le capital nécessaire pour produire des intérêts équivalents aux arrérages de la rente lui soit remis, car il n'a pas droit à ce capital, mais seulement à la rente (Arg. art. 1978 c. civ. V. en ce sens, Paris, 5 juill. 1806, Rép. n° 2372; Civ. cass. 22 janv. 1831, aff. Réveillod, D. P. 51. 1. 5; Riom, 24 août 1863, aff. Syndic Bouchet, D. P. 63. 2. 161. V. toutefois, Req. 12 juin 1807, Rép. n° 1192-1°). Il ne peut pas non plus être contraint d'accepter le remboursement du capital moyennant lequel la rente a été constituée (Paris, 8 août 1806, Rép. n° 2308). Il a seulement le droit de demander qu'il soit fait réserve ou emploi d'une somme suffisante pour lui assurer le service de la rente (V. les arrêts précités, et Req. 5 nov. 1862, aff. Blenart, D. P. 63. 1. 299; Caen,

12 mars 1864) (1). Jugé même que le crédi-rentier peut se faire colloquer pour la somme nécessaire au service de la rente, bien qu'il n'ait, dans son inscription, évalué la rente qu'à une somme moindre (Nîmes, 11 avr. 1807, et Rép. v° Rente viagère, n° 143-1°; Paris, 10 mars 1832, Rép. n° 2315).

1422. Du consentement de toutes les parties, la somme nécessaire pour le payement des arrérages peut être laissée entre les mains de l'acquéreur, à charge par lui de servir la rente (Paris, 8 août 1806, Rép. n° 2308-1°). Mais l'acquéreur ne peut pas être contraint à conserver cette somme dans ces conditions; il a le droit de se libérer et de consigner (Angers, 28 févr. 1855, aff. Veuve Aubert, D. P. 55. 2. 130). Et réciproquement, l'acquéreur n'a pas le droit de retenir la somme, si le crédi-rentier ou les autres créanciers s'y opposent et lui offrent la mainlevée des inscriptions; il doit alors verser son prix suivant l'ordre des collocations ou le consigner (Comp. Caen, 18 mai 1813, Rép. n° 2309, et Bourges, 25 mai 1827, Rép. n° 2310).

1423. Lorsque la somme à distribuer est insuffisante pour le service de la rente, le crédi-rentier peut se faire autoriser à prélever chaque année sur le capital le complément nécessaire pour parfaire les arrérages (Bourges, 25 mai 1827, Rép., v° Rente viagère, n° 149; Metz, 15 nov. 1843, ibid.; Grenoble, 4 déc. 1855, aff. Brosse, D. P. 56. 2. 278; Riom, 24 août 1863, aff. Syndic Bouchet, D. P. 63. 2. 161).

1424. Mais si les créanciers postérieurs en rang au crédi-rentier croient que tel est leur avantage, ils peuvent demander la délivrance des fonds, en s'engageant solidairement au service de la rente et en offrant, pour sûreté de cet engagement, une nouvelle garantie hypothécaire aussi solide et aussi facile à réaliser que la première (V. en ce sens, Rép. n° 2313; Aubry et Rau, t. 3, § 283, p. 419, note 7). Jugé même que les créanciers postérieurs peuvent exiger qu'il soit procédé à l'adjudication au rabais d'une somme suffisante pour assurer le service de la rente, à la charge par l'adjudicataire de fournir une hypothèque en garantie de cette somme (Caen, 18 mai 1813, Rép. n° 2309). Ces solutions, toutefois, surtout la dernière, sont susceptibles d'être contestées, car le crédi-rentier ne peut pas être obligé à accepter un autre débiteur que celui qu'il a choisi ou celui qui lui est assigné par l'effet ordinaire et régulier de l'hypothèque qui lui a été consentie. Nous croyons cependant que le crédi-rentier devrait se contenter du dépôt à la Caisse des retraites pour la vieillesse de la somme nécessaire pour obtenir la rente viagère à laquelle il a droit; la Caisse des retraites, dont la gestion est confiée à la Caisse des dépôts et consignations, doit, en effet, être présumée offrir au crédi-rentier pour le moins autant de garanties que n'importe quel débiteur ou n'importe quelle affectation hypothécaire.

1425. Sur le point de savoir si le créancier d'une rente viagère peut réclamer collocation, quant aux arrérages échus, pour plus de trois années, V. infrà, n° 1490.

Sect. 3. — De la collocation des créances conditionnelles et éventuelles (Rép. n°s 2325 à 2344).

1426. En ce qui concerne les créances conditionnelles,

il y a lieu de distinguer entre celles qui sont soumises à une condition résolutoire et celles soumises à une condition suspensive. Lorsqu'il s'agit d'une créance soumise à une condition résolutoire, le créancier a le droit de se faire colloquer actuellement et de toucher le montant de sa collocation, à charge de fournir caution de restituer, en cas d'accomplissement de la condition, la somme par lui touchée aux créanciers qui en auraient profité à son défaut, c'est-à-dire aux créanciers qui, par suite de sa collocation, n'ont pu être eux-mêmes utilement colloqués (V. Merlin, Répertoire, v° Ordre de créanciers, § 4; Aubry et Rau, t. 3, § 283, p. 418). — S'il s'agit d'une créance soumise à une condition suspensive, le créancier ne peut pas réclamer une collocation actuelle. Les autres créanciers ont, au contraire, le droit de se faire colloquer actuellement, à charge par eux de fournir caution pour la restitution des deniers au cas où la condition viendrait à s'accomplir (Comp. Civ. cass. 4 avr. 1815, Rép. n° 2330-2°). Si ces créanciers ne voulaient ou ne pouvaient pas se soumettre à cette condition, les fonds devraient être laissés provisoirement entre les mains de l'acquéreur ou être versés à la Caisse des dépôts et consignations (Rép. n° 2326; Aubry et Rau, loc. cit.). En pareil cas, le juge ne pourrait, sans le consentement de tous les ayants droit, prescrire l'emploi des fonds en prêts ou en dépôt dans un établissement autre que la Caisse des dépôts et consignations, non plus qu'en obligations du Crédit foncier (Civ. rej. 29 août 1870, aff. Lenfant et Bouclier, D. P. 71. 1. 353).

1427. La collocation provisoire à laquelle donnent lieu les créances conditionnelles n'empêche pas que l'immeuble soit libéré et que l'acquéreur ait le droit de se faire donner mainlevée des inscriptions (Rép. n° 2327). Relativement aux inscriptions d'hypothèques légales prises au profit des femmes, mineurs ou interdits, on a critiqué au Rép. n° 2328, la rédaction de l'art. 2195, § 2, c. civ., portant que, « s'il existe des créanciers antérieurs qui absorbent le prix en totalité ou en partie, l'acquéreur est libéré du prix ou de la portion du prix par lui payée aux créanciers placés en ordre utile »; et les inscriptions du chef des femmes, mineurs ou interdits, seront rayées, ou en totalité ou jusqu'à due concurrence ». On a dit que la radiation de ces inscriptions, en cas de collocation partielle des femmes, mineurs ou interdits, n'est opérée qu'au moment où ces créanciers reçoivent le montant de leur collocation. Mais, depuis la loi du 21 mai 1858, qui a réformé le titre de l'ordre au code de procédure civile, la radiation, totale ou partielle, des inscriptions de créanciers sur lesquelles les fonds manquent, en tout ou en partie, peut être exigée par l'acquéreur avant l'acquittement des bordereaux; le juge doit l'ordonner dans le procès-verbal de règlement amiable ou dans l'ordonnance de clôture de l'ordre (c. proc. civ., art. 751 et 759); et, par conséquent, il est exact que les inscriptions des créanciers à hypothèque légale colloqués partiellement doivent être d'abord rayées pour tout ce qui excède la collocation, et, en d'autres termes, qu'elles doivent être réduites à concurrence de cette collocation (V. Rép., v° Ordre entre créanciers, n° 1437).

1428. Les créances conditionnelles ou éventuelles qui se présentent le plus fréquemment en pratique sont celles des femmes mariées contre leur mari et celles des mineurs

---

(1) (Syndic Bottin C. Guérin). — Un jugement du 19 nov. 1863 a statué ainsi qu'il suit : — « Considérant que les offres faites aux époux Guérin par le sieur Cariot, syndic de la faillite Bottin sont insuffisantes; — Considérant, en effet, que le sieur Cariot aurait dû offrir, non pas seulement les arrérages échus de la rente viagère due aux époux Guérin, mais encore somme suffisante pour le service des arrérages futurs; — Considérant que cette obligation pour le sieur Cariot résulte du texte et de l'esprit de l'art. 1978 c. civ. qui ne pouvait pas se montrer moins favorable pour le créancier d'une rente viagère que pour le créancier d'une rente constituée, lequel, aux termes de l'art. 1912 du même code, peut exiger le remboursement du capital lorsque le débiteur ne remplit pas ses engagements; — Considérant qu'en supposant que la saisie des biens du débiteur de la rente viagère ne donne pas au créancier du moment qu'elle est pratiquée, le droit d'exiger l'emploi d'une somme suffisante pour le service à toujours des arrérages, elle lui confère évidemment ce droit lorsque la saisie pratiquée est une saisie immobilière qui a été transcrite, ce qui a eu lieu dans la cause actuelle, la transcription de la saisie ayant pour effet, conformément, aux art.

685 et suiv., c. proc. civ., de réaliser le gage des créanciers et de donner ouverture à l'exercice complet et rigoureux de leurs droits; — Considérant, d'un autre côté, que les offres du sieur Cariot étaient conditionnelles et soumises à la remise des pièces de la poursuite, ce qui ne pouvait être accepté par les époux Guérin, qui à la hauteur à laquelle la saisie était arrivée, étaient les mandataires légaux de tous les créanciers; — Dit à bon droit le rejet fait par les époux Guérin des offres du sieur Cariot, lesdites offres étant insuffisantes; dit et juge que le sieur Cariot pourrait néanmoins éviter les suites de l'expropriation en consignant dans la huitaine, à la Caisse des dépôts et consignations de Saint-Lô, la somme de 4000 fr. nécessaire pour assurer à toujours le service des arrérages de la rente viagère de 200 fr. due aux époux Guérin, mais sous la condition que les créanciers auront privilège ou hypothèque sur les biens saisis donneront à ce leur assentiment, etc. ». Appel par le sieur Cariot, syndic. LA COUR; — Adoptant les motifs, etc.; Confirme, etc.

Du 12 mars 1864. — C. de Caen, 2e ch.-MM. Lemenuet de la Jugannière, pr.-Boivins-Champeaux, av. gén.-Paris et Carel, av.

ou interdits contre leur tuteur. Il est aujourd'hui généralement admis en jurisprudence, comme on l'a déjà constaté au *Rép.* n° 2329, que, malgré les termes de l'art 2195, § 3, c. civ., l'existence d'inscriptions au profit des femmes mariées, des mineurs ou des interdits n'est pas toujours un obstacle à ce que l'acquéreur, même avant la dissolution du mariage ou la cessation de la tutelle, verse son prix aux mains des créanciers postérieurs en rang. Il convient d'examiner séparément, sous ce rapport, la situation des mineurs ou interdits et celle des femmes mariées.

1429. Pour les mineurs et interdits, comme leur hypothèque légale remonte invariablement au jour de l'entrée en fonctions du tuteur, on ne peut pas connaître, tant que la tutelle n'est pas finie et que le compte de tutelle n'est pas rendu, quelle sera l'importance de la créance garantie par cette hypothèque légale. Dans ces conditions, les représentants du mineur ou de l'interdit auraient à la rigueur le droit d'exiger que le prix de l'immeuble grevé de son hypothèque restât entre les mains de l'acquéreur ou fût consignée, jusqu'à ce que la créance de l'incapable pût être déterminée. Mais il arriverait souvent que les intérêts des créanciers postérieurs en rang seraient ainsi tenus en suspens et, par suite, lésés sans aucune utilité. On peut, en pratique, prévenir cet inconvénient en colloquant provisoirement les créanciers venant immédiatement après l'incapable, à charge par eux de s'obliger à rapporter les deniers, s'il y a lieu, après la radiation du compte de tutelle, et de fournir une garantie hypothécaire ou une caution suffisante pour assurer cette restitution (Comp. en ce sens, Civ. cass. 9 janv. 1855, aff. Alcat, D. P. 55. 1. 28. V. aussi Pont, t. 2, n° 1426; Aubry et Rau, t. 3, § 295, p. 543; Thézard, n° 235; Dalmbert, n° 174). — Dans le cas où cette combinaison ne pourrait être adoptée, lorsque, par exemple, les créanciers postérieurs ne pourraient pas offrir un gage suffisant, on a pensé que le juge chargé du règlement d'ordre aurait le droit d'évaluer le maximum de la créance future de l'incapable, et de colloquer définitivement les autres créanciers sur le restant du prix (Bertauld, *Revue pratique de droit français*, 1860, t. 10, p. 214 et suiv.). Mais le juge n'a aucun moyen de prévoir toutes les circonstances susceptibles d'augmenter la fortune du mineur ou de l'interdit; l'évaluation qu'on propose est donc impossible, et elle ne sauvegarderait pas toujours les intérêts de l'incapable. Si donc les créanciers postérieurs refusent ou ne sont pas à même de fournir des sûretés pour la restitution des deniers, leur collocation ne peut être que conditionnelle, et ils ne pourront être autorisés à en toucher le montant qu'après la fixation des droits du mineur ou de l'interdit (V. en ce sens, Aubry et Rau et Dalmbert, *loc. cit.*).

1430. Si, d'ailleurs, le mineur se trouve avoir, au moment du règlement de l'ordre, une créance certaine et liquide contre son tuteur, telle, par exemple, que la créance des reprises de sa mère, nous pensons qu'il peut être colloqué immédiatement et définitivement pour le montant de cette créance (V. en ce sens, Paris, 21 janv. 1875, *supra*, n° 1142). Il a été jugé aussi que, lorsque la créance du mineur est susceptible d'être liquidée immédiatement, le juge peut le colloquer provisoirement pour une somme qu'il évalue et fixer un délai pendant lequel la créance devra être liquidée définitivement (Bourges, 17 févr. 1872, *supra*, v° *Ordre entre créanciers*, n° 57). — On a fait contre ces solutions deux objections. On a dit, d'abord, que tant que dure la tutelle et que le compte de tutelle n'est pas rendu, la créance du mineur contre son tuteur reste indéterminée, parce qu'elle reste susceptible de se compenser avec des créances éventuelles du tuteur contre le mineur, et qu'ainsi on ne peut pas savoir quel sera le reliquat du compte de tutelle. On a dit aussi que si le mineur pouvait obtenir une collocation immédiate sur les biens du tuteur, ce serait ce dernier qui toucherait le montant de cette collocation, ce qui serait fort dangereux pour le mineur, alors que les biens du tuteur seraient vendus. Il a été jugé, dans le sens de cette doctrine, qu'aucune attribution définitive ne peut être faite au mineur, lorsqu'un ordre est ouvert sur le prix d'un immeuble du tuteur vendu au cours de la tutelle; qu'il convient alors de colloquer conditionnellement le mineur au rang de son hypothèque légale et de pourvoir à ce que le montant de la collation soit conservé pour lui être remis, s'il y a lieu, après le compte de

gestion du tuteur (Alger, 12 mai 1880, *supra*, v° *Minorité, tutelle, émancipation*, n° 577. V. aussi en ce sens: Cologne, 24 août 1846, aff. Heuser, D. P. 47. 2. 217; Aubry et Rau, t. 3, § 295, p. 546). Mais les solutions adoptées par les arrêts précités de la cour de Paris et de la cour de Bourges nous paraissent plus conformes aux principes. Lorsque le mineur est dès à présent le créancier du tuteur, il a par cela même le droit d'être immédiatement colloqué; sa situation est la même que celle de la femme qui est créancière de son mari et à laquelle on ne refuse pas une collocation actuelle dès avant la dissolution de la communauté, alors même que par la suite le mari pourra devenir aussi son créancier (V. *infra*, n° 1433). Il est de principe d'ailleurs que lorsque le tuteur doit de l'argent au mineur, il doit l'encaisser pour le mineur même pendant la tutelle: *A semetipso exigere debet* (V. *Rép.*, v° *Minorité, tutelle, émancipation*, n° 490). Quant à l'inconvénient qu'il peut y avoir à laisser toucher par le tuteur le montant de la collocation du mineur, c'est au conseil de famille et aux tribunaux à y parer; il leur appartient alors de prendre les mesures nécessaires pour sauvegarder les intérêts du mineur (V. *supra*, v° *Minorité, tutelle, émancipation*, n° 273).

1431. Quand l'ordre se règle après que la tutelle a cessé soit par la majorité du mineur, soit par la démission ou la révocation du tuteur ou de toute autre manière, le mineur doit évidemment obtenir une collocation définitive. Si le compte de tutelle n'est pas encore rendu, il y a lieu de surseoir au règlement de l'ordre et d'impartir au mineur un délai pour faire liquider sa créance (Cologne, 24 août 1846, aff. Heuser, D. P. 47. 2. 217).

1432. En ce qui concerne les créances des femmes mariées contre leur mari, elles ne sont pas toutes, comme celles des mineurs ou interdits contre leur tuteur, garanties contre une hypothèque légale remontant à la même date. Il y a lieu de distinguer, quant à ces créances, suivant qu'elles sont *déjà nées et ouvertes* ou *certaines* au moment du règlement de l'ordre, ou qu'elles sont *déjà nées, mais subordonnées à une condition*, ou enfin que, n'étant pas encore nées, elles sont purement *éventuelles*.

1433. Si les créances de la femme sont déjà nées et ouvertes au moment où l'ordre a lieu, s'il est dès lors certain qu'elle est créancière du mari, soit pour ses apports dotaux, soit pour le prix de ses propres aliénés, elle a le droit d'être colloquée actuellement et définitivement à la date de son hypothèque légale. Elle a ce droit lorsqu'elle est séparée de biens, car c'est le droit de tout créancier. Elle l'a aussi quand même elle se trouve sous un autre régime que la séparation de biens; seulement, dans ce cas, elle ne pourra toucher le montant de sa collocation qu'après la dissolution du mariage ou la séparation de biens judiciaire, et le juge devra prendre les dispositions nécessaires pour assurer la conservation du capital, sauf au mari le droit d'en percevoir les intérêts (V. en ce sens: Civ. cass. 24 juill. 1821, *Rép.* v° *Contrat de mariage*, n° 3811; Pau, 31 déc. 1834, *ibid.*; Riom, 11 janv. 1843, *Rép.* n° 3330-10°; Toulouse, 30 juin 1858, aff. Loubet, D. P. 59. 5. 77; Agen, 17 déc. 1866, aff. Dudevant, D. P. 67. 2. 56; Civ. cass. 19 nov. 1872, aff. Noël Burgues, D. P. 73. 1. 38. Comp. Civ. rej. 24 mai 1869, aff. Combe et Billon. D. P. 69. 1. 276; Civ. cass. 26 janv. 1875, aff. Danis, D. P. 75. 1. 52, Trib. de Saint-Lô, 7 févr. 1890, aff. Grente, D. P. 92. 2. 59; Req. 6 déc. 1882, aff. Ferrier, D. P. 83. 1. 219. V. aussi Aubry et Rau, t. 3, § 295, p. 546; Dalmbert, n°s 175 et suiv.).

1434. La femme peut demander collocation pour ses créances déjà nées et ouvertes, alors même qu'elles ne seraient pas liquides, car rien n'empêche de les liquider pendant le mariage, avant la clôture de l'ordre (Comp. Req. 21 juill. 1847, aff. Boisnard, D. P. 47. 1. 326; Agen, 17 déc. 1866, aff. Dudevant, D. P. 67. 2. 56).

1435. Si les créances de la femme sont subordonnées à une condition, par exemple à la condition qu'elle renoncera à la communauté ou qu'elle survivra au mari, il y a lieu de suivre alors les règles indiquées *supra*, n° 1426, pour les créances conditionnelles. Ainsi, la femme doit être colloquée provisoirement; mais les créanciers postérieurs peuvent demander la distribution à leur profit du montant de la collocation, en offrant d'en garantir la restitution, le cas échéant (V. Metz, 18 juill. 1820, *Rép.* n° 2330-3°; Montpellier, 19 mai 1824, *Rép.* n° 2330-5°; Grenoble, 6 janv. 1831,

Rép. v° *Dispositions entre vifs et testamentaires*, n° 1434-2°; Riom, 11 févr. 1841, *Rép.* n° 2330-8°; Aubry et Rau, t. 3, § 295, p. 546 et suiv.; Dalmbert, n°s 176 *a* et suiv.). Il a été jugé qu'en *cas* d'insuffisance du capital resté libre sur le prix des biens du mari pour être affecté au *payement* d'une créance conditionnelle de la femme, spécialement d'un gain de survie, les intérêts de ce capital ne doivent pas être attribués aux créanciers postérieurs, mais doivent être capitalisés au profit de la femme jusqu'à la constitution d'une somme égale à la créance conditionnelle (Civ. cass. 29 août 1870, aff. Lenfant et Bouclier, D. P. 71. 1. 353).

1436. Quant aux créances purement éventuelles qui pourront résulter au profit de la femme soit de l'aliénation de ses propres, soit des successions qu'elle recueillera, soit des abus de jouissance qui seront commis par son mari, soit enfin de toute autre cause, du moment que ces créances ne sont pas encore nées, la femme ne peut prétendre à aucune collocation de ce chef. Il est vrai que, parmi ces créances éventuelles, il en est (notamment celles résultant des abus de jouissance du mari. V. *supra*, n° 496) pour lesquelles l'hypothèque légale remonte à la date du mariage; néanmoins, la seule possibilité de la survenance de semblables créances ne suffit pas pour qu'on doive priver les créanciers du mari de la collocation actuelle et définitive à laquelle ils ont droit (Dalmbert, n°s 176 *a* et suiv.). Il a été jugé, en ce sens : 1° qu'au cas de vente, pendant le mariage, d'un immeuble grevé d'hypothèque légale de la femme, la portion du prix qui excède ce qui lui est présentement dû doit être attribuée aux créanciers postérieurs ou versée entre les mains du mari; qu'il n'y a pas lieu d'ordonner qu'elle restera consignée jusqu'au moment où, la société conjugale étant dissoute, le montant des droits et reprises de la femme pourra être déterminé (Agen, 17 déc. 1866, aff. Dudevant, D. P. 67. 2. 56); — 2° Que la femme dotale qui n'est actuellement créancière de son mari à aucun titre ne peut, sous prétexte qu'elle pourra ultérieurement le devenir, réclamer en vertu de son hypothèque légale, sa collocation dans un ordre ouvert pour la distribution du prix d'un immeuble vendu par son mari, et demander que ledit prix, placé en rentes sur l'Etat, soit indisponible en capital jusqu'à la dissolution de la communauté d'acquêts d'entre les époux (Bordeaux, 7 juill. 1874, aff. Laborde, D. P. 75. 2. 25). Cependant MM. Aubry et Rau, t. 3, § 295, p. 546, note 16, admettent que, pour les créances éventuelles qui sont susceptibles d'être garanties par une hypothèque légale à la date du mariage, la femme peut demander une collocation provisoire dont le montant sera apprécié par le juge (Comp. en ce sens, Poitiers, 14 déc. 1830, *Rép.* n° 903).

1437. Lorsque la femme s'est obligée solidairement ou conjointement avec le mari, pour les affaires de la communauté ou du mari, elle est réputée, dans ses rapports avec celui-ci, n'être que sa caution (c. civ. art. 1431). Si elle paye le créancier, elle aura un recours en indemnité contre le mari; mais, tant qu'elle n'a pas payé, ce recours n'est qu'éventuel. De là on a conclu qu'elle ne peut, avant d'avoir acquitté la dette de ses deniers, se faire colloquer pour le montant de cette dette sur les biens du mari (Lyon, 26 août 1814, et sur pourvoi, Req. févr. 1816, *Rép.* n° 2336). Mais, comme on l'a expliqué au *Rép.* n° 2332, il en est autrement quand le mari est tombé en faillite ou en déconfiture, ou même seulement quand la dette est échue : la femme puise alors dans l'art. 2032 c. civ. le droit d'agir en indemnité et, par suite, de se faire colloquer, même avant d'avoir payé. Et le même droit appartient aux créanciers subrogés dans l'hypothèque légale de la femme (V. les arrêts cités au *Rép.* n° 2232, et en outre : Paris, 8 janv. 1859, aff. Foigne-Marécat, D. P. 59. 2. 65; Caen, 31 août 1863, aff. Dame Lemuet et autres, D. P. 64. 2. 138; Lyon, 3 juill. 1867, et sur pourvoi, Civ. rej. 24 mai 1869, aff. Combe et Billon, D. P. 69. 1. 276; Nancy, 20 déc. 1871, aff. Simon-Remy, D. P. 72. 2. 35, et sur pourvoi, Civ. cass. 26 janv. 1875, D. P. 75. 1. 52; Amiens, 26 mai 1874, aff. Brunette et Choisy, D.P. 76. 2. 130; Agen, 20 mars 1889, aff. Escousse et Lalanne, D. P. 90. 2. 143). La femme, en ce cas, doit être colloquée définitivement, et non pas seulement provisoirement et sous la condition qu'elle n'aura droit à la collocation qu'après avoir payé le créancier (Civ. cass. 22 août 1876, *supra*, v° *Contrat de mariage*, n° 343). Et elle n'est pas tenue de jus-

tifier qu'elle sera en mesure de satisfaire à son engagement (Civ. rej. 24 mai 1869, précité). Le créancier que la femme a subrogé dans son hypothèque légale peut de même se faire colloquer à la date de l'obligation contractée par la femme pour son mari, bien que la femme soit décédée en état d'insolvabilité (Paris, 8 janv. 1859, précité), et alors même qu'elle n'aurait pas d'autre créance contre son mari que l'action en indemnité résultant pour elle de ladite obligation (Même arrêt). Le créancier du mari envers lequel la femme s'est portée caution, mais qui n'a pas été subrogé dans l'hypothèque légale, peut se faire payer au moyen d'une collocation en sous-ordre (Amiens, 26 mai 1874, précité). — Mais lorsque c'est la femme elle-même qui a obtenu collocation, elle ne peut en toucher le montant qu'après la dissolution du mariage ou la séparation de biens; des dispositions doivent être prises par le juge pour assurer la conservation des deniers (V. *supra*, n° 1433).

1438. Si la dette contractée par la femme dans l'intérêt du mari n'est pas échue, et si le mari n'est pas en faillite ou en déconfiture, la femme ne peut alors invoquer l'art. 2032 c. civ. pour obtenir une collocation actuelle; mais elle peut réclamer une collocation provisoire ou conditionnelle (V. *Rép.* n° 2334).

1439. Il peut se faire que la condition affecte l'hypothèque elle-même, et non la créance. C'est ce qui a lieu, d'après la jurisprudence, lorsque le prix d'un immeuble de communauté est mis en distribution avant la dissolution de la communauté : l'hypothèque légale de la femme est alors subordonnée à la condition qu'elle renoncera plus tard à la communauté (V. *supra*, n° 504). Il a été jugé qu'en pareil cas la femme ne peut pas obtenir collocation sur le prix de l'immeuble, même provisoirement et sous la condition suspensive de sa renonciation (Metz, 31 déc. 1867, aff. Dame Bidault, D. P. 68. 2. 145). Mais cette décision méconnaît les droits de la femme. Il a été jugé, avec plus de raison, que la femme conserve, tant qu'elle n'a point accepté la communauté, un droit éventuel à être colloquée, en vertu de son hypothèque légale, sur le prix des acquêts aliénés par son mari; qu'il doit alors lui être accordé une collocation provisoire et subordonnée à la décision qu'elle prendra lors de la dissolution de la communauté (Bastia, 25 janv. 1862, aff. Alfonsi, D. P. 68. 2. 147 ; Pau, 23 juin 1884, aff. Vignalon, D. P. 85. 2. 253).

SECT. 4. — DU CONCOURS DES HYPOTHÈQUES GÉNÉRALES AVEC LES HYPOTHÈQUES SPÉCIALES (*Rép.* n°s 2345 à 2369).

1440. C'est un principe généralement admis que le créancier ayant une hypothèque générale, ou une hypothèque spéciale s'étendant à plusieurs immeubles, peut exercer son hypothèque sur tous ces immeubles à la fois ou sur celui seulement qu'il a intérêt à choisir (V. *Rép.* n° 2343 et les arrêts cités n° 2346. — *Adde* : Montpellier, 26 juill. 1843, et sur pourvoi, Req. 24 déc. 1844, aff. De Légier, D. P. 43. 1. 53 ; 16 août 1847, aff. Cromarias, D. P. 47. 1. 304 ; Bourges, 30 nov. 1853, aff. Veuve Gros, D. P. 54. 2. 52 ; 18 janv. 1854, aff. Gaudry, D. P. 55. 2. 59 ; Civ. cass. 29 janv. 1855, aff. Lesegrétain, D. P. 55. 1. 172 ; 3 mars 1856, aff. Lorrain, D. P. 56. 1. 321 ; Caen, 31 mars 1863, aff. Dame Lemuet et autres, D. P. 64. 2. 138 ; 26 nov. 1870, aff. Juin, D. P. 73. 2. 181 ; Douai, 9 déc. 1871, aff. Braquehay, D. P. 72. 5. 268 ; Lyon, 10 août 1880, aff. Crédit lyonnais, D. P. 81. 2. 160 ; Paris, 27 avr. 1888, aff. Larjaud, D. P. 2. 306. V. aussi en ce sens : Pont, t. 1, n° 336 ; Aubry et Rau, t. 3, § 284, p. 413 ; Laurent, t. 30, n° 181). Le créancier peut, d'ailleurs, requérir collocation sur l'immeuble qu'il a choisi, soit pour la totalité, soit seulement pour partie de sa créance (Bruxelles, 29 janv. 1851, aff. Guilmot, D. P. 52. 2. 28).

1441. Le créancier a aussi le droit de renoncer à une hypothèque ou de donner mainlevée de son inscription, en tant que cette hypothèque ou cette inscription affecte certains immeubles du débiteur, afin de la circonscrire sur d'autres immeubles (V. les arrêts cités au *Rép.* n° 2353-1° et 2° ; Caen, 26 nov. 1870, cité *supra*, n° 1440). — Il peut même renoncer au bénéfice d'une collocation définitive sur le prix d'un des immeubles hypothéqués, pour exercer des poursuites sur les autres (Caen, 26 nov. 1870, précité).

1442. Le créancier subrogé dans une hypothèque générale ou dans une hypothèque portant sur plusieurs immeubles jouit des mêmes facultés (Bruxelles, 29 janv. 1851; Bourges, 18 janv. 1854; Civ. cass. 29 janv. 1855; 3 mars 1856; Lyon, 10 août 1880, cités *suprà*, n° 1440. V. toutefois, *infrà*, n° 1448).

1443. De la règle que le créancier ayant une hypothèque générale est maître d'exercer son droit sur un seul des immeubles, sans que les créanciers spéciaux, inscrits après lui, puissent le contraindre à diviser sa créance et son hypothèque, il résulte que si le prix d'un des immeubles est distribué dans un ordre séparé, le juge-commissaire ou le tribunal ne peut pas surseoir à la distribution de ce prix jusqu'à l'ouverture d'un autre ordre sur le prix des autres immeubles (Douai, 9 déc. 1871, aff. Braquehay, D. P. 72. 5. 268).

1444. Quelques arrêts cependant ont admis un tempérament au droit absolu du créancier d'obtenir collocation sur l'immeuble qu'il désigne. Il a été jugé : 1° que la collocation du créancier à hypothèque générale ne peut, s'il n'y a pour ce créancier motif sérieux et intérêt réel, être faite en premier lieu sur les biens affectés par hypothèque spéciale ; qu'elle doit, au contraire, être faite de manière à laisser produire effet aux hypothèques spéciales dans l'ordre de leur date (Grenoble, 14 avr. 1848, aff. Valette, D. P. 51. 2. 227) ; — 2° Qu'un créancier à hypothèque générale peut être déclaré mal fondé à faire porter son hypothèque sur un seul des immeubles hypothéqués à sa créance, en cédant, par exemple, son rang d'antériorité, quant aux autres immeubles, à des créanciers inscrits sur ce dernier bien, s'il est établi qu'il n'a fait cette cession que dans un esprit de fraude et par des moyens que l'honnêteté repousse ; et spécialement, que son action a pu être écartée, s'il est établi, en fait, que, lors de la cession d'antériorité par lui consentie, le créancier à hypothèque générale savait que le tiers détenteur contre lequel il se proposait de concentrer cette action avait déjà payé son prix à son vendeur, et l'avait payé sans purge, sur l'assurance, à lui donnée par le mandataire de ce créancier, que les autres immeubles hypothéqués suffisaient au payement des créances inscrites (Req. 22 avr. 1856, aff. Troche, D. P. 56. 1. 326).

1445. Ce tempérament, admis dans le cas où le créancier agit sans intérêt et par malice, a surtout sa raison d'être lorsque le prix de tous les immeubles grevés de l'hypothèque générale et des hypothèques spéciales est distribué dans un ordre unique (V. *Rép.* n° 2355 et suiv. ; Req. 5 août 1847, aff. Morange, D. P. 47. 1. 304 ; Lyon, 24 mai 1850, aff. Veuve Delornage, D. P. 55. 2. 177).

1446. Mais dès que le créancier a un intérêt légitime à faire valoir son hypothèque générale sur un immeuble plutôt que sur un autre, sa prétention doit être accueillie. Cet intérêt légitime peut consister notamment en ce que l'adjudicataire de l'un des immeubles semble présenter plus de solvabilité que les autres (Req. 24 déc. 1844, aff. De Légier, D. P. 45. 1. 53), ou en ce que le créancier a pour but de faire arriver en ordre utile une autre créance lui appartenant et qui est garantie par une hypothèque spéciale sur les autres immeubles (Même arrêt, et Riom, 10 juill. 1846, aff. Rougier et cons., D. P. 46. 2. 180 ; Req. 16 août 1847, aff. Cromarias,

D. P. 47. 1. 304 ; Bruxelles, 29 janv. 1851, aff. Guilmot, D. P. 52. 2. 28 ; Bourges, 30 nov. 1853, aff. Veuve Gros, D. P. 54. 2. 52 ; 18 janv. 1854, aff. Gaudry, D. P. 55. 2. 59). Il a encore été jugé, en ce sens, que si la faculté qui appartient au créancier à hypothèque générale de faire porter cette hypothèque sur celui des immeubles grevés qu'il croit devoir choisir, peut être tempérée par des considérations d'équité, dans l'intérêt des tiers, lorsqu'il n'en résulte aucun préjudice pour ce créancier, il en est autrement lorsque l'équité elle-même exige que la créance soit acquittée sur le prix de l'immeuble désigné par le créancier hypothécaire, et notamment lorsque ce créancier n'a recours à l'hypothèque que pour remplacer un privilège spécial dont cet immeuble était grevé et qui a été éteint faute d'inscription en temps utile (Caen, 31 août 1863, aff. Lemuet et autres, D. P. 64. 2. 138).

1447. D'après une opinion, qui est rapportée au *Rép.*, n° 2349, le créancier qui avait une hypothèque spéciale sur un immeuble dont le prix a été absorbé par un créancier à hypothèque générale, serait de plein droit subrogé aux droits de ce dernier. Mais cette opinion n'a pas trouvé faveur dans la doctrine et dans la jurisprudence ; elle tendait à faire admettre une subrogation légale en dehors des conditions déterminées par la loi (V. les arrêts cités au *Rép.* n° 2351. V. aussi Aubry et Rau, t. 3, § 284, p. 414, note 22 ; Laurent, t. 30, n° 185 ; Thézard, n° 222).

1448. Comme on l'explique au *Rép.* n° 2353, le créancier à hypothèque spéciale qui est exposé à se voir primer par un créancier à hypothèque générale, n'a d'autre moyen, pour prévenir ce résultat, que de payer le créancier qui le prime. Si celui-ci refuse le payement, il peut lui faire des offres réelles. Par ce moyen, il sera subrogé à l'hypothèque générale, conformément à l'art. 1251-1° (V. *suprà*, v° *Obligations*, n° 778). Il pourra ainsi exercer cette hypothèque générale sur les immeubles non soumis à sa propre hypothèque, de manière à laisser libre le prix des immeubles affectés spécialement à sa créance personnelle (V. les arrêts cités au *Rép.* n° 2353, et *suprà*, n° 1446).

Toutefois, suivant une opinion, la subrogation ainsi obtenue ne permet pas au créancier subrogé de se faire colloquer au préjudice d'un autre créancier ayant une hypothèque antérieure et datée à la sienne. En d'autres termes, le créancier subrogé ne peut faire, vis-à-vis d'un autre créancier plus ancien que lui et inscrit sur un immeuble non grevé de sa propre hypothèque, ce que le créancier à hypothèque générale aurait pu faire, à savoir, exercer de préférence l'hypothèque générale sur cet immeuble de manière à rendre inefficace l'hypothèque spéciale plus ancienne que celle du subrogé. On soutient que l'interversion de rang qui résulterait de ce principe en faveur du subrogé serait contraire au principe général du régime hypothécaire, à la règle *Prior tempore, potior jure* : les collocations, dit-on, doivent toujours être faites de manière que les créanciers plus anciens soient payés de préférence aux créanciers plus récents (V. en ce sens, Paris, 28 août 1816, *Rép.* n° 2364-1° ; Riom, 18 janv. 1828, *Rép.* n° 2351-5° ; Agen, 6 mai 1830, *Rép.* n° 2351-6° ; Grenoble, 14 avr. 1848, aff. Valette, D. P. 51. 2. 227 ; 20 août 1853 (1) ; Troplong, t. 3, n° 757 ; Aubry et Rau, t. 3, § 284, p. 414, note 24). Mais la

---

(1) (Fournet C. Chollier.) — LA COUR ... Sur la deuxième question, au fond ; — Attendu que si, en principe général, il est juste que celui qui acquitte un droit soit subrogé à ce droit, il faut cependant que cette faculté ne devienne pas un moyen de détruire des garanties spéciales données et reçues de bonne foi et de faire produire à la loi un effet contraire à celui qu'elle a en vue ; — Attendu que l'on ne peut contester au créancier à hypothèque générale le droit de s'adresser à telle ou telle partie des immeubles qui lui ont été affectés, par la raison que les créanciers postérieurs qui ont acquis des hypothèques spéciales sur ces mêmes biens sont avertis de l'existence de cette première affectation, et que, s'ils ont traité avec le débiteur malgré le danger, c'est un risque qu'ils ont volontairement couru et sur lequel la loi leur avait pris soin de les éclairer ; — Attendu que, si l'on autorisait un créancier à hypothèque spéciale à se subroger aux droits d'une hypothèque générale, dans l'unique but d'en diriger, pour la dériver plus tard de manière qu'elle assure à son titre spécial un droit de préférence à un autre créancier aussi spécial, dont il savait l'inscription antérieure à la sienne, ce serait bouleverser la base du système hypothécaire, en changer

le but, puisque, de cette manière, il rendrait illusoire les garanties qui reposent sur l'intention des parties, sur le rang accepté par les divers créanciers et sur l'interprétation la plus équitable des termes et de l'esprit de la loi ; — Attendu que ces principes sont applicables à la cause, car il est évident que la subrogation acquise par les sieurs Chollier n'a d'autres motifs que de faire admettre leur inscription au détriment d'une autre dont il connaissait l'existence antérieure à la loi, qui a voulu que l'efficacité et la préférence parmi les inscriptions spéciales fussent réglées par leur date, au bureau des hypothèques ; — Par ces motifs, faisant droit à l'appel interjeté par Fournet envers le jugement du tribunal de Vienne du 19 janv. 1853, dit et prononce que les offres réelles faites par les sieurs Chollier à la dame Collin-Ginet sont nulles et de nul effet ; les déclare non recevables et mal fondées dans leur production du chef de la dame Collin-Ginet ; rejette la collocation qu'ils ont obtenue au premier rang hypothécaire dans l'ordre Fournet. — Du 20 août 1853.-C. de Grenoble 2e ch.-MM. Marion, pr.-Bigillon, av. gén.-Cautel et de Ventavon aîné, av.

règle : *Prior tempore, potior jure* n'est pas applicable entre deux hypothèques spéciales qui ne portent pas sur les mêmes immeubles. Cette règle exige, au contraire, que l'hypothèque générale, qui est la plus ancienne et dans laquelle le créancier à hypothèque spéciale est subrogé, prime l'autre hypothèque spéciale. Or, nous avons vu qu'on admet qu'un même créancier ayant à la fois une créance garantie par une hypothèque générale et une autre créance garantie par une hypothèque spéciale, peut exercer son hypothèque générale de manière à faire arriver en ordre utile son hypothèque spéciale; on reconnaît qu'il y a pour lui un intérêt légitime à procéder ainsi (V. *supra*, n° 1446). Pourquoi alors ne pas reconnaître le même droit au créancier subrogé dans l'hypothèque générale? On ne peut, comme le dit fort bien M. Pont, t. 1, n° 341, contester au subrogé, sous le prétexte d'un préjudice indirect qui en résulterait pour un tiers, l'exercice d'un droit contre le débiteur dans la mesure même où ce droit aurait pu être exercé par le subrogeant. Qu'importe que la créance propre du subrogé soit antérieure ou postérieure à l'autre créance spéciale? La subrogation, fût-elle acquise au dernier des créanciers, doit produire à son profit les mêmes effets qu'au profit du premier. Le subrogé doit donc pouvoir, en vertu du principe de l'indivisibilité de l'hypothèque, se faire colloquer, comme l'aurait pu le subrogeant, sur tel immeuble qu'il a intérêt à choisir, quel que soit le préjudice qui doive en résulter pour les créanciers inscrits postérieurement sur cet immeuble (V. en ce sens, Civ. cass. 4 mars 1833, et sur renvoi, Bordeaux, 26 févr. 1834, *Rép.* n° 2365, et les arrêts cités *supra*, n° 1446. V. aussi Pont, *loc. cit.*; Laurent, t. 30, n° 185). — Cependant, il faut bien remarquer que tout créancier a le droit de s'assurer le bénéfice de la subrogation : de même que le créancier dont l'hypothèque spéciale est la plus récente a pu se faire subroger dans l'hypothèque générale, de même celui dont l'hypothèque spéciale est la plus ancienne peut offrir aussi au créancier subrogé le payement de la créance garantie par l'hypothèque générale et se faire à son tour subroger dans cette hypothèque. De là résulterait un circuit d'actions, et pour l'éviter, le seul moyen équitable serait de colloquer la créance garantie par l'hypothèque générale sur le prix de chacun des immeubles grevés des hypothèques spéciales, proportionnellement à la valeur de ces immeubles (V. en ce sens, *Rép.* n° 2354; Mourlon, *Traité de la subrogation*, p. 117. — Comp. *supra*, v° *Obligations*, n° 780). On a proposé, comme moyen de prévenir le circuit d'actions, de colloquer le créancier à hypothèque générale d'abord sur le prix de l'immeuble grevé de l'hypothèque spéciale la plus récente, de telle sorte que les créanciers plus anciens soient payés les premiers, suivant l'ordre de leurs inscriptions (V. Angers, 1er févr. 1844, *Rép.* n° 2364-2°). Mais on accorde ainsi aux créanciers plus anciens, par rapport aux plus récents, un droit de préférence que rien ne justifie, puisque tous ne sont pas inscrits sur les mêmes immeubles (V. *infra*, n° 1449).

1449. Lorsque le prix de divers immeubles grevés d'hypothèques spéciales se distribue dans un ordre unique, et même aussi en cas d'ordres séparés, il peut se faire que le créancier à hypothèque générale n'ait pas d'intérêt à être colloqué sur un immeuble plutôt que sur un autre ou sur tous ceux dont le prix est en distribution. Alors encore, il y a lieu d'examiner comment le juge devra colloquer ce créancier par rapport aux créanciers à hypothèque spéciale. Deux systèmes ont divisé sur ce point la jurisprudence. D'après le premier, le créancier à hypothèque générale doit être colloqué sur les immeubles grevés des hypothèques spéciales au marc le franc de leur valeur, et les créanciers à hypothèque spéciale viendront chacun sur ce qui restera du prix de l'immeuble qui lui est affecté (V. *Rép.* n° 2357 et suiv.; Pont, t. 1, n° 343; Mourlon, *Traité de la subrogation*, p. 117 et suiv. V. aussi Trib. Clermont-Ferrand, 26 août 1850, et Riom. 7 juill. 1851, sous Civ. rej. 26 déc. 1853, aff. Belledent-Dugoût, D. P. 55. 1. 200). D'après le second système, les collocations doivent être faites de manière que les créanciers à hypothèque spéciale arrivent en ordre utile suivant les dates de leurs inscriptions, bien qu'ils ne soient pas inscrits sur les mêmes immeubles (V. *Rép.* n° 2359 et suiv.; Aubry et Rau, t. 3, § 285, p. 415, note 26). — De ces deux systèmes, c'est le premier qui, à notre avis, doit être

adopté. En effet, comme le dit la cour de cassation dans un arrêt qui, sans avoir consacré formellement ce premier système, lui est au moins très favorable (Civ. rej. 26 déc. 1853, précité), « les créanciers dont les hypothèques portent sur des immeubles différents ne peuvent pas se prévaloir entre eux de l'ordre de leurs inscriptions ». On objecte qu'il est néanmoins dans l'esprit général du système hypothécaire d'avoir égard à l'antériorité des droits acquis. Mais une telle considération n'est pas, selon nous, suffisante pour faire admettre un droit de préférence au profit des plus anciens créanciers. Tout créancier ayant obtenu une hypothèque spéciale sur un immeuble déjà grevé d'une hypothèque générale a dû s'attendre, il est vrai, à être primé par toute la créance garantie par l'hypothèque générale dans le cas où le titulaire de cette créance aurait intérêt à se faire colloquer intégralement sur l'immeuble; mais, en dehors de ce cas exceptionnel, il a dû penser que l'hypothèque générale se répartirait sur l'ensemble des immeubles du débiteur, et il serait injuste que le créancier à hypothèque spéciale le plus récent fût obligé de supporter seul la charge de l'hypothèque générale pour qu'un autre créancier à hypothèque spéciale, dont il ignorait peut-être l'existence, fût payé entièrement (V. en ce sens, Pont, *loc. cit.*, et la note sous Civ. rej. 26 déc. 1853, précité).

Sect. 5. — De la subrogation d'hypothèque, et particulièrement de la subrogation d'hypothèque autre que la subrogation à l'hypothèque légale de la femme mariée (*Rép.* n° 2370 à 2387).

1450. L'expression *subrogation d'hypothèque* peut désigner deux opérations bien distinctes. Dans son sens propre, elle s'applique à la subrogation qui résulte du payement au profit de celui qui acquitte la dette d'autrui. Dans un sens dérivé, elle est employée en pratique pour désigner la cession d'hypothèque ou de rang qui peut avoir lieu par convention, indépendamment de tout payement. Afin de ne pas confondre ces deux sortes d'opérations, nous les distinguerons en les désignant, la première sous le nom de *payement avec subrogation d'hypothèque*, et la seconde, sous le nom de *subrogation-cession d'hypothèque*.

1451. — I. PAYEMENT AVEC SUBROGATION D'HYPOTHÈQUE. — C'est au mot *Obligations* qu'il est traité d'une manière générale du payement avec subrogation (V. ce mot, *supra*, n° 744 et suiv.; *Rép.* n° 1817 et suiv.). Nous citerons seulement ici quelques décisions se rapportant plus spécialement à notre matière.

1452. La subrogation qui résulte du payement peut être conventionnelle ou légale, et la subrogation conventionnelle, quand elle est consentie par le créancier qui reçoit son payement, peut être constatée par un acte sous seing privé. C'est une question controversée que de savoir si cette subrogation consentie dans une simple quittance sous seing privé peut être opposée aux tiers sans que la quittance ait date certaine (V. *supra*, v° *Obligations*, n° 755 et suiv.). En tout cas, il a été jugé que la mention de la subrogation en marge de l'inscription de l'hypothèque affectée à la sûreté de la créance n'est pas nécessaire pour que la subrogation, constatée dans un acte sous seing privé ayant acquis date certaine, soit opposable aux tiers (Toulouse, 21 juin 1887, aff. Graves, D. P. 88. 2. 77). L'art. 9 de la loi du 23 mars 1855, qui, pour le cas de subrogation-cession de l'hypothèque légale d'une femme mariée, exige que l'hypothèque soit inscrite au profit du subrogé ou que mention de la subrogation soit faite en marge de l'inscription prise au profit de la femme, n'est certainement pas applicable à la subrogation résultant du payement (Même arrêt).

1453. L'art. 1251 c. civ. indique les différents cas où la subrogation a lieu légalement. Conformément au n° 2 de cet article, l'adjudicataire sur saisie immobilière qui emploie tout ou partie du son prix au payement des créanciers hypothécaires, est subrogé de plein droit dans leurs hypothèques. D'autre part, comme à partir de la transcription du jugement d'adjudication le renouvellement des inscriptions n'est plus nécessaire (*supra*, n° 1088), l'adjudicataire peut, comme subrogé aux droits des créanciers, se faire colloquer dans l'ordre pour les sommes qu'il leur a payées en déduction de son prix, alors même que les inscriptions n'ont pas

été conservées ou même qu'elles ont été radiées (Lyon, 18 févr. 1876, et sur pourvoi, Req. 22 janv. 1877, aff. Delestre, D. P. 77. 1. 249). Et si l'adjudicataire, depuis le jugement, a grevé l'immeuble de nouvelles hypothèques, puis a aliéné l'immeuble, il est nécessaire alors d'établir deux ordres distincts, l'un pour la distribution du prix de la première vente, entre les créanciers inscrits avant la transcription de l'adjudication, et l'autre pour la distribution du prix de la seconde vente, entre les créanciers inscrits depuis ladite transcription (Mêmes arrêts).

1454. L'acquéreur d'un immeuble qui a payé en déduction de son prix une somme due au premier créancier inscrit et qui est subrogé dans l'hypothèque de ce créancier jusqu'à due concurrence doit, s'il notifie ensuite son contrat à tous les créanciers pour arriver à la purge, énoncer dans ses notifications le montant total de la créance dans laquelle il est subrogé, sans en excepter la somme qu'il a payée en déduction et pour laquelle il a le droit de faire valoir l'hypothèque. S'il a omis d'énoncer cette somme, les créanciers hypothécaires pourront soutenir qu'ils n'ont pas surenchéri parce qu'ils n'ont pas prévu devoir être primés pour cette somme qui ne leur était pas indiquée (V. *suprà*, n° 1348). Et dans le cas surtout où l'acquéreur aurait négligé de réclamer dans l'ordre la somme par lui payée, il n'en pourrait ultérieurement obtenir la restitution au préjudice des créanciers utilement et régulièrement colloqués (Paris, 8 déc. 1874, aff. Demoiselle Ract, D. P. 76. 2. 219, et sur pourvoi, Civ. rej. 9 avr. 1878, D. P. 78. 1. 372).

1455. Aux termes de l'art. 1252 c. civ., la subrogation au profit de celui qui a payé partiellement une créance ne peut nuire au créancier, qui conserve l'exercice de ses droits pour ce qui lui reste dû, par préférence à celui dont il n'a reçu qu'un payement partiel (V. *suprà*, v° *Obligations*, n° 838). Par application de cette règle, il a été jugé que l'acquéreur qui, avant de purger, a payé une partie d'une créance inscrite, ne peut obtenir collocation, comme subrogé, pour ce qu'il a payé, qu'après que le créancier remboursé partiellement a été lui-même colloqué pour ce qui lui reste dû (Colmar, 3 janv. 1825, *Rép.* n° 2386). On doit observer toutefois qu'il en serait autrement si l'acquéreur n'avait payé partiellement un créancier qu'après les notifications à fin de purge. Par l'effet de ces notifications, il serait devenu le débiteur direct des créanciers; par conséquent, en payant même partiellement un créancier inscrit, il aurait acquitté sa propre dette, et le créancier en partie désintéressé par lui devrait alors lui tenir compte sur sa collocation de ce qu'il aurait déjà reçu en déduction. Ici ne s'appliqueraient plus les règles de la subrogation (Comp. Lyon, 16 févr. 1876, sous Req. 22 janv. 1877, aff. Delestre, D. P. 77. 1. 249).

1456. Les art. 553 et suiv. c. com. établissent une sorte de subrogation légale, en matière de faillite, au profit de la masse des créanciers chirographaires, pour le cas où la distribution du prix des meubles du failli a précédé celle des immeubles et où les créanciers hypothécaires ont concouru à la première distribution et y ont reçu un dividende; la masse chirographaire a le droit, en ce cas, de reprendre dans la distribution du prix des immeubles, sur la collocation de chacun des créanciers hypothécaires qui viennent en ordre utile, la somme qu'ils ont touchée sur le prix des meubles ou une partie de cette somme, proportionnelle à la partie de leur créance qu'ils touchent sur les immeubles (V. *suprà*, v° *Faillites et banqueroutes*, n° 1139. V. aussi, Req. 4 juill. 1844, *Rép.* v° *Faillite*, n° 1073-2°). Il résulte d'un arrêt de la cour de cassation que les art. 553 et suiv. c. com. (art. 540 et suiv. antérieurement à la loi du 28 mai 1838) sont applicables, non seulement aux cas de faillite, mais à tous les autres cas analogues, de succession bénéficiaire, de cession de biens, de déconfiture, où les droits respectifs des créanciers hypothécaires et des créanciers chirographaires se trouvent en concurrence d'attribution sur le patrimoine d'un débiteur commun (Civ. cass. 22 janv. 1840, *Rép.* n° 2344. V. dans le même sens, la note sous Dijon, 7 juill. 1874, aff. Mathelin et Trochu, D. P. 77. 2. 105).

1457. — II. Subrogation-cession de l'hypothèque. — La subrogation qui consiste dans la cession de l'hypothèque ou du rang hypothécaire, est usitée dans la pratique surtout pour l'hypothèque légale des femmes mariées. C'est pourquoi il a été traité séparément de la subrogation à cette hypothèque légale (V. *suprà*, n° 513 et suiv.). Mais la cession de toute espèce d'hypothèque est possible, même séparément de la créance à laquelle l'hypothèque est attachée; c'est du moins l'opinion qui a été admise *suprà*, n° 414, et qui prévaut dans la doctrine et dans la jurisprudence.

1458. Comme on l'a vu *suprà*, n°s 529 et suiv., à propos de l'hypothèque légale des femmes mariées, la subrogation ou cession d'hypothèque peut avoir lieu, soit sous forme de cession de l'hypothèque seulement, soit sous forme de cession de la créance garantie par l'hypothèque, soit sous forme de cession d'antériorité ou de rang hypothécaire, soit même sous forme de renonciation à l'hypothèque ou au rang hypothécaire. Les distinctions qui ont été faites par la jurisprudence relativement à l'hypothèque légale des femmes mariées sont exactes pour toute espèce d'hypothèque.

1459. Les conditions d'authenticité et d'inscription établies par l'art. 9 de la loi du 23 mars 1855 pour que la subrogation à l'hypothèque légale d'une femme mariée soit valable et opposable aux tiers, ne sont pas applicables à la subrogation ou cession de toute autre hypothèque. Ces règles exceptionnelles ne sont pas, en effet, susceptibles d'être étendues par voie d'analogie (V. en ce sens Aubry et Rau, t. 3, § 288, p. 460).

1460. Il y a subrogation ou cession d'hypothèque proprement dite lorsqu'un créancier hypothécaire ou privilégié cède son hypothèque ou son privilège à un simple créancier chirographaire. Cette convention autorise le subrogé ou cessionnaire à exercer, pour obtenir payement de sa créance et dans la mesure de la créance du subrogeant ou cédant, les droits hypothécaires que celui-ci pourrait lui-même faire valoir. La validité de cette cession de l'hypothèque est encore contestée dans la doctrine; mais elle est admise par la majorité des auteurs et par la jurisprudence (V. *suprà*, n°s 414 et 531).

1461. Il y a simple cession d'antériorité ou de rang d'hypothèque lorsqu'il est convenu entre deux créanciers inscrits à des dates différentes sur le même immeuble que le second sera colloqué au lieu et place du premier, et réciproquement. La validité d'une telle convention a toujours été reconnue (V. *suprà*, n° 533). Mais il est bien entendu que le second créancier ne peut se faire colloquer au lieu et place du cédant qu'autant qu'il justifie, à l'époque de la collocation, que la créance du cédant existe encore et qu'elle a conservé le rang cédé (Req. 25 janv. 1853, aff. Charvin et Fischer, D. P. 53. 1. 12). Toutefois, le créancier auquel a été consentie la cession d'antériorité peut faire valoir cette cession à l'ordre ouvert, alors même que le cédant ne produit pas à cet ordre (Pau, 17 juin 1889, aff. Larrouy, D. P. 90. 2. 21).

1462. D'autre part, le créancier qui a cédé son rang de préférence à un autre créancier inscrit après lui peut se faire colloquer, pour sa propre créance, au rang du cessionnaire. De là, il résulte que si ce dernier a laissé périr son inscription et a ainsi perdu son rang, il doit indemniser le cédant du préjudice souffert par celui-ci; et ce préjudice équivaut à la somme qu'il aurait obtenue s'il avait pu se faire colloquer au rang du cessionnaire (Comp. Riom, 3 août 1863, aff. Veuve Pic, D. P. 63. 2. 133, cité *suprà*, n° 535).

1463. La cession d'antériorité ne doit causer aucun préjudice aux créanciers intermédiaires qui n'y ont point participé. Si cette cession n'est que partielle, la collocation du cessionnaire et du cédant ne peut pas excéder le montant de la créance du cédant, sauf à celui-ci à se faire colloquer pour le surplus de sa créance au rang de celle du cessionnaire. Le créancier qui, ayant hypothèque sur deux immeubles, a consenti une pareille cession et qui, par suite, n'a été colloqué que pour une portion de sa créance sur l'un des deux immeubles, ne peut, dans l'ordre ouvert sur l'autre immeuble, exercer ses droits pour le surplus, au préjudice d'un créancier intermédiaire dont l'hypothèque était inscrite après la sienne sur l'un et l'autre fonds (Req. 31 janv. 1853, aff. Cons. Courtier, D. P. 83. 1. 316).

1464. La cession d'antériorité ne devant pas nuire aux créanciers postérieurs au cédant, il est certain que le cessionnaire ne peut être colloqué au rang du cédant que dans

la mesure où celui-ci pourrait être colloqué lui-même tant pour le capital que pour les intérêts de sa créance. Mais si la créance du cédant est plus forte que celle du cessionnaire, celui-ci pourra-t-il se faire colloquer, aux dépens du cédant, non seulement pour son capital et trois années d'intérêts, mais pour **tous les intérêts qui peuvent lui être dus?** La solution de cette question dépend avant tout de l'intention des parties ; mais, dans le doute, on doit reconnaître au cédant le droit de se prévaloir, comme tout autre créancier, vis-à-vis du cessionnaire, de la disposition restrictive de l'art. 2151 c. civ. ; il doit donc pouvoir faire réduire la collocation du cessionnaire, quant aux intérêts, à trois années (Nancy, 13 juill. 1886, aff. Pinou, D. P. 87. 2. 141).

1465. La subrogation d'hypothèque ou la cession du rang hypothécaire peut résulter de la renonciation par le créancier à son hypothèque ou à son rang. Mais, comme nous l'avons déjà observé *suprà*, n° 540, si la renonciation pure et simple à une hypothèque peut être faite par celui qui s'en trouve investi sans qu'il devienne nécessaire que cette renonciation soit acceptée par qui que ce soit, il n'en est pas de même de la renonciation faite au profit d'une personne déterminée ; une pareille renonciation ne peut, en effet, que résulter d'une convention qui suppose nécessairement accord des deux volontés du cédant et du cessionnaire, ou constituer une libéralité qui ne peut produire effet que par l'acceptation du bénéficiaire (Pau, 17 juin 1889, aff. Larrouy, D. P. 90. 2. 21).

1466. La subrogation d'hypothèque ou la cession d'antériorité ne peut être valablement consenti que par le créancier qui a la libre disposition de ses droits, et spécialement de la créance hypothéquée. Il a été jugé que le créancier d'une rente viagère stipulée incessible et insaisissable et constituée à titre alimentaire ne peut céder le rang de l'hypothèque affectée à la garantie de cette rente à un créancier hypothécaire postérieur (Lyon, 28 avr. 1869, *suprà*, v° *Mariage*, n° 393 ; Trib. civ. Seine, 7 août 1890, *Journal des conservateurs des hypothèques*, 1891, art. 4152, p. 118. — V. toutefois, en sens contraire, Caen, 9 juill. 1862, *suprà*, v° *Mariage*, n° 393).

1467. Le créancier hypothécaire qui a reçu son payement ne peut plus consentir de subrogation d'hypothèque ni de cession d'antériorité, car sa créance est éteinte et son hypothèque a cessé d'exister (V. *infrà*, n° 1500). Mais s'il a reçu son payement d'un créancier inscrit après lui, ce créancier est subrogé de plein droit dans son hypothèque (c. civ. art. 1251-1°). La cession d'antériorité qu'il consentirait ensuite au profit de ce créancier serait inutile et ne conférerait pas plus de droits à celui-ci. A l'inverse, si un créancier consent d'abord une cession d'antériorité au profit d'un créancier subséquent et s'il reçoit ensuite son payement du cessionnaire, ce dernier, pour se faire colloquer au lieu et place du cédant, doit invoquer la cession et non la subrogation résultant du payement. Dans les deux cas, du reste, le résultat est le même (V. Lyon, 10 août 1880, aff. Crédit lyonnais, D. P. 81. 2. 160).

Sect. 6. — De la collocation des intérêts et des frais comme accessoires de la créance (*Rép.* n°s 2388 à 2433).

Art. 1er. — *De la collocation des intérêts* (*Rép.* n°s 2389 à 2440).

1468. Bien que l'hypothèque attachée à une créance s'étende de plein droit aux intérêts dont cette créance est productive, le législateur du code civil, comme on l'explique au *Rép.* n° 2389, n'a pas voulu que l'inscription prise pour le capital conservât aussi de plein droit tous les intérêts à échoir. Il a prévu que les tiers pourraient être trompés si le créancier avait le droit de se faire colloquer, en sus de son capital, pour tous les intérêts échus et accumulés depuis l'inscription ; les tiers, en effet, qui traiteraient avec le débiteur, comme acquéreurs ou comme créanciers, supposeraient naturellement que ces intérêts ont dû être payés au fur et à mesure des échéances ; et, alors même qu'ils se seraient fait représenter les quittances pour avoir la preuve du payement de ces intérêts, ils seraient encore exposés à être victimes d'une collusion entre le créancier et le débiteur, car, en supprimant les quittances, le débiteur pourrait

permettre au créancier de se faire colloquer pour des intérêts qui lui auraient déjà été payés. C'est pourquoi la loi a jugé nécessaire de décider que les intérêts postérieurs à l'inscription ne seraient garantis, au même rang que le capital, que pour deux années et l'année courante. Telle était la disposition de l'art. 2151 c. civ., dont le texte a été récemment modifié par une loi du 17 juin 1893 (D. P. 93. 4. 107).

1469. L'ancien art. 2151 c. civ. laissait indécise la question de savoir si la règle qu'il édictait était applicable aux créanciers privilégiés comme aux créanciers hypothécaires, et la jurisprudence, ainsi que la majorité des auteurs, avait résolu cette question par la négative (V. pour le privilège du vendeur, *suprà*, n° 310, et pour le privilège de séparation des patrimoines, *suprà*, n° 405). Cette solution résultait, disait-on, des termes mêmes de l'art. 2151, qui ne parlait que du « créancier *inscrit* pour un capital », du « rang d'*hypothèque* » et des « inscriptions particulières à prendre, *portant hypothèque* à compter de leur date », d'où l'on concluait que cette disposition restrictive ne pouvait pas être étendue aux privilèges. On ajoutait que la même solution était imposée par la nature du privilège ; qu'autrement le privilège se trouverait converti en hypothèque pour les intérêts de la créance privilégiée, sans que le créancier eût le moyen d'éviter cette dégénérescence de son droit, puisque les inscriptions qu'il pourrait prendre pour les intérêts échus ne lui donneraient rang qu'à leur date (V. en ce sens, Troplong, t. 1, n° 219 ; Pont, t. 1, n° 197, et t. 2, n° 1030 ; Aubry et Rau, t. 3, § 285, p. 422, note 15 ; Colmet de Santerre, t. 9, n° 131 *bis*-XVII). Quelques auteurs toutefois repoussaient cette théorie. A l'argument tiré du texte de l'art. 2151, ils répondaient que cet article, placé dans un chapitre commun aux privilèges et aux hypothèques, employait le mot *hypothèque* dans le sens de droit hypothécaire et régissait ainsi le privilège aussi bien que l'hypothèque. A l'argument tiré de la nature du droit de privilège, ils opposaient, d'une part, que le principe de la publicité exigeait la restriction des effets du privilège dans la mesure déterminée par l'art. 2151 ; d'autre part, que le créancier avait un moyen facile d'éviter la dégénérescence de son droit, en se faisant payer régulièrement les intérêts, de manière à n'être jamais créancier de plus de deux années échues (Thézard, n° 308 ; Baudry-Lacantinerie, t. 3, n° 1400).

1470. La question est maintenant décidée par le nouveau texte de l'art. 2151, qui est ainsi conçu : « Le créancier *privilégié dont le titre a été inscrit ou transcrit, ou le créancier hypothécaire* inscrit pour un capital produisant intérêts ou arrérages, a droit d'être colloqué pour *trois* années seulement au même rang que le principal, sans préjudice des inscriptions particulières à prendre, portant hypothèque à compter de leur date, pour les intérêts et arrérages autres que ceux conservés par *la transcription* ou l'inscription primitive ».

1471. Les mots en italique sont ceux qui ont été ajoutés à l'ancien texte. Ils ont pour but, d'abord, comme on le voit, d'assimiler pleinement les créanciers privilégiés aux créanciers hypothécaires pour la restriction du droit de collocation des intérêts.

1472. Le nouvel art. 2151 déroge en outre à l'ancien en ce qu'il fixe à *trois années*, et non plus seulement à deux années et à l'année courante, les intérêts pour lesquels le créancier a le droit d'être colloqué. Voici comment cette seconde innovation a été motivée dans le rapport de la commission du Sénat : « Votre commission a, d'autre part, pensé qu'il y a lieu d'emprunter à la loi belge la disposition qui fixe à trois années entières, pour les créances soit privilégiées soit hypothécaires, les intérêts et arrérages à colloquer au même rang que le principal ; notre loi échappera ainsi à cette anomalie, au résultat injustifiable que, suivant la date, accidentelle ou calculée, de la vente ou de la procédure, suivant la lenteur ou la rapidité des formalités préalables à la distribution du prix du gage, de deux créanciers auxquels il serait dû plus de trois années d'intérêts ou d'arrérages, l'un pourrait être colloqué pour trois ans moins quelques jours, l'autre n'avoir droit qu'à deux années et quelques jours ».

1473. La loi du 17 juin 1893 ne pouvant pas avoir d'effet rétroactif, les auteurs de cette loi y ont ajouté une disposition transitoire ainsi conçue : « Les créanciers privilégiés

pourront conserver aux intérêts et arrérages de leurs créances, courus au jour de la promulgation de la présente loi, le même rang que le principal, en les faisant inscrire dans les six mois de cette date. Passé ce délai, ces intérêts et arrérages, pour ce qui ne sera pas compris dans les trois années conservées par l'inscription principale, viendront à la date de l'inscription qui en aura été prise ».

1474. Cette disposition a été ainsi expliquée par le rapporteur de la loi au Sénat, M. Benoist : « En ce qui concerne les créances privilégiées, la nouvelle loi ne peut s'appliquer qu'aux intérêts et arrérages courus postérieurement à sa promulgation; elle maintient, elle assure à ces intérêts et arrérages, pour trois années, le même rang que le principal, sans préjudice aux intérêts et arrérages antérieurs qui, en vertu du principe de non-rétroactivité, conservent intacts leur qualité et leur rang, mais pour ceux-ci, afin de mettre un terme à la clandestinité qui les couvre et de ne pas retarder indéfiniment l'effet utile de la loi, il est permis de prescrire qu'ils devront être inscrits dans un délai déterminé, faute de quoi ils ne vaudront que comme hypothéqués à la date des inscriptions qui en seront prises ». Le rapporteur rappelle ici que la loi du 23 mars 1855, en subordonnant la conservation de l'action résolutoire du vendeur à la conservation du privilège, a prescrit aux vendeurs qui avaient perdu leur privilège avant la mise à exécution de la loi, l'obligation d'inscrire leur action résolutoire dans les six mois, s'ils voulaient la conserver. « S'appuyant sur ce principe et cet exemple, continue-t-il, la présente loi fixe à six mois, du jour de sa promulgation (c'est-à-dire du 17 juin 1893), le délai dans lequel le créancier pourra faire inscrire les intérêts et arrérages courus antérieurement à cette promulgation. Inscrits dans ce délai, ils viendront au rang du principal, aussi bien que les intérêts et arrérages courus postérieurement jusqu'à concurrence de trois ans; le délai passé, ils viendront au rang de l'inscription qui en aura été prise. Il est inutile de dire que les intérêts et arrérages courus antérieurement à la promulgation de la loi viendront au rang du principal, même sans inscription spéciale, s'ils rentrent dans les trois ans que conserve l'inscription primitive ».

1475. Suivant ce qui précède, la restriction à trois ans des intérêts afférents aux créances privilégiées s'applique, dans tous les cas, dès le jour de la promulgation de la nouvelle loi; elle atteindra même les intérêts des années échues sous l'empire de l'ancienne loi, s'ils ne sont pas inscrits dans le délai de six mois; elle atteint dès à présent les intérêts en cours de toute créance privilégiée, alors même que la créance est née et que le privilège a été conservé par la transcription ou par l'inscription du titre antérieurement à la loi. Réciproquement, on aurait pu penser que, pour les créances hypothécaires, l'extension à trois ans des deux années et de l'année courante conservées par l'inscription sous l'empire de l'ancien art. 2151 devrait bénéficier aux créanciers dès la promulgation du nouveau; qu'il n'y avait plus à distinguer, à partir de cette promulgation, entre les créanciers inscrits avant ou après; que, sans doute, relativement aux intérêts courus jusqu'à cette promulgation, les créanciers ne pouvaient réclamer collocation que pour deux années et l'année courante, mais qu'à l'égard des intérêts courus depuis, tous créanciers, sans distinction, avaient droit à trois ans. Telle n'a pas été cependant l'intention des auteurs de la loi du 17 juin 1893. Voici, en effet, encore, à la suite du passage précédemment cité, dans le rapport de la commission du Sénat : « A l'égard des créances hypothécaires, la loi ne peut *également* (ce mot semble établir une assimilation qui en réalité n'existe pas) s'appliquer qu'aux inscriptions prises postérieurement à sa promulgation à titre de première inscription. L'appliquer aux inscriptions antérieures ou aux renouvellements de ces inscriptions, ce serait donner à certains créanciers un avantage sur lequel ils n'ont pas pu compter et faire tort d'autant aux créanciers ultérieurs; ce serait faire de la rétroactivité ».

1476. Ainsi, en ce qui concerne les créances privilégiés, application immédiate de la restriction des intérêts à trois ans; en ce qui concerne, au contraire, les créances hypothécaires, l'extension des intérêts conservés à trois ans n'est pas applicable aux créances inscrites antérieurement à la loi. Cette différence qui, au premier abord, paraît illogique,

est très juste au fond, car le créancier privilégié a le moyen de se prémunir contre le défaut de conservation de ses intérêts; il peut poursuivre le débiteur ou prendre inscription pour les intérêts échus. Mais, au contraire, le tiers, créancier ou acquéreur, à l'égard duquel un créancier hypothécaire inscrit avant la loi réclamerait collocation pour trois années, pourrait se trouver lésé, puisqu'au moment où il a traité il ne devait s'attendre à être primé que pour deux années courante.

1477. L'ancien art. 2131 continue donc à régir toutes les créances hypothécaires qui étaient déjà inscrites avant la loi du 17 juin 1893. Les difficultés que son interprétation a soulevées conservent, par conséquent, un sérieux intérêt. Nous allons les examiner comme si cet article était encore en vigueur, et nous indiquerons la solution qu'elles devront recevoir sous l'empire du nouvel article.

1478. Tout d'abord un créancier quelconque, privilégié ou hypothécaire, n'a le droit d'être colloqué des intérêts que s'il est énoncé dans son titre transcrit ou dans son inscription que sa créance est productive d'intérêts (V. *Rép.* nº 2389). Sans cette énonciation, les tiers seraient fondés à contester toute attribution d'intérêts. Le créancier doit même, pour éviter toute difficulté, disent MM. Aubry et Rau, t. 3, § 285, p. 420, note 8, indiquer le taux des intérêts. Toutefois, si ce taux n'était pas indiqué, on devrait, suivant nous, présumer que la créance est productive d'intérêts au taux légal.

1479. On s'est demandé si les deux années d'intérêts que, d'après l'art. 2131 ancien (trois années, d'après le nouvel article), l'inscription conserve de plein droit, sont les années qui suivent immédiatement l'inscription ou les années qui précèdent l'année courante. Suivant MM. Aubry et Rau, t. 3, § 285, p. 423, ce ne sont spécialement ni les unes ni les autres : le créancier peut, outre les intérêts de l'année en cours, réclamer au rang du capital ceux de deux années quelconques, pourvu qu'ils ne soient pas prescrits (V. aussi en ce sens, Thézard, nº 147). M. Colmet de Santerre, t. 9, nº 131 *bis*-VII et suiv., estime qu'il s'agit plus spécialement des intérêts des deux années qui précèdent immédiatement l'année courante. Le créancier qui n'est pas payé de ses intérêts peut, en effet, pour les conserver, prendre inscription tous les deux ans, tant que l'immeuble présente une valeur suffisante, et ainsi les deux années d'intérêts conservées par l'inscription du capital ne sauraient être que les dernières, celles à l'expiration desquelles le créancier poursuit, parce que l'immeuble ne peut plus porter utilement de nouvelles inscriptions. « Que s'il avait été négligent et avait laissé passer trois ou quatre ans sans prendre une inscription spéciale, on ne voit pas l'intérêt qu'il aurait à ce que, sur ces quatre ans, ce fussent plutôt les deux premières et non les dernières qui fussent garanties par l'inscription du capital ». Cet intérêt pourrait exister néanmoins : par exemple, si un tiers s'était porté caution des intérêts des dernières années seulement. C'est pourquoi, il nous semble plus exact de dire, avec la plupart des auteurs, que le créancier peut toujours se faire colloquer pour deux années quelconques (pour trois années, sous l'empire du nouvel art. 2151) en même temps que pour le capital. Les tiers doivent toujours s'attendre à être primés dans cette mesure, à la condition, bien entendu, qu'il s'agisse d'années postérieures à l'inscription et non d'années antérieures (V. *Rép.* nº 2405).

1480. Quant à « l'année courante », la question de savoir ce que le législateur a entendu par ces mots a toujours été vivement controversée dans la doctrine; mais la jurisprudence a fini par se fixer dans le sens qui va être indiqué. — Un premier point sur lequel le doute ne paraît guère possible, c'est qu'il ne s'agit pas là d'une année entière; si telle avait été la pensée du législateur, il aurait simplement dit, comme il l'a fait dans la loi de 1893, que le créancier hypothécaire serait colloqué pour trois années d'intérêts. L'opinion contraire a été soutenue, notamment par Persil et par Troplong (V. *Rép.* nº 2436 et 2438); mais elle est abandonnée aujourd'hui, et l'on reconnaît généralement que les intérêts de l'année courante ne peuvent être que les intérêts d'une fraction d'année.

1481. Le point de départ de cet intervalle de temps paraît également facile à déterminer : c'est la dernière

échéance annuelle d'intérêts, telle qu'elle est établie par le titre de la créance. M. Colmet de Santerre, t. 9, n° 131 bis-V, émet cependant une autre opinion. Suivant lui, l'année courante aurait pour point de départ le dernier anniversaire de la première inscription prise pour le capital. « Il s'agit ici, en effet, dit-il, des intérêts conservés par l'inscription ; nous avons établi que cette inscription n'avait pas pour objet les années échues ou la fraction d'année qui la précède ; parler des années d'intérêts conservées par l'inscription, c'est donc envisager le cours des années depuis l'inscription elle-même, puisqu'elle ne conserve que les intérêts des années ultérieures ». Il est vrai que l'inscription ne conserve pas par elle-même, sans une mention formelle, les années ou fractions d'années d'intérêts échues et exigibles au moment où elle est prise ; mais, pour la conservation de l'année d'intérêts alors en cours, il suffit que l'inscription indique que la créance est productive d'intérêts à partir de la date où cette année a commencé ; il n'est pas nécessaire qu'elle évalue le prorata d'intérêts déjà acquis et qui n'est pas encore échu. On ne voit pas, en effet, quelle pourrait être l'utilité de cette évaluation, car l'inscription ne déroge pas au titre, et c'est toujours par le titre que reste fixée la date d'échéance des intérêts comme du capital. C'est donc bien des deux années d'intérêts et de l'année courante telles qu'elles résultent des énonciations du titre, reproduites dans l'inscription, que le législateur a entendu parler dans l'art. 2151 c. civ. ancien. Telle est aussi, d'ailleurs, l'opinion générale (V. Aubry et Rau, t. 3, § 285, p. 423 ; Thézard, n° 148).

1482. Il reste à préciser le point d'arrêt de l'année courante. C'est ici surtout qu'il s'est produit de graves divergences. On a cité au *Rép.* n° 2427, des arrêts d'après lesquels l'année courante devait être arrêtée au moment de la dénonciation de la saisie immobilière, formalité remplacée aujourd'hui par la transcription, en tant qu'elle avait pour effet d'immobiliser les fruits de l'immeuble. Mais ce système, qui était celui de Troplong, t. 3, n° 698 bis, et de Chauveau, *De la procédure de l'ordre*, quest. 2596 bis-II, est aujourd'hui abandonné. Il reposait, disent MM. Aubry et Rau, t. 3, § 285, p. 423, note 22, sur l'idée d'une novation qui, résultant de l'immobilisation des fruits, substituerait ces fruits aux intérêts dus par le débiteur. Mais cette novation, fort contestable déjà sous l'empire de l'ancien art. 767 c. proc. civ., ne peut plus être admise en présence du nouvel art. 765, § 2, modifié par la loi du 21 mai 1858, aux termes duquel les intérêts et arrérages des créanciers utilement colloqués ne cessent, à l'égard de la partie saisie qu'à dater de la clôture de l'ordre. D'ailleurs, les fruits immobilisés ne reviennent pas de plein droit aux créanciers antérieurs en rang, à l'exclusion des créanciers postérieurs ; ils accroissent la masse hypothécaire, c'est-à-dire la somme à répartir entre tous les créanciers, d'après leur rang et leurs droits respectifs (V. aussi la note Colm. c. cass. 7 nov. 1880, aff. Audonnet, D. P. 80.1.209). — Un autre système, qui a été adopté au *Rép.* n° 2431 et 2436 et qui réunit encore des autorités considérables, donne pour point d'arrêt à l'année courante le moment où le créancier forme sa demande en collocation dans l'ordre (V. en ce sens, Nancy, 12 août 1874, aff. Pitoy, D. P. 77. 1. 352 ; Blondeau, *Revue de législation*, 1835, p. 178, et 1836, p. 342 ; Ollivier et Mourlon, *Commentaire de la loi sur les saisies immobilières*, n° 436 ; Pont, t. 2, n° 1019 et suiv. ; Colmet de

Santerre, t. 9, n° 131 bis-IV et suiv. ; Baudry-Lacantinerie, t. 3, n° 1396).

1483. Mais, d'après la théorie qui a prévalu en jurisprudence, l'année courante est indépendante de l'époque où a lieu la procédure d'ordre ; elle finit au moment où l'hypothèque produit son effet légal, c'est-à-dire où le droit hypothécaire des créanciers se fixe sur le prix de l'immeuble, se transforme en un droit personnel contre l'acquéreur. Dès lors, dit-on, la situation des créanciers entre eux est arrêtée, et l'ordre qui intervient plus tard n'est plus que déclaratif, et non attributif de leurs droits. C'est aussi dès ce moment qu'ils sont dispensés de renouveler leurs inscriptions. Ce moment, en cas de saisie immobilière, est celui de l'adjudication (V. en ce sens, Aubry et Rau, t. 3, § 285, p. 423, note 22), ou plus exactement, suivant l'opinion adoptée *suprà*, n° 1088, celui de la transcription du jugement d'adjudication (Thézard, n° 148). De nombreux arrêts, dont plusieurs de la cour de cassation, ont, en effet, décidé que c'est au jour de l'adjudication sur saisie immobilière, et non pas au jour de la dénonciation ou de la transcription de la saisie, que doivent être calculées les deux années d'intérêts et l'année courante dont l'art. 2151 c. civ. admet la collocation en sus du capital (V. les arrêts cités au *Rép.* n° 2426, et en outre, Alger, 9 mars 1870, aff. De Lafutzen, D. P. 70. 2. 176 ; Civ. cass. 30 juill. 1873, aff. Clouet, D. P. 74. 1. 106 ; Paris, 27 avr. 1877, aff. Crédit foncier, D. P. 77. 2. 144, et, sur pourvoi, Req. 6 mai 1878, D. P. 79. 1. 87 ; Civ. cass. 7 avr. 1880, aff. Audonnet, D. P. 80. 1. 109). En cas d'aliénation volontaire, c'est aussi à l'époque de la transformation du droit des créanciers en un droit sur le prix qu'il faut considérer, et il a été jugé, en conséquence, que les deux années et l'année courante conservées par l'inscription s'arrêtent au jour de la notification à fin de purge (Caen, 16 mars 1880 (1). Comp. *suprà*, n° 1099).

1484. Si l'adjudication sur saisie immobilière ou la notification à fin de purge est suivie d'une surenchère, la même règle est applicable ; c'est toujours au jour de la première adjudication ou de la notification qu'on doit se placer pour fixer le terme de l'année courante (V. Caen, 16 mars 1880, cité *suprà*, n° 1483. — Comp. *suprà*, n° 1090 et 1100). Il en est de même en cas de folle enchère, lorsqu'elle est poursuivie avant le règlement de l'ordre (V. *suprà*, n° 1090).

1485. Le terme assigné par la jurisprudence à l'année courante doit, sous l'empire du nouvel art. 2151, devenir le terme des trois années d'intérêts conservées par l'inscription. Il n'y a plus évidemment à s'occuper du point de départ de l'année courante, et la question examinée *suprà*, n° 1481, ne se pose plus ; le créancier peut toujours réclamer collocation pour trois années entières, quelle que soit l'époque à laquelle un titre fixe l'échéance des intérêts ; mais c'est toujours au moment où l'inscription a produit son effet légal que les années conservées de plein droit par cette inscription doivent être arrêtées, sans préjudice des intérêts courus ensuite (Comp. en ce sens, Laurent, t. 31, n° 70).

1486. A partir du moment où s'arrêtent les années d'intérêts dont l'art. 2151 c. civ. admet l'adjonction au capital, le droit de collocation du créancier n'est plus limité quant aux intérêts. La collocation doit donc comprendre, en outre, tous les intérêts qui ont couru depuis ce moment jusqu'à la clôture de l'ordre (Arg. art. 765, § 2, et 768 c. proc. civ.). Après la clôture de l'ordre, le créancier a droit aux intérêts

---

(1) (Holzmann C. syndic Holzmann.) — LA COUR ; — Sur la troisième question : — Attendu que les deux années et l'année courante, pour lesquelles le créancier hypothécaire a droit, en vertu de l'art. 2151 c. civ., d'être colloqué au même rang que pour son capital, s'arrêtent au jour où l'hypothèque a produit tout son effet légal, et que ce jour est celui où le droit des créanciers sur l'immeuble se trouve converti en un droit sur le prix ; qu'en cas de vente par aliénation volontaire, la notification aux créanciers inscrits et l'offre de l'acquéreur de payer le prix de l'immeuble, fait produire à l'inscription son effet légal, sans qu'il y ait lieu de se préoccuper de l'exercice d'une surenchère, laquelle ne fait que substituer un nouvel acquéreur au premier et augmenter le gage commun ; qu'en cas de vente par suite de saisie immobilière, cet effet légal résulte de l'adjudication elle-même, parce que, suivant l'art. 717 c. proc. civ. ; la transcription du jugement d'adjudication purge toutes les hypothèques ; qu'il en est de même de l'adjudication d'immeubles dépendant

d'une faillite ; que c'est, dès lors, au moment de cette adjudication que le gage hypothécaire est réalisé, et que c'est à cette date qu'il faut se reporter pour établir le règlement des droits des créanciers hypothécaires, notamment pour déterminer, en remontant à l'époque antérieure, l'année courante et les deux années d'intérêts garanties par l'inscription ; — Attendu qu'en appliquant à la cause les règles ci-dessus, il en résulte qu'en ce qui concerne le prix de la vente volontaire sans refus, la notification du contrat aux créanciers inscrits ayant eu lieu le 1er juill. 1873, c'est à cette date que s'arrêtent les deux années d'intérêts et l'année courante ; qu'en ce qui concerne les époux Jean, l'adjudication ayant été effectuée à leur profit le 12 févr. 1875, c'est à ce point que l'on doit s'attacher ;... — Sur les quatrième, cinquième, sixième et septième question... (sans intérêt).

Du 16 mars 1880.-C. de Caen, 1re ch.-MM. Champin, 1er pr.-Lerebourgs-Pigeonnière, av. gén.-Desruisseaux et Bénard, av.

dus par l'acquéreur sur lequel il est colloqué. Mais parfois il n'y a pas droit immédiatement : c'est ce qui arrive lorsqu'il n'a été colloqué qu'éventuellement, sur une somme mise en réserve pour assurer le service d'une rente viagère. Dans ce cas-là néanmoins la jurisprudence admet que le créancier pourra réclamer, à son rang hypothécaire, tous les intérêts de sa créance depuis la clôture de l'ordre jusqu'au moment où s'éteindra la rente viagère (V. *Rép.* n° 2432 ; Nancy, 12 août 1874, et, sur pourvoi, Req. 12 juin 1876, aff. Pitoy, D. P. 77. 1. 352 ; Pont, t. 2, n° 1020 ; Aubry et Rau, t. 3, § 285, p. 425). Il est juste, en effet, que le créancier ne perde aucune partie des intérêts qui lui sont dus, depuis le moment où, l'hypothèque ayant produit son effet légal et l'ordre étant clos, il n'a plus eu la possibilité d'assurer la conservation de ses intérêts par de nouvelles inscriptions sur l'immeuble ; la disposition restrictive de l'art. 2151 c. civ. n'a plus alors sa raison d'être et n'est par conséquent plus applicable (V. toutefois les arrêts cités au *Rép.* n° 2433 et suiv.). —

1487. Il est maintenant généralement admis, conformément à la doctrine soutenue au *Rép.* n° 2411 et suiv., que la règle de l'art. 2151 c. civ. peut être invoquée par le tiers acquéreur qui, sans purger, se soumet à payer les charges hypothécaires, ainsi que par les créanciers chirographaires du débiteur (V. Nîmes, 8 avr. 1876, *suprà*, v° *Prescription civile*, n° 392 ; Pau, 19 janv. 1892, aff. Althabe, D. P. 92. 2. 566 ; Pont, t. 2, n° 2416 et 1132 ; Martou, t. 3, n° 1256 ; Aubry et Rau, t. 3, § 285, p. 420 et suiv., notes 11 et 12).

1488. Malgré la faillite du débiteur, l'art. 2151 c. civ. doit recevoir application même à l'égard des intérêts ou arrérages qui ont couru depuis la déclaration de faillite (V. *Rép.* n° 2416 ; Poitiers, 30 janv. 1878, aff. Crédit agricole, D. P. 78. 2. 70). D'après la jurisprudence, la faillite n'empêche pas que le créancier ne puisse prendre inscription pour les annuités d'intérêts échues avant ou après la faillite ne lui sont pas payés, le créancier n'est pas désarmé ; il peut, aux termes de l'art. 1184 c. civ., poursuivre la résolution du contrat, faire prononcer la déchéance du terme, afin de saisir immédiatement l'immeuble (V, en ce sens, Demangeat, sur Bravard-Veyrières, *Traité de droit commercial*, 2° édit., t. 5, p. 299, en note).

1489. Pour les mêmes motifs, l'art. 2151 c. civ. reste applicable malgré l'acceptation sous bénéfice d'inventaire ou la vacance de la succession du débiteur (Aubry et Rau, t. 3, § 285, p. 425).

1490. Le créancier d'une rente viagère n'a, comme tout autre créancier, d'après les termes généraux de la loi, le droit d'être colloqué au même rang que son capital que pour trois années d'arrérages seulement (V. *Rép.* n° 2408 et 2410 ; Poitiers, 7 déc. 1885, aff. Chaigneau, D. P. 87. 2. 60 ; Pont, t. 2, n° 1029 ; Aubry et Rau, t. 3, § 285, p. 424 ; Colmet de Santerre, t. 9, n° 131 *bis*-XIII ; Thézard, n° 149 ; Baudry-Lacantinerie, t. 3, n° 1398).

1491. Le Crédit foncier est soumis à l'application de l'art. 2151 c. civ. comme tout autre créancier, car les lois et règlements qui régissent cet établissement ne lui confèrent à cet égard aucun privilège (Paris, 27 avr. 1877, aff. Crédit foncier, D. P. 77. 2. 144. V. *infrà*, v° *Sociétés de crédit foncier*).

1492. Au contraire, les créanciers à hypothèque légale qui jouissent du bénéfice de la dispense d'inscription, c'est-à-dire les femmes mariées, les mineurs et les interdits, pour leurs créances contre les maris et les tuteurs, échappent à l'application de l'art. 2151 c. civ. Dispensés de s'inscrire pour le capital, ils le sont à plus forte raison, suivant la cour de cassation, pour les intérêts qui ne sont que l'accessoire de leurs créances (V. *Rép.* n° 2417 et suiv. ; Rouen, 15 avr. 1869, *suprà*, v° *Contrat de mariage*, n° 1267 ; Nancy, 20 déc. 1871, aff. Simon-Remy, D. P. 72. 2. 35, et, sur pourvoi, Civ. rej. 26 janv. 1875, D. P. 75. 1. 52). Telle est aussi l'opinion presque générale des auteurs (V. en sus de ceux cités au *Rép.* n° 2417, Pont, t. 2, n° 1030 ; Aubry et Rau, t. 3, § 285, p. 421, note 13 ; Colmet de Santerre, t. 9, n° 131 *bis*-XIV ;

Baudry-Lacantinerie, t. 3, n° 1399). — M. Thézard, n° 150, critique pourtant cette doctrine : « En pure théorie, dit-il, nous serions, au contraire, porté à penser que l'art. 2151 doit s'appliquer, *mutatis mutandis*, même pendant que l'hypothèque est dispensée d'inscription ; en conséquence, l'hypothèque prendrait rang, à la date qui lui est assignée par la loi, pour le capital et pour deux années d'intérêts, plus l'année courante ; quant aux autres intérêts qui pourraient être dus, ils prendraient rang sans inscription, mais aux époques où des inscriptions spéciales auraient pu être prises d'après l'art. 2151. Ce serait le seul moyen d'empêcher que l'accumulation des intérêts à venir ne causât un grave préjudice aux droits des créanciers inscrits peu de temps après l'époque où l'hypothèque légale prend rang. Vainement, dit-on, que l'hypothèque légale n'étant pas soumise à une détermination de chiffre, ils n'ont pas dû compter sur sa limitation ; ils ont pu et dû se rendre compte de l'importance vraisemblable des droits déjà garantis par l'hypothèque légale au moment où ils traitaient, et ils seraient déçus si ces droits grossissaient ensuite outre mesure. » Le système proposé par M. Thézard est ingénieux ; mais le texte même de l'art. 2151 est difficile à concilier avec ce système, car il parle du créancier « *inscrit* pour un capital produisant intérêts ou arrérages ».

1493. Les créanciers à hypothèque légale dispensée d'inscription peuvent obtenir collocation non seulement pour tous leurs intérêts, mais encore pour les intérêts des intérêts, lorsqu'ils y ont droit. Il a été jugé spécialement, en ce qui touche l'indemnité de l'engagement contracté par la femme pour son mari, que son hypothèque légale s'étend à la totalité des intérêts simples et composés dont elle peut être tenue comme caution de son mari, suivant les stipulations de son engagement (Civ. rej. 26 janv. 1875, cité *suprà*, n° 1492).

1494. Mais, comme on l'a vu *suprà*, n° 954, les créanciers subrogés dans l'effet de l'hypothèque légale d'une femme mariée, étant obligés d'inscrire cette hypothèque à leur profit pour pouvoir s'en prévaloir vis-à-vis des tiers, sont par suite soumis à la limitation édictée par l'art. 2151.

1495. La séparation de biens judiciaire et la liquidation des reprises de la femme ne font pas cesser au profit de celle-ci la dispense d'inscription. Plusieurs auteurs cependant admettent qu'à partir de la liquidation qui suit la séparation, l'art. 2151 devient applicable, parce que les intérêts alors sont exigibles comme le capital, et que la collusion est possible entre la femme et le mari au préjudice de ceux qui viendraient à traiter ultérieurement avec celui-ci. En conséquence, bien que l'hypothèque légale reste dispensée d'inscription, la femme ne devrait obtenir collocation que pour trois années d'intérêts (V. en ce sens : Blondeau, cité au *Rép.* n° 2417 ; Pont, t. 2, n° 1032 ; Thézard, n° 150. V. en sens contraire, Bordeaux, 15 avr. 1869, *suprà*, v° *Contrat de mariage*, n° 1267). De même, suivant les auteurs qui viennent d'être cités, l'art. 2151 serait applicable aux intérêts du compte de tutelle arrêté pendant la minorité du pupille, en cas de mort, de démission ou de destitution du tuteur.

1496. En tout cas, lorsque la dispense d'inscription accordée par la loi à la femme mariée, au mineur et à l'interdit, vient à cesser, l'art. 2151 reprend son empire. Ainsi, à compter de l'expiration de l'année qui suit la dissolution du mariage ou la cessation de la tutelle, année pendant laquelle l'hypothèque doit être inscrite, aux termes de l'art. 8 de la loi du 23 mars 1855, doit être inscrite, les intérêts courus au profit de la femme ou de l'ex-pupille ne sont plus conservés par l'inscription que dans la limite fixée par l'art. 2151 (Agen, 14 janv. 1868, aff. Radel et cons., D. P. 68. 2. 81 ; Pont, t. 2, n° 1032 ; Aubry et Rau, t. 3, § 285, p. 424 ; Colmet de Santerre, t. 9, n° 131 *bis*-XIV ; Thézard, n° 150 ; Baudry-Lacantinerie, t. 3, n° 1399. — *Contrà* : Metz, 26 août 1863, aff. Schlouppe, D. P. 63. 5. 206). Il en est autrement toutefois lorsque les droits de la femme n'ont pas encore été liquidés ou lorsque l'on rouvre le compte de tutelle n'a pas été apuré (V. *infrà*, n° 1498).

1497. Si en fait l'hypothèque légale de la femme mariée ou du mineur n'a été inscrite pendant le mariage ou pendant la tutelle, l'art. 2151 ne devient pas applicable pour cela ; mais son application commence dès que l'hypothèque a été inscrite après que le mariage est dissous ou que la tutelle a cessé, quand même l'année accordée par la loi pour prendre

inscription n'est pas expirée, car rien n'empêche alors la femme, le mineur devenu majeur ou leurs héritiers, de prendre inscription pour les intérêts aussi bien que pour le capital (Aubry et Rau, *loc. cit.*).

1498. Une autre exception doit encore être admise à la règle de l'art. 2151 c. civ., lorsque la créance garantie par l'hypothèque n'est pas liquide et que, par suite, les intérêts, bien que dus par le débiteur, ne sont pas immédiatement exigibles. Ainsi, quand un jugement a ordonné une reddition de compte ou une liquidation de société, les intérêts qui doivent entrer dans le compte ou dans la liquidation ne sont pas soumis à l'application de l'art. 2151 ; ils sont conservés par l'inscription jusqu'au moment de la fixation définitive du reliquat, et c'est à partir de ce moment seulement que l'art. 2151 devient applicable (V. *Rép.* nº 2419; Pont, t. 2, nº 1028; Aubry et Rau, t. 3, § 285, p. 422; Colmet de Santerre, t. 9, nº 131 *bis*-XV. Comp. Req. 9 janv. 1867, aff. Grangé, D. P. 67. 1. 104 ; 19 déc. 1871, aff. Duval, D. P. 71. 1. 300. Comp. *suprà*, vº *Prescription civile*, nº 631). De même, l'art. 2151 n'est pas applicable, en cas d'ouverture de crédit, aux intérêts compris dans la balance du compte courant; ces intérêts, se trouvant réunis au capital et confondus avec lui, sont garantis jusqu'à concurrence du montant de l'ouverture de crédit, énoncé dans l'inscription, tant que le compte n'est pas arrêté (Douai, 10 févr. 1853, aff. Pilastre, D. P. 54. 2. 199). Mais, le compte une fois arrêté, les intérêts que produira le solde ne seront garantis que dans les limites fixées par l'art. 2151, ce solde lui-même se trouvât-il au-dessous de la somme pour laquelle le crédit a été ouvert et l'hypothèque stipulée (Thézard, nº 149).

1499. Pour la même raison encore, les hypothèques légales de l'État, des communes et des établissements publics sur les biens des comptables, quoique non dispensées d'inscription, garantissent tous les intérêts dont le comptable est débiteur depuis l'origine de son débet jusqu'au moment où ce débet est régulièrement liquidé; mais, à partir de ce moment, l'art. 2151 devient applicable, et les intérêts du solde ne sont plus conservés que pour trois années (V. *Rép.* nº 2419; Aubry et Rau, t. 3, § 285, p. 422 et suiv.; Colmet de Santerre, t. 9, nº 131 *bis*-VII; Thézard, nº 150).

1500. Le créancier pourrait-il prendre inscription à l'avance pour les intérêts à échoir en même temps que pour le capital? Cette question est examinée au *Rép.* nº 2423. Elle y est résolue affirmativement, au moins pour le cas où les intérêts à échoir ne doivent être exigibles qu'en même temps que le capital. Mais, même dans cette hypothèse, plusieurs auteurs contestent la possibilité de prendre inscription pour des intérêts non échus. Ils s'appuient sur l'art. 2151 c. civ. et sur les motifs qui ont inspiré cette disposition restrictive. Elle a pour objet, suivant MM. Aubry et Rau, t. 3, § 258, p. 420, note 10, d'une part, d'empêcher qu'un créancier ne puisse, en laissant volontairement accumuler une somme considérable d'intérêts, diminuer notablement les sûretés acquises aux créanciers postérieurs, et, d'autre part, de prévenir les fraudes que le débiteur, de concert avec le créancier, pourrait commettre au préjudice des autres, en présentant comme encore dus des intérêts payés depuis longtemps. Dans le cas où les intérêts ne doivent devenir exigibles qu'en même temps que le capital, la

collusion entre le débiteur et le créancier n'est pas à craindre; mais il reste, dit-on, le premier motif indiqué, le danger de l'accumulation des intérêts (V. le rapport de M. le conseiller Nachet, sous Req. 29 janv. 1873, aff. Rudel du Miral, D. P. 73. 1. 189. V. aussi Aubry et Rau, t. 3, § 274, p. 344 ; Laurent, t. 31, nºs 68 et 77). Néanmoins, nous inclinons à croire qu'une inscription prise spécialement pour les intérêts à échoir conserve tous ces intérêts tant qu'ils ne sont pas exigibles. La limitation de l'art. 2151 ne nous semble pas applicable dans cette hypothèse, parce que les intérêts de chaque année, devant s'ajouter au capital, constituent moins des intérêts proprement dits qu'une créance éventuelle, susceptible, comme toute autre, d'être garantie par une inscription. L'inscription devant, d'ailleurs, contenir l'évaluation de la créance d'intérêts qu'elle est destinée à garantir, les tiers sont ainsi avertis de la somme pour laquelle ils doivent s'attendre à être primés (Comp. en ce sens. Trib. de la Seine, 23 avr. 1872, sous Req. 29 janv. 1873, précité; Pont, t. 2, nº 1023).

1501. Aux années d'intérêts pour lesquelles le créancier a le droit d'être colloqué, on ne peut ajouter les intérêts d'intérêts, quand même ils auraient été stipulés dans la convention ou alloués par le juge (V. *Rép.* nº 2392), sauf le cas où ils auraient été spécialement compris dans l'inscription (Aubry et Rau, t. 3, § 285, p. 420, note 9; Colmet de Santerre, t. 9, nº 131 *bis*-XII). On admettait, par exception, avant la loi du 17 juin 1893, que le vendeur avait le droit d'être colloqué en vertu de son privilège, même pour les intérêts d'intérêts du prix de vente, lorsqu'ils avaient été stipulés (Bourges, 23 mai 1829, *Rép.* nº 423-2º). Une semblable exception doit encore être reconnue en faveur des créanciers à hypothèque légale dispensés d'inscription (V. *suprà*, nº 1498.—V. toutefois en sens contraire, Riom, 17 déc. 1846, sous Req. 28 mars 1848, aff. Cisternes, D. P. 48. 1. 170).—Quant aux tiers subrogés dans l'effet d'une hypothèque légale, V. *suprà*, nº 1494).

1502. Lorsque l'immeuble ou les immeubles grevés d'hypothèque sont vendus en plusieurs fois et que le prix en est distribué dans plusieurs ordres successifs, le créancier hypothécaire peut réclamer dans chaque ordre une collocation pour les années d'intérêts qui sont dues actuellement et qui sont conservées par son inscription ; il ne pourrait toutefois se faire colloquer deux fois pour les mêmes intérêts (Req. 5 mai 1879) (1).

Art. 2. — De la collocation des frais et dépens
(Rép. nºs 2441 à 2453).

1503. Il est généralement reconnu aujourd'hui que les frais d'inscription ou de renouvellement sont garantis par l'hypothèque, à la condition qu'ils aient été compris dans l'inscription, soit sous un article spécial, soit avec les frais d'actes relatifs à la créance; il ne suffit pas qu'ils aient été mentionnés pour mémoire (V. *Rép.* nºs 2441 et suiv. et les autorités citées *suprà*, nº 1052).

Si aucune évaluation n'avait été faite éventuellement dans l'inscription primitive pour les frais et dépens auxquels le débiteur pourrait être condamné, le créancier aurait seulement le droit de prendre une nouvelle inscrip-

---

(1) (Société du Comptoir commercial et agricole C. Crédit foncier de France.) — La cour; — Sur le moyen unique pris de la fausse application et de la violation des art. 2146 et 2151 c. civ. : — Attendu que, si l'inscription d'une créance hypothécaire ne sauvegarde les intérêts que pour deux années et l'année courante, il est constant toutefois que les périodes d'intérêts, à mesure qu'elles se succèdent et se remplacent, acquièrent chacune à leur tour un droit éventuel de collocation au même rang que le capital, et que, l'hypothèque étant de sa nature indivisible, chaque parcelle du gage, tant qu'il en reste une, est tenue des charges pour le tout en principal et accessoire ; que, sans doute, il n'importe, pour le compte des intérêts, qu'ils soient acquittés en une ou plusieurs fois, quand l'immeuble frappé d'hypothèques est vendu à une seule et même époque, en un bloc unique ou en plusieurs lots; qu'ils ne sont dus, en cette hypothèse, que pour une période au plus de deux années et de l'année courante; — Mais qu'il en est autrement quand la vente ne comprend à l'origine qu'une portion de l'immeuble grevé et que le débiteur garde le restant après le payement des intérêts et

d'une partie de la créance; qu'alors, en effet, les intérêts reprennent leur cours pour la fraction du capital qui n'a pas encore été remboursée, sous la garantie de l'inscription qui les couvre, et que, par conséquent, ils continuent de jouir, comme auparavant, du bénéfice de cette garantie; qu'ainsi, lorsque le surplus du gage vient à être réalisé après un certain espace de temps, une nouvelle période d'intérêts pèse hypothécairement sur le prix, et doit être colloquée, aussi bien que l'ancienne, en conformité de l'art. 2151 c. civ.; — D'où il suit dans l'affaire actuelle, que le domaine hypothéqué au Crédit foncier et au Comptoir de l'agriculture ayant été vendu, partie en 1866 et partie en 1873, et les défendeurs éventuels ayant produit chaque fois à la distribution tant pour le capital que pour les intérêts de leurs créances, c'est à bon droit que, dans le deuxième ordre comme dans le premier, les intérêts dus à ces créanciers ont été colloqués au même rang que le capital pour les deux années et l'année courante; — Rejette, etc.
Du 5 mai 1879.-Ch. req.-MM. Bédarrides, pr.-Guillemard, rap.-Robinet de Cléry, av. gén.

tion pour ces frais et dépens, et il ne devrait être colloqué qu'à la date de cette inscription (V. les auteurs précités).

1504. Les mêmes règles sont applicables aux dommages et intérêts pouvant être prononcés contre le débiteur pour inexécution de ses engagements; ils sont aussi garantis par l'hypothèque, mais doivent être compris éventuellement dans l'inscription (V. *Rép.* n° 2447 et les auteurs cités *suprà*, n° 1502).

1505. Les frais que le créancier peut être obligé de faire pour soutenir son droit et auxquels le débiteur serait condamné participent également à la garantie hypothécaire, en tant qu'accessoires de la créance. Mais ils ne sont pas non plus affranchis du principe de la publicité. Ils doivent donc, pour pouvoir être colloqués au même rang que la créance, être prévus et évalués approximativement dans l'inscription (V. *Rép.* n°s 2443 et suiv.; Pont, t. 2, n° 991; Aubry et Rau, t. 3, § 285, p. 426; Laurent, t. 31, n° 65). Jugé que les frais exposés par les créanciers hypothécaires dans des procédures de saisie-arrêt constituent un accessoire de la créance pour la conservation de laquelle ils ont eu lieu, et doivent être colloqués à ce titre dans l'ordre ouvert sur le prix de l'immeuble hypothéqué; que cette collocation ne saurait être refusée au créancier qui la demande, par le motif qu'il lui serait possible de trouver dans la distribution à faire ultérieurement des valeurs mobilières saisies-arrêtées (Civ. cass. 9 mars 1870, aff. Perès, D. P. 70. 1. 298).

1506. Les frais et dépens faits par la femme pour obtenir la séparation de biens, la séparation de corps ou le divorce, ainsi que la liquidation de ses reprises, sont garantis par l'hypothèque légale et doivent être colloqués comme il a été indiqué *suprà*, n°s 479, 497 et suiv.

1507. Les frais faits pour la saisie de l'immeuble hypothéqué et pour la distribution du prix sont colloqués comme frais privilégiés, en vertu des art. 2101-1° et 2104 (V. *suprà*, n°s 33 et suiv.). — Quant aux frais de notifications et de purge, V. *suprà*, n°s 1367 et suiv., et pour les frais de purge des hypothèques légales, n° 1411.

1508. L'allocation annuelle (dans l'espèce, 60 centimes pour 100) stipulée par le Crédit foncier, dans un contrat de prêt, pour les frais d'administration de l'immeuble, ne participe au rang hypothécaire du capital que si elle a été évaluée dans l'inscription, sans qu'il y ait lieu de distinguer la partie de cette allocation qui a couru antérieurement ou postérieurement à l'époque où l'inscription a produit son effet légal; la disposition de l'art. 2151 c. civ. concernant les intérêts n'est pas applicable à cette allocation, bien qu'elle ait un caractère périodique (Paris, 27 juill. 1878, et, sur pourvoi, Req. 8 juill. 1879, aff. Goussard, D. P. 80. 1.293. V. *infrà*, v° *Sociétés de crédit foncier*).

CHAP. 8. — De l'extinction des privilèges et hypothèques (*Rép.* n°s 2454 à 2589).

SECT. 1re. — DE L'EXTINCTION DES PRIVILÈGES ET HYPOTHÈQUES COMME CONSÉQUENCE DE L'EXTINCTION DE L'OBLIGATION PRINCIPALE (*Rép.* n°s 2455 à 2467).

1509. Quel que soit le mode d'extinction de l'obligation principale, payement, compensation, novation, remise de la dette, confusion, prescription ou annulation, l'hypothèque est également éteinte. Mais il faut, disent les auteurs, que l'extinction soit totale, définitive et absolue.

1510. Il faut d'abord que l'extinction de la dette soit totale: si la dette subsiste partiellement, ce qui reste dû continue d'être garanti, en vertu de l'indivisibilité de l'hypothèque, par tous les immeubles soumis à l'hypothèque primitive (*Rép.* n° 2456; Aubry et Rau, t. 3, § 292, p. 487; Laurent, t. 31, n° 331; Thézard, n° 243; Baudry-Lacantinerie, n° 1493).

1511. Il faut, en second lieu, que l'extinction de la créance soit définitive. Lorsque, par exemple, le créancier devient l'héritier du débiteur, la créance s'éteint par confusion et l'hypothèque s'éteint également; mais si l'héritier fait ensuite annuler son acceptation, l'hypothèque revivra (V. *suprà*, v° *Obligations*, n° 1237). Il est bien entendu, toutefois, que l'inscription n'étant pas rayée ou n'avait pas été renouvelée en temps utile, l'hypothèque n'aurait plus

rang qu'à la date de la nouvelle inscription qui serait prise (Aubry et Rau, t. 3, § 292, p. 488).

1512. Dans le cas où l'extinction de l'obligation résulte d'une dation en payement, il y a doute sur le point de savoir si l'extinction est définitive: on se demande, par suite, si les privilèges ou hypothèques qui étaient attachés à la créance renaissent, lorsque le créancier vient à être évincé de la chose qu'il a reçue en payement (V. *suprà*, v° *Obligations*, n° 1045; *Rép.* eod. v°, n° 2512. — *Adde*, en faveur de l'opinion qui soutient que les privilèges et hypothèques revivent, Thézard, n° 243, et, dans le sens contraire, Baudry-Lacantinerie, t. 3, n° 1495).

1513. Il faut enfin que l'extinction de la créance soit absolue, pour que le privilège ou l'hypothèque s'éteigne également. En cas de payement avec subrogation, la créance n'est éteinte que sous réserve des droits qui sont transmis au subrogé (V. *suprà*, n°s 1451 et suiv., et v° *Obligations*, n°s 744 et suiv.). En cas de compensation, les deux créances compensées sont éteintes de droit avec leurs accessoires: il résulte, toutefois, de l'art. 1299 c. civ. que celui qui a payé une dette éteinte par compensation, alors qu'il avait une juste cause d'ignorer la créance qui compensait sa dette, conserve le droit de se prévaloir des privilèges ou hypothèques qui étaient attachés à sa créance (V. *suprà*, v° *Obligations*, n°s 1186 et suiv.). En cas de novation, les privilèges et hypothèques attachés à l'ancienne créance ne passent point, en général, à celle qui lui est substituée; mais il en est autrement lorsque ces sûretés ont été expressément réservées par le créancier (art. 1278 c. civ. V. *suprà*, v° *Obligations*, n°s 965 et suiv.).

1514. Quant à la question de savoir si les reprises de la femme continuent d'être garanties par l'hypothèque légale lorsque le mari en a conservé la jouissance en qualité de donataire ou de légataire de l'usufruit, V. *suprà*, n° 222. V. aussi, v° *Obligations*, n°s 970 et suiv.

1515. Comme on l'a vu *suprà*, n° 707, le payement du reliquat de compte de tutelle n'éteint pas d'une manière définitive l'hypothèque légale du mineur devenu majeur ou de l'interdit relevé de l'interdiction; cette hypothèque continue de subsister pour les redressements de compte que l'ex-pupille pourrait faire valoir.

SECT. 2. — DE LA RENONCIATION AU PRIVILÈGE OU A L'HYPOTHÈQUE (*Rép.* n°s 2468 à 2494).

1516. Le créancier peut, sans renoncer à sa créance, renoncer au privilège ou à l'hypothèque qui la garantit. Mais une telle renonciation ne peut être consentie que par un créancier ayant la capacité de disposer de la créance elle-même. M. Laurent, t. 31, n° 373, soutient même que, l'hypothèque étant un droit réel immobilier, la capacité de disposer des meubles ne suffit pas; que, pour pouvoir y renoncer, il faut être capable d'aliéner ses immeubles. Cette doctrine, quelle que soit sa nature, est l'accessoire d'une créance, et, par conséquent, celui qui peut disposer de la créance doit pouvoir par cela même disposer de l'hypothèque; qui peut le plus peut le moins (V. Pont, t. 2, n° 1233; Thézard, n° 244; Baudry-Lacantinerie, t. 3, n° 1498). Il a été jugé, conformément à cette doctrine, que, sous le régime de la communauté, le mari, pouvant disposer même à titre gratuit, entre vifs, des choses mobilières faisant partie de la communauté, a le droit de renoncer seul et sans le concours de la femme à l'hypothèque qui garantit une créance commune et de donner mainlevée de l'inscription existant sur les biens du débiteur (Liège, 24 juin 1887, aff. Dewart-John, *Journal des conservateurs des hypothèques*, 1888, art. 3824, p. 61).

1517. Le créancier peut aussi renoncer à l'inscription sans renoncer au privilège ou à l'hypothèque. En général, la mainlevée de l'inscription, lorsque la créance n'est pas éteinte, n'emporte pas renonciation à l'hypothèque elle-même, à moins de clause contraire (*Rép.* n° 2469; Civ. rej. 2 mars 1830, *Rép.* n° 2666; Civ. cass. 1er déc. 1852, aff. Synd. Tesnières, D. P. 54. 1. 275).

1518. La renonciation au privilège ou à l'hypothèque n'est soumise par la loi à aucune forme particulière, sauf en ce qui concerne la femme mariée (V. *suprà*, n° 564); elle peut donc avoir lieu par acte sous seing privé aussi bien

que par acte authentique; elle peut même avoir lieu tacitement, et l'on serait admis à en faire la preuve par témoins dans les cas où cette preuve est admissible d'après le droit commun. Pour que le conservateur procède à la radiation de l'inscription hypothécaire, la loi exige, il est vrai, soit un acte authentique portant consentement, soit un jugement (c. civ. art. 2158); mais l'authenticité de l'acte de mainlevée n'est exigée que pour la garantie du conservateur et pour éviter qu'une radiation ne soit faite sur le vu d'un acte qui n'émanerait pas du créancier. La renonciation sous seing privé est valable par elle-même, elle éteint l'hypothèque; il résulte seulement de l'exigence de l'art. 2158 que, si le créancier mis en demeure de consentir ensuite une mainlevée par acte authentique à l'effet d'exécuter complètement son engagement s'y refuse, il faudra obtenir contre lui un jugement, sur le vu duquel le conservateur opérera la radiation (*Rép.* n° 2470; Pont, t. 2, n° 1235; Aubry et Rau, t. 3, § 292, p. 490; Laurent, t. 31, n° 374; Thézard, n° 244; Baudry-Lacantinerie, t. 3, n° 1499).

1519. La renonciation au privilège ou à l'hypothèque peut être consentie en faveur d'un autre créancier hypothécaire d'un rang postérieur; en ce cas, elle est translative et constitue une cession de rang ou d'antériorité. Elle doit alors être acceptée par le bénéficiaire (V. *supra*, n° 1465). La renonciation purement abdicative, au contraire, est de sa nature un acte unilatéral, qui n'a pas besoin d'être accepté pour devenir définitif. A été jugé, en conséquence, que les cessionnaires d'une créance qui était garantie par une hypothèque dont la mainlevée a été donnée antérieurement à la cession ne peuvent se prévaloir de cette hypothèque, bien que la radiation n'ait été opérée que plusieurs années après le transport (Orléans, 29 nov. 1889, aff. Consorts Roumy, D. P. 90. 2. 153. V. aussi la note de M. Mérignhac, sous cet arrêt, et *Rép.* n° 2471. V. toutefois, en sens contraire, Baudry-Lacantinerie, t. 3, n° 1500).

1520. La renonciation peut être tacite aussi bien qu'expresse. L'opinion contraire de Duranton, citée au *Rép.* n° 2473, n'a pas prévalu. Quant à savoir quels sont les actes qui entraînent renonciation tacite, c'est, comme le dit M. Baudry-Lacantinerie, t. 3, n° 1499, une question de fait plutôt que de droit : *Ea res facti magis quam juris est.* Le juge doit en décider d'après les circonstances de la cause, et ses décisions sur ce point peuvent être aussi diverses que ces circonstances elles-mêmes. Toutefois une règle fondamentale s'impose à lui dans cette délicate matière : la renonciation tacite ne peut s'induire que de faits non équivoques, de faits qu'il est impossible d'interpréter autrement que par l'intention de renoncer à l'hypothèque, car la renonciation ne se présume pas (Arg. art 784 c. civ.): *Nemo juri suo facile renuntiare præsumitur.* Et, comme conséquence de cette règle, la renonciation doit, en général, être interprétée dans son sens le plus étroit: *Renuntiatio est strictissimæ interpretationis.*

1521. Ainsi, le concours du créancier à la vente, à l'échange ou à la donation de l'immeuble hypothéqué emporte de sa part renonciation à l'hypothèque, quand ce concours ne peut avoir d'autre motif que de garantir l'acquéreur contre une éviction (V. *Rép.* n° 2472 et les arrêts cités, n°s 2474 et suiv.). Mais cette renonciation doit être restreinte dans les limites indiquées par l'intérêt et l'intention présumable des contractants : par suite, le créancier qui a concouru à la vente de l'immeuble conserve le droit, dans le cas ou un ordre vient à s'ouvrir sur le prix, de faire valoir son droit de préférence contre les créanciers hypothécaires postérieurs (V. en ce sens, Aubry et Rau, t. 3, § 292, p. 491; Thézard, n° 245). C'est, du reste, ce que la loi du 13 févr. 1889, a décidé formellement pour le cas où une femme renonce à son hypothèque légale au profit de l'acquéreur d'un immeuble du mari (V. *supra*, n° 663).

1522. Quand le créancier concourt à un acte par lequel le débiteur consent une nouvelle hypothèque sur l'immeuble qui lui est affecté, il doit être présumé avoir consenti une cession d'antériorité de rang plutôt qu'une renonciation absolue à son hypothèque (*Rép.* n° 2481; Pont, t. 2, n° 1238; Aubry et Rau, t. 3, § 292, p. 491; Thézard, n° 245. Comp. *supra*, n° 541).

1523. Sur la renonciation tacite, prévue par l'art. 508 c. com., et résultant de ce qu'un créancier privilégié ou hypothécaire, en cas de faillite du débiteur, a voté au concordat, V. *supra*, v° *Faillites et banqueroutes*, n°s 912 et suiv.

SECT. 3. — DE LA PRESCRIPTION DU PRIVILÈGE ET DE L'HYPOTHÈQUE (*Rép.* n°s 2495 à 2564).

1524. — I. CAS OÙ L'IMMEUBLE GREVÉ DU PRIVILÈGE OU DE L'HYPOTHÈQUE EST POSSÉDÉ PAR LE DÉBITEUR (*Rép.* n°s 2495 à 2502). — Dans ce cas, aux termes de l'art. 2180-4°, § 2, la prescription est acquise au débiteur par le temps fixé pour la prescription des actions qui donnent l'hypothèque ou le privilège. En d'autres termes, il n'y a pas alors de prescription spéciale de l'hypothèque : ce droit n'est considéré que comme accessoire ; il ne s'éteint que si l'obligation principale s'éteint, et il disparaît toutes les fois que cette obligation s'éteint elle-même. « C'est la conséquence, dit M. Colmet de Santerre, *Cours analytique de code civil*, t. 9, n° 163 *bis*, de la règle posée tout au commencement de l'art. 2180, et partant il n'était guère utile de s'exprimer sur ce point, si ce n'est pour bien marquer la distinction des deux hypothèses qu'envisage l'art. 2180-4° et pour abroger une règle ancienne qui donnait à l'hypothèque une durée de quarante ans lorsque le bien était possédé par le débiteur; d'où il résultait que l'hypothèque survivait à la créance éteinte par la prescription de trente ans et qu'elle ne garantissait plus que l'obligation naturelle qui continue de lier le débiteur libéré uniquement par la prescription (Comp. *Rép.* n° 2501).

1525. Faut-il assimiler au cas où l'immeuble reste en la possession du débiteur celui où, l'hypothèque ayant été constituée pour la dette d'autrui, l'immeuble continue d'être possédé par le constituant? M. Thézard, n° 248, se prononce pour l'affirmative. En constituant l'hypothèque, dit-il, le propriétaire de l'immeuble a pris l'engagement, sinon de payer la dette, au moins de maintenir cette hypothèque et de la faire valoir tant que subsisterait la créance. Mais l'opinion contraire, enseignée par MM. Aubry et Rau, t. 3, § 293, p. 494, note 16, nous paraît plus exacte. Sans doute, la prescription de dix à vingt ans ne peut être applicable dans cette hypothèse, car elle suppose un titre et même ne court, en matière d'hypothèque, qu'après la transcription du titre (art. 2180-4°, § 3). Mais la prescription de trente ans, qui éteint toutes les actions, tant réelles que personnelles, pourrait être, suivant nous, opposée à l'action hypothécaire par le tiers qui a constitué l'hypothèque, alors même que le créancier aurait conservé son action personnelle contre le débiteur. On pourrait, il est vrai, invoquer en sens contraire, l'art. 2250, aux termes duquel l'interpellation faite au débiteur principal, ou sa reconnaissance, interrompt la prescription contre la caution. Mais, comme le disent MM. Aubry et Rau, *loc. cit.*, l'art. 2250, qui repose sur l'idée, fort contestable en elle-même, que la caution est représentée par le débiteur principal pour tout ce qui concerne la conservation des droits du créancier, ne peut s'appliquer au tiers qui a constitué une hypothèque sans s'obliger personnellement, parce que, comme propriétaire de l'immeuble hypothéqué, ce tiers ne saurait, à aucun point de vue, être considéré comme représenté par le débiteur personnel.

1526. — II. CAS OÙ L'IMMEUBLE EST DANS LES MAINS D'UN TIERS DÉTENTEUR (*Rép.* n°s 2502 à 2564). — Quand l'immeuble est possédé par un tiers détenteur, l'hypothèque peut être l'objet d'une prescription spéciale, dont les conditions se résument ainsi : la liberté de l'immeuble se prescrit comme s'en prescrirait la propriété, c'est-à-dire tantôt par trente ans de possession, sans autre condition, tantôt par dix ou vingt ans, avec juste titre et bonne foi, et avec la condition que le délai ne court qu'à partir de la transcription du titre (c. civ. art. 2180, § 7; *Rép.* n° 2502). Il est bien entendu, d'ailleurs, que la prescription de la créance éteindrait toujours l'hypothèque, conformément à la disposition de l'art. 2180-1° (*Rép.* n°s 2521, et v° *Prescription civile*, n° 652; Colmet de Santerre, t. 9, n° 164 *bis*-I).

1527. Que faut-il entendre par le juste titre qui peut servir de base à la prescription de dix ou vingt ans? On a prétendu que le juste titre requis par l'art. 2265 c. civ. pour la prescription de la propriété n'était pas, à lui seul, suffisant pour la prescription de l'hypothèque; qu'il fallait pour cette dernière prescription un titre déclarant l'immeuble franc et libre de toute charge (V. Labbé, note au arrêt de la cour de Paris du 12 juin 1866, rapporté *infra*, n° 1530). Mais cette exigence ne nous paraît pas résulter de la loi : le mot *titre*, dans l'art. 2180, doit avoir le même sens que dans

l'art. 2265, d'autant plus que le texte même du premier de ces articles se réfère aux règles de la prescription de la propriété. Au surplus, les charges hypothécaires ne se présument pas ; c'est, au contraire, la liberté de la propriété qui se présume, et dès l'instant que le tiers acquéreur, comme le dit Pothier, *Traité de l'hypothèque*, chap. 3, § 6, « n'a pas eu connaissance de l'hypothèque par son titre d'acquisition ni d'ailleurs, et a possédé l'héritage comme franc », il peut acquérir la libération de l'hypothèque par la prescription de dix ou de vingt ans.

1528. La bonne foi requise, en cette matière, pour la prescription de dix à vingt ans, consiste dans l'ignorance des charges hypothécaires dont l'immeuble se trouve grevé. Il suffit qu'elle ait existé au moment de l'acquisition (*Rép.* n° 2504). Il a été jugé : 1° que l'acquéreur d'un immeuble grevé, par suite d'une acceptation sous bénéfice d'inventaire, du privilège de la séparation des patrimoines, ne peut pas opposer aux créanciers de la succession la prescription de dix ans, s'il n'est pas de bonne foi, et s'il résulte, par exemple, des termes de son contrat d'acquisition, souverainement appréciés par les juges du fait, qu'il avait connaissance du privilège existant à leur profit (Guadeloupe, 9 avr. 1858, et sur pourvoi, Req. 7 août 1860, aff. Lavergneau, D. P. 60. 1. 506) ; — 2° Que le tiers détenteur d'un immeuble hypothéqué ne peut invoquer la prescription décennale établie par l'art. 2180 c. civ. contre les créanciers inscrits entre les mains desquels il s'est, par son contrat d'acquisition, obligé à verser son prix (Rouen, 7 juill. 1862, et sur pourvoi, Req. 11 mai 1863, aff. Mignot, D. P. 64. 1. 191) ; — 3° Que le tiers détenteur ne peut invoquer la prescription décennale, s'il se fonde sur un contrat pignoratif qui exclut la bonne foi nécessaire à cette prescription (Riom, 12 janv. 1882, aff. Faure, D. P. 83. 2. 12).

1529. La bonne foi s'apprécie en fait ; elle se présume toujours. Ainsi, le fait seul que l'hypothèque soit inscrite au moment de l'acquisition du tiers détenteur ne suffit pas pour le constituer de mauvaise foi (*Rép.* n° 2505 ; Troplong, *Des privilèges et hypothèques*, t. 2, n° 880 ; Pont, t. 2, n° 1250 ; Aubry et Rau, t. 3, § 293, p. 493, note 6 ; Colmet

de Santerre, t. 4, n° 164 *bis*-IX ; Baudry-Lacantinerie, t. 3, n° 1507). On ne saurait même voir la mauvaise foi, dit M. Thézard, n° 249, dans ce seul fait que l'acquéreur aurait eu connaissance des inscriptions hypothécaires portées au registre du conservateur, car l'inscription peut subsister alors que l'hypothèque est éteinte. Suivant MM. Aubry et Rau, t. 3, § 293, p. 493, la connaissance des inscriptions élève contre le tiers détenteur une présomption de mauvaise foi, mais il peut faire tomber cette présomption en justifiant qu'il avait des raisons plausibles de croire à la nullité ou à l'extinction des droits hypothécaires (V. aussi en ce sens, Amiaud, *Etude sur la prescription de l'hypothèque par le tiers détenteur*, p. 43 et suiv. Comp. les arrêts cités au *Rép.* n°s 2506 et 2508).

1530. Il est généralement admis aujourd'hui que la manière dont le tiers détenteur a acquis connaissance de l'existence des privilèges ou hypothèques importe peu ; qu'il suffit qu'il les ait connus pour être réputé de mauvaise foi, et qu'il ne pourrait se prévaloir, pour établir sa bonne foi, de la croyance où il était que le vendeur dégagerait l'immeuble en payant les créanciers (*Rép.* n° 2507 ; Pont, t. 2, n° 1250 ; Aubry et Rau, t. 3, § 293, p. 492, note 5 ; Thézard, n° 249 ; Baudry-Lacantinerie, t. 3, n° 1507). Il a été jugé que l'acquéreur auquel le vendeur a promis de rapporter le désistement des droits qu'un créancier hypothécaire peut avoir sur l'immeuble, n'a pas la bonne foi nécessaire pour prescrire contre ce créancier, et cela, alors même que le vendeur aurait élevé des doutes sur la validité de l'inscription dudit créancier (Paris, 12 juin 1866) (1).

1531. M. Colmet de Santerre, t. 9, n° 164 *bis*-VIII, fait d'ailleurs remarquer avec juste raison qu'à l'erreur sur l'existence de l'hypothèque, qui constitue la bonne foi par rapport au droit contre lequel prescrit le tiers détenteur, doit encore s'ajouter la bonne foi quant à la propriété : il faut que le tiers détenteur ait reçu ou du moins croie avoir reçu l'immeuble du vrai propriétaire. Puisque l'art. 2180-4° exige un titre, c'est que la loi n'entend protéger l'acquisition de la propriété franche en faveur de celui qui a cru acquérir la propriété ; elle n'a sûrement pas voulu protéger

---

(1) (Époux Judas C. héritiers Guimbert.) — Les époux Duron avaient acquis en 1825, d'un sieur Barrat, une maison située à Reims, sur laquelle ils redevaient une somme de 14 000 fr., exigible seulement au décès du sieur Barat et qui avait été déléguée par celui-ci aux époux Guimbert. En garantie de cette somme, une inscription fut prise sur ladite maison par les époux Guimbert, le 30 juill. 1844. Le 1er janv. 1846, les époux Duron ont revendu la maison au sieur Folliart, leur créancier hypothécaire, en s'obligeant à lui procurer le désistement des droits que les époux Guimbert pouvaient avoir sur l'immeuble vendu et en alléguant que l'inscription prise par ceux-ci était nulle ou au moins primée par celle du sieur Folliart. L'acquéreur a fait transcrire son acte le 8 janv. 1846. Les époux Guimbert, de leur côté, ont renouvelé régulièrement leur inscription. Le sieur Barat est mort en 1863. Le sieur Folliart étant également décédé en laissant pour héritière sa fille, mariée au sieur Judas, le sieur et dame Judas ont demandé aux héritiers Guimbert la radiation de l'inscription existant à leur profit sur la maison. A l'appui de cette demande, on a soutenu que le titre des défendeurs était prescrit, faute d'avoir été remplacé par un titre nouvel dans les trente ans de sa date, et que leur droit hypothécaire était également éteint par la prescription décennale qui avait couru au profit des tiers acquéreurs de la maison depuis la transcription de la vente du 1er janv. 1846.

Le 24 juill. 1865, jugement du tribunal civil de Reims, qui, faisant droit à la demande des époux Judas, décide que les héritiers Guimbert seront tenus de rapporter, à leurs frais, mainlevée de l'inscription par eux prise au bureau des hypothèques de Reims, sur la maison appartenant à la dame Judas. — Appel par les héritiers Guimbert.

LA COUR ; — ... Considérant que si, de la combinaison des art. 2180 et 2265, il résulte qu'un tiers détenteur peut prescrire contre l'hypothèque par une possession de dix ans entre présents, cette prescription ne lui est régulièrement acquise qu'autant que, dans le cours de dix années, rien n'est venu la suspendre ou l'interrompre, et qu'au juste titre se joigne la bonne foi ; — Considérant que, aux termes de l'art. 2257, la prescription ne court point à l'égard d'une créance à jour fixe jusqu'à ce que ce jour soit arrivé ; — Qu'ici, pas plus que dans l'art. 2252 relatif au mineur et à l'interdit, il n'y a pas lieu d'introduire, en faveur du tiers détenteur, une exception que repoussent également le texte et l'esprit de la loi ; — Que l'intention manifeste du législateur est de ne pas laisser prescrire contre une action qui n'est

pas ouverte, et que la créance à jour fixe ne permet pas au créancier d'agir avant l'événement prévu ; — Qu'à la vérité, l'art. 1180 c. civ. autorise, dans ce cas, les mesures conservatoires ; mais que ces mesures ne présentent pas les caractères des actes interruptifs de prescription, tels qu'ils sont spécifiés par l'art. 2244 ; — Qu'évidemment, ni la citation en justice, ni le commandement, ni la saisie n'étaient permis aux héritiers Guimbert vis-à-vis du tiers détenteur ; — Qu'ils avaient seulement à renouveler leur inscription, ce qu'ils n'ont pas manqué de faire ; — Considérant, enfin, que la faculté de faire des actes conservatoires n'est nullement inconciliable avec la suspension de la prescription ; qu'en effet, ces actes sont permis vis-à-vis du débiteur personnel, à l'égard duquel, au cas d'une créance à jour fixe, la suspension de la prescription n'a jamais été douteuse ; — Considérant, à un autre point de vue, que la prescription, n'eût-elle point cessé de courir en faveur du tiers détenteur, manquerait encore d'une condition essentielle, la bonne foi ; — Que, dans l'acte passé par Mennesson, notaire, le 1er janv. 1846, les vendeurs, les époux Duron, déclarent « qu'ils redoivent, sur le prix de l'acquisition qu'ils ont faite du sieur Vincent, la somme de 14 500 fr., qui, aux termes de leur acte, a été déléguée au sieur et à la dame Guimbert ; qu'ils réitèrent l'engagement qu'ils ont pris envers l'acquéreur de lui rapporter, à sa première demande, décharge desdits 14 500 fr. et le désistement de la part du sieur et de la dame Guimbert ou de leurs héritiers, de tous droits réels qu'ils pouvaient avoir sur les biens vendus ; — Que l'effet de cette déclaration ne pouvait être détruit par les doutes que les époux Duron élèvent ensuite sur la validité de l'inscription des époux Guimbert, qui serait, ou nulle, ou en tous cas, primée par celle de Folliart ; — Que l'acquéreur, tant qu'on ne lui rapportait pas la décharge et le désistement promis, devait considérer comme existants les droits des époux Guimbert, qu'il ne lui était pas possible de n'en pas faire état, de posséder avec cette plénitude de bonne foi qui sert de base à la prescription ; — Que déjà, dans un acte antérieur des 24 et 28 nov. 1844, où Folliart, auteur de la dame Judas, est intervenu, et auquel, dans l'acte de 1846, se réfèrent les parties, déclarant avoir connaissance, la radiation consentie aux époux Guimbert avait été formellement énoncée, cette fois, sans réserve ni protestation ; — Infirme ; déclare les époux Judas mal fondés dans leur demande, etc.

Du 12 juin 1866.-C. de Paris, 1re ch.-MM. Devienne, 1er pr.-Laplagne-Barris, subst., c. conf.-Guiart et Andral, av.

contre l'action hypothécaire, après dix ans de possession, celui qui, n'ayant pas de titre d'acquisition ou n'ayant qu'un titre vicieux, a dû savoir qu'il était pendant trente ans sous le coup d'une action en revendication. — M. Thézard, n° 250, enseigne cependant, mais à tort selon nous, que le tiers détenteur qui acquiert *a non domino* peut être de mauvaise foi quant à la propriété de son auteur, et de bonne foi quant à l'hypothèque dont il ignore l'existence, et qu'alors il ne prescrira la propriété que par trente ans, mais sera libéré de l'hypothèque au bout de dix ou vingt ans. Dans ce système, le tiers détenteur de mauvaise foi serait dans une position plus favorable par rapport à la prescription de l'hypothèque que le débiteur, légitime propriétaire de l'immeuble, et si ce propriétaire revendiquait après l'acquisition de la prescription de l'hypothèque au profit du tiers détenteur, il ne pourrait pas en bénéficier; c'est, en effet, ce qu'admet M. Thézard. Ces conséquences, étranges et peu conformes à l'équité, sont écartées par la doctrine de M. Colmet de Santerre.

1532. La prescription de dix ou vingt ans contre le créancier hypothécaire ne commence pas, comme la prescription de la propriété, au jour de la prise de possession : elle ne part que du jour de la transcription du titre (c. civ. art. 2180-4°, § 3). « C'est là, dit M. Colmet de Santerre, t. 9, n° 164 *bis*-VI, une règle arbitraire, inspirée par cette idée que les créanciers ont besoin d'être prévenus quand l'immeuble a changé de propriétaire; jusqu'à cet avertissement, ils peuvent, à raison des dispositions mêmes de l'art. 2180-4°, croire qu'il suffit pour eux de conserver la créance, qu'ils n'ont pas à craindre une prescription particulière de l'hypothèque. Il faut qu'ils aient connaissance de la mutation » (V. *Rép.* n° 2514). Si tel est le motif de la loi, on doit en conclure que c'est le titre constatant l'aliénation de l'immeuble par le débiteur lui-même qui doit être transcrit, et que si l'immeuble était aux mains d'un sous-acquéreur, il ne suffirait pas que le titre d'acquisition de celui-ci fût transcrit. Mais, en revanche, on peut approuver un arrêt qui a jugé que le tiers détenteur d'un immeuble qui a fait l'objet de plusieurs aliénations successives peut invoquer la prescription décennale contre les créanciers inscrits sur cet immeuble, alors même que son propre titre n'a pas été transcrit, s'il y a eu transcription de la première vente (Limoges, 22 juin 1881) (1).

1533. Pour le calcul du délai de dix ou de vingt ans, on doit considérer le domicile du créancier privilégié ou hypothécaire par rapport à la situation de l'immeuble grevé. Ainsi, la prescription sera acquise au bout de dix ans, si pendant ce temps le créancier a eu son domicile dans le ressort de la cour d'appel où se trouve situé l'immeuble grevé; elle ne sera acquise qu'au bout de vingt ans, lorsque le créancier aura toujours été domicilié en dehors du ressort de la cour d'appel; enfin, si le créancier a eu son domicile tantôt dans le ressort de la cour, tantôt en dehors, chaque année d'absence ne comptera pour le délai de dix ans que comme une demi-année de présence (Comp. *Rép.*, v° *Prescription civile*, n°s 943 et suiv.). En supposant plusieurs copropriétaires d'une créance hypothécaire, les uns domiciliés dans le ressort de la cour d'appel, les autres en dehors, la prescription sera acquise par dix ans à l'égard des premiers, pour leur part, et seulement par vingt ans à l'égard des autres (Comp. Civ. cass. 12 nov. 1833, *Rép.* eod. v° n° 947). Le délai de la prescription de l'hypothèque est, d'ailleurs, indépendant du délai de la prescription de la propriété, car ces deux prescriptions ne courent pas contre la même personne; il peut donc arriver que l'hypothèque soit prescrite par dix ans et la propriété par vingt ans, ou *vice*

---

(1) (Aufaure C. Hamouy.) — Le 23 juill. 1880, le tribunal civil de Guéret a statué en ces termes : — LE TRIBUNAL; — En fait : — Considérant que la créance de Pauly, base du litige actuel, repose sur un acte reçu par Me Jorrand, le 24 nov. 1824, aux termes duquel le sieur Jean-Baptiste Villatte s'est reconnu débiteur envers Hortense Villatte, épouse Pauly, sa fille, pour reliquat d'un compte de tutelle, d'une somme principale de 4 715 fr. 25 cent., exigible au décès seulement de Jean-Baptiste Villatte, à cause d'une constitution d'usufruit faite à son profit; que cette créance, à raison de sa nature, était garantie par une hypothèque générale grevant tous les immeubles du débiteur du jour où il est devenu tuteur de sa fille; — Considérant qu'il est justifié par les pièces produites que les immeubles acquis par Aufaure de Bonnet ou de Midre avaient été la propriété de Jean-Baptiste Villatte et qu'ils étaient grevés de l'hypothèque pupillaire de sa fille, femme Pauly; que Bonnet, acquéreur de Jean-Baptiste Villatte, a fait transcrire son contrat d'acquisition le 3 mai 1834, et que Pauly a fait inscrire, le 18 sept. 1847, l'hypothèque légale de sa mère pour la créance résultant de l'acte précité du 24 nov. 1824, ladite hypothèque renouvelée les 24 juin 1857 et 22 juin 1867; qu'il est justifié, de plus, que Jean-Baptiste Villatte est décédé le 28 déc. 1855; qu'enfin il est établi que les hypothèques pouvant grever lesdits immeubles n'ont pas été purgées, et que c'est en se fondant sur ce défaut de purge et sur l'hypothèque générale de Pauly, utilement conservé, que le tribunal a, le 10 janv. 1872, condamné Aufaure et autres tiers détenteurs à payer la créance dudit Pauly, liquidée pour la quotité à la charge de Pierre et Jean Aufaure à la somme de 4 040 fr., par eux payée aux termes d'une quittance du 15 févr. 1872; — Considérant que, les faits établis, il s'agit de rechercher si les héritiers Bonnet et les époux Hamouy auraient pu, assignés en garantie sur le procès intenté par Pauly, faire écarter la demande dudit Pauly; que les époux Hamouy et les héritiers Bonnet soutiennent que l'action de Pauly devait être repoussée, parce que l'hypothèque sur laquelle elle était fondée était alors périmée; qu'ainsi la solution de la difficulté dépend de l'interprétation des règles posées par la loi en matière d'extinction de l'hypothèque par prescription; — En droit : — Considérant que la prescription dont il s'agit exige quatre conditions : 1° que le créancier hypothécaire habite le ressort de la cour dans l'étendue de laquelle l'immeuble est situé; 2° que le tiers détenteur soit propriétaire en vertu d'un juste titre, transcrit; 3° que la transcription ait duré dix années utiles à prescrire; 4° que le tiers détenteur soit de bonne foi; — Considérant que l'existence de la première et de la troisième condition est prouvée par les faits acquis au procès; qu'il ne s'est d'ailleurs élevé à cet égard aucun débat; qu'en ce qui concerne la seconde condition, on peut se demander s'il suffit, pour que la loi soit remplie, que la transcription ait été faite par un des précédents vendeurs ou s'il est nécessaire que le tiers détenteur, auquel doit profiter la prescription, ait fait lui-même transcrire son contrat d'acquisition; qu'il faut remarquer en effet que Pierre et Jean Aufaure n'ont pas fait transcrire leur vente; que Midre, coéchangiste de Bonnet et vendeur d'Aufaure, n'avait pas non plus fait transcrire son contrat; — Considérant que la loi se borne à exiger que le titre soit transcrit sans dire que chaque tiers détenteur sera tenu de remplir cette formalité pour pouvoir invoquer la prescription; qu'il est évident, du reste, que la transcription n'est imposée dans ce cas par la loi au tiers détenteur que dans l'intérêt du créancier, afin qu'il soit prévenu du péril qui menace son hypothèque; que, dans l'espèce, Pauly, créancier, n'a pas eu à se plaindre, puisqu'il a pu faire inscrire en temps utile l'hypothèque légale de sa mère, hypothèque qu'aucun autre droit réel n'est venu primer à défaut de transcription par Midre ou Aufaure; que, si l'on comprend que le créancier puisse se plaindre du défaut de transcription lorsqu'il s'agit de sauvegarder son droit hypothécaire, on ne saurait admettre que le tiers détenteur se fasse un argument de l'omission d'une formalité prescrite par la loi contre lui-même et dans l'intérêt seul du créancier, etc. — Appel par le sieur Aufaure.

LA COUR; — Considérant, en droit, que, pour que la prescription décennale soit acquise au profit du tiers détenteur, il faut qu'il établisse qu'il est de bonne foi, que sa possession est fondée sur un juste titre et que le propriétaire est domicilié dans le ressort de la cour où l'immeuble est situé; qu'en ce qui touche l'extinction par prescription de l'hypothèque dont cet immeuble se trouverait grevé, la loi, dans l'art. 2180 c. civ., impose une nouvelle condition; qu'elle exige que le contrat translatif de propriété ait été transcrit; et que c'est à partir de cette transcription que la prescription commence à courir, et lorsque aussi les autres conditions relatées ci-dessus ont reçu leur exécution; — Considérant qu'il est évident que la formalité relative à la transcription n'a été imposée que dans l'intérêt du créancier inscrit, pour qu'il soit averti que les biens hypothéqués n'appartenaient plus à son débiteur originaire, et pour qu'il pût par suite prendre les mesures nécessaires pour sauvegarder ses intérêts; — Considérant, dès lors, que, lorsque l'immeuble hypothéqué a été vendu par le débiteur et que le contrat de vente a été régulièrement transcrit, il devient inutile, en ce qui touche la prescription de l'hypothèque, de faire de nouveau transcrire les contrats de vente successifs concernant le même immeuble; il suffit à cet égard que le tiers détenteur soit de bonne foi et qu'il possède l'immeuble hypothéqué en vertu d'un juste titre; qu'il pourra alors invoquer utilement la prescription décennale dont le point de départ sera, en ce qui le touche, définitivement fixé par la date de la transcription; — Adoptant au surplus les motifs des premiers juges;

Confirme.

Du 22 juin 1881.-C. de Limoges, 1re ch.-MM. Lescouvé, 1er pr.-Barraillier, av. gén.-Chouffour, Cusinet et Nicard des Rieux, av.

versa, suivant que le créancier hypothécaire ou le véritable propriétaire de l'immeuble résident ou non dans le ressort de la cour d'appel (V. *Rép.* n° 2512; Colmet de Santerre, t. 9, n° 164 *bis*-X; Thézard, n° 250; Baudry-Lacantinerie, t. 3, n° 1508).

1534. La prescription de l'hypothèque est suspendue par les causes de suspension applicables à toute prescription d'après le droit commun (c. civ. art. 2152 et suiv.), notamment, par l'état de minorité ou d'interdiction du créancier hypothécaire (*Rép.* n° 2537). Ici encore, la prescription de l'hypothèque est indépendante de celle de la propriété : l'une suivra son cours et l'autre sera suspendue, suivant que, du créancier hypothécaire ou du véritable propriétaire, l'un ou l'autre sera majeur ou mineur (Aubry et Rau, t. 3, § 293, p. 394; Thézard, n° 250; Baudry-Lacantinerie, t. 3, n° 1508).

1535. La prescription de l'hypothèque court contre les femmes mariées pour les hypothèques qu'elles peuvent avoir sur les immeubles possédés par des tiers (*Rép.* n° 2539). Mais cette prescription est suspendue en faveur de la femme, pendant le mariage, quant aux hypothèques qui peuvent lui appartenir sur les biens de son mari, spécialement quant à son hypothèque légale et toutes les fois que l'action hypothécaire de la femme réfléchirait contre le mari (*Rép.* n°s 2540 et suiv.; Bordeaux, 29 nov. 1833; *Rép.* n° 2543-3°; Aubry et Rau, t. 3, § 293, p. 494, note 10; Thézard, n° 251). Il a été jugé que cette suspension de prescription ne peut être invoquée que par la femme elle-même, et non par un tiers qui a payé comme caution la dette contractée par la femme solidairement avec le mari (Req. 25 janv. 1881, aff. Prothery, D. P. 81. 1. 246). Au contraire, la femme qui aurait payé une dette de son mari et qui serait subrogée dans une hypothèque grevant les biens de celui-ci, bénéficierait de la suspension de prescription (Même arrêt).

1536. Si la créance hypothécaire est à terme ou conditionnelle, la prescription de l'hypothèque court-elle au profit du tiers détenteur avant l'échéance du terme ou l'accomplissement de la condition? Comme on l'a dit *supra*, v° *Prescription civile*, n° 506, la jurisprudence applique à la prescription de l'hypothèque l'art. 2257 c. civ. aux termes duquel la prescription ne court point; à l'égard d'une créance qui dépend d'une condition, jusqu'à ce que la condition arrive; à l'égard d'une créance à jour fixe, jusqu'à ce que le jour soit arrivé (V. notamment, Req. 16 nov. 1857, aff. Fargé, D. P. 58. 1. 54; Paris, 12 juin 1866, *supra*, n°s 1530 Dijon, 3 janv. 1878, aff. Chaudron, D. P. 79. 2. 118; Bordeaux, 12 mai 1879, aff. Florant, D. P. 80. 2. 8, et sur pourvoi, Req. 30 déc. 1879, D. P. 80. 1. 338; Paris, 25 avr. 1891, *Journ. des cons. des hyp.*, 1891, art. 4208, p. 397).

1537. La presque unanimité des auteurs soutiennent, au contraire, que l'art. 2257 ne concerne que la prescription extinctive de la créance et ne doit pas être étendu à la prescription de l'hypothèque, qui est une prescription acquisitive au profit du tiers détenteur (V. *Rép.* n° 2528; Pont, t. 2, n° 1255; Aubry et Rau, t. 2, § 213, p. 331, note 17, p. 333, note 24, et t. 3, § 293, p. 493; Colmet de Santerre, t. 9, n° 165 *bis*-II; Baudry-Lacantinerie, t. 3, n° 1676; Amiaud, *Etude sur la prescription de l'hypothèque par le tiers détenteur*, p. 1 et suiv.). — M. Thézard, n° 252, propose de résoudre cette question par une distinction entre le cas où le tiers détenteur a acquis l'immeuble du débiteur lui-même, et le cas où il possède sans titre ou en vertu d'un titre émané *a non domino*. Dans le premier cas, la prescription de l'hypothèque serait suspendue jusqu'à l'arrivée du terme ou de la condition, parce que, jusque-là, la possession du tiers détenteur n'est que la suite légitime de la possession du débiteur et n'implique aucune usurpation. « Tant que le créancier, dit M. Thézard, n'est pas en demeure d'agir pour sa créance elle-même, par l'arrivée du terme ou de la condition, on ne peut prescrire contre lui, par une possession qui est l'exercice pur et simple d'un droit de propriété régulier et non contradictoire à son droit d'hypothèque. Telle est, du reste, la disposition de l'art. 2232, d'après lequel les actes de pure faculté ne peuvent fonder ni possession ni prescription, disposition dont le sens évident est que l'exercice d'un droit certain ne peut faire acquérir un droit plus étendu : *Tantum præscriptum quantum possessum...* Quand, au contraire, l'immeuble hypothéqué est aux mains d'un détenteur qui n'a

pas de titre, ou qui a un titre émané *a non domino*, ce détenteur n'est pas lié par l'origine même de sa possession, ni envers le propriétaire, ni envers le créancier hypothécaire. Il possède d'une façon absolue *ad usu capionem*, avec cette condition qu'il devra être dépossédé si les véritables ayants droit agissent contre lui avant l'accomplissement de la prescription. A chaque instant de sa possession il usurpe et empiète sur le droit du propriétaire et sur tous ceux qui en dérivent : ils sont donc mis en demeure, s'ils sont soigneux de leurs droits, d'interrompre cette indue possession. Alors, à défaut du propriétaire, qui représente les autres intéressés, le créancier hypothécaire est fondé à exercer utilement une action conservatoire. En appliquant la règle : *Tantum præscriptum quantum possessum*, on reconnaîtra que le tiers détenteur a possédé *ergâ omnes* l'entière et libre propriété, et que dès lors la prescription, à tous les points de vue, a couru à son profit du jour de sa possession ou de celui de la transcription de son titre ». Mais on peut objecter à ce système qu'il traite plus favorablement le possesseur sans titre ou n'ayant qu'un titre émané *a non domino* que le possesseur qui tient son titre du véritable propriétaire. Ce dernier possesseur a acquis l'immeuble sans que le précédent propriétaire lui ait déclaré les charges hypothécaires, et de fait il ne les a pas connues, puisque autrement il ne pourrait pas prescrire : il a donc possédé l'immeuble comme franc et libre de toute hypothèque : pourquoi, dans ces conditions, sa possession serait-elle moins utile pour la prescription de l'hypothèque que celle du possesseur qui a acquis *a non domino*? La distinction de M. Thézard ne nous semble donc pas suffisamment justifiée. Quoi qu'il en soit, la question n'a plus d'intérêt pratique, car la jurisprudence paraît fixée en ce sens que la prescription de l'hypothèque ne court pas tant que la créance n'est pas exigible.

1538. Cette jurisprudence tendrait à faire décider, contrairement à l'opinion émise au *Rép.* n° 2529, que l'hypothèque constituée en garantie d'une rente perpétuelle ou viagère n'est pas susceptible d'être prescrite tant que les arrérages sont exactement payés (Comp. Aubry et Rau, t. 2, § 213, p. 333, note 24 *in fine*). L'ancien droit ne pourrait plus être invoqué en sens contraire, puisqu'il admettait, contrairement à la jurisprudence actuelle, que la prescription de l'hypothèque courait au profit du tiers détenteur dès avant l'échéance du terme ou l'événement de la condition (V. *Rép.* n° 2525).

1539. L'interruption de la prescription de l'hypothèque est régie par les principes du droit commun : elle peut résulter, soit de l'interruption matérielle de la possession (c. civ. art. 2243), soit d'une citation en justice, d'un commandement ou d'une saisie, signifiés par le créancier au tiers détenteur (art. 2244), soit d'une reconnaissance de l'existence de l'hypothèque consentie par le tiers détenteur (art. 2248). La jurisprudence admet que la sommation de payer ou de délaisser équivaut au commandement pour interrompre la prescription de l'hypothèque, bien qu'en général une simple sommation ne soit pas interruptive de la prescription (V. les arrêts cités au *Rép.* n° 2548). Mais la sommation de payer ou de délaisser perd son effet interruptif, si elle n'est pas suivie de poursuites dans les trois ans (*Rép.* n° 2250; Bordeaux, 12 août 1857, aff. Russel, D. P. 59. 5. 217).

1540. La reconnaissance de l'hypothèque par le tiers détenteur interrompt aussi la prescription. Mais il a été jugé que la déclaration faite, sur la sommation de payer ou de délaisser, par le tiers détenteur « qu'il a laissé ou qu'il laisserait somme suffisante pour payer les créanciers hypothécaires », n'emporte pas de sa part renonciation au droit d'opposer la prescription de l'hypothèque (Lyon, 24 avr. 1880, sous Req. 25 janv. 1881, aff. Prothery, D. P. 81. 1. 246). — Faut-il considérer comme une reconnaissance interruptive la notification faite par le tiers détenteur aux créanciers inscrits, conformément aux art. 2183 et suiv.? Non, en principe. « Il est certain, dit à ce sujet M. Colmet de Santerre, t. 9, n° 165 *bis*-IV, que le détenteur qui veut payer n'a pas le temps d'examiner et de contester préalablement les droits des créanciers envisagés individuellement ; c'est à la masse des inscrits qu'il fait des notifications et des offres ; mais rien n'indique qu'il renonce au droit de contester les différentes créances inscrites quand il y aura intérêt, dès lors il

ne faut pas voir dans ces notifications une renonciation interrompant la prescription » (V. en ce sens, outre les arrêts cités au *Rép.* n° 2523, Riom, 12 janv. 1882, aff. Faure, D. P. 83. 2. 12). Toutefois, M. Pont, t. 2, n°s 1249 et 1260, fait ici une distinction qui nous paraît fort rationnelle. La notification du titre, suivant lui, doit suffire pour interrompre la prescription en cours ; mais elle n'emporte pas renonciation à la prescription acquise. D'une part, en effet, la notification implique un engagement personnel, contracté par le tiers détenteur, de payer les dettes et charges hypothécaires jusqu'à concurrence de son prix, et cet engagement rentre dans la règle d'après laquelle les actions personnelles dérivant des contrats se prescrivent, en thèse générale, par trente ans (c. civ. art. 2262). D'autre part, l'engagement pris ainsi par le tiers détenteur est conditionnel ; il est subordonné à la conservation du droit hypothécaire des créanciers ; si donc ce droit est déjà éteint au moment de la notification, cet acte ne saurait le faire revivre (V. aussi en ce sens, Thézard, n° 254).

1541. Comme on l'a vu *suprà*, n° 1236, la prescription de la créance entraîne l'extinction de l'hypothèque. De là, la question de savoir si la renonciation à la prescription que consentirait le débiteur, après que cette prescription serait acquise quant à l'obligation elle-même, est opposable au tiers détenteur. La négative doit être admise en principe (V. *Rép.*, v° *Prescription civile*, n° 91). « En règle générale, dit M. Thézard, n° 254, le débiteur ne peut pas, aux termes de l'art. 2225 c. civ., renoncer à la prescription acquise au préjudice de ses créanciers, et cette solution doit s'étendre aux autres tiers intéressés à invoquer la prescription : si même, à l'égard de ses créanciers, qui sont en principe obligés par ses actes, la renonciation n'est pas absolument non avenue, mais simplement sujette à annulation, et si les conditions de cette annulation peuvent prêter à controverse, il en est autrement à l'égard du tiers détenteur, qui a une situation indépendante de celle du débiteur, et qui est fondé de son chef à invoquer la prescription de la créance, et par suite de l'hypothèque, si elle est acquise ». Toutefois, si la prescription à laquelle le débiteur renonce est une de ces courtes prescriptions, comme celles des art. 2272 et suiv. c. civ. ou celle de l'art. 189 c. com., au sujet desquelles le créancier peut déférer le serment au débiteur sur le point de savoir s'il a payé, la renonciation du débiteur étant alors plutôt l'aveu de la dette que l'abandon d'un droit, le tiers détenteur ne pourra pas se prévaloir de la prescription (Thézard, *loc. cit.*).

Sect. 4. — De l'extinction des privilèges ou des hypothèques par la perte de la chose ou sa mise hors du commerce, par la résolution du droit du débiteur et par la consolidation (*Rép.* n°s 2565 à 2589).

1542. Lorsque la chose grevée de privilège ou d'hypothèque vient à périr en totalité, le privilège ou l'hypothèque s'éteint ; lorsque la chose n'a péri qu'en partie, le privilège ou l'hypothèque subsiste sur ce qui reste (*Rép.* n° 2567). Mais, dans l'un et l'autre cas, si la chose était assurée, l'indemnité d'assurance, depuis la loi du 19 févr. 1889, est attribuée de plein droit aux créanciers privilégiés ou hypothécaires, suivant leur rang (V. *suprà*, n°s 917 et suiv.).

1543. Il a été jugé que, lorsque des constructions, hypothéquées indépendamment du terrain qui les porte, disparaissent en totalité, les droits hypothécaires qui les frappaient périssent avec elles, et ne sauraient être transportés, par une sorte de subrogation réelle, sur une construction nouvelle remplaçant les premières, mais entièrement distincte de celles-ci (Paris, 9 déc. 1890, aff. Geffroy, D. P. 91. 2. 368).

1544. La consolidation ou confusion qui s'opère par la réunion, sur la même tête, des qualités de créancier hypothécaire et de propriétaire de l'immeuble hypothéqué, n'entraîne pas d'une manière absolue, comme on l'a expliqué au *Rép.*, n°s 2581 et suiv., l'extinction de l'hypothèque. C'est pourquoi il peut être encore nécessaire de maintenir et de renouveler l'inscription hypothécaire (V. *suprà*, n° 1104).

CHAP. 9. — De la réduction et de la radiation des hypothèques ou des inscriptions (*Rép.* n°s 2590 à 2816).

Sect. 1re. — De la réduction des hypothèques ou des inscriptions (*Rép.* n°s 2591 à 2663).

Art. 1er. — *De la réduction des hypothèques ou inscriptions sur les biens des maris* (*Rép.* n°s 2593 à 2627).

1545. L'hypothèque légale de la femme mariée peut être restreinte ou réduite soit par le contrat de mariage, en vertu de l'art. 2140 c. civ., soit pendant le mariage, conformément à l'art. 2144. Quelques auteurs désignent plus spécialement par le mot *restriction* la réduction qui a lieu par contrat de mariage (V. notamment, Baudry-Lacantinerie, *Précis de droit civil*, t. 3, n° 1357). La loi, dans les art. 2140 et suiv., applique le mot *restreindre* aux deux hypothèses ; dans l'art. 2145 seulement, elle emploie le mot *réduction* pour désigner la seconde. Certains auteurs se servent également dans les deux cas du mot *restriction* (V. Jouitou, *De la restriction de l'hypothèque légale de la femme* ; Colmet de Santerre, *Cours analytique de code civil*, t. 9, n° 142 *bis*-I). Mais, en général, ces deux termes sont employés indifféremment.

1546. — I. Réduction opérée par contrat de mariage. — La réduction autorisée par l'art. 2140 c. civ. pourrait avoir lieu dans une contre-lettre ajoutée au contrat de mariage suivant les formes prescrites par les art. 1396 et 1397 c. civ., aussi bien que dans le contrat de mariage même ; mais elle ne serait pas valablement constatée par un autre acte, même authentique et antérieur au mariage (Pont, t. 1, n° 549 ; Jouitou, n° 8).

1547. L'art. 2140 n'accordant le droit de consentir à la réduction de l'hypothèque légale qu'aux « parties majeures » il est certain que si la femme est encore mineure au moment du contrat de mariage la réduction n'est pas possible (V. *Rép.* n°s 2593 et suiv. ; Pont, t. 1, n° 551 ; Aubry et Rau, t. 3, § 264 *ter*, p. 230, note 41 ; Colmet de Santerre, t. 9, n° 111 *bis*-IV ; Jouitou, n° 10). Il a été jugé, toutefois, que la femme mineure peut, dans son contrat de mariage passé avec l'assistance des personnes désignées par l'art. 1398 c. civ., consentir, sous condition d'une donation à elle faite, à n'exercer son hypothèque légale sur les immeubles de son mari qu'après payement d'un créancier de celui-ci (Riom, 28 janv. 1858, et sur pourvoi, Req. 23 janv. 1859, aff. Dame Desolliers de Neyronde, D. P. 59. 1. 407).

1548. La plupart des auteurs décident que la réduction consentie par la femme majeure serait valable quand même le mari serait mineur, car la réduction est tout en faveur du mari, qui, bien que mineur, peut faire la chose la plus meilleure (V. *Rép.* n° 2597 ; Pont, t. 1, n° 551 ; Aubry et Rau, t. 3, § 264 *ter*, p. 230, note 41 ; Colmet de Santerre, t 9, n° 111 *bis*-III ; Thézard, n° 100 ; Baudry-Lacantinerie, t. 3, n° 1359). Quelques-uns cependant élèvent des doutes sur cette solution, dans tous les cas au contraire du texte général de la loi. N'y a-t-il pas eu, dit M. Jouitou, n° 11, cette arrière-pensée chez les rédacteurs du code que l'hypothèque légale de la femme peut aussi bien parfois être une sauvegarde indirecte des intérêts du mari lui-même? (V. dans le même sens : Massé et Vergé sur Zachariæ, *Le droit civil français*, t. 5, § 796, note 14 ; Clément, *Questions pratiques sur l'hypothèque légale de la femme*, n° 37.)

1549. « Il ne pourra être convenu, dit l'art. 2140, qu'il ne sera pris aucune inscription ». On ne pourrait donc stipuler une restriction telle qu'elle équivaudrait à la suppression de l'hypothèque (*Rép.* n° 2598). Dans un cas où il avait été stipulé qu'il ne serait pris inscription que sur un immeuble dont le mari était propriétaire par indivis, la restriction a été déclarée valable, par la raison que l'immeuble, ayant été ensuite licité, avait été adjugé à un étranger; qu'il n'y avait pas eu lieu dès lors à l'application de l'art. 883 c. civ.; que le mari se trouvait avoir été réellement propriétaire d'une partie de l'immeuble, et que la femme pouvait exercer sur cette partie le droit de suite et le droit de préférence attachés à son hypothèque (Alger, 26 mai 1888, aff. Soipteur, D. P. 89. 2. 77). La restriction

eût dû, au contraire, être déclarée nulle si l'immeuble avait été acquis par un colicitant, car, l'art. 883 étant alors applicable, le mari aurait été réputé n'avoir jamais eu la propriété d'aucune part de cet immeuble, et ainsi l'hypothèque légale de la femme se serait trouvée réduite à rien (Jouitou, n° 21).

1550. L'hypothèque légale de la femme peut être réduite dans le contrat de mariage de plusieurs manières. L'art. 2140 c. civ. suppose que les parties ont désigné les immeubles qui seront grevés de l'hypothèque ; mais elles peuvent, à l'inverse, indiquer les immeubles qu'elles entendent affranchir. Dans le premier cas, on peut dire, avec M. Baudry-Lacantinerie, t. 3, n° 1360, que les parties ont procédé par voie de *spécialisation* de l'hypothèque, et dans le second cas, par voie d'*exclusion*. Ces deux façons de procéder ne produisent pas les mêmes effets. Quand on a spécifié les biens qui seront grevés, tous les autres, même les biens à venir, seront libres. Au contraire, si l'on a seulement exonéré certains biens de l'hypothèque, tous les autres, y compris les biens à venir, seront grevés ; l'hypothèque, dans ce dernier cas, conserve son caractère de généralité (V. Pont, t. 1, n°ˢ 545 et suiv. ; Baudry-Lacantinerie, *loc. cit.* ; Jouitou, n° 28. Comp. Paris, 29 mai 1849, *Rép.* n° 2601). Il pourrait se faire que les parties eussent exprimé à la fois quels biens seraient grevés et quels biens seraient libres. Dans ce cas, si parmi les immeubles du mari il s'en trouvait qui ne fussent pas compris dans l'une ou l'autre des deux clauses, il faudrait les considérer comme grevés de l'hypothèque, par cela seul que la clause de réduction ne s'y appliquerait pas (Jouitou, *loc. cit.*).

1551. La restriction de l'hypothèque peut n'être consentie que pour certaines créances de la femme, pour ses apports constatés dans le contrat de mariage, par exemple (Civ. rej. 18 août 1856, aff. Douanes, D.P. 56. 1. 365).

1552. Elle pourrait être même soumise à une condition. Elle l'est, en fait, lorsque, comme dans l'espèce citée *suprà*, n° 1549, l'hypothèque a été restreinte sur la part du mari dans un immeuble indivis, la restriction étant alors subordonnée au résultat de la licitation.

1553. Pourrait-il être stipulé que l'hypothèque légale sera restreinte sur les immeubles du mari jusqu'à concurrence d'une certaine somme ? Non, suivant M. Jouitou, n° 26, car cela reviendrait à limiter la somme pour laquelle la femme serait admise à se porter créancière hypothécaire du mari ; ce serait une restriction de la créance de la femme, et non de son hypothèque, qui resterait générale. Le même auteur admet cependant la validité de la clause par laquelle les parties conviendraient que l'hypothèque sera restreinte sur une valeur de tant, en immeubles, à condition que les immeubles seront déterminés par une expertise dont les termes et les conditions seront nettement définis au contrat ; l'hypothèque serait ainsi effectivement restreinte ; l'expertise, qui pourrait avoir lieu pendant le mariage, n'aurait pour but que de faire le départ entre les biens grevés et les biens non grevés.

1554. Mais, comme le disent MM. Aubry et Rau, t. 3, § 264 *ter*, p. 232, note 46, si l'art. 2140 permet aux futurs époux de réduire l'hypothèque à certains immeubles destinés à y rester affectés, il ne les autorise pas à se réserver la faculté de modifier, pendant le mariage, par une nouvelle convention, l'assiette de l'hypothèque ainsi réduite. La jurisprudence a, en effet, déclaré nulle la clause d'un contrat de mariage par laquelle les futurs époux, en restreignant l'hypothèque légale de la femme à certains immeubles déterminés, s'étaient réservé la faculté de transporter cette hypothèque sur d'autres immeubles d'une valeur reconnue équivalente, soit d'après la déclaration de la femme, soit suivant une expertise (Civ. cass. 5 mai 1852, aff. Grandjon et autres, D.P. 52. 1. 129, et sur renvoi, Lyon, 26 janv. 1854, D.P. 54. 2. 147). De même, il a été jugé que l'hypothèque ne peut se réserver, dans le contrat de mariage, de cantonner l'hypothèque légale, au cours du mariage, sur une ou plusieurs des propriétés du mari (Nîmes, 4 mai 1888, aff. Bresson, D.P. 89. 2. 195). On devrait également tenir pour nulle la clause qui, après avoir restreint l'hypothèque légale, laisserait aux époux la faculté de l'étendre à d'autres immeubles. Toutes ces clauses sont contraires au principe de l'immutabilité des conventions

matrimoniales (c. civ. art. 1395) : ce principe s'oppose non seulement à ce que les époux modifient leur régime matrimonial pendant le mariage, mais encore à ce qu'ils se réservent le droit de le modifier.

1555. Il y a lieu toutefois de se demander si la réserve que les futurs époux auraient faite de transporter l'hypothèque restreinte ou de l'étendre à d'autres immeubles, annulerait la restriction elle-même. Suivant un premier système, la convention serait nulle pour le tout ; car, dit-on, la réduction n'a été consentie que sous la condition de pouvoir être effacée plus tard ; dès lors, cette réduction elle-même ne peut plus avoir d'effet, la condition étant irréalisable (V. en ce sens : Pont, t. 1, n° 548 ; Thézard, n° 100). Dans un autre système, au contraire, on soutient que la convention dont il s'agit présente deux parties complètement distinctes : l'une par laquelle les futurs époux, en usant de la faculté que la loi leur accorde, ont réduit l'hypothèque légale à certains immeubles ; l'autre par laquelle ils se sont arrogé le pouvoir d'en modifier l'assiette pendant le mariage. On en conclut que les tiers ont pu légitimement compter sur la première clause, quelle que soit la valeur de la seconde (V. Lyon, 26 janv. 1854, cité *suprà*, n° 1554 ; Aubry et Rau, *loc. cit.*). Mais il nous paraît plus exact de dire, avec M. Jouitou, n° 22, qu'il y a là une question de fait. Il peut se présenter telle espèce où les parties auront manifesté la volonté de subordonner une clause à l'autre, faisant par là, de la faculté de déplacer l'hypothèque, la condition de la restriction même ; en ce cas, les deux stipulations constitueront en effet un tout indivisible, et la nullité de la convention de transport de l'hypothèque entraînera celle de la convention de restriction. Il peut aussi arriver que la faculté de déplacer l'hypothèque n'ait été, dans l'intention des parties, qu'une condition accessoire, une facilité de plus qu'elles ont cru pouvoir se donner, et alors il serait injuste d'annuler pour cela la restriction au préjudice des tiers.

1556. Si, après le mariage, l'hypothèque légale restreinte par le contrat de mariage est reconnue insuffisante, la femme peut-elle demander un supplément d'hypothèque ? M. Jouitou, n° 103, fait sur cette question une distinction qui nous paraît exacte. L'insuffisance ultérieurement constatée, de l'hypothèque légale n'autorisera, suivant lui, la femme à réclamer un supplément d'hypothèque que si elle n'existait pas déjà au moment du contrat de mariage. La restriction est, en effet, une convention de mariage qui ne peut être changée sous le prétexte qu'elle a été consentie légèrement et que, vérification faite, les droits de la femme sont plus élevés ou les immeubles grevés sont de moindre valeur qu'on ne l'avait cru d'abord (c. civ. art. 1395). Mais si, au contraire, par suite d'événements postérieurs au mariage, la proportion entre les droits de la femme et les immeubles qui leur servent de gage a changé, si le gage est devenu insuffisant, la femme pourra réclamer une garantie supplémentaire ; il n'est pas contraire à la convention de demander le rétablissement des proportions convenues. — Quant à la manière de constituer le supplément d'hypothèque, V. *infrà*, n° 1581).

1557. — II. RÉDUCTION AU COURS DU MARIAGE. — Comme on l'a vu *suprà*, n°ˢ 560 et suiv., la réduction de l'hypothèque légale qui peut avoir lieu au cours du mariage sous les conditions déterminées par les art. 2144 et 2145 c. civ., doit être distinguée de la renonciation que la femme peut consentir en faveur d'un tiers, créancier du mari ou acquéreur de ses biens. Cette renonciation est aujourd'hui régie par la loi du 13 fév. 1889 (V. *suprà*, n° 601 et suiv.). La réduction autorisée par les art. 2144 et 2145 en diffère en ce qu'elle a lieu au profit du mari seul, pour augmenter son crédit ou lui permettre de disposer librement d'une partie de ses immeubles (V. Civ. cass. 26 avr. 1864, aff. Damé Souchières, D.P. 64. 1. 181, et sur renvoi, Montpellier, 30 nov. 1864, D.P. 65. 2. 216 ; Chambéry, 19 nov. 1877, *suprà*, n° 517 ; Civ. rej. 28 nov. 1892, aff. Veuve Gardes, D.P. 93. 1. 62).

1558. Les conditions auxquelles les art. 2144 et 2145 soumettent la réduction de l'hypothèque légale de la femme pendant le mariage peuvent être résumées de la manière suivante. Il faut : 1° que l'hypothèque n'ait pas été restreinte par le contrat de mariage (Arg. des art. 2143 et 2144 com-

binés. V. *infrà*, n° 1559); — 2° Que la femme soit majeure
(V. *infrà*, n° 1560); — 3° Que la femme consente à la réduction (V. *infrà*, n° 1561); — 4° Que la demande de réduction
soit précédée d'un avis d'une assemblée de famille composée
des quatre plus proches parents de la femme (V. *infrà*,
n° 1566); — 5° Que la demande soit formée contradictoirement avec le procureur de la République (V. *infrà*, n° 1680);
— 6° Que le tribunal reconnaisse qu'il restera au mari,
après la réduction, des immeubles suffisants pour la conservation entière des droits de la femme (V. *infrà*, n° 1570).
Ces conditions sont, du reste, les seules qu'exige la loi.
Ainsi, la réduction est possible sous n'importe quel régime
matrimonial, sous le régime dotal notamment (V. les arrêts
cités au *Rép.* n° 2625, et Req. 6 nov. 1860, aff. Gourg de
Moure, D. P. 61. 1. 84), et même après la séparation de corps
(Civ. cass. 26 avr. 1864, aff. Dame Souchières, D. P. 64. 1.
181).

1559. La clause d'un contrat de mariage par laquelle
la femme, mariée sous le régime dotal, s'est réservé la faculté de donner mainlevée de son hypothèque légale sur
tous les biens de son mari, à l'exception de certains immeubles déterminés, ne constitue pas à proprement parler une
clause restrictive de l'hypothèque légale ; elle ne restreint
que la dotalité : elle ne fait, par conséquent, pas obstacle à
ce que les époux, pendant le mariage, puissent, en remplissant les formalités prescrites par les art. 2144 et suiv.,
obtenir le dégrèvement des immeubles sur lesquels l'hypothèque légale a été réservée par le contrat de mariage et le
cantonnement de cette hypothèque sur d'autres immeubles
(Montpellier, 27 déc. 1866) (1).

1560. La plupart des auteurs estiment, contrairement
à l'opinion adoptée au *Rép.* n° 2604, que, pour consentir
valablement à la demande en réduction, la femme doit être
majeure. Ils tirent un argument *a fortiori* de l'art. 2140: si
la femme était incapable, à raison de sa minorité, de consentir à la restriction de son hypothèque avant le mariage,
elle ne peut pas être plus capable d'y consentir après le
mariage, quand, à sa qualité de mineure, est venue s'ajouter
son incapacité de femme mariée. On ajoute aussi que, si la
loi avait jugé possible le consentement d'une femme mineure, elle aurait demandé pour ce cas particulier l'avis du
conseil de famille ordinaire, et non celui d'un conseil spécial, moins nombreux et moins bien organisé (Pont, t. 1,
n° 558 ; Aubry et Rau, t. 3, § 282, p. 402, note 16 ; Colmet
de Santerre, t. 9, n° 115 *bis*-I ; Baudry-Lacantinerie, t. 3,
n° 1366 ; Jouitou, n° 61).

1561. D'après une jurisprudence constante, approuvée
d'ailleurs par la majorité des auteurs, le consentement de
la femme est indispensable pour que l'hypothèque légale
puisse être réduite pendant le mariage (V. les arrêts cités
au *Rép.* n° 2607, et en outre : Limoges, 9 mars 1859, aff.
Thomas, D. P. 59. 2. 155 ; Civ. cass. 2 juin 1862, aff. Gestas de Montmaurin et cons., D. P. 62. 1. 358, et sur renvoi,
Agen, 18 mars 1863, D. P. 63. 2. 51 ; Rennes, 14 mai 1867,
et sur pourvoi, Civ. rej. 23 juin 1868, aff. Comte de Boussey, D. P. 68. 1. 318 ; Caen, 26 déc. 1867, aff. Manguin,
D. P. 68. 2. 212 ; Civ. cass. 9 janv. 1886, aff. Des Montis,
D. P. 86. 1. 353. V. dans le même sens, *Rép.* n° 2605 ;
Pont, t. 1, n° 559, et t. 2, n°s 572 et 600 ; Massé et Vergé
sur Zachariæ, t. 5, § 812, note 15 ; Aubry et Rau, t. 3,
§ 282, p. 400 et 401, note 11 ; Colmet de Santerre, t. 9,
n°s 115 *bis*-I et 142 *bis*-III ; Thézard, n° 101 ; Baudry-Lacantinerie, t. 3, n° 1366). Il résulte notamment de l'arrêt de

la cour de Limoges précité que le mari est non recevable à
demander la réduction sans le consentement de la femme,
même lorsqu'il y a eu séparation de biens, et quoique la
femme ait déjà été colloquée pour la totalité de ses reprises
liquidées après la séparation de biens (Comp. Civ. cass.
26 avr. 1864, aff. Dame Souchières, D. P. 64. 1. 181 ; Req.
20 mai 1878, *supra*, n° 450).

Toutefois, un système contraire a été adopté par
quelques arrêts, et soutenu par M. Jouitou, *De la restriction
de l'hypothèque légale de la femme*, n°s 65 et suiv. D'après
ce système, le mari qui n'obtient pas le consentement de
sa femme pour la réduction de l'hypothèque légale peut
invoquer l'art. 2161 c. civ., aux termes duquel une action
en réduction est ouverte au débiteur contre les inscriptions
prises par tout créancier ayant une hypothèque générale. Il
résulte, dit-on, de cet article que toute hypothèque générale
est susceptible d'être restreinte, même contre la volonté du
créancier. La loi, dans les art. 2144 et 2145 c. civ., vise
seulement le cas où la femme consent à la réduction demandée ; elle a jugé avec raison que ce consentement
n'était pas suffisant et que la réduction devait être alors
soumise à certaines conditions spéciales dans l'intérêt de
la femme. Mais aussi elle n'a pu manquer de prévoir le cas
où la femme refuserait son consentement ; il n'est pas admissible que la femme puisse, par pur caprice, sans raison
avouable, même après la séparation de corps et peut-être
contre l'intérêt évident des enfants, maintenir sur tous les
biens du mari une hypothèque générale de nature à lui enlever tout crédit. Pour ce second cas, aucune disposition
exorbitante du droit commun n'était nécessaire ; il rentre
exactement dans les termes généraux de l'art. 2161. Le
mari peut agir en vertu de cet article sans avoir à remplir
les formalités prescrites par les art. 2144 et suiv. ; c'est
alors à la femme à faire valoir devant le tribunal les motifs
de son refus. De cette manière, les intérêts respectifs des
deux époux se trouvent également protégés. Si l'art. 2144
empêche que la femme ne consente trop facilement à la
réduction, l'art. 2161 permet au mari de vaincre un refus
de consentement qui serait déraisonnable. Le premier est
une protection pour la femme ; le second, une protection
pour le mari (V. en ce sens, les arrêts cités au *Rép.* n° 2606.
Adde: Cour de la Réunion, 11 mai 1861, aff. P. de G..,
D. P. 61. 2. 232). — La cour de cassation répond à cette
argumentation que l'art. 2144 contient une exception à
la règle générale posée dans l'art. 2161 (Arrêt du 23 juin
1868, précité). N'est-ce pas, en quelque sorte, résoudre la
question par la question ? On peut observer cependant que,
dans ce système, les intérêts de la femme seraient moins
bien protégés quand elle refuse son consentement que
quand elle l'accorde puisque, dans le cas de refus, il
dépendrait du tribunal seul d'accorder la réduction. On
dit bien que, lorsqu'elle refuse, la femme peut elle-
même défendre son opinion devant le tribunal. Mais le
mari lui en laissera-t-il la liberté ? Lui procurera-t-il les
moyens de soutenir un procès contre lui-même ? Pour
écarter, sans doute, cette objection, la plupart des arrêts
qui ont admis le mari à demander la réduction sans le consentement de la femme ne l'ont pas dispensé de remplir
les formalités prescrites par les art. 2144 et 2145 (V. notamment, Paris, 25 avr. 1823, rapporté avec Req. 9 déc.
1824, *Rép.* n° 2607-1° ; Nancy, 26 août 1825, *Rép.* n° 2606-
2° ; C. de la Réunion, 11 mai 1861, précité). Mais ces articles sont difficilement applicables au cas où la femme re-

_____

(1) (De Saint-Victor). — La cour ; — Attendu qu'il résulte du
contrat de mariage du 14 mai 1861 et notamment de l'art. 4 de
ce contrat que les époux de Saint-Victor n'ont pas entendu se
soumettre aux rigueurs d'une dotalité absolue ; — Qu'en laissant
à la dame de Saint-Victor la faculté de donner mainlevée de
son hypothèque légale sur tous les biens de son mari, à l'exception des domaines de Beaurepaire et Montaigut, les époux
n'ont pas entendu se priver des avantages que pourrait offrir la
substitution, aux domaines de Beaurepaire et de Montaigut,
d'autres domaines qui offriraient des sûretés plus grandes ; —
Que la clause dont il s'agit ne peut être entendue qu'en ce sens
que si, pour dégrever les autres biens du mari, le consentement
de la femme est suffisant, il ne l'est pas pour dégrever les
domaines de Beaurepaire et Montaigut ; d'où il faut conclure
que, pour dégrever lesdits domaines, il faut recourir aux mesu-

res ordinaires de restriction d'hypothèque ou de cantonnement ;
— Que, dans une question ainsi posée, le juge n'a qu'à se préoccuper de la suffisance ou de l'insuffisance des garanties que présentent les biens du mari ; — Attendu qu'il résulte des documents produits que le domaine de Boutenoc offre des garanties
bien supérieures à celles que pouvaient offrir les domaines de
Beaurepaire et Montaigut, et qu'en soumettant ce domaine aux
conditions stipulées pour Beaurepaire et Montaigut, la dot de la
dame de Saint-Victor ne serait exposée à aucun péril ; — Que,
s'il est du devoir du juge de veiller à la conservation de la dot,
il doit aussi veiller à ce que les mesures de protection dont le
législateur entoure la dot des femmes, ne deviennent pas la cause
de la ruine de leur famille ; — Par ces motifs, infirme, etc.
Du 27 déc. 1866.-C. de Montpellier, ch. du cons.-MM. de la
Beaune, 1er pr.-Choppin d'Arnouville, 1er av. gén.-Cazal, av.

fuse, puisqu'ils statuent seulement pour le cas où la femme consent. En définitive, la loi ne s'est occupée de la réduction des hypothèques légales des mineurs et des femmes mariées que dans les art. 2140 à 2148, et elle n'a permis la réduction de l'hypothèque légale de la femme que sous la condition du consentement de celle-ci. Rien n'indique que, dans l'art. 2161, qui parle de la réduction des inscriptions et semble ainsi se référer aux hypothèques soumises à la règle de l'inscription, le législateur ait encore voulu régir l'hypothèque légale de la femme, et, dans le doute, il n'est guère possible d'admettre une mesure aussi exceptionnelle que la réduction sans un texte formel qui l'autorise.

1562. Suivant un arrêt, le mari qui a aliéné un de ses immeubles peut, sans remplir les formalités prescrites par les art. 2144 et suiv. pour la restriction de l'hypothèque légale, agir contre sa femme à l'effet de faire fixer le chiffre des reprises de celle-ci et de prendre les mesures nécessaires pour en assurer la collocation sur le prix de vente (Orléans 29 mars 1862, aff. De Pambour, D. P. 62, 2. 99). Mais cette décision est erronée en ce qu'elle attribue au mari vendeur le droit de purger l'hypothèque légale de la femme sur l'immeuble vendu, alors que ce droit n'est accordé par la loi qu'aux tiers détenteurs (V. suprà, n° 1377). Il a, d'ailleurs, été jugé, en sens contraire, que ni l'art. 2195 c. civ. ni aucune autre disposition de la loi n'autorisent le mari à demander, dans son intérêt particulier, en dehors d'un ordre ouvert pour la distribution du prix des immeubles par lui aliénés, comme en l'absence de toute action et de tout concours des acquéreurs de ces immeubles ou des créanciers inscrits, l'évaluation des droits éventuels de sa femme et l'emploi du montant de cette évaluation en d'autres valeurs que celles sur lesquelles porte l'hypothèque légale (Civ. rej. 23 juin 1868, aff. Comte de Boussey, D. P. 68. 1. 318. V. aussi dans le même sens : Caen. 26 déc. 1867, aff. Manguin, D. P. 68. 2. 212; Paris, 6 juin 1882, suprà, v° Mariage, n° 503; Jouitou, n° 84).

1563. Si la femme peut refuser son consentement à la réduction, elle peut aussi ne le donner que sous certaines conditions qu'elle détermine (Aubry et Rau, t. 3, § 282, p. 402). Il a été jugé que, la restriction de l'hypothèque légale de la femme ne pouvant être prononcée que conformément aux accords qui sont intervenus entre les deux époux et qui ont été soumis à l'avis de la famille, les juges, en prononçant cette restriction, n'ont pas le droit de modifier les conditions auxquelles la femme l'avait subordonnée; spécialement, que si elle avait été préalablement convenu que l'hypothèque serait restreinte à certains biens du mari, mais à la charge pour lui de faire emploi en immeubles de la partie de la dot non encore payée, l'arrêt qui, en appel, sur les seules conclusions du mari, a changé ces bases en supprimant la condition d'emploi et en étendant l'affectation hypothécaire à un plus grand nombre d'immeubles, est nul (Civ. cass. 2 juin 1862, aff. Gestas de Montmaurin et cons., D. P. 62. 1. 358, et sur renvoi, Agen, 18 mars 1863, D. P. 63. 2. 51). Peu importerait que la femme eût ensuite ratifié les changements apportés aux conditions sous lesquelles elle avait d'abord accepté la réduction; une telle approbation, donnée quand les choses n'étaient plus entières et sans que les parties fussent consultées, ne couvrirait pas la nullité (Mêmes arrêts). Mais, lorsque le consentement donné par la femme à la restriction de son hypothèque légale a été pur

et simple, et qu'aucune condition n'a été exprimée ni dans l'avis des parents, ni dans le jugement du tribunal, la femme ne saurait ultérieurement prétendre, pour faire tomber cette restriction, qu'elle l'avait, dans son intention, subordonnée à une circonstance de fait qui ne s'est pas réalisée (Trib. civ. du Puy, 1er mars 1888, sous Civ. cass. 4 mars 1891, aff. Rochette, D. P. 91. 1. 313).

1564. Lorsque la femme est en état d'interdiction judiciaire ou d'interdiction légale, elle ne peut valablement consentir à la réduction. On doit alors distinguer, à notre avis, le cas où elle a son mari pour tuteur du cas où elle se trouve sous la tutelle d'un tiers. Dans cette seconde hypothèse, son tuteur peut consentir à sa place. Dans la première, nous pensons, avec MM. Aubry et Rau, t. 3, § 282, p. 402, note 17, que le consentement du tuteur doit être remplacé par celui du subrogé-tuteur (Arg. de l'art. 420 c. civ.). Il a été jugé pourtant qu'il suffit, en ce cas, au mari d'obtenir l'avis du conseil de famille, composé conformément à l'art. 2144 c. civ., et la sanction de la justice (Caen, 7 févr. 1863, aff. Poutrel, D. P. 63. 2. 74. V. dans le même sens, Jouitou, n° 62). — Lorsque la femme, sans être interdite, est placée dans une maison d'aliénés, le consentement à la réduction peut émaner d'un mandataire spécial désigné par le tribunal en exécution de la loi du 30 juin 1838. L'administrateur provisoire peut être désigné comme mandataire spécial (Trib. civ. Nice, 16 mars 1863, Journal des conservateurs des hypothèques, art. 1826; Boulanger et de Récy, Traité des radiations hypothécaires, t. 1, n° 140; Jouitou, loc. cit.).

1565. La loi ne prescrit pas dans quelle forme le consentement de la femme doit être donné. D'après un arrêt de la cour de cassation, ce consentement doit être exprès, non équivoque et légalement constaté antérieurement au jugement qui prononce la restriction; s'il en était autrement, la validité d'un acte aussi solennel se trouverait abandonnée à la volonté de la femme, qui demeurerait libre de reconnaître ou de ne pas reconnaître l'existence de ce consentement (Civ. cass. 2 juin 1862, aff. Gestas de Montmaurin et cons. D. P. 62. 1. 358). Le consentement pourra être consigné dans le procès-verbal de l'assemblée des quatre plus proches parents de la femme dont l'avis est exigé par l'art. 2144 (Comp. Trib. civ. du Puy, 1er mars 1888, sous Civ. cass. 4 mars 1891, aff. Rochette, D. P. 91. 1. 313). Il pourra aussi être donné devant notaire, et même nous croyons qu'un consentement constaté par acte sous seing privé serait suffisant. L'art. 9 de la loi du 23 mars 1855 n'est pas applicable ici, car il ne concerne que les renonciations consenties par la femme en faveur d'un tiers, et l'authenticité qu'il exige pour ces renonciations est largement suppléée dans notre cas par l'intervention des parents et du tribunal.

1566. L'assemblée des quatre plus proches parents de la femme, dont l'avis est requis pour la réduction de l'hypothèque légale, doit être réunie suivant les règles établies pour le conseil de famille en matière de tutelle. C'est, du moins, l'opinion la plus générale. Par suite, les quatre plus proches parents de la femme qui doivent composer cette assemblée, sont ceux qui ont leur domicile dans la commune où les époux sont eux-mêmes domiciliés ou dans la distance de deux myriamètres (V. Rép. n°s 2812 et suiv.; Agen, 28 déc. 1887 (1); Trib. du Puy, 1er mars 1888, 4 mars 1891,

---

(1) (Des Moutis C. Bergeron.) — Cette affaire a été renvoyée devant la cour d'Agen ensuite du renvoi prononcé par un arrêt de la cour de cassation, rapporté D. P. 86. 1. 353.

La cour; — Attendu que, par jugement du 29 nov. 1876, le tribunal de Périgueux déclara affranchis de l'hypothèque légale les immeubles que Bergeron avait acquis de de Crémoux et des héritiers Ventenat; que, malgré ce jugement, des Moutis soutient que les immeubles n'ont pas été dégrevés; qu'il le soutient parce que l'hypothèque légale avait été déjà restreinte par un premier jugement, le 1er mai 1875, et que la loi ne permet pas qu'elle le soit une deuxième fois; parce que, en outre, l'assemblée de famille n'avait pas été régulièrement composée; que l'action n'a pas été dirigée contre le ministère public et qu'enfin, la deuxième restriction, en dégrevant tous les immeubles qui restaient au mari, aurait pour résultat de priver la femme de toute son hypothèque légale; — Attendu, sur le premier moyen, que la loi autorise en termes généraux le mari à demander la restriction de l'hypothèque de sa femme; que les

mêmes motifs qui existaient pour une première restriction peuvent exister pour une deuxième; qu'ainsi, la raison ne permet pas plus que le texte de limiter à une seule fois un droit auquel le texte de la loi n'impose pas cette limite; — Attendu, sur le deuxième moyen, que, si la loi désire justement que l'assemblée soit composée de parents, parce qu'ils offrent plus de garanties pour la femme, elle ne l'a pas prescrit à peine de nullité; que, malgré toute la protection dont la loi entoure les intérêts des mineurs, elle permet que des amis remplacent les parents dans les conseils de famille, quand les parents ne peuvent être facilement convoqués; que, dans l'affaire actuelle, les parents étaient très éloignés; qu'ils n'auraient pu se rendre à une convocation; qu'enfin, l'on ne justifie pas que la femme ait eu à souffrir de la composition, telle qu'elle a eu lieu, de l'assemblée de famille; — Attendu, sur le troisième moyen, que la loi n'exige pas que le ministère public soit assigné; que l'art, les pièces lui ont été communiquées, qu'il a donné des conclusions; que ses conclusions après examen suffisent pour que la

aff. Rochette, D. P. 91. 1. 313 ; Aubry et Rau, t. 3, § 282, p. 401, note 13 ; Boulanger et de Récy, *Traité des radiations hypothécaires*, t. 1, n° 139 ; Jouitou, n° 41. — *Contrà*, Pont, t. 1, n° 561). Si les parents sont éloignés de plus de deux myriamètres, ils peuvent être remplacés par des alliés ou des amis de la femme (V. les autorités précitées).

1567. Il n'est pas nécessaire que l'avis des parents soit favorable pour que le tribunal puisse accorder la réduction (*Rép.* n° 2611 ; Civ. cass. 2 juin 1868, aff. Gestas de Montmaurin et cons. (motifs), D. P. 62. 1. 358 ; Chambéry, 28 mars 1874, *infrà*, n° 1568 (motifs) ; Pont, t. 1, n° 564 ; Aubry et Rau, t. 3, § 282, p. 401, note 12 ; Jouitou, n°⁵ 42 et suiv.). Mais cet avis est requis à peine de nullité, et les conditions sous lesquelles la réduction est demandée doivent être soumises à l'assemblée de famille (V. l'arrêt précité du 2 juin 1862, et Agen, 18 mars 1863, D. P. 63. 2. 51),

1568. Favorable ou défavorable, l'avis des parents peut-il être attaqué devant le tribunal, soit par le mari, soit par un membre de l'assemblée, comme peuvent l'être les délibérations des conseils de famille quand elles ne sont pas unanimes? La négative a été jugée, par le motif que l'avis des parents n'a pas de force exécutoire et que, par suite, le recours qui serait dirigé contre cet avis n'aurait aucun but (Chambéry, 28 mars 1874). (1). Nous croyons, toutefois, contrairement à cet arrêt, que tout membre de l'assemblée peut, dans l'intérêt de la femme, s'opposer à l'admission de la réduction demandée par le mari (Arg. de l'art. 888 c. proc. civ. Comp. *suprà*, v° *Minorité, tutelle, émancipation*, n° 192).

1569. Sur la procédure que doit suivre le mari pour saisir le tribunal de sa demande en restriction de l'hypothèque légale, V. *infrà*, n° 1681. Et quant au tribunal compétent, V. *infrà*, n° 1696.

1570. Le tribunal ne peut prononcer la réduction que si l'hypothèque légale est excessive, c'est-à-dire si elle grève plus d'immeubles qu'il n'en faut pour la conservation entière des droits de la femme (c. civ. art. 2144). Suivant M. Jouitou, n°⁵ 38 et suiv., 92 et suiv., les règles tracées par les art. 2162 et suiv. pour la réduction des inscriptions hypothécaires en général doivent être observées. De là résultent les conséquences suivantes : 1° pour qu'il y ait

lieu à restriction, il faut que l'hypothèque légale frappe sur plusieurs domaines ; elle ne pourrait pas être restreinte à une part d'immeuble (c. civ. art. 2162) ; — 2° Il faut ensuite que la valeur des immeubles grevés excède de plus d'un tiers le montant des créances de la femme, accessoires compris (Même article) ; — 3° Pour établir l'excès de l'hypothèque légale, le montant des reprises de la femme doit être arbitré de la manière indiquée par l'art. 2164 c. civ. ; — 4° La valeur des immeubles grevés doit être déterminée d'après le revenu servant de base à la contribution foncière, conformément à l'art. 2165. On peut douter toutefois que toutes ces règles doivent être suivies à peine de nullité, car la loi ne les a pas formellement déclarées applicables à la restriction de l'hypothèque légale des femmes mariées.

1571. Pour décider si la réduction est possible et dans quelle limite, il n'y a pas lieu de prendre en considération ce fait que, outre l'hypothèque légale, il existerait des hypothèques conventionnelles, stipulées aussi pour la garantie de la dot ; le tribunal doit apprécier la question de suffisance des biens du mari comme si la femme n'avait pas d'autre sûreté que son hypothèque légale (Bordeaux, 10 août 1853, aff. Jarjavay, D. P. 54. 2. 26. V. dans le même sens, Jouitou, n° 94).

1572. Le tribunal, comme on l'a déjà vu *suprà*, n° 1567, n'est pas lié par l'avis des parents de la femme ; mais, au contraire, il est lié par le consentement de celle-ci : il ne peut pas modifier les conditions sous lesquelles la restriction de l'hypothèque a été admise par elle (V. *suprà*, n° 1563).

1573. L'hypothèque légale restreinte demeure dispensée d'inscription. Le jugement de restriction ne la transforme pas en hypothèque judiciaire (Civ. cass. 2 août 1880, aff. Dame Chapelle, D. P. 80. 1. 377 ; Aubry et Rau, t. 3, § 282, p. 403).

1574. Le mari qui a obtenu du tribunal une première réduction de l'hypothèque légale peut-il en solliciter une seconde ? La négative est soutenue au moyen d'un argument tiré de l'art. 2144 c. civ. Le texte de cet article autorise le mari à demander « que l'hypothèque *générale* sur *tous* ses immeubles soit restreinte aux immeubles suffisants pour la

---

demande ait été poursuivie contradictoirement avec lui ; que ces trois moyens ne sont donc pas fondés ; — Mais sur le troisième moyen : — Attendu que la dernière restriction de l'hypothèque, prononcée le 29 nov. 1876, aurait pour résultat de dégrever tous les immeubles provenant de de Cremoux et de Ventenat, et que, si ces immeubles étaient dégrevés, la femme n'aurait plus d'hypothèque légale ; que la femme ne peut renoncer à l'intégralité de son hypothèque en faveur de son mari ; que, si une simple restriction d'hypothèque ne peut avoir lieu qu'en vertu du consentement valable de la femme, la suppression de l'hypothèque est impossible, puisque la loi ne permet pas à la femme d'y consentir ; — Attendu, il est vrai, que le jugement du 29 nov. 1876, qui dégrevait les derniers immeubles de Bergeron, n'est pas attaqué, mais que cette décision, rendue sur une demande qui n'a aucun caractère contentieux, n'a pas l'autorité de la chose jugée, qu'elle ne vaut que par le consentement valable de la femme ; que, dans l'espèce, le consentement de la femme étant nul, le dégrèvement consenti ou déclaré par le tribunal est nul aussi, et doit être déclaré sans effet ; — Vidant le renvoi prononcé par la cour de cassation le 9 mars 1886 ; — Émendant le jugement rendu par le tribunal civil de Périgueux le 16 déc. 1881, et faisant ce que les premiers juges auraient dû faire ; — Dit que les immeubles apportés par Gustave Bergeron dans la Société des Moutis et comp., acquis, soit de M. de Crémoux, suivant contrat du 8 août 1866, reçu Lagrange, notaire à Périgueux, et suivant sous seing privé du 18 sept. 1867, soit des héritiers Ventenat, par acte passé devant Me Gaillard, notaire à Périgueux, le 15 juin 1870, sont grevés de l'hypothèque légale de la dame Gustave Bergeron, non inscrite, etc.

Du 28 déc. 1887.-C. d'Agen, aud. sol.

(1) (Margot C. Leborgne). — Les quatre plus proches parents de la dame Leborgne ayant été réunis en conseil de famille pour donner leur avis sur la demande en réduction d'hypothèque légale formée par le sieur Leborgne, l'un d'eux seul, le sieur Margot, s'est déclaré opposé à la réduction. Il a signifié au demandeur une opposition à l'homologation de la délibération, et le sieur Leborgne l'a assigné devant le tribunal pour faire prononcer la mainlevée de cette opposition et faire ordonner la réduction de l'hypothèque. Le tribunal ayant fait droit à cette demande, le sieur Margot a interjeté appel.

LA COUR ; — Attendu que Margot fonde l'action qui l'a rendu partie principale au procès en première instance sur les art. 883 et 888 c. proc. civ., lesquels autorisent les membres dissidents d'un conseil de famille à se pourvoir contre la délibération ; — Attendu que les principes, en matière de réduction de l'hypothèque légale du mineur ou de la femme mariée, sont écrits aux art. 2144 et 2145 c. civ., qui ne laissent pas de doute sur la nature et le résultat de la réunion des quatre parents qui doit précéder la décision en réduction de l'hypothèque légale ; — Attendu, qu'en cette circonstance spéciale, les quatre parents sont consultés seulement, émettent un avis, se contentent d'énoncer l'opinion de chacun d'eux ; — Que, dans ces termes, et à la différence de la délibération à proprement parler susceptible d'exécution, soit immédiatement, soit après homologation du tribunal, l'avis de parents ne saurait être l'objet du recours dont parle l'art. 883 c. proc. civ.; — Attendu, en effet, que ce recours n'aurait aucun but, puisque l'avis qu'il attaquerait n'est qu'un document à consulter, ne porte point avec lui la force exécutoire, et qu'il n'y a aucun intérêt absolument à en demander la réformation au tribunal devant lequel il sera nécessairement produit pour être apprécié ; — Attendu, dès lors, que Margot n'avait point qualité pour paraître et contester devant le tribunal de première instance : mais qu'en le supposant même recevable à se pourvoir aux termes de l'art. 883 c. proc. civ., il n'en devait pas moins rester étranger à la discussion sur l'action en réduction d'hypothèque légale dans laquelle le seul contradicteur du mari, d'après l'art. 2145 c. civ., est le ministère public ; — Que, de plus, et toujours dans la même supposition, il aurait agi irrégulièrement en négligeant d'amener en cause les parents qui avaient formé la majorité du conseil et en discutant son opposition contre Leborgne seulement ; — Attendu, enfin, que l'exception tirée du défaut de qualité pour agir en justice peut être opposée en tout état de cause et n'a point été couverte au procès ; — Que c'est Margot, en effet, qui est appelant, et s'il a été amené en première instance, c'est à la suite d'une opposition formée par lui-même et adressée à Leborgne, lequel dut prendre pour la faire lever, la seule voie qui se présentât, celle de l'assignation, qui n'impliquait, de sa part, aucune renonciation à ses droits ou moyens, etc.

Du 28 mars 1874.-C. de Chambéry, 3e ch.-MM. Piollet, pr.-Mengin de Bionval, av. gén.-Augier et Blanchin, av.

conservation entière des droits de la femme ». On en conclut que l'hypothèque n'est plus susceptible de réduction quand elle ne porte plus sur tous les immeubles du mari (Cubain, *Traité des droits des femmes*). Cette opinion est repoussée par M. Jouitou, n° 109. « L'art. 2144, dit-il, ne tend qu'à une chose : donner au mari les moyens de faire réduire le gage hypothécaire de la femme sur des immeubles suffisants. Qu'il s'y prenne à deux fois pour y réussir, c'est ce dont la loi ne s'inquiète point. La seule condition imposée à la demande du mari, c'est qu'il y ait excès du gage sur la créance » (En ce sens, Agen, 28 déc. 1887, *suprà*, n° 1566).

1575. L'hypothèque légale de la femme peut-elle encore être réduite après la dissolution du mariage ? Oui, mais en vertu de l'art. 2161 c. civ., et non plus conformément aux art. 2144 et suiv. La femme peut alors invoquer l'art. 2161, non en tant que mari, mais en tant que débiteur. Et comme l'incapacité de la femme a cessé, il n'y a plus lieu d'observer les formalités des art. 2144 et 2145 (Comp. en ce sens, Jouitou, n°s 88 et suiv. V. aussi Lyon, 10 mai 1853, aff. Buisson, D. P. 55. 2. 335).

1576. Le jugement qui restreint l'hypothèque légale de la femme a pour effet de réduire cette hypothèque aux immeubles indiqués comme suffisants pour garantir le payement des reprises, et il conserve cet effet alors même que plus tard ces immeubles se trouveraient effectivement insuffisants (V. les arrêts cités au *Rép.* n° 2622). Il en est ainsi même dans le cas où la femme est mariée sous le régime dotal (*Rép.* n°s 2624 et suiv.). Il a été jugé spécialement que, lorsque la femme dont l'hypothèque légale a été restreinte se remarie sous le régime dotal, avec la faculté pour le mari d'aliéner les biens dotaux, à la charge de faire du prix un emploi en immeubles ou un placement assuré sur ses immeubles personnels, cette condition de remploi est, en cas de vente d'un immeuble dotal, réputée remplie, si le jugement qui a restreint l'hypothèque l'a déclarée suffisante pour garantir la reprise résultant de cette vente ; que, par suite, le mari peut toucher ou céder le prix devenu libre entre ses mains, sans que la femme, non remboursée plus tard d'une portion de sa créance contre son mari, à cause de l'insuffisance des immeubles restés soumis à son hypothèque, ait le droit d'opposer à l'acheteur ou au cessionnaire cette insuffisance, pour faire annuler le payement ou la cession, jusqu'à concurrence de ce qui lui est encore dû (Montpellier, 25 nov. 1859, et sur pourvoi, Req. 6 nov. 1860, aff. Gourg de Moure, D. P. 61. 1. 84).

1577. Mais il va de soi que le jugement qui prononce la restriction de l'hypothèque légale ne fixe pas définitivement la valeur des reprises de la femme, alors même qu'il en contiendrait l'évaluation, si cette évaluation se trouverait dans la délibération du conseil de famille, homologuée par ce jugement (Trib. civ. du Puy, 1er mars 1888, aff. Rochette, D. P. 91. 1. 313).

1578. On doit reconnaître aussi que la réduction de l'hypothèque légale n'est pas opposable aux tiers que la femme aurait antérieurement subrogés dans cette hypothèque. « Il serait antijuridique, dit très bien M. Jouitou, n° 60, que la femme, après avoir aliéné au profit d'un tiers l'utilité de son hypothèque légale, pût, dans une limite quelconque, sans l'assentiment de ce tiers, consentir la réduction d'un gage qui est devenu le gage d'autrui, et n'est demeuré celui de la femme que pour ce que n'absorberaient point les droits du subrogé ou du cessionnaire » (V. *Rép.* n° 2627 ; Bordeaux, 10 août 1853, aff. Jarjavay, D. P. 54. 2. 26).

1579. Si les formalités exigées par la loi pour la réduction de l'hypothèque légale n'ont pas été observées, le jugement de réduction peut être argué de nullité, soit par la femme ou par ses héritiers, soit par ses créanciers exerçant ses droits (Civ. cass. 2 juin 1862, aff. Gestas de Montmaurin et cons., D. P. 62. 1. 358, et sur renvoi, Agen, 18 mars 1863, D. P. 63. 2. 51), soit même par tout tiers ayant intérêt à faire reconnaître la nullité (Civ. cass. 9 mars 1886, aff. Des Montiis, D. P. 86. 1. 353, et sur renvoi, Agen, 28 déc. 1887, *suprà*, n° 1566). La demande en réduction ne pouvant avoir lieu que par le concours des deux époux, n'a par cela même aucun caractère contentieux ; il en résulte que le jugement de restriction n'a pas l'autorité de la chose jugée et reste soumis à l'action en nullité, comme toute décision rendue par la juridiction gracieuse (V. *suprà*, v° *Chose jugée*,

n° 18). L'annulation du jugement de réduction réfléchit contre les tiers qui ont traité avec le mari sur la foi de ce jugement, car ils auraient dû s'assurer, avant de traiter, que la réduction était régulière (V. les arrêts précités. — Comp. Jouitou, n°s 49 et 108).

1580. Au contraire, lorsque la réduction a été prononcée régulièrement, elle ne peut être révoquée au préjudice des droits acquis à des tiers. Mais elle n'est pas irrévocable entre les époux. Elle doit, sans doute, être maintenue tant qu'aucune circonstance n'est venue modifier l'état de choses créé par le jugement (Paris, 30 août 1876, et sur pourvoi, Civ. cass. 28 avr. 1875, aff. Lagaye, D. P. 75. 1. 316). Mais il peut se faire qu'un changement à cet état de choses devienne nécessaire aux intérêts de la femme, soit parce que ses droits auront augmenté, par héritage, legs, ou autrement, soit parce que les immeubles grevés de l'hypothèque auront diminué de valeur. Il peut même arriver que l'on constate des erreurs commises lors de la réduction, soit dans l'appréciation des droits de la femme, soit dans l'évaluation des immeubles. Dans tous ces cas, il est généralement admis que la femme peut demander un supplément d'hypothèque, ou même, suivant les circonstances, le rétablissement pour l'avenir de son droit d'hypothèque générale (V. *Rép.* n°s 2617 et suiv. ; Pont, t. 1, n°s 552 et 557 ; t. 3, n° 708 ; Aubry et Rau, t. 3, § 282, p. 403, note 24 ; Colmet de Santerre, t. 9, n° 115 *bis*-III ; Jouitou, n°s 95 et 101). Il a été jugé, en ce sens, que le jugement de réduction d'hypothèque, irrévocable quant aux droits acquis aux tiers, n'a entre les époux qu'un caractère purement provisoire et ne fait point obstacle à ce que la femme revendique ultérieurement son droit primitif d'hypothèque, si la réduction a été prononcée par erreur ou par légèreté, ou s'il survient des événements de nature à modifier les garanties qui ont été réservées à la femme (Paris, 10 févr. 1857, aff. Rocher, D. P. 57. 2. 125).

1581. Il reste à savoir de quelle manière le supplément d'hypothèque ou le rétablissement de l'hypothèque primitive pourra être obtenu et rendu opposable aux tiers. Dans un premier système, le supplément d'hypothèque ne pourrait résulter que d'un jugement obtenu par la femme contre le mari, et il serait opposable aux tiers à partir du jugement, sans inscription, car, dit-on, la femme n'est jamais obligée, pendant le mariage, à inscrire son hypothèque ; mais quand cette hypothèque a été réduite par un jugement, il faut nécessairement pour la rétablir un acte de même nature, ayant la même publicité (Persil, *Régime hypothécaire*, sur l'art. 2140, n° 6). — Suivant un autre système, qui prévaut dans la doctrine, le supplément d'hypothèque peut être consenti à l'amiable, par le mari, dans un acte authentique ; ce n'est qu'en cas de refus du mari que la femme est obligée de recourir au tribunal. Mais, de plus, comme les tiers sont autorisés à compter sur la réduction prononcée, le supplément, constitué à l'amiable ou judiciairement, ne pourra leur être opposé que s'il a pris inscription en vertu de l'acte constitutif ou du jugement et à partir seulement de l'inscription. Dans ce système, le supplément d'hypothèque est en réalité une nouvelle hypothèque conventionnelle ou judiciaire ; il peut seulement différer de l'hypothèque conventionnelle ordinaire en ce qu'il peut être consenti sur la généralité des biens du mari (V. *Rép.* n° 2621 ; Duranton, *Cours de droit français*, t. 20, n° 59 ; Jouitou, n° 98). — Un troisième système, toutefois, pourrait être soutenu ; il consisterait à reconnaître à la femme, dont l'hypothèque a été réduite, le droit, accordé en pareil cas à tout créancier par l'art. 2164, de prendre de nouvelles inscriptions, avec hypothèque du jour de leur date. Il faut remarquer, en effet, que malgré le jugement de réduction, la femme a conservé son droit hypothécaire pour toutes ses créances contre le mari : l'effet de ce droit, il est vrai, été restreint à certains immeubles jugés suffisants ; mais si, par suite de l'augmentation des créances de la femme ou pour une autre cause, les biens sur lesquels l'hypothèque a été cantonnée cessent d'être suffisants, la femme doit pouvoir étendre son hypothèque à d'autres immeubles, comme pourrait le faire tout créancier hypothécaire, par des inscriptions destinées à avertir les tiers. Si le mari prétend que les biens auxquels l'hypothèque a été restreinte sont demeurés suffisants, il doit alors demander la mainlevée

des inscriptions au tribunal (Comp. en ce sens, Paris, 10 févr. 1857, aff. Rocher, D. P. 57. 2. 125. V. toutefois, *Rép.* n° 2637).

Art. 2. — *De la réduction des hypothèques ou inscriptions sur les biens des tuteurs* (Rép. n°ˢ 2628 à 2636).

1582. — I. Réduction dans l'acte de nomination du tuteur. — D'après les art. 2141 et 2143 c. civ., l'hypothèque légale du mineur peut être restreinte par l'acte de nomination du tuteur, si les parents, en conseil de famille, sont d'avis qu'il ne soit pris inscription que sur certains immeubles. On a admis au *Rép.*, n°ˢ 2629 et suiv., que le père ou la mère survivante et non remariée, en nommant un tuteur pas testament, peuvent également restreindre l'hypothèque légale sur ses biens (V. aussi, en ce sens, Pont, t. 1, n° 549). Mais, suivant MM. Aubry et Rau, t. 3, § 264 *bis*, note 17, le pouvoir de restreindre l'hypothèque légale n'est pas une conséquence du pouvoir de nommer le tuteur ; il a fallu une disposition spéciale pour le conférer au conseil de famille, et, à défaut d'une disposition semblable, le père ne peut l'avoir. La réduction de l'hypothèque est, d'ailleurs, une mesure qui rentre dans le contrôle de la tutelle, et c'est le conseil de famille qui est investi de ce contrôle (V. dans le même sens, Baudry-Lacantinerie, t. 3, n° 1363).

1583. La réduction de l'hypothèque légale dans l'acte de nomination du tuteur n'a pas, du reste, par rapport au mineur ou à l'interdit, un effet absolu et irrévocable. Si cette réduction n'avait laissé que des sûretés insuffisantes dès l'origine ou qui le fussent devenues depuis, par une cause quelconque, le conseil de famille ou le subrogé tuteur pourrait exiger du tuteur un supplément d'hypothèque, sous réserve, bien entendu, des droits acquis à des tiers (Pont, t. 1, n° 552 ; Aubry et Rau, t. 3. § 264 *bis*, p. 212, note 19). Ne suffirait-il même pas, pour procurer au mineur ou à l'interdit le supplément d'hypothèque, de prendre inscription sur les biens primitivement affranchis de l'hypothèque légale? V. *suprà*, n° 1581.

1584. — II. Réduction au cours de la tutelle. — La réduction de l'hypothèque légale au cours de la tutelle est soumise par la loi (c. civ. art. 2143 et 2145) aux cinq conditions suivantes : 1° il faut que l'hypothèque n'ait pas déjà été restreinte par l'acte de nomination du tuteur ; — 2° Que la demande soit précédée d'un avis du conseil de famille (V. *Rép.* n°ˢ 2634 et 2635) ; — 3° Que la demande soit formée contre le subrogé tuteur (V. *Rép.* n°ˢ 2632 et suiv.) ; — 4° Que le ministère public soit entendu dans ses conclusions ; — 5° Qu'il soit reconnu par le tribunal que les immeubles du tuteur excèdent notoirement les sûretés suffisantes pour sa gestion (Comp. *suprà*, n° 1570).

1585. Les effets de la réduction de l'hypothèque légale sur les biens du tuteur sont, d'ailleurs, semblables à ceux de la réduction de l'hypothèque légale de la femme mariée (V. *suprà*, n° 1576 et suiv.).

1586. La réduction pourrait être demandée par le tuteur après la cessation de la tutelle ; mais alors elle ne serait plus soumise aux conditions déterminées par les art. 2143 et 2145 ; elle rentrerait dans l'hypothèse de l'art. 2161 (V. *infrà*, n° 1588).

Art. 3. — *De la réduction des inscriptions prises en vertu d'autres hypothèques que les hypothèques légales des femmes mariées, des mineurs et des interdits* (Rép. n°ˢ 2637 à 2663).

1587. La réduction des inscriptions peut être demandée en justice dans les deux cas suivants : 1° lorsqu'une inscription générale frappe sur plus d'immeubles qu'il n'est nécessaire pour la sûreté de la créance garantie (c. civ. art. 2161) ; — 2° Lorsque l'évaluation de la créance et de ses accessoires, faite par le créancier dans l'inscription, en conformité des art. 2132 et 2148-4°, est excessive (c. civ. art. 2163). En outre, les inscriptions peuvent être réduites volontairement par le créancier, soit quant aux immeubles sur lesquels elles portent, soit quant aux évaluations qu'elles contiennent.

1588. — I. Réduction judiciaire des inscriptions quant aux immeubles sur lesquels elles portent. — Il y a des doutes sur la question de savoir quelles hypothèques sont sujettes à la réduction autorisée par l'art. 2161 c. civ. Ce

sont, en principe, les hypothèques générales, celles en vertu desquelles le créancier, suivant les termes de la loi, a « le droit de prendre inscription sur les biens présents ou sur les biens à venir d'un débiteur, sans limitation aucune ». Cela comprend, sans aucun doute, les hypothèques judiciaires. La plupart des auteurs admettent aussi aujourd'hui qu'on doit y comprendre les hypothèques légales de l'État, des communes et des établissements publics sur les biens des comptables. L'opinion contraire, disent MM. Aubry et Rau, t. 3, § 282, p. 398, note 4, est formellement condamnée par l'art. 15 de la loi du 16 sept. 1807, qui charge la Cour des comptes de statuer sur les demandes en réduction de pareilles hypothèques (V. en ce sens, *Rép.* n° 2641, et v° *Cour des comptes* n° 34 ; Colmet de Santerre, t. 9, n° 142 *bis*-III. *Contrà*, Pont, t. 2, n° 600). — Quant à l'hypothèque légale du légataire, elle est également, en principe, sujette à réduction (V. Aix, 23 nov. 1863, aff. Bérenguier (motifs), D. P. 63. 5. 317). Il a même été jugé qu'elle conserve ce caractère, bien qu'elle ait été restreinte par le testament à certains immeubles de la succession, et que, par suite, l'héritier est recevable à demander la réduction des inscriptions prises par le légataire, si elles portent sur plus de domaines qu'il n'est nécessaire pour assurer l'exécution du legs (Rennes, 21 mai 1875, sous Civ. cass. 22 janv. 1879, aff. Dame Sauvageon, D. P. 79. 1. 121). Mais il a été jugé, en sens contraire, que l'inscription prise par un légataire, sur tous les immeubles de la succession, en vertu d'une clause formelle du testament, n'est pas susceptible d'être réduite (Aix, 23 nov. 1863, précité).

1589. L'inscription de séparation des patrimoines, prise en vertu de l'art. 2111 c. civ., peut-elle être réduite conformément à l'art. 2161 ? La négative a été jugée, par le motif que l'inscription dont il s'agit a pour but unique d'empêcher la confusion des biens héréditaires avec ceux de l'héritier et ne confère au créancier qui l'a prise aucun droit privatif sur les immeubles qu'elle frappe (Paris, 17 avr. 1884, aff. Descroix et Chouanard, D. P. 86. 2. 81). M. Mérignhac, dans une note sous cet arrêt, fait une distinction. La réduction, dit-il, ne doit pas être autorisée dans le délai de l'art. 2111, c'est-à-dire dans les six mois de l'ouverture de la succession, où l'inscrivant a intérêt à ce que le gage reste intact jusque-là, redoutant le concours d'autres séparatistes inscrits en temps utile. Au delà de six mois, il acquiert contre ses cohéritiers un droit de préférence, et, dès lors, la réduction devient possible, puisque, en le refusant, on conserverait non plus les droits de l'inscrivant, mais ceux des autres créanciers héréditaires (Comp. *suprà*, n° 398).

1590. En ce qui concerne les inscriptions d'hypothèque conventionnelle, elles sont formellement exceptées par l'art. 2161, § 2, de la règle qui permet la réduction. Nonobstant cette disposition, et contrairement à l'opinion qui a été admise au *Rép.* n° 2647, MM. Aubry et Rau, t. 3, § 282, p. 399, note 6, enseignant, avec Merlin, *Rép.* v° *Radiation des hypothèques*, § 12, Battur et Grenier, déjà cités au *Répertoire*, que dans le cas prévu par l'art. 2430, si le créancier avait pris, à la suite d'acquisitions faites par le débiteur, des inscriptions portant sur plus d'immeubles qu'il n'est nécessaire à la sûreté de sa créance, le débiteur pourrait demander la réduction de ces inscriptions. Cette demande, disent MM. Aubry et Rau, trouverait sa justification dans l'intention même des parties, qui, en constituant et en acceptant une hypothèque sur des biens à venir, à raison de l'insuffisance des biens présents, ne sont censées avoir voulu le faire que dans la mesure nécessaire pour garantir pleinement la créance.

1591. L'action en réduction n'est ouverte qu'au débiteur (*Rép.* n° 2642). Il a été jugé, conformément à cette doctrine, que cette action ne peut pas être exercée par un tiers détenteur, agissant en cette qualité et en son nom personnel (Civ. cass. 11 juill. 1870, aff. Baune et Chatel, D. P. 71. 1. 90). Ainsi, en cas d'expropriation pour cause d'utilité publique de partie des immeubles hypothéqués, il n'appartient pas aux tribunaux d'ordonner, sur la demande de l'adjudicataire, tiers détenteur, la radiation de l'inscription d'une hypothèque judiciaire en tant qu'elle frappe sur les parcelles expropriées, sous le prétexte que le surplus de l'immeuble est plus que suffisant pour assurer le payement

de la dette garantie par l'hypothèque (Même arrêt). Et il en est ainsi alors même que la dette garantie par l'hypothèque est un capital retenu par l'adjudicataire jusqu'à l'extinction d'une rente viagère qu'il doit servir (Même arrêt).

1592. Trois conditions sont requises pour que les inscriptions qui s'étendent à tous les biens d'un débiteur puissent être réduites quant aux immeubles sur lesquels elles portent. Il faut : 1° que l'hypothèque inscrite n'ait pas été déjà conventionnellement restreinte à certains immeubles par les parties (Argument des mots *sans limitation aucune* de l'art. 2161); — 2° Que l'inscription porte sur plus d'un immeuble (*Rép.* n°s 2638 et suiv.); — 3° Que la valeur libre de l'immeuble ou des immeubles qui resteront affectés excède de plus d'un tiers le montant de la créance et de ses accessoires (*Rép.* n° 2649). Il a été jugé que cette dernière condition, exigée par l'art. 2162 c. civ., est essentielle et doit être constatée par le juge, à tel point que le jugement de réduction doit être cassé s'il se borne à déclarer que l'immeuble sur lequel repose désormais l'hypothèque est d'une valeur suffisante pour couvrir tous les droits du créancier (Civ. cass. 28 avr. 1875, aff. Lagaye, D. P. 75. 1. 316).

1593. L'art. 2165 c. civ. indique au juge les moyens par lesquels il peut apprécier la valeur des immeubles et reconnaître si elle excède de plus d'un tiers le montant des créances (V. *Rép.* n°s 2652 et suiv.). Le premier de ces moyens, qui consisterait à prendre pour base le revenu déclaré par la matrice cadastrale ou par la cote foncière, en le rectifiant d'après la proportion existant dans la commune entre cette matrice ou cette cote et le revenu réel, ne peut être appliqué qu'à la condition de connaître cette proportion. Faute d'éclaircissements sur ce point, le tribunal doit évaluer le revenu d'après des baux non suspects, des procès-verbaux d'estimation dressés à des époques rapprochées et d'autres actes semblables. Il doit, autant que possible, éviter une expertise; plusieurs auteurs estiment même que l'art. 2165 exclut cette mesure d'une manière absolue (Troplong, t. 3, n° 744 ; Pont, t. 2, n° 605; Aubry et Rau, t. 3, § 282, p. 399, note 8). Mais, comme le dit M. Jouitou, *De la restriction de l'hypothèque légale de la femme,* n° 93, le fait que l'art. 2165 ne parle pas de l'expertise ne saurait équivaloir à une interdiction de ce moyen d'instruction. Dans les questions dont la solution dépend de vérifications matérielles, les juges peuvent, même d'office, nommer des experts; la loi n'a pas dérogé ici d'une manière formelle à ce principe généralement reconnu (V. en ce sens, *Rép.* n°s 2654 et suiv.; Thézard, n° 82). — L'expertise, dans tous les cas, devrait avoir pour objet non l'évaluation des immeubles eux-mêmes, mais l'évaluation de leur revenu. L'art. 2165, en effet, prescrit de déterminer la valeur des immeubles par quinze fois la valeur du revenu pour ceux qui ne sont pas sujets à dépérissement, et par dix

fois cette valeur pour les autres. Cette disposition a pour but d'empêcher qu'il ne soit fait une évaluation trop élevée. Il ne paraît pas, dit M. Colmet de Santerre, t. 9, n° 145 *bis*-II, que les juges puissent changer la proportion établie par l'art. 2165 entre le revenu et le capital. Cette doctrine a été récemment consacrée par la cour de cassation (Civ. cass. 16 avr. 1889, aff. Demoiselle d'Espinassous, D. P. 90. 1.113). Il a été jugé, en conséquence, que les juges auxquels on demande la restriction sur un immeuble déterminé de l'hypothèque judiciaire garantissant une rente viagère doivent estimer l'immeuble d'après le revenu fixé conformément à l'art. 2165 c. civ., et rejeter la demande si l'estimation n'excède pas de plus d'un tiers le capital qui, au taux légal, assurerait le service de la rente, y compris les arrérages arriérés dont la loi conserve le rang (Montpellier, 25 mars 1890) (1).

1594. M. Laurent, t. 31, n° 202, pose la question de savoir si le débiteur peut demander la réduction quand il a fait un payement partiel; et il répond que le débiteur « n'a pas ce droit en ce qui concerne les immeubles, puisque l'hypothèque reste entière, à raison de l'indivisibilité, malgré le payement partiel que le créancier consent à recevoir ». Mais cette opinion est certainement inexacte. L'hypothèque n'est pas moins indivisible avant l'extinction partielle de la créance qu'après; l'indivisibilité n'est donc pas un obstacle à la réduction. Il suffit, pour que la réduction soit possible, que la valeur des immeubles grevés excède de plus d'un tiers le montant réel de la créance; or, quand la créance a été partiellement payée, il est évident que la réduction doit pouvoir être obtenue encore plus facilement qu'auparavant, car ce qui est payé ne peut plus compter dans l'évaluation du montant de la créance. Il est bien entendu, toutefois, qu'une inscription qui de sa nature serait non sujette à réduction, comme une inscription d'hypothèque conventionnelle ou une inscription d'hypothèque judiciaire limitée par la convention des parties, deviendrait par suite susceptible d'être réduite, à raison d'un payement partiel (Comp. Aubry et Rau, t. 3, § 284, p. 413, note 18).

1595. — II. Réduction judiciaire des inscriptions quant à l'évaluation des créances. — L'art. 2163 c. civ. autorise la réduction de toute inscription, même prise en vertu d'une hypothèque conventionnelle, quand elle garantit une créance indéterminée et que l'évaluation de la créance, faite par le créancier, est excessive. La réduction porte, dans ce cas, sur l'évaluation. L'art. 2164 laisse aux juges un pouvoir discrétionnaire pour arbitrer l'excès d'évaluation « d'après les circonstances, les probabilités des chances et les présomptions de fait, de manière à concilier les droits vraisemblables du créancier avec l'intérêt du crédit raisonnable à conserver au débiteur » (V. *Rép.* n°s 2650 et suiv. ; Civ. cass.

(1) (Demoiselle d'Espinassous *C.* mariés Jules d'Espinassous.) - Saisie de cette affaire par le renvoi prononcé par la cour de cassation sous l'arrêt rapporté D. P. 90. 1. 113, la cour de Montpellier a ainsi statué : — La cour ; — Attendu que la demoiselle Jane Delpuech d'Espinassous a pris, le 15 oct. 1881, au bureau de la conservation d'Uzès, une inscription d'hypothèque judiciaire sur tous les biens présents et à venir de son père et mère, situés dans l'arrondissement d'Uzès, et ce, en vertu d'un arrêt de la cour de Nîmes du 7 juin 1881, qui a condamné solidairement sesdits père et mère à lui servir, à titre d'aliments, une pension viagère de 1 800 fr.; — Que cette inscription judiciaire a été prise pour : 1° un capital de 36 000 fr. devant servir d'assiette à la pension alimentaire; 2° deux années d'arrérages et l'année courante, soit 5 400 fr.; 3° 4 000 fr. représentant les frais du procès et de ses suites; au total 45 400 fr.; — Attendu que la dame d'Espinassous mère, judiciairement séparée de biens avec son mari, et de lui autorisée, demande que l'inscription hypothécaire de sa fille soit restreinte au domaine de la Simonnette comme ayant une valeur suffisante pour assurer le service de la rente, et qu'à cet effet, elle prétend d'abord devant la cour que le chiffre de la créance de la demoiselle d'Espinassous ne correspond pas à un capital de 36 000 fr.; — Mais attendu que cette créance n'est ni conditionnelle, ni éventuelle, ni indéterminée et qu'en conséquence, la cour n'a point à l'évaluer; — Qu'une rente de 1 800 fr. ne peut être garantie légalement que par l'immobilisation d'un capital de 36 000 fr., et qu'aux termes de l'art. 2151, l'inscription hypothécaire garantit au créancier deux années et l'année courante des intérêts ou arrérages de sa créance, d'où il suit que, sans tenir compte des frais que garantit

aussi l'inscription, mais qui ont été payés, la demoiselle d'Espinassous est en droit d'exiger une garantie suffisante pour une somme de 41 400 fr.; — Attendu que la cour n'a donc qu'à rechercher, conformément à l'art. 2162 c. civ., si la valeur du domaine de la Simonnette excède de plus d'un tiers en fonds libres le montant de la créance ainsi fixée, c'est-à-dire si cette valeur est supérieure à 55 200 fr.; — Attendu qu'aux termes de l'art. 2165 c. civ., la valeur des immeubles dont la comparaison est à faire avec celle des créances, est le tiers en sus, est déterminée par quinze fois la valeur du revenu tel qu'il est établi par les juges d'après les indications énumérées audit art. 2165; — Que le revenu moyen du domaine de la Simonnette doit être évalué, d'après ces indications, à la somme de 3 000 fr., et qu'en conséquence sa valeur doit être fixée à 45 000 fr., d'où il suit que cette valeur n'excède pas de plus d'un tiers en fonds libres le montant de la créance de la demoiselle d'Espinassous; — Par ces motifs, — Vidant le renvoi ordonné par la cour de cassation; — Infirme le jugement dont est appel, et déboute les mariés d'Espinassous de leurs demandes, fins et conclusions; — Ordonne, si besoin est, que, sur le vu du présent arrêt, le conservateur des hypothèques à Uzès rétablira l'inscription de la demoiselle d'Espinassous, telle qu'elle a été prise à la date du 15 oct. 1881, mais seulement pour sûreté d'une somme totale de 41 400 fr., soit 36 000 en capital et 5 400 pour arrérages; — Condamne les intimés en tous les dépens de première instance et d'appel, y compris ceux de l'arrêt cassé, fait mainlevée de l'amende.

Du 25 mars 1890.-C. de Montpellier, 1re ch.-MM. Maillard, 1er pr.-Pompéï, av. gén.-Manse (de Nîmes) et Guibal av.

16 avr. 1889, aff. Demoiselle d'Espinassous (motifs), D. P. 90. 1. 113).

1596. Bien qu'il ne soit question dans l'art. 2163 que de la réduction des inscriptions prises pour des créances indéterminées, on doit reconnaître que l'inscription prise pour une créance liquide et déterminée peut également être réduite si la somme énoncée est excessive. Il a été jugé, en ce sens, que le débiteur qui a payé des acomptes sur sa dette hypothécaire est fondé, en l'absence de conventions contraires, à demander la réduction de l'inscription jusqu'à concurrence de ces acomptes (Req. 11 janv. 1847, aff. Colonie de la Guyane, D. P. 47. 1. 125. V. toutefois, en sens contraire, Civ. rej. 20 févr. 1848, aff. Héritiers Dupuis, D. P. 49. 1. 81).

1597. Si une inscription se trouve avoir été réduite à un chiffre inférieur au montant réel de la créance, tel qu'il résulte de l'événement auquel la détermination de cette créance était subordonnée, le créancier peut prendre une inscription nouvelle pour le surplus (art. 2164 in fine). Toutefois, cette nouvelle inscription ne prendra rang que du jour où elle aura été prise, et si d'autres inscriptions sont survenues depuis la réduction, le créancier pourra se trouver lésé. C'est pourquoi il convient que le tribunal appelé à statuer sur une demande en réduction évalue les droits du créancier plutôt au-dessus qu'au-dessous de ce qu'indiquent les probabilités (V. en ce sens, Thézard, n° 83).

1598. — III. Réduction volontaire des inscriptions. — La réduction d'une inscription, soit quant aux immeubles qu'elle frappe, soit quant au montant de la créance garantie, peut être consentie volontairement par le créancier (Rép. n° 2660). La réduction est alors soumise aux règles de forme prescrites pour la radiation des inscriptions (art. 2158 c. civ. V. infrà, n°s 1641 et suiv.).

1599. La capacité de consentir la réduction d'une inscription suppose, en général, disent MM. Aubry et Rau, t. 3, § 282, p. 397, la libre disposition de la créance pour sûreté de laquelle elle a été prise. S'il s'agit de réduire l'inscription quant aux immeubles grevés, ceux qui n'ont que les pouvoirs d'un administrateur ne peuvent pas valablement consentir la réduction, alors même que la créance serait acquittée partiellement. En effet, comme l'hypothèque est indivisible et que chacun des immeubles grevés est affecté pour le tout au payement intégral de la créance, la réduction consentie, même après un payement partiel, présente toujours, à la différence de la mainlevée donnée après le payement total, le caractère d'une renonciation spontanée et gratuite. — S'il s'agit de réduire la somme énoncée dans l'inscription, il faut alors distinguer suivant que la réduction a lieu ou non après un payement partiel. Lorsque la créance est éteinte partiellement, le simple administrateur peut bien consentir une réduction proportionnelle du montant de l'inscription, car ainsi il n'aliène rien, il conserve toute la garantie hypothécaire pour ce qui reste dû. Mais si aucun payement partiel n'a été fait, si la créance reste entière, la réduction partielle de la somme énoncée dans l'inscription peut toujours compromettre la créance; elle exige, par conséquent, la capacité de disposer. Il en est ainsi non seulement lorsque le montant de la créance est déterminé par le titre, mais encore lorsqu'il a dû être évalué conformément aux art. 2132 et 2148-4° ; la réduction de l'évaluation, prétendue exagérée, pourrait n'être, en effet, qu'une renonciation déguisée à une partie de la garantie hypothécaire (V. en ce sens, Aubry et Rau, loc. cit., et p. 398, note 2 ; Laurent, t. 31, n° 200).

1600. La réduction consentie volontairement par le créancier, même capable et maître de ses droits, peut être annulée si le consentement du créancier a été vicié, et l'annulation est alors opposable même aux tiers de bonne foi (V. suprà, v° Obligations, n°s 50 et 1344). Il a été jugé que la réduction de son hypothèque légale à certains immeubles du tuteur, consentie par un mineur devenu majeur, doit être considérée comme non avenue, même vis-à-vis des autres créanciers du tuteur, s'il vient à être découvert que celui-ci a commis des dissimulations dans son compte de tutelle, et que les immeubles auxquels l'hypothèque du mineur a été restreinte sont insuffisants pour répondre de la somme dont le tuteur se trouve réellement débiteur (Douai, 22 avr. 1857, aff. Meurillon, D. P. 58. 2. 32).

Sect. 2. — De la mainlevée des hypothèques et de la radiation des inscriptions (Rép. n°s 2664 à 2752).

Art. 1er. — De la radiation volontaire (Rép. n°s 2665 à 2723).

1601. — I. Quelles personnes peuvent consentir la radiation ou donner mainlevée. — Suivant l'art. 2157 c. civ., les inscriptions sont rayées du consentement des parties intéressées et ayant capacité à cet effet. En d'autres termes, pour donner mainlevée d'une inscription, il faut avoir la capacité de consentir un tel acte en général, et il faut de plus avoir qualité pour le consentir relativement à l'inscription dont il s'agit (V. infrà, n° 1614).

Recherchant d'abord quelle est la capacité générale requise pour consentir la radiation, on a établi pour règle, au Rép. n° 2671, que tous ceux qui peuvent recevoir le payement de la créance hypothécaire et en donner quittance peuvent également consentir la radiation de l'inscription ou donner mainlevée. On peut dire, d'une manière encore plus générale, avec M. Thézard, n° 262, que la capacité requise chez celui qui consent la radiation doit être réglée d'après celle qui serait nécessaire pour consentir au mode de libération qui produit l'extinction de l'hypothèque. Quand la radiation est la conséquence du payement, il suffit de la capacité nécessaire pour recevoir le payement; mais quand, au contraire, la radiation est consentie avant le payement, quand elle est la suite d'une remise de dette, d'un abandon de l'hypothèque, d'une transaction, elle exige alors la capacité de disposer de la créance (Comp. en ce sens : Aubry et Rau, t. 3, § 281, p. 387; Colmet de Santerre, t. 9, n° 138 bis-IV; Laurent, t. 31, n°s 155 et suiv.; Baudry-Lacantinerie, t. 3, n° 1416).

1602. Conformément à ces principes, il a été jugé que le curateur à une succession vacante, étant capable de toucher les créances de la succession, a le droit de consentir seul la radiation d'une inscription hypothécaire, alors que le payement de la créance garantie a été fait au de cujus (Bordeaux, 22 janv. 1892, aff. Martini, D. P. 92. 2. 128). Mais il a été jugé, en sens contraire, que le séquestre d'une succession bénéficiaire, nommé par le juge des référés, n'a pas qualité pour donner mainlevée de l'hypothèque garantissant une créance dont il a opéré le recouvrement, alors que l'ordonnance qui l'a nommé ne l'y a point autorisé (Lyon, 16 janv. 1879, aff. Brossard, D. P. 80. 2. 152). Cette seconde solution ne pourrait être exacte qu'autant que l'ordonnance de nomination du séquestre aurait exceptionnellement restreint ses pouvoirs. Mais, en général, les administrateurs judiciaires peuvent libérer les débiteurs et, par conséquent, donner mainlevée des inscriptions, à la condition de justifier du payement des créances que ces inscriptions garantissent (Primot, Traité pratique des radiations hypothécaires, n° 18).

1603. Les administrateurs légaux peuvent aussi et doivent même consentir la radiation de toute inscription quand la créance qu'elle garantissait est régulièrement éteinte. Nous disons qu'ils doivent consentir la radiation ; en effet, à défaut de radiation volontaire, le débiteur la demanderait en justice, ce qui occasionnerait des frais frustratoires (Laurent, t. 31, n° 160). Cela s'applique spécialement au tuteur (V. Rép. n°s 2680 et suiv.). — On s'est demandé cependant si le tuteur qui reçoit le montant d'une créance du mineur et qui est obligé par la loi ou par le conseil de famille à en faire emploi dans un certain délai, ne doit pas, pour pouvoir donner mainlevée de l'inscription, justifier de l'emploi qui lui est prescrit. La négative doit être admise, surtout depuis la loi du 27 févr. 1880, dont l'art. 6, après avoir posé les règles suivant lesquelles le tuteur est tenu de faire emploi des capitaux du mineur ou de l'interdit, ajoute : « Les tiers ne seront en aucun cas garants de l'emploi ». L'obligation de faire emploi n'est donc sanctionnée que par la responsabilité du tuteur, et le défaut d'emploi ne peut jamais autoriser le conservateur des hypothèques à refuser la radiation. Il en est ainsi alors même que le conseil de famille ou le tribunal aurait formellement subordonné le droit pour le tuteur de toucher une créance du mineur et de donner mainlevée à l'emploi qui devrait être fait, car le conseil de famille ou le tribunal aurait ainsi restreint sans

droit les pouvoirs du tuteur et excédé les siens propres, (V. *suprà*, v° *Minorité, tutelle, émancipation*, n° 477. Comp, en ce sens, Civ. cass. 25 févr. 1879, aff. Dame Alégatières D. P. 79. 1. 157; Primot, n° 68; Huc, *Commentaire du code civil*, t. 3, n° 420. — *Contrà* : Laurent, t. 31, n° 169; Boulanger et de Récy, *Traité des radiations hypothécaires*, t. 1, n° 291).

1604 Le mari, sous le régime de la communauté, a, comme administrateur légal des biens de la femme, le droit de toucher les créances propres à celle-ci, et par conséquent aussi le droit de consentir, après payement, la radiation des inscriptions prises au nom de la femme. Les mêmes droits appartiennent au mari sous le régime exclusif de communauté, et sous le régime dotal, pour les créances dotales, dont il a l'administration, mais non pour les créances paraphernales (V. *Rép.* n°⁸ 2688 et suiv.; Laurent, t. 31, n° 162). — Sous le régime de séparation de biens ou sous le régime dotal, pour les créances paraphernales, la femme peut de même, en touchant un capital qui a été prêté pour elle, donner seule, et sans autorisation maritale, mainlevée de l'inscription qui le garantissait. Tous les auteurs sont aujourd'hui d'accord sur ce point (V. *Rép.* n°⁸ 2691 et suiv.; Pont, t. 2, n° 1077; Aubry et Rau, t. 3, § 281, p. 387; Laurent, t. 31, n° 159).

1605. Mais sous le régime dotal, et même sous celui de la communauté, si le contrat de mariage porte que le mari doit faire emploi ou remploi des capitaux propres à la femme, et s'il résulte de la clause que les tiers ne peuvent payer valablement qu'une dans le cas où l'emploi ou le remploi a été fait conformément aux conventions matrimoniales, la mainlevée donnée par le mari, ou même par la femme avec l'autorisation du mari, n'est valable que si cette condition a été observée: le conservateur alors a le droit et le devoir de refuser la radiation jusqu'à ce que le requérant justifie d'un emploi ou d'un remploi conforme aux prescriptions du contrat de mariage (V. Civ. cass. 9 juin 1841, *Rép.*, n° 2699-1°; Aubry et Rau, t. 3, § 281, p. 388; Laurent, t. 31, n°⁸ 244 et suiv.; Boulanger et de Récy, t. 1, n° 207; Primot, n° 59). Il en est de même, sous le régime dotal, dans les cas où le remploi est prescrit par la loi (c. civ. art. 1558 et 1559). Si, au contraire, le contrat de mariage porte que l'obligation de remploi ne concernera pas les tiers et qu'ils n'auront le remploi aucune justification à cet égard, les époux qui ont aliéné un immeuble propre à la femme peuvent, sans être tenus de justifier du remploi, donner mainlevée de l'inscription d'office garantissant le prix de l'immeuble vendu (Orléans, 19 mars 1868, aff. De la Ménardière D. P. 68. 2. 196, et sur pourvoi, Req. 2 févr. 1869, D. P. 70. 1. 71).

Le remploi est quelquefois ordonné par le juge (V. *infrà*, n° 1609). En règle générale, cependant, le principe de l'incommutabilité des conventions matrimoniales s'oppose à ce que les tribunaux imposent spontanément l'obligation de remploi en dehors des stipulations du contrat de

mariage. Une telle injonction ne saurait être obligatoire pour les tiers (Comp. Req. 26 juill. 1869, aff. Arnol, D. P. 71. 1. 169). Mais, si mal fondée que soit une disposition de ce genre, il semble que le conservateur serait autorisé à en exiger l'exécution, à moins d'une nouvelle décision de justice (Boulanger et de Récy, t. 1, n° 216).

1606. Le conservateur, toutefois, n'est pas juge de l'utilité de l'emploi ou du remploi. Ainsi, par exemple, lorsque le mari est tenu, d'après le contrat de mariage, de replacer les deniers dotaux en créances hypothécaires bonnes et valables, il justifie suffisamment de l'accomplissement de cette condition en produisant au conservateur l'acte par lequel la somme dotale qu'il a touchée a été immédiatement prêtée à un emprunteur avec hypothèque; on ne peut pas l'astreindre à établir par des certificats d'inscriptions et des procès-verbaux d'expertise que les immeubles hypothéqués sont suffisants pour couvrir la somme prêtée. La responsabilité du conservateur ne pourrait être engagée, en pareil cas, que s'il avait pu se rendre compte, par le seul examen des pièces produites, que le remploi était fictif ou notoirement insuffisant (Boulanger et de Récy, t. 1, n° 218; Primot, n° 59).

1607. D'après la jurisprudence qui considère la dot mobilière comme inaliénable (V. *suprà*, v° *Contrat de mariage*, n°⁸ 1230 et suiv.), la femme mariée sous le régime dotal ne peut pas renoncer, même en faveur des tiers, à son hypothèque légale, pendant le mariage, ni donner mainlevée de l'inscription, lorsque cette hypothèque a été inscrite. Il en est autrement, toutefois, lorsque la femme s'est réservé par le contrat de mariage le droit de disposer librement d'une partie de ses valeurs dotales; elle peut alors valablement renoncer, non en faveur du mari seul, mais en faveur des tiers, à son hypothèque légale, en ce qui concerne les valeurs affranchies de la dotalité et non sujettes à remploi. Dans un cas, où une inscription d'hypothèque légale avait été prise, au profit d'une femme dotale, seulement pour la garantie de la partie de sa dot mobilière qu'elle avait le droit d'aliéner, il a été jugé qu'elle et son mari avaient pu valablement donner mainlevée de cette inscription sans aucune réserve, et que le conservateur des hypothèques était mal fondé à refuser la radiation totale de l'inscription, sous le prétexte que cette inscription devait subsister pour la garantie des valeurs dotales soumises à la condition de remploi (Lyon, 18 août 1864) (1). Il a été reconnu toutefois que le conservateur avait pu légitimement refuser de déférer à la demande de radiation formée par le mari seul, tant que la femme ne s'était pas jointe au mari dans cette demande (Même arrêt).

Lorsqu'une femme dotale donne mainlevée d'une inscription existant à son profit sans recevoir le montant de la créance, mais en se fondant sur ce que le prix de l'immeuble grevé est absorbé par des créanciers hypothécaires antérieurs, il a été jugé que le conservateur des hypothèques a le droit d'exiger, pour opérer la mainlevée, que la

---

(1) (Conservateur des hypothèques de Lyon C. Rérolle.) — LA COUR; — Attendu qu'aux termes de son contrat de mariage, à la date du 6 déc. 1858, Andréa-Mélanie Poix, épouse de Joseph Rérolle, a adopté le régime dotal, avec réserve d'aliéner, vendre, échanger, partager, liciter tous ses biens meubles et immeubles présents et à venir, avec l'autorisation du mari, sous la condition d'un remploi; — Attendu, toutefois, que ce contrat de mariage contient la clause suivante : « Les sommes que se constitue la future épouse, et celles qui lui sont données par les présentes sont dispensées du remploi »; — Attendu, que la dame Rérolle a inscrit, le 7 mars 1864, son hypothèque légale, à concurrence de 35 000 fr., qu'elle s'est constituée en dot et dispense de tout remploi, et que le bordereau de cette créance hypothécaire, produit, mentionne que l'inscription a été prise pour la somme de 35 000 fr., montant de sa constitution dotale en espèces, ainsi qu'il résulte du contrat de mariage de la dame Rérolle, pour les intérêts conservés par la loi et pour la somme de 1 000 fr. pour frais à faire; — Attendu que c'est dans ces circonstances que le conservateur, ayant déclaré ne consentir à radier ladite inscription même après la mainlevée donnée par les mariés Rérolle, a été assigné devant le tribunal civil de Lyon, et qu'a été rendu un jugement de ce tribunal qui a déclaré que, sur le vu de la mainlevée donnée par la femme Rérolle, dûment autorisée par son mari, le conservateur serait tenu de radier totalement l'inscription; — Attendu que le conservateur serait tenu de radier totalement l'inscription; — Attendu que le con-

servateur, appelant de ce jugement, s'est appuyé sur deux moyens : 1° sur ce que le tribunal a ordonné la radiation totale de l'hypothèque légale de la femme Rérolle, tandis que la mainlevée ne pouvait avoir d'effet que pour la somme de 35 000 fr., et que l'inscription devait subsister quant aux autres reprises dotales sujettes à remploi, éventuelles ou actuelles; 2° sur ce que le jugement dont est appel a été rendu en l'absence de la femme Rérolle, qui n'a pas été mise en cause dans l'instance;

Attendu, sur le premier moyen, que l'inscription a été prise spécialement pour la conservation des sommes constituées dans le contrat et dispensées du remploi, avec radiation précise de ces sommes, et que, dans ces circonstances, comme l'ont exprimé les premiers juges, le conservateur ne pouvait étendre les clauses du contrat de mariage;

Sur le deuxième moyen : — Attendu que la dame Rérolle est intervenue dans l'instance liée devant la cour sur l'appel du conservateur des hypothèques, et a conclu à la confirmation du jugement précité;

Sur les dépens : — Attendu que la résistance du conservateur à la radiation, demandée parce que le jugement dont est appel a été rendu en l'absence de la dame Rérolle, qui n'avait pas été mise en cause, étant déclarée fondée, les dépens ne doivent pas être mis à sa charge;

Confirme, etc.

Du 18 août 1864.-C. de Lyon. 1re ch.-MM. Loyson, pr.-Gazet et Caillau, av.

radiation soit ordonnée par un jugement, dont les frais ne doivent pas être mis à sa charge (Trib. civ. de Pont-l'Évêque, 22 oct. 1891, *Journal des conservateurs des hypothèques*, 1891, art. 4222, p. 459).

1608. Quand la femme a fait prononcer la séparation de biens judiciaire et a repris l'administration de sa dot, elle est, comme le mari, soumise à la condition de remploi stipulée par le contrat de mariage (V. *suprà*, v° *Contrat de mariage*, n°ˢ 1264 et 1416). Elle doit donc alors aussi justifier de l'accomplissement du remploi pour faire opérer la radiation de l'hypothèque affectée à la garantie d'une de ses créances dotales (Boulanger et de Récy, t. 2, n° 212 ; Primot, n° 59). Mais, sauf le cas où le remploi est exigé par le contrat de mariage, la femme dotale elle-même a capacité, après la séparation de biens, pour recevoir le remboursement d'un capital dotal, pour en donner quittance et, par suite, pour consentir la mainlevée de l'inscription qui en garantissait le payement (Rouen, 13 janv. 1845, aff. Héritiers Devieux, D. P. 45. 4. 107). En conséquence, le conservateur des hypothèques qui se refuse à opérer la radiation de cette inscription peut être condamné aux dépens de l'instance que sa résistance a provoquée (Même arrêt).

1609. Il peut cependant encore arriver qu'une femme mariée, même séparée de biens, n'ait été autorisée par le tribunal à aliéner un de ses immeubles que sous la condition formelle d'un remploi ; une telle condition a été reconnue valable (V. *suprà*, v° *Mariage*, n° 500). Le conservateur doit alors, avant de radier l'inscription d'office prise en vertu de la vente, exiger l'exécution du remploi (Boulanger et de Récy, t. 1, n° 212).

1610. En principe, d'ailleurs, lorsque la possibilité de donner décharge d'une créance se trouve subordonnée à certaines formalités ou conditions, le créancier, eût-il la libre disposition de ses biens, ne peut valablement consentir la radiation de son inscription qu'après l'accomplissement de ces formalités ou conditions (Aubry et Rau, t. 3, § 281, p. 388). Ainsi, le mineur, devenu majeur, ne peut consentir, au profit de son ancien tuteur, la mainlevée de l'inscription de son hypothèque légale qu'après la reddition du compte de tutelle conformément à l'art. 472 c. civ. (Dijon, 26 mars 1840, *Rép.* n° 3699-3° ; Civ. rej. 12 juill. 1847, aff. Brunet, D. P. 47. 1. 314).

1611. Le créancier d'une rente viagère alimentaire stipulée incessible ne pourrait pas donner mainlevée de l'inscription prise pour sûreté de cette rente (V. *suprà*, v° *Mariage* n° 373. V. aussi Trib. civ. Seine, 7 août 1890, cité *suprà*, n° 1466). Toutefois la personne à laquelle une telle rente aurait été léguée, et qui renoncerait à ce legs, pourrait consentir la radiation d'une inscription en séparation de patrimoines qu'elle aurait prise avant sa renonciation (V. *Journal des conservateurs des hypothèques*, 1891, art. 4145, p. 93).

1612. Suivant une doctrine qui semble prévaloir, la condition d'emploi ou de remploi imposée par le contrat de mariage n'est plus susceptible d'exécution après la dissolution du mariage (V. *suprà*, v° *Contrat de mariage*, n°ˢ 533 et 1453). Cette condition ne s'oppose plus alors, par conséquent, à ce que la femme ou ses héritiers donnent mainlevée des inscriptions affectées à la garantie du prix des immeubles dotaux aliénés pendant le mariage à charge de remploi (Comp. en ce sens, Rouen, 15 mai 1855, et sur pourvoi, Req. 25 févr. 1856, aff. Legenvre, D. P. 56. 1. 325). Dans un cas, toutefois, où l'obligation de remploi avait été

imposée, par le contrat de mariage, au mari pour ses propres immeubles, en vue de la conservation des sûretés hypothécaires affectées au remboursement de la dot, il a été jugé que cette obligation n'avait pas pris fin par le décès de la femme survenu depuis la vente d'un immeuble du mari, alors surtout que celui-ci s'était engagé expressément au remploi vis-à-vis de l'acquéreur ; que vainement le mari offrait de donner, au nom et comme tuteur de ses enfants mineurs, héritiers de sa femme, mainlevée de l'hypothèque dont l'immeuble vendu était grevé du chef de celle-ci, le pouvoir de donner mainlevée lui étant implicitement refusé par la loi (Trib. civ. de Bordeaux, 27 août 1862, aff. Ollivier, D. P. 63. 3. 69).

1613. La femme majeure divorcée est pleinement capable ; elle n'a donc aucune justification à faire quand elle donne mainlevée. Toutefois, s'il s'agit de rayer une inscription prise au nom d'une femme mariée, et que la radiation soit consentie par cette même femme, depuis divorcée, le conservateur a le droit de se faire représenter la preuve du divorce, habilitant la femme à agir seule (V. en ce sens, *Journal des conservateurs des hypothèques*, 1891, art. 4164, p. 165).

1614. Outre la capacité générale requise chez la personne qui consent à une inscription, il faut encore, comme nous l'avons vu *suprà*, n° 1601, que cette personne ait qualité pour disposer de l'inscription qu'il s'agit de radier. C'est ce qu'indique la loi en disant que les inscriptions sont rayées du consentement des *parties intéressées* (c. civ. art. 2157). On doit entendre par ces mots la personne dans l'intérêt de laquelle l'inscription a été prise ou ses ayants cause, héritiers et cessionnaires. La radiation, étant la renonciation à un droit, ne peut, par suite, être consentie que par ceux qui ont la faculté de renoncer à ce droit (V. *Rép.* n°ˢ 2708 ; Laurent, t. 31, n° 154). L'application de ce principe a donné lieu à des difficultés en ce qui concerne les inscriptions prises par des créanciers subrogés à l'hypothèque légale des femmes mariées. On a prétendu que ces inscriptions pouvaient profiter soit à la femme elle-même qui avait consenti la subrogation, soit à tous les créanciers subrogés par elle dans son hypothèque, et l'on en a conclu qu'elles n'étaient pas susceptibles d'être rayées sur le seul consentement du créancier au profit duquel elles avaient été prises. Mais, comme nous l'avons dit *suprà*, n° 597, ce système a été justement condamné par la cour de cassation, et il est aujourd'hui abandonné (V. toutefois, *supra*, n° 598).

1615. Quand une créance est grevée d'usufruit, la question de savoir si l'*usufruitier* peut seul donner mainlevée de l'inscription qui la garantit dépend de celle de savoir s'il peut seul et sans la participation du nu-propriétaire recevoir le payement de la créance, soit à l'échéance, soit par anticipation (V. *infrà*, v° *Usufruit*; *Rép.* eod. v° n°ˢ 230 et suiv.).

1616. Pour obtenir la radiation d'une inscription hypothécaire prise au nom d'une *obligation au porteur*, il suffit que le débiteur produise la mainlevée du dernier porteur de cette obligation ; le conservateur ne peut pas exiger que la mainlevée soit donnée par le créancier au nom duquel l'inscription a été prise ; il ne serait pas non plus fondé à demander la remise de la grosse de l'obligation bâtonnée ou biffée (Bordeaux, 7 févr. 1846, aff. Conserv. des hyp. d'Angoulême, D. P. 46. 2. 168 ; Dijon, 8 juill. 1892) (1). Mais, disent MM. Boulanger et de Récy, t. 1, n° 83, s'il suffit

---

(1) (Mairet-Réal C. Droin.) — Par acte reçu Guyénot, notaire à Pontarlier, le 15 avr. 1875, les consorts Claudet ont souscrit une obligation hypothécaire de 4 000 fr. au profit de Mairet-Réal ou du porteur de la grosse de l'obligation. Il était dit, dans cet acte, qu'en cas de mainlevée définitive, la grosse serait bâtonnée et annexée à l'acte de mainlevée. En 1886, un ordre ayant été ouvert sur les immeubles hypothéqués, un sieur Pécaud se présenta à cet ordre comme mandataire de Mairet-Réal, en vertu d'une procuration passée devant Barrand, notaire à Pontarlier, le 18 juin 1872 et qui contenait les pouvoirs de donner mainlevée, avant et après payement, de produire à tous ordres, d'obtenir tous bordereaux, d'en toucher le montant et d'en donner quittance. Mairet-Réal ayant été colloqué en rang utile, les bordereaux furent délivrés au nom de Pécaud, qui en toucha le montant et en donna quittance. A la suite de ce payement,

mainlevée de l'hypothèque fut donnée par Pécaud, devant le notaire Guyénot ; mais la grosse de l'obligation n'a pas été annexée à l'acte ; il y est dit seulement que « Pécaud, porteur de l'obligation, en a justifié par la représentation des clauses exécutoires dudit acte, sur laquelle le notaire soussigné a mentionné la présente mainlevée ». Sur la présentation de cette mainlevée, le conservateur des hypothèques a radié l'inscription. Pécaud n'avait été dans cette affaire que l'agent du notaire Guyénot, à qui il avait remis les fonds et qui, peu de temps après, tomba en déconfiture. Mairet-Réal, qui était resté en possession de la grosse de l'obligation, prétendit rendre le conservateur des hypothèques, M. Droin, responsable de la perte de sa créance. Il soutint que, si le conservateur avait exigé la représentation de la grosse, comme le prescrivait l'acte obligatoire, il aurait bien fallu que son mandataire la lui demandât ; qu'il eût pu alors surveiller

pour la validité de la mainlevée qu'elle émane du porteur de la grosse, il faut que le conservateur puisse en tout temps justifier de cette circonstance de fait, pour dégager sa responsabilité. Il est donc indispensable que le rédacteur de la mainlevée atteste que le comparant est réellement détenteur du titre, et cette affirmation faisant foi jusqu'à inscription de faux, le conservateur ne peut être reprochable de s'en contenter (Comp. en ce sens, l'arrêt précité du 8 juill. 1892). De même, lorsque le bénéficiaire d'une lettre de change, ou d'un billet à ordre avec affectation hypothécaire, a pris inscription, tant en son nom personnel qu'au profit de tous tiers porteurs du titre, il n'a qualité pour donner mainlevée qu'à la condition de justifier que l'effet a été payé et qu'il en est resté détenteur (Boulanger et de Récy, loc. cit.). V. toutefois, en sens contraire, Journal des conservateurs des hypothèques, 1892, art. 4241, p. 86.

1617. Les *héritiers* ont évidemment le droit de donner mainlevée des inscriptions relatives aux créances qui dépendent de la succession. Mais ils doivent, pour obtenir la radiation, justifier de leur qualité d'héritiers. Ils peuvent le faire en produisant au conservateur soit l'intitulé de l'inventaire, s'il y en a eu un, soit un extrait du partage, s'il a eu lieu, soit un acte de notoriété faisant connaître leurs droits et indiquant qu'il est dressé à défaut d'inventaire (Boulanger et de Récy, t. 1, nº 402; Primot, nº 98). — Les héritiers irréguliers, c'est-à-dire le conjoint survivant, l'enfant naturel et l'État, étant obligés de se faire envoyer en possession par le tribunal (c. civ. art. 770), doivent de plus justifier de cette formalité par la production d'une expédition du jugement. Faut-il en outre que le conjoint et l'enfant naturel prouvent au conservateur qu'ils se sont conformés à l'art. 771, qui les oblige à fournir caution et à faire emploi du mobilier? MM. Boulanger et de Récy, loc. cit., ne le pensent pas, car, disent-ils, ces obligations ne sont pas, comme l'envoi en possession, des conditions auxquelles est subordonnée la capacité de l'héritier, et il ne résulte aucune déchéance du défaut d'observation des prescriptions de la loi à cet égard.

1618. En ce qui concerne l'*héritier bénéficiaire*, qui est chargé par la loi d'administrer les biens de la succession et qui doit rendre compte de son administration aux créanciers et aux légataires (c. civ. art. 803), on a dit au *Rép.*, nº 2684, qu'il ne peut donner mainlevée des inscriptions relatives aux créances héréditaires que dans les mêmes conditions où le pourrait le tuteur, c'est-à-dire après payement (V. dans le même sens, Pont, t. 2, nº 1079). MM. Boulanger et de Récy, t. 1, nº 420, formulent contre cette opinion l'objection suivante : ou la mainlevée donnée par l'héritier bénéficiaire est un simple acte d'administration, et alors elle est valable à ce titre et opposable aux créanciers; ou elle constitue un acte de disposition et, dans ce cas, elle autorise les créanciers à faire déclarer l'héritier déchu du bénéfice d'inven-

taire, mais elle n'en est pas moins valable, même à leur égard. Dans tous les cas, le conservateur qui obéit à la mainlevée de l'héritier bénéficiaire n'engage pas sa responsabilité, et la radiation opérée sur cette mainlevée est régulière (V. aussi en ce sens, Primot, nº 102). Ce raisonnement est exact; mais il reste vrai que l'héritier bénéficiaire ne peut, en cette qualité et sans s'exposer à être déclaré héritier pur et simple, donner mainlevée des inscriptions qui contre payement.

Pour les mineurs, la qualité d'héritier bénéficiaire n'est pas subordonnée à la déclaration au greffe requise pour les majeurs par l'art. 793 c. civ.; le conservateur des hypothèques ne doit donc pas exiger la preuve que cette déclaration a été faite, lorsque le tuteur a régulièrement donné mainlevée d'une créance dépendant de la succession échue au mineur (V. *Journal des conservateurs des hypothèques*, 1890, art. 4018, p. 9).

1619. Voici, en résumé, d'après MM. Boulanger et de Récy, t. 1, nº 446, quelles sont les pièces à produire à l'appui de la mainlevée donnée par un *légataire universel*. Il sera facile d'en tirer les règles applicables au légataire à titre universel et au légataire particulier : « 1º *Le testament est authentique:* On déposera l'expédition du testament et celle de l'acte de notoriété établissant s'il y a ou non des réservataires. S'il est ainsi constaté qu'il n'y a pas d'héritiers à réserve, les pièces précédentes suffisent pour rayer; mais, au cas contraire, il faut encore y joindre l'expédition de l'acte ou du jugement de délivrance de legs, et celle du consentement à donner par les réservataires pour leur fraction de copropriété, si la créance n'est pas totalement attribuée au légataire par le testament; — 2º *Le testament est olographe ou mystique:* On produira l'expédition du testament délivrée par le notaire dépositaire, et la preuve de l'accomplissement des formalités de l'art. 1007 c. civ. Cette preuve résultera de l'une des trois pièces suivantes : 1º expédition, délivrée par le greffier, de l'ordonnance de dépôt; 2º expédition du consentement à l'exécution du testament, émané de tous les héritiers appelés à la succession, avec l'expédition ou le brevet de l'acte de notoriété les faisant connaître; 3º expédition du jugement ou de l'ordonnance déclarant le testament exécutoire. S'il y a des réservataires, on joindra, en outre, l'expédition de l'acte ou du jugement de délivrance du legs, et celle du consentement de ces héritiers à la radiation, quand il sera nécessaire. S'il n'y a pas de réservataires, on déposera l'expédition de l'ordonnance d'envoi en possession de l'art. 1008, à laquelle on joindra, selon les cas, l'acte de notoriété ou l'extrait d'inventaire constatant qu'il n'y a pas de réservataire ». Il résulte d'un arrêt que lorsqu'un légataire universel, institué par un testament olographe et ayant la saisine, en l'absence de tout héritier réservataire, a donné mainlevée d'une inscription hypothécaire prise au nom du de cujus, le conservateur est tenu d'opérer la radiation sur la production

---

l'emploi des fonds et se faire rembourser en temps utile, tandis que, averti trop tard, il n'avait pu venir qu'au nombre des créanciers de Guyénot et n'avait touché qu'une part insignifiante de sa créance. Le tribunal de Dijon, par jugement du 31 déc. 1891, débouta le demandeur. — Appel.

La cour; — Attendu que c'est à bon droit que les premiers juges ont déclaré sans fondement l'action en responsabilité dirigée par l'appelant contre Droin; — Que Droin a effectué, à la date du 14 mai 1887, en vertu d'un acte de mainlevée régulier du même jour, la radiation de l'inscription hypothécaire prise le 3 mai 1875 et renouvelée le 18 avr. 1885 au profit de l'appelant par Pécaud, son mandataire, pour sûreté de la somme de 4,000 fr., montant d'une obligation souscrite au nom des consorts Claudet; — Que le conservateur des hypothèques Droin n'a opéré cette radiation qu'en vertu d'un acte de mainlevée constatant que Pécaud était porteur de la grosse de ladite obligation; que ledit Pécaud était nanti d'une expédition en date du 18 juin 1872, reçue Barraud, notaire à Pontarlier, contenant en termes précis le pouvoir de donner mainlevée et de consentir à la radiation entière ou partielle de l'hypothèque dont il s'agit; — Que la mainlevée avait été rédigée par Guyénot, notaire, dans des termes tels que Droin ne pouvait se refuser à la radiation; — Qu'en effet, il est mentionné en tête de l'acte de mainlevée que Pécaud, agissant en sa qualité de porteur de l'obligation, en a justifié par la représentation des clauses exécutoires dudit acte; — Attendu que, les clauses exécutoires constituant essentiellement le caractère de la grosse, le conservateur des hypo-

thèques devait nécessairement avoir la conviction que Pécaud était détenteur de ladite grosse; que ce fait était attesté d'une façon formelle par le notaire rédacteur de l'acte de mainlevée; que cette affirmation, contenue dans un acte authentique, fait foi jusqu'à inscription de faux, et qu'on ne saurait en conséquence, reprocher à Droin de s'en être contenté; — Que, dans ces conditions, le conservateur des hypothèques n'était pas tenu d'exiger la production de la grosse elle-même, dûment bâtonnée et biffée; — Qu'il y était d'autant moins tenu que la mainlevée contient l'énonciation que mention en a été faite par le notaire sur la grosse de l'obligation; — Que le conservateur des hypothèques n'eût pas été fondé d'exiger que la mainlevée fût donnée par Mairet-Réal lui-même; que l'inscription prise au profit de Mairet-Réal, par Pécaud, son mandataire, indiquant formellement que l'obligation authentique, pour sûreté de laquelle l'hypothèque était prise, était au porteur; que la production de l'acte de mainlevée donnée par Pécaud, porteur de l'obligation, était donc suffisante pour opérer la radiation; que la mainlevée émanant de la partie intéressée ayant capacité à cet effet était donc conforme aux dispositions des art. 2157 et 2158 c. civ.; qu'en conséquence, les conditions mêmes dans lesquelles a été opérée la radiation et les énonciations de la mainlevée mettent à couvert la responsabilité de Droin; qu'il n'a commis ni faute ni négligence en opérant cette radiation, et que l'éviction subie par Mairet-Réal ne lui est aucunement imputable; — Par ces motifs; — Confirme. — Du 8 juill. 1892.—C. de Dijon.

de l'acte de mainlevée, du testament et de l'acte de dépôt y annexé, d'un certificat de notoriété constatant qu'il n'existe pas d'héritier à réserve, et de l'ordonnance d'envoi en possession; il ne peut exiger, en outre, un acte de notoriété constatant les noms et qualités de tous les héritiers naturels qui seraient appelés à recueillir la succession dans le cas où le *de cujus* serait mort *intestat*, non plus que le certificat d'un avoué pour constater la date de la signification de l'ordonnance d'envoi en possession à tous ces héritiers, ni enfin une attestation du greffier établissant que l'ordonnance n'a pas été frappée d'opposition ou d'appel (Dijon, 31 mai 1867)(1).

1620. Lorsqu'il y a plusieurs héritiers ou légataires universels ou à titre universel, l'inscription garantissant une créance héréditaire ne peut être rayée que du consentement de tous ces héritiers ou légataires, lors même qu'elle aurait été requise ou renouvelée par un seul d'entre eux (Req. 17 mars 1852, aff. De la Marthonie, D. P. 52. 1. 116). Cependant, comme la créance se divise de plein droit entre les héritiers, rien n'empêche l'un d'eux de recevoir la part qui lui revient et de consentir, en ce qui concerne cette part, la mainlevée de l'inscription. Dans ce cas, le conservateur doit se borner à inscrire en marge de l'inscription qu'elle demeure sans effet à l'égard du créancier qui a été payé et jusqu'à concurrence du payement effectué (Boulanger et de Récy, t. 1, n° 404; Primot, n° 99, note. Comp. Civ. rej. 20 déc. 1848, aff. Héritiers Dupuis, D. P. 49. 1. 81).

1621. Il est possible que la créance inscrite au nom du défunt dépende de la communauté ayant existé entre lui et sa veuve. Dans ce cas, on peut soutenir que le conservateur ne doit pas se contenter de la mainlevée des héritiers, mais doit exiger aussi celle de la veuve. Néanmoins, si rien

dans l'inscription n'indique que la veuve est copropriétaire de la créance et si les héritiers dans la mainlevée se présentent comme les seuls ayants droit, le conservateur n'a pas lieu de soupçonner qu'on le trompe, et MM. Boulanger et de Récy, t. 1, n° 408, estiment qu'il doit alors opérer la radiation sur la mainlevée des héritiers seuls (V. aussi en ce sens, Primot, n° 99, note).

1622. Après le partage de la succession, le droit de disposer de la créance et de donner mainlevée de l'inscription appartient exclusivement à l'héritier dans le lot duquel cette créance a été placée. La radiation doit donc être opérée sur la mainlevée donnée par lui, à laquelle il y a lieu de joindre l'expédition de l'acte sur lequel son droit est fondé, c'est-à-dire de l'acte de partage. Cet acte doit être authentique ou, s'il est sous seing privé, avoir été déposé en l'étude d'un notaire pour toutes les parties. « La loi qui ne permet pas au conservateur de se contenter d'un transport sous seing privé pour un simple changement de domicile (c. civ. art. 2152), doit repousser *à fortiori* la production d'un acte privé, lorsqu'il s'agit non seulement de modifier un des éléments de l'inscription, mais encore de la faire totalement disparaître. C'est en ce sens, d'ailleurs, que la question est tranchée par l'administration de l'Enregistrement (Instruct. n° 123 : « Les héritiers doivent laisser aux mains du conservateur les titres authentiques constatant qu'ils sont seuls et uniques héritiers » (Boulanger et de Récy, t. 1, n° 410; Primot, n° 100). S'il s'agit d'un partage judiciaire, le conservateur ne peut rayer en sécurité qu'autant que le partage a été homologué par un jugement passé en force de chose jugée (Boulanger et de Récy, t. 1, n° 412; Primot, *loc. cit.*).

(1) (De Nansouty C. Eparvier.) — La cour; — Considérant que Charlotte-Elisabeth du Bois d'Aisy, décédée le 15 juin 1860, ayant institué pour ses légataires universels Eugène et Charles Champion de Nansouty par testament olographe du 22 nov. 1852, ceux-ci se sont fait envoyer en possession par une ordonnance du président du tribunal de Dijon, en date du 24 juill. 1860; — Que saisis de plein droit par la mort de la testatrice, à défaut d'héritiers réservataires, aux termes de l'art. 1006 c. civ., ils avaient seuls qualité pour se désister et donner mainlevée des inscriptions hypothécaires prises, au profit de la défunte, en vertu d'une obligation notariée du 24 juin 1847, au bureau de l'arrondissement de Beaune, le 29 déc. 1857, contre Auguste Dubois, et le 16 févr. 1858, au bureau de Semur contre les sieur et dame Laureau-Dubois; — Que sur la présentation de l'acte de mainlevée consenti par eux le 4 août 1865, du testament olographe de 1852 et de l'acte de dépôt y annexé, d'un certificat de notoriété constatant qu'il n'existait pas d'héritiers à réserve, et de l'ordonnance d'envoi en possession du 24 juill. 1860, le conservateur du bureau de Semur a radié l'inscription qui grevait les biens des époux Laureau; — Mais que le conservateur de Beaune s'est refusé à radier l'inscription prise sur les biens de Dubois, parce que les légataires universels, outre les pièces à lui représentées, auraient dû justifier d'un acte de notoriété constatant les noms et qualités de tous les héritiers naturels de la testatrice appelés à recueillir sa succession dans le cas où elle serait morte intestat, du certificat de leur avoué constatant la date de la signification de l'ordonnance d'envoi en possession à tous les héritiers naturels, enfin de l'attestation du greffier constatant que cette ordonnance n'avait été frappée, dans les délais de la loi, ni d'opposition ni d'appel, conformément à l'art. 548 c. proc. civ.; — Considérant, à cet égard, que l'art. 548 n'est applicable à l'espèce, ni par son texte, ni par son esprit; que placé au titre de l'exécution forcée, il n'exige les formalités énoncées que lorsqu'il s'agit d'exécuter des jugements, un transport d'inscription hypothécaire, un payement ou quelque autre chose à faire par un tiers ou à sa charge; — Que l'ordonnance d'envoi en possession n'est point un jugement prononçant quelque chose à exécuter par un tiers ou contre lui, et devant être signifié par une partie poursuivante pour faire courir les délais d'appel ou d'opposition contre une partie condamnée; — Qu'elle n'a pour effet que d'imprimer au testament olographe la vertu d'un testament authentique, c'est-à-dire le caractère de solennité qui lui manque, et que le conservateur n'est pas plus fondé à refuser la radiation dans ce cas, qu'il ne serait fondé à la refuser sur la présentation du testament authentique; — Que ce n'est point en exécution de l'acte du magistrat, mais du consentement libre et formel du créancier intéressé et ayant capacité à cet égard, que la radiation a lieu, conformément à l'art. 2157 c. civ. ; — Que, saisi de plein droit par la mort du testateur, sans être tenu de demander la délivrance, à défaut d'héritiers réservataires, le légataire universel ne tient ses droits et sa capacité que de la

volonté du défunt légalement exprimée; — Que si, dans certains cas spéciaux, et lorsqu'un incident contentieux vient à s'élever, aucune loi ne s'oppose à ce que, aux termes du droit commun, le légataire universel non envoyé en possession, ou les héritiers du sang qui contestent la validité du testament, puissent se pourvoir contre l'ordonnance, soit par voie d'opposition devant le président ou le tribunal, soit par voie d'appel devant la cour, aucune loi n'impose dans la pratique générale et ordinaire, au légataire investi de la saisine légale, l'obligation de rechercher tous les héritiers naturels du défunt, connus ou inconnus, appelés à recueillir la succession, de se créer ainsi des adversaires en vue d'un litige que ceux-ci ne veulent pas intenter, et d'organiser contre lui-même un dispendieux système de procédure, sans motif et sans contradiction, pour soumettre aux tribunaux, au mépris de la volonté du testateur, le titre incontesté qu'il tient de lui; — Qu'il serait étrange que le légataire universel fût tenu d'appeler les héritiers du sang après l'ordonnance rendue, lorsqu'il n'est pas tenu de les appeler avant, et au moment le plus opportun pour sauvegarder leur intérêt éventuel; — Qu'un tel mode de procédure, s'il était obligatoire, ne tendrait à rien moins qu'à supprimer la distinction établie par la loi entre le cas où il y a des héritiers à réserve et celui où il n'y en a pas; — Que, dans l'espèce notamment, envoyés en possession depuis plus de cinq ans, nul doute ne pouvait s'élever sur la qualité des consorts de Nansouty; — Que le conservateur du bureau de Beaune ne pouvait donc les astreindre, sous prétexte de s'assurer de leur capacité, à rapporter le certificat d'un avoué constatant la date d'une signification qu'ils ne devaient pas faire à une partie condamnée qui n'existait pas; — Qu'il en est de même de l'attestation du greffier, puisque, dans l'espèce, et selon l'usage à Dijon, l'ordonnance d'envoi en possession a été annexée au testament et déposée dans l'étude d'un notaire; — Que le registre destiné à contenir les mentions exigées par les art. 163 et 549 c. proc. civ. ne pouvait donc être utilement consulté; — Considérant, au surplus, que le système des premiers juges est inadmissible; qu'il faut appliquer ou rejeter l'art. 548 tout entier, mais qu'il n'est pas permis de le scinder en exigeant l'attestation du greffier et n'exigeant pas le certificat de l'avoué; — Qu'en effet, dès que la signification de l'ordonnance est reconnue inutile par le tribunal, il s'ensuit que les délais d'opposition ou d'appel ne courront pas, et que, dès lors, l'attestation du greffier sera une formalité purement frustratoire; — Qu'ainsi, à tous les points de vue, les pièces primitivement présentées au conservateur des hypothèques de Beaune suffisaient pour couvrir sa responsabilité, et qu'il n'avait ni droit, ni intérêt à contraindre les consorts de Nansouty à fournir d'autre production que celle à vue de laquelle le conservateur de Semur avait opéré la radiation de l'inscription grevant les biens des époux Laureau; — Par ces motifs, etc.

Du 31 mai 1867.-C. de Dijon, 1re ch.-MM. Neveu-Lemaire, 1er pr.-Bernard, av. gén.-Ally et Roignot, av.

1623. L'exécuteur testamentaire qui a reçu du testateur la saisine du mobilier peut, pendant la durée de son mandat, toucher les créances héréditaires et, en les touchant, donner mainlevée des inscriptions qui les garantissent. Mais il ne pourrait donner mainlevée sans recevoir payement qu'autant que le testateur l'y aurait formellement autorisé. Il a même été jugé que le pouvoir de donner mainlevée sans payement, devant être authentique, ne peut résulter, pour l'exécuteur testamentaire, d'un testament olographe, même déposé chez un notaire (Trib. civ. de Lille, 19 mai 1892) (1).

1624. Le *cessionnaire* d'une créance a qualité pour donner mainlevée de l'inscription, à condition, comme on l'a dit au *Rép.* nº 2714, qu'il justifie de son droit par une cession authentique; si la cession n'a pas été mentionnée en marge de l'inscription, il doit en fournir une expédition à l'appui de la mainlevée (Boulanger et de Récy, t. 1, nº 61 ; Primot, nº 19). Toutefois, si l'inscription a été prise directement par le cessionnaire et en son nom, on peut être fait même en vertu d'une cession sous seing privé (V. les arrêts cités au *Rép.* nº 1499), la radiation peut être opérée sur le seul consentement du cessionnaire, sans qu'il soit obligé de rapporter le consentement du cédant (Boulanger et de Récy, t. 1, nº 63 ; Primot, nº 20). Il en serait autrement, bien entendu, si l'inscription avait été prise par le cessionnaire tant au nom du cédant qu'en son propre nom.

Les règles qui viennent d'être indiquées pour le cas de cession sont également applicables en cas de subrogation conventionnelle ou légale. La subrogation produit, en effet, quant à l'hypothèque, les mêmes effets que la cession. Le subrogé doit donc faire, pour obtenir la radiation, les mêmes justifications que le cessionnaire.

1625. On a vu *supra*, nº 399, qu'une inscription de séparation des patrimoines, prise par le créancier d'une succession, peut profiter aux autres créanciers de la succession qui ne se sont pas inscrits. Faut-il conclure que le consentement de tous les créanciers héréditaires soit nécessaire pour la mainlevée d'une semblable inscription ? On l'a soutenu (V. *Journal des conservateurs des hypothèques*, 1891, art. 4216, p. 430, et 1892, art. 4230, p. 41). Mais c'est

là, suivant nous, une erreur. Le créancier qui prend inscription en séparation des patrimoines n'est pas le mandataire légal des autres créanciers de la succession. Si ceux-ci peuvent éventuellement profiter de l'inscription, ce n'est pas en vertu d'un droit qui leur soit acquis tant qu'eux-mêmes ne se sont pas inscrits. Leur situation peut être comparée à celle des créanciers qui ont fait opposition sur une somme frappée d'une première saisie-arrêt ; or, on ne saurait contester au premier saisissant le droit de donner seul mainlevée de sa saisie. Les créanciers du défunt qui n'ont pas demandé la séparation des patrimoines ne sauraient, d'ailleurs, être astreints à faire mainlevée d'une inscription qu'ils n'ont pas requise (V. en ce sens, Trib. civ. Seine, 17 mars 1893, et Trib. civ. Toulouse, 8 avr. 1892, *Journal des conservateurs*, 1892, art. 4266, p. 190).

1626. Les *syndics de faillite*, ayant le droit et le devoir de recouvrer les sommes dues au failli, peuvent consentir la radiation des inscriptions prises au nom de celui-ci. Ils n'ont besoin pour cela d'aucune autorisation, quand la mainlevée est la conséquence du payement ; ils doivent seulement justifier de leur qualité, en produisant l'expédition du jugement qui les a nommés, et du payement, en produisant la quittance, quand elle n'est pas contenue dans la mainlevée (Boulanger et de Récy, t. 1, nº 93 ; Primot, nº 32). Il a été jugé que, dans le cas où le débiteur s'est libéré avant la déclaration de faillite entre les mains du failli et s'est contenté d'une quittance sous seing privé, cette quittance ne peut être utilisée à l'appui du consentement à mainlevée du syndic qu'après avoir été déposée en l'étude d'un notaire, en présence du failli et du syndic, pour constituer ainsi une preuve authentique du payement, condition nécessaire de la radiation de l'inscription (Trib. civ. de Millau, 7 déc. 1888, aff. Grimal et Terrieu C. Conservateur de Millau, *Journal des conservateurs des hypothèques*, 1889, art. 3920, p. 60).

S'il y a plusieurs syndics, ils doivent donner collectivement mainlevée, à moins qu'un d'eux n'ait été autorisé spécialement à agir seul, conformément à l'art. 465 c. com. (V. *supra*, vº *Faillites et banqueroutes*, nº 831).

Lorsque la mainlevée est consentie sans qu'il y ait paye-

---

(1) (Dupont-Jévenon C. conservateur des hypothèques de Lille.) — LE TRIBUNAL ; — Attendu que, par testament olographe déposé en l'étude de Mᵉ Ghesquières, notaire à Tourcoing, la demoiselle Lucie-Joseph Desnoulet, décédée sans laisser d'héritiers à réserve, a disposé de ses biens et a nommé comme exécuteur testamentaire M. Bouche, en lui donnant la saisine de ses biens pendant l'an et jour ; — Attendu que la testatrice ajoute : « J'accorde à mon exécuteur testamentaire la faculté de faire mainlevée ou désistement de toutes inscriptions hypothécaires avant ou après payement, le tout hors la présence et sans l'intervention de mes héritiers ou légataires universels » ; — Attendu qu'une telle disposition n'a rien de contraire à la loi, à l'ordre public et aux bonnes mœurs ; — Attendu que si la loi, dans l'art. 1031 c. civ., déclare en quoi consistent les fonctions générales et ordinaires des exécuteurs testamentaires, il ne s'ensuit nullement que le testateur ne puisse lui-même leur régler leur mission et leur conférer des pouvoirs spéciaux autres et plus étendus que ceux énoncés audit article ; — Que la disposition de cet article n'est pas conçue en termes prohibitifs, ainsi que la jurisprudence l'a déclaré maintes fois proclamé ; — Que les pouvoirs de l'exécuteur testamentaire ne sont limités que par la nature même de son mandat ; tant qu'ils ne se heurtent pas à une prohibition édictée par la loi, tant qu'ils ne sont pas contraires à l'ordre public et aux bonnes mœurs, ils peuvent être étendus à tous les actes nécessaires pour assurer l'exécution du testament ; — Attendu que si, de la part des héritiers ou légataires, l'exécuteur testamentaire n'a pas rencontré de résistance, l'exécution de cette partie de son mandat n'a pu pourtant se réaliser que par suite du refus du conservateur des hypothèques de Lille, qui n'a pas voulu consentir à radier l'hypothèque dont mainlevée a été donnée ; — Attendu que cette résistance était justifiée, non pas pour cette raison, dont il a été fait justice ci-dessus, que le pouvoir donné à Bouche dépasse les limites des droits qu'un testateur peut conférer à un exécuteur testamentaire, mais parce que le testament de la demoiselle Desnoulet est olographe et partant que le mandat en vertu duquel agissait celui qui consentait à la radiation n'était pas authentique ; — Attendu vainement l'on tente de soutenir que le testament olographe devient authentique par l'acte de dépôt ; — Attendu, en effet, que l'acte authentique est celui qui prononce par lui-même tout ce qu'il atteste ; — Qu'il n'en est pas ainsi d'un testament olographe, déposé ; que l'acte de dépôt

n'ajoute rien à la foi due à ses énonciations, à sa forme ou à son contexte ; — Que c'est donc à bon droit que le conservateur s'est refusé à faire état d'une mainlevée consentie par un mandataire dont le pouvoir n'était pas authentique ; — Mais attendu qu'aux termes de l'art. 2157 c. civ. les inscriptions sont rayées du consentement des parties intéressées et ayant capacité à cet effet ou en vertu d'un jugement ; — Qu'actuellement, le consentement ne pouvant être donné suivant la forme prescrite par les lois, les parties sont maîtresses de s'adresser à la justice pour obtenir la radiation à laquelle personne ne peut plus consentir ; — Attendu que Bouche, exécuteur testamentaire, intervient dans l'instance pendante entre le débiteur qui réclame la radiation et le conservateur des hypothèques ; qu'il déclare consentir à ce que le jugement prononce la radiation de l'hypothèque inscrite à la conservation de Lille, le 4 juill. 1887, volume 1070, nº 24, mainlevée de l'hypothèque ayant été donnée par lui suivant acte reçu par Mᵉ Ghesquières, notaire, le 25 sept. 1891 ; — Attendu qu'il ressort de tout ce qui précède, ainsi que de l'exécution sans contestation par les héritiers des dispositions contenues dans le testament précité, que cette mainlevée émane bien du créancier ayant capacité, que les pouvoirs de Bouche sont certains, qu'il a consenti et consent la radiation ; qu'il y a lieu de l'ordonner ; ...

Par ces motifs ; — Reçoit Bouche dans son intervention, lui donne acte de ce qu'il déclare consentir la radiation de l'hypothèque dont il a donné mainlevée par acte reçu par Mᵉ Ghesquières, notaire, le 25 sept. 1891 ; — Dit que la demoiselle Desnoulet a pu valablement donner à Bouche, son exécuteur testamentaire, le pouvoir de donner mainlevée avec désistement de toutes inscriptions hypothécaires avant ou après payement ; — Dit que c'est à bon droit que le conservateur s'est refusé à rayer l'inscription hypothécaire existant sur les biens des époux Dupont au profit de la succession de la demoiselle Desnoulet ; — Mais statuant sur l'action introduite par les époux Dupont-Jévenon contre le conservateur des hypothèques de Lille en présence de Bouche intervenant ; — Dit que le conservateur de Lille sera tenu d'opérer la radiation de l'hypothèque existant au profit de la succession Desnoulet sur les biens des époux Dupont-Jévenon et ce dans les termes et limites de la mainlevée consentie par Bouche suivant acte reçu par Mᵉ Ghesquières, notaire à Tourcoing, le 25 sept. 1891, etc.

Du 19 mai 1892.-Trib. civ. de Lille.

ment, elle doit être assimilée à une transaction. Les transactions passées par les syndics étant soumises, toutes les fois qu'elles excèdent 300 fr., à l'homologation du tribunal de commerce, si elles sont relatives à des droits mobiliers, et à l'homologation du tribunal civil, si elles sont relatives à des droits immobiliers (c. com. art. 487), on a soutenu que la transaction concernant une créance hypothécaire rentrait dans la compétence du tribunal civil, à raison du caractère immobilier de l'hypothèque (V. Hervieu, *Dictionnaire des privilèges et hypothèques*, v° *Radiation*, n° 22). Mais ce système est généralement rejeté, et avec raison, car la créance hypothécaire doit être envisagée dans son caractère principal, qui est mobilier (V. *suprà*, n° 413). Par conséquent, pour toute mainlevée consentie par les syndics autrement qu'après payement, il faut, s'il s'agit d'une somme supérieure à 300 fr., outre l'autorisation du juge-commissaire, l'homologation du tribunal de commerce. S'il s'agit d'une somme de 300 fr. ou au-dessous, l'autorisation du juge-commissaire suffit (V. *suprà*, v° *Faillites et banqueroutes*, n°s 836 et suiv. V. aussi, en ce sens, Boulanger et de Récy, t. 1, n° 105).

Les règles qui précèdent sont applicables aux inscriptions prises par les syndics au profit de la masse, conformément à l'art. 490 c. com. Il a été jugé qu'un syndic de faillite n'a pas capacité pour donner mainlevée de l'inscription prise au profit de la masse, en tant qu'elle grève un immeuble du failli vendu sur adjudication, alors que le prix d'adjudication n'a été payé qu'en partie (Douai, 3 févr. 1880, aff. Moncharville, D. P. 80. 2. 157. — V. au surplus, en ce qui concerne la mainlevée de l'hypothèque de la masse sur les biens du failli, *suprà*, v° *Faillites et banqueroutes*, n°s 820 et 1064).

1627. Le *gérant d'une société civile ou commerciale* peut toujours consentir la mainlevée des inscriptions qui existent au profit de la société, quand il reçoit le payement des créances garanties par ces inscriptions (V. *Rép.* n° 2713 ; Pont, t. 2, n° 1079 ; Boulanger et de Récy, t. 1, n° 349 ; Primot, n° 85). La question de savoir si le gérant peut faire plus et donner mainlevée en dehors du cas de payement, dépend des droits qui lui sont accordés, soit par l'acte de société, soit par la délibération ultérieure qui l'a nommé ou qui a déterminé ses pouvoirs. Dans tous les cas, le gérant doit justifier de sa qualité : il doit produire l'acte social, si c'est dans cet acte qu'il puise son pouvoir, ou la délibération postérieure d'où résulte pour lui le droit de consentir la radiation (Laurent, t. 31, n° 218 ; Boulanger et de Récy, t. 1, n° 364 ; Primot, n° 88). Il a été jugé que, lorsqu'une hypothèque a été inscrite au profit d'une société de commerce, le conservateur ne peut rayer l'inscription sur la représentation d'une quittance avec mainlevée délivrée devant notaire par l'un des associés, qu'autant que l'acte de société lui est représenté pour qu'il puisse vérifier si l'associé qui a donné la quittance avait pouvoir d'accorder la mainlevée ; que cette représentation de l'acte de société ne peut, au cas où il s'agit d'une société de fait, être suppléée par la production d'un simple acte de notoriété dressé par un notaire ; mais qu'elle est, au contraire, valablement suppléée par un certificat du greffier du tribunal de commerce constatant le dépôt d'un acte de déclaration de cessation de commerce émanant de tous les associés, s'il résulte des énonciations de cet acte que tous les associés ou, au moins, celui qui a délivré la quittance présentée au conservateur,

avaient la signature sociale (Trib. civ. de Saint-Pons, 30 avr. 1864, aff. Boucanu, D. P. 66. 3. 23).

1628. Dans les sociétés en commandite par actions et dans les sociétés anonymes, les gérants n'ont, en général, que les pouvoirs d'administration ordinaire ; ils ne peuvent, par suite, consentir de mainlevées qu'après payement. C'est à l'assemblée générale régulièrement constituée que revient le droit d'autoriser tous les actes de disposition, tels que les mainlevées d'inscriptions relatives à des créances non éteintes, sauf, bien entendu, le cas où les statuts en auraient autrement ordonné (Boulanger et de Récy, t. 1, n°s 377 et 389 ; Primot, n°s 93 et suiv. Comp. Req. 21 avr. 1841, *Rép.* n° 1223-3°).

1629. Les sociétés par actions n'étant valablement constituées qu'à la condition de remplir certaines formalités, le conservateur des hypothèques auquel une mainlevée est présentée au nom d'une de ces sociétés a le droit d'exiger la preuve de l'accomplissement des formalités substantielles constitutives de la société. Il peut demander qu'on lui justifie non seulement des statuts, pour s'assurer qu'ils ne sont pas contraires à la loi, mais encore de la souscription intégrale du capital social, du versement du quart sur les actions, de la vérification des apports, de la nomination des administrateurs et des commissaires de surveillance, enfin de toutes les conditions requises par la loi sous peine de nullité (Boulanger et de Récy, t. 1, n° 398 ; Primot, n° 96).

1630. Quant aux prescriptions légales relatives à la publication des sociétés commerciales, elles sont exigées dans l'intérêt des tiers, et bien que leur inobservation puisse être opposée aussi par les associés, elle n'entraîne pas la nullité des actes accomplis par la société tant qu'elle a existé en fait (V. *infrà*, v° *Société*; *Rép.* eod. v°, n°s 862 et suiv.). Les mainlevées que la société aura consenties dans ces conditions ne seront donc pas moins obligatoires pour elle que si la publication avait été faite. Il en résulte que le conservateur n'a pas intérêt à s'enquérir si les formalités de publicité ont été remplies. Sa responsabilité étant hors de cause, il ne peut pas exiger qu'on lui justifie de l'accomplissement de ces formalités (V. Boulanger et de Récy, t. 1, n° 399 ; Primot, n° 95). Il a été jugé, en ce sens, que le directeur d'une société anonyme peut, quoique les statuts n'en aient pas été publiés, user du pouvoir que lui confèrent ces statuts, de recevoir les sommes dues à la société et de donner mainlevée des hypothèques inscrites qui en garantissent le payement, et que le conservateur des hypothèques n'est pas fondé à refuser la radiation des inscriptions dont la mainlevée a été consentie par ce directeur, sous le prétexte que la société, à défaut de publication, n'aurait pas été régulièrement constituée (Caen, 22 juin 1858, et sur pourvoi, Req. 16 mai 1859, aff. Conservateur des hypothèques d'Alençon, D. P. 60. 1. 338).

1631. Les *liquidateurs des sociétés* ont, comme les gérants, un mandat général à l'effet de régler les affaires de la société, d'en recouvrer l'actif et d'en solder le passif (V. *infrà*, v° *Société*; *Rép.* eod. v°, n°s 1018 et suiv.). Ils peuvent, sans aucun doute, donner mainlevée des inscriptions garantissant toutes créances soldées. Il a même été jugé que si la mainlevée donnée par un liquidateur mentionne le payement de la créance pour laquelle l'inscription a été prise, le conservateur ne peut refuser d'opérer la radiation sous le prétexte que les énonciations de la mainlevée seraient fausses (Toulouse, 2 août 1861) (1).

---

(1) (Le conservateur des hypothèques de Foix C. Viguerie.) — Le 22 avr. 1861, le tribunal de Foix a statué en ces termes : — « Attendu que dans l'acte de société du 19 janv. 1855, fait pour continuation de la société préexistante entre les sieurs Pascal et Joseph Viguerie, acte dont l'extrait a été dûment transcrit, affiché et inséré aux formes de droit, l'art. 12, porte : « La dis- « solution de la société ayant lieu par la mort de l'un des asso- « ciés, la liquidation s'opérera par les soins du survivant, qui, à « cet effet, demeurera investi des pouvoirs les plus étendus à la « charge de rendre compte aux héritiers ou ayants cause du « prédécédé, sans que ces derniers puissent faire apposer les « scellés, ni procéder à aucun inventaire judiciaire » ; — Qu'en exécution de cette clause, qui lie les héritiers de l'associé prédécédé, quels qu'ils soient, majeurs ou mineurs, et à la suite du décès de Pascal Viguerie, l'un d'eux, arrivé le 27 déc. 1856, l'associé survivant, Joseph Viguerie, est devenu seul liqui-

dateur de ladite société ainsi dissoute, et a été investi des pouvoirs les plus étendus à cet égard ; — Attendu que ladite société ayant pris au bureau des hypothèques de Foix, en vertu d'un jugement du 17 mars 1846, contre les sieurs Victor Lamarque et Alphonse Touja, débiteurs solidaires, le 23 juin 1848, une inscription, renouvelée le 16 juin 1858, et ledit Touja ayant actionné, par exploit du 22 mars 1860, ladite société à lui donner mainlevée de cette inscription, parce que la créance qui lui servait de base avait été éteinte ; ledit sieur Joseph Viguerie, en sa qualité de liquidateur de ladite société, reconnaissant la réalité de ce fait, a pu et dû donner mainlevée de ladite inscription, d'abord lui-même par acte du 20 mai 1860, et plus tard, le 19 févr. 1861, par l'intermédiaire du sieur Henri de Bernard, avocat, son procureur fondé suivant procuration du 26 décembre dernier ; — Attendu que le défendeur, sommé de procéder à ladite radiation, s'y est refusé sur les motifs que le liquidateur

Mais les liquidateurs ne peuvent, en principe, ni transiger ni compromettre, ni par conséquent donner mainlevée des inscriptions relatives à des créances non éteintes, à moins qu'ils n'aient reçu expressément des associés les pouvoirs nécessaires à cet effet (Comp. *infrà*, v° *Société*).

1632. La mainlevée des inscriptions existant au profit de l'État, des *départements*, des *communes* ou des *établissements publics* doit être donnée par les représentants légaux de ces diverses personnes morales, et avec les autorisations requises par les lois et règlements administratifs. — En ce qui concerne les créances de l'État, la mainlevée doit être donnée par le préfet, par les receveurs principaux des douanes, des contributions indirectes ou des postes, par les receveurs des domaines ou par les percepteurs, suivant des distinctions et sous des conditions dans le détail desquelles nous ne pouvons entrer ici. On doit se reporter à ce sujet aux traités spéciaux relatifs aux divers services publics (V. aussi Boulanger et de Récy, t. 2, n⁰ˢ 540 et suiv.; Primot, n° 122; André, *Traité pratique du régime hypothécaire*, n⁰ˢ 1717 et suiv.).

1633. Pour les inscriptions des *départements*, la mainlevée doit être consentie, en général, par le préfet (*Rép.* n° 2696). Cependant, par exception, une décision du conseil général peut être nécessaire. La loi du 10 août 1871, art. 46, n° 12, donne au conseil général le droit de statuer définitivement sur le mode et les conditions de la construction des chemins de fer d'intérêt local, les traités et dispositions nécessaires pour en assurer l'exploitation. La même disposition se trouve dans l'art. 2 de la loi du 11 juin 1880, sur les chemins de fer d'intérêt local et les tramways. La loi de 1871, art. 46, n° 16, charge aussi le conseil général de statuer d'une manière définitive sur les transactions concernant les droits des départements. Dans les hypothèses prévues par ces textes, la mainlevée d'une inscription existant au profit du département devrait être, sinon consentie directement, au moins autorisée par le conseil général, sauf le cas seulement où elle ne serait qu'un simple acte d'administration et rentrerait à ce titre dans les pouvoirs du préfet (Comp. en ce sens, Boulanger et de Récy, t. 2, n° 563).

1634. En ce qui concerne la mainlevée des inscriptions au profit des *communes*, V. *suprà*, v° *Commune*, n° 1163. — Relativement à la ville de Paris, V. *infrà*, v° *Ville de Paris*.

1635. La mainlevée des inscriptions au profit des *hospi-*ces est donnée comme il est expliqué au *Rép.* v° *Hospices-hôpitaux*, n⁰ˢ 158 et suiv. Les mêmes règles doivent être suivies pour la mainlevée des inscriptions au profit des bureaux de bienfaisance (V. *infrà*, v° *Secours publics*). Aucune dérogation à ces règles ne résulte de l'abrogation de l'ordonnance du 15 juill. 1840, prononcée par l'art. 168 de la loi du 5 avr. 1884; cette ordonnance ne concernait que les communes (*Journal des conservateurs des hypothèques*, 1892, art. 4268, p. 201).

1636. La radiation des inscriptions prises au profit des *établissements publics entretenus directement par l'État* doit être consentie par le directeur, avec l'autorisation du ministre, quand la radiation a lieu sans payement. Dans le cas contraire, elle peut l'être par le directeur seul, chargé de la gestion des biens de l'établissement (Boulanger et de Récy, t. 2, n° 572 *ter*). Les inscriptions d'hypothèque légale prises sur les biens des receveurs de ces établissements sont rayées par décision du ministre, en vertu d'un arrêt de la Cour des comptes autorisant la radiation (Mêmes auteurs).

1637. Pour les *établissements publics d'aliénés*, c'est le directeur qui doit donner mainlevée des inscriptions prises contre les débiteurs de ces établissements. Il semble que, suivant les principes du droit commun, les mainlevées peuvent être consenties par le directeur seul, lorsqu'il s'agit d'inscriptions relatives à des créances soldées. Dans le cas contraire, la mainlevée doit être autorisée par le préfet, sur l'avis de la commission de surveillance (Boulanger et de Récy, t. 2, n° 572 *ter*). Quant aux inscriptions prises sur les biens des receveurs des hospices d'aliénés, la mainlevée en est donnée, comme pour les receveurs des hospices en général, en vertu d'arrêts de la Cour des comptes ou d'arrêtés du conseil de préfecture, suivant que les revenus annuels de l'établissement dépassent ou non 30 000 francs (V. *Rép.* v° *Hospices-hôpitaux*, n° 161).

1638. En ce qui concerne la mainlevée des hypothèques inscrites au profit des *fabriques d'église*, V. *suprà*, v° *Culte*, n° 587.

1639. La radiation des inscriptions profitant aux *congrégations religieuses autorisées* est donnée par leur représentant, supérieur ou autre, qui doit seulement justifier de sa qualité (Boulanger et de Récy, t. 2, n⁰ˢ 575. V. toutefois *suprà*, v° *Culte*, n° 667).

---

n'étant qu'un mandataire, son mandat avait pris fin à la mort du mandant; qu'il n'avait pas le pouvoir de se substituer une autre personne pour donner mainlevée de ladite inscription, surtout y ayant des héritiers de l'associé prédécédé, absents ou mineurs et à l'époque de la mort de ce dernier, et qu'enfin l'on n'indiquait pas même la date précise où ladite créance avait été éteinte; — Attendu que ces divers motifs ne peuvent être admis par le tribunal; qu'en effet, dans la cause, le liquidateur de la société, ne fût-il même qu'un simple mandataire, tenait de l'associé prédécédé son mandat de liquider la société, par suite, celui de recevoir toutes sommes dues à la société cu d'en constater le payement, et, par une conséquence nécessaire, d'en donner quittance valable et mainlevée de l'inscription qui garantissait ladite créance; que, dans l'espèce, la mort de l'associé, loin d'avoir anéanti ledit mandat de liquidation, lui a donné naissance; qu'une telle convention est légale et lie, par analogie des dispositions de l'art. 1868 c. civ., les héritiers de l'associé prédécédé, qui n'ont d'autre droit, aux termes de l'art. 14 de l'acte de société susvisé, que de se faire rendre compte par le liquidateur, qui même, quoique mineurs ou absents, ne peuvent faire apposer les scellés ni procéder à aucun inventaire; qu'il importe peu, soit aux héritiers de Pascal Viguerie, soit au défendeur, de connaître la date précise de l'extinction de la créance, pourvu que le fait soit constant et établi par un acte public, le liquidateur étant seul responsable et seulement tenu à rendre compte auxdits cohéritiers ou ayants cause de sa gestion de liquidation; et qu'enfin aucune loi n'empêche un liquidateur, investi des pouvoirs les plus étendus, de se faire remplacer par un mandataire; — Attendu que, dès lors, c'est sans motifs valables que le défendeur s'est refusé à la radiation de l'inscription dont s'agit, et qu'il doit être fait droit à la demande dirigée contre lui... ». — Appel par le conservateur des hypothèques de Foix. La cour; — Attendu que, si la responsabilité imposée au conservateur des hypothèques ne lui permet pas d'admettre sans examen les titres qui lui sont présentés, sous le double rapport de la régularité de ces titres et de la capacité des personnes qui les ont consentis, son droit ne s'étend pas jusqu'à nier la sincérité des énonciations qu'ils contiennent et à alléguer la pré-tendue fausseté de ces énonciations pour se refuser aux actes de son ministère; — Attendu que, si le conservateur des hypothèques de Foix, n'attachant pas assez d'importance aux énonciations de l'art. 12 de l'acte constitutif de la société Joseph et Pascal Viguerie, a pu se méprendre sur l'étendue exceptionnelle des pouvoirs conférés au liquidateur, et concevoir des doutes sur sa capacité à l'effet de consentir mainlevée de l'inscription hypothécaire prise au profit de cette société pour sûreté d'une créance dont le payement n'était pas constaté par la représentation d'une quittance, ces doutes n'étaient plus possibles ou du moins raisonnablement justifiés, lorsque la demande en radiation a été reproduite, appuyée d'un nouvel acte donnant mainlevée et mentionnant l'extinction de la créance par un payement depuis longtemps effectué; — Que le liquidateur qui a reçu payement avant ou depuis que sa mission a pris naissance, peut incontestablement donner mainlevée, comme il a pu donner quittance, et qu'il ne saurait appartenir au conservateur de contester la réalité du payement qu'un tel acte mentionne; — Que sa responsabilité n'est pas engagée jusque-là, et qu'elle est restreinte, comme ses droits, dans la limite posée par l'art. 2157 c. civ., qui n'exige pour la radiation des inscriptions hypothécaires que deux conditions, à savoir : que la demande émane des parties intéressées et ayant capacité à cet effet; — D'où suit qu'en refusant de rayer l'inscription dont par deux fois le liquidateur de la société au profit de laquelle elle avait été prise, avait donné mainlevée, avec mention dans le deuxième acte, que la créance avait été éteinte par un payement, le conservateur a outrepassé son droit et justement encouru la condamnation contre lui prononcée par le jugement dont est appel; — Que peu importe que l'inscription eût été renouvelée postérieurement à l'époque où le payement était déclaré avoir été fait; que c'est là une précaution exagérée que maintes circonstances pouvaient expliquer, qui n'a été dans la cause par un motif d'intervention, et qui, dans tous les cas, ne devait pas arrêter le conservateur en présence d'un acte où il pouvait voir une quittance formelle, comme n'a pas hésité à l'y voir le receveur de l'enregistrement; — Confirme, etc. Du 2 août 1861.-C. de Toulouse.-MM. de Castelbajac pr.-de Vaulx, av. gén.-Fourtanier et Rumeau, av.

1640. Les dons et legs faits aux communes et aux établissements publics ou reconnus de toute nature ne pouvant être acceptés qu'en vertu d'une autorisation du Gouvernement, il en résulte que les représentants de ces établissements, lorsqu'ils donnent mainlevée d'une inscription relative à une créance donnée ou léguée, doivent produire au conservateur les pièces établissant que l'acceptation a eu lieu dans les formes prescrites (Boulanger et de Récy, t. 2, n° 576 ; Primot, n° 124).

1641. — II. Formes requises pour la mainlevée et la radiation. — L'acte de mainlevée, par lequel les parties intéressées consentent à la radiation d'une inscription, doit être authentique (c. civ. art. 2158 ; *Rép.* n° 2703). Il a été jugé que la radiation ne peut être opérée en vertu d'un désistement signifié d'avoué à avoué, un tel acte ne pouvant être considéré comme un acte authentique, dans le sens de l'art. 2158 c. civ. (Caen, 25 mars 1871) (1). Toutefois, disent MM. Boulanger et de Récy, t. 1, n° 28, si la mainlevée avait été prononcée par un jugement frappé d'appel, l'acte d'avoué à avoué contenant le désistement de l'appelant permettrait au conservateur de rayer en toute sécurité.

1642. L'art. 2158 c. civ. exigeant que ceux qui requièrent la radiation déposent « l'expédition de l'acte authentique portant consentement », les actes de mainlevée, dans la pratique notariale sont toujours rédigés en minute et les conservateurs refuseraient probablement d'opérer la radiation sur un acte délivré en brevet (V. en ce sens : Boulanger et de Récy, t. 1, n° 33 ; Primot, n° 10). Cependant, si l'on admet que l'hypothèque elle-même peut être consentie par un acte en brevet (V. *suprà*, n° 839) il est peu rationnel de se montrer plus exigeant, quant à la mainlevée de l'inscription (V. *Rép.* n°s 2716 et suiv.; Pont, t. 2, n° 1074 ; Aubry et Rau, t. 3, § 281, p. 390 ; Baudry-Lacantinerie, t. 3, n° 1417).

1643. Une mainlevée peut être donnée par un acte authentique passé à l'étranger suivant les formes du pays ; pour qu'elle soit valable en France, l'acte doit être légalisé par l'agent diplomatique français accrédité auprès du gouvernement du pays, et il faut que cet agent atteste que l'acte est régulier en la forme ; cet acte doit être, en outre, visé par le ministre des affaires étrangères (V. *Rép.* v^ts *Consuls*, n° 64, et *Légalisation*, n° 8 ; Boulanger et de Récy, t. 1, n° 44). Les Français résidant à l'étranger peuvent, d'ailleurs, faire recevoir leurs actes de mainlevée, comme tous les autres actes qui les intéressent, par les agents diplomatiques ou consulaires français (V. *Rép.* v° *Consuls*, n° 70).

1644. On décide généralement aujourd'hui que la procuration donnée pour consentir une mainlevée doit être également authentique (V. *Rép.* n° 2705 ; Pont, t. 2, n° 1074 ; Aubry et Rau, t. 3, § 281, p. 389 ; Boulanger et de Récy, t. 1, n° 29 ; Thézard, n° 263). « Si la rigueur de cette règle, disent MM. Boulanger et de Récy, pouvait admettre un tempérament, ce serait dans le cas où il s'agit d'une inscription d'office dont mainlevée est donnée par le mandataire qui a reçu par acte sous seing privé pouvoir de vendre et de donner quittance. Il est alors, en effet, bien difficile de considérer comme dépourvu de qualité pour faire disparaître le privilège celui qui l'a créé. Ajoutons que si la procuration venait à être reconnue fausse, la vente et l'inscription d'office se trouveraient par là même entachées de nullité, ce qui ôterait tout intérêt aux critiques qui pourraient être dirigées contre la régularité de la radiation ». De même, les gérants de société dont la nomination résultait d'un acte sous seing privé pourraient, suivant nous, même avant la loi du 1er août 1893, donner mainlevée d'une inscription qu'ils avaient eux-mêmes requise pour le compte de la société (Comp. *suprà*, n°s 845 et suiv.).

1645. Quelle serait la conséquence du défaut d'authenticité? Le conservateur, bien entendu, pourrait et devrait refuser de rayer l'inscription; mais la radiation opérée en vertu d'une mainlevée non valable comme acte authentique ou sur une mainlevée consentie par un mandataire muni seulement d'un pouvoir sous seing privé, serait-elle nulle? Cette question divise les auteurs. Suivant les uns, l'authenticité n'est ici requise que pour garantir la responsabilité du conservateur; si la mainlevée a réellement été donnée par celui qui avait capacité pour y consentir, peu importe que son consentement n'ait pas été constaté en la forme authentique; ce consentement n'en doit pas moins produire son effet (Aubry et Rau, t. 3, § 281, p. 389, note 15; Laurent, t. 31, n° 2704-1°). D'autres, au contraire, considèrent l'authenticité comme une condition requise pour la validité du consentement, en cas de mainlevée comme en cas de constitution d'hypothèque et, par suite, ils décident que la radiation opérée en vertu d'une mainlevée non authentique serait absolument nulle (Pont, t. 2, n° 1074. Comp. en ce sens, Bordeaux, 16 juill. 1834, *Rép.* n° 2704-2°). — Dans ce second système la promesse de donner mainlevée, constatée seulement dans un acte sous seing privé, n'aurait aucune valeur, et cette conséquence nous paraît inadmissible. La loi, en effet, n'a pas fait de la renonciation à une inscription un acte solennel. Comme le remarque M. Laurent, *loc. cit.*, l'art. 2157, qui détermine les conditions requises pour la validité de la radiation, n'exige que le consentement des parties intéressées et leur capacité, sans parler de la forme dans laquelle le consentement doit être donné. C'est seulement dans l'art. 2158 qu'il est question de la forme des actes, et cet article ne s'occupe que des pièces qui doivent être présentées au conservateur, ce qui indique bien que l'authenticité a seulement pour but d'assurer la sincérité de l'acte. Mais, si elle garantit la responsabilité du conservateur elle est aussi une garantie pour les tiers, notamment pour le tiers acquéreur de l'immeuble, qui a le droit d'exiger, avant de payer son prix, une mainlevée régulière. On doit donc décider que le défaut d'authenticité ne pourrait pas être opposé par le créancier (V. toutefois, Toulouse, 16 juill. 1818, *Rép.* n° 2704-1°) ; mais qu'il peut, au contraire, être opposé par les tiers et, en particulier, par le tiers détenteur auquel la radiation de l'inscription a été promise (V. en ce sens : Lyon, 29 déc. 1827, *Rép.* n° 2706 ; Boulanger et de Récy, t. 2, n° 30).

1646. La mainlevée doit spécifier l'inscription qu'il s'agit de rayer ; elle doit en indiquer la date et, autant que possible, le volume et le numéro. Le conservateur devrait néanmoins obéir à une mainlevée générale donnée par un créancier pour toutes les inscriptions prises par lui sur les biens de son débiteur (Boulanger et de Récy, t. 1, n° 26 ; Primot, n° 11).

1647. La mainlevée peut être restreinte à une partie seulement des immeubles grevés de l'inscription. Dans ce cas, il est nécessaire que les immeubles auxquels elle s'applique soient désignés d'une façon précise, car, sans cette désignation, la délivrance ultérieure d'états d'inscription pour les immeubles restants serait impossible. Il ne suffirait donc pas que la mainlevée autorisât la radiation de l'inscription, en tant qu'elle grève les immeubles vendus par le débiteur pendant une période déterminée, en l'étude de tel notaire (Boulanger et de Récy, t. 1, n° 26).

1648. Il a été jugé que le conservateur des hypothèques doit se conformer strictement, pour la radiation d'une inscription hypothécaire, aux dispositions de l'acte ou du jugement qui lui est déposé (Angers, 13 août 1873 ; aff. Dame P...., D. P. 75, 2. 14). Le conservateur ne peut prendre en considération aucun autre acte ou document pour mesurer la radiation qu'il convient d'opérer. Ainsi, il ne lui appartient pas de désigner les immeubles atteints par la radiation lorsque le jugement ne les a pas spécifiés (Même arrêt).

1649. On reconnaît toutefois généralement aujourd'hui que le conservateur a le droit et l'obligation de vérifier et d'apprécier les actes en vertu desquels une radiation est

---

(1) (Hardy C. Brunet et Veuvenot.) — La cour ; — Attendu qu'aux termes de l'art. 2158 c. civ., la radiation d'une inscription hypothécaire ne peut être opérée par le conservateur, que sur la représentation à lui faite de l'expédition d'un acte authentique contenant le consentement du créancier, ou d'un jugement ayant acquis l'autorité de la chose jugée ; — Attendu que le désistement signifié d'avoué à avoué n'est pas un acte authentique, dans le sens de l'art. 2158 précité, d'où suit qu'on ne doit pas s'arrêter à celui que Guillaume Hardy a fait signifier, et qu'il y a lieu, en accordant acte à Brunet de ce qu'il s'en rapporte à justice, et en adoptant les motifs des premiers juges de confirmer le jugement dont est appel ; — Par ces motifs, etc. Du 25 mars 1871.-C. de Caen, 2e ch.-MM. Champion, pr.-Tardif de Moidrey, av. gén.-Gallot, av.

requise, non seulement sous le rapport de leur régularité, quant à la forme, mais encore au point de vue de la capacité des parties (V. *Rép.* nos 2698 et suiv. ; Pont, t. 2, nos 1098 et suiv. ; Aubry et Rau, t. 3, § 268, p. 294, note 27, et § 281, p. 394 ; Laurent, t. 31, no 208 ; Boulanger et de Récy, t. 1, no 23 ; Primot, no 8). Le conservateur, étant tenu de faire cette vérification, en a la responsabilité ; c'est pourquoi il peut exiger que celui qui requiert une radiation lui remette, avec l'expédition de l'acte ou du jugement ordonnant la radiation, les expéditions ou originaux de tous les actes nécessaires pour établir la capacité du requérant. — La plupart des auteurs lui reconnaissent même le droit de conserver en dépôt dans son bureau toutes ces pièces, pour sa garantie (*Rép.* no 2719 : Aubry et Rau, t. 3, § 281, p. 394 ; Laurent, t. 31, no 207 ; Boulanger et de Récy, t. 1, no 37 ; Primot, no 9). En sens contraire, toutefois, il a été jugé que si les art. 2157 et 2158 c. civ. exigent le dépôt d'une expédition du consentement à la radiation ou du jugement qui l'ordonne, ni leur texte ni leur esprit ne commandent le dépôt des actes propres à justifier la capacité du créancier (Alger, 3 nov. 1874, aff. Delaon, D. P. 77. 2. 63). En tout cas, la partie qui requiert la radiation d'une inscription hypothécaire peut, lorsqu'elle a déposé antérieurement au bureau du conservateur des hypothèques, pour l'accomplissement d'une autre formalité, des pièces établissant sa qualité, se dispenser d'en fournir de nouvelles expéditions ou de nouveaux extraits, en se référant, avec des indications précises, au dépôt précédemment effectué (Même arrêt). Dans la pratique, les conservateurs se contentent souvent de la simple présentation d'une expédition des pièces dont la minute peut facilement se retrouver, surtout lorsque cette minute est aux mains du notaire rédacteur de la mainlevée. Mais le droit pour le conservateur de retenir toutes les pièces de nature à couvrir sa responsabilité ne semble guère contestable, car une expédition peut toujours contenir des lacunes ou des erreurs, et si le conservateur ne la garde pas, il s'expose à subir les conséquences du défaut de conformité qui existerait entre l'expédition et la minute ou des altérations qui seraient commises sur celle-ci.

1650. Si l'acte par lequel le consentement à la radiation a été donné renferme d'autres dispositions, il n'est pas nécessaire d'en remettre au conservateur une expédition complète. Mais un extrait analytique ne suffirait pas ; il faut une reproduction littérale de la partie de l'acte relative à la radiation (V. *Rép.* no 2718 ; Boulanger et de Récy, t. 1, nos 35 et suiv.). « On pense assez généralement, disent MM. Aubry et Rau, t. 3, § 281, p. 394, note 30, que le conservateur n'est pas tenu d'effectuer la radiation sur le vu d'un extrait, même déclaré littéral, à moins que le notaire ou le greffier qui l'a délivré n'ait de plus attesté que les parties non transcrites ne contiennent ni conditions ni réserves contraires et que l'extrait reproduit tout ce qui a trait à la radiation. Mais cette attestation ne peut virtuellement comprise dans celle que l'extrait a été fait littéralement, en ce sens du moins que l'officier ministériel qui le délivre avec une pareille mention en garantit la complète et entière conformité à l'acte, au point de vue de la radiation ? » (V. dans le même sens, *Journal des conservateurs des hypothèques*, 1890, art. 4054, p. 156.)

1651. Lorsque la mainlevée doit être appuyée d'actes destinés à justifier de la qualité ou de la capacité du requérant, comme, par exemple, la procuration en vertu de laquelle le requérant a consenti la radiation au nom du créancier, on admet que ces actes peuvent être en brevet, si d'ailleurs ils rentrent dans la catégorie de ceux que la loi permet de délivrer en cette forme (Boulanger et de Récy, t. 1, no 34 ; Primot, no 10). Mais pour ces actes accessoires eux-mêmes, le conservateur a le droit d'exiger des extraits littéraux. Ainsi, il ne suffirait pas que le notaire rédacteur de la mainlevée déclarât au bas de cet acte que le requérant est mandataire du créancier en vertu d'un pouvoir spécial. Le conservateur, chargé d'apprécier par lui-même la capacité des parties, doit connaître les termes du mandat, afin d'en justifier, de son côté, au mandant ou aux tiers qui critiqueraient la radiation (Boulanger et de Récy, t. 1, no 39). — Rien ne s'oppose, toutefois, à ce que les extraits littéraux des actes destinés à établir la qualité ou la capacité des parties, soient insérés dans la mainlevée (V. les auteurs précités, no 41). Pourtant, il a été jugé que le conservateur des hypothèques qui est requis de radier une inscription prise au nom d'une femme dotale obligée à faire remploi en rentes sur l'Etat de la somme garantie par l'inscription peut refuser d'opérer la radiation si l'on ne lui produit, avec l'acte notarié portant acceptation du remploi par la femme, qu'une copie de l'inscription de rente acquise en remploi et une analyse du bordereau de l'agent de change ayant négocié l'acquisition, copie et analyse contenues dans ledit acte notarié ; que le conservateur a le droit d'exiger, soit la représentation du titre de rente, soit au moins le bordereau de l'agent de change (Trib. civ. Carcassonne, 26 janv. 1891, aff. Rech C. Valette, *Journal des conservateurs des hypothèques*, 1891, art. 4175, p. 281).

1652. — III. Effets de la mainlevée et de la radiation. — Comme on l'a rappelé au *Rép.* no 2663, le droit hypothécaire et l'inscription sont deux choses distinctes : l'inscription peut être rayée sans que le droit hypothécaire soit éteint (V. Req. 5 déc. 1882, aff. Bocquillon et cons., D. P. 83. 1. 378). Par conséquent, lorsque la mainlevée n'est pas la suite de l'extinction de la dette, elle n'a pour effet que d'anéantir l'inscription et n'emporte pas renonciation au droit hypothécaire, à moins que cette renonciation ne soit formellement exprimée dans l'acte. Il en résulte que le créancier pourra prendre, s'il le veut, une nouvelle inscription qui, bien entendu, n'aura d'effet que du jour de sa date (V. Civ. rej. 2 mars 1830, *Rép.* no 2666 ; Aubry et Rau, t. 3, § 281, p. 395).

1653. S'il s'agit d'une inscription de privilège de vendeur, prise d'office en vertu de l'art. 2108, la mainlevée qui serait donnée sans l'extinction de la dette et sans renonciation au privilège, n'aurait aucun effet, puisque le privilège se conserve par la seule transcription (V. *suprà*, no 340). Comme, d'autre part, le conservateur est tenu, sous sa responsabilité, d'inscrire le privilège d'office, la jurisprudence a décidé qu'il ne peut être contraint à rayer l'inscription si la mainlevée ne contient pas la constatation du payement ou la renonciation au privilège (V. les arrêts cités au *Rép.* no 2699-8o. Conf. Aubry et Rau, t. 3, § 281, p. 390, note 18 ; Boulanger et de Récy, t. 2, no 505 et suiv.). — On soutient même que, sauf le cas de payement, la radiation de l'inscription d'office ne peut avoir lieu qu'à la condition que le vendeur ait renoncé à la fois au privilège et à l'action résolutoire, car, dit-on, si l'art. 7 de la loi du 23 mars 1855 s'oppose à l'exercice de l'action résolutoire, après l'extinction du privilège, vis-à-vis des tiers qui ont acquis des droits sur l'immeuble et qui se sont conformés aux lois pour les conserver, ce texte n'empêche pas le vendeur d'exercer encore son action résolutoire, même après l'extinction du privilège, à l'encontre des créanciers chirographaires de l'acquéreur ou des créanciers hypothécaires dont l'inscription serait périmée (*Journal des conservateurs des hypothèques*, 1890, art. 4101, p. 371). Mais on peut répondre à cette argumentation que, l'exercice de l'action résolutoire n'étant subordonné à la conservation du privilège que dans l'intérêt des tiers acquéreurs des droits réels et non en faveur des créanciers chirographaires, ceux-ci, alors même que l'action résolutoire sera exercée à leur préjudice, ne pourront pas se plaindre de la radiation de l'inscription d'office ; c'est donc à tort qu'on refuse d'opérer cette radiation sous prétexte qu'elle pourra leur nuire.

1654. La mainlevée est un acte unilatéral, qui n'a pas besoin d'être accepté par le débiteur ni par les tiers auxquels elle peut profiter (*Rép.* no 2720). La jurisprudence en a conclu que son efficacité n'est pas subordonnée à la radiation de l'inscription ; qu'elle produit son effet dès le moment où elle a été consentie, et que, si le créancier s'est en même temps désisté de son droit hypothécaire, il ne peut rétracter ni la mainlevée ni le désistement, quand même la radiation n'a pas été opérée (Civ. cass. 4 janv. 1831, et sur renvoi, Agen, 19 mai 1836, *Rép.* no 2722-2o ; Civ. cass. 29 janv. 1855, aff. Lesegrétain, D. P. 55. 1. 172 ; Orléans, 8 août 1889, aff. Granjux, D. P. 92. 1. 221). Mais lorsque le créancier a simplement donné mainlevée de l'inscription sans renonciation à l'hypothèque (V. *suprà*, no 1517), il conserve le droit de reprendre inscription et, à plus forte raison, le droit de révoquer la mainlevée tant que l'inscription n'a pas été rayée. La cour de cassation a jugé qu'en

pareil cas l'inscription non rayée reprend son effet, à partir de la révocation, à l'égard des créanciers inscrits postérieurement (Civ. cass. 1er déc. 1852, aff. Syndics Tesnières, D. P. 54. 1. 275. Comp. en ce sens, *Rép.* n° 2721 ; Pont, t. 2, n°s 1105 et suiv.; Aubry et Rau, t. 3, § 281, p. 395 et suiv.). Ce système, toutefois, est combattu par M. Laurent, t. 31, n° 225 : « Dire que la renonciation est un acte unilatéral, c'est dire que le débiteur ne doit pas l'accepter, mais c'est dire aussi que le créancier peut changer de volonté tant qu'il n'y a pas de fait accompli, c'est-à-dire tant qu'aucun droit n'a été acquis à un tiers ; or, les tiers ne peuvent pas se prévaloir de la mainlevée tant que l'inscription n'est point radiée, car l'inscription sur les registres conserve son effet tant qu'elle subsiste. Cela est aussi fondé en raison. Si le créancier consent à la radiation par un acte authentique, cet acte est un consentement à ce que l'inscription soit radiée, ce n'est pas une radiation. Le créancier peut anéantir l'acte en brevet qui constate son consentement (dans le système qui admet que la mainlevée peut être donnée par acte en brevet. V. *suprà,* n° 1642) ; dans ce cas, la radiation devient impossible : preuve que la mainlevée n'équivaut pas à la radiation. Si la mainlevée était donnée par une convention intervenue le créancier et le débiteur, elle pourrait être révoquée par un consentement contraire tant que le conservateur n'aurait pas radié l'inscription. Par identité de motifs, le créancier qui consent la radiation peut révoquer son consentement tant que la radiation n'est point faite. » Suivant ce raisonnement, qui, sous le régime de la publicité des droits hypothécaires, est loin d'être sans valeur, l'inscription dont mainlevée a été donnée, mais qui n'a pas été rayée et qui est ensuite révoquée, resterait opposable même aux tiers qui se seraient inscrits dans l'intervalle de la mainlevée à sa révocation ; on peut soutenir, en effet, que ces tiers n'ont pas dû compter sur la mainlevée tant que la radiation de l'inscription n'était pas accomplie ; la mainlevée était pour eux *res inter alios acta.*

1655. Il est un cas, tout au moins, où la mainlevée ne peut pas être invoquée par les tiers tant qu'elle n'a pas été suivie de la radiation : c'est lorsqu'elle a été consentie par le créancier en faveur de l'acquéreur qui l'a remboursé et qui se trouve subrogé dans la créance. La mainlevée ne peut être considérée alors que comme une renonciation au droit de suite vis-à-vis de l'acquéreur seulement. Il a été jugé que, nonobstant cette mainlevée, l'acquéreur est subrogé aux droits du créancier qu'il a désintéressé et peut se faire colloquer dans l'ordre, au rang de ce créancier ; que le même droit appartient au créancier lui-même, lorsqu'en recevant son payement avant la purge et l'ouverture d'un ordre. il a garanti l'acquéreur contre les conséquences préjudiciables que pourrait avoir ce payement (Civ. cass. 20 juin 1859, aff. Veuve Coulondre, D. P. 59. 1. 254. V. dans le même sens, Aubry et Rau, t. 3, § 282, p. 396, note 40).

1656. La radiation d'une inscription peut être annulée pour diverses causes, soit, par exemple, pour cause de résolution des droits du créancier apparent qui a consenti la mainlevée, soit pour cause d'erreur ou de vice du consentement, soit parce que l'acte de mainlevée a été reconnu faux, soit encore parce que le jugement ou l'arrêt qui a ordonné la radiation a été réformé ou cassé. Dans toutes ces hypothèses, il y a lieu de se demander si l'inscription sera réputée n'avoir jamais été rayée, et si celle qui sera prise en remplacement de l'ancienne aura le même effet que celle-ci. Cette question est généralement résolue par une distinction entre les créanciers qui étaient déjà inscrits au moment de l'indue radiation et ceux qui ne se sont inscrits qu'après. Pour les premiers, l'inscription sera réputée n'avoir jamais été rayée, car ils ne doivent pas profiter d'une radiation nulle et sur laquelle, d'ailleurs, ils n'ont pas compté quand ils se sont inscrits. Mais quant aux créanciers qui ont acquis leurs droits et ont pris inscription depuis la radiation, la nullité de cette radiation ne doit pas leur nuire s'ils sont de bonne foi. Leur opposer une inscription qui n'existait pas en fait quand ils ont traité, une inscription qu'ils n'ont pu connaître, serait contraire au principe de la publicité qui est la base de tout le régime hypothécaire (V. *Rép.* n°s 2737 et suiv. ; Pont, t. 2, n° 1107 ; Aubry et Rau, t. 3, § 281, p. 396, note 41 ; Thézard, n° 266); de Loynes, note sous Paris, 9 juill. 1892, D. P. 93. 2. 369. — M. Laurent seul, parmi les auteurs récents, s'élève contre cette doctrine. Quand un acte est annulé, dit-il, t. 31, n° 234, il ne produit plus aucun effet ; donc la radiation annulée doit être considérée comme non avenue. On objecte l'intérêt des tiers qui ont traité en comptant sur la radiation. Mais leur intérêt est-il plus respectable que celui du créancier dont l'inscription a été effacée par un acte criminel ? Des tiers ou de ce créancier, qui doit l'emporter ? Le législateur, il est vrai, aurait pu trancher le conflit en faveur des tiers. mais l'interprète doit avant tout respecter le droit acquis du créancier.

1657. Quoi qu'il en soit, la doctrine de la majorité des auteurs est aussi celle de la jurisprudence. On doit le remarquer, d'ailleurs, ce que nous avons dit des créanciers qui se sont inscrits avant ou après la radiation entachée de nullité est également vrai de tous tiers ayant acquis des droits sur l'immeuble avant ou depuis que l'inscription a été indûment radiée. — En ce qui concerne les tiers dont les droits sont antérieurs à la radiation, il a été jugé : 1° que l'inscription de l'hypothèque légale d'un mineur qui a été radiée après la reddition du compte de tutelle, mais dont le rétablissement a été ordonné par un jugement, à raison d'un dol commis par le tuteur au préjudice de son ancien pupille. demeure opposable au tiers qui s'est rendu acquéreur d'un immeuble du tuteur par un contrat transcrit dès avant la radiation de l'inscription (Rouen, 10 mai 1875) (1);

---

(1) (Philippe C. Bourdon.) — La cour) — Attendu que Lemercier, père et tuteur de la veuve Bourdon, ayant vendu à Philippe, le 9 sept. 1838, une partie de l'hôtel de Milan au prix de 4 730 fr., la veuve Philippe, appelée en garantie par la ville d'Evreux, à laquelle cet immeuble a été rétrocédé, le 16 juill. 1871, encore grevé d'une inscription d'hypothèque légale au profit de la veuve Bourdon, oppose à celle-ci deux moyens : l'un tiré de la prescription de son inscription hypothécaire ; l'autre de la transcription du contrat de vente à la date du 1er oct. 1838 ; — Sur le premier moyen : — Qu'il est constant que l'hôtel de Milan, provenant de la communauté de Lemercier et de sa première femme, était frappé de l'hypothèque légale de leur fille née le 1er sept. 1828, par conséquent en état de minorité lors de la vente; que, si le 11 juill. 1847, la demoiselle Lemercier, émancipée depuis un an et assistée de son curateur, a approuvé le compte de tutelle de son père et donné mainlevée de l'inscription qui était sa garantie, elle a moins de, dix ans après sa majorité, formé une demande en nullité des actes qui lui été avaient surpris; que sa demande ayant été accueillie par jugement du tribunal de la Seine du 13 mars 1849, passé en chose jugée, un nouveau compte de tutelle et une nouvelle liquidation des successions et communauté de Lemercier père et mère ont été ordonnés, le désistement de son hypothèque légale déclaré nul, et le rétablissement de l'inscription du 19 févr. 1846, prescrit et opéré au bureau d'Evreux le 1er sept. 1859 ; — Que sur le contredit de Lemercier père aux dits comptes, le reliquat a été définitivement fixé au profit de sa fille à 17858 fr. 27 cent. par arrêt de la cour de Paris du 22 août 1860 ; — Que la créance de la mineure Lemercier dérivant de la

tutelle. l'hypothèque légale attachée à cette créance frappe donc les biens du tuteur aux termes de l'art. 2121 c. civ. ; — Qu'à la vérité le contrat d'acquisition ayant été transcrit, la veuve Philippe oppose à l'intimé les dispositions de l'art 2180 sur la prescription ; — Attendu à cet égard que la prescription dont le cours est suspendu contre les mineurs n'a pu commencer contre la veuve Bourdon que le 1er sept. 1849, date de la majorité; que trente ans ne s'étant point écoulés depuis cette époque, l'art. 2262 est inapplicable ; — Que l'appelante n'est pas mieux fondée à se prévaloir de l'art. 2265, qu'elle a sans doute un juste titre comme tiers détenteur, mais la bonne foi n'est pas moins nécessaire que le juste titre pour prescrire par dix et vingt ans; — Que si la bonne foi consiste dans l'ignorance, au moment du contrat, du vice dont il est infecté, elle cesse nécessairement lorsque celui qui l'invoque a été partie dans l'acte qui lui révèle les droits du mineur sur la chose elle-même; — Que l'acte d'acquisition du 1er oct. 1838 porte littéralement, que « pour faciliter l'accomplissement des formalités de purge légale, Lemercier a déclaré qu'il est veuf en premières noces de Prudence Thibouville, avec une enfant mineure, nommée Prudence Lemercier, ayant pour subrogé tuteur Nicolas Thibouville fils, luthier, demeurant à Lacouture, commune de Saint-André ; — Qu'au moment même de l'acquisition, l'acquéreur a donc été prévenu de l'état de viduité du vendeur et de minorité de sa fille et de toutes les conséquences qu'entraîne avec elle la gestion tutélaire; — Que, s'il n'a pas rempli les formalités que le contrat prenait soin de lui indiquer pour affranchir son immeuble, c'est en pleine connaissance de cause et sous sa propre responsabilité; — Que l'appelante soutient vai-

— 2° Qu'une inscription hypothécaire qui a été radiée par erreur et qui est rétablie sur les registres, en vertu d'un jugement, reprend son effet vis-à-vis des créanciers inscrits antérieurement à la radiation (Douai, 27 févr. 1878 (1)); — 3° Que, lorsque la radiation d'un privilège de vendeur, opérée à la suite d'un ordre, est déclarée nulle, le vendeur est rétabli dans l'exercice de son privilège et peut l'opposer

nement qu'à partir de 1847, date de la mainlevée de l'inscription par la mineure émancipée, sa bonne foi du moins ne peut être contestée; — Que sans qu'il soit besoin de rechercher si la mainlevée donnée par la veuve Bourdon dans les circonstances que l'on sait et avant sa majorité est une renonciation légale et volontaire, il est certain que, par suite de la radiation de la Seine, l'hypothèque a repris toute sa vertu et remonte à son origine en ce qui concerne l'acquéreur; — Que la prétention de la veuve Philippe est d'autant moins admissible qu'en revendant le même immeuble à Bonne, le 5 mars 1869, elle reproduit les déclarations de Lemercier dans l'acte de 1838, ajoutant en termes exprès « que l'immeuble était grevé de l'hypothèque légale de la première femme du vendeur et de l'enfant mineur issu de ce mariage, et qu'il elle ui sou mari n'ont rempli les formalités de purge ». Ce qui prouve qu'à même pas connu la désistement de 1847; — Que les mêmes avertissements sont donc formellement inscrits dans tous les contrats qui se sont succédé de 1838 à 1871; — Que l'objection tirée de la publicité du système hypothécaire n'est pas plus sérieuse; — Que si l'appelante a dû connaître la radiation de l'inscription, par suite de la présomption légale de publicité, cette même présomption a dû lui apprendre le rétablissement de l'inscription dans les dix ans de la majorité de l'intimée, et alors que, pendant cette période intermédiaire, comme tiers détenteur, elle n'a acquis aucun nouveau droit; — Qu'au surplus, ce n'est pas dans une fiction légale que la bonne foi doit puiser son origine et trouver sa force, mais dans la conscience que l'on a de la justice et de la sincérité de son droit; — Que tous les documents de la cause protestant contre cette sincérité;
Sur le second moyen : — Que l'art. 8 de la loi du 23 mars 1855 n'a ni le sens ni la portée que lui donne l'appelante; — Que si, pour conjurer le danger inhérent aux hypothèques légales, l'obligation de prendre inscription dans l'année qui suit la cessation de la tutelle a été imposée au mineur devenu majeur, sous peine de ne pouvoir opposer le bénéfice de son hypothèque au tiers détenteur dont la transcription serait antérieure, il n'en est pas ainsi lorsque l'inscription, dont l'hypothèque est dispensée pendant l'incapacité du mineur et dans son intérêt, a été prise par lui avant sa majorité; — Qu'il ne s'agit plus d'un droit occulte, que le défaut d'inscription dans un délai fatal rend inefficace vis-à-vis de l'acquéreur qui a transcrit utilement son contrat, mais d'un droit reconnu et mentionné dans le contrat lui-même, dont l'inscription régulière, par le seul effet de la loi, remonte au jour de l'acceptation de la tutelle, en 1833, dans l'espèce, par conséquent avant l'acte d'aliénation de 1838, et qui ne peut dès lors disparaître que par l'accomplissement des formalités de la purge; — Qu'il n'en est pas de cette situation comme de celle où des créanciers hypothécaires se seraient inscrits sur la foi de l'affranchissement de l'immeuble et depuis la radiation de l'inscription qui les primait; — Qu'averti des droits préexistants du mineur, l'acquéreur ne peut se plaindre du rétablissement d'une inscription dont il a appris l'extinction en même temps que la reprise, et dont l'effet rétroactif n'a pu lui l'induire en erreur, ni lui porter préjudice; — Que les choses se trouvant ainsi replacées dans leur état primitif, il ne peut que s'en prendre à lui s'il n'a pas libéré son immeuble par les voies qui lui étaient ouvertes, et si la condition qu'il s'était faite volontairement, est restée la même; — Qu'il ne serait ni raisonnable ni moral qu'il profitât du dol du tuteur pour se créer un droit de préférence aux dépens de l'incapable; — Que, n'ayant pas purgé utilement la propriété des charges qui la grevaient, la veuve Philippe n'a fait que continuer Lemercier dans la chose vendue, telle qu'elle lui a été transmise et sous l'affectation des mêmes charges; — Que, dans les circonstances de la cause et en présence de l'inscription de 1847, rétablie le 1er août 1859 et renouvelée le 17 août 1869, la simple transcription du contrat de vente par l'acquéreur n'a donc pas eu la vertu de remplacer les formalités de la purge; — Par ces motifs; — Sans s'arrêter à l'appel émis par la veuve Philippe du jugement rendu par le tribunal civil d'Evreux, le 19 mai 1874, confirme, etc.
Du 10 mai 1875.-C. de Rouen, 1re ch.-MM. Neveu-Lemaire, 1er pr.-Bardouin, av. gén.-Marais et Jay (du barreau de Paris) av.

(1) (Soualle et Catusse C. Montval-Bruneau.) — Le sieur Montval-Bruneau, créancier hypothécaire d'Edouard Risbourg, avait pris inscription en renouvellement d'une précédente le 14 févr. 1870, vol. 554, n° 1. D'autres inscriptions étaient survenues ensuite contre le même débiteur, une notamment du 17 mars 1870, vol. 554, n° 153, au profit de Henri Risbourg. Le 8 août 1874, Me Soualle, notaire, déposait au conservateur des hypothèques

à la masse des créanciers de la faillite de son débiteur, dont l'hypothèque a été inscrite avant la radiation de l'inscription du privilège (Paris, 9 juill. 1892, aff. Delaunay et Boussard, D. P. 93. 2. 569). V. aussi en ce sens, les arrêts cités au Rép. n° 2740). Toutefois, l'inscription radiée par erreur et dont le rétablissement a été ordonné par jugement ne serait pas opposable même à un créancier inscrit avant la

un acte de mainlevée requérant la radiation de l'inscription du 17 mars 1870, vol. 554, n° 1. Au lieu de l'inscription au profit de Henri Risbourg, du 17 mars 1870, ce fut celle au profit de Montval-Bruneau, du 14 févr. 1870, qui fut rayée. — L'erreur ayant été découverte, le sieur Montval-Bruneau demanda devant le tribunal le rétablissement de son inscription, et il poursuivit le notaire, Me Soualle, et le conservateur des hypothèques, M. Catusse, pour le rendre responsables du préjudice que la radiation de son inscription pourrait lui causer. — Le tribunal de Valenciennes a statué de la manière suivante : « En ce qui touche le chef des conclusions de Montval-Bruneau tendant au rétablissement de l'inscription par lui prise le 14 févr. 1870, vol. 554, n° 1, et radiée par erreur le 8 août 1874 : — Considérant qu'il n'est méconnu par aucune des parties en cause que la radiation dont s'agit soit le résultat d'une erreur; qu'il est constant, au procès, qu'elle est intervenue sans que le créancier bénéficiaire de l'inscription radiée ait donné son consentement, et sans que ladite radiation ait été ordonnée par décision de justice passée en force de chose jugée; que cette erreur doit donc être réparée, et l'inscription rayée contrairement aux dispositions des art. 2157 et 2158 c. civ., rétablie sur les registres du conservateur; — En ce qui concerne le rang que devra prendre vis-à-vis les autres créanciers hypothécaires inscrits sur les mêmes immeubles, celui dont l'inscription a été ainsi rétablie : — Considérant qu'il y a une distinction fondamentale à faire entre les créanciers qui ont pris inscription alors que la radiation irrégulière dont s'agit n'avait pas encore été opérée, et ceux qui n'ont fait inscrire leur titre que postérieurement à la radiation, c'est-à-dire après le 8 août 1874; — En ce qui touche les créanciers inscrits avant le 8 août 1874, date de la radiation incriminée : — Considérant que le rétablissement de l'inscription indûment radiée ne leur cause aucun préjudice, puisque leur gage immobilier restera après ce rétablissement ce qu'il était au moment où ils ont contracté avec le débiteur ou pris des garanties contre lui; qu'il n'est allégué par aucun de ces créanciers que, par suite de la radiation dont s'agit, il eût été amené à négliger quelques précautions qui auraient assuré d'une façon plus complète la conservation de ses droits; que, dès lors il est de toute équité de décider que l'erreur du conservateur des hypothèques, ou de tout autre, n'a pu créer un droit à leur profit; — En ce qui touche les créanciers hypothécaires inscrits postérieurement au 8 août 1874 : — Considérant que la publicité des inscriptions constitue le principe fondamental du régime hypothécaire français; que, sauf pour les hypothèques légales dispensées formellement par la loi, et dans certains cas déterminés, de la formalité de l'inscription, le créancier hypothécaire a droit de considérer comme non avenue vis-à-vis de lui l'inscription dont l'existence ne lui a pas été révélée par les registres du conservateur au moment où il a lui-même pris inscription; que la jurisprudence et la doctrine sont actuellement fixées en ce sens; — En ce qui touche les conclusions subsidiaires à fin de dommages-intérêts pris contre Catusse et celles de ce dernier contre Soualle (le jugement fait droit à ces conclusions, etc.). — Appel par le notaire Soualle et par le conservateur des hypothèques.
La cour; — Attendu qu'aucun grief ne s'élève contre la disposition du jugement qui déclare que l'inscription Montval-Bruneau, le 14 févr. 1870, vol. 554, n° 1, radiée par erreur, le 8 août 1874, sera rétablie sur les registres du conservateur et reprendra son effet vis-à-vis des créanciers inscrits antérieurement à la radiation du 8 août 1874; — Sur la prétention que la même inscription soit opposable aux créanciers inscrits postérieurement au 8 août 1874 : — Attendu que tout créancier inscrit a le droit d'écarter toute hypothèque non inscrite le jour où il a lui-même régulièrement inscrit sa créance; que tel est le but propre et essentiel du droit de préférence hypothécaire; que ce droit ne saurait d'ailleurs être assujetti à la condition qu'on aura réclamé un état des inscriptions prises contre le débiteur avant de devenir soi-même créancier et d'inscrire sa créance, et qu'il suffit de démontrer que l'inscription dont on repousse les effets n'existait pas à la date où a été prise l'inscription dont le bénéfice est réclamé; — Attendu, d'un autre côté, qu'on objecte, vainement, qu'au moment où ont été inscrits les créanciers postérieurs au 8 août 1874, si l'inscription de 24 000 fr. n'existait pas, celle de Henri Risbourg, pour 15 000 fr. n'existait au lieu et place de l'inscription indûment rayée; que, par suite, cette radiation n'avait recélé aux créanciers postérieurs qu'une garantie de la différence entre le chiffre des deux créances, soit 9 000 fr., d'où il serait juste que l'inscription rétablie de Montval-Bruneau, prenant la place de l'inscription Henri Risbourg, qui

radiation, si ce créancier, sur la foi de cette radiation et du rang hypothécaire qu'elle lui donnait, s'était abstenu de faire inscrire une autre hypothèque dont il était également investi et qui eût primé l'inscription rayée (Rouen, 22 mai 1863, aff. Lecoq, D. P. 64. 2. 104, et sur pourvoi, Req. 4 juill. 1864, D. P. 64. 1. 359). De même, l'inscription rayée, puis rétablie, ne serait pas opposable au tiers acquéreur dont le titre se trouvait déjà transcrit au moment de la radiation, si, dans l'intervalle de celle-ci au rétablissement de l'inscription, il avait payé son prix au vendeur ou à d'autres créanciers, sauf le recours du créancier dont l'inscription aurait été indûment rayée contre le conservateur ou contre ceux auxquels la radiation serait imputable (Angers, 30 mars 1854, *infrà*, n° 1687; Aubry et Rau, t. 3, § 282, p. 397).

1658. En ce qui concerne les tiers qui ont acquis leurs droits et les ont régulièrement conservés depuis la radiation, il a été jugé : 1° que, quelque illégale que puisse être une radiation d'inscription hypothécaire, et alors même qu'elle serait le résultat d'un crime, comme si elle a été obtenue à l'aide de pièces reconnues fausses, cette inscription ne peut reprendre son rang au préjudice des tiers inscrits depuis que l'inscription a été rayée et antérieurement à son rétablissement sur les registres (Req. 6 déc. 1846, aff. Fleury, D. P. 47. 1. 298); — 2° Que la nullité d'une radiation d'inscription hypothécaire, consentie par une femme mariée sous le régime dotal, contrairement à la règle de

l'inaliénabilité de la dot, ne peut être opposée aux créanciers dont les inscriptions sont postérieures à cette radiation (Civ. rej. 13 avr. 1863, aff. Aubertin, D. P. 63. 1. 196); — 3° Que sous l'empire du code sarde, où l'hypothèque légale de la femme mariée était soumise à la condition d'être inscrite, la radiation de l'inscription de cette hypothèque, alors même qu'elle était le résultat de l'erreur ou du dol, ne pouvait être considérée comme non avenue; que la femme perdait par le fait de cette radiation l'exercice du droit de suite et du droit de préférence et ne pouvait être réintégrée par les tribunaux dans ses droits à l'égard des tiers, sauf à elle à prendre une autre inscription ou à exercer un recours contre qui de droit (Chambéry, 12 juin 1865)(1); — 4° Que l'inscription d'un privilège de vendeur, rayée à la suite de la purge à laquelle il a été procédé par un acquéseur apparent dont le titre a été ensuite résolu par un jugement passé en force de chose jugée, ne peut être rétablie au préjudice des tiers qui ont acquis des droits réels ou des droits d'hypothèque transcrits ou inscrits depuis la radiation (Req. 28 avr. 1880) (2); — 5° Que, lorsqu'un tiers acquéreur fait opposition à un commandement de payer ou de délaisser, qui lui a été notifié par un créancier se prétendant privilégié, mais dont l'inscription a été rayée, les juges n'ont pas à examiner si la radiation a été valablement opérée, mais doivent prononcer immédiatement la nullité du commandement (Pau, 9 janv. 1884, aff. Dubroca, D. P. 85. 2. 102).

seule aurait dû être rayée, produisit effet vis-à-vis des inscriptions postérieures à concurrence de 15 000 fr., montant de la créance inscrite Henri Risbourg; — Attendu, en effet, que si l'inscription est nécessaire pour constituer le droit hypothécaire du créancier, ce droit peut être perdu bien que l'inscription survive; que les créanciers, inscrits postérieurement à la radiation de l'inscription première de Montval-Bruneau, ont pu connaître la libération de leur débiteur vis-à-vis Henri Risbourg, au nom duquel une inscription de 15 000 fr. demeurait inscrite; que, dans tous les cas, ils ont le droit de refuser toute efficacité à cette inscription, la créance qu'elle avait pour objet de garantir se trouvant éteinte, et Montval-Bruneau ne pouvant invoquer aucun droit de subrogation dans les effets de cette même inscription; — Attendu, dès lors, qu'à bon droit, les premiers juges ont décidé que l'inscription rétablie au profit de Montval-Bruneau, ne serait pas opposable aux créanciers inscrits avant son rétablissement, et postérieurement à la radiation qui en fut faite le 8 août 1874;... (La cour fait ensuite droit à la demande en responsabilité formée contre le conservateur et le notaire), etc.
Du 27 févr. 1878.-C. de Douai, 1re ch.-MM. Bardon, 1er pr.-Mascaux, av. gén.-Dubois, de Folleville, Foucart et Escoffier, av.

(1) (Chambat *C.* Chambat.) — La cour; — Attendu que le code civil sarde, en pourvoyant aux garanties qui devaient accompagner le droit de suite, n'avait admis aucune exception aux exigences d'une publicité complète des liens hypothécaires dont les immeubles pouvaient être grevés; que l'inscription sur les registres publics était imposée, pour leur efficacité, aux hypothèques de la femme mariée, des mineurs et des corps moraux, en un mot que les hypothèques, même légales, ne devaient avoir d'effet, vis-à-vis des tiers, qu'à la condition de révéler, comme toutes les autres, leur existence dans les formes établies; — Que l'adoption de cette base régulière résulte clairement des art. 2202, 2214, 2215, 2246, et 2283, rattachant l'usage et le rang de l'hypothèque à l'inscription et à la date de celle-ci, auxquels vient s'ajouter l'art. 2299, qui, faisant renaître l'hypothèque au profit du créancier évincé de l'immeuble reçu en payement, ne la classe qu'à partir du jour de sa nouvelle inscription; — Attendu que, sous un régime plaçant ainsi en seconde ligne les chances qu'ont à courir les personnes et les corps privilégiés, et qui, se préoccupant avant tout de la sécurité des tiers, tend à leur donner pleine connaissance des charges pesant sur les biens de celui avec lequel ils contractent ou ont contracté, il ne peut être douteux que la radiation de l'inscription de l'hypothèque, même légale, quelque indue ou irréparable qu'elle soit, faite sous l'empire du code sarde, ne la prive du rang qui lui est acquis, que, sans une nouvelle inscription, cette hypothèque ne puisse participer aux droits de suite, et, par conséquent, être admise à la distribution hypothécaire; que l'argument apparent aux tribunaux, en constatant l'insuffisance ou l'illégalité des causes qui ont amené la radiation fussent-elles l'erreur, la surprise ou le dol, de suppléer au défaut de l'inscription et à celui de la nouvelle date nécessaire à sa classification; — Attendu que les dispositions des art. 2271 et 2272 doivent être entendues dans un sens concordant avec le système dans lequel elles figurent, non point dans celui de faire considérer la radiation comme non

avenue, mais aux fins seulement de conférer à l'incapable le droit de s'opposer à la radiation, si elle n'a pas encore été effectuée, de reprendre une autre inscription, ou, enfin d'exercer son droit de recours contre qui de droit; — Attendu, au surplus, que la cour régulatrice sarde a, par arrêt du 30 déc. 1859, dans une espèce où les questions en litige se trouvent engagées, repoussé les demandes de la femme Bochino, qui prétendait être réintégrée dans des inscriptions illégalement rayées; — Par ces motifs, infirme, etc.
Du 12 juin 1865.-C. de Chambéry, 1re ch.-MM. Girod, 1er pr.-Maurel, 1er av. gén.-de Chevilly et Pillet, av.

(2) (Cayrol *C.* Société de *Port-Louis*). — La cour; — Sur le moyen unique, tiré des art. 1183, 1184 1654 c. civ., de la fausse application de l'art. 7 de la loi du 23 mars 1855 et du sénatus-consulte du 29 mai 1856 : — Attendu, en droit, qu'aux termes de l'art. 2180 c. civ., les privilèges s'éteignent par l'accomplissement des formalités et conditions prescrites aux tiers détenteurs pour purger les biens par eux acquis; qu'aux termes de l'art. 7 de la loi du 23 mars 1855, l'action résolutoire établie par l'art. 1654 c. civ. ne peut être exercée après l'extinction du privilège du vendeur, au préjudice des tiers qui ont acquis des droits sur l'immeuble du chef de l'acquéreur et qui se sont conformés aux lois pour les conserver; — Attendu, en fait, qu'il résulte des qualités de l'arrêt attaqué, et de l'arrêt lui-même, que les dames Pouzol et Imbert étaient, en 1859, copropriétaires de l'habitation Bellevue, l'une pour 2/5, l'autre pour 3/5; que la dame Imbert a vendu à la dame Pouzol, qui en devint ainsi seule propriétaire, les 3/5 lui appartenant dans ladite habitation, par acte du 25 févr. 1859, transcrit le 1er mars suivant; que Cayrol est devenu cessionnaire d'une créance de 80 835 fr. résultant de cette vente et affectant par privilège d'habitation Bellevue; qu'il plaisait ainsi, en 1863, aux droits de la dame Imbert; que Cayrol a pris, le 8 juin 1873, une inscription sur cet immeuble en vertu de l'acte de vente du 25 févr. 1859, du bénéfice duquel il était cessionnaire, et a demandé, faute de payement du prix, la résolution de ladite vente, à l'effet de voir remettre les parties au même et semblable état qu'avant ledit acte; — Mais attendu qu'il est établi, en fait, par l'arrêt attaqué, que, dans l'intervalle de 1859 à 1873, Cayrol, devenu propriétaire apparent de l'habitation Bellevue par un acte de vente du 26 sept. 1863, dûment transcrit, a procédé à la purge des privilèges et hypothèques sur le prix de vente dudit acte et ouvert un ordre sur ce prix; que la dame Imbert y a produit sa créance privilégiée de venderesse des 3/5 en 1859; que cette créance, n'étant pas venue en ordre sur ledit prix, a été radiée sur ordonnance du juge-commissaire, le 19 juin 1865; que la dame Pouzol, à laquelle l'habitation Bellevue avait été revendue par Cayrol, le 24 juill. 1865, a, par acte du 4 févr. 1867, dûment transcrit, concédé à la Société Sougues, Cail et comp., aujourd'hui représentée par la Société sucrière de *Port-Louis*, une servitude de passage sur ledit immeuble; que les 23 août 1857, 2 juin et 9 juill. 1869, des hypothèques ont été requises sur le même immeuble, du chef des époux Pouzol, par ladite Société; — Attendu qu'il importe peu, dans les circonstances de la cause, qu'il ait été souverainement jugé entre les parties, par arrêt, de la cour

Art. 2. — *De la radiation forcée* (*Rép.* n⁰ˢ 2724 à 2816).

1659. Les cas où la radiation peut être demandée en justice, faute par le créancier d'y consentir, sont indiqués par l'art. 2160 c. civ. Le premier cas prévu est celui où l'inscription a été prise « sans être fondée ni sur la loi ni sur un titre ». Il a été jugé que le créancier d'une femme mariée n'a le droit de faire inscrire en son propre nom l'hypothèque légale de cette femme qu'à la condition d'avoir préalablement obtenu d'elle une renonciation, subrogation ou cession de son droit hypothécaire; que, par suite, l'inscription de l'hypothèque légale d'une femme mariée, prise par un notaire, créancier de frais d'actes, en son propre nom et sans le consentement de la femme, est nulle et doit être radiée (Paris, 7 mai 1873, aff. G..., D. P. 73. 2. 158, et sur pourvoi, Req. 5 mai 1874, D. P. 75. 1. 20). Un créancier, toutefois, peut prendre inscription comme exerçant les droits de son débiteur (V. *suprà*, n⁰ 949).

1660. La radiation doit encore être ordonnée lorsque l'inscription a été prise « en vertu d'un titre, soit irrégulier, soit soldé ». Le titre est irrégulier, notamment, quand il est nul comme acte authentique. Le tribunal qui prononce la nullité d'actes d'emprunt reçus par un notaire intéressé dans ces actes doit ordonner la mainlevée des inscriptions prises sur les immeubles de l'emprunteur (Paris, 25 mars 1892, aff. Demoiselle Armand, D. P. 92. 2. 263).

L'hypothèse où le titre est irrégulier comprend le cas où le titre de celui qui a constitué l'hypothèque a été résolu, soit en vertu d'une condition résolutoire expresse, soit par l'effet d'une condition résolutoire tacite. La radiation de l'inscription peut alors être demandée par celui qui reprend l'immeuble en vertu de la résolution. Mais lui suffit-il, pour l'obtenir, d'agir contre l'acquéreur à l'égard duquel il peut faire prononcer la résolution, ou doit-il, au contraire, mettre en cause les créanciers qui tiennent leurs droits de cet acquéreur et qui sont inscrits sur l'immeuble. Cette question dépend de la question plus générale de savoir si les créanciers hypothécaires doivent être considérées comme ayant été représentés par leur débiteur dans les jugements rendus contre lui (V. *suprà*, v⁰ *Chose jugée*, n⁰ˢ 177 et suiv.). D'après la jurisprudence qui prévaut actuellement, la radiation ne peut être opérée que lorsqu'elle a été ordonnée contradictoirement avec les créanciers. « L'action en radiation, dit M. Thézard, n⁰ 264, bien que dérivant, par voie de conséquence forcée, de la résolution même, est une action spéciale et a pour contradicteur naturel le créancier inscrit; ce créancier peut être en droit d'attaquer par tierce opposition le jugement qui constate ou prononce la résolution : dès lors, on ne saurait blâmer le conservateur qui refuserait d'opérer la radiation sans le consentement authentique du créancier ou sans un jugement rendu contradictoirement avec lui ». Il a été jugé, en ce sens, que le jugement qui prononce contre l'acheteur d'un immeuble la résolution de la vente pour défaut de payement du prix, et qui ordonne que le bien vendu rentrera dans les mains du vendeur, libre de toute hypothèque créée du chef de l'acheteur, est sans effet contre les créanciers hypothécaires de ce dernier quand ils peuvent faire valoir des droits personnels, résultant, par exemple, de ce qu'il y aurait eu un concert frauduleux entre le vendeur et l'acheteur, de ce que la résolution aurait été prononcée en vertu d'une contre-lettre, qui ne leur serait pas opposable, ou de ce que le vendeur aurait perdu à l'égard des tiers son action résolutoire en même temps que son privilège; qu'en conséquence, le conservateur des hypothèques peut, en prévision de ces moyens de tierce opposition, refuser d'opérer la radiation des inscriptions prises du chef de l'acheteur, tant que le vendeur ne rapporte pas le consentement des créanciers à cette radia-

tion, ou une décision qui ordonne la radiation contradictoirement avec eux (Civ. cass. 6 déc. 1859, aff. Couttolenc, D. P. 60. 1. 17. V. aussi *Rép.* n⁰ˢ 2714 et suiv.).

1661. Le titre doit être considéré comme soldé quand l'obligation s'est éteinte par l'une des causes légales d'extinction des obligations. Si l'inscription a été prise pour la garantie d'une obligation conditionnelle, elle doit être rayée lorsque la condition a défailli ou lorsqu'il est certain qu'elle ne s'accomplira pas. Il a été jugé que la condition imposée par une aïeule à son petit-fils, institué par elle son légataire universel, de faire exhumer la mère et les sœurs de celui-ci, était impossible et devait être, comme telle, réputée non écrite, lorsque le mari et père survivant s'opposait à l'exhumation; que, par suite, il y avait lieu d'ordonner la radiation de l'inscription hypothécaire prise par l'exécuteur testamentaire pour assurer l'exécution des volontés de la testatrice (Rouen, 16 nov. 1875, aff. Lingois, D. P. 76. 2. 154). — Il y a un cas, remarque M. Laurent, t. 31, n⁰ 176, où il est très difficile de décider que la condition ne se réalisera pas : c'est lorsque l'acheteur a stipulé une hypothèque pour la garantie du chef d'éviction. Il n'est jamais absolument certain qu'il n'y aura pas d'éviction. Ce n'est guère que par la purge qu'on peut alors arriver à la radiation de l'inscription (Comp. Paris, 19 vent. an 12, *Rép.* n⁰ 1315-1⁰, et les autres arrêts cités au *Rép.* n⁰ˢ 1315, 1316 et 1317).

1662. Le titre n'est pas soldé par cela seul que le créancier n'arrivera pas en ordre utile sur l'immeuble pour obtenir son payement. La radiation de l'inscription ne peut, dans ce cas, être ordonnée qu'à la suite d'un ordre, et il a été jugé qu'un créancier inscrit n'est pas plus recevable que ne le serait le débiteur lui-même à contraindre un autre créancier inscrit, non désintéressé, à lui donner mainlevée de son inscription sous le prétexte que celui-ci n'aura rien à toucher sur le prix de l'immeuble hypothéqué, ce prix devant être absorbé par des créances préférables à la sienne (Orléans, 16 juin 1854, aff. Poissonnier, D. P. 55. 5. 254). De même, un créancier ne peut être contraint à renoncer à son inscription tant que sa créance n'est pas entièrement éteinte et que l'insuffisance du prix de l'immeuble hypothéqué n'a pas été constatée dans les formes légales. Il a été jugé que l'acquéreur d'un immeuble, qui a consigné une somme pour garantir à un créancier le payement d'une rente viagère, à raison de laquelle inscription avait été prise sur cet immeuble, ne peut demander la radiation de cette inscription si, d'une part, il n'a pas rempli vis-à-vis du créancier des formalités de la purge et ne lui a pas même notifié son contrat d'acquisition, et si, d'autre part, le créancier n'a pas reconnu suffisante la somme consignée et n'a pas renoncé à son droit de surenchère (Bordeaux, 5 févr. 1883, et sur pourvoi, Req. 18 juin 1884, aff. Chateteau, D. P. 85. 1. 438).

1663. Enfin, il y a lieu d'ordonner la radiation, aux termes de l'art. 2160 c. civ., « lorsque les droits de privilège ou d'hypothèque sont effacés par les voies légales ». Les voies légales dont il s'agit ici sont la prescription et la purge (Laurent, t. 31, n⁰ 178). On peut y ajouter l'effet déclaratif du partage. Il a été jugé que, lorsqu'une hypothèque est anéantie par application de l'art. 883 c. civ., l'inscription ne se trouve pas effacée de plein droit; qu'à défaut de mainlevée volontaire, elle ne peut être radiée qu'en vertu d'une décision de justice rendue contre tous les créanciers inscrits (Rennes, 14 mars 1892, aff. Etienne, D. P. 92. 2. 397).

Les droits de privilège et d'hypothèque peuvent encore être effacés conformément à l'art. 2198 c. civ., lorsque le conservateur des hypothèques a omis de relater l'inscription dans un certificat par lui délivré; dans ce cas-là encore, si plus tard l'existence de l'inscription est révélée aux tiers

---

d'appel de la Guadeloupe, du 28 mai 1878, que les actes de 1863 et de 1865 étaient non une vente et une revente, mais une constitution et une remise d'antichrèse; — Qu'il n'en reste pas moins acquis que, par la purge, c'est-à-dire par un acte qui lui était personnel et dont il était responsable envers les tiers, au regard desquels l'acte de vente de 1863 l'avait constitué acquéreur apparent, Cayrol a régulièrement éteint le privilège de 1859, dont l'inscription a été radiée sur ordonnance du juge-commissaire, et n'a pu, par une nouvelle inscription, faire revivre ce privilège au préjudice de ceux qui, dans l'intervalle de 1859 à 1873, avaient

dûment acquis et conservé des droits réels sur l'immeuble; — D'où il suit que la cour de la Guadeloupe, en prononçant la résolution de la vente du 25 févr. 1859 au profit de Cayrol, mais en décidant, en même temps, que cette résolution serait sans effet à l'égard de la Société sucrière de *Port-Louis*, défenderesse éventuelle, loin de violer les articles visés au pourvoi, en a fait une saine application; — Rejette, etc.

Du 28 avr. 1880.-Ch. req.-MM. Bédarrides, pr.-Voisin, rapp.-Rivière, av. gén., c. conf.-Mazeau, av.

acquéreur de l'immeuble grevé, il peut en demander la radiation, sauf le recours du créancier contre le conservateur (Douai, 8 mai 1891, aff. Béghin-Leroy, D. P. 92. 2. 541).

1664. La loi n'a pas prévu le cas où l'inscription elle-même est irrégulière ou nulle. En ce qui concerne les causes qui peuvent entraîner cette nullité, V. *suprà*, nos 1005 et suiv. En général, le débiteur contre lequel l'inscription a été prise n'a pas qualité pour se prévaloir des irrégularités dont elle peut être infectée, car l'inscription n'est pas requise en sa faveur (V. *suprà*, n° 953. Comp. Civ. rej. 4 mars 1834, *Rép.* n° 2731). Ce sont les tiers, notamment les tiers acquéreurs ou les créanciers postérieurs en date, qui peuvent faire valoir ces irrégularités, pour empêcher l'inscription de leur être opposable (Pont, t. 2, n° 1083 ; Aubry et Rau, t. 3, § 281, p.391, note 24; Thézard, n° 264).

1665. En principe, toute personne y ayant intérêt est recevable à demander la radiation d'une inscription (*Rép.* n° 2730). La radiation peut être demandée, notamment, par le débiteur, par un créancier hypothécaire postérieur ou par le tiers acquéreur de l'immeuble grevé. Il a été jugé : 1° que lorsque l'hypothèque légale d'une femme mariée a été inscrite par un créancier de la femme à son profit, sans que la débitrice lui ait consenti aucune cession de cette hypothèque, tous les autres créanciers de la femme ont le droit de demander la radiation de cette inscription avant qu'aucun ordre ait été ouvert sur ses biens (Paris, 7 mai 1873, aff. G..., D. P. 73. 2. 138, et sur pourvoi, Req. 5 mai 1874, D.P. 75. 1. 20); — 2° que, si le créancier qui a fait inscrire une hypothèque judiciaire refuse de donner mainlevée de son inscription en tant qu'elle porterait sur des immeubles qui peuvent éventuellement devenir la propriété de son débiteur, mais qui appartiennent actuellement à un tiers, le propriétaire actuel, ayant le droit absolu de justifier, par un état négatif, que son bien n'est assujetti à aucune charge, peut obtenir en justice la radiation de l'inscription (Paris, 21 mars 1882, et sur pourvoi, Req. 26 févr. 1883, aff. Crédit foncier, D. P. 84. 1. 194). — En ce qui concerne le droit pour les tiers acquéreurs de demander la radiation des inscriptions qui grèvent les immeubles qu'ils ont acquis, V. les arrêts cités au *Rép.* n° 1405.

1666. Les demandes en radiation doivent être formées contre la partie intéressée au maintien de l'inscription, c'est-à-dire contre la personne dans l'intérêt de laquelle l'inscription a été prise ou contre ses ayants cause, héritiers ou cessionnaires (V. *suprà*, n° 1614). Il a été jugé, cependant, mais à tort, selon nous, que lorsque l'hypothèque légale d'une femme contre son mari a été inscrite à la diligence d'un tiers sans qualité, la radiation de l'inscription peut être ordonnée sur la demande du mari, même sans l'assentiment ni la mise en cause de la femme (Trib. civ. de Tarbes, 17 déc. 1888, aff. D... C. S..., *Journal des conservateurs des hypothèques*, 1889, art. 3924, p. 75).

Pour le cas où la radiation est la conséquence de la résolution du titre de celui qui a constitué l'hypothèque, V. *suprà*, n° 1662.

1667. Pour que le conservateur des hypothèques soit tenu d'opérer une radiation en vertu d'un jugement, il faut que le dispositif du jugement ordonne cette radiation d'une manière formelle, et qu'il indique suffisamment l'inscription à radier ; il ne suffirait pas que le jugement se bornât à constater l'extinction de la créance hypothécaire ou de l'hypothèque (V. *Rép.* n° 2733; Boulanger et de Récy, t. 2, nos 735 et suiv.). Le conservateur ne peut, d'ailleurs, que s'en tenir aux dispositions du jugement; il doit rayer dans les termes mêmes où la radiation est ordonnée (Angers, 13 août 1873, aff. Dame P..., D. P. 75. 2. 14).

1668. La radiation ne peut et ne doit être opérée que quand le jugement qui l'ordonne a été rendu en dernier ressort, ou quand, les délais d'opposition et d'appel étant expirés, ce jugement est passé en force de chose jugée (V. *Rép.* nos 2724 et suiv.). En cette matière, non seulement l'opposition formée ou l'appel interjeté suspendent l'exécution du jugement, mais la simple possibilité de ces recours a le même effet (c. proc. art. 548). — On a examiné au *Rép.* n° 2729, la question de savoir si les juges eux-mêmes pourraient valablement ordonner l'exécution provisoire de leur décision. La négative a prévalu dans la jurisprudence

(V. *suprà*, vo *Jugement*, n° 463. En ce sens : Aubry et Rau, t. 3, § 281, p. 394, note 28 ; Boulanger et de Récy, t. 2, n° 713. — *Contrà*, Pont, t. 2, n° 1093).

1669. Celui qui requiert la radiation ordonnée par un jugement doit donc prouver au conservateur que le jugement n'est plus susceptible ni d'opposition ni d'appel. Si le jugement est en dernier ressort. cette preuve résultera du jugement lui-même, dont l'expédition doit être remise au conservateur (*Rép.* n° 2734). Si le jugement n'a été rendu qu'en premier ressort, le requérant devra joindre alors à l'expédition de ce jugement les certificats indiqués par l'art. 548 c. proc. (*Rép.* n° 2735). — Quant au point de savoir dans quels cas un jugement ordonnant une radiation hypothécaire est en premier ou en dernier ressort, V. *suprà*, vo *Degrés de juridiction*, nos 160 et suiv.

1670. Dans tous les cas, le jugement doit avoir été préalablement signifié, la signification étant un préliminaire indispensable de l'exécution de tout jugement, et la preuve en doit être fournie au conservateur soit par l'original de l'exploit de signification, soit par le premier des certificats exigés par l'art. 548 c. proc. (Boulanger et de Récy, t. 2, n° 709).

1671. Lorsque le jugement ordonnant la radiation a été rendu par défaut contre une partie, l'opposition demeure recevable jusqu'à l'exécution du jugement (c. proc. art. 158), et ce n'est qu'à partir de cette exécution que court le délai d'appel (c. proc. art. 443). Or, il peut se faire que le jugement ne comporte pas d'autre acte d'exécution que la radiation ; il en est ainsi quand il se borne à ordonner cette radiation, en laissant les dépens à la charge du demandeur. Alors se présente la question de savoir comment le jugement pourra acquérir force de chose jugée, de manière à ce que le conservateur soit obligé de radier. Pour résoudre cette difficulté pratique, la jurisprudence a été conduite à décider que la signification du jugement au domicile réel de la partie défaillante, seul acte de procédure qui puisse se placer entre le jugement lui-même et la radiation qu'il prescrit, constitue le point de départ de l'exécution (Pau, 21 janv. 1834, *Rép.* n° 2732. V. dans le même sens, Boulanger et de Récy, t. 2, n° 699). — Pour mieux préciser le but de la signification, on a l'habitude, en pareil cas, d'insérer dans l'exploit une sommation au défendeur de comparaître à certain jour dans le bureau du conservateur, pour voir opérer la radiation. Si le jugement est susceptible d'appel, il faut laisser entre la signification et le jour fixé pour la radiation un espace de temps au moins égal au délai d'appel, et ce n'est qu'après l'expiration de ce délai que devra être demandé le certificat du greffier exigé par l'art. 548 c. proc. Mais, comme le remarquent MM. Boulanger et de Récy, *loc. cit.*, la sommation de comparaître n'ajoute rien à la légalité de la procédure. Du moment que l'on reconnaît à la signification au domicile réel, dans ce cas spécial, la valeur d'un acte d'exécution, cette sommation ne sert qu'à caractériser surabondamment l'impossibilité où se trouve le demandeur d'exécuter autrement le jugement par défaut; elle pourrait donc, à la rigueur, être laissée de côté. La pièce essentielle à déposer pour faire procéder à la radiation, c'est l'original de la signification ou le certificat qui en tient lieu, avec celui du greffier, quand le jugement est susceptible d'appel.

1672. En tout cas, un jugement par défaut ordonnant la radiation d'une inscription est valablement exécuté et échappe, par suite, à la péremption. lorsque la radiation a été effectuée dans les six mois de la prononciation de ce jugement (Bourges, 1er févr. 1886, aff. Vincent, D. P. 87. 2. 20).

1673. La partie demandant la radiation n'aurait pas à produire les certificats prescrits par l'art. 548 c. proc. civ., si elle représentait l'acquiescement de la partie condamnée; mais cet acquiescement devrait émaner d'une personne capable et être constaté par acte authentique (*Rép.* n° 2736; Boulanger et de Récy, t. 2, nos 724 et suiv.).

1674. Il a été jugé que l'art. 2158 c. civ. qui, pour la radiation d'une inscription hypothécaire, ordonnée par jugement, prescrit le dépôt au bureau du conservateur de l'expédition de ce jugement, n'est pas applicable au cas où le conservateur était lui-même partie dans l'instance ; que ce fonctionnaire doit alors exécuter le jugement sur la simple signification qui lui en est faite, et que son refus d'opérer

la radiation dans ce cas le rend passible de dommages-intérêts envers la partie qui en a éprouvé un préjudice (Aix, 2 janv. 1867, aff. Castillon, D. P. 68. 5. 257).

1675. Au surplus, le refus du conservateur des hypothèques d'opérer une radiation, lorsqu'il ne s'appuie sur aucun motif sérieux, doit entraîner contre lui la condamnation aux dépens de l'instance qu'il a provoquée (Orléans, 19 mars 1868, aff. De la Ménardière, D. P. 68. 2. 196; et sur pourvoi, Req. 2 févr. 1869, D. P. 70. 1. 71; Grenoble, 29 juill. 1874, aff. Clément et Martin, D. P. 75. 2. 136. Comp. les arrêts cités au *Rép.* nᵒˢ 2704 et suiv.). Au contraire, lorsque le refus de radier est motivé par un défaut de justification suffisante de la qualité et de la capacité du signataire de la mainlevée, les frais faits pour arriver à cette justification doivent être mis à la charge de la partie qui devait la fournir (Trib. civ. de Saint-Pons, 30 avr. 1864, aff. Boucanu, D. P. 66. 3. 23).

1676. Quand la mainlevée d'une inscription a été refusée indûment par la partie qui l'avait requise, cette partie doit être condamnée aux dépens de l'instance rendue nécessaire par sa résistance. Il a été jugé, notamment, que, lorsqu'une inscription prise contre le vendeur d'un immeuble postérieurement à la transcription de la vente, a été comprise par le conservateur dans l'état sur transcription délivré à l'acquéreur, l'inscrivant qui a refusé à ce dernier la mainlevée de cette inscription est passible des frais de l'instance intentée par l'acquéreur tant contre lui que contre le conservateur pour obtenir le dégrèvement de l'immeuble (Trib. civ. Seine, 5 déc. 1879, aff. Courteau, D. P. 80. 3. 136). Dans cette espèce, toutefois, la première faute était au conservateur, qui avait eu le tort de comprendre l'inscription dans l'état délivré à l'acquéreur (V. *infra*, nᵒ 1783).

1677. Même après qu'il a été régulièrement exécuté, le jugement qui a ordonné une radiation peut encore être annulé par suite d'un pourvoi en cassation ou par l'effet d'une autre voie extraordinaire de recours. L'existence d'un pourvoi n'empêche pas la radiation ne puisse être opérée, car le pourvoi n'est pas suspensif (Trib. civ. de Joigny, 25 juill. 1889, aff. Colas C. Saint-Pol et autres, *Journal des conservat. des hypoth.*, 1890, art. 4090, p. 338). — Pour la question de savoir quel sera le résultat de l'annulation du jugement, si l'inscription indûment rayée reprendra son effet à l'égard des tiers, V. *supra*, nᵒ 1656.

1678. En ce qui concerne les radiations d'inscriptions qui ont lieu à la suite d'un ordre amiable ou judiciaire, V. *supra*, vᵒ *Ordre entre créanciers*, nᵒˢ 24 et 149; *Rép. eod.* vᵒ, nᵒˢ 268 et suiv., 1219 et suiv.

1679. On a vu *supra*, vᵒ *Ordre entre créanciers*, nᵒ 49, que la déchéance encourue, dans la procédure d'ordre, par le créancier inscrit qui n'a pas produit dans le délai de quarante jours fixé par l'art. 755 c. proc., n'est pas absolue; elle n'a lieu qu'au regard des autres créanciers hypothécaires parties à l'ordre, et ne prive pas le créancier forclos de son droit de préférence vis-à-vis, soit des créanciers chirographaires, soit des créanciers inscrits également forclos (V. encore en ce sens, Paris, 6 mars 1891, aff. Caisse des dépôts et consignations, et époux Philibert Poirier, D. P. 93. 2. 486). Par suite si, par une cause quelconque, une partie de la somme à distribuer demeure libre après le payement des créanciers colloqués, cette partie peut être réclamée par les créanciers forclos et doit leur être attribuée suivant le rang de leurs inscriptions, malgré la radiation de ces inscriptions ordonnée par le juge-commissaire (V les arrêts cités au *Rép.* nᵒ 2288 et *supra*, vᵒ *Ordre entre créanciers*, nᵒ 49). — Il est même soutenu que l'adjudicataire dont le prix est en distribution ne serait pas valablement libéré si, après le payement des bordereaux, il versait le reliquat de son prix entre les mains des créanciers chirographaires de celui-ci; et l'on en déduit cette conséquence que, nonobstant la disposition de l'art. 771 c. proc., qui prescrit la radiation de l'inscription d'office « sur la justification faite par l'adjudicataire du payement de la totalité de son prix, soit aux créanciers colloqués, soit à la partie saisie », le conservateur des hypothèques ne devrait opérer la radiation qu'au vu du consentement des créanciers qui n'ont pas produit (V. en ce sens : Boulanger et de Récy, t. 2, nᵒ 791; *Journal des conservateurs des hypothèques*, 1891, art. 4173, p. 201). Mais cette solution nous

paraît inexacte, car la déchéance encourue par les créanciers non produisants existe vis-à-vis de l'adjudicataire, qui est partie à l'ordre et qui, par suite, est autorisé à se libérer et à faire rayer l'inscription d'office sans plus se préoccuper de ces créanciers et comme s'ils n'avaient aucun droit. Pour empêcher le versement du reliquat du prix entre les mains du vendeur ou du saisi, les créanciers forclos peuvent, il est vrai, comme les créanciers chirographaires, former opposition entre les mains de l'adjudicataire. Si, malgré cette opposition, l'adjudicataire versait le reliquat au vendeur et faisait rayer l'inscription, il serait responsable vis-à-vis des opposants, mais le conservateur n'encourrait aucune responsabilité. On objecte en vain que l'inscription d'office profite à tous les créanciers inscrits; par le fait de la déchéance encourue par les non produisants, elle ne leur profite plus et ils ne sont plus, au regard de l'adjudicataire, que de simples créanciers chirographaires.

Lorsque le prix a été consigné par l'adjudicataire, nous pensons que la Caisse des dépôts et consignations peut et doit verser le reliquat au vendeur si les créanciers forclos n'ont pas formé opposition. Le contraire a été jugé (Paris, 6 mars 1891, précité). Suivant cet arrêt, il incombe au saisi, s'il prétend toucher le solde du prix, de faire constater, au regard des créanciers forclos, l'extinction de leurs droits. Mais le fait qu'ils n'ont pas produit à l'ordre et qu'ils ont laissé rayer leurs inscriptions, entraîne la présomption qu'il ne leur est plus rien dû. S'il en est autrement, c'est à eux à faire valoir leurs droits par une opposition. La radiation de l'inscription équivaut au regard des tiers à l'extinction de l'hypothèque. Enfin le solde du prix ne doit pas rester immobilisé par l'abstention d'un créancier négligent, et la loi, d'ailleurs, en prescrit le versement entre les mains du vendeur (c. proc. art. 771). La Caisse des dépôts et consignations ne peut pas plus le retenir que ne le pourrait l'adjudicataire (V. en ce sens, Trib. de la Seine, 6 janv. 1890, rapporté avec l'arrêt précité).

Sect. 3. — De la procédure a suivre sur la demande en réduction des hypothèques ou en radiation des inscriptions (*Rép.* nᵒˢ 2753 à 2784).

Art. 1ᵉʳ. — *De la procédure à suivre sur la demande en réduction des hypothèques* (*Rép.* nᵒˢ 2754 à 2760).

1680. La demande en réduction d'hypothèque légale formée par le tuteur a pour contradicteurs, comme on l'a dit au *Rép.* nᵒ 2754, le subrogé tuteur et le procureur de la République. Elle doit être formée par assignation donnée au subrogé tuteur (c. civ. art. 2143, § 2. V. civ. cass. 3 juin 1834, *Rép.* nᵒ 2632-1ᵒ; Paris, 11 juin 1834, *Rép.* nᵒ 2632-2ᵒ). Mais faut-il que le procureur de la République soit également assigné, ou suffit-il que la demande lui soit communiquée et qu'il donne ses conclusions? La plupart des auteurs décident que le procureur de la République doit être assigné, comme le subrogé tuteur; ils argumentent de l'art. 2145 c. civ., aux termes duquel le jugement doit être rendu *contradictoirement* (Troplong, t. 2, nᵒ 644; Pont, t. 1, nᵒˢ 563 et 565; Boulanger et de Récy t. 2, nᵒ 598). Suivant MM. Aubry et Rau, t. 3, § 282, p. 400, note 10, il suffit que la demande soit communiquée au ministère public; si l'art. 2145 dit que les jugements sur les demandes des maris et des tuteurs ne seront rendus qu'après avoir entendu le procureur de la République, et *contradictoirement avec lui*, cette dernière disposition ne concerne pas la demande en réduction du tuteur, puisque, d'après l'art. 2143, cette demande a pour contradicteur le subrogé tuteur et doit être intentée contre celui-ci. D'ailleurs, même pour la demande du mari, la jurisprudence admet que la communication au ministère public est suffisante, et il en doit être de même, à plus forte raison, pour la demande du tuteur (V. *infra*, nᵒ 1684).

1681. La demande en réduction d'hypothèque légale formée par le mari n'a pour contradicteur que le ministère public (*Rép.* nᵒ 2755), d'où l'on a conclu que l'action doit être intentée par voie d'assignation contre le procureur de la République (Troplong, t. 2, nᵒ 644; Pont, t. 1, nᵒ 563; Boulanger et de Récy, t. 2, nᵒ 599). Tout en reconnaissant que cette manière de procéder, par voie d'assignation

donnée au procureur de la République, est parfaitement régulière, on doit admettre aussi que le mari peut procéder par voie de requête présentée au tribunal et communiquée au ministère public. La seule chose qu'exige la loi, c'est que le ministère public soit mis à même d'apprécier et de contredire la demande (V. en ce sens : Grenoble, 7 août 1849, aff. Procureur général de Grenoble, D. P. 50..2. 157 ; Civ. cass. 9 mars 1886, aff. Des Moutis, D. P. 86. 1. 353 ; Agen, 28 déc. 1887, *supra*, n° 1566 ; Jouitou, *De la restriction de l'hypothèque légale de la femme*, n° 46).

1682. Les parents de la femme qui ont été consultés par le mari, conformément à l'art. 2144 c. civ., peuvent-ils intervenir devant le tribunal pour s'opposer à l'admission de la demande? V. *supra*, n° 1567.

1683. Suivant MM. Aubry et Rau, t. 3, § 282, p. 400, le ministère public n'intervient dans la demande en réduction formée par le tuteur que comme partie jointe ; il ne peut donc pas interjeter appel du jugement qui prononce la réduction (V. toutefois, *supra*, n° 1680). Au contraire, que la demande du mari ait été formée par voie d'assignation donnée au procureur de la République, ou par voie de requête, le ministère public y est partie principale ; il a par suite le droit d'appeler du jugement (*Rép.* n° 2758 ; Pont, t. 1, n° 565 ; Aubry et Rau, t. 3, § 282, p. 401 ; Boulanger et de Récy, t. 2, n° 669 ; Jouitou, n° 58).

1684. Le jugement de réduction ne peut être mis à exécution qu'après avoir été signifié au subrogé tuteur, s'il a été rendu en faveur d'un tuteur, et même aussi au ministère public, dans l'opinion qui le considère alors comme partie principale. Le jugement doit être signifié au ministère public seulement, lorsqu'il a été rendu en faveur d'un mari. Le conservateur est fondé, dans tous les cas, à exiger, avant d'opérer la réduction, les certificats prescrits par l'art. 548 c. proc. (Boulanger et de Récy, t. 2, n° 599 ; Jouitou, n° 48).

Art. 2. — *De la procédure à suivre sur la demande en radiation des inscriptions* (*Rép.* n°s 2761 à 2784).

1685. La demande en radiation est introduite par un exploit d'ajournement, qui peut être signifié, au choix du demandeur, soit à la personne ou au domicile réel du défen-

deur (*Rép.* n° 2767), soit au domicile élu dans l'inscription ou, si ce domicile a été changé, au dernier des domiciles élus sur le registre (c. civ. art. 2156). — Conformément à l'arrêt de la cour de Lyon du 12 juill. 1826 et aux autres décisions citées au *Rép.* n° 2762, plusieurs auteurs estiment que la demande formée au domicile élu peut être valablement dirigée contre le titulaire de l'inscription, malgré son décès (V. en ce sens : Aubry et Rau, t. 3, § 281, p. 392 ; Boulanger et de Récy, t. 2, n° 603. V. toutefois *Rép.* n°s 2763 et suiv.).

1686. Les demandes de radiation ne sont pas, en principe et à moins de circonstances particulières, dispensées du préliminaire de conciliation (*Rép.* n° 2776 ; Thézard, n° 264 ; Boulanger et de Récy, t. 2, n° 607). Il en est autrement en Belgique (Laurent, t. 31, n° 192).

1687. La signification du jugement qui ordonne la radiation d'une inscription peut-elle être faite valablement au domicile élu, soit pour faire courir le délai d'appel, soit pour l'exécution du jugement? Cette question est traitée au *Rép.* n° 2771 et suiv. La négative prévaut dans la jurisprudence et dans la doctrine (V. les auteurs cités au *Rép.* n° 2771, et les arrêts cités n° 2772. *Adde :* Aubry et Rau, t. 3, § 281, p. 393, note 26 ; Boulanger et de Récy, t. 2, n° 646. — *Contrà,* Pont, t. 2, n° 1096). Il a été jugé, conformément à l'opinion dominante, que la signification d'un jugement par défaut ordonnant la radiation d'une inscription hypothécaire est inefficace pour faire courir le délai de l'opposition, lorsqu'elle a été faite au domicile élu dans l'inscription, et non au domicile réel ni à la personne de la partie défaillante (Angers, 30 mars 1854 (1). V. aussi *supra*, v° *Domicile élu*, n° 28).

1688. Mais l'appel du jugement qui a rejeté la demande de radiation peut, comme la demande elle-même, être signifié au domicile élu dans l'inscription (V. *Rép.* n°s 2769 et suiv. ; Pont, t. 2, n° 1096, p. 458, note 1).

Sect. 4. — De la compétence, ou du tribunal qui doit connaître des actions auxquelles peuvent donner lieu les inscriptions (*Rép.* n°s 2785 à 2816).

1689. En principe, comme on l'explique au *Rép.* n°s 2785 et suiv., le tribunal compétent pour connaître des actions relatives aux inscriptions est celui dans le ressort duquel

---

(1) Lhermenault C. Carré-Montrieux et Sourdille-Lavalette.) — Le tribunal ; — Considérant que le jugement du 3 août 1847 est rendu par défaut contre Carré-Montrieux, n'ayant pas constitué avoué ; qu'aux termes de l'art. 158 c. proc. civ., l'opposition est recevable, dans ce cas, jusqu'à l'exécution du jugement ; qu'il faut donc examiner si ce jugement du 3 août 1847 a été exécuté avec les formes et les garanties que la loi impose pour faire courir les délais d'opposition et rendre le défaillant non recevable à la former ; — Considérant que, par son inscription du 28 oct. 1839, Carré-Montrieux avait élu domicile au bureau de M. le conservateur des hypothèques ; qu'ainsi et aux termes de l'art. 2156 c. civ., l'action pour obtenir radiation de cette inscription avait été régulièrement intentée au domicile élu ; que le jugement du 3 août 1847, résultat de cette action, a été signifié à Carré-Montrieux à ce même domicile, suivant exploit de Fouchard, huissier commis, du 7 sept. 1847 ; que, dès ce premier acte d'exécution, s'élève la question de savoir si la signification du jugement par défaut a été régulièrement et valablement faite au domicile élu ; — Qu'à cet égard, il existe et dans la doctrine et dans la jurisprudence une divergence d'opinions qui ne permet de rechercher la solution de la difficulté que dans l'étude réfléchie des textes et de l'esprit de la loi ; — Que l'art. 155 c. proc. civ. dispose que les jugements par défaut ne seront pas exécutés qu'après l'échéance de la huitaine de la signification à personne ou domicile, s'il n'y a pas eu constitution d'avoué ; que, par cette disposition, le législateur, inquiet de l'absence de celle des parties contre laquelle des condamnations étaient judiciairement prononcées, a voulu que la connaissance de ces condamnations arrivât personnellement et directement à cette partie avant qu'une exécution rigoureuse fût commencée contre elle ; que la préoccupation du législateur a été si grande, qu'il a, à cet égard, craint que l'assignation primitive ne lui fût pas arrivée par la négligence même de l'huissier que le demandeur avait choisi pour instrumenter dans ses intérêts, pour avoir l'assurance positive qu'au moins la condamnation par défaut qui l'atteignait comme conséquence d'une assignation qu'il n'avait peut-être pas reçue, lui serait connue, il a ordonné, par l'art. 156 du même code, que la signification de cette condamnation serait faite par un huissier commis par le

tribunal, et même pour le cas où le tribunal n'en connaîtrait pas au lieu du domicile du défaillant, dans lequel il pût avoir toute confiance, par un huissier commis par le juge de ce domicile que le tribunal aura désigné ; — Qu'en présence de ces dispositions, protectrices des intérêts de celui qui n'a pas pu être entendu par les magistrats, il est difficile de croire que cette signification puisse être valablement faite à un domicile élu où un tiers, plus ou moins négligent, devient l'intermédiaire obligé entre l'huissier, mandataire auprès de la justice, et celui que le tribunal a voulu, conformément à la loi, personnellement et directement prévenir ; — Qu'il faut, d'ailleurs, ne pas perdre de vue que le législateur qui multiplie les précautions les plus minutieuses pour faire prévenir celui que la justice n'a pas entendu, se sert de ces expressions « à personne ou à domicile » ; à personne, c'est-à-dire en lui parlant directement ; à domicile c'est-à-dire au lieu où il y a certitude qu'il recevra la signification ; que, dans toutes les dispositions du code de procédure, cette expression : à domicile, signifie le domicile réel ; qu'on en trouve un exemple profond dans le texte de l'art. 68 du même code relatif aux ajournements : « tous exploits seront faits à personne ou à domicile ; mais si l'huissier ne trouve au domicile ni la partie ni aucun de ses parents ou serviteurs, il remettra de suite la copie à un voisin, etc. » ; qu'il est évident que, dans cet article, domicile signifie domicile réel, et que le législateur en a fait une disposition générale pour tous les exploits ; que l'art. 69, où il se sert à diverses reprises de l'expression domicile, entend également le domicile réel ; qu'il est impossible de nier cette signification du mot domicile employé seul, en se reportant à l'art. 59 qui, dans presque tous ses paragraphes, se sert du même mot domicile et entend si bien indiquer ainsi le domicile réel, qu'il termine par un dernier paragraphe ainsi conçu : « enfin, en cas d'élection de domicile pour l'exécution d'un acte, devant le tribunal du domicile élu ou devant le tribunal du domicile réel du défendeur ; d'où la conséquence que, dans toutes circonstances, le mot domicile seul veut dire domicile réel, et que le législateur ne se sert de cette dernière expression que pour l'opposer à celle de domicile élu ; d'où la conséquence encore que, dans l'art. 155, c'est au domicile réel et non au domicile élu qu'il a entendu que la signification du jugement fût faite au défaillant ; — Considé-

l'inscription a été prise ou, ce qui est équivalent, le tribunal de la situation de l'immeuble. A cette règle générale, l'art. 2156 c. civ. apporte deux exceptions. La première a lieu lorsque l'inscription a été prise « pour sûreté d'une condamnation éventuelle ou indéterminée, sur l'exécution ou la liquidation de laquelle le débiteur et le créancier prétendu sont en instance ou doivent être jugés dans un autre tribunal, auquel cas la demande en radiation doit y être portée ou renvoyée ». La seconde exception peut résulter de « la convention, faite par le créancier et le débiteur, de porter, en cas de contestation, la demande à un tribunal qu'ils auraient désigné ». — Indépendamment, d'ailleurs, de ces deux exceptions spéciales, on doit remarquer que les règles générales sur la litispendance et la connexité sont applicables aux demandes relatives aux inscriptions hypothécaires aussi bien qu'aux autres actions. Ainsi, quand un tribunal est saisi régulièrement d'une demande en payement de la créance hypothécaire, un autre tribunal ne doit généralement pas rester saisi en même temps d'une action en radiation de l'inscription (c. proc. art. 171. V. *suprà*, v° *Exceptions et fins de non-recevoir*, n°s 73 et suiv., 97 et suiv.).

1690. On a exposé au *Rép.* n°s 2789 et suiv., les divergences qui se sont produites sur la première des exceptions apportées par l'art. 2159 au principe de la compétence du tribunal dans le ressort duquel l'inscription a été prise. Ces divergences peuvent être ramenées à trois systèmes principaux.

Dans un premier système, soutenu d'abord par Tarrible (*Rép.* n° 2790), on s'en tient aux termes précis de l'art. 2159. On considère que la dérogation admise à la compétence du tribunal de la situation des immeubles grevés n'est motivée que par la règle qui donne aux tribunaux une compétence exclusive pour connaître de l'exécution de leurs jugements, d'où l'on conclut que cette dérogation n'est applicable, comme l'indique le texte, qu'autant qu'il s'agit d'une inscription prise en vertu d'un jugement, pour sûreté d'une condamnation éventuelle et indéterminée. La question d'inscription alors, dit-on, est intimement liée à celle de la liquidation de la condamnation; c'est pourquoi le tribunal qui a prononcé cette condamnation est seul compétent *ratione materiâ* et quant à la détermination de la somme due, et quant à l'inscription (V. en ce sens : Colmet de Santerre, t. 9,

---

raît d'ailleurs, que cette signification n'est pas la seule formalité que le législateur a prescrite pour faire courir les délais de l'opposition contre le défaillant; que l'art. 158 rend l'opposition recevable de la part de la partie qui n'avait pas d'avoué, jusqu'à l'exécution du jugement; que, d'après l'art. 159, le jugement n'est réputé exécuté que lorsqu'il y a quelque acte duquel il résulte nécessairement que cette exécution a été connue de la partie défaillante; — Considérant, dans l'espèce, les demandeurs n'ont pas suivi l'exécution du jugement du 8 août 1847 qu'en faisant signifier, par exploit du 3 déc. 1847, à Carré-Montrieux, au domicile élu par son inscription, un commandement de donner mainlevée de son inscription ou de se trouver, le 13 du même mois, au bureau de M. le conservateur, pour y consentir à la radiation de cette inscription; — Qu'il est impossible de trouver, dans cet acte de procédure signifié conformément à l'art. 159 pour rendre l'opposition recevable, à savoir que, nécessairement, Carré-Montrieux a connu l'exécution du jugement; — Qu'à la vérité, sur le refus du conservateur de rayer l'inscription sur un acte d'exécution si peu en harmonie avec les prescriptions protectrices de la loi, est intervenu, à la date du 15 janv. 1848, un jugement qui, appréciant le refus du conservateur, a ordonné que ce fonctionnaire rayerait l'inscription, conformément aux dispositions du jugement du 3 août 1847; mais que Carré-Montrieux n'était pas partie à ce jugement, qui ne peut être lui opposé et contre lequel le curateur à la succession vacante a formé, à bon droit, tierce opposition; — Considérant que l'opposition au jugement par défaut du 3 août 1847 est donc recevable; que son effet est de mettre toutes les parties, à l'égard de Carré-Montrieux, au même état où elles se trouvaient à l'époque de l'assignation du 18 juill. 1847, etc.;

Au fond; — Considérant que la créance de Carré-Montrieux n'est pas contestée; que l'inscription prise pour sa conservation, à la date du 25 mars 1830, doit produire tout son effet sur le prix du pré Veruy ou pré Clos; — Que c'est à tort que Sourdille-Lavalette, acquéreur, a payé son prix entre les mains des héritiers Lhermenault, qui, simples créanciers chirographaires par rapport audit prix, n'ont pu en profiter au détriment du créancier hypothécaire; — Par ces motifs, le tribunal reçoit Drouet, curateur à la succession vacante Montrieux, opposant au jugement par défaut du 3 août 1847; et, en même temps, le reçoit tiers opposant au jugement du 15 janv. 1848; — Déclare les héritiers Lhermenault non fond's à se faire attribuer le prix dû par Sourdille-Lavalette; — Autorise ledit curateur à la succession vacante, comme subrogé aux droits de Cornilleau, vendeur, à exercer directement toutes poursuites contre Sourdille-Lavalette, comme tiers détenteur, etc. — Appel par les héritiers Lhermenault et par Sourdille-Lavalette.

La cour; — En ce qui touche l'appel des héritiers Lhermenault, sur la recevabilité de l'opposition de Carré-Montrieux au jugement du 3 août 1847, les effets de ladite opposition au respect des héritiers Lermenault; et, au fond, le mérite de la créance dudit Carré-Montrieux, et ce droit de préférence sur celle desdits héritiers Lhermenault : — Par les motifs des premiers juges, et y ajoutant que les héritiers Lhermenault ont indûment provoqué la radiation de l'inscription Carré-Montrieux, et qu'en faisant opérer cette radiation, ils ont, par leur faute, causé à Carré-Montrieux un préjudice dont ils lui doivent réparation; —

En ce qui touche l'appel des héritiers Sourdille-Lavalette : — Considérant que Sourdille-Lavalette, acquéreur du pré Verny, aux termes de l'acte passé devant M° Descars, notaire à Vallon, le 28 nov. 1837, a rempli les formalités pour purger la propriété des hypothèques qui pouvaient la grever; — Qu'il a fait transcrire son contrat d'acquisition le 19 oct. 1838, — Que deux inscriptions au profit des sieurs Latouche et Carré-Montrieux se trouvant exister, il a fait, le 4 févr. 1847, aux créanciers inscrits, les notifications prescrites par les art. 2183 et 2184 c. civ., qu'enfin, aucune surenchère n'est intervenue dans le délai fixé par la loi; — Considérant que, par un certificat en date du 29 janv. 1848, le conservateur des hypothèques a constaté que les deux seules inscriptions qui grevaient, au profit de Latouche et de Carré-Montrieux, le pré acquis de Cornilleau par Lavalette avaient été radiées; — Considérant que Sourdille-Lavalette, tiers acquéreur, n'avait pas à s'enquérir de la valeur ou de la régularité du titre en vertu duquel la radiation avait été opérée; que, du moment où le fonctionnaire investi du droit de veiller à la conservation des hypothèques, avait, après transcription du titre d'acquisition, délivré sous sa garantie et sa responsabilité un certificat constatant cette radiation, la situation Sourdille-Lavalette, et que cet immeuble s'était trouvé définitivement fixée à l'égard de Sourdille-Lavalette, et que cet immeuble est passé affranchi entre ses mains (c. civ. art. 2198), sauf le recours que pourraient avoir les créanciers dont l'inscription aurait été indûment radiée, soit contre le conservateur des hypothèques qui aurait irrégulièrement opéré cette radiation, soit contre ceux qui auraient indûment provoqué cette radiation ou en auraient profité; — Considérant, dès lors, que c'est à tort que les premiers juges ont fait revivre l'inscription radiée le 24 janv. 1848, et autorisé Drouet à prendre une nouvelle inscription, dont les effets devaient remonter à la date de celle qui avait été radiée; — Considérant qu'au payement fait par Sourdille-Lavalette entre les mains des héritiers Lhermenault, simples créanciers chirographaires, en 1848 : — Considérant, en fait, que, par un acte extrajudiciaire régulier, à la date du 21 janv. 1848, les héritiers Lhermenault ont fait sommer Sourdille-Lavalette de se trouver le 31 du même mois, à Vallon, en l'étude de M° Descars, notaire, rédacteur de l'acte de vente consentie à Sourdille-Lavalette par Cornilleau, et dans l'étude duquel le prix de vente devait être payé, pour, en présence du curateur à la succession vacante du sieur Cornilleau, sommé par le même acte, effectuer entre les mains des héritiers Lhermenault, au prorata de leur créance, le payement du prix de vente exigible dès le 1er nov. 1841; — Considérant que les deux seules inscriptions grevant l'immeuble vendu avaient été radiées le 29 janv. 1848; que, dès lors, l'immeuble étant affranchi de toute inscription hypothécaire, le tiers acquéreur s'est trouvé en présence du vendeur; — Qu'obligé personnellement envers lui au payement du prix, il n'avait aucun motif pour refuser de verser ce prix entre ses mains ou entre les mains de ceux qui se présentaient en son lieu et place et pour exercer ses droits; — Considérant que la succession vacante, appelé en l'étude du notaire, n'a pas contesté la créance des héritiers Lhermenault, ni leur droit à obtenir du tiers acquéreur le payement qu'ils sollicitaient; que ces créanciers ne puisaient pas leur titre au jugement aujourd'hui frappé d'opposition; que leur créance était antérieure au jugement, et que, du reste, elle n'a jamais été contestée ni avant, ni depuis; — Considérant, dans un pareil état de cause, lorsque aucun autre créancier ne se présentait et alors qu'aucune opposition ni saisie-arrêt n'existait d'ailleurs entre les mains du tiers acquéreur, il n'a pu refuser le prix qu'il était tenu de payer; qu'aucun reproche ne peut donc lui être adressé à cet égard, et qu'il s'est valablement libéré; — Statuant sur l'appel des héritiers Lhermenault, dit qu'il a été bien jugé; — Statuant sur l'appel de Sourdille-Lavalette, dit qu'il a été appelé; déclare libéré de toutes charges hypothécaires, entre les mains de Sourdille-Lavalette, le pré Verny, à la date du certificat de radiation délivré par le conservateur des hypothèques, sauf tout recours en responsabilité contre qui de droit à raison de cette radiation, etc.

Du 30 mars 1854.-C. d'Angers.-MM. Valleton, p.p. pr.-Chamaillard, subst.-Cubain, Segris et Fairé, av.

n° 139 *bis*-II ; Baudry-Lacantinerie, t. 3, n° 1420. V. aussi les arrêts cités au *Rép.* n°s 2794 et 2795). Il a été jugé, conformément à ce système, que la demande en mainlevée de l'inscription prise pour sûreté d'une condamnation à une somme fixe. résultant d'un jugement commercial, doit être portée devant le tribunal de la situation des biens grevés, et non devant le tribunal qui a rendu le jugement, alors même que la demande serait fondée sur la péremption de ce jugement rendu par défaut (Caen, 19 févr. 1866 (1). — Toutefois, suivant M. Baudry-Lacantinerie, qui se rattache à ce premier système, l'exception admise par l'art. 2159, § 1, devrait être appliquée même au cas où la condamnation d'où dérive l'hypothèque judiciaire n'est pas éventuelle ou indéterminée : il y a identité de motifs ; il est toujours vrai de dire que la question de savoir si l'inscription d'une hypothèque judiciaire doit être maintenue ou rayée est une question relative à l'exécution du jugement d'où résulte l'hypothèque, et qu'à ce titre elle est de la compétence du tribunal qui a prononcé la condamnation.

1691. Un second système, plus généralement suivi par les auteurs, élargit considérablement l'exception dont il s'agit : il soustrait la demande en radiation ou en réduction à la compétence du tribunal de la situation de l'immeuble toutes les fois que cette demande se présente comme l'accessoire ou la conséquence d'une contestation sur le titre de la créance ou sur le fond du droit (V. *Rép.* n°s 2789 et 2791 ; Pont, t. 2, n° 1092 ; Aubry et Rau, t. 3, § 281, p. 392, note 24 ; Thézard, n° 264 ; Boulanger et de Récy, t. 2, n° 618 ; Jouitou, n° 87 *bis*). Ce système s'éloigne, il faut bien le reconnaître, du texte de l'art. 2159 ; il transforme l'exception toute spéciale admise par ce texte en une application du droit commun, car il est clair que la demande qui porte d'une manière principale sur la nullité ou l'extinction de la créance est de la compétence des juges du domicile du défendeur (c. proc. art. 59, § 1). Ce système peut d'ailleurs s'appuyer aussi sur plusieurs décisions de jurisprudence (Req. 1er prair. an 12, *Rép.* v° *Action*, n° 104 ; 5 mai 1812, *Rép.* n° 2793-2° ; Angers, 15 mai 1879) (2).

1692. Un troisième système, proposé par M. Troplong, t. 3, n° 742, et admis au *Rép.* n° 2792, étend également, mais en lui donnant plus d'utilité, le texte de l'art. 2159 ; il en déduit que toutes les fois que l'action en radiation ou en réduction porte sur le fond du droit en même temps que sur l'inscription, elle a le caractère d'une action mixte, et que le demandeur, par suite, peut agir, à son choix, conformément à l'art. 59, § 4, c. proc., devant le juge de la situation ou devant le juge du domicile du défendeur (V.

en ce sens, Amiens, 20 juin 1831, *Rép.* n° 2793-4°). On a objecté, toutefois, contre ce système, qu'une dérogation aussi importante à la compétence du tribunal du domicile du défendeur devrait résulter d'un texte plus précis que l'art. 2159 c. civ. (V. Req. 5 déc. 1820, *Rép.* v° *Compétence civile des tribunaux d'arrondissement*, n° 55). Au surplus, la compétence attribuée en matière d'inscription au tribunal de la situation de l'immeuble n'a guère de raison d'être : l'inscription, comme l'hypothèque qu'elle conserve, n'est jamais que l'accessoire d'une créance, et par conséquent c'est le tribunal compétent pour connaître de la créance qui devrait pouvoir seul aussi connaître de l'action relative à l'inscription. Cependant, comme on l'a indiqué au *Rép.* n° 2796, la commission de l'Assemblée législative de 1849, dans son projet de réforme hypothécaire, maintenait la juridiction du tribunal de la situation des biens pour les actions portant principalement sur l'inscription.

1693. La seconde exception prévue par l'art. 2159 au principe de la compétence du tribunal dans le ressort duquel l'inscription a été prise, a lieu en vertu de la convention des parties, quand elles ont fait élection de domicile près d'un autre tribunal. Cette convention, d'après la loi, doit recevoir son exécution entre les parties ; elle ne lie pas les tiers (*Rép.* n° 2803). Le tiers acquéreur qui demanderait la radiation n'en pourrait donc pas moins porter son action devant les juges de la situation de l'immeuble. Seulement, comme le fait remarquer M. Pont, t. 2, n° 1090, il pourrait aussi, en qualité d'ayant-cause du débiteur et en vertu de l'art. 1166 c. civ., profiter de la convention, s'il avait avantage à plaider devant le tribunal désigné (V. en ce sens, Boulanger et de Récy, t. 2, n° 624).

1694. Lorsqu'une action en radiation ou en réduction est relative à des immeubles situés dans plusieurs arrondissements, la demande peut être portée devant l'un ou l'autre des tribunaux de ces arrondissement, au choix du demandeur (V. *Rép.* n° 2806 ; Boulanger et de Récy, t. 2, n° 627).

1695. Enfin le tribunal qui se trouve régulièrement saisi d'une contestation portant sur le titre d'une créance hypothécaire peut toujours ordonner la radiation ou la réduction de l'inscription, quand cette radiation ou cette réduction est la conséquence directe et nécessaire de la décision rendue sur le fond du droit. C'est ainsi que la jurisprudence admet que des radiations d'inscription peuvent être ordonnées par les tribunaux de commerce (V. *Rép.* n° 2812 ; Boulanger et de Récy, t. 2, n° 629). On doit décider de même, suivant nous, que le juge de paix qui annule un titre ou qui déclare une créance éteinte est compétent pour ordonner la radiation de l'inscription (En ce sens, Aubry et Rau, t. 3,

---

(1) (Lemaître C. Roques-Desvallées.) — La cour ; — Considérant que Roques-Desvallées a fait assigner Dupart et Lemaître domiciliés à Paris devant le tribunal civil de Lisieux, dont les derniers contestent la compétence, pour obtenir : 1° mainlevée pure et simple d'une inscription hypothécaire prise sur des biens lui appartenant et situés dans l'arrondissement de Lisieux ; 2° la remise des titres en vertu desquels la dite inscription avait été prise ; — Considérant qu'aux termes de l'art. 2159 c. civ., la radiation non consentie doit être demandée au tribunal dans le ressort duquel l'inscription a été faite ; que c'est là une règle générale qui, à raison de la nature réelle ou mixte d'une demande en radiation d'inscription hypothécaire, attribuée compétente au tribunal de la situation des biens, alors même que la solution de la question principale devrait entraîner l'examen de la validité des titres en vertu desquels cette inscription a été prise, et que les défendeurs sont domiciliés dans un autre arrondissement ; — Considérant qu'à cette règle générale, l'art. 2159 n'établit qu'une exception, c'est lorsque, l'inscription a eu lieu pour sûreté d'une condamnation *éventuelle ou indéterminée*, dont l'exécution ou la liquidation de laquelle le débiteur et le créancier prétendu sont en instance et doivent être jugés dans un autre tribunal, auquel cas la demande en radiation doit être portée ou renvoyée ; — Considérant que dans cette hypothèse, et lorsque l'inscription n'a été prise qu'en vertu d'une condamnation éventuelle ou indéterminée, on conçoit que la demande en radiation doive être nécessairement portée devant le tribunal qui a prononcé la condamnation première, et qui seul, est en mesure de décider si l'éventualité qu'il a prévue s'est réalisée, et de fixer la quotité de la créance qui n'était d'abord qu'incertaine et indéterminée ; — Que ce n'est pas ici le cas de cette exception ; — Que Roques-Desvallées a été condamné envers Dupont et Lemaître, par le tribunal de commerce de la Seine, au payement d'une somme fixe de

3500 fr., résultant des billets qu'il aurait souscrits, et que c'est pour sûreté de cette condamnation qu'une inscription a été prise contre lui le 12 janv. 1864, au bureau des hypothèques de Lisieux ; — Que Roques-Desvallées, pour obtenir la radiation de cette inscription, prétend que le jugement du tribunal de commerce de la Seine, rendu par défaut contre lui, est périmé faute d'avoir été exécuté dans les six mois, ou que les billets à ordre qu'il aurait souscrits sont eux-mêmes prescrits, en exécution des dispositions de l'art. 189 c. com. ; — Considérant que ces questions accessoires à la demande principale en radiation, peuvent être résolues par le tribunal civil de Lisieux, et qu'il n'y a pas, comme dans le cas d'exception prévu par l'art. 2159, c. civ., nécessité de recourir au tribunal qui a rendu le premier jugement ; qu'on reste ici sous l'application de la règle générale posée par le même article, et que c'est à bon droit que le tribunal civil de Lisieux (par jugement du 17 janv. 1866) a déclaré sa compétence ;

Confirme, etc.
Du 19 févr. 1866.-C. de Caen, 1re ch.-MM. Dagailler, 1er pr.-Dupray de la Mahérie, subst.-Trollay et André Rousselle (du barreau de Paris), av.

(2) (Viloteau C. Eemercier.) — La cour. — Considérant que l'action en main-levée d'une inscription hypothécaire, fondée sur la nullité de la créance que l'hypothèque a pour objet de garantir, et dont elle n'est que l'accessoire, est personnellement mobilière comme la créance ; — Que la valeur en est déterminée, au point de vue du premier et du dernier ressort, par le montant en principal de cette créance ;
Par ces motifs, etc.
Du 15 mai 1879.-C. d'Angers, ch. civ.-MM. Iac, 1er pr.-Batbédat, av. gén.-Faire et Guitton aîné, av.

§ 281, p. 393. V. toutefois, en sens contraire, Boulanger et de Récy, t. 2, n° 631). Mais si la radiation n'a pas été ordonnée par le même jugement qui a statué sur le fond, elle ne peut plus être demandée qu'au tribunal civil compétent suivant les dispositions de l'art. 2159 (V. Caen, 13 févr. 1865, *suprà*, v° *Faillites et banqueroutes*, n° 1064).

1696. Quant aux demandes de réduction d'hypothèque légale formées par les maris ou les tuteurs, il y a encore désaccord sur le point de savoir quel est le tribunal compétent. On a décidé au *Rép.*, n° 2807, que l'action doit être portée devant le tribunal de la situation des biens grevés, conformément au principe général de l'art. 2159. Mais, d'après les auteurs qui admettent qu'il y a exception à ce principe toutes les fois que la question de radiation ou de réduction est subordonnée à l'appréciation de la créance garantie par l'inscription (V. *suprà*, n° 1691), la demande en réduction d'hypothèque légale est presque toujours de la compétence du tribunal du domicile des époux ou du pupille, car, comme le dit M. Jouitou, n° 87 *bis*, la plupart du temps la demande en réduction implique un débat sur l'importance des droits de la femme ou de l'incapable. Ce n'est que très exceptionnellement qu'elle pourrait être soumise au tribunal de la situation des biens, s'il était différent de celui du domicile : il faudrait pour cela que le chiffre des créances garanties par l'hypothèque légale fût déjà fixé par une liquidation ou tout au moins fût hors de contestation (V. en ce sens : Martou, cité au *Rép.* n° 2809 ; Boulanger et de Récy, t. 2, n° 628. V. aussi Trib. Rouen, 9 juin 1843, rapporté avec Rouen, 16 août 1843, aff. Conserv. des hyp. de Rouen, D. P. 45. 2. 3).

CHAP. 10. — De la publicité des registres, et de la responsabilité du conservateur (*Rép.* n°ˢ 2817 à 3029).

SECT. 1ʳᵉ. — DE LA PUBLICITÉ DES REGISTRES; DES ATTRIBUTIONS ET OBLIGATIONS DES CONSERVATEURS DES HYPOTHÈQUES (*Rép.* n°ˢ 2821 à 2959).

ART. 1ᵉʳ. — *De l'institution des conservateurs; du cautionnement auquel ils sont assujettis; de leurs remises et salaires* (*Rép.* n°ˢ 2822 à 2879).

§ 1ᵉʳ. — De l'institution des conservateurs (*Rép.* n°ˢ 2822 à 2838).

1697. D'après la loi du 21 vent. an 7, art. 2, un bureau de conservation des hypothèques est établi dans chaque arrondissement et dans la ville où siège le tribunal de première instance. Dans le département de la Seine, comme on l'a dit au *Rép.* n° 2828, il a été établi trois bureaux. A la suite de l'extension des limites de Paris, qui a eu lieu en vertu de la loi du 16 juin 1859 (D. P. 59. 4. 84), un décret impérial du 16 nov. 1859 (D. P. 59. 4. 89) a fixé le siège de ces trois bureaux à Paris et a déterminé la circonscription de chacun d'eux. Aux termes de ce décret, combiné avec celui du 22 avr. 1893 (D. P. 94. 1. 8), la circonscription du premier bureau comprend les douze premiers arrondissements municipaux de Paris; la circonscription du deuxième bureau se compose des seizième, dix-septième, dix-huitième, dix-neuvième et vingtième arrondissements de Paris et de l'arrondissement communal de Saint-Denis, à l'exception des communes de Rosny-sous-Bois et de Villemomble ; enfin la circonscription du troisième bureau comprend les treizième, quatorzième et quinzième arrondissements de Paris, l'arrondissement communal de Sceaux, les communes de Rosny-sous-Bois et de Villemomble (V. *suprà*, n° 996).

1698. A la suite du partage de la vallée des Dappes, conclu, le 8 déc. 1862, entre la France et la Confédération suisse, un décret impérial du 17 juill. 1867 (D. P. 67. 4. 88) a ordonné le transfert des inscriptions hypothécaires existant sur les immeubles situés dans la partie de la vallée cédée à la France, du bureau du district de Nyon, canton de Vaud, au bureau des hypothèques de Saint-Claude (Jura).

§ 2. — Du cautionnement des conservateurs (*Rép.* n°ˢ 2839 à 2858).

1699. Les conservateurs des hypothèques fournissent deux cautionnements : l'un affecté spécialement et exclusivement à la responsabilité qu'ils peuvent encourir à l'égard des tiers (L. 21 vent. an 7, art. 5 et 8) ; l'autre pour la garantie des sommes qu'ils sont chargés de recevoir en qualité de comptables publics (L. 28 avr. 1816, art. 86).

Le premier de ces cautionnements devait autrefois être fourni en immeubles (V. *Rép.* n°ˢ 2839 et suiv.). Mais la loi du 8 juin 1864, art. 26 (D. P. 64. 4. 93), a permis de le constituer, en totalité ou en partie, soit en immeubles, soit en rentes nominatives 3 pour 100 sur l'État. Cette même loi a statué que la quotité du cautionnement serait fixée pour chaque titulaire à son entrée en charge, suivant une proportion qu'elle détermine, en prenant pour base la moyenne des salaires des cinq dernières années. Un décret du 11 août 1864 (D. P. 64. 4. 107), portant règlement d'administration publique pour l'exécution de la loi du 8 juin précédent, a déterminé les formes suivant lesquelles le cautionnement en rentes sur l'État doit être constitué et la manière dont il doit être réalisé en cas de condamnations encourues par le conservateur. Ensuite est venue la loi du 15 sept. 1871, art. 29 (D. P. 71. 4. 89), qui a permis d'une manière générale de constituer les cautionnements en rentes françaises de toute nature. Enfin la loi du 22 mars 1873 (D. P. 73. 4. 45) a étendu à tous les conservateurs déjà nommés ou qui seraient nommés à l'avenir la faculté, qui avait été accordée par la loi du 8 juin 1864 aux conservateurs en exercice à la date de cette loi, de convertir entièrement ou partiellement en rentes sur l'État les cautionnements qu'ils avaient fournis primitivement en immeubles. L'art. 2 de cette loi de 1873 dispose que les rentes offertes à titre de cautionnement devront, pour leur évaluation, être capitalisées au denier vingt, de manière à représenter par le résultat de cette capitalisation un chiffre égal à celui du cautionnement ou de la partie du cautionnement en immeubles qu'elles doivent remplacer. Toutefois, dans les conversions des rentes cinq pour cent en quatre et demi et des rentes quatre et demi en trois pour cent, qui ont eu lieu en 1883 et en 1887, les conservateurs des hypothèques dont le cautionnement était composé de rentes converties n'ont pas été astreints à fournir un supplément de garantie pour parfaire le chiffre de rente affecté dans le principe (Décr. min. fin. 27 juill. 1883, 29 nov. 1887).

1700. Les cautionnements des conservateurs peuvent être faits, en tout ou en partie, au moyen de rentes appartenant à des tiers (L. 8 juin 1864, art. 28). Le titre nominatif de rente sur l'État affecté au cautionnement d'un conservateur demeure la propriété du titulaire de la rente. Il en est ainsi alors même que le titulaire aurait promis au conservateur de lui céder le titre après le payement d'effets de commerce souscrits à son profit par le conservateur et causés « valeur en cautionnement », si le titre n'a pas été transféré dans la forme prescrite, et si d'ailleurs les effets de commerce, transmis à des tiers par le bénéficiaire, n'ont pas été acquittés par le conservateur (Toulouse, 11 mars 1885, aff. Syndics faillite Fieuzal, D. P. 86. 2. 108).

1701. Les conservateurs qui veulent constituer en rentes sur l'État la totalité ou partie seulement de leur cautionnement sont tenus d'en faire la déclaration à l'agent judiciaire du Trésor à Paris, s'il s'agit d'inscriptions de rentes directes, ou, s'il s'agit d'inscriptions départementales, au directeur de l'Enregistrement du département au livre auxiliaire duquel appartient la rente. Le conservateur joint à cette déclaration la lettre d'avis de sa nomination, laquelle détermine la quotité du cautionnement à fournir (Décr. 11 août 1864, art. 1). L'acte de cautionnement contient affectation spéciale en nantissement, non seulement pendant toute la durée des fonctions, et quels que soient les bureaux auxquels le conservateur pourrait être appelé, mais encore pendant dix ans après la cessation de ses fonctions. Le conservateur, le titulaire de l'inscription ou ses ayants droit ont, d'ailleurs, la faculté de substituer, à toute époque, aux rentes affectées au cautionnement d'autres rentes de même nature (Même décret, art. 4 et 13).

1702. Lorsque le cautionnement est fourni en inscriptions directes, l'acte est fait entre l'agent judiciaire du Trésor et les titulaires des inscriptions, en autant d'originaux qu'il y a de parties contractantes. Il est fait, en outre, un original pour le dépôt au greffe qui va être indiqué (*infra*,

n° 1704). L'inscription directe est déposée à la caisse centrale du trésor public (Décr. 11 août 1864, art. 5). Lorsque le cautionnement est constitué en inscriptions départementales, le directeur de l'Enregistrement, dans le département au livre auxiliaire duquel appartient la rente, remplit les fonctions attribuées à l'agent judiciaire par l'article précédent. L'inscription est déposée à la caisse du receveur des domaines du chef-lieu du département. Le directeur transmet sans délai des copies certifiées de l'acte de cautionnement au directeur général et à la division du contentieux des finances (Même décret, art. 6). Toute inscription affectée à un cautionnement doit, préalablement au dépôt prescrit par les articles précédents, être visée pour cautionnement par le directeur de la dette inscrite, si elle est directe, ou par le receveur général des finances, si elle est départementale (Même décret, art. 7). Les arrérages des inscriptions affectées sont payés sur la présentation d'un bordereau représentatif du titre pour le payement des arrérages, dit *bordereau d'annuel* (Même décret, art. 5).

1703. L'acte d'affectation est enregistré au droit fixe de 2 fr., déterminé, pour l'enregistrement du cautionnement en immeubles, par l'art. 5 de la loi du 21 vent. an 7, modifié par l'art. 8 de la loi du 18 mai 1850 (Décr. 11 août 1864, art. 8).

1704. Avant de prêter le serment prescrit par la loi, le conservateur qui fournit la totalité ou partie de son cautionnement en rentes à l'État, doit déposer au greffe du tribunal civil de l'arrondissement dans lequel il remplira ses fonctions une expédition ou l'un des originaux de l'acte de cautionnement qu'il a souscrit ou qui a été souscrit en son nom (L. 8 juin 1864, art. 29; Décr. 11 août 1864, art. 5). Le conservateur qui ne constitue son cautionnement en rentes que pour partie seulement, est tenu, lors du dépôt au greffe dont il vient d'être parlé, de déclarer, dans l'acte même du dépôt, le montant du cautionnement en immeubles qu'il doit fournir à titre de complément, et faire recevoir dans le délai fixé par l'art. 6 de la loi du 21 vent. an 7 (Décret précité, art. 9. V. *Rép.*, n° 2841).

1705. Le conservateur appelé à une nouvelle résidence, qui fournit en rentes le supplément de cautionnement auquel il est tenu, doit justifier, soit à l'agent judiciaire du Trésor, soit au directeur de l'Enregistrement, du montant et de la nature de son cautionnement antérieur. Mention expresse des justifications produites est faite dans l'acte constitutif du supplément de cautionnement (Décr. 11 août 1864, art. 10).

1706. La libération du cautionnement en rentes a lieu conformément à l'art. 8 de la loi du 21 vent. an 7 (L. 8 juin 1864, art. 30). Elle est prononcée par le tribunal de l'arrondissement dans lequel le conservateur a exercé ses fonctions en dernier lieu, et par jugement rendu sur simple requête, présenté par le titulaire de l'inscription ou ses ayants droit, et le procureur de la République entendu. Il est produit à l'appui de la requête : 1° Un certificat du directeur de l'Enregistrement constatant la date à laquelle le conservateur a cessé ses fonctions; — 2° Un certificat du greffier près le tribunal appelé à statuer sur la requête, constatant qu'il n'existe ni opposition ni action en garantie ou responsabilité contre le conservateur (Décr. 11 août 1864, art. 11). Sur la remise du bordereau d'annuel ou d'un extrait ou d'une expédition du jugement prononçant la libération du cautionnement, l'inscription affectée au cautionnement est remise au titulaire, affranchie de la mention prescrite par l'art. 7 précité. Si le titulaire de l'inscription est décédé, son ayant droit fournit, en outre, un certificat de propriété délivré en conformité de la loi du 28 flor. an 7, ainsi que le certificat prescrit par l'art. 25 de la loi du 28 juill. 1852, constatant l'acquittement du droit de mutation par décès. Des extraits d'inscription sont ensuite délivrés par la direction de la dette inscrite aux nouveaux propriétaires et immatriculés en leur nom (Même décret, art. 12).

1707. Lorsque, à défaut par le conservateur d'avoir acquitté le montant des condamnations prononcées contre lui, et en exécution d'un jugement ou d'un arrêt ayant acquis force de chose jugée, il y a lieu de réaliser tout ou partie des inscriptions affectées au cautionnement, l'agent judiciaire du Trésor provoque la vente et y fait procéder jusqu'à due concurrence, après notification à lui faite du jugement ou de l'arrêt, après remise à lui faite des certificats

prescrits par l'art. 548 c. proc., et après que l'agent a été autorisé par le ministre des finances à signer le transfert. S'il s'agit d'inscription de rentes départementales, elles sont transmises par le directeur de l'Enregistrement à l'agent judiciaire, pour qu'il soit procédé à la vente totale ou partielle, conformément aux dispositions du paragraphe précédent. Le produit de la négociation est versé par l'agent de change à la Caisse des dépôts et consignations, qui reste chargée d'en opérer la remise à qui de droit, sur la production des justifications prescrites par les lois et règlements (Décr. 11 août 1864, art. 14). Lorsque le cautionnement constitué en rentes appartient partie à des tiers et partie au conservateur, et qu'il doit être réalisé par suite des condamnations encourues par ce dernier, il est procédé d'abord à la vente totale ou partielle des rentes appartenant au conservateur, et subsidiairement à celle des rentes fournies par des tiers. Si ces dernières rentes sont la propriété de plusieurs intéressés, la vente en est faite à défaut d'accord entre ces derniers, proportionnellement à l'importance de chaque inscription (Même décret, art. 15). Dans les quinze jours qui suivent la réalisation, le conservateur doit remplacer ou compléter le cautionnement en rentes dont tout ou partie a été vendu, en observant les formes et conditions exigées pour le cautionnement primitif (Même décret, art. 16).

1708. D'après l'art. 8 de la loi du 21 vent. an 7, le cautionnement immobilier du conservateur demeure affecté à la responsabilité du conservateur « pendant toute la durée des fonctions, et dix années après ». Il a été jugé que cette disposition spéciale s'oppose à ce que l'hypothèque inscrite sur les immeubles affectés, en vertu de l'acte de cautionnement, puisse être purgée, soit à la suite d'une vente volontaire des immeubles, soit même par l'effet d'une adjudication sur saisie immobilière, jusqu'à l'expiration de la dixième année après la cessation des fonctions du conservateur (Trib. civ. de Nogent-sur-Seine, 15 mars 1855, *suprà*, n° 1287; Trib. civ. de Pontoise, 27 juin 1882, aff. Batardy, D. P. 85. 3. 111). Il résulte de ces jugements : 1° qu'en cas d'ordre ouvert sur le prix de la vente d'un immeuble affecté au cautionnement, la Régie de l'enregistrement a qualité pour s'opposer à la purge de l'immeuble et à la consignation du prix (Trib. de Nogent-sur-Seine, 15 mars 1855 précité); — 2° Qu'en cas de saisie immobilière portant sur un tel immeuble, le procureur de la République qui a été partie au jugement par lequel le cautionnement a été reçu, peut intervenir dans la procédure de saisie, afin de faire insérer au cahier des charges de l'adjudication une clause interdisant à l'acquéreur de purger l'hypothèque (Trib. de Pontoise, 27 juin 1882, précité).

1709. Le complément de cautionnement en numéraire versé par un tiers pour le compte d'un conservateur des hypothèques doit être considéré comme appartenant au conservateur, et ne peut être réclamé par le bailleur de fonds; celui-ci a seulement le droit de se réserver le privilège de second ordre (Toulouse, 11 mars 1885, aff. Syndics faillite Fienzal, D. P. 86. 2. 108. V. *suprà*, v° *Cautionnement de fonctionnaires*, n°s 15 et suiv.; *Rép.* eod. v°, n°s 79 et suiv.).

§ 3. — Des remises et salaires des conservateurs
(Rép. n°s 2859 à 2879).

1710. — I. Remises. — V. *Rép.* n°s 2859 et suiv.

1711. — II. Salaires. — Quelques modifications nouvelles ont été apportées au tarif des salaires des conservateurs, établi, comme on l'a dit au *Rép.* n° 2861, par le décret du 21 sept. 1810, déjà modifié par l'ordonnance du 10 oct. 1841, et par le décret du 24 nov. 1855 (*Rép.* n° 2862). Aux termes d'un décret du 9 juin 1866 (D. P. 66. 4. 135), le salaire alloué aux conservateurs par les n°s 7 et 11 du tableau annexé au décret du 21 sept. 1810, est réduit à 50 cent. par rôle contenant trente lignes à la page et dix-huit syllabes à la ligne. Ce salaire, fixé à 1 franc par rôle, à raison de vingt-cinq lignes à la page et de dix-huit syllabes à la ligne, par le décret de 1810, avait déjà été réduit à 50 cent. par le décret du 24 nov. 1855, mais sans augmentation du nombre de lignes. Il a pour objet de rétribuer la transcription des actes de mutation.

À la suite de la loi du 5 janv. 1875, qui, pour

assurer la conservation des registres hypothécaires et pour en faciliter la réconstitution en cas de perte, a prescrit de tenir en double le registre de dépôt (V. *infrà*, n° 1745), un décret du 28 août 1875, art. 2 (D. P. 76. 4. 45) a alloué au conservateur 20 cent. à titre de salaire, pour l'enregistrement sur les deux registres et pour la reconnaissance des dépôts d'actes ou de bordereaux à transcrire, à mentionner ou à inscrire, conformément aux dispositions de l'art. 1 de la loi du 5 janv. 1875. Le conservateur avait droit auparavant à 25 cent., alors même que l'enregistrement n'était fait que sur un seul registre ; mais en revanche il supportait les frais d'impression des reconnaissances de dépôt, et il ne pouvait percevoir aucun salaire pour les remises des saisies immobilières destinées à être transcrites, ni pour celles des actes, expéditions ou extraits d'actes contenant subrogation où cession d'antériorité, lesquelles remises n'étaient pas mentionnées sur le registre de dépôt avant la loi de 1875 (V. le rapport de M. Denormandie, D. P. 74. 4. 83, n° 10).

1712. — 1° *Dépôts*. — Les conservateurs doivent délivrer aux requérants, par chaque acte ou chaque bordereau à transcrire, à inscrire ou à mentionner, une reconnaissance sur papier timbré, qui rappelle le numéro du registre sur lequel la remise a été inscrite (art. 2200 c. civ. modifié par la loi du 5 janv. 1875. V. *infrà*, n° 1745). Ils ont droit pour cela, comme on vient de le voir, n° 1711, à un salaire de 20 cent. — Quel que soit le nombre des dispositions particulières et indépendantes contenues dans un acte, du moment qu'il ne s'agit que d'un seul acte, il n'est dû qu'un seul salaire (Sol. adm. enreg. 24 févr. 1849, 9 juill. 1873). Il en est ainsi pour un cahier des charges et l'adjudication, pour une donation et l'acceptation, pour une vente et la procuration annexée (Sol. adm. enreg. 26 mars 1860).

1713. Les pièces déposées pour les radiations ne sont pas mentionnées au registre de dépôt ; néanmoins, le requérant peut exiger du conservateur un reçu des pièces qu'il lui laisse. Ce reçu, soumis au timbre de quittance de 10 cent., ne donne pas lieu à la perception d'un salaire de dépôt (Géraud, *Dictionnaire de la perception des droits d'enregistrement*, n° 3826).

1714. — 2° *Inscriptions* (*Rép.* n°⁵ 2867 à 2870). — Il n'est pris qu'une seule inscription et il n'est dû qu'un seul salaire, lorsque des créanciers dont les droits sont distincts, mais qui ont reçu, par le même acte et sur les mêmes immeubles, une hypothèque commune, en réclament l'inscription au moyen d'un seul bordereau rédigé en double minute, comme ils en ont le droit ; il n'existe alors, en effet, qu'un droit hypothécaire unique reposant sur les mêmes immeubles (Instr. adm. enreg., 10 août 1888, n° 2758, D. P. 88. 5. 123). De même, lorsqu'un créancier, qui a obtenu pour sûreté de sa créance une hypothèque conventionnelle et la subrogation dans l'hypothèque légale de la femme, requiert l'inscription de ces deux droits hypothécaires en déposant un seul bordereau, le conservateur n'est pas fondé à décomposer ou diviser d'office ce bordereau pour en extraire les éléments de deux inscriptions applicables, l'une à l'hypothèque conventionnelle, l'autre à l'hypothèque légale. Il ne doit prendre qu'une seule inscription, et dès lors, ne percevoir qu'un seul salaire, ni le doubler d'un droit de formalité (Même instruction ; Trib. civ. de la Flèche, 10 janv. 1889, aff. Selbert C. Rignon, *Journal des conservateurs des hypothèques*, 1889, art. 3923, n° 67 ; Trib. civ. de Montreuil-sur-Mer, 6 févr. 1889, aff. Coulonge C. Bouchard, *ibid.*).

1715. Un seul salaire est dû pour la mention d'une subrogation et pour le premier certificat qui en est délivré (Instr. admin. enreg. 10 août 1888, n° 2758). Il n'est aussi dû qu'un salaire pour une mention de subrogation au profit de plusieurs créanciers subrogés par un titre commun. Le conservateur n'est pas fondé à subdiviser l'opération en autant de mentions distinctes qu'il y a de subrogés, pour percevoir un salaire à raison de chacune d'elles (Solut. adm. enreg. 11 mars 1892, *Journal des conservateurs des hypothèques*, 1892, art. 4310, p. 373).

1716. Toute inscription, qu'elle ait pour objet la conservation de l'hypothèque ou le renouvellement d'une inscription antérieure ou la rectification d'une erreur pouvant vicier de précédentes inscriptions, autorise la perception d'un salaire. Il en est ainsi, spécialement, pour une ins-

cription rectificative, alors surtout qu'elle doit valoir, au besoin, comme inscription première et à sa date (Comp. Solut. admin. enreg., 9 janv. 1874, D. P. 75. 5. 253).

L'inscription du privilège du vendeur qui est faite d'office donne lieu également à la perception d'un salaire de 1 fr. (Décr. 21 sept. 1810 ; *Rép.* n° 2867). — Pour le cas de vente par adjudication de plusieurs lots au profit du même acquéreur, V. *infrà*, n° 1778.

1717. — 3° *Radiations* (*Rép.* n° 2864). — Il n'est dû qu'un seul salaire de 1 franc pour la radiation d'une inscription et pour la délivrance du certificat qui l'atteste (Instr. adm. enreg. 10 août 1888, n° 2758). Si la délivrance du certificat est obligatoire pour le conservateur, elle est, au contraire, facultative pour les parties ; elles sont libres de ne pas le prendre, pour n'avoir pas à en payer le timbre, si elles le jugent à propos (Boulanger et de Récy, n° 876).

1718. Lorsqu'une inscription est émargée d'une mention de subrogation, il n'est pas dû deux salaires pour la radiation de l'inscription et pour celle de la mention (Boulanger et de Récy, t. 2, n° 870).

1719. Lorsqu'une personne, connaissant l'existence d'une inscription déterminée, ignore si cette inscription subsiste encore, elle peut demander au conservateur de la renseigner à cet égard par un certificat attestant que l'inscription a été ou non effacée, renouvelée ou non renouvelée (V. *infrà*, n° 1772). Le conservateur peut demander une rétribution de 1 franc pour ce certificat, conformément au n° 7 du tarif (Boulanger et de Récy, t. 2, n° 881).

1720. — 4° *États d'inscriptions* (*Rép.* n° 2863). — Il n'est dû qu'un salaire de 1 franc par chaque inscription comprise dans les états délivrés par les conservateurs des hypothèques, y compris les mentions des actes modifiant l'inscription, radiations partielles, subrogations, nouvelles élections de domicile, ces mentions devant être considérées comme faisant partie intégrante des inscriptions auxquelles elles se rapportent (Instr. adm. enreg., 10 août 1888, n° 2758).

1721. Lorsqu'un état d'inscriptions est demandé cumulativement sur plusieurs individus, il doit comprendre toutes les inscriptions qui les concernent. S'il n'en existe pas, le certificat est négatif sur chacun, et il est dû autant de salaires qu'il y a d'individus ; si quelques-uns sont grevés, le conservateur délivre les inscriptions à leur charge et certifie pour les autres qu'il n'en existe pas. Dans ce cas, il est dû 1 franc pour chaque inscription délivrée, et 1 franc pour chaque individu sur lequel le certificat est négatif (Sol. adm. enreg. 28 août 1860 ; Géraud, *Dictionnaire de la perception des droits d'enregistrement*, n° 3833).

1722. Le conservateur des hypothèques requis de délivrer, sur la transcription d'une vente immobilière, un état des inscriptions grevant les biens vendus, à l'exception de telles et telles désignées dans la réquisition, n'est pas fondé à comprendre ces inscriptions dans l'état qu'il fournit et à percevoir les salaires y afférents (Req. 6 janv. 1891, aff. Grenot, D. P. 91. 1. 418). Mais le conservateur doit alors indiquer dans l'état, pour mettre à l'abri sa responsabilité et pour avertir les tiers, que certaines inscriptions ont été exclues de la réquisition.

1723. — 5° *États de transcriptions*. — Il est alloué au conservateur 1 franc pour chaque certificat de non-transcription d'acte de mutation (Décr. 21 sept. 1810, n° 8). Si le certificat est requis sur plusieurs individus, le salaire de 1 franc est dû autant de fois qu'il y a de personnes (Décis. min. fin. 25 juin 1841 ; Sol. adm. enreg. 11 juill. 1809, 3 août 1859).

1724. Le même salaire de 1 franc peut être perçu pour chaque certificat de non-transcription de saisie, bien que cette sorte de certificats n'ait pas été prévue par le tarif (Décis. min. fin. 27 avr. 1882, et note sous Caen, 16 mai 1884, D. P. 85. 2. 57. — V. dans le même sens, Boulanger et de Récy, t. 2, n° 882).

1725. Un double salaire est-il dû lorsque le conservateur délivre à la fois un certificat relatif aux transcriptions d'actes de mutation et un certificat de non-transcription de saisies ? La négative a été jugée (Caen, 16 mai 1884, aff. Thorel, D. P. 85. 2. 57. Mais V. en sens contraire la note sous cet arrêt et la décision du ministre des finances du 27 avr. 1882 précitée. *Adde* : Just. de paix de Nancy, 10 mars

1891, et Trib. de Nancy, 14 déc. 1891, *Journal des conservateurs des hypothèques*. 1891, art. 4192, p. 310, et 1892, art. 4234, p. 57 et 61). Il a été jugé aussi que le conservateur n'a droit qu'à un seul salaire lorsqu'il délivre, avec un certificat de non-transcription d'actes de mutation, un certificat constatant qu'il n'existe non plus sur ses registres aucune transcription de saisie ni aucune mention de jugements portant résolution, nullité ou rescision d'actes translatifs de propriété immobilière (Trib. civ. Fontainebleau, 4 déc. 1884) (1).

1726. Dans la pratique, les conservateurs délivrent des extraits sommaires des saisies et des actes transcrits et perçoivent le salaire de 1 franc pour chaque extrait (Sol. adm. enreg. 30 juin 1863, 10 sept. 1866). Il est vrai que, d'après la loi, le conservateur aurait, à la rigueur, le droit de refuser de délivrer autre chose que la copie des actes transcrits et des inscriptions ou un certificat constatant qu'il n'en existe pas (art. 2196 c. civ.). Mais quand le requérant se contente d'extraits sommaires et n'exige pas une copie littérale, il y a lieu, ce semble, de se conformer à sa demande. Si la loi a prescrit de délivrer copie des actes transcrits et des inscriptions, elle n'a pas dit que la copie devrait toujours être intégrale (V. en ce sens: Pont, t. 1, n° 269 ; Laurent, t. 31, n° 582).

1727. — 6° *Copies.* — Le salaire pour les copies collationnées délivrées par les conservateurs étant de 1 franc par rôle d'écriture contenant vingt-cinq lignes à la page et dix-huit syllabes à la ligne (Décr. 21 sept. 1840, tableau annexé, n° 9), chaque page doit renfermer quatre cent cinquante syllabes. Pour les rôles incomplets, le salaire se fractionne à raison de 2 centimes par ligne (Intr. adm. enreg. 10 août 1888, n° 2758).

1728. — 7° *Duplicata de quittance.* — V. *Rép.* n° 2878.

1729. — 8° *Formalités des saisies immobilières.* — Les salaires dus au conservateur pour la transcription des saisies immobilières et les autres formalités relatives à ces saisies, sont déterminées par l'ordonnance du 10 oct. 1844 (V. *Rép.* v° *Frais et dépens*, p. 69, et le tableau des salaires, *Rép.* n° 2862, en note, n°s 11 à 16. V. aussi *Rép.* n° 2871).

1730. Si une seconde saisie plus étendue que la première est présentée au conservateur, il la transcrit pour les objets non compris dans la précédente, et il indique dans le certificat qu'il délivre le motif pour lequel il n'a transcrit que partiellement. Dans ce cas, il n'a droit qu'à un salaire de la transcription partielle (Baudot, *Traité des formalités hypothécaires*, n° 1801).

1731. La mention, en marge de la transcription d'une saisie immobilière, des notifications faites tant à la partie saisie qu'aux créanciers inscrits (c. proc. art. 691 et suiv.) ne donne lieu qu'à un seul salaire de 1 fr., quel que soit le nombre des exploits (Instr. adm. enreg. 10 août 1888, n° 2758).

1732. Le conservateur ne peut exiger, outre le salaire dû pour la radiation d'une saisie immobilière d'autres salaires pour radier les mentions des notifications aux créanciers inscrits (Délib. adm. enreg. 8 nov. 1844, D. P. 45. 3. 19). Il en est ainsi, du moins, suivant MM. Boulanger et de Récy, t. 2, n° 875, quand la radiation de la saisie a été ordonnée par le tribunal comme conséquence de la nullité de la procédure ; la saisie étant alors anéantie *erga omnes*, il est superflu de rayer en même temps les mentions. Mais quand le saisi produit, avec la mainlevée du saisissant, le consentement à la radiation donné par les créanciers liés à la procédure, la radiation des mentions qui intéressent ces créanciers devient une formalité distincte et donne droit à un salaire spécial.

1733. La radiation d'une saisie peut être constatée par un certificat, comme la radiation d'une inscription. Le conservateur ne peut en refuser la délivrance lorsqu'il en est expressément requis. Ce certificat ne donne lieu à aucun salaire distinct, quand il est délivré, au moment même de la radiation, à la partie qui l'a requise (Trib. civ. Bar-sur-Aube, 1er juin 1876, *Journal des conservateurs des hypothèques*, art. 3076 ; Boulanger et de Récy, t. 2, n° 882).

1734. Quant au certificat de non-transcription de saisie, V. *suprà*, n° 1724.

1735. — 9° *Actes exempts de salaires* (*Rép.* n°s 2875 et 2876). — On a cité au *Rép.*, n° 2875, des décisions du ministre des finances d'après lesquelles les conservateurs des hypothèques n'auraient droit à aucun salaire pour les différents actes de leurs fonctions relatifs aux expropriations pour cause d'utilité publique, lorsque les acquisitions sont faites pour le compte de l'État (V. aussi, en ce sens, Lettre du directeur général de l'administration de l'Enregistrement, 23 août 1876, D. P. 78. 5. 148). Il résulte, au contraire, d'un arrêt de la cour de cassation que, les art. 15 et 27 de la loi du 21 vent. an 7 portant que des salaires sont dus aux conservateurs pour tous les actes qu'ils délivrent, cette disposition est nécessairement applicable aux actes dont l'État requiert la délivrance en matière d'expropriation pour cause d'utilité publique, et que, par conséquent, le Trésor doit payer, en raison de cette délivrance, les salaires alloués par les tarifs (Civ. cass. 28 févr. 1888, aff. Michel, D. P. 88. 1. 261). Le même arrêt décide que le fait, de la part d'un conservateur, de s'être conformé aux circulaires ministérielles qui déniaient son droit à un salaire, ne peut lui être opposé comme une renonciation à ce droit.

1736. Mais les conservateurs ne peuvent exiger le payement immédiat de leurs salaires à raison des formalités hypothécaires requises pour les expropriations ou acquisi-

---

(1) (Grenot C. Hardy.) — Le tribunal ; — Attendu que M. Hardy, avoué près ce tribunal, réclame au sieur Grenot, ancien conservateur des hypothèques de Fontainebleau, les sommes ci-après retranchées par le juge de divers états de frais soumis à la taxe : 1°...; 2° celle de 227 fr. 90, perçus spécialement pour la délivrance de certificats de non-transcription de saisie et faisant double emploi avec les salaires perçus pour les certificats de non-transcription d'aucun des actes énumérés en vue du 23 mars 1855, lors des poursuites des saisies immobilières dirigées contre les nommés Carouget, Goga, Bergeron, Degas, Rougeaux, Ducret, Maillier, Morguy, et lors de la purge légale d'un immeuble acquis par la commune de Courcelles; 3° celle de 137 fr. 60 pour certificats négatifs de mention de résolution, perçue lors de la délivrance d'états d'inscription ou de transcription lors des poursuites des saisies immobilières dirigées contre les nommés Carouget, Goga, Duvaux, Ducret, Maillier et Morguy, et lors des formalités de purge légale d'une acquisition faite par la ville de Paris et de deux acquisitions faites par la ville de Fontainebleau ; 4°...; — pour repousser cette demande, Grenot soutient : 1°...; 2° que les certificats relatifs aux transcriptions de saisies et aux mentions de non-résolution, exigeant des recherches spéciales, doivent donner lieu à un salaire distinct ;

En ce qui touche les certificats de non-transcription de saisies ; — Attendu que le décret 21 sept. 1840, en établissant au profit des conservateurs des hypothèques un droit de 1 franc pour chaque certificat de non-transcription d'actes de mutation n'a fait aucune distinction entre ces divers actes ; — Attendu que, si la saisie immobilière ne constitue pas, à proprement parler,

un acte de mutation, elle modifie et restreint néanmoins d'une manière notable les droits du propriétaire en lui enlevant la faculté de disposer de ses immeubles ; — Attendu que l'art. 678 c. proc., prescrivant la transcription de la saisie, cet acte était donc déjà obligatoire lors de la promulgation de ce décret, et a dû être prévue par le législateur lorsqu'il a fixé les salaires des conservateurs ; — Attendu que le certificat de non-transcription de saisie n'ayant été l'objet d'aucune disposition spéciale, cet acte est nécessairement compris dans l'expression générale d'actes de mutation employée par le décret précité; — Attendu qu'il importe peu que les saisies soient transcrites sur un autre registre que celui consacré aux autres actes affectant la propriété immobilière; que le nombre et l'organisation des registres constituent une mesure d'ordre intérieur qui ne saurait préjudicier aux tiers, ni créer un droit au profit du conservateur ;

En ce qui concerne les certificats de mention de résolutions ; — Attendu que les jugements portant résolution, nullité ou rescision d'actes translatifs de propriété immobilière emportent eux-mêmes mutation de propriété ; qu'à ce titre, ils rentrent dans ceux prévus par le décret du 21 sept. 1810 ; qu'aucun salaire spécial n'est donc dû pour certifier qu'il n'est fait mention d'aucun jugement de cette nature ; — Attendu d'ailleurs qu'aucun article du tarif, ni même aucun usage, n'autorisent la perception d'un salaire pour attester que le droit hypothécaire résultant soit d'une inscription, soit d'une transcription, a été ou non modifié par une mention mise en marge ; — Par ces motifs ; — Condamne, etc.

Du 4 déc. 1884.-Trib. civ. de Fontainebleau.-M. Huré, pr.

tions concernant l'Etat, les départements ou la confection des chemins vicinaux. Ces salaires sont payés par trimestre, sur des états transmis par les conservateurs au préfet, par l'entremise du directeur de l'Enregistrement (Décis. min. fin. 12 juill. 1843; Instr. adm. enreg., n° 2615).

1737. Les états fournis à l'agent judiciaire du Trésor et aux receveurs des finances, à titre de renseignements administratifs, sont délivrés gratuitement (Sol. adm. enreg., 3 févr. 1860).

1738. Quand une personne admise à l'assistance judiciaire requiert une inscription en vertu du jugement qu'elle a obtenu, avant que ce jugement ait acquis la force de chose jugée, elle est dispensée d'avancer les droits et les salaires dus pour l'inscription. Mais la même dispense n'existe plus lorsque l'inscription est requise après que le jugement est devenu définitif (V. Décis. min. des fin. et de la just., 29 avr. 1853, D. P. 54, 3. 13; Rép., v° *Organisation judiciaire*, n° 774).

1739. — *10° Action en payement des salaires* (Rép. n° 2878). — C'est à l'autorité judiciaire qu'il appartient de statuer sur les demandes des conservateurs des hypothèques en payement de leurs salaires (Cons. d'Et. 2 août 1878, aff. Michel, D. P. 79. 3. 9). Il en est ainsi alors même que le payement a été réclamé à l'Etat; par suite, le refus du ministre des finances de reconnaître que le conservateur a droit au payement des salaires qu'il réclame ne constitue pas un acte susceptible d'être déféré au conseil d'Etat (Même arrêt).

1740. Le litige qui porte sur les salaires réclamés par un conservateur des hypothèques est de la compétence du juge de paix lorsque le montant de la demande n'excède pas le taux fixé par l'art. 1 de la loi du 25 mai 1838. Il en est ainsi, notamment, de la demande en restitution d'une somme de 4 fr. intentée par un particulier contre un conservateur, en raison de ce que celui-ci aurait perçu cette somme en trop pour le salaire d'un acte (Civ. cass. 5 nov. 1889, aff. Simian, D. P. 90. 1. 9).

1741. Le notaire rédacteur d'un contrat a qualité, tant en son nom et dans son intérêt personnel que comme mandataire des parties, pour contester l'exigibilité des salaires perçus au sujet d'un état délivré sur la transcription du contrat au bureau des hypothèques (Trib. civ. Cherbourg, 20 nov. 1883, 16 mai 1884, aff. Thorel, D. P. 85. 2. 57. V. aussi Orléans, 12 déc. 1884, aff. Vincent, D. P. 86. 2. 110). Mais la compagnie des notaires d'un arrondissement n'est pas recevable à intervenir dans une instance engagée entre un de ces notaires et le conservateur des hypothèques au sujet de salaires perçus pour formalités hypothécaires (Jugement précité du 20 nov. 1883).

1742. Il a été jugé que le conservateur des hypothèques n'est pas responsable du détournement, commis par un de ses employés, de sommes remises directement à cet employé par un notaire en vue de l'accomplissement de formalités hypothécaires, par cela seul que le conservateur n'a pas exigé la consignation préalable des droits et salaires exigibles pour les formalités (Paris, 13 mars 1888, aff. Bernard, D. P. 88. 5. 123). Tout en reconnaissant que la personne qui a requis l'accomplissement d'une formalité hypothécaire ne peut faire grief au conservateur de n'avoir pas usé du droit qui lui appartient de se faire payer d'avance (L. 21 vent. an 7, art. 27), nous ne pouvons approuver cette décision, qui fait de l'employé du conservateur auquel un notaire remet de l'argent pour son patron, le mandataire de ce notaire, tandis que l'employé est d'abord et principalement, dans cette circonstance, le mandataire du conservateur. C'est, en effet, le conservateur qui a choisi cet employé et qui lui a conféré le mandat de recevoir pour lui le payement de ses salaires (Comp. les décisions citées *suprà*, v° *Notaire-notariat*, n° 37).

1743. Suivant un arrêt, les salaires des conservateurs des hypothèques se prescrivent, comme les droits d'hypothèque, par deux ans à compter du jour où ils sont exigibles, c'est-à-dire de l'accomplissement des formalités hypothécaires (Besançon, 26 déc. 1888, aff. Préfet de la Meuse, D. P. 89. 2. 227). Cette solution, toutefois, n'est pas à l'abri de toute critique. La loi du 24 mars 1806, sur laquelle elle se fonde, ne statue que relativement aux droits d'inscriptions et de transcriptions hypothécaires établis par les

chap. 2 et 3 du titre 2, de la loi du 21 vent. an 7; or, c'est seulement dans le chap. 6 du titre 2 de cette dernière loi que sont fixés les salaires des conservateurs. La solution adoptée par la cour de Besançon ne repose, en définitive, que sur l'analogie qui existe entre les salaires et les droits fiscaux perçus par les conservateurs. Mais l'analogie suffit-elle pour justifier une prescription exceptionnelle?

1744. Les registres tenus par les conservateurs des hypothèques sont de deux sortes. Il y a premièrement les *registres dits de formalités*, sur lesquels sont portées par ordre de date les inscriptions d'hypothèques et les transcriptions d'actes de mutation et de saisie. Il y a en outre des registres tenus pour l'ordre intérieur, dits *registres d'ordre*, et qui ont pour objet principal de faciliter les recherches à l'effet de vérifier la situation hypothécaire des particuliers et des immeubles. Les registres de formalités, soumis au timbre, cotés et parafés par un juge (Rép. n° 2880), sont : 1° le registre de dépôt (Rép. n° 2882); 2° celui des inscriptions; 3° celui de transcription des actes de mutation; 4° celui de transcription des saisies immobilières (Rép. n° 2888). Quant aux registres d'ordre, qui sont tenus par les conservateurs sur papier non timbré, ce sont : 1° le registre destiné à l'enregistrement des sommations, jugements d'adjudication ou de conversion, radiations et autres formalités concernant les saisies; 2° le répertoire des hypothèques; 3° la table alphabétique du répertoire; 4° le registre des salaires; 5° les divers sommiers ou registres de recette nécessaires soit au recouvrement des droits ou produits appartenant à l'Etat, soit à la comptabilité du conservateur.

1745. Aucun de ces divers registres n'était autrefois tenu double, et comme ils restaient indéfiniment déposés dans les bureaux des conservateurs, un incendie pouvait les faire disparaître tous ensemble. C'est pour prévenir, autant que possible, les conséquences d'un pareil accident, pour faciliter les moyens d'y remédier, qu'une loi du 5 janv. 1875 (D. P. 75. 4. 83) a modifié l'art. 2200 c. civ., relatif au registre de dépôt. Le nouveau texte de cet article est ainsi conçu : « Néanmoins, les conservateurs seront tenus d'avoir un registre sur lequel ils inscriront jour par jour, et par ordre numérique, les remises qui leur seront faites d'actes de mutation et de saisie immobilière, pour être transcrits, de bordereaux, pour être inscrits, d'actes, expéditions ou extraits d'actes contenant subrogation ou antériorité, et de jugements prononçant la résolution, la nullité ou la rescision d'actes transcrits, pour être mentionnés. Ils donneront aux requérants, par chaque acte ou par chaque bordereau à transcrire ou à mentionner, une reconnaissance sur papier timbré, qui rappellera le numéro du registre sur lequel la remise aura été inscrite, et ils ne pourront transcrire les actes de mutation et de saisie immobilière, ni inscrire les bordereaux ou mentionner les actes contenant subrogation ou antériorité et les jugements portant résolution, nullité ou rescision d'actes transcrits sur les registres à ce destiné, qu'à la date ou dans l'ordre des remises qui leur auront été faites. — Le registre prescrit par le présent article sera tenu double, et l'un des doubles sera déposé sans frais, et dans les trente jours qui suivront sa clôture, au greffe du tribunal civil d'un arrondissement autre que celui où réside le conservateur. — Le tribunal au greffe duquel sera déposé le double du registre de dépôt sera désigné par une ordonnance du président de la cour dans le ressort de laquelle se trouve la conservation. Cette ordonnance sera rendue sur les réquisitions du procureur général ».

1746. Les modifications apportées par la loi du 5 janv. 1875 à l'ancien texte de l'art. 2200 c. civ. se réduisent à trois principales : — 1° L'ancien texte ne prescrivait d'inscrire au registre de dépôt que les remises d'actes de mutation pour être transcrits et de bordereaux pour être inscrits. D'après le nouveau texte, le conservateur doit y porter les remises d'exploits de saisie immobilière, pour être transcrits, d'actes, expéditions ou extraits d'actes contenant subrogation ou antériorité et de jugements prononçant la résolution, la nullité ou la rescision d'actes trans-

crits, pour être mentionnés en marge des inscriptions ou transcriptions. Le rapporteur de la loi à l'Assemblée nationale, M. Denormandie, a expliqué que ces nouvelles inscriptions ont été prescrites uniquement pour aider à la reconstitution des formalités constatées par les registres, en cas de perte. « Elles pourront, a-t-il dit, n'être faites que sommairement, parce qu'en effet il ne semble pas nécessaire que ce registre de dépôt soit tenu de manière à suppléer tous les registres du conservateur dans le cas de destruction... Il paraît suffisant qu'on y trouve les éléments nécessaires pour indiquer où doivent être les pièces utiles, pour dire quels sont les intéressés dont on peut exiger le concours, et pour démasquer la fraude ». Actuellement encore, comme autrefois, les remises des pièces déposées pour les radiations ne sont pas mentionnées au registre de dépôt. Les auteurs de la loi n'ont pas pensé que la mention de ces remises n'aurait pas d'utilité réelle (V. le rapport précité de M. Denormandie, D. P. 75. 4. 83, en note, nº 7).

1747. — 2º La seconde innovation de la loi de 1875 consiste en ce que le registre de dépôt doit être tenu double. Un décret du 28 août 1875 (D. P. 76. 4. 45) a statué que chaque double de ce registre serait un papier timbré et conforme au modèle fourni par l'administration de l'Enregistrement. Le coût du timbre est à la charge des parties, à à l'exception des cases employées à l'inscription des arrêtés quotidiens sur l'un des doubles ; le timbre de ces cases reste à la charge de l'État (art. 1 et 2 du décret précité).

1748. — 3º Enfin le nouvel art. 2200 ordonne que l'un des doubles du registre de dépôt sera déposé, dans les trente jours qui suivront sa clôture, au greffe du tribunal civil d'un arrondissement autre que celui où réside le conservateur. Le dépôt, d'après la loi, ne peut avoir lieu sans frais. Le greffe auquel il doit être fait est désigné par une ordonnance du président de la cour, sur les réquisitions du procureur général. Aux termes du décret du 28 août 1875, art. 2, le dépôt du double du registre est effectué, par les soins du conservateur, dans le délai prescrit par la loi. L'envoi a lieu par la poste, au moyen d'un paquet chargé. Le jour même de la réception du registre, le greffier dresse acte de la remise, et il en fait parvenir par lettre chargée le récépissé au conservateur. Le tout a lieu sans frais.

1749. Les doubles des registres de dépôt sont gardés au greffe sous clef ; il est interdit au greffier d'en donner connaissance à toute autre personne qu'aux agents de l'administration de l'Enregistrement. — En cas de destruction des registres de dépôt qui sont restés au bureau des hypothèques, les doubles conservés au greffe sont immédiatement remis, contre récépissé, à l'administration de l'Enregistrement, qui procède à la reconstitution de ces registres, sans qu'il en puisse résulter aucune charge nouvelle pour les parties ; cette reconstitution doit avoir lieu dans la même forme, dans le cas de destruction des doubles gardés au greffe (Décr. 28 août 1875, art. 4).

1750. L'hypothèse prévue par les auteurs de la loi du 5 juin. 1875 n'a pas tardé à se réaliser. Le 24 oct. 1877, les registres de la conservation des hypothèques de Tulle furent presque totalement détruits par un incendie. Une loi du 15 juin 1878 (D. P. 78. 4. 79) a ordonné la reconstitution partielle des formalités hypothécaires contenues dans les registres qui avaient péri. Ce travail a été confié à une commission présidée par le président du tribunal civil de Tulle ; il a dû porter : 1º sur les inscriptions prises postérieurement au 1er janv. 1867 et sur toutes les inscriptions antérieures dispensées du renouvellement ; 2º sur les transcriptions effectuées depuis le 1er janv. 1856 et sur celles qui ont eu lieu avant cette époque, en exécution des art. 939 et 1069 c. civ. ; 3º sur les transcriptions de saisies encore subsistantes. — Les délais accordés par la loi du 15 juin 1878 pour ce travail de reconstitution ont dû être prorogés par une loi du 17 déc. 1878 (D. P. 79. 4. 23). On trouvera dans ces lois tout le détail des voies et moyens par lesquels la reconstitution a été opérée.

1751. Une des modifications qui ont été faites au texte de l'art. 2200 c. civ. par la loi du 5 janv. 1875 concerne les reconnaissances que les conservateurs doivent délivrer en échange des pièces qui leur sont remises. L'ancien texte de l'art. 2200 portait : « Ils donneront au requérant une

reconnaissance sur papier timbré, qui rappellera le numéro du registre sur lequel la remise aura été inscrite... ». Il est dit dans la nouvelle rédaction que les conservateurs « donneront au requérant, *par chaque acte ou par chaque bordereau à transcrire, à inscrire ou à mentionner*, une reconnaissance, etc. ». Les mots en italique ont été ajoutés, je ne sais pourquoi, dans la troisième délibération de la loi, à l'Assemblée nationale, sur la demande du Gouvernement. « En fait et dans la pratique, a dit le rapporteur, on apporte souvent au conservateur plusieurs documents à la fois, et le conservateur ne délivre qu'une seule reconnaissance applicable à plusieurs affaires. Cette manière de faire n'est pas sans inconvénients. Le Gouvernement pense qu'il y a intérêt sérieux pour les parties à ce que le conservateur des hypothèques délivre un récépissé par chaque acte, chaque extrait d'acte, par chaque bordereau. Et quand je dis chaque bordereau, je ne veux pas dire par chacun des deux exemplaires du bordereau qui dans l'usage ont trait à une seule inscription, — je veux dire par chaque affaire » (Séance du 5 janv. 1875).

1752. Il résulte d'une instruction générale de l'administration de l'Enregistrement du 13 avr. 1865 (D. P. 66. 3. 36), que, sauf pour le cas d'hypothèque légale ou d'inscription requise par les syndics d'une faillite, et pour le cas de renouvellement, les conservateurs doivent exiger la représentation des titres en vertu desquels il est pris inscription, et certifier, par une mention spéciale sur le registre de dépôt, que ces titres leur ont été représentés. — Quant à la nature des titres sur lesquels il peut être pris inscription, V. la note sous cette instruction générale (V. aussi *supra*, nº 997).

1753. L'art. 1 du décret du 9 juin 1806 ayant réduit le salaire de transcription des actes de mutation et des procès-verbaux de saisie immobilière à 50 centimes par rôle contenant 30 lignes à la page et 18 syllabes à la ligne, les conservateurs doivent porter sur chaque page du registre de transcription 30 lignes de 18 syllabes chacune, soit 540 syllabes, compensation faite d'une ligne à l'autre (Instr. adm. enreg., 10 août 1888, nº 2758).

Art. 3. — *Des diverses obligations des conservateurs, et notamment des copies, états ou certificats qu'ils sont tenus de délivrer à tous ceux qui le requièrent, et des pénalités qu'ils encourent pour infraction à leurs obligations* (Rép. nos 2899 à 2959).

1754. Comme on l'a dit au *Rép.* nº 2902, les conservateurs des hypothèques ne sont obligés à délivrer les copies des actes transcrits ou des inscriptions existant sur leurs registres ou les certificats constatant qu'il n'en existe pas, qu'autant que la réquisition leur en est présentée par écrit, sauf le cas où le requérant déclare ne savoir signer. Dans le cas où les réquisitions manqueraient de clarté ou de précision, les conservateurs pourraient en demander de nouvelles, ou se faire fournir des explications écrites (Instr. adm. enreg. 17 avr. 1846, D. P. 46. 3. 185). Ces formalités sont aussi bien applicables à la délivrance de l'extrait d'une seule inscription qu'à celle d'un état comprenant plusieurs inscriptions. Il en est de même pour la demande de délivrance du certificat de mention d'une subrogation ou d'un consentement à priorité d'hypothèque, quand ce certificat doit être donné par le conservateur, soit sur le double du bordereau d'inscription représenté par le requérant, soit à la suite d'un extrait d'inscription (Même instruction).

1755. On a indiqué au *Rép.* nos 2903 et suiv., les divers genres d'états ou de certificats qui peuvent être requis du conservateur. En principe, il est loisible au requérant de restreindre sa demande dans les limites qu'il juge convenables. Il peut, par exemple, borner sa réquisition aux inscriptions existant sur un immeuble déterminé et du chef d'une personne seulement, ou excepter certaines inscriptions connues de lui. — En ce qui concerne les états ou certificats *sur transcription*, on pourrait croire qu'en faire connaître les charges grevant un immeuble aliéné, il a été soutenu que ces états ou certificats devaient nécessairement s'étendre à toutes les charges existant sur l'immeuble ; qu'autrement ils ne rempliraient pas leur but, ne constateraient pas la véritable situation hypothécaire de l'immeuble, et qu'en les qualifiant néanmoins d'*états* ou de *certificats sur*

transcription le conservateur engagerait sa responsabilité (V. Trib. civ. Rouen, 19 juill. 1847, aff. V..., D. P. 48. 3. 15). Mais ce système a été repoussé par la jurisprudence. Il résulte notamment de décisions de la cour de cassation que le devoir du conservateur est de se conformer à la réquisition qui lui est faite, alors que cette réquisition n'a rien de contraire à la loi, et que tout acquéreur peut aussi bien requérir un certificat sur transcription, limité à certaines charges, qu'un certificat les comprenant toutes ; qu'il suffit d'ailleurs au conservateur, pour garantir sa responsabilité, de transcrire la réquisition en tête du certificat (Req. 26 juill. 1859, aff. Conservat. des hyp. du Mans, D. P. 59. 1. 469 ; 6 janv. 1891, aff. Grenot, D. P. 91. 4. 418. V. dans le même sens : Caen, 26 déc. 1848, aff. Vallet, D. P. 49. 2. 48 ; Angers, 23 août 1856, aff. Conservat. des hyp. du Mans, D. P. 56. 2. 270 ; Orléans, 2 déc. 1858, aff. Daveziès, D. P. 58. 5. 93 ; Limoges, 18 janv. 1893, aff. Chazal, D. P. 93. 2. 538 ; *Rép.* v° *Transcription hypothécaire.* n°s 656 et suiv. ; Pont, t. 2, n° 1441 ; Aubry et Rau, t. 3, § 268, p. 392 ; Laurent, t. 31, n° 585).

1756. La faculté de requérir un état *spécial*, c'est-à-dire restreint aux formalités indiquées dans la réquisition, a été consacrée législativement par l'art. 5 de la loi du 23 mars 1855, pour les *états de transcriptions.* Aux termes de cet article, « le conservateur, lorsqu'il en est requis, délivre, sous sa responsabilité, l'état *spécial* ou *général* des transcriptions et mentions prescrites par les articles précédents » (Comp. *infrà*, v° *Transcription hypothécaire ; Rép.* eod. v° n°s 654 et suiv.).

1757. Il a été jugé que le conservateur requis de délivrer un état sur transcription de la vente d'une mine, ne doit pas y comprendre une inscription d'hypothèque judiciaire prise sur tous les biens consistant en bâtiments situés dans l'arrondissement (Trib. civ. Brioude, 9 déc. 1891) (1).

1758. Le même requérant peut demander cumulativement un état des inscriptions existant contre plusieurs individus. Dans ce cas, l'état doit être délivré collectivement en un même contexte ; le conservateur ne serait pas fondé à délivrer un état séparé sur chaque personne (V. *Rép.*

n°s 2914 et suiv.). Il a droit seulement, comme on l'a vu *suprà*, n° 1721, en sus du salaire dû pour chaque inscription portée sur l'état, à un salaire spécial de 1 fr. pour chaque individu sur lequel il constate qu'il n'existe pas d'inscriptions.

1759. Réciproquement, plusieurs requérants peuvent-ils se faire délivrer ensemble un état des inscriptions existant contre le même individu ou sur une transcription relatif aux mêmes immeubles ? L'affirmative est certaine, au moins dans le cas où les requérants agissent en vertu d'un titre commun, ou justifient d'un intérêt commun. On pourrait même soutenir que cette communauté d'intérêt importe peu ; que le conservateur, n'ayant à vérifier la situation hypothécaire que d'un seul individu ou d'un seul immeuble, n'est pas obligé à plus de travail et n'a pas droit, par suite, à plus de salaires, quand il certifie cette situation sur la demande de plusieurs que sur la demande d'un seul. Il résulte d'une solution de l'administration de l'Enregistrement que plusieurs acquéreurs, en vertu de contrats distincts, peuvent ne demander qu'un seul état d'inscriptions, si ces contrats ont la même date et sont transcrits en même temps, et si, d'ailleurs, les biens vendus ont la même origine (Sol. adm. inverse, 18 sept. 1863). Cette solution est motivée sur ce que, en pareil cas, « le conservateur n'a pas plus de recherches à faire. n'éprouve pas plus de difficultés, n'engage pas plus sa responsabilité qu'il n'était question que d'un seul contrat ». — Mais il a été jugé que si, en cas d'adjudication au profit de plusieurs, l'Administration autorise à ne requérir qu'un seul état d'inscription sur transcription. cette décision est motivée par la circonstance qu'il n'y a alors qu'un seul procès-verbal d'adjudication ne donnant lieu qu'à une transcription ; qu'au contraire, quand le même immeuble, divisé en plusieurs parcelles, est vendu à plusieurs acquéreurs par des actes différents, l'accomplissement de la transcription et la délivrance, soit de l'état sur transcription, soit d'un certificat négatif, donnent ouverture contre le conservateur des hypothèques à une responsabilité isolée et personnelle envers chaque acquéreur, et qu'il en résulte pour le conservateur le droit de délivrer autant d'états qu'il y a d'acquéreurs (Riom, 18 avr. 1866) (2).

---

(1) (Forqueray C. Conservateur des hypothèques de Brioude.) — Le Tribunal : — Attendu que L. Forqueray a vendu, suivant acte reçu par M° Demanche, notaire à Paris, les 24 et 25 janv. 1890, à la société Daginart et Laret, la concession des mines de Chazelle et diverses pièces de terre ; — Attendu que, lors de la transcription de cette vente, le conservateur des hypothèques de Brioude délivra un état qui comprenait notamment une inscription au nom de Rosine Provost, veuve Bouquerel ; — Attendu que Forqueray prétendit que cette inscription ne grevait pas la chose vendue, et qu'il requit, ainsi qu'il en avait le droit, un certificat sur transcription limité à la concession des mines de Chazelle, en excluant formellement toutes inscriptions qui seraient prises limitativement sur des bâtiments ; — Attendu que le conservateur fit néanmoins figurer dans le second état par lui délivré l'inscription prise par la veuve Bouquerel ; — Attendu que Forqueray a alors assigné pour faire ordonner que cette hypothèque serait retranchée de l'état ; — Attendu que l'inscription d'hypothèque a été requise « sur tous les biens que possède Marie Rabany, veuve Crinquand. consistant en bâtiments situés dans l'arrondissement de Brioude » ; — Attendu qu'il s'agit de rechercher si l'hypothèque ainsi inscrite frappe tous les immeubles de la débitrice ou seulement ceux qui sont en nature de bâtiments, ou, en d'autres termes, si le membre de phrase « consistant en bâtiments », est limitatif ou limitatif ; — Attendu que l'hypothèque judiciaire est générale, et que l'inscription participe de sa généralité ; qu'il suffit qu'elle soit prise sur les biens du débiteur pour qu'elle frappe à l'instant même tous ses biens de quelque nature qu'ils soient, situés dans l'arrondissement du bureau où elle est prise ; — Attendu, cependant, que le créancier a le droit de limiter l'effet de son inscription, et que sa volonté doit ressortir des termes employés dans l'inscription, qui est le moyen légal de manifester aux yeux des tiers l'existence de l'hypothèque ; — Or, attendu que la première partie de la formule employée était suffisante pour que l'hypothèque affectât tous les biens du débiteur, de quelque nature qu'ils fussent ; qu'une énumération ou une indication étaient inutiles ; que les expressions « consistant en bâtiments » sont nécessairement restrictives, puisqu'elles ne sont précédées ni suivies d'aucun terme énonciatif et que, entendues dans un sens opposé, elles ne seraient susceptibles de produire aucun effet ; — Attendu, du reste, que le sens grammatical est conforme à cette interprétation ; — Attendu, dès lors, que l'inscription frappait exclusive-

ment les bâtiments de la veuve Crinquand et le sol sur lequel ils étaient bâtis ; — Or, attendu que Forqueray a requis un certificat sur transcription limité à une concession de mines, en spécifiant que la concession ne comprend absolument aucune construction, aucun bâtiment ; que la désignation de la chose aliénée par Forqueray est conforme à ces indications, puisque la vente comprend la concession des mines dites de Chazelle et diverses parcelles en terre qui n'ont jamais appartenu à la veuve Crinquand ; — Attendu qu'une mine régulièrement concédée constitue une propriété d'une nature spéciale qui ne saurait être assimilée à des bâtiments ; que le conservateur a donc, à tort, fait figurer dans l'état par lui délivré l'inscription de la veuve Bouquerel ; — Attendu, en ce qui touche les dépens, que le conservateur des hypothèques est un mandataire légal rentrant dans la classe des administrateurs auxquels s'applique l'art. 132 c. proc. civ. ; qu'alors même qu'il succombe il ne doit pas être condamné aux dépens, si sa résistance n'a pas été inspirée que par la sage prudence que nécessitent l'exercice de ses fonctions et la surveillance des intérêts qui lui sont confiés ; — Attendu que, dans l'espèce, la question était délicate et sérieuse ; que le conservateur s'est entouré de conseils et a sollicité l'avis de ses collègues ; que sa résistance a été motivée, non par l'ignorance ou un esprit difficultueux, mais par la crainte d'engager sa responsabilité et le désir de protéger les intérêts d'un tiers ; que, dès lors, il serait excessif de lui faire supporter les dépens d'une instance où son intérêt personnel n'est pas directement engagé ; — Attendu que, pour les mêmes raisons, il n'y a pas lieu d'allouer à Forqueray les dommages-intérêts qu'il réclame ;

Par ces motifs : — Dit que l'inscription du 28 oct. 1865, vol. 592, n° 273, ne grevant pas les bâtiments de la dame veuve Crinquand, a été à tort comprise dans l'état requis le 23 juill. 1891 ; en ordonne le retranchement dudit état dans la huitaine de la signification du présent jugement, à peine d'une indemnité de 2 fr. par chaque jour de retard, et ce pendant un mois, passé lequel il le sera fait droit ; dit n'y avoir lieu à dommages-intérêts, déboute le demandeur de ce chef de ces conclusions et le condamne aux dépens.

Du 9 déc. 1891.-Trib. civ. de Brioude.

(2) (Brunet et Philippon C. Kolman). — Par acte passé devant M° Chavanat, notaire à Commentry, le 5 mai 1864, les époux Michard ont vendu aux époux Brunet une partie d'un im-

1760. Le conservateur auquel un acquéreur demande un état sur transcription des inscriptions qui grèvent l'immeuble tant du chef du vendeur que des précédents propriétaires, doit-il y comprendre l'inscription d'office prise au profit du dernier vendeur contre l'acquéreur ? L'affirmative a été jugée (Trib. civ. de Gray, 20 déc. 1871) (1), et c'est l'opinion qui a été adoptée au *Rép.* n° 2919. En pratique, toutes les fois qu'un état sur transcription est demandé après une vente dont le prix est encore dû, le requérant doit avoir soin de dire s'il veut ou non la copie de l'inscription prise d'office contre l'acquéreur ; de cette manière, on évite toute difficulté.

1761. Lorsqu'il est procédé à la purge des hypothèques légales, le tiers acquéreur, alors même qu'il a pris un état sur transcription, doit encore se faire délivrer un nouvel état, appelé dans la pratique *état sur purge*, et qui peut n'être, d'ailleurs, qu'un certificat négatif, après l'expiration du délai de deux mois accordé par la loi pour l'inscription des hypothèques légales. Mais si aucun état n'a été demandé après la transcription, le tiers acquéreur doit encore requérir un état général de toutes les charges inscrites, du chef de l'aliénateur et des précédents propriétaires, jusqu'à l'expiration du délai de la purge. Il a été jugé que le conservateur ne peut, en pareil cas, refuser l'état unique qui lui est

---

meuble appelé la Grillière. Le surplus de cet immeuble a été vendu par les mêmes, devant le même notaire, le 14 du même mois au sieur Philippon. Ces deux ventes ont été présentées en même temps à la transcription, et un état des inscriptions pouvant exister contre les vendeurs et les précédents propriétaires a été requis par le notaire au nom des acquéreurs. Le conservateur, M. Kolman, a refusé de délivrer dans ces conditions un état unique, en alléguant que les deux acquisitions avaient eu lieu pour deux actes différents. — Sur l'assignation donnée au conservateur par les époux Brunet et le sieur Philippon, le tribunal de Montluçon a rendu un jugement ainsi motivé : « Attendu que si, aux termes de l'art. 2196 c. civ., les conservateurs sont tenus de délivrer à tous ceux qui le requièrent copie des actes transcrits sur les registres et celle des inscriptions subsistantes, ou certificat qu'il n'en existe aucune, cet article ne s'explique pas sur la question de savoir si la réquisition peut être collective ou si elle doit rester individuelle ; que ce n'est donc pas dans l'art. 2196 que se trouve la raison de décider la question aujourd'hui litigieuse; — Attendu, en principe, que les conservateurs sont, et plus spécialement depuis la loi du 23 mars 1855, chargés de constater sous leur responsabilité l'état civil de la propriété, et de délivrer, à toute réquisition, copie exacte des actes translatifs d'actes de mutations et des bordereaux inscrits sur leurs registres, et qu'ils sont responsables des omissions commises sur ces registres, ou du défaut de mention dans les certificats qu'ils délivrent des inscriptions existantes : qu'en échange du péril auquel les exposent les fonctions délicates dont ils sont investis, le législateur leur attribue un salaire rémunératoire qui a été fixé en considération non seulement des recherches qu'ils sont appelés à faire, mais encore du danger auquel les expose la responsabilité qui pèse sur eux; qu'il est donc juste que tous ceux qui requièrent les états d'inscription destinés à faire connaître les charges grevant la propriété acquise payent le salaire qui n'est que la juste rémunération d'un service rendu; — Attendu que si, en matière d'adjudication, l'Administration autorise à ne requérir qu'un seul état d'inscription sur transcription, cette décision s'explique par cette circonstance que, si les adjudicataires sont différents, il n'y a qu'une seule vente faite sous les mêmes conditions et presque instantanément; qu'on conçoit qu'il y aurait quelque chose d'excessif dans l'obligation pour les adjudicataires de requérir plusieurs certificats, alors que le conservateur n'a fait qu'une même transcription d'un seul et même procès-verbal d'adjudication; — Attendu que les demandeurs, pour légitimer leurs prétentions, se prévalent d'une décision de l'Administration qui a pensé que le conservateur ne devait délivrer qu'un seul état sur transcription, lorsque, s'agissant de deux ventes faites par le même vendeur de biens ayant la même origine, les deux actes faits le même jour sont déposés en même temps pour être transcrits; — Attendu, à cet égard, que, pour argumenter de cette décision, il faudrait qu'il y eût identité d'espèce, que les circonstances fussent exactement les mêmes; mais qu'il en est autrement, et que, l'une des conditions dans lesquelles est intervenue cette décision étant différente, il est impossible de conclure par voie d'analogie; — Attendu qu'il suffisait, pour restreindre le droit qu'ont les conservateurs de délivrer des certificats sur transcription lorsqu'ils en sont requis, de déposer tous les actes à transcrire le même jour, cette manière de procéder donnerait lieu à des abus multipliés, et que les conservateurs seraient exposés à des périls d'autant plus grands que les actes déposés seraient plus nombreux et qu'ils seraient ainsi privés d'un salaire qui a été mis en rapport avec l'étendue de leur responsabilité; — Attendu, enfin, que M. Chavanat, s'il eût été moins soucieux de l'intérêt de ses clients, pouvait, par la délivrance d'un certificat individuel, s'éclairer sur l'étendue des charges grevant la propriété vendue aux époux Brunet et Antoine Philippon, et qu'il n'a demandé un certificat collectif que pour, le cas échéant, invoquer la responsabilité qui pèse sur le conservateur des hypothèques de Montluçon; que la précaution par lui prise suffirait seule pour justifier le refus de M. Kolman d'obtempérer à la réquisition du 3 juin 1865, etc. ».

Appel par les époux Brunet et le sieur Philippon.

La Cour; — Attendu que la division en plusieurs actes de la vente des différentes parcelles d'un seul et même immeuble constitue pour chacun des acquéreurs de ces parcelles une situation particulière réglée par les conventions spéciales stipulées par chaque acte, situation à peu près indépendantes et distinctes les unes des autres dans les formalités consécutives à ces actes comme les droits qui en dérivent ; — Attendu que l'accomplissement de la transcription et la délivrance, soit de l'état sur transcription, soit d'un certificat négatif, donnent ouverture contre le conservateur des hypothèques à une responsabilité isolée et personnelle envers chaque acquéreur; d'où suit la légitimité d'un émolument particulier résultant du droit pour ce fonctionnaire de délivrer des états sur transcription ou des certificats négatifs en nombre égal à celui des actes d'aliénation présentés à la transcription; — Attendu, en fait, que l'état requis par Me Chavanat était réclamé dans l'intérêt d'une part, des époux Brunet, en vertu de l'acte du 5 mai 1865, d'autre part, du sieur Philippon, en vertu de l'acte du 14 du même mois ; — Qu'en fournissant sur cette réquisition un relevé positif ou négatif des inscriptions hypothécaires prises sur les parcelles vendues, le conservateur rendrait à chaque acquéreur un service de sa fonction, service dont la rémunération, au lieu d'être divisée, serait due individuellement par chacun de ceux à qui il profiterait et qui y pourrait puiser le principe d'une action en responsabilité contre le conservateur; — Attendu qu'il n'existe aucune analogie entre l'espèce litigieuse et celle d'un seul et même acte d'adjudication comprenant, au profit de différents acquéreurs, l'adjudication des diverses parcelles d'un immeuble; que, dans cette dernière espèce, il ne se rencontre qu'un seul acte, qu'une seule procédure ou suite de formalités, qu'un seul ensemble de charges et de droits, qu'une seule transcription, qu'une seule base de responsabilité contre le conservateur envers la masse des acquéreurs, au prorata des droits de chacun ; — Adoptant, au surplus, les motifs des premiers juges, en ce qu'ils ne sont pas contraires à ceux du présent arrêt; — Confirme, etc.

Du 18 avr. 1866.-C. de Riom.

---

(1) (D... C. le conservateur des hypothèques de Gray.) — Le tribunal; — Attendu qu'aux termes de l'art. 2198 c. civ., l'immeuble à l'égard duquel le conservateur aurait omis, dans ces certificats, une ou plusieurs des charges inscrites, en demeure, sauf la responsabilité du conservateur, affranchi dans la main du nouveau possesseur, pourvu qu'il ait requis le certificat depuis la transcription de son titre; — Attendu que, d'après les termes de cet article et ceux de l'art. 750 c. proc. civ. (L. du 21 mai 1858), l'intérêt dès tiers, aussi bien que la responsabilité des conservateurs, exige que l'état que ces derniers délivrent, après transcription, soit complet, et qu'à moins qu'ils n'en soient formellement dispensés par la réquisition, ils doivent comprendre dans leur état les inscriptions d'office; — Attendu que la réquisition délivrée à la date du 6 nov. 1871 par le notaire D... est ainsi libellée : « État sur transcription. Je soussigné, requiers M. le conservateur des hypothèques de Gray de me délivrer un état des charges et inscriptions subsistantes et non périmées grevant, tant du chef des vendeurs que de celui des précédents propriétaires, les immeubles aliénés par B..., en faveur de divers, suivant acte, etc. » — Attendu que, d'après les termes généraux et sans restriction de cette réquisition, qui n'indique même pas dans quel but elle est faite, le conservateur a considéré avec raison que le requérant réclamait l'état de toutes les inscriptions grevant les immeubles sus-désignés et les frappant à un titre quelconque, tant *pour* que *contre* les vendeurs et les précédents propriétaires; — Qu'il a, en conséquence, à bon droit, relevé sur son état les dix-sept inscriptions *d'office* dont D... demande le retranchement; — Attendu, encore, qu'y eût-il doute sur la portée des termes de la réquisition, leur ambiguïté ne pourrait s'interpréter que contre leur rédacteur, et que c'eût été encore avec raison, dans ce cas, que, rapprochant la formule *absolue* de la réquisition D... des termes des réquisitions de même nature qu'il reçoit journellement et dans lesquelles la dispense de relever les inscriptions *d'office* est toujours énoncée, quand il y a lieu, et même habituellement imprimée à l'avance, le conservateur eût agi comme il l'a fait; — Par ces motifs, déclare D... non recevable et mal fondé dans sa demande, etc.

Du 20 déc. 1871.-Trib. civ. de Gray.-MM. Vannesson, pr.-Lompré, proc. de la Rép.-Clerc et Renaud, av.

demandé ; qu'il n'a pas le droit de délivrer, d'une part, un état des inscriptions antérieures à la transcription, et, d'autre part, un état ou un certificat spécial pour les inscriptions d'hypothèques légales (Poitiers, 2 juill. 1860 (1). V. conf. *Revue critique*, t. 17, 1860, p. 220 et suiv.).

1762. Il est généralement admis que le conservateur ne doit pas comprendre dans ses états d'inscriptions, *à moins d'une réquisition spéciale*, ni les inscriptions périmées, ni celles qui, remontant à plus de dix ans, ont été renouvelées (*Rép.* n° 2921 ; Rouen, 6 mars 1848, aff. Conservateur des hypothèques de Rouen, D. P. 48. 2. 140, et sur pourvoi, Req. 4 avr. 1849, D. P. 49. 1. 106 ; Paris, 23 nov. 1849, aff. Boullay, D. P. 52. 2. 146 ; Dijon, 9 juill. 1868, rapporté avec Civ. cass. 21 juin 1870, aff. Denis, D. P. 71. 1. 92 ; Lyon, 8 mai 1873, rapporté avec Req. 11 mars 1874, aff. Pichat, D. P. 74. 1. 293). On doit reconnaître cependant que la délivrance de l'inscription primitive, à côté de l'inscription renouvelée, pourrait être quelquefois utile (V. *supra*, n° 1075). Mais c'est aux parties qui y auraient intérêt à la requérir. — Il a été jugé que le conservateur ne doit pas délivrer les inscriptions remontant à plus de dix ans et non renouvelées qui frappaient, avant l'adjudication sur saisie immobilière, un immeuble revendu depuis à un tiers, quoiqu'elles n'aient pas perdu leur effet à l'égard de l'adjudicataire (Paris, 23 nov. 1849, précité) : ni celles qui ont cessé de délivrer l'immeuble (pour avoir été omises dans un état délivré précédemment (Rouen, 16 mars 1848, et sur pourvoi, Req. 7 mars 1849, aff. Ambert, D. P. 49. 1. 257 ; Paris, 23 nov. 1849, précité) ; ni celles qui ont été prises par les créanciers de l'ancien propriétaire depuis la transcription du contrat de vente et l'accomplissement des formalités de la purge légale, alors surtout que rien ne prouve que cette purge puisse être annulée comme irrégulière (Même arrêt 23 nov. 1849). En un mot, le conservateur ne doit faire figurer dans ses états aucune inscription dont les immeubles se trouvent affranchis par une disposition de loi précise et formelle (Même arrêt). Et la radiation d'une telle inscription peut être poursuivie par voie d'action en rectification contre le conservateur (Req. 7 mars 1849, précité).

1763. Il a été jugé aussi que le conservateur n'est pas tenu de comprendre dans l'état qu'il délivre et qui contient une inscription renouvelée, la mention d'une radiation partielle qui figurait en marge de l'inscription originaire, mais qui n'a pas été indiquée dans l'inscription renouvelée (Dijon, 9 juill. 1868, et Lyon, 8 mai 1873, cités *supra*, n° 1762).

1764. Il est évident que l'inscription prise sur les biens présents et à venir d'un débiteur ne doit pas être comprise dans un état requis contre lui sur un immeuble qu'il a aliéné par un contrat transcrit antérieurement à la date de l'inscription (Limoges, 15 févr. 1842, *Rép.* n° 2912 ; Alger, 10 déc. 1884, aff. Moulin, D. P. 85. 5. 122. V. cependant, en sens contraire, Trib. Seine, 5 déc. 1879, aff. Courteau, D. P. 80. 3. 136).

1765. Lorsque la femme du vendeur a renoncé à son hypothèque légale sur l'immeuble vendu, dans les conditions déterminées par la loi du 13 févr. 1889 (V. *supra*, n°s 551 et suiv.), le conservateur doit s'abstenir de faire figurer sur l'état des inscriptions grevant l'immeuble les inscriptions d'hypothèque légale au profit de la femme ou au profit de créanciers subrogés par elle dans son hypothèque, prises postérieurement à la transcription du contrat, si la renonciation a eu lieu dans le contrat lui-même, ou postérieurement à la mention de cette renonciation en marge de

la transcription de la vente, si la femme a renoncé par un acte authentique postérieur. Il n'y a pas à distinguer à cet égard entre le cas où la femme a renoncé expressément et celui où elle a agi comme covenderesse, garante ou caution du mari. Mais si la femme a été seulement présente au contrat et, à plus forte raison, si sa renonciation n'a pas eu lieu, comme le veut la loi, par acte authentique, l'hypothèque légale continue de frapper l'immeuble, et par conséquent il n'est pas douteux que les inscriptions de cette hypothèque, même postérieures à la transcription de la vente, doivent être délivrées par le conservateur (Comp. *Journal des conservateurs des hypothèques*, 1890, art. 4075 ; Wablé, *Des renonciations par la femme à son hypothèque légale*, n° 110). — Avant la loi du 13 févr. 1889, il a été jugé que le fait par le conservateur des hypothèques de comprendre dans un état sur transcription les inscriptions prises par les créanciers subrogés à l'hypothèque légale de la femme postérieurement à la transcription de la vente, n'engageait pas sa responsabilité (Trib. civ. de la Seine, 11 juin 1868, aff. Crapez, D. P. 68. 3. 86 ; de la Flèche, 26 août 1878, aff. De Paillot, D. P. 80. 3. 134 ; de Beaune, 28 août 1879, aff. Dupont, *ibid.*). Mais ce serait à tort, suivant nous, que les conservateurs s'autoriseraient de ces décisions pour porter indistinctement sur les états relatifs aux immeubles vendus les inscriptions d'hypothèque légale postérieures à la transcription de la vente ; quand la femme a régulièrement et valablement renoncé à son hypothèque légale en faveur de l'acquéreur, l'immeuble en est affranchi, et par conséquent les inscriptions prises en vertu de cette hypothèque ne doivent plus figurer parmi celles qui le frappent (Comp. en ce sens : Emion et Herselin, *Commentaire de la loi du 13 février 1889*, n° 41 ; de France de Tersant, *Journal des conservateurs des hypothèques*, 1891, art. 4124, p. 13 et suiv.).

1766. Comme on l'a vu *supra*, n° 1134, les inscriptions d'hypothèque légale, même quand elles sont prises pendant le mariage ou la tutelle, ne sont valables que pour dix ans et doivent être renouvelées. Il a été jugé, en conséquence, que le conservateur des hypothèques n'est pas fondé à comprendre dans un état sur transcription, requis par l'acquéreur d'un immeuble, une inscription d'hypothèque légale prise au nom de la femme du vendeur depuis plus de dix ans et non renouvelée ; et c'est ainsi alors même que l'hypothèque légale aurait été, postérieurement à son inscription, restreinte à des immeubles déterminés, au nombre desquels était l'immeuble vendu ; et que la demande du vendeur tendant à ce que le conservateur soit condamné à supprimer de l'état l'inscription dont il s'agit et à indemniser le demandeur pour le préjudice à lui causé par la mention de cette inscription périmée, ne saurait être repoussée par le motif que ledit vendeur était tenu, comme mari, de renouveler l'inscription, l'art. 2136 c. civ. dispensant implicitement les maris de requérir et de renouveler l'inscription de l'hypothèque légale de leur femme, à la condition de dénoncer l'existence de cette hypothèque lors de la vente de leurs propres immeubles (Trib. civ. de Carpentras, 25 nov. 1890, aff. Légier, *Journal des conservateurs des hypothèques*, 1892, art. 4313, p. 379).

1767. Le conservateur, toutefois, n'est pas juge du mérite des inscriptions, et quand il y a doute sur le point de savoir si telle inscription est valable ou si elle s'applique à la personne contre laquelle l'état est demandé ou à l'immeuble désigné dans la réquisition, le conservateur a le droit et même le devoir de la comprendre dans l'état (V. *Rép.* n° 2925 ; Aubry et Rau, t. 3, § 268, p. 293 ; Laurent ;

---

(1) (Conservateur des hypothèques de la Rochelle C. D...) — La cour ; — Attendu qu'aux termes de l'art. 2196 c. civ., les conservateurs des hypothèques sont tenus de délivrer, à tous ceux qui le requièrent, copie des actes transcrits sur leurs registres et celle des inscriptions subsistantes, ou certificat qu'il n'en existe aucune ; — Qu'ils doivent se conformer, pour cette délivrance, à la volonté clairement exprimée des parties requérantes ; — Attendu que, le 25 oct. 1859, D... a requis du conservateur des hypothèques de la Rochelle état ou certificat négatif des inscriptions existantes au bureau des hypothèques de cette ville, jusqu'à ce jour, sur l'immeuble connu sous le nom de *filature de la Rochelle* ; qu'il a désigné cet immeuble et le propriétaire contre lequel ces inscriptions pouvaient avoir été prises ; — Attendu que sa volonté était nettement exprimée sans ambi-

guïté possible ; qu'il voulait avoir toutes les inscriptions existant jusqu'au 25 oct. 1859, sans distinction, quelles que fussent leurs dates ou leurs causes ; que l'indication qu'il a donnée de la transcription du jugement d'adjudication n'avait pas d'autre but que de faciliter les recherches du conservateur ; que le conservateur n'avait pas à se préoccuper de l'usage que D... voulait faire de cet état ; que le certificat négatif qu'il a offert devenait inutile et frustratoire s'il avait été déféré à la réquisition ; qu'en effet, si ce certificat avait été rédigé conformément à cette réquisition il devenait superflu d'attester par un nouveau certificat, qu'il n'y avait pas d'autres inscriptions que celles portées dans le premier ; — Par ces motifs, etc.
Du 2 juill. 1860.-C. de Poitiers.-MM. Lavaur, pr.-François, av gén.

t. 31, n° 587). Il a été jugé, en ce sens, depuis la publication du *Répertoire* : 1° que, si la partie qui requiert du conservateur des hypothèques un certificat d'inscription peut exiger que ce certificat soit restreint aux inscriptions existant sur tel immeuble ou procédant du chef de tel ancien propriétaire à l'exclusion de tous autres, elle ne saurait obliger le conservateur à ne certificat certaines inscriptions sur le motif qu'elles seraient sans valeur (notamment par application du principe de la rétroactivité du partage), le conservateur ne pouvant se rendre juge du mérite des inscriptions qui existent sur son registre et qu'il doit considérer comme valables tant que la nullité n'en a pas été prononcée par les tribunaux (Paris, 17 nov. 1855. aff. Formé, D. P. 56. 2. 272); — 2° Que le conservateur des hypothèques, auquel, après transcription d'une vente, on demande un état des inscriptions procédant du chef des précédents propriétaires, est fondé à y comprendre les inscriptions prises contre des cohéritiers du vendeur, bien que l'immeuble soit tombé exclusivement dans le lot de celui-ci ; qu'en pareil cas, c'est au requérant, s'il estime que la mention de ces inscriptions est sans objet et entraîne des frais inutiles, à préciser et à limiter sa demande (Metz, 25 mars 1858, aff. Vaissié, D. P. 59. 2. 76; Paris, 22 févr. 1859, aff. Dumont, *ibid.* V. aussi, en ce sens, Solut. adm. enreg., 3 août 1839, et les jugements cités dans le *Journal des conservateurs des hypothèques*, 1892, art. 1242, p. 94); — 3° Que, lorsqu'une inscription radiée partiellement a été renouvelée sans indication de la radiation partielle, le conservateur, ne pouvant se faire juge des droits des parties, n'est pas tenu de se reporter à la mention de radiation mise en marge de l'inscription primitive, pour apprécier s'il doit ou non délivrer un certificat négatif (Lyon, 8 mai 1873, aff. Pichat, D. P. 74. 1. 293); — 4° Que le conservateur des hypothèques, requis de délivrer un état des inscriptions subsistantes contre un individu, est fondé à comprendre dans cet état une inscription judiciaire prise contre une personne ayant le même nom et le même domicile, encore que cette personne ne soit désignée qu'avec un seul des trois prénoms donnés à celle indiquée dans la réquisition (Trib. civ. du Havre, 19 août 1880, aff. Conservateur des hypothèques du Havre, D. P. 81. 3. 15); — 5° Que la réquisition, après une transcription de vente, d'un état des inscriptions grevant l'immeuble vendu « du chef des vendeurs et des précédents propriétaires dénommés au contrat », autorise le conservateur, lorsque l'établissement de propriété mentionne, au nombre des anciens propriétaires, une famille indiquée simplement par son nom patronymique, à comprendre dans son état, après recherches dans un acte antérieur, les membres individuellement désignés de cette famille, et, par suite, à percevoir les salaires de ce chef; mais qu'elle ne lui donne pas le droit d'y faire figurer des anciens propriétaires qui ne sont dénommés d'aucune façon au contrat et qu'il n'a pu retrouver qu'au moyen de recherches sur ses registres (Caen, 16 mai 1884, aff. Thorel, D. P. 85. 2. 57).

1768. En ce qui concerne les inscriptions d'hypothèque légale des femmes mariées, la jurisprudence a fait aussi, et parfois trop largement peut-être, l'application du principe que le conservateur n'est pas juge de la régularité ni de l'étendue des inscriptions. Dans des cas où l'hypothèque légale avait été inscrite spécialement sur certains immeubles du mari, avec exclusion de quelques-uns, des conservateurs, confondant l'inscription avec l'hypothèque, ont vu là une restriction illégale de celle-ci, et ils ont fait figurer l'inscription ainsi restreinte sur des états relatifs à des immeubles auxquels cette inscription ne s'appliquait pas. Contrairement à ce système, il a été jugé que l'inscription d'hypothèque légale prise par une femme mariée sur certains immeubles du mari n'a pas pour effet de donner la publicité à cette hypothèque relativement aux autres immeubles sur lesquels l'inscription n'a pas été prise, et que, par conséquent, le conservateur ne doit pas comprendre cette inscription dans les états qui lui sont demandés en ce qui concerne spécialement ces autres immeubles (Paris, 15 févr. 1858. aff. Conservateur des hypothèques de Troyes, D. P. 58. 2. 54; Limoges, 6 août 1861, *supra*, n° 1131; Trib. civ. de Pont-l'Évêque, 28 mai 1878, aff. Boscher, D. P. 79. 3. 111). Mais la prétention des conservateurs a triomphé

devant la cour de cassation. Il a été jugé: 1° qu'en cas d'inscription de l'hypothèque légale d'une femme mariée sur tous les immeubles présents, passés et à venir du mari, situés dans l'arrondissement du bureau des hypothèques où est prise l'inscription, aux effets de l'hypothèque légale inscrite en termes généraux ; qu'en conséquence. il doit comprendre dans l'état des inscriptions d'hypothèques grevant l'immeuble exclu l'inscription de l'hypothèque légale prise dans la forme indiquée par les art. 2148 et 2153 c. civ. (Limoges, 1er févr. 1869, aff. Lacoste-Lareymondie, D. P. 71. 2. 171. Comp. en ce sens, Trib. civ. de Sens, 27 déc. 1872, *supra*. n° 1132).

1769. La règle que le conservateur n'est pas juge du mérite des inscriptions est invoquée habituellement par les conservateurs, mais elle peut aussi leur être opposée. Il a été jugé qu'un conservateur avait omis à tort dans un état sur transcription une inscription prise contre le vendeur, sous le prétexte que l'acte de vente transcrit mentionnait que l'immeuble avait été acquis par le vendeur à une date postérieure à celle de l'inscription, d'où le conservateur avait conclu que l'hypothèque conventionnelle pour laquelle l'inscription avait été prise ne pouvait s'appliquer à l'immeuble vendu; en fait, la date indiquée dans l'acte comme celle de l'acquisition de l'immeuble par le vendeur était inexacte ; l'immeuble était réellement grevé de l'hypothèque, et le conservateur a été condamné à garantir le créancier du préjudice pouvant résulter pour lui de l'omission de son inscription sur l'état délivré au vendeur (Trib. civ. de Bazas, 9 août 1864. rapporté avec Bordeaux, 6 avr. 1865, *supra*, n° 204). Toutefois, cette condamnation, extrêmement rigoureuse pour le conservateur, n'a pas été maintenue par la cour.

1770. Il a été jugé que les conservateurs des hypothèques sont autorisés à insérer des réserves dans les états qu'ils délivrent, au moins lorsqu'elles sont faites dans l'intérêt des parties, afin de bien préciser les personnes et les immeubles auxquels s'appliquent les états (Orléans, 12 déc. 1884, aff. Vincent, D. P. 86. 2. 110). La plupart du temps, il faut bien le reconnaître, ces réserves auront pour but de garantir la responsabilité du conservateur; or, cette responsabilité lui est imposée par la loi, à raison de ses fonctions, et il est évident qu'il ne peut à son gré s'en affranchir. Cependant, les réserves sont légitimes lorsqu'elles sont motivées par une désignation insuffisante des personnes ou des immeubles au sujet desquels l'état est requis ou par des similitudes de noms et de prénoms ; elles ont lieu alors réellement dans l'intérêt des parties. car elles leur épargnent les frais de copie des inscriptions que, dans le doute. le conservateur pourrait comprendre dans son état.

1771. En principe, les saisies immobilières transcrites ne doivent pas être comprises dans les états d'inscriptions, à moins d'une réquisition formelle (Sol. adm. enreg. 1er févr. 1847, D. P. 47. 3. 174; *Rép.* n° 2928). Mais la réquisition, sur la transcription d'un contrat de vente, d'un état des transcriptions opérées postérieurement au 1er janv. 1856 de tous actes translatifs ou modificatifs de propriété ou de jouissance pouvant se rapporter à l'immeuble vendu, comprend les transcriptions de saisies (Caen, 16 mai 1884, aff. Thorel, D. P. 85. 2. 57). Toutefois, elle n'autorise pas le conservateur à délivrer un état particulier de ce chef ni à percevoir un salaire distinct de celui dû pour les transcriptions. Même arrêt. V. *supra*, n° 1725).

1772. Il a été jugé, conformément à l'opinion adoptée au *Rép.* n° 2931. que le conservateur des hypothèques requis de délivrer un certificat constatant le non-renouvellement d'une inscription hypothécaire n'est pas fondé à s'y refuser (Bourges, 30 nov. 1868, aff. Conservat. des hyp. du Blanc, D. P. 72. 2. 84).

1773. On a examiné au *Rép.* n° 2932, la question de savoir si un conservateur peut délivrer lui-même l'état des inscriptions qui le grèvent personnellement. La négative, comme on l'a dit, est enseignée par la majorité des auteurs. Cependant un revirement tend à se produire sur cette question dans la doctrine. Après avoir posé la question plus générale de savoir si le conservateur est incompétent pour procéder aux actes de ses fonctions dans lesquels il a un intérêt personnel, M. Laurent, t. 31, n° 573, constate qu'aucun texte n'établit cette incompétence. La loi du 21 vent. an 7, art. 12, dit bien qu'en cas d'absence ou d'empêchement, le conservateur doit être suppléé par le vérificateur ou l'inspecteur de l'enregistrement ou, à son défaut, par le plus ancien surnuméraire du bureau. Mais rien n'indique que l'intérêt personnel puisse être considéré comme un empêchement légal. Quand la loi veut interdire à une personne ou à un fonctionnaire des actes où il est personnellement intéressé, elle le fait d'une manière expresse; elle l'a fait pour les tuteurs et pour les notaires; si elle ne l'a pas fait pour les conservateurs, c'est sans doute parce que leurs fonctions ont un caractère différent de celles des notaires. Le notaire qui instrumenterait quand il a un intérêt personnel dans l'acte se créerait un titre à lui-même, ce qui serait contraire à tout principe, tandis que les actes du ministère des conservateurs ne constituent pas des titres; leur objet est la manifestation publique d'un titre, soit d'un acte translatif de propriété, soit d'un privilège ou d'une hypothèque : cette publicité ne donne aucun droit par elle-même, elle prévient seulement les tiers de l'existence de l'acte qui les intéresse, sauf à eux à l'attaquer; et la publicité qui lui a été donnée n'apporte aucun obstacle à leur action. De ces observations, M. Laurent conclut : 1° que le conservateur peut prendre une inscription sur lui-même; 2° qu'il peut prendre une inscription à son profit; 3° qu'il peut aussi délivrer des copies ou des certificats pour les inscriptions dont ses propres biens sont grevés. « Ici, dit M. Laurent, n° 577; il y a un doute ; c'est que le certificat délivré par le conservateur à l'acquéreur peut être opposé aux créanciers dont le nom aurait été omis par lui (c. civ. art. 2199). Cela est un danger, sans doute, mais ce n'est pas un motif légal d'incompétence. Il faut donc maintenir le principe : pas d'incompétence sans texte. Quant au préjudice que les tiers peuvent souffrir de la mauvaise foi du conservateur, il y est pourvu par l'action en dommages-intérêts qu'ils ont contre lui : si le conservateur est responsable de sa négligence, à plus forte raison répond-il de son dol » Suivant MM. Aubry et Rau, t. 3, § 268, le conservateur devrait, pour la bonne règle, se faire remplacer toutes les fois qu'il s'agit, soit d'inscriptions à prendre à son profit personnel, soit d'inscriptions d'états ou d'extraits des inscriptions existant à sa charge ou des transcriptions faites sur lui-même. Toutefois, comme aucune loi ne lui prescrit formellement de s'abstenir en pareil cas, on ne pourrait déclarer nuls ou inefficaces ni les inscriptions prises par un conservateur sur lui-même (V. *Rép.* n° 2936), ni celles prises à son profit (*Rép.* n° 2935), ni même les états ou extraits par

lui délivrés des inscriptions existant à sa charge ou des transcriptions opérées sur lui-même (V. en ce sens, Paris, 31 août 1837, *Rép.* n° 2934).

1774. Les états et certificats délivrés par les conservateurs des hypothèques doivent être écrits sur papier timbré (V. *Rép.* n° 2932). Le coût du timbre varie suivant les dimensions du papier qui est employé (V. *infrà*, v° Timbre). Les états et certificats doivent contenir, par page, 25 à 30 lignes pour le petit papier, 30 à 35 pour le moyen, 35 à 40 pour le grand (Instr. gén. adm. enreg. 13 avr. 1865, D. P. 66. 3. 36).

1775. Les conservateurs ne peuvent, dans aucun cas, dit la loi (c. civ. art. 2199), retarder ni refuser la transcription des actes de mutation, l'inscription des droits hypothécaires ni la délivrance des certificats requis, sous peine des dommages-intérêts des parties (V. *Rép.* n° 2938 et suiv.). Il a été jugé que le conservateur des hypothèques auquel est produit l'extrait d'une ordonnance du juge-commissaire qui, dans un ordre, prescrit, sur le consentement des parties intéressées, la radiation intégrale d'inscriptions grevant à la fois les immeubles dont le prix est à distribuer et d'autres immeubles étrangers à l'ordre, ne peut se refuser à la radiation en tant qu'elle s'appliquerait à ces derniers immeubles, sous prétexte que le juge-commissaire serait incompétent pour l'ordonner; cette ordonnance, qui constitue une décision judiciaire émanée du juge dans l'exercice de ses fonctions, couvre la responsabilité du conservateur (Civ. cass. 11 juill. 1865, aff. Maure, D. P. 65. 1. 475).

1776. La mention de subrogation dans l'effet d'une inscription hypothécaire rentre dans la catégorie des formalités dont le conservateur des hypothèques ne peut refuser ni même retarder l'accomplissement sous peine de dommages-intérêts (Aix, 29 avr. 1890, aff. Verhœven, D. P. 90. 2, 356). En pareil cas, le conservateur des hypothèques n'a qualité ni pour contrôler la régularité de la convention, ni pour vérifier la qualité des parties (Même arrêt). Surtout, il ne peut exiger la preuve que cette qualité n'a pas été perdue; ainsi, il ne peut se refuser à faire mention sur ses registres de la subrogation consentie par le gérant d'une société au profit de l'adjudicataire d'un immeuble sur lequel la société avait une hypothèque inscrite, en prétextant que les pouvoirs du gérant auraient pu être modifiés par un acte postérieur (Bordeaux. 16 août 1876) (1).

Lorsqu'une subrogation dans une inscription d'hypothèque a été consentie par un tuteur, le conservateur ne peut se refuser à opérer la mention de la subrogation par le motif qu'on ne lui justifie pas d'une délibération du conseil de famille ayant autorisé le tuteur à accepter sous bénéfice d'inventaire la succession dont la créance dépend (Trib. civ. de Brest, 22 oct. 1890, *Journal des conservateurs des hypothèques*, 1891, art, 4201, p. 363).

1777. Le conservateur aurait cependant le devoir de s'assurer de la régularité de la subrogation, de la qualité et de la capacité du subrogeant et de la capacité du subrogé; si celui-ci devait ensuite requérir l'inscription (Solut. adm. enreg. 26 juin 1864, et *Journal de l'enre-*

---

(1) (Rougié C. Léon et Laroze.) — Le 26 janv. 1876, jugement du tribunal civil de Bordeaux ainsi conçu : « — Attendu, en ce qui concerne Laroze, greffier du tribunal de commerce de Bordeaux, qu'aucune loi n'impose aux greffiers des tribunaux de commerce l'obligation de délivrer des certificats, qu'il n'a pas été déposé à leur greffe des actes portant modification aux actes de société qui y ont été antérieurement déposés; — Que Laroze est donc fondé à se refuser à la délivrance d'un certificat de cette nature;

Attendu, en ce qui concerne le sieur Rougié, conservateur des hypothèques de Saint-Sever; — Que le conservateur des hypothèques est tenu de mentionner sur ses registres les subrogations aux droits d'hypothèque consenties par des actes réguliers; — Que, dans une quittance subrogative au rapport de Coste-Douat-Duverger, notaire à Saint-Sever, en date du 8 sept. 1875, Jacob Léon, adjudicataire d'un immeuble, en payant une partie de son prix d'acquisition aux mains de Paul-Ernest Novel, gérant de la société Novel et comp., créancière inscrite sur ledit immeuble, et à laquelle ce prix avait été attribué par jugement du tribunal de Saint-Sever, a été subrogé par Novel et comp. dans le bénéfice desdites inscriptions; — Que Paul-Ernest Novel justifiant par l'acte de société qu'il était seul associé en nom collectif et gérant de la société Novel et comp.; — Qu'il avait donc seul

qualité pour recevoir les sommes dues à la société, en donner quittance et consentir la subrogation; — Que le conservateur des hypothèques de Saint-Sever a excipé qu'aucun acte qui fût de nature à indiquer que les pouvoirs de Paul-Ernest Novel tiraient de l'acte de société eussent été changés ou modifiés, n'a il paraît cependant s'être refusé de mentionner sur ses registres les subrogations résultant de l'acte reçu par Coste-Douat-Duverger, sous le prétexte que les pouvoirs du gérant de la société Novel et comp. auraient pu être modifiés par un acte postérieur; — Que si le conservateur des hypothèques peut exiger la justification de la qualité des parties contractantes, il n'est pas recevable à demander la preuve que cette qualité n'a pas été perdue; — Que la résistance de Rougié est dénuée de tout fondement; — Par ces motifs; — Déclare mal fondée la demande formée contre Laroze, greffier du tribunal de commerce, condamne Rougié, conservateur des hypothèques, à opérer immédiatement la subrogation consentie par Paul-Ernest Novel; ... le condamne également, pour le préjudice souffert par son injuste résistance, à des dommages-intérêts..., le condamne enfin en tous les dépens ». — Appel.

LA COUR; — Adoptant les motifs des premiers juges; — Confirme.

Du 16 août 1876.-C. de Bordeaux, 1re ch.-MM. Izoard, 1er pr.-Peyrecave av. gén.-Saignat, Trarieux et Laroze, av.

gistrement, n° 21198 ; Boulanger et de Récy, t. 1, n° 67). Il est certain, aussi, que le conservateur a le droit de refuser de faire mention de la subrogation eu marge d'une inscription d'office si, au lieu d'une expédition entière de l'acte, on ne lui présente qu'un extrait analytique (Trib. civ. de Joigny, 13 oct. 1871, aff. D...., D. P. 72. 3. 8). Mais lorsqu'une expédition entière de l'acte portant subrogation du requérant dans tous les droits, actions, privilèges et hypothèques du vendeur, est produite, le conservateur ne peut refuser d'opérer la mention sous le prétexte que l'acte de transport n'énonce pas spécialement la subrogation dans l'effet de l'inscription d'office (Même jugement).

1778. Aux termes de l'art. 2108 c. civ., le conservateur des hypothèques est tenu, après avoir procédé à la transcription d'un acte de vente, constatant que la totalité ou partie du prix est encore due au vendeur ou à un prêteur de deniers subrogé aux droits du vendeur, de prendre inscription d'office pour les créances résultant de l'acte tant en faveur du vendeur qu'en faveur des prêteurs (*Rép.* n° 2940. V. *suprà*, n° 340 et suiv., 367 et suiv.).

Nous avons vu *suprà*, n° 207, qu'en cas d'adjudication à un seul acquéreur, et par un seul procès-verbal, de plusieurs lots appartenant au même vendeur, mais avec une stipulation de prix distincts pour chacun des lots vendus, le vendeur qui n'a pas été payé jouit, sur chacun des lots, d'un privilège distinct jusqu'à concurrence du prix afférent à chacun d'eux. La cour de cassation a jugé, en conséquence, que le conservateur des hypothèques, chargé par la loi, dans l'intérêt des tiers, de résumer avec précision les parties essentielles de l'acte de vente et de les porter à la connaissance du public, au moyen d'inscriptions qu'il prend d'office et sous sa responsabilité personnelle, ne peut être tenu de grouper dans la formule d'une inscription unique les diverses mutations relatives à cette privilèges distincts, et qu'il a droit, par suite, à autant de salaires qu'il a réellement pris d'inscriptions (Civ. cass. 11 mars 1891, aff. Coulongne, D. P. 91. 1. 253). Pour éviter les frais d'inscriptions d'office multiples, certains notaires ont cru pouvoir insérer dans les cahiers de charges de leurs ventes publiques une clause ainsi conçue : « L'ensemble du prix de plusieurs immeubles vendus séparément à une seule et même personne sera considéré comme s'appliquant à tous les immeubles indistinctement, et le privilège sur ces immeubles sera indivisible ». On a contesté la légalité de cette clause, par le motif que les privilèges ne peuvent résulter que de la loi et non de la convention des parties et que celles-ci ne peuvent étendre le privilège d'un lot sur un autre (V. *Journal des conservateurs des hypothèques*, 1891, art. 4181, p. 257 ; 1892, art. 4232, p. 51, et art. 4264, p. 172). Mais cette critique nous semble mal fondée. Celui qui vend peut subordonner son consentement à toute condition non contraire à la loi ou à l'ordre public ; or la condition imposée ici par le vendeur est qu'il n'y aura qu'un seul prix pour plusieurs lots. Cette condition n'ayant rien d'illicite, il en résulte, de par la loi elle-même, que le vendeur n'a qu'un seul privilège qui s'étend indivisiblement sur tous les lots. Dans ce cas, par suite, il n'y a lieu qu'à une seule inscription d'office.

Sect. 2. — De la responsabilité des conservateurs
(*Rép.* n°ˢ 2960 à 3029.)

Art. 1ᵉʳ. — *Des cas où il y a lieu et de ceux où il n'y a pas lieu à responsabilité* (*Rép.* n°ˢ 2965 à 2990).

1779. L'art. 2197 c. civ. déclare les conservateurs responsables du préjudice résultant : 1° de l'omission, sur leurs registres, de transcriptions ou d'inscriptions requises en leur bureau ; 2° du défaut de mention, dans leurs certificats, d'inscriptions existantes (*Rép.* n° 2965). L'art. 2108 indique aussi que les conservateurs sont tenus, sous peine de dommages-intérêts envers les tiers, de prendre inscription d'office pour les vendeurs ou prêteurs de deniers. L'art. 2199 dispose que les conservateurs ne peuvent refuser ni les transcriptions ou inscriptions, ni la délivrance des certificats requis, sous peine de dommages-intérêts envers les parties. Mais, d'après tous les auteurs, ces dispositions ne sont pas limitatives, et la responsabilité des conservateurs est régie par les principes du droit commun ; elle est enga-

gée toutes les fois que, par une faute ou négligence commise dans l'exercice de leurs fonctions, ils ont fait éprouver une perte à un créancier ou à un acquéreur (V. notamment, en ce sens : Aubry et Rau, t. 3, § 268, p. 293 ; Laurent, t. 31, n°ˢ 593 et suiv. ; Baudry-Lacantinerie, t. 31, n° 1556).

1780. De simples erreurs ou omissions commises dans les transcriptions ou inscriptions peuvent engager la responsabilité du conservateur, comme on l'a dit au *Rép.* n° 2966, aussi bien que le défaut de réalisation des formalités (V. Aubry et Rau ; *loc. cit.* ; Laurent, t. 31, n° 598). Il a été jugé que le conservateur est responsable de la nullité résultant de l'omission de la date du titre dans une inscription hypothécaire, quand cette omission provient de son fait (Agen, 16 févr. 1887, aff. Vermot, D. P. 87. 2. 220).

1781. Toutefois, les conservateurs ne sont pas tenus de rectifier les erreurs commises par les parties dans les bordereaux à inscrire ou dans les actes à transcrire, ni même de prévenir les parties de ces erreurs. Il a été jugé : 1° qu'aucune responsabilité n'est encourue par le conservateur qui inscrit une hypothèque sur la présentation d'un bordereau énonçant que l'inscription doit être faite à son bureau, alors que l'immeuble hypothéqué est situé en dehors de sa circonscription (Paris, 26 janv. 1872, aff. Mosler et comp., D. P. 72. 2. 121, et sur pourvoi, Req. 25 nov. 1872, D. P. 73. 1. 134) ; — 2° Que le conservateur des hypothèques qui opère sur ses registres, conformément aux bordereaux qui lui sont présentés, une inscription hypothécaire prise en renouvellement d'une précédente, remplit ainsi le devoir de ses fonctions, et qu'il ne lui appartient pas de rectifier, à l'aide des mentions de ses registres, les bordereaux de renouvellement qui lui sont soumis, de ne déférer à la réquisition qui lui est faite, en cas de radiation partielle de l'inscription originaire, que pour la partie non radiée, et de renouveler l'inscription pour le surplus (C. cass. de Belgique, 17 juin 1886, aff. Conservateur des hypothèques de Bruxelles, D. P. 89. 2. 173).

1782. Quand le conservateur omet dans ses états une ou plusieurs des inscriptions ou transcriptions existantes, il est responsable (c. civ., art. 2197). Ainsi, il a été jugé : 1° que le créancier hypothécaire omis dans l'état sur transcription délivré par le conservateur des hypothèques, et qui n'a pu produire à l'ordre, est en droit de répéter contre le conservateur, à titre de réparation du préjudice qu'il a éprouvé, la somme pour laquelle un autre créancier inscrit après lui a été colloqué (Angers, 27 mars 1878, aff. Léchalas et Bourjuge, D. P. 78. 2. 164) ; — 2° Que l'omission d'inscriptions dans un état délivré par le conservateur des hypothèques engage la responsabilité de ce fonctionnaire dans la mesure du préjudice souffert par suite de cette omission ; qu'il en est ainsi spécialement au cas où il est établi que c'est par suite d'une semblable omission qu'un prêt hypothécaire a été consenti et que le créancier n'a été désintéressé que partiellement dans l'ordre ouvert pour la distribution du prix des immeubles hypothéqués (Pau, 30 déc. 1890, aff. Marthe Taillade, veuve Castets, D. P. 91. 2. 327) ; qu'il importe peu, d'ailleurs, au point de vue de la responsabilité du conservateur, que la situation hypothécaire du débiteur ait été établie par des états partiels successivement requis ou par un état général (Même arrêt).

1783. Il y a lieu aussi à la responsabilité du conservateur quand il comprend dans un état une inscription qui ne s'applique pas à la personne ou aux biens pour lesquels l'état a été demandé (Pont, t. 2, n° 1446; Aubry et Rau, t. 3, § 268, p. 294; Laurent, t. 31, n° 599). Il a été jugé : 1° que le conservateur des hypothèques qui a compris par erreur dans un état d'inscriptions délivré à un acquéreur, des inscriptions ne grevant pas l'immeuble vendu, est responsable du préjudice que cette erreur a pu causer au vendeur, par suite de la suspension du payement du prix jusqu'à la radiation des inscriptions indûment portées sur l'état (Riom, 30 août 1865, aff. Kolman, et sur pourvoi, Req. 30 janv. 1867, D. P. 67. 1. 302) ; — 2° Que le conservateur des hypothèques qui, étant requis de fournir l'état des inscriptions grevant un immeuble nettement désigné, constate par erreur, comme existante sur cet immeuble, une inscription qui a été radiée, est responsable des conséquences dommageables pouvant en résulter pour les tiers ;

qu'il doit, s'il éprouve un doute sur la situation hypothécaire de l'immeuble, l'exprimer sous forme d'observation, ou, mieux encore, délivrer copie de l'inscription dont l'existence est douteuse et des radiations qui peuvent se trouver en marge (Chambéry, 27 avr. 1875, aff. Roux et Couvreur, D. P. 78. 2. 11); — 3° Que c'est à tort qu'un conservateur des hypothèques fait figurer dans un état sur transcription les inscriptions prises contre un tiers portant le même nom que l'un des précédents propriétaires, mais n'ayant pas les mêmes prénoms, alors surtout que de précédents états négatifs ont été délivrés et qu'il existe sur les registres de la conservation deux comptes distincts, l'un au nom du précédent propriétaire et l'autre au nom du tiers grevé desdites inscriptions; qu'en pareil cas, le conservateur doit être condamné à supprimer de son état les inscriptions qu'il y a indûment comprises et à restituer les salaires perçus à raison de ces inscriptions (Trib. de Toulouse, 8 avr. 1892) (1).

1784. Le conservateur qui a commis des erreurs dans un état est-il responsable du préjudice que ces erreurs ont causé à un autre qu'à celui qui a requis l'état? L'affirmative nous paraît certaine. On objecte que la responsabilité du conservateur dérive du contrat intervenu entre lui et celui qui a requis de lui un état; qu'elle ne peut, par conséquent, exister à l'égard de tout autre que le requérant

(V. en ce sens, Trib. civ. de Saint-Malo, 1er août 1891 (2). V. aussi Trib. d'Orthez, 28 nov. 1888, aff. Veuve Castets, *Journal des conservateurs des hypothèques*, 1889, art. 3964, p. 231). Mais les prémisses de ce raisonnement sont inexactes. Le conservateur ne peut être assimilé à un mandataire avec lequel on contracte, car les parties n'ont pas le choix de ce mandataire et ne sont pas libres de contracter ou non avec lui. Sa responsabilité est fondée sur le principe général de l'art. 1382. Or, toute personne à laquelle un état délivré par le conservateur des hypothèques est présenté a le droit de s'y fier; peu importe que l'état ait été requis par cette personne, par celui-là même que l'état concerne ou par un tiers. Si l'état est erroné et si l'erreur qu'il contient a causé un préjudice, la partie lésée doit pouvoir en rendre responsable le conservateur. Au surplus, les art. 2197 et 2202 c. civ. déclarent les conservateurs responsables, d'une manière générale et sans distinction, du préjudice résultant des omissions ou erreurs qu'ils commettent. Il a été jugé : 1° que le conservateur des hypothèques est responsable, en vertu des art. 1382 et 2197 c. civ., du préjudice subi par un acquéreur qui, après avoir payé son prix au vendeur, a été obligé de payer au créancier hypothécaire dont l'inscription avait été omise sur un état délivré par le conservateur, alors même que cet état avait été requis par le vendeur antérieu-

---

(1) (Gerbault et Gaultier *C.* Conservateur des hypothèques de Toulouse.) — LE TRIBUNAL : — Attendu qu'à tort le conservateur des hypothèques de Toulouse a fait figurer dans l'état de transcription qui lui a été demandé, à la suite de la vente par les consorts Gerbault et Gaultier, du domaine de Bellefontaine, deux inscriptions grevant le domaine du chef de Paul de Mercy-Argenteau; que ce dernier, en effet, n'a jamais été propriétaire du domaine dont il s'agit, et que, d'un autre côté, l'état avait été requis, non contre lui, mais contre Alfred-François-de-Paule, comte de Mercy-Argenteau, son père, l'un des précédents propriétaires dudit domaine; que, d'ailleurs, aucune sérieuse confusion n'était possible à cet égard, soit à raison de la différence notable des prénoms, Paul ne ressemblant nullement comme prénom à Alfred-François-de-Paule, soit à raison des précédents états sur transcription, tous négatifs, délivrés à raison des ventes antérieures du même domaine par les prédécesseurs du conservateur actuel, soit enfin qu'il était facile à ce dernier de retrouver la trace dans ses bureaux, soit aussi à raison de ce fait, non dénié, qu'il existe sur les registres de la conservation de Toulouse deux comptes distincts, l'un au nom d'Alfred-François-de-Paule, comte de Mercy-Argenteau, et l'autre au nom de Paul de Mercy-Argenteau, qu'enfin, de l'acte de notoriété qui a été remis au défendeur, et que, pour complément, en tant que de besoin de justification, Me Garrinou, notaire, avait dressé à cet égard ; — Qu'il ne s'agit pas, d'ailleurs, de savoir, à propos de cet acte de notoriété, si les témoins qui y figuraient avaient, ou non, qualité pour faire radier les inscriptions en litige, mais bien si l'erreur commise par ledit conservateur, jointe aux autres documents de la cause, étaient suffisants pour démontrer, avec évidence, l'erreur commise au sujet de la mention des inscriptions dans un état sur lequel elles n'auraient point dû figurer ; — Attendu que les dépens sont à la charge de la partie qui succombe;

Par ces motifs : — Ordonne la suppression sur l'état sur transcription délivré le 12 oct. 1891, par le conservateur des hypothèques de Toulouse, des deux inscriptions portées comme grevant l'immeuble de Bellefontaine du chef de Paul de Mercy-Argenteau, etc.; — Condamne le défendeur aux dépens, et, en outre, à restituer les salaires qu'il a indûment perçus à raison des inscriptions supprimées.

Du 8 avr. 1892.-Trib. civ. de Toulouse.

(2) (Époux Dauvergne *C.* Cons. Derouin, Bellier et Delattre.) — LE TRIBUNAL : — Attendu que les époux Dauvergne, sous le coup d'une sommation de payer le montant d'une obligation contractée vis-à-vis de demoiselle Bellier au profit de la demoiselle Derouin, le 9 sept. 1883, ou de délaisser l'immeuble hypothéqué, par eux acquis des époux Bellier suivant acte des 28 févr. et 3 mars 1887, transcrit le 7 mars 1887, ont formé opposition à ladite sommation et assigné tous les consorts Derouin, ainsi que les époux Bellier et le sieur Delattre, conservateur des hypothèques à Saint-Malo, pour voir prononcer la nullité de la sommation et, dans le cas où ils succomberaient sur cette demande, déclarer le sieur Delattre responsable de la condamnation qui interviendrait contre eux ; — Attendu que les époux Dauvergne, à l'appui de leurs conclusions, invoquent seulement la circonstance que l'inscription hypothécaire des consorts Derouin, inscrite au bureau des hypothèques de Saint-Malo, le 24 sept. 1883, en vertu de l'acte obligatoire du 9 dudit mois, aurait été omise dans les états délivrés les 26 oct. 1884, 6 avr. 1885 et

8 mai 1887 par le conservateur des hypothèques alors en exercice;

En ce qui concerne les consorts Derouin : — Attendu que l'omission d'une inscription dans un certificat délivré par le conservateur n'affranchit l'immeuble grevé qu'à la condition que l'état ait été requis depuis la transcription de l'acte d'acquisition de l'immeuble (civ. c. art. 2198); que l'inscription du 24 sept. 1882 n'a pas été omise dans le certificat délivré le 8 mars 1887 après transcription, par le motif que la réquisition adressée au conservateur des hypothèques avait été limitée aux inscriptions existantes du 5 avr. 1885 au 7 mars 1887, et que, dès lors, l'état délivré en conformité de la réquisition ne pouvait comprendre l'inscription du 21 sept. 1883;

En ce qui concerne le sieur Delattre : — Attendu, en droit, que la responsabilité des conservateurs des hypothèques, édictée par les art. 2197 et 2202 c. civ., prend sa source dans la théorie des contrats et dans celle des quasi-délits ; — Qu'il se forme un contrat entre le conservateur des hypothèques et la personne qui lui adresse une réquisition, contrat qui a pour terme : d'une part, l'obligation du conservateur d'exécuter la réquisition; d'autre part, l'obligation pour le requérant de payer les émoluments déterminés par les règlements; — Que si, en exécutant son obligation, le conservateur commet une faute ou une négligence préjudiciable à des tiers, il devient responsable envers eux, par application des art. 1382 et 1383 c. civ. — Que, spécialement, la délivrance d'un état hypothécaire peut engager sa responsabilité vis-à-vis de la personne qui l'a requis et, vis-à-vis des créanciers dont les inscriptions ont été omises dans le certificat ; — Attendu que des principes ci-dessus il résulte que la responsabilité du conservateur des hypothèques est limitée aux conséquences du certificat délivré et ne peut être invoquée que par ceux à qui la délivrance du certificat a causé préjudice ; — Qu'elle ne peut l'être par les tiers à qui il conviendrait de s'en servir à quelque époque que ce soit, du moment où ils n'ont pas été lésés par la délivrance même du certificat ; — Que pour ces derniers, on n'aperçoit pas le principe juridique qui pourrait servir de base à une action en dommages-intérêts; que l'on voit, au contraire, l'injustice et les inconvénients d'une telle extension de responsabilité ; — Attendu, en effet, que ces tiers se plaindraient d'une faute ou d'une négligence qui n'aurait pas été commise à leur égard et ne le serait pas établi qu'une faute ou une négligence aurait été commise au cas où ils auraient eux-mêmes requis un certificat ; — Que, de plus, une responsabilité aussi étendue aurait pour effet d'accréditer, à côté et au détriment des conservations d'hypothèques, des bureaux où l'on pourrait consulter la situation hypothécaire des personnes avec lesquelles on voudrait traiter, sans s'adresser au conservateur des hypothèques lui-même, et cela sous la responsabilité de ce dernier ; — Attendu, en fait, que dans l'état hypothécaire délivré par le sieur Delattre en qualité de conservateur des hypothèques de Saint-Malo, le 8 mars 1887, sur la réquisition des demandeurs, l'inscription hypothécaire du 21 sept. 1883 n'a pas été omise, ainsi qu'il a été constaté ci-dessus, et que, par application des principes ci-dessus exposés, les demandeurs ne sont pas recevables à critiquer les états délivrés à des tiers le 6 avr. 1885 et le 26 déc. 1884 ; qu'ils n'ont pu les consulter qu'à leurs risques et périls;

Par ces motifs; — Déboute les époux Dauvergne de leurs demandes, fins et conclusions et les condamne aux dépens.

Du 1er août 1891.-Trib. civ. de Saint-Malo.

rement à la vente (Montpellier, 26 déc. 1889) (1) ; — 2° Que l'état requis par un notaire dans l'intérêt d'un de ses clients engage la responsabilité du conservateur vis-à-vis de ce dernier, aussi bien que si la réquisition avait été faite par lui personnellement (Pau, 30 déc. 1890, aff. Veuve Castets, D. P. 91. 2. 327).

1785. Mais le conservateur n'est responsable que des fautes qui lui sont imputables ; il ne l'est pas, d'après la loi, lorsque l'erreur provient de « désignations insuffisantes » (c. civ., art. 2197) (V. *Rép.* n°s 2971 et suiv.). Il a été jugé : 1° que le conservateur des hypothèques n'est responsable de l'omission d'une inscription dans un état des inscriptions grevant du chef du vendeur les immeubles vendus, par un contrat transcrit, lorsque le vendeur était désigné dans l'acte de vente avec tous ses prénoms (François-Jules-Hilaire), tandis qu'il n'était désigné dans l'inscription omise qu'avec un seul prénom (Jules) (Besançon, 13 août 1872, aff. Conservateur des hypothèques d'Arbois, D. P. 73. 2. 133) ; — 2° Qu'il en est de même lorsque la désignation dans l'inscription omise, des immeubles grevés d'hypothèque, comparée avec celle des immeubles aliénés, dans l'acte de vente, présentait des différences de nature à faire croire au conservateur qu'il n'y avait pas identité entre les biens hypothéqués et ceux aliénés (Bordeaux, 17 août 1874, aff. Requier, *ibid.*) ; — 3° Que le conservateur des hypothèques n'est pas responsable du préjudice causé par l'omission d'une inscription dans un état délivré par lui, bien que le débiteur dénommé dans cette inscription porte les mêmes noms que l'individu contre lequel l'état a été requis, si l'état civil, la profession et le domicile sont différents, et alors surtout que cinq individus portant le même nom de famille figuraient sur les registres de son bureau, et que deux comptes séparés avaient été ouverts à deux de ces individus portant le même prénom, avec des désignations propres à chacun d'eux (Civ. cass. 26 avr. 1882, aff. Jalouzet, D. P. 82. 1. 331) ; — 4° Que, lorsque dans le bordereau d'inscription d'une hypothèque, la désignation du débiteur hypothécaire a été faite d'une façon erronée et incomplète, par exemple lorsque l'hypothèque a été indiquée

comme portant sur les biens de *Baptiste Renard, propriétaire,* au lieu de *Jean Renard, dit Baron, boucher,* quoique en réalité *Baptiste Renard* et *Jean Renard* soient une seule et même personne, c'est avec raison que le conservateur des hypothèques ne fait pas figurer cette hypothèque sur l'état délivré au tiers acquéreur de l'immeuble, qui l'a requis depuis la transcription de son titre d'acquisition, alors que son titre le vendeur était dénommé simplement *Jean Renard, dit Baron, boucher ;* qu'en pareil cas l'omission de l'inscription ne peut être imputée à faute au conservateur (Trib. civ. de Châtellerault, 4 août 1890, et sur pourvoi, Req. 7 déc. 1892, aff. Moysson, D. P. 93. 1. 207).

Au contraire, il a été jugé que l'omission d'une inscription dans un état engage la responsabilité du conservateur des hypothèques qui a délivré cet état, encore que le prénom unique du grevé ait été indiqué inexactement dans l'inscription, si, d'ailleurs, la parfaite concordance de toutes les autres indications se rapportant à ce grevé démontrait que la personne désignée dans la réquisition et celle dénommée dans l'inscription ne représentaient, malgré la différence du prénom, qu'une seule et même personne (Nancy, 15 déc. 1891, aff. De Lamorte-Féline, D. P. 92. 2. 511).

1786. Il peut se faire, d'ailleurs, que le conservateur des hypothèques ne soit pas seul responsable des conséquences d'une erreur commise dans un état ou certificat d'inscriptions. Il a été jugé : 1° que le conservateur des hypothèques qui, dans un état d'inscriptions délivré après une expropriation d'immeubles pour cause d'utilité publique, a compris par erreur l'inscription prise contre un débiteur portant le même nom que l'exproprié, n'ayant ni le même prénom ni la même profession, est responsable pour partie du préjudice que cette erreur a causé à l'exproprié, et que l'autre partie de ce préjudice doit être mise à la charge du département expropriant, représenté par le préfet qui, sur le vu de l'état d'inscriptions, a ordonné le versement de l'indemnité d'expropriation à la Caisse des dépôts et consignations, alors qu'un examen plus attentif pouvait lui faire reconnaître l'erreur contenue dans l'état (Montpel-

---

(1) (B... *C.* Déjean et Delpech et *C.* Cullier.) — Le 27 février 1889, jugement du tribunal civil de Villefranche ainsi conçu : — « Attendu que, suivant acte de Barnabé, notaire à Maleville, en date du 2 juin 1884, B... a acquit de G... un pré situé au territoire de Brandonnet, moyennant le prix de 2800 fr., quittancé dans l'acte ; — Attendu que les sieurs Déjean et Delpech, banquiers à Villefranche, sont créanciers dudit G... de la somme de 2000 fr., aux termes d'un acte de Granier, notaire à Villefranche, en date du 19 juill. 1881, et que le pré vendu à B... figure dans les immeubles hypothéqués à la garantie de leur créance ; — Attendu que Déjean et Delpech ont fait signifier, le 2 octobre dernier, à B..., pris comme tiers détenteur de l'immeuble affecté à leur hypothèque, une sommation de payer ou de délaisser ; — Attendu que B... a fait opposition à cette sommation et qu'il a appelé en garantie le sieur Cullier, ancien conservateur des hypothèques à Villefranche, aujourd'hui conservateur à Bayeux ; — Attendu que B... déclare s'en remettre à justice sur le mérite de son opposition, et se borne à défendre sa demande en garantie ; — Attendu que, pour justifier cette demande, B... expose qu'un état des hypothèques qui a été délivré par M. Cullier, conservateur, le 31 déc. 1883, ne fait pas mention de l'inscription prise contre G... au profit de Déjean et Delpech, le 21 juill. 1881, volume 538, n° 9 ; qu'il soutient que c'est sur la foi de cet état erroné du 31 déc. 1883 qu'il s'est libéré du montant de son acquisition, et que c'est par suite de cette erreur qu'il est soumis à l'action en délaissement de Déjean et Delpech ; — Attendu que B... invoque, au soutien de sa demande, les dispositions de l'art. 2197 c. civ. et demande que Cullier soit tenu de le mettre à l'abri des poursuites de Déjean et Delpech ; — Attendu qu'il est constant, en fait, qu'à la date du 31 déc. 1883, G... a requis lui-même un état des inscriptions prises contre lui, Pierre G..., dit Victor, demeurant à la Vialade, commune de Brandonnet ; — Attendu que l'état délivré ne porte qu'une seule inscription prise contre G... Victor, le 29 oct. 1883, volume 461, n° 286, au profit du sieur Cousy, et passe sous silence l'inscription prise contre Pierre G..., au profit de Déjean et Delpech, le 21 juill. 1883, volume 538, n° 5 ; — Attendu que, pour échapper à l'action dirigée contre lui, Cullier, sans contester l'erreur dont est entaché l'état du 31 déc. 1883, soutient que B... a commis lui-même une double faute qui le rend irrecevable : 1° en ne requérant pas un état sur transcription, conformément à l'art. 2198 c. civ. ; 2° en se référant à un état qui ne lui avait pas été personnellement déli-

vré, et qu'il ne connaissait d'ailleurs même pas quand il a payé son prix entre les mains de G... ; — Attendu, sur le premier moyen, que l'art. 2198 n'impose aucune obligation à l'acquéreur et statue seulement sur le droit d'hypothèque dont l'inscription ne figure point dans le bordereau délivré ; que l'art. 2198 laisse intact le principe de l'art. 2197, qui proclame la responsabilité du conservateur, en cas de préjudice causé par l'omission d'une inscription dans un état remis par le conservateur ; — Attendu, en second lieu, que Cullier a fait soutenir que l'état hypothécaire délivré sur la réquisition émanée de G... ne pouvait être utilisé par B..., qui aurait dû requérir personnellement un bordereau ; — Attendu qu'il n'est nullement certain que l'erreur commise eût été rectifiée dans un nouvel état ; que, dans tous les cas, le principe de la responsabilité du conservateur, à raison d'une omission, ne peut s'étendre qu'à ceux qui ont requis l'état, n'est inscrit nulle part dans la loi ; — Attendu qu'en admettant pour exact le principe de droit invoqué à cet égard par Cullier, il faut retenir que, dans l'espèce, l'état erroné avait été délivré à G..., dont B... est l'ayant droit ; que celui-ci doit être considéré comme une partie dans le sens de l'art. 2202 c. civ. ; — Att-ndu que Cullier soutient vainement que B... a subi la foi de son vendeur, et qu'il ne s'est nullement basé sur un état dont il n'a eu connaissance qu'après son acquisition et le payement de son prix ; — Attendu que c'est là une pure allégation que ne justifient point les termes de l'acte de vente ; qu'il y a, au contraire, tout lieu de présumer que B... n'a consenti à payer que parce que l'inscription de Déjean et Delpech n'était pas révélée par l'état hypothécaire ; — Attendu que la clause indiquée par Cullier, et d'après laquelle le vendeur s'engageait à remettre les titres établissant que le pré vendu est libre d'hypothèques, s'appliquait évidemment à l'inscription prise au profit de Cousy ; qu'il est constant, en fait, qu'aucune inscription n'a été prise depuis le 31 déc. 1883, date de la délivrance de l'état incriminé ; — Attendu que, de tout ce qui précède, résulte la preuve que le préjudice éprouvé par B... est la conséquence directe de l'omission dont s'agit, qui engage la responsabilité de Cullier en vertu des art. 1382 et 2197 c. civ. ; — Par ces motifs, etc. ».

Appel par le sieur Cullier.

La cour ; — Adoptant les motifs des premiers juges ; — Confirme.

Du 26 déc. 1889. -C. de Montpellier.

lier, 24 nov. 1875) (1) ; — 2° Que l'omission d'une inscription dans un état sur transcription engage à la fois la responsabilité du notaire rédacteur du contrat transcrit et celle du conservateur des hypothèques, alors que, d'une part, c'est par suite d'une erreur commise dans l'expédition soumise à la formalité que ce dernier a méconnu l'identité de l'un des vendeurs et de la personne désignée dans l'inscription omise, et que, d'autre part, il aurait pu reconnaître cette identité par un examen plus attentif de l'acte; qu'en conséquence, le notaire et le conservateur des hypothèques doivent supporter chacun par moitié la réparation du préjudice causé par l'omission de l'inscription dans l'état au propriétaire de la créance conservée par cette inscription (Rouen, 20 mai 1885, aff. Héritiers Bourgeois, D. P. 86. 2. 107). Le conservateur des hypothèques et le notaire, qui, par une faute commune, ont causé un préjudice à un créancier inscrit, peuvent même être condamnés solidairement à la réparation de ce préjudice (V. Lyon, 13 avr. 1832, et sur pourvoi, Civ. rej. 19 avr. 1836, Rép. n° 2978-1°).

1787. Aux termes de l'art. 2198 c. civ., l'immeuble à l'égard duquel le conservateur a omis, dans ses certificats, une ou plusieurs des charges inscrites, en demeure, sauf la responsabilité du conservateur, affranchi dans les mains du nouveau possesseur, pourvu qu'il ait requis le certificat depuis la transcription de son titre (V. Rép. n°s 2979 et suiv., et suprà, n° 1318). En pareil cas, disent MM. Aubry et Rau, t. 3, § 293, p. 495, le droit de suite est éteint d'une manière absolue, de telle sorte que non seulement l'acquéreur est dispensé de faire au créancier omis la notification prescrite par les art. 2183 et 2184, mais que ce dernier se trouve même privé de la faculté de surenchérir (V. infrà, v° Suren-

chère; Rép. eod. v°, n° 53). Mais l'omission n'entraîne pas la perte du droit de préférence, le créancier omis pouvant encore se faire colloquer sur le prix de l'immeuble jusqu'à la clôture de l'ordre (art. 2198). Il a été jugé que, l'inscription hypothécaire omise dans un certificat délivré, après la transcription d'une vente par le conservateur des hypothèques n'ayant plus aucune existence légale au regard de l'acquéreur, le payement du prix peut, dès lors, être fait valablement par celui-ci entre les mains de son vendeur; et que si, depuis la délivrance du certificat, l'inscription ainsi effacée à son égard a été renouvelée par le créancier, l'acquéreur a le droit d'en demander la radiation à l'encontre du créancier et de satisfaire ainsi à l'obligation qu'il a pu prendre, vis-à-vis de ses sous-acquéreurs, de leur en rapporter mainlevée (Douai, 8 mai 1891, aff. Béghin-Leroy, D. P. 92. 2. 541). En pareil cas, le créancier hypothécaire peut demander son payement au conservateur, sauf le recours de ce dernier contre le débiteur (V. l'arrêt précité).

1788. L'extinction du droit de suite n'est pas d'ailleurs subordonnée à la condition que le conservateur soit responsable de l'omission de l'inscription. Elle a lieu également lorsque l'omission est imputable au créancier, lorsqu'elle résulte, par exemple, d'une désignation insuffisante du débiteur ou de l'immeuble grevé dans l'inscription (Bordeaux, 17 août 1874, aff. Requier, D. P. 75. 2. 133; Trib. civ. de Châtellerault, 4 août 1890, et sur pourvoi, Req. 7 déc. 1892, aff. Moysson, D. P. 93. 1. 207). Mais, au contraire, l'extinction du droit de suite n'aurait pas lieu et l'immeuble continuerait d'être grevé entre les mains du tiers acquéreur, si l'omission de l'inscription était imputable à ce dernier, si

---

(1) (Caisse des dépôts et consignations et Préfet de l'Hérault C. Andoque). — Le 30 août 1875, jugement du tribunal civil de Béziers, ainsi conçu : — « Attendu qu'il résulte des documents versés au procès que les immeubles appartenant à la dame de Cassagne, épouse du sieur Alban Andoque, expropriés pour cause d'utilité publique sur la tête de ce dernier, ne sont grevés d'aucune inscription hypothécaire du chef de la dame de Cassagne, épouse Andoque, véritable propriétaire, ni du chef d'Alban Andoque, son mari; que ce fait, reconnu certain par toutes les parties, en ce qui concerne la dame de Cassagne, épouse Andoque, est établi, en ce qui concerne le sieur Alban Andoque, propriétaire à Béziers, par les deux certificats négatifs délivrés par le conservateur des hypothèques de Béziers, le 24 mars et le 16 juin 1875, avec cette précision qu'Alban Andoque n'a jamais été négociant en fourrages et ne s'est jamais livré à aucun commerce; — Attendu qu'il suit de là que la Caisse des dépôts et consignations ne peut, pour retarder encore le payement de la somme de 55 000 fr., dont elle est dépositaire, s'arrêter à l'inscription portée dans le certificat du conservateur, du 4 nov. 1874 et concernant L. Andoque, négociant en fourrages, domicilié à Béziers; et qu'elle doit être condamnée à opérer ce payement sur les pièces produites; — Attendu que les époux Andoque, qui auraient eu le droit de toucher le prix de leurs immeubles avant la prise de possession par la compagnie des chemins de fer d'intérêt local, puisque ces immeubles n'étaient pas grevés d'aucune inscription hypothécaire, ont éprouvé un préjudice par suite du dépôt de ce prix à la Caisse des dépôts et consignations, et du refus persistant du préposé de ladite Caisse d'en opérer le remboursement ; que le préjudice peut être équitablement apprécié au montant des intérêts à 5 pour 100 de ladite somme depuis la prise en possession, du 19 mars 1875 jusqu'au jour du payement effectif, et qu'il ne reste plus qu'à déterminer à qui incombe la responsabilité de ce préjudice; — Attendu qu'on ne peut s'empêcher de constater, à cet égard, que plusieurs fautes ont été commises, et que chacune d'elles engage la responsabilité de son auteur; — Attendu que le conservateur des hypothèques de Béziers, à qui le sous-préfet avait demandé l'état des inscriptions contre Andoque Alban, époux de Cassagne Marie, a eu le tort de relever dans l'état du 14 nov. 1874 une inscription d'hypothèque judiciaire prise contre L. Andoque, négociant en fourrages, domicilié à Béziers; que rien dans la réquisition ne pouvait lui faire croire que cette inscription concernait Alban Andoque; qu'à la vérité, la profession d'Alban Andoque n'était pas indiquée, mais que l'initiale L. ne répondait nullement au prénom d'Alban, et que la responsabilité du conservateur ne pouvait être engagée en ne relevant pas cette inscription, dans le cas même où Alban Andoque aurait été négociant en fourrage et aurait eu un autre prénom commençant par la lettre L., puisqu'il se serait strictement conformé aux indications portées dans la réquisition de l'état hypothécaire; — Attendu que cette faute du conservateur des hypothèques engage sa responsabilité car il est re-

connu par la jurisprudence (Req., 30 janv. 1867, D. P. 67. 1. 302), que le principe de l'art. 1382 s'applique au conservateur des hypothèques; que spécialement le conservateur est responsable du préjudice causé par la mention faite par erreur dans un état délivré à un acquéreur, d'une inscription ne grevant pas le bien vendu. — Attendu que l'erreur commise par le conservateur des hypothèques n'a pas seule occasionné le préjudice dont se plaint Alban Andoque; que ce préjudice a été causé surtout par l'arrêté du préfet de l'Hérault du 3 mars 1865, ordonnant le versement à la Caisse des dépôts et consignations des sommes dues par le département de l'Hérault à Alban Andoque; — Que, sans doute, le préfet a été induit en erreur par l'état du 14 nov. 1874; mais qu'un examen attentif de cet état aurait permis de reconnaître facilement que l'inscription prise contre L. Andoque ne pouvait grever Alban Andoque; qu'en cette matière, les bureaux de la préfecture ne sont pas de simples bureaux d'enregistrement et de transmission; — Que la signature d'un arrêté ordonnant le versement à la Caisse des dépôts et consignations est toujours une chose grave, pouvant entraîner un préjudice; qu'elle ne doit être donnée qu'après examen et réflexion, et que, dans l'espèce, cet examen attentif des employés de la préfecture n'a pas eu lieu, puisque l'arrêté a été rendu; — Qu'il suit de là que la responsabilité du préfet se trouve engagée comme celle du conservateur des hypothèques; — ... Par ces motifs; — Statuant en premier ressort, dit et déclare que les parcelles expropriées pour cause d'utilité publique sur la tête d'Alban Andoque et appartenant à Marie Cassagne, son épouse, n'étaient et ne sont grevées d'aucune inscription hypothécaire du chef de la femme ni du chef du mari; que notamment, l'inscription hypothécaire judiciaire, requise le 8 oct. 1872, vol. 609, au profit des sieurs Bourges et Périlhou, négociants à Castres, contre un sieur L. Andoque, négociant en fourrages, domicilié à Béziers, ne s'applique nullement à Alban Andoque ni aux parcelles expropriées; — Ordonne, en conséquence, que, dans les quinze jours du jugement, le receveur des finances de l'arrondissement de Béziers, en sa qualité de préposé à la Caisse des dépôts et consignations, sera tenu de payer à Alban Andoque les 55 000 fr., prix desdites parcelles, indûment déposés à ladite caisse, sans autres justifications que celles déjà faites ; — Condamne Martin, ancien conservateur des hypothèques et le département de l'Hérault à payer à Alban Andoque, à titre de dommages et chacun par moitié, la somme de 183 fr. 32 c., montant de l'intérêt à 5 p. 100 de ladite somme capitale de 55 000 fr., depuis le 19 mars jusqu'au 12 avr. 1875; — Condamne le receveur des finances de l'arrondissement de Béziers, en sadite qualité, à payer à Alban Andoque, à titre de dommage, les intérêts à 5 pour 100 de la même somme capitale de 55 000 fr. depuis le 12 avr. 1875 jusqu'au jour du payement effectif, etc. ».

Appel par le préfet.

La Cour; — Adoptant les motifs des premiers juges; — Confirme, etc. Du 24 nov. 1875. C. de Montpellier, 1re ch. MM. Sigaudy, 1er pr. Dunal, av. gén. Gervais, Rouch, Roussel et Couderc, av.

elle provenait de l'insuffisance ou de l'inexactitude des énonciations de l'acte d'acquisition ou des termes dans lesquels aurait été requis l'état des inscriptions (Comp. en ce sens, l'arrêt précité du 17 août 1874).

1789. Les conservateurs peuvent et doivent être déclarés responsables des conséquences des radiations indûment opérées, toutes les fois qu'en les effectuant ils ont commis une faute (*Rép.* n⁰ˢ 2977 et suiv.). Les divers cas dans lesquels la responsabilité du conservateur peut se trouver engagée à l'occasion d'une radiation d'inscription résultent des conditions déterminées par la loi pour que l'inscription puisse être rayée valablement. Ainsi, le conservateur doit d'abord vérifier si celui qui requiert la radiation a qualité et capacité à cet effet (c. civ. art. 2157). Il serait par suite responsable de la radiation qu'il aurait opérée sur une mainlevée consentie par un incapable, soit que l'incapacité fût légale, soit qu'elle résultât des conventions matrimoniales (V. *suprà*, n⁰ˢ 1601 et suiv., et n⁰ 1649). Il serait également responsable s'il avait radié sur une mainlevée donnée par une personne sans qualité pour disposer de l'inscription ou par un mandataire sans pouvoir suffisant (V. *suprà*, n⁰ˢ 1614 et suiv.). Enfin, le conservateur doit vérifier la régularité des actes en vertu desquels est requise la radiation (c. civ., art. 2158). Il serait donc encore responsable s'il avait radié une inscription en vertu d'un acte de mainlevée nul ou en vertu d'un jugement non passé en force de chose jugée et ensuite réformé ou annulé (V. *suprà*, n⁰ˢ 1641 et suiv.).

1790. Toutefois, le conservateur ne saurait être rendu responsable des vices internes pouvant exister dans les actes en vertu desquels est requise une radiation. Par exemple, il ne pourrait être recherché pour avoir radié une inscription sur une mainlevée qui ensuite serait reconnue fausse ou entachée d'erreur, de dol ou de violence, si d'ailleurs la teneur de cet acte ne pouvait lui révéler le vice dont il était

infecté (Aubry et Rau, t. 3, § 268, p. 296). Il a été jugé, en ce sens, que le conservateur des hypothèques n'est pas responsable des conséquences d'une radiation qu'il a opérée en vertu d'une mainlevée à l'appui de laquelle il lui a été produit un extrait de quittance qualifié littéral par le notaire, mais falsifié (Trib. civ. de Mayenne, 26 juin 1890, aff. Herpin et Galienne, *Journal des conservateurs des hypothèques*, 1890, art. 4092, p. 346).

Le conservateur devrait aussi être exonéré de toute responsabilité à raison de l'incapacité de la personne qui aurait consenti la radiation si, au vu des actes produits, il avait eu de justes sujets de considérer cette personne comme capable. Ainsi, il a été jugé que le conservateur des hypothèques n'est pas responsable d'une radiation d'inscription hypothécaire qu'il a opérée, malgré la nullité du consentement donné à cette radiation, notamment par une femme mariée sous le régime dotal, s'il a eu de justes motifs de croire à la validité de ce consentement, et si, par exemple, le contrat de mariage renfermait une clause qui, laissant à la femme la faculté de prendre inscription, pouvait être interprétée par le conservateur comme lui conférant le pouvoir, malgré la dotalité de ses biens, soit de ne requérir d'inscription, soit même de faire disparaître, suivant l'exigence des cas, celle qu'elle aurait prise (Civ. rej. 13 avr. 1863, aff. Aubertin, D. P. 63. 1. 196).

1791 Il a été jugé qu'un conservateur des hypothèques est responsable du non-renouvellement d'une inscription en temps utile, à l'égard du créancier subrogé dans cette inscription, lorsque le notaire chargé par ce créancier de faire le renouvellement a été induit en erreur par une indication inexacte de la date de l'inscription dans le certificat délivré par le conservateur pour constater que mention de la subrogation a été faite en marge de ladite inscription (Trib. Tulle, 5 avr. 1892) (1).

---

(1) (Tallin C. Sylvestre et de Sévin.) — Le tribunal: — Attendu que, suivant quittance subrogative consentie le 21 oct. 1887 devant Mᵉ Sylvestre, notaire à Tulle, par Eugène Maschat contre les époux Pierre Bordes aux époux Tallin, ces derniers sont devenus créanciers desdits époux Bordes d'une somme de 1000 fr. et de ses accessoires, due primitivement par ceux-ci audit sieur Maschat, aux termes d'une obligation du 17 sept. 1879, reçue par Mᵉ Dumoud, notaire à Tulle, et garantie par une inscription hypothécaire du 17 sept. 1879, avec mention de subrogation du 29 oct. 1887, au profit desdits époux Tallin, dans les circonstances qui seront plus bas rappelées; — Attendu que les demandeurs étaient ainsi en possession, à l'encontre des époux Bordes, d'une inscription qui, renouvelée en temps utile, eût assuré le payement de leur créance dans l'ordre ouvert sur le prix des biens desdits époux Bordes; — Mais que cette inscription, au lieu d'être renouvelée avant le 17 sept. 1889, ne l'a été que le 24 septembre; qu'elle a perdu ainsi son rang, et qu'ainsi le sort de la créance a été absolument compromis; — Attendu que les époux Tallin agissent à cet égard contre Sylvestre, et que celui-ci a appelé à sa garantie le conservateur, M. de Sévin; — Attendu qu'il y a lieu d'examiner à qui incombe la faute du renouvellement et par suite la responsabilité de la perte encourue; — Attendu que les demandeurs affirment que, dès avril 1889, à plusieurs reprises, Sylvestre fut chargé d'abord par Tallin, ancien avoué, leur oncle, puis par les demandeurs eux-mêmes, de renouveler leur inscription qui arrivait à périmer au 17 septembre; — Attendu que Sylvestre reconnaît avoir été averti en temps voulu et avoir répondu : « Votre inscription ne périmera qu'en décembre; nous avons le temps de la renouveler »; — Attendu que cette réponse caractéristique indique formellement que Sylvestre se considérait comme le mandataire des époux Tallin à l'effet de ce renouvellement; que le mandat résultait, d'ailleurs, du fait que, ce notaire ayant conservé l'expédition de la quittance subrogative et le certificat de mention de subrogation, avait inscrit sur ladite expédition ce qu'il croyait être la date du renouvellement à opérer, et de ce qu'il a effectué le renouvellement quoique tardivement; — Attendu cependant qu'en fait, et par suite de la croyance où il était que l'inscription ne périmerait qu'en décembre, Sylvestre n'a rempli le mandat à lui confié qu'après le 17 septembre; que ce retard a fait perdre la créance des demandeurs qui, pour ce motif, sont en droit d'obtenir réparation du préjudice ainsi causé; — Attendu, en tant que de besoin, que, l'inscription étant périmée, une inscription nouvelle mais inefficace a été prise le 24 sept. 1889, après le commencement des poursuites contre Bordes par d'autres créanciers; — Attendu qu'aux termes de la quittance subrogative du 21 oct. 1887, reçue par Sylvestre, les époux Tallin furent subrogés aux

droits de Maschat contre les époux Bordes; que mention de cette subrogation fut demandée à de Sévin en sa qualité de conservateur des hypothèques, par les soins de Sylvestre et au moyen de la présentation et du dépôt de la quittance subrogative; — Attendu que ladite mention était régulièrement requise, puisqu'elle fut opérée par le conservateur sur ses registres en marge de l'inscription du 17 sept. 1879; — Attendu que pour justifier de l'accomplissement de la formalité, le fonctionnaire délivra à Sylvestre un certificat en date du 26 oct. 1887, où il déclarait avoir mentionné la subrogation des époux Tallin au bénéfice de l'inscription prise contre les époux Bordes, mais en y insérant une erreur essentielle en ce qu'il indiquait que l'inscription des époux Bordes était du 17 déc. 1879, tandis qu'en réalité elle datait du 17 septembre même année; — Attendu que ce certificat, erroné quant à cette échéance si importante, fut joint par Sylvestre à l'expédition, restée entre ses mains, de la quittance subrogative, et que l'échéance fut même mentionnée par lui sur la chemise de cette expédition en ces termes : « Inscription à renouveler avant le 17 déc. 1889 », mention reportée ensuite sur le tableau des inscriptions que ledit notaire fait dresser annuellement pour son étude; — Attendu qu'on soutient que l'erreur commise par le conservateur est la cause du défaut de renouvellement de l'inscription en temps utile, qui a déterminé le préjudice dont se plaignent les demandeurs; — Attendu, toutefois, que Sylvestre, à l'égard des époux Tallin, était tenu à la plus grande diligence, et que, sachant qu'une erreur peut toujours se glisser même dans les affaires conduites par les hommes les plus expérimentés, il aurait dû, alors que le demandeur lui rappelait ce renouvellement, consulter l'expédition ou la minute de la quittance subrogative, laquelle lui eût montré immédiatement que l'inscription périmait en réalité le 17 septembre et non le 17 décembre; — Attendu que Sylvestre doit, vis-à-vis des époux Tallin, supporter les conséquences de ce défaut de précaution;

Mais attendu que l'erreur commise par le conservateur dans son certificat est, sans contestation possible, la cause de l'erreur qu'a commise à son tour Sylvestre et que la demande en garantie formée par celui-ci a un légitime fondement; — Attendu que de Sévin, tout en faisant déclarer à l'audience qu'il accepte la compétence du tribunal civil de Tulle, soutient que le certificat erroné délivré par lui le 29 sept. 1887 ne constitue qu'une pièce non tarifée, pour laquelle il n'est perçu aucun salaire autre que celui inhérent à l'accomplissement de la subrogation, et qu'elle ne peut engager la responsabilité du conservateur aux termes de l'art. 2197 c. civ.; — Mais attendu que cette pièce, établie sur une formule timbrée et imprimée, était tout au moins, dans l'usage de M. de Sévin, une pièce officielle, un certificat

1792. A la différence des notaires, des avoués et des huissiers, les conservateurs des hypothèques ne sont point des mandataires de profession. La jurisprudence en a conclu avec raison que leur responsabilité n'est pas engagée par le fait qu'un créancier a élu domicile dans leurs bureaux, pour la validité d'une inscription, bien que cette élection de domicile ait été mentionnée par le conservateur sur ses registres. Si même le conservateur reçoit les copies des significations faites au créancier et en vise l'original, il n'est pas tenu pour cela de transmettre les copies à l'intéressé ; il doit seulement les garder et les tenir à la disposition de qui de droit (Rennes, 23 févr. 1892, aff. Guillemet, D. P. 92. 2. 517).

Art. 2. — *De l'étendue de la responsabilité du conservateur ; de ses effets, de sa durée et des règles de procédure et de compétence relatives à l'exercice de l'action en responsabilité (Rép. n°s 2991 à 3029).*

1793. — I. Étendue et effets de la responsabilité (Rép. n°s 2991 à 3005). — Il ne suffit pas, pour que la responsabilité du conservateur soit engagée, qu'il ait commis une faute ; il faut encore que cette faute ait causé un préjudice. La preuve de l'existence du préjudice, comme celle de la faute, est à la charge de la partie plaignante ; et l'étendue de la responsabilité du conservateur est toujours limitée à l'importance du préjudice éprouvé par cette partie. Ces principes sont certains (V. Rép. n°s 2991 et suiv. ; Req. 3 janv. 1853, aff. Cornède de Miramont, D. P. 53. 1. 14 ; Aubry et Rau, t. 3, § 268, p. 297 ; Laurent, t. 31, n°s 606 et suiv.). On en trouvera des applications dans les arrêts cités *supra*, n°s 1782 et suiv. Il a été jugé, notamment : 1° que l'omission d'inscriptions dans un état délivré par le conservateur des hypothèques engage la responsabilité de ce fonctionnaire dans la mesure du préjudice souffert par suite de cette omission (Pau, 30 déc. 1890, aff. Marthe Taillade, veuve Castets, D. P. 91. 2. 327) ; — 2° que, s'il est établi que l'omission n'a causé aucun préjudice à la personne qui a requis l'état, toute demande en dommages-intérêts contre le conservateur doit être repoussée (Nancy, 15 déc. 1891, aff. de Lamorte-Féline, D. P. 92. 2. 541).

1794. A l'occasion d'une erreur matérielle commise par un conservateur des hypothèques dans un certificat de radiation, et qui consistait dans la fausse indication du numéro du registre renfermant l'une des inscriptions radiées, il a été jugé qu'une telle erreur ne pouvait engager la responsabilité du conservateur, parce qu'elle n'était pas de nature à entraîner une confusion, alors que les autres indications démontraient que l'inscription radiée était bien la même que celle portée au nom du même créancier dans l'état sur transcription délivré précédemment à l'acquéreur qui avait requis le certificat de radiation. En conséquence, il a été décidé que cet acquéreur n'était pas fondé à refuser le payement de son prix, en prétextant l'erreur en question, et qu'il devait être condamné à tous les dépens de l'instance motivée par cette erreur, ainsi qu'aux intérêts moratoires du prix (Caen, 26 mai 1874, aff. Etienne, D. P. 75. 2. 102).

1795. Tous les auteurs admettent que si, par suite de sa responsabilité, le conservateur se trouve contraint de désintéresser un créancier ou un acquéreur, il est subrogé de plein droit aux actions de ce tiers contre le débiteur ou vendeur (Rép. n° 2999 ; Aubry et Rau, t. 3, § 268, p. 297, note 38). M. Laurent, t. 31, n° 610, élève cependant quelque

doute sur cette solution. L'art. 1251, n° 3, dit-il, subroge celui qui paye étant tenu avec d'autres ou pour d'autres : tels sont les codébiteurs, cautions et tiers détenteurs ; ils sont tenus comme débiteurs personnels ou hypothécaires, tandis que le conservateur est tenu en vertu de son délit ou de son quasi-délit ; la situation est toute différente. Mais cette objection est sans valeur, car, pour que la subrogation ait lieu au profit d'un coobligé, il n'est pas nécessaire que cette obligation ait la même origine que la dette principale ni qu'elle ait sa source dans un contrat (V. *suprà*, v° *Obligations*, n° 815). — Toutefois, comme l'indiquent MM. Aubry et Rau, *loc. cit.*, la subrogation au profit du conservateur qui a payé ne peut avoir d'effet que contre le débiteur originaire ; elle ne donne au conservateur aucune action contre les cautions ni contre les tiers détenteurs d'immeubles hypothéqués, car les cautions et tiers détenteurs ne doivent pas souffrir de la faute qu'il a commise.

1796. — II. Durée de la responsabilité (Rép. n°s 3006 à 3015). — Les actions en responsabilité contre les conservateurs des hypothèques ne sont soumises qu'à la prescription ordinaire de trente ans, tant que les conservateurs restent en fonctions. Mais il est généralement admis qu'après la cessation de leurs fonctions, la responsabilité est limitée à dix ans, d'une manière générale et de telle sorte qu'après l'expiration de ce délai, toute action relative à l'exercice de leurs fonctions est prescrite, non seulement quant à leur cautionnement, mais aussi quant à leurs autres biens (V. Rép. n°s 3006 et suiv. ; Aubry et Rau, t. 3, § 269, p. 298 ; Laurent, t. 31, n° 612).

1797. Le conservateur qui passe d'un bureau dans un autre ne doit pas être considéré comme ayant cessé ses fonctions au point de vue de l'action en responsabilité (Rép. n° 3011 ; Aubry et Rau, t. 3, § 269, p. 298).

1798. — III. Mode d'exercice de l'action en responsabilité (Rép. n°s 3016 à 3029). — Aux termes de l'art. 9 de la loi du 21 vent. an 7, les conservateurs ont leur domicile dans le bureau où ils remplissent leurs fonctions, pour les actions auxquelles leur responsabilité peut donner lieu (Rép. n° 3017). Ce domicile spécial subsiste même après la mise en retraite, la destitution ou le décès des conservateurs, de manière que les actions à intenter contre eux ou leurs héritiers peuvent toujours être portées devant le tribunal dans le ressort duquel ils exerçaient leurs fonctions au moment du fait sur lequel la demande est fondée (Rép. n° 3019 ; Aubry et Rau, t. 3, § 269, p. 298).

1799. Si le conservateur qui a délivré un état d'inscriptions a cessé ses fonctions, la demande en rectification de cet état doit être introduite contre son successeur, dépositaire des registres et seul compétent pour délivrer un nouvel état rectifié. Mais l'ancien conservateur ou ses héritiers doivent être mis en cause, s'il y a une question de responsabilité soulevée contre eux (Trib. civ. de Versailles, 21 déc. 1877, *Journal des conservateurs des hypothèques*, art. 3160 ; Boulanger et de Récy, t. 2, n° 742).

1800. Le notaire qui a reçu de son client mandat de requérir au bureau des hypothèques un état d'inscriptions a qualité pour agir judiciairement contre le conservateur à l'effet de faire modifier cet état. On ne peut lui opposer la règle que nul en France ne plaide par procureur, car il a un intérêt personnel à agir, en raison de la responsabilité dont il est tenu comme mandataire de son client (Orléans, 12 déc. 1884, aff. Vincent, D. P. 86. 2. 110).

1801. Le conservateur déclaré responsable d'une faute

établissant que la mention de subrogation ainsi requise était effectuée, et que les salaires, soit 2 fr. 14 cent., étaient acquittés ; que M. de Sévin a mentionné une de certificat une inscription du 17 déc. 1879, qui est inexistante, et n'y a pas mentionné celle du 17 septembre, qui fait rentrer le cas dans l'hypothèse du paragraphe 2 de l'art. 2197 c. civ. et rend le conservateur responsable du préjudice en résultant, Sylvestre ayant eu confiance en un tel certificat émanant d'une source si peu fertile en erreurs ; — Attendu qu'on soutient vainement que ce certificat n'a pour but que de constater qu'il existe telle ou telle inscription ; qu'en effet, quels que soient son but et son utilité, il est constant qu'il n'a de valeur qu'autant que ses énonciations sont exactes ; qu'il contient une inexactitude préjudiciable dès qu'il n'énonce pas l'inscription dont cet cas ; — Attendu d'ailleurs que l'art. 1382 c. civ. suffisait, par suite de la faute commise, à fonder la responsabilité du conservateur ;...

Attendu qu'il y a lieu, dès lors, d'allouer les conclusions principales des époux Tallin contre Sylvestre et celles de ces derniers contre de Sévin, en capital, intérêts, accessoires et dépens ; — Attendu que les demandeurs n'établissent pas avoir souffert de dommage spécial important, en dehors du retard de payement du capital et accessoires ; que l'allocation des dépens à titre de dommages-intérêts suffit ;

Par ces motifs ;

Condamne Sylvestre à payer aux époux Tallin la somme principale de 1000 francs avec intérêts à partir du 21 oct. 1887, ainsi que tous accessoires, droits sur l'inscription et grosse ; le condamne aux dépens, alloue ceux-ci à titre de dommages-intérêts ;

Condamne de Sévin à relever Sylvestre complètement indemne en capital, intérêts, accessoires et dépens.

Du 5 avr. 1892. — Trib. civ. de Tulle.

commise par lui dans l'exercice de ses fonctions doit être condamné aux dépens de l'instance que cette faute a nécessitée (Arg. art. 130 c. proc.). Il en est ainsi, spécialement, lorsqu'un conservateur a refusé, sans motifs légitimes, d'opérer une formalité de son ministère, telle qu'une radiation d'inscription (Metz, 13 déc. 1854, aff. Ouzaneau, D. P. 56. 2. 243; Orléans, 19 mars 1868, aff. De la Ménardière, D. P. 68. 2. 196, et sur pourvoi, Req. 2 févr. 1874, aff. Clément et Martin, D. P. 75. 2. 136; Bordeaux, 16 août 1876, suprà, n° 1776). Le conservateur peut aussi, bien entendu, être condamné à des dommages-intérêts, lorsque son refus a causé un préjudice (Trib. civ. Joigny, 13 oct. 1871, aff. D..., D. P. 72. 3. 8; Bordeaux, 16 août 1876, précité).

1802. Il a été jugé, toutefois, que le conservateur, alors même qu'il succombe, ne doit pas être condamné aux dépens, si sa résistance n'a été inspirée que par la sage prudence que nécessitent l'exercice de ses fonctions et la surveillance des intérêts qui lui sont confiés (Trib. civ. Brioude, 9 déc. 1891, suprà, n° 1757).

1803. Réciproquement, le conservateur des hypothèques qui a été actionné à tort en justice, à raison d'actes de ses fonctions, peut obtenir des dommages-intérêts, si l'action lui a été réellement préjudiciable (Orléans, 12 déc. 1884, aff. Vincent, D. P. 86. 2. 110, et les autres décisions citées en note sous cet arrêt). Il a été jugé même que, lorsqu'une instance a été témérairement introduite contre un conservateur, pour le rendre responsable d'une somme considérable, il a droit à des dommages-intérêts à raison du trouble que cette instance lui a causé et de la nécessité où il a été de défendre une grosse partie de sa fortune (Trib. civ. de Lesparre, 10 févr. 1892, Journal des conservateurs des hypothèques, 1892, art. 4244, p. 99).

Table sommaire

des matières contenues dans le Supplément et le Répertoire.

(Les chiffres précédés de la lettre S renvoient au Supplément; les chiffres précédés de la lettre R renvoient au Répertoire.)

Table des articles du code civil, du code de procédure civile, du code de de commerce et de la loi du 23 mars 1855.

Table chronologique des Lois, Arrêts, etc.

1539
... .. Ordon. Vil-
lers-Cotterets.
727 c.

1566
... Ordonn. Mou-
lins. 727 c.

1716
8 mai. Acte de no-
roriété, Châtelet
de Paris. 852
c.

1760
24 mars. Traité
franco - sarde
455 c., 1108
c.

1790
28 oct. Loi. 861 c.

1791
6 août. Loi. 290 c.,
292 c., 294 c.

1793
4 mars. Loi. 861 c.

An 2
26 pluv. [Décr. 30
c., 266 c., 268
c., 269 c., 270
c., 273 c., 274
c.
4 germ. Loi. 290
c., 294 c.

An 3
9 mess. Loi. 2 c.
727 c.

An 7
11 brum. Loi. 2 c.,
336 c., 727 c.,
861 c., 978 c.,
979 c., 1340 c.
22 frim. Loi. 411 c.,
1214 c.
21 vent. Loi. 1287
c., 1607 c.,
1699 c., 1703
c., 1704 c., 1705
c., 1708 c., 1735
c., 1742 c., 1743
c.
28 flor. Loi. 1706 c.

An 11
25 vent. Loi. 605 c.,
606 c., 852 c.,
1015 c.
14 flor. Loi. 267 c.

An 12
19 vent. Paris. 1661
c.
1er prair. Req. 1691
c.
9 mess. Paris. 990
c.
16 therm. Av Cons.
d'Et. 737 c.

An 13
1er germ. Décr. 296
c.

1806
24 mars. Loi. 1743
c.

9 juin. Décr. 1753
c.
5 juill. Paris. 1421
c.
6 août. Paris. 1421
c., 1422 c.
12 déc. Décr. 275
c.

1807
9 janv. Bruxelles.
758 c.
11 avr. Nîmes. 1421
c.
9 mai. Av. Cons.
d'Et. 1388 c.
12 juin. Req. 1421
c.
12 août. Décr. 861
c.
3 sept. Loi. 774 c.,
959 c., 1121
c.
4 sept. Loi. 1001
c.
5 sept. Loi. 285 c.,
300 c., 303 c.,
304 c., 305 c.,
407 c., 409 c.,
410 c., 1136 c.
16 sept. Loi. 276 c.
15 déc. Av. Cons.
d'Et. 1134 c.

1808
22 janv. Av. Cons.
d'Et. 1134 c.

1809
13 févr. Paris. 797
c.
10 mai. Bruxelles.
699 c.
6 juin. Bruxelles.
957 c.
11 juill. Sol. adm.
enreg. 1723 c.

1810
5 janv. Agen. 1040
c.
20 févr. Civ. 867 c.
21 avr. Loi. 279 c.
21 août. Civ. 744 c.
21 sept. Décr. 1711
c., 1716 c., 1723
c.

1811
8 févr. Décr. 280
c.
27 févr. Décr. 281 c.
12 mars. Req. 699
c.
16 mars. Turin. 957
c.
22 mars. Turin.
1342 c.
8 mai. Liège. 1844
c.
18 juin. Décr. 1125
c.
25 juin. Décis. min.
fin. 1723 c.
20 oct. Av. Cons.
d'Et. 737 c.
11 nov. Civ. 1050 c.

1812
5 mai. Req. 1691
c.
12 août. Nîmes. 193
c.
11 nov. Paris. 830
c.

1813
15 mai. Décr. 280 c.
18 mai. Caen. 1422
c., 1424 c.

26 août. Lyon. 1437
c.

1814
5 févr. Paris. 1334
c., 1335 c.
8 juill. Bordeaux.
1325 c.

1815
3 janv. Douai. 430
c.
23 janv. Civ. 1255
c.
3 avr. Civ. 1329 c.
4 avr. Civ. 1426 c.
3 mai. Bruxelles.
1040 c.

1816
17 janv. Bourges.
872 c.
8 févr. Req. 1437 c.
11 mars. Req. 1044
c.
25 mars. Civ. 1018
c.
28 avr. Loi. 288 c.,
290 c., 885 c.,
1699 c.
27 mai. Civ. 1030 c.
28 août. Paris. 1448
c.

1817
14 janv. Civ. 633 c.,
652 c.
4 févr. Civ. 430 c.
26 mai. Req. 1342 c.
11 juin. Civ. 956 c.

1818
10 févr. Civ. 1251 c.
16 juill. Toulouse.
1645 c.

1819
8 févr. Paris. 1251
c.
29 mai. Paris. 1550
c.

1820
1er oct. Civ. 1173 c.

1821
31 janv. Nîmes. 77
c.
7 mars. Rennes.
1035 c.
23 mai. Toulouse.
1044 c.
10 juin. Colmar. 300
c.
18 juin. Metz. 1435
c.
5 déc. Req. 1692 c.

1821
3 janv. Rennes.
241 c.
12 avr. Grenoble.
1035 c.
25 juin. Civ. 1008 c.
24 juill. Civ. 1433 c.

1823
25 avr. Paris. 1561
c.

1824
12 mai. Grenoble.
1100 c.
19 mai. Montpel-
lier. 1435 c.
9 juin. Toulouse.
227 c.
11 nov. Req. 241 c.,
1249 c.

9 déc. Req. 1561
c.

1825
3 janv. Colmar.
1455 c.
21 févr. Paris. 1100
c.
27 avr. Loi. 919 c.
26 juill. Req. 1044
c.
9 août. Req. 1181
c.
26 août. Nancy.
1501 c.
21 déc. Req. 787 c.

1826
2 mars. Toulouse.
356 c.
24 avr. Req. 797 c.
12 juill. Aix. 227 c.
12 juill. Lyon. 1685
c.
27 juill. Req. 489 c.
6 déc. Civ. 802 c.

1827
2 janv. Grenoble.
427 c.
3 janv. Montpel-
lier. 1100 c.
10 févr. Rouen.
1368 c.
26 avr. Req. 205 c.
25 mai. Bourges.
1422 c., 1423
c.
26 nov. Civ. 163 c.
14 déc. Bordeaux.
1329 c.
29 déc. Lyon. 1645
c.

1828
18 janv. Riom. 1448
c.
23 janv. Civ. 737 c.
30 janv. Civ. 125 c.
17 mars. Bordeaux.
1100 c.
14 août. Bordeaux.
1215 c.

1829
19 févr. Bruxelles
471 c.
27 févr. Bordeaux.
212 c.
2 mars. Paris, 95
c.
23 mai. Bourges.
1501 c.
28 juin. Nîmes. 356
c.
28 juin. Toulouse.
1383 c.
3 juill. Riom. 227
c.
5 août. Req. 430 c.
15 déc. Poitiers.
1019 c.

1830
24 févr. Req. 1215
c.
2 mars. Civ. 1517
c., 1652 c.
13 mars. Lyon. 385
c., 387 c.
27 mars. Paris. 30
c.
6 mai. Agen. 1448
c.
31 juill. Toulouse.
852 c.
11 août. Req. 227
c.
14 déc. Poitiers.
495 c., 1436 c.

15 déc. Paris. 836
c.

1831
4 janv. Civ. 1654
c.
4 janv. Paris. 1276
c.
6 janv. Grenoble.
489 c., 1435 c.
1er févr. Bourges.
917 c.
30 mars. Civ. 1100
c.
20 juin. Amiens.
1692 c.
2 août. Bordeaux.
145 c.
7 déc. Req. 937 c.
12 déc. Req. 30 c.

1832
18 janv. Req. 1276
c.
10 mars. Paris.
1421 c.
13 avr. Lyon. 1786
c.

1833
5 janv. Bordeaux.
787 c.
4 mars. Civ. 1448
c.
20 juill. Paris. 1106
c.
23 oct. Ordon. 863
c.
26 oct. Ordon. 863
c.
12 nov. Civ. 1583 c.
16 nov. Civ. 972 c.
29 nov. Bordeaux.
1535 c.
13 déc. Caen. 1208
c.

1834
20 janv. Paris. 204
c.
21 janv. Pau. 1671
c.
8 févr. Paris. 163
c.
26 févr. Bordeaux.
1448 c.
4 mars. Civ. 1664
c.
6 mars. Paris, 30
c.
10 mai. Paris. 1304
c.
17 mai. Loi. 996 c.
11 juin. Paris. 1680
c.
16 juill. Bordeaux.
1645 c.
13 déc. Paris. 1348
c.
24 déc. Civ. 798 c.
31 déc. Pau. 1433 c.

1835
10 janv. Paris. 1211
c.
15 janv. Bordeaux.
1351 c.
23 janv. Aix. 803
c., 804 c.
8 avr. Angers. 636
c.
30 juill. Toulouse.
1100 c.
10 août. Martini-
que. 430 c.

1836
24 févr. Lyon. 82 c.

25 févr. Lyon. 129
c.
10 mars. Req. 795
c.
30 mars. Civ. 797 c.
19 avr. Civ. 1786 c.
20 avr. Metz. 777 c.
19 mai. Agen. 1654
c.
2 juin. Req. 809 c.
29 juin. Toulouse.
1294 c.
29 nov. Dijon. 1351
c.
29 déc. Paris. 430 c.

1837
14 janv. Angers.
1248 c.
9 mai. Lyon. 851
c.
14 juin. Metz. 1409
c.
19 juill. Req. 1174
c.
31 août. Paris. 1773
c.

1838
5 janv. Req. 163 c.
26 mars. Civ. 1008
c.
10 mai. Loi. 710
c.
25 mai. Loi. 1740 c.
28 mai. Loi. 59 c.,
961 c.
18 juin. Poitiers.
1255 c.
30 juin. Loi. 692 c.,
693 c., 812 c.,
1564 c.
8 juill. Civ. 1339
c.
7 juill. Req. 430
c.
4 août. Angers.
241 c.
23 nov. Orléans. 77
c.
28 nov. Req. 1248 c.

1839
21 janv. Civ. 1278 c.
16 avr. Civ. 954 c.
29 avr. Req. 1361
c.
20 mai. Req. 743
c., 1030 c.
31 juill. Lyon. 654
c.
23 août. Caen. 1106
c.
12 nov. Civ. 141 c.

1840
16 janv. Paris. 1100
c.
22 janv. Civ. 1456 c.
18 mars. Douai.
1143 c., 1245 c.
9 juin. Trib.
Dijon.
1610 c.
6 mai. Civ. 1351 c.
6 juill. Rouen. 906
c.
8 juill. Req. 241
c.
15 juill. Ordon.
1695 c.
9 août. Civ. 1008
c.
10 août. Bruxelles.
777 c.
14 août. Colmar.
793 c.
22 août. Orléans.
291 c.
24 août. Paris. 636
c.

21 sept. Décr. 1727
c.
21 déc. Lyon. 561
c.

1841
11 févr. Riom. 1435
c.
16 févr. Req. 504 c.
22 févr. Civ. 1409
c.
4 mars. Montpel-
lier. 787 c.,
1402 c.
21 avr. Req. 807 c.,
1628 c.
21 avr. Caen. 1272
c.
3 mai. Loi. 106 c.,
168 c., 344 c.,
358 c., 427 c.,
919 c., 993 c.,
1095 c., 1151
c., 1287 c.,
1305 c., 1306 c.,
1374 c.
13 mai. Montpel-
lier. 1361 c.
2 juin. Loi. 834 c.
2 juin. Montpel-
lier. 747 c.
9 juin. Civ. 1605
c.
10 juin. Req. 1181
c.
12 juin. Rouen. 388
c.
22 juin. Civ. 196 c.
10 oct. Ordon. 1711
c., 1789 c.
27 nov. Paris. 1327
c.

1842
15 févr. Limoges.
1764 c.
12 mars. Amiens.
647 c.
18 avr. Ordon. 1306
c., 1307 c.
10 mai. Bordeaux.
1354 c.
1er juin. Trib. civ.
Angoulême. 854
c.
6 juill. Req. 1017
c.
6 août. Dijon. 176
c.
22 août. Civ. 917 c.
6 oct. Paris. 1312
c.

1843
11 janv. Riom.
1433 c.
31 janv. Bourges.
430 c.
3 févr. Bourges.
1351 c.
29 mai. Rouen. 504
c.
30 mai. Nancy. 777
c.
9 juin. Trib.
Rouen.
21 juin. Loi. 839 c.
10 juill. Amiens.
576 c., 636 c.
12 juill. Décis. min.
fin. 1736 c.
14 juill. Montpel-
lier. 1640 c.
16 août. Rouen.
1696 c.
15 nov. Metz. 1423
c.

1844
3 janv. Agen. 943
c.

26 janv. Bourges.
219 c.
1er mars. Bourges.
163 c.
3 avr. Bourges.
1255 c.
14 mai. Colmar.
346 c.
4 juill. Req. 1456
c.
16 juill. Rouen.
1364 c.
17 juin. Besançon.
852 c.
17 juill. Toulouse.
1328 c.
9 août. Toulouse.
747 c.
8 nov. Délib. adm.
1732 c.
18 nov. Req. 415 c.
6 déc. Ch. réun.
1008 c., 1058 c.
24 déc. Montpel-
lier. 319 c.
24 déc. Req. 1440
c., 1446 c.
30 déc. Req. 647 c.

1845
4 mars. Montpel-
lier. 376 c.
13 janv. Rouen.
1608 c.
12 févr. Civ. 294 c.
24 avr. Paris. 1364
c.
29 avr. Req. 346 c.
30 avr. Trib. Cla-
mecy. 38 c.
22 mai. Besançon.
427 c.
23 mai. Gand. 1098
c.
25 juin. Req. 219 c.
14 juill. Bordeaux.
454 c.
10 déc. Limoges.
1035 c.
11 déc. Besançon.
80.

1846
5 janv. Angers.
474 c., 650 c.
2 févr. Bastia.
1255 c.
7 févr. Bordeaux.
1616 c.
16 avr. Conven-
tion. 767 c.
17 avr. Instr. adm.
enreg. 1754 c.
23 avr. Rouen.
1100 c.
27 avr. Montpel-
lier. 462 c.
9 juin. Bourges.
153 c.
12 juin. Trib. Cla-
mecy. 38 c.
13 juin. Riom. 219
c.
30 juin. Rouen.
134.
2 juill. Bordeaux.
405 c.
10 juill. Riom.
1446 c.
14 juill. Orléans.
1324 c.
27 juill. Aix. 1021 c.
24 août. Cologne.
1430 c., 1631 c.
1er déc. Req. 849 c.
6 déc. Req. 1658
c.
17 déc. Riom. 1501
c.
19 déc. Amiens.
661 c.
22 déc. Civ. 1255 c.,
1257 c.

1847

2 janv. Toulouse. 219 c.
11 Req.415 c.,1598 c.
2 janv. Paris. 429 c.
1er févr. Sol. adm. enreg. 1771 c.
1er mars. Limoges. 358 c.
24 mars. Dijon. 1298 c.
14 avr. Req.787 c., 1285 c.,1402 c.
5 mai.Req.1272 c.
5 juin. Rouen. 194 c.
9 juin.Req.176 c.
21 juin. Req. 1434 c.
28 juin. Civ.504 c., 508 c.
3 juill. Orléans. 165 c.
12 juill.Civ.1610 c.
19 juill. Trib. civ. Rouen. 1755 c.
2 août. Nîmes. 446 c.
3 août.Civ.852 c.
5 août. Req.1445 c.
16 août.Req.1440 c.,1446 c.
24 août.Civ.1354 c.
15 nov. Agen. 479 c.
23 nov. Bastia. 1255 c.
30 nov.Req.405 c.
7 déc. Trib. Coutance. 320 c.
14 déc.Req.163 c.

1848

12 janv.Paris.77 c.
26 janv. Lyon. 168 c.
1er févr. Req.415 c.
1er févr.Caen.785 c.
16 févr. Bruxelles. 176 c.
20 févr.Civ.1496 c.
6 mars. Rouen. 1762 c.
16 mars. Rouen. 1762 c.
21 mars.Req.1103 c.
28 mars. Req. 1501 c.
5 avr. Bruxelles. 1363 c.
14 avr. Grenoble. 1444 c., 1446 c.
27 mai. Paris. 648 c.
26 juin. Montpellier. 162 c.
26 juill. Civ. 1173 c.
1er août. Civ. 628 c.
17 août.Bordeaux. 828 c.
26 août. Limoges. 73 c., 131 c.
7 nov. Req.274 c.
13 nov. Civ. 44 c.
1er déc.Liége.443 c.
6 déc. Riom. 477 c., 506 c.
8 déc. Angers. 153 c.
20 déc. Civ.415 c., 1620 c.
26 déc. Caen. 1755 c.

1849

9 févr. Poitiers. 407 c.
13 févr.Req.194 c.
13 févr.Req.427 c.
17 févr. Grenoble. 787 c.
21 févr.Req.654 c.

24 févr. Sol. adm. enreg. 1712 c.
7 mars. Req. 1762
16 mars. Orléans. 629 c.
20 mars. Req. 820
27 mars. Civ. 1057
31 mars. Trib civ. Marseille.292c.
30 avr. Req. 627 c.
1er mai. Poitiers. 204 c.
2 mai. Paris. 904 c.
7 juin. C. cass. Belgique. 712 c.
14 juin. Grenoble. 1348 c.
19 juin.Civ. 376 c.
3 juill.Civ.1214 c.
9 juill. Grenoble. 453 c., 453 c.
31 juill.Req.274 c.
7 août. Grenoble. 1684 c.
10 août.Bordeaux. 700 c.
23 nov.Paris. 1762
1er déc. Caen. 1206 c.
18 déc. Nîmes. 787 c.

1850

16 mars. Orléans. 508 c.
19 mars. Req. 292
23 mars.Loi. 1185 c.,1186 c.,1217 c.
23 mars. Paris. 1326 c.
15 mai.Civ. 474, 650 c.
18 mai.Loi.1703 c.
24 mai. Lyon. 1445 c.
4 juin.Civ.1354 c.
13 juin. Rouen. 128 c.
31 juill.Riom. 857 c.
26 août. C. cass. Belge. 902 c.
26 août.Trib. Clermont-Ferrand. 1449 c.
20 déc. Angers. 274 c.
30 déc. Rouen. 234 c.

1851

7 janv. Civ. 446 c.
10 janv.Paris.1207 c.
29 janv.Civ.1421 c.
29 janv. Bruxelles. 795 c.
3 févr. Bourges. 1244 c.
5 févr. Civ. 492 c.
13 févr.Caen.1392 c.
13 mars. Nîmes. 166 c.
20 mars. Douai. 560 c.
24 mars. Agen. 166 c.
17 mai. Amiens. 1296 c., 1298 c.
31 mai. Trib. civ. Meulluis. 1207 c., 1264 c.
2 juin.Caen.77 c.
7 juill.Civ. 489 c.
7 juill. Riom. 1449 c.

19 août. Paris.455 c.
1er août. Rennes. 402 c.
25 août. Douai. 452 c.
13 déc. Trib. civ. Nantes, 51 c.

1852

22 janv.Paris.1841
6 févr. Agen, 376
18 févr. Req. 1193
23 févr. Ch. réun. 1403 c.
28 févr. Décr. 282 c., 1071 c.
28 févr.Loi.1274 c.
9 mars. Lyon. 991
10 mars. Req. 829
11 mars. Colmar. 918 c.
15 mars. Req.1008
17 mars. Req. 950
17 mars. Civ. 1255
5 août. Dijon. 344
22 mars. Civ. 891
24 mars. Rouen. 492 c.
26 avr. Civ. 807 c., 871 c.
5 mai.Civ.1554 c.
10 juin. Agen, 492
1er juill. Riom. 364 c. (Voir 1er juill. 1859).
12 juill.Req.407 c.
26 juill.Civ. 30 c.
4 août.Civ. 171 c.
15 nov.Req.1008 c.
1er déc.Civ. 842 c., 1517 c.,1654 c.
8 déc.Riom. 1209
21 déc.Paris. 892 c.

1853

3 janv. Req. 1793
4 janv. Besançon. 466 c.
11 janv. Orléans. 1330 c.,1363 c.
25 janv. Req. 414 c., 535 c., 1461
10 févr. Douai. 1498 c.
12 févr. Bourges. 795 c.
14 févr. Req. 38 c.
14 févr. Lyon. 803
17 févr.Paris. 1207
18 févr. Bourges. 589 c.
1er mars. Req. 247
3 mars. Amiens. 655 c., 661 c.
5 mars. Orléans. 438 c., 917 c.
8 mars.Req. 1058
14 mars.Req.1322
24 mai.Décr. 1386
31 mars. Paris. 1403 c.
12 avr. Bordeaux. 318c.

27 avr. Colmar. 1100 c.
29 avr.Décis. min. des fin.et de la just. 1736 c.
30 avr. Bourges. 1074 c.
30 avr.Paris. 1338
3 mai.Civ. 477 c.
9 mai. Civ. 148 c.
10 mai.Lyon.1575

1854

24 mai.Aix.1255 c.
4 juin. Montpellier. 346 c., 359 c.
10 juin. Loi. 1274 c.,1893 c.
25 juin.Paris. 81 c.
30 juin. Paris. 589 c.
12 juill. Civ. 37 c.
28 juill. Nancy. 1409 c.
28 juill. Paris, 479 c., 498 c.
29 juill. Lyon. 219 c.
30 juill. Bourges. 473 c., 646 c.
1 août. Lyon. 647 c.
4 août.Dijon. 344
5 août. Orléans. 1298 c.
10 août.Bordeaux. 624 c.,1571 c.
20 août. Grenoble. 1037 c., 1448.
24 août.Paris. 335 c.
27 août. Paris. 274 c.
31 août. Caen. 632
16 nov. Bourges. 38 c.
22 nov. Paris. 904 c.
30 nov. Bourges. 1440 c., 1446 c.
21 déc. Civ. 489 c.
26 déc. Civ. 1449 c.
28 déc.Civ. 1261 c.

16 juin. Orléans. 1602 c.
20 juin.Req. 758 c.
29 juin. Limoges. 552 c., 555 c.,
11 juill. Limoges. 852 c.
12 juill. Orléans. 528 c.
15 juill. Rennes. 209 c.
31 juill. Rennes. 1216 c.
3 août.Nîmes.889 c., 574 c.
20 août.Loi. 803 c.
16 août. Toulouse. 982 c.
22 août.Bordeaux. 760 c.
31 août.Bordeaux. 1261 c.
15 nov.Req.589 c.
5 déc. Civ. 1031 c., 1037 c.
13 déc. Metz. 552 c., 560 c.,1801
17 déc.Req. 980 c.
18 déc.Civ.1235 c.

1855

5 janv.Dijon.1357 c.
9 janv. Civ. 469 c., 1429 c.
15 janv. Civ. 55 c.
29 janv. Civ. 1440 c.,1442 c., 1654
3 févr. Paris. 626 c.
6 févr. Douai. 1294 c.
28 févr. Angers. 1422 c.
1er mars. Colmar. 504 c., 628 c.
6 mars. Bourges. 699 c.
7 mars. Dijon. 1304 c.
8 mars.Grenoble. 1396 c.
15 mars. Trib. civ. Nogent-sur-Seine. 1287, 1708 c.
16 mars. Agen. 954 c.
22 mars. Loi. V. la table des articles.
31 mars. Rouen. 1257 c.
2 avr. Req. 1216 c.
10 avr. Req. 982 c.
12 avr. Civ. 748 c.
16 mai. Rouen. 1012 c.
16 mai. Req. 468
4 juin. Req. 545
11 juin. Bourges. 1039 c.
14 juin. Req. 109 c.
26 juin. Civ. 528 c., 631 c., 632 c.
14 juill. Angers. 1207 c., 1352 c.
19 juill. Paris. 214 c.
25 juill. Req. 954
1er août. Lyon. 647 c.
13 août.Req.889 c.
13 août. Dijon. 578 c.
6 nov. Civ. 552 c., 650 c.
12 nov. Civ. 844 c.

17 nov. Paris. 1767 193 c.
19 nov. Req. 608 c.
24 nov. Décr. 1711 c.
27 nov.Req.481 c., 706 c.
29 nov.Req.540 c.
4 déc. Grenoble. 1423 c.
29 déc. Rouen. 909 c., 910 c.

1856

1er mai. Colmar. 1304 c.
22 janv. Metz. 589 c., 632 c.
4 févr. Civ. 503 c., 504 c., 578 c.,628 c.
9 févr. Paris. 462 c., 463 c., 483
13 févr. Trib. Saint-Yrieix. 1272 c.,1377 c.
30 juill. Paris 268 c.
16 févr. Civ. 714 c.
25 févr. Req. 1612 c.
28 févr. Metz. 440 c.
3 mars.Civ. 1235 c., 1440 c.
5 avr. Caen. 940 c.
9 avr. Amiens. 844 c., 852 c.
14 avr. Trib. Thiers. 481 c.
16 avr. Req. 214 c.
22 avr. Req. 1287 c., 1444 c.
22 avr. Civ. 1367 c.
25 avr. Civ. 784 c.
5 juin. Montpellier. 1007 c.
21 juin. Bourges. 115 c.
30 juin. Req. 552 c., 555 c.
1 juill. Rouen. 468 c.
17 juill. Loi. 853 c.
18 août. Civ. 1351 c.
23 août. Angers. 1755 c.
30 août. Besançon. 410 c.
25 nov. Civ. 1048 c.
12 déc. Paris. 297 c.
17 déc. Trib. Mayenne. 145 c.
20 déc. Rouen.468 c.
23 déc. Req. 707 c.

1857

7 avr. Paris. 481 c.
9 avr. Guadeloupe. 1528 c.
7 janv. Grenoble. 1367 c., 1411 c.
7 janv. Montpellier. 747 c.
9 janv. Bourges. 1316 c.
29 janv. Douai. 474 c.
2 févr. Colmar. 697 c.
21 mai. Loi. 363 c., 1088 c.,1292 c.
5 févr. Civ. 394 c., 1359 c., 1407 c.
4 févr. Civ. 1201 c.,1347 c., 1350
10 févr.Paris. 1580 c., 1581 c.
20 févr. Orléans. 578 c.
23 févr. Civ. 984 c., 1403 c.
27 févr. Paris. 578 c.

16 mars.Bordeaux. 193 c.
23 mars. C. d'appel Savoie. 479 c., 497 c.
31 mars. Amiens. 597 c.
22 avr. Douai.1600 c.
2 mai. Paris. 113 c., 127 c.
9 mai. Nîmes. 1382 c., 1383 c.
13 mai. Colmar. 1304 c.
20 mai. Trib. civ. Dôle. 576 c.
25 mai. Nîmes. 1389.
9 juin. Civ. 394 c., 484 c.
1er juill.Req.1103c.
15 juill.Bordeaux. 364 c.
21 juill. Civ. 1326 c., 1356 c.
8 août. Grenoble. 1409 c.
12 août.Bordeaux. 1539 c.
12 août. Toulouse. 1338 c.
27 oct. Trib. Bône. 1185 c.
9 nov. Req. 143 c.
16 nov. Req. 1536 c.
26 nov. Paris. 1400 c.
8 déc.Civ. 741 c., 747 c.
17 déc. Trib. com. Seine. 51 c.
28 déc. Rouen. 366 c.

1858

2 janv. Riom. 1351 c.
25 janv. Bordeaux. 470
9 févr. Besançon. 650 c., 890 c.
13 févr. Paris. 902 c.
13 févr. Toulouse. 510 c., 1177 c.
15 févr.Paris. 1131 c., 1768 c.
24 févr. Lyon. 230 c.
24 févr.Décr.280 c.
9 mars. Nancy. 255 c.
13 mars. Grenoble. 356 c., 366 c., 1018 c., 1058 c., 1060 c.
25 mars. Metz. 1767 c.
9 avr. Guadeloupe. 1528 c.
28 avr. Dijon. 113 c., 123 c.,127 c.
29 avr. Grenoble. 1141 c.
5 mai.Agen.1147 c., 1153 c., 1155
21 mai.Loi. 363 c., 1088 c., 1292 c., 1359 c.,1407 c., 1482 c.
27 mai.Loi. 166 c.
28 mai.Loi.283 c., 919 c.
2 juin.Req.597 c.
4 juin. Bourges. 575 c.
16 juin. Douai. 293
22 juin. Caen. 1630 c.

28 juin. Grenoble. 193 c.
30 juin. Toulouse. 1433 c.
8 juill. Amiens. 852 c.
8 juill. Douai. 578 c.,1402 c.,1403
11 juill. Civ. 246 c.
13 juill. Dijon. 578 c.
19 juill. Civ. 1099 c., 1100 c.
20 juill. Nîmes. 43 c.
21 juill. Rennes. 575 c.
26 juill.Civ.1034 c.
9 août.Riom. 378 c.
9 nov. Civ. 1324 c.
11 nov. Amiens. 543 c., 544 c., 548 c.
24 nov. Civ. 1417 c.
30 nov. Civ. 1039 c.
30 nov.Caen. 267 c.
30 nov. Montpellier. 1190 c.
2 déc. Orléans. 1755 c.
3 déc.Civ.113 c., 127 c.
8 déc.Req.572 c., 650 c., 890 c.
18 déc. Rennes. 126 c.
28 déc. Req. 113 c.,123 c.,128 c.

1859

5 janv. Metz. 115 c.
8 janv.Paris. 976 c., 632 c.,1437
20 janv.Metz. 630.
25 janv. Req. 1547 c.
27 janv. Grenoble. 804 c.
2 mars. Riom. 1195 c.
5 févr. Metz. 1139 c.
9 févr.Req.556 c.
15 févr. Orléans. c.
22 févr.Paris.1767 c.
5 mars. Limoges. 496 c.
5 mars.Civ.260 c.
8 mars. Poitiers. 267 c.
9 mars. Limoges. 1561 c.
14 mars.Req.361 c.
15 mars. Civ. 474 c.
24 mars. Orléans. 901 c., 1222, 1223 c., 1224 c.
27 mars.Civ. 957 c.
30 mars. Montpellier. 356 c., 365 c.
16 mai.Req.1630 c.
16 mai. Bordeaux. 1310.
23 mai. Riom. 1185 c.
31 mai. Orléans. 1276 c.
1er juin. Req. 578 c., 595 c., 596 c., 1403 c.
1er juin.Agen.1384 c.
7 juin. Req. 1190 c.
10 juin.Agen. 489 c.
16 juin.Civ.1697 c.
20 juin.Civ.1655 c.

29 juin.Rouen. 113 c., 123 c., 127 c.
1er juill. (1850 et non 1852)Riom. 864 c.
9 juill. Toulouse. 844 c.
11 juill. Civ. 852 c.
12 juill. Caen. 869
14 juill. Paris. 757 c.
22 juill. Toulouse. 626 c.
26 juill. Req. 1755
3 août.Req.784 c.
3 août. Sol. adm. enreg. 1723 c., 1767 c.
4 août. Orléans. 597 c.
5 août. Trib. Réthel. 211 c.
9 août.Req.267 c.
9 août. Civ. 1220 c., 1363 c., 1364 c.
17 août.Paris.1337 c.
20 août. Bourges. 576 c.
10 nov. Amiens. 110 c.
14 nov. Civ. 204 c.
16 nov. Décr. 996 c., 1697 c.
25 nov. Montpellier. 1576 c.
6 déc.Civ.1660 c.
19 déc. Req. 232 c.
21 déc.Metz.211 c.
27 déc.Req.478 c., 496 c.

1860
4 janv.Civ. 126 c.
15 janv. Poitiers. 474 c.
17 janv.Req.626 c.
26 janv. Paris.127 c., 128 c.
3 févr. Sol. adm. enreg. 1727 c.
6 févr.Civ.1338 c.
9 févr. Caen. 394 c., 1102 c.
13 févr. Paris. 167 c., 268 c.
8 mars. Aix.1035 c.
12 mars.Bordeaux. 1137 c.
21 mars. Alger. 453 c., 454 c.
24 mars. Traité. 455 c., 767 c., 854 c.
24 mars. Paris. 1096, 1099 c., 1100 c.
26 mars. Amiens. 474 c., 493 c.
26 mars.Sol.adm. enreg. 1712 c.
28 mars.Pau.1204 c.
8 avr. Civ. 170 c.
1er mai. Req. 375 c., 378 c.
1er mai. Civ. 364 c., 1042 c.
7 mai. Civ. 364 c.
9 mai. Civ. 975 c.
4 juin. Orléans. 1093 c.
6 juin. Req. 1195 c.
10 juin. Toulouse. 1189 c., 1191 c.
12 juin. Toulouse. 489 c.
14 juin. Limoges. 1147 c., 1155 c., 1135 c.
16 juin. Limoges. 394 c.
2 juill. Poitiers. 1761.
16 juill. Req. 267 c., 268 c.
23 juill.Riom.1383 c.,1384 c.

1er août.Loi. 425 c.
4 août. Nancy. 890 c.
4 août.Riom.1366 c.
7 août. Req.1528 c.
22 août. Orléans. 127 c.
22 août.Civ. 272 c.
22 août. Limoges. 366 c.
22 août. Trib. Châtellerault.211 c.
28 août. Civ. 1177 c.
28 août. Sol. adm. enreg. 1721 c.
11 sept. Déclar. 767 c.
5 nov. Req.841 c.
6 nov. Req. 1556 c., 1576 c.
30 nov. Poitiers. 346 c., 351 c., 362 c.
30 nov. Paris. 366
4 déc.Lyon.1207.
10 déc. Conv. 863 c.
18 déc. Civ. 267 c.

1861
10 janv. Aix. 1137 c.,1141 c.,1154.
15 janv. Nîmes. 1402 c.,1407 c., 1410 c.
22 janv.Agen.1078 c.
5 févr. Civ. 597 c., 1075 c.
21 févr. Nancy. 240.
22 févr.Paris. 84 c.
23 févr. Lyon. 356
26 févr. Civ. 468 c., 980 c.
10 mars. Aix. 57.
14 mars. Metz. 576 c.
19 mars.Toulouse. 1098 c.,1153 c., 1155 c.
27 mars. Civ. 356 c., 368 c.
4 mai. Montpellier. 1415 c.
11 mai. La Réunion. 1561 c.
15 mai. Civ. 444 c.
6 juin. Rennes. 109 c.
11 juin.Bordeaux. 559 c.
17 juin.Caen. 1348 c.
11 juill. Paris. 44.
13 juill. Paris. 266 c.
23 juill.Bordeaux. 1304 c.
2 août. Toulouse. 1631.
6 août. Limoges. 1181, 1768 c.
61 août.Chambéry. 1255.
30 nov. Paris. 398 c., 403 c., 576 c., 581,1147 c.
11 déc. Req. 146 c., 1415 c.
20 déc. Paris. 113 c.
14 déc. Besançon. 656 c.
20 déc.Trib.Saint-Quentin. 241 c.
23 déc. Orléans. 259 c., 374 c.

1862
7 janv. Cons. 863 c.

21 janv. Rouen. 965 c.
22 janv.Metz.1033 c., 1075 c.
25 janv.Bastia.469 c., 503 c., 509 c., 1439 c.
31 janv. Civ.1183 c.
3 févr.Instr. adm. enreg. 1071 c.
4 févr. Colmar. 1194 c.
19 févr.Civ. 474 c., 493 c.
23 janv.Civ.507 c., 544 c., 595 c.
26 févr. Grenoble. 1187 c., 1141 c.
14 mars.Req.1319 c.
25 mars. Montpellier. 57 c.
27 mars.Metz. 113 c.
29 mars. Liège. 471 c.
29 mars. Orléans. 1377 c.,1562 c.
2 avr. Bourges. 1209 c.
7 mai. Bordeaux. 741 c.
20 mai.Civ. 453 c., 455 c.
31 mai. Décr. 710 c., 711 c.
2 juin. Civ. 1561 c., 1563 c.,1565 c.
13 juin. Req. 1567 c., 1579 c.
22 juin.Civ.241 c., 1220 c., 1363
24 juin.Paris. 978 c., 1150 c.
7 juill. Rouen. 1528 c.
9 juill.Caen.1466 c.
19 juill. Conv. 863 c.
5 août.Nîmes 516 c., 608 c.
5 août.Dijon.1164 c.
12 août.Civ.267 c., 268 c.
20 août. Req. 266
21 août.Paris.1104 c., 1059 c.
27 juill.Req.829 c.
3 août. Riom. 585 c., 600 c., 703 c.
26 août. Civ. 507 c., 552 c., 661 c., 1351 c.
5 nov. Req. 1421 c.
6 nov. Paris. 446 c.
10 nov. Civ. 210 c.
20 nov. Paris. 746 c., 1046 c.
22 nov. Limoges. 221 c.
25 nov. Req. 1194 c., 1312 c.
2 déc. Civ. 285 c.
2 déc. Req. 1173 c.
11 déc. Trib. com. Seine. 51 c.
24 déc. Civ. 395 c.
26 déc. Rouen. 597.

1863
2 janv. Toulouse. 686 c., 1141 c.
8 janv. Alger. 1033.
14 janv. Ch. réun. 1035 c.
7 févr.Caen.1564 c.
10 févr.Req.965 c.

25 févr. Civ. 1368 c.
4 mars. Poitiers. 131 c.
4 mars. Paris. 575 c.
16 mars. Trib. civ. Nice. 1564 c.
18 mars. Agen. 1561 c.,1563 c., 1567 c., 1579 c.
31 mars. Caen. 1440 c.
1er avr. Civ. 211 c.
8 avr. Req. 1183
13 avr.Civ.1658 c., 1790 c.
30 avr. Req. 1185.
2 mai. Amiens. 145 c.
11 mai. Req. 110 c., 203 c.,1528
12 mai. Pau. 35.
16 mai. Toulouse. 38, 395 c.
20 mai. Trib. civ. Châtillon-sur-Seine:330 c.
20 mai. Loi. 425 c.
22 mai. Rouen. 1657 c.
25 mai. Grenoble. 1349 c.
1er juin. Bordeaux. 1400 c.
2 juin. Grenoble. 804 c.
3 juin. Orléans.
12 juin. Rouen. 105.
12 juin. Solut. Régie. 1081.
18 juin. Paris. 491 c.
20 juin. Civ. 1087 c.
20 juin. Paris. 57
22 juin. Décr. 281 c.
30 juin. Sol. adm. enreg. 1726 c.
21 juill.Civ.595 c., 1402 c.,1407 c., 1410 c.
23 juill.Caen.1087 c., 1059 c.
27 juill.Req.829 c.
3 août. Riom. 585 c., 600 c., 703 c.
26 août. Civ. 507 c.
6 déc. Agen.1138 c.
20 déc. Civ. 829 c.

1865
2 janv. Dijon. 593 c.
12 janv. Trib. civ. du Puy.1140 c.
21 janv.Req.844 c.
7 avr.Civ.145 c.; 151.
7 avr. Civ. 243 c.
4 nov. Civ. 1345 c., 1348 c.,1361 c.
7 nov.Lyon.1417 c.
17 nov. Douai. 1351.
23 nov.Aix.1588 c.
1er déc. Civ. 217 c.
2 déc. Civ. 351 c., 356 c., 1088 c.
8 déc. Bourges. 859 c.
18 déc. Civ. 595 c., 1106 c., 1405 c.
14 déc. Grenoble. 469 c.
22 déc. Lyon. 613 c.
26 déc. Lyon. 84 c.

1864
19 janv. Civ. 322 c.
19 janv. Req. 844 c.
16 févr. Civ.1070 c.
17 févr. Bordeaux. 408 c.
22 févr.Req.741 c.
12 mars. Caen. 1421.
21 mars.Paris. 512 c.
26 avr. Civ. 562 c.
26 avr. Bordeaux. 844 c.
26 avr.Civ.1557 c., 1561 c.
27 avr. Civ. 1366 c.
29 avr.Caen.1358 c.
30 avr. Trib. civ. Saint-Pons. 1627 c.,1675 c.
24 mai. Bordeaux. 1410 c.
27 mai.Angers.552 c., 642 c., 681 c.
30 mai. Paris. 427
8 juin. Loi. 1699 c.,1700 c.,1704 c., 1706 c.
15 juin. Req. 1008 c.,1057 c.,1059
26 juin. Sol. adm. enreg. 1777 c.
4 juill. Req. 1057 c.
4 juill. Riom. 1087 c.
6 juill.Civ.1304 c.
11 juill. Civ. 79 c., 142 c.
18 juill. Poitiers 352 c.
19 juill.Req.237 c.
2 août.Besançon. 226 c.
8 août.Req.859 c.
9 août. Trib. civ. Bazas. 1769 c.
11 août.Décr.1099 c.,1701 c.,1702 c.,1703 c.,1704 c.,1705 c.,1706 c., 1707 c.
21 nov. Civ. 51 c.
24 nov. Trib. Condom. 38 c.
29 nov. Paris. 291 c., 296 c., 299 c.
30 nov. Montpellier. 562 c.,1557 c.
6 déc. Paris. 267 c.

1866
2 janv. Req.1410 c.
6 janv. Montpellier. 785 c., 836 c., 870 c., 873 c.
28 janv. Lyon. 376 c.
7 févr. Metz. 289 c., 245 c.
7 févr.Paris.1050 c.
15 févr. Paris. 213 c.
30 janv.Civ.1695 c.
13 févr. Décis. min. fin. 999 c.
14 févr. Req. 352 c., 855 c.
20 févr.Civ. 446 c.
24 févr. Req. 57 c.
4 mars. Rouen. 225 c., 381 c.
7 mars. Civ. 351 c., 359 c.
10 mars.Grenoble. 1057 c.,1059 c.
14 mars. Civ. 542 c., 543 c.
23 mars.Lyon.211 c.

28 mars. Civ. 113 c.
29 mars; Aix.74 c., 86 c., 95 c.
29 mars. Trib. de Die. 38, 40 c.
8 avr. Bruxelles. 408 c.
6 avr. Bordeaux. 204.
8 avr. Nancy. 305 c.
8 avr. Toulouse. 416 c.
11 avr. Civ. 166 c.
13 avr. Instr. adm. Enreg. 997 c., 1752 c., 1774 c.
15 mai. Paris. 756 c., 898, 904 c.
16 mai. Civ. 489 c.
27 mai.Paris.1164 c.
29 mai.Req.424 c., 512 c.
30 mai. Colmar. 206; 343 c., 949 c.
3 juin. Loi. 1065 c.
12 juin. Chambéry. 1658.
12 juin. Trib. civ. 1057 c.,1059 c.
24 juin.Trib.com. 1511 c.
8 juill. Limoges. 1211 c.
11 juill. Civ. 1775 c.
14 juill. Loi. 307 c.
15 juill. Paris. 811 c.
20 juill. Martinique. 1379 c.
9 août. Civ. 535 c., 600 c., 703 c.
22 août. Nîmes. 219.
30 avr. Civ. 147 c.
10 nov. Orléans. 113 c.
30 nov. Req. 1273 c., 1283 c.
6 déc. Civ. 1768 c.
11 déc. Riom. 795 c.
13 déc. Trib. civ. Nantes. 51 c.
15 déc. Nîmes. 598.
20 déc. Metz. 1418 c.

1867
2 janv. Aix. 113 c.
9 janv. Req. 1498 c.
23 janv.Agen. 395 c., 400 c., 405 c.
30 janv. Req. 1211 c., 1763 c.
1er févr.Paris. 188.
1er févr.Req.473 c., 532 c., 535 c., 632 c., 646 c.
12 févr. Req. 1498 c.
13 févr.Civ. 1265 c., 1352 c.
12 mars. Req. 785 c., 868 c., 869 c., 870 c., 873 c.
21 mars. Req. 744 c.
13 avr. Nancy. 394 c.
3 mai. Bordeaux. 1304 c.
5 mai. Req. 1185 c.
14 mai. Rennes. 1561 c.
31 mai.Nîmes. 245 c., 248 c.
31 mai. Dijon.
3 juin. Req. 811 c.
24 juin.Req. 38 c.
3 juill. Lyon. 501 c., 626 c., 682 c., 1437 c.
10 juill. Grenoble. 1139.
15 juill. Req. 215 c., 429 c.
17 juill. Metz.1195 c., 1198 c.
17 juill. Décr. 1698 c.
22 juill.Loi.1112 c.

24 juill.Loi.845 c., 847 c.
22 juill. Montpellier. 910 c.
17 août. Paris. 366 c.
20 août. Paris. 247 c.
22 août.Nancy.878 c., 879 c., 882 c.
5 nov. Req. 444 c., 1530, 1536 c.
19 nov. Metz.1220 c.,1363 c.,1364
2 déc.Civ.1174 c.
4 déc.Req. 851 c.
18 déc.Req. 163 c.
26 déc. Caen.1551 c.; 1562 c.
31 déc. Metz. 507 c., 509 c., 565 c.
31 déc. Req.761 c.

1868
4 janv. Paris. 741 c.
7 janv.Req.305 c.
10 janv. Trib. civ. Lyon. 427 c.
11 janv. Trib. civ. Seine. 982 c.
14 janv.Agen.1496 c.
20 janv. Alger. 893 c.
22 janv. Req. 1412 c.
4 févr.Civ.463 c., 479 c., 494 c., 497 c.
6 févr. Grenoble. 471.
12 févr.Req.552 c., 655 c., 662 c.
7 mars.Grenoble. 500 c.
3 mars. Orléans. 1605 c., 1675 c., 1801 c.
1er avr.Angers.799 c.
30 janv. Montpellier. 403.
6 mai.Civ. 352 c., 355 c., 741 c., 747 c.
22 mai. Paris. 429 c., 430 c.
27 mai.Metz.391 c.
11 juin. Trib. civ. Seine.1765 c.
15 juin. Paris. 504 c.
17 juin. Trib. civ. Dic. 987 c.
31 juin. Civ. 1562 c.
28 juin. Montpellier. 1100 c., 1152, 1155 c.
7 juill. Req. 1370 c.
9 juill.Dijon.1077 c.,1762 c.,1763 c.
14 juill. Civ. 1379 c.
15 juill.Req.113 c.
15 juill. Civ. 287 c.
21 juill. Besançon. 808 c.
22 juill. Civ. 1418 c.
15 juill.Req.113 c.
3 août.Civ.862 c.
6 août. Paris. 1072, 1079 c.
10 août. Lyon. 427 c.
17 août.Civ.956 c., 1146 c., 1148 c., 1150 c.
22 août.Riom.89 c., 243 c., 248 c.
10 nov. Bordeaux. 1087.
24 nov.Req.1248 c.
25 nov.Req. 865 c.

30 nov. Bourges. 1772 c.

8 déc. Colin ar 245.

9 déc. Req. 650 c.

15 déc. Bordeaux. 468 c.

18 déc. Douai. 182 c.

30 déc. Civ. 1032 c.

1869

25 janv. Req. 917 c.

1er févr. Limoges. 1768 c.

2 févr. Req. 1605 c., 1675 c.

11 févr. Lyon. 247.

13 févr. Alger. 1057 c., 1059 c.

20 févr. Civ. 152 c.

24 févr. Dijon. 579 c.

27 févr. Trib. civ. Bourganeuf. 571 c.

2 mars. Civ. 111 c.

8 mars. Civ. 325 c.

9 mars. Req. 893 c.

15 avr. Rouen. 1492 c., 1493 c.

23 avr. Lyon. 1456 c.

3 mai. Montpel Her. 352 c., 362 c.

11 mai. Chambéry. 1087 c., 1090 c.

22 mai. Nancy. 506 c.

24 mai. Civ. 473 c., 501 c., 626 c., 632 c., 1438 c., 1487 c.

15 juin. Conv. 767 c., 864 c.

17 juin. Rouen. 1150 c.

22 juill. Bordeaux. 1131 c.

26 juill. Req. 1605 c.

16 août. Civ. 405 c.

26 août. Orléans. 512 c., 973 c., 1187 c., 1148 c., 1150 c.

30 août. Caen. 1419 b.

8 nov. Req. 805 c.

9 nov. Req. 80 c.

23 nov. Nimes. 1051 c., 1130 c.

6 déc. Metz. 72 c., 88 c.

11 déc. Lyon. 98 c.

16 déc. Aix. 767 c.

1870

7 janv. Trib. civ. Montpellier. 482 c.

3 janv. Grenoble. 1332.

15 janv. Caen. 297 c.

20 janv. Trib. civ. Joigny. 314 c.

27 janv. Caen. 1149 c., 1150 c., 1151 c.

31 janv. Civ. 450 c.

2 févr. Chambéry. 203 c., 520 c.

8 févr. Req. 196 c.

16 févr. Civ. 113 c.

17 févr. Trib. civ. Seine. 427 c.

1er mars. Civ. 1383 c., 1364 c., 1400 c.

1er mars. Trib. civ. Seine. 95 c.

9 mars. Civ. 1505 c.

9 mars. Alger. 1488 c.

1871

9 janv. Aix. 111 c.

18 mars. Lyon. 427 c.

25 mars. Caen. 1641.

4 mai. Rennes. 145 c.

9 mai. Caen. 1087 c.

26 mai. Loi. 1078 c.

1 juin. Limoges. 739 c., 762 c.

17 juill. Trib. civ. Nantes. 561.

10 août. Loi. 1633 c.

12 août. Paris. 787 c.

18 août. Caen. 487 c., 802 c., 880 c.

19 août. Lyon. 1150 c., 1151 c.

7 nov. Dijon. 889 c.

19 nov. Civ. 509 c., 1433 c.

25 nov. Req. 995 c., 1000 c.

21 nov. Conv. 363 c.

22 nov. Caen. 475 c., 489 c.

23 août. Req. 787 c., 1284 c.

16 sept. Loi. 425 c., 1699 c.

13 oct. Trib. civ. Joigny. 1777 c., 1801 c.

13 oct. Trib. civ. Joigny. 398 c.

4 déc. Req. 399 c., 415 c.

8 déc. Paris. 894 c.

9 déc. Douai. 1440 c., 1443 c.

11 déc. Conven tion. 767 c.

15 déc. Civ. Req. 966 c.

16 déc. Saint-Denis. 578 c.

19 déc. Req. 1498 c.

20 déc. Nancy.

1872

1er janv. Bordeaux. 145 c., 153 c.

20 janv. Chambé ry. 851 c., 852 c.

26 janv. Req. 995 c., 1000 c., 1781 c.

30 janv. Civ. 879 c.

5 févr. Civ. 455 c.

12 févr. Loi. 92 c., 107 c., 113 c., 122 c., 127 c.

17 févr. Req. 427 c., 1435 c.

17 févr. Bourges. 1141 c., 1142 c., 1430 c.

20 févr. Loi. 115 c., 1430 c.

28 févr. Paris. 427 c., 441 c.

5 mars. Paris. 314 c., 324 c.

19 mars. Req. 421 c.

20 mars. Req. 1051 c., 1130 c., 1149 c.

22 mars. Chambé ry. 1040 c.

26 mars. Req. 1057 c., 1059 c.

8 avr. Req. 555 c., 4012.

23 avr. Trib. Seine. 1500 c.

6 juin. Paris. 798 c.

11 juin. Paris. 163 c., 168.

14 juin. Trib. civ. Sarlat. 340 c., 350 c.

22 juin. Paris. 93 c.

26 juin. Civ. 1073 c.

10 juill. Montpel lier. 767 c.

11 juill. Dijon. 189 c.

13 août. Req. 95 c.

13 août. Bordeaux. 788 c., 791 c.

13 août. Besançon. 1785 c.

16 août. Aix. 459 c., 1120 c.

7 nov. Dijon. 889 c.

19 nov. Civ. 509 c., 1433 c.

25 nov. Req. 995 c., 1000 c.

29 nov. Caen. 475 c.

2 déc. Req. 578 c.

14 déc. Nimes. 211 c.

27 déc. Douai. 1035 c.

26 déc. Paris. 427 c.

27 déc. Trib. civ. de Sens. 1132 c., 1768 c.

1873

3 janv. Douai. 919 c.

29 janv. Req. 1500 c.

10 févr. Paris. 654 c., 1404 c.

4 mars. Req. 1008 c., 1068 c.

17 mars. Req. 93 c., 890 c.

19 mars. Trib. civ. 1456 c.

Marennes. 340 c., 350 c.

18 mars. Trib. civ. Aix. 393 c., 399 c.

22 mars. Loi. 1699 c.

8 avr. Bourges. 1804 c.

12 avr. Bordeaux. 1284 c.

5 mai. Loi. 921 c.

6 mai. Trib. Seine. 48 c.

7 mai. Paris. 1659 c., 1665 c.

8 mai. Lyon. 1077 c., 1763 c., 1767 c.

9 juin. Civ. 38 c.

9 juill. Trib. Beaune-les-Da mes. 784 c.

9 juill. Sol. adm. 932 c.

14 juill. Bordeaux. 1355 c.

30 juill. Civ. 210 c., 232 c., 376 c., 1483 c.

30 août. Chambé ry. 154 c., 461 c.

30 août. Angers. 1648 c., 1667 c.

23 août. Limoges. 895 c.

20 sept. Trib. com. Nantes. 190.

5 nov. Req. 427 c., 940 c.

17 déc. Besançon. 784 c.

24 déc. Req. 654 c., 708 c.

1874

7 janv. Conv. 862 c.

9 janv. Solut. admin. enreg. 1715 c.

11 janv. Civ. 305 c., 306 c., 331 c.

27 janv. Rennes. 1007 c., 1033 c.

2 févr. Req. 1801 c.

8 févr. Civ. 1059 c.

11 mars. Req. 1077 c., 1762 c.

14 mars. Martini que. 4415 c.

19 mars. Trib. de Neufchâteau. 777 c.

21 mars. Caen. 1186 c.

23 mars. Civ. 386 c., 892 c.

26 mars. Chambé ry. 1567 c., 1568.

11 avr. Conv. 363 c.

17 avr. Paris. 1368 c.

24 avr. Rouen. 4026 c.

25 avr. Civ. 1217 c.

1er mai. Chambéry. 555.

5 mai. Req. 1659 c., 1665 c.

26 mai. Amiens. 542 c., 566 c.

26 mai. Caen. 1794 c.

9 juin. Orléans. 1405 c.

12 juin. Paris. 503 c., 511 c.

15 juin. Caen. 1298 c.

7 juill. Bordeaux. 1436 c.

7 juill. Dijon. 1456 c.

1875

5 janv. Loi. 1741 c., 1712 c., 1745 c., 1746 c., 1747 c., 1750 c., 1751 c.

9 janv. Aix. 1141 c.

21 janv. Paris. 1141 c., 1142 c., 1430 c.

26 janv. Civ. 35 c., 43 c., 478 c., 682 c., 1483 c., 1487 c., 1492 c., 1493 c.

8 févr. Req. 1130 c.

2 oct. Trib. civ. Gray. 1287 c.

17 nov. Dijon. 592 c., 654 c., 681 c.

19 nov. Dijon. 656 c.

23 nov. Dijon. 395 c.

30 nov. Pau. 342 c., 547 c., 546 c.

3 déc. Amiens. 468.

20 déc. Poitiers. 1169 c.

27 avr. Chambéry. 1762 c.

23 avr. Trib. civ. 1592 c.

30 avr. Limoges. 267 c., 270 c.

10 mai. Rouen. 707 c., 1657.

21 mai. Rennes. 719 c., 720 c., 1588.

7 juin. Dijon. 1307 c.

29 juin. Civ. 34 c.

10 août. Nancy. 555.

26 août. Décr. 1711 c., 1747 c., 1748 c., 1749 c.

8 nov. Aix. 455 c., 1108 c.

16 nov. Paris. 241 c., 246 c.

16 nov. Rouen.

24 nov. Montpel lier. 1786.

13 déc. Civ. 783 c., 784 c., 886 c.

1876

11 janv. Lyon. 1140.

3 juill. Req. 796 c.

5 juill. Paris. 807 c.

1877

8 janv. Alger. 803 c.

22 janv. Req. 1088 c., 1458 c., 1435 c.

25 janv. C. cass. Belgique. 34 c.

3 mars. Bourges. 147 c.

7 mars. Civ. 985 c.

12 mars. Req. 217 c., 428 c., 917 c.

13 mars. Req. 874 c.

4 avr. Alger. 219.

27 avr. Paris. 1483 c.

13 mai. Caen. 803 c.

20 mai. Rouen. 761 c.

30 mai. Req. 166 c.

16 juin. Riom. 698 c.

18 juin. Toulouse. 699 c.

30 juin. Orléans. 375 c.

1878

3 janv. Dijon. 1536 c.

16 janv. Req. 699 c.

30 janv. Poitiers. 1488 c.

18 févr. Req. 967 c., 1066 c., 1955 c., 165 c.

25 févr. Req. 157 c., 158 c.

27 févr. Douai. 1503 c.

16 août. Paris. 217 c., 428 c., 584 c., 638 c., 917 c.

22 août. Civ. 1487 c., 1141 c.

23 août. Lett. du direct. géfi. de l'adm. de l'en re gistre ment 1795 c.

30 août. Paris. 1580 c.

8 mai. Civ. 653 c.

15 mai. Paris. 854 c., 1019 c.

16 mai. Req. 41 c.

17 nov. Req. 450 c.

28 mai. Trib. civ. Pont-l'Evêque. 1131 c., 1768 c.

5 juin. Conv. 803 c.

10 juin. Poitiers. 1033 c.

15 juin. Loi. 1750 c.

17 juin. Grenoble. 221 c.

24 juin. Alger. 109 c.

26 juin. Civ. 34 c., 54 c., 58 c.

27 juill. Req. 1051 c., 1508 c.

30 juill. Req. 395 c.

2 août. Cons. d'Et. 1789 c.

13 août. Rennes. 304 c.

19 août. Req. 742 c., 744 c.

3 août. Trib. civ. la Flèche. 552 c., 613 c., 1765 c.

5 nov. Civ. 455 c., 457 c., 1108 c.

6 déc. Loi. 1750 c., 588 c.

31 déc. Bordeaux. 322 c.

1879

7 janv. Req. 899 c.

16 janv. Lyon. 1602 c.

17 janv. Orléans. 375 c.

25 janv. Civ. 719 c., 720 c., 1588 c.

1880

7 janv. Civ. 1445 c.

15 janv. Grenoble. 592 c., 1190.

19 janv. Req. 109 c.

23 janv. Trib. du Mans. 613 c.

3 févr. Douai. 1626 c.

6 févr. Rennes. 1354 c.

8 févr. Trib. civ. Seine. 200 c.

18 févr. Nancy. 1118 c., 1115 c., 1143 c.

4 mars. Douai. 845 c.

6 mars. Lyon. 602 c.

15 mars. Besançon. 1301 c., 1302 c.

16 mars. Caen. 1483 c., 1484 c.

17 mars. Civ. 760 c.

7 avr. Civ. 1433 c.

20 avr. Rouen. 110.

24 avr. Lyon. 1540 c.

28 avr. Alger. 1138 c., 1140 c.

12 mai. Douai. 654 c., 1019 c.

c., 845 c., 860 c., 1298 c.

26 janv. Civ. 503 c., 511 c.

10 févr. Rouen. 891 c.

16 févr. Req. 1008 c., 1055 c., 1058 c., 1059 c.

16 févr. Lyon. 1453 c.

8 mars. Angers. 803 c.

16 mars. Req. 1078 c., 1099 c., 1100 c., 1102 c.

8 nov. Alger. 1649 c.

8 déc. Paris. 1327 c., 1343 c., 1454 c.

10 déc. Loi. 421 c., 422 c., 920 c.

21 déc. Caen. 1165 c.

22 déc. Loi. 83 c., 284 c., 310 c., 334 c.

30 déc. Civ. 154 c.

21 août. Caen. 430 c.

29 juill. Grenoble. 1675 c.

4 août. Civ. 1119 c.

12 août. Nancy. 1482 c., 1486 c.

17 août. Bordeaux. 1785 c., 1785 c.

19 août. Bordeaux. 892 c.

7 juill. Paris. 468 c., 468 c., 1876 c.

15 juill. Paris. 1393 c.

12 mai. Alger.1141 c., 1142 c., 1480 c.
11 juin.Loi.1633 c.
5 juill. Civ. 430 c., 431 c.
31 juill. Amiens. 867 c., 873 c.
2 août. Civ. 1873 c.
4 août. Civ. 985 c.
4 août. Dijon. 552 c., 613 c., 661 c.
7 août. Paris.845 c.
10 août. Lyon. 535 c., 1440 c., 1442 c.,1467 c.
19 août. Toulouse. 1170.
19 août. Trib. civ. du Havre. 1777 c.
23 oct. Trib. civ. Hazebrouck. 140.
7 nov.Civ.1482 c.
9 nov. Req.737 c.
15 nov. Req.807 c., 845 c.
22 nov. Req. 571 c., 602 c.
24 nov. Civ. 75, 86 c.
1er déc.Lyon.481 c.
7 déc.Req.842 c., 887 c.
8 déc.Civ.1148 c.
23 déc. Orléans. 1182 c.
29 déc. Civ. 891 c.
30 déc.Trib.civ.de Forcalquier. 967.

1881

11 janv. Req. 1354 c.
28 janv. Req. 1535 c., 1540 c.
19 févr.Nancy.908 c., 909 c., 1246 c.
3 mars. Trib.civ. Gray. 137 c.
1er avr. Lyon. 30 c., 37 c., 150 c., 157 c.
5 (ou 3) avr. Civ. 229 c.
17 mai. Orléans. 276 c.
18 mai. Civ. 34 c.
20 mai. Toulouse. 219 c., 378 c., 379, 946 c., 1054 c.
1 juin. Trib. civ. Melle. 313 c., 320 c.
22 juin. Limoges. 1532.
27 juin. Req. 845 c.,849 c.,857 c.
29 juin. Civ. 845 c., 854 c., 019 c.
4 juill.Loi. 921 c.
6 juill. Civc. 78 c., 1079 c.
7 juill. Req 1302 c.
11 juill. Trib.Emp. Allemagne. 918 c.
12 juill. Req. 867 c.,869 c.,873 c.
16 juill. Lyon.471, 730 c.
1er août.Req.743 c.
5 août.Loi.736 c.
17 août.Chambéry. 430 c., 431 c.
14 nov. Civ. 1235 c., 1242 c.
23 nov. Trib. civ. Soulis. 137 c.
1er déc. Trib. civ. Saint-Jean-d'Angély. 51.
12 déc. Basin. 987 c.
15 déc.Paris.536 c.

23 déc. Lyon. 1042 c., 1043 c.,1045 c.
29 déc. Douai. 453 c.

1882

4 janv. Trib. civ. Corbeil. 919 c.
10 janv.Req.824 c.
11 janv. Civ. 1168 c., 1238 c.
12 janv. Riom. 1279 c., 1528 c., 1540 c.
28 févr. Douai. 420 c., 804 c., 870 c.
3 mars. Amiens. 1035 c.
6 mars. Alger. 490.
9 mars. Lyon. 990 c.
14 mars. Douai. 1333 c.
15 mars.Req.154 c.
16 mars. Riom. 1122 c.
21 mars. Paris. 1605 c.
28 mars. Civ. 1035 c.
25 avr.Civ. 1130 c.
26 avr.Civ.1000 c., 1785 c.
27 avr.Décis. min. fin. 1724 c., 1725 c.
11 mai. Orléans. 845 c., 859 c.
12 mai. Circ. min. just. 1015 c.
17 mai. Trib. com. Seine. 330.
3 juin. Nancy. 471.
6 juin. Paris. 503 c., 504 c., 509 c., 1563 c.
23 juin. Paris. 1104.
27 juin. Amiens. 137 c.
27 juin. Trib. civ. Pontoise. 1287 c., 1708 c.
28 juin. Req. 1939 c.
5 juill. Grenoble. 470 c.; 497 c.
25 juill. Paris. 163 c.
31 juill. Bordeaux. 1003 c.
9 août.Civ.222 c., 724 c.
14 nov.Civ.1099 c., 1101 c.
5 déc. Req. 1267 c., 1652 c.
6 déc. Req. 1433 c.
12 déc. Besançon. 1192 c.
27 déc.Lyon.638 c.
28 déc. C. cass. Rome. 131.

1883

3 janv.Civ. 91 c., 94 c., 96 c.
31 janv. Req. 414 c., 536 c., 1463 c.
5 févr. Bordeaux. 1662 c.
7 févr. Poitiers. 1173 c., 1191 c.
23 févr. Trib. civ. Seine. 990 c.
26 févr. Req. 1333 c., 1665 c.
8 mars. Nancy. 800 c.
12 mars.Grenoble. 161 c.
16 avr. Trib. civ. Caen. 190 c., 340 c.

4 mai. Orléans. 724.
27 mai.Riom.1048 c.
6 juill. Dijon. 420 c., 899 c.
27 juill.Décis.min. fin. 1699 c.
13 août.Req.890 c.
14 août. C. sup. justice, Luxembourg. 137 c.
14 août. Civ. 1001 c., 1035 c.,1052 c.
21 août. Caen. 471.
24 août. Toulouse. 1026.
20 nov. Trib. civ. Cherbourg.1741 c.
20 déc. Douai. 846 c.

1884

2 janv.Req.234 c.
9 janv. Pau. 1558 c.
16 janv. Req. 1066 c.
2 févr. Paris. 228 c.
4 mars.Civ.453 c.
8 mars. Nancy. 800 c., 715 c.
11 mars.Trib.Senlis. 318.
19 mars.Alger.430 c.
20 mars. Trib. civ. Montmédy.140.
5 avr.Loi.1176 c., 1625 c.
17 avr. Paris. 399 c., 1589 c.
2 mai. Besançon. 826.
16 mai.Caen. 1725 c.,1767 c.,1771 c.
17 mai. Loi. 921 c.
27 mai. Civ. 362 c.
27 mai.Riom.1075 c.,1078 c.,1173 c.
28 mai. Paris. 380 c.
4 juin. Rouen. 1304 c.
18 juin. Civ. 1062 c.
23 juin.Pau503 c., 504 c., 509 c., 1388 c., 1439 c.
2 juill. Poitiers. 720 c., 724.
3 juill.Riom. 585 c.
4 juill. Douai. 1035.
11 juill. Nîmes. 1084 c., 1088 c.
16 juill. Civ. 1175 c., 1230 c.
30 juill. Trib. civ. Valence. 788.
31 juill. Trib. civ. Vitry-le-François. 143 c., 322.
26 nov. Req. 1320 c., 1321 c.
27 nov. Trib. civ. Montdidier. 53.
4 déc. Trib. civ. Fontainebleau. 1725.
6 déc. Nancy. 187 c.
10 déc.Alger.1764 c.
12 déc. Orléans. 1741 c.,1770 c., 1800 c., 1803 c.
30 déc. Riom. 42 c.

1885

7 janv. Pau. 1011 c.
10 janv. Trib. Seine. 47 c.

27 janv.Civ.594 c., 1365 c.
19 févr.Nancy.911 c.
19 févr. Toulouse. 427 c.
2 mars. Req. 1343 c.
3 mars. Trib. civ. Gray. 90 c., 129 c.
4 mars. Pau. 911 c.
11 mars.Toulouse. 1700 c., 1709 c.
26 mars. Aix.1317 c.
15 avr. Paris. 89 c.
20 avr. Poitiers. 890 c.
20 mai. Rouen. 1786 c.
3 juin. Bruxelles. 1245 c.
9 juin. Trib. civ. Senlis. 34 c.
10 juill.Loi.422 c., 855 c., 866 c., 920 c., 923 c.
16 juill. C. cass. Belgique.304 c.
21 sept. C. just. Genève. 48.
29 oct. Rennes. 848, 860 c.
2 nov.Alger.788.
23 nov. Angers. 187 c.
1er déc. Bordeaux. 950 c., 1023 c., 1070 c.,1068 c.
5 déc. Paris. 808 c., 840 c.,848 c., 962 c., 990 c.
7 déc. Poitiers. 1056 c., 1490 c.
23 déc.Civ. 807 c., 808 c., 845 c.
24 déc. C. just. Luxembourg. 194.

1886

9 janv. Civ. 1561 c.
1er févr. Bourges. 1672 c.
9 mars. Civ. 1579 c., 1681 c.
17 mars.Civ. 1190 c., 1194 c.
30 mars. Req. 34 c.
6 avr.Civ.1190 c., 1191 c.
12 avr. Trib. Mantes. 392 c.
21 avr.Paris. 89 c.
4 mai.Nancy.562 c., 571 c.
13 mai. Trib. civ. Lyon. 1047 c.
16 mai. Civ. 966 c.
24 mai. Req. 570 c.
1er juin. Bourges. 90.
4 juin. Paris. 89 c.
16 juin. Limoges. 953 c.
17 juin. C. cass. Belgique. 1000 c., 1781 c.
1er juill. Besançon. 134.
5 juill. Civ. 54 c.
13 juill.Chambéry. 137 c.
13 juill. Nancy. 1404 c.
17 juill. Trib. civ. Privas. 798 c.
24 juill. Pau. 340 c.
24 juill.Riom. 524 c.
2 août. Req. 907 c., 908 c., 911 c.

2 août. Trib. civ. Andelys.1369 c.
26 oct. Nîmes. 858 c.
15 nov. Req.222 c.
16 nov. Agen.1087 c.
16 déc. Douai. 430 c.
22 déc. Riom. 741 c., 747 c.

1887

11 janv. Req. 176 c., 181 c.
31 janv. Trib. civ. Nantes. 294 c.
16 févr.Agen. 1042 c., 1780 c.
1er mars. Bordeaux. 492 c.
5 mai. Bordeaux. 719 c., 1160 c.
10 mai.Civ. 153 c., 155 c.
18 mai. Civ. 304 c.
21 juin. Toulouse. 1025 c., 1047 c., 1452 c.
24 juin.Liège.1516 c.
31 juill. Trib. civ. Bourges. 738.
2 août . Civ. 738 c.
29 nov. Décis.min. fin. 1699 c.
5 déc. Paris. 804 c., 840 c., 845 c.
22 déc. Douai. 613 c.
28 déc. Agen.1566, 1574 c., 1579 c., 1681 c.
20 déc. Trib.Bourges. 1185 c.

1888

4 janv. Civ. 202 c.
9 janv. Req. 1042 c., 1043 c.
2 févr. Paris. 30 c.
9 févr. Trib. civ. Remiremont. 1305 c.
28 févr. Civ. 1735 c.
1er mars. Trib.civ. Puy. 1563 c., 1565 c., 1566 c., 1578 c.
12 mars. Pau. 889 c.
13 mars. Paris. 1742 c.
16 avr. Req. 803 c.
25 avr. Civ. 1295 c., 1317 c., 1318 c.
27 avr. Paris.1440 c.
30 avr. Bastia.1088 c.
2 mai. Bordeaux. 987 c.
4 mai. Nîmes. 1554 c.
5 mai. Toulouse. 196 c., 351 c., 356 c.
16 mai.Civ.294 c., 298 c., 331 c.
8 juin.Chambéry. 785 c., 868 c., 870 c.
21 juill. Rennes. 830, 1057 c., 1058 c., 1075 c.
6 août. Limoges. 166 c., 303 c.
16 août. Aix. 1304 c.
10 août.Instr.adm. enreg.1714 c., 1715 c., 1717 c., 1720 c.,1727 c., 1731 c., 1753 c.

23 oct. Req. 1305 c., 1306 c.
30 oct. Civ. 137 c.
31 oct. Req. 254 c.
5 nov. Agen. 780 c.
15 nov. Paris.1337 c.
26 nov. Trib. Orthez. 1784 c.
5 déc. Agen. 356 c.
7 déc. Trib. civ. Millau. 1626 c.
17 déc. Trib. civ. Tarbes. 1666 c.
18 déc. Req. 987 c.
26 déc. Besançon. 1743 c.

1889

10 janv. Trib. civ. La Flèche. 1714 c.
17 janv. Riom. 873 c.
6 févr. Civ. 1870 c., 1308 c.
6 févr. Dijon. 613 c.
6 févr. Trib. civ. Montreuil-sur-mer. 1714 c.
13 févr.Loi.314 c., 550 c., 551 c., 559 c., 561 c., 563 c., 571 c., 601 c., 603 c., 611 c., 613 c., 614 c., 615 c., 616 c., 619 c., 652 c., 656 c., 658 c., 659 c., 666 c., 670 c., 673 c., 676 c., 677 c., 683 c., 708 c., 1375 c., 1521 c., 1557 c., 1765 c.
19 févr. Loi. 35 c., 78 c., 99 c., 101 c., 105 c., 107 c., 108 c., 114 c., 117 c., 148 c., 130 c., 122 c., 156 c., 161 c., 169 c., 428 c., 903 c., 918 c., 922 c., 923 c., 924 c., 930 c., 935 c., 936 c., 1542 c.
1er mars.Toulouse. 1071 c., 1087 c.
4 mars. Civ. 30 c.
4 mars. Loi. 89 c., 263 c., 274 c., 277 c., 735 c., 827 c., 963 c., 1162 c.
20 mars.Agen.473 c., 632 c.
20 mars.Dijon.804 c.
22 mars.Bordeaux. 479 c., 498 c.
18 avr. Civ. 1593 c., 1595 c.
28 mars. Loi. 589 c.
30 avr. Req.294 c., 298 c., 331 c.
3 juin.Chambéry. 1549 c.
21 juill. Pau. 472 c., 488 c., 539 c., 1461 c., 1465 c.
18 juin.Civ.142 c., 322 c.
10 juill. Civ. 187 c.
10 juill. Poitiers. 213 c.
18 juill. Loi. 78 c., 90 c.

20 juill. Nancy. 496.
22 juill. Loi. 736 c.
24 juill. Loi. 692 c., 694 c.
25 juill. Trib. civ. Joigny. 1677 c.
30 juill. Limoges. 740 c.
9 août.Civ.707 c.
9 août. Paris.427 c.
13 août. Paris. 453 c., 455 c.
21 oct. Req. 1304 c.
5 nov. Civ. 1740 c.
7 nov. Paris. 287 c.
16 nov. Montpellier. 471 c., 498 c., 499 c.
18 nov. Toulouse. 477 c., 489 c.
30 nov. Orléans. 1519 c.
3 déc. Civ. 840 c. 845 c.
17 déc. C. cass. grand-duché de Luxembourg. 712 c.
26 déc. Montpellier. 1784 c.

1890

6 janv. Trib. Seine. 1679 c.
4 févr. Lyon. 200 c.
6 févr.Lyon. 1006 c.
7 févr.Trib.Saint-Lô. 1433 c.
22 févr.Lyon.1035 c., 1075 c.
24 févr. Toulouse. 873.
25 mars. Montpellier.1058c.,1593 c.
1er avr. Req. 35 c., 154 c.
5 mai.Civ.613 c.
11 mai.Civ. 562 c.
27 mai. Toulouse. 99 c., 122 c.
10 juin. Civ. 68 c.
11 juin. Civ. 571 c.
23 juin. Civ. 372 c.
26 juin. Mayenne. 1790 c.
12 juill. Trib. civ. Orange. 61 c., 484 c., 1040 c.
22 juill. Bordeaux. 206, 343 c.
29 juill. Douai. 90.
4 août. Req. 950 c., 1023 c.
4 août. Montpellier. 522 c., 1128 c.
4 août. Trib. civ. Châtellerault. 1785 c., 1786 c.
2 sept. Trib. com. Fécamp. 31 c.
22 oct. Trib. civ. Brest. 1776 c.
12 nov. Req. 1008 c., 1053 c.
13 nov. Bordeaux. 1140 c.
25 nov. Trib. civ. Carpentras. 1766 c.
1 déc. Paris. 579 c., 914 c., 1182 c., 1543 c.
13 déc.Pau.219 c., 381 c.
18 déc. Poitiers. 73 c., 122 c., 322 c.

24 déc.Req. 740 c., 742 c.
30 déc. Pau. 1782 c., 1784 c.,1793 c.

1891

6 janv. Req. 1722 c., 1755 c.
14 janv. Agen. 873 c.
19 janv. Req. 1379 c.
21 janv.Req.287 c.
26 janv. Trib. civ. Carcassonne. 1651 c.
27 janv.Bordeaux. 510 c.
3 févr.Nancy. 352 c.
8 févr. Req. 825 c.
9 févr. Req. 1007 c., 1014 c., 1075 c.
10 févr. Bordeaux. 166 c.
19 févr. Douai. 682 c.
17 févr. Trib. civ. Orange. 489 c.
17 févr. Trib. Seine. 365 c.
25 févr. Civ. 465 c.
26 févr.Paris.1115.
3 mars.Pau. 1093 c.
4 mars. Civ. 1563 c., 1565 c.
4 mars.Trib.Puy. 1500 c.
5 mars. C. appel Lucque.1267 c.
6 mars. Paris. 1679 c.
9 mars.Caen. 77.
9 mars.Loi.471 c.
10 mars. just. paix. Nancy. 1725 c.
11 mars. Civ. 207 c., 1778 c.
24 mars. Civ. 363 c., 364 c.,1083 c.
9 avr. Req. 1022 c.
25 avr. Paris. 1536 c.
4 mai.Civ.1088 c.
8 mai.Douai.1318 c., 1863 c., 1787 c.
30 mai. Lyon. 134 c.
30 mai. Décr. 4 c.
2 juin. Trib. civ. Seine. 53.
3 juin. Trib.Saint-Dié. 1186.
5 juin. Trib. civ. Narbonne. 51.
10 juin. Dijon.989 c.
24 juin. Civ. 1404 c.
24 juin. Pau. 352 c.
15 juill. Civ. 396 c., 399 c.
15 juill. Trib. civ. Narbonne.1094.
22 juill. Bordeaux. 92 c.
22 juill. Rennes. 459 c.
23 juill. Loi. 269 c., 274 c.
29 juill. Angers. 889 c.
1er août. Trib. civ. Saint-Malo. 1784 c.
4 août. Trib. civ. Seine. 1550 c.
22 oct. Trib. civ. Pont-l'Évêque. 1607 c.
2 oct. Trib. civ. Dijon. 1080 c.
7 nov. Trib. civ. Seine. 222.

20 nov. Aix. 1128 c.	1113 c., 1141 c., 1143 c.	Lesparre. 1803 c.	23 mars. Agen. 1035 c.	5 mai. Paris. 1328 c.	11 juill. Loi. 137c., 140 c.	**1893**	13 avr. Civ. 207 c.
24 nov. Trib. Nevers. 1199 c., 1200.	19 janv. Pau. 1487 c.	15 févr. Algor. 176 c.	25 mars. Paris. 1660 c.	9 mai.Alger.76 c.	18 juill. Agen. 783 c., 764 c.	16 janv. Limoges. 1755 c.	10 mai. Dijon. 213 c., 320 c.
24 nov. Trib. civ. Nevers. 1264 c.	22 janv.Bordeaux. 1602 c.	24 févr. Toulouse. 532 c., 538, 567 c., 573 c.	28 mars.Alger. 109 c.	18 mai. Trib. civ. Melle. 1026 c.	15 nov. Req. 1113 c.	1er févr. Civ. 63 c., 65 c., 68 c.	16 mai. Trib. civ. Seine. 1324 c., 1344 c., 1347 c.
28 nov.Trib.Seine. 499 c.	25 janv. Trib. civ. Cahors. 1069 c.	589 c., 643 c.	29 mars. Civ. 223 c.	19 mai. Trib. civ. Lille. 1623.	18 nov. Poitiers. 1135 c.	6 févr. Loi. 1121 c.	17 juin. Loi. 210 c., 594 c., 1468 c.
9 déc. Civ. 222 c.	30 janv. Nancy. 739 c.	25 févr. Rennes. 1038 c., 1792.	30 mars. Req. 907 c.	20 mai. Bordeaux. 1026 c.	28 nov.Civ.1557 c.	21 févr. Bordeaux. 1363 c., 1364 c.	c., 1472 c., 1474 c., 1475 c., 1477 c.
9 déc. Trib. civ. Brioude. 1757, 1802 c.	2 févr.Bordeaux. 1343 c.	11 mars. Sol. adm. enreg. 1715 c.	5 avr. Civ. 1030 c., 1076 c.	24 mai.Civ.776 c.,	29 nov.Civ. 869 c.	1er mars. Bourges. 1190 c., 1196 c.	c., 1501 c.
14 déc. Trib. civ. Nancy. 1725 c.	4 févr. Paris. 219 c., 233 c.	14 mars. Rennes. 1663 c.	5 avr. Trib.Tulle. 1791.	15 juin. Bourges. 908 c.	30 nov. Loi. (V. l'addition à la fin du volume.)	7 mars. Civ. 1191 c.	10 juill. Civ. 35 c.
15 déc.Nancy.1785 c., 1793 c.	8 févr. Poitiers. 153 c.	15 mars. Chambéry. 1108 c., 1376 c.	8 avr. Trib.. Toulouse. 1625 c.	25 juin.Grenoble. 432 c., 1260 c., 1277 c.	7 déc. Req. 1785 c., 1788 c.	17 mars. Trib. civ. Seine. 1625 c.	12 juill. Dijon.859 c.
26 déc. Grenoble. 974 c.	8 févr. Paris. 427 c.	17 mars. Trib. civ. Seine. 341 c.	11 avr. Req. 92. c.	27 juin. Civ. 51 c.	27 déc.Douai.1036 c.	27 mars. Décr. 712 c.	25 juill. Req. 39 c.
1892	10 févr.Civ.478 c., 489 c., 497 c.	22 mars. Civ. 67 c.	11 avr. Paris. 868 c., 1063.	8 juill. Dijon. 1616.	29 déc. Lei. (V. l'addition à la fin du volume.)	12 avr. Loi. 996 c.	1er août. Loi. 845 c., 847 c., 848 c.
19 janv. Angers.	10 févr. Trib. civ.		12 avr.Req. 889 c.	9 juill.Paris.1267 c., 1317 c.,1656 c., 1657 c.		12 avr. Décr. 996 c.	c., 1644 c.
			4 mai.Civ.1325 c.			12 avr. Décr. 1697 c.	7 oct. Trib. civ. Seine. 134.
							18 déc. Req. 764 c.

V. les additions complémentaires à la fin du volume.

PROCÉDURE ADMINISTRATIVE. — V. *suprà*, vº *Organisation administrative*, nos 109 et suiv., et *Rép.* eod. vº nos 412 et suiv.

PROCÉDURE COMMERCIALE. — V. *infrà*, vº *Procédure devant les tribunaux de commerce.*

PROCÉDURE CRIMINELLE.

1. Nous traiterons sous ce titre des matières qui ont été étudiées au *Répertoire*, vº *Instruction criminelle*, c'est-à-dire des formalités qui ont pour objet de mettre la justice à même d'appliquer la peine à l'auteur de l'infraction. L'expression *instruction criminelle* est consacrée en France pour désigner l'ensemble des lois pénales de forme : cela tient à ce que la plus importante de ces lois, notre code de 1808, a reçu le nom de *code d'instruction criminelle*. Elle est pourtant trop étroite, puisque l'*instruction* n'est qu'une partie de la *procédure*; on peut ajouter que le qualificatif *pénale* devrait être préféré, comme plus large et plus exact, à celui de *criminelle* qui éveille seulement l'idée de la procédure faite au *grand criminel*, c'est-à-dire en matière d'infractions punissables de peines afflictives ou infamantes. Ce double motif a fait adopter par plusieurs législateurs étrangers (allemand, autrichien, belge, italien) le titre de *code de procédure pénale* pour leurs codes récemment promulgués. V. *infrà*, nº 19.

2. Quoi qu'il en soit du titre du présent traité, si nous avions à définir la procédure pénale au point de vue doctrinal, et si nous voulions donner une division rationnelle de la matière, nous dirions volontiers avec un auteur récent : « Le but de la procédure pénale est d'appliquer les peines aux auteurs des infractions. Pour arriver à ce résultat, diverses opérations sont nécessaires. Il faut rechercher les faits délictueux et les agents qui les ont commis, poursuivre les délinquants devant les juridictions compétentes, rassembler les preuves et enfin prononcer sur l'action publique ; en quelques mots, rechercher, poursuivre, instruire et juger » (Jean Paris, thèse sur *Les rapports du juge d'instruction et du ministère public*, 1891, p. 63). Mais, quelque satisfaisante que soit une division qui distingue la procédure pénale en quatre parties : police judiciaire, actions publique et civile, instruction et jugement, nous conserverons l'ordre et la division adoptés au *Répertoire*. Le traité de la *procédure criminelle* sera donc, comme celui de l'instruction criminelle, divisé en deux titres, formant des traités distincts, dont le premier comprendra les actions publique et civile, la police judiciaire, l'instruction, le jugement en matière de simple police et en matière correctionnelle, et la mise en accusation ; et dont le second sera exclusivement réservé à la procédure devant la cour d'assises et le jury. Au reste, le code d'instruction criminelle étant, aujourd'hui comme à l'époque de la publication du *Répertoire*, notre grande loi de procédure pénale, le présent traité comprendra précisément l'explication de ce code, à l'exception des articles examinés sous d'autres mots, articles dont l'énumération a été donnée au *Rép.* nº 1.

3. Observons encore qu'en raison surtout des changements survenus dans la législation depuis la publication du *Répertoire*, il nous a paru nécessaire d'introduire quelques subdivisions nouvelles dans la division générale qui suit, en ce qui concerne le titre premier. C'est ainsi que nous avons ajouté, au chap. 3 du titre 1, une sect. 7 et une sect. 8, consacrées la première à l'arrestation par mesure de police en cas de flagrant délit, la seconde aux perquisitions et visites domiciliaires faites par les agents de la police judiciaire. Dans la sect. 4 du chap. 4, relative à la liberté provisoire, nous avons fait un article de plus, et l'art. 1 de cette section traitera de la mainlevée des mandats de dépôt et d'arrêt. On sait que la loi du 20 mai 1863 a institué une procédure nouvelle pour l'instruction des flagrants délits devant les tribunaux correctionnels. Cette procédure échappant complètement au juge d'instruction, nous n'avons pas cru possible de la rattacher au chap. 4, et nous en avons expliqué les règles dans un chapitre spécial intitulé : « Des particularités de l'instruction préparatoire au cas de délit flagrant ». Par un motif analogue, les règles de l'instruction à l'audience en cas de délit flagrant ont été réunies dans un article nouveau (art. 3) de la section 2 du chapitre 5.

Division.

TIT. 1. — ACTIONS PUBLIQUE ET CIVILE ; POLICE JUDICIAIRE ; INSTRUCTION PRÉALABLE OU ÉCRITE ; TRIBUNAUX DE POLICE SIMPLE ET CORRECTIONNELLE ; MISE EN ACCUSATION (nº 4).

CHAP. 1. — Historique, législation, droit comparé (nº 4).

CHAP. 2. — De l'action publique et de l'action civile (nº 38).

SECT. 1. — Des faits qui peuvent donner lieu aux actions publique et civile (nº 4).

SECT. 2. — Par qui s'exerce l'action publique : Ministère public ; administrations publiques ; partie plaignante ; cours d'appel ; ministre de la justice. — Contre qui l'action publique est exercée (nº 63).

SECT. 3. — Par qui et contre quelles personnes s'exerce l'action civile : conditions, qualité (nº 149).

SECT. 4. — Règles générales relatives à l'exercice de l'action publique. — Indépendance du ministère public, action d'office ; transaction, désistement, etc. — Indépendance des deux actions publique et civile (nº 242).

SECT. 5. — Règles générales relatives à l'exercice de l'action civile. — Elle peut être jointe à l'action publique ou exercée séparément ; désistement, transaction, maxime : *Electâ unâ viâ, etc.* (nº 277).

SECT. 6. — De l'étendue des actions publique et civile. — Faits punissables commis soit en France, soit dans les lieux assimilés au territoire français, soit à l'étranger (nº 314).

SECT. 7. — Des causes qui suspendent l'exercice de l'action publique. — Défaut de plainte, question préjudicielle, autorisation préalable (nº 316).

**TIT. 1er. — ACTIONS PUBLIQUE ET CIVILE; POLICE
JUDICIAIRE; INSTRUCTION PRÉALABLE OU ÉCRI-
TE; TRIBUNAUX DE POLICE SIMPLE ET CORREC-
TIONNELLE; MISE EN ACCUSATION.**

CHAP. 1er. — Historique, législation, droit comparé.

4. — I. HISTORIQUE. — Nous n'avons pas l'intention de refaire ici (V. Rép. n°s 3 à 21) l'histoire de la procédure criminelle. Le tableau abrégé de cette histoire a été tracé en
dernier lieu par M. Garraud, dans son Précis de droit criminel (4e édit., 1892, p. 18 et suiv.). Cet auteur constate
toutefois que l'histoire du droit criminel présente trois
formes principales de procédure : accusatoire, inquisitoire
et mixte dont les traits les plus saillants vont être résumés,
dans les numéros suivants, d'après l'ouvrage précité.

5. — 1° Système accusatoire. — « La première forme, dite
accusatoire, répond à la notion même du procès pénal, qui
suppose une lutte entre deux adversaires, à laquelle le juge
met fin en donnant tort à l'un ou à l'autre. Par suite de ce
caractère, elle apparaît tout d'abord dans l'histoire du droit
criminel. On en retrouve l'origine dans les législations
orientales; on la voit prendre une forme précise dans les
législations grecque et romaine; puis décliner dans les
temps du despotisme impérial. Après la chute de l'empire

romain, nous la retrouvons avec des formes grossières et rudes, organisée par les coutumes germaniques et féodales; et, tandis que, à l'époque moderne, elle disparaît sur le continent européen, elle se conserve et se développe dans les institutions judiciaires de l'Angleterre » (Garraud, p. 18). Les principes qui forment le fond de ce système de procédure sont les suivants : 1° pas de procès pénal sans un accusateur; 2° accusation librement exercée par tout citoyen; 3° le juge est un arbitre de combat, qui doit être choisi ou, du moins, accepté par les deux parties; 4° le juge ne peut procéder de lui-même et d'office ni pour se saisir, ni pour s'éclairer; son rôle consiste à répondre aux questions qui lui sont posées, à examiner les preuves qui sont produites devant lui, et à se décider sur ces preuves; 5° l'instruction est contradictoire, orale et publique. « Les adversaires sont mis en présence dans un débat qui a lieu au grand jour. Chacun d'eux produit librement ses moyens de preuve, et le procès devient un duel à armes égales et loyales » (op. et loc. cit.). — Le vice capital de la procédure purement accusatoire, c'est que la poursuite et la recherche des délits sont complètement abandonnées à l'initiative privée, qui peut sommeiller par inertie, par crainte ou par corruption. L'impunité est ainsi la conséquence du système.

6. L'origine et les développements de la procédure accusatoire ont été étudiés, en ces dernières années, par de nombreux auteurs, notamment par M. Faustin Hélie, dans son (*Traité de l'instruction criminelle*, 8 vol. 2ᵉ édition publiée en 1866). Le premier volume de ce traité est consacré tout entier à l'histoire de la procédure criminelle. La procédure accusatoire y est spécialement étudiée : chez les Athéniens, nᵒˢ 9 à 17; chez les Romains, nᵒˢ 35 et suiv., et 62 et suiv.; chez les Francs à l'époque mérovingienne, nᵒˢ 116 et suiv.; dans les justices seigneuriales, nᵒˢ 153 et suiv., et 168 et suiv. — Nous citerons encore parmi les auteurs qui se sont occupés de la procédure accusatoire : — A Rome : Ferdinand Walter, *Histoire du droit criminel des Romains*, traduction Piquet-Damesme, § 847 et suiv. — Bouché-Leclercq, *Manuel des institutions romaines*, p. 450 et suiv.; Mispoulet, *Les institutions politiques des Romains*, t. 2, p. 521 et suiv.; Éd. Laboulaye, *Essai sur les lois criminelles des Romains concernant la responsabilité des magistrats*, Mommsen et Marquardt, *Manuel des antiquités romaines de droit public*, trad. Girard, Maynz, *Esquisse historique du droit criminel de l'ancienne Rome*. — Chez les Francs : Albert du Boys, *Histoire du droit criminel des peuples modernes*, t. 1 et 2, Pardessus, *Loi salique*, 10ᵉ dissertation, p. 607 et suiv.; Thonissen, *L'organisation judiciaire, le droit pénal et la procédure pénale dans la loi salique*, p. 401 et suiv.; Ortolan, *Éléments de droit pénal*, 5ᵉ édit. revue par M. Albert Desjardins, nᵒ 57; Trébutien, *Cours de droit criminel*, 2ᵉ édit., revue par MM. Laisné-Deshayes et Guillouard, nᵒˢ 27 et suiv.; Garraud, *Précis*, nᵒ 22; F. Daguin, introduction de la traduction du *Code de procédure pénale allemand*, p. 14 et suiv.; — Dans les justices seigneuriales : Esmein, *Histoire de la procédure criminelle en France*, p. 43 à 66; Tanon, *Histoire des justices des anciennes églises et communautés monastiques de Paris*, chap. 1; Villey, *Précis d'un cours de droit criminel*, 5ᵉ édit., p. 18 et 19; Trébutien, *op. cit.*, nᵒˢ 66 et suiv.; Garraud, *Précis*, nᵒ 22; Albéric Allard, *Histoire de la justice criminelle au 16ᵉ siècle*, p. 71 et suiv.

7. — 2° *Système inquisitoire.* — « La seconde forme de procédure, dite *inquisitoire*, a ses premiers germes dans les dernières institutions du droit romain impérial, germes développés, au moyen âge, devant les juridictions ecclésiastiques, par le principe introduit au temps d'Innocent III, de l'*inquisitio ex officio*. Emprunté au droit canonique, ce système de procédure devient, à partir du 16ᵉ siècle, le système dominant dans tous les pays de l'Europe, à l'exception de l'Angleterre » (Garraud, p. 18). Nous avons tracé au *Rép.* nᵒˢ 11, 12 et 13, les grandes lignes de ce genre de procédure, que M. Fernand Daguin a très exactement caractérisée dans les lignes qui suivent : « A la fin du moyen âge et sous l'influence du droit romain et du droit canonique, la procédure devient inquisitoire. Le juge se saisit d'office, poursuit l'enquête sur une dénonciation, sur une plainte,

ou sur de simples soupçons. Les recherches ont lieu secrètement, ainsi que les interrogatoires; tous les actes de l'instruction sont consignés par écrit. Les ordalies et le duel étant tombés en désuétude, on n'admet plus, comme moyens de preuve, que l'aveu ou les déclarations des témoins; l'aveu surtout acquiert une importance capitale, et, pour l'arracher à l'inculpé, on emploie, au besoin, la violence: c'est le règne de la torture. La loi, du reste, prend soin de tracer au juge sa ligne de conduite et de lui indiquer dans quelles circonstances il doit tenir la culpabilité pour démontrée. Quant au jugement, il est rendu sur pièces, sans débats, sans plaidoiries, sans publicité. » (Traduction du *code de procédure pénale allemand* de 1877, *Introduction*, p. 59). — La procédure inquisitoire a des vices bien graves : c'est la poursuite et la recherche des délits exclusivement confiés au pouvoir; c'est le secret qui environne toute la procédure; c'est le défaut de contradiction sérieuse organisée entre l'accusation et la défense; c'est enfin l'odieuse torture. Elle domine néanmoins l'Europe continentale jusqu'à la fin du 18ᵉ siècle, et ne disparaît, en notre pays, qu'à la Révolution.

8. Les origines et les progrès de la procédure inquisitoire (spécialement du 13ᵉ au 15ᵉ siècle) ont fait l'objet des études de M. Faustin Hélie (*op. cit.*, nᵒˢ 271 à 316; d'Ortolan, *op. cit.*, t. 1, nᵒˢ 70 et suiv.; d'Albéric Allard, *op. cit.*, seconde et troisième partie; d'Albert du Boys, *Histoire du droit criminel de la France*, t. 1 et 2, et plus récemment de M. Esmein, *op. cit.*, nᵒˢ 66 et suiv.; de M. Garraud, *op. cit.*, p. 25 à 27. — Sur la procédure devant les tribunaux ecclésiastiques, qui a exercé une influence si considérable sur le développement de la procédure inquisitoire, V. spécialement : Fournier, *Les officialités au moyen âge*, 3ᵉ partie, tit. 2, chap. préliminaire et chap. 1 à 4, p. 233 et suiv.; Faustin Hélie, *op. cit.*, chap. 11, p. 225 et suiv.; Albéric Allard, p. 110 et suiv. V. aussi le nouvel ouvrage de M. Tanon, intitulé *Histoire des tribunaux de l'Inquisition en France* (1893), 2ᵉ partie, tout le chap. 4, p. 255 et suiv. — Aux 16ᵉ et 17ᵉ siècles, la procédure inquisitoire règne exclusivement dans les tribunaux, non seulement de France, mais de toutes les nations voisines. Chez nous, les ordonnances royales de 1498, 1539 et surtout la célèbre ordonnance d'août 1670 l'ont imposée à toutes les juridictions. Nous avons rappelé au *Rép.* nᵒ 13 les principales dispositions de l'ordonnance de 1670, qui a été, de nos jours, étudiée et critiquée par : Faustin Hélie, *op. cit.*, t. 1, chap. 17, 18 et 19; Esmein, *op. cit.*, 2ᵉ part., p. 177 à 398; Détourbet, *La procédure criminelle au 17ᵉ siècle*; Garraud, p. 27 à 29; Trébutien, t. 1, p. 75 et suiv., et t. 2, nᵒˢ 10 à 24; Laborde, *Cours élémentaire de droit criminel*, 1891, nᵒˢ 722 et suiv.; Villey, p. 27 et suiv.

9. Au reste, malgré les vices du système inquisitorial, l'esprit public, au 17ᵉ siècle, n'est point hostile à la procédure des ordonnances. Celle-ci semblait alors une rigueur nécessaire (Esmein, p. 348 et suiv.). Au 18ᵉ, il n'en est plus ainsi : la voix des magistrats, des publicistes et des philosophes est unanime pour réclamer une réforme dans la procédure pénale (Esmein, p. 357 et suiv.; Albert Desjardins, *Les cahiers des états généraux en 1789 et la législation criminelle*, introduction, p. 6 et suiv.; Détourbet, p. 146 et suiv.). Louis XVI en annonce le projet dans sa déclaration du 8 mai 1788 (Sur cette déclaration, V. Esmein, p. 399 et suiv.; Albert Desjardins, introduction, p. 25; Garraud, p. 33). En 1789, les cahiers des états généraux sont pleins de demandes de réformes, et ces demandes sont, en général, justes et modérées (Albert Desjardins, p. 255 et suiv.). La Révolution a accompli ces projets et exaucé ces vœux.

10. — 3° *Système mixte.* — Nous appelons procédure mixte ou éclectique celle qui emprunte à la procédure inquisitoire une partie de ses caractères, et à la procédure accusatoire ses principales garanties. « Ce système, dit M. Garraud, p. 49, se caractérise par les principes suivants : 1° le juge ne peut se saisir d'office : il faut qu'il y ait une accusation; mais cette accusation est confiée à des fonctionnaires spéciaux qui exercent un *ministère public*, et dont les parties privées ne doivent être, en principe, que les auxiliaires; 2° au jugement concourent des magistrats expérimentés et des juges populaires; 3° la procédure se dédouble en

deux phases : l'instruction préparatoire, écrite et secrète; l'instruction définitive, orale, publique, contradictoire; 4° enfin, les seuls moyens de s'éclairer que la conscience et la raison peuvent [admettre servent à la conviction du juge, qui n'est pas enchaîné par un système de preuves légales ».

11. La procédure mixte a été organisée en notre pays par l'Assemblée constituante. « A la législation antérieure au 15e siècle, l'Assemblée emprunta, dit M. Faustin Hélie, t. 1, p. 437, n° 376, le principe du jugement par jurés, la publicité des audiences, les preuves orales, les appels. A la législation postérieure au 15e siècle, elle prit l'institution du ministère public, les juges permanents, la première information avec son secret, la procédure écrite jusqu'au débat. Ainsi se trouvèrent combinés dans un même système, conciliés dans une même législation, les principes qui tour à tour avaient exclusivement régi la France, sans jamais lui donner une juste répression des crimes ». On a exposé au *Rép.*, n°s 14, 15 et 16, d'une façon abrégée, quelle fut, par rapport à la réforme de l'organisation judiciaire et de la procédure criminelle, l'œuvre de l'Assemblée constituante, réalisée, on le sait, principalement par les codes de 1791. Il suffira de rappeler ici que la législation de 1791, remaniée par le code des délits et des peines du 3 brum. an 4, et par les lois de pluviôse an 9 (*Rép.*, n°s 17 à 19), fit place, en 1808, au code d'instruction criminelle qui, modifié à diverses reprises sur différents points qui seront indiqués *infrà*, n°s 13 et suiv., nous régit encore aujourd'hui. — Sur la législation criminelle intermédiaire, V. Esmein, chap. 2 et 3, tit. 1, 3e part., p. 417 à 480; Alb. Desjardins, introduction, p. 46 à 64; Faustin Hélie, t. 1, liv. 1, chap. 20, p. 435 à 450; Détourbet, p. 187 à 212; Trébutien, t. 2, p. 24 à 36; Garraud, *Précis*, p. 32 à 40; Laborde, p. 426 à 430.

12. — II. Législation. — Bien qu'elle ait subi, depuis la publication du *Répertoire*, des réformes importantes sur différents points qui vont être indiqués, notre législation criminelle, en ce qui concerne la procédure, est restée sensiblement la même qu'au début de ce siècle, et il est encore vrai de dire que l'instruction criminelle, en France, est réglée, dans son ensemble, par le code de 1808. Ce code va être bientôt, semble-t-il, l'objet de modifications considérables; nous nous expliquerons *infrà*, n° 15 et suiv., sur le *projet de réforme du code d'instruction criminelle*, soumis aux délibérations du Parlement. En attendant que le législateur accomplisse cette œuvre fort désirable, il y a lieu de signaler ici les modifications qu'il a déjà réalisées depuis quarante ans sur différents points de détail de la législation en matière de procédure criminelle.

13. Ces réformes sont de deux sortes: les unes portent sur le jugement, les autres sur l'instruction préparatoire. Les premières sont certainement moins considérables que les secondes, et il n'y a point à s'en étonner puisque, suivant la remarque de M. Esmein, les règles du code concernant le jugement « avaient repris peu de chose aux institutions du passé ». Indépendamment des lois relatives aux cours d'assises et au jury (V. *infrà*, tit. 2, chap. 1), il y a lieu de citer parmi celles qui ont modifié les règles des jugements criminels : 1° la loi du 13 juin 1856 (D. P. 56. 4. 63) qui, abrogeant l'art. 200 du même code, dispose que l'appel des jugements correctionnels sera, à l'avenir, porté, dans tous les cas, à la cour d'appel (V. *suprà* v° *Appel en matière criminelle*, n° 205); 2° la loi du 27 juin 1866 (D. P. 66. 4. 75) qui, dans son art. 2, proroge au profit des prévenus qui n'ont pas été touchés par la citation le délai de l'opposition aux jugements par défaut en matière correctionnelle; 3° la loi du 17 janv. 1873 (D. P. 73. 4. 21) qui a supprimé la juridiction des maires en matière de simple police; 4° enfin la loi sur la presse du 29 juill. 1881 (D. P. 81. 4. 65 et *suprà*, v° *Presse* t. 12, p. 251) qui, dans son chapitre 5, art. 42 à 65, trace des règles particulières pour « les poursuites et la répression » crimes et délits qu'elle prévoit. — On peut ajouter à cette énumération: 1° la loi du 29 juin 1867 (D. P. 67. 4. 62) qui a étendu les cas de *revision* et a rendu les conditions de la revision plus faciles; 2° la loi du 28 avril 1877 (D. P. 77. 4. 51) qui, modifiant les art. 420 et 421 c. instr. crim., dispense de la *mise en état* (c'est-à-dire de l'obligation de se constituer prisonnier) le con-

damné à une peine privative de liberté qui forme un pourvoi en cassation, lorsque la durée de la peine ne dépasse pas six mois, et dispense aussi, dans la même hypothèse, de la consignation de l'amende tout « condamné à une peine correctionnelle ou de police emportant privation de la liberté ». V. *suprà*, v° *Cassation*, n° 2, p. 176.

14. Les règles qui régissent l'instruction préparatoire ont été plus complètement remaniées que celles qui sont relatives au jugement. A ce point de vue, une série de réformes importantes, bien que portant toutes sur des points isolés, ont été faites sous le second Empire. Sans parler de la loi du 4 avr. 1855 (D. P. 55. 4. 40) qui a modifié l'art. 94 c. instr. crim. en ce qui concerne les mandats de dépôt, mais que nous ne citerons ici que pour mémoire parce que le texte de l'art. 94 n'a pas tardé à être remplacé par un texte nouveau (L. 14 juill. 1865), nous signalerons : 1° la loi du 17 juill. 1856 (D. P. 56. 4. 123) qui a, d'une part, édicté des dispositions nouvelles concernant le mode de nomination des juges d'instruction (art. 55 et 56 c. instr. crim.); d'autre part, supprimé la *chambre du conseil* comme juridiction du premier degré, et transporté ses attributions au juge d'instruction (même code, art. 127, 128, 129 et 130); d'autre part encore, précisé les conditions d'exercice de l'opposition aux ordonnances rendues par ce magistrat (art. 135); et enfin modifié plusieurs articles relatifs à la procédure devant la chambre des mises en accusation (art. 218, 219, 229, 230, 231, 232, 233 et 239); — 2° La loi du 14 juill. 1865 (D. P. 65. 4. 145) qui a réglé à nouveau la détention préventive (art. 94, 113 à 126, 206) ainsi que l'interdiction de communiquer (art. 613); — 3° La loi du 20 mai 1863 (D. P. 63. 4. 69) sur les flagrants délits, qui a abrégé l'instruction des flagrants délits correctionnels en supprimant l'intervention du juge d'instruction.

A côté des lois qui ont réalisé, depuis la publication du *Répertoire*, les réformes que nous venons de signaler, il convient de noter une loi spéciale à la procédure devant la haute cour de justice. C'est la loi du 10 avr. 1889 (D. P. 89. 4. 9), qui a été analysée et commentée *suprà*, v° *Haute Cour de justice*, n°s 11 et suiv.

15. Il nous reste à parler du projet de loi, présenté au Sénat le 17 nov. 1879, qui a subi depuis lors une partie des épreuves parlementaires, et qui tend à une réforme complète de l'instruction préparatoire (V. l'exposé des motifs dans le *Journal officiel* du 4 janv. 1880, p. 304, col. 3; 302, col. 1). Œuvre d'une commission extraparlementaire réunie au mois d'octobre 1878, au ministère de la justice, sur l'initiative de M. Dufaure, ce projet n'a été voté au Sénat, le 5 août 1882, qu'après avoir subi des modifications considérables. Nous ne croyons pas utile d'entreprendre l'analyse du projet Dufaure, laquelle a, d'ailleurs, été faite d'une manière très complète par M. Esmein dans son *Histoire de la procédure criminelle* déjà citée, p. 582 et suiv.; mais nous nous associerons volontiers au jugement que M. Laborde a porté sur ce projet dans les lignes qui suivent : « L'idée générale est de relever les droits de la défense, complètement sacrifiés par le code d'instruction criminelle. Rendre l'instruction contradictoire, sans nuire au secret qui est nécessaire à la recherche des preuves; permettre à la défense de la suivre pas à pas, de requérir des actes d'instruction, de contrôler les expertises, d'exercer en un mot une surveillance qui, d'après le code d'instruction criminelle, est le privilège exclusif du ministère public; créer un tribunal indépendant du juge d'instruction pour vider les conflits qui peuvent s'élever entre le magistrat et les parties en cause, pour cela rétablir, avec des attributions plus étendues, la chambre du conseil; prémunir enfin l'inculpé en détention préventive contre l'abus de cette mesure, tel est à grands traits le programme que des esprits libéraux avaient conçu et que le projet du Gouvernement a formulé » (*Cours élémentaire de droit criminel*, p. 432, n° 744).

16. Le projet de la commission n'a pas été favorablement accueilli par le Sénat. Sur le rapport de M. Dauphin (en date du 6 mars 1882) et après de nombreuses délibérations (du 6 au 13 mai et du 24 juill. au 5 août 1882), la haute assemblée a voté, le 5 août 1882, un texte très différent de celui de la commission Dufaure et inspiré par des principes tout opposés. (V. l'analyse du projet du Sénat

dans M. Villey, *Précis d'un cours de droit criminel*, 5e édit. 1891, note, p. 281.)

Le projet sénatorial, a soulevé de graves critiques : « Les réformes les plus équitables, a dit notamment M. Laborde, *Cours élémentaires de droit criminel*, n° 744, ont été écartées, notamment l'égalité qu'on voulait établir entre l'accusation et la défense. De plus, on a exagéré le droit de poursuite du ministère public aux dépens des droits traditionnels de la partie civile et des juridictions. Cette prépondérance accordée aux agents directs et révocables du Gouvernement fait de la nouvelle procédure une arme pour le despotisme ». Sur ce même objet, on lira avec grand intérêt, dans le même sens, l'ouvrage de M. Adolphe Guillot, juge d'instruction au tribunal de la Seine (*Des principes du nouveau code d'instruction criminelle*, Paris 1884), et les articles suivants : Boullaire, *Bulletin de la Société de législation comparée*, 1883, p. 136 ; F. Dreyfus, *Le Droit*, 23 et 24 févr. 1883 ; L.-A. Eyssautier, *Revue pratique de droit français*, 53e année, 1883, p. 5 ; *La Loi*, *Nouveau projet de loi sur l'instruction criminelle*, n°s des 12, 13, 14, 15 et 16 avr. 1887. — Comp. Léveillé, *De la réforme du code d'instruction criminelle* (1882) ; G. Leloir, *Observations sur la réforme projetée du code d'instruction criminelle* (*La France judiciaire*, 1884, p. 249).

17. Transféré à la Chambre des députés, le projet de loi sur l'instruction criminelle y fut soumis à une première lecture au rapport de M. Goblet, en 1884. Mais les 3e et 4e législatures se passèrent sans qu'il pût aboutir. Le 10 déc. 1889, le Gouvernement saisit la Chambre pour la troisième fois, et, le 15 janv. 1891, M. Bovier-Lapierre a déposé, au nom de la commission, le rapport même qui avait été soumis à la législature précédente, le 20 janv. 1887 (V. rapport Bovier-Lapierre, dans le *Journal officiel*, des 4, 6, 10, 12 à 16 juin 1887 (Chambre, sess. ord. 1887, Annexes, p. 103 et suiv.). La lecture de ce travail montre que la Chambre des députés a modifié, à son tour, l'œuvre du Sénat, et qu'elle est revenue, à peu de chose près, au texte primitif. Malheureusement le terme de la législature de 1889 est venu frapper d'une nouvelle caducité l'œuvre de la commission de la Chambre. Depuis, le Gouvernement a saisi de nouveau (10 déc. 1889) la Chambre des députés du projet de loi voté par le Sénat, et la nouvelle commission a donné mandat au même rapporteur, M. Bovier-Lapierre, de déposer sur le bureau de la Chambre le rapport même du 20 janv. 1887 (Annexe au procès-verbal de la séance de la Chambre des députés du 15 janv. 1891).

TABLEAU DE LA LÉGISLATION RELATIVE A LA PROCÉDURE CRIMINELLE.

4 avr. 1855. — Loi modifiant l'art. 94 c. instr. crim. en ce qui concerne les mandats de dépôt (D. P. 55. 4. 40).
13 juin 1856. — Loi portant abrogation et remplacement des art. 189, 201, 202, 204, 205, 207 à 216 c. instr. crim. et abrogation de l'art. 200 (D. P. 56. 4. 63).
17 juill. 1856. — Loi portant abrogation et remplacement des art. 55, 56, 61, 104, 114, 127 à 130, 132 à 135, 218, 219, 229 à 233, 239 c. instr. crim. (D. P. 56. 4. 123).
20 mai 1863. — Loi sur l'instruction des flagrants délits devant les tribunaux correctionnels (D. P. 63. 4. 69).
14 juill. 1865. — Loi sur la liberté provisoire et la détention préventive, modifiant les art. 91, 94, 113 à 126, 206, 643 c. instr. crim. (D. P. 65. 4. 143).
27 juin 1866. — Loi portant abrogation et remplacement des art. 5, 6, 7 et 187 c. instr. crim. (D. P. 66. 4. 75).
29 juin 1867. — Loi sur la revision des procès criminels et correctionnels (D. P. 67. 4. 62).
17 janv. 1873. — Loi qui supprime la juridiction des maires en matière de simple police, qui modifie les art. 138, 144, 178 c. instr. crim. et abroge les art. 139, 140, 166 à 171 du même code (D. P. 73. 4. 21).
28 juin 1877. — Loi qui modifie les art. 420 et 421 c. instr. crim. relatifs à l'obligation de la mise en état et de la consignation de l'amende imposée en cas de pourvoi en cassation (D. P. 77. 4. 51).
29 juill. 1881. — Loi sur la liberté de la presse (D. P. 81. 4. 65). V. art. 42 à 65.
10 avr. 1889. — Loi sur la procédure à suivre devant le Sénat pour juger toute personne inculpée d'attentat commis contre la sûreté de l'État (D. P. 89. 4. 36).
16 mars 1893. — Loi portant modification des art. 45, 47 et 60 de la loi du 29 juill. 1881 sur la presse (D. P. 93. 4. 64).

12 déc. 1893. — Loi portant modification des art. 24, § 1, 25 et 49 de la loi du 29 juill. 1881 sur la presse, *suprà*, v° *Presse*, t. 13, p. 747.

18. — III. DROIT COMPARÉ. — 1° *Généralités*. — Chaque nation a ses lois de procédure criminelle, aussi bien que ses lois pénales. A l'exception de l'Angleterre, où les idées de codification ont cependant fait de notables progrès, tous les pays de l'Europe ont aujourd'hui codifié leur droit criminel. Dans cette première partie du présent traité, nous ne présenterons, relativement au droit comparé, que quelques vues d'ensemble, réservant pour les offrir ultérieurement au lecteur les observations de détail que l'étude des lois étrangères nous a suggérées; celles-ci trouveront naturellement place au cours même du traité, à propos des points particuliers de la législation française auxquels elles se rapportent.

19. Placés à ce point de vue, nous constaterons d'abord que, sauf l'Angleterre, qui a gardé le système accusatoire, toutes les nations d'Europe ont, à l'heure actuelle, adopté, en fait de procédure pénale, le système mixte ou éclectique. Chez toutes, en effet, l'instruction préparatoire est écrite et secrète, tandis que l'instruction définitive, c'est-à-dire celle qui se fait devant la juridiction de jugement, est orale, publique, contradictoire. Chez toutes, sauf l'Angleterre, le Danemark et la Norvège, et quelques cantons suisses, il existe un corps de fonctionnaires chargés d'exercer l'action publique, c'est-à-dire de poursuivre, au nom de l'intérêt social, la répression des délits, en d'autres termes, un *ministère public*. Chez presque toutes le jury fonctionne, pour le jugement des crimes, à côté des magistrats expérimentés (V. *suprà*, v° *Organisation judiciaire*, n° 107 et *infrà*, tit. 2, chap. 1).

En second lieu, nous devrons reconnaître que si, « au commencement de ce siècle, nos codes, issus de la Révolution, ont étendu leur empire, ou tout au moins leur influence, sur tout le centre et le midi de l'Europe, sur l'Allemagne, l'Italie, l'Espagne, la Belgique et la Hollande, et si leur autorité morale et pacifique, plus durable encore que la conquête, a survécu à la puissance de nos armes » (Garraud, *Traité de droit pénal français*, t. 1, p. 144), on ne saurait pourtant contester que, « tandis que nous vivons sur notre passé, les peuples qui nous ont emprunté notre législation criminelle ont travaillé à l'améliorer; si bien qu'aujourd'hui leur législation, qui a pour point de départ notre droit criminel moderne, peut fournir, en retour, au législateur français les bases d'une réforme qui s'impose » (*op. cit.*, p. 105). Depuis la publication du *Répertoire*, l'Autriche (code de procédure pénale du 23 mai 1873), l'Allemagne (code du 1er févr. 1877), l'Italie (code du 26 nov. 1865, modifié par la loi des 28-30 juin 1876 et par le décret du 1er déc. 1889), l'Espagne (code du 14 sept. 1882), la Norvège (code du 1er juill. 1887), se sont donné des codes remarquables. Les trois premiers de ces codes ont été traduits en français, savoir : le code autrichien par MM. Bertrand et Lyon-Caen (Imprimerie nationale, 1875), le code allemand, par M. Fernand Daguin (Imprimerie nationale, 1884), le code d'Italie, par M. Henri Marcy (Paris, 1881). Le quatrième et le cinquième ont été analysés : le code espagnol, par M. Theyrault, dans l'*Annuaire de législation étrangère*, 12e année, p. 693 et suiv., et le code norvégien par M.P. Dareste, dans le même recueil, 17e année, p. 711. — Nous citerons encore, parmi les codes étrangers nouveaux : le code du canton de Neuchâtel du 7 avr. 1875, modifié en 1889 (V. analyse dans l'*Ann. lég. étr.*, 5e année, p. 762 et suiv.), celui du canton d'Appenzell du 25 avr. 1880 (*Annuaire*, 10e année, p. 447 et suiv.), celui du canton de Genève, du 25 oct. 1884 (*Annuaire*, 14e année, p. 571), le code du Japon, promulgué au mois d'août 1880 et ayant force de loi depuis le 1er janv. 1882 (V. article de M. Van Hamel dans la *Revue de droit international et de législation comparée*, t. 14, 1882, p. 494, note 4), le code égyptien du 13 nov. 1883 (*Annuaire*, 1884, p. 782), le code de la république Argentine du 4 oct. 1888 (*Annuaire*, 1889, p. 1042), celui de la république de l'Equateur du 9 sept. 1890 (*Annuaire*, 1891, p. 973), celui de l'Etat de New-York de 1881 (*Annuaire*, 11e année, p. 786), le code édicté par la Turquie le 1er juin 1884 pour l'île de Crète (*Annuaire*, 1885, p. 737), celui de la Bosnie et de l'Herzégovine entré en vigueur le 1er juin 1892

(Article de M. Mayer, dans le *Bulletin de la Société de législation comparée*, avril-mai 1892). Les Pays-Bas, régis, depuis la domination française, par notre code d'instruction criminelle, l'ont modifié par une loi du 15 janv. 1886 (*Annuaire*, 16e année, p. 511). La Belgique prépare aussi un nouveau code de procédure pénale, dont le titre préliminaire a été promulgué le 17 avr. 1878 ; pour le reste, elle suit encore notre code de 1808. En Hongrie, un projet de code de procédure pénale nouveau a été présenté aux chambres par le gouvernement dès 1878, et n'est pas encore devenu loi. L'Angleterre elle-même n'est pas restée étrangère au mouvement de codification qui porte tous les peuples d'Europe à codifier leur législation criminelle, puisque le gouvernement a proposé à l'adoption de la Chambre des communes, en 1888, un projet de code (œuvre de sir Stephen) portant à la fois sur le droit pénal et sur l'instruction criminelle ; bien qu'accueilli avec faveur par cette Chambre, ce projet n'a pas abouti jusqu'ici.

20. Toute législation d'instruction criminelle doit spécialement organiser : *l'action*, c'est-à-dire la manière de saisir les tribunaux répressifs, *l'instruction* préparatoire qui rassemble les preuves en dehors des débats, et la *procédure de jugement*, en d'autres termes la procédure à suivre devant les juridictions chargées de juger les auteurs présumés des infractions et de les punir s'il y a lieu. C'est en nous plaçant à ce triple point de vue que nous interrogerons rapidement et successivement les principaux codes étrangers ci-dessus indiqués, en vue d'en comparer les dispositions à celles de la loi française.

21. — 2° *Action*. — Il n'y a pas, en droit criminel, de question plus haute et plus grave que celle de savoir à qui le législateur doit confier l'action pénale ou répressive. Faut-il autoriser le juge à se saisir lui-même et à instruire d'office ? Faut-il laisser le soin de poursuivre à la victime du délit et à sa famille, comme dans les temps primitifs ? Ne vaut-il pas mieux compter sur le zèle de tous pour le bien commun, et organiser, comme les Romains l'ont fait, l'accusation populaire, donnée à chaque citoyen, *cuilibet ex populo*? N'est-il pas préférable encore — puisque, suivant la juste remarque de l'avocat général Servan, « si l'esprit de la république veut que chaque citoyen ait pour le bien public un zèle sans bornes, la nature du cœur humain, plus infaillible dans son action que l'esprit du gouvernement civil, exige que chaque homme ait un zèle de préférence et sans bornes pour l'intérêt de ses passions » (*De l'influence de la philosophie sur l'instruction criminelle*), — n'est-il pas préférable de déléguer l'action publique à des magistrats spéciaux qui l'exerceront dans l'intérêt de tous, c'est-à-dire à un *ministère public*? Et, d'autre part, est-il prudent d'attribuer d'une façon exclusive le rôle d'accusateur au représentant du ministère public ? N'y a-t-il pas à craindre que ce fonctionnaire manque parfois d'indépendance, et qu'il se laisse, le cas échéant, influencer trop facilement par des considérations politiques ? Ces questions — et bien d'autres encore, relatives, comme elles, à l'organisation de l'action — se présentent nécessairement à l'esprit du législateur en tout pays.

22. En France, on le sait, « l'action pour l'application des peines n'appartient qu'aux fonctionnaires auxquels elle est confiée par la loi » (c. instr. crim. art. 1), c'est-à-dire au ministère public et, en certains cas, aux administrations fiscales ; et toutefois l'omnipotence du ministère public est contre-balancée, d'une part, par le droit de citation directe reconnu en matière de délits et de contraventions à la partie lésée (c. instr. crim. art. 145 et 182), et d'autre part par le droit d'évocation des cours d'appel (c. inst. crim. art. 235, et L. 20 avr. 1810, art. 11). Il en est à peu près de même dans la plupart des législations européennes. Presque toutes celles-ci ont adopté l'institution du ministère public (V. *suprà*, v° *Organisation judiciaire*), et confient, dans la règle générale, l'action publique ou pénale aux soins des magistrats. V. à cet égard c. proc. pén. d'Italie, art. 2 ; c. proc. pén. d'Allemagne, § 152 ; c. proc. pén. de Belgique, tit. prélim. du 17 avr. 1878, art. 1 ; c. proc. pén. d'Autriche, art. 35.

23. Toutefois il y a lieu de remarquer qu'en Allemagne le droit de citer l'auteur de l'infraction devant la juridiction pénale n'est accordé à la victime qu'en matière d'injures, de lésions corporelles légères ou de lésions occasionnées par négligence ou imprudence (§ 414 du code précité) ; en dehors de ces cas non nombreux, elle ne peut que s'adresser à la juridiction civile, afin d'obtenir, au moyen d'une action en dommages-intérêts, la réparation du préjudice qu'elle a éprouvé, provoquer, par une plainte transmise au parquet, la mise en mouvement de l'action publique. Il est vrai que faculté est accordée au plaignant, lésé par l'acte délictueux, de se pourvoir devant le supérieur hiérarchique du fonctionnaire qui refuse de donner suite à la plainte, et, en cas de rejet de ce pourvoi, d'en appeler au tribunal régional supérieur ou au tribunal de l'Empire, qui peuvent donner l'ordre de mettre l'inculpé en arrestation (§ 170).

24. En Autriche, d'après le nouveau code, le ministère public n'a pas le monopole de l'action publique ; l'accusation peut être soutenue par la personne lésée dans un grand nombre de cas (art. 46 et suiv.), et il est remarquable que celle-ci, qui prend alors le titre d'*accusateur privé*, a le droit, au cours des constatations préliminaires et de l'instruction, « de mettre à la disposition du tribunal tout ce qui peut soutenir son accusation, de prendre connaissance des actes et de procéder auprès du tribunal, pour les besoins de son accusation, de la même façon que le ministère public » (art. 46). De plus, le code autrichien admet l'*accusation privée subsidiaire*, c'est-à-dire, en cas d'abandon de l'action publique par le ministère public, le droit pour la partie lésée de reprendre cette action à la place du ministère public et de conclure à l'application de la peine (art. 48). Au reste, le ministère public ou l'accusateur privé est maître de son action, d'où cette double conséquence : 1° que si le ministère public ou l'accusateur privé abandonne son accusation après qu'elle a été portée soit devant le juge d'instruction, soit devant le tribunal, le juge ou le tribunal est dessaisi ; — 2° Que l'accusateur saisit lui-même directement par l'acte d'accusation qu'il rédige (sans renvoi d'une juridiction d'instruction quelconque) la juridiction de jugement (art. 207 et suiv.).

25. Le code espagnol admet aussi l'*accusation privée* (art. 2 et 3) et ordonne au ministère public de se joindre à elle dans certains cas (art. 6). Au reste, l'action pénale est *publique* en Espagne, et tous les citoyens peuvent l'exercer conformément à la loi.

26. Reste l'Angleterre, dont la législation, en ce qui concerne la procédure criminelle, est, on le sait, absolument différente des législations continentales. Sur cette législation, qui n'est pas plus codifiée que la législation pénale proprement dite (V. *suprà*, v° *Peine*, n° 16), V. Mittermaier, *Traité de la procédure criminelle en Angleterre, en Écosse et dans l'Amérique du Nord*, traduit par A. Chauffard, 1868 ; E. Glasson, *Histoire du droit et des institutions de l'Angleterre*, t. 6, note, p. 723 et suiv.; J. Delaware Lewis, *De la procédure criminelle en France et en Angleterre*, broch. Paris, 1882 ; L. Guérin, *Étude sur la procédure criminelle en Angleterre et en Écosse*, 1890 (Extrait du *Bulletin de la Société de législation comparée*); Henri Marcy, *L'accusé devant la loi pénale de France*. Spécialement, sur le projet de code pénal et de code de procédure criminelle préparé par sir J. Stephen, qui a été en 1878 proposé par le gouvernement à l'adoption de la Chambre des communes, mais qui n'a pas abouti jusqu'ici, V. Glasson, *op. cit.* t. 6, p. 841 à 845, et G. Louis, article dans le *Bulletin de la Société de législation comparée*, 1878, p. 549 et suiv.

L'institution du ministère public n'existe pas en Angleterre. « Quand une infraction a été commise, aucun magistrat ne se lève pour prendre en main les intérêts de la société menacée. Mais tout particulier, lésé ou non, a le droit d'agir. Personne ne peut être contraint de se porter accusateur, sauf de rares exceptions, et, de leur côté, les magistrats ne peuvent pas poursuivre tant qu'il n'a pas été formulé d'accusation précise » (Glasson, p. 724). A la vérité, ainsi que nous l'avons fait remarquer *suprà*, v° *Organisation judiciaire*, n° 43, l'*attorney general* et son auxiliaire, le *solicitor general*, sont bien chargés de poursuivre les criminels dans les cas spéciaux où l'intérêt public est engagé, mais, en fait, ces hauts personnages sont plutôt revêtus d'une dignité que chargés d'une fonction. Dans bien des cas, la partie lésée elle-même refuse d'agir, de là, trop souvent, une scandaleuse impunité. L'opinion s'est souvent émue de ce regrettable état de choses,

et quelques-uns des jurisconsultes les plus éminents de l'Angleterre ont réclamé la création du ministère public. La loi du 3 juill. 1879 (stat. 43 et 44, Vict., chap. 22) a fait un pas dans cette voie; elle a établi, à titre d'essai, un *directeur des poursuites publiques*, qui, assisté de six substituts, a charge d'intervenir dans les affaires difficiles ou importantes et toutes les fois que la répression serait compromise par le refus des intéressés à poursuivre (Glasson, p. 735). V. la loi du 14 août 1884, pour amender celle de 1879 (*Ann. de lég. étr.*, 1885, p. 40). V. aussi : Prins, *Étude comparative sur la procédure pénale à Londres et en Belgique* (Bruxelles, 1879, p. 50). En Écosse il existe un ministère public qui fonctionne très régulièrement à la satisfaction de tous. C'est un avocat du barreau (*procurator fiscalis*) qui, tout en gardant sa clientèle ordinaire, exerce les fonctions du ministère public, fait arrêter les coupables, les interroge ainsi que les témoins, et décide s'il y a lieu ou non de poursuivre (*op. cit.*, p. 732).

27. — 3° *Instruction.* — L'utilité d'une instruction préparatoire avant les débats n'est pas contestable. Son premier bienfait est de protéger l'inculpé. Elle donne à celui-ci le moyen de dissiper les soupçons, de combattre les indices, d'expliquer les faits. Comment y parvenir si la plainte arrivait sans intermédiaire à l'audience? L'instruction empêche aussi la justice de s'égarer, en rassemblant les preuves à l'avance et en permettant aux parties et aux magistrats d'en contrôler le mérite par des recherches qui demandent du temps pour être utilement pratiquées. Enfin elle prépare le terrain du débat, en pose les termes, trace le cercle où il doit s'enfermer. Aussi n'est-il pas de nation qui ne fasse à l'instruction préparatoire une place dans sa législation, du moins quand il s'agit de faits ayant une certaine gravité. On sait qu'en France l'instruction est obligatoire en matière criminelle, facultative en matière correctionnelle; elle n'a pas lieu pour les contraventions de police. De même en Allemagne on ne soumet à aucune instruction préalable les affaires des ressort des tribunaux d'échevins. La procédure préparatoire est, au contraire, obligatoire en ce pays, lorsqu'il s'agit d'affaires de la compétence des cours d'assises ou du tribunal de l'Empire (art. 176). En matière d'infraction relevant des tribunaux régionaux, une information peut être ouverte, lorsque le ministère public en fait la demande ou lorsque l'inculpé réclame une enquête judiciaire dans l'intérêt de la défense (même article). Le tribunal peut aussi toujours, lorsqu'il le croit utile, ordonner, de son propre chef, l'ouverture d'une information (art. 200), ce qu'il ne saurait faire chez nous.

28. Dans tous les pays européens sauf l'Angleterre, l'information préparatoire est confiée à un juge d'instruction, c'est-à-dire à un magistrat spécial, membre du tribunal de première instance, possédant les pouvoirs les plus étendus. Ce juge entend les témoins, interroge l'inculpé, fait les constatations sur les lieux, ordonne les visites domiciliaires, les saisies, les expertises, en un mot accomplit personnellement (ou, dans certains cas, par ses délégués) tous les actes qui tendent à la manifestation de la vérité relativement au crime ou délit dont il a été saisi. Dans l'exercice de cette redoutable fonction, le juge d'instruction est, en France, absolument maître de son action. Soumis seulement, « quant aux fonctions de police judiciaire » (c. instr. crim., art. 57 et 279), à la *surveillance* du procureur général du ressort, la loi ne lui a tracé aucune règle; ses actes ne sont sujets à aucun contrôle.—Il n'en est pas de même en Autriche où le code de 1873 a précisé l'étendue des droits du juge instructeur et marqué ses devoirs avec un soin extrême (chap. 10 à 15). — Le code italien (art. 121 et 161) et le code de Neuchâtel (art. 176) expriment formellement que le juge devra rechercher les preuves « tant à charge qu'à décharge », et le code allemand contient, relativement aux limites de l'information, des injonctions remarquables : « L'instruction, dit le paragraphe 188 du code, ne sera pas poussée plus loin qu'il ne sera nécessaire pour fonder une décision sur le point de savoir s'il convient d'ouvrir la procédure principale ou de mettre l'inculpé hors de cause. On devra néanmoins recueillir, pendant l'instruction préalable, les preuves qu'il importera de ne point laisser disparaître avant les débats, et celles dont la constatation paraîtra nécessaire pour permettre à l'inculpé de préparer sa défense ».

Au reste, le moyen le plus sûr de protéger efficacement l'inculpé, au cours de l'instruction, consiste évidemment à lui accorder l'appui d'un défenseur capable de l'éclairer sur ses droits, de lui indiquer les résolutions à prendre et les mesures à solliciter. Or, à cet égard, notre loi est muette; il n'y est pas question de défenseur, et de fait, dans l'état actuel de notre législation, le rôle de la défense, pendant l'information, est absolument nul. C'est une lacune regrettable. En attendant la réalisation des vues de la commission Dufaure sous ce rapport (V. *suprà*, n° 15), nous constaterons que, depuis vingt ans, en Autriche, l'accusé est, pendant l'instruction même, formellement autorisé à se choisir un défenseur « soit pour veiller à la conservation de ses droits à chaque acte de la procédure qui intéresse directement l'établissement du fait et qui ne peut être renouvelé plus tard, soit pour suivre un un recours déjà formé par lui » (art. 45 du code de 1873). Celui-ci ne peut pas assister à l'interrogatoire de l'accusé, ni à l'audition des témoins, mais la loi lui donne d'une façon expresse le droit de prendre communication des pièces pendant l'instruction (même article). De plus, il peut intervenir au constat, aux visites domiciliaires, à la perquisition des papiers et donner ses indications (art. 97 du code précité).

29. Le principe de la défense intervenant dès le début de l'information est aussi consacré par le code de procédure pénale allemand de 1877. Non seulement ce code autorise l'inculpé à se faire assister d'un défenseur en tout état de la procédure (art. 137), mais il décide en termes exprès que la désignation d'un défenseur d'office pourra même avoir lieu au cours de la procédure préliminaire (art. 142). Toutefois le défenseur, pendant cette période préparatoire, n'a qu'un rôle assez effacé. Il doit se borner à aider son client de ses conseils. Il ne peut assister ni à son interrogatoire (art. 190) ni à l'audition des témoins, sauf dans quelques circonstances exceptionnelles. Les droits du défenseur se résument dans la faculté d'assister, seul ou en compagnie de l'inculpé, aux visites de lieux, et de prendre connaissance des procès-verbaux d'interrogatoire de l'inculpé, des rapports d'experts et des procès-verbaux de constat (art. 147, § 3); le dossier complet ne peut lui être confié que si le juge estime que cette communication est sans inconvénient du point de vue du but qu'il se propose d'atteindre (art. 147, § 2). Ajoutons qu'afin de s'entendre avec le défenseur sur les démarches à faire et sur le mode de défense à adopter, l'inculpé en état de détention préventive est autorisé à communiquer avec lui verbalement ou par écrit. Tout ce que peut faire le magistrat instructeur est d'exiger que les notes échangées lui soient soumises et qu'un fonctionnaire de l'ordre judiciaire assiste aux entrevues; encore cette dernière restriction au droit de libre communication n'est-elle pas admise, lorsque l'incarcération a été motivée uniquement par la crainte où l'on était que l'inculpé ne prît la fuite (art. 148, § 3).

30. Si la législation allemande est plus libérale que la nôtre en ce qui concerne l'intervention de la défense dans l'information préparatoire, il faut reconnaître que, sous un autre rapport, cette législation paraît prêter à critique. Nous voulons parler des droits de perquisition et de saisie accordés au ministère public et aux officiers de police. En règle générale, dans la législation allemande comme dans toute autre législation, le droit d'ordonner les saisies et les perquisitions appartient au juge; d'après les dispositions particulières du code de procédure pénale allemand (art. 98, 100, 105) « en cas de péril dans la demeure », ce droit appartient aussi au ministère public et aux officiers de police et de sûreté qui, en qualité d'auxiliaires du ministère public, ont mission d'exécuter ses ordres. « Cette immixtion du personnel non judiciaire dans les fonctions qui devraient rester l'apanage exclusif du juge semble, a dit avec raison M. F. Daguin dans l'*introduction* déjà citée, contraire au principe même de la procédure accusatoire, qui exige que l'accusateur et l'accusé soient placés sur le pied d'une égalité aussi complète que possible ».

31. Personne n'ignore que les règles de l'instruction préparatoire en Angleterre sont bien différentes de celles du continent. À la point de juge d'instruction, point de secret. Tout se passe au grand jour et en présence de l'accusé, devant un magistrat, arbitre impartial entre l'accusa-

tion et la défense, et qui ne recherche rien directement. Pour déterminer la compétence des juridictions répressives, on distingue, en ce pays, les causes en causes sommaires et causes indictables, c'est-à-dire qui ne doivent être jugées qu'après information (*indictment*). Les premières sont déférées aux cours de petites sessions ou, dans certaines villes, aux cours de police, et jugées séance tenante sans instruction, les secondes au jury (V. *supra*, v° *Organisation judiciaire*, n° 40). Dans le cas de délit indictable, la cour des petites sessions ou de police devient une véritable juridiction d'instruction; elle recueille les charges, entend les témoins sous serment et renvoie l'accusé devant la cour des sessions trimestrielles ou devant les assises. « Cette procédure est très simple; peut-être même trop simple: tout le dossier du prévenu se compose, au moment où il paraît devant la cour des petites sessions, d'une feuille contenant l'indication de son nom et du délit qui lui est reproché; à cette feuille on joint les notes d'audience contenant les dépositions des témoins » (Glasson, t. 6, p. 784). Le même auteur ajoute : « Cette instruction préalable est toujours publique: le prévenu y prend part; il peut être assisté de ses avocats; on ne met jamais le prévenu au secret; il n'est interrogé qu'à l'audience, et encore, avant de procéder à son interrogatoire, le magistrat commence par lui faire une observation toute paternelle : « Avez-vous quelque chose à dire? Vous n'y êtes pas forcé; faites-le si vous voulez; seulement ce que vous allez dire sera écrit et pourra servir contre vous » (*eod. loc.*). — V. encore dans le même ouvrage, p. 764, le parallèle des procédures d'instruction en France et en Angleterre. V. aussi, sur la marche et les caractères fondamentaux de l'information préparatoire anglaise : Mittermaier, *Traité de la procédure criminelle en Angleterre*, tout le paragraphe 5, p. 84 à 109, et, pour les détails, l'*Etude* de M. Guérin, déjà citée.

32. La procédure d'instruction des Anglais compte en France et à l'étranger de nombreux admirateurs; on loue beaucoup sa publicité et la part qu'y prend l'accusé. Nous nous associerons, dans une certaine mesure, à ces éloges. Nous croyons que la justice gagnerait à admettre la *contradiction* dans l'instruction, et, sous ce rapport, nous pensons que le projet de la commission Dufaure sur la réforme de l'instruction criminelle (V. *supra*, n° 15) a bien fait de donner à la défense des garanties qui lui ont fait défaut jusqu'ici en France. Mais il ne nous est pas possible d'aller plus loin et nous nous refusons à admettre, tout au moins pour notre pays, si différent, comme tempérament national, de l'Angleterre, la publicité et l'oralité de la procédure préparatoire. Ce système, sous prétexte de sauvegarder les droits de la défense, méconnaît l'intérêt social de la poursuite et compromet la répression. M. Fernand Daguin l'a parfaitement montré dans les quelques lignes qui suivent, extraites de l'introduction du code de procédure pénale allemand: « Il suffit d'un moment de réflexion pour comprendre combien il est important de procéder d'abord en secret et sans bruit, si l'on veut atteindre sûrement l'auteur d'un crime, s'assurer de ses complices ou saisir les indices de l'acte coupable; en agissant au grand jour, on risque de donner l'éveil au criminel et à ses complices, de favoriser leur fuite, ou de leur permettre de faire disparaître les traces du délit. L'audition des témoins en présence de l'inculpé ou de son défenseur n'est pas moins préjudiciable à la découverte de la vérité; car, à supposer même que les témoins ne se laissent pas déconcerter par les questions insidieuses du défenseur, il est impossible d'admettre que la présence de l'individu sur le compte duquel ils ont à déposer ne soit pas, pour beaucoup d'entre eux, une cause d'intimidation, et ne nuise pas à la sincérité de leur déclaration » (p. 92).

33. Nous ne quitterons pas cette matière de l'instruction préparatoire sans dire quelques mots des voies de recours contre les décisions des juges d'instruction. Il est de règle en Allemagne (art. 346), en Autriche (art. 113), en Hollande (art. 83), que l'on peut se pourvoir contre toutes les ordonnances rendues au cours de l'instruction. La chambre du conseil est juge du recours. L'art. 113 du code autrichien est à citer sous ce rapport : « Quiconque estime qu'il lui a été fait grief par une ordonnance ou une négligence du juge d'instruction, au cours des constatations préliminaires ou

de l'instruction ou de la procédure qui suit le dépôt de l'acte d'accusation, a le droit de provoquer sur ce point une décision de la chambre du conseil, et de formuler sa demande par écrit ou oralement devant le juge d'instruction, ou directement devant la chambre du conseil. La chambre du conseil statue en audience non publique, le juge d'instruction et le ministère public entendus ». On sait que, chez nous, la chambre du conseil n'existe plus et que, si le ministère public peut former opposition dans tous les cas devant la chambre d'accusation aux ordonnances du juge d'instruction, le prévenu n'a cette faculté que s'il s'agit d'une demande de mise en liberté ou d'une question de compétence (c. instr. crim. art. 114 et 539). Le projet de la commission Dufaure, adopté par le Sénat et la commission de la Chambre des députés, rétablit la chambre du conseil. Son art. 50 s'énonce ainsi : « Le ministère public, la partie civile et l'inculpé peuvent requérir le juge d'instruction de prendre toutes les mesures qu'ils croient utiles à la découverte de la vérité, et, sur son refus, lequel doit être formulé par une ordonnance motivée, ils ont le droit de saisir la chambre du conseil ». Nous applaudissons à cette innovation, estimant d'ailleurs, avec M. A. Guillot (*Des principes du nouveau code d'instruction criminelle*, p. 224), qu'il vaudrait mieux donner le pouvoir de reviser les ordonnances du juge à la chambre d'accusation, juridiction d'un ordre supérieur; qu'à la chambre du conseil composée de magistrats du même ordre que le juge instructeur, alors surtout que, dans l'état actuel de notre organisation judiciaire, la plupart de nos tribunaux d'arrondissement ne comptent que trois juges, y compris le juge d'instruction. La difficulté n'est pas la même en Autriche et en Allemagne où les cours de première instance et les tribunaux régionaux sont toujours composés de plusieurs chambres à l'une desquelles il est plus facile de confier les attributions de chambre de conseil. L'art. 12 du code de procédure pénal autrichien s'énonce à cet égard en termes précis et remarquables : « Une section de première instance *exerce la surveillance* en qualité de chambre du conseil sur les constatations préliminaires et les actes d'instruction... ».

34. — 4° *Procédure devant la juridiction de jugement.* — Nous ne nous occuperons point en ce moment des règles tracées par les législations étrangères concernant la procédure devant les cours d'assises et le jury. Cette matière fera l'objet d'explications assez étendues qui seront données *infra*, au titre 2 du présent traité. Nous ne parlerons que de la procédure suivie à l'étranger devant les tribunaux inférieurs, analogues à nos tribunaux de simple police et à nos tribunaux de police correctionnelle, et nous n'en dirons, d'ailleurs, que peu de chose parce que les règles tracées à cet égard par les législations étrangères ne s'écartent pas sensiblement de celles suivies en France.

35. En tous pays, aussi bien en Allemagne qu'en Angleterre, en Autriche qu'en France, en Belgique, en Hollande, en Portugal, en Suisse, etc., les débats sont *publics*, à peine de nullité. De même, c'est un principe universellement admis que les témoins déposent *oralement*. La question de savoir s'il est permis de lire à l'audience la déposition écrite des témoins déjà entendus par le magistrat instructeur est généralement résolue par la négative. Cette lecture, qui se fait couramment chez nous, est prohibée en principe, à peine de nullité, par l'art. 341 c. proc. pén. d'Italie, par la loi hollandaise, par la loi allemande. Le code hollandais n'autorise la lecture aux débats de la déposition écrite d'un témoin qu'au seul cas où, depuis qu'il l'a faite, le témoin est mort ou absent (art. 175 et 228); encore la loi prévient-elle le juge de n'apporter à ce genre de preuve qu'une extrême réserve (art. 445). Le code allemand n'admet la lecture de la déposition de ceux qui sont morts ou absents ou frappés d'aliénation mentale, qu'en vertu d'un jugement du tribunal (art. 250), et celle des témoins présents que s'ils déclarent ne plus se souvenir d'un fait, ou encore au cas où il serait impossible de dissiper autrement une contradiction existant entre la déposition du témoin et ses précédentes déclarations (art. 252).

36. C'est aussi une règle admise par toutes les législations criminelles modernes que le débat est *contradictoire*, l'accusateur et l'accusé devant être placés dans des conditions qui soient sensiblement égales. Le droit de recourir à

l'assistance d'un défenseur est universellement reconnu à ce dernier, sinon formellement consacré par les textes législatifs. Le code allemand, le code autrichien, se sont préoccupés de garantir les droits de la défense. Ils ne permettent pas qu'un accusé poursuivi à raison d'une infraction présentant quelque gravité soit condamné sans avoir été entendu. Le jugement par défaut ou par contumace n'est admis par eux qu'à titre exceptionnel (c. allem., art. 229 et suiv.; c. autrichien, art. 412 à 428).

37. Sous un autre rapport, les codes allemand et autrichien s'accordent pour consacrer, relativement aux affaires de peu d'importance, un système de procédure spéciale qui n'a pas son analogue dans notre législation, et qui rend, paraît-il, de grands services. Nous voulons parler des *ordonnances pénales* (*Mandatsverfahren*) par lesquelles le juge condamne l'inculpé sans l'entendre et sans procédure antérieure. Cette procédure sommaire a été empruntée par le nouveau code autrichien de 1879 aux anciens codes de plusieurs États de l'Empire d'Allemagne. Aux termes de l'art. 460 c. autrichien, le juge à qui l'on a dénoncé un inculpé se trouvant en liberté à raison d'une contravention punie de l'emprisonnement pendant un mois au plus ou d'une amende simple peut, s'il trouve qu'il n'y a lieu de prononcer qu'un emprisonnement de trois jours au plus ou une amende de quinze florins au maximum, prononcer, dans une ordonnance pénale (*Strafverfügung*), la peine encourue sur la demande du ministère public, sans procédure antérieure. Un droit d'opposition contre l'ordonnance du juge est réservé au condamné par ordonnance, s'il préfère qu'on observe à son égard les formes de la procédure ordinaire (art. 461). La procédure du *Mandatsverfahren* simplifie beaucoup la marche des petites affaires et donne à l'inculpé l'avantage d'éviter les débats publics. Elle a été étendue à tout l'Empire allemand par le code de 1877, dont l'art. 447 est ainsi conçu : « Dans les affaires qui sont de la compétence des tribunaux d'échevins, le juge de bailliage peut, sans débats préalables et lorsque le ministère public le requiert par écrit, prononcer une condamnation par une ordonnance pénale écrite. On ne peut, par ordonnance pénale, prononcer d'autres peines que l'amende de cent cinquante marks au maximum, la privation de la liberté pour six semaines au plus et la confiscation, s'il y a lieu ». Le droit d'opposition à l'ordonnance pénale est organisé et réglementé par les art. 449 à 452.

Sur les règles édictées par le législateur allemand et le législateur autrichien concernant l'appel en matière criminelle, V. *suprà*, v° *Appel en matière criminelle*, n°s 3 et suiv., et, pour l'Allemagne, v° *Organisation judiciaire*, n°s 46 et 48. En Angleterre, on n'admet pas de voie de recours, si ce n'est pour les cas peu graves (*misdemeanors*); l'appel des jugements des cours de petites sessions est, en pareille hypothèse, porté devant les cours de sessions trimestrielles. En cas d'erreur ou d'excès de pouvoir, c'est la haute cour de justice qui est saisie du recours.

CHAP. 2. — De l'action publique et de l'action civile.

38. « L'action publique, dit Mangin (*Traité de l'action publique et de l'action civile en matière criminelle*, t. 1, n° 1, 3e éd., revue par M. Sorel), est celle qui appartient à la société pour la punition des atteintes portées à l'ordre social. Son objet est l'application des peines. L'action civile est celle qui appartient à tout individu qui a souffert un dommage par suite d'un fait puni par la loi. Son objet est la réparation du préjudice causé par ce fait à des intérêts privés ». — Sur les caractères de l'action publique et de l'action civile, V. aussi Faustin Hélie, *Traité de l'instruction criminelle*, 2e éd., t. 1, n°s 411 à 564; et tout le tome 2; *Pratique criminelle des cours et tribunaux*, t. 1, n°s 6 et suiv.; Le Sellyer, *Traité de l'exercice et de l'extinction des actions publique et privée*, v° Trébutien, *Cours élémentaire de droit criminel*, 2e éd., revue par MM. Laisné-Deshayes et Guillouard, t. 2, tout le titre 1, p. 58 et suiv.; Duverger, *Manuel des juges d'instruction*, t. 1, n° 48 et suiv.; Boitard, *Leçons de droit criminel*, 13e éd., revue par Faustin Hélie, n°s 511 et suiv.; Dutruc, *Mémorial du ministère public*, v°s *Action publique* et *Action civile*; Ortolan, *Éléments*

de droit pénal, t. 2, tout le titre 6; Massabiau, *Manuel du ministère public*; Merlin, *Répertoire*, v° *Action publique*; Morin, *Répertoire de droit criminel*, v°s *Action publique* et *Action civile*; Garraud, *Précis de droit criminel*, 4e éd., 2e part., tit. 1, p. 425 et suiv.; Villey, *Précis de droit criminel*, 2e part., p. 167 et suiv.; Laborde, *Cours élémentaire de droit criminel*, 2e part., liv. 1, n°s 748 et suiv.; Hoffman, *Traité des questions préjudicielles*, t. 1; Haus, *Principes du droit pénal belge*, t. 2, liv. 4, n°s 1098 à 1340. Plus spécialement, en ce qui concerne l'action civile, V. Sourdat, *Traité de la responsabilité civile*, t. 1, n°s 20 et suiv.; 243 et suiv., etc.; Gréau, *Étude sur la responsabilité civile en matière pénale*, p. 40 et suiv.

39. L'action publique et l'action civile ont dans le délit une source commune, mais elles diffèrent à de nombreux points de vue. L'objet n'est pas le même, puisque la première tend à l'application de la peine, c'est-à-dire à la réparation du tort fait au corps social, tandis que la seconde se propose la réparation du préjudice privé qui a été causé à un particulier. Elles appartiennent à des *personnes* différentes : l'action publique à la société qui, ne pouvant l'exercer elle-même, en délègue l'exercice à des fonctionnaires spéciaux; l'action civile à la partie lésée, qui en est vraiment propriétaire et peut l'exercer comme elle l'entend. Elles diffèrent enfin quant aux personnes *contre lesquelles* elles peuvent être *exercées* : l'action publique peut être exercée seulement contre les auteurs ou complices de l'infraction; l'action civile peut l'être, en outre, contre leurs héritiers et les personnes que la loi déclare civilement responsables du fait d'autrui.

40. Aucun changement n'est intervenu dans la législation sur l'action publique et l'action civile, depuis la publication du *Répertoire*, sauf en ce qui concerne la poursuite des crimes, délits et contraventions commis à l'étranger. À cet égard, la loi du 27 juin 1866 (D. P. 66. 4. 75) contient de nouvelles et importantes dispositions qui ont été commentées, *suprà*, v° *Compétence criminelle*, n°s 75 et suiv.

SECT. 1re. — DES FAITS QUI PEUVENT DONNER LIEU AUX ACTIONS PUBLIQUE ET CIVILE.

41. — I. DES FAITS QUI PEUVENT DONNER LIEU À L'ACTION PUBLIQUE. — Ainsi qu'il a été dit au *Rép.* n° 23, les faits prévus et réprimés par une loi pénale peuvent seuls donner naissance à cette action. Il n'est pas moins évident que toute infraction à la loi pénale peut donner lieu à cette même action (*Rép.* n° 24). Nous n'avons rien à ajouter à ce qui a été expliqué, à ce double point de vue, au *Rép.* n°s 23 à 26, et nous nous bornerons à faire remarquer que ce n'est point ici, mais *suprà*, v° *Compétence criminelle*, qu'on trouvera exposées les règles relatives à la double question de savoir : 1° pour quels crimes, délits ou contraventions l'action publique peut être exercée; 2° comment les tribunaux répressifs sont saisis de cette action. — En ce qui concerne le premier point, V. *suprà*, v° *Compétence criminelle*, n°s 153 à 163 pour la simple police, 268 à 268 pour la police correctionnelle, 332 à 337 pour les cours d'assises. En ce qui concerne le second point (saisine), et spécialement la question de savoir sur quelles personnes et sur quels faits le tribunal saisi peut statuer, V. *suprà*, eod. v°, n°s 181 à 207 pour la simple police, n°s 275 à 296 pour la police correctionnelle, n°s 362 à 373 pour les cours d'assises.

42. Il convient, toutefois, de faire remarquer que la loi sur la presse du 29 juill. 1881, et *suprà*, v° *Presse*, t. 13, p. 251, a, dans son art. 41, consacré diverses immunités, les unes parlementaires, les autres judiciaires, en vertu desquelles ne peuvent donner lieu à « aucune action » les discours tenus dans le sein de l'une des deux Chambres, ainsi que les rapports ou toutes autres pièces imprimées par ordre de l'une des deux Chambres, le compte rendu des séances publiques des deux Chambres, fait de bonne foi dans les journaux, le compte rendu fidèle fait de bonne foi des débats judiciaires, de même que les discours prononcés ou les écrits produits devant les tribunaux. Les infractions à la loi pénale commises par l'un des moyens et dans les circonstances que l'on vient d'indiquer ne sauraient donner lieu à l'action

publique (V. *suprà*, v° *Presse-outrage*, n°⁵ 1339 et suiv).

43. — II. Des faits qui peuvent donner lieu a l'action civile. — L'action civile, ayant pour objet la réparation du dommage causé par une infraction, suppose nécessairement un fait à la fois délictueux et dommageable.

44. — 1° *Fait punissable*. — L'existence d'un fait punissable est la première condition de l'action civile. Il n'y a lieu à cette action devant les tribunaux répressifs qu'autant que le dommage *prend sa source dans un fait qualifié crime ou délit ou contravention*. Cette règle, rappelée au *Rép*. n° 28, est hors de doute (Mangin, t. 1, n° 34; Faustin Hélie, t. 1, n° 551, et t. 2, n° 614; Le Sellyer, t. 1, n° 262; Haus, t. 2, n° 1367 et 1392; Garraud, n° 375; Laborde, n° 839), et la jurisprudence l'a maintes fois consacrée. Aux arrêts de cassation des 30 janv. et 30 juill. 1829, cités en ce sens, au *Rép.*, n°⁵ 28 et 29, on peut ajouter les suivants : Crim. cass. 17 mars 1855, *Bull. crim.* n° 99; 20 mars 1862, *ibid.*, n° 96; Crim. rej. 7 juin 1867, *ibid.*, n° 144; Crim. cass. 12 mars 1868, *ibid.*, n° 69; 23 mai 1868, aff. Guilhou, D. P. 82. 1. 41, note; 8 juill. 1881, aff. Cora, D. P. 82. 1. 41; Crim. rej. 18 déc. 1886, aff. Henrion, D. P. 87. 1. 288; 21 mai 1887, *Bull. crim.* n° 204; 20 janv. 1888, aff. Boniface, D. P. 88. 1. 329; 5 juill. 1890, aff. Lhôte, D. P. 91. 1. 143; 19 juin 1891, *Bull. crim.* n° 140; Bordeaux, 29 janv. 1892, aff. Mallard, D. P. 92. 2. 165; Crim. rej. 26 janv. 1894, aff. Basselin, *Gazette des tribunaux*, du 29 janvier. — On peut citer encore, comme applications de la règle qui veut que l'action civile ne soit portée devant les tribunaux de répression qu'autant qu'elle s'appuie sur un fait prévu par la loi pénale, les cinq arrêts de la cour de cassation des 7 déc. 1854, 22 mai 1857, 22 nov. 1866, 27 juin 1867 et 16 avr. 1863, rendus en matière de simple police, et signalés *suprà*, v° *Compétence criminelle*, n° 212.

Spécialement, il a été jugé : 1° que, la tenue d'une maison de prêt sur gages, sans autorisation, constituant un délit complexe qui implique l'habitude et la répétition de plusieurs faits semblables, l'action civile ne peut en cette matière être introduite par un emprunteur, le délit ne pouvant exister que par la réunion et l'ensemble de prêts dont la plupart sont étrangers à celui qui prétend exercer l'action civile (Arrêt précité du 17 mars 1855). Conf. Blanche, *Études sur le code pénal*, t. 1, n° 263; V. toutefois, *contrà*, Le Sellyer, *Traité de la compétence*, t. 2, n° 1149; — 2° Qu'en matière d'usure, l'action ne pouvant être intentée au correctionnel que pour habitude, les emprunteurs ne sont pas recevables à intenter l'action civile ni à intervenir comme parties civiles pour réclamer réparation du préjudice que leur auraient causé des stipulations usuraires. V. en ce sens, outre les nombreux arrêts cités au *Rép.*, v° *Prêt à intérêt*, n°⁵ 305 et 306, les arrêts précités des 23 mai 1868, 8 juill. 1881 et 20 janv. 1888.

45. En ce qui concerne l'usure, la cour de cassation a poussé jusqu'à ses dernières limites l'application de la doctrine suivant laquelle les emprunteurs ne peuvent saisir de leur action civile le tribunal correctionnel. Non seulement elle juge que l'emprunteur lésé par un fait unique d'usure ne peut agir directement devant les tribunaux répressifs, ni intervenir comme partie jointe (Crim. cass. 3 févr. 1809, *Rép.* v° *Prêt à intérêts*, n° 305; 4 mars 1826, eod. v° n° 270; Ch. réun. cass. 4 nov. 1839, eod. v° n° 306; Crim. cass. 5 sept. 1840, et Ch. réun. cass. 21 juill. 1841, *ibid.*); mais, alors même que le plaignant offre de prouver que le créancier préteur lui a fait successivement plusieurs prêts usuraires, ou qu'il y a eu à son égard plusieurs renouvellements successifs, ce qui, suivant la jurisprudence, constitue le délit d'habitude d'usure, la cour de cassation décide que l'action du plaignant ne sera pas reçue, aucun des faits particuliers dont il prétend avoir souffert ne pouvant être qualifié délit (Crim. cass. 23 mai 1868, aff. Guilhou, D. P. 82. 1. 41, note; 8 juill. 1881, aff. Cora, D. P. 82. 1. 41; 20 janv. 1888, aff. Boniface, D. P. 88. 1. 329). Conf. Le Sellyer, *Traité de la compétence*, t. 2, n° 1148; Sourdat, *De la responsabilité*, t. 1, n° 219; Morin, *Rép.* v° *Usure*, n° 11; Blanche, *Études pratiques sur le code pénal*, t. 1, n° 264. — Cette dernière doctrine nous parait difficile à admettre. Pourquoi, si l'on suppose un certain nombre de faits usuraires commis par le même agent au préjudice de la même personne, celle-ci ne pourrait-elle pas introduire son

action devant la juridiction correctionnelle? Est-ce qu'elle n'a pas été lésée par l'habitude d'usure, qui est un délit? V. dans ce sens : Villey, p. 224; Hoffman, t. 1, n° 89; Haus, t. 2, n° 1392; Brun de Villeret, *Prescription*, n° 349. V. au surplus, *Rép.*, v° *Prêt à intérêt et usure*, n°⁵ 305 et suiv.

46. Parmi les arrêts cités *suprà*, n° 44, on remarquera comme applications intéressantes de la règle suivant laquelle l'action civile ne peut être accueillie que si le fait est puni par la loi : 1° l'arrêt de cassation du 7 juin 1867, qui a jugé que c'est à tort que l'entrepreneur de voitures de place, concessionnaire d'un privilège accordé par la commune, saisit le tribunal de répression d'une action civile contre un rival, que sa contravention à un arrêté municipal expose seulement à une amende ou à une action purement commerciale, s'il y a concurrence déloyale; 2° l'arrêt du 19 juin 1891 aux termes duquel un juge qui admet, en matière d'injure, l'excuse de provocation prévue par l'art. 33 de la loi du 29 juill. 1881, ne peut plus statuer sur l'action civile basée sur cette injure; 3° l'arrêt de rejet du 26 janv. 1894, qui a décidé que, lorsqu'un arrêté municipal renferme, d'une part, des dispositions concernant le bon ordre, la salubrité publique et l'inspection des comestibles mis en vente, dispositions sanctionnées par l'art. 471, n° 15, c. pén., d'autre part, la concession aux demandeurs de l'exploitation de la halle établie pour la vérification de la vente du poisson, concession faite par le maire agissant comme administrateur des biens de la commune, les dispositions prises par le maire sur ce dernier point ne sauraient avoir la sanction réservée aux règlements concernant la police; et ne peuvent donner ouverture qu'à une action purement civile; — qu'en conséquence, un tribunal de simple police serait incompétent pour statuer sur les réparations dues pour dommage causé par un individu au concessionnaire de l'exploitation de la halle (par la privation des droits qui auraient dû être perçus); et cela alors même que ce dommage aurait concouru avec la contravention, relevée contre le même individu, d'avoir vendu son poisson hors de la halle et sans vérification; car le fait dommageable est distinct de la contravention elle-même.

47. Ainsi que nous l'avons dit au *Rép.*, n° 30, il ne suffirait pas, pour que l'action civile fût recevable, que le dommage provînt d'un fait connexe au fait punissable. Il est nécessaire que ce dommage provienne directement du fait punissable (Faustin Hélie, t. 1, n° 551; Mangin, t. 1, n° 122; Le Sellyer, *Traité de la criminalité, de la pénalité et de la responsabilité*, n° 9). A cet égard, outre l'arrêt du 30 juill. 1829, cité *ibid.*, et transcrit *Rép.*, v° *Commune*, n° 1118, V. Crim. cass. 12 avr. 1834, et 6 mars 1840, *Rép. ibid.*, n°⁵ 1086 et 1090.

48. Il a été décidé, en ce sens, que les tribunaux de répression ne peuvent prononcer une condamnation civile contre un prévenu qu'autant que cette condamnation prend directement sa source dans le préjudice résultant de l'infraction retenue à la charge de ce prévenu, et que c'est à bon droit, dès lors, que ces tribunaux refusent d'adjuger des dommages-intérêts à la partie civile pour un fait à l'occasion duquel ils n'ont prononcé aucune peine contre le prévenu (Crim. rej. 20 nov. 1886).

49. Jugé, toutefois, que si le juge correctionnel n'est compétent pour accorder à la partie civile des dommages intérêts qu'autant qu'il constate l'existence d'un délit, il ne suit pas de là que la partie civile ne puisse se plaindre d'un fait postérieur au délit qui s'identifie avec le délit ou qui en est la conséquence dommageable directe (Crim. cass. 5 déc. 1891, *Bull. crim.*, n° 240).

50. D'un autre côté, dès que le dommage résulte d'un fait punissable, l'action civile est recevable, quelle que soit la nature de l'infraction qui lui sert de base. Ce serait donc à tort que le tribunal correctionnel refuserait à l'acheteur de bestiaux atteints d'une maladie contagieuse, mis en vente en contravention à l'art. 460 c. pén., le droit d'exercer une action civile contre le vendeur, sous prétexte que cette vente ne pourrait donner lieu qu'à l'action rédhibitoire (Crim. rej. 17 janv. 1847, aff. Millaud, D. P. 47. 1. 252; 12 mai 1855, aff. Pinès, D. P. 55. 1. 443).

51. Ajoutons que si l'existence d'un fait punissable est nécessaire pour la recevabilité de l'action civile devant les

tribunaux répressifs, la constatation de ce fait en son caractère délictueux suffit pour assurer le succès de l'action civile; l'application d'une peine n'est pas indispensable. Aussi la cour saisie de la connaissance d'un délit par le seul appel d'une partie civile peut accorder des dommages-intérêts à cette partie, si l'existence de l'infraction est établie, alors même qu'en l'absence d'appel du ministère public, elle ne peut prononcer aucune peine (V. les nombreux arrêts cités *suprà*, v° *Appel en matière criminelle*, n° 111). — Il en serait de même si le principe du non-cumul des peines s'opposait à l'application du châtiment au coupable (Trébutien, t. 2, n° 127).

52. — 2° *Fait dommageable.* — En second lieu, l'action civile suppose un *dommage.* Le fait qui n'a porté préjudice à personne ne donne pas ouverture à cette action, quand même il compromettrait sérieusement la sûreté des personnes et des propriétés. Pratiquement, il s'ensuit que, pour qu'il y ait condamnation à des dommages-intérêts, il faut toujours la preuve d'un préjudice; autrement, pas d'intérêt et, par conséquent, pas d'action. Aussi a-t-il été jugé que c'est à bon droit que le juge correctionnel ou de simple police, tout en reconnaissant l'existence de l'infraction et en appliquant la peine y afférente, refuse d'accorder des dommages-intérêts à la partie plaignante, lorsqu'il est constaté en fait que celle-ci n'a éprouvé aucun préjudice (Crim. cass. 15 nov. 1861, aff. Savignac, D. P. 64. 1. 46; Crim. rej. 19 août 1875, *Bull. crim.*, n° 269). Il a encore été décidé dans le même sens : 1° que des pharmaciens ne peuvent donner pour fondement à leur action civile contre une sœur de charité, poursuivie pour exercice illégal de la pharmacie, la livraison de médicaments faite par cette sœur sur l'ordonnance d'un médecin concertée avec les plaignants, s'il est certain que les médicaments ne devaient recevoir et n'ont reçu aucun emploi (Crim. rej. 16 févr. 1878, aff. Sauvage, D. P. 78. 1. 282) ; — 2° Que l'action en dommages-intérêts formée par des pharmaciens contre des herboristes ou autres pour vente de médicaments doit être déclarée mal fondée, quand il est constaté en fait que les remèdes ont été vendus à des clients supposés envoyés par les pharmaciens eux-mêmes, lesquels n'ont dès lors subi aucun préjudice (Lyon, 21 déc. 1883) (1).

53. Est-il nécessaire, pour pouvoir exercer l'action civile, de prouver, non seulement que le dommage est le résultat d'un délit, mais encore qu'il en est le résultat *direct?* Nous avons soutenu l'affirmative au *Rép.*, n° 32, en critiquant un arrêt de rejet du 19 juill. 1832, qui a admis un individu arrêté par erreur, mis en jugement comme accusé d'un crime et acquitté par la cour d'assises, à porter plainte contre le véritable auteur du crime, à raison du dommage que son arrestation lui a fait subir, dans une accusation subséquente poursuivie contre le véritable auteur du crime. Cette opinion est partagée par la doctrine (Faustin Hélie, t. 1, n° 552; Sourdat, t. 1, n° 43 ; Trébutien, t. 2, n°s 132 et 133 ; Le Sellyer, *Traité de l'exercice et de l'extinction des actions publique et privée*, t. 1, n° 278 ; Garraud, n° 346; Villey, p. 180; Laborde, n° 776; Haus,

Principes du droit pénal belge, t. 2, n° 1062). En effet, dans l'espèce supposée, le dommage éprouvé a sa *cause* non dans l'infraction, mais dans la fausse direction donnée aux poursuites, fausse direction dont l'auteur du délit ne doit pas être regardé comme responsable, puisqu'elle est le fait de la justice, non le sien. — Toutefois nous dirons avec Trébutien, t. 2, n° 133, que si le coupable avait tenté par quelque manœuvre, par des machinations, de rejeter la faute sur l'innocent, ce serait justice alors de le punir non pas à raison du crime, mais à cause des agissements qui auraient suivi. C'est, d'ailleurs, ce que la cour de cassation a décidé par arrêt de rejet du 7 juill. 1847 (aff. Perminjat, D. P. 47. 4. 8).

54. L'auteur volontaire d'un incendie est-il responsable du dommage causé à la maison voisine de celle par lui brûlée, à raison des moyens employés pour combattre le feu? Peut-il être actionné au criminel en réparation du dommage ? La question ne paraît pas s'être posée en jurisprudence; mais elle est discutée par les auteurs. Rauter, *Droit criminel*, n° 133, refuse l'action criminelle parce que le dommage provient non de l'incendie, mais du remède qu'on lui a opposé; il accorde l'action en dommages-intérêts née de la faute préjudiciable bien que non intentionnelle. Sourdat, *Traité de la responsabilité*, t. 1, n° 44, refuse toute action à moins que la maison endommagée ne fît corps avec l'édifice incendié, de telle sorte qu'elle dût nécessairement souffrir de l'incendie de celui-ci, auquel cas il faudrait bien, dit-il, considérer le dommage comme résultant directement du délit, la liaison de l'effet à la cause étant alors intime et immédiate. Nous croyons plutôt avec Trébutien, *Cours de droit criminel*, t. 2, n° 139, que l'incendiaire, ayant voulu le crime, est responsable de toutes les conséquences forcées, même non prévues de ce crime, et nous donnerons contre lui l'action devant les tribunaux criminels aussi bien que l'action en dommages-intérêts devant la juridiction civile.

55. Un arrêt a fait application à la matière de la chasse de la doctrine qui veut que le dommage dont on demande réparation par voie d'action civile soit une suite directe du fait délictueux. La cour d'Orléans a jugé qu'un chasseur ne peut poursuivre correctionnellement un autre chasseur pour délit de chasse sans permis, en se fondant sur le préjudice que ce dernier lui aurait causé en tirant sur un gibier qui était devenu la propriété du plaignant ; car le préjudice n'a pas eu pour cause immédiate le délit de chasse sans permis, puisqu'il n'en eût pas moins existé si le prévenu avait eu son permis (Orléans, 28 juill. 1885) (2).

56. En tout cas, il a été jugé que l'affirmation que le prévenu est la *cause* du préjudice pour réparation duquel des dommages-intérêts sont alloués à la partie civile suffit pour justifier cette allocation ; il n'est pas nécessaire de spécifier, en outre, si c'est directement ou indirectement qu'il a causé ce préjudice (Crim. rej. 2 août 1872, aff. Masure, D. P. 72. 1. 426).

57. La question de savoir s'il y a, entre le dommage et

(1) (Julien, Chevret et autres *C.* Champin et consorts.) — La cour; — Considérant que, s'il résulte, en fait, des procès-verbaux de constatation et de saisie rédigés par l'huissier Gerlior, les 18 et 28 avr. 1883, que les herboristes Fourneries et Champin ont, le premier livré à un sieur Gaucher une limonade purgative qu'il venait de composer lui-même, et le second, livré à un sieur Termes divers produits pharmaceutiques sur une ordonnance du médecin du docteur Gaston, il est constant et reconnu que la demande de cette purgation et de ces produits pharmaceutiques avait été concertée avec les plaignants, et que les médicaments dont il s'agit ne devaient recevoir et n'ont reçu aucun emploi; qu'en admettant, la livraison qui a été faite à des clients supposés n'a privé, ne pouvait priver d'aucun bénéfice, ni les plaignants, ni aucun autre pharmacien ; — Considérant, dès lors, que la délivrance de ces médicaments n'ayant causé aucun préjudice aux appelants, ces derniers, parties civiles, et seules parties en cause d'appel, sont sans intérêt et par suite, sans action, pour requérir une condamnation quelconque contre les intimés...

Par ces motifs,
Du 21 déc. 1883.-C. de Lyon, ch. corr.-MM. Ollivier, pr.-Beaudouin, av. gén.-Cuisson, Thévenet de Combes et Lagrevols,-av.

(2) (Hudault *C.* Jutteau.) — La cour; — Attendu que le droit, reconnu par la loi, de la partie civile, de saisir directement la juridiction correctionnelle de la connaissance d'un délit, est subordonné à la condition que ce délit ait été, pour la partie civile, la cause immédiate d'un préjudice; — Attendu que Hudault a fait citer Jutteau devant le tribunal correctionnel de Chinon pour « se voir faire défense de, à l'avenir, tirer, *sans avoir de permis de chasse*, sur un cerf lancé par la meute du demandeur, blessé par ses chiens, et, sur le point d'être forcé, lequel était devenu sa propriété; de ne pas s'emparer dudit cerf, et pour l'avoir fait le 30 février dernier, s'entendre condamner à 1600 fr. de dommages-intérêts »; — Attendu que l'appréciation de cette demande ne saurait être soumise à la juridiction correctionnelle qu'autant que le fait qui lui a donné naissance serait la conséquence directe et nécessaire d'un acte délictueux, ce qui n'a pas lieu dans l'espèce, puisque, Jutteau eût-il été muni d'un permis de chasse, le préjudice n'en subsisterait pas moins; qu'on ne saurait donc dire que le délit en est la cause génératrice; qu'à tort donc les premiers juges ont statué sur la demande de Hudault dont il ne leur appartenait pas de connaître; que, comme conséquence, ils étaient également incompétents pour statuer sur la demande reconventionnelle formée par Jutteau en réponse à la demande principale formée contre lui par Hudault.
Par ces motifs,
Infirme,
Du 28 juill. 1885.-C. d'Orléans, ch. corr.-MM. Germain, pr.-Primault et Mouliner, av.

le délit, relation suffisamment directe pour autoriser l'action civile, s'est aussi posée en matière d'acquisition d'animal domestique et de garantie. Il a été jugé, avec raison, suivant nous : 1° que l'acquéreur d'un animal domestique peut, au lieu d'intenter l'action rédhibitoire, poursuivre la réparation du préjudice qu'il éprouve, par voie d'action civile devant les tribunaux de répression, et notamment se joindre, comme partie civile, à l'action répressive du ministère public contre le vendeur, pour avoir gardé sciemment et vendu un cheval atteint d'une maladie contagieuse « car, dans ce cas, le préjudice que l'acheteur peut avoir à souffrir par suite de la vente résulte directement de la contravention commise par le vendeur » (Crim. rej. 17 juin 1847, aff. Millaud, D. P. 47. 1. 252) ; — 2° Que l'individu qui a acheté des animaux malades, amenés en foire au mépris des prohibitions d'un réglement et de l'art. 460 c. pén., peut poursuivre la réparation du préjudice par lui éprouvé, non pas seulement par l'exercice de l'action rédhibitoire, mais aussi en se portant partie civile à l'occasion des poursuites correctionnelles intentées contre un vendeur (Crim. cass. 12 mai 1855, aff. Pinès, D. P. 55. 1. 443).

58. De ce que l'action civile suppose un dommage, il résulte que le ministère public a seul qualité, à l'exclusion de la partie lésée, pour saisir le juge de simple police de poursuites s'appliquant à un fait qui, à raison d'une prescription spéciale qui l'a atteint en tant que fait dommageable, ne peut plus être considéré que comme une simple infraction à un réglement administratif. Ainsi, le défaut d'ouverture de vannes de décharge, que la prescription d'un mois établie par la loi du 6 oct. 1791 couvre en tant qu'il a causé un dommage, ne peut être poursuivi comme contravention à l'acte administratif qui prescrivait cette ouverture, et, des lors, comme tombant sous l'application de l'art. 471, n° 15 c. pén., que par le ministère public, et non par la partie lésée, se portât-elle partie civile (Civ. rej. 29 mars 1856, aff. Gentil, D. P. 56. 1. 269).

59. Au reste, l'action civile dont peuvent connaître les tribunaux de répression s'entend uniquement, ainsi que nous l'avons dit au *Rép.* n° 35, de celle qui a pour objet la réparation du dommage résultant pour la partie plaignante du délit commis à son préjudice. Toutes autres actions échappent nécessairement à la compétence des tribunaux répressifs. C'est ce qui a été jugé, pour l'action en garantie formée par le prévenu contre des tiers auxquels il impute d'avoir été la cause du fait pour lequel il est poursuivi, non seulement par l'arrêt du 9 déc. 1843, cité *Rép. ibid.*, mais par deux arrêts plus récents (Crim. rej. 24 févr. 1854, aff. Millard, D. P. 55. 1. 103 ; Lyon, 14 août 1884, aff. Tourrès et Berlioz, D. P. 86. 2. 79. Conf. Merlin, *Répertoire*, v° *Délit*, § 10 ; Sourdat, *Traité de la responsabilité*, t. 1, n° 230). Echappent aussi à la compétence des tribunaux criminels les autres actions civiles qui naissent bien de l'infraction, mais qui n'ont pas cependant pour objet la réparation du préjudice, telles que : l'action en séparation de corps pour cause d'adultère (c. civ. art. 306) ; l'action tendant à faire déclarer indigne de succéder celui qui a été condamné pour avoir donné, ou tenté de donner, la mort au défunt (c. civ. art. 727) ; l'action en désaveu fondée sur l'adultère que le mari est autorisé à intenter en cas de recel de l'enfant (c. civ. art. 313). Ces actions ne participent pas aux règles spéciales de l'action civile au point de vue de la compétence des tribunaux criminels (Garraud, n° 347 ; Laborde, n° 771 ; Haus, t. 2, n° 1368).

60. D'autre part, si l'existence d'un dommage est nécessaire pour que l'action civile proprement dite, c'est-à-dire l'action exercée devant le tribunal répressif, prenne naissance à propos d'une infraction pénale, il faut reconnaître que la seule violation de règlements faits par l'autorité administrative, à l'effet de pourvoir à la sûreté des personnes et des habitations, peut, indépendamment de l'action publique, servir de base à l'action privée des tiers intéressés en réclamer l'exécution, et que l'action de ces tiers est recevable sans qu'ils aient à justifier, en outre, de l'existence d'un préjudice consommé ou imminent. Il a été jugé, en ce sens, que, lorsqu'un arrêté municipal, réglementant l'exploitation des carrières, a interdit d'y employer la poudre à une certaine distance des habitations, le propriétaire d'un immeuble situé dans la zone protégée est recevable à se plaindre de l'inobservation de cet arrêté par l'exploitant d'une carrière

voisine qui fait usage de la poudre, et n'est pas tenu de prouver, en outre, qu'il en a souffert un préjudice quelconque (Civ. cass. 29 juill. 1885, aff. Floret, D. P. 86. 1. 165). Mais il y a lieu de remarquer que, dans cette hypothèse, il s'agissait non pas de l'action civile proprement dite, tendant à la réparation du dommage causé, mais d'une action privée tendant à la suppression d'un état de choses affectant le droit du propriétaire des fonds voisins, en contravention à des dispositions réglementaires destinées à protéger ces fonds. Or, il est de jurisprudence constante qu'en cas d'inobservation des dispositions légales qui ont pour objet de protéger les fonds voisins et d'assurer la sécurité de leurs propriétaires, ceux-ci ont une action pour la suppression de l'état de choses illégal, à charge seulement de prouver que les faits dont ils se plaignent ont été accomplis en contravention à ces dispositions, alors même qu'en fait ils n'auraient éprouvé aucun préjudice (Aubry et Rau, *Cours de droit civil français*, t. 2, § 197, texte et note 16 ; Demolombe, *Servitudes*, t. 2, n° 498 ; Civ. cass. 5 mars 1850, aff. Renault, D. P. 50. 1. 78 ; 28 juill. 1852, aff. Nicolas, D. P. 53. 1. 107 ; Ch. réun. cass. 19 mai 1856, aff. Nicolas, D. P. 56. 1. 209 ; 2 juill. 1867, aff. Lacasse, D. P. 67. 1. 280 ; Req. 31 mai 1859, aff. Guillard, D. P. 59. 1. 413 ; Angers, 28 févr. 1861, aff. Duhoux, D. P. 62. 2. 7 ; Cons. d'Et. 1er juin 1861, aff. Viau, D. P. 62. 3. 2). C'est uniquement lorsque des dommages-intérêts sont, en outre, réclamés par le demandeur que la jurisprudence a exigé la preuve d'un préjudice causé (Arrêt précité du 31 mai 1859 ; Nancy, 27 juin 1868, aff. Thiéry, D. P. 68. 2. 181).

61. Ajoutons qu'en matière répressive, le juge du fait statue souverainement sur la question du préjudice causé (Crim. rej. 15 juin 1872, aff. Martin, D. P. 72. 1. 206). Et, ce préjudice étant une question de fait, il a été décidé, avec raison, qu'est suffisante pour justifier l'arrêt la constatation souveraine suivant laquelle la partie civile a établi jusqu'à un certain point qu'elle avait éprouvé un préjudice par suite des infractions commises par le prévenu (Crim. rej. 30 déc. 1887, *Bull. crim.*, n° 454).

62. D'ailleurs, ainsi qu'on l'a dit au *Rép.* n° 36, le juge n'est point tenu d'accorder des dommages-intérêts à la partie civile, bien qu'il punisse le prévenu comme auteur du fait à raison duquel il a été conclu ; au contraire, il est certain qu'il doit refuser d'ailleurs ces dommages, s'il n'est justifié d'aucun préjudice matériel (Crim. cass. 15 nov. 1861, aff. Savignac, D. P. 64. 1. 46 ; Crim. rej. 19 août 1875, cité *suprá*, n° 52). Mais s'il juge à propos d'en accorder, son droit de les arbitrer, d'après le préjudice causé, est absolu ; il ne saurait, notamment, être restreint par l'existence d'une clause pénale convenue en matière de contrefaçon (Crim. rej. 23 févr. 1867, *Bull. crim.*, n° 45).

SECT. 2. — PAR QUI S'EXERCE L'ACTION PUBLIQUE : MINISTÈRE PUBLIC ; ADMINISTRATIONS PUBLIQUES ; PARTIE PLAIGNANTE ; COURS D'APPEL ; MINISTRE DE LA JUSTICE. — CONTRE QUI L'ACTION PUBLIQUE EST EXERCÉE (*Rép.* n°⁵ 37 à 77).

63. — I. DE LA DISPOSITION, DE L'EXERCICE ET DE LA MISE EN MOUVEMENT DE L'ACTION PUBLIQUE. — Pour se rendre compte des droits que le ministère public, les administrations publiques, les particuliers et les tribunaux ont, en France, sur l'action publique, il importe de distinguer trois choses : la *disposition*, l'*exercice* et l'*impulsion* de cette action (Garraud, *Précis*, n° 341 ; Laborde, *Cours élémentaire de droit criminel*, n° 747).

64. Le ministère public, d'après l'art. 1 c. instr. crim., aurait la *disposition* de l'action publique : elle lui « appartient ». Mais, en réalité, la société ayant seule le droit de punir, c'est à la société seule qu'appartient l'action qui a pour objet la punition du coupable ; elle en délègue seulement l'*exercice* aux magistrats du ministère public, sans céder aucunement à ceux-ci le pouvoir de disposer de l'action. D'où cette conséquence pratique que le ministère public n'a le droit ni de *transiger* sur l'infraction ni avant, ni après les poursuites commencées, ni de se *désister* d'une poursuite, ni de *renoncer* d'avance aux voies de recours qui lui sont ouvertes par la loi (V. *infrà*, sect. 4).

65. L'*exercice* de l'action publique comprend tous les

actes qui sont nécessaires pour obtenir la prononciation d'une peine contre l'auteur d'une infraction (Garraud, *eod. loc.*) En effet, dit Haus, l'exercice d'une action comprend tous les actes qui sont nécessaires pour atteindre le but qu'elle se propose, pour obtenir ce qui en fait l'objet (*Principes du droit pénal belge*, t. 2, n° 1130). Or l'action publique tend à l'application de la peine. L'exercer, c'est évidemment faire tout ce qui est nécessaire pour faire appliquer la peine au coupable qui l'a méritée. — L'action publique n'est déléguée, dans sa plénitude, en règle générale, qu'au ministère public. Celui-ci l'exerce non seulement : 1° en la mettant en mouvement, c'est-à-dire en saisissant les juridictions d'instruction ou de jugement compétentes pour en connaître ; mais encore 2° en dirigeant, devant ces juridictions, par ses réquisitions, les mesures d'instruction qu'il y a lieu de prendre ; 3° en requérant, devant elles, l'application des peines édictées par la loi, 4° enfin, en formant un appel ou un pourvoi en cassation contre tout jugement ou arrêt qui lui paraît devoir être réformé ou annulé (Haus, *loc. cit.*, et Garraud, *eod. loc.*). Plus simplement on peut dire avec M. Laborde (n° 747) que l'exercice de l'action publique comprend : tous les actes qui tendent à saisir de l'action les juridictions compétentes ; la réquisition devant ces juridictions de toutes les mesures utiles à l'instruction de l'affaire ; la réquisition de la peine applicable au prévenu ; l'exercice des voies de recours. — Au reste, le ministère public n'a point le monopole de l'exercice de l'action publique. Pour les délits forestiers et les infractions à certaines lois fiscales sanctionnées par une peine, les administrations publiques exercent l'action publique concurremment avec lui, et quelquefois même par préférence à lui (Laborde, *loc. cit.*). V. à cet égard, *infrà*, n° 72 et suiv.

66. *L'impulsion ou mise en mouvement* de l'action publique ne doit pas être confondue avec *l'exercice* de cette action. L'action publique, comme toute autre action, est mise en mouvement par tout acte qui a pour effet d'en saisir légalement le juge ; mettre cette action en mouvement, c'est donc entamer, commencer une poursuite (Haus, *loc. cit.*). Il suit de là que le droit d'exercer l'action publique implique le droit de la mettre en mouvement ; mais, à l'inverse, le droit de la mettre en mouvement n'implique pas nécessairement le droit de l'exercer. Les particuliers lésés par l'infraction ont le droit de saisir de l'action publique les tribunaux de répression, afin de mettre ces juridictions à même de statuer sur leur action civile, qu'ils peuvent poursuivre « en même temps et devant les mêmes juges que l'action publique » (art. 3, c. instr. crim.). Ils mettent donc, en pareil cas, l'action publique en mouvement. Mais, en général, ils ne peuvent faire un *second* acte d'exercice de l'action publique. Aussi, pour qualifier leur droit sur cette action, on dit qu'ils ont un droit *d'impulsion* (Laborde, n° 749). D'autre part, certaines juridictions pénales ont la faculté, tantôt de se saisir elles-mêmes d'une infraction de leur compétence, tantôt de saisir de la poursuite une autre juridiction. C'est encore un droit de mise en mouvement.

67. Au reste, il importe de remarquer que, dans le cas même où l'action publique est mise en mouvement par d'autres que par lui, c'est toujours le ministère public qui l'exerce en requérant tous les actes nécessaires pour arriver au jugement du procès pénal (Garraud, *loc. cit.* Adde Haus, *loc. cit.*). Il faut remarquer aussi que, l'action publique une fois intentée devant la juridiction pénale, le ministère public ne pourrait en arrêter là marche, alors même qu'il désapprouverait la poursuite. Sans doute, il a pu refuser de poursuivre ; sans doute encore, si l'action a été mise en mouvement malgré lui, il possède néanmoins, comme on vient de le dire, l'exercice de l'action, en ce sens qu'il lui appartient de faire les réquisitions qu'il juge utiles pour l'instruction de l'affaire et pour l'application de la peine ; mais, n'ayant pas la disposition de l'action (V. *supra*, n° 64), le ministère public ne peut empêcher celle-ci de se développer jusqu'à son terme, qui est le jugement définitif (Comp. Laborde, n° 750).

68. — II. Par qui l'action publique est exercée. — 1° *Ministère public.* — L'exercice de l'action publique est délégué dans sa plénitude au *ministère public*. L'organisation du ministère public et ses prérogatives (unité, indivisibilité, etc.) ont été étudiées *supra*, v° *Ministère public*, n°s 3 à 33. —

V. aussi ce qui a été dit relativement aux fonctions du ministère public en matière criminelle, *ibid.*, n°s 179 et suiv., spécialement en ce qui touche l'action publique, n°s 180 et suiv. — On remarquera que, depuis la publication du *Répertoire*, la loi a dû pourvoir à la création du ministère public près le Sénat constitué en haute cour de justice (L. 10-11 avr. 1889, art. 3, D. P. 89. 4. 36). V. à cet égard, *supra*, v° *Organisation judiciaire*, n°s 426 et suiv.

69. En ce qui concerne l'exercice de l'action publique par les officiers du ministère public, nous n'avons que peu de chose à ajouter à ce qui a été dit au *Rép.* n°s 41 à 47. Nous ferons remarquer d'abord que, depuis la loi du 13 juin 1856 (D. P. 56. 4. 63), laquelle a rétabli l'unité de juridiction d'appel en matière correctionnelle, en attribuant, sans aucune exception et d'une manière exclusive, aux cours d'appel la connaissance des appels des jugements rendus par tous les tribunaux de police correctionnelle, il ne peut plus être question d'un droit d'appel appartenant au ministère public près le *tribunal* d'appel, puisqu'il n'y a plus de tribunal d'appel. L'exception indiquée sous ce rapport au *Rép.* n° 43 n'existe plus.

70. En second lieu, nous présenterons quelques observations sur les pouvoirs respectifs des différents membres du ministère public quant à l'action publique. — Comme le dit très bien M. Garraud (*Précis*, n° 342, p. 431), le procureur général près la cour d'appel a, par rapport à l'action publique, deux ordres de fonctions : 1° il est investi, dans le ressort de la cour, de la *direction* suprême de l'action publique. Tous les autres fonctionnaires du ministère public sont ses subordonnés (L. 20 avr. 1810, art. 45) ; — 2° le procureur général est, en outre, chargé *personnellement* de l'exercice de l'action publique auprès de la cour d'appel, auprès de la cour d'assises du département où siège la cour d'appel et même, s'il le juge utile, auprès des autres cours d'assises de son ressort (c. instr. crim., art. 135, 202, 274, 284 ; Décr. 6 juill. 1810, art. 42 et suiv.). Nous ajouterons qu'au procureur général seul appartient le droit de citer directement devant la première chambre de la cour d'appel, à raison des délits qu'ils ont commis, soit pendant l'exercice, soit même en dehors de l'exercice de leurs fonctions, les membres de l'ordre judiciaire désignés aux art. 479 et suiv. c. instr. crim., et les fonctionnaires énumérés à l'art. 10 de la loi du 20 avr. 1810, c'est-à-dire les grands officiers de la Légion d'honneur, les généraux commandant une division ou un département, les archevêques, les évêques, les présidents de consistoire, les membres de la cour de cassation, de la Cour des comptes et des cours d'appel.

Les règles relatives à l'exercice de ce droit du procureur général ont été tracées *supra*, v° *Mise en jugement des fonctionnaires publics*, n°s 47 à 62. À cet égard, la cour de cassation a rendu un arrêt intéressant, postérieur à la publication du traité dont il vient d'être parlé. Dans l'affaire du Panama, cette cour, cassant l'arrêt rendu le 9 févr. 1893 par la première chambre de la cour d'appel de Paris, dans la poursuite correctionnelle contre les administrateurs de la compagnie, a jugé que les mots de l'art. 479 c. instr. crim. « le procureur général *fera citer* » sont limitatifs et signifient que le procureur général agira par voie de citation directe, mais non par réquisitoire d'information ; la cour, en conséquence, a déclaré nul le réquisitoire adressé par le procureur général près la cour de Paris au premier président de cette dernière cour tendant à informer sur des délits qui, aux termes de l'art. 479, ne peuvent l'être que par la procédure de la citation directe, nulle aussi toute l'instruction faite par le premier président (Crim. cass. 15 juin 1893, aff. De Lesseps et autres, D. P. 93. 1. 607 ; et aff. Demangeat, *Bull. crim.*, n° 153). C'est ce que la cour de cassation avait déjà décidé par deux arrêts anciens, en jugeant le 2 mai 1818 (*Rép.* v° *Mise en jugement des fonctionnaires publics*, n° 292-1°), « que d'après l'art. 479, auquel renvoie l'art. 10 de la loi du 20 avr. 1810, il ne doit être fait aucune première instruction écrite dans le cas qui a l'objet particulier de cet article » et le 6 oct. 1837 (*Rép.* v° n° 278-2°) « que, hors le cas de crime, et s'il s'agit d'un délit emportant une peine correctionnelle, la chambre civile de la cour royale doit, aux termes des art. 479 et 483 du code et de l'art. 4 du décret du 6 juill. 1810, être directement saisie par la citation du procureur général ; qu'aucune

disposition n'autorise d'ailleurs cette chambre civile à se former en chambre du conseil, pour entendre le rapport des affaires instruites par le premier président, et statuer sur la mise en prévention » (Conf. Faustin Hélie, *Pratique criminelle*, t. 1, n° 1021). Tel paraît être aussi l'avis de M. Achille Morin qui, dans un article publié par le *Journal du droit criminel*, 1870, n° 9024, p. 198 et 203, admet que le procureur général, pour vérifier les faits signalés et apprécier la possibilité ou l'opportunité de la mise en jugement par citation directe, est autorisé « à faire une information préalable, en déléguant au besoin un de ses différents substituts et même un officier de police judiciaire, sans qu'il faille en ce cas une ordonnance du premier président, ni un acte quelconque de la chambre des mises en accusation, qui n'aurait pas compétence alors même qu'elle aurait été saisie dans la supposition de l'existence d'un crime », mais ne paraît pas considérer comme possible une instruction régulière par un magistrat instructeur. — V. toutefois, en sens contraire, l'arrêt cassé de la cour de Paris du 9 févr. 1893 (*Gazette des tribunaux* du 10 février), et les conclusions de M. l'avocat général Baudouin à l'audience de la cour de cassation du 10 juin 1893 (D. P. 93. 1. 609 et suiv.).

71. Quant aux procureurs de la République, ils sont, aux termes de l'art. 22 c. instr. crim., « chargés de la recherche et de la poursuite de tous les délits dont la connaissance appartient aux tribunaux de police correctionnelle et aux cours d'assises ». Ils ont donc, chacun dans son arrondissement, le plein et entier exercice de l'action publique ; cette action leur a été directement déléguée. — Toutefois, leur pouvoir est, en certains cas, borné par des dispositions législatives spéciales. Aux termes de l'art. 12 de la loi constitutionnelle du 16 juill. 1875 (D. P. 75. 4. 114), le président de la République, dans le cas de haute trahison, peut être jugé par le Sénat, il ne peut être mis en accusation que par la Chambre des députés. De plus, aux termes du même art. 12, les ministres peuvent être mis en accusation par la Chambre des députés pour crimes commis dans l'exercice de leurs fonctions, et, en ce cas, ils sont jugés par le Sénat. Enfin l'art. 14 de la loi du 25 févr. 1875 dispose qu'aucun membre de l'une ou l'autre Chambre ne peut, pendant la session, être poursuivi ou arrêté en matière criminelle ou correctionnelle qu'avec l'autorisation de la Chambre dont il fait partie, sauf le cas de flagrant délit. Ce sont là autant de restrictions à la liberté d'action du procureur de la République, en ce qui concerne l'exercice de l'action publique. Il faut y ajouter celle qui résulte de la compétence particulière, attribuée au *seul* procureur général par les art. 479 et suiv. c. instr. crim., et 10 de la loi du 20 avr. 1810 pour la poursuite des crimes et délits imputés aux magistrats et officiers de police judiciaire, ainsi qu'aux fonctionnaires énumérés dans l'art. 10 précité. A l'égard de ces crimes et délits, le procureur de la République est incompétent pour exercer l'action publique.

En ce qui concerne la *garantie administrative*, qui protégeait autrefois les fonctionnaires et agents du Gouvernement, et qui avait pour effet d'empêcher que ceux-ci ne fussent poursuivis pour des faits relatifs à leurs fonctions, à moins d'une autorisation du conseil d'État, on sait qu'elle n'existe plus : le décret du gouvernement de la Défense nationale du 19 sept. 1870 a aboli cette garantie en abrogeant l'art. 75 de la constitution de l'an 8, ainsi que toutes les dispositions générales ou spéciales ayant pour objet d'entraver la poursuite contre les fonctionnaires publics ; il s'ensuit que l'action publique peut être exercée par le procureur de la République aussi librement contre les fonctionnaires que contre les simples particuliers.

72. — 2° *Chambre des députés.* — La loi constitutionnelle du 16 juill. 1875 (D. P. 75. 4. 114) a investi la Chambre des députés du pouvoir d'exercer, en certains cas déterminés, l'action publique. En effet, aux termes de l'art. 12 de cette loi, le président de la République ne peut être mis en accusation que par la Chambre des députés et jugé que par le Sénat. De même les ministres « peuvent être mis en accusation par la Chambre des députés pour crimes commis dans l'exercice de leurs fonctions. En ce cas, ils sont jugés par le Sénat ». — On sait que les formes à suivre, en pareil cas, pour l'accusation, l'instruction et le jugement n'ont pas encore été réglées par la législation.

73. — 3° *Administrations publiques.* — Ainsi qu'il a été dit au *Rép.*, n° 48, plusieurs administrations publiques sont chargées de poursuivre directement les infractions qui lèsent les intérêts placés sous leur surveillance ; elles participent donc, par rapport à ces infractions, à l'exercice de l'action publique. Telles sont les administrations des *Contributions indirectes*, des *Douanes*, des *Forêts*. Ces administrations constituent, suivant l'expression de M. Garraud, « de véritables ministères publics spéciaux ». Leur droit sur l'action publique est même plus étendu que celui du ministère public, car elles peuvent en disposer par une transaction (V. les numéros suivants).

74. — A. En ce qui concerne les *Contributions indirectes*, il est de jurisprudence constante que l'action en condamnation à l'amende pour les contraventions fiscales proprement dites appartient dans toute sa plénitude à la Régie, à l'exclusion du ministère public. Aux arrêts cités dans ce sens *Rép.*, n° 49, *adde* : Crim. rej. 12 août 1853, aff. Poulain, D. P. 54. 1. 48 ; Besançon, 14 févr. 1872, aff. Robert, D. P. 72. 2. 134 ; Pau, 27 nov. 1872, aff. Latapy, D. P. 74. 2. 71 ; Dijon, 29 et 31 janv. 1877, aff. Bouillié et aff. Belleterre, D. P. 77. 2. 102-103 ; Agen, 7 janv. 1880, aff. Catala, D. P. 80. 2. 84 ; Crim. rej. 12 déc. 1885, *Bull. crim.* n° 353 ; Crim. cass. 25 nov. 1892, aff. Baleste, D. P. 93. 1. 511 ; et, pour la régie de l'Indo-Chine, Crim. cass. 3 mars 1893, aff. Ly-Phat, D. P. 94. 1. 54. Conf. Mangin, *Action publique*, t. 1, n° 41 ; Garraud, *Précis*, p. 435 et la note ; Laborde, n° 763. — V. Cependant, *contrà*, Faustin Hélie, t. 1, n° 503). — Spécialement il a été jugé : 1° que l'initiative des poursuites étant dévolue exclusivement à l'administration des Contributions indirectes, pour toutes les contraventions fiscales proprement dites, l'action de la Régie ne peut être écartée par une poursuite exercée par le ministère public à raison des faits connexes et qui a été suivie d'une ordonnance de non-lieu (Arrêt précité du 12 déc. 1885) ; — 2° Que, l'action en condamnation à l'amende pour contravention fiscale appartenant dans toute sa plénitude à la Régie, un tribunal correctionnel saisi d'une poursuite contre un détenteur de boissons ne peut surseoir à statuer et prescrire à la Régie de mettre un tiers en cause (Arrêt précité du 25 nov. 1892).

75. Mais cette même jurisprudence reconnaît au ministère public le droit de poursuite en matière de contributions indirectes lorsque la contravention est passible de l'emprisonnement, car alors il y a de l'intérêt général, et non plus seulement d'un intérêt purement fiscal. Il en est ainsi notamment en cas de transport frauduleux d'alcool (L. sur les contributions indirectes du 21 juin 1873 (D. P. 73. 4. 88). V. à cet égard : Crim. rej. 11 déc. 1875, aff. Jubert, D. P. 78. 1. 385 ; 12 janv. 1877, aff. Delaisement, D. P. 78. 1. 41 ; 10 juin 1882, aff. Dupeyrat, D. P. 82. 1. 481 ; 17 févr. 1888, *Bull. crim.*, n° 71). L'art. 15 de la loi précitée du 21 juin 1873 a, en effet, donné expressément au ministère public le droit de poursuite « en ordonnant que les procès-verbaux constatant ces contraventions seraient transmis au procureur de la République, en décidant que le droit de transaction ne pourra s'exercer qu'après le jugement rendu et seulement sur le montant des condamnations pécuniaires prononcées ». — Il en est de même des contraventions à la loi des 14-15 août 1889 (D. P. 89. 4. 110) ayant pour objet « d'indiquer au consommateur la nature du produit livré à la consommation sous le nom de vins, et de prévenir les fraudes dans la vente de ce produit ». On sait que l'art. 15 de cette loi punit les délinquants d'une amende de 25 fr. à 500 fr., et d'un emprisonnement de dix jours à trois mois. Par arrêt du 19 nov. 1891 (aff. Andrieu, D. P. 92. 1. 193), la cour de cassation a décidé que l'individu qui, au moyen d'une fausse déclaration faite à la Régie sur la nature de la qualité du vin qu'il expédie, se fait délivrer un acquit de couleur autre que celle qui est applicable à la boisson aux termes de la loi du 14 août 1889 et du règlement ministériel du 19 août suivant, peut être poursuivi par le ministère public à raison de la pénalité de droit commun qu'il a encourue, sauf à l'administration des Contributions indirectes à intervenir aux débats pour demander l'application de la peine fiscale.

76. De même en matière de *poudres et salpêtres*, la loi du 24 mai 1834, en punissant des peines correctionnelles de l'emprisonnement et de l'amende les délits qu'elle prévoit,

a nécessairement confondu ces délits avec les infractions du droit commun, et elle a, dès lors, confié au ministère public le soin d'en poursuivre la répression. Aussi a-t-il été jugé que l'Administration n'a, depuis la loi du 24 mai 1834, que le droit d'intervenir sur l'action du ministère public, pour conclure, dans son propre intérêt, à des peines pécuniaires (Crim. rej. 17 mars 1837, aff. Daugé, *Rép.* v° *Poudres et salpêtres*, n° 44).

77. A l'égard de la poudre *dynamite*, on sait que la fabrication, la vente, le transport et la détention de cet explosif ont été réglés par un régime spécial par la loi du 8 mars 1875 (D. P. 75. 4. 97). Les peines édictées par l'art. 8 de cette loi (emprisonnement d'un mois à un an et amende de 100 fr. à 10 000 fr.) ont le double caractère fiscal et répressif. Un arrêt de cour d'appel (Limoges, 14 août 1884, aff. Montagne, D. P. 85. 2. 24) a jugé, d'une manière générale, qu'il appartient au ministère public seul de poursuivre les infractions à ladite loi, mais que l'administration des Contributions indirectes a le droit d'intervenir. D'autre part, la cour de cassation a décidé (Crim. rej. 12 janv. 1893, *suprà*, v° *Poudres et salpêtres*, n° 80), que les précautions prévues par la loi du 8 mars 1875 ou par les décrets des 24 août 1875 et 28 oct. 1882 pour la « conservation de la dynamite dont l'emploi a été autorisé » sont imposées au nom de la sécurité publique; qu'elles ne constituent pas de simples contraventions fiscales au sujet desquelles la Régie puisse transiger, et que l'action publique, en cette matière, appartient dans toute sa plénitude au ministère public.

78. En ce qui concerne les *matières d'or et d'argent*, c'est un principe formellement reconnu par la jurisprudence que la régie des Contributions indirectes a, concurremment avec le ministère public, le droit de poursuivre les contraventions aux lois sur les marques de garantie (V. à cet égard *Rép.* v° *Matières d'or et d'argent*, n° 166). Il a été jugé, depuis la publication du *Répertoire :* 1° que l'administration des Contributions indirectes peut poursuivre directement les contraventions aux dispositions relatives à la garantie des matières d'or et d'argent, ou remettre au ministère public les procès-verbaux constatant les contraventions pour qu'il ait à exercer lui-même les poursuites (Crim. rej. 28 avr. 1855, aff. Vezès, D. P. 56. 5. 306); — 2° Que « l'Administration est investie du droit de poursuivre en cette matière, non seulement la réparation du dommage causé par la contravention, mais même l'application des peines de confiscation et d'amende encourues par le contrevenant » (Crim. cass. 14 mai 1875, aff. Fredja-Abit-Teboul, D. P. 76. 1. 332).

79. Il ressort de ce qui précède que, parmi les contraventions aux lois sur les contributions indirectes, les unes sont purement fiscales, les autres ont un caractère mixte en ce sens qu'elles intéressent non pas seulement le fisc et ses recettes, mais encore l'ordre public dont le ministère public a particulièrement la garde. A ce point de vue, les infractions commises en matière de poudres et salpêtres, de transport frauduleux d'alcool, et encore en matière de fausses déclarations sur la nature et la qualité du vin expédié, sont bien des infractions mixtes. Nuisibles au fisc même, elles sont aussi des délits de droit commun. On comprend dès lors fort bien que de pareils faits donnent ouverture à deux actions, l'une qui n'est que l'action publique ordinaire, confiée au ministère public, l'autre qui, poursuivant la répression d'une fraude envers le trésor public, est l'action fiscale confiée à l'administration des Contributions indirectes. — Toutefois comme à la base de cette double poursuite il n'y a pourtant qu'un seul fait (transport frauduleux, fausse déclaration, fabrication ou détention de poudre), la jurisprudence a été amenée à décider : 1° que, si le ministère public agit, en ces matières mixtes, son initiative met en mouvement l'action publique tout entière; elle porte sur toute l'infraction et elle épuise la poursuite. Cela est si vrai que les arrêts reconnaissent dans ce cas au ministère public qualité pour requérir à la fois contre le prévenu, et la peine d'emprisonnement prononcée par la loi de droit commun, et l'amende fiscale portée par la loi spéciale, et qu'ils imposent au tribunal le devoir de prononcer d'office, à défaut de réquisition du ministère public, et simultanément, ces diverses peines (Crim. rej. 17 mars 1837, *Rép.* v° *Poudres et salpêtres*, n° 44; 17 avr. 1888, *Bull. crim.*, n° 71 ; 19 nov.

1891, aff. Andrieu, D. P. 93. 1. 193); — 2° Que, dans cette même hypothèse, la Régie conserve bien le droit d'intervenir au débat quand elle le juge utile pour sauvegarder les intérêts dont elle a la surveillance, mais qu'elle n'a point d'autre droit et ne pourrait séparer son action de celle du procureur de la République, et notamment demander au tribunal, postérieurement au jugement qui a statué sur l'action du ministère public, l'application de la peine fiscale, sans violer la règle *non bis in idem* (Mêmes arrêts). En d'autres termes, la Régie, maîtresse absolue de son action quand l'infraction est purement fiscale et n'est punie que de peines pécuniaires, se trouve réduite au simple rôle de partie civile lorsque l'action publique est, à raison du fait même qui donne ouverture à son action fiscale, confiée au ministère public. Elle n'a plus alors que les droits qui appartiennent aux parties civiles ordinaires, et elle est soumise aux mêmes obligations qu'elles.

80. La régie des Contributions indirectes n'a pas seulement le droit de poursuivre; elle possède aussi le droit de transiger *avant* ou *après* la condamnation (Arrêté du 5 germ. an 12, art. 23; Ordonn. 3 janv. 1821, art. 10; L. 21 juin 1873, art. 15 (D. P. 73. 4. 88). Jusqu'où s'étend l'effet de cette transaction? Si elle intervient avant condamnation, elle éteint, en principe, l'action publique, tant au point de vue des peines pécuniaires qu'au point de vue des peines corporelles, et par conséquent elle empêche de prononcer l'amende et l'emprisonnement. Au contraire, lorsqu'un jugement définitif a été rendu, l'Administration a bien le droit de renoncer, par transaction, au recouvrement total ou partiel des condamnations pécuniaires; mais le chef de l'Etat a seul le droit, par voie de grâce, de réduire la peine d'emprisonnement ou d'en faire la remise complète au condamné (Garraud, n° 343). Exceptionnellement, pour certains délits de contributions indirectes passibles d'emprisonnement et d'amende, la transaction n'est autorisée qu'après jugement, et seulement sur le montant des condamnations pécuniaires. L'art. 15 de la loi du 21 juin 1873 est ainsi conçu: « Dans les cas prévus par les art. 12 et 14 de la présente loi, et dans ceux prévus par l'art. 46 de la loi du 28 avr. 1816, les procès-verbaux constatant les contraventions seront transmis au procureur de la République et déférés aux tribunaux compétents. Dans ces divers cas, le droit de transaction ne pourra s'exercer qu'après le jugement rendu et seulement sur le montant des condamnations pécuniaires prononcées ». Nous pensons, avec M. Laborde (n° 763), que cette distinction judicieuse mériterait d'être généralisée.

81. B. Les *Octrois* sont, en quelque sorte, l'une des branches des contributions indirectes. Les principes sont les mêmes en ce qui concerne le droit de poursuivre et de transiger. Lorsque les procès-verbaux dressés constatent uniquement une contravention aux règlements de l'octroi, la poursuite est exercée exclusivement à la requête du maire, poursuites et diligences du préposé en chef, dans le cas où l'octroi est en régie simple; au nom du fermier et régisseur, quand l'octroi est affermé (Garraud, n° 435, note. Conf. Crim. rej. 12 août 1853, aff. Poullain, D. P. 54. 1. 48; 18 janv. 1861, aff. Gaubert, D. P. 61. 1. 143. V. aussi les arrêts cités *suprà*, v° *Octroi*, n°s 266, 274 et 275). En matière de saisies *communes* à l'octroi et aux contributions indirectes, l'action est exercée par l'administration des Contributions indirectes, d'après les formes qui lui sont propres, et cette administration a aussi le droit *exclusif* de transaction (Crim. cass. 22 déc. 1888, aff. Michel, D. P. 89. 1. 83).

82. — C. L'administration des *Douanes* participe, en principe, à l'exercice de l'action publique au pouvoir de transiger dans les mêmes conditions que l'administration des Contributions indirectes. Incontestablement d'abord, elle ne participe à cet exercice que pour obtenir les condamnations qui doivent, dans l'intérêt public, réparer le dommage que la fraude a pu causer, c'est-à-dire pour faire prononcer la confiscation et l'amende contre le délinquant : il ne lui appartient pas de requérir la peine de l'emprisonnement; ce droit n'est dévolu qu'au ministère public. En conséquence, le prévenu du délit de contrebande acquitté en première instance ne peut, en l'absence d'un appel du ministère public, sur le seul appel de l'administration des Douanes, être condamné par la cour à l'emprisonnement (Metz, 18 juin, 3 sept. et 18 nov. 1841, *Recueil des arrêts de la cour*

de Metz, t. 5, p. 313 et suiv.); Crim. rej. 27 nov. 1858, aff. Munier, D. P. 59. 1. 41; Conf. Faustin Hélie, *Instruction criminelle*, t. 2, n° 1099; Mangin, *Action publique*, t. 1, n° 45; Dutruc, *Mémorial du ministère public*, t. 1, n° 5). Jugé aussi, par application du même principe, que si, dans l'Indo-Chine, l'administration des Douanes est investie du droit de poursuivre et de requérir seule l'application des amendes, il n'en saurait être de même de l'emprisonnement, peine toute personnelle, qui ne participe, à aucun titre, du caractère de réparation civile, et qui demeure dès lors, en cette matière comme en toute autre, dans le domaine exclusif du ministère public (Crim. cass. 3 mars 1893, aff. Ly-Phat, D. P. 94. 1. 54).

83. Ce droit de l'Administration exclut-il, quant aux peines pécuniaires, la poursuite par le ministère public? Le droit exclusif de l'Administration est certainement établi par les textes quant aux infractions de douanes passibles simplement de peines pécuniaires de la compétence du juge de paix (V. *suprà*, v° *Douanes*, n° 603). Mais en est-il de même à l'égard de celles qui entraînent, en outre des confiscations et amendes, l'emprisonnement correctionnel? On peut soutenir que la loi paraît avoir prescrit au ministère public de faire *toutes* les poursuites contre les contrevenants en matière de douanes (L. 28 avr. 1816, art. 52 et 66; L. 21 avr. 1818, art. 37), de telle sorte que l'Administration aurait, pour les amendes et confiscations applicables aux délits punis de peines corporelles, un droit simplement parallèle à celui du ministère public. La tendance générale est cependant d'admettre le droit exclusif de l'Administration, à cause du caractère de réparations civiles de ces confiscations et amendes. C'est ainsi qu'il a été jugé : 1° que l'appel interjeté par le ministère public seul ne peut permettre l'application d'amendes que le premier juge a omis de prononcer, si d'ailleurs l'administration des Douanes n'a pas usé du droit d'appel dans les délais légaux (Nancy, 27 févr. 1878, aff. Lambert, D. P. 79. 2. 46); — 2° Que l'administration des douanes et régies de l'Indo-Chine est investie du droit de poursuivre et de requérir *seule*, aussi bien en appel qu'en première instance, l'application des amendes en matière de vente d'opium de contrebande (Crim. cass. 3 mars 1893, cité *suprà*, n° 82). Conf. Laborde, n° 763. — Quant au droit de *transaction* de l'administration des Douanes, V. *suprà*, v° *Douanes*, n°s 741 et suiv.

84. — D. Suivant la juste expression de M. Garraud (n° 343, p. 437) « l'administration des *Forêts* a, pour la poursuite des délits forestiers, un droit de poursuite et de transaction à la fois mieux défini et plus étendu que celui des administrations des Contributions indirectes et des Douanes » : 1° le droit de l'Administration est plus *étendu*, car, d'une part, les art. 19, 182, 202 c. instr. crim., 159, 183, 184 c. for., l'autorisent à poursuivre, concurremment avec le ministère public, les contraventions et les délits forestiers, quelle que soit la peine applicable (aussi bien l'emprisonnement que l'amende) (V. D. P. 94. 1. 53, note) et, d'autre part, « l'administration des Forêts est autorisée à transiger avant jugement définitif sur la poursuite des délits et contraventions en matière forestière commis dans les bois soumis au régime forestier; après jugement définitif, la transaction ne peut porter que sur les peines et réparations pécuniaires » (c. for. art. 159, modifié par la loi du 18 juin 1859, D. P. 59. 4. 95); — 2° Le droit de l'Administration est aussi *mieux défini* : car la loi réserve expressément au ministère public le droit d'agir en concurrence avec l'Administration (c. for. art. 159). Mais le rôle du ministère public, en matière d'infractions forestières, doit se borner à une simple surveillance, soit pour empêcher de fausses applications de la loi, soit pour suppléer à la négligence des agents forestiers.

85. En ce qui concerne le droit de poursuite de l'Administration forestière, nous signalerons quelques arrêts rendus depuis la publication du *Répertoire*. Il a été jugé : 1° que l'administration des Forêts n'a pas qualité pour exercer l'action publique lorsque le délit, bien que constituant exclusivement une atteinte au sol forestier, n'est prévu et puni que par la loi pénale ordinaire (Crim. cass. 4 janv. 1855, aff. Munch, D. P. 55. 1. 15); — 2° Que cette Administration a qualité pour poursuivre les délits forestiers commis sur des terrains qui sont une dépendance du sol

forestier (Crim. rej. 2 août 1867, aff. Simard de Pitray, D. P. 68. 1. 45-46; Crim. cass. 5 juill. 1872, aff. Abat, D. P. 72. 1. 285; Ch. réun. cass. 12 mars 1874, aff. Abat, D. P. 75. 1. 480); — 3° Que le ministère public, par cela même qu'il a, concurremment avec l'administration des Forêts, le droit de poursuivre les délits commis dans les bois et forêts soumis au régime forestier, représente légalement à l'audience de l'administration des Forêts, et qu'en conséquence, il n'est pas nécessaire, bien que la poursuite ait été engagée par l'administration des Forêts, que celle-ci soit représentée à l'audience par un de ses agents (Crim. cass. 28 oct. 1892, aff. Lemonnier, D. P. 93. 1. 584).

86. A l'égard du droit de transaction accordé à l'administration des Forêts par la loi du 18 juin 1859, quatre arrêts ont reconnu que ce droit s'applique aux délits de chasse dans les forêts soumises au régime forestier, comme aux délits forestiers proprement dits (Crim. cass. 2 août 1867, aff. Delacour, D. P. 67. 1. 459 et sur renvoi, Amiens, 7 déc. 1867, D. P. 69. 1. 209; Crim. cass. 24 déc. 1868, aff. Hache, D. P. 69. 1. 209, et sur renvoi, Caen, 7 avr. 1869, D. P. 69. 2. 116). — Au reste, pour tout ce qui concerne le droit de poursuite de l'Administration forestière à l'égard des délits de chasse commis dans les bois et forêts soumis au régime forestier, V. *suprà*, v° *Chasse*, n°s 1208 et suiv.

87. — E. Un décret du 29 avr. 1862 (D. P. 62. 4. 41) a rattaché la pêche fluviale au ministère de l'agriculture. Il suit de là que l'Administration forestière n'a plus, relativement à la poursuite des délits de pêche, les pouvoirs qu'elle possédait à l'époque de la publication du *Répertoire* (Rép. n° 53). Aujourd'hui c'est au nom de l'administration des Ponts et Chaussées que sont poursuivis les délits de pêche, par les soins du ministère public (V. *suprà*, v° *Pêche fluviale*, n° 111).

88. — F. L'administration des *Postes* ne participe qu'indirectement aux poursuites à diriger contre les contrevenants aux lois qui protègent son monopole : elle dresse les procès-verbaux qui constatent le délit, mais c'est le ministère public qui exerce l'action publique. L'art. 5 de l'arrêté du 27 prair. an 9 (Rép. v° *Postes*, p. 10-11) dispose, en effet, que « les procès-verbaux seront de suite transmis au commissaire du Gouvernement près le tribunal civil et correctionnel de l'arrondissement, par les préposés des postes, pour poursuivre contre les contrevenants la condamnation à l'amende. » — Cependant les infractions aux lois sur le transport par la poste des valeurs déclarées sont réprimées *à la requête de l'Administration* (L. 4 juin-6 juill. 1859, art. 9, D. P. 59. 4. 58). Mais il n'en est pas moins vrai que les poursuites, même pour ces dernières infractions, ne peuvent être intentées que par le ministère public, sauf à l'Administration à se porter partie-civile (Crim. cass. 5 janv. 1865, aff. Doniau, D. P. 66. 1. 287; Angers, 13 août 1866, aff. Geneslé, D. P. 66. 2. 156; Caen, 29 août 1866, *Journ. du min. public*, 10. 291; Montpellier, 27 mars 1890, aff. Villa, D. P. 91. 1. 141). — V. sur les droits respectifs du ministère public et de l'Administration en cette matière : Dutruc, *Journal du ministère public*, t. 33, p. 96, et *Mémorial du ministère public*, t. 2, v° *Postes aux lettres*, n°s 1 et 2. — Jugé, spécialement : 1° que le procureur général peut, dans le délai spécial qui lui est imparti par l'art. 205 c. instr. crim., interjeter appel du jugement rendu à la requête de l'administration des Postes, sur une contravention postale, encore que cette administration n'ait pas relevé appel du jugement (Arrêt précité d'Angers du 13 août 1866); — 2° Que le ministère public a qualité pour interjeter appel, au nom de l'administration des Postes, du jugement rendu sur une poursuite pour contravention postale exercée par lui et dans laquelle cette administration a figuré comme partie civile, et ce alors même que le ministère public, après avoir déféré au tribunal correctionnel les procès-verbaux constatant la contravention dont il s'agit, a conclu à l'audience contrairement aux prétentions de l'Administration (Arrêt précité du 27 mars 1890); — 3° Que le ministère public représente de plein droit l'administration des Postes, réputée légalement partie civile (Besançon 8 févr. 1893, *Gazette des tribunaux* du 13 avr. 1893).

89. En terminant cet exposé des règles de la participation de certaines administrations à l'exercice de l'action publique, nous constaterons que les administrations dont il

vient d'être parlé sont les seules qui participent à cet exercice. Toute autre administration, quel que fût son intérêt, serait sans qualité pour poursuivre la répression d'un délit, alors même qu'elle devrait profiter des condamnations. C'est ainsi qu'il a été jugé que, bien que le produit des amendes et confiscations légalement prononcées pour contraventions aux lois et règlements maritimes soit affecté à la caisse des Invalides de la marine, cet établissement n'a aucun droit d'exercer l'action publique pour la répression de ces contraventions, et, par exemple, de se pourvoir en cassation pour fausse application et insuffisance de la peine prononcée (Crim. rej. 13 févr. 1852, aff. Meriel, D. P. 52. 5. 375).

90. — III. Par qui l'action publique est mise en mouvement. — Nous avons dit supra, n° 66, que l'impulsion ou mise en mouvement de l'action publique ne doit pas être confondue avec l'exercice de cette action. Pratiquement, mettre l'action publique en mouvement, c'est entamer la poursuite devant le tribunal répressif. A qui appartient-il d'entamer ainsi la poursuite? Au ministère public, sans aucun doute, dans la très grande majorité des cas; c'est lui, en effet, qui fait l'acte initial de la procédure. Et non seulement il commence la poursuite, mais il la conduit à son terme en exerçant l'action devant la juridiction compétente jusqu'à la fin du procès pénal. Mais les officiers du ministère public ont-ils le monopole de l'action publique? S'ils s'abstiennent de mettre celle-ci en mouvement, les particuliers, les tribunaux ne peuvent-ils, dans certains cas, saisir eux-mêmes les juridictions compétentes de l'action qui tend à l'application de la peine? Il n'y a point de doute que ce droit n'appartienne, sous certaines conditions, aux parties lésées et aux tribunaux.

91. — 1° Partie lésée. — De quelle façon et jusqu'à quel point la partie lésée participe-t-elle au droit de mettre l'action publique en mouvement? Cette grave question, assez complexe, a été traitée au Rép., n°s 60 à 65. Elle nous paraît comporter ici des développements assez étendus, à cause de la jurisprudence nouvelle.

En premier lieu, la partie lésée participe incontestablement au droit de mettre l'action publique en mouvement par l'exercice du droit de citation directe en police correctionnelle et en simple police, qui lui est donné par les art. 145 et 182 c. instr. crim. C'est ce qui a déjà été établi au Rép., n° 62. A l'exception de M. Le Sellyer (Traité de l'action publique, t. 1, n° 70), tous les auteurs reconnaissent aujourd'hui que la citation directe de la partie civile saisit le tribunal de l'action publique en même temps que de l'action civile (Faustin Hélie, t. 1, n°s 516 et 518 ; Trébutien, t. 2, n° 167; Hoffman, Traité des questions préjudicielles, t. 1, n° 16; Garraud, Précis de droit criminel, n° 374, p. 476; Villey, Précis de droit criminel, p. 202 ; Laborde, n° 764; Haus, t. 2, n° 1141).

92 Cette doctrine a été consacrée, depuis la publication du Répertoire, par une nombreuse jurisprudence. C'est ainsi qu'un arrêt de cassation du 3 juill. 1852 (aff. Morvillez, D. P. 52. 1. 224) a reconnu en termes formels que « le tribunal de simple police est saisi de l'action publique mise en mouvement par la citation donnée à la requête de la partie civile, en même temps que de l'action civile ». Un autre arrêt de la même cour a déclaré qu' « il est de principe que l'action civile portée, en exécution de l'art. 3, devant le tribunal de répression, met en mouvement l'action publique à ce point que le tribunal saisi peut, même sans réquisition du ministère public, prononcer les peines attachées à la loi aux faits qui résultent de l'examen et des débats » (Crim. cass. 7 déc. 1854, infra, n° 255). Enfin la cour suprême a jugé plus récemment (Crim. rej. 11 août 1881, aff. Duc de Doudeauville, D. P. 84. 5. 279-280) que la citation donnée par la partie civile a pour effet irrévocable de saisir le tribunal correctionnel, non seulement de l'action civile, mais encore de l'action publique, laquelle ne peut être arrêtée, suspendue ou modifiée ni par le désistement de la partie lésée, ni par les réquisitions du ministère public.

93. On sait qu'en matière de presse, la partie lésée possède, dans certains cas, le droit de citation directe devant la cour d'assises. Aux termes de l'art. 47-6° de la loi du 29 juill. 1881 (D. P. 81. 4. 65, et supra, v° Presse, t. 13, p. 254), ce droit lui appartient dans les cas prévus par les paragraphes 3 et 4 dudit article c'est-à-dire dans le cas

d'injure ou de diffamation envers les fonctionnaires publics, ministres des cultes et citoyens chargés d'un service ou d'un mandat public, et dans le cas de diffamation envers un juré ou un témoin (V. supra, v° Presse, n°s 1249 et 1250). Il nous paraît évident que la citation directe donnée, en semblable hypothèse, par la partie lésée, devant la cour d'assises met l'action publique en mouvement, aussi bien que la citation directe en police correctionnelle ou en simple police dont parlent les art. 145 et 182 c. pén.

94. Il résulte incontestablement des arrêts cités supra, n° 91 que la juridiction correctionnelle (ou de simple police), lorsqu'elle est saisie par la citation directe de la partie lésée, doit statuer tant sur l'action publique que sur l'action civile. Mais, pour que cette juridiction soit valablement saisie, ne faut-il pas du moins que la partie plaignante ait qualité pour lier l'instance? L'affirmative est certaine, et il a été jugé par la cour de cassation que, si cette partie se trouve déclarée irrecevable faute d'intérêt, le tribunal sera aussi bien incompétent pour appliquer la peine que pour statuer sur la question de dommages-intérêts (Crim. cass. 20 août 1847, aff. Devin, D. P. 47. 1. 302). Et même l'intervention du ministère public au changerait rien à la situation; il a été jugé qu'il ne pourrait, par cette intervention, et sans introduire régulièrement une action nouvelle, couvrir la nullité et contraindre le tribunal à juger le procès (Crim. rej. 14 févr. 1852, aff. Maunier, D. P. 52. 5. 12). — Deux cours d'appel ont pourtant jugé : la première que le rejet, pour défaut de qualité ou d'intérêt, de l'action civile introduite par la partie lésée ne saurait avoir pour résultat d'arrêter ou de suspendre l'exercice de l'action publique, et que le tribunal correctionnel doit statuer sur les conclusions du ministère public, surtout lorsque la fin de non-recevoir n'a pas été proposée avant toute défense au fond (Pau, 17 mars 1854, aff. Triep-Herrenat, D. P. 54. 2. 219); la seconde (Alger, 7 avr. 1870, aff. Sityès, D. P. 70. 2. 279) que, dans une instance correctionnelle engagée par la plainte de la partie lésée, le prévenu ne peut plus utilement opposer, comme fin de non-recevoir contre l'action publique, le défaut de qualité du plaignant pour se porter partie civile, si le ministère public s'est approprié la poursuite en donnant ses conclusions sur le fond.

95. Que faudrait-il décider si la non-recevabilité de l'action, au lieu de provenir d'un défaut de qualité, provenait d'un vice de forme, comme si, par exemple, l'action civile était introduite par de simples conclusions reconventionnelles prises à l'audience contre le plaignant? A plus forte raison encore que dans l'hypothèse précédente, le tribunal irrégulièrement saisi serait incompétent pour statuer sur l'une comme sur l'autre action. C'est ce que la cour de cassation a jugé par l'arrêt du 7 déc. 1854 infra, n° 255), en décidant que l'individu traduit devant un tribunal de simple police pour violences légères ne peut, par simple voie de conclusions reconventionnelles, inculper le plaignant, même présent à l'audience, d'injures simples, et saisir régulièrement le tribunal de cette prévention, alors qu'il n'a d'ailleurs ni porté plainte, conformément à l'art. 84 c. instr. crim., ni agi par voie de citation directe, dans les termes de l'art. 145 du même code.

96. Mais il en serait autrement si la citation de la partie civile, d'ailleurs régulièrement introduite, était mal fondée. Dans ce cas, le tribunal se trouvant saisi par une action régulière, aussi bien de l'action publique que de l'action civile, le ministère public pourrait requérir, et le juge pourrait prononcer une peine (Crim. rej. 7 juin 1867, Bull. crim., n° 141).

97. Ici se présente une question importante : celle de savoir quels sont les droits et les devoirs du ministère public lorsque l'action publique a été mise en mouvement par la citation de la partie lésée? D'abord, est-il libre de donner, ou non, ses conclusions? De nombreux arrêts de la cour de cassation ont décidé que les conclusions du ministère public sont requises, à peine de nullité, soit devant les tribunaux de simple police (Crim. cass. 29 févr. 1828, Rép. v° Contravention, n° 244 ; 16 sept. 1853, aff. Chauchard, D. P. 53. 5. 309; 23 déc. 1853, aff. Mignard, D. P. 53. 5. 310 ; 2 févr. 1861, aff. Griollet, D. P. 61. 5. 283 ; 6 déc. 1861, aff. Vigoureux, D. P. 67. 5. 253; 13 nov. 1863, aff. André, D. P. 65. 5. 238 ; 24 déc. 1864, aff. Rossi, D. P. 65. 5. 238), soit devant les

tribunaux correctionnels (Crim. cass. 2 janv. 1847, aff. Givelet, D. P. 47. 4. 15 ; 26 mai 1853, aff. Girard, D. P. 53. 5. 309 ; 22 juill. 1853, aff. Cosseret, D. P. 53. 5. 309 ; 17 août 1865, aff. Pascal, D.P. 67.5. 280). Conf. Faustin Hélie, t. 1, n° 518; Le Sellyer, *De l'exercice et de l'extinction des actions publique et privée*, t. 1, n° 67 et 68; Garraud, n° 360, p. 464. — V. *supra*, v° *Jugement*, n°s 666 et 667).

98. On a soutenu que la citation de la partie lésée ne saisissait le tribunal que sous la condition de conclusions à prendre par le ministère public (Le Sellyer, t. 1, n° 70). Mais c'est une erreur déjà combattue au *Rép.* n° 62. Faustin Hélie, t. 1, n° 518, l'a réfutée d'une façon décisive. « On confond ici, dit cet auteur, deux choses distinctes : Le ministère public peut seul exercer l'action publique, et c'est là le sens de l'art. 1er c. instr. crim., que l'on cite à l'appui de cette opinion. Mais la partie civile n'exerce pas l'action publique, dans le sens où elle conclut pas à l'application de la peine ; elle se borne à en provoquer l'exercice ; elle en saisit les tribunaux. Les conclusions prises à l'audience par le ministère public sont un acte d'exercice de l'action publique ; mais les tribunaux sont saisis de l'action avant ces conclusions, car ils ont instruit l'affaire avant de les entendre ; et ils ont le droit de prononcer des peines, lors même que le ministère public n'aurait conclu qu'à l'acquittement ». Nous ajouterons avec M. Villey, p. 189, que la théorie de Le Sellyer est contraire au texte formel de l'art. 182 c. instr. crim., et qu'elle rendrait illusoire le droit de la partie lésée, en mettant celle-ci à la discrétion absolue du ministère public (Conf. Hoffman, *Traité des questions préjudicielles*, t. 1, n° 16 ; Trébutien, t. 2, n° 40 ; Garraud, p. 465, note).

99. La règle énoncée *supra*, n° 97 doit être précisée. D'abord, il n'est pas indispensable que les conclusions du ministère public tendent à l'application de la peine ; et le tribunal saisi par la citation directe de la partie civile pourrait appliquer la peine encourue, alors même que le ministère public aurait conclu à l'acquittement (Faustin Hélie, 1. 1, n° 518; Garraud, p. 464). De même s'il avait déclaré s'en rapporter à la prudence du tribunal, et même s'il avait refusé de conclure (Le Sellyer, t. 1, n°s 71 et 72; Villey, p. 203 ; Garraud, p. 464). Tout ce que la loi exige, c'est donc que le ministère public ait été consulté, mis en demeure de conclure (Conf. Garraud, *eod. loc.*).

Spécialement, il a été jugé : 1° « que l'action civile portée, en exécution de l'art. 3 c. instr crim., devant le tribunal de répression, met en mouvement l'action publique à ce point que le tribunal saisi (tribunal de simple police) peut, même sans réquisition du ministère public, prononcer les peines attachées par la loi aux faits qui résultent de l'examen et des débats » (Crim. cass. 7 déc. 1854, *infrà*, n° 255) ; — 2° Qu'un tribunal d'appel ne peut annuler le jugement correctionnel rendu par un tribunal inférieur sur la poursuite de la partie civile, sous le seul prétexte que le ministère public n'avait requis aucune peine (Crim. cass. 23 janv. 1823, aff. Lambert, *Rép.* n° 923) ; — 3° Que le juge de police saisi, par la partie lésée, d'une prévention d'injures qu'il déclare constante, doit prononcer la peine édictée par la loi, en statuant sur l'action civile, et qu'il ne peut s'en dispenser en se fondant sur ce que l'abstention du ministère public rendait présumable une poursuite ultérieure dans l'intérêt de la vindicte publique (Crim. cass. 29 août 1857, *Bull. crim.*, n° 330). Il est à remarquer que, dès le 17 août 1809 (*Bull. crim.*, n° 141), la cour de cassation avait jugé que, lorsqu'un tribunal de police a mis en demeure l'officier du ministère public présent à l'audience de donner ses réquisitions pour la condamnation ou pour l'acquittement, si ce magistrat refuse de déférer à cette invitation, le tribunal n'en doit pas moins prononcer son jugement et sur l'action publique et sur l'action civile.

100. Une autre question a été examinée au *Rép.*, n° 63, celle de savoir si le ministère public est dans l'obligation de poursuivre sur les plaintes et dénonciations qui lui sont adressées. La négative est toujours tenue pour certaine par tous les auteurs (Mangin, t. 1, n° 17 ; Faustin Hélie, t. 1, n°s 514 et 515; Le Sellyer, t. 1, n° 162; Morin, *Rép.* v° *Action publique*, n° 7 ; Massabiau, t. 2, n°s 1178 et 1179 ; Gréau, p. 146 ; Chassan, t. 2, p. 13, n° 10 ; Barbier, *Code expliqué de la presse*, t. 2, p. 862 ; Hoffman, *Questions préju-*

dicielles, t. 1, n°s 71 et 72 ; Duverger, *Manuel des juges d'instruction*, t. 1, n° 48 ; Trébutien, t. 2, n° 97 ; Garraud, n° 374 ; Haus, t. 1, n° 1115). « Chargé de veiller au maintien de l'ordre légal et d'assurer la paix de la société, le ministère public décide seul si cet ordre ou cette paix ont été troublés, et si, par conséquent, il est nécessaire ou convenable d'intenter une action publique » (Massabiau, n° 1179). Il suit de là, pratiquement, que le ministère public peut ne tenir aucun compte des plaintes qui lui sont adressées. En fait, il n'y a pas de jour que les officiers du parquet ne classent sans suite une partie des plaintes qu'ils reçoivent. Toutefois, il est clair que, si le magistrat du ministère public s'abstenait de poursuivre par négligence ou connivence, il s'exposerait à une réprimande de ses supérieurs, et, suivant la gravité des faits, à la suspension ou à la révocation. Il pourrait même être pris à partie, au cas de dol, fraude ou concussion, dans les termes de l'art. 505 c. proc. civ. (Faustin Hélie, t. 2, n°s 594 et 595).

101. Le fait que le plaignant se porte partie civile et offre de consigner telle somme que le ministère public jugera convenable suffit-il pour contraindre ce dernier à poursuivre ? Nous ne le pensons pas. Le ministère public est et doit rester toujours indépendant. Il ne le serait pas si le premier venu pouvait, en offrant une consignation, le forcer à agir. C'est ce qu'on a déjà décidé au *Rép.*, n° 64, en citant l'arrêt de cassation du 8 déc. 1826 (Conf. Mangin, *Traité de l'action publique*, t. 1, n° 80 ; Le Sellyer, *Traité de l'exercice des actions publique et privée*, t. 1, n° 163). Toutefois, si la constitution de partie civile avec offre de consignation était faite par le plaignant entre les mains du juge d'instruction, l'action publique serait, suivant nous, dans ce cas, mise en mouvement, non par le ministère public, mais par la partie lésée elle-même, et le juge serait tenu d'instruire, même en présence de réquisitions contraires du ministère public. — V. les numéros suivants, et aussi *infrà*, n° 242.

102. On décide en effet, généralement, bien que la question soit délicate et encore controversée, que la plainte déposée entre les mains du juge d'instruction, avec constitution de partie civile, par un particulier se prétendant lésé par un délit (c. instr. crim. art. 63), met en mouvement l'action publique, en sorte que l'information doit être poursuivie même sur les réquisitions contraires du ministère public (V. dans le sens de cette opinion, adoptée au *Rép.*, n° 65 : Faustin Hélie, t. 1, n°s 523 et 524 ; Ortolan, *Éléments de droit pénal*, t. 2, n° 2191 ; Haus, t. 2, n° 1142; Morin, *Répertoire* v° *Action publique*, n° 7 ; Duverger, *Manuel du juge d'instr.*, t. 3, n° 505 ; Trébutien, t. 2, n°s 165 à 168 ; Gréau, p. 147 et suiv. ; Laborde, n° 1007 ; de Molènes, *Traité pratique des fonctions du procureur du roi*, t. 1, p. 307 ; Carnot, *Instruction criminelle*, sur l'art. 63; Bourguignon, *Jurisprudence des codes criminels*, t. 1, n° 166; Legraverand, *Législation criminelle*, t. 1, p. 7 ; Garraud, *Précis de droit criminel*, n° 360, p. 465-466 et la note ; Albert Desjardins, *Revue critique*, 1881, p. 192; Boullaire, *Gazette des tribunaux*, 1er févr. 1881. — V. cependant en sens contraire : Mangin, *Traité de l'action publique*, t. 1, n°s 20 et 21 ; Le Sellyer, *Traité de l'exercice des actions publique et privée*, t. 1, n° 165; Hoffman, t. 1, n°s 70 et suiv. ; Villey, *Précis de droit criminel*, p. 190).

La discussion s'est ravivée à l'occasion des actions nombreuses et diverses auxquelles a donné lieu, en 1880, la dispersion administrative des communautés religieuses, et il y a lieu de noter que la plupart des décisions judiciaires intervenues à cette époque ont consacré la doctrine qui nous a paru préférable. On sait que des juges d'instruction (et des premiers présidents de la cour d'appel) ont commencé à instruire sur la plainte des religieux expulsés, malgré les conclusions d'abstention des officiers du parquet ; sans doute ils ont été dessaisis, mais par des considérations juridiques qui ne portaient pas sur le fond du droit dont ils sont investis par la loi. C'est ainsi qu'il a été jugé : 1° par le premier président de la cour de Poitiers (Ordon. 9 sept. 1880, aff. Taupin, D. P. 81. 2. 34) que « sous les seules conditions d'être saisi par une constitution de partie civile, d'être compétent à raison du lieu et de la matière, et d'avoir préalablement pris les conclusions de la partie publique, le magistrat instructeur, quel que soit d'ailleurs le sens des réquisitions du parquet, est investi du droit et

chargé du devoir d'informer sur les faits qui lui sont dénoncés »; — 2° Par le premier président de la cour de Bordeaux (Ordon. 11 août 1880, aff. Roucanière, D. P. 81. 3. 20) « que le magistrat instructeur a le devoir de vérifier le mérite de la plainte et de mettre le plaignant qui s'est constitué partie civile en mesure de la justifier » ; — 3° Par le premier président de la cour de Pau (Ordon. 15 nov. 1880, aff. Carmes de Bagnères) « qu'en droit commun et en matière de crime, le magistrat instructeur est régulièrement saisi par une plainte de la partie lésée, qui se porte en même temps partie civile, et ce, nonobstant le silence ou les réquisitions du ministère public, qu'on ne comprendrait ni la situation d'une partie qui serait autorisée à se constituer devant un juge sans le saisir, ni celle d'un juge qui, légalement saisi, ne pourrait pas accomplir sa mission ». Enfin la cour d'Angers (Ch. d'acc. 21 sept. 1880, aff. Kervennic, D. P. 81. 1 235, note) a dit « que le législateur a réservé au ministère public seul l'exercice de l'action publique, comme une prérogative de sa fonction, il n'a point entendu refuser à la partie lésée, qui se constitue partie civile, le droit de mettre cette action en mouvement ».

103. Cette doctrine, toutefois, a été repoussée par un arrêt. La cour de Nîmes a décidé, contrairement aux autorités et arrêts ci-dessus mentionnés, que la plainte déposée entre les mains du magistrat instructeur, avec déclaration de constitution de partie civile, par un particulier qui se prétend lésé par un crime ou un délit, ne met pas en mouvement l'action publique, et qu'il n'y a pas lieu, pour le magistrat instructeur, d'informer, en l'absence de réquisitions du ministère public (Nîmes, 6 nov. 1880) (1). Dans le

chap. 5 de son livre intitulé : *Des principes du nouveau code d'instruction criminelle*, Paris, 1884, M. A. Guillot, juge d'instruction à Paris, s'est élevé avec force contre cette dernière opinion, et a très bien mis en relief que les motifs juridiques et rationnels qui fondent le droit, pour le juge instructeur, d'informer sur la seule plainte de la partie civile. — V. aussi, D. P. 81. 3. 19, note, 3° col.

104. Au reste, il est vraisemblable que la question qui vient d'être traitée ne présentera bientôt plus qu'un pur intérêt historique. Dans la première délibération (1882) sur le projet de réforme du code d'instruction criminelle, le Sénat l'a tranché contre le droit de la partie civile, en décidant que « hors le cas de flagrant délit, le juge d'instruction n'est saisi *que par les réquisitions du procureur de la République* » (art. 42).

105. Mais la commission de la Chambre des députés (1887) a adopté la doctrine contraire, en disant dans ce même article : « le juge d'instruction est saisi, soit par les réquisitions du ministère public, soit par la plainte de la *partie lésée*. Cette plainte n'aura d'effet qu'autant que le ministère public en aura reçu communication du plaignant, et que celui-ci aura déclaré se porter partie civile ».

106. Enfin plusieurs décisions du tribunal des conflits ont jugé que la plainte qui relève, en les qualifiant de criminels, des faits qui ne sont autres que l'exécution même d'un acte administratif, alors, du reste, qu'il n'est allégué contre le fonctionnaire inculpé aucun fait personnel et distinct de nature à engager sa responsabilité, échappe à la compétence judiciaire, à raison du principe de la séparation des pouvoirs, que, dès lors, le ma-

<hr/>

(1) (Hours et autres C. préfet de Vaucluse.) — La cour; — Vu la plainte déposée, le 4 oct. 1880, au premier président de la cour d'appel par le sieur Hippolyte Hours, en religion frère Saturien, et sept religieux du même ordre des frères de la Doctrine chrétienne; — Vu leur déclaration écrite qu'ils entendent se porter partie civile contre le sieur Schnerb, préfet de Vaucluse, André, secrétaire général, Granon, commissaire de police, et Joseph François fils, serrurier; — Vu les réquisitions écrites de M. le procureur général, en date du 4 nov. 1880, par lesquelles ce magistrat déclare qu'il n'entend exercer aucune poursuite à raison des faits dénoncés; — Attendu que ces faits, s'ils étaient établis, par une information régulière, avec le caractère délictueux qui leur est attribué par la plainte, constitueraient les crimes et délits prévus par les art. 114 et 184 c. pén.; — Attendu que, si à raison de la qualité de certaines personnes inculpées, de la connexité des faits et de l'indivisibilité de la procédure, le premier président est, aux termes des art. 479, 483, 484 c. instr., compétent pour instruire contre tous les auteurs et complices de ces faits, il ne le peut néanmoins qu'à la condition d'être légalement saisi par le magistrat à qui la loi a confié l'action principale; — Attendu qu'aux termes de l'art. 1 c. instr. crim., l'action publique n'appartient qu'aux fonctionnaires à qui la loi l'a confiée; que si, suivant l'art. 3 du même code, l'action civile peut être poursuivie en même temps et devant les mêmes juges que l'action publique, cela suppose que le juge de l'action publique a été saisi par le magistrat compétent, à moins que, par une exception formelle telle que celle qui est écrite dans l'art. 182 c. instr. crim., et dans l'art. 135, la loi n'ait conféré à la partie civile elle-même le droit de mettre en mouvement l'action publique; qu'il suit de ce principe que, lorsque le ministère public a déclaré ne pas vouloir poursuivre le crime dénoncé, le juge d'instruction, à qui l'action publique appartient, n'a pas le droit d'ouvrir une information; — Attendu, il est vrai, que l'art. 63 du même code donne à toute personne qui se prétend lésée par un crime ou par un délit le droit d'en rendre plainte et de se constituer partie civile devant le juge d'instruction, mais qu'on ne saurait induire de ce texte que ce magistrat est tenu nécessairement d'informer, car l'art. 70 ajoute que le juge d'instruction a le devoir de communiquer la plainte au procureur de la République pour être par lui requis ce qu'il appartiendra; — Attendu que cette doctrine, enseignée par l'auteur du *Traité de l'action publique* et qui se trouve reproduite dans les considérants d'un arrêt de la cour de cassation du 8 janv. 1870 (D. P. 71. 1. 356), n'est pas sans doute admise par tous les criminalistes; qu'il est soutenu par quelques-uns que, si la plainte seule ne suffit pas à mettre l'action publique en mouvement, la plainte accompagnée de la déclaration de se constituer partie civile aurait du moins cette vertu; — Attendu que cette opinion est contraire au principe de l'indépendance du ministère public que le code d'instruction criminelle a proclamé dans l'art. 1; — Que si l'on se reporte à la discussion qui a préparé sa rédaction, on demeure convaincu que le législateur de 1808 a entendu affranchir l'action publique de toute influence de nature à gêner son indépendance : « Elle perdrait, dit Mangin, le caractère d'impartia-

lité dont la loi a voulu la marquer profondément, si elle était obligée de céder aux provocations des tiers et des parties qui se prétendraient lésées » ; — Attendu que l'intérêt de la partie civile ne peut souffrir aucun préjudice de ce que la mise en mouvement et l'exercice de l'action publique sont abandonnés à la libre appréciation du ministère public, car le refus de poursuivre et d'informer ne met point obstacle à l'exercice de l'action civile qui peut toujours être portée devant la juridiction civile, à moins qu'une loi spéciale n'ait attribué compétence, pour en connaître, à la juridiction administrative (Crim. cass. 16 déc. 1867, D. P. 68. 1. 5); — Attendu, d'un autre côté, que l'intérêt social est également garanti contre l'inaction du ministère public, au cas où il abuserait du droit d'appréciation qui lui est réservé, par les dispositions de l'art. 11 de la loi du 20 avr. 1810 qui ont armé les cours d'appel du droit de lui enjoindre de poursuivre les crimes que, sans motif sérieux, il laisserait impunis; — Attendu que la doctrine ci-dessus exposée doit d'autant mieux recevoir son application dans l'espèce que, tandis qu'un magistrat ordinaire la personne lésée par un délit a le droit, aux termes de l'art. 182 c. instr. crim., de saisir directement le tribunal correctionnel, cette faculté lui est refusée lorsque, à raison de sa qualité et par application de la règle des art. 479-483 c. instr. crim., l'inculpé se trouve justiciable de la première chambre de la cour; qu'en ce cas, au procureur général seul il appartient de saisir cette juridiction; — Attendu que le motif de la dérogation apportée, en ce cas, à la règle de l'art. 182 est, aux termes de l'arrêt de la cour de cassation du 16 déc. 1867, ci-dessus visé, de mettre le magistrat ou l'officier de police judiciaire à l'abri de poursuites téméraires qui pourraient, même en cas d'acquittement, nuire à sa considération, les intérêts de la partie civile étant suffisamment sauvegardés par la faculté qui lui est laissée de porter son action en dommages devant le tribunal civil; — Attendu que, si ce motif a paru suffisant au législateur pour refuser à la partie civile le droit de mettre en mouvement l'action publique, alors qu'il ne s'agit que d'un délit, à fortiori doit-il s'opposer à ce qu'elle puisse, quand le fonctionnaire est accusé d'un crime, saisir la juridiction criminelle en provoquant une information qui pourrait aboutir à un arrêt de renvoi devant la cour d'assises; — Attendu que les pouvoirs d'un premier président, au cas des art. 480-484, ne sont pas plus étendus que ceux d'un juge d'instruction; — Attendu que, hors le cas de flagrant délit, le juge d'instruction ne peut procéder à une information criminelle que lorsque l'action publique a été mise en mouvement (art. 61 c. instr. crim.); — Attendu que, d'après ce qui a été dit ci-dessus, la déclaration des plaignants qu'ils se portent partie civile n'ayant pu, tenant celle du procureur général qu'il n'entend pas donner suite à la plainte, saisir légalement le magistrat chargé des fonctions de juge d'instruction, il ne peut procéder à aucun acte d'instruction ou de poursuite contre les auteurs des faits incriminés;

Par ces motifs; — Disons n'y avoir lieu en l'état d'ouvrir une information sur les faits dénoncés.

Du 6 nov. 1880.-C. de Nîmes.-M. Gouazé, 1er pr.

gistrat instructeur se déclarerait à tort compétent pour informer sur cette plainte, qui n'est que l'instrument d'une action civile fondée sur un acte administratif (Trib. confl. 22 déc. 1880, aff. Roucanières ; 22 déc. 1880, aff. Taupin ; 22 déc. 1880, aff. Kervennic, D. P. 81. 3. 17).

Il en est ainsi, notamment, d'après les décisions précitées, en cas de fermeture d'un établissement occupé par les membres d'une congrégation non autorisée et d'expulsion des religieux, lorsque les faits criminels (attentats à la liberté individuelle) imputés au fonctionnaire qui a pris cette mesure ne sont autres que l'exécution des actes administratifs (arrêté du préfet pris par les ordres du ministre de l'intérieur) qui l'avaient prescrite conformément aux décrets du 29 mars 1880.

107. En terminant l'examen des pouvoirs de la partie lésée quant à la mise en mouvement de l'action publique, nous reviendrons, avec quelques détails, sur un cas particulier, déjà prévu au *Rép.* n° 66. On sait qu'en cas de prévention de délit contre un juge ou un officier de police judiciaire, le procureur général est seul recevable, à l'exclusion de la partie civile, à saisir le tribunal de répression compétent, qui est, aux termes des art. 479, 483 c. instr. crim. et 4 du décret du 6 juill. 1810, la chambre civile de la cour d'appel, présidée par le premier président. Il s'ensuit que, dans cette hypothèse, la partie civile perd le droit de mettre l'action publique en mouvement par la citation directe. La jurisprudence est formelle dans ce sens. (Nancy, 20 avr. 1857, aff. N..., D. P. 66. 2. 182 ; Crim. cass. 3 avr. 1862, aff. Garnier, D. P. 62. 1. 387 ; Paris, 12 nov. 1867, aff. Macquin, D. P. 67. 2. 177 ; Douai, 21 déc. 1874, aff. N.... D. P. 76. 2. 88 ; Crim. cass, 17 mars 1881, aff. Saniez, D. P. 81. 1. 281 ; 27 déc. 1889, *Journal du droit criminel*, 1889, p. 300). La même en est de même, et la partie lésée est également sans pouvoir, si le prévenu est, non pas un magistrat de l'ordre judiciaire ou un officier de police judiciaire, mais un des fonctionnaires désignés en l'art. 10 de la loi du 20 avr. 1810, par exemple un préfet. Le décret du 19 sept. 1870, en abrogeant l'art. 75 de la constitution du 22 frim. an 8, n'a touché en rien aux règles de la compétence et de l'organisation judiciaire déterminées par le code d'instruction criminelle, et n'a abrogé, ni expressément ni virtuellement, les art. 479 et suiv. du même code, et l'art. 10 de la loi du 20 avr. 1810. Aussi a-t-il été plusieurs fois jugé que c'est au procureur général seul qu'il appartient, par dérogation au principe général de l'action directe posé dans l'art. 182 c. instr. crim., de citer lesdits fonctionnaires devant la première chambre civile de la cour d'appel, et que le droit de citation directe n'existe pas, dans ce cas, au profit de la partie (Crim. cass. 10 févr. 1872, aff. Engelhard, D. P. 73. 1. 286 ; Amiens, 8 janv. 1874, aff. Pelletier, D. P. 74. 5. 273 ; Crim. cass. 24 déc. 1874, aff. Parent, D. P. 75. 1. 442 ; 17 mars 1881, aff. Saniez, D. P. 81. 1. 281 ; 12 mai 1881, aff. Lamy de la Chapelle, D. P. 81. 1. 385 ; Crim, rej. 11 août 1881, aff. De Doudeauville, D. P. 84. 5. 279 ; Crim. cass. 4 juill. 1884, aff. Mazas, D. P. 85. 1. 129. Conf. Faustin Hélie, t. 4, n° 1662). Et il en serait ainsi, spécialement, dans le cas où le délit imputé au fonctionnaire serait un délit de presse, la loi de 29 juill. 1881 sur la presse n'ayant apporté aucune modification à la législation à cet égard (Même arrêt du 4 juill. 1884).

108. Suivant la jurisprudence, ce n'est pas seulement la citation directe qui est interdite à la partie lésée relativement aux délits commis par des juges, officiers de police judiciaire ou fonctionnaires énumérés en l'art. 10 de la loi du 20 avr. 1810, c'est encore la plainte au juge d'instruction avec constitution de partie civile. Les arrêts décident que l'art. 63 c. instr. crim., qui autorise la partie lésée à adresser sa plainte au juge d'instruction, est, dans ce cas, inapplicable (Crim. cass. 2 mai 1818, aff. Rochon de Valette, *Rép.*, v° *Mise en jugement*, n° 292-1° ; 6 oct. 1837, aff. De Monlaur, *Rép.*, eod. v°, n° 278-2° ; 12 mai 1881, aff. Lamy de la Chapelle, D. P. 81. 1. 385. Conf. Faustin Hélie, *Instruction criminelle*, t. 4, n° 1662)

109. Il faut remarquer toutefois : 1° que si le procureur général avait cité le magistrat ou fonctionnaire devant la première chambre de la cour d'appel, la partie civile aurait certainement le droit d'intervenir dans l'instance (Orléans,

28 juin 1872, aff. Engelhard, D. P. 73. 1. 291 ; Besançon, 10 avr. 1865, Sol. impl., aff. David, D. P. 65. 2. 80. Conf. Carnot, *Instruction criminelle*, 2° éd., t. 3, p. 363 et 364, sur l'art. 479, n° 5, et *Observations additionnelles*, n° 3 ; Legraverend, *Législation criminelle*, 3° éd., t. 1, p. 501 ; Merville, *Revue pratique*, t. 9, p. 282) ; — 2° Que la forme exceptionnelle de procéder établie par les art. 479 et 483 c. instr. crim. ne fait pas obstacle à ce que la partie lésée par le délit puisse intenter son action civile devant les tribunaux ordinaires (Besançon, 13 déc. 1854, aff. Delphis, D. P. 67. 2. 177, note ; Civ. cass. 16 déc. 1867, aff. Sirot, D. P. 68. 1. 5 ; Nancy, 21 déc. 1872, aff. Noiriel, D. P. 73. 2. 7 ; Crim. cass. 15 déc. 1874, aff. Verlaguet, D. P. 76. 1. 289. — V. cependant en sens contraire : Paris, 31 janv. 1860, aff. Delalain, D. P. 67. 2. 177, note ; 12 nov. 1867, aff. Macquin, D. P. 67. 2. 178).

110. Que faudrait-il décider pour le cas de crime commis par les magistrats ou fonctionnaires ? La partie lésée pourrait-elle, en ce cas, utilement porter plainte devant le magistrat instructeur ? On sait qu'aux termes des art. 480 et 484 c. instr. crim. les fonctions ordinairement dévolues au juge d'instruction et au procureur de la République sont, en cas de crime imputé à un magistrat ou officier de police judiciaire, remplies par le premier président et le procureur général près la cour d'appel ou leurs délégués. Si le procureur général n'agit point, la partie pourra-t-elle se constituer partie civile entre les mains du premier président et mettre en mouvement l'action publique ? L'arrêt de la cour de Nîmes du 6 nov. 1880, *supra*, n° 103, a jugé la négative et décidé qu'en cas pareil, il n'appartient qu'au procureur général de provoquer une information ; mais la cour de cassation a reconnu « que dans le cas de crime commis par les juges ou des officiers de police judiciaire dans l'exercice ou à l'occasion de l'exercice de leurs fonctions, aux termes des art. 483 et 484 combinés avec l'art. 63, le premier président est compétent pour recevoir les plaintes des parties se prétendant lésées et pour y donner la suite convenable après les avoir communiquées au procureur général » (Crim. rej. 12 mai 1881, aff. Lamy de la Chapelle, D. P. 81. 1. 385. Conf. Ordonn. du premier président d'Aix du 16 nov. 1880, et sur opposition, arrêt de la chambre des mises en accusation de la cour d'Aix du 29 nov. 1880, aff. Prémontrés de Frigolet ; Ordonn. du prem. prés. de Bordeaux, 11 et 14 août 1880, aff. Roucanière, D. P. 81. 3. 20 ; de Caen, 29 nov. 1880, aff. Récollets de Caen ; de Dijon, 9 déc. 1880, aff. Dominicains de Dijon ; de Pau, 15 nov. 1880, aff. Carmes de Bagnères ; de Riom, 9 nov. 1880, aff. Jésuites de Vals).

111. En cas de crime imputé, non plus à un juge ou officier de police judiciaire, mais à un des fonctionnaires ou dignitaires désignés dans l'art. 10 de la loi du 20 avr. 1810, par exemple, un préfet, quels sont les droits de la partie lésée ? Celle-ci peut-elle aussi porter sa plainte au premier président ? La raison de douter vient de ce que ledit art. 10 ne renvoie aux formes exceptionnelles de l'art. 479 c. instr. crim. que pour le cas où les préfets et autres fonctionnaires sont prévenus de *délits de police correctionnelle ;* d'où il semble résulter qu'au cas de crime (hypothèse non expressément prévue par la loi de 1810), les règles ordinaires sont applicables auxdits préfets et fonctionnaires. Cependant la cour de cassation a décidé que l'art. 10 de la loi du 20 avr. 1810 n'a pas entendu restreindre aux simples délits la compétence exceptionnelle qu'il édicte, et qu'il renvoie virtuellement, pour le cas de crimes, aux articles du code d'instruction criminelle relatifs aux crimes commis par des fonctionnaires de l'ordre judiciaire ; d'où cette conséquence que le juge d'instruction est incompétent pour statuer sur la plainte intentée contre un préfet pour crime commis dans l'exercice de ses fonctions, et que le premier président de la cour d'appel est, dans ce cas, seul compétent pour recevoir la plainte et procéder à l'instruction conformément aux art. 63 et 70 c. instr. crim. (Crim. rej. 12 mai 1881, aff. Lamy de la Chapelle, D. P. 81. 1. 385. V. en ce sens, le rapport de M. le conseiller Saint-Luc-Courborieu, qui a précédé l'arrêt, et les conclusions de M. le procureur général Bertauld). Toutefois plusieurs des corps judiciaires, auxquels, à l'occasion de l'expulsion des congrégations en 1880, la question a été soumise, l'ont résolue en sens

contraire, et se sont prononcés pour la compétence du juge d'instruction dans les termes du droit commun (Angers, 21 sept. 1880, aff. Kervennic, D. P. 81. 1. 234 et 235, note; Dijon, 26 janv. 1881, aff. Juveneton, D. P. ibid.; Ordonn. prem. prés. Poitiers, 19 sept. 1880, aff. Taupin, D. P. 81. 2. 34). D'autres cours n'ont déclaré les premiers présidents compétents qu'à cause des plaintes portées simultanément contre les préfets et contre les commissaires de police considérés comme officiers de police judiciaire, et ont formellement reconnu que, sans cette circonstance, le juge d'instruction eût dû être saisi (Douai, 22 juill. 1880, aff. Fristot, de la Compagnie de Jésus C. Cambon, préfet du Nord, et Mornave, commissaire central à Lille; Ordonn. précitée du prem. prés. de Poitiers du 19 sept. 1880, aff. Taupin, D. P. 81. 2. 34; Riom, 27 nov. 1880, aff. De Sauve et autres, de la Compagnie de Jésus C. de Lamer, préfet de la Haute-Loire; de Caen, 24 déc. 1880, aff. Bacon, de la Compagnie de Jésus C. Farjas, préfet du Calvados et Levaillant, commissaire central; de Bordeaux, 11 août 1880, aff. Roucanière, D. P. 81. 3. 20).

Pratiquement, il paraît assez peu important que ce soit le premier président ou le juge d'instruction qui informe, pourvu que les plaignants obtiennent justice, et il y a même un incontestable avantage à ce que le magistrat de l'ordre le plus élevé soit appelé à exercer ces fonctions quand d'aussi graves intérêts sont en jeu. — V. au surplus, sur toutes ces questions, *Rép.*, v° *Mise en jugement des fonctionnaires publics*, n°⁸ 366 et suiv.

112. Il est un cas particulier où le droit d'impulsion sur l'action publique appartient à des particuliers non lésés par l'infraction. L'art. 123 de la loi électorale du 15 mars 1849 (D. P. 49. 4. 49) est ainsi conçu : « les électeurs du collège, qui aura procédé à l'élection à l'occasion de laquelle les crimes ou délits auront été commis, auront seuls qualité pour porter plainte; toutefois, leur défaut d'action ne portera aucun préjudice à l'action publique ». Il résulte de ce texte que tout électeur a le droit de poursuivre, comme partie civile, devant la juridiction correctionnelle, les délits électoraux commis dans la circonscription où il est inscrit (Crim. rej. 16 mars 1878, aff. Anterrieu, D. P. 78. 1. 142; Bastia, 30 nov. 1876, aff. X..., D. P. ibid., note). Ainsi que le fait remarquer M. Laborde, p. 448, il y a là un véritable cas d'*accusation populaire*, car l'intérêt général est le seul mobile de l'action de l'électeur.

113. — **2° Tribunaux.** — Les tribunaux, en général, ne peuvent donner d'impulsion à l'action publique. Ils ont pourtant ce droit dans deux cas déterminés. De ces deux exceptions, l'une est relative aux cours d'appel, l'autre aux crimes ou délits commis à l'audience. L'art. 235 c. instr. crim. accorde aux chambres d'accusation, dans toutes les affaires dont elles sont saisies, le droit d'ordonner d'office des poursuites soit à l'égard d'individus non impliqués dans la procédure en cours, soit à l'égard de faits connexes à ceux qui font déjà l'objet de l'information. Ces chambres participent donc, dans les conditions déterminées par l'article précité, à la mise en mouvement de l'action publique (V. à cet égard *Rép.*, n°⁸ 1142 et suiv.). D'autre part, l'art. 11 de la loi du 20 avr. 1810 donne aux cours d'appel, chambres assemblées, le pouvoir, sur les dénonciations qui lui sont faites par l'un de leurs membres, de mander le procureur général et de lui enjoindre de poursuivre à raison des faits dénoncés. Il est évident que, par cette injonction, la cour d'appel donne l'impulsion à l'action publique.

114. Il est une seconde hypothèse dans laquelle toutes les juridictions pénales peuvent se saisir elles-mêmes : c'est l'hypothèse d'un crime ou d'un délit commis à l'audience. En effet les tribunaux, dans le cas des art. 505 et suiv. c. instr. crim., ayant le droit de prononcer immédiatement, on en a conclu qu'ils peuvent agir d'office, et qu'il n'est point nécessaire que la répression soit provoquée par le ministère public. Aux autorités citées dans ce sens, *Rép.* v° *Organisation judiciaire*, n° 338, *adde* : Trébutien, t. 2, n° 389; Barbier, *Code expliqué de la presse*, t. 2, n°⁸ 697 et 683. V. aussi : Crim. cass. 6 août 1844, aff. Imberdis; 10 janv. 1852, aff. Candolle, D. P. 52. 5. 40. Mais évidemment le ministère public doit être entendu dans ses conclusions, s'il le demande.

115. — **IV. Droit des tribunaux sur l'action publique.**

— Dans l'ancien droit, c'était un principe que *tout juge est procureur général*. Le sens de cette règle était que tous les juges étaient investis de plein droit, lorsque l'intérêt public l'exigeait, des fonctions du ministère public et pouvaient, en conséquence, informer d'office et sans le secours d'aucune partie (Faustin Hélie, t. 1, n° 430). On en avait induit : 1° que si les gens du roi différaient leurs conclusions, les juges pouvaient commettre l'un d'eux pour les donner à leur place : — 2° Que, dans une délibération, et séance tenante, l'un des juges pouvait prendre, sans avis préalable du ministère public, des réquisitions en son nom (Faustin Hélie, *op. cit.*, n° 484). Tout autre est le système du droit moderne. Aujourd'hui les magistrats du parquet sont aussi indépendants des juges que ceux-ci le sont des membres du parquet, et, quant à l'action publique, il est certain que les juges n'ont, en principe, aucun droit sur elle.

116. De la règle que les juges n'ont point de droit sur l'action publique il résulte, comme première application, que les tribunaux ne peuvent exercer eux-mêmes cette action (*Rép.* n° 67) et, conséquemment, qu'ils ne peuvent se saisir eux-mêmes. C'est ce qui a été jugé par de nombreux arrêts (Crim. cass. 6 mai 1847, aff. Haran, D. P. 47. 4. 10; 22 juin 1878, aff. Abd-el-Kader-ben-Hassoun, D. P. 78. 1. 496; 17 août 1882, *Bull. crim.* n° 211; 28 août 1884, *ibid.*, n° 272; 31 janv. 1885, *ibid.*, n° 47. Conf. Faustin Hélie, t. 1, n° 484; Mangin, t. 1, n° 98; Le Sellyer, t. 1, n° 17, note 1; Trébutien, t. 2, n° 109; Morin, *Rép.* v° *Ministère public*, n° 19; Garraud, n° 358). — V. toutefois en ce qui concerne le droit d'évocation des cours d'appel, et les crimes ou délits commis à l'audience, *supra*, n°⁸ 113 et 114.

117. Une seconde conséquence de l'indépendance des magistrats du parquet à l'égard des juges, déjà signalée au *Rép.*, n° 68, est que les tribunaux de répression ne peuvent jamais enjoindre au ministère public d'exercer des poursuites (Crim. cass. 24 avr. 1834, aff. Quevauvilliers, *Rép.* n° 120; 20 déc. 1845, aff. Delort, D. P. 46. 1. 80; 7 mars 1857, aff. Vaubrun, D. P. 57. 1. 181; 23 août 1866, aff. Pieri, D. P. 67. 1. 47-48; 14 déc. 1867, aff. Sursol, D. P. 69. 1. 488). Ils n'ont, lorsqu'ils acquièrent la connaissance d'un crime ou d'un délit, d'autre droit que de dénoncer le fait au procureur de la République (c. instr. crim. art. 29). — V. à cet égard *Rép.* n°⁸ 120 et suiv.

118. Les tribunaux ne peuvent même pas, par une voie indirecte, obliger le ministère public à poursuivre, par exemple en déclarant surseoir à statuer sur la prévention dont ils sont saisis jusqu'à ce que le ministère public ait fait statuer sur un autre crime ou délit. En agissant de la sorte, ils porteraient atteinte à l'indépendance du ministère public (Arrêts des 24 avr. 1834, 20 déc. 1845, 23 août 1866, 14 déc. 1867, cités *supra*, n° 117). Spécialement il a été jugé par la cour de cassation qu'un tribunal correctionnel ne peut ordonner, soit directement, soit indirectement, par la voie du sursis à statuer, qu'il sera procédé à une information sur une inculpation autre que celle dont il est régulièrement saisi, et au sujet de laquelle il n'y a pas d'information requise par le ministère public (Crim. cass. 4 juin 1892, aff. Ferrière, D. P. 93. 1. 311).

119. — **V. Droits du ministre de la justice et du procureur général de la cour de cassation sur l'action publique.** — Quels sont les droits du *ministre de la justice* sur l'action publique? Un premier point certain, c'est que le ministre n'exerce pas cette action; elle ne lui a été déléguée par aucune loi, et il ne peut, dès lors, procéder par lui-même à aucun acte de poursuite. « Mais, comme le dit Faustin Hélie, t. 1, n° 534, si le ministre de la justice n'exerce pas l'action publique, il conserve néanmoins, comme représentant du pouvoir exécutif et comme chef hiérarchique, une certaine autorité sur son exercice. Comme représentant du pouvoir exécutif, il surveille son application; il ne l'exerce pas, mais il donne des ordres pour qu'elle soit exercée; il ne saisit pas les tribunaux, mais il oblige le ministère public à les saisir. Comme supérieur hiérarchique, il transmet ses instructions à tous les officiers du ministère public, et ces magistrats sont tenus de s'y conformer. Il peut donc prescrire, soit à un procureur général, soit à un procureur de la République, de former un appel ou un pourvoi, de prendre telle autre mesure que le bien de l'administration de la justice lui paraît exiger » (*eod. loc.*).

120. Tout d'abord, il n'y a aucun doute que le ministre de la justice puisse contraindre les officiers du ministère public à intenter l'action publique quand il le juge à propos, puisque l'art. 274 c. instr. crim. dit expressément : « Le procureur général, soit d'office, soit *sur les ordres du ministre de la justice*, charge le procureur de la République de poursuivre les délits dont il a connaissance » (Faustin Hélie, *loc. cit.*; Mangin, t. 1, n° 91; Le Sellyer, t. 1, n°s 247 et 248; Trébutien, t. 2, n° 120). En cas de résistance aux injonctions du ministre, il appartiendrait à celui-ci de provoquer le changement de résidence ou même la révocation du magistrat récalcitrant.

121. Mais c'est une question plus délicate que de savoir si le ministre de la justice qui a, comme on vient de le dire, le droit d'ordonner aux procureurs généraux et au procureur de la République de faire des poursuites, peut le leur défendre? Bien que l'affirmative soit généralement admise dans la jurisprudence des parquets, la négative nous parait certaine. Comme l'a dit avec raison Faustin Hélie, *loc. cit.*, la loi a directement délégué l'action publique aux procureurs généraux et au procureur de la République; ils en disposent en vertu de cette attribution légale; ils n'ont besoin ni d'ordre ni d'autorisation pour l'exercer ». Sur quel texte s'appuierait-on pour permettre au ministre de paralyser l'initiative légale des magistrats? Sans doute l'art. 274 précité donne au ministre de la justice le droit d'ordonner la poursuite des délits; mais ni cet article, ni aucun autre, ne parle du droit qu'aurait le ministre d'empêcher cette poursuite. Avec la plupart des auteurs (Mangin, t. 1, n° 91; Le Sellyer, t. 1, n°s 248 et 249; Ortolan, t. 2, n° 2032; Robinet de Cléry, *Des droits et obligations du parquet, agent du Gouvernement*, p. 10 et 11), nous croyons qu'aucun ordre supérieur ne peut empêcher le procureur de la République d'assurer l'exécution des lois pénales; cette mission peut pour lui un devoir, et, quand il s'abstient, il conserve l'entière responsabilité de son abstention.

122. En tout cas, il est certain, ainsi que nous l'avons déjà dit au *Rép.* n° 70, que des poursuites intentées par les officiers du ministère public ne cesseraient pas d'être régulières alors même qu'elles seraient contraires aux instructions du ministre. Mangin, *loc. cit.*, a dit à cet égard : « Les procureurs généraux et le procureur de la République peuvent sans doute mettre mal à propos en mouvement l'action publique, et contrairement aux instructions qu'ils ont reçues; mais les tribunaux n'en sont pas moins valablement saisis; et l'improbation dont le ministre de la justice ou le procureur général frapperait les poursuites n'empêcherait pas qu'elles ne suivissent le cours que la loi a tracé à la procédure criminelle » (Conf. Faustin Hélie, *loc. cit.*; Le Sellyer, t. 1, n° 250; Garraud, *Précis de droit criminel*, n° 373).

123. L'action publique une fois mise en mouvement, il appartient incontestablement au ministre de surveiller l'application et d'en diriger la marche. « Le ministre de la justice peut prescrire à un procureur général, celui-ci à ses substituts, le procureur de la République aux siens, de faire ou requérir tels et tels actes de procédure, une arrestation, une mise en prévention ou en accusation; de former tel appel, telle opposition, tel pourvoi en cassation. L'officier du ministère public qui reçoit ces ordres doit s'y conformer, quelle que soit son opinion personnelle » (Mangin, t. 1, n° 95. Conf. Faustin Hélie, t. 1, n° 534; Garraud, *loc. cit.*).

124. Mais si les membres du ministère public sont tenus d'adresser aux tribunaux les réquisitions qu'il leur est ordonné de formuler, ou de se démettre de leurs fonctions, il est certain qu'ils ont le droit de conclure, à l'audience, suivant leur opinion personnelle, même au rejet de leurs réquisitions, car si *la plume est serve, la parole est libre*. Ce point est incontestable et universellement reconnu (Faustin Hélie, n° 488; Mangin, t. 1, n° 95; Trébutien, t. 1, n° 93; Ortolan, t. 2, n°s 2031 et 2032; Garraud, n° 359; Laborde, n° 756). M. Garraud (*loc. cit.*) fait remarquer avec juste raison que la loi elle-même a reconnu cette indépendance du ministère public dans l'art. 6 de l'ordonn. du 1er juin 1828 sur les conflits : « Le procureur de la République, dit cet article, fera connaître, dans tous les cas, au tribunal la demande formée par le préfet et requerra le renvoi, *si la revendication lui paraît fondée* ». M. Robinet de Cléry (*op.*

cit., p. 28) pense même qu'un officier du ministère public ne peut être tenu de prendre, pour le règlement d'une information, des conclusions écrites contraires à son opinion personnelle, lorsqu'elles lui sont imposées. Ce point est douteux, mais nous serions assez disposés à nous ranger à l'avis de cet auteur, parce qu'il nous répugne, comme à lui, d'admettre qu'un magistrat doive, malgré sa conviction, étouffer une affaire en requérant une ordonnance de non-lieu.

125. Quelle que soit l'étendue des pouvoirs du ministre de la justice sur les officiers du ministère public en ce qui concerne l'exercice de l'action publique, il est évident que la décision, par laquelle ce ministre aurait refusé d'ordonner au procureur général d'exercer des poursuites criminelles sur une plainte déposée entre ses mains, est sans recours contentieux possible de la part du plaignant. Prise en vertu des pouvoirs conférés au ministre par la loi, une pareille décision ne saurait être considérée comme entachée d'aucun excès de pouvoir (Cons. d'Et. 26 déc. 1867, aff. Barafort, D. P. 68. 3. 56).

126. Au sujet du droit de discipline qui appartient au ministre à l'égard des officiers du ministère public, nous ajouterons à ce qui a été dit au *Rép.*, n° 70, qu'aux termes de l'art. 17 de la loi du 30 août 1883 sur la réforme de l'organisation judiciaire (D. P. 83. 4. 58) « le garde des sceaux a sur les magistrats de toutes les juridictions civiles et commerciales un droit de surveillance; il peut leur adresser une réprimande, et cette réprimande est notifiée au magistrat qui en est l'objet... par le *procureur général pour les officiers du ministère public;* enfin le garde des sceaux peut mander tout magistrat, afin de recevoir ses explications sur les faits qui lui sont imputés » (V. *suprà*, v° *Discipline judiciaire*, n°s 123 et suiv.).

127. Quant au *procureur général à la cour de cassation*, il ne possède aucun pouvoir sur l'action publique, dont l'exercice est confié aux procureurs généraux des cours d'appel et aux procureurs de la République. Il a seulement un droit de surveillance sur les procureurs généraux (*Rép.* n° 69). Sur les caractères de cette surveillance on peut consulter : Mangin, *Action publique*, t. 1, n° 103; Faustin Hélie, t. 1, n° 532, et Trébutien, t. 2, n° 121. Nous nous bornerons à faire remarquer ici, avec Mangin, *loc. cit.*, que cette surveillance « ne peut aller jusqu'à imprimer aux procureurs généraux une direction quelconque, dans l'exercice de l'action publique ».

128. — VI. Contre qui s'exerce l'action publique. — La première règle à cet égard nous parait être que l'action publique doit être dirigée contre un individu certain et déterminé. A la vérité, le ministère public peut requérir le juge d'instruction d'informer contre les auteurs encore inconnus d'un fait délictueux. C'est ce qui se voit tous les jours dans la pratique. Mais, quand l'information est terminée, le ministère public ne peut requérir, le juge d'instruction et la chambre d'accusation ne peuvent ordonner le renvoi devant la juridiction de jugement que d'un individu certain, déterminé, désigné par son nom ou par les autres circonstances qui le font connaître aux témoins (V. Crim. cass. 7 janv. 1825 et 10 déc. 1825, cités au *Rép.*, n° 837). A la vérité, il a été jugé qu'une condamnation pénale peut être prononcée contre *un inconnu*, si l'identité entre la personne condamnée et celle qui s'est rendue coupable du délit incriminé est constante, alors que cette personne a persisté dans son refus de déclarer ses nom et prénoms, et que toutes les recherches, à cet égard, ont été infructueuses (Crim. rej. 15 févr. 1849, D. P. 49. 1. 135). Mais on remarquera que si, dans l'espèce, les magistrats n'étaient point arrivés à connaître les nom et prénoms de la personne inculpée, l'individualité de cette personne, détenue préventivement, n'en était pas moins certaine et déterminée.

129. La seconde règle est que l'action publique ne peut être exercée que contre les *auteurs* mêmes ou les *complices* de l'infraction : on ne concevrait pas que d'autres personnes fussent citées devant un tribunal de répression à l'effet d'être déclarées *pénalement responsables* d'infractions qu'elles n'auraient pas commises. *Tous les crimes sont personnels*, disait Loysel, *en crimes, il n'y a point de garans*. — V. toutefois *infrà*, n°s 140 et suiv., l'indication de cas dans lesquels une personne qui n'est pas l'auteur d'une infraction peut néanmoins en être responsable.

130. De ce que l'action publique ne peut être exercée

que contre les auteurs ou complices de l'infraction, il s'ensuit qu'elle s'éteint par le décès du prévenu (c. instr. crim., art. 2). Elle n'est donc pas donnée contre les héritiers, à la différence de l'action civile. Que si elle a été intentée du vivant de l'auteur ou du complice, le décès de celui-ci, survenant avant condamnation ayant acquis force de chose jugée, anéantit l'action publique, la procédure et le jugement (Mangin, t. 2, n° 278 ; Faustin Hélie, t. 2, n°s 970 et suiv.). — Au reste, ce qui concerne l'extinction de l'action publique par le décès du prévenu sera traité *infrà*, n°s 338 et suiv. Nous nous bornerons à constater ici que la mort de l'auteur principal d'un crime n'éteint évidemment pas l'action publique contre ses complices.

Il est, d'ailleurs, manifeste, que celui-là seulement peut être regardé comme auteur de l'infraction à qui un fait *personnel* est reprochable. Il a été jugé, avec raison, dans ce sens, que l'arrêté municipal qui défend de déposer des immondices sur les rues et places publiques, mais sans enjoindre aux riverains de faire disparaître celles qui peuvent y avoir été déposées, ne permet pas de poursuivre les propriétaires de maisons bordant une impasse, à raison des dépôts qui peuvent y avoir été faits par des tiers (Crim. rej. 14 avr. 1893, aff. Carlin, *Gazette des tribunaux* du 26 avr. 1893).

131. Sur la question de savoir si les complices peuvent être poursuivis indépendamment de l'auteur principal, V. *suprà*, v° *Complice*, n°s 73 et suiv.; *Rép.*, eod. v°, n° 65 et suiv.

132. L'action publique peut-elle être exercée contre une collection d'individus formant un être moral, par exemple une commune, une société, une corporation? La négative est certaine, comme règle générale, et résulte du principe de la personnalité des peines. On peut poursuivre pénalement, suivant les cas, les administrateurs, les chefs de ces collectivités, et aussi les individus qui les composent, mais non l'être collectif. En effet, « le délit supposant un être doué de volonté, il ne peut être commis que par des personnes physiques ou individuelles. Les corps, les communautés et tous les êtres collectifs, établis ou reconnus par la loi comme personnes juridiques, n'ayant pas de volonté, sont incapables de délinquer et ne peuvent, par conséquent, être punis » (Haus, t. 1, n° 266. Conf. Ortolan, *Éléments de droit pénal*, t. 1, n°s 491 et 492; Garraud, *Traité de droit pénal français*, t. 1, n° 191). Ajoutons que la force des choses s'oppose à ce que des individualités morales soient atteintes par les peines afflictives corporelles, et que la question, en tout cas, ne peut se poser que pour l'amende (Sourdat, *Traité de la responsabilité*, t. 2, n° 1299).

133. L'État ne peut être poursuivi devant la juridiction répressive (Liège, 15 janv. et 5 avr. 1873). En effet, comme c'est en son nom que s'exerce l'action publique, par l'intermédiaire de ses agents, il serait singulier que l'État eût à répondre devant eux de ses délictueux. — De nombreux arrêts ont aussi jugé qu'une société de commerce, personne morale, ne peut répondre pénalement d'un délit, spéciale-

ment du délit de contrefaçon (Paris, 23 juill. 1859, *Annales de la propriété industrielle*, 1861, p. 120 ; Crim. rej. 4 août 1876, aff. Peltier, *Bull. crim.*, n° 184 ; Crim. cass. 10 mars 1877, aff. Garrigue-Lalande, D. P. 84. 1. 429, note *a*. Conf. Nouguier, *Des brevets d'invention*, n° 924 ; Pouillet, *Des brevets d'invention*, n° 858 ; Dutruc, *Mémorial du ministère public*, v° *Action publique*, n° 27, et *suprà*, v° *Brevet d'invention*, n° 323). Jugé de même en matière d'infraction à un arrêté de police (Crim. cass. 8 mars 1883, aff. Compagnie parisienne des vidanges, D. P. 84. 1. 429 ; 17 déc. 1891, aff. Société des eaux de la ville de Rennes, D. P. 92. 1. 365); en matière de contrefaçon artistique (Nancy, 11 déc. 1890, aff. Christophe, D. P. 91. 2. 375).

134. Toutefois un arrêt de la cour d'Amiens du 18 janv. 1873 (1) a décidé qu'en matière forestière, notamment, l'action publique en réparation d'un délit peut être valablement intentée contre une commune.

135. Mais si une société commerciale ne peut pas être poursuivie pénalement, il n'en est pas de même du directeur d'un établissement commercial, nommé avec des pouvoirs étendus pour administrer cet établissement. Celui-là est certainement responsable des faits délictueux qu'il peut commettre dans l'exercice de son administration, et spécialement l'art. 41 de la loi du 5 juill. 1844 lui est applicable lorsqu'il est reconnu coupable d'avoir personnellement acheté, introduit et exposé dans ledit établissement des objets contrefaits (Crim. rej. 12 juin 1875, aff. Drugé, D. P. 76. 1. 137). Il a été jugé aussi, dans le même sens, que les administrateurs d'une société anonyme, qui ont concouru à une délibération autorisant l'emploi illégal de procédés brevetés au profit d'un tiers, peuvent être déclarés coupables de délit de contrefaçon (Crim. rej. 21 nov. 1856, aff. Barthélemy, D. P. 76. 1. 137, note *a*).

136. Si les personnes morales ne peuvent, en général, être poursuivies pénalement, elles peuvent certainement être déclarées civilement responsables, même par les tribunaux de répression, à raison des infractions commises par leurs agents (Alger, 29 mai 1879, aff. Avice, D. P. 81. 2. 63). Cela ne fait pas de doute en jurisprudence : aussi les compagnies de chemins de fer sont-elles journellement appelées devant les tribunaux correctionnels comme responsables civilement des délits de leurs agents et préposés (V. à cet égard les nombreux arrêts cités au *Rép.*, v° *Responsabilité*, n°s 500 et suiv.).

137. Il est cependant des exceptions, prévues par la loi, à la règle suivant laquelle les personnes morales ne peuvent être poursuivies pénalement. Ainsi il a été décidé qu'en cas d'infraction à la police des mines, commise par des ouvriers et régisseurs d'une compagnie de mines, la compagnie propriétaire est responsable de l'amende prononcée par les art. 93 et 96 de la loi du 21 avr. 1810. C'est, en effet, au propriétaire seul que l'infraction est imputable et la peine imposée. Or, il n'y a qu'un propriétaire, la société elle-même (Crim. cass. 6 août 1829, aff. Devillez-Bosson, *Rép.*,

---

(1) (Admin. des Forêts C. Roche.) — La cour ; ... En ce qui touche l'action publique : — Attendu que cette action peut être valablement intentée contre une réunion d'individus formant un être moral ou une personne civile ; — Qu'une réunion d'individus agissant collectivement peut commettre un délit, et être, par conséquent, passible d'une peine en réparation de ce délit, particulièrement en matière forestière ; — Que les mêmes raisons de décider sont applicables à une commune comme à toute autre collection d'individus ; que cela résulte spécialement d'un arrêt de la cour de cassation du 5 mai 1815 ; — Que, dans l'espèce, les faits reprochés ont été commis par l'universalité des habitants, agissant de concert avec le maire et le conseil municipal ; que vainement le prévenu cherche à se prévaloir d'un prétendu décret qui aurait suspendu de leurs fonctions les maires et adjoints, et d'un arrêt du préfet du département de l'Aisne qui aurait nommé à ces fonctions les premiers conseillers municipaux de chaque commune ; qu'il n'apparaît pas des faits de la cause que ce décret ait jamais été notifié à la municipalité de la commune de Puiseux, et qu'il est certain, au contraire, qu'elle n'a jamais été dessaisie de ses fonctions ; — En ce qui touche la condamnation à l'amende : — Attendu que la commune a été contrainte de pratiquer l'abatage par les ordres de l'autorité militaire allemande pendant la guerre, et alors que le territoire de l'arrondissement de la commune était occupé ou journellement traversé par les troupes ennemies ; que si l'on peut reprocher au maire Roche d'avoir agi avec moins de patriotisme,

et de s'être montré moins soigneux que certains autres des intérêts de l'État, on ne peut lui faire juridiquement grief de ne pas s'être conformé à un avis d'un caractère purement officieux, qui pouvait ne pas lui présenter des garanties suffisantes contre les conséquences de l'inexécution des ordres de l'autorité militaire allemande ; — Que d'ailleurs, le maire de Puiseux s'est conformé en partie à cet avis officiel, puisque l'Administration forestière reconnaît que, sur dix hectares, vingt ares seulement ont été exploités à blanc étoc, et le surplus par éclaircies ; que c'est à tort que cette administration cherche à faire grief à la commune de ce que, en pratiquant les éclaircies, on a abattu en plus grande quantité qu'il n'était nécessaire des arbres d'essences et de dimensions supérieures ; qu'elle ne précise pas, d'ailleurs, en quoi aurait consisté l'excès commis ; — Que c'est par suite des mêmes ordres, et après une menace d'incendie dont la réalisation n'était que trop à craindre, que tous les bois abattus ont été enlevés ; qu'il est d'ailleurs reconnu dans le procès-verbal que la commune a été contrainte par la force majeure ; — Qu'il y a donc lieu de faire application de l'art. 64 c. pén. ; — Que si certains arbres ont été abattus sans nécessité bien prouvée, et en dehors de l'exécution des ordres allemands, c'est par le fait de quelques personnes agissant individuellement, et contre lesquelles aucune poursuite n'a été intentée ; ...

Par ces motifs, —
Du 18 janv. 1873.-C. d'Amiens, ch. corr.-MM. de Roquemont, pr.-Coquillette, av. gén.-Dauphin av.

v° *Mines*, n° 449-1°. Conf. Chauveau et Hélie, t. 1, n° 133). C'est ainsi encore qu'en matière de chemins de fer, certaines amendes sont à la charge des compagnies concessionnaires, et non des administrateurs personnellement, par exemple les amendes pour les contraventions de voirie prévues et punies par les art. 12 et 14 de la loi du 15 juill. 1845, et aussi celles que prononce l'art. 21 de la même loi, lorsque les infractions aux règlements sont du fait de la compagnie considérée comme être collectif, comme au cas d'infractions aux règles tracées par l'ordonnance du 15 nov. 1846 sur l'établissement, l'entretien et la surveillance de la voie, la composition et la circulation des convois (Sourdat, *Traité de la responsabilité*, t. 2, n°s 1032 à 1034).

138. Enfin, en matière forestière, il a été plusieurs fois jugé que la peine de l'amende peut être prononcée contre une commune, lorsqu'il s'agit d'infractions à des dispositions qui sont imposées à celle-ci en tant qu'être collectif, par exemple dans le cas où un troupeau communal, conduit par le pâtre de la commune, a été trouvé dans un bois de l'État où cette commune n'avait aucun droit (Crim. cass. 18 sept. 1815, aff. Cordier, *Rép.*, v° *Forêts*, n° 744), ou encore en cas d'abatage par les habitants d'arbres réservés et marqués comme baliveaux du marteau de l'État, lors de la délivrance faite à la commune de la coupe affouagère (Crim. cass. 5 mai 1815, aff. Commune de Gevrey, *Rép.*, v° *Forêts*, n° 1168-3°).

139. On a dit au *Rép.*, n° 71, que la partie lésée ne peut traduire devant le tribunal de répression les personnes civilement responsables, qu'autant qu'elle y traduit également le prévenu lui-même. « Sans lui, en effet, dit Mangin, t. 1, n° 34, le tribunal n'a point à prononcer sur l'application de la peine, l'action publique n'est pas mise en mouvement, il n'existe qu'une simple action civile ». C'est là un point désormais certain en doctrine et en jurisprudence (Crim. 17 août 1878, aff. Cordier, D. P. 79. 1. 234; Montpellier, 25 juin 1867, aff. David, D. P. 70. 2. 183. Conf. Faustin Hélie, t. 2, n° 612; Chauveau et Hélie, *Théorie du code pénal*, t. 1, n° 394; Sourdat, t. 2, n°s 800 à 802; Blanche, *Première Étude*, n° 348; Garraud, n° 394; Villey, p. 244; Gréau, p. 123). — Il convient, toutefois, d'ajouter que si la partie civilement responsable a seule été citée devant un tribunal de répression, ce tribunal ne peut, sans commettre un excès de pouvoir, refuser au ministère public un délai pour mettre en cause les auteurs du délit; le devoir des juges, dans ce cas, est donc, non de renvoyer purement et simplement de la plainte la partie civilement responsable, mais de surseoir à statuer et de fixer un délai dans lequel le ministère public sera tenu de mettre en cause lesdits auteurs (Crim. cass. 24 déc. 1830, *Bull. crim.*, n° 254; 9 juin 1832, *ibid.*, n° 208; 31 janv. 1833, *ibid.*, n° 28; 5 juill. 1833, *Rép.* n° 71. Conf. Faustin Hélie, *loc. cit.*; Mangin, *loc. cit.*; Gréau, *loc. cit.*; Sourdat, t. 2, n° 803). Au reste, il a été jugé, avec raison, que rien ne s'oppose à ce qu'une personne présentée comme civilement responsable dans un procès-verbal de contravention (d'octroi dans l'espèce) soit poursuivie, le cas échéant, comme personnellement prévenue de la contravention (Crim. rej. 31 janv. 1873, *Bull. crim.*, n° 31).

140. Dans certaines matières spéciales, la responsabilité pénale d'une infraction peut incomber à un individu qui n'est pas personnellement l'auteur de cette infraction. C'est ce qui a lieu, par exemple, en matière de police de roulage, dans le cas prévu au *Rép.* n° 73. A l'arrêt du conseil d'État du 15 juin 1852, cité *ibid.*, il faut ajouter, dans le même sens, plusieurs arrêts qui ont jugé : 1° que la contravention, résultant de ce que le conducteur était couché et endormi sur sa charrette, est à la charge du propriétaire dont le nom est inscrit sur la plaque quoiqu'il ne soit pas personnellement l'auteur de cette contravention (Crim. cass. 18 juill. 1846, aff. Baluzat, D. P. 46. 4. 542); — 2° Que c'est contre le propriétaire d'une voiture abandonnée sur la voie publique par son conducteur que doivent être personnellement dirigées les poursuites motivées par cette contravention, tant que le conducteur n'est pas connu du ministère public (Crim. cass. 2 oct. 1846, aff. Métayer, D. P. 46. 4. 538); — 3° Que la contravention résultant de ce qu'une voiture a été trouvée attelée d'un cheval aveugle, marchant à l'abandon et sans conducteur sur la voie publique, est à

la charge du propriétaire dont le nom est inscrit sur la plaque de cette voiture, alors surtout que ledit propriétaire n'a pas fait connaître celui auquel la conduite de la voiture aurait été par lui confiée, et n'aurait aucunement demandé la mise en cause de celui-ci, tout en se reconnaissant civilement responsable des faits (Crim. cass. 24 nov. 1848, aff. Lemoine-Pilet, D. P. 51. 5. 553); — 4° Que le propriétaire désigné sur la plaque d'une voiture qui a stationné la nuit, sur une voie publique urbaine, sans être munie d'une lanterne allumée, est personnellement passible des amendes encourues pour cette contravention, bien qu'elle soit le fait de l'individu qu'il a préposé à la conduite de cette voiture, sauf à lui à faire connaître ce préposé, pour n'être plus tenu que civilement (Crim. cass. 13 mai 1854, aff. Langlois, D. P. 55. 1. 412; 20 févr. 1874, *Bull. crim.*, n° 57).

141. Il a même été décidé que lorsque le propriétaire, dont le char, conduit par son domestique, a été rencontré sans plaque sur une route, se présente volontairement sur la citation donnée à ce dernier et accepte le débat, le juge de police doit, à peine de nullité, le condamner comme personnellement prévenu de la contravention, et non pas seulement comme civilement responsable du fait de son domestique (L. 30 mai 1851, art. 7; Crim. cass. 13 janv. 1865, aff. Desblancs-Meylonga, D. P. 69. 5. 416).

142. Le principe que la responsabilité pénale appartient exclusivement à l'auteur du fait, objet de la poursuite, souffre encore exception lorsqu'il s'agit de professions industrielles réglementées. Jugé, spécialement, la responsabilité pénale d'une contravention à un arrêté municipal sur l'exercice de la profession d'entrepreneur de voitures de transport en commun incombe à l'entrepreneur lui-même, qui n'est pas fondé à opposer à la poursuite que la contravention avait été commise par son cocher, son non par lui-même (Crim. cass. 26 août 1859, aff. Cauvin, D. P. 59. 1. 516). Décidé encore que le maître d'une profession industrielle réglementée encourt la responsabilité pénale des contraventions commises, même par la faute de ses ouvriers, aux conditions ou modes d'exploitation imposés à l'industrie par les règlements (Crim. rej. 28 janv. 1859, aff. Lacarrière, D. P. 61. 5. 425).

143. De même, les administrateurs des professions réglementées, spécialement d'une entreprise d'omnibus, sont spécialement responsables des contraventions aux arrêtés imposant des conditions et un mode d'exploitation dont ils doivent personnellement assurer l'exécution (Crim. rej. 7 mai 1870, aff. Trenis, D. P. 70. 1. 313).

144. De même encore, le propriétaire d'une maison, bien qu'il n'y demeure pas personnellement, est pénalement responsable des infractions à un arrêté municipal qui ordonne la fermeture des portes des maisons, allées et cours communes à une heure déterminée (Crim. cass. 12 janv. 1882, aff. Delafosse, D. P. 82. 5. 43).

145. En matière forestière, on trouve une exception analogue. En cas de délit de pâturage commis par les bestiaux des usagers, l'Administration peut, à volonté, poursuivre, soit le pâtre commun, soit le propriétaire des animaux trouvés en délit; telle est du moins la doctrine des auteurs et de la majorité des arrêts (V. *Rép.* v° *Forêts*, n° 1510). — Jugé aussi, en cette matière spéciale, que, dans le cas où le délit de dépaissance est commis par un domestique, le maître n'est pas seulement civilement responsable des condamnations prononcées contre celui-ci, mais qu'il peut être personnellement passible d'amende (Nancy, 18 déc. 1845, aff. Jean-Pierre. D. P. 46. 2. 93). Jugé encore que par ces termes : « *ceux dont les voitures*, bestiaux, etc., seront trouvés... », l'art. 147 c. for, a voulu désigner non les conducteurs, mais bien les propriétaires des voitures trouvées hors des routes et chemins ordinaires; qu'en conséquence, le propriétaire est valablement assigné seul et comme personnellement responsable du délit (Orléans, 12 janv. 1846, aff. Lemaître, D. P. 46. 2. 59). — Enfin, en matière forestière, il a été jugé par plusieurs arrêts rapportés au *Rép.*, v° *Forêts*, n° 514, que le propriétaire, bien que cité uniquement comme civilement responsable, peut être condamné comme auteur du délit.

146. C'est dit au *Rép.* n° 74 qu'un prévenu ou accusé ne peut demander à mettre en cause, pour sa justification, celui auquel il fait remonter la responsabilité du fait reprochable à raison duquel il est poursuivi. Cette doctrine est cer-

taine : il n'y a point de garantie en matière criminelle, où chacun est individuellement responsable de ses actes (Faustin Hélie, t. 6, n° 2648; Hoffman, *Questions préjudicielles*, t. 2, n° 670; Sourdat, *Traité de la responsabilité*, t. 1, n° 230; Laborde, n° 768 ; Garraud, *Précis de droit criminel*, n° 352; Villey, *Précis de droit criminel*, p. 190). A ce sujet, M. Garraud a fait remarquer très justement que « si le prévenu pouvait mettre en cause la personne qu'il prétend coupable, il exercerait contre elle l'action publique et usurperait des fonctions qui ne lui appartiennent pas. S'il pouvait la forcer à intervenir pour la faire condamner à des dommages-intérêts en sa faveur, il lui serait permis de s'exonérer, au moyen d'un recours en garantie, des suites de l'infraction qu'il a commise ». C'est aussi ce que la jurisprudence a toujours reconnu. Il a été, spécialement, jugé que le prévenu de vente ou de mise en vente d'une substance ou boisson falsifiée ou corrompue ne pourrait mettre en cause les personnes dont il prétendrait tenir cette substance ou cette boisson (Crim. cass. 9 déc. 1843, *Rép.* n° 35; Crim. rej. 24 févr. 1854, aff. Millard, D. P. 54. 1. 103).

147. Jugé de même, en matière de contributions indirectes, que le prévenu ne peut appeler en garantie devant la juridiction répressive celui auquel il fait remonter la responsabilité du fait reprochable pour lequel il est poursuivi (Lyon, 14 août 1884, aff. Tourrès et Berlioz, D. P. 84. 1. 79). — Jugé encore, en matière de simple police, qu'un propriétaire poursuivi pour avoir laissé, sans nécessité, pendant plusieurs jours, sur une place, des matériaux et objets provenant de la démolition d'un atelier et embarrassant la voie publique, n'est point fondé à appeler en garantie, devant le tribunal de police, un huissier et le maire de la ville auxquels il impute d'avoir fait procéder, à tort, suivant lui, et malgré son opposition, à l'exécution de décisions de justice ayant ordonné la démolition dudit atelier (Crim. rej. 1er juill. 1887, *Bull. crim.*, n° 249. Comp. Civ. cass. 21 févr. 1870, aff. Aubert, D. P. 70. 1. 111; Req. 3 mars 1872, aff. Aubert, D. P. 72. 1. 318; 1er juin 1874, aff. Virlojeux, D. P. 74. 1. 388; Civ. cass. 19 août 1878, aff. Trouchon, D. P. 79. 1. 214; Req. 20 févr. 1882, aff. Bardèche, D. P. 82. 1. 232; Paris, 27 déc. 1883, aff. Léoni, D. P. 85. 2. 222).

148. Si le prévenu prétendait qu'il a commis le fait de la prévention par l'ordre d'un tiers, dont il n'a fait qu'exercer le droit, nous croyons, au contraire, qu'il pourrait appeler ce tiers dans la cause. Il en serait ainsi, par exemple, du prévenu poursuivi à raison de quelque voie de fait sur un terrain, qui alléguerait que ce qu'il a fait il a eu le droit de le faire, parce qu'il a exercé, par l'ordre ou avec le consentement du véritable propriétaire, un droit, appartenant à celui-ci. On priverait, en effet, ce prévenu d'un moyen de défense qui peut être nécessaire, et on courrait le risque de condamner un fait qui ne serait pas punissable (Mangin, t. 1, n° 217; Faustin Hélie, t. 6, n° 2647; Crim. cass. 1er sept. 1832, *Rép.* n° 167-1°).

Sur la question de savoir si l'intervention est admise en matière criminelle, V. *supra*, v° *Intervention*, n°s 73 à 80; *Rép. eod.* v°, n°s 165 à 170).

Sect. 3. — Par qui et contre quelles personnes s'exerce l'action civile : conditions, qualité (*Rép.* n°s 78 à 118).

149. — I. Par qui l'action civile peut être exercée. — Les seules personnes qui puissent intenter l'action civile sont celles qui ont été lésées par l'infraction (c. instr. crim. art. 1, § 2, et 63), ou leurs représentants légaux. Non seulement la personne qui a souffert du dommage causé par l'infraction peut exercer l'action civile, mais cette action lui appartient : elle est libre d'en disposer à son gré, notamment de la céder, d'y renoncer, etc. (V. *infrà*, sect. 5).

150. Il est de principe, ainsi qu'on l'a établi au *Rép.*, n° 82, qu'en France l'action civile ne peut jamais être exercée par le ministère public, et qu'en ce qui concerne cette action, celui-ci est privé de tout pouvoir (Mangin, t. 1, n° 38; Le Sellyer, *Traité des actions publiques et privées*, t. 1, n° 270). Jugé, par application de cette règle : 1° que dans le cas d'une amnistie atteignant un délit, le ministère public ne pourrait réclamer la condamnation du délinquant à des dommages-intérêts envers la partie civile (Crim. rej. 18 janv. 1828,

aff. Triplot, *Rép.* v° *Amnistie*, n° 146) ; — 2° Que le ministère public n'a pas qualité pour se pourvoir en cassation contre un arrêt qui a admis l'intervention d'une partie civile dans une matière où cette intervention n'était pas recevable, par exemple en matière d'usure (Crim. rej. 7 oct. 1843, aff. Sivelle, *Rép.* v° *Cassation*, n° 388) ; — 3° Que le ministère public n'est non recevable à se pourvoir en cassation vis-à-vis d'une partie poursuivie comme civilement responsable d'un délit ou d'une contravention, si le jugement attaqué a acquis l'autorité de la chose jugée à l'égard de l'auteur du délit ou de la contravention (Crim. rej. 6 déc. 1851, aff. Maillard, D. P. 52. 5. 78).

151. — 1° *Des conditions requises pour pouvoir exercer l'action civile.* — La personne qui veut intenter l'action civile doit : 1° justifier d'un préjudice *personnel*; 2° établir qu'elle a un droit *actuel* à la réparation de ce préjudice ; 3° être capable d'ester en justice.

152. — A. *Préjudice personnel.* — Avant toutes choses, la personne qui veut exercer l'action civile doit prouver qu'il lui a été causé un dommage (c. instr. crim. art. 1); autrement elle n'a pas d'intérêt et, conséquemment, pas d'action (Crim. rej. 29 juin 1893, *Bull. crim.*, n° 169). Nous avons déjà établi *supra*, n° 52, cette règle certaine que l'action civile suppose un dommage éprouvé, et de nombreux arrêts ont été cités à l'appui de cette règle. Il a encore été décidé que le fermier n'est pas recevable à poursuivre la répression d'un délit de chasse sur les terres affermées, alors que le bailleur s'est réservé le droit de chasse sur ces terres et que le fermier ne justifie d'aucun préjudice causé lui permettant d'agir comme partie lésée aux termes de l'art. 182 c. instr. crim., et 26 de la loi du 3 mai 1844 (Paris 14 déc. 1890, aff. Gourdet, D. P. 91. 5. 59). — La cour de cassation a jugé, avec non moins de raison, que, dans une poursuite exercée contre un individu prévenu d'avoir coupé des arbres dans la forêt d'autrui, est recevable l'action de la partie civile qui puise son droit d'agir dans sa double qualité de propriétaire de cette forêt, exposé par le fait du prévenu à une action en garantie de la part de l'acquéreur de la coupe, et de possesseur du terrain sur lequel les arbres ont été coupés, troublé par ce fait dans sa possession et jouissance dudit terrain (Crim. rej. 23 mars 1893, *Bull. crim.*, n° 83).

Mais on ne saurait accepter sans réserve la doctrine d'un arrêt de la cour de Toulouse, en date du 17 mai 1889 (aff. Cazaneuve, D. P. 91. 2. 88), qui, en matière de chemins de fer, a décidé que « toute contravention à la police, à la sûreté et à l'exploitation du chemin de fer, est par elle-même un trouble et constitue, dès lors, un dommage dont la compagnie a le droit de poursuivre la répression ». La formule employée par l'arrêt est, à notre sens, trop large. D'une part, on conçoit aisément des contraventions qui ne causent par elles-mêmes aucun dommage à la compagnie, telle que la contravention à la défense de descendre d'un train en marche ; d'autre part, les contraventions de grande voirie (et les chemins de fer font partie de la grande voirie) sont, en principe, constatées, poursuivies et réprimées par voie administrative, la compagnie concessionnaire ayant seulement le droit d'intervenir (V. D. P. 91. 2. 88, note). Il convient, au reste, de ne pas exagérer la portée de la règle, et nous pensons que la cour de cassation a rejeté avec raison le pourvoi formé contre un arrêt d'une cour criminelle coloniale qui, après avoir condamné des accusés pour assassinat, avait alloué des dommages-intérêts à la personne qui s'était portée partie civile, en énonçant que la victime de cet assassinat était le père de cette personne (Crim. rej. 2 mai 1890, *Bull. crim.*, n° 96). L'arrêt de la cour criminelle avait omis de motiver l'allocation des dommages-intérêts en s'abstenant de constater l'existence de la nature du préjudice éprouvé ; la cour suprême a estimé qu'étant établi par l'arrêt attaqué que la victime était le père de la partie civile « le préjudice subi par cette dernière se trouvait suffisamment caractérisé et que la condamnation à des dommages-intérêts, accessoire de la condamnation principale, trouvant ses motifs dans le crime même dont les demandeurs étaient déclarés coupables, n'avait pas besoin d'être justifiée par une déclaration plus explicite ».

153. Il n'est nullement nécessaire, pour être recevable à exercer l'action civile, d'avoir éprouvé un préjudice *maté-*

riel; il suffit certainement d'avoir souffert un préjudice *moral*. C'est ce que l'on a reconnu déjà au *Rép.*, n° 83. La réparation d'un dommage de ce genre, inappréciable en argent, est, à la vérité, forcément arbitraire ; mais, comme le dit très justement M. Garraud, n° 346, de ce que le juge ne peut accorder une réparation exacte du préjudice qui a été causé, il ne s'ensuit pas qu'il n'en puisse accorder aucune ; la difficulté d'évaluer le préjudice ne saurait être une fin de non-recevoir contre l'action. — Conf. Sourdat, t. 1, n° 35 ; Trébutien, t. 2, n° 129 ; Laborde, n° 773 ; Villey, p. 180 ; Hoffman, *Questions préjudicielles*, t. 1, n° 33 ; Demolombe, t. 8, n° 672. Comp. Aubry et Rau, t. 5, p. 748. — V. toutefois, en sens contraire, Haus, t. 1, n° 1057. Au reste, la jurisprudence s'est formellement prononcée dans ce sens (Crim. rej. 7 juill. 1847, aff. Perminjat, D. P. 47. 4. 8 ; 18 mars 1853, aff. Roche, D. P. 53. 5. 167 ; Montpellier, 12 nov. 1855, aff. D. P. 56. 2. 141 ; Orléans, 22 juin 1887, aff. Laisné, D. P. 88. 2. 29).

Spécialement, il a été jugé : 1° que la veuve d'un défunt dont le corps a été enlevé violemment d'une église, au moment où la cérémonie religieuse allait être célébrée, est fondée, tant en son nom personnel qu'en qualité de tutrice de ses enfants mineurs, à se porter partie civile en raison de ce délit, comme étant de nature à porter atteinte, dans une certaine mesure, à la considération de la famille par une notoriété fâcheuse (Arrêt précité du 22 juin 1887) ; — 2° Que le ministre du culte est recevable à se porter partie civile, pour obtenir la réparation pécuniaire d'un outrage dont il a été l'objet dans l'exercice de ses fonctions (Même arrêt).

154. Au reste, ainsi qu'on l'a dit *Rép.* n° 81, il ne suffit certainement pas, pour justifier l'intervention civile d'une personne, qu'elle ait été blessée dans ses *affections*, ses *goûts* ou ses *habitudes* par un fait criminel (Faustin Hélie, t. 1, n° 541). Un dommage sérieux, appréciable, éprouvé par le plaignant dans sa personne, son honneur ou ses biens, est nécessaire. Quel *criterium* guiderait le juge dans la fixation du chiffre des dommages-intérêts réclamés à raison des sentiments de tendresse et d'amitié qui existaient entre la victime et le réclamant? (Mangin, t. 1, n° 123 ; Legraverend, *Législation criminelle*, t. 1, p. 195 ; Rauter, *Droit criminel*, n° 133 ; Larombière, *Obligations*, t. 5, p. 714 ; Sourdat, *De la responsabilité*, t. 1, n° 33.) — Toutefois deux décisions de jurisprudence, rendues depuis la publication du *Répertoire*, ont admis que, dans la réparation du dommage, il peut être tenu compte du préjudice éprouvé par le plaignant dans ses affections. C'est ainsi qu'un jugement du tribunal civil de Marseille, du 10 janv. 1872 (aff. Ollivier, D. P. 73. 2. 57), a décidé que, pour déterminer le chiffre des dommages-intérêts dus par une compagnie de chemin de fer à la famille d'un voyageur tué par suite de l'explosion de wagons chargés de poudre, on doit tenir compte, non seulement de la perte matérielle causée à la veuve et aux enfants, mais encore du préjudice moral résulté de cette mort, sous le rapport de la direction et de l'influence salutaire du père de famille, et aussi *des liens d'affection à jamais brisés et de la douleur de perdre un père et un époux* dans des conditions aussi déchirantes. À la vérité, le tribunal s'est hâté d'apporter une restriction à cette considération, dangereuse à force d'être vague. « Néanmoins, a-t-il dit, les dommages-intérêts ne peuvent être élevés à un chiffre hors de proportion avec la perte réelle et appréciable à prix d'argent que les demandeurs ont éprouvée ;... on ne peut payer la vie d'un père ou d'un époux, et sa mort ne doit point devenir le sujet d'une spéculation qui enrichirait la famille ». L'autre décision est un arrêt de la cour d'Angers du 12 juill. 1872 (aff. Larue, D. P. 72. 5. 386) qui, dans une affaire de responsabilité d'accident de chemin de fer ayant causé la mort d'un voyageur, a constaté que, indépendamment du préjudice matériel, l'héritier avait éprouvé « un sérieux préjudice moral dans ses légitimes affections » et arbitré les dommages-intérêts en conséquence.

155. Dans cet ordre d'idées, le code pénal d'Italie de 1889 contient une intéressante disposition. L'art. 38 de ce code s'exprime en ces termes : « Outre les restitutions et le remboursement des dommages, le juge, à raison de tout délit qui offense l'honneur de la personne ou de la famille, alors même qu'il ne leur a été causé aucun préjudice, peut allouer à la partie offensée qui en fait la demande,

une somme déterminée à titre de réparation ». Il y a là, suivant la remarque de M. Lacointa, une protection particulière, expresse, dont on retrouve la trace dans le droit romain, dans le droit germanique, dans les statuts du moyen âge, sorte d'amende privée, de complément de peine, qui s'ajoute au dédommagement matériel et moral (Traduction du code d'Italie par M. Lacointa, note sous l'art. 38).

156. Il est de doctrine constante que le dommage doit être appréciable. S'il ne l'est point, le jugement ne pourra allouer de dommages-intérêts encore qu'il tienne pour établi le fait délictueux. Mais il n'y aurait pas moins lieu, en pareil cas, de mettre les dépens de la poursuite à la charge du prévenu déclaré coupable du délit (Crim. cass. 15 nov. 1861, aff. Savignac, D. P. 64. 1. 46 ; Lyon, 13 mars 1867, aff. Payet, D. P. 69. 2. 138). Journellement, les tribunaux condamnent le prévenu aux dépens, pour tous dommages-intérêts, précisément dans cette hypothèse.

157. Pour que l'action civile soit recevable, il ne suffit pas de prouver le dommage; il faut encore que ce dommage soit *personnel* à celui qui s'en plaint. La nécessité du dommage *personnel* est évidente. Elle a été établie au *Rép.*, n° 80, et il n'est point d'auteur qui ne la proclame (Mangin, t. 1, n°ˢ 122 et 123 ; Faustin Hélie, t. 1, n°ˢ 541 et 542; Garraud, *Précis de droit criminel*, n° 346 ; Villey, *Précis de droit criminel*, p. 180 ; Trébutien, t. 2, n° 129 ; Haus, t. 2, n° 1371). — La jurisprudence a, depuis la publication du *Répertoire*, fait de nombreuses applications de la règle qui exige un dommage personnel pour pouvoir exercer l'action civile. Il a été jugé, en ce sens, que la validité de l'action de la partie civile est essentiellement liée à la justification d'un *dommage personnel*, et qu'ainsi, le propriétaire, qui poursuit à la réparation d'un fait de chasse commis sur son terrain sans son autorisation, est sans qualité pour demander directement la répression du délit d'outrages envers son garde particulier, quelle que soit la connexité ou la concomitance des deux délits (Crim. cass. 25 nov. 1882, aff. Godard, D. P. 83. 1. 227). Jugé, d'autre part, que chacun des usiniers ou propriétaires riverains entre lesquels un arrêté administratif a fait un règlement d'eau est recevable à intervenir, comme partie civile, dans la poursuite dirigée contre l'un d'eux pour infraction à cet arrêté, « attendu que l'arrêté administratif portant réglementation d'un cours d'eau contre les usiniers et les propriétaires des fonds riverains devient pour eux un titre commun qui ne permet pas aux uns de s'attribuer, au préjudice des autres, un volume d'eau plus considérable que celui qui a été fixé par l'autorité compétente » (Crim. rej. 8 janv. 1858, aff. Garest, D. P. 58. 1. 138). Décidé, de même, que la compagnie par laquelle étaient assurés des bâtiments, dont l'incendie a donné lieu à un procès criminel ou correctionnel, est recevable à intervenir pour se porter de son chef partie civile, car son intérêt est évident (Crim. rej. 23 juin 1859, aff. Brassey, D. P. 59. 1. 329).

158. Toujours par application de la même règle, un arrêt de rejet du 11 mai 1883 (aff. Trotté, D. P. 83. 1. 327) a décidé que le patron dont les ateliers ont été mis à l'index par les ouvriers, à l'aide d'amendes, défenses, interdictions prononcées par suite d'un plan concerté, et qui a vu ses ateliers abandonnés par de nombreux ouvriers en conséquence de ces manœuvres punies par l'art. 416 c. pén., a qualité pour traduire directement devant la juridiction répressive les auteurs de ces faits. Cela ne pouvait faire de doute, le patron ayant incontestablement subi un dommage, par suite d'un délit. Il est à remarquer, toutefois, que l'art. 416 c. pén. a été abrogé par la loi du 20 mars 1884, art. 1ᵉʳ (D. P. 84. 4. 129).

C'est encore en appliquant la règle de la nécessité du dommage personnel que la cour de cassation a jugé que, lorsque le prévenu d'un délit d'excitation à la haine des citoyens les uns contre les autres (un journaliste) a lésé non seulement une catégorie de citoyens désignés d'une manière générale, mais encore tels ou tels individus nommés personnellement, ceux-ci sont recevables à intervenir dans la poursuite et à se constituer parties civiles (Crim. rej. 2 août 1872, aff. Masure, journal *Le Progrès du Nord*, D. P. 72. 1. 426).

Il n'est pas nécessaire, d'ailleurs, que la partie qui agit ait été nommée; il suffit qu'elle ait été désignée d'une manière quelconque. C'est ce que

notamment en matière de diffamation (V. *suprà*, v° *Presse*, n°s 872 et 873), et il en résulte, comme on l'a vu *ibid.*, n° 874, que lorsque la diffamation, conçue en termes généraux, atteint une pluralité de personnes, chacune d'elles a qualité pour agir. Il a été jugé, de même, en matière d'injures, que lorsqu'un journal a publié sous le titre de « mouchards officiels » un article se terminant ainsi : « Voilà un instituteur qui ferait bonne figure dans la Cornouaille où, parmi les instituteurs laïques, les méprisables mouchards et les faux témoins même ne manquent pas », tous les instituteurs laïques de la Cornouaille ont qualité pour exercer l'action civile contre le journaliste, attendu que chacun est atteint par le soupçon et éprouve un préjudice (Crim. rej. 16 déc. 1893, aff. Dumont, D. P. 94, 5e partie).

159. Mais, ainsi qu'on l'a exposé, *ibid.*, il n'en est pas de même lorsque la diffamation (ou l'injure) s'adresse à un groupe de personnes trop considérable pour que chacune d'elles puisse se considérer comme personnellement atteinte, par exemple, aux individus appartenant à telle ou telle profession libre. Outre les décisions en ce sens analysées *suprà*, *ibid.*, il a été jugé que les individus appartenant à une profession (spécialement, celle de commis de magasin) attaquée d'une manière blessante dans une brochure, n'ont pas qualité pour exercer contre l'auteur une action en dommages-intérêts, s'ils n'ont pas été personnellement désignés (Trib. Seine, 9 juill. 1862, aff. Bretel et autres, D. P. 62. 3. 64). De même encore, il a été décidé que les appréciations, même violentes, qu'un écrit renferme au sujet de certaines opinions philosophiques, sociales ou religieuses (telles, par exemple, que celles attribuées à la franc-maçonnerie), n'ont pas le caractère de diffamation, lorsqu'il ne s'y trouve ni allégations ni imputations à l'adresse de *personnes déterminées*, et qu'il ne saurait appartenir aux fondateurs d'une loge maçonnique, s'ils n'ont été ni nommés ni désignés dans l'écrit, d'exercer l'action civile contre le publicateur dudit écrit (Crim. cass. 16 févr. 1893, aff. Abbé Cazet, D. P. 94. 1. 25, et, sur renvoi, Montpellier, 29 juill. 1893).

160. Si, en général, l'action civile ne compète qu'à ceux à qui le fait incriminé a causé un dommage personnel, ce principe ne peut pas être rigoureusement appliqué lorsqu'il s'agit d'élections. Aux termes de l'art. 123 de la loi du 8 févr. 1849, interprété par les arrêts cités *suprà*, n° 112, tout électeur a le droit de poursuivre, comme partie civile, devant la juridiction correctionnelle, les délits électoraux commis dans la circonscription où il est inscrit.

161. Ajoutons encore que si, d'une manière générale, et sauf l'exception qui vient d'être indiquée, il est nécessaire que la lésion soit *personnelle* à celui qui veut intenter l'action civile, cela ne veut pas dire que l'infraction doit avoir été précisément dirigée contre sa personne ; il suffit, pour qu'une personne puisse agir, qu'en frappant directement d'autres individus, l'infraction ait porté, en même temps, atteinte à son honneur ou à sa fortune : on peut être lésé *personnellement* par un délit sans en être *directement* victime ; par exemple, la diffamation contre la femme rejaillit presque toujours sur le mari (Villey, p. 180 ; Faustin Hélie, t. 1, n° 555 ; Le Sellyer, t. 1, n° 263 ; Garraud, n° 351, p. 445 ; Haus, t. 2, n° 1371).

162. Quant à la question de savoir si celui qui a été l'objet d'une tentative, restée sans effet, est recevable à exercer l'action civile, elle a été résolue au *Rép.*, n° 84, par l'affirmative conformément à l'arrêt de la cour d'assises de la Seine du 27 juin 1845 cité *ibid.*, et, contrairement à l'opinion de Faustin Hélie, t. 1, n° 553. Nous persistons dans cette opinion et nous admettrons l'action de la personne qui a été l'objet de la tentative, pourvu, bien entendu, qu'il soit démontré que la tentative a produit quelque effet *nuisible*, comme, par exemple, un trouble quelconque de santé.

163. La question est fréquemment posée, en jurisprudence, de savoir s'il faut un intérêt *direct* pour pouvoir réclamer par la voie de l'action civile. Un arrêt de la chambre criminelle du 21 mai 1874 (aff. Peter-Lawson, D. P. 75. 1. 137) a jugé qu' « aux termes des art. 1 et 63 c. instr. crim., un intérêt *direct* peut seul servir de base à une intervention civile devant les juridictions répressives », et il a conclu de ce principe qu'un individu qui n'a pas acheté de l'engrais qu'il prétend fraudé n'est pas recevable à se porter partie civile, à raison du dommage indirect que

lui aurait causé la déloyale concurrence du prévenu. Un arrêt de la cour d'Orléans du 30 avr. 1851 (aff. Véron, D. P. 53. 2. 35) avait jugé, au contraire, que le fait de tromperie sur la nature de la marchandise résultant de ce qu'un négociant débite, sous le nom d'un produit (du gluten) inventé par un autre négociant, des produits d'une autre composition, peut être poursuivi par celui-ci au moyen de l'action civile portée devant le tribunal correctionnel, bien qu'il n'y ait à son égard qu'un fait de concurrence déloyale. — D'autre part, il a été décidé par la cour de Bourges, le 16 déc. 1872 (aff. Ragon, D. P. 73. 2. 197) « que le droit de réparation existe pour tous ceux qui souffrent du méfait, directement ou indirectement, d'une manière réelle et certaine », et spécialement qu'il n'est aucunement nécessaire, pour que leur action soit recevable, que des obligations naturelles et légales les rattachent à la victime. La doctrine de ce dernier arrêt nous semble tout à fait fondée (Conf. Demolombe, *Traité des contrats*, t. 8, n° 673). Il a été jugé aussi, dans le même sens, que la compagnie d'assurances qui est responsable des conséquences de l'incendie occasionné par un tiers est recevable à intervenir devant la juridiction correctionnelle saisie de la connaissance du délit poursuivi par ce tiers ; la compagnie, en effet, lésée par ce dernier, a intérêt à faire restituer par l'auteur de l'incendie les sommes payées aux assurés et, à ce titre, elle peut joindre son action civile à l'action publique (Crim. rej. 23 juin 1859, aff. Brassey, D. P. 59. 1. 329).

164. En terminant cette matière de l'intérêt personnel, nécessaire pour exercer l'action civile, nous rappellerons, ainsi que nous l'avons déjà fait au *Rép.*, n° 86, qu'il appartient aux juges du fait, saisis de l'action publique, d'apprécier si une personne qui veut se porter partie civile, en tant que lésée par le crime ou délit, objet des poursuites, a ou non un intérêt rendant son intervention recevable (Conf. Faustin Hélie, t. 1, n° 544). Or, il ne suffit évidemment pas d'alléguer une lésion, il faut en préciser la nature et la gravité pour que le droit soit ouvert. Le juge du fond doit donc, au seuil de la procédure, examiner si la partie est recevable dans son intervention (Crim. rej. 19 juill. 1832, *Rép.* n° 86). De là la nécessité, pour la partie qui se constitue, d'indiquer son intérêt, et, pour les juges, de le constater *in limine litis* (Faustin Hélie, *eod. loc.*). Il a été décidé, par application de cette règle, que le juge civil pourrait écarter l'action civile en réparation dirigée contre un défendeur antérieurement condamné en se fondant sur ce qu'il n'avait éprouvé aucun préjudice et que sa susceptibilité avait reçu une satisfaction suffisante dans la condamnation pénale (Req. 15 janv. 1862, aff. Kent-Pécron, D. P. 62. 1. 144).

165. Si cet intérêt n'existait pas et que la partie eût été néanmoins admise à se constituer, cette intervention irrégulière entacherait-elle le jugement de nullité ? La cour de cassation a résolu la question négativement par l'arrêt du 4 mars 1830, cité au *Rép.*, n° 87, et par un arrêt du 25 janv. 1878, *Bull. crim.*, n° 24. Nous persistons à penser que cette jurisprudence est fondée : l'action civile et l'action publique sont indépendantes l'une de l'autre ; autrement, il faudrait dire que le sort de l'action publique est, dans tous les cas, subordonné au sort de l'intervention civile ; qu'importe que celle-ci soit non recevable ou qu'elle soit fondée ? L'influence de la partie civile sur le débat aura toujours été la même (Villey, *Précis*, p. 181. V. cependant, en sens contraire, Faustin Hélie, t. 1, n° 545 ; Sourdat, t. 1, n° 52).

166. — B. *Droit actuel à la réparation du dommage éprouvé.* — Pour être recevable à se constituer partie civile, il faut, ainsi qu'on l'a dit au *Rép.*, n° 85, avoir un droit *formé*, un droit *actuel* à la réparation du délit. L'action qui n'aurait pour cause qu'un préjudice *éventuel* ne serait pas admissible. C'est ce que Merlin a établi avec une grande précision dans le passage rapporté au *Rép.*, *ibid.* (Conf. Faustin Hélie, t. 1, n° 543 ; Mangin, t. 1, n° 123 ; Sourdat, t. 1, n° 45, Villey, p. 180 ; Garraud, n° 346, p. 442 ; Haus, t. 2, n° 1061). « Le dommage doit être actuel, dit Garraud, *loc. cit.*, c'est-à-dire consommé au moment où l'on agit ». Sourdat dit aussi : « Il faut que le préjudice soit *certain*, et comment serait-il certain s'il n'est pas *actuel* ? Ces deux conditions n'en font qu'une ; elles se complètent l'une par l'autre ». Et Haus : « pour que la partie lésée puisse réclamer des indemnités à raison du profit dont elle prétend

avoir été privée, il faut que ce profit soit certain dans l'ordre naturel des choses.... Le juge ne peut prendre en considération la simple chance de faire un gain, l'espérance qu'avait la partie lésée d'augmenter sa fortune et qui lui a été enlevée par le délit ».

167. Ces principes sont incontestables, et c'est en les appliquant que la cour de cassation a jugé que la chambre syndicale des courtiers de commerce ne doit pas être reçue à se porter partie civile dans les poursuites dirigées contre un de ses membres, pour infraction aux règles de la profession « attendu qu'un intérêt direct et un droit actuel peuvent seuls servir de base à une intervention civile » (Crim. cass. 29 août 1834, aff. Courtiers de commerce, *Rép.*, v° *Intervention*, n° 37). Confirmant sa jurisprudence, la même cour a jugé depuis que, dans une poursuite dirigée contre un fabricant de savons, pour tromperie sur la marchandise vendue, les autres fabricants de la même localité avaient à tort été admis à se constituer parties civiles sous le prétexte que toute fabrication frauduleuse nuit aux fabricants de produits similaires, soit par le discrédit qu'elle jette sur les produits, soit par la concurrence déloyale qu'elle facilite (Crim. cass. 25 janv. 1878, *Bull. crim.*, n° 24). Elle a jugé aussi (Crim. rej. 20 nov. 1886, *Bull. crim.*, n° 392) que, sur la poursuite dirigée contre un garçon laitier, pour avoir additionné d'eau le lait qui lui était confié, la société dont ce garçon était l'agent ne pouvait intervenir en demandant réparation du préjudice résultant de ce que le prévenu avait exposé ladite société à perdre la confiance de sa clientèle, « attendu que le discrédit que le délit de falsification aurait pu jeter sur la compagnie représentée par le garçon laitier ne constituait qu'un dommage indirect et éventuel, lequel ne pouvait justifier son intervention ».

Conformément à cette doctrine, une cour d'appel a jugé, à bon droit, croyons-nous, qu'en cas de délit de dépaissance dans un bois de particulier, l'action civile devant le tribunal correctionnel peut bien être intentée par l'usufruitier du bois qui a un droit actuel aux produits dudit bois, mais non par le propriétaire de celui-ci, à qui le délit ne peut causer qu'un préjudice *éventuel* (Bourges, 13 août 1863) (1).

168. Mais il convient d'apprécier avec exactitude ce qui

constitue le préjudice *né et actuel*. La cour de cassation a décidé : 1° que la règle qui ne permet à la partie civile d'agir qu'en vertu d'un intérêt né et actuel n'est pas méconnue par l'arrêt qui déclare que si, par suite des manœuvres frauduleuses incriminées, une compagnie de chemin de fer a été entraînée à percevoir des taxes illégitimes, elle était, immédiatement et avant toute réclamation, obligée de les restituer à ceux qui les avaient indûment payées, et que, dès lors, elle avait en même temps le droit d'en réclamer le montant au prévenu qui seul en avait profité (Crim. rej. 4 mars 1881, *Bull. crim.*, n° 61); — 2° Que, bien qu'une société qui a émis des bons trentenaires opère régulièrement le payement des intérêts et l'amortissement du capital, la plainte des obligataires, dont la souscription n'a été obtenue qu'à l'aide de manœuvres frauduleuses constitutives de l'escroquerie, ne peut être écartée comme non recevable, sous prétexte que ces obligataires ne justifient pas d'un préjudice actuel, car la dépréciation qui affecte nécessairement les titres d'une société ainsi formée constitue le préjudice légal et actuel (Crim. cass. 26 avr. 1884, aff. Delfour, D. P. 85. 1. 134).

Précédemment, la même cour avait jugé que les preneurs de billets d'une loterie de bienfaisance ont qualité à ce titre seul, qu'ils soient gagnants ou perdants, qu'ils allèguent ou non avoir éprouvé un préjudice dans le lot qui leur a été délivré, pour diriger contre l'organisateur de cette loterie une action en abus de mandat, si les deniers versés ont été détournés, à son profit, de cette destination (Crim. cass. 24 sept. 1846, aff. Salva, D. P. 46. 1. 291).

169. Une question délicate, déjà traitée au *Rép.* n° 109, est celle de savoir si les personnes qui exercent une profession assujettie à certaines conditions d'aptitude et de capacité, telles que les médecins, les pharmaciens, les notaires, etc., sont recevables à intenter l'action civile contre les tiers qui s'immiscent indûment dans l'exercice de leur profession. L'exercice illégal de ces professions est une infraction dont la peine varie suivant les lois spéciales qui les organisent. Il est certain que, dans l'état actuel de la législation, la collectivité des personnes pratiquant illégalement la médecine, la pharmacie, par exemple, ne peut agir, en tant que collectivité, pour demander des dommages-intérêts aux tiers qui s'immiscent indûment dans la profession

---

(1) (Darpès.) — La cour; — Considérant que la cause présente a jugé la question de savoir si les enfants Darpès, en leur qualité de nus propriétaires, sont recevables à poursuivre correctionnellement contre le sieur Chartier, colon de la dame veuve de la Milanderie, la réparation du dommage causé par un délit de pâturage commis dans un taillis dont l'usufruit appartient à ladite dame de la Milanderie ;

Considérant que, en principe, la garde et la conservation des propriétés soumises à un usufruit appartiennent à l'usufruitier qui en demeure responsable envers le nu propriétaire, sous peine de dommages-intérêts, et même, s'il y a lieu, de déchéance de son usufruit ; — Que si, néanmoins, le propriétaire a la faculté d'intervenir, en cas de négligence constatée et d'abus graves, il est généralement admis qu'il peut préposer un garde à la surveillance des propriétés grevées d'usufruit, notamment quand l'usufruitier néglige de le faire, il n'en résulte pas que le nu propriétaire ait le droit absolu de poursuivre la répression de tous les délits qui peuvent être commis dans sa propriété soit par l'usufruitier ou colon, soit par des tiers ; — Qu'en effet, l'exercice de l'action civile, pendant la durée de l'usufruit, n'est ouvert au propriétaire qu'autant qu'une atteinte directe et appréciable a été portée au fond même de la propriété, tous les dommages relatifs à la jouissance lui étant étrangers ; — Qu'il est inexact de soutenir que tout délit forestier implique nécessairement un dommage ; — Que le contraire résulte de la disposition du code forestier (art. 202), qui laisse aux juges, tout en prononçant l'amende encourue pour le délit, la faculté d'allouer ou de refuser les dommages-intérêts suivant les circonstances ; — Qu'au surplus, les articles 187 et 190 du même code se réfèrent aux principes généraux du droit et de la procédure criminelle pour régler l'exercice des actions qui naissent des contraventions aux lois forestières ; — Or, considérant qu'aux termes du droit, l'action en réparation d'un délit ne peut être exercée que par ceux qui ont *souffert* de ce délit ; — Que, pour habiliter une pareille action devant les tribunaux répressifs, il ne suffit pas que le dommage soit *possible et éventuel*, mais qu'il doit être *actuel et déterminé* ; — Qu'il faut aussi que celui qui intente la poursuite ait non seulement un droit *direct*, mais encore un droit *actuel* à la réparation du dommage causé par un délit ;

Considérant, en fait, que si le délit de dépaissance qui fait l'objet de la poursuite des enfants Darpès peut léser, dès à présent, la dame de la Milanderie, usufruitière du bois où il a été commis, parce que les trois animaux qui ont été surpris pacageant ont dû endommager le taillis dont elle a la jouissance, ce délit ne peut être réputé *ipso facto* actuellement dommageable aux nus propriétaires, d'une part parce qu'ils n'ont aucun droit acquis à la coupe à laquelle la dent des bestiaux en question a pu nuire, et, d'autre part, parce que les enfants Darpès n'ont ni prouvé ni même demandé à prouver, ainsi que le constate le jugement attaqué, qu'il a été causé à leur nue propriété un dommage déterminé, distinct de celui qui peut avoir été fait à la coupe ; — Considérant, à la vérité, que les nus propriétaires, ainsi qu'ils l'allèguent, pourront ultérieurement souffrir du délit de Chartier, dans le cas où l'usufruit de la dame de la Milanderie viendrait à cesser avant l'exploitation du taillis ; mais que ce n'est là évidemment qu'un dommage éventuel, et, par suite, non susceptible de fonder l'action des enfants Darpès ; — Que, vainement encore, ils soutiennent que tout fait, même accidentel, de dépaissance dans un taillis, comme celui imputé à Chartier, nuit nécessairement au repeuplement du bois, en détruisant les renaissants, et, par suite, porte atteinte au tréfonds ; — Que c'est là une appréciation théorique, une opinion uniquement fondée sur la supposition d'un fait particulièrement dommageable, dont rien, dans l'espèce, ne révèle l'existence ; — Attendu, d'une part, qu'il est très possible que la dent des animaux n'ait atteint que les pousses du taillis et les graminées, et que, d'autre part, aucune autre atteinte directement nuisible à la propriété, telle que la destruction d'un certain nombre de renaissants, n'a été constatée par le garde des nus propriétaires, ni même articulée par eux au cours des débats ; — Qu'ainsi l'action des enfants Darpès ne se fonde, de ce chef, que sur une simple présomption sur la possibilité d'un préjudice indéterminé, ce qui ne saurait suffire à l'autoriser ; ...

Par ces motifs;

La cour dit bien jugé, mal appelé ; — Confirme le jugement dont est appel, et condamne les enfants Darpès aux dépens envers toutes les parties.

Du 13 août 1863.-C. de Bourges.-M. Hiver, pr.

médicale ou pharmaceutique ; en effet, la collectivité n'ayant point d'existence légale, puisqu'elle n'est pas une personne morale, ne peut être lésée (V. toutefois, *infrà*, n° 174, ce qui regarde les syndicats professionnels). Mais les médecins, les pharmaciens, les notaires, peuvent-ils se plaindre en tant qu'individus et chacun dans la mesure de son intérêt personnel, d'un détournement de clientèle qui leur cause un préjudice? Ou bien doivent-ils se borner à dénoncer l'infraction au ministère public? En doctrine, quatre opinions se sont formées sur cette question.

D'après certains auteurs, l'action serait, dans tous les cas, non recevable, parce que la masse de la profession n'éprouvent, par suite de l'exercice illégal, qu'une lésion incertaine, hypothétique, et non une lésion personnelle, actuelle et appréciable (Faustin Hélie, t. 1, n° 554; Mangin, t. 1, n° 123 ; Haus, t. 2, n° 1061; Hoffman, *Questions préjudicielles*, t. 1, n° 33). — Dans une seconde opinion, l'action ne serait recevable que si tous les membres de la corporation se portaient parties civiles, car, sans cela, comment savoir si ceux qui agissent seuls ont éprouvé un préjudice personnel? (Sourdat, t. 1, n°s 48 et 49.) — Suivant une troisième opinion, la solution dépend d'une question de fait : si la concurrence illicite s'établit dans une grande ville, où le nombre des membres de la corporation est très étendu, ou même illimité, comment apprécier le dommage problématique qu'ont pu éprouver tels ou tels membres de la corporation? Au contraire, si la concurrence s'établit dans un village, dans une petite ville où n'existent que quelques membres de la corporation, comment pourrait-on refuser à ceux-ci l'action en dommages-intérêts, alors qu'il est clair qu'une concurrence illicite leur cause un dommage incontestable et appréciable? (Garraud, n° 351, p.446; Laborde, n°777, p.436; Villey, p.181.) — Enfin, dans une quatrième opinion, l'action serait toujours recevable sans condition. Il est évident, dit-on dans ce système, que ceux qui ont besoin du concours d'une corporation s'adresseront à ceux qui l'exercent régulièrement, si aucune concurrence illégale ne leur est faite. Le dommage existe donc à l'égard de la corporation en général. L'appréciation de cette réparation pourra, sans doute, en fait, présenter quelque difficulté; mais la difficulté de fixer d'une manière exacte l'intensité du préjudice ne serait pas un motif d'absolution pour le coupable. La mission du juge serait seulement plus difficile à remplir (Le Sellyer, t. 1, n° 269; Ach. Morin, *Journal du droit criminel*, 1864, art. 7207, p. 155 et suiv.; Trébutien, t. 2, n° 130). Cette dernière solution ne nous paraît pas très juridique. «Donner, dans tous les cas, et sans distinction, l'action civile à tous les membres de la corporation, n'est-ce pas confondre *l'intérêt général* qu'ils peuvent avoir à la répression du délit, intérêt dont le ministère public est le seul gardien, avec *l'intérêt spécial*, fondé sur un dommage personnel, dont tout plaignant doit justifier, et qui est le seul titre de son action civile?» (Garraud, p. 447.) Aussi préférons-nous la distinction très rationnelle, suivant nous, faite par le troisième système, et serions-nous disposés à n'accorder l'action civile qu'en cas de concurrence faite dans une petite ville ou dans un rayon peu étendu, parce que c'est dans ce cas seulement que le médecin ou le pharmacien peut justifier d'un préjudice appréciable.

170. Quoi qu'il en soit, la jurisprudence s'est prononcée en faveur du dernier des systèmes exposés ci-dessus; elle accorde sans restriction l'action civile à tous les membres de la collectivité, quelque éloignée que soit du lieu du délit la localité qu'ils habitent. Spécialement, il a été jugé, à l'égard des *pharmaciens*, que ceux-ci ont l'action civile contre ceux qui exercent illégalement la pharmacie (Crim. cass. 1er sept. 1832, et Ch. réun. cass. 15 juin 1833, aff. Bayet, *Rép.*, v° *Médecine*, n° 162 ; Bordeaux, 21 nov. 1856; Poitiers, 7 mai 1857, aff. Durand, D. P. 57. 2. 118 ; Crim. cass. 3 avr. 1862, aff. Blondeau, D. P. 62. 1. 249 ; Crim. rej. 31 mai 1862, aff. Pharmacie du Puy, sol. impl. ; D. P. 62. 1. 493 ; Poitiers, 11 mars 1869, aff. Orillard, D. P. 69. 2. 114-115; Crim. rej. 16 févr. 1878, aff. Sauvage, D. P. 78. 1. 282; Lyon, 8 et 15 mars 1888, aff. Deleuvre et Valonis, D. P. 89. 2. 257. — V. *infrà*, n° 175, ce qui regarde l'application de la loi du 21 mars 1884 sur les syndicats professionnels aux pharmaciens.

171. Il a été jugé, de même, que les médecins d'une loca-

lité, lésés par des faits d'exercice illégal de la médecine peuvent se concerter, se réunir, agir comme parties civiles, et demander des dommages-intérêts collectifs en raison soit de l'intérêt moral qu'ils ont à ce que la profession de médecin ne soit exercée qu'honorablement, soit du préjudice matériel que leur a causé la concurrence illicite résultant de cet exercice illégal (Lyon, 26 janv. 1859, aff. Bressac, D. P. 59. 2. 4, et, sur pourvoi, Crim. rej. 31 mars 1859, D. P. 59. 1. 190-191; Lyon, 23 juin 1859, aff. Bernet-Joly, D. P. 60. 2. 77; Crim. rej. 18 août 1860, aff. Bressac, D. P. 60. 1. 464-465; Aix, 14 mars 1862, aff. Bartoli, D. P. 62. 2. 211; Amiens, 16 janv. 1863, aff. Féver, D. P. 63. 5. 30). — Toutefois, les médecins ne peuvent demander une indemnité collective qu'à la condition d'agir *ut singuli*, et non pas comme formant un corps. Il a même été jugé, relativement à cette condition, qu'une association de médecins, créée et autorisée comme société de secours mutuels, est non recevable à exercer des poursuites correctionnelles, à demander des dommages-intérêts contre un individu à raison du préjudice qu'il cause aux médecins de la localité par l'exercice illégal de la médecine (Aix, 13 mars 1861, aff. Lépine, D. P. 61. 2. 208; Amiens, 16 janv. 1863, aff. Féver, D. P. 63. 5. 30). — En ce qui concerne les syndicats professionnels de médecins, V. *infrà*, n° 176.

172. Décidé aussi, à l'égard des commissaires-priseurs, que ceux-ci ont l'action civile contre les courtiers pour vente de marchandises par eux faite au préjudice de leurs privilèges (Paris, 30 janv. 1852, aff. Ricois, D. P. 53. 2. 42; Rouen, 15 avr. 1861, et Civ. cass. 18 nov. 1862, aff. Lefrançois, D. P. 62. 1. 529; 11 févr. 1863, aff. Jausions, D. P. 63. 1. 69).

173. Jugé encore, avant le décret du 22 juill. 1863 qui a placé la boulangerie sous le principe de la liberté de l'industrie, que les syndics de la boulangerie avaient qualité pour former une action civile en dommages-intérêts contre le boulanger de la ville qui, contrairement à un arrêt préfectoral, cumulait avec sa profession celle de marchand de grains, en ce qu'il pouvait résulter de ce cumul prohibé un préjudice pour les autres boulangers (Crim. cass. 10 juill. 1852, aff. Cointry, D. P. 52. 1. 207).

174. On vient de dire (n°s 170 et suiv.) que la jurisprudence accorde l'action civile aux médecins, pharmaciens et autres personnes exerçant des professions monopolisées, contre les individus qui s'immiscent indûment dans leur profession. Il faut ajouter que la loi du 21 mars 1884 (D. P. 84. 4. 129), qui permet aux personnes « exerçant la même profession, des métiers similaires ou des professions connexes, concourant à la production de produits déterminés » de se constituer en *syndicats professionnels*, a fourni à la plupart de ces personnes le moyen pratique de résoudre, dans tous les cas, la difficulté. En groupant les intérêts d'un grand nombre d'individus qui exercent dans une grande ville ou dans une région de la France la même profession monopolisée, les associations professionnelles rendent, en effet, le préjudice appréciable, et si l'action civile n'appartient pas à chaque membre syndiqué, elle appartient du moins au syndicat qui constitue une personne morale (Laborde, n° 777).

Il y a lieu d'observer, toutefois, que la loi du 21 mars 1884 ne s'applique point aux professions libérales; elle peut être invoquée par les professions qui sont commerçants (Paris, 20 janv. 1886, aff. Borel, D. P. 86. 2. 170; Lyon, 3 juin 1890, aff. Porteret, D. P. 91. 2. 29; Grenoble, 7 juill. 1892, aff. Favier, D. P. 92. 2. 582), mais non par les médecins (Crim. rej. 27 juin 1885, aff. Lory, D. P. 86. 1. 137). Mais les médecins, chirurgiens-dentistes et sages-femmes, ont reçu, de la loi du 30 nov. 1892 sur l'exercice de la médecine (D. P. 93. 4. 8), « le droit de se constituer en associations syndicales dans les conditions de la loi du 21 mars 1884, pour la défense de leurs intérêts professionnels à l'égard de toutes personnes autres que l'État, les départements et les communes » (art. 13). En ce qui concerne spécialement l'exercice illégal de la médecine, de l'art dentaire, ou de la pratique des accouchements, l'art. 17 de la loi précitée a pris soin de disposer que « les médecins, les chirurgiens-dentistes, les sages-femmes, les associations de médecins régulièrement constituées, les syndicats visés dans l'art. 13, pourront en saisir les tribunaux par voie de citation directe donnée dans les termes de l'art. 182 c. instr. crim., sans préjudice de la faculté de se porter, s'il y a lieu, partie civile

dans toute poursuite de ces délits intentée par le ministère public ».

175. Signalons, en terminant : 1° un arrêt de la cour de Toulouse qui a décidé en principe que l'action en dommages-intérêts peut être exercée par tous les membres d'une compagnie d'officiers ministériels, tels que les huissiers, contre ceux d'entre eux qui, par un mode illicite d'exercer leur profession, auraient causé aux autres un préjudice réel et appréciable (Toulouse, 18 janv. 1886, aff. Garès, D. P. 86. 2. 6); — 2° Un arrêt de la cour de cassation qui a jugé qu'un syndicat de pharmaciens est recevable à se porter partie civile lorsqu'une poursuite est intentée par le ministère public contre un de ses membres, pour mise en vente de substances médicamenteuses falsifiées, et lorsque ce syndicat allègue que le prévenu a causé un dommage à ses confrères par les faits délictueux à raison desquels il est poursuivi (Crim. rej. 5 janv. 1894, *Gazette des tribunaux* du 7 janvier).

176. — C. *Capacité d'ester en justice.* — Pour être admis à exercer l'action civile, il faut, en troisième lieu, avoir la *capacité d'exercer ses droits en justice.* Ce principe est certain. En conséquence, ainsi qu'on l'a dit au *Rép.* n° 88, ne peuvent se porter partie civile : le mineur s'il n'est représenté par son père ou par son tuteur, excepté lorsqu'il est émancipé ; ... l'interdit, s'il n'est représenté par son tuteur ; ... la femme mariée, sans l'autorisation de son mari ou de justice (Faustin Hélie, t. 1, n° 546 ; Mangin, t. 1, n° 125 ; Le Sellyer, t. 1, n°ˢ 272 à 274 ; Hoffman, t. 1, n° 34 ; Garraud, n° 352 ; Villey, p. 185 ; Sourdat, t. 1, n° 288).

En ce qui concerne la femme mariée, la cour de cassation a jugé, par arrêt du 3 juin 1880 (*suprà*, v° *Mariage*, n° 534), que lorsqu'une femme, partie civile, n'a justifié ni de l'autorisation de son mari pour ester en justice, ni du refus de ce dernier qui pouvait seul légitimer l'autorisation accordée par la cour d'appel, la nullité résultant de cette situation ne peut pas être opposée par le prévenu. Elle a jugé aussi (Crim. cass. 29 juin 1893, *Bull. crim.*, n° 170) que, si une femme mariée peut être tacitement autorisée par son mari à ester en justice, aucune autorisation expresse ou tacite ne peut résulter de la simple mention, dans les conclusions prises en son nom par un avoué, qu'elle est assistée ou autorisée par son mari.

177. Avant la loi du 31 mai 1854, les individus frappés de mort civile ne pouvaient procéder en justice, ni en défendant, ni en demandant, que sous le nom et par le ministère d'un curateur spécial (c. civ. art. 35) ; ils étaient donc non recevables à exercer l'action civile. Cette incapacité a nécessairement disparu avec la mort civile elle-même. Aujourd'hui les condamnés aux peines afflictives et infamantes temporaires (c. pén. art. 29) et perpétuelles (L. 31 mai 1854, art. 2) sont placés, pendant la durée de leur peine, en état d'interdiction légale ; ils sont donc également incapables. Les uns et les autres peuvent dénoncer à la justice le délit dont ils ont été lésés ; ils peuvent se plaindre (Crim. rej. 6 nov. 1817, *Rép.*, v° *Jugement*, n° 1064-2°) ; mais ils ne peuvent se constituer parties civiles (Faustin Hélie, t. 1, n° 547 ; Sourdat, t. 1, n° 288).

178. Ainsi qu'on l'a rappelé *suprà*, n° 176, les individus en état d'interdiction doivent être, dans l'exercice de l'action civile, représentés par leur tuteur. Les prodigues doivent-ils être assistés de leur conseil judiciaire ? L'affirmative n'est pas douteuse. Il a été, toutefois, jugé que l'inaccomplissement de cette formalité lors de la citation devant un tribunal de répression par une personne pourvue d'un conseil judiciaire ne peut donner lieu, de la part du défendeur, qu'à une exception dilatoire tendant à ce que l'incapable ne puisse procéder sans être habilité, et que si, au jour de la comparution en justice, l'incapable est régulièrement assisté, la citation n'en a pas moins interrompu la prescription (Crim. cass. 27 juin 1884, aff. Despiau, D. P. 85. 1. 135).

179. Au reste, tout ce qui vient d'être dit ne s'applique

qu'à la représentation légale. Il est certain que la partie civile n'est pas tenue de comparaître en personne devant le tribunal répressif et qu'elle peut s'y faire représenter par un mandataire (V. à cet égard, *infrà*, n° 694). — Les règles du mandat sont, en cette matière comme en toute autre, celles du droit commun. A ce dernier point de vue, la cour de cassation a décidé qu'il n'existe aucun obstacle légal à ce que les membres d'un cercle catholique d'ouvriers donnent à l'un d'eux mandat de poursuivre en justice la réparation du dommage causé par un délit à l'ensemble des membres du cercle, « attendu qu'il n'existe, pour les membres de cette réunion, aucune interdiction de donner pouvoir à l'un d'eux, à l'effet de réclamer le recouvrement des sommes pouvant être dues collectivement à tous en réparation d'un dommage commun résultant d'un délit » (Crim. rej. 20 juill. 1878, *Bull. crim.*, n° 163, p. 288).

180. Quant à l'étranger, il est, comme on l'a dit au *Rép.* n° 89, recevable à se porter partie civile aussi bien que le Français (Crim. rej. 12 févr. 1885, aff. Sablon, D. P. 85. 1. 432). Mais son action est subordonnée à l'obligation de donner la caution *judicatum solvi*. Cette nécessité s'impose devant les tribunaux de répression aussi bien que devant la justice civile (Faustin Hélie, t. 1, n° 549 ; Mangin, t. 1, n° 125 ; Sourdat, t. 1, n° 292 ; Ach. Morin, *Répertoire*, v° ˢ *Action civile*, n° 4, et *Partie civile*, n° 6 ; Duranton, t. 1, p. 103, n° 161 ; Boncenne, t. 3, 187 ; Demolombe, *Publication, effets des lois*, p. 419, n° 256 ; Aubry et Rau, t. 8, p. 128, § 747, texte et note 10 ; Hoffman, t. 1, n° 101 ; Le Sellyer, t. 1, n° ˢ 281 et 282 ; Garraud, n° 352 ; Villey, p. 185). Elle a été reconnue par la jurisprudence (Crim. cass. 3 févr. 1814, *Rép.* v° *Exception*, n° 72 ; 12 févr. 1846, aff. Comparetti, D. P. 46. 1. 128 ; Bordeaux, 15 juill. 1841, *Rép.* v° *Exception*, n° 532 ; C. d'assises du Brabant, 12 avr. 1842, *Pasicrisie belge*, 1843.176).— Un arrêt de la cour de Dijon du 13 juill. 1881 (1) a cependant jugé, en sens contraire, que l'étranger qui se porte partie civile devant le tribunal correctionnel n'est pas tenu de fournir la caution *judicatum solvi*, même s'il agit par voie de citation directe. Mais cet arrêt, assez faiblement motivé, ne paraît pas destiné à faire jurisprudence.

La caution *judicatum solvi* ne serait certainement pas due par l'étranger s'il possédait en France des immeubles d'une valeur suffisante pour assurer le payement des frais et dommages-intérêts résultant du procès, ou s'il avait été autorisé par le gouvernement français à établir son domicile en France (*Rép.* n° 89), ou si encore, par un traité, les Français étaient dispensés du cautionnement dans le pays auquel appartient l'étranger demandeur (Faustin Hélie, t. 1, n° 550 ; Garraud, n° 362).

181. Le plaignant étranger est-il encore tenu à caution lorsque le prévenu lui-même est étranger ? Cette question a été traitée au *Rép.*, n° 90, et résolue par la négative. La plupart des auteurs tiennent, au contraire, pour l'affirmative (Faustin Hélie, t. 1, n° 550 ; Boncenne, *Traité de la procédure*, t. 3, p. 184 ; Demangeat, *De la condition civile des étrangers*, p. 399 ; Hoffman, t. 1, n° 102). Quant à la jurisprudence, longtemps partagée, elle s'est formée en faveur du demandeur étranger, en ce sens que de nombreux arrêts, rendus en matière civile, ont décidé que l'étranger défendeur ne peut exiger la caution du demandeur étranger (Paris, 12 avr. 1856, aff. Brown, D. P. 56. 2. 261 : 2 juill. 1861, aff. Bossi, D. P. 61. 5. 196 ; Nancy, 14 juin 1876, aff. X..., D. P. 76. 5. 225 ; Douai, 28 juin 1877, aff. Anckaert, D. P. 77. 5. 247). Or les raisons de décider sont les mêmes en matière répressive qu'au civil (V. conf. Crim. rej. 15 avr. 1842, *Rép.* v° *Exception*, n° 29-1°).

182. Signalons, en terminant cette matière de la capacité d'ester en justice pour exercer l'action civile, un arrêt de la cour de Paris décidant, avec raison, que l'administrateur judiciaire provisoire d'une succession dont les héritiers sont inconnus n'a pas qualité pour intenter l'action civile qui appartient à ces héritiers en réparation du préjudice ré-

---

(1) (De Damseaux C. Pelly-Gouvy.) — La cour ; — ... Attendu que la généralité des termes des art. 63 et 182 c. instr. crim. confère aux étrangers comme aux Français eux-mêmes le droit de se constituer parties civiles devant les tribunaux français à raison des faits délictueux qui leur sont préjudiciables, sans qu'ils soient tenus de satisfaire aux conditions déterminées par

la loi pour les matières civiles proprement dites ; qu'il n'y a lieu non plus de s'arrêter aux exceptions présentées de ce chef par les appelants (et tirées soit du défaut de caution *judicatum solvi*, soit de l'absence de traités diplomatiques) ; — Au fond, etc.
Du 13 juill. 1881.-C. de Dijon, 3ᵉ ch.-MM. le cons. Chauvin, pr.-Vèzes, av. gén.-Perroche et Nourrissat, av.

sultant d'un délit d'imprudence involontaire qui a occasionné la mort de leur auteur (Paris, 8 nov. 1892, aff. Gautron, D. P. 93. 2. 248).

183. — 2° *Action civile exercée au nom de nos proches et de ceux qui sont sous notre puissance, enfants, femmes, pupilles, domestiques et employés.* — *Héritiers, créanciers et cessionnaires.* — A. *Proches et personnes en puissance.* — Une personne peut-elle exercer l'action civile à raison des crimes et délits commis au préjudice de ses proches ou des personnes placées sous sa puissance? En d'autres termes, le père, le mari, le tuteur, le maître, peuvent-ils poursuivre devant les tribunaux répressifs la réparation des délits commis envers l'enfant, la femme, le pupille, le domestique? Cette question, qui a fait au *Répertoire* l'objet des nos 93 à 96 et 98, paraît comporter des distinctions nécessaires.

Tout d'abord, il faut distinguer le droit d'agir et l'exercice de l'action. Nous avons certainement le droit d'agir lorsque le délit commis sur une autre personne « traverse pour ainsi dire cette personne » pour nous frapper nous-mêmes (Faustin Hélie, n° 554), comme dans le cas où le père se trouve personnellement lésé du délit commis envers son fils, le fils, du délit dont son père a été la victime, le maître, des violences commises sur son domestique. L'infraction, en effet, comme il a déjà été dit au *Rép.*, n° 98, peut produire pour nous un dommage personnel, bien que le délit n'ait pas été commis sur notre propre personne. « Supposons, dit Faustin Hélie (*loc. cit.*), qu'un homme, soutien d'une famille, ait été tué, qu'un enfant ou un domestique, porteur d'une somme d'argent appartenant au père ou au maître, ait été volé; qu'un outrage de nature à rejaillir sur le mari ait été fait à une femme. Est-ce que le mari, est-ce que le père ou le maître, est-ce que la famille n'aurait pas éprouvé un dommage personnel, une lésion directe? » Cette première hypothèse ne présente pas de difficulté. Il est évident que le père, le mari, le maître ont, en cas pareil, une action fondée sur leur préjudice personnel, et qu'ils exercent cette action *proprio nomine* (Mangin, t. 1, n° 424; Faustin Hélie, nos 555 et suiv.; Le Sellyer, t. 1, n° 263; Trébutien, t. 2, n° 142; Morin, *Répertoire* v° *Action civile*, p. 35; Sourdat, t. 1, n° 37 et suiv.; Haus, t. 2, n° 1371; Bourguignon, *Jurisprudence des codes criminels*, art. 63, p. 174; Massabiau, *Manuel du ministère public*, t. 2, p. 1411; Gréau, *Étude sur la responsabilité civile en matière pénale*, p. 50; Garraud, n° 351, p. 445; Laborde, n° 776).

184. Il a été jugé, dans ce sens: 1° qu'un père peut se porter partie civile à raison d'outrages et délits commis vis-à-vis de ses enfants majeurs habitant avec lui, notamment de sa fille (Montpellier, 12 nov. 1855, aff. B..., D. P. 56. 2. 41); — 2° Qu'un père a le droit d'intenter en son nom personnel une action en dommages-intérêts fondée sur le préjudice actuel ou éventuel, résultant pour lui du délit de blessures involontaires commis envers son enfant mineur (Rennes, 12 déc. 1861) (1); — 3° Que le mari peut, personnellement et sans le concours de sa femme, poursuivre la réparation d'une injure faite à celle-ci, lorsque son honneur y est intéressé (Rennes, 22 nov. 1865, et Crim. cass. 23 mars 1866, aff. Perrin, D. P. 67. 1. 382).

185. Spécialement quant au mari, non seulement les auteurs et les arrêts précités l'autorisent à poursuivre, en son nom, la réparation de la diffamation ou de l'injure faite à sa femme lorsque les propos injurieux ou diffamatoires rejaillissent sur lui; mais on reconnaît aussi que le dommage causé par une infraction à la fortune de la femme retombe presque toujours sur le mari qui a, dans ce cas, une action personnelle (Garraud, n° 351, p. 446; Haus, t. 2, n° 1371; Laborde, n° 776). Il est, d'ailleurs, à noter qu'en

matière d'injure ou de diffamation personnelle à la femme, c'est une question de savoir si le mari peut exercer l'action civile en répression sans le concours de celle-ci (V. à cet égard *Rép.* v° *Presse*, n° 1088 et *suprà*, eod. v°, n° 1235, où la négative a été adoptée. — *Contrà*, Fabreguettes, *Traité des infractions de la parole*, t. 2, n° 1099).

186. Au reste, ainsi qu'on l'a dit au *Rép.* n° 38, si la défense de la femme compète au mari, il n'y a pas réciprocité: il ne convient pas que le mari soit défendu par sa femme. En conséquence, la femme ne peut agir à raison de l'injure que reçoit son mari. Elle n'est point chargée de protéger celui-ci; et, s'il est vrai que l'injure faite à ce dernier rejaillit jusqu'à un certain point sur elle-même, ce n'est pas elle que la loi charge de poursuivre la réparation de cette double offense. Elle ne pourrait le faire sans l'autorisation de son mari; il est plus naturel que celui-ci agisse personnellement (Sourdat, t. 1, n° 38).

187. En ce qui concerne les maîtres et commettants, ils peuvent certainement agir par voie d'action civile, en leur nom personnel, toutes les fois que l'infraction qui a lésé leurs domestiques ou préposés les a eux-mêmes lésés (Faustin Hélie, t. 1, nos 542 et 555; Mangin, t. 1, n° 124; Trébutien, t. 2, n° 142; Gréau, p. 51; Haus, t. 2, n° 1372); mais s'ils n'avaient point éprouvé ce préjudice personnel, ils ne pourraient rendre plainte, au nom de leurs domestiques ou préposés, du délit dont ceux-ci auraient souffert dans l'exercice même de leurs fonctions; en effet, comme on l'a dit au *Rép.*, n° 96, les maîtres et commettants ne représentent point, dans notre droit actuel, leurs domestiques et préposés; ceux-ci ne sont pas sous leur puissance (mêmes autorités) (V. comme application de cette règle: Crim. cass. 25 nov. 1882, aff. Godard, D. P. 83. 1. 227). — Toutefois un arrêt (Douai, 19 mai 1845, aff. Duchesse de Montmorency, D. P. 45. 4. 12) avait jugé que les maîtres sont admis à poursuivre la réparation des injures faites à leurs serviteurs, et que l'action formée par le propriétaire contre l'auteur d'outrages ou d'injures publiques adressés à son garde particulier dans l'exercice de ses fonctions est recevable.

188. Dans les numéros qui précèdent, on a traité du droit d'agir qui nous appartient lorsque nous sommes personnellement lésés par un délit, bien que ce délit frappe directement un tiers. Il y a lieu maintenant d'examiner si, sans avoir été directement atteints par l'infraction, nous pouvons exercer l'action civile comme père, comme mari, comme tuteur, comme maître, à raison des délits commis au préjudice de nos proches ou des personnes placées sous notre puissance. La négative est, en principe, certaine. Comme on l'a dit au *Rép.*, n° 93, « sous la loi romaine et dans notre ancien droit, une personne était recevable à exercer l'action civile à raison du dommage causé par un crime ou délit à ses proches parents ou à un individu placé sous sa tutelle ou sa protection. Il n'en est pas de même aujourd'hui. Chacun, il est vrai, a bien le droit de poursuivre la réparation d'un crime, délit ou contravention préjudiciable aux personnes qui sont en sa puissance; mais alors le demandeur n'exerce point une action qui lui soit personnelle; il agit uniquement au nom et comme exerçant les actions de la partie lésée ». Cette doctrine n'est pas contestable. Dans notre ancienne jurisprudence, on admettait l'intervention, de plein droit, *jure sanguinis* et *propter causam doloris*, de certains parents. Mais le texte de l'art. 1 c. instr. crim., en ne donnant l'action civile qu'à ceux qui ont souffert du dommage, ne peut se concilier avec cette solution (Garraud, p. 448, note 3; Villey, p. 183; Trébutien, n° 142). Puisque dans notre droit, en thèse géné-

---

(1) (Kern C. Bougué et Leglas.) — Le fils mineur du sieur Kern ayant été victime d'un empoisonnement qui mit sa vie en danger, par suite d'une imprudence commise par le sieur Bougué, préposé du sieur Leglas, le dernier fut poursuivi par le ministère public et condamné à quinze jours de prison par jugement du tribunal correctionnel de Nantes en date du 15 févr. 1861. Postérieurement, le sieur Kern père a formé devant le tribunal civil de Nantes une demande en dommages-intérêts. Cette demande a été accueillie, mais le demandeur n'a obtenu qu'une partie des dommages-intérêts qu'il réclamait. — Appel par le sieur Kern, et appel incident par Leglas.

La cour; — Sur le défaut de qualité opposé à Kern père, appelant, en tant qu'il agit en son nom personnel; — Considé-

rant qu'il suffit, pour que son action soit recevable, que ledit appelant justifie d'un préjudice actuel ou éventuel résultant pour lui du délit commis; et que ce préjudice ressort, dès à présent, de ce que l'un de ses fils mineurs, qui se suffisait déjà à lui-même, est, par suite de ce délit, retombé à sa charge, et, pour l'avenir, de ce qu'il ne lui est plus possible d'espérer pour sa vieillesse les aliments que ce fils aurait dû lui fournir pour obéir aux lois de la nature et aux prescriptions de la loi; — D'où suit qu'il doit être déclaré recevable dans son action personnelle;...

Par ces motifs, etc.

Du 12 déc. 1861.-C. de Rennes, 2e ch.-MM. Massabiau, pr.-Massin, 1er av. gén.-Jouin et Grivart, av.

rale, nous ne pouvons poursuivre la réparation que des délits qui nous ont personnellement atteints, il est impossible d'accorder aucune action pour poursuivre la réparation des crimes et délits qui ont porté dommage à nos proches. « Quant aux crimes et délits qui ont porté dommage à nos proches, dit Faustin Hélie, n° 542, nous n'avons, en général, aucune action pour en poursuivre la réparation. En effet, le dommage ne frappe ni notre personne, ni nos biens ; il n'ouvre donc aucun droit en notre faveur, et par conséquent ne peut donner lieu à aucune réclamation ». Nous en conclurons spécialement, comme nous l'avons déjà fait au *Rép.* n° 93, qu'un fils ne serait pas recevable à porter plainte d'un délit commis contre son père ; en cas d'homicide, toutefois, il pourrait agir en son nom personnel (Sourdat, t. 1, n° 37).

189. Mais, à un autre point de vue, — au point de vue de *l'exercice* de l'action civile et non plus de sa *jouissance*, — il n'y a point de doute que nous pouvons exercer l'action civile *au nom et comme représentant* des personnes placées sous notre puissance, par exemple, comme père, comme mari, comme tuteur, à raison des délits commis à leur préjudice. Nous n'agissons pas alors en vertu de l'intérêt indirect que nous pouvons avoir à leur réparation, et parce que nous nous trouvons lésés ; nous n'agissons que comme exerçant les droits de la personne qui a été directement atteinte. A ce point de vue, il a été jugé : 1° qu'un mari peut agir devant la juridiction correctionnelle à raison du délit commis contre son père ; en cas d'homicide, toutefois, il pourrait agir en son nom personnel (Sourdat, t. 1, n° 37). de sa femme diffamée (Crim. rej. 23 mars 1866, aff. Perrin, D. P. 67. 1. 129 ; — 2° Qu'un père peut porter plainte et se constituer partie civile à raison du préjudice que son fils mineur a éprouvé par suite d'un fait puni par la loi (Toulouse, 11 nov. 1862, aff. Viala, D. P. 63. 2. 154) ; — 3° Que la mère d'un enfant naturel mineur reconnu puisse, dans sa qualité de mère et dans les obligations naturelles qui en découlent, la faculté de se porter partie civile en réparation du dommage causé par un crime dont cet enfant a été victime, et il n'est pas nécessaire, pour que son intervention soit recevable, qu'elle ait obtenu l'autorisation du conseil de famille (Crim. rej. 16 mars 1893, *Bull. crim.*, n° 76) ; — 4° Qu'un tuteur peut exercer, au nom des mineurs, l'action civile en réparation du dommage résultant d'un crime, sans autorisation du conseil de famille (Crim. rej. 5 oct. 1866, *Bull. crim.*, n° 225). Dans ces différents cas, ce n'est pas en son nom que le père, le tuteur, etc., peut agir, ce n'est qu'au nom de l'individu qui a été lésé : ce n'est point une action qui lui est personnelle qu'il intente, c'est une action dans l'intérêt de celui qui a souffert et qui est représenté par lui (Mangin, t. 1, n° 124 ; Faustin Hélie, t. 1, n° 542 ; Trébutien, t. 2, n°s 142 et 143).

190. — B. *Décès de la personne lésée. — Droits de sa famille, de ses héritiers.* — Quand une personne lésée par un délit est décédée, ce délit peut-il, après le décès de la personne offensée, devenir l'objet d'une action civile en réparation ? A quelles personnes appartient l'exercice de cette action ? La question a été examinée au *Rép.*, n°s 100 à 104 ; elle présente trois aspects : ou le délit a été la cause même de la mort ; ou, commis avant la mort, il n'a été l'objet d'aucune poursuite, ou du moins d'aucune poursuite suivie d'un jugement définitif ; ou enfin, le délit, s'attaquant à la mémoire du défunt, a eu pour objet de l'outrage. Ces trois hypothèses vont être successivement examinées.

191. Supposons, en premier lieu, qu'une personne ait perdu la vie par le crime ou l'imprudence d'un tiers ; l'action civile est-elle ouverte à sa famille, à ses héritiers, pour obtenir, autant que possible, la réparation du préjudice causé par sa mort ? Ainsi qu'on l'a rappelé au *Rép.*, n° 100, le droit de se porter, dans ce cas, partie civile, appartenait, dans l'ancien droit : 1° soit à la veuve non remariée, soit au mari, quoiqu'ils ne fussent pas héritiers ; 2° aux enfants légitimes, et, à défaut, aux enfants naturels ; 3° aux petits-enfants, à défaut des enfants ; 4° aux ascendants ; 5° aux frères et sœurs. Quant aux parents plus éloignés, ils ne pouvaient agir qu'autant qu'ils étaient héritiers. M. Faustin Hélie (n° 557) a exprimé l'avis que ces décisions doivent continuer d'être appliquées (Conf. Sourdat, t. 1, n° 33 ; Le Sellyer, t. 1, n° 263 ; Larombière, t. 5, p. 714). Nous ne pouvons partager cette opinion, qui a déjà été repoussée au *Rép.*, *ibid.*, et qui ne tend à rien moins qu'à faire décider qu'un simple intérêt d'affection peut

servir de base à l'action civile. Que cette action puisse être exercée par un parent qui justifie d'un préjudice, matériel ou moral, causé par le décès de son parent, c'est qui est évident. L'art. 1 c. instr. crim. accorde, en effet, l'action civile à tous ceux qui ont « souffert du dommage » ; il est donc hors de doute que la veuve, l'enfant, le père, la sœur, etc., s'ils ont éprouvé par suite du délit un dommage dans leurs intérêts matériels ou moraux, peuvent intervenir pour obtenir réparation de ce dommage. Mais il en est autrement d'une douleur, de la perte d'une affection. Ces sentiments ne peuvent se mesurer, s'évaluer. Quel *criterium* guiderait le juge dans la fixation du chiffre des dommages-intérêts ? Déjà nous avons dit *suprà*, n° 154, d'une façon générale, qu'il ne suffit pas, pour justifier l'intervention civile d'une personne, qu'elle ait été blessée dans ses *affections*, ses goûts ou ses habitudes par un fait criminel. Un dommage sérieux, appréciable, éprouvé par le plaignant dans sa personne, son honneur ou ses biens, est nécessaire (V. les autorités citées *ibid.*). Faisant application de cette règle à la question qui nous occupe en ce moment, nous dirons que si les parents n'invoquent, pour intervenir dans les procès criminels, que les liens du sang qui les attachaient au défunt, leur action, quel que soit le degré de parenté, n'est pas recevable ; que si, au contraire, le crime leur a fait éprouver un préjudice appréciable, ils doivent être admis à se porter partie civile, non pas successivement et à l'exclusion l'un de l'autre, mais simultanément et dans la mesure de leur intérêt, sans limitation de leur degré de parenté (Conf. Mangin, t. 1, n° 123 ; Trébutien, t. 2, n° 148 ; Garraud, p. 448 ; Villey, p. 183 ; Haus, t. 2, n° 1373 ; Laborde, n° 779).

192. Conformément à la doctrine qui vient d'être exposée, il a été jugé : 1° que la mère qui, par la mort de son fils, tué dans un duel, se trouve privée du secours qu'elle recevait de celui-ci, est fondée à exercer l'action civile contre l'auteur du crime ou de l'imprudence qui a causé cette mort (Crim. rej. 20 févr. 1863, aff. De Caderousse-Grammont, D. P. 64. 1. 99) ; — 2° Qu'il en est de même des frères et sœurs de la victime qui auraient éprouvé par le fait de sa mort un dommage positif et matériel résultant de la solidarité des intérêts de la famille et de l'exploitation en commun du patrimoine indivis (Bourges, 16 déc. 1872, aff. Ragon, D. P. 73. 2. 197). — Et il n'y a point de doute, nous le répétons, que si le délit avait causé aux proches de la victime un préjudice moral, dans le sens juridique de ce mot, c'est-à-dire une atteinte quelconque à leur sûreté, à leur considération, à leur honneur et à leur réputation, réparation pécuniaire leur serait due de ce chef (V. *Rép.* v° *Responsabilité*, n°s 156 et 236).

193. Un jugement du tribunal de Marseille et un arrêt de la cour d'Angers déjà cités *suprà*, n° 154, ont été plus loin. Ces décisions, rendues en matière d'accidents de chemin de fer ayant causé mort d'homme, ont jugé que, dans la réparation du dommage, il peut être tenu compte du préjudice éprouvé par la famille (ou la veuve) dans ses légitimes affections. La cour de Bruxelles, par arrêt du 8 janv. 1880, et sur pourvoi, la cour de cassation de Belgique, par arrêt du 17 mars 1881 (aff. Hardy, *Pasicrisie belge* 1881. 1. 163), ont décidé, de même, qu'en cas de mort par accident, le dommage moral causé aux parents de la victime suffit, lorsqu'il est susceptible d'une évaluation pécuniaire, pour motiver une condamnation à des dommages-intérêts. Nous hésiterions beaucoup à accepter cette doctrine.

194. Les héritiers de la personne décédée par suite du crime ou de l'accident ont-ils, en tant qu'héritiers, l'action civile ? Certains auteurs tiennent pour la négative. Ils disent d'une part que l'action civile ne naît pas directement au profit des héritiers en ce qu'ils ne sont point lésés (ce qui est vrai en principe, puisque c'est au décès même que l'héritier doit l'avantage d'être héritier), et que, d'autre part, ils ne peuvent exercer cette action du chef de leur auteur, puisque, le crime ou délit ayant causé sa mort, n'a pu lui appartenir et, par conséquent, leur être transmise (Villey, p. 183 ; Sourdat, t. 1, n° 56). La jurisprudence paraît exiger, conformément à cette doctrine, que les héritiers justifient d'un préjudice matériel ; autrement, elle leur refuse l'action (Bourges, 16 déc. 1872, aff. Ragon, D. P. 73. 2. 197 ; Besançon, 1er déc. 1880, aff. Boillon, D. P. 81. 2. 65 ; Paris, 15 juin 1868, aff. Godfroy, C. Comp. de Lyon, *Le*

Droit, n° du 20 juin 1868 ; Trib. civ. de Marseille, 22 févr. 1870, aff. Mouscret C. Comp. de Lyon ; « Considérant, dit l'arrêt précité du 1ᵉʳ déc. 1880, qu'il résulte du jugement correctionnel, en date du 29 mars 1879, que si l'accident doit être imputé à la négligence des agents de la compagnie, la mort de Pierre-Émile Boillon a été instantanée et concomitante avec l'accident lui-même; que le droit à une réparation n'a pu, dès lors, prendre naissance de la personne de la victime et être transmis à ses héritiers... ». Demolombe (*Traité des contrats*, t. 8, n° 681) critique avec force cette jurisprudence. Il fait remarquer que l'argument de la cour de Besançon, si logique qu'il paraisse, irait jusqu'à la négation absolue de toute possibilité juridique d'une transmission héréditaire quelconque. Il pense, au contraire, que le même moment qui fait naître l'action en responsabilité civile dans la personne de la victime mourante transmet cette action à ses héritiers, et il ajoute qu'on conçoit difficilement une l'énormité de la faute, qui a entraîné la mort, soit une cause d'affranchissement de responsabilité pour le coupable, alors qu'il est certain que si la victime avait survécu, ne fût-ce que quelques instants, à l'accident, ses héritiers trouveraient l'action en responsabilité dans sa succession (Conf. Faustin Hélie, t. 1, n° 556; Haus, t. 2, n° 1373).

195. Suivant une autre opinion, l'action civile appartient aux héritiers quels qu'ils soient, car l'infraction contre la vie d'un individu apporte toujours à la fortune de celui qui en est victime une préjudice dont la réparation peut être exigée par lui-même ou par ses héritiers (Garraud, *Précis*, p. 448; Faustin Hélie, t. 1, n° 556; Haus, t. 2, n° 1373). On peut citer, en ce sens, un arrêt de la cour de Lyon du 18 mars 1865 (aff. Richard) dans lequel on lit : « que la sœur de la victime puise son droit, indépendamment des considérations morales et des liens d'étroite parenté et d'affection naturelle, dans sa *qualité d'héritière*; que le fait délictueux ou la simple faute civile qui cause une mort accidentelle crée une action en dommages-intérêts; que cette *action fait partie de l'hérédité et passe de plein droit aux frères et sœurs héritiers légitimes*, et qu'elle est indépendante de celle qui appartient aux personnes auxquelles les victimes peuvent devoir des aliments... ».

196. D'après un troisième système, l'héritier, pour être autorisé à exercer l'action civile, doit prouver que la mort de son auteur a causé un *dommage au patrimoine* de celui-ci. Il n'est pas exact, en effet, dit-on, que la mort d'un individu cause toujours un préjudice à sa fortune; cela est fréquent, mais c'est à l'héritier de le prouver. « Si celui-ci établit que le patrimoine était en voie de développement, que le défunt faisait des économies, qu'il était engagé dans des entreprises desquelles il pouvait espérer la fortune, qu'il aurait probablement recueilli certains héritages s'il ne fût pas mort prématurément, la preuve du préjudice causé au patrimoine sera faite et l'action civile, née au profit du patrimoine qui représente la personne, passera à ceux qui le recueilleront proportionnellement à la part héréditaire de chacun » (Laborde, n° 779 *in fine*). Cette dernière opinion n'est qu'une variété de la première, qui requiert un intérêt personnel bien établi chez celui qui prétend exercer l'action.

En résumé, l'intérêt personnel, le dommage personnellement éprouvé étant la condition nécessaire de toute action civile, nous estimons que les dommages-intérêts dus à raison de la mort d'un proche, occasionnée par un crime ou un délit, doivent être accordés, non pas aux héritiers, mais à tous les parents lésés, en d'autres termes, aux parents ou alliés non successibles ou renonçant à l'hérédité, aussi bien qu'aux héritiers acceptants du premier degré. Comme tous autres, les héritiers puisent leur droit d'agir dans le dommage qu'ils ressentent directement; ils ne poursuivent pas en qualité d'héritiers, mais comme ayant été lésés dans leurs intérêts propres.

197. Il est à peine besoin de dire que, le cas échéant, l'action appartient aux parents naturels aussi bien qu'aux parents légitimes. La cour de Paris a jugé, le 16 nov. 1874 (aff. Yung, D. P. 72. 2. 62), que la mère naturelle est recevable à réclamer des dommages-intérêts à raison de l'accident qui a causé la mort de son fils, bien que ce dernier n'ait pas été régulièrement reconnu par sa mère. Cela ne pouvait faire de doute, du moment qu'il était établi

que la mort du fils causait préjudice à la mère, puisque ce ne sont pas les parents légitimes de la victime seule, mais bien tous les individus lésés par les suites d'un accident qui ont le droit de demander à l'auteur du délit la réparation du dommage qu'ils éprouvent.

198. Le second cas d'action civile exercée après le décès de la personne offensée est celui où l'infraction a été commise antérieurement à la mort de la victime. Il a été examiné au *Rép.* n°ˢ 101 et 102, et nous maintenons ici la distinction déjà faite. De deux choses l'une : ou la personne avait porté plainte avant de mourir, ou la partie lésée est décédée avant d'avoir porté plainte. Si le défunt avait intenté l'action, ses héritiers peuvent la poursuivre : l'action formée est un bien que les héritiers recueillent comme les autres biens (Villey, p. 182; Garraud, p. 447; Faustin Hélie, n° 558; Trébutien, n° 147; Le Sellyer, t. 1, n° 276; Mangin, t. 1, n° 127). Si le défunt n'avait pas intenté l'action, l'héritier, succédant à tous les droits et actions du défunt, a dès lors, en principe, le droit d'exercer les actions civiles auxquelles son auteur n'a pas renoncé, soit expressément, soit tacitement. Cependant on doit excepter, conformément à la tradition historique, les délits de diffamation et d'injure parce que celui qui est décédé sans avoir intenté l'action est présumé avoir pardonné (Faustin Hélie, n° 559; Garraud, p. 447; Laborde, n° 772; Mangin, *eod. loc.*; Trébutien, n°ˢ 146 et 147; Villey, *eod. loc.*; Barbier, *Code expliqué de la presse*, t. 2, n° 864), et le délit d'adultère (*suprà*, v° *Adultère*, n° 19). — Il a été jugé que les héritiers de l'individu blessé dans un accident de chemin de fer, qui a succombé quelques heures après, recueillent dans sa succession le droit de réclamer à la compagnie la réparation du préjudice matériel et moral que sa mort leur a causé (Angers, 12 juill. 1872, aff. Larue, D. P. 72. 5. 386). — Décidé, d'ailleurs, que lorsqu'un jugement a condamné une compagnie de chemin de fer à payer à l'individu blessé par suite d'accident une somme représentant le préjudice par lui personnellement éprouvé, sa femme et ses enfants n'en sont pas moins recevables à réclamer la réparation du dommage que leur cause sa mort, qui a été la conséquence ultérieure du même accident (Aix, 14 juin 1870, aff. Magaud, D. P. 72. 2. 97; Req. 4 mars 1872, même affaire, D. P. 72. 1. 327).

199. La troisième hypothèse, relative à l'action civile exercée après la mort de l'offensé, est celle des injures et diffamations dirigées contre la mémoire des morts. Ces délits donnent-ils ouverture à l'action civile au profit de l'héritier? Cette question, examinée au *Rép.* n° 103, a été tranchée depuis par la loi sur la presse du 29 juill. 1881 (D. P. 81. 4. 65, et *suprà*, v° *Presse*, t. 13, p. 253). Aux termes de l'art. 34 de cette loi, « les art. 29, 30 et 31 (qui punissent la diffamation et l'injure) ne seront applicables aux diffamations ou injures dirigées contre la mémoire des morts que dans les cas où les auteurs de ces diffamations ou injures auraient eu l'intention de porter atteinte à l'honneur ou à la considération des héritiers vivants ». Ainsi la diffamation contre la mémoire des morts n'est un délit que dans le cas seulement où l'auteur a l'intention de causer un préjudice aux héritiers. Dans le cas contraire, ces héritiers n'ont certainement pas le droit de porter leur action devant les tribunaux de répression; mais ils pourront se pourvoir au civil en vertu de l'art. 1382 dans le cas où ils se trouveraient personnellement lésés (V. *suprà*, v° *Presse-outrage-publication*, n°ˢ 1012, 1023. *Adde* : Garraud, n° 361, p. 460; Villey, p. 197).

200. Au reste, la preuve que l'auteur de la diffamation ou de l'injure envers la mémoire d'une personne décédée a eu l'intention de porter atteinte à l'honneur ou à la considération des héritiers vivants est à la charge de l'héritier ou du ministère public, puisque cette intention est un élément nécessaire du délit. Ici ne s'applique pas la règle suivant laquelle, en matière de diffamation ou d'injure, la preuve de la bonne foi incombe, en principe, au prévenu (V. *suprà*, v° *Presse*, n° 1018. *Adde* : Garraud, *loc. cit.*; Faivre et Benoît Lévy, *Code manuel de la presse*, p. 168). C'est, d'ailleurs, aux juges du fait qu'il appartient de décider si, en dirigeant des diffamations contre la mémoire des parents du plaignant, l'inculpé a eu l'intention de porter et a réellement porté atteinte à l'honneur et à la considération de

leurs héritiers vivants (Crim. rej. 3 févr. 1893, *Bull. crim.*, n° 33).

Que décider s'il y a plusieurs héritiers? L'action appartient-elle à tous et à chacun? On a soutenu que, lorsque le mort diffamé a laissé plusieurs héritiers, à des degrés différents, l'action en diffamation n'appartient qu'aux héritiers les plus proches. Mais ce système doit être repoussé puisque la loi n'autorise l'action des héritiers qu'à cause du préjudice qui leur est *personnellement* causé. Tous les héritiers sans distinction ni limitation du degré de parenté sont donc fondés à poursuivre, à la seule condition de justifier qu'il y a eu, à leur égard, intention diffamatoire (V. *suprà*, v° *Presse*, n° 1025. *Adde : Dutruc, Explication de la loi du 29 juill. 1881 sur la presse*, n° 249 ; Bazille et Constant, *Code de la presse*, n° 180).

Ajoutons que parmi les héritiers on doit comprendre les enfants naturels légalement reconnus, nonobstant les termes de l'art. 756 c. civ. (Crim. rej. 27 mai 1881, aff. De Lusignan, D. P. 82. 1. 391).

201. — C. *Créanciers, cessionnaires.* — Les *créanciers* de la partie lésée par un délit peuvent-ils exercer l'action civile? Indiquée seulement au *Rép.*, n° 105, cette question a été beaucoup discutée depuis la publication de cet ouvrage. Il n'est douteux pour personne que les créanciers aient droit à l'action civile pour tous les délits qui atteignent le patrimoine (Crim. rej. 8 juin 1849, aff. Brafin, D. P. 49. 1. 180). Mais c'est une question controversée de savoir s'ils ont également cette action à raison des délits contre la personne du débiteur. Certains auteurs la leur refusent absolument, parce qu'ils considèrent toute action de ce genre comme exclusivement attachée à la personne du débiteur, dans les termes de l'art. 1166 c. civ. (Sourdat, t. 1, n° 73 ; Duranton, t. 10, n°ˢ 557-559 ; Trébutien, t. 2, n°ˢ 152-153. Conf. Trib. civ. Seine, 9 janv. 1879, V. *suprà*, v° *Faillite*, n° 467).

Nous pensons avec Demolombe (*Contrats et obligations*, t. 8, n° 678) qu'il faut restreindre cette doctrine au cas où l'action a pour cause un dommage moral, causé à la personne dans sa considération ou dans son honneur, comme par des injures, par une diffamation (Conf. Aubry et Rau, t. 2, p. 337 ; Larombière, *Obligations*, t. 5, art. 1382-1383, n° 46 ; Laborde, n° 772, p. 454); qu'au contraire, l'action doit être accordée aux créanciers de la partie lésée dans le cas où le délit commis contre la personne du débiteur a causé un dommage matériel, soit au débiteur, soit aux créanciers eux-mêmes. Ainsi, lorsque le délit a rendu le débiteur malade, infirme, incapable de travail, les créanciers, qui avaient droit de compter sur le profit de son activité, pourront exercer l'action civile, afin de se faire indemniser du préjudice par eux ainsi éprouvé. Il en serait de même du délit qui aurait pour effet immédiat la mort du débiteur, et arrêterait ainsi le développement de son patrimoine en interrompant ses entreprises. Nous pensons même que, si les créanciers n'avaient d'autre sûreté que l'industrie du débiteur, et si l'infraction avait causé la mort ou une incapacité de travail permanente ou temporaire, ils pourraient intenter l'action de leur chef, comme ayant été personnellement lésés (Haus, t. 2, n° 1372 ; Garraud, *Précis*, n° 361, p. 461).

202. Ainsi qu'on l'a dit au *Rép.*, n° 105, les créanciers du failli ont, en matière de *banqueroute simple*, le droit de se séparer de la masse, de se constituer partie civile et de poursuivre le failli. Depuis le nouvel art. 592 c. com. (L. 28 mai 1838), on ne peut plus contester le même droit aux créanciers en matière de *banqueroute frauduleuse*; mais, s'agissant de crime, ils ne pourraient évidemment qu'intervenir devant la cour d'assises, et non citer directement (V. Mangin, t° 126, p. 181, et la note 1).

Il a, d'ailleurs, été jugé que, lorsque des agents d'une société en faillite sont poursuivis pour escroquerie, les créanciers de cette société sont recevables à se porter parties civiles personnellement et sans être représentés par le syndic, non pas en leur qualité de créanciers, mais en tant qu'ils se prétendent lésés par le délit. Il en est ainsi alors même que le syndic a été reçu intervenant pour défendre les intérêts civils de la faillite, et en prévision d'un recours éventuel contre la société à raison du fait de ses agents (Crim. rej. 16 août 1873, *Bull. crim.*, n° 233).

203. On a cité au *Rép.*, n° 106, un arrêt de cassation

du 13 nov. 1836, qui décide que le simple possesseur d'objets qui ont été détournés a, par le fait seul de sa possession, qualité suffisante pour intenter une action contre l'auteur du détournement, alors même que des tiers se prétendraient propriétaires de ces objets. Il a été depuis jugé que le séquestre nommé par justice après révocation d'un précédent est recevable, s'il constate que celui-ci a commis des détournements, à exercer, même devant la juridiction répressive, toute action ayant pour but de faire rentrer entre ses mains les objets dont il a été établi détenteur légal et responsable (Crim. cass. 13 août 1869, aff. Harouel, D. P. 70. 1. 92 ; et sur renvoi, Rouen, 8 avr. 1870, D. P. 72. 5. 11).

204. Conformément à la doctrine enseignée au *Rép.*, n° 111, un prévenu est recevable à se porter partie civile contre son coprévenu. A cet égard, il a été jugé que le père d'une jeune fille mineure poursuivie conjointement avec un autre individu, comme coauteur d'un outrage public à la pudeur, est recevable, en qualité d'administrateur des biens de sa fille, à se porter partie civile contre le coprévenu de cette dernière (Toulouse, 11 nov. 1862, aff. Viala, D. P. 63. 2. 154. V. aussi Le Sellyer, *Actions publique et privée*, t. 1, n° 313).

205. Lorsque le plaignant s'est constitué partie civile contre le prévenu, celui-ci peut-il, à son tour, se porter partie civile contre le plaignant? C'est la question traitée par les anciens criminalistes, de savoir si les plaintes récriminatoires sont admises. L'affirmative, soutenue au *Rép.*, n° 112, nous paraît certaine. A l'arrêt du 12 déc. 1850, cité *ibid.*, *adde :* Faustin Hélie, t. 4, n° 1715 ; Le Sellyer, t. 1, n° 314 ; Morin, *Journal du droit criminel*, 1865, art. 8025.

206. C'est un point de doctrine déjà admis au *Rép.*, n° 114, et constant aujourd'hui, que l'action civile résultant d'un délit est susceptible d'être cédée comme tout autre droit légitime (Mangin, t. 1, n° 126 ; Faustin Hélie, t. 2, n° 608 ; Le Sellyer, t. 1, n° 277 ; Villey, p. 187 ; Garraud, n° 350 ; Sourdat, t. 1, n° 74 ; Trébutien, t. 2, n° 182 ; Laborde, n° 772 ; Haus, t. 2, n° 1376). Le cessionnaire intentera l'action au nom du cédant, auquel il est subrogé. Le cédant, seul, en effet, dit Trébutien, *loc. cit.*, « est créancier de l'auteur de l'infraction, et aucun lien de droit ne rattache ce dernier au cessionnaire ». (Conf. Faustin Hélie, n° 609). Au reste, les juges, s'ils estiment la demande fondée, pourront dépasser, dans la fixation de l'indemnité, le prix réel de la cession (Garraud, Le Sellyer, Trébutien, Faustin Hélie, *loc. cit.* — *Contra :* Haus, Mangin, *loc. cit.*). Mais, en fait, ils le dépasseront rarement, car il leur paraîtra que la partie lésée, en cédant son action, a estimé elle-même au prix de la cession le taux de l'indemnité qui lui est due, et, d'autre part, ces sortes de cessions ne doivent pas être encouragées (Faustin Hélie, Garraud, Villey, *eod. loc.*).

207. L'action civile étant susceptible d'être cédée, il est hors de doute que le cessionnaire peut l'exercer devant les tribunaux civils. A-t-il aussi contre le cédé le droit de citation directe devant les tribunaux de l'ordre répressif? La négative a été jugée par le tribunal de la Seine le 14 avr. 1889 (*Revue critique*, févr. 1890, t. 19, n° 2, p. 100), mais cette décision ne nous paraît pas devoir être suivie. Sans doute « la faculté de mettre la partie publique en mouvement ne saurait être l'objet d'un trafic » ; mais le droit à des dommages-intérêts résultant d'une infraction est certainement dans le commerce, et, si ce droit peut être cédé, pourquoi le droit de mettre l'action publique en mouvement, qui n'en est que l'accessoire, ne passerait-il pas au cessionnaire? Peu importe à la partie poursuivie de se trouver, dans le procès répressif, en présence de la victime ou d'un ayant cause de celle-ci ; et, quant au ministère public, il requerra librement à l'audience sur l'application de la peine, et donnera tout aussi librement son avis sur la fixation des dommages-intérêts. Ajoutons que, s'agissant d'un droit litigieux, le cédé pourra, dans tous les cas, se soustraire à la poursuite, en remboursant au cessionnaire le prix de la cession, conformément aux art. 1699 et suiv. c. civ. (Le Sellyer, *loc. cit.*).

208. — 3° *Personnes morales.* — Les personnes morales ou juridiques ont-elles la faculté d'agir devant les tribunaux de répression, en réparation du dommage qu'un délit leur a causé? Ces personnes juridiques, ces collectivités possèdent des droits dans lesquels elles peuvent se trouver lésées

par une infraction, quant à leurs intérêts matériels ou leurs intérêts moraux. Propriétaires, un vol, une escroquerie peut causer dommage à leurs biens ; une diffamation peut porter une atteinte grave à leur honneur, à leur considération, à leur crédit. Dans ces cas et autres semblables, est-il loisible aux personnes morales d'exercer l'action en réparation du dommage causé par un crime, par un délit ou par une contravention, accordée par l'art. 1 c. instr. crim. à tous ceux qui ont souffert de ce dommage ? L'affirmative est certaine en principe, qu'il s'agisse de personnes morales publiques ou de personnes morales privées.

209. — A. *Personnes morales publiques.* — S'il s'agit de personnes morales publiques, comme les communes, les départements, il est hors de doute que ces collectivités peuvent, par leurs représentants, exercer l'action civile devant les tribunaux répressifs, aussi bien que les particuliers. Aux termes de l'art. 158 du décret du 18 juin 1811, « sont assimilés aux parties civiles : 1° toute régie ou administration publique relativement aux procès suivis, soit à la requête, soit d'office et dans son intérêt ; 2° les communes et les établissements publics, dans ces procès instruits, ou à leur requête, ou même d'office, pour crimes ou délits commis contre leurs propriétés ». — A cet égard, il a été jugé que, si une commune veut porter une action civile devant un tribunal répressif, elle ne peut agir que par son maire qui a seul qualité pour la représenter en justice, et que l'autorisation du conseil de préfecture lui est indispensable à cet effet (Douai, 10 juill. 1860, aff. Remi de Campeau, D. P. 60. 2. 208; Cons. d'Et. 2 oct. 1852, aff. Salomon, D. P. 54. 3. 80; 28 avr. 1854, aff. Arloing, D. P. 55. 3. 59; 8 nov. 1854, aff. Honguet, D. P. 55. 3. 59. V. L. 5 avr. 1884, art. 10, § 8). — Si c'est un département qui veut agir, le préfet intente l'action en vertu de la décision du conseil général (L. 10 août 1871, D. P. 71. 4. 102).

210. Mais évidemment, pour qu'une personne morale publique (commune, département, etc.) puisse exercer l'action civile devant les tribunaux répressifs, il est de toute nécessité : 1° qu'elle ait été lésée; 2° que la lésion soit le résultat d'une infraction. Il n'y a point d'action civile sans dommage personnel (matériel ou moral), et sans dommage personnel résultant d'un délit. C'est pourquoi il a été jugé que la contravention à un arrêté municipal qui réglemente l'exercice d'une industrie (par exemple, celle des jeux et bals publics, celle des voitures de place, celle de l'éclairage au gaz d'une commune) ne peut donner lieu, contre son auteur, à une action en réparation civile au profit de la commune ou du concessionnaire qui se trouve substitué à ses droits (Crim. cass. 4 mai 1866, *Bull. crim.*, n° 132; Crim. rej. 7 juin 1867, *ibid.*, n° 141 ; Crim. cass. 22 nov. 1884, aff. Gellerat, D. P. 85. 1. 428); spécialement, que le fermier des jeux et bals publics (ou l'entrepreneur privilégié des voitures de place, ou le concessionnaire de l'éclairage au gaz), étant aux droits de la commune, est non recevable à former, devant le tribunal de simple police, une action civile en dommages-intérêts contre les auteurs d'infractions à ces arrêtés (Mêmes arrêts). Ces décisions s'expliquent aisément : l'infraction à un arrêté municipal réglementant l'exercice d'une industrie intéresse bien l'ordre public, et la commune est fondée, sous ce rapport, à recourir contre son auteur, à l'action répressive autorisée par l'art. 471, n° 15 c. pén., mais cette infraction ne touche en rien aux intérêts privés de la commune et ne cause point à celle-ci de dommage particulier, appréciable en argent, nécessaire pour fonder l'action civile. — D'autre part, il a été décidé que les dispositions prises par le maire agissant comme administrateur des biens et revenus de la commune (celles par exemple, concernant l'exploitation d'une halle pour vérification et vente du poisson de mer ou la vente en détail des denrées sur le marché) ne sauraient avoir la sanction réservée aux règlements concernant la police ; qu'elles ne peuvent donner ouverture qu'à une sanction purement civile, et nullement à une action civile portée devant le tribunal de simple police, et ce alors même que le fait dommageable concourt avec une contravention, s'il est, en réalité, distinct de cette contravention (Crim. cass. 12 avr. 1834, aff. Jouve, *Rép.*, v° *Commune*, n° 1086; 30 juill. 1829, aff. Morin, *ibid.*, n° 1118; 26 janv. 1894, *Gazette des tribunaux* des 5-6 février).

211. Au reste, pour qu'une personne morale publique puisse exercer l'action civile, il faut, évidemment, que les règles de son institution lui attribuent compétence à l'égard des intérêts qu'elle voudrait sauvegarder en exerçant cette action. Il a été jugé avec raison par le tribunal correctionnel de la Seine (10 août 1882, aff. Van Guidertaele, D. P. 84. 2. 76) que les chambres de commerce, instituées pour donner leur avis sur les questions intéressant le commerce en général, n'ont pas qualité pour défendre en justice les intérêts des commerçants de leur ressort, notamment en se portant parties civiles dans une action correctionnelle intentée pour infraction à la loi du 28 juill. 1824, relative aux altérations ou suppositions de nom sur les produits industriels.

212. Les corps visés par l'art. 30 de la loi sur la presse du 29 juill. 1881, c'est-à-dire « les cours, les tribunaux, les armées de terre ou de mer, les corps constitués et les administrations publiques » ont-ils la faculté de se constituer parties civiles à l'effet d'obtenir réparation des diffamations et des injures dont ils ont pu être l'objet? L'affirmative ne saurait faire difficulté, quand le corps qui se prétend lésé par la diffamation ou par l'injure est une personne civile et peut ester en justice. Mais parmi les êtres collectifs protégés par l'art. 30 précité, il en est beaucoup, comme l'armée, les cours, les tribunaux, les conseils généraux, municipaux, etc., qui n'ont aucun patrimoine, qui ne possèdent point en principe la personnalité civile et qui, semble-t-il, ne sauraient être admis à ester devant les tribunaux. La doctrine contraire a été cependant soutenue par M. Barbier, dans son *Code expliqué de la presse* (t. 1, n° 471). Cet auteur, se plaçant au point de vue spécial de la presse, reconnaît aux corps dont il s'agit la faculté de se constituer parties civiles, à l'effet d'obtenir réparation des diffamations ou injures dont ils ont pu être l'objet : « La loi de 1881, dit-il, reconnaît que ces corps ont un patrimoine d'honneur et de considération à défendre et leur confère expressément le droit de se *plaindre* des diffamations ou injures dirigées contre eux; n'est-ce pas reconnaître très clairement qu'au point de vue de la diffamation et de l'injure, ces corps constituent de véritables *personnes juridiques* ayant une existence légale et jouissant de certains droits? Il est vrai que la loi (art. 47) ne reconnaît expressément à ces corps qu'un seul droit, celui de se plaindre; mais le droit de plainte ne renferme-t-il pas implicitement celui de se constituer partie civile? Ne serait-il pas injuste qu'un corps diffamé, contre lequel la preuve des faits diffamatoires est admise, ne pût, lorsque le ministère public a donné suite à sa plainte, intervenir aux débats pour défendre son honneur attaqué et obtenir une légitime réparation de l'offense en concluant à l'insertion dans les journaux du jugement à intervenir? Nous ne croyons pas cette opinion fondée. A qui reviendrait le bénéfice de l'action civile, puisque les collectivités dont il s'agit n'ont pas de patrimoine? « Distribuerait-on les dommages-intérêts entre tous les membres de la collectivité? Mais aucun n'a éprouvé personnellement de préjudice; c'est l'honneur du corps qui a souffert; or cet honneur n'intéressant que la chose publique, dont le corps fait partie, c'est par la sanction pénale, poursuivie dans l'intérêt social, que l'infraction se trouve entièrement réparée » (Laborde, n° 778). Conf. Garraud, *France judiciaire*, VII, t. 350. On remarquera que M. Barbier est obligé de convenir (*loc. cit. in fine*) que l'action civile des collectivités ne pourra aboutir qu'à la *publication du jugement* à titre de réparation civile.

213. — B. *Personnes morales privées.* — Les êtres collectifs privés qui possèdent la personnalité civile ont le droit de réclamer devant la justice répressive, aussi bien que devant les tribunaux civils, la réparation du préjudice qui leur a été causé par un délit, et ils exercent leur action par leurs représentants. Cette condition de la personnalité civile est ici indispensable ; si le groupe ne constitue pas une véritable personne civile, ayant une capacité juridique plus ou moins complète, et la faculté d'ester en justice pour y soutenir ses droits, les individus qui le composent pourront agir personnellement et individuellement contre l'auteur de l'infraction, à la condition que celle-ci les ait personnellement et individuellement lésés, mais aucune action ne pourra être donnée à la collectivité.

214. Les sociétés commerciales constituent sans aucun doute des personnes juridiques ; le droit d'exercer l'action civile leur appartient donc incontestablement. Il en est de même des sociétés civiles qui ont revêtu les formes commerciales (V. *suprà*, v° *Action*, n° 56). Il a été jugé, notamment, que le directeur d'une société anonyme a qualité pour demander la répression d'une diffamation dont la société qu'il représente a eu à souffrir, encore que la diffamation ait été plus spécialement dirigée contre les administrateurs (Crim. rej. 24 mai 1884, aff. Pommier, D. P. 86. 1. 144).

215. Journellement les compagnies de chemins de fer interviennent devant les tribunaux répressifs, comme parties civiles, pour demander la réparation du préjudice qui leur a été causé par des délits ou des contraventions (Conf. Féraud-Giraud, *Code des transports par chemin de fer*, t. 2, n° 481). Un jugement du tribunal de Toulouse, confirmé en appel, a décidé, avec raison, qu'une compagnie de chemin de fer a qualité pour poursuivre directement devant le tribunal correctionnel le voyageur qui, sans autre motif que celui de ramasser son chapeau tombé sur la voie, a fait fonctionner le signal d'alarme mis à la disposition des voyageurs et contrevenu ainsi aux prescriptions réglementaires (Toulouse, 17 mai 1889, aff. Cazeneuve, D. P. 91. 2. 88).

216. Mais c'est un point très controversé de savoir si les sociétés civiles, qui n'ont pas revêtu la forme commerciale, sont des personnes juridiques (V. *suprà*, v° *Action*, n°ˢ 56 et 57. V. aussi pour l'affirmative, Req. 23 févr. 1891, aff. Banque générale des Alpes-Maritimes, D. P. 91. 1. 337). En tout cas, il a été jugé, avec raison, que les administrateurs d'une société civile créée pour la défense mutuelle des droits des auteurs et des compositeurs de musique peuvent, conformément à l'usage qui s'est établi et qui n'est pas réprouvé par la jurisprudence, intenter, au nom et à la requête de tous les sociétaires ou de plusieurs d'entre eux, en vertu du mandat qui leur en a été donné, les actions intéressant la société, les noms desdits administrateurs ne figurant dans l'instance que secondairement et à la mention du mandat reçu (Douai, 11 juill. 1882, aff. Dame Ernst, D. P. 83. 2. 153).

217. La personnalité civile et, comme conséquence, le droit d'ester en justice par action civile appartient aux associations syndicales (V. *suprà*, v° *Action*, n° 58). Il n'y a pas de doute possible pour les syndicats professionnels créés en vertu de la loi du 21 mars 1884 (D. P. 84. 4. 129), puisque cette loi leur a accordé, dans son article 6, le droit d'ester en justice par leurs représentants légaux. — À l'égard des associations syndicales de médecins, dentistes et sages-femmes, V. *suprà*, n° 174.

218. Enfin, comme on l'a dit *suprà*, v° *Action*, n° 60, des raisons d'utilité pratique ont conduit la jurisprudence à admettre au bénéfice de la représentation légale toutes les sociétés ou associations organisées avec le concours ou l'approbation de l'autorité publique. Il en résulte que ces sociétés ou associations peuvent exercer l'action civile par leurs représentants légaux. Comme application de cette règle, nous citerons des arrêts qui ont jugé : 1° que les syndics des boulangers d'une ville (au temps où la profession de boulanger n'était pas libre) ont qualité pour former une action civile en dommages-intérêts contre le boulanger de cette ville qui cumule avec sa profession celle de marchand de grains, en contravention avec un arrêté préfectoral (Crim. cass. 10 juill. 1852, cité *suprà*, n° 173) ; — 2° Que les syndics d'une corporation de mesureurs et peseurs jurés pour les grains, les charbons de terre et le noir d'engrais, corporation régulièrement formée suivant arrêtés du maire approuvés par le préfet, sont les représentants légaux de cette corporation et ont qualité pour défendre ses intérêts propres en justice (Crim. rej. 11 avr. 1863, aff. Thébaud, D. P. 63. 5. 11) ; — 3° Que le bâtonnier de l'ordre des avocats formant barreau auprès d'une cour peut être admis à se porter partie civile, au nom de l'ordre, dans la poursuite correctionnelle exercée contre l'auteur d'un écrit injurieux pour le barreau dont il est le chef et dont il a mission de défendre l'honneur et les intérêts (Chambéry, 20 juill. 1872, aff. Bonne, D. P. 73. 2. 9).

219. Les congrégations religieuses autorisées, jouissant de la personnalité civile, sont évidemment recevables, en tant qu'êtres moraux, à exercer l'action civile pour les in-fractions dont elles peuvent être victimes, par exemple pour diffamation. Ces délits peuvent donc être poursuivis en leur nom, à la requête de leurs supérieurs ou représentants légaux. Nous rappellerons, à cet égard, qu'une communauté religieuse peut se trouver diffamée par une imputation dirigée contre un seul de ses membres, si cette imputation est conçue de manière à rejaillir sur la communauté entière (Bourges, 24 nov. 1881, aff. Brulfert, D. P. 83. 2. 189).

220. Quant aux congrégations non autorisées, n'ayant aucune existence légale, elles ne sont évidemment pas recevables à porter plainte, en tant qu'êtres moraux, des délits dont elles peuvent être victimes. Mais les membres de ces congrégations, considérés *ut singuli*, demeurent sous la sauvegarde des lois communes, et peuvent exercer l'action civile, chacun en son nom particulier. Ce droit n'a été contesté à aucun des membres des différents ordres des jésuites, des dominicains, des carmes, etc., lors des poursuites correctionnelles ou criminelles exercées par ceux-ci contre des préfets et des commissaires de police, à l'occasion de l'exécution des décrets d'expulsion du 29 mars 1880.

221. Quant aux associations scientifiques, littéraires ou autres, elles ne peuvent acquérir la personnalité civile qu'en vertu d'un décret les reconnaissant d'utilité publique. Ce n'est donc qu'autant qu'une association a bénéficié d'un pareil décret qu'elle est recevable à se plaindre, comme être collectif, d'une infraction pénale commise envers elle, par exemple d'une diffamation.

222. Les cercles constituent des associations dépourvues de toute personnalité civile et ne peuvent agir en justice par leurs administrateurs. Par suite, il a été jugé, au civil, que le président d'un cercle ne peut en représenter les membres dans une instance judiciaire qu'autant qu'il a reçu à cet effet mandat spécial de chacun d'eux et qu'ils sont individuellement désignés dans les actes de la procédure (Civ. rej. 7 déc. 1880, aff. Cercle de l'Union, D. P. 81. 1. 149, et la note). En matière correctionnelle, la chambre criminelle a rendu, le 20 juill. 1878, un arrêt important, cité *suprà*, n° 179, relativement à une action en diffamation introduite au nom des membres d'un cercle. Elle a jugé, avec raison : 1° que lorsqu'un délit a causé un préjudice à une réunion de personnes, dans l'espèce les membres d'un cercle catholique d'ouvriers, il n'existe aucun obstacle légal à ce que les membres de cette réunion donnent à l'un d'eux mandat de poursuivre en justice la réparation du préjudice commun ; 2° que, lorsque une action a été introduite au nom des membres d'un cercle, il n'y a pas lieu à sursis pour cela seul qu'il est allégué que le cercle aurait cessé d'exister légalement pour infraction aux règles de son institution.

223. — II. CONTRE QUELLES PERSONNES L'ACTION CIVILE PEUT ÊTRE POURSUIVIE. — Nous examinerons ici, de même qu'au *Rép.* n°ˢ 115 à 118 : 1° quelle est la personne qui est tenue de réparer le dommage ; 2° quelle capacité doit avoir cette personne pour défendre l'action civile.

224. Au premier point de vue, nous constaterons, comme au *Rép.* n° 115, que l'obligation de réparer le dommage causé par une infraction pèse : 1° sur les auteurs et complices de cette infraction ; 2° sur les personnes civilement responsables ; 3° sur les héritiers des unes et des autres.

225. Les *auteurs* et les *complices* ont la responsabilité directe de l'infraction. Leur faute est la cause du dommage, et, comme cette faute (dol ou simple faute) constitue une infraction pénale, ils peuvent être poursuivis en réparation du dommage, par voie d'action civile, devant les tribunaux répressifs. Ceci ne peut faire aucun doute. Il est, d'ailleurs, certain que la personne lésée n'a le droit d'actionner devant les tribunaux de répression que les agents dont les actes de participation au délit sont punissables. Ainsi elle ne pourrait agir contre ceux qui ont provoqué à l'infraction par des conseils ou par un simple mandat (sauf les cas où ces moyens de provocation constituent des actes de participation incriminés par la loi), car le simple conseil et le simple mandat ne suffisent pas (c. pén., art. 60), en général, pour constituer la complicité ;... ni les complices de simples contraventions, car cette complicité, à moins de dispositions spéciales contraires (comme dans le cas de l'art. 479, n° 8, et dans celui de l'art. 480, n° 5, c. pén.) n'est frappée d'aucune peine (Conf. Haus, t. 2, n° 1396).

226. Si le délit a été commis par plusieurs personnes, la partie lésée n'est pas obligée de les mettre toutes en cause simultanément. Il a été jugé que l'action dirigée (au civil, à la vérité, mais la solution serait évidemment la même devant la justice répressive) contre l'un des coauteurs est toujours valablement intentée à son égard, sauf le recours contre les autres s'il y a lieu (Crim. cass. 23 août 1869, aff. Maillet, D. P. 69, 1. 464).

227. Au reste, il n'est pas nécessaire que la partie ait été en relations directes et personnelles avec l'auteur de l'infraction qui lui a causé préjudice. Ainsi il a été jugé que l'acheteur de marchandises falsifiées peut se porter partie civile, non seulement contre le marchand en détail, son vendeur direct, mais encore contre le marchand en gros, vendeur originaire, lorsque ces deux négociants, par un ensemble de fraudes, se sont rendus coupables d'un seul et même délit (Crim. rej. 27 juin 1873, Bull. crim., n° 176, p. 326).

228. Toute culpabilité, et, avec elle, toute responsabilité, disparaissant si l'agent de l'infraction n'a pas eu le *discernement* ou la *liberté* de ses actes, il s'ensuit que l'insensé et le mineur de seize ans, privés de *tout discernement*, ne sont pas responsables du dommage qu'ils causent par leur fait et ne pourraient, dès lors, être l'objet d'une action civile (Sourdat, t. 1, n° 16; Garraud, n° 354. Conf. Caen, 2 déc. 1853, aff. Arragon, D. P. 55. 2. 117; Req. 14 mai 1866, aff. Nadau, D. P. 67. 1. 296-297; Lyon, 22 févr. 1871, aff. Crouzet, D. P. 72. 2. 133; Aix, 19 juin 1877, aff. Barailler, D. P. 79. 5. 365. — V. cependant, *contrà*, Montpellier, 31 mai 1866, aff. Tabarier, D. P. 67. 2. 3).

229. L'action civile se donne aussi, sans aucun doute, contre les *personnes civilement responsables* des auteurs et des complices de l'infraction. En matière de simple police, l'art. 145 c. instr. crim. dit formellement que la citation pourra être donnée à la partie civilement responsable; en matière de police correctionnelle, l'art. 182 renferme une disposition semblable, et les art. 190 et 194 supposent formellement que la personne civilement responsable est jugée simultanément avec le prévenu. Il n'y a point de doute non plus en ce qui concerne les cours d'assises. L'art. 3 c. instr. crim. contient, en effet, un principe général applicable à l'action civile dirigée contre les personnes civilement responsables, comme à l'action civile dirigée contre les auteurs mêmes de l'infraction. Du reste, l'art. 74 c. pén. comprend les cours, devant lesquelles sont portées les affaires criminelles, au nombre des tribunaux éventuellement appelés à statuer sur les cas de responsabilité civile (Garraud, n° 394, note 1; Faustin Hélie, t. 8, n° 3835; Hoffman, t. 1, n° 98). Il a été jugé plusieurs fois (et cela est de pratique constante) que la partie lésée a le droit d'assigner à fins civiles la personne responsable pour l'audience de la cour d'assises à laquelle l'affaire est portée (Crim. rej. 18 juin 1847, aff. Lichtenstein, D. P. 47. 1. 223; 25 févr. 1848, aff. Cazaneuve, D. P. 48. 1. 74; Crim. cass. 2 avr. 1859, aff. Bonnin, D. P. 59. 1. 137).

230. Toutefois, ainsi qu'il a été dit *suprà*, n° 139, l'action civile ne pourrait être formée, devant les tribunaux de répression, exclusivement contre la personne civilement responsable : la partie lésée est tenue de mettre en cause l'auteur même du délit parce que l'action civile n'est qu'un accessoire de l'action publique (V. à cet égard les autorités et arrêts rapportés *suprà*, n° 139).

231. La juridiction répressive n'étant compétente pour connaître de l'action civile que si elle est saisie en même temps de l'action publique, la jurisprudence a conclu de cette règle qu'un tribunal correctionnel ne pourrait, en acquittant un prévenu, prononcer une condamnation à des dommages-intérêts contre la personne civilement responsa-

ble (Crim. rej. 16 avr. 1875, Bull. crim, n° 125; 12 juin 1886, aff. Wallet, D. P. 87. 1. 45). L'acquittement démontre, en effet, que le prévenu a été traduit à tort devant la juridiction répressive. Mais rien n'empêche la partie lésée de diriger son action uniquement contre la personne civilement responsable, si elle la porte devant les tribunaux civils (Req. 19 févr. 1866, aff. Chemin de fer de Lyon, D. P. 66. 1. 421 Crim. cass. 22 déc. 1881, aff. Griveau, D. P. 82. 1. 192).

232. Au surplus, pour tout ce qui concerne la matière de la responsabilité civile, V. Rép., v° *Responsabilité*, n°s 777 et suiv., et *infrà*, eod. v°.

233. Les *héritiers* soit des auteurs ou des complices, soit des personnes civilement responsables de l'infraction, sont tenus des restitutions, des dommages-intérêts et des frais. Le texte de l'art. 2 c. instr. crim. ne permet pas de douter que l'action civile puisse être exercée contre eux. Ils ne sont pas soumis à la répression pénale, mais ils sont obligés, comme leurs auteurs, à la réparation du préjudice causé. (Conf. Garraud, n° 354). — Devant quel tribunal devra-t-on faire valoir ce droit à réparation contre les héritiers ? Il est hors de doute que la juridiction civile est seule compétente, si l'action est directement intentée contre les héritiers eux-mêmes, si l'infraction n'avait, du vivant de l'auteur dommageable, donné lieu à aucune poursuite. — Que décider lorsque le tribunal de répression ayant été valablement saisi de l'action publique du vivant du coupable, celui-ci vient à décéder pendant le cours de l'instance ? La question est des plus controversées. Elle sera traitée *infrà*, n°s 359 et suiv.

234. Si le défendeur est *incapable*, la partie lésée qui veut exercer contre lui l'action civile doit-elle mettre en cause son représentant légal ? Par exemple, s'il s'agit d'un mineur, faut-il appeler son tuteur ? S'il s'agit d'une femme mariée, celle-ci doit-elle être autorisée par son mari ? La question doit être examinée d'abord relativement à la femme mariée, ensuite relativement aux autres incapables.

235. A l'égard de la femme mariée, nous croyons, en présence des termes généraux de l'art. 216 c. civ., que celle-ci peut être actionnée en dommages-intérêts devant la juridiction répressive, sans que le demandeur ait besoin de justifier de l'autorisation du mari ou de justice, et que cette dispense d'autorisation existe, non seulement quand la partie civile intervient dans une poursuite commencée par le ministère public, mais encore lorsqu'elle use du droit de citation directe devant le tribunal correctionnel ou de police. C'est la doctrine que nous avons soutenue *suprà*, v° *Mariage*, n° 440 et Rép. eod. v°, n°s 794-795). Elle est conforme à l'opinion de la grande majorité des auteurs (Demolombe, *Traité du mariage*, t. 2, n° 43; Sourdat, t. 1, n° 289; Trébutien, t. 2, n° 154; Garraud, *Précis*, n° 355, et les notes; Villey, p. 187; Gréau, p. 111; Valette, *Explication sommaire*, p. 123; Demante, *Cours analytique*, t. 1, n° 299 *bis*; Haus, t. 2, n° 1397), et elle a été adoptée par la jurisprudence (Trib. corr. Rouen, 22 août 1882) (1). « Le *droit de se défendre*, dit avec raison M. Garraud, n° 355, p. 455, ne peut être, en aucune manière et pour aucun motif, enlevé aux personnes menacées d'une condamnation pénale. Or, la partie civile, qui cite directement la femme devant le tribunal correctionnel ou de police, en même temps qu'elle saisit le tribunal de l'action civile, met en mouvement l'action publique, de telle sorte que le juge doit statuer à la fois sur les deux actions et peut condamner la femme à une peine comme à des dommages-intérêts. On ne concevrait donc pas que le droit de défense de la femme fût entravé par la nécessité d'obtenir l'autorisation maritale ». — V. toutefois, en sens contraire, les auteurs cités *suprà*, v° *Mariage*, n° 440, et, de plus, Laborde, n° 785.

236. Il est à remarquer, cependant, que si la femme mariée

<hr/>

(1) (Guesdon C. Pascali.) — LE TRIBUNAL ; — Attendu que la dame Pascali, assignée devant le tribunal correctionnel par l'époux Guesdon en réparation d'outrages et de coups, a conclu à la nullité de la citation, par la raison que cet acte n'aurait pas été signifié à son mari ; — Attendu que l'autorisation maritale n'est pas nécessaire, aux termes de l'art. 216 c. civ., lorsque la femme est poursuivie en matière criminelle ou de police ; — Attendu que la loi ne distingue pas entre les cas où les poursuites devant les juridictions criminelles ou de police sont dirigées à la requête du ministère public et celui où il est seulement partie jointe ; — Attendu que cette distinction est, en effet,

sans intérêt, puisque, par le seul fait de la citation devant la juridiction de police, même à la requête de la partie civile, l'action publique est si bien mise en mouvement que le désistement de la partie civile ne peut empêcher le ministère public de prendre les réquisitions qu'il jugerait convenables ; — Qu'il est de toute évidence que la marche de l'action publique ne peut être subordonnée à une autorisation maritale ; que c'est d'ailleurs un principe de jurisprudence constant ;

Rejette la fin de non-recevoir proposée par la dame Pascali.

Du 22 août 1882.-Trib. corr. de Rouen.-MM. Gougeon, pr.-Trochon, subst.-Vermont et Desbuissons, av.

était citée devant le tribunal répressif comme civilement responsable, et non plus comme auteur du fait dommageable, l'autorisation du mari serait nécessaire, car l'art. 216 c. civ. ne s'applique qu'à la femme « poursuivie comme accusée ou comme prévenue » (Sourdat, Gréau, *loc. cit.*).

237. La partie lésée, qui veut exercer l'action civile contre un mineur, doit-elle mettre en cause son tuteur? La question a déjà été examinée au *Rép.*, n° 116, et résolue par l'affirmative (Conf. Chauveau et Hélie, t. 1, n° 339; Haus, t. 2, n° 1397; Garraud, n° 355). Suivant ce dernier auteur, « l'action en réparation du dommage causé par un délit, même exercée devant les tribunaux de répression, est essentiellement *civile* : or, la loi veut que le tuteur représente le mineur dans tous les actes de la vie civile (c. civ. art. 450), et aucune disposition du code d'instruction criminelle ne déroge à cette règle de droit commun » (p. 455). La cour de cassation s'est prononcée en sens opposé. Elle a décidé, par trois arrêts, qu'il n'est jamais nécessaire de mettre le tuteur en cause sur les demandes à fins civiles formées contre un mineur devant un tribunal de justice répressive (Crim. rej. 15 janv. 1846, aff. Devaux, D. P. 46. 1. 126; 9 mai 1846, aff. Boulet, D. P. 46. 1. 316; 14 mai 1869 (motifs), aff. Numa Guilhou, D. P. 70. 1. 437. V. également, dans le même sens, les arrêts et jugements cités dans la *Belgique judiciaire*, 1877, p. 44 et 45, *Adde :* Demolombe, t. 7, n°s 802 à 806; Sourdat, t. 1, n°s 289-290; Rauter, *Droit criminel*, t. 2, n° 723; Villey, p. 187; Gréau, p. 109). En pareille matière, disent ces auteurs, l'incapable n'est pas libre d'agir ou de ne pas agir : il faut qu'il se défende. A quoi bon, dès lors, l'intervention du tuteur? Le motif de la loi qui exige l'assistance du tuteur n'existe point ici. Le succès de la demande ne dépend que de l'appréciation que les juges ont pu faire de l'accusation, et les débats donnent les bases de cette appréciation. Le tuteur ne peut donc rien y modifier. De plus, les droits du mineur sont suffisamment garantis, puisque le ministère public, défenseur né des mineurs, doit ou peut être entendu. — MM. Aubry et Rau (t. 1, § 109, et notes 8 et 9) proposent une distinction suivant laquelle l'assistance du tuteur ne serait pas nécessaire dans le cas où une demande civile en dommages-intérêts vient à être formée, par la partie lésée, dans le cours de l'instance formée par le ministère public, tandis que l'action civile, portée directement et par voie principale, devant un tribunal correctionnel ou de simple police, devrait être dirigée, non contre le tuteur seul, mais tout à la fois contre le tuteur et le mineur. Cette distinction nous semble arbitraire et sans fondement juridique.

238. Si un interdit était traduit devant un tribunal de répression (ce qui sera rare, évidemment), la partie civile n'aurait pas besoin, non plus, de mettre en cause le tuteur (Sourdat, t. 1, n° 290; Gréau, p. 110).

239. Il a été jugé, dans le même sens, que le prévenu placé sous la direction d'un conseil judiciaire peut être condamné à des dommages-intérêts envers la partie civile, sans que ce conseil soit appelé dans l'instance (Crim. rej. 29 mars 1849, aff. Jacquin, D. P. 49. 1. 225).

240. Les communes sont-elles soumises à la nécessité d'une autorisation du conseil de préfecture lorsqu'elles ont à défendre à des actions en responsabilité intentées contre elles pour crimes ou délits commis par attroupements et à force ouverte sur leur territoire? Ainsi qu'on l'a rappelé *suprà*, v° *Commune*, n° 877, la jurisprudence admettait autrefois qu'à raison de la procédure sommaire et rapide organisée par la loi du 10 vendém. an 4, cette autorisation n'était point nécessaire (Civ. rej. 1er déc. 1875, aff. Commune de la Rivière-Pilote, D. P. 76. 1. 73). Mais la loi municipale du 5 avr. 1884 ayant supprimé toute procédure spéciale en matière de responsabilité des communes, et n'ayant laissé subsister cette responsabilité que dans les termes ordinaires de la responsabilité civile, il semble certain aujourd'hui que l'action des parties lésées doit être soumise aux règles du droit commun. et qu'elle ne peut être dispensée à aucun titre de l'accomplissement des formalités prescrites par les art. 121 et 124 de la loi précitée (Morgand, *La loi municipale*, t. 2, p. 235).

241. Une autre question analogue se pose pour les communes. Lorsque l'Administration forestière, usant du droit qui lui est conféré par l'art. 82 c. for., veut citer une commune devant la juridiction correctionnelle comme civilement responsable du délit forestier commis par ses agents, est-elle tenue de fournir préalablement le mémoire au préfet prescrit par l'art. 124 de la loi du 5 avr. 1884? Sous l'empire de la loi municipale du 18 juill. 1837, la cour de cassation se fondant sur ce que les dispositions de la loi de 1837 relatives à l'autorisation du conseil de préfecture ne sont pas applicables en matière pénale, a décidé la négative (Crim. cass. 2 oct. 1847, aff. Morigny, D. P. 48. 5. 56). La loi du 5 avr. 1884 n'ayant pas tranché cette controverse, la doctrine adoptée par la cour de cassation paraît devoir être encore admise.

SECT. 4. — RÈGLES GÉNÉRALES RELATIVES A L'EXERCICE DE L'ACTION PUBLIQUE. — INDÉPENDANCE DU MINISTÈRE PUBLIC, ACTION D'OFFICE; TRANSACTION, DÉSISTEMENT, ETC. — INDÉPENDANCE DES DEUX ACTIONS PUBLIQUE ET CIVILE (*Rép.* n°s 119 à 137).

242. — I. INDÉPENDANCE DU MINISTÈRE PUBLIC. — L'indépendance du ministère public est une des règles les plus certaines de notre droit criminel. Elle consiste : 1° en ce que le ministère public a la faculté d'agir ou de ne pas agir, suivant son jugement et sa conscience; 2° en ce qu'il a le droit de prendre, dans toutes les circonstances, les réquisitions que lui suggèrent le devoir et une conviction éclairée (Haus, t. 2, n° 1113). Sous ce dernier rapport, l'indépendance du ministère public est absolue (V. *suprà*, n° 124); mais, sous le premier rapport, son pouvoir est circonscrit dans certaines limites. « Le ministère public est obligé d'agir, quand il en reçoit l'ordre de ses supérieurs hiérarchiques ou de la cour d'appel, ou lorsque l'action publique est mise en mouvement par la partie civile. Mais, dans ces cas même, il reste libre de ses réquisitions qu'il juge convenable. L'officier du ministère public à qui il est enjoint de poursuivre est tenu d'exécuter l'ordre et d'entamer des poursuites ; mais il peut prendre toutes les réquisitions que lui dicte sa conscience, et s'il ne croit pas la poursuite fondée, il a le droit et le devoir de requérir le renvoi du prévenu. Il est tenu de faire ses réquisitions, soit à l'audience, si la personne saisi le tribunal correctionnel ou de police par une citation donnée directement au prévenu, soit de les formuler par écrit, en renvoyant au juge d'instruction la plainte dans laquelle cette personne s'est constituée partie civile ; mais il est maître de ses réquisitions, il peut demander, dans la première de ces deux hypothèses, que le prévenu soit renvoyé de toute poursuite ; dans la seconde hypothèse, qu'il ne soit pas donné suite à la plainte » (Haus, n° 1114). — Les principales applications de la règle de l'indépendance du ministère public ont été résumées au *Rép.* n°s 119 à 127. On consultera sur cette matière les ouvrages suivants : Mangin, *Traité de l'action publique et de l'action civile*, t. 1, n°s 114 à 116 ; Faustin Hélie, *Instruction criminelle*, t. 2, n° 567 et suiv.; Le Sellyer, *Traité de l'exercice et de l'extinction des actions publique et privée*, t. 1, n° 159 et suiv.; Trébutien, *Cours de droit criminel*, t. 2, n°s 92 et 93; 116 à 118; Laborde, *Cours de droit criminel*, n° 187 et suiv.; Garraud, *Précis de droit criminel*, n°s 356 et suiv.; Villey, *Précis de droit criminel*, p. 187 et suiv.; Haus, *Principes du droit pénal belge*, t. 2, n°s 1113 et suiv.; Hoffman, *Questions préjudicielles*, t. 1, n°s 17 et suiv.

243. — 1° *Indépendance du ministère public à l'égard des tribunaux.* — Ainsi qu'on l'a rappelé au *Rép.*, n° 120, la règle de l'indépendance du ministère public à l'égard des tribunaux auxquels il est attaché est spécialement consacrée par les art. 60 et 61 de la loi du 20 avr. 1810 (*Rép.* v° *Organisation judiciaire*, p. 1498). Cette indépendance est absolue : les magistrats du parquet sont aussi indépendants des juges que ceux-ci le sont des membres du parquet. — Elle entraîne, comme première conséquence, l'interdiction pour les tribunaux de faire des *injonctions* quelconques au ministère public (Faustin Hélie, t. 2, n° 571 ; Mangin, t. 1, n° 114 et 115, Morin, *Répertoire*, v° *Ministère public*, n° 7; Ch. Berriat-Saint-Prix, *Procédure des tribunaux criminels*, 1re part., n°s 23 et suiv., et 2e part., n° 187 et suiv.; Hoffman, *Questions préjudicielles*, t. 1, n° 17). A cet égard il a été jugé, par des arrêts nombreux, que les tribunaux n'ont pas le droit d'enjoindre au ministère public de poursuivre des individus

contre lesquels il ne croit pas devoir procéder, et qu'ils commettent un excès de pouvoir lorsqu'ils prononcent un sursis jusqu'à ce que ces individus aient été cités à comparaître (Aux arrêts cités dans ce sens au *Répertoire*, *adde* : Crim. cass. 20 déc. 1843, aff. Delort, D. P. 46. 1. 80; 7 mars 1857, aff. Vaubrun, D. P. 57. 1. 181; 23 août 1866, aff. Piéri, D. P. 67. 1. 47-48; 14 déc. 1867, aff. Piéri, D. P. 69. 1. 488). La nullité existe même dans le cas où l'injonction n'est qu'indirecte. Ainsi jugé qu'il y a lieu d'annuler la disposition d'un jugement correctionnel qui, accordant un sursis au défendeur en diffamation jusqu'après l'instruction sur la plainte déposée par lui au sujet des faits prétendus diffamatoires, donne pour motif que le ministère public ne peut, sur le reçu de la plainte, se dispenser de provoquer cette instruction (Montpellier, 24 mars 1851, aff. V..., D. P. 52. 2. 195. V. aussi *suprà*, v° *Ministère public*, n° 32).

244. Il est, en second lieu, interdit aux juges d'entraver l'exercice de l'action publique et de s'immiscer dans cette action. C'est ainsi qu'ils ne pourraient refuser d'instruire ou de statuer sur les réquisitions du ministère public. Si les juges sont requis d'informer, ils doivent se prononcer. Mais, d'un autre côté, ils ne sont pas liés par les conclusions du ministère public; ils ont le droit de les admettre ou de les rejeter, d'ordonner ou de ne pas ordonner telle mesure d'instruction, de diminuer ou même d'augmenter la peine requise (Garraud, n° 358. Conf. Faustin Hélie, t. 2, n° 572; Trébutien, t. 2, n° 117). On a cité au *Rép.*, n° 121, un certain nombre d'arrêts consacrant la règle qui interdit aux tribunaux de s'immiscer dans l'action publique. Depuis, il a été jugé, dans le même sens : 1° qu'un individu qui ne comparaît devant un tribunal de répression qu'en qualité de partie civile, et contre lequel le ministère public n'a pris aucune réquisition, ne peut être reconnu coupable d'un délit ou contravention, et condamné à une peine (Crim. rej. 6 mai 1847, aff. Haran, D. P. 47. 4. 10); — 2° Que le juge de police ne peut surseoir pour appeler aux débats, comme prévenu et responsable de la contravention, un tiers non régulièrement mis en cause à cette fin par la partie publique (Crim. cass. 15 juill. 1859, aff. Matheu, D. P. 59. 5. 17); — 3° Que l'individu cité comme témoin devant la juridiction correctionnelle ne peut être régulièrement jugé à l'audience comme prévenu, ni comme régulièrement responsable (Crim. cass. 15 déc. 1881, *Bull. crim.* n° 259); — 4° Qu'une cour d'assises qui, hors le cas de crime de faux-témoignage, croit trouver dans certains éléments du débat la preuve de la participation d'un des témoins produits devant elle au crime dont elle est saisie, n'a pas le droit de désigner l'un de ses membres pour procéder à un supplément d'information, ni d'ordonner le dépôt du prévenu dans la maison de justice. A l'égard de l'individu auquel les poursuites paraissent devoir s'étendre, d'après les révélations du débat, la cour doit se borner à renvoyer le prévenu devant le juge d'instruction compétent, conformément au droit commun (Crim. cass. 28 mars 1884, aff. Pierre Giroude, D. P. 85. 1. 93); — 5° Qu'un tribunal correctionnel ne peut ordonner, soit directement, soit indirectement, par la voie du sursis à statuer, qu'il sera procédé à une information sur une inculpation autre que celle dont il est régulièrement saisi, et au sujet de laquelle il n'y a pas d'information requise par le ministère public (Crim. cass. 4 juin 1892, aff. Ferrière, D. P. 93. 1. 311). — V. dans le même sens, les arrêts cités *suprà*, v° *Compétence criminelle*, n° 172. De même, l'action à fin de condamnation à l'amende pour contravention fiscale appartenant, dans toute sa plénitude, à la Régie des contributions indirectes, la même cour a jugé qu'un tribunal correctionnel, saisi d'une poursuite contre un détenteur de boissons, ne peut surseoir à statuer et prescrire à la Régie de mettre un tiers en cause (Crim. cass. 25 nov. 1892, aff. Baleste, D. P. 93. 1. 511).

245. En vertu du même principe, les tribunaux ne peuvent prononcer une *censure* contre les actes du ministère public (Faustin Hélie, t. 2, n° 571; Mangin, t. 1, n° 115; Trébutien, t. 2, n° 118; Villey, p. 187; Garraud, n° 358; Haus, t. 2, n° 1112; Hoffman, t. 1, n° 17). De nombreuses décisions de jurisprudence ont, à cet égard, confirmé la doctrine des arrêts des 24 sept. 1824, 26 avr. 1844, et 14 févr. 1845, cités au *Rép.* n° 121-7°. V. en outre : Crim.

cass. 13 nov. 1847, aff. Rouchon, D. P. 47. 4. 310; 17 déc. 1847, aff. Rouchon, D. P. 48. 5. 264; 12 févr. 1848, aff. Calmels, D. P. 48. 5. 263; Req. 15 déc. 1858, aff. Trib. de Lectoure, D. P. 59. 1. 15; Crim. cass. 16 déc. 1859, aff. Sirguet, D. P. 59. 5. 259; 24 juin 1864, aff. Martin, D. P. 66. 5. 307; 17 févr. 1865, aff. Augustin, D. P. 65. 1. 320; 17 févr. 1876, *suprà*, v° *Compétence criminelle*, n° 170; 5 déc. 1879, aff. Trib. d'Angers, D. P. 80. 1. 41; 11 mars 1880, aff. Santini, *ibid.*; 13 janv. 1881, aff. Trib. de Mont-de-Marsan, D. P. 81. 1. 89; Req. 19 mars 1883, aff. Trib. de Mont-de-Marsan, D. P. 84. 1. 333; Crim. cass. 21 mars 1884, *suprà*, v° *Compétence criminelle*, n° 170).

246. Il a même été jugé, dans ce sens, qu'un arrêt est entaché d'excès de pouvoir et doit être annulé dans ses motifs, sur le pourvoi du procureur général près la cour de cassation, lorsque, même dans ses considérants, il met à la charge de personnes étrangères aux débats les faits formant l'objet de la prévention, et renferme la critique de la direction donnée à la poursuite dans une affaire, ou de l'inaction gardée par le ministère public vis-à-vis de responsabilités que les faits incriminés faisaient apparaître (Crim. cass. 5 août 1886, aff. Didelot, D. P. 87. 1. 190). — Décidé aussi qu'un tribunal répressif ne peut donner acte à un témoin des passages du réquisitoire du ministère public que ce témoin prétendrait être injurieux pour lui : ce serait là une censure indirecte des actes du ministère public (Paris, 29 sept. 1869, aff. Leclanché, D. P. 74. 3. 339).

247. Toutefois, il a été jugé : 1° que la déclaration du juge qu'il y aurait surprise à frapper le prévenu d'une condamnation, sans qu'il eût été préalablement averti, à raison d'un fait jusque-là toléré, ne peut être considérée comme renfermant un blâme à l'adresse du ministère public, si elle a eu pour objet unique de motiver l'acquittement prononcé en faveur du prévenu (Crim. rej. 28 janv. 1859, aff. Bescoud, D. P. 60. 5. 240); — 2° Que l'éloge, même intempestif, d'un brigadier de gendarmerie, dans les motifs d'un jugement d'acquittement, ne constitue ni un blâme, ni une critique des actes du commissaire de police remplissant les fonctions du ministère public à l'audience (Crim. rej. 5 mars 1870, aff. Lebret, D. P. 71. 5. 267).

248. Il est à peine besoin d'ajouter qu'une décision du tribunal de répression, impliquant que le tribunal ne se trouve pas suffisamment éclairé par les documents et les preuves présentés par le ministère public, ne doit pas être considérée pour cela comme méconnaissant l'indépendance du ministère public ou comme contenant une censure indirecte de ses actes; autrement ce serait l'indépendance du juge qui serait compromise. Il a été jugé, dans ce sens, que, de la part d'un tribunal, ce n'est pas critiquer la conduite du ministère public que d'écarter comme peu dignes de confiance les dépositions de témoins à charge cités à la requête de celui-ci (Crim. rej. 2 août 1866, aff. Hinderer, D. P. 66. 5. 306).

249. La règle de l'indépendance du ministère public à l'égard des tribunaux entraîne encore une autre conséquence, déjà signalée au *Rép.*, n° 122, à savoir que le ministère public qui, dans le cours d'une première poursuite, découvre un nouveau délit, n'a nul besoin, pour l'exercice ultérieur de l'action publique, que des réserves lui soient accordées par le juge. Sauf le cas spécial de l'art. 361 c. instr. crim., où elles ont pour effet de retenir en état d'arrestation, nonobstant l'ordonnance d'acquittement, l'accusé que les révélations des débats inculpent d'un nouveau délit, les réserves, quoiqu'elles soient souvent faites dans la pratique, sont inutiles ou nuisibles : inutiles, si le ministère public n'a pas le droit d'exercer une seconde poursuite; superflues, s'il a ce droit, car il n'est jamais permis de renoncer à l'action publique (De la chose jugée, p. 285). Faustin Hélie, t. 2, n° 1043, a fort bien dit à cet égard : « Les réserves n'ouvrent, en général, aucun droit au ministère public et ne lui en conservent aucun; elles sont sans influence sur l'exercice de l'action, et ne sont employées qu'à raison de l'effet moral qu'elles peuvent produire ». Conf. Mangin, t. 2, n° 410; Le Sellyer, t. 2, n° 647; Merlin, *Questions de droit*, v° *Délit*, § 2, n°s 4 et 5; Le Graverend, t. 1, p. 422; Trébutien, t. 2, n° 786; Bonnier, *Des preuves*, n° 711. Aux arrêts dans ce sens cités au *Rép.*, *ibid.*, *adde* : Grenoble, 13 déc. 1854, aff. Chassagne, *suprà*, v° *Chose jugée*, n° 323; Crim. cass.

1ᵉʳ août 1864, aff. Mohammed-ben-Chaaban, D. P. 61.1.500.

250. — 2° *Indépendance du ministère public à l'égard de l'autorité administrative.* — Il est bien évident que le ministère public est, en toute circonstance, indépendant de l'autorité administrative. Spécialement, il a été jugé que le maire, investi par sa qualité du droit d'exercer l'action publique pour la poursuite des contraventions de police, n'a aucune autorisation à demander à l'autorité préfectorale (Crim. cass. 29 nov. 1872, *Bull. crim.* n° 293, p. 500).

251. — II. ACTION D'OFFICE. — C'est un principe de droit au-dessus de toute contestation que l'action publique peut s'exercer sans avoir été provoquée par une plainte ou par une dénonciation (Faustin Hélie, t. 2, n° 732; Mangin, t. 1, nᵒˢ 16 et 131; Le Sellyer, t. 1, n° 159; Hoffman, t. 1, nᵒˢ 19 et 20; Garraud, n° 383; Villey, p. 213). « Telle est la nature de l'action publique, dit Mangin, t. 1, n° 16, que, n'ayant d'autre objet que l'intérêt de la société, son exercice est de droit général, et n'est subordonné à aucune sorte de provocation ». Le code d'instruction criminelle a consacré cette vérité dans les art. 4, 47, 274.

252. Au *Rép.*, n° 124, on a tiré du principe qui vient d'être rappelé la conséquence que le défaut de plainte ou l'irrégularité de la plainte sont sans aucune influence sur l'exercice de l'action publique. Aux arrêts cités en ce sens, il y a lieu d'ajouter les suivants qui ont jugé: 1° que l'absence de plainte en matière de contravention n'est pas un obstacle à la poursuite du ministère public (Crim. cass. 31 juill. 1862, aff. Bonfils, D. P. 67. 5. 433); — 2° Que l'action publique, en matière d'escroquerie, peut être exercée par le ministère public, alors même qu'il n'y aurait point de partie lésée (Crim. rej. 9 mai 1885, aff. Mary-Reynaud, D. P. 86. 1. 89); — 3° Que l'action du ministère public tendant à la répression du délit d'usurpation d'un nom de commerce n'est pas subordonnée à la plainte de la partie lésée (Paris, 18 nov. 1875, aff. Onffray, D. P. 78. 1. 494); — 4° Que le ministère public a qualité pour poursuivre d'office et sans plainte préalable le délit de mise en circulation en France d'objets portant une fausse indication de leur lieu de fabrication (Crim. rej. 27 févr. 1880, aff. Crocius, D. P. 80. 1. 434); — 5° Qu'une obligation, fût-elle nulle comme reposant sur une cause illicite, ne saurait ni arrêter l'action du ministère public pour escroquerie, ni enlever au fait son caractère délictueux (Crim. rej. 7 avr. 1859, aff. Payrastre, D. P. 63. 5. 158); — 6° Que la circonstance que le plaignant aurait déjà actionné pour le même fait la partie dénoncée devant le juge civil ne fait pas obstacle à ce que le ministère public donne suite à la plainte; on opposerait à tort, en pareil cas, la maxime *una via electa...* (Crim. rej. 6 juill. 1866, aff. Jamin, D. P. 67. 1. 416). Ce dernier arrêt est la confirmation de celui du 13 août 1835, rapporté au *Rép.* n° 124, *in fine*.

253. Le droit, pour le ministère public, d'exercer d'oi-fice des poursuites étant la règle générale, il s'ensuit que ce droit ne saurait souffrir d'exception qu'en vertu des dispositions formelles de la loi, ou, en d'autres termes, que la nécessité d'une plainte pour autoriser l'action du ministère public ne peut être étendue en dehors des cas spécialement déterminés par la loi (Mangin, t. 1, n° 131; Le Sellyer, t. 1, n° 238; Faustin Hélie, t. 2, n° 732; Garraud, n° 363; Hoffman, t. 1, n° 20; Trébutien, t. 2, n° 217). — Relativement aux cas dans lesquels une plainte est exigée, V. *infrà*, sect. 7.

254. On ne discute plus aujourd'hui la question posée au *Rép.*, n° 127, de savoir si le ministère public est tenu, lorsqu'un délit parvient à sa connaissance, d'exercer, dans tous les cas, des poursuites contre l'auteur de ce délit. La négative est certaine (V. les autorités citées *suprà*, n° 99).

255. — III. ACTION IRRÉGULIÈREMENT INTENTÉE PAR LA PARTIE CIVILE. — DROITS DU MINISTÈRE PUBLIC. — On a posé au *Rép.*, n° 126, et résolu par la négative avec un arrêt de rejet du 14 févr. 1852, la question de savoir si, dans le cas où l'action intentée directement par la partie civile est irrégulière ou nulle, à défaut d'intérêt, le ministère public peut intervenir valablement dans l'instance et donner ses conclusions pour l'application de la peine. De nouvelles décisions de jurisprudence sont intervenues depuis sur cette question. En premier lieu, un arrêt de cassation du 7 juin 1867 (*Bull. crim.*, n° 141, p. 231) a décidé, contrairement à l'arrêt précité, que, sur la citation d'une partie civile mal fondée, le ministère public peut requérir et le juge saisi prononcer une peine pour contravention. D'autre part, la cour de Pau (17 mars 1854, aff. Triep-Herranat, D. P. 54. 2. 219) a jugé que l'action introduite par la partie civile devant un tribunal correctionnel ayant pour effet de mettre en mouvement l'action publique, le rejet de la plainte de cette partie civile pour défaut de qualité ou d'intérêt, ne saurait avoir pour résultat d'arrêter ou de suspendre l'exercice de l'action publique, qu'autant que l'exception aurait été opposée avant tout débat au fond; mais il en serait autrement, d'après le même arrêt, si l'exception n'avait été proposée qu'après l'instance engagée, et lorsque, par le débat, le ministère public a été mis en situation d'apprécier les faits et de reconnaître le délit. Cette doctrine avait déjà été consacrée par un arrêt de rejet du 20 août 1847 (aff. Devin, D. P. 47. 1. 302); elle a été adoptée aussi par la cour d'Alger qui a jugé le 7 avr. 1870 (aff. Sityès, D. P. 70. 2. 179) que, dans une instance correctionnelle engagée par la partie de la partie lésée, le prévenu ne peut plus utilement opposer comme fin de non-recevoir contre l'action publique le défaut de qualité du plaignant pour se porter partie civile, si le ministère public s'est approprié la poursuite en donnant ses conclusions sur le fond.

256. Il y a lieu de signaler, à ce même point de vue, un arrêt de cassation du 7 déc. 1854 [1], décidant que si l'action civile portée devant un tribunal de répression met

---

[1] (Lécrivain.) — LA COUR; — En ce qui touche le moyen fondé sur la violation prétendue des art. 3, 137, 138 et suiv. c. instr. crim. et de la règle qui défend au juge de statuer au delà de ce qui lui est demandé : — Attendu que le tribunal de simple police de Fismes, jugeant comme tribunal de répression les contraventions de police, ne pouvait pas être et, de fait, n'avait pas été saisi par Matelain d'une demande en condamnation contre Lécrivain, au payement d'une somme de 1 fr. pour complément de prix de la place occupée par ce dernier dans la voiture messagerie dont Matelain était conducteur, puisque cette demande, purement civile, ne pouvait rentrer, à aucun titre, dans les pouvoirs du juge de police; qu'en prononçant, nonobstant, cette condamnation contre Lécrivain, le jugement attaqué a commis un excès de pouvoir et violé les règles de la compétence;

En ce qui touche le moyen fondé sur une fausse application des art. 1, 3, 64, 145, 147 même code, et, par suite, sur une violation prétendue desdits articles: — Attendu que l'action pour l'application des peines n'appartient qu'aux fonctionnaires auxquels elle est confiée par la loi; — Attendu que, s'il est de principe que l'action civile portée, en exécution de l'art. 3, devant le tribunal de répression, met en mouvement l'action publique, à ce point que le tribunal saisi peut, même sans réquisition du ministère public, prononcer les peines attachées par la loi aux faits qui résultent de l'examen et des débats, il n'est également de principe qu'il ne saurait en être ainsi qu'autant que l'action civile aurait été régulièrement introduite, soit par une plainte, selon l'art. 64, soit par une citation, selon l'art. 145, soit par la comparution volontaire et sur simple avertissement de la partie, selon l'art. 147; — Attendu qu'il est constant, en fait, que Matelain n'a ni porté plainte, ni agi par voie de citation contre Lécrivain, mais uniquement par voie de conclusions reconventionnelles prises à l'audience; — Attendu, d'un autre côté, que si Lécrivain, présent à cette audience, a été convenu de ces conclusions, il est également certain, d'une part, qu'il y était présent, non comme prévenu, mais comme plaignant, par suite de la citation par lui donnée à Matelain, qu'il inculpait de violences légères, et, d'autre part, qu'il n'a point acquiescé à la transformation des rôles que les conclusions reconventionnelles lui imposaient, ni consenti, par suite, à défendre, comme prévenu, à ces conclusions; — Attendu, dès lors, et en cet état de la procédure, qu'en déclarant Lécrivain coupable d'injures simples, et en le condamnant à l'amende édictée par l'art. 471, § 11, c. pén., le jugement attaqué a commis un nouvel excès de pouvoir et violé, en les appliquant faussement, les articles ci-dessus visés; — Attendu, enfin, qu'il ressort, et de la nature même des deux condamnations qui avaient été prononcées, et de cette circonstance qu'aucune action n'était régulièrement introduite contre Lécrivain, cette conséquence qu'aucun litige ne restera à vider après l'annulation de la décision dénoncée; — Par ces motifs, vu le dernier paragraphe de l'art. 429 c. instr. crim.; — Casse sans renvoi, etc.

Du 7 déc. 1854.-C. cass., ch. crim.-MM. Laplagne-Barris, pr.-Nouguier, rap.-d'Ubéxi, av. gén., c. conf.-Frignet, av.

en mouvement l'action publique, de telle sorte que le tribunal saisi peut prononcer, même sans réquisition du ministère public, il n'en est ainsi qu'autant que l'action a été régulièrement introduite.

Mais, d'autre part, il a été décidé que le jugement rendu sur l'action publique n'est pas vicié par une irrégularité de pure forme dont serait entachée l'intervention de la partie civile (Crim. rej. 16 août 1873, *Bull. crim.*, n° 233).

257. — IV. Transaction. — Nous avons établi au *Rép.*, n°⁵ 128 à 132, que le ministère public ne peut transiger sur l'action publique, ni se désister de cette action, ni y renoncer. Cette triple interdiction tient à ce que l'action publique, malgré la locution vicieuse de l'art. 1 c. instr. crim., n'*appartient* pas au ministère public : elle n'appartient qu'à la société, dont le ministère public est seulement chargé de la mettre en mouvement, de l'exercer (Faustin Hélie, t. 2, n° 576 ; Mangin, t. 1, n° 32 ; Le Sellyer, t. 1, n°⁵ 255 et 256 ; Trébutien, t. 2, n° 96 ; Hoffman, t. 2, n° 18 ; Garraud, n° 343 ; Villey, p. 187). — Relativement à l'interdiction faite au ministère public de *transiger* sur l'infraction soit avant, soit après les poursuites commencées, nous n'avons rien à ajouter à ce qui a été dit au *Rép.*, n° 128. — En ce qui concerne les effets de la transaction consentie par les administrations, V. *Rép.* n°⁵ 215 et suiv., et *infrà*, n° 353. V. aussi *suprà*, v° Douanes, n°⁵ 741 et suiv., *Rép. cod.* v°, n°⁵ 1001 et suiv. ; *Rép.* v° Impôts indirects, n°⁵ 538 et suiv., et la note de M. Sarrut, D. P. 93. 1. 159. V. également *infrà*, v° Régime forestier. — A l'égard de l'administration des Postes, nous rappellerons : 1°, que cette administration a été autorisée, par l'ordonnance du 19 févr. 1843 (*Rép.*, v° Postes, p. 14) à transiger, avant comme après jugement, sauf l'approbation du ministre des finances, dans toutes les affaires contentieuses qui concernent son service ; 2° que la loi du 4 juin 1859 (D. P. 59. 4. 65) sur le transport, par la poste, des valeurs déclarées, a, par son art. 9, autorisé la même administration à transiger sur les délits que cette loi réprime. — Sur les effets de la transaction consentie par la partie lésée, V. *infrà*, sect. 9.

258. — V. Désistement. — Quant au *désistement*, il est également interdit au ministère public. Mais, comme on l'a dit au *Rép.*, n° 129, il ne faut point entendre par désistement l'acte par lequel le ministère public, éclairé par l'instruction ou par le débat, reconnaît que son action est dénuée de fondement, et demande le renvoi ou l'acquittement du prévenu. La règle qui interdit au ministère public de se désister signifie seulement qu'il n'est pas en son pouvoir d'arrêter le cours de l'action et d'enlever ainsi au tribunal qu'il en avait saisi le droit de statuer (Faustin Hélie, t. 2, n° 578 ; Mangin, t. 1, n° 32 ; Trébutien, t. 2, n° 96 ; Le Sellyer, n° 255 ; Hoffman, t. 2, n° 18 ; Garraud, n° 341). Cette règle a été confirmée par de nombreux arrêts. Aux décisions citées au *Rép.* n° 130, *adde* : Crim. rej. 3 juill. 1852, aff. Morvillez, D. P. 52. 1. 124 ; 3 mars 1853, aff. Vivier-Merle, *Bull. crim.* n° 69 ; Crim. cass. 10 avr. 1856, aff. Dupont, D. P. 56. 5. 114 ; 19 févr. 1858, aff. Dufour, D. P. 59. 4. 335 ; Crim. rej. 4 juin 1858, *Bull. crim.*, n° 165 ; 28 avr. 1859, aff. Mitton, D. P. 59. 5. 8 ; Crim. cass. 16 avr. 1864, aff. Colas et 10 juin 1864, aff. Mendy, D. P. 69. 5. 12 ; 29 juin 1866, *Bull. crim.* n° 166 ; Crim. rej. 5 avr. 1867, aff. Fournery, D. P. 67. 5. 15 ; 19 déc. 1872, aff. Théroulde, D. P. 72. 5. 141 ; 25 janv. 1873, aff. Georges, D. P. 73. 1. 168 ; 21 juin 1877, aff. Mohamed-ben-Marhloud, D. P. 77. 1. 408). Même dans le cas où le ministère public aurait saisi une juridiction incompétente, il ne pourrait la dessaisir par un simple désistement, et sans qu'une sentence (Rouen, 23 janv. 1850, aff. Tharel, D. P. 52. 2. 44 ; Nancy, 4 déc. 1847, aff. Goury, D. P. 48. 2. 199).

Au reste, il a été décidé, avec raison, que le ministère public, en retirant un procès-verbal de contravention qu'il avait déféré au tribunal de police, ne renonce pas à son droit de poursuivre la contravention, et que le tribunal, qui demeure saisi, doit statuer sur la prévention (Crim. cass. 4 avr. 1879, aff. Bordenave, D. P. 80. 1. 47).

Décidé aussi que le ministère public, après avoir formé un pourvoi en cassation, ne peut s'en désister (Rouen, 23 janv. 1850, aff. Tharel, D. P. 52. 2. 44 ; Crim. cass. 10 avr. 1856, aff. Dupont, D. P. 56. 5. 114 ; Crim. rej. 21 juin 1877, aff. Mohamed-ben-Marhloud, D. P. 77. 1. 408).

259. Enfin le tribunal saisi doit toujours, quoique pense et fasse la partie publique, vérifier l'infraction, délibérer et prononcer en conscience : le désistement du ministère public ne dispense pas le juge saisi régulièrement de statuer sur la prévention d'après ses appréciations personnelles des faits (Crim. cass. 16 avr. 1864, aff. Colas, D. P. 69. 5. 12 ; 10 juin 1864, aff. Mendy, D. P. 69. 5. 12 ; Crim. rej. 5 avr. 1867, aff. Fournery, D. P. 67. 5. 15 ; 19 déc. 1872, aff. Théroulde, D. P. 72. 5. 141 ; 25 janv. 1873, aff. Georges, D. P. 73. 1. 168).

260. — VI. Renonciation. — Enfin le ministère public ne peut renoncer à l'avance, par un acquiescement formel ou tacite, à l'exercice des droits qui lui sont attribués dans l'intérêt de l'action publique. C'est ce qui a déjà été établi au *Rép.* n° 131.

261. En premier lieu, « le ministère public ne peut pas renoncer à la faculté d'exercer les recours que la loi ouvre contre les jugements ; ainsi on ne peut opposer à l'appel qu'il a interjeté, au recours en cassation qu'il a formé, dans les délais de la loi, l'acquiescement qu'il a pu donner à la décision qu'il attaque, ni l'exécution qu'elle a reçue par ses ordres ; on ne peut même pas lui opposer que cette décision est conforme aux réquisitions qu'il a prises, que c'est lui-même qui l'a provoquée ; car il ne peut aliéner, ni directement, ni indirectement, les droits dont il a été investi pour assurer l'exécution des lois et le maintien du bon ordre » (Mangin, t. 1, n° 32. Conf. Faustin Hélie, t. 2, n°⁵ 579 et 580 ; Trébutien, t. 2, n° 96 ; Garraud, n° 341 ; Dutruc, *Mémorial du ministère public*, t. 1, p. 73. V. aussi *Rép.* v° Acquiescement, n°⁵ 168 et suiv., 877 et suiv., 882 et suiv. ; *Appel criminel*, n° 198 ; *Cassation*, n° 262 ; *Ministère public*, n° 52). — Deux arrêts, postérieurs à la publication du *Répertoire*, ont fait application de la règle qui vient d'être rappelée. Le premier, confirmant les décisions citées au *Rép.* n° 131-2°, a décidé que l'exécution d'un jugement correctionnel par le ministère public du tribunal qui l'a rendu ne forme pas obstacle à ce que le procureur général interjette appel de ce jugement dans les délais à lui prescrits (Crim. rej. 31 janv. 1861, aff. Choulet, D. P. 61. 1. 236). Le second a décidé qu'encore que le prévenu appelant se soit désisté de son appel contre un jugement qui l'a condamné et que la cour ait donné acte de ce désistement sans opposition de la part du procureur général, ce dernier peut interjeter appel dans les délais, son silence et même son assentiment étant sans pouvoir contre un droit dont la loi seule peut limiter l'exercice (Caen, 24 avr. 1872, aff. Masseline, *suprà*, v° Appel en matière criminelle, n° 43).

262. En second lieu, si le ministère public a exercé des recours, il ne peut s'en désister (Aux arrêts cités à cet égard au *Rép.*, n° 131-5° et 6°, *adde*, 25 janv. 1873 et 21 juin 1877 cités *suprà*, n° 258).

263. — VII. Indépendance de l'action publique par rapport a l'action civile. — « En thèse générale, l'action publique est complètement indépendante de l'action civile, comme celle-ci l'est de la première. Séparées par leur nature et par le but différent qu'elles poursuivent, elles marchent l'une auprès de l'autre sans se confondre » (Hoffman, t. 1, n° 33). Le principe de l'indépendance relative des deux actions est au-dessus de toute contestation (Faustin Hélie, t. 2, n°⁵ 566 et 601 ; Mangin, t. 1, n° 27 ; Trébutien, t. 2, n° 184 ; Garraud, n° 338).

264. — 1° Du principe que l'action publique est indépendante de l'action civile, la jurisprudence a tiré plusieurs conséquences importantes. Aux décisions déjà rapportées, à cet égard, au *Rép.*, n° 133, sont venus s'ajouter de nombreux arrêts qui vont être analysés.

Tout d'abord, il est hors de doute que l'action publique, indépendante de l'action civile, trouve sa base dans le seul fait du délit et en dehors de tout dommage privé. Un arrêt, rendu en matière de contrefaçon de marques de fabrique, a jugé que le prévenu ne saurait invoquer comme motif d'excuse l'absence du préjudice résultant de la contrefaçon, l'action publique ayant sa base dans le seul fait de la contrefaçon de la marque (Crim. rej. 15 janv. 1876, aff. Wolf, D. P. 76. 1. 283).

265. — 2° De même, l'action publique peut être poursuivie, dès qu'une infraction à la loi pénale a été commise, alors même qu'il n'existerait aucune action civile au profit des

parties lésées (Crim. rej. 9 mai 1885, aff. Mary-Reynaud, D. P. 86. 1. 89; Paris, 18 nov. 1875, aff. Onfray, D. P. 78. 1. 494). Spécialement, il a été jugé, à cet égard, que la recevabilité de l'action du ministère public dans une poursuite pour escroquerie ne peut être contestée sous prétexte que les faits incriminés n'auraient été que l'exécution de conventions ayant le jeu pour objet, et que, par suite, aucune action civile n'existerait au profit des parties prétendues lésées (Arrêt précité du 9 mai 1885). — Un autre arrêt a jugé si, dans une poursuite pour escroquerie, l'obligation qui aurait pu donner naissance à l'action civile était nulle comme reposant sur une cause illicite, la nullité de cette obligation ne saurait arrêter l'action du ministère public (Crim. rej. 7 janv. 1859, aff. Payrastre, D. P. 63. 5. 158).

266. — 3° L'action publique ne peut jamais être entravée par l'action civile qui doit, au contraire, être suspendue jusqu'au jugement de la première action (c. instr. crim. art. 3). En conséquence, aucun obstacle au jugement de l'action publique ne saurait résulter de ce que la partie lésée a engagé contre le prévenu, devant la juridiction civile, une action en dommages-intérêts (Crim. rej. 25 janv. 1873, aff. Georges, D. P. 73. 1. 168). Par la même raison, l'exception de litispendance ne saurait être opposée à une poursuite en abus de confiance intentée par le ministère public, sous prétexte que la partie lésée aurait antérieurement poursuivi et obtenu devant la juridiction commerciale la condamnation du prévenu à la restitution des sommes détournées (Crim. rej. 18 nov. 1876, Bull. crim., n° 220).

267. — 4° La réparation du préjudice causé ne peut jamais excuser un délit consommé ni arrêter l'action publique. Ainsi jugé, notamment, en matière d'escroquerie (Crim. rej. 17 juill. 1851, aff. Devin, D. P. 51. 5. 233 ; 11 janv. 1855, aff. Decor, D. P. 55. 5. 195 ; 24 juin 1870, Bull. crim., n° 131 ; 11 oct. 1872, aff. Natal, D. P. 73. 1. 391);... en matière de dégâts causés sur le terrain d'autrui par des animaux laissés à l'abandon (Crim. cass. 9 juin 1866, aff. Poli, et aff. Maestracci, D. P. 66. 1. 462). — Jugé aussi, en matière d'abus de confiance, que la restitution effectuée sous le coup de poursuites commencées n'efface pas le délit et n'arrête pas l'action publique (Crim. rej. 13 sept. 1845, aff. Davoust, D. P. 46. 1. 124 ; Crim. rej. 14 oct. 1854, aff. Gouvert, D. P. 54. 1. 372 ; 11 juin 1853, aff. Deniau, D. P. 58. 5. 5 ; 14 janv. 1859, aff. Bouchonnet, D. P. 59. 1. 41). — Décidé de même, que la convention passée entre la partie victime d'un abus de confiance et l'inculpé, et fixant un délai de grâce pour la restitution des valeurs détournées, n'éteint pas l'action publique, qui subsiste nonobstant la convention antérieure au dépôt de la plainte et à la restitution qui a précédé la poursuite (Crim. rej. 25 avr. 1873, aff. Chadeuil, D. P. 73. 1. 220). — Décidé aussi que la souscription, sous la menace de poursuites, de billets d'ailleurs impayés, n'équivaut pas à restitution après consommation du délit, et qu'une transformation de l'obligation primitive en une novation même équivalente à payement ne pourrait faire obstacle à l'exercice de l'action publique (Crim. rej. 12 mai 1864, aff. Cochonneau, D. P. 65. 1. 198). — Jugé enfin, dans le même ordre d'idées, que le caractère délictueux du détournement commis par un dépositaire public ne saurait être effacé par la restitution des sommes détournées effectuée pendant les poursuites (Bourges, 21 janv. 1853, aff. S..., D. P. 55. 2. 22; Crim. rej. 28 mars 1856, aff. Coursault, D. P. 56. 1. 198).

268. — 5° L'exercice de l'action publique n'étant pas subordonné en principe à l'action civile, la circonstance que la partie lésée aurait abandonné toute poursuite est sans importance aucune au regard de l'action publique. Aussi la cour de cassation a-t-elle décidé qu'un juge de police, saisi d'une contravention de coupe et enlèvement d'arbrisseaux dans un bois appartenant à autrui non constatée par procès-verbal, avait à tort refusé d'entendre la preuve par témoins offerte par le ministère public, au motif que la partie civile *ayant abandonné toute poursuite*, cette preuve offerte était inefficace (Crim. cass. 6 mars 1860, aff. Sarrazac, D. P. 60. 5. 11).

269. — 6° Par application du même principe, celui qui a contrevenu à une loi pénale ne pourrait être relevé de la peine qu'il a encourue, sous le prétexte que, par suite d'une convention particulière, la partie lésée ne profiterait pas directement des réparations civiles auxquelles elle a droit. Ainsi il a été jugé qu'un entrepreneur de voitures publiques ne pouvait demander à être renvoyé de la poursuite dirigée contre lui, sur la plainte d'un maître de poste, pour n'avoir pas employé les chevaux de celui-ci ou ne lui avoir pas payé l'indemnité due en ce cas, en se fondant sur ce que le plaignant aurait cédé à un tiers son droit à cette sorte d'indemnité, et que, par suite, il serait étranger au procès, lequel serait seulement poursuivi sous son nom par son cessionnaire (Orléans, 12 août 1851, aff. Clapier, D. P. 54. 3. 18).

270. — 7° Le désistement et la renonciation de la partie civile, de même que la transaction avec cette partie, ne sauraient arrêter l'action publique. Ainsi jugé à l'égard du désistement de la partie civile (Crim. rej. 2 oct. 1852, aff. Berthonneau, D. P. 52. 1. 312 ; Crim. cass. 2 juill. 1853, aff. Morel, D. P. 54. 1. 366; Crim. rej. 11 août 1881, aff. Duc de Doudeauville, D. P. 84. 5. 279-280 ; 23 mai 1889, Bull. crim., n° 136; Paris, 3 avr. 1875, aff. De Trassy, D. P. 76. 2. 191-192); et à l'égard de la renonciation ou de la transaction (Crim. cass. 4 oct. 1851, aff. Simon, D. P. 51. 5. 14 : 8 mars 1860, aff. Sarrazac, D. P. 60. 5. 11 ; Crim. rej. 12 mai 1864, aff. Cochonneau, D. P. 65. 1. 199 ; 9 juin 1866, aff. Poli et aff. Maestracci, D. P. 66. 1. 463 ; 3 mai 1867, Bull. crim., n° 109; 25 avr. 1873, aff. Chadeuil, D. P. 73. 1. 120).

Il importe peu que l'action publique soit de celles qui ne peuvent être mises en mouvement que sur la plainte de la partie lésée. Même dans cette hypothèse, la jurisprudence proclame que la renonciation de la partie lésée ou son désistement n'ont pas pour effet d'arrêter l'action publique. C'est ainsi qu'il a été jugé : 1° qu'en matière de brevets d'invention, le désistement du plaignant n'a pas pour effet d'éteindre l'action publique (Crim. cass. 2 juill. 1853, aff. Morel, D. P. 54. 1. 366; Paris, 3 avr. 1875, aff. De Trassy, D. P. 76. 2. 191-192)... alors même que le désistement intervient avant la mise en prévention de la partie contre laquelle la plainte avait été déposée (Paris, 20 janv. 1852, aff. N..., D. P. 52. 2. 207) ; — 2° Que le fonctionnaire public qui a porté plainte pour outrages commis à son égard à l'occasion de ses fonctions ne peut, par un désistement ultérieur, arrêter l'exercice de l'action publique (Crim. cass. 7 sept. 1850, aff. Siebert, D. P. 50. 5. 386) ; — 3° Que le Français qui a porté plainte devant les tribunaux français à raison d'un délit commis à son préjudice par un Français en pays étranger ne peut, postérieurement à cette plainte, arrêter par son désistement l'exercice de l'action publique (Crim. rej. 2 oct. 1852, aff. Berthonneau, D. P. 52. 1. 312). C'est ce qui avait été déjà jugé par l'arrêt de rejet du 23 janv. 1847, aff. Pron, D. P. 47. 1. 133.

271. Il n'y a d'exception à la règle qui vient d'être rappelée que dans certains cas déterminés, comme l'adultère, la diffamation. — On sait que le mari qui a porté plainte en adultère contre sa femme peut, en tout état de cause et jusqu'au jugement définitif, faire tomber la poursuite du ministère public en se désistant de sa plainte (V. supra, v° Adultère, n°s 26 et suiv. et 48. V. aussi Crim. rej. 30 avr. 1891, aff. Raguet, D. P. 93. 1. 189, et la note). Nous croyons que le désistement de la femme de la plainte portée contre son mari pour entretien d'une concubine dans le domicile conjugal a aussi pour effet d'éteindre l'action publique à l'égard de celui-ci et de sa complice (Orléans, 17 mars 1891, aff. Révil, D. P. 92. 2. 272 ; Alger, 20 nov. 1891, aff. P..., D. P. 92. 2. 45, et la note). D'autre part, au cas de diffamation ou d'injure envers les particuliers « le désistement du plaignant arrête la poursuite commencée » (L. 29 juill. 1881 sur la presse, art. 60, dern. alin. D. P. 81. 4. 86, et supra, v° Presse-outrage-publication, t. 13, p. 255).

272. 8° La ratification donnée ultérieurement par des plaignants à des actes qu'ils avaient, dès le principe, dénoncés à la justice comme faux, ne peut avoir d'autre effet que d'éteindre l'action civile; elle ne saurait dépouiller le ministère public de l'action qui lui appartient, dans l'intérêt de la société, contre les individus inculpés de crimes et de délits (Crim. rej. 25 janv. 1849, aff. Testard, D. P. 49. 1. 32).

273. 9° La chose jugée au civil ne paralyse pas

l'action publique et ne fait pas obstacle à ce que le ministère public, qui reconnaît dans les faits soumis à la juridiction civile les éléments d'un délit, en poursuive la répression devant la juridiction correctionnelle (Crim. rej. 12 déc. 1857, *Bull. crim.*, n° 398).

274. — 10° Enfin il suit du principe de l'indépendance des deux actions que la non-recevabilité de l'action civile ne peut rejaillir sur l'action publique. Ainsi il a été jugé : 1° que la circonstance que le plaignant aurait déjà actionné pour le même fait la partie dénoncée devant le juge civil ne fait pas obstacle à ce que le ministère public donne suite à la plainte ; on opposerait à tort, en pareil cas, la maxime *una electâ viâ...*, alors surtout que le plaignant, au lieu d'intervenir à la poursuite comme partie civile, a seulement déclaré réserver son droit à cet égard (Crim. rej. 6 juill. 1866, aff. Famin, D. P. 67. 1. 416) ; — 2° Que, lorsque le ministère public a mis l'action publique en mouvement contre certaines personnes justiciables du tribunal correctionnel, et que, d'autre part, des poursuites ont été exercées par les parties civiles contre ces mêmes inculpés et contre d'autres au nombre desquels se trouve une personne justiciable par sa qualité de la cour d'appel, la non-recevabilité de l'action civile ne peut rejaillir sur l'action publique, et le tribunal correctionnel régulièrement saisi de l'action publique doit se déclarer compétent (Paris, 18 févr. 1886, *La Loi*, du 24 février).

275. — VIII. Droit d'option entre la voie de la citation directe en police correctionnelle et la voie de l'instruction. — Notons enfin, pour achever ce qui concerne les règles générales de l'exercice de l'action publique, que si le ministère public a incontestablement, du moins en matière correctionnelle, le choix entre la voie de la citation directe à l'audience et la voie de la réquisition d'une instruction préparatoire, il ne peut plus, son choix une fois fait, modifier sa décision (Duverger, *Manuel des juges d'instruction*, t. 1, n° 121 ; Morin, *Répertoire*, v° *Chambre du conseil*, n° 5 ; Merlin, *Répertoire*, v° *Tribunal de police*, sect. 2, § 3, n° 182-7° ; Carnot, *De l'instruction criminelle*, t. 1, p. 126 ; Sarraute, *Manuel théorique et pratique du juge d'instruction*, n° 370). V. *Rép.* n°s 787 et suiv.

Il a été plusieurs fois jugé, dans ce sens, que, quand le procureur de la République a opté pour la voie de l'instruction préparatoire, il ne peut plus traduire l'inculpé directement devant le tribunal correctionnel ; le juge d'instruction ne peut, en effet, être dessaisi par un acte qui épuise sa juridiction, c'est-à-dire par une ordonnance de ce juge, qui exerce tous les pouvoirs autrefois attribués à la chambre du conseil (Nancy, 4 déc. 1847, aff. Goury, D. P. 48. 2. 199 ; Paris, 21 août 1860 (1) ; Crim. rej. 5 janv. 1878, *Bull. crim.*, n° 7. Conf. Faustin Hélie, t. 6, n° 2816). Et il en est de même au cas où la juridiction d'instruction a été saisie à la requête de la partie civile et sur sa plainte (Paris, 29 nov. 1850, aff. Jouvin, D. P. 51. 2. 15).

Toutefois, il est évident que si le ministère public, après avoir saisi le juge d'instruction, ne peut plus procéder par

voie de citation directe contre les personnes impliquées dans l'information, il conserve ce droit à l'égard de toutes autres personnes et surtout de celles qui ne sont citées que comme civilement responsables (Arrêt précité du 5 janv. 1878).

276. Réciproquement, si le ministère public avait commencé par saisir le tribunal de répression par voie de citation directe, il ne pourrait plus, même après s'être désisté, transférer la connaissance de l'affaire au juge d'instruction (Rouen, 23 janv. 1850, aff. Tharel, D. P. 52. 2. 44).

Sect. 5. — Règles générales relatives a l'exercice de l'action civile. — Elle peut être jointe a l'action publique ou exercée séparément ; désistement, transaction, maxime « electa una via, etc. » (*Rép.*, n°s 138 à 165).

277. — I. Du droit d'option de la partie lésée. — La règle qui accorde à la partie lésée par une infraction le choix entre la voie civile et la voie criminelle (c. instr. crim., art. 3) est générale en ce sens qu'elle s'applique à l'action civile, que celle-ci soit intentée contre les auteurs ou les complices de l'infraction, ou qu'elle soit intentée contre les personnes civilement responsables ; mais le droit d'option de la partie lésée n'est pas absolu, car la règle qui donne à cette partie le choix entre les deux actions reçoit plusieurs exceptions.

Une seule de ces exceptions a été indiquée au *Rép.*, n° 138 ; celle qui résulte de l'art. 601 c. com., en matière de banqueroute (V. *Rép.*, v° *Faillite*, n°s 1532 et suiv.).

278. Une seconde exception à la règle de l'option est relative aux juridictions exceptionnelles. Ces juridictions, investies extraordinairement par la loi d'une compétence pénale, ne peuvent se prononcer sur l'action civile née du délit qu'elles ont le droit de juger. Elles n'ont pas, en effet, à exercer leur juridiction dans l'ordre des intérêts privés (Garraud, n° 372). Il s'ensuit que la partie lésée par une infraction de la compétence des ces tribunaux exceptionnels n'a pas le choix pour son action civile ; elle ne peut la porter que devant les tribunaux civils. La jurisprudence s'était déjà prononcée en ce sens avant la publication du *Répertoire* (Crim. cass. 23 oct. 1818, *Rép.*, v° *Organisation militaire*, n° 799-1° ; Ch. des Pairs, 29 nov. 1830, *Rép.*, v° *Responsabilité*, n° 777-1°). Depuis, le législateur a tranché la question par un texte en ce qui concerne les juridictions militaires. L'art. 54 c. just. mil. du 9 juin 1857 (D. P. 57. 4. 115) dispose que l'action civile ne peut être poursuivie que devant les tribunaux civils. Il n'y a d'exception que dans le cas de justice prévôtale (c. précité, art. 75). Le code de justice militaire pour l'armée de mer du 4 juin 1858 (D. P. 58. 4. 90) contient une disposition semblable (art. 75) à l'égard des tribunaux de la marine. Aussi la cour de cassation a-t-elle cassé, pour incompétence, un jugement d'un conseil de justice maritime qui, statuant sur l'action civile à laquelle avait donné lieu l'infraction, avait condamné solidairement les inculpés à la réparation du dommage occasionné par leur

(1) (Millaud C. Mauby.) — La cour ; — En ce qui touche l'inculpation dirigée contre Millaud et Mauby, d'avoir tenté d'obtenir et d'avoir obtenu des souscriptions et versements de fonds à l'aide de publications faites de mauvaise foi de faits faux ; — Considérant que le premier acte de poursuite dans lequel cette inculpation se trouve expressément formulée, est la citation directe donnée aux prévenus à la requête du procureur impérial du 20 avr. 1860 ; — Considérant que les publications contenant les faits qualifiés faux par le ministère public remontent à 1856 ou au mois de janvier 1857 ; qu'ainsi l'action publique était éteinte par la prescription lorsque la citation ci-dessus visée a été notifiée ;

Considérant que l'on ne saurait présenter comme interruptif de la prescription le réquisitoire par lequel le procureur impérial a requis en termes généraux, le 9 avr. 1859, une instruction contre Millaud et Mauby « pour avoir contrevenu à la loi du 17 juill. 1856 » ; — Qu'en effet le délit spécial reproché par la citation directe n'est pas énoncé dans ce réquisitoire ; qu'il n'a été relevé ni dans le cours de l'instruction, ni dans le réquisitoire définitif du ministère public, et que, par son silence sur le point dont il s'agit, le procureur impérial a fourni une preuve implicite, mais décisive, qu'il n'avait pas entendu le comprendre dans ses réquisitions du 9 avril ; — Considérant d'ailleurs que si l'on pouvait décider que les réquisitions tendant à information, du 9 avr. 1860, comprenaient le délit de publication faite de mau-

vaise foi de faits faux dans le but d'obtenir des souscriptions, il faudrait nécessairement reconnaître en même temps que le juge d'instruction a été saisi de la connaissance des faits constitutifs de ce délit, et, par suite, que le ministère public était non recevable à poursuivre ultérieurement les mêmes faits par voie de citation directe ; — Que c'est, en effet, un principe constant que le ministère public qui a saisi un juge d'instruction d'une affaire quelconque ne peut plus dessaisir ce magistrat ; — Que le seul droit qui lui appartient, s'il pense que l'ordonnance rendue par le juge d'instruction contient, soit une omission, soit une appréciation erronée, ou une fausse qualification des faits, consiste à poursuivre la réformation de cette ordonnance devant la juridiction supérieure ; mais que, dans aucun autre cas, il ne peut plus porter directement à l'audience du tribunal correctionnel des faits qu'il a antérieurement déférés au juge d'instruction ; — Considérant, au surplus, que la prévention n'est pas suffisamment établie ; — Par ces motifs, met les appellations et le jugement dont est appel à néant en ce que Millaud et Mauby ont été déclarés coupables d'infraction aux art. 1, 2, et 11 de la loi du 17 juill. 1856, pour avoir émis, sans se conformer aux prescriptions de ladite loi, des actions de la société par eux fondée sous la dénomination de Compagnie territoriale du bois de Boulogne ;... au principal, les renvoie des fins de la prévention et de la citation dirigée contre eux, etc. ».

Du 21 août 1860.-C. de Paris.

faute (Crim. cass. 10 avr. 1884, *Bull. crim.*, n° 132). — De même, les conseils de préfecture ne peuvent pas connaître de la demande en dommages-intérêts formée par un particulier contre un autre particulier, par suite d'une contravention de grande voirie (Av. Cons. d'Et. 20 sept. 1809, *Rép.*, v° *Voirie par terre*, p. 191).

Au reste, « ces décisions s'appliquent à tous les tribunaux exceptionnels, parce que, dit Faustin Hélie, t. 5, n° 2395, la raison de décider est la même devant toutes ces juridictions. Créées pour assurer une répression plus énergique à des faits qui touchent à l'ordre public, elles sont constituées en vue de cette répression et non pour statuer sur des réclamations purement civiles; elles présentent des garanties aux intérêts généraux qu'elles protègent; elles n'en présenteraient aucune aux intérêts particuliers qui seraient amenés accessoirement devant elles » (Conf. Mangin, *Traité de l'instruction écrite et de la compétence*, t. 2, n° 184; Sourdat, t. 1, n°s 213 et suiv.; Gréau, p. 74 et suiv.; Trébutien, t. 2, n°138). Mais il en serait autrement, sans aucun doute, si, par une disposition spéciale, la loi avait donné compétence au tribunal extraordinaire pour connaître de l'action civile. C'est ainsi que la haute cour de justice, s'appuyant sur l'art. 17 du sénatus-consulte du 10 juill. 1852, s'était reconnu le droit de prononcer des dommages-intérêts (haute cour de justice, 27 mars 1870, aff. Salmon, *C.* prince Pierre Bonaparte, D. P. 71. 2. 79). Aucun texte n'a donné ce droit à la haute cour de justice actuelle, rétablie par les lois constitutionnelles des 24 févr. et 16 juill. 1875 (V. *suprà*, v° *Haute Cour de justice*, n° 1).

279. Une troisième exception à la règle de l'option a été consacrée par la loi du 29 juill. 1881. Admise déjà par diverses lois antérieures sur la presse (Décr. 22 mars 1848; L. 15 avr. 1871, art. 4), mais supprimée virtuellement, ainsi qu'on l'a dit au *Rép.*, par le décret du 17 févr. 1852, cette exception concerne les délits de diffamation contre les fonctionnaires publics. Aux termes de l'art. 46 de la loi précitée du 29 juill. 1881, l'action civile résultant des délits de *diffamation* envers les personnes publiques et à l'occasion desquels il est permis de faire la preuve des faits diffamatoires ne peut pas être poursuivie séparément de l'action publique. Cette exception, qui a pour but de sauvegarder, au profit de l'auteur du fait incriminé, le droit d'anéantir la poursuite en prouvant la vérité des faits prétendus diffamatoires, se restreint nécessairement à la diffamation; encore faut-il que celle-ci soit commise par la voie de la presse. Si l'une de ces deux conditions essentielles fait défaut, l'exception disparaît et l'option renaît au profit de la partie civile (Civ. rej. 2 juill. 1872, aff. Lejay, D. P. 74. 1. 398; Req. 3 août 1874, aff. Arrazat, D. P. 74. 1. 494; Civ. rej. 19 janv. 1875, aff. Lamm, D. P. 75. 1. 321; Req. 7 juill. 1880, aff. Cancalon, D. P. 82. 1. 71-72; Rennes, 25 mars 1879, aff. Lazère, D. P. 80. 2. 166. Conf. Fabreguettes, *Traité des infractions de la parole*, t. 2, n° 1923 et suiv.; Trébutien, t. 2, n° 174). Ajoutons que l'incompétence des tribunaux civils, quand il s'agit des délits de diffamation prévus par l'art. 46 de la loi du 29 juill. 1881, est radicale et absolue, et que, dès lors, le consentement de toutes les parties ne pourrait permettre à la juridiction civile d'apprécier l'action portée devant elle. Les juridictions, en effet, sont d'ordre public (V. Fabreguettes, n° 1925). C'est ce qui a été jugé sous l'empire de la loi du 15 avr. 1875 (V. Riom, 3 août 1876, aff. Guyot-Montpayroux, D. P. 77. 2. 20; Toulouse, 17 juin 1881) (1). — Sur la portée exclusive du juge de répression relativement à l'action civile résultant des délits de diffamation envers les personnes publiques, V. *suprà*, v° *Presse-outrage-publication*, n°s 1650 et suiv.

280. On sait qu'aux termes de l'art. 35 de la loi du 29 juill. 1881, la vérité des imputations diffamatoires et injurieuses peut être également établie contre les directeurs ou administrateurs de toute entreprise industrielle, commerciale ou financière, faisant publiquement appel à l'épargne ou au crédit ». Ne faut-il pas en conclure que l'action civile résultant des délits de diffamation et d'injures envers

ces directeurs et administrateurs ne peut pas non plus être poursuivie séparément de l'action publique? La conclusion serait logique, puisque le motif est le même; cependant, l'art. 46 ne visant pas cette hypothèse, il paraît difficile de suppléer à son silence (Garraud, n° 372, note 3; Barbier, *Code expliqué de la presse*, t. 2, n° 853. V. Conf. *suprà*, v° *Presse-outrage-publication*, n° 1654).

281. Existe-t-il une quatrième exception, en ce qui concerne l'action civile dirigée contre les fonctionnaires publics et les magistrats? On sait que l'art. 75 de la constitution de l'an 8, qui défendait de poursuivre les agents du Gouvernement autres que les ministres, pour des faits relatifs à leurs fonctions, sans autorisation du conseil d'Etat, a été abrogé par le décret du 19 sept. 1870 (D. P. 70. 4. 91). A supposer que, sous l'empire de l'art. 75 précité, le droit d'option de la partie lésée fût limité en quelque manière par la nécessité d'obtenir l'autorisation administrative, cette restriction a certainement disparu par l'effet du décret de 1870.

A l'égard des ministres qui peuvent, aux termes de l'art. 12 de la loi du 16 juill. 1875 (D. P. 75. 4. 114), être mis en accusation devant le Sénat par la Chambre des députés pour crimes commis dans l'exercice de leurs fonctions, c'est une question de savoir si la partie lésée peut les attraire, à raison d'actes de leurs fonctions, devant les tribunaux de droit commun (V. sur ce point *suprà*, v° *Compétence criminelle*, n° 381). — En ce qui concerne les crimes et délits ordinaires que les ministres peuvent commettre hors de l'exercice de leurs fonctions, il n'existe point de règles spéciales pour la poursuite de ces infractions, et, dès lors, il est certain qu'en l'absence de tout texte restrictif la partie lésée possède, en cas pareil, le droit d'option de l'art. 3 c. instr. crim. On sait que les députés et sénateurs ne peuvent, pendant la durée de la session, être poursuivis ou arrêtés en matière criminelle ou correctionnelle qu'avec l'autorisation de la Chambre (L. 16 juill. 1875, art. 14). C'est évidemment une restriction à la liberté de l'option pour la partie lésée. Mais celle-ci pourrait poursuivre, sans autorisation, le député ou sénateur, devant la juridiction civile, en réparation du préjudice résultant du délit. C'est ce qui a été jugé, sous l'Empire, pour un député et pour un sénateur (Trib. corr. de Bastia, 17 mars 1868, aff. Gavini, D. P. 68. 3. 29; Douai, 21 avr. 1862, aff. Siméon; D. P. 68. 3. 29, note 1), et, plus tard, à l'égard d'un membre de l'Assemblée nationale de 1871 (Montpellier, 14 juill. 1873, aff. Arrazat, D. P. 74. 2. 31). Même solution au cas où il s'agit d'une poursuite en responsabilité civile (Crim. rej. 3 août 1893, aff. Fould, D. P. 94, 1re partie). — La décision ne pourrait être différente aujourd'hui. Enfin, s'il est certain que le droit de citation directe n'appartient qu'au procureur général à l'égard des magistrats de l'ordre judiciaire, dans les cas prévus par les art. 479 et 483 c. instr. crim., et à l'égard des fonctionnaires énumérés en l'art. 10 de la loi du 20 avr. 1810, de nombreux arrêts ont décidé que l'action civile peut, malgré le refus du procureur général de poursuivre à fins criminelles, être portée contre ces magistrats et fonctionnaires devant le tribunal civil (Besançon, 13 déc. 1854, aff. Delphis, D. P. 67. 2. 177, note; Civ. cass. 16 déc. 1867, aff. Sirot, D. P. 68. 1. 5; Nancy, 21 déc. 1872, aff. Noiriel, D. P. 73. 2. 7; Civ. cass. 15 déc. 1874, aff. Verlaguet, D. P. 76. 1. 289-298. V. toutefois, *contrà:* Paris, 31 janv. 1860, aff. Delalain, D. P. 67. 2. 177, note, et 12 nov. 1867, aff. Macquin, D. P. 67. 2. 178).

282. — II. DE LA RÈGLE « UNA ELECTA VIA ». — La question de savoir si la partie lésée qui a opté pour la voie civile peut l'abandonner pour prendre ensuite la voie criminelle, et réciproquement, si celle qui a pris d'abord la voie criminelle peut revenir à la voie civile, a été amplement traitée au *Rép.*, n°s 150 à 158. Il convient cependant de l'examiner à nouveau, parce qu'elle a donné lieu à de nombreux arrêts depuis la publication de cet ouvrage.

283. Nous rappellerons tout d'abord que la question, ainsi qu'on l'a dit au *Rép.*, n° 151, ne peut se soulever qu'autant que les deux juridictions ont été saisies de la *même* action.

---

(1) (*Le Triboulet C.* Constans.) — LA COUR; — Considérant qu'il importe peu que l'incompétence n'ait été proposée ni par le demandeur ni par le défendeur; que les juridictions sont d'ordre public, et qu'il ne dépend pas de la volonté des parties d'étendre ou de modifier les compétences; que la cour doit d'office se déclarer incompétente pour connaître des faits relatifs à la vie publique;.... — Confirme.

Du 17 juin 1881.-C. de Toulouse.

Par application des art. 171 c. proc. civ. et 1351 c. civ., il faut qu'il y ait identité d'*objet*, de *cause* et de *partie*. Autrement, comme le dit très bien M. Gréau, p. 59, ce seraient deux actions distinctes, bien que dirigées contre la même personne, et qui pourraient être suivies par des voies différentes. La chose jugée à l'égard de l'une d'elles n'aurait pas d'effet sur l'autre. Cette règle est admise par l'unanimité de la doctrine (Faustin Hélie, t. 4, nos 1716 et 1717; Merlin, *Questions de droit*, vo *Option*, § 1; Morin, *Répertoire* vo *Action civile*, no 18; Sourdat, t. 2, no 237; Trébutien, t. 2, no 179; Haus, t. 2, no 1381; Garraud, no 373, p. 487; Villey, p. 229; Hoffman, t. 1, no 123).

De nombreux arrêts sont venus s'ajouter, pour consacrer cette règle, aux décisions rapportées au *Rép.*, no 151. Ainsi il a été jugé : 1o que l'action en délaissement d'hérédité et en dommages-intérêts formée devant la juridiction civile par des héritiers légitimes contre les détenteurs de l'hérédité ne les rend pas non recevables à se porter parties civiles dans l'action criminelle dirigée contre l'un d'eux, pour fabrication de faux testament (Crim. rej. 20 juin 1846, aff. Combe, D. P. 46. 1. 283); — 2o Que la demande en séparation de corps, formée par le mari pour cause d'adultère de la femme, ne rend pas non recevable, sous prétexte de litispendance, la dénonciation du délit d'adultère que le mari a faite devant la juridiction correctionnelle, durant le procès en séparation de corps (Ch. réun. cass. 10 juill. 1854, aff. André, D. P. 54. 1. 225. Conf. Civ. rej. 22 juin 1850, aff. Sallé, D. P. 50. 1. 208); — 3o Qu'une action en révocation de mandat formée devant le tribunal civil par un mandant contre son mandataire ne fait pas obstacle à ce que ce mandant se porte partie civile dans une accusation de faux intentée contre le mandataire au sujet d'un acte intervenu entre eux, pour demander la nullité de cet acte comme ayant été surpris à sa bonne foi, ainsi que des dommages-intérêts (Crim. rej. 18 nov. 1854, aff. Julien, D. P. 56. 1. 348); — 4o Que le gérant poursuivi en révocation de ses fonctions devant le tribunal de commerce par les actionnaires de la société qu'il dirige peut, en même temps, et à raison des mêmes faits de malversation et d'abus de confiance, être actionné en dommages-intérêts devant le tribunal correctionnel (Crim. rej. 19 nov. 1861, aff. De Grimaldi, D. P. 62. 1. 255); — 5o Que l'associé qui, ayant à se plaindre d'abus de confiance commis par son coassocié, a intenté devant le tribunal de commerce un procès en liquidation de la société, est recevable à poursuivre devant le tribunal correctionnel la réparation civile du dommage que les détournements de ce coassocié lui ont causé; il n'y a pas, dans ce cas, poursuite du même but au moyen de deux actions différentes (Crim. rej. 1er avr. 1865; aff. Hanicotte, D. P. 65. 5. 10); — 6o Que le breveté lésé par une contrefaçon peut, après avoir formé devant le tribunal civil une demande en dommages-intérêts, actionner le contrefacteur devant la juridiction correctionnelle, à raison d'un fait distinct et nouveau, tel que celui d'une participation à la mise en vente, par une autre personne légalement poursuivie, d'objets contrefaits (Crim. cass. 23 mai 1868, *Bull. crim.*, no 136. Conf. Crim. rej. 7 mai 1852, aff. André, D. P. 53. 1. 70); — 7o Que le jugement civil qui condamne une personne à payer le montant des fournitures qui lui ont été faites ne met pas obstacle à ce que le fournisseur poursuive ultérieurement cette personne devant la juridiction correctionnelle pour escroquerie, à raison de manœuvres frauduleuses employées pour se faire livrer ces fournitures (Paris, 24 juill. 1863, *Journal du ministère public*, p. 199); — 8o Que l'existence d'une instance en validité de saisie-arrêt pendante devant la juridiction civile ne met pas obstacle à ce que le débiteur soit poursuivi par le créancier devant la juridiction correctionnelle pour escroquerie, à raison des manœuvres frauduleuses employées pour obtenir la remise de la somme, objet de la saisie (Crim. rej. 18 déc. 1873, aff. Feuillant, D. P. 74. 1. 499); — 9o Que la maxime *una electa via, non datur recursus ad alteram* ne peut être invoquée qu'autant qu'il y a identité dans l'objet des deux actions et identité des parties qu'elles mettent en cause; et qu'ainsi elle est inapplicable au cas où, après avoir formé devant le tribunal de commerce une demande tendant à la nullité d'une liquidation sociale, à la nomination d'un nouveau liquidateur, et subsi-

diairement au payement d'une somme représentant la part qui lui aurait été promise dans la réalisation de l'actif, un associé actionne ses associés devant le tribunal correctionnel, en réparation d'actes qu'il qualifie d'abus de confiance (Crim. cass. 6 juill. 1878, aff. Manescau, *Bull. crim.*, no 145); — 10o Que la maxime *una electa via* ne saurait être opposée à celui qui, après avoir engagé au civil une action en compte, liquidation et partage d'une succession indivise, se porte partie civile devant la juridiction correctionnelle lors des poursuites exercées contre son copartageant pour soustraction frauduleuse de valeur dépendant de cette succession (Crim. cass. 1er mai 1893, *Bull. crim.*, no 139).

284. Il est à peine besoin d'ajouter que la fin de non-recevoir tirée de l'application de la maxime *una electa via* ne doit pas être confondue avec l'exception tirée du principe de la chose jugée, et que cette maxime ne saurait trouver application quand est intervenu un jugement définitif de la première juridiction saisie. — Jugé spécialement, dans ce sens : 1o que lorsque le tribunal de commerce, saisi d'une demande, a rendu un jugement qui est devenu définitif, la question ne peut se poser de savoir si le demandeur a pu transporter son action de la juridiction commerciale à la juridiction correctionnelle et si, par suite, la maxime *una via electa* a été violée (Crim. rej. 20 déc. 1884, *Bull. crim.* no 349); — 2o Que la partie victime d'une escroquerie par le fait de laquelle elle a acheté un fonds de commerce à un prix exagéré ne peut demander devant le tribunal correctionnel la restitution des sommes par elle payées ou des dommages-intérêts, si elle a déjà intenté une pareille action repoussée par le tribunal de commerce (Crim. rej. 27 août 1863, *Bull. crim.* no 232).

285. Ainsi qu'on l'a dit au *Rép.*, no 150, la règle *una electa via, non datur recursus ad alteram* n'est point consacrée par la loi (sauf le cas particulier de la loi du 25 mars 1838, art. 5, en matière de diffamation verbale), mais seulement par la jurisprudence et la doctrine avec certaines réserves et distinctions. Deux auteurs, MM. Sourdat, t. 1, no 282, et Le Sellyer, t. 2, no 1174, n'admettent la règle que dans le cas pour lequel le législateur s'en est formellement expliqué, et la repoussent dans tous les autres cas; mais leur opinion est restée isolée.

A l'exception des deux auteurs précités, tous les criminalistes admettent (et c'est la doctrine qui a été enseignée au *Rép.* no 150) que la partie lésée qui a formé sa demande devant le tribunal civil ne peut plus la porter devant le tribunal de répression (Merlin, *Questions de droit*, vo *Option*, § 1, no 4; Faustin Hélie, t. 2, no 617; Mangin, t. 1, no 35; Rauter, *Droit criminel*, t. 2, no 665, Nouguier, *De la cour d'assises*, t. 4, 2e vol., no 2931; Berriat-Saint-Prix, *Tribunal correctionnel*, t. 1, no 410 et suiv.; Trébutien, t. 2, no 176; Hoffman, t. 1, no 116; Haus, t. 2, no 1380; Garraud, no 373). La jurisprudence est formelle aussi dans ce sens (Aux arrêts cités au *Rép.*, no 150, *adde* : Crim. rej. 9 mai 1846, aff. Boulet, D. P. 46. 1. 316; Crim. cass. 11 juin 1846, aff. Frigard, D. P. 46. 1. 281; Crim. rej. 18 nov. 1854, aff. Julien, D. P. 56. 1. 348; Montpellier, 10 mai 1875, aff. Daydé, D. P. 76. 2. 107).

286. Mais cette règle, ainsi qu'on l'a dit au *Rép.*, no 152, souffre des exceptions. La première, qui est relative au cas de faux, n'a pu donner lieu à aucune difficulté en jurisprudence puisqu'elle résulte du texte formel, de l'art. 250 c. proc. (Faustin Hélie, t. 2, no 618; Mangin, t. 1, no 36).

La seconde exception, qui concerne le cas où le tribunal civil s'est déclaré incompétent, a été consacrée par deux nouveaux arrêts. La cour de Montpellier (4 mars 1874, aff. Barès, D. P. 75. 2. 33) a décidé « qu'un jugement d'incompétence (au civil) a pour effet de remettre les parties au même et semblable état où elles se trouvaient avant la citation; que le demandeur ne peut, dès lors, être considéré comme ayant réellement fait usage de l'action civile qui lui appartenait, et qu'il est libre encore d'opter à son gré entre la voie civile et la voie criminelle qui lui restent également ouvertes » (Conf. Crim. rej. 17 janv. 1883, *Bull. crim.* no 27; Mangin, t. 1, no 36 *in fine*; Garraud, no 373, p. 489; Villey, p. 229; Hoffman, t. 1, no 124).

En troisième lieu, il y a encore exception à la règle si le caractère criminel de l'acte incriminé ne vient à se manifester qu'après l'introduction de l'instance civile. La partie

pourra, dans ce cas, passer du civil au criminel, car la voie civile ne peut exclure la voie criminelle qu'autant qu'elle a été prise en connaissance de cause (Mangin, *loc. cit.*; Carnot, sur l'art. 3, n° 14 ; Faustin Hélie, t. 2, n° 618 ; Trébutien, t. 2, n° 176 ; Hoffman, t. 1, n° 122 ; Villey, p. 229).

En ce qui concerne la quatrième exception, signalée au *Rép.*, n° 152 *in fine*, d'après laquelle la partie peut se désister de la voie civile et intervenir dans une action déjà engagée par le ministère public, nous signalerons un arrêt qui a décidé, en confirmant la jurisprudence ancienne, que la partie lésée peut, sans que la maxime *una via electa* lui soit opposable, réclamer devant le juge correctionnel la restitution d'une somme en payement de laquelle elle s'est déjà pourvue devant le juge civil, si l'instance se trouve engagée par le ministère public agissant après une information judiciaire et ensuite d'une ordonnance de renvoi, et si elle ne figure à cette instance que comme y étant intervenue pour se constituer partie civile (Crim. rej. 26 sept. 1867, aff Villet, D. P. 68. 1. 42).

287. Il est évident, au surplus, qu'il ne peut être question d'invoquer la maxime *una electa via*, qu'autant qu'une action a été réellement exercée devant la juridiction civile. On ne saurait assimiler à une action la simple production à une faillite, ni un avertissement devant le juge de paix, ni une citation en conciliation (V. à cet égard les arrêts cités *supra*, v° *Action*, n° 73).

Il est plus évident encore que la maxime *una electa via* ne s'oppose pas à ce qu'une partie qui a intenté son action devant un tribunal civil à raison d'un fait délictueux dont elle éprouve préjudice porte plainte de ce fait au parquet et mette en mouvement l'action publique (Crim. rej. 6 juill. 1866, aff. Famin, D. P. 67. 1. 416).

288. Est-il nécessaire d'ajouter que la maxime *una electa via* n'est pas opposable au ministère public, même lorsqu'il a agi sur la plainte d'une partie civile qui avait antérieurement saisi la juridiction civile? Évidemment, le ministère public, qui ne peut poursuivre par la voie civile la réparation des faits délictueux qui lui sont dénoncés, ne peut jamais se heurter à l'objection que l'exercice du droit d'option appartenant à la partie civile peut faire surgir devant elle. C'est ce que la cour de cassation a jugé par un arrêt de rejet du 12 juin 1890 (aff. Schieffer, D. P. 90. 1. 489).

289. Lorsque la partie s'est adressée d'abord aux tribunaux criminels, peut-elle se désister de sa plainte et porter son action devant la justice civile? L'affirmative a été enseignée au *Rép.* n° 154. Nous persistons dans cette opinion, qui est celle de Faustin Hélie, t. 2, n° 620, de Merlin, *Questions de droit*, § 1, n° 4 ; de M. Garsonnet, *Cours de procédure*, t. 1, p. 609, et la note 31, mais qui a été contredite par Mangin, t. 1, n° 37 ; par MM. Trébutien, t. 2, n° 178 ; Garraud, p. 487, et Villey, p. 228. La jurisprudence l'a consacrée. A l'arrêt du 21 nov. 1825, cité au *Rép.*, n° 154, *adde :* Req. 17 déc. 1839, *Rép.* n° 157, et Montpellier, 10 mai 1875, aff. Daydé, D. P. 76. 2. 107.

290. Il faut ajouter qu'à plus forte raison, la partie lésée est recevable à prendre la voie civile, après que le tribunal criminel devant lequel elle avait d'abord porté son action s'est déclaré incompétent (*Rép.*, n° 155). « En effet, dit très bien Faustin Hélie, t. 2, n° 619, la déclaration d'incompétence suspend l'action et ne la vide pas ; le tribunal, après s'être dessaisi, est dans les mêmes termes que s'il n'avait pas été saisi ; la partie reprend donc son action et peut la porter devant la nouvelle juridiction qui lui est indiquée » (Conf. Trébutien, t. 2, n° 178 ; Mangin, t. 1, n° 36, *in fine*; Garraud, n° 373, p. 489; Gréau, p. 63). Il en serait de même si le tribunal de répression avait déclaré l'action publique prescrite ou éteinte par une amnistie (Faustin Hélie, *loc. cit.*; Hoffman, t. 1, n° 124 *bis*), ou si la juridiction répressive avait été dessaisie de l'action publique et, par conséquent, de l'action civile, par le décès du prévenu (Garraud, *eod. loc.*).

291. Il en serait encore de même, suivant nous, si, au lieu d'un jugement d'incompétence, ou d'un jugement déclarant l'action publique non recevable ou éteinte, il intervenait une ordonnance ou arrêt de non-lieu en faveur de la partie du ministère public. Cette partie aurait, dans ce cas, le droit de se pourvoir ultérieurement devant les tribunaux civils pour obtenir la réparation du tort qui lui a été causé. L'or-

donnance ou l'arrêt de non-lieu ne décide, en effet, qu'une chose au point de vue civil : à savoir que l'action de la partie lésée ne peut être soumise à un tribunal de répression, le fait qui sert de base à cette action ne pouvant être renvoyé à ce tribunal. Elle ne statue rien relativement à l'action à porter devant la juridiction civile, qui demeure libre et entière dans les mains de la partie. C'est ce que reconnaissent Mangin, t. 2, n° 440 ; Hoffman, t. 1, n° 125 ; Trébutien, t. 2, n° 178; Le Sellyer, *Action publique*, t. 2, n° 740; — *Contra :* Faustin Hélie, t. 2, n° 620, et n° 1102 et suiv., et Rodière, *Éléments de procédure criminelle*, p. 24.

Un arrêt (Crim. cass. 12 déc. 1877, aff. Perrot, D. P. 79. 1. 476) a jugé, dans le sens de la doctrine par nous adoptée, que l'ordonnance de non-lieu fondée sur ce que l'inculpation d'homicide involontaire n'est pas suffisamment établie statue uniquement sur la criminalité du fait et sur la culpabilité de l'inculpé, et qu'en conséquence cette décision n'exclut pas l'existence d'une faute ou d'un quasi-délit pouvant servir de base à une action en réparation civile, alors même que *la partie lésée se serait portée partie civile dans l'instruction criminelle.* Mais, au contraire, ainsi qu'on l'a dit au *Rép.*, n° 156, le retour à la voie civile serait interdit à la partie qui, ayant saisi d'abord la juridiction répressive, aurait été déboutée par jugement définitif, car il y aurait évidemment chose jugée sur son action. Au reste, on sait que la cour d'assises, en cas d'acquittement, peut et doit se prononcer sur la demande en dommages-intérêts formée par la partie civile. Il n'existe d'exception à cette règle qu'en matière de presse (L. 29 juill. 1881, art. 58).

292. La doctrine ne s'est pas ralliée tout entière à la distinction formulée dans les numéros qui précèdent, et suivant laquelle il est permis de passer de la voie criminelle à la voie civile, mais non du civil au criminel. Un grand nombre d'auteurs estiment que la règle *electa una via* est générale, et décident que la partie lésée qui a exercé son droit d'option et engagé son action devant une juridiction ne peut plus (si ce n'est dans les cas formellement prévus par la loi) abandonner l'action qu'elle a intentée pour saisir une autre juridiction (Mangin, t. 1, n° 35 ; Merlin, *Questions de droit*, v° *Action;* Garraud, n° 373 ; Morin, *Répertoire*, v° *Action civile*, n° 17 et suiv.; Hoffman, t. 1, n° 112 et suiv. ; Villey, p. 228 ; Haus, t. 2, n° 1380; Bazot, *Revue pratique*, t. 31, p. 553 ; Regnault, *Revue critique*, t. 1, n° 409).

293. — III. De la règle que l'action civile ne peut être exercée devant le tribunal répressif qu'accessoirement a l'action publique. — C'est un principe rappelé au *Rép.*, n° 139, et au-dessus de toute contestation, que l'action civile ne peut appartenir aux tribunaux de répression que lorsqu'elle est exercée *accessoirement* à l'action publique, dont ils se trouvent en même temps saisis. Trébutien a dit très justement qu'en ce qui concerne la compétence, l'action civile est le *satellite* de l'action publique (t. 2, n° 160). De ce principe découle une première règle, à savoir que la partie lésée ne peut porter sa demande en dommages-intérêts devant un tribunal de répression, qu'autant que ce tribunal se trouve saisi, en même temps, de l'action publique (c. instr. crim. art. 3). A cet égard, nous n'avons aucun arrêt nouveau à ajouter à ceux rapportés au *Rép. ibid.*

Une seconde conséquence du principe est que le tribunal de répression ne peut statuer sur l'action civile que par le même jugement qui applique la loi pénale. — V. à cet égard *supra*, v° *Compétence criminelle*, n° 210 et 211, les applications faites par la jurisprudence en matière de simple police. — Nous ajouterons seulement qu'aux termes d'un arrêt, le juge correctionnel ne peut statuer sur les dommages-intérêts dus à une partie lésée par un délit qu'après avoir préalablement reconnu l'existence de ce délit ; spécialement le tribunal correctionnel ne peut, sans préjuger le fond et sous réserve de statuer ultérieurement sur le fond, commettre, avant faire droit, à l'effet, non de rechercher si le prévenu a commis une imprudence, mais de déterminer les conséquences dommageables du délit imputé (Paris, 18 déc. 1889, *Journal du droit criminel* 1889, p. 287).

En troisième lieu, lorsque les tribunaux répressifs pronon-

cent l'acquittement du prévenu, ils se trouvent dessaisis de l'action criminelle et deviennent, par suite, incompétents pour statuer sur les intérêts privés; conséquemment, ils ne peuvent accorder de dommages-intérêts à la partie civile. Cette règle, ainsi qu'on l'a rappelé au *Rép.*, n° 140, est certaine en simple police et en police correctionnelle (c. instr. crim. art. 159, 191, 212). — V. à cet égard les nombreux arrêts et autorités cités *supra*, v° *Compétence criminelle*, n°s 209 et 297. *Adde*, en matière correctionnelle : Crim. cass. 12 juin 1886, aff. Wallet, D. P. 87. 1. 45; 5 juill. 1890, aff. Lhôte, D. P. 91. 1. 143; Chambéry, 23 mai 1878, *Journal du droit criminel*, 1878, p. 298 ; Trib. corr. Seine 28 mai 1890, aff. Secrétan, D. P. 93. 1. 52; et, en matière de simple police, Crim. cass. 7 nov. 1873, aff. Delaplesse, D. P. 74. 1. 96.

294. De ce que l'acquittement du prévenu rend le juge correctionnel incompétent pour statuer sur l'action civile, il suit que le juge ne peut retenir la cause même le plaignant et la partie civilement responsable (Crim. cass. 10 août 1860, aff. Chemin de fer de Lyon C. Bergue, D. P. 60. 1. 513; 16 avr. 1875, *Bull. crim.*, n° 125). La jurisprudence en a conclu aussi que la partie assignée comme civilement responsable des actes délictueux de ses préposés se trouve mise hors de cause par l'effet du relaxe de ces derniers, et qu'il est, dès lors, sans intérêt de rechercher si elle a été régulièrement citée (Crim. rej. 12 juin 1886, aff. Wallet, D. P. 87. 1. 45).

295. Toutefois, il y a des exceptions à la règle d'après laquelle les tribunaux correctionnels et de police ne peuvent statuer sur l'action civile lorsqu'ils acquittent le prévenu. La première est fondée sur l'art. 202-2° c. inst. crim. Cet article suppose qu'un jugement en premier ressort est intervenu à la fois sur l'action publique et sur l'action civile, nées d'une contravention ou d'un délit; le ministère public ne forme pas appel dans les délais légaux, et le jugement acquiert, en ce qui concerne l'action publique, autorité de chose jugée ; mais la partie civile a formé appel : la juridiction d'appel est saisie de l'action civile et doit y statuer, quoique l'action publique soit éteinte par la chose jugée, et quoiqu'il soit devenu impossible de condamner à une peine quelconque le prévenu acquitté (Crim. cass. 14 avr. 1860, aff. Maynard, D. P. 60. 1. 375; 31 janv. 1867, aff. Vindry, D. P. 68. 1. 96).

296. La seconde exception se rencontre en cas d'opposition faite par la partie civile à un arrêt rendu par défaut contre elle. La partie civile qui a fait défaut peut, en effet, former opposition au jugement ou à l'arrêt par défaut qui, statuant contradictoirement entre le ministère public et le prévenu, l'a déboutée de sa plainte. Ce droit d'opposition lui est reconnu par une jurisprudence constante (Crim. rej. 26 mars 1824, v° *Jugement par défaut*, n° 46-1°; Paris, 20 nov. 1835 et 29 nov. 1837, *Rép. ibid.* ; 22 avr. 1853, aff. Jugé, D. P. 53. 5. 280). Or il est naturel que l'opposition emporte, vis-à-vis de la partie civile, tous ses effets, c'est-à-dire l'anéantissement de la décision par défaut et la réouverture du débat tout entier dans la mesure de l'intérêt qui le provoque. Aussi la cour de cassation a-t-elle jugé que, lorsque, sur les appels respectifs du procureur de la République et de la partie civile d'un jugement correctionnel acquittant le prévenu, il intervient un arrêt par lequel la cour rejette ces appels, par défaut à l'encontre de la partie civile, contradictoirement avec le ministère public, la partie civile conserve le droit de faire opposition à cet arrêt nonobstant l'acquittement qui, vis-à-vis de la partie publique, est définitif; et la cour a le droit, sur cette opposition, d'examiner à nouveau l'affaire et de réformer le jugement, à la condition de limiter la portée de sa décision nouvelle aux intérêts civils (Crim. rej. 14 janv. 1892, aff. De Bélot, D. P. 92. 1. 393).

297. On sait que le principe posé *supra*, n° 293, fléchit lorsque la juridiction saisie est la juridiction criminelle. Par l'effet d'une attribution spéciale donnée par les art. 358 et 366 c. instr. crim. aux cours d'assises, celles-ci sont compétentes pour statuer sur les dommages-intérêts même en cas d'acquittement (V. *supra*, v° *Compétence criminelle*, n°s 340 et suiv.). Aux décisions citées, *adde*, C. d'ass. Seine, 31 janv. 1887 (aff. Annette Harchoux et abbé Roussel) qui a décidé qu'au cas d'accusation de faux, la cour d'assises peut, en acquittant l'accusé déclaré non coupable par le jury,

décider qu'il résulte, néanmoins, des débats que le billet argué de faux n'est pas l'œuvre du signataire présumé, lequel s'est porté partie civile, et allouer des dommages-intérêts à celui-ci pour réparation du préjudice que l'accusé lui a causé en poursuivant le recouvrement de ce billet (Conf. Crim. rej. 23 mars 1887, même affaire, *Bull. crim.*, n° 118). — Il n'en serait pas de même si la cour d'assises avait été saisie pour délit de presse, puisque la loi du 29 juill. 1881 sur la presse décide, par exception à l'art. 366, qu' « en cas d'acquittement par le jury, s'il y a partie civile en cause, la cour ne pourra statuer que sur les dommages-intérêts réclamés par le prévenu » (art. 58).

298. En quatrième lieu, l'action civile, ainsi qu'on l'a constaté au *Rép.*, n° 141, ne peut s'exercer devant les tribunaux criminels lorsque l'action publique est éteinte. D'une façon plus générale, nous dirons avec Haus (t. 2, n° 1393) et Garraud (n° 399, p. 511): la juridiction répressive est incompétente pour statuer sur l'action civile, lorsque l'action publique est elle-même *irrecevable*; car elle n'a le droit de statuer sur la première que parce qu'elle peut connaître de la seconde. Ainsi lorsque le fait dommageable, bien que prévu par la loi pénale, ne donne pas ouverture à l'action publique, comme, par exemple, les soustractions commises au préjudice du conjoint, d'un proche parent ou allié (c. pén. art. 380), ou encore les infractions commises en pays étranger et non punissables en France (c. instr. crim. art. 5 et 7), la juridiction répressive est sans attribution pour connaître de l'action civile.

Il en est de même lorsque l'action publique est éteinte par une cause quelconque, soit par le décès du prévenu, soit parce qu'il y a chose jugée sur cette action, soit par l'amnistie ou par la prescription. L'action civile ne peut, en aucun de ces cas, être ni intentée, ni reproduite devant le juge criminel, puisque ce juge a perdu toute compétence pour le principal et conséquemment pour l'accessoire (Mangin, t. 1, n° 34 ; Faustin Hélie, t. 2, n° 613; Trébutien, t. 2, n° 161; Le Sellyer, t. 1, n° 64; Villey, p. 225; Sourdat, t. 1, n° 229; Garraud, p. 491; Hoffman, t. 1, n° 84; Haus, t. 2, n° 1393).

299. Cette règle, établie au *Rép.*, n° 141, a été, depuis la publication de ce recueil, confirmée par plusieurs arrêts. C'est ainsi qu'il a été décidé par rapport à la chose jugée : 1° que, l'exercice de l'action civile devant les tribunaux de répression étant essentiellement subordonné à l'exercice de l'action publique, la partie privée ne peut poursuivre son action devant les tribunaux criminels, lorsqu'un jugement rendu contradictoirement entre le prévenu et le ministère public, mais en défaut de la partie civile, a acquis force de *chose jugée* à l'égard du ministère public (Montpellier, 15 janv. 1855, aff. Gouffron, D. P. 55. 5. 11); — 2° Que l'action de la partie lésée devant la juridiction répressive est non recevable, lorsqu'il est intervenu en faveur du prévenu une ordonnance de non-lieu passée en force de chose jugée (Douai, 10 mars 1880, aff. Beglein, D. P. 81. 2. 144); — 3° Que le recours en cassation exercé isolément par la partie civile contre un arrêt de non-lieu de la chambre d'accusation, n'ayant pas pour effet de conserver l'action publique, laquelle se trouve éteinte si le ministère public laisse expirer les délais du pourvoi, il en résulte que l'action civile ne peut plus, dans une telle situation, être portée devant la juridiction répressive, et que le recours doit, dès lors, être déclaré non recevable (Crim. rej. 14 juill. 1859, aff. Yonner, D. P. 59. 1. 328. Conf. Crim. rej. 8 janv. 1870, aff. Mirès, D. P. 71. 1. 356; 4 mars 1870, aff. Carvallo, D. P. 71. 1. 357; 15 juill. 1870, aff. Soubeyran, D. P. *ibid.*; 27 mars 1884, aff. Chirac, D. P. 85. 1. 224; 1er déc. 1893, aff. Denis, *Bull. crim.*, n° 115).

La cour de Bourges a appliqué la règle qui précède dans une espèce intéressante. Cette cour a décidé qu'en cas d'appel, par la partie civile seule, d'un jugement correctionnel rendu sur la poursuite et prononçant le relaxe du prévenu, si cette partie civile vient à être déclarée par la cour non recevable pour défaut de qualité, l'extinction de l'action publique, résultant du défaut d'appel de la part du ministère public, fait obstacle à ce que le prévenu soit de nouveau cité en police correctionnelle par la partie civile ayant qualité (Bourges, 3 avr. 1890, aff. De Chaudenay, D. P. 91. 2. 78).

300. La cour de cassation a jugé de même que l'action civile ne peut plus être portée devant le tribunal de répression lorsque, au moment ou celle-ci est intentée, l'action publique se trouve éteinte par l'effet d'une amnistie (Crim. rej. 22 déc. 1870, aff. Vezinhet, D. P. 71. 1. 192. Conf. Trib. corr. de Blois, 14 janv. 1870, aff. Carré, D. P. 70. 3. 76 ; Trib. corr. de la Seine, 19 août 1881) (1). Le contraire avait été jugé par le tribunal correctionnel de la Seine le 20 févr. 1861 (aff. Dunan-Mousseux, D. P. 62. 37), et l'a été aussi par la cour de Grenoble, mais, en ce qui concerne cette dernière cour, dans des circonstances spéciales qui justifient, suivant nous, la décision. La cour de Grenoble a décidé que l'action exercée par la partie civile après un décret d'amnistie, en réparation du dommage que le délit lui a causé, demeure de la compétence de la juridiction correctionnelle lorsque le délit couvert par cette amnistie est un délit forestier et que les restitutions et dommages-intérêts sont réclamés par l'Administration forestière, « les agents de cette administration n'ayant qualité pour la représenter que devant ladite juridiction » (Grenoble, 6 janv. 1870, aff. Rognin, D. P. 72. 2. 187). Ce dernier motif a évidemment entraîné la décision de la cour ; il était en effet déterminant.

301. A l'égard de la prescription, il est incontestable que, quand l'action publique est prescrite, l'action civile née du même fait l'est aussi, puisque, aux termes des art. 637, 638 et 640 c. instr. crim., ces deux actions se prescrivent par le même laps de temps. Aussi a-t-il été jugé que les tribunaux correctionnels ne peuvent plus être saisis de l'action civile résultant d'un délit, lorsque l'action publique est prescrite (Montpellier, 3 avr. 1848, aff. Galibert, D. P. 48. 2. 145).

302. En ce qui concerne le décès du prévenu et son influence sur l'action civile, V. *infrà*, nos 335 et suiv.

303. Une autre conséquence non moins certaine de la règle, suivant laquelle l'action civile n'appartient aux tribunaux de répression que lorsqu'elle est exercée accessoirement à l'action publique, est que le juge correctionnel (ou de simple police) ne peut statuer sur les dommages-intérêts lorsqu'il se déclare incompétent pour statuer sur le fond. C'est ce que la cour de cassation a jugé, pour les dommages-intérêts du prévenu, dans une espèce où la partie civile avait incompétemment cité un magistrat devant la police correctionnelle à raison d'un prétendu délit commis dans l'exercice de ses fonctions. Le tribunal s'était déclaré incompétent et avait, par le même jugement, alloué des dommages-intérêts au prévenu. Sur l'appel de la partie civile, la cour en avait élevé le chiffre. Cet arrêt a été cassé pour violation des règles de la compétence (Crim. cass. 27 déc. 1889, *Bull. crim.*, no 408).

Au reste, ainsi qu'on l'a dit au *Rép.* no 142, l'incompétence de la juridiction criminelle pour statuer sur l'action civile, quand elle n'est pas saisie de l'action publique, est tellement absolue qu'elle peut être prononcée en tout état de cause (Mangin, t. 1, no 34 *in fine*; Faustin Hélie, t. 2, no 614).

304. On peut rattacher encore à la règle suivant laquelle l'action civile n'appartient aux tribunaux de répression que lorsqu'elle est exercée accessoirement à l'action publique, cette autre règle que la compétence des tribunaux répressifs pour statuer sur les dommages-intérêts réclamés par la partie civile est limitée aux faits compris dans la prévention et aux personnes contre qui cette prévention est dirigée. Aux décisions rapportées à cet égard *suprà* vo *Compétence criminelle*, nos 343 et suiv., *adde* Crim. cass. 27 févr. 1891, aff. M'hamed-ben-el-Hadj-Abderrahman, *Bull. crim.*, no 51 : aux termes de cet arrêt, le droit, pour la cour d'assises, de statuer sur la demande en dommages-intérêts formée par la partie civile est restreint aux faits ayant lésé cette partie civile, compris dans l'accusation, et aux personnes contre qui cette accusation est dirigée.

305. Sur la règle établie au *Rép.*, no 143, que l'action ci-

vile, après avoir été soumise aux tribunaux civils et définitivement jugée par eux, ne peut plus revivre même accessoirement à l'action publique, V. *suprà*, *Chose jugée*, no 390.

306. — IV. INDÉPENDANCE DE L'ACTION CIVILE PAR RAPPORT A L'ACTION PUBLIQUE. — L'action civile est entièrement distincte de l'action publique. Il résulte de cette indépendance relative qu'elle peut être définitivement éteinte en vertu de l'autorité de la chose jugée, tandis que l'action publique subsiste encore par l'effet d'un appel ou d'un pourvoi. Jugé, en ce sens, que, lorsqu'un juge correctionnel, condamnant un prévenu aux peines portées par la loi, le condamne également à des dommages-intérêts, si le jugement n'est frappé d'appel que du chef de la condamnation pénale, les condamnations civiles subsisteraient quand même le juge du second degré acquitterait le prévenu (Orléans, 29 août 1854, aff. Thoisnier, D. P. 55. 2. 159; Crim. cass. 21 juill. 1859, aff. Caviole, D. P. 59. 1. 331). De même la partie civile, ayant le droit d'appel en cas d'acquittement et nonobstant l'absence de tout appel du ministère public, le juge saisi de l'appel par elle interjeté dans ces circonstances peut, sans violer l'autorité de la chose jugée, déclarer l'existence du délit dénoncé pour en faire la base d'une condamnation du prévenu à des dommages-intérêts, celui-ci restant d'ailleurs affranchi de toute répression pénale (Crim. rej. 14 avr. 1860, aff. Meynard, D. P. 60. 1. 373).

Décidé aussi, en vertu du même principe de l'indépendance des deux actions, que le juge correctionnel reste compétent pour statuer isolément sur l'action civile en cas d'opposition ou d'appel, lorsque, par suite d'acquiescement, l'action publique se trouve irrévocablement jugée (Crim. rej. 18 juin 1863, aff. Faure, D. P. 63. 1. 384).

C'est encore par application de la même doctrine qu'il a été jugé que lorsque le tribunal de simple police, statuant incompétemment sur une inculpation d'injures, accompagnée de coups, a condamné le prévenu à des dommages-intérêts envers le plaignant, et l'a renvoyé de la poursuite sur l'action du ministère public intervenant, il y a lieu, si le ministère public seul s'est pourvu en cassation, de ne casser que relativement à l'acquittement sur l'action publique et de ne renvoyer l'affaire que pour le jugement de cette action devant un tribunal correctionnel (Crim. cass. 9 janv. 1868, aff. Chabrillange, D. P. 68. 5. 95).

307. On a constaté au *Rép.* no 145 (et c'est aussi une conséquence du principe de l'indépendance des deux actions), que, lorsque l'initiative des poursuites a été prise par le ministère public, la partie lésée peut, en tout état de cause et jusqu'à la clôture des débats, intervenir dans ces poursuites en se constituant partie civile. Mais ce droit d'intervention n'appartient qu'à la personne qui a été lésée par le crime ou par le délit poursuivi, et aussi à la partie lésée par la responsabilité civile du délit (V. à cet égard *suprà*, vo *Intervention*, no 74 à 80).

308. Une autre conséquence encore du principe de l'indépendance des actions publique et civile a été signalée au *Rép.*, no 147, à savoir que l'action civile résultant d'un délit peut être exercée devant la juridiction civile par la partie lésée, quoique le délit n'ait été l'objet d'aucune action publique. Cela ne peut faire aucun doute et n'est plus contesté aujourd'hui.

D'autre part, il est également incontestable, ainsi qu'on l'a dit au *Rép.*, no 148, que l'action civile peut être exercée devant les tribunaux civils, alors même que le fait incriminé a donné lieu à des poursuites devant les tribunaux de répression, si la partie lésée ne s'est pas constituée partie civile dans l'instance criminelle. Aux arrêts cités au *Rép.*, no 149, qui ont reconnu ce droit à la partie lésée alors même qu'elle aurait été entendue comme témoin devant la juridiction répressive, il faut ajouter, dans le même sens, un arrêt de la cour de Riom du 11 janv. 1859, aff. Jayant, D. P. 59. 2. 132. — Mais, si la partie s'était constituée partie civile dans l'instance criminelle, son action ultérieure de-

---

(1) (Lullier *C.* Cassagnac.) — LE TRIBUNAL; — Attendu, d'une part, que le délit de diffamation imputé par Lullier à Granier de Cassagnac résulterait, d'après la citation, de deux articles publiés par celui-ci dans le journal *Le Pays*, les 31 mars et 8 juillet dernier, mais dont aujourd'hui couvert par la loi d'amnistie; — Attendu, d'autre part, que la citation par laquelle Lullier demande la réparation du préjudice qui lui aurait été causé par le délit dont il s'agit est du 10 août, présent mois; qu'elle est ainsi postérieure à la loi d'amnistie; qu'en conséquence, c'est à tort et incompétemment que Lullier a porté son action devant la juridiction correctionnelle. — Par ces motifs; — Se déclare incompétent.

Du 19 août 1881.-Trib. corr. de la Seine.-MM. Baquéris, pr.-Duval, subst.

vant un tribunal civil serait évidemment écartée par l'exception de chose jugée.

Quant à l'influence de la chose jugée au criminel sur l'action civile, V. suprà, v° Chose jugée, nᵒˢ 391 et suiv.

309. — V. Renonciation a l'action civile. — Cession. — Ainsi qu'on l'a dit au Rép., nᵒ 159, celui à qui compète l'action civile peut renoncer à son action (c. instr. crim. art. 4), transiger sur cette action, s'en désister, la céder. Cela ne fait aucun doute, puisque l'action lui appartient. — Au sujet de la transaction, nous ferons seulement remarquer ici qu'elle ne peut être considérée comme l'aveu d'un crime ou d'un délit de la part de celui qui l'a souscrite, car elle suppose bien la reconnaissance du fait dommageable, mais non d'un fait coupable (Garraud, nᵒ 360, p. 455, note): Aussi ne ferait-elle pas obstacle à ce que l'accusé ou le prévenu fût acquitté; mais, à l'inverse, l'acquittement ne porterait pas atteinte à la validité de la transaction, quel que soit le motif sur lequel il serait fondé (Req. 16 mai 1876, aff. Fouque, D. P. 76. 1. 399). — A l'égard du désistement de la partie civile, V. suprà, v° Désistement, nᵒˢ 66 et suiv., et Rép. eod. v°, nᵒ 240 et suiv.

En ce qui concerne la cession de l'action civile, V. suprà, nᵒˢ 206 et 207. — Nous ajouterons seulement, avec Faustin Hélie, t. 2, nᵒ 609 « que le fait de la cession n'apporte aucune preuve à l'appui des droits de la partie lésée, ni de ceux du cessionnaire, et que les juges peuvent, après aussi bien qu'avant cette transaction, apprécier le dommage et rejeter la demande qui ne leur paraîtrait pas fondée ».

310. — VI. Evaluation des dommages-intérêts. — L'évaluation des dommages-intérêts dus à la victime d'un crime ou d'un délit est abandonnée à la justice des tribunaux (c. instr. crim., art. 51) qui sont, à cet égard, appréciateurs souverains (Crim. cass. 15 nov. 1861, aff. Savignac, D. P. 64. 1. 46; Req. 15 janv. 1862, aff. Kent-Pécron, D. P. 62. 1. 144; Crim. rej. 15 juin 1872, aff. Martin, D. P. 72. 1. 205 ; 19 août 1875, Bull. crim., nᵒ 209).

Au reste, la condamnation aux dommages-intérêts prononcée par un tribunal répressif étant un accessoire de la condamnation pénale, il a été jugé, en matière d'escroquerie, qu'une cour d'appel avait pu s'abstenir de donner des motifs spéciaux pour justifier la condamnation des prévenus à des dommages-intérêts, attendu « que cette condamnation, accessoire naturel de la condamnation principale, trouvait ses motifs dans le délit même d'escroquerie, reconnu constant par les juges du fait, et n'avait pas besoin d'être l'objet d'une déclaration plus explicite » (Crim. rej. 21 nov. 1879, Bull. crim., nᵒ 197).

311. La partie civile est libre, au cours du débat, d'augmenter ou de réduire le chiffre primitif de sa demande en dommages-intérêts, et les conclusions qu'elle prend à cet égard fixent, sans aucun doute, à ce point de vue, l'état de la cause et circonscrivent le rôle du juge. Mais il a été jugé, avec raison, que toute modification des conclusions en vue de réduire ou d'augmenter le chiffre de la demande ne lie les tribunaux qu'à la condition d'avoir été constatée, soit par des conclusions écrites, soit par une déclaration faite à la barre et suivie d'un donné acte (Crim. rej. 3 juill. 1890, Bull. crim., nᵒ 146).

312. — VII. Contrainte par corps. — Depuis la loi du 22 juill. 1867 (D. P. 67. 4. 75), comme à l'époque de la publication du Répertoire, la contrainte par corps peut être exercée par la partie civile contre le prévenu condamné, pour assurer le payement des dommages-intérêts, restitutions et frais. (V. à cet égard suprà v° Contrainte par corps, nᵒˢ 46 et suiv., 95, 121 et suiv.) Aux termes de l'art. 5 de la loi précitée, « les dispositions des articles qui précèdent s'étendent au cas où les condamnations ont été prononcées par les tribunaux civils au profit d'une partie lésée, pour réparation d'un crime, d'un délit ou d'une contravention reconnus par la juridiction criminelle ». C'est la consécration législative de la proposition soutenue au Rép., nᵒ 164.

313. — VIII. Voies de recours. — A l'égard des voies de recours ouvertes à la partie civile contre les jugements ou arrêts par lesquels elle se prétend lésée, V. pour l'opposition aux jugements par défaut suprà, v° Jugement par défaut nᵒ 242 et Rép. eod. v°, nᵒ 467 ; ... pour l'appel des jugements de simple police et des tribunaux correctionnels, V. suprà, v° Appel en matière criminelle, nᵒˢ 23, 24 et 38; Rép. eod.

v°, nᵒˢ 64 et suiv., 129 et suiv. ; ... pour le recours en cassation contre lesdits jugements, V. suprà v° Cassation nᵒˢ 97 et suiv.; Rép. eod. v°, nᵒ 410 et suiv.;... pour le recours en cassation contre les arrêts de cours d'assises, V. Rép. v° Cassation, nᵒˢ 424 et 422 ; ... pour le recours en cassation contre les arrêts de la chambre des mises en accusation V. suprà, v° Cassation, nᵒ 98 ; Rép. eod. v°, nᵒˢ 422 et 423 ; ... pour l'opposition aux ordonnances du juge d'instruction, V. suprà, v° Appel en matière criminelle nᵒˢ 7 et 13 et infrà, ch. 4, sect. 5.

Sect. 6. — De l'étendue des actions publique et civile. — Faits punissables commis soit en France, soit dans les lieux assimilés au territoire français, soit a l'étranger (Rép., nᵒˢ 166 à 180).

314. Ainsi qu'on l'a rappelé au Rép., nᵒ 166, « les lois de police et de sûreté obligent, aux termes de l'art. 3 c. civ., tous ceux qui habitent le territoire », d'où il suit que l'action publique et l'action civile s'étendent à tous les crimes, délits et contraventions commis sur le territoire français, et à tous les auteurs de ces infractions, quelle que soit leur nationalité. Les règles concernant la juridiction territoriale sont exposées suprà, v° Compétence criminelle, nᵒˢ 63 et suiv.

En ce qui concerne les diverses extensions du territoire national dont il est parlé, au point de vue de la juridiction, au Rép. nᵒˢ 168 à 173. V. suprà v° Compétence criminelle, nᵒ 72, pour les lieux occupés hors des frontières par une armée française (Rép. nᵒ 168); — nᵒ 68, pour la mer territoriale (Rép., nᵒ 170) ; — nᵒ 69 à 71, pour les navires en mer ou dans les ports étrangers.

A l'égard de la juridiction des consuls dans les Echelles du Levant et de Barbarie, et dans l'Extrême Orient, rappelée au Rép., nᵒ 169, V. suprà, v° Consuls nᵒˢ 23 à 25; Rép. eod. v° nᵒˢ 59, et 89 à 92.

En ce qui concerne l'exception à la règle de la juridiction territoriale, introduite par le droit des gens en faveur des étrangers qui exercent en France une fonction diplomatique, exception rappelée au Rép., nᵒ 174, V. suprà, v° Agent diplomatique nᵒ 29, et Rép., nᵒ 126 et suiv.

Quant à l'étendue de l'action publique par rapport aux infractions commises à l'étranger, V. suprà, v° Compétence criminelle, nᵒˢ 75 et suiv. La loi du 27 juin 1866 (D. P. 66. 4. 75) a complètement modifié le texte des art. 5, 6 et 7 c. instr. crim. qui régissaient, à l'époque de la publication du Répertoire, la poursuite en France des infractions commises à l'étranger. Par suite, l'arrêt cité au Rép., nᵒ 176, a perdu toute autorité.

Quant à l'étendue de l'action publique par rapport aux infractions commencées en France, se sont accomplies sur le territoire étranger, ou qui, commencées sur ce territoire, ne se sont accomplies qu'en France, V. suprà, v° Compétence criminelle, nᵒ 102.

315. Signalons en terminant un décret qui n'a eu qu'un effet transitoire ; c'est le décret du gouvernement de la Défense nationale des 19 nov.-5 déc. 1870 sur l'exercice de l'action publique dans les localités isolées par l'invasion (D. P. 70. 4. 132). Ce décret a prescrit que « pendant la durée de la guerre, lorsqu'un crime ou un délit, prévu par les lois pénales ordinaires ou militaires, aura été commis dans un arrondissement civil ou une circonscription militaire dont le chef-lieu est envahi par l'ennemi ou simplement investi, et dont les parquets civils ou militaires ne peuvent plus remplir leurs fonctions, les officiers ou agents de la police judiciaire locale pourront transmettre leurs procès-verbaux et conduire le délinquant devant les autorités civiles ou militaires de l'un des arrondissements libres plus voisin » (art. 1). L'art. 2 du décret donnait compétence à ces autorités « pour décerner des mandats, procéder à l'information, même par visite sur les lieux, et traduire les délinquants devant les juridictions dont relèvent les magistrats saisis de l'affaire ».

Sect. 7. — Des causes qui suspendent l'exercice de l'action publique. — Défaut de plainte, question préjudicielle, autorisation préalable (Rép., nᵒˢ 181 à 196).

316. — 1° Défaut de plainte de la partie lésée. — La règle

suivant laquelle l'action publique peut être exercée sans avoir été provoquée par les parties lésées, règle rappelée au *Rép.*, nos 124 et 182, et aussi *suprà*, n° 251, est générale et d'ordre public. « Les exceptions à ce principe, dit Mangin, *Action publique*, t. 1, n° 131, ne peuvent résulter que de la loi ; comme toute exception, elles ne peuvent être étendues à d'autres cas que ceux pour lesquels elles ont été formellement établies, et leur effet ne doit pas aller au delà des limites que la loi leur a fixées » (Conf. Faustin Hélie, t. 1, n° 366, et t. 2, n° 732 ; Le Sellyer, t. 1, n° 238 ; Garraud, n° 363 ; Hoffman, t. 1, n° 20 ; Trébutien, t. 2, n° 217 ; Haus, t. 2, n° 1154). Sauf les exceptions spécifiées par la loi, tous les crimes et délits peuvent donc être poursuivis librement et d'office par le ministère public. Trois arrêts ont consacré cette règle depuis la publication du *Répertoire*. Le premier a jugé qu'en matière de contravention de police, l'absence de plainte, même attestée par le rédacteur du procès-verbal, n'est pas un obstacle à la poursuite de la contravention par le ministère public (Crim. cass. 31 juill. 1862, aff. Bonfils, D. P. 67. 5. 476). Le second a décidé que le ministère public a qualité pour poursuivre d'office et sans plainte préalable le délit de mise en circulation en France d'objets portant une fausse indication de leur lieu de fabrication (Crim. rej. 27 févr. 1880, aff. Crocius, D. P. 80. 1. 434). Le troisième a déclaré que tous les délits peuvent être poursuivis d'office par le ministère public, à moins qu'un texte ne s'y oppose, et il a jugé, spécialement, que la loi du 18 germin. an 10, qui institue une juridiction disciplinaire pour certains cas prévus par la loi, n'établit aucune immunité en faveur des ecclésiastiques pour ceux de leurs actes qui constituent des crimes, des délits ou des contraventions (Toulouse, 22 juill. 1882) (1).

317. La liste des délits dont la poursuite est subordonnée à la plainte a été donnée au *Rép.* n° 183. Elle n'a pas changé. Toutefois, quelques observations sont devenues nécessaires au sujet des nos 4 et 5, à cause des modifications introduites dans la législation par la loi du 27 juin 1866 (D. P. 66. 4. 75) sur la poursuite des infractions commises à l'étranger, et par la loi du 29 juill. 1881 (D. P. 81. 4. 65) sur la presse. En ce qui concerne le n° 4, il n'est plus vrai de dire, comme à l'époque de la publication du *Répertoire*, que la poursuite en France des *crimes* commis à l'étranger est soumise à la condition que l'offensé ait rendu plainte. On sait, en effet, que, suivant la disposition du nouvel art. 5 c. instr. crim. (modifié par la loi précitée du 27 juin 1866), cette condition de la plainte de l'offensé n'est plus nécessaire en matière de *crimes*. D'autre part, la plainte de la partie offensée (ou du moins la dénonciation officielle à l'autorité française par l'autorité du pays où le délit a été commis) est indispensable pour la poursuite en France au cas de *délit* commis contre un particulier français ou étranger (alin. 4 de l'art. 5

c. instr. crim.), tandis qu'à l'époque de la publication du *Répertoire*, toute poursuite d'un *délit* commis à l'étranger était impossible en France (V. *Rép.* v° *Compétence criminelle*, nos 82 et 83).

318. D'autre part, ce ne sont plus les lois du 26 mai 1819, du 25 mars 1822 et du 8 oct. 1830, citées au *Rép.*, n° 183-5°, qui règlent aujourd'hui la poursuite des injures, diffamations et offenses, mais les art. 47 et 60 de la loi du 29 juill. 1881 sur la presse (D. P. 81. 4. 67). Or, pour savoir si, d'après cette loi, les injures, diffamations, offenses et outrages peuvent être poursuivis d'office, il y a lieu de faire les distinctions suivantes : 1° en ce qui concerne les *diffamations* ou les *injures* envers les particuliers, l'action n'est ouverte au ministère public que sur la plainte de la partie qui se prétend lésée (art. 60) ; — 2° En ce qui concerne les *diffamations* et *injures* contre les cours, tribunaux ou autres corps constitués, ces délits ne peuvent être poursuivis que sur la délibération de ces corps prise en assemblée générale et requérant les poursuites, ou, si le corps n'a pas d'assemblée générale, sur la plainte du chef de corps ou du ministre duquel ce corps relève (art. 47-1°) ; — 3° En ce qui concerne les injures ou diffamations envers un ou plusieurs membres de l'une ou de l'autre Chambre, la poursuite ne peut avoir lieu que sur la plainte de la personne ou des personnes intéressées (Même art., 2°) ; — 4° Dans le cas d'injure ou de diffamation envers les fonctionnaires publics, les dépositaires ou agents de l'autorité publique autres que les ministres, envers les ministres des cultes salariés par l'Etat et les citoyens chargés d'un service ou mandat public, le ministère public peut poursuivre soit sur la plainte de la partie offensée, soit d'office sur la plainte du ministre dont ils relèvent (Même art., 3°) ; — 5° Dans le cas de diffamation envers un juré ou un témoin, la poursuite n'a lieu que sur la plainte du juré ou du témoin (Même art., 4°) ; — 6° Enfin, dans le cas d'offense envers les chefs d'Etat ou d'outrage envers les agents diplomatiques étrangers, la poursuite a lieu, soit à leur requête, soit d'office sur leur demande adressée au ministre des affaires étrangères par celui-ci au ministre de la justice (art. 60 de la loi du 29 juill. 1881, modifié par la loi des 6-17 mars 1893, D. P. 93. 4. 64). On sait que la loi du 17 mars 1893 a soustrait les offenses envers les chefs d'Etats et les outrages envers les agents diplomatiques étrangers à la compétence de la cour d'assises et en a attribué la connaissance aux tribunaux de police correctionnelle. Ce changement de juridiction a eu pour conséquence de faire passer dans l'art. 60 de la loi de 1881 (relatif à la police correctionnelle) les dispositions relatives à la *demande* du chef d'Etat ou agent diplomatique contenues jusqu'alors dans l'art. 47-5° de la même loi ; mais le texte lui-même n'a pas changé, et les exigences de la loi de 1893 relativement à la demande ou plainte sont les mêmes que

---

(1) (L'abbé Gilède C. Ministère public.) — La cour ; — Attendu que le ministère public fonde son action sur l'art. 201 c. pén. ; — Attendu que, d'après les art. 1 et 2 c. instr. crim., le ministère public est investi du droit de poursuivre la répression de toutes les infractions à la loi pénale ; — Que ces articles consacrent un principe général auquel il ne peut être dérogé que par une disposition formelle et précise de la loi ; — Attendu qu'on ne saurait voir une telle dérogation ou exception dans les art. 6, 7 et 8 de la loi du 18 germ. an 10, qui se borne à instituer une juridiction disciplinaire pour les cas d'abus prévus par la loi, mais qui n'établissent aucune immunité en faveur des ecclésiastiques pour ceux de leurs actes qui constituent des crimes, des délits ou des contraventions ; — Attendu, au surplus, que, la loi précitée serait-elle applicable à l'action publique, ce ne pouvait être que dans le cas où le délit qui en a fait l'objet aurait été commis dans l'exercice du culte, c'est-à-dire qu'il serait un acte même du culte, ou tout au moins qu'il se confondrait avec l'exercice du culte et en serait inséparable ; — Qu'on ne saurait évidemment attribuer ce caractère au fait reproché au curé de Lux et qui consiste à avoir censuré, soit en chaire, soit en faisant le catéchisme, les actes de l'autorité ou du gouvernement ; — Que l'exception invoquée par le prévenu n'est donc pas fondée et qu'il y a lieu de maintenir la décision des premiers juges ; — En ce qui touche les conclusions additionnelles prises devant la cour ; — Attendu que l'abbé Gilède excipant de la loi de germinal, an 10, qui dispose que les curés seront soumis immédiatement aux évêques dans l'exercice de leurs fonctions ; il prétend qu'en supposant qu'il ait censuré les lois ou actes de l'autorité publique, il n'aurait fait que se conformer aux ordres de son supé-

rieur ecclésiastique ; qu'il soutient, en conséquence, que le ministère public, en le poursuivant à raison de ses fonctions pastorales, commet lui-même un abus prévu par l'art. 7 de la même loi et portant atteinte à la liberté du culte ; — Attendu que cette prétention n'est admissible à aucun point de vue ; qu'il n'est pas exact, en fait, que l'abbé Gilède ait reçu les ordres ou instructions dont il se prévaut ; — Qu'en serait-il autrement, d'ailleurs, un ecclésiastique, comme tout autre citoyen, est tenu d'obéir aux lois et ne saurait recevoir de personne l'ordre ou l'autorisation de les violer et encore moins de commettre un acte délictueux ; — Attendu, en outre, que le clergé peut dénoncer, comme un abus, l'acte d'une autorité civile qui aurait pour effet de troubler le culte ou d'en empêcher l'exercice, l'acte ainsi attaqué doit être antérieur à la poursuite et l'abus ne saurait résulter de la poursuite même ; — Que d'une part, en effet, l'action du ministère public doit rester libre et indépendante ; — Que, d'autre part, elle ne porte atteinte à aucun droit puisqu'elle ne préjuge et ne décide rien, et que les tribunaux qui en sont saisis ont le droit de statuer sur les moyens de la prévention comme sur ceux de la défense ; — Attendu, dès lors, qu'il convient de repousser les conclusions principales ;

Par ces motifs ; — La cour jugeant publiquement sans s'arrêter ni avoir égard aux conclusions tant principales qu'additionnelles et les rejetant ;

Confirme le jugement rendu par le tribunal correctionnel de Villefranche, démet, en conséquence, l'abbé Gilède de son appel et le condamne aux dépens.

Du 22 juill. 1882.-C. de Toulouse, ch. corr.-MM. Bernard, pr.-Delmas, minist. publ.-Passama, av.

celles de la loi de 1881. — V. sur tous ces points, *suprà*, v° *Presse-outrage-publication*, n°° 1205 et suiv.

319. On a examiné au *Rép.*, n° 189, et résolu par la négative, la question de savoir si, lorsque la loi exige une plainte de la partie lésée, ou une dénonciation, pour mettre en mouvement l'action publique, il est nécessaire que cette plainte ou dénonciation réunisse les conditions de forme exigées par les art. 31 et 63 c. instr. crim. Cette décision est contraire à l'opinion de la plupart des auteurs (Faustin Hélie, t. 2, n°° 751 et suiv.; Haus, t. 2, n°° 1158 et 1159; Trébutien, t. 2, n° 218; Garraud, p. 472; Villey, p. 199; Laborde, n° 792); mais elle est conforme à une pratique constante. Les tribunaux exigent que la partie lésée ait témoigné d'une manière évidente sa volonté de mettre l'action publique en mouvement, mais rien de plus (Limoges, 25 juin 1852, aff. Bardon, D. P. 53. 2. 7; Besançon, 27 janv. 1860, aff. Lebrun, D. P. 60. 1. 17; Crim. cass. 9 janv. 1858, aff. Duparc, D.P. 58. 5. 286; Crim. rej. 20 juin 1873, aff. Malardeau, D. P. 73. 1. 269; 29 mai 1886, aff. Rémond, *Bull. crim.*, n° 197; Caen, 5 janv. 1876, aff. Mathan, D. P. 76. 2. 170. Conf. Le Sellyer, t. 1, n° 244). Ainsi jugé, spécialement en matière de diffamation et d'injures, non seulement par l'arrêt du 29 mars 1845, cité au *Rép. ibid.*, mais encore par les arrêts précités des 25 juin 1852, 27 janv. 1860, 9 janv. 1858, 20 juin 1873, 29 mai 1886, et en matière de délit de chasse par l'arrêt précité du 5 janv. 1876. Toutefois, en matière d'adultère, il a été jugé qu'une plainte en adultère est irrégulière quand elle porte la mention que le plaignant ne sait signer, alors qu'il est seulement, pour cause de maladie, empêché de signer (Caen, 28 avr. 1875, aff. Douilly, D. P. 76. 2. 64).

320. D'ailleurs, il est certain que le plaignant n'est point tenu de revêtir la qualité de partie civile, pour que l'action publique soit recevable; une simple plainte suffit. C'est ce qui a été décidé, notamment, en matière d'adultère (Crim. rej. 31 août 1855, aff. Dame B..., D. P. 55. 1. 377. V. dans le même sens : Mangin, t. 1, n° 140; Merlin, *Questions de droit*, v° *Adultère*, § 3; Chauveau et Hélie, *Théorie du code pénal*, t. 4, n° 1614; Faustin Hélie, t. 2, n° 763; Blanche, *Cinquième Etude sur le code pénal*, n° 176; Le Sellyer, *Action publique*, t. 1, n° 211).

321. Un incapable, par exemple le mineur ou la femme mariée, peut-il se porter plaignant? L'affirmative, combattue par Mangin, *Instruction écrite*, t. 1, n° 53, est aujourd'hui généralement admise (Faustin Hélie, t. 2, n° 801; Garraud, n° 443; Massabiau, n° 1839; Barbier, *Code expliqué de la presse*, t. 2, n° 864). Sans aucun doute, pour être admis à se porter partie civile, il faut, comme pour former toute autre action civile, avoir l'exercice de ses droits, et, par conséquent, la capacité d'ester en justice (V. *suprà*, n° 176); mais il n'en est pas de même du dénonciateur et du plaignant, qui n'intentent pas de procès et qui se bornent à solliciter l'action du ministère public. Ainsi jugé spécialement en matière de diffamation et d'injure, où il a été reconnu que la plainte d'un mineur ou d'une femme mariée suffisent pour autoriser le ministère public à poursuivre (Crim. rej. 5 févr. 1857, aff. Blondeau, D. P. 57. 1. 108. — Comp. *suprà*, v° *Presse*, n°° 1234 et 1235). La jurisprudence belge décide également que la femme mariée peut directement porter une plainte entre les mains du magistrat chargé de la recevoir, et ce, sans l'assistance de son mari (C. cass. de Belgique, 9 févr. 1875, *Pasicrisie belge*, 75. 1. 111; Bruxelles, 30 mars 1876, *Pasicrisie belge*, 76. 2. 180); de même, le mineur sans l'autorisation du père ou tuteur (Liège, 10 mai 1879, *Pasicrisie*, 79. 2. 206; Bruxelles, 12 juill. 1879, *Pasicrisie*, 79. 2. 338).

322. Le fait d'intenter l'action civile devant la juridiction civile équivaut-il à une plainte et rend-il le ministère public recevable à intenter des poursuites criminelles? Nous avons décidé la négative au *Rép.*, n° 190, et nous persistons dans cette opinion qui est adoptée par Faustin Hélie, t. 2, n° 754; Carnot, *Code pénal*, t. 2, p. 112; Chassan, t. 2, p. 51, et qui n'est contredite que par Mangin, dans son *Traité de l'action publique*, t. 1, n° 132.

323. Au reste, ainsi que nous l'avons constaté au *Rép.*, n° 193, dès que la plainte ou la dénonciation est régulièrement formée, le ministère public reprend son indépendance. « Il demeure donc libre de ne pas agir, et, s'il agit,

il peut exercer l'action sans avoir besoin du concours ultérieur du plaignant » (Garraud, n° 384). De là deux conséquences : 1° lorsqu'un jugement est intervenu sur l'action, le ministère public peut interjeter appel ou se pourvoir en cassation sans nouvelle plainte de la partie intéressée. Et il en est ainsi même dans le cas de diffamation et d'injures envers les particuliers, du moins tant que subsiste la plainte de la partie lésée. Jugé, à cet égard, que les dispositions des premier et dernier paragraphes de l'art. 60 de la loi du 19 juill. 1881 sont dérogatoires au droit commun, et ne peuvent être étendues au delà de leurs termes; qu'elles interdisent au ministère public d'exercer son action avant que la partie lésée lui ait remis sa plainte ou l'ait retirée; mais que, tant que cette plainte subsiste, il demeure dans la plénitude de ses attributions, son action est dégagée de toute entrave, et il peut notamment appeler du jugement (Crim. rej. 19 juin 1890, *Bull. crim.* n° 135); — 2° Le désistement de la partie lésée ne peut, en principe, arrêter l'exercice de l'action publique, lors même qu'il intervient avant toute poursuite (Faustin Hélie, t. 2, n° 758; Le Sellyer, t. 1, n° 242; Mangin, *Action publique*, t. 1, n° 131; Carnot, *Instruction criminelle*, sur l'art. 1, n° 25; Hoffman, t. 1, n°° 19 et 20; Dutruc, *Mémorial du ministère public*, v° *Action publique*, n° 68; Garraud, n° 363; Villey, p. 199). C'est ce que de nombreux arrêts ont jugé, à l'égard du désistement, avant et depuis la publication du *Répertoire* (C. d'ass. de la Seine, 20 mars 1846, aff. De Prou de la Maisonfort; Crim. rej. 23 janv. 1847, même affaire, D. P. 47. 1. 153; Paris, 20 janv. 1852, aff. R..., D. P. 52. 2. 207; Crim. cass. 2 juill. 1853, aff. Morel, D. P. 54. 1. 366; 13 déc. 1855, aff. Pidoux, D. P. 56. 1. 144; Dijon, 15 janv. 1873, aff. Dauvé, D. P. 74. 2. 92; Paris, 3 janv. 1875, aff. De Tracy, D. P. 76. 2. 191; Crim. rej. 11 août 1881, aff. Doudeauville, D. P. 84. 5. 279-280).

324. Toutefois il existe, dans notre droit, deux exceptions considérables à la règle qui vient d'être rappelée au sujet du désistement de la plainte : 1° en matière d'adultère, le désistement, en quelque état de cause qu'il intervienne, arrête la poursuite : c'est la conséquence du droit que l'art. 337 c. pén. confère au mari de faire cesser les effets de la condamnation en consentant à reprendre sa femme (V. *suprà* v° *Adultère*, n°° 26 et suiv.; *Rép.* eod. v°, n° 43); — 2° En matière de diffamation ou d'injures envers un particulier, aux termes de l'art. 60 *in fine* de la loi du 29 juill. 1881 sur la presse, le désistement produit le même effet. « Le désistement du plaignant, dit la disposition précitée, arrêtera la poursuite commencée ».

325. — 2° *Questions préjudicielles.* — V. *infrà*, v° *Question préjudicielle.*

326. — 3° *Autorisation de poursuivre.* — L'art. 75 de la constitution de l'an 8 et les chartes, constitutions et sénatus-consultes postérieurs avaient établi une double garantie ayant pour objet de protéger les hommes politiques et les agents du Gouvernement contre les poursuites téméraires : d'une part, une garantie *politique*, d'après laquelle les ministres ne pouvaient être poursuivis sans une autorisation préalable du Sénat; les sénateurs, conseillers d'Etat et députés sans une autorisation préalable du corps auquel ils appartenaient; — d'autre part, une garantie *administrative*, en vertu de laquelle les *agents* du Gouvernement ne pouvaient être poursuivis pour faits relatifs à leurs fonctions, sans l'autorisation préalable du conseil d'Etat. Dans l'une et l'autre hypothèse, la poursuite étant subordonnée à une autorisation préalable, il y avait suspension de l'exercice de l'action publique. Que subsiste-t-il, en nos lois actuelles, de cette double garantie?

327. La garantie *administrative* n'existe plus. Elle a été abolie par le décret du gouvernement de la Défense nationale du 19 sept. 1870 (D. P. 70. 4. 91) qui a formellement abrogé l'art. 75 de la constitution de l'an 8, ainsi que « toutes autres dispositions des lois générales et spéciales ayant pour objet d'entraver les poursuites contre les fonctionnaires publics de tout ordre ». Il suit de là que la poursuite des fonctionnaires n'est plus subordonnée à aucune *autorisation* préalable. — Sur la portée de la suppression de la garantie administrative, V. *suprà*, v° *Mise en jugement des fonctionnaires publics*, n°° 1 et suiv.

328. Mais il y a encore une garantie *politique*, au profit

du président de la République, des ministres et des membres de l'une et de l'autre Chambre. Le président de la République est irresponsable, sauf pour crime de haute trahison, et, dans ce cas même, il ne peut être mis en accusation que par la Chambre des députés et jugé que par le Sénat (L. const. 16 juill. 1875, art. 12, D. P. 75. 4. 117). Les ministres peuvent être mis en accusation par la Chambre des députés pour crimes commis dans l'exercice de leurs fonctions et sont, dans ce cas, jugés par le Sénat constitué en haute cour de justice (Même article).

329. C'est surtout à l'égard des sénateurs et députés qu'existe la garantie politique. Aux termes de l'art. 14 de la loi du 16 juill. 1875 (D. P. 75. 4. 117), « aucun membre de l'une ou de l'autre Chambre ne peut, pendant la durée de la session, être poursuivi ou arrêté, en matière criminelle ou correctionnelle, qu'avec l'*autorisation* de la Chambre dont il fait partie, sauf le cas de flagrant délit. La détention ou la poursuite d'un membre de l'une ou de l'autre Chambre est suspendue pendant la session, et pour toute sa durée, si la Chambre la requiert ». Cette prérogative, a dit fort justement M. Garraud, est « moins une garantie *personnelle* qu'une garantie *constitutionnelle*, établie dans l'intérêt de tous, et dont l'objet est d'assurer la liberté des mandataires de la nation dans l'accomplissement de leur mandat » (p. 469). Elle ne s'applique, d'après le texte même, qu'en « matière criminelle et correctionnelle », et ne s'étend pas aux contraventions; mais elle s'applique à *tous* les *crimes* ou *délits* imputés à un sénateur ou à un député, et relatifs ou étrangers à ses fonctions. Elle protège les députés et les sénateurs pendant la *durée de la session*; ceux-ci peuvent donc être poursuivis et arrêtés, sans autorisation préalable, avant l'ouverture ou après la clôture de la session; mais la Chambre dont ils font partie peut, aussitôt la session commencée, exiger leur élargissement et la suspension des poursuites. Enfin la garantie politique n'empêche pas tout exercice de l'action publique, mais seulement les actes d'instruction ou de poursuite qui exigent la présence de l'inculpé; en d'autres termes, elle suspend seulement la *poursuite personnelle*. « Toutes les opérations gênantes pour la liberté du mandataire de la nation sont interdites; celui-ci ne doit être soumis ni à un interrogatoire, ni à une visite domiciliaire; aucun mandat ne peut être décerné, aucune poursuite devant la juridiction répressive ne peut être commencée contre lui » (Garraud, p. 470). « Restent possibles au contraire : l'audition des témoins, les expertises, les perquisitions et procès-verbaux de constat » (Laborde, n° 793).

330. La jurisprudence ne présente qu'un petit nombre de décisions relatives à la garantie politique. Sous l'empire du décret du 2 févr. 1852, qui contenait, en faveur des députés au Corps législatif, une disposition analogue à celle de l'art. 14 de la loi du 16 juill. 1875, un tribunal a jugé, avec raison, qu'un député pouvait être cité devant la juridiction correctionnelle, pendant le cours de la session, sans l'autorisation préalable du Corps législatif, s'il était appelé dans l'instance, non comme prévenu, mais seulement comme partie civilement responsable (Trib. corr. Bastia, 17 mars 1868, aff. Gavini, D. P. 68. 3. 29). Depuis, la cour de cassation a décidé que l'autorité de la Chambre législative à laquelle appartient un de ses membres prévenu d'un délit est la base nécessaire et légale de toute poursuite exercée contre lui au cours d'une session, et que tout acte de poursuite fait sans cette autorisation (par exemple, la citation d'une partie civile en cour d'assises pour diffamation) est frappé de nullité (Crim. rej. 5 août 1882, aff. Drouhet, D. P. 83. 1. 44).

331. La prérogative résultant de la garantie politique appartient-elle aux sénateurs ou députés dont les pouvoirs n'ont pas été vérifiés? La cour de cassation a décidé, le 10 avr. 1847 (aff. Drouilliard, D. P. 47. 1. 90), que la garantie n'appartient qu'aux députés dont l'élection a été reconnue régulière par la Chambre et qui ont été admis par elle à participer à ses travaux. Cette solution nous semble, comme à la généralité des auteurs, inexacte. « En effet, l'élection est le seul titre du député ou du sénateur. Sans doute, ce titre doit être vérifié, et si la Chambre reconnaît qu'il est irrégulier, l'élection est annulée. Mais tant qu'elle n'est pas annulée, elle subsiste et doit, par conséquent, produire ses

effets » (Haus, t. 2, n° 1150). Conf. Faustin Hélie, *Instruction criminelle*, t. 2, n° 890; Garraud, p. 469, note; Laborde, p. 471 et note 3.

332. C'est une question fort débattue de savoir si, lorsqu'un fait imputé à un ministre du culte renferme à la fois un abus des fonctions ecclésiastiques, selon les termes de la loi du 18 germ. an 10, et un crime, un délit ou une contravention, la poursuite ne peut être exercée devant les tribunaux répressifs, tant que le conseil d'Etat n'a pas préjudiciellement déclaré l'*abus*. En d'autres termes, l'*appel comme d'abus* n'est-il pas le préalable obligé de la poursuite des ecclésiastiques pour les délits commis dans l'exercice du sacerdoce? Sur cette délicate question, V. *suprà*, v° *Culte*, n°s 195 et suiv.

333. Achevons cette matière de l'autorisation préalable aux poursuites en rappelant que, dans le cas prévu par l'art. 482 c. instr. crim., c'est-à-dire au cas d'imputation d'un crime ou d'un délit qui aurait été commis par un magistrat de cour d'appel hors de ses fonctions, les poursuites doivent être autorisées par la cour de cassation; c'est à la chambre des requêtes qu'il appartient de statuer (V. *suprà*, v° *Mise en jugement des fonctionnaires publics*, n°s 36 et suiv.; Req. 7 juill. 1886, aff. Nadault de Buffon, D. P. 86. 1. 297).

334. — 4° *Démence de l'inculpé*. — La démence de l'inculpé survenue depuis l'infraction suspend l'exercice de l'action publique et aussi l'instruction, si celle-ci a été commencée. Qui dit accusation, dit défense, et le fou est incapable de se défendre (V. à cet égard *suprà*, v° *Peine*, n° 379).

Sect. 8. — Des causes qui suspendent l'action civile. — Sursis (*Rép.*, n°s 197 à 201).

335. La règle, rappelée au *Rép.*, n°s 197 et suiv., suivant laquelle le « criminel tient le civil en état », a été étudiée principalement, *ibid.*, v° *Question préjudicielle*, n°s 14 à 27. On y reviendra *infrà*, eod. v°, où seront exposées les applications de cette règle qui ont été faites par la jurisprudence depuis la publication du *Répertoire*.

336. Au sujet de la preuve par témoins devant les juges civils, dont il est question au *Rép.*, n° 200, une remarque importante doit être faite. Il est certain que « l'*information faite au criminel ne peut, dans notre législation actuelle, être convertie en enquête au civil* », ainsi que l'a déclaré, avec raison, l'arrêt de la cour de Toulouse du 30 avr. 1821, rapporté au *Rép. ibid.* Toutefois, une jurisprudence nombreuse s'est formée depuis la publication du *Répertoire* qui admet que les juges civils peuvent puiser les éléments de leur conviction dans les enquêtes régulièrement faites au cours d'une procédure criminelle, alors même que celle-ci aurait été suivie d'acquittement (Agen, 20 janv. 1851, aff. Bacqué, D. P. 51. 2. 49; Req. 31 janv. 1859, aff. Delporte, D. P. 59. 1. 439; 9 janv. 1882, aff. Maligne, D. P. 82. 1. 117-118), ou d'une ordonnance de non-lieu (Req. 2 mai 1864, aff. Philibert-Saives, D. P. 64. 1. 266; Rouen, 27 févr. 1867, aff. Crémieux, D. P. 68. 2. 80; Aix, 4 mai 1874, aff. Baudouin, D. P. 75. 2. 52).

337. On a dit au *Rép.* n° 197 que l'action civile est suspendue lorsqu'elle dérive d'un fait qui se rattache aux fonctions d'un agent du Gouvernement, jusqu'à ce que l'autorisation d'agir contre cet agent ait été obtenue du conseil d'Etat. Il n'en est plus de même aujourd'hui depuis que le décret du 19 sept. 1870 (D. P. 70. 4. 91) a supprimé la garantie administrative des fonctionnaires, en abrogeant l'art. 75 de la constitution de l'an 8, ainsi que « toutes autres dispositions des lois générales et spéciales ayant pour objet d'entraver les poursuites contre les fonctionnaires publics de tout ordre ».

Sect. 9. — Des causes d'extinction de l'action publique. — Décès du prévenu, prescription, chose jugée, amnistie, transaction des parties civiles, épuisement de la pénalité par des condamnations antérieures (*Rép.*, n°s 202 à 219).

338. — 1° *Décès du prévenu*. — Ainsi qu'on l'a exposé au *Rép.*, n°s 203 et 204, le décès du prévenu éteint l'action publique (c. instr. crim., art. 2), à quelque moment qu'il se produise, tant qu'il n'a pas été rendu un jugement passé en force de chose jugée. Donc si le décès survient pendant

l'instance d'appel, l'action publique est éteinte (Crim. cass. 9 déc. 1848, *Bull. crim.*, n° 317 ; 24 août 1854, aff. Gaudet, D. P. 54. 1. 293 ; 12 juin 1886, aff. De Thy, D. P. 87. 1. 41). Il en est de même si le décès se produit pendant l'instance devant la cour de cassation (Crim. rej. 21 avr. 1854, aff. Lesturgeon, D. P. 54. 1. 200 ; 11 janv. 1860, aff. Mercier, D. P. 60. 1. 200 ; 18 déc. 1862, aff. Gardon, D. P. 63. 1. 112 ; 15 janv. 1863, aff. Lambert, *ibid.* ; 5 févr. 1863, aff. Fabre, *ibid.* ; 3 août 1883, aff. Cauzie, D. P. 84. 1. 382 ; 3 janv. 1885, *Bull. crim.*, n° 10 ; 22 févr. 1890, *ibid.*, n° 45. Conf. Mangin, *Action publique*, t. 2, n° 278 ; Faustin Hélie, t. 2, n° 972 ; Trébutien, t. 2, n° 298 ; Le Sellyer, *Action publique*, t. 1, n° 334 ; Hoffman, *Questions préjudicielles*, t. 1, nᵒˢ 41 et suiv. ; Garraud, *Précis*, n° 344 ; Villey, p. 233).

339. Puisque le décès survenu pendant l'instance d'appel éteint l'action publique, il s'ensuit évidemment que lorsqu'un prévenu est décédé au cours de cette instance, le juge d'appel doit déclarer, dans le dispositif de son arrêt, que l'action publique est éteinte à l'égard de ce prévenu. Le silence du dispositif sur ce point constituerait une omission de statuer entraînant la cassation (Crim. cass. 12 juin 1886, aff. De Thy, D. P. 87. 1. 41).

D'autre part, le décès du condamné pendant l'instance en cassation n'éteint pas seulement l'action publique ; il a aussi pour effet, en ce qui concerne l'action civile, de la soustraire à la compétence de la juridiction criminelle, sauf à la partie lésée à reprendre son action contre les héritiers du condamné devant la juridiction civile (Crim. rej. 5 févr. 1863, aff. Lombard, D. P. 63. 1. 112 ; 3 août 1883, aff. Cauzie, D. P. 84. 1. 382 ; et arrêts des 3 janv. 1885, et 22 févr. 1890 cités *supra*, n° 338).

340. La règle que le décès du prévenu éteint l'action publique entraîne une conséquence déjà signalée au *Rép.* n° 204, à savoir que, quand une cour d'assises a, dans l'ignorance du décès de l'accusé fugitif, prononcé contre lui un arrêt de condamnation par contumace, elle doit le rapporter dès que les parties intéressées lui en adressent la demande, en produisant la preuve que le décès de l'accusé est antérieur à l'arrêt (Conf. Mangin, t. 2, n° 278 ; Faustin Hélie, t. 2, n° 972 ; Le Sellyer, t. 1, n° 335 ; Hoffman, t. 1, n° 43). — Il s'ensuit aussi, et il a été jugé, par le même motif, que le jugement, rendu par erreur depuis le décès du prévenu est nul, même quant aux réparations civiles sur lesquelles aucune défense n'a pu être présentée, et que les héritiers du prévenu sont recevables à se pourvoir en appel (Grenoble, 12 févr. 1863, *Journ. min. publ.*, t. 6, p. 145).

Jugé également que doit être annulé, en vertu de la règle que l'action publique est éteinte par la mort du prévenu, le jugement par défaut rendu par un conseil de guerre pour délit d'absence illégale, et devenu définitif par l'expiration des délais d'opposition et de recours en cassation, lorsqu'il est ultérieurement constaté que le condamné était décédé antérieurement à l'ordre de poursuite (Crim. cass. 4 mai 1889, *Bull. crim.*, n° 170).

341. Le principe de l'extinction de l'action publique par le décès s'applique non seulement aux peines corporelles, mais encore aux peines pécuniaires. C'est un point déjà admis au *Rép.*, n° 205, et aujourd'hui hors de doute (Mangin, n° 279 ; Faustin Hélie, n° 973 ; Chauveau et Hélie, *Théorie du code pénal*, t. 1, n° 131 ; Blanche, *Études*, t. 1, n° 298 ; Sourdat, *Traité de la responsabilité*, t. 1, n° 78 ; Hoffman, t. 1, n° 44 ; Garraud, *Traité théorique et pratique de droit pénal français*, t. 1, n° 353 et t. 2, n° 53). Il s'applique même aux amendes fiscales. Jugé que l'amende en matière de douanes, bien qu'elle ait, dans une certaine mesure, un caractère civil, ne peut être appliquée aux héritiers du contrevenant (Besançon, 21 déc. 1854, *supra*, v° *Douanes*, n° 688. Conf. Mangin, t. 1, n° 275 ; Le Sellyer, t. 1, n° 337 ; Sourdat, t. 1, n° 79 ; Faustin Hélie, t. 2, n° 973 ; Hoffman, t. 1, n° 46 ; Villey, p. 233).

Mais si l'amende ne peut être *prononcée* après la mort du prévenu, parce que l'action publique est éteinte, rien ne s'oppose à ce qu'elle soit *recouvrée*, contre les héritiers du condamné par toutes les voies légales, pourvu que la condamnation, prononcée avant la mort du prévenu, ait acquis avant cette époque l'autorité de la chose jugée. Cette solution, qui a été proposée au *Rép.*, n° 206, se fonde sur ce que la condamnation, ayant créé le titre d'une obligation pé-

cuniaire à la charge du patrimoine du coupable, cette obligation a été transmise aux héritiers avec le patrimoine même, et elle est admise par Chauveau et Hélie, t. 1, n° 131 ; Blanche, 4ʳᵉ *Étude*, n° 300 ; Bertauld, *Cours de code pénal*, 14° leçon, p. 305. Plusieurs auteurs en contestent le bien fondé, en s'appuyant principalement sur ce que toute peine est essentiellement personnelle (Garraud, *Traité de droit pénal français*, t. 1, n° 353, p. 574 ; Carnot, t. 1, p. 60 ; Rauter, t. 1, p. 277 ; Paringault, *Revue pratique*, 1857, p. 305 et suiv. ; Haus, t. 2, n° 771). Cette solution est également repoussée par le nouveau code pénal d'Italie qui, dans son art. 85, s'énonce ainsi : « La mort du condamné éteint la condamnation, *même à une peine pécuniaire non exécutée*, et toutes les conséquences pénales de la condamnation, mais ne fait pas obstacle à l'exécution de la confiscation ». Dans la pratique, le droit de recouvrer sur les héritiers ne fait pas de doute.

342. Sur la question de savoir si la confiscation spéciale, prévue par l'art. 11 c. pén., pourrait être poursuivie malgré le décès du prévenu, V. *supra*, v° *Peine*, n° 771 ; *Rép.* eod. v°, n° 850. V. également *supra*, vᵗˢ *Douanes*, n° 696, *Rép.* eod. v°, nᵒˢ 866, 981 et suiv. ; *Impôts indirects* ; *Rép.* eod. v°, n° 508 et suiv. ; *Matières d'or et d'argent* ; *Rép.* eod. v°, n° 142. On a vu au *Rép.*, n° 207, que la même question se pose à l'égard de la condamnation aux frais (V. *supra*, v° *Frais et dépens*, n° 548 ; *Rép.* eod. v°, n° 973).

343. Ainsi qu'on l'a dit au *Rép.*, n° 208, le décès de l'auteur principal d'un délit n'éteint pas l'action publique à l'égard du complice. De nombreux arrêts postérieurs à la publication du *Répertoire* ont consacré cette règle (V. *supra*, v° *Complice*, n° 74).

344. En ce qui concerne l'adultère de la femme, la question posée au *Rép.*, n° 209, de savoir si le décès du mari, survenant pendant la poursuite, doit arrêter l'action publique, est toujours controversée (V. *supra*, v° *Adultère*, n° 35 ; *Rép.* eod. v°, n° 53). — V. aussi *ibid.*, n° 37 pour la question, également controversée, de savoir si le décès de la femme pendant la poursuite éteint l'action à l'égard du complice. Aux arrêts rapportés *loc. cit.*, il faut ajouter un arrêt de la cour de Limoges du 23 févr. 1888 (aff. Raillard, D. P. 90. 2. 124) qui, confirmant la jurisprudence antérieure, a décidé que le décès de la femme, survenu au cours des poursuites, éteint l'action publique à l'égard du complice. — Enfin V. *ibid.*, n° 50, pour la question de savoir si la décision citée de la femme, s'il survient après le dépôt de la plainte formée par elle contre son mari, pour entretien d'une concubine dans la maison conjugale, a pour effet d'arrêter l'action du ministère public.

345. — 2° *Prescription.* — V. *supra*, v° *Prescription criminelle*, nᵒˢ 26 et suiv. ; *Rép.* eod. v°, nᵒˢ 44 et suiv.

346. — 3° *Exception de la chose jugée.* — V. *supra*, v° *Chose jugée*, n° 363 et suiv. ; *Rép.* eod. v°, nᵒˢ 512 et suiv.

347. — 4° *Amnistie.* — V. *supra*, v° *Amnistie*, nᵒˢ 34 et suiv. ; *Rép.* eod. v°, nᵒˢ 117 et suiv. — Aux décisions citées nous ajouterons un arrêt de la cour de Paris du 15 nov. 1889 (aff. Hubbard, D. P. 90. 2. 116), qui a jugé, avec raison, que la loi du 19 juill. 1889 portant amnistie de tous les délits et contraventions antérieurs à sa promulgation, prévus et punis par la loi du 29 juill. 1881, les délits de diffamation et d'injures envers les particuliers seuls exceptés, a éteint l'action publique relative au refus d'insertion de la réponse, sans porter atteinte à l'action en réparations civiles.

348. — 5° *Renonciation et transaction des parties civiles.* — S'il est un principe certain dans notre droit criminel, c'est assurément la règle que la renonciation ou la transaction des parties lésées n'exerce aucune influence sur l'action publique. « La transaction n'empêche pas la poursuite du ministère public », dit le second paragraphe de l'art. 2046 c. civ. ; et l'art. 4 c. instr. crim. déclare, d'autre part, que « la renonciation à l'action civile ne peut arrêter ni suspendre l'exercice de l'action publique ». — Pour les applications de ce principe, V. *supra*, n° 270.

349. Mais il y a trois exceptions au principe qui vient d'être rappelé. La première concerne les poursuites pour délit d'adultère. On sait qu'aux termes de l'art. 337 c. pén. « le mari reste le maître d'arrêter l'effet de la condamnation, en consentant à reprendre sa femme ». La doctrine a conclu de cette disposition que le mari peut, en tout état

de cause et jusqu'au jugement définitif, faire tomber la poursuite du ministère public en se désistant de sa plainte (Mangin, t. 1, n° 136; Faustin Hélie, t. 2, n°s 760 et 761; Chauveau et Hélie, t. 4, n° 1620; Blanche, 5e *Etude*, n° 178; Le Sellyer, t. 1, n° 406; Hoffman, t. 1, n° 19; Trébutien, t. 2, n° 197; Garraud, *Précis de droit criminel*, n° 364, p. 476). La jurisprudence s'est aussi prononcée dans le même sens (V. *suprà*, v° *Adultère*, n°s 26, 31, 32 et 33). — Outre les arrêts cités *ibid.*, il a été jugé : 1° que le désistement par le mari profite au complice et éteint l'action du ministère public (Orléans, 23 juill. 1889, aff. C..., D. P. 90. 2. 56); — 2° Que le désistement du mari éteint l'action publique alors même que, dans ce désistement, le mari a déclaré se réserver le droit d'intenter ultérieurement une action en divorce contre sa femme (Crim. rej. 24 juill. 1886, aff. Dubois, D. P. 87. 1. 239).

350. On sait que le désistement par le mari d'une plainte en adultère, intervenant avant que le jugement soit devenu définitif, profite au complice et éteint à l'égard de celui-ci l'action du ministère public (V. *suprà*, v° *Adultère*, n°s 27 à 30; *Rép.* eod. v° n° 43 et suiv.; *Adde*, Crim. rej. 24 juill. 1886, cité *suprà*, n° 349, et Orléans, 23 juill. 1889, aff. C..., D. P. 90. 2. 56. Conf. Faustin Hélie, t. 2, n°s 768 et 769; Mangin, t. 1, n° 137; Merlin, *Questions de droit*, v° *Adultère*, § 5; Blanche, 5e *Etude*, n° 181; Le Sellyer, t. 1, n° 408; Dutruc, *Mémorial du ministère public*, t. 7, p. 102; Garraud, *loc. cit.*; Villey, p. 195).

Et il en est ainsi alors même que le mari, en se désistant de sa plainte contre sa femme, aurait déclaré vouloir que les poursuites fussent continuées contre le complice (V. *suprà*, v° *Adultère* n° 27. Conf. Le Sellyer, t. 1, n° 411; Morin, *Répertoire*, v° *Adultère*, n° 19; Merlin, *Questions de droit*, v° *Adultère*, § 5, n°s 1 et 2).

351. Si la femme se désiste de la plainte qu'elle a portée contre son mari pour entretien d'une concubine dans le domicile conjugal (art. 339 c. pén.), ce désistement éteint-il aussi l'action publique? Nous avons soutenu l'affirmative *suprà*, v° *Adultère*, n°s 48 et 49. C'est la doctrine enseignée par Mangin, t. 1, n° 144; Le Sellyer, t. 1, n° 419; et M. Garraud, n° 364, p. 475. A la vérité, notre code ne contient pas, en faveur de la femme, de disposition expresse analogue à celle de l'art. 337 c. pén., § 2, en faveur du mari; mais les raisons de décider sont identiques. « Si, dit M. Garraud, dans l'intérêt de l'établissement de la paix du ménage, le mari a le droit d'arrêter la poursuite en pardonnant à sa femme, la femme doit avoir le même droit en pardonnant à son mari ». Aussi le code pénal belge de 1867 confère-t-il à la femme comme au mari la faculté d'arrêter la condamnation provoquée par la plainte de l'un ou de l'autre (art. 387 et 389). — V. toutefois, en sens contraire, Paris, 12 mars 1858 (1). Cet arrêt a décidé que le désistement de la femme n'a pas pour effet d'arrêter les poursuites du ministère public, surtout après condamnation prononcée en première instance.

352. La seconde exception à la règle d'après laquelle la transaction sur l'action civile ne peut arrêter ni suspendre l'action publique résulte de l'art. 60 de la loi du 29 juill. 1881 sur la presse (D. P. 81. 4. 86; et *suprà*, v° *Presse*, t. 13, p. 255). D'après cet article, au cas de diffamation ou d'injure envers les particuliers, « le désistement du plaignant arrête la poursuite commencée ». « Il est de toute justice, a dit à ce sujet M. Pelletan dans son rapport au Sénat, que celui qui a lancé la poursuite dans un intérêt essentiellement privé reste toujours maître de la retirer ou de la maintenir ». — V. *suprà*, v° *Presse*, n° 1256.

353. La troisième exception résulte du droit qui appartient à certaines administrations publiques de transiger, même avant jugement, sur les délits et contraventions rela-

tifs aux intérêts qui leur sont confiés. On a traité de ce droit de transaction au *Rép.*, n°s 215 à 217. En ce qui concerne le droit de transaction de l'administration des Douanes, V. *suprà*, n° 81, et v° *Douanes*, n°s 744 et suiv.; *Rép.* eod. v°, n°s 1011 et suiv. — En ce qui concerne les *contributions indirectes*, V. *suprà*, n° 79 et *Rép.* v° *Impôts indirects*, n°s 538 et suiv. — L'administration des Forêts est autorisée, depuis la loi du 18 juin 1859 (D. P. 59. 4. 95) par l'art. 159 c. for. modifié, « à transiger, avant jugement définitif, sur la poursuite des délits et des contraventions en matière forestière, commis dans les bois soumis au régime forestier ». (V. *suprà*, n° 83 et *infrà*, v° *Régime forestier*). En ce qui concerne l'administration des Postes, celle-ci a également reçu d'une loi postérieure à la publication du *Répertoire* (L. 4 juin 1859 sur le transport par la poste des valeurs déclarées D. P. 59. 4. 63), le droit de transiger (art. 9) sur les contraventions à ladite loi.

354. — 6° *Epuisement de la pénalité par des condamnations antérieures.* — La question de savoir si l'application de la peine la plus forte, en cas de concours d'infractions commises par le même agent, a pour effet d'éteindre l'action publique à l'égard de toutes les infractions découvertes dans le cours des débats ou après la condamnation, et emportant des peines moins graves que la première, a été traitée au *Rép.* n° 219, et résolue par la négative. L'opinion contraire est soutenue par plusieurs auteurs (V. Mangin, t. 2, n° 458; Le Sellyer, t. 1, n° 356; Morin, *Répertoire*, v° *Cumul des peines*, n°s 20 et 21; Duvergier, *Manuel des juges d'instruction*, 3e édit., t. 1, n° 69, p. 234; Thierret, *Revue de législation*, t. 13, p. 483; Paul Collet, *Revue critique*, 1867, t. 31, p. 385). Mais la doctrine du *Répertoire* a également de nombreux partisans (Faustin Hélie, t. 2, n°s 1092 et suiv.; Ortolan, t. 2, n°s 1818 et suiv.; Bertauld, 15e leçon, p. 332 et 333; Haus, t. 2, n° 1266 et suiv.; Hoffman, t. 1, n° 38; Garraud, *Traité de droit pénal*, t. 2, n° 177; Villey, p. 248). La jurisprudence s'est fixée dans le même sens. Quatre arrêts de la cour de cassation ont formellement reconnu que la prohibition du cumul des peines écrite dans l'art. 365 c. instr. crim. ne fait pas obstacle au cumul des poursuites (Crim. cass. 3 janv. 1867, aff. Imbert, D. P. 67. 1. 185; Crim. rej. 13 févr. 1880, *suprà*, v° *Peine*, n° 156; 29 juill. 1880, aff. Abadie, D. P. 81. 1. 189; 16 mars 1889, aff. Jacob, D. P. 89. 1. 483). — Toutefois, ainsi que M. Garraud le fait très justement remarquer, n° 293, note 1, il semble résulter de certains arrêts que, si l'épuisement de la pénalité n'éteint pas l'action pénale, il met obstacle à une nouvelle condamnation pénale, la nouvelle poursuite ne pouvant aboutir qu'à une condamnation aux frais (V. arrêt précité du 3 janv. 1867, et C. d'assises de la Seine, 30 août 1880, cité par Garraud, *ibid.*).

Sect. 10. — Des causes d'extinction de l'action civile. — Décès du prévenu, amnistie, désistement, transaction, prescription (*Rép.*, n°s 220 à 229).

355. — 1° *Décès du prévenu.* — Il est certain que l'action civile n'est point éteinte par le décès du prévenu, puisque, ainsi que nous l'avons rappelé au *Rép.*, n° 220, elle peut, aux termes de l'art. 2. c. instr. crim., être exercée contre le prévenu et contre ses *représentants*. Il est également constant qu'après le décès, les héritiers ne peuvent plus être poursuivis en réparation du dommage que devant la juridiction civile (Paris, 5 mars 1884, aff. Billault de Gérainville, D. P. 85. 2. 30). C'est la conséquence forcée de la règle que l'action civile ne peut plus s'exercer devant les tribunaux répressifs lorsque l'action publique est éteinte. En effet, la juridiction répressive est incompétente pour statuer sur l'action civile, si l'action publique est elle-même irreceva-

---

(1) (Lonzième.) — La cour; — Considérant que la faculté accordée au mari, par l'art. 337 c. pén., d'arrêter l'effet de la condamnation, prononcée contre la femme coupable d'adultère, en consentant à la reprendre, est exceptionnelle au droit commun; qu'aucune disposition de la loi n'accorde un semblable droit de grâce à la femme dont le mari a, sur sa plainte, été condamné, pour entretien d'une concubine dans le domicile conjugal; que, dans le silence de la loi, il n'appartient pas aux tribunaux de créer des fins de non-recevoir, et d'étendre à des cas non prévus des exceptions que la loi n'a édictées que pour d'autres cas dont

l'analogie n'est pas complète; — Que si l'art. 339 c. pén. ne permet au ministère public de poursuivre le mari coupable d'adultère que sur la plainte de sa femme, il ne donne pas à la femme le droit d'éteindre cette action alors que sa plainte l'a fait naître, et de remettre une peine régulièrement prononcée; qu'en effet, le code pénal ne contient, relativement au délit d'adultère du mari, aucune dérogation aux dispositions générales de l'art. 2046 c. civ., et de l'art. 4 c. instr. crim., qui déclarent que les transactions sur les délits n'empêchent pas la poursuite du ministère public, et que la renonciation à l'action civile par la partie lésée

ble, car elle n'a le droit de statuer sur la première que parce qu'elle peut connaître de la seconde. — Au reste, il est clair que l'action civile n'en continue pas moins, malgré le décès du prévenu, à pouvoir être exercée contre les complices (Arrêt précité du 5 mars 1884).

356. Mais que décider si le décès du prévenu vient à se produire en cours d'instance? Un tribunal répressif est saisi d'une action publique et accessoirement d'une action civile. Le prévenu meurt; sera-t-il encore compétent pour prononcer sur l'action civile? La question a été examinée au *Rép.* nos 221 à 223. Elle peut être généralisée et posée, non seulement par rapport au décès du prévenu, mais relativement aux autres causes d'extinction de l'action publique, comme l'amnistie, la chose jugée. En d'autres termes, lorsque les deux actions ont été portées ensemble devant la juridiction répressive, celle-ci pourra-t-elle continuer à connaître de l'action civile, alors qu'une cause d'extinction serait survenue après coup qui aurait mis fin à l'action publique? ou bien, au contraire, la partie lésée sera-t-elle obligée de reporter son action devant la juridiction civile?

357. Nous constaterons d'abord que si la procédure n'a encore été portée que devant les juridictions d'instruction, la difficulté ne semble pas considérable. Comme celles-ci ne peuvent que préparer le débat définitif, on s'accorde à reconnaître que si l'action publique s'éteint devant elles, l'action civile ne peut lui survivre. En effet, aucune juridiction de jugement n'ayant été saisie, il y aurait impossibilité de porter accessoirement l'action civile devant les tribunaux criminels, l'action principale, c'est-à-dire l'action publique, ne pouvant plus être exercée (Trébutien, t. 2, no 169; Le Sellyer, *Traité de la compétence*, t. 2, nos 1183 et 1184; Hoffman, t. 1, no 54; Gréau, p. 114).

358. *Au cours de l'instance,* différents cas d'extinction de l'action publique peuvent se présenter. La loi n'en a prévu qu'un seul, dans l'art. 202-no 2 c. instr. crim. Cet article suppose qu'un jugement en premier ressort étant intervenu à la fois sur l'action publique et sur l'action civile, nées d'un délit, le ministère public n'interjette pas appel dans les délais légaux, et le jugement acquiert, en ce qui concerne l'action publique, autorité de la chose jugée; mais la partie civile a formé appel: la juridiction d'appel sera saisie de l'action civile et doit y statuer, quoique l'action publique soit éteinte. La compétence des tribunaux répressifs a incontestablement survécu, dans ce cas, à l'extinction de l'action publique par la chose jugée. C'est ce qui a été reconnu par un grand nombre d'arrêts (Crim. cass. 21 août 1851; Delaju, D. P. 51. 5. 26; 1er juill. 1853, aff. Vasner, D. P. 53. 5. 20; 21 juill. 1855, aff. Saunières, D. P. 55. 1. 335; Crim. rej. 14 avr. 1860, aff. Meynard, D. P. 60. 1. 373; Crim. cass. 31 janv. 1867, aff. Vindry, D. P. 68. 1. 96; 28 déc. 1872, aff. Normand, D. P. 74. 5. 27; 26 juill. 1878, aff. Valadon, D. P. 79. 1. 142; Crim. rej. 2 août 1878, aff. Guelle, D. P. 79. 1. 47; Chambéry, 3 mars 1882, *suprà*, vo *Appel en matière criminelle*, no 111; Lyon, 12 déc. 1883, *ibid.*). — De même quand un pourvoi en cassation a été formé exclusivement par la partie civile; si l'arrêt ou le jugement est annulé, l'affaire est renvoyée devant une autre cour ou un autre tribunal de répression, qui doit statuer exclusivement sur l'action civile, malgré l'extinction de l'action publique (c. instr. crim. art. 427) (Conf. Garraud, no 375, p. 492; Hoffman, t. 1, no 57; Haus, t. 2, no 1393). — Cette double exception à la règle qui ne permet pas d'exercer l'action civile devant les tribunaux répressifs lorsque l'action publique est éteinte était nécessaire « car, dit très bien M. Garraud, à moins d'enlever à la partie civile le droit de former un recours contre un jugement ou un arrêt qui lèse ses intérêts, ou d'obliger le ministère public à suivre la partie civile devant le tribunal d'appel ou la cour de cassation, il fallait bien autoriser la juridiction répressive supérieure à se prononcer sur un jugement ou un arrêt qui émane d'une juridiction de répression ».

Dans une situation analogue à celles que prévoient les art. 202 et 427, la cour de cassation a récemment décidé que, si l'action publique se trouve définitivement éteinte par l'effet d'un arrêt d'acquittement rendu contradictoirement avec le ministère public, sur l'appel de celui-ci, et si, en conséquence, aucune peine ne peut être désormais infligée au prévenu, la cour d'appel, régulièrement saisie de l'action civile, n'en reste pas moins tenue d'examiner la demande en dommages-intérêts, et de statuer sur l'opposition formée audit arrêt par la partie civile, lorsque, par rapport à cette dernière, il n'a été rendu que par défaut (Crim. rej. 14 janv. 1892, aff. De Bélot, D. P. 92. 1. 393). « La partie civile, a dit l'arrêt de la cour de Paris contre lequel était dirigé le pourvoi, n'obtiendrait les avantages du second degré de juridiction si elle ne pouvait discuter librement devant la juridiction supérieure la question de l'existence du délit et provoquer, dans son intérêt, sur ce point, une décision souveraine ».

359. Mais que faut-il décider dans les autres hypothèses c'est-à-dire en cas de décès du prévenu au cours de l'instance, ou d'amnistie? Le tribunal répressif saisi peut-il continuer à connaître de l'action civile, ou bien la partie lésée doit-elle reporter son action devant les juges civils? A cet égard trois systèmes se sont produits. — Le premier, appliquant rigoureusement l'art. 3 c. instr. crim., admet que les tribunaux répressifs cessent, dans tous les cas, d'être compétents pour statuer sur l'action civile. « Tant qu'il reste au prévenu, dit Legraverend, t. 1, p. 69, une voie quelconque pour échapper à la condamnation, s'il vient à mourir, il meurt dans l'intégrité de ses droits, *integri status*, et les choses doivent être remises au même point où elles se trouvaient au moment où l'action a pris naissance, attendu que les tribunaux de répression ne sont investis du droit accessoire de prononcer sur l'action civile que par le droit exclusif qu'ils ont de statuer sur l'action publique ». Plusieurs cours d'appel ont adopté ce système (Rouen, 1er févr. 1872, aff. Michel, D. P. 72. 2. 234; Paris, 13 juin 1872, aff. Paradis, D. P. 72. 2. 164; 12 mai 1887, *Gaz. des trib.*, 15 juin 1887). La cour de cassation a jugé, dans le même sens, que le décès du prévenu, avant qu'il ait été statué sur son pourvoi en cassation, éteint l'action publique, et aussi l'action civile portée devant le tribunal de répression, sauf à la partie lésée à agir devant la juridiction civile (Crim. rej. 15 janv. 1863, aff. Lambert, D. P. 63. 1. 112; 5 févr. 1863, aff. Fabre, D. P. *ibid.*; 3 août 1883, aff. Cauzie, D. P. 84. 1. 382; 3 janv. 1885, *Bull. crim.*, no 18; 22 févr. 1890, aff. Ogier, *ibid.*, no 45). — L'art. 5 du code de procédure pénale pour le royaume d'Italie a prévu la question et l'a résolue dans ce sens: « Si l'inculpé meurt avant qu'il ait été jugé définitivement, l'action publique s'exerce contre ses héritiers devant le tribunal civil ».

360. Un second système, diamétralement opposé, décide que, lorsque la juridiction répressive a été régulièrement saisie, elle doit prononcer sur l'action civile, quels que soient les événements postérieurs. « Les deux actions étant indépendantes l'une de l'autre, s'il survient ensuite des événements qui désarment l'action publique, ces événements ne peuvent avoir aucune influence sur l'action civile, qui reste isolément soumise à l'appréciation du juge originairement saisi » (Crim. rej. 16 mars 1882, aff. Talon, D. P. 82. 1. 239. Conf. Crim. rej. 17 déc. 1869, aff. De Fouchécourt, D. P. 70. 1. 372; 22 déc. 1870, aff. Vezinhet, D. P. 71. 1. 192; 9 janv. 1880, aff. Chazot, D. P. 80. 1. 285; 27 mars 1881, aff. Korhène-Nar-Bey, D. P. 82. 1. 391; 17 mars 1882, aff. Rouanet, D. P. 83. 1. 141; Lyon, 15 août 1880, aff. Mengin, D. P. 81. 2. 4; Carnot, *Code d'instr. crim.*, t. 1, p. 54, et note 5; Le Sellyer, *Traité de la compétence*, t. 2, no 1184). Toutefois les auteurs qui admettent cette doctrine sont obligés, en cas de décès, d'en restreindre l'application aux tribunaux correctionnel et de simple police, puisque, lorsque le décès de l'accusé se produit devant la cour d'assises, l'ac-

---

ne peut arrêter ni suspendre l'exercice de l'action publique; — Qu'au surplus, l'acte représenté ne donnant le désistement de la femme Lonzième qu'à l'égard à des autorisations à elle conférées par son mari et sous une condition résolutoire, ne peut être considéré comme un désistement libre, définitif et valable; — Dit qu'il n'y a lieu d'arrêter à l'exception tirée du désistement de

sa femme présentée par Lonzième; — Au fond, adoptant les motifs des premiers juges; — Met l'appellation à néant; ordonne que le jugement dont est appel sortira son plein et entier effet, etc.

Du 12 mars 1858.-C. de Paris, ch. corr.-MM. Perrot de Chezelles, pr.-Dupré-Lasalle, subst., c. conf.-Caffin, av.

tion publique s'éteint faute de contradicteur, et que, d'ailleurs, il n'est pas possible, à raison de la nature de la procédure et de la juridiction, d'assigner les héritiers en reprise d'instance (V. notamment Garraud, n° 375, note 1).

361. Un troisième système se place entre les deux premiers. Il distingue suivant qu'il est intervenu ou non, antérieurement au décès ou à l'amnistie, un jugement sur le fond. « S'il n'y a pas eu de jugement ou d'arrêt au fond, les tribunaux de répression sont irrévocablement dessaisis, et la partie lésée se voit forcée de porter son action devant la juridiction civile. Au contraire, s'il y a eu un jugement ou un arrêt au fond, bien que ce jugement ou cet arrêt soit frappé d'un appel ou d'un pourvoi en cassation, les juridictions répressives seront seules compétentes pour statuer sur l'action civile en appel ou en cassation » (Garraud, n° 375, p. 493). Cette opinion, adoptée par le plus grand nombre des auteurs (Mangin, *Action publique*, t. 2, n° 282 ; Le Sellyer, *De la compétence*, t. 2, n° 1184 ; Morin, *Répertoire* v° *Appel*, n° 43 ; Laborde, n° 841 ; Hoffman, t. 1, n°s 57 et suiv.; Trébutien, *Cours élémentaire de droit criminel*, t. 2, n° 172 ; Gréau, p. 116), nous paraît la meilleure. Le cas est le même, en effet, que celui de l'art. 202, n° 2, et aussi le motif : le jugement tient état jusqu'à ce qu'il soit réformé, et il ne peut l'être que par une juridiction de même ordre. N'est-il pas juste et raisonnable qu'à partir du jugement du premier degré de juridiction, l'action civile vive de sa vie propre, puisque alors l'instruction est réputée achevée, et qu'il n'y a plus à discuter que sur des faits constatés ? D'ailleurs, le décès du prévenu peut bien éteindre l'action publique, mais il n'a pas d'influence sur l'action civile ; or le jugement a opéré une sorte de novation du droit de la partie civile, novation qui s'oppose, ce semble, à ce que cette partie puisse reproduire son droit primitif devant d'autres juridictions. Enfin, dès lors qu'il existe un jugement sur l'action civile, rendu régulièrement, si l'on veut anéantir ce jugement, il en faut demander la réformation aux tribunaux compétents, et il n'y a que les tribunaux répressifs qui puissent statuer sur l'appel des décisions émanées de tribunaux répressifs. Décider autrement, ce serait méconnaître l'autorité de la chose jugée ou supprimer le second degré de juridiction. — De nombreuses décisions ont consacré cette doctrine. Ainsi la cour de cassation a jugé : 1° qu'un décret d'amnistie ne dessaisit pas, en ce qui concerne l'action civile, la juridiction correctionnelle qui a déjà statué par un jugement de première instance sur l'action répressive (Crim. rej. 9 févr. 1849, aff. Léoutre, D. P. 49. 1. 125 ; Crim. cass. 27 nov. 1869, aff. Poupier, D. P. 70. 1. 139 ; 10 mai 1872, aff. Mathieu, D. P. 72. 1. 331. Conf. Toulouse, 19 août 1881, aff. Curés de Toulouse, D. P. 82. 2. 15 ; Lyon, 24 août 1881, aff. Brac de la Perrière, *ibid.* ; Paris, 26 nov. 1881, aff. Alemand, v° *Amnistie*, n° 44) ; — 2° Qu'il en est de même au cas d'extinction de l'action publique par le décès du prévenu survenu pendant l'instance d'appel (Crim. rej. 3 août 1854, aff. Gaudet, D. P. 54. 1. 293 ; 10 mai 1872, aff. Mathieu, D. P. 72. 1. 331).

362. Et de même, lorsque le prévenu n'est décédé que postérieurement à sa condamnation par un jugement au fond, la cour de cassation reste compétente pour statuer sur le recours dont ce jugement peut être l'objet. En effet, les jugements au fond attaqués par la voie de la cassation ne cessent pas pour cela de subsister tant que l'annulation n'en a pas été prononcée. La cour de cassation ne pourrait donc se dispenser de se prononcer sur le pourvoi dans l'intérêt de la partie civile (Mangin, t. 2, n° 282 ; Le Sellyer, t. 2, n° 1184. V. cependant, *contrà*, Crim. rej. 3 août 1883, aff. Cauzie, D. P. 84. 1. 382). — Il a été jugé aussi que la cour de cassation saisie, antérieurement à une loi d'amnistie, d'un pourvoi formé contre un arrêt qui condamnait un individu à des peines correctionnelles et à des réparations civiles, doit statuer sur le pourvoi, au point de vue de l'action civile (Crim. rej. 2 mai 1878, aff. Prignet, D. P. 79. 1. 48 ; 12 août 1881, aff. Tanneguy de Wogan, D. P. 82. 1. 239. Conf. Faustin Hélie, t. 2, n° 1090 ; Hoffman, t. 1, n° 59). — V. encore, sur la question qui vient d'être traitée, l'article de M. Bazot : *De l'action civile en cas de décès du prévenu*, dans la *Revue pratique*, t. 20, p. 63, l'article de M. R. d'Ubexi : *De l'action civile en cas de décès du coupable*, dans la *Revue critique*, t. 24, p. 517, et celui de M. Villey : *De la durée*

de l'action civile après l'extinction de l'action publique, dans la *Revue critique*, t. 75, p. 81.

363. La distinction faite par le troisième système suivant qu'il est intervenu, ou non, avant le décès ou l'amnistie, un jugement de condamnation sur le fond, est-elle applicable à la condamnation aux frais ? En d'autres termes, si le condamné vient à mourir, soit dans le délai d'appel et du pourvoi, soit après qu'il a formé un recours et avant le jugement de ce recours, le tribunal d'appel ou la cour de cassation doivent-ils statuer sur cet appel ou sur ce pourvoi, relativement à la condamnation aux frais ? La négative ne fait plus de doute en jurisprudence depuis 1860. Les arrêts décident que, les frais étant l'accessoire de la peine, dès que celle-ci ne peut plus être prononcée ou est censée non avenue, par suite de la mort du coupable, la condamnation aux frais n'est plus possible ou s'évanouit avec elle ; — spécialement, qu'en cas de décès du condamné durant l'instance en cassation, ce décès rendant impossible l'exécution de la décision attaquée, même en ce qui concerne la condamnation aux frais, il n'y a lieu de statuer sur le pourvoi du condamné ni sur l'intervention do l'héritier (Crim. rej. 17 janv. 1860, aff. Mercier, D. P. 60. 1. 200 ; 18 déc. 1862, aff. Gardon, D. P. 63. 1. 112 ; 15 janv. 1863, aff. Lambert, *ibid.;* 5 févr. 1863, aff. Fabre, *ibid.* Conf. Faustin Hélie, t. 2, n° 976 ; Sourdat, *Traité de la responsabilité*, t. 1, n°s 267 et 270 *bis*. — V. cependant, *contrà* : Mangin, t. 2, n° 281 ; Le Sellyer, *Action publique*, n° 344, et *Compétence*, n° 1183 ; Le Graverend, *Législation criminelle*, t. 1, p. 67, et Carnot, *Instruction criminelle*, art. 2, n° 24).

364. Que décider lorsque le prévenu meurt après avoir été condamné par défaut ? Les tribunaux répressifs sont-ils dessaisis de toute compétence à l'égard de l'action civile, par l'effet de ce décès ? Si le prévenu meurt après avoir formé opposition, la juridiction criminelle se trouve certainement dessaisie, ainsi qu'on l'a dit au *Rép.*, n° 221, parce que, aux termes de l'art. 187 c. instr. crim., le jugement par défaut, frappé d'opposition, est considéré *comme non avenu;* d'où il suit que la procédure doit suivre la marche qu'elle aurait suivie si le prévenu était mort avant tout jugement du fond, c'est-à-dire que le plaignant doit porter son action devant le juge civil (Mangin, t. 2, n° 282 *in fine;* Sourdat, n° 268 ; Hoffman, t. 1, n° 60 ; Gréau, p. 119). — S'il est décédé sans avoir formé opposition et que le jugement par défaut soit devenu définitif, la partie lésée comme les héritiers du défunt peuvent interjeter appel du chef des intérêts civils (art. 188 c. précité), et cet appel peut, en vertu des principes qui précèdent, être porté devant les juges d'appel correctionnel (Sourdat, *loc. cit.*, Hoffman, *loc. cit.*, Gréau, *loc. cit.*).

La question est plus délicate si le prévenu est décédé pendant les délais de l'opposition, sans avoir manifesté sa volonté. Mangin (*loc. cit.*) pense que l'opposition n'est plus alors ouverte aux héritiers, et que la juridiction criminelle doit être dessaisie, car « l'opposition est inutile, puisqu'elle ne peut plus emporter citation à la première audience, aux termes de l'art. 188, et saisir de nouveau un tribunal désormais incompétent ». M. Sourdat (*loc. cit.*) enseigne, au contraire, que les héritiers peuvent former opposition du chef de leurs intérêts civils. Il s'appuie sur la jurisprudence de la cour de cassation qui accorde ce droit à la partie civile. Si, dit cet auteur, la partie peut, aussi bien que le prévenu, former opposition à un jugement de défaut du chef de ses intérêts civils seulement (et cela est incontestable), comment les héritiers du condamné décédé n'en auraient-ils pas aussi le droit ? Il y aurait donc ici, suivant M. Sourdat, exception à la règle d'après laquelle les tribunaux correctionnels ne connaissent plus de l'action civile quand ils sont dessaisis de l'action publique. Cette exception nous paraît assez difficile à admettre en l'absence d'un texte qui la justifie. Nous croyons plutôt, avec M. Le Sellyer (*Traité de la compétence*, t. 2, n° 1184), que la voie de l'opposition ne peut plus être employée, mais qu'il ne s'ensuit pas que la juridiction répressive soit désormais incompétente. Les héritiers du condamné pourraient, suivant nous, interjeter appel du jugement comme dans l'hypothèse précédente.

365. Enfin, que faut-il décider lorsque l'arrêt qui alloue des dommages-intérêts à la partie lésée a été prononcé

contre un contumax, et que le condamné vient à mourir après cet arrêt? La question a été examinée au *Rép.* n° 223. Elle nous paraît comporter, depuis la loi du 31 mai 1854, abolitive de la mort civile (D. P. 54. 5. 91), des distinctions nouvelles. — En premier lieu, si la peine étant perpétuelle, et ayant, dès lors, entraîné les incapacités légales qui remplacent la mort civile (L. 31 mai 1854, D. P. 54. 4. 91), le condamné décède dans l'intervalle des cinq années qui lui sont données pour se représenter (c. civ. art. 31, et art. 3 de la loi précitée), il est certain que la condamnation prononcée au profit de la partie civile est anéantie par le décès en même temps que la condamnation pénale et de la même manière; et, conséquemment, la partie lésée ne peut plus saisir que les tribunaux civils de son action contre les héritiers (Sourdat, t. 1, n° 280; Demolombe, t. 1, n° 226; Gréau, p. 120). Au contraire, si le condamné ne meurt qu'après les cinq années, et avant la prescription de la peine (c. instr. crim. 641), ses héritiers pourront-ils être poursuivis en payement des dommages-intérêts prononcés par le jugement contumace? Oui, suivant nous, car la condamnation est devenue irrévocable. La peine, il est vrai, ne peut pas s'exécuter, mais la décision reste acquise à la partie civile (Sourdat, t. 1, n° 281; Le Sellyer, *Traité de la compétence*, t. 2, n° 1183; Gréau, *loc. cit.*; Demante, *Revue critique*, 1857, t. 1, p. 78).

366. Enfin, si la condamnation par contumace ne porte qu'une peine temporaire, quel sera, en cas de décès du contumax, le sort des condamnations civiles prononcées par l'arrêt? Nous croyons que ces condamnations pourront être exécutées contre les héritiers, le décès ayant rendu l'arrêt irrévocable et cela alors même qu'il se serait produit dans les cinq ans. En effet, avant la suppression de la mort civile par la loi du 31 mai 1854, ce n'était que pour le cas d'une condamnation à une peine entraînant la mort civile que la loi attribuait au décès du condamné par contumace l'effet d'anéantir la condamnation. En tout autre cas, la contumace ne pouvait être purgée que par le retour volontaire ou forcé du condamné. Pourquoi en serait-il autrement aujourd'hui quand il s'agit d'une condamnation à une peine temporaire, c'est-à-dire à une peine qui n'aurait jamais entraîné la mort civile? (Conf. Le Sellyer, t. 2, n° 1183; Hoffman, t. 1, n° 64.)

367. — 2° *Amnistie.* — L'action civile n'est point éteinte par l'amnistie, en ce sens que celle-ci laisse subsister le droit de la partie lésée à réclamer une indemnité pour le préjudice qui lui a été causé par le délit amnistié. L'amnistie, en effet, ne porte aucune atteinte aux droits des tiers. Une jurisprudence nombreuse a consacré la règle que l'amnistie laisse subsister de plein droit l'action civile des parties lésées (Crim. rej. 19 mai 1848, aff. Girondeau, D. P. 48. 1. 102; 9 févr. 1849, aff. Léoutre, D. P. 49. 1. 125; 17 déc. 1869, aff. Fouchécourt, D. P. 70. 1. 372; 2 mai 1878, aff. Prignet, D. P. 79. 1. 48; 27 mai 1881, aff. Korhène-Nar-Bey, D. P. 82. 1. 391; 17 mars 1882, aff. Rouanet, D. P. 83. 1. 141; Paris, 26 nov. 1881, aff. Alemand, *suprà*, v° *Amnistie*, p. 402, note 1; Alger, 21 févr. 1882, aff. Allaman, *ibid.*; Poitiers, 7 août 1889, aff. De Campagne, D. P. 91. 2. 27; Paris, 15 nov. 1889, aff. Hubbard, D. P. 90. 2. 116. Conf. Faustin Hélie, t. 2, n° 1100, et *suprà*, v° *Amnistie*, n°s 43 et suiv.).

368. Il faut, toutefois, remarquer que la règle suivant laquelle l'amnistie laisse subsister l'action civile doit être entendue en ce sens que la partie lésée conserve son droit à la réparation du préjudice, mais non en ce sens qu'elle pourrait, après l'amnistie, saisir le tribunal de répression de l'action civile proprement dite. L'amnistie, en effet, efface le délit pénal, et rend l'infraction non punissable; or, c'est un principe incontestable, établi *suprà*, n° 293, que les tribunaux de répression ne connaissent de l'action civile qu'accessoirement à l'action publique. Il s'ensuit que, quand l'infraction n'est plus punissable (et c'est le cas après l'amnistie), l'action civile ne peut plus être portée devant le tribunal de répression et qu'elle se transforme en une simple action en dommages-intérêts, de la compétence exclusive des tribunaux civils. Trib. corr. de Blois, 14 janv. 1870, aff. Carré; D. P. 70. 3. 76; Crim. rej. 22 déc. 1870, aff. Vezinhet, D. P. 71. 1. 192; Trib. corr. de la Seine, 19 août 1881, *suprà*, n° 300).

369. Si le tribunal répressif avait été saisi de l'action

civile avant l'amnistie, et que celle-ci intervint en cours d'instance, la juridiction répressive demeurerait-elle compétente pour juger l'action civile introduite? Sur cette question, V. *suprà*, n°s 358 et suiv.

370. — 3° *Désistement, transaction.* — Que l'action civile soit éteinte, ainsi qu'on l'a dit au *Rép.*, n° 225, par le désistement de la partie lésée, ou par sa renonciation ou par la transaction que celle-ci viendrait à consentir, c'est ce qui est évident. L'action civile appartient à la partie; celle-ci peut en disposer comme elle l'entend (Faustin Hélie, t. 2, n°s 605 et 606; Mangin, t. 1, n°s 30 et 31). — A l'égard du désistement de la partie civile et de ses effets, V. *suprà*, v° *Désistement*, n°s 67 à 69; *Rép.* eod. v°, n°s 240 et suiv.

371. Quant à la renonciation et à la transaction, deux arrêts sont à signaler ici. L'un d'eux (Crim. rej. 30 avr. 1891, aff. Chanal, D. P. 91. 1. 491) a décidé que la partie civile ne peut déférer au tribunal correctionnel un délit d'abus de confiance au sujet duquel elle a transigé; l'autre, intervenu en matière d'adultère, a jugé que le mari qui, après avoir déposé une plainte en adultère à laquelle le ministère public n'a pas cru devoir donner suite, s'est réconcilié avec sa femme, n'est pas recevable à intenter séparément, devant la juridiction civile, pour le même fait d'adultère, une action en dommages-intérêts contre le complice (Grenoble, 1er juin 1870, aff. Jacquemet, D. P. 72. 2. 163). Ce dernier arrêt déclare « que le pardon accordé à la femme par voie de réconciliation équivaut à une preuve légale que l'adultère n'a pas été commis, que le fait n'a pas existé »... et que « condamner le complice désigné à une réparation civile, ce serait prononcer la condamnation morale de la femme et rétracter le pardon résultant de la réconciliation ».

372. Sur la restriction que le droit de transiger souffre à l'égard du crime de faux (c. proc. civ. art. 249), V. *suprà*, v° *Faux incident* n°s 45 et suiv.; *Rép.* eod. v°, n°s 97 et suiv.

373. — 4° *Chose jugée.* — L'exception de la chose jugée est, ainsi qu'on l'a rappelé au *Rép.*, n° 227, une cause d'extinction commune à l'action civile et à l'action publique. Tout ce qui concerne cette matière est traité *suprà*, v° *Chose jugée.* — Sur l'influence de la chose jugée au civil sur l'action civile, V. *ibid.* n° 390 et *Rép.* eod. v°, n° 542. — Sur l'influence de la chose jugée au criminel sur l'action civile, V. *ibid.* n° 391 et suiv., et aussi 464 et suiv., et *Rép.* eod. v°, n°s 531 et suiv.

374. Un seul arrêt récent est à citer relativement à la chose jugée considérée comme cause d'extinction de l'action civile. La cour de cassation, faisant application de la règle que les tribunaux de répression ne sont compétents pour statuer sur l'action civile qu'accessoirement à l'action publique, a jugé, le 6 mai 1892 (*Bull. crim.* n° 129) que la juridiction correctionnelle qui a épuisé son pouvoir en statuant sur la poursuite du ministère public ne peut se saisir, à nouveau, du même fait entre les mêmes parties, à la requête de la Régie, assimilée à une partie civile.

375. — 5° *Prescription.* — En ce qui concerne l'extinction de l'action civile par la prescription, V. *suprà*, v° *Prescription criminelle*, n°s 50 et suiv. *Rép.* eod. v°, n° 93 et suiv.

CHAP. 3. — De la police judiciaire et des différents officiers qui l'exercent (*Rép.*, n°s 250 à 455).

376. Les art. 8 à 54 c. instr. crim., qui forment la partie la plus importante de notre législation sur la police judiciaire, n'ont reçu aucun changement depuis la publication du *Répertoire*. Ils ne paraissent pas destinés à subir de modifications considérables par suite de l'adoption, si elle a lieu, du projet de réforme du code d'instruction criminelle. Seul, l'art. 10 de code, relatif aux pouvoirs des préfets, serait remanié, sinon supprimé, ainsi qu'il sera expliqué *infrà*, n° 391. — Nous aurons, toutefois, l'occasion de citer *infrà*, n°s 394 et suiv., quelques textes nouveaux relatifs aux attributions de certains agents spéciaux de la police judiciaire.

377. L'ouvrage de doctrine le plus important à consulter sur la police judiciaire est le *Traité de l'instruction criminelle*, de Faustin Hélie. Tout le titre 3 du tome 1 de ce traité (2e édition, 1866) est consacré à cet objet. On trouvera aussi un résumé très complet de la législation et de la jurisprudence sur la matière dans la *Pratique crimi-*

nelle des cours et tribunaux, du même auteur, t. 1, n° 47 et suiv. — V. encore : Mangin, *Traité des procès-verbaux;* Trébutien, *Cours de droit criminel*, t. 2, tout le titre 2, n°s 329 et suiv.; Garraud, *Précis de droit criminel*, n°s 453 à 462; Villey, *Précis de droit criminel*, 3ᵉ partie, tout le chap. 1, p. 275 à 297; Laborde, *Cours élémentaire de droit criminel*, n°s 937 à 956.

SECT. 1ʳᵉ. — RÈGLES GÉNÉRALES. — DES DIVERS AGENTS CHARGÉS DE LA POLICE JUDICIAIRE; DES PRÉFETS (*Rép.*, n°s 230 à 279).

378. — 1° *Des officiers ordinaires de la police judiciaire.* — On a résumé au *Rép.*, n°s 233 à 236, le système du code de brumaire an 4 sur la police judiciaire, et aussi les modifications apportées à ce système par la loi du 7 pluviôse an 9. Ceux qui désirent approfondir davantage les origines de notre législation à ce point de vue trouveront des détails historiques intéressants et d'importantes observations critiques dans Faustin Hélie (t. 3, chap. 2, n°s 1122 à 1153) et aussi dans l'ouvrage de M. Esmein, sur l'*Histoire de la procédure criminelle en France* (3ᵉ partie, titre 2, chap. 2 et 3).

379. Il ne nous paraît pas utile de revenir ici sur ce qui a été dit au *Rép.*, n°s 237 à 249, concernant les attributions, considérées en général, des différents officiers ordinaires de la police judiciaire, c'est-à-dire des officiers énumérés en l'art. 9 c. instr. crim. On trouvera résumées ci-après, pour chaque catégorie de ces officiers, les données nouvelles de la doctrine et de la jurisprudence. — V. pour les juges d'instruction, en tant qu'officiers de police judiciaire, *infrà*, sect. 6, n° 543 et suiv.; — pour les procureurs de la République et leurs substituts, *infrà*, sect. 4, n°s 453 et suiv.; — pour les maires, adjoints de maire, commissaires de police et officiers de gendarmerie, *infrà*, sect. 2, n°s 411 et suiv.; — pour les gardes champêtres, *infrà*, sect. 3, n°s 427 et suiv., et aussi *suprà*, v° *Garde champêtre* n°s 22 et suiv.; — pour les gardes forestiers *infrà*, sect. 3, n°s 427 et suiv., et aussi *Rép.* v° *Forêts*, n°s 385 et suiv., et *infrà*, v° *Régime forestier*.

380. Nous rappellerons que la dénomination d'*officiers ordinaires* de la police judiciaire ne s'applique qu'aux fonctionnaires désignés en l'art. 9 c. instr. crim. (Trébutien, t. 2, n° 336; Villey, p. 275). A cet égard, on lit dans un arrêt que « la dénomination d'*officiers ordinaires* ne s'applique, en législation, comme celle de *tribunaux ordinaires*, qu'à ceux qui ont une compétence territoriale et une juridiction générale, conformément au code d'instruction criminelle » (Motifs, Crim. rej. 15 nov. 1860, aff. Gauthier, D. P. 61. 1. 138). — Les autres agents, auxquels, en dehors du code, des lois spéciales ont attribué le pouvoir de rechercher et de constater différentes classes de délits et de contraventions, sont généralement dénommés *agents spéciaux adjoints à la police judiciaire*. — Au sujet de ces agents, V. *infrà*, n°s 394 et suiv.

381. Le procureur général a la haute direction de la police judiciaire (c. instr. crim. art. 279), sans faire partie de celle-ci. C'est ce qui a été établi au *Rép.*, n° 250. Il s'ensuit que, sauf les cas spéciaux des art. 464 et 484 c. instr. crim., le procureur général ne peut faire personnellement aucun des actes attribués à la police judiciaire. Il s'ensuit également qu'il ne peut déléguer, pour faire ces actes, aucun magistrat ni officier de police judiciaire (Faustin Hélie, t. 3, n° 1198; Trébutien, t. 2, n° 337; Villey, p. 276; Garraud, n° 455). — L'art. 55 du code de proc. pén. pour le royaume d'Italie, de 1865, dit au contraire : « Les actes qui sont de la compétence du procureur du roi peuvent être exercés par le procureur général de qui il dépend, quand celui-ci l'estime convenable ».

382. On sait que les officiers de police judiciaire, lorsqu'ils sont prévenus d'avoir commis un crime ou un délit dans l'exercice de leurs fonctions, possèdent un privilège de juridiction et ne peuvent être poursuivis que suivant les formes prescrites par les art. 479 et suiv., c. instr. crim. — V. à cet égard, *suprà*, v° *Mise en jugement des fonctionnaires publics*, n°s 42 à 59.

383. — 2° *Des préfets.* — En ce qui concerne l'étendue des pouvoirs accordés aux préfets par l'art. 10 c. instr. crim., en matière de police judiciaire (*Rép.* n°s 252 à 259), cinq arrêts ont été rendus depuis la publication du *Répertoire.*

Par le premier de ces arrêts (Crim. rej. 16 août 1862, aff. Taule, D. P. 65. 5. 230), la chambre criminelle de la cour de cassation, se ralliant à la doctrine des chambres réunies dans l'affaire Coëtlogon (Ch. réun. cass. 21 nov. 1853, D. P. 53. 1. 279), a jugé que le préfet de police, qui a mission de rechercher les crimes, délits et contraventions, et d'en rassembler les preuves, a, par cela même, le droit d'opérer à cet effet, au domicile des prévenus, ou partout ailleurs, les perquisitions nécessaires, et de faire saisir dans les bureaux de la poste les lettres présumées constituer soit l'instrument ou la preuve du délit, soit le délit lui-même. — Deux autres arrêts, rendus par la même chambre (Crim. rej. 19 janv. 1866, aff. Maurice Joly, D. P. 67. 1. 505, et 12 mai 1887, *Bull. crim.*, n° 180), ont décidé que le préfet de police à Paris est investi, quant à l'exercice de la police judiciaire, de toutes les attributions du juge d'instruction, et notamment de celle de faire personnellement, ou de faire faire, même chez des tiers et hors le cas de flagrant délit, les perquisitions et saisies auxquelles le juge d'instruction est autorisé à procéder aux termes des art. 87 et 88 c. instr. crim. — Le quatrième arrêt (Lyon, 23 juill. 1872, aff. Valentin, D. P. 74. 2. 20) a jugé que si les préfets en général, et le préfet du Rhône en particulier, ont le droit de faire procéder à l'arrestation des personnes inculpées de crimes ou de délits, ils sont tenus, dans l'exercice de ce droit, de se conformer aux prescriptions légales imposées à tous les officiers de police judiciaire pour la protection de la liberté individuelle, et spécialement à celles qui concernent l'exhibition et la notification du mandat d'arrestation, la rédaction des procès-verbaux de perquisition et l'interrogatoire de l'inculpé dans les vingt-quatre heures de la délivrance du mandat; d'où il suit que l'individu arrêté par l'ordre d'un préfet, qui n'a pas été régulièrement interrogé dans les vingt-quatre heures de son arrestation, et qui est resté détenu dix jours sans être livré à l'autorité judiciaire, peut actionner ce fonctionnaire en réparation du préjudice qu'il a subi par suite de sa détention ainsi prolongée en dehors des formes légales. — Le cinquième arrêt enfin (Trib. des confl. 25 mars 1889, trois décisions du même jour aff. Dufeuille, aff. Usannaz et aff. Michau, D. P. 90. 3. 65) a décidé que les préfets des départements, et à Paris, le préfet de police, lorsqu'ils opèrent des saisies en vertu de l'art. 10 c. instr. crim., agissent dans le cercle des attributions de la police judiciaire, et non en qualité de fonctionnaires de l'ordre administratif, et spécialement que le fait que la saisie a été ordonnée par le ministre de l'intérieur dans un but politique et a été approuvée par les Chambres ne peut avoir pour effet de changer la nature de cette affaire et lui donner le caractère d'un acte administratif ou d'un acte de gouvernement.

384. Il résulte des arrêts qui précèdent que, suivant la jurisprudence : 1° les préfets des départements, et le préfet de police à Paris, sont investis, quant à l'exercice de la police judiciaire, de toutes les attributions du juge d'instruction, notamment du droit d'ordonner des perquisitions et du droit de faire procéder à l'arrestation des personnes inculpées de crimes ou de délits ; 2° que les mêmes préfets ne peuvent exercer les droits attribués par l'art. 10 c. instr. crim. aux officiers de police judiciaire pour la constatation des crimes et délits qu'en se conformant aux règles prescrites par le code d'instruction criminelle. — Sur ce dernier point, à l'arrêt du 23 juill. 1872, cité *suprà*, n° 383, *adde*, Crim. rej. 3 août 1874, aff. Labadié, D. P. 76. 1. 295.

385. La doctrine consacrée par la jurisprudence sur le second point formulé dans le numéro précédent paraît très rationnelle. Ainsi qu'il est dit dans l'arrêt des chambres réunies du 21 nov. 1853 (affaire dite des *correspondants étrangers*, D. P. 53. 1. 279), « il n'est pas possible de concevoir que tout fonctionnaire ou magistrat qui prend part à l'instruction ne soit pas officier de police judiciaire » (Conf. Faustin Hélie, t. 3, n°s 1202 et suiv.; Laferrière, *Traité de la juridiction administrative*, t. 2, p. 391; Mangin, *Traité de l'action publique*, t. 2, n° 202).

Mais nous avons peine à croire que les préfets aient reçu de la loi *tous* les pouvoirs du juge d'instruction. Quelle que soit l'autorité des arrêts nouveaux qui se sont prononcés en ce sens, nous conservons les doutes que nous manifestons sur ce point au *Rép.*, n° 254. Il nous paraît difficile d'admettre qu'un fonctionnaire essentiellement administra-

tif et politique, amovible et responsable seulement de ses actes devant le ministre de l'intérieur, puisse, de son propre mouvement et de sa seule autorité, non seulement constater les infractions par procès-verbaux, non seulement faire arrêter des citoyens par mandat d'amener, mais encore placer ceux-ci sous mandat de dépôt ou mandat d'arrêt, et les maintenir en état de détention préventive aussi longtemps qu'il lui plaira, pendant tout le cours d'une instruction qu'il dirigera seul. Ces attributions exorbitantes des préfets sont, tout le monde en convient, « inquiétantes pour la liberté individuelle, l'inviolabilité du domicile, le secret des lettres » (Laborde, n° 947). Nous ne croyons donc pas que le législateur les ait concédées aux préfets. Suivant nous, le texte de l'art. 10 c. instr. crim, donne à ceux-ci, non les pouvoirs de l'instruction, mais seulement ceux de la police judiciaire, ce qui n'est pas la même chose. Les préfets, dit cet article, « pourront faire personnellement, ou requérir les officiers de police judiciaire... de faire, tous actes nécessaires à l'effet de constater les crimes, délits et contraventions, et d'en livrer les auteurs aux tribunaux chargés de les punir ». C'est donc le pouvoir de *constatation* qui est donné aux préfets. Or en quoi consiste ce pouvoir, et, d'une façon générale, à qui est-il donné ? Il consiste dans la faculté légale de rechercher les traces et les circonstances des infractions, et de les fixer dans des procès-verbaux. Sans doute les juges d'instruction possèdent éminemment le pouvoir de constater, mais les autres officiers ordinaires de police judiciaire l'ont aussi, et, d'autre part, les juges d'instruction ont des attributions qui dépassent certainement ce pouvoir. Interroger un prévenu, est-ce constater ? Non. Décerner un mandat de dépôt après interrogatoire, est-ce constater ? Assurément non, à moins qu'on ne veuille forcer le sens des mots. Faustin Hélie l'a fait remarquer avec raison : la loi a attribué au juge d'instruction un double caractère : il est juge d'instruction et officier de police judiciaire (n° 1155). Que les préfets aient les mêmes attributions que les juges d'instruction considérés comme officiers de police judiciaire, soit; mais pourquoi y ajouter les pouvoirs d'instruire et d'informer qu'aucun texte ne leur confère ? À la vérité, il paraît résulter des travaux préparatoires que le législateur a entendu attribuer aux préfets les fonctions d'instruire en cas de flagrant délit (Locré, t. 25, p. 102 et suiv.). Mais cela même prouve que, dans les cas ordinaires, il ne leur a pas dévolu cette fonction.

386. Ainsi, les préfets n'ont, à notre avis, le droit de faire que les actes nécessaires à la constatation des faits et à la remise des coupables entre les mains des magistrats de l'ordre judiciaire, et, sous ce rapport, nous adhérons entièrement à la doctrine formulée par M. Duverger dans les termes suivants : « S'ils peuvent, en cas de flagrant délit, décerner le mandat d'amener contre un prévenu, ou faire saisir le prévenu présent; s'ils ont le même droit dans le cas où ils opéreraient sur la réquisition d'un chef de maison; s'il leur appartient de donner le mandat de dépôt contre la personne qui, malgré leur défense, s'éloignerait du lieu où ils opèrent; néanmoins ils ne peuvent retenir un prévenu en état d'arrestation prolongée, ni le faire traduire en prison par un mandat de dépôt ou d'arrêt, mais seulement le garder sous la main de la justice, au moyen d'un mandat d'amener. Ce n'est pas à eux qu'il appartient de juger du mérite des preuves, de l'innocence ou de la culpabilité du prévenu; ils ne peuvent le retenir en état d'arrestation au delà du temps strictement nécessaire pour faire l'instruction préliminaire dont ils sont chargés. En un mot, dès que le délit est constaté, dès que le préfet a recueilli les renseignements qu'il a pu se procurer, il doit, comme les officiers auxiliaires de police judiciaire, transmettre ses actes et procès-verbaux au procureur impérial, et renvoyer le prévenu devant ce magistrat, qui apprécie les faits, et saisit le juge d'instruction, s'il le juge à propos » (*Manuel des juges d'instruction*, t. 1, n° 84). Faustin Hélie a soutenu la même opinion (*Instruction criminelle*, t. 3, chap. 4). Suivant lui, les préfets ont les attributions de la police judiciaire et n'ont pas d'autres pouvoirs (n° 1207) ; ce n'est qu'au cas de flagrant délit qu'ils peuvent procéder aux actes préliminaires de l'instruction (n° 1208). (Conf. Morin, Rép. v° *Arrestation*, n° 4, et v° *Préfet*, n° 3 ; *Journal du droit criminel*, t. 7, p. 164 ; Bérenger, *De la*

justice criminelle, p. 305 ; Ortolan et Ledeau, *Traité du ministère public*, t. 2, p. 39). — Toutefois, nous devons reconnaître que la plupart des auteurs récents professent la doctrine contraire. Comme autrefois Mangin (*Traité des procès-verbaux*, n° 63) et Boitard (*Leçons de droit criminel*, 13° édit., n° 53), MM. Garraud (*Précis*, n° 437), Laborde (*Cours élémentaire de droit criminel*, n° 949), et Trébutien (*Cours de droit criminel*, revu par MM. Laisné-Deshayes et Guillouard, t. 2, n° 356), estiment que les pouvoirs de police des préfets comprennent à la fois et sans restriction ceux du procureur de la République et du juge d'instruction. De même que la jurisprudence, ils accordent donc à ces fonctionnaires le droit de se saisir eux-mêmes et directement en présence d'un délit, et de faire tous les actes d'instruction : « constatations, perquisitions, saisies, expertises, enquêtes, interrogatoires, arrestations provisoires, mise en détention préventive » (Laborde, eod. loc.), sans distinguer aucunement si le délit est flagrant ou non.

387. Quoi qu'il en soit, il est admis sans difficulté que le préfet n'est point membre du ministère public, et qu'il ne constitue pas non plus une juridiction d'instruction. Par conséquent, il ne pourrait citer directement le prévenu devant un tribunal correctionnel ou de police ; ni, après avoir fait l'instruction, rendre une ordonnance de clôture (Laborde, eod.).

388. Les auteurs les plus favorables à l'extension des pouvoirs judiciaires des préfets ne sont pas d'accord sur le genre de détention que ceux-ci peuvent imposer à l'inculpé; les uns l'autorisent à le placer seulement sous mandat d'amener (Trébutien, op. cit., t. 2, n° 482) ; d'autres, sous mandat d'amener ou de dépôt, mais non sous mandat d'arrêt, parce que, disent-ils, le mandat d'arrêt constitue un véritable jugement (Garraud, *Traité de droit pénal*, t. 3, p. 21) ; d'autres, enfin, ne font aucune distinction (Boitard, loc. cit.; Laborde, p. 559, note 1). Nous estimons que, hors le cas de flagrant délit, leur préfet ne peut décerner aucune espèce de mandats; c'est la conséquence logique, croyons-nous, de la théorie par nous adoptée (supra, n°° 386 et 387).

389. Il est à remarquer que ceux des commentateurs de l'art. 10 c. instr. crim., qui accordent aux préfets les pouvoirs du juge d'instruction reconnaissent que ces pouvoirs sont limités sous un double rapport : ils sont *personnels* et ils sont *subsidiaires : personnels,* en ce sens que ces pouvoirs sont l'apanage de la fonction et ne peuvent être délégués, de sorte qu'un préfet ne pourrait charger un sous-préfet d'agir à sa place; mais que, d'autre part, quel que soit le fonctionnaire qui remplisse momentanément les fonctions de préfet, il peut se prévaloir de l'art. 10 (Laborde, n° 948; Garraud, p. 571 ; Faustin Hélie, t. 3, n° 1212) ; — *subsidiaires,* en ce sens que le préfet n'a pas le droit d'instruire concurremment avec le procureur de la République, ni avec le juge d'instruction. Il est désaisi dès qu'ils se saisissent de l'affaire. Les travaux préparatoires du code prouvent que le préfet n'a été investi des pouvoirs de police judiciaire qu'en attendant l'arrivée du procureur ou du juge d'instruction sur le lieu du crime (Locré, t. 25, p. 202-206, 238) ; il peut donc procéder en concurrence avec les juges de paix, officiers de gendarmerie et autres auxiliaires, mais non avec les deux « officiers supérieurs » de la police judiciaire (Laborde, n° 950, p. 559-560 ; Garraud, p. 571 ; Faustin Hélie, n° 1210).

390. Si le préfet commet un officier de police judiciaire pour agir à sa place, ce qui est de droit (art. 10), lui communique-t-il sa compétence, ou, au contraire, l'officier ne peut-il agir que dans les limites que la loi lui assigne ? Par exemple, le préfet pourra-t-il charger un commissaire de police de saisir des lettres à la poste hors le cas de flagrant délit, alors que par lui-même ce commissaire ne pourrait y procéder que si le délit était flagrant ? Les arrêts des 21 nov. 1853, 16 août 1862, 19 janv. 1866, 25 mars 1889, cités supra, n° 383, ont admis l'affirmative. MM. Garraud (p. 571) et Laborde (p. 558 et la note 4) estiment, au contraire, que le préfet ne peut requérir les officiers de police d'agir que « chacun en ce qui le concerne », suivant les expressions mêmes de l'art. 10, c'est-à-dire dans la mesure de sa propre compétence. — Conf. Faustin Hélie, n° 1216, p. 139.

Sur l'étendue des pouvoirs de police des préfets, on peut consulter encore : Vivien, *Études administratives*, t. 2, p. 194; Combarieu, *Des pouvoirs de police des préfets* (*Revue gé-*

nérale d'administration, 1883, p. 5); A. Guillot, *Des principes du nouveau code d'instruction criminelle*, chap. 7, p. 110 et suiv.

391. La législation en voie d'élaboration sur l'instruction criminelle paraît devoir restreindre considérablement, sinon supprimer entièrement, les pouvoirs de police des préfets. La commission extraparlementaire qui a préparé le projet de revision de ce code avait proposé la suppression de l'art. 10 (Séance du 8 juill. 1879). Il a été rétabli, mais avec certaines modifications, dans le projet voté par le Sénat. D'après ce texte, les préfets des départements perdent toutes leurs attributions de police judiciaire; seul le préfet de police, à Paris, les conserve, mais pour le cas de flagrant délit seulement. La commission de la Chambre des députés a voté depuis, elle aussi, l'entière suppression de l'art. 10.

392. — 3° *Concours des cours, tribunaux et autorités constituées.* — Ainsi qu'on l'a fait remarquer au *Rép.*, n° 251, les cours, les tribunaux et même les fonctionnaires publics sont, dans certains cas, appelés à concourir à des actes de police judiciaire. Nous n'ajouterons rien au tableau abrégé de ces différents cas présenté *loc. cit.*, si ce n'est que la haute cour de justice, par sa commission d'instruction (L. 10-11 avr. 1889, D. P. 89. 4. 36), fait aussi des actes de police judiciaire, quand elle s'occupe de la recherche et de la constatation des crimes qu'elle est appelée à juger; et que, en matière de crimes ou délits militaires, « la police judiciaire est exercée, sous l'autorité du général commandant la division : 1° par les adjudants de place; 2° par les officiers, sous-officiers et commandants de brigade de gendarmerie; 3° par les chefs de poste; 4° par les gardes de l'artillerie du génie; 5° par les rapporteurs près les conseils de guerre, en cas de flagrant délit » (c. just. mil. des 9 juin-4 août 1857, art. 84, D. P. 57. 4. 119). V. une disposition analogue pour la marine dans l'art. 113 c. just. mil. pour l'armée de mer des 4-15 juin 1858 (D. P. 58. 4. 96).

393. — 4° *Agents secondaires de la police judiciaire.* — On a énuméré au *Rép.*, n° 260 à 267, les agents *secondaires* de la police judiciaire parmi lesquels (*Rép.* n° 260) trois catégories différentes peuvent être distinguées, savoir : les agents spéciaux qui ont reçu, de lois spéciales, le pouvoir de rechercher et de constater, par des procès-verbaux, certaines infractions; les agents de police ou autres qui ont seulement mission de rechercher les délits et d'en instruire l'autorité, sans avoir le droit de les constater; enfin les agents de la force publique. — Sur les droits et attributions de ces divers agents, on peut consulter : Faustin Hélie, *Traité de l'instruction criminelle*, t. 3, n°ˢ 1216 à 1269; *Pratique criminelle*, t. 1, n°ˢ 67 à 87; Trébutien, t. 2, n°ˢ 339 à 350; Mangin, *op. cit.*, n°ˢ 187 à 278; Villey, p. 280 et suiv. Nous nous bornerons à indiquer ici les modifications, en général peu considérables, que la législation a introduites dans la réglementation de ces attributions, lesquelles attributions ont été décrites au *Rép.*, n° 261.

394. A l'égard des agents de l'administration des Forêts, nous ferons remarquer : 1° que les *arpenteurs forestiers* dont il est parlé au *Rép.*, n° 261-1°, ont été supprimés de fait depuis longtemps; 2° que l'administration des Forêts a été déchargée de la surveillance de la police et de l'exploitation de la pêche pluviale, depuis que le décret impérial du 16 mai 1862 (D. P. 62. 4. 41) a placé ce service dans les attributions du ministre de l'agriculture, du commerce et des travaux publics; 3° que les gardes-pêche de l'Etat sont, depuis cette même époque, sous la direction et surveillance des ingénieurs des ponts et chaussées.

395. En ce qui concerne les *ingénieurs des mines*, il y a lieu de citer l'art. 15 de la loi du 14 juill. 1856, sur la conservation et l'aménagement des sources d'eaux minérales (D. P. 56. 4. 85), qui autorise « les ingénieurs des mines et les agents sous leurs ordres ayant le droit de verbaliser » à constater les infractions prévues par ladite loi, concurremment avec les officiers de police judiciaire.

396. Dans l'Administration militaire, des règles nouvelles ont été tracées pour la police judiciaire par les art. 84, 85 et 86 c. just. mil. pour l'armée de terre, du 4 août 1857 (D. P. 57. 4. 119); de même, dans l'Administration maritime, par les art. 114 et 115 c. just. mil. pour l'armée de mer, du 15 juin 1858 (D. P. 58. 4. 96). A l'égard de la police maritime, nous signalerons aussi les pouvoirs de police judiciaire accordés par l'art. 16 du décret du 9 janv. 1852 (D. P. 52.

4. 41), en matière de pêche côtière, aux commissaires de l'inscription maritime, aux inspecteurs des pêches maritimes et à d'autres agents.

397. La loi du 19 mai-3 juin 1874 (D. P. 74. 4. 88), qui a réglé le travail des enfants et des filles mineurs employés dans l'industrie, a confié de nouveau, par son art. 18, aux *inspecteurs du travail des enfants dans les manufactures*, le droit de constater les contraventions aux dispositions légales sur la matière, qui leur avait déjà été attribué par la loi du 22 mars 1841, citée au *Rép.*, n° 261-12°. Cette loi de 1874 a été elle-même abrogée par la loi des 2-4 nov. 1892 sur le travail des enfants, des filles mineures et des femmes dans les établissements industriels (D. P. 93. 4. 25), qui a organisé sur de nouvelles bases le corps des inspecteurs du travail (art. 17 à 21), et chargé ces inspecteurs de constater les contraventions par procès-verbaux (art. 20). Il est à noter que, suivant l'art. 17 de la loi précitée, les inspecteurs du travail « sont chargés, en outre, concurremment avec les commissaires de police, de l'exécution de la loi du 7 déc. 1874 (D. P. 75. 4. 55), relative à la protection des enfants employés dans les professions ambulantes ».

398. Dans l'administration des Postes, les directeurs, contrôleurs et inspecteurs ne sont plus seuls à avoir qualité pour rechercher et constater, soit par eux-mêmes, soit par délégués, les infractions commises dans le transport des lettres (*Rép.* n° 261-6°). La loi du 22 juin 1854, art. 20 (D.P. 54. 4. 117), a étendu le droit de faire les perquisitions et saisies prescrites par l'arrêté de l'an 9 aux employés et agents des postes assermentés et à tous agents de l'autorité ayant qualité pour constater les délits et contraventions.

399. Quant aux *inspecteurs des manufactures d'armes*, chargés, par le décret du 8 vend. an 14, de faire des visites chez les fabricants ou ouvriers armuriers, et dont il a été parlé au *Rép.* n° 262-15°, ils n'existent plus depuis la loi du 14 août 1885 (D. P. 85. 4. 77) sur la liberté de la fabrication des armes de guerre. V. *supra*, v° *Armes*, n°ˢ 4 et 5.

400. Relativement à la police judiciaire en matière *sanitaire*, V. outre la loi du 3 mars 1822 et les autres textes cités au *Rép.*, n° 262-19°; les art. 113 et suiv. du décret du 22 févr. 1876 (D. P. 76. 4. 102).

401. La question, examinée au *Rép.*, n° 262, de savoir si les sous-officiers de *gendarmerie* et les *gendarmes* ont qualité pour constater par des procès-verbaux les contraventions de police, est toujours controversée en doctrine. Faustin Hélie, t. 3, n° 1260, tient pour la négative, que nous avons combattue au *Répertoire*. Nous pensons avec M. Villey, p. 284, que la jurisprudence, formée déjà à l'époque de la publication du *Répertoire* dans le sens de l'affirmative (V. les arrêts cités *ibid.*, et *Rép.* v° *Procès-verbal*, n°ˢ 292 et 293), s'est trouvée confirmée par l'art. 488 du décret du 1er mars 1854 (D. P. 54. 4. 32), qui enjoint aux gendarmes « de dresser procès-verbal des crimes, délits et contraventions de toute nature qu'ils découvrent », combiné avec l'art. 498, qui a décidé que tous leurs procès-verbaux, sans distinction, font foi jusqu'à preuve contraire. — V. à l'appui de cette doctrine les trois arrêts du 10 juill. 1863, du 22 nov. 1872 et du 20 avr. 1872, cités *supra*, v° *Gendarme*, n° 13.

402. A l'égard des *agents de police*, ainsi qu'on l'a établi au *Rép.*, n° 264, ceux-ci ne sont pas officiers de police judiciaire; d'où il suit que leurs rapports n'ont par eux-mêmes aucune force probante ni ne valent que comme simples renseignements (*Rép.* v° *Procès-verbal*, n°ˢ 178 et suiv.; Crim. rej. 3 mars 1865, aff. Maisonville, D. P. 68. 1. 235; 14 avr. 1870, *Bull. crim.*, n° 87; 16 déc. 1871, *Bull. crim.*, n° 184. Crim. cass. 28 févr. 1891, aff. Prévost, D. P. 91. 1. 444. Conf. Faustin Hélie, t. 3, n°ˢ 1261 à 1263; Mangin, *Traité des procès-verbaux*, n° 76). Il en est de même des officiers de paix de la ville de Paris (Conf. Faustin Hélie, t. 3, n° 1263. — *Contrà*, Mangin, n° 77). — Il est, d'ailleurs, hors de doute que ces procès-verbaux de ces agents peuvent servir de base à une condamnation lorsque les faits qu'ils relatent ne sont pas contestés (Crim. rej. 7 déc. 1872, aff. Tarrieu, D. P. 72. 1. 427).

403. A l'égard des agents de la *force publique*, qui sont appelés à prêter main-forte aux officiers exerçant la police judiciaire, on en a donné la liste au *Rép.* n° 266. Il faut retrancher de cette liste la *garde nationale*, qui a été dissoute par la loi du 25 août 1871 (D. P. 71. 4. 145). — Sur

les agents de la force publique en général, V. Faustin Hélie, t. 3, n° 1266.

Nous n'avons rien à ajouter à ce qui a été dit au *Rép.*, n° 267, sur le droit de *requérir* la force publique qui appartient aux officiers de police judiciaire et à d'autres agents, si ce n'est que le refus d'obéir à une réquisition régulière demandant main-forte est un délit, s'il émane d'un commandant de la force publique, et une contravention dans les autres cas (c. pén. art. 234, 475-12°). — V. sur le droit de requérir la force publique : Faustin Hélie, t. 3, n°s 1267 et 1268 ; Trébutien, t. 2, n°s 347 à 349 ; Laborde, n° 954.

404. — 5° *Conditions de capacité.* — La première condition nécessaire pour la validité des actes de la police judiciaire est qu'ils soient accomplis par un officier compétent *ratione materia.* Tous les officiers, en effet, n'ont pas reçu les mêmes pouvoirs et l'art. 9 c. instr. crim. fait allusion aux différences établies entre eux par la loi, lorsqu'il dit que la police judiciaire est exercée par ceux qu'il désigne, *suivant les distinctions qui vont être établies.* En conséquence, tout acte fait par le fonctionnaire en dehors des pouvoirs qui lui sont conférés par la loi est radicalement nul (Trébutien, t. 2, n° 359 ; Faustin Hélie, t. 3, n° 1273). Spécialement, de nombreux arrêts ont reconnu que les gardes champêtres ne peuvent constater que les faits dont la recherche et la constatation leur ont été confiées par les lois (Crim. cass. 13 févr. 1819, *Rép.* v° *Garde-champêtre*, n° 35 ; Crim. rej. 7 mai 1840, *Rép.* v° *Garde champêtre*, n° 23 ; 2 déc. 1848, aff. Richard, D. P. 48. 5. 222 ; 13 janv. 1849, aff. Philippe, D. P. 49. 1. 74 ; 21 juin 1855, aff. Collin, D. P. 55. 5. 361 ; 6 mai 1858, aff. Malfroy, D. P. 58. 5. 294-295 ; 11 janv. 1865, aff. Lacoste, D. P. 65. 1. 454 ; 6 nov. 1868, aff. Masson, D. P. 68. 1. 511. Conf. Mangin, *Traité des procès-verbaux*, n°s 92 et 93). La même règle a été appliquée : aux commissaires de police (Crim. cass. 15 avr. 1826, aff. Ballet, *Rép.* v° *Matières d'or et d'argent*, n° 153-3°) ; aux agents voyers (Crim. rej. 23 janv. 1841, *Rép.* v° *Voirie par terre*, n° 1937-3°) ; aux agents forestiers (Crim. rej. 18 oct. 1827, *Rép.* v° *Procès-verbal*, n° 545 ; Crim. cass. 9 mai 1828, *ibid.*). — Sur cette première condition de capacité des officiers de police judiciaire, V. aussi Mangin, *op. cit.*, n° 10.

405. La compétence *territoriale* ou d'attribution est la seconde condition nécessaire de la capacité des officiers de police judiciaire et de la validité de leurs actes. « Il faut, dit Trébutien, t. 2, n° 360, que l'officier de police judiciaire se renferme dans les limites du territoire pour lequel il a juridiction. Au delà il perd sa qualité et redevient simple particulier » (Conf. Faustin Hélie, n° 1276). Il a été traité de cette condition au *Rép.*, n°s 268 et 269. — La jurisprudence admet deux exceptions à la règle de la compétence territoriale : l'une concerne les préposés de l'administration des Contributions indirectes, qui peuvent, suivant elle, verbaliser dans un arrondissement autre que celui fixé par leur commission (Crim. cass. 11 févr. 1825, *Rép.* v° *Fonctionnaire public*, n° 92. — *Contrà* : Faustin Hélie, t. 3, n° 1277 ; Trébutien, n° 360) ; l'autre est relative aux gendarmes. Un arrêt du conseil d'État du 7 juin 1851 (aff. Dadefroy, D. P. 51. 3. 58) a décidé que les militaires de la gendarmerie ont qualité, alors qu'ils sont dans l'exercice de leurs fonctions (et que, par exemple, ils reviennent de conduire des prisonniers), pour dresser procès-verbal d'une contravention en matière de grande voirie, dans toute l'étendue du territoire de la République, et non pas seulement dans le ressort de la circonscription de la brigade dont ils font partie, ou du tribunal de première instance devant lequel ils ont prêté serment.

406. Le *serment* est toujours la condition nécessaire pour l'exercice de tous les agents de la police judiciaire ; mais ce serment n'est plus aujourd'hui que professionnel, le serment politique des fonctionnaires ayant été aboli en 1870 (Décr. 5 sept. 1870, D. P. 70. 4. 86 ; et 11 sept. 1870, D. P. 70. 4. 88). — Faustin Hélie, *Pratique criminelle*, t. 1, n° 86, donne l'indication des différents textes de loi qui imposent le serment aux divers officiers de police judiciaire.

Nous n'avons rien à ajouter à ce qui a été dit au *Rép.*, n° 270, concernant le défaut de prestation de serment, et la nécessité, pour les officiers de la police judiciaire qui changent de résidence, de faire enregistrer l'acte de prestation de leur serment au greffe du tribunal de leur nouvelle résidence. Aucun arrêt nouveau ne paraît avoir été rendu sur la matière. — Au surplus, V. à cet égard : Faustin Hélie, t. 3, n°s 1278 et suiv. ; Trébutien, t. 2, n° 361.

407. Sur la question, traitée au *Rép.*, n° 271, de savoir si les actes faits par un officier qui n'a pas l'*âge* légal sont nuls, V. Faustin Hélie, t. 3, n° 1288, qui décide la négative. Trébutien pense (t. 2, n° 362) que « si quelque agent était nommé avant d'avoir atteint l'âge légal, les actes qu'il aurait faits seraient nuls, à moins que le Gouvernement n'eût le droit d'accorder une dispense. La nomination serait une dispense implicite ». Nous inclinons à adopter cette dernière opinion. La *récusation* peut-elle être appliquée aux agents de la police judiciaire ? Faustin Hélie a traité cette question en détail, t. 3, n°s 1291 à 1295 ; nous avons adopté et résumé sa doctrine au *Rép.*, n°s 272 à 276. La jurisprudence n'offre point de document nouveau sur cet objet.

408. En ce qui concerne les *insignes* et le costume des agents de la police judiciaire, il est certain, comme nous l'avons dit au *Rép.*, n° 277, que le port desdits insignes ou costume n'est point essentiel à la validité des actes de ces agents (Conf. Faustin Hélie, t. 3, n°s 1296 et 1297 ; Trébutien, t. 2, n° 364. V. aussi *Rép.* v° *Procès-verbal*, n°s 56 à 58).

409. Nul ne peut exercer les fonctions d'officier de police judiciaire dans sa propre cause (Crim. rej. 15 juill. 1865, *Bull. crim.*, n° 146 ; Crim. régl. de jug. 13 nov. 1874, *Bull. crim.*, n° 283), ni poursuivre ou dénoncer un fait dont il est personnellement prévenu (Même arrêt du 13 nov. 1874).

410. En terminant, constatons avec M. Laborde, n° 956, que tout officier de police judiciaire, qui refuse de faire acte de ses fonctions sur la réquisition du particulier lésé par le délit, commet envers ce dernier un déni de justice et peut être *pris à partie* (c. proc. civ. art. 505 et suiv.). C'est même uniquement par cette procédure qu'il est possible d'obtenir contre lui une condamnation à des dommages-intérêts (Civ. cass. 14 juin 1876, aff. Perrin, D. P. 76. 1. 301 ; 4 mai 1880, aff. Chichillane, D. P. 80. 1. 460 ; Besançon, 23 juin 1873, aff. Perrin, D. P. 74. 2. 145 ; Nancy, 25 janv. 1884, aff. Hurbain, D. P. 85. 2. 63).

SECT. 2. — DES COMMISSAIRES DE POLICE, DES MAIRES ET ADJOINTS DE MAIRE, DES OFFICIERS DE GENDARMERIE, DES JUGES DE PAIX (*Rép.*, n°s 280 à 289).

411. — 1° *Commissaires de police.* — Les attributions des commissaires de police en matière de police judiciaire ont été définies au *Rép.*, n°s 280 et 281. — On consultera sur la matière : Faustin Hélie, t. 2, n°s 1170 à 1174 ; Villey, p. 260 ; Mangin, *Traité des procès-verbaux*, n°s 71 et suiv.

412. Ces attributions sont ordinaires ou spéciales. Les premières sont réglées par le code d'instruction criminelle, les autres par les lois particulières.

Les attributions ordinaires consistent : 1° à donner avis au procureur de la République de tout crime ou délit dont les commissaires de police acquièrent la connaissance dans l'exercice de leurs fonctions, et à transmettre au magistrat tous les renseignements et procès-verbaux qui s'y rattachent (c. instr. crim. art. 29) ; 2° à recevoir les rapports, dénonciations et plaintes qui sont relatifs aux contraventions de police (art. 11) ; 3° à rechercher les contraventions de police et à les constater par procès-verbaux (art. 11) ; 4° à rechercher et à constater également les contraventions qui sont sous la surveillance spéciale des gardes forestiers et champêtres, à l'égard desquels ils ont concurrence et même prévention (art. 11).

413. Les commissaires de police peuvent-ils constater, non pas seulement les contraventions, mais les crimes et les délits ? La doctrine regarde la négative comme certaine : aucun texte, en effet, ne donne un pareil pouvoir aux commissaires de police. Ces fonctionnaires sont, il est vrai, auxiliaires du procureur de la République, et, à ce titre, ils ont qualité pour faire des constatations dans le cas de flagrant délit ou dans le cas de réquisition de la part d'un chef de maison (art. 49) ; mais, en dehors de ces deux hypothèses, ils sont sans pouvoir. Telle est l'opinion que nous avons déjà émise au *Rép.*, v° *Commissaire de police*, n° 48, conformément à la doctrine de Faustin Hélie, t. 3, n° 1166 ; on en trouvera le développement *infrà*, sect. 5, n°s 499 et suiv. Mais cette règle n'est pas suivie dans la pratique, et il arrive tous les jours que les commissaires de police consta-

tent des crimes ou des délits non flagrants. Une circulaire du ministre de l'intérieur en date du 21 juill. 1858 (D. P. 58. 3. 76) leur a même prescrit de procéder (en dehors du cas de flagrant délit et du cas de réquisition du chef de maison) à la constatation des délits et des crimes.

414. Nous persistons à penser que la compétence des commissaires de police ne s'étend pas plus aux *délits* qui portent atteinte aux propriétés *rurales et forestières* qu'aux autres délits, ainsi que nous l'avons établi au *Rép.*, n° 280 (Conf. Faustin Hélie, n° 1172; Mangin, *Traité des procès-verbaux*, p. 116; Villey, p. 260); et nous n'avons rien à ajouter à ce qui a été dit au *Rép., ibid.*, sur le sens qu'il convient d'attribuer à ces mots de l'art. 11, que les commissaires de police ont *concurrence et même prévention* à l'égard des gardes champêtres et forestiers (V. à cet égard Faustin Hélie, n° 1173).

415. Indépendamment des attributions qui leur sont conférées par l'art. 11 c. instr. crim., les commissaires de police ont reçu de diverses lois spéciales le droit de rechercher et de constater certaines infractions. La liste de ces lois a été donnée au *Rép.*, n° 281. Nous ne voyons aucune loi nouvelle à ajouter à cette liste, mais nous signalerons un arrêt de rejet du 16 nov. 1860 (aff. Callaud, D. P. 60. 1. 512) qui a jugé que les commissaires de police ont, comme les inspecteurs nommés en vertu de la loi du 22 mars 1841, le droit de s'introduire dans les établissements industriels, à toute heure et sans réquisition, pour se faire rendre compte de l'exécution des dispositions concernant le travail des enfants, et dresser procès-verbal des contraventions qui y seraient commises. Il nous paraît douteux que cette doctrine puisse être suivie dans l'état actuel de la législation. Il résulte, en effet, de la discussion à laquelle a donné lieu à l'Assemblée nationale une loi postérieure, celle des 19 mai-3 juin 1874 (D. P. 74. 4. 88) sur le travail des enfants et des filles mineures employés dans l'industrie, que les agents de la police judiciaire (à la différence des inspecteurs spéciaux de police) ne peuvent pénétrer dans l'intérieur des ateliers que dans les conditions établies pour le domicile de tout particulier (V. le résumé de cette discussion, D. P. 74. 4. 94, note 2). L'art. 20, dernier paragraphe, de la loi du 2 nov. 1892 (D. P. 93. 4. 30), en confirmant explicitement les règles du droit commun, a clairement indiqué que le législateur a entendu maintenir, sous ce rapport, la législation inaugurée en 1874, contrairement à la jurisprudence de la chambre criminelle, et qu'il n'a aucunement entendu assimiler les officiers de police judiciaire aux inspecteurs, notamment en ce qui concerne les visites domiciliaires. Les commissaires de police ne peuvent donc, aujourd'hui, pénétrer dans les établissements de travail, en vue de constater les contraventions, que si elles leur ont été dénoncées ou si elles sont venues à leur connaissance, dans le cas de flagrant délit ou de mandat décerné par le juge d'instruction. Cette interprétation a été consacrée par une circulaire du garde des sceaux en date du 1er mars 1876 (Conf. Lagrésille, *Commentaire de la loi du 2 nov.* 1892, n° 230).

416. On vient de dire (*supra*, n° 415) que les commissaires de police n'ont point reçu d'attributions spéciales nouvelles depuis la publication du *Répertoire*. Il faut noter cependant, dans l'art. 17 de la loi précitée du 2-4 nov. 1892 sur le travail des enfants, la disposition du paragraphe 2 ainsi conçue : « Ils (les inspecteurs) sont chargés, en outre, concurremment avec les *commissaires de police*, de l'exécution de la loi du 7 déc. 1874 relative à la protection des enfants employés dans les professions ambulantes ». Il résulte de ce texte que les commissaires de police peuvent constater par procès-verbaux les infractions aux dispositions de cette dernière loi, parmi lesquelles plusieurs sont certainement des délits de police correctionnelle.

417. Relativement à la compétence territoriale des commissaires de police, nous n'avons rien à ajouter à ce qui a été dit au *Rép.*, n° 282 à 284, si ce n'est qu'une circulaire du ministre de l'intérieur en date du 10 févr. 1855 (D. P. 55. 3. 53) a décidé que les préfets ne peuvent désigner un suppléant à un commissaire de police absent ou empêché, que lorsque celui-ci appartient à une commune ayant plusieurs commissaires de police et divisée en plusieurs arrondissements (c. instr. crim. art. 13); dans ce cas, aux termes de la même circulaire, le suppléant désigné doit être for-

cément un des titulaires de l'arrondissement voisin, et non un commissaire de police appartenant à une autre résidence, ni, à plus forte raison, un simple agent auxiliaire.

Il y a lieu de remarquer encore qu'un décret (23 déc. 1893, *Journ. off.* du 27 décembre) a augmenté la juridiction des commissaires spéciaux de police, institués par le décret du 22 févr. 1855 (V. *supra*, v° *Commissaire de police*, n°s 42 et 43). Limitée jusqu'alors aux chemins de fer et aux ports placés plus particulièrement sous leur surveillance, la juridiction de ces fonctionnaires a été considérablement étendue puisque, aux termes de l'art. 4 du décret du 23 déc. 1893 « les commissaires spéciaux de police exerceront, dans toute l'étendue du département de leur résidence, la police judiciaire, conformément aux dispositions du code d'instruction criminelle ».

418. Sur les attributions des commissaires de police en tant qu'*auxiliaires* du procureur de la République, V. *infrà*, n°s 496 et suiv.

419. — 2° *Maires et adjoints.* — Ainsi qu'on l'a dit au *Rép.*, n° 285, les maires et adjoints exercent, en matière de police judiciaire, en général, les mêmes fonctions que les commissaires de police. Ils n'ont reçu aucune attribution nouvelle depuis la publication du *Répertoire*. — Sur les attributions des maires et adjoints en matière de police judiciaire, V. Faustin Hélie, t. 3, n°s 1176 à 1179; Villey, p. 260; Mangin, *Traité des procès-verbaux*, n°s 71 à 75. — Sur leurs attributions en tant qu'auxiliaires du procureur de la République, V. *infrà*, n° 496 et suiv.

420. On a dit au *Rép.*, n° 286, que l'adjoint, ayant par lui-même, d'après la loi, la qualité d'officier de police, n'a pas, comme pour l'exercice de ses fonctions administratives, besoin de délégation pour remplacer le maire. Cette solution n'a pas cessé d'être exacte. Sous l'empire de la loi municipale du 18 juill. 1837, il a été jugé par la cour de cassation que le conseiller municipal délégué par le maire, en l'absence de l'adjoint, pour veiller, par exemple, à la police et à l'observation des règlements concernant les cabarets, est légalement présumé n'avoir été désigné que par suite de l'empêchement des conseillers portés avant lui sur le tableau, et que, par suite, pour que le procès-verbal par lui dressé dans l'exercice de cette surveillance soit reconnu valable, que la délégation ait été donnée par écrit (Crim. cass. 14 nov. 1867, aff. Birades, D. P. 68. 1. 92). La solution serait sans doute différente aujourd'hui, le maire ne pouvant plus, depuis la nouvelle loi municipale du 5 avr. 1884 (D. P. 84. 4. 50), déléguer une partie de ses fonctions à un ou plusieurs de ses adjoints, et, en l'absence ou en cas d'empêchement des adjoints, à des membres du conseil municipal que « par arrêté » (art. 82 de la loi précitée). En effet, le conseiller municipal n'ayant reçu d'aucune loi la qualité d'officier de police judiciaire, elle ne peut lui appartenir que si le maire lui délègue une fonction qui la comporte, et cette délégation ne peut être faite que dans la forme exigée par la loi.

421. Les maires ayant des fonctions multiples, il n'est pas toujours facile de savoir en laquelle de leurs qualités ils ont agi. La question cependant peut offrir un grand intérêt en matière répressive, puisque les maires qui commettent des délits dans l'exercice de leurs fonctions d'officier de police judiciaire ne peuvent être poursuivis et mis en jugement que conformément aux règles posées par les art. 483 et suiv., c. instr. crim. On trouvera *supra*, v° *Mise en jugement des fonctionaires publics*, n°s 42 et suiv., un certain nombre d'arrêts qui ont eu à résoudre cette question en diverses espèces.

422. — 3° *Juges de paix.* — Les fonctions des juges de paix, comme officiers de police judiciaire, consistent uniquement à donner avis au procureur de la République du chef-lieu de l'arrondissement de tous les crimes ou délits dont ils ont acquis la connaissance dans l'exercice de leurs fonctions (c. instr. crim. art. 9 et 29). Ils n'ont aucunement, comme les maires, les adjoints et les commissaires de police, le droit de constater les simples contraventions de police. Aucun texte ne leur confère ce droit, et d'ailleurs, « il est clair, qu'étant chargés, comme tribunaux de police, de statuer sur ces contraventions, ils ne peuvent ni les rechercher, ni les constater par des procès-verbaux » (Faustin Hélie, t. 3, n° 1168).

423. En tant qu'auxiliaires du ministère public, les juges de paix ont un double pouvoir : pouvoir de recevoir les dénonciations (art. 48), et, dans le cas où le fait est flagrant, pouvoir de procéder aux actes préliminaires de l'information dans les limites imposées au ministère public lui-même (art. 49).

424. — 4° *Officiers de gendarmerie*. — Le code d'instruction criminelle s'est borné à conférer aux officiers de gendarmerie, par l'art. 9, la qualité d'officiers de police judiciaire, et, par l'art. 48, celle d'officiers auxiliaires du procureur de la République, sans définir aucunement, en ce qui les concerne, la double mission qu'il leur attribue. Cette mission consiste donc, d'après les règles générales de la loi : 1° comme officiers de police judiciaire, à donner avis au procureur de la République des crimes et délits dont ils acquièrent la connaissance dans l'exercice de leurs fonctions (art. 29) ; — 2° comme officiers auxiliaires du ministère public, à recevoir les dénonciations des crimes et délits commis dans les lieux où ils exercent leurs fonctions habituelles (art. 48) ; et, dans le cas de flagrant délit ou de réquisition de la part d'un chef de maison, à procéder aux actes d'information sommaire qui sont de la compétence du procureur de la République (art. 49). — En ce qui concerne les attributions des officiers de gendarmerie, comme officiers auxiliaires du procureur de la République, V. *infrà*, n° 496 et suiv.

425. Les fonctions des officiers de gendarmerie comme officiers de police judiciaire sont indiquées dans les termes suivants par l'art. 268 du décret du 1er mars 1854 : « Le service de la gendarmerie ayant pour but spécial d'assurer le maintien de l'ordre et l'exécution des lois, les officiers de ce corps doivent, indépendamment des attributions qu'ils exercent en leur qualité d'officiers de police judiciaire, transmettre sans délai au procureur de la République les procès-verbaux que les sous-officiers, brigadiers et gendarmes ont dressés dans l'exécution de leur service, pour constater les crimes et délits qui laissent des traces après eux ; ils y joignent les renseignements que ces militaires ont recueillis pour en découvrir les auteurs ou complices. Ils transmettent pareillement aux commissaires de police ou aux maires des lieux où de simples contraventions auraient été commises les procès-verbaux et renseignements qui concernent les prévenus de ces contraventions ».

426. Les officiers de gendarmerie ont quelques attributions spéciales. La loi du 15 avr. 1829 sur la pêche fluviale leur donne, par son art. 36, le droit de constater les délits de pêche. L'art. 22 de la loi du 3 mai 1844 leur attribue également le droit de constater les délits de chasse.

SECT. 3. — DES GARDES CHAMPÊTRES ET FORESTIERS
(*Rép.* n° 290 à 308).

427. Aux termes de l'art. 16 c. instr. crim., « les gardes champêtres et les gardes forestiers, considérés comme officiers de police judiciaire, sont chargés de rechercher, chacun dans le territoire pour lequel ils auront été assermentés, les délits et les contraventions de police qui auront porté atteinte aux propriétés rurales et forestières ».

428. — 1° *Compétence « ratione loci »*. — Quelle est la compétence territoriale des gardes champêtres et des gardes forestiers ? Ainsi que nous l'avons dit au *Rép.*, n° 290, les gardes champêtres communaux exercent leurs fonctions dans tout le territoire communal ; les gardes particuliers n'exercent les leurs que dans les limites des propriétés confiées à leur surveillance (Civ. cass. 4 mars 1828, aff. Doucerain, *Rép.* v° *Garde champêtre*, n° 40. Conf. Faustin Hélie, *Instruction criminelle* t. 3, n° 1139 ; Mangin, *Traité des procès-verbaux* n° 96).

Quant aux gardes forestiers, ils ont, aux termes de l'art. 160 c. for., compétence « dans l'arrondissement du tribunal près duquel ils sont assermentés ». Et cette compétence, comme on l'a reconnu au *Rép.*, n° 292, s'étend à tous les bois et forêts qui sont situés dans cet arrondissement, soit qu'ils soient soumis au régime forestier, soit qu'ils appartiennent à des particuliers. « L'Administration forestière, il est vrai, ne s'occupe que des bois et forêts qui sont soumis au régime forestier (art. 159 c. précité) ; mais les gardes forestiers ne sont pas seulement les agents

de l'Administration forestière, ils sont officiers de police judiciaire ; ils puisent leur pouvoir non seulement dans les art. 159 et 160 c. for., mais dans l'art. 16 c. instr. crim.; or ce dernier article, en les chargeant de rechercher les délits et les contraventions qui ont porté atteinte aux propriétés forestières, ne distingue point entre les propriétés soumises au régime forestier et celles des particuliers. D'où il suit que les gardes forestiers ont compétence pour constater les délits et contraventions commis soit dans les bois soumis au régime forestier, soit dans les bois des particuliers, dans toute l'étendue de l'arrondissement du tribunal près duquel ils sont assermentés » (Faustin Hélie, t. 3, n° 1185 et 1186. Conf. Mangin, n° 423. V. dans ce sens les arrêts cités au *Rép.*, n° 292). Toutefois, il est à remarquer que, dans le second cas, c'est-à-dire lorsqu'il s'agit de délits commis dans les bois des particuliers, les procès-verbaux des gardes forestiers ne font foi que jusqu'à preuve contraire (Mangin, *eod. loc. in fine*).

Au reste, ce qui vient d'être dit, relativement à la compétence territoriale des gardes forestiers, ne concerne que les gardes de l'Administration et des communes. Aux termes des art. 188 et 189 c. for., les gardes particuliers forestiers ne peuvent constater que les délits et contraventions commis dans les bois et forêts des propriétaires qui les ont désignés (Faustin Hélie, n° 1187; Mangin, n° 137).

429. — 2° *Compétence « ratione materiæ »*. — Institués principalement pour rechercher les délits ruraux, les gardes champêtres ont été, depuis la publication du *Répertoire*, habilités par la loi du 24 juill. 1867 sur les conseils municipaux, art. 20 (D. P. 67. 4° part.), à verbaliser pour la constatation des contraventions aux règlements et arrêtés de police municipale. Cette disposition a été reproduite par le dernier paragraphe de l'art. 102 de la loi municipale du 15 avr. 1884 (D. P. 84. 4. 55). Mais il a été jugé que cette compétence exceptionnelle doit être restreinte à la constatation des contraventions aux arrêtés des maires et des préfets, réprimées par l'art. 471, § 15, c. pén., et que les gardes champêtres continuent, par suite, à être sans qualité en ce qui concerne toutes les autres contraventions urbaines prévues soit par le code pénal, soit par des lois spéciales (Crim. rej. 1er mai 1868, aff. Milloy, D. P. 68. 1. 464; 5 nov. 1868, aff. Lefort et 6 nov. 1868, aff. Soucaze, D. P. 68. 1. 511; 3 juill. 1874, aff. Lagoguey, D. P. 75. 5. 360. V. *supra*, v° *Garde champêtre*, n° 25 à 27).

430. Les gardes champêtres sont-ils appelés à constater, concurremment avec les gardes forestiers, les délits portant atteinte aux propriétés forestières ? Nous avons soutenu l'affirmative au *Rép.*, n° 291, en nous appuyant sur les termes mêmes de l'art. 16 c. instr. crim. On trouvera exposées *supra*, v° *Garde champêtre*, n° 29; *Rép.* eod. v°, n° 30 et 31, les distinctions faites par la doctrine et la jurisprudence sur cette question.

431. Les gardes forestiers sont spécialement chargés de constater les délits portant atteinte aux propriétés forestières. Concourent-ils néanmoins avec les gardes champêtres à constater les infractions aux lois protectrices des propriétés rurales ? L'affirmative ne saurait faire doute, en présence des termes de l'art. 16 c. instr. crim. « Le législateur a pensé que, par la nature même de leurs services, les gardes forestiers pouvaient être à même de découvrir, dans leurs tournées, les infractions qui intéressent la propriété rurale, et il leur a donné une compétence nécessaire pour les constater » (Faustin Hélie, t. 3, n° 1188. — Conf. Mangin, *Traité des procès-verbaux*, n° 135).

432. En dehors des infractions rurales et forestières, les gardes champêtres et les gardes forestiers ont reçu de diverses lois spéciales le droit de verbaliser en diverses matières. On a vu *supra*, n° 429, que les gardes champêtres ont été habilités par l'art. 20 de la loi du 24 juill. 1867, confirmé à cet égard par l'art. 102 de la loi du 15 avr. 1884, à constater les contraventions aux règlements et arrêtés de police municipale. Ces mêmes agents ont reçu le droit de verbaliser en matière : 1° de chasse (L. 3 mai 1844, art. 10 et 22, *supra*, v° *Chasse*, n° 1157; *Rép.* eod v°, n° 368 et suiv.); — 2° De pêche fluviale (L. 15 avr. 1829, art. 36, *Rép.* v° *Pêche fluviale*, p. 445); — 3° D'ivresse publique (L. 23 janv. 1873, art. 13, D. P. 73. 4. 18); — 4° De contraventions aux lois sur la circulation des boissons (L. 21 juin 1873, art. 2, D. P. 73.

4. 88); — 5° De colportage frauduleux de tabac (L. 28 avr. 1816, art. 223, *Rép.* v° *Impôts indirects*, p. 417); — 6° D'infractions relatives aux cartes à jouer (Même loi, art. 169 et 223); — 7° De fabrication illicite de poudre (Même loi, art. 222 à 225, et L. 25 juin 1841, art. 25); — 8° De fabrication illicite de sel (Ordon. 19 mars 1817, art. 7, *Rép.* v° *Sels*, p. 862); — 9° De police du roulage (L. 30 mai 1851, art. 15, D. P. 51. 4. 84); — 10° De dommages aux plantations des routes (Décr. 16 déc. 1811, art. 106 et 107). — De plus, en tant qu'officiers de police judiciaire, les gardes champêtres peuvent verbaliser en matière d'infractions à la police des chemins de fer (L. 15 juill. 1845, art. 23, D. P. 45. 3. 163) et d'infractions au décret du 27 déc. 1851 sur les lignes télégraphiques (D. P. 52. 4. 24), ces deux textes législatifs accordant à « tout officier de police judiciaire » le droit de constater les infractions qu'ils prévoient.

433. Quant aux gardes forestiers, dans leurs fonctions habituelles, ils sont chargés, comme les gardes champêtres, de constater : 1° les délits et contraventions en matière de chasse (L. 3 mai 1844, art. 22); — 2° Les contraventions relatives à la vente, colportage et circulation illégale des tabacs et cartes à jouer (L. 28 avr. 1816, art. 169 et 223). — Ils ont de plus, comme tout officier de police judiciaire, compétence pour constater les délits de pêche fluviale (L. 15 avr. 1829, art. 36), les infractions à la police des chemins de fer (L. 15 juill. 1845, art. 23); les infractions au décret du 27 déc. 1851 sur les lignes télégraphiques et les infractions à la loi du 23 janv. 1873, sur l'ivresse publique, art. 13.

434. Relativement à la compétence des gardes forestiers en matière de chasse, V. *supra*, v° *Chasse*, n°s 1155 et suiv., *Rép.* eod. v°, n°s 369 et suiv.

435. — 3° *Droit de suite et de perquisition.* — Les gardes champêtres et les gardes forestiers ont le droit de suivre les choses enlevées par les délinquants dans les lieux où elles ont été transportées, et de les mettre sous séquestre. Ce droit leur est conféré par le troisième paragraphe de l'art. 16 c. instr. crim., dont la disposition est reproduite, en ce qui concerne les gardes de l'Administration forestière, par l'art. 161 c. for.

436. Il est hors de doute : 1° que le droit de suivre les objets enlevés s'arrête nécessairement, en ce qui concerne chaque garde, aux limites du territoire qui lui est assigné par sa commission et sa prestation de serment (*Rép.* n° 294. Conf. Meaume, *Commentaire du code forestier*, t. 2, p. 619, n° 1147; Faustin Hélie, t. 3, n° 1301; — 2° Que si la loi ne permet aux gardes de s'introduire dans les maisons, ateliers, bâtiments, cours adjointes et enclos, qu'en présence soit du juge de paix, soit de son suppléant, soit du commissaire de police, soit du maire ou adjoint, cette disposition ne concerne pas les lieux qui ne constituent pas le domicile ou une dépendance de celui-ci; d'où il suit que les gardes peuvent se transporter et faire librement des perquisitions dans tous les lieux autres que les maisons, ateliers, bâtiments, cours adjacentes et enclos (*Rép.* n° 296). Conf. Faustin Hélie, n° 1302; — 3° Que les gardes peuvent indifféremment se faire accompagner dans leurs visites domiciliaires par l'un quelconque des magistrats désignés par l'art. 16 (*Rép. ibid.*). Conf. Faustin Hélie, n° 1303.

437. Hors le cas de reconnaissance d'un délit forestier, les gardes forestiers sont sans qualité pour faire une visite domiciliaire. Leur droit est donc formellement restreint au cas où la visite est la suite de la reconnaissance d'un délit en forêt. C'est ce qu'a été établi par un arrêt qui déclare : « que cette suite devient une conséquence et une annexe de l'opération en forêt, et ne forme avec elle qu'un seul tout, pour lequel les attributions des gardes se trouvent ainsi prorogées; qu'en dehors de ce cas particulier, et de ceux qui peuvent être prévus par des dispositions spéciales de la loi, les gardes forestiers demeurent étrangers à la police urbaine, qu'ils sont notamment sans pouvoir et sans qualité pour s'introduire dans le domicile des citoyens et y chercher les traces d'un délit quelconque (Crim. rej. 17 juill. 1858, aff. Stracka, D. P. 58. 1. 383). Un autre arrêt plus récent a déclaré, de même : « qu'il est certain, en principe, que lorsque les gardes procèdent à une visite domiciliaire qui n'est pas la suite et le complément d'une opération forestière, ils sont alors sans droit et sans qualité pour pénétrer dans le domicile, y faire des recherches et y ver-

baliser; que les perquisitions, pour être valables, doivent se rattacher manifestement à la constatation faite en forêt des délits dont les gardes recherchent les traces et les objets » (Crim. rej. 29 juin 1872, aff. Clément, D. P. 72. 1. 286). Ce dernier arrêt a, en outre, décidé que lorsqu'un garde forestier, empêché par l'occupation ennemie de donner suite par une visite domiciliaire à la recherche des auteurs d'un délit constaté en forêt, n'a cessé de se livrer à des informations jusqu'au jour où, l'occupation cessant, il a pu acquérir par une perquisition la preuve du délit dont il a constamment suivi la trace, cette perquisition est à bon droit considérée comme étant la suite directe d'une opération commencée en forêt, et comme étant, par suite, pleinement régulière (Comp. Chauveau et Hélie, *Théorie du code pénal*, t. 3, n° 869).

438. Les gardes champêtres et les gardes forestiers qui, pour faire des perquisitions, s'introduiraient dans le domicile des citoyens sans être accompagnés de l'un des fonctionnaires désignés en l'art. 16 c. instr. crim., encourraient, ainsi que nous l'avons dit au *Rép.*, n° 297, une grave responsabilité pénale (V. *Rép.*, v° *Liberté individuelle*, n°s 52 et suiv.). En effet, l'art. 184 c. pén. punit d'emprisonnement et d'amende « tout fonctionnaire… qui, agissant en ladite qualité, se sera introduit dans le domicile d'un citoyen contre le gré de celui-ci, hors les cas prévus par la loi et sans les formalités qu'elle a prescrites ». — Mais il faut bien remarquer que ce délit n'existe que si l'introduction a eu lieu *contre le gré* de l'habitant. Tout autre serait la situation du garde qui s'introduirait dans un domicile *sans la permission* du propriétaire. Le délit n'existerait pas dans ce second cas. « La loi n'a pu exiger, en effet, qu'on se munisse d'une permission préalable pour entrer dans les maisons, sous peine d'être considéré comme violant la liberté et l'indépendance de l'habitant » (Garraud, *Traité de droit pénal français*, t. 3, n° 302. Conf. Chauveau et Hélie, *Théorie du code pénal*, t. 3, n° 873).

439. Au reste, il est certain que *la simple opposition* de l'habitant, sans même qu'il y ait eu résistance matérielle de sa part, suffit à rendre l'introduction illicite. « La volonté, dit très bien M. Garraud, *loc. cit.*, est une barrière morale, aussi puissante que les barrières matérielles, et devant laquelle le fonctionnaire doit s'arrêter ». « Il n'est pas nécessaire, disent de leur côté les auteurs de la *Théorie du code pénal*, que des violences aient été exercées, car la loi ne s'est point servie de cette expression…; il faut qu'il y ait consentement formel ou tacite; il suffirait donc de prouver, non pas seulement que l'habitant ne s'est pas opposé à la mesure, mais qu'il n'y a pas adhéré, qu'il ne l'a pas subie volontairement, pour que le fait dût être considéré comme punissable » (*loc. cit.*).

440. Ajoutons qu'il est reconnu par la jurisprudence que les gardes champêtres peuvent, sans commettre d'illégalité, s'introduire seuls et sans assistance d'aucun magistrat, dans les cafés, cabarets, boutiques et autres lieux toujours ouverts au public, à l'effet d'y constater les contraventions dont la recherche leur est confiée, notamment, depuis la loi du 14 juill. 1857, les contraventions aux arrêtés et règlements de police. C'est ainsi qu'il a été jugé : 1° que le garde champêtre qui s'introduit, sans opposition, dans un cabaret resté ouvert, pour y constater une contravention au règlement sur la fermeture des débits de boissons, ne commet pas de violation de domicile, et le procès-verbal dressé par lui à cette occasion n'est pas entaché de nullité (Crim. cass. 2 mars 1866, aff. Monnier, D. P. 69. 5. 406); — 2° Qu'en cas de contravention à un règlement dans un lieu public, tel qu'un restaurant, le garde champêtre a le droit de pénétrer dans ce lieu, tant qu'il est ouvert au public, et d'y reconnaître l'existence de la contravention (Crim. cass. 19 mai 1870, aff. Mainier, *supra*, v° *Garde champêtre*, n° 34; — 3° Qu'un garde champêtre n'enfreint pas l'art. 16 c. instr. crim., lorsque, pour constater une contravention à un règlement de police municipale, il s'introduit, sans opposition, non dans le domicile particulier de l'auteur de cette contravention, mais dans sa boulangerie, ouverte au public; son procès-verbal ainsi fait est régulier (Crim. cass. 18 mai 1877, *Bull. crim.*, n° 125); — 4° Que le garde champêtre qui, devant le refus de décliner leurs noms et devant l'attitude menaçante de deux individus surpris en délit de chasse, pénètre à leur suite, après avoir requis l'assistance de la gendarme-

rie, dans une hôtellerie ouverte à tout le monde, et sans aucune opposition du propriétaire, ne contrevient en rien aux dispositions de l'art. 16, § 3, c. instr. crim. (Crim. rej. 25 nov. 1882, aff. Godard. D. P. 83. 1. 227). — Ces différents arrêts ont fait, suivant nous, une juste application des dispositions des art. 9 et 10, tit. 1, de la loi des 19-22 juill. 1791, qui portent : « à l'égard des lieux où tout le monde est admis indistinctement, tels que cafés, cabarets, boutiques et autres, les officiers de police pourront toujours y entrer, soit pour prendre connaissance des désordres ou contraventions aux règlements, soit pour vérifier les poids et mesures, le titre des matières d'or et d'argent, la salubrité des comestibles et médicaments... Ils pourront aussi entrer en tout temps dans les maisons où l'on donne habituellement à jouer des jeux de hasard, et dans les lieux notoirement livrés à la débauche. ».

441. On a exposé au *Rép.*, n° 301, qu'en général, il ne peut être procédé à des visites domiciliaires pendant la nuit (L. 5 fruct. an 3, art. 359 ; L. 28 germ. an 6, art. 131 ; L. 22 frim. an 8, art. 76). Cette règle s'applique sans aucun doute aux perquisitions faites par les gardes champêtres et les gardes forestiers (Garraud, t. 3, n° 303, p. 436, note 26 ; Faustin Hélie, t. 3, n° 1312). Les gardes ne peuvent donc pas faire de perquisitions la nuit. — Sur ce qu'il faut entendre par la *nuit*, V. *infrà*, n° 469.

442. Toutefois, cette disposition prohibitive ne concerne évidemment pas l'introduction des gardes *dans les maisons ouvertes au public*, puisque, d'après les art. 9 et 10 de la loi des 19-22 juill. 1791, dont le texte a été rappelé au n° 440, les agents de l'autorité peuvent s'introduire *en tout temps... toujours*, dans lesdites maisons. Les gardes pourraient donc entrer à toute heure du jour ou de la nuit dans les cafés, débits de boissons en général, comme dans les autres lieux où tout le monde est admis indistinctement (L. 19-22 juill. 1791, tit. 1, art. 9), ainsi que dans les maisons où l'on donne habituellement à jouer aux jeux de hasard ou dans les lieux notoirement destinés à la prostitution (Même loi, art. 10). Comp. *infrà*, n° 469.

443. Mais si les gardes peuvent faire perquisition dans les lieux ouverts au public la nuit aussi bien que le jour, encore faut-il que ce soit pendant le temps qu'ils sont réellement ouverts au public. Il résulte, en effet, des textes précités, que le droit de visite est subordonné pendant la nuit à l'ouverture même des lieux en question, c'est-à-dire qu'il ne peut être exercé que pendant le temps qu'ils sont effectivement ouverts à tout le monde. Lorsque, au contraire, ces établissements sont fermés, ils forment les lieux privés où il est défendu à tous de pénétrer, même aux officiers de police, si ce n'est en observant les formalités ordinaires. C'est ce qui a été reconnu au *Rép.*, n° 297 (Conf. Chauveau et Hélie, t. 3, n° 865 ; Mangin, *Instruction écrite*, t. 1, n°s 222 et suiv. ; Blanche, *Études pratiques sur le code pénal*, t. 3, n° 447 ; Garraud, *Traité de droit pénal*, t. 3, n° 303).

La jurisprudence s'est fixée dans ce sens : l'arrêt du 19 nov. 1829, *Rép.* v° *Liberté individuelle*, n° 56, et celui du 12 nov. 1840, *Rép.* v° *Commune*, n° 1188, V. Crim. cass. 17 nov. 1860, aff. Bertholet, D. P. 60. 5. 417, lequel décide que « s'il est vrai de dire que la demeure des aubergistes, cafetiers, cabaretiers, est, pendant la nuit, comme celle de tout autre citoyen, placée sous le principe de l'inviolabilité du domicile, ce principe ne peut les protéger qu'autant qu'ils se conforment aux devoirs de leur profession, et qu'ils respectent les règlements de l'autorité et d'une bonne police ; attendu, dès lors, que lorsque, *après les heures où leurs établissements doivent être fermés*, ils *continuent à les tenir ouverts et à y admettre le public*, il serait impossible d'en interdire l'entrée aux seuls agents de l'autorité ; que ceux-ci conservent donc le droit d'y pénétrer et d'y dresser leurs procès-verbaux pour constater les contraventions qui s'y commettent ». La même solution résulte de l'arrêt du 2 mars 1866 (aff. Monnier, D. P. 69. 5. 406), et du 19 mai 1870, cité *suprà*, n° 440. V. aussi *Rép.* v° *Commune*, n° 1188, et *suprà*, eod. v°, n° 735).

444. Quels sont les effets d'une perquisition domiciliaire faite sans l'assistance des officiers désignés par la loi, sur la validité des actes et procès-verbaux ? Ces actes doivent-ils être réputés nuls ? La question a été traitée en termes généraux, au *Rép.* v° *Procès-verbal*, n°s 59 et suiv. Il nous suffira de dire ici que la cour de cassation distingue si l'in-

troduction a eu lieu par violence, ou du moins à l'insu ou malgré l'opposition du citoyen, ou si elle a eu lieu avec son consentement (Faustin Hélie, t. 3, n° 1305). Dans le premier cas, le procès-verbal est nul et ne peut servir de base à la prévention. Jugé, spécialement, que le procès-verbal par lequel le garde champêtre constate un fait de chasse avec engins prohibés dont il n'a eu connaissance qu'en pénétrant sans l'assistance d'un des fonctionnaires publics ayant qualité, et en l'absence du propriétaire, dans un enclos attenant à une habitation, est frappé d'une nullité radicale ; et, en pareil cas, le témoignage du garde champêtre ne peut pas davantage être admis à l'appui de la poursuite (Crim. rej. 21 avr. 1864, aff. Viard, D. P. 66. 1. 239). Dans le deuxième cas, l'irrégularité de la perquisition n'entraîne pas la nullité du procès-verbal. C'est ainsi qu'il a été jugé que l'irrégularité résultant, en matière de procès-verbal de délit forestier, de ce que, pour la constatation des faits dénoncés, les agents de l'Administration ont procédé à une perquisition domiciliaire sans le concours du maire, est couverte par l'adhésion du délinquant (Crim. cass. 7 mai 1841, aff. Terrier, *Rép.* v° *Forêts*, n° 969 ; Crim. rej. 17 juill. 1858, aff. Straka, D. P. 58. 1. 383 ; Même date, aff. Lecerf, *ibid.*). Des arrêts ont même jugé que, pour que l'irrégularité de l'introduction d'un gendarme ou d'un commissaire de police soit couverte, il suffit que ces agents n'aient rencontré ni opposition, ni protestation (Crim. cass. 30 juin 1860, aff. Fournival, D. P. 60. 1. 389 ; Limoges, 30 avr. 1857, aff. Vergne, D. P. 59. 1. 205). Faustin Hélie n'adhère à cette jurisprudence que pour le cas où le consentement est exprès et constaté par la signature du maître de la maison (t. 3, n°s 1308 et suiv.). Mangin (*Des procès-verbaux*, n° 18) estime que le procès-verbal est nul alors même que le citoyen dont le domicile a été envahi ne se serait pas opposé au fait de l'introduction ; mais cette opinion, soutenue par Legravérend (t. 2, p. 231), n'a pas, on l'a vu, prévalu dans la jurisprudence.

445. Si le fonctionnaire qui a donné son assistance à la perquisition n'était pas compétent, le procès-verbal du garde serait-il néanmoins valable ? L'affirmative a été jugée par la cour de cassation à l'occasion d'une visite faite par des gardes forestiers avec l'assistance d'un agent de police, lequel avait été présenté aux gardes par le maire comme revêtu de la qualité de commissaire de police (Crim. rej. 29 juin 1872, aff. Clément, D. P. 72. 1. 287).

446. On a exposé au *Rép.*, n°s 299 et 300, que les fonctionnaires désignés dans l'art. 16 ne peuvent se refuser à accompagner sur-le-champ les gardes, quand ils en sont requis ; mais que si cependant, en fait, ces officiers refusaient leur assistance, les gardes ne pourraient passer outre à leurs perquisitions. Tel est l'avis de Faustin Hélie, t. 3, n° 1311, contraire à l'opinion de Mangin (n° 20). Ce dernier estime que la visite effectuée, en pareil cas, sans l'officier, même contre le gré du prévenu, est régulière. La doctrine de Faustin Hélie nous paraît préférable. « Sans doute, dit ce dernier auteur, il ne doit pas dépendre d'un fonctionnaire d'arrêter une poursuite par son refus de concours, et ce fonctionnaire doit être puni ; mais il ne faut pas non plus que, sous le prétexte de ce refus, les agents puissent s'introduire arbitrairement dans la maison des citoyens, contre la volonté de ceux-ci. Ils devraient s'adresser à un autre officier public compétent, en cas d'absence, d'empêchement ou de refus de tous les officiers du lieu, ou en référer à l'autorité supérieure » (*loc. cit.*).

En ce qui concerne les délits forestiers, l'art. 162 c. for. a formulé en termes exprès l'obligation pour les officiers publics de donner leur assistance aux agents qui les requièrent, et l'art. 182 de l'ordonnance du 1er août 1827 trace la marche que les gardes forestiers doivent suivre en cas de refus. « Dans le cas, dit l'art. précité de l'ordonnance, où les officiers de police judiciaire désignés dans l'art. 161 c. for. refuseraient, après avoir été légalement requis, d'accompagner les gardes dans leurs visites et perquisitions, les gardes rédigeront procès-verbal du refus et adresseront sur-le-champ ce procès-verbal à l'agent forestier, qui en rendra compte à notre procureur près le tribunal de première instance ».

447. Durant l'occupation ennemie, en 1870, un garde forestier voulut faire perquisition et, en l'absence du maire et sur le refus de l'adjoint et des membres du conseil municipal, il s'adressa au commandant allemand qui mit à sa

disposition deux gendarmes prussiens, avec le concours desquels le garde pratiqua la visite. La cour de cassation a déclaré, à bon droit, cette perquisition illégale comme ayant été effectuée en dehors des conditions auxquelles la loi française a délégué au garde une portion d'autorité en vertu de la souveraineté nationale, et elle a jugé que cette illégalité rendait nul le procès-verbal dressé à l'occasion de ladite perquisition (Crim. cass. 29 juin 1872, aff. Clément, D. P. 72. 1. 286).

448. Signalons en terminant deux arrêts qui ont jugé, avec raison, que la présence du maire ou de son adjoint dans le domicile d'un citoyen, chez lequel des gardes forestiers font perquisition, suffit pour assurer à ce domicile la protection qui lui est due. Il n'est pas nécessaire que ce fonctionnaire suive les agents de l'autorité dans chacun des locaux qu'ils visitent (Crim. cass. 18 déc. 1845, aff. Tondereau, D. P. 46. 1. 39; Orléans, 9 févr. 1846, même affaire, D. P. 46. 2. 42).

449. — 4° *Droit d'arrestation.* — L'art. 16 c. instr. crim. donne aux gardes champêtres et aux gardes forestiers, en cas de flagrant délit, un droit d'arrestation provisoire. Nous n'avons rien à ajouter à ce qui a été dit au *Rép.*, n°s 302 et 303, concernant les conditions de ce droit d'arrestation provisoire, qui n'est, ainsi que l'a fait remarquer Faustin Hélie, t. 3, n° 1517, qu'un droit de police. Conf. Mangin, *Traité de l'instruction écrite*, t. 1, n° 220. V. aussi *infrà*, sect. 7, n°s 601 et suiv. — Les gardes forestiers ont également, en vertu de l'art. 103 c. for. le droit d'arrêter et de conduire devant le juge de paix ou devant le maire tout inconnu qu'ils surprennent en flagrant délit. Le même droit est accordé aux gardes particuliers par l'art. 189 c. for. — Sur le droit des gardes forestiers, V. *Rép.*, v° *Forêts*, n°s 389 et suiv.

450. — 5° *Gardes particuliers.* — On a dit au *Rép.*, n° 304, que les attributions conférées par l'art. 16 aux gardes champêtres et forestiers appartiennent aux gardes particuliers, comme à ceux des communes. Cela ne fait plus aucun doute aujourd'hui (Faustin Hélie, t. 3, n° 1197).

451. Il est d'ailleurs certain que les gardes particuliers sont officiers de police judiciaire (Crim. cass. 16 févr. 1821, *Rép.* v° *Garde champêtre*, n° 46; Crim. rej. 21 mai 1835, *Rép.* v° *Fonctionnaire public*, n° 38; Crim. règl. de juges, 6 nov. 1840, *Rép.* v° *Mise en jugement*, n° 305; Crim. cass. 5 août 1841, *Rép.* v° *Garde champêtre*, n° 46; Bourges, 13 févr. 1845, aff. Durand, D. P. 46. 2. 48; Orléans, 13 déc. 1849, *Revue des eaux et forêts*, t. 5, p. 355; Gand, 5 juill. 1864, aff. Botreez, D. P. 69. 5. 218; Chambéry, 30 oct. 1874; Orléans, 28 janv. 1878, *Revue des eaux et forêts*, t. 8, n°s 70 et 114; Amiens, 30 sept. 1882, aff. Demolon, D. P. 83. 5. 278; Crim. règl. de jug. 19 juill. 1883, *Bull. crim.* n° 181; Bourges, 26 déc. 1889, *suprà*, v° *Garde champêtre*, n° 59; Nancy, 30 juill. 1890, aff. Bertrand, D. P. 91. 5. 191).

452. Étant officiers de police judiciaire, ces gardes sont soumis à la surveillance du procureur général et au pouvoir disciplinaire du procureur général et de la cour d'appel (c. instr. crim. art. 279 à 282). — En ce qui concerne la poursuite des gardes particuliers pour crimes et délits commis dans l'exercice de leurs fonctions, V. *suprà*, v° *Garde champêtre*, n° 37 et suiv. V. aussi *suprà*, v° *Mise en jugement des fonctionnaires publics*, n° 51.

SECT. 4. — DES FONCTIONS DU PROCUREUR DE LA RÉPUBLIQUE RELATIVEMENT À LA POLICE JUDICIAIRE. — FLAGRANT DÉLIT. — RÈGLES DE LA COMPÉTENCE DU PROCUREUR DE LA RÉPUBLIQUE (*Rép.*, n°s 309 à 379).

453. — I. GÉNÉRALITÉS. — Après le juge d'instruction, le procureur de la République est, dans l'arrondissement, le fonctionnaire le plus important de la police judiciaire. On a pu dire, avec raison, que ce magistrat et le juge d'instruction sont des officiers de police judiciaire *supérieurs* (Garraud, n° 436; Laborde, n° 939). Personnellement chargé par l'art. 22 c. instr. crim. de rechercher et de poursuivre les crimes et les délits, le procureur de la République reçoit, de plus, les dénonciations et les plaintes des particuliers, ainsi que les rapports et procès-verbaux des agents auxiliaires et inférieurs exerçant sur tous les points de l'arrondissement (art. 18, 20, 29, 30; 53 et 54 du même code). Son parquet est le centre où viennent aboutir toutes les investigations de la police judiciaire.

454. L'art. 9 c. instr. crim. dispose que la police judiciaire sera exercée par le procureur de la République et ses *substituts*. Les substituts du procureur de la République ont donc, pour la police judiciaire (comme pour toutes les autres fonctions du ministère public), une délégation directe de la loi. Toutefois, ils n'exercent ce pouvoir qu'autant qu'ils remplacent le chef du parquet, ou qu'ils sont reçus de lui une mission à cet effet. « Placés, en effet, par la hiérarchie de leurs fonctions, sous les ordres du procureur de la République, ils sont attachés aux branches du service qu'il leur désigne. Ainsi l'art. 18 du décret du 18 août 1810 porte que le chef de chaque parquet peut charger un de ses substituts des fonctions de la police judiciaire » (Faustin Hélie, t. 3, n° 1158). Cette désignation particulière n'est, toutefois, pas dans l'usage. — Rappelons, à ce propos, que si le procureur de la République n'a pas de substitut (ce qui se présente dans un assez grand nombre de tribunaux, depuis la loi du 30 août 1883 (D. P. 83. 4. 59) sur la réforme de l'organisation judiciaire), il est, en cas d'empêchement, et conformément à la règle posée au *Rép.*, n° 317, remplacé par un juge, et, à défaut de juge, par un suppléant commis par le tribunal (L. 20 avr. 1810, art. 20). Ajoutons encore que la loi du 10 déc. 1830 (V. *Rép.*, v° *Organisation judiciaire*, p. 1516) a disposé que les juges suppléants pourraient être appelés aux fonctions du ministère public, et que c'est au procureur de la République (et non au tribunal) qu'il appartient de désigner le juge suppléant qui est attaché d'une manière permanente au service du parquet (Req. 31 juill. 1837, *Rép.*, v° *Ministère public*, n° 27). V. aussi *suprà*, eod. v°, n°s 7 à 11.

455. Nous n'avons à considérer ici le procureur de la République que comme officier de police judiciaire. Il a une fonction beaucoup plus importante, qui est d'exercer l'action publique, c'est-à-dire de *poursuivre* devant les tribunaux la répression des crimes et délits commis dans son arrondissement; il a été traité de cette dernière fonction au *Rép.*, n°s 37 et suiv., et *suprà*, n° 63 et suiv. — Quelles sont les attributions du procureur de la République en tant qu'officier de police judiciaire? Ces attributions sont très différentes suivant qu'il s'agit d'un délit flagrant ou assimilé au délit flagrant, ou d'un délit non flagrant. Nous examinerons donc les pouvoirs de ce magistrat successivement en l'une et l'autre hypothèse; après quoi nous tracerons le cercle dans lequel il peut exercer ces pouvoirs, en d'autres termes, les règles de sa compétence.

456. — II. DÉLIT NON FLAGRANT. — Si le délit n'est pas flagrant, les attributions de police judiciaire du procureur de la République sont très restreintes. L'art. 22 c. instr. crim. porte : « Les procureurs de la République sont chargés de la recherche et de la poursuite de tous les délits dont la connaissance appartient aux tribunaux de police correctionnelle et aux cours d'assises ». La poursuite, c'est l'exercice de l'action publique. Mais qu'est-ce que le droit de *recherche*? Quels sont les pouvoirs qu'il confère au ministère public? « La recherche des crimes et délits, dit Faustin Hélie, t. 3, n° 1160, consiste non pas seulement à constater les infractions à mesure que leur existence est révélée, mais à s'enquérir des infractions qui ont pu être commises, à se saisir en saisissantes traces de leur perpétration... Le droit de recherche, dans les mains du ministère public, comprend tous les actes de vigilance et d'administration auxquels chaque procureur de la République se livre dans son ressort, soit pour constater qu'aucun délit grave n'échappe à son action, soit pour assurer la poursuite de tous ceux qui lui sont signalés ».

457. En second lieu, les procureurs de la République sont chargés, aux termes des art. 29 et 30 c. instr. crim., de recevoir les dénonciations qui leur sont faites soit par des fonctionnaires publics, soit par des particuliers (V. à cet égard *infrà*, n°s 644 et suiv. C'est à eux aussi que les officiers de police judiciaire, leurs auxiliaires, doivent renvoyer les dénonciations et procès-verbaux et autres actes faits dans les cas de leur compétence (art. 53) ou au delà de cette compétence (art. 54). — Le procureur de la République a-t-il, de plus, le droit de recevoir des *plaintes*, c'est-à-dire des dénonciations faites par la partie lésée? Oui, certainement, bien que le texte de notre loi manque de précision à cet égard (Comp. art. 63 et 64 c. instr. crim.). V. dans ce sens : Mangin, *Instruction écrite*, n° 50; Faustin

Hélie, t. 4, n° 1718. Il n'y aura plus de doute possible sur ce point si le législateur adopte l'art. 28 du projet de loi sur la réforme de l'instruction criminelle, qui est ainsi conçu : « Toute personne qui se prétend lésée par un crime ou par un délit peut en rendre plainte au procureur de la République soit du lieu du crime ou du délit, soit du lieu de la résidence du prévenu, soit du lieu où il pourra être trouvé ». En attendant, il est, dès maintenant, hors de doute que le parquet du procureur de la République est le centre où viennent aboutir toutes les investigations de la police judiciaire. Suivant les expressions de Faustin Hélie : « Le procureur de la République dirige ces investigations, il les provoque, il en recueille les résultats. Après les avoir recueillis, il les apprécie » (n° 1161). Ajoutons que, complètement libre dans cette appréciation, il lui est loisible, quand un crime ou un délit lui est dénoncé, de s'abstenir ou de poursuivre, à son gré. Mais, hors le cas des art. 32 et 46 (V. infrà, n°s 439 et suiv.), le procureur de la République ne peut pas instruire lui-même; il ne peut que requérir le juge d'instruction d'informer. Il est de principe en notre droit que les pouvoirs de poursuite et d'instruction sont séparés (V. sur cette séparation des deux pouvoirs, infrà, n°s 544 et suiv.).

458. A la double fonction de rechercher les délits et de recevoir les dénonciations viennent s'ajouter, pour le procureur de la République considéré comme officier de police judiciaire, trois attributions ou obligations déjà signalées au Rép., n°s 315, 318 et 319, et que nous nous bornons à rappeler : 1° comme tous autres officiers de police judiciaire (sauf les gardes champêtres et les gardes forestiers, art. 16), les procureurs de la République ont, dans l'exercice de leurs fonctions, le droit de requérir directement la force publique (c. instr. crim. art. 25. V. Rép. n°s 315 et 316); — 2° Ils sont tenus (art. 27), aussitôt que les délits parviennent à leur connaissance, d'en donner avis au procureur général, et d'exécuter ses ordres relativement à tous actes de police judiciaire (V. Rép. n° 318); — 3° Ils doivent pourvoir (art. 28) à l'envoi, à la notification et à l'exécution des ordonnances rendues par le juge d'instruction. Toutefois, comme on l'a dit au Rép. n° 320, « l'usage a fait admettre que, pour les actes les plus minimes ou les plus urgents, le juge peut donner lui-même l'ordre d'exécution : tels sont, sous le premier rapport, les citations de témoins ou les extractions de détenus pour subir un interrogatoire, et, sous le deuxième rapport, les mandats de comparution ou d'amener, et le mandat de dépôt décerné contre un détenu; ces actes sont remis en général directement aux huissiers ou gendarmes qui les mettent à exécution » (Faustin Hélie, t. 4, n° 1636). Comp. Duverger, t. 1, p. 414; Sarraute, n° 406 bis. — Au sujet de l'expédition directe des cédules et des mandats, M. Pâris fait l'observation suivante : « Ces pratiques contraires au vœu de la loi, dit avec raison cet auteur, p. 171, ne présentent pas d'inconvénients, si le juge d'instruction est d'accord avec le parquet; mais elles touchent à la séparation des pouvoirs et ne doivent pas être étendues ». On trouvera dans le même ouvrage (eod. loc.) une liste des ordonnances du juge d'instruction à l'exécution desquelles le ministère public doit pourvoir, pour se conformer aux prescriptions de l'art. 28. — En ce qui concerne l'exécution des ordonnances proprement dites, peut-être doit-on regretter que la loi ne la rende pas obligatoire par une sanction positive. Dans l'état actuel de la législation, le ministère public, qui resterait inactif en présence d'une ordonnance rendue, ne pourrait être contraint par personne à en assurer l'exécution (V. à cet égard : A. Guillot, p. 43).

459. — III. FLAGRANT DÉLIT. — Si le délit est flagrant, les attributions du procureur de la République reçoivent un accroissement considérable : la loi délègue, en effet, à ce magistrat, exceptionnellement et temporairement, certains pouvoirs du juge d'instruction (c. instr. crim. art. 32 et suiv.). L'examen des attributions extraordinaires du ministère public au cas de flagrant délit a fait au Répertoire l'objet des n°s 323 à 373. — On consultera, sur cette importante matière : Faustin Hélie, Traité de l'instruction criminelle, t. 3, tout le chap. 15, n°s 1490 et suiv.; Pratique criminelle, t. 1, n° 96 et suiv.; Duverger, Manuel des juges d'instruction, t. 1, n°s 112 à 116; Mangin, De l'instruction écrite, t. 1, tout le chap. 6, n°s 210 et suiv.; Trébutien, t. 2,

n°s 428 et suiv.; Garraud, Précis de droit criminel, n°s 493 et suiv.; Ortolan, Éléments de droit pénal, t. 2, n°s 2243 et suiv.; Boitard, Leçons de droit criminel, n°s 554 et suiv.; Villey, Précis du droit criminel, p. 300; Sarraute, Manuel du juge d'instruction, n°s 101 à 202; Pâris, Des rapports du juge d'instruction et du ministère public, thèse, 1891.

460. — 1° Définition du flagrant délit. — La première question qui se présente lorsqu'on veut étudier les effets du flagrant délit sur les attributions du procureur de la République est celle de savoir quand il y a flagrant délit. L'art. 41 c. instr. crim. l'a résolue, et nous ne pouvons que renvoyer aux explications qui ont été données au Rép., n°s 323 à 325, sur l'interprétation de cet article. — Il y a, d'après l'art. 41 même, deux cas de délit flagrant et deux cas de délit quasi flagrant. V. sur les différents cas : Faustin Hélie, t. 3, n°s 1496 à 1498; Mangin, t. 1, n° 210; Garraud, n° 493; Trébutien, n° 428; Laborde, n° 1077; Sarraute, n°s 101 à 103. Un seul arrêt nouveau est à citer; il est relatif à l'interprétation de ces mots de l'art. 41 : délit qui vient de se commettre. La cour de cassation a jugé que le commissaire de police qui a procédé à la visite et à l'autopsie du cadavre d'un enfant nouvellement né, trouvé sur la voie publique, et qui a remis le lendemain seulement son procès-verbal au parquet, ne peut plus postérieurement requérir un médecin de procéder à la visite d'une fille qui, dans la pensée de plusieurs personnes, passait pour avoir celé sa grossesse : dans ce cas, le crime a cessé d'être flagrant (Crim. rej. 9 sept. 1853, aff. Ayraud, D. P. 53. 5. 265).

461. C'est une autre question, fort grave, que de savoir si, pour que le droit de constater une infraction appartienne au procureur de la République, il faut que le fait flagrant soit de nature à entraîner une peine afflictive ou infamante. La doctrine est unanime à enseigner l'affirmative et à refuser toute extension de pouvoirs au ministère public lorsque l'infraction à constater est un simple délit correctionnel (Aux autorités citées dans ce sens au Rép., n° 328, adde : Faustin Hélie, Instruction criminelle, t. 3, n° 1499, et Pratique criminelle, t. 1, n° 96; Mangin, t. 1, n° 211; Boitard, n°s 562 et 563; Ortolan, t. 2, n° 2243; Duverger, Manuel des juges d'instruction, t. 1, n° 116; Pâris, Des rapports du juge d'instruction et du ministère public, p. 182). Dans la pratique, il est rare que les officiers du parquet revendiquent le droit d'instruire en présence d'un simple délit flagrant; mais l'usage s'est introduit de reconnaître, en fait, ce droit aux officiers de police judiciaire auxiliaires du procureur de la République (juges de paix, commissaires de police, maires, officiers de gendarmerie). Nous examinerons infrà, n° 499, si cet usage paraît fondé. Dès à présent, nous pouvons constater : 1° que, depuis la loi du 20 mai 1863, le procureur de la République possède le droit d'arrestation en cas de flagrant délit correctionnel; on n'en saurait douter en présence des termes de l'art. 1 de cette loi; — 2° Que, d'une façon plus générale, le code d'instruction criminelle actuel accorde au procureur de la République les pouvoirs du juge d'instruction « dans tous les cas de crime ou de délit flagrant » (art. 177 du projet du Sénat, art. 179 du projet de la commission de la Chambre des députés).

En tout cas, même dans l'état actuel de la législation, il suffit, pour légitimer l'intervention du procureur, qu'il ait cru, pour des motifs sérieux, se trouver en présence d'un crime. « Il ne résulte pas de là, disait M. le procureur général Dupin, que le ministère public doive toujours, à peine d'avoir dépassé ses pouvoirs, découvrir un crime de nature à entraîner une peine afflictive et infamante; il suffit que le fait qui le met en mouvement se présente avec des circonstances graves » (V. dans le même sens : Riom, 11 mai 1853, aff. Védrine, D. P. 53. 2. 348; Limoges, 10 févr. 1888, aff. Milési, D. P. 89. 2. 244).

462. Ce dernier arrêt est à noter à un autre point de vue, en ce qu'il a jugé que la procédure applicable au flagrant délit ou au crime flagrant est applicable même dans le cas où il y a seulement tentative de délit ou de crime. Cela ne pouvait d'ailleurs faire de doute : puisque, comme le dit la cour de Limoges, la loi punit la tentative au même titre et des mêmes peines que le crime ou le délit ». Il est clair toutefois que cette solution rigoureusement exacte pour toute tentative de crime et aussi pour les tentatives de délit qui sont réprimées par une disposition spéciale (c. pén.

art. 2 et 3), ne le serait pas si ce fait constituait une tentative de délit non punissable.

463. — 1° *Attributions du procureur de République en cas de flagrant délit.* — Si le délit est flagrant, le procureur de la République, qui, en principe, n'est qu'une partie poursuivante, réunit temporairement, dans une certaine mesure, aux pouvoirs de la poursuite les pouvoirs de l'instruction : il supplée le juge dans les actes de son ministère ; il se transporte sur les lieux du délit pour dresser les procès-verbaux relatifs au corps du délit et recevoir les déclarations des personnes présentes (art. 32). Il peut appeler les parents voisins ou domestiques (art. 33) ; saisir les instruments du crime et tout ce qui est nécessaire à la manifestation de la vérité (art. 35) ; interpeller le prévenu sur les choses saisies (même article) ; faire au domicile de celui-ci, en sa présence ou en celle d'un fondé de pouvoirs, des perquisitions et des saisies (art. 36). Il peut ordonner, s'il y a lieu, une expertise (art. 43 et 44). Enfin il est armé du droit d'arrestation (art. 40). En un mot, le procureur de la République procède sommairement aux actes les plus urgents de l'information préparatoire.

464. Ainsi qu'on l'a dit au *Rép.*, n° 332, le procureur de la République, en se *transportant* sur les lieux, constate le corps du délit (c. instr. crim. art. 32), c'est-à-dire tous les faits matériels qui sont à la fois les vestiges et les preuves des crimes (Faustin Hélie, t. 3, n° 1509). Le transport sur les lieux est, pour le ministère public, une obligation (dans tous les cas de flagrant délit..., dit l'art. 32, le procureur de la République *se transportera* sur le lieu, sans aucun retard). Par contre, le juge d'instruction n'est jamais tenu d'ordonner son transport sur les lieux (Comp. *infrà* n° 782). Le procureur doit donner avis de son transport au juge d'instruction, mais n'est pas tenu de l'attendre (même art. 32).

465. Le procureur de la République, arrivé sur les lieux, peut recevoir les déclarations des personnes présentes et de celles qui auraient des renseignements à donner (art. 32). Il peut aussi appeler les parents, voisins ou domestiques (art. 33). Dans tous les cas, il reçoit non pas des témoignages, mais de simples déclarations sans la formalité du serment. Ces déclarations sont signées ; au cas de refus, il en est fait mention (même article). — Sur la défense de s'éloigner de la maison ou du lieu jusqu'après la clôture du procès-verbal, qui peut être faite aux témoins par le procureur de la République et sur la sanction de cette défense, V. *Rép.* n° 334.

466. Aux termes de l'art. 36, le procureur de la République peut, en cas de flagrant délit, procéder à des *visites domiciliaires* « dans le domicile du prévenu ». Faut-il, avec Faustin Hélie, t. 3, n° 1525, conclure de ces expressions qu'à la différence du juge d'instruction, qui peut faire des visites en tous lieux (art. 88 et 89), le droit du procureur de la République « doit être circonscrit à la maison du prévenu » ? On a décidé la négative au *Rép.*, n° 339, en ce sens que, suivant l'opinion admise, la perquisition peut être étendue au domicile des complices, c'est-à-dire de toutes les personnes que l'on soupçonne de complicité (Conf. Mangin, *Instruction écrite*, t. 1, n° 224 ; Boitard, *Leçons de droit criminel*, n° 560 ; Bourguignon, sur l'art. 36), mais qu'elle ne peut être faite ailleurs, chez des tiers, par exemple. Cette opinion paraît commandée par le texte de l'art. 36. — Peut-on comprendre, dans l'expression *domicile* de l'inculpé, la maison, l'appartement d'un tiers où l'inculpé est arrêté, et doit-on décider que le procureur de la République pourra faire des recherches dans cette maison, dans cet appartement ? Cette interprétation extensive pourrait être utile, mais elle doit être repoussée, à cause du caractère exceptionnel des pouvoirs d'instruction du procureur de la République. L'art. 181 du projet de loi sur l'instruction criminelle consacre expressément cette extension ; d'après le nouveau texte, cette perquisition pourra même avoir lieu *la nuit*. — Il est, d'ailleurs, incontestable (V. *Rép.* n° 339) que le procureur de la République possède, aussi bien que les gardes champêtres et forestiers (c. instr. crim. art. 14), le droit de suivre les choses enlevées dans les lieux où elles ont été transportées (Mangin, *eod. loc.* ; Bourguignon, *eod. loc.*), et qu'il a aussi le droit de visite dans les lieux ouverts au public, tels que cafés et cabarets, pendant tout le temps qu'ils sont publics (Faustin Hélie, t. 3, n° 1525 ; Mangin, n° 223).

467. Le procureur de la République peut-il faire des perquisitions la *nuit* ? La question a été examinée au *Rép.*, n° 341. La doctrine est aujourd'hui unanime à décider la négative (Faustin Hélie, t. 3, n° 1524 ; Mangin, t. 1, n° 222 ; Boitard, n° 558 ; Trébutien, t. 2, n° 438 ; Garraud, *Précis*, n° 472, et *Traité de droit pénal*, t. 3, p. 436 ; Sarraute, n° 167) ; et cette défense s'applique à tous les magistrats instructeurs, aussi bien au juge d'instruction qu'au procureur de la République et à ses auxiliaires. Le seul moyen qu'ont les magistrats instructeurs pour assurer les effets de la perquisition consiste donc à faire cerner la maison par la force armée en attendant le jour (Mangin, n° 222 ; Massabiau, t. 2, n° 2364 ; Sarraute, n° 168 ; Garraud, t. 3, p. 437). Toutefois, il est admis que la défense d'entrer la nuit ne s'applique qu'au fait d'entrer, et on en conclut que, si la perquisition avait été commencée pendant le jour, elle pourrait être continuée pendant la nuit (Mangin, n° 223 ; Sarraute, n° 169). C'est ce qui a été admis au *Rép.*, n° 342.

468. Le mot *nuit* n'a pas, dans notre législation, un sens uniforme, et il s'entend de diverses façons suivant les cas. D'après l'art. 1037 c. proc. civ., la nuit est l'espace compris entre six heures du soir et six heures du matin, du 1er oct. au 31 mars, et entre neuf heures du soir et quatre heures du matin, du 1er avr. au 30 septembre. — En matière de délit forestier, la nuit est l'espace compris entre le coucher et le lever du soleil (Meaume, *Commentaire au code forestier*, t. 2, n° 1409, et les arrêts de Nancy du 17 juill. 1832 et du 4 janv. 1834, cités au *Rép.*, v° *Forêts*, n° 362). Il en est de même suivant la jurisprudence (Crim. cass. 7 févr. 1857, aff. Huet, D. P. 57. 1. 135 ; 29 nov. 1860, aff. Paillé, D. P. 62. 1. 99 ; 2 févr. 1861, aff. Dugardin, D. P. 62. 1. 100-101), en matière d'infraction à l'obligation d'éclairer les voitures. — En matière de chasse, on n'est pas d'accord : suivant certains arrêts, la détermination du temps de nuit est laissée à l'appréciation des tribunaux (Douai, 9 nov. 1847, aff. Houret, D. P. 47. 4. 70 ; 19 févr. 1866, aff. Pecquériaux, *Répertoire de législation et de jurisprudence forestière*, t. 3, n° 476) ; suivant d'autres, la nuit doit s'entendre de l'obscurité complète (Colmar, 20 janv. 1857, cité par M. de Neyremand, *Questions sur la chasse*, p. 381) ; d'après un autre arrêt (Lyon, 24 janv. 1861, aff. Garel, D. P. 61. 2. 214), la nuit doit s'entendre de l'intervalle compris entre le crépuscule du soir et celui du matin (V. au surplus, sur la signification du mot nuit en matière de chasse, *suprà*, v° *Chasse*, n°s 620 et suiv.). — Ces divergences n'existent pas en matière de perquisition : tous les auteurs admettent que, lorsqu'il s'agit de pénétrer dans le domicile des citoyens, le temps de nuit doit se déterminer d'après l'art. 1037 c. proc. civ., et s'entendre conséquemment de l'espace compris entre six heures du soir et six heures du matin, du 1er octobre au 31 mars, et entre neuf heures du soir et quatre heures du matin du 1er avril au 30 septembre (Mangin, *Instruction écrite*, n° 222 ; Faustin Hélie, t. 3, n°s 1312 et 1524 ; Ach. Morin, *Journal du droit criminel*, 1870, n° 9013, p. 164 et suiv. ; Boitard, n° 558 ; Duverger, t. 1, p. 444 ; Sarraute, n° 174. — Conf. Décr. 1er mars 1854 sur la gendarmerie, art. 253 et 291, D. P. 54. 4. 32). — Le code allemand n'est pas aussi rigoureux que notre loi française en ce qui concerne l'interdiction de faire perquisition la nuit. Son art. 104 est ainsi conçu : « Aucune perquisition ne pourra avoir lieu la nuit, dans les maisons d'habitation, les locaux affectés aux affaires et les domaines clos, *si ce n'est en cas de flagrant délit ou lorsqu'il y aura péril en la demeure, ou enfin lorsqu'il s'agira d'arrêter un prisonnier évadé* ». — Notre projet de code d'instruction criminelle en préparation contient, dans son art. 181, une disposition remarquable et toute nouvelle sur le droit de perquisition du procureur de la République : « Le procureur de la République peut, *lorsqu'il y a crime flagrant qui se commet actuellement ou qui vient de se commettre*, entrer ou faire entrer la nuit les dépositaires de la force publique dans une maison habitée, sans réclamation de l'intérieur, pour y faire saisir l'auteur présumé du crime. Les dépositaires de la force publique peuvent, dans les mêmes cas, entrer la nuit dans une maison habitée pour y exécuter le mandat d'amener. Le procureur de la République peut aussi procéder la nuit à une perquisition dans la maison où l'inculpé a été saisi ». Il est à remarquer que cette dérogation au principe de l'inviolabilité du domicile n'est admise que pour les *crimes réellement flagrants*, et

que, d'après le texte même, elle n'a pas lieu pour les crimes quasi-flagrants, non plus que pour les *délits* flagrants.

469. Au reste, même dans l'état actuel de notre législation, la défense d'entrer la nuit dans le domicile des citoyens, défense portée par l'art. 76 de la loi du 22 frim. an 8, souffre plusieurs exceptions. L'introduction pendant la nuit peut avoir lieu : 1° lorsqu'il y a réclamation faite de l'intérieur de la maison ou dans le cas d'incendie ou d'inondation (même article de la loi du 22 frim. an 8) ; — 2° Lorsqu'il s'agit de maisons ouvertes indistinctement à tout le monde, telles que cafés, auberges, cabarets, boutiques, etc., jusqu'à l'heure de leur fermeture et même après cette heure si, de fait, elles sont restées ouvertes (L. 19-22 juill. 1791, et L. 28 germ. an 6, art. 129) ; — 3° Lorsqu'il s'agit de maisons où l'on donne habituellement à jouer aux jeux de hasard (L. 19-22 juill. 1791, et Décr. 24 sept. 1792) ; — 4° Lorsqu'il s'agit de lieux notoirement livrés à la débauche (mêmes loi et décret) ; — 5° Lorsqu'il s'agit de faire cesser une détention arbitraire. « En effet, le code d'instruction criminelle, en prescrivant (art. 615 et 616) à tout juge de paix, tout officier du ministère public, tout juge d'instruction, de se transporter d'office, ou sur l'avis qu'il aura reçu, dans le lieu où une personne est illégalement détenue, de s'y transporter *aussitôt* sous peine d'être poursuivi comme complice de *détention arbitraire*, déroge nécessairement à la règle qui défend de s'introduire de nuit dans le domicile des citoyens » (Mangin, n° 223). — Il est évident que toutes les exceptions qui viennent d'être énumérées concernent le procureur de la République comme les autres et plus encore que toutes autres personnes.

470. Les règles relatives aux *saisies* que peut faire le procureur de la République au cas de flagrant délit sont tracées par les art. 35 à 39 c. instr. crim. On les a étudiées au *Rép.*, n°s 336, 344 à 351 (V. aussi Faustin Hélie, t. 3, n°s 1526 à 1528). — Plusieurs arrêts, rendus depuis la publication du *Répertoire*, ont décidé que ces règles ne sont pas prescrites à peine de nullité (Crim. rej. 16 juin 1854, aff. Moron, D. P. 54. 5. 440 ; Paris, 26 juill. 1867, aff. Fertel, D. P. 67. 5. 242 ; Crim. rej. 24 févr. 1883, aff. Pivert, D. P. 84. 1. 92-93). Ainsi décidé, notamment, à l'égard de la règle suivant laquelle les objets saisis, après avoir été clos et cachetés, doivent être représentés au prévenu afin d'être reconnus et parafés ; le défaut de mention de ces formalités n'est pas une cause de nullité, alors, d'ailleurs, que l'identité des objets saisis est incontestable et a été reconnue par le prévenu dans une déclaration signée de lui devant le commissaire de police (Arrêt précité du 26 juill. 1867 — Jugé, de même, que la disposition de l'art. 39 c. instr. crim., d'après laquelle la saisie des papiers et effets pouvant servir de pièces à conviction doit avoir lieu en présence du prévenu, n'est pas prescrite à peine de nullité (Arrêt précité du 24 févr. 1883).

471. En principe, les recherches sur la personne en vertu d'un simple soupçon sont, avec raison, considérées comme un attentat à la liberté individuelle. Il a été jugé, en ce sens, que le simple soupçon ne peut, même dans une forêt, autoriser un garde à fouiller les vêtements d'un individu présumé porteur d'engins de chasse prohibés ; et le procès-verbal, constatant la saisie d'engins découverts à la suite d'une telle perquisition, est nul comme entaché d'abus de pouvoir (Rouen, 17 avr. 1859, aff. Duval, D. P. 59. 2. 83). — D'autre part, il est non moins certain que l'inviolabilité de la personne ne peut être utilement invoquée lorsqu'on prétend en faire le moyen d'assurer la perpétration d'un délit commis sous les yeux mêmes des agents ou fonctionnaires qui ont mission de faire respecter la loi. Aussi la cour de cassation a-t-elle décidé que le fait d'un individu (une femme) présent à une visite domiciliaire, de s'emparer d'objets saisis et de les cacher dans ses vêtements, rend nécessaire et par conséquent légitime une perquisition sur sa personne pour la reprise de ces objets, ainsi que l'emploi de la force pour vaincre sa résistance (Crim. rej. 16 janv. 1869, aff. Giboz, D. P. 69. 1. 381).

472. Ainsi qu'on l'a dit au *Rép.*, n° 347, les papiers et écrits qui peuvent servir à la manifestation de la vérité sont saisissables, même lorsqu'ils sont en la possession d'un tiers. S'ensuit-il que le procureur de la République puisse, en cas de flagrant délit, saisir, dans les bureaux des postes

et télégraphes, les lettres, correspondances ou télégrammes qu'il juge utiles à la manifestation de la vérité ? La question est la même pour le juge d'instruction, dans les cas ordinaires, que pour le procureur de la République, en cas de flagrant délit. On l'a examinée d'une façon générale au *Rép.*, n° 348, et résolue par l'affirmative, contrairement à l'opinion de Mangin (*Instruction écrite*, t. 1, n° 95) et de Trébutien (*Cours élémentaire de droit criminel*, t. 2, n° 471). — Dans l'état de notre législation, à défaut d'une exception formelle qui ne pourrait être inscrite que dans le code d'instruction criminelle, il nous paraît hors de doute que la saisie des lettres, même à la poste, est autorisée par la généralité des termes des art. 35, 87 et 88 c. instr. crim. « Le principe de l'inviolabilité des lettres (Décr. 10-14 août 1790), a dit la cour de cassation dans un arrêt du 9 juin 1883 (aff. Meisels, D. P. 84. 1. 89), est un principe de haute moralité qui intéresse essentiellement l'ordre public ; cependant le respect qu'il commande n'est pas si absolu qu'il ne doive exceptionnellement fléchir, dans une certaine mesure, dans l'intérêt de la vérité en matière de justice criminelle ». Aussi cette même cour a-t-elle décidé que les lettres peuvent être saisies à la poste par le juge d'instruction (Crim. cass. 25 juill. 1853, aff. De Coëtlogon, D. P. 53. 1. 222), et même par le préfet de police (Ch. réun. rej. 21 nov. 1853, aff. De Coëtlogon, D. P. 53. 1. 279 ; Crim. rej. 16 août 1862, aff. Taule, D. P. 63. 2. 230). — La majorité des auteurs admet également, en principe, le droit de saisie pour les magistrats instructeurs (Faustin Hélie, *Instruction criminelle*, t. 4, n° 1820 ; Duverger, *Manuel des juges d'instruction*, t. 1, n° 134, p. 440 ; de Dalmas, *Des frais de justice criminelle*, supplément, p. 113-117 ; Sarraute, *Manuel du juge d'instruction*, n° 457 ; Laborde, *Cours élémentaire de droit criminel*, n°s 1020 et suiv.). Seulement, tous ne s'accordent pas sur la mesure dans laquelle il convient de faire fléchir la règle de l'inviolabilité des lettres, dans l'intérêt de la manifestation de la vérité. Plusieurs ont proposé de limiter le droit du juge d'instruction au cas où la lettre émane du prévenu ou lui est adressée, les lettres adressées à des tiers devant alors échapper au droit de saisie du magistrat instructeur (Faustin Hélie, *op. cit.*, n° 1820, p. 421 ; Sarraute, n° 457, p. 250). D'autres ne l'admettent que pour les lettres adressées au prévenu, qui, dès qu'elles sont envoyées, deviennent sa propriété (Garraud, n° 451, p. 589 ; Villey, p. 289). Mais nous ne croyons pas ces distinctions fondées. La question de propriété de la lettre nous paraît sans intérêt, puisque le juge peut saisir tous les objets utiles à la manifestation de la vérité (art. 87 et 88), quel qu'en soit le propriétaire. De quel droit, d'ailleurs, poser des limites au pouvoir du juge quand le législateur n'en a posé aucune ? Nous croyons que ce pouvoir est absolu et illimité, et nous estimons qu'il appartient au juge de saisir à la poste ou au télégraphe (car les télégrammes sont évidemment des correspondances, aussi bien que les lettres) toutes les correspondances que celui-ci croit de nature à éclairer ses recherches (V. dans le même sens, les autorités cités *suprà*, v° *Lettre missive*, n° 99.) — A l'égard des lettres adressées par le prévenu, M. Villey fait cette objection : comment reconnaître le signataire sans briser le sceau ? L'objection est loin d'être sans réplique, car les lettres portent souvent à l'extérieur quelque signe particulier (timbre, adresse imprimée ou cachet) qui désigne l'expéditeur ; celui-ci, s'il a écrit la suscription de l'adresse, peut même être révélé par sa propre écriture. Dans la pratique, les juges d'instruction saisissent et ouvrent les lettres qui leur *paraissent* avoir été écrites par le prévenu.

473. La question que l'on vient d'examiner est résolue par le projet de loi sur la réforme du code d'instruction criminelle. Aux termes de l'art. 179 de ce projet (texte de la commission de la Chambre des députés, conforme à l'art. 177 du projet du Sénat), « il (le procureur de la République) peut rechercher et saisir à la poste les lettres et interdire à l'administration des Télégraphes de délivrer aux destinataires les télégrammes émanant de l'inculpé ou à lui adressés, mais *sans prendre connaissance* de ces lettres et télégrammes».

474. Le procureur de la République peut-il, au cas de flagrant délit, saisir les papiers déposés dans une étude de notaire ou d'avoué, ou dans le cabinet d'un avocat ? Comme la question précédente (relative aux saisies à la poste), celle-ci peut être généralisée. Il s'agit donc de savoir si

les magistrats instructeurs (juge d'instruction, et procureur de la République en cas de flagrant délit) ont le droit de pratiquer des visites domiciliaires et des saisies de papiers dans les études et cabinets ci-dessus désignés, ou si, au contraire, ils doivent s'abstenir d'y pénétrer (V. *Rép.* n° 350).

— Il est certain, tout d'abord, que le cabinet de l'avocat, de l'avoué, du notaire n'est, pas plus que tout autre lieu, à l'abri des recherches de la justice. « Il ne peut y avoir, a dit Faustin Hélie, t. 4, n° 1818, de privilège en faveur d'une profession, quelque élevée qu'elle soit, quand il n'en existe pour aucune fonction; l'intérêt de la justice domine tous les intérêts particuliers. Si donc la prévention est dirigée contre l'avocat lui-même (l'avoué ou le notaire) ou si elle a pour objet des faits étrangers à l'exercice de sa profession, le juge a le droit de procéder à toutes les perquisitions, à toutes les saisies qu'il croit utiles; il n'y a point de raison de le lui contester» (Conf. Garraud, *Précis*, n° 451, p. 589; Sarraute, n° 455; Laborde, n° 1019). Aussi a-t-il été jugé que la visite domiciliaire et la saisie de lettres missives opérée par un commissaire de police chez un avocat poursuivi pour délit politique sont régulières, lorsque le commissaire a agi en vertu d'une délégation du juge d'instruction (Paris, 7 déc. 1864, aff. Garnier-Pagès, D. P. 65. 1. 94).

475. Mais la perquisition pratiquée dans le cabinet de l'avocat ou de l'avoué peut-elle amener la saisie de pièces déposées chez celui-ci, en sa qualité, par une partie qui lui a confié sa défense? Déjà admise dans l'ancien droit (*Rép.* n° 350 *in fine*), la négative a été formellement consacrée par la cour de cassation (Crim. cass. 12 mars 1886, aff. Laplante, D. P. 86. 1. 345). Cet arrêt déclare : « que le principe de la libre défense domine la procédure criminelle; qu'il commande d'affranchir de toute entrave les communications des accusés avec leurs conseils; qu'il est interdit à ces derniers, sous les peines portées par l'art. 378 c. pén., de révéler les secrets qui leur sont confiés, et qu'ils sont même dispensés d'en déposer comme témoins devant les tribunaux; qu'il suit de là qu'il n'est point permis de saisir dans leur cabinet les papiers et lettres missives qu'ils ont reçus de leurs clients, et que, par une conséquence nécessaire, il n'est pas permis de saisir, avant qu'elles leur soient parvenues, les lettres qui leur sont envoyées puisqu'elles commencent la communication qui doit être respectée et portent la confidence qui doit être sacrée ». La cour a jugé, en conséquence, que le fait par le juge d'instruction de joindre au dossier copie d'une lettre écrite par l'accusé à son avoué et saisie par le juge constitue une violation de la défense, qui entraîne la nullité du verdict du jury (Même arrêt.— V. aussi Nancy, 8 mai 1892, aff. Ordre des avocats de Nancy, D. P. 93. 1. 193. Conf. Faustin Hélie, t. 4, n° 1818, Villey, p. 288; Garraud, n° 473-2°; Laborde, n° 1019; Sarraute, n° 455; Dutruc, *Mémorial du ministère public*, t. 2, p. 1120). Nul doute que cette doctrine s'applique aux lettres et papiers déposés par un client chez un avocat pour sa défense, aussi bien qu'aux pièces confiées à l'avocat.

476. Quant aux notaires, la question est plus délicate. Il est généralement admis aujourd'hui, contrairement à l'opinion adoptée au *Rép.*, n° 350, que, si la justice peut saisir les *actes* reçus par eux, elle n'a pas les mêmes droits à l'égard des *papiers* conservés par eux à titre confidentiel. « La jurisprudence dispense le notaire de témoigner en justice, sur les faits qui lui ont été confiés à titre confidentiel, comme conseil des parties; or, les confidences écrites ont droit à la même inviolabilité que les confidences orales » (Garraud, n° 474-1°. Conf. Faustin Hélie, t. 4, n° 1847; Villey, p. 288; Sarraute, n° 288; Dutruc, *op. et loc. cit.*).— M. Laborde pense que l'insaisissabilité des pièces confiées s'applique même aux agents d'affaires, et à toute personne qui, par sa profession, est appelée à être dépositaire des secrets d'autrui (n° 1019 *in fine*).

477. Nous n'avons rien à ajouter à ce qui a été dit au *Rép.*, n°s 351 à 356, concernant les formalités dont les art. 35 à 39 c. instr. crim. imposent l'accomplissement au procureur de la République, quand il pratique des perquisitions et des saisies. Mais il y a lieu de signaler quelques dispositions intéressantes du projet de loi en préparation sur l'instruction criminelle. L'art. 56 du projet de la commission de la Chambre des députés prescrit au juge d'instruction « de clore et cacheter les objets saisis, s'y faire se peut, ou, s'ils ne

sont pas susceptibles de recevoir des caractères d'écriture, de les mettre, *en double échantillon autant que possible*, dans des vases ou dans des sacs sur lesquels le juge d'instruction attache une bande de papier qu'il scelle de son sceau ». Cette précaution est inspirée par le désir d'assurer, le cas échéant, le contrôle efficace des opérations de l'expertise à laquelle les objets saisis pourraient être soumis. D'autre part, l'art. 57 du projet spécifie que, « lorsqu'il y a lieu à recherche de papiers, le juge ou le magistrat régulièrement commis a *seul* le droit d'en prendre connaissance avant de procéder à la saisie ». Et, de même, le juge d'instruction prendra *seul* connaissance des lettres ou télégrammes saisis à la poste ou au télégraphe (art. 58).

478. En ce qui concerne le droit d'*arrestation* accordé au procureur de la République, en cas de flagrant délit, par l'art. 40 c. instr. crim., V. *Rép.* n°s 357 à 362 et 371. — Nous ajouterons seulement que, depuis la promulgation de la loi du 20 mai 1863 (D. P. 63. 4. 109) sur l'instruction des flagrants délits devant les tribunaux correctionnels, il n'est plus douteux que le procureur de la République possède le droit d'arrestation aussi bien en cas de *délit* flagrant, qu'en cas de crime flagrant. Aux termes de l'art. 1 de la loi précitée « tout inculpé arrêté en flagrant délit pour un fait puni de peines correctionnelles est immédiatement conduit devant le procureur de la République, qui l'interroge, et s'il y a lieu le traduit sur-le-champ à l'audience du tribunal. Dans ce cas, le procureur de la République peut mettre l'inculpé sous mandat de dépôt ». Évidemment le procureur de la République, devant qui doit être conduit tout inculpé arrêté en état de flagrant délit correctionnel, peut lui-même ordonner *directement* cette arrestation (Conf. Garraud, n° 436, p. 569; Laborde, n° 939 *in fine*).

479. On a décidé au *Rép.*, n° 361, que le procureur de la République, après avoir interrogé le prévenu, peut, si celui-ci se disculpe, révoquer, de sa propre autorité, le mandat d'amener qu'il avait décerné. Le procureur de la République a, en effet, un pouvoir d'appréciation pour décerner le mandat d'amener; ce pouvoir est de l'essence même de tous les actes de l'instruction, dont la raison d'être est l'opportunité. Il faut donc laisser au magistrat de qui ils émanent la faculté d'en suspendre les effets dès qu'il reconnaît leur inutilité (Laborde, n° 1082. Aux auteurs cités dans ce sens, au *Répertoire*, *adde* : Trébutien, t. 2, p. 435; Morin, *Répertoire*, v° *Instruction criminelle*, n° 17; Massabiau, t. 2, n° 1571; Rodière, *Éléments de procédure criminelle*, p. 66 et 67. *Contrà* : Faustin Hélie, t. 4, n° 1516; Mangin, t. 1, n° 219; Pâris, p. 185.

480. Le procureur de la République peut-il, en cas de flagrant délit, ordonner des expertises (c. instr. crim. art. 43 et 44). — V. à cet égard *Rép.*, n°s 366 et 370. — En pareille hypothèse, le procureur de la République doit évidemment observer les règles générales de l'expertise en matière criminelle (V. sur ces règles, *suprà*, v° *Expert*, n°s 181 à 186; *Rép.* col. v°, n°s 396 à 422).

La loi des 30 nov.-1er déc. 1892, sur l'exercice de la médecine (D. P. 93. 4. 8), a introduit dans notre droit des dispositions nouvelles concernant les fonctions de médecins experts devant les tribunaux. Aux termes de l'art. 14 de cette loi, les fonctions de médecins experts près les tribunaux ne peuvent être remplies que par des docteurs en médecine français. Un décret d'administration publique en date du 24 nov. 1893 (*Journ. off.* du 23 nov. p. 5799) a prescrit l'établissement, dans chaque ressort de cour d'appel, d'une liste annuelle de médecins experts auxquels seuls, dorénavant, pourront être confiées les expertises médico-légales. Toutefois l'art. 13 du décret réserve les cas prévus aux art. 43 et 44 c. instr. crim., c'est-à-dire les expertises ordonnées en flagrant délit par le procureur de la République. Il s'ensuit (la comparaison des textes précités ne peut laisser aucun doute à cet égard) que les procureurs de la République peuvent toujours, en cas de flagrant délit, choisir leurs experts en dehors de la liste annuelle.

481. — 2° *Réquisition d'un chef de maison.* — Aux termes de l'art. 46 c. instr. crim. « les attributions faites au procureur de la République pour les cas de flagrant délit auront lieu aussi toutes les fois que, s'agissant d'un crime ou d'un délit, même non flagrant, commis dans l'intérieur d'une maison, le chef de cette maison requerra le procureur

de la République de les constater ». Nous n'avons rien à ajouter à ce qui a été dit au *Rép.*, n°s 373 et suiv., concernant cette disposition, qui a été étendue aux officiers de police judiciaire par les art. 49 et 50 du même code (V. Faustin Hélie, t. 3, n° 1529; Laborde, n° 1077; Mangin, *Instruction écrite*, t. 1, n°s 230 à 234; Villey, p. 280).

482. — IV. COMPÉTENCE DU PROCUREUR DE LA RÉPUBLIQUE. — Après avoir établi la juridiction du procureur de la République et les pouvoirs que la loi lui a délégués, il faut tracer le cercle dans lequel il peut exercer ces pouvoirs, en d'autres termes le cercle de sa compétence. — Cette compétence doit être envisagée à trois points de vue, savoir : 1° au point de vue de l'infraction ou *ratione materiæ* ; 2° au point de vue de l'infracteur ou *ratione personæ* ; 3° au point de vue du territoire sur lequel s'étend la juridiction du procureur de la République, ou *ratione loci*.

Avant d'examiner ces trois sortes de compétence, nous rappellerons d'une façon générale qu'en matière de crimes et de délits, ces trois espèces de compétence existent non seulement pour la poursuite, mais encore pour l'instruction préparatoire et pour l'instruction définitive devant la juridiction du jugement. En effet, les règles qui déterminent la compétence du juge d'instruction chargé d'instruire, déterminent également celle du procureur de la République chargé de requérir dans la même affaire. Elles déterminent par contre-coup celle du tribunal correctionnel et de la cour d'assises.

483. — I. COMPÉTENCE « RATIONE MATERIÆ ». — La compétence *ratione materiæ* du procureur de la République est générale; elle s'étend, sauf une restriction qui sera faite tout à l'heure, à tous les faits que la loi a qualifiés crimes ou délits, quelle qu'en soit la nature, quelles qu'en soient les circonstances. Ce principe est formellement établi : 1° par l'art. 22 c. instr. crim., portant que « les procureurs de la République sont chargés de la recherche et de la poursuite de tous les délits dont la connaissance appartient aux tribunaux de police correctionnelle ou aux cours d'assises »; — 2° par l'art. 47, qui est ainsi conçu : « Le procureur de la République instruit, soit par une dénonciation, soit par toute autre voie, qu'il a été commis dans son arrondissement un crime ou un délit, sera tenu de requérir le juge d'instruction d'ordonner qu'il en soit informé »; — 3° par les art. 29 et 30 qui commandent à tous les officiers publics et aux simples particuliers de donner avis des « crimes et des délits » au procureur de la République. Ainsi, comme le dit très bien Faustin Hélie, t. 4, n° 1658, « en principe général, la compétence du procureur de la République... n'a point de limites en ce qui concerne la poursuite et la recherche des crimes et des délits ; elle s'étend indistinctement à toutes les infractions auxquelles la loi a assigné cette double qualification ». Il n'en est pas de même des contraventions. L'art. 22 c. instr. crim. n'en parle point; ni la recherche, ni la poursuite des contraventions ne sont confiées au procureur de la République.

484. Cette compétence du procureur de la République pour rechercher et poursuivre les crimes et les délits commis dans son arrondissement existe-t-elle encore lorsque les délits et les crimes, à raison de leur nature spéciale, appartiennent à des juges exceptionnels? En d'autres termes, le procureur de la République a-t-il un droit de poursuite et de recherche à l'égard des crimes et délits dont la connaissance appartient à des tribunaux *autres* que « les tribunaux de police correctionnelle et les cours d'assises. » La question a déjà été posée au *Rép.*, n° 310. On l'a résolue en ce sens que le procureur de la République a compétence générale pour *commencer* la recherche et la poursuite de tous les crimes et délits, dès que ceux-ci ont été commis sur son territoire, ou que le prévenu y réside ou qu'il y a été saisi, quelle que soit la juridiction qui doive, à raison de la nature du fait ou de la qualité de l'agent, être chargée en définitive de procéder au jugement, sauf, bien entendu, pour le ministère public, l'obligation, si l'affaire appartient à une juridiction exceptionnelle, de requérir le renvoi des pièces de l'information à cette juridiction. Il importe, en effet, à l'ordre public, suivant la remarque de Mangin « que, partout où un crime ou un délit a été commis, il se trouve des magistrats compétents pour en rassembler les preuves, en découvrir l'auteur et le livrer à l'autorité que la loi a instituée pour le juger. » (*Instruction écrite*, t. 1, n° 41, p. 75). La discussion qui s'est élevée au

conseil d'État, dans la séance du 18 juin 1808, sur l'art. 29 c. instr. crim., ne laisse, d'ailleurs, pas de doute sur la volonté du législateur à cet égard (Faustin Hélie, t. 4, n° 1659). Mangin, après avoir résumé cette discussion, conclut en ces termes : « L'intention du rédacteur du code d'instruction a donc été de placer dans le juge d'instruction et dans le procureur du roi un principe de compétence qui s'étendît à tous les crimes et délits, quels qu'en fussent les auteurs, quelle qu'en fût la nature. Ces magistrats peuvent bien, quand il s'agit de certains faits ou de certaines personnes, n'être point autorisés à continuer les poursuites, à achever l'instruction, à décerner des mandats; ils peuvent bien être obligés, à une certaine époque de la procédure, de s'en dessaisir, de l'abandonner à d'autres mains; mais c'est aux leurs que la loi l'a confiée d'abord, et elle n'en sort que quand l'exception est constatée et vérifiée. En un mot, cette exception les rend incompétents pour faire certains actes; mais elle n'empêche pas qu'ils soient compétents pour entamer les poursuites et commencer l'instruction ».

485. Toutefois, nous estimons, avec Faustin Hélie, t. 4, n° 1659, que ce droit du procureur de la République de *commencer* la recherche et la poursuite de tous les crimes et délits doit, quelque général qu'il soit, rencontrer une limite. Si le juge ordinaire était frappé d'une incompétence absolue, s'il s'agissait d'une matière dont il ne pourrait connaître sans intervertir l'ordre des juridictions, par exemple, d'un délit purement militaire ou d'un de ces délits improprement qualifiés de contraventions de grande voirie, déférés aux conseils de préfecture, le procureur de la République devrait entièrement s'abstenir.

486. — II. COMPÉTENCE « RATIONE PERSONÆ ». — En principe général, la compétence du procureur de la République pour la poursuite des délits et des crimes s'étend à toutes personnes, quelles que soient leur position et leur qualité. La loi, en effet, établit cette compétence sur les délits et les crimes, quels qu'en soient les auteurs; elle la fait donc dépendre de la seule nature du fait » (Faustin Hélie, t. 4, n° 1660. Conf. Mangin, *Traité de l'instruction civile*, t. 1, n° 41).

Néanmoins, ce principe admet plusieurs restrictions. Notre législation a, en effet, déterminé plusieurs classes de personnes qui, à raison des fonctions qu'elles remplissent, sont placées en dehors du droit commun, et à l'égard desquelles la poursuite revêt des formes spéciales. Ces personnes sont : 1° les membres des pouvoirs politiques; 2° les membres de l'ordre judiciaire; 3° les militaires des armées de terre et de mer.

487. — 1° *Membres des pouvoirs politiques*. — A l'égard des membres des pouvoirs politiques, nous rappellerons : 1° que le président de la République ne peut être mis en accusation que par la Chambre des députés (L. constit. 16 juill. 1875, art. 12, D. P. 75. 4. 117); — 2° Que les ministres peuvent être mis en accusation devant le Sénat par cette même Chambre, pour crimes commis dans l'exercice de leurs fonctions (*ibid.*); — 3° Qu'aucun membre de l'une ou de l'autre Chambre (Sénat et Chambre des députés) ne peut, pendant la durée de la session, être poursuivi ou arrêté, en matière criminelle ou correctionnelle, qu'avec l'autorisation de la Chambre dont il fait partie, sauf le cas de flagrant délit (L. 16 juill. 1875, art. 14). Dans les trois hypothèses qui précèdent, la garantie politique arrête ou suspend l'action du procureur de la République.

488. Dans le premier cas, c'est-à-dire lorsqu'il s'agit d'accuser le président de la République, l'action du ministère public est incontestablement arrêtée d'une façon absolue. Dans le second cas, c'est-à-dire lorsqu'il s'agit de crimes commis par les ministres dans l'exercice de leurs fonctions, c'est une question de savoir si l'action de la Chambre des députés devant le Sénat est exclusive de l'action ordinaire du ministère public devant les juridictions pénales ordinaires. Il convient de préciser ici ce qui a été dit sur ce point, *supra*, v° *Compétence criminelle*, n° 379. « Pour soutenir, dit à cet égard M. Garraud, que les ministres sont soumis à une double action et à une double juridiction pour les crimes et délits qu'ils commettent dans l'exercice de leurs fonctions, on peut invoquer l'opposition de rédaction qui existe entre le paragraphe 1 et le paragraphe 2 de l'art. 12 de la loi du 16 juill. 1875 : le président de la République « *ne peut être* mis en accusation

que par la Chambre », ce qui exclut toute action du ministère public, tandis que les ministres « *peuvent être* mis en accusation par la Chambre », ce qui laisse subsister le droit commun » (*Traité du droit pénal français*, t. 3, n° 42). Nous sommes disposés à croire qu'en effet le texte de la loi constitutionnelle laisse subsister le droit commun à l'égard des ministres, et que, dès lors, ceux-ci pourraient être, le cas échéant, poursuivis par le procureur de la République, pour les crimes par eux commis dans l'exercice de leurs fonctions. Telle est également l'opinion de M. Batbie: « Pour les faits relatifs aux fonctions des ministres, dit cet auteur (*Traité de droit public et administratif*, t. 8, p. 391), la Chambre des députés peut, à son choix, laisser son libre cours à la justice ordinaire, ou porter l'accusation devant le Sénat ». Dans une discussion qui eut lieu sur le point à la Chambre des députés entre M. Ribot et M. Allain-Targé (*Journ. off.*, 17 nov. 1880, *Débats et documents parlementaires, Chambre*, p. 11162), M. Ribot a exprimé aussi l'opinion que l'action de la Chambre n'est pas exclusive de l'action du ministère public. M. Laferrière est d'un avis contraire. Sans d'ailleurs donner les motifs de sa décision, ce jurisconsulte a dit dans son *Traité de la juridiction administrative*: « Les actes ministériels que la loi constitutionnelle qualifie de crimes échappent à la compétence des tribunaux judiciaires. La poursuite en est exclusivement réservée à la Chambre des députés qui exerce l'action publique; le jugement n'appartient qu'au Sénat » (p. 600). De même M. Laborde estime que l'immunité de juridiction établie par l'art. 12 de la loi constitutionnelle a pour résultat de dépouiller le ministère public du droit d'exercer l'action publique contre les ministres (*Cours élémentaire de droit criminel*, n° 800). — Faut-il décider de même à l'égard des délits? M. Laferrière (*op. cit.*, p. 601) pense que les infractions de cette nature commises dans l'exercice de la fonction ministérielle échappent, comme les crimes, à la compétence des tribunaux ordinaires. Nous estimons que, pas plus en matière de crimes qu'en matière de crimes, la compétence de la juridiction parlementaire n'est exclusive de l'action devant la juridiction ordinaire (Garraud, *loc. cit.*; Batbie, *loc. cit.*). On pourrait même soutenir que l'art. 12 de la loi du 12 juill. 1875 ne parlant que des « crimes » commis par les ministres, et nullement des délits, il n'y a pas de raison pour attribuer jamais la connaissance de ces derniers à la juridiction parlementaire: mais cette expression « crimes » ne paraît pas avoir, dans l'article précité, le sens technique et restreint que lui donne l'art. 1 c. pén., et il est généralement admis que le crime ministériel prévu par l'art. 12 de la loi constitutionnelle doit s'entendre « non pas uniquement des infractions que le code pénal a classées parmi les crimes, mais des actes coupables de toute nature, préjudiciables à la chose publique, auxquels peuvent s'appliquer les dénominations générales de trahison, concussion, prévarication, malversation » (Laferrière, p. 602. Conf. Garraud, *loc. cit.*, p. 40, note 1). Aussi estimons-nous que la Chambre pourrait accuser un ministre devant le Sénat pour une infraction de cette dernière catégorie. Mais si nous reconnaissons ce droit d'accusation à la Chambre à l'égard de toutes les infractions qui peuvent être rangées parmi les crimes ministériels, nous croyons que le droit de la Chambre n'exclut jamais celui du procureur de la République, et dès lors, que ce magistrat peut poursuivre le ministre devant les tribunaux ordinaires pour tous les crimes et délits commis dans l'exercice de sa fonction. — En ce qui concerne les crimes et délits ordinaires, que les ministres peuvent commettre hors de l'exercice de leurs fonctions, la poursuite de ces infractions n'appartient pas à la Chambre des députés en vertu des lois constitutionnelles: elle doit être exercée par le ministère public et jugée conformément au droit commun.

489. A l'égard du troisième cas (crime ou délit commis par un sénateur ou un député pendant la session) il y a lieu de remarquer: 1° que l'autorisation de la Chambre est, en pareil cas, la base nécessaire et légale de toute poursuite, et que, dès lors, tout acte de poursuite, par exemple une citation devant la justice répressive, fait sans cette autorisation, est frappé de nullité (Crim. rej. 5 août 1882, aff. Drouhet, D. P. 83. 1. 45); — 2° Que le refus d'autorisation n'aurait d'autre effet que de suspendre l'action pen-

dant la durée de la session; celle-ci close, le député ou sénateur peut être poursuivi sans autorisation préalable. De même, avant l'ouverture de la session, le député ou sénateur peut être poursuivi sans autorisation; toutefois, aux termes de l'art. 14 précité *in fine* de la loi du 16 juill. 1875, « la détention ou la poursuite d'un membre de l'une ou de l'autre Chambre est suspendue pendant la session et pour toute sa durée, si la Chambre le requiert »; 3° Que le droit du procureur de la République reparaît tout entier s'il y a flagrant délit (art. 14 de la loi précitée). « L'inculpé saisi en flagrant délit, dit Faustin Hélie, t. 4, n° 1660, n'a point de qualité qui puisse le couvrir; il appartient à la justice. »

490. Indépendamment de la garantie politique, accordée aux mandataires de la nation, il existait autrefois une garantie administrative, établie par l'art. 75 de la constitution de l'an 8, en faveur des fonctionnaires publics. On sait que cet article ne permettait de poursuivre les agents du Gouvernement, autres que les ministres, à raison des faits relatifs à leurs fonctions, qu'en vertu d'une autorisation préalable du conseil d'Etat. L'art. 1 du décret du 19 sept. 1870 (D. P. 70. 4. 91) a abrogé l'art. 75 précité, et la garantie qu'il consacrait; d'où il résulte que l'action publique contre les agents du Gouvernement, redevenue indépendante, n'est plus soumise à aucune autorisation préalable et peut être librement intentée par le procureur de la République. — Pour tout ce qui concerne la poursuite des fonctionnaires publics, V. *supra*, v° *Mise en jugement des fonctionnaires publics*; *Rép.* eod. v°, Comp. *supra*, n° 326.

491. — 2° *Membres de l'ordre judiciaire.* — Aux termes des art. 479 et 483 c. instr. crim., la cour d'appel est seule compétente pour connaître des délits commis par les membres de l'ordre judiciaire, et c'est au procureur général seulement qu'il appartient, dans ce cas, de saisir cette cour, par une citation directe. Il suit de là que le procureur de la République est sans qualité pour exercer les poursuites, pour délits, contre les personnes énumérées aux articles précités. Ce magistrat est également sans compétence pour poursuivre en police correctionnelle les personnes dénommées par l'art. 10 de la loi du 20 avr. 1810, puisque ce droit est réservé au procureur général. V. *supra*, v° *Mise en jugement des fonctionnaires publics*, n°s 29 et 59.

492. Il en est de même si le fait imputé au magistrat a les caractères d'un crime, en ce sens qu'aux termes des art. 480 et 484 c. instr. crim. les fonctions ordinairement dévolues au juge d'instruction et au procureur de la République sont remplies, en cette hypothèse, et suivant certaines distinctions formulées dans lesdits articles, par le premier président et le procureur général, ou par les autres officiers qu'ils auront respectivement et spécialement désignés à cet effet. V. *supra*, v° *Mise en jugement des fonctionnaires publics*, n°s 32 et 58.

493. — 3° *Militaires des armées de terre et de mer.* — Aux termes des art. 55 c. just. mil. pour l'armée de terre du 9 juin 1857, et 76 c. just. mil. pour l'armée de mer du 4 juin 1858, tous individus appartenant à l'armée de terre et à l'armée de mer sont justiciables des conseils de guerre pour tous crimes et délits. Le procureur de la République est donc incompétent pour exercer des poursuites contre les militaires, à raison des crimes et délits qu'ils peuvent commettre, quelle que soit d'ailleurs la nature de ces crimes et délits. Il s'ensuit que le ministère public, saisi d'une plainte contre un militaire marin, doit se borner à recueillir les preuves du fait et à les transmettre, sans délai, au général commandant le corps d'armée ou au préfet maritime. Pour les règles spéciales à suivre en pareil cas, par le ministère public, V. Massabiau, t. 1, n°s 2127 à 2135. Les règles concernant la poursuite des militaires sont exposées au *Rép.* v°s *Organisation militaire* n°s 903 et suiv., et *Organisation maritime*, n°s 1016 et suiv. V. aussi *supra*, v° *Organisation militaire*, n°s 495 et suiv.

494. En terminant l'exposé de la compétence du procureur de la République *ratione personæ*, nous ferons cette observation générale que, même dans les situations exceptionnelles qui viennent d'être indiquées sous les n°s 487 et suiv., le procureur de la République n'est pas destitué de toute compétence à l'égard des faits criminels ou délictueux qui viendraient à lui être signalés à la charge soit des personnages protégés par la garantie politique, soit des fonc-

tionnaires de l'ordre judiciaire, soit des militaires. Le législateur, en effet, ainsi que nous l'avons rappelé *supra*, n° 484, en citant les paroles de Mangin, a placé dans le juge d'instruction et le procureur de la République, un principe de compétence qui s'étend à tous les crimes et délits, quels qu'en soient les auteurs, et en vertu duquel ces magistrats peuvent engager les poursuites et commencer l'instruction. L'incompétence *ratione personæ* n'empêcherait certainement pas le juge d'instruction faire ces premières constatations, et spécialement de constater le corps du délit (Faustin Hélie, n° 1660, *in fine*; Laborde, n° 962; Mangin, n° 41, p. 73). Dès lors, comment refuserait-on toute action au ministère public, puisque le juge d'instruction ne peut procéder sans un réquisitoire de celui-ci? Avec Mangin (*loc. cit.*, p. 74), nous croyons que « le droit de poursuivre, de requérir, de constater le délit, appartient au procureur du roi et au juge d'instruction, sauf à l'un et à l'autre à s'abstenir des actes que la loi leur a formellement interdits, tels que les mandats et l'interrogatoire, et à renvoyer la procédure à l'autorité compétente pour la continuer ».

495. — III. Compétence « ratione loci ». — On a exposé au *Rép.*, n°s 312 à 314, la triple compétence territoriale que les art. 23 et 24 c. instr. crim. reconnaissent au procureur de la République. Ajoutons que, depuis la loi du 27 juin 1866 (D. P. 66. 4. 75) sur la poursuite des délits commis à l'étranger, qui a modifié le texte de l'art. 5 c. instr. crim., les simples *délits* commis à l'étranger peuvent, sans aucun doute, être poursuivis en France à certaines conditions déterminées, de telle sorte qu'aujourd'hui l'art. 24 précité s'applique sans difficulté aux délits aussi bien qu'aux crimes. L'observation faite au *Rép.*, n° 314, se trouve, dès lors, sans objet.

Sect. 5. — Des officiers de police auxiliaires du procureur de la République (*Rép.* n°s 380 à 388).

496. Les officiers de police judiciaire, auxiliaires du procureur de la République, sont aujourd'hui les juges de paix, les officiers de gendarmerie, les maires et adjoints, les commissaires de police (c. instr. crim., art. 48 et 50). On ne doit plus comprendre dans cette nomenclature, bien qu'ils figurent dans le texte de l'art. 48, les commissaires *généraux* de police, ceux-ci ayant été supprimés sous la Restauration et n'ayant jamais été rétablis depuis (V. *Rép.*, v° *Commissaire de police*, n°s 61 et suiv.).

497. De même que celles du procureur de la République, les attributions des auxiliaires de ce magistrat sont, relativement à la police judiciaire, très différentes, suivant que le délit est flagrant ou non flagrant. Dans le cas de flagrant délit, ou dans le cas de réquisition de la part d'un chef de maison, les officiers auxiliaires dressent les procès-verbaux, reçoivent les déclarations des témoins, font les visites et les autres actes qui sont, auxdits cas, de la compétence du procureur de la République; en un mot, ils exercent les attributions exceptionnelles d'instruction qui ont été confiées, dans ces cas, aux procureurs de la République (c. instr. crim., art. 49 et 50. — V. pour ces attributions, *supra*, n°s 463 et suiv.).

498. Hors les cas de flagrant délit, les attributions des officiers auxiliaires sont limitées aux suivantes : 1° ils reçoivent les dénonciations des crimes ou délits commis dans les lieux où ils exercent leurs fonctions habituelles (c. instr. crim. art. 48 et 50); — 2° Ils transmettent sans délai ces dénonciations au procureur de la République (art. 54); — 3° Ils lui donnent, en outre, avis de tous les crimes et délits dont ils acquièrent la connaissance dans l'exercice de leurs fonctions, et ils lui transmettent tous les renseignements, procès-verbaux et actes qui y sont relatifs (art. 29). « Ces officiers, lorsqu'il n'y a pas de flagrant délit, ne font donc aucun acte d'instruction, à moins qu'il n'en aient reçu une délégation spéciale de la loi ou du juge; ils ne font aucun acte de poursuite. Ils sont placés comme des sentinelles avancées de la justice, avec l'unique mission de recueillir les rumeurs, les informations, les plaintes qui signalent des délits ou des crimes, et de les lui faire passer immédiatement » (Faustin Hélie, t. 3, n° 1163).

499. Deux questions fort graves ont été soulevées relativement aux pouvoirs des officiers de police judiciaire auxiliaires du procureur de la République. La première est celle de savoir si les attributions exceptionnelles de ces officiers sont limitées au cas de *crime* flagrant et ne peuvent être exercées au cas de simple délit correctionnel flagrant. La seconde est de savoir si, au cas où l'infraction n'est pas flagrante, les auxiliaires du parquet peuvent exercer, quand les circonstances semblent l'exiger, quelques-unes des attributions qui leur appartiennent, d'après la loi, au cas où le délit est flagrant. Ces deux questions nous semblent liées l'une à l'autre.

Dans la rigueur du droit, il est certain pour nous que les attributions exceptionnelles des officiers auxiliaires sont limitées, comme celles du procureur de la République lui-même, au cas de *crime* flagrant. On n'en saurait douter en présence de ces expressions de l'art. 32, qui est le siège de la matière, puisqu'il énonce l'obligation du ministère public de se transporter sur les lieux, — obligation dont les articles suivants (33 à 39) ne sont que le développement : — « Dans tous les cas de flagrant délit, *lorsque le fait sera de nature à entraîner une peine afflictive ou infamante*, le procureur du roi se transporte... ». Est-il possible de faire abstraction d'une condition si clairement exprimée, et d'autoriser, sans faire violence au texte, le procureur de la République (et par suite ses auxiliaires) à se transporter... lorsque le fait sera de nature à entraîner une *peine correctionnelle*? Nous ne le croyons pas, et nous estimons que, rigoureusement, les auxiliaires du procureur de la République n'ont aucun pouvoir de constater les simples délits flagrants. Assurément l'exigence de la loi peut être fort regrettable; elle est, on doit en convenir, tout au moins fort gênante dans la pratique, et l'on conçoit que notre législation ait songé à la faire disparaître (V. les art. 175 et suiv. du projet de loi sur l'instruction criminelle, qui assimilent complètement le *crime* et le *délit* flagrants). Mais, tant que l'art. 32 ne sera pas abrogé, il reste, suivant nous, impossible de méconnaître que le pouvoir exceptionnel d'instruire n'a été conféré au parquet et à ses auxiliaires que pour le seul cas de *crime* (Conf. Faustin Hélie, t. 3, n° 1499; Duverger, t. 1, n° 116, p. 194; Mangin, t. 2, n° 241; Ortolan, t. 2, n° 2245; Laborde, n° 1077; Paris, *Des rapports du juge d'instruction et du ministère public*, p. 182). La pratique cependant, nous ne l'ignorons pas, suit un usage contraire. « Il arrive tous les jours, écrivait Mangin avant 1834, que les commissaires de police, les maires, les juges de paix, constatent par des procès-verbaux des faits qui n'ont pas le caractère de crime... » Une circulaire du ministère de l'intérieur en date du 21 juill. 1858 (D. P. 58. 3. 76) a prescrit aux commissaires de police de dresser des procès-verbaux en cas de crime et de délit flagrants; et aujourd'hui, il est admis, dans la jurisprudence des parquets, que les juges de paix et les commissaires de police (sinon tous les officiers auxiliaires du procureur de la République) peuvent faire des perquisitions et des arrestations en cas de délit flagrant. Mais l'usage et les circulaires ne sauraient l'emporter sur les prescriptions de la loi. — Suivant certains auteurs, la loi du 20 mai 1863 (D. P. 63. 4. 69), sur l'instruction des flagrants délits correctionnels, aurait résolu la difficulté. On sait que cette loi, modifiant à la fois les art. 106 et 40 c. instr. crim., a consacré le droit d'arrestation en cas de *délit* flagrant, et a donné le droit au procureur de la République de retenir l'inculpé sous mandat de dépôt (art. 1). M. Garraud (n° 470) en a conclu que la loi précitée a étendu les attributions exceptionnelles du procureur de la République et de ses auxiliaires au cas de *délit* flagrant (V. dans le même sens : Trébutien, t. 2, n° 430, et Villey, n° 280). Mais cette conclusion nous semble inexacte, ou du moins trop générale: la loi de 1863 n'a, en effet, innové que sous le rapport de l'arrestation; elle n'a rien statué par rapport aux actes d'instruction qui peuvent être accomplis à l'occasion des flagrants délits correctionnels (transport et constatations, auditions de témoins, perquisitions et saisies); elle laisse donc subsister, dans toute leur force, les prescriptions de l'art. 32 c. instr.; en ce qui autorisent le procureur de la République à instruire qu'en cas de crime proprement dit.

Toutefois, on doit reconnaître qu'il suffit, pour légitimer l'intervention de l'auxiliaire du procureur de la République, que ce magistrat ait cru, pour des motifs sérieux, se trouver

en présence d'un crime, et c'est avec raison que des arrêts ont décidé que le procureur de la République et ses auxiliaires étaient autorisés à agir comme s'il y avait *crime* flagrant quand les circonstances de fait sont telles qu'il y a doute sur le caractère de la peine applicable (Riom, 11 mai 1833, aff. Védrine, D. P. 55. 2. 348 ; Limoges, 10 févr. 1888, aff. Milési, D. P. 89. 2. 244).

500. Si maintenant l'on passe à la question, déjà signalée au *Rép.*, n° 981, de savoir si, dans le cas où le délit n'est pas flagrant, les auxiliaires du procureur de la République peuvent exercer, quand les circonstances semblent l'exiger, quelques-unes des attributions qui leur appartiennent au cas où le délit est flagrant, nous constaterons que la solution négative s'impose aussi dans la rigueur du droit. Faustin Hélie, t. 3, n° 1164, a très bien dit à cet égard : « Les textes de la loi ne semblent présenter aucun doute. Le principe qui domine toutes ces dispositions est l'extension exceptionnelle des pouvoirs des officiers de police, quand le délit est flagrant, et la restriction de ces pouvoirs quand le délit cesse d'être flagrant. Les gardes champêtres et forestiers ne peuvent saisir un prévenu que lorsqu'ils l'ont *surpris en flagrant délit;* hors de ce cas, ils ne peuvent faire que des rapports ou procès-verbaux. Les procureurs impériaux ne peuvent procéder à la constatation des crimes que dans les cas de flagrant délit ou de réquisition d'un chef de maison. Hors de ces deux cas, ils ne peuvent que requérir le juge d'instruction d'informer (c. instr. crim., art. 32, 46 et 47). Les officiers auxiliaires, qui ne font qu'exercer l'attribution extraordinaire du procureur impérial, ne l'exercent, comme ce magistrat, que dans le cas de flagrant délit ; hors de ce cas, ils ne peuvent que lui transmettre les dénonciations qui leur sont faites (même code, art. 49 et 54). Voilà le principe nettement formulé ». Donc, dirons-nous sans hésitation, ni les commissaires de police, ni les juges de paix, ni les maires, ni les officiers de gendarmerie n'ont qualité pour constater par des procès-verbaux des faits non flagrants. — A la vérité, cette règle n'est pas suivie dans la pratique ; il est reçu, au contraire, dans le monde judiciaire, que ces différents officiers constatent les faits non flagrants. Une instruction adressée en 1817 par M. Jacquinot-Pampelune, alors procureur du roi de la Seine, aux officiers auxiliaires de son ressort, porte ce qui suit : « Quoique la loi ne semble vous charger de dresser des procès-verbaux qu'en cas de crime et de flagrant délit, cependant l'usage, introduit par la nécessité, est que vous en dressiez aussi *hors le cas de flagrant délit.* Si vos procès-verbaux, dans ce cas, paraissent n'avoir pas la même force, ils servent au moins de renseignements ». Faustin Hélie (n° 1165) constate que cette circulaire, quoiqu'elle soit directement contraire à la loi, a entraîné les praticiens (Massabiau, t. 2, p. 232; de Molènes, *Des fonctions d'officier de police judiciaire,* p. 70). V. dans le même sens : Mangin, n° 237, déjà cité au *Rép.*, n° 381. V. aussi Circ. min. int. du 21 juill. 1858 (D. P. 58. 3. 76). — Hésitant à suivre les praticiens, M. Duverger a essayé du moins de borner la voie illégale où ils s'engageaient : « S'il y avait urgence, péril en la demeure, impossibilité d'obtenir à temps une délégation du juge d'instruction ou d'espérer l'arrivée prompte de ce magistrat, *soit qu'il s'agît d'un crime non flagrant,* soit d'un délit flagrant ou non, le juge de paix serait autorisé, selon nous, par son caractère d'officier de police judiciaire, à constater les faits, à entendre les personnes présentes sur les lieux, à interroger le prévenu, à saisir les instruments du crime ou du délit, ou à les mettre sous scellé. Toutefois, il devrait s'abstenir de visites domiciliaires, autant que possible, et ne jamais passer outre, s'il rencontrait de l'opposition ; il ne pourrait décerner de mandats d'aucune sorte... » (*Manuel,* p. 79). Mais ces distinctions sont évidemment contraires à la loi. De deux choses l'une : ou la code autorise les officiers auxiliaires à faire des actes d'instruction, et alors ils peuvent accomplir tous ces actes, aussi bien les perquisitions et les arrestations que les auditions de témoins ; ou il ne leur donne pas ce pouvoir et ils doivent, dans ce cas, complètement s'abstenir de l'exercer. Or, il est certain qu'il ne le leur donne point. — V. sur tout ce qui précède, Faustin Hélie, n°s 1164 à 1167.

501. A quel moment cessent les pouvoirs extraordinaires conférés aux officiers de police judiciaire auxiliaires

du procureur de la République ? Le bon sens et la loi (crim. instr. cr. art. 51 et 52) s'accordent à dire que cette extension anormale des pouvoirs conférés à ces fonctionnaires doit prendre fin aussitôt que possible. Or la nécessité ne s'en fait plus sentir dès que les officiers ordinairement compétents sont arrivés sur les lieux (V. *Rép.* n°s 382 et 383). Lorsque le procureur de la République se présente, ses auxiliaires perdent donc le pouvoir de faire des constatations ; ils ne peuvent continuer celles-ci qu'autant que le procureur de la République les y autorise et pour les actes qu'il leur indique (Mangin, n° 238 ; Faustin Hélie, t. 3, n° 1507). De même, si le juge d'instruction survient pendant les opérations de l'auxiliaire, celui-ci (*Rép.* n° 383) doit aussitôt s'abstenir (Mangin et Faustin Hélie, *loc. cit.;* Duverger, t. 1, n° 118) ; il ne lui reste pas même, comme au procureur de la République, le droit de réquisition, car il n'exerce pas l'action publique.

502. Le conflit de divers auxiliaires entre eux est à prévoir. Nous avons déjà dit, *Rép.* n° 383, que les officiers de police ont, respectivement, un droit égal, et que le premier qui procède devra continuer malgré l'intervention d'un de ses collègues (Outre les autorités citées *ibid.*, V. dans ce sens : Mangin, n° 238, et Sarraute, n° 193. Le juge de paix ne pourrait se prévaloir, pour avoir prévention dans ce cas, ni de ce que les officiers de police judiciaire lui doivent leur concours (Circ. min. int. 21 juill. 1858, D. P. 58. 3. 76), ni de ce qu'il est le premier nommé par la loi (art. 48). Ses attributions sont les mêmes que celles des autres auxiliaires.

503. On a exposé au *Rép.* n° 386, les règles concernant l'inhumation des cadavres portant trace de mort violente. Ajoutons que la circulaire du 21 juill. 1858 (D. P. 58. 3. 76) a prescrit aux commissaires de police de ne pourvoir eux-mêmes, en cas d'urgence, à l'inhumation de ces cadavres, qu'après les constatations extérieures, et en prenant les précautions commandées par l'éventualité d'une exhumation ordonnée dans un intérêt judiciaire.

504. Signalons enfin une disposition relative aux frais de justice criminelle. L'art. 88 du décret du 18 juin 1811 alloue une indemnité aux « juges et officiers du ministère public » qui se transportent à plus de cinq kilomètres de leur résidence, dans les cas prévus par les art. 32, 36, 43, 46, 47, 49, 50, 51, 52, 59, 60, 62, 83, 84, 87, 88, 90, 464, 488, 497, 511 et 616 du code d'instruction criminelle ». Il n'est pas douteux que cette indemnité ne soit due aux juges de paix qui se transportent en cas de flagrant délit ou en vertu d'une commission rogatoire du juge d'instruction. Mais elle ne s'applique pas aux transports nécessités par les besoins d'une information officieuse, transports pour lesquels les juges de paix sont souvent délégués par le procureur de la République. Cette distinction a été nettement formulée dans la circulaire du ministre de la justice du 23 févr. 1887 (V. *suprà,* v° *Frais et dépens,* n° 679).

SECT. 6. — DU JUGE D'INSTRUCTION (*Rép.* n°s 389 à 423).

505. — *Législation, doctrine, droit comparé.* — Depuis la publication du *Répertoire,* plusieurs des articles du code d'instruction criminelle relatifs à l'institution du juge instructeur et aux fonctions de ce magistrat (art. 55, 56 et 61) ont été modifiés par la loi du 17 juill. 1856 (D. P. 56. 4. 123). On trouvera ci-après l'explication de ces articles. De plus, par l'effet de la loi précitée, qui a supprimé la chambre du conseil, les pouvoirs du juge d'instruction se sont trouvés considérablement accrus, en ce sens que c'est ce magistrat seul (et non plus la chambre du conseil) qui statue sur le règlement de la compétence (V. c. instr. crim. art. 127 et suiv.). On traitera *infrà,* chap. 4, de cet important accroissement d'attributions. Ici, de même qu'au *Répertoire,* on s'occupera seulement de l'organisation du juge d'instruction et des règles générales des attributions de ce magistrat.

506. A ce point de vue, les plus importants ouvrages de doctrine sont les suivants : Faustin Hélie, *Traité de l'instruction criminelle,* t. 3, n° 1155 à 1157; et t. 4, chap. 3 et 4, n°s 1564 à 1656; *Pratique criminelle,* t. 1, n°s 120 à 148; Duverger, *Manuel des juges d'instruction,* t. 1; Mangin, *Traité de l'instruction écrite,* t. 1, chap. 1, 2 et 6; Boitard, *Leçons de droit criminel,* 13° éd. revue par Villey, 27° leçon; P. Sarraute, *Manuel théorique et pratique du juge d'instruction,* tit. 1, 2 et 3;

Garraud, *Précis de droit criminel*, 2e part., liv. 2, tit. 2 et 3 ; Laborde, *Cours élémentaire de droit criminel*, 2e part., liv. 2, tit. 1 et 2 ; J. Pâris, *Des rapports du juge d'instruction et du ministère public*, thèse, 1891.

507. A l'exception de l'Angleterre, toutes les nations européennes ont adopté l'institution du juge d'instruction, c'est-à-dire d'un magistrat spécial, auquel est confiée l'instruction préparatoire. En Belgique, en Allemagne, en Autriche, en Portugal, en Italie, le juge d'instruction est, comme en France, un membre du tribunal de première instance, chargé temporairement de la fonction d'instruire en matière répressive, qui procède à lui seul, et qui, investi de pleins pouvoirs pour appliquer tous les moyens licites à la découverte de la vérité, assume la direction tout entière de la procédure. — En Allemagne, le juge d'instruction relève de la loi seule, comme les autres juges. La loi ne lui confie ses fonctions que pour une année (code d'organisation judiciaire, art. 60), mais elle lui reconnaît une grande autorité. C'est lui, dit l'art. 182 c. proc. pén., qui ouvre et *dirige* l'instruction préalable. — Le code autrichien de 1873, le code belge qui reproduit le nôtre (sauf certaines modifications), le code d'Italie de 1865, tempèrent l'autorité du juge par la surveillance et la direction de la *chambre du conseil*. Ce dernier code (art. 57) place même le juge d'instruction sous la direction et dépendance du *procureur du roi* et du procureur général, de telle sorte qu'en Italie, le magistrat instructeur est un simple *auxiliaire* du procureur du roi et dont lui être soumis. A notre avis, c'est trop déjà qu'il soit, en France, placé sous la surveillance « du procureur général, quant aux fonctions de police judiciaire » (c. instr. crim. art. 57). Suivant nous, le juge d'instruction devrait être absolument indépendant et inamovible, comme en Allemagne. (Sur les différents points, V. H. Marcy, *L'accusé devant la loi pénale de France*, p. 32 à 39). — En Angleterre, seul le *coroner* peut, jusqu'à un certain point, être comparé à un juge d'instruction français ou allemand. Ce magistrat spécial est chargé de présider aux enquêtes dans tous les cas de mort subite, par violence, accident ou autrement. Son rôle est actif et personnel. Au contraire, les juges de paix et juges de police anglais, quand ils procèdent aux informations criminelles, ne font guère qu'assister aux débats, qui sont conduits devant eux par l'accusateur. Ils n'agissent que comme juges, se renferment dans leurs attributions judiciaires, et ne procèdent pas personnellement aux actes d'instruction, tels que les perquisitions et visites domiciliaires. Ces actes sont accomplis, le plus souvent, par la police, en vertu de ses pouvoirs propres, qui sont fort étendus. — Sur le rôle des magistrats anglais dans la procédure criminelle, V. Mittermaier, *Traité de la procédure criminelle en Angleterre, en Ecosse et dans l'Amérique du Nord*, p. 89, 90, 107 et suiv. ; Glasson, *Histoire du droit et des institutions de l'Angleterre*, t. 6, p. 752 et suiv.

Art. 1er. — *Institution du juge instructeur.* — *Organisation.* — *Surveillance.* — *Récusation.* — *Responsabilité.* — *Compétence* (Rép., nos 395 à 423.

508. — I. Organisation. — Le juge d'instruction est un juge titulaire ou un juge suppléant du tribunal de première instance, désigné par décret pour faire l'instruction pendant trois ans. C'est seulement depuis un décret du 1er mars 1852 (D. P. 52. 4. 63) dont la disposition a été confirmée à cet égard par la loi précitée du 17 juill. 1856, que les fonctions de juge d'instruction peuvent être conférées aux juges suppléants des tribunaux de première instance ; le code d'instruction criminelle ne permettait la délégation de ces fonctions qu'aux seuls juges titulaires : en quoi, suivant nous, il avait raison, car, comme M. A. Guillot l'a fait justement remarquer (*op. cit.* p. 31), l'indépendance est pour eux plus facile que pour les suppléants, qui, jeunes encore, au début de leur carrière judiciaire, ne sauraient, suivant l'exposé des motifs du projet de la loi en préparation sur la réforme de l'instruction criminelle, « avoir toute leur liberté d'action vis-à-vis du ministère public » (p. 23 de l'Exposé des motifs). — V. dans le sens de cette opinion : De Folleville, *Revue de législation*, 1873, p. 240 et suiv. ; J. Pâris, p. 96. Tel a été aussi le sentiment de la commission de la Chambre des

députés chargée d'examiner ce projet (art. 40). V. *contrà*, art. 41 du projet du Sénat. Quoi qu'il en soit, quant à présent, l'art. 55 du code (texte de la loi du 17 juill. 1856) décide que les juges d'instruction « peuvent aussi être pris parmi les juges suppléants ». — Aux termes du second paragraphe de l'art. 55 précité (texte de 1856) « dans les tribunaux où le service l'exigera, un juge suppléant pourra, par décret du président de la République, être temporairement chargé de l'instruction, concurremment avec le juge d'instruction titulaire ». Il a été fait, depuis la publication du *Répertoire*, plusieurs fois usage de cette faculté, dans les arrondissements chargés d'affaires criminelles. On pourrait même citer plusieurs de ces derniers où la désignation temporaire d'un juge suppléant, faite il y a plus de vingt ans, n'a pas été rapportée, et cela par motif d'économie, les juges d'instruction suppléants touchant non pas un traitement, mais une faible indemnité. Il est à remarquer que, dans l'hypothèse qui précède, le juge suppléant chargé de l'instruction n'est aucunement le subordonné, le substitut, du juge d'instruction titulaire (Circ. min. 23 juill. 1856 ; Dutruc, *Mémorial du ministère public*, vo *Juge d'instruction*, no 3). Investis des mêmes fonctions et au même titre, ces deux magistrats exercent celles-ci dans une complète indépendance l'un de l'autre ; ils peuvent recevoir tous deux également les réquisitions directes du ministère public, qui jouit à son égard de la plus complète liberté, et ne doit être guidé dans son choix que par l'intérêt d'une bonne et prompte justice (Massabiau, no 2388 ; Sarraute, no 33).

509. Le juge d'instruction est nommé pour trois ans par décret du président de la République. Cette disposition a été maintenue par le projet de réforme du code d'instruction criminelle, qui a reçu, sur ce point, l'approbation commune du Sénat et de la Chambre. A cet égard, M. Guillot, *loc. cit.*, a fait remarquer que le décret de nomination n'est en réalité que la confirmation des désignations faites par les chefs du parquet, « les présidents des cours et des tribunaux ayant pris l'habitude d'abandonner presque complètement cette partie de l'administration intérieure afin de réserver autant que possible leur influence sur le personnel de l'audience » (p. 30), de telle sorte que « l'on peut affirmer qu'en fait la nomination du juge se fait par le parquet » (*eod. loc.*). Cet auteur propose de substituer à la nomination par le pouvoir exécutif le principe du roulement applicable aux chambres civiles, avec cette seule différence qu'à l'expiration de son mandat, le juge pourrait, avec son assentiment, être maintenu pour une nouvelle période, également renouvelable, par une décision de la chambre d'accusation, mieux placée que toute autre pour apprécier sa capacité. — La proposition de M. Guillot mérite, croyons-nous, d'être sérieusement examinée. M. Faustin Hélie, sans être aussi explicite, a depuis longtemps exprimé le vœu que la délégation émanât du pouvoir judiciaire lui-même (sans doute de la cour d'appel), et non du pouvoir exécutif. (V. t. 4, no 1574 *in fine*). M. Eyssautier propose d'organiser cette délégation en la confiant, soit au premier président du tribunal civil, soit au premier président de la cour d'appel, soit au ministre de la justice sur la présentation du premier président (*Projet de loi sur l'instruction criminelle*. Extrait de la *Revue pratique*, p. 50).

510. En ce qui concerne le terme de *trois ans* fixé par l'art. 55 du code pour la durée des fonctions de l'instruction, nous persistons à penser, par les motifs développés au *Rép.*, no 397, que ce délai ne peut être abrégé arbitrairement par le Gouvernement. (Conf. Faustin Hélie, t. 4, no 1575 ; J. Pâris, p. 99). Il faut reconnaître, toutefois, que la majorité des auteurs est d'un avis contraire (Mangin, t. 1, no 4 ; Duverger, t. 1, *Introduction*, § 17 ; Massabiau, t. 2, no 1598), et que, « dans l'usage, comme le dit ce dernier auteur, les fonctions de l'instruction peuvent être conférées (et sont en effet conférées) par le chef de l'Etat, soit à un autre juge du même siège, soit à tout autre magistrat, quand et comme il lui plaît ». C'est là assurément un état de choses regrettable ; nous voudrions, pour notre part, l'inamovibilité des fonctions de l'instruction pendant les trois ans. Peut-on nier que cette faculté de révocation, suspendue sur la tête du juge, puisse être, dans certains cas, une atteinte à son indépendance ? (V. encore sur cette question : A. Guillot, p. 31.)

511. L'art. 58 c. instr. crim. aux termes duquel « dans les villes où il n'y a qu'un juge d'instruction, s'il est absent, malade ou autrement empêché, le tribunal de première instance désignera l'un des juges de ce tribunal pour le remplacer » n'a pas été modifié depuis la publication du *Répertoire*. Aussi n'aurons-nous que peu de chose à ajouter à ce qui a été dit aux nᵒˢ 309 à 403.

D'abord, il n'y a point de doute que la désignation du tribunal puisse porter sur un suppléant, puisque les suppléants sont des « juges » et que, d'autre part, comme il a été dit *suprâ*, nᵒ 508, non seulement le décret du 1ᵉʳ mars 1852, mais l'art. 56 du code (texte revisé par la loi du 17 juill. 1856) déclarent formellement et consacrent l'aptitude des juges suppléants à remplir les fonctions de l'instruction. (Conf. Faustin Hélie, t. 4, nᵒ 1577; Duverger, § 23; Massabiau, nᵒ 1602; Sarraute, nᵒ 29). — En second lieu, le juge ainsi appelé aux fonctions de l'instruction en remplacement du titulaire n'a qu'une mission essentiellement temporaire et subordonnée à la durée de l'empêchement. En conséquence, il devra se retirer dès que le titulaire est de retour ou rétabli, et il ne pourrait, notamment, continuer les instructions commencées et partager, en quoi que ce soit, la responsabilité du titulaire. Il devra se dessaisir *hic et nunc* en faveur de ce dernier et lui remettre tout le service (Sarraute, nᵒ 34). — Enfin les mots « autrement empêché », de l'art. 58, ont fait naître la question de savoir si, deux crimes se commettant le même jour dans des lieux différents, le juge d'instruction titulaire qui se transporte sur les lieux à l'occasion de l'un de ces crimes peut être remplacé pour l'autre, suivant l'art. 58. L'affirmative nous paraît devoir être admise. L'expression « autrement empêché » est, en effet, générale, et, d'ailleurs, lorsque le titulaire se transporte sur un lieu, ne devient-il pas absent pour les autres parties de son arrondissement? (Conf. Dutruc, *Mémorial*, vᵒ *Juge d'instruction*, nᵒ 1; Berriat-Saint-Prix, *Étude pratique sur l'instruction criminelle préjudicielle*, *Journal du droit criminel*, 1859, p. 19 et 20; Sarraute, nᵒ 37. C'est, d'ailleurs, ce qui a été jugé par la cour de cassation (Crim. cass. 22 avr. 1875, D. P. 76, 1. 44).

512. Dans un certain nombre de tribunaux, il existe plusieurs juges d'instruction. Il y en a vingt-deux à Paris; trois à Lyon, Marseille et Bordeaux; deux à Lille, Rouen, Saint-Étienne, Toulouse, Versailles et Alger; partout ailleurs, un seul. Lorsqu'il existe plusieurs juges d'instruction dans un arrondissement, la doctrine est unanime à reconnaître à ces divers magistrats la faculté de se suppléer en cas d'empêchement (Faustin Hélie, t. 4, nᵒ 1577 et 1577; Mangin, t. 1, nᵒ 5; Carnot, t. 1, p. 286, art. 58; Duverger, t. 1, introduction, § 22). Mais elle n'est point fixée sur le point de savoir s'il y aurait lieu à l'application de l'art. 58 c. instr. crim., dans le cas où les besoins du service rendraient le remplacement nécessaire. Duverger, *loc. cit.*, et Carnot, t. 1, p. 286, pensent que l'art. 58 est purement énonciatif, et qu'il y a lieu de l'appliquer quel que soit le nombre des juges d'instruction, et qu'il y a lieu de l'appliquer quel que soit le nombre des juges d'instruction, dès que les besoins du service commandent le remplacement. Pour M. Faustin Hélie, il est « douteux que tel soit le sens de l'article, qui ne prévoit qu'un seul cas, celui de l'empêchement du juge dans la ville où il est seul, parce que là seulement il y a urgence; dans les autres villes, le service n'est pas immédiatement interrompu, et dès lors le Gouvernement peut apprécier les besoins du service et les moyens d'y pourvoir » (nᵒ 1576). Cette opinion nous semble difficile à justifier: faudrait-il donc, le cas échéant, laisser le service en souffrance pendant le temps nécessaire pour obtenir un décret, ce qui exigera forcément un délai plus ou moins long, alors qu'il est facile et rationnel de recourir à l'autorité du tribunal? Nous ne saurions l'admettre. (V. dans le même sens *Rép.*, nᵒ 399).

513. Une question plus délicate, en théorie, est celle de savoir à quelle autorité doit appartenir la distribution des dossiers entre les divers juges d'instruction, lorsque plusieurs de ces magistrats exercent leurs fonctions auprès du même tribunal? En fait, ce sont les officiers du ministère public qui font cette répartition. Cet usage, qui manque de base légale, n'a pas toujours existé. Un rapport sur les travaux de la présidence du tribunal de la Seine, cité par M. Guillot (p. 36), prouve qu'en 1839, à Paris, le président faisait la répartition lui-même; dans certains arrondissements, l'attri-

bution se faisait par semaine ou par mois; dans d'autres, enfin, les juges se partageaient les affaires selon les zones conventionnelles qui divisent leur arrondissement; mais, partout aujourd'hui, le ministère public saisit, parmi les juges d'instruction, celui qu'il lui convient de choisir. Quoi qu'il en soit, la cour de cassation a décidé (Crim. cass. 22 avr. 1875, cité *suprâ*, nᵒ 511) que, lorsqu'il y a deux juges d'instruction dans un arrondissement, la distribution des affaires appartient, non au tribunal, mais au ministère public, comme conséquence de son droit de réquisition directe. Cette doctrine nous paraît difficile à admettre, car la pluralité des juges d'instruction dans un arrondissement existe pour les besoins du service, et non pour donner au ministère public la faculté d'option. M. Jean Pâris (p. 98) a fort bien dit à ce sujet: « L'existence de cet usage, concurremment avec le droit pour le Gouvernement d'augmenter à son gré le nombre des juges d'instruction et de désigner des juges suppléants, est un premier danger pour la séparation des pouvoirs. C'est bien le cas de répéter avec M. Guillot (p. 34) les paroles de Denisart : « Il est défendu à ceux qui ont le pouvoir d'instituer et de destituer les juges d'user de ce pouvoir pour donner un certain juge à une certaine cause ».

514. Au reste, à quelque autorité qu'appartienne la distribution des dossiers entre les juges d'instruction, il est certain que la désignation de l'un de ces magistrats pour instruire une affaire ne constitue qu'une mesure d'ordre intérieur. Il n'y a pas, en réalité, pluralité de juges d'instruction auprès d'un même tribunal; l'instruction est confiée à plusieurs juges, et chacun d'eux possède une égale aptitude à instruire dans chaque affaire; ce n'est que par une mesure d'ordre intérieur et de service que les affaires sont réparties. Aussi a-t-il été décidé qu'en cas d'empêchement, la procédure peut être continuée par un juge autre que celui qui en avait accompli les premiers actes (Paris, 4 juill. 1888, aff. Pommier, D. P. 90. 2. 200).

515. — **II.** SURVEILLANCE. — Les art. 57 et 279 c. instr. crim. ont placé le juge d'instruction sous la surveillance du procureur général, quant aux fonctions de la police judiciaire. Par une innovation considérable, le projet voté par le Sénat le maintient sous cette surveillance, non plus seulement pour les fonctions de police judiciaire, mais pour les fonctions de l'instruction elle-même. « Les juges d'instruction, dit en effet l'art. 43 de ce projet, sont, *quant aux fonctions de l'instruction*, sous la surveillance du procureur général près la cour d'appel ». Ce ne serait donc plus l'officier de police judiciaire, mais le juge, que le procureur général aurait sous sa surveillance. La commission de la Chambre des députés s'est, à l'unanimité, prononcée pour la suppression de l'art. 43, « qui consacrerait le principe du juge dépendant de l'une des parties, et placé sous la main de la plus puissante, le procureur général » (Rapport de M. Bovier-Lapierre, député, p. 25).

516. En attendant la solution du conflit, quelle est, dans l'état actuel de la législation, l'étendue des pouvoirs que les art. 57 et 279 c. instr. crim. confèrent au procureur général sur le juge d'instruction lorsqu'ils placent le second sous la surveillance du premier quant aux fonctions de la police judiciaire? Cette grave question, discutée au *Rép.*, nᵒ 406, reste toujours fort débattue. Il nous paraît difficile de soutenir aujourd'hui, depuis la loi du 17 juill. 1856, l'opinion que nous avons autrefois exprimée, conformément à celle de Mangin, t. 1, nᵒ 24, à savoir que le procureur général a le droit, non pas seulement de provoquer l'exercice du ministère des juges d'instruction, de leur demander compte des affaires dont ils sont saisis, de surveiller et d'accélérer l'accomplissement de leurs devoirs, mais encore « de prescrire à ces magistrats les actes de police judiciaire ou d'instruction qu'il croit utiles à la manifestation de la vérité ». Prescrire des actes d'instruction, est-ce surveiller? N'est-ce pas plutôt donner des ordres, et le juge d'instruction a-t-il jamais été le subordonné du procureur général? Sous l'empire du code de 1808, alors que le magistrat instructeur, par les attributions qui lui étaient conférées, était un officier de police judiciaire plutôt qu'un juge, alors qu'il n'avait aucune juridiction sur l'action publique, qu'il ne lui appartenait, à aucun degré, de statuer sur le mérite de l'opportunité de l'information requise, M. Legraverend avait déjà dit : « Le procureur général peut, quand il y a lieu, donner aux

juges d'instruction des avertissements et des ordres ; ces ordres, toutefois, ne sauraient avoir pour objet que de provoquer l'action de leur ministère, et non de la diriger en tel ou tel sens, si ce n'est pour assurer l'accomplissement des formes prescrites par la loi, et prévenir les erreurs et les irrégularités : le procureur général peut même réprimander les juges d'instruction, quand ils ne remplissent pas leurs fonctions ; il peut aussi provoquer contre eux, en cas de négligence, les mesures de discipline prescrites et autorisées par la loi » (t. 1, p. 170). La loi du 17 juill. 1856 a rétabli le juge d'instruction dans l'intégrité de son caractère magistral. En l'investissant des attributions réservées jusque-là à la chambre du conseil elle lui a, suivant l'expression de M. Guillot, « donné ce qui constitue la véritable dignité de sa fonction, c'est-à-dire le droit de juger » (p. 45). C'est lui, en effet, qui, désormais, prononce sur la mise en prévention, et les recherches auxquelles il se livre ne sont que les actes préparatoires de ses ordonnances. Or est-il possible qu'un magistrat de cet ordre soit placé sous la surveillance du parquet autrement que pour ce qui regarde les questions de forme et de régularité, c'est-à-dire pour le côté extérieur en quelque sorte de ses fonctions? Nous ne le pensons pas, et nous conclurons en disant avec Faustin-Hélie (t. 4, n° 1603) : « Le procureur général peut demander compte au juge d'instruction de l'état des affaires dont il est saisi, s'enquérir des retards qu'elles éprouvent et lui donner des instructions pour les faire cesser. La négligence de ce juge à se conformer à ses prescriptions peut motiver l'application de l'art. 280 ; mais là s'arrête cette surveillance. Elle ne peut aller jusqu'à prescrire la marche à suivre dans cette affaire, à ordonner la délivrance de tels ou tels mandats, à blâmer les faits accomplis par le juge dans la sphère de son pouvoir... » (Conf. Duverger, t. 1, Introduction, § 33 ; Guillot, p. 46).

517. — III. Incompatibilité, récusation, abstention. — La question de l'incompatibilité des fonctions du juge instructeur avec les autres fonctions judiciaires a été traitée au Rép. v° Organisation judiciaire, n°s 690 et suiv. Le projet de loi sur l'instruction criminelle décide avec beaucoup de raison (art. 39 du Sénat, et 40 de la commission de la Chambre) que, « pour les affaires qu'il a instruites, le juge d'instruction ne peut concourir au jugement, ni siéger à la chambre du conseil ».

518. Le juge d'instruction est-il récusable? La question, posée au Rép., n° 405, a été examinée au Rép. v° Récusation, n° 19. Bornons-nous à dire ici que le juge d'instruction peut être récusé et que les règles de la procédure civile relatives à la récusation lui sont applicables, mais que, toutefois, le juge d'instruction exerçant une véritable juridiction, la récusation qui s'élève contre lui doit être considérée comme s'élevant contre un tribunal entier ; d'où il suit qu'une demande en récusation proposée contre un juge d'instruction constitue une véritable demande en renvoi pour cause de suspicion légitime, sur laquelle la cour de cassation a seule le droit de prononcer (c. instr. crim. art. 542). (V. les arrêts cités au Rép., v° Récusation, n° 19, et ; Mangin, t. 1, n° 22 ; Faustin Hélie, t. 4, n°s 1587 et suiv.).

519. Il n'est pas moins certain que le juge d'instruction, lors même qu'aucune récusation n'est dirigée contre lui, peut s'abstenir, s'il croit avoir des motifs de ne pas procéder à l'instruction d'une procédure. Les termes généraux de l'art. 380 c. proc. civ. ne laissent aucun doute à cet égard. En pareil cas, c'est à la chambre à laquelle est attaché le juge d'instruction qu'il appartient d'apprécier les causes d'abstention qu'il peut proposer (Faustin Hélie, n° 1591 ; Sarraute, n° 18 ; Mangin, n° 23 ; et les arrêts cités par ces auteurs). Cette abstention, si elle est admise, forme un cas d'empêchement, et le tribunal désigne en même temps, aux termes de l'art. 58 c. instr. crim., l'un de ses membres pour le remplacer (Faustin Hélie, eod. loc.; Mangin, eod. loc.). Il n'est dans aucun cas nécessaire que le prévenu soit interpellé de déclarer s'il consent que l'instruction soit faite par le magistrat qui se récuse (Crim. cass. 15 oct. 1829, Rép. v° Récusation, n° 10-6°).

520. — IV. Responsabilité, prise à partie. — Ainsi qu'il a été dit au Rép., n° 407, le juge d'instruction peut être pris à partie, soit dans les cas spécialement prévus par les

art. 77 et 112 c. instr. crim., soit dans les cas généraux visés par l'art. 505 c. proc. civ. Par arrêt du 14 juin 1876 (aff. Perrin, D. P. 76. 1. 304), la cour de cassation a jugé que « les règles de la prise à partie s'étendent à tous les juges, et que cette dénomination ne comprend pas seulement les juges proprement dits, mais aussi... tous ceux qui, par les fonctions dont ils sont investis, appartiennent à l'ordre judiciaire, soit qu'ils concourent à l'action de la justice comme chargés du ministère public ou de l'instruction, soit qu'ils agissent comme officiers de police judiciaire ou auxiliaires du ministère public ». En dehors des cas de prise à partie, notre loi n'admet point d'autres cas de responsabilité du juge d'instruction, si ce n'est toutefois que « pour des fautes très graves » l'art. 415 c. instr. crim. autorise soit la cour de cassation, soit la cour d'appel qui annule une instruction, à ordonner que les frais de la procédure à recommencer seront à la charge de l'officier ou juge instructeur qui aura commis la nullité ». — Sur la prise à partie du juge et sa responsabilité, V. Faustin Hélie, t. 4, n°s 1594 et suiv. ; Mangin, t. 1, n° 24 ; Duverger, t. 1, n° 140. V. aussi Rép. v° Prise à partie, n° 29 et suiv. et suprà, eod. v° n°s 23 et suiv.

521. — V. Compétence. — La compétence du juge d'instruction consiste dans le droit d'instruire certains faits, contre certaines personnes, dans certains lieux. Elle doit donc être examinée à un triple point de vue : ratione materiæ, ratione personæ, ratione loci.

522. — 1° Ratione materiæ. — La compétence ratione materiæ du juge d'instruction s'étend (comme celle du procureur de la République) à tous les faits qualifiés crimes ou délits par la loi (c. instr. crim., art. 22, 47, 63): Elle est générale. Elle n'est même pas arrêtée par cette circonstance que le crime ou le délit ressortit à une juridiction exceptionnelle, car, même dans ce cas, le juge peut et doit pourvoir aux premiers actes d'instruction, surtout quand ceux-ci présentent un certain caractère d'urgence, sauf à se dessaisir aussitôt que son intervention n'est plus nécessaire. C'est ce que Mangin a exprimé très nettement dans le passage, transcrit suprà, n° 484, de son Traité de l'instruction écrite. C'est seulement dans le cas d'une incompétence absolue, comme, par exemple, s'il s'agit d'un délit purement militaire, d'un fait administratif ou disciplinaire, ou d'une contravention de police, que le juge doit immédiatement s'arrêter (Faustin Hélie, Pratique criminelle, t. 1, n° 136 ; Instruction criminelle, t. 4, n°s 1658 et 1659 ; Duverger, t. 1, n° 102).

523. — 2° Ratione personæ. — A ce second point de vue, la compétence du juge d'instruction (comme celle du procureur de la République) s'étend, en général, à toutes personnes, quelles que soient leur position et leur qualité. Ici encore, le pouvoir du magistrat existe, à moins que la loi n'ait établi des exceptions devant lesquelles il doive s'arrêter ou s'abstenir (Faustin Hélie, Instruction criminelle, t. 4, n° 1660 ; Pratique criminelle, t. 1, n° 137 ; Duverger, t. 1, n° 89 ; Mangin, loc. cit.). Or des exceptions existent en ce qui concerne : 1° les membres des pouvoirs politiques ; 2° les membres de l'ordre judiciaire ; 3° les militaires des armées de terre et de mer.

524. — 1° A l'égard des membres des pouvoirs politiques, la loi constitutionnelle du 16 juill. 1875 (D. P. 75. 4. 117), disposant dans son art. 14, qu' « aucun membre du Sénat ou de l'autre Chambre (Sénat et Chambre des députés) ne peut, pendant la durée de la session, être poursuivi ou arrêté en matière criminelle ou correctionnelle qu'avec l'autorisation de la Chambre dont il fait partie, sauf le cas de flagrant délit », il est clair que, pendant la session, le juge d'instruction doit s'arrêter devant la qualité de député ou de sénateur qui appartiendrait à un inculpé. Toutefois, une distinction s'impose à cet égard entre les actes de poursuite personnelle et les actes qui tendent seulement à constater l'infraction et à en recueillir les charges. Les premiers, tels que les interrogatoires, les mandats, sont certainement interdits, parce qu'ils peuvent nuire à la liberté du mandataire de la nation. Les autres actes : auditions de témoins, vérifications, expertises, demeurent, suivant nous, permis ? d'une part, en effet, ces actes laissent subsister la liberté du sénateur ou député ; d'autre part, le texte ne les interdit pas, puisque l'art. 14 précité défend seulement de « pour-

suivre » ou d' « arrêter » les membres des Chambres. On sait, d'ailleurs, qu'aux termes du même article, si la poursuite a été commencée hors session « la détention ou la poursuite... est suspendue pendant la session, et pour toute la durée, si la Chambre le requiert » (même art.). En semblable hypothèse, le juge d'instruction devrait évidemment lever les mandats qu'il aurait décernés, et surseoir à tout acte d'information personnelle. Au surplus, les sénateurs et les députés n'ont aucun privilège de juridiction ; ils sont soumis aux règles générales de la compétence, et, dès que l'autorisation de la Chambre est donnée, ils deviennent justiciables du juge d'instruction comme tous les autres citoyens.

525. A l'égard du président de la République et des ministres, V. *suprà*, n° 488, et v° *Compétence criminelle*, n°s 131, 377, 379, 380, 382.

526. A l'époque de la publication du *Répertoire*, la garantie administrative consacrée par l'art. 75 de la loi du 22 frim. an 8, en faveur des agents du Gouvernement, entraînait l'interdiction pour le juge d'instruction de décerner un mandat contre un agent du Gouvernement pour des faits relatifs à ses fonctions, et d'interroger celui-ci tant que le conseil d'État n'avait pas autorisé la poursuite. Mais le décret du 19 sept. 1870 (D. P. 70. 4. 91) a supprimé la nécessité de l'autorisation préalable du conseil d'État, et abrogé « toutes autres dispositions des lois générales ou spéciales ayant pour objet d'entraver les poursuites dirigées contre les fonctionnaires publics de tout ordre ». Aujourd'hui donc l'action du juge d'instruction est entièrement libre à l'égard des fonctionnaires.

527. — 2° La garantie établie pour les membres de *l'ordre judiciaire* par les art. 479 et suiv., c. instr. crim., et pour les personnes désignées en l'art. 10 de la loi du 20 avr. 1810, par le même article (grands officiers de la Légion d'honneur, évêques, préfets, etc), produit, en ce qui concerne le juge d'instruction, des effets différents, suivant le caractère des faits et la qualité des inculpés. S'il ne s'agit que d'un délit, la chambre civile de la cour d'appel est seule compétente pour en connaître, et, cette chambre ne pouvant être saisie que par la citation du seul procureur général, le juge doit nécessairement s'abstenir de tout acte d'information, dès qu'il a reconnu dans l'inculpé l'une des qualités énoncées par les art. 479 et 483 c. instr. crim., et 10 de la loi du 20 avr. 1810. Il a été jugé, dans ce sens, que le juge d'instruction serait incompétent, en pareil cas, pour informer sur la plainte de la partie lésée (Crim. cass. 17 mars 1881, aff. Saniez, D. P. 81. 1. 281 ; Crim. rej. 12 mai 1881, aff. Lamy de la Chapelle, D. P. 81. 1. 390).

528. Cette règle admet toutefois une exception en ce qui concerne les membres des cours d'appel, à l'égard desquels l'instruction doit être continuée et communiquée en copie au ministre de la justice (art. 481 c. précité) ; car, dans ce cas, il y a lieu de provoquer le renvoi devant une autre cour. Le juge d'instruction conserve donc, à l'égard des magistrats de cour d'appel inculpés de délits, le droit d'instruire, sans toutefois pouvoir prendre aucune mesure qui touche la personne du magistrat inculpé (Faustin Hélie, t. 4, n° 1663). A l'égard de tous autres membres de l'ordre judiciaire, comme aussi des dignitaires dénommés en l'art. 10 de la loi du 20 avr. 1810, il est sans pouvoir et doit s'abstenir.

529. Si le fait incriminé constitue un crime, quels sont les pouvoirs du juge d'instruction ? A l'égard des magistrats et officiers de police judiciaire désignés par les art. 483 et 485 c. instr. crim., qui viendraient à être inculpés d'un crime, les fonctions « ordinairement dévolues au juge d'instruction sont remplies par le premier président de la cour d'appel ou par tel autre officier qu'il aura spécialement désigné à cet effet » (c. instr. crim. art. 484), sauf toutefois cette réserve, exprimée dans le second alinéa du même article, que « jusqu'à la délégation (faite par le premier président), et dans le cas où il existerait un corps de délit, il pourra être constaté par tout officier de police judiciaire » et, conséquemment, par le juge d'instruction.

530. Si le crime était imputé, non plus à un fonctionnaire de l'ordre judiciaire, mais à une des personnes dénommées en l'art. 10 de la loi du 20 avr. 1810, un préfet par exemple, le juge d'instruction serait-il également incompétent ? Par un arrêt de rejet du 12 mai 1881 (aff. Lamy de la

Chapelle, D. P. 81. 1. 390), la chambre criminelle a décidé l'affirmative. Suivant cet arrêt, l'art. 10 de la loi de 1810 n'a pas entendu restreindre aux simples délits la compétence exceptionnelle qu'il édicte ; il renvoie virtuellement, pour le cas de crime, aux articles du code d'instruction criminelle relatifs aux crimes commis par les fonctionnaires de l'ordre judiciaire. En conséquence, l'arrêt précité a décidé que le juge d'instruction est incompétent pour informer sur la plainte intentée contre un préfet pour crime commis dans l'exercice de ses fonctions, et que, dans ce cas, le premier président de la cour d'appel est seul compétent pour recevoir la plainte et procéder à l'instruction, conformément aux art. 63 et 70 c. instr. crim. Cette doctrine n'est pas celle de Faustin Hélie. Dans sa *Pratique criminelle*, t. 1, n° 139, cet auteur émet l'avis qu' « à l'égard des personnes désignées par l'art. 10 de la loi du 20 avr. 1810, s'il s'agit d'un crime, il est procédé dans la forme ordinaire ». — V. au surplus, sur cette question, *suprà*, n° 111. V. aussi *suprà*, v° *Mise en jugement des fonctionnaires publics*, sect. 3, art. 3, n°s 63 et 64.

531. — 3° A l'égard des *militaires* des armées de terre et de mer, les pouvoirs du juge d'instruction sont très restreints. Les principes qui régissent la juridiction ordinaire et la juridiction militaire sont exposés v°s *Organisation militaire* et *Organisation maritime*. Un seul point doit être examiné ici : que doit faire le juge d'instruction lorsqu'il reconnaît dans l'inculpé la qualité de militaire ? Il y a lieu, évidemment, pour lui, après avoir communiqué les pièces au ministère public, de déclarer son incompétence et de renvoyer le procès devant les juges qui doivent en connaître sans les désigner. « Néanmoins, dirons-nous avec Faustin Hélie, t. 4, n° 1665, l'intérêt de la justice peut demander, pour éclairer une instruction ultérieure, que, si le délit a des traces instantanées et saisissables, ou s'il est urgent de constater les preuves, ces renseignements soient immédiatement recueillis, et dès lors il appartient au juge de procéder sommairement à cette constatation provisoire ».

532. Il ne sera pas sans intérêt de citer ici quelques articles du code de justice militaire pour l'armée de terre du 9 juin 1857 (D. P. 57 4. 115) relatifs à la compétence, qui intéressent plus spécialement les juges d'instruction. « Art. 87. Dans les cas de flagrant délit, tout officier de police judiciaire, militaire ou ordinaire, peut faire saisir les militaires justiciables des tribunaux militaires, inculpés d'un crime ou d'un délit. Il les fait conduire immédiatement devant l'autorité militaire, et dresse procès-verbal de l'arrestation, en y consignant leurs noms, qualités et signalements. — Art. 88. Hors le cas de flagrant délit, tout militaire ou tout individu justiciable des conseils de guerre, en activité de service, inculpé d'un crime ou d'un délit, ne peut être arrêté que de l'ordre de ses supérieurs. — Art. 93. A défaut d'officier de police judiciaire militaire présent sur les lieux, les officiers de police judiciaire ordinaire recherchent et constatent les crimes et les délits soumis à la juridiction des conseils de guerre. — Art. 97. Les actes et procès-verbaux des officiers de police ordinaire sont transmis directement au procureur impérial, qui les adresse sans délai au général commandant la division ». — Le code de justice militaire pour l'armée de mer du 4 juin 1858 (D. P. 58. 4. 90) contient, dans ses art. 117, 118 et 123, des dispositions semblables. De plus, dans son art. 120, ce code dispose ce qui suit : « Des réquisitions sont adressées à l'autorité maritime par l'autorité civile ou par l'autorité militaire, lorsqu'il y a lieu, soit de constater un crime ou un délit de la compétence des tribunaux ordinaires ou des tribunaux militaires, dans un établissement maritime, soit d'arrêter dans cet établissement maritime, ou à bord d'un bâtiment de l'État, un individu justiciable de ces tribunaux. L'autorité maritime est tenue de déférer à ces réquisitions, et, dans le cas de conflit, de s'assurer de la personne de l'inculpé ».

533. — 3° *Ratione loci.* — A l'égard de la compétence territoriale du juge d'instruction, il y a lieu de rappeler d'abord la règle qui résulte des art. 63 et 69 c. instr. crim., règle déjà signalée au *Rép.* n° 411, et aux termes de laquelle sont également compétents pour procéder à l'instruction d'une affaire : le juge d'instruction du *lieu* du crime ou du délit, celui de la *résidence* du prévenu, et celui du lieu où le prévenu *peut*

être trouvé. On sait que cette règle concerne non seulement les juges d'instruction, mais également les procureurs de la République et les tribunaux eux-mêmes. (V. à cet égard, *suprà*, v° *Compétence criminelle*, n°s 21, 23 et suiv.) On consultera aussi, sur la compétence territoriale du juge d'instruction, les auteurs suivants : Faustin Hélie, *Traité de l'instruction criminelle*, t. 4, n° 1666 à 1684; *Pratique criminelle*, t. 1, n°s 140 et suiv.; Mangin, t. 1, n°s 36 à 39; Trébutien, t. 2, n°s 398 et suiv.; Duverger, t. 1, n° 103; Sarraute, n°s 65 et suiv.

534. Trois arrêts nouveaux peuvent être signalés relativement à la compétence du juge d'instruction *ratione loci.* Le premier a jugé que le lieu où la victime a été frappée ne cesse pas d'être le lieu du délit, parce que cette victime a succombé aux suites de l'attentat sur le territoire d'une autre commune; par suite, c'est à tort que le juge d'instruction de ce dernier territoire se saisirait de l'information, s'il n'est d'ailleurs ni le juge du lieu de l'arrestation, ni celui du domicile du prévenu (Pau, 5 août 1859, aff. Cestac, D. P. 59. 2. 207).

Le second a décidé que, lorsque l'instruction commencée contre plusieurs inculpés par le juge d'instruction au domicile de l'un d'eux aboutit, à l'égard de celui-ci, à une ordonnance de non-lieu, la juridiction du ressort ne peut connaître de l'affaire à l'égard des autres, si sa compétence avait été, à l'origine, déterminée exclusivement par la situation du domicile du prévenu mis hors de cause (Crim. cass. 17 janv. 1861, aff. Adoué, D. P. 61. 1. 143).

Le troisième arrêt est relatif à l'interprétation de l'art. 361 c. instr. crim. Aux termes de cet article, lorsque dans le cours des débats, l'accusé a été inculpé sur un autre fait, le président des assises, après avoir prononcé qu'il est acquitté de l'accusation, ordonnera qu'il soit poursuivi à raison du nouveau fait, et le renverra devant le juge d'instruction de l'arrondissement où siège la cour. L'arrêt a décidé, avec raison, que cet article ne s'applique qu'au cas où l'accusé a été jugé et acquitté, et où, par suite, le lieu du siège de la cour d'assises est en même temps celui de l'arrestation. En conséquence, lorsque la cour d'assises ordonne un sursis pour qu'il soit informé sur des faits nouveaux et révélés dans les débats, et devant faire l'objet, non, à vrai dire, d'un supplément d'information, mais d'une instruction nouvelle qui devra être suivie, s'il y a lieu, d'un arrêt de la chambre des mises en accusation, la compétence du juge d'instruction est déterminée par les règles ordinaires de la procédure criminelle (Crim. règl. de juges 14 juin 1883, aff. Lohier, D. P. 84. 1. 141).

535. Existe-t-il quelque préférence au profit d'une des trois compétences *ratione loci*, indiquées en l'art. 63 c. instr. crim.? Sur cette question, qui a fait au *Répertoire* l'objet des n°s 411 à 416, V. les solutions données *suprà*, v° *Compétence criminelle*, n°s 24 et 25.

536. Lorsqu'il s'agit de crimes ou de délits commis à l'étranger, mais punissables en France dans les termes des art. 5 et 7 c. instr. crim., deux juges d'instruction (et non trois) sont compétents *ratione loci*, savoir : le juge du lieu où réside le prévenu, et celui où il peut être trouvé (art. 6 c. instr. crim. modifié par la loi du 27 juill. 1866). Il ne paraît d'ailleurs pas douteux que la cour de cassation puisse, en cas pareil, renvoyer la connaissance de l'affaire devant un juge d'instruction plus voisin du lieu du crime ou du délit (alin. 2 de l'article précité). — Sur la compétence déterminée par la connexité des crimes et délits, V. *suprà*, v° *Compétence criminelle*, n°s 106 et suiv.

537. — 4° *Exception d'incompétence.* — Les règles de la compétence du juge d'instruction, étant fondées sur un intérêt général, sont d'ordre public, comme toutes les règles de la compétence criminelle (V. *suprà*, v° *Compétence criminelle*, n° 7). L'exception d'incompétence peut donc être élevée devant le juge d'instruction, soit à raison de ce que la matière ne rentre pas dans ses attributions, soit à raison de ce que la qualité du prévenu le rend justiciable de l'affaire, soit à raison de ce que le juge saisi n'est celui ni du territoire sur lequel le délit a été commis, ni du territoire sur lequel le prévenu a été arrêté, ni de celui sur lequel il réside habituellement. Et, dans ces trois hypothèses, ses effets sont les mêmes. Comme le juge incompétent, soit à raison de la matière, soit à raison de la qualité du prévenu, soit à raison du lieu, ne peut jamais devenir compétent, il s'ensuit que l'incompétence est absolue (Faustin Hélie, t. 4, n° 1695; Mangin, t. 2, n° 222).

538. De ce que l'incompétence du juge d'instruction est d'ordre public et absolue, il résulte qu'elle ne peut être couverte par le silence ou le consentement soit du prévenu, soit du ministère public; qu'ainsi elle peut être invoquée en tout état de cause. Ce principe est certain (Faustin Hélie, n° 1694; Mangin, n° 223); mais son application n'est pas sans présenter quelque difficulté.

539. Aux termes de l'art. 69 c. instr. crim., « dans le cas où le juge d'instruction ne serait ni celui du lieu du crime ou du délit, ni celui de la résidence du prévenu, ni celui du lieu où il pourra être trouvé, il renverra la plainte devant le juge d'instruction qui pourrait en connaître ». Il suit de là que le juge est tenu de déclarer, même d'office, son incompétence, toutes les fois qu'elle lui paraît résulter des faits. Mais ce droit n'est accordé au juge d'instruction, par l'art. 69, que relativement à l'incompétence *ratione loci*; dans le silence de la loi, le juge le possède-t-il aussi relativement à l'incompétence *ratione personæ* et *materiæ* ? On en pouvait douter avant la loi du 17 juill. 1856. Des auteurs (Faustin Hélie, n° 1696; Mangin, n° 225), s'appuyant sur ce que l'incompétence *ratione loci* repose seul tout entière dans l'appréciation d'un fait, tandis que l'incompétence, soit *ratione materiæ*, soit *ratione personæ*, est fondée sur des interprétations de texte et des règles de droit qui peuvent soulever des difficultés, estimaient que la loi avait pu, par ce motif, n'attribuer au juge d'instruction que l'appréciation de la première, en réservant le jugement des autres à la juridiction de la chambre du conseil. Mais, la chambre du conseil ayant été supprimée par l'effet de la loi précitée, cette distinction n'a plus, suivant nous, de raison d'être aujourd'hui. Nous croyons donc que le juge d'instruction peut statuer sur l'incompétence *ratione materiæ* et sur l'incompétence *ratione personæ* aussi bien que sur l'incompétence *ratione loci.* — V. sur les effets des diverses incompétences, en général *suprà*, v° *Compétence criminelle*, n° 8.

540. L'incompétence peut être proposée en tout état de cause devant le juge d'instruction, et celui-ci a le droit d'y statuer, non seulement au moment où la plainte arrive entre ses mains, dans l'hypothèse où la loi a prévue dans l'art. 69, mais aussi lorsque la procédure est déjà commencée et tant qu'il n'est pas dessaisi. La loi, en effet, n'a posé aucun terme à l'exercice du droit de ce magistrat, et aujourd'hui que les art. 128 et suiv., modifiés par la loi du 17 juill. 1856, défèrent au juge d'instruction seul le règlement de compétence quand la procédure est complète, il n'y a plus aucune raison de douter qu'il puisse se déclarer incompétent, à quelque moment que ce soit de la procédure.

541. Lorsque le juge d'instruction saisi est l'un des trois juges désignés par l'art. 63, et se trouve par là même compétent, lui appartient-il de se dessaisir au profit d'un autre juge d'instruction également compétent et saisi, et qui lui paraît mieux placé pour faire l'instruction? Faustin Hélie, t. 4, n° 1702, enseigne la négative. « Les juges du lieu du délit, du lieu de la résidence et du lieu de l'arrestation, dit cet auteur, sont, aux termes de l'art. 23 c. instr. crim., également compétents; s'il est plus utile que l'instruction soit faite dans un lieu plutôt que dans l'autre, cette appréciation ne leur appartient pas; elle appartient à la juridiction supérieure qui statue sur le règlement de juge. Lorsque le juge d'instruction trouve en lui un principe de compétence et qu'il est régulièrement saisi, il ne peut être dessaisi, sauf le cas de renvoi et de règlement de juges, qu'après avoir épuisé sa juridiction ». — Cette doctrine est certaine en droit rigoureux, et la cour de cassation l'a consacrée par plusieurs arrêts rendus à l'époque où le règlement de la compétence était fait par la chambre du conseil (Crim. règl. de juges 20 sept. 1834, aff. Lecocq, *Bull. crim.*, n° 312; Crim. cass. 29 mars 1838, aff. Puech, *Bull. crim.* n° 84; Crim. règl. de juges 16 avr. 1840, aff. Cardin, *Rép.* n° 805). Mais, dans la pratique, il arrive souvent que, quand plusieurs juges d'instruction également compétents se trouvent simultanément saisis de la même affaire, ces magistrats s'entendent pour laisser l'instruction à celui d'entre eux qui paraît le mieux placé pour arriver à la ma-

nifestation de la vérité. Ceux qui ne croient pas devoir retenir l'affaire rendent alors des ordonnances de dessaisissement, et un seul magistrat reste chargé de l'information. De cette façon l'on évite des lenteurs et la dépense d'un règlement de juges.

542. Ajoutons en terminant qu'encore que l'art. 69 c. instr. crim. dispose que le juge incompétent « renverra la plainte devant le juge d'instruction qui pourrait en connaître », il ne semble pas qu'il doive désigner ce juge, et le saisir par son ordonnance. Saisir un tribunal, c'est faire acte de juridiction ; comment le juge qui se déclare incompétent aurait-il le pouvoir de faire cet acte ? « Au moment même où il se dessaisirait, il déclarerait compétent le juge auquel le procès serait renvoyé, il donnerait à l'action publique une direction qui n'est pas dans ses attributions » (Faustin Hélie, t. 4, n° 1703). C'est, d'ailleurs, une règle générale que le tribunal qui se déclare incompétent doit se borner à faire cette déclaration et n'a pas mission de désigner le juge auquel l'affaire doit être renvoyée (V. suprà, v° Compétence criminelle, n°s 20 et 62).

Art. 2.—*Attributions du juge d'instruction* (Rép., n°s 424 à 455).

543. — I. Droits et attributions du juge d'instruction considérés en général. — Les fonctions du juge d'instruction consistent, en général, à instruire les procédures criminelles auxquelles donne lieu la poursuite des crimes et des délits. La loi a attribué à ce magistrat un double caractère : il est juge d'instruction et officier de police judiciaire. Au premier point de vue, il a pour fonction générale d'accomplir ou d'ordonner tous les actes qui constituent l'instruction préalable ou préparatoire (V. infrà, le chap. 4). Considéré comme officier de police judiciaire, il possède éminemment le droit de recherche et de constatation des crimes et délits ; il a la *plénitude* des pouvoirs de cette police. « Les autres officiers, même le procureur de la République, ne les exercent que dans de certains cas, avec de certaines limites, et en vertu d'une délégation spéciale de la loi. Le juge les exerce en vertu de l'autorité qui lui est propre, en vertu de sa fonction judiciaire, dans tous les cas où la juridiction ordinaire est compétente, et ne s'arrête qu'aux limites qui sont marquées par le pouvoir judiciaire lui-même » (Faustin Hélie, t. 3, n° 1155). En cas de flagrant délit, le pouvoir du juge d'instruction s'augmente encore, puisqu'il supplée alors le ministère public, en ce sens qu'il instruit d'office et fait acte de poursuite. (V. à cet égard, infrà, n°s 587 et suiv.). — Non seulement le juge d'instruction a la plénitude des pouvoirs de la police judiciaire, mais il a *prééminence* sur les autres officiers. Aux termes de l'art. 60 c. instr. crim., lorsque le flagrant délit a déjà été constaté par les officiers de police judiciaire et que les pièces lui ont été transmises, il peut refaire ces actes ou ceux de ces actes qui ne lui sembleraient pas complets. De plus, aussitôt qu'il est présent sur les lieux, il frappe d'incompétence tous les officiers de police judiciaire ; nulle concurrence ne peut s'établir entre eux ; tous les officiers, qui ne sont au fond que ses auxiliaires et ses délégués, oivent cesser d'agir et s'en référer à lui.

544. — II. Séparation du droit de poursuivre et du droit d'informer. — La séparation de la poursuite et de l'instruction est, comme on l'a exposé au Rép., n° 424, l'une des règles fondamentales de notre procédure criminelle. Le juge d'instruction ne doit pas poursuivre, mais, seul, il doit informer. Le ministère public poursuit, il ne doit pas informer. Il n'est fait d'exception à cette règle que pour les cas de flagrant délit ou assimilés au flagrant délit. — Sur les motifs qui ont porté notre législateur à adopter le principe de la séparation du pouvoir du procureur de la République et du juge d'instruction et sur les avantages de ce système, V. Faustin Hélie, *Instruction criminelle*, t. 4, n°s 1605 et suiv.; Mangin, t. 1, n°s 6, 7, 8 ; J. Pâris, p. 70 et suiv. On trouvera, dans ce dernier ouvrage, p. 114 et suiv., un résumé des principales dispositions des législations étrangères sur les pouvoirs respectifs du parquet et du magistrat instructeur.

545. La première règle pratique qui découle du principe de la séparation des deux pouvoirs, c'est que le juge d'instruction ne peut commencer aucune information sans un ré-

quisitoire du procureur de la République. Ce réquisitoire introductif (dit aussi réquisitoire d'information) est le premier acte indispensable de toute information criminelle ou correctionnelle, sauf toutefois : 1° le cas de flagrant délit (V. infrà, n° 587) ; 2° le cas où le juge est saisi par une plainte de la partie lésée, avec constitution de partie civile, dans les termes de l'art. 63 c. instr. crim. (V. infrà, n° 688).

546. Une seconde conséquence du même principe, c'est que les officiers du ministère public sont sans qualité pour faire aucun des actes qui composent l'instruction (Paris, ch. d'acc. 9 mars 1855, et Crim. rej. 19 avr. 1855, aff. Cabrol, D. P. 55. 1. 269 ; Crim. rej. 29 juin 1855, aff. Doudet, D. P. 55. 1. 349). — Il ne faut pas toutefois conclure de là que, lorsque le juge d'instruction a été saisi, le procureur de la République ne puisse, dans aucun cas, interroger sommairement un inculpé, dresser des procès-verbaux de renseignements, recevoir certaines déclarations. Seulement ces actes, que le bien de la justice commande parfois aux officiers de parquet, constituent de simples renseignements, et non des actes d'instruction. Décidé, dans ce sens, que les procès-verbaux dressés par le ministère public, pour recueillir les indices de culpabilité qui arrivent à sa connaissance durant l'instruction d'une affaire, ne sont nuls que dans le cas où ils ont été rédigés en la forme d'une constatation judiciaire, et pour valoir comme acte d'instruction ; mais s'ils n'ont été rédigés que pour servir de renseignements, leur production est possible (Arrêt précité du 29 juin 1855). Jugé encore que, s'il n'appartient pas au ministère public, hors le cas de flagrant délit, de faire des actes d'instruction, il a du moins le droit et le devoir de ne pas laisser disparaître les preuves qui viennent à s'offrir avant le jugement d'une affaire criminelle ; mais les procès-verbaux qu'il rédige ou les déclarations qu'il reçoit dans ce but n'ont le caractère que de simples renseignements. Et, spécialement, un procureur de la République, averti de l'existence d'une pièce qui peut être utile dans un débat sur le point de s'ouvrir devant une cour d'assises, a le droit de provoquer des explications sur cette pièce et d'en dresser procès-verbal qui soit transmis au procureur général (Crim. rej. 5 mars 1857, aff. Trézières, D. P. 57. 1. 178).

547. Décidé aussi, dans le même sens : 1° que le ministère public a la faculté de recueillir, même par écrit, à titre de simples renseignements, la déclaration de l'un des prévenus, sans qu'il en résulte aucune nullité de la procédure qui a suivi, s'il a transmis cette déclaration au juge d'instruction, pour qu'il en soit informé (Crim. rej. 8 juill. 1865, aff. Joussiaume, D. P. 65. 5. 256) ; — 2° Que l'interrogatoire sommaire que le procureur de la République a fait subir à un inculpé amené devant lui par la gendarmerie, et contre lequel il avait précédemment requis instruction, ne peut être considéré comme un acte d'instruction proprement dit, nul, par suite, en ce qu'il sortirait des attributions de ce magistrat, alors que, dès le lendemain, et depuis, à plusieurs reprises, le même inculpé aurait été interrogé régulièrement par le juge d'instruction ou un magistrat délégué (Crim. cass. 6 juin 1872, aff. Besnard, D. P. 72. 1. 381) ; — 3° Que le procureur de la République n'excède pas ses pouvoirs en recueillant des aveux que l'accusé déclare vouloir faire, à une époque où le juge d'instruction se trouve dessaisi et où la chambre d'accusation n'a pas encore été saisie par les réquisitions du procureur général (Crim. rej. 13 janv. 1870, aff. Troppmann, D. P. 70. 1. 89) ; et qu'au surplus, le procès-verbal que le procureur de la République rédige dans ce cas n'est pas un acte d'instruction, mais un simple renseignement, surtout lorsque les aveux de l'accusé ont été recueillis de nouveau dans une instruction supplémentaire, et qu'il n'y a pas irrégularité, dès lors, à comprendre ce procès-verbal dans les pièces soumises au jury (Même arrêt).

548. Pareillement, plusieurs arrêts ont décidé qu'au cas où des actes d'instruction deviennent nécessaires après que le juge d'instruction s'est dessaisi par une ordonnance de mise en prévention, ou même après le renvoi d'un accusé devant la cour d'assises, le ministère public peut recueillir les renseignements qui lui paraissent utiles à la manifestation de la vérité, et même faire procéder officieusement à l'audition de témoins sur certains faits qui seraient parvenus

à sa connaissance. — Ainsi il a été jugé : 1° que le procureur général qui, avant l'ouverture des débats en cour d'assises, demande des renseignements sur des faits parvenus à sa connaissance, en invitant un magistrat à les lui transmettre, use d'un droit qui lui appartient, et ne viole pas les règles générales de compétence et d'attribution, lorsque, d'ailleurs, ces renseignements ont été remis par lui au président des assises, qui a cru devoir en donner lecture au jury, en vertu de son pouvoir discrétionnaire (Crim. rej. 4 août 1854, Bull. crim., n° 230) ; — 2° Que si, après le renvoi d'un accusé aux assises, il n'appartient qu'au président de faire des suppléments d'information, le ministère public cependant, s'il parvient à sa connaissance un élément de conviction pouvant concourir à la manifestation de la vérité, peut et doit le recueillir (Crim. rej. 12 sept. 1861, Bull. crim., n° 207).

549. Jugé encore, à l'égard du droit pour le ministère public de recevoir des déclarations de témoins : 1° que, bien que l'arrêt de mise en accusation ait été rendu, le ministère public peut régulièrement, à l'effet de connaître les témoignages qu'il peut avoir à produire à l'audience, faire procéder à une enquête dans les localités voisines du crime par le juge de paix et par un brigadier de gendarmerie (Crim. rej. 29 juin 1865, aff. Clerc, D. P. 65. 5. 226) ; — 2° Que les procès-verbaux, dressés par le ministère public, de déclarations recueillies au cours d'une instance d'appel, sans prestation de serment, constituent de simples renseignements, et non des actes d'instruction faits en violation de la règle d'après laquelle les officiers du ministère public sont sans qualité, lorsque l'instruction est commencée, pour faire aucun des actes qui la composent (Crim. rej. 18 août 1877, aff. Borelli, D. P. 78. 1. 285) ; — 3° Que le procureur général peut, après l'arrêt de renvoi en cour d'assises, prescrire à un commissaire de police de recevoir les déclarations de deux individus sur l'un des chefs d'accusation, et faire relever par un brigadier de gendarmerie la distance existant entre deux points déterminés, alors d'ailleurs que les documents ainsi recueillis, joints au dossier, ont été communiqués à l'accusé (Crim. rej. 30 mai 1879, Bull. crim., n° 112; — 4° Qu'au cas prévu par l'art. 479 c. instr. crim. (poursuite directe contre des magistrats ou officiers de police judiciaire), la cour d'appel peut viser les renseignements pris officieusement par le procureur général, en vue de l'exercice du droit de citation directe que lui accorde exclusivement la loi, alors que ces documents ont été versés aux débats et communiqués au prévenu (Crim. rej. 12 janv. 1894, Gazette des tribunaux, du 13 janvier).

550. Il a même été décidé (Crim. rej. 17 août 1878 aff. Mense), que l'enquête officieuse ordonnée par le procureur général, après le jugement et avant l'appel, conserve le caractère de simples renseignements, encore que le serment ait été irrégulièrement imposé aux témoins entendus dans cette enquête. Du moins en est-il ainsi lorsque les renseignements ainsi recueillis ont été annexés au dossier, que le prévenu et son défenseur ont pu en prendre connaissance, et qu'il n'apparaît pas de l'arrêt qu'ils aient été soumis à l'appréciation de la cour, et qu'ils aient formé sa conviction (Même arrêt). — C'est aller bien loin, semble-t-il, et il est permis de regretter qu'une telle ingérence du ministère public dans les fonctions de l'instruction ait été admise par la jurisprudence. Cette ingérence est, suivant nous, condamnée par la loi. Les prétendues exigences de la pratique ne sauraient la justifier (J. Pâris, p. 124).

551. A ce point de vue, un arrêt plus récent semble indiquer un certain revirement dans la jurisprudence de la cour de cassation. Cette cour a décidé (Crim. cass. 9 déc. 1893, aff. Amar-ben-Tahar, (D. P. 94. 1re partie) que lorsque, un prévenu ayant été acquitté par un jugement correctionnel, le ministère public a interjeté appel du jugement d'acquittement, si le procureur de la République reçoit, après l'appel, des déclarations de témoins et procède à des confrontations, la cour ne peut s'appuyer directement sur le procès-verbal de ces déclarations et confrontations pour déclarer la culpabilité du prévenu, alors surtout qu'il n'apparaît pas que celui-ci en ait eu connaissance et ait été mis en demeure de les discuter.

552. — III. — Rapports du juge d'instruction et du procureur de la République. — Les rapports du juge d'instruction et du ministère public sont multiples, et s'établissent pendant tout le cours de l'information. On peut les étudier en distinguant les rapports au début de l'information, les rapports au cours de celle-ci, les rapports à la fin de l'information.

553. 1° Au début de l'information, le juge d'instruction est, en notre droit (art. 47 c. instr. crim.), saisi par un réquisitoire du parquet, réquisitoire initial d'information, auquel on donne le plus souvent le nom de réquisitoire introductif. C'est par le réquisitoire d'information que le ministère public, chargé de l'exercice de l'action publique, la met en mouvement. Ce réquisitoire d'information est-il nécessaire à la base de toute information, et le juge d'instruction ne peut-il être saisi que par lui? En d'autres termes, le ministère public a-t-il, dans notre code, le monopole de l'action publique? La question a été examinée supra, n° 101.

554. C'est une autre question intéressante que de savoir si le juge d'instruction, saisi par les réquisitions d'information, est tenu d'informer sur les faits qu'elles visent. A cet égard, on a exprimé au Rép., n° 446, l'opinion que le juge « ne peut refuser d'instruire sur les faits qui lui sont déférés par le ministère public, sous prétexte que ces faits ne sont pas punissables ou que l'action publique est éteinte, ou que le prévenu peut être cité directement devant le tribunal correctionnel » (V. les arrêts cités ibid.). Il reste certainement vrai, aujourd'hui comme à l'époque de la publication du Répertoire, qu'un juge d'instruction ne pourrait se dispenser d'informer en prétendant que le prévenu peut être cité directement devant le tribunal : une pareille décision empiéterait sur les droits du ministère public, qui est libre d'opter entre la citation directe et l'information, et elle devrait être annulée. Le juge d'instruction ne pourrait pas davantage déclarer qu'il n'y a pas lieu de suivre parce que l'information ne peut pas aboutir. Juge de l'information, il ne l'est pas de l'opportunité des poursuites (Sarraute, n° 380; Carnot, t. 1, p. 294 ; Bourguignon, t. 1, p. 167).

Mais s'il estimait, au seuil de l'information, que le fait ne constitue ni crime, ni délit, que l'action publique est éteinte, qu'elle soit suspendue par une question préjudicielle, serait-il tenu d'ouvrir l'information quand même? Ou, au contraire, pourrait-il refuser d'informer? Avant la loi du 17 juill. 1856, le juge, n'ayant aucun droit sur la poursuite, ne pouvait opposer un tel refus, car c'eût été déclarer le réquisitoire et, par suite, l'action publique, dénués de fondement ; ce droit n'appartenait alors qu'à la chambre du conseil. C'est pourquoi les arrêts cités au Rép., n° 446, décidaient que le juge devait en référer à la chambre du conseil. Mais la chambre du conseil n'existe plus : la loi précitée du 17 juill. 1856 a transporté ses pouvoirs au juge d'instruction, qui a maintenant un droit de juridiction. D'où la conséquence que ce magistrat est autorisé à statuer lui-même, au seuil de l'information, sur les exceptions qu'il voit dans la procédure, après les avoir signalés au procureur de la République, lequel communique ses conclusions (art. 127 et 128 c. instr. crim.). Si donc le fait ne paraît pas au juge constituer un crime ou un délit, si l'action publique est suspendue par une question préjudicielle, si elle est arrêtée par l'absence d'une plainte nécessaire, si elle est atteinte par la prescription ou par une autre cause, le juge n'est pas tenu d'ouvrir une information (Garraud, Précis, n° 448, p. 585. Conf. Faustin Hélie, t. 4, n° 1614; Duverger, t. 1, n° 120 ; Garraud, n° 466, p. 591 ; Villey, n° 299 ; Guillot, p. 41). Mais, en pareil cas, nous estimons, avec M. J. Pâris, qu'il fera bien de le déclarer par une ordonnance de non-lieu. « Toute ordonnance, dit cet auteur, est un acte d'information et le droit pour le juge de clore immédiatement la procédure ne saurait être contesté. Par conséquent, si le juge reconnaît dès le début qu'il n'y a pas d'infraction, que l'action publique est éteinte, qu'elle n'est pas recevable actuellement, il rend aussitôt une ordonnance de non-lieu ; car il ne peut être forcé à telle ou telle mesure d'instruction et, sauf le droit d'opposition, il est le maître absolu de l'instruction, notamment quant à sa durée et quant à son étendue » (p. 148). — Aussi le projet du Sénat et celui de la commission de la Chambre des députés sur la réforme de l'instruction criminelle décident-ils formellement que, dans le cas où il n'y a pas d'infraction et quand l'action publique est éteinte, le juge d'instruction peut, avant tout acte d'instruction, déclarer par une ordonnance motivée qu'il n'y a pas lieu à

poursuivre (art 47 du projet du Sénat ; art. 46 du projet de la commission de la Chambre des députés.

555. Le juge est-il irrévocablement saisi par le réquisitoire introductif? L'affirmative est certaine et universellement admise. Le ministère public, maître de l'action publique avant de l'exercer, n'en peut plus disposer lorsqu'en l'exerçant il a saisi le juge d'instruction. Il a été jugé spécialement que le procureur de la République qui a saisi le juge d'instruction ne peut traduire l'inculpé directement devant le tribunal correctionnel ; le juge d'instruction ne peut, en effet, être dessaisi que par un acte qui épuise sa juridiction, c'est-à-dire par une ordonnance de ce juge, ou par un arrêt de la cour d'appel (Crim. cass. 18 juin 1812, *Rép.* n° 788; 7 juin 1821, *ibid.;* Nancy, 11 déc. 1847, aff. Goury, D. P. 48. 2. 199. Conf. Duverger, t. 1, n° 121 ; Sarraute, n° 370 ; J. Pâris, p. 149).

556. 2° Au cours de l'information, les relations du juge et du ministère public s'établissent par voie de communication écrite, car tous les actes de l'instruction préalable sont écrits. Le juge, quand il y a lieu, ordonne la communication de la procédure, en l'état où elle se trouve, au procureur de la République. Ce magistrat prend ses réquisitions et renvoie les pièces ; le juge statue, par ordonnance, sur ces réquisitions. Communications, réquisitions, ordonnances, tels sont les trois termes qui résument les rapports des deux magistrats au cours de la procédure.

557. Dans quels cas y a-t-il lieu à communication? Tel est le premier point à examiner. L'art. 61 c. instr. crim. est ainsi conçu : « Hors les cas de flagrant délit, le juge d'instruction ne fait aucun acte d'instruction ou de poursuite qu'il n'ait donné communication de la procédure au procureur de la République, qui pourra, en outre, requérir cette communication à toutes les époques de l'information, à charge de rendre les pièces dans les vingt-quatre heures ». —Le juge d'instruction doit-il rendre une ordonnance de soit-communiqué à propos de tous les actes de la procédure? L'art. 61 semble l'exiger; mais on s'accorde à reconnaître que cet article ne doit pas être pris à la lettre (V. *Rép.* n° 440). Le véritable sens de l'art. 61 est celui-ci : La communication est de rigueur au début de la procédure, si le juge est saisi autrement que par le ministère public (art. 70); il en est de même avant l'ordonnance de clôture. En dehors de là, la communication n'est de rigueur que dans les cas expressément prévus par la loi, ainsi avant le mandat d'arrêt (art. 94, § 2), avant la mainlevée de tout mandat de dépôt ou d'arrêt (art. 94, § 3), avant la mise en liberté provisoire (art. 113). — Sur tout ce qui précède, V. conf. Faustin Hélie, t. 4, n°s 1611 et 1612 ; Duverger, n° 122 ; Boitard, n° 582 ; Mangin, t. 1, n° 11 ; J. Pâris, p. 151; Garraud, n° 348, p. 584.

558. Le juge est-il lié par le réquisitoire? Doit-il suivre nécessairement la voie que le ministère public lui trace, accomplir rigoureusement les actes qui lui sont indiqués? « Non, assurément, répond Faustin Hélie, t. 4, n° 1616 : il est jugé et, par conséquent, il a le droit d'apprécier librement l'opportunité des mesures qui sont requises avant de les ordonner ; il a la direction de la procédure, et par conséquent il lui appartient d'employer les moyens qui lui paraissent la conduire le plus directement à son but, soit qu'il rejette des actes qu'il croit inutiles, soit qu'il prenne d'office des dispositions qu'il croit efficaces, sans attendre qu'il y soit provoqué ». Ce point n'a jamais fait doute (*Rép.* n° 448). « Le principe contraire, dit M. J. Pâris, p. 153, serait la négation même du principe de la séparation des pouvoirs de poursuite et d'instruction » (Conf. Duverger, n° 123 ; Garraud, n° 466, p. 594 ; Villey, p. 299 ; Guillot, p. 40). —Toutefois, le refus du juge d'obtempérer à une réquisition du parquet doit être déclaré et formulé dans une ordonnance motivée (Duverger, n° 124), et, en cas d'opposition à cette ordonnance, le conflit sera vidé par la chambre d'accusation. V. sur les oppositions à ordonnances, *infrà*, n°s 569 et suiv.

559. Par application de la règle qui précède, on doit tenir pour certain que le juge n'est point tenu d'entendre les témoins que désigne le réquisitoire. Il lui appartient d'apprécier l'utilité de leur comparution et de ne les entendre que s'il croit que leur déposition importent à la manifestation de la vérité. « La règle générale, il faut le répéter, c'est que le juge a la direction de la procédure et

que la loi s'est fiée à son discernement et à sa conscience du soin de réunir avec exactitude tous les éléments de preuve des faits incriminés » (Faustin Hélie, n° 1618). Conf. Mangin, t. 1, n° 10.

560. Une question plus grave est celle de savoir si le juge d'instruction peut inculper d'office les coauteurs ou les complices non désignés dans le réquisitoire. Elle sera examinée *infrà*, n° 564. Nous examinerons aussi *infrà*, n° 566, comment le juge doit procéder lorsque l'information lui révèle des faits nouveaux, autres que ceux qui font l'objet de la poursuite.

561. 3° A la fin de l'information, la communication de la procédure au parquet est obligatoire. « Aussitôt que la procédure sera terminée, dit l'art. 127, le juge d'instruction la communiquera au procureur de la République, qui devra lui adresser ses réquisitions dans les trois jours au plus tard ». Ces réquisitions sont suivies de l'ordonnance de clôture, laquelle est rendue aujourd'hui non plus par la chambre du conseil (supprimée par la loi du 17 juill. 1856), mais par le juge d'instruction lui-même. Les ordonnances de clôture seront étudiées *infrà*, chap. 4, sect. 5. — Quant à présent, nous nous bornerons à constater que la disposition de l'art. 127, qui prescrit au procureur de la République de donner ses réquisitions dans les trois jours de la communication n'a pas, en l'état actuel de la législation, de sanction véritable. Sous l'ancien droit, le magistrat instructeur, lorsque les pièces étaient retenues au delà des limites prescrites, pouvait en référer au procureur général ou au président de la Tournelle ; il pouvait aussi faire trancher le différend par les juges du siège, qui avaient le droit de décider que tel jour, à défaut de conclusions, il pourrait en être pris par un officier du siège présent (J. Pâris, p. 166 et 167). Aujourd'hui le juge d'instruction ne peut que mettre le procureur général au courant de la situation. Ce remède peut paraître insuffisant. A la suite d'incidents regrettables, le Sénat s'est préoccupé d'assurer une sanction à l'obligation, pour le ministère public, de rendre les pièces à lui communiquées. L'art. 162 du projet de la haute assemblée (Réforme du code d'instruction criminelle) permet au juge, trois jours après avoir prévenu la partie civile et l'inculpé, de régler la procédure sans réquisition, lorsqu'un mois se sera écoulé sans que le ministère public ait rendu le dossier avec ses réquisitions. M. Guillot (p. 38) et M. J. Pâris (p. 169) se demandent, non sans raison, croyons-nous, si le remède proposé est bien pratique. Il est, en effet, presque impossible de rendre, sans les pièces, une ordonnance sérieuse. Ne vaudrait-il pas mieux, comme le proposent ces auteurs, autoriser le juge d'instruction à saisir la chambre des mises en accusation, qui enjoindrait de restituer le dossier et pourrait évoquer l'affaire?

562. — IV. SAISINE DU JUGE D'INSTRUCTION. — L'étude de la saisine du juge d'instruction comporte l'examen de deux questions : Par qui et comment le juge d'instruction est-il saisi? De quoi est-il saisi? — A la première question nous répondrons que le juge d'instruction est régulièrement saisi par le ministère public, ou par la partie civile, et exceptionnellement par le renvoi d'une autre juridiction ou par le fait lui-même s'il est flagrant. De ces quatre modes de saisine, le premier (saisine par le ministère public) est de beaucoup le plus fréquent : presque toutes les affaires dont l'instruction est confiée aux juges d'instruction leur arrivent par réquisitoire introductif du procureur de la République (*suprà*, n° 553). Le second (saisine par plainte de la partie lésée avec constitution de partie civile) sera étudié *infrà*, n° 688. Le quatrième mode sera aussi exposé *infrà*, n° 587 et suiv., quand on traitera des attributions exceptionnelles du juge d'instruction en cas de flagrant délit. Relativement au troisième (renvoi d'une autre juridiction), il suffira de dire ici que le juge d'instruction peut être saisi : 1° par renvoi de la chambre d'accusation (c. instr. crim. art. 235 et 250); 2° par renvoi du tribunal de simple police (art. 160 et 182); 3° par renvoi du tribunal correctionnel (art. 193 et 214); 4° par renvoi de la cour d'assises (art. 361 et 379).

563. La question de savoir *de quoi le juge est saisi* comporte plus de développements. Nous constaterons d'abord que le juge est saisi des deux actions, l'action publique et l'action civile, dès qu'il y a partie civile en cause. Peu importe que celle-ci ait pris l'initiative des poursuites ou

qu'elle soit intervenue dans la poursuite intentée par le ministère public. La mission du juge instructeur est de rechercher les preuves du fait et de la culpabilité, et de saisir, s'il y a lieu, la juridiction de jugement compétente. Ces deux points sont communs à l'action publique et à l'action civile (Laborde, nº 1008; Garraud, nº 448, p. 584).

564. En second lieu, le juge d'instruction est saisi du *fait* dénoncé, et non de la poursuite contre tel ou tel individu dénommé dans le réquisitoire introductif ou dans la plainte. L'instruction préparatoire a, en effet, lieu *in rem*, et non *in personam*. Il suit de là que le juge d'instruction saisi d'un certain fait a le droit d'inculper des coauteurs ou complices que ne lui désignait pas le procureur de la République. Cette solution, il est vrai, n'a pas été admise au *Rép.*, nº 443, et elle a été combattue par Mangin, t. 1, nº 9. Suivant cet auteur, le juge d'instruction ne peut, hors le cas de flagrant délit, décerner des mandats que contre les individus à l'égard desquels l'action publique est intentée; il ne peut en impliquer d'autres dans les poursuites, car « poursuivre les délits et les crimes signifie poursuivre les auteurs des délits et des crimes; impliquer un individu dans une poursuite, c'est nécessairement diriger contre lui l'action publique, et ce droit n'appartient pas au juge d'instruction » nº 13). Un arrêt a décidé, de même, que le juge d'instruction excède ses pouvoirs lorsque, en dehors du cas de flagrant délit et dans une procédure ordinaire, il décerne spontanément des mandats de comparution contre des individus autres que ceux limitativement dénommés dans le réquisitoire introductif de l'information (Douai, 6 juin 1874, aff. Abrassart, D. P. 74. 2. 218). Mais là grande majorité des auteurs s'est prononcée en sens contraire (Faustin Hélie, t. 4, nº 1621; Duverger, t. 1, p. 396 et suiv.; Carnot, t. 1, p. 296; Legraverend, t. 1, p. 317; Morin, *Répertoire*, vº *Mandats*, p. 379; Villey, p. 269; Garraud, p. 584; Laborde, nº 1009; Rolland de Villargues, *Code d'instruction criminelle*, sur l'art. 61, nº 7, et sur l'art. 91, nº 12; Boullaire, *Gazette des tribunaux*, mai 1881; Martin-Sarzeaud, *Réforme de l'instruction criminelle*, p. 51, 1882). Impliquer de nouveaux inculpés, dit-on à l'appui de cette doctrine, ce n'est pas mettre l'action publique en mouvement, puisqu'elle y est (Villey, *loc. cit.*). Cette action, en effet, n'a-t-elle pas été mise en mouvement par le réquisitoire qui a introduit l'instance? Comme le dit Faustin Hélie « en provoquant l'instruction sur un tel fait, ne l'a-t-elle pas implicitement provoquée sur tous les auteurs et complices de ce fait? Car quel est le but de cette action, sinon la répression du délit, c'est-à-dire l'application de la peine à ses auteurs? Le droit que le juge puise dans le premier réquisitoire est un droit général d'informer, et par conséquent de procéder contre tous les auteurs du fait dénoncé. Il n'exerce point l'action publique, il est saisi de cette action et il l'instruit » (nº 1621). On invoque d'autres considérations d'un ordre plus élevé. Une fois la poursuite engagée, la justice ne commande-t-elle pas que celle-ci aille jusqu'au bout, sans se soucier de ceux qu'elle peut désobliger? « Ce que la société attend du juge, a dit M. A. Guillot, p. 57, ce n'est pas une vérité tronquée, mutilée, honteuse d'elle-même, c'est une vérité absolue et forte ». Or, il est contradictoire à l'idée de justice qu'un juge d'instruction, requis d'informer sur un crime, reste les mains liées devant un coupable, soupçonné, convaincu peut-être l'auteur de ce crime, parce que le parquet ne lui a pas désigné nommément ce coupable. C'est ce qu'a pensé la commission extraparlementaire de la réforme du code d'instruction criminelle. « Il est utile de déclarer, avait dit M. Ribot au sein de la commission, que le juge, une fois saisi, a la complète liberté de ses mouvements, qu'il peut continuer d'office la procédure » (Séance du 19 févr. 1879). Et l'exposé des motifs du projet du Gouvernement s'exprimait ainsi : « Dès qu'il est régulièrement saisi, le juge d'instruction jouit d'une latitude complète pour prescrire spontanément, sans qu'une réquisition du ministère public ou du plaignant soit nécessaire, toutes les mesures d'information qu'il juge opportunes ».

La commission du Sénat, dirigée par des idées différentes, a proposé à la haute assemblée, et celle-ci a voté, un art. 50 qui est la négation de cette théorie juridique, et qui est ainsi conçu : « Le juge d'instruction ne peut instruire que *sur les faits* et à l'égard des individus qui sont l'objet du réquisitoire du procureur de la République ». Cette disposition a été critiquée. « C'est rétablir, a-t-on dit, au profit des parquets, les lettres d'abolition individuelles par lesquelles le roi arrêtait autrefois le cours de la justice, c'est le favoritisme qu'on introduirait dans la loi à la place de la justice » (Laborde, *loc. cit.*). La commission de la Chambre des députés n'a pas pensé qu'il en dût être ainsi. Elle a estimé que, quand « saisi de la poursuite d'un fait déterminé contre un présumé coupable, le juge d'instruction découvre un autre coupable, son droit d'informer est indéterminé quant à ceux qui peuvent l'avoir commis. L'action publique a été mise en mouvement et doit atteindre tous les coupables, sans être obligée d'attendre de nouvelles réquisitions » (Rapport de M. Bovier-Lapierre, p. 30), et elle a proposé le texte suivant de l'art. 49 : « Le juge d'instruction fera tous les actes qu'il jugera utiles à la manifestation de la vérité. Lorsqu'il aura été saisi à la requête du ministère public, il pourra instruire à la charge d'individus non désignés dans le réquisitoire que l'information lui désignerait. Lorsqu'il aura été saisi directement par la partie civile, si l'information lui révèle des présomptions de culpabilité à la charge d'individus non désignés dans la plainte, il devra, avant d'instruire à leur encontre : 1º en donner avis à la partie civile, qui aura à déclarer si elle entend persévérer dans sa plainte et conserver sa qualité de partie civile; 2º en cas de retrait de la plainte ou du refus de la partie civile de conserver cette qualité, communiquer immédiatement la procédure au procureur de la République, qui prendra telles réquisitions qu'il jugera convenables ». — V. sur la question qui vient d'être traitée, le chapitre 4 de l'ouvrage de M. A. Guillot, qui y est tout entier consacré.

565. Au reste, il demeure certain, comme à l'époque de la publication du *Répertoire*, nº 442, que le juge d'instruction ne peut jamais faire porter l'information sur des faits autres que ceux qui lui ont été déférés par le réquisitoire du ministère public. Cette question est toute différente de la précédente. Nous l'avons dit : l'instruction préparatoire a lieu *in rem*. Or, c'est précisément la fonction du ministère public de désigner les faits à l'égard desquels il entend exercer l'action publique. A moins de méconnaître les droits du parquet, d'usurper la direction de l'action publique, le juge ne peut, de sa seule autorité, étendre ses recherches à un nouveau fait distinct du fait dénoncé, alors même qu'il lui serait connexe (Faustin Hélie, t. 4, nº 1622; Mangin, nº 12; Laborde, nº 1009; Garraud, p. 584; Villey, p. 279). On ne doit pas, toutefois, considérer comme des faits nouveaux les faits qui ne seraient que des circonstances aggravantes des premiers; aussi croyons-nous que le juge peut, sans nouveau réquisitoire, instruire sur tous les délits qui constituent des circonstances aggravantes de l'infraction dénoncée (Mêmes autorités).

566. Il est, d'ailleurs, hors de doute, nous l'avons déjà fait remarquer au *Rép.*, nº 444, que, bien que le juge d'instruction ne puisse se saisir d'autres faits sans un nouveau réquisitoire, il doit cependant *constater* dans ses procès-verbaux tout ce qu'on lui déclare et tout ce qu'il découvre quant à des crimes et délits étrangers à la poursuite, et en donner avis sur-le-champ au procureur de la République (c. instr. crim. art. 29). Telle est la doctrine de tous les auteurs (Mangin, nº 14; Faustin Hélie, nº 1622; Laborde, nº 1010; Sarraute, nº 382). Un récent arrêt a décidé, en ce sens, que le juge d'instruction a compétence pour constater à la charge des prévenus tous les faits délictueux advenus à sa connaissance au cours de l'instruction régulièrement ouverte contre eux (Rennes, 3 nov. 1887, arrêt Joly, D. P. 88. 2. 233); spécialement que les actes d'instruction qu'il accomplit pour arriver à la constatation de ces nouveaux délits (par exemple la commission d'un expert) ont pour effet d'en interrompre la prescription, alors même qu'il n'aurait pas été requis d'informer à ce sujet (Même arrêt).

567. — V. ORDONNANCES ET OPPOSITION A ORDONNANCES. — 1º *Ordonnances.* — Les décisions rendues par le juge instructeur dans l'exercice de ses fonctions, et par lesquelles il *statue* soit sur les réquisitions du ministère public, soit sur les demandes de la partie civile, soit sur les exceptions du prévenu, ou *prescrit* d'office les mesures qu'il juge nécessaire dans l'intérêt de l'instruction, prennent le nom d'*ordonnan-*

ces. C'est le nom que ces actes portaient sous l'ancien droit criminel, et le code actuel le leur a conservé (Mangin, t. 1, n° 18). Les ordonnances sont de véritables jugements ; le juge d'instruction, ainsi que nous l'avons fait remarquer au *Rép.*, n° 426, a, dans les limites de sa compétence, toute l'autorité d'une juridiction.

568. Les juges d'instruction sont appelés à rendre des ordonnances de diverses sortes : ordonnances de transport, de perquisition, de délégation, de communiqué, ordonnances statuant sur des incidents, ordonnances de clôture, etc. Ces dernières sont les plus importantes. Avant la loi du 17 juill. 1856, qui a supprimé la chambre du conseil, elles étaient rendues, non par le juge d'instruction, mais par ladite chambre du conseil. Il en sera traité spécialement *infrà*, chap. 4, sect. 5.

569. — 2° *Opposition à ordonnances.* — La question de savoir si les ordonnances du juge d'instruction sont susceptibles d'être attaquées par la voie de l'appel (appel que, dans la pratique, on nomme *opposition*) ne se pose plus dans les mêmes termes qu'à l'époque de la publication du *Répertoire*. En effet, la loi du 17 juill. 1856 (D. P. 56. 4. 123), en modifiant profondément le texte de l'art. 135 c. instr. crim., a consacré et réglementé le droit d'opposition au profit des personnes désignées audit article. Il est hors de doute aujourd'hui que ce droit appartient, dans des conditions diverses, au ministère public, au prévenu, à la partie civile.

Bien que l'art. 135 nouveau ait déjà été commenté *suprà*, v° *Appel en matière criminelle*, n°s 7 à 15, nous croyons utile d'exposer ici, d'une façon plus complète, la théorie de l'opposition aux ordonnances suivant la législation actuelle. Avant de présenter ces explications, nous ferons cette observation générale que, dans tous les cas, le juge de l'opposition est la chambre des mises en accusation de la cour d'appel (art. 135, § 6). La chambre du conseil étant supprimée, il n'y avait point d'autre juge possible. Il a été jugé que la chambre correctionnelle de la cour d'appel est incompétente pour connaître des mesures d'instruction ordonnées par les magistrats instructeurs et des questions qui peuvent s'y rattacher (Pau, 20 août 1873) (1). Au reste, le projet de réforme du code d'instruction criminelle rétablit la chambre du conseil (art. 50 et 157 à 163) avec mission de statuer comme juge d'appel sur les décisions du juge d'instruction.

570. Le ministère public, ayant la surveillance de l'instruction préparatoire, peut faire opposition à *toutes* les ordonnances du juge d'instruction (art. 135, § 1). Il peut requérir toute mesure qu'il croit utile à la manifestation de la vérité, nécessaire pour assurer la répression, équitable pour le prévenu. Le juge d'instruction, qui refuse d'accomplir l'acte dont il est requis, doit formuler son refus dans une ordonnance que le ministère public peut attaquer (Laborde, n° 1118). Jugé que le ministère public a le droit absolu de former opposition aux ordonnances du juge d'instruction, qui refusent de faire droit à ses réquisitions ; ce droit existe notamment lorsque le juge d'instruction a refusé de faire droit aux réquisitions du ministère public, tendant à la condamnation à l'amende d'un témoin qui refuse de déposer (Crim. cass. 16 janv. 1862, *Bull. crim.*, n° 18).

571. Le droit d'opposition appartient individuellement au procureur de la République et au procureur général. Le premier de ces magistrats doit l'exercer « dans les vingt-quatre heures à compter de l'ordonnance » (art. 135, § 4), c'est-à-dire le lendemain. Aucune forme ne lui est prescrite ; mais par analogie de ce qui a lieu pour l'appel correctionnel (art. 203), on décide qu'il suffit d'une déclaration faite au greffe (Faustin-Hélie, t. 5, n° 2115 ; Garraud, n° 584 ; Laborde, n° 1119). Le second a les dix jours qui suivent l'ordonnance pour exercer son recours. Il doit notifier son

opposition au prévenu (Crim. rej. 19 mai 1881, aff. Sougaret, D. P. 81. 1. 400). Au reste, sa faculté d'opposition lui est personnelle et ne peut être compromise par les actes de ses substituts, ni, à plus forte raison, par les agissements de la partie civile (Crim. cass. 11 févr. 1881, aff. Grisier, D. P. 82. 1. 321).

572. Nous venons de dire que le procureur général a dix jours pour former son opposition. Cette opposition, toutefois, cesserait d'être recevable, quoique le délai de dix jours ne fût pas encore expiré, si le tribunal avait, en exécution de l'ordonnance, prononcé sur le délit que cette ordonnance avait pour but de lui déférer ; car la chambre d'accusation ne pourrait être saisie d'une question déjà tranchée par le tribunal, et, dans ce cas, le procureur général n'aurait plus d'autre voie que celle de l'appel du jugement correctionnel (Crim. règl. de juges, 20 sept. 1860, aff. Ghislain, D. P. 60. 1. 469).

573. Mais l'opposition peut être formée dans le délai de dix jours, même après la citation donnée et même après les débats engagés, tant que le tribunal saisi en vertu de l'ordonnance du juge d'instruction n'a pas jugé une des questions de fait ou de droit que soulève cette ordonnance (Crim. cass. 11 févr. 1881, cité *suprà*, n° 571). Conf. Faustin Hélie, t. 2, n°s 580 et 581, et t. 6, n°s 2999 et 3000 ; Sarraute, n° 973.

574. L'opposition du ministère public est-elle suspensive ? Arrête-t-elle l'exécution de l'ordonnance attaquée ? V. *infrà*, n° 584.

575. Quant à l'effet *dévolutif* de l'opposition du ministère public, il se restreint aux chefs de l'ordonnance contre laquelle elle est dirigée ; ce sont les seuls points sur lesquels peut statuer la juridiction d'appel. C'est l'application de la règle : *Tantum devolutum quantum appellatum*. Mais l'effet dévolutif est complet quant à ces chefs, et la chambre d'accusation se trouve pleinement saisie de l'action publique à leur égard. Cette chambre pourra donc, sur une opposition *à minima* du ministère public, rendre un arrêt plus favorable à l'inculpé que l'ordonnance attaquée. C'est l'application de la règle générale admise en notre droit criminel que l'appel *à minima* du ministère public remet tout en question devant les juges du second degré, et permet à ceux-ci de diminuer la peine ou même d'acquitter le prévenu (Garraud, n° 584, p. 734 ; Laborde, n° 1121).

576. La *partie civile* a le droit d'opposition contre toutes les ordonnances « faisant grief à ses intérêts civils ». Telle est la nouvelle disposition du paragraphe 2 de l'art. 135, qui emploie cette formule générale après avoir énuméré, à titre d'exemples, certaines de ces ordonnances, savoir : 1° l'ordonnance accordant la liberté provisoire (art. 119) ; 2° L'ordonnance de non-lieu (art. 128) ; — 3° Les ordonnances de mise en prévention qui doivent être suivies de l'élargissement du prévenu (art. 129, 131) ; — 4° L'ordonnance de dessaisissement pour incompétence (art. 539). Suivant M. Laborde (n° 1122), il faut ajouter à cette énumération, par application de la formule générale : — 5° L'ordonnance qui déclare n'y avoir lieu d'informer (ce qui nous paraît évident) ; — 6° L'ordonnance de renvoi devant un tribunal incompétent (il importe, en effet, à la partie civile de ne pas courir les chances d'une mauvaise procédure dont elle payerait les frais). — Mais la partie civile ne pourrait certainement pas former opposition à une ordonnance de mainlevée de mandat de dépôt ou d'arrêt, puisque, suivant la disposition formelle de l'art. 94, dernier paragraphe, ces sortes d'ordonnances ne peuvent jamais être attaquées par voie d'opposition (Conf. Laborde, n° 1062 ; A. Marion, *Étude sur la loi du 14 juill.* 1865, *Journal du ministère public*, 1865, p. 248).

577. Le délai imparti à la partie civile pour faire oppo-

---

(1) (Laune-Lazare). — Le sieur Laune-Lazare, poursuivi pour délit de contrebande, a présenté au juge d'instruction près le tribunal d'Oloron-Sainte-Marie, une requête tendant à ce qu'il lui fût fait remise, moyennant caution, des marchandises saisies entre ses mains. Le 25 juill. 1873, ordonnance du juge d'instruction déclarant qu'il n'y a lieu d'ordonner la mainlevée des marchandises saisies ; — Appel du sieur Laune-Lazare.

La cour ; — Attendu que la chambre correctionnelle n'a juridiction que pour statuer sur les appels relevés contre les juge-

ments correctionnels rendus par les tribunaux de première instance ; qu'elle est absolument sans compétence pour connaître des mesures d'instruction ordonnées par les magistrats instructeurs et des dispositions qui peuvent s'y rattacher ; — Par ces motifs, statuant sur l'opposition de Laune-Lazare envers l'ordonnance rendue le 25 juillet dernier par M. le juge d'instruction près le tribunal d'Oloron ; — Déclare son incompétence.

Du 20 août 1873.-C. de Pau, ch. corr.-MM. Julhiet, pr.-Baylet, subst.-Lamaignère, av.

sition est de vingt-quatre heures à compter de la signification qui lui est faite de l'ordonnance à son domicile réel ou élu dans l'arrondissement (art. 135, § 4), délai de rigueur suivant la jurisprudence (Paris, 27 août 1852; *Journal du droit criminel*, t. 24, p. 380). Le texte étant muet sur les formes de l'opposition de la partie civile, on en a conclu, avec raison, que cette forme est la même que celle de l'appel, c'est-à-dire une déclaration au greffe (Crim. rej. 8 févr. 1855, aff. Mansel, D. P. 55. 1. 90; Garraud, *eod. loc.*; Faustin Hélie, t. 5, n° 2116; Dutruc, *Mémorial*, v° *Juge d'instruction*, n° 38; Laborde, n° 1123). — Toutefois, il est admis généralement que la déclaration au greffe peut être remplacée par des actes équipollents, pourvu qu'ils sauvegardent les droits, tant de l'inculpé que du ministère public (Gréau, p. 157). L'opposition peut donc être valablement formée par exploit d'huissier, signifié tout à la fois au prévenu et au parquet (Grenoble, 20 juin 1826, aff. S...; *Rép.* v° *Appel en matière criminelle*, n° 46). Quelques arrêts vont plus loin et décident que la notification au parquet est suffisante (Crim. rej. 17 août 1839, aff. Fraboulet, *ibid.*, n° 47; Paris, 29 mars 1859) (1).

578. Les effets de l'opposition de la partie civile sont très étendus; ils sont les mêmes que ceux de l'opposition du ministère public. C'est une exception au principe de la séparation et de l'indépendance des deux actions, qui résulte nettement des art. 135, 217, 229 et 230 c. instr. crim., lesquels placent le parquet et la partie civile sur la même ligne et formulent le droit de l'un et de l'autre dans les mêmes termes. On peut, en théorie, critiquer cette exception puisqu'il y a là une immixtion de la partie civile dans l'*exercice* de l'action publique, contraire aux principes généraux du droit criminel. Mais elle se justifie par les considérations suivantes. « Les juges d'instruction et les chambres d'accusation sont sans pouvoir pour prononcer sur le bien ou le mal fondé de l'action civile. Le tribunal de répression est seul compétent, et, comme la chambre d'accusation ne peut renvoyer l'action civile devant un tribunal de répression qu'en le saisissant en même temps de l'action publique, il s'ensuit que la révision de l'ordonnance ne peut avoir lieu dans l'intérêt unique de la partie civile. Quand celle-ci forme opposition, elle agit donc, tout à la fois, dans son intérêt privé et dans l'intérêt social » (Gréau, p. 154). Conf. Mangin, *Traité de l'action publique*, t. 1, n° 46; Faustin Hélie, t. 5, n° 2104; Garraud; *eod. loc.*; Laborde, n° 1124). Conformément à cette doctrine, il a été jugé que l'opposition de la partie civile à une ordonnance de non-lieu opère à la fois dans l'intérêt de l'action civile et de l'action publique, et que, par suite, la juridiction saisie à la suite de l'annulation de l'ordonnance doit statuer aussi bien sur l'application de la peine que sur les dommages-intérêts (Crim. rej. 29 mars 1878, aff. Sénente, D. P. 79. 1. 92).

579. Si la partie civile se désistait de son opposition, la chambre d'accusation pourrait-elle réformer l'ordonnance au point de vue de l'action publique? Non, suivant Faustin Hélie, qui estime que la poursuite ne peut pas survivre à l'action et à l'effet à la cause (t. 5, n° 2106). Oui, d'après Mangin (*Du règlement de la compétence*, p. 80), parce que les juridictions pénales, une fois saisies de l'action publique, n'en peuvent être dessaisies par un désistement. Conf. Laborde, n° 1125; Gréau, p. 154. Cette dernière opinion nous paraît préférable.

580. Sur les dommages-intérêts encourus, aux termes de l'art. 136 c. instr. crim., par la partie civile qui succombe dans son opposition, V. *suprà*, v° *Appel en matière criminelle*, n°s 13 et 14.

581. Quant au *prévenu*, l'art. 135 (§ 3) ne lui accorde le droit d'opposition que dans deux cas seulement : 1° quand la mise en liberté provisoire lui est refusée (art. 114); 2° quand il a excipé de l'incompétence et que le juge s'est déclaré compétent (art. 539). Aussi a-t-il été jugé que l'opposition du prévenu à l'ordonnance qui le renvoie en police correctionnelle n'est pas recevable (Crim. rej. 4 juill. 1873, aff. Boulanger, D. P. 73. 1. 386). Au reste, nous estimons que les ordonnances du juge d'instruction sont susceptibles d'opposition de la part de l'inculpé pour cause d'incompétence, quel que soit le moyen d'incompétence dont il excipe, et non point seulement à raison de l'incompétence *ratione loci* (Crim. cass. 28 sept. 1854, aff. Turrel, D. P. 55. 5. 262; Grenoble, 6 déc. 1854, même affaire; Colmar, 13 févr. 1863, *Journal du ministère public*, 6. 89).

582. L'opposition du prévenu se fait par déclaration au greffe comme celle de la partie civile (Faustin Hélie, t. 5, n° 2117; Laborde, n° 1128; Garraud, n° 584, p. 735), et le délai de vingt-quatre heures court à compter de la communication ou de la signification de l'ordonnance, suivant que le prévenu est détenu ou en liberté (art. 135, § 4). La loi prescrit au ministère public de faire cette signification ou communication dans les vingt-quatre heures de la date de l'ordonnance (§ 5).

583. Si le prévenu avait formé opposition à l'ordonnance du juge d'instruction, aurait-il qualité pour exciper, plus tard, devant la cour de cassation, de l'irrecevabilité de cette opposition formée par lui-même? La négative a été jugée, avec raison, par la cour de cassation (Crim. rej. 28 mai 1892, aff. Martinet).

584. L'opposition faite aux ordonnances du juge d'instruction est-elle, ou non, suspensive? La négative a été soutenue, d'une façon générale, au *Rép.*, v° *Appel en matière criminelle*, n° 430 (Conf. Faustin Hélie, t. 4, n° 1632; Duverger, t. 1, n° 425, p. 396; Mangin, t. 1, n° 20; Merlin, *Répertoire*, v° *Juge d'instruction*, n° 4). La jurisprudence ne paraît pas avoir eu à statuer sur cette question depuis la publication du *Répertoire*. — Mais, au point de vue de la mise en liberté de l'inculpé détenu, le nouvel art. 135 c. instr. crim. (modifié par la loi du 17 juill. 1856) contient des règles spéciales et qui doivent être signalées ici. « Le prévenu détenu, dit l'alinéa 7 de cet article, gardera prison jusqu'à ce qu'il ait été statué sur l'opposition, et, dans tous les cas, jusqu'à l'expiration du délai d'opposition ». Et, pour le cas où l'opposition serait faite par le procureur général, le même article, après avoir fixé à dix jours le délai accordé à ce magistrat, ajoute (alin. 10) : « Néanmoins, la disposition de l'ordonnance qui prononce la mise en liberté du prévenu sera provisoirement exécutée ». Il suit de ces textes que le recours est suspensif à l'égard de la mise en liberté, sauf le cas où il est exercé par le procureur général. Et non seulement le recours suspend la mise en liberté, mais cet effet suspensif se produit par ce délai même de vingt-quatre heures accordé aux parties pour se pourvoir. En conséquence, le prévenu au profit de qui est intervenue une ordonnance de non-lieu gardera prison jusqu'au lendemain. Passé ce délai, il sera élargi si aucune opposition n'est formée (Garraud, n° 584, p. 734; Laborde, n° 1120; Dutruc, *Code de la détention préventive*, n° 76 *in fine*; Sarraute, n° 961).

585. L'art. 135 n'accordant le droit d'opposition qu'au ministère public, au prévenu et à la partie civile, l'opposition formée par toute autre personne devrait être déclarée irrecevable (Crim. rej. 17 août 1878, aff. Baisset, D. P. 80. 1. 478).

586. Les ordonnances, n'étant pas des décisions en dernier ressort, ne sont pas susceptibles de recours en cassation. Ainsi jugé, notamment, en matière d'ordonnance prescrivant la transmission des pièces de la procédure criminelle au procureur général (Crim. rej. 12 févr. 1891, aff. Georges Daille, D. P. 91. 1. 286).

587. — VI. Attributions du juge d'instruction en cas de flagrant délit. — L'art. 59 c. instr. crim. permet au juge d'instruction de se saisir d'office dans tous les cas réputés flagrant délit. Tel est, en effet, le sens certain de

---

(1) (M...) — La cour; — En ce qui concerne la recevabilité de l'opposition; — Considérant que l'art. 135 c. instr. crim. n'a pas fixé la forme de l'opposition aux ordonnances du juge d'instruction; qu'il prescrit seulement de déclarer cette opposition dans les vingt-quatre heures, à compter de la notification de l'ordonnance; que dans le silence de la loi touchant la partie à laquelle l'opposition doit être signifiée, il est naturel que cette signification soit faite à celle qui a requis la notification de l'ordonnance, c'est-à-dire au procureur impérial; — Que, si l'art. 135 a omis, malgré l'intérêt du prévenu à en être averti, d'indiquer ce dernier, comme devant être touché également de l'opposition de la partie civile, on ne saurait, dans le silence de la loi, créer une déchéance;

Déclare l'opposition de M... recevable, etc.
Du 29 mars 1859.-C. de Paris, ch. d'acc.-MM. Croissant, pr.-Dupré-Lassalle, subst.

l'article précité. En donnant au juge, en cas pareil, le droit de « faire directement et par lui-même tous les actes attribués au procureur de la République », l'article lui confère implicitement et nécessairement celui de se saisir sans réquisitoire introductif, c'est-à-dire d'*office* (Laborde, n° 1084).

588. Outre le droit de se saisir d'office, le flagrant délit ajoute aux pouvoirs du juge d'instruction le droit d'entendre des témoins sans citation préalable, celui de faire arrêter l'inculpé présent sur un simple ordre verbal, celui enfin de faire exécuter lui-même ses ordonnances (Faustin Hélie, t. 4, n° 1608; Duverger, t. 1, n° 111; Laborde, n° 1086; Garraud, n° 472). Ces droits, sont ceux attribués au ministère public par le chapitre « des procureurs du roi et de leurs substituts », auquel renvoie l'art. 59.

589. Au reste, ainsi qu'on l'a déjà établi au *Rép.*, n° 435, le juge d'instruction demeure, dans tous les cas, juge d'instruction. Personne n'admet plus, avec M. Carnot, que l'art. 59, en renvoyant aux règles établies à l'égard des procureurs du roi et de leurs substituts, ait limité les pouvoirs du juge d'instruction, et que celui-ci ne puisse faire que les actes que le ministère public aurait eu lui-même le droit de faire. « L'art. 59, a dit M. Faustin Hélie (*loc. cit.*), loin de dépouiller le juge d'instruction de ses attributions ordinaires, n'a eu pour but que de les lui réserver au cas même de flagrant délit, nonobstant le concours du procureur impérial, en y ajoutant, pour ce cas seulement, le droit exceptionnel de commencer lui-même la poursuite ». Et M. Sarraute a écrit depuis, en termes précis : « Tout en ayant, ici, exceptionnellement, les pouvoirs du procureur de la République, le juge d'instruction conserve les pouvoirs qui lui sont propres. L'art. 59 ne fait qu'ajouter à ses fonctions propres celles du procureur de la République » (n° 205). — Conf. Duverger, *loc. cit.*; Pàris, p. 187; Laborde, n° 1084.

590. Le juge d'instruction est-il *tenu* d'exercer le droit d'initiative qui lui appartient en cas de flagrant délit ? On a établi au *Rép.*, n° 436, qu'il y a là pour lui faculté, et non une obligation (Conf. Mangin, t. 1, n° 213, p. 354; Boitard, n° 581, p. 521; Sarraute, n° 209. — *Contrà* : Duverger, n° 217).

591. Au reste, comme on l'a exposé au *Rép.*, n° 435, l'attribution des pouvoirs extraordinaires du juge d'instruction a lieu aussi bien en cas de simple *délit* flagrant qu'en cas de *crime*, l'art. 59 lui conférant les attributions « dans tous les cas réputés flagrant délit », et ne faisant pas, comme l'art. 32, de distinction à cet égard. Conf. Boitard, n° 581, p. 524 ; Morin, *Répertoire*, v° *Instruction criminelle*, n° 12 ; Sarraute, n° 204. Le texte de l'art. 188 du projet de loi sur la réforme du code d'instruction criminelle fera, s'il est adopté, cesser tout doute à cet égard, puisqu'il accorde les pouvoirs extraordinaires au juge d'instruction « dans tous les cas réputés *crimes* ou *délits* flagrants ».

592. La majorité des auteurs (Mangin, t. 1, n° 234; Faustin Hélie, t. 4, n° 1501; Rauter, *Droit criminel*, t. 2, p. 358; Boitard, n° 581, p. 520; Duverger, n° 115; Laborde, n° 1084), reconnaissent, comme on l'a fait au *Rép.*, n° 437, ces mêmes pouvoirs au juge d'instruction dans le cas de réquisition d'un chef de maison pour crime ou délit, même non flagrant, commis à l'intérieur (c. instr. crim. art. 46).

593. Aujourd'hui, depuis la loi du 17 juill. 1856, les juges d'instruction possèdent non seulement le droit de refaire les actes accomplis par les officiers de police judiciaire qui ne leur paraîtraient pas complets (art. 60 c. instr. crim.), mais encore le droit d'annuler ceux de ces actes qui seraient irréguliers (Conf. Faustin Hélie, t. 4, n° 1617). À la vérité, l'opinion contraire a été admise au *Rép.*, n° 439, conformément à un arrêt de la cour de cassation de 1818, dont le principal motif est que « l'annulation d'un acte est l'exercice du droit de rendre des jugements » : ce droit, à l'époque de la publication du *Répertoire*, n'appartenait, en matière d'instruction, qu'à la chambre du conseil et à la chambre d'accusation. Mais la loi précitée du 17 juill. 1856 a substitué, au point de vue de la juridiction, les juges d'instruction aux chambres du conseil qu'elle a supprimées. Ces magistrats sont ainsi devenus de véritables tribunaux, rendant des jugements. Le motif donné a donc perdu

sa valeur, et nous croyons qu'il appartiendrait aujourd'hui aux magistrats instructeurs de prononcer l'annulation des actes irréguliers faits par les officiers de police judiciaire. Conf. Faustin Hélie, t. 4, n° 1617. *Contrà*, Duverger, t. 1, n° 119. Toutefois, il ne semble pas que, dans la pratique, les magistrats instructeurs aient jamais usé de ce droit.

594. Reste une dernière question, assez délicate, et qui ne nous paraît avoir été examinée que par deux auteurs, lesquels l'ont résolue diversement (De Molènes, *Traité pratique des fonctions du procureur du roi*, t. 1, p. 307 et suiv.; Duverger, t. 1, n° 111, p. 348). Cette question est celle de savoir si les actes faits par le juge d'instruction en cas de flagrant délit, et transmis au parquet, obligent le procureur de la République à poursuivre. M. de Molènes estime que le procureur de la République est absolument libre de poursuivre après communication d'actes semblables, ou de mettre de côté et de laisser sans suite les pièces qu'il tiendrait du juge d'instruction, par la double raison que les officiers de police judiciaire n'ont pas le pouvoir de mettre en mouvement le ministère public, et que le parquet ne peut recevoir d'ordre de poursuite du juge d'instruction, ni directement ni indirectement. Rien de plus exact que ces deux propositions. Mais la conclusion qui en a été tirée est-elle bien légitime ? Il est, croyons-nous, permis d'en douter. — M. Duverger, *loc. cit.*, a soumis l'objection de M. de Molènes à une discussion approfondie, dont voici la conclusion : « Assurément, a-t-il dit, le juge d'instruction n'a pas plus à donner des ordres au procureur de la République qu'il n'en a à recevoir de lui. Sans aucun doute, le juge d'instruction ne peut engager le droit du ministère public, rendre son initiative dépendante, ou son action subordonnée, en ce sens que toujours le ministère public reste le maître de requérir ou de conclure suivant son libre arbitre. Mais dès que le juge d'instruction a été saisi ou s'est saisi d'une affaire, dès qu'il a fait acte de ses fonctions, le procureur de la République ne peut plus laisser cette affaire sans suite, c'est-à-dire sans réquisitions, pas plus qu'il ne pourrait citer directement en police correctionnelle. Il ne sera pas contraint de requérir une instruction ou une inculpation, mais il sera obligé de prendre des réquisitions quelconques, ne fût-ce que pour demander le non-lieu, s'il estime que ce soit la seule résolution à prendre sur une procédure entamée en dehors de son initiative et sans son concours, sauf au juge d'instruction à statuer comme il lui semblera appartenir, à la charge d'appel; le procureur de la République sera dans cette obligation inévitable, parce que, à moins d'évocation ou de règlement de juges ou en dehors des cas expressément déterminés par la loi, le juge d'instruction seul peut suspendre ou régler une procédure dont il a été investi, en d'autres termes dessaisir sa juridiction ». Nous ajouterons que la doctrine qui permet au procureur de la République de ne tenir aucun compte des informations du juge d'instruction, de les « classer », semble peu compatible avec la dignité des fonctions de ce magistrat. Que le procureur de la République « classe », s'il le juge à propos, les actes de ses auxiliaires, tels que les juges de paix et les commissaires de police, et ceux d'agents inférieurs comme les gardes champêtres ou forestiers, rien de mieux; mais il nous semble difficile d'admettre qu'il en puisse être de même des actes du juge d'instruction. Celui-ci n'est le délégué de personne, ce n'est de la loi. Il est complètement indépendant du procureur de la République; il exerce une juridiction véritable, et les actes qu'il a formalisés en vertu d'une disposition légale qui lui confie le pouvoir « de faire directement et par lui-même, en cas de flagrant délit, les actes attribués au procureur du roi » (art. 59), ces actes seraient en quelque sorte revisables et annulables au gré du magistrat du parquet! Nous ne croyons pas que telle ait été la pensée du législateur. Quand le juge d'instruction a été saisi régulièrement, c'est la justice qui a été saisie en sa personne; c'est à elle, et non au ministère public, à prononcer.

595. — VII. Règles générales des fonctions du juge d'instruction. — On a dit au *Rép.*, n° 453, que le juge d'instruction doit instruire à décharge aussi bien qu'à charge, car il a mission de rechercher et de constater la vérité. Cette règle, à laquelle Legraverend a vainement essayé d'imposer une limite (V. *eod. loc.*), n'est point la seule qui puisse être

signalée relativement à l'exercice des fonctions de ce magistrat. A la vérité, la loi n'a pas jugé à propos d'édicter des dispositions sur les devoirs du juge d'instruction; mais, à défaut de la loi et en dehors de ses dispositions, il n'existe pas moins des règles que doit observer le juge d'instruction dans l'exercice de ses fonctions. Ces règles tiennent à des devoirs qui sont imposés par la nature même des fonctions du magistrat. Si elles n'ont pas la force d'une disposition légale, elles trouvent au moins une sanction dans la conscience du juge. Faustin Hélie en a présenté un résumé complet et précis, t. 4, nᵒˢ 1649 à 1656. Nous nous bornerons à reproduire ici les principes de ces règles, telles que cet auteur les a formulées : De la qualité de juge, qui appartient au juge d'instruction, résulte l'obligation de l'impartialité entre le ministère public et les parties. Son premier devoir est la recherche consciencieuse de la vérité. Son indépendance doit se manifester surtout dans les affaires politiques. Il doit procéder diligemment; instruire à charge et à décharge; n'employer que les mesures autorisées par la loi; ne les employer que lorsqu'elles sont nécessaires. On trouvera supra, nᵒ 28, l'indication de quelques règles posées par les codes étrangers concernant les devoirs du juge instructeur.

Sect. 7. — De l'arrestation par mesure de police en cas de flagrant délit.

596. Il y a deux sortes d'arrestation avant jugement: la simple saisie provisoire de la personne de l'inculpé, pour le conduire devant le magistrat chargé de l'interroger, et la détention préventive de cet inculpé, en vertu d'un ordre émané du magistrat compétent. Cette distinction fondamentale entre la simple saisie-arrestation et la détention préventive a été formulée, en ces termes, par la constitution des 3-4 sept. 1791 : « Nul homme ne peut être saisi que pour être conduit devant l'officier de police; et nul ne peut être mis en arrestation ou détenu qu'en vertu d'un mandat des officiers de police, d'une ordonnance de prise de corps d'un tribunal, d'un décret d'accusation du Corps législatif dans le cas où il lui appartient de le prononcer, ou d'un jugement de condamnation à prison ou détention correctionnelle ».

597. La saisie-arrestation, on vient de le dire, n'a d'autre objet que de conduire l'inculpé devant le magistrat qui doit l'interroger. C'est une simple mesure de police, une précaution prise contre la possibilité d'une fuite. Elle est permise, en cas de flagrant délit, à tous les officiers et agents de police judiciaire, et même aux simples citoyens; elle a lieu sans ordre préalable et à l'initiative même de celui qui la fait (Garraud, Précis, nᵒ 473, p. 640).

598. Dans quels cas peut-on y recourir? Les textes les plus importants à cet égard sont : l'art. 106 c. instr. crim., l'art. 16 du même code, et l'art. 1 de la loi du 20 mai 1863. L'art. 106 est ainsi conçu: « Tout dépositaire de la force publique, et même toute personne, sera tenu de saisir le prévenu surpris en flagrant délit ou poursuivi, soit par la clameur publique, soit dans les cas assimilés au flagrant délit, et de le conduire devant le procureur de la République, sans qu'il soit besoin de mandat d'amener, si ce crime ou délit emporte peine afflictive ou infamante ». Il résulte incontestablement de ce texte le droit pour toute personne, en cas de crime flagrant, de saisir l'inculpé et de le conduire devant le magistrat. On a déjà dit au Rép., nᵒ 682, que la jurisprudence et une partie de la doctrine avaient étendu cette disposition aux simples délits punissables d'emprisonnement, tandis que certains criminalistes, notamment Faustin Hélie (t. 3, nᵒˢ 1518 à 1522), interprétant le texte avec rigueur, refusaient d'accorder le droit d'arrestation, sans mandat de justice, au cas de simple délit correctionnel. Mais cette question n'a plus d'intérêt aujourd'hui, depuis que la loi du 20 mai 1863 a organisé la procédure à suivre contre les individus arrêtés en flagrant délit correctionnel passible de l'emprisonnement. L'art. 1 de cette loi, qui est ainsi conçu : « Tout inculpé, arrêté en cas de flagrant délit pour un fait puni de peines correctionnelles, est immédiatement conduit devant le procureur de la République... » suppose, en effet, d'une manière générale, que l'on peut arrêter l'auteur d'un délit flagrant et puni de peines correctionnelles. Sans doute,

il n'énumère pas ceux qui peuvent faire de telles arrestations; mais il semble bien attribuer compétence à tous les fonctionnaires, agents ou officiers de police judiciaire, et la jurisprudence et la doctrine sont aujourd'hui d'accord pour lui donner cette interprétation (Garraud, Précis, nᵒ 473, p. 611 ; Laborde, nᵒ 1088 ; Trébutien, nᵒ 437).

Aujourd'hui donc il est permis à tout agent de la police judiciaire, et même à toute personne, de saisir un délinquant surpris en flagrant délit, si le fait emporte peine afflictive ou infamante ou peine d'emprisonnement. Il est regrettable, assurément, qu'en une matière aussi grave, la loi ne soit pas plus explicite. Elle n'encourra plus ce reproche si les Chambres appelées à réformer notre code d'instruction criminelle adoptent le texte de l'art. 176 du projet du Sénat, ainsi conçu: « Tout dépositaire de la force publique, ou même toute personne, est tenu de saisir l'individu surpris en état de crime ou de délit flagrant, et de le conduire sur-le-champ devant le procureur de la République. ».

599. Laissant de côté la nature de l'infraction, que faut-il entendre ici par flagrant délit? Il n'y a point de doute que le flagrant délit doive s'entendre ici uniquement des cas prévus par l'art. 41 c. instr. crim., et non de celui prévu par l'art. 46. Cette restriction résulte, non point de l'art. 106, mais de l'art. 1 de la loi de 1863 qui a fixé son interprétation (Exposé des motifs de la loi, nᵒ 1; Rapport, nᵒˢ 17, 27, 35; D. P. 63. 4, 108 et suiv.). Le droit de saisie-arrestation dont on vient de parler n'existe donc que dans les deux cas de flagrant délit, proprement dit et dans les deux cas de délit quasi flagrant prévus par l'art. 41; il n'existe pas dans le cas de réquisition du chef de maison.

600. Il n'est, d'ailleurs, pas indispensable que le dépositaire de la force publique soit le premier à découvrir le crime pour arrêter, en vertu de l'art. 106, l'auteur présumé. La même obligation lui incombe évidemment lorsqu'il aura été appelé par des témoins du fait, le flagrant délit n'étant pas seulement celui qui se commet actuellement, mais aussi celui qui vient de se commettre (art. 41, § 1) (Sarraute, nᵒ 120).

601. Aux termes de l'art. 16 c. instr. crim., les gardes champêtres et forestiers « arrêteront et conduiront devant le juge de paix ou devant le maire tout individu qu'ils auront surpris en flagrant délit ou qui sera dénoncé par la clameur publique, lorsque ce délit emportera la peine d'emprisonnement ou une peine plus grave ». L'art. 163 c. for. ajoute: « Les gardes arrêteront et conduiront devant le juge de paix ou devant le maire tout individu qu'ils auront surpris en flagrant délit ». Il résulte des textes mêmes des articles précités que le droit d'arrestation provisoire accordé aux gardes n'est qu'un droit de police, restreint à la faculté de conduire devant le magistrat. Les règles de l'exercice de ce droit ont été tracées au Rép., nᵒˢ 302 et 303, et supra, nᵒ 449. (V. aussi supra vᵒ Garde champêtre, nᵒˢ 31 et suiv., Rép. vᵒ Forêts, nᵒˢ 389 et suiv., et infrà, vᵒ Régime forestier).

602. Il faut ajouter aux textes qui viennent d'être cités : 1ᵒ le décret des 1ᵉʳ mars-11 avr. 1854 portant règlement sur l'organisation et le service de la gendarmerie (D. P. 54. 4. 40) qui commande aux sous-officiers, brigadiers et gendarmes de saisir: « les assassins, voleurs et délinquants surpris en flagrant délit ou poursuivis par la clameur publique, ainsi que ceux qui sont trouvés avec des armes ensanglantées ou d'autres indices » (art. 276), « ceux qui portent atteinte à la tranquillité publique, en troublant les citoyens dans l'exercice de leur culte, ainsi que ceux qui sont trouvés exerçant des voies de fait ou de violences contre les personnes » (art. 300), et « tout individu qui outrage les militaires de la gendarmerie dans l'exercice de leurs fonctions, ou qui leur fait la déclaration mensongère d'un délit qui n'a pas été commis » (art. 304). Ces mêmes articles commandent à la gendarmerie de conduire les prévenus devant « l'officier de police judiciaire de l'arrondissement »; — 2ᵒ L'art. 87 c. just. milit. du 9 juin 1857 (D. P. 57. 4. 115) ainsi conçu: « Dans les cas de flagrant délit, tout officier de police judiciaire, militaire ou ordinaire, peut faire saisir les militaires justiciables des tribunaux militaires, inculpés d'un crime ou d'un délit. Il les fait conduire immédiatement devant l'autorité militaire, et dresse procès-verbal de l'arrestation en y consignant leurs noms, qualités et signalement »; — 3ᵒ L'art. 117 c. just. milit. pour l'armée de

mer du 4 juin 1858 (D. P. 58, 4, 90) qui contient une disposition semblable à la précédente.

Enfin, il convient de signaler l'art. 41 de la loi du 28 avr. 1816 sur les douanes (*Rép.* v° *Douanes*, p. 583), suivant lequel « toute importation par terre d'objets prohibés et toute introduction frauduleuse d'objets tarifés dont le droit serait de 20 francs par quintal métrique et au-dessus donneront lieu à *l'arrestation* des contrevenants et à leur traduction devant le tribunal correctionnel... », et les art. 222, 223 et 224 de la loi sur les finances du 28 avr. 1816 (*Rép.* v° *Impôts indirects*, p. 417) qui commandent aux employés des contributions indirectes, des douanes, octrois, etc., d'arrêter et de constituer prisonniers ceux qui seront trouvés vendant en fraude du tabac à leur domicile, ou ceux qui en colporteront, et de les « conduire sur-le-champ devant un officier de police judiciaire, ou de les remettre à la force armée, qui les conduira devant le juge compétent » (art. 224). Dans toutes ces hypothèses, il s'agit encore d'une saisie-arrestation, simple mesure de police.

603. D'une façon générale, il y a lieu d'observer que, lorsque l'identité de celui qui est surpris commettant une infraction n'est pas connue, le délinquant peut être arrêté par toute personne, quelle que soit l'infraction commise; il existe, en effet, contre lui une présomption de vagabondage (Garraud, n° 473, p. 610; Laborde, n° 1088). Les règles et distinctions qui précèdent ne concernent donc que les prévenus *domiciliés*.

604. Devant quel magistrat ou officier de police judiciaire doit être conduit l'individu arrêté par mesure de police? La réponse donnée par les différents textes à cette question n'est pas toujours la même. Les art. 106 c. instr. crim., et l'art. 16 du 20 mai 1863 prescrivent de conduire l'inculpé devant le procureur de la République. L'art. 16 c. instr. crim. parle du juge de paix ou du maire; le décret de 1854, sur la gendarmerie, de « l'officier de police judiciaire de l'arrondissement »; la loi de 1816 sur les contributions indirectes « d'un officier de police judiciaire » ou encore du « juge compétent ». — La pratique admet que, dans les communes autres que celle du chef-lieu judiciaire de l'arrondissement, l'individu arrêté en flagrant délit est conduit devant le maire ou le commissaire de police ou le juge de paix, qui l'interroge et décide s'il y a lieu de le mettre en liberté, ou de le faire transférer au chef-lieu devant le procureur de la République.

605. Que doit faire le magistrat de l'individu ainsi amené devant lui? Ici encore, nos lois n'ont donné que des indications insuffisantes; la question n'est prévue que par la loi du 20 mai 1863, dont l'art. 1 est ainsi conçu : « Tout inculpé arrêté en état de flagrant délit, pour un fait puni de peines correctionnelles, immédiatement conduit devant le procureur de la République, *qui l'interroge, et, s'il y a lieu, le traduit sur-le-champ devant le tribunal correctionnel* ». Mais le rôle du magistrat est tracé par la force des choses. Puisque la loi commande de conduire l'inculpé devant lui, c'est évidemment, en règle générale, pour que le magistrat interroge celui-ci et apprécie s'il y a lieu de le mettre ou non en liberté. Ce double devoir s'impose au maire et au juge de paix comme au procureur de la République. Si c'est devant ce dernier que l'individu est conduit, ce magistrat pourra donner, à l'instant, une réquisition et demander au juge d'instruction de décerner un mandat (c'est ce qu'il fera le plus souvent en cas de crime); ou encore il pourra traduire sur-le-champ l'inculpé à l'audience du tribunal en vertu de l'art. 1 de la loi de 1863, avec ou sans mandat de dépôt. Si l'individu est conduit devant un magistrat inférieur, celui-ci n'aura qu'à choisir entre deux partis: le mettre en liberté ou le faire conduire au parquet. Il devra prendre généralement ce second parti, si le prévenu n'est pas domicilié, ou si la prévention qui pèse sur lui est d'une certaine gravité. Dans le silence des textes, il est difficile, croyons-nous, de poser des règles plus précises.

606. Les art. 127 et 128 c. proc. pén. allemand de 1877 consacrent, dans des formules bien étudiées, d'heureuses dispositions sur l'arrestation provisoire. « Art. 127. Il sera permis à toute personne de mettre provisoirement en état d'arrestation, même sans mandat judiciaire, l'individu surpris en flagrant délit ou poursuivi à raison d'un flagrant délit, lorsque cet individu sera soupçonné de vouloir pren-

dre la fuite ou lorsqu'il sera impossible de constater sur-le-champ son identité. Le ministère public et les fonctionnaires de police et du service de sûreté pourront également procéder à l'arrestation provisoire, lorsqu'il existera des motifs autorisant la délivrance d'un mandat d'arrêt et lorsqu'en outre il y aura péril en la demeure. — Art. 128. La personne arrêtée devra, si elle n'est remise en liberté, être conduite sur-le-champ devant le juge du bailliage dans le ressort duquel l'arrestation aura eu lieu. Le juge de bailliage l'interrogera au plus tard le lendemain du jour où elle lui aura été amenée. Le juge de bailliage ordonnera l'élargissement de la personne arrêtée, s'il estime que l'arrestation n'est pas justifiée ou que les motifs qui l'ont déterminée n'existent plus. Dans le cas contraire, il décernera un mandat d'arrêt ».

607. En Angleterre « le droit d'arrestation appartient d'une manière très large aux constables et même aux simples particuliers. Toute personne peut et même doit, malgré l'absence de tout mandat, arrêter le coupable en cas de flagrant délit, sous peine d'amende et d'emprisonnement (*Stat.* 2 et 3, *Vict.*, chap. 17, § 66); il est permis, comme autrefois, d'enfoncer les portes, de se saisir du coupable de vive force, de le tuer même, s'il n'y a d'autre moyen d'empêcher son évasion. Lorsque le délit n'est plus flagrant, le devoir cesse, mais le droit persiste; chacun a le droit d'arrêter, pourvu que l'existence du crime soit certaine; mais il est alors défendu d'enfoncer les portes et de tuer le coupable. Quant aux constables, ils peuvent arrêter sans mandat, lorsque le délit est commis en leur présence. De même, tout constable peut, avec l'autorisation écrite du chef de la police du district, arrêter sans mandat et conduire, dans les grandes villes devant le juge de police, partout ailleurs devant le juge de paix, tout condamné libéré à titre provisoire pour que celui-ci justifie de ses moyens d'existence; s'il n'y parvient pas, le juge le déclare déchu du bénéfice de la libération provisoire (*Act* du 21 août 1871, art. 3). Les constables doivent procéder à l'arrestation toutes les fois qu'on vient dénoncer telle personne comme coupable d'un crime, sauf à se rendre immédiatement devant le juge. Enfin, on admet encore la poursuite par clameur de haro du vieux droit normand, et alors tout agent de police, tout particulier a le droit de poursuite et d'arrestation dans toute l'Angleterre sans mandat, aucune forme judiciaire » (Glasson, *Histoire du droit et des institutions d'Angleterre*, t. 6, p. 742). Seulement : 1° la personne arrêtée par un particulier ou par un constable doit être immédiatement conduite devant le juge; 2° on autorise la résistance aux arrestations illégales; celui qui se croit injustement menacé a le droit d'employer la force; s'il se trompe, il n'en sera que plus sévèrement puni; mais, s'il a raison, on ne le punira pas de sa résistance, pas même s'il a tué le *policeman*, ou du moins ce fait sera réprimé beaucoup moins sévèrement qu'un meurtre ordinaire (Glasson, p. 746).

608. Ainsi que nous l'avons dit *supra*, n° 596, il ne faut pas confondre la *saisie provisoire* de la personne de l'inculpé dont il vient d'être parlé, avec la *détention préventive*. Celle-ci s'exerce au moyen de mandats décernés par des magistrats; seule elle fait de l'inculpé un détenu.

Le droit de décerner des mandats d'arrestation n'appartient, en principe, qu'à certains officiers de police judiciaire. Ces officiers sont : 1° le juge d'instruction, qui a le droit d'ordonner une arrestation contre les inculpés de crimes ou de délits graves, contre lesquels il existe des indices suffisants de culpabilité. On doit assimiler au juge d'instruction tous les magistrats qui, dans des cas spéciaux, ou devant des juridictions spéciales, en remplissent les fonctions (par exemple, le premier président de la cour d'appel dans le cas de l'art. 484 c. instr. crim., et le président de la commission d'instruction de la haute cour de justice); — 2° le procureur de la République, qui possède le droit d'arrestation dans trois cas : (a) dans le cas de flagrant délit, lorsque le fait est de nature à entraîner une peine afflictive ou infamante (c. instr. crim. art. 40); (b) dans le cas de crime ou délit, même non flagrant, commis dans l'intérieur d'une maison, lorsqu'il y a réquisition du chef de cette maison (art. 46); (c) dans le cas où l'inculpé, saisi en flagrant délit pour un fait puni de peines correctionnelles, est

traduit à l'audience, suivant la procédure abrégée de la loi du 20 mai 1863 (art. 1); — 3° Les juges de paix, les officiers de gendarmerie, les maires et leurs adjoints et les commissaires de police, auxiliaires du procureur de la République, qui peuvent ordonner l'arrestation des inculpés dans les deux cas prévus par les art. 40 et 46 c. instr. crim., et comme auxiliaires du procureur de la République (art. 49 et 50 du même code); — 4° Enfin les préfets, dans les départements, et le préfet de police à Paris, qui ont, en vertu de l'art. 10 c. instr. crim., un droit d'arrestation analogue à celui du juge d'instruction. On sait, en effet, que la jurisprudence et un certain nombre d'auteurs accordent aux préfets tous les pouvoirs du juge d'instruction et par conséquent le droit de décerner des mandats (V. supra, nᵒˢ 383 et suiv.).

SECT. 8. — DES PERQUISITIONS ET VISITES DOMICILIAIRES DES AGENTS DE LA POLICE JUDICIAIRE.

609. On traitera, dans cette section, des perquisitions opérées par les gardes et préposés des administrations publiques pour arriver à la constatation des délits et des contraventions dans la sphère où s'exerce leur droit de surveillance. Il suffira, d'ailleurs, de résumer les règles qui se trouvent exposées dans d'autres traités (V. notamment, supra, vⁱˢ Douanes, Garde champêtre, Impôts indirects, Régime forestier.

610. — 1° Gardes champêtres et forestiers. — Les gardes champêtres et forestiers ont le droit de suivre les choses enlevées par les délinquants, dans les lieux où elles ont été transportées et de les mettre sous séquestre. Ce droit leur est conféré par le troisième paragraphe du code d'instruction criminelle, ainsi conçu : « Ils suivront les choses enlevées dans les lieux où elles auront été transportées et les mettront en séquestre ; ils ne pourront, néanmoins, s'introduire dans les maisons, ateliers, bâtiments, cours adjacentes et enclos, si ce n'est en présence soit du juge de paix, soit de son suppléant, soit du commissaire de police, soit du maire du lieu, soit de son adjoint; et le procès-verbal qui devra en être dressé sera signé par celui en présence duquel il aura été fait ». Cette disposition s'applique, aux termes de l'art. 20 du même code, aux gardes des particuliers. L'art. 161 c. for. le reproduit, en ce qui concerne les gardes des forêts de l'État seulement, en ces termes : « les gardes suivront les objets enlevés par les délinquants jusque dans les lieux où ils auront été transportés... Ils ne pourront, néanmoins s'introduire dans les maisons, bâtiments, cours adjacentes et enclos, si ce n'est en présence soit d'un juge de paix ou de son suppléant, soit du maire du lieu ou de son adjoint, soit du commissaire de police ». — Sur cette matière, V. spécialement Faustin Hélie, Instruction criminelle, t. 3, nᵒˢ 1300 et suiv. ; Villey, p. 268 ; Mangin, Traité des procès-verbaux, chap. 9 et 10. V. aussi supra, vᵒ Garde champêtre, nᵒ 34 et suiv. ; Rép. vᵒ Forêts, nᵒˢ 386 et suiv., et infra, vᵒ Régime forestier.

611. Le droit de suivre les choses enlevées s'arrête nécessairement, en ce qui concerne chaque garde, aux limites du territoire qui lui est assigné par sa commission et par sa prestation de serment. Ce territoire est, pour les gardes champêtres communaux, celui de la commune, pour les gardes forestiers celui de l'arrondissement du tribunal près duquel ils sont assermentés, pour les gardes particuliers celui des propriétés confiées à leur surveillance. (V. supra, nᵒˢ 427 et 428).

612. A l'égard des gardes forestiers, la jurisprudence décide que leur droit de suite ne se restreint pas au cas où la visite est la suite d'une reconnaissance d'un délit en forêt. V. les arrêts du 17 juill. 1858 et du 29 juin 1872, cités supra, nᵒ 437.

613. Sur la responsabilité pénale du garde qui, pour faire des perquisitions, s'introduirait dans le domicile des citoyens sans être accompagné de l'un des fonctionnaires désignés en l'art. 16 c. instr. crim. et en l'art. 161 c. for., V. supra, nᵒ 438.

614. Sur les effets d'une perquisition faite sans l'assistance des officiers désignés par la loi, sur la validité des actes et procès-verbaux, V. aussi supra, nᵒ 444.

615. Un garde peut-il faire perquisition la nuit? Sur cette question, V. supra, nᵒ 441.

616. — 2° Préposés des contributions indirectes. — Les employés des contributions indirectes sont autorisés à faire des perquisitions : 1° dans les caves, celliers, magasins et autres parties des maisons des individus assujettis par leurs professions aux visites et exercices, tels que les débitants, marchands en gros, distillateurs et brasseurs (L. 5 vent. an 12, art. 81 et 82, vᵒ Impôts indirects, Rép. p. 401 ; L. 28 avr. 1816, art. 26, 101, 125, 140, 235, 236 ; Rép. ibid., p. 410) ; — 2° Même dans les maisons des citoyens non sujets aux exercices, mais en cas de suscipion de fraude (L. 28 avr. 1816, art. 237). — Sur cette matière, V. Faustin Hélie, t. 3, nᵒˢ 1313 et suiv.

617. Ainsi que l'a fait remarquer Faustin Hélie (nᵒ 1313), « les exercices et vérifications des employés dans les maisons des assujettis ne sont pas, à proprement parler, des visites domiciliaires : la profession de ceux-ci ouvre de plein droit leurs habitations à la surveillance de l'Administration ; ils renoncent à l'inviolabilité de leur domicile ; ils acceptent les visites incessantes des préposés. La loi qui a fait de ces exercices la condition de la profession s'est bornée à en régler les formes et les époques ».

Mais lorsque les perquisitions s'étendent aux maisons des citoyens qui n'y sont point assujettis par leur profession, les règles générales qui protègent le domicile reprennent leur empire, et, dès lors, les visites faites sans l'accomplissement des conditions et formalités prescrites par les lois spéciales sont illégales. Or il résulte de l'art. 237 de la loi du 28 avr. 1816 que trois conditions sont imposées aux visites domiciliaires des employés : 1° suspicion de fraude ; 2° assistance du juge de paix, du maire, ou de son adjoint ou du commissaire de police ; 3° ordre spécial d'un employé supérieur du grade de contrôleur au moins.

618. A l'égard de la première condition, il a été jugé qu'aucune disposition légale n'exige la mention, dans le procès-verbal, des circonstances de fait qui ont pu motiver les soupçons de fraude (Crim. rej. 13 janv. 1877, aff. Donnadieu, D.P. 77. 1. 461).

619. En ce qui concerne l'assistance des officiers publics désignés par la loi, il est hors de doute qu'elle est indispensable pour rendre régulière la visite des employés, et que ceux-ci commettraient un délit de violation de domicile s'ils pénétraient, sans cette assistance, dans le domicile d'un citoyen, contre le gré de celui-ci. Mais il n'est pas moins certain, en jurisprudence, que le défaut d'assistance peut être couvert par le consentement de la partie, et que ce consentement est présumé lorsqu'il n'y a pas eu de réclamation (V. les arrêts cités à cet égard, Rép., vᵒ Impôts indirects, nᵒ 423. V. aussi Faustin Hélie, t. 3, nᵒ 1314). Il a été depuis jugé, dans ce même sens, que bien que la présence d'un commissaire de police soit requise pour les visites à faire dans l'habitation d'un particulier, celui-ci est non recevable à se faire un grief de l'omission de cette garantie, alors que c'est avec son consentement formel que la visite a été opérée (Crim. rej. 11 déc. 1875, aff. Jubert, D.P. 78. 1. 385). — Au reste, pour établir que les agents de la Régie ont pénétré dans le domicile des particuliers avec l'assistance d'un officier de police, il n'est pas nécessaire que le procès-verbal porte la signature de cet officier ; les énonciations de cet acte constatant sa présence sont suffisantes (Grenoble, 4 juill. 1878, aff. Mézonnet, D.P. 78. 2. 198).

620. En l'absence du maire et de l'adjoint, les conseillers municipaux peuvent les suppléer dans l'ordre du tableau. A cet égard, il a été jugé plusieurs fois que le conseiller municipal qui assiste les employés de la Régie est présumé remplacer de droit, pour empêchement légitime, les conseillers municipaux qui le précèdent sur le tableau (Rennes, 1ᵉʳ août 1851, aff. Rihouay, D.P. 54. 5. 682; Crim. cass. 10 juill. 1885, aff. Renou, D.P. 86. 1. 275; Besançon, 22 déc. 1887, aff. Perrin, D.P. 89. 2. 190).

621. L'ordre écrit d'un employé supérieur, du grade de contrôleur au moins, est une formalité protectrice et indispensable. « Aucune perquisition ne peut être faite dans la maison d'un citoyen sans qu'un employé supérieur en ait apprécié l'utilité et sans qu'il donne, sous sa responsabilité personnelle, l'ordre spécial d'y procéder » (Faustin Hélie, nᵒ 1345). Cet ordre doit être exhibé par les employés (Crim. cass. 20 juill. 1878, aff. Baillon, D.P. 78. 1. 388 et, sur renvoi, Poitiers, 20 déc. 1878, D. P. 79. 2. 255). Et il ne peut être suppléé à la nécessité de cette exhibition par le con-

sentement du débitant rédimé à la visite opérée dans son habitation (Mêmes arrêts). En tout cas l'absence de réclamation ou de protestation de la part du particulier chez lequel des visites et recherches sont faites par les employés des contributions indirectes ne peut couvrir l'irrégularité résultant de ce que les opérations ont eu lieu sans l'ordre d'un employé supérieur (Crim. rej. 21 juill. 1876, aff. Maillat, D. P. 77. 1. 191). Il a été, toutefois, décidé qu'il y a présomption que les agents de la régie étaient nantis de l'ordre écrit pour pénétrer dans un débit rédimé, et qu'ils l'ont exhibé au débitant, si ce dernier a, sans observation ni protestation, consenti à la visite, et si le procès-verbal déclare que les agents ont agi d'après l'ordre qui leur avait été donné (Bordeaux, 7 déc. 1877, aff. Boilon, D. P. 78. 2. 199).

622. Au reste, il faut bien remarquer que la défense faite aux employés des contributions indirectes de pénétrer dans la demeure des particuliers non assujettis à l'exercice, autrement qu'avec l'assistance d'un magistrat et sur un ordre d'un employé supérieur, ne concerne que le cas de simple soupçon de fraude; il a été jugé qu'elle ne s'applique pas au cas où les employés, continuant une opération commencée, suivent une marchandise suspecte qu'on s'efforce de soustraire à leurs recherches et à leurs constatations (Crim. rej. 2 juill. 1869, aff. Eyriniac, D. P. 70. 1.94). — Jugé aussi que les employés des contributions indirectes exerçant dans une écurie dépendant d'un *cabaret* ne sont pas tenus, en l'absence de toute protestation, de justifier de l'ordre d'un employé supérieur et de requérir l'assistance d'un officier de police judiciaire pour pénétrer dans un local qui est en communication avec cette écurie dans laquelle ils ont été introduits par le propriétaire lui-même, alors surtout que ce propriétaire est, en sa qualité de débitant de tabac, soumis aux exercices (Poitiers, 19 août 1878, aff. Moreau, D. P. 79. 2. 198).

623. Le préposé en chef de l'octroi d'une commune, ayant un grade équivalent à celui de contrôleur des contributions indirectes, peut donner l'ordre de faire une perquisition dans le domicile d'un particulier (Grenoble, 4 juill. 1878, aff. Mézonnat, D. P. 78. 2. 198). De même un contrôleur ambulant de l'octroi (Crim. rej. 11 déc. 1875, aff. Jubert, D. P. 78. 1. 385), ou un contrôleur de la culture des tabacs (Crim. cass. 22 févr. 1889, aff. Baron, D. P. 90. 1. 47).

624. En principe, il faut que l'ordre soit *écrit*, car les employés doivent en justifier. Toutefois, il a été jugé plusieurs fois que, quand un employé supérieur assiste à la visite des préposés, sa présence et sa participation équivalent à l'ordre de visite (Arrêts des 4 juill. 1878, 11 déc. 1875, 22 févr. 1889, cités *suprà*, n°s 623 ; Besançon, 22 déc. 1887, aff. Pernin, D. P. 89. 2. 190). Au reste, la loi ne prescrit pas que cet employé supérieur fasse, en outre, connaître une qualité qui ne lui est contestée par personne au moment de la visite (Mêmes arrêts des 22 déc. 1887 et 22 févr. 1889).

625. — 3° *Préposés des douanes.* — Les préposés des douanes ont le droit d'opérer des perquisitions soit sur les voitures ou les navires qui franchissent la frontière, ou qui naviguent près des côtes (L. 6 août 1791, tit. 3, art. 8, *Rép.*, v° *Douanes*, p. 554; L. 28 avr. 1816, art. 25, *Rép.* eod. v°, p. 582), soit même dans le domicile des citoyens dans certains cas et sous certaines conditions déterminées par la loi du 6 août 1791 (tit. 13, art. 35, 36 et 39, *Rép.* eod. v°, p. 556), par la loi du 17 déc. 1814 (art. 32, *Rép.*, eod. v°, p. 579), et par la loi du 28 avr. 1816 (art. 39, *Rép.* eod. v°, p. 583). — V. sur cette matière, *suprà*, v° *Douanes*, n°s 567 et suiv., et *Rép.* eod. v°, n°s 825 et suiv. V. aussi Faustin Hélie, t. 3, n°s 1320 et suiv.

Il résulte de ces textes que les préposés des douanes ne sont autorisés à procéder à des perquisitions domiciliaires que dans les deux cas suivants : 1° dans le rayon frontière, lorsqu'ils ont vu les marchandises pénétrer dans le rayon et qu'ils les ont suivies, sans interruption et sans les perdre de vue, jusqu'à leur introduction dans une maison; 2° même hors des limites de ce rayon, lorsqu'ils les ont poursuivies au moment où ils franchissaient ces limites et lorsque le transport, ni la poursuite n'ont été interrompus, jusqu'au moment de l'introduction des marchandises dans une maison. — Dans l'un comme dans l'autre cas,

la perquisition dans cette maison ne peut avoir lieu qu'aux conditions suivantes : 1° il faut que les employés se soient présentés au moment où les marchandises ont été introduites dans la maison; 2° il faut ensuite, qu'en cas de refus d'ouvrir les portes, les employés soient assistés soit du juge de paix, soit du maire ou adjoint ou du commissaire de police (Sur cette dernière condition, V. *suprà*, v° *Douanes*, n°s 580 et suiv.).

626. — *Perquisitions autorisées par quelques lois spéciales.* — Les lois autorisent différents agents à procéder à des perquisitions, soit sur les voitures et les choses, soit au domicile même des personnes, dans les cas suivants :

1° En matière d'*octroi*, l'ordonnance du 9 déc. 1814, art. 28 (*Rép.* v° *Octroi*, p. 13) autorise les préposés d'octroi « à faire, après interpellation, sur les bateaux, vaisseaux et autres moyens de transport, toutes les visites, recherches et perquisitions nécessaires, soit pour s'assurer qu'il n'y existe rien qui soit sujet aux droits, soit pour reconnaître l'exactitude des déclarations ».

627. — 2° En matière de *postes*, l'art. 5 de l'arrêté du 27 prair. an 9 (*Rép.* v° *Postes*, p. 10), autorise les « directeurs, contrôleurs et inspecteurs des postes, les employés des douanes aux frontières et la gendarmerie nationale, à faire ou faire faire toutes perquisitions et saisies sur les messagers, piétons chargés de porter les dépêches, voitures de messageries et autres de même espèce, afin de constater les contraventions ». — Sur les conditions et les effets de ces perquisitions, V. *Rép.*, v° *Postes*, n°s 112 et suiv.

628. — 3° En matière de *garantie d'or et d'argent*, l'art. 101 de la loi du 19 brum. an 6 (*Rép.*, v° *Matières d'or et d'argent*, p. 101) dispose que, « lorsque les employés d'un bureau de garantie auront connaissance d'une fabrication illicite de poinçons, le receveur et le contrôleur, accompagnés d'un officier municipal, se transporteront dans l'endroit ou chez le particulier qui leur aura été indiqué, et y saisiront les faux poinçons, les ouvrages et lingots qui en seraient marqués, ou enfin les ouvrages achevés et dépourvus de marque qui s'y trouveraient ». V. *suprà*, v° *Matières d'or et d'argent*, n°s 97 et suiv., et *Rép.*, eod. v°, n°s 148 et suiv.,) le commentaire de cette disposition législative et l'indication des arrêts rendus en la matière.

629. — 4° En matière de *servitudes militaires.* — L'art. 32 de l'ordonnance du 1er août 1821, faite pour l'exécution de la loi du 17 juill. 1819 (*Rép.*, v° *Place de guerre*, p. 944), porte : « Lorsque les gardes du génie (aujourd'hui : adjoints du génie) auront connaissance d'une construction ou d'une réparation indûment faite dans l'intérieur d'un enclos ou d'un bâtiment, ils en rendront compte sur-le-champ au chef du génie, qui requerra soit le juge de paix ou son suppléant, soit le commissaire de police, soit le maire ou l'adjoint du lieu, d'accompagner dans sa visite le garde chargé de constater la contravention. Le procès-verbal, dressé à cette fin, sera visé par l'officier de police civile en présence duquel il aura été dressé ».

630. — 5° En matière de *poids et mesures.* — L'art. 26 de l'ordonnance du 17 avr. 1839 (*Rép.*, v° *Poids et mesures*, p. 989), faite pour l'exécution de la loi du 4 juill. 1837, est ainsi conçu : « Les visites et exercices que les vérificateurs sont autorisés à faire chez les assujettis ne peuvent avoir lieu que pendant le jour. Néanmoins ils peuvent avoir lieu chez les marchands et débitants pendant tout le temps que les lieux sont ouverts au public ». — V. aussi les art. 39 et 40 de la même ordonnance qui exigent, en cas de refus d'exercice, l'assistance d'un officier public et réglementent cette assistance.

631. — 6° En matière d'*inspection du travail des enfants, des filles mineures et des femmes dans les établissements industriels*, l'art. 20 de la loi des 2-4 nov. 1892 (D. P. 93. 4. 25) porte : « Les inspecteurs et les inspectrices ont entrée dans tous les établissements visés par l'art. 1; ils peuvent se faire représenter le registre prescrit par l'art. 10, les livrets, les règlements intérieurs, et, s'il y a lieu, le certificat d'aptitude physique mentionné à l'art. 2 ».

632. — 7° En matière de *police de la pharmacie*, les art. 29, 30 et 31 de la loi du 21 germ. an 11 (*Rép.* v° *Médecine*, p. 566) autorisent la visite des pharmacies pour rechercher et constater les délits et contraventions à la

police de la pharmacie. Le décret du 23 mars 1859 (D. P. 59. 4. 25) a confié l'inspection des pharmacies aux conseils d'hygiène et de salubrité; la visite doit être faite au moins une fois par année, dans chaque arrondissement, par trois membres de ces conseils désignés spécialement par un arrêté du préfet. V. *suprà*, v° *Médecine*, n° 89 et suiv.

633. — 8° Les *commissaires de police* et les officiers municipaux ont le droit d'entrer dans la demeure des citoyens dans les cas prévus par les art. 8, 9 et 10 de la loi des 19-22 juill. 1791 (*Rép.* v° *Lois codifiées*, p. 230). Spécialement, ils peuvent s'introduire en tout temps dans les lieux publics (art. 9), dans ceux où l'on donne habituellement à jouer des jeux de hasard et dans les lieux notoirement livrés à la débauche (art. 10).

634. — 9° Enfin, les sous-officiers de la *gendarmerie* et les simples gendarmes ont le droit de s'introduire dans la maison des citoyens, soit pendant la nuit pour y porter des secours en cas de péril ou de réclamation, soit pendant le jour pour exécuter les mandats ou arrêts de la justice (Décr. 1er mars 1854, art. 291, 292, 293, D. P. 54. 4. 40).

635. Aux termes de l'art. 7 de la loi relative à la pêche, du 31 mai-8 juin 1865 (D. P. 65. 3. 37), la recherche du poisson peut être faite, en temps prohibé, à domicile, chez les aubergistes, chez les marchands de denrées comestibles et dans les lieux ouverts au public. Il a été jugé que ce droit de recherche ne peut être transformé en un droit de visite, et qu'en conséquence ne constitue pas un délit le refus de laisser visiter un panier par un garde pêche qui croyait y saisir du poisson pêché en temps prohibé (Toulouse, 20 juill. 1893, aff. Martin, *Journal du ministère public*, 1893, p. 183).

CHAP. 4. — De l'instruction préalable ou écrite, jusqu'à l'ordonnance de règlement (*Rép.* n°s 455 à 863).

636. L'instruction préparatoire, toujours obligatoire et à deux degrés (juge d'instruction et chambre d'accusation) s'il y a crime, facultative et normalement à un degré s'il y a délit, a conservé les trois caractères saillants d'être 1° *écrite*; 2° *secrète*; 3° *non contradictoire*. — Elle est *écrite*: l'interrogatoire de l'inculpé, les dépositions des témoins, sont recueillis dans des procès-verbaux qui passent seuls sous les yeux des juridictions d'instruction (Faustin Hélie, t. 4, n° 1825); elle est *secrète*, non seulement vis-à-vis du public, mais encore à l'égard de l'inculpé et des témoins, qui ne sont pas nécessairement confrontés soit avec l'inculpé, soit entre eux; 3° elle *n'est pas contradictoire* : « tandis que le ministère public, partie poursuivante, peut, à toute époque, prendre connaissance des pièces de la procédure, l'inculpé reste à l'écart, il n'est pas averti des charges qui pèsent sur lui, il ne peut ni les examiner ni les contrôler; aucun défenseur ne lui est donné. Le seul droit que la loi reconnaisse, soit au prévenu, soit à la partie civile, est de fournir à la chambre d'accusation tels mémoires qu'ils estiment utiles, sur des charges qu'ils ignorent légalement » (c. instr. crim. art. 217) (Garraud, *Précis*, n° 445).

637. Le caractère *secret* de l'instruction préparatoire est fortement tranché dans notre législation. Proclamé par de nombreux arrêts (Toulouse, 2 août 1847, aff. Léotade, D. P. 47. 2. 157; Crim. rej. 20 sept. 1847, même affaire, D. P. 48. 1. 20; Crim. cass. 5 juill. 1855, aff. Ferrière, D. P. 55. 1. 432; 13 août 1863, aff. Armand, D. P. 64. 1. 407; Crim. rej. 21 nov. 1891, aff. Martinet, D. P. 92. 1. 34; Bastia, 17 févr. 1892, aff. Tonarelli, D. P. 92. 2. 398; Crim. rej. 9 déc. 1892, aff. Thépault, D. P. 93. 1. 104; 6 janv. 1893, aff. Rambert, D. P. 93. 1. 402, 103), et reconnu par la doctrine (Faustin Hélie, t. 4, n°s 1826 et 1827; Mangin, t. 1, n° 32; Duverger, t. 1, n° 137; Garraud, n° 445; Sarraute, n° 413; Massabiau, t. 2, n° 2716), il se manifeste surtout au cours de l'instruction elle-même: 1° par l'interdiction faite à qui que ce soit d'assister aux diverses opérations (audition de témoins, interrogatoires, etc.) auxquelles le juge se livre dans son cabinet; 2° par l'impossibilité absolue pour l'inculpé ou son défenseur d'obtenir communication des pièces, tant que dure cette instruction. A ce double point de vue, le secret dure certainement jusqu'à la décision des juridictions d'instruction; mais se prolonge-t-il au delà? La question peut être divisée.

638. Il n'y a point de doute que l'accusé renvoyé aux assises et le prévenu renvoyé en police correctionnelle aient le droit de prendre, par eux-mêmes ou par leurs conseils, communication des pièces de la procédure suivie contre eux (V. à l'égard du prévenu renvoyé en police correctionnelle: Crim. rej. 14 mai 1835, *Bull. crim.*, n° 180; 15 juill. 1881, *Bull. crim.*, n° 177). Ce droit n'est ouvert, en matière criminelle, qu'après l'arrêt d'accusation (c. instr. crim. art. 302); V. en ce sens, la plupart des arrêts précités en matière correctionnelle, il s'ouvre, par analogie, après l'ordonnance de renvoi en police correctionnelle.

Si l'information est terminée par une ordonnance ou un arrêt de non-lieu, il est évident que le dossier de l'instruction, l'ordonnance ou l'arrêt qui l'ont suivie, peuvent être utiles à consulter soit pour le prévenu qui voudrait publier le texte de la décision dont il a bénéficié, soit pour la partie civile qui aurait l'intention de puiser, dans les pièces, les éléments ou les documents d'un procès civil. Ces parties pourront-elles exiger la communication desdites pièces? Il est hors de doute que le ministère public, exécuteur des décisions judiciaires, a le droit d'ordonner la communication du dossier et de la décision; mais, nulle part, la loi ne lui en impose l'obligation (Garraud, n° 446).

Enfin, au cours de l'instruction elle-même, le juge d'instruction peut-il, malgré la règle du secret, communiquer les pièces à l'inculpé s'il le croit convenable? Plusieurs arrêts réservent cette faculté au ministère public, à l'exclusion des magistrats instructeurs (Poitiers, 30 janv. 1832, *Rép.* n° 1041; Toulouse, 2 août 1847, aff. Léotade, D. P. 47. 2. 157); mais, suivant Faustin Hélie, « rien ne s'oppose à ce que le juge, sur la demande du prévenu, ordonne ou rejette une communication qu'il jugera utile ou nuisible » (t. 4, n° 1827). Cette opinion paraît fondée : « quels sont, dit le même auteur, *loc. cit.*, les périls de cette faculté ? Le juge ne peut-il pas sans cesse en restreindre, en arrêter même les inconvénients ? Il ne s'agit pas de rendre l'instruction publique, mais simplement communicable, il ne s'agit pas de lui créer des entraves, mais de lui apporter un concours, en l'éclairant par la discussion de la défense » (*eod. loc.*). Nous ajouterons qu'il semble même fort difficile de justifier une communication faite par le ministère public *seul* au cours de l'information. Sans doute la communication est due à l'inculpé; mais elle n'est due *pour lui seul*. Tant que l'instruction dure, le dossier appartient au juge et le parquet n'a aucun droit d'en disposer même momentanément; aussi croyons-nous que le ministère public usurperait s'il voulait communiquer tout ou partie de ce dossier sans l'agrément formel du juge. Il est évident, toutefois, que le juge une fois dessaisi, c'est au ministère public, et à lui seul, qu'il appartient d'autoriser, sous sa responsabilité, la communication de tout ou partie du dossier (Garraud, n° 446).

639. Trois lois sont venues, depuis la publication du *Répertoire*, modifier plusieurs dispositions du code d'instruction criminelle relatives aux opérations de l'instruction préparatoire. Ces lois sont les suivantes : 1° la loi du 4 avr. 1855 (D. P. 55. 4. 40), qui a donné un texte nouveau à l'art. 94 sur la mainlevée des mandats de dépôt et d'arrêt; 2° la loi du 27 juill. 1856 (D. P. 56. 4. 123), qui a supprimé la chambre du conseil; 3° la loi du 14 juill. 1865 (D. P. 65. 4. 145), sur la mise en liberté provisoire. — Ces nouveaux textes législatifs seront expliqués ultérieurement, quand on traitera des matières auxquelles ils se rapportent. On se bornera à faire remarquer ici que les attributions anciennes de la chambre du conseil ont été transférées au juge d'instruction par la seconde des trois lois qui viennent d'être citées, et que c'est aujourd'hui à ce magistrat seul qu'il appartient de régler la procédure quand elle est complète. V. *infrà*, la sect. 5 du présent chapitre.

640. Le projet de loi présenté au Sénat le 17 nov. 1879 (V. *suprà*, n° 15) tend à une réforme complète de l'instruction préparatoire en la rendant *contradictoire*. L'inculpé pourra, d'après le projet, être assisté d'un conseil et participera, avec ce conseil, aux actes de l'instruction. Dans quelle mesure cette participation devra-t-elle être admise ? La question est fort délicate, et il existe, à cet égard, de grandes divergences entre le projet du Gouvernement d'une part, le texte adopté par le Sénat d'autre part, et aussi le texte proposé par la commission de la Chambre des députés. V. prin-

cipalement : A. Guillot, *Des principes du nouveau code d'instruction criminelle*, ch. 8 et 10. — V. aussi ce qui a été dit *supra*, nos 28 et siuv. V. encore *supra*, vo *Défense*, nos 7, 8 et 9.

641. Les principaux ouvrages à consulter sur la matière de l'instruction préalable sont les suivants : Faustin Hélie, *Traité de l'instruction criminelle*, t. 4, chap. 6 à 15; *Pratique criminelle des cours et tribunaux*, t. 1 ; Mangin, *Traité de l'instruction écrite*, 2e vol.; Duverger, *Manuel des juges d'instruction*, t. 2; Le Sellyer, *Traité de la compétence et de l'organisation des tribunaux chargés de la répression*; Trébutien, *Cours élémentaire de droit criminel*, t. 2, tit. 2, chap. 5 et 6; Garraud, *Précis de droit criminel*, 4e éd., 2e part., liv. 2, tit. 3; Villey, *Précis de droit criminel*, 5e éd., 3e part., p. 287 et suiv.; Boitard, *Leçons de droit criminel, passim;* Laborde, *Cours élémentaire de droit criminel*, liv. 2, tit. 2, chap. 3; P. Serraute, *Manuel théorique et pratique du juge d'instruction*, tit. 4.

Sect. 1re. — Des dénonciations et des plaintes, et de la constitution de la partie civile (*Rép.* nos 457 à 554).

642. « La dénonciation, dit Faustin Hélie, est, en général, l'acte qui fait connaître à la justice qu'une infraction aux lois spéciales a été commise. Si la dénonciation est faite par la personne que cette infraction a lésée, elle prend le nom de plainte. Si la plainte renferme la demande de la réparation du préjudice éprouvé, elle devient la constitution de partie civile » (t. 4, no 1715). D'autre part, Mangin a dit avec une grande précision : « la dénonciation, en général, est un acte par lequel on fait à la justice la déclaration d'un crime, ou d'un délit, ou d'une contravention dont on a connaissance, afin qu'elle en fasse la poursuite. Lorsque la dénonciation est faite par l'individu qui a été lésé, elle se nomme plainte. Et lorsque le plaignant a saisi de son action, en réparation des dommages qu'il a éprouvés, le juge de l'action publique, il prend le nom de partie civile » (*Traité de l'instruction écrite*, t. 1, no 78). « Il résulte de ces définitions, ajoute ce dernier auteur, *loc. cit.*, qu'il existe une notable différence entre la partie civile et celui qui est simplement plaignant ou dénonciateur, en ce que ces derniers, ne réclamant rien dans leur intérêt personnel, ne sont point parties dans le procès; il en résulte aussi que le plaignant qui ne se porte pas partie civile ne diffère en rien du dénonciateur ». Cette dernière observation n'est pas rigoureusement exacte. Une différence sépare, en effet, le dénonciateur et le plaignant, c'est que ce dernier peut se constituer partie civile, et que l'autre ne le peut jamais puisqu'il n'a aucun intérêt direct au procès (Faustin Hélie, *loc. cit.*).

643. Les principaux ouvrages de doctrine à consulter, en ce qui concerne les dénonciations et les plaintes, sont : Faustin Hélie, *Traité de l'instruction criminelle*, t. 4, chap. 6, nos 1704 à 1757; *Pratique criminelle des cours et tribunaux*, t. 1, no 155 et suiv.; Mangin, *Traité de l'instruction écrite et du règlement de la compétence en matière criminelle*, t. 1, chap. 3, no 44 et suiv.; Duverger, *Manuel des juges d'instruction*, t. 2, chap. 7 et 8, nos 155 à 203; Garraud, *Précis de droit criminel*, no 459; Trébutien, *Cours élémentaire de droit criminel*, 2e éd., t. 2, nos 414 et 415; Massabiau, *Manuel du ministère public*, t. 2, nos 1523 et suiv.; Boitard, *Leçons de droit criminel*, nos 553, 585 et suiv.; Sarraute, *Manuel théorique et pratique du juge d'instruction*, nos 277 et suiv. — Spécialement, en ce qui concerne la constitution de partie civile : Faustin Hélie, *Traité de l'instruction criminelle*, t. 4, chap. 6, nos 1711 à 1717, et t. 2, chap. 8, Mangin, *op. et loc. cit.*; Le Sellyer, *Traité de l'exercice et de l'extinction des actions publique et privée*, t. 1, nos 289 à 313; Garraud, *op. cit.*, chap. 2, nos 393 et suiv.; Villey, *Précis d'un cours de droit criminel*, p. 230; Trébutien, *op. cit.*, t. 2, nos 448 et suiv.; Gréau, *Étude sur la responsabilité civile en matière pénale*, tit. 2, chap. 2; Sarraute, *op. cit.*, nos 325 et suiv.

Art. 1er. — *Des dénonciations* (*Rép.* nos 457 à 487).

644. On distingue deux sortes de dénonciations : la dénonciation *officielle*, dont il a été parlé au *Rép.* nos 460 à 465, et la dénonciation *privée*, qui y a fait l'objet des nos 466 à 469. Cette dernière espèce peut elle-même se diviser en dénonciation *commandée par la loi*, et dénonciation *volontaire*.

645. — 1o *Dénonciation officielle.* — En ce qui concerne la dénonciation officielle, prescrite aux fonctionnaires par l'art. 29 c. instr. crim., on a déjà fait remarquer au *Rép.*, no 463, qu'elle n'est point assujettie aux formalités de l'art. 31 c. instr. crim. Elle n'est soumise à aucune forme particulière et peut être faite par simple lettre adressée au procureur de la République (Faustin Hélie, t. 4, no 1708; Mangin, t. 1, no 46; Duverger, t. 2, no 167; Boitard, no 553; Garraud, no 459). D'autre part, l'obligation de dénoncer imposée aux fonctionnaires par l'art. 29 n'est garantie par aucune sanction pénale; assurément le contrevenant peut être réprimandé, suspendu ou révoqué de ses fonctions pour avoir violé son devoir, en un mot il peut être frappé disciplinairement (*Rép.* no 464) ; mais il ne saurait être poursuivi devant la justice répressive, car il n'a pas commis d'infraction punissable (Mangin, *eod. loc.*, Garraud, *eod. loc.*, Sarraute, no 273).

646. C'est une question assez délicate de savoir jusqu'où le fonctionnaire engage sa responsabilité vis-à-vis de la personne qu'il dénonce, lorsque, conformément aux prescriptions de l'art. 29 c. instr. crim., il donne au procureur de la République avis d'un crime ou d'un délit dont il a acquis la connaissance dans l'exercice de ses fonctions. Il faut écarter tout d'abord, comme ne présentant aucune difficulté, le cas de calomnie. Il est, en effet, hors de doute que, si l'avis transmis par le fonctionnaire a le caractère de la dénonciation calomnieuse incriminée par l'art. 373 c. pén., son auteur ne peut être poursuivi par la voie correctionnelle. C'est ce qu'a jugé la cour de cassation; elle a déclaré, d'une part, « que la partie publique a le devoir de se pourvoir au nom de la société, dans le cas où des dénonciations faites par des membres des autorités constituées seraient calomnieuses, dans le sens de l'art. 373 c. pén.; que les expressions de ce dernier article sont générales et ne permettent aucune exception » (Crim. cass. 12 mai 1827, aff. Marcadier, *Rép.* vo *Dénonciation calomnieuse*, no 40); et, d'autre part, « que la loi n'a point posé en principe que les fonctionnaires publics pourraient avec impunité dénoncer faussement et méchamment; qu'une telle règle aurait été immorale et dangereuse; que, bien loin de protéger la considération des fonctionnaires publics en comprimant les plaintes, on les aurait livrés à des soupçons dont ils n'auraient su se défendre; qu'en les obligeant, au contraire, à répondre de leur dénonciation contre les autres citoyens, le silence de toute réclamation apprend qu'ils sont sans reproche » (Crim. cass. 22 déc. 1827, même affaire, *Rép.* vo *Dénonciation calomnieuse*, no 40. Conf. Faustin Hélie, t. 4, no 1754; Mangin, t. 1, no 75).

647. Le fonctionnaire dénonciateur encourt-il aussi une responsabilité civile? En d'autres termes, peut-on réclamer, le cas échéant, des réparations civiles contre les membres de l'autorité, à raison des délits qu'ils ont dénoncés dans l'exercice de leurs fonctions? La question paraît résolue par l'art. 358 c. instr. crim. qui, après avoir posé en principe que l'accusé acquitté peut obtenir des dommages-intérêts contre ses dénonciateurs, ajoute : « sans néanmoins que les membres des autorités constituées puissent être ainsi poursuivis à raison des avis qu'ils sont tenus de donner concernant les délits dont ils ont cru acquérir la connaissance dans l'exercice de leurs fonctions, et sauf contre eux la demande en prise à partie ». Il résulte de ce texte : 1o que les membres des autorités constituées ne peuvent être actionnés devant la cour d'assises, à raison des dénonciations téméraires qu'ils ont faites; — 2o Qu'ils ne peuvent être poursuivis que par la voie de la prise à partie, c'est-à-dire devant la juridiction civile, et suivant les formes établies par les art. 509 et suiv. c. proc. civ. (V. *supra*, vo *Prise à partie*, no 40 et suiv.). — Les fonctionnaires dénonciateurs se trouvent donc, au point de vue de la responsabilité, dans une situation plus favorable que les simples particuliers. Faustin Hélie a donné la raison de cette différence. « C'est là, dit-il, une garantie précieuse destinée à mettre un frein aux recours dont pourraient être l'objet les dénonciateurs d'office dont la bonne foi est, en général, présumée » (t. 4, no 1754). Conf. Mangin, t. 2, no 189; Garraud, no 459; Gréau, p. 338; Sarraute, no 293, *in fine*.

La cour de Paris a, par arrêt du 19 nov. 1863 (aff. Bertaux, D. P. 64. 2. 71), fait application de la règle qui vient d'être posée concernant la responsabilité civile des fonctionnaires dénonciateurs, en décidant qu'un maire et un garde champêtre ne peuvent être actionnés en dommages-intérêts pour avoir, en leur qualité d'officiers de police judiciaire, signalé faussement et avec intention dolosive au procureur impérial un individu comme ayant commis un crime ou un délit; ils peuvent seulement être pris à partie.

648. Cette exception aux règles ordinaires de la responsabilité civile en faveur des autorités constituées doit-elle être restreinte au cas pour lequel elle a été édictée, c'est-à-dire celui où l'acquittement du dénoncé est prononcé par la cour d'assises? Nous ne le pensons pas. Suivant l'opinion déjà exprimée au *Rép.*, vᵒ *Dénonciation calomnieuse*, nº 140, l'immunité existe quel que soit le juge qui acquitte; la position étant semblable, la raison de décider doit être la même. Le fonctionnaire dénonciateur ne peut donc jamais, quel que soit le juge qui acquitte, fût-ce le tribunal de police ou le tribunal correctionnel, être attaqué en réparation civile par le dénoncé, si ce n'est par la voie de la prise à partie.

649. Au reste, l'exception n'existerait certainement pas si le fonctionnaire avait dénoncé comme simple particulier; dans ce cas, il resterait soumis, comme toute autre personne, à la juridiction de la cour d'assises (Mangin, *loc. cit.*; Gréau, *loc. cit.*).

650. La loi qui a changé la forme de la demande en responsabilité contre le fonctionnaire dénonciateur en interdisant, par l'art. 358 c. instr. crim. précité, toute autre voie de recours que la prise à partie, a-t-elle aussi changé les cas de responsabilité? Faustin Hélie ne le pense pas. Suivant cet auteur, la responsabilité qui pèse sur les dénonciateurs en général ne doit être aucunement restreinte à l'égard des fonctionnaires. « Par quel motif, dit-il, les fonctionnaires qui, par des dénonciations imprudentes et irréfléchies, auraient occasionné un grave préjudice à un tiers, seraient-ils à l'abri de tout recours? De ce qu'ils sont tenus de donner avis des crimes dont ils acquièrent la connaissance dans leurs fonctions, s'ensuit-il qu'ils ne doivent pas répondre de l'exagération des faits, des suppositions inexactes, des imputations téméraires qu'ils ont glissées dans ces avis? » (t. 4, nº 1754.) — Il nous paraît difficile d'adopter cette solution. En effet, les cas de prise à partie sont limitativement déterminés par l'art. 505 c. proc. civ.; et il est de jurisprudence qu'aucun acte du ministère du juge (ou autre officier protégé par cette disposition exceptionnelle) ne peut autoriser une poursuite personnelle contre lui, à moins que cet acte ne soit au nombre de ceux qui sont déterminés par ledit article. Or l'art. 505 parle du dol, de fraude, de concussion, de déni de justice, mais nullement de la faute lourde, même grossière. A plus forte raison nous paraît-il impossible d'admettre qu'une imputation hasardée, faite sans intention de nuire mais avec légèreté, puisse engager la responsabilité du dénonciateur fonctionnaire, comme s'il s'agissait d'une dénonciation faite par un simple particulier. L'action ordinaire en dommages-intérêts est ouverte contre celui-ci, dans tous les cas; mais le premier ne peut être actionné que par la voie de la prise à partie dans les cas spéciaux et limités où le loi autorise la prise à partie. Le motif de cette différence s'aperçoit facilement : n'est-il pas rationnel que le fonctionnaire, obligé par état à dénoncer les crimes et délits dont il acquiert la connaissance (art. 29 c. instr. crim.), soit moins exposé que le particulier qui ne dénonce que ce dont il est certain, ce qu'il a vu, les faits dont il a été témoin (art. 30)?

651. Toutefois, au cas où la dénonciation du fonctionnaire est calomnieuse, celui-ci peut, sans aucun doute, être actionné en dommages-intérêts par la voie de la prise à partie, car la calomnie est évidemment une « fraude », et la fraude figure parmi les cas de prise à partie (proc. civ. art. 505). Le fonctionnaire qui a dénoncé calomnieusement encourt donc une double responsabilité, pénale et civile.

652. — 2ᵒ *Dénonciation civique commandée aux particuliers par la loi.* — C'est la dénonciation prescrite par l'art. 30

c. instr. crim. « à toute personne, qui aura été témoin d'un attentat, soit contre la sûreté publique, soit contre la vie ou la propriété d'un individu ». Elle est, en fait, très peu usitée aujourd'hui. Il a été traité de cette sorte de dénonciation au *Rép.*, nᵒˢ 466 à 476; et il ne reste que peu de chose à ajouter.

653. On a examiné au *Rép.*, nº 469, la question de savoir si les *avis* dont parle l'art. 30 sont de véritables dénonciations, soumises, à ce titre, quant à leurs formes, aux règles prescrites par l'art. 31. L'opinion affirmative, soutenue par Mangin (t. 1, nº 48), a été adoptée. Nous y persistons, bien que MM. Faustin Hélie (t. 4, nº 1709) et Duverger (t. 2, nº 167) aient exprimé le sentiment contraire. Suivant nous, c'est même exclusivement à ce cas, c'est-à-dire au cas de dénonciation civique obligatoire, que s'applique l'art. 31, car les dénonciations volontaires, toutes spontanées, ne sont pas, à notre avis du moins, soumises aux formes prescrites par l'art. 31; il suffit qu'elles soient faites par écrit (V. *infra*, nº 655).

654. Il convient de signaler ici un arrêt de la cour de cassation qui se rattache, à certains égards, à la matière de la dénonciation civique. Cet arrêt a décidé que la dénonciation d'une contravention fiscale ne constitue pas par elle-même une faute donnant lieu à une action en dommages-intérêts, bien que la dénonciation ait eu exclusivement pour mobile le désir de nuire à celui qui a commis la contravention. Il s'agissait, dans l'espèce, d'un débiteur auquel avait été délivré, par son créancier, une quittance non revêtue du timbre mobile, et qui, en remettant cette quittance à la Régie, avait mis le créancier dans l'obligation de payer l'amende fixée par l'art. 23 de la loi du 23 août 1871. La cour de cassation a jugé que ce débiteur ne pouvait être actionné en payement de dommages-intérêts destinés à couvrir le préjudice que le créancier avait éprouvé en payant l'amende (Civ. cass. 15 févr. 1882, aff. Lagardère, D. P. 82. 1. 153).

Deux tribunaux de paix avaient jugé antérieurement à l'arrêt de la cour de cassation, et contrairement à la doctrine de cet arrêt, que l'individu qui, dans la seule intention de nuire et par esprit de vengeance, a déposé dans un bureau d'enregistrement une pièce en contravention à la loi sur le timbre des quittances, peut être condamné, à titre de dommages-intérêts, à rembourser au contrevenant l'amende que celui-ci a été contraint de payer (Trib. de paix de Tourcoing, 23 août 1876, aff. L..., D. P. 77. 3. 54 ; Trib. de paix de Vignory, 8 avr. 1881, aff. Delaborde, D. P. 81. 5. 364). V., pour l'examen de la question qui a fait l'objet de ces trois décisions, la note publiée sous l'arrêt précité du 15 févr. 1882, D. P. 82. 1. 153. Il suffira de dire ici que l'art. 30 c. instr. crim. aux termes duquel : « Toute personne qui a été témoin d'un attentat, soit contre la sûreté publique, soit contre la vie ou la propriété d'un individu, est tenue d'en donner avis au procureur impérial », n'est évidemment pas applicable à la personne qui a connaissance d'une contravention à la loi fiscale, et d'une violation des droits du Trésor (Conf. Dutruc, *Journal des avoués*, 1876, nᵒ 457 ; Sarraute, nᵒ 294).

655. — 3ᵒ *Dénonciation volontaire.* — C'est de beaucoup la plus fréquente des trois sortes de dénonciations. Ainsi qu'on l'a dit au *Rép.*, nᵒ 477, le procureur de la République n'est pas seulement tenu de recevoir les dénonciations qui lui sont faites conformément aux art. 29 et 30, soit des crimes et délits dont les révélateurs ont acquis connaissance dans l'exercice de fonctions publiques, soit des attentats à la vie ou à la propriété dont ils ont été témoins ; ce magistrat doit également recevoir toutes les dénonciations qui peuvent lui être adressées dans d'autres cas que ceux prévus dans les deux articles précités, quand même les dénonciateurs n'auraient point été témoins des faits par eux révélés, et ainsi n'en auraient eu connaissance que par une voie indirecte (Arg. de l'art. 47 c. instr. crim.). Il n'y a pas plus de doute à cet égard dans la doctrine (Mangin, nᵒ 51; Duverger, nᵒˢ 155, 160 ; Faustin Hélie, nᵒˢ 1709, 1720) que dans la jurisprudence. Mais ces dénonciations, toutes spontanées, ne sont pas soumises aux formes prescrites par l'art. 31; il suffit qu'elles soient faites par écrit (Mangin, nᵒ 51; Sarraute, nᵒ 297. — *Contrà* : Faustin Hélie (nᵒ 1709, *in fine*). Dans la pratique on ne recourt jamais,

ou presque jamais, aux formes de l'art. 31. Le plus ordinairement la personne qui veut faire une dénonciation se
présente devant l'un des officiers de police qui ont capacité
pour la recevoir (c. instr. crim. art. 48, 50, 275), et fait la
déclaration des crimes et délits dont elle entend donner
connaissance à la justice (*Rép.* n° 480). Cette déclaration est
reçue par écrit, c'est-à-dire consignée dans un procès-verbal,
que le déclarant signe avec l'officier public. Nous n'hésiterions pas à voir une dénonciation dans une simple lettre
missive signée et adressée à l'officier public.

656. Quant aux formes des plaintes adressées aux
magistrats par les personnes qui prétendent avoir été
particulièrement lésées par un crime ou un délit, V. *infrà*,
n° 663.

657. Quels sont les fonctionnaires compétents pour recevoir les dénonciations? V. *Rép.* n° 480. — La jurisprudence
a consacré de nouveau la doctrine énoncée au *Rép.*, n° 481,
suivant laquelle les plaintes et dénonciations ne sont pas
nulles par cela seul qu'elles ont été adressées à des officiers
incompétents pour les recevoir (Faustin Hélie, t. 4,
n° 1719; Mangin, t. 1, n° 52). Par arrêt du 5 août 1859
(aff. Cestac, D. P. 59. 2. 207), la cour de Pau a jugé
qu' «aucune loi n'interdit aux commissaires de police, pas
plus qu'aux autres officiers de police judiciaires auxiliaires,
de recevoir des plaintes pour des faits qui se seraient passés
hors de leurs circonscriptions, ou contre des individus qui y
seraient étrangers, sauf à eux à les transmettre aux magistrats compétents, pour leur donner les suites dont elles sont
susceptibles».

658. Un incapable, comme le mineur, l'interdit, la
femme mariée, peut-il se porter dénonciateur? L'affirmative a été soutenue au *Rép.*, n° 479, contrairement à l'opinion de Mangin (n° 53). Sans aucun doute, pour être admis
à se porter partie civile, il faut, comme pour former toute
autre action civile, avoir l'exercice de ses droits et, par
conséquent, la capacité d'ester en justice. Mais pour quel
motif exigerait-on cette capacité du simple dénonciateur, et
même du plaignant, qui ne font pas de procès et dont toute
l'initiative se borne à solliciter l'action du ministère public?
C'est à celui-ci à l'accorder, s'il y a lieu, une confiance
limitée à la dénonciation d'un mineur ou d'une femme
mariée; il lui appartient d'apprécier, et il s'abstiendra de
poursuivre s'il le croit plus convenable. — V. en ce sens,
spécialement pour le cas de diffamation, Crim. rej. 5 févr.
1857, aff. Blondeau, D. P. 57. 1. 108. Conf. Faustin Hélie,
t. 2, n° 801; Garraud, n° 460; Barbier, *Code expliqué
de la presse*, t. 2, n° 864.

659. Le dénonciateur peut-il se désister de sa dénonciation? La question a été résolue négativement au *Rép.*,
n° 485. Le droit de désistement ne s'applique qu'aux actes
constitutifs de l'action civile; il ne peut être exercé ni par
les dénonciateurs ni par les plaignants; il ne peut l'être
que par les parties civiles (Mangin, n° 57; Faustin Hélie,
t. 4, n° 1740). Serpillon disait autrefois: «il ne serait
pas juste de recevoir le désistement du dénonciateur,
puisque la partie publique ne serait pas reçue à se désister de la plainte qu'elle n'a donnée que sur le fondement
d'une dénonciation» (t. 1, p. 404). M. Faustin Hélie a
développé la même idée en ces termes: «L'unique
but de la dénonciation ou de la plainte, quand le plaignant ne se porte pas partie civile, étant de révéler à la
justice les faits qui en font l'objet, il s'ensuit que cet
acte a produit tous ses effets au moment de sa remise
entre les mains d'un officier de police; il serait trop
facile pour le dénonciateur de se dégager de la responsabilité qui peut peser sur lui en se désistant après
sa dénonciation faite; il aurait provoqué la poursuite, et il
se mettrait aussitôt à l'abri de tout recours; la dénonciation
vivrait, et le dénonciateur aurait disparu. C'est donc avec
raison que la loi n'a pas permis que la responsabilité du
dénonciateur pût être effacée par un désistement, et les
art. 358 et 359 n'ont fait qu'y appliquer la distinction posée
par l'art. 66. Il faut par conséquent tenir en principe
que le désistement peut effacer la qualité de partie civile,
mais ne détruit ni la plainte ni la dénonciation» (t. 4,
n° 1740).

660. En ce qui concerne la responsabilité des auteurs de
dénonciations volontaires, V. *infrà*, n° 750 et suiv.

Art. 2. — *Des plaintes.* — *Constitution de la partie civile* (*Rép.*, n° 488 à 554).

§ 1er. — Dépôt de la plainte (*Rép.* n° 488 à 496).

661. La plainte diffère de la dénonciation comme
l'espèce du genre. C'est une révélation adressée à la
justice non plus par un simple témoin, mais par la personne
ou au nom de la personne à laquelle le fait délictueux a
causé un préjudice» (Garraud, *Précis de droit criminel*,
p. 581). Mangin avait dit déjà dans son *Traité de l'instruction
écrite*, t. 1, n° 45: «Lorsque la dénonciation est faite par
l'individu qui a été lésé, elle se nomme plainte».

662. A qui les plaintes doivent-elles être adressées? En
d'autres termes, quels sont les fonctionnaires compétents
pour recevoir les plaintes des parties lésées? Ces fonctionnaires sont: le procureur de la République, ses auxiliaires, et
le juge d'instruction (c. instr. crim. art. 63 et 64). V. à cet
égard Mangin, n° 50; Faustin Hélie, t. 4, n° 1718. De plus,
dans les matières du ressort de la juridiction correctionnelle,
la partie lésée peut s'adresser directement au tribunal
correctionnel en la forme réglée par les art. 182 et suiv.
(même art. 64). Enfin, aux termes de l'art. 275, le procureur
général reçoit les dénonciations et «les plaintes» qui lui
sont directement adressées, soit par la cour d'appel, soit par
un fonctionnaire public, soit par un simple citoyen, et il en
tient registre. Il les transmet au procureur de la République.

663. Aux termes de l'art. 63 c. instr. crim., «les dispositions de l'art. 31 concernant les dénonciations seront
communes aux plaintes». Suit-il de là que les formes
prescrites par l'art. 31 soient nécessaires à la validité des
plaintes? Nullement, d'après la jurisprudence, comme
d'après la doctrine. En premier lieu, l'inobservation des
formes prescrites par la loi ne peut, en général, avoir
aucune influence sur la procédure. «En effet, lorsque les
plaintes ne forment pas, comme en matière de diffamation
ou d'adultère, la base légale de la poursuite, ou lorsqu'elles
ne sont pas suivies de l'exercice de l'action civile, elles
n'enchaînent pas l'action publique et ne la mettent pas
nécessairement en mouvement; elles ne font que lui fournir
des indications que leurs irrégularités ne détruisent pas; ces
irrégularités sont couvertes par le réquisitoire du ministère
public qui donne à la poursuite sa base légale, quels que
soient les vices de l'acte qui l'a provoquée. La nullité de la
plainte, fût-elle encourue à raison de l'omission de quelque
forme, n'aurait donc aucun effet sur l'action publique qui
en est indépendante, et dès lors il n'y aurait pas d'intérêt à
la faire prononcer» (Faustin Hélie, t. 4, n° 1737). Conf.
Mangin, t. 1, n° 52; Garraud, n° 363.

664. En est-il autrement lorsque la plainte forme, comme
en matière de diffamation ou d'adultère, la base légale de
la poursuite? En cas pareil, il a semblé difficile à M. Faustin
Hélie de ne pas regarder les formes comme nécessaires à la
validité de la plainte. «La plainte, dit cet auteur, est ici le principe de toute la procédure; il faut donc qu'elle soit régulière,
il faut que sa régularité soit démontrée. Or, comment prouver
l'existence de la plainte, comment constater la provocation
et la ferme volonté du plaignant, si ce n'est par l'accomplissement des formes prescrites par la loi?» (t. 2, n° 752). Tel
est aussi le sentiment de la plupart des auteurs (Mangin,
t. 1, n° 52; Garraud, n° 363; Villey, p. 199; Trébutien, t. 2,
n° 218; Haus, *Principes du droit pénal belge*, t. 2, n° 1138 et
1159). Nous ne saurions cependant partager cette opinion
que nous avons combattue au *Rép.*, n° 189, et qui a été depuis
improuvée par un grand nombre d'arrêts, spécialement en
matière de diffamation et d'injures et en matière de chasse.
V. les arrêts cités *suprà*, n° 319. Conf. Le Sellyer, *Traité de
l'exercice et de l'extinction des actions publique et privée*
t. 1, n° 244. — V. toutefois, en matière d'adultère, *suprà*,
v° *Adultère*, n° 17, et Caen 28 avr. 1875, cité *ibid.*

665. Si l'omission des formalités prescrites par l'art. 31.
reste, en général, sans effet sur la validité des plaintes, est-
il vrai de dire aussi que cette omission demeure sans résultat relativement à la responsabilité des plaignants? La
question paraît au premier abord plus délicate. C'est, en
effet, surtout à cause de cette responsabilité, que les formes
de la plainte lui ont été imposées «parce que, d'une part,
le plaignant a intérêt à ce que les termes de sa plainte
soient authentiquement constatés, et que, d'un autre côté,

le prévenu a également intérêt à trouver une base incontestée du dédommagement auquel il peut avoir droit. » (Faustin Hélie, t. 4, nº 1738). Il faut donc que la plainte soit telle qu'elle puisse devenir la base d'une réparation civile. — Mais toutes les formalités prescrites par l'art. 31 sont-elles indispensables à cet effet? Nous ne le pensons pas. La question à ce point de vue, en effet, n'est plus de savoir si la plainte, à raison de telle formalité omise, est ou non irrégulière, mais si elle constitue ou non une plainte. Or, quelles sont les conditions essentielles d'un tel acte? Il faut, suivant Faustin Hélie, loc. cit.: « 1º qu'il constate quel est le plaignant dont il émane ; 2º qu'il formule le fait imputé à un tiers, et que ce fait ait le caractère d'un crime, d'un délit ou d'une contravention ; 3º enfin qu'il ait été remis à un officier de police ». Développant sa pensée, le même auteur ajoute : « Il faut que l'acte constate quelle est la personne dont il émane ; de là la conséquence que la plainte doit être écrite et signée par le plaignant, à moins que le procès-verbal de l'officier qui la reçoit ne supplée à la signature. Il faut que cette plainte précise le fait et que le fait soit punissable ; car c'est dans l'imputation du fait punissable qu'elle consiste, et c'est cette imputation seule qui est la source de la réparation. Enfin il faut quelle soit remise à un officier de police, lors même que cet officier serait incompétent pour la recevoir ; car c'est cette remise qui révèle le véritable caractère de l'acte et la suite que la partie a voulu lui assigner. Ce sont là les conditions qui constituent l'acte lui-même. Les autres formes, sans être assurément inutiles, sont cependant secondaires. Leur omission peut affecter la solennité de la dénonciation, mais non son existence. Mais supprimez la constatation du nom du dénonciateur, l'imputation d'un fait punissable ou la remise de la dénonciation à un officier public, quel qu'il soit, il ne reste qu'un acte informe, qui peut servir de renseignement, mais qui ne peut plus devenir la base d'une action » (eod. loc.). Cette manière de voir paraît fondée. Pour qu'une plainte puisse engager la responsabilité de la personne dont elle émane, il faut donc et il suffit : 1º que la plainte soit écrite et signée par le plaignant, à moins que le procès-verbal de l'officier qui la reçoit ne supplée à sa signature ; 2º que la plainte précise le fait imputé ; 3º qu'elle soit remise à un des officiers publics désignés dans les art. 63, 64 et 275 c. instr. crim.

666. Il a même été jugé, en matière de dénonciation calomnieuse, que la signature du dénonciateur n'est pas nécessaire ; il suffit que la dénonciation ait été faite par écrit et on supposerait à tort qu'il faut qu'elle se soit produite dans les formes indiquées par l'art. 31 c. instr. crim. (Crim. rej. 1er mai 1868, aff. Seguin, D. P. 68. 1. 506). Un arrêt antérieur, rapporté au Rép., nº 364-3º (Crim. rej. 6 sept. 1839) avait déjà reconnu « qu'aucune loi n'exige la signature de la partie plaignante au bas du procès-verbal constatant le délit dont elle se plaint. » — En ce qui concerne les formes de la dénonciation calomnieuse, V. suprà, vº Dénonciation calomnieuse, nºˢ 31 et suiv.

667. Le procureur de la République et les officiers qui ont qualité pour recevoir des plaintes peuvent-ils refuser de les recevoir ? La négative est certaine, ainsi qu'on l'a expliqué au Rép., nº 491, sauf le cas où le fait dénoncé ne constitue très évidemment ni crime, ni délit, ni contravention. « Dans ce cas, en effet, ce n'est plus une plainte qui est portée, puisque c'est le caractère punissable du fait dommageable qui fait la plainte, et la compétence des officiers de police cesse d'exister. Mais, dès qu'il peut s'élever un doute, il faut l'interpréter en faveur du droit de plainte en faveur des parties lésées, et la plainte doit être reçue, sauf à être ultérieurement appréciée (Faustin Hélie, t. 4, nº 1720). — Spécialement, une circulaire du ministre de l'intérieur a décidé que les commissaires de police ne peuvent refuser de recevoir une dénonciation sauf le cas où très évidemment elle ne se rapporte qu'à des faits non punissables (Circ. min. int. 24 juill. 1858, D. P. 58. 3. 76).

668. Sur la question posée au Rép., nº 492, de savoir si le procureur de la République peut se dispenser d'adresser la plainte au juge d'instruction et d'y donner suite, V. suprà, nºˢ 100 et suiv.

669. La plainte une fois transmise par le ministère public au juge d'instruction, ce dernier magistrat peut-il se dispenser d'y donner suite? Cette question a été résolue négativement au Rép., nº 493, mais cette solution nous paraît aujourd'hui trop absolue. En effet, depuis la loi du 17 juill. 1856 (D. P. 56. 4. 123), qui a supprimé la chambre du conseil, et transféré au juge d'instruction les pouvoirs de cette chambre, on ne peut plus dire que le juge n'a aucun droit sur la poursuite, puisque c'est ce magistrat qui statue seul sur l'issue de l'information quand elle est achevée. En donnant au juge ce droit de juridiction, la loi précitée a, par là-même, suivant nous, autorisé ce magistrat à statuer lui-même, au seuil de l'information, sur les exceptions qu'il voit dans la procédure, après les avoir toutefois signalées au procureur de la République, lequel communique ses conclusions (c. instr. crim. art. 127 et 128). Si donc le fait ne paraît pas au juge constituer un crime ou un délit, si l'action publique est suspendue par une question préjudicielle, si elle est arrêtée par l'absence d'une plainte nécessaire, si elle est éteinte par la prescription, le juge n'est pas tenu d'ouvrir une information. En s'abstenant ainsi, il évitera des frais frustratoires et agira dans l'intérêt de l'inculpé (Faustin Hélie, t. 4, nº 1614 ; Garraud, nº 464-4º ; Villey, p. 279 ; Sarraute, nº 383).

670. La solution qui précède doit, suivant nous, être admise aussi bien en cas de plainte qu'au cas où le ministère public a requis d'office le juge d'instruction, sans être sollicité par aucune plainte ou dénonciation. Mais il ne faudrait pas étendre l'exception au delà de ses limites naturelles : le juge d'instruction est, en principe, tenu d'instruire, et il ne pourrait certainement pas refuser d'informer sous le prétexte qu'il ne résulte pas de la plainte des indices suffisants de culpabilité contre le prévenu. — Au reste, le refus d'instruire devrait être déclaré par une ordonnance, et celle-ci pourrait être attaquée par la voie de l'opposition devant la chambre des mises en accusation (c. instr. crim., art. 135, alin. 1).

671. Sur la responsabilité des plaignants, V. infrà, nºˢ 754 et suiv.

672. On sait que le témoignage de la partie civile ne peut pas être admis au débat. Il n'en est pas de même du simple plaignant ; la qualité de plaignant n'est aucunement un motif de reproche (Crim. cass. 1er juill. 1876, Bull. crim. nº 155 ; Crim. rej. 13 janv. 1881, ibid., nº 7). Tous les jours des plaignants sont admis à donner leur déposition devant les juridictions répressives.

673. Le plaignant peut-il se désister et faire ainsi considérer sa plainte comme non avenue ? La question a deux aspects. A l'égard de la responsabilité civile ou pénale qu'il peut avoir encourue vis-à-vis du prévenu par ce seul fait qu'il a déposé contre lui une plainte injuste ou téméraire, le plaignant ne saurait s'en décharger en se désistant. Le désistement n'empêche pas, en effet, que le plaignant n'ait été le moteur d'une poursuite préjudiciable, et, sous ce rapport, il ne peut produire aucun effet, pas plus que le désistement de la simple dénonciation.— V. suprà, nº 659, ce qui concerne le désistement des dénonciateurs.

674. D'autre part, le plaignant ne pourrait pas davantage, en se désistant, arrêter les poursuites du ministère public, alors même que le délit serait un de ceux qui ne peuvent être poursuivis que sur la plainte de la partie lésée, car l'action publique est entièrement indépendante de l'action civile (V. suprà, nº 270, et les nombreux arrêts cités ibid.).

675. Toutefois, il n'en est pas de même au cas d'adultère et au cas de poursuite pour diffamation et injures envers un particulier, le retrait de la plainte ayant, dans ces deux cas, en vertu de dispositions spéciales de la loi, pour effet d'arrêter l'action publique (V. suprà, nº 270).

§ 2. — Constitution de la partie civile (Rép., nºˢ 497 à 523).

676. — I. Doctrine. — Sur la constitution de partie civile, on consultera principalement les ouvrages ci-après : Faustin Hélie, Traité de l'instruction criminelle, t. 4, nºˢ 1711 et suiv.; Mangin, Traité de l'instruction écrite, t. 1, nºˢ 58 et suiv.; Le Sellyer, Traité de l'exercice et de l'extinction des actions publique et privée, t. 1, nºˢ 285 et suiv.; Trébutien, Cours élémentaire de droit criminel, t. 2, nºˢ 448 et suiv.; Gréau, Étude sur la responsabilité civile en matière pénale,

p. 131 et suiv. ; Duverger, *Manuel des juges d'instruction*, t. 2, n°s 188 et suiv. ; Garraud, *Précis de droit criminel*, n° 326 ; Villey, *Précis de droit criminel*, p. 239 et suiv. ; Laborde, *Cours élémentaire de droit criminel*, n°s 850 et suiv. ; Sarraute, *Manuel du juge d'instruction*, n°s 325 et suiv.

677. — II. De la constitution de partie civile en général. — La partie lésée peut ne pas se borner à porter plainte ; elle a la faculté de se constituer partie civile. La différence qui sépare le plaignant de la partie civile a été très nettement expliquée par Faustin Hélie, dans le passage (t. 4, n° 1711) déjà cité au *Rép.*, n° 497. Le trait caractéristique de l'action de cette dernière partie, c'est qu'elle tend à des dommages-intérêts, tandis qu'il ne peut être accordé de dommages-intérêts au simple plaignant, lequel n'est pas partie au procès.

678. Toutefois, bien que le simple plaignant ne réclame pas de dommages, il peut, ainsi que nous l'avons dit au *Rép.*, *ibid.*, sans être obligé de se constituer partie civile, revendiquer les objets qui lui ont été pris (c. instr. crim. art. 366, § 2). — V. dans ce sens : Faustin Hélie, t. 4, n° 1712 ; Le Sellyer, t. 1, n° 324 ; Blanche, *Études sur le code pénal*, t. 1, n° 327 ; Merlin, *Répertoire*, v° *Partie civile*, n° 7 ; Bourguignon, *Manuel*, sur l'art. 66 ; Trébutien, t. 2, n° 449. — La jurisprudence, par interprétation de l'art. 366 précité, décide que la restitution des objets soustraits à leur propriétaire doit être ordonnée, même d'office, bien que ce propriétaire ne l'ait pas demandé (Crim. cass. 21 févr. 1852, aff. Fresson, D. P. 52. 5. 75 ; 5 févr. 1858, aff. Coulmeau, D. P. 58. 1. 231). D'après l'arrêt de la cour de Nîmes du 27 juin 1828, cité au *Rép.*, *ibid.*, cette restitution n'est applicable qu'aux objets déterminés et déposés au greffe, mais non aux sommes d'argent que le prévenu a soustraites ou s'est fait remettre et qui sont restées en sa possession. La cour de cassation a décidé depuis qu'un tribunal correctionnel avait pu légalement ordonner, en faveur des plaignants qui ne s'étaient pas constitués parties civiles, la restitution de sommes saisies provenant d'escroqueries commises à leur préjudice (Crim. rej. 16 août 1872, aff. Delpit) « Si, en principe, dit cet arrêt, les dommages-intérêts, pour être accordés, doivent être demandés, les tribunaux peuvent, aux termes des art. 51 c. pén. et 366 c. instr. crim., ordonner la restitution des effets pris en faveur des propriétaires ».

679. Pour être admis à se porter partie civile, il n'est pas nécessaire d'avoir préalablement déposé une plainte. Cette règle déjà formulée au *Rép.*, n° 498, est admise par tous les auteurs (Faustin Hélie, t. 4, n° 1713 ; Mangin, t. 1, n° 60 ; Le Sellyer, t. 1, n° 292 ; Nouguier, *De la cour d'assises*, t. 3, n° 2073 ; Sourdat, *Traité de la responsabilité*, t. 1, n° 295 ; Gréau, p. 132 ; Merlin, *Répertoire*, v° *Intervention*, § 2 ; Garraud, n° 376, p. 494).

680. De même la doctrine, et aussi la jurisprudence, sont unanimes à reconnaître que la circonstance qu'une partie lésée a été entendue comme témoin dans un procès criminel n'empêche pas cette partie d'intervenir postérieurement au procès comme partie civile, pourvu que ce soit avant la clôture des débats (*Rép.*, n° 500 et 501). Conf. Faustin Hélie, t. 6, n° 2603 et t. 7, n° 3493 ; Nouguier, t. 3, n°s 2097 et suiv. ; Garraud, n° 399 ; Trébutien, t. 2, n° 451 ; Gréau, p. 144 ; Villey, p. 231. Aux arrêts de ce sens, rapportés au *Rép.*, n° 500, *adde* : Crim. rej. 28 janv. 1853, aff. Frégier, D. P. 53. 5. 444 ; 11 avr. 1861, aff. Burle, D. P. 61. 5. 481 ; 8 déc. 1865, aff. Paccini, D. P. 66. 1. 143). Journellement, en police correctionnelle surtout, la partie lésée se constitue partie civile à l'audience, après avoir donné son témoignage, auquel les juges doivent avoir tel égard que de raison. Au reste, il est prudent et juste, en pareil cas, de prémunir le jury contre l'impression qu'il a pu ressentir ;

aussi le président des assises a-t-il le droit d'annuler le serment prêté et de réduire la déposition au titre de simple renseignement (Crim. rej. 5 mai 1854, aff. Viernay, D. P. 54. 5. 202, et arrêt précité du 8 déc. 1865).

681. Mais le témoin qui s'est porté partie civile ne peut plus être entendu sous serment (Crim. cass. 18 mars 1852, aff. Alanion, D. P. 52. 5. 529 ; Crim. rej. 18 août 1855, aff. Charnau, D. P. 55. 5. 436 ; 14 oct. 1856, aff. Durand, D. P. 56. 1. 405 ; Crim. rej. 24 nov. 1876, *Bull. crim.*, n° 228). Par suite l'audition, comme témoin, de la partie civile, malgré l'opposition de l'accusé, est une cause de nullité (Même arrêt du 18 mars 1852). Les arrêts décident, toutefois, qu'il n'y a pas nullité, lorsqu'il ne s'est produit aucune opposition, ni de la part du ministère public, ni de la part des accusés (Crim. rej. 28 nov. 1844, aff. Pezet, D. P. 45. 1. 58 ; 12 nov. 1846, aff. Friniaux, D. P. 46. 4. 477 ; 18 mars 1852, aff. Laporcy, D. P. 52. 5. 529 ; 13 mai 1859, aff. Dechassey, D. P. 60. 5. 379 ; 24 nov. 1876, *Bull. crim.*, n° 228 ; 12 sept. 1889, aff. Favril, D. P. 90. 1. 287). Conf. Garraud, n° 377 ; Gréau, p. 166. Faustin Hélie estime, au contraire, que l'incapacité de témoignage qui pèse sur la partie civile est absolue et n'admet aucune restriction. Suivant lui, la déposition est nulle alors même que ni le ministère public, ni la partie civile ne se sont opposés à sa réception (t. 7, n° 3495). — En ce qui concerne l'incapacité de la partie civile à donner sa déposition en simple police, V. le même auteur, t. 6, n° 2603.

682. Il est, d'ailleurs, à remarquer que la qualité de simple plaignant n'est aucunement un motif de reproche. C'est seulement le témoignage de la partie civile qui ne peut être admis au débat. Tous les jours, les plaignants sont admis à donner leur déposition devant les juridictions répressives. V. *supra*, n° 673. — V. aussi, en ce qui concerne le droit de témoigner, relativement au plaignant, au dénonciateur et à la partie civile, *Rép.*, v° *Témoins*, n°s 158 à 186.

683. Peut-on se porter partie civile contre un des prévenus, et non contre ses complices? L'affirmative, soutenue au *Rép.*, n° 503, et enseignée par Faustin Hélie, t. 4, n° 1714 ; Mangin, t. 1, n° 59, et Gréau, p. 112, nous paraît incontestable. Cette doctrine peut aujourd'hui trouver un appui nouveau dans un arrêt de la chambre civile de la cour de cassation, qui a jugé que l'action en responsabilité peut être intentée contre un seul des coauteurs du fait dommageable (Civ. cass. 23 août 1869, aff. Maillet, D. P. 69. 1. 464).

684. — III. Des divers modes de constitution de la partie civile. — C'est un principe certain de notre droit, fondé sur les termes mêmes de l'art. 66 c. instr. crim., que la constitution de partie civile ne peut résulter que d'une déclaration positive ou de conclusions à fin de dommages-intérêts. La volonté de se porter partie civile ne s'induit donc pas ; elle doit être formelle (Faustin Hélie, t. 4, n° 1711 ; Trébutien, t. 2, n° 449 ; Mangin, t. 1, n° 58 ; Duverger, t. 2, n° 188 ; Nouguier, t. 3, n° 2078 ; Dutruc, *Mémorial du ministère public*, v° *Partie civile*, n° 1 ; Gréau, p. 131). Aux décisions de jurisprudence citées dans ce sens au *Rép.*, n° 506, il faut ajouter quatre arrêts, rendus depuis la publication de cet ouvrage. — Il a été jugé, d'abord, qu'il ne suffirait pas de s'inscrire en faux contre un procès-verbal dressé par des employés d'octroi, pour être considéré comme partie civile, dans l'instance à eux faite dirigée contre eux (Douai, 16 avr. 1874) (1). En second lieu, un arrêt de la chambre criminelle du 28 mars 1879 a décidé que le simple versement au greffe d'une somme à titre de provision sur les frais d'un procès criminel ne confère pas à celui qui l'a effectué la qualité de partie civile (*Bull. crim.*, n° 79). D'autre part, la même chambre a jugé plus récemment :

(1) (Delgutte C. Ministère public.) — La cour ; — Attendu qu'il résulte de la procédure que, suivant procès-verbal du 8 févr. 1873, D... et H... constatèrent que la veille, à Saint-Pierre-lez-Calais, ils avaient vu plusieurs individus passer des tonneaux contenant de l'alcool à 93 degrés, de l'usine du sieur Delgutte dans la cour contiguë de la veuve Beaurin, par-dessus un petit mur de séparation, et ce, sans expédition et contrairement aux lois et règlements de l'octroi ; — Que, sur la poursuite exercée à raison de ce fait par l'administration des Contributions indirectes contre Delgutte, celui-ci déclara s'inscrire en

faux contre le procès-verbal susdaté ; — Que, par jugement du 23 juill. 1873, le tribunal correctionnel de Boulogne admit ladite inscription comme régulière dans la forme et basée sur des moyens pertinents ; en conséquence, en renvoya la connaissance à la juridiction compétente, et sursit à statuer sur l'action de la Régie ; — Que la procédure criminelle ouverte et suivie sans aucune intervention de Delgutte, se termina par une ordonnance du 25 déc. 1873, déclarant n'y avoir lieu à suivre ; — Que, par acte reçu au greffe du tribunal de Boulogne, du 1er avr. 1874, M° Duterte, au nom et comme avoué de Delgutte, déclara

1° que, lorsqu'un témoin cité déclare à l'audience qu'il a l'intention de se porter partie civile, une pareille déclaration n'équivaut pas à une constitution de partie civile, et qu'en conséquence ce témoin ne peut être dispensé du serment (Crim. rej. 4 août 1881, *Bull. crim.*, n° 188); — 2° Que les plaignants n'étant réputés parties civiles que s'ils le déclarent expressément ou s'ils prennent des conclusions en dommages-intérêts, il y a lieu d'annuler *partie in quâ* le jugement de simple police qui condamne le plaignant aux dépens, alors qu'il n'apparaît d'aucun document que ce plaignant ait pris la qualité de partie civile, et que ce jugement ne fait mention d'aucunes conclusions en dommages-intérêts (Crim. cass. 6 août 1886, *Bull. crim.*, n° 293).

685. A ce même point de vue, nous signalerons encore un jugement rendu dans des circonstances assez remarquables. Un procès-verbal avait été dressé contre un propriétaire, pour avoir conduit un certain nombre de taureaux sauvages en un pré communal dont l'accès est réservé aux seuls animaux domestiques des habitants, et le garde champêtre avait inséré dans ce document une demande de 1 500 francs de dommages-intérêts au profit de la commune. Traduit en simple police, sur l'avertissement donné par le ministère public et sans intervention de la partie lésée, le propriétaire fut condamné à l'amende et à 400 fr. de dommages-intérêts. Sur son appel, notifié au parquet et à la commune, cette dernière étant intervenue devant les juges du second degré, le tribunal correctionnel décida : 1° que la commune ne s'étant pas portée partie civile dans les formes légales, la disposition du jugement lui accordant des dommages-intérêts constituait un excès de pouvoir viciant cette disposition d'une nullité d'ordre public; — 2° Que l'appel du prévenu et la comparution de la commune en cause d'appel ne pouvaient avoir pour effet de couvrir cette nullité. En conséquence, le tribunal réforma le jugement sur le chef des dommages-intérêts (Trib. corr. d'Uzès, 30 oct. 1890, *Journ. min. publ.*, 1891, février, p. 29, art. 3306).

686. Au reste, s'il faut, pour être partie civile, ou une déclaration formelle ou des conclusions en dommages-intérêts, l'un ou l'autre de ces actes est certainement suffisant; il n'est pas besoin que la constitution continue en même temps des conclusions en dommages-intérêts. La cour de cassation a jugé, le 12 mars 1885 (*Bull. crim.*, n° 83), que l'art. 66 c. instr. crim. se contente d'une déclaration formelle pour que le plaignant soit constitué partie civile, et que celui-ci n'est point obligé de formuler en même temps une demande en dommages-intérêts. Elle a même décidé, le 30 août 1877 (*Bull. crim.*, n° 214), qu'il n'est pas nécessaire que la partie civile conclue à un moment quelconque, à des dommages-intérêts. C'est à cette partie à apprécier le préjudice et la réparation qui peut lui être due, et il suffirait certainement qu'elle demandât la condamnation aux dépens sans dommages-intérêts.

687. On peut se porter partie civile de trois manières : 1° par le dépôt d'une *plainte* accompagnée de constitution ; 2° par *intervention* ; 3° par *citation directe*.

688. — 1° *Plainte.* — A l'égard de ce premier mode de constitution de partie civile, nous n'aurons que peu de chose à ajouter à ce qui a été dit au *Rép.*, n°s 508 et 509. Il est reconnu aujourd'hui : 1° que les procureurs de la République, les officiers de police judiciaire auxiliaires du procureur de la République, et les procureurs généraux ont, aussi bien que les juges d'instruction, qualité pour recevoir, avec la plainte, la constitution de partie civile (Mangin, t. 1, n° 60; Faustin Hélie, t. 4, n° 1718; Le Sellyer, t. 1, n° 290; Sourdat, t. 1, n° 293; Gréau, p. 132; Legraverend, t. 1, p. 197). Toutefois, à partir du moment où le juge d'instruction est saisi, la partie lésée ne peut plus soumettre qu'à ce magistrat son intervention comme partie civile (Mangin, t. 1, n° 60; Gréau, p. 132); — 2° Que l'action civile est admissible, ainsi qu'on l'a dit au *Rép.*, n° 509, lorsque la plainte, après avoir été remise d'abord à d'autres magistrats que ceux désignés par la loi, est cependant parvenue à celui de ces derniers qui était compétent (Faustin Hélie, t. 4, n° 1719; Gréau, p. 132); — 3° Que, la loi n'ayant prescrit aucune forme spéciale pour la constitution de partie civile par voie de plainte (art. 63 et 66 c. instr. crim.), cette constitution, lorsqu'elle est faite dans la plainte même, n'apporte à cette plainte aucun changement si ce n'est l'insertion qui doit y être faite de l'intention du plaignant de se porter partie civile ou de ses conclusions en dommages-intérêts (Faustin Hélie, t. 4, n° 1732).

689. — 2° *Intervention.* — La partie lésée qui n'a pas porté plainte peut se constituer partie civile en intervenant sur les poursuites du ministère public, soit en matière de simple police, soit en matière correctionnelle, soit en matière criminelle. Aux termes de l'art. 67 c. instr. crim., « les plaignants peuvent se porter partie civile *en tout état de cause* jusqu'à la clôture des débats ». Il résulte de l'évidence de ce texte, conféré avec les art. 3 et 351 du même code, que la partie lésée peut se porter partie civile devant le juge d'instruction, la chambre des mises en accusation, le tribunal de simple police, le tribunal de police correctionnelle et la cour d'assises. Au reste, ainsi qu'on l'a dit *suprâ*, n° 679, ce droit d'intervention n'est nullement subordonné à la condition que la partie ait déposé une plainte préalable.

690. La loi n'a pas prescrit de formes particulières pour l'intervention; elle se réalise par une déclaration positive faite aux magistrats, ou par le dépôt de conclusions à fins de dommages-intérêts (V. à cet égard les arrêts des 16 avr. 1874, 28 mars 1879, 4 août 1881 et 6 août 1886, cités *suprâ*, n° 684).

691. Il faut ajouter toutefois, ainsi que nous l'avons déjà dit au *Rép.*, n° 511, que lorsque la partie civile prend cette qualité devant le juge d'instruction, l'acte par lequel elle intervient dans le procès doit être notifié au ministère public et au prévenu. Cela résulte de l'obligation imposée par l'art. 66 de signifier ultérieurement le désistement, lorsqu'il y a lieu. Pourquoi, en effet, exigerait-on la signification du désistement, si la déclaration de se porter partie civile n'avait pas été légalement connue? Or, elle n'a pu être légalement connue, lorsqu'elle a été faite postérieurement à la plainte, que par une notification (Le Sellyer, t. 1, n°s 298 et 299; Mangin, t. 1, n° 61; Faustin Hélie, t. 4, n° 1734; Duverger, t. 2, n° 188; Gréau, p. 134).

692. En serait-il de même si l'intervention de la partie civile se produisait à l'audience? Faudrait-il, dans ce cas aussi, décider que l'intervention ne doit se être reçue que si elle a été notifiée au prévenu? La négative a été décidée par la cour de cassation en matière de simple police. Cette cour a jugé que, toute partie lésée par un fait délictueux ayant le droit d'intervenir dans l'instance poursuivie à la requête du ministère public, par voie de simples conclusions et jusqu'à la clôture des débats, c'est à tort que le juge de police, après avoir statué à l'égard du contrevenant et d'une seconde personne reconnue civilement responsable, tous deux non comparants, quoique régulièrement cités, déclare l'intervention de la partie civile à l'audience non recevable par ce motif qu'elle n'avait pas été préalablement notifiée au prévenu (Crim. cass. 3 août 1888, aff. Marrac, D. P. 89. 1. 87). On remarquera qu'on pareil cas, les intérêts du prévenu sont sauvegardés par le droit qui lui appartient de former opposition au jugement qui a accueilli les prétentions de la partie civile.

---

former opposition à cette ordonnance; — Attendu que si, aux termes de l'art. 135 c. instr. crim., la partie civile a le droit de former opposition aux ordonnances des juges d'instruction, cette faculté n'est accordée qu'à celui qui se prétend lésé qu'à titre de partie civile et non comme simple plaignant; — Que Delgutte, qui se prétendait lésé par le procès-verbal sus-énoncé, pouvait bien, aux termes de l'art. 63 dudit code, et comme il l'a fait implicitement par son inscription de faux, porter plainte contre les rédacteurs de cet acte, mais que cette plainte n'emportait pas, par elle-même, pour Delgutte, la situation de partie civile dans l'instance; — Que cette qualité, et les droits que la loi y attache, ne pouvaient lui appartenir suivant la disposition précise et exclusive de l'art. 66 du même code, qu'au moyen d'une déclaration formelle, soit dans la plainte, soit par acte subséquent, ou en prenant des conclusions à fin de dommages-intérêts; — Que Delgutte n'a, au cours de l'instance dont s'agit, fait aucune de ces manifestations; que, dès lors, son opposition est irrecevable;

La cour la rejette comme telle, et condamne ledit Delgutte aux dépens.

Du 16 avr. 1874.-C. de Douai, ch. des mises en accus.-MM. Decaudaveine, pr.-Maurice, subst.

693. Lorsque la partie plaignante s'est constituée partie civile dans l'instruction écrite, son intervention dans les débats est de droit, et il n'est pas besoin qu'il en soit donné acte. Lorsque, au contraire, elle intervient aux débats sans s'être préalablement constituée, il est évidemment nécessaire que son intervention soit régularisée par un donné acte ou par un arrêt ou jugement. Si l'intervention n'est l'objet d'aucune contestation de la part du prévenu, le donné acte suffit ; ce prévenu est de la sorte suffisamment averti. Mais lorsque l'intervention est contestée, il est nécessaire qu'il y ait arrêt ou jugement, car une contestation forme un incident contentieux sur lequel la juridiction peut seule statuer (Crim. cass. 7 avr. 1854, *Bull. crim.*, n° 99). Conf. Faustin Hélie, t. 7, n° 3314.

694. La partie civile qui intervient doit-elle être représentée par un avoué? Aucun texte ne l'exige, et la jurisprudence, confirmant l'arrêt du 25 nov. 1831, cité au *Rép.*, n° 522, a plusieurs fois reconnu que la partie civile peut soutenir elle-même ou par un fondé de pouvoirs sa demande en dommages-intérêts, soit en matière correctionnelle (Crim. rej. 19 févr. 1875, *Bull. crim.*, n° 58; Orléans, 12 août 1851, aff. Classier, D. P. 53. 5. 440; Angers, 16 janv. 1854, aff. X..., D.P.54.2.43);... soit en matière criminelle (Crim. cass. 12 déc. 1873, *Bull. crim.*, n° 308; Crim. rej. 3 janv. 1880, aff. Augeron, D. P. 80. 1. 286; 12 sept. 1889, aff. Favril, D. P. 90. 1. 287). Conf. Faustin Hélie, t. 7, n° 3315. En conséquence, une partie civile peut être régulièrement reçue comme intervenant au procès sur des conclusions prises par son avocat, non assisté d'un avoué, alors surtout que ni les accusés ni leurs défenseurs ne s'opposent à cette intervention, et que la partie civile assiste à l'audience au moment où les conclusions prises en son nom sont développées par son avocat (Arrêt précité du 12 sept. 1889). Toutefois, suivant un autre arrêt, le juge a la faculté d'ordonner la comparution de la partie civile, si elle lui paraît nécessaire (Arrêt précité d'Orléans, 12 août 1851).

695. Le ministère des avoués étant facultatif en matière répressive, il a été jugé, dans une affaire de diffamation envers un particulier, que le prévenu ne saurait se faire un grief de ce que le nom de l'avoué de la partie civile aurait été inexactement rapporté dans l'arrêt de la chambre des appels de police correctionnelle (Crim. rej. 19 juin 1890, *Bull. crim.*, n° 135).

696. Aux termes de l'art. 67 c. inst. crim., le droit de se constituer partie civile s'arrête à la *clôture des débats*. Que faut-il entendre par ces expressions? A cet égard une distinction est à faire entre la matière correctionnelle et de simple police d'une part, et, d'autre part, la matière criminelle.

En matière correctionnelle comme en matière de simple police, les débats restent ouverts jusqu'à la prononciation du jugement (Crim. cass. 11 nov. 1843, aff. Leberne, D. P. 45. 4. 498; 24 déc. 1858, aff. Battesti, D. P. 65. 1. 403; 2 juin 1865, aff. Laurent, D. P. 65. 1. 327; Crim. rej. 17 janv. 1868, aff. Hubert Laurent, D. P. 68. 1. 359; Crim. cass. 28 mai 1870, aff. Ledot, D. P. 70. 1. 373). La partie lésée peut donc se constituer partie civile tant que la lecture du jugement n'est pas commencée.

697. Au reste, il n'y a point de doute que cette constitution ne peut avoir lieu pour la première fois en appel, car, en se constituant seulement en appel, la partie lésée priverait le prévenu, en ce qui concerne les intérêts civils, d'un degré de juridiction. Aux arrêts déjà cités dans ce sens au *Rép.*, n° 512, *Adde:* en matière correctionnelle: Crim. cass. 15 nov. 1889, *Bull. crim.*, n° 339; Rouen, 10 avr. 1845, aff. Duquesnoy, D. P. 45. 4. 12; Bordeaux, 2 avr. 1868, *Journal du ministère public,* 1868, p. 276; Orléans, 5 juill. 1870, aff. Peltier, D. P. 70. 2. 173; Aix, 17 mars 1870, aff. Vallande, et Limoges 21 mai 1870, aff. Gory, D. P. 70. 2. 178; Paris, 5 août 1890, aff. Secrétan, D. P. 93. 1. 56; Nancy, 8 nov. 1893, aff. S... contre B..., *Journal du ministère public,* 1893, n° 3581; et en matière de simple police : Crim. cass. 10 févr. 1883, *Bull. crim.*, n° 53. Conf. Le Sellyer, t. 1, n° 293; Faustin Hélie, t. 6, n° 2997; Morin, *Rép.* v° *Partie civile,* n° 1; Villey, p. 231; Gréau, p. 134. — Et il en est ainsi, alors même que le prévenu aurait déjà fait défaut en première instance (Crim. cass. 17 juill. 1841, *Rép.* n° 512; arrêt précité du 10 avr. 1845). — Jugé que la règle qui précède est applicable même au mari plaignant en adultère

contre sa femme et le complice de celle-ci, alors surtout que ces parties, quoique appelantes, ne comparaissent pas, et qu'il a négligé de les assigner pour défendre à son intervention (Arrêt précité d'Aix, du 17 mars 1870).

698. Ainsi qu'on l'a dit au *Rép.* n° 514, la partie civile qui n'a pas figuré en cause d'appel ne peut intervenir devant la cour de cassation. (V. *suprá,* v° *Cassation,* n° 215).

699. En matière de grand criminel, la clôture des débats est prononcée par le président des assises, après que le procureur général et les parties ont été entendues (art. 335 c. instr. crim.). C'est donc avant cette déclaration du président d'assises que la partie civile doit prendre qualité. Plus tard, son intervention ne pourrait plus être reçue (Crim. cass. 26 déc. 1861, aff. Cordonnier, D. P. 62. 5. 10; 4 août 1881, *Bull. crim.*, n° 188. Conf. Faustin Hélie, t. 8, n° 3836; Le Sellyer, t. 1, n° 296; Sourdat, t. 1, n°s 295,298, 299; Gréau, p. 135; Nouguier, *De la cour d'assises,* t. 3, n° 2082).

700. Au reste, il a été jugé que, pour que le droit qui appartient à toute partie lésée de se constituer partie civile soit exercé utilement, il suffit qu'il ait été rendu par la cour d'assises, avant la clôture des débats, un arrêt incident ayant implicitement donné acte de son intervention comme partie civile et ayant sursis à statuer sur les réparations civiles; l'arrêt rendu après la clôture des débats, qui a admis la constitution de partie civile, ne pourrait détruire l'effet du premier arrêt incident (Crim. rej. 7 avr. 1854, *Bull. crim.*, n° 99).

701. La règle que la constitution de partie civile doit précéder la clôture des débats est au-dessus de toute contestation, puisqu'elle résulte du texte même de l'art. 67 c. inst. crim. Il convient, toutefois, de distinguer, au grand criminel, le droit de se constituer partie civile du droit de *conclure*, qui en est la conséquence. Souvent, il est vrai, l'exercice de ces deux droits se confond, car il arrive fréquemment, dans la pratique, que la partie civile déclare, en même temps et par un même acte, sa constitution et sa demande en dommages-intérêts. Mais il peut arriver que ces deux actes se produisent séparément. En cas pareil, il faut combiner l'art. 67 c. inst. crim., avec l'art. 359 du même code, qui autorise la partie civile à former sa demande en dommages-intérêts *jusqu'au jugement,* et décider que celui qui a pris la qualité de partie civile, soit à l'ouverture, soit dans le cours des débats, avant que ceux-ci fussent clos, est admissible, même après cette déclaration, à former sa demande en dommages-intérêts, c'est-à-dire à conclure, puisque l'art. 359 l'autorise à le faire « jusqu'au jugement ». C'est ce que l'on a déjà établi au *Rép.*, n° 516. Aux arrêts cités dans ce sens, *adde :* Crim. rej. 27 nov. 1857, aff. Parot, D. P. 58. 1. 46; 11 avr. 1861, aff. Burle, D. P. 61. 5. 11. Conf. Le Sellyer, t. 1, n° 294; Nouguier, t. 3, n° 2082; Faustin Hélie, t. 8, n° 3836; Sourdat, t. 1, n° 300; Morin, *Répertoire* v° *Action civile,* n° 10, et v° *Partie civile,* n° 4; Gréau, p. 135.

702. De graves dissidences se sont élevées sur la portée de cette expression de l'art. 359 c. inst. crim. « jusqu'au jugement ». Que doit-on regarder comme le *jugement*? Est-ce la déclaration du jury? Est-ce l'arrêt de la cour? On a prétendu que la déclaration du jury doit être considérée comme le jugement même, car elle en est la base essentielle, et que, par suite, le droit de conclure cesse dès que le verdict est rendu. Mais cette opinion n'a point de base solide: « nulle part la déclaration du jury n'est qualifiée *jugement* par la loi, qui ne donne ce titre qu'à l'acte par lequel le magistrat fait l'application de la loi *jus dicit* » (Gréau, p. 136), et la jurisprudence l'a repoussée. Postérieurement aux arrêts de 1847 et de 1833 cités *Rép.* n° 516, il a été jugé, que lorsque la partie lésée, ayant pris qualité antérieurement, ne dépose ses conclusions définitives qu'après la déclaration du jury, la forclusion n'est nullement encourue (Crim. rej. 7 avr. 1854, *Bull. crim.*, n° 99; 11 févr. 1861, aff. Burle, D. P. 61. 5. 11; 20 févr. 1863, aff. De Caderousse-Gramont, D. P. 64. 1. 99). Conf. Nouguier, t. 3, n° 2083.

703. La jurisprudence va plus loin. Elle décide qu'il n'y a pas forclusion alors même que la partie lésée laisse passer, sans conclure au fond, non seulement la déclaration du jury, mais même, en cas de verdict négatif, l'ordonnance d'acquittement. Par suite, cette partie est encore recevable, après le prononcé de cette ordonnance, à déposer ses conclusions

en dommages-intérêts. Aux arrêts du 22 avr. 1836 et 3 mars 1842, rapportés à cet égard, au *Rép.*, nos 517 et 518, *adde*: Crim. rej. 27 nov. 1857, aff. Parot, D. P. 58. 1. 46; 20 févr. 1863, aff. De Caderousse-Gramont, D. P. 64. 1. 99. Conf. Sourdat, t. 1, no 327; Le Sellyer, t. 1, no 294; Faustin Hélie, t. 8, no 3836; Nouguier, t. 3, no 2084. — *Contrà*, Gréau, p. 136.

704. Mais l'arrêt de condamnation est incontestablement un jugement. Il nous paraît donc certain qu'en cas de condamnation de l'accusé, la partie lésée, alors même qu'elle se serait régulièrement constituée pendant le cours des débats, ne serait plus recevable à prendre des conclusions après cet arrêt, puisque l'art. 359 lui prescrit de former sa demande avant le jugement. Il a même été décidé que la partie civile ne peut plus utilement saisir la cour d'assises de ses conclusions à des dommages-intérêts, si elle a négligé de le faire, avant que la cour se soit retirée pour délibérer sur l'application de la peine (C. d'ass. du Var, 5 mai 1850, aff. Marine, D. P. 52. 2. 45). V. toutefois au *Rép.*, no 518, l'arrêt contraire du 10 févr. 1835. Faustin Hélie, t. 8, no 2836, est aussi d'un avis opposé. Sur le sens qu'il convient de donner à ces mots de l'art. 359 c. instr. crim. « jusqu'au jugement », V. aussi : *La partie civile à la cour d'assises*, par G. Chrétien, 1887.

705. Est-il nécessaire que le condamné soit présent de sa personne, au moment où la cour d'assises statue sur la demande en dommages-intérêts de la partie civile? Un arrêt a jugé avec raison que la cour d'assises a pu régulièrement statuer, en l'absence du condamné, sur les dommages-intérêts réclamés par la partie civile, alors que le condamné était représenté par son avoué (Crim. rej. 23 janv. 1890, *Bull. crim.*, no 19).

706. — 3o *Citation directe.* — Le troisième mode de constitution de partie civile est la citation directe. On sait qu'en matière correctionnelle et de police, la partie lésée peut, par une citation qui tient lieu de plainte, traduire directement le prévenu devant le tribunal de répression, qui doit le condamner à la peine légale, et à des dommages-intérêts, s'il le trouve coupable d'un délit ou d'une contravention. Ce droit se fonde sur les art. 145 et 182 c. instr. crim. et n'a jamais été contesté. Il n'existe qu'en matière de police correctionnelle et de simple police; sauf le cas du délit de presse, il est, en effet, dans notre droit, interdit à la partie lésée de saisir la cour d'assises par citation directe.

707. Le droit de citation directe a été critiqué en législation. Il est certain qu'on a fait abus de cette faculté, et que des citations dénuées de fondement sont parfois soutenues par les parties privées. On ne saurait méconnaître non plus que la citation directe, comme tous les procédés de justice expéditive, offre de graves dangers, en ce qu'elle soumet au tribunal des affaires mal préparées. Enfin « la citation, au lieu de constituer une voie judiciaire ouverte à la réparation d'un préjudice véritable, ne peut-elle pas devenir, quelquefois, entre les mains des parties, un moyen d'intimidation et de spéculation? N'est-il pas arrivé que le plaignant, en notifiant sa citation, ait calculé le prix du désistement que la faiblesse du défendeur pourrait lui offrir? Que d'hommes honnêtes consentent à de tels sacrifices, à la seule idée de se voir publiquement appelés sur les bancs de la police correctionnelle, et redoutent la flétrissure d'une prévention même dénuée de fondement! » Faustin Hélie, qui a résumé en ces termes les principales critiques adressées à la citation directe, y a répondu d'une façon décisive (t. 6, no 2811). Nous croyons, avec lui que de tels chantages sont rares, et la raison en est simple : presque toujours ces coupables manœuvres tournent à la confusion de leurs auteurs, qui se voient condamnés à des dommages-intérêts, et qui peuvent même, suivant les circonstances, être poursuivis soit en diffamation, soit en dénonciation calomnieuse, soit en faux témoignage. Lors même que ces odieux trafics échapperaient quelquefois à la répression, il faudrait dire avec M. Chaix-d'Est-Ange, rapporteur de l'un des projets de suppression du droit de citation directe dont la Chambre des députés a été saisie en 1845 : « On a toujours pensé que c'était une garantie de justice et de réparation qu'il est impossible de ravir aux citoyens. Le ministère public, chargé quelquefois de tant d'affaires, ne peut pas prendre un intérêt direct à cette foule d'infractions et de délits qui, en blessant les droits

légitimes, ne portent cependant pas une grande atteinte à l'ordre public. Il doit prendre part à la lutte que ces plaintes soulèvent, mais il ne peut pas, comme dans les grands crimes, s'en faire lui-même l'instrument et le vengeur. Ainsi, les droits de la partie lésée ne seraient pas suffisamment défendus s'ils ne pouvaient pas être de la part de cette partie l'objet d'une poursuite directe. Ce droit, sans doute, n'est pas sans inconvénient; mais quelle liberté y a-t-il au monde qui n'ait avec elle ses abus? C'est à nous, qui voulons être libres, à savoir les subir, et c'est aux tribunaux, quand ils sont témoins de ces scandales, qu'il appartient de les réprimer » (*Moniteur*, 1845, p. 1173). Nous estimons que le droit de citation directe est un droit précieux; car c'est une garantie qui assure aux faibles et aux petits la protection de la justice contre les coupables assez puissants pour se dérober aux poursuites. Le supprimer parce qu'on en peut abuser, c'est un remède pire, à notre avis, que le mal. M. Garraud (*Précis*, p. 465, note) estime avec raison « qu'une double réforme qui consisterait : 1o à permettre au tribunal de prononcer une amende contre le demandeur qui succombe; 2o à dispenser, dans tous les cas, le prévenu sur citation directe de partie civile de l'obligation de comparaître en personne (Conf. A. Poulle, *Des abus de la citation directe*, 1886), donnerait satisfaction à tous les intérêts ». Les tribunaux peuvent, d'ailleurs, au cas d'abus de la citation directe, prononcer une condamnation à des dommages-intérêts.

708. Les formes de la citation directe donnée à la requête de la partie civile sont énoncées dans l'art. 183, qui en indique deux : 1o la partie civile fera, par l'acte de citation, élection de domicile dans la ville où siège le tribunal; 2o la citation énoncera les faits. — En ce qui concerne l'élection de domicile, V. *infrà*, no 738. Les formes proprement dites seront étudiées dans les numéros qui suivent. Mais auparavant il y a lieu de constater que des expressions de l'art. 183 : « la citation énoncera les faits et tiendra lieu de plainte », il résulte que la qualité de la citation, qu'elle soit prise ou non formellement, découle nécessairement de la citation directe (Legraverend, t. 1, p. 173; Gréau, p. 138). — Sur les formes de la citation en général, V. *suprà* vo *Exploit*, nos 237 et suiv.

709. Il n'y a point de doute que la citation de la partie civile doive « énoncer les faits » puisque l'art. 183 le prescrit textuellement. Cette obligation n'est, d'ailleurs, que l'application d'un principe de raison et de justice. Comment le droit de défense pourrait-il s'exercer si le prévenu traduit devant le tribunal correctionnel ne connaissait pas, en se présentant à l'audience, le fait qui motive la poursuite? (Faustin Hélie, t. 6, no 2822.) Conf. Crim. cass. 7 déc. 1822, *Rép.* vo *Presse-outrage*, no 1426-4o; Crim. rej. 29 juin 1838, *Rép.* vo *Dénonciation calomnieuse*, no 44; Crim. cass. 13 juin 1850, *Bull. crim.*, no 196. Une citation qui n'énoncerait pas les faits serait donc nulle (Mêmes arrêts; Gréau, *eod. loc.*; Faustin Hélie, no 2824).

Mais il suffit que la citation énonce les faits; la *qualification* n'en est pas nécessaire pour sa validité (Faustin Hélie, t. 6, no 2822; Gréau, p. 139). C'est ce qui a été jugé : en matière d'escroquerie (Arrêt précité du 13 juin 1850), en matière de presse, antérieurement à la loi du 29 juill. 1881 (Crim. rej. 30 nov. 1877, *Bull. crim.*, no 250). En cette dernière matière, le demandeur ne pourrait plus aujourd'hui se dispenser de qualifier les faits dans la citation puisque des textes spéciaux (art. 50 et 60-3o de la loi du 29 juill. 1881, D. P. 81. 4. 65) lui font une obligation expresse de cette qualification, V. *suprà*, vo *Presse-outrage*, no 1728.

710. Au surplus, le libellé de la citation ne doit pas nécessairement présenter ici la même précision qu'en matière civile; il suffit que les faits soient assez clairement énoncés pour que le prévenu ait pu se défendre. Il a été jugé, dans ce sens, que l'obligation de préciser et de *détailler* les faits dans l'acte de citation par la partie civile n'est pas une formalité essentielle tenant à la liberté de la défense, et que, par exemple, l'exploit qui cite le prévenu à comparaître pour s'entendre condamner du chef d'escroquerie et donne la définition légale de ce délit est valable (C. cass. de Belgique, 29 janv. 1883, rapporté *suprà*, vo *Exploit*, no 240).

711. Il a même été jugé que l'énonciation des faits dans

la citation n'est pas indispensable, lorsque les actes de la procédure antérieure, ordonnance, réquisitions et interrogatoires, ont mis le prévenu à même de connaître l'incrimination sur laquelle il doit se défendre (Crim. rej.29 juin 1838, cité *suprà*, n° 709). Conf. Faustin Hélie, t. 6, n° 2825; Gréau, p. 139). Il en serait de même s'il avait été délivré au prévenu copie d'un procès-verbal dressé contre lui, et lui faisant clairement connaître le fait pour lequel il est cité (Crim. cass. 20 févr. 1830,*Rép.* v° *Exploit*, n° 728-1°; et auteurs précités).

712. La règle de l'art. 183 au sujet de l'énonciation des faits reçoit plusieurs modifications dans quelques matières spéciales. En matière de presse, la citation directe est soumise à des conditions de forme toutes particulières. Aux termes de l'art. 50 (L. 29 juill. 1881), la citation directe devant les assises doit contenir « l'indication précise des écrits, des imprimés…, discours… qui seront l'objet de la poursuite, ainsi que la qualification des faits. Elle indiquera les textes de la loi invoquée à l'appui de la demande. Si la citation est à la requête du plaignant, elle portera, en outre, copie de l'ordonnance du président; elle contiendra élection de domicile dans la ville où siège la cour d'assises et sera notifiée tant au prévenu qu'au ministère public. Toutes ces formalités seront observées, à peine de nullité de la poursuite ». S'il s'agit d'une citation en police correctionnelle, celle-ci, aux termes de l'art. 60-3°, précisera et qualifiera le fait incriminé; elle indiquera le texte de la loi applicable à la poursuite, le tout à peine de nullité de ladite poursuite ». Il résulte de ces textes que les exigences de l'art. 183 c. instr. crim. sont, en ce qui concerne l'obligation d'énoncer les faits dans la citation, de beaucoup dépassées dans la matière spéciale de la presse. Au surplus V. *suprà*, v° *Presse-outrage*, n°s 1723 et suiv.

713. En matière forestière et de pêche fluviale, l'obligation d'énoncer les faits se trouve en quelque sorte absorbée par une autre forme prescrite par l'art. 172 c. for. et par l'art. 49, (L. 15 avr. 1829), à savoir l'obligation de donner, à peine de nullité, dans la citation, la copie du procès-verbal et de l'acte d'affirmation. Il est clair que la copie du procès-verbal est l'énonciation la plus complète des faits qui font l'objet de la poursuite (Faustin Hélie, t. 4, n° 2826. V. *Rép.* v° *Forêts*, n°s 501 et suiv.). Il en est de même en matière de contributions indirectes et de douanes : en effet, la loi du 1er germ. an 13 et celle du 28 avr. 1816 imposant aussi à l'Administration l'obligation de donner copie du procès-verbal au prévenu, la première immédiatement après la rédaction de cet acte, la seconde dans le jour même de la saisie (Faustin Hélie, *eod. loc.*).

714. Lorsqu'une partie civile cite directement en police correctionnelle ou en simple police, est-il nécessaire qu'elle vise, dans la citation, le texte de la loi pénale applicable? La cour de cassation a décidé, avec raison, la négative, en jugeant « que l'art. 183 c. instr. crim. ne prescrivant, dans la citation, que l'énonciation du fait incriminé, c'est le fait énoncé qui constitue et caractérise la prévention et fixe les droits des parties en cause, quels que soient les textes de la loi pénale que le demandeur vise ensuite dans la citation » (Crim. rej. 24 mai 1879, aff. Villain-Landaiserie, D. P. 79. 1. 273).

715. Que décider au sujet de la date des faits incriminés? On a déjà dit *suprà*, v° *Exploit*, n° 241, que la jurisprudence se montre peu sévère relativement à l'indication de la date dans les citations en matière correctionnelle (V. les arrêts cités). La même tendance s'est fait jour dans un arrêt postérieur rendu en matière de citation directe à la requête d'une partie civile : il a été jugé que, lorsqu'un mari assigne sa femme devant le tribunal correctionnel pour délit d'adultère, la citation contient une énonciation suffisante quant à la date des faits incriminés, si elle indique que les faits d'adultère se seraient passés à la fin de tel mois et au commencement de tel autre (Crim. rej. 19 nov. 1875, *Bull. crim.* n° 324).

716. On sait que les citations en police correctionnelle ne sont pas, en principe, soumises aux formalités prescrites par l'art. 61 c. proc. civ. pour les exploits en matière civile, mais assujetties seulement, quant aux formes, aux prescriptions des art. 182, 183 et 184 c. instr. crim. (V. *Rép.* v° *Exploit*, n°s 714 et suiv.). Cette règle s'applique, sans

aucun doute, à la citation de la partie civile, comme à la citation du ministère public. La jurisprudence en a fait de nombreuses applications dans des affaires intentées à la requête des parties civiles, en décidant : 1° qu'une citation en police correctionnelle peut être déclarée valable bien qu'elle ne contienne pas le nom de famille du plaignant, mais indique seulement son prénom, si ce prénom sert généralement à le désigner, et si le prévenu n'a pu être induit en erreur sur l'identité du plaignant (Crim. rej. 15 mars 1850, aff. Octave, D. P. 50. 5. 216) ; — 2° Que l'omission du nom patronymique de la partie civile dans la citation donnée en police correctionnelle n'emporte pas nullité, si le libellé de l'acte ne permet aucun doute sur la personnalité du plaignant, et s'il y est suffisamment désigné par ceux de ses noms qui y figurent, ainsi que par les termes et les fins mêmes de cette citation (Crim. rej. 24 mai 1879, aff. Villain-Landaiserie, D. P. 79. 1. 273); — 3° Qu'une inexactitude dans la citation relativement à la désignation de la partie civile ne peut faire aucun grief au prévenu, alors qu'aucun doute n'est possible sur l'individualité de la partie poursuivante et sur la qualité en laquelle elle agit ; spécialement, lorsque la partie civile, dont les nom, profession et domicile ont été indiqués dans la citation, y a été désignée, par erreur comme supérieur général des « frères de la Doctrine chrétienne » au lieu des « frères des Écoles chrétiennes » (Crim. rej. 30 juill. 1880, *Bull. crim.* n° 154) ; — 4° Qu'aucune formalité particulière n'étant prescrite en matière correctionnelle à la partie civile en dehors de l'énonciation des faits et de l'élection de domicile dans la citation, le prévenu ne saurait se faire grief de ce qu'il y aurait une erreur dans l'indication en cette citation du domicile réel de la partie civile, alors d'ailleurs qu'il n'en est résulté aucun préjudice pour lui (Crim. rej. 2 mai 1890, *Gazette des tribunaux* du 9 mai 1890).—Toutefois, il a été jugé que la citation donnée, à la requête d'une partie civile au *rédacteur de l'article* d'un journal (sans autre désignation) assigné devant le tribunal correctionnel comme complice du délit de diffamation, doit être réputée non avenue (Crim. cass. 19 juill. 1883, aff. Weiss, D. P. 84. 1. 263). A la vérité aucune disposition de loi n'exige, à peine de nullité, que la citation contienne le nom du prévenu; mais, suivant l'arrêt précité, « il est indispensable que l'exploit désigne le cité par son nom ou, à défaut, par une qualification qui lui soit exclusivement personnelle ».

717. Au reste, c'est une règle certaine que les nullités dans la citation sont couvertes si elles n'ont pas été invoquées avant toute défense au fond. A cet égard, la doctrine reconnaît que la disposition de l'art. 173 c. proc. civ. est de droit commun et s'applique dès lors même aux matières criminelles (Faustin Hélie, t. 4, n° 2832; Trébutien, t. 2, p. 555). Un arrêt a fait application de cette règle dans une poursuite exercée par la régie des Contributions indirectes, en jugeant que l'exception de nullité de la citation, tirée de ce que le procès-verbal de saisie qui lui sert de base aurait été seulement énoncé et non notifié dans l'exploit, doit être proposé avant tout débat au fond (Crim. rej. 28 nov. 1874, *Bull. crim.* n° 303).

718. C'est un principe consacré par de nombreux arrêts que la citation donnée par la partie civile en police correctionnelle ou en simple police ne peut être annulée parce qu'elle ne contient aucune demande de dommages-intérêts (Aix, 17 déc. 1863, aff. Philis, et aff. Gerfroit, D. P. 64. 2. 63; Crim. rej. 30 août 1877, *Bull. crim.*, n° 211 ; Paris, 31 déc. 1880, aff. Baffenot, D. P. 82. 2. 139). En effet, la partie civile est juge de l'appréciation du préjudice qui lui a été causé et de la réparation qui peut lui être due. Elle peut réclamer des dommages dans un acte postérieur à sa citation ; elle peut aussi se borner à demander, soit dans la citation, soit plus tard, les dépens pour tous dommages-intérêts (Comp. *suprà*, n° 686). — La citation ne peut pas davantage être annulée parce qu'elle conclut à l'application des peines édictées par la loi, alors que rien n'indique, ni dans la citation, ni dans le reste de l'exploit, l'intention d'usurper les fonctions du ministère public, et qu'il y a là simplement une erreur de rédaction (Arrêts précités d'Aix et de Paris).

Il ne serait plus exact aujourd'hui de dire, comme on l'a fait au *Rép.*, n° 523, qu'en matière de délit de la

presse, comme en toute autre matière, le prévenu, quoique acquitté par suite de la déclaration de non-culpabilité rendue par le jury, peut être condamné à des dommages-intérêts envers la partie civile. En effet, la loi sur la presse du 29 juill. 1881 (D. P. 81. 4. 65 et *supra*, v° *Presse*, t. 13, p. 251) a interdit, à l'avenir, d'une façon absolue, de condamner à des dommages-intérêts le prévenu de délit de presse qui est acquitté. L'art. 58 de cette loi s'exprime ainsi : « En cas d'acquittement par le jury, s'il y a partie civile en cause, la cour ne pourra statuer que sur les dommages-intérêts réclamés par le prévenu. Ce dernier devra être renvoyé de la plainte sans dépens ni dommages-intérêts au profit du plaignant » (V. *supra*, v° *Presse*, n°ˢ 1926 et suiv.).

§ 3. — *Désistement de la partie civile* (*Rép.* n°ˢ 524 à 537).

719. Cette matière a été traitée au *Répertoire*, d'abord v° *Désistement*, n°ˢ 240 à 260, puis v° *Instruction criminelle*, n°ˢ 524 et suiv. Elle a fait aussi l'objet d'une étude plus récente *supra*, v° *Désistement*, n°ˢ 66 à 71. Nous n'aurons donc qu'à résumer succinctement ici les principales données de la doctrine et de la jurisprudence.

720. Le principe est certain : maîtresse de son action, la partie civile peut l'abandonner et s'en désister en tout état de cause, quand il lui plaît, pourvu que les juges n'aient pas encore prononcé (c. instr. crim. art. 66 et 67).

721. — 1° *Formes du désistement.* — L'art. 66 c. instr. crim. exige que le désistement soit signifié ; mais il n'en règle pas la forme et ne dit point à qui la notification doit être faite. « Il suit de là que le désistement n'est soumis à aucune forme spéciale : il importe donc peu qu'il soit fait par acte extrajudiciaire, par déclaration au greffe ou dans la forme des plaintes ou dénonciations. Il suffit que la volonté de la partie civile soit bien certaine, et qu'elle soit notifiée à qui de droit, c'est-à-dire à toutes les parties avec lesquelles la demande en réparation civile est engagée » (Gréau, p. 353). Conf. Mangin, *Instruction écrite*, n° 65 ; Faustin Hélie, t. 4, n° 1741). Spécialement, il a été jugé qu'il suffit, pour la validité du désistement, qu'il soit donné en la même forme que la citation par laquelle l'action a été intentée, sans qu'il soit besoin de suivre les prescriptions de l'art. 402 c. proc. civ. (Crim. cass. 19 févr. 1887, aff. Gobin, D. P. 87. 1. 512). — Mais, en quelque forme qu'il soit donné, le désistement doit être signifié au ministère public et au prévenu (*Rép.* n° 529 ; Faustin Hélie, t. 4, n° 1744 ; Mangin, *Instruction écrite*, n° 65 ; Le Sellyer, *Actions publique et privée*, t. 1, n° 300).

722. Ainsi que nous l'avons dit au *Rép.*, v° *Désistement*, n° 250, le désistement n'a pas besoin d'être accepté par le prévenu (Le Sellyer, t. 1, n° 433 ; Faustin Hélie, n° 1744 ; Garraud, n° 377 ; Villey, p. 232).

723. Au surplus, le désistement, quelle qu'en soit la forme, doit être exprès. A cet égard, il a été jugé : 1° que le défaut par la partie civile de se présenter, au jour indiqué par son assignation, devant le tribunal correctionnel, pour la soutenir et lier la cause, ne saurait être considéré comme un désistement (Crim. cass. 6 juill. 1878, *Bull. crim.*, n° 145) ; — 2° Que le fait, par l'administration des Forêts, de n'avoir pas donné suite à une citation devant le tribunal correctionnel, après avoir eu connaissance de la qualité de magistrat appartenant au prévenu, n'équivaut pas à un désistement (Ch. réun. cass. 27 févr. 1865, aff. Boudier, D. P. 67. 1. 95) ; — 3° Que le fait, par une partie civile de ne point comparaître à l'audience de la cour d'appel (saisie d'un renvoi après cassation d'un arrêt correctionnel) sur citation à elle adressée par le procureur général n'équivaut pas à un désistement, même en matière de presse, alors surtout que des conclusions ont été primitivement prises par cette partie civile, devant la cour d'appel dont l'arrêt a été cassé (Crim. rej. 12 juill. 1893, *Gazette des tribunaux*, des 12-13 mai 1893).

724. Le désistement est, en général, pur et simple. Mais il peut être subordonné à l'accomplissement de conditions formellement ou implicitement exprimées (Crim. rej. 9 mai 1890, aff. Polès, D. P. 90. 1. 456). Spécialement, il a été jugé que la partie civile peut reprendre son action lorsqu'il est établi que sa renonciation avait été subordonnée à un payement, qui n'a pas été effectué ; et il en est ainsi surtout lorsque

le désistement a été obtenu par des moyens frauduleux (Même arrêt).

725. Le désistement, pour être valable, doit, aux termes de l'art. 66 c. instr. crim., avoir lieu dans les vingt-quatre heures. Nous n'avons rien à ajouter à ce qui a été dit au *Rép.* n°ˢ 527 et 528, sur la manière dont ce délai doit se compter (V. à cet égard : Faustin Hélie, t. 4, n° 1742 ; Mangin, t. 2, n° 65 ; Le Sellyer, t. 1, n°ˢ 304 et 305 ; Gréau, p. 353.) Nous dirons seulement que le délai de vingt-quatre heures peut même être abrégé par la loi elle-même. Aux termes de l'art. 67, le désistement n'est valable qu'autant qu'il précède le jugement. Il ne saurait donc être admis s'il était donné après le jugement, bien que la partie civile se trouvât encore dans les vingt-quatre heures de la constitution.

726. De ce que le désistement, pour être valable, doit être rectifié dans les vingt-quatre heures, il faudrait se garder de conclure que l'on ne puisse jamais se désister même après ce délai. Maîtresse de son action, une partie civile peut toujours transiger avec le prévenu sur ses intérêts civils à quelque époque que ce soit, et consentir à l'extinction de son action. Seulement, quand son désistement n'est pas intervenu dans le délai fixé par la loi, la partie civile ne peut plus bénéficier des dispositions de l'art. 66 c. instr. crim. qui, lorsque le désistement est régulier, la décharge des frais faits depuis sa signification (V. *infra*, n° 727 et suiv.). C'est ce qui a été déjà expliqué au *Rép.* n° 526. — Les frais de désistement sont à la charge de la partie qui se désiste, y compris même le coût du jugement ou de l'arrêt qui en donne acte (Crim. rej. 4 févr. 1848, aff. Useldinger, D. P. 48. 5. 101. Conf. Faustin Hélie, t. 4, n° 1743).

727. — 2° *Effets du désistement.* — Les effets du désistement doivent être examinés soit au point de vue de l'obligation qui incombe à la partie civile de payer les frais du procès, soit au point de vue de l'extinction de l'action civile, soit au point du vue de l'influence sur l'action publique, soit encore au point de vue de la responsabilité de la partie civile quant aux dommages-intérêts ou à la peine qu'elle pourrait avoir encourue.

728. — 1° Au point de vue de l'obligation qui incombe à la partie civile de payer les frais du procès, les effets du désistement sont différents suivant qu'il a été donné dans les vingt-quatre heures de la constitution de partie civile ou après l'expiration de ce délai. Dans le premier cas, cette partie n'est plus tenue de payer les frais *depuis* la signification du désistement (c. instr. crim., art. 66) ; mais, *à contrario*, elle demeure certainement tenue de frais *antérieurs* (Faustin Hélie, t. 4, n° 1743 ; Sourdat, t. 1, n° 314 ; Mangin, t. 1, n° 66 ; Le Sellyer, n° 306 ; Laborde, n° 852). Et, par frais antérieurs, il faut entendre non seulement les frais faits pendant que la partie civile était en cause, mais encore, ainsi qu'on l'a dit au *Rép.*, n° 532, ceux qui ont précédé son intervention. « Cette dernière proposition, dit Mangin, *loc. cit.*, peut paraître rigoureuse ; elle est cependant la conséquence du système fiscal qui domine dans notre législation en cette matière. En effet, puisque la partie civile qui succombe ou qui ne peut plus se désister que le jugement a été rendu dans les vingt-quatre heures de son interdiction est tenue de payer tous frais antérieurs à cette intervention, il est clair que l'art. 66, en mettant à sa charge les frais antérieurs au désistement, entend parler de tous les frais, quelle que soit l'époque à laquelle ils ont été avancés ».

Dans le second cas, c'est-à-dire lorsque la partie civile ne s'est désistée qu'après les vingt-quatre heures, celle-ci est responsable de tous les frais, même de ceux postérieurs à son désistement. « Sous ce rapport, dit Mangin, t. 1, n° 67, elle reste partie civile au procès, — *sous ce rapport,* — car une partie civile est toujours maîtresse de transiger avec le prévenu à quelque époque que ce soit, et de consentir à l'extinction de son action ». Cette obligation de payer tous les frais est indiscutable (c. instr. crim., art. 66 ; Décr. 18 juin 1811, art. 157 ; Conf. Faustin Hélie, t. 4, n° 1743 ; Mangin, t. 1, n° 67 ; Gréau, p. 354 ; Garraud, n° 377). — Quant aux applications de cette règle, V. *Rép.*, v° *Désistement*, n°ˢ 258 et 259, et *adde* : Paris, 5 mai 1843, aff. Devaux, D. P. 45. 4. 293 ; 18 juin 1887, aff. Letulle, D. P. 87. 2. 24 ; Crim. cass. 1ᵉʳ juill. 1853, aff. Marsol, D. P. 53. 5. 241) aux termes de ces arrêts, la partie civile, qui s'est désistée plus de

vingt-quatre heures après la déclaration qu'elle a faite de se porter partie civile, est responsable de tous les frais. Décidé aussi que la partie civile qui n'a point signifié son désistement au ministère public, dans le délai de vingt-quatre heures fixé par l'art. 66, doit, malgré ce désistement tardif, être condamnée aux dépens envers l'État (Dijon, 15 janv. 1873, aff. Dauve, D. P. 74. 2. 92).

729. — 2° Au point de vue de l'extinction de l'action civile, quel est l'effet du désistement? Porte-t-il sur l'action ou seulement sur la procédure? En d'autres termes, le plaignant qui s'est d'abord porté partie civile et qui s'est ensuite désisté peut-il, malgré son désistement, reprendre cette qualité? La question, controversée à l'époque de la publication du *Répertoire* (n° 535, et *ibid.*, v° *Désistement*, n° 245), divise encore les auteurs. La majorité admet que le désistement de la partie civile éteint l'action elle-même, à la différence de ce qui a lieu en matière civile où le désistement ne porte que sur la procédure (Conf. Faustin Hélie, t. 4, n°s 1743 à 1744; Boitard, *Leçons de droit criminel*, n° 593; Rauter, n° 685; Merlin, *Rép.* v° *Partie civile*, n° 3, et v° *Plainte*, n° 9; Garraud, *Précis du droit criminel*, n° 377, et note 2 ; Gréau, p. 356). À l'appui de cette opinion, des auteurs font remarquer qu'en matière civile, le désistement n'est pas l'œuvre d'une seule partie, c'est une convention judiciaire ; pour être valable et produire ses effets, il doit être accepté par l'autre partie ou validé par les tribunaux (c. proc. civ. art. 403). En matière criminelle, au contraire, le désistement est l'œuvre de la seule volonté de la partie civile. La loi l'admet par cela seul qu'il est signifié, et sans exiger aucun concours, aucune adhésion de l'adversaire. Il semble dès lors naturel de conclure que ce désistement n'est pas seulement l'abandon passager de l'instance, mais qu'il est aussi la renonciation au droit. « Si la loi, a-t-on dit, n'a pas voulu qu'en matière civile, une des parties pût être surprise par un désistement qui lui enlèverait le bénéfice de la juridiction saisie, comment autoriserait-elle ce désistement en matière criminelle, sans que le prévenu pût le débattre et défendre ses intérêts, s'il n'avait pas des conséquences différentes?... Il faut évidemment, ou que le prévenu ait le même droit que le défendeur au civil, ce que la loi lui refuse, ou que le désistement ait un autre effet. Or, cet effet, c'est que cet acte n'emporte pas seulement, comme au civil, l'abandon de l'instance, mais aussi l'abandon de la juridiction saisie.... C'est parce que telle est la conséquence du désistement, qu'il est inutile qu'il soit accepté par le prévenu ou confirmé par le juge » (Faustin Hélie, t. 4, n° 1744). — Cette doctrine, qui nous paraît juridique, est combattue par MM. Le Sellyer, *Actions publique et privée*, n° 432, et *Traité de la compétence*, t. 2, n°s 1177 et 1178; Sourdat, *De la responsabilité*, t. 1, n° 372; Mangin, *Instruction écrite*, t. 2, n° 68; Villey, *Précis de droit criminel*, p. 232; Laborde, n° 852.

730. Du principe que le désistement de la partie civile éteint l'action, il faut conclure que la partie civile qui s'est désistée purement et simplement ne peut intervenir de nouveau dans le cours de la procédure. Ainsi qu'on l'a dit au *Rép.*, n° 535, on ne saurait admettre qu'un plaignant puisse quitter et reprendre capricieusement dans la même affaire la qualité de partie civile. Aussi a-t-il été jugé que la partie civile qui, devant la cour d'appel, a déclaré retirer sa plainte contre le prévenu, renonce ainsi à toute action envers ce prévenu, et se met elle-même hors de cause ; elle n'est donc pas recevable à se pourvoir en cassation contre l'arrêt qui, sur l'appel du prévenu, a déchargé celui-ci des condamnations prononcées en première instance (Crim. rej. 27 mai 1880, *suprà*, v° *Désistement*, n° 68). Par application de cette même règle, il avait déjà été jugé avant la publication du *Répertoire*, que le désistement formé par la partie lésée rend l'intervention des héritiers de celle-ci non recevable, dans le cas où cette partie décède avant la fin du procès criminel (C. d'ass. Liège, 7 déc. 1833, *Rép.* n° 536).

731. Si la partie civile avait fait des réserves en se désistant, si elle avait dit se désister *quant à présent et sauf à reprendre*, aurait-elle conservé le droit d'agir contre l'accusé? L'affirmative a été admise au *Rép.*, n° 535, et *ibid.*, v° *Désistement*, n° 246. Il paraît, en effet, difficile de contester à une partie qui abandonne son droit la faculté de mettre à

cet abandon les limites et les restrictions qu'il lui convient (Conf. Merlin, *Répertoire*, v° *Partie civile*, n° 3; Legraverend, t. 1, n° 204; Bourguignon, *Jurisprudence des codes criminels*, liv. 1, p. 78. — V. cependant, *contrà* : Faustin Hélie, t. 4, n° 1744; Gréau, p. 357.

732. Le plaignant, après s'être désisté de son action devant le tribunal répressif, pourrait-il porter sa demande devant le tribunal civil? Nous avons exprimé au *Rép.*, n° 537, l'opinion affirmative. En effet, comme le dit Faustin Hélie, n° 1744, « les art. 66 et 67 c. instr. crim. ne font porter le désistement que sur la qualité même de la partie civile, par conséquent sur l'action qu'elle avait intentée devant la juridiction criminelle ; le plaignant cesse d'être partie civile : il retire l'action civile qu'il avait jointe à l'action publique. Mais suit-il de là que cette action soit éteinte? » En aucune façon. L'art. 3 c. instr. crim. donne au plaignant la faculté de porter sa demande devant les juges civils. Comment déclarer une déchéance que la loi n'a pas prononcée? (Conf. Gréau, p. 357.)

733. Il a été jugé que l'arrêt qui, en appel, donne acte du désistement de la partie civile, annule virtuellement la partie du jugement qui condamne à des dommages-intérêts (Crim. rej. 27 mai 1870. *Bull. crim.*, n° 115). Cela ne pouvait faire aucune difficulté.

734. — 3° Le désistement de la partie civile est sans influence sur les poursuites du ministère public, bien que celles-ci aient été provoquées par la partie civile (Crim. cass. 2 juill. 1853, aff. Morel, D. P. 54. 1. 366; Crim. rej. 11 août 1881, aff. Duc de Doudeauville, D. P. 84. 5. 279-280; 23 mai 1889, aff. Millaud, *Bull. crim.*, n° 196 ; Paris, 3 avr. 1875, aff. De Tracy, D. P. 76. 2. 191-192). Et il importe peu, à cet égard, que l'action publique soit de celles qui ne peuvent être mises en mouvement que sur la plainte de la partie lésée. Même dans cette hypothèse, la jurisprudence admet que le désistement de la partie lésée n'a pas pour effet d'arrêter l'action publique. Ainsi jugé, en matière de brevet d'invention, par les arrêts précités des 2 juill. 1853 et 3 avr. 1875, en matière de chasse par l'arrêt précité du 11 août 1881.

Mais il y a trois exceptions à ce principe. La première concerne les poursuites pour délit d'adultère. En cette matière, le désistement du mari éteint l'action publique, (V. *supra*, n° 349). Et il en serait de même, suivant nous, du désistement de la femme qui introduit une action contre son mari pour entretien d'une concubine dans le domicile conjugal (V. *supra*, n° 351). La seconde exception est relative au cas de diffamation ou d'injures envers les particuliers. « Le désistement du plaignant, dit l'art. 60 de la loi du 29 juill. 1881, D. P. 81. 4. 86, arrête la poursuite commencée » (V. *supra*, n° 352). Enfin le pouvoir de se désister conféré par la loi à certaines administrations publiques entraîne, quand il est exercé par celles-ci, l'extinction de l'action publique, (V. *supra*, n° 353).

735. Bien que le désistement de l'action civile ne puisse pas paralyser l'action publique, il n'en est pas moins certain, ainsi qu'on l'a fait remarquer déjà *supra*, v° *Désistement*, n° 66, que si ce désistement intervient à une époque où l'action publique se trouvait éteinte, faute, notamment, par le ministère public, d'avoir frappé de recours le jugement d'acquittement attaqué par la partie civile seule, il dessaisit les juges d'une façon absolue vis-à-vis des prévenus à l'égard desquels il a lieu. V. en ce sens : Crim. cass. 9 mai 1856, aff. Marchal, D. P. 56. 1. 374.

736. — 4° Enfin, comme on l'a dit au *Rép.*, n°s 532 et 533, le désistement de la partie civile, alors même qu'il a eu lieu dans les vingt-quatre heures, n'a point pour effet, si la plainte est reconnue injuste et préjudiciable au prévenu, de soustraire le plaignant à la condamnation à des dommages-intérêts, pour réparation de ce préjudice. Cela résulte expressément de la disposition finale de l'art. 66 c. instr. crim. Il ne soustrairait pas davantage cette partie à la peine prononcée par l'art. 373 c. pén., si la plainte était jugée calomnieuse. « En effet, si le désistement régulier peut effacer la qualité de partie civile, il ne peut jamais détruire ni la plainte, ni la dénonciation. La plainte ou la dénonciation ont produit leur effet au moment même où elles ont été portées ; le désistement de la partie civile ne peut plus avoir pour résultat de décharger le dénonciateur ou le plaignant

de toute responsabilité. Si elle n'est plus partie civile, elle conserve malgré elle la qualité de plaignante et, comme telle, elle reste exposée aux dommages-intérêts que peut réclamer au dénonciateur l'accusé ou le prévenu, s'il est reconnu que sa plainte est fausse et calomnieuse » (Gréau, p. 355). Conf. Faustin Hélie, t. 4, n° 1740; Boitard, n° 392; Garraud, n° 377. La cour de cassation a reconnu, d'une part, que les art. 191 et 212 c. instr. crim. consacrent le droit de tout prévenu, lorsqu'il a été l'objet d'une poursuite témé-raire, à obtenir une réparation du tribunal même devant le-quel la poursuite a été exercée, et, d'autre part, que le désistement du plaignant, lorsque le tribunal a été régu-lièrement saisi, ne saurait mettre obstacle à l'exercice de ce droit (Crim. rej. 3 févr. 1891, aff. Bellelle, D. P. 94, 5e partie). La cour de Rennes a jugé de même par un arrêt postérieur (6 avr. 1892, aff. Bazin, D. P. 92. 2. 502).

737. Dans le même ordre d'idées, il a été jugé, mais à tort, croyons-nous, que la personne citée devant le tribunal correctionnel par une partie lésée à raison de faits qui n'ont pas un caractère délictueux est fondée, malgré le désiste-ment de son action par cette partie, à lui demander recon-ventionnellement des dommages-intérêts pour abus de la ci-tation directe (Trib. corr. Versailles, 30 déc. 1890, *Gazette des tribunaux* du 28 janv. 1891). Assurément, il est juridique de dire que, lorsqu'un tribunal répressif a été régulièrement saisi, le désistement du plaignant ne fait pas obstacle à la demande en dommages-intérêts du prévenu pour abus de la citation directe; mais cette doctrine n'est vraie qu'autant que le tribunal a été régulièrement saisi. « L'action civile, en effet, ne peut être portée devant la juridiction criminelle lorsque le fait qui a produit le dommage n'a pas le carac-tère de crime, de délit ou de contravention (Faustin Hélie, *Traité de l'instruction criminelle*, t. 1, n° 551 et t. 2, n° 614). Dès lors le tribunal correctionnel, auquel un fait ne présen-tant point un caractère délictueux a été déféré par une partie lésée qui s'est ensuite désistée de son action, est incompé-tent pour en connaître, et, par suite, pour statuer sur la demande en dommages-intérêts formée par le prévenu à raison de l'emploi abusif de la citation directe; il n'appar-tient qu'au tribunal civil de prononcer à cet égard. L'art. 66 dispose bien que, dans le cas de désistement, le plaignant peut être passible de dommages-intérêts envers le prévenu; mais il suppose que la juridiction criminelle a été compé-temment saisie de la plainte » (*Journal du droit criminel*, 1891, p. 45, art. 3310).

§ 4. — Obligations et droits de la partie civile
(*Rép.* n°s 538 à 554).

A. Des obligations de la partie civile.

738. — I. Élection de domicile. — Relativement à l'obli-gation d'élire domicile dans l'arrondissement communal où se fait l'instruction, obligation imposée par l'art. 68 c. instr. crim. à la partie civile qui ne demeure pas dans cet arron-dissement, V. *Rép.*, n° 538. — On peut donner comme exemple des actes dont le défaut de notification ne pourra être opposé par la partie civile qui n'aurait pas élu domi-cile : l'opposition du condamné à un jugement par défaut (c. instr. crim. art. 187) et la demande de mise en liberté provisoire (art. 118 et 119 même code, modifiés par la loi du 14 juill. 1865). — V. en ce qui concerne cette obliga-tion : Faustin Hélie, *Traité de l'instruction criminelle*, t. 4, n° 1734; Mangin, *Instruction écrite*, t. 1, n° 62; Gréau, p. 140. V. aussi *supra*, v° *Exploit*, n° 237).

739. — II. Consignation des frais. — En matière de po-lice simple ou correctionnelle, ainsi qu'on l'a rappelé au *Rép.*, n° 539, la partie civile qui n'a pas justifié de son in-digence de la manière fixée par l'art. 420 c. instr. crim. est tenue, avant toute poursuite, de déposer au greffe, ou entre les mains du receveur de l'enregistrement, la somme présumée nécessaire pour les frais de la procédure (Décr. 18 juin 1811, art. 159 et 160). C'est au *Rép.*, v° *Frais et dé-pens*, n° 993 et suiv., et *supra*, eod. v° n°s 595 et suiv., qu'on a présenté le commentaire de l'art. 160 précité; il pa-raît cependant utile de résumer ici les principales solutions de la doctrine et de la jurisprudence sur ce point.

740. Ainsi qu'on l'a dit au *Rép.*, n° 540, la consignation

n'est exigée qu'en matière de *police simple et correctionnelle*, et non en *matière criminelle*. La raison en est que les pour-suites qui peuvent donner lieu à des peines afflictives ou infamantes sont trop graves pour qu'elles puissent être arrêtées ou suspendues par le fait des parties civiles (Faus-tin Hélie, t. 4, n° 1735 ; Mangin, *Instruction écrite*, t. 1, n° 63; Gréau; p. 141 ; Massabiau, n° 2203). Ainsi, toutes les fois que la plainte a pour objet un fait qualifié crime par la loi, aucune mesure préalable relative au payement des frais ne peut être imposée à la partie civile (Instr. min. 30 sept. 1826, p. 137; C. d'assises de la Moselle, 1er août 1829, *Rép.*, v° *Frais et dépens*, n° 993; Paris, 25 août 1840, *Rép. ibid.*, n° 996. — V. cependant, *contra : Paris*, 19 déc. 1835, *Rép. ibid.*, n° 996).

741. En matière correctionnelle et de simple police, la question de savoir quelle est la portée de l'art. 160 du décret du 18 juin 1811 peut se présenter dans trois hypo-thèses distinctes, correspondant aux trois modes de consti-tution de partie civile : 1° il peut se faire d'abord que la per-sonne lésée dépose une plainte entre les mains du procu-reur de la République ou du juge d'instruction en déclarant se constituer partie civile (V. *supra*, n° 688). — Dans cette première hypothèse, il est incontestable que l'art. 160 du décret doit recevoir son application, car le but de cet article est précisément de protéger le fisc et les citoyens contre les plaintes sans fondement. Le législateur n'a pas voulu qu'un particulier pût mettre en mouvement l'action publique et obliger le Trésor à exposer des frais qu'il ne pourrait peut-être pas recouvrer. La personne qui porte plainte en se constituant en même temps partie civile devra donc consi-gner au préalable les frais présumés nécessaires ; à défaut de cette consignation, il ne sera pas donné suite à sa plainte, à moins cependant que le ministère public ne la juge assez grave pour agir d'office (Faustin Hélie, t. 4, n° 1736; Gar-raud, n° 569).

742. — 2° Il peut arriver, en second lieu, que la per-sonne lésée intervienne et se porte partie civile dans le cours d'une poursuite qui a été intentée d'office par le mi-nistère public (V. *supra*, n° 689). Dans cette deuxième hy-pothèse, il n'y a pas lieu à l'application de l'art. 160 du dé-cret de 1811. D'une part, en effet, le texte de l'art. 160 sup-pose que la personne lésée s'est portée partie civile *avant toute poursuite ;* d'autre part, les motifs qui ont inspiré la disposition dudit article font défaut. C'est, en effet, le minis-tère public qui, de son propre mouvement, a exercé les poursuites, et, que la personne lésée intervienne ou n'inter-vienne pas, le procès n'en suivra pas moins son cours et le Trésor exposera les mêmes frais. Il n'y a donc pas à pro-téger le Trésor contre les plaintes légères et irréfléchies ; et, dès lors, on ne saurait obliger la personne lésée à consigner les frais pour pouvoir se constituer partie civile (Crim. rej. 12 août 1831, aff. Rochette, *Rép.* v° *Frais et dé-pens*, n° 994-3° ; Crim. cass. 15 juill. 1881, aff. Malgrétout, v° *Frais et dépens*, n° 596 ; 22 janv. 1887, aff. Manchette, D. P. 87. 1. 415). Conf. Faustin Hélie, t. 4, n° 1736 ; Man-gin, *Instruction écrite*, t. 1, n° 63 ; Berriat-Saint-Prix, t. 2, n° 607 ; Garraud, n° 569; Trébutien, t. 2, n° 451. — L'appel interjeté par le prévenu ne modifierait pas cette situation, et la partie civile qui n'a pas eu à faire de consignation préalable en première instance, parce qu'elle s'est constituée à l'audience, n'est pas tenue de faire cette consignation sur l'appel du prévenu (Même arrêt du 22 janv. 1887).

743. — 3° Enfin une troisième hypothèse est possible : la personne lésée peut, au lieu d'adresser une plainte au parquet, user du droit qui lui est conféré par les art. 145 et 182 c. instr. crim., et saisir directement le tribunal de simple police ou le tribunal correctionnel par voie de citation. Dans ce cas, cette personne est-elle soumise à l'obligation préa-lable de la consignation? Non, d'après la jurisprudence la plus récente de la cour de cassation : l'intérêt du fisc est hors de cause, et, par conséquent, il n'y a plus de motif pour imposer à la partie civile la consignation préalable des frais (Crim. rej. 11 juill. 1828 ; Ch. réun. rej. 4 mai 1833 ; Crim. cass. 28 févr. 1834, et Crim. rej. 3 mai 1838, rap-portés au *Rép.* v° *Frais et dépens*, n° 994, n°s 2, 4 et 5; 26 juill. 1889, aff. Lanser, D. P. 90. 1. 286 ; 1er juin 1893, *Bull. crim.*, n° 144. V. aussi Conf. Trib. corr. Tunis, 18 juin 1890, aff. Boyer, D. P. 91. 1. 144). Dans le même sens :

Mangin, t. 1, n° 63 ; Lautour, *Code des frais de justice en matière criminelle*, p. 160 ; Trébutien, t. 2, n° 451 ; Garraud, n° 595. — V. toutefois, en sens contraire, outre les arrêts antérieurs de la cour de cassation et l'arrêt de la cour de Toulouse cités au *Rép.*, v° *Frais et dépens*, n° 995 : Alger, 14 févr. 1879 (1) ; Massabiau, n° 1456 ; Dalmas, *Frais de justice criminelle*, n° 1433 ; Circ. min. just. 30 août 1833. — Sur les difficultés que soulève la question des frais dans les trois hypothèses qui précèdent, V. aussi le rapport de M. le conseiller Dupré-Lasale qui a précédé l'arrêt du 15 juill. 1881 (*suprà*, v° *Frais et dépens*, n° 596).

744. A qui appartient-il de fixer la somme que la partie civile sera tenue de consigner pour faire face aux frais de la poursuite ? La loi ne le dit pas. Dans la pratique, le montant de la somme à consigner est ordinairement fixé par le ministère public ; mais, s'il y a désaccord entre la partie civile et le ministère public, qui tranchera la difficulté ? Suivant Mangin (*Instruction écrite*, t. 2, n° 63), ce sera le juge saisi de l'action, et conséquemment le juge d'instruction tant que dure l'instruction écrite. Ce magistrat aura, d'ailleurs, toute latitude pour déterminer la somme, puisque la loi n'a pas posé de base pour l'évaluation des frais (Conf. Crim. rej. 13 mai 1824, et 14 juill. 1831, *Rép.* v° *Frais et dépens*, n° 993-2°).

745. — III. OBLIGATION DE PAYER LES FRAIS. — On sait que le code de 1808 ne soumettait la partie civile au payement des frais de justice criminelle que lorsqu'elle avait succombé. Mais le décret du 18 juin 1811 ordonna (art. 157 et 158) que la partie civile, qu'elle succombât ou non, serait toujours condamnée au payement des frais de justice envers le Trésor, sauf son recours contre qui de droit. Cette règle subsiste toujours pour les procès en matière correctionnelle et de simple police. Par suite, dans les affaires de petit criminel, la partie civile est tenue des dépens envers le Trésor, en cas de condamnation comme en cas d'acquittement du prévenu. Mais, pour les *affaires soumises au jury*, la loi de révision du 18 avr. 1832 a décidé, en modifiant l'art. 368 c inst. crim., que la partie civile serait tenue des frais seulement dans le cas où elle succombe. — Pour tout ce qui concerne l'obligation imposée à la partie civile de payer les frais, V. *suprà*, v° *Frais et dépens*, n° 571 à 594 et *Rép.* eod. v°, n° 988 à 992. A la jurisprudence citée *ibid.*, il y a lieu d'ajouter les arrêts suivants qui ont décidé : 1° qu'en cas d'acquittement de l'accusé en cour d'assises, la partie civile qui a succombé doit être expressément condamnée aux dépens, et que l'arrêt de cour d'assises qui, au lieu de condamner cette partie au remboursement des frais avancés par le Trésor, garde le silence sur ces frais et les met ainsi à la charge de l'Etat, doit être cassé (Crim. cass. 5 mai 1892, aff. Huyssens, D. P. 92. 1. 551) ; — 2° Que, toutefois, la prescription de l'art. 157 du décret du 18 janv. 1811, d'après laquelle la partie civile est personnellement tenue des frais de l'instance, a été édictée exclusivement dans l'intérêt du trésor public, et que l'omission de l'appliquer ne peut causer aucun grief aux prévenus qui succombent, puisqu'ils doivent toujours payer les dépens, aux termes des art. 194 et 211 c. instr. crim. (Crim. rej. 1er juin 1893, aff. Hermelin, D. P. 94, 5e partie) ; — 3° Qu'en délivrant une citation devant le tribunal correctionnel dans la même affaire dont ce tribunal est déjà saisi par une citation du ministère public, la partie civile rend nécessaire la jonction des deux instances, et doit, dès lors, être condamnée à tous les dépens, même à ceux envers l'Etat (Crim. rej. 23 juin 1892, aff. Bouis, D. P. 93. 1. 298) ; — 4° Que l'art. 211 c. instr. crim., pas plus que l'art. 194 du même code, n'admet la compensation des dépens lorsque le prévenu est déclaré coupable du délit qui lui est reproché, encore bien que la partie civile (soit que le ministère public ait interjeté appel, soit qu'il ait laissé périr l'action publique) n'obtiendrait pas tous les dommages-intérêts qu'elle a réclamés (Crim. cass. 13 mai 1893, aff. Lhôte, D. P. 93. 1. 582).

746. — IV. COMPARUTION A L'AUDIENCE. — Aucun texte n'exige qu'en matière criminelle la partie civile se fasse représenter par un avoué ; elle peut soutenir elle-même sa demande (V. *Rép.* n° 542 et 543. V. aussi *suprà*, n° 694).

747. — V. RESPONSABILITÉ PÉNALE ET CIVILE. — Indépendamment de la condamnation aux frais, il est des cas où la partie civile encourt une responsabilité soit pénale, soit civile. Cette partie peut, en effet, le cas échéant, être condamnée aux peines portées par l'art. 373 c. pén. contre les

---

(1) (Bacri). — LA COUR ; ... — Attendu que par le jugement déféré il a été décidé que la partie civile poursuivant par voie de citation directe ne doit pas être assujettie à la consignation préalable des frais ; — Attendu qu'à l'appui de cette opinion on invoque la jurisprudence de la cour de cassation et les instructions ministérielles des 8 oct. et 5 nov. 1861 ; — Attendu cependant que si l'on consulte les divers arrêts prononcés sur cette matière, il est impossible de ne pas constater que les cours d'appel et la cour de cassation elle-même ont rendu les décisions les plus contradictoires, et que tour à tour il a été jugé que la partie civile, soit qu'elle usât de la faculté de la citation directe, soit qu'elle fût jointe à l'action du ministère public, devait ou ne devait pas effectuer au préalable entre les mains du greffier le dépôt de la somme nécessaire au payement des frais ; — Attendu, il est vrai, que la cour de cassation, chambres réunies, a décidé, le 4 mai 1833, qu'en cas de citation directe, la partie civile était affranchie de cette obligation, mais qu'il est à remarquer que, le 19 juillet de la même année, la chambre criminelle de cette cour adoptait la thèse contraire ; — Attendu que les instructions ministérielles de 1861 n'ont d'autre autorité que celle, très respectable sans doute, qui s'attache à l'avis d'un garde des sceaux ou d'une administration ; — Attendu que la question soumise par l'appel, et qui a donné lieu à tant de controverses, tombe sous l'application de l'art. 160 du décret du 18 juin 1811, ainsi conçu : « En matière de police simple ou correctionnel, la partie civile qui n'a pas justifié de son indigence est tenue, avant toute poursuite, de déposer au greffe ou entre les mains du receveur de l'enregistrement la somme présumée nécessaire pour les frais de la procédure » ; — Attendu que ces termes constituent une prescription générale, absolue n'admettant aucune distinction en dehors de l'exception relative aux indigents, prescription que recommandaient d'ailleurs l'intérêt du Trésor, la nécessité de protéger les citoyens contre des entraînements irréfléchis ; qu'interpréter, au lieu d'en faire la simple application, un texte aussi précis, équivaudrait à l'exercice d'un droit de modification qui, au regard de la loi, n'a jamais été dans le domaine des tribunaux ; — Attendu que, sans doute, on a prétendu que le décret du 18 juin 1811 avait illégalement enfreint la loi de 1808, contrairement aux principes du droit et de l'équité ; que, par suite, ce décret est en opposition avec la loi, et que l'intérêt du fisc ne peut prévaloir contre le droit de se faire rendre justice, mais qu'il n'apparaît pas que ces griefs soient fondés ; — Attendu, en effet, qu'au point de vue constitutionnel, les décrets de règlement émanés, sous le premier Empire du chef de l'Etat, avaient force de loi ; que ce caractère sanctionné par la cour de cassation n'est plus contesté ; que, du reste, le troisième paragraphe de l'art. 368 c. instr. crim., modifié en 1832, et ainsi conçu : « Dans le cas où la partie civile aura consigné des frais, en exécution du décret du 18 juin 1811... », contient une disposition nouvelle qui a sanctionné ledit décret ; — Attendu encore que les prescriptions réglementaires de 1811 ne semblent pas inconciliables avec les termes de l'art. 182 c. instr. crim. ; que l'exercice du droit de citation directe, ouvert à la partie civile par cet article, est seulement subordonné à une mesure de précaution ; — Attendu, enfin, que le droit reconnu de poursuivre la réparation d'un préjudice n'est pas paralysé pour les indigents, qui, à la faveur d'une exception au principe général, sont affranchis de la consignation, pourvu qu'ils justifient de leur pauvreté dans la forme visée par l'art. 420 c. instr. crim. ; — Attendu que, s'il est juste de reconnaître avec quelques auteurs que la loi n'a pas porté assez loin sa prévoyance, que son application peut être accompagnée d'une gêne regrettable, parfois même créer des entraves à de légitimes revendications, il n'en est pas moins vrai que, sous peine de s'arroger un droit qui ne lui appartient pas, le magistrat n'a qu'un devoir à remplir, appliquer la loi telle qu'elle existe, sans chercher, contrairement à son texte et à son esprit, à la conformer à des besoins réels ou à une pensée de justice mieux comprise ; — Attendu que la partie qui succombe doit les dépens ;

Par ces motifs ;

Recevant en la forme l'appel du ministère public, donne défaut contre Bacri, statuant sur ledit appel, dit qu'il a été mal jugé, bien appelé, réforme, en conséquence, le jugement déféré ; Emendant, déclare qu'il y a lieu d'astreindre Bacri, partie civile, poursuivant par citation directe, à déposer entre les mains du greffier, avant qu'il soit passé outre aux débats, la somme présumée nécessaire pour les frais de la procédure ; Condamne Bacri aux dépens de l'incident tant de première instance que d'appel.

Du 14 févr. 1879. — C. d'Alger, ch. correct. — MM. Carréré, pr. — Fau, av. gén.

auteurs de dénonciations calomnieuses; elle peut aussi être passible de dommages-intérêts envers le prévenu qu'elle a injustement ou témérairement poursuivi. On a traité de cette double responsabilité au *Rép.*, nᵒˢ 545 à 554, et aussi vᵒ *Dénonciation calomnieuse*, nᵒˢ 117 à 150. Il nous paraît utile d'y revenir ici, en réunissant dans un même exposé sommaire les règles relatives à la responsabilité des parties civiles et celles qui concernent la responsabilité des simples plaignants et des dénonciateurs. En principe, en effet, la responsabilité des uns et des autres est la même.

748. — 1ᵒ *Peine.* — L'art. 373 c. pén. porte : « Quiconque aura fait par écrit une dénonciation calomnieuse contre un ou plusieurs individus, aux officiers de justice ou de police administrative ou judiciaire, sera puni d'un emprisonnement de six mois à un an et d'une amende de 100 à 3000 francs ». Bien que la loi parle de « dénonciation » et qu'elle paraisse, dès lors, ne viser que les simples dénonciateurs, c'est-à-dire les individus qui se bornent à faire à la justice la déclaration d'une infraction sans porter plainte, il est hors de doute que la dénonciation ne serait point à l'abri de l'action criminelle, parce qu'elle aurait été faite sous la forme d'une plainte, et parce que le dénonciateur se serait en même temps constitué partie civile. « Toute plainte en justice, dit Faustin Hélie (t. 2, nᵒ 623), contient nécessairement une dénonciation, car la dénonciation n'est autre chose que l'acte qui porte un fait punissable à la connaissance de l'officier chargé d'assurer sa répression, et la plainte, qui n'est qu'une forme de la répression, se propose précisément ce but ». — « Il semble même, ajoute cet auteur, que les parties civiles convaincues de calomnie sont plus coupables que les simples dénonciateurs, car elles prennent une part plus active à la poursuite et cherchent à s'enrichir des dépouilles de leur victime ». La cour de cassation a reconnu « que l'art. 373 ne s'applique pas seulement à des dénonciations calomnieuses qui paraissent avoir été faites par des lettres ou autres écrits sous seing privés adressés à des fonctionnaires publics, mais à toute espèce de dénonciation, et plus particulièrement encore à celles qui sont faites en justice, soit que leur auteur ait pris la qualité de plaignant ou de partie civile, ou seulement de dénonciateur, que toute plainte en justice contient nécessairement une dénonciation ». (Crim. cass. 12 nov. 1813, aff. Maillevac, *Rép.* vᵒ *Dénonciation calomnieuse*, nᵒ 49). Il y a donc lieu d'assimiler la plainte et la constitution de partie civile à la dénonciation, au point de vue de l'application de l'art. 373 (Conf. Chauveau et Hélie, *Théorie du code pénal*, t. 4, nᵒ 1843 ; Gréau, p. 329).

749. Au reste, « la responsabilité pénale n'est encourue par la partie civile qu'autant qu'elle a rendu plainte aux termes de l'art. 63 c. inst. crim. Si elle n'a point provoqué la poursuite, si elle s'est bornée à intervenir dans une instance commencée par la requête du ministère public, il est évident que, dans ce cas, on ne peut lui imputer aucune dénonciation. Sans doute, elle pourra être condamnée à des dommages-intérêts, pour le préjudice qu'elle cause à l'accusé par son intervention dans le débat ; mais, si injuste que soit sa persévérance dans les poursuites, ce n'est pas une calomnie : celle-ci ne peut exister que dans les actes qui ont provoqué l'action publique » (Gréau, p. 330). Conf. Faustin Hélie, t. 4, nᵒ 1755. — Il a été jugé, avec raison, par plusieurs arrêts, qu'une citation directe peut être considérée, à ce point de vue, comme une dénonciation et devenir la base de la poursuite (Crim. rej. 14 mai 1869, aff. Guilhou,

D. P. 70, 1. 437 ; Paris 13 janv. 1882) (1). Conf. Faustin Hélie, t. 4, nᵒ 1843.

750. Pour que l'art. 373 puisse recevoir son application, il faut, suivant les termes mêmes de cet article, que la dénonciation ait été faite *par écrit*. Mais il n'est aucunement nécessaire qu'elle ait été rédigée avec les solennités de l'art. 31 c. instr. crim. V. à cet égard *supra*, nᵒ 655, et vᵒ *Dénonciation calomnieuse*, nᵒˢ 15 et suiv.

751. Sur le caractère calomnieux de la dénonciation, V. vᵒ *Dénonciation calomnieuse*, nᵒˢ 11 et suiv.

752. — 2ᵒ *Dommages-intérêts.* — La partie civile peut, en second lieu, être condamnée à des dommages-intérêts. Quand il y a calomnie, elle est passible des peines édictées par l'art. 373 c. pén. et doit être, en outre, condamnée aux dommages-intérêts. Quand la dénonciation a été faite sans intention coupable, mais seulement avec témérité, avec légèreté, l'action civile en dommages-intérêts est seule ouverte au prévenu.

753. Le droit, pour la victime d'une dénonciation reconnue mal fondée, de réclamer des dommages-intérêts, existe non seulement à l'égard des parties civiles, mais à l'égard des dénonciateurs et des plaignants. Tous, en effet, sont des *moteurs* des poursuites et c'est un principe général de droit que celui qui cause à autrui un dommage par sa faute est tenu de le réparer. « A la vérité, lorsque les plaignants se portent parties au procès, ils exercent sur la poursuite une influence plus grande, ils y prennent une part active ; mais il ne suit pas de là que les plaintes, même privées de cette puissance que leur imprime la qualité de partie civile, soient dénuées de toute influence ; elles ne lient pas l'action publique, mais elles l'excitent à se mouvoir ; elles laissent la poursuite facultative, mais elles signalent les faits qu'elle doit saisir et fournissent les moyens de la commencer » (Faustin Hélie, t. 4, nᵒ 1745). La responsabilité pécuniaire pèse donc, en général, sur tous les dénonciateurs, quelle que soit la qualité qu'ils aient prise. — Le droit de la victime aux dommages-intérêts est consacré par les art. 66, 136, 159, 191, 212, 358 et 359 c. instr. crim.

754. Dans quelles limites la responsabilité doit-elle être appliquée à la partie civile (et aux dénonciateurs et plaignants)? Pour répondre complètement à cette question, il convient d'examiner successivement le droit de l'accusé aux assises, celui du prévenu devant les tribunaux correctionnels et de simple police, et enfin le droit de l'inculpé pendant l'instruction.

755. — A. *Aux assises.* — Quel est d'abord, aux assises, le droit de l'accusé acquitté? Aux termes de l'art. 358 c. instr. crim. « l'accusé acquitté pourra obtenir des dommages-intérêts contre ses dénonciateurs pour fait de calomnie... ; le procureur général sera tenu, sur la réquisition de l'accusé, de faire connaître ses dénonciateurs ». — Faut-il conclure de ces mots « pour fait de calomnie » que l'art. 358 ne doit être appliqué qu'au cas de dénonciation réellement calomnieuse? La négative est certaine en jurisprudence, comme en doctrine. La cour de cassation a reconnu qu'il peut y avoir lieu de condamner le dénonciateur à des dommages-intérêts lorsque sa dénonciation a été « téméraire ou indiscrète » (Crim. rej. 30 déc. 1813, aff. Régnier, *Rép.* vᵒ *Dénonciation calomnieuse*, nᵒ 143; lorsqu'elle a été « faite avec trop de légèreté » (Crim. cass. 25 oct. 1816, aff. Maury, *Rép. eod. verb.* nᵒ 1033-1ᵒ; et même lorsque ses inculpations ont été « l'effet de l'indiscrétion, de la légèreté, de l'inconsidération » (Crim. cass. 23 mars 1821, aff. Château-

---

(1) (Hénault C. Rocheron.) — Le 25 nov. 1881, jugement du tribunal correctionnel de la Seine ainsi conçu : « Le tribunal; — Attendu qu'Hénault avait fait citer Rocheron pour l'audience du 26 août 1881, sous prévention d'escroquerie et d'abus de confiance; qu'il a fait défaut à cette audience, que Rocheron a été renvoyé des fins de la poursuite sans dépens; qu'Hénault n'a point formé opposition à ce jugement; qu'il ne produit aujourd'hui aucun moyen à l'appui de son opposition au jugement qui l'a condamné (pour dénonciation calomnieuse) qu'il n'établit pas que Rocheron ait détourné des titres composant la succession du sieur Jean Ruffet; que ces faits ont été déclarés faux par le jugement du 26 août dernier; qu'il ne produit aucun document à l'appui de ses dénonciations contre Rocheron; qu'il a agi de mauvaise foi; qu'après avoir adressé, à raison des mêmes faits, des plaintes à la chambre des notaires, au parquet

de la Seine et à la chancellerie, et après avoir vu ses plaintes repoussées comme étant sans fondement, il ne pouvait se méprendre sur l'inexactitude des faits articulés par lui dans sa citation; qu'il a donc agi avec intention de nuire; qu'il s'est rendu, par suite, coupable du délit de dénonciation calomnieuse prévu et réprimé par l'art. 373 c. pén. ; que ces faits ont causé à Rocheron un préjudice; qu'il lui est dû une réparation; que le tribunal a les éléments nécessaires pour en fixer la valeur; — ... Faisant application de l'art. 373, susvisé, ayant égard aux circonstances atténuantes, et faisant application de l'art. 463 même code, condamne Hénault, etc.

Appel par Hénault. — Arrêt.

La cour; — Adoptant les motifs des premiers juges, confirme. Du 13 janv. 1882.-C. de Paris, ch. temp. corr.-MM. Violas, pr.-Bernard, av. gén., c. conf.-Johanet, av.

neuf, *Rép.* eod. v°, n° 145). Il a encore été jugé qu'un tribunal peut, en déclarant l'action prescrite, reconnaître que le plaignant a procédé « témérairement et de mauvaise foi » et le condamner à des dommages-intérêts envers le prévenu (Crim. rej. 19 juill. 1883, *Bull. crim.*, n° 182). Conf. Faustin Hélie, t. 4, n° 1750 et 1751 et t. 8, n° 3826; *Pratique criminelle*, t. 1, n° 901; Mangin, *Instruction écrite*, t. 1, n° 74; Gréau, p. 337. « La dénonciation, dit le premier de ces auteurs, engage la responsabilité du dénonciateur et peut donner lieu à une action en dommages-intérêts contre lui : 1° lorsqu'elle est calomnieuse; 2° lorsqu'elle est « irréfléchie et téméraire ». Mangin (*loc. cit.*) d'autre part dit : « Tout individu qui se rend dénonciateur ou plaignant contracte, envers celui qu'il inculpe, l'obligation de prouver qu'il a des motifs raisonnables de le soupçonner; envers toute la société, le devoir de démontrer qu'il n'a pas agi méchamment et dans le dessein de nuire. S'il s'est déterminé imprudemment à imputer à un individu un délit dont il est innocent, il lui doit la réparation du dommage que les poursuites lui ont occasionné; s'il l'a calomnié sciemment, il doit être condamné aux peines émises par l'art. 373 c. pén. ». En somme, il suffit que la dénonciation ait été *téméraire*, *imprudente*, pour que l'art. 358 puisse recevoir son application.

756. Mais, d'après ce qui précède, la déclaration du jury, portant que l'accusé n'est pas coupable, ne suffit pas pour justifier la condamnation du dénonciateur à des dommages-intérêts, puisqu'il est nécessaire, pour qu'il y ait lieu à cette condamnation, qu'on ne puisse imputer la dénonciation qu'à la méchanceté, ou au moins qu'elle soit l'effet de « l'indiscrétion, de la légèreté ou de l'inconsidération ». Une dénonciation peut être fausse sans être téméraire; le dénonciateur peut avoir été égaré par des indices graves, et, par suite, il peut n'encourir aucune responsabilité (Gréau, p. 337). « La faute, dit avec raison Faustin Hélie (n° 1752), quand elle est légère, est couverte par la bonne foi ». En résumé, suivant le même auteur (t. 8, p. 3826), « la cour d'assises a la souveraine appréciation du préjudice causé par la dénonciation et la poursuite, et l'estimation qu'elle en fait n'est sujette à aucun recours. Elle peut aussi rejeter la demande, soit qu'elle constate l'absence d'un préjudice, soit la bonne foi de la partie civile ou du dénonciateur ; elle n'est pas liée à cet égard par l'acquittement ; elle conserve le droit d'examiner la poursuite, même déclarée injuste et mal fondée, ne s'appuyait pas sur des indices qui la justifient ». Conf. Trébutien, t. 2, n° 637; Nouguier, t. 4, 2° vol. n° 3924.

757. Aux termes de l'art. 358 c. instr. crim. « les membres des autorités constituées ne peuvent être poursuivis à raison des avis qu'ils sont tenus de donner, concernant les délits dont ils ont cru acquérir la connaissance dans l'exercice de leurs fonctions, et sauf contre eux la prise à partie, s'il y a lieu ». — Sur la portée de cette disposition, V. *suprà*, n°s 646 et suiv.

758. Relativement au mode d'exécution des art. 358 et 359, il existe plusieurs difficultés. La première concerne le *moment* où l'accusé devra faire valoir, ou bien poser son droit, contre ses dénonciateurs. Si l'accusé n'a connu ses dénonciateurs que *depuis le jugement*, deux hypothèses peuvent se présenter : ou bien la session des assises est close, et, dans ce cas, sa demande ne peut être portée qu'au tribunal civil; ou bien, au contraire, la session d'assises n'a pas encore pris fin, et alors l'accusé est tenu, à peine de déchéance, de porter sa demande à la cour d'assises (art. 359, alin. 4). Si l'accusé a connu ses dénonciateurs *avant le jugement*, c'est aussi avant le jugement et devant la cour d'assises qu'il doit produire sa demande, à peine de n'y être plus recevable (art. 359, alin. 2 et 3). — En résumé, toutes les fois que l'accusé a connu son dénonciateur avant la fin de la session, sa demande en dommages-intérêts est de la compétence exclusive de la cour d'assises; elle doit, au contraire, être portée au tribunal civil lorsque l'accusé n'a connu ce dénonciateur qu'après la clôture de la session (Nouguier, t. 4, 2° vol. n° 3945; Faustin Hélie, t. 8, n° 3827).

Que faut-il entendre par le *jugement* avant lequel l'accusé doit conclure sous peine de forclusion? Suivant M. Nouguier, c'est la déclaration du jury (n°s 3926 et 3934).

Un arrêt du 31 mai 1816, rapporté *Rép.* n° 550, a décidé que, par *jugement*, il faut entendre l'acte émané des magistrats par lequel ils font l'application de la loi au fait constaté par le jury, et non la déclaration du jury; d'où l'arrêt a tiré cette conséquence que l'accusé peut encore, après la déclaration du jury, mais avant l'ordonnance d'acquittement prononcée par le président de la cour d'assises, former contre son dénonciateur une demande en dommages-intérêts. MM. Trébutien, t. 2, n° 637; Garraud, n° 530; Villey, p. 367, estiment, de leur côté, que « avant le jugement » veut dire avant la décision de la cour. Ils pensent que, l'ordonnance d'acquittement n'étant pas un jugement, la demande pourrait encore être formée après cette ordonnance.

759. Le législateur n'a pas réglé les cas dans lesquels l'accusé est réputé *avoir connu* son dénonciateur, mais il est clair, dit Mangin (*Instruction écrite*, t. 2, n° 190), qu'il a entendu parler d'une connaissance *officielle*, et cette connaissance ne peut résulter que de documents qui attestent que l'accusé a été mis en demeure d'exercer son action. Or, suivant le même auteur, il n'y a que trois voies légales pour donner à l'accusé une connaissance officielle de son dénonciateur : la remise d'une expédition de la dénonciation; la constatation dans le procès-verbal de l'avertissement que le président de la cour d'assises doit donner aux jurés, conformément à l'art. 323 c. instr. crim. que l'individu qui va déposer est le dénonciateur, enfin la révélation du procureur général faite sur la réquisition de l'accusé lui-même, conformément à l'art. 358, révélation qui doit être également consignée dans le procès-verbal. On ne pourrait donc inférer cette connaissance ni de ce que l'accusé ou ses conseils ont pris communication des pièces de la procédure, ni de ce qui a pu se dire dans les débats sans que le procès-verbal de la séance l'ait constaté (Gréau, p. 338). — Toutefois il a été jugé à cet égard que lorsque l'acte d'accusation porte « qu'un *tel* a adressé une lettre en forme de plainte au ministère public sur les faits qui ont servi de base à l'accusation » une pareille rédaction indique que les accusés ont légalement connu leur dénonciateur, et que, par suite, ils ne peuvent imputer qu'à eux seuls de ne l'avoir pas fait citer devant la cour d'assises (Liège, 23 nov. 1824, *Rép.* v° *Dénonciation calomnieuse*, n° 141).

760. Comment l'accusé formera-t-il sa demande contre son dénonciateur? Si le dénonciateur s'est porté partie civile, il n'y aura pas de difficulté : « La cause est liée, les parties sont en présence et elles peuvent respectivement s'attaquer par des conclusions, qui les touchent toujours » (Nouguier, n° 3927). — Si le dénonciateur n'est point partie civile mais est présent à l'audience, par exemple comme ayant été cité, a été en qualité de dénonciateur, on comprend encore que la cour puisse être saisie par de simples conclusions de l'accusé, et qu'elle statue sans autre assignation sur la demande. Averti par le débat, le dénonciateur peut être réputé partie sur une demande à laquelle il doit être prêt à répondre (Faustin Hélie, n° 3826). C'est ce qui a été admis par la cour de cassation dans une affaire où le dénonciateur avait été assigné pour assister aux débats en qualité de dénonciateur, et y avait comparu (Crim. rej. 31 mai 1816, *Rép.* n° 550).

Mais si le dénonciateur n'est pas présent, comment doit-il être statué? Nouguier estime (*loc. cit.*) que, l'art. 359 étant silencieux sur les formalités à accomplir, il faut suivre les règles traditionnelles de la procédure et porter le débat devant la cour par une citation régulière.» Le sentiment de Faustin Hélie est à peu près le même : « on ne pourrait, dit cet auteur, sans danger s'écarter de la règle du droit commun qui veut qu'aucune partie ne puisse être condamnée sans avoir été entendue ou dûment appelée. L'accusé doit former sa demande, puisque, s'il ne la formait pas, il serait frappé de déchéance; mais la cour doit remettre à un autre jour l'assignation du défendeur. Elle ne pourrait prononcer par défaut qu'après l'expiration du délai de l'assignation, puisque la partie, n'ayant point encore été appelée, n'a pas usé du droit de faire défaut » (t. 8, n° 3826). Cette opinion paraît conforme aux principes. Toutefois, un arrêt (Crim. rej. 29 avr. 1817, *Rép.* n° 553), a décidé que, sur la simple réquisition de l'accusé, « l'art. 359 étant silencieux sur les formalités à accomplir, il faut suivre les règles traditionnelles de la procédure... le dénonciateur, même non cité, pourrait être condamné à des dommages-intérêts, sauf à lui à attaquer par la voie de l'op-

position cette condamnation par défaut ; et cette doctrine a été adoptée par une partie des commentateurs (Mangin, t. 2, n° 189 ; Gréau, p. 339). Plusieurs auteurs accordent même au dénonciateur ou plaignant non cité le droit de tierce opposition (Carnot, art. 359, n° 8 ; Rodière, p. 304 ; Gréau, p. 340).

761. C'est un principe de droit certain que le désistement du dénonciateur et celui de la partie civile n'ont pas pour effet de soustraire le dénonciateur et la partie civile à la responsabilité qu'ils ont encourue vis-à-vis de la partie dénoncée ou poursuivie. (A cet égard, V. *suprà*, n° 736).

762. On sait que l'art. 58 de la loi du 29 juill. 1881 sur la presse (D. P. 89. 4. 65, et *suprà*, v° *Presse*, t. 13, p. 255) interdit, en cas d'acquittement, l'allocation de dommages-intérêts à la partie civile, V. *suprà*, n° 718. Mais cette loi n'a nullement modifié les attributions de la cour d'assises quant aux demandes d'indemnité formées par les inculpés (V. *suprà*, v° *Presse*, n° 1929). Aussi a-t-il été jugé que la cour d'assises qui, dans une poursuite pour diffamation, déclare éteinte l'action de la partie civile, doit se prononcer sur les dommages-intérêts réclamés par l'inculpé (Crim. cass. 27 mars 1890, *Bull. crim.*, n° 72).

763. — B. *Devant les tribunaux correctionnels et de simple police.* — Les tribunaux correctionnels et de simple police ont, comme les cours d'assises, le droit de connaître de la demande en dommages-intérêts formée par le prévenu acquitté contre la partie civile. C'est ce qui résulte des art. 159, 191 et 212 c. instr. crim. (V. Mangin, t. 2, n° 196 ; Faustin Hélie, t. 6, n° 2721 ; Gréau, p. 340 ; Garraud, n° 548). Au reste, de même qu'aux assises, la demande ne peut être accueillie qu'autant que la partie civile a agi témérairement ou de mauvaise foi (Mangin, t. 2, n° 196 ; Gréau, p. 341). Il a été jugé, à cet égard : 1° que le relaxe nécessaire pour servir de base aux dommages-intérêts alloués au prévenu est suffisamment motivé lorsque l'arrêt correctionnel attaqué constate que le délit d'abus de confiance n'est pas établi, et qu'une plainte, dont la témérité implique la mauvaise foi, avait été portée par la partie civile, qui a cru devoir s'en désister (Crim. rej. 3 févr. 1891, aff. Belelle, cité *suprà*, n° 736) ; — 2° Qu'un tribunal correctionnel peut condamner la partie civile à des dommages-intérêts, lorsqu'il est constant que son action a été intentée dans un but diffamatoire et avec l'intention de nuire à la réputation du prévenu acquitté (Paris, 27 avr. 1872, aff. Dupont, D. P. 73. 2. 225) ; — 3° Que les administrations et régies, même celles qui ont le droit de poursuivre, comme l'administration des Contributions indirectes, répondent, comme toutes personnes, des conséquences préjudiciables de leur négligence dans la direction donnée aux poursuites ; spécialement, qu'un individu auquel, par erreur, a été signifié un jugement par défaut concernant un homonyme, peut réclamer, devant le tribunal saisi par son opposition, des dommages-intérêts à l'administration poursuivante (Crim. rej. 15 juin 1872, aff. Martin, D. P. 72. 1. 206). — Et il est à remarquer que le prévenu relaxé est en droit de réclamer des dommages-intérêts pour tout le préjudice occasionné par la poursuite. C'est ce que la cour de cassation a reconnu en décidant qu'au cas d'appel témérairement interjeté par la partie civile contre le prévenu en première instance à des dommages-intérêts, envers le prévenu, le juge du second degré peut légalement élever le chiffre des dommages-intérêts à raison du préjudice par l'appel a occasionné au prévenu relaxé (Crim. rej. 24 janv. 1889, *Bull. crim.*, n° 34).

764. Au reste, pour qu'un tribunal répressif qui acquitte le prévenu puisse condamner la partie civile à des dommages-intérêts, il faut qu'il soit compétent sur l'action publique elle-même ; s'il se déclarait incompétent pour statuer sur le fond, il ne pourrait pas allouer de dommages-intérêts au prévenu renvoyé de la plainte, car « aucune disposition de loi ne confère aux juges répressifs, qui se déclarent incompétents, le pouvoir d'allouer des dommages-intérêts au prévenu que la partie civile n'aurait traduit devant eux que dans un but de vexation, les sachant sans caractère pour connaître de la poursuite » (Crim. cass. 27 déc. 1889, *Bull. crim.*, n° 408).

765. D'après les termes mêmes des art. 159, 161 et 189, le tribunal répressif doit statuer par le *même jugement* sur les demandes en dommages-intérêts. Les tribunaux correctionnels et de police ne pourraient donc statuer sur les dommages-intérêts dans un jugement distinct, et après qu'ils auraient déjà prononcé sur la prévention (Mangin, t. 2, n° 198 ; Gréau, p. 341 ; Carnot, sur l'art. 191. — Conf. *suprà*, v° *Compétence criminelle*, n° 208). — Par application de ce principe, il a été jugé qu'un tribunal correctionnel, qui a condamné une partie civile à des dommages-intérêts envers le prévenu qu'elle avait cité pour diffamation, est incompétent pour connaître ultérieurement des difficultés de l'action soulevées à l'occasion de cette condamnation (Crim. cass. 19 janv. 1889, aff. Lentzen, D. P. 90. 1. 48).

766. Les art. 159, 191 et 212 c. instr. crim. ont-ils attribué aux tribunaux correctionnels et de simple police la connaissance exclusive de l'action du prévenu acquitté contre la partie civile ? En d'autres termes, si le prévenu n'avait pas formé immédiatement cette action, pourrait-il la porter au tribunal civil ? Un arrêt a décidé que la compétence du tribunal correctionnel n'est pas exclusive (Crim. rej. 2 déc. 1861, aff. Boilley, D. P. 62. 1. 171). Conf. Gréau, p. 341 ; Le Sellyer, *Traité de la compétence*, t. 2, n° 1182. Mais, ainsi qu'on l'a fait remarquer *suprà*, v° *Compétence criminelle*, n° 306, la majorité des auteurs s'est prononcée en sens contraire, et cette dernière opinion nous paraît préférable.

767. Les tribunaux correctionnels et de simple police ont-ils, comme les cours d'assises, le droit de connaître de la demande en dommages-intérêts du prévenu acquitté contre le plaignant qui ne s'est point porté partie civile ou contre le simple dénonciateur ? « Il est un cas, dit Mangin, t. 2, n° 197, où les tribunaux correctionnels peuvent certainement en connaître, c'est lorsque le prévenu a porté contre eux une plainte en dénonciation calomnieuse et qu'il les a fait citer devant le tribunal saisi de la poursuite dirigée contre lui ; son action met nécessairement en mouvement l'action publique ; il y a lieu de joindre sa plainte à celle qui a été rendue contre lui et à statuer sur le tout par un seul et même jugement ». Il y a lieu d'ajouter que, suivant la jurisprudence, celui qui a été poursuivi en police correctionnelle par suite d'une dénonciation calomnieuse, et qui a été renvoyé de la plainte, peut former une demande en dommages-intérêts soit devant le tribunal correctionnel, soit devant le tribunal civil à son choix (Crim. cass. 23 févr. 1838, aff. Buteau ; Bourges, 18 août 1838, même affaire ; Bruxelles, aff. Blairon, rapportés au *Rép.* v° *Dénonciation calomnieuse*, n° 133). Dans ce second cas encore, le tribunal correctionnel peut donc être appelé à connaître de la demande de dommages-intérêts du prévenu contre le simple plaignant ou dénonciateur.

Mais, d'une part, le mode de procéder dont il vient d'être parlé est impraticable devant les tribunaux de simple police, puisqu'ils sont incompétents pour connaître du délit de dénonciation calomnieuse ; et, d'autre part, la dénonciation peut avoir été, non pas calomnieuse, mais simplement téméraire, imprudente ; dans l'un et l'autre cas, le prévenu peut-il saisir le tribunal répressif de sa demande en dommages-intérêts ? En d'autres termes, le prévenu acquitté peut-il, comme l'accusé acquitté, conclure à des dommages-intérêts contre le dénonciateur ou le plaignant qui n'est *point partie au procès* ? Un arrêt (Paris, 13 juill. 1818, *Rép.* v° *Dénonciation calomnieuse*, n° 136) a décidé qu'il le peut, et qu'il le doit même, sous peine d'être déchu de son action ; cet arrêt a jugé qu' « en matière criminelle et *correctionnelle* l'accusé, ou le prévenu acquitté, qui connaît son dénonciateur, doit, sous peine de déchéance, former sa demande en dommages-intérêts devant les juges du crime ou du délit ». — Mangin (t. 2, n° 197) estime, au contraire, « que le prévenu acquitté ne peut former la demande en dommages-intérêts devant le tribunal qui vient de le juger qu'autant qu'elle est dirigée contre la partie civile ; que, hors ce cas, il ne peut agir que par action principale et devant les tribunaux civils ; qu'ainsi la déchéance, dont l'art. 359 frappe l'accusé acquitté par la cour d'assises qui n'a pas formé sa demande avant le jugement, n'est pas encourue par le prévenu acquitté en police correctionnelle ou simple police, lorsqu'il ne peut adresser cette demande qu'au plaignant qui ne s'est pas rendu partie civile, ou au dénonciateur proprement dit ». Il fonde son opinion sur ce

qu'aucun des articles du code d'instruction criminelle concernant les tribunaux correctionnels et les tribunaux de police ne dit que les demandes en dommages-intérêts, formées par le prévenu contre son dénonciateur autre que la partie civile, seront portées devant eux, et aussi sur ce principe qu'un tribunal ne peut, à moins d'un texte de loi spécial et formel, prononcer de condamnations directes contre des personnes qui ne sont point parties dans le procès, ou qui n'ont pas été régulièrement appelées. Ces considérations paraissent très graves, et nous inclinons à croire que la compétence des tribunaux de simple police et de police correctionnelle ne s'étend pas au delà des cas de demande en dommages-intérêts réclamés à la partie civile proprement dite.

768. Le désistement de la partie civile ne saurait avoir pour effet de soustraire celle-ci à la responsabilité qu'elle a encourue vis-à-vis du prévenu (V. à cet égard, *suprà* n° 736).

769. — C. *Pendant l'instruction.* — On a supposé jusqu'ici le cas d'acquittement du prévenu ou accusé. Cet acquittement est-il nécessaire pour qu'un inculpé puisse réclamer des dommages-intérêts à la partie civile, au plaignant ou au dénonciateur? En d'autres termes, lorsque la dénonciation ou plainte, après avoir donné lieu à des mesures d'instruction, telles que le mandat d'amener ou le mandat de dépôt, a été suivie d'une ordonnance de non-lieu, le prévenu peut-il demander des dommages-intérêts au dénonciateur ou à la partie civile? Un arrêt de la cour de Rome du 21 mars 1811, rapporté au *Rép.*, n° 548, a décidé, à tort, la négative. La justice commande « que la même responsabilité atteigne les dénonciateurs et les plaignants à toutes les phases de l'instruction et devant toutes les juridictions » (Faustin Hélie, t. 4, n° 1753, *in fine*). Si la dénonciation a été « téméraire », si la partie civile a « légèrement, inconsidérément » introduit son action, elle doit réparation à l'inculpé du tort qu'elle lui a causé par sa faute, alors même que la poursuite n'aurait pas été portée jusqu'au jugement, et qu'elle aurait pris fin par l'effet d'une ordonnance ou d'un arrêt de non-lieu. Cette décision semble plus particulièrement commandée dans le cas où l'inculpé a été soumis à une détention préventive plus ou moins longue. Nous estimons donc que, lorsque la dénonciation (ou plainte) a été suivie d'une information et plus tard d'une décision de non-lieu, le prévenu peut demander des dommages-intérêts au dénonciateur ou plaignant, à la condition, bien entendu, de prouver que celui-ci a commis une faute lourde, une témérité. Et cette demande pourra être portée soit au tribunal correctionnel, si la dénonciation contient les éléments d'un délit de calomnie, soit au tribunal civil, si elle constitue seulement une dénonciation téméraire, imprudente ou inconsidérée (*Rép.* n° 552. Conf. Faustin Hélie, *loc. cit.*). — Il est à remarquer que le texte même de l'ordonnance ou de l'arrêt de non-lieu pourra, le cas échéant, être d'un grand secours pour le prévenu, car il arrive parfois que ces décisions déclarent, en termes exprès, l'innocence de celui-ci. Il est clair, par contre, que si l'ordonnance de non-lieu a été fondée, comme il arrive le plus souvent, plutôt sur le défaut de charges suffisantes que sur la certitude de l'innocence de l'inculpé, les tribunaux saisis par celui-ci ne devront pas condamner le plaignant à des dommages-intérêts.

770. Aux termes de l'art. 136 c. instr. crim., la partie civile qui succombe dans son opposition à une ordonnance de non-lieu doit être condamnée à des dommages-intérêts envers le prévenu. — Sur les difficultés que présente l'application de cet article, V. *Rép.* n° 857. V. aussi *Rép.* v° *Appel en matière criminelle*, n° 58 et *suprà*, eod. v°, n° 13 et 14).

B. — Des droits de la partie civile.

771. — 1° En l'état actuel de la législation, les droits de la partie civile devant le juge d'instruction se bornent à indiquer au magistrat les témoins qui peuvent avoir connaissance du fait de la poursuite, sans pouvoir, d'ailleurs, obliger le juge à les entendre (c. instr. crim., art. 71; Faustin Hélie, t. 4, n° 1833; Mangin, *Instruction écrite*, t. 1, n° 30; Duverger, t. 2, n° 256); ... à décliner sa compétence (c. instr. crim., art. 539); ... à demander le renvoi de l'affaire devant un autre juge pour cause de suspicion légitime (Même code,

art. 542); ... à être partie dans la demande en liberté provisoire formée par le prévenu (Même code, art. 118). La partie civile peut aussi, aux termes de l'art. 135 du même code, modifié par la loi du 17 juill. 1856, « former opposition aux ordonnances rendues dans les cas prévus par les art. 114, 128, 129, 131 et 539 de ce code, et à toute ordonnance faisant grief à ses intérêts civils ». — Dans le projet de réforme du code d'instruction criminelle actuellement soumis aux Chambres, les droits de la partie civile pendant l'instruction reçoivent des accroissements considérables. On se bornera à constater que cette partie pourra, à l'avenir, de même que le ministère public et l'inculpé, requérir le juge d'instruction de prendre toutes les mesures qu'elle croira utiles à la découverte de la vérité, et saisir, en cas de refus, la chambre du conseil (art. 31 du projet du Sénat).

772. — 2° Devant la chambre des mises en accusation, la partie civile a la faculté de fournir des mémoires (art. 223), mais elle ne doit point paraître (art. 224). Elle ne peut réclamer la communication des pièces (Crim. rej. 19 mai 1827, *Rép.* n° 1041). Si elle vient à succomber devant cette juridiction dans l'opposition qu'elle a formée contre une ordonnance du juge d'instruction, elle sera, dit l'art. 136, condamnée aux dommages-intérêts envers le prévenu. — Sur la portée de cette dernière disposition, V. *suprà*, v° *Appel en matière criminelle*, n° 13 et suiv. — Sur la question de savoir si la partie civile est, dans le silence du ministère public, recevable à se pourvoir contre les arrêts de la chambre des mises en accusation, V. *suprà*, v° *Cassation*, n° 98.

773. — 3° Devant le tribunal de simple police, le plaignant, aux termes de l'art. 153 c. instr. crim., prend ses conclusions après que les témoins ont été entendus. Par plaignant, il faut ici entendre celui qui s'est constitué partie civile; s'il n'a pas pris cette qualité, il n'est pas partie au procès, il ne peut donc y intervenir ni former aucune demande et le tribunal devrait le déclarer non recevable (Faustin Hélie, t. 6, n° 2632): Au reste, « dès qu'elle est régulièrement constituée, la partie civile a le droit de prendre, dans l'intérêt de son action civile, les conclusions qu'elle juge utiles, soit à la preuve du fait, soit à la constatation de ses dommages. Le juge est tenu de statuer sur ces conclusions..., mais il demeure évidemment le maître de les accueillir ou de les rejeter » (Faustin Hélie, t. 6, n° 2633). En matière de simple police, la partie civile, qui n'a pas obtenu les dommages-intérêts qu'elle réclame, n'a pas le droit d'appeler du jugement (V. *suprà*, v° *Appel en matière criminelle*, n° 23). — Sur la question de savoir si elle est recevable à appeler du jugement qui l'a condamnée à des dommages-intérêts excédant 5 francs, et la controverse à laquelle cette question a donné lieu, V. *suprà*, eod. v°, n° 24. — En matière de simple police, la partie civile a, en principe, le droit de se pourvoir en cassation, quant à ses intérêts civils (V. à cet égard, *suprà*, v° *Cassation*, n° 97).

774. — 4° Devant le tribunal de police correctionnelle, la partie civile a les mêmes droits qu'en simple police. Elle peut donc, dès qu'elle est régulièrement constituée, prendre, dans l'intérêt de son action, toutes les conclusions qu'elle juge utiles, et le tribunal doit y statuer. Lorsque l'audition des témoins est terminée, c'est elle qui, dans la discussion orale, est admise à plaider la première. L'art. 190 ne le dit point, mais la règle posée par les art. 153, en ce qui concerne la simple police, et l'art. 335, relativement aux cours d'assises, est commune à toutes les juridictions. « Il est logique que la partie qui a introduit la demande soit entendue la première; il est logique que le prévenu ne prenne la parole que lorsqu'il connaît tous les arguments qui sont employés contre lui et auxquels il doit répondre » (Faustin Hélie, t. 6, n° 2930). Elle n'est plus recevable à donner des conclusions après que le prévenu a été entendu et que le ministère public a donné ses conclusions lui-même (Rennes, 26 juill. 1849, aff. Coquio, D. P. 50. 5. 87).

775. Sur le droit d'appel de la partie civile en matière correctionnelle, V. *suprà*, v° *Appel en matière criminelle*, n° 38 et suiv. — Sur le droit qu'elle a de se pourvoir en cassation, V. *suprà*, v° *Cassation*, n° 97.

776. — 5° Aux assises, les droits de la partie civile sont fort étendus: elle a le droit de faire citer des témoins, à la charge de communiquer au ministère public la liste de ceux qui sont assignés à sa requête et de notifier cette liste

à l'accusé vingt-quatre heures au moins avant l'audition de ces témoins (c. instr. crim. art. 315). — Les témoins doivent être interrogés sur le point de savoir s'ils sont ses parents ou alliés ou s'ils sont attachés à son service (art. 317); — La partie civile peut adresser les questions qu'elle juge convenables, soit au témoin, soit à l'accusé, par l'organe du président (art. 319). — Elle peut former opposition à l'audition de témoins incapables (art. 322). — Elle peut prendre dans le cours des débats les conclusions qui lui semblent utiles à ses intérêts, car elle est partie au procès, et la cour est tenue d'y statuer. — Elle peut demander qu'un témoin dont la déposition paraît fausse soit mis en état d'arrestation (art. 330). — Elle peut requérir dans le même cas le renvoi de l'affaire à la prochaine session (art. 331). — Elle prend, à la suite de la déclaration du jury, des conclusions en dommages-intérêts (art. 358 et 359).

777. On sait que les plaignants peuvent, aux termes de l'art. 67 c. instr. crim., se porter parties civiles en tout état de cause *jusqu'à la clôture des débats.* D'autre part, l'art. 359 du même code dispose qu'aux assises « la partie civile est tenue de former sa demande *avant le jugement*; plus tard elle sera non recevable ». — Sur l'application de ces deux articles et la distinction qu'il y a lieu de faire entre le droit de se constituer partie civile et le droit de conclure, V. *suprà*, n° 701.

778. A l'égard des formes de l'intervention de la partie civile aux assises, on a vu *suprà*, n° 693, que, lorsque la partie plaignante s'est constituée partie civile dans l'instruction écrite, son intervention dans les débats est de droit. Au contraire, si cette partie veut intervenir aux débats sans s'être préalablement constituée, elle doit en faire la déclaration formelle à l'audience de la cour d'assises ou y conclure à des dommages-intérêts, puisque les plaignants ne sont réputés partie civile que s'ils remplissent l'une ou l'autre de ces deux conditions (c. instr. crim. art. 66). — Sur la question de savoir s'il doit être donné acte de cette intervention, V. *suprà*, loc. cit.

779. Sur la question de savoir si la partie civile peut confier à un conseil la défense de ses intérêts ou les défendre elle-même, V. *suprà*, n° 694.

780. En ce qui concerne le recours de la partie civile en cassation, V. *Rép.* v° *Cassation*, n°s 421 et 427, et *suprà*, eod. v°, n° 98.

Sect. 2. — Des transports sur les lieux, des perquisitions, des expertises, des commissions rogatoires (*Rép.* n°s 555 à 598).

781. Il est particulièrement traité, dans cette section et la suivante, de plusieurs des procédés ou moyens de preuve auxquels le juge d'instruction est autorisé à recourir pour arriver à la constatation judiciaire, et, par elle, à la manifestation de la vérité, savoir : les transports sur les lieux, les perquisitions, l'interrogatoire du prévenu. Ce qui regarde l'audition des témoins, qui est la partie la plus importante de l'information faite par le juge d'instruction, est traité *infrà*, v° *Témoins*, et *Rép.* eod. v°, n°s 282 à 335. — Quant aux expertises, V. *suprà*, v° *Expert*, n°s 184 et suiv.; *Rép.*, v°, n°s 396 et suiv. V. aussi *infrà*, n° 795. — On traitera, dans la présente section, des transports et des perquisitions; on y traitera aussi des commissions rogatoires, comme il a été fait au *Répertoire*. — Quant à l'interrogatoire du prévenu, V. *infrà*, sect. 3, n°s 820 et suiv.

Sur les matières examinées dans la présente section, les auteurs qui peuvent être le plus utilement consultés sont les suivants : Faustin Hélie, *Traité de l'instruction criminelle*, t. 4, chap. 8 et 12; Duverger, *Manuel des juges d'instruction*, t. 2, chap. 9, 10, 13; Mangin, *Traité de l'instruction écrite*, t. 1, chap. 4, § 1 et 2; Trébutien, *Cours de droit criminel*, t. 2, chap. 5, sect. 3 et chap. 4, § 2; Boitard, *Leçons de droit criminel*; Garraud, *Précis de droit criminel*, n°s 451 et suiv.; Villey, *Précis de droit criminel*, p. 287 et suiv.; Sarraute, *Manuel théorique et pratique du juge d'instruction*, tit. 4, chap. 1, 2, 3, et tit. 8; Laborde, *Cours élémentaire de droit criminel*, n°s 1011 et suiv.

782. — I. Transports sur les lieux (*Rép.* n°s 557, 559, 561, 564 à 569). — L'objet principal du transport sur les lieux est de constater le corps du délit et l'état des lieux. Il est

clair cependant qu'au cours de son transport le juge peut exécuter toutes les mesures d'instruction qu'il croit utiles à la manifestation de la vérité : par exemple, pratiquer des perquisitions, entendre des témoins, faire arrêter et interroger des prévenus, ordonner des expertises. Il est même rare qu'un transport n'ait d'autre objet qu'un constat, une simple inspection de lieux.

Dans quels cas le juge d'instruction est-il autorisé par la loi à se transporter sur les lieux? Il résulte des art. 47, 62, 87 et 88 c. instr. crim. que ces cas sont laissés à la libre appréciation du juge lui-même. La loi a posé le droit et ne lui a apporté aucune limite (Faustin Hélie, t. 4, n° 1785; Mangin, t. 2, n° 79; Boitard, n° 598). Le transport sur les lieux peut, d'ailleurs, être effectué soit au début de l'information, soit pendant son cours (Sarraute, n° 418). Dans la pratique, il n'est pas rare que plusieurs transports soient successivement effectués dans une seule et même affaire. Ajoutons que le transport peut, sans aucun doute, être ordonné aussi bien en matière correctionnelle qu'en matière de grand criminel.

783. Ainsi qu'on l'a dit au *Rép.*, n° 564, en rappelant le texte de l'art. 62 c. instr. crim., lorsque le juge d'instruction se transporte sur les lieux, il doit toujours être accompagné du procureur de la République et du greffier du tribunal. Si le procureur de la République refuse de se transporter, le juge d'instruction devra-t-il se transporter quand même et procéder sans lui? L'affirmative a été soutenue au *Rép.*, n° 568, et cette opinion est celle de la plupart des auteurs (Faustin Hélie, t. 4, n°s 1620 et 1789; Sarraute, n° 421; Garraud, n° 451; Laborde, n° 1012; Villey, p. 287). Il est, en effet, inadmissible que, lorsque le juge est légalement saisi, le procureur de la République puisse paralyser les pouvoirs que ce juge tient de la loi. Si, à l'inverse, le juge d'instruction, requis par le procureur de la République, refusait de se transporter, ce qu'il a incontestablement le droit de faire, ainsi que nous l'avons reconnu au *Rép.*, n° 561, ce juge devrait consigner son refus dans une ordonnance motivée susceptible d'opposition.

L'assistance du greffier est une condition essentielle de la régularité du transport. En cas d'empêchement du greffier du tribunal et de ses commis greffiers, le juge pourrait appeler un citoyen âgé de vingt-cinq ans et lui faire prêter serment; spécialement, il pourrait appeler le greffier de la justice de paix du canton où il se transporte (*Rép.* n° 564. Conf. Faustin Hélie, n°s 1790 et 1791). Cette solution ne paraît plus douteuse depuis que la cour de cassation a jugé que « les présidents des cours d'assises, *comme tous juges procédant à une instruction*, ont, quand leurs actes présentent un caractère d'urgence, et en cas d'empêchement, le droit de remplacer les greffiers qui leur sont attachés, en commettant toute personne ayant l'âge requis par la loi et la qualité de Français, à laquelle ils jugent nécessaire de faire prêter le serment en tel cas requis » (Crim. rej. 3 sept. 1852, aff. Mancel, D. P. 52. 5. 321).

784. Il n'est pas douteux, en l'état actuel de notre législation, que le juge d'instruction qui se transporte n'est aucunement tenu, avant de se rendre sur les lieux, d'en donner avis à personne, si ce n'est au procureur de la République. D'après le projet de réforme du code d'instruction criminelle (art. 51 du texte de la commission extra-parlementaire), l'avis devra être donné *à l'inculpé, à la partie civile et à leurs conseils*, et, de plus l'inculpé *détenu* devra, sur sa demande, être transféré au lieu où s'effectue le transport. Cette disposition n'a pas reçu l'approbation du Sénat, qui a supprimé tous les avis à donner et décidé que « le transport peut avoir lieu sans l'inculpé »; mais elle a été reprise par la commission de la Chambre des députés. Peut-être y aurait-il, sous ce rapport, quelque emprunt à faire à l'art. 116 c. proc. pén. autrichien de 1873, ainsi conçu : « Il y a lieu à constat (*Augenschein*) toutes les fois que cette opération paraît nécessaire pour éclaircir une circonstance qui intéresse la recherche. Il y doit être toujours procédé en présence de deux témoins instrumentaires (*Gerichtszeugen*), et même de l'inculpé lorsque sa présence est utile pour la reconnaissance des objets recherchés ou pour obtenir les renseignements nécessaires. Le défenseur de l'inculpé a le droit d'assister au constat. Il doit même être donné avis, à moins d'inconvénient particulier, au

défenseur déjà constitué du commencement de la procédure du constat. »

785. Le juge d'instruction est tenu de dresser un procès-verbal de toutes ses opérations. On a indiqué au *Rép.*, n° 569, en citant Faustin Hélie (n° 1792), les formes auxquelles ce procès-verbal est assujetti. Nous ajouterons, avec le même auteur, qu'il appartient au juge seul de le rédiger. « Le procès-verbal est l'œuvre du juge; il constate les résultats de son inspection personnelle, il doit seul le rédiger. Il ne l'écrit pas lui-même; l'écriture est la fonction du greffier; mais il en doit dicter les termes ou du moins les examiner avec soin » (Faustin Hélie, n° 1793). — Les règles pratiques du transport des magistrats ont été fixées par une circulaire du ministère de la justice en date du 23 févr. 1887 (*Bull. min. just.*, 1887, p. 2). Cette circulaire contient, notamment, des instructions spéciales en ce qui concerne les dépenses extraordinaires et la levée du plan des lieux.

786. — II. Perquisitions et saisies. — Nous aurons peu de chose à ajouter à ce qui a été dit au *Rép.*, n°s 559 à 563, concernant les perquisitions et saisies que le juge d'instruction peut ordonner. — En premier lieu, il est hors de doute que ce magistrat peut pratiquer la visite domiciliaire d'office, de même qu'il peut en être requis par le ministère public, par la partie civile, par l'inculpé. Il est aujourd'hui reconnu par tous les auteurs que le juge d'instruction, « magistrat indépendant du ministère public, revêtu du pouvoir qui lui est propre, et chargé de faire, dans l'intérêt de la justice; tout ce qui peut tendre à la découverte de la vérité, est l'appréciateur des réquisitions et des demandes que les parties qui procèdent devant lui peuvent lui soumettre, mais qu'il n'est obligé d'y déférer qu'autant qu'elles lui paraissent justes et utiles » (Mangin, n° 90); qu'en conséquence il reste juge de l'opportunité de la perquisition qui lui est demandée, même par le ministère public, et peut se refuser à l'ordonner (Mangin, *eod. loc.*; Faustin Hélie, t. 4, n° 1809; Sarraute, n° 432. — V. cependant *contrà*, Carnot, t. 1, p. 375).

787. Au reste, la loi, dans les art. 87 et 88 c. instr. crim. attribue au juge d'instruction seul, dans les cas ordinaires, le droit d'opérer des perquisitions domiciliaires. Et ce magistrat a toujours le droit, dans les affaires dont il est saisi, d'ordonner des perquisitions en quelque lieu que ce soit de son arrondissement, non seulement dans le domicile du prévenu, mais, comme s'exprime l'art. 88, « dans tous les autres lieux ». Comme le dit justement M. Garraud (p. 587), « son pouvoir ne trouve de limites ni dans le *caractère* du fait, ni dans la *date* de sa perpétration, ni dans la *nature* des *lieux*, ni enfin dans l'*objet* spécial des recherches ». On sait qu'en matière de fausse monnaie, ainsi que nous l'avons rappelé au *Rép.*, n° 576, le magistrat instructeur peut faire des perquisitions même hors de son arrondissement (c. instr. crim. art. 464). — Suit-il de ce qui vient d'être dit que le juge d'instruction doive faire, en personne, les visites ou perquisitions domiciliaires? A cet égard, V. *infrà*, n° 793.

788. Le juge d'instruction peut-il pratiquer des visites domiciliaires dans l'étude d'un notaire ou d'un avoué, dans le cabinet d'un avocat? L'affirmative est certaine. V. à cet égard, *suprà*, n° 474.

789. Peut-il faire saisir les lettres et les télégrammes dans les bureaux des postes et des télégraphes? C'est également un point qui n'est pas douteux. — Sur les limites dans lesquelles ce droit peut s'exercer, V. *suprà*, n° 472. — Le projet de loi sur l'*instruction criminelle* consacre, en termes exprès, le droit du juge d'instruction de saisir « les télégrammes, lettres et autres envois émanant de l'inculpé ou à lui adressés, et de se les faire livrer par l'administration des Postes et Télégraphes et les autres administrations de transport » (art. 58 de la commission de la Chambre des députés). D'après ce même projet (art. 59), « le juge d'instruction prend seul connaissance des lettres ou télégrammes saisis, dès que le scellé lui est remis. Il maintient la saisie de ceux qui sont utiles à la manifestation de la vérité, et il fait remettre les autres à l'inculpé ou aux destinataires. Les télégrammes et les lettres dont la saisie est maintenue sont communiqués dans le plus bref délai, en original ou en copie, en tout ou en partie, à l'inculpé ou aux destinataires,

à moins que cette communication ne soit de nature à nuire à l'instruction ». Quant au procureur de la République, en cas de flagrant délit, « il peut rechercher et saisir à la poste les lettres et interdire à l'administration des télégraphes de délivrer aux destinataires les télégrammes émanés de l'inculpé ou à lui adressés, mais sans prendre connaissance de ces lettres et télégrammes » (art. 179 du projet de la Chambre des députés).

Au reste, le droit de saisie rencontre une limite dans le droit supérieur de la défense. C'est ainsi qu'il a été jugé par la cour de cassation qu'il n'appartient pas au juge d'instruction de saisir les lettres qui sont adressées par les inculpés à leurs avocats (Crim. cass., 12 mars 1886, aff. Laplante, D. P. 86. 1. 345). V. *suprà*, n° 475.

790. Quelles règles le juge d'instruction doit-il suivre dans l'exercice de son droit de perquisition? Aux termes de l'art. 89 c. instr. crim., « les dispositions des art. 35, 36, 37, 38 et 39, concernant la saisie des objets dont la perquisition peut être faite par le procureur de la République dans les cas de flagrant délit, sont communes au juge d'instruction ». — V. sur ces formalités, *Rép.*, n°s 336 et suiv., et *suprà*, n° 477.

791. Le juge d'instruction peut-il s'introduire à toute heure dans le domicile du prévenu ou de toute autre personne? Peut-il s'y introduire la nuit? La solution de cette question a été indiquée *suprà*, n° 467 et suiv., à propos du cas de flagrant délit et du pouvoir qui appartient en ce cas au procureur de la République. Les règles qui ont été résumées *ibid.* sont applicables au juge d'instruction comme au procureur de la République et à ses auxiliaires. — Sur la règle qu'il est interdit en principe au juge d'instruction de faire des perquisitions la nuit, et les exceptions que comporte cette règle, V. Faustin Hélie, t. 4, n° 1812; Garraud, n° 451; Villey, p. 287; Sarraute, n°s 437 et 439, et, en outre, les auteurs cités *suprà*, n° 467.

792. La perquisition du juge d'instruction doit-elle être faite en présence du prévenu? Oui, si celui-ci a été arrêté, puisque, dans ce cas, l'art. 39, relatif aux perquisitions faites par le procureur de la République, exige cette présence et que, d'autre part, l'art. 89 déclare la disposition de l'art. 39 commune au juge d'instruction. — Le code ne contient aucune prescription pour le cas où le prévenu est libre; il s'ensuit que le juge, en l'état actuel de notre législation, n'est pas tenu d'appeler celui-ci à assister à sa perquisition. Même dans cette hypothèse, le projet de la Chambre des députés consacre (art. 54) le droit pour l'inculpé d'assister à toute perquisition faite à son domicile, ou de s'y faire représenter par deux témoins en présence desquels les recherches seront opérées. — Si la perquisition a lieu dans un domicile autre que celui de l'inculpé, le code n'oblige point le magistrat à inviter à y assister la personne chez laquelle la perquisition doit se faire; le projet précité rend (art. 55) cette invitation obligatoire, et stipule que, si cette personne est empêchée ou absente, la perquisition aura lieu en présence de deux témoins.

793. Dans la pratique, il est assez rare que le juge d'instruction procède lui-même aux perquisitions, sauf dans le cas de transport sur les lieux. Le plus souvent il se fait remplacer pour cet objet par un juge de paix ou un commissaire de police, auquel il délivre un mandat de perquisition. Cet usage est-il régulier? Nous avons dit au *Rép.*, n° 575, que la légalité en a été contestée par plusieurs auteurs (Faustin Hélie, t. 4, n° 1803; Mangin, t. 1, n° 88; Carnot, t. 1, p. 376); mais les nécessités de la pratique l'ont imposé; plusieurs commentateurs l'ont admis (Morin, *Répertoire*, v° *Délégation*, n° 4; Duverger, t. 2, n° 382; Vente, *Revue de législation*, t. 7, n° 247; Massabiau, t. 2, p. 281; Dutruc, *Journal du ministère public*, t. 7, p. 60) et la jurisprudence l'a consacré. Spécialement, il a été décidé que le juge d'instruction a le droit de déléguer le soin de procéder à une visite domiciliaire à un juge de paix de son arrondissement (Crim. rej. 6 mars 1841, aff. Chevalier, *Rép.*, v° *Douanes*, n° 873; 18 janv. 1869, aff. Giboz, D. P. 69. 1. 381); ou bien à un commissaire de police (Crim. rej. 13 juin 1872, aff. Meyer, D. P. 72. 1. 157; 24 févr. 1883, aff. Pivert, D. P. 84. 1. 92, 93; Paris, 7 déc. 1864, aff. Garnier-Pagès, D. P. 65. 1. 91); ou bien au maire de la commune ou à son adjoint (Crim. cass. 8 juin 1872, aff. Besnard, D. P. 72. 1. 381). A l'avenir,

si le projet de réforme du code d'instruction criminelle devient loi, le juge d'instruction ne pourra plus déléguer pour pratiquer des perquisitions que des magistrats de l'ordre judiciaire (tout juge de son tribunal, tout juge de paix du ressort de son tribunal et tout juge d'instruction, dit l'art. 135 du projet de la commission de la Chambre des députés). — En Belgique, une loi du 20 avr. 1874 a édicté, à cet égard, des règles qui nous paraissent très rationnelles. L'art. 24 de cette loi est ainsi conçu : « Le juge d'instruction ne pourra, dans son arrondissement, déléguer pour procéder à la perquisition et à la saisie des papiers, titres ou documents, que le juge de paix, le bourgmestre ou le commissaire de police dans le ressort desquels la visite doit avoir lieu. Il fera cette délégation par ordonnance motivée et dans les cas de nécessité seulement. Toute subdélégation est interdite ».

794. En France, le mandat de perquisition n'est soumis à aucune forme sacramentelle, et il a été jugé qu'il suffit que ce mandat (délivré, dans l'espèce, par le préfet de police) désigne la personne chez laquelle la recherche doit être faite, l'objet de la recherche à effectuer et la nature du délit (Crim. rej. 19 janv. 1866, aff. Maurice Joly, D. P. 67. 1. 505).

795. — III. Expertises. — On a traité de l'expertise en matière criminelle supra, v° Expert-expertise, n°s 181 et suiv., et Rép. eod. v°, n°s 396 à 422. Depuis la publication de ce traité, une loi des 30 nov.-1er déc. 1892, sur l'exercice de la médecine (D. P. 93. 4. 8), a touché à la matière de l'expertise, en disposant, dans son art. 14, ce qui suit : « Les fonctions de médecins-experts près les tribunaux ne peuvent être remplies que par des docteurs en médecine français. Un règlement d'administration publique revisera les tarifs du décret du 18 juin 1811, en ce qui touche les honoraires, vacations, frais de transport et de séjour des médecins. Le même règlement déterminera les conditions suivant lesquelles pourra être conféré le titre d'expert devant les tribunaux ». Le règlement annoncé a paru à la date du 21 nov. 1893 (Journal officiel du 23 nov. p. 5799). Les principales dispositions de ce décret établissent : qu'au commencement de chaque année judiciaire, les cours d'appel, en chambre du conseil, le procureur général entendu, désignent sur des listes de propositions des tribunaux de première instance du ressort, les docteurs en médecine à qui elles confèrent le titre d'expert devant les tribunaux (art. 1); qu'en dehors des cas prévus aux art. 43, 44, 235 et 268 c. instr. crim., les opérations d'expertise ne peuvent être confiées à un docteur en médecine qui n'aurait pas le titre d'expert (art. 3). Enfin les art. 4 à 8 du décret revisent les tarifs du décret du 18 juin 1811, en ce qui touche les honoraires, vacations, frais de transport et de séjour des médecins. — Cette loi et ce décret s'imposent tout particulièrement aux juges d'instruction qui désormais ne pourront plus confier d'expertises médico-légales qu'aux seuls docteurs en médecine pourvus du titre d'expert devant les tribunaux.

796. Le projet de réforme du code d'instruction criminelle voté en 1882 par le Sénat contient une section entièrement consacrée à l'expertise (art. 61 à 68 du projet). Les dispositions de cette section, acceptées depuis par la commission de la Chambre des députés, concernent non seulement les médecins, mais tous les experts. Elles tendent à introduire dans l'expertise, comme dans tous les autres actes de l'instruction, sinon la contradiction proprement dite, du moins le contrôle efficace des opérations de la procédure. Dans ce but, le projet, après avoir posé le principe d'une liste annuelle dressée par les cours d'appel « sur l'avis des facultés, des tribunaux civils, des chambres et des tribunaux de commerce » (art. 68 du projet), liste sur laquelle le juge d'instruction désignera un ou plusieurs experts (art. 61), autorise l'inculpé détenu ou libre de choisir sur cette même liste un expert qui aura le droit d'assister aux opérations, d'adresser toutes réquisitions aux experts désignés par le juge d'instruction, et qui consignera ses observations soit au pied du procès-verbal, soit à la suite du rapport (art. 62).

797. — IV. Commissions rogatoires. — Il a été traité des commissions rogatoires au Rép., n°s 570 à 598. Nous rappellerons ici que l'on a reconnu au juge d'instruction le droit de donner des délégations ou commissions rogatoires que dans deux cas spéciaux, qui sont : l'audition des témoins hors d'état de se déplacer ou résidant hors de l'arrondissement du juge (art. 83 et 84), et les perquisitions à faire hors de

cet arrondissement (art. 90). — Sur la question de savoir si le juge d'instruction a le droit de déléguer ses fonctions à un autre officier de police judiciaire hors des cas où ce droit lui est expressément accordé par la loi, le désaccord signalé au Rép., n° 574, subsiste toujours dans la doctrine. Mangin, comme on l'a vu au Répertoire, a soutenu que la délégation n'est possible que dans les cas limitativement déterminés par la loi (Instruction écrite, t. 1, n° 23). Faustin Hélie (t. 4, n°s 1902 et suiv.) estime, au contraire, que les art. 83 et 84 ne sont pas absolument limitatifs, mais doivent servir d'exemple. Le juge peut, suivant cet auteur, déléguer les actes analogues à l'audition des témoins, c'est-à-dire ceux qui servent à constater le fait, tel qu'un transport sur les lieux, une vérification ; mais il ne peut pas déléguer les opérations qui comportent une appréciation personnelle, une contrainte, une lésion, comme les perquisitions domiciliaires, les saisies, et à plus forte raison, les interrogatoires et les mandats. Conf. Garraud, n° 480 ; Villey, p. 299 ; Trébutien, t. 2, n° 427 ; Massabiau, t. 2, n° 1852. Nous avons exprimé l'avis (Rép. n°s 575, 577 et 578) que le droit de déléguer est général, et que le juge d'instruction peut donner des délégations, pour tous les actes de ses fonctions, à l'exception des mandats. C'est aussi ce que décide la jurisprudence. Aux arrêts cités supra, n° 793, qui ont consacré le droit de délégation pour les perquisitions domiciliaires, adde, Crim. 16 juill. 1868, Bull. crim. n° 168. Suivant cet arrêt, un juge d'instruction peut valablement déléguer un juge de paix de son arrondissement à l'effet d'interroger le prévenu et de le confronter avec des témoins. Il est rare, sans doute, que le juge d'instruction ne se réserve pas d'interroger lui-même l'inculpé ; mais, si cet inculpé se trouve dans un lieu éloigné du siège de l'instruction, ou encore s'il est dans un état de maladie rendant son voyage dangereux pour sa santé, les magistrats instructeurs n'hésitent pas, dans la pratique, à déléguer l'interrogatoire (Conf. Duverger, t. 2, n° 367 ; Faustin Hélie, t. 4, n° 1909).

798. En ce qui concerne le droit de déléguer la délivrance des mandats, il en a été parlé au Rép., n° 578. Toute délégation du mandat d'arrêt, du mandat de dépôt et du mandat d'amener, est évidemment impossible en présence des termes formels de l'art. 283 c. instr. crim. (Faustin Hélie, t. 4, n° 1961 ; Duverger, t. 2, n° 371 ; Sarraute, n° 860). Mais il n'y avait aucun inconvénient, semble-t-il, à ce que, suivant les circonstances, le mandat de comparution, qui est beaucoup moins rigoureux, fût délégué (Conf. Duverger, t. 2, n° 372. — Contra, Faustin Hélie, loc. cit.). Cette délégation n'est pas fréquente dans la pratique ; les juges d'instruction y recourent parfois dans l'intérêt même de l'inculpé, en vue de dispenser celui-ci d'un déplacement onéreux.

799. A quelles personnes doit être adressée la commission rogatoire ? S'il s'agit d'une opération à faire hors de son arrondissement, le juge commettant ne peut déléguer que le juge d'instruction du lieu, conformément à l'art. 84 c. instr. crim., excepté dans le cas de l'art. 283 (Rép. n° 582). Et, dans ce cas, il a été jugé, avec raison, que la commission rogatoire adressée, sans dénomination de personne, au juge d'instruction d'un siège auquel sont attachés plusieurs juges d'instruction, n'est pas irrégulière, mais permet de saisir chacun de ces magistrats de l'exécution de la commission rogatoire (Crim. rej. 25 janv. 1849, aff. Testard, D. P. 49. 1. 31).

Mais s'il s'agit d'une opération à exécuter dans son propre arrondissement, quels magistrats le juge d'instruction peut-il déléguer pour y procéder ? L'art. 83 a prévu le cas d'audition de témoins habitant hors du canton du juge d'instruction, et décidé que, dans cette hypothèse, ces témoins seraient entendus par le juge de paix de leur canton. On a exprimé l'avis au Rép., n° 583, qu'un officier de police judiciaire autre que le juge de paix, par exemple, un commissaire de police, ou un officier de gendarmerie, ne doit pas être délégué pour l'audition des témoins. Conf. Faustin Hélie, t. 1, n° 23. Cependant la cour de cassation a jugé qu'un juge d'instruction délégué par une commission rogatoire pour recevoir des dépositions de témoins, peut, au lieu de commettre un juge de paix, déléguer à cet effet un commissaire de police (Crim. rej. 21 nov. 1879, Bull. crim., n° 199).

Une circulaire du ministère de la justice en date du 12 mai 1855 (D. P. 55. 3. 53) a recommandé « aux juges d'instruction de ne donner des commissions rogatoires aux commissaires de police qu'avec beaucoup de réserve, dans des circonstances tout à fait exceptionnelles, et de continuer d'adresser de préférence, comme par le passé, leurs délégations aux juges de paix, qui sont plus naturellement appelés à les remplir ». Les prescriptions de cette circulaire ne sont pas et ne pouvaient pas être rigoureusement observées. Dans les grandes villes surtout, les juges d'instruction recourent habituellement aux commissaires de police pour l'accomplissement des actes d'instruction qu'ils ne peuvent exécuter eux-mêmes. On a même créé, à Paris notamment, un commissaire de police spécial, le *commissaire aux délégations judiciaires*, qui a pour mission principale de substituer le juge d'instruction et le procureur de la République dans l'œuvre de l'instruction.

800. Au surplus, nous l'avons dit *suprà*, n° 793, la jurisprudence admet, contrairement à l'opinion qui a été exprimée au *Répertoire*, que les commissaires de police et les maires peuvent être délégués pour faire des perquisitions, et la pratique est constante dans ce sens. Il est, d'ailleurs, généralement admis que les commissions rogatoires et délégations ne peuvent être données qu'à ceux des officiers de police judiciaire qui ont le titre d'auxiliaires du procureur de la République, c'est-à-dire les juges de paix, les officiers de gendarmerie, les maires et les commissaires de police. C'est à ces auxiliaires seuls qu'aux termes de l'art. 52 c. instr. crim., le procureur de la République peut, en cas de flagrant délit, confier l'exécution d'une partie des actes de sa compétence ; or l'analogie est ici évidente : il ne peut pas se faire que d'humbles officiers de police, inhabiles à remplacer le procureur de la République, puissent exercer les pouvoirs du juge d'instruction. Nous ne croyons pas que personne ait songé jusqu'ici à confier l'exécution d'une commission rogatoire à un garde champêtre ou forestier, pas plus qu'à un gendarme ou sous-officier de gendarmerie, ces derniers n'étant, d'ailleurs, pas même officiers de police judiciaire.

801. On a rappelé au *Rép.*, n° 594, que, sous l'ancienne législation, le juge délégué n'avait pas le droit de subdéléguer. La doctrine contraire est aujourd'hui certaine, et la jurisprudence l'a consacrée depuis la publication du *Répertoire*. La cour de cassation a jugé qu'un juge d'instruction délégué pour l'exécution d'une commission rogatoire peut charger un autre magistrat de cette exécution (Crim. rej. 3 sept. 1874, *Bull. crim.*, n° 253), notamment, un commissaire de police (Crim. rej. 14 juin 1866, aff. Couvercelle, D. P. 66. 5. 251 ; 21 nov. 1879, cité *suprà*, n° 799. Mais les commissaires de police, n'étant pas les subordonnés des juges de paix, ne pourraient recevoir de délégation de ceux-ci pour des actes d'information judiciaire (Circ. min. int. 21 juill. 1854, D. P. 55. 3. 50).

802. Le juge ou officier délégué à qui la commission est adressée ne peut, s'il est compétent pour l'exécution et si l'acte d'instruction doit être accompli dans son ressort, refuser la délégation qui lui est transmise (*Rép.*, n° 592. Conf. Faustin Hélie, t. 4, n° 1914 ; Duverger, n° 2, n° 385). — Si un juge d'instruction délégué se croit incompétent, il doit le déclarer par une ordonnance qui peut donner lieu soit à un recours à la chambre d'accusation, soit à un règlement de juges (Faustin Hélie, *eod. loc.* ; Duverger, *eod. loc.*).

803. Au reste, le magistrat qui agit en vertu d'une commission rogatoire ne fait point, en remplissant la mission qui lui est confiée, acte de juridiction propre et personnelle. Aussi, a-t-il été jugé que lorsqu'un juge d'instruction se borne à exécuter une commission rogatoire reçue dans un autre ressort et tendant à saisie de pièces, le tiers détenteur ne peut saisir de son appel contre la commission rogatoire la cour du ressort là où s'exécute une mission dont le juge commettant est seul responsable (Crim. rej. 15 mai 1869, *Bull. crim.* n° 114).

804. Les projets de réforme du code d'instruction criminelle précisent et organisent le droit de délégation. Ils le consacrent sous deux restrictions : 1° l'interrogatoire ne peut jamais être délégué ; 2° les officiers de police auxiliaires ne peuvent recevoir que des ordres de saisie ou « des délé-

gations rentrant dans les attributions de chacun d'eux » (art. 153 à 156).

805. En ce qui concerne les commissions rogatoires internationales, les prescriptions de la circulaire du 5 avr. 1841 (*Rép.* n° 591) ont été rappelées aux magistrats par des circulaires récentes (Circ. de la chancellerie du 13 nov. 1885, et note du même département du 15 janv. 1886). Il résulte de ces instructions que les magistrats français ne sont point autorisés à correspondre directement avec les autorités judiciaires à l'étranger pour la transmission ou l'exécution des commissions rogatoires. Celles-ci doivent être transmises par la voie diplomatique, à l'exception toutefois des commissions rogatoires *urgentes*. qui peuvent être exécutées sur demande directe dans les départements frontières. — Une autre circulaire de la chancellerie, en date du 25 juin 1885, considérant que l'exécution des commissions rogatoires se trouve souvent entravée ou tout au moins ajournée faute par l'autorité qui a délivré la commission rogatoire d'avoir adressé la réquisition à l'autorité étrangère *compétente* pour y donner satisfaction, a invité les magistrats à désigner l'autorité judiciaire étrangère chargée de l'exécution d'une commission rogatoire en des termes assez généraux pour que ces mandats judiciaires puissent être remplis, le cas échéant, par une juridiction autre que celle nommément spécifiée, par exemple : « Le tribunal de... au tribunal de... ou à *toute autre autorité compétente* ».

Les mêmes règles s'appliquent aux commissions rogatoires venant de l'étranger et destinées à être exécutées en France. Celles-ci, sauf les commissions *urgentes* qui peuvent être exécutées sur demande directe dans les départements frontières, doivent être transmises immédiatement au ministre de la justice, qui décide s'il y a lieu d'y déférer.

Sect. 3. — *Des mandats de comparution, de dépôt, d'amener et d'arrêt. — Interrogatoire du prévenu. — Mise au secret* (*Rép.* n° 599 à 696).

806. — I. Notions générales sur la détention préventive, législation, droit comparé, doctrine. — 1° *Notions générales.* — La détention préventive est une nécessité sociale. Sa raison d'être est multiple. M. Faustin Hélie a très bien expliqué le fondement quand il a dit : « La détention préalable des inculpés n'est point une peine, car aucune peine ne peut exister là où il n'y a point de coupable déclaré par jugement, là où il n'y a point de condamnation. Cette détention, si on la décompose dans ses différents éléments, est à la fois une mesure de sûreté, une garantie de l'exécution de la peine et un moyen d'instruction : une mesure de sûreté ; car un premier crime peut entraîner son auteur à en commettre un autre, et, dans certains cas, notamment dans le cas de flagrant délit, la présence de l'agent demeure libre sur les lieux pourrait causer des troubles ; une garantie de l'exécution du jugement ; car il pourrait se dérober par la fuite au châtiment qu'il le menace ; un moyen d'instruction, car, d'une part, la justice puise une partie de ses preuves dans les interrogatoires et les confrontations de l'inculpé, et d'une autre part, il importe de ne pas lui laisser la faculté de faire disparaître les traces du crime, de suborner les témoins, de se concerter avec ses complices » (*Traité de l'instruction criminelle*, t. 4, n° 1948). On peut ajouter, avec un magistrat italien, qu'alors même qu'il n'y a pas danger de fuite, il faut, dans certains cas, priver de présumé coupable de la liberté... « soit pour le décider à confesser sa faute ; soit enfin pour le défendre lui-même contre la vengeance de l'offensé ou de sa famille » (Garofalo, *Criminologie*; p. 355).

807. Quoi qu'il en soit, la nécessité de la détention préventive n'est contestée par personne, et c'est cette nécessité même qui assigne ses limites à cette mesure rigoureuse. « La détention préventive, dit M. A. Guillot, *Des principes du nouveau code d'instruction criminelle*, p. 177, a toujours été considérée comme un mal nécessaire, auquel il convient d'apporter tous les tempéraments conciliables avec les exigences de l'intérêt public. Le magistrat qui comprend vraiment la grandeur de ses fonctions et qui est bien pénétré de leur esprit professe pour la liberté individuelle un religieux respect. Institué pour la protéger et en même temps armé contre elle, chargé tout à la fois de punir les entre-

prises dont elle peut être l'objet et obligé de lui porter atteinte, lorsque l'intérêt social l'exige, il ne doit user de sa puissance qu'avec une extrême modération et s'il se produisait un de ces abus, dont rien de ce qui est humain ne peut être exempt, il devrait être le premier à le réprimer hautement ». Ces lignes caractérisent fort bien le principe de la détention préventive, sa mesure et les devoirs du magistrat à qui la société a confié le droit de décerner des mandats d'arrestation.

808. — 2° *Législation.* — Puisque la détention préventive est un mal, il est sage de chercher les moyens de la soumettre à certaines garanties, d'en abréger la durée, d'en adoucir le régime, d'en réparer les conséquences dommageables. Sous ce rapport, la législation française est imparfaite : elle a donné au juge d'instruction un pouvoir illimité ; elle ne lui a tracé aucune direction pour l'exercice de ce pouvoir ; elle n'a rien fait pour réparer le dommage causé par une détention injustement imposée. — Ce n'est pas à dire, toutefois, que les dispositions du code d'instruction criminelle de 1808 n'aient reçu déjà d'importantes améliorations. Depuis la publication du *Répertoire*, les dispositions ont été modifiées, d'abord et sur un point seulement, par la loi du 4 avr. 1855, ensuite et plus profondément par la loi du 14 juill. 1865. — La loi du 4 avr. 1855 (D. P. 55. 4. 40) s'était bornée à introduire dans l'art. 94 une disposition ainsi conçue : « Dans le cours de l'instruction, le juge pourra, par les conclusions conformes du procureur impérial, et quelle que soit la nature de l'information, donner mainlevée de tout mandat de dépôt, à la charge par l'inculpé de se représenter à tous les actes de la procédure, et pour l'exécution du jugement, aussitôt qu'il en sera requis. L'ordonnance de mainlevée ne pourra être attaquée par voie d'opposition ». La loi du 14 juill. 1865 (D. P. 65. 4. 145) a introduit une réforme plus étendue. Elle maintient d'abord, dans l'art. 94, l'addition faite par la loi précédente ; mais elle applique la faculté de mainlevée non seulement au mandat de dépôt, mais au mandat d'arrêt. Elle donne ensuite au juge d'instruction, en matière criminelle aussi bien qu'en matière correctionnelle, en effaçant toute distinction entre les inculpés de délits et les inculpés de crimes, entre les inculpés domiciliés et ceux qui ne le sont pas, la faculté de ne décerner qu'un mandat de comparution, sauf à convertir ce mandat, après l'interrogatoire, en tel autre mandat qu'il appartiendra. Enfin elle attribue encore au juge, en toute matière, la faculté, sur la demande de l'inculpé et sur les conclusions du ministère public, d'ordonner que l'inculpé sera mis provisoirement en liberté, à charge par celui-ci de prendre l'engagement de se représenter entre tous les actes de la procédure ; à ce point de vue, elle élargit en même temps les cas et les conditions de la mise en liberté sous caution. — La théorie des mandats est organisée sur des bases entièrement nouvelles dans le projet de réforme du code d'instruction criminelle (art. 87 à 119 du projet de la commission de la Chambre des députés). Nous ferons connaître ultérieurement les principales dispositions du projet à cet égard. Ce même projet a aussi réglementé avec précision, dans les art. 121 à 123, les communications verbales et écrites que les individus placés en état de détention préventive peuvent avoir avec le dehors.

809. — 3° *Droit comparé.* — La plupart des législations étrangères ont cherché à protéger les intérêts de la liberté individuelle, en déterminant les limites de la détention préalable. — Le code de procédure pénale néerlandais du 15 janv. 1886 exige le *flagrant délit* pour l'arrestation du prévenu, « une dénonciation n'étant pas suffisante pour faire emprisonner un bourgeois hollandais domicilié » (art. 43 et 77). Le code de procédure allemand du 1er févr. 1877 dispose, en son art. 112, que « la personne mise en état d'accusation ne peut être soumise à la détention préventive que lorsqu'il existe contre elle des présomptions graves et lorsqu'il est, en même temps, soupçonnée de vouloir prendre la fuite ou lorsqu'il existe des faits d'où l'on peut conclure qu'elle fera disparaître les traces de l'acte coupable, qu'elle déterminera des complices à faire de fausses déclarations ou des témoins à faire de faux témoignages ou à se soustraire à l'obligation de témoigner ». — La législation autrichienne n'admet pas que la prison préventive dure plus de trois mois (c. de 1873, art. 190) ; de même le code espagnol

(art. 405) et le code de Neufchâtel (art. 62 et 63). — En Belgique, depuis la loi du 20 avr. 1874 sur la détention préventive, le juge d'instruction ne peut décerner un mandat d'arrêt que lorsque le fait est de nature à entraîner un emprisonnement correctionnel de trois mois ou une peine plus grave ; et même, si l'inculpé a sa résidence en Belgique, ce mandat ne peut être décerné que dans des circonstances graves et exceptionnelles, lorsque cette mesure est réclamée par l'intérêt de la sécurité publique (art. 1 de la loi précitée). De plus, le mandat d'arrêt n'est pas maintenu si, dans les cinq jours de l'interrogatoire, il n'est pas confirmé par la chambre du conseil (art. 4). Enfin, si la chambre du conseil n'a pas statué sur la prévention dans le mois à compter de l'interrogatoire, l'inculpé doit être mis en liberté, à moins que la chambre, par ordonnance motivée, rendue à l'unanimité, le procureur du roi et l'inculpé ou son conseil entendus, ne déclare que l'intérêt public exige le maintien de la détention (art. 5). Il en est de même successivement de mois en mois, si la chambre du conseil n'a point statué sur la prévention à la fin d'un nouveau mois. — En Angleterre, le droit d'arrestation appartient aux juges de paix ou de police. Ces magistrats décernent des mandats appelés *warrants*, qui correspondent à nos mandats d'amener. Les lois ne règlent nullement les cas où un accusé peut être arrêté. Elles s'en remettent, sur ce point, à l'appréciation discrétionnaire du juge. Il suffit, pour que l'arrestation d'une personne soit ordonnée, que le juge ait pu voir par lui-même qu'elle commettait soit un acte de haute trahison, soit tout autre crime capital (*felony*), ou de nature à compromettre la paix publique, ou qu'il soit affirmé sous serment, devant lui, qu'elle a commis un crime de ce genre, ou qu'il y a de grandes présomptions qu'elle va le commettre (Mittermaier, *op. cit.*, p. 184). S'il s'agit de délits proprement dits (*misdemeanours*), le juge ne doit, en principe, délivrer aucun ordre d'arrestation ; il le peut toutefois s'il appert des circonstances à sa connaissance que l'accusé ne se présentera pas ; il le doit si, sur la simple citation, l'accusé ne comparaît pas en justice (*op. cit.*, p. 185). V. sur le même objet, l'*Étude sur la procédure criminelle en Angleterre et en Écosse*, de M. Lucien Guérin, dans le *Bulletin de la société de législation comparée*, 1890, p. 13. Au reste, en Angleterre, la liberté *sous caution* est de droit, sauf d'assez nombreuses exceptions qui comprennent les crimes et délits les plus graves. Dans ces derniers cas, la liberté sous caution est abandonnée à l'entière appréciation du magistrat. D'autre part, la loi d'*habeas corpus* autorise tout individu, arrêté d'une manière illégale ou retenu injustement en prison, à recourir à l'une des cours supérieures de justice du royaume pour obtenir son renvoi devant elle à l'effet d'y faire valoir ses droits (Sur l'*habeas corpus*, V. un important extrait de Blackstone au *Rép.*, v° *Liberté individuelle*, p. 15, note 2). C'est là sans doute une précieuse garantie pour la liberté personnelle ; mais, en fait, on ne voit guère, dans l'état actuel de la pratique, se produire des demandes s'appuyant sur l'acte d'*habeas corpus*. La raison en est que la loi anglaise présente un autre moyen plus simple de protection contre les arrestations illégales. Elle donne, en effet, à tout juge, dans le ressort de sa juridiction, le droit d'admettre à fournir caution l'individu arrêté. D'un autre côté, les juges délégués pour présider les sessions périodiques d'assises ont aussi le droit de mettre en liberté, ou d'admettre au moins à fournir caution, les personnes arrêtées sans motif légitime et détenues dans une prison qui ressort de leur juridiction (Mittermaier, p. 197).

810. — 4° *Doctrine.* — Parmi les ouvrages de doctrine qui peuvent être le plus utilement consultés sur la détention préventive, en France, nous citerons : Faustin Hélie, *Traité de l'instruction criminelle*, t. 4, n° 1941 et suiv.; Duverger, *Manuel du juge d'instruction*, t. 2, n° 393 et suiv.; Dutruc, *Le code de la détention préventive*, 1866; Trébutien, *Cours de droit criminel*, t. 2, n° 472 et suiv.; Ortolan, *Éléments de droit pénal*, t. 2, n° 2201 et suiv.; Garraud, *Précis de droit criminel*, p. 593 et suiv.; Villey, *Précis de droit criminel*, p. 293 et suiv.; Laborde, *Cours élémentaire de droit criminel*, p. 594 et suiv.; Sarrault, *Manuel théorique et pratique du juge d'instruction*, n° 496 et suiv.; Flamand, *Étude sur la détention préventive et la mise en liberté provisoire* (thèse pour le doctorat, Paris, 1876). V. aussi H. Marcy,

L'accusé devant la loi pénale de France, 1890, p. 165 et suiv.

811. — II. Des différentes sortes de mandats. — Comme à l'époque de la publication du *Répertoire*, notre législation distingue quatre sortes de mandats : le mandat de comparution, le mandat d'amener, le mandat de dépôt, le mandat d'arrêt. On sait que les deux premiers n'ont pour objet que d'appeler ou de contraindre à comparaître devant le juge instructeur, pour être interrogé par lui, l'individu inculpé d'un crime ou d'un délit. Les deux derniers réalisent, au contraire, la détention préventive, puisque ce sont des ordonnances en vertu desquelles l'inculpé est écroué et retenu à la maison d'arrêt. — En principe, c'est au juge d'instruction seul qu'il appartient de décerner des mandats. Ce droit appartient aussi, sans nul doute, aux magistrats appelés dans certains cas exceptionnels à remplir les fonctions de juge d'instruction, comme le conseiller de cour d'appel délégué par la chambre d'accusation dans le cas de l'art. 235 c. instr. crim., le premier président de la cour d'appel dans le cas de l'art. 484 du même code, le président de la commission d'instruction de la haute cour de justice (L. 10-11 avr. 1889, art. 8, D. P. 89. 4. 37). De plus, en cas de flagrant délit, le procureur de la République et ses auxiliaires peuvent décerner un mandat d'amener (c. instr. crim. art. 40 et 49); le premier peut aussi décerner un mandat de dépôt dans le cas de l'art. 100 du même code, et dans celui de l'art. 1 de la loi du 20 mai 1863 sur l'instruction des flagrants délits devant les tribunaux correctionnels. Le droit de décerner un mandat de dépôt ou d'arrêt appartient encore au tribunal correctionnel ou à la cour d'appel dans le cas des art. 193 et 214. Quant aux préfets, suivant l'opinion émise au *Rép.*, n° 605, ils peuvent, en cas de flagrant délit, décerner des mandats d'amener en vertu de l'art. 10 c. instr. crim.; mais il ne saurait leur appartenir de décerner des mandats de dépôt et d'arrêt (Faustin Hélie, t. 3, n° 1210). V. *suprà*, n° 388.

812. Il est à peine besoin de rappeler que les divers mandats ne sont en usage qu'en cas de prévention de *crime* ou de *délit* (*Rép.* n° 604). « En matière de contravention, en effet, il n'y a lieu ni de faire *comparaître* l'inculpé pour l'interroger, puisque toute l'instruction se fait à l'audience, ni de l'*arrêter* pour l'empêcher de se soustraire à la justice, puisqu'à raison du peu de gravité de l'infraction ce danger n'est pas à craindre » (Garraud, n° 455). — Sur la question de savoir si le juge d'instruction peut déléguer le droit de décerner des mandats, V. *suprà*, n° 793.

Art. 1er. — *Cas dans lesquels les divers mandats doivent être décernés; interrogatoire du prévenu* (*Rép.* n°s 607 à 644).

813. — I. Du mandat de comparution et du mandat d'amener. — Le mandat de comparution et le mandat d'amener ont le même but : c'est de faire comparaître l'inculpé devant le juge d'instruction et de lui faire subir l'interrogatoire ; mais ces deux mandats diffèrent et par leur forme, et par leur mode employé pour leur exécution. Il sera parlé de la forme *infrà*, sous l'art. 2, n°s 848 et suiv., et de l'exécution *infrà*, sous l'art. 3, n°s 851 et suiv. — Cette matière soulève deux questions principales : 1° dans quels cas la loi permet-elle le mandat de comparution? 2° dans quels cas exige-t-elle le mandat d'amener? On remarquera tout d'abord que la solution à donner à ces deux questions ne peut plus être la même qu'à l'époque de la publication du *Répertoire*, parce que le texte de l'art. 91 c. instr. crim. qui règle la matière a été complètement modifié par la loi des 14 juill.-12 août 1865. Cet article s'énonce aujourd'hui ainsi : « En matière criminelle ou correctionnelle, le juge d'instruction pourra ne décerner qu'un mandat de comparution, sauf à convertir ce mandat, après l'interrogatoire, en tel autre mandat qu'il appartiendra. Si l'inculpé fait défaut, le juge d'instruction décernera contre lui un mandat d'amener ».

814. Dans quels cas la loi permet-elle le mandat de comparution? Le code n'autorisait l'emploi de ce mandat qu'en matière de *délit*, et lorsque l'inculpé était *domicilié* (*Rép.* n° 607) ; l'une de ces conditions faisait défaut, le juge devait débuter par un mandat d'amener (*Rép.* n° 610). Depuis la loi du 14 juill. 1865, l'emploi du mandat de comparution est facultatif, sans restriction, en toute matière et pour toute

personne (art. 91, § 1). Il en résulte, spécialement, que le juge peut aujourd'hui ne décerner qu'un mandat de comparution dans le cas même où le fait est passible d'une peine afflictive ou infamante. C'est à lui d'apprécier s'il est, ou non, prudent de l'employer.

815. Si le fait qui donne lieu à la poursuite, quoique qualifié par la loi, n'est passible que d'une peine pécuniaire, le juge ne *doit*, suivant nous, décerner qu'un mandat de comparution. C'est la thèse que nous avons soutenue au *Rép.*, n° 609, en nous appuyant principalement sur l'art. 131 c. instr. crim. qui porte que « si le délit ne doit pas emporter la peine d'emprisonnement, le prévenu sera mis en liberté, à la charge de se présenter à jour fixe devant le tribunal compétent ». Cette thèse est restée vraie aujourd'hui comme avant la loi de 1865. A notre avis, le mandat d'amener décerné dans le cas supposé serait *abusif*, car « la liberté de l'inculpé n'étant pas compromise en définitive, même quand il devrait être condamné à toutes les peines qu'il a encourues, s'il est convaincu du délit, il est évident qu'il ne peut y être porté atteinte pendant l'instruction » (Duverger, t. 2, n° 397. Conf. Faustin Hélie, t. 4, n° 1956 ; Mangin, *Instruction écrite*, t. 1, n° 446 ; Garraud, n° 457 ; Villey, p. 294 ; Dutruc, *Le code de la détention préventive*, p. 42, note 2. — V. en sens contraire, Laborde, n° 1038).

816. Si le délit est passible d'un emprisonnement dont le maximum est inférieur à deux ans, le juge ne doit-il pas aussi se borner à décerner un mandat de comparution ? Tout en reconnaissant que le juge, armé par la loi d'un pouvoir discrétionnaire, peut, dans cette hypothèse même, décerner le mandat d'amener, M. Faustin Hélie estime que le mandat de comparution est « en quelque sorte de droit ». Cette opinion s'appuie sur le deuxième paragraphe de l'art. 113, modifié par la loi du 14 juill. 1863, qui est ainsi conçu : « En matière correctionnelle, la mise en liberté sera de droit cinq jours après l'interrogatoire, en faveur du prévenu domicilié, quand le maximum de la peine prononcée par la loi sera inférieur à deux ans d'emprisonnement ». « Puisque, dit M. Faustin Hélie, le prévenu détenu est, dans le cas prévu par cet article, de droit mis en liberté cinq jours après l'interrogatoire, puisque à son égard la liberté provisoire est le droit, il faut conclure nécessairement qu'on ne doit employer à son égard que le mandat de comparution, car il serait contradictoire, quand la loi ordonne son élargissement presque immédiatement après son interrogatoire, de le placer en état de détention avant même cet interrogatoire ». Et l'auteur ajoute que les délits, passibles d'une peine d'emprisonnement dont le maximum n'excède pas deux ans, étant d'une gravité secondaire, qu'il n'est pas probable que l'inculpé, pour se dérober au jugement, quittera son domicile, c'est-à-dire sa famille, son établissement, son industrie, enfin qu'il serait trop rigoureux d'employer les voies les plus acerbes de la procédure dans des cas qui n'exigent pas cet emploi. Ces considérations sont assurément fort justes, et il n'y a point de doute que les juges en devront tenir compte, lorsqu'ils sont appelés à faire choix du mandat à décerner contre un inculpé ; mais elles ne sauraient prévaloir contre un texte. Or, aux termes de l'art. 91 c. instr. crim., « en matière criminelle ou correctionnelle, le juge d'instruction peut ne décerner qu'un mandat de comparution ». Si le juge *peut* ne décerner qu'un mandat de comparution, c'est qu'il *peut* aussi décerner un mandat d'amener; le magistrat a donc, en toute hypothèse, un pouvoir discrétionnaire, et il lui est loisible d'en user quelle que soit la gravité de la peine encourue. Dans la pratique, il n'est pas rare de voir des juges d'instruction employer le mandat d'amener contre des inculpés passibles d'un emprisonnement dont le maximum n'excède pas deux ans, en quoi ils ont souvent raison : car la détention préventive n'a pas pour seul but d'empêcher la fuite du coupable, elle est aussi (V. *suprà*, n° 806) un moyen d'instruction fort utile dans bien des cas, en ce qu'elle enlève à l'inculpé la faculté de faire disparaître les traces du délit, de suborner les témoins, de se concerter avec ses complices, etc.

817. Dans quels cas le mandat d'amener doit-il être nécessairement décerné ? Ce mandat est de rigueur quand l'inculpé, appelé par mandat de comparution, a fait défaut (c. instr. crim. art. 91, § 2). La loi se sert, en effet, de cette

expression impérative : le juge *décernera*. — Et il en est ainsi même en matière de presse. Jugé, à cet égard, que l'art. 49 de la loi du 29 juill. 1881, défendant que le prévenu d'un délit de presse domicilié en France puisse être arrêté préventivement, sauf en matière de crime, ne s'oppose nullement à ce que le juge d'instruction, au cas où le prévenu ne se présente pas sur mandat de comparution, décerne un mandat d'amener (Crim. rej. 24 janv. 1891, aff. Martinet, D. P. 91. 1. 187. Contra : Fabreguettes, *Traité des infractions de la parole*, t. 2, n° 1984; Barbier, *Code expliqué de la presse*, t. 2, n° 891).

Toutefois, nous dirons avec Faustin Hélie : « la conversion du mandat de comparution en mandat d'amener est une mesure rigoureuse qui suppose de la part de l'inculpé une sorte de désobéissance; il faut qu'il ait négligé ou refusé de venir donner au juge ses explications; car, s'il avait été empêché par quelque juste cause, comme la maladie ou l'absence, de se présenter, il n'y aurait point lieu au mandat d'amener; puisque cette absence ou cette maladie n'auraient pas changé les circonstances qui ont déterminé le mandat de comparution » (n° 1960).

818. Le cas qui vient d'être énoncé est le seul dans lequel le mandat d'amener soit obligatoire ; ce mandat est facultatif toutes les fois que le fait incriminé est passible d'une peine d'emprisonnement ou d'une peine afflictive ou infamante (art. 91, § 1). On peut donc dire, d'une façon générale, que le juge possède, à cet égard, un pouvoir discrétionnaire ; le choix du mandat, même en matière correctionnelle, est tout à fait laissé à son option. — La loi a-t-elle, du moins, donné quelques indications au juge pour guider son interrogatoire? On sait que l'art. 40 c. instr. crim. exige, pour autoriser le mandat d'amener du procureur de la République en cas de flagrant délit, qu'il existe des *indices graves*, contre le prévenu, et on a exprimé au *Rép.*, n° 614, l'avis que la règle posée par l'art. 40 à l'égard du procureur de la République, dans le cas de flagrant délit, doit être suivie à plus forte raison par le juge instructeur dans les cas qui ne supposent aucune urgence. Aujourd'hui, il nous paraît difficile de borner, de quelque manière que ce soit, le pouvoir du juge. Nous le répétons, ce pouvoir est discrétionnaire, et le magistrat, dans l'usage qu'il en fait, ne relève que de sa conscience. A lui d'apprécier les présomptions, les indices, les preuves qui lui sont soumis : il doit ensuite faire ce que lui dicte son devoir.

819. Il y a lieu de signaler ici la formule précise et très claire dont se sert l'art. 93 du projet de réforme du code d'instruction criminelle en ce qui concerne le mandat de comparution : « Il sera décerné lorsque, l'inculpé ayant un domicile connu, il n'existera ni péril de fuite, ni danger pour la découverte de la vérité ».

820. — II. INTERROGATOIRE. — Rien n'a été changé, depuis la publication du *Répertoire*, à l'art. 93 c. instr. crim. ainsi conçu : « Dans le cas de mandat de comparution, il (le juge) interrogera de suite ; dans le cas de mandat d'amener, dans les vingt-quatre heures au plus tard ». En l'état actuel de notre législation, la cour de cassation a jugé que l'observation de ce dernier délai n'est pas prescrite à peine de nullité (Crim. rej. 16 juill. 1887, *Bull. crim.*, n° 273). — A cet égard, l'art. 98 du projet de réforme de l'instruction criminelle propose une sanction positive : « Il (l'inculpé) *sera mis en liberté* si, dans le délai ci-dessus, on ne l'a pas fait comparaître, ou si le juge d'instruction n'a pas ordonné l'écrou » (texte de la commission de la Chambre des députés).

821. Sur la question de savoir où le prévenu, sous le coup d'un mandat d'amener, doit être détenu pendant le temps qui s'écoule entre son arrivée et le moment où il subira son interrogatoire, V. *infrà*, n° 859.

822. L'interrogatoire est une formalité substantielle de la procédure. La cour de cassation a jugé par deux arrêts « que nul ne peut être jugé ni mis en accusation sans avoir été entendu ou dûment appelé ; que l'interrogatoire préalable n'est pas seulement un moyen d'information, que c'est aussi un moyen de défense et, conséquemment, une formalité substantielle, lorsqu'il est possible ; qu'une instruction ne peut pas être close et la mise en accusation être prononcée contre un inculpé sans qu'il ait été dûment interpellé d'avoir à se présenter devant le magistrat instructeur

pour y répondre aux inculpations dirigées contre lui et proposer ses moyens de justification » (Crim. cass. 21 mars 1873, aff. Rodier, D. P. 73. 1. 224; 8 avr. 1892, aff. Appert, D. P. 93. 1. 303); et elle a cassé des arrêts d'accusation rendus contre des inculpés qui n'avaient pas été interrogés pendant l'information préalable (Mêmes arrêts). C'est la confirmation de la jurisprudence déjà analysée au *Rép.*, n° 619. — Il est, d'ailleurs, évident qu'un accusé en fuite au cours de l'information, et contre lequel le mandat d'arrêt décerné n'a pu être exécuté qu'après l'arrêt de renvoi, n'est pas fondé à se plaindre d'avoir été renvoyé devant la cour d'assises sans avoir été mis en demeure de répondre à l'inculpation dont il est l'objet, quand l'information a été close avant l'arrestation de l'inculpé ; elle ne peut évidemment s'ouvrir à nouveau pour qu'il soit procédé à l'interrogatoire de l'inculpé par le juge d'instruction (Crim. rej. 3 janv. 1891, aff. Peillard, D. P. 91. 1. 447).

823. Quant aux *formes* de l'interrogatoire, le code n'en a tracé aucune (V. ce qui a été dit à ce sujet au *Rép.*, n°ˢ 620 à 623. V. aussi, sur ces formes, Faustin Hélie, n°ˢ 192 et suiv.).

Plusieurs législations étrangères renferment des dispositions sur ce point. L'art. 136 c. proc. pénal allemand de 1877 s'exprime ainsi : « Au début du premier interrogatoire, on fera connaître à l'inculpé l'acte punissable relevé à sa charge. L'inculpé sera invité à déclarer s'il veut répondre à l'inculpation. L'interrogatoire devra fournir à l'inculpé l'occasion d'écarter les soupçons qui pèsent sur lui et de faire valoir les circonstances qui militent en sa faveur. Lors du premier interrogatoire de l'inculpé, on se renseignera également sur toutes les circonstances concernant son individualité. ». — Le code de procédure pénal d'Autriche de 1873 contient (art. 198 à 207) des dispositions détaillées sur la manière de procéder à l'interrogatoire des inculpés. Voici les principales : il devra être procédé à l'interrogatoire avec modération et patience... L'inculpé restera assis pendant l'interrogatoire (art. 198). — Le juge d'instruction donnera avis à l'inculpé, avant de commencer l'interrogatoire, qu'il doit répondre d'une façon précise, claire et conforme à la vérité, aux questions qui lui sont posées... Il lui indiquera en termes généraux le crime ou le délit relevé à sa charge et le mettra en demeure de s'expliquer dans un récit suivi et circonstancié sur les faits qui font l'objet de l'inculpation. Les questions posées ensuite devront tendre, sans digressions inutiles, à compléter ce récit, à en faire disparaître les obscurités ou les contradictions. Elles devront être posées de façon à faire connaître à l'inculpé tous les motifs de suspicion qui pèsent sur lui, de façon à le mettre à même de les détruire ou de les confirmer (art. 199). Les questions posées à l'inculpé ne devront être ni vagues, ni obscures, ni ambiguës, ni captieuses. Elles devront dériver l'une de l'autre dans un ordre logique. On devra aussi éviter, particulièrement, de poser des questions qui impliqueraient la reconnaissance par l'inculpé d'un fait qu'il n'aurait point encore reconnu (art. 200). Il ne pourra être employé ni promesses, ni représentations, ni menaces ou moyens de contrainte, pour amener l'inculpé à faire des aveux ou d'autres déclarations déterminées. L'instruction ne pourra non plus être retardée par les efforts faits en vue d'obtenir un aveu (art. 202). — Sans entrer dans des détails aussi minutieux, le projet de réforme de notre code (texte de la Chambre des députés) contient une disposition excellente. L'art. 139 est ainsi conçu : « Avant de commencer l'interrogatoire, le juge d'instruction constate l'identité de l'inculpé. Les questions posées à l'inculpé ne doivent être ni obscures, ni ambiguës, ni captieuses. Elles doivent suivre, autant que possible, l'ordre des dates et des faits. Elles doivent être posées de façon à faire connaître à l'inculpé les charges qui pèsent sur lui, afin de le mettre en mesure de les détruire ou de les confirmer. S'il invoque des faits ou des preuves à sa décharge, ces allégations doivent être vérifiées dans le plus bref délai, à moins qu'elles n'aient manifestement pour but de retarder l'instruction de l'affaire ». Signalons encore deux articles du même projet : « Art. 140. L'aveu de l'inculpé ne dispense pas le juge d'instruction de rechercher d'autres éléments de preuves. — Art. 141. Les objets qui servent de pièces à conviction doivent être présentés à l'inculpé pour qu'il les reconnaisse ».

824. Si le prévenu fait des aveux dans son interrogatoire, ces aveux, quelque formels qu'ils soient, ne dispensent pas le juge de continuer son instruction. En effet, les aveux du prévenu ne lient pas les tribunaux; il appartient à ceux-ci de les apprécier et d'en faire, s'il y a lieu, la base de leurs jugements (Crim. cass. 29 juin 1848, *Bull. crim.*, n° 193; 29 nov. 1851, *Bull. crim.*, n° 501; 21 avr. 1864, *Bull. crim.*, n° 108). D'autre part, il est certain que si l'aveu consigné dans l'instruction n'a pas été réitéré à l'audience, les juges du fond ne doivent y avoir aucun égard, car ce n'est pas dans la procédure écrite, mais dans le débat oral qu'ils doivent puiser les éléments de leur conviction. L'aveu que fait l'inculpé devant le juge d'instruction peut être un des éléments de la mise en prévention, mais non du jugement lui-même (Faustin Hélie, n° 1939). La cour de cassation a rejeté en conséquence un pourvoi fondé sur ce que l'arrêt attaqué n'avait pas relevé l'élément de preuve résultant de l'aveu du prévenu : « Attendu qu'il n'est point établi que l'aveu de ce prévenu consigné dans l'interrogatoire qu'il a subi devant le juge d'instruction ait été présenté et réitéré au cours des débats, soit devant le tribunal, soit devant la cour; que cet élément de preuve échappait à l'examen et à l'appréciation de la cour, et que l'arrêt n'avait point à s'en occuper » (Crim. cass. 6 janv. 1853, *Bull. crim.*, n° 4).

825. On a vu *suprà*, n° 823, que, suivant les prescriptions de l'art. 139 du projet de réforme de l'instruction criminelle, le juge, avant de commencer l'interrogatoire, devra, à l'avenir, constater l'identité de l'inculpé. Pour n'être pas légale jusqu'ici, cette formalité est, dans la pratique, observée par les magistrats comme une obligation de bon sens et de raison. Il peut aussi être utile, pour établir l'identité d'un prévenu, de prendre son signalement. On recourt souvent, pour cet objet, à la photographie et, depuis quelques années, à l'anthropométrie (V. sur cette dernière méthode : Bertillon, dans les *Archives de l'anthropologie criminelle*, t. 3, p. 138. V. aussi les *Instructions signalétiques* du même auteur (1885).

826. — III. Du mandat de dépôt et du mandat d'arrêt. — L'art. 94 c. instr. crim., qui est la disposition principale de notre loi concernant le mandat de dépôt et le mandat d'arrêt, a été, depuis la publication du *Répertoire*, modifié : 1° par la loi des 4-13 nov. 1855 (D. P. 55. 4. 40); 2° par la loi des 14 juill.-12 août 1865 (D. P. 65. 4. 148). La première de ces deux lois a eu pour but à peu près exclusif d'attribuer au juge d'instruction le pouvoir de donner mainlevée, dans le cours de la procédure, de tout mandat de dépôt. La loi du 14 juill. 1865 a étendu cette faculté au mandat d'arrêt. — On va étudier l'art. 94 (nouveau texte dans les numéros suivants.

827. C'est au moment de la délivrance soit du mandat de dépôt, soit du mandat d'arrêt, que commence la détention préalable. Jusqu'alors l'inculpé n'est pas un détenu; jusqu'alors il ne doit pas, régulièrement, franchir le seuil de la maison d'arrêt. — Ces deux mandats supposent que le fait sur lequel on instruit entraîne l'emprisonnement ou des peines plus graves (art. 94, 1er al.). Faut-il ajouter avec Faustin Hélie (n° 1964) que le mandat de dépôt ou d'arrêt doit être précédé d'un commencement d'information? Nous ne le croyons pas. La circulaire ministérielle du 10 févr. 1819, rapportée au *Rép.*, p. 168, en note, a émis le vœu qu'il en fût ainsi le plus souvent. Dans la pratique, les juges d'instruction ne décernent de mandats de dépôt ou d'arrêt que quand il y a des *indices graves* contre le prévenu; mais il importe peu que ces indices résultent d'actes d'information proprement dits ou de simples constatations faites par des officiers de police judiciaire.

828. Le mandat de dépôt et le mandat d'arrêt ont trois points de ressemblance indiscutables : 1° ils sont *facultatifs*, en ce sens que le juge d'instruction n'est jamais obligé de les décerner. Même en matière criminelle, le juge peut laisser l'inculpé en liberté (art. 94, § 1). Jugé, à ce point de vue, que la délivrance du mandat d'arrêt est une mesure facultative pour le juge d'instruction, et que l'usage qui en est fait ne saurait relever du contrôle de la cour de cassation (Crim. rej. 14 janv. 1850, aff. Tremoyet, D. P. 70. 5. 235); — 2° Leur effet est identique : ils produisent la détention préventive. En effet, l'un et l'autre consistent essentiellement en un ordre donné à un agent de la force publique

pour qu'il ait à conduire l'inculpé dans la maison d'arrêt, et au gardien de cette maison pour qu'il ait à l'y écrouer (art. 94, 107 et 110); — 3° Leur mainlevée a lieu dans les mêmes conditions (art. 94, § 3).

829. Mais, d'autre part, il existe, entre les mandats d'arrêt et de dépôt, les différences suivantes : 1° le mandat d'arrêt exige trois formalités, qui ne sont pas exigées pour le mandat de dépôt : il doit être précédé des conclusions du procureur de la République (art. 94); contenir l'énonciation du fait pour lequel il est décerné (art. 96), et, en outre, la citation de la loi qui déclare que ce fait est un crime ou un délit (même article 96). Le mandat de dépôt n'est assujetti qu'aux formes ordinaires des mandats; c'est un ordre pur et simple de recevoir et conserver l'inculpé dans la maison d'arrêt; — 2° L'exécution du mandat d'arrêt donne lieu à un *droit de capture* que n'autorise pas celle du mandat de dépôt; elle est par conséquent plus coûteuse (Décr. 18 juin 1811, art. 74, § 5 et 6 et Décr. 7 avr. 1813, art. 6, v° *Frais de justice*, *Rép.* n° 1333); — 3° La date du mandat d'arrêt fixe le rang du privilège du Trésor pour le recouvrement des frais de poursuite (L. 5 sept. 1807, art. 4, 3°). Pareil effet n'est attribué par aucun texte au mandat de dépôt, et ne peut lui être étendu par analogie, parce qu'on est en matière de privilège.

830. En pratique, les deux mandats de dépôt et d'arrêt, ayant en général le même résultat, sont décernés à peu près indifféremment l'un pour l'autre. Il est certain qu'à l'origine, le mandat de dépôt, créé par la loi du 7 pluv. an 9, avait un caractère provisoire que ne présentait pas le mandat d'arrêt (Comp. *Rép.* n° 600). Mais, surtout depuis la loi du 14 juill. 1865 qui a conféré au juge le droit de donner mainlevée de l'un et de l'autre mandat décerné à toutes les phases de la procédure et d'ordonner même d'office la mise en liberté provisoire de l'inculpé, il n'y a plus, pratiquement, de distinction à faire entre les deux mandats. En fait les juges d'instruction ont coutume de décerner le mandat de dépôt contre l'inculpé *présent*, après interrogatoire, et le mandat d'arrêt contre l'inculpé en fuite.

831. Le soin de décerner les mandats de dépôt et les mandats d'arrêt est confié au juge d'instruction. Mais il va de soi que le même droit appartient aux magistrats appelés, dans certains cas exceptionnels, à remplir les fonctions de juge d'instruction : le conseiller de la cour d'appel délégué par la chambre d'accusation dans le cas de l'art. 235 c. instr. crim., le premier président de la cour d'appel dans le cas de l'art. 284 du même code, le président de la commission d'instruction de la haute cour de justice (L. 10-11 avr. 1889, D. P. 89. 4. 37). Par exception, dans deux cas spéciaux, le procureur de la République peut décerner le mandat de dépôt (c. instr. crim. art. 100, et L. 20 mai 1863 sur les flagrants délits, art. 1).

832. C'est, bien entendu, dans la maison d'arrêt établie à la résidence même du juge mandant, que doit être écroué l'inculpé placé sous mandat de dépôt ou d'arrêt, puisque c'est là que sa présence est utile pour l'instruction. En fait, les mandats contiennent toujours l'ordre, adressé au gardien-chef de cette prison, de recevoir l'inculpé désigné au mandat et de le garder jusqu'à nouvel ordre (Conf. c. instr. crim., art. 107, 110 et 111). Et il n'y a point de doute qu'en règle générale l'inculpé doive rester, pendant toute la durée de l'instruction, dans la maison d'arrêt où il a été ainsi placé. Toutefois, ce n'est là qu'une mesure d'ordre administratif dont l'inobservation ne peut vicier la procédure. C'est ce que la cour de cassation a jugé, en rejetant un pourvoi formé contre un arrêt de la cour criminelle de Karikal, pourvoi fondé sur ce que « les accusés auraient été extraits de la prison générale et placés quatre jours et quatre nuits au thanas de Karikal, sans que la mainlevée des mandats de dépôt décernés contre eux ait été prononcée » (Crim. rej. 25 nov. 1892, *Bull. crim.*, n° 297).

833. La voie de l'appel est-elle ouverte au ministère public en cas de refus du juge de décerner le mandat de dépôt ou d'arrêt requis, ou au prévenu contre le mandat de dépôt ou d'arrêt décerné? Comme on l'a dit au *Rép.*, n° 636, il n'est pas douteux que, si le juge refuse un mandat demandé par le parquet, celui-ci ait le droit de former opposition à son ordonnance, devant la chambre d'accusation, à qui il appartient, comme second degré de juridiction, d'ap-

précier les motifs du refus (Angers, 25 févr. 1853, aff. N...; 27 janv. 1854, aff. Berthelot, D. P. 55. 2. 39). Mais si la décision du juge d'instruction est réformée, de quelle façon sera-t-il pourvu à la délivrance d'un mandat? La cour d'Angers a statué ainsi dans le second des arrêts qui viennent d'être cités : « Infirme l'ordonnance du juge d'instruction; dit qu'il y avait lieu de décerner des mandats de dépôt contre les inculpés; ordonne qu'en exécution *seulement* de l'arrêt, lesdits mandats seront décernés par le juge d'instruction ». Il nous paraît, comme à M. Duverger (t. 2, p. 419), que cette décision n'est pas très juridique. « Il est contraire à toutes les règles de procédure, dit cet auteur, qu'une juridiction, dont la sentence est réformée, soit tenue d'exécuter l'arrêt de réformation ; ce juge d'instruction, sous la surveillance seulement du procureur général; et sous sa propre responsabilité, exerce une juridiction entière, et indépendante comme toutes les autres, en ce sens que, si ses actes sont soumis au contrôle ou à l'infirmation d'une autorité supérieure, son action reste libre, que sa conscience ne peut être violentée, et qu'il ne peut être contraint à faire ce qu'il regarde comme une injustice ». Aussi pensons-nous que la chambre d'accusation, si elle infirme l'ordonnance de refus, ne pourra pas ordonner que le juge d'instruction décernera le mandat de dépôt ou le mandat d'arrêt. Cette chambre pourrait-elle décerner elle-même l'un de ces mandats? Non, car les mandats ne peuvent être délivrés que par le magistrat chargé de l'instruction (Crim. cass. 18 févr. 1831, aff. Gamache, *Rép.*, vº *Appel en matière criminelle*, nº 343). Mais elle aura le droit de dessaisir le juge d'instruction, d'évoquer le procès, et de nommer un conseiller instructeur qui décernera les mandats et continuera l'instruction soit personnellement, soit au moyen de commissions rogatoires.

Le même recours n'existe point en faveur du prévenu contre lequel le juge d'instruction aurait décerné un mandat de dépôt ou d'arrêt, à moins que le juge d'instruction ne fût incompétent (c. instr. crim. art. 539) ; hors ce cas exceptionnel (et celui de l'art. 114, relatif à la mise en liberté provisoire), on sait que notre loi dénie tout recours au prévenu contre les ordonnances du juge d'instruction (art. 135, § 3).

834. La théorie des mandats de dépôt et d'arrêt est organisée sur des bases entièrement nouvelles dans le projet de réforme de notre code de procédure criminelle (art. 108 à 119). C'est principalement sur la durée et l'effet des mandats que portent les changements du projet (V. *infrà*, nº 835). On n'y trouve pas de dispositions analogues à celles des art. 1 et 2 de la loi belge du 20 mars 1874, sur la détention préventive : l'art. 1 de cette loi n'autorise le juge d'instruction à décerner le mandat d'arrêt (il n'y a point de mandat de dépôt en Belgique) que « lorsque le fait est de nature à entraîner un emprisonnement correctionnel *de trois mois* ou une peine plus grave ». Le même texte ajoute que « si l'inculpé a sa résidence en Belgique, le juge ne pourra décerner le mandat que dans les circonstances graves et exceptionnelles, lorsque cette mesure est réclamée par l'intérêt de la sécurité publique ». Et l'art. 2 ordonne que, « dans ce dernier cas, le mandat d'arrêt spécifiera les circonstances graves et exceptionnelles, intéressant la sécurité publique, sur lesquelles l'arrestation est motivée. Nous approuvons tout à fait, pour notre part, la première de ces dispositions.

835. — IV. DE LA DÉTENTION PRÉVENTIVE. — *1º Durée de la détention préventive.* — Sauf le cas particulier de la mise en liberté de droit après cinq jours, qui est réglé par l'art. 113, § 2 et dont il sera ci-après parlé (nº 838), la durée de la détention préventive est, en notre droit, illimitée. Il y a là évidemment quelque chose d'excessif. En Autriche la détention préventive ne doit pas, en principe, être prolongée au delà de deux mois (c. proc. pén. art. 190). En Belgique, la chambre du conseil est appelée, tous les mois, à examiner si l'intérêt public exige le maintien de la détention (L. 20 avr. 1874, art. 5). Le projet de réforme de notre code d'instruction criminelle contient des dispositions analogues. Le texte de la commission de la Chambre des députés réduit à dix jours la durée du mandat de dépôt, qui pourra être prolongé par ordonnance du juge d'instruction et sauf recours à la chambre du conseil, pendant une nouvelle période de dix jours (art. 108 et 109). Si le mandat de dépôt n'est pas renouvelé, ou s'il n'est pas

décerné de mandat d'arrêt, l'inculpé, à son expiration, soit le onzième jour, est mis en liberté (art. 110). Quant au mandat d'arrêt, sa durée est, d'après le projet, de trente jours (art. 117) et il peut être indéfiniment renouvelé, sauf recours de l'inculpé devant la chambre du conseil (art. 118).

836. Dans l'état actuel de notre législation, la détention préventive cesse normalement avec l'instruction préparatoire si celle-ci est terminée par une ordonnance de non-lieu, par un renvoi devant le tribunal de simple police ou par un renvoi devant le tribunal de police correctionnelle quand le délit relevé dans l'ordonnance de clôture n'est pas puni de l'emprisonnement (c. instr. crim. art. 128, 129, 131). S'il y a renvoi en police correctionnelle pour un délit plus grave, la détention préventive se continue pendant la procédure devant la juridiction de jugement. S'il y a renvoi pour crime, cette détention en vertu du mandat dure jusqu'à l'ordonnance de prise de corps, qui le remplace en exécution de l'art. 232.

837. Au reste, en matière de crime comme en matière de délit, la détention peut être suspendue d'office (par mainlevée de mandat, art. 94, § 3), ou sur la demande du prévenu (par mise en liberté provisoire, art. 43) pendant toute l'instruction préparatoire. Il sera traité de la mise en liberté provisoire *infrà*, sect. 4, nºs 864 et suiv. — Quant à la mainlevée du mandat, on rappellera que, depuis la loi du 14 juill. 1865, cette mainlevée est autorisée pour le mandat d'arrêt comme pour le mandat de dépôt (V. *supra*, nº 826, c. instr. crim. art. 94 nouveau). A cet égard, il est évident que la distinction formulée au *Rép.* nº 642, entre les deux mandats n'a plus sa raison d'être. — D'autre part, on constatera : 1º que suivant le texte formel de l'art. 94, la mainlevée ne peut être ordonnée que sur les conclusions *conformes* du procureur de la République ; — 2º Que l'ordonnance de mainlevée ne peut, aux termes de la disposition finale du même article, être attaquée par voie d'opposition; d'où il suit que la partie civile ne saurait, malgré la généralité de la disposition de l'art. 135, être recevable à attaquer ladite ordonnance (Dutruc, *Code de la détention préventive*, p. 136 ; Morin, *Journal du droit criminel*, art. 8112, p. 297).

838. — 2º *Mise en liberté de droit.* — Le pouvoir discrétionnaire du juge d'instruction quant à la durée de la détention préventive rencontre une limite dans le cas du paragraphe 2 de l'art. 113 c. instr. crim. Cette disposition législative, introduite dans le code par la loi du 14 juill. 1865, édicte, en faveur des inculpés de délits passibles d'un emprisonnement inférieur à deux ans, la mise en liberté de droit cinq jours après l'interrogatoire. L'innovation nous paraît heureuse : il importe, en effet, comme le dit Faustin Hélie, nº 1996, « de ne pas jeter inutilement dans les prisons des personnes dont la criminalité est encore incertaine et auxquelles la justice n'impute que des actes d'une valeur secondaire ».

839. Ce droit à la liberté provisoire est soumis à plusieurs conditions : 1º il faut que le maximum de la peine encourue soit inférieur à deux ans d'emprisonnement. Il importe donc que le fait, objet de la poursuite, soit exactement qualifié dans le réquisitoire d'information. On trouvera dans Dutruc, *Code de la détention préventive*, p. 114 et suiv., un tableau par ordre alphabétique des délits punis d'un emprisonnement dont le maximum est inférieur à deux ans et entraînant la mise en liberté de droit (V. aussi Sarraute, p. 347 et suiv.); — 2º Il faut que le prévenu soit *domicilié*. De quel domicile s'agit-il ici ? C'est le domicile de fait, le lieu où l'inculpé réside habituellement, où il a son établissement et ses ressources, où il travaille, où il est fixé (Faustin Hélie, nº 1996, p. 689 ; Sarraute, nº 625, Garraud, nº 463). En cette matière, le domicile se reconnaît aux mêmes caractères qu'en droit civil (Circ. min. just. 14 oct. 1865; D. P. 66. 3. 10); — 3º Il faut que le prévenu n'ait pas déjà été condamné pour crime, ou condamné à un emprisonnement de plus d'une année, c'est-à-dire qu'il ne soit pas en état de récidive légale dans les conditions du code pénal (Dutruc, *op. cit.* nº 51 ; Garraud, *eod. loc.*, Faustin Hélie, p. 690).

840. Le droit à la liberté provisoire ne peut s'exercer qu'après un délai de cinq jours après l'interrogatoire, c'est-à-dire après six jours à compter du jour de l'arrestation ;

il a été en effet formellement reconnu dans la discussion de la loi de 1865 que l'interrogatoire mentionné par l'art. 113 est celui qui doit avoir lieu dans les vingt-quatre heures (M. Lacaze, commissaire du Gouvernement, séance de la Chambre des députés du 20 mai 1865, *Moniteur* du 30 mai, p. 696 et 697). Conf. Faustin Hélie, p. 689 ; Garraud, p. 602 ; Dutruc, n° 47 ; Sarraute, n° 631.

841. Bien que la liberté, aux conditions qui précèdent, soit de droit, elle devra être l'objet d'une demande de la part du prévenu, car le ministère public peut contester l'applicabilité du § 2 de l'art. 113 à l'inculpé, soit au point de vue de la condition du domicile, soit à raison du caractère de l'inculpation. Et, de son côté, l'inculpé peut prétendre au bénéfice de ce paragraphe contrairement à l'opinion du juge d'instruction. Il faut donc qu'une demande soit adressée au juge, qui rendra, après avoir entendu le ministère public, une ordonnance sujette à opposition (Dutruc, n° 44 ; Morin, *Journal du droit criminel*, art. 8112, p. 301 ; Sarraute, n° 629. V. dans le même sens la circulaire précitée du ministère de la justice du 14 oct. 1865). Au reste, M. Dutruc (*loc. cit.*) estime avec raison que c'est un devoir de conscience pour le juge d'instruction de mettre l'inculpé en liberté après l'expiration du délai légal, sans attendre sa demande, toutes les fois que l'applicabilité de la loi lui paraît certaine, et qu'elle n'est pas contestée par le ministère public.

842. Si les conditions exigées par la loi sont remplies, le juge ne peut refuser la liberté provisoire (Garraud, p. 602 ; Sarraute, n° 630) ; il ne saurait non plus subordonner celle-ci à un cautionnement, car c'est un droit que la loi accorde à l'inculpé : les termes de l'art. 114 lèveraient toute espèce de doute à cet égard, s'il pouvait en exister (Conf. Dutruc, p. 72, note 2 ; Sarraute, *eod. loc.*; Garraud, p. 602 ; A. Marion, *Journal du ministère public*, 1865, p. 248).

843. D'ailleurs, le vrai moyen de restreindre la durée de la détention préventive est, au fond, d'accélérer la procédure. A ce point de vue, deux lois édictées depuis la promulgation du *Répertoire* ont indirectement amélioré la situation : ces lois sont celle du 17 juill. 1856 (D. P. 56. 4.123) qui a supprimé la chambre du conseil, et celle du 20 mai 1863 (D. P. 63. 4. 69) sur les flagrants délits. Mais il reste encore beaucoup à faire sous ce rapport. Suivant M. A. Guillot (*op. cit.* p. 181), la principale cause de la trop longue durée de la détention préventive est le nombre insuffisant des juges, du moins dans les grandes villes et dans les arrondissements importants.

844. — *3° Régime de la détention préventive.* — La loi du 5 juin 1875 sur les prisons départementales (D. P. 75. 4. 9) a consacré pour les détenus le régime cellulaire. Son art. 1 est ainsi conçu : « Les inculpés, prévenus et accusés seront, à l'avenir, individuellement séparés pendant le jour et la nuit ». Cette innovation mettra fin à une situation singulièrement regrettable. On sait qu'il existe dans chaque arrondissement une maison d'arrêt, recevant à la fois (en quartiers distincts, il est vrai), prévenus et condamnés à l'emprisonnement, contrairement à la disposition expresse de l'art. 604 c. instr. crim. qui exige que les maisons d'arrêt et de justice soient entièrement distinctes des prisons établies pour peines. Or toutes les maisons d'arrêt étaient, avant la loi de 1875, établies suivant le système du régime en commun, autrement dit de la promiscuité absolue des détenus pendant la nuit comme pendant le jour. De là, pour les prévenus détenus préventivement, la nécessité de subir les contacts les plus humiliants, et même les plus dangereux. Il n'en sera plus ainsi le jour où sera exécutée la loi de 1875, qui établit, en principe, le système de séparation individuelle des détenus dans toutes les maisons d'arrêt, de justice et de correction. Malheureusement la transformation des prisons existantes est une longue et coûteuse opération. En fait, au commencement de l'année 1893, vingt-cinq prisons départementales seulement, sur trois cent quatre-vingts, étaient affectées à l'emprisonnement individuel. Six seulement avaient été classées de 1884 à 1892. On peut espérer que la récente loi du 4 févr. 1893 (D. P. 93. 4. 48) sur la réforme des prisons pour courtes peines facilitera la transformation (V. cette loi *suprà*, v° *Peine*, n° 51). En attendant, le règlement général du 11 nov. 1885 (D. P. 86. 4. 75) pour les prisons de courtes peines affectées

à l'emprisonnement en commun a tracé des règles protectrices et favorables pour les prévenus (V. *suprà*, v° *Prisons*, n° 57).

845. Les communications des prévenus et accusés avec le dehors sont, en l'état actuel de notre législation, laissées à l'entière discrétion de l'autorité judiciaire. En effet, les permis sont, en ce qui les concerne, soumis au visa du juge d'instruction ou du président des assises (Décr. 11 nov. 1885, art. 47), et les lettres écrites ou reçues, par les prévenus et les accusés, sont communiquées, selon les cas, au procureur de la République, au juge d'instruction ou au président des assises (art. 50). — V. à cet égard, *suprà*, v° *Prisons*, n° 57, le texte du projet de réforme du code d'instruction criminelle relativement à ces communications.

846. — *4° Interdiction de communiquer.* — Lorsque le prévenu a été incarcéré dans la maison d'arrêt en vertu d'un mandat d'arrêt ou d'un mandat de dépôt, le juge d'instruction peut lui interdire toute communication soit verbale, soit écrite. C'est l'interdiction de communiquer, vulgairement appelée mise au secret, et dont il a été question au *Rép.*, n°s 692 et 693. A vrai dire. cette mesure n'est autre chose que l'extension du secret des actes de l'instruction à la personne même de l'inculpé. L'art. 618 c. instr. crim. en reconnaissait expressément la légalité. Un paragraphe ajouté depuis la publication du *Répertoire* à l'art. 613 par la loi du 14 juill. 1865 (D. P. 65. 4. 145) a déterminé la forme de l'interdiction de communiquer, sa durée et son renouvellement. Ce paragraphe est ainsi conçu : « Lorsque le juge d'instruction croira devoir prescrire, à l'égard d'un inculpé, une interdiction de communiquer, il ne pourra le faire que par une ordonnance qui sera transcrite sur le registre de la prison. Cette interdiction ne pourra s'étendre au delà de dix jours ; elle pourra toutefois être renouvelée. Il en sera rendu compte au procureur général ».

En Belgique, l'interdiction de communiquer ne peut s'étendre au delà de trois jours après le premier interrogatoire et ne peut être renouvelée (L. 10 avr. 1874 sur la détention préventive, art. 2). — D'après le projet de réforme de notre code d'instruction criminelle, le secret ne pourra avoir, dans aucun cas, une durée de plus de vingt jours (art. 123 du projet de la commission de la Chambre des députés).

847. — *5° Indemnité à allouer aux individus injustement détenus.* — S'il est vrai, en raison comme en droit civil, que « tout fait quelconque de l'homme, qui cause à autrui un dommage, oblige celui par la faute duquel il est arrivé à le réparer » (c. civ. art. 1382), la société ne doit-elle pas une indemnité aux individus qui ont été injustement détenus ? Il y a plus d'un siècle, l'édit du 8 mai 1788 promettait aux accusés absous une réparation d'honneur. Cette réparation ne leur est même pas accordée aujourd'hui. Ne serait-il pas juste, cependant, d'accorder non seulement une réparation morale, mais des dommages-intérêts à l'individu injustement poursuivi, c'est-à-dire à celui qui, détenu préventivement, a bénéficié d'une ordonnance de non-lieu ou d'un acquittement ? Plusieurs législations étrangères sont entrées dans cette voie (V L. suédoise du 12 mars 1886, L. danoise du 5 avr. 1888; L. de Bâle-Ville du 9 déc. 1889). Une proposition dans ce sens a été votée par notre Chambre des députés en 1892 ; mais elle a été repoussée le 14 févr. 1894 par le Sénat. La haute assemblée a admis, en première délibération, le principe d'une indemnité à accorder aux *condamnés* reconnus innocents, mais elle a rejeté les articles de la proposition tendant à conférer un droit à une réparation pécuniaire aux personnes *injustement poursuivies*.

Art. 2. — *Forme des mandats* (Rép. n°s 645 à 657).

848. Ainsi qu'on l'a exposé au *Rép.*, n° 645, il existe des formalités communes à toutes les espèces de mandats, et aussi des formalités spéciales à certains d'entre eux. — Les formalités communes sont : 1° l'énonciation du nom et de la qualité du magistrat qui les délivre. Il faut, en effet, que les mandats portent en eux-mêmes la preuve qu'ils émanent d'un fonctionnaire compétent (Faustin Hélie, t. 4, n° 1967) ; 2° l'indication de la date (*Rép.* n° 649) ; 3° la désignation du prévenu (c. instr. crim. art. 95, § 2, et *Rép.* n° 648) ; 4° la

signature et le sceau du magistrat (même code art. 95, § 1, et *Rép.* n° 647). — Les formalités spéciales sont : pour le mandat de comparution, l'indication du lieu, du jour et de l'heure où l'inculpé doit comparaître devant le juge d'instruction (*Rép.* n° 646); — pour le mandat d'arrêt, l'énonciation du fait pour lequel il est décerné, et la citation de la loi qui déclare que ce fait est un crime ou délit (c. instr. crim. art. 96).

849. Aux termes de l'art. 112 c. instr. crim., l'inobservation des formalités prescrites pour les mandats est punie toujours d'une amende de 50 fr. au moins contre le greffier, et, s'il y a lieu, d'injonctions au magistrat qui a délivré le mandat, même de prise à partie, s'il y échet. — Cette sanction est-elle la seule? en d'autres termes, les formalités établies par les art. 95 et 96 c. instr. crim. sont-elles prescrites à peine de nullité? Mangin a défendu la négative dans son *Traité de l'instruction écrite* (t. 1, n° 139), et nous nous sommes rangés à son opinion (*Rép.* n° 650); mais la grande majorité des auteurs pensent que les formalités des art. 95 et 96 sont substantielles et que leur omission entraîne la nullité du mandat (Faustin Hélie, n° 1971; Boitard, *Leçons de droit criminel*, n° 614; Duverger, t. 2, n° 396; Garraud, n° 456, p. 595; Sarraute, n° 503; Laborde, n° 1034). Cette dernière doctrine a aussi pour elle l'autorité de l'arrêt de la cour de cassation du 5 sept. 1817, rapporté au *Rép.*, n° 650.

850. S'il y avait lieu de prononcer l'annulation des mandats pour violation des formes, à qui cette annulation pourrait-elle être demandée? A la chambre des mises en accusation, qui est la juridiction d'instruction du second degré, et à elle seule. Jugé, avec raison, que ni le tribunal correctionnel ni la cour d'appel ne peuvent, sans commettre un excès de pouvoir, statuer sur la demande en nullité d'un mandat décerné par le juge d'instruction au cours d'une procédure dont il est régulièrement saisi (Crim. rej. 16 août 1873, *Bull. crim.*, n° 233; 5 févr. 1875, *Bull. crim.*, n° 40). La nullité d'un mandat ne pourrait, d'ailleurs, être opposée pour la première fois devant la cour de cassation (Crim. cass. 1er déc. 1887, aff. Mouvet, D. P. 88. 1. 89).

Art. 3. — *Exécution des divers mandats* (*Rép.* n°s 658 à 696).

851. — 1° *Règles communes aux divers mandats.* — Il y a des règles communes à l'exécution des mandats; il en est aussi qui sont particulières à chacun d'eux. — Les règles communes sont les suivantes : 1° les mandats sont exécutoires dans toute l'étendue du territoire de la République (c. instr. crim., art. 98); 2° c'est au procureur de la République, et non au juge d'instruction, qu'il appartient de faire exécuter les mandats décernés par celui-ci (*Rép.* n° 659); 3° aucun mandat ne peut être mis à exécution contre le prévenu qu'après que l'agent qui en est porteur lui en a fait l'exhibition et délivré copie (c. instr. crim. art. 97). — A l'égard de cette troisième règle, il a été jugé conformément à la doctrine de l'arrêt du 31 janv. 1834, cité au *Rép.* n° 661, que la notification des mandats, soit d'amener, soit d'arrêt, n'est pas une formalité prescrite à peine de nullité, à moins que ce défaut de notification n'ait porté atteinte aux droits de la défense, ce qui n'a point lieu lorsque l'inculpé a été

interrogé par le magistrat instructeur dans les vingt-quatre heures de son arrestation, et a ainsi connu les causes de cette arrestation (Crim. rej. 5 févr. 1875, *Bull. crim.*, n° 40; 24 févr. 1883, aff. Holden, D. P. 84. 1. 92). M. Garraud estime, toutefois, que la remise de la copie est une formalité substantielle (n° 456-4°). — Il faut, d'ailleurs, remarquer que, dans les procédures terminées par les deux arrêts précités, l'inculpé avait été, en fait, interrogé, et qu'ainsi il avait réellement et certainement connu les causes de son arrestation. La solution eût-elle été la même si, l'inculpé étant en fuite ou tout au moins absent, le juge d'instruction avait réglé l'affaire sans que le mandat eût été régulièrement notifié, et sans que le prévenu eût été, en fait, interrogé? Nous ne le pensons pas. Suivant nous, le défaut de la notification prescrite par l'art. 97 c. instr. crim. porte, en pareil cas, atteinte aux droits de la défense, et entraînerait nullité de la procédure. C'est ce qu'ont décidé deux arrêts de la cour de Caen des 22 nov. 1875, *Journ. du min. publ.*, t. 19, p. 37, et 13 mars 1876 (1).

852. Ainsi que nous l'avons dit au *Rép.*, n° 665, d'après Mangin (t. 1, n° 150), les mandats d'amener, de dépôt et d'arrêt ayant pour objet de s'assurer de la personne de l'inculpé, à la différence du mandat de comparution, qui ne constitue qu'une assignation, l'agent, le porteur de ces mandats doit avoir le droit : 1° de requérir l'assistance de la force publique; 2° de faire la perquisition de la personne du prévenu. Aucun doute, ne s'est jamais élevé relativement à l'existence de la première de ces attributions (c. instr. crim. art. 99 et 108). Dans le silence des textes, l'étendue du droit de perquisition est, au contraire, assez difficile à préciser. Il est certain que, pour assurer la mise à exécution des mandats dont ils sont porteurs, les agents de la force publique peuvent pénétrer dans le domicile des individus contre lesquels ces mandats sont lancés. Ils peuvent y pénétrer contre le gré de ceux-ci et sans avoir besoin de l'assistance du juge de paix ou d'un officier municipal, ainsi que cela a été jugé par la cour de cassation (Crim. rej. 12 juin 1834, aff. Marin, *Rép.* n° 316). Conf. Mangin, n° 150; Blanche, *Études pratiques sur le code pénal*, t. 3, n° 453; Garraud, *Traité de droit pénal*, t. 3, p. 436; Chauveau et Hélie, *Théorie du code pénal*, t. 3, n° 867.

853. Mais le droit n'existe qu'à l'égard du domicile même du prévenu. Pour que le prévenu puisse être recherché ou arrêté dans une autre habitation que la sienne, il faut que le magistrat instructeur ait donné, à cet effet, commission rogatoire à l'un des fonctionnaires que la loi lui permet de déléguer (Blanche, *loc. cit.*; Garraud, *loc. cit.*; Chauveau et Hélie, *loc. cit.*; Faustin Hélie, *Traité de l'instruction criminelle*, t. 3, n° 1334). En d'autres termes, un mandat spécial de perquisition est nécessaire pour faire la recherche du prévenu dans un domicile autre que le sien. A cet égard, le doute ne semble plus possible en présence de l'art. 293 du décret sur la procédure du 1er mars 1854 (D. P. 54. 4. 32), ainsi conçu : « Lorsqu'il y a lieu de soupçonner qu'un individu, déjà *frappé d'un mandat d'arrestation*, ou prévenu d'un crime ou délit pour lequel il n'y aurait pas encore de mandat décerné, s'est réfugié *dans la maison d'un particulier*, la gendarmerie peut seulement garder à vue cette maison ou

(1) (Biez et Rouanet C. min. publ.). — La cour; — Attendu qu'indépendamment des recherches imposées aux agents de la force publique pour s'assurer de la personne de l'inculpé contre lequel un mandat d'arrêt a été décerné, et des formalités qu'ils doivent accomplir pour justifier que leur sont réellement livrés à ces recherches, l'art. 109 c. instr. crim. exige que le même mandat soit *notifié audit inculpé à sa dernière habitation*; — Que cette notification constitue un acte de procédure qui s'adresse directement à l'inculpé et qui a pour but de l'avertir de la poursuite dont il est l'objet et de le mettre en demeure de se présenter devant le magistrat instructeur, ainsi que de subir l'interrogatoire prescrit tout aussi bien dans son intérêt que dans celui de la poursuite et qui doit avoir lieu, à peine de nullité, à moins qu'il ne soit régulièrement démontré avoir été impossible; — Attendu qu'en l'absence au code d'instruction criminelle de dispositions réglant le mode de la notification dont il s'agit, l'on doit se conformer à celui prescrit par les art. 68 et 69, 80 c. proc. civ., selon que l'inculpé a ou n'a pas de domicile connu; — Attendu que, dans l'espèce, on ne trouve au dossier aucune indication précise de la dernière habitation de Biez et de Rouanet, qu'on voit seulement qu'ils demeuraient à Lisieux; — Que,

pour chacun d'eux, un procès-verbal dressé par le brigadier de gendarmerie, à la date du 28 septembre dernier, constate que ce sous-officier a recherché le susnommé, et qu'ayant appris qu'il était parti vers Paris, il s'est rendu auprès de M. le maire de la ville, auquel il a notifié ledit mandat et remis copie; — Attendu qu'un pareil acte ne peut être considéré comme équivalant à une notification adressée directement aux inculpés, à leur dernière habitation, et, en cas d'absence constatée à cette habitation, remise ou affichée conformément aux articles précités; — Qu'il suit de là que l'ordonnance sur le fond a été rendue sans que les inculpés aient été légalement mis en demeure de se présenter devant le magistrat instructeur, pour être interrogés, et qu'il y a lieu par la cour, en annulant cette ordonnance, de régulariser la procédure avant de statuer au fond; — Par ces motifs, annule l'ordonnance de compétence rendue par M. le juge d'instruction du tribunal de Lisieux, le 2 mars courant, dans l'affaire dont il s'agit; ordonne qu'avant faire droit un mandat d'arrêt sera décerné et régulièrement notifié à Biez et Rouanet, etc... Du 13 mars 1876.-C. de Caen, ch. d'accus.-MM. Pellerin, pr.-Lebourg, subst. du proc. gén.

l'investir, en attendant les ordres nécessaires pour y pénétrer, où l'arrivée de l'autorité qui a le droit d'exiger l'ouverture de la maison pour y faire l'arrestation de l'individu réfugié ».

854. M. Laborde (n° 1038) reconnaît, avec tous les auteurs, que le porteur d'un mandat d'amener peut forcer la porte de la maison de l'inculpé quand celui-ci en refuse l'entrée; mais il se demande ce qu'il doit faire si des personnes de la maison lui déclarent que l'inculpé est absent. A-t-il le droit d'y faire une perquisition? Suivant cet auteur, la raison de douter vient du silence de la loi et de l'art. 109 qui attache expressément ce droit de perquisition au mandat d'arrêt. Nous croyons ce scrupule excessif. Du moment qu'il est admis, — et cela ne saurait faire doute (V. *suprà*, n° 852) — que le porteur du mandat peut forcer la porte de l'inculpé, qu'importe ce que peuvent dire les personnes de la maison? Sans doute l'introduction dans le domicile d'un citoyen ne peut avoir lieu, en principe, contre le gré de celui-ci; mais, dès que la loi autorise l'accès de ce domicile contre son gré, de quel poids peuvent être les déclarations et protestations de tierces personnes?

855. Ainsi qu'il a été dit au *Rép.*, n° 670, les agents de la force publique doivent nécessairement exhiber les mandats aux personnes dans le domicile desquelles ils entendent se livrer à la perquisition du prévenu, afin de justifier de leur mission; ce n'est que sur le vu de ces actes que ces personnes sont tenues de les recevoir. « On conçoit, dit Mangin, n° 130, que le domicile du citoyen cesserait d'être un asile inviolable s'il pouvait être envahi par les agents de la force publique sans que ceux-ci fussent obligés de faire connaître le but de leurs recherches et l'acte qui les autorise à s'y livrer, et si, sous le prétexte qu'ils entendent faire la perquisition d'un prévenu, ils pouvaient se permettre d'insupportables vexations ».

856. Les prévenus peuvent-ils être arrêtés, la nuit, dans un domicile privé, en vertu de mandats réguliers de justice? La question est délicate. M. Garraud s'exprime sur ce sujet dans les termes suivants : « C'est au code d'instruction criminelle qu'il appartenait de résoudre cette question ; il ne l'a pas fait et l'on doit reconnaître que si la prudence conseille aux agents de justice d'attendre le jour, lorsque cela est possible, la loi française ne subordonne pas, comme on l'affirme souvent à tort, la légalité des arrestations à cette condition » (p. 437). En d'autres termes, M. Garraud estime, d'une façon générale, que les arrestations à domicile peuvent être légalement faites la nuit. Telle est aussi l'opinion soutenue par M. Achille Morin. Dans une dissertation publiée au *Journal du droit criminel*, 1870, p. 161, n° 9013, cet auteur a soutenu que la règle de l'inviolabilité du domicile pendant la nuit, posée par l'art. 76 de la constitution de l'an 8, comporte deux exceptions en matière répressive, l'une pour la mise en arrestation en cas de flagrant délit, l'autre pour l'exécution des mandements de justice. Son principal motif est que « le principe de l'inviolabilité du domicile a été posé par les constitutions, avec sanction de la loi pénale, pour la garantie des habitants paisibles contre les atteintes ou abus possibles des particuliers ou des agents de l'autorité, et que le but aurait été manqué ou dépassé, si ce principe se retournait contre les voisins paisibles et contre l'autorité chargée d'assurer, avec leur tranquillité, la défense sociale. Il serait contraire à toutes les notions de justice, ainsi que d'une bonne police de considérer ce principe protecteur comme établi même pour les malfaiteurs surpris en flagrant délit, pour celui que la clameur publique désigne comme auteur du crime qui vient de se commettre... ». Quant aux mandements de justice, M. Morin distingue entre les mandats d'amener, d'une part, et les mandats d'arrêt ou les ordonnances de prise de corps. Les premiers, qui ne tendent qu'à un interrogatoire, ne lui semblent pas comporter une urgence et une nécessité telles, qu'il y ait cause légale de dérogation à la défense de s'introduire la nuit dans une maison particulière. Il pense, au contraire, que les seconds peuvent être exécutés la nuit parce que, d'une part, « la garantie de l'inviolabilité du domicile, proclamée pour les habitants paisibles vis-à-vis de quiconque menacerait leur sécurité ou troublerait la tranquillité de l'habitation, n'a pas dû être également, pour les malfaiteurs contre les magistrats ou officiers de justice, ordonnant et agissant dans l'intérêt

public comme étant chargés d'assurer la défense sociale et l'exécution des mandements de la justice répressive », et d'autre part, parce que le code d'instruction criminelle, auquel il appartenait de régler ce qui concernait l'arrestation, « n'a pas plus interdit l'exécution des mandements de justice, tels que mandats d'arrêt et ordonnances de prise de corps, qu'il ne l'a fait pour les arrêts de condamnation, à l'égard desquels on ne conteste pas le droit d'exécution en tout temps et en tout lieu ». On peut ajouter avec un arrêt (qui n'a pas eu, d'ailleurs, à se prononcer directement sur la question des arrestations à domicile pendant la nuit) « qu'on ne saurait admettre que les individus, faisant l'objet des recherches et des mandats de justice, puissent s'y soustraire en opposant l'inviolabilité du domicile et faire, à l'intérieur de leur maison, disparaître, à leur aise, les preuves d'un délit, les papiers, les pièces à conviction, les instruments d'un crime, pendant que les agents, mis en mouvement par un ordre de l'autorité compétente et porteurs de mandats réguliers, seraient réduit à investir et à observer une demeure dans laquelle ils ne pourraient pénétrer » (Paris, 29 avr. 1870, aff. Delescluze, *Journal du droit criminel*, 1870, p. 186).

Quelle que soit la valeur de ces considérations, nous ne les croyons pas suffisantes pour permettre de faire échec à la règle générale posée en termes absolus par la constitution de l'an 8. Sans doute les dispositions de notre législation sur la matière sont imparfaites, insuffisantes. La loi française aurait pu, comme l'a fait la loi allemande (c. proc. pén. de 1877, art. 104) autoriser les perquisitions en cas de flagrant délit, ou lorsqu'il y aura péril en la demeure ou enfin lorsqu'il s'agira d'arrêter un prisonnier évadé. Mais il n'appartient pas à la doctrine de le compléter. Nous ajouterons que le décret du 1er mars 1854, qui trace aux gendarmes leurs devoirs, n'a fait que confirmer, au point de vue qui nous occupe, l'art. 76 de la loi constitutionnelle de l'an 8, quand il a dit dans son art. 291 : « La maison de chaque citoyen est un asile inviolable où la gendarmerie ne peut pénétrer sans se rendre coupable d'abus de pouvoir, sauf les cas déterminés ci-après : 1° ... ; 2° pendant la nuit, elle peut y pénétrer dans les cas d'incendie, d'inondation ou de réclamation venant de l'intérieur de la maison ». Il n'est pas question, dans ce décret, d'une exception pour l'arrestation à domicile en vertu de mandats. Nous estimons donc que la perquisition des personnes recherchées en vertu de mandats ne peut avoir lieu la nuit que dans les cas exceptionnels où les fonctionnaires publics auraient le droit de pénétrer eux-mêmes dans le domicile pour y constater des crimes ou délits. C'est l'opinion qui a été exprimée au *Rép.*, n° 270 (Conf. Mangin, n° 130; Chauveau et Hélie, *op. cit.*, t. 3, n° 864).

857. — 2° *Exécution du mandat de comparution.* — Le mandat de comparution étant une simple injonction à comparaître devant le juge d'instruction, l'huissier ou l'agent de la force publique chargé de le notifier doit se borner à en faire l'exhibition au prévenu, et à lui en délivrer copie, conformément à l'art. 97 c. instr. crim., sans s'occuper de la manière dont le prévenu entend l'exécuter. La signification du mandat emporte citation à comparaître devant le juge instructeur; cette signification peut être faite à personne ou à domicile, dans les formes prescrites par les art. 68 et 69 c. proc. civ. pour les assignations. L'agent qui l'a fait se retire ensuite, et le prévenu se présente libre et sans être accompagné devant le juge qui l'a appelé. Si l'inculpé était absent et que le lieu de sa nouvelle résidence fût indiqué à l'huissier, celui-ci devrait en prendre note pour en informer le juge d'instruction et le mentionner dans la notification (Duverger, t. 3, n° 401).

858. — 3° *Exécution du mandat d'amener.* — L'exécution du mandat d'amener n'est pas aussi simple, et peut faire naître plusieurs questions. Il importe, avant tout, de distinguer si l'inculpé est trouvé par le porteur du mandat, ou s'il n'est pas trouvé. — Dans la première hypothèse (si le porteur rencontre le prévenu), le mandat doit être notifié audit prévenu, et il lui en est laissé copie (art. 97). Mais, au moment même de cette signification, le prévenu se trouve placé sous la garde de l'officier qui en est porteur, et est tenu de le suivre. Ainsi qu'on l'a dit au *Rép.*, n° 673, s'il déclare être disposé à obéir, l'agent doit se borner à l'accompagner, et même avoir soin d'éviter tout éclat (Man-

gin, n° 132; Faustin Hélie, n° 1974); s'il refuse, au contraire, ou si, après avoir déclaré qu'il est prêt à obéir, il tente de s'évader, le porteur du mandat a le droit d'user de contrainte et même de requérir l'assistance de la force publique du lieu le plus voisin (art. 99). — Ces ménagements peuvent avoir des inconvénients pratiques; aussi est-il dans l'usage de faire signifier les mandats d'amener par la gendarmerie, conformément à l'art. 72. Celle-ci n'a pas besoin d'aller requérir la force publique, puisqu'elle est elle-même la force publique.

859. Le juge d'instruction n'est tenu d'interroger le prévenu que dans les vingt-quatre heures qui suivent le moment où il est mis à sa disposition (art. 93). Que doit-on faire du prévenu pendant cet intervalle de vingt-quatre heures? La question a déjà été examinée au *Rép.,* n° 674; elle reste controversée. Malgré l'arrêt de rejet du 4 avr. 1840 (*Rép.* v° *Liberté individuelle,* n° 44) qui a jugé que l'art. 609 c. instr. crim. s'oppose à ce qu'un prévenu soit reçu ni retenu dans une maison d'arrêt ou dans une prison quelconque sur l'exhibition d'un simple mandat d'amener, la pratique autorise les gardiens-chefs à recevoir *provisoirement* les inculpés en état de mandat d'amener, sur un simple ordre du procureur de la République. Tant qu'on n'aura pas établi dans chaque palais de justice, une chambre spécialement affectée à cette destination, il faut bien, en effet, qu'il en soit ainsi. Mais le prévenu ne devrait pas être confondu avec les autres prisonniers; il devrait être placé dans un quartier spécial de la prison, sans communication avec les inculpés mis sous mandat de dépôt, puisqu'il n'est pas en détention préventive. C'est ce qui n'a pas lieu en fait; partout ou presque partout on le place dans le quartier des prévenus. Cet état de choses paraît destiné à disparaître, l'art. 97 du projet de réforme du code d'instruction criminelle disposant que l'inculpé ne pourra être, en vertu du mandat d'amener, « retenu plus de vingt-quatre heures *dans le lieu affecté à cette destination* », et l'art. 92 du même projet enjoignant, d'autre part, « au gardien-chef, sous les peines édictées par la loi, de refuser l'entrée de la prison à tout individu qui n'est pas l'objet d'un mandat de dépôt ou d'arrêt exhibé par l'agent chargé de conduite du prévenu ».

860. Mais il peut se faire que le prévenu soit trouvé, par le porteur du mandat d'amener, à une assez grande distance du magistrat qui a décerné ce mandat. Dans cette hypothèse, il a paru rigoureux de le faire conduire de brigade en brigade devant le juge, et la loi a tempéré au profit de l'inculpé l'obligation d'obéir au mandat (art. 100 et 104). Ces dispositions de faveur ont été exposées au *Rép.,* n°° 675 à 679. Ajoutons que le texte de l'art. 104, cité au *Rép.,* n° 678, a reçu une légère modification par l'effet de la loi des 17-31 juill. 1856 (D. P. 56. 4. 123) qui a supprimé la chambre du conseil. Les mots du deuxième paragraphe : jusqu'à ce qu'il ait été statué par *la chambre du conseil,* ont été remplacés par ceux-ci : jusqu'à ce qu'il ait été statué *par le juge d'instruction.*

861. La seconde hypothèse est celle où l'inculpé n'a pu être trouvé par les agents porteurs du mandat. Elle est prévue par l'art. 105 c. instr. crim.; il en a été traité au *Rép.,* n°° 679 à 681. Tout d'abord il est certain qu'en pareille hypothèse, le mandat doit être exhibé au maire, ou à l'adjoint, ou au commissaire de police de la commune de la résidence du prévenu; le maire, l'adjoint ou le commissaire de police doit mettre son visa sur l'original de l'acte de notification. Telles sont les dispositions formelles de l'art. 105. — Mais ne faut-il pas, de plus, que le porteur du mandat se conforme aux dispositions des art. 68 et 69 c. proc. civ., les ajournements, lesquelles, suivant que l'assigné a un domicile connu ou n'en a pas, prescrivent, dans le premier cas, de remettre la copie aux parents, serviteurs, voisins, ou au maire (art. 68), dans le second, d'afficher l'exploit à la principale porte de l'auditoire du tribunal et de remettre une copie au procureur de la République (art. 69, § 8)? L'affirmative, combattue au *Rép.,* n° 680, a été soutenue par Faustin Hélie, t. 4, n° 1979; Achille Morin, *Journal du droit criminel,* 1860, p. 119, note 2; Duverger, t. 2, n° 416, et consacrée par la jurisprudence, notamment par celle de la cour de Paris (Aux arrêts des 26 mai 1823 et 5 oct. 1833, déjà cités au *Rép.,* n° 680, *adde* : Paris, 27 janv. 1852; 3 déc. 1858; 6 janv. 1860, et 3 févr.

1860). Ces deux derniers arrêts (*Journal du droit criminel,* 1860, p. 119 et suiv.) ont formellement décidé que lorsque le prévenu contre lequel a été décerné un mandat d'amener ne peut être trouvé, il faut une notification dans les formes et au lieu fixés selon les cas par les art. 68 et 69 c. proc. civ., avant la mise en accusation. — Nous persistons dans l'opinion contraire, que professent MM. Mangin, t. 1, n°° 162 et 163, et Dutruc, *Mémorial du ministère public,* t. 2, p. 664. Ce dernier auteur a dit avec raison : « L'art. 105 c. instr. crim., qui trace les formes à observer dans le cas où le prévenu ne peut être trouvé, se suffit parfaitement à lui-même, et n'a nul besoin d'être complété par des dispositions empruntées au code de procédure civile, qui non seulement n'ont pas été édictées pour le cas qu'il régit, mais ne pourraient être appliquées à ce cas sans faire perdre au mandat d'amener son caractère et son utilité. En effet, le législateur n'a pu vouloir que le prévenu fût informé d'avance du mandat d'amener qui serait lancé contre lui comme cela pourrait arriver si une copie de la notification du mandat était laissée à un voisin, par application de l'art. 68 c. proc. civ., car cet avertissement serait le plus souvent, comme l'observe Mangin, une invitation à se soustraire par la fuite aux recherches de la police ». Cette dernière considération nous paraît très grave. Dans plusieurs ressorts de cours d'appel, on évite avec soin de remettre la copie aux parents et voisins, précisément pour ne pas donner l'éveil à l'inculpé. Cette pratique, à notre avis, est régulière; cependant il ne conviendrait pas de la suivre dans le ressort de la cour de Paris, puisque la chambre d'accusation de cette cour, lorsqu'un mandat d'amener contre un absent n'a pas été notifié conformément aux art. 68 et 69 c. proc. civ., ne manque pas d'ordonner, par un arrêt préparatoire, que l'omission soit réparée.

Un arrêt de la cour de cassation a jugé régulière et efficace, à l'égard du prévenu, la notification du mandat d'amener, faite au domicile de sa femme, acceptée par lui, et suivie d'exhibition au commissaire de police (Crim. rej. 15 mars 1867, *Bull. crim.,* n° 63). Cette solution ne pouvait faire difficulté.

862. — 4° *Exécution du mandat de dépôt.* — Les formes de l'exécution de ce mandat sont tracées par les art. 97 et 107 c. instr. crim., et ne présentent aucune difficulté.

863. — 5° *Exécution du mandat d'arrêt.* — Nous n'avons rien à ajouter à ce qui a été dit au *Rép.,* n°° 687 à 691, et 694 à 696, si ce n'est que l'arrêt du 15 mars 1867, cité *suprà,* n° 861, a jugé, avec raison, qu'il n'est pas nécessaire que le mandat d'arrêt soit notifié avant la clôture de l'information, *Bull. crim.,* n° 63, p. 106.

SECT. 4. — DE LA LIBERTÉ PROVISOIRE ET DU CAUTIONNEMENT (*Rép.* n°° 697 à 782).

864. La détention préventive peut être suspendue de deux manières, savoir: 1° d'office, par mainlevée du mandat de dépôt ou d'arrêt (c. instr. crim., art. 94); — 2° Sur la demande de l'inculpé, par ordonnance de mise en liberté provisoire (art. 113 et suiv.). Dans les deux cas, l'effet est le même, mais les formes et conditions diffèrent beaucoup, surtout depuis la promulgation de la loi sur la mise en liberté provisoire des 14 juill.-12 août 1865 (D. P. 65. 4. 148) qui a remanié entièrement les dispositions du code d'instruction criminelle relatives à cette matière, c'est-à-dire les art. 113 à 126, formant le chap. 8 du livre 1 intitulé : *De la liberté provisoire et du cautionnement.*

865. On vient de dire que l'effet de la mainlevée est le même que celui de la mise en liberté provisoire sur demande de l'inculpé. Cela est vrai d'une façon générale, en ce sens que, dans un cas comme dans l'autre, l'ordonnance du juge suspend la détention préventive de l'inculpé, qui est mis sur-le-champ en liberté. Mais, à un point de vue particulier, n'existe-t-il pas une certaine différence entre les deux hypothèses, quant aux effets? L'art. 421 c. instr. crim. oblige le prévenu, en cas de pourvoi contre un jugement le condamnant à une peine privative de la liberté pour une durée de plus de six mois, à se mettre en état, s'il n'a obtenu sa mise en liberté provisoire. Or la cour de cassation a rejeté comme non recevable le pourvoi d'un condamné qui justifiait simplement d'une obtention de la *mainlevée du mandat de dépôt* (Crim. rej. 16 nov. 1866, aff. Henry, D. P

67. 1. 187. Il est vrai qu'à cette époque, l'ancien art. 421 portait que le condamné ne pouvait échapper à l'obligation de la mise en état qu'à la condition d'avoir été mis en liberté *sous caution*. Cette condition a été supprimée par la loi du 28 juin 1877 (D. P. 77. 4. 51), qui a assimilé, au point de vue de la mise en état, la liberté provisoire *avec* caution et la liberté provisoire *sans* caution (V. texte nouveau de l'art. 421); il est, dès lors, permis de se demander si la cour suprême considérerait toujours la mainlevée d'office comme insuffisante pour dispenser de la mise en état. La négative est d'autant plus probable que, dès avant la promulgation de la loi de 1877, la cour de cassation a regardé comme dispensé de la mise en état un condamné qui représentait un arrêt de cour d'appel lui ayant accordé sur requête la mise en liberté provisoire *sans* caution (Crim. rej. 27 juill. 1867, aff. Carcopino, D. P. 67. 1. 437).

866. Le commentaire de la loi du 14 juill. 1865 formera l'objet presque unique de la présente section.

On peut consulter sur la matière de la liberté provisoire : Faustin Hélie, *Traité de l'instruction criminelle*, t. 4, nᵒˢ 1990 et suiv.; Mangin, *Traité de l'instruction écrite et du règlement de la compétence*, t. 1, chap. 5; Garraud, *Précis de droit criminel*, nᵒˢ 461 et suiv.; G. Dutruc, *Le code de la détention préventive*, 1866 ; Laborde, *Cours de droit criminel*, nᵒˢ 1061 et suiv.; Trébutien, *Cours de droit criminel*, t. 2, nᵒˢ 497 et suiv.; Villey, *Précis*, p. 297 et suiv.; A. Marion, *Étude sur la loi du 14 juill.* 1865, dans le *Journal du ministère public*, 1865, p. 241 et suiv.; Sarraute, *Manuel du juge d'instruction*, nᵒˢ 618 et suiv.; Picot, *Recherche sur la nature en liberté sous caution*, dans la *Revue critique*, 1862, t. 21, p. 163, 530; 1863, t. 22, p. 233; t. 23, p. 333, 410 ; Morin, *Journal du droit criminel*, art. 8112.

ART. 1ᵉʳ. — *Mainlevée du mandat de dépôt ou d'arrêt.*

867. L'art. 94 c. instr. crim. (texte nouveau) autorise le juge d'instruction à donner mainlevée du mandat de dépôt ou d'arrêt, dans le cours de l'instruction et sur les conclusions conformes du procureur de la République. Ce droit n'appartenait aucunement au juge à l'époque de la publication du *Répertoire*; sous l'empire du code d'instruction criminelle, une fois que le juge avait décerné l'un de ces mandats, il n'était plus en son pouvoir d'y toucher; seule la chambre du conseil pouvait, non pas lever le mandat d'office, mais accorder à l'inculpé, sur sa demande, la mise en liberté provisoire sous caution. Par une première innovation, la loi du 4-13 avr. 1855 (D. P. 55. 4. 40) a concédé au juge d'instruction le droit de donner d'office, sur les conclusions conformes du procureur impérial, mainlevée du mandat de dépôt. La loi du 14 juill. 1865, par une seconde modification du texte de l'art. 94, a conféré à ce magistrat, relativement au mandat d'arrêt, le pouvoir de donner mainlevée que la loi du 4 avr. 1855 lui avait attribué relativement au mandat de dépôt.

868. Cette mainlevée a lieu d'*office*, non seulement sans demande de l'inculpé, mais en dehors de sa participation. Le texte de l'art. 94 semble cependant supposer un engagement de sa part, car il dit que la liberté lui est accordée « à la charge... de se représenter à tous les actes de la procédure et pour l'exécution du jugement aussitôt qu'il en sera requis ». Mais, comme le dit M. Laborde, nᵒ 1063, « c'est là une condition de fait que le juge exigera, sans doute, mais dont il peut se passer et qui ne le lie point. Quelle que soit, en effet, l'attitude de l'inculpé pendant la suite du procès, il pourra décerner contre lui un nouveau mandat de dépôt ou d'arrêt, parce qu'une mesure d'instruction est toujours susceptible d'être reprise ».

869. La mainlevée ne peut être donnée que sur les conclusions *conformes* du procureur de la République. La loi de 1855 avait déjà formulé cette exigence pour la mainlevée du mandat de dépôt. Elle avait voulu par là défendre le juge d'instruction « contre les influences qui chercheraient à agir sur lui, s'il était complètement isolé » (Exposé des motifs), et « placer deux responsabilités », au lieu d'une seule, « à côté d'une mesure aussi délicate et aussi importante que la mainlevée du mandat de dépôt » (Rapport de la commission). La loi de 1865 a maintenu cette disposition, qui, désormais, « s'applique aussi, et à plus forte raison pourrait-on dire, à

la mainlevée du mandat d'arrêt » (G. Dutruc, *Le code de la détention préventive*, nᵒ 22). — Au reste, la mainlevée est possible « quelle que soit la nature de l'inculpation ». Elle peut donc être ordonnée en matière de crime, comme en matière de délit; c'est affaire d'appréciation pour les magistrats.

870. Il va de soi que la mainlevée du mandat de dépôt ou d'arrêt ne pourrait, comme la mise en liberté provisoire, être soumise à la condition d'un cautionnement. C'est précisément en vue de remédier aux inconvénients de cette condition que la loi du 4 avr. 1855 a placé, à côté de la mise en liberté provisoire, le pouvoir de donner mainlevée du mandat de dépôt, comme moyen plus efficace de rendre à sa famille et à ses affaires, pendant l'instruction, tout inculpé jugé digne de cette faveur (Dutruc, nᵒ 24). Dans le travail de M. Nogent-Saint-Laurens, rapporteur de la loi de 1855, on trouve cette déclaration que « le mandat de dépôt sera levé sur l'initiative du magistrat et *sans cautionnement* » (D. P. 55. 4. 40). Or, la rédaction donnée en 1865 à l'art. 94, au point de vue de la mainlevée des mandats, n'a modifié en rien les principes posés par le législateur de 1855, qu'elle n'a fait que compléter. M. Lenormant, commissaire du Gouvernement, s'en est expliqué au Corps législatif : « L'art. 94, a-t-il dit, n'est pas autre chose que la loi de 1855, et le Gouvernement a pensé qu'il y avait lieu de faire une addition » (*Moniteur* du 30 mai 1865, p. 696). V. à cet égard, A. Marion, p. 247.

871. L'ordonnance de mainlevée de mandat n'est qu'un *acte d'instruction*, ainsi que l'ont proclamé l'exposé des motifs et le rapport de la loi de 1855 ; le juge l'accomplit en sa qualité d'officier de police judiciaire. Il suit de là qu'elle ne saurait admettre aucune voie de recours; elle est toute dans le domaine du pouvoir discrétionnaire du juge. La partie civile ne saurait donc, malgré la généralité de la disposition de l'art. 135 c. instr. crim., être recevable à l'attaquer. Aucun doute n'est possible, à cet égard, en présence des termes très généraux de l'art. 94 : « la disposition finale de l'ordonnance de mainlevée, y est-il dit, ne pourra être attaquée par voie d'opposition ». La voie de l'opposition étant fermée au ministère public par cela seul que la mainlevée ne peut être ordonnée que sur « les conclusions conformes du procureur de la République », il est clair que cette disposition ne peut concerner que la partie civile. L'ordonnance de mainlevée est donc inattaquable (Laborde, nᵒ 1062 ; A. Morin, *Journal du droit criminel*, art. 8112, p. 297 ; A. Marion, p. 248; G. Dutruc, p. 55).

872. Du principe que l'ordonnance de mainlevée du mandat n'est qu'un acte d'instruction non susceptible de recours, la cour de cassation a tiré cette conséquence très juridique qu'il est dans les pouvoirs du juge de la laisser sans exécution et de n'en donner aucune communication à l'accusé (Crim. rej. 7 déc. 1882, *Bull. crim.*, nᵒ 266).

873. Il faut ajouter que l'ordonnance de mainlevée est un acte de la première partie de l'instruction préparatoire. Ni la chambre d'accusation, ni le tribunal correctionnel ne pourraient l'opérer; il n'appartient qu'au seul juge d'instruction de l'ordonner. Au reste, toute autorité qui, dans des circonstances exceptionnelles, est substituée au juge d'instruction (conseiller délégué de la chambre d'accusation dans le cas de l'art. 235 c. instr. crim., premier président de la cour d'appel dans le cas de l'art. 484, président de la commission d'instruction de la haute cour de justice), pourrait, comme lui, lever d'office le mandat de dépôt ou d'arrêt sur les conclusions conformes du magistrat qui remplace le procureur de la République (Laborde, nᵒ 1063). Nous pensons même que le président de la commission d'instruction de la haute cour pourrait lever le mandat d'arrêt *sans* les conclusions du ministère public, puisque, aux termes de l'art. 8 de la loi du 10 avr. 1889 (D. P. 89. 4. 39), il peut décerner *sans qu'il soit besoin desdites conclusions*.

874. Il est toujours loisible au juge de révoquer la mainlevée en décernant un nouveau mandat de dépôt ou d'arrêt contre l'inculpé, soit que des changements survenus dans la situation de celui-ci ou dans l'état de la procédure rendent nécessaire la détention préalable, soit que ledit inculpé n'obéisse pas à l'avertissement qui lui est donné de comparaître devant le juge. L'exposé des motifs de la loi du 4 avr. 1855 ne laisse aucun doute à cet égard. « La loi, y est-il dit, remet à la prudence du juge d'ins-

truction cette grosse mesure de la détention préalable ; elle l'a laissé le maître de l'ordonner ou de s'en abstenir. Elle doit, dans le même ordre d'idées, lui donner la faculté de la faire cesser, quand il juge qu'elle n'est plus nécessaire : *bien entendu il aurait le droit de la reprendre si la nécessité de le faire lui apparaissait de nouveau* ». Mais M. Dutruc estime avec raison que le juge d'instruction ne peut décerner un nouveau mandat d'arrêt, contre l'inculpé que sur les réquisitions conformes du procureur de la République. « L'accord des volontés des deux magistrats, dit cet auteur, est aussi nécessaire pour rétablir, dans ce cas, l'état de détention préalable, qu'il l'a été pour le faire cesser, et il n'appartient pas plus au juge d'instruction d'ordonner de nouveau l'arrestation de l'inculpé sans l'assentiment du procureur de la République, qu'à celui-ci de l'y obliger par ses réquisitions ».

ART. 2. — *Mise en liberté provisoire sur requête. — Cas dans lesquels elle peut être accordée* (Rép. n°s 699 à 714).

875. Malgré les changements apportés dans le régime de la liberté provisoire par la loi du 14 juill. 1865, changements si considérables que les éléments de doctrine et de jurisprudence réunis au *Répertoire* ont perdu toute matière ont perdu presque toute leur valeur, nous suivrons ici la même division. En conséquence, nous traiterons d'abord des cas dans lesquels la liberté provisoire peut être accordée. — Toutefois, deux observations préalables sont nécessaires. La première est que, sauf l'exception introduite en faveur des petits délits dont la peine ne s'élève pas jusqu'à deux ans (art. 113, § 2 et 3), la liberté provisoire est une *faveur* que le juge peut refuser ou accorder à son gré. La loi n'a point établi un droit, mais une simple faculté d'élargissement qu'elle a déposée entre les mains du juge d'instruction. D'autre part, quand le juge statue sur une demande de mise en liberté provisoire formée par l'inculpé, il fait acte de *juridiction*, à la différence du cas de mainlevée de mandat, dans lequel le juge fait un simple *acte d'instruction* (*supra*, n° 871).

876. Les règles nouvelles établies par la loi de 1865 sont beaucoup plus libérales que celles du code de 1808. Ce code, en effet, refusait la mise en liberté aux individus poursuivis pour crimes, aux vagabonds, aux repris de justice, aux individus qui, après y avoir été admis une fois, auraient manqué à leurs engagements (Anc. art. 113, 115 et 126); de plus, d'après le code de 1808, la liberté provisoire ne pouvait être accordée que sous la garantie d'un *cautionnement* préalable (anc. art. 114). Aujourd'hui, d'une part, la liberté provisoire peut être accordée « en toute matière » (art. 113, § 1), librement, sans aucune des restrictions qu'y apportaient les textes précités et commentés au *Rép.*, n°s 699 à 711 ; et, d'autre part, cette liberté peut être accordée *sans caution* aussi bien qu'avec caution, au choix du juge (art. 120 et suiv.). « En un mot, la loi laisse au juge une entière liberté, elle lui donne un pouvoir discrétionnaire. Appréciateur du mérite de la demande qui lui est soumise, il interroge la situation, il pèse « les garanties de moralité, de fortune, de famille, les liens enfin qui rattachent l'inculpé au pays et devront l'empêcher de fuir (Circ. min. just. 14 oct. 1865, n° 24, D. P. 66. 3. 10), et il décide selon les inspirations de sa conscience » (A. Marion, p. 300). Aussi a-t-il été plusieurs fois jugé que les tribunaux sont souverains pour accorder ou rejeter la demande de mise en liberté provisoire formée par le prévenu (Crim. rej. 26 août 1869, *Bull. crim.*, n° 203 ; 14 mars 1873, aff. Isaac Samuel, D. P. 73. 1. 92). Toutefois, leurs décisions à cet égard doivent être motivées ; mais il suffit d'un motif juridique pour les justifier ; spécialement, le seul motif que l'intérêt de la partie civile pourrait être compromis par la mise en liberté provisoire du prévenu suffit pour justifier le rejet de la demande (Crim. rej. 10 avr. 1862, aff. Lécluse, D. P. 63. 5. 23).

877. Toutefois, il est une catégorie de prévenus auxquels la liberté provisoire ne peut être refusée. Aux termes de l'art. 113, § 2, la mise en liberté est *de droit*, sauf cautionnement préalable à fournir, cinq jours après l'interrogatoire, en faveur des inculpés de délits passibles d'un emprisonnement inférieur à deux ans (V. *supra*, n° 836 et suiv.). Nous rappellerons que le prévenu, pour exercer ce droit,

doit être *domicilié* (art. 113, § 2), et aussi que la loi exclut du bénéfice de la liberté provisoire de droit « les prévenus déjà condamnés pour crime, ou ceux déjà condamnés à un emprisonnement de plus d'une année », c'est-à-dire les individus en état de récidive légale dans les conditions du code pénal (art. 113, § 3).

878. D'autre part, en matière criminelle, la mise en liberté provisoire a un terme nécessaire qui est marqué par la loi, dans l'art. 126 ; c'est l'ordonnance de prise de corps qui termine l'arrêt de mise en accusation. « A ce moment, en effet, l'arrêt de la chambre des mises en accusation élève contre l'accusé un préjugé si grave qu'il serait téméraire de lui laisser le choix d'attendre son jugement ou de s'y dérober » (Exposé des motifs). Il y a lieu de remarquer que l'art. 126, en faisant cesser la liberté provisoire à l'ordonnance de prise de corps, soumet tous les accusés, nécessairement et dans tous les cas, à la détention préventive depuis cette ordonnance jusqu'à l'audience de la cour d'assises, et même jusqu'au rejet du pourvoi ou jusqu'à l'arrêt qui statue après cassation sur le renvoi, de telle sorte que cette détention préventive, qui peut s'étendre à plusieurs mois, réduit le bienfait de l'élargissement facultatif à la durée de l'instruction écrite (Faustin Hélie, n° 1993, p. 684 ; Garraud, p. 603). Pratiquement, il résulte de la règle qui précède que l'arrêt de renvoi devant la cour d'assises marque la limite extrême de la mise en liberté provisoire, le terme au delà duquel aucune juridiction ne peut ordonner cette mise en liberté (Crim. rej. 5 oct. 1882, aff. Dedit, D. P. 83. 1. 44 ; 9 nov. 1882, aff. Viennet, D. P. 83. 1. 44 ; Crim. cass. 12 avr. 1884, *Bull. crim.*, n° 139 ; Crim. rej. 13 août 1885, *ibid.*, n° 249).

ART. 3. — *Juridiction compétente pour statuer sur la demande en liberté provisoire ; formes de la demande ; recours* (Rép., n°s 715 à 736).

879. — 1° *Juridiction compétente.* — Avant la loi du 14 juill. 1865, la question de savoir quelle était la juridiction compétente pour statuer sur la demande en liberté provisoire présentait de sérieuses difficultés et donnait lieu à des controverses qui ont été exposées au *Rép.*, n°s 715 à 724. Cette question a été résolue très nettement par les art. 113 et 116 nouveaux, dont la doctrine sur ce point peut se résumer dans les deux règles suivantes : 1° la mise en liberté provisoire peut être demandée en tout état de cause ; 2° elle peut être ordonnée par tout tribunal saisi de la cause et pendant tout le temps qu'il en est saisi (Faustin Hélie, n° 2001).

880. Tout d'abord, il appartient au juge d'instruction d'y statuer, tant qu'il demeure saisi de l'instruction, tant qu'il n'a pas rendu l'ordonnance de clôture. Ce premier point est formellement établi par les art. 113 et 116 rectifiés par la loi du 14 juill. 1865. Lorsque le juge s'est dessaisi par son ordonnance, son pouvoir est transféré à la juridiction qu'il a saisie. L'art. 116 porte : « La mise en liberté provisoire pourra être demandée en tout état de cause : à la chambre des mises en accusation depuis l'ordonnance du juge d'instruction jusqu'à l'arrêt de renvoi devant la cour d'assises ; au tribunal correctionnel si l'affaire y a été renvoyée ; à la cour d'appel (chambre des appels correctionnels) si appel a été interjeté du jugement sur le fond ». Il suit de cette disposition : 1° que la chambre d'accusation, lorsqu'elle est saisie du fond de l'affaire, demeure compétente pour statuer sur la demande tant qu'elle ne s'est pas dessaisie du fond par un arrêt ; 2° que, dans le cas de renvoi à la juridiction correctionnelle, c'est au juge saisi du fond de l'affaire qu'appartient la compétence. Ainsi, lors même que les appels incidents auraient été portés devant la cour, c'est au tribunal à statuer, tant qu'il n'a pas été dessaisi (Faustin Hélie, n° 2000). C'est ce qui avait déjà été décidé avant la loi de 1865 (Orléans, 26 mars 1847, aff. Jeulin, D. P. 47. 4. 320).

881. Ainsi qu'on l'expliquera *infra*, n° 888, les cours d'assises n'ont pas le droit de mettre en liberté provisoire les accusés renvoyés devant elles. Mais il est de jurisprudence constante que, si l'arrêt de renvoi en cour d'assises est frappé d'un pourvoi en cassation, la chambre d'accusation est compétente pour statuer sur les demandes de mise en liberté provisoire, tant que la cour de cassation

n'a pas jugé le pourvoi. Dans ce cas, en effet, le recours en cassation a pour effet de suspendre l'exécution de l'arrêt d'accusation (Crim. rej. 23 avr. 1868, aff. Chavagnac, D. P. 68. 1. 409 ; Crim. cass. 8 juin 1872, aff. Besnard, D. P. 72. 1. 381 ; Crim. rej. 13 juin 1872, aff. Meyer, D. P. 72. 1. 157 ; Crim. cass. 12 avr. 1884, *Bull. crim.*, n° 139 ; Dijon, 12 août 1891, aff. X..., D. P. 92. 2. 388).

882. Le droit de statuer sur la liberté provisoire appartient aux juridictions extraordinaires saisies du fond de l'affaire, par exemple aux conseils de guerre, aussi bien qu'aux tribunaux ordinaires (Crim. rej. 1er déc. 1871, *Bull. crim.*, n° 168). Mais ce droit n'appartient dans aucun cas à la cour de cassation, parce que cette cour n'a pas compétence pour statuer sur des questions de fait, et que, d'autre part, le législateur a clairement manifesté sa volonté à cet égard en décidant, dans l'art. 116, § 2, que le condamné qui, pour rendre son pourvoi admissible, conformément à l'art. 421, voudra réclamer sa mise en liberté, portera sa demande devant la cour ou le tribunal qui aura prononcé la peine (V. *infrà*, n° 885). C'est ce que la cour de cassation a elle-même décidé, le 3 avr. 1873, par un arrêt de non-recevabilité (*Bull. crim.*, n° 87).

883. S'il est vrai, d'une manière générale, que la demande en liberté provisoire est de la compétence exclusive du tribunal saisi du fond de la contestation, ce tribunal n'est compétent pour y statuer que pendant le temps qu'il est saisi. Si donc il s'est dessaisi par une déclaration d'incompétence, il n'est plus compétent pour statuer sur la liberté provisoire. Ainsi jugé, déjà avant la loi de 1865, pour le tribunal correctionnel (Crim. cass. 13 janv. 1837, *Rép.* n° 718). Jugé de même, depuis la promulgation de cette loi, pour le second degré de juridiction (Crim. cass. 27 févr. 1874, aff. Cuttoli, D. P. 74. 1. 178).

884. Il est un cas très voisin de celui dont il vient d'être parlé, et que l'art. 116 ne prévoit pas. C'est le cas dans lequel, à la suite d'une ordonnance du juge d'instruction ou d'un arrêt de la chambre des mises en accusation, portant renvoi du prévenu en police correctionnelle pour délit, le tribunal correctionnel, ou plus tard la cour d'appel, déclare son incompétence, parce que, par exemple, le fait poursuivi constitue un crime. Dans ce cas il y a conflit négatif de juridiction et nécessité de régler de juges. En attendant, le prévenu, qui est en état de détention préventive, a-t-il le droit de demander sa mise en liberté provisoire, et à quelle juridiction doit-il s'adresser ? La jurisprudence, considérant « qu'aux termes de l'art. 116, le prévenu en détention préventive peut demander sa mise en liberté provisoire en *tout état de cause* ; qu'il ne saurait la demander ni au juge d'instruction dessaisi par l'ordonnance de renvoi, ni à la juridiction correctionnelle dessaisie par sa décision d'incompétence ; ni à la cour de cassation laquelle n'est pas juge du fait ; que, cependant, il doit exister une juridiction ayant, d'une façon permanente, compétence pour statuer sur les demandes en liberté provisoire ; que cette juridiction ne saurait être que la chambre des mises en accusation, laquelle, aux termes des art. 2 et suiv. de la loi du 20 avr. 1810, comprend plénitude de la juridiction criminelle » (Poitiers, 27 juill. 1882, aff. Aucher), a décidé qu'en cas pareil, c'est à la chambre des mises en accusation qu'il appartient de statuer sur la mise en liberté provisoire du prévenu (Conf. Besançon, 17 janv. 1870, aff. Tis-

sot, D. P. 72. 2. 119 ; Aix, 10 févr. 1872, aff. Bay, D. P. 72. 2. 119 ; Nîmes, 9 févr. 1885, aff. Vigouroux ; Crim. rej. 28 mai 1886, *Bull. crim.* n° 194).

885. L'art. 116 a réglé une autre hypothèse dans son paragraphe 2 ainsi conçu : « Lorsque le condamné, pour rendre son pourvoi admissible, conformément à l'art. 421, voudra réclamer sa mise en liberté, il portera sa demande devant la cour ou le tribunal qui aura prononcé la peine ». La loi suppose ici le cas du condamné à l'emprisonnement qui veut se pourvoir en cassation et qui n'est pas détenu. On sait qu'aux termes de l'art. 421, ce condamné doit, pour rendre son pourvoi admissible, *se mettre en état*, c'est-à-dire se constituer prisonnier. Mais, pour éviter cette détention préventive, il peut demander sa liberté provisoire. C'est dans cette hypothèse que l'art. 116, § 2, indique la juridiction compétente pour statuer sur la demande de mise en liberté, et cette juridiction est « la cour ou le tribunal qui aura prononcé la peine ». — Par application de cette règle, il a été jugé que c'est à bon droit que la cour d'appel, chambre des appels correctionnels, se déclare incompétente pour statuer sur la demande de mise en liberté provisoire d'un individu condamné par un conseil de guerre et qui veut se mettre en état (Crim. rej. 1er déc. 1871, cité *supra*, n° 882). C'est encore en appliquant la même règle que la cour de Rennes a décidé qu'en cas de pourvoi contre un arrêt confirmant, avec adoption de motifs, la condamnation prononcée par un tribunal correctionnel, le condamné, s'il veut se faire relever de l'obligation de se mettre en état, doit adresser sa demande de mise en liberté provisoire, non au tribunal, mais à la cour de laquelle émane l'arrêt attaqué (Rennes, 26 mars 1868, aff. Bellanger, D. P. 69. 2. 184).

886. Bien que la disposition du paragraphe 2 de l'art. 116 ne vise expressément que les condamnés, une jurisprudence constante admet l'accusé, même après la signification de l'arrêt d'accusation qui le renvoie devant la cour d'assises, *s'il forme un recours*, à solliciter la faveur d'être laissé en liberté provisoire pendant l'instance engagée par son pourvoi en cassation. La demande est alors portée devant la chambre des mises en accusation (Crim. rej. 23 avr. 1868, aff. Chavagnac, D. P. 68. 1. 409 ; Crim. cass. 8 juin 1872, aff. Besnard, D. P. 72. 1. 381 ; Crim. rej. 13 juin 1872, aff. Meyer, D. P. 72. 1. 157 ; Crim. cass. 12 avr. 1884, aff. Gibrat, *Bull. crim.* n° 139). V. aussi conf. Dijon, 12 août 1891, aff. X..., D. P. 92. 2. 388. Il est à remarquer toutefois que la mise en liberté provisoire ne pouvant, en pareil cas, avoir d'autre objet que de dispenser l'accusé de l'obligation de la mise en état, la chambre d'accusation n'a le pouvoir de l'accorder que jusqu'à ce qu'il ait été statué sur le pourvoi, dont le rejet amène nécessairement l'exécution immédiate de l'ordonnance de prise de corps décernée contre l'accusé (Arrêt précité du 23 avr. 1868 ; Aix, 19 mai 1869) (1). Et c'est dans ces limites seulement qu'une chambre d'accusation saisie d'une telle demande, est réputée avoir accordé à l'accusé sa mise en liberté provisoire, encore que le dispositif de son arrêt ne s'en expliquerait pas, si elle a visé dans les motifs dudit arrêt, et dans les termes impliquant qu'elle n'entend pas le contredire, l'art. 126 nouveau c. instr. crim., qui assigne pour terme à la liberté provisoire l'époque où l'ordonnance de prise de corps, devenue définitive, doit être mise à exécution (Même arrêt du 23 avr 1868).

887. Il est, d'ailleurs évident, en présence des termes

---

(1) (**Frogier de Poullevoy C.** Ministère public.) — La cour ; — Attendu que si, aux termes des art. 116 et 126 c. instr. crim., la mise en liberté provisoire d'un accusé ne peut plus être prononcée ni même se prolonger après l'ordonnance de prise de corps rendue contre lui, cette règle doit souffrir exception dans le cas où, l'arrêt de renvoi étant l'objet d'un pourvoi en cassation, la validité de l'ordonnance de prise de corps qu'il contient se trouve par là même mise en question ; — Attendu que cette interprétation est conforme à l'esprit de la loi, tel qu'il ressort de l'exposé des motifs et du rapport qui l'ont précédée ; qu'elle a été consacrée, du reste, par la jurisprudence uniforme de la cour suprême ; — Attendu qu'en l'état d'un pourvoi en cassation, la demande de mise en liberté provisoire est un incident se rattachant à l'exécution de la décision attaquée et doit être portée, par suite, devant la juridiction qui a rendu cette décision ; — Attendu que, par acte en date du 17 mai courant, Frogier de Poullevoy a déclaré se pourvoir en cassation contre l'arrêt qui

le renvoie devant la cour d'assises ; — Attendu que ce pourvoi est fondé sur un des griefs énumérés par l'art. 299 c. pén., et qu'il n'appartient pas à la cour d'en apprécier la valeur juridique ; — Attendu que, suivant la pensée qui a dicté la loi du 14 juin 1865, la mesure de la détention préventive cesse d'être nécessaire, dans les limites qu'elle détermine, toutes les fois que l'accusé offre des garanties telles qu'elles donnent l'assurance qu'il se présentera à toute réquisition devant la justice ;
Par ces motifs,
Se déclarant compétente, dit que Frogier de Poullevoy sera mis en état de liberté provisoire jusqu'au jour où l'ordonnance de prise de corps rendue contre lui sera devenue définitive, à la charge de verser préalablement, à titre de cautionnement, en espèces, entre les mains du receveur de l'enregistrement, une somme de 4000 fr.
Du 19 mai 1869.—C. d'Aix, ch. corr.—MM. Guérin, pr.-Lépidi, subst. du proc. gén.-Mistral, av.

formels de l'art. 126 : 1° que l'accusé, qui a laissé passer en force de chose jugée l'arrêt de renvoi et l'ordonnance de prise de corps, ne peut plus former devant la chambre d'accusation une demande de mise en liberté provisoire ; — 2° Que le rejet du pourvoi formé par un accusé contre un arrêt de la chambre d'accusation, qui le renvoie aux assises, rend à l'ordonnance de prise de corps sa force exécutoire, momentanément interrompue, et que, dès lors, cet accusé renvoyé aux assises ne peut plus s'adresser à aucune juridiction pour obtenir sa mise en liberté provisoire (Crim. rej. 23 avr. 1868, aff. Chavagnac, D. P. 68. 1. 409; 19 juin et 16 juill. 1868, aff. Brun, et aff. Avrard, D. P. 69. 1. 120; 8 juin 1872, aff. Besnard, D. P. 72. 1. 381; Crim. cass. 13 juill. 1872, aff. Dhée, D. P. 72. 1. 333 ; Crim. rej. 14 mars 1873, aff. Samuel, D. P. 73. 1. 92; 5 oct. 1882, aff. Dedit, D. P. 83. 1. 44; 9 nov. 1882, aff. Viennet, D. P. 83. 1. 44; 12 avr. 1884, Bull. crim. n° 139; 13 août 1885, Bull. crim., n° 249). Et il a été jugé, avec raison, que l'individu contre lequel il existe un arrêt de renvoi devant la cour d'assises, arrêt devenu définif et non frappé d'un pourvoi en cassation, n'est pas recevable à demander à la chambre des mises en accusation le bénéfice de la liberté provisoire, alors même que ledit arrêt ne lui aurait pas été notifié, puis que l'ordonnance de prise de corps (Crim. rej. 3 avr. 1875, Bull. crim., n° 109).

888. On a dit supra, n° 881, que les cours d'assises n'ont pas le droit d'accorder la mise en liberté provisoire des accusés traduits devant elles. La raison en est simple : en matière de crime, la liberté provisoire a un terme qui a été marqué par la loi, dans l'art. 126 c. instr. crim. : c'est l'ordonnance de prise de corps. Après cette ordonnance, il n'y a plus de mise en liberté provisoire possible. « L'art. 126, selon l'expression de M. Faustin Hélie, t. 4, n° 1993, place avec ses termes absolus sur toute la procédure postérieure, et on ne voit pas comment des liens de cette ordonnance pourraient être relâchés, puisque l'art. 116, qui explique et confirme le sens de l'art. 126, n'a point placé la cour d'assises parmi les juridictions qui peuvent statuer sur la liberté provisoire ». La chambre criminelle l'a ainsi jugé par de nombreux arrêts (Crim. rej. 13 juin 1872, aff. Meyer, D. P. 72. 1. 157; 13 juill. 1872, aff. Dhée, D. P. 72. 1. 333 ; 5 oct. 1882, aff. Dedit, D. P. 83. 1. 44; 9 nov. 1882, aff. Viennet, D. P. 83. 1. 44; 12 avr. 1884, Bull. crim., n° 439 ; 13 août 1885, ibid., n° 249. Conf. C. d'ass. de la Seine-Inférieure, 26 déc. 1871, aff. Breton, D. P. 71. 2. 200; C. d'ass. du Nord, 29 nov. 1871, aff. Mescart, D. P. 72. 2. 94). A la vérité, plusieurs cours d'assises se sont prononcées en sens contraire (C. d'ass. de Saône-et-Loire, 25 juin 1867, aff. Petitjean, D. P. 71. 2. 65 ; de l'Aveyron, 11 mars 1871, aff. Savignac, D. P. 71. 2. 65 ; de Saint-Denis, 8 janv. 1872, aff. Miramon, D. P. 72. 2. 92 ; de la Somme, 15 janv. 1872, aff. Dhée, D. P. 72. 2. 93 ; de la Haute-Vienne, 5 févr. 1872, aff. Dhée, D. P. 72. 2. 93 ; d'Indre-et-Loire, 11 juin 1872, aff. Pascault, D. P. 72. 2. 92). — La plupart de ces arrêts ont été rendus au cas de renvoi de l'affaire à une autre session. Il faut reconnaître que, dans cette hypothèse, rien ne serait plus désirable que de reconnaître à la cour d'assises la faculté d'accorder la mise en liberté provisoire (Garraud, Précis, p. 603, note), mais les termes de la loi sont impératifs pour la lui refuser. (Dans ce dernier sens, V. les arrêts de cassation précités des 13 juin 1872, 13 juill. 1872, 9 nov. 1882, 12 avr. 1884, 13 août 1885. — Contra : Trébutien, t. 2, p. 364). A ce point de vue, le projet de loi tendant à réformer le code d'instruction criminelle propose de modifier l'art. 126 en accordant à la cour d'assises, saisie d'une affaire criminelle, le droit de statuer sur la mise en liberté de l'accusé, lorsqu'elle prononce le renvoi à une autre session (art. 126 du projet de la commission).

Un décret du gouvernement de la Défense nationale du 30 sept. 1870 (D. P. 70. 4. 94) a autorisé, pendant la suspension des séances du département de la Seine, les présidents de la cour d'assises à prononcer, après examen, et le ministère public entendu, la mise en liberté provisoire des accusés renvoyés devant ladite cour. Ce décret ne pouvait avoir et n'a eu qu'une autorité provisoire.

889. Toutefois, il faut prendre garde que la défense de statuer sur la liberté provisoire à partir du moment où la cour d'assises est saisie n'existe qu'au grand criminel. Il a

été jugé, avant la loi du 29 juill. 1881 sur la presse : 1° que la demande en liberté provisoire formée par un prévenu condamné pour délit de presse par la cour d'assises, à l'effet d'être dispensé de se mettre en état pour rendre recevable son pourvoi, peut, au cas où elle intervient après la clôture de la session, être compétemment portée devant la chambre des mises en accusation (Poitiers, 28 sept. 1872, aff. Vignolle, D. P. 73. 2. 53 ; — 2° Que la chambre d'accusation est compétente pour statuer sur la demande de mise en liberté provisoire formée par un prévenu d'outrage envers des fonctionnaires publics, condamné à l'emprisonnement par la cour d'assises et qui s'est pourvu en cassation après la clôture de la session (Crim. cass. 4 déc. 1875, aff. Larbaud, D. P. 76. 1. 416). — La question ne pourrait plus se poser aujourd'hui dans les mêmes termes, puisque la loi du 29 juill. 1881 interdit d'arrêter préventivement les prévenus d'infractions aux lois sur la presse (domiciliés en France), sauf le cas de crime (art. 49). — V. supra, v° Presse n° 1691. L'arrestation préventive n'étant plus possible, en matière de presse, quand le prévenu est poursuivi pour simple délit, il ne peut plus être question de la mise en liberté provisoire d'un simple délinquant, si ce n'est pourtant (depuis la loi du 12 déc. 1893, D. P. 94. 4. 9) dans les cas prévus, aux art. 23, 24, § 1 et 3, et 25 de ladite loi (V. supra, v° Presse, L. 12 déc. 1893, n°s 14 et suiv., t. 13, p. 749.) Mais, en cas de crime de presse, nous estimons qu'il faudrait rentrer dans la règle et interdire à la chambre d'accusation aussi bien qu'à la cour d'assises la faculté de mettre l'accusé ou le condamné en liberté provisoire à partir de l'ordonnance de prise de corps.

890. Quelques situations particulières ont échappé aux prévisions du législateur de 1865. Un accusé condamné par la cour d'assises à une peine simplement correctionnelle, par suite de l'admission de circonstances atténuantes, se pourvoit en cassation ; peut-il obtenir son élargissement ou son maintien en liberté provisoire, et dans le cas de l'affirmative, à qui doit-il s'adresser ? Sous l'ancien code, on reconnaissait le condamné recevable, en ce cas, à demander sa liberté provisoire, et l'on décidait qu'il devait se pourvoir à cet effet, soit devant la cour d'assises elle-même, si elle siégeait encore, soit à la chambre d'accusation après la clôture de la session (C. d'ass. de la Loire-Inférieure, 9 mars 1844, aff. Ange de Léon, Rép. n° 721-1° ; Crim. rej. 3 août 1850, aff. Ader, D. P. 50. 1. 331 ; Crim. cass. 28 mai 1847, aff. Fagalde, D. P. 47. 1. 215). Nous croyons avec M. Dutruc, Le code de la détention préventive, n° 91, et avec M. Ach. Morin, Journal du droit criminel, art. 8112, p. 307, que, le nouvel art. 126 interdisant, sans faire aucune distinction, la mise en liberté provisoire à partir de l'ordonnance de prise de corps contenue dans l'arrêt d'accusation, il ne saurait être permis d'en limiter l'application au cas où l'accusé a été condamné à une peine criminelle.

891. La solution devrait-elle être la même si l'accusé avait été seulement frappé d'une peine correctionnelle, parce que le fait aurait dégénéré aux débats en simple délit ? Nous ne le pensons pas. En effet, le motif qui a déterminé le législateur à assigner l'ordonnance de prise de corps comme terme de l'élargissement ou du maintien de la liberté provisoire, c'est le préjugé que cette ordonnance élève contre l'accusé. Or, dit M. Dutruc, « si l'on comprend que cette limite doive être observée même au cas où le crime n'a été puni que d'une peine correctionnelle, parce que, malgré cet adoucissement, la répression conserve toujours une certaine gravité, n'en est-il pas autrement lorsque le fait se trouve ramené aux proportions d'un simple délit, et que la peine peut être indéfiniment réduite ? Le préjugé attaché à l'ordonnance de prise de corps ne s'évanouit-il pas alors avec les circonstances qui avaient donné au fait la fausse apparence d'un crime ? Si ce fait avait dès le principe revêtu son caractère de délit, l'inculpé eût pu conserver après la condamnation la liberté provisoire qui lui avait été accordée antérieurement ou qui même lui aurait appartenu de plein droit dans le cas du paragraphe 2 de l'art. 113. Serait-il équitable, serait-il logique qu'il fût privé de cet avantage, parce que la poursuite a été mal à propos portée devant la cour d'assises ? » (n° 68, p. 91). Conf. Morin, loc. cit. Ces considérations nous paraissent d'un grand poids. Nous estimons qu'en pareille hypothèse la chambre d'accu-

sation, qui a plénitude des juridictions en matière criminelle, pourrait être saisie de la demande en liberté provisoire.

892. A qui appartiendra la compétence si, au moment où le prévenu veut former sa demande, il n'y a point de juridiction saisie, ce qui se présente dans le cas de conflit négatif, et aussi après une condamnation correctionnelle contre un détenu qui demande la liberté provisoire *pendant le délai d'appel*? Les uns (Flamand, *Étude sur la détention préventive et la liberté provisoire*, 198) attribuent compétence à la juridiction qui a statué en dernier lieu. Les autres (Garraud, p. 606 ; Laborde, p. 606, n° 1068) décident que la demande en liberté provisoire doit être adressée à la chambre d'accusation. Cette chambre est en effet présentée par les dispositions organiques qui l'instituent (c. instr. crim. art. 9 et L. 20 avr. 1810, art. 11), comme investie de la plénitude de juridiction pour toutes les mesures qui touchent à l'instruction des crimes et délits. La jurisprudence s'est formellement prononcée dans ce dernier sens (Besançon, 17 janv. 1870, aff. Tissot, D. P. 72. 2. 119 ; Aix, 10 févr. 1872, aff. Bay, D. P. 72. 2. 119 ; Poitiers, 27 juill. 1882, cité *suprà*, n° 884 ; Crim. cass. 4 déc. 1875, aff. Larbaud, D. P. 76. 1. 416 ; Crim. rej. 28 mai 1886, aff. Charlot, D. P. 87. 1. 91-92). Le projet de réforme du code d'instruction criminelle a prévu la difficulté et décidé que « *dans tous les autres cas* la requête peut être adressée à la chambre des mises en accusation » (nouvel art. 126).

893. Il a été décidé que, le pourvoi formé contre l'arrêt de la chambre des mises en accusation ayant un effet suspensif, les effets de l'ordonnance de prise de corps sont neutralisés, et le procureur général est sans droit pour ordonner l'arrestation de l'accusé qui, en vertu d'un arrêt intervenu au cours de la procédure, se trouvait en état de liberté provisoire (Crim. rej. 3 avr. 1875, *Bull. crim.*, n° 109). Cela ne pouvait, à notre avis, faire difficulté.

894. Signalons enfin la disposition spéciale de l'art. 12 du décret du 15 nov. 1893, portant modification à l'organisation du service judiciaire en Nouvelle-Calédonie, aux termes duquel : « En toute matière et en tout état de cause, le droit d'accorder la liberté provisoire, avec ou sans caution, appartient au *procureur général* » (*Journ. off.* du 16 novembre).

895. — 2° *Formes de la demande.* — Les formes de la demande en liberté provisoire sont très simples. L'intention du législateur de 1865, affirmée dans les travaux préparatoires, a été *d'abréger les délais et de simplifier les formes* pour que la décision à intervenir sur la demande en liberté provisoire ne fût pas retardée.—Le prévenu dépose au greffe de la juridiction compétente une requête tendant à ce que la liberté lui soit accordée. Cette requête peut être remise au juge d'instruction ou au procureur de la République, qui la transmet avec ses réquisitions (Sarraute, n° 645). La requête n'est soumise à aucune forme particulière (art. 117). Dans la pratique elle est ordinairement sur papier timbré ; mais aucun texte ne l'exige, et nous croyons qu'elle pourrait être faite sur papier libre (Dutruc, n° 70 ; Sarraute, n° 646). Une simple lettre peut même suffire (Dutruc, *eod. loc.* ; Massabiau, t. 2, n° 1886 ; Marion, p. 303 ; Carnot, t. 1, p. 450 ; Sarraute, n° 646). L'inculpé peut, d'ailleurs, fournir, à l'appui de sa requête, des observations écrites (art. 117).

896. Lorsque la demande est adressée au juge d'instruction, suffit-il qu'elle soit consignée sur un procès-verbal d'interrogatoire ? M. Achille Morin le pense (*Journal du droit criminel*, art. 8112, p. 308) ; mais il nous semble plus rationnel et plus conforme aux exigences de la procédure dont il s'agit, de décider que l'inculpé doit former sa demande par véritable requête, c'est-à-dire par une demande écrite et spéciale (Dutruc, *loc. cit.*).

897. Quelle que soit la juridiction qui doive statuer, la requête est communiquée au ministère public, qui met ses conclusions au bas (Dutruc, n° 72 ; Sarraute, n° 648). Rigoureusement, le ministère public pourrait se borner à des conclusions orales ; mais, alors du moins, il serait nécessaire que la décision rendue mentionnât son audition (Dutruc, n° 72 ; Morin, n° 17 ; Marion, p. 303).

898. La requête est notifiée à la partie civile, à son domicile ou à celui qu'elle aura élu, et celle-ci a un délai de vingt-quatre heures, à partir du jour de la notification, pour présenter des observations écrites (art. 118). A défaut de notification, la demande, comme on l'a déjà dit au *Rép.*, n° 727, devrait être déclarée non recevable quant à présent. Il est, d'ailleurs, certain que la partie civile ne conserve pas moins le droit de présenter des observations dans le cas où elle n'aurait pas reçu notification de la demande, lorsque celle-ci est exigée. Il ne peut, en effet, dépendre de l'inculpé de la priver de cet avantage (*Rép.* n° 728. Conf. Mangin, *De l'instruction écrite*, n° 181 ; Dutruc, n° 75 ; Sarraute, n° 652). — La demande est évidemment dispensée de la notification lorsque la mise en liberté provisoire est de droit, puisque alors l'inculpé ne pourrait être soumis à un cautionnement, et que, par conséquent, la partie civile serait sans intérêt à prendre part au débat (Dutruc, n° 74 ; Sarraute, n° 655).

899. Lorsque c'est à des juges autres que le juge d'instruction que la demande est adressée, il y est statué en la chambre du conseil, c'est-à-dire sans publicité (art. 117).

900. Quelle que soit la juridiction, la décision est inscrite au bas de la requête, après les conclusions du ministère public (Dutruc, n° 72 ; Massabiau, t. 2, n° 1886 ; Duverger, t. 2, n° 457).

La décision, étant susceptible d'un recours, doit être motivée (Crim. cass. 13 mai 1852, aff. Bonnet, D. P. 52. 5. 371). Bien entendu, le juge n'est pas tenu de se conformer à ces conclusions (Circ. min. just. 14 oct. 1865, D. P. 66. 3. 10). — Cette même circulaire recommande au ministère public, dans les poursuites correctionnelles, de ne plus s'en tenir au réquisitoire introductif ; toute modification amenée par les progrès de la procédure, soit dans les énonciations du premier acte relativement au domicile, soit dans la nature de la prévention, doit être constatée par un nouveau réquisitoire, que le juge puisse consulter, notamment pour la solution de la question de mise en liberté provisoire (n° 14).

901. — 3° *Recours.* — Le code de 1808 n'ouvrait expressément aucune voie de recours contre la décision statuant sur la demande de mise en liberté provisoire. Toutefois la jurisprudence (*Rép.* n°s 731 à 736) et les auteurs avaient admis que les parties pouvaient se pourvoir par appel ou recours en cassation contre les jugements ou arrêts intervenus en cette matière, et cela dans les délais établis par le droit commun à l'égard de la juridiction qui avait statué (Mangin, n° 183 ; Trébutien, t. 1, p. 285 ; Berriat-Saint-Prix, n° 508). Le nouvel art. 119 (texte de la loi du 14 juill. 1865) consacre en termes formels le droit d'opposition et d'appel contre toute décision rendue sur la demande en liberté provisoire ; mais il renferme dans un délai uniforme de vingt-quatre heures l'exercice de ce droit à l'égard tant du procureur de la République que de la partie civile et de l'inculpé ; le procureur général seul peut attaquer l'ordonnance du juge d'instruction dans les dix jours de sa date, mais sans préjudice de son exécution provisoire (art. 135, dernier paragraphe).

902. Le délai de vingt-quatre heures court, d'après l'art. 119, contre le procureur de la République, à compter du jour de l'ordonnance ou du jugement, et contre l'inculpé ou la partie civile, à compter du jour de la notification. — Si l'inculpé était détenu, la notification serait-elle nécessaire pour faire courir le délai ? Ne suffirait-il pas de la communication de la décision donnée à l'inculpé par le greffier, comme le prescrit l'art. 135 ? Les termes formels de l'art. 119 nous paraissent, comme à M. Dutruc (n° 80), difficilement permettre d'appliquer ici cette distinction, quelque rationnelle qu'elle soit, et nous croyons la notification nécessaire dans tous les cas (Conf. Sarraute, n° 659. — *Contrà*, Faustin Hélie, t. 4, p. 700).

903. L'opposition est consignée sur un registre tenu au greffe à cet effet (art. 119). La loi n'exige point que l'opposition du procureur de la République ou de la partie civile soit notifiée à l'inculpé (Conf. Crim. rej. 8 févr. 1855, *Bull. crim.*, n° 134). Néanmoins le ministère public devra considérer comme un devoir de la porter à la connaissance de celui-ci (Dutruc, n° 82 ; Marion, p. 304).

904. Si la décision sur la liberté provisoire émane même de la cour d'appel ou de la cour d'assises, elle est suscepti-

ble d'un recours en cassation (Dutruc, n° 79 ; Faustin Hélie, n° 2004 ; Sarraute, n° 663 ; Morin, *Journal du droit criminel*, art. 8112, n° 19). Quel sera, dans ce cas, le délai de pourvoi ? Par exception à la règle générale de l'art. 373, qui accorde trois jours, l'exposé des motifs de la loi du 14 juill. 1865, n° 17 (D. P. 65. 4. 148 et 156) indique expressément le délai de vingt-quatre heures, qui est le délai normal en la matière (Dutruc, n° 79, p. 100 ; Garraud, p. 608, note ; Laborde, n° 1072). — *Contrà :* Faustin Hélie, n° 2004 ; Marion, p. 304, qui estiment qu'il n'y a pas lieu de faire exception à la règle de l'art. 373.

Art. 4. — *Des conditions de la mise en liberté provisoire, fixation et mode du cautionnement ; mise en liberté du prévenu* (Rép. n°° 737 à 762).

905. La liberté provisoire (quand elle n'est pas de droit) ne peut être accordée qu'à la double condition pour le requérant : 1° de prendre l'engagement de se représenter à tous les actes de la procédure et pour l'exécution du jugement aussitôt qu'il en sera requis (art. 113, § 1) ; 2° d'élire domicile dans la ville où siège la juridiction saisie de sa demande (art. 121, § 3). « L'élection de domicile, ainsi que le dit Mangin, *De l'instruction écrite*, t. 1, n° 197, est destinée à tenir lieu de la personne du prévenu lui-même, et à empêcher que sa mise en liberté n'occasionne des retards dans les actes d'instruction qui doivent lui être notifiés, ou pour lesquels on a besoin de sa présence ».

906. Il est une troisième condition, aujourd'hui simplement *facultative*, c'est le cautionnement. L'ancien art. 114 décidait que le prévenu ne pourra être mis en liberté provisoire que moyennant caution. Par une innovation des plus importantes, la loi du 14 juill. 1865 a rendu le cautionnement facultatif pour le juge comme la mise en liberté provisoire elle-même, abandonnée entièrement à l'appréciation du magistrat, sans aucune limite de maximum ni de minimum, la détermination de la quotité de ce cautionnement, lorsqu'il croit devoir l'exiger (art. 114 et 120 nouveaux). Le cautionnement peut être remplacé par l'engagement d'une tierce personne solvable (art. 120, § 2). V. *infrà*, n° 911.

Ainsi la juridiction compétente peut ordonner la mise en liberté provisoire : 1° sans caution ; 2° avec caution ; 3° ou avec l'engagement d'un tiers solvable (cautionnement *personnel*).

907. Quand aucune caution n'est exigée, l'inculpé n'est assujetti qu'à l'obligation de prendre l'engagement de se représenter à tous les actes de la procédure, et pour l'exécution du jugement aussitôt qu'il en sera requis (art. 113, § 1). Cet engagement doit être pris devant le magistrat qui statue sur la demande. Généralement, il est déjà formulé dans la requête elle-même. L'ordonnance (ou jugement) en fait mention (Dutruc, n° 43 ; A. Marion, p. 308).

908. Si la mise en liberté provisoire est subordonnée à un cautionnement *réel*, ce cautionnement est fourni en espèces, soit par un tiers, soit par l'inculpé ; le montant en est, suivant la nature de l'affaire, déterminé par la juridiction qui statue. A cet égard, le juge a reçu de la loi nouvelle un pouvoir absolu d'appréciation. L'ancien art. 119 fixait le *maximum* du cautionnement au double de l'amende encourue par le délit au triple du dommage éprouvé, son *minimum* à 500 fr. (Rép. n°° 738 et suiv.). Un décret du 23 mars 1848 (Rép. n° 738), en abaissant indéfiniment le taux du cautionnement, fit disparaître tout *minimum*. La loi du 14 juill. 1865 a supprimé tout *maximum*, et le chiffre du cautionnement est aujourd'hui fixé par la juridiction compétente en pleine et entière liberté.

Ce cautionnement garantit : d'une part, la représentation de l'impétrant à tous les actes de la procédure et pour l'exécution du jugement ; — d'autre part, le payement dans l'ordre suivant : 1° des frais faits par la partie publique ; 2° de ceux avancés par la partie civile ; 3° des amendes (art. 114, § 2). — Sur cette affectation du cautionnement, V. *infrà*, n° 913 et suiv.

909. Des coprévenus, condamnés à un emprisonnement correctionnel pour un délit commis de complicité, ne peuvent-ils être laissés en liberté provisoire, en cas de pour-

voi, que sous la condition de fournir *chacun* un cautionnement *spécial*, et non de verser d'un commun accord un cautionnement unique applicable à tous ? En présence de la latitude laissée, relativement à la fixation du cautionnement, au juge chargé de statuer sur la mise en liberté provisoire, il n'est pas impossible, croyons-nous, d'admettre qu'un cautionnement unique garantisse la représentation de plusieurs coprévenus ; mais la fixation d'un cautionnement individuel semble plus régulière. Une première raison d'imposer à chaque individu l'obligation de fournir un cautionnement spécial se trouve dans cette considération que le montant du cautionnement est calculé sur la position propre de l'individu qui doit le fournir, sa fortune, sa moralité et les autres conditions qui rendent plus ou moins probable sa soumission au jugement. D'autre part, l'application des dispositions de la loi sur la perte du cautionnement peut donner lieu à des difficultés très sérieuses, en cas d'infractions commises par un seul des coprévenus, et il semble qu'il serait injuste de rendre ceux-ci solidaires d'un délit de procédure tout à fait individuel, qu'ils n'ont aucun moyen d'empêcher (V. dans le sens de cette opinion le rapport de M. le conseiller Legagneur, précédant l'arrêt de rejet du 23 févr. 1866 (D. P. 66. 1. 91, col. 1).

910. Bien que le cautionnement immobilier ne soit pas mentionné dans l'art. 120, le législateur n'a pas eu l'intention de l'interdire (Dutruc, n° 83 ; Faustin Hélie, n° 1999 ; Laborde, n° 1073 ; Sarraute, n° 677). Conf. Circ. min. just. du 14 oct. 1865, n° 26 (D. P. 66. 3. 10). « En s'abstenant de reproduire les dispositions du code relatives au cautionnement immobilier (art. 117 et 118), disait l'exposé des motifs de la loi de 1865, p. 30, le projet de loi n'entend pas exclure cette preuve de solvabilité ; il la laisse dans le droit commun.

911. Comme on l'a déjà dit *suprà*, n° 906, le cautionnement réel peut être remplacé par le cautionnement *personnel*, fourni par un tiers, qui prend l'engagement de faire représenter l'inculpé à toute réquisition, ou, à défaut, de verser la somme déterminée (art. 120, § 2). Cet engagement se fait par acte de soumission au greffe (art. 121, § 2). — Avant la loi de 1865, il devait, d'après l'ancien art. 117, être accompagné d'une affectation hypothécaire ; il est aujourd'hui dégagé de cette exigence : il ne peut plus consister que dans la garantie personnelle de celui qui le prend (Garraud, n° 463, p. 605 ; Faustin Hélie, n° 1999 ; Sarraute, n° 676). La loi nouvelle n'exige de la caution personnelle aucune condition particulière de solvabilité ; elle laisse donc au juge le choix des moyens de s'éclairer sur les garanties que présente le tiers qui consent à cautionner l'inculpé.

912. Aux termes de l'art. 121, « si le cautionnement consiste en espèces, il sera versé entre les mains du receveur de l'enregistrement, et le ministère public, sur le vu du récépissé, fera exécuter l'ordonnance de mise en liberté ». Ce soin ne regarde certainement pas le juge d'instruction, qui n'a pas qualité pour faire exécuter ses ordonnances (Rép. n° 762). C'est le procureur de la République qui donne au gardien-chef de la maison d'arrêt l'ordre de lever l'écrou, ou, qui, si le mandat décerné contre l'inculpé n'a pas été encore exécuté, le retire des mains des agents de la force publique auxquels l'exécution en avait été confiée (Carnot, t. 1, p. 465 ; Mangin, n° 197 ; Dutruc, p. 106, note 2 ; Sarraute, n° 681).

Art. 5. — *Objet du cautionnement ; effets de la non-comparution du prévenu* (Rép. n°° 763 à 782).

913. Le cautionnement a deux objets, et il est divisé en deux parties fixées séparément par le juge (art. 114 nouveau). La première partie, qui garantit la représentation de l'inculpé à tous les actes de la procédure et pour l'exécution du jugement, est acquise au fisc, à titre de clause pénale, par cela seul que l'inculpé manque à son engagement de se représenter (art. 122, § 1).

914. Le défaut de représentation emportant la perte du cautionnement peut résulter de la non-comparution du prévenu à un seul des actes de la procédure. Ses effets ne pourraient être arrêtés alors même que le prévenu se représenterait à des actes postérieurs, alors même que le jugement définitif serait rendu contradictoirement avec lui ou

qu'il l'exécuterait pleinement (Mangin, *De l'instruction écrite*, t. 1, n° 199).

En serait-il de même si le prévenu, ayant obtenu sa liberté sous caution, quittait l'audience fixée pour le jugement, après avoir vu rejeter une demande de sursis par lui formée, et déclarait faire défaut? Celui-ci perdrait-il la partie du cautionnement qui garantit la représentation du prévenu à tous les actes de la procédure? M. Morin (*Journal du droit criminel*, 1867, p. 96) a soutenu la négative, par ce motif que le prévenu a toujours le droit de faire défaut; mais la jurisprudence s'est formée en sens contraire. La cour de Chambéry (16 nov. 1866, aff. Reymondon, D. P. 67. 2. 4), puis, sur pourvoi, la cour de cassation (Crim. rej. 1er févr. 1867, D. P. 67. 1. 191) ont jugé que le prévenu qui fait défaut en cas pareil tombe sous le coup de l'art. 125 c. instr. crim.; que le tribunal peut, dans ce cas, décerner mandat d'arrêt, et que la perte du cautionnement est encourue, « attendu, a dit la cour de cassation, que l'engagement de se représenter, prévu par l'art. 113, est général et absolu, et qu'il en résulte, en retour des avantages qu'il procure une restriction au droit de faire défaut; que l'inculpé ne saurait garder pour lui le bénéfice de la liberté provisoire, et rejeter les conséquences légales nées de son engagement et les restrictions que le législateur lui a imposées ». (Conf. Dutruc, *Journal du ministère public*, 1867, p. 31 ; Sarraute, n° 692).

915. Au reste, le défaut de représentation de l'inculpé n'est cause de l'attribution au Trésor de la première partie du cautionnement qu'autant qu'aucun motif légitime ne l'excuse et le juge doit apprécier l'excuse alléguée par le prévenu (Dutruc, n° 92). En cas de refus par le juge de l'agréer, le prévenu pourrait se pourvoir par opposition ou appel contre l'ordonnance contraignant au payement de la première partie du cautionnement (Crim. rej. 13 mai 1837, aff. Bastide, *Rép.* n° 774; Mangin, n° 203; Dutruc, n° 49; Sarraute, n° 691).

916. Cette première partie du cautionnement est évidemment acquise en *totalité* à l'État, dès que l'inculpé est en défaut de se représenter. Le paragraphe 2 de l'art. 122 n'autorise aucune réduction de la confiscation qu'il prononce. Déjà, avant la loi de 1865, alors que le cautionnement n'était pas divisé en deux parties, la cour de cassation avait décidé qu'il devait être déclaré perdu en totalité, et non pas seulement jusqu'à concurrence des condamnations pécuniaires que renferme le jugement (Crim. rej. 1er févr. 1861, aff. Chancel, D. P. 61. 1. 136). Le même arrêt a jugé que l'attribution du cautionnement au Trésor est valablement prononcée, même après la prescription de la peine par le condamnée. Cette doctrine, conforme à celle de Mangin, n° 204, est contraire à celle qui a été soutenue au *Rép.*, n°766.

917. Aucun doute ne peut plus s'élever aujourd'hui sur le sort du cautionnement dans le cas où le prévenu, après avoir fait défaut dans la procédure, se présenterait pour exécuter le jugement. Nous avons émis au *Rép.*, n° 768, l'opinion que la destination du cautionnement étant de servir de gage, non seulement aux frais des poursuites, aux réparations civiles et à l'amende, mais encore à l'exécution de la peine d'emprisonnement, lorsque le prévenu qui avait fait défaut se présente pour subir sa peine ou est arrêté, ce qui reste sur le montant du cautionnement, après le prélèvement des frais, des réparations civiles et de l'amende, ne peut être réputé acquis au Trésor et doit être restitué à la caution (Conf. Crim. cass. 19 oct. 1821, *ibid.*). Mais une telle décision ne pourrait plus être soutenue aujourd'hui : la loi nouvelle a précisément fait le partage du cautionnement suivant sa double destination, et il est évident, en présence des termes de l'art. 122, § 2, que la première partie est acquise irrévocablement par l'État par le seul fait du défaut, la seconde attendant le résultat des poursuites pour répondre, le cas échéant, des suites pécuniaires de la condamnation.

918. Ajoutons que, d'après la circulaire du ministre de la justice du 14 oct. 1865, l'attribution à l'État de cette première partie du cautionnement est irrémissible par voie de grâce (D. P. 66. 3. 10, n° 27).

919. Par une exception remarquable aux principes en matière de la clause pénale, la loi réserve aux cours et tribu-

naux la faculté d'ordonner la restitution de la première partie du cautionnement en cas d'acquittement, d'absolution ou de renvoi des poursuites (art. 122, § 3). Cette restitution facultative du cautionnement peut être ordonnée non seulement en cas de jugement ou arrêt, mais encore en cas d'ordonnance ou arrêt de non-lieu : l'équité le commande ainsi (Dutruc, n° 90, p. 110, note 1; Paringault, *Réforme de la législation sur la mise en liberté provisoire*, n° 55; Sarraute, n° 688). Il en faut dire autant du cas où celui qui, pour rendre recevable son pourvoi en cassation contre un jugement ou arrêt de condamnation à une peine emportant privation de la liberté, avait fait ordonner son élargissement provisoire, conformément à l'art. 421 c. inst. crim., obtient l'annulation de cette condamnation (Dutruc, *loc. cit.*; Mangin, n° 198; Crim. cass. 2 juin 1832, *Rép.* v° *Cassation*, n° 2002; Crim. rej. 13 août 1853, aff. Higuandon, D. P. 53. 5. 289).

920. L'art. 122, § 1, dispose que « les obligations résultant du cautionnement cessent si l'inculpé se présente à tous les actes de la procédure et pour l'exécution du jugement ». Quelle est au juste la portée de cette disposition? Faut-il l'entendre en ce sens que les deux parties du cautionnement redeviennent libres, et que le condamné peut se faire restituer l'une et l'autre? Ce serait une erreur. Il a été jugé « que cette disposition n'est pas absolue et ne doit s'appliquer qu'à la première partie du cautionnement » (c'est-à-dire celle qui garantit la représentation de la personne), la deuxième partie restant toujours, en cas de condamnation, affectée au jugement des frais et amendes (Crim. rej. 14 mars 1874, aff. Sallé, D. P. 74. 1. 77; C. d'ass. du Rhône, 8 mars 1882, aff. Olibo, D. P. 83. 2. 234).

921. La seconde partie du cautionnement garantit le payement dans l'ordre suivant : 1° des frais faits par la partie publique; 2° de ceux avancés par la partie civile; 3° des amendes (art. 114, § 2). En cas de renvoi des poursuites, elle est restituée de plein droit (art. 123, § 1). S'il y a condamnation, elle est affectée aux frais et à l'amende dans l'ordre énoncé dans l'art. 114; le surplus, s'il y en a un, est restitué (§ 2).

922. Au sujet de cette seconde partie du cautionnement, plusieurs observations sont à présenter. — En premier lieu, il est certain qu'alors même que l'inculpé s'est présenté à tous les actes de la procédure, il ne doit pas, en cas de condamnation, lui être fait restitution de la partie du cautionnement affectée au payement des frais et amendes (Arrêts des 14 mars 1874 et 8 mars 1882 cités *suprà*, n° 920). En second lieu, il faut remarquer que le cautionnement ne garantit plus aujourd'hui le payement des dommages-intérêts que peut encourir l'inculpé. Il en était autrement avant la loi du 14 juill. 1865, l'art. 121 c. instr. crim. comprenant les « réparations civiles » au nombre des condamnations garanties par le cautionnement (*Rép.* n° 763). Mais, lors de la discussion de la loi précitée, un amendement fut présenté au Corps législatif par MM. Mathieu, Welles de Lavalette et autres pour exclure formellement les réparations civiles et cet amendement a été adopté. « Le législateur a pensé avec raison que si la détention préventive se justifie, c'est seulement quand elle sert un intérêt public, et qu'appliqué à un intérêt privé, elle est odieuse » (Faustin Hélie, t. 4, n° 2000). Nous pensons, néanmoins, que l'individu qui a versé le cautionnement est condamné envers l'État à des dommages-intérêts, le Trésor a le droit de se payer de ces dommages-intérêts sur le reliquat, s'il en existe, car « il ne se dessaisirait de la somme que pour les réclamer en même temps, sans compter qu'il s'exposerait à l'insolvabilité du débiteur ou à sa fuite » (Sarraute, n° 695).

923. Mais il a été jugé qu'en cas de condamnation solidaire prononcée contre plusieurs inculpés, dont quelques-uns seulement ont fourni caution, la somme dont le payement est garanti par le cautionnement de chacun des autres inculpés ne comprend que sa part contributive dans les frais et amendes, y compris ceux incombant aux inculpés qui n'ont pas déposé de cautionnement. Et l'État ne peut se prévaloir du principe de la solidarité pour imputer sur l'un des cautionnements, fourni par un tiers, la totalité des frais et amendes encourus par les condamnés solidaires, jusqu'à due concurrence et épuisement de la somme versée, de manière à laisser libre sur les autres cautionnements

une somme plus forte pour le payement des dommages-intérêts compris dans la condamnation (Amiens, 19 août 1876) (1). — Cette décision est juridique. La solution contraire aurait pour conséquence de faire servir indirectement au payement des dommages-intérêts un cautionnement fourni par une personne qui n'est pas tenue de ceux-ci, et dont les fonds, versés pour la libération du prévenu, ne doivent, d'après la loi, garantir que les frais et amendes dus par ce dernier. On ne saurait objecter, d'ailleurs, que, la condamnation étant solidaire, l'État avait par là même le droit de réclamer la totalité des frais et amendes de l'un quelconque des inculpés. L'arrêt réfute cette objection d'une

façon décisive, en répondant que « si le créancier d'une obligation solidaire peut s'adresser, pour en avoir le payement, à celui des débiteurs qu'il veut choisir, il ne doit plus en être ainsi lorsque le créancier se trouve, comme dans l'espèce, payé d'avance, par tous ou plusieurs des débiteurs, au moyen d'un dépôt de fonds préalable avec affectation spéciale, le payement de la dette s'opérant alors virtuellement dès l'instant où la condamnation est devenue définitive ».

924. En troisième lieu, s'il est vrai que la partie du cautionnement affectée à la garantie du payement des frais faits par la partie publique et de ceux avancés par la partie civile, doit être, restituée en cas d'acquittement, il n'en

(1) (Roch-Mazinghien, C. Caisse des consignations.) — Le sieur Lober ayant été poursuivi en même temps que six autres prévenus pour délit de fraude sur des fournitures militaires, a obtenu sa mise en liberté provisoire à charge de verser un cautionnement, dont la seconde partie, destinée à garantir le payement des frais et amendes, fut fixée à 15 000 fr. Quatre autres prévenus avaient versé des cautionnements s'élevant en tout à 35 000 fr. Cette somme de 15 000 fr. avait été versée par un sieur Roch-Mazinghien. Par arrêt de la cour d'Amiens du 12 juill. 1873, les divers prévenus ont été condamnés, solidairement, à des amendes de quotités diverses, formant une somme totale de 20 640 fr. et au payement des frais liquidés à 6 460 fr. 56 cent. Les divers prévenus ont été, en outre, condamnés solidairement envers l'État à des dommages-intérêts s'élevant à 230 000 fr. L'administration de l'Enregistrement toucha d'abord le 15 000 fr. formant le cautionnement du sieur Lober, puis elle préleva ce qui restait dû, pour amendes et frais, sur le montant des autres cautionnements, et appliqua le surplus de ces cautionnements au payement des dommages-intérêts auxquels les prévenus avaient été condamnés solidairement. Le sieur Roch-Mazinghien s'est pourvu par requête devant la chambre du conseil de la chambre correctionnelle de la cour d'Amiens, qui avait rendu l'arrêt du 12 juill. 1874, afin d'obtenir la restitution de la partie du cautionnement excédant sa part dans les frais et amendes, y compris ceux à la charge des condamnés insolvables.

La cour, — Vu la requête présentée le 16 juin 1876 par le sieur Roch-Mazinghien, à l'effet d'obtenir du trésorier-payeur général du Nord en sa qualité de préposé de la Caisse des dépôts et consignations, la restitution des sommes devant rester libres sur le cautionnement déposé le 27 mars 1876 par ledit Roch-Mazinghien, de ses deniers personnels, pour la mise en liberté provisoire de l'inculpé Lober ; — Vu les pièces produites à l'appui de ladite requête, et les dispositions des art. 114, 122, 123 et 124 c. instr. crim.; — Considérant que la Caisse des dépôts et consignations est chargée, aux termes de l'art. 124 c. instr. crim., modifié par la loi du 14 juin 1865, de faire, sans délai, aux ayants droit, la distribution des sommes déposées ou recouvrées en exécution de ladite loi ; — Considérant que le tiers qui, de ses deniers, a fourni le cautionnement pour la mise en liberté provisoire d'un inculpé est évidemment un ayant droit dans le sens de l'art. 123 in fine; — Que la fixation des droits de chacun sur les sommes déposées, est confiée par la loi précitée, à la juridiction même qui a jugé les prévenus pour la mise en liberté desquels ces fonds avaient été déposés, et que les contestations en pareille matière doivent être vidées sur requête, en chambre du conseil, comme incidents de l'exécution du jugement; — Considérant que les inculpés Meunier, Lober, et autres ont été condamnés par la deuxième chambre de la cour d'appel d'Amiens le 12 juill. 1873 ; qu'en conséquence, c'est à cette chambre qu'il appartient de statuer sur la réclamation formée par le sieur Roch-Mazinghien; — Au fond; — Considérant que le cautionnement de 15 000 fr. en espèces versé par Roch-Mazinghien le 27 mars 1872 était affecté spécialement par la loi à la garantie du payement des frais et des amendes qui pourraient être encourus par Lober; — Que si l'arrêt du 12 juill. 1873 a condamné les sept prévenus solidairement entre eux pour les frais, il a, pour ce qui concerne les amendes, restreint, comme suit, cette solidarité; — Que Lobert, Meunier et Maufield ont été condamnés chacun à 5 000 fr. et la femme à 1 000 fr. d'amende, solidairement entre eux, mais que la solidarité n'a pas été prononcée entre Lober, Hickson, Houzé et Thorel, relativement aux amendes; — Considérant que la Caisse des dépôts et consignations n'a pu légalement appliquer la totalité des 15 000 fr. versés par Roch-Mazinghien au payement, jusqu'à concurrence desdits frais et amendes à la charge de Lober, soit directement, soit comme débiteur solidaire des condamnations de même nature encourues par ses complices; — Qu'en effet, si le total des frais et des amendes s'élève pour tous les condamnés à la somme de 27 100 fr. 56 cent., ainsi composée :

Frais liquidés dans l'arrêt.		6 460 56
Lober.	6 000	
A reporter. . . .	6 000	6 460 56

Report. . . .		6 000	6 460 56
Meunier. . . .		6 000	
Femme Meunier . . .		1 200	
Amendes Maiefield . . .		6 000	
Hickson. . . .		1 200	20 640 00
Thorel. . . .		120	
Houzé. . . .		120	
TOTAL . . .			27 100 56

Quatre des sept prévenus avaient déposé des cautionnements au même titre et avec la même affectation spéciale, savoir :

Lober.	15 000
Meunier	30 000
Thorel.	4 000
Houzé	1 000
Au total. . . .	50 000 fr.

somme supérieure au total des frais et amendes; — Que dans ces conditions le Trésor n'a pu, comme un créancier ordinaire, se prévaloir de la solidarité pour se payer sur le cautionnement de celui de ses débiteurs qu'il lui a plu de choisir; — Qu'en effet, si le créancier d'une obligation solidaire peut s'adresser, pour en avoir le payement à celui des débiteurs qu'il veut choisir, il ne doit plus en être ainsi lorsque le créancier se trouve, comme dans l'espèce, payé d'avance par tous ou plusieurs des débiteurs, au moyen d'un dépôt de fonds préalable avec affectation spéciale ; le payement de la dette s'opérant alors virtuellement dès l'instant où la condamnation est devenue définitive, conformément aux art. 122, 123 et 124 c. instr. crim.; — Qu'ainsi aucune imputation arbitraire sur l'un ou l'autre des cautionnements, en sus de la part que par chacun des débiteurs, n'était permise à l'État créancier; — Considérant qu'à la vérité, la somme due par chacun des débiteurs qui a fourni caution doit comprendre dans l'espèce, en vertu du principe de la solidarité, sa part contributoire dans les frais et amendes dus par la femme Meunier, ainsi que sa part de frais dus par Maufield et Hickson, ces trois inculpés n'ayant pas déposé de cautionnements ni personne pour eux; — Qu'il y avait donc lieu de répartir la dette des non cautionnés entre tous les débiteurs cautionnés en tenant compte des dispositions de l'arrêt du 12 juill. 1873 qui sont résumées; quant à ce, dans le tableau de répartition; — Considérant que le résultat de cette répartition étant de mettre à la charge du cautionnement de Lober une somme de 11 012 fr. 85 cent. et ce cautionnement déposé par Roch-Mazinghien étant de 15 000 fr., il devait rester libre une somme de 3987 fr. 15 cent. à restituer à Roch-Mazinghien, indépendamment de son recours contre les autres condamnés solidaires dont il avait acquitté la dette; — Qu'il y a lieu, dès lors, d'ordonner la restitution à Roch-Mazinghien, de la somme de 3987 fr. 15 cent., conformément à l'art. 123, § 2, c. instr. crim.; — Considérant, d'ailleurs, que Lober ou Roch-Mazinghien sa caution, en tant qu'il aurait payé au-delà de la part proportionnelle de Lober, se trouverait légalement subrogé aux droits de l'État pour cet excédent, aux termes de l'art. 1251, § 3, c. civ., et devrait être, par suite, remboursé dudit excédent, au même titre et d'après la même affectation spéciale, sur les cautionnements versés par ses codébiteurs, jusqu'à concurrence de la part de chacun, conformément à l'art. 1214 du même code; — Que, par l'effet de cette subrogation, Roch devrait être remboursé avant le prélèvement de toute autre dette, telle que celle des dommages-intérêts auxquels il n'est pas personnellement tenu; — Que l'on arrive par ce second moyen à un résultat identique; — Par ces motifs, dit que c'est à tort que M. le trésorier général du Nord, en sa qualité de préposé à la Caisse des dépôts et consignations, a remis à M. le directeur de l'enregistrement et des domaines la somme de 3987 fr. 15 cent. restant libre sur le cautionnement déposé par Mazinghien pour la mise en liberté provisoire de Lober ; que en conséquence, dit que le trésorier-payeur général du Nord, en sadite qualité, sera tenu à restituer ladite somme au réclamant avec les intérêts tels que de droit, etc.

Du 19 août 1876.-C. d'Amiens, 2e ch.-MM. le cons. Sourdat, pr.-Moulineau, subst.

est ainsi que si un acquittement pur et simple est intervenu. Si l'accusé a été condamné à des dommages-intérêts envers la partie civile, son cautionnement n'est libéré que sur la justification du payement de la partie des frais qui a été laissée à sa charge (V. en ce sens, Crim. cass. 1er déc. 1883, *Bull crim.*, n° 271).

925. La loi a réglé, dans le nouvel art. 124, la marche à suivre pour parvenir soit au recouvrement, soit à l'attribution à l'État, soit à la restitution, quand il y a lieu, des sommes formant le cautionnement. — Dans le cas où le cautionnement a été fourni en espèces par un tiers ou par l'inculpé lui-même (caution réelle), le versement a dû en être fait avant l'exécution de l'ordonnance de mise en liberté provisoire (art. 121, § 1). Mais lorsqu'il résulte du simple engagement d'une tierce personne (caution *personnelle*), le recouvrement de la somme à laquelle il a été fixé est poursuivi, aux termes de l'art. 124, § 2, à la diligence de l'administration de l'Enregistrement par voie de contrainte. La Caisse des dépôts et consignations, à qui doivent être versés les fonds reçus par l'administration de l'Enregistrement (Décr. 21 nov. 1855, instr. gén., n° 2065), en fait sans délai la répartition entre les ayants droit (art. 124, § 3). L'attribution à l'État s'opère sur le vu d'un certificat du greffe, constatant, d'après les pièces officielles (c'est-à-dire d'après les mentions officielles que le juge aura jointes au dossier), la responsabilité encourue par le condamné et par sa caution. — L'administration de l'Enregistrement et la partie civile sont payées, sur la seconde partie du cautionnement, pour les frais faits ou avancés et pour l'amende, sur la production d'un extrait du jugement de condamnation. — Quant à la restitution des deux parties du cautionnement, elle a lieu sur la production d'un extrait du jugement qui l'ordonne ou qui l'emporte de plein droit, de l'ordonnance ou de l'arrêt de non-lieu ou de l'arrêt de cassation annulant la condamnation. V. Dutruc, n° 93 ; Sarraute, n° 699.

926. Si des contestations s'élèvent au sujet de la répartition des sommes déposées ou recouvrées, elles sont, d'après le dernier paragraphe de l'art. 123, vidées sur requête, en chambre du conseil, comme incident de l'exécution du jugement. Par application de cette disposition, il a été jugé : 1° que les tribunaux civils sont incompétents pour statuer sur la demande en retrait de cautionnement, et sur la demande en dommages-intérêts intentée contre la Caisse des dépôts et consignations pour refus de restitution (Paris, 2 janv. 1874, aff. Sallée, D. P. 74. 2. 115) ; — 2° Que la cour d'assises de laquelle émane la condamnation principale, alors même qu'elle a été saisie avant l'ouverture des débats, de la demande en restitution du cautionnement, prononce valablement à cet égard, après l'arrêt de condamnation, hors la présence du jury, sans plaidoiries, sur requête présentée par l'avoué du condamné, avec les conclusions écrites du ministère public au pied de la requête (Crim. rej. 14 mars 1874, aff. Sallée, D. P. 74. 1. 177) ; — 3° Que la cour d'assises qui a condamné l'inculpé est seule compétente pour connaître de la demande en restitution du cautionnement (C. d'ass. du Rhône, 8 mars 1882, aff. Olibo, D. P. 83. 2. 234-235) ; — 4° Qu'en cas de difficulté sur la restitution de tout ou partie du cautionnement, il appartient à la chambre de la cour d'appel, qui a prononcé les condamnations, d'y statuer en chambre du conseil, sur requête présentée par l'avoué de la partie intéressée, sans plaidoiries et sur les conclusions écrites du ministère public (Amiens, 19 août 1876, *suprà*, n° 923).

ART. 6. — *Des causes qui mettent fin à la liberté provisoire.*

927. La liberté provisoire, après qu'elle a été régulièrement accordée, prend fin dans les quatre cas suivants : 1° lorsque l'inculpé est constitué en défaut de se présenter à quelque acte de la procédure ou par l'exécution du jugement. L'art. 125 nouveau est ainsi conçu : « Si, après avoir obtenu sa liberté provisoire, l'inculpé cité ou ajourné ne comparaît pas, le juge d'instruction, le tribunal ou la cour, selon les cas, pourront décerner contre lui un mandat d'arrêt ou de dépôt, ou une ordonnance de prise de corps ». Cette disposition est fort rationnelle. « La confiscation de la première partie du cautionnement n'aurait pas suffi pour avoir raison de la résistance de l'inculpé qui a manqué à

l'engagement solennel de se représenter. Il fallait quelque chose de plus ; de là, la faculté de décerner un mandat d'arrestation » (Marion, p. 311).

928. — 2° Lorsque des circonstances nouvelles rendent la détention nécessaire. L'art. 115 porte, en effet : « La mise en liberté aura lieu sans préjudice du droit que conserve le juge d'instruction, dans la suite de l'information, de décerner un nouveau mandat d'amener, d'arrêt ou de dépôt, si des circonstances nouvelles et graves rendent cette mesure nécessaire ». Et l'article ajoute : « Toutefois, si la liberté provisoire avait été accordée par la chambre des mises en accusation réformant l'ordonnance du juge d'instruction, le juge d'instruction ne pourrait décerner un nouveau mandat qu'autant que la cour, sur les réquisitions du ministère public, aurait retiré à l'inculpé le bénéfice de la décision ». — La circulaire du ministre de la justice du 14 oct. 1865 (D. P. 66. 3. 10, n° 34) signale à titre d'exemples, parmi les causes de retrait : « des préparatifs de fuite, des aliénations frauduleuses de la fortune de l'inculpé, des tentatives d'intimidation ou de séduction des témoins, etc. ».

929. — 3° Lorsque l'inculpé est renvoyé en état d'accusation devant la cour d'assises. On sait, en effet, qu'aux termes de l'art. 126, tout accusé de faits qualifiés crimes doit être mis en état d'arrestation, nonobstant la mise en liberté provisoire (V. *suprà*, n° 878).

930. — 4° Lorsqu'il intervient un jugement ou arrêt définitif sur la prévention. Dans ce cas, la mise en liberté provisoire doit, comme son nom l'indique, être retirée à l'inculpé devenu un condamné.

Sur les quatre cas qui précèdent, V. Faustin Hélie, t. 4, n° 2006 ; Trébutien, t. 2, n° 501.

SECT. 5. — *Des ordonnances du juge d'instruction quand la procédure est complète.*

931. — I. Législation, droit comparé, doctrine. — Quand l'instruction est achevée, il y a lieu d'en faire l'examen, de décider la suite qu'il convient de lui donner et de régler le cours de la procédure. Tel est l'office des juridictions d'instruction. A la différence des juridictions de jugement qui statuent sur la culpabilité ou la non-culpabilité d'un prévenu ou accusé, celles-ci se bornent à vérifier s'il existe des charges suffisantes pour rendre vraisemblable l'inculpation, et, si ces charges existent, elles indiquent la juridiction de jugement compétente pour connaître de l'affaire et la saisissent. Comme le dit M. Garraud, n° 482, « l'examen des juridictions d'instruction n'est pas le préliminaire obligé de toute poursuite. Une décision de ces juridictions n'intervient, en effet, qu'après l'instruction préparatoire, et pour lui donner une solution ; or l'instruction préparatoire, qui est *indispensable* en matière criminelle, est *inutile* en matière de simple police, et *facultative* en matière correctionnelle ».

932. A l'époque de la publication du *Répertoire*, il existait en France deux juridictions d'instruction : la chambre du conseil et la chambre d'accusation. La chambre du conseil a été supprimée par la loi des 17-31 juill. 1856 (D. P. 56. 4. 123) et ses pouvoirs ont été transportés au juge d'instruction lui-même. Cette dernière juridiction n'avait point sa raison d'être ; on l'avait déjà remarqué au *Rép.*, n° 786. M. Guillot, *Des principes du nouveau code d'instruction criminelle*, p. 228, a fait ressortir dans les termes suivants les vices de cette institution : « La chambre du conseil, dit-il, n'avait pas répondu aux espérances. Elle avait enlevé aux juges le souci salutaire de leur responsabilité sans rien ajouter aux garanties des justiciables. Ses décisions n'étaient que des enregistrements. Dans la plupart des tribunaux, elle était tout à la fois chambre du conseil et chambre de jugement, elle se renvoyait à elle-même l'affaire qu'elle devait juger comme tribunal correctionnel. Bien que le rétablissement de cette chambre du conseil ait été demandé depuis, nous ne croyons pas que la transmission de sa compétence au juge d'instruction ait diminué les garanties des inculpés ; elle les aurait plutôt augmentées, en rendant le juge plus sévère sur la valeur des preuves destinées à justifier sa décision aux yeux de sa propre conscience. » — Le projet de loi tendant à réformer le code d'instruction criminelle propose, il est vrai, le rétablissement de

la chambre du conseil, mais en la réorganisant sur des bases toutes nouvelles. D'une part, cette chambre constituerait une juridiction *indépendante* du juge d'instruction, qui n'y pourra pas siéger (art. 155 du projet du Sénat, et 157 du projet de la commission de la Chambre des députés); d'autre part, elle recevrait la mission de statuer, en appel, sur les ordonnances du juge, notamment sur celles portant refus de procéder à un acte d'instruction requis par le ministère public, la partie civile ou l'inculpé (art. 50 du projet de la commission, 51 du projet du Sénat).

933. La chambre du conseil existe en Italie et en Allemagne. Dans le premier de ces pays, elle a exactement les mêmes pouvoirs que cette juridiction possédait chez nous avant la loi du 17 juill. 1856 (V. c. proc. pén. d'Italie du 26 nov. 1865, art. 246 et suiv.); dans le second, lorsqu'une instruction préalable a eu lieu, il appartient à la chambre criminelle du tribunal régional d'ordonner, sur le rapport d'un de ses membres, soit l'ouverture de la procédure principale, soit la mise hors de cause de l'inculpé, soit l'arrêt provisoire de la procédure (code de procédure pénale allemande du 1er févr. 1877, art. 196). — Il n'y a rien de semblable en Angleterre. Toutefois il est de principe, en droit criminel anglais, qu'on ne peut être traduit devant un tribunal pour *felonious offences*, si l'accusation n'est garantie par l'affirmation de douze personnes au moins; aussi les accusés qui ont été *committed* par les cours des petites sessions ou de police ne peuvent-ils être traduits devant le jury de jugement ou *petty jury* que s'ils y sont renvoyés par un *grand jury* fonctionnant comme la chambre des mises en accusation. V. L. Guérin, *Etude sur la procédure criminelle en Angleterre et en Ecosse*. En Autriche, la juridiction de jugement n'est, en général, saisie ni par une décision du juge d'instruction, ni par un arrêt de renvoi; l'accusateur saisit lui-même directement, par l'acte d'accusation qu'il rédige, la juridiction du jugement (c. proc. pén. d'Autriche de 1873, art. 207 et suiv.). En effet, l'accusateur étant, en ce pays, maître de son action, il ne convenait pas de faire dépendre l'exercice de cette action d'une décision judiciaire préalable.

934. Il sera traité de la chambre d'accusation, *infrà*, chap. 6. On s'occupera donc seulement, dans le présent section, du juge d'instruction et plus spécialement des ordonnances que ce magistrat est appelé à rendre quand la procédure est complète.

La juridiction du juge d'instruction telle qu'elle a été organisée en France par la loi du 17 juill. 1856, a été particulièrement étudiée dans les ouvrages suivants : Faustin Hélie, *Traité de l'instruction criminelle*, t. 5, chap. 2, 3, 4 et 5; Trébutien, *Cours de droit criminel*, t. 2, n°s 502 et suiv.; Laborde, *Cours élémentaire de droit criminel*, n°s 1111 et suiv.; Garraud, *Précis de droit criminel*, n°s 482 et suiv.; Sarraute, *Manuel du juge d'instruction*, n°s 876 et suiv.; Villey, *Précis de droit criminel*, p. 300 et suiv. Consulter aussi : A. Guillot, *Des principes du nouveau code d'instruction criminelle*, chap. 3, 11, 12; Jean Pàris, *Des rapports du juge d'instruction et du ministère public*, thèse de Paris, 1891.

935. — II. COMMUNIQUÉS ET RÉQUISITOIRES DÉFINITIFS. — Quand la procédure est achevée, le juge d'instruction la règle par une ordonnance, dite de clôture ou de règlement, qui épuise définitivement ses pouvoirs et le dessaisit de l'affaire (c. instr. crim. art. 127). Cette ordonnance était autrefois rendue par la chambre du conseil sur le rapport du juge d'instruction (ancien art. 137 et *Rép.* n°s 784 et suiv.). Préalablement, le juge d'instruction provoque les conclusions du procureur de la République en lui communiquant les pièces du dossier. Cette communication s'effectue par une ordonnance de « soit communiqué ». Le dossier est communiqué au procureur de la République par la voie du greffe ou directement (Massabiau, t. 2, n° 2757).

936. Aux termes de l'art. 127, le procureur de la République a trois jours pour examiner la procédure et formuler ses réquisitions. Mais, comme l'examen du dossier peut nécessiter plus de trois jours, le délai n'est pas de rigueur et aucune nullité ne résulte de ce qu'il aurait été prolongé (Massabiau, t. 2, n° 2758). — On a déjà exposé *suprà*, n° 561, les inconvénients que présente l'absence de sanction véritable à la disposition précitée de l'art. 127. L'art. 162 du projet de réforme de l'instruction criminelle (texte

du Sénat) permet au juge, trois jours après avoir prévenu la partie civile et l'inculpé, de régler la procédure sans réquisitions lorsqu'un mois se sera écoulé sans que le ministère public ait rendu le dossier avec ses réquisitions. Dans l'état actuel de la législation, il nous paraît hors de doute que le juge d'instruction ne peut régler la procédure sans les réquisitions du ministère public. S'il le faisait, il commettrait un excès de pouvoir (Douai, 6 juin 1874, aff. Abrassart, D. P. 74. 2. 219).

937. Les réquisitions du ministère public peuvent tendre soit à un non-lieu, soit à un plus ample informé, soit au renvoi devant le tribunal de simple police ou devant le tribunal correctionnel, soit (en cas de crime) à la transmission des pièces au procureur général. Il est évident qu'elles n'engagent point le juge d'instruction, qui reste libre de s'y conformer ou non (*Rép.* n° 448).

Lorsque les réquisitions tendent à un supplément d'information, le juge peut assurément n'y pas obtempérer s'il ne les croit pas fondées; mais pourrait-il passer outre et statuer au fond si le ministère public, ne trouvant pas les éléments de l'instruction suffisants, n'avait conclu qu'à un supplément d'information? La cour de cassation a jugé : « qu'aux termes des art. 61 et 127 c. instr. crim., le ministère public doit avoir communication de la procédure avant tout acte d'instruction et de poursuite et faire toutes les réquisitions qu'il juge convenables; qu'il doit en avoir connaissance après que l'instruction est terminée, avant qu'il soit statué par la chambre du conseil sur l'affaire instruite; mais que, ces formalités remplies, cette chambre est pleinement saisie et peut prononcer ce qu'elle juge bon être; qu'il importe peu que le ministère public, après que l'instruction terminée lui a été communiquée, n'ait conclu qu'à une continuation d'instruction; que ces réquisitions incidentes ne lient point la chambre, et que si elle trouve l'affaire suffisamment instruite, elle peut statuer au fond » (Crim. cass. 25 sept. 1824, aff. Delaunay, *Bull. crim.*, n° 126). De même, la cour d'Orléans, (11 déc. 1840, *Rép. ibid.*), a décidé que l'art. 127 n'ayant pas déterminé le degré d'instruction où doivent être parvenues les affaires pour que le rapport puisse en être utilement fait, le juge d'instruction n'est pas tenu de procéder à une information par cela seul qu'elle est demandée par les réquisitions définitives du ministère public. V. encore dans le même sens : Caen, 8 sept. 1849, aff. X..., D. P. 50. 2. 40. Cette jurisprudence est approuvée par Mangin (t. 2, n° 28), qui fait remarquer avec raison « qu'en admettant la prétention contraire, on eût fait du juge d'instruction, des chambres d'accusation et de celles du conseil, les agents, les instruments du procureur du roi ou du procureur général; tandis que ces derniers ne sont en définitive que des parties qui procèdent devant le juge; devant ces chambres, on eût laissé au ministère public le droit de prolonger autant qu'il le voudrait la durée des procès criminels...». Aujourd'hui que le juge d'instruction possède les pouvoirs de l'ancienne chambre du conseil, il faut décider, de même, que ce magistrat peut ne pas obtempérer aux réquisitions tendant à un supplément d'information, s'il ne les croit pas fondées et statuer en l'état, sur la prévention (Conf. Faustin Hélie, n° 2059; Sarraute, n° 880; Massabiau, t. 2, n° 2713).

938. Au reste, les réquisitions du ministère public ne sont soumises à aucune forme sacramentale. Mais elles doivent être consignées par écrit (Faustin Hélie, n° 2050; Boitard, n° 636; Duverger, t. 2, n° 515; Legraverend, t. 1, p. 393; Bourguignon, *Jurisprudence des codes criminels*, t. 1, p. 269; Sarraute, n° 885). Il a été jugé que les réquisitoires adressés par le ministère public au juge d'instruction n'étant soumis par la loi à aucune forme spéciale, l'omission par le procureur de la République, dans son réquisitoire définitif, des noms de tous les inculpés, qu'il n'a désignés que par cette mention : *un tel et consorts*, n'emporte pas nullité, si ces noms étaient tous indiqués dans le réquisitoire introductif de la procédure (Dijon, ch. d'acc. 8 juin 1877, aff. Joigneaux, D. P. 81. 5. 225).

939. Le réquisitoire définitif est un acte important qui doit être rédigé avec le plus grand soin. « Son but étant de régler la marche de la procédure, il doit porter en lui-même la preuve de l'examen auquel elle a été soumise » (Faustin Hélie, n° 2050). D'après ce dernier auteur et

d'après Massabiau, t. 2, n° 2761 et 2762, il est nécessaire qu'il contienne : 1° l'exposé détaillé du fait incriminé et des circonstances qui l'ont accompagné ; 2° en regard de chaque articulation de fait, l'indication marginale des divers actes de procédure sur lesquels cette articulation est fondée ; 3° la qualification du fait ; 4° la mention des articles de loi dont l'application est demandée. En fait, dans la plupart des tribunaux, c'est seulement en matière de crime et lorsque la procédure tend à un renvoi aux assises, que la réquisitoire contient l'exposé détaillé des faits ; dans tous les autres cas, on se contente de la qualification et de l'indication des textes de la loi pénale.

940. L'inculpé a certainement le droit de produire des mémoires devant le juge d'instruction. Le droit de la défense, en effet, est le droit commun ; il peut toujours s'exercer là où il ne rencontre pas une entrave dans la loi. De ce droit de défense faut-il induire que le juge d'instruction soit tenu de communiquer au prévenu les pièces de la procédure ? En thèse générale, cette obligation n'existe pas : l'art. 127 n'a prescrit la communication des pièces qu'au procureur de la République. Toutefois, le juge qui n'apercevrait aucun péril à cette communication pourrait l'autoriser, s'il la jugeait utile à la marche de l'instruction. Mais ce n'est là qu'une faculté dont le juge peut user comme il le croit convenable, et dont le prévenu ne peut demander l'application qu'à titre de faculté, et non comme un droit (Faustin Hélie, n° 2053). — Les intérêts de la défense sont-ils ainsi suffisamment sauvegardés ? Nous ne le croyons pas. Dans notre système actuel de législation, la procédure est secrète pendant tout son cours, l'inculpé ne peut en exiger la communication à aucun moment ; son conseil (s'il en a un) et lui-même ne savent de l'instruction que ce que le juge veut bien leur en faire connaître. Sans doute, il est du devoir du magistrat, tout au moins au moment où l'information se clôt, de communiquer à l'inculpé les charges recueillies contre lui, et de le mettre à même de les combattre et de se justifier, et c'est pour cela que l'usage s'est établi d'un *interrogatoire final*, dans lequel les magistrats peuvent facilement interpeller l'inculpé sur la totalité des charges, et le mettre en demeure de se justifier sur chacune d'elles, soit par ses explications, soit par l'indication de nouveaux témoins. Mais la loi ne commande pas cet interrogatoire final, et d'ailleurs, fût-il fait avec tout le soin et l'impartialité qu'on voudra supposer, vaudra-t-il jamais, pour la défense, une communication effective des pièces de tout le dossier ? C'est pourquoi le projet de réforme de notre code d'instruction criminelle prescrit par un texte impératif (art. 164) cette communication au défenseur entre les réquisitions du parquet et l'ordonnance de clôture. Cet article est ainsi conçu : « Aussitôt que le procureur de la République a rendu le dossier, communication en est donnée, ainsi que des réquisitions, à la partie civile et au conseil de l'inculpé par la voie du greffe, où il demeure déposé pendant quarante-huit heures. »

941. — III. ATTRIBUTIONS GÉNÉRALES DU JUGE D'INSTRUCTION EN TANT QUE JURIDICTION D'INSTRUCTION. — Avant de statuer au fond, le juge d'instruction doit s'assurer de sa propre compétence (Faustin Hélie, t. 5, n° 2060 ; Mangin, t. 2, n° 12). Ici s'appliquent les règles que nous avons établies sur la compétence pour la poursuite et l'instruction. (V. *supra*, n°s 521 et suiv. V. aussi *Rép.* n° 804). Le juge d'instruction examine sa compétence sous un triple rapport : *ratione materiæ, personæ* et *loci*. S'il reconnaît son incompétence, il doit le déclarer même d'office (v° *Compétence criminelle*, n° 11). Mais il ne lui appartient pas, quand il se déclare incompétent, de se dessaisir au profit d'un autre juge qui lui paraît dans une situation plus favorable pour faire l'instruction ; il doit se dessaisir purement et simplement (Faustin Hélie, t. 5, n° 2062 ; et *supra*, v° *Compétence criminelle*, n° 20).

942. Après avoir reconnu sa compétence, le juge d'instruction a le devoir d'examiner si l'action dont il est saisi est recevable. « Si cette action n'était pas recevable, en effet, que servirait de faire l'appréciation des indices et des preuves sur lesquelles elle est fondée ? Que servirait de la renvoyer devant une juridiction qui ne pourrait que déclarer ou qu'elle n'existe pas encore, ou qu'elle a cessé d'exister ? » (Faustin Hélie, n° 2063). Or, l'action peut être non recevable ; soit à raison de circonstances qui la suspendent quant à présent (défaut de plainte de la partie lésée, dans les cas où cette plainte est une condition nécessaire de la poursuite, défaut d'autorisation de poursuite contre un membre du parlement ; existence d'une question préjudicielle à l'action), soit à raison de causes qui doivent en faire prononcer l'extinction (décès du prévenu, exception de chose jugée, prescription, amnistie). Dans ces différents cas, le juge d'instruction devra déclarer la poursuite non recevable (V. Faustin Hélie, n°s 2063 à 2067 ; Sarraute, n° 889). V. aussi *Rép.* n°s 806 à 808.

943. Quand il a reconnu sa compétence et la recevabilité de l'action, le juge doit examiner si le fait constitue un crime, un délit ou une contravention. Pour qu'il soit punissable, deux conditions sont nécessaires : il faut que l'une des dispositions de la loi pénale lui soit applicable, il faut qu'il soit imputable à l'agent. D'une part, le juge d'instruction ne peut évidemment rendre une ordonnance de renvoi si les faits résultant de l'information ne constituent ni crime, ni délit, ni contravention. D'autre part, il importerait peu que le fait, considéré en lui-même, eût les caractères d'un crime, d'un délit ou d'une contravention, s'il n'était pas imputable à l'agent. En effet « ce que la justice pénale flétrit, ce ne sont pas des actes pris abstractivement, ce sont les agents qui se sont rendus responsables de ces actes » (Faustin Hélie, n° 2070). Le juge d'instruction doit donc apprécier, non pas la légalité des prévenus, mais leur imputabilité (V. *Rép.*, n° 809). Or le fait n'est pas imputable au prévenu : 1° lorsqu'il existe une cause de non-culpabilité, telle que la démence, la bonne foi du prévenu ou la contrainte résultant de la force majeure (*Rép.* n° 809) ; 2° lorsqu'il existe une cause de justification effaçant complètement la criminalité de l'acte, telle que la légitime défense (c. pén. art. 328) ou l'ordre de la loi avec commandement de l'autorité légitime (c. pén. art. 327), ou encore, en matière de vol, la qualité que revendiquerait l'inculpé, d'époux ou d'enfant de la personne lésée par le délit (art. 380). Sur ces différents cas, V. Faustin Hélie, n° 2070. En toutes ces hypothèses, le juge d'instruction a le droit d'apprécier les circonstances qui peuvent justifier le fait ou faire disparaître la criminalité de l'agent. — Sur le droit du juge en présence de causes de justification, V. *supra*, v° *Crimes et délits contre les personnes*, n° 300. — En ce qui concerne la démence, V. *supra*, v° *Peine*, n° 368, V. aussi pour le cas de démence : Crim. rej. 13 oct. 1853, aff. Monnier, D. P. 53. 5. 204, qui a consacré le droit des chambres d'accusation.

944. Mais, si le juge d'instruction peut apprécier les faits justificatifs et les causes de non-culpabilité, il ne s'ensuit pas qu'il puisse également apprécier les faits d'excuse (*Rép.* n°s 810 à 812). V. *supra*, v° *Peine*, n° 498. Toutefois, dans un cas particulier, les juridictions d'instruction ont compétence pour examiner la question de minorité. C'est le cas du mineur de seize ans poursuivi pour crime (c. pén. art. 68) V. *supra*, v° *Peine*, n° 441.

945. Après avoir vérifié que le fait incriminé est prévu et puni par la loi, et qu'il est imputable au prévenu, il ne reste plus au juge d'instruction qu'à examiner s'il y a des *charges suffisantes* pour que la prévention puisse être admise. Sur ce point, V. *Rép.* n°s 814 et 815. Ajoutons qu'il ne suffirait pas de déclarer qu'il existe des *indices* que l'inculpé a commis tel ou tel fait ; il faut qualifier ces indices en ajoutant, suivant l'expression de la loi, qu'ils sont *suffisants* pour servir de base à la mise en prévention. La cour de cassation a confirmé cette règle en déclarant qu'il résulte du rapprochement et de la combinaison des art. 221, 229, 230 et 231, que des *indices* ne suffisent pas pour motiver la mise en accusation et le renvoi d'un prévenu devant la cour d'assises ; que la chambre des mises en accusation doit encore apprécier et par suite *déclarer explicitement* que les *indices ou charges* résultant de l'instruction sont suffisants pour servir de base à la mise en accusation et au renvoi devant la cour d'assises ; que, contrairement à ces principes, l'arrêt attaqué a déclaré qu'il y avait lieu à accusation contre le prévenu, en se bornant à déclarer qu'il existe contre ce prévenu des *indices* du crime d'incendie volontaire de bâtiments habités, sans exprimer que ces indices sont suffisants pour motiver la mise en accusation ; que ledit arrêt, en pro-

nonçant ainsi, a formellement violé l'art. 7 de la loi du 20 avr. 1810, puisque le seul motif afférent à un arrêt de mise en accusation est la déclaration de la *suffisance des indices ou des charges*, résultant de l'instruction contre le prévenu » (Crim. cass. 13 nov. 1843, aff. Ducossé, D. P. 45. 4. 320). Ce que la cour de cassation a ainsi décidé par rapport aux arrêts des chambres d'accusation est évidemment applicable aux ordonnances des juges d'instruction (Conf. Faustin Hélie, n° 2076 ; Mangin, t. 2, n° 20 ; Sarraute, n° 886).

946. — IV. ORDONNANCES DE CLÔTURE. — Statuant sur les réquisitions du ministère public, le juge d'instruction, s'il se trouve compétent, rendra, suivant le cas, une ordonnance de *non-lieu* ou de *mise en prévention*. On appelle aussi cette dernière *ordonnance de renvoi*, en sous-entendant *devant telle juridiction*.

947. — 1° *Ordonnances de non-lieu.* — L'ordonnance de non-lieu est celle par laquelle le juge d'instruction déclare qu'il n'y a pas lieu de continuer la poursuite. L'art. 128 c. instr. crim. (texte modifié par la loi du 17 juill. 1856) s'exprime ainsi : « Si le juge d'instruction est d'avis que le fait ne présente ni crime, ni délit, ni contravention, ou qu'il n'existe aucune charge contre l'inculpé, il déclarera, par une ordonnance, qu'il n'y a point lieu à poursuivre, et, si l'inculpé avait été arrêté, il sera mis en liberté ».

L'ordonnance de non-lieu est motivée en *fait* ou en *droit* ; en fait, si elle porte qu'il n'existe pas de charges suffisantes soit de l'existence du délit, soit de la culpabilité de l'inculpé ; en droit, si elle affirme que le fait, bien qu'établi, n'est pas punissable ou que l'action publique est prescrite. Cette distinction a de l'importance au point de vue de l'autorité de la chose jugée. L'ordonnance de non-lieu, motivée en fait, ne clôt la procédure que provisoirement et en l'état des charges relevées ; si plus tard de nouvelles charges se découvrent, l'instruction pourra être reprise. Au contraire, l'ordonnance de non-lieu fondée sur des motifs de droit, indépendants des charges, est, en principe, irrévocable. — Il a été jugé qu'il y a défaut de motifs dans l'arrêt de la chambre d'accusation qui, après un réquisitoire énonçant à la charge du prévenu des faits pouvant constituer un délit, se borne à déclarer qu'il n'existe pas charges suffisantes contre lui, sans constater explicitement si c'est en fait ou en droit qu'il entend se prononcer (Crim. cass. 24 févr. 1855, *Bull. crim.*, n° 59). Rigoureusement, la décision devrait être la même pour les ordonnances du juge d'instruction. Dans la pratique, ces ordonnances, lorsque le non-lieu est basé sur l'absence de charges en fait, se bornent à déclarer qu'il *n'existe pas de charges suffisantes contre l'inculpé*. La formule est consacrée. — Sur l'autorité des ordonnances de non-lieu au point de vue de la chose jugée, V. *supra*, v° *Chose jugée*, n° 250 à 263. Sur les *charges nouvelles* qui peuvent autoriser une reprise d'instruction, V. *Rép.* v° *Instruction criminelle*, n° 1167 et suiv. V. aussi *infra*, chap. 6.

948. L'art. 128 se termine par ces mots : « Et si l'inculpé avait été arrêté, il sera mis en liberté ». Cette mise en liberté est la conséquence nécessaire de l'ordonnance de non-lieu ; elle doit donc être opérée de plein droit et lors même qu'elle n'aurait pas été ordonnée ; mais il est plus régulier que le juge ordonne que l'inculpé sera mis en liberté, s'il n'est retenu pour autre cause, et, s'il est sous le coup d'un mandat qui n'aurait pas été exécuté, prononce l'annulation de ce mandat (Faustin Hélie, n° 2089). — La mise en liberté est effectuée sur l'ordre du ministère public. L'art. 135 lui accorde un délai de vingt-quatre heures, à compter du jour de l'ordonnance pour former opposition ; l'ordre de mise en liberté peut donc être retardé de vingt-quatre heures, sauf le cas où une opposition aurait été formée (Trébutien, t. 2, n° 508 ; Faustin Hélie, n° 2089). S'il y a partie civile, il est nécessaire, aux termes du même article, de lui signifier l'ordonnance au domicile qu'elle a dû élire au siège du tribunal ; cette signification doit être immédiate, puisque le délai de vingt-quatre heures ne court contre cette partie qu'à partir de sa date (Faustin Hélie, *eod. loc.*).

Le juge doit ordonner en même temps la restitution des objets saisis ; car, la poursuite annulée, la cause de cette saisie a disparu. Enfin, toutes les fois qu'il déclare qu'il n'y a lieu à suivre, le juge d'instruction doit ordonner le dépôt

de la procédure au greffe (Faustin Hélie, n° 2089 ; Trébutien, n° 508).

949. — 2° *Ordonnances de mise en prévention*, ou de *renvoi*. — L'ordonnance de mise en prévention est celle par laquelle le juge d'instruction déclare qu'il y a lieu à suivre et renvoie l'inculpé, comme prévenu de telle infraction, devant la juridiction compétente. A ce point de vue, trois hypothèses peuvent se présenter, suivant que le fait paraît constituer une *contravention*, un *délit* ou un *crime*. — Dans le premier cas, le renvoi est ordonné devant le tribunal de simple police, et l'inculpé, s'il est arrêté, est mis en liberté (art. 129). L'ordonnance du juge désigne alors le tribunal de police compétent *ratione loci*, car le juge d'instruction a le droit de saisir tous les tribunaux de police de son ressort. L'inculpé sera ultérieurement appelé devant ce tribunal par citation du ministère public ou de la partie civile (Garraud, n° 484, p. 620).

950. Si le fait est un délit, le renvoi a lieu devant le tribunal correctionnel (art. 130, § 1), et, si ce délit peut entraîner la peine d'emprisonnement, l'inculpé demeurera provisoirement en état de détention préventive (même art., § 2).

951. Si, au contraire, le délit ne doit pas entraîner la peine de l'emprisonnement, le prévenu sera mis en liberté, à charge de se représenter, à jour fixe, devant le tribunal compétent (art. 131). — Il en serait de même si le prévenu se trouvait dans le cas où la liberté provisoire est de droit (art. 113, § 2), c'est-à-dire si le délit pour lequel celui-ci est renvoyé n'était passible que d'un emprisonnement inférieur à deux ans. Seulement, dans cette dernière hypothèse, nous croyons que le prévenu devrait demander sa mise en liberté (V. *supra*, n° 841), tandis que, dans le cas de l'art. 131 toute demande est inutile, la mise en liberté s'imposant comme conséquence de l'ordonnance (Sarraute, n° 919 et 920).

952. Les ordonnances de renvoi en simple police et en police correctionnelle ne sont pas attributives, mais simplement indicatives de juridiction. Le tribunal saisi conserve donc tout entier le droit d'examiner sa compétence, et, s'il y a lieu, de se déclarer incompétent (V. *supra*, v° *Chose jugée*, n° 273, et les arrêts y cités. V. dans le même sens. Crim. cass. 2 août 1889, *Bull. crim.*, n° 282 ; Garraud, n° 622, p. 789 ; Sarraute, n° 913).

953. L'art. 132, commenté au *Rép.*, n° 826, prescrit au procureur de la République dans tous les cas de renvoi, soit à la simple police, soit à la police correctionnelle, d'envoyer les pièces au greffe dans les quarante-huit heures. La loi du 17 juill. 1856 a ajouté à cet article un second paragraphe, ainsi conçu : « Dans les cas de renvoi à la police correctionnelle, il est tenu, dans le même délai, de faire donner assignation au prévenu pour l'une des plus prochaines audiences, en observant les délais prescrits par l'art. 184 ».

954. Le troisième cas de renvoi est celui où le juge d'instruction estime que le fait est de nature à être puni de peines afflictives ou infamantes. Il est réglé par l'art. 133 (texte de la loi du 17 juill. 1856), ainsi conçu : « Si le juge d'instruction estime que le fait est de nature à être puni de peines afflictives ou infamantes, et que la prévention contre l'inculpé est suffisamment établie, il ordonnera que les pièces d'instruction, le procès-verbal constatant le corps du délit, et un état des pièces servant à conviction, soient transmis sans délai par le procureur de la République au procureur général près la cour d'appel, pour être procédé ainsi qu'il est dit au chapitre des mises en accusation ». Ici encore le juge d'instruction est substitué à la chambre du conseil, à qui seule appartenait, à l'époque de la publication du *Répertoire*, le droit de statuer sur la prévention. Il est à noter qu'avant la loi du 17 juill. 1856, la chambre du conseil, lorsqu'elle admettait la prévention et que le fait était qualifié crime par la loi, rendait deux ordonnances distinctes : l'ordonnance de mise en prévention qui déclarait que la prévention contre l'inculpé était suffisamment établie, et que le fait qui en était l'objet était passible de peine afflictive ou infamante ; l'ordonnance de prise de corps, qui ordonnait que le prévenu serait pris au corps et conduit dans une maison de justice. Cette dernière ordonnance, dont il a été traité au *Rép.*, n° 837 à 842, avait pour

objet, soit en continuant l'effet des mandats d'arrestation jusqu'au jugement, soit en remplaçant ces mandats, s'ils n'avaient pas été décernés, de régulariser la détention préalable. Elle a été supprimée, comme peu utile, par la loi du 17 juill. 1856, qui a introduit dans l'art. 134 cette disposition très simple : « Dans le cas de l'art. 133, le mandat d'arrêt ou de dépôt décerné contre le prévenu conservera sa force exécutoire jusqu'à ce qu'il ait été statué par la cour d'appel ».

955. Au reste, il est à remarquer que le juge d'instruction, dans le cas de l'art. 133, ne règle pas à proprement parler la compétence et ne saisit point le juge auquel l'affaire devra être renvoyée; il se borne à ordonner que les pièces seront transmises, par l'intermédiaire du procureur général, à la chambre d'accusation. C'est à cette chambre seulement, qu'il appartient de renvoyer à la cour d'assises (Faustin Hélie, n° 2095). Aussi l'ordonnance rendue par le juge d'instruction en cas pareil a-t-elle reçu dans la pratique le nom d'ordonnance de *transmission*.

956. La jurisprudence a fait une application remarquable du principe que les ordonnances de *transmission* n'ont qu'un caractère en quelque sorte provisoire. Il a été décidé que lorsque le juge d'instruction, tout en renvoyant le prévenu devant la chambre d'accusation, a néanmoins ordonné qu'à raison de ceux des faits à lui imputés qui doivent être considérés comme simples délits, le prévenu serait traduit en police correctionnelle, le ministère public ne peut poursuivre ce prévenu devant le tribunal correctionnel tant que la chambre d'accusation, appelée à statuer sur tous les faits, crimes ou délits, compris dans la même procédure, n'a pas rendu son arrêt; et elle a déclaré nulle une condamnation prématurément prononcée pour répression de ces délits par le tribunal correctionnel, alors surtout que l'arrêt ultérieur de la chambre d'accusation, appréciant les mêmes faits, les avait considérés comme crimes et déférés par suite au jury (Colmar, 5 juill. 1870, aff. Roth, D. P. 70. 2. 155).

957. — 3° *Formes des ordonnances.* — *Notification.* — Toutes les ordonnances de clôture de l'instruction sont soumises à des formes générales, précisées par l'art 134. Elles doivent être inscrites à la suite du réquisitoire du procureur de la République, contenir les nom, prénoms, âge, lieu de naissance, domicile et profession du prévenu, l'exposé sommaire et la qualification légale du fait qui lui est imputé, et la déclaration qu'il existe ou qu'il n'existe pas de charges suffisantes. Au reste, la cour de cassation a décidé que cette disposition n'exige point, à peine de nullité, que chacune des mentions qu'elle énumère soit reproduite dans les ordonnances des juges d'instruction ; qu'il suffit que le prévenu soit désigné de manière à ne laisser subsister aucun doute sur son identité (Crim. rej. 10 juill. 1890, *Bull. crim.*, n° 151). Jugé aussi qu'il n'est pas nécessaire que l'ordonnance rendue par le juge d'instruction soit signée par le greffier, aucun texte ne prescrivant au juge, lorsqu'il rend une ordonnance, de se faire assister de ce greffier (Limoges, 28 juill. 1860, aff. Robert, D. P. 61. 2. 212). Le contraire avait été décidé au *Rép.*, n° 835, à l'égard des décisions de la chambre du conseil.

958. L'ordonnance doit contenir des *motifs* et un *dispositif* prononçant formellement sur la compétence, l'énonciation du délit et de ses circonstances, avec l'indication de la loi pénale qui le prévoit et punit (Mangin, t. 2, n°s 37 et 40 ; Faustin Hélie, t. 5, n° 2087). C'est ce qui a été déjà dit au *Rép.*, n° 834, à propos de l'ordonnance de la chambre du conseil. — Il résulte, d'un arrêt de la cour de Caen, du 19 mars 1866 (*Journ. min. publ.*, 10, 210), que si le réquisitoire définitif du ministère public n'a pas besoin d'être motivé, il en est autrement de l'ordonnance du juge d'instruction rendue à la suite de ce réquisitoire; qu'en conséquence, est nulle l'ordonnance du juge d'instruction qui se borne à adopter par référence les motifs du réquisitoire définitif, lorsque ces motifs sont inintelligibles par suite de la suppression de plusieurs mots surchargés, rendue nécessaire par le défaut d'approbation de la surcharge; et que la chambre d'accusation qui prononce cette nullité peut statuer elle-même immédiatement sur l'inculpation, sans qu'il soit besoin de recourir à une information nouvelle si la procédure lui paraît complète et régulière. La cour de Paris a jugé, de même, que l'ordonnance de non-lieu qui se borne à

déclarer « que l'instruction n'a nullement prouvé les faits allégués par la partie civile » est nulle, comme ne contenant, ni l'exposé sommaire des faits prescrits par l'art. 134 c. instr. crim., ni les motifs exigés par l'art. 7 de la loi du 20 avr. 1810, dont l'observation est d'ordre public (Paris, ch. d'acc., 23 mars 1859, aff. M... C...).

959. Les ordonnances doivent être communiquées au procureur de la République, afin qu'il puisse user de son droit d'appel. Cette communication doit être faite aussitôt qu'elles sont rendues. C'est, d'ailleurs, le ministère public qui est chargé de l'exécution des ordonnances (c. instr. crim., art. 28, 132, 133).

960. Doivent-elles être signifiées ? La cour de cassation a jugé « qu'aucune disposition du code n'oblige à signifier au prévenu l'arrêt qui le renvoie en police correctionnelle; que si la citation qui lui a été donnée ne lui a pas fait connaître suffisamment le délit qui lui est imputé, il peut demander un délai pour préparer sa défense; mais que, dans aucun cas, il n'est fondé à se plaindre de l'inexécution d'une formalité qui n'est point prescrite par la loi » (Crim. rej. 27 déc. 1849, aff. Dorval, D. P. 50. 5. 287. Conf. Crim. rej. 4 oct. 1850, aff. Marais, D. P. 50. 5. 291). A la vérité, ces arrêts ont été rendus avant la loi du 17 juill. 1856 qui a considérablement modifié, au point de vue qui nous occupe, le texte de l'art. 135. En effet cet article, après avoir indiqué les cas où le prévenu peut former opposition, ajoute que cette opposition devra être formée dans un délai de vingt-quatre heures qui courra, contre le prévenu non détenu, à compter de la signification qui lui est faite de l'ordonnance au domicile par lui élu au siège du tribunal, et contre le prévenu détenu, à compter de la communication qui lui est faite de l'ordonnance par le greffier. « La signification et la communication prescrites par le paragraphe précédent, dit encore la loi, seront faites dans les vingt-quatre heures de la date de l'ordonnance ». Ainsi l'ordonnance doit être soit signifiée, soit communiquée au prévenu. Dans la pratique, on ne signifie jamais au prévenu l'ordonnance qui le renvoie en police correctionnelle ou en simple police; au contraire, les ordonnances de transmission (en cas de prévention de crime) sont toujours notifiées ou communiquées conformément à la disposition de l'art. 135, ce qui permet au prévenu de préparer, en temps utile, les mémoires qu'il a le droit de fournir à la chambre d'accusation. — La cour de cassation a jugé, par arrêt du 9 févr. 1866 (aff. Lénard, D. P. 66. 1. 403), que la communication à l'inculpé détenu et la signification à l'inculpé non détenu de l'ordonnance du juge d'instruction statuant sur une question de compétence, prescrites par l'art. 135 c. instr. crim., sont substantielles aux droits de la défense, et que, par suite, leur omission entraîne la nullité de l'arrêt de la chambre des mises en accusation confirmant, sur l'opposition du prévenu, l'ordonnance dont il s'agit. M. Dutruc estime avec raison que cette décision donne à la disposition de l'art. 135, dont elle fait application, l'interprétation la plus conforme au vœu de la raison et de la justice. « On ne saurait admettre, dit cet auteur, que lorsque la communication et la signification dont il s'agit étaient réclamées par les criminalistes, *dans l'intérêt de la défense du prévenu*, à l'égard de toutes les ordonnances autres que celles de non-lieu, les auteurs de la loi du 17 juill. 1856 n'en aient fait l'objet d'une prescription dans l'art. 135, relativement aux ordonnances rendues en matière de liberté provisoire ou de compétence, que pour fixer le point de départ de l'opposition dont les ordonnances sont susceptibles de la part du prévenu. Rien dans les travaux d'élaboration de cette loi n'autorise une telle supposition » (*Mémorial du ministère public*, t. 2, v° *Juge d'instruction*, n° 29). M. Faustin Hélie va plus loin que l'arrêt de 1866. D'après cet arrêt, ce n'est que dans les deux cas où il aurait été statué sur une question de liberté provisoire ou sur une question de compétence qu'il y aurait lieu à signification ou à communication. L'auteur précité n'admet pas cette restriction. « Si, dit-il, la communication n'a pas d'autre but que de mettre le prévenu à même de faire opposition, cette restriction est assurément fondée. Quelle serait l'utilité de cette mesure dans les cas où le droit d'opposition ne lui est pas accordé ? A quoi sert de l'avertir et de faire courir un délai ? Mais on pourra objecter que la communication a un autre

but encore, c'est de faire connaître au prévenu les termes de la prévention, c'est de rendre la défense possible devant les juges qui doivent le juger, qu'il a évidemment intérêt à la connaître avant de comparaître devant ces juges, puisqu'il doit la discuter et la combattre; qu'il en a le droit au cas de renvoi devant la chambre d'accusation, puisqu'il peut fournir un mémoire; que d'ailleurs tout renvoi, tout règlement de compétence renferme une question de compétence et peut, lors même qu'aucune contestation ne s'est encore élevée, donner lieu à une réclamation; enfin, que les termes généraux de la loi n'énoncent nullement la restriction formulée par l'arrêt; que, si la loi a limité les cas d'opposition, elle n'a pas limité les cas de signification ou de communication; qu'elle a donc voulu faire de cette mesure une garantie commune de la défense du prévenu » nº 2114). Il est très vrai que les termes généraux de l'art. 135 n'énoncent aucune restriction, mais il nous est difficile d'apercevoir un intérêt sérieux pour le prévenu à recevoir notification de l'ordonnance en dehors du cas de renvoi devant la chambre d'accusation ou lorsque ce juge aurait statué sur une question de liberté provisoire ou sur une question de compétence. La pratique, nous le répétons encore, n'admet la signification que dans ces trois hypothèses et nous croyons qu'elle a raison.

961. Aux termes de l'art. 135, signification de l'ordonnance doit être faite à la partie civile au domicile par elle élu dans le lieu où siège le tribunal, ce qui suppose qu'elle n'y a pas son domicile réel, qu'elle a été obligée d'y en élire un conformément à l'art. 68; car, si elle y est réellement domiciliée, c'est à ce domicile que la signification doit avoir lieu (Crim. rej. 8 févr. 1855, aff. Mantel, D. P. 55. 1. 90; Faustin Hélie, t. 5, nº 2112; Mangin, nº 53).

962. Si elle ne demeure pas dans l'arrondissement où se fait l'instruction, ou si elle n'y a pas élu domicile, il n'y a pas obligation de lui notifier l'ordonnance, qui acquiert à son égard l'autorité de la chose jugée s'il n'y est formé opposition dans les vingt-quatre heures du jour où elle a été rendue (Faustin Hélie, nº 2113; Mangin, nº 54). La cour de cassation a consacré cette interprétation de l'art. 68 et 135 en décidant « que ces articles règlent la condition de la partie civile selon qu'elle a satisfait ou non à ce qu'ils lui prescrivent; en effet, que si elle demeure hors de l'arrondissement communal où se fait l'instruction, la signification qu'elle doit recevoir des actes dont la connaissance l'intéresse reste subordonnée à l'obligation qui lui est imposée d'élire domicile soit dans cet arrondissement, soit au lieu où siège le tribunal saisi de son action, de telle sorte que, faute par elle d'avoir formulé cette élection de domicile, non seulement ladite partie civile n'a point droit à cette signification, mais la décision par laquelle la chambre du conseil a statué sur la prévention, conformément aux art. 128, 129, 130 et 131, acquiert de plein droit à son égard comme envers le ministère public, l'autorité de la chose jugée, s'il n'y est formé opposition dans les vingt-quatre heures à compter du jour où elle a été rendue; mais qu'il en est tout autrement en ce qui concerne la partie civile qui réside ou qui a été domiciliée dans ledit arrondissement, puisque, d'après la disposition combinée des articles précités, on est tenu spécialement de lui notifier la décision intervenue sur sa plainte, et que le délai précité, qui lui est accordé pour s'opposer à son exécution, ne peut courir contre elle qu'à compter du jour où cette formalité est régulièrement remplie » (Crim. rej. 16 mars 1849, aff. Richemont, D. P. 49. 1. 138). — La cour de Paris a jugé de même par un arrêt rendu postérieurement à la loi du 17 juill. 1856, en ces termes: « Attendu que la femme X... n'a pas son domicile dans l'arrondissement de Meaux, et qu'elle n'a pas fait d'élection spéciale de domicile dans cet arrondissement; qu'ainsi l'ordonnance rendue sur la plainte par laquelle elle s'est constituée partie civile ne devait pas lui être notifiée, et qu'elle a acquis à son égard l'autorité de la chose jugée vingt-quatre heures après le jour où cette ordonnance a été rendue » (Paris, chambre d'accusation, 8 juin 1858, aff. X...).

963. Si la partie civile, après avoir fait une première élection de domicile, élit un domicile nouveau, sans faire connaître au ministère public ce changement, la signification faite au premier domicile est valable et fait courir le délai de l'opposition (Crim. cass. 6 juin 1833, aff. Brazon,

Bull. crim., nº 220 : Faustin Hélie, nº 2112 ; Mangin, nº 53).

964. L'art. 135 c. instr. crim. veut que les ordonnances du juge d'instruction soient signifiées à la partie civile dans le délai de vingt-quatre heures. Faustin Hélie estime que ce délai est de rigueur. « Retarder la signification au delà de ce terme, serait, dit-il, dans certains cas, un véritable abus de pouvoir, puisqu'il pourrait en résulter une prolongation illégale de la détention préalable » (nº 2112). — Toutefois, il a été jugé que la signification d'une ordonnance de non-lieu est valablement faite à la partie civile plus de vingt-quatre heures après que cette ordonnance a été rendue, alors qu'il est constant que ce retard n'a pu causer aucun préjudice à la partie civile (Dijon, 6 juin 1877, aff. Joigneaux, D. P. 81. 5. 225-226).

965. Le juge d'instruction doit *épuiser sa juridiction,* c'est-à-dire statuer, quels que soient d'ailleurs les termes du réquisitoire définitif, sur tous les inculpés et sur tous les chefs de prévention à l'égard desquels il s'est reconnu compétent pour instruire. Il doit aussi statuer sur tous les chefs de conclusions du réquisitoire définitif, soit pour y faire droit, soit pour les rejeter.

966. — 4º *Opposition aux ordonnances de clôture.* — La matière des oppositions aux ordonnances de clôture a fait au *Répertoire* l'objet des nos 846 à 857. Il en a été aussi parlé *suprà,* vº *Appel en matière criminelle,* nos 7 à 15. Enfin au chapitre 3 (*suprà,* section 6, art. 2, nos 569 et suiv.), nous avons traité d'une façon générale de l'opposition aux ordonnances du juge d'instruction, et l'opposition aux ordonnances de clôture s'est trouvée nécessairement comprise dans cet examen. Il est toutefois utile de résumer les données de la doctrine et de la jurisprudence sur cet objet.

967. En premier lieu, les oppositions aux ordonnances de clôture sont aujourd'hui portées, dans tous les cas devant la chambre des mises en accusation de la cour d'appel (nouvel art. 135, § 5).

968. La question de savoir dans *quels cas* et au profit de *quelles personnes* la voie de l'opposition est ouverte est, depuis la loi du 17 juill. 1856, beaucoup moins difficile qu'à l'époque de la publication du *Répertoire.* D'après le nouvel art. 135, le droit d'opposition appartient, dans tous les cas, au procureur de la République et au procureur général du ressort. La partie civile peut former opposition à toute ordonnance *qui fait grief à ses intérêts civils.* Quant au prévenu, il n'a droit d'opposition que dans deux cas : 1º quand la mise en liberté provisoire lui est refusée (art. 114); 2º quand il a excipé de l'incompétence et que le juge s'est déclaré compétent (art. 539). M. Garraud a fort bien justifié ces restrictions au droit d'opposition du prévenu. « C'est, a-t-il dit, que le prévenu n'a vraiment *intérêt* à former opposition que dans les deux cas prévus par la loi. En effet, lorsque l'affaire est renvoyée par le juge d'instruction au tribunal correctionnel ou au tribunal de simple police, l'opposition serait inutile pour le prévenu, car l'ordonnance de renvoi laisse intacts les droits de celui-ci, qui peut les faire valoir devant le tribunal de renvoi. Que si le juge d'instruction, estimant d'avis que le fait emporte une peine criminelle, a ordonné le renvoi de la procédure au procureur général, l'affaire doit être soumise de plein droit, et sans qu'il soit besoin d'une opposition, à la chambre des mises en accusation » (p. 735).

Il a été jugé, relativement à ce second cas, que l'ordonnance du juge d'instruction qui déclare l'incompétence de la juridiction de droit commun peut être attaquée devant la chambre d'accusation par les inculpés, sans distinction entre le cas où la question de compétence a été soulevée par eux et celui où elle l'a été par le ministère public (Crim. cass. 9 févr. 1866, aff. Fœderis-Arca, D. P. 66. 1. 402). Il avait été jugé de même sous l'empire de la législation qui attribuait la décision sur l'instruction à la chambre du conseil (Crim. cass. 28 sept. 1854, aff. Turrel, D. P. 55. 5. 262).

969. Quant à l'opposition du procureur général, V. les arrêts de la cour de cassation des 11 févr. 1881, 19 mai 1881 et 20 sept. 1860, cités *suprà,* vº *Appel en matière criminelle,* nos 11 et 12.

970. En ce qui concerne les *formes* de l'opposition et les *délais* dans lesquels elle doit être faite, V. *suprà,* nos 569 et suiv.

971. Sur la responsabilité de la partie civile qui succombe dans son opposition, V. *suprà*, n° 767. V. aussi *suprà*, v° *Appel en matière criminelle*, n°s 13 et 14.

CHAP. 4 bis. — Des particularités de l'instruction préparatoire en cas de délit flagrant (L. 20 mai 1863).

972. En matière correctionnelle, les règles de l'instruction préparatoire reçoivent une notable exception, qui a été consacrée par la loi du 20 mai 1863 (D. P. 63. 4. 109), lorsque l'inculpé a été saisi en état de flagrant délit. Cette loi, qui a pour rubrique *loi sur l'instruction des flagrants délits devant les tribunaux correctionnels*, a pour but d'accélérer la poursuite et le jugement de ces délits et d'abréger ainsi la détention préventive. Elle tend à ce résultat: 1° en supprimant l'intervention du juge d'instruction dans la prévention des flagrants délits en matière correctionnelle, pour concentrer toute la poursuite dans les mains du procureur de la République; 2° en abrégeant les délais et en simplifiant les formes des citations.

973. La pensée de la loi nouvelle a été de créer un mot spécial de saisir *d'urgence* le tribunal correctionnel. Voici les termes de l'exposé des motifs: « Dans les grands centres de population, et à Paris particulièrement, où, malgré tous les règlements de police, se réunissent, de tous les points de l'empire, les récidivistes, les gens en rupture de ban, les filous, voleurs et escrocs de tous genres, et même les malfaiteurs venus de l'étranger; là où ils ont, à toute heure, l'occasion d'exercer leur coupable industrie avec l'espoir de rester plus longtemps cachés dans la foule, l'usage fréquent de la loi du 4 avr. 1855 n'est pas applicable. Avec des gens sans feu ni lieu et sans moyens d'existence, la levée du mandat de dépôt serait imprudente; le juge d'instruction une fois saisi, le dossier ne peut sortir de ses mains que par une ordonnance de non-lieu ou de renvoi devant la police correctionnelle; et le courant de ces sortes d'affaires est tel, qu'il ne peut pas toujours accomplir la prescription de la loi qui veut que l'inculpé arrêté soit interrogé dans les vingt-quatre heures (c. instr. crim. art. 93), sans compter le temps préalablement absorbé par la police administrative et municipale, qui a constaté le fait et arrêté l'auteur. Il résulte de cette procédure, trop minutieusement suivie, que le procès le plus clair et le plus simple ne reçoit jugement qu'après onze et douze jours d'arrestation au moins, souvent un mois et quelquefois plus. Cependant la nature de ces faits, le nombre et l'activité des agents de police font que les délinquants sont fréquemment surpris, soit au milieu de la perpétration, soit immédiatement après, poursuivis par la rumeur publique, ou encore nantis des effets, armes, instruments ou papiers démontrant qu'ils sont auteurs ou complices; en un mot, en état de flagrant délit, tel qu'il est défini par l'art. 41 c. instr. crim. L'agent constate le fait, la partie lésée reconnaît les objets, les témoins sont prêts à déposer, les preuves sont accablantes, la dénégation devient inutile, la plupart du temps il y a aveu complet; pourquoi une instruction, pourquoi une procédure, pourquoi ces témoins cités deux fois et deux fois dérangés de leurs occupations, quand la présentation immédiate de l'inculpé à la barre du tribunal de répression et l'instruction orale à l'audience suffiraient pour amener une solution immédiate? ... Il faut donc, en matière de flagrant délit, parvenir à saisir directement et immédiatement le tribunal de police correctionnelle ». Il suit de là que la procédure sommaire et d'urgence de la loi de 1863 n'est applicable que lorsque les conditions qui y sont indiquées se trouvent réalisées. — Sur ces conditions, V. *infrà*, n°s 976 et suiv.

974. Au reste, alors même que les conditions exigées par la loi du 20 mai 1863 seraient réunies, le recours à la procédure qu'elle a instituée demeure facultatif; il n'est jamais obligatoire. Le rapport de la commission au Corps législatif (p. 25 et suiv.) ne laisse aucun doute à cet égard. Lors donc qu'un inculpé arrêté en flagrant délit correctionnel est conduit devant le procureur de la République, ce magistrat a l'option entre les quatre partis suivants: mettre l'inculpé en liberté; le traduire devant le tribunal en vertu de la loi du 20 mai 1863; saisir le juge d'instruction; citer directement le prévenu devant le tribunal conformément au droit commun. En résumé, la procédure spéciale des flagrants délits

reste toujours facultative pour le procureur de la République (Faustin Hélie, t. 6, n° 2820, p. 533).

975. La loi du 20 mai 1863 a été particulièrement étudiée par les auteurs suivants: Dutruc, *Code de la détention préventive*, 1866, p. 179 et suiv.; *Mémorial du ministère public*, t. 2, v° *Flagrant délit*, Faustin Hélie, *Traité de l'instruction criminelle*, t. 6, n°s 2819 et 2820; 2868, 2876 et 2923; Boitard, *Leçons de droit criminel*, 13e édit., n° 700; Garraud, *Précis de droit criminel*, n°s 474 et suiv.; Laborde, *Cours élémentaire du droit criminel*, n°s 1091 et suiv. V. aussi sur cette loi: G. Rousset, *Application de la loi sur l'instruction des flagrants délits* (*Revue critique*, t. 27, p. 97); Jacques, (*Revue critique*, t. 27, p. 49); Derome, *Considérations sur la loi relative à l'instruction des flagrants délits devant les tribunaux correctionnels*, Paris, 1864; Picot, *Loi sur les flagrants délits*.

976. — 1° *Des conditions d'application de la loi du 20 mai 1863.* La première condition est qu'il y ait *flagrant délit*. Que faut-il entendre par flagrant délit en cette matière? Il résulte du rapport et de la discussion au Corps législatif que la loi du 20 mai 1863 s'applique plus particulièrement aux deux premiers cas prévus par l'art. 41 c. instr. crim., c'est-à-dire au cas où le délit se commet actuellement, ou à celui où il vient de se commettre; qu'elle suppose, en un mot, un délit tel qu'il ne peut y avoir de doute sur la culpabilité du prévenu. « Sans l'écrire dans la loi, a dit le rapporteur (p. 45), et tout en se reposant sur le pouvoir discrétionnaire du ministère public, votre commission a la pensée que le projet en discussion s'appliquera, et elle tient à le mentionner, presque exclusivement aux deux premiers cas mentionnés dans l'art. 41, c'est-à-dire au cas où le délit se commet actuellement, et à celui où il vient de se commettre ». D'autre part, M. le commissaire du Gouvernement Suin a déclaré, au Corps législatif, que la loi se référait spécialement au cas où le flagrant délit était tel « qu'il ne pouvait y avoir de doute sur la culpabilité du prévenu » (V. dans ce sens: Dutruc, *Mémorial du ministère public*, v° *Flagrant délit*, n° 7; Faustin Hélie, t. 6, n° 2820; Picot, p. 10; Derome, p. 17).

977. Mais ce serait aller trop loin que de décider, d'une manière absolue, comme l'a fait un jugement du tribunal de Saint-Claude du 3 août 1863 (*Journal du ministère public*, t. 6, n° 169), que le flagrant délit, dans le sens de la loi du 20 mai 1863, est uniquement celui prévu par les deux premiers paragraphes de l'art. 41. Un autre tribunal a jugé, avec raison, suivant nous, que la loi peut s'appliquer même au flagrant délit prévu par la disposition finale de ce dernier article, pourvu qu'il ne se soit pas écoulé entre la perpétration du délit et sa découverte un intervalle de temps suffisant pour permettre de douter de l'origine des objets dont le prévenu a été trouvé nanti (Trib. corr. de Bagnères, 31 juill. 1864, *Journal du ministère public*, t. 8, p. 6. V. à cet égard Dutruc, *Mémorial*, n° 8). Il est certain, en tous cas, que le flagrant délit de la loi de 1863 ne s'entend pas du délit non flagrant commis dans l'intérieur d'une maison et visé par l'art. 46 c. instr. crim. (Conf. Laborde, n° 1089).

978. La mendicité, le vagabondage et la rupture de ban peuvent constituer des flagrants délits et donner lieu à l'application de la loi de 1863 (Rennes, 25 juin 1863, aff. Leprince, D. P. 63. 2. 206; Angers, 22 juin 1863, aff. Malard, D. P. 63. 2. 186). Dans la pratique, les parquets recourent très souvent à la procédure spéciale de la loi précitée pour faire juger les auteurs de ces sortes de délits, de même pour les délits d'outrages aux agents, les infractions aux arrêtés d'expulsion d'étrangers, les délits de contrebande.

979. En principe, le flagrant délit d'adultère rentre, comme tout autre, dans les prévisions de la loi du 20 mai 1863. Nous croyons cependant, avec MM. Dutruc (*Code de la détention préventive*, n°s 4 et 29), Derome (p. 19) et Morin (*Journal du droit criminel*, 1863, p. 229, note 10) « que l'application de cette loi à un tel délit trouve un obstacle considérable soit dans le caractère en quelque sorte privé de l'infraction, soit dans les conditions particulières de sa poursuite » (Dutruc, *loc. cit.*).

980. Un arrêt de la cour d'Alger du 30 janv. 1864 (*Journal du ministère public*, 7, 281) a jugé que la loi du 20 mai 1863 s'applique au délit d'outrages envers un magistrat dans un écrit signifié, par exemple dans un acte de récusa-

tion déposé au greffe et notifié au juge d'instruction. La doctrine de cet arrêt a été critiquée par M. Dutruc (*Mémorial*, v° *Flagrant délit*, n°s 11 et 13), qui s'est appuyé pour la combattre sur l'art. 7 de la loi de 1863. Cet article dispose que ladite loi n'est pas applicable aux délits de presse, ni aux matières dont la procédure est réglée par des lois spéciales. Or, a dit M. Dutruc, l'outrage envers un magistrat, dans un écrit signifié, rentre dans ces exceptions, car c'est un outrage public, tombant sous le coup de la loi sur la presse du 25 mars 1822 et réprimé par une loi spéciale. Cette critique ne serait plus fondée aujourd'hui, croyons-nous, depuis la promulgation de la loi du 29 juill. 1881 (D. P. 81. 4. 65) qui a abrogé la loi du 25 mars 1822. Il est, en effet, de doctrine et de jurisprudence que les outrages par écrit à un magistrat qui ne réunissent pas les conditions de publicité requises par la loi de 1881 (art. 23 et 28), tombent sous le coup de l'art. 222 c. pén. (V. *supra* v° *Presse*, n°s 783 et suiv.). Tel est le cas auquel se réfère l'arrêt précité. Déposer un acte de récusation au greffe et le signifier au magistrat récusé, ce n'est assurément pas *donner* à cet acte, la publicité requise par l'art. 23 de la loi de 1881. Il n'y a point là de délit de presse, ni de délit soumis à une procédure spéciale. Si donc le fait réprimé par l'arrêt de la cour d'Alger venait à se reproduire aujourd'hui, il pourrait, sans difficulté, donner lieu à une poursuite en vertu de la loi de 1863, puisqu'on ne se trouverait dans aucun des cas d'exception prévus par l'art. 7 de cette loi.

981. La procédure applicable au flagrant délit est-elle applicable dans le cas où il y a seulement tentative de délit? L'affirmative a été décidée, avec raison, par un arrêt de la cour de Limoges du 10 févr. 1888 (aff. Milési, D. P. 89. 2. 244).

982. La seconde condition exigée pour l'application de la loi de 1863 est que l'inculpé ait été *arrêté* et conduit devant le procureur de la République. L'arrestation préalable en flagrant délit est certainement le préliminaire obligé de cette procédure. Cela ne peut faire de doute en présence des termes de l'art. 1 de la loi, qui suppose un individu « *arrêté* en état de flagrant délit » (Conf. Garraud, n° 473; Laborde, n° 1091; Lyon, 17 mars 1891) (1).

983. La troisième condition est qu'il ne s'agisse pas d'un délit de *presse*, ni d'un délit *politique*, ni d'un délit dont la *procédure* est réglée par des *lois spéciales* (art. 7 de la loi). Il a été jugé, à cet égard, par l'arrêt de la cour de Lyon cité *supra*, n° 982, que la procédure de la loi de 1863 ne peut s'appliquer à la poursuite exercée contre un candidat

aux élections législatives pour n'avoir pas fait, à la préfecture du département, la déclaration préalable de candidature exigée par la loi du 17 juill. 1889 sur les candidatures multiples. Ce délit est, en effet, un délit politique. Jugé aussi que le délit de cris séditieux, étant un délit politique, ne peut être soumis à la procédure spéciale des flagrants délits (Crim. rej. 11 juill. 1876, aff. Astolfi, D. P. 77. 1. 47).

984. Il faut, en quatrième lieu, que la poursuite ne soit pas susceptible d'entraîner la relégation (L. sur les récidivistes du 27 mai 1885, art. 11). Une pénalité aussi grave que la relégation ne devait pas pouvoir être appliquée à la suite d'une procédure aussi expéditive que celle des flagrants délits. En conséquence, le jugement rendu contrairement à cette prohibition et les actes de poursuite doivent être annulés (Riom, 17 févr. 1886, aff. Henry, D. P. 86. 2. 145; Alger, 25 mars 1886, aff. Bernard, *ibid.*; Nîmes, 15 avr. 1886, aff. Pommiès, *ibid.*; Paris, 27 mai 1886, aff. Ruault; *ibid.*; Crim. rej. 2 juill. 1886, aff. Saint-Sever, D. P. 86. 1. 478; Crim. cass. 15 juill. 1886, aff. Henry, *ibid.*; Crim. cass. 29 juill. 1886, aff. Pommiès, *ibid.*; Paris, 27 nov. 1889, aff. André, D. P. 90. 2. 255).

985. — 2° *Des particularités de l'instruction en cas d'application de la loi du 20 mai 1863*. — Les modifications à la procédure ordinaire concernent les règles de l'instruction et celles de la saisine. On traitera de ces dernières au chap. 5, sect. 2, art. 3 (*infra*, n°s 1160 et suiv.). — En ce qui concerne l'instruction préparatoire, celle-ci est, en cas de délit flagrant, confiée au procureur de la République et réduite à deux actes : 1° un interrogatoire obligatoire, auquel ce magistrat doit procéder le jour même où l'individu arrêté est conduit devant lui (art. 1 de la loi); 2° un mandat de dépôt facultatif, qui doit être décerné immédiatement après l'interrogatoire (Garraud, n° 476; Laborde, n° 1093).

986. Nous n'avons rien de particulier à dire de l'interrogatoire, si ce n'est qu'il permet au magistrat d'exercer en connaissance de cause le droit d'examen préliminaire et d'option qui lui appartient entre les quatre partis déjà signalés *supra*, n° 974 : mettre l'inculpé en liberté, le traduire devant le tribunal en vertu de la loi de 1863, saisir le juge d'instruction, citer directement le prévenu devant le tribunal conformément au droit commun.

987. Le mandat de dépôt décerné par le procureur de la République est une création de la loi nouvelle; le pouvoir de décerner des mandats de ce genre avait été réservé jusqu'alors au juge d'instruction seul. Il était nécessaire de le donner au procureur de la République, puisqu'on voulait

(1) (Ministère public C. de Colleville.) — LA COUR; — Considérant que de Colleville a été assigné, le 7 sept. 1889, à comparaître le 9 septembre devant le tribunal de police correctionnelle de Castellane; — Considérant qu'à l'audience du 9 septembre, la prévention a donné défaut contre de Colleville, non comparant, et l'a condamné à 10 000 fr. d'amende; — Considérant que, par déclaration faite au greffe le 14 septembre, signifiée au parquet le 16 septembre, de Colleville a formé opposition à ce jugement; — Considérant que, le même jour, M. le procureur de la République du tribunal de Castellane faisait assigner de Colleville à comparaître, dès le lendemain 17 septembre, devant le tribunal, pour voir statuer sur son opposition; — Considérant que de Colleville n'ayant pas comparu sur cette assignation à l'audience indiquée, le tribunal, sans le débouter de son opposition, la déclara au contraire recevable; mais, par une seconde décision, prononça de nouveau contre lui la même peine que celle qu'il lui avait infligée par son premier jugement; — Considérant que cette décision est ainsi intervenue en l'absence de de Colleville, non comparant, moins de trois jours après l'opposition qui l'avait provoquée; — Considérant que l'observation de ce délai de trois jours francs entre la citation et le jugement est imposée par l'art. 184 c. instr. crim., à peine de nullité de la condamnation qui interviendrait par défaut contre la personne citée; — Considérant que, d'après l'art. 188 du même code, l'opposition, il est vrai, emporte de droit citation à la première audience; mais que cet article n'ayant pas dérogé à la règle générale précédemment posée dans l'article 184, la première audience dont il parle ne peut s'entendre que de celle qui a lieu après les trois jours francs fixés par cet article; — Considérant qu'on ne saurait, pour justifier la précipitation avec laquelle de Colleville a été jugé, invoquer, comme l'ont fait les premiers juges, les règles de la procédure spéciale établie par la loi du 20 mai 1863 sur les flagrants délits; — Que cette loi, en effet, ne vise que les inculpés arrêtés en état de flagrant délit, et qu'en outre elle ne s'applique pas aux délits politiques; — Considérant qu'en annulant

par suite de l'inobservation des délais de citation, le jugement dont est appel; il y a lieu d'évoquer et de statuer sur le fond; — Considérant qu'il résulte d'un procès-verbal du commissaire de police de Castellane, en date du 5 sept. 1889, que de Colleville le 4 sept. 1889,fait apposer à Castellane des affiches annonçant qu'il se présentait comme candidat aux prochaines élections générales, dans la circonscription de Castellane; — Considérant qu'il est établi, par une dépêche de M. le préfet des Basses-Alpes, en date du 5 sept. 1889, et qu'au surplus il n'est pas dénié qu'à cette date, de Colleville n'avait pas fait à la préfecture du département, la déclaration de candidature imposée par la loi du 17 juill. 1889; — Que, par conclusions déposées devant la cour, de Colleville articule, il est vrai, et demande à prouver que cette déclaration avait été faite par lui, dès le 1er septembre, à la sous-préfecture de Castellane; — Considérant qu'il n'y a pas lieu de s'arrêter à cette articulation, qui, en la supposant prouvée, ne ferait pas disparaître le délit reproché à de Colleville; — Considérant, en effet, que l'art. 2 de la loi du 17 juill. 1889 exige impérativement une déclaration déposée contre récépissé à la préfecture du département, et qu'en présence d'une prescription aussi précise, on ne saurait tenir compte de l'allégation d'une déclaration qui aurait été faite à la sous-préfecture de la circonscription où la candidature était posée; —

Par ces motifs, — Statuant sur l'appel de de Colleville, ensuite du renvoi qui lui en a été fait par l'arrêt de la cour de cassation, en date du 28 nov. 1890 (*Bull. crim.* n° 248); — Annule le jugement dont est appel; — Evoquant et statuant sur le fond;

Déclare de Colleville coupable d'avoir fait apposer, le 4 sept. 1889, à Castellane, des affiches annonçant qu'il se présentait comme candidat aux élections générales dans cette circonscription, sans avoir fait une déclaration préalable de candidature à la préfecture du département, etc.

Du 17 mars 1891.-C. de Lyon.-MM. Olivier, pr.-Thévard, av. gén.-Jacquier et Ducreux, av.

supprimer l'intervention du juge d'instruction dans la poursuite des flagrants délits, et que le maintien souvent indispensable de l'arrestation de l'inculpé ne peut avoir lieu régulièrement qu'en vertu d'un mandat. Du reste, ce qu'un tel pouvoir peut paraître avoir d'excessif dans les mains du magistrat chargé de la poursuite (Faustin Hélie, p. 533) est corrigé par le droit, que l'art. 5 confère au tribunal, de mettre l'inculpé en liberté provisoire avec ou sans caution (Dutruc, *Code de la détention préventive*, n° 5). Ce droit est, suivant les expressions du rapport (p. 29), « à la fois un avertissement de circonspection pour le ministère public à ne porter atteinte à la liberté individuelle que quand il y a vraiment nécessité, et une garantie pour l'inculpé, une sorte d'appel du droit de décerner le mandat de dépôt conféré au ministère public. »

988. Le mandat de dépôt de la loi de 1863 est facultatif : « Le procureur de la République *peut* mettre l'inculpé sous mandat de dépôt » (art. 1, § 2). Toutefois, le procureur de la République ne peut mettre l'inculpé sous mandat de dépôt qu'à la condition de le traduire *sur-le-champ* à l'audience du tribunal, si l'audience est encore tenue. C'est là une obligation absolue (Discours de M. Suin, commissaire du Gouvernement, à la séance du Corps législatif du 7 mai 1863, *Moniteur* du 8, p. 737 ; Dutruc, *Code de la détention préventive*, n° 7, p. 186 ; Picot, p. 12), et, comme on l'a dit avec raison (Picot, *eod. loc.*), toute détention faite en violation de la prescription que contient à cet égard l'art. 1 serait une séquestration arbitraire et entraînerait les peines prononcées, par l'art. 114 c. pén. S'il n'y a point d'audience, la mise en jugement ne peut être différée que jusqu'au lendemain, ainsi que le commande l'art. 2 (Dutruc, *eod. loc.*).

989. Il résulte de ce qui précède que la durée du mandat de dépôt décerné par le procureur de la République n'est pas indéfinie ; son effet ne se maintient qu'à la condition que le magistrat fera comparaître l'inculpé devant le tribunal le jour même, ou, au plus tard, à l'audience du lendemain (Garraud, n° 476 ; Laborde, n° 1093). Passé ce délai, nous pensons, avec M. Laborde (*eod. loc.*), que la détention serait illégale. Toutefois, par le fait de la comparution forcée du prévenu devant le tribunal, le mandat de dépôt acquiert la durée indéfinie qu'il a, dès le début, dans la procédure ordinaire : le tribunal est bien autorisé à en donner mainlevée (art. 5), mais si, en renvoyant à une prochaine audience, il ne statuait pas sur le mandat de dépôt, ce mandat persisterait de droit et la détention préventive serait légale (V. les auteurs précités).

990. Suivant M. Laborde, n° 1093, dont l'opinion nous paraît fondée, pendant le délai qui s'écoule depuis l'interrogatoire jusqu'à l'audience du lendemain dont parle l'art. 2 de la loi, « le procureur de la République peut renoncer à suivre la procédure des flagrants délits, si après plus mûr examen il remarque qu'elle est impossible ou inopportune, ou renoncer à la poursuite elle-même, si les charges qui pesaient sur l'inculpé sont dissipées par l'enquête extrajudiciaire qu'il a le droit de faire. Il pourra donc, dans le même délai, faire comparaître l'inculpé devant le juge d'instruction, ou ordonner son élargissement. Le bon sens, à défaut de texte de loi, indique sur ces deux points la solution ».

CHAP. 5. — **De l'instruction devant les tribunaux de police simple et correctionnelle** (*Rép.* n°s 864 à 1035).

SECT. 1re. — DE L'INSTRUCTION DEVANT LES TRIBUNAUX DE SIMPLE POLICE (*Rép.* n°s 864 à 913).

991. On consultera sur cette matière les ouvrages suivants : Faustin Hélie, *Traité de l'instruction criminelle*, t. 6, n°s 2563 et suiv. ; Boitard, *Leçons de droit criminel*, n° 652 et suiv. ; Trébutien, *Cours élémentaire de droit criminel*, t. 2, n° 696 et suiv. ; Garraud, *Précis de droit criminel*, n°s 554 et suiv. ; Villey, *Précis d'un cours de droit criminel*, p. 319 et suiv. ; Laborde, *Cours élémentaire de droit criminel*, n° 1407 et suiv.

992. — I. COMPOSITION DES TRIBUNAUX DE SIMPLE POLICE. — Les règles de la composition de ces tribunaux sont exposées *suprà*, v° *Organisation judiciaire*, n° 379 et suiv. ; *Rép.* eod. v°, n°s 538 à 557. Nous nous bornerons à constater

ici que, depuis la publication du *Répertoire*, la loi du 27 janv 1873 (D. P. 73. 4. 21) a aboli la juridiction de simple police des maires, et que l'art. 138 c. instr. crim., rectifié par cette loi, porte que dorénavant « la connaissance des contraventions de police est attribuée exclusivement au juge de paix du canton dans l'étendue duquel elles ont été commises ».

993. Sur la question de savoir par qui sont remplies les fonctions du ministère public devant les tribunaux de simple police, V. *suprà*, v° *Ministère public*, n°s 14 et suiv. ; *Rép.* eod. v°, n°s 33 et suiv. Il y a lieu de signaler, en outre, trois arrêts de la chambre criminelle, qui ont cassé : 1° un jugement énonçant que le ministère public avait été représenté par un conseiller municipal du chef-lieu de canton, en remplacement du suppléant du juge de paix délégué, sans qu'il fût constaté que le maire, l'adjoint, ni les conseillers précédant ce conseiller municipal dans l'ordre du tableau eussent été absents ou empêchés (Crim. cass. 3 juin 1892, aff. Quantin, D. P. 93. 1. 512) ; — 2° Un jugement constatant que les fonctions du ministère public avaient été remplies, suivant *délégation expresse du maire empêché*, par un conseiller municipal qui n'était pas le premier dans l'ordre du tableau (Crim. cass. 10 mars 1892, aff. Raymond-Picard, D. P. 93. 1. 267) ; — 3° Un jugement constatant que les fonctions du ministère public, en remplacement de l'adjoint au maire du chef-lieu de canton, malade, avaient été remplies par le second suppléant du juge de paix, alors qu'aux termes de l'art. 144 c. instr. crim., en cas d'empêchement de la personne désignée par le procureur général pour remplir, à défaut de commissaire de police, les fonctions du ministère public, en matière de simple police, cette personne « sera remplacée par le maire, par l'adjoint ou par un conseiller municipal du chef-lieu de canton » (Crim. cass. 2 mars 1894, aff. Prugnard, *Gaz. des tribunaux* du 4 mars).

994. A l'égard du greffier, il a été jugé : 1° que le greffier faisant partie intégrante du tribunal auprès duquel il exerce ses fonctions, ne peut, en matière de simple police notamment, assister comme greffier au jugement d'une affaire dans laquelle il est prévenu (Crim. cass. 26 mars 1863, aff. Berthollet, D. P. 63. 1. 128) ; — 2° Que l'huissier de service ayant instrumenté dans l'affaire ne peut remplir, même momentanément, les fonctions de greffier auprès du tribunal de simple police (Crim. cass. 15 févr. 1879, aff. Thariel, D. P. 80. 1. 188).

995. — II. COMPÉTENCE. — V. à cet égard, *suprà*, v° *Compétence criminelle*, n°s 151 et suiv. ; *Rép.* eod. v°, n° 231 et suiv.

996. — III. SAISINE. — Cette matière comprend deux questions : 1° *comment* le tribunal de police est-il saisi ? 2° *de quoi* est-il saisi ?

997. — 1° *Comment le tribunal de police est-il saisi ?* — Ainsi qu'on l'a dit *suprà*, v° *Compétence criminelle*, n° 175, le tribunal est saisi : 1° soit par la *citation* directe (c. instr. crim. art. 145) donnée par le plaignant ou le ministère public aux prévenus et aux personnes responsables ; 2° soit par la *comparution* volontaire des parties à l'audience sur simple *avertissement* (art. 147) ; 3° soit par le *renvoi* que prononcent tantôt le juge d'instruction (art. 129) et la chambre d'accusation (art. 230), tantôt le tribunal correctionnel (art. 192) ; 4° soit encore par un *arrêt de renvoi* de la cour suprême après cassation (art. 427). — Sur ces différents modes de saisine, V. *suprà*, v° *Compétence criminelle*, n°s 176 à 179. — Les règles relatives aux *citations* en simple police sont exposées *suprà*, v° *Exploit*, n°s 232 et suiv., et *Rép.* n°s 691 et suiv. Jugé, à cet égard : 1° que le ministère public, comme la partie lésée, ont, en principe, le droit de faire citer l'inculpé devant le tribunal de simple police sans s'être munis d'une cédule du juge de paix ; cette cédule n'est nécessaire que dans les cas urgents et où il s'agit d'abréger les délais (Crim. cass. 18 mars 1848, *Bull. crim.*, n° 75) ; — 2° que le ministère public peut régulièrement appeler le prévenu devant le tribunal de police par une citation décernée sans avertissement préalable ; et qu'ainsi c'est à tort que le juge de police se fonderait sur l'omission de cet avertissement pour déclarer frustratoires les frais de la citation et les excepter de la condamnation aux frais prononcée contre le prévenu recon-

nu coupable de la contravention (Crim. cass. 24 janv. 1852, aff. Doutre, D. P. 52. 5. 294; 14 août 1852, aff. Mollard, *ibid.* ; 1ᵉʳ juill. 1864, aff. Martel, D. P. 64. 1. 455). Faustin Hélie estime, non sans raison, que la même solution serait applicable à la partie civile, puisque l'art. 145 lui donne le même droit qu'au ministère public (t. 6, nº 2574) ; — 3º Que, de même, lorsque le prévenu a comparu sur simple avertissement devant le juge de police, qui a renvoyé le jugement de l'affaire à une audience ultérieure, le ministère public a pu, en l'absence de toute intimation du juge au prévenu de se représenter à cette audience, faire donner une citation à celui-ci ; ce serait aussi à tort que le juge de paix distrairait comme frustratoires les frais de cette citation des condamnations par lui prononcées contre le prévenu (Crim. cass. 23 mai 1856, aff. Roy, D. P. 56. 1. 287) ; — 4º Qu'il n'est pas nécessaire que la cédule du juge de paix, pour abréger les délais de citation dans le cas prévu par l'art. 146 c. instr. crim., soit signifiée en tête de la citation (Crim. cass. 2 juill. 1859, aff. Infray, D. P. 59. 1. 514).

998. Le second paragraphe de l'art. 145 soulève une double difficulté au point de vue de la remise de la copie de la citation et des personnes qui doivent être assignées : « Il en sera laissé copie au prévenu *ou* à la personne civilement responsable », porte le texte. Cette disjonctive *ou* autorise-t-elle la remise d'une seule copie quand le prévenu et la personne responsable sont tous deux cités ? La négative a été enseignée au *Répertoire*, vº *Exploit*, nº 695. Il y a, en effet, dans le second paragraphe de l'art. 145 une erreur évidente de rédaction : la disjonctive *ou* doit être remplacée par la conjonctive *et*. On ne saurait admettre, sans méconnaître les droits de la défense, que le jugement puisse être rendu et exécuté à la fois contre l'inculpé et contre la personne civilement responsable, si la citation n'a été donnée qu'à l'une ou à l'autre de ces parties, quand même la copie de la citation porterait qu'elle a été donnée tant pour l'une que pour l'autre. Aussi les auteurs (Bourguignon, t. 1, p. 348 ; Legraverend, t. 2, p. 308; Faustin Hélie, t. 6, nº 2572 ; Laborde, nº 1408; Trébutien, t. 2, nº 697, et Garraud, nº 533) décident-ils que, dans le cas où l'action est dirigée tout à la fois contre le prévenu et contre la partie civilement responsable, il doit être signifié deux copies, une à chacun d'eux (Conf. Bourges, 1ᵉʳ juill. 1825, *Rép.* vº *Exploit*, nº 757-2º).

999. La seconde question qui s'élève au sujet de l'art. 145, § 2, est celle de savoir si la partie responsable peut être citée seule devant le tribunal de simple police, sans que le prévenu soit assigné en même temps devant ce tribunal. Nous pensons qu'une pareille poursuite n'est pas possible. En effet, l'action publique n'est pas recevable contre la partie responsable au point de vue de la peine, et sa condamnation aux frais ne peut intervenir, sans une condamnation principale. Quant à l'action civile, qui peut l'atteindre, elle cesse d'être de la compétence des tribunaux de répression, lorsqu'elle est intentée séparément de l'action publique (Laborde, *loc. cit.*). V. dans ce sens, Crim. rej. 6 sept. 1850, aff. Dubernard, D. P. 50. 5. 408. — Un auteur a cru devoir admettre une exception à la règle pour le cas où l'auteur de l'infraction est un mineur de seize ans ayant agi sans discernement. « Supposez, par exemple, dit Boitard, nº 668, un dégât commis par un enfant de sept à huit ans, qui est l'auteur matériel de la contravention; on se bornera à citer son père, son tuteur, son instituteur, non pas comme prévenu, comme auteur du fait, mais comme civilement responsable du fait de cet enfant. Je comprends alors que, quand il y aura impossibilité d'appeler le prévenu, lorsqu'il n'y aura pas moyen de le condamner, ou, pour mieux dire, que l'auteur du fait sera dans un âge tel qu'il n'y aura pas moyen d'y voir un prévenu, on se bornera à citer devant le tribunal la personne civilement responsable. C'est à ce cas, mais uniquement à ce cas, que s'applique la disjonctive de l'art. 145 : dans tous les autres, je ne verrais pas moyen de condamner ces personnes, dont l'une aurait été citée en vertu de cet article, ou de considérer les deux personnes comme suffisamment averties par la citation donnée à l'une d'elles seulement ». Même dans l'hypothèse supposée par Boitard, nous croyons que les principes s'opposent à ce que la partie responsable soit traduite seule devant le tribunal de répression. Si l'on ne peut appeler le mineur

devant ce tribunal, il faudra renoncer à y traduire la personne responsable ; la voie civile restera, d'ailleurs, ouverte à la partie qui a éprouvé un préjudice par suite de l'infraction (Conf. Laborde, *loc. cit.*). Ce dernier auteur fait observer avec raison qu'il ne faut pas confondre l'hypothèse où la poursuite est fondée uniquement sur la responsabilité civile du fait d'autrui avec celle où la prétendue personne responsable a à répondre elle-même d'un fait de négligence pour lequel elle encourt directement une condamnation pénale, comme dans le cas du propriétaire de bestiaux cité en simple police comme civilement responsable d'une contravention commise par son berger, et qui, comparaissant volontairement devant le juge de police, ne méconnaît pas que le fait, objet de la contravention, a eu lieu par son ordre (Crim. rej. 24 mars 1848, aff. Abonneau, D. P. 48. 5. 324).

1000. Au sujet de la *comparution volontaire*, il y a lieu de remarquer qu'en fait la pratique recourt exclusivement à la forme économique de l'avertissement sans frais pour appeler les inculpés devant le tribunal de simple police, mais qu'au cas de défaut, la citation est nécessaire (art. 149 c. instr. crim.). À ce point de vue, il a été jugé : 1º que lorsque le prévenu appelé par un simple avertissement ne comparaît pas, le juge de police n'est pas véritablement saisi de la prévention, et, par suite, refuse avec raison, dans ce cas, de rendre contre l'averti non comparant un jugement par défaut (Crim. rej. 20 déc. 1860, aff. Seltz, D. P. 61. 5. 512) ; — 2º Que ce juge commettrait un excès de pouvoir en refusant, malgré les réquisitions du ministère public, de surseoir à l'examen et au jugement du prévenu absent et simplement averti, et en condamnant celui-ci à l'amende (Crim. cass. 10 sept. 1857, aff. Billaud, *supra*, vº *Compétence criminelle*, nº 177).

1001. La loi ne prescrit ni la forme ni les conditions de l'avertissement. Il se donne soit par forme de lettre, soit par forme de simple avis, soit même verbalement (Faustin Hélie, nº 2573). « Cependant, si cet acte n'est assujetti à aucune forme, dit le même auteur, il ne faut pas perdre de vue qu'il est le fondement de l'action et qu'il a sous ce rapport les mêmes effets que la citation. De là il suit : 1º qu'il ne peut être donné que par un membre du ministère public ou une partie ayant qualité; 2º qu'il doit énoncer le fait qui est l'objet de la poursuite, puisque c'est cette énonciation qui établit et limite la compétence du juge ; 3º qu'il ne peut être donné que pour des faits ayant le caractère de contravention de police » (*eod. loc.*). Au surplus, si l'avertissement avait été insuffisant ou irrégulier, il a été jugé que la comparution volontaire devant le tribunal de simple police et l'acceptation des débats par le prévenu suffisaient pour rendre régulier le jugement, et pour enlever au prévenu tout droit de se plaindre de l'insuffisance ou de l'irrégularité de l'avertissement (Crim. rej. 25 janv. 1873, aff. Georges, D. P. 73. 1. 168).

1002. Il faut noter ici qu'un tribunal de simple police peut même être saisi par les simples réquisitions du ministère public, sans citation, ni avertissement préalable, si le prévenu, appelé comme témoin, accepte le débat contradictoire (Crim. cass. 1ᵉʳ juill. 1869, aff. Louis, D. P. 69. 1. 381).

1003. Au sujet du *renvoi en simple police* par ordonnance ou arrêt rendus par le juge d'instruction, la chambre d'accusation, ou après cassation, V. *supra*, vº *Compétence criminelle*, nº 178 et 179.

1004. — 2º *De quoi le tribunal de simple police est-il saisi?* — En d'autres termes, sur *quelles personnes* et sur *quels faits* le tribunal peut-il statuer? V. à ce double point de vue *supra* vº *Compétence criminelle*, nºˢ 181 à 207. — Aux décisions signalées *ibid.*, nºˢ 182 et suiv. quant aux *personnes*, nous ajouterons deux arrêts qui ont cassé : le premier, un jugement par lequel un tribunal de simple police, après avoir entendu une personne comme témoin, l'avait considérée comme prévenue d'une contravention sur les réquisitions du ministère public et l'avait condamnée sans qu'elle eût été appelée à se défendre et sans qu'elle eût consenti à être jugée (Crim. cass. 6 févr. 1890, *Bull. crim.*, nº 32) ; le second, un jugement de simple police qui avait condamné une personne (plaignant et témoin dans l'affaire) et n'ayant été l'objet d'aucune poursuite ni inculpation (Crim. cass. 28 oct. 1892, *Bull. crim.*, nº 263).

1005. Relativement aux *faits*, V. Rép. vº *Compétence*

criminelle, n°s 187 et suiv. Jugé, en outre : 1° que si de deux contraventions comprises dans un procès-verbal une seule a été visée dans la citation, c'est avec raison que le juge de police se borne à statuer sur celle-ci, alors qu'il ne résulte d'aucun document que le débat ait été accepté par l'inculpé sur l'autre chef d'inculpation (Crim. rej. 3 janv. 1885, *Bull. crim.*, n° 8) ; — 2° Que le juge de simple police ne peut statuer sur d'autres contraventions que celle comprise dans l'acte de poursuite, à moins du consentement exprès de l'inculpé (Crim. rej. 8 févr. 1889, *Bull. crim.*, n° 56) ; — 3° Que le tribunal de simple police ne peut statuer sur une contravention non visée par la citation, alors que le prévenu, loin d'accepter ce débat sur ce chef, a posé des conclusions contraires (Crim. rej. 5 nov. 1881, *Bull. crim.*, n° 233) ; — 4° Qu'encore que la citation de simple police ait visé des faits déterminés, la prévention a pu régulièrement s'étendre à l'ensemble des faits compris dans le procès-verbal, lorsque ce document est expressément rappelé dans la citation, et lorsque les prévenus ont accepté le débat sur les divers faits énoncés au procès-verbal, dont le jugement constate que lecture a été donnée à l'audience (Crim. rej. 10 juill. 1890, aff. Pano, D. P. 91. 1. 95) ; — 5° Que l'individu traduit devant le tribunal de simple police pour voies de fait et violences légères ne saurait tirer grief de ce qu'à l'ouverture des débats le ministère public a subsidiairement requis contre lui l'application de l'art. 479, § 8, c. pén., lorsque, mis en demeure de s'expliquer sur cette nouvelle prévention, il a accepté le débat sans aucune protestation (Crim. rej. 15 nov. 1889, *Bull. crim.*, n° 342).

1006. Au reste, ainsi que nous l'avons dit *suprà* v° *Compétence criminelle*, n° 192, il est hors de doute que le tribunal est saisi du fait lui-même, et non de la qualification qui lui donne la citation ; il peut donc rejeter cette qualification lorsqu'elle est erronée, et, sans s'écarter de ce fait, lui reconnaître sa qualification légale (Crim. cass. 6 févr. 1848, aff. Gineste, D. P. 45. 4. 547 ; 17 déc. 1892, *Bull. crim.*, n° 340). A cet égard, deux arrêts de la cour de cassation ont déclaré que « le juge saisi de la connaissance d'un fait a le *devoir* de rechercher, même d'office, si ce fait, échappant à l'application de la disposition pénale qui a été invoquée, ne tombe pas sous l'application d'une autre disposition et n'est pas susceptible d'une autre qualification » (Crim. cass. 21 mars 1884, *Bull. crim.*, n° 104 ; 2 avr. 1887, *ibid.*, n° 132).

1007. — IV. Comparution des parties a l'audience. — Aux termes de l'art. 152 c. instr. crim. « la personne citée comparaîtra par elle-même, ou par un fondé de procuration spéciale ». Ainsi, en matière de simple police, les prévenus ne sont point tenus de comparaître en personne ; ils peuvent se faire représenter. Il est, d'ailleurs, hors de doute qu'ils peuvent se faire assister par un défenseur (Crim. cass. 20 nov. 1823, *Rép.* v° *Défense*, n° 81 ; Faustin Hélie, t. 6, n° 2588 ; Bourguignon, t. 1, p. 357 ; Carnot, t. 1. p. 623 ; Legraverend, t. 2, p. 319).

1008. L'inculpé, s'il ne comparaît pas en personne, doit se faire représenter par un fondé de procuration spéciale. Ainsi que nous l'avons dit au *Rép.*, n° 873, ce pouvoir doit, en principe, être écrit et non verbal (Crim. cass. 2 juill. 1859, aff. André, D. P. 59. 1. 320) ; par suite, lorsque le ministère public déclare contester le pouvoir en vertu duquel un tiers prétend comparaître pour la partie citée, le tribunal de police ne peut passer outre en tenant pour suffisante la procuration verbale, alléguée par ce tiers (Même arrêt). Mais il a été jugé que le prévenu est régulièrement représenté par un mandataire verbal (un membre de sa famille par exemple), lorsque aucune contestation n'est élevée par le ministère public ou la partie civile sur l'existence ou la spécialité du mandat (Crim. rej. 29 déc. 1853, *Bull. crim.*, n° 602 ; Crim. cass. 23 mars 1865, aff. Kuntz, D. P. 65. 5. 232). En tous cas, l'irrégularité provenant de ce qu'un prévenu a été représenté par un mandataire verbal est couverte par le silence du ministère public et par la comparution personnelle du prévenu à l'audience suivante (Crim. cass. 20 janv. 1854, *Bull. crim.*, n° 14 ; Crim. rej. 20 nov. 1890, *ibid.*, n° 232).

1009. Au reste, de nombreux arrêts ont reconnu, depuis la publication du *Répertoire*, que la représentation d'une procuration spéciale n'est pas prescrite à peine de nullité.

Cette nullité n'existerait qu'au cas où le juge de police aurait refusé de tenir compte d'une opposition du ministère public ou de la partie civile à ce que cette personne fût admise comme représentant du prévenu (Crim. rej. 4 juill. 1851, aff. Luc, D. P. 51. 5. 534 ; 7 mars 1862, aff. Tisné, D. P. 62. 5. 184 ; 6 avr. 1866, aff. Delafin, D. P. 66. 1. 368 ; 16 déc. 1871, *Bull. crim.*, n° 183 ; 19 janv. 1873, aff. Hébert, D. P. 73. 1. 163 ; 23 févr. 1877, aff. Pelletier, D. P. 77. 1. 511 ; Crim. cass. 29 nov. 1878, aff. Vidalé, D. P. 79. 1. 192). Par suite, le jugement rendu avec la femme du prévenu, ou avec tout autre mandataire verbal, qui s'est présenté au lieu et place de celui-ci, doit être réputé contradictoire, au moins vis-à-vis du ministère public qui a accepté le débat avec la personne comparante (Crim. rej. 7 févr. 1856, aff. Guibrunet, D. P. 56. 1. 184 ; 22 août 1857, aff. Claude, D. P. 57. 1. 415). Et il a même été jugé que, bien que le ministère public ait opposé au mandataire verbal, se présentant pour le prévenu devant le tribunal de police, le défaut de justification d'un pouvoir spécial, il ne peut, s'il a consenti au débat avec ce mandataire et requis l'application de la loi, se faire un moyen de cassation, contre le jugement rendu en pareille situation, de l'insuffisance des pouvoirs de celui-ci (Crim. cass. 10 mai 1872, aff. Bouillon, D. P. 72. 1. 83).

1010. Le pouvoir dont parle l'art. 152 doit être spécial. Il a été jugé qu'on doit considérer comme spécial, dans le sens de l'art. 152, le pouvoir de représenter une personne devant le tribunal de police, tant en demandant qu'en défendant, pour toutes les affaires qui pourraient le concerner (Crim. rej. 7 mars 1862, aff. Tisné, D. P. 62. 5. 184).

1011. C'est au juge à apprécier la validité du mandat. La cour de cassation a reconnu que, lorsqu'un prévenu, appelé par un simple avertissement devant le tribunal de police, ne comparaît pas et charge un tiers de le représenter, que, pour justifier de son mandat, ce dernier dépose un écrit signé du prévenu, destiné à être produit en justice et contenant l'aveu de la contravention, que de plus, il verse entre les mains du greffier une provision pour le payement de l'amende et des frais, le juge peut à bon droit reconnaître à l'écrit signé par l'inculpé les caractères d'une procuration spécialement donnée par ce prévenu à son mandataire pour le représenter dans la cause (Crim. rej. 21 mars 1884, *Bull. crim.*, n° 100). De même, il a été décidé que lorsqu'un prévenu soutient en appel n'avoir donné aucun mandat de le représenter devant le tribunal de simple police, il appartient au juge du second degré de décider souverainement, d'après les circonstances de la cause, si le prétendu mandataire avait ou non pouvoir de représenter le prévenu en justice (Crim. rej. 5 août 1887, *Bull. crim.*, n° 308).

1012. Pour qu'un inculpé pût être considéré comme régulièrement représenté à l'audience de simple police, suffirait-il qu'un tiers se présentât comme son mandataire verbal en produisant une dépêche télégraphique adressée par le prévenu au ministère public et contenant l'aveu de la contravention? La cour de cassation a décidé la négative, et déclaré que le jugement rendu dans ces circonstances est un jugement par défaut (Crim. cass. 23 oct. 1885, aff. Foveau, *suprà*, v° *Jugement par défaut*, n° 192).

1013. Ainsi qu'on l'a dit au *Rép.*, n° 871, une femme mariée peut, sans être autorisée de son mari, se faire représenter devant le tribunal de police par un mandataire spécial, conformément à l'art. 152. L'art. 216 c. civ. porte en effet que « l'autorisation du mari n'est pas nécessaire lorsque la femme est poursuivie en matière criminelle ou de police ». Si l'autorisation n'est pas nécessaire pour comparaître, elle ne l'est pas non plus pour se faire représenter (Faustin Hélie, n° 2590 ; Merlin, *Répertoire*, v° *Autorité maritale*).

1014. Le tribunal de simple police peut-il ordonner la comparution personnelle du contrevenant? Carnot (*Instr. crim.*, t. 1, p. 623) et Bourguignon (*Jurisprudence des codes criminels*, t. 1, p. 358) décident l'affirmative. Nous partageons cette opinion (Conf. M. Villey, p. 320. V. aussi dans le même sens : Garraud, *Précis de droit criminel*, n° 523, note ; Laborde, n° 1410). — Faustin Hélie est d'avis opposé. « En matière de simple police, dit cet auteur (t. 6, n° 2709), le droit des parties est de ne pas comparaître personnellement, et ce n'est qu'à l'égard des prévenus de délits

correctionnels que l'art. 185 dispose que le tribunal pourra, lors même que les délits ne seraient passibles que d'amende, ordonner leur comparution en personne. Comment admettre ensuite une ordonnance que le juge ne pourrait faire exécuter, puisque la loi ne lui a donné aucun moyen de contrainte contre les prévenus? »

1015. — V. INSTRUCTION A L'AUDIENCE. — En matière de police, toute l'instruction se fait à l'audience. Cependant certains actes de la juridiction peuvent être accomplis en dehors de l'audience : ainsi « le juge de paix peut, avant le jour de l'audience, sur la réquisition du ministère public ou de la partie civile, estimer ou faire estimer les dommages, dresser ou faire dresser des procès-verbaux, faire ou ordonner tous actes requérant célérité » (c. instr. crim. art. 148). C'est ainsi que le juge de paix pourrait, avant l'audience, ordonner, dans le cas prévu par l'art. 1 de la loi du 4 avr. 1889 (D. P. 89. 4. 34) la vente des animaux trouvés en contravention et mis en fourrière.

1016. — VI. TENUE ET PUBLICITÉ DE L'AUDIENCE. — L'instruction doit avoir lieu dans l'*auditoire du tribunal;* ce n'est que dans le lieu destiné à ses séances que l'instruction peut être faite et que les jugements peuvent être prononcés (Faustin Hélie, t. 6, n° 2702; Legraverend, t. 2, p. 340. V. toutefois, *supra,* n° 1015). — En ce qui concerne le jugement lui-même, il a été décidé : 1° que le juge de police ne peut, à peine de nullité, rendre ses jugements que dans l'auditoire qui lui est affecté, même dans le cas où il a dû opérer une descente sur les lieux (Crim. cass. 27 juill. 1855, aff. Cachet, D. P. 55. 5. 374); — 2° Qu'un jugement de simple police est nul lorsqu'il a été prononcé au domicile du juge, même les portes ouvertes (Crim. cass. 26 déc. 1868, *Bull. crim.,* n° 261); — 3° Que le jugement rendu par le juge de simple police dans son domicile particulier est nul, bien qu'il soit constaté que ce jugement a été fait et prononcé en audience publique, tout jugement devant être rendu dans le prétoire ordinaire du tribunal (Crim. cass. 4 août 1877, aff. Sansoz, D. P. 78. 1. 393).

1017. Ainsi qu'on l'a exposé au *Rép.,* n° 874, l'instruction des affaires de simple police est *publique* à peine de nullité (c. instr. crim. art. 153). Cependant, en matière de simple police comme en toute autre matière, le huis clos peut être prononcé. V. sur le huis clos *supra,* v° *Jugement,* n° 645 et suiv.; *Rép.* eod. v°, n° 826.

1018. La règle de la publicité de l'audience est absolue. V. *supra,* v° *Jugement,* n°s 631 et suiv. Cette publicité doit être constatée par le jugement, et la cour de cassation a annulé de nombreux jugements de simple police qui ne constataient pas ou qui constataient insuffisamment la publicité de l'instruction et du jugement (Crim. cass. 3 mars 1854, aff. Ligneul, 1887, *ibid.*, D. P. 54. 5. 621; 24 déc. 1858, aff. Mallet, D. P. 58. 5. 304; 12 févr. 1876, aff. Tressier, D. P. 76. 1. 412; 25 févr. 1876, aff. Mohamed, D. P. 76. 1. 412; 24 juin et 24 juill. 1875, aff. Sarthou, D. P. 76. 1. 334-335; 14 avr. 1881, *Bull. crim.,* n° 105; 8 mars 1883, aff. Compagnie des vidanges, D. P. 84. 1. 428-429; 13 nov. 1885, *Bull. crim.* n° 313; 19 févr. 1887, *ibid.*, n° 71; 30 janv. 1890, *ibid.,* n° 25; 14 févr. 1890, *ibid.*, n° 35; 17 avr. 1890, *ibid.*, n° 86; 5 févr. 1892, *ibid.,* n° 45; 11 mars 1892, *ibid.*, n° 72; 4 nov. 1892, *ibid.*, n° 276). Et la publicité doit, à peine de nullité, être constatée non seulement pour l'audience dans laquelle le jugement est rendu, mais pour toutes les audiences consacrées à l'instruction. Plusieurs arrêts de la cour de cassation ont décidé que lorsqu'une affaire a occupé plusieurs audiences, le jugement doit être cassé s'il ne constate que la publicité de la dernière audience (Crim. cass. 30 janv. 1890, *Bull. crim.* n° 25; 14 févr. 1890, *ibid.*, n° 35; 29 juill. 1892, *ibid.*, n° 222; 25 nov. 1892, *ibid.*, n° 302). — Au reste, la loi n'a prescrit aucune formule sacramentelle pour la constatation de la publicité; mais cette constatation doit être assez claire pour ne laisser aucun doute (V. à cet égard, les nombreux arrêts cités au *Rép.,* v° *Jugement,* n°s 824 et 825).

1019. — 1° *Lecture du procès-verbal.* — Le premier acte de l'instruction est la lecture des procès-verbaux, s'il y en a, par le greffier (c. instr. crim. art. 153). Cette lecture est-elle prescrite à peine de nullité? Ainsi que nous l'avons dit au *Rép.,* n° 876, elle était indispensable sous le code du 3 brum. an 4; mais le code d'instruction criminelle n'a pas reproduit la clause irritante du code précédent, et

l'art. 153 n'attache pas expressément la nullité au défaut de lecture du procès-verbal. Dès lors, que faut-il décider? « L'omission, dit Faustin Hélie, et, à plus forte raison, le refus d'en donner lecture, seraient une violation du droit de la défense et pourraient, dans le cas où les procès-verbaux font foi jusqu'à preuve contraire, entraîner la nullité du débat » (t. 6, n° 2594). Cette solution ne paraît pas contestable pour le cas où il y a eu refus de lire un procès-verbal dont la lecture a été demandée. Spécialement, la cour de cassation a décidé, dans une espèce où le procès-verbal avait seul servi de base au jugement, que le juge de police n'avait pu, sans porter atteinte à la liberté de la défense et sans violer l'art. 153 c. instr. crim., refuser de faire lire le procès-verbal dont l'inculpé avait formellement demandé la lecture (Crim. cass. 11 nov. 1869, aff. Pirolle, D. P. 70. 1. 435). — Mais, suivant la cour de cassation, la nullité n'est pas encourue au cas de simple omission de la lecture du procès-verbal. Spécialement, il a été décidé que l'omission ne saurait entraîner la nullité quand, la lecture du procès-verbal ayant eu lieu avant un jugement par défaut, l'omission s'est seulement produite lors du jugement intervenu sur l'opposition, et que cette lecture n'a pas été réclamée, à l'audience qui a suivi l'opposition, par le prévenu, lequel ne contestait aucun des faits énoncés dans le procès-verbal (Crim. rej. 26 mai 1882, aff. Hiou, D. P. 82. 1. 382).

1020. Au reste, il a été jugé, avec raison, que la lecture du procès-verbal à l'audience ne peut être utilement contestée quand les qualités du jugement énoncent expressément que les formalités prescrites par l'art. 153 c. instr. crim. ont été observées, et quand les motifs du jugement constatent, en outre, que le procès-verbal a été la base des interpellations du juge et des explications du prévenu à l'audience de simple police (Crim. rej. 1er févr. 1884, aff. Hermy, D. P. 84. 1. 372-373).

En tout cas, la loi n'exige certainement pas que lecture du procès-verbal soit donnée par le greffier lui-même. Il suffit que cette lecture ait été faite publiquement (Crim. rej. 17 mars 1876, *Bull. crim.* n° 83).

1021. — 2° *Audition des témoins.* — Les règles relatives à l'audition des témoins en simple police sont exposées au *Rép.,* v° *Témoin,* n°s 336 et suiv., et *infrà,* eod. v°. V. aussi sur cet objet : Faustin Hélie, *Traité de l'instruction criminelle,* t. 6, n° 2595 et suiv.; *Pratique criminelle,* t. 1, n°s 321 et suiv.; Boitard, *Leçons de droit criminel,* n° 675 et suiv.; Villey, p. 320 et suiv.; Garraud, *Précis,* n° 524.

1022. Spécialement, sur la question de savoir si le juge de police est obligé d'entendre tous les témoins produits par le prévenu ou par le ministère public, V. *Rép.* v° *Témoin* n°s 352 et suiv.; Faustin-Hélie, *Instruction criminelle,* t. 6, n°s 2636 et suiv., 2654 et suiv.; *Pratique criminelle,* t. 1, n°s 277 et 280. — A cet égard, de nombreux arrêts ont jugé, depuis la publication du *Répertoire,* que l'expression *s'il y a lieu,* dont se sert l'art. 153 c. instr. crim., doit s'entendre dans ce sens que le juge ne peut refuser l'audition des témoins demandée par le ministère public que s'il tient pour constants les faits mis à la charge des prévenus (Crim. cass. 12 avr. 1855, *Bull. crim.,* n° 124; 8 août 1856, *ibid.*, n° 281; 9 janv. 1857, *ibid.*, n° 17; 11 févr. 1860, aff. Nicolas, D. P. 60. 5. 311; 17 févr. 1860, aff. Tordeux, D. P. 63. 5. 215; 20 févr. 1862, *Bull. crim.*, n° 51; 31 juill. 1862, aff. Bonfils, D. P. 67. 5. 433; 4 déc. 1862, *Bull. crim.,* n° 265; 26 févr. 1863, aff. Quentin, D. P. 64. 1. 246; 25 mai 1863, aff. Prévost, D. P. 63. 5. 215; 24 juin 1864, aff. Hervé, D. P. 65. 1. 321; 2 janv. 1869, *Bull. crim.,* n° 5; 27 févr. 1869, *ibid.,* n° 48; 2 déc. 1869, aff. Bachet, D. P. 70. 1. 190; 22 juill. 1871, *Bull. crim.,* n° 74; 20 mars 1874, aff. Vibert, D. P. 75. 1. 190; 8 févr. 1878, aff. Bourquin, D. P. 75. 1. 190; 9 déc. 1882, *Bull. crim.,* n° 275).

1023. Toutefois, le juge de police peut aussi rejeter la preuve offerte lorsque son admission serait la violation d'une disposition de la loi; par exemple, si les personnes assignées sont prohibées par la loi parce qu'elles se trouvent dans l'un des cas prévus par l'art. 156 c. instr. crim. (Crim. cass. 12 avr. 1855, cité *suprà,* n° 1022), ou si le témoin, au moment où sa déposition est requise, prend la qualité de partie civile (Crim. rej. 18 août 1854, *Bull. crim.,* n° 259. Conf. Faustin Hélie, *Instruction criminelle,* t. 6, n° 2655).

1024. Il peut enfin refuser la preuve offerte lorsque sa religion est suffisamment éclairée et que la production de cette preuve lui paraît superflue et frustratoire. La jurisprudence a reconnu le droit du juge en rejetant le pourvoi dans une espèce où l'audition des témoins avait déjà rempli deux audiences (Crim. rej. 17 nov. 1849, aff. Doussot, D. P. 50. 5. 442); dans une autre espèce où l'inutilité d'un témoin était constatée (Crim. rej. 12 janv. 1856, aff. Grandjean, D. P. 56. 1. 109). Elle a reconnu aussi que le juge de simple police qui, après des débats contradictoires, refuse l'audition de nouveaux témoins proposés à l'appui de la prévention, à raison de ce que ces témoins ne pourraient être concluants et de ce que le tribunal est suffisamment éclairé, ne porte pas atteinte aux droits du ministère public (Crim. rej. 31 mars 1865, aff. Cherrey, D. P. 65. 1. 152). — Jugé de même, enfin, qu'il n'y a pas violation de l'art. 154 c. instr. crim. par le jugement qui rejette les conclusions du ministère public, tendant à obtenir une remise à quinzaine pour faire entendre des témoins à l'effet d'établir le caractère public d'un chemin sur lequel l'inculpé est prévenu d'avoir commis une usurpation, alors que ce jugement constate de que ces dépositions sont inutiles, comme portant sur des faits reconnus par le prévenu (Crim. rej. 29 mai 1891, aff. Vieuchange, D. P. 91. 1. 441). Conf. Faustin Hélie, *cod. loc.*

1025. A l'égard des témoins dont l'audition est demandée par le prévenu, il est à remarquer que l'art 153 c. instr. crim. n'a pas répété, dans son quatrième paragraphe, les mots *s'il y a lieu*, qui se trouvent dans le paragraphe précédent, d'où l'on pourrait induire que l'audition des témoins, jusqu'à un certain point facultative lorsque la demande en est faite par le ministère public, est obligatoire lorsque cette demande émane du prévenu. Mais, dans ce cas encore, « si le juge, dit avec raison Faustin Hélie, croit que la preuve offerte est sans aucun objet, soit parce que la non-existence de la contravention lui paraît déjà démontrée, soit parce que le fait qui ferait le sujet de la vérification ou des témoignages n'aura aucune influence sur sa décision, il peut et il doit la rejeter, car il ne fait alors qu'écarter du débat ce qui lui paraît inutile à la manifestation de la vérité, et il ne porte aucun préjudice à la défense. Mais il est dans ce cas rigoureusement tenu de motiver son rejet, car il doit justifier que le prévenu n'a pas été illégalement privé d'un moyen de défense qui lui appartient » (t. 6, n° 2636).

Il a été jugé, à cet égard, que le juge de simple police ne peut refuser d'entendre les témoins que le prévenu ou la personne citée comme civilement responsable demande à faire entendre pour établir sa justification, lorsque, d'ailleurs. le juge ne tient pas pour constants les faits allégués par la défense (Crim. rej. 25 mars 1880, *Bull. crim.*, n° 70). De même, dans une affaire de tumulte injurieux commis à l'audience du tribunal de simple police, portée par appel devant un tribunal correctionnel, la cour de cassation a décidé que le juge d'appel n'avait pu se refuser à entendre les témoins dont l'audition avait été requise par l'appelant, à défaut de procès-verbal constatant le délit et de témoins entendus en première instance (Crim. rej. 27 nov. 1885, *Bull. crim.*, n° 329). Plus récemment, cette même cour a cassé un jugement de simple police qui avait condamné un prévenu sur les constatations d'un procès-verbal dressé par le garde champêtre, alors qu'il ne résultait ni du jugement ni des notes d'audience que le témoignage de l'agent verbalisateur eût été reçu sous la foi du serment, et que, d'autre part, les notes d'audience établissaient que le prévenu s'était *vu refuser l'audition de témoins à décharge par lui demandée en vue de combattre les énonciations du procès-verbal* (Crim. cass. 30 déc. 1892, *Bull. crim.*, n° 349).

1026. — 3° *Défense.* — « Devant le tribunal de simple police, le prévenu est entendu dans sa défense ; il n'est point interrogé. A la différence de la police correctionnelle, l'inculpé de contravention qui n'est pas obligé de comparaître, qui peut se faire représenter le délit et de défense » (Faustin Hélie, t. 6, n° 2629). Conf. Faustin Hélie, *Pratique criminelle*, t. 1, n° 272. La cour de cassation a reconnu que le jugement de simple police n'a pas besoin de constater que le prévenu a été interrogé ; il suffit qu'il constate que

les parties ont été entendues dans leurs conclusions (Crim. rej. 29 août 1857).

1027. Il est, d'ailleurs, évident que l'inculpé ne doit pas être tenu de prêter serment de dire la vérité. Il a été jugé qu'en admettant un inculpé à prêter serment, le tribunal de simple police porterait atteinte à la liberté de la défense et commettrait un excès de pouvoir entraînant la nullité de son jugement (Crim. cass. 21 août 1879, aff. Leclerc, D. P. 80. 1. 89).

1028. En proposant sa défense, l'inculpé peut faire l'aveu qu'il a commis la contravention. Quel est l'effet de cet aveu ? Fait-il preuve contre le prévenu ? Sur cette question, V. *infrà*, n° 1055.

1029. L'art. 153 porte que le prévenu « proposera sa défense ». Il peut donc proposer toutes les preuves et tous les moyens qui sont de nature à combattre la prévention. A la vérité, il ne lui est pas permis d'alléguer des excuses, telles que sa bonne foi, un usage local, la tolérance de l'autorité, puisque les contraventions consistent dans la perpétration ou l'omission d'un fait matériel ; mais il peut être admis à faire la preuve de faits justificatifs ou exclusifs de toute culpabilité, tels que la contrainte ou la force majeure (Crim. cass. 27 juill. 1854, aff. Achard, D. P. 54. 1. 376 ; Crim. rej. 1er mars 1855, *Bull. crim.*, n° 77).

1030. L'inculpé peut aussi alléguer les exceptions ou fins de non-recevoir qui sont de nature à éteindre l'action, telles que l'exception de chose jugée, la prescription, l'amnistie et les questions préjudicielles qui peuvent la suspendre. Il peut encore proposer les nullités qui entacheraient la poursuite, par exemple faire valoir l'irrégularité de la citation, parce que le fait de la contravention n'y est pas énoncé, ou n'est pas le même que celui qui y est énoncé. Il peut proposer l'incompétence du tribunal de police. Il peut combattre les procès-verbaux qui constatent la contravention, soit en leur opposant une preuve contraire, soit en soutenant qu'ils sont entachés de nullité ou de faux. Il peut demander une expertise, une visite de lieux, une vérification. Il peut, enfin, lorsque la poursuite a pour objet une contravention à un règlement de police, contester la légalité de ce règlement ou la régularité de sa publication. — Sur tous ces différents points, V. Faustin Hélie, t. 6, n°s 2634 à 2645.

1031. — 4° *Assistance, conclusions et droits du ministère public.* — Ainsi qu'on l'a dit au *Rép.*, n° 882, le ministère public doit être présent à tous les actes d'instruction et à la prononciation du jugement. Cette présence est exigée à peine de nullité. A cet égard, il a été jugé par de nombreux arrêts que le jugement rendu et prononcé en l'absence du ministère public est nul (Crim. cass. 22 avr. 1854, aff. Chopin, D. P. 54. 5. 767 ; 6 mai 1858, aff. Richard, D. P. 58. 5. 364 ; 10 nov. 1860, aff. Farial, D. P. 60. 5. 213 ; 24 janv. 1861, aff. Buhot, D. P. 61. 5. 281 ; 31 janv. 1861, *Bull. crim.*, n° 28 ; 10 déc. 1864, aff. Campy, D. P. 65. 5. 281 ; 24 déc. 1864, aff. Rassi, D. P. 65. 5. 238 ; 4 mai 1866, *Bull. crim.*, n° 131 ; 28 janv. 1869, *ibid.*, n° 27 ; 6 juin 1874, *ibid.*, n° 761 ; 27 juill. 1878, aff. Torrent, D. P. 78. 5. 302 ; 27 févr. 1880, aff. Chailloux, D. P. 81. 5. 385 ; 24 févr. 1881, *Bull. crim.*, n° 51 ; 3 juin 1881, aff. Hapet, D. P. 81. 5. 385 ; 5 nov. 1881, *Bull. crim.*, n° 231 ; 17 août 1883, aff. n° 211 ; 6 févr. 1886, *ibid.*, n° 46 ; 27 oct. 1887, *ibid.*, n° 357 ; 20 mars 1891, *ibid.*, n° 70 ; 19 déc. 1891, aff. Saurin, D. P. 92. 1. 367 ; 15 févr. 1894, *Gazette des tribunaux*, du 16 février).

1032. Il en est ainsi alors même que, en présence du ministère public, l'affaire est continuée à une audience ultérieure ; l'absence du ministère public, lors de l'audience de renvoi, ne permet pas au tribunal de prononcer son jugement (Crim. cass. 18 avr. 1828, *Rép.* v° *Ministère public*, n° 65-4° ; 3 juin 1881, aff. Hapet, D. P. 81. 5. 385). La règle ne reçoit même pas d'exception dans le cas où, à une précédente audience, le ministère public a déclaré s'en rapporter à la sagesse du tribunal (Crim. cass. 24 janv. 1861, aff. Buhot, D. P. 61. 5. 281), ni lorsqu'il est établi que l'officier du ministère public s'est abstenu volontairement et a refusé de se rendre à l'audience et de siéger (Crim. cass. 3 déc. 1891, aff. Morel, D. P. 92. 1. 552). — Toutefois, la circonstance que la lecture du jugement a été commencée en l'absence de l'officier du ministère public n'est pas une cause de nullité, lorsque ce magistrat, étant venu occuper

son siège avant que le prononcé du jugement fût achevé, le juge a repris en sa présence la lecture de la décision dans son entier (Crim. rej. 18 août 1864, aff. Pruvost, D. P. 65. 5. 241).

Jugé aussi que la présence du ministère public est exigée, à peine de nullité, à toutes les audiences (Crim. cass. 6 avr. 1865, aff. Marchetti, D. P. 67. 5. 253; 19 août 1869, aff. Carrière, D. P. 70. 1. 446; 3 juin 1881, aff. Hapet, D. P. 81. 5. 385; 14 mai 1886, *Bull. crim.*, n° 179), et à tous les actes d'instruction, notamment aux descentes sur lieux que le juge de répression croirait nécessaire d'effectuer (Crim. cass. 20 mars 1874, aff. Vibert, D. P. 75. 1. 190; 27 juill. 1878, aff. Torrent, D. P. 78. 5. 302; 11 déc. 1879, *Bull. crim.*, n° 222).

1033. Le ministère public ne doit pas seulement être présent aux audiences de simple police, l'art. 153 exige qu'il résume l'affaire et prenne ses conclusions. En conséquence, le jugement qui ne constate pas que le ministère public a été entendu dans ses conclusions, ou qu'il a été mis en demeure de conclure, est nul. C'est ce qui a été reconnu par un grand nombre d'arrêts postérieurs à la publication du *Répertoire* (V. les arrêts cités *suprà*, n° 97. *Adde :* Crim. cass. 15 mai 1857, *Bull. crim.*, n° 195; 4 nov. 1859, aff. Oudinet, D. P. 60. 5. 213; 16 déc. 1859, aff. Sirguet, D. P. 59. 5. 236; 21 janv. 1860, aff. Charvet, D. P. 60. 5. 213; 26 avr. 1860, aff. Ravot, D. P. 60. 5. 213; 18 août 1860, aff. Barlot, D. P. 60. 5. 213; 2 févr. 1861, aff. Griollet, D. P. 61. 5. 283; 4 déc. 1862, *ibid.*, n° 265; 27 févr. 1863, aff. Franzini, D. P. 63. 5. 250; 13 nov. 1863, aff. André, D. P. 65. 5. 238; 8 juill. 1864, *Bull. crim.*, n° 182; 22 nov. 1867, *ibid.*, n° 237; 10 juill. 1868, *ibid.*, n° 159; 2 déc. 1869, *ibid.*, n° 249; 28 juill. 1871, *ibid.*, n° 78; 16 nov. 1871, *ibid.*, n° 156; 19 janv. 1872, *ibid.*, n° 13; 7 déc. 1872, *ibid.*, n° 312; 6 févr. 1873, *ibid.*, n° 39; 30 nov. 1878, *ibid.*, n° 231; 9 janv. 1886, *ibid.*, n° 8; 14 mai 1886, *ibid.*, 27 oct. 1887, *ibid.*, n° 357; 30 oct. 1890, *ibid.*, n° 211; 3 janv. 1891, aff. Arnauld, D. P. 91. 5. 317; 8 janv. 1892, aff. Hélis, D.P. 92. 1. 631).

Il en est de même lorsque l'affaire est engagée par la citation de la partie civile. Dans ce cas, comme dans le cas de citation à la requête du ministère public, le juge est saisi comme juge de répression; dès lors, il y a nullité du jugement qui ne constate pas que le ministère public a été entendu, ou s'il n'est pas suppléé à ce silence du jugement par des réserves à l'exercice ultérieur de l'action publique (Crim. cass. 21 janv. 1860, *Bull. crim.*, n° 19).

1034. Le ministère public doit être, à peine de nullité, entendu sur l'ensemble de l'affaire. La mention de son opinion en ce qui concerne une partie des prévenus est insuffisante (Crim. cass. 17 févr. 1855, *Bull. crim.*, n° 47).

1035. La règle s'applique non seulement au fond du procès, mais à tous les incidents qui s'élèvent dans le cours du débat. « Le ministère public doit être entendu toutes les fois que le juge est appelé à prendre une décision; il faut qu'il soit mis en situation de connaître, de discuter et de contredire tous les incidents; ses conclusions doivent donc précéder tous les jugements préparatoires et interlocutoires » (Faustin Hélie, t. 6, n° 2651). La jurisprudence a fait plusieurs applications de cette règle. C'est ainsi que la cour de cassation a prononcé l'annulation d'un jugement qui avait rejeté une preuve offerte par le ministère public, sans qu'il eût été entendu » (Crim. cass. 30 sept. 1843, aff. Sénateur, *Rép.*, v° *Ministère public*, n° 270-2°). Elle a aussi jugé que le ministère public doit être entendu sur une exception d'incompétence (Crim. cass. 16 mars 1809, aff. Hiron, *Rép.*, n° 883-2°). — Plus récemment, la même cour a décidé que le juge de police devant lequel une exception d'incompétence a été proposée ne peut, à peine de nullité, statuer à la fois sur cette incompétence et sur le fond, sans que le ministère public ait conclu au fond ou ait été mis en demeure de le faire (Crim. cass. 23 févr. 1877, aff. Pelletier, D. P. 77. 1. 511). Enfin elle a jugé, avec beaucoup de raison, que lorsque le ministère public a été entendu dans ses conclusions tendant à être autorisé à faire la preuve de la contravention, le juge de simple police ne peut, après avoir autorisé cette preuve, statuer au fond dans une audience subséquente sans avoir entendu les nouvelles conclusions du ministère public ou sans les avoir au moins provoquées (Crim. cass. 5 août 1875, *Bull. crim.*, n° 249). — Sur les cas dans lesquels le juge de police peut refuser l'admission d'une preuve demandée par le ministère public, V. *suprà*, n° 1022 et suiv.

1036. Ainsi qu'on l'a dit au *Rép.*, n° 885, le refus du ministère public de conclure ne peut exercer aucune influence sur la validité du jugement (V. l'arrêt du 9 germ. an 7, cité *ibid.* *Adde :* Crim. cass. 10 juin 1836, *Rép.*, v° *Ministère public*, n° 273. Conf. Faustin Hélie, t. 6, n° 2652). Mais il ne suffirait pas, pour la validité du jugement, qu'il fût constaté que le ministère public n'a donné aucunes conclusions. Spécialement, il a été jugé que l'énonciation que « dans l'état de la cause, le ministère public n'a formulé aucune réquisition et n'a point posé de conclusions », n'établit pas qu'il ait été mis en demeure, ni qu'il ait refusé, de le faire; dès lors, l'incertitude existant sur ce point affecte le jugement d'un vice radical (Crim. cass. 16 déc. 1859, aff. Sirguet, D. P. 59. 5. 236). — De même, l'énonciation portant que le jugement a été prononcé immédiatement après la lecture du procès-verbal de contravention est insuffisante et vicie le jugement, en ce qu'elle laisse ignorer si le ministère public a été entendu ou mis en demeure de conclure (Crim. cass. 18 août 1860, aff. Burlot, D. P. 60. 1. 470).

1037. Au reste, la loi n'a point prescrit pas l'emploi de termes sacramentels pour constater dans les jugements l'audition du ministère public; notamment, cette audition est suffisamment constatée par la mention que le ministère public a pris la parole et a insisté pour la condamnation (Crim. cass. 11 déc. 1863, aff. Pomier, D. P. 66. 1. 139). — Dans le même sens, il a été jugé que le moyen tiré par le ministère public près le tribunal de simple police, de ce qu'il n'aurait pas été admis à donner ses conclusions, ne saurait être accueilli lorsque les notes d'audience et le jugement constatent que, après les explications données par le prévenu, le ministère public « a été entendu en ses observations ». (Crim. rej. 7 déc. 1860, aff. Billerey, D. P. 61. 5. 314; 25 juin 1863, aff. Jouguet, D. P. 65. 5. 241).

1038. La mention, portée sur les notes sommaires jointes aux pièces, que le ministère public a proposé de faire entendre les gendarmes rédacteurs du procès-verbal, ne peut évidemment équivaloir au résumé de l'affaire et aux conclusions que l'art. 153 impose au ministère public l'obligation de présenter (Crim. cass. 22 juill. 1871, *Bull. crim.*, n° 74). Mais il a été décidé, d'autre part, que les notes d'audience tenues par le greffier, qui indiquent l'audition du ministère public, suppléent légalement à ce qu'a d'incomplet le jugement à cet égard (Crim. rej. 10 juill. 1863, aff. Joubert, D. P. 63. 1. 483).

Il a été jugé, d'ailleurs (et ce point ne pouvait faire difficulté) que le jugement de simple police qui constate que le commissaire de police a été entendu dans le résumé de la cause et dans ses conclusions, ne peut être vicié par l'allégation que la parole a été retirée au ministère public (Crim. rej. 24 juin 1864, aff. Martin, D. P. 66. 5. 307).

1039. La loi n'a point réglé la forme du résumé et des conclusions du ministère public. Ainsi qu'on l'a vu au *Rép.*, n° 887, il a été jugé que « le vœu de la loi est suffisamment rempli lorsque celui qui en exerce les fonctions s'en est rapporté à la prudence du tribunal » (Crim. rej. 6 mai 1808. V. aussi *suprà*, n° 99). Suivant Faustin Hélie (t. 6, n° 2653), « le résumé doit être présenté oralement à l'audience; les conclusions doivent être également prises oralement; mais le ministère public doit avoir la précaution de les écrire et de les signer, pour assurer leur existence et leur confirmation, toutes les fois qu'il prévoit que le jugement pourrait être attaqué par l'appel ou la cassation; par d'ailleurs, une règle prescrite en matière criminelle par l'art. 277; elles doivent, dans tous les cas, être insérées dans le jugement » (Conf. Décr. 18 juin 1811, art. 58).

1040. — 5° *Droits de la partie civile.* — Après que les témoins ont été entendus, le plaignant, aux termes de l'art. 153, prend ses conclusions. Mais pour cela, il est nécessaire qu'il se soit constitué partie civile, soit en citant lui-même directement le prévenu devant le tribunal de simple police (c. instr. crim., art. 145), soit en intervenant aux débats (art. 66). Il a, d'ailleurs, la faculté de se constituer jusqu'à la clôture du débat (art. 67). V. *suprà*, n° 696. — Le plaignant peut se constituer et prendre ses conclusions sans comparaître personnellement; il peut se faire représenter par un fondé de pouvoir (avoué ou autre), et le

tribunal de police ne pourrait ordonner sa comparution personnelle, car la loi ne lui donne pas ce droit (Faustin Hélie, t. 6, n° 2632). « La partie civile, dès qu'elle est régulièrement constituée, a le droit de prendre, dans l'intérêt de son action civile, les conclusions qu'elle juge utiles, et le juge est tenu de statuer sur ces conclusions (c. instr. crim., art. 408 et 413)... Elle peut, par exemple, proposer soit une audition de témoins, soit une expertise, une vérification quelconque, une visite des lieux ; elle peut requérir, comme l'art. 148 l'y autorise même à l'audience, toutes les estimations susceptibles de faire apprécier la valeur du préjudice qu'elle a éprouvé ; enfin elle prend des conclusions définitives à fin de condamnation à la somme à laquelle elle l'estime » (Faustin Hélie, n°2633). — Il est d'ailleurs évident que, si le juge est tenu de statuer sur toutes les conclusions de la partie civile, il demeure pourtant le maître de les accueillir ou de les rejeter. Il peut, notamment, écarter les preuves proposées s'il les croit inutiles ; c'est ce qui résulte de ces mots de l'art. 153 : « Les témoins, s'il en a été appelé par le ministère public ou la partie civile, seront entendus s'il y a lieu » (Faustin Hélie, eod. loc. Conf. Crim. cass. 9 déc. 1830, aff. Maurice Duval, Rép. n° 896-2°).

1041. — 6° *Réquisitoire, plaidoiries, répliques.* — *Clôture des débats.* — Lorsque toutes les preuves, de part et d'autre, ont été produites, la partie civile prend ses conclusions, le prévenu présente sa défense, le ministère public résume l'affaire et donne ses conclusions (c. instr. crim., art. 153). Le même article ajoute : « La partie citée pourra présenter ses observations ». Cette règle n'est nullement exclusive de l'intervention d'un défenseur (Crim. cass. 20 nov. 1823, Rép., v° *Défense*, n° 81). Le juge de simple police peut, d'ailleurs, sans qu'il en résulte une atteinte au droit de la défense, limiter le temps pendant lequel le prévenu ou son fondé de pouvoir développera ses conclusions motivées, verbales ou écrites (Crim. rej. 18 nov. 1852, aff. Follin, D. P. 52. 5. 185).

1042. Le ministère public et la partie civile peuvent répliquer, et le prévenu, par une conséquence nécessaire, a le droit de répondre à cette réplique (Faustin Hélie, t. 6, n° 2659). Il est, en effet, de règle générale, aux termes des art. 153, 190 et 335 c. instr. crim., que, devant toutes les juridictions répressives, le prévenu doit avoir la parole le dernier, et la nullité devrait être prononcée si ses droits avaient été méconnus sous ce rapport, en simple police comme devant les juridictions plus élevées (Faustin Hélie, loc. cit.; Villey, Précis, p. 322 ; Garraud, Précis, n° 524; Ortolan, Éléments du droit pénal, t. 2, n° 2308).

1043. Il convient, au surplus, de remarquer « que, pour la procédure suivie devant les tribunaux de simple police, la loi n'a pas édicté, comme pour les cours d'assises, de dispositions spéciales sur la clôture des débats ; que le dernier état du débat n'est irrévocablement fixé que par le prononcé du jugement, et que, jusque-là le prévenu, dans l'intérêt de sa défense, de même que le ministère public au nom de l'action publique, doivent être admis à conclure et à produire tous documents qu'ils croient utiles à la manifestation de la vérité » (Crim. cass. 17 nov. 1883, Bull. crim., n° 262). Il suit de là que c'est à tort que le juge de simple police déclare tardives les conclusions à fin d'enquête signifiées par le prévenu après le renvoi de l'affaire à une audience ultérieure pour le prononcé du jugement (Même arrêt, Conf. Crim. cass. 24 déc. 1858, aff. Battesti, D. P. 55. 1. 403; 2 juin 1865, aff. Deschamps, D. P. 65. 1. 327. — V. toutefois, Crim. rej. 3 mars 1864, aff. Pilloet, D. P. 64. 1. 503).

1044. De la règle que, devant le tribunal de police, les débats restent ouverts jusqu'au jugement, la jurisprudence a tiré, avec raison, cette seconde conséquence qu'il ne résulte aucune nullité de ce qu'un témoin a été entendu par le juge de police après les réquisitions de l'officier du ministère public, alors même que celui-ci n'aurait pas repris la parole pour résumer de nouveau l'affaire, s'il n'a pas été empêché de réitérer ses conclusions avant la prononciation du jugement (Crim. rej. 17 janv. 1868, aff. Hubert Laurent, D. P. 68. 1. 359).

1045. — VII. PREUVE DES CONTRAVENTIONS. — Aux termes de l'art. 154 c. instr. crim., « les contraventions seront prouvées soit par procès-verbaux ou rapports, soit par témoins, à défaut de rapports et procès-verbaux, ou à leur appui ».

Ainsi que le fait remarquer Faustin Hélie (t. 6, n° 2591), « il résulte de ce texte que la loi, en indiquant les procès-verbaux ou rapports et les témoignages, qui sont les preuves les plus communes des contraventions, n'a exclu aucun autre moyen de preuve ; d'où il suit que les juges peuvent chercher la vérité non seulement dans les procès-verbaux et les dépositions des témoins, mais dans les aveux, dans les expertises et dans les visites de lieux » (Conf. Garraud, Précis, n° 524 ; Villey, p. 322). Ce point a été plusieurs fois reconnu par la jurisprudence. Un arrêt de cassation du 29 juin 1848 (Bull. crim., n° 193) déclare notamment « que les art. 154 et 189 n'interdisent pas aux tribunaux de chercher les éléments de leur conviction dans tous les modes de preuve admis par l'ensemble de la législation » (Conf. Crim. cass. 18 mars 1854, aff. Paradis, D. P. 54. 1. 300 ; 21 sept. 1854, aff. Clop, D. P. 55. 5. 360; 4 sept. 1856, aff. Pasquier, D. P. 56. 1. 415). Un autre arrêt, du 29 mars 1878 (aff. Duval, D. P. 79. 1. 92), a reconnu que l'énumération, contenue en l'art. 154, des moyens à l'aide desquels les contraventions peuvent être établies, n'est pas limitative « qu'elle n'exclut aucun des modes qui peuvent servir à former la conviction du juge, mais qu'elle l'autorise au contraire... à admettre tous les modes de preuve de droit commun, par exemple à ordonner une vérification d'écritures ». Un précédent arrêt (Crim. rej. 22 juill. 1876, Bull. crim., n° 175), avait déjà décidé que le juge de police peut admettre d'autres modes de preuve que ceux énoncés à l'art. 154 c. instr. crim., pourvu que les documents fournis aient été produits aux débats ; qu'il peut notamment faire entrer, à titre de présomption, dans les éléments de sa conviction, quand elle a été produite aux débats, la plainte adressée par l'inculpé à un commissaire de police, alors même que cette plainte ne serait pas signée.

Il résulte aussi de l'art. 154 que la loi a donné au juge qui s'appuie sur une des preuves énumérées par le texte le droit de l'apprécier et de se prononcer d'après cette appréciation, dans la plénitude de sa liberté. C'est un principe absolu, en effet, que l'intime conviction du juge doit être la base de ses décisions aussi bien en police simple qu'en police correctionnelle et aux assises (Faustin Hélie, n° 2592 ; Garraud, n° 524).

1046. Toutefois, les deux conséquences exposées au numéro précédent reçoivent une limitation formelle dans les cas nombreux où les contraventions sont constatées par des procès-verbaux auxquels la loi donne une force légale (c. instr. crim. art. 154, § 2) V. à cet égard infrà, v° Procès-verbal.

1047. — 1° *Procès-verbaux.* — Le procès-verbal est la preuve ordinaire des contraventions. En principe, il fait foi, en cette matière, jusqu'à preuve contraire. Sur les règles générales de la foi due aux procès-verbaux, V. Rép. v° Procès-verbal, notamment les n°s 431 et suiv. Et spécialement sur les procès-verbaux qui font foi jusqu'à preuve contraire V. Rép. ibid. n°s 161 et suiv. On se bornera à rappeler ici quelques règles incontestables, consacrées par la jurisprudence.

1048. En premier lieu, de nombreux arrêts ont jugé que le tribunal de simple police, saisi d'une contravention constatée par un procès-verbal régulier et faisant foi jusqu'à preuve contraire, ne peut refuser de la tenir pour constante et s'abstenir de la réprimer, tant qu'aucune preuve contraire n'est offerte contre les énonciations du procès-verbal (Crim. cass. 15 juin 1844, aff. Bourelut, D. P. 45. 4. 432 ; 1er juin 1844 (Forêts), D. P. 45. 4. 431 ; 14 juin 1849, aff. Faure, D. P. 49. 5. 330 ; 10 févr. 1876, aff. Bayard, D. P. 76. 1. 457-458; 3 mai 1877, aff. Roussel, D. P. 77. 1. 458 ; 28 mai 1880, aff. Sorel, D. P. 82. 1. 48; 30 nov. 1888, Bull. crim., n° 347).

1049. De même, il a été fréquemment jugé que le tribunal de police méconnaît la loi due à un procès-verbal régulier lorsqu'il se fonde, pour prononcer le relaxe des inculpés, uniquement sur les dires et allégations de ceux-ci (Crim. cass. 23 déc. 1865, Bull. crim., n° 230 ; 3 mars 1866, ibid., n° 57; 29 déc. 1866, aff. Montalti, D. P. 66. 5. 382; 23 juill. 1866, aff. Mallet, D. P. 69. 5. 318; 17 déc. 1869, aff. Legros, D. P. 70. 1. 439-440 ; 14 mai 1870, Bull. crim., n° 108 ; 14 nov. 1874, ibid., n° 288 ; 27 nov. 1875, ibid., n° 335 ; 15 mars 1883,

ibid., n° 76; 23 oct. 1885, *ibid.*, n° 276; 11 déc. 1885, *ibid.*, n° 345; 24 févr. 1887, *ibid.*, n° 10; 21 déc. 1888, *ibid.*, n° 375; 18 juill. 1890, *ibid.*, n° 156).

Le tribunal méconnaît également la foi due au procès-verbal lorsqu'il déclare l'inexistence de la contravention que celui-ci constate, en se basant sur des renseignements dont il s'est directement entouré ou sur des informations indirectement recueillies. V., à cet égard, les nombreux arrêts cités *infra*, n° 1061.

1050. D'autre part, il est certain que l'irrégularité ou l'insuffisance du procès-verbal peut être suppléée par d'autres preuves, et notamment par l'aveu ou par la preuve testimoniale. Spécialement, il a été jugé par de nombreux arrêts : 1° que l'irrégularité du procès-verbal de contravention ne peut motiver le renvoi du prévenu si la contravention est établie par l'aveu de celui-ci (Crim. cass. 29 nov. 1851, aff. Lyandrat, D. P. 51. 5. 445; 15 oct. 1852, aff. Derome, D. P. 52. 5. 452; 18 mai 1854, aff. Paradis, D. P. 54. 1. 299; 24 janv. 1861, aff. Ball, D. P. 61. 1. 406; Crim. rej. 7 déc. 1872, aff. Tarrieu, D. P. 72. 1. 427; Crim. cass. 26 mai 1882, aff. Thomas, D. P. 82. 1. 438); — 2° Que le tribunal de simple police, nonobstant l'annulation du procès-verbal, retient avec raison la connaissance de la contravention si le ministère public offre d'en prouver l'existence par témoins (Crim. cass. 12 mai 1864, aff. Cochin, D. P. 64. 5. 301); — 3° Que le juge ne peut se fonder sur l'insuffisance ou la nullité du procès-verbal pour relaxer le prévenu, lorsque le ministère public offre de suppléer à cette insuffisance par d'autres preuves, notamment en faisant entendre des témoins (Crim. cass. 8 nov. 1849, aff. Appein, D. P. 49. 5. 330; 6 déc. 1860, aff. Alicot, D. P. 61. 1. 95); — 4° Que le jugement qui, en cas pareil, prononce le renvoi du prévenu, au mépris du droit du ministère public de prouver la contravention par témoins, est nul (Crim. cass. 24 sept. 1854, aff. Clop, D. P. 53. 5. 360; 11 févr. 1860, aff. Nicolas, D. P. 60. 5. 301; 17 févr. 1860, aff. Tordeux, D. P. 63. 5. 301; 23 mai 1863, aff. Prévost, *ibid.*; 29 mai 1873, aff. Couvet, D. P. 73. 1. 447; 3 mars 1888, *Bull. crim.*, n° 97).

1051. Il est, d'ailleurs, incontestable que, lorsque les procès-verbaux n'ont que la valeur de simples renseignements, ou même lorsqu'ils font foi seulement jusqu'à preuve contraire, si des témoins ont été entendus en enquête régulière à l'audience, il appartient au juge de police de statuer souverainement d'après cette enquête (Crim. rej. 7 févr. 1856, *Bull. crim.*, n° 52; 16 déc. 1871, *ibid.*, n° 184; 3 juill. 1874, *ibid.*, n° 189; 27 avr. 1877, *ibid.*, n° 112).

1052. — 2° *Témoins.* — Les règles de l'audition des témoins devant le tribunal de simple police sont exposées au *Rép.*, v° *Témoins*, n°s 336 et suiv., et *infra*, eod. v°.

Sur le droit du ministère public et du prévenu de faire entendre des témoins, V. *supra*, n° 1022.

1053. Nous constaterons seulement que le juge de police, n'ayant pas le pouvoir discrétionnaire, ne peut, sans excès de pouvoir, faire état de la déposition d'un témoin entendu sans prestation de serment et à titre de simple renseignement (Crim. cass. 19 juin 1846, aff. Dauphin, D. P. 46. 4. 480; 4 nov. 1848, aff. Robin, D. P. 48. 5. 341; 7 juin 1849, aff. Labiche, D. P. 49. 5. 361; 4 avr. 1851, aff. Aribaud, D. P. 51. 5. 487; 29 juill. 1853, aff. Cherfallot, D. P. 53. 5. 421; 22 juill. 1853, aff. Angibaud, D. P. 53. 5. 421; 1er mars 1856, aff. Com. de pol. d'Aix, D. P. 56. 5. 424; 4 sept. 1856, aff. Lecoq-Morel, D. P. 56. 1. 416; 7 nov. 1856, aff. Lagrange, D. P. 56. 5. 422; 22 nov. 1856, aff. Poupault, *ibid.*; 19 avril 1859, aff. Bourdon, D. P. 59. 5. 346; 10 nov. 1864, aff. Barbazan, D. P. 67. 5. 428; 17 juin 1869, aff. Koeppler, D. P. 70. 1. 144; 7 nov. 1873, aff. Wormser, D. P. 74. 5. 448; 17 juill. 1874, *Bull. crim.* n° 207; 28 août 1874, *ibid.*, n° 248; 28 juill. 1876, *ibid.*, n° 180; 30 nov. 1878, *ibid.*, n° 233; 27 janv. 1883, *ibid.*, n° 25; 7 févr. 1885, *ibid.*, n° 54; 7 nov. 1885, aff. Fourtine, D. P. 86. 1. 426; 11 déc. 1885, *Bull. crim.*, n° 344; 26 mars 1886, *ibid.*, n° 133; 8 janv. 1887, *ibid.*, n° 12; 10 nov. 1887, *ibid.*, n° 375). Conf. Faustin Hélie, t. 6, n° 2609. — La même règle s'applique aux agents rédacteurs des procès-verbaux, maires, gardes champêtres, gendarmes, etc. Quand ceux-ci sont appelés à l'audience pour donner des explications sur les procès-verbaux qu'ils ont dressés, ils doivent, à peine de nullité, prêter serment (Crim. cass. 8 juin 1854,

aff. Bringnier, D. P. 54. 5. 693; 31 déc. 1859, aff. Moulard, D. P. 59. 5. 346; 18 févr. 1865, *Bull. crim.*, n° 40; 20 juill. 1865, aff. Desse, D. P. 67. 5. 398; 22 nov. 1867, *Bull. crim.*, n° 236; 6 déc. 1872, aff. Piot, D. P. 73. 5. 418-419; 30 nov. 1878, *Bull. crim.*, n° 233; 14 août 1884, *ibid.*, n° 265; 23 oct. 1885, *ibid.*, n° 277). Conf. Faustin Hélie, t. 6, n° 2608.

1054. Ajoutons, en ce qui concerne les notes d'audience dont la rédaction par le greffier est prescrite par la seconde partie de l'art. 155, qu'il est de jurisprudence aujourd'hui constante que cette obligation n'est pas imposée à peine de nullité. Aux arrêts cités au *Rép.* v° *Témoin*, n° 389-4°, *adde* : Crim. cass. 26 déc. 1857, aff. Pacaud, D. P. 58. 1. 137, et Crim. rej. 21 nov. 1873, *Bull. crim.*, n° 285. D'après les arrêts, il ne résulte aucune nullité de ce que les notes d'audience sont, les unes incomplètes, les autres erronées. Conf. Faustin Hélie, t. 6, n° 2617.

1055. — 3° *Aveu.* — Quel est l'effet de l'aveu de l'inculpé? Fait-il preuve contre lui? L'affirmative est certaine, en principe. Il a été jugé par de nombreux arrêts qu'en matière de simple police l'aveu du prévenu suffit pour motiver une condamnation (Crim. cass. 17 févr. 1857, *Rép.* v° *Procès-verbal*, n° 9-2°; 7 août 1851, *Bull. crim.*, n° 328; 29 nov. 1852, *ibid.*, n° 501; 18 mars 1854, aff. Paradis, D. P. 54. 1. 299; 28 avr. 1854, aff. Regnier-Dobigny, D. P. 55. 5. 486; 6 nov. 1857, *Bull. crim.*, n° 369; 18 déc. 1857, *ibid.*, n° 409; 29 juill. 1858, aff. Girardot, D. P. 58. 5. 96; 3 nov. 1859, aff. Leymarle, D. P. 60. 5. 85; 24 janv. 1861, aff. Ball, D. P. 61. 1. 406; 3 janv. 1880, *Bull. crim.*, n° 6; 26 mai 1882, aff. Thomas, D. P. 82. 1. 438; 26 mars 1886, *Bull. crim.*, n° 131; 9 juill. 1887, *ibid.*, n° 505). Mais le juge n'est pas lié par l'aveu; il peut et doit l'apprécier (Arrêts précités des 18 mars 1854, 3 janv. 1880, 26 mars 1886). — En ce qui concerne la force probante des aveux consignés dans les procès-verbaux, V. *Rép.* v° *Procès-verbal*, n°s 183 et suiv., et *infra*, eod. v°.

1056. — 4° *Expertise.* — En matière de simple police comme en toute autre matière criminelle, on peut recourir à l'expertise comme moyen de preuve. Un arrêt a décidé « que l'art. 154 n'a nullement limité le mode ou la nature des preuves qui peuvent être opposées aux procès-verbaux émanés d'officiers publics auxquels la loi n'a pas accordé le droit d'être crus jusqu'à inscription de faux; que le juge de police, comme le juge civil, correctionnel ou criminel, peut ordonner toute mesure interlocutoire, telle qu'expertise, descente et vue des lieux, lorsqu'il les croit nécessaires pour éclairer sa religion » (Crim. rej. 12 janv. 1856, aff. Grandjean, D. P. 56. 1. 109). Il est toutefois évident, ainsi que Faustin Hélie (t. 6, n° 2618) le fait remarquer avec beaucoup de raison, que les expertises ne doivent être ordonnées que dans les cas où les autres preuves seraient admissibles. Ainsi, lorsqu'il existe un procès-verbal faisant foi de la contravention jusqu'à preuve contraire, et que la preuve contraire n'est pas proposée, le juge qui ne pourrait, dans ce cas, appeler des témoins, ne pourrait, non plus, ordonner des experts (Crim. cass. 4 juin 1852, aff. Vincent, D. P. 52. 5. 494).

1057. Les expertises peuvent être ordonnées par le juge, soit d'office, soit sur la demande des parties. « Lorsque cette mesure est provoquée par les conclusions des parties, le juge ne peut l'écarter que dans le cas où le point qu'elles veulent éclairer lui semblerait suffisamment établi, ou dans le cas encore où ce point lui paraîtrait inutile à la décision de la cause » (Faustin Hélie, t. 6, n° 2619). Il a été jugé, dans ce sens : 1° que le tribunal de simple police ne peut se refuser à ordonner une expertise sollicitée par le prévenu, à moins qu'il ne la déclare non pertinente ou qu'il ne se dise suffisamment éclairé par les débats (Crim. cass. 12 juin 1846, aff. Morillon, D. P. 46. 4. 177); — 2° Qu'est nul le jugement de simple police qui refuse d'ordonner l'expertise requise par le ministère public, alors qu'il n'énonce pas quel expertise demandée soit inutile ou frustratoire (Crim. cass. 17 avr. 1874, aff. Gludicelli, D. P. 75. 1. 238-239); — 3° Que le juge de simple police ne peut, sous prétexte que la vérification d'écriture n'est pas prévue par l'art. 154 c. instr. crim., et que les formalités dont elle est entourée ne pourraient être suivies devant le tribunal de police, refuser la vérification par expert qui lui est demandée à l'effet d'établir qu'une lettre anonyme émane de celui à qui elle est imputée (Crim. cass. 29 mars 1878, aff. Duval, D. P. 79. 1. 92).

1058. Au reste, il est évident que l'expertise n'est qu'un moyen de preuve, et qu'elle ne lie pas le juge par les conclusions qu'elle émet. En toute matière criminelle, les juges restent appréciateurs libres et souverains du résultat de l'expertise qu'ils ont ordonnée, puisqu'ils ne doivent prononcer sur la prévention que d'après leurs lumières et leur conscience (Faustin Hélie, n° 2623). V. au surplus *Rép.* v° *Expert,* n° 415. — Sur les formes de l'expertise, V. *suprà,* v° *Expert,* n°ˢ 183 et suiv., et *Rép.* eod. v°, n° 43. A cet égard, il a été jugé : 1° que le juge de police peut ne pas tenir compte d'une expertise et d'une autopsie tendant à établir la légitime défense, mais pratiquées en dehors de toutes les prescriptions de la loi (Crim. rej. 25 janv. 1873, aff. Georges, D. P. 73. 1. 168) ; — 2° Qu'est nul le jugement de simple police qui fait état du rapport d'un expert dont la prestation de serment n'est pas régulièrement constatée (Crim. cass. 27 févr. 1875, *Bull. crim.*, n° 76).

1059. — 5° *Visite des lieux.* — A l'égard du droit qui appartient au juge de police d'effectuer des visites de lieux, et des conditions dans lesquelles ces visites doivent être effectuées, V. *suprà,* v° *Descente sur les lieux,* n°ˢ 19 à 24. V. aussi Faustin Hélie, t. 6, n°ˢ 2624 et suiv. Aux nombreux arrêts rapportés *suprà,* v° *Descente sur les lieux,* n° 20, qui ont jugé que le juge de police ne peut se transporter sur les lieux pour les visiter qu'après avoir préalablement ordonné cette mesure d'instruction par un jugement préparatoire, et que ce transport doit s'effectuer contradictoirement, en présence du ministère public et des parties, ou elles dûment appelées, *adde,* dans le même sens, Crim. cass. 30 déc. 1886, *Bull. crim.*, n° 441.

1060. — 6° *Obligation pour le juge de ne prononcer que d'après les résultats du débat contradictoire.* — Ainsi qu'on l'a dit au *Rép.*, n° 897, c'est une règle commune à tous les tribunaux de répression, que les juges ne peuvent former leur conviction que d'après l'instruction orale faite devant eux et en présence des parties. Cette règle s'impose aux tribunaux de simple police comme aux tribunaux correctionnels et aux cours d'assises. — Sur ladite règle, considérée d'une manière générale, V. *Rép.* v° *Jugement,* n°ˢ 1060 et suiv. V. aussi *Rép.* v° *Témoin,* n°ˢ 252 et suiv.

1061. De la règle du débat oral et contradictoire, la jurisprudence a tiré les conséquences suivantes, relativement aux tribunaux de simple police : A. Le jugement de police qui se fonde sur des renseignements particuliers recueillis en dehors de l'audience est nul (Crim. cass. 3 août 1849, aff. Malnoury, D. P. 49. 5. 285 ; 13 févr. 1857, aff. Vanel, D. P. 57. 1. 178 ; 14 déc. 1861, aff. Baudrier, D. P. 63. 5. 214 ; 28 mars 1862, aff. Maitre, D. P. 66. 5. 259 ; 1ᵉʳ août 1862, aff. Sieuret, D. P. 66. 5. 259 ; 5 nov. 1863, aff. Pougalet, D. P. 65. 5. 258 ; 18 juill. 1862, aff. Lechaudel, D. P. 63. 1. 485 ; 4 nov. 1865, aff. Sautel, D. P. 66. 5. 258 ; 20 août 1875, *Bull. crim.*, n° 276 ; 11 nov. 1876, *ibid.*, n° 217 ; 1ᵉʳ mars 1878, *ibid.*, n° 62 ; 28 mai 1880, aff. Sorel, D. P. 82. 1. 48 ; 28 nov. 1884, aff. Vergeau, D. P. 85. 1. 219 ; 19 févr. 1887, *Bull. crim.*, n° 71 ; 29 mars 1888, *ibid.*, n° 46 ; 21 févr. 1890, aff. Pasquet, et 22 févr. 1890, aff. Vatan, D. P. 91. 1. 47). Et il en est ainsi même que les renseignements ont été fournis par l'agent rédacteur du procès-verbal, si cet agent n'a pas comparu en personne à l'audience et n'a pas déposé sous la foi du serment (Arrêt précité du 28 mai 1880).

1062. B. Le juge de police ne pourrait fonder sa décision sur une lettre non communiquée aux parties, et que le juge a provoquée lui-même en dehors de l'audience (Crim. cass. 10 nov. 1860, aff. Fariel, D. P. 61. 5. 271) ; ... — Ni sur un procès-verbal dressé à la charge du prévenu postérieurement à la mise en délibéré de l'affaire, et sans que celui-ci ait été mis à même de s'expliquer sur son contenu avant la prononciation du jugement (Crim. cass. 1ᵉʳ août 1862, aff. Sicuret, D. P. 66. 5. 259) ; — Ni sur un procès-verbal de constat d'huissier produit par le prévenu après la mise en délibéré, et qui n'a pas été soumis à la critique du plaignant et du ministère public (Crim. cass. 14 févr. 1889, *Bull. crim.*, n° 61) ; — Ni sur la déposition écrite qu'un témoin a envoyée au juge parce qu'il était empêché de comparaître et sans qu'il eût été entendu oralement sous la foi du serment (Crim. cass. 28 oct. 1892, *Bull. crim.*, n° 263).

1063. — C. Est nul le jugement de simple police qui

acquitte le prévenu de contravention en se fondant sur la connaissance personnelle que le juge a des lieux litigieux (Crim. cass. 28 mars 1862, aff. Maitre, D. P. 66. 5. 259 ; 17 janv. 1867, *Bull. crim.*, n° 9 ; 24 avr. 1868, *ibid.*, n° 114 ; 17 juin 1876, *ibid.*, n° 137 ; 30 mars 1878, *ibid.*, n° 89 ; 22 juill. 1882, *ibid.*, n° 187) ; et ce, alors même que le jugement s'appuierait, en outre, soit sur des témoignages recueillis à l'audience (Même arrêt du 17 juin 1876)... soit sur les explications fournies au cours des débats (Crim. cass. 11 nov. 1876, cité *suprà*, n° 1061), parce qu'il est impossible de déterminer la part d'influence que ces modes illicites de preuve ont pu avoir sur la décision ;... soit sur une prétendue notoriété publique (Crim. cass. 20 déc. 1860, aff. Seltz, D. P. 61. 5. 270 ; et arrêt précité du 28 mars 1862).

Toutefois, il a été jugé qu'il n'y aurait pas nullité si le juge ne s'était pas fondé exclusivement sur la connaissance personnelle qu'il avait des lieux comme magistrat de la localité, et s'il avait commencé par déclarer que les faits qu'il constatait résultaient des déclarations des témoins (Crim. rej. 28 janv. 1859, aff. Bescoud, D. P. 60. 5. 378). — Il a été décidé également qu'il n'y aurait pas lieu de prononcer la nullité du jugement d'acquittement dans lequel le juge aurait invoqué la notoriété publique, si cet acquittement pouvait se justifier par un motif de droit rendant la constatation du fait sans intérêt (Crim. cass. 20 déc. 1860, précité).

1064. — D. Est également nul le jugement qui, contrairement aux art. 153 et 154 c. instr. crim., fait état de renseignements recueillis sur les faits « tant à l'audience qu'autrement » (Crim. cass. 2 avr. 1869, *Bull. crim.*, n° 181) ;... — ou qui fait état de renseignements dont il n'indique pas la source (Crim. cass. 18 juill. 1868, *Bull. crim.*, n° 176 ; 17 juin 1876, cité *suprà*, n° 1063).

1065. — E. Doit être annulé le jugement par lequel le tribunal de simple police prononce une condamnation sans qu'aucun témoin ait été entendu à l'occasion des faits imputés au prévenu, et qui se réfère uniquement à des témoignages recueillis à la même audience, à l'occasion d'une autre prévention de même nature, constatée le même jour et à la même heure (Crim. cass. 26 avr. 1884, *Bull. crim.*, n° 149).

1066. — F. Le juge de police, pour nier la publicité d'un chemin et la contravention qui fait l'objet de la poursuite, ne pourrait se baser sa décision sur des déclarations recueillies dans une enquête ordonnée à l'occasion d'une instance possessoire, non plus que sur le jugement qui a suivi (Crim. cass. 7 janv. 1888, aff. Laubriat, D. P 88. 1. 335).

1067. — 7° En présence de contestations élevées contre un rapport de police relativement à la publicité d'une salle de concerts, le juge ne peut condamner en s'appuyant seulement sur ces rapports et sur la notoriété publique (Crim. cass. 28 févr. 1891, aff. Prévost, D. P. 91. 1. 444).

1068. — VIII. Jugement. — 1° *Règles générales.* — « Une première règle est que toutes les poursuites en simple police, quel que soit le mode par lequel le tribunal a été saisi, ne peuvent être terminées que par un jugement. Il n'est pas permis, en matière de police, comme cela a lieu en matière civile (Décr. 30 mars 1808, art. 69), de rayer une affaire du rôle lorsque les parties ne comparaissent pas. Lors même qu'il y aurait désistement de la plainte, lors même que le ministère public délaisserait la poursuite, le tribunal de police doit statuer ; il est saisi de l'action publique, il doit apprécier et juger les contraventions qui lui ont été déférées » (Faustin Hélie, *Pratique criminelle*, t. 1, n° 331. Conf. *Traité de l'instruction criminelle*, t. 6, n° 2700).

1069. Une seconde règle, commune à toutes les juridictions criminelles, est que le juge doit statuer sur toutes les réquisitions du ministère public et sur toutes les conclusions des parties. L'omission ou le refus de prononcer sur l'un des chefs de réquisitions ou conclusions donne, aux termes des art. 408 et 413 c. instr. crim., ouverture à cassation (Sur ce principe et ses applications à la matière de la simple police, V. *Rép.* v° *Cassation*, n°ˢ 1490 et suiv., *suprà*, eod. v°, n° 321, et aussi *Rép.* v° *Jugement*, n°ˢ 751 et suiv. Conf. Faustin Hélie, t. 6, n° 2656). Jugé, en ce sens, que lorsqu'un marchand en gros, poursuivi en simple police pour avoir livré à un débitant de l'essence minérale conte-

nue dans des fûts en bois, a déposé des conclusions portant : par ces motifs, dire et juger qu'il n'est pas suffisamment établi que les liquides livrés étaient destinés à la vente au détail , le jugement de condamnation doit, à peine de nullité, s'expliquer sur ce chef de conclusions, même en admettant qu'il soit indifférent pour le résultat du procès de savoir si le liquide livré était ou n'était pas destiné à la vente au détail (Crim. cass. 9 mai 1891, *Bull. crim.*, n° 111).

1070. En troisième lieu, les affaires de police doivent être promptement expédiées. Aux termes de l'art. 153 c. instr. crim., dernier paragraphe, déjà rappelé au *Rép.*, n° 905, « le tribunal de police prononcera le jugement dans l'audience où l'instruction aura été terminée, et, au plus tard, dans l'audience suivante ». Toutefois, cette disposition, ainsi que nous l'avons déjà dit au *Rép.*, v° *Jugement*, n° 374, n'est pas prescrite à peine de nullité. La bonne administration de la justice exige, en effet, que le juge, s'il a besoin de méditer les questions qui lui sont soumises, puisse remettre le prononcé du jugement à un autre jour (Crim. rej. 27 juill. 1866, aff. Stablo, D. P. 66. 4. 272); il peut aussi, lors même que l'instruction a pris plusieurs audiences, ordonner un complément d'instruction (Crim. cass. 30 avr. 1852, *Bull. crim.*, n° 139), car « tout juge qui ne se trouve pas suffisamment éclairé, et en mesure de se prononcer sur un litige en complète connaissance de cause, a le droit d'ajourner sa décision jusqu'à ce que sa conviction soit pleinement formée » (Crim. rej. 9 nov. 1866, *Bull. crim.*, n° 231; Crim. cass. 6 juin 1874, *ibid.*, n° 162; Crim. rej. 18 sept. Gigini, D. P. 92. 1. 524). L'avant-dernier de ces arrêts (6 juin 1874) a déclaré « que la règle contenue dans le paragraphe final de l'art. 183 n'est pas prescrite à peine de nullité, et n'intéresse pas, à titre substantiel, le droit de la défense; qu'elle doit être considérée seulement comme une recommandation de célérité s'adressant au juge, et comme une mesure d'ordre prise en vue de la prompte expédition des affaires » (Conf. Faustin Hélie, *Instruction criminelle*, t. 6, n° 2718 ; *Pratique criminelle*, n°s 184 et 332).

1071. — 2° *Formes des jugements*. — A l'égard des formes de la rédaction des jugements de simple police, et des mentions que ces jugements doivent contenir, V. *supra*, v° *Jugement*, n°s 658 et suiv., notamment les n°s 667 et 672; *Rép.* eod. v° n°s 837 et suiv., et 839.

1072. — 3° *Jugements d'incompétence*. — L'art. 160 c. instr. crim. est ainsi conçu : « Si le fait est un délit qui emporte une peine correctionnelle ou plus grave, le tribunal renverra les parties devant le procureur de la République ». Si cet article était littéralement interprété, il s'ensuivrait que le tribunal de police ne doit se dessaisir que lorsque le fait est passible d'une peine supérieure aux peines de police. Mais il est certain que le tribunal doit aussi se dessaisir toutes les fois qu'il se reconnaît incompétent *ratione materiæ*, *ratione personæ*, *ratione loci*, soit qu'il ait été saisi par des conclusions d'incompétence, soit d'office (Faustin Hélie, t. 6, n° 2707; Garraud, *Précis*, n° 527 ; Villey, *Précis*, p. 323). Sur cette règle et ses applications, V. *supra*, v° *Compétence criminelle*, n°s 203 et 204.

1073. — 4° *Jugements par défaut*. — V. *supra* v° *Jugement par défaut*, n°s 185 et suiv.; *Rép.* eod. v°, n°s 431 et suiv.

1074. — 5° *Jugements préparatoires et interlocutoires*. — V. *supra* v° *Jugement d'avant droit*, n°s 51 et suiv.; *Rép.* eod. v°, n°s 86 et suiv. V. aussi *supra* v°s *Appel*, n° 20, et *Cassation*, n°s 52 et 53.

1075. — 6° *Jugements d'acquittement*. — Aux termes de l'art. 159 c. instr. crim., « si le fait ne présente ni délit ni contravention de police, le tribunal annulera la citation et tout ce qui s'en sera suivi » ; en d'autres termes, il prononcera l'acquittement. Il résulte de ce texte que l'acquittement ne peut être prononcé que dans le cas où *le fait ne présente ni délit ni contravention de police*. Sont par conséquent contraires à la loi et doivent être annulés : 1° les jugements qui ne renvoient que sur un admettant des excuses que la loi n'admet pas et qui, par conséquent, n'effacent pas la contravention (Crim. cass. 23 août 1850, aff. Daguin, et aff. Rouger, *Bull. crim.*, n°s 270 et 271 ; 24 août 1850, aff. Dijoux, *ibid.*, n° 275; 12 oct. 1850, aff. Patart, *ibid.*, n° 356; 1er avril 1854, aff. Coent, D. P. 54. 5. 62 ; 24 févr. 1855, aff. Askine, D. P. 55. 5. 478; 28 juill. 1855, aff. Germaine, D. P. 55. 1. 361; 3 août 1855, aff. Georgell, D. P. 55. 1. 447;

1er sept. 1855, aff. Ribodeau, *Bull. crim.*, n° 312; 17 nov. 1855, aff. Baillarge, D. P. 55. 5. 114; 8 févr. 1856, aff. Pulicani, D. P. 56. 5. 502; 9 févr. 1856, aff. Chevalier, D. P. 56. 1. 160; 29 nov. 1878, aff. Vidalé, D. P. 79. 1. 192; 17 août 1883, aff. Boixo, D. P. 84. 1. 262); — 2° Les jugements qui, sans admettre la preuve contraire, déclarent non prouvée une contravention constatée par un procès-verbal régulier (Crim. cass. 13 juill. 1850, *Bull. crim.* n° 222; 24 janv. 1852, *ibid.* n° 36).

Doivent aussi être annulés, par la même raison, les jugements de police qui se bornent à déclarer que la contravention n'est pas établie, sans préciser si c'est en fait ou en droit (Crim. cass. 28 sept. 1855, *Bull. crim.*, n° 340; 15 janv. 1857, aff. Rocher, D. P. 57. 1. 130; 22 nov. 1860, aff. Duez, D. P. 61. 1. 90; 9 nov. 1861, aff. Perdrigeon, D. P. 62. 1. 98; 3 juill. 1863, aff. Baron, D. P. 66. 5. 311 ; 3 janv. 1879, aff. Dauchin, D. P. 79. 1. 380). « Comment, en effet, dit Faustin Hélie, t. 6, n° 2719, reconnaître la régularité des jugements de police, comment apprécier s'ils ont examiné les caractères constitutifs des contraventions, s'ils ont exactement interprété les lois et les arrêtés qu'ils appliquent, lorsqu'ils ne rendent pas compte des motifs qui les ont déterminés ? C'est donc une règle générale que ces jugements doivent déclarer si le renvoi est fondé, soit sur ce que le fait incriminé n'est pas prouvé, soit sur ce qu'il ne constitue pas telle contravention, soit sur ce que la loi ou le règlement est muet ou incomplet ».

1076. Le tribunal de simple police ne pourrait pas non plus relaxer un prévenu sans énoncer d'autre motif que l'abandon de la prévention par le ministère public. En effet, les conclusions du ministère public ne lient aucunement le juge, et celui-ci ne peut acquitter que s'il reconnaît et déclare que le fait ne présente ni délit ni contravention de police (Crim. cass. 30 août 1851, *Bull. crim.*, n° 363). — Enfin, il a été jugé, par application du même principe, que le prévenu d'une contravention ne peut être renvoyé de la poursuite par le motif que le commissaire de police remplissant auprès du tribunal les fonctions du ministère public, n'était pas présent à l'audience (Crim. cass. 25 janv. 1850, aff. Waronsval, D. P. 50. 5. 16). Sans aucun doute, l'absence du ministère public est une cause de nullité du jugement, (V. *supra*, n°s 1031 et suiv.), mais ce n'est pas un motif d'acquittement.

1077. L'acquittement doit être pur et simple. En effet, dit très justement Faustin Hélie, t. 6, n° 2720, « le jugement d'acquittement déclare que le fait que la poursuite avait qualifié de contravention n'existe pas ou n'a pas de caractère. Or, d'un fait qui n'est pas prouvé ou qui n'a aucun caractère répréhensible, il n'est pas possible de déduire une conséquence pénale, une condamnation quelconque ». De là il suit que le juge ne peut, en prononçant l'acquittement : 1° adresser aucune injonction au prévenu, par exemple, lui enjoindre de ne plus récidiver (Crim. cass. 6 juill. 1826, *Rép.* v° *Compétence administrative*, n° 77; 1er sept. 1827; *Bull. crim.*, n° 9 ; — 2° Le condamner aux frais de la procédure, l'art. 162 c. instr. crim. ne permettant cette condamnation accessoire qu'envers la partie qui succombe (Arrêt précité du 1er sept. 1827 ; 7 mai 1840, *Rép.* v° *Procès-verbal*, n° 8 *in fine*; 16 févr. 1854, aff. Daurenque, D. P. 55. 5. 483 ; 3 mars 1854, aff. Salinières, D. P. 54. 5. 61; 1er mars 1855, aff. Vouriot, *Bull. crim.*, n° 75 ; 31 janv. 1861, aff. Coiffier, D. P. 61. 5. 247) ; — 3° Prononcer la confiscation des objets saisis (Crim. cass. 15 mars 1828, *Rép.* v° *Peine*, n° 837; 19 avr. 1833, *Rép.* v° *Contravention* n° 51);... à moins toutefois qu'il ne s'agisse d'une de ces confiscations ordonnées par la loi et prononcées par le juge à titre de mesure de police et d'ordre public pour retirer un objet nuisible ou dangereux de la circulation ou dont la possession est illicite, comme dans le cas de faux poids ou de fausses mesures (V. *supra* v° *Peine*, n°s 696 et 697).

1078. L'art. 159 c. instr. crim., après avoir disposé que le tribunal annulera la citation et tout ce qui aura suivi, ajoute : « et statuera par le même jugement sur les demandes en dommages-intérêts ». Les dommages-intérêts dont il est ici question sont ceux qui peuvent être alloués au prévenu acquitté contre la partie civile, pour réparation du préjudice à lui causé par la poursuite ; quant aux dommages qui pourraient être dus par le prévenu à la partie lésée, le tri-

bunal de police est, en cas d'acquittement, incompétent pour y statuer; l'acquittement le dessaisit de l'action publique, et par conséquent, de l'action civile (V. à cet égard, v° *Compétence criminelle*, n°s 208 et suiv.).

1079. — 7° *Jugements de condamnation.* — Ces jugements sont l'objet des art. 161, 162 et 163 c. instr. crim. Aux termes de l'art. 161, le juge prononce la peine « si le prévenu est convaincu de la contravention ». Il doit donc constater la contravention et déclarer, en appréciant les preuves, que le prévenu en est coupable. « Cette double déclaration, base nécessaire de la peine, constitue les motifs impérieusement exigés par l'art. 163 » (Faustin Hélie, *Pratique criminelle*, n°.364). — V. au surplus, à l'égard de l'obligation de motiver les jugements de simple police, *Rép.* v° *Jugement*, chap. 7, sect. 2, n°s 1053 et suiv., et notamment n° 1076.

1080. D'après l'art. 163, les termes de la loi appliquée doivent être insérés dans le jugement de condamnation, à peine de nullité. — Sur l'étendue de cette obligation et sa sanction, V. suprà v° *Jugement*, n° 628 ; *Rép. eod.* v°, n°s 783 et suiv.

Le deuxième paragraphe de l'art. 163 porte qu'il sera fait mention, dans le jugement, s'il est rendu en dernier ressort ou en première instance. La jurisprudence a reconnu, par plusieurs décisions, qu'aucune peine n'est attachée par la loi à l'omission de cette formalité (Crim. cass. 10 janv. 1846, *Bull. crim.*, n° 18 ; Crim. rej. 20 févr., 1857, aff. Bont, D. P. 57. 5, 197 ; 7 avr. 1876, *Bull. crim.*, n° 100. Conf. Faustin Hélie, t. 6, n° 2728).

1081. Après avoir prononcé la peine, le tribunal de simple police statue *par le même jugement* sur les demandes en restitution et en dommages-intérêts (art. 161). Sur cette règle, V. suprà, v° *Compétence criminelle*, n°s 210 et 211 ; *Rép. eod.* v°, n°s 314 et suiv.

Enfin, le jugement doit condamner la partie qui succombe aux frais et les liquider (art. 162). V. à cet égard, suprà, v° *Frais et dépens*, n°s 537 et suiv.; *Rép. eod.* v°, n°s 967 et suiv.

1082. — 8° *Exécution du jugement.* — Ce qui regarde l'exécution des jugements criminels en général, est traité suprà, v° *Jugement*, n°s 686 et suiv.; *Rép. eod.* v°, n° 878 et suiv. V. aussi pour l'exécution des jugements de simple police, suprà, v° *Compétence criminelle*, n° 174 ; *Rép. eod.* v°, n°s 284 et 285.

1083. — IX. APPEL, POURVOI EN CASSATION. — Pour ce qui regarde l'appel des jugements de simple police, V. suprà. v° *Appel en matière criminelle*, n°s 16 et suiv.; *Rép. eod.* v°, n°s 64 à 128. Jugé, en outre, que le tribunal correctionnel auquel est déféré, sur l'appel des condamnés, un jugement

de simple police, ne peut pas, en décidant que les faits, d'ailleurs constants, ont reçu, devant le tribunal de simple police, une qualification erronée, et que, cette juridiction en avait été irrégulièrement saisie, prononcer l'acquittement en se déclarant incompétent. Il doit restituer aux faits leur qualification légale, tout en maintenant la peine dans les limites où l'a fixée le tribunal de simple police (Crim. cass. 4 déc. 1875) (1), et pour ce qui concerne le recours en cassation, *suprà*, v° *Cassation*, n°s 128 et suiv.; *Rép. eod.* v°, n°s 180 et suiv., 564 et suiv.

SECT. 2. — DE L'INSTRUCTION DEVANT LE TRIBUNAL CORRECTIONNEL (*Rép.* n°s 914 à 1035).

1084. Depuis la publication du *Répertoire*, cinq lois ont apporté des modifications plus ou moins profondes aux règles qui concernent l'instruction devant le tribunal correctionnel : 1° la loi des 13-21 juin 1856, *sur les appels des jugements correctionnels* (D. P. 56. 4. 63), a abrogé l'art. 200 c. instr. crim., et donné un nouveau texte aux art. 189, 201, 202, 204, 205, 207 à 216 du même code. V. à cet égard, suprà, v° *Appel en matière criminelle*, p. 448 et suiv.; — 2° La loi des 17-26 juill. 1856 (D. P. 56. 4. 123), qui a supprimé la chambre du conseil, et rectifié les art. 130, 132 et 232 c. instr. crim., relatifs au renvoi en police correctionnelle ; — 3° La loi des 20 mai-1er juin 1863 (D. P. 63. 4. 109), sur l'*instruction des flagrants délits devant les tribunaux correctionnels*, qui a institué une nouvelle procédure pour l'instruction des flagrants délits correctionnels ; — 4° La loi des 14 juill.-12 août 1865, sur *la mise en liberté provisoire* (D. P. 65. 4. 145), a modifié le texte de l'art. 206 c. instr. crim., et statué qu'en cas d'acquittement, le prévenu sera immédiatement et nonobstant appel, mis en liberté ; — 5° Enfin, la loi du 27 juin 1866 (D. P. 66. 4. 75), dont l'objet principal a été de régler la poursuite des crimes, délits et contraventions commis à l'étranger a substitué une nouvelle rédaction à celle de l'art. 187 du même code.

1085. Les principaux ouvrages à consulter sur la matière de l'instruction devant les tribunaux correctionnels sont les suivants : Faustin Hélie, *Traité de l'instruction criminelle*, t. 6, n°s 2806 à 2981 ; *Pratique criminelle*, t. 1, n°s 394 à 502 ; Boitard, *Leçons de droit criminel*, n°s 693 à 716 ; Garraud, *Précis de droit criminel*, n°s 537 à 546 ; Villey, *Précis d'un cours de droit criminel*, p. 327 à 333 ; Trébutien, *Cours élémentaire de droit criminel*, t. 2, n°s 660 et suiv.; Laborde, *Cours élémentaire de droit criminel*, n°s 1303 à 1346 ; Ortolan, *Éléments de droit pénal*, t. 2, liv. 3, tit. 2.

---

(1) (Gourden.) — LA COUR; — Vu les art. 159 et 160 c. instr. crim. et l'avis du conseil d'État du 25 oct. 1806 ; — Vu également l'art. 155 du même code; — Attendu, sur le premier moyen, que Gourden avait été cité devant le tribunal de police pour avoir été trouvé en état d'ivresse manifeste sur la voie publique et pour une simple contravention d'injures; — Que par jugement du tribunal de police du canton de Plouigneau, en date du 13 avr. 1875, ledit Gourden, déclaré coupable d'injures envers des ecclésiastiques et de bruits ou tapages injurieux troublant la tranquillité des habitants, a été condamné à 11 fr. d'amende et deux jours d'emprisonnement, ainsi qu'à l'impression et à l'affiche du jugement par extrait dans toutes les communes du canton par application des art. 471, n° 11; 479, n° 8; 480 c. pén., et 1035 c. proc. civ.; — Que sur l'appel de l'inculpé le tribunal correctionnel de Morlaix, par jugement du 10 juin dernier, a tout d'abord reconnu dans les motifs de sa décision que les injures dont ledit inculpé avait été déclaré coupable réunissaient tous les caractères d'un outrage fait publiquement, à raison de leur qualité, à des ministres de l'une des religions dont l'établissement est légalement reconnu en France; délits prévus et punis de peines correctionnelles par l'art. 6 de la loi du 25 mars 1822; que le juge de police avait été irrégulièrement saisi, puisqu'il s'agissait d'un délit correctionnel, et aurait dû se déclarer incompétent ; — Que cependant, après de telles déclarations, le tribunal d'appel a, par le dispositif, infirmé la sentence du premier juge et déchargé l'inculpé de toutes les condamnations prononcées contre lui; — Attendu qu'il résulte nécessairement de la généralité des termes de ce dispositif qui seul fait la chose jugée, que, malgré les motifs qui le précèdent, l'inculpé a été acquitté de tout d'injures à lui imputées; — Que ce dispositif viole, dès lors, formellement les art. 159 et 160 susvisés, c. instr. crim. aux termes desquels l'inculpé ne peut être acquitté qu'autant que le fait reconnu constant ne constitue, ni délit, ni contravention, et doit être renvoyé devant le procureur de la Répu-

blique, au cas où le fait caractérise, comme dans l'espèce, un délit correctionnel; — Attendu que, si ce même dispositif doit être entendu en ce sens que la juridiction de simple police était incompétente pour connaître du fait incriminé, le jugement d'appel a alors moins formellement méconnu les principes consacrés par l'avis du conseil d'État du 25 oct. 1806 et manifestement commis un excès de pouvoir, puisque le condamné seul avait fait appel; — Attendu, en effet, que le tribunal correctionnel de Morlaix ne pouvait être saisi, par appel, que de la question de savoir s'il fallait, ou faire à l'inculpé l'application des articles en vertu desquels il avait été condamné, ou le renvoyer des fins de la poursuite, ou modérer la peine prononcée contre lui; que la position de l'inculpé ne pouvait être aggravée sur son appel, et qu'elle l'aurait été nécessairement par un jugement qui l'aurait mis en prévention d'un délit et l'aurait ainsi exposé à subir une condamnation correctionnelle, alors qu'il n'avait été dénoncé que comme inculpé d'une contravention pour injures et n'était condamné qu'à une peine de police; — Que l'impuissance dans laquelle se trouvait le juge du second degré, d'aggraver la peine en se déclarant incompétent, ne s'opposait point cependant à l'exercice du droit qui lui appartenait de rectifier la qualification erronée donnée aux faits de la prévention par le premier juge, qu'il lui suffisait, en effet, après avoir restitué à ces faits leur qualification légale, d'en circonscrire les conséquences dans les termes du jugement de première instance, puisque l'avis du conseil d'État précité ne permettait pas d'en appliquer une plus grave; que le tribunal d'appel pouvait donc, tout en ramenant les faits incriminés sous la qualification établie par l'art. 6 de la loi du 25 mars 1822, maintenir cependant la peine dans les limites des art. 471, n° 11, 479, n° 8 et 480 c. pén., où l'avait fixée le juge de police;

Attendu, sur le second moyen,... (Sans intérêt).

Par ces motifs, etc.

Du 4 déc. 1875.-Ch. crim.-MM. de Carnières, pr.-Salneuve, rap.-Thiriot, av. gén.-Guyho, av.

1086. Les règles relatives à l'organisation des tribunaux correctionnels sont exposées *suprà* v° *Organisation judiciaire*, n°s 387 et suiv.; *Rép.* eod. v°, n°s 558 et suiv.

1087. Les règles concernant la compétence des tribunaux correctionnels sont exposées *suprà*, v° *Compétence criminelle*, n°s 251 et suiv., et *Rép.* eod. v°, n°s 415 et suiv.

1088. Au *Répertoire*, la présente section a été divisée en quatre articles. L'institution, par la loi du 20 mai 1863, d'une procédure spéciale pour les délits flagrants nous oblige à faire un article de plus. L'art. 3 de la présente section sera consacré à la procédure sommaire devant les tribunaux correctionnels, en cas de délits flagrants.

Art. 1er. — *Comment le tribunal est saisi. — Comparution des parties* (Rép. n°s 915 à 940).

1089. — I. Saisine. — Cette matière comprend deux questions : *Comment* le tribunal de police correctionnelle est-il saisi? *De quoi* est-il saisi?

1090. — 1° *Comment le tribunal est-il saisi?* — Le tribunal correctionnel peut être saisi de cinq manières différentes : 1° par la citation directe; 2° par le renvoi d'une autre juridiction; 3° par la comparution volontaire; 4° par la conduite immédiate à la barre au cas de délit flagrant; 5° par requête.

1091. — A. *Citation directe.* — Le droit de traduire le prévenu devant le tribunal correctionnel par une citation non précédée d'une instruction préparatoire, et que, pour cela, on appelle *directe*, appartient au ministère public, aux administrations publiques et aux particuliers lésés. C'est le procédé le plus ordinaire. Il suppose un prévenu en liberté, sauf dans la procédure des flagrants délits où le prévenu peut être sous mandat de dépôt (Laborde, n° 1303). Dans les mains du *ministère public*, la citation directe est un moyen d'accélérer l'expédition des affaires. La voie de la citation directe doit être employée, préférablement à celle de l'instruction préparatoire, quand l'affaire est très simple et qu'il n'y a aucune incertitude, « soit sur l'existence ou le caractère du délit, soit sur la désignation des prévenus et des témoins. » (Circ. min. just. 23 sept. 1812, citée au *Rép.* n° 916). — Sur le droit d'option qui appartient au ministère public entre la citation directe et l'instruction préparatoire, V. Faustin Hélie, t. 6, n° 2816 ; Garraud, n° 538 ; Villey, n° 328. Dans la pratique, les officiers du ministère public mettent très largement à profit cette faculté d'option. Il résulte des statistiques que les procureurs de la République recourent beaucoup plus souvent à la citation directe qu'à l'information préalable. Dans la période quinquennale de 1876 à 1880, les affaires correctionnelles jugées après instruction ne formaient plus que 21 pour 100 du total de celles que poursuivait le ministère public. Ce chiffre est tombé à 18 pour 100 en 1887, à 15 pour 100 en 1888, à 14 pour 100 en 1890.

1092. Au reste, ainsi qu'on l'a dit au *Rép.*, n° 917, ce droit d'option appartient au ministère public en toute matière, aussi bien en matière fiscale (douanes, contributions indirectes, postes) que dans les affaires de droit commun. D'autre part, il est hors de doute que le procureur de la République ne pourrait plus, après avoir saisi le juge d'instruction, citer directement le prévenu ; car, comme le dit M. Villey, p. 328 « il n'a que l'exercice de l'action publique, et le juge, légalement saisi, a le droit et le devoir de statuer ». « Il est de principe, dans toutes les législations, a dit la cour de cassation : 1° qu'un juge qui a été légale-

ment saisi de la connaissance d'une affaire ne peut plus en être dessaisi que par un acte qui épuise sa juridiction ; 2° qu'une partie qui a fait choix de l'une des différentes voies que la loi lui a ouvertes pour l'exercice de son action ne peut plus varier » (Crim. cass. 18 juin 1812, *Rép.* n° 788). V. à cet égard les arrêts et autorités cités *suprà*, n° 275. — Toutefois il a été jugé, avec raison, que le ministère public, après avoir saisi le juge d'instruction de réquisitions à fin d'informer sur un fait d'attentat à la pudeur, a pu, sans violation de la règle *una via electa*, et alors que le juge d'instruction s'est dessaisi par un renvoi des pièces au procureur général, citer plus tard directement le prévenu en police correctionnelle pour outrage public à la pudeur résultant des mêmes actes déclarés immoraux (Crim. rej. 28 avr. 1868, aff. Mouillade, D. P. 70. 1. 369-370). Dans ce cas, en effet, la juridiction d'instruction n'était plus saisie.

Sur le droit de citer directement en cours d'assises pour délit de presse, V. *suprà*, v° *Presse-outrage*, n°s 1714 et suiv.

1093. En matière *fiscale*, la citation directe est une forme nécessaire de la poursuite. « En effet, dit Faustin Hélie, n° 2817, toute l'instruction préalable se résume dans les rapports et procès-verbaux qui constatent ces contraventions ; il ne reste donc plus, après cette constatation faite, qu'à citer les contrevenants devant le tribunal qui doit les juger ». A la vérité, l'art. 182 c. instr. crim. ne fait mention que des agents de l'Administration forestière; mais, ainsi que nous l'avons fait remarquer *suprà*, v° *Compétence criminelle*, n° 275, le droit de citer directement avait déjà été étendu par la loi du 1er germ. an 13 à l'administration des Contributions indirectes, et par l'art. 1, tit. 12 de la loi des 6-22 août 1791, à l'administration des Douanes. L'administration des Postes possède également le droit de citer directement les auteurs des contraventions postales prévues par l'art. 9 de la loi du 4 juin 1859, sur le transport, par la poste, des valeurs déclarées (D. P. 59. 4. 64). — V. pour les droits de ces différentes administrations publiques, *suprà*, n°s 73 et suiv.

1094. Dans les mains de la *partie lésée*, la citation n'est qu'une forme, ou plutôt une sanction de son droit de plainte (Faustin Hélie, t. 6, n° 2809 ; Garraud, n° 538). C'est un des modes de constitution de partie civile que la loi (art. 182 c. instr. crim.) met à sa disposition en matière correctionnelle, et c'est le moyen auquel les parties lésées recourent le plus souvent. On a traité en détail de la citation directe à la requête de la partie civile *suprà*, n°s 706 et suiv., et spécialement de la responsabilité encourue par cette partie. — Nous nous bornerons à rappeler ici que la partie lésée ne peut plus, alors que l'autorité judiciaire a commencé une instruction judiciaire sur sa plainte, user du droit de citer directement l'auteur du délit devant le tribunal correctionnel (Paris, 29 nov. 1850, aff. Jouvin, D. P. 51. 2. 15 ; 19 nov. 1850, aff. Mothes, *ibid.* ; Trib. Bordeaux, 7 août 1868, aff. Richard, D. P. 69. 3. 30 ; Alger, 5 févr. 1875, aff. B..., D. P. 75. 2. 120). Nous signalerons aussi un jugement du tribunal de Versailles du 1er déc. 1880 (1) qui a refusé à une partie civile, qui avait obtenu une ordonnance de renvoi en police correctionnelle, le droit de citer le prévenu à l'audience, parce que ce droit n'appartient qu'au ministère public. C'est la conséquence de la règle de l'art. 28 c. instr. crim., suivant laquelle les procureurs de la République pourvoient à l'exécution des ordonnances du juge d'instruction. Mais cette conséquence est fâcheuse, car, en cas d'inexécution, la partie civile qui a obtenu une ordonnance du juge est dans une situation pire que si l'instruction lui avait été refusée,

---

(1) (Cottu C. Journal *La Patrie*). — Le tribunal ; — Après en avoir délibéré conformément à la loi, jugeant en audience publique de police correctionnelle, et en premier ressort : — Attendu qu'aux termes de l'art. 66 du code d'instruction criminelle, les plaignants ne sont réputés parties civiles s'ils ne le déclarent formellement, soit par la plainte, soit par acte subséquent ; — Attendu que dans sa plainte, en date du 16 nov. 1880, adressée au procureur de la République, la dame Cottu, autorisée par son mari, a seulement déclaré qu'elle entendait se porter partie civile dans l'instance correctionnelle qui serait ultérieurement suivie ; — Attendu que cette simple déclaration, dans les termes vagues où elle est conçue, ne pouvait constituer à cette date du 16 nov. 1880 la dame Cottu partie civile ; — Attendu

qu'il n'est justifié d'aucun acte ultérieur par lequel elle aurait réalisé cette intention devant le juge d'instruction saisi par le réquisitoire introductif du procureur de la République en date du 16 nov. 1880 ; — Attendu d'ailleurs, qu'en supposant que la dame Cottu se fût portée régulièrement partie civile dans l'instruction, elle aurait été sans droit pour saisir directement le tribunal correctionnel par une citation donnée en son nom ; — Que le tribunal n'aurait pu, même dans cette hypothèse, être saisi qu'en vertu d'une ordonnance du juge d'instruction et d'une citation donnée à la requête du ministère public.

Par ces motifs ; — Annule les citations en date du 27 nov. 1880, etc.

Du 1er déc. 1880.-Trib. de Versailles.

puisqu'elle se trouve privée de la possibilité de porter l'affaire à l'audience.

Sur les dangers et les abus de la citation directe de la partie civile, V. *suprà*, n° 707.

1095. — B. *Renvoi à une autre juridiction.* — Le renvoi devant le tribunal correctionnel par ordonnance du juge d'instruction ou par arrêt de la chambre des mises en accusation est prévu par les art. 130 et 230 c. instr. crim. dont le texte a été rectifié par la loi du 17 juill. 1856 (D. P. 56. 4. 123). Ces ordonnances et arrêts ne sont pas, dans ce cas, attributifs, mais seulement indicatifs de juridiction (Faustin Hélie, t. 5, n°s 2092 et 2315; Le Sellyer, *Actions publique et privée*, t. 1, n°s 56 et 58, et les nombreux arrêts cités *suprà*, v° *Compétence criminelle*, n° 290; *Rép.* eod. v°, n°s 505 et suiv.).

1096. L'exécution des ordonnances et arrêts de renvoi en police correctionnelle consiste uniquement à faire citer le prévenu devant le tribunal saisi par le renvoi. L'art. 132 rectifié par la loi du 17 juill. 1856 dispose, en conséquence, que « dans les cas de renvoi à la police correctionnelle, le procureur impérial est tenu, dans les quarante-huit heures au plus tard, de faire donner assignation au prévenu pour l'une des plus prochaines audiences en observant les délais prescrits par l'art. 184 ». Le procureur de la République doit, en même temps, faire donner assignation aux parties civiles et responsables qui sont comprises dans la poursuite (Faustin Hélie, t. 6, n° 2808).

Suivant quelques auteurs, la citation serait inutile si l'ordonnance de renvoi indiquait au prévenu le jour et l'heure de sa comparution devant le tribunal correctionnel. Ils s'appuient sur ces expressions de l'art. 131 : « ... le prévenu sera mis en liberté à la charge de se représenter, *à jour fixe*, devant le tribunal compétent » (V. notamment Carnot, t. 2, p. 21). Mais il n'appartient pas au juge d'instruction de fixer le jour du débat, puisqu'il n'est pas chargé de la poursuite devant le tribunal correctionnel, et, d'autre part, l'art. 132, § 2, prescrit d'une manière absolue au procureur de la République de faire donner assignation au prévenu *dans tous les cas de renvoi*, sans exception. L'art. 131 doit donc être entendu en ce sens qu'il impose au prévenu l'obligation de se représenter au jour qui lui sera fixé par la citation (Laborde, n° 1311, note 1). C'est ce qui a été déjà enseigné au *Rép.*, n° 824.

Au surplus, c'est au ministère public seul et nullement à la partie civile, qu'appartient le droit de citer devant le tribunal de police correctionnelle un prévenu, qui y a été renvoyé par ordonnance du juge d'instruction (Paris, 10 déc. 1880, aff. Grisier, D. P. 82. 1. 321). S'il refusait de poursuivre, la partie civile n'aurait d'autre moyen de vaincre sa résistance que la procédure de prise à partie, pour déni de justice.

1097. Le renvoi en police correctionnelle peut-il émaner du tribunal de *simple police* qui découvre un délit dans le fait dont il a été saisi? L'affirmative paraît résulter de l'art. 182 combiné avec l'art. 160. Il est vrai que ce dernier article porte que le tribunal de police renverra les parties « devant le procureur de la République » et non devant le tribunal correctionnel, ce qui a conduit Faustin Hélie (n° 2807) à décider que le tribunal de simple police ne peut, dans l'hypothèse supposée, que se déclarer incompétent et mettre le procureur de la République à même de saisir le tribunal correctionnel par une citation donnée à sa requête. « Il y a bien alors, dit cet auteur, un renvoi, mais ce renvoi se fait par l'intermédiaire du procureur de la République, et non directement » (Conf. Le Sellyer, *Actions publique et privée*, t. 1, n° 54. — *Contrà*, Laborde, n° 1310. — La question ne nous paraît pas avoir un intérêt pratique considérable, puisqu'il est certain que le procureur de la République est tenu, en pareil cas, de saisir le tribunal correctionnel par une citation.

1098. — C. *Comparution volontaire.* — Le code ne parle pas de la comparution volontaire comme mode de saisine du tribunal correctionnel; mais, ainsi que nous l'avons déjà dit au *Rép.*, n° 921, et *suprà* v° *Compétence criminelle*, n° 276, cette forme de procéder est admise par la jurisprudence (Crim. rej. 10 juin 1853, aff. Feracci, D. P. 53. 1. 318-319; Agen, 22 nov. 1854, aff. Troupel, D. P. 57. 2. 42; 4 oct. 1855, aff. R..., D. P. 55. 1. 454; Aix, 29 juin 1871,

aff. Arnulf, D. P. 72. 2. 190; Crim. cass. 16 juin 1881, aff. d'Harvant, D. P. 82. 1. 279; Montpellier, 11 mars 1892, aff. Boussard, D. P. 93. 2. 7-8). Cette comparution a lieu en cas d'accord entre les parties ou sur simple avertissement du ministère public. Le ministère public en use particulièrement, dans les délits légers, à l'égard des prévenus domiciliés : ceux-ci comparaissent sur simple avertissement verbal ou écrit donné, au nom du procureur de la République, par le maire ou le commissaire de police (Faustin Hélie, t. 6, n°s 2807 et 2818; Garraud, n° 538; Villey, p. 327; Trébutien, t. 2, n° 664; Laborde, n° 1313; Dutruc, *Mémorial du ministère public*, v° *Instruction criminelle*, n°s 47 et 48).

Au reste, il est hors de doute que le prévenu averti, qui ne consent pas à se présenter, est réputé n'avoir pas été averti, et qu'il ne saurait être condamné par défaut. L'art. 149 ne permet, en effet, de prononcer une condamnation par défaut que contre un prévenu valablement cité. Il est de doctrine et de jurisprudence constantes que cet article, fait pour la simple police, est également applicable en police correctionnelle. Si donc un prévenu n'avait reçu qu'une citation et qu'il ne comparût pas, il faudrait lui donner citation pour une prochaine audience, et ce n'est qu'après cette citation que le jugement pourrait être rendu.

1099. Au point de vue de la validité du consentement du prévenu à être jugé sans citation, la jurisprudence distingue, d'ailleurs, entre le cas où celui-ci comparaît librement et celui où il est en état de détention. Elle décide que le prévenu qui comparaît volontairement devant le tribunal correctionnel doit, s'il se présente en état de liberté, être présumé avoir librement renoncé à la formalité de la citation, par cela seul qu'il n'a élevé aucune réclamation; elle juge, au contraire, que, s'il est en état de détention, la renonciation du prévenu doit être expresse et formellement constatée, l'absence de protestation ou de réserves de sa part ne suffisant pas alors pour faire présumer qu'il a accepté librement le débat (Arrêts des 10 juin 1853, 4 oct. 1855 et 16 juin 1881, cités *suprà*, n° 1098. Conf. Faustin Hélie, t. 6, n° 2849).

1100. La comparution volontaire du prévenu saisit-elle valablement le juge correctionnel dans le cas où le prévenu est mineur? L'affirmative a été jugée par un arrêt de la cour d'Agen du 22 nov. 1854 (aff. Troupel, D. P. 57. 2. 42). Dans l'espèce, le mineur était, lors de la comparution, assisté de son père civilement responsable, et il n'avait à se défendre que contre le ministère public, non contre une partie civile.

1101. La comparution volontaire peut servir à étendre la saisine du juge sur des faits non relevés par la citation ou l'ordonnance de renvoi. On y recourt assez fréquemment, en cas pareil, devant les tribunaux de police correctionnelle (Crim. rej. 4 oct. 1855, aff. N..., D. P. 55. 1. 454). Mais il est nécessaire que le consentement soit constaté par le jugement, et, à cet égard, il a été décidé que le consentement d'un prévenu *détenu* à être jugé sans citation, n'étant ni libre ni spontané, ne peut autoriser le tribunal à le juger à raison d'un délit autre que celui qui a fait l'objet de l'ordonnance de renvoi (Crim. cass. 27 févr. 1885, *Bull. crim.*, n° 70). Il a été jugé aussi que le consentement à accepter le débat doit être formel, et que c'est à tort qu'un arrêt déduit une pareille acceptation des circonstances de la cause, alors qu'il est établi, par le jugement dont ce même arrêt s'approprie toutes les constatations, qu'il avait été posé par le prévenu, devant le tribunal, des conclusions formelles à fins contraires, aussitôt qu'il avait pu connaître, par les réquisitions du ministère public, l'extension que la poursuite entendait donner à la prévention (Crim. cass. 21 déc. 1893, aff. Bourgeois, D. P. 94, 1re partie).

1102. La comparution volontaire pourrait encore servir à donner la qualité de prévenu à un individu qui s'est présenté au procès comme témoin, ou comme partie civile (Laborde, n° 1313). C'est ce qui résulte, pour la partie civile, des motifs d'un arrêt de la cour de Rennes. Dans une affaire où le prévenu avait pris des conclusions reconventionnelles contre la partie civile, la cour a rejeté ces conclusions en disant « que de simples conclusions reconventionnelles ne suffisent pas pour donner à la partie civile le rôle de prévenu; qu'il faudrait tout au moins, pour opérer une telle interversion, en l'absence de toute ordonnance de renvoi ou toute citation directe, le consentement très expli-

cite de la partie civile à cet égard, consentement tel qu'il pût être assimilé à une comparution volontaire » (Rennes, 5 mars 1879, aff. Nouët, D. P. 81. 2. 20).

1103. — D. *Conduite immédiate à la barre.* — Ce mode de saisine est spécial à la procédure organisée par la loi du 20 mai 1863 pour l'instruction des flagrants délits correctionnels. Aux termes de l'art. 1 de cette loi, « tout inculpé arrêté en état de flagrant délit, pour un fait puni de peines correctionnelles, est immédiatement conduit devant le procureur de la République, qui l'interroge, et, s'il y a lieu, *le traduit sur-le-champ* à l'audience du tribunal ». — Sur ce mode spécial de saisine, V. *infrà*, nᵒˢ 1160 et suiv.

1104. — E. *Requête.* — Ce mode de saisir le tribunal correctionnel est tout à fait exceptionnel. On l'emploie spécialement en matière de douanes et de contributions indirectes, pour arriver à faire prononcer une confiscation contre des prévenus restés inconnus (V. l'arrêt du 8 juill. 1841, rapporté au *Rép.* nᵒ 920).

1105. — 2ᵒ *De quoi le tribunal correctionnel est-il saisi?* — En d'autres termes sur quelles *personnes* et sur quels *faits* peut-il statuer? — A. *Personnes.* — La question de savoir quelle est l'étendue de la saisine du tribunal correctionnel quant aux personnes a été examinée au *Rép.*, nᵒˢ 924 et 925 (V. aussi sur cette question, *suprà*, vᵒ *Compétence criminelle*, nᵒ 278 ; *Rép. eod.* vᵒ, nᵒˢ 488, 489, 490, 497 et 498). Aux décisions citées *ibid.*, il y a lieu d'ajouter trois arrêts plus récents de la cour de cassation. L'un de ces arrêts, confirmant la jurisprudence antérieure (V. Crim. cass. 6 mai 1847, aff. Haran, D. P. 47. 4. 10), a annulé, comme violant l'art. 182 c. instr. crim., un arrêt de cour d'appel qui avait condamné comme complices d'un délit, des personnes qui, en première instance, n'avaient été citées que comme *civilement responsables* de ce délit (Crim. cass. 24 avr. 1890, aff. Delloye, D. P. 90. 1. 455). Un autre (Crim. cass. 5 août 1886, aff. Didelot, D. P. 87. 1. 190) a jugé que, si une cour d'appel a toute liberté pour relever et apprécier les différentes circonstances de la cause, et critiquer, par exemple, l'organisation des services d'une compagnie de transport, elle ne peut mettre les faits formant l'objet de la prévention à la charge de personnes étrangères aux débats. Un troisième enfin après avoir constaté « qu'un tribunal ne peut statuer qu'à l'égard de personnes qui sont parties au procès et qui ont été traduites devant lui, soit en vertu d'une ordonnance, d'un jugement ou d'un arrêt de renvoi, soit en vertu d'une citation régulière ou d'un avertissement, et qu'il ne peut se saisir lui-même », a, en conséquence, annulé le jugement par lequel le tribunal avait retenu d'office comme prévenu un individu qui, présent à l'audience, et sans être inculpé, s'était borné à fournir des explications sur le fait incriminé (Crim. cass. 6 nov. 1891, *Bull. crim.*, nᵒ 212).

1106. — B. *Faits.* — Sur quels faits le tribunal correctionnel saisi peut-il statuer? En règle générale, l'étendue de la prévention est déterminée, en cas de citation directe par les termes de la citation; en cas de renvoi par les termes de l'ordonnance de renvoi. Il est clair, en effet, que le tribunal correctionnel ne peut tirer que des faits qui sont énoncés dans l'acte qui le saisit; il ne peut juger que les faits qui sont déférés à sa juridiction. On trouvera *suprà*, vᵒ *Compétence criminelle*, nᵒˢ 279 à 287, de nombreux arrêts qui ont fait application de cette règle.

Jugé, en outre : 1ᵒ qu'une cour d'appel est incompétente pour statuer sur un chef de prévention qui n'a fait l'objet ni de l'ordonnance de renvoi, ni de la citation en police correctionnelle (Crim. cass. 14 mai 1875, aff. Fredja-Abit-Taboul, D. P. 76. 1. 332 ; Crim. rej. 18 déc. 1875, aff. Barbier, D. P. 76. 1. 233); — 2ᵒ Qu'une cour d'appel, en matière de contributions indirectes, n'a pas à statuer sur un chef de prévention dont elle n'a pas été saisie par la citation, et qui n'a pas été mentionné sur le procès-verbal servant de base aux poursuites (Crim. rej. 18 août 1877, *Bull. crim.*, nᵒ 197) ; — 3ᵒ « Que les tribunaux répressifs (dans l'espèce le tribunal correctionnel) sont uniquement saisis des faits spécifiés soit dans l'ordonnance du juge d'instruction, soit dans la citation directe délivrée aux inculpés à la requête du ministère public ou des parties civiles » (Crim. rej. 5 juill. 1884, aff. Saint-Jean, D. P. 85. 1. 222) ; — 4ᵒ Que les juges correctionnels, saisis par l'ordonnance de renvoi du

délit de complicité d'escroquerie dont une femme mariée se serait rendue coupable en recélant sciemment des valeurs provenant d'escroqueries commises par son mari, ne peuvent avoir à rechercher si la prévenue avait, en outre, détourné ou recélé des sommes ou effets appartenant à la faillite de son mari, et encouru, par suite, les peines portées par les art. 594 c. com. et 401 c. pén. (Paris, 18 mars 1891, *Journal du ministère public*, 1891, nᵒ 3333, p. 105).

Il a été aussi jugé, par application de la même règle, que la partie civile, intervenant dans une instance engagée devant le tribunal correctionnel à la requête du ministère public, ne peut ajouter par voie de conclusions une prévention nouvelle à celle dont le tribunal est saisi (Crim. cass. 26 mars 1857, aff. Salomon, D. P. 57. 1. 224 ; Crim. rej. 18 déc. 1886, aff. Henrion, D. P. 87. 1. 288).

1107. On a vu toutefois *suprà*, nᵒ 1101, que si un prévenu consentait à être jugé sur des faits non relevés par la citation ou l'ordonnance qui saisit le tribunal, celui-ci serait valablement saisi de ces faits, mais à la condition nécessaire que l'acceptation du débat sur les faits en question fût formellement exprimée et constatée.

1108. En ce qui concerne les circonstances accessoires non relevées dans la citation (V. *suprà*, vᵒ *Compétence criminelle*, nᵒˢ 284 à 287), il a été jugé : 1ᵒ que lorsqu'un procès-verbal dressé contre celui qui a chassé sans permis constate, en outre, que le délinquant, sommé de se faire connaître, a pris un faux nom, cette constatation suffit pour que le juge correctionnel soit tenu de statuer sur la circonstance aggravante ainsi relevée à la charge du prévenu (Crim. cass. 9 avr. 1875, aff. Roche, D. P. 77. 1. 508); — 2ᵒ Que, bien que la prévention doive être circonscrite dans les limites de la citation, le juge qui en est saisi peut connaître, en dehors même des termes de la citation, de toutes les circonstances propres à faire ressortir le caractère pénal des faits incriminés, pourvu que la nature du délit et des éléments substantiels n'en soient pas modifiée (Crim. rej. 5 août 1875, *Bull. crim.*, nᵒ 250) ; — 3ᵒ Que le juge ne statue pas sur un délit non compris dans la citation, lorsqu'il se borne à viser, dans les considérants du jugement, comme un motif d'aggravation de la peine, un fait de subornation de témoin révélé à la charge du prévenu dans l'instruction orale (Crim. cass. 3 janv. 1880, *Bull. crim.*, nᵒ 9). — A ce même point de vue, il y a lieu de signaler encore un arrêt de la cour de cassation déclarant qu' « en matière correctionnelle, il est de principe que le prévenu, appelé à se défendre contre une inculpation, est virtuellement interpellé de s'expliquer sur toutes les modifications qu'elle peut recevoir dans le cours des débats, ainsi que sur les diverses qualifications dont elle est susceptible, pourvu qu'il ne s'agisse pas d'un fait autre que celui qui a motivé les poursuites » (Crim. rej. 3 août 1882, aff. Madezo, D. P. 83. 5. 88).

1109. Au reste, il a été jugé, avec raison, que le défaut de mention formelle d'un chef d'inculpation dans une citation correctionnelle, alors d'ailleurs qu'une mention implicite et suffisante résulte de l'indication des articles de loi auxquels il est reproché au prévenu d'avoir contrevenu, soit d'une reproduction des procès-verbaux, constatant les contraventions poursuivies, ne saurait rendre le ministère public non recevable à le comprendre dans ses réquisitions ; il en est ainsi, surtout en appel, lorsque aucune fin de non-recevoir n'a été relevée à cet égard par le prévenu devant les juges de première instance (Crim. cass. 12 mai 1855, aff. Lamedey, D. P. 55. 1. 362).

1110. Il ne faut pas confondre une qualification nouvelle avec une prévention nouvelle, et il est absolument incontestable que le droit de modifier la qualification du fait dont il est saisi par une ordonnance ou par un arrêt de renvoi, ou par une citation directe, appartient au tribunal correctionnel. V. *suprà*, vᵒ *Compétence criminelle*, nᵒˢ 292 et suiv., les nombreux arrêts qui ont consacré cette règle, et auxquels il convient d'ajouter les décisions mentionnées dans les numéros ci-après.

Il a été jugé, dans le même sens, qu'une cour d'appel peut substituer une inculpation de mise en vente de lait falsifié à celle de falsification de lait (Crim. rej. 13 mars 1884, *Bull. crim.*, nᵒ 80);... une prévention de tentative d'extorsion à celle de tentative d'escroquerie et de dénonciation calomnieuse (Crim. rej. 21 juin 1884, *Bull. crim.*, nᵒ 207. Décidé aussi qu'une

cour d'appel peut envisager les faits dont la juridiction correctionnelle a été saisie par l'ordonnance de renvoi comme constituant, non le délit d'escroquerie, mais le fait d'avoir obtenu des souscriptions ou des versements, à l'aide de simulation de souscriptions ou de versements, fait réprimé par l'art. 15 de la loi du 24 juill. 1867 (Crim. rej. 31 janv. 1889, aff. Gros, D. P. 89. 1. 488).

1111. Et c'est non seulement un droit, mais un devoir pour le juge saisi de la connaissance d'un fait, de rechercher, même d'office, si ce fait, échappant à l'application de la disposition pénale qui a été invoquée, ne tombe pas sous l'application d'une autre disposition et n'est pas susceptible d'une autre qualification. A cet égard, il a été jugé : 1° que le juge de répression est tenu de rechercher, même d'office, si les faits, mal qualifiés dans la citation, ne constitueraient pas un autre délit (Crim. cass. 15 déc. 1865, *Bull. crim.*, n° 227) ; — 2° Que le tribunal correctionnel, n'étant pas lié par la qualification donnée par le ministère public aux faits incriminés, peut et doit, lorsqu'il reconnaît que l'infraction à raison de laquelle plusieurs individus sont poursuivis devant lui, les uns comme auteurs principaux, les autres comme complices, ne constitue qu'une contravention ne comportant pas l'application des dispositions répressives de la complicité, examiner d'office, à l'égard des individus poursuivis comme complices, si les faits qui leur sont imputés ne sont pas de nature à les faire considérer comme coauteurs de l'infraction (Crim. cass. 17 déc. 1859, aff. Depoutx, D. P. 60. 1. 196) ; — 3° Que le juge correctionnel appelé à statuer sur le fait d'avoir tenu en public des propos déterminés à l'égard d'un sergent de ville, ne peut justifier l'acquittement du prévenu par le seul motif que l'art. 224 c. pén. serait inapplicable à ce fait ; il doit rechercher d'office s'il n'est pas atteint par une autre disposition de loi, notamment par les art. 16 et 19 de la loi du 17 mai 1819 (Crim. cass. 8 janv. 1870, aff. Quesver, D. P. 70. 1. 315).

1112. Et ce devoir existe pour les cours d'appel comme pour les tribunaux correctionnels. Il a été jugé : 1° que si une cour d'appel estime que les faits de la citation ne constituent pas le délit de fabrication frauduleuse d'allumettes chimiques, elle doit rechercher s'ils ne sont pas punissables comme constituant le délit de détention frauduleuse (Crim. rej. 22 déc. 1877, *Bull. crim.*, n° 268) ; — 2° Qu'en matière de presse, comme en toute autre matière, il est du devoir des juges correctionnels d'apprécier et de qualifier le fait dont ils sont saisis ; qu'en conséquence, c'est à tort qu'un juge refuse d'examiner si un écrit incriminé constitue le délit de diffamation, par cela seul que le juge d'instruction l'a qualifié d'outrage (Crim. rej. 18 juill. 1879, *Bull. crim.*, n° 150). — Toutefois, comme nous l'avons dit *suprà*, v° *Compétence criminelle*, n° 291, il ne faut pas perdre de vue que, si le droit de substituer une qualification à une autre est incontestable et unanimement reconnu, c'est à la condition, imposée au juge, de ne puiser que dans les faits de la prévention primitive les éléments de la qualification nouvelle. A l'arrêt du 28 janv. 1887, signalé *loc. cit.*, *adde*, dans ce sens : Crim. rej. 21 mai 1874, 1er juill. 1881, 15 mars 1883, 5 mai 1883 et Aix, 29 juin 1874, tous signalés *eod. loc.*, n° 280 ; Crim. rej. 5 mai 1883, aff. Saxleher, D. P. 83. 1. 481 ; Crim. cass. 5 juill. 1884, aff. De Glattard, D. P. 85. 1. 222-223 ; Crim. rej. 8 févr. 1890, aff. Lespinasse, D. P. 90. 1. 48).

1113. Il convient de remarquer enfin que, dans les limites tracées par l'acte qui l'a saisi (citation ou renvoi), le tribunal a le devoir d'instruire et de juger l'affaire. C'est ce que M. Laborde a très bien expliqué : « Le devoir du tribu-

nal est d'apprécier d'abord la régularité de l'acte qui le saisit. Après cet examen de pure forme, il vérifie sa compétence et, s'il se reconnaît compétent, son devoir est de retenir l'affaire pour la terminer par un jugement de condamnation ou de relaxe : C'est là l'effet de la saisine. Le tribunal ne pourrait pas se dessaisir sous prétexte de connexité entre le fait dont il est saisi et d'autres faits qui ne sont point de sa compétence, ni renvoyer l'affaire devant un autre tribunal aussi compétent que lui, mais qui lui paraîtrait mieux en mesure d'apprécier le fait, ni ordonner une instruction préparatoire, pas même, sans se dessaisir, déléguer pour faire certains actes d'instruction, le juge d'instruction qui n'aurait pas assisté aux débats comme juge ; sa saisine l'oblige à instruire et à juger l'affaire » (n° 1316).

1114. — II. Formes de la citation. — A l'égard des formes de la citation en police correctionnelle, V. *Rép.* n° 933. et surtout *suprà*, v° *Exploit*, n°s 237 ; *Rép. eod.* v°, n°s 714 et suiv. — V. aussi *suprà*, n°s 708 et suiv., ce qui a déjà été dit relativement aux formes de la citation délivrée à la requête de la partie civile. — Aucune disposition ne détermine, en matière ordinaire, la façon dont doit être libellée la citation devant la juridiction correctionnelle ; il suffit que l'objet de la prévention y soit clairement énoncé, et que ses termes ne laissent aucun doute sur la nature, le caractère et les circonstances du délit pour lequel la poursuite a lieu (Faustin Hélie, t. 6, n°s 2822 et suiv.).

1115. Il a été jugé : 1° que les citations en matière correctionnelle peuvent être délivrées les dimanches et jours de fêtes, attendu que les règles tracées par le code de procédure civile pour la validité des assignations ne sont pas applicables dans les procédures réglées par le code d'instruction criminelle (Crim. rej. 25 nov. 1875, *Bull. crim.*, n° 330) ; — 2° Que toutefois l'art. 173 c. proc. civ. d'après lequel toute nullité d'exploit ou d'acte de procédure est couverte si elle n'est proposée avant toute défense ou exception autres que les exceptions d'incompétence, est applicable en matière criminelle, et que, dès lors, on ne pourrait proposer pour la première fois en appel, ni devant la cour de cassation, des nullités entachant des citations en police correctionnelle (Même arrêt du 25 nov. 1875 ; Aix, 19 mars 1874, aff. Strong, D. P. 75. 2. 94) ; — 3° Que la citation en police correctionnelle formulée dans les termes mêmes d'une ordonnance de renvoi intervenue à la suite d'une instruction contradictoire, répond suffisamment au vœu de l'art. 183 c. instr. crim., et que le prévenu n'est pas fondé à prétendre qu'il n'a pas été mis à même de connaître l'objet de la prévention et de préparer sa défense (Crim. rej. 2 août 1883, aff. Du Breuil, D. P. 84. 1. 139) ; — 4° Que, dans le silence de la loi, on ne saurait exiger qu'une citation porte, à peine de nullité, l'indication exacte de la *date* des faits incriminés ; il suffit qu'elle précise et qualifie ces faits ; si donc, la citation donnée au prévenu rapporte textuellement les propos diffamatoires et injurieux qui lui sont attribués, spécifie tant l'endroit où ils ont été tenus que la qualité de la personne à qui ils l'ont été, et indique la date approximative à laquelle ils se placent, cette citation est valable, car elle permet au prévenu de connaître avec certitude les faits qui lui sont reprochés et le point de départ de la prescription (Paris, 23 juin 1893, aff. Engel, D. P. 93. 2. 434, et sur pourvoi, Crim. rej. 3 nov. 1893, D. P. 94, 1re partie) ; — 5° Qu'au cas où la *date* d'un délit a été indiquée d'une manière erronée dans la citation en police correctionnelle, cette erreur peut toujours être rectifiée à l'audience par la partie poursuivante, sauf au juge à accorder au prévenu, si cela est nécessaire, un délai suffisant pour préparer sa défense (Douai, 17 mai 1887) (1) ; — Décidé, d'autre

---

(1) (D... C. G...). — Le tribunal correctionnel d'Arras avait rendu le jugement suivant : — « Attendu qu'aucun texte de loi ne prescrit d'énoncer dans la citation en matière correctionnelle la date à laquelle a été commis le délit qui en fait l'objet, d'où il suit qu'au cas où cette date a été indiquée d'une manière erronée l'erreur peut toujours être rectifiée ; — Attendu que, par exploit du 21 déc. 1886, la partie civile a fait citer le prévenu G... pour avoir, le 12 novembre précédent, chassé sur diverses pièces de terre, notamment, etc., etc. ; — Que ladite partie civile déclare aujourd'hui que la date du 12 novembre a été indiquée par erreur ; que le délit a été commis à la date du 11 du même mois et demande à faire preuve de ce délit ; — Qu'il y a lieu à faire droit à

cette demande, mais qu'il échet d'accorder au prévenu un délai suffisant pour préparer sa défense ; — Par ces motifs : Reçoit G... opposant au jugement de défaut rendu contre lui le 18 déc. 1886 et, avant de faire droit, autorise de D... à rapporter par toutes les voies de droit et notamment par témoins, à l'audience du 29 mars 1887, la preuve que le 11 nov. 1886, G... a chassé à la Merlière sur différentes pièces de terre dont la chasse appartient audit de D... notamment..., le défendeur entier en la preuve contraire, réserve les dépens ».

Appel de G...

La cour ; — Attendu que G... a été l'objet d'un seul procès-verbal de la part du garde de la Merlière et ce le 11 novembre,

part : 1° qu'est nulle la citation, donnée à un prévenu par une partie civile, à comparaître en police correctionnelle devant un tribunal dont plusieurs chambres jugent correctionnellement, si la copie délivrée au prévenu n'indique pas devant quelle chambre il doit comparaître (Paris, 2 janv. 1885) (1) ; — 2° Qu'il en est de même de la citation, donnée à un prévenu par la partie civile, à comparaître sur son appel devant une chambre de la cour autre que celle qui doit connaître de l'affaire (Paris, 25 nov. 1884 (2) ; — 3° Qu'un tribunal ne peut statuer contradictoirement, ou donner défaut contre un prévenu, que si les parties ont été assignées dans les formes et délais prescrits ; spécialement, que lorsqu'une partie civile a fait assigner devant un tribunal correctionnel, par notification au parquet, deux gouverneurs de colonies en fonctions, s'il résulte de documents officiels que les copies destinées à ces fonctionnaires ne leur ont pas été transmises par le ministre de la marine (c. proc. civ. art. 69, § 9), à raison de la défense faite par l'art. 121, § 2 et 3 c. pén. colonial, aux officiers ministériels, sous peine de dégradation civique, de mettre à exécution des mandats, ordonnances ou jugements contre un gouverneur en fonctions, le tribunal ne peut statuer sur la demande (Trib. corr. de la Seine, 10° ch., 19 nov. 1891) (3) ; — 4° Qu'un prévenu ne peut être jugé qu'autant qu'il a été légalement cité en justice ; que, dès lors, lorsqu'un prévenu détenu, appelant et non transféré à la maison d'arrêt de la cour d'appel, y a néanmoins été assigné par un exploit d'huissier constatant qu'à cause de l'absence de ce prévenu il n'a pu lui être délivré aucune copie de la citation, la procédure ainsi que l'arrêt qui l'a suivie sont viciés d'une nullité radicale (Crim. rej. 14 févr. 1889, Bull. crim., n° 59).

1116. — III. Comparution des parties. — 1° Prévenu. — Il y a lieu de distinguer, suivant l'art. 185 c. instr. crim., si le délit emporte ou n'emporte pas la peine d'emprisonnement.

Dans le premier cas, le prévenu est tenu de comparaître en personne, sauf le droit de faire défaut. Ce n'est que dans le second qu'il peut se faire représenter. Le commentaire de l'art. 185 c. instr. crim. a été donné au Rép., n° 934 et suiv. V. aussi à cet égard, supra, v° Défense, n° 19 ; Rép. eod. v°, n°° 69 et suiv. Il n'est intervenu sur cet objet, depuis la publication du Répertoire, qu'un petit nombre de décisions qui vont être analysées.

1117. On a admis au Rép., n° 935, que l'obligation de comparaître en personne, lorsque le délit entraîne la peine de l'emprisonnement, ne concerne que le jugement du fond de la prévention ou des exceptions qui s'y rattachent, et que la comparution du prévenu n'est point obligée pour le jugement des incidents ou exceptions indépendants du fond, « car, dans ce dernier cas, l'intérêt de sa défense et de l'instruction ne réclame pas cette comparution personnelle » (Faustin Hélie, Pratique criminelle, t. 1, n° 410). Cette doctrine est admise aujourd'hui par tous les auteurs (Faustin Hélie, Instruction criminelle, t. 6, n° 2856 ; Trébutien, t. 2, n° 666 ; Garraud, n° 541 ; Villey, p. 329 ; Laborde, n° 1318, note 3). Il a été jugé, dans ce sens : 1° qu'en matière correctionnelle, le prévenu n'est pas tenu de comparaître en personne pour proposer une exception préjudicielle, par exemple, l'exception d'incompétence, quand elle n'est pas inséparable du fond (Crim. rej. 11 févr. 1876, aff. Valabrègue, D. P. 76. 1. 403) ; — 2° Que l'art. 185 c. instr. crim., lorsqu'il exige la comparution personnelle des prévenus dans les affaires entraînant une peine d'emprisonnement, n'a trait qu'au jugement du fond ou des exceptions qui en sont inséparables ; qu'il laisse aux prévenus toute latitude de se faire représenter pour le jugement des exceptions préjudicielles indépendantes du fond et à fortiori pour une simple demande de remise de cause » (Crim. cass. 2 juill. 1886, aff. Monin, D. P. 86. 1. 474) ; — 3° Que le prévenu d'un délit important peine d'emprisonnement, peut se faire représenter, lorsqu'il

---

parlant à sa personne ; — Qu'il n'allègue pas avoir, à une date plus rapprochée, été l'objet d'un autre procès-verbal de la part du même agent ; — Que spécialement il déclare lui-même que, le 12 novembre, il se trouvait à Arras ; que, dès lors, la substitution de la date du 12 novembre dans l'assignation, à celle du 11 novembre, indiquée au procès-verbal, n'a pu l'induire en erreur, entraver sa défense, ainsi qu'il le prétend aujourd'hui, et entraîner, par suite, la nullité de la citation ; qu'à l'époque de la délivrance de la citation l'erreur précitée ne pouvait notamment avoir pour effet d'empêcher le prévenu d'invoquer une prescription du délit dont le terme était encore bien éloigné ; — Que la citation n'était pas nulle ou interrompu par les délais de prescription et que le tribunal restait, dès lors, saisi de la connaissance utile du délit ; — Par ces motifs, confirme.
Du 17 mai 1887.-C. de Douai, ch. corr.-MM. Honoré, pr.-Dumas, av. gén.-Dubron et Quinion-Habat, av.

(1) (Masson C. Alckan). — La cour ; — Considérant que, par exploit de Choppin, huissier à Paris, du 4 mars 1884, Alckan a fait citer Masson à comparaître le mardi 22 avr. 1884, devant le tribunal civil de la Seine, jugeant correctionnellement, sous la prévention de confiance ; que l'original de cet exploit énonçait le numéro de la chambre devant laquelle la comparution devait avoir lieu, mais que le numéro ne figurait pas sur la copie ; — Considérant que Masson, qui n'avait d'autre indication que celle qu'il trouvait dans la copie, entre ses mains, était laissé ainsi dans l'ignorance de la chambre devant laquelle la cause devait être appelée ; qu'il ne pouvait dépendre de la partie civile de l'obliger à aller successivement, devant les diverses chambres correctionnelles du tribunal de la Seine, s'enquérir de celle où son nom était inscrit sur le rôle ; que l'irrégularité de la citation qu'il avait reçue était de nature à préjudicier à sa défense ; — Par ces motifs ; — Dit, que la citation délivrée à Masson, le 4 mars 1884, est nulle, que le jugement par défaut auquel il a été fait opposition est également nul, etc.
Du 2 janv. 1885.-C. de Paris, ch. corr.-MM. le cons. Bresselles, pr.-Potier, av. gén.-Douzel, av.

(2) (Mansart C. Habert).— Le sieur Mansart, ayant interjeté appel d'un jugement du 7 mai 1884, par lequel le tribunal correctionnel de la Seine l'avait condamné pour diffamation envers le sieur Habert, a été assigné pour l'audience du 6 août 1884 devant la chambre des appels de police correctionnelle. Après plusieurs remises successives, il a reçu, le 5 novembre, une nouvelle assignation, le citant à comparaître devant la septième chambre de la cour jugeant correctionnel, tandis que la chambre

réellement saisie était celle des appels de police correctionnelle Le sieur Mansart a opposé la nullité de la citation.
La cour ; — Considérant que le débat n'a pas été lié contradictoirement puisqu'une nouvelle assignation a été nécessaire, et qu'elle a été faite à la date du 5 novembre ; — Considérant que la citation n'est pas régulière, et qu'en présence de la mention « de la septième chambre » il a pu y avoir doute sur le point de savoir à quelle chambre Mansart devait comparaître ; — Par ces motifs ; — Annule la citation du 5 novembre, et renvoie l'affaire au premier jour sur citation nouvelle, etc.
Du 25 nov. 1884.-C. de Paris, ch. corr.-MM. Boucher-Cadart, pr.-Quesnay de Beaurepaire, av. gén.-Fabre et Ameline de la Briselaine, av.

(3) (Dame N'Dieredi-Ba C. Clément Thomas et de Lamothe). — Le tribunal ; — Attendu que la dame N'Dieredi-Ba, veuve de Selick-Sall, demeurant à Saint-Louis (Sénégal), a, à la date du 15 juin 1891, assigné : 1° M. Clément Thomas, ancien gouverneur du Sénégal, actuellement gouverneur des établissements français dans l'Inde ; 2° M. de Lamothe, gouverneur du Sénégal, à comparaître le jeudi 19 nov. 1891, à l'audience de la dixième chambre du tribunal correctionnel de la Seine pour contravention à l'art. 181 c. pén. ; — Attendu que cette assignation, remise au parquet, et visée par l'un de MM. les substituts, conformément aux prescriptions légales, transmise le 16 juin à M. le ministre de la marine et des colonies pour être notifiée aux défendeurs ; — Attendu qu'il appert d'une dépêche de M. le sous-secrétaire d'État des colonies, en date du 18 courant, que « les assignations à comparaître devant la dixième chambre du tribunal de la Seine, destinées à MM. les gouverneurs de Lamothe et Clément Thomas », n'ont pu être signifiées aux intéressés, l'art. 121, § 2 et 3, c. pén. colonial portant que la dégradation civique sera encourue par les officiers ministériels qui auront mis à exécution des mandats, ordonnances ou jugements contre un gouverneur en fonctions ; — Attendu que le tribunal n'a pas à rechercher si, en fait, les citations auraient été officieusement envoyées aux intéressés ; que le tribunal ne peut statuer contradictoirement ou donner défaut que si les parties ont été assignées dans les formes et délais prescrits ; qu'il résulte de la lettre susvisée que MM. Clément Thomas et Lamothe n'ont pas reçu notification régulière des citations ; qu'il n'appartient pas au tribunal d'apprécier la valeur des critiques dont ce défaut de notification est l'objet de la part de la demanderesse ; — Par ces motifs ; — Dit qu'il n'y a statuer ; — Renvoie la demanderesse à se pourvoir comme elle avisera.
Du 19 nov. 1891.-Trib. corr. de la Seine, 10° ch.-M. Richard, pr.

se borne à invoquer la nullité de la citation, sans se défendre au fond (Douai, 29 juin 1856, *Journal de droit criminel*, n° 6491).

1118. Mais la faculté de se faire représenter ne peut régulièrement s'appliquer que dans les cas où l'exception est indépendante du fond; autrement elle subit la règle qui régit la prévention (Faustin Hélie, t. 6, n° 2856). Ainsi, le prévenu d'un délit d'abus de confiance ne peut se dispenser de comparaître en personne lorsqu'il soutient que l'action n'est pas recevable, parce qu'il n'existe aucune preuve légale du dépôt, cette exception étant inséparable du fond (Rouen, 31 janv. 1851, aff. Écureux, D. P. 52. 2. 84).

1119. La faculté de se faire représenter est, en outre, subordonnée au pouvoir qui appartient dans tous les cas au tribunal d'ordonner la comparution du prévenu en personne (art. 185 *in fine*), lors même que l'exception ne se rattacherait pas au fond (Faustin Hélie, *loc. cit.*). Ainsi, lorsque le prévenu d'un abus de confiance conclut à ce que le plaignant soit déclaré non recevable, attendu qu'il n'a produit pas la preuve écrite du dépôt, le tribunal peut ordonner que le prévenu comparaîtra à l'audience, pour être interrogé personnellement sur le fait du dépôt, lors même qu'il l'aurait dénié par le ministère d'un avoué (Crim. cass. 31 mai 1851, aff. Blanchard, D. P. 51. 5. 3). A plus forte raison le juge aurait-il le droit d'ordonner la comparution, s'il s'agissait d'une exception de compétence intimement liée au fond (Crim. rej. 2 avr. 1874, *Bull. crim.* n° 100).

1120. Si le prévenu est en état de détention, doit-il être nécessairement amené à l'audience lorsqu'il ne s'agit que du jugement des exceptions? « Il faut répondre affirmativement, dit Faustin Hélie (t. 6, n° 2856) ; si la loi lui laisse la faculté de ne pas comparaître, c'est lorsqu'il est libre d'agir et qu'il peut consulter les intérêts de sa défense. Mais lorsqu'il est détenu, la justice doit veiller à ses intérêts ; elle ne doit pas présumer une abstention volontaire, elle doit ordonner sa comparution ». — Au reste, il est certain que le prévenu, même dans ce cas, conserve le droit de refuser de se défendre et de se faire juger par défaut.

1121. La comparution du prévenu, prescrite pour l'instruction, est également nécessaire pour le prononcé du jugement, car il a intérêt à en contrôler la forme et la teneur (Faustin Hélie, *Pratique criminelle*, t. 1, n° 411). Lorsque le prononcé est renvoyé à une prochaine audience, il y a lieu, suivant le même auteur (*Instruction criminelle*, t. 6, n° 2857), de distinguer si cette audience est indiquée à jour fixe ou à jour indéterminé. Dans le premier cas, aucun avertissement préalable n'est nécessaire ; dans le deuxième, il est nécessaire, au contraire, que le prévenu soit averti du jour de l'audience. Cette distinction est rationnelle. — Quand l'audience de renvoi a été indiquée à jour fixe, en présence du prévenu ou de son mandataire, il n'y a évidemment aucun motif de lui donner plus tard un second avertissement ; il connaît le jour de l'audience, et, qu'il paraisse ou non à celle-ci, le jugement sera valable. Aussi la cour de cassation a-t-elle jugé que le tribunal correctionnel devant lequel le prévenu, régulièrement cité, a déclaré s'inscrire en faux contre le procès-verbal servant de base, aux poursuites dirigées contre lui en matière de contributions indirectes, et qui a intimé toutes les parties de se présenter à une audience ultérieure où il devait être prononcé sur les moyens de nullité du procès-verbal, peut, à cette audience ultérieure, après avoir rejeté ces moyens, statuer immédiatement sur le fond par défaut, si le prévenu ne se présente pas, sans nouvelle citation, et sans méconnaître le droit de la défense (Crim. rej. 6 nov. 1885, *Bull. crim.*, n° 298).

La situation est différente quand l'affaire a été remise à jour indéterminé. On ne saurait nier que le prévenu ait intérêt à être présent à la prononciation du jugement ; exigera-t-on de lui qu'il se rende à toutes les audiences du tribunal où son jugement *pourrait* être prononcé? Ce n'est évidemment pas possible. Aussi la cour de cassation a-t-elle jugé qu'en matière correctionnelle, lorsque la cause a été mise en délibéré, sans que le jour où il serait statué ait été indiqué, le jugement ultérieurement rendu en l'absence du prévenu est nul, et non pas valable comme jugement par défaut, si celui-ci n'a pas été informé, au moyen d'une signification de la décision d'avant dire droit avec

réassignation, du jour où elle devait revenir à l'audience — (Crim. cass. 22 août 1862, aff. Mopty, D. P. 63. 5. 225). Toutefois, il faut reconnaître que la jurisprudence n'est pas, à ce point de vue, fermement établie. Par un arrêt antérieur — (Crim. cass. 20 avr. 1855, aff. Siraudin, D. P. 93. 2. 8, note), la même cour avait décidé que, l'art. 190 c. instr. crim. ne prononçant point de nullité, les tribunaux correctionnels peuvent remettre le prononcé de leur jugement à une audience ultérieure, sans indication de jour, et que, dans ce cas, il n'est pas nécessaire, à peine de nullité, d'avertir les parties du jour de la prononciation du jugement. Et récemment, une cour d'appel a jugé que le tribunal correctionnel, après qu'une affaire a été contradictoirement liée et débattue devant lui, peut renvoyer successivement à une audience déterminée, puis à une seconde audience non déterminée, pour le délibéré et le prononcé du jugement, et enfin rendre jugement, à cette dernière audience, en l'absence du prévenu (Montpellier, 11 mars 1892, aff. Boussard, D. P. 93. 2. 7-8). La doctrine de l'arrêt de 1862 nous paraît préférable.

1122. En tous cas, il est certain que l'inculpé qui, dûment cité, n'a pas comparu, ne saurait se plaindre si le tribunal, en son absence, remet l'affaire à un jour indiqué, et la juge en effet, ce jour-là, par défaut. Un pareil jugement est parfaitement régulier, sauf, bien entendu, l'opposition. Comme le dit un arrêt, aucune disposition de loi n'exige qu'il soit donné, en pareil cas, une nouvelle assignation au prévenu défaillant, et cette formalité ne saurait être considérée comme substantielle, le prévenu qui n'a pas répondu à la citation n'étant pas fondé à se plaindre que l'instruction se soit continuée et que le jugement ait été rendu en son absence (Crim. rej. 30 oct. 1885, *Bull. crim.*, n° 289).

1123. Lorsque le délit n'entraîne pas la peine d'emprisonnement, les prévenus peuvent, dans tous les cas, se faire représenter devant le tribunal correctionnel. L'art. 185 porte qu'ils pourront se faire représenter par un avoué ; mais cet article n'exclut pas tout autre mandataire. Jugé, spécialement, que « si l'art. 185 indique, d'une manière générale, que la comparution pourra être exercée par un avoué, il n'a point entendu interdire aux parties, dans une matière purement correctionnelle, de prendre pour mandataire un avocat » (Crim. cass. 2 juill. 1886, aff. Monin, D. P. 86. 1. 475). A notre avis, le prévenu peut se faire représenter par toute personne de son choix (Conf. Crim. rej. 29 août 1889, aff. Arnould, *Bull. crim.*, n° 294. Conf. Faustin Hélie, t. 6, n° 2859 ; Laborde, n° 1318 ; Berriat-Saint-Prix : *Trib. crim.*, t. 2, n° 594. — *Contrà* : Boitard, n° 703 ; Massabiau, t. 2, n° 2944 ; Gand, 2 mai 1882, aff. Gysels, *Pasicrisie belge*, 1882. 2. 355). Il y a seulement cette différence, que l'avoué n'a pas besoin de procuration, tandis que tout autre mandataire doit justifier de son mandat (Argument de l'art. 204).

1124. Même dans cette seconde hypothèse, le tribunal peut apprécier si, comme moyen d'instruction, la comparution est nécessaire, et la prescrire s'il y a lieu. Cela ne peut faire aucun doute en présence des termes de l'art. 185 (Conf. Faustin Hélie, *loc. cit.*) Si, nonobstant cette injonction, le prévenu ne comparaît pas, mais se fait représenter, le jugement sera par défaut (V. *suprà*, v° *Jugement par défaut*, n° 228 ; *Rép.* eod. v°, n° 462).

Au reste, d'une façon générale, le prévenu qui ne comparaît pas est jugé par défaut (c. instr. crim. art. 186). Le commentaire de cet art. 186 est présenté *suprà*, v° *Jugement par défaut*, n°s 212 et suiv. ; *Rép.* eod. v°, n°s 448 et suiv.

1125. — 2° *Partie civile.* — Ainsi qu'on l'a dit au *Rép.*, n° 938, la partie civile n'est pas tenue de comparaître personnellement à l'audience, à moins que le tribunal ne juge sa présence nécessaire (Orléans, 12 août 1851, aff. Clapier, D. P. 54. 5. 440). Nulle disposition de la loi ne commande, en effet, sa présence, et l'art. 190, en ajoutant à la mention de cette partie ces mots : « ou son défenseur », atteste qu'elle peut se faire suppléer (Faustin Hélie, t. 6, n° 2861).

La partie civile peut, d'ailleurs, se servir d'un avoué ou ne pas s'en servir, suivant qu'elle le juge utile à ses intérêts ; l'emploi de ces officiers ministériels est purement facultatif en matière correctionnelle (V. à cet égard les arrêts cités *suprà*, n° 694).

1126. — 3° *Partie civilement responsable.* — Il est hors de doute que celle-ci peut se faire représenter dans tous les cas, comme le font toutes les parties en matière civile (Faustin Hélie, t. 6, n° 2860; Laborde, n° 1318).

ART. 2. — *Formes de l'instruction à l'audience*
(Rép. n°s 941 à 977).

1127. — I. ORGANISATION DE LA DÉFENSE. — Le code d'instruction criminelle n'a rien fait pour organiser la défense devant le tribunal correctionnel. Mais, par des dispositions spéciales, la loi du 22 janv. 1851 sur l'assistance judiciaire (D. P. 51. 4. 25) et la loi du 27 mai 1885 sur les récidivistes (D. P. 85. 4. 45) ont organisé la défense des indigents et des relégables. — Les premiers (V. *Rép.* v° *Organisation judiciaire,* n° 796) ont droit à un défenseur d'office devant les tribunaux correctionnels « lorsqu'ils sont poursuivis à la requête du ministère public ou détenus préventivement » et ce défenseur leur est désigné, sur leur demande, par les présidents des tribunaux correctionnels (L. 22 janv. 1851, art. 29). Ces magistrats « pourront » aussi, « même avant le jour fixé pour l'audience, ordonner l'assignation des témoins qui leur seront indiqués par le prévenu indigent, dans le cas où la déclaration de ces témoins serait jugée utile pour la découverte de la vérité. Pourront également être ordonnées, toutes productions et vérifications de pièces. Les mesures ainsi prescrites seront exécutées à la requête du ministère public » (Même loi, art. 30).

Les seconds (les relégables) sont toujours pourvus d'un défenseur d'office, en matière correctionnelle aussi bien qu'en matière criminelle (L. 27 mai 1885, art. 11, § 2). Cette désignation est faite, d'après l'article précité, à peine de nullité. Il a été jugé qu'elle est nécessaire même dans le cas où la relégation devrait être remplacée, à raison de l'âge du prévenu, soit par la mise en correction, soit par l'interdiction perpétuelle de séjour (Crim. cass. 25 mars 1887, aff. Billodo, D. P. 85. 1. 414). V. *infrà,* v° *Récidive-relégation.*

1128. Le droit pour la défense de prendre communication des pièces de la procédure, consacré par l'art. 302 c. instr. crim., est, d'après la jurisprudence, applicable aussi bien en matière correctionnelle qu'en matière criminelle (Metz, 23 mai 1866, aff. Huber, D. P. 66. 2. 119; Crim. rej. 15 juill. 1881, *Bull. crim.,* n° 177. Conf. Faustin Hélie, t. 6, n° 2842; Laborde, n° 1317; Berriat-Saint-Prix, *Procédure des tribunaux criminels,* 1re part., n° 137, et 2e part., t. 1, n° 493. — *Contra,* Trébutien, t. 2, n° 667). Ce droit s'ouvre dès que la citation est donnée; mais pas avant : on sait, en effet, que, dans notre droit, l'instruction préparatoire est entièrement secrète (Conf. Crim. rej. 21 nov. 1891; aff. Martinet, D. P. 92. 1. 33). Le prévenu ne pourrait, d'ailleurs, exiger que le greffier lui délivrât une copie des pièces, même à ses frais, à moins d'une autorisation expresse du procureur général (Décr. 18 juin 1856, art. 56). V. à cet égard ce qui a été dit au *Rép.,* n° 945 à 948. Ajoutons seulement que l'arrêt précité du 23 mai 1866 a reconnu, avec beaucoup de raison, que le droit de prendre communication de toutes les pièces d'une procédure correctionnelle implique, pour le prévenu et son conseil, celui de prendre, non seulement des notes et extraits, mais encore des copies entières des pièces qui leur paraîtront devoir servir à la défense. Enfin il a été jugé, par l'arrêt précité du 15 juill. 1881, que la preuve légale du refus de communication et, par conséquent, de la violation du principe contenu en l'art. 302 n'existe qu'autant qu'il est établi que, par des conclusions régulièrement prises devant le tribunal saisi, la communication a été demandée et qu'elle a été refusée.

1129. — II. RÈGLES GÉNÉRALES DE L'INSTRUCTION A L'AUDIENCE CORRECTIONNELLE. — La *publicité,* la *contradiction* et l'*oralité* sont des caractères communs à la procédure suivie devant toutes les juridictions de jugement. Elles constituent des règles nécessaires à la validité de toute instruction faite à l'audience correctionnelle.

1130. — 1° *Publicité.* — La publicité est une règle absolue. Non seulement le jugement correctionnel doit être prononcé en audience publique, mais encore, sauf le cas des huis clos, les débats eux-mêmes doivent avoir lieu publiquement.

— V. à cet égard *suprà,* v° *Jugement,* n°s 631 et suiv. et, spécialement en ce qui concerne la publicité des débats et jugements correctionnels, *ibid.,* n°s 640 et 643. Outre les décisions citées *ibid.,* il a été jugé : 1° qu'est nul l'arrêt correctionnel qui se borne à constater la publicité de l'audience à laquelle il a été rendu, sans contenir aucune mention relative à la publicité d'une audience précédente à laquelle l'affaire a été instruite et plaidée (Crim. cass. 17 déc. 1891, *Bull. crim.,* n° 248); — 2° Que si un arrêt correctionnel énonce que l'affaire a occupé plusieurs audiences, et si, néanmoins, il ne mentionne la publicité que pour une seule de ces audiences, il y a présomption que l'art. 198 c. instr. crim. a été violé, et que cet arrêt doit être annulé.

1131. — 2° *Contradiction.* — La règle de la contradiction n'est pas moins absolue que celle de la publicité. Ce principe implique pour l'individu poursuivi le droit d'assister à tous les actes de la procédure, afin de les contrôler, et celui, de les critiquer en la forme et au fond. Il implique aussi, pour le juge, l'obligation de ne se prononcer que d'après les résultats du débat contradictoire. A cet égard, il a été jugé : 1° que la règle que le débat est contradictoire s'oppose à ce que le juge correctionnel (ou de police) fasse état dans sa décision de dépositions reçues à une audience où le prévenu n'était pas encore en cause (Crim. cass. 22 févr. 1861, aff. Dugué, D. P. 61. 1. 139). Il en est ainsi alors même que le prévenu, en ne réclamant pas, aurait implicitement renoncé au droit de décliner le débat, en l'état où il se trouvait (Même arrêt). La précaution, que le ministère public aurait prise, de rappeler et d'énumérer devant le prévenu les dépositions entendues avant sa mise en cause, n'équivaut pas à l'audition nouvelle qui est nécessaire pour fournir à celui-ci le moyen d'exercer son droit de récusation et de défense (Même arrêt); — 2° Que le droit de la défense ne permet point au juge correctionnel de prendre pour élément juridique de conviction contre le prévenu un document (par exemple, une lettre de renseignements adressée au procureur général) qui n'aurait pas été produit aux débats et qui n'aurait pu subir ainsi la discussion contradictoire de l'audience (Crim. cass. 12 déc. 1874, aff. Gautier, D. P. 76. 1. 94); — 3° Qu'est nul le jugement correctionnel qui se fonde sur un procès-verbal produit après la mise de l'affaire en délibéré, sans avoir été débattu ou au moins communiqué au prévenu (Crim. cass. 1er août 1862, aff. Sieuret, D. P. 66. 5. 259); — 4° Que la conscience des juges peut librement former sa conviction en la puisant dans tous les documents de la cause, pourvu qu'ils aient été soumis à une discussion orale et contradictoire, mais que la preuve doit toujours demeurer concentrée dans les documents appartenant directement à la cause; qu'en conséquence, si un procès-verbal est produit, il faut qu'il ait été dressé contre le prévenu ou à l'occasion des faits incriminés; si des témoins sont assignés par le ministère public, il faut qu'ils soient entendus en présence du prévenu; si une instruction orale est invoquée, il faut qu'elle ait été suivie contre le prévenu ou sur les faits incriminés (Chambéry, 10 déc. 1875, aff. Toinet, D. P. 77. 2. 14).

Au reste, il a été décidé avec raison : 1° que le jugement correctionnel, pour prononcer une condamnation, se fonde sur l'instruction, les *débats* et les aveux du prévenu, consignés ses interrogatoires, énonce suffisamment par là que les aveux qu'il mentionne ont été débattus et appréciés dans le débat public et oral; et, dès lors, on prétendrait à tort que ce jugement est nul comme prononçant une condamnation uniquement basée sur des aveux consignés dans l'instruction écrite (Crim. cass. 6 mars 1856, aff. Couët de Lorry, D. P. 56. 1. 225); — 2° Que, bien qu'un arrêt rendu en matière correctionnelle constate que les faits qu'il déclare constants résultent de l'*instruction et des débats,* on ne peut en induire que l'instruction sur laquelle il se fonde soit l'instruction *écrite,* commencée et suivie contre l'un des prévenus devant le juge d'instruction, si la cour de laquelle émane cet arrêt a fait procéder à une instruction orale et publique dans laquelle ont été entendus tous les témoins assignés tant par le ministère public que par les prévenus (Crim. rej. 4 mai 1866, aff. Boudet, D. P. 66. 5. 253); — 3° Que des documents remis par le ministère public au tribunal correctionnel, après l'interrogatoire du prévenu et en présence

de celui-ci, doivent être réputés avoir été soumis à la discussion dans le débat, et que, par suite, leur production ne peut être considérée comme contraire au droit de la défense, alors surtout que cette production n'a été l'objet d'aucune réclamation devant le tribunal, de la part du prévenu et que celui-ci n'a pas pris non plus de conclusions tendant à ce qu'il n'en fût fait aucun état dans la cause (Crim. rej. 22 janv. 1857, aff. Legrix, D. P. 57. 1. 64); — 4° Qu'il ne résulte aucune nullité de ce que le ministère public aurait, pendant le délibéré et sans communication préalable à l'inculpé, remis à la cour d'appel des documents contredisant une des allégations du prévenu, s'il appert de l'arrêt lui-même que la conviction de la cour s'est formée en dehors de ces documents (Crim. rej. 28 avr. 1876, *Bull. crim.*, n° 112). Jugé, d'ailleurs, par le même arrêt, que le seul fait que ces documents figurent parmi les pièces de la procédure ne prouve pas qu'ils aient passé sous les yeux de la cour s'ils ne sont ni visés ni mentionnés par l'arrêt.

1132. — 3° *Oralité du débat.* — On sait quel est le sens de ces mots : *débat oral, oralité de l'instruction.* « L'oralité, dit M. Garraud (p. 627), exprime cette idée que toute preuve doit être soumise à la connaissance du juge dans sa source originaire et immédiate. Même dans le cas où une information a eu lieu, la juridiction de jugement ne se prononce donc pas sur la lecture des procès-verbaux écrits de cette information : elle doit entendre, à l'audience, l'*accusé* ou le *prévenu*, les *experts* et les *témoins.* » De son côté, Faustin Hélie (t. 7, n° 340), en parlant du débat oral en cour d'assises, s'exprime ainsi : « C'est la règle fondamentale de notre procédure criminelle. Elle place les accusés et les témoins en face les uns des autres; elle provoque les explications et les révélations, les dénégations ou les aveux. Les jurés forment leur conviction dans le débat qui s'ouvre devant eux, dans les dépositions, dans la parole plus ou moins assurée, l'accent plus ou moins sincère des témoins... L'instruction orale est la seule forme de procédure qui se concilie avec le principe de la conviction intime qui fait aujourd'hui le fondement de tous les jugements; car ce principe suppose la certitude morale, et cette certitude, seul *criterium* de la vérité, ne s'acquiert que par la libre discussion des accusés et des témoins ».

1133. La règle du débat oral est moins absolue en police correctionnelle qu'en cour d'assises. En cour d'assises, elle est proclamée par l'art. 317. Elle est prescrite à peine de nullité. Devant le tribunal correctionnel, la même règle n'étant édictée par aucun texte général, s'impose comme un principe de direction des débats, mais sans être prescrite à peine de nullité (Garraud, n° 491, p. 628). On a déjà cité au *Rép.*, n° 944, plusieurs arrêts qui ont admis divers tempéraments à ce principe. L'un de ces arrêts (Crim. rej. 17 nov. 1808) a reconnu qu'aucune disposition de la loi ne défend formellement de donner lecture devant le tribunal correctionnel des dépositions des témoins légalement cités et légitimement excusés de comparaître. Depuis, il a été jugé : 1° qu'un tribunal correctionnel peut, sans violer aucune loi, ordonner la lecture, à l'audience, de la déposition écrite d'un témoin décédé (Crim.rej. 22 déc. 1853, *Bull. crim.*, n° 593) ; — 2° Qu'aucune loi n'interdit aux tribunaux correctionnels de faire rentrer dans les éléments de leur conviction les documents que l'instruction écrite a recueillis, notamment la déposition écrite d'un témoin décédé ou absent (Crim. rej. 30 juill. 1863, *Bull. crim.*, n° 210) ; — 3° Qu'en appel, les juges peuvent faire état des déclarations d'un témoin non entendu à l'audience lorsque ce témoin a été régulièrement entendu au cours de l'instruction écrite, et qu'à l'audience, son témoignage a été soumis à une libre discussion (Crim. rej. 7 mars 1879, *Bull. crim.* n° 62) ; — 4° Que, bien qu'en matière correctionnelle, le débat soit oral, les magistrats peuvent cependant faire porter leur examen sur tous les documents que l'instruction a recueillis et, notamment, puiser leur conviction dans les déclarations écrites des témoins absents ; que cette faculté ne saurait notamment être contestée au juge d'appel, puisque le rapporteur est tenu de donner connaissance à la cour de toutes les pièces utiles de la procédure » (Crim. rej. 30 oct. 1885, *Bull. crim.*, n° 287); — 5° Que les débats correctionnels n'ont pas, comme ceux de la cour d'assises, un caractère exclusivement oral, que les

magistrats d'appel forment généralement leur conviction sur des témoignages recueillis dans l'instruction, et qu'aucun texte de loi ne leur interdit de tenir compte de la déposition écrite d'un témoin absent, pourvu qu'elle ait été soumise à la discussion de l'audience (Crim. rej. 3 mars 1893, *Gaz. des trib.* du 5 mars).

1134. Devant la cour d'assises, il y aurait incontestablement nullité de la procédure si, avant qu'un témoin fût entendu, et en sa présence, il avait été donné lecture de sa déposition écrite. (V. *infra*, n° 1766) Nulle atteinte ne saurait en effet être portée à la spontanéité, à l'indépendance du témoignage oral, qui doit pouvoir rectifier les déclarations antérieures, et se produire à l'audience en échappant à toute pression même indirecte (Nouguier, *La cour d'assises*, t. 3, n° 2423). Il y aurait également, d'après la jurisprudence, nullité de la procédure en cour d'assises si la déposition écrite, bien que lue hors la présence du témoin, l'était avant l'audition verbale de celui-ci (V. Crim. cass. 20 août 1884, et les conclusions de M. l'avocat général Desjardins, D. P. 84. 1. 473). La raison en est que cette lecture prématurément faite peut déterminer chez les jurés des impressions contre lesquelles ils ne sauraient peut-être pas réagir, au cas où le déposant aurait à revenir sur les déclarations fournies par lui dans l'instruction (V. Nouguier, *loc. cit.*, et Crim. cass. 18 juin 1874, D. P. 75. 5. 420). — Les mêmes solutions sont-elles applicables à l'audience des témoins en police correctionnelle? Il faut distinguer. La lecture faite en *présence du témoin* qui aura ensuite à déposer doit être tenue pour irrégulière, comme en cour d'assises; car il y a là même raison de tenir le témoignage d'audience à l'abri de toute pression, et de sauvegarder sa spontanéité. Mais on ne doit pas aller plus loin et aucun principe, ni aucun texte, n'autorise à considérer comme entachée de nullité la lecture faite *en dehors de la présence du témoin* qui doit ultérieurement être entendu. La loi elle-même a admis que cette interversion pouvait avoir lieu au correctionnel sans détriment pour le prévenu, puisque les art. 153 et 189 c. instr. crim. prescrivent de lire au commencement des débats les procès-verbaux qui, à côté des constats personnels des officiers de police judiciaire, contiennent fréquemment les témoignages qu'ils ont pris soin de recueillir. Il a été décidé, en ce sens, qu'il ne résulte aucune nullité de ce que le tribunal correctionnel, pour faciliter l'intelligence d'autres témoignages, a fait lire les dépositions écrites de témoins qui n'ont pas encore été entendus, alors que lesdits témoins n'étaient pas présents au moment de cette lecture (Crim. rej. 18 juill. 1884, aff. Jacob, D. P. 85. 1. 42).

1135. — 4° *Preuves.* — Ainsi qu'on l'a dit au *Rép.*, n° 941, l'art. 189 c. instr. crim. renvoie, pour la preuve des délits correctionnels, aux art. 154, 155 et 156 du même code relatifs à la preuve des contraventions de police. Il suit de là que les délits correctionnels peuvent être prouvés, soit par procès-verbaux ou rapports, soit par témoins (art. 154). La preuve littérale est donc admise, concurremment avec la preuve testimoniale, pour établir l'existence du délit et de la culpabilité du délinquant. A ce point de vue, on sait qu'en première instance il est donné lecture des procès-verbaux et des rapports qui ont trait au délit, s'il en a été dressé (art. 190).

Ce n'est pas à dire, bien entendu, que les procès-verbaux et les témoignages oraux soient les seuls modes de preuve d'après lesquels puisse se former la *conviction* des juges correctionnels. La règle que *les preuves sont de conviction* est vraie au correctionnel comme au grand criminel (V. *Rép.*, v° *Preuve*, n° 89), et il est de jurisprudence constante qu'en matière correctionnelle les juges ont toute liberté pour se décider d'après les débats et les inspirations de leur conscience (Crim. rej. 4 déc. 1875, aff. Robineau, D. P. 77. 1. 95-96 ; Chambéry, 10 déc. 1875, aff. Toinet, D. P. 77. 2. 14; Crim. cass. 16 janv. 1886, *Bull. crim.*, n° 20; Crim. rej. 5 juill. 1889, *ibid.*, n° 244; 18 févr. 1892, aff. De Lacrousille, D. P. 92. 1. 471). C'est ainsi qu'il a été jugé que les magistrats peuvent, en police correctionnelle, former leur conviction sur les débats de l'audience et les documents de l'instruction, notamment sur la déposition écrite d'un témoin absent ou décédé (Crim. rej. 30 juill. 1853, *Bull. crim.*, n° 210 ; 30 oct. 1885, *ibid.*, n° 287); sur les aveux de l'inculpé (Crim. rej. 18 déc. 1862,

Bull. crim., n° 285) ; sur des certificats émanés de témoins non présents, pourvu qu'ils soient soumis aux débats de l'audience (Crim. rej. 4 déc. 1875, aff. Robineau, D. P. 77. 1. 95-96) ; sur tous les documents versés aux débats et soumis à la libre discussion des parties (Crim. rej. 5 juill. 1889, *Bull. crim.*, n° 244); sur un ensemble de présomptions tirées de l'instruction et des débats, si ces présomptions sont assez précises et assez graves pour fournir la preuve et entraîner la conviction (Crim. rej. 18 févr. 1892, aff. De Lacrousille, D. P. 92. 1. 471); sur de simples présomptions, pourvu que les faits qui leur servent de base aient été produits à l'audience dans le débat oral (Crim. rej. 28 sept. 1893, *Bull. crim.* n° 272). Il est à peine besoin d'ajouter que la visite des lieux et l'expertise sont des moyens de preuve mis à la disposition de toutes les juridictions et, par conséquent, des tribunaux correctionnels (Faustin Hélie, t. 6, n°s 2902 et 2903).

1136. Jugé aussi, dans le même sens : 1° que le juge de répression n'est pas limité dans ses moyens de preuve, et qu'ainsi ce juge peut introduire dans les débats et apprécier des procès-verbaux de saisie dressés à la requête d'une personne étrangère au procès (Crim. rej. 15 janv. 1864, *Bull. crim.*, n° 13); — 2° Que les juges de répression peuvent faire état de tout élément de l'instruction qui a pu être l'objet d'un débat contradictoire, tel qu'une lettre dénonciatrice écrite par un tiers, non témoin au procès (Crim. rej. 21 nov. 1868, *Bull. crim.*, n° 233); ... un certificat de médecin (Crim. cass. 14 févr. 1868, *Bull. crim.*, n° 42); ... une consultation d'un professeur de tissage (dans une affaire de contrefaçon), dès que cette pièce a été soumise à un examen et à une discussion contradictoires (Crim. rej. 31 juill. 1891, *Bull. crim.*, n° 165).

Jugé encore qu'un inculpé peut être déclaré coupable du délit à lui imputé en police correctionnelle, sans qu'aucun témoin ait été entendu à l'appui de la prévention, le tribunal pouvant régulièrement tenir le délit pour établi en se fondant sur les débats et les pièces du procès (Crim. rej. 4 avr. 1861, aff. Viviani, D. P. 66. 5. 257).

1137. On ne pourrait assimiler à des documents réunis en vue de la prévention les notes d'audience rédigées dans une poursuite intentée contre d'autres prévenus et dans laquelle le prévenu actuel n'est pas figuré que comme témoins. Par suite, il a été décidé qu'une condamnation pour faux témoignage ne peut être basée exclusivement sur des notes d'audience tenues à l'occasion de poursuites dirigées contre d'autres individus et dans lesquelles les prévenus n'étaient que témoins, alors surtout que le tribunal a refusé l'audition de leurs témoins à décharge (Chambéry, 10 déc. 1875, aff. Toinet, D. P. 77. 2. 14). — Mais cette solution ne devrait pas, semble-t-il, être appliquée au cas où les poursuites antérieures auraient été dirigées contre le même prévenu. C'est ainsi qu'il a été décidé que, quand un individu accusé d'un crime a été acquitté et renvoyé devant le tribunal correctionnel pour d'autres faits relevés à sa charge par la procédure faite devant la juridiction criminelle, les actes de cette procédure peuvent être lus à l'audience du tribunal saisi des nouvelles poursuites, sans qu'il en résulte une nullité du jugement de condamnation rendu sur ces poursuites (Crim. rej. 15 oct. 1841, *Rép.* n° 944).

1138. Au reste, la cour de cassation a jugé, à bon droit, « que si, en matière correctionnelle, la loi abandonne à la conscience des juges le soin d'apprécier souverainement la valeur des preuves rapportées à l'appui de la poursuite ou au soutien de la défense, elle exige d'eux, en cas de condamnation, qu'après avoir déclaré l'existence du délit et constaté ses éléments, ils affirment, en termes non équivoques, la culpabilité du prévenu », et elle a cassé, comme ne contenant pas une suffisante affirmation de la conviction des juges et de la culpabilité du prévenu un arrêt portant « que, s'il n'y a aux débats aucun témoin *de visu*, il ne s'en dégage pas moins un ensemble de faits constituant des présomptions graves, précises et concordantes de nature à faire naître la conviction que c'est l'inculpé qui... a tué sans nécessité un mulet appartenant au sieur Viggioni », indiquant ensuite les circonstances desquelles « se déduisent ces présomptions » et déclarant, sans autre considération, que « le fait qui vient d'être reproché, constitue le délit prévu et réprimé par l'art. 454 c. pén. » (Crim. cass. 16 janv. 1886, *Bull.*

crim., n° 20). — Dans le même sens, il a été jugé que le tribunal correctionnel qui déclare qu'il est *à présumer* que le prévenu a soustrait frauduleusement les objets qu'il désirait vendre, et qui déclare ensuite, sans autre considération, que le fait constitue le délit prévu et puni par l'art. 401 c. pén., doit être cassé, les art. 189 et 195 c. instr. crim. exigeant l'affirmation de la culpabilité (Crim. cass, 13 janv. 1894, aff. Abd-el-Kader-ben-Djelloul, D. P. 94, 1re partie).

1139. Le principe des preuves de conviction reçoit exception pour les procès-verbaux qui font foi jusqu'à inscription de faux ou jusqu'à preuve contraire. Le juge, en effet, doit faire taire sa conviction tant que la fausseté du procès-verbal n'est pas établie suivant la forme légale, c'est-à-dire, dans le premier cas, suivant la procédure d'inscription de faux, et dans le second tant que le prévenu ne produit pas des écrits ou des témoignages s'élevant contre la vérité des faits énoncés dans le procès-verbal (Laborde, n° 1319 ; Garraud, n° 542, p. 694).

1140. D'autre part, il arrive parfois que la loi rejette certains modes de preuve : par exemple, contre le complice de l'adultère, elle exige la preuve du flagrant délit ou celle qui résulte d'écrits émanés du prévenu (c. pén. art. 338) ; qu'elle subordonne l'admission de certaines preuves à des conditions : par exemple, quand le délit soulève une question de droit civil, pour la preuve testimoniale. A cet égard, on sait qu'en droit civil la preuve testimoniale est parfois rejetée, et parfois subordonnée à un commencement de preuve par écrit ; or quand un délit soulèvera une question de droit civil dont la solution est soumise à des règles de cette nature, par exemple lorsqu'il s'agira d'un délit consistant dans la violation d'un contrat (dépôt, mandat, nantissement, etc.), dont l'existence devra être préalablement établie, les tribunaux de répression ne pourront résoudre cette question de preuve qu'en observant les dispositions du droit civil (Mêmes auteurs, *loc. cit.* ; Faustin Hélie, t. 6, n°s 2893 et suiv.).

1141. Ajoutons que le prévenu, dans l'intérêt de sa défense, et le ministère public au nom de l'action publique, dont il est l'organe, doivent être admis, tant que le jugement n'est pas prononcé, à conclure et à produire toutes pièces et tous documents qu'ils croient utiles à la manifestation de la vérité (Crim. cass. 28 mai 1870, aff. Ledot, D. P. 70. 1. 373). L'arrêt du 31 juill. 1891, cité *suprà*, n° 1136, a jugé, dans le même sens, « que les parties ont le *droit de produire tous les documents qu'elles jugent utiles* à leur cause, et que, sans violer les principes ou droits de la défense, le juge du fond peut en faire état, dès que ces pièces ont été soumises à une discussion et à un débat contradictoires ».

1142. Au reste, les auditions de témoins, comme toutes autres mesures d'instruction, peuvent être refusées par le tribunal s'il ne les juge pas nécessaires à la manifestation de la vérité. Jugé, à cet égard : 1° que si le ministère public, exerçant l'action publique, a le droit de faire entendre des témoins à l'appui de ses poursuites, et même de requérir, dans ce but, une remise de cause, sans que le juge de répression puisse la lui refuser, ce principe fléchit cependant lorsque la preuve requise porte sur des faits déterminés que le juge considère comme constants et établis (Metz, 23 juin 1858, aff. Franciscus, D. P. 59. 2. 71); — 2° que le droit, pour le ministère public, de faire entendre des témoins n'est pas illimité. Le tribunal, après une première remise, peut refuser un supplément d'enquête comme frustratoire et non concluant, en présence d'une excuse péremptoire tenue pour justifiée, celle de la force majeure, par exemple (Crim. rej. 23 juill. 1864, aff. Louis, D. P. 65. 1. 456).

Décidé, dans le même sens, à l'égard des demandes de preuve émanant du prévenu : 1° que si le tribunal correctionnel n'est pas investi d'un pouvoir discrétionnaire pour entendre ou ne pas entendre les témoins régulièrement cités devant lui, il a néanmoins le droit de s'assurer de l'opportunité et de l'utilité de leur audition ; par suite, le refus du tribunal d'entendre un témoin assigné par le prévenu n'est pas une violation des droits de la défense, lorsque des explications fournies par celui-ci sur les faits qu'il entend faire établir par ce témoin, il résulte pour le tribunal que la déposition serait sans importance (Crim. rej. 16 déc. 1859,

aff. Faure, D. P. 59. 5. 228) ; — 2° Que, dans le cas où une audition de témoins a été demandée par le prévenu, le juge d'appel a pu régulièrement refuser de l'accueillir, si cette preuve, d'après son appréciation, se trouvait inutile (Crim. rej. 7 avr. 1860, aff. Ollivier, D. P. 60. 1. 146) ; — 3° Que le devoir, pour les tribunaux de répression, de statuer sur toutes les demandes de preuves et de productions de pièces, ne les oblige cependant pas à les accepter ; qu'ainsi, bien que le prévenu ait fondé sur les besoins de sa défense une demande en communication de pièces saisies à son domicile, les juges ont le droit de la refuser, s'ils estiment que cette mesure n'exercerait aucune influence sur la cause (Crim. rej. 4 févr. 1858, aff. Bernard, D. P. 58. 5. 121) ; — 4° Que le juge correctionnel, notamment dans une poursuite exercée contre un commerçant pour prétendue complicité d'un délit de contrefaçon d'un brevet d'invention, est seul appréciateur de l'opportunité qu'il peut y avoir à ordonner l'apport et la vérification des livres et de la correspondance de ce commerçant, pour y trouver la preuve du fait dénoncé (Crim. rej. 1er mai 1863, aff. Renard, D. P. 67. 5. 243) ; — 5° Que la contre-expertise est, comme l'expertise elle-même, un simple moyen d'instruction, que le juge de répression est maître d'accorder ou de refuser suivant qu'il le juge nécessaire ou non à la manifestation de la vérité (Crim. rej. 3 nov. 1864, aff. Sardou, D. P. 66. 5. 251) ; — 6° Qu'un tribunal peut, après le débat contradictoire et les explications des parties, rejeter comme inutile la preuve offerte par le prévenu (Crim. rej. 19 déc. 1874, *Bull. crim.*, n° 315) ; — 7° Que lorsque les conclusions du prévenu, relatives à des pièces à conviction, au lieu de demander exclusivement la communication de ces pièces pour qu'il en soit fait usage dans l'intérêt de la défense, tendent en réalité à provoquer une mesure d'instruction et notamment la nomination d'experts chargés de les examiner, le juge du fait peut rejeter ces conclusions en vertu d'un pouvoir souverain d'appréciation qui échappe au contrôle de la cour de cassation (Crim. rej. 24 sept. 1891, aff. Triponé, D. P. 92. 1. 173).

1143. L'instruction se fait dans l'ordre prescrit par l'art. 190 c. instr. crim. (V. à cet égard *Rép.*, n°s 952 à 966). — En ce qui concerne l'*interrogatoire* du prévenu, interrogatoire qui, d'après la jurisprudence résumée au *Rép.*, n° 958, n'est pas prescrit à peine de nullité (V. cependant, *contrà*, Faustin Hélie, t. 6, n° 2906), il a été jugé : 1° que l'interrogatoire devant le tribunal correctionnel, ayant moins pour objet la production de la défense que l'instruction de l'affaire, le prévenu ne peut se faire, de son omission, un grief à l'appui de son pourvoi en cassation, alors, d'ailleurs, qu'étant assisté d'un défenseur, il a été entendu dans le développement des moyens qu'il avait à opposer à la prévention (Crim. cass. 19 mai 1860, aff. Larbaud, D. P. 60. 1. 363) ; — 2° Que l'interrogatoire du prévenu n'est pas, au correctionnel, une formalité obligatoire à peine de nullité, et que, dès lors, il importe peu qu'il y ait été procédé à une audience antérieure ne se rattachant pas à la cause, du moment que cette cause était reprise en son entier et que le nouveau débat s'est poursuivi jusques et y compris le prononcé de l'arrêt (Crim. rej. 5 mai 1892, *Bull. crim.*, n° 123).

1144. Relativement aux *prévenus qui refusent de comparaître*, un arrêt de cour d'appel a donné une solution neuve et intéressante. Un individu détenu sous la prévention de vol, et régulièrement cité devant la cour saisie de son appel, avait refusé d'obtempérer à l'ordre de transfèrement décerné contre lui, sous le prétexte qu'il entendait être conduit au siège de cette cour non à pied, mais en chemin de fer. Un certificat médical établissait que ce prévenu était en état de marcher et de faire à pied le trajet qu'il avait à parcourir. La cour de Besançon a estimé qu'en agissant ainsi le prévenu se plaçait directement en état de rébellion, et elle a jugé que, pour vaincre cette résistance au cours de la justice, la cour était en droit de recourir à la procédure prescrite par la loi du 9 sept. 1835, qui s'applique en matière correctionnelle aussi bien qu'en matière criminelle (Besançon, 26 févr. 1890, aff. Bastien, D. P. 91. 2. 164). Comp. Faustin Hélie, t. 6, n° 2927.

1145. En ce qui concerne les *pièces à conviction*, on a vu au *Rép.* n° 957 que, d'après la disposition formelle de l'art. 190, « les pièces pouvant servir à conviction ou à décharge seront représentées aux témoins et aux parties » Il résulte de ce texte impératif que la communication desdites pièces ne pourrait être refusée au prévenu qui la demanderait pour en faire usage dans l'intérêt de la défense ; mais, si les conclusions du prévenu, relatives à des pièces à conviction, tendaient en réalité à provoquer une mesure d'instruction, et notamment la nomination d'experts chargés de les examiner, le juge du fait pourrait rejeter ces conclusions, en vertu d'un pouvoir souverain d'appréciation échappant au contrôle de la cour de cassation (Crim. rej. 24 sept. 1891, aff. Triponé, D. P. 92. 1. 173).

1146. La tenue de *notes d'audience* est prescrite par l'art. 189, dont le texte a été modifié depuis la publication du *Répertoire*, par la loi du 13 juin 1856 (D. P. 56. 4. 63). L'art. 189 nouveau exige que les notes des greffiers reproduisent toutes et non pas seulement les principales dépositions des témoins ; qu'elles contiennent aussi les réponses des prévenus ; qu'elles soient soumises au président, pour être visées par lui dans les trois jours de la prononciation du jugement.

1147. Au reste, la loi du 13 juin 1856, en modifiant l'art. 189, n'a pas changé le caractère des notes d'audience, et leur effet est resté le même. « Leur absence ou leur irrégularité n'entraînent aucune nullité ; il en résulte seulement que les formes et les éléments du premier débat ne sont point constatés, et qu'il y a lieu d'y suppléer, soit à l'aide des énonciations du jugement, soit par une nouvelle audition de témoins » (Faustin Hélie, t. 6, n° 2889).

Spécialement, il a été jugé depuis la loi du 13 juin 1856 que la disposition de l'art. 189, d'après laquelle les notes d'audience doivent être visées dans les trois jours par le président, n'est pas prescrite à peine de nullité (Crim. cass. 24 avr. 1875, aff. Mie, D. P. 75. 1. 441). — Il a été jugé aussi qu'avant le jugement définitif, le prévenu, vis-à-vis duquel l'instruction à l'audience a été faite contradictoirement, ne peut exiger la communication des notes qui ont été prises par le greffier pour retenir les éléments essentiels des dépositions des témoins, même à l'effet de faciliter la tâche de l'avocat auquel il a confié le soin de sa défense (Bordeaux, 13 juill. 1870, aff. Dujarric, D. P. 71. 2. 243). Mais les notes du greffier devraient être lues au prévenu jugé contradictoirement après expulsion de l'audience.

1148. Sur la question de savoir si la nécessité de *donner au prévenu la parole en dernier* existe en police correctionnelle, V. *suprà*, v° *Défense*, n° 51.

1149. Le tribunal correctionnel pourrait-il placer sous mandat de dépôt le prévenu renvoyé devant lui par ordonnance du juge d'instruction, et contre lequel ce magistrat n'a décerné, durant l'information, qu'un mandat d'amener? La négative est certaine et a été jugée par la cour de Limoges, le 29 déc. 1871 (aff. Troché, D. P. 71. 2. 256). Le juge correctionnel n'est appelé, en effet, à décerner contre le prévenu un mandat de dépôt que lorsque le fait incriminé paraissant susceptible de l'application d'une peine criminelle, il y a lieu de renvoyer l'affaire devant le juge d'instruction pour qu'il soit procédé à une nouvelle information (c. instr. crim. art. 193 et 214). En dehors de cette hypothèse, aucune disposition légale n'autorise le juge à décerner un mandat de dépôt.

1150. Le tribunal correctionnel peut, sans aucun doute, ordonner une *information complémentaire*, afin de statuer ensuite en pleine connaissance de cause ; autrement, le tribunal se trouverait dans cette alternative fâcheuse ou d'acquitter malgré des présomptions graves de culpabilité, ou de condamner sans preuves suffisantes. Le droit du tribunal va non seulement jusqu'à prescrire une mesure à exécuter à l'audience, telle que l'audition de témoins, mais encore jusqu'à charger un tiers de procéder à une information complémentaire. Une pareille décision ne viole pas la règle de la publicité des débats pourvu que les débats soient rouverts et que la discussion sur les nouveaux documents ait lieu publiquement (Crim. rej. 21 juin 1877, aff. Mohamed-ben-Marbloud, D. P. 77. 1. 408). — Mais il est également certain que le tribunal correctionnel ne pourrait requérir le juge d'instruction, considéré comme juridiction, de telle sorte que celui-ci procédât en vertu des attributions qui lui sont propres : c'est au ministère public seul qu'il appartient de

mettre le juge d'instruction en mouvement. D'ailleurs, si l'affaire n'a pas été engagée par citation directe, si une information préalable a été ouverte, le juge d'instruction s'est dessaisi par l'ordonnance de renvoi, ses pouvoirs sont épuisés (Crim. rej. 15 janv. 1853, aff. Ledoux-Bedu, D. P. 53. 5. 269; Pau, 27 nov. 1872, aff. Barrère, D. P. 74. 2. 71; Crim. rej. 1er avr. 1892, aff. Noël, D. P. 92. 1. 525). V. aussi les arrêts cités au *Rép.*, n° 969. Conf. Dutruc, *Mémorial du ministère public*, v° *Tribunal correctionnel*, n° 10, p. 1075; Duverger, *Manuel des juges d'instruction*, t. 1, p. 338, note 1. — *Contrà*, Faustin Hélie, t. 6, n° 2922. Cet auteur estime que, si le tribunal est saisi par voie de citation directe, il doit ou commettre un de ses membres ou *déléguer le juge d'instruction du siège*.

1151. Le tribunal correctionnel peut-il commettre un de ses membres pour faire l'information complémentaire? L'affirmative, admise depuis longtemps par la jurisprudence (Crim. cass. 19 mars 1825, *Bull. crim.*, n° 50; Colmar, 17 avr. 1866, *Journal de droit criminel*, 1866, n° 8229; Pau, 27 nov. 1872, aff. Barrère, et 8 janv. 1873, aff. Latapy, D. P. 74. 2. 71; Alger, 1er mars 1877; MM. Bastien, pr.-Valette, av. gén.; Crim. rej. 21 juin 1877, aff. Mohamed-ben-Marbloud, D. P. 77. 1. 408), a été consacrée, en dernier lieu, par un arrêt de la chambre criminelle (Crim. rej. 1er avr. 1892, aff. Noël, D. P. 92. 1. 525), qui a non seulement tranché la question avec une grande netteté, mais encore déterminé d'une manière très précise les conditions auxquelles un tribunal peut déléguer un de ses membres pour procéder à une information complémentaire. L'arrêt pose cette triple condition : 1° que l'information sera faite par l'un des membres du tribunal *qui a concouru au jugement*; 2° que, si délégation est donnée au juge d'instruction (à supposer, bien entendu, qu'il ait siégé comme juge dans l'affaire), celui-ci *ne sera pas requis en cette qualité*, de telle sorte qu'il procédera non pas comme juge d'instruction, mais comme membre du tribunal qui l'a commis; et enfin 3° que les résultats de l'information seront *communiqués au prévenu et publiquement discutés*.

1152. Ainsi qu'il a été dit au *Rép.*, n° 964, le *ministère public* fait partie intégrante du tribunal correctionnel, qui ne peut, en son absence, faire aucun acte de juridiction, ni prononcer aucun jugement. Sa présence doit donc être expressément constatée, à peine de nullité (Crim. cass. 26 févr. 1857, *Bull. crim.*, n° 79), à toutes les audiences (Crim. cass. 3 nov. 1892, *Bull. crim.*, n° 270; 9 mars 1893, *Bull. crim.*, n° 66), et à la prononciation du jugement (Crim. cass. 22 janv. 1885, *Bull. crim.*, n° 33). Jugé, toutefois, que, dans une affaire ayant occupé plusieurs audiences et dont l'arrêt est en un seul contexte, la présence de l'officier de ministère public à toutes les audiences résulte suffisamment de la mention de son nom en tête de l'arrêt et de son audition à l'une des audiences, sans qu'il soit besoin d'une mention spéciale de sa présence à chacune de ses audiences (Crim. rej. 30 mai 1857, Pucheu, D. P. 57. 1. 352). Jugé aussi que l'assistance du ministère public à tout le cours du débat est suffisamment établie par l'arrêt énonçant *qu'il a été entendu dans ses conclusions et réquisitions*, et par les qualités où il est dit : *en présence du procureur général joint en l'affaire* (Crim. rej. 14 mai 1869, aff. Numa Guilhou, D. P. 70. 1. 437; 19 nov. 1869, aff. Machoras, D. P. 70. 1. 444).

1153. Non seulement la présence du ministère public doit être constatée, mais il doit être entendu dans ses réquisitions. Cette formalité est substantielle et le jugement correctionnel qui ne constate pas que le ministère public a résumé l'affaire et donné ses conclusions est nul (V. *supra*, n° 97, et les arrêts cités. *Adde* : Crim. cass. 29 nov. 1878, aff. Rostand, D. P. 79. 1. 192; 19 févr. 1880, *Bull. crim.*, n° 43; 3 janv. 1891, aff. Arnaud, D. P. 91. 5. 317).

1154. La constatation doit être expresse. Est nul le jugement qui se borne à constater que le ministère public n'a formulé aucune réquisition et n'a point posé de conclusions; ce jugement doit déclarer explicitement que le ministère public a été mis en demeure de conclure ou qu'il a refusé de le faire (Crim. cass. 16 déc. 1859, aff. Sirguet, D. P. 59. 5. 236). Est nul aussi l'arrêt qui se borne à constater l'audition du prévenu et du ministère public sur un incident, sans constater cette audition sur le fond (Crim.

cass. 3 déc. 1863, *Bull. crim.*, n° 285). Jugé, toutefois, qu'en matière correctionnelle, le fait de l'audition du ministère public en ses conclusions est régulièrement établi, à défaut de mention à cet égard dans le jugement, à l'aide des notes d'audience tenues par le greffier (Crim. rej. 10 juill. 1863, aff. Joubert, D. P. 63. 1. 483).

1155. Il n'est, d'ailleurs, pas nécessaire que le jugement ou arrêt correctionnel constate dans quel sens le ministère public a cru devoir conclure sur la prévention (Crim. rej. 23 août 1877, *Bull. crim.*, n° 199).

1156. Ce n'est pas seulement sur le fond que le ministère public doit être entendu, mais sur tous les incidents ayant un caractère contentieux (Crim. cass. 26 avr. 1872, *Bull. crim.*, n° 99; 9 mars 1888, aff. Rubat de Mérac, D. P. 88. 1. 444).

1157. Le débat, devant le tribunal correctionnel, comme devant le tribunal de police, n'est *clos* que par la prononciation du jugement (Crim. cass. 28 mai 1870, aff. Ledot, D. P. 70. 1. 373).

1158. Quand le jugement doit-il être prononcé? D'après l'art. 190, dernier paragraphe, il doit être prononcé de suite, ou, au plus tard, à l'audience qui suivra celle où l'instruction aura été terminée. Mais ce délai, ainsi qu'on l'a vu au *Rép.*, n° 974, n'est pas sanctionné par la nullité. V. à cet égard *supra*, v° *Jugement*, n° 614.

ART. 3. — *Formes spéciales de l'instruction à l'audience en cas de délit flagrant* (L. 20 mai 1863).

1159. Il a été traité *supra*, n°972 et suiv., des particularités de l'instruction préparatoire en cas de poursuite des délits flagrants, conformément à la loi du 20 mai 1863 (D. P. 63. 4. 109). Nous complèterons ici le commentaire de la loi précitée, en traitant successivement : 1° de la *saisine* du tribunal correctionnel; 2° des particularités de la procédure à l'*audience* dudit tribunal.

1160. — I. SAISINE. — La saisine du tribunal est produite, en cas d'application de la loi du 20 mai 1863, soit par le fait de la *traduction immédiate de l'inculpé à la barre*, soit par une *citation*. « Le premier de ces modes (traduction immédiate) a été emprunté à la procédure anglaise des flagrants délits, avec une modification que rendait nécessaire, dans notre pays, l'institution du ministère public. En Angleterre, l'agent qui a arrêté l'inculpé le traduit directement devant le juge de police qui se saisit d'office. En France, il fait nécessairement une station au parquet pour recevoir du procureur de la République, après l'interrogatoire prescrit par l'art. 1, l'ordre de conduire l'inculpé à l'audience » (Laborde, n° 1095; Garraud, n° 476).

1161. Au sujet de ce premier mode, il faut remarquer : 1° que, dans la conduite de l'inculpé à la barre, ce qui saisit le tribunal, c'est l'exposé verbal du délit fait à l'audience par le ministère public en présence du prévenu (Garraud, *loc. cit.*; Laborde, *loc. cit*); — 2° Que le procureur de la République peut traduire immédiatement l'inculpé à l'audience, soit qu'il l'ait mis sous mandat de dépôt, soit qu'il l'ait laissé en liberté. Quelques membres de la commission du Corps législatif avaient trouvé singulier que, dans une loi faite en vue d'abréger la détention préventive, on mentionnât dès cas où elle n'aurait pas lieu. Il n'y a pas d'intérêt, disaient-ils, à mettre cette mention dans la loi; car, du moment que l'individu n'est pas détenu, on rentre dans le droit commun, et il n'y a pas d'intérêt pour l'inculpé à être jugé sur l'heure. Mais la majorité de la commission a écarté l'objection par ce motif que la loi proposée devait avoir le double but « et d'abréger la détention préventive, et d'accélérer, autant que possible, le jugement des flagrants délits, même quand l'individu était laissé en liberté » (Rapport de M. Ed. Dalloz, n° 27, D. P. 63. 4. 114). V. Dutruc, *Code de la détention préventive*, n° 6, p. 185.

1162. Suivant quel mode de procéder le procureur de la République doit-il, en ce premier cas, *traduire* l'inculpé à l'audience? Une citation est-elle nécessaire? La négative nous paraît certaine. D'une part, c'est seulement dans l'hypothèse de l'art. 2 (c'est-à-dire lorsqu'il n'y a point d'audience le jour même) que le texte de la loi commande au procureur de la République de « faire citer l'inculpé ». D'autre part, le rapport de la commission au Corps législa-

tif nous apprend que, dans la pensée de cette commission, « la citation à l'inculpé devait, autant que possible, être *verbale* et donnée *sans frais* ». Il a été jugé, en ce sens, qu'en cas de flagrant délit, l'inculpé peut être, le jour où le délit a été commis, valablement traduit à l'audience par simple citation verbale (Bordeaux, 8 juill. 1868, aff. Lafargue, D. P. 69. 2. 37). — Dans la pratique, les officiers du parquet avertissent généralement les inculpés, à la fin de l'interrogatoire, qu'ils vont être immédiatement traduits devant le tribunal, et ils les font conduire à l'audience par des agents, sans aucune citation. Ce procédé est régulier ; mais on ne saurait approuver la pratique des magistrats qui, lorsqu'il n'y a point d'audience au moment où ils interrogent, font écrouer les inculpés à la maison d'arrêt en vertu d'un ordre d'écrou qu'ils n'ont pas le droit de décerner, sauf à les faire extraire, quelques heures après (ou même seulement le lendemain), et conduire à l'audience lorsque celle-ci est ouverte. Quand la traduction immédiate n'est pas possible, un mandat de dépôt et une citation sont, à notre avis, nécessaires. Il est, d'ailleurs, hors de doute que le tribunal est, dans tous les cas, valablement saisi lorsque le prévenu consent à être jugé sans citation régulière).

1163. S'il y a conduite immédiate sans mandat de dépôt, le prévenu comparaît devant le tribunal en état d'arrestation par mesure de police, ce qui ne se présente point dans la procédure ordinaire. Mais, suivant M. Laborde (n° 1096), cette arrestation cesse le même jour, qu'il y ait ou non jugement. Nous croyons, comme cet auteur, qu'il serait illégal de retenir le prévenu, même jusqu'à l'audience du lendemain, sans transformer son arrestation en détention préventive ; or, « cette transformation est impossible, car, en saisissant le tribunal, le procureur de la République a perdu le droit de décerner le mandat de dépôt et le tribunal ne l'a pas acquis » (*loc. cit.*).

1164. Le second mode de saisine est la citation. Lorsque l'inculpé est conduit devant le procureur de la République un jour où il n'y a pas d'audience, que pour qu'il puisse être traduit à l'audience tenue ce jour-là, la citation devient *obligatoire* à l'égard de cet inculpé, et elle doit être donnée pour le lendemain (art. 3, § 1). Le tribunal est, au besoin, spécialement convoqué (même article § 2). La citation doit être donnée au prévenu par exploit, suivant les règles ordinaires (Dutruc, *Code de la détention préventive*, n° 15 ; Morin, *Journal du droit criminel*, 1863, p. 227, note 5).

1165. — II. Audience. — Les règles spéciales édictées pour l'audience par la loi du 20 mai 1863 sont contenues dans les art. 3, 4 et 5 de cette loi.

La première concerne la citation des témoins. L'art. 3 dispose que « les témoins pourront être verbalement requis par tout officier de police judiciaire ou agent de la force publique. Ils sont tenus de comparaître, sous les peines portées par l'art. 157 c. instr. crim. ». Ainsi la citation verbale est substituée, dans ce cas, à la citation par huissier. Ce mode particulier de citation n'est que facultatif. Le plus sûr, quand on veut s'assurer de la présence du témoin à l'audience, est encore de le faire citer par exploit.

1166. En second lieu, l'art. 4 dispose que « si l'inculpé le demande, le tribunal lui accorde un délai de trois jours au moins pour préparer sa défense ». Ce délai *doit* lui être accordé.

1167. Le tribunal n'est pas tenu de juger sur-le-champ le flagrant délit qui lui est déféré. Aux termes de l'art. 5 de la loi, « si l'affaire n'est pas en état de recevoir jugement, le tribunal en ordonne le renvoi, pour plus ample information, à l'une des plus prochaines audiences, et, s'il y a lieu, met l'inculpé provisoirement en liberté, avec ou sans caution ».

1168. Il a été décidé, avec raison, que la chambre d'un tribunal qui, saisie d'une poursuite correctionnelle en vertu de la loi sur les flagrants délits, continue l'affaire à un autre jour pour un plus ample informé, est seule compétente pour statuer définitivement sur l'affaire ; qu'en conséquence, est nul le jugement rendu par une autre chambre devant laquelle l'affaire a été portée après les renseignements obtenus (Rouen, 30 janv. 1868, aff. Lambert, D. P. 68. 5. 258).

Par qui doit être faite cette plus ample information pour laquelle le renvoi de la cause est ordonné ? Suivant nous, cette mission ne peut être confiée par le tribunal qu'à l'un de ses membres. Assurément, s'il s'agissait de simples renseignements à recueillir, le procureur de la République pourrait être chargé d'y pourvoir ; mais dès qu'il s'agit d'une information proprement dite où des constatations sont nécessaires, le tribunal seul peut y procéder par l'un de ses membres spécialement délégué à cet effet. A notre avis, le tribunal n'aurait, pas plus qu'en matière ordinaire, le droit de déléguer le juge d'instruction du siège, car ce magistrat ne peut jamais être requis que par le seul procureur de la République (Conf. Douai, 13 déc. 1865, *Journal du ministère public*, p. 261. V. cependant, en sens contraire : Dutruc, *Code de la détention préventive*, n° 20 ; Picot, *Loi sur les flagrants délits*).

1169. Aux termes de l'art. 6 de la loi de 1863, « l'inculpé, s'il est acquitté, est immédiatement, et nonobstant appel, mis en liberté ». Cette disposition a été depuis généralisée, et étendue, par la loi du 14 juill. 1865, à toute la matière correctionnelle (c. instr. crim. art. 206. V. *infrà*, n° 1181).

1170. Il nous reste à examiner une importante question : que doit faire le tribunal s'il reconnaît que, dans l'espèce, la procédure des flagrants délits ne devait pas être suivie ?

Il en peut être ainsi, d'abord parce que le délit n'était pas flagrant, ou parce qu'il s'agissait d'un délit politique ou de presse. Il n'est pas douteux, en pareil cas, que, si le tribunal a été saisi à tort par conduite immédiate à la barre, il ne peut juger l'affaire, à moins que le prévenu n'y consente. Tous les auteurs sont d'accord qu'en cette première hypothèse il y a lieu, pour le tribunal, de se dessaisir pour *impropriété de la saisine* et de renvoyer le ministère public à se pourvoir. — Mais la plupart estiment qu'il en est autrement si le tribunal a été indûment saisi par *citation*. Dans cette seconde hypothèse, le tribunal, valablement saisi par la citation, ne pourrait s'abstenir de prononcer, et devrait seulement accorder à l'inculpé, s'il le demandait, le délai de trois jours francs que le droit commun (c. instr. crim. art. 184) prescrit entre la citation et la comparution (Derôme, p. 53 et suiv., Faustin Hélie, t. 6, n° 2868 ; Garraud, n° 477, Laborde, n° 1099). En effet, dit ce dernier auteur, « la citation est un mode de saisine commun à la procédure ordinaire et à la procédure spéciale des flagrants délits ; ce qui diffère, c'est uniquement le délai de comparution ». Faustin Hélie dit de même : « Quel serait l'effet de l'annulation ? Uniquement d'obliger le ministère public à donner une seconde citation suivie des mêmes délais ; il n'y a donc aucune nullité ». M. Dutruc (*Code de la détention préventive*, 4° part., n° 11) estime, au contraire, que le tribunal doit, dans tous les cas indistinctement, se dessaisir de la poursuite, et renvoyer le ministère public à se pourvoir ainsi qu'il avisera. Sans doute, si l'inculpé consent à être jugé à l'audience où il a été traduit, le tribunal peut valablement statuer ; mais, si l'inculpé n'accepte pas ce jugement immédiat, M. Dutruc n'admet pas que le tribunal puisse se considérer comme saisi et prononcer sur le fond de la question. Deux arrêts se sont prononcés dans le sens de la majorité des auteurs, et ont décidé que le tribunal, saisi à tort par une citation donnée en vertu de la loi sur les flagrants délits, devait renvoyer le débat à une prochaine audience séparée par trois jours francs du jour de la citation (Angers, 22 juin 1863, aff. Malard. D. P. 63. 2. 186 ; Rennes, 25 juin 1863, aff. Leprince. D. P. 63. 2. 205).

1171. Quant au mandat de dépôt décerné par le procureur de la République, conservera-t-il ses effets, bien que, *ex post facto*, il apparaisse comme ayant été décerné par un magistrat incompétent ? La question est délicate. Faustin Hélie (n° 2868) pense que le mandat de dépôt, illégalement décerné, doit être annulé (Conf. Dutruc, *Mémorial*, n° 16). MM. Garraud (n° 477) et Laborde (n° 1099) estiment, au contraire, que ce mandat tiendra, parce que, dans la procédure ordinaire comme dans la procédure spéciale, le tribunal devient, à partir de la saisine, l'arbitre absolu de la détention préventive ; il n'y a donc plus à se préoccuper de l'origine de cette détention. — Cela nous paraît

difficile à admettre, surtout lorsqu'il n'y a pas eu de citation. En effet, la compétence du tribunal n'ayant alors été
mise en mouvement par aucun acte, on ne peut pas dire
que celui-ci a été vraiment saisi, et dès lors l'on ne voit pas
bien comment il pourrait devenir l'arbitre de la détention
préventive à partir d'une saisine qui n'a pas eu lieu. Dans
une situation qui présente la plus grande analogie avec
celle qui nous occupe, la jurisprudence décide invariablement aujourd'hui que lorsque, contrairement à la disposition de l'art. 11 de la loi du 27 mai 1885, il a été
procédé dans les formes du flagrant délit, contre un relégable, la procédure et le *mandat de dépôt* décerné par le procureur de la République sont nuls. V. les arrêts cités *infrà*,
n° 1172. Nous estimons qu'il en doit être de même lorsque le
tribunal a été irrégulièrement saisi d'un délit non flagrant
ou d'un délit politique. Sans doute cette solution offre un
grave inconvénient pratique, qui est la mise en liberté du
prévenu; mais le parquet y pourra obvier le plus souvent en
saisissant immédiatement le juge d'instruction.

1172. Il peut se faire, en second lieu, que la procédure
des flagrants délits ait été suivie mal à propos, parce que la
condamnation à intervenir pouvait entraîner la relégation
du coupable. L'art. 11 de la loi du 27 mai 1885 sur les récidivistes (D. P. 85. 4. 45) est ainsi conçu : « Lorsqu'une
poursuite devant le tribunal correctionnel sera de nature à
entraîner l'application de la relégation, il ne pourra jamais
être procédé dans les formes édictées par la loi du 20 mai
1863 sur les flagrants délits ». Quelle est la sanction de
cette prohibition? Deux hypothèses peuvent se présenter.
— On peut supposer, d'abord, que le ministère public s'est
écarté des prescriptions de l'art. 11 : il a poursuivi par les
voies sommaires de la loi de 1863, sans être renseigné sur
les antécédents du prévenu, et c'est le tribunal qui constate, sur le vu du casier judiciaire ou d'après les débats
de l'audience, que le prévenu est dans les conditions voulues pour qu'il lui soit fait application de la relégation.
Que doit faire le tribunal? Incontestablement il ne peut
juger; de plus, « le texte de l'art. 11 proscrivant de la
façon la plus générale toutes les formes, sans exception,
de la loi de 1863, la conclusion rigoureuse à en tirer, c'est
que le tribunal doit annuler la procédure *ab initio* (c'est-à-
dire non seulement les actes de poursuite, mais les actes
d'instruction faits par le ministère public en vertu de la
loi de 1863, ainsi que le mandat de dépôt qu'il a décerné),
et renvoyer le procureur de la République à se pourvoir
ainsi qu'il avisera » (André, *La récidive*, p. 308. Conf.
Garraud, *Traité de droit pénal*, t. 2, n° 220; Tournade,
Commentaire de la loi sur les récidivistes, p. 70; Jambois,
Code pratique de la relégation, p. 19 et suiv. V. dans ce
sens : Crim. cass. 2 juill. 1886, aff. Gauthier, D. P. 86.
1. 478; 15 et 29 juill. 1886, aff. Henry, et aff. Pommyès, D. P. 86. 1. 247; Rennes, 6 janv. 1886, aff. Sizon,
D. P. 86. 2. 49; Limoges, 11 févr. 1886, aff. Laplace, D. P.
86. 2. 49). Deux auteurs, MM. Depeiges, *Commentaire de la loi
sur les récidivistes*, et Laborde, n° 552, ont proposé de
réduire les effets de la prohibition édictée par l'art. 11 à
l'abréviation des délais de la citation. « La disposition de
l'art. 11, dit M. Laborde, résulte, en effet, d'un amendement
accepté, sans discussion, sur les explications de son auteur,
M. Jullien, qui ne lui donnait pas une autre portée. Avec
ce système, la découverte des condamnations antérieures,
qui doivent entraîner la relégation du prévenu, aura pour
unique effet de faire renvoyer la cause à une audience ultérieure, séparée de l'audience habituelle par le délai ordinaire de la citation (trois jours francs). Ce système maintient non seulement le mandat de dépôt, mais encore la
saisine du tribunal ». Une opinion intermédiaire, qui restreint les effets de l'annulation aux actes qui ont saisi le
tribunal, mais laisse subsister les mandats décernés (Bordeaux, 13 janv. 1886, aff. Chazalviel, D. P. 86. 2. 59), est
repoussée par M. Garraud (p. 366) comme inacceptable,
« puisque le procureur de la République puise dans la loi
de 1863, dans cette loi seule, le droit de décerner un
mandat de dépôt contre le prévenu, et que toutes les formes
de la loi de 1863 sont prescrites par l'art. 11 ». — En
résumé, le système qui nous semble préférable est celui de
la jurisprudence; il nous paraît commandé par la disposition impérative et formelle de l'art. 11 de la loi de 1885.

1173. Il a été jugé, d'ailleurs, que la disposition de
l'art. 11 de la loi du 27 mai 1885, qui interdit la procédure
du flagrant délit en matière de relégation, n'est pas violée lorsque le tribunal correctionnel, saisi par la procédure
du flagrant délit, a renvoyé la cause, et que le prévenu a
été, par réquisitoire du parquet, déféré au juge d'instruction, bien que ce magistrat ait interrogé le prévenu le
même jour et l'ait renvoyé devant le tribunal correctionnel
sans autre procédure (Alger, 24 févr. 1888, aff. Amed-ben-
Mustapha, D. P. 89. 2. 219).

1174. La seconde hypothèse qui peut se réaliser est
celle où l'irrégularité de la procédure se découvre en
appel, le tribunal ayant condamné le prévenu sans connaître
ses antécédents, et la cour venant à trouver dans le casier
judiciaire, tardivement produit, la preuve que la poursuite
était de nature à entraîner l'application de la relégation.
Que devra faire la cour? On s'accorde à reconnaître qu'elle
devra annuler la procédure *ab initio*, c'est-à-dire depuis et
y compris le mandat de dépôt décerné par le procureur
de la République (Crim. cass. 2 juill. 1886, aff. Saint-
Sever, D. P. 86. 1. 478; 15 juill. 1886, aff. Henry, *ibid.*;
23 juill. 1886, aff. Ruault, D. P. 87. 1. 235; 29 juill. 1886,
aff. Pommyès, D. P. 86. 1. 480; Limoges, 11 févr. 1886, aff.
Laplace, D. P. 86. 2. 49; Rennes, 6 janv. 1886, aff. Sizorn,
ibid.; Paris, 23 févr. 1887, aff. Bazin, cité D. P. 90. 2.
255, note; 27 nov. 1889, aff. André, D. P. 90. 2. 255; 23 janv.
1890, aff. Wrublenscki, cité D. P. 90. 2. 255, note). Conf.
Garraud, t. 2, n° 220. Mais la cour ne s'en tiendra pas à
cette annulation, suivant une jurisprudence aujourd'hui
fixée, elle évoquera l'affaire en vertu de l'art. 215 c. instr.
crim., et statuera à la fois sur le délit et sur la relégation
(Arrêts précités des 2, 15 et 29 juill. 1886; Riom, 17 févr. 1886,
aff. Henry, D. P. 86. 2. 147; Nîmes, 13 avr. 1886, aff. Pommyès. D. P. 86. 2. 148; Paris, 27 mai 1886, aff. Ruault, D. P.
86. 2. 149; arrêts précités des 23 févr. 1887, 27 nov. 1889,
23 janv. 1890). V. toutefois, en sens contraire: Garraud, p. 367.

Art. 4. — *Des jugements correctionnels* (*Rép.* n°s 978 à 995).

1175. Les jugements par lesquels le tribunal correctionnel statue sur l'affaire dont il est saisi se divisent: 1° au point
de vue de leur résultat, en jugements *définitifs* et jugements
d'avant dire droit; 2° au point de l'attitude des parties et des voies de recours dont ils sont susceptibles, en
jugements *contradictoires* et jugements *par défaut*. On ne
considère ici les jugements correctionnels qu'au premier
point de vue. Ce qui regarde les voies de recours est traité v°
Appel en matière criminelle, Cassation, Jugement par défaut.

1176. Sur la distinction des jugements définitifs et des
jugements d'avant dire droit, V. *suprà*, v° *Jugement d'avant
dire droit*, n°s 51 à 54.

Les jugements définitifs se divisent, d'après leur objet,
en jugements *d'incompétence*, de *relaxe* ou de *condamnation*.

1177. — 1° *Jugements d'incompétence*.— V. sur ces jugements, *suprà*, v° *Compétence criminelle*, n°s 310 à 325. —
Nous ajouterons seulement qu'un tribunal correctionnel peut
aussi se déclarer incompétent parce qu'il n'a pas été régulièrement saisi dans le cas où l'affaire a été introduite suivant la procédure des flagrants délits, en dehors des cas
où la procédure instituée par la loi du 20 mai 1863 est admise (V. à cet égard, *suprà*, n° 1172).

1178. Sur la question, examinée au *Rép.*, n° 990, de savoir
si le tribunal correctionnel, qui a été saisi en vertu d'une
ordonnance de renvoi et qui se déclare incompétent, peut
renvoyer l'affaire devant le juge d'instruction, V. *suprà*,
v° *Compétence criminelle*, n° 322, et les arrêts cités.

1179. — 2° *Jugements de relaxe*.— Le tribunal correctionnel, quand le fait n'est pas une infraction, ou quand le prévenu n'en est pas reconnu coupable, prononce le *relaxe de
la poursuite*. Cette expression usitée dans la pratique a un
sens large, car il comprend l'acquittement et l'absolution.
Si le ministère public est seul partie poursuivante, le jugement de relaxe ne statue pas sur les dépens; s'il y a partie
civile en cause, il prononce la condamnation de cette partie
aux dépens tant envers l'État qu'envers le prévenu acquitté,
et il statue sur la demande en dommages-intérêts que celui-
ci peut former contre elle (c. instr. crim., art. 191, 194). A
cet égard, il a été jugé que le tribunal correctionnel peut

condamner la partie civile à des dommages-intérêts, lorsqu'il est constant que son action a été intentée dans un but diffamatoire et avec l'intention de nuire à la réputation du prévenu acquitté (Paris, 27 avr. 1872, aff. Dupont, D. P. 73. 2. 225).

Mais le tribunal ne peut, dans aucun cas, lorsqu'il acquitte, prononcer des dommages-intérêts au profit de la partie civile.— Sur la règle que les tribunaux correctionnels ne peuvent, en cas d'acquittement du prévenu, le condamner à des dommages-intérêts, V. *suprà*, v° *Compétence criminelle*, n°ˢ 297 et suiv.

1180. L'art. 191 c. instr. crim. a-t-il attribué aux tribunaux correctionnels la connaissance exclusive de l'action du prévenu acquitté contre la partie civile? V. *suprà*, v° *Compétence criminelle*, n° 306, l'examen de cette question, qui a été résolue par l'affirmative.

D'après la jurisprudence, les tribunaux correctionnels ne peuvent même pas, en cas pareil, condamner le prévenu envers la partie civile au payement des frais à titre de dommages-intérêts (Paris, 8 nov. 1888, *Gazette des tribunaux* du 17 nov. 1888); pas même statuer sur une demande en revendication d'objets détournés, alors même qu'ils seraient déposés au greffe (Crim. rej. 23 févr. 1869, aff. Bégis, D. P. 69. 1. 392).— Ils ne pourraient pas non plus prononcer une condamnation contre l'individu qui n'a été cité qu'à titre de personne civilement responsable (Crim. rej. 16 avr. 1875, *Bull. crim.*, n° 125).

1181. L'élargissement immédiat est, pour le prévenu détenu, la conséquence du jugement de relaxe. Il n'en était pas ainsi à l'époque de la publication du *Répertoire*. En effet, sous l'empire du code d'instruction de 1808, le prévenu acquitté gardait prison pendant le délai de dix jours accordé aux parties poursuivantes pour faire appel. La loi de revision de 1832 prescrit sa mise en liberté après trois jours. La loi du 20 mai 1863 inaugura le système actuel dans la procédure des flagrants délits, en disposant, dans son art. 3, que « l'inculpé, s'il est acquitté, est immédiatement, et nonobstant appel, mis en liberté » (V. *suprà*, n° 1169). La loi du 14 juill. 1865 sur la mise en liberté provisoire (D. P. 65. 4. 145) a généralisé cette innovation et donné un nouveau titre à l'art. 206 c. instr. crim., qui est maintenant ainsi conçu : « En cas d'acquittement, le prévenu sera immédiatement, et nonobstant appel, mis en liberté ».

1182. Comme tous les jugements, les jugements de relaxe doivent être motivés. On a réuni *suprà*, v° *Jugement*, n° 814, un grand nombre de solutions relatives à des jugements ou arrêts d'acquittement insuffisamment motivés et, pour cette raison, sujets à cassation. On peut ajouter à cette énumération deux arrêts de la chambre criminelle qui ont cassé pour défaut de motifs, l'un un arrêt de cour d'appel qui avait renvoyé le prévenu des poursuites en se bornant à déclarer que « les faits de la prévention n'étaient pas suffisamment justifiés » (Crim. cass. 10 mai 1889, *Bull. crim.*, n° 178); l'autre, un arrêt renvoyant le prévenu de la poursuite par l'unique motif que « la prévention n'était pas suffisamment établie contre lui » (Crim. cass. 6 juin 1889, *Bull. crim.*, n° 205).

1183. — 3° *Jugements de condamnation.* — Le jugement de condamnation applique la peine, condamne aux dépens, et prononce sur les dommages-intérêts réclamés par la partie civile (c. instr. crim., art. 194 et 195).

Il est évident qu'une condamnation ne peut être prononcée que si le prévenu est reconnu et déclaré coupable. Cette culpabilité doit être affirmée d'une manière formelle (V. à cet égard les arrêts cités *suprà*, n° 1138).

1184. Quant au droit pour les tribunaux correctionnels de condamner le prévenu à des dommages-intérêts envers la partie civile en même temps qu'ils prononcent la peine, il n'a jamais pu faire le moindre doute. C'est par l'exercice de ce droit que se réalise l'action civile intentée devant les tribunaux correctionnels.

Art. 5. — *De l'instruction devant les cours d'appel.*
(Rép. n°ˢ 996 à 1035).

1185. A l'époque de la publication du *Répertoire*, les appels correctionnels étaient portés, suivant le lieu de situation du tribunal, soit devant un autre tribunal correc-

tionnel, soit devant la cour. La loi du 13 juin 1856 (D. P. 56. 4. 63) a rétabli l'unité de juridiction en attribuant, « sans aucune exception et d'une manière exclusive, aux cours d'appel la connaissance des appels des jugements rendus par tous les tribunaux de police correctionnelle » (Exposé des motifs). — V. *suprà*, v° *Appel en matière criminelle*, n° 1.

1186. Au reste, tout ce qui regarde l'instruction devant les cours d'appel en matière correctionnelle a été traité *suprà*, v° *Appel en matière criminelle*, dans la section 5 intitulée : *De l'appel en matière correctionnelle*, n°ˢ 31 et suiv. En conséquence, nous nous bornerons à réunir ici les données de la jurisprudence en la matière postérieures à la publication du traité de l'*Appel*.

1187. — 1° *Des jugements dont on peut appeler.* — Il a été jugé : 1° qu'une remise de cause prononcée par un tribunal constitue une simple mesure d'ordre contre laquelle l'appel n'est pas recevable (Crim. rej. 24 mai 1890, aff. Morel, D. P. 90. 1. 450) ; — 2° Que l'appel d'un jugement préparatoire ne peut être interjeté qu'après le jugement définitif et conjointement avec l'appel de ce jugement (Crim. rej. 20 févr. 1893, *Bull. crim.*, n° 37); — 3° Qu'est recevable l'appel relevé d'un jugement par défaut, nonobstant une opposition déjà formée, lorsque, au jour où il est statué par la cour, le jugement déclarant nulle cette opposition a acquis l'autorité de la chose jugée (Crim. cass., 14 mai 1892, *Bull. crim.*, n° 146).

1188. — 2° *Des personnes auxquelles appartient le droit d'appel.* — Nous n'avons rien à ajouter à ce qui a été dit *suprà*, v° *Appel en matière criminelle*, n°ˢ 36 et 37, concernant le droit des parties prévenues ou responsables, non plus qu'aux explications données *ibid.*, n°ˢ 40 et suiv., au sujet du droit d'appel du ministère public. — Quant à la partie civile, son droit d'appel a été de nouveau consacré par deux arrêts qui ont décidé : le premier, que cette partie est recevable à interjeter appel d'un jugement qui, rendu sur une plainte dans laquelle le fait incriminé était présenté comme constituant un délit (coups volontaires), l'a réduit aux proportions d'une simple contravention de violences légères (Nancy, 6 juin 1888, aff. Pierquin, D. P. 89. 2. 96); le second, que l'appel, interjeté par la partie civile, d'un jugement par lequel le tribunal s'est déclaré incompétent a pour effet, même en l'absence d'un appel du ministère public, de saisir directement la cour de la cause tout entière, et la mettre en demeure de statuer à la fois sur la compétence et sur le fond en cas d'infirmation (Limoges, 28 juill. 1887, aff. Touraille, D. P. 89. 1. 224).

1189. En ce qui concerne l'effet suspensif de l'appel, V. *suprà*, v° *Appel*, n° 74 et suiv., et en ce qui touche l'effet dévolutif, V. *infrà*, n°ˢ 1197 et suiv.

1190. — 3° *Des délais de l'appel.* — La jurisprudence n'a pas cessé de maintenir avec fermeté l'obligation d'interjeter appel dans les délais fixés par les art. 203 et 205, c. instr. crim., à peine de déchéance.

Par arrêt du 27 nov. 1891 (aff. Fatras, D. P. 92. 1. 366), la cour de cassation a jugé que la nullité de l'appel interjeté après l'expiration du délai légal est d'ordre public, et doit être relevée d'office par le jugement. — En ce qui concerne l'appel du procureur général, il a été décidé que la déclaration d'appel faite par le procureur général, à l'audience en l'absence du prévenu est inefficace si cet appel n'a pas été notifié dans les délais (Limoges, 4 avr. 1889, aff. Pâquet, D. P. 91. 2. 301). Cela ne pouvait faire difficulté (V. *suprà*, v° *Appel*, n° 73).

1191. D'autre part, lorsque le délai est expiré, il est impossible de réparer par des actes postérieurs l'erreur ou l'omission commise. Jugé, à cet égard : 1° que lorsqu'un avoué, pour formuler un appel en matière correctionnelle, s'est présenté au greffe comme mandataire de deux personnes, mais n'a déclaré interjeter appel que pour l'une d'elles, l'omission relative à l'autre personne ne peut être réparée par une déclaration ultérieure faite plus de dix jours après la condamnation (Crim. rej. 21 mars 1890, *Bull. crim.*, n° 67) ; — 2° Que la cour d'appel qui décide que le greffier d'un tribunal n'a pu, par une déclaration personnelle postérieure à un appel tardivement reçu par lui, invalider l'effet de cet acte, émet une appréciation souveraine qui échappe au contrôle de la cour

de cassation (Crim. rej. 7 août 1890, *Bull. crim.*, n° 170). — Il est cependant un cas où l'appel serait recevable après l'expiration du délai légal. Si le jugement avait été prononcé en l'absence du prévenu, à la suite d'une décision ayant renvoyé pour le prononcé du jugement, sans indiquer le jour où le prononcé du jugement aurait lieu, le délai n'aurait pas couru contre ce prévenu qui pourrait interjeter valablement appel après son expiration (Crim. rej. 10 nov. 1881, *Bull. crim.*, n° 235 ; Crim. cass. 29 juill. 1892, aff. Bordenave, D. P. 93. 1. 268).

En matière de contributions indirectes, aux termes du décret du 1er. germ. an 13, l'appel doit être notifié « dans la huitaine de la *signification* du jugement ». Il y a là une double dérogation à la règle de l'art. 203 : d'abord en ce qui concerne le délai d'appel, qui est réduit à huit jours ; ensuite, en ce qui concerne le point de départ de ce délai, qui, en cette matière spéciale, est toujours, à l'égard des jugements contradictoires comme à l'égard des jugements par défaut, la date de la signification.

1192. Malgré l'analogie des matières, l'appel pour les infractions de douanes et d'octroi est régi par le code d'instruction criminelle. — En ce qui concerne les douanes, V. *suprà*, v° *Douanes*, n° 666. — En matière d'octrois, il a été jugé : 1° que l'appel doit être émis dans les dix jours de la prononciation du jugement (Douai, 13 nov. 1882, aff. Charlier, D. P. 83. 2. 159 ; Crim. rej. 10 juill. 1885, aff. Susini, D. P. 86. 1. 46 ; Orléans, 28 mai 1889, aff. Autemarre, D. P. 90. 2. 316) ; ... et ce alors même que le jugement renferme certaines dispositions relatives à des contraventions en matière de contributions indirectes, si l'appel porte exclusivement sur les chefs de ce jugement qui ont trait à des contraventions d'octroi (Arrêt précité du 28 mai 1889).

1193. — 4° *Des formes de l'appel.* — La déclaration d'appel au greffe est une formalité substantielle à laquelle la loi n'a admis aucun équivalent (Aux autorités et arrêts cités *suprà*, v° *appel en matière criminelle*, n° 65, *adde* : Bourges, 14 nov. 1889, aff. Hovasse, D. P. 90. 2. 174 ; Crim. rej. 9 nov. 1888, aff. Dulau, D. P. 89. 1. 125 ; 20 mars 1890, aff. Hovasse, D. P. 90. 1. 283 ; Angers, 12 févr. 1892, aff. Allard, D. P. 93. 2. 348). Jugé, spécialement : 1° que l'appel est dépourvu de toute valeur légale si l'acte du greffe a été dressé le onzième jour du jugement, alors même qu'il serait constant et certifié par le greffier qu'il avait reçu, avant l'expiration du délai de dix jours, un télégramme de l'appelant portant déclaration qu'il interjetait appel (Arrêt précité du 9 nov. 1888) ; — 2° que la déclaration au greffe ne peut être remplacée par une attestation du greffier constatant la réception d'une lettre émanant du prévenu et indiquant son intention d'appeler du jugement (Arrêt précité du 12 févr. 1892). — V. toutefois, en sens contraire, Agen, 5 nov. 1885 (*suprà*, v° *Appel en matière criminelle*, n° 66) : cet arrêt a admis la régularité de l'appel du prévenu formé par lettre missive, parvenue au greffe du tribunal avant l'expiration du délai d'appel, par le motif que, si l'appel doit être fait par déclaration au greffe, aucune forme particulière n'est prescrite pour cette déclaration.

1194. Au reste, si l'art. 203 c. instr. crim. frappe l'appel de déchéance lorsqu'il n'a pas été déclaré au greffe du tribunal dans le délai de dix jours, il ne prescrit point que la déclaration du recours soit faite dans le local affecté au greffe du tribunal qui a rendu le jugement ; il exige seulement que l'acte constatant ce recours soit dressé dans le délai légal et reçu par l'officier public compétent. Jugé, en conséquence, que l'appel peut être reçu, par le greffier, à la prison où l'appelant est détenu (Crim. cass. 2 déc. 1892, *Bull. crim.*, n° 313). Cet arrêt consacre une constante pratique.

1195. La notification de l'appel du ministère public au prévenu n'est exigée que dans le cas où cet appel émane du procureur général, et non lorsqu'il a été interjeté par le procureur de la République suivant déclaration au greffe. Aux arrêts des 10 juill. 1868 et 9 mars 1878, cités *suprà*, v° *Appel en matière criminelle*, n° 68, *adde*, dans le même sens : Crim. rej. 1er. août 1890, aff. Hipos, D. P. 92. 1. 426. Lorsque, par exception, les fonctions de procureur de la République et de procureur général sont exercées par le même magistrat, ce qui est le cas à la Guyane, l'appel interjeté par ce magistrat doit se faire par acte au greffe (c. instr. crim., art. 203) ou par notification au prévenu (c.

instr. crim., art. 205), suivant qu'il a agi en l'une ou l'autre qualité (Même arrêt).

1196. — 5° *Des effets de l'appel.* — « L'appel produit deux effets : l'un, qui est de son essence même, c'est d'être *dévolutif*, c'est-à-dire de porter la connaissance de l'affaire au tribunal supérieur ; l'autre, qui est, en quelque sorte, une sanction du premier effet, c'est d'être *suspensif*, c'est-à-dire d'arrêter l'exécution de la sentence contre laquelle l'appel a été ou peut être formé » (Garraud, n° 593).

En ce qui concerne l'effet *suspensif*, nous n'avons rien à ajouter à ce qui a été dit *suprà*, v° *Appel en matière criminelle*, n°s 74 et suiv.

1197. L'appel est *dévolutif* « en ce sens qu'il remet en question, devant la juridiction supérieure, tous les points de fait et de droit qui ont été jugés en première instance. Mais, la juridiction supérieure n'étant saisie que par l'appel, sa compétence est circonscrite par les termes mêmes de cet acte. De là ce principe reconnu par un avis du conseil d'État du 12 nov. 1806, que la cour ne peut statuer *ultrà petita* : l'acte, qui saisit la juridiction d'appel, et les conclusions prises devant elle limitent sa compétence » (Garraud, n° 595). Les diverses applications de l'effet dévolutif de l'appel ont été exposées *suprà*, v° *Appel en matière criminelle*, n°s 39 à 121. Cet effet varie notablement suivant que la cour a été saisie par l'appel du prévenu, par celui de la *partie civile*, ou par celui du *ministère public*.

1198. C'est une règle constante (V. *Rép.*, n° 997) que l'appel du *prévenu seul* ne permet pas d'aggraver la situation de l'appelant. Jugé : 1° que la cour, au cas où elle disqualifie les faits reprochés au prévenu, doit maintenir la peine encourue par celui-ci dans les limites fixées par le premier juge, encore que la disposition nouvellement appliquée prononce des pénalités plus sévères que celles édictées par l'article de loi primitivement visé (Paris, 9 mai 1893, aff. Toussaint, D. P. 93. 2. 429) ; — 2° Que la cour qui n'est saisie que par l'appel du prévenu ne peut appliquer une peine accessoire qui a été omise par les premiers juges (l'interdiction de séjour) ; mais elle doit du moins constater cette impossibilité (Crim. cass. 3 févr. 1893, *Bull. crim.*, n° 31) ; — 3° Que, lorsqu'un tribunal a écarté par prétérition l'un des délits poursuivis, et que le prévenu seul fait appel, la cour ne peut pas, sur ce simple appel, retenir les faits sur lesquels les premiers juges ont omis de statuer (Limoges, 26 nov. 1887, aff. Boiron, D. P. 89. 2. 40).

1199. En vertu du même principe, il a été jugé, par confirmation de la jurisprudence antérieure (*suprà*, v° *Appel en matière criminelle*, n° 106), que la cour d'appel ne peut décliner d'office sa compétence en matière correctionnelle lorsqu'elle n'est saisie que par le seul appel du prévenu condamné en première instance pour des faits paraissant contenir les éléments d'un crime (Crim. cass. 3 janv. 1890, *Bull. crim.*, n° 8). Et encore, en vertu de la même règle, la cour de cassation a décidé, depuis la promulgation de la loi du 15 nov. 1892, relative à l'imputation de la détention préventive sur la durée de la peine (D. P. 93. 4. 1), que l'arrêt de la cour d'appel qui, sur le seul appel du condamné, confirme le jugement, mais déclare que la détention préventive ne s'imputera pas sur la durée de la peine, aggrave la situation de l'appelant et encourt la cassation (Crim. cass. 13 janv. 1893, *Bull. crim.*, n° 12 ; 2 févr. 1893, *ibid.*, n° 23).

1200. Mais ce qu'il est défendu de faire sur le seul appel du condamné, c'est d'aggraver la peine, rien de plus. Aussi a-t-il été jugé que, la solidarité impérativement ordonnée par l'art. 55 c. pén. ne devant pas être considérée comme une peine, mais uniquement comme un mode d'exécution que les tribunaux ne peuvent se dispenser de prononcer, une cour d'appel peut, sur l'appel seul des prévenus, réparer l'omission du jugement de première instance qui n'a pas prononcé la condamnation solidaire aux frais (Crim. cass. 3 déc. 1892, aff. Marlin, D. P. 93. 1. 238).

1201. En tout cas, la règle que la situation du prévenu ne peut être aggravée sur son seul appel ne fait pas obstacle à ce que la qualification du délit soit changée par le juge du second degré (Aux arrêts cités dans ce sens, *suprà*, v° *Appel en matière criminelle*, n° 108, *adde*, Crim. rej. 2 mai 1891, aff. Dallus, D. P. 92. 5. 34).

1202. « Si l'appel a été formé par la *partie civile* seule,

il est restreint, ainsi que le dit l'art. 202 c. instr. crim., aux *intérêts civils* de celle-ci. Il n'en saurait donc résulter ni condamnation pénale contre le prévenu, s'il a été renvoyé de la poursuite en première instance, ni aggravation de peine, s'il a été condamné: la cour ne peut que confirmer le jugement dont est appel en ce qui touche les intérêts civils, ou l'infirmer dans un sens favorable à la partie civile » (Garraud, p. 748). — Que le juge d'appel ne puisse ni prononcer une peine, ni aggraver la position des prévenus sur l'appel seul de la partie civile, c'est un point de jurisprudence désormais incontesté. Aux nombreux arrêts cités *suprà*, v° *Appel*, n° 115, *adde*, dans le même sens : Crim. rej. 21 févr. 1889, aff. *Le Soleil*, D. P. 90. 1. 189; 5 juill. 1890, aff. Pigny, D. P. 91. 1. 48; 11 juill. 1890, aff. Ferran, D. P. 91. 5. 22; 26 févr. 1892, *Bull. crim.*, n° 55; Crim. cass. 13 avr. 1893, *ibid.*, n° 98; Paris, 17 févr. 1892, aff. Curel, D. P. 92. 2. 313). — Il n'importe que le ministère public ait requis devant la cour l'application d'une peine, ces réquisitions ne pouvant remplacer un acte d'appel régulier du ministère public (Arrêt précité du 13 avr. 1893. Conf. les deux arrêts cités *suprà*, v° *Appel*, n° 111, al. 3).

1203. Si, le premier juge s'étant déclaré incompétent, la partie civile seule interjetait appel du jugement, quels seraient, en l'absence de tout appel du ministère public, les pouvoirs de la cour? Suivant un arrêt (Limoges, 28 juill. 1887, aff. Barrat, D. P. 89. 1. 221) la cour est, dans ce cas, saisie de la cause tout entière, et mise en demeure de statuer à la fois sur la compétence et sur le fond en cas d'infirmation. Nous croyons, en effet, que l'action publique demeure entière en pareil cas, et que, si le juge d'appel, en infirmant le jugement sur la question de compétence, évoque le fond, il a le droit de statuer à la fois sur l'action publique et sur l'action privée; le ministère public reprend devant la cour le droit de requérir l'application de la peine, comme il aurait pu le faire si la décision du fond eût été conservée aux juges de première instance (*suprà*, v° *Appel en matière criminelle*, n° 113).

1204. Enfin, l'appel peut avoir été formé par le *ministère public seul.* Cet appel donne au juge d'appel une compétence générale à l'effet d'examiner tous les faits tant à charge qu'à décharge, et lui donne aussi, malgré l'abstention du prévenu, le pouvoir de renvoyer celui-ci de la poursuite ou d'atténuer la peine portée contre lui par le jugement attaqué. Mais il demeure sans effet sur l'action civile. C'est un principe que l'action publique et l'action civile sont essentiellement distinctes, et que chaque partie ne peut agir que dans l'intérêt de l'action qui lui est propre. On en a conclu avec raison que l'appel, interjeté par le ministère public, d'un jugement que le prévenu ou la partie déclarée civilement responsable n'ont point attaqué, ne peut faire revivre devant la cour le débat privé entre ces derniers et la partie civile; d'où la conséquence que la cour ne peut, alors qu'elle prononcerait l'acquittement du prévenu ou reconnaîtrait qu'il n'y a point lieu à responsabilité civile, décharger ce prévenu, ou la personne condamnée par les premiers juges comme civilement responsable, des dommages-intérêts alloués à la partie civile (A l'arrêt du 21 juill. 1859 cité *suprà*, v° *Appel*, n° 121, *adde* Paris, 31 mai 1892, aff. Rognat, D. P. 93. 2. 490.

1205. — 6° *De la procédure sur l'appel.* — Les nouveaux arrêts concernant la procédure sur l'appel sont relatifs à cinq points : le rapport du conseiller prescrit par l'art. 209, l'interrogatoire du prévenu, l'audition des témoins, le pouvoir d'appréciation de la cour en ce qui concerne les demandes du prévenu tendant à des mesures d'instruction, les conclusions du ministère public.

1206. — 1° En ce qui concerne le rapport, sa nécessité, sous peine de nullité, a encore été affirmée par un arrêt de cassation du 22 mai 1890, *Bull. crim.*, n° 104. Un autre arrêt de la même cour (Crim. rej. 7 sept. 1893, *Bull. crim.*, n° 254) a confirmé la doctrine déjà exposée *suprà*, v° *Appel*, n° 89, suivant laquelle la loi s'en rapporte, quant aux éléments que le rapport doit comprendre, à la conscience et à l'appréciation du magistrat rapporteur. — Deux autres arrêts du 8 juill. 1892 et du 17 déc. 1892 (D. P. 93. 1. 237) ont décidé avec raison que l'art. 209, aux termes duquel l'appel, en matière correctionnelle, est jugé à l'audience sur le rapport d'un conseiller, est applicable, en Algérie,

devant les tribunaux de police correctionnelle statuant sur l'appel des décisions correctionnelles rendues par les juges de paix à compétence étendue. L'un de ces mêmes arrêts (8 juill. 1892) a jugé que la formule du jugement portant que « la cause appelée à l'audience, le président a présenté au tribunal *l'exposé des faits reprochés au prévenu* » ne peut équivaloir à la constatation d'un rapport fait au sens de l'art. 209.

1207. On a établi *suprà*, v° *Appel*, n° 82, que le rapport est exigé aussi bien lorsqu'il s'agit de statuer sur une question préjudicielle que pour le jugement du fond; mais il a été jugé récemment : 1° que si un second rapport en audience publique est nécessaire lorsqu'un arrêt d'avant faire droit a prescrit une information nouvelle pour porter légalement à la connaissance de la cour d'appel et du prévenu les nouveaux errements produits par l'instruction ordonnée, cette règle n'est pas applicable au cas où aucune procédure nouvelle n'a été versée aux débats (Crim. rej. 24 juin 1893, *Bull. crim.*, n° 164) ; — 2° Que le rapport n'est point exigé lorsqu'une cour saisie de l'appel d'un prévenu est appelée à statuer sur un délit commis à son audience (Crim. rej. 2 mai 1891, aff. Legrand, D. P. 91. 1. 496).

1208. Quant à l'interrogatoire du prévenu, un nouvel arrêt, confirmant la jurisprudence analysée *suprà* v° *Appel en matière criminelle*, n° 90, a décidé qu'il n'est point prescrit, à peine de nullité, devant le juge d'appel (Crim. cass. 5 mai 1892, aff. Déroule, D. P. 93. 1. 270).

1209. La jurisprudence suivant laquelle les juges d'appel n'ont pas l'obligation d'entendre de nouveau les témoins qui ont déjà déposé en première instance, même lorsque cette audition est demandée (V. *suprà*, v° *Appel*, n° 92), a été aussi consacrée par de nouvelles décisions (Crim. cass. 30 oct. 1890, *Bull. crim.*, n° 212 ; 13 déc. 1890, *ibid.*, n° 253 ; 20 oct. 1892, *ibid.*, n° 257). Toutefois ces mêmes arrêts ont décidé que les juges d'appel ont l'obligation de statuer sur les réquisitions prises en faisant connaître les motifs de leur refus.

Dans le même ordre d'idées, il a été décidé que la cour d'appel a un pouvoir souverain pour apprécier si la demande du prévenu tendant à ce que des experts soient désignés pour examiner les pièces à conviction constitue une mesure utile à la manifestation de la vérité, et que ses constatations à cet égard échappent au contrôle de la cour de cassation (Crim. rej. 25 sept. 1891, *Bull. crim.*, n° 191).

1210. L'audition du *ministère public* à l'audience de la cour d'appel est, aux termes des art. 190 et 210 c. instr. crim., une formalité substantielle, qui doit être observée à peine de nullité (V. *suprà*, v° *Appel*, n° 94). A cet égard, il a toutefois été jugé par l'arrêt du 24 juin 1893, cité *suprà*, n° 1207 : 1° que n'est pas recevable le moyen tiré de ce qu'il ne serait pas établi que le ministère public eût conclu devant la cour d'appel après l'audition des témoins, alors que l'arrêt constate « qu'après l'interrogatoire et les aveux du prévenu, le ministère public a été entendu *dans son exposé* », ce mot, dans un débat en appel, ne pouvant s'appliquer qu'aux conclusions prises par le magistrat du parquet; 2° qu'il n'est pas indispensable que l'arrêt de la cour d'appel constate que le ministère public a donné de nouvelles conclusions après l'audition des témoins, du moment où il est constaté que le ministère public n'a pas cessé d'être présent, qu'il a été entendu dans le cours des débats et qu'il n'a pas été empêché de réitérer ses conclusions avant la prononciation de l'arrêt.

1211. — 7° *Arrêts.* — « L'appel sera jugé à l'audience dans le mois... » dit l'art. 209 c. instr. crim. On a expliqué au *Rép.*, n° 1011, que cette disposition n'est que comminatoire. Dans ce sens, à l'arrêt du 12 févr. 1819, rapporté *loc. cit.*, *adde* Crim. rej. 7 août 1891, *Bull. crim.*, n° 167.

1212. Les arrêts, comme les jugements, doivent être motivés (Sur la nécessité de motiver les jugements en matière criminelle, V. *suprà*, v° *Jugement*, n°° 790 et suiv.). Quelques arrêts de la cour de cassation, relatifs à la nécessité de motiver les arrêts en matière correctionnelle, doivent être signalés. Ont été déclarés nuls : 1° un arrêt de condamnation qui, sur l'appel d'un jugement correctionnel, avait donné défaut contre le prévenu non comparant et confirmé le ju-

gement, sans aucune adoption implicite ou explicite des motifs (Crim. cass. 28 nov. 1890, *Bull. crim.*, n° 243); — 2° Un arrêt qui s'était borné à rejeter l'appel comme non fondé et à confirmer la décision des premiers juges, sans donner aucun motif, et sans énoncer qu'il adoptait ceux des juges de première instance (Crim. cass. 2 mai 1894, *Bull. crim.*, n° 104); — 3° Un arrêt qui, relativement à la culpabilité de l'appelant qu'il condamnait, ne contenait aucun motif et n'avait point adopté ceux des premiers juges (Crim. cass. 20 oct. 1892, *Bull. crim.*, n° 258).

1213. L'arrêt doit statuer sur tous les chefs de prévention. Il serait sujet à cassation s'il relaxait un prévenu poursuivi sous une double inculpation, en omettant de statuer sur l'un des chefs de la prévention (Crim. cass. 4 févr. 1892, *Bull. crim.*, n° 41).

1214. Lorsque le prévenu a été cité à jour fixe devant la cour, il ne peut être jugé par défaut à un jour autre que celui pour lequel il a été cité, et sans avoir été mis en demeure de comparaître à un autre jour (Crim. cass. 1er déc. 1892, *Bull. crim.*, n° 310; 13 juill. 1893, *ibid.*, n° 189).

1215. C'est à la matière de l'*évocation* que se rattachent la plupart des décisions rendues en ces dernières années par la cour de cassation concernant les arrêts de la cour d'appel. Aux termes de l'art. 215 c. instr. crim., la cour d'appel qui annule un jugement correctionnel pour violation ou omission des formes prescrites par la loi, doit évoquer la cause et prononcer sur le fond. La jurisprudence rapportée *suprà*, v° *Appel en matière criminelle*, n° 96, suivant laquelle l'obligation d'évoquer existe sans qu'il y ait à distinguer si l'irrégularité reconnue s'attache à l'instruction et au jugement, ou si, elle se réfère à la citation en vertu de laquelle le tribunal avait été saisi, a été confirmée par plusieurs arrêts (Crim. rej. 13 juin 1890, *Bull. crim.*, n° 125; Crim. cass. 26 janv. 1893, *ibid.*, n° 21; Crim. rej. 2 févr. 1894, D. P. 94. 1re partie). — Ce dernier arrêt a jugé que le principe posé par l'art. 215 c. instr. crim. permet à la cour qui évoque de faire état de l'instruction déjà faite en première instance, à la condition que cette instruction ait été requise et ait été faite par des magistrats compétents.

1216. Il a été aussi décidé que lorsqu'une citation devant un tribunal correctionnel vise à la fois des faits constituant un crime et des faits constituant un délit, le tribunal ne peut refuser de connaître du délit sous prétexte de connexité avec le crime; s'il s'est déclaré incompétent pour le tout, la cour, en annulant ce jugement, évoque à bon droit quant au délit (Crim. rej. 23 juin 1892, aff. Bonis, D. P. 93. 1. 297).

1217. Faut-il assimiler à un vice de forme l'irrégularité de la saisine, et reconnaître à la cour le droit d'évoquer le fond lorsqu'elle déclare que le tribunal a été irrégulièrement saisi par la procédure des flagrants délits, comme, par exemple, lorsque le prévenu était relégable? Sur cette question. V. *suprà*, n° 1174.

CHAP. 6. — Des mises en accusation
(*Rép.* n°s 1036 à 1233).

1218. Ainsi qu'on l'a vu au *Rép.* v° *Organisation judiciaire*, n°s 603 et 604, et que nous l'avons rappelé *suprà*, n° 14, la loi du 17 juill. 1856 a modifié les art. 218, 219, 229 à 233 et 239 c. instr. crim. relatifs aux mises en accusation. Les art. 218 et 219 concernent la permanence des chambres d'accusation et le délai dans lequel elles doivent statuer : la nouvelle rédaction, conçue en termes plus pressants que l'ancienne, vise spécialement la prompte expédition des affaires (V. *infrà*, n°s 1227 et 1230). L'art. 230 s'occupe du renvoi en simple police ou en police correctionnelle : dans ces deux cas, la cour doit renvoyer devant le tribunal compétent; elle ne peut plus, comme précédemment, indiquer un autre tribunal (V. *infrà*, n° 1230). L'art. 231 définit les pouvoirs plus étendus conférés par la loi de 1856 à la chambre d'accusation (V. *infrà*, n° 1232). L'art. 232 précise ce que doivent contenir les ordonnances de prise de corps (V. *infrà*, n°s 1243 et 1253). Quant aux autres modifications, toutes de détail et de pure forme, elles consistent à mettre les dispositions anciennes en harmonie avec les innovations législatives de 1856.

SECT. 1re. — DU MODE D'INSTRUCTION DEVANT LA CHAMBRE D'ACCUSATION, LORSQU'ELLE EST SAISIE PAR SUITE D'UN RENVOI DU JUGE D'INSTRUCTION OU D'UNE OPPOSITION A L'ORDONNANCE DE CE MAGISTRAT (*Rép.* n°s 1036 à 1139).

ART. 1er. — *Instruction devant la chambre d'accusation.* — *Rapport, mémoires, communication des pièces, saisine, compétence, information nouvelle* (*Rép.* n°s 1038 à 1059).

1219. On a exposé au *Rép.*, n°s 1038 à 1040, dans quelles conditions la loi veut que le procureur général fasse son rapport sur les pièces de procédure qui doivent être soumises à la chambre d'accusation.

Il y a lieu de constater d'abord que le délai qui s'écoule entre la conclusion d'une information et la transmission des pièces à la cour d'appel ne peut constituer aucune nullité de procédure (Crim. rej. 28 juill. 1876, aff. Depièvre, *Bull. crim.*, n° 181).

Une fois les pièces transmises à la cour, le procureur général doit, dans les *dix jours*, faire son rapport.

1220. Ce délai n'est pas de rigueur absolue; il peut être ou abrégé ou étendu, suivant les circonstances (Conf. Trébutien, t. 2, n° 516; Faustin Hélie, t. 5, n°s 2183 et 2185). Aussi a-t-il été jugé que le délai prescrit par l'art. 217 c. instr. crim., pour la mise en état de l'affaire par les soins du procureur général, n'est pas prescrit à peine de nullité (Crim. rej. 6 nov. 1868, aff. Bloch et Trécourt, D. P. 69. 5. 246; 14 janv. 1870, aff. Prodo, *Bull. crim.*, n° 8; 16 juill. 1887, aff. Demange, *ibid.*, n° 273).

1221. Il est, en outre, certain qu'aucune disposition de loi ne prescrit au ministère public d'avertir le prévenu du jour où les pièces de la procédure ont été transmises et déposées au greffe de la cour. Il a été jugé, en conséquence, que le défaut d'avertissement ne peut être invoqué comme une violation des droits de la défense et comme contraire à l'art. 217 c. instr. crim. (Crim. rej. 13 août 1863, aff. Armand, D. P. 64. 1. 407; 31 mai 1866, aff. Philippe, D. P. 67. 5. 243; 16 juill. 1887, aff. Demange, *Bull. crim.*, n° 273; 9 déc. 1892, aff. Thépault, D. P. 93. 1. 101).

1222. On a examiné au *Rép.*, n°s 1041 à 1043, comment peut s'exercer la faculté accordée par l'art. 217 c. instr. crim. au prévenu et à la partie civile de fournir des *mémoires*, et, à cet égard, on a posé en principe que cette faculté ne peut pas impliquer l'obligation, pour le procureur général, de *communiquer* les pièces de la procédure, soit au prévenu soit à la partie civile. Trébutien, *loc. cit.*, n° 517, expose très nettement les raisons de cette doctrine. « Les art. 302 et 305 prouvent, dit-il, que le droit de prendre communication des pièces n'existe qu'à partir de l'interrogatoire subi par l'accusé devant le président des assises. Jusqu'à cette hauteur de la procédure, l'instruction n'est pas terminée; la chambre des mises en accusation peut lui imprimer une direction toute nouvelle, et il serait nuisible aux intérêts de la société de dévoiler au prévenu la marche de l'instruction, ce qui pourrait compromettre le sort de l'action publique. On objecte que le droit de produire un mémoire en défense sera illusoire, si le prévenu n'a pas communication du dossier; mais les interrogatoires qu'il a subis lui ont suffisamment fait connaître la prévention pour qu'il puisse opposer les moyens péremptoires qui peuvent la justifier immédiatement, un alibi, la prescription, l'amnistie, la chose jugée, l'incompétence, etc.; quant à la discussion complète des faits, il la fera devant la juridiction de jugement » (Conf. Faustin Hélie, t. 5, n°s 2184 et 2188). Mais si le prévenu n'a pas le droit d'exiger la communication des pièces pour préparer son mémoire, il peut néanmoins l'obtenir, pourvu que le procureur général, seul juge de l'opportunité de cette communication, consente à la faire en tout ou en partie.

1223. La jurisprudence a consacré ces principes par plusieurs décisions. Il a été jugé : 1° que la faculté accordée au prévenu par l'art. 217 c. instr. crim., de présenter un mémoire à la chambre d'accusation, n'emporte pas le droit d'exiger la communication des pièces de la procédure; que ce droit n'appartient au prévenu qu'à dater de l'interrogatoire prescrit par l'art. 303 c. instr. crim.; que jusqu'à cette époque l'opportunité de la communication est laissée à l'appréciation du ministère public (Toulouse, 2 août 1847,

aff. Léotade et Jubrien, D. P. 47. 2. 157 ; Crim. rej. 21 nov. 1891, aff. Martinet, D. P. 92. 1. 33) ; — 2° Que la faculté accordée au prévenu par l'art. 217 c. instr. crim., de faire parvenir un mémoire à la chambre d'accusation, n'implique nullement qu'il ait droit à la communication des pièces avant que cette chambre prononce sur la demande de renvoi devant la cour d'assises ; que, par suite, le procureur général est fondé à se pourvoir en cassation contre l'arrêt de la chambre d'accusation ordonnant, avant faire droit, que le prévenu sera admis, conformément à sa demande, à prendre connaissance du dossier (Crim. rej. 16 janv. 1852, aff. Jegado, D. P. 52. 5. 324 ; Crim. cass. 5 juill. 1855, aff. Fevrière, D. P. 55. 1. 432 ; Crim. rej. 13 août 1863, aff. Armand, D. P. 64. 1. 407 ; 9 déc. 1892, aff. Thépault, D. P. 93. 1. 101). — Mais, d'autre part, il a été décidé que les dispositions du code d'instruction criminelle, en vertu desquelles l'instruction doit rester secrète jusqu'au dernier interrogatoire de l'accusé, ne sont pas prescrites à peine de nullité, et qu'aucune disposition de loi ne s'oppose à ce que, antérieurement à cet interrogatoire, les pièces de la procédure soient communiquées à un tiers (Crim. rej. 6 janv. 1893, aff. Rambert et Ayachi, D. P. 93. 1. 102).

1224. L'arrêt du 5 juill. 1855, cité *suprà*, n° 1223, confère d'une manière précise au procureur général *seul* le droit d'apprécier si la communication peut avoir lieu : « Attendu, y est-il dit, que la communication que le procureur général autorise, avant de porter son rapport à la chambre d'accusation, est une mesure extra-légale et irrégulière que ce magistrat prend sous sa responsabilité, et qui ne saurait créer en faveur de la chambre d'accusation le droit de l'ordonner par un arrêt avant faire droit, puisque cette mesure ne peut être considérée soit comme une information nouvelle, soit même comme un acte quelconque d'instruction ». Néanmoins Faustin Hélie, t. 5, n° 2191, enseigne une doctrine contraire. Après avoir nettement posé la question de savoir si la chambre d'accusation peut, elle aussi, ordonner cette communication, il répond en ces termes : « Comment cette chambre, que l'art. 228 arme du droit d'ordonner des informations nouvelles et par conséquent de prescrire toutes les mesures et tous les actes qui lui paraissent nécessaires pour compléter et éclairer l'instruction, ne pourrait-elle pas déclarer que le prévenu sera mis en demeure de fournir un mémoire et par conséquent que communication lui sera ordonnée de l'information? Comment, lorsqu'elle peut ordonner que le prévenu sera interrogé, ne pourrait-elle pas décider qu'il sera requis de produire une défense écrite ? Un mémoire en défense ne peut-il pas, dans certaines affaires compliquées, constituer le moyen d'instruction le plus sûr? Mais, si tel est le droit de la chambre d'accusation, ce droit doit-il être arrêté par cela seul que le procureur général aurait, avant que la chambre fût saisie, refusé la communication ? Il suffit, pour résoudre cette difficulté, de remarquer que le droit du ministère public et le droit de la chambre d'accusation, ne dérivant pas de la même source, sont indépendants l'un de l'autre. Le ministère public puise le sien dans l'exercice de l'action publique qui lui appartient ; s'il juge que la communication serait dangereuse à la marche de cette action, il peut la refuser ; c'est ainsi que, s'il pense un supplément d'information inutile, il peut prendre des réquisitions pour qu'il n'ait pas lieu. Mais, de même que ces réquisitions ne lient pas la chambre, qui peut ordonner dans tous les cas une information supplémentaire, de même, après que le ministère public a refusé la communication dans l'intérêt de l'action qu'il exerce, elle peut l'ordonner dans l'intérêt de la justice. Le droit de la juridiction est de ne statuer que lorsqu'elle a épuisé tous les moyens d'instruction que la loi a mis à sa disposition ; et, parmi ces moyens, il faut placer les mémoires explicatifs des parties ».

1225. Des explications fournies au *Rép.*, n° 1044, il résulte que la faculté accordée au prévenu de présenter un mémoire ne peut, en aucun cas, être un motif de retard pour les décisions de la chambre d'accusation. Ainsi il a été jugé que le délai de dix jours à partir de l'arrivée des pièces, accordé par la loi pour le dépôt du rapport du procureur général, n'est pas également accordé au prévenu pour la production de son mémoire, de telle sorte que, dans le cas de dépôt anticipé du rapport, la chambre d'accusation ne puisse lui refuser, pour effectuer cette production, la partie du délai restant à courir (Crim. rej. 13 août 1863, aff. Armand, D. P. 64. 1. 407). Toutefois, suivant Faustin Hélie, t. 5, n° 2194, si le prévenu se trouvait, au moment de la transmission des pièces, dans un état de maladie le mettant dans l'impossibilité de rédiger un mémoire, la chambre d'accusation devrait, dans ce cas, s'il était réclamé, lui accorder un délai jusqu'à ce que l'impossibilité ait cessé ; car si la production n'est qu'une faculté, il faut au moins qu'il y ait possibilité de l'exercer, et que, si la partie ne s'en sert pas, son non-usage provienne de sa volonté et non d'un fait de force majeure qu'on ne peut lui imputer ».

1226. Il a été jugé enfin que la faculté accordée au prévenu, en matière criminelle, de présenter à la chambre d'accusation tel mémoire qu'il jugera convenable, n'implique pas qu'il y ait nécessité, lorsqu'il a été laissé en liberté, de lui notifier l'ordonnance de mise en prévention rendue par le juge d'instruction ;... ni que la chambre d'accusation soit tenue lorsqu'il a fait connaître son intention de fournir un mémoire, de surseoir pour lui accorder le temps de le rédiger (Crim. rej. 25 juill. 1872, aff. Brahimben-Necib, D. P. 72. 1. 428).

1227. Aux termes de l'art. 218 c. instr. crim., modifié par la loi du 17 juill. 1856, la chambre des mises en accusation est tenue de se réunir, sur la convocation de son président, et sur la demande du procureur général, toutes les fois qu'il est nécessaire, pour entendre le rapport de ce magistrat et statuer sur ses réquisitions. A défaut de demande expresse du procureur général, elle doit se réunir au moins une fois par semaine. Cette chambre se compose de cinq juges au moins, en comptant le président. — Il a été jugé, dans cet ordre d'idées : 1° que les juges qui composent les cours et les tribunaux (dans l'espèce, la cour d'appel de Paris, chambre des mises en accusation), par cela seul qu'ils prennent part à la délibération et au jugement des affaires qui leur sont soumises, sont légalement réputés y avoir participé dans la limite de leur capacité (Crim. 24 oct. 1889, aff. Battaglini et autres, *Bull. crim.*, n° 319) ; — 2° Que les énonciations de l'expédition authentique de l'arrêt sur la composition de la chambre d'accusation doivent prévaloir sur celles de la notification à l'accusé (Crim. rej. 16 juin 1864, aff. Maréchal, *Bull. crim.*, n° 156).— Pour toutes autres questions relatives à la composition de cette chambre, V. *suprà*, v° *Organisation judiciaire*, n°s 389 et suiv.

1228. La chambre des mises en accusation est saisie de la connaissance des procédures criminelles, soit lorsque celles-ci lui ont été renvoyées par les juges d'instruction, substitués à la chambre du conseil, soit lorsqu'il a été formé opposition à une ordonnance de ce magistrat, soit dans les autres cas énoncés au *Répertoire*, n° 1047. Elle est également compétente pour connaître des demandes de mise en liberté provisoire formées depuis l'ordonnance du juge d'instruction jusqu'à l'arrêt de renvoi devant la cour d'assises (art. 116 c. instr. crim., modifié par la loi du 14 juill. 1865). V. *suprà*, n° 880.

1229. Ainsi qu'on l'a dit au *Rép.*, n° 1049, l'art. 224 c. instr. crim. ne prescrit pas, à peine de nullité, que le ministère public se retire lors de la délibération de la chambre d'accusation (Crim. rej. 16 juin 1864, cité *suprà*, n° 1227).

1230. De même, ainsi qu'on l'a remarqué au *Rép.* n° 1050, le *délai* dans lequel la chambre d'accusation doit statuer n'est pas prescrit à peine de nullité. Il a été jugé que, bien que l'art. 219 c. instr. crim. dispose que la chambre des mises en accusation doit statuer au plus tard dans les trois jours qui suivent le rapport du procureur général, cette disposition, n'étant pas édictée à peine de nullité, l'arrêt rendu le quatrième jour après le rapport n'encourt pas la cassation (Crim. rej. 1er août 1878, aff. Patricot, D. P. 79. 1. 390 ; 16 juill. 1887, aff. Demange, *Bull. crim.*, n° 273). Le texte primitif de cet article portait simplement : « le président sera tenu de faire prononcer la section au plus tard dans les trois jours du rapport du procureur général ». Le texte en vigueur depuis 1856 est ainsi libellé : « le président sera tenu de faire prononcer la section immédiatement après le rapport du procureur général ; en cas d'impossibilité, la section devra prononcer au plus tard dans les trois jours ». Qu'un retard dans le prononcé n'occasionne aucune

nullité, cela n'est pas douteux ; mais il faut retenir que le législateur de 1856 a voulu montrer par une injonction formelle l'intérêt qu'il attache à la prompte expédition des affaires.

1231. Une fois saisie de la procédure, la chambre d'accusation apprécie souverainement, a-t-on dit au *Rép.* n°s 1051 et 1052, s'il y a lieu ou non à un supplément d'information. Jugé, en conséquence : 1° que l'arrêt de la chambre d'accusation qui refuse une nouvelle information demandée dans le but de faire vérifier si un accusé était ou non en démence lors de la perpétration du fait, ne viole pas le droit de la défense, alors qu'il est déclaré, dans un des motifs de cet arrêt, que l'accusé a agi avec *calcul et réflexion* et d'après un *sentiment de haine* (Crim. rej. 10 déc. 1824, aff. Turdieu, D. P. 54. 5. 436) ; — 2° Qu'il ne résulte aucune nullité, alors qu'une information a eu lieu et que le prévenu a été interrogé, de ce que la chambre d'accusation n'aurait pas ordonné, sur la demande qu'il en avait faite, un supplément d'instruction (Crim. rej. 4 nov. 1858, aff. Chevalier, D. P. 59. 1. 43).

Art. 2. — *Droit d'examen.* — *Indices graves, excuse, tentative, complicité, circonstances aggravantes, exceptions* (*Rép.* n°s 1060 à 1071).

1232. L'art. 231 c. instr. crim., modifié par la loi du 17 juill. 1856, est ainsi conçu : « § 2. Dans tous les cas et quelle que soit l'ordonnance du juge d'instruction, la cour sera tenue, sur les réquisitions du procureur général, de statuer, à l'égard de chacun des prévenus renvoyés devant elle, sur tous les chefs de crimes, de délits ou de contraventions résultant de la procédure ». Cette disposition a élargi les attributions de la chambre d'accusation. Déjà, d'après le code d'instruction criminelle, lorsqu'une procédure était entre leurs mains, les chambres d'accusation avaient le droit de lui donner tous les développements qu'elle comportait ; elles pouvait ordonner des informations nouvelles sur les crimes ou les délits qu'elle révélait et en évoquer même l'instruction, qu'elles enlevaient aux juges inférieurs. Les chambres d'accusation avaient la faculté de saisir, même en matière de crimes ou délits non connexes, tous les faits sur lesquels avait porté l'instruction qui leur était transmise. Depuis la loi du 17 juill. 1856, en ce qui concerne les prévenus qui sont renvoyés devant la cour, « tout crime, tout délit, toute contravention résultant de la procédure, qu'ils aient été ou non retenus dans l'ordonnance du juge d'instruction, et même lorsqu'ils sont protégés par une ordonnance de non-lieu qui n'a pas été frappée d'opposition, doivent être, sur les réquisitions du procureur général, l'objet d'une délibération de la cour et d'un acte de sa juridiction. Ce n'est pas seulement un droit, c'est un devoir pour la cour de purger la procédure tout entière, que est indivisible... » (Exposé des motifs, D. P. 56. 4. 126). Ainsi, comme l'a exposé M. l'avocat général Baudouin dans ses conclusions rapportées D. P. 92. 1. 582, « depuis la modification apportée à l'ancien texte par la loi de 1856, la chambre des mises en accusation agit désormais en vertu d'un droit qui lui est propre ; elle examine les ordonnances définitives des juges d'instruction ; mais elle n'a ni à les confirmer, ni à les infirmer ; toutes les formules qui, à cet égard, ont été conservées dans la pratique, sont surannées ; la chambre d'accusation statue à nouveau, dans la plénitude du droit que la loi lui confère. Elle doit considérer les faits sous tous leurs aspects : régulariser, compléter, même d'office, à plus forte raison, sur les réquisitions du procureur général, les qualifications adoptées par le juge d'instruction (*Rép.* n° 1070 ; relever toutes les circonstances légales qui accompagnent les faits de l'accusation ou qui résultent de l'information (Crim. rej. 7 juin 1888, aff. Bessaud, *Bull. crim.*, n° 195). Elle doit aller plus loin et relever tous les faits qui ressortent de la procédure, alors même qu'ils n'ont pas été compris dans l'ordonnance définitive (Crim. rej. 27 août 1851, aff. Giraudot, D. P. 74. 1. 41, note ; 14 juin 1873 ; aff. Arnauld, *ibid.*) ; plus encore, alors même qu'ils n'ont pas été énoncés dans le réquisitoire introductif (Crim. rej. 19 mars 1881, aff. Barral, *Bull. crim.*, n° 69). Leur pouvoir ne comporte qu'une restriction : il ne peut s'exercer qu'à

l'égard des prévenus renvoyés devant elle (Crim. rej. 7 juill. 1859, aff. Pascal et Maynard-Prudent, D. P. 59. 1. 332. -Comp. Crim. rej. 10 mars 1827, *Rép.*, v° *Instruction criminelle*, n° 1144, et *Appel criminel*, n° 52 ; Mangin, *Instruction écrite*, n° 63). Jugé, en ce sens, que la chambre des mises en accusation doit, sur les réquisitions du procureur général, statuer sur tous les faits résultant des informations qui lui sont soumises, alors même que ces faits n'auraient pas été énoncés dans le réquisitoire introductif ; qu'elle est, de même, investie du droit de modifier et de compléter les qualifications données aux faits incriminés dans la première instruction (Crim. rej. 28 mai 1892, aff. Martinet, D. P. 92. 1. 582).

1233. Toutefois la faculté de modifier, s'il y a lieu, la qualification donnée aux faits incriminés, n'existe à la part de la chambre d'accusation qu'à la condition que l'action publique ait été régulièrement mise en mouvement quant au délit relevé dans la qualification nouvelle. Jugé, par suite, que si le réquisitoire introductif n'a relevé à la charge du prévenu qu'un délit de droit commun, tel que le fait d'outrage à un magistrat dans l'exercice ou à l'occasion de l'exercice de ses fonctions prévu par l'art. 222 c. pén., la chambre des mises en accusation ne peut substituer à ce délit un délit prévu par la loi du 29 juill. 1881, tel que le délit d'injures à un particulier, pour lequel le droit de poursuite est subordonné à des formalités spéciales prescrites à peine de nullité, et en outre à la plainte préalable de la partie lésée (Crim. rej. 29 mai 1886, aff. Rémond, D. P. 87. 1. 89).

1234. Ainsi qu'il a été dit au *Rép.* n°s 1062 et 1063, la chambre des mises en accusation a le droit de statuer sur toutes les exceptions qui tendent à faire disparaître le crime ou le délit, pourvu que les faits sur lesquels elle base sa décision résultent de l'instruction. Jugé, en conséquence, que la chambre des mises en accusation, saisie d'une poursuite pour abus de confiance, a compétence pour statuer sur l'exception du prévenu prétendant avoir à régler avec le plaignant un compte d'association, et qu'elle peut régulièrement, sans avoir à surseoir, déclarer que le prévenu n'a jamais été l'associé du plaignant et n'est pas son créancier (Crim. rej. 12 juin 1890, aff. Schieffer, D. P. 90. 1. 489). Mais il résulte des explications fournies au *Rép.*, n°s 1064 et 1065, que la chambre d'accusation est incompétente pour statuer sur des excuses atténuantes de la pénalité, par exemple, pour renvoyer, sous prétexte d'excuse de cette nature, au tribunal correctionnel la connaissance d'un fait qualifié crime (Montpellier, 11 janv. et 5 juill. 1849, aff. Jean B... et Guillaume, D. P. 49. 2. 142). Jugé aussi que la chambre d'accusation ne peut, sans se mettre en contradiction avec elle-même, déclarer constant le fait d'incendie et rendre un arrêt de non-lieu, en se fondant sur ce que l'intention de nuire n'était pas suffisamment établie (Crim. cass. 15 juin 1871, *Bull. crim.*, n° 49).

Il est, d'ailleurs, certain que la chambre d'accusation, lorsque des exceptions sont proposées devant elle par le prévenu ou par la partie civile, n'est pas tenue de statuer sur ces exceptions et sur le fond par des décisions distinctes et rendues à des jours différents, ni d'informer les parties du rejet desdites exceptions avant de procéder au jugement du fond (Crim. rej. 13 août 1863, aff. Armand, D. P. 64. 1. 407).

1235. La chambre d'accusation, est-il dit au *Rép.* n°s 1070 et 1071, est souveraine pour apprécier tous les éléments des informations criminelles dont elle est saisie. Ainsi elle peut renvoyer devant les assises un accusé, pour faux commis en France, malgré les allégations de cet accusé qui, en avouant son crime, prétend l'avoir commis à l'étranger (Crim. rej. 3 janv. 1873, aff. Schweitzer, *Bull. crim.*, n° 4).

Art. 3. — *Mode de statuer suivant que le fait constitue ou non un crime, un délit ou une contravention.* — *Délits connexes* (*Rép.* n°s 1072 à 1107).

1236. On a vu au *Rép.*, n°s 1073 à 1075, que la chambre d'accusation est souveraine appréciatrice des traces du délit et des indices suffisants de culpabilité. C'est ainsi qu'il a été jugé : 1° qu'on doit considérer comme souveraine la constatation de fait contenue dans un arrêt de non-lieu par lequel

une chambre d'accusation, tout en reconnaissant que le prévenu a agi avec la plus grande légèreté et une négligence blâmable, déclare qu'on ne rencontre pas chez lui l'intention frauduleuse, élément essentiel du crime de faux (Crim. cass. 23 déc. 1886, aff. Samodéar, *Bull. crim.*, n° 433); — 2° Qu'il appartient à la chambre des mises en accusation de constater les faits sur lesquels repose la prévention, et que la cour de cassation n'a d'autre pouvoir que de vérifier si la qualification qui leur a été donnée justifie le renvoi des prévenus devant la cour d'assises (Crim. rej. 27 févr. 1890, aff. Stock et autres, *Bull. crim.*, n° 47).

1237. Encore faut-il, a-t-on dit au *Rép.*, n° 1076, que la décision de la chambre d'accusation soit *motivée*. Aussi a-t-il été jugé : 1° que l'existence d'indices de culpabilité ne peut à elle seule justifier la mise en accusation d'un prévenu et son renvoi en cour d'assises; qu'il faut que l'arrêt de renvoi exprime *explicitement* que ces indices sont suffisants pour servir de base à la mise en accusation et au renvoi (Crim. cass. 13 nov. 1845, aff. Ducossé, D. P. 45. 4. 320); — 2° Que lorsque des faits résultant d'une information sont énoncés dans un réquisitoire du ministère public ou dans une ordonnance du juge d'instruction et présentés comme constituant un crime ou un délit, les chambres d'accusation ont le devoir de s'expliquer sur l'existence des faits et sur leur qualification, afin de permettre à la cour de cassation d'exercer le contrôle qui lui appartient, aux termes des art. 296, 298 et 299 c. instr. crim. (Crim. cass. 8 avr. 1892, aff. Gasnier et autres, *Bull. crim.*, n° 104. V. *infrà*, n° 1253).

1238. Mais l'arrêt qui renvoie un accusé devant la cour d'assises sous l'accusation de faux n'a pas besoin de relever d'une façon précise et expresse l'intention frauduleuse, lorsqu'elle ressort de l'ensemble des énonciations de l'arrêt, soit de l'exposé des faits qui précède la qualification, soit des termes même de la qualification (Crim. rej. 19 févr. 1891, aff. Pélaud, D. P. 92. 1. 37).

1239. Aux termes de l'art. 230 c. instr. crim., modifié par la loi du 17 juill. 1856, la chambre d'accusation doit renvoyer le prévenu devant le tribunal compétent, si elle estime que ce prévenu est dans le cas d'être poursuivi soit devant un tribunal de simple police, soit devant un tribunal de police correctionnelle. L'ancien texte de cet article portant : «La cour prononcera le renvoi et indiquera le tribunal qui doit en connaître», la jurisprudence en avait tiré cette conclusion que la chambre d'accusation qui infirmait une ordonnance de la chambre du conseil et renvoyait le prévenu en police correctionnelle, pouvait désigner, pour connaître de l'affaire, un tribunal de son ressort autre que celui qui avait rendu l'ordonnance infirmée (Crim. rej. 27 nov. 1852, aff. Brodu, D. P. 53. 5. 203; 4 avr. 1856, aff. Tur et Loruhon, D. P. 56. 5. 250; *Rép.* n° 1084). En présence de la nouvelle rédaction de l'art. 230, il a été jugé que la loi de 1856 modificative de cet article, en autorisant simplement les chambres des mises en accusation, lorsqu'elles estiment qu'un prévenu doit être renvoyé en police simple ou correctionnelle, à prononcer son renvoi devant le tribunal compétent, a entendu désigner par là l'un des tribunaux indiqués par l'art. 63 c. instr. crim.; qu'en conséquence, depuis cette loi, les chambres des mises en accusation ne peuvent plus, comme sous l'empire de l'ancien art. 230, renvoyer ce prévenu devant tel tribunal de leur ressort qu'il leur plaît d'indiquer (Crim. cass. 23 avr. 1857, aff. Letoile, D. P. 57. 1. 231).

1240. La chambre d'accusation, lorsqu'elle détache de l'information suivie contre un accusé une inculpation de délit pour en saisir le tribunal correctionnel compétent, n'a pas à se préoccuper des causes possibles d'abstention, de récusation ou de suspicion légitime qui peuvent ultérieurement être produites ou invoquées. Jugé, par suite, qu'elle n'a pas à tenir compte de ce que ce tribunal aurait déjà statué sur la même inculpation un jugement annulé en appel pour avoir été rendu prématurément, et de ce que l'affaire pourrait, par l'effet de la distribution, revenir devant la chambre même du tribunal qui a rendu ce jugement (Crim. rej. 13 août 1859, aff. Baron et autres, D. P. 59. 1. 479).

1241. L'effet du renvoi prononcé par la chambre d'accusation est d'épuiser la juridiction de cette chambre. Jugé,

en conséquence, qu'elle doit se déclarer incompétente pour réparer les erreurs, vices ou omissions contenus dans son arrêt; que c'est à la cour d'assises ou à la cour de cassation, dans les limites de leurs attributions, qu'il appartient de réparer ces erreurs, sur le recours du prévenu ou sur les réquisitions du ministère public; que, spécialement, lorsqu'un arrêt de mise en accusation a omis de préciser pour quels faits le renvoi était prononcé, cet arrêt doit être déféré, non, par voie de demande en réparation d'omission, à la chambre des mises en accusation qui l'a rendu, mais, par voie de demande en nullité, à la cour de cassation (Crim. rej. 3 mars 1853, aff. Louis ou Louïre, D. P. 53. 1. 72).

1242. Ainsi qu'on l'a exposé au *Rép.*, n° 1097, la cour d'assises devant laquelle le prévenu doit être renvoyé est celle du département dans lequel l'instruction a été faite. On a indiqué *ibid.* les exceptions que comporte cette règle et, notamment, celle qui résulte de l'art. 432 c. instr. crim., relatif au cas de renvoi après cassation : dans cette hypothèse, la cour d'appel, après avoir réparé l'instruction en ce qui la concerne, désigne, dans son ressort, la cour d'assises par laquelle le procès devra être jugé. Il peut arriver, toutefois, que la cour de cassation, usant de son pouvoir souverain de régler de juges, désigne elle-même, pour éviter de nouvelles procédures et par un règlement anticipé, la cour d'assises à laquelle l'accusé devra être déféré par la cour de renvoi, et que cette cour d'assises devant laquelle des coprévenus avaient été renvoyés était étrangère au ressort de la cour de renvoi. Jugé que cette dernière cour ne viole pas l'article précité en renvoyant l'accusé devant la cour d'assises désignée; elle ne fait qu'obéir à une injonction de l'arrêt de la cour de cassation (Crim. rej. 21 nov. 1891, aff. Chenal, *Bull. crim.*, n° 221).

1243. La chambre d'accusation a seule qualité, depuis la loi du 17 juill. 1856, pour décerner l'ordonnance de prise de corps inséparable de toute mise en accusation (V. *supra*, n° 878); et le nouvel article 232 c. instr. crim. dispose : « Cette ordonnance contiendra les nom, prénoms, âge, lieu de naissance, domicile et profession de l'accusé; elle contiendra, en outre, à peine de nullité, l'exposé sommaire et la qualification légale du fait, objet de l'accusation » (V. *Rép.*, n° 837 et suiv., 1099 et suiv. et *infrà*, n° 1253). Il a été jugé que l'art. 232 n'attache pas la peine de nullité à l'omission de l'âge, du lieu de naissance, du domicile, ou de la profession de l'accusé ou prévenu dans l'arrêt de mise en accusation; il suffit que l'accusé ou prévenu y soit désigné de manière à ne laisser aucun doute sur son individualité (Crim. rej. 28 mai 1892, aff. Martinet, *Bull. crim.*, n° 163).

Art. 4. — *Des arrêts de la chambre d'accusation. — Conclusions, motifs, qualifications, formes, effets, etc.* (Rép. nos 1108 à 1139).

1244. On a vu *supra*, n° 1232, que la chambre d'accusation doit statuer sur toutes les infractions résultant de la procédure. Il a été jugé notamment que la chambre d'accusation doit relever le crime de faux qui lui paraît ressortir des actes de la procédure instruite contre le prévenu, bien qu'il ne soit pas mentionné dans l'ordonnance du juge d'instruction et qu'il n'ait pas fait l'objet direct et spécial de l'information (Crim. cass. 14 juin 1873, aff. Arnauld, D. P. 74. 1. 41). Mais cette obligation ne concerne que les inculpations se rattachant à des faits distincts, et non celles qui peuvent naître de qualifications différentes d'un même fait : ainsi, lorsqu'elle prononce une mise en accusation pour crime d'infanticide, la cour n'est pas tenue d'examiner surabondamment s'il y aurait lieu de relever, à raison du même fait, le délit d'homicide par imprudence (Crim. rej. 23 avr. 1859, aff. Barabino, D. P. 59. 1. 233).

1245. Il a été jugé, d'autre part, que la cour d'appel, saisie par un arrêt de renvoi de la cour de cassation qui ne formule aucune réserve, a le droit de statuer sur tous les faits formant l'objet de la prévention soumise aux premiers juges, même sur ceux qui auraient été écartés par la cour primitivement saisie, l'arrêt cassé ne pouvant en aucun point acquérir l'autorité de la chose jugée (Crim. rej. 14 déc. 1878, aff. Missud, *Bull. crim.*, n° 215).

1246. Que décider lorsque, saisie d'une procédure criminelle dans laquelle des faits constitutifs de délits ont été

relevés accessoirement au crime objet principal de l'information, la chambre d'accusation n'a statué qu'à l'égard du crime? Faut-il, depuis la loi de 1856, considérer ou non son silence comme l'équivalent d'une décision de non-lieu? La cour de Montpellier, par un arrêt du 8 avr. 1859 (aff. Pujade, D. P. 59. 2. 139), a adopté l'affirmative, estimant qu'aujourd'hui le défaut de décision de la chambre d'accusation sur l'une des inculpations comprises dans la procédure a pour effet, s'il s'agit d'une inculpation correctionnelle, de rendre le ministère public non recevable à exercer ultérieurement des poursuites directes devant le tribunal à raison de ce chef omis. Il convient de noter que, dans l'espèce de cet arrêt, l'inculpation faisant l'objet du chef omis avait été relevée par le juge d'instruction, à raison de sa connexité avec le crime objet principal de l'information (V. dans le même sens, Griolet, *De l'autorité de la chose jugée*, p. 262 et 363). La cour de cassation s'est prononcée en sens contraire (Crim. rej. 23 avr. 1859 cité *supra*, n° 1244; Crim. cass. 24 nov. 1870, aff. Roy, D.P. 71. 1. 265). « Attendu, porte ce dernier arrêt, que les prescriptions de l'art. 231 c. instr. crim. ne sont qu'indicatrices des pouvoirs conférés aux chambres d'accusation dans l'intérêt d'une bonne administration de la justice criminelle; et que, dans le cas où la chambre d'accusation aurait omis de relever l'un des faits résultant d'une procédure soumise à son examen, aucune fin de non-recevoir ne pourrait être opposée à l'exercice ultérieur de l'action du ministère public à raison de ce chef omis; qu'il en est de même lorsque l'omission de statuer porte, comme dans l'espèce, sur le dispositif de l'ordonnance de renvoi relatif à un délit accidentellement relevé dans une procédure criminelle, sans connexité avec le crime objet principal de la prévention, et qu'il appartient au juge d'instruction, aux termes de l'art. 130 c. instr. crim., de renvoyer devant le tribunal correctionnel; qu'en l'absence de toute réquisition du ministère public, ou d'opposition de la part de l'inculpé sur ce chef distinct, la chambre d'accusation n'était pas obligatoirement tenue d'y statuer, et que son silence à cet égard n'a pu faire obstacle à ce que le ministère public, après l'arrêt, même incomplet, qui l'a dessaisi, donnât suite à une ordonnance de prévention compétemment rendue, et qui reste dans toute sa force à défaut d'avoir été confirmée... » (Comp. Crim. rej. 11 oct. 1855, aff. Pellault, D. P. 55. 1. 446). Suivant M. Morin, *Journ. du droit crim.*, 1869, art. 6869-5°), le défaut de décision pourrait justifier le pourvoi en cassation si la chambre d'accusation avait omis de statuer sur les conclusions du procureur général; mais, même dans ce cas, il ne rendrait pas le ministère public non recevable à reprendre les poursuites sur le chef omis. — Dans l'espèce de l'arrêt précité du 24 nov. 1870, le ministère public avait donné suite, après la décision de la cour d'assises, à une ordonnance par laquelle le juge d'instruction renvoyait la prévention de délit au tribunal correctionnel. Cette ordonnance pouvait-elle également recevoir son exécution, si la chambre d'accusation n'avait pas encore statué sur la procédure? La négative a été admise par un arrêt (Colmar, 5 juill. 1870, aff. Roth, D. P. 70. 2. 155) cité *supra*, n° 956. Cela est vrai dans tous les cas, que les faits incriminés soient ou non connexes (V. en ce sens, Besançon, 9 juin 1862, D.P. *ibid.*, note 2 et 3).

1247. D'un autre côté, il est de principe que la chambre d'accusation n'est saisie de l'examen de l'ensemble des faits qu'à l'égard de ceux des prévenus qui ont été renvoyés devant elle. Jugé, par suite, que si l'un des prévenus a été renvoyé par le juge d'instruction devant le tribunal correctionnel, la chambre d'accusation ne peut, à défaut d'opposition du ministère public, statuer sur les faits personnels à ce prévenu, même en relevant une circonstance de complicité dont le juge d'instruction aurait négligé de tenir compte (Crim. rej. 7 juill. 1859, aff. Pascal et Meynard-Prudent, D.P. 59. 1. 332).

1248. On a exposé au *Rép.*, n°ˢ 1110 et 1111, que la chambre d'accusation doit prononcer sur tous les chefs du réquisitoire du ministère public. Ainsi, il a été décidé: 1° que lorsque le ministère public en formant opposition à une ordonnance de non-lieu du juge d'instruction, a posé des conclusions tendant à un supplément d'information pour entendre un témoin désigné, la chambre d'accusation ne peut se borner, à confirmer purement et simplement

l'ordonnance; qu'elle doit, à peine de nullité, s'expliquer sur l'information demandée (Crim. cass. 20 août 1872, aff. Boudet, D. P. 73. 1. 95; 28 nov. 1890, aff. Losy, *Bull. crim.*, n° 237); — 2° Que la chambre d'accusation doit statuer sur les points résultant des informations qui lui sont soumises, alors même qu'ils n'ont pas été énoncés dans le réquisitoire introductif, il suffit qu'ils aient été compris dans le réquisitoire du procureur général et que les éléments constitutifs des crimes relevés se trouvent dans la procédure (Crim. rej. 10 mars 1881, aff. Barral, *Bull. crim.*, n° 69; 28 mai 1892, aff. Martinet, D.P. 92. 1. 382); — 3° Que la chambre des mises en accusation ne peut légalement refuser de statuer sur de nouvelles conclusions remises à son président, au cours du délibéré par le ministère public, et refuser d'en entendre le développement avant le prononcé de son arrêt (Crim. cass. 8 avr. 1892, aff. Veuve Appert et autres, D. P. 93. 1. 302).

Jugé, au contraire, que lorsqu'une instruction criminelle a porté à la fois sur un crime et sur un délit, et que, dans la même ordonnance, le juge d'instruction a, pour le délit, statué par un non-lieu, et, pour le crime, prescrit la transmission des pièces au procureur général, la chambre d'accusation, ainsi saisie de la connaissance du crime, n'est pas tenue, même sur la demande du procureur général, qui a compris le délit dans ses réquisitions, de prononcer à nouveau le non-lieu sur le délit (Paris, 30 déc. 1856, aff. M... et D..., D.P. 68. 2. 185 en note; Chambéry, 22 févr. 1868, aff. Marion, D.P. 68. 2. 185).

1249. La chambre d'accusation a aussi le droit, une fois saisie de l'examen d'une affaire criminelle, d'annuler d'office tout acte de l'instruction qu'elle reconnaît être entaché d'irrégularité (Paris, 9 mars 1855, aff. Cabral, D. P. 55. 1. 209; Crim. rej. 19 avr. 1855, aff. Cabral, D.P. 55. 1. 269).

1250. On a vu au *Rép.*, n° 1112, que la chambre d'accusation doit statuer sur les conclusions du prévenu. Il a été jugé, à cet égard: 1° que l'arrêt d'une chambre des mises en accusation qui, au lieu de statuer sur les conclusions par lesquelles l'inculpé, prévenu de diffamation envers un fonctionnaire public à raison de sa qualité demande que le réquisitoire introductif ainsi que le réquisitoire et l'ordonnance de mise en prévention soient déclarés nuls, se borne à lui donner acte de ses réserves touchant la nullité de ces actes de procédure, doit être annulé pour violation des art. 408, 413 c. instr. crim. et 7 de la loi du 20 avril 1810 (Crim. cass. 7 juin 1889, aff. Joly et autres, *Bull. crim.*, n° 213); — 2° Que l'arrêt qui omet de statuer sur des conclusions à fin d'incompétence, écrites et signées par l'accusé, est sujet à cassation (Crim. cass. 30 juill. 1891, aff. Chenal, *Bull. crim.* n° 156).

1251. Il ne suffit pas que la chambre d'accusation statue sur tous les faits qui lui sont soumis, il faut de plus que sa décision soit *motivée*. Cette règle générale, qui s'applique à toute décision judiciaire, est rappelée au *Rép.* n°ˢ 1113 à 1115 et *supra*, v° *Jugement*, n°ˢ 814 et suiv. « Elle s'étend, dit Faustin Hélie, *loc. cit.*, n° 2218, à tous les arrêts, soit qu'ils aient un caractère purement interlocutoire, soit qu'ils statuent sur le fond, soit qu'ils prononcent sur des points de fait ou sur des points de droit. La jurisprudence n'a fait à cette règle qu'une seule exception; elle n'y a soustrait que les arrêts de pure instruction, c'est-à-dire ceux qui ordonnent des actes d'instruction, comme un plus ample informé, ou une information nouvelle ». De nombreuses décisions ont consacré cette règle. Il a été jugé notamment: 1° qu'il y a lieu d'annuler, pour défaut de motifs, l'arrêt de la chambre des mises en accusation qui, sans statuer sur les conclusions prises devant cette chambre par le ministère public et tendant à donner une qualification nouvelle aux faits appréciés dans l'ordonnance qui renvoie le prévenu devant elle, maintient purement et simplement cette ordonnance (Crim. cass. 18 avr. 1850, aff. N..., D.P. 50. 5. 319); — 2° Que la chambre d'accusation saisie, sur renvoi du juge d'instruction, de divers chefs de prévention s'appliquant à des actes auxquels des qualifications distinctes ont été données dans l'ordonnance, doit, à peine de nullité, statuer, en donnant des motifs séparés sur chacun de ces chefs et sur les réquisitions spéciales dont quelques-uns d'eux ont pu être l'objet de la part du ministère public (Crim. cass. 8 mars

1851, aff. Troussier, D. P. 51. 1. 103); — 3° Qu'un arrêt de la chambre d'accusation doit, sous peine de cassation, motiver tous les chefs de réquisition qu'il rejette (Crim. ch. réun. rej. 13 mars 1855, aff. Bonneau, D. P. 55. 1. 138); — 4° Que l'arrêt de non-lieu rendu au profit d'un prévenu, pouvant avoir pour base non seulement la non-justification des faits articulés contre lui, mais aussi une prétendue inapplicabilité de la loi pénale que la cour de cassation doit pouvoir vérifier en cas de pourvoi, il est nécessaire, à peine de nullité, que la chambre d'accusation précise dans son arrêt si c'est en fait ou en droit que la poursuite ne lui paraît pas fondée ; que, par suite, est nul, comme n'étant pas motivé, de manière à rendre possible le contrôle de la cour de cassation, l'arrêt d'une chambre d'accusation qui, sans examiner ni discuter les faits, se borne à déclarer « qu'il ne résulte pas de la procédure des charges suffisantes de culpabilité pour motiver la mise en accusation » (Crim. cass. 29 mars 1860, aff. Delaveau, D. P. 61. 1. 90 ; 22 déc. 1864, aff. Damnom, D. P. 65. 5. 271 ; 8 avr. 1892, aff. Veuve Appert et autres, D. P. 93. 1. 102) ; — 5° Qu'on doit annuler l'arrêt de non-lieu rendu sur inculpation d'un délit de corruption de mineurs, qui se borne à énoncer, sans spécifier autrement le fait, objet de la poursuite, que l'excitation reprochée au prévenu outre qu'elle n'aurait pas été suivie d'effet, « serait plutôt un mauvais conseil réprouvé par la morale que l'excitation délictueuse » (Crim. cass. 14 août 1863, aff. Fortuné, D. P. 64. 1. 149).

1252. Les arrêts des chambres d'accusation encourent également la censure de la cour suprême lorsqu'il y a contradiction entre les faits qu'ils énoncent et les conséquences qu'ils en tirent (Crim. cass. 29 sept. 1881, *Bull. crim.*, n° 2241). Ainsi, doit être annulé, pour ce motif, l'arrêt qui, ayant constaté qu'après une lutte corps à corps, les accusés ont gagné une hauteur d'où ils ont fait pleuvoir une grêle de pierres sur leurs adversaires et ont ainsi causé la mort de l'un d'eux donne à ces faits la qualification d'homicide par imprudence (Arrêt précité du 29 sept. 1881). Jugé également : 1° qu'il y a contradiction dans un arrêt de chambre d'accusation qui, après avoir attribué à l'inculpé un fait de coups, le renvoie des poursuites sans écarter l'intention coupable ou invoquer une excuse légale ; que, par suite, cet arrêt encourt la cassation (Crim. cass. 23 mai 1867, aff. Castaignet, *Bull. crim.*, n° 124) ; — 2° Qu'on doit annuler, pour contradiction entre le dispositif et les faits énoncés, l'arrêt de la chambre des mises en accusation qui renvoie un gendarme devant la cour d'assises sous l'accusation de meurtre, alors qu'il résulte des énonciations dudit arrêt que l'accusé ne s'est servi de ses armes que pour sa défense, et que, d'ailleurs, il était dans l'exercice de ses fonctions et avait été provoqué par les voies de fait de son prisonnier ; que la chambre d'accusation aurait dû rechercher si l'accusé ne se trouvait pas dans le cas prévu par l'art. 327 c. pén., et si l'acte incriminé ne rentrait pas dans l'accomplissement des prescriptions légales qui régissent le service de la gendarmerie (Crim. cass. 23 juin 1887, *Bull. crim.*, n° 237) ; — 3° Que l'arrêt de la chambre d'accusation qui, après avoir indiqué dans son exposé tous les éléments d'un attentat à la pudeur avec violence, sur une personne âgée de plus de quinze ans, renvoie l'affaire à la cour d'assises, sous la qualification d'attentat à la pudeur sans violence, ne saisit cette cour, en ce qu'il a écarté l'un des éléments essentiels du crime, d'aucune accusation dont elle puisse connaître ; qu'en pareil cas, il y a lieu, à cause de la contradiction existant entre les motifs et le dispositif, de casser l'arrêt avec renvoi devant une autre chambre d'accusation (Crim. rej. 8 août 1860, aff. Jousset, D. P. 61. 5. 266).

1253. On a vu au *Rép.*, n°⁸ 1116, 1119 et 1120, que la chambre d'accusation doit déterminer avec soin, dans son arrêt, le fait imputé au prévenu, en spécifiant toutes les circonstances de nature à en aggraver ou à en atténuer la criminalité. Faustin Hélie, *loc. cit.*, n° 2219, expose d'une manière très précise les raisons sur lesquelles repose cette règle : « Nul ne peut, dit-il, être renvoyé en état de prévention ou d'accusation devant une juridiction répressive, qu'à raison de faits qui portent en eux-mêmes le caractère de crime, de délit ou de contravention. La qualification de ces faits est donc la condition essentielle de cette mesure

puisqu'elle établit leurs rapports avec la loi pénale, puisqu'elle constate, par la régularité de l'incrimination, la légalité de la poursuite. Là se trouve l'une des garanties les plus efficaces de la procédure ; car l'obligation de qualifier les faits arrête à leurs premiers pas, les poursuites arbitraires ou inconsidérées, en les forçant de nommer la loi qu'elles prétendent appliquer ». Jugé, en conséquence : que l'arrêt de mise en accusation doit présenter le fait avec toutes les circonstances aggravantes que la loi pénale lui imprime ; qu'ainsi, quand un meurtre accompli avec préméditation a été en même temps précédé, accompagné ou suivi d'un autre meurtre, même sans relation avec le premier, cette circonstance doit être relevée, comme celle de préméditation, dans l'arrêt de mise en accusation, alors même qu'elle aurait été négligée dans l'ordonnance de prise d'instruction (Paris, 28 juill. 1848, aff. Chérance, D. P. 49. 2. 166). — L'art. 232 modifié par la loi de 1856, qui régit actuellement cette matière, est à la fois plus impératif et plus précis que l'ancien art. 134, auquel renvoyait l'ancien art. 232. L'ordonnance de prise de corps, y est-il dit, « contiendra en outre, à peine de nullité, l'exposé sommaire et la qualification légale du fait, objet de l'accusation. » Il a été jugé, par application de cet article : 1° que l'exposé sommaire et la qualification du fait objet de l'accusation doivent se trouver, à peine de nullité, soit dans l'ordonnance de prise de corps décernée par la chambre d'accusation, soit dans l'arrêt qui le précède et avec lequel elle ne forme qu'un seul contexte ; qu'à défaut d'exposé sommaire, l'arrêt doit être annulé, la cour de cassation ne pouvant exercer son droit de contrôle sur les qualifications (Crim. cass. 9 juill. 1875, aff. Duchamps, *Bull. crim.*, n° 248) ; — 2° Que l'arrêt qui renvoie un individu devant la cour d'assises, comme prévenu de complicité d'abus de confiance par recel, doit énoncer de quels détournements et par suite de quels actes il est considéré comme complice (Crim. cass. 8 avr. 1892, aff. Veuve Appert et autres, D. P. 93. 1. 302) ; — 3° Que l'arrêt de la chambre des mises en accusation renvoyant devant les assises un individu comme accusé de tentative de vol qualifié, sans énoncer les faits qui auraient constitué le commencement d'exécution de ladite tentative, ni ceux d'où ressortirait l'existence des circonstances aggravantes lui imprimant le caractère de crime, est sujet à cassation (Crim. cass. 5 mai 1892, aff. Emile, *Bull. crim.*, n° 121) ; — 4° Que l'arrêt dans lequel la chambre d'accusation se borne à déclarer, en décernant contre un prévenu une ordonnance de prise de corps, qu'il y a contre lui charges suffisantes d'avoir commis tel ou tel crime, et qui ne contient pas un exposé sommaire des faits que la cour a entendu qualifier, est entaché de nullité comme rendant impossible l'exercice du contrôle de la cour de cassation (Crim. cass. 8 janv. 1859, aff. Gachet, D. P. 59. 1. 48) ; — 5° Que l'énonciation, dans un arrêt d'accusation, « qu'il résulte de l'information des indices assez graves contre le prévenu d'avoir commis tel jour et dans tel lieu un homicide sur telle personne, crime de la compétence de la cour d'assises », ne constitue pas l'exposé sommaire que cet arrêt doit contenir à peine de nullité (Crim. cass. 1er déc. 1859, aff. Charreire, D. P. 59. 5. 223) ; — 6° Que, dans un arrêt de mise en accusation l'exposé sommaire ne doit pas se confondre avec la qualification légale qui sert de base au renvoi du prévenu devant la cour d'assises, mais bien consister en une indication précise et séparée des faits élémentaires, soit du crime, soit de la circonstance aggravante, pour que la cour de cassation puisse vérifier, le cas échéant, si la qualification admise par la chambre d'accusation s'applique réellement à ces faits ; que, par suite, ne constitue pas l'exposé de faits prescrit par la loi, la simple déclaration « qu'il résulte de l'information des indices assez graves pour motiver la mise en accusation du prévenu sur le fait d'avoir, tel jour et dans tel lieu, commis tel crime contre telle personne » (Crim. cass. 23 févr. et 5 juill. 1860, aff. Pinchard et aff. Chabund, D. P. 61. 1. 89 ; 8 févr. 1862, aff. Monteil, D. P. 69. 5. 244) ; — 7° Que l'arrêt de mise en accusation se bornant à énoncer que « il y a indices suffisants que l'accusé s'est rendu coupable d'avoir, tel jour et dans tel lieu, soustrait frauduleusement, au préjudice de telle personne, une somme d'argent, laquelle soustraction a été commise pendant la nuit, dans une maison habitée, à l'aide d'effrac-

tion intérieure dans une maison, crime prévu, etc. », est nul en ce qu'il ne présente pas, ainsi formulé, l'exposé sommaire du fait principal et de circonstances aggravantes, exigé par l'art. 232 c. instr. crim. (Crim. cass. 4 mars 1862, aff. Laroche, D. P. 62. 5. 183 ; 4 avr. 1862, aff. Laroche, D. P. 66. 5. 249 ; 2 mai 1861, aff. Brizon, D. P. 61. 5. 265) ; — 8° Que l'arrêt par lequel la chambre d'accusation décerne une ordonnance de prise de corps contre un accusé sans présenter un exposé sommaire des faits servant de base à l'accusation, est entaché d'une nullité qui peut être relevée devant la cour de cassation, même d'office (Crim. cass. 23 mars 1861, aff. Jaume, D. P. 65. 5. 229) ; — 9° Qu'est nul l'arrêt de mise en accusation qui se borne à mentionner les habitudes dépravées de l'accusé, les révélations de la victime et les bruits qui ont couru dans le public, sans énoncer ni spécifier aucune circonstance de nature à justifier la qualification d'attentat à la pudeur donnée aux faits incriminés (Crim. cass. 4 janv. 1877, aff. Bonnefous, D. P. 78. 1. 144) ; — 10° Qu'est nul l'arrêt de renvoi qui n'indique pas avec précision quels sont les accusés renvoyés devant la cour d'assises comme auteurs principaux et comme complices du fait incriminé ; qu'il ne peut être suppléé à cette omission, lorsque l'ordonnance de renvoi confirmée par l'arrêt et l'acte d'accusation contiennent à cet égard des indications contradictoires (Crim. cass. 26 nov. 1886, aff. Pinto et autres, Bull. crim., n° 397) ; — 11° Qu'on doit annuler parte in quâ l'arrêt de la chambre d'accusation qui ne contient pas un exposé sommaire, net et précis des faits imputés à l'un des prévenus et rend impossible le contrôle de la cour de cassation sur la qualification qui a été donnée aux faits de la prévention (Crim. cass. 23 déc. 1886, aff. Samiodeur, Bull. crim., n° 433) ; — 12° Que l'ordonnance de prise de corps dans laquelle la chambre d'accusation se borne à qualifier, sans en donner l'exposé sommaire, les faits à raison desquels l'accusé est renvoyé devant la cour d'assises, est nulle, même dans le cas où cette qualification ferait connaître quelques-unes des circonstances de ces faits, si d'ailleurs cette énonciation est insuffisante pour permettre à la cour de cassation de vérifier s'ils ont effectivement un caractère criminel (Crim. cass. 24 déc. 1870, aff. Richard, D. P. 71. 1. 186).

1254. Toutefois l'interprétation de l'art. 232 ne doit pas être poussée à l'extrême. Il a été jugé, à cet égard : 1° qu'il n'est pas nécessaire que l'arrêt de la chambre des mises en accusation spécifie les circonstances de fait dont la réunion constitue les lettres de change ; que l'arrêt peut se borner à donner cette qualification aux traites sur lesquelles existent les fausses acceptations, lorsqu'au fait se rattache incontestablement le caractère de crime ; et qu'il suffit que les questions à soumettre au jury précisent les éléments de fait qui doivent permettre à la cour d'assises d'apprécier si les traites négociées ont légalement le caractère de lettres de change (Crim. rej. 24 févr. 1883, aff. Pivert, D. P. 84. 1. 93-94) ; — 2° Qu'il suffit, pour qu'un arrêt de renvoi de la chambre des mises en accusation ait une base légale, quant à l'époque du crime, qu'il déclare que le fait remonte à moins de dix ans, la date du jour ou de l'année n'étant pas nécessaire (Crim. rej. 27 nov. 1891, aff. Courtial, D. P. 92. 1. 253).

1255. Le vœu de la loi est rempli, en ce qui concerne l'exposé sommaire des faits, quelle que soit la place que cet exposé occupe dans l'arrêt. Il a été décidé, à cet égard : 1° que l'omission, dans l'arrêt de mise en accusation, des circonstances propres à spécifier et à caractériser l'accusation, et, par exemple, en cas de prévention de faux témoignage, de la circonstance que ce témoignage a eu lieu contre l'accusé ou en sa faveur, est suppléée par les énonciations de l'ordonnance de prise de corps insérée dans l'arrêt de renvoi en accusation, et dont elle fait partie intégrante et nécessaire (Crim. rej. 12 sept. 1856, aff. Soulier, D. P. 56. 1. 416).

Jugé d'autre part : 1° que l'arrêt d'accusation peut, sans irrégularité, formuler d'une manière alternative, les chefs d'accusation admis contre l'accusé ; l'obligation de diviser les qualifications et de les préciser ne concernant que la position des questions au jury (Crim. rej. 1er févr. 1866, aff. Protoy et Pernot, D. P. 67. 5. 240) ; — 2° Que lorsque les caractères constitutifs de la tentative de meurtre ne sont pas complètement énoncés dans le dispositif de l'arrêt de

renvoi, il peut y être suppléé par les motifs (Crim. rej. 10 janv. 1873, aff. Si-Mohamed-Saïd-ben-Ali-Cherifet, Bull. crim., n° 9) ; — 3° Qu'il n'est pas nécessaire, à peine de nullité, que l'énoncé des faits soit présenté dans l'arrêt d'accusation sous la forme d'un exposé spécial ; qu'il peut être suppléé à cet exposé par l'ensemble des mentions de l'arrêt (Crim. rej. 22 sept. 1859, aff. Montaron, D. P. 67. 5. 240 ; 15 févr. 1861, aff. Louvet, MM. Vaïsse, pr.-Caussin de Perceval, rap.-Savary, av. gén.-Morin, av.) ; — 4° Qu'il ne résulte aucune nullité de ce que l'exposé sommaire des faits insérés dans l'arrêt de renvoi est contenu, partie dans un exposé général, partie dans le dispositif de l'arrêt, pourvu que les faits soient suffisamment énoncés dans leur ensemble (Crim. rej. 6 mars 1874, aff. Roul de la Hellière, Bull. crim., n° 74 ; 20 janv. 1876, aff. Hacques, Bull. crim., n° 21 ; 17 févr. 1876, aff. Pichot, Bull. crim., n° 32).

1256. L'instruction ne peut être close, ni la mise en accusation prononcée contre un inculpé, sans que celui-ci ait été dûment mis en demeure d'avoir à se présenter devant le magistrat instructeur pour répondre à l'inculpation dirigée contre lui et produire ses moyens de défense. Un individu entendu comme témoin ne peut donc être renvoyé en état d'accusation sans avoir été interrogé comme inculpé, encore qu'il n'ait pas satisfait au mandat de comparution décerné contre lui, alors surtout qu'il s'est trouvé physiquement dans l'impossibilité de le faire (Crim. cass. 8 avr. 1892, aff. Veuve Appert et autres, D. P. 93. 1. 302).

1257. On a vu au Rép., n° 1137, que le défaut de pourvoi contre l'arrêt de la cour des mises en accusation couvre les vices de la procédure antérieure à cet arrêt. Jugé, en conséquence, que l'accusé qui ne s'est pas pourvu contre l'arrêt d'accusation ne peut, à l'appui de son recours contre l'arrêt de condamnation prononcé par la cour d'assises, se prévaloir de ce que l'instruction écrite n'aurait pas porté sur une circonstance invoquée par lui, et qui, pourtant, aurait été de nature à faire disparaître le crime dont il était prévenu (Crim. rej. 25 juill. 1867, aff. Clérissi, D. P. 69. 5. 244 ; 22 mars 1850, aff. Delannois, D. P. 50. 5. 287 ; 29 avr. 1869, aff. Firon, Bull. crim., n° 97 ; 21 janv. 1869, aff. Théophile, ibid., n° 19 ; 11 nov. 1869, aff. Béchade, ibid., n° 229 ; 17 mars 1892, aff. Leroy, ibid., n° 74 ; 13 mai 1892, aff. Mabrouka-ben-Galeb, ibid., n° 137 ; 9 déc. 1892, aff. Thépault, ibid., n° 327).

1258. Une fois que la chambre d'accusation a rendu son arrêt, ses pouvoirs sont épuisés ainsi qu'on l'a dit au Rép., n° 1138. Jugé, par suite, qu'après un arrêt de renvoi aux assises passé en force de chose jugée, la chambre d'accusation n'a plus le pouvoir d'accorder la liberté provisoire à l'accusé, qui doit rester détenu en vertu de l'ordonnance de prise de corps (Crim. rej. 19 juin 1848, aff. Brun, Bull. crim., n° 148).

1259. Relativement au pourvoi qui peut être formé contre les arrêts de la chambre d'accusation, le Répertoire, (n° 1139) renvoyait aux nos 1307 et suiv. et v° Cassation, nos 165 et suiv. Cette matière est également traitée supra, v° Cassation, nos 55 à 59. Nous y avons rappelé, en ce qui touche les arrêts de renvoi, la controverse qu'a soulevée le nouveau, comme l'ancien texte de l'art. 299, on a vu que la doctrine et la jurisprudence se sont mises d'accord pour ne pas voir dans cet article une disposition restrictive ; elles admettent qu'il y a ouverture à cassation non seulement dans les cas prévus par l'article précité, mais encore pour toute cause de nullité conformément à l'art. 408 c. instr. crim., à la condition toutefois que le pourvoi ait été formé dans le délai ordinaire de trois jours, imparti par l'art. 373 c. instr. crim. Il a été jugé, dans le sens des décisions rapportées loc. cit. : 1° que les arrêts de la chambre d'accusation sont soumis, indépendamment de la demande en nullité qu'autorisent, en certains cas, les art. 296 et 299 c. instr. crim. aux règles générales de recours qui s'appliquent à tous les arrêts rendus en matière criminelle conformément aux règles générales édictées par l'art. 373 du même code ; que, notamment, le procureur général est recevable à se pourvoir contre un arrêt de la chambre d'accusation à raison de ce que cet arrêt aurait enfreint, dans sa rédaction, les règles prescrites par la loi (Crim. rej. 12 sept. 1856, aff. Soulier, D. P. 56. 1. 416) ; — 2° Que l'accusé renvoyé devant la cour d'assises peut se prévaloir

contre l'arrêt de lachambre d'accusation, non seulement des moyens spéciaux de nullité énumérés par l'art. 299 c. instr. crim., mais encore de tout autre moyen de cassation, en vertu du principe général posé par l'art. 373 du même code, lorsqu'il a formé son pourvoi à la fois dans le délai fixé par l'art. 296 et dans le délai déterminé par l'art. 373 (Crim. rej. 28 févr. 1878, aff. Levitre, *Bull. crim.*, n° 59). — Mais il a été jugé avec raison que l'arrêt de renvoi devant la cour d'assises ne peut pas être déféré à la cour de cassation à raison de griefs fondés sur des faits postérieurs et extrinsèques audit arrêt (Crim. rej. 13 août 1874, aff. Levaillant, D. P. 75. 1. 41). Ainsi est non recevable le pourvoi fondé soit sur ce que le prévenu n'aurait pas été averti du délai pendant lequel il est admissible à se pourvoir contre l'arrêt de renvoi, soit sur ce que les délais indiqués par les art. 21 et 22 de la loi du 26 mai 1819 (aujourd'hui, les art. 52 et 53 de la loi du 29 juill. 1881) ne peuvent matériellement s'écouler avant le jour fixé pour la comparution devant la cour d'assises (Même arrêt).

De même, le moyen tiré de la désignation inexacte du nom de l'accusé dans l'arrêt de renvoi, formulé, pour la première fois, par cet accusé après son arrestation, dans son interrogatoire préalable, ne peut plus être utilement présenté que devant la cour d'assises pour être apprécié par le jury. Le président des assises a, d'ailleurs, toute liberté pour mettre le jury à même de rendre son verdict, en pleine connaissance, sous le véritable nom de l'accusé, en opérant, s'il y a lieu, dans la position des questions, les rectifications qui seraient rendues nécessaires, soit par les déclarations de l'accusé dans son interrogatoire préalable soit par le résultat des débats (Crim. rej. 28 mars 1889, aff. Frachon, dit Henry, *Bull. crim.*, n° 129).

1260. On a exposé *suprà*, v° *Cassation*, n° 58, que, en dehors des conditions et hypothèses visées par l'art. 299, le droit commun en matière de cassation doit être appliqué à toutes les décisions de la chambre d'accusation, notamment pour les arrêts de renvoi devant le tribunal de police correctionnelle. Jugé, en conséquence, conformément aux arrêts indiqués *loc. cit.*, que le prévenu est sans intérêt et non recevable à se pourvoir contre l'arrêt de la chambre d'accusation qui se borne à le renvoyer en police correctionnelle, sans trancher aucune question de compétence, et laisse entière la liberté d'appréciation du tribunal (Crim. cass. 31 déc. 1858, aff. Shélys et Four, *Bull. crim.*, n° 327 ; Crim. rej. 21 mai 1858, aff. Besson, D. P. 58. 5. 50; 27 nov. 1873, aff. Sallée, D. P. 74. 1. 177 ; 19 mars 1875, aff. Ben-Tata, D. P. 76. 1. 91 ; 23 juill. 1875, aff. Mapoulié, D. P. 76. 1. 333 ; 17 févr. 1884, aff. Vernier, D. P. 82. 1. 187 ; 23 sept. 1886, aff. Logerot, *Bull. crim.*, n° 333 ; 18 sept. 1890, aff. Bessanneau, D. P. 91. 1. 192).

Le pourvoi serait, au contraire, recevable contre l'arrêt qui renvoie le prévenu en police correctionnelle s'il préjugeait par quelque disposition définitive, certaines questions du procès (Crim. rej. 10 févr. 1866, aff. Hougron, *Bull. crim.*, n° 38).

1261. En ce qui concerne les *arrêts de non-lieu*, on a vu *suprà*, v° *Cassation*, n° 59, qu'ils peuvent être attaqués en cassation par le ministère public. Conformément à cette doctrine, il a été jugé que les arrêts de non-lieu, bien que, en principe, les chambres des mises en accusation apprécient souverainement, quant à leur existence, les faits sur lesquels elles sont appelées à prononcer, peuvent être déférés à la cour de cassation par le ministère public, lorsqu'ils n'assurent pas aux faits déclarés constants les conséquences légales qu'ils comportent (Crim. cass. 11 oct. 1860, aff. Orcel, D. P. 65. 5. 36).

1262. Quant à la *partie civile*, il est de principe qu'elle est irrecevable à se pourvoir en cassation contre un arrêt de non-lieu (V. *suprà*, v° *Cassation*, *loc. cit.*, Crim. rej. 14 juill. 1859, aff. Yonner, *Bull. crim.*, n° 178 ; 8 sept. 1859, aff. Bruniau, D. P. 59. 5. 225; 21 juill. 1860, aff. Hubert, D. P. 61. 5. 60; 17 août 1878, aff. Baisset, D. P. 80. 1. 478; 27 mars 1884, aff. Chirac, D. P. 85. 1. 224; 3 nov. 1887, aff. Pancrazi, D. P. 88. 1. 236).

Le pourvoi de la partie civile ne serait recevable qu'autant que l'arrêt aurait prononcé contre elle des condamnations civiles ; mais on ne peut qualifier ainsi une simple condamnation aux dépens (Crim. rej. 17 août 1849,

aff. Laborie, D. P. 49. 1. 224). — Le recours serait ouvert à la partie civile dont l'opposition à une ordonnance de non-lieu aurait été rejetée par une simple fin de non-recevoir, par exemple, comme étant faite sans qualité et sans droit (Crim. rej. 17 août 1878, aff. Baisset, D. P. 80. 1. 478).

Ajoutons que la partie civile qui succombe dans son opposition à un arrêt de non-lieu ne peut être condamnée par la chambre d'accusation à des dommages-intérêts envers le prévenu, ni d'office, ni même sur les conclusions du ministère public (Bourges, 9 juin 1870, aff. Roche, D. P. 71. 2. 59).

1263. Ainsi qu'on l'a vu au *Rép.*, n° 1324, le *délai* du pourvoi en cassation contre l'arrêt de la chambre d'accusation aux termes des art. 296 et 298 c. instr. crim., est de cinq jours pour les demandes en nullité fondées sur l'une des causes énumérées dans l'art. 299. Le pourvoi formé après l'expiration de ce délai n'est pas recevable (Crim. rej. 2 janv. 1868, aff. Gueffucci, *Bull. crim.*, n° 2 ; 4 mars 1869, aff. Saïdben-Konider, *ibid.*, n° 53 ; 24 juin 1869, aff. Facciotti, *ibid.*, n° 155 ; 21 sept. 1882, aff. Leblanc, *ibid.*, n°223). Toutefois, il a été jugé que, bien que le recours de l'accusé contre l'arrêt de renvoi n'ait été formé que le sixième jour à partir de l'avertissement du président de la cour d'assises, il est néanmoins recevable si le président, au lieu de faire connaître à l'accusé qu'il devait déclarer son pourvoi dans les cinq jours, l'a averti qu'il avait cinq jours pour se pourvoir, et l'a ainsi autorisé à supposer qu'un délai de cinq jours francs lui était accordé (Crim. rej. 21 juin 1849, aff. Roucaserra, D. P. 49. 5. 251).

Jugé, également, que le pourvoi en cassation formé par l'accusé contre l'arrêt de mise en accusation, plus de cinq jours après un premier interrogatoire par lui subi dans la maison de justice, mais moins de cinq jours après un second interrogatoire (subi le surlendemain), lors duquel l'avertissement prescrit par l'art. 296 c. instr. crim. lui a été renouvelé, avec désignation d'un nouveau conseil en remplacement de celui d'abord choisi et qui se trouvait empêché, est recevable, l'accusé ayant pu croire que le délai du pourvoi ne courait qu'à partir de ce second interrogatoire (Ch. crim. 1er avr. 1852, aff. Lacroux, D. P. 52. 5. 315).

1264. En examinant l'effet des arrêts de rejet, nous avons dit *suprà*, v° *Cassation*, n° 455, que le rejet du pourvoi a pour conséquence d'attribuer à la décision attaquée la force de la chose jugée. Par suite, le rejet du pourvoi formé contre un arrêt de la chambre d'accusation qui renvoie un accusé aux assises rend à l'ordonnance de prise de corps sa force exécutoire, momentanément interrompue; et il en résulte que cet accusé, renvoyé aux assises, ne peut plus s'adresser à aucune juridiction pour obtenir sa mise en liberté provisoire (Crim. rej. 23 avr. 1868, aff. Chavagnac, *Bull. crim.*, n° 107 ; 19 juin 1868, aff. Brun, *ibid.*, n° 148 ; 16 juill. 1868, aff. Avrard, *ibid.*, n° 167 ; 8 juin 1872, aff. Besnard, *ibid.*, n° 138 ; Crim. cass. 13 juill. 1872, aff. Dhée et Pelletier, *ibid.*, n° 175; Crim. rej. 14 mars 1873, aff. Isaac, *ibid.*, n° 74).

1265. Au contraire, les arrêts de cassation frappent les dispositions ou les décisions annulées dans toutes leurs conséquences (V. *suprà*, v° *Cassation*, n° 458). Ainsi lorsqu'un arrêt de la chambre des mises en accusation a été frappé de cassation, toutes les formalités accomplies à la suite et en exécution dudit arrêt se trouvent nécessairement annulées elles-mêmes et réputées non avenues. En conséquence, si l'accusé est renvoyé de nouveau devant les assises, il est indispensable qu'un nouvel acte d'accusation soit dressé et lui soit notifié, et qu'il soit encore interrogé par le président de la cour d'assises (Crim. cass. 29 sept. 1892, aff. Emile, *Bull. crim.*, n° 251).

SECT. 2. — Du mode d'instruction devant la chambre d'accusation en cas d'évocation, de survenance de charges nouvelles, de poursuites contre les magistrats ou officiers de police judiciaire, etc. (*Rép.* n°s 1140 à 1184).

1266. — 1° *Droit d'évocation* (*Rép.* n°s 1141 à 1164). — En dehors de l'évocation proprement dite, qui consiste dans le dessaisissement du juge inférieur par le juge supérieur, la loi confère à la chambre d'accusation dans toutes les affaires

dont elle est saisie, le droit d'ordonner d'office des poursuites, soit à l'égard d'individus non impliqués dans les procédures en cours, soit à l'égard de faits connexes aux infractions qui concernent les informations qui lui sont soumises. Elle participe dans cette mesure à l'exercice de l'action publique. C'est ce qui résulte du texte de l'art. 235 c. instr. crim., tel qu'il a été interprété au *Rép.*, n°s 1142 et suiv.

Tout autre est l'hypothèse de l'art. 11 de la loi du 20 avr. 1810. Sans doute, il s'agit encore de la surveillance et de l'exercice de l'action publique; seulement cette mission s'exerce dans des conditions bien différentes et autrement solennelles. Elle est confiée non plus à la chambre d'accusation, mais à la cour d'appel, toutes chambres assemblées; et, à l'inverse de la chambre d'accusation, qui n'a d'action qu'autant qu'elle est saisie, la cour d'appel peut, sur « les dénonciations qui lui seront faites par un de ses membres de crimes et de délits, mander le procureur général pour lui enjoindre de poursuivre, à raison de ces faits, *ou pour entendre le compte que le procureur général lui rendra des poursuites qui seraient commencées* ». Garraud, *Précis*, n° 358. — « Du reste, ajoute cet auteur, l'art. 11 n'a pas de sanction effective; car, la poursuite dépendant toujours du procureur général, celui-ci, en opposant la force d'inertie, peut, s'il est appuyé par le garde des sceaux, entraver l'exercice du droit de surveillance conféré à la cour d'appel ». Rien de plus exact assurément; mais ce droit seul est une force, et l'exercice qui en est fait constitue un acte d'autorité assez considérable pour que la liberté et la sécurité publiques soient intéressées au maintien intégral de ce droit.

1267. Depuis la publication du *Répertoire*, la question s'est posée de savoir si le droit de mander le procureur général pour entendre le compte rendu de poursuites s'étend ou non aux poursuites que la cour n'a pas ordonnées? La cour suprême s'est prononcée pour la négative (Crim. cass. 12 juill. 1861, aff. Edmond About, D. P. 61. 1. 292). « Attendu, porte l'arrêt, que l'art. 11 de la loi du 20 avr. 1810, qui autorise exceptionnellement les cours impériales à mettre en mouvement l'action publique dont parle l'art. 9 c. instr. crim., dans sa généralité, leur confie la direction, a uniquement pour objet le cas où une cour impériale, chambres assemblées, a été saisie de la connaissance d'un crime ou d'un délit, par dénonciation de l'un de ses membres; — qu'il ressort évidemment de la combinaison des diverses parties de cet article, qu'il s'agit d'un crime ou d'un délit dont l'instruction n'était pas encore commencée, et que c'est à raison de cette circonstance que la cour est autorisée à mander le procureur général pour lui enjoindre de poursuivre, et pour entendre, ultérieurement, le compte que ce magistrat devra lui rendre des poursuites commencées; — que cette dernière disposition corrélative à celles qui concernent la dénonciation du fait incriminé et l'injonction de poursuivre ne peut nécessairement s'entendre que des poursuites ordonnées par la cour en vertu dudit article; — qu'on détournerait évidemment cette disposition de son véritable sens, si, par une interprétation que repoussent à la fois le texte et l'esprit de la loi, on lui assignait la portée de comprendre, dans le droit de demander au procureur général, non seulement les poursuites commencées en exécution de la première partie de l'art. 11, mais encore toutes les instructions ouvertes par le ministère public en vertu de sa propre initiative; — qu'admettre une telle interprétation, ce serait donner aux cours impériales le droit absolu d'intervenir dans l'exercice de l'action publique, lorsque la loi n'a voulu les investir que pour des cas extraordinaires et confondre les attributions qu'elle a limitativement départies aux diverses branches du pouvoir judiciaire... ». La note qui accompagne cet arrêt (*loc. cit.*) développe les arguments que l'on a fait valoir contre la doctrine de la cour suprême. Cette doctrine présente de nombreux inconvénients : d'une part, en effet, elle rend plus difficile la position du procureur général, qui, dans certains cas graves, ne peut trouver nulle part une plus forte garantie de son indépendance que dans l'intervention de la cour d'appel. D'autre part, loin de supprimer les conflits, elle leur fournit un prétexte dans l'allégation toujours facile de l'existence d'un commencement de poursuites. Enfin, si des poursuites ont été réellement intentées et si arbitrairement le ministère public les aban-

donne ou même interrompt le cours de la justice en mettant, comme dans l'espèce jugée en 1861, la juridiction saisie dans l'impossibilité de statuer, la cour d'appel est impuissante contre un tel désordre. Est-ce là ce pouvoir fort dont le législateur de 1810 voulait armer les cours pour empêcher qu'un coupable, quel qu'il fût, pût échapper à l'action de la loi?

1268. Cette question du pouvoir de la cour d'appel, quant à l'exercice de l'action publique, est, depuis plusieurs années, pendante devant le parlement, à l'occasion du projet de loi sur l'instruction criminelle. On est d'accord pour subordonner le droit d'évocation aux réquisitions du procureur général; mais le Sénat, partisan de la doctrine qui met aux mains de ce fonctionnaire le monopole de l'action publique, abroge l'art. 11 de la loi du 20 avr. 1810, et ne permet à la chambre d'accusation que sur les réquisitions du procureur général d'ordonner qu'il sera informé sur des faits et sur des personnes non compris dans les réquisitions du ministère public (art. 217). Au contraire, la commission de la Chambre des députés, adoptant du reste le projet du Gouvernement, reconnaît à la chambre d'accusation l'exercice de ce droit, même d'office (art. 224). De plus, elle conserve à la cour d'appel son action sur la police judiciaire, mais en l'amoindrissant; l'art. 230 du projet dispose en effet : « La cour, toutes chambres réunies, peut, sur la dénonciation d'un de ses membres, et après avoir entendu le procureur général, ordonner une poursuite. Dans ce cas, elle saisit la chambre des mises en accusation ». Et le rapporteur conclut ainsi : « Il n'était pas possible de restreindre dans des limites plus étroites le principe que la police judiciaire est exercée sous l'autorité des cours d'appel. La suppression de toute immixtion de la magistrature dans la poursuite des crimes et des délits serait menaçante pour les droits des citoyens » (V. les deux rapports de M. Bovier-Lapierre, déposés : l'un, le 26 janv. 1887 (*Journ. off.* Ch. des dép., Doc. parl., ann. n° 1453); l'autre, le 15 janv. 1894 (*ibid.*, n° 1114). V. aussi, F. A. Hélie, *De l'autorité des cours d'appel sur la police judiciaire* (*La France judiciaire*, t. 8, p. 287 et suiv.); Louchet, *De l'autorité des cours en matière criminelle*; Ad. Guillot, *op. cit.*, p. 90 et suiv.

1269. — 2° *Charges nouvelles* (*Rép.* n°s 1165 à 1180). — On a vu, *suprà*, v° *Chose jugée*, n°s 251 et suiv., comment l'art. 246 règle les effets des arrêts de la chambre d'accusation portant qu'il n'y a lieu à renvoi en cour d'assises, en interdisant une nouvelle poursuite, sauf le cas de *charges nouvelles*. Nous rappelons également que les termes de l'art. 246 s'étendent soit aux arrêts de non-lieu en matière correctionnelle ou de simple police, soit aux ordonnances de non-lieu rendues par les juges d'instruction. Les motifs de cette règle sont très nettement indiqués par M. Garraud, *Précis de droit criminel*, n° 672 : « tant qu'il ne survient pas de nouvelles charges, dit cet auteur, le fait matériel, reproché à l'inculpé, ne peut être l'objet d'une incrimination quelconque. En effet, les juridictions d'instruction saisies d'une affaire, doivent la considérer sous toutes ses faces, l'examiner sous tous les rapports qu'elle peut avoir avec la loi pénale. Elles ne rendent donc une décision de non-lieu, qu'autant que le fait, tel qu'il résulte de l'information, ne constitue ni un crime, ni un délit, ni une contravention imputable au prévenu; de sorte que, les choses demeurant en l'état, le *fait matériel* qui a donné lieu à une décision de cette nature ne saurait être poursuivi sous une autre qualification sans qu'il y ait échec à la chose jugée ».

Mais encore faut-il, pour qu'on puisse invoquer la chose jugée, qu'il s'agisse du même fait. Ainsi il a été jugé, à cet égard : que l'arrêt de non-lieu sur une prévention (de viol, par exemple) ne fait pas obstacle à une poursuite ultérieure pour un délit se rattachant aux faits qui avaient donné lieu à la première prévention, mais présentant des éléments et un caractère distincts (tel que le délit d'outrage public à la pudeur) (Crim. cass. 10 janv. 1857, aff. Tricophe, D. P. 57. 1. 128).

1270. Maintenant, que faut-il entendre par *charges nouvelles*? On l'a expliqué au *Rép.*, n°s 1167 à 1170, en rappelant le texte de l'art. 247 aux termes duquel « sont considérées comme charges nouvelles les déclarations des témoins, pièces et procès-verbaux qui, n'ayant pu être soumis à l'examen de la cour, sont cependant de nature, soit

à fortifier les preuves que la cour a trouvées trop faibles, soit à donner aux faits de nouveaux développements utiles à la manifestation de la vérité ». Il a été décidé, sur ce point : 1° que si, postérieurement à une ordonnance de non-lieu déclarant l'insuffisance des charges élevées contre un inculpé, un nouveau délit de même nature (celui de suppression d'enfant) a été commis dans des circonstances identiques, les indices graves qui en font imputer la perpétration au même inculpé sont avec raison considérés comme des charges nouvelles autorisant la reprise de l'instruction sur le premier délit (Crim. rej. 17 janv. 1867, aff. Neveu, D. P. 67. 1. 357); — 2° Qu'on doit considérer comme charges nouvelles, dans le sens de l'art. 247 c. instr. crim., toutes les charges résultant d'investigations postérieures à l'ordonnance de non-lieu, quelle que soit la cause qui ait mis la justice en mouvement et qui ait provoqué ses nouvelles recherches (Crim. rej. 1er févr. 1877, aff. Puech, D. P. 78. 1. 238); — 3° Que, lorsque, après une ordonnance de non-lieu, l'instruction est reprise sur charges nouvelles, la loi n'assujettit à aucune forme déterminée la constatation de ces charges; que cette constatation peut, notamment, résulter de l'adoption implicite par le juge d'instruction des motifs énoncés dans les réquisitions du ministère public (Crim. cass. 23 nov. 1878, aff. Bonnet, Bull. crim., n° 224); — 4° Qu'il suffit que le ministère public dans son réquisitoire, et le juge d'instruction dans son ordonnance, se soient fondés sur des charges nouvelles résultant de pièces, de faits et de documents qui n'avaient pas été soumis à l'appréciation des juges au moment où ils ont rendu l'ordonnance ou l'arrêt de non-lieu (Crim. cass. 15 janv. 1875, aff. Charon-Gary, D. P. 75. 1. 284. V. aussi dans le même sens : Crim. cass. 5 mai 1856, aff. Barthe de Villers, D. P. 56 1. 274 ; Crim. rej. 27 janv. 1870, aff. Fanien, D. P. 70. 1. 442; 17 oct. 1889, aff. Bichardot, D. P. 89. 5. 278).

1271. A qui appartient l'appréciation de ce qui peut constituer une charge nouvelle, et comment cette constatation doit-elle se faire? Comme l'a vu au Rép., n° 1170, les juridictions d'instruction ont qualité pour décider s'il y a lieu de reprendre une information sur charges nouvelles; mais il appartient aux juges du fond de se prononcer sur le caractère et la valeur de ces charges (V. en ce sens : Trib. Bordeaux, 7 août 1868, aff. Richard, D. P. 69. 3. 30; Alger, 5 févr. 1875, aff. B..., D. P. 75. 2. 120). — Aux termes de l'arrêt précité, il ne saurait appartenir au tribunal correctionnel de reconnaître et déclarer les charges nouvelles qui ont pu survenir contre le prévenu.

1272. Ainsi, s'agit-il d'une ordonnance de non-lieu non attaquée, le droit de reprendre l'information n'appartient qu'au juge d'instruction ; d'où il suit que l'arrêt de la chambre d'accusation qui renvoie un prévenu devant le tribunal correctionnel pour y être jugé sur une prévention déjà appréciée par une ordonnance de non-lieu passée en force de chose jugée, alors même qu'il se fonde sur l'existence de charges nouvelles, est entaché de nullité comme violant le principe de la chose jugée et les règles de la compétence (Crim. cass. 28 sept. 1865, aff. Boignier, D. P. 65. 5. 65). V. Rép. n°s 1171, 1174 et 1175.

1273. S'agit-il, au contraire, d'une ordonnance de non-lieu confirmée par arrêt de la chambre d'accusation, cette juridiction a seule le droit d'apprécier les charges nouvelles (Rép. n°s 1172 et suiv.). Jugé, à cet égard, que, lorsque, sur une dénonciation de crime, il est intervenu une première ordonnance et un arrêt de non-lieu, le droit de procéder à l'examen de nouvelles charges se rapportant au même crime ne peut plus appartenir qu'à la chambre des mises en accusation ; qu'il en est ainsi non seulement lorsque ces charges sont élevées contre le même prévenu, mais aussi lorsque, étant élevées contre un autre, elles concernent le même crime; que, spécialement, lorsqu'une nouvelle plainte sur une imputation de crime qui a déjà fait l'objet d'un arrêt de non-lieu, et qui ne concernait alors qu'un individu non spécifié, a été remise au juge d'instruction contre une personne désignée tout au moins comme complice, la déclaration de non-lieu à suivre rendue par le juge d'instruction est avec raison annulée par la chambre des mises en accusation, sur l'opposition du plaignant, comme ayant été rendue contrairement à la procédure tracée par les art. 346 et suiv. c. instr. crim. (Crim. rej. 22 juill. 1859, aff. Hubert, D. P. 66. 5. 85).

1274. On a rappelé au Rép., n° 1180, qu'en cas d'acquittement, l'accusé ne peut plus être poursuivi à raison du même fait, alors même qu'il surviendrait des charges nouvelles. Mais, a-t-on ajouté, cette règle ne s'oppose pas à une nouvelle poursuite pour des faits qui, bien qu'antérieurs à celui ayant fait l'objet de l'acquittement, n'ont pas été compris dans la première instruction. Il a été jugé, dans cet ordre d'idées, que lorsque la chambre d'accusation, reconnaissant dans les faits incriminés un faux et une escroquerie dont le faux avait eu pour but d'assurer le succès, a renvoyé l'accusé devant la cour d'assises et devant le tribunal correctionnel, l'acquittement intervenu sur le chef de faux ne permet pas d'invoquer devant le tribunal correctionnel, en ce qui concerne l'escroquerie, l'exception de chose jugée (Crim. rej. 21 août 1873, aff. Fontenay, Bull. crim., n° 235).

1275. — 3° Poursuites contre un magistrat (Rép. n°s 1181 à 1184). — On trouvera supra, v° Mise en jugement des fonctionnaires publics, n°s 17 et suiv., tout ce qui est relatif à cette matière.

SECT. 3. — DE L'ACTE D'ACCUSATION (Rép. n°s 1185 à 1233).

1276. L'acte d'accusation, ainsi que nous l'avons rappelé au Rép., n° 1187, doit être rédigé par le procureur général, aux termes de l'art. 241 c. instr. crim. Dans le cas de renvoi devant une autre cour d'assises pour cause de sûreté publique ou de suspicion légitime, la cour de cassation ayant dessaisi la cour d'assises originairement saisie, c'est le procureur général de la cour de renvoi qui doit dresser le nouvel acte d'accusation. Il en est de même lorsque, après un arrêt de condamnation, la cour de cassation a annulé cet arrêt et tout ce qui l'a précédé, jusques et y compris l'acte d'accusation.

Bien que l'art. 241 ne parle que du procureur général, il est certain que le droit de rédiger l'acte d'accusation appartient à ses substituts et aux avocats généraux. — Quant à la signature même de l'acte d'accusation par son rédacteur, elle constitue une formalité substantielle dont l'omission emporte la nullité de l'acte lui-même et de toute la procédure qui suit (Crim. cass. 27 déc. 1877, aff. Mayne et Gulzin, D. P. 78. 1. 92 et 446).

1277. Il résulte des explications fournies au Rép., n°s 1188 à 1190, que l'acte d'accusation doit être rédigé avec soin et présenter le résumé des charges et des moyens de défense qui résultent de l'instruction: Toutefois la loi s'en rapporte, pour la rédaction de cet acte, à la conscience et aux lumières du procureur général. Par suite, l'omission de certains détails, même favorables à l'accusé, par exemple, le défaut de reproduction complète des indications d'un rapport de médecin invoqué à l'appui de l'accusation, ne peuvent servir de base à un recours en cassation (Crim. rej. 6 sept. 1855, aff. Paulet. D. P. 55. 5. 255).

D'un autre côté, aucune disposition de loi n'interdit au procureur général de faire état, dans l'acte d'accusation, de tous les renseignements qu'il a pu recueillir d'une manière quelconque, l'accusé et son conseil ayant pu librement débattre les termes de cet acte (Crim. rej. 1er mars 1889, aff. Férest, Bull. crim., n° 86).

1278. L'art. 241 veut que le prévenu soit dénommé et clairement désigné dans l'acte d'accusation ; c'est ce que l'on a exposé au Rép., n°s 1191 et 1192, en faisant remarquer qu'il suffit que l'accusé y soit indiqué le plus exactement possible, d'après les documents fournis par l'instruction. Jugé, en conséquence : 1° qu'une inexactitude dans l'indication de l'âge de l'accusé ne rend pas nulle l'ordonnance de prise de corps, lorsqu'il n'en peut résulter aucune incertitude sur l'individualité de celui-ci (Crim. cass. 21 déc. 1871, aff. Benaben et Bez, D. P. 72. 1. 334) ; — 2° Que le moyen tiré d'une erreur sur l'acte d'accusation, quant à l'indication du lieu de naissance d'un accusé, alors que ce dernier a accepté le débat sans relever l'erreur, est irrecevable (Crim. rej. 12 déc. 1889, aff. Cassan, Bull. crim., n° 387). D'ailleurs les inexactitudes ou les erreurs que contiendrait l'exposé de l'acte d'accusation sont toujours suscep-

tibles d'être rectifiées au cours des débats et ne sauraient être une cause de nullité de l'arrêt (Crim. rej. 19 mai 1892, aff. Saint-Blancat et autres, *Bull. crim.*, n° 150).

1279. On a vu au *Rép.*, n°s 1210 et 1211, que la cour de cassation, revenant sur son ancienne jurisprudence, a décidé par de nombreux arrêts que la notification à l'accusé de l'arrêt de renvoi et de l'acte d'accusation, prescrite par l'art. 242 est une formalité substantielle dont l'omission entraîne la nullité des débats et de la condamnation. Il y a donc nullité de toute la procédure si l'accomplissement de cette formalité n'est établi par aucune pièce (Crim. cass. 24 janv. 1856, aff. Camboulives et Parayre, D. P. 56. 1. 411; 10 déc. 1857, aff. Perrot, D. P. 58. 1. 136; 15 janv. 1859, aff. Pascal, D. P. 59. 5. 224; 15 avr. 1875, *Bull. crim.*, n° 123; 11 janv. 1877, aff. Abraham, D. P. 77. 1. 512).

1280. Cette notification, comme on l'a vu au *Rép.*, n° 1216, doit être faite à la *personne* même de l'accusé. Il a été jugé que la notification ne peut, à peine de nullité, être faite que *parlant à la personne* de l'accusé, et non parlant au concierge de la maison d'arrêt (Crim. cass. 7 juin 1855, aff. Alix, D. P. 55. 5. 256; 5 janv. 1866, aff. Rolle, D. P. 66. 5. 250; 23 mars 1889, aff. Liblin, *Bull. crim.*, n° 127). Mais la formalité de la notification se trouve suffisamment établie, soit par la déclaration de l'huissier dans son exploit, soit par l'original de cet exploit mentionnant le coût de deux copies, s'il y a deux accusés (Crim. rej. 6 mai 1859, aff. Serronyer et Lancry, D. P. 59. 1. 480; 11 juin 1868, aff. Ould-bel-Hadj, D. P. 69. 5. 242).—Lorsque la notification de l'arrêt de renvoi et de l'acte d'accusation a été faite par un exploit dans lequel le « parlant à » a été laissé en blanc, la nullité se trouve couverte si, dans son interrogatoire devant le président, l'accusé a formellement reconnu avoir reçu notification et copie tant de l'arrêt de renvoi que de l'acte d'accusation (Crim. rej. 6 févr. 1890, aff. Le Roux, *Bull. crim.*, n° 34).

1281. La loi n'ayant pas réglé la forme des actes de signification exigés dans les procédures criminelles, on en conclut qu'aucune disposition n'exige que, dans l'exploit de notification de l'arrêt de renvoi et de l'acte d'accusation à l'accusé, la date de ces actes soit écrite en toutes lettres, et non en chiffres (Crim. rej. 30 déc. 1869, aff. Paoletti, D. P. 70. 5. 211). Jugé aussi que le moyen tiré de la nullité de la notification de l'arrêt de renvoi, en ce que la copie de cette notification délivrée à l'accusé ne porterait pas la signature de l'huissier, doit être rejeté alors que, d'une part, l'original de la notification est régulier, et que, d'autre part, l'accusé ne produit pas la dernière partie de la copie qui devait contenir les mentions finales avec la signature de l'huissier (Crim. rej. 13 juill. 1893, aff. Boulay, *Bull. crim.*, n° 190). — Ajoutons que la loi ne défend pas de se servir de formules imprimées. La prohibition de l'art. 372 c. instr. crim. ne s'étend nullement aux actes de notification (Crim. rej. 14 mai 1892, aff. Brouzet, *Bull. crim.*, n° 145).

1282. S'il s'agit d'un accusé en fuite, n'ayant ni domicile, ni résidence connus en France, la notification doit être faite suivant les règles posées, non dans l'art. 68, mais dans l'art. 69 c. proc. civ., ainsi qu'on l'a expliqué au *Rép.* n° 1218 (Crim. rej. 25 sept. 1873, aff. Huguet, D. P. 74. 1. 132).—S'il s'agit d'un contumax sans domicile fixe, la notification est régulièrement faite au lieu de la dernière résidence de cet accusé (Crim. rej. 13 oct. 1853, aff. Chausse, D. P. 53. 5. 260); et la notification est réputée faite au domicile de l'accusé, quand elle a été faite à la maîtresse de l'auberge où cet accusé occupait encore une chambre et où ses effets étaient déposés, bien qu'il eût quitté ces lieux sans qu'on connût sa résidence nouvelle (Crim. rej. 2 janv. 1874, aff. Pierre Jamet, D. P. 76. 5. 209). — Mais si le contumax s'est constitué prisonnier, la notification faite, le lendemain, à son domicile est insuffisante et cette irrégularité entraîne la cassation des débats (Crim. cass. 8 mars 1860, aff. Majorel, D. P. 60. 5. 201).

1283. On a examiné au *Rép.* n°s 1222 à 1224, à quelles conditions les erreurs ou omissions, contenues dans la copie signifiée, peuvent devenir une cause de nullité. Il faut, pour cela, que l'accusé ait pu être induit en erreur sur les faits de l'accusation. Jugé, par suite : 1° que l'accusé ne peut

se faire un grief de ce que l'exploit de notification donne à l'acte d'accusation une date erronée (21 octobre, au lieu de 23 octobre), lorsque l'erreur est rectifiée par la copie de l'acte d'accusation transcrite à la suite de celle de l'acte de notification dudit acte (Crim. rej. 5 déc. 1867, aff. Farneau, D. P. 69. 5. 243); — 2° Que l'omission, dans le résumé de l'acte d'accusation signifié à l'accusé, du chef d'accusation sur lequel il a été condamné n'entraîne pas la nullité de l'arrêt de la cour d'assises, lorsque cette omission n'a pu empêcher l'accusé de procéder en pleine connaissance à ses moyens de défense, et qu'il a trouvé dans l'exposé des faits l'indication complète de tous les actes pour lesquels il était poursuivi (Crim. rej. 22 mai 1874, aff. Auguste Robert, D. P. 74. 1. 454); — 3° Que l'omission matérielle d'une circonstance aggravante, dans la copie de l'arrêt de renvoi notifiée à l'accusé, n'entraîne pas la nullité de cette signification, si la copie de l'acte d'accusation, signifiée en même temps que l'arrêt, mentionne cette circonstance (Crim. cass. 4 août 1881, aff. Demeulnær, D. P. 82. 1. 238); — 4° Qu'aucun grief ne résulte de ce qu'un chef d'accusation a été omis dans la copie de l'arrêt de renvoi signifié à l'accusé, si ce chef, clairement énoncé dans les motifs, est exactement spécifié dans le dispositif de l'arrêt; et qu'il doit en être ainsi, alors surtout que l'accusé a accepté le débat sans protestation, et que le chef dont il s'agit a été écarté par la déclaration du jury (Crim. rej. 17 oct. 1889, aff. Mante, *Bull. crim.*, n° 314). — Décidé même que le moyen de cassation tiré de l'existence, dans la copie de l'acte d'accusation, de lacunes qui auraient rendu impossible pour l'accusé la préparation d'une défense complète, ne rentre pas au nombre des cas de nullité énoncés dans l'art. 299 c. instr. crim. (Crim. rej. 27 mai 1870, aff. Wyck Malthys, D. P. 70. 1. 319). — Mais il a été jugé que l'acte d'accusation n'a pas été régulièrement signifié à l'accusé et partant qu'il y a nullité de cette signification et de tout ce qui a suivi lorsque la copie délivrée à l'accusé ne contient que le préambule et les conclusions de ladite pièce, encore même qu'il serait renvoyé, quant aux faits, à l'exposé où s'en trouve dans l'arrêt de renvoi (Crim. cass. 17 déc. 1858, aff. Poirier, D. P. 69. 5. 243).

TIT. 2. — DE L'INSTRUCTION DEVANT LA COUR D'ASSISES ET LE JURY (*Rép.* n°s 1234 à 3773).

1284. Les cours d'assises ont conservé les attributions définies au n° 1234 du *Répertoire*. Cependant l'art. 45 de la loi du 29 juill. 1881 en a fait, de plus, la juridiction de droit commun pour les crimes et délits commis par la voie de la presse. Quant aux délits politiques, un décret de la délégation du gouvernement de la Défense nationale du 27 oct. 1870 en avait attribué la connaissance aux cours d'assises ; mais ce décret n'ayant pas été régulièrement promulgué, cette catégorie de délits relève toujours de la juridiction des tribunaux correctionnels (*suprà*, v° *Compétence criminelle*, n°s 332 et suiv.).

CHAP. 1er. — Historique et législation ; droit comparé ; bibliographie (*Rép.* n°s 1235 à 1247).

1285. — I. HISTORIQUE ET LÉGISLATION. — Deux innovations se sont produites depuis la publication du *Répertoire*, l'une relative au jury ; l'autre au résumé du président.

Le gouvernement de la Défense nationale, par décret du 14 oct. 1870 (D. P. 70. 4. 97), avait remis en vigueur le décret du 7 août 1848 sur le jury, qui reconnaissait, en principe, à tout électeur le droit d'être juré. Le retour à ce système fit bientôt ressortir un abaissement regrettable dans le niveau moral et intellectuel du jury. Une réforme s'imposait. Elle a été entreprise et réalisée par M. le garde des sceaux Dufaure, à l'initiative de qui la loi des 21-24 nov. 1872 (D. P. 72. 4. 132), actuellement en vigueur, est due. — Ainsi qu'on le verra *infrà*, n° 1443, cette loi a visé un double but. Comme celle de 1853, elle a fait de la fonction de juré non un droit mais une charge publique, laquelle ne peut être confiée qu'à des citoyens recommandables à la fois par leur moralité et leurs aptitudes. Mais, à l'inverse de la loi de 1853, elle a écarté des com-

missions chargées des choix l'élément administratif, pour faire prédominer l'élément judiciaire.

1286. La seconde innovation consiste dans la suppression du résumé du président (L. 9-20 juin 1881, D. P. 82. 4. 20). Nécessaire, indispensable peut-être, à l'époque de l'établissement du jury en France, le résumé a perdu graduellement de son utilité, au fur et à mesure que cette institution entrait dans nos mœurs, et aussi par suite de la diffusion toujours croissante de l'instruction. Or, s'il cessait d'être nécessaire, il n'en continuait pas moins à rester suspect, pour ne pas dire dangereux, à cause de l'influence que le président exerce généralement sur le jury et de la difficulté qu'il y a d'ordinaire pour le magistrat, même le plus impartial, de tenir la balance parfaitement égale entre l'accusation et la défense. C'est ce qui a déterminé le législateur. La question n'en est pas moins très délicate ; la divergence qui existe à cet égard entre les législations étrangères le prouve. Mais un point sur lequel ces législations s'accordent, c'est la prohibition que toutes font au président de manifester son opinion.

1287. Ce n'est pas seulement dans le résumé que l'influence du président peut se produire, c'est encore dans les explications que le magistrat fournit aux jurés, quand ceux-ci l'appellent au cours de leur délibération. Cette préoccupation a inspiré la proposition du jour déposée, en juin 1892 par MM. Dumonteil, Le Senne et Chiché, portant que le président des assises, mandé par les jurés, en leur chambre de délibération, ne pourra s'y rendre sans être accompagné du défenseur de l'accusé, qui aura toujours le droit de ré-

ponse. Que l'on adopte cette manière de procéder ou toute autre, il importe que les communications du président avec le jury cessent d'être secrètes pour devenir contradictoires. C'est la réforme qu'ont réalisée la plupart des législations de l'Europe. Par là, l'indépendance des jurés est mieux protégée, et la manière d'agir des présidents d'assises échappe au soupçon.

TABLEAU DE LA LÉGISLATION RELATIVE AUX COURS D'ASSISES ET AU JURY.

14 oct. 1870. — Décret qui remet provisoirement en vigueur celui du 7 août 1848, sur le jury, en le modifiant par des dispositions transitoires (D. P. 70. 4. 97).

24 oct. 1870. — Décret promulguant à bref délai le décret du 14 oct. 1870 sur la formation des listes du jury (D. P. 70. 4. 123).

25 nov. 1870. — Décret qui pourvoit au service du jury pour 1871 dans les cas d'impossibilité ou de retard dans la formation des listes (D. P. 70. 4. 134).

27 déc. 1870. — Décret interprétatif sur la formation des listes du jury (D. P. 71. 4. 14).

10 janv. 1871. — Décret interprétatif et réglementaire en matière de composition des listes du jury pour l'année 1871 (D. P. 71. 4. 18).

3-7 févr. 1871. — Décret portant qu'il sera procédé immédiatement à la confection des listes du jury dans le département de la Seine, et que la cour d'assises de ce département reprendra son fonctionnement à partir du 15 février (D. P. 71. 4. 6).

6-8 févr. 1871. — Décret portant que, jusqu'à ce qu'il en soit autrement ordonné, les deux sections de la cour d'assises de la Seine siégeront simultanément (D. P. 71. 4. 7).

21 nov. 1872. — Loi sur le jury (1) (V. D. P. 72.4.132 et les notes).

---

(1) **21-24 nov. 1872.** — Loi sur le jury.

TIT. 1. — DES CONDITIONS REQUISES POUR ÊTRE JURÉ.

Art. 1. Nul ne peut remplir les fonctions de juré, à peine de nullité des déclarations de culpabilité auquelles il aurait concouru, s'il n'est âgé de trente ans accomplis, s'il ne jouit des droits politiques, civils et de famille, et dans un des cas d'incapacité ou d'incompatibilité établis par les deux articles suivants.

2. Sont incapables d'être jurés : 1° les individus qui ont été condamnés soit à des peines afflictives et infamantes, soit à des peines infamantes seulement ; — 2° Ceux qui ont été condamnés à des peines correctionnelles pour faits qualifiés crimes par la loi ; — 3° Les militaires condamnés au boulet ou aux travaux publics ; — 4° Les condamnés à un emprisonnement de trois mois au moins ; toutefois, les condamnations pour délits politiques ou de presse n'entraîneront que l'incapacité temporaire dont il est parlé au paragraphe 11 du précédent article ; — 5° Les condamnés à l'amende ou à l'emprisonnement, quelle qu'en soit la durée, pour vol, escroquerie, abus de confiance, soustraction commise par des dépositaires publics, attentats aux mœurs prévus par les art. 330 et 334 c. pén., délit d'usure ; les condamnés à l'emprisonnement pour outrage à la morale publique et religieuse, attaque contre le principe de la propriété et les droits de famille, délits commis contre les mœurs par l'un des moyens énoncés dans l'art. 1 de la loi du 17 mai 1819 ; pour vagabondage ou mendicité ; pour infraction aux dispositions des art. 60, 63 et 65 de la loi sur le recrutement de l'armée et aux dispositions de l'art. 423 c. pén., de l'art. 1 de la loi du 27 mars 1851 et de l'art. 1 de la loi du 5-9 mai 1855 ; pour les délits prévus les art. 134, 142, 143, 174, 251, 305, 345, 362, 363, 364, § 3, 365, 366, 387, 389, 399, § 2, 400, § 2, 418 c. pén. ; — 6° Ceux qui sont en état d'accusation ou de contumace ; — 7° Les notaires, greffiers et officiers ministériels destitués ; — 8° Les faillis non réhabilités dont la faillite a été déclarée soit par les tribunaux français, soit par jugement rendu à l'étranger, mais exécutoire en France ; — 9° Ceux auxquels les fonctions de jurés ont été interdites en vertu de l'art. 396 c. instr. crim. ou de l'art. 42 c. pén. ; — 10° Ceux qui sont sous mandat d'arrêt ou de dépôt ; — 11° Sont incapables, pour cinq ans seulement, à dater de l'expiration de leur peine, les condamnés à un emprisonnement de moins de trois mois pour quelque délit que ce soit, même pour les délits politiques ou de presse ; — 12° Sont également incapables les interdits, les individus pourvus de conseils judiciaires, ceux qui sont placés dans un établissement public d'aliénés, en vertu de la loi du 30 juin 1838.

3. Les fonctions de jurés sont incompatibles avec celles de député, de ministre, membre du conseil d'État, membre de la Cour des comptes, sous-secrétaire d'État ou secrétaire général d'un ministère, préfet et sous-préfet, secrétaire général de préfecture, conseiller de préfecture, membre de la cour de cassation et des cours d'appel, juge titulaire ou suppléant des tribunaux civils et des tribunaux de commerce, officier du ministère public près les

tribunaux de première instance, juge de paix, commissaire de police, ministre d'un culte reconnu de l'État, militaire de l'armée de terre ou de mer en activité de service et pourvu d'emploi, fonctionnaire ou préposé du service actif des douanes, des contributions indirectes, des forêts de l'État et de l'administration des Télégraphes, instituteur primaire communal.

4. Ne peuvent être jurés les domestiques et serviteurs à gages, ceux qui ne savent pas lire et écrire en français.

5. Sont dispensés des fonctions de jurés : 1° les septuagénaires ; 2° ceux qui ont besoin pour vivre de leur travail manuel et journalier ; 3° ceux qui ont rempli lesdites fonctions pendant l'année courante ou l'année précédente.

TIT. 2. — DE LA COMPOSITION DE LA LISTE ANNUELLE.

6. La liste annuelle du jury comprend : Pour le département de la Seine, 3000 jurés ; pour les autres départements, un juré par 500 habitants, sans toutefois que le nombre des jurés puisse être inférieur à 400 et supérieur à 600. — La liste ne peut comprendre que les citoyens ayant leur domicile dans le département.

7. Le nombre des jurés pour la liste annuelle est réparti, par arrondissement et par canton, proportionnellement au tableau officiel de la population. Cette répartition est faite par arrêté du préfet, pris sur l'avis conforme de la commission départementale, et pour le département de la Seine, sur l'avis conforme du bureau du conseil général, au mois de juillet de chaque année. — A Paris, la répartition est faite entre les arrondissements et les quartiers. — En adressant au juge de paix l'arrêté de répartition, le préfet lui fait connaître les noms des jurés du canton désignés par le sort pendant l'année courante et pendant l'année précédente.

8. Une commission composée, dans chaque canton, du juge de paix, président, des suppléants du juge de paix et des maires de toutes les communes du canton, dresse une liste préparatoire de la liste annuelle. Cette liste contient un nombre de noms double de celui fixé pour le contingent du canton. — Dans les cantons formés d'une seule commune, la commission est composée, indépendamment du juge de paix et de ses suppléants, du maire de la commune et de deux conseillers désignés par le conseil municipal. — Dans les communes divisées en plusieurs cantons, il y a autant de commissions que de cantons. Chacune de ces commissions est composée, indépendamment du juge de paix et de ses suppléants, du maire de la ville ou d'un adjoint délégué par lui, de deux conseillers municipaux désignés par le conseil et des maires des communes rurales comprises dans le canton.

9. A Paris, les listes préparatoires sont dressées pour chaque quartier par une commission composée du juge de paix de l'arrondissement ou d'un suppléant du juge de paix, président, du maire de l'arrondissement ou d'un adjoint ou d'un conseiller municipal nommé dans le quartier et, en outre, de quatre personnes désignées par ces trois premiers membres parmi les jurés qui ont été portés l'année précédente sur la liste de l'arrondissement et qui ont leur domicile dans le quartier.

23 janv.-4 févr. 1873. — Loi sur l'ivresse portant (art. 3) que « toute personne qui aura été condamnée deux fois en police correctionnelle pour délit d'ivresse manifeste... sera déclarée par le second jugement incapable... d'être appelée aux fonctions de juré » (D. P 73. 4. 18).

31 juill.-12 août 1875. — Loi qui modifie la loi du 21 nov. 1872, sur le jury (D. P. 76. 4. 26).

19-20 juin 1881. — Loi qui modifie l'art. 336 c. instr. crim. (D. P. 82. 4. 20).

1288. — II. Droit comparé. — 1° *Angleterre.* — Nous avons indiqué *supra*, v° *Organisation judiciaire*, n° 40, à quelles cours les causes criminelles peuvent être déférées, ainsi que la composition de ces cours. Elles connaissent des exceptions et moyens de droit qui leur sont soumis; et, si l'accusé s'avoue coupable, elles prononcent la peine, sans jury; si, au contraire, il se déclare innocent, le jury seul a qualité pour statuer sur le fait incriminé. Dans les causes criminelles autres que celles relatives aux crimes de haute trahison et aux affaires capitales, l'*attorney* peut demander un jury spécial : ce jury est composé de personnes d'une classe plus élevée, plus instruite et offrant plus de garanties dans des affaires délicates.

1289. L'institution du jury paraît remonter au commencement du 13e siècle. Les Anglais la considèrent comme la base de leurs libertés publiques. L'acte présentement en vigueur date du 9 août 1870.— On est juré de vingt à soixante ans. Les étrangers sont appelés à ces fonctions après dix années de résidence. Mais pour être inscrit sur le *Juror's book*, il faut être taxé à l'assistance des pauvres ou pour l'impôt des maisons: dans les villes de vingt mille âmes et au-dessus, à raison d'une rente de 1250 fr., et, dans les paroisses rurales, à raison de 750 fr. Sont exemptés: les pairs, les membres du Parlement, les juges, les membres du clergé, les docteurs en droit, les avocats, les attorneys, soliciters et procureurs, les officiers et employés de toutes les cours de justice, les coroners et officiers de prisons, les médecins, chirurgiens et apothicaires, les officiers de terre, de mer et des ports, les officiers des douanes, toute la maison du roi, les officiers du shérif, les hauts constables et les clercs des paroisses. Sont exclus du jury, les condamnés à une peine afflictive ou infamante, à l'exception des proscrits politiques.

1290. La liste des personnes qui paraissent aptes à faire partie du jury est dressée, chaque année, avant le 1er septembre, par les marguilliers (*church wardens*) et les administrateurs des pauvres (*overseers*) de la paroisse. Cette liste est affichée pendant trois semaines à la porte principale de chaque église. Ensuite, les juges de paix réunis en petite session entendent les réclamations, arrêtent définitivement la liste et la font inscrire, par ordre alphabétique, au *Juror's*

10. Les commissions chargées de dresser les listes préparatoires se réunissent, dans la première quinzaine du mois d'août, au chef-lieu de leur circonscription, sur la convocation spéciale du juge de paix, délivrée dans la forme administrative. — Les listes sont dressées en deux originaux, dont l'un reste déposé au greffe de la justice de paix, et l'autre est transmis au greffe du tribunal civil de l'arrondissement. — Dans le département de la Seine, le second original des listes dressées par les commissions de canton ou de quartier est envoyé au greffe du tribunal de la Seine. — Le public est admis à prendre connaissance des listes préparatoires pendant les quinze jours qui suivent le dépôt de ces listes au greffe de la justice de paix.

11. La liste annuelle est dressée, pour chaque arrondissement, par une commission composée du président du tribunal civil ou du magistrat qui en remplit les fonctions, président, des juges de paix et des conseillers généraux. En cas d'empêchement, le conseiller général d'un canton sera remplacé par le conseiller d'arrondissement ou, s'il y a deux conseillers d'arrondissement dans le canton, par le plus âgé des deux. — A Paris, la commission est composée, pour chaque arrondissement, du président du tribunal civil de la Seine ou d'un juge délégué par lui, président du juge de paix de l'arrondissement et de ses suppléants, du maire, des quatre conseillers municipaux de l'arrondissement. — Les commissions de Saint-Denis et de Sceaux sont présidées par un juge du tribunal civil de la Seine, délégué par le président de ce tribunal.

12. Dans tous les cas prévus par la présente loi, le maire, s'il est empêché, sera remplacé par un adjoint expressément délégué.

13. La commission chargée de dresser la liste annuelle des jurés se réunit au chef-lieu judiciaire de l'arrondissement, au plus tard dans le courant de septembre, sur la convocation faite par le président du tribunal civil. Elle peut porter sur cette liste des noms de personnes qui n'ont point été inscrites sur les listes préparatoires des commissions cantonales, sans toutefois que le nombre de ces personnes puisse excéder le quart de ceux qui sont portés pour le canton. Elle a également la faculté d'élever ou d'abaisser, pour chaque canton, le contingent proportionnel fixé par le préfet, sans toutefois que la réduction ou l'augmentation puisse excéder le quart du contingent du canton ni modifier le contingent de l'arrondissement. — Les décisions sont prises à la majorité; en cas de partage, la voix du président est prépondérante.

14. La liste de l'arrondissement, définitivement arrêtée, est signée séance tenante. Elle est transmise, avant le 1er décembre, au greffe de la cour du tribunal chargé de la tenue des assises.

15. Une liste spéciale des jurés suppléants, pris parmi les jurés de la ville où se tiennent les assises, est aussi formée chaque année, en dehors de la liste annuelle du jury. — Elle comprend trois cents jurés pour Paris, cinquante pour les autres départements. — Cette liste est dressée par la commission de l'arrondissement où se tiennent les assises. — A Paris, chaque commission d'arrondissement arrête une liste de quinze jurés suppléants.

16. Le premier président de la cour d'appel ou le président du tribunal chef-lieu d'assises dresse, dans la première quinzaine de décembre, la liste annuelle du département, par ordre alphabétique, conformément aux listes d'arrondissements. Il dresse également la liste spéciale des jurés suppléants.

17. Le juge de paix de chaque canton est tenu d'instruire immédiatement le premier président de la cour ou le président du tribunal chef-lieu d'assises des décès, des incapacités ou des incompatibilités légales qui frapperaient les membres dont les noms sont portés sur la liste annuelle. — Dans ce cas, il est statué conformément à l'art. 390 c. instr. crim.

TIT. 3. — De la composition de la liste du jury pour chaque session.

18. (Modifié par la loi du 31 juill. 1875). — Dix jours au moins avant l'ouverture des assises, le premier président de la cour d'appel ou le président du tribunal chef-lieu d'assises, dans les villes où il n'y a pas de cour d'appel, tire au sort, en audience publique, sur la liste annuelle, les noms des trente-six jurés qui formeront la liste de la session. Il tire, en outre, quatre jurés suppléants sur la liste spéciale.

Si les noms d'un ou de plusieurs jurés ayant rempli lesdites fonctions pendant l'année courante ou pendant l'année précédente viennent à sortir de l'urne, ils seront immédiatement remplacés sur la liste de session par les noms d'un ou de plusieurs autres jurés tirés au sort.

19. Si, au jour indiqué pour le jugement, le nombre des jurés est réduit à moins de trente par suite d'absence ou de toute autre cause, ce nombre est complété par des jurés suppléants suivant l'ordre de leur inscription; en cas d'insuffisance, par des jurés, tirés au sort, en audience publique, parmi les jurés inscrits sur la liste spéciale; subsidiairement parmi les jurés de la ville inscrits sur la liste annuelle. — Dans le cas prévu par l'art. 90 du décret du 6 juill. 1810, le nombre des jurés titulaires est complété par un tirage au sort fait, en audience publique, parmi les jurés de la ville inscrits sur la liste annuelle.

20. L'amende de 500 fr., prononcée par le deuxième paragraphe de l'art. 396 c. instr. crim. peut être réduite par la cour à 200 fr., sans préjudice des autres dispositions de cet article.

TIT. 4. — Dispositions générales.

21. La loi du 4 juin 1853 et le décret du 14 oct. 1870 sont abrogés. — Les dispositions du code d'instruction criminelle qui ne sont pas contraires à la présente loi continueront d'être exécutées. — La liste générale du jury et la liste annuelle, dressées pour l'année 1872, seront valables pour cette année.

Dispositions transitoires.

22. En 1872, pour l'année 1873, la répartition prescrite par l'art. 7 sera faite en conseil de préfecture dans les huit jours qui suivront la promulgation de la présente loi. — Les commissions chargées de dresser les listes préparatoires se réuniront du 1er au 10 décembre. Le public sera admis à prendre connaissance des listes préparatoires pendant les cinq jours qui suivront le dépôt de ces listes au greffe de la justice de paix. — Les commissions chargées de dresser les listes annuelles se réuniront du 15 au 25 décembre. — Le premier président de la cour d'appel ou le président du tribunal chef-lieu d'assises dressera, du 25 au 31 décembre, la liste annuelle du département et la liste spéciale des jurés suppléants. — Les sessions d'assises qui se tiennent pendant le mois de janvier ne s'ouvriront pas avant le 15 janv. 1873. Toutes sessions dont l'ouverture serait indiquée pour une date plus rapprochée sont remises au lundi 21 janv. 1873.

book par le clerc de la justice de paix. Ce livre est alors transmis au shérif du comté. Celui-ci en extrait les noms des personnes qualifiées pour servir de jurés spéciaux (*esquires*, *banquiers* ou *marchands*). Ces deux listes servent à tous les besoins de l'année, tant au civil qu'au criminel. — Toutes les fois qu'il est nécessaire de constituer un jury, le juge requiert le shérif de lui fournir une liste comprenant un nombre déterminé de jurés, soit ordinaires, soit spéciaux, selon le cas. Ce nombre ne doit pas être inférieur à 48, ni en principe supérieur à 72; mais, comme les jurés ne sont obligés de siéger que pendant la moitié de la session, on double généralement le nombre. D'un autre côté, quand il y a plusieurs accusés dans une même affaire, les droits de récusation ne se confondant pas, il devient parfois nécessaire de convoquer un grand nombre de jurés. Il n'a pas fallu moins de 500 convocations pour le procès des féniens, en 1858.

1291. L'avocat de la Couronne ou le plaignant et l'accusé ont le droit de récuser en bloc le jury, mais en motivant la récusation, et seulement dans les cas autorisés par la loi: si, par exemple, le shérif a composé la liste avec partialité. Quant aux récusations individuelles, elles ne peuvent être exercées que par l'accusé. Elles sont ou motivées ou péremptoires. Les premières doivent reposer sur un motif légal et sont, par suite, illimitées; le cas est jugé par les deux premiers jurés sortis, ou, s'ils sont récusés, par deux personnes choisies par le juge. Les secondes, au contraire, sont limitées à trente-cinq jurés dans les accusations de haute trahison, à vingt jurés dans les autres causes. Si les absences, les excuses, les récusations ne laissent plus un nombre de jurés suffisant pour constituer un jury, on complète par l'adjonction de personnes présentes à l'audience. — Le jury de jugement se compose de douze membres. Dès que ce nombre est atteint, chacun prend sa place et prête serment sur la Bible. Les jurés criminels, ordinaires ou spéciaux, n'ont droit à aucune indemnité, à la différence des jurés civils.

1292. Même depuis l'*act* de 1870, la confection des listes du jury laisse beaucoup à désirer. Les fonctionnaires inférieurs à qui elle est confiée n'appliquent guère la loi, de sorte qu'au lieu de procéder à une révision, ils se contentent trop souvent de rééditer la précédente liste. Quant aux juges de paix des comtés, ils se trouvent dans l'impossibilité de réparer le mal, puisqu'ils ne peuvent rien faire d'office et que leur mission se borne à connaître des réclamations qui leur sont adressées. Si, d'autre part, on considère les nombreuses catégories de personnes auxquelles s'étend l'exemption d'être juré, on s'explique l'abaissement du niveau intellectuel du jury ordinaire. Aussi l'*attorney général* a-t-il déposé, en 1873, un *bill* en vue de remédier à ces graves inconvénients. Il proposait de tenir compte uniquement de l'élévation du cens, tant pour la confection des listes que pour la distinction à faire entre les jurés ordinaires et les jurés spéciaux; il demandait aussi que tout jury fût composé, comme cela se pratique du reste en Ecosse, en partie de jurés ordinaires, en partie de jurés spéciaux. Ce *bill* a été rejeté, après de longs débats, par la Chambre des communes.

1293. La procédure devant les cours d'assises ne ressemble en rien à celle qui est suivie en France. L'accusé ne reçoit aucune notification, sauf dans le cas de haute trahison; l'instruction étant contradictoire, on en conclut que la chose est inutile. D'autre part, c'est seulement depuis un *bill* de 1836, qu'il est permis aux accusés de se faire assister d'un défenseur; mais aucune loi ne pourvoit à la défense d'office. Cependant le juge, dans les affaires capitales, choisit, à l'audience même, un défenseur à l'accusé qui n'a pas d'avocat.

1294. Après le serment du jury, le poursuivant expose l'affaire brièvement, puis il interroge les témoins à charge: c'est l'*examination in chief*. Le chef du jury et l'avocat de l'accusé ont, à leur tour, le droit de poser des questions: c'est la *cross examination*. Les témoins à décharge sont ensuite interrogés d'abord par l'avocat de l'accusé, puis par celui du plaignant. — Si grande que soit la liberté des parties au cours de l'enquête, les questions n'en sont pas moins régies par certaines règles de droit. Ainsi, il est interdit de poser des *leading questions*, c'est-à-dire des questions qui suggèrent la réponse. De plus, la conviction du jury

étant soumise à la loi de l'évidence (*law of evidence*), il faut écarter toute question qui porterait sur la *res inter alios acta*, sur l'opinion d'un tiers, sur le simple ouï-dire, ou sur le caractère de l'accusé.

1295. Le juge, sans être investi des pouvoirs conférés à nos présidents d'assises, n'en jouit pas moins d'une autorité d'autant plus réelle qu'il reste plus étranger aux débats. Cette situation lui permet de les diriger avec impartialité et indépendance. Il peut au besoin poser une question de nature à dégager la vérité. C'est à lui de décider si un témoin est ou non capable de prêter serment et d'être entendu; c'est à lui d'appeler un nouveau témoin; d'autoriser ou d'interdire, en cas de difficulté, la position de certaines questions, suivant qu'elles sont ou non en conformité avec la loi de l'évidence. Ce qui l'empêche surtout de s'engager dans le débat, c'est l'absence d'interrogatoire. L'accusé, s'il plaide *non coupable* (et c'est le cas le plus fréquent), n'a même pas le droit de prendre la parole; son avocat seul a qualité pour intervenir. — Qu'on n'oblige pas un accusé à répondre, cela se comprend; mais lui interdire de répliquer, n'est-ce pas dépasser la mesure? C'est ce que pensent beaucoup de jurisconsultes. Aussi un mouvement d'opinion s'est-il produit en ce sens. La question, portée devant le Parlement en 1878-1879, n'a pas encore été résolue. Si le projet de réforme aboutit (ce qui est probable), l'interrogatoire sera fait non par le juge, mais par l'avocat de l'accusation. Il a du reste été admis par la législation de plusieurs Etats de l'Union américaine, par celle de la Nouvelle-Zélande et par le nouveau code criminel de l'Inde (V. Passez, *De l'interrogatoire des accusés, Bull. soc. lég. comp.*, t. 13, p. 204 et suiv.).

1296. Comme l'interrogatoire n'existe pas dans la procédure anglaise, on ne peut recourir au témoignage d'un complice qu'autant qu'il n'est pas accusé. Si donc les déclarations d'un complice sont indispensables à l'administration de la preuve, on renonce à le poursuivre pour l'appeler en qualité de témoin. Il devient alors, selon l'expression usuelle, le « témoin de la reine ».

1297. La tâche capitale du poursuivant et de la défense consiste dans l'examen des témoins. Quant aux plaidoiries, elles sont courtes et simples. C'est seulement depuis une loi du 9 mai 1865 que le défenseur de l'accusé a le droit de parler le dernier. Ajoutons qu'au cours des débats, il est interdit de parler des antécédents de l'accusé.

1298. Le juge résume l'affaire à l'aide des notes qu'il a prises. Il analyse la cause, l'examine en droit et en fait, dégage la question à résoudre, rappelle les conditions exigées pour que l'évidence existe, et retrace les règles de la preuve. Il arrive parfois que le résumé est supprimé: c'est lorsque le jury fait connaître que sa conviction est formée.

1299. Les jurés peuvent délibérer séance tenante ou se retirer dans une salle. Le dossier ne leur est pas communiqué, mais seulement les pièces à conviction. Aucune question ne leur est posée, ce qui n'est pas sans inconvénients quand les faits sont complexes, mais, d'autre part, leur donne toute latitude pour changer, s'il y a lieu, la qualification adoptée par l'*indictment*. Il est interdit aux jurés de communiquer avec qui que ce soit. — Le verdict doit être rendu à l'unanimité. En 1873, le *bill* dont il est parlé plus haut proposait, sauf pour les causes capitales, de substituer la majorité à l'unanimité et de réduire à sept le nombre des jurés. Mais ces projets de réforme, qui n'avaient aucune chance d'aboutir, ont été abandonnés. S'ils ne peuvent se mettre d'accord, le juge les décharge de l'affaire, qui est renvoyée aux assises suivantes. En cas de verdict de culpabilité, ils n'ont pas à se prononcer sur les circonstances atténuantes, mais ils peuvent recommander le condamné à la clémence du juge, qui jouit d'une grande latitude pour l'application de la peine. C'est seulement dans les observations présentées avant le prononcé de la sentence qu'il peut être question des antécédents d'un accusé. Jusque-là, ils restent complètement en dehors du débat. — Si le juge est convaincu que le jury s'est trompé en se prononçant pour la culpabilité, il l'invite à délibérer de nouveau; mais il est tenu de se conformer au second verdict, sauf, en cas de condamnation, à en appeler à la clémence de la reine. Quand une erreur de droit paraît avoir été commise, le condamné peut obtenir un *writ of error*;

alors la difficulté est soumise à la cour d'appel au criminel, ainsi qu'on l'a vu *supra*, v° *Organisation judiciaire*, n° 41.

V. Mittermaier, *Traité de la procédure criminelle en Angleterre, en Ecosse et dans l'Amérique du Nord;* A. Prins, *Etude comparative sur la procédure pénale à Londres et en Belgique;* E. Glasson, *Histoire du droit et des institutions de l'Angleterre*, t. 6, p. 768 et suiv.; Du Buit, *Compte rendu de l'enquête de 1868 sur le jury (Bulletin de la Société de législation comparée*, t. 4, p. 153 et suiv.); Ch. Lachau, *Note sur la procédure criminelle anglaise (Ibid.*, t. 17, p. 241 et suiv.); L. Guérin, *Étude sur la procédure criminelle en Angleterre et en Ecosse (Ibid.*, t. 19, p. 100 et suiv.).

1300. — 2° *Autriche.* — En Autriche, la législation criminelle a traversé diverses phases depuis le commencement du siècle. Le code de 1803 maintenait la procédure écrite et non publique; il établissait un système de preuves légales et repoussait l'institution du jury. Les événements de 1848 eurent, entre autres conséquences, l'établissement du jury pour le jugement des délits de presse. Puis la constitution impériale du 4 août 1849 proclama le principe de la procédure orale et publique et promit le jury pour les infractions les plus graves. Le code de 1850 réalisa ces promesses; mais il ne survécut pas à la réaction qui se produisait dès l'année suivante. Le code de 1853 fut un retour partiel à celui de 1803 : la procédure restait publique; mais la publicité était fort restreinte; il déterminait le minimum de preuves nécessaires pour une condamnation; il supprimait le jury même en matière de presse; il permettait à l'accusé de prendre un défenseur, mais seulement après la clôture de l'instruction. Enfin des réformes considérables ont été réalisées par le code d'instruction criminelle de 1873, actuellement en vigueur.

1301. Ce code applique les principes inscrits dans la loi fondamentale de l'Empire, du 21 déc. 1867, sur le pouvoir judiciaire, principes d'après lesquels les débats doivent être publics et oraux; il rétablit, pour les crimes de droit commun, passibles d'au moins cinq ans de réclusion (*Kerkerstrafe*), le jury, à qui la loi du 9 mars 1869 avait déjà rendu la connaissance des affaires de presse. — Toutefois, les fonctions du jury peuvent, pour un territoire déterminé, être suspendues temporairement et au plus pour la durée d'une année. Cette suspension peut être relative à tous les délits de la compétence du jury ou seulement à certaines catégories d'entre eux; elle peut être prononcée lorsqu'il s'est produit des faits de nature à rendre cette mesure nécessaire pour assurer l'administration impartiale et indépendante de la justice. Cette suspension est prononcée pour chaque cas particulier, sur l'avis du tribunal supérieur, par une ordonnance du conseil des ministres et sous leur responsabilité. Le gouvernement est tenu de soumettre cette ordonnance, avec motifs à l'appui, aux deux chambres du Reichsrath, dès qu'elle est rendue. Il est obligé de la rapporter, dès que l'une des deux chambres en fait la demande. Les affaires criminelles à l'égard desquelles cette mesure a été prise sont jugées par la cour de première instance, composée de quatre juges, dont l'un à la présidence, laquelle connaît des infractions qui ne sont pas de la compétence du jury. S'il s'agit d'un crime passible de la peine de mort ou de la réclusion pour une durée de plus de cinq ans, l'affaire est jugée par six juges; en cas de partage, l'avis le plus favorable à l'accusé l'emporte (L. du 23 mai 1873, sur la suspension temporaire du jury, *Annuaire de législation étrangère*, 3° année, p. 254 et 255).

1302. Le mode de composition des listes du jury est réglé par une autre loi du 23 mai 1873 (V. *Annuaire de législation étrangère*, 3° année, p. 247 et suiv.). Il faut, pour être juré : être âgé de trente ans, savoir lire et écrire, avoir au moins un an de domicile dans la commune que l'on habite, y jouir du droit de bourgeoisie, et en outre payer un impôt annuel d'au moins 10 ou 20 florins de contributions directes en principal, selon l'importance de la population; ou bien être avocat, notaire, professeur ou instituteur à une école supérieure ou intermédiaire, ou être docteur de l'une des universités du pays (art. 1). — Sont incapables d'être jurés : ceux qui ne peuvent remplir cette fonction à cause d'une infirmité physique ou d'une maladie mentale, ceux qui ne jouissent pas de tous les droits de citoyen, les prodigues, ceux qui sont en faillite ou en déconfiture, ceux qui sont l'objet d'une

instruction, ou qui se trouvent en état d'accusation, ou qui subissent une peine; ceux qu'une condamnation pénale a privés de l'éligibilité communale (art. 2). — Sont dispensés : les sexagénaires, les membres des diètes, du Reichsrath et des délégations pendant la durée des sessions, ceux qui sont soumis à l'obligation du service militaire, même quand ils ne sont pas en activité, les personnes attachées au service de la cour, les professeurs et instituteurs publics, les médecins, chirurgiens et pharmaciens, dont la présence est indispensable suivant l'attestation du bourgmestre (art. 4). Les fonctions de juré sont incompatibles avec celles de fonctionnaire en activité, de militaire ou de marin en activité de service, ou en congé avec solde, de ministre d'un culte ou d'une société religieuse reconnue par l'Etat, d'instituteur primaire, d'employé des chemins de fer, des postes et télégraphes et des bateaux à vapeur (art. 3).

1303. La liste souche (*Urliste*) est dressée, chaque année, par le bourgmestre, assisté de deux membres de l'assemblée communale. Elle comprend tous les habitants de la commune qui peuvent être appelés aux fonctions de juré. Ces listes sont tenues à la disposition du public en vue des réclamations des intéressés. Les réclamations sont jugées par ceux qui ont dressé la liste, laquelle est ensuite transmise au chef du district, chargé de la reviser et d'en faire corriger les irrégularités. Ce fonctionnaire adresse, à son tour, toutes les listes de sa circonscription au président de la cour de première instance, en y joignant des notes sur l'aptitude des jurés (art. 5 à 9).

1304. La liste annuelle est formée par une commission composée du président de la cour de première instance ou de son délégué, de trois juges et de trois notables, tous choisis par lui, et du délégué du chef de l'administration du pays; ce dernier n'a que voix consultative. Elle choisit les personnes qu'elle croit les plus aptes. Le nombre à inscrire n'est pas proportionnel à la population, mais aux besoins présumés du service. Il doit être double du nombre probable de jurés appelés à siéger l'année suivante. La liste des jurés supplémentaires ne comprend que des personnes domiciliées au siège de la cour d'assises. Si les listes générales d'un ressort ne comprennent pas au moins huit cents personnes, le président de la cour, avant la réunion de la commission, se fait adresser par chaque bourgmestre une liste complémentaire sur laquelle figure tout habitant payant 5 florins de contribution directe en principal, et réunissant d'ailleurs toutes les autres conditions d'aptitude (art. 10 à 16).

1305. La liste de session est formée par voie de tirage au sort, quinze jours avant l'ouverture de la session, en audience publique, par le président de la cour de première instance, en présence de deux juges, du procureur d'Etat et d'un membre du conseil de l'ordre des avocats. Elle se compose de trente-six jurés ordinaires et de neuf jurés complémentaires (art. 17 et 18).

La cour d'assises se compose de trois juges et de douze jurés. Celui des trois juges qui préside est ordinairement le président de la cour de première instance du lieu où se tiennent les assises. On a voulu ainsi éviter les déplacements (art. 300 et 301).

Après l'appel du jury de session, il est procédé à la formation du banc des jurés pour chaque affaire. Le président demande, à peine de nullité, à l'accusateur, à la partie civile, à l'accusé, aux jurés, s'il y a une cause qui exclue ces derniers de la participation aux débats qui vont s'ouvrir. Ces causes sont prévues par la loi. La cour statue sur les cas d'exclusion allégués, puis elle procède au tirage au sort. Il faut pour cette opération la présence d'au moins vingt-quatre jurés; mais toutes parties peuvent s'accorder pour se contenter d'un nombre moindre. L'accusateur peut récuser une moitié, l'accusé l'autre moitié des jurés; quand ils sont plus de douze (art. 304 à 309).

1306. Pour que l'accusé soit soustrait au préjugé d'une décision judiciaire, la mise en accusation résulte uniquement de l'acte d'accusation qui doit être rédigé en forme publique. L'accusé a le droit d'y former opposition. La cour de seconde instance statue : elle peut soit confirmer, soit infirmer l'acte d'accusation en tout ou en partie (art. 207 et suiv.). L'acte est lu en audience publique, mais seulement après que les témoins se sont retirés dans leur salle (art. 314).

L'accusé doit être assisté d'un défenseur; s'il n'en a pas, il lui en est nommé un d'office. Cette désignation rentre dans les attributions du conseil de discipline des avocats, là où il en existe; sinon, elle est faite par le tribunal (art. 41 et 42).

Les témoins sont interrogés par le président; mais le ministère public et le défenseur peuvent aussi les interpeller directement.

1307. Les questions sont posées immédiatement après l'administration des preuves, c'est-à-dire avant le réquisitoire et les plaidoiries (art. 318). Les circonstances aggravantes ou atténuantes sont l'objet d'une question au jury quand l'existence de circonstances de ce genre entraîne, d'après la loi, une modification dans la durée ou dans la nature de la peine (art. 322). Après la clôture des débats, le président en réunit, dans un exposé rapide, les résultats essentiels; il indique avec la plus grande brièveté possible les preuves pour et contre l'accusé, sans pourtant donner sa propre opinion. Il indique aux jurés les caractères légaux du fait et la signification des expressions légales contenues dans les questions; il appelle leur attention sur leur devoir en général, et spécialement sur les dispositions concernant leur délibération et leurs votes. L'exposé du président ne peut être interrompu ni discuté par personne; mais toute partie a le droit de demander que les indications juridiques données au jury par le président soient constatées dans le procès-verbal (art. 325). Les inexactitudes que ce magistrat aurait commises donnent ouverture à cassation (art. 344-8°).

1308. S'il s'élève des doutes parmi les jurés sur la procédure qu'ils doivent observer, ou sur le sens des questions posées, ou sur la manière de répondre, le président se rend au milieu d'eux, sur la demande du chef du jury, avec le greffier, l'accusateur et l'accusé, quand ceux-ci sont présents au palais de justice. L'instruction donnée à cette occasion par le président est constatée dans un procès-verbal, si la demande lui en est faite. Lorsque les jurés expriment le désir que les questions à eux posées soient modifiées ou complétées, ce point doit être discuté et résolu en audience publique (art. 327).

1309. Les jurés votent sur chaque question « oui » ou « non »; mais il leur est permis de ne résoudre une question, affirmativement ou négativement, qu'en partie (art. 328). Pour la solution affirmative soit de la question de culpabilité, soit des questions relatives aux circonstances aggravantes, la majorité des deux tiers au moins des voix est exigée. Dans tous les autres cas, la décision est prise à la simple majorité; en cas de partage, la décision la plus favorable à l'accusé prévaut (art. 329).

Si la cour pense unanimement que les jurés se sont trompés en déclarant l'accusé coupable, il lui appartient de renvoyer d'office l'affaire devant une nouvelle cour d'assises pour être jugée par un autre jury. Le second verdict sert de fondement à la décision de la cour (art. 332).

V. le code d'instruction criminelle autrichien, traduit et annoté par MM. Bertrand et Lyon-Caen; Vaimberg, *Organisation et fonctionnement du jury en Autriche* (*Bulletin de la société de législation comparée*, 6ᵉ année, p. 61 et suiv.).

1310. — 3° *Allemagne.* — Les règles concernant la cour d'assises et le jury sont contenues dans le code d'organisation judiciaire et dans le code de procédure pénale allemands, en vigueur depuis le 1ᵉʳ oct. 1879.

La cour d'assises se compose d'un président, de deux assesseurs et de douze jurés (c. org. jud. art. 81). Les membres judiciaires de la cour d'assises jugent toutes les questions de droit et de procédure qui s'élèvent au cours des débats. Les jurés ne sont appelés à résoudre que la question de fait.

1311. Aucune condition de cens ou de capacité n'est exigée des jurés. Il suffit d'être Allemand, d'avoir trente ans et de résider depuis deux ans dans la commune sur la liste de laquelle on est porté. — Sont exclus du jury: les domestiques, les personnes ayant reçu depuis moins de trois ans des secours du bureau de bienfaisance, les personnes atteintes d'infirmités physiques ou mentales. — Sont déchus du droit d'être juré les citoyens privés de ce droit par suite d'une condamnation, les accusés de crimes entraînant la perte des droits civiques ou l'exclusion des fonctions publiques, ceux qui sont privés de l'administration de leurs biens. — Sont dis-

pensés: les ministres, les membres du Sénat des villes hanséatiques, les magistrats, les fonctionnaires amovibles, les ministres des cultes, les instituteurs primaires, les militaires. — Peuvent se soustraire à la charge des fonctions de juré: les membres des assemblées législatives; les citoyens qui, pendant l'année précédente, ont été jurés ou ont siégé cinq fois comme échevins; les médecins; les pharmaciens qui n'ont pas d'aide; les personnes âgées de plus de soixante-cinq ans ou justifiant ne pouvoir supporter les frais qu'entraîne l'exercice de la fonction de juré (art. 32 à 35, 85).

1312. Cinq listes concourent au recrutement du jury: 1° une liste générale dressée par le maire de chaque commune et comprenant tous les citoyens qui peuvent faire partie du jury. Les listes des communes sont réunies en une seule liste par le juge de bailliage; 2° une liste de présentation dressée près chaque tribunal de bailliage par une commission spéciale. Elle doit contenir un nombre de noms triple du nombre de jurés qui forme le contingent du bailliage; 3° une liste annuelle indiquant celles des personnes inscrites sur la liste de présentation qui peuvent être appelées à siéger dans l'année. Elle est dressée par le président et quatre autres membres du tribunal régional. Ce comité juge les protestations élevées contre les listes de présentation et choisit sur ces listes les personnes qui doivent faire partie de la liste annuelle. Il dresse de plus la liste des jurés suppléants. Le nombre des jurés qui composent la liste annuelle est fixé, selon les États, soit par l'élément judiciaire, soit par le gouvernement; 4° une liste de session formée, par voie de tirage au sort, de trente noms figurant sur la liste annuelle. Le tribunal régional procède à cette opération en audience publique; 5° une liste de jugement formée, pour chaque affaire, de douze noms tirés au sort en audience publique par le président des assises (c. org. jud. art. 85 et suiv. et c. proc. pén. art. 278 et 281). Avant le tirage au sort, on élimine, outre les personnes incapables de faire partie d'un jury, les jurés auxquels la loi interdit de siéger dans l'affaire. Les jurés présents sont requis de faire connaître s'il existe contre eux des motifs d'exclusion. La décision relative à l'élimination d'un juré est rendue par la cour, qui statue après avoir entendu ce juré (c. proc. pén. art. 279). Vingt-quatre jurés au moins doivent être présents au tirage de la liste de jugement. C'est seulement quand le nombre des jurés est réduit à moins de vingt-quatre que l'on complète la liste de trente en tirant au sort le nombre nécessaire de jurés suppléants (art. 280).

1313. On peut récuser autant de jurés désignés par le sort qu'il y a de noms dans l'urne au delà de douze. La moitié des récusations appartient au ministère public, l'autre moitié à l'accusé. Lorsque le nombre des jurés à récuser est impair, l'accusé a le droit d'exercer une récusation de plus (art. 282).

1314. Les jurés prêtent le serment religieux. S'il se trouve qu'un juré appartient à une secte religieuse autorisée par la loi à remplacer le serment par l'emploi de formules particulières d'affirmation, la déclaration faite suivant les formules adoptées par ladite secte religieuse tient lieu de serment (art. 288).

1315. La procédure est orale et publique. C'est seulement lorsque le témoin ou l'expert est décédé, ou atteint d'une maladie mentale, ou a disparu, ou se trouve dans l'impossibilité de se présenter, qu'il est permis de se contenter de la déposition qu'il a faite devant le juge (art. 250).

Le président confie le soin d'interroger les témoins et experts désignés par le ministère public et par l'accusé au ministère public lui-même et au défenseur, s'ils en font la demande d'un commun accord. Ce mode de procéder est désigné sous le nom de *Kreuzverhör* (interrogatoire croisé); c'est un emprunt fait à la procédure anglaise. Le président, de son côté, a le droit, après cet interrogatoire, d'adresser toutes les questions qui lui paraissent nécessaires (art. 238).

1316. L'audience est publique, sauf les cas où il y a lieu de prononcer le huis clos (c. org. judic., art. 170 et suiv.). Si l'accusé n'a pas fait choix d'un défenseur, il lui en est désigné un d'office (c. proc. pén., art. 140).

1317. Ce n'est pas après la clôture des débats, mais après l'audition des témoins et experts que les questions sont posées. Le président les libelle et en donne lecture. Il

peut même les communiquer d'office en copie aux jurés, au ministère public et à l'accusé; il y est obligé, si la demande lui en est faite. L'audience peut être levée pour quelques instants, afin de permettre d'examiner les questions. Chacun peut demander que les questions soient modifiées; dans ce cas, la cour fixe la rédaction (art. 290 et 291). Une question accessoire peut être posée concernant l'existence de circonstances atténuantes (art. 297).

Après les plaidoiries, le président indique aux jurés les points de droit qu'ils doivent prendre en considération; mais, en formulant ces indications, il doit éviter toute appréciation des preuves (art. 300). Le résumé, qui existait précédemment dans la plupart des États allemands, est supprimé.

1318. Toute communication avec des personnes étrangères est interdite aux jurés réunis dans la salle des délibérations (art. 303). Le chef du jury est élu à la majorité par les autres jurés (art. 304). Si les jurés, avant de rendre leur verdict, réclament de nouvelles explications, elles leur sont données par le président, après leur rentrée dans la salle d'audience (art. 306). La déclaration de culpabilité ne peut résulter que d'une majorité supérieure à sept voix. La simple majorité suffit pour le refus des circonstances atténuantes (art. 307).

Si la cour est unanimement d'avis que le jury s'est trompé sur le fond, au préjudice de l'accusé, elle renvoie, par simple décret et sans indication de motifs, l'affaire devant les assises de la session suivante, pour y être l'objet d'un nouveau débat. Cette mesure ne peut être prise d'office. Le jugement doit toujours être rendu conformément au nouveau verdict (art. 317).

V. sur la législation allemande : F. Daguin, *Code de procédure pénale allemand*, introduction, p. 77, 102 et suiv.; Dubarle, *Code d'organisation judiciaire allemand*, introduction, p. 222 et suiv.

1319. 4° *Italie*. — Le jury a été institué d'abord, en 1848, pour le jugement des délits de presse; puis sa compétence a été étendue en 1859. C'est la loi du 8 juin 1874 qui règle actuellement son recrutement et son fonctionnement. Le système en vigueur est le système dit des catégories, établi en vue de comprendre tous les individus capables. La capacité est prouvée par le fait même de certaines études, et l'exercice de certaines fonctions ou professions; elle est présumée pour celui qui paye un certain chiffre d'impôts. L'art. 2 de la loi contient l'énumération des catégories. Il exige de plus la qualité de citoyen italien, avec jouissance des droits civils et politiques; il faut, en outre, être âgé de vingt-cinq ans au moins et de soixante-cinq ans au plus.

Les cas d'incompatibilité, de dispenses, d'incapacité, d'exclusion, sont à peu près les mêmes que ceux prévus par la loi française. Toutefois, une disposition est à signaler : les individus condamnés à un emprisonnement de trois mois au moins, pour délits autres que ceux qui créent une incapacité perpétuelle, sont déclarés incapables pour un temps égal à la durée de leur peine, lequel ne peut être inférieur à un an. En France, ces individus sont déclarés incapables pour cinq ans.

1320. Tous ceux qui appartiennent aux catégories prévues par la loi doivent se faire inscrire, avant la fin de juillet, sur un registre spécial tenu à la mairie. À la fin de septembre, une commission communale procède à la révision de la liste, réparant les omissions et tenant compte, par voie de rectification, des changements survenus dans la situation des inscrits. Cette commission se compose du syndic, des membres du conseil communal, ainsi que du ou des conciliateurs. La liste est ensuite transmise par le syndic au préteur du canton. Une autre commission composée du préteur président et des syndics de toutes les communes procède à une seconde revision. Ensuite, chaque commune reçoit l'extrait de la liste qui la concerne et l'affiche pendant dix jours. Toute personne omise a le droit de réclamer pendant la quinzaine de la publication (art. 15).

Une troisième commission, composée du président du tribunal civil, qui en a la présidence, du juge doyen du même tribunal et de trois conseillers provisoires élus à cet effet par le conseil provincial, se met ensuite en mouvement. Elle reçoit les listes des cantons, elle les communique au préfet ou au sous-préfet qui les lui renvoie avec ses obser-

vations; et, après s'être entourée de tous renseignements utiles, elle ajoute ou retranche les noms de ceux qui ont été omis ou indûment inscrits, prononce sur les réclamations élevées contre les opérations de la commission cantonale, et élimine de la liste générale tous ceux qu'elles ne juge pas aptes à remplir les fonctions de juré. Ajoutons que la loi fixe, pour chaque ressort, un nombre minimum de jurés; mais elle n'indique pas de maximum. L'extrait de la liste afférent à chaque commune y est publié par voie d'affichage, ainsi qu'à la porte de la préture. Chacun peut se pourvoir dans les dix jours de la publication, mais seulement en invoquant des raisons de droit, devant la cour d'appel, qui juge souverainement (art. 17 à 20).

Les listes définitives sont ensuite transmises, avant le 15 décembre, au président du tribunal chef-lieu d'assises qui forme, avec l'assistance de deux juges, la liste des jurés ordinaires et celle des jurés supplémentaires; cette dernière liste ne comprend que les jurés qui résident dans la commune où siège la cour d'assises (art. 22).

1321. Quinze jours avant l'ouverture d'une session, le président de ce tribunal tire au sort, en audience publique, quarante noms de jurés ordinaires et dix noms de jurés supplémentaires (art. 29).

L'art. 37 de la loi énumère les personnes qui doivent être écartées d'office du jury de jugement. Si cependant elles n'ont pas été éliminées d'office, elles peuvent être récusées, soit par la partie publique, soit par l'accusé, mais avec obligation de motiver la récusation, afin que la cour soit en mesure d'en apprécier le fondement.

Après avoir constaté la présence de trente jurés ordinaires et supplémentaires, le président des assises procède, sans publicité, dans la salle du jury, en présence du ministère public, de l'accusé et de son défenseur, au tirage au sort des noms des quatorze jurés qui doivent juger l'affaire. Les deux jurés dont les noms sont sortis les derniers sont supplémentaires. Le ministère public et l'accusé ont le droit d'exercer chacun huit récusations; ces récusations ne sont pas motivées (art. 39 et 40).

1322. Le président de la cour d'assises, qui est assisté de deux magistrats inamovibles, est investi d'un pouvoir discrétionnaire limité aux débats et qui ne peut s'exercer en dehors de ce que la loi prescrit, à peine de nullité (c. proc. pén., art. 478).

Les questions sur lesquelles le jury est appelé à statuer doivent résulter tout à la fois de l'arrêt de renvoi et de l'acte d'accusation (art. 494), mais jamais des circonstances aggravantes qui résulteraient des débats : l'accusé pouvant ne pas être suffisamment préparé à se défendre sur les questions aggravantes qui ressortent des débats, le législateur n'a pas voulu lui faire courir le risque d'une augmentation de peine imprévue.

1323. Le vote du jury est secret. La délibération exprime simplement qu'elle a été prise à la majorité, quand même elle l'aurait été à l'unanimité des votes. Dans le cas cependant où la réponse affirmative n'est prise pour le principal est donnée à la simple majorité de sept voix, il en est fait mention particulière (art. 503 c. proc. pén.). Dans ce cas, si les juges sont à l'unanimité convaincus que les jurés se sont trompés, la cour doit renvoyer la cause à la session suivante pour y être soumise à d'autres jurés. Après là déclaration des nouveaux jurés, elle est tenue de prononcer la sentence même quand cette déclaration est conforme à la première (art. 509).

1324. Le résumé du président a été maintenu malgré les attaques dont il était depuis longtemps l'objet. Le président doit résumer brièvement la discussion et faire remarquer aux jurés les principales raisons alléguées contre et en faveur de l'accusé (art. 498).

1325. Il n'est pas permis au président des assises d'entrer dans la chambre des délibérations des jurés. Lorsque ceux-ci ont besoin de quelque éclaircissement, ou de documents dont il aurait été donné lecture aux débats, ils en informent le président, lequel, dans tous les cas, leur donne satisfaction en présence de la cour, du ministère public, du défenseur de l'accusé et de la partie civile (art. 499).

1326. Ajoutons qu'une loi du 19 déc. 1886 a apporté certaines modifications à la formation de la liste des jurés et à la composition des cours d'assises.

V. sur la législation italienne : Marcy, *Le code de procédure pénale du royaume d'Italie*, et *L'accusé devant la loi pénale de France* ; Busche, *Etude sur la loi du 8 juin 1874, modificative de l'organisation du jury et de la procédure des cours d'assises en Italie* (*Bulletin de la Société de législation comparée*, 12e année, p. 402 et suiv.); *Annuaire de législation comparée*, 4e année, p. 357 ; *ibid.*, 16e année, p. 395.

1327. — 5° *Espagne.* — Avant 1872, la procédure criminelle était réglementée par des lois diverses, qui conservaient à cette branche du droit un caractère inquisitorial, peu compatible avec l'état actuel des mœurs. La loi du 22 déc. 1872 consacra des innovations profondes : institution du jury, publicité des audiences, oralité des débats. Mais le changement avait été trop brusque : un décret du 3 janv. 1875 suspendit l'application de la loi de 1872 en ce qui concernait le jury et le jugement oral. C'est qu'en effet, le fonctionnement de la justice s'était heurté aux difficultés les plus graves : les témoins n'osaient ni comparaître, ni déposer, et les jurés se dérobaient à l'accomplissement d'une mission qu'ils jugeaient trop périlleuse. Toutefois, ce retour au passé ne pouvait être que provisoire. Le code de procédure pénale, publié le 14 sept. 1882, reproduit en grand nombre les dispositions édictées par la loi de 1872. L'oralité des débats est de nouveau consacrée ; quant au jury, il ne le rétablissait pas ; mais un décret du 8 févr. 1883 autorisait le ministre à présenter un projet de loi pour le rétablir (V. A. Theurault, *Analyse du code de procédure criminelle du 14 sept. 1882* (*Annuaire de législation étrangère*, 12e année, p. 693 et suiv.) ; don Manuel Silvela, *Le jury criminel en Espagne*, Montpellier, 1884).

1328. La loi du 20 avr. 1888, exécutoire le 1er janv. 1889 (*Annuaire de législation étrangère*, 18e année, p. 526 et suiv.), établit le jugement par jurés : 1° pour les infractions qu'elle énumère ; 2° pour les délits commis par la voie de l'imprimerie, de la gravure ou tout autre moyen mécanique de publication, exception faite des délits de lèse-majesté, et de ceux d'injures et de diffamation contre les particuliers (art. 4). — Le tribunal se compose de douze jurés et de trois magistrats ou juges de droit (art. 1). — Ne peuvent être jurés dans une affaire déterminée : 1° ceux qui ont pris part à son instruction à un titre quelconque ; 2° les intéressés, leurs procureurs ou représentants et leurs avocats ; 3° les ascendants et descendants, même adoptifs, le conjoint et les collatéraux jusqu'au quatrième degré, au cas de parenté, et jusqu'au deuxième degré, au cas d'alliance, des parties intéressées ; les tuteurs ou curateurs de ces mêmes parties et les parents au premier degré des procureurs, représentants et avocats qui prennent part aux débats ; 4° ceux qui auraient pour l'une quelconque des parties amitié intime ou inimitié manifeste ; 5° ceux qui auraient au procès quelque intérêt direct ou indirect (art. 12). Ces récusations sont proposées par le fiscal ou les avocats au moment du tirage au sort de la liste de session, lequel suit nécessairement la formation du rôle ; et le tribunal, après avoir tiré au sort un suppléant à chaque juré récusé, pour le cas où la récusation serait définitivement admise, fixe le jour où les contestations sur les récusations seront tranchées (art. 43, 44 et 45). — Les formes de la prestation de serment par les jurés sont réglées par l'art. 58.

1329. Après la clôture des débats, le président résume l'affaire ; mais la loi lui enjoint d'y procéder avec la plus stricte impartialité et sans révéler sa propre opinion (art. 68). — Quand les parties accusatrices, en considération du résultat des témoignages, sollicitent l'absolution complète des accusés, le président demande si quelqu'un dans l'auditoire maintient l'accusation. Si personne ne répond, les magistrats ordonnent, sans autre procédure, la mise en liberté faute d'accusation. Si, au contraire, quelqu'un déclare faire sienne l'accusation, il est tenu pour accusateur et le procès continue (art. 69). — Si, au cours de sa délibération, le jury estime que de nouvelles explications sont nécessaires, elles lui sont données par le président dans la salle d'audience (art. 82).

Le verdict se forme à la majorité absolue des voix ; en cas de partage, la question est résolue en faveur de l'accusé (art. 86). — Tout juré qui s'abstient de voter encourt une peine, après trois réquisitions du président (art. 86 et 110). — Les magistrats doivent ordonner, soit d'office, soit à la demande des parties, que l'affaire sera soumise à un nouveau jury, quand ils déclarent, à l'unanimité, que le jury est tombé dans une erreur grave et manifeste, en prononçant le verdict. Cette déclaration ne peut être faite que dans les cas suivants : 1° quand le jury a déclaré l'accusé coupable, alors que son innocence ressort des débats, sans qu'un doute raisonnable puisse s'élever à ce sujet ; 2° quand le jury a déclaré l'accusé non coupable, alors que sa culpabilité ressort des débats avec la même évidence. Il n'y a pas de recours de revision contre le verdict du second jury (art. 112, 113, 115).

1330. — 6° *Belgique.* — On a vu *suprà*, v° *Organisation judiciaire*, nos 71 et 72, quelle est la composition des cours d'assises. Il reste à donner ici quelques indications spéciales en ce qui concerne le jury.

Après les événements de 1814, le jury fut aboli ; il a été rétabli le 7 oct. 1830. Nul ne peut être juré s'il n'est Belge de naissance ou s'il n'a obtenu la grande naturalisation, s'il ne jouit des droits civils et politiques et s'il n'a trente ans accomplis. Les jurés sont pris : 1° parmi les citoyens portés sur les listes électorales et versant au trésor de l'Etat, en contributions directes des sommes variant, selon les provinces, pour les chefs-lieux de 110 à 250 fr. ; pour les autres communes, de 90 à 170 fr. ; 2° indépendamment de toute contribution, parmi les classes de citoyens suivantes : les membres de la Chambre des représentants ; les membres des conseils provinciaux ; les bourgmestres, échevins, conseillers communaux, secrétaires et receveurs des communes d'au moins quatre mille âmes ; les docteurs en droit, en médecine, chirurgie, sciences et lettres, les ingénieurs diplômés ; les notaires et avoués ; les pensionnaires de l'Etat jouissant d'une retraite de 1000 fr. au moins. Ne sont pas portés ou cessent d'être portés sur la liste des jurés : 1° ceux qui ont atteint leur soixante-dixième année ; 2° les ministres, les gouverneurs des provinces, les membres des députations permanentes des conseils provinciaux, les greffiers provinciaux, les commissaires d'arrondissement, les juges, procureurs généraux, procureurs du roi et leurs substituts, les auditeurs militaires, les greffiers et greffiers adjoints des cours et tribunaux ; les ministres des cultes ; les membres de la cour des comptes ; les secrétaires généraux et les directeurs d'administration près d'un département ministériel ; les militaires en service actif ; les chirurgiens et médecins exerçant leur profession (L. 18 juin 1869, art. 97 à 99). L'art. 100 de la même loi, relatif aux dispenses provisoires, ne présente rien de remarquable.

1331. La députation du conseil provincial donne une liste générale pour chaque arrondissement judiciaire de la province et transmet cette liste au président du tribunal de première instance, avant le 30 septembre de chaque année. Le président du tribunal, assisté de deux membres, les premiers dans l'ordre du tableau, forme une liste de la moitié des noms portés sur la liste générale et adresse cette liste, avant le 1er novembre, au premier président de la cour d'appel. Le premier président, à son tour, assisté de même, réduit à la moitié chacune des listes envoyées par les présidents des tribunaux respectifs du ressort de la cour. Ces listes ainsi réduites sont réunies en une seule liste pour le service du jury de l'année suivante. Avant le premier décembre, la liste annuelle est transmise par le premier président au président du tribunal du lieu où siège la cour d'assises (art. 102 à 107).

1332. Si le nombre des affaires l'exige, le président des assises les divise en plusieurs séries, de manière que les jurés ne soient pas, autant que possible, occupés plus de quinze jours (art. 96). Il est tiré au sort, en audience publique, par le tribunal du lieu où siège la cour d'assises, trente noms pour chaque session ou série ; il est tiré en outre quatre jurés supplémentaires, résidant dans la commune où siège la cour d'assises (art. 108). C'est le président de la cour d'assises qui est chargé de convoquer les jurés (art. 110). Si, au jour indiqué pour chaque affaire, il y a moins de vingt-quatre jurés présents non excusés ou non dispensés, ce nombre est complété par les jurés supplémentaires (art. 111). L'instant du jugement est formé à l'instant où il est sorti de l'urne douze noms de jurés non récusés (art. 114).

1333. Ainsi qu'on l'a dit *suprà*, n° 19, la Belgique est

encore aujourd'hui régie, en principe, par le code d'instruction criminelle français. Toutefois, il y a lieu de signaler quelques modifications qui ont été apportées, par des lois postérieures, aux dispositions concernant la procédure devant le jury.

Il est procédé à la prestation de serment des témoins, experts et interprètes, dans les formes usitées antérieurement à l'occupation de la Belgique par les armées françaises (Arr. 4 nov. 1814, art. 1). Les israélites sont assujettis à la formule exigée des autres sujets, avec cette exception néanmoins qu'ils prêtent le serment ayant la tête couverte (Arr. 26 oct. 1818). — Le résumé du président a été supprimé par le décret du 19 juill. 1831. — Ce magistrat, en remettant les questions aux jurés, leur indique la manière dont ils doivent procéder et émettre leurs votes (L. 15 mai 1838, art. 25). — Les bulletins sont imprimés et marqués du timbre de la cour d'assises. Ils portent en tête les mots : « Sur mon honneur et ma conscience, ma déclaration est... » ; au milieu, en lettres très lisibles, le mot « oui » ; et au bas, en lettres également très lisibles, le mot « non ». Le juré n'a qu'à effacer le mot qui exprimerait une conviction contraire à la sienne (L. 15 mai 1838, art. 18 et 19). La table servant aux opérations du jury est disposée de manière que personne ne puisse voir ce que fait chaque juré. Le chef du jury, après dépouillement, consigne la résolution en marge de la question, sans exprimer le nombre des suffrages, si ce n'est dans le cas où la déclaration affirmative sur le fait principal n'aurait été formée qu'à la simple majorité. Dans ce cas, les juges délibèrent entre eux sur le même point. L'acquittement est prononcé si la majorité de la cour ne se réunit à l'avis de la majorité du jury (L. 18 juin 1869, art. 117 et 118).

1334. — 7° *Russie.* — La loi sur la procédure criminelle remonte à 1864. Le tribunal de première instance ou de cercle statue au criminel avec l'assistance du jury, lorsque le crime ou le délit est de nature à emporter la perte totale ou partielle des droits civiques. Pour figurer sur la liste du jury, il faut être sujet russe, âgé de vingt-cinq à soixante-dix ans, et domicilié depuis deux ans au moins dans le cercle. Ne sont pas inscrits les membres du clergé séculier ou régulier et les instituteurs primaires; il en est de même des domestiques. Quant aux militaires en activité de service, ils ne peuvent y figurer que depuis la loi du 13 mai 1880 (*Annuaire de législation étrangère*, 10° année, p. 567). — La liste générale comprend : 1° les juges de paix honoraires; 2° les fonctionnaires civils des dix dernières classes, à l'exception des juges d'arrondissement, des juges de paix de canton, des notaires, des procureurs impériaux et de leurs substituts, des caissiers, des forestiers de la couronne, des employés de la police, etc.; 3° toutes personnes revêtues de fonctions électives dans les municipalités et les corporations de la noblesse, à l'exception des maires des villes; 4° les paysans revêtus des fonctions de juge de village, d'arbitres ou prud'hommes, ou autres analogues; 5° toutes les autres personnes sachant lire et justifiant d'un cens territorial et du revenu déterminé par la loi du 28 avr. 1887 (*Annuaire*, 17° année, p. 733). — La formation de la liste annuelle n'offre aucune particularité intéressante. Une fois qu'elle est arrêtée, la commission répartit entre les quatre trimestres les personnes qui y sont portées, publie son travail et fait notifier aux intéressés l'époque à laquelle ils devront siéger, sauf le droit qu'ils ont de demander au président du tribunal d'être reportés d'un trimestre à un autre. — Le jury de jugement se compose de douze jurés titulaires et de deux jurés suppléants qui ne prennent part au verdict que pour compléter au besoin le jury (Demombynes, *Constitutions européennes*, t. 1, p. 547 et suiv.).

1335. Chaque juré prête serment entre les mains d'un ministre de la religion à laquelle il appartient. Le verdict est rendu à la majorité. La voie de la cassation est ouverte, soit en faveur de l'accusé, soit même en faveur du ministère public, si les questions ont été mal posées par le président ou qu'il se trouve quelque contradiction dans la réponse du jury (Demombynes, *loc. cit.*, t. 1, p. 547 et suiv.).

Les jurés ont le droit de proposer les modifications qu'ils désirent voir introduire dans les questions et de réclamer le temps nécessaire pour formuler et faire valoir leurs objections. Au cas où les jurés reviennent dans la salle d'audience pour demander des explications, la cour

rend une décision autorisant le président à les éclairer sur les points qui les préoccupent. Le président ne fournit ces explications qu'en présence de l'accusé (art. 762 et suiv., c. proc. crim., modifié par l'avis du conseil de l'Empire approuvé par l'empereur le 15 mai 1886, *Annuaire de législation étrangère*, 16° année, p. 619).

1336. Un avis du conseil de l'Empire, approuvé par l'empereur le 7 juill. 1889, restreint la compétence du jury en ce qui concerne les attentats contre la chose publique. Les affaires distraites de la compétence du jury peuvent être groupées en trois catégories : 1° celles qui, dans l'esprit du gouvernement, semblent réclamer une répression plus énergique (insurrections, insultes aux tribunaux, aux fonctionnaires, aux corps de garde, violences et assassinats contre des fonctionnaires dans l'exercice de leurs fonctions, etc.); 2° celles qui sont considérées comme trop compliquées pour être à la portée du jury (crimes des fonctionnaires, des employés des institutions de crédit, des agents des compagnies de chemins de fer dans l'exercice de leurs fonctions); 3° enfin, celles qui ne sont pas assez graves pour être déférées au jury (crimes et délits n'entraînant pas la perte de tous les droits civils et politiques). Ces affaires sont jugées par la cour judiciaire avec le concours des représentants des classes. Ceux-ci examinent l'affaire avec les juges, et leurs voix ont le même poids (*Annuaire de législation étrangère*, 19° année, p. 778).

1337. — 8° *Suisse.* — On a indiqué *suprà*, v° *Organisation judiciaire*, n°⁵ 107 et 113, la composition et la compétence en matière répressive du tribunal fédéral, et l'on a énuméré les cantons dans lesquels le jury existe.

1338. — A. *Justice fédérale.* — Le territoire de la Confédération est divisé en cinq arrondissements d'assises. Les jurés sont élus dans les cantons par le peuple et tirés au sort dans la liste de l'arrondissement judiciaire. Peut être juré tout Suisse ayant droit de vote, aux termes de la constitution. Sont exceptés : les membres des autorités judiciaires cantonales supérieures, les présidents de tribunaux, juges d'instruction et officiers du ministère public, les fonctionnaires fédéraux et cantonaux de l'ordre administratif, sauf les employés communaux; 2° les ecclésiastiques; 3° les employés des maisons d'arrêt et de détention; 4° les employés de police. Tout citoyen appelé aux fonctions de juré est tenu d'accepter, sauf : 1° ceux qui ont soixante ans révolus; 2° ceux dont le nom a été porté sur la dernière liste des jurés; 3° ceux qui sont empêchés par maladie ou infirmités. Les cantons conservent le droit de régler les questions relatives à l'éligibilité et à l'obligation d'accepter les fonctions de juré : le gouvernement cantonal transmet les listes au tribunal fédéral qui en forme les listes d'arrondissement et les publie. Les listes sont renouvelées tous les six ans. Avant l'ouverture de chaque session d'assises, la chambre criminelle tire au sort 84 noms dans la liste d'arrondissement; l'accusé et le procureur général peuvent chacun récuser vingt jurés. Si le nombre des récusations ne s'élève pas à quarante, la chambre criminelle désigne, par le sort et parmi les jurés non récusés, les quatorze jurés qui forment la liste de session : deux d'entre eux sont également tirés au sort à titre de jurés suppléants. Le jury statue sur les faits (Demombynes, *Constitutions européennes*, t. 2, p. 315 et suiv.; *Annuaire de législation étrangère*, 2° année, p. 460; *ibid.*, 4° année, p. 492 et 493).

1339. — B. *Appenzell.* — Ce canton est régi par la loi de procédure pénale du 25 avr. 1880. Le tribunal criminel statue toujours sans assistance de jurés, sauf appel au tribunal suprême. La procédure est, en quelque sorte, écrite : car, en principe, le tribunal juge sur les procès-verbaux d'enquête; mais il peut entendre de nouveau les témoins, soit isolément, soit en présence de l'accusé, s'il le juge nécessaire (*Annuaire de législation étrangère*, 10° année, p. 447 et suiv.).

1340. — C. *Berne.* — La chambre criminelle de la cour suprême, composée de trois membres, forme, avec douze jurés, la cour d'assises. L'accusation et la défense ont un droit égal de récusation. Si le ministère public et tous les accusés dans les autres affaires acceptent le premier jury, il fonctionne pendant toute la session et pour toutes les affaires. Le président ne fait pas de résumé. Le jury forme sa décision à la majorité. Depuis la loi du 2 mai 1880, l'accusé

qui avoue doit être jugé sans jury (Demombynes, *loc. cit.*, p. 356 et suiv., *Annuaire de législation étrangère*, 10ᵉ année, p. 459).

1341. — D. *Neuchâtel.* — Le code de procédure pénale de ce canton est du 7 avr. 1875. La liste générale du jury criminel comprend tous les jurés du canton. La liste de session se compose de trente-huit jurés tirés au sort. Dans une séance préliminaire à laquelle sont appelés le ministère public et tous les accusés de la session assistés de leurs défenseurs, le président demande aux accusés s'ils ont des récusations à exercer contre les juges, les suppléants et le greffier désignés, et s'ils acceptent le même jury pour toutes les affaires de la session. Chaque partie peut récuser dans chaque affaire douze jurés, et le jury est définitivement arrêté avec les noms qui restent. Le ministère public et les accusés déposent ensuite au greffe la liste des témoins qu'ils veulent faire entendre; le président fixe l'ouverture des débats et pourvoit à la convocation des jurés et des témoins. Les jurés élisent au scrutin secret le chef du jury. Le président ne fait pas de résumé; il rappelle seulement aux jurés la mission qu'ils ont à remplir et leur remet la liste des questions (*Annuaire de législation étrangère*, 5ᵉ année, p. 762 et suiv.).

1342. — E. *Genève.* — C'est la loi du 1ᵉʳ oct. 1890, exécutoire à partir du 1ᵉʳ janv. 1891, qui règle le recrutement et le fonctionnement du jury. Au lieu de laisser, comme par le passé, à une commission de députés au grand conseil le soin de former la liste préparatoire, elle en investit les conseils municipaux du canton de Genève, mieux placés pour connaître les personnes inscrites sur le registre électoral. Les listes préparatoires, comprenant huit cents noms, sont envoyées au conseil d'Etat (pouvoir exécutif) qui vérifie si ces jurés figurent sur les tableaux électoraux, et si aucun d'eux ne se trouve dans les cas d'exclusion prévus par la loi; il procède aux rectifications nécessaires, puis il transmet ces listes au grand conseil. Une commission de quinze membres, tirée au sort dans le sein de cette assemblée, arrête définitivement la liste des jurés, laquelle doit comprendre six cents noms.

La liste de session se compose de quarante noms. En faisant signifier cette liste trois jours avant l'ouverture des débats, le président doit avertir l'accusé qu'il peut proposer la récusation de tout juré qui n'aurait pas l'âge requis par la loi, qui ne serait pas dans les conditions légales pour siéger ou qui aurait figuré dans son affaire comme officier de police judiciaire, témoin, interprète, expert, partie ou défenseur. A l'audience, il interpelle l'accusé sur les récusations qu'il peut avoir à exercer pour les motifs qui viennent d'être indiqués, et il l'avise que, s'il n'en exerce pas, la liste du jury sera considérée comme légalement valable. Après la radiation sur la liste de tous ceux qui se trouvent dans des cas d'excuse ou d'incompatibilité ou qui sont absents, la liste est soumise au procureur général et à l'accusé qui ont le droit de récuser chacun huit jurés dans chaque affaire. Ces récusations s'effectuent en effaçant sur la liste, sans fournir de motifs, les noms des personnes que l'on veut écarter. On évite ainsi les récusations bruyantes qui se produisaient au moment où les noms sortaient de l'urne. On met dans l'urne les noms de tous ceux qui n'ont pas été éliminés, on procède au tirage, et les douze premiers jurés dont les noms sortent de l'urne forment le jury de chaque affaire.

1343. Après la prestation de serment, les jurés choisissent au scrutin secret, à la majorité, le chef du jury. A égalité de suffrages, le plus âgé est élu. C'est le président qui dépouille le vote.

Le président assiste à la délibération du jury avec voix consultative (art. 207); puis la cour, composée du président et de deux juges assesseurs non magistrats, délibère sur la peine avec les jurés. — Ajoutons que les accusés qui le demandent peuvent être jugés sans jurés (H. Pascaud, *La nouvelle organisation du jury criminel à Genève, Gazette des tribunaux*, 1ᵉʳ et 2 avr. 1891; *Annuaire de législation étrangère*, 20ᵉ année, p. 604). — Quant à la procédure criminelle, elle est réglée par le code d'instruction pénale du 25 oct. 1884 (*Annuaire*, 14ᵉ année, p. 571 et suiv.), qui diffère peu du nôtre.

1344. — F. Dans le canton de *Vaud*, il y a un tribunal criminel avec jurés (neuf jurés pris sur une liste triple, et tirés au sort parmi les jurés élus par le suffrage universel dans la commune) (L. 23 mars 1886. *Annuaire de législation étrangère*, 16ᵉ année, p. 374).

1345. — 9° *Hongrie.* — Les tribunaux de première instance sont compétents en premier ressort pour tous les crimes et délits. Cependant, lorsqu'il s'agit de délits de presse, le tribunal jugé, assisté d'un jury composé de douze membres. M. Szilágyi, ministre de la justice, a élaboré un projet de code de procédure pénale qui attribue au jury la connaissance non seulement des délits de presse, mais encore, sauf quelques restrictions, de tous les délits de droit commun qu'il est possible de lui soumettre, en tenant compte de la situation politique de la Hongrie et des nationalités qu'elle renferme (*Annuaire de législation étrangère*, 14ᵉ année, p. 309, et 19ᵉ année, p. 380).

1346. — 10° *Bosnie et Herzégovine.* — Ces pays sont régis par un code de procédure pénale du 30 janv. 1891, en vigueur depuis le 1ᵉʳ janv. 1892. Ce sont les tribunaux de district (*Kreisgerichte*) qui rendent la justice en matière criminelle. Ils se composent de trois juges, y compris le président, et de deux assesseurs. Les assesseurs se recrutent comme le jury; mais il eût été impossible, vu la situation spéciale du pays, de les constituer en collège distinct des juges de profession et de leur attribuer la connaissance exclusive du fait. Ils siègent donc comme les magistrats, avec les mêmes droits et les mêmes obligations que ceux-ci. Ils jurent non seulement de suivre les débats avec attention, et d'examiner consciencieusement tous les éléments de preuves, mais encore de ne prendre en considération ni la situation de l'accusé, ni son crédit ou son autorité, ni sa pauvreté ou sa richesse, et de ne pas se laisser influencer par la haine ou par la différence des religions. Les autres points de la procédure sont empruntés au code autrichien (Mayer, *Etude sur le code de procédure pénale pour la Bosnie et l'Herzégovine*, *Bulletin de la Société de législation comparée*, t. 21, p. 398 et suiv.).

1347. — 11° *Pays-Bas.* — Le jury n'existe pas dans les Pays-Bas. Les crimes sont jugés par les cours provinciales, composées de préférence de conseillers qui n'ont pas siégé dans la mise en accusation (c. proc. pén., art. 171). Ainsi qu'on l'a dit *supra*, n° 19, la procédure est régie par le code d'instruction criminelle français, modifié par une loi du 15 janv. 1886.

1348. — 12° *Pays scandinaves.* — L'institution du jury ne pénètre que très difficilement dans ces pays; et, ainsi que l'atteste M. Dareste, dans son compte rendu des travaux du congrès tenu à Christiania en août 1878 (*Bulletin de la Société de législation comparée*, t. 8, p. 454 et suiv.), la grande majorité au moins des jurisconsultes scandinaves repoussait cette institution comme dangereuse. En *Danemark*, en dehors de Copenhague, c'est seulement lorsqu'il s'agit de prononcer la peine de mort que le juge doit se faire assister de quatre jurés ayant voix délibérative (Ludovic Beauchet, *Etude sur les principes d'organisation judiciaire et de compétence dans la législation dano-norvégienne*, *Bulletin de la Société de législation comparée*, t. 13, p. 133). — En *Norvège*, le code de procédure pénale du 1ᵉʳ juill. 1887, exécutoire seulement le 1ᵉʳ janv. 1890, a introduit pour la première fois le jury (*Annuaire de législation étrangère*, 17ᵉ année, p. 711).

En *Suède*, le jury n'existe que pour les affaires de presse (Demombynes, *Constitutions européennes*, t. 1, p. 127).

1349. — 13° *Portugal.* — Le tribunal criminel se compose du juge de première instance et d'un jury. Il y a trois sortes de jurys : le jury ordinaire, le jury pour crime de fausse monnaie et le jury mixte pour les Anglais. — Le jury ordinaire est composé de jurés recrutés pour chaque tribunal à concurrence de 120, parmi les citoyens ayant suivi un cours complet d'instruction supérieure ou secondaire, et, à défaut de ceux-ci, parmi les citoyens ayant un revenu de 400 000 reis (2220 fr.), et enfin parmi les citoyens ayant le revenu immédiatement inférieur. — La liste de session comprend trente-six jurés, parmi lesquels neuf sont tirés au sort, plus un suppléant, afin de constituer le jury de jugement, après récusation de trois membres par l'accusé et de trois membres par l'accusation. — Le jury pour le crime de fausse monnaie est composé de même; mais le jury de jugement doit compter douze membres; il doit même compter seize membres nouveaux si l'affaire revient, après cassation, devant un tribunal criminel. — Le jury mixte pour les Anglais constitue

un privilège qui résulte d'un traité du 29 juill. 1842 : il est composé de six jurés anglais. Cette dérogation à la loi cesse pour les crimes de haute trahison ou lèse-majesté, de résistance aux autorités, de contrefaçon des sceaux de l'État ou des effets publics, et de fausse monnaie (Demombynes, *Constitutions européennes*, t. 1, p. 459, V. aussi *Ann. lég. étr.*, 12e année, p. 722 ; *ibid.*, 14e année, p. 425).

1350. — 14° *Égypte*. — Les assises sont tenues par trois membres de la cour d'appel — un juge indigène et deux étrangers — assistés de douze jurés, tous étrangers, âgés d'au moins trente ans, résidant en Égypte depuis plus d'un an, et pris sur une liste dressée par le corps consulaire. Cette liste annuelle comprend deux cent cinquante noms, et chaque nationalité en fournit de dix-huit à trente. Sur cette liste, on prend, en outre, les éléments d'une liste d'assesseurs où chaque nation est représentée par six à douze noms. Sur la demande de l'accusé, la moitié du jury et des assesseurs doit être choisie parmi ses compatriotes. Les débats ont lieu en arabe, en italien, en français, ou en anglais (*Revue générale du droit, de la législation et de la jurisprudence*, t. 11, p. 344 et suiv.).

1351. — 15° *États-Unis*. — Les conditions exigées pour être juré sont à peu près les mêmes dans tous les États de l'Union américaine. Il suffit en général d'être citoyen américain, de payer l'impôt et de n'être pas âgé de moins de vingt et un ans ni de plus de soixante. Mais la manière de composer les listes est sujette à des variations dans le détail desquelles il nous paraît inutile d'entrer (V. pour l'Illinois, *Ann. de lég. étr.*, 2e année, p. 116 ; pour la Californie, *ibid.*, 9e année, p. 836 et 864). Ajoutons que l'État de New-York est régi par un code de procédure pénale promulgué en 1881 (*Annuaire*, 11e année, p. 786). D'ailleurs, comme on a pu s'en convaincre *supra*, v° *Organisation judiciaire*, n° 119, la législation américaine a conservé les caractères distinctifs des institutions anglaises.

1352. — III. BIBLIOGRAPHIE. — Outre les ouvrages déjà cités au *Répertoire*, notamment le *Traité de l'instruction criminelle* de Faustin Hélie, on peut consulter, pour la procédure criminelle proprement dite, à partir du moment où la cour d'assises est saisie, et pour ce qui concerne le jury : Nouguier, *La cour d'assises* ; Barbier, *Lois du jury, compétence et organisation* ; Garraud, *Précis de droit criminel*, n° 495 et suiv. ; Trébutien, *Cours élémentaire de droit criminel*, t. 2 ; Villey, *Précis d'un cours de droit criminel*, p. 357 et suiv. ; Boitard et Villey, *Leçons de droit criminel*, n° 738 et suiv. ; Ortolan et Desjardins, *Éléments de droit pénal*, t. 2, n° 1971 et suiv. ; 1982 et suiv. ; 2315 à 2319 ; Le Sellyer, *Traité de la compétence et de l'organisation des tribunaux chargés de la répression*, t. 1, n° 64 et suiv. ; 205 et suiv. ; Rolland de Villargues, *Les codes criminels* ; spécialement, pour la position des questions : Chauveau et Faustin Hélie, *Théorie du code pénal* ; Garraud, *Traité théorique et pratique du droit pénal français* ; Blanche, *Études sur le code pénal* ; Le Sellyer, *Traité de la criminalité, de la pénalité et de la responsabilité*, t. 1, n° 27, 28, 307, 312, 314 ; Faustin Hélie, *Pratique criminelle des cours et des tribunaux* ; G. Barbier, *Code expliqué de la presse*, n° 568, 953, 956, 958 ; Fabreguettes, *Traité des infractions de la parole, de l'écriture et de la presse*, n° 1382, 2076 à 2083 ; Delpech, *La procédure et le droit criminel en cour d'assises* ; Pain, *Code pratique de la cour d'assises*.

CHAP. 2. — De l'instruction intermédiaire devant la cour d'assises (*Rép.* n°° 1248 à 1367).

SECT. 1re. — DÉPÔT DES PIÈCES DE CONVICTION AU GREFFE ET DÉTENTION DE LA PERSONNE DE L'ACCUSÉ. — SON INTERROGATOIRE (*Rép.* n°° 1249 à 1266).

1353. Les art. 291 et 292 c. instr. crim., dont le texte a été rapporté au *Rép.* n° 1249, prescrivent l'envoi des pièces du procès au greffe du lieu où doit siéger la cour d'assises, et le transfèrement de l'accusé, dans le délai de vingt-quatre heures à partir de la signification faite à l'accusé de l'arrêt de renvoi et de l'acte d'accusation.

1354. — I. DÉPÔT DES PIÈCES DE CONVICTION AU GREFFE. — La brièveté du délai imparti indique le prix que le législateur attache à ce qu'il n'y ait pas de temps perdu dans l'envoi des pièces de la procédure. « Le procu-

reur général, dit M. Faustin Hélie (t. 3, n° 2230), doit renvoyer les pièces dans le plus bref délai, puisque tout retard pourrait prolonger la détention préalable des accusés ».

D'autre part, il est important que les prescriptions édictées pour la transmission des pièces de la procédure (V. art. 9, 59 et 60 du décret du 18 juin 1811) soient scrupuleusement observées : « car ces pièces, dit le même auteur, *loc. cit.*, si elles n'étaient préservées de tout contact extérieur susceptible de mettre en doute leur identité, pourraient perdre le caractère probant qui y est attaché. Ainsi la cour de cassation, tout en déclarant que les dispositions de l'art. 291 ne sont pas prescrites à peine de nullité, a dû reconnaître, dans une espèce où l'accusé avait méconnu l'identité des pièces de conviction qui lui étaient représentées, en se fondant sur l'irrégularité de leur transmission, que cette dénégation avait dépouillé ces pièces de la valeur judiciaire qu'eût pu seule leur attribuer une production précédée et environnée des garanties déterminées par la loi » (Crim. rej. 8 févr. 1838, aff. Massot, *Rép.* n° 2275-2°).

1355. — II. DÉTENTION DE LA PERSONNE DE L'ACCUSÉ. — On s'est demandé si l'inobservation du délai de vingt-quatre heures fixé, par l'art. 292 c. instr. crim., pour le transfèrement de l'accusé à la maison de justice constitue une irrégularité substantielle. M. Nouguier (t. 1, n° 198) résout la question négativement : « Cette inexécution, dit-il, peut se présenter sous deux aspects différents, selon que le transfèrement aura été opéré *trop tôt* ou *trop tard*. S'il est opéré *trop tôt*, où donc serait le principe d'une lésion pour l'accusé ? Transporté prématurément au lieu où se concentreront les moyens de préparer sa défense, il rencontrera, dans cette anticipation, avantage parfois, inconvénient jamais. Aussi, la question, quand elle s'est présentée, n'a-t-elle souffert aucune difficulté (Crim. rej. 8 janv. 1846, aff. Brument, *Bull. crim.*, n° 17 ; 10 oct. 1839, aff. Peytel, sol. impl. *Rép.* n° 1261).

1356. La solution doit être la même si le transfèrement de l'accusé a eu lieu tardivement. Déjà l'on a fait remarquer au *Rép.*, n° 1249, en rappelant les dispositions de l'art. 26 c. instr. crim., que l'accusé, arrivé dans la maison de justice après l'ouverture de la session, ne peut être jugé s'il y consent. Comme le dit M. Nouguier (*loc. cit.*, n° 199), l'accusé n'a pas plus à souffrir du retard que de l'anticipation, du moment où l'on observe, vis-à-vis de lui, toutes les autres formalités prescrites par la loi. Aussi a-t-il été jugé que l'observation du délai fixé par l'art. 292 c. instr. crim. pour le transfèrement de l'accusé après la notification de l'arrêt qui le renvoie devant la cour d'assises, n'est pas prescrite à peine de nullité ; que, par suite, l'accusé ne peut se faire un moyen de cassation de ce qu'il aurait été apporté à ce transfèrement un retard d'un jour, s'il n'en est résulté pour lui aucun préjudice (Crim. rej. 30 mars 1854, aff. Macé, D. P. 54. 5. 441 ; V. aussi Crim. rej. 17 juin 1875, *Bull. crim.*, n° 191). Les mêmes principes ont, d'ailleurs, été sanctionnés, plus récemment, par un arrêt qui reconnaît à l'accusé, en cas de transfèrement tardif, le droit de demander à ne pas être jugé dans la session qui est en cours. Aux termes de cet arrêt, lorsqu'un accusé a été transféré tardivement à la maison d'arrêt, c'est avec raison que la cour d'assises, saisie des conclusions de l'accusé au sujet de cette irrégularité, renvoie l'affaire à une autre session (Crim. rej. 13 août 1885, aff. Aubert, *Bull. crim.*, n° 249).

1357. — III. INTERROGATOIRE DE L'ACCUSÉ. — Comme on l'a établi au *Rép.*, n° 1250 et 1251, l'interrogatoire prescrit par l'art. 293 c. instr. crim., et que doit subir l'accusé vingt-quatre heures au plus tard après son arrivée dans la maison de justice, est le premier acte de juridiction personnelle confié au président des assises. Par son but, il intéresse au plus haut point la défense et l'accusation ; aussi la jurisprudence a-t-elle toujours reconnu à cet interrogatoire le caractère d'une formalité substantielle dont l'omission, ou la constatation irrégulière, entraîne la nullité de toute la procédure. (Aux arrêts cités à cet égard au *Rép.*, n° 1252, *adde* : Crim. cass. 16 oct. 1845, aff. Ribierre, D. P. 45. 4. 316 ; 24 août 1854, aff. Dumas, D. P. 54. 5. 438 ; 14 déc. 1882, aff. Ronné, *ibid.*, n° 278 ; 16 juill. 1885, aff. Devaux, *ibid.*, n° 213 ; 16 juill. 1886, aff. Vanny, n° 261 ; 20 juill. 1889, aff. Besnard, *ibid.*, n° 270 ; 1er juill. 1892, aff. Duclos, D. P. 92. 5. 364). — Mais les prescriptions de l'art. 293 ne

concernent pas les prévenus de simples délits, passibles de peines correctionnelles, alors même que ces délits sont de la compétence de la cour d'assises (Crim. rej. 27 janv. 1893, aff. Henry, D. P. 94. 1. 31).

1358. — 1° *Magistrat interrogateur.* — A. *Président des assises.* — On a exposé au *Rép.*, nos 1253 et 1254, le principe en vertu duquel il doit être procédé à l'interrogatoire préalable par le président des assises. Quel est le magistrat ainsi désigné? Evidemment, en thèse générale, il s'agit du président de la session dans laquelle l'accusé doit être jugé. Mais on reconnaît la même compétence au président de la session qui est en cours, au moment de l'arrivée de l'accusé à la maison de justice, alors même que celui-ci ne doit être jugé qu'à la session suivante. Il a été décidé que le président de la cour d'assises du trimestre pendant lequel l'accusé a été écroué à la maison de justice est compétent pour procéder à l'interrogatoire, en l'absence du président des assises du trimestre pendant lequel l'affaire doit être jugée (Crim. rej. 23 sept. 1847, aff. Florentin, *Bull. crim.*, n° 231 ; 13 nov. 1856, aff. Roulin, D. P. 56. 1. 469 ; 14 oct. 1858, aff. Pornot et Aubry, D. P. 58. 5. 213 ; 9 août 1860, aff. Joannon et autres, *ibid.*, n° 187 ; 29 avr. 1869, aff. Gonal, *ibid.*, n° 99 ; 28 juin 1872, aff. Bernard, *ibid.*, n° 154 ; 17 sept. 1885, aff. Garbe, *ibid.*, n° 258). Jugé, réciproquement, que le conseiller, désigné pour présider les assises de la session dans laquelle un accusé doit être jugé, a qualité pour faire subir à celui-ci l'interrogatoire préalable, même alors que la session antérieure se trouverait encore ouverte (Crim. rej. 21 janv. 1864, aff. Hébrard et Huchette, D. P. 64. 5. 210).

1359. — B. *Président du tribunal ou vice-président.* — Ainsi qu'on l'a expliqué au *Rép.*, n° 1255, si le président des assises est absent ou empêché et s'il n'a délégué personne, c'est au président du tribunal de première instance qu'appartient le droit de procéder à l'interrogatoire. Ce droit lui est expressément attribué par l'art. 91 du décret du 6 juill. 1810 portant : « Si vingt-quatre heures après l'arrivée d'un accusé dans la maison de justice, le président des assises n'est pas sur les lieux et qu'il n'y ait point de juge par lui délégué, conformément à l'art. 293 c. instr. crim., pour interroger l'accusé, il sera procédé à l'interrogatoire par le président du tribunal de première instance ou par un juge qu'il aura commis à cet effet ». Jugé que, lorsque le président de la cour d'assises n'est pas sur les lieux, et n'a point usé du droit de délégation que lui donne l'art. 293 c. instr. crim., le président du tribunal de première instance a un pouvoir propre pour procéder à l'interrogatoire de l'accusé à son arrivée dans la maison de justice, ou pour déléguer son droit (Crim. rej. 17 nov. 1882, aff. Morin, D. P. 83. 1. 328 ; 14 nov. 1889, aff. Boisgard et autres, *Bull. crim.*, n° 338).

1360. Mais, lorsque le président des assises empêché est remplacé par le conseiller le plus ancien, c'est à ce dernier magistrat, et non au président du tribunal civil, qu'il appartient de procéder à l'interrogatoire des accusés lors de leur arrivée dans la maison de justice (Crim. rej. 7 mars 1872, aff. Mohamed-ben-Ahmed et autres, *Bull. crim.*, n° 59). — De même, ce droit appartient au vice-président, en cas d'empêchement et de non-délégation de la part du président du tribunal. Jugé dans ce sens que le vice-président d'un tribunal de première instance est le représentant légal du président, qu'il peut, en cas d'empêchement, remplacer pour l'interrogatoire exigé par l'art. 293 c. instr. crim. (Crim. rej. 8 janv. 1846, aff. Boullet, *Bull. crim.*, n° 12 ; 16 déc. 1852, aff. Gilbert, *ibid.*, n° 407 ; 5 août 1869, aff. Mondoux et autres, *ibid.*, n° 188 ; 18 nov. 1869, aff. Nicot, D. P. 70. 1. 440 ; 21 déc. 1882, aff. Bel-Kassim-ben-Hassen et autres, *ibid.*, n° 283).

1361. — C. *Délégation et subdélégation.* — Il a été dit au *Rép.*, n° 1256, que l'art. 293 c. instr. crim. et l'art. 91 du décret 6 juill. 1810 accordent, soit au président des assises, soit au président du tribunal, un droit de délégation. — En ce qui concerne l'étendue de ce droit, il est à remarquer que le magistrat qui délègue n'est tenu d'observer ni l'ordre hiérarchique, ni l'ordre d'ancienneté ; ainsi, et d'une manière générale, il a été jugé : 1° que le président de la cour d'assises peut déléguer à un de ses assesseurs soit la mission d'interroger l'accusé, soit le droit de procéder à un supplément d'information (Crim. rej. 11 nov. 1875, *Bull. crim.*, n° 310) ; — 2° Que, dans les cours d'assises tenues ailleurs qu'au chef-lieu de la cour d'appel, il est légalement procédé à l'interrogatoire des accusés, avant l'ouverture de la session et en l'absence du président, par le juge commis par le président du tribunal (Crim. rej. 4 juill. 1873, aff. Tiha et Joseph Lambert, *Bull. crim.*, n° 183).

1362. De plus, le magistrat délégué peut ne pas faire partie de la cour d'assises. Jugé, en ce sens : 1° que le président de la cour d'assises peut déléguer, pour procéder à l'interrogatoire de l'accusé, un conseiller de la cour d'appel qui ne fait pas partie de la cour d'assises, si les conseillers désignés pour siéger comme assesseurs sont empêchés (Crim. rej. 9 nov. 1848, aff. Martinetti, *Bull. crim.*, n° 271) ; — 2° Que les art. 268 et 293 c. instr. crim. n'exigent pas que le magistrat délégué par le président pour entendre à sa place les accusés lors de l'interrogatoire subi avant leur comparution, fasse partie de la cour d'assises (Crim. rej. 9 févr. 1865, aff. Sicard, D. P. 66. 5. 253 ; Crim. rej. 18 févr. 1882, aff. El-Hani-ben-Miloud et Boukhantech-ben-Ahmed, *Bull. crim.*, n° 48) ; — 3° Que le président du tribunal peut, en conséquence, être valablement délégué à cet effet (Arrêt précité du 18 févr. 1882).

Et même, la délégation peut porter sur un magistrat incapable de faire partie de la cour d'assises, comme un conseiller ayant pris part à l'arrêt de renvoi, ou le juge qui a fait l'instruction. Ainsi il a été décidé : 1° qu'il ne peut résulter aucune nullité de ce que le magistrat qui a fait l'instruction a, par délégation du président de la cour d'assises, interrogé l'accusé, lors de son arrivée dans la maison de justice, si, d'ailleurs, il n'a participé en rien à son jugement (Crim. rej. 17 sept. 1835, aff. Laidet, *Bull. crim.*, n° 361) ; — 2° Que s'il est interdit au juge d'instruction de présider les assises ou d'assister le président, dans les affaires qu'il a instruites, cette incompatibilité doit être restreinte à toute participation aux débats et au jugement, mais n'empêche pas ce magistrat - soit délégué par le président de la cour d'assises pour procéder à l'interrogatoire préalable de l'accusé dans la maison de justice (Crim. rej. 17 juin 1853, aff. Durand, D. P. 53. 5. 265) ; — 3° Que le magistrat qui a instruit une affaire criminelle n'est pas incapable de faire subir à l'accusé l'interrogatoire préalable que prescrit l'art. 293 c. instr. crim. (Crim. rej. 28 août 1862, aff. Roquères, D. P. 62. 5. 484).

1363. Le magistrat délégué peut-il, à son tour, subdéléguer un autre magistrat? L'affirmative résulte d'un arrêt, aux termes duquel le président du tribunal de première instance, délégué par le président des assises pour interroger un accusé avant sa comparution devant le jury, peut lui-même, en cas d'empêchement légitime, se faire remplacer pour cet objet par un membre du tribunal (Crim. rej. 23 févr. 1854, aff. Vannet, D. P. 54. 5. 437). — *Contrà* : Nouguier, t. 1, n° 237).

1364. — D. *Présomption légale.* — Il y a, selon ce qui a été dit au *Rép.*, nos 1257 et 1258, présomption légale que le magistrat qui a interrogé l'accusé avait reçu délégation à cet effet, ou qu'il a agi par suite d'empêchement de magistrats plus anciens dans l'ordre du tableau. De nouvelles décisions ont proclamé ce principe. Il a été jugé : 1° qu'un juge procède valablement, sans délégation spéciale, à l'interrogatoire d'un accusé dans la maison de justice, lorsque l'empêchement du président des assises, des président, vice-président du tribunal et juges plus anciens est constaté au procès-verbal (Crim. rej. 20 févr. 1873, aff. Vulliard, *Bull. crim.*, n° 57) ; — 2° Que la délégation donnée par le président des assises pour interroger un accusé dans la maison de justice est suffisamment établie par la mention que le magistrat délégué en fait dans l'acte d'interrogatoire (Crim. rej. 8 mars 1877, aff. Belvault, *Bull. crim.*, n° 84) ; — 3° Que le juge qui, en l'absence du président des assises et en remplacement du président du tribunal, procède à l'interrogatoire de l'accusé, est légalement présumé avoir agi en vertu d'une délégation régulière ou par suite de l'empêchement légitime des membres du tribunal qui le précèdent dans l'ordre du tableau (Crim. rej. 31 juill. 1884, aff. Guiller, *Bull. crim.*, n° 255).

1365. — 2° *Greffier.* — V. *Rép.* n° 1266.

1366. — 3° *Interprète.* — On s'est demandé si l'inter-

prête, que le président des assises a le droit d'appeler à l'interrogatoire, *doit* y assister sous peine de nullité. La cour de cassation a toujours décidé qu'il n'y a là qu'une simple faculté pour le président (Crim. rej. 24 juill. 1845, aff. Burrus, *Bull. crim.*, p. 394; 29 sept. 1853, aff. Pablo san Marti, *ibid.*, n° 561; 21 déc. 1854, aff. Wetzel, *ibid.*, n° 574; 13 oct. 1865, aff. Nikitschenkoff, D. P. 66. 1. 234; 21 juin 1872, aff. Tolédano, *Bull. crim.*, n° 147; 23 mai 1873, aff. Planas, *ibid.*, n° 142; 19 juin 1873, aff. Montérola, D. P. 73. 1. 31; 13 août 1891, aff. Ahmed-ben-Ali-ben-Baziz, D. P. 93. 1. 304, note; 18 juill. 1873, aff. Hoch, *Bull. crim.*, n° 200). — Mais lorsque le président des assises, en procédant à l'interrogatoire préalable de l'accusé à la maison de justice, a été mis à même de constater que cet accusé (un sourd-muet, dans l'espèce) n'est en état de comprendre ni ses questions, ni l'avertissement relatif au droit de se pourvoir contre l'arrêt d'accusation, il doit, à peine de nullité, le faire assister d'un interprète; afin que les réponses de cet accusé puissent être constatées au procès-verbal; par suite, l'interrogatoire est réputé omis, si le procès-verbal énonce seulement que le président, n'ayant pas réussi à se faire comprendre de l'accusé, s'est retiré en se bornant à lui nommer un défenseur d'office (Crim. cass. 10 oct. 1872, aff. Grégault, D. P. 72. 1. 383).

1367. — IV. Nouvel interrogatoire. — On a vu au *Rép.*, n°s 1259 et 1260, que la formalité de l'interrogatoire ne doit pas être renouvelée, ni au cas de renvoi de l'affaire à une autre session, ni au cas de renvoi devant une autre cour d'assises par suite de l'annulation de l'arrêt de condamnation. Ce principe a été appliqué, par de nombreuses décisions, au cas même où le renvoi aurait été suivi soit d'une instruction supplémentaire, soit d'une mise en accusation, pour complicité, contre un tiers, soit d'une ordonnance de jonction entre les deux poursuites, soit de l'expiration du trimestre des assises où l'affaire avait été portée, soit d'un changement survenu dans la présidence (Conf. Nouguier, t. 2, n° 949). Ainsi a-t-il été jugé: 1° que lorsqu'une affaire est renvoyée d'une session à une autre, à cause de l'absence de témoins essentiels, et que l'accusé a été interrogé par le président de la cour qui a prononcé le renvoi, il n'est nullement prescrit qu'il soit interrogé de nouveau par le président qui devra connaître de l'affaire, quand bien même il y aurait eu, dans l'intervalle, un supplément d'instruction, s'il a été délivré à l'accusé copie des déclarations des nouveaux témoins (Crim. rej. 30 août 1844, *Bull. crim.*, n° 305); — 2° Que lorsque, par l'effet de circonstances particulières, le jugement d'un accusé a été renvoyé à la session suivante, aucune disposition du code d'instruction criminelle n'exige que l'on fasse subir de cette dernière session fasse subir à l'accusé un nouvel interrogatoire (Crim. rej. 4 déc. 1852, aff. Jeante, *Bull. crim.*, n° 392); — 3° Qu'il en est de même dans le cas de renvoi de l'affaire à une autre session, alors même qu'il y aurait eu dans l'intervalle entre les deux sessions une information supplémentaire (Crim. rej. 6 oct. 1859, aff. Sebille. D. P. 60. 1. 417); — 4° Qu'après renvoi en cassation, il n'est pas besoin de procéder à un interrogatoire nouveau, ni de renouveler l'avertissement prescrit par l'art. 296 c. instr. crim. (Crim. rej. 19 juin 1873, aff. Montérola, *Bull. crim.*, n° 165); — 5° Que, lorsque le pourvoi de l'accusé contre l'arrêt de mise en accusation a été rejeté, cet arrêt reste entier, et qu'il n'y a pas lieu de procéder à un nouvel interrogatoire de l'accusé, si cette formalité a été régulièrement accomplie (Crim. rej. 16 mars 1876, aff. Roussel, *Bull. crim.*, n° 81; 11 juin 1885, aff. Forgeaud, *ibid.*, n° 168); — 6° Que l'interrogatoire subi par l'accusé, conformément aux art. 293 et suiv. c. instr. crim., n'a pas besoin d'être renouvelé, en cas de remise de la cause, à une session suivante, par le magistrat appelé à présider cette nouvelle session (Crim. rej. 31 mai 1878, aff. Domecq, D. P. 79. 1. 42).

Il en serait autrement au cas où l'interrogatoire primitivement subi par l'accusé viendrait à être égaré. Ainsi, il a été jugé que l'interrogatoire de l'accusé, à son arrivée dans la maison de justice, est une formalité substantielle, qui doit être recommencée lorsque le procès-verbal dressé pour constater son accomplissement a été égaré, même par suite d'un événement de force majeure; qu'on estimerait à tort, en pareil cas, qu'il peut être suppléé au pro-

cès-verbal par un double certificat du président et du greffier, attestant que l'interrogatoire a été subi (Crim. cass. 6 juin 1872, aff. Catanéi, D. P. 72. 1. 82, et la note).

1368. — V. Délai de l'interrogatoire. — Il résulte des explications fournies au *Rép.*, n°s 1261 et 1262, que le *délai* de vingt-quatre heures fixé par l'art. 293 c. instr. crim. n'est pas prescrit à peine de nullité. L'interrogatoire peut donc avoir lieu soit *avant* soit *après* le délai de vingt-quatre heures, pourvu, dans ce dernier cas, qu'on observe, en faveur de l'accusé, les autres délais dont parle la loi (V. Nouguier, t. 1, n°s 222 et 223). — Il suit de là que le président des assises, qui a interrogé l'accusé dès son arrivée à la maison de justice, peut l'interroger de nouveau avant l'ouverture des débats, sans être limité par aucun délai (Crim. rej. 16 janv. 1879, aff. Riquet, D. P. 80. 1. 288; 16 janv. 1891, aff. Hellal-ben-Ahmed, *Bull. crim.*, n° 13).

1369. — VI. Formes de l'interrogatoire. — 1° *Date.* — Le procès-verbal de l'interrogatoire doit-il être daté? M. Nouguier, t. 1, n° 300, examinant cette question, s'exprime ainsi: « La date, dans l'interrogatoire, n'a rien de substantiel en elle-même; elle n'a qu'une utilité, celle de rendre fixe le point de départ du délai de cinq jours. Si donc les lacunes qu'elle présente se comblent par d'autres éléments, si l'intégralité du délai est établi par d'autres données, si, ce qui est bien autrement décisif, l'accusé a renoncé au bénéfice de tout délai, en demandant à être jugé immédiatement, l'absence de la *date*, n'engendrant point de nullité » (En ce sens: Crim. rej. 22 janv. 1841, aff. Reynal *Bull. crim.*, n° 19; 6 sept. 1888, aff. Mazayer, *ibid.*, n° 289; 10 avr. 1891, aff. Ribo, D. P. 92. 1. 108). Voir *Rép.*, n° 1328. Mais il en serait tout autrement, pour le cas où aucun document de la procédure ne pourrait suppléer à la *date* et ne permettrait pas de constater l'observation du délai de cinq jours imparti à l'accusé, pour attaquer l'arrêt de renvoi (Crim. cass. 22 mai 1857, aff. Maury, *Bull. crim.*, n° 323; 10 avr. 1891, précité).

1370. — 2° *Questions et réponses.* — On a vu au *Rép.*, n° 1263, qu'aucune *forme sacramentelle* n'est imposée par la loi à l'interrogatoire en lui-même; qu'il suffit que le procès-verbal mentionne d'une part les *questions* et d'autre part les *réponses* ou le *refus de répondre* de l'accusé. A cet égard, la jurisprudence est formelle et ses décisions sont nombreuses. D'abord la cour suprême a décidé depuis la publication du *Répertoire*, comme elle l'avait fait avant, qu'il suffit d'une simple référence aux précédents interrogatoires. Ainsi jugé: 1° que le vœu de la loi qui prescrit au président d'interroger l'accusé lors de son arrivée dans la maison de justice est suffisamment rempli, lorsqu'il lui a demandé s'il persistait dans ses précédents interrogatoires (Crim. rej. 3 oct. 1844, aff. Pont, *Bull. crim.*, n° 335); — 2° Que l'interrogatoire conçu en ces termes: « Vous savez de quoi vous êtes accusé; persistez-vous dans les déclarations que vous avez faites devant le juge d'instruction? » auquel l'accusé a répondu qu'il y persistait et qu'il n'avait rien à y changer ni à y ajouter, satisfait au vœu de l'art. 293 c. instr. crim. (Crim. rej. 18 oct. 1850, aff. Joubaye, D. P. 50. 5. 294).

1371. Mais ce mode de procéder est-il applicable, quand l'accusé a pris la fuite aussitôt après le crime et que les interrogatoires, d'ailleurs incomplets, qu'il a subis au moment de son arrestation tardive, ont été le fait du juge de paix et de l'officier du parquet agissant de leur chef, postérieurement à l'arrêt de renvoi? Pour l'affirmative, on peut dire que, si les procès-verbaux relatant ces interrogatoires ne sont pas valables comme actes d'instruction, puisque aucun supplément d'information n'avait été ordonné par le président des assises, il n'en est pas moins vrai qu'ils ne sont pas inexistants en droit. La jurisprudence admet, en effet, qu'ils valent comme simples renseignements, et ils peuvent, à ce titre, être régulièrement annexés à la procédure. Leur présence au dossier, au titre qui vient d'être dit, paraît impliquer qu'ils peuvent être au moins consultés. Pourquoi, dès lors, l'interrogatoire préalable ne pourrait-il y puiser des éléments utiles par voie de référence? La référence n'est-elle pas valable comme étant formulée par un acte régulier, et n'est-ce pas elle qui vivifie et habilite les données de fait contenues

dans une pièce non opérante en elle-même, mais cependant existante comme renseignement? Ces raisons n'ont pas prévalu. L'interrogatoire préalable est une formalité substantielle qui touche au droit de la défense. En principe, il devrait se suffire à lui-même. Par voie de concession, il a été admis que cet interrogatoire peut se compléter au moyen d'une référence ; mais il est alors nécessaire, puisque le document auquel on se réfère tient lieu pour partie de l'acte prescrit par l'art. 293, que ce document ait, en droit, le même degré d'autorité que cet acte lui-même. Cette condition n'est remplie théoriquement que par les procès-verbaux d'une instruction proprement dite, et les interrogatoires dont il s'agit sont absolument nuls à ce titre. Il a donc été jugé que l'interrogatoire préalable fait par le président des assises en vertu de l'art. 293 c. instr. crim., et qui constate uniquement, sur le fond de l'accusation, que l'accusé persiste « dans les réponses consignées dans ses précédents interrogatoires », est entaché de nullité, si ces interrogatoires sont dépourvus de valeur légale comme faits postérieurement à l'arrêt de renvoi, sans délégation du président des assises, lors de l'arrestation tardive de l'accusé qui était en fuite pendant toute l'instruction (Crim. cass. 29 août 1878, aff. Mohamed-ben-Si-Ahmed, D. P. 79. 1. 235).

1372. En ce qui concerne les contumax repris ou revenus d'eux-mêmes après la clôture de l'instruction, il a été jugé : 1° que le contumax repris ou qui s'est constitué prisonnier après que l'instruction a été terminée, n'a à subir d'autre interrogatoire que l'interrogatoire préalable du président, et que, dès lors, il n'est pas fondé à se faire un moyen de cassation de ce que cet interrogatoire, alors d'ailleurs qu'il a porté sur les objets pour lesquels il est spécialement établi, n'aurait point été étendu aux divers faits qui forment les éléments de l'accusation. (Crim. rej. 6 sept. 1855, aff. Abbé Malenfant, D. P. 55. 5. 258) ; — 2° Que l'accusé, fugitif dès le début de l'information et ramené en France par suite d'extradition après l'arrêt de renvoi, ne peut se faire un grief de ce que la procédure a été close et de ce qu'il a été renvoyé devant la cour d'assises, sans avoir été mis en demeure de répondre à l'inculpation contre lui dirigée, si, avant de comparaître, il a subi l'interrogatoire prescrit par l'art. 293 c. instr. crim. (Crim. rej. 25 août 1876, Bull. crim., n° 198).

1373. Quant à la nécessité de mentionner les réponses de l'accusé ou de son refus de répondre, il a été jugé : 1° que la formalité de l'interrogatoire ne peut être considérée comme ayant été accomplie, si le procès-verbal ne contient pas mention des réponses de l'accusé ou de son refus de répondre (Crim. rej. 11 mai 1854, aff. Delmas, D. P. 54. 5. 438) ; — 2° Qu'il en est de même si la réponse à l'interpellation unique adressée par le président à l'accusé de déclarer s'il persiste dans les réponses faites par lui dans ses précédents interrogatoires, est restée en blanc. (Crim. rej. 21 déc. 1861, aff. Dubois, D. P. 63. 5. 212) ; — 3° Que l'interrogatoire de l'accusé est nul, lorsque le procès-verbal spécial omet de constater les réponses de l'accusé ou son refus de répondre. (Crim. cass. 2 avr. 1868, Bull. crim., n° 88 ; 11 mars 1869, ibid., n° 59) ; — 4° Que l'interrogatoire préalable de l'accusé par le président des assises, prescrit par l'art. 293 c. instr. crim., est une formalité substantielle qui ne peut être considérée comme ayant été accomplie, lorsque le procès-verbal constatant que le président a demandé à l'accusé s'il persiste dans les déclarations par lui faites au cours de l'information n'indique pas que celui-ci ait répondu ou ait refusé de répondre à cette question. (Crim. cass. 4 janv. 1877, aff. Chanet, D. P. 77. 1. 283 ; 6 juin 1878, aff. Prédal, D. P. 79. 1. 239).

1374. S'il y a plusieurs accusés, chacun d'eux ne doit être interrogé que sur les faits qui lui sont spécialement reprochés. Ainsi il a été jugé qu'un accusé ne peut se plaindre de ce que le président de la cour d'assises ne l'a point interrogé sur les faits spécialement relatifs à son coaccusé, ce magistrat n'étant pas tenu de procéder à l'interrogatoire sur des faits autres que ceux énoncés dans l'arrêt de renvoi relatif à chaque accusé (Crim. rej. 4 oct. 1855, Bull. crim., n° 343). Mais si plusieurs accusés sont compris dans la même affaire, la cassation ne profite qu'à celui dont l'interrogatoire ne réunit pas toutes les

formalités voulues (Crim. cass. 7 mars 1873, Bull. crim., n° 63).

1375. — 3° Formules imprimées, grattages, interlignes, ratures, renvois. — Il a été dit au Rép., n° 1264, que l'on peut, pour la rédaction du procès-verbal d'interrogatoire, se servir de formules imprimées. On peut employer également des formules manuscrites, mais préparées d'avance. Ainsi il a été jugé : 1° que la rédaction faite à l'avance d'une partie du procès-verbal de l'interrogatoire de l'accusé, dans la maison de justice, n'est pas une cause de nullité, si ce procès-verbal a été signé sans protestation par l'accusé (Crim. rej. 2 janv. 1851, aff. Lefèvre, D. P. 51. 5. 324) ; — 2° Que même, l'irrégularité résultant de l'emploi, pour le procès-verbal de l'interrogatoire de l'accusé à la maison d'arrêt, d'une formule imprimée indiquant même à l'avance quelques-unes des réponses, n'emporte pas nullité, alors surtout que d'autres réponses y sont inscrites en caractères manuscrits (Crim. rej. 10 août 1854, aff. Graux, D. P. 54. 5. 437) ; — 3° Que l'emploi d'une formule imprimée ne peut être critiqué, alors que les demandes et mentions d'usage sont seules imprimées et que les réponses de l'accusé se trouvent constatées et écrites par le greffier (Crim. rej. 10 août 1860, aff. Poiret et Chamberlant, D. P. 60. 5. 202) ; — 4° Que la défense de faire usage d'une formule imprimée ne s'applique pas au procès-verbal de l'interrogatoire préalable ; et que ce procès-verbal peut, sans irrégularité, contenir dans la partie imprimée, même la question : « Persistez-vous dans vos précédents interrogatoires ? » (Crim. rej. 24 févr. 1863, aff. Carlier, D. P. 63. 5. 228 ; 12 avr. 1888, Bull. crim., n° 139).

1376. On a exposé au Rép., n° 1264, que l'approbation des ratures n'est pas toujours nécessaire. Il faut distinguer entre le cas où une rature porte sur un mot sans valeur légale, et le cas d'une rature portant sur une mention substantielle. — Dans le premier cas, l'approbation n'est pas nécessaire, mais alors la rature est considérée comme non avenue, ce qui a conduit la cour de cassation à annuler un procès-verbal d'interrogatoire dans une espèce rapportée par M. Nouguier, n° 163. « L'interrogatoire, dit cet auteur, était daté du sept mars ; mais ces mots : sept mars étaient précédés du mot dix, de telle sorte que la date en résultant était celle du dix-sept, et c'était le dix-sept même que les débats s'étaient ouverts. Seulement le mot dix avait été raturé, mais sans approbation. Que s'ensuivait-il ? Il s'ensuivait que la rature était comme non avenue ; que le mot dix était maintenu ; que la date était censée celle du dix-sept ; et que, le délai de cinq jours n'ayant pas été observé, il y avait lieu à cassation » (Conf. Crim. cass. 6 févr. 1848, aff. Scheresse, Bull. crim., n° 103). — Dans le cas, au contraire, où les mots interlignés, surchargés, raturés ou ajoutés font partie nécessaire d'une mention substantielle, la jurisprudence n'a jamais hésité à considérer l'approbation comme indispensable. Jugé, en ce sens : 1° que les grattages non approuvés sur l'interrogatoire entraînent la nullité des débats et de l'arrêt de condamnation, lorsqu'ils portent sur une partie substantielle de cet acte et notamment sur les noms de l'accusé. Dans ce cas, les frais de la procédure à recommencer doivent être mis à la charge du greffier (Crim. cass. 13 août 1857, aff. Ahmed-ben-Bouzid, Bull. crim., n° 466) ; — 2° Qu'on doit annuler l'interrogatoire subi par l'accusé lorsque, au-dessous de la question de savoir s'il a quelque chose à ajouter ou à changer aux réponses consignées dans ses précédents interrogatoires, ont été inscrits les mots : « Non, monsieur », et que le mot « non » a été apposé en surcharge d'un autre primitivement inscrit (Crim. cass. 17 oct. 1890, aff. Brulard, n° 200). Mais lorsque, dans un interrogatoire, le nom de famille de l'accusé a été inscrit sur un grattage préalable non approuvé, l'irrégularité commise ne saurait être une cause de la nullité s'il est parfaitement établi, à l'aide d'autres mentions, que l'accusé a subi cet interrogatoire (Crim. rej. 5 juin 1891, aff. Prévost, Bull. crim., n° 126).

1377. — 4° Signature des personnes qui concourent à l'interrogatoire. — On a énuméré au Rép., n° 1265, diverses décisions proclamant la nécessité, sous peine de nullité, de la signature du procès-verbal d'interrogatoire par le magistrat interrogateur et par le greffier. Il a été jugé, en outre, quant au magistrat : 1° qu'il y a nullité du procès-verbal

d'interrogatoire préalable, lorsque la signature du président y fait défaut (Crim. rej. 4 janv. 1866, aff. Fages, D. P. 66. 5. 254); — 2° Que l'omission de la signature du président au bas du procès-verbal séparé de l'interrogatoire préalable subi, dans une affaire où il y a plusieurs accusés, par un seul d'entre eux, emporte nullité, vis-à-vis de cet accusé, dudit interrogatoire et de tout ce qui a suivi (Crim. rej. 30 mai 1872, aff. Keff, D. P. 72. 1. 333); — 3° Qu'on doit réputer inexistant l'interrogatoire du président des assises lorsque le procès-verbal signé par l'accusé et par le greffier n'est pas signé par le président (Crim. cass. 28 janv. 1875, aff. Frédevot, Bull. crim., n° 35; 14 déc. 1882, aff. Romé, ibid., n° 278).

1378. La même solution est applicable au cas où le magistrat qui a signé l'interrogatoire n'est pas celui qui l'a fait subir. Jugé, en effet, que le procès-verbal d'interrogatoire qui porte la signature d'un magistrat autre que celui que le procès-verbal désigne comme ayant procédé à l'interrogatoire est nul (Crim. rej. 23 févr. 1854, aff. Vannel, D. P. 54. 5. 439; Crim. cass. 13 août 1857, aff. Ahmed-ben-Bouzid, Bull. crim., n° 301). — Mais il est inutile que le procès-verbal indique, dans son contexte, le nom du magistrat. Ainsi il a été jugé que le procès-verbal d'interrogatoire d'un accusé n'est pas vicié par l'absence, dans le contexte, du nom du magistrat interrogateur si la signature est régulièrement apposée au bas de l'acte (Crim. rej. 20 févr. 1873, aff. Vulliard, Bull. crim., n° 57). De même, le défaut d'indication du tribunal auquel appartient le magistrat ne vicie en rien l'interrogatoire, si d'ailleurs les autres indications contenues dans cet acte suffisent à justifier la compétence et la qualité de ce magistrat (Crim. rej. 31 mars 1892, aff. Gros, Bull. crim., n° 92).

1379. Quant au greffier, la jurisprudence est aussi formelle pour exiger, à peine de nullité, sa signature au bas du procès-verbal. Jugé que la signature du greffier sur le procès-verbal d'interrogatoire est une formalité substantielle dont l'inobservation entraîne la nullité des débats et de l'arrêt de condamnation (Crim. cass. 20 nov. 1846, aff. Cotinat, D. P. 47. 4. 303; 14 oct. 1856, aff. Magnier, D. P. 56. 5. 251; 29 mars 1860, aff. Duclos, D. P. 60. 5. 202; 30 juin 1864, aff. Guépin, D. P. 66. 5. 253; 3 sept. 1868, aff. Guillemin, Bull. crim., n° 203; 7 mars 1873, aff. Abdallah-ben-Ali, ibid., n° 63; 25 févr. 1875, aff. Monge-Chiaffredo, ibid., n° 65; 16 juill. 1885, aff. Devaux, ibid., n° 215; 16 juill. 1886, aff. Vanny, ibid., n° 261; 21 janv. 1892, aff. Garbin et cons., D. P. 92. 1. 258). Et même le greffier doit signer non seulement sur le recto mais aussi sur le verso de la feuille (Arrêt précité du 16 juill. 1886).

1380. Quant à l'accusé, sa signature au bas du procès-verbal n'est nullement obligatoire. Il a été jugé : 1° Que l'interpellation à l'accusé de déclarer s'il ne sait pas ou ne veut pas signer le procès-verbal de l'interrogatoire est implicitement établie par la mention, faite dans ce procès-verbal, qu'il a été lu à l'accusé, lequel a déclaré persister dans ses réponses (Crim. rej. 4 janv. 1849, aff. Barrot, D. P. 49. 5. 254); — 2° Que l'absence non expliquée de la signature de l'accusé au bas du procès-verbal de l'interrogatoire préalable par lui subi à la maison d'arrêt n'entraîne pas nécessairement nullité, à la différence du défaut de signature par le président ou le greffier; que, par suite, le procès-verbal doit être accepté comme valable, s'il est établi que l'accusé ne sait pas signer (Crim. rej. 27 juill. 1854, aff. Marcou, D. P. 54. 5. 439); — 3° Que le procès-verbal d'interrogatoire peut ne pas être signé de l'accusé, sans qu'il en résulte nullité, si l'ensemble du procès-verbal, et spécialement la mention qui le termine, emportent présomption que l'accusé n'a pas signé après avoir été interpellé de le faire (Crim. rej. 16 janv. 1873, aff. Vulliard et autres, Bull. crim., n° 14); — 4° Que la signature par l'accusé ou l'interprète du procès-verbal de l'interrogatoire n'est pas exigée à peine de nullité (Crim. rej. 5 janv. 1882, aff. Mohamed-ben-Larbi et autres, Bull. crim., n° 4).

Sect. 2. — Interpellation à l'accusé d'avoir a faire choix d'un conseil. — Communication avec celui-ci (Rép. n°s 1267 à 1274).

§ 1er. — Interpellation à l'accusé d'avoir à faire choix d'un conseil.

1381. Comme il a été dit suprà, v° Défense-défenseur,

n° 11, l'obligation pour le président des assises de nommer un avocat d'office à tout accusé n'existe qu'autant qu'il s'agit de crimes pouvant entraîner une peine afflictive ou infamante; aussi a-t-il été jugé que les prescriptions de l'article 294 c. instr. crim. sur le choix d'office qu'il lui sont pas applicables aux prévenus de délits de presse (Crim. rej. 24 avr. 1884, aff. Crié, Bull. crim., n° 140).

1382. La nomination d'un avocat d'office à l'accusé (V. suprà, eod. v°, n° 14) est une obligation rigoureuse qui incombe au président des assises, quand l'accusé n'a pas lui-même choisi un défenseur. Et, à cet égard, il est à remarquer qu'il n'appartient pas à l'accusé d'imposer au président la désignation de tel défenseur d'office qu'il lui conviendrait de choisir (Crim. rej. 10 déc. 1885, aff. Aubert, Bull. crim., n° 342). — Mais l'inobservation de l'art. 294, ainsi qu'on l'a fait remarquer loc. cit., ne produit pas une nullité tellement absolue qu'elle ne puisse être couverte, si, d'ailleurs, aucun préjudice n'en est résulté pour l'accusé. Ainsi, il a été jugé que la nullité résultant de l'absence de nomination d'un défenseur d'office au moment de l'interrogatoire est couverte si, lors du tirage au sort du jury de jugement et pendant tout le cours des débats, l'accusé a été assisté du défenseur choisi par lui ou désigné par le président postérieurement à l'interrogatoire (Crim. rej. 5 janv. 1882, aff. Moussa-K'sil, Bull. crim., n° 1). De même, l'accusé ne peut se faire un grief de ce qu'il n'aurait été pourvu d'un défenseur d'office qu'après l'expiration du délai de pourvoi contre l'arrêt de mise en accusation, lorsqu'il est établi qu'il a reçu les notifications de l'arrêt de renvoi et de l'acte d'accusation, qu'il a été interrogé par le magistrat compétent, qu'il a reçu l'avertissement prescrit par la loi, et qu'il a été ainsi satisfait à toutes les prescriptions de la loi (Crim. rej. 13 mai 1886, aff. Wischlin, Bull. crim., n° 171). Il a été également jugé : 1° que la libre défense de l'accusé ne peut être considérée comme ayant été entravée parce que le défenseur aurait connu la désignation dont il était l'objet trop tard pour faire assigner des témoins à décharge (Crim. rej. 14 janv. 1886, aff. Arnaud, Bull. crim., n° 15); — 2° Qu'il ne saurait résulter aucun moyen de nullité de ce que l'avocat nommé d'office ne se serait pas mis immédiatement en communication avec l'accusé (Crim. rej. 22 mars 1888, aff. Bonis, Bull. crim., n° 122); — 3° Qu'il n'y a pas violation de la défense par cela seul que l'avocat d'office s'est trouvé empêché de prêter son concours à l'accusé, lorsque le procès-verbal des débats constate que celui-ci, pendant tout le cours de l'audience, a été assisté par un autre avocat qui a présenté sa défense (Crim. rej. 18 oct. 1889, aff. Bouyer, Bull. crim., n° 317).

La même solution devrait intervenir pour le cas où le conseil donné à l'accusé figurerait sur la liste du jury de session comme troisième juré supplémentaire, lorsque le tirage au sort du jury de jugement a eu lieu sur une liste de trente-trois jurés titulaires présents et, qu'en conséquence, le troisième juré supplémentaire ne pouvait, même éventuellement, faire partie du jury de jugement (Crim. rej. 20 déc. 1883, aff. Vincent, Bull. crim., n° 287).

1383. Dans le cas où l'accusé a choisi lui-même un défenseur et où celui-ci, pour une raison quelconque, s'abstient de prêter son concours à l'accusé, il a été jugé qu'il n'y a pas violation du droit de la défense dans le refus de la cour d'assises de renvoyer une affaire pour le motif que le défenseur choisi par l'accusé est empêché, lorsqu'un autre avocat, désigné d'office, a assisté continuellement l'accusé, et encore que cet avocat se serait borné à s'en rapporter à la conscience des jurés (Crim. rej. 8 févr. 1889, aff. Mohamed-ben-M'ahmed-ben-Boutermès, Bull. crim., n° 55). De même, lorsqu'un accusé ayant choisi un défenseur lui a ensuite interdit de prendre la parole en son nom, et que néanmoins le président des assises a cru devoir désigner le même avocat comme défenseur d'office du même accusé, il n'en résulte aucune violation du droit de défense, si cet accusé a laissé son défenseur, ainsi désigné de nouveau, accomplir son ministère sans opposition (Crim. rej. 13 sept. 1877, aff. Jacob Diab, Bull. crim., n° 21).

1384. Le président peut désigner un défenseur unique pour plusieurs accusés (V. suprà, v° Défense-défenseur, n° 17; Crim. rej. 15 déc. 1892, aff. Pape et Legadec, D. P. 94. 1.

139). Et lorsque les accusés n'ont, à aucun moment des débats, manifesté la pensée que cette désignation unique pouvait leur être préjudiciable, ils ne peuvent en faire ultérieurement un moyen de cassation (Arrêt précité du 15 déc. 1892).

1385. On a expliqué *suprà*, vº *Défense-défenseur*, nº 16, comment doit être comprise l'assistance que le défenseur est appelé à donner à l'accusé. Toutefois, il n'y a point de nullité encourue par suite de l'absence du conseil à un moment quelconque des débats, si d'ailleurs la défense ne s'est nullement trouvée compromise. Ainsi, lorsque l'accusé est assisté d'un défenseur choisi ou nommé d'office, il ne saurait résulter aucune nullité de l'absence de ce conseil à tout ou partie des débats (Crim. rej. 3 nov. 1848, aff. Bloc, D. P. 48. 5. 80); par exemple, pendant le tirage du jury de jugement (Crim. rej. 13 janv. 1853, aff. Rigault, D. P. 53. 5. 143; 9 déc. 1869, aff. Altemeyer, D. P. 70. 5. 97);... ou lors des réquisitions du ministère public pour l'application de la peine (Crim. rej. 18 juin 1830, aff. Coupat, *Bull. crim.*, nº 177; 12 juill. 1832, aff. Laforgue, *ibid.*, nº 253; 20 déc. 1849, aff. Paret, D. P. 49. 5. 104; 10 juin 1852, aff. Sicard, D. P. 52. 5. 185; 16 août 1860, aff. Cottin, D. P. 60. 1. 518);... ou pendant l'appel des témoins (Arrêt précité du 13 janv. 1853); ... ou au moment de l'exercice du droit de récusation (Crim. cass. 17 août 1815, aff. Borel, *Bull. crim.*, nº 45; Crim. rej. 31 janv. 1817, aff. Piguier, *ibid.*, nº 8; 29 mai 1817, aff. Laporte, *ibid.*, nº 42; Crim. cass. 31 mai 1827, aff. Rivière, *ibid.*, nº 130; 1er déc. 1820, aff. Delaire, *ibid.*, nº 150);... ou pendant le prononcé d'un arrêt ordonnant l'adjonction au jury de deux jurés suppléants (Crim. rej. 30 juin 1838, aff. Hubert, *Bull. crim.*, nº 187; 19 sept. 1839, aff. Prager, *ibid.*, nº 30).

Jugé également que si les avocats des accusés ont abandonné la défense et quitté l'audience, sans que leur retraite ait été le fait soit de la cour d'assises, soit de son président, les prévenus sont non recevables à se plaindre d'être restés sans défenseurs, si le président leur en a donné un d'office, qui a été repoussé par eux et même obligé de s'abstenir par suite de leur refus (Crim. rej. 27 févr. 1832, aff. Raspail, *Bull. crim.*, nº 79). — Il a encore été jugé, dans un ordre d'idées différent, que, en l'absence d'aucune constatation du procès-verbal des débats, l'allégation du demandeur, tendant à établir que son avocat l'aurait mal défendu et se serait joint à l'accusation au lieu de le défendre, échappe au contrôle de la cour de cassation (Crim. rej. 10 mars 1893, aff. Pilteau, *Bull. crim.*, nº 68).

§ 2. — Communication avec le conseil.

1386. — V. *suprà*, vº *Défense*, nos 24 et 25.

Sect. 3. — Communication des pièces de l'accusation
(*Rép.* nos 1275 à 1306).

1387. Ainsi qu'on l'a expliqué au *Rép.*, nos 1275 à 1280 et 1283 à 1287, les conseils des accusés ont le droit de faire prendre *à leurs frais* copie de toutes les pièces de la procédure; et, indépendamment de ce droit, l'art. 305 c. instr. crim. exige que l'on remette aux accusés une copie gratuite des procès-verbaux constatant le délit et des déclarations écrites des témoins. — Il est certain que la communication dont il s'agit n'a pour objet que les pièces *personnelles* à chaque accusé; aussi a-t-il été jugé qu'aucune disposition du code d'instruction criminelle n'exige qu'il soit délivré aux accusés copie de l'interrogatoire de leurs coaccusés (Crim. rej. 27 janv. 1853, aff. Varnier, *Bull. crim.*, nº 33);... ni des autres pièces de la procédure relatives à leurs coaccusés ou de l'ordonnance de jonction (Crim. rej. 20 sept. 1855, aff. Butterlin, *Bull. crim.*, nº 324).

1388. Quant aux *pièces* qui doivent être remises *gratuitement* aux accusés, elles sont énumérées dans l'art. 305 c. instr. crim. et la jurisprudence a toujours attaché un sens restrictif à cette énumération, en décidant que l'on devait exclure de la remise gratuite ce qui n'est pas les *procès-verbaux constatant le délit* ou *les déclarations écrites des témoins* (Conf. Faustin Hélie, t. 7, nº 3241). Outre les nombreuses décisions rapportées au *Rép.*, nos 1287 à 1301. Il a été jugé : 1º que le président des assises n'est pas tenu de communiquer ni de présenter à l'accusé les plans dressés sur les lieux du crime (Crim. rej. 6 oct. 1842, aff.

Ociepski, *Bull. crim.*, nº 260); — 2º Que le prévenu n'a pas le droit d'exiger la communication de la procédure antérieure à l'arrêt de mise en accusation, le recours en cassation n'étant ouvert que contre cet arrêt et la procédure postérieure (Crim. rej. 16 janv. 1852, aff. Jeyadot, D. P. 52. 5. 323); — 3º Que le prévenu n'est pas fondé à se plaindre de n'avoir pas eu copie du plan dressé dans le cours d'une procédure criminelle, à l'effet de constater l'état des lieux où a été commis le crime; qu'il suffit que ce plan soit à la disposition de l'accusé (Crim. rej. 2 juin 1843, aff. Meyers, D. P. 53. 5. 130); — 4º ... Ou d'une lettre d'un brigadier de gendarmerie, jointe au dossier comme faisant suite au procès-verbal qui constate le crime (Crim. rej. 16 mars 1854, aff. Cœuret, D. P. 54. 5. 215); — 5º Que l'accusé n'est pas en droit de réclamer une copie gratuite d'une pièce qui ne fait pas partie de la procédure suivie contre lui (Crim. rej. 31 mai 1866, aff. Benistant, D. P. 67. 5. 242); — 6º Qu'en matière d'attentat à la pudeur, le ministère public n'est pas tenu de faire délivrer à l'accusé une copie de l'acte de naissance de la victime (Crim. rej. 4 juin 1874, aff. Périaux, *Bull. crim.*, nº 130); — 7º Que lorsqu'une cour d'assises a ordonné une expertise supplémentaire, le rapport des experts ne doit pas nécessairement être lu à l'audience ou communiqué à l'accusé, si les experts, postérieurement au dépôt de leur rapport, ont été entendus oralement comme témoins, et si l'accusé a été invité à répondre à leurs dépositions (Crim. rej. 3 avr. 1879, aff. Girard, *Bull. crim.*, nº 84); — 8º Que le rapport d'expert n'est point au nombre des pièces dont la loi ordonne que copie gratuite soit remise à l'accusé (Crim. rej. 11 nov. 1886, aff. Chambrion, *Bull. crim.*, nº 377); — 9º Que l'obligation, imposée au ministère public, de délivrer copie à l'accusé des procès-verbaux constatant le délit et les déclarations écrites des témoins ne s'étend pas à de simples renseignements versés aux débats (Crim. rej. 20 déc. 1889, aff. Durand dit Justin, *Bull. crim.*, nº 400);... ni aux interrogatoires (Crim. rej. 28 août 1890, aff. Beluet, *Bull. crim.*, nº 181).

1389. Ainsi qu'on l'a établi au *Rép.*, nº 1301, il est constant en jurisprudence que, quelque substantielle que soit la formalité de l'art. 305 c. instr. crim., son inobservation, vu le silence de la loi, n'entraîne pas nullité (Crim. rej. 26 août 1875, aff. Fouque, *Bull. crim.*, nº 278; 16 mars 1876, aff. Bénard, *ibid.*, nº 80; 7 sept. 1876, aff. Guyot, *ibid.*, nº 203; 4 juill. 1878, aff. Corbin et autres, *ibid.*, nº 144; 8 août 1878, aff. Nadau, *ibid.*, nº 182; 3 oct. 1878, aff. Daranton et autres, *ibid.*, nº 200; Crim. cass. 8 sept. 1881, aff. Deniau, *ibid.*, nº 214; Crim. rej. 22 sept. 1881, aff. Martignon, *ibid.*, nº 219; 4 nov. 1886, aff. Pinte et autres, *ibid.*, nº 368; 22 déc. 1887, aff. Siadous, *ibid.*, nº 441; 17 janv. 1889, aff. Monville, *ibid.*, nº 15; 7 juin 1889; 17 oct. 1891, aff. Gerber, *ibid.*, nº 194; 3 sept. 1891, aff. Bonhomme, *ibid.*, nº 181; 14 avr. 1892, aff. Joseph Jean, *ibid.*, nº 109).

1390. Une seule exception est admise, comme on l'a vu au *Rép.*, nos 1302 et suiv., pour le cas où l'accusé aurait requis l'accomplissement de la formalité prescrite par l'art. 305 c. instr. crim. sans l'obtenir de la cour d'assises. Alors, la nullité serait encourue; mais encore faut-il qu'il y ait eu, de la part de l'accusé, une demande formelle; de simples réserves ne sauraient suffire. « Une protestation, dit Nouguier (t. 1, nº 343), une réserve ne créent pas un droit; elles n'ont de valeur que pour le conserver entier, s'il est préexistant. Or, s'il n'existe pas de droit avant une réclamation expresse, si c'est cette réclamation qui, seule, met la cour d'assises en demeure de statuer, si c'est l'arrêt qui, en rejetant une prétention légitime, apporte seul à la défense le dommage contre lequel proteste l'art. 408, il est clair que la cour d'assises, en passant outre, nonobstant protestations ou réserves, n'a point excédé ses pouvoirs.... On peut donc tenir pour constant que le grief n'existe que lorsque se trouvent réunies les deux conditions suivantes : une demande en renvoi suivie soit d'une *omission* ou d'un *refus de prononcer*, soit d'un arrêt qui, nonobstant la demande, ordonne qu'il sera passé outre aux débats » (Conf. Faustin Hélie, t. 7, nº 3243). Il n'y a, d'ailleurs, aucune distinction à faire, sous ce rapport, entre les différentes pièces de la procédure. La loi, comme le remarque Nouguier, t. 1, nº 379, ne fait pas de catégories. Quelle que soit la pièce,

si l'accusé ou son conseil la juge utile à la défense, la copie peut en être requise et doit être accordée ». Ces principes ont été appliqués par une jurisprudence nombreuse. Ainsi il a été décidé : 1° qu'il ne peut résulter aucune nullité de la procédure, pour violation des droits de la défense, de ce que, dans le cours des débats, un plan a été produit sans avoir été spécialement communiqué à l'accusé et à son défenseur, qui n'avaient pas d'ailleurs réclamé cette communication (Crim. rej. 28 déc. 1851, aff. Durand et Barcou, Bull. crim., n° 540 ; 23 déc. 1864, aff. Merle, D. P. 65. 5. 100) ; — 2° Que, si la copie d'un supplément d'instruction doit être délivrée, aux termes de l'art. 305 c. instr. crim., aux accusés, néanmoins l'omission de cette formalité ne peut entraîner la nullité de la procédure, lorsque l'accusé ni son conseil n'en ont pas réclamé l'exécution aux débats (Crim. rej. 4 déc. 1852, aff. Jeantet, Bull. crim., n° 392 ; 11 déc. 1856, aff. Lamy, D. P. 57. 5. 192) ; — 3° Que l'inobservation des prescriptions de l'art. 305 c. instr. crim. ne peut entraîner la nullité de la procédure, lorsque ni l'accusé ni son conseil n'ont élevé aucune réclamation aux débats (Crim. rej. 27 janv. 1853, aff. Varnier, Bull. crim., n° 33 ; 16 mars 1854, aff. Couret, D. P. 54. 5. 215) ; — 4° Que, lorsqu'un certain laps de temps s'est écoulé entre l'interrogatoire de l'accusé par le président et l'ouverture des débats, et que le défaut de communication de ce procès-verbal n'a été l'objet d'aucune réclamation de la part de l'accusé, il y a présomption de droit que le procès-verbal de cet interrogatoire a fait partie des pièces de la procédure avant l'ouverture des débats et qu'il a pu en être pris communication par son défenseur (Crim. rej. 8 mai 1854, aff. Viernay, Bull. crim., n° 135) ; — 5° Qu'il ne résulte point une nullité de ce qu'un plan visuel des lieux du crime, dressé par le juge d'instruction, n'a pas été compris dans la copie des pièces délivrée à l'accusé, conformément à l'art. 305 c. instr. crim., si ce plan a été communiqué à celui-ci à l'audience et accepté par lui (Crim. rej. 4 sept. 1856, aff. Ponthieux, D. P. 56. 1. 414) ; — 6° Qu'il y a présomption légale que les pièces jointes à la procédure avant les débats et inventaires ont été communiquées à l'accusé, s'il n'a pas réclamé cette communication (Crim. rej. 12 août 1858, aff. Perdriset, Bull. crim., n° 228 ; 19 sept. 1861, aff. Champfort et autres, ibid., n° 241) ; — 7° Que la remise de la copie des pièces de la procédure, quoique faite au défenseur et non à l'accusé, satisfait au vœu de la loi ; qu'au surplus, l'accusé n'est pas recevable à se plaindre devant la cour de cassation de n'avoir pas reçu personnellement cette copie, s'il n'a élevé aucune réclamation à cet égard devant la cour d'assises (Crim. rej. 17 déc. 1858, aff. Poirier, D. P. 69. 5. 246 ; 23 juill. 1863, aff. Poisson, D. P. 63. 5. 211 ; 13 févr. 1873, aff. Ver-Ecken, D. P. 74. 3. 294) ; — 8° Que l'accusé ne peut se faire un grief de ce qu'il n'aurait pas reçu copie gratuite des pièces de la procédure, lorsqu'il est constant que son coaccusé a reçu exactement cette copie (Crim. rej. 4 avr. 1884, aff. Tungnaud, D. P. 86. 1. 181) ; — 9° Que, quand il résulte d'un numéro d'ordre inscrit sur une pièce et correspondant à l'inventaire, que cette pièce a été jointe au dossier avant l'arrêt de renvoi, la défense qui a pu en prendre connaissance ne peut se plaindre d'un défaut de communication (Crim. rej. 5 juill. 1867, aff. Georges-Pierre Kitt, Bull. crim., n° 453).

1391. De même, il a été jugé : 1° que les inexactitudes ou omissions qui peuvent se trouver dans la copie des pièces d'une procédure ne sauraient vicier la procédure ultérieure, à moins que l'accusé n'ait vainement requis le verdict du jury (Crim. rej. 10 sept. 1874, aff. Toulorge, Bull. crim., n° 259 ; 3 déc. 1892, aff. Emille, ibid., n° 319) ; — 2° Que le président des assises peut, en vertu de son pouvoir discrétionnaire, faire apporter, au cours des débats, des pièces nouvelles non préalablement communiquées à l'accusé, la communication préalable des pièces n'étant pas prescrite à peine de nullité (Crim. rej. 18 nov. 1875, aff. Vian, Bull. crim., n° 318) ; — 3° Qu'il ne peut résulter aucune nullité de ce qu'un certificat aurait été versé aux débats, sans que l'accusé ait eu le moyen de le contrôler, s'il n'a pas fait aucune opposition à cette production (Crim. rej. 15 févr. 1877, aff. Boyer, Bull. crim., n° 50) ; — 4° Qu'on ne peut proposer pour la première fois devant la cour de cassation le moyen tiré de ce que l'accusé n'aurait pas reçu la copie

d'un rapport d'expert (Crim. rej. 26 avr. 1877, aff. Oberst, Bull. crim., n° 109) ; — 5° Qu'aucune nullité n'est encourue, lorsque le défenseur, averti en temps utile de la disparition d'une pièce dont copie n'a pas été donnée, n'a point réclamé cette copie à l'audience, ni demandé la remise de l'affaire à une autre session (Crim. rej. 3 oct. 1878, aff. Daranton et autres, Bull. crim., n° 200) ; — 6° Qu'en saisissant et en faisant joindre à la procédure, après communication à l'accusé, les lettres déposées par un témoin sur le bureau de la cour, le président des assises n'a violé aucunement les droits de la défense (Crim. rej. 7 déc. 1888, aff. De Linska de Castillon, Bull. crim., n° 356) ; — 7° Qu'aucune nullité n'est encourue en raison de ce que des pièces auraient été lues devant une cour d'assises sans communication préalable à la défense, lorsque le procès-verbal du débat constate qu'il a été donné lecture de ces pièces à l'audience, que l'accusé et son conseil en ont eu par là même connaissance et qu'ils ont pu en prendre communication (Crim. rej. 7 juin 1889, aff. Amor-ben-Ahmed-ben-Larbi et autres, Bull. crim., n° 213).

1392. Mais il a été jugé, au contraire : 1° qu'il y a nullité, pour atteinte aux droits de la défense, lorsqu'un procès-verbal d'information supplémentaire a été dressé pendant les débats, en vertu de l'ordonnance du président d'assises, et remis aux jurés, sans avoir été préalablement communiqué aux accusés ou à leur conseil (Crim. cass. 20 avr. 1853, aff. Gourgues, Bull. crim., n° 146) ; — 2° Qu'on doit annuler pour violation des droits de la défense l'arrêt duquel il résulte que des pièces nouvelles ont été versées aux débats sans avoir été communiquées à l'accusé ou à son défenseur, et qui refuse le renvoi de l'affaire à la prochaine session, par l'unique motif que ces pièces nouvelles auraient été produites à titre de simple renseignement (Crim. cass. 8 sept. 1887, aff. Esposito, Bull. crim., n° 333).

1393. L'art. 305 c. instr. crim. n'indique pas dans quel délai la copie des pièces doit être remise aux accusés, et il a été dit au Rép., n° 1305, qu'à cet égard les magistrats doivent veiller à ce que les accusés reçoivent cette copie le plus tôt possible. Jugé toutefois : 1° que le droit d'obtenir la communication des pièces de la procédure ne s'ouvre pas en faveur du prévenu ou de son conseil, avant l'interrogatoire prescrit par l'art. 293 c. instr. crim. (Crim. rej. 10 déc. 1847, aff. Léotade, D. P. 48. 1. 20) ; — 2° Que le seul effet d'un retard dans la communication des pièces à l'accusé serait d'autoriser la défense à demander le renvoi de l'affaire à un autre jour ou à une autre session (Crim. rej. 29 juin 1865, aff. Clerc, Bull. crim., n° 139, et arrêts des 22 sept. 1881 et 14 avr. 1892, cités supra, n° 1389) ; — 3° Que le ministère public a la faculté, après l'arrêt de renvoi aux assises, de faire recueillir des renseignements par ses auxiliaires et de faire usage des documents ainsi obtenus, surtout lorsqu'il en a préalablement donné communication à l'accusé ; qu'il appartient à la cour d'assises de décider si cette communication doit être considérée comme tardive et susceptible de compromettre les droits de la défense (C. d'ass. du Nord, 13 mai 1876, aff. Lasorne, D. P. 77. 5. 263) ; — 4° Qu'on ne peut puiser dans la remise tardive des pièces qu'un motif de sursoir aux débats et que le sursis n'a été demandé ni avant l'ouverture des débats ni au cours des débats, le défenseur ne peut transformer devant la cour de cassation en moyen de nullité la tardiveté qui aurait été apportée dans la délivrance des copies des pièces d'instruction (Crim. rej. 12 avr. 1888, aff. Délon, femme Colé, Bull. crim., n° 138). — Un arrêt plus récent de la cour de cassation (Crim. cass. 16 juill. 1892, aff. Cauvin, D. P. 93. 1. 431) semble inaugurer sur la question dont il s'agit une nouvelle jurisprudence. Le président d'une cour d'assises avait ordonné la jonction au dossier d'un procès-verbal dressé depuis l'arrêt de renvoi, à la requête du parquet, pour consigner la déclaration d'un témoin, et en avait prescrit la communication à l'accusé ; mais cette communication n'avait pas eu lieu en temps utile, c'est-à-dire avant la déposition orale de ce témoin. Bien que la défense se fût bornée à se faire donner acte du fait, sans s'opposer à la continuation du débat, ni réclamer un sursis, la cour suprême, statuant en droit, a déclaré qu'il y avait violation des droits de la défense et a prononcé la cassation (V. en sens contraire la note de M. Sarrut, D. P. ibid.). Elle a déclaré aussi qu'il y avait

en même temps incompétence de la part du ministère public (V. sur ce dernier point, *infrà*, n° 1443).

1394. En prescrivant la communication des pièces du procès à l'accusé, l'art. 305 c. instr. crim. n'a d'autre but que de lui assurer, dans tous les cas, un droit nécessaire à sa défense; mais les dispositions de cet article n'ont rien d'exclusif : elles n'interdisent pas la communication de la procédure à une autre personne. C'est ce qui a été reconnu, notamment, en matière d'infractions aux lois sur la presse (V. *suprà*, v° *Presse*, n° 1676).

Sect. 4. — Recours contre l'arrêt de renvoi. — Avertissement, nullité, délai. — Effet suspensif (*Rép.* n°ˢ 1307 à 1344).

1395. Aux termes des art. 296 et 297 c. instr. crim., le juge est tenu, ainsi qu'il a été dit au *Rép.*, n° 1307, d'avertir l'accusé qu'un délai de cinq jours lui est accordé par la loi pour se pourvoir contre l'arrêt de renvoi. Cet avertissement est donné à *l'accusé*, d'où il suit que le procès-verbal doit constater que la *personne* même de l'accusé en a été réellement touchée. A cet égard, il a été décidé que la notification faite à l'accusé, en parlant à sa personne, est régulière, quoique le mot *personne* soit autographié dans l'acte qui constate cette notification (Crim. rej. 4 sept. 1851, aff. Veuve Guillaume, D. P. 51. 5. 325).

1396. A quel moment cet avertissement doit-il être donné à l'accusé? Nous avons dit au *Rép.*, n° 1308, qu'il convient que l'arrêt de renvoi et l'acte d'accusation soient notifiés avant l'interrogatoire prescrit par l'art. 296. Toutefois, il peut en être autrement, sur ce point, une seule chose importe, c'est que le délai de cinq jours soit assuré à l'accusé. Aussi a-t-il été jugé que la signification de l'arrêt de renvoi à l'accusé et l'interrogatoire de celui-ci dans la maison de justice ne peuvent être argués de nullité, comme ayant eu lieu le même jour, s'il résulte des énonciations de l'interrogatoire que cet interrogatoire n'a eu lieu qu'après la signification de l'arrêt de renvoi, et que, d'ailleurs, le délai de cinq jours a été observé (Crim. rej. 30 juin 1853, aff. Godet, D. P. 53. 5. 262). Jugé, au surplus, que lorsque la notification de l'arrêt de renvoi et de l'acte d'accusation a eu lieu le même jour que l'interrogatoire de l'accusé, sans que l'antériorité d'un acte sur l'autre ressorte des mentions qu'ils contiennent, il y a présomption que la notification a précédé l'interrogatoire (Crim. rej. 14 févr. 1878, aff. Favier, *Bull. crim.*, n° 45).

De même, il a été décidé que l'interrogatoire peut être subi *avant* ou *après* la notification de l'arrêt de renvoi et de l'acte d'accusation, pourvu que le délai de cinq jours soit respecté (Crim. rej. 19 déc. 1844, aff. Chevreuil, D. P. 45. 4. 318; 10 oct. 1845, aff. Ayens, *ibid.*; 2 avr. 1846, aff. Boyand, *Bull. crim.*, n° 85; 19 févr. 1863, aff. Baron, D. P. 64. 5. 245; 4 juin 1864, aff. Couty de la Pommerais, *ibid.*, n° 144; 15 juill. 1869, aff. Cholerva, *ibid.*, n° 272; 21 avr. 1870, aff. Boccacino, *ibid.*, n° 90).

1397. Ainsi qu'on l'a fait observer au *Rép.*, n° 1309, en cas d'annulation d'un arrêt de renvoi, l'avertissement prescrit par l'art. 296 ne doit pas être renouvelé à l'accusé. Jugé que, lorsqu'un accusé comparaît devant une cour d'assises de renvoi par suite d'un arrêt de cassation annulant un précédent arrêt de cour d'assises, il n'est pas recevable à se pourvoir contre l'arrêt de mise en accusation et contre la procédure antérieure; que, par suite, le président qui procède à l'interrogatoire préalable n'a pas à lui donner l'avertissement prescrit par l'art. 296 c. instr. crim. (Crim. rej. 10 déc. 1885, aff. Aubert, *Bull. crim.*, n° 342).

1398. Aucune *forme* spéciale n'étant prescrite par la loi pour la rédaction du procès-verbal prévu par l'art. 296 c. instr. crim., ainsi que nous l'avons rappelé au *Rép.*, n° 1310, on en a conclu que l'avertissement donné à l'accusé peut être contenu dans une formule *imprimée*. Les décisions citées au *Rép.*, n° 1311. Jugé encore que la constatation imprimée de l'avertissement du délai pour se pourvoir en cassation contre l'arrêt de renvoi n'est pas interdite à peine de nullité (Crim. rej. 29 avr. 1869, aff. Firon, *Bull. crim.*, n° 97; 20 déc. 1883, aff. Vincent, *ibid.*, n° 287) ;... alors même que l'on aurait omis, dans la mention imprimée, de remplir deux blancs destinés à recevoir les prénoms *il* ou *elle* (Crim. rej. 22 avr. 1875, aff. Giovanachi, *ibid.*, n° 231).

1399. On a vu au *Rép.*, n° 1312, que l'obligation de l'avertissement dont parle l'art. 296 n'est pas prescrite à peine de nullité. Aussi a-t-il été jugé que lorsque le procès-verbal des débats constate que l'avertissement du délai de pourvoi a été donné sous un autre nom que celui de l'accusé, il n'y a pas de nullité, s'il ne peut en résulter aucune incertitude sur la personnalité du condamné et si, en fait, celui-ci s'est pourvu en temps utile (Crim. rej. 26 mars 1874, aff. Landais, *Bull. crim.*, n° 98).

1400. Le *Répertoire* examine, aux n°ˢ 1313 et 1319, quels sont les divers moyens de nullité que l'accusé peut invoquer contre l'arrêt de renvoi. Cette question ayant été reprise *suprà*, n° 1259 et suiv., avec tous les développements qu'elle comporte, nous n'avons pas à y revenir.

1401. On a vu que le délai de cinq jours accordé pour se pourvoir est légalement établi, sous peine de nullité de l'arrêt de condamnation (*Rép.* n° 1328). C'est ainsi qu'il a été jugé : 1° que, les ratures non approuvées étant réputées non avenues, il en résulte que si l'indication, contenue au procès-verbal et qui tendrait à établir l'observation du délai de cinq jours avant l'ouverture des débats, consiste dans un mot raturé, la preuve de l'observation de la loi n'existant pas, la procédure doit être annulée (Crim. cass. 6 avr. 1848, aff. Sécheresse, *Bull. crim.*, n° 103); — 2° Qu'il y a nullité des débats et de l'arrêt de condamnation lorsque la date du procès-verbal d'interrogatoire a été omise (Crim. cass. 22 mai 1857, aff. Maury, *Bull. crim.*, n° 204); — 3° Que si le procès-verbal de l'interrogatoire préalable ne mentionne que l'année où la formalité a été remplie, et si les énonciations de ce procès-verbal ne permettent de suppléer que l'indication du mois et non celle du jour, il y a incertitude sur le point de savoir si l'accusé a joui, pour préparer sa défense, d'un délai de cinq jours avant sa comparution aux débats, et que, par suite, on doit déclarer nuls les débats et la condamnation prononcée contre l'accusé (Crim. cass. 9 mars 1865, aff. Ferrudj-ben-Saïd, D. P. 65. 5. 227).

1402. Le délai de cinq jours, a-t-on dit au *Rép.*, n° 1329, est un délai *plein*. Mais ce délai n'est ni augmenté, ni suspendu par l'effet même du pourvoi; il suffit que cinq jours se soient écoulés entre l'interrogatoire et la comparution de l'accusé devant la cour d'assises (Crim. rej. 29 janv. 1857, aff. Verger, D. P. 57. 1. 74).

1403. On a rappelé *suprà*, n° 1396, que l'avertissement qui doit être donné à l'accusé peut se placer avant ou après la signification de l'arrêt de renvoi et de l'acte d'accusation. Que faut-il en conclure, en ce qui concerne le point de départ du délai de cinq jours? Une distinction est nécessaire : si la signification de l'arrêt de renvoi et de l'acte d'accusation a précédé l'interrogatoire et l'avertissement qu'il renferme, le délai de pourvoi court de l'interrogatoire ; si, au contraire, la signification est postérieure à l'interrogatoire, c'est de la signification, ainsi qu'on l'a vu au *Rép.* n° 1330, que court le délai de pourvoi. — Jugé, en conséquence, que lorsque l'arrêt de renvoi et l'acte d'accusation n'ont pas été notifiés à l'accusé avant son interrogatoire, le délai pour se pourvoir contre l'arrêt doit courir seulement à partir de la notification (Crim. rej. 13 oct. 1843, aff. Constant, *Bull. crim.*, n° 265; Crim. cass. 21 janv. 1864, aff. Hébrard et Buchette, *ibid.*, n° 16; 16 avr. 1868, aff. Déprêtes, D. P. 69. 5. 245; 15 déc. 1881, aff. Briqué, D. P. 82. 1. 325).

1404. Quant au délai en lui-même, il est de jurisprudence constante qu'il doit être observé dans toute son étendue, et que, si l'accusé n'y a pas renoncé en tout ou en partie, l'ouverture des débats avant l'expiration de ce délai est une cause de nullité (Crim. cass. 11 oct. 1844, aff. Vaillant, *Bull. crim.*, n° 342; 20 févr. 1845, aff. Lebas, *ibid.*, n° 61; 27 févr. 1845, aff. Cedan, *ibid.*, n° 70; 14 févr. 1850, aff. Billy, *ibid.*, n° 56; 19 avr. 1850, aff. Gauthier, *ibid.*, n° 132; 22 août 1850, aff. Collignon, *ibid.*, n° 265; 26 sept. 1850, aff. Pradel, *ibid.*, n° 331; 7 déc. 1850, aff. Ader, *ibid.*, n° 414; 15 avr. 1852, aff. Lanfranchi, D. P. 52. 5. 317; 7 oct. 1852, aff. Artaud, *Bull. crim.*, n° 337; 9 févr. 1855, aff. Bosviel, *ibid.*, n° 38; 31 juill. 1856, aff. Paul, *ibid.*, n° 270; 24 déc. 1857, aff. Rescoussier, *ibid.*,

nº 410 ; 23 mars 1858, aff. Dorotte, *ibid.*, nº 106 ; 22 août 1861, aff. Stephano, D. P. 61. 5. 266 ; 11 août 1864, aff. Sand-Ben-Almed, D. P. 66. 5. 252 ; 4 mars 1870, aff. Delaye, *ibid.*, nº 53 ; 29 déc. 1870, aff. Béchet, nº 204 ; 15 févr. 1872, aff. Maulundi, *ibid.*, nº 38 ; 11 juill. 1872, aff. Saladin et Chalaux, *ibid.*, nº 169 ; 9 janv. 1873, aff. Cuissot, *ibid.*, nº 7 ; 9 août 1883, aff. Sombré, *ibid.*, nº 204 ; 27 août 1891, aff. Masbah-ben-Ali, *ibid.*, nº 178).

1405. Mais on a vu au *Rép.*, nºs 1332 à 1336, que l'accusé peut renoncer au bénéfice du délai de cinq jours, et consentir à être jugé avant son expiration. Ce point est constant en jurisprudence, et de nombreuses décisions établissent que ce droit de renonciation est ouvert à l'accusé d'une manière absolue, sans qu'il y ait à distinguer si la renonciation intervient avant ou après la remise de la copie des pièces et la communication avec le défenseur (Crim. rej. 29 juin 1848, aff. Meunier, D. P. 48. 5. 244 ; 22 févr. 1855, aff. Jeannerot, *Bull. crim.*, nº 104 ; 1er juill. 1858, aff. Ribalet, D. P. 58. 5. 211 ; 6 juin 1867, aff. Casamatta, D. P. 67. 1. 460 ; 25 juill. 1867, aff. Clérissi, D. P. 69. 5. 244 ; 26 déc. 1873, aff. Daronnat, *Bull. crim.*, nº 315). — Jugé, dans le même ordre d'idées, que la renonciation de l'accusé au délai que lui accorde l'art. 296 c. instr. crim. n'est point nulle, bien que le procès-verbal qui la constate n'ait été signé que de lui et du président de la cour d'assises, et non du greffier ; ... alors surtout que cette renonciation s'est encore manifestée par la notification que l'accusé a fait faire au ministère public du nom des témoins qu'il entendait produire à l'audience à laquelle l'affaire avait été fixée (Crim. rej. 25 avr. 1857, aff. Brun, D. P. 57. 1. 268).

1406. Une fois donnée, la renonciation de l'accusé, comme on l'a vu *suprà*, vº *Cassation*, nº 127, ne peut plus être rétractée pour aucun motif (Crim. rej. 31 mai 1849, aff. Suporsi, D. P. 49. 5. 252 ; 27 juill. 1855, aff. Rattier, D. P. 55. 5. 256 ; 11 mars 1858, aff. Cotenson, *Bull. crim.*, nº 84 ; 1er juill. 1858, aff. Ribalet, *ibid.*, nº 187 ; 31 mars 1859, aff. Colas, *ibid.*, nº 86 ; 6 juin 1867, aff. Casamatta, D. P. 67. 1. 460 ; 17 sept. 1868, aff. Bonnet, *Bull. crim.*, nº 209 ; 18 mars 1869, aff. Peterie, D. P. 69. 5. 245 ; 23 mars 1869, aff. Barbedette, *Bull. crim.*, nº 74 ; 5 août 1869, aff. Mandoux et autres, *ibid.*, nº 188 ; 23 août 1870, aff. Piétri, *ibid.*, nº 166 ; 26 déc. 1873, aff. Daronnat, *ibid.*, nº 315 ; 3 sept. 1874, aff. Ravaut, nº 257 ; 12 déc. 1874, aff. Beaubourt, *ibid.*, nº 307 ; 5 nov. 1874, aff. Bila y Ferrerus, *ibid.*, nº 276 ; 25 mars 1875, aff. Coupier, *ibid.*, nº 104 ; 6 sept. 1877, aff. Renucci, *ibid.*, nº 213 ; 14 févr. 1878, aff. Favier, *ibid.*, nº 45 ; 3 févr. 1881, aff. Couderc, *ibid.*, nº 27 ; 28 juin 1883, aff. Negroni, *ibid.*, nº 162 ; 15 avr. 1886, aff. Puech, *ibid.*, nº 149 ; 20 mars 1891, aff. Chervet et Bizouillier, D. P. 92. 1. 255).

1407. Mais la renonciation de l'accusé n'a de valeur que si elle est *formellement* exprimée ; c'est ce qui a été enseigné au *Rép.*, nº 1336. Jugé, en ce sens que le délai de cinq jours ne peut être abrégé que du consentement de l'accusé, soit qu'il renonce expressément au droit de se pourvoir, soit qu'il demande à être jugé avant l'expiration du délai (Crim. rej. 2 janv. 1874, aff. Pierre Jamat, D. P. 76. 5. 269 ; Crim. cass. 26 mai 1876, aff. Bonarme, *Bull. crim.*, nº 124).

1408. Toutefois, d'après un arrêt cité au *Rép.*, nº 337, la renonciation pourrait résulter *virtuellement* de certains faits impliquant de la part de l'accusé l'intention d'être jugé immédiatement. Mais une jurisprudence contraire s'est établie depuis : la cour de cassation a jugé plusieurs fois que le consentement à l'abréviation des délais ne peut s'induire, soit de ce que l'accusé aurait cité des témoins, soit de ce qu'il aurait exercé son droit de récusation, soit de ce qu'il aurait concouru sans réclamation aux diverses parties du débat (Crim. cass. 24 déc. 1857, aff. Rescoussier, *Bull. crim.*, nº 440 ; 25 sept. 1858, aff. Lyboulet, D. P. 58. 5. 212 ; 18 mars 1886, aff. Vial, *Bull. crim.*, nº 117).

1409. Quant au moment où doit se produire la renonciation de l'accusé au délai de cinq jours, il a été jugé que celui-ci peut donner son consentement à être jugé de suite, soit dans l'interrogatoire prescrit par l'art. 293 c. instr. crim., soit au cours des débats (Crim. cass. 27 juill. 1876, aff. El-Habid-ben-Zeagonge, D. P. 77. 1. 510).

SECT. 5. — AUDITION DE NOUVEAUX TÉMOINS
(Rép. nºs 1345 à 1349).

1410. Il résulte du texte de l'art. 303 c. instr. crim., ainsi qu'il a été dit au *Rép.*, nº 1345, que le droit d'entendre de nouveaux témoins appartient au président d'assises ou au juge qu'il a lui-même délégué, mais que lui seul peut exercer ce droit. C'est ainsi qu'il a été jugé : 1º que, postérieurement à l'arrêt de renvoi devant la cour d'assises, il ne peut être fait d'actes d'instruction, si ce n'est par le président des assises ; que, notamment, sont nuls les interrogatoires qu'un juge de paix ou un membre du parquet a fait subir à l'accusé, sans aucune délégation, et qu'il en est de même des perquisitions ou des saisies pratiquées dans les mêmes conditions (Crim. cass. 29 août 1878, aff. Mohamed-ben-si-Ahmed, *Bull. crim.*, nº 193 ; 12 févr. 1880, aff. Mathey, D. P. 80. 1. 191) ; — 2º Que le président des assises peut seul procéder valablement à des actes d'information, postérieurement à un pourvoi en cassation contre l'arrêt de renvoi (Crim. rej. 5 mai 1881, aff. Bérard, *Bull. crim.*, nº 144 ; 22 déc. 1881, aff. Griveau, D. P. 82. 1. 192) ; — 3º Que l'instruction supplémentaire en vue de laquelle une affaire a été renvoyée à la session suivante, est compétemment faite par le président de la session écoulée ; qu'en tout cas, l'accusé ne peut élever aucune critique contre l'instruction ainsi faite, si le même président est renommé pour la session où l'affaire est de nouveau appelée (Crim. rej. 9 août 1860, aff. Joannon, D. P. 60. 5. 202).

1411. Du reste les dispositions de l'art. 303 c. instr. crim. ne sont pas prescrites à peine de nullité (Crim. rej. 10 juill. 1884, aff. Leonnetti, *Bull. crim.*, nº 234).

Aussi la jurisprudence, comme on l'a fait remarquer au *Rép.*, nº 1346, n'exige-t-elle pas strictement l'observation de cet article, alors surtout que l'accusé ne peut invoquer aucun préjudice aux intérêts de sa défense. En conséquence, il a été jugé : 1º que le ministère public, averti de l'existence d'une pièce pouvant être utile dans un débat criminel sur le point de s'ouvrir devant la cour d'assises, peut, même après l'arrêt de renvoi et l'interrogatoire du président, provoquer des explications sur cette pièce, en dresser procès-verbal et le transmettre à son supérieur le procureur général, ce procès-verbal n'ayant pas le caractère d'un acte d'instruction (Crim. rej. 5 mars 1857, aff. Trézières, D. P. 57. 1. 178) ; — 2º Que, s'il n'appartient pas au ministère public de faire des actes d'instruction hors le cas de flagrant délit, et s'il ne peut, sans empiéter sur les droits du président, procéder à une information supplémentaire dans une affaire dont la cour d'assises est saisie, il peut du moins sans irrégularité, et il doit, alors surtout qu'il y a urgence, réunir, sur tout indice précieux qui vient à lui être révélé, les déclarations en forme de simples renseignements qui lui paraissent pouvoir fournir quelques éclaircissements à la justice (Crim. rej. 12 sept. 1861, aff. Damée, D. P. 61. 5. 269) ; — 3º Que la circonstance qu'un supplément d'information postérieur à l'arrêt d'accusation aurait été effectué par suite d'une délégation du chef du parquet, au lieu de l'avoir été sur l'ordre du président des assises, n'est pas une cause de nullité, si les procès-verbaux composant ce supplément d'information n'ont pas été versés au procès, ni remis aux jurés, ou s'il n'est pas établi qu'ils contiennent autre chose que des renseignements (Crim. rej. 23 mai 1863, aff. Auragnier, D. P. 63. 1. 328) ; — 4º Que, d'ailleurs, ce supplément d'information ne peut faire l'objet, devant la cour de cassation, d'une demande d'enquête tendant à faire établir son existence ou son caractère, si l'accusé n'a formé devant la cour d'assises ni réserves, ni demande d'une constatation du fait au procès-verbal des débats (Même arrêt) ; — 5º Que le ministère public, bien que l'arrêt de mise en accusation ait été rendu, peut, régulièrement, à l'effet de connaître les témoignages qu'il peut avoir à produire à l'audience, faire faire une enquête dans les localités voisines du crime par un juge de paix ou un brigadier de gendarmerie ; que cette enquête ne peut être considérée comme une instruction supplémentaire, que le président seul aurait pu ordonner, si les déclarations recueillies ne l'ont pas été sous serment, et si les documents qui la composent n'ont pas été produits à l'audience (Crim. rej. 29 juin 1865, aff. Clerc, D. P. 65. 5. 226) ; — 6º Que le ministère public peut

recueillir même par écrit, à titre de simples renseignements, la déclaration d'un prévenu, et que la cour d'assises se déclare à bon droit incompétente pour distraire du dossier communicable au jury ces documents régulièrement joints (Crim. rej. 8 juill. 1865, aff. Joussiaume, *Bull. crim.*, n° 141) ; — 7° Que le ministère public peut faire prendre officieusement, sur le lieu du crime, par le commissaire de police, tous renseignements utiles pour s'éclairer, et les joindre avant l'audience au dossier, dont communication a pu être prise par le défenseur, et dont copie a été donnée aux accusés (Crim. rej. 28 juin 1866, aff. Filippe et Culiolu, *Bull. crim.*, p. 162) ; — 8° Qu'il n'y a ni violation des règles de la compétence, ni empiétement sur les pouvoirs du président des assises, dans les recherches sur l'identité et les renseignements sur le fond réclamés par le ministère public, après l'arrêt de renvoi, quelle que soit la forme des actes constatant ces investigations (Crim. rej. 16 janv. 1868, aff. Coda-Zubetta et autres, *Bull. crim.*, n° 13) ; — 9° Que le ministère public peut constater, d'urgence et à titre de simples renseignements, par des procès-verbaux, les révélations que se produisent soit pour, soit contre les accusés et qui pourraient dépérir; et que ces procès-verbaux ne peuvent être assimilés aux actes dont copie doit être donnée aux accusés (Crim. rej. 18 mars 1870, aff. Belleney, *Bull. crim.*, n° 66) ; — 10° Que le procureur général qui, à la suite de déclarations et d'aveux faits spontanément par un condamné et reçus par des fonctionnaires de la prison, fait faire d'urgence les constatations nécessaires et recueille des renseignements, n'empiète pas sur la compétence attribuée au président de la cour d'assises par l'art. 303 c. instr. crim., et que les renseignements ainsi recueillis peuvent être valablement introduits dans le nouveau débat qui suit la cassation d'un premier arrêt (Crim. rej. 20 août 1875, aff. Jodon, *Bull. crim.*, n° 277) ; — 11° Que, s'il est interdit aux officiers du ministère public, hors les cas déterminés par la loi, de procéder, postérieurement à l'arrêt de renvoi et sans délégation du président des assises, à des actes d'instruction, ils ont le droit et le devoir de recueillir tout ce qui peut éclairer la justice et empêcher le dépérissement des preuves; que, spécialement, il leur est permis de recevoir les déclarations qui leur paraissent propres à jeter du jour sur l'un des chefs d'accusation, ou de relever la distance existant entre deux points déterminés (Crim. rej. 30 mai 1879, aff. Papavoine et autres, *Bull. crim.*, n° 112) ; — 12° Que le ministère public peut, postérieurement à l'arrêt de renvoi, charger la gendarmerie de procéder à des investigations relatives à l'affaire, lorsque ces investigations ne constituent pas des actes d'instruction, mais sont recueillies à titre de simples renseignements (Crim. rej. 31 juill. 1884, aff. Guiller, *Bull. crim.*, n° 255 ; 22 déc. 1887, aff. Gosset, *Bull. crim.*, n° 441). — Mais le procureur de la République peut valablement procéder, postérieurement à l'arrêt de mise en accusation, à l'interrogatoire d'un accusé extradé, à l'effet de constater son identité; ce n'est pas là un acte d'instruction supplémentaire réservé au président des assises (Crim. rej. 13 févr. 1879, aff. Ali-ben-ban-Cherf, D. P. 79. 1. 187).

1412. D'ailleurs, il a toujours été admis que l'ordonnance du président de la cour d'assises, en exécution de laquelle l'information supplémentaire a été annexée au dossier, couvre la nullité de cette information (A l'arrêt du 26 août 1847, donné au *Rép.*, n° 1346, *adde* : Crim. cass. 2 sept. 1847, aff. Boucher, D. P. 47. 4. 132 ; 12 févr. 1880 ; 22 déc. 1881, cités *suprà*, n° 1410, sol. impl.).

1413. On voit par tout ce qui précède que, jusqu'à présent, la jurisprudence ne considérait pas les actes irréguliers d'information complémentaire comme viciant par eux-mêmes l'instruction ou l'arrêt de condamnation. La cour de cassation recherchait si, d'après les circonstances de la cause, les droits de la défense avaient été méconnus (V. *Rép.* n° 1345 et 1346, et arrêts des 2 sept. 1847 et 22 déc. 1881, cités *suprà*, n° 1412). Un arrêt de cassation du 16 juill. 1892 (aff. Cauvin, D. P. 93. 1. 431) s'écarte de ces errements ; il importe d'insister sur cette décision dont l'importance est considérable. L'espèce était celle-ci : postérieurement à l'arrêt de renvoi et à l'interrogatoire de l'accusé par le président de la cour d'assises, et sans aucun motif d'urgence constaté ou allégué, le parquet avait chargé un commissaire aux délégations judiciaires d'entendre un nouveau témoignage à charge ; procès-verbal de l'audition de ce témoin avait été dressé ; une ordonnance du président l'avait joint à la procédure ; le témoin, ainsi entendu, avait été porté sur la liste des témoins à charge et avait été entendu aux débats, avant que sa déclaration écrite eût été communiquée à l'accusé. « ...Attendu, porte l'arrêt, qu'aux termes de l'art. 303.c. instr. crim., il ne peut être procédé à des actes d'instruction, postérieurement à l'arrêt de renvoi, que par le président de la cour d'assises, ou en vertu de sa délégation ; — Attendu que de la combinaison des art. 32, 46, 47, 61, 217, 241, 276 c. instr. crim., il résulte clairement que, hors le cas de flagrant délit et de celui assimilé au flagrant délit, la loi n'attribue aux officiers du ministère public que le droit de réquisition, et que les procureurs de la République, pas plus que les procureurs généraux eux-mêmes, ne peuvent, sans violer les règles de la compétence et sans intervertir l'ordre des juridictions, faire aucun acte d'instruction, ni par conséquent déléguer pour faire ces actes aucun magistrat ni officier de police judiciaire ;... — Attendu que, loin de considérer cette procédure (le procès-verbal contenant la déclaration du témoin) comme un simple renseignement, le président en a ordonné la jonction au dossier de la procédure et qu'il en prescrit la communication à l'accusé, ce qui n'a pas eu lieu, d'après l'arrêt de donné acte, en temps utile, c'est-à-dire avant la déposition orale du témoin ; — Attendu que de ce qui précède il suit qu'il *y a eu, tout à la fois, incompétence de la part du ministère public et violation des droits de la défense* ; — Casse, etc. ». Cet arrêt semble ne plus admettre, comme le faisait la jurisprudence antérieure, que l'acte du président ordonnant la jonction à la procédure de l'information complémentaire couvre la nullité de cette information. Il s'appuie même sur cette ordonnance pour en conclure que le procès-verbal visé par elle constituait en réalité, non un simple renseignement, mais bien un acte d'instruction. D'un autre côté, il n'examine plus si les faits et circonstances sur lesquels le pourvoi s'appuyait avaient pu préjudicier à l'accusé.

1414. Le président des assises peut déléguer le droit, que lui confère l'art. 303 c. instr. crim., d'entendre de nouveaux témoins. A qui cette délégation peut-elle être donnée? Si l'on s'en tient au texte de la loi, le juge d'instruction de l'arrondissement où résident les témoins pourrait seul le recevoir. Mais, ici encore, ainsi qu'on l'enseigne au *Rép.*, n° 1347, la jurisprudence ne s'est pas conformée à la lettre de la loi. Jugé : 1° que l'art. 303 c. instr. crim., qui autorise le président des assises à commettre le juge d'instruction pour procéder à une information supplémentaire, n'est pas restrictif, et, par suite, ne s'oppose pas à ce que le juge d'instruction ainsi commis subdélègue un autre officier de police judiciaire (un commissaire de police, par exemple) (Crim. rej. 11 déc. 1856, aff. Lamy, D. P. 57. 1. 73 ; 14 juin 1866, aff. Couvercelle, D. P. 66. 5. 251) ; — 2° Que le président des assises peut déléguer à un de ses assesseurs la mission de procéder à un supplément d'information, sans qu'il soit nécessaire que ce soit le plus ancien (Crim. rej. 11 nov. 1875, aff. Thomas, *Bull. crim.*, n° 310 ; 2 janv. 1864, aff. Laignaiz, D. P. 65. 5. 22). — Quant à la réception des témoignages par le délégué du président des assises, il a été jugé que, le serment des témoins entendus à l'instruction n'étant pas prescrit à peine de nullité, aucun moyen de cassation ne peut être tiré de ce qu'un commissaire de police, délégué par le président des assises, aurait reçu la déposition d'un témoin sans prestation de serment préalable (Crim. rej. 26 juin 1884, aff. Favreau, *Bull. crim.*, n° 208).

SECT. 6. — JONCTION DE DIVERS ACTES D'ACCUSATION ET DISJONCTION DE POURSUITES EN CAS DE DÉLITS NON CONNEXES (*Rép.* n° 1350 à 1367).

1415. — 1° *Jonction*. — Il a été dit au *Rép.*, n° 1350 à 1352, que la disposition de l'art. 307 c. instr. crim., conférant au président des assises le droit d'ordonner d'office la jonction de plusieurs actes d'accusation ou de plusieurs procédures, n'est pas limitative. — Jugé en ce sens : 1° que l'art. 307 c. instr. crim. n'a pas entendu limiter au seul cas qu'il indique, à savoir l'existence de plusieurs actes d'accu-

sation contre différents accusés à raison du même crime, la faculté qu'il donne au président de faire joindre plusieurs accusations (Crim. rej. 22 févr. 1855, aff. Jannerot, D. P. 55. 5. 259; 20 sept. 1855, aff. Butterlin, D. P. 55. 1. 426); — 2° Que, lorsqu'une accusation de complicité a été l'objet d'une procédure distincte de celle relative à l'accusation principale, le président de la cour d'assises est tenu d'ordonner la jonction de ces deux procédures (Crim. rej. 20 juin 1856, aff. Cambolives, D. P. 56. 1. 374); — 3° Que, si l'accusé de complicité est en même temps accusé de faux témoignage porté dans la procédure instruite contre l'auteur principal, cette dernière accusation doit elle-même être jointe à l'accusation principale; on dirait à tort qu'elle constitue une question préjudicielle qui doit être vidée avant l'accusation principale (Même arrêt); — 4° Que le président de la cour d'assises peut joindre, pour être soumises à un seul et même débat, une accusation de faux témoignage et l'accusation principale au nom de laquelle le faux témoignage aurait été porté, l'accusation de faux témoignage n'étant pas préjudicielle et, d'ailleurs, les accusés n'étant pas fondés à s'en plaindre si, non seulement ils ne se sont pas opposés à la jonction, mais encore s'ils l'ont formellement demandée (Crim. rej. 30 mars 1861, aff. Jamois et Duval, Bull. crim., n° 67); — 5° Qu'en cas de renvoi d'une affaire à une autre session pour instruire contre de nouveaux inculpés, si la nouvelle instruction aboutit à un arrêt de renvoi rendu contre ceux-ci, il y a lieu de réunir les deux procédures par une ordonnance de jonction (Crim. rej. 10 avr. 1879, aff. Wolf et autres, Bull. crim., n° 90); — 6° Que la cour d'assises peut joindre une accusation principale et une poursuite en faux témoignage contre les témoins entendus dans une précédente session à l'occasion de l'instance principale (Crim. rej. 22 déc. 1882, aff. Amar-ben-Salah-ben-Nezzar et autres, Bull. crim., n° 288).

1416. Le président n'est assujetti à aucun délai pour rendre l'ordonnance de jonction (Crim. rej. 4 nov. 1886, aff. Pinte et autres, Bull. crim., n° 368).

1417. Au reste, dans certains cas, la jonction peut s'opérer de plein droit et sans que le président d'assises ait besoin de rendre une ordonnance. Ainsi, il a été jugé : 1° que lorsqu'il a été procédé, à raison des mêmes faits, et par suite de la disparition de l'un des inculpés, à deux procédures, dont l'une dans les formes établies par la loi pour les contumaces, il n'est pas besoin, quand les faits, objets de la poursuite, ont été compris dans une seule et même ordonnance de la chambre du conseil, et ont été l'objet d'un seul arrêt de renvoi et d'un seul acte d'accusation, d'une ordonnance de jonction pour que ces deux procédures soient l'objet d'un débat unique (Crim. rej. 13 févr. 1851, aff. Gisclard, Bull. crim., n° 62); — 2° Que des attentats à la pudeur, commis sur les mêmes jeunes filles par deux individus agissant séparément, peuvent être régulièrement être soumis aux mêmes débats sans une ordonnance de jonction du président des assises, si ces attentats ont eu lieu vers les mêmes époques et successivement, et ont été l'objet d'un seul motif dans une instruction unique et dans un arrêt de renvoi commun, contre lequel les accusés ne se sont pas pourvus; que la connexité virtuelle et nécessaire qui se rencontre en pareil cas justifie la condamnation solidaire aux frais prononcés contre les deux accusés (Crim. rej. 16 août 1860, aff. Rolland, D. P. 60. 5. 203).

1418. Bien que l'art. 307 c. instr. crim. ne soit pas limitatif, encore faut-il, pour que la jonction puisse être prononcée, qu'elle soit justifiée par l'existence d'une connexité certaine : en ce cas, l'accusé ne peut s'en plaindre si son droit de défense n'a pas été lésé et si, d'ailleurs, il n'a pas réclamé contre cette jonction devant la cour d'assises. Ce point, établi au Rép., n° 1352, a été consacré par plusieurs décisions. Il a été jugé en ce sens: 1° que pour qu'un crime qui a été commis avec un autre en vue du même résultat puisse être compris avec cet autre crime dans un chef unique d'accusation, il faut qu'il en soit l'accessoire nécessaire, c'est-à-dire que la loi ait fait dépendre l'existence de celui-ci de la perpétration de celui-là (Crim. cass. 10 mars 1855, aff. Ostermann, D. P. 55. 1. 184); — 2° Que le président de la cour d'assises peut, aux termes de l'art. 307 c. instr. crim., ordonner la jonction de deux accusations d'assassinat et de faux témoignage, lorsque, d'ailleurs, ces deux

accusations ont entre elles une véritable connexité, spécialement lorsque le faux témoignage a été porté dans les débats relatifs à l'assassinat (Crim. cass. 20 déc. 1845, aff. Juvenon, Bull. crim., n° 369; Crim. rej. 28 juin 1855, aff. Métas, ibid., n° 230); — 3° Que la jonction de poursuites pour cause de connexité peut être ordonnée même dans le cas où elle a pour effet de déroger à la compétence résultant, pour l'un des prévenus, de ce qu'il a son domicile dans un autre ressort (Crim. rej. 7 déc. 1860, aff. Chaussanel, D. P. 61. 5. 209); — 4° Que la jonction pour cause de connexité est une mesure dont la nécessité et la convenance sont abandonnées à l'appréciation du juge du fait, et qui ne peut, à raison de ce que les dispositions de l'art. 227 c. instr. crim. ne sont ni limitatives ni prescrites à peine de nullité, être attaquée par l'accusé que dans le cas où elle a porté atteinte à son droit de défense (Crim. rej. 19 sept. 1861, aff. Malaterre, D. P. 61. 5. 268; 3 juin 1893, aff. Brême, Bull. crim., n° 149).

1419. On a fait observer au Rép., n° 1360, que la loi ne prescrit pas la notification de l'ordonnance de jonction à faire à l'accusé (Adde, Crim. rej. 31 mars 1892, aff. Martinet, Bull. crim., n° 93). D'où il suit que ce dernier ne saurait se faire un cas de nullité d'une irrégularité commise dans une pareille notification. Jugé que l'ordonnance du président, prescrivant la jonction d'actes séparés d'accusation dressés contre différents accusés, n'a pas besoin de leur être signifiée avant l'ouverture des débats, alors surtout qu'ils ont reçu chacun notification des arrêts de renvoi et des actes d'accusation dont la jonction a été prononcée (Crim. rej. 26 janv. 1855, aff. Angevin, D. P. 55. 5. 239). — D'autre part, il a été décidé qu'en cas de jonction de plusieurs affaires pendantes devant une cour d'assises, il n'est pas nécessaire de signifier à chacun des accusés copie de l'acte d'accusation et de l'arrêt de renvoi concernant ses coaccusés (Crim. rej. 3 déc. 1846, aff. Réjany, Bull. crim., n° 301; 20 janv. 1853, aff. Allier, ibid., n° 24; 20 sept. 1855, aff. Butterlin, D. P. 55.1. 426; 4 oct. 1855, aff. Feuilliez, D. P. 55. 1. 427; 16 déc. 1869, aff. Delfosse, D. P. 70. 1. 445; 27 avr. 1882, aff. Loiseau et autres, Bull. crim., n° 103; 19 mai 1892, aff. Saint-Blancat, ibid., n° 150).

1420. Une fois la jonction prononcée pour cause de connexité, il s'établit, entre les diverses accusations jointes, une telle indivisibilité que la nullité qui atteindrait l'une d'elles devrait entraîner la nullité des autres, ainsi qu'on l'a expliqué au Rép., n° 1364. Jugé, en conséquence, que la jonction, par ordre du président, de deux arrêts de renvoi devant la cour d'assises, rendus contre le même accusé, à raison de deux accusations différentes, a pour effet de faire réagir sur l'ensemble des débats consacrés cumulativement à ces deux accusations la nullité dont l'un des arrêts de renvoi se trouverait seul atteint, et de vicier, par suite, la déclaration du jury, même sur les chefs d'accusation résultant de celui des arrêts qui est exempt de nullité (Crim. rej. 7 févr. 1855, aff. Pigeon, D. P. 55. 5. 257; 14 sept. 1855, aff. Chrétien, D. P. 55. 1. 455).

1421. — 2° Disjonctions de poursuites. — On a rappelé au Rép., n°* 1365 et suiv., que le droit de requérir la disjonction des poursuites appartient au procureur général seul, aux termes de l'art. 308 c. instr. crim. C'est la cour d'assises qui statue, à cet égard, sur ses réquisitions (Crim. rej. 22 sept. 1826, aff. Ruel, Bull. crim., n° 189).

1422. Il est certain que la disposition de l'art. 308 est générale, et qu'elle peut être appliquée, sauf le cas d'indivisibilité absolue, dans les circonstances les plus diverses. Jugé, en conséquence : 1° que lorsque l'extradition d'un accusé renvoyé aux assises pour divers crimes n'a été demandée et obtenue que pour ceux de ces faits qui sont prévus au traité, l'extradé ne peut être jugé que sur ces derniers chefs, et la disjonction doit être ordonnée pour les faits connexes, à moins d'indivisibilité absolue, et sans qu'on soit en droit de prétendre que la chose jugée par l'arrêt de renvoi est violée (Crim. rej. 14 mars 1873, aff. Bouvier, Bull. crim., n° 69); — 2° Que lorsque des accusés ont été renvoyés ensemble devant une cour d'assises pour des faits connexes en ce qu'ils émanent d'une pensée commune et se rattachent à une même insurrection, mais distincts en ce qu'ils ont été exécutés en des temps et en des lieux différents, une ordonnance de disjonction peut diviser les faits

en plusieurs catégories et les accusés en plusieurs groupes, pour être jugés séparément; et que les droits de la défense ne sont pas, en ce cas, violés, surtout si la faculté de confronter entre eux les accusés et de faire entendre dans chaque affaire les témoins appartenant aux différents groupes a été réservée (Crim. rej. 8 août 1873, aff. Si-Ahmed-Syhirben-Ilès et autres, *Bull. crim.*, n° 225). Jugé également que, si un accusé s'est évadé postérieurement à l'ouverture des débats, sa cause doit être disjointe d'avec celle des coaccusés présents (Crim. cass. 19 janv. 1877, aff. Moutonnet et autres, *Bull. crim.*, n° 17).

1423. Mais la cour d'assises peut refuser de prononcer la disjonction, lorsqu'un seul arrêt de renvoi lui a déféré plusieurs individus, et lorsqu'un seul acte d'accusation a été dressé contre eux, en déclarant qu'aucun fait n'est venu, au cours des débats, modifier le caractère de l'accusation au point de vue de la connexité (Crim. rej. 21 sept. 1882, aff. Leblanc et autres, *Bull. crim.*, n° 225).

CHAP. 3. — Du jury et des jurés (*Rép.* n°⁵ 1368 à 1998).

1424. Au moment de la publication du *Répertoire*, une modification profonde venait d'être introduite dans la législation sur le jury par la loi du 4 juin 1853, qui avait abrogé le décret du 7 août 1848. Le caractère distinctif de cette loi, ainsi qu'on l'a vu au *Rép.*, n°⁵ 1237, 1240 et 1383, consistait dans la séparation établie entre l'élément politique et l'élément judiciaire, par la suppression définitive de la liste générale du jury. Comme l'a fait remarquer M. Albert Desjardins, rapporteur de la loi de 1872 : « En 1853, le législateur avait refusé de confondre l'électeur et le juré ; il avait proclamé que ce dernier remplit une fonction pour laquelle il faut une aptitude reconnue ; il avait confié le choix à une double commission, l'une siégeant au canton, l'autre à l'arrondissement ». Quelle était la composition de ces deux commissions? La première se composait du juge de paix et des maires, nommés par le Gouvernement ; la seconde se composait des juges de paix de l'arrondissement, sous la présidence du préfet et du sous-préfet. C'était subordonner au pouvoir administratif la formation d'un corps judiciaire. Le gouvernement de la Défense nationale, par le décret du 14 octobre 1870, remit en vigueur le décret du 7 août 1848. Cette mesure n'a pas produit de bons résultats. « Des faits répétés, des témoignages de la plus haute valeur prouvent que, sous l'empire du décret du 7 août, en 1871 et 1872 (comme de 1848 à 1853), l'administration de la justice criminelle était devenue plus défectueuse, que les jurés avaient perdu en lumière et en fermeté » (Rapp. de M. A. Desjardins).

1425. La loi du 21 nov. 1872 a abrogé en même temps la loi du 4 juin 1853 et le décret du 14 oct. 1870. Comme la loi de 1853, et contrairement au décret du 7 août 1848, la loi de 1872 part de ce principe « que le juré, selon les termes du rapport précité, n'exerce pas un droit, mais qu'il remplit une fonction; qu'en principe, tout citoyen est apte à recevoir la délégation de la société; qu'aucun n'est fondé à la réclamer ». Mais c'est dans le mode de formation de la liste annuelle que consiste l'innovation capitale de la loi. Cette liste, dit le rapport, « est dressée par deux commissions, dont l'une doit réparer les fautes de l'autre. Celle qui revise est nécessairement investie de pouvoirs considérables. — La première siège au canton; c'est à elle qu'il appartient de rechercher, de rassembler et de fournir tous les éléments du travail définitif, en faisant la liste préparatoire ; elle a cette compétence spéciale que donne la parfaite connaissance des localités et de leurs habitants. La seconde siège à l'arrondissement; éclairée par le projet qui lui vient du canton, disposant de tous les moyens pour le contrôler, elle le juge avec l'impartialité qu'on n'a pas toujours sur les lieux mêmes et à côté des personnes intéressées ; elle fait prédominer l'intérêt de la justice sur les préoccupations locales ; elle est placée au-dessus des influences ; elle connaît la loi et en assure le respect. — La composition de l'une et de l'autre commission présente toutes les garanties désirables. Dans celle du canton se réunissent le juge de paix, président, ses suppléants, et tous les maires ; dans celle de l'arrondissement, tous les conseillers généraux et tous les juges de paix, sous la présidence du tribunal civil. — Ainsi les commis-

sions se forment de deux éléments, l'élément électif et l'élément judiciaire. Le premier doit communiquer au jury son indépendance et son autorité. Mais si lui-même se laissait aller à des caprices injustes, à des entraînements passionnés, il serait arrêté. L'élément judiciaire connaît les besoins de la justice, il les défendra. Tous les régimes qui se sont succédé jusqu'en 1848 ont fait intervenir les préfets dans la formation des listes, mais les préfets s'occupent avant tout de l'intérêt politique, ils n'ont pas et surtout l'on ne croit pas qu'ils aient le souci exclusif de l'intérêt judiciaire ; leur œuvre peut n'être pas bonne et elle n'inspire jamais une entière confiance. Au contraire, les magistrats doivent avoir à cœur de bien composer un tribunal ; ils cherchent et savent discerner les qualités nécessaires même à un juge d'un jour. Leur attachement au principe d'autorité ne les fait pas descendre à la complaisance envers le pouvoir. — Dans la commission cantonale, l'élément électif a une immense majorité; dans la commission d'arrondissement, l'élément judiciaire a une voix de plus ». — Tels sont les traits caractéristiques de la loi de 1872. Nous en étudierons les détails en suivant l'ordre adopté par le *Répertoire*.

SECT. 1ʳᵉ. — DE LA QUALITÉ DE JURÉ (*Rép.* n°⁵ 1368 à 1513).

ART. 1ᵉʳ. — *Des conditions nécessaires pour être juré* (*Rép.* n°⁵ 1368 à 1403).

1426. Les conditions nécessaires pour être juré sont toujours les mêmes que celles indiquées au *Rép.*, n° 1368, savoir : 1° être Français ; 2° avoir l'âge de trente ans ; 3° avoir la jouissance des droits civils et politiques.

§ 1ᵉʳ. — Conditions anciennes abrogées (*Rép.* n°⁵ 1369 à 1383).

1427. Le gouvernement de la Défense nationale, ainsi qu'on l'a vu *suprà*, n° 1424, avait remis en vigueur le décret du 7 août 1848. C'était le retour au système qui confère à l'électeur le « droit » d'être juré. La loi de 1872 a, selon ce qui a été dit *loc. cit.*, condamné ce système, comme l'avait fait la loi de 1853 ; et, par son art. 21, elle a abrogé et la loi de 1853 et le décret du 14 oct. 1870, qui avaient remis en vigueur celui du 7 août 1848 ; mais elle a ajouté : « les dispositions du code d'instruction criminelle, qui ne sont pas contraires à la présente loi, continueront d'être exécutées ». Cette réserve s'applique aux art. 381 à 406 c. instr. crim., pour tous les cas où il n'y a pas abrogation implicite. — Quant à la formation du jury de jugement, c'est toujours l'art. 399 du même code qui en trace les règles.

§ 2. — De la qualité de Français (*Rép.* n° 1384 à 1388).

1428. Ainsi qu'il a été dit au *Rép.*, n° 1384, la première condition que doit remplir un juré consiste dans la qualité de *Français*. De même, les autres États n'admettent que leurs nationaux aux fonctions de juré. L'Angleterre fait seule exception à cette règle (V. *suprà*, n° 1289). — Il a été jugé, à cet égard, que l'arrêt d'une cour d'assises est nul lorsqu'il est basé sur une déclaration du jury à laquelle a concouru un individu né en France de parents étrangers et n'ayant pas rempli les formalités prescrites par l'article 9 du code civil pour acquérir la qualité de Français (Crim. cass. 8 mars 1849, aff. Pommereau, *Bull. crim.*, n° 52 ; 7 nov. 1851, aff. Germa, *ibid.*, n° 467 ; 8 nov. 1851, aff. Delamotte, *ibid.*, n° 472). Mais, dans le tirage d'un jury de session effectué entre la date de la signature et celle de la ratification du traité de Francfort, le président a maintenu avec raison sur la liste de ce jury les noms de jurés domiciliés dans un territoire cédé par ledit traité à l'Allemagne, la nationalité de ces jurés n'ayant encore subi à ce moment aucun changement (Crim. rej. 12 août 1874, aff. Letant, D. P. 74.1.364).

1429. On s'est demandé quel est l'effet de l'inscription sur la liste d'un individu non Français. Tout d'abord, il est à remarquer, comme l'enseigne Faustin Hélie, t. 7, n° 3164, « que cette inscription, quelque irrégulière qu'elle soit, ne peut produire aucun effet, si l'individu n'a point siégé parmi les douze jurés de jugement et si la liste de session est composée de plus de trente jurés titulaires. » Dans le cas contraire, la nullité serait évidemment encourue. Mais l'ins-

cription du nom d'un juré sur la liste établit en sa faveur une présomption de capacité qui ne peut être détruite que par la preuve contraire (Crim. rej. 8 janv. 1863, aff. Ramons ou Raymond, D. P. 65. 5. 97 ; 29 nov. 1866, aff. Fargeot, D. P. 67. 5. 110). Pareillement, à raison de la même présomption, on ne saurait considérer comme incapable, encore bien qu'il n'aurait pas été porté sur les listes de recrutement comme étant fils d'étranger, un membre du jury de jugement à l'égard duquel est établi le double fait de sa naissance en France et de sa possession de l'état de citoyen français (Crim. rej. 30 mars 1834, aff. Mothe, D. P. 54. 5. 211). Jugé, de même, qu'il n'y a lieu d'admettre le moyen tiré de la prétendue extranéité d'un juré, lorsque l'accusé n'a pas fait, ni proposé de faire la preuve de cette extranéité (Crim. rej. 23 déc. 1886, aff. Tard, Bull. crim., n° 431).

§ 3. — De l'âge requis (Rép. n°s 1389 à 1400).

1430. La seconde condition que doit remplir un juré, et qui se trouve rappelée au Rép., n°s 1389 et 1390, consiste dans l'âge de trente ans accomplis. De nombreuses décisions ont consacré ce principe, en proclamant que la présence dans le jury de jugement d'un juré ayant moins de trente ans, en vicie la composition, et par suite entache de nullité les opérations auxquelles il prend part (Crim. cass. 16 avr. 1807, aff. Pinot, Bull. crim., n° 80 ; 18 juin 1807, aff. Gautier, ibid., n° 134 ; 23 juill. 1807, aff. Vagner, ibid., n° 158 ; 18 mars 1808, aff. Louto, ibid., n° 53 ; 24 mars 1808, aff. Rossol, ibid., n° 56 ; 27 oct. 1808, aff. Boucherel, ibid., n° 211 ; 28 oct. 1808, aff. Chirmeux, ibid., n° 212 ; 5 oct. 1809, aff. Schwiling, ibid., n° 157 ; 30 août 1810, aff. Lacaliz, ibid., n° 107 ; 11 avr. 1811, aff. Veuve Bouis, ibid., n° 52 ; 13 sept. 1811, aff. Magny, ibid., n° 131 ; 4 avr. 1851, aff. Labic, ibid., n° 128 ; 19 août 1864, aff. Castanet, D. P. 65. 5. 96 ; 9 nov. 1883, aff. Honoré, Bull. crim., n° 246).

1431. Il est également de jurisprudence constante, comme on l'a vu au Rép., n°s 1391 et 1392, que l'inscription d'un juré sur la liste établit en sa faveur une présomption au point de vue de l'âge requis. D'où la nécessité, pour le demandeur en cassation, de prouver que le juré dont la capacité est contestée avait réellement moins de trente ans. Mais il a été jugé qu'il n'y a pas lieu d'examiner les preuves produites à l'appui de l'allégation de l'accusé qui prétend qu'un juré n'avait pas l'âge voulu par la loi, lorsque le nom de ce juré n'est pas sorti de l'urne et que le tirage a eu lieu sur un nombre de plus de trente jurés (Crim. cass. 1856, aff. Mageras, Bull. crim., n° 255). Comp. supra, n° 1429.

1432. Quant à l'époque à laquelle le juré doit avoir atteint ses trente ans, il ressort des explications fournies au Rép., n°s 1396 à 1398 qu'il n'est pas nécessaire que l'âge requis soit accompli au moment de l'inscription sur la liste, mais seulement au moment où le juré entre en fonctions. Adde : Crim. rej. 20 sept. 1853, aff. Nivollet, D. P. 55. 4. 414 ; 12 avr. 1877, aff. Billoir, Bull. crim., n° 99 ; 17 août 1882, aff. Fumey, ibid., n° 209 ; 23 juill. 1885, aff. Leray, ibid., n° 223 ; 25 févr. 1887, aff. Redon, Charles Thomas, ibid., n° 78 ; et ce qu'il faut considérer, ce n'est pas le jour du jugement, mais bien celui de l'ouverture des débats (Crim. rej. 7 août 1884, aff. Moron, Bull. crim., n° 255).

§ 4. — De la jouissance des droits civils et politiques. (Rép. n°s 1401 à 1403.)

1433. V. Rép. n°s 1401 et suiv.

Art. 2. — Des causes d'incapacité et d'exclusion (Rép. n°s 1404 à 1422).

1434. — I. Cas d'exclusion. — 1° Illettrés. — Parmi les cas d'exclusion prévus par le décret du 7 août 1848 et, postérieurement, par la loi du 4 juin 1853, figurait celui qui était relatif au juré ne sachant ni lire ni écrire en français, ainsi qu'on l'a rappelé au Rép. n°s 1407 et 1408. La loi du 21 nov. 1872 a reproduit la même disposition, dans son art. 4. — Qu'arrivera-t-il si un juré ne sachant ni lire ni écrire en français a fait partie du jury de jugement ? Y aura-t-il nullité de l'arrêt de condamnation ? Sous l'empire de l'ancienne législation, la négative a été plusieurs fois ju-

gée (Crim. rej. 18 mai 1854, aff. Levêque, D. P. 54. 1. 408 ; 8 mars 1855, aff. Revol, D. P. 55. 5. 129). Depuis la loi du 21 nov. 1872, la question ne s'est posée qu'une seule fois, à l'occasion du pourvoi formé contre un arrêt a décidé que le concours d'un juré ne sachant pas écrire ne saurait entraîner la nullité de la déclaration du jury, ce juré pouvant, aux termes de l'art. 2 de la loi du 13 mai 1836, faire écrire secrètement son vote par un autre juré de son choix ; qu'en tout cas, la cour d'assises à laquelle ce moyen de nullité est proposé par des conclusions formelles, après la lecture du verdict à l'accusé, n'ayant aucun moyen d'en vérifier l'exactitude, doit repousser la preuve qui en est offerte (C. d'ass. de la Haute-Vienne, 11 févr. 1885, aff. Filhouland, D. P. 85. 1. 269). La cour de cassation, saisie du pourvoi formé contre cet arrêt a évité de trancher la question, et a trouvé, dans la régularité de la procédure, un motif suffisant de rejet (Crim. rej. 13 mars 1885, aff. Filhouland, D. P. 85. 1. 269). — Il nous semble que la question peut se résoudre d'après les distinctions suivantes : ou bien le cas d'exclusion dont s'agit ne s'est pas révélé officiellement et juridiquement, et alors le vice est couvert par l'impossibilité où l'on se trouve d'en faire la preuve : c'est l'espèce de l'arrêt ci-dessus rappelé ; ou bien le cas d'exclusion a été constaté en fait, soit au moment de la formation du tableau du jury de session, soit lors du tirage du jury de jugement, et alors on ne saurait, sans violer ouvertement l'art. 4 de la loi du 21 nov. 1872, admettre le juré illettré à faire partie du jury de jugement pendant la session, quand bien même la défense n'élèverait aucune réclamation. Mais si ce fait ne vient à la connaissance de la cour et des parties qu'après la composition du jury de jugement, et au cours des débats, le jury étant acquis, il faudrait sans doute considérer le vice comme couvert en quelque sorte, et décider que la nullité n'étant pas attachée, ipso facto, au concours du juré illettré, par l'art. 4 de la loi, les débats doivent suivre leur cours sans qu'il soit nécessaire de renvoyer l'affaire à une autre session, comme il y aurait lieu pour les incapacités édictées, à peine de nullité, par les art. 1, 2 et 3.

1435. — 2° Domestiques et serviteurs à gages. — L'exclusion des domestiques et serviteurs à gages, reproduite également dans l'art. 4 de la loi du 21 nov. 1872, ne vise, selon ce qui a été dit au Rép., n° 1409, que les domestiques attachés au service, soit de la personne, soit de la maison. Aussi a-t-il été jugé que l'art. 4 de la loi du 21 nov. 1872, qui déclare incapables de siéger comme jurés les domestiques à gages, ne comprend pas dans son texte les régisseurs, dont la situation ne saurait être assimilée à celle des domestiques (Crim. rej. 27 mai 1875, aff. Bouriant, Bull. crim., n° 162 ; 14 juin 1875, aff. Bouriant, D. P. 76. 1. 142) ;... ni les employés de commerce et les commis négociants (Crim. rej. 29 déc. 1881, aff. M'hamed-ben-Thamou et autres, Bull. crim., n° 271).

1436. — II. Cas d'incapacité. — 1° Faillis non réhabilités. — L'incapacité qui frappe les faillis non réhabilités les rendait impropres, sous la législation antérieure, à la loi du 21 nov. 1872, non seulement à participer aux débats, mais même à figurer sur une liste des trente jurés ayant servi au tirage du jury de jugement (Crim. cass. 3 juill. 1862, aff. Camoin, D. P. 62. 1. 548). Ce principe, rappelé au Rép., n°s 1414 à 1418, a été de nouveau consacré par la loi de 1872 (Crim. cass. 13, 29 sept. et 11 oct. 1877, aff. Dupont, D. P. 78. 1. 448 ; 9 juill. 1885, aff. Pel, D. P. 87. 1. 96). Mais cette loi (art. 2-8°) a innové en ce sens qu'elle vise tous ceux « dont la faillite a été déclarée, soit par les tribunaux français, soit par jugement rendu à l'étranger, mais exécutoire en France ». Ce sont les termes mêmes du décret du 2 févr. 1852, sur les élections (art. 15, § 17).

1437. M. Le Sellyer (Compétence et organisation, t. 1, n° 231) se pose la question de savoir « si la fixation de l'ouverture de la faillite, à une époque antérieure à celle où le failli aurait exercé les fonctions de juré, pourrait avoir pour effet d'autoriser à se pourvoir contre l'arrêt de la cour d'assises déclarant la culpabilité de l'accusé, en supposant que l'on fût encore dans les délais accordés par la loi pour se pourvoir en cassation. Cette question, dit-il, est délicate, puisqu'il s'agit de donner, après coup, à un tribunal de

commerce, une autorité indirecte sur l'arrêt rendu par la cour d'assises. Toutefois, nous croyons devoir la résoudre par l'affirmative. En effet, l'art. 1 de la loi de 1872 est formel : les jurés doivent jouir des droits politiques ; or, d'après la constitution du 22 frimaire, l'exercice de ces droits est suspendu par l'*état de faillite;* et, d'après l'art. 2 de la même loi, les faillis non réhabilités sont incapables d'être jurés ; donc, puisque les tribunaux de commerce sont compétents pour fixer l'époque à laquelle l'*état de faillite* a commencé, il en résulte cette conséquence qu'ils peuvent, de cette manière, et pourvu que les délais de se pourvoir en cassation ne soient pas expirés, fournir un moyen d'attaquer l'arrêt rendu par la cour d'assises et déclarant la culpabilité de l'accusé.

1438. Les débiteurs admis au bénéfice de la liquidation judiciaire, conformément à la loi du 4 mars 1889 (D. P. 89. 4. 9), sont seulement privés du droit d'être nommés à aucune fonction élective ou de conserver celles qu'ils exerceraient (art. 21). Ils peuvent donc être jurés (V. *supra,* v° *Faillites,* n° 89; C. d'ass. du Loiret, 22 janv. 1894, aff. Boniface, D. P. 94. 2. 72).

1439. — 2° *Interdits et individus pourvus d'un conseil judiciaire.* — On s'est occupé au Rép., n° 1418, de l'incapacité qui atteignait les *interdits* et les individus pourvus d'un *conseil judiciaire.* La même disposition se retrouve dans la loi du 21 nov. 1872. Mais cette loi étend l'incapacité qui frappe les *interdits* à « ceux qui sont placés dans un établissement public d'aliénés, en vertu de la loi du 30 juin 1838 ». La loi de 1853 s'était bornée à les exclure. — La question de savoir si la déchéance est encourue par le seul fait du prononcé d'un simple jugement de défaut non encore passé en force de chose jugée s'est posée pour la première fois devant la cour de cassation, en matière de nomination d'un conseil judiciaire. Elle a été résolue affirmativement (Crim. cass. 4 juill. 1879, aff. Bourdelle, D. P. 80. 1. 355 ; 10 juill. 1879, aff. Wattiau, *ibid.*).

1440. — 3° *Condamnés.* — C'est particulièrement sur les incapacités résultant de *condamnations pénales,* dont il est parlé au Rép., n° 1420, que les innovations de la loi du 21 nov. 1872 ont porté. — Les deux premiers paragraphes de l'art. 2, relatifs aux condamnés pour crimes, n'ont fait que reproduire des dispositions déjà en vigueur. — Le paragraphe 3 vise, comme le faisait la loi de 1853, « les militaires condamnés au boulet et aux travaux publics ». Seulement, la peine du boulet, depuis la promulgation du code de justice militaire du 9 juin 1857, ne figure plus au nombre de celles qui peuvent être appliquées par les tribunaux militaires ; aussi la disposition qui s'y réfère, comme le fait justement remarquer M. Barbier (p. 176), ne pourra recevoir d'application qu'aux cas de condamnations au boulet prononcées antérieurement au 9 juin 1857. Quant à la peine des travaux publics, c'est une de celles que le même code réserve aux délits. Elle est de deux ans au moins et de dix ans au plus (c. instr. mil. art. 193). Dans les cas les moins graves, les tribunaux militaires ont la faculté de substituer à cette peine celle d'un emprisonnement de deux mois à cinq ans, et l'on rentre ainsi dans les prévisions du paragraphe 4.

1441. Le paragraphe 4 concerne les condamnés à un emprisonnement de trois mois, déjà exclus par la législation précédente des fonctions de juré. La loi de 1872 a ajouté cette restriction : « Toutefois, les condamnations pour délits politiques ou de presse n'entraîneront que l'incapacité temporaire dont il est parlé au paragraphe 11 du présent article ». Cette incapacité est de cinq ans. On n'a pas voulu, pour employer les termes du rapport, « faire peser sur toute une vie, qui pouvait être honorable, les conséquences d'une ardeur de jeunesse excusable dans son principe; et même, chose plus grave, servir la passion politique, qui aurait abusé des circonstances pour inspirer une poursuite et obtenir un arrêt ». D'un autre côté, « le respect dû aux lois et et aux tribunaux ne permettait pas de faire siéger immédiatement parmi les juges celui qui a été condamné à trois mois d'emprisonnement au moins ».

1442. Le paragraphe 5 énumère d'abord les délits pour la répression desquels la peine, quelle qu'elle soit (amende ou emprisonnement), entraîne l'incapacité perpétuelle. Ce sont les vols, les escroqueries, les abus de confiance, les soustractions commises par des dépositaires publics, les attentats aux mœurs, l'usure. La seule qualification de ces faits constitue, indépendamment de la peine, une flétrissure suffisante pour écarter à jamais des fonctions de juré. Le même paragraphe énumère ensuite les délits qui n'entraînent l'incapacité qu'autant qu'il y a eu condamnation à l'emprisonnement. La loi de 1872 a ajouté aux précédentes nomenclatures : 1° les délits commis contre les mœurs par l'un des moyens énoncés dans l'art. 1 de la loi du 17 mai 1819 (Aujourd'hui dans les art. 23 et 28 de la loi du 29 juill. 1881); — 2° Les infractions à l'art. 1 de la loi des 5-9 mai 1855, qui a rendu applicables aux boissons les dispositions de la loi du 27 mars 1851 ; — 3° Les infractions dont le code pénal avait fait des crimes, et que la revision de 1863 a classées parmi les délits. Voici, du reste, le texte de ce paragraphe : « Les condamnés à l'amende ou à l'emprisonnement, quelle qu'en soit la durée, pour vol, escroquerie, abus de confiance, soustraction commise par des dépositaires publics, attentats aux mœurs prévus par les art. 330 et 334 c. pén., délit d'usure; les condamnés à l'emprisonnement pour outrage à la morale publique et religieuse, attaque contre le principe de la propriété et les droits de famille, délits commis contre les mœurs par l'un des moyens énoncés dans l'art. 1 de la loi du 17 mai 1819, pour vagabondage ou mendicité, pour infraction aux dispositions des art. 60, 63 et 65 de la loi sur le recrutement de l'armée (1) et aux dispositions de l'art. 423 c. pén., de l'art. 1 de la loi du 27 mars 1851 et de l'art. 1 de la loi des 5-9 mai 1855; pour les délits prévus par les art. 134, 142, 143, 174, 251, 305, 343, 362, 363, 364, § 3, 365, 366, 387, 389, 399, § 2, 400, § 2, 418 c. pén. ».

1443. Le paragraphe 11 s'occupe de l'incapacité temporaire. Il est ainsi conçu : « sont incapables pour cinq ans seulement, à dater de l'expiration de leur peine, les condamnés à un emprisonnement de moins de trois mois, pour quelque délit que ce soit, même pour les délits politiques ou de presse ». Sous la législation précédente, l'incapacité atteignait les condamnés à un emprisonnement d'un mois au moins.

Enfin la loi des 23 janv.-4 fév. 1873, sur l'ivresse, a ajouté une nouvelle cause d'incapacité : « toute personne, porte l'art. 3, qui aura été condamnée deux fois en police correctionnelle pour délit d'ivresse manifeste..., sera déclarée, par le second jugement, incapable... d'être appelée aux fonctions de juré ».

1444. Il n'est pas douteux qu'en matière de déchéances, tout étant de droit étroit, on ne saurait élargir le nombre des incapacités consacrées par la loi. Ainsi il a été jugé que l'entretien d'une concubine au domicile conjugal ne figure pas au nombre des délits qui, par la condamnation qu'ils ont motivée, entraînent l'incapacité d'être juré ; que, par suite, l'arrêt de la cour d'assises qui ordonne la radiation du nom d'un juré de la liste des jurés titulaires, à raison de sa condamnation pour entretien d'une concubine, est nul (Crim. cass. 31 juill. 1884, aff. Lallein, D. P. 85. 1. 333).

Art. 3. — *Des causes d'incompatibilité* (Rép. n°ˢ 1423 à 1488).

1445. On a vu au Rép., n° 1423, que la présence, dans le jury de jugement, d'un juré dont les fonctions constituent une cause d'incompatibilité, entraîne la nullité de la condamnation. Jugé, par application de ce principe, que, lorsqu'une cause d'incompatibilité existant dans la personne d'un des jurés de jugement ne se révèle qu'après le commencement des débats, il y a lieu d'annuler le tirage du jury tout entier, et non pas seulement en ce qui concerne le juré qui avait en lui une cause d'incompatibilité (Crim. rej. 20 mars 1879, aff. Rochereau, *Bull. crim.,* n° 67).

---

(1) La loi sur le recrutement de l'armée visée par le texte que l'on reproduit était celle du 27 juill. 1872, remplacée aujourd'hui par la loi du 15 juill. 1889. Aux art. 60, 63 et 65 de la loi de 1872 correspondent les art. 69, 70 et 72 de la loi de 1889.

§ 1er. — Des incompatibilités absolues (*Rép.* nos 1424 à 1455).

1446. La loi du 20 nov. 1872, en son art. 3, a fait des incompatibilités absolues une classification beaucoup plus complète et plus précise que celles des lois précédentes; et elle a, par ce fait, supprimé désormais, comme l'indique M. Barbier (p. 210), bien des difficultés d'interprétation. Cet article est ainsi conçu : « Les fonctions de juré sont incompatibles avec celles de député, de ministre, membre du conseil d'Etat, membre de la Cour des comptes, sous-secrétaire d'Etat ou secrétaire général d'un ministère, préfet et sous-préfet, secrétaire général de préfecture, conseiller de préfecture, membre de la cour de cassation ou des cours d'appel, juge titulaire ou suppléant des tribunaux civils et des tribunaux de commerce, officier du ministère public près les tribunaux de première instance, juge de paix, commissaire de police, ministre d'un culte reconnu par l'Etat, militaire de l'armée de terre ou de mer en activité de service et pourvu d'emploi, fonctionnaire ou préposé du service actif des douanes, des contributions indirectes, des forêts de l'Etat et de l'administration des Télégraphes, instituteur primaire communal ». On a vu au *Rép.*, nos 1424 et 1425, que la loi de 1853 se bornait à admettre en faveur des sénateurs et des députés une cause d'excuse qui, d'ailleurs, ne pouvait être invoquée que pendant la durée des sessions. La loi de 1872 déclare les fonctions de *député* incompatibles avec celles de juré.

1447. Sous l'empire de la loi de 1853, qui déclarait incompatibles avec les fonctions de juré celles de *juge*, sans autre explication, on décidait, comme il a été dit au *Rép.*, n° 1426, que cette incompatibilité s'étendait aux juges des tribunaux de commerce (*Adde* : Crim. cass. 11 sept. 1862, aff. Giron, D. P. 62. 5. 92 ; 10 sept. 1863, aff. Calas, D. P. 63. 5. 101). La loi du 21 nov. 1872 a précisé la portée qu'elle donnait au mot *juge*, en énumérant dans son texte les *membres de la cour de cassation ou des cours d'appel*, les *juges titulaires ou suppléants des tribunaux civils et des tribunaux de commerce*, les *juges de paix*. Jugé, en conséquence, qu'on doit annuler, dans l'intérêt de la loi et du condamné, l'arrêt rendu par une cour d'assises, alors que l'un des jurés faisant partie du jury de jugement était membre d'un tribunal de commerce (Crim. cass. 30 juill. 1891, aff. Fichet, *Bull. crim.*, n° 157; 24 sept. 1891, *ibid.*, n° 190).

1448. On s'est demandé si les fonctions de *consul* sont incompatibles avec celles de juré. La négative a été jugée, par ce motif que les consuls ne sont pas nommés par le gouvernement en qualité de magistrats de l'ordre judiciaire, les seuls qui soient désignés sous la dénomination de juges dans l'ancien art. 383 c. instr. crim., et dans les lois postérieures modificatives de cet article (Crim. rej. 26 août 1875, aff. Duverneuil, D. P. 76. 1. 142).

1449. Quant aux *juges de paix*, spécialement désignés par la loi du 21 nov. 1872, le *Répertoire* (nos 1427 à 1429) les indiquait déjà comme compris sous la dénomination de juges. Mais que faut-il décider à l'égard des suppléants? Sous la loi de 1853, les fonctions de suppléants de juge de paix ont été déclarées compatibles avec celles de juré, ainsi qu'on l'a constaté au *Rép.*, n° 1431 (*Adde*, Crim. 29 juin 1854, aff. Villebrun, D. P. 54. 5. 211). La cour suprême s'est prononcée dans le même sens depuis la loi du 21 nov. 1872; V. Crim. réj. 1er juin 1878, aff. Mordefroy-Danval, D. P. 79. 1. 483; 13 juill. 1888, aff. Lejeune, *Bull. crim.*, n° 243. — M. Nouguier, t. 1, n° 522, explique ainsi cette solution : « Le droit du suppléant de juge de paix est un droit *purement facultatif*, dont l'exercice *accidentel, momentané*, se concilie avec l'exercice d'une seconde profession, et qui, dès lors et à ces divers titres, ne peut être assimilé au droit, permanent et exclusif de tout autre, du juge proprement dit » (V. Faustin Hélie, t. 7, n° 3179).

1450. Ainsi qu'il a été dit au *Rép.*, nos 1429 et 1430, on décidait, sous les précédentes législations, qu'il n'y avait pas incompatibilité entre les fonctions de juré et celles de juge suppléant d'un tribunal de première instance (Crim. rej. 1er juin 1821, aff. Bobiller, *Bull. crim.*, n° 85 ; 22 janv. 1830, aff. Letellier, *ibid.*, n° 24 ; Crim. cass. intérêt de la loi,

23 août 1833, aff. Labitte, *ibid.*, n° 331) ;... ou celles de juge suppléant d'un tribunal de commerce (Crim. rej. 6 avr. 1866, aff. Rougez, D. P. 68. 5. 112). En présence du texte formel de la loi du 21 nov. 1872, la question ne pouvait être résolue que dans le sens de l'incompatibilité; aussi a-t-il été jugé que, lorsque le nombre des membres du jury de session se trouve réduit à trente, il y a nullité si, parmi ces trente jurés, se trouve un juge suppléant au tribunal de commerce, dont les fonctions sont incompatibles avec celles de juré (Crim. cass. 17 déc. 1887, aff. Chapoutot, *Bull. crim.*, n° 433).

1451. On a vu au *Rép.*, nos 1433 à 1436, que la cour de cassation, contrairement à la décision rendue par la cour d'assises de la Seine, avait jugé que la qualité de conseiller ou de président *honoraire* n'était pas incompatible avec les fonctions de juré. Depuis l'arrêt rapporté *ibid.*, la cour suprême a eu à statuer sur un arrêt de la cour d'assises du Puy-de-Dôme qui avait exonéré, pour cause d'incompatibilité, un premier président honoraire des fonctions de juré. Mais la cour a rejeté le pourvoi, sans juger la question d'incompatibilité, en se fondant sur une fin de non-recevoir (Crim. rej. 27 déc. 1855, aff. Souffray, D. P. 56. 1. 160). Les auteurs n'hésitent pas à se prononcer pour la non-incompatibilité du magistrat honoraire, par cette raison décisive que ce magistrat n'exerce plus sa fonction du moment où il en a été dépouillé en faveur d'un autre (V. Nouguier, t. 1, n° 519; Faustin Hélie, t. 7, n° 3179).

1452. En ce qui concerne les *prud'hommes*, on a enseigné au *Rép.*, n° 1436, que l'incompatibilité ne saurait les atteindre, parce qu'ils ne sont pas magistrats de l'ordre judiciaire. Toutefois, deux arrêts de cours d'assises se sont prononcés en sens contraire (C. d'ass. de la Seine, 16 janv. 1860, aff. Pacon, D. P. 61. 5. 122; C. d'ass. des Bouches-du-Rhône, 27 mai 1867, aff. Brémond, D. P. 70. 2. 202). La cour de cassation a consacré le principe de la non-incompatibilité dans le seul arrêt qu'elle ait rendu sur la question (Crim. cass. 17 sept. 1858, aff. Bersinger, D. P. 58. 5. 110). Cette solution a été adoptée par un arrêt de la cour d'assises des Bouches-du-Rhône du 25 mai 1870, aff. Mégrel, D. P. 70. 2. 202.

1453. Sous le régime de la loi du 4 juin 1853, la cour de cassation a toujours décidé, comme on l'a vu au *Rép.*, n° 1437, que l'incompatibilité n'existait pas à l'égard des *membres de la Cour des comptes*. Adde, Crim. rej. 24 mai 1870, aff. Barthóldi, D. P. 70. 1. 373. La question ne peut plus se poser depuis la loi du 21 nov. 1872, qui a expressément compris les membres de la Cour des comptes parmi les personnes qu'atteint l'incompatibilité.

1454. Avant la loi du 4 juin 1853, on décidait, ainsi qu'on l'a dit au *Rép.*, n° 1439, qu'il n'y avait pas incompatibilité entre les fonctions de jurés et celles de *conseiller de préfecture*. Aujourd'hui, cette incompatibilité, admise déjà par la loi de 1853, a été maintenue par la loi du 21 nov. 1872.

1455. Ainsi que la cour de cassation l'a toujours reconnu (*Rép.*, nos 1442 à 1445), les *greffiers*, bien qu'ils soient membres de l'ordre judiciaire, peuvent être jurés et ne sont nullement atteints par l'incompatibilité attachée à la qualité de juge (Crim. rej. 8 janv. 1846, aff. Boullet, *Bull. crim.*, n° 12; Crim. cass. 5 avr. 1883, aff. Pini, *ibid.*, n° 86).

1456. D'après la jurisprudence antérieure à la loi du 4 juin 1853, les *commissaires de police* n'étaient pas considérés comme rentrant dans la dénomination de juge (*Rép.* n° 1445). Ils pouvaient donc être jurés. Aujourd'hui, la loi du 21 nov. 1872, conforme sur ce point à celle du 4 juin 1853, affirme l'incompatibilité. — On s'est demandé s'il doit en être de même du *commissaire de surveillance auprès des chemins de fer*. La cour de cassation s'est prononcée pour la négative, par le motif que les fonctionnaires sont des agents du ministère des travaux publics, ayant spécialement pour mission de veiller à l'exécution des lois et règlements relatifs à l'exploitation des chemins de fer (Crim. rej. 2 sept. 1875, aff. Si-ben-Ali-Ould-Si-Halib-ben-Mansour, D. P. 76. 1. 142; 24 déc. 1875, aff. Brion, D. P. 77. 1. 287). Toutefois, une décision contraire a été rendue par la cour d'assises du Loir-et-Cher, le 6 nov. 1876 (1).

_____

(1) (B....). — La cour; — Attendu qu'aux termes de l'art. 3 de la loi du 21 nov. 1872, les commissaires de police sont rangés dans la catégorie des fonctionnaires dont le service est incompatible avec celui du jury en matière criminelle; — Que, dans

1457. Les *membres du conseil d'Etat*, comme il a été dit au *Rép.*, n° 1452, ne peuvent être jurés, par suite de l'incompatibilité établie depuis le décret de 1848, et la loi de 1853 (*Adde* : C. d'ass. de la Seine, 16 déc. 1859, aff. Boinvilliers, D. P. 60. 5. 98). Cette incompatibilité a été également reproduite par la loi du 21 nov. 1872. Il a été jugé, sous le régime de la loi du 4 juin 1853, qui déclarait incompatible avec les fonctions de jurés celles de *préfet*, que cette dénomination ne pouvait pas être étendue à un préfet de palais impérial (Crim. rej. 4 déc. 1862, aff. Boudy, D. P. 63. 1. 160). La loi de 1872 a maintenu l'incompatibilité relative aux *préfets* et aux *sous-préfets*.

1458. Les *militaires de l'armée de terre ou de mer en activité de service et pourvus d'emploi* ne peuvent être jurés, pour cause d'incompatibilité (Décr. 7 août 1848 ; L. 4 juin 1853 et 21 nov. 1872). Jugé que l'incompatibilité s'étend : 1° au *pharmacien-major* investi des fonctions de professeur au Val-de-Grâce (Crim. rej. 14 déc. 1865, aff. Bernaras, D. P. 66. 1. 187) ; 2° aux *ingénieurs hydrographes* attachés au dépôt des plans et cartes de la marine (Crim. cass. 25 mai 1869, aff. Bouquet de Lagrye, D. P. 69. 5. 97). Au contraire, il est admis que l'incompatibilité ne s'applique : ni aux *capitaines marins*, cette qualification devant être considérée comme désignant la profession de capitaine de la marine de commerce, et non la situation d'officier de la marine de l'Etat (Crim. rej. 6 avr. 1866, aff. Harnois, D. P. 66. 5. 106) ; 2° ni aux fonctions de *trésorier des Invalides de la marine* (Crim. rej. 22 avr. 1866, aff. Angeler, D. P. 66. 5. 107 ; 14 janv. 1867, aff. Giovacchisi, D. P. 67. 5. 111). — Jugé encore que l'incompatibilité entre les fonctions de juré et celles de militaire en activité de service, établie par l'art. 3 de la loi du 21 nov. 1872, ne s'applique pas aux *officiers admis à la retraite*, bien que ces officiers restent soumis aux obligations imposées par la loi de l'organisation de l'armée (Crim. rej. 12 juill. 1877, aff. Pierriserard, D. P. 78. 5. 174 ; 29 déc. 1883, aff. Pinsat, *Bull. crim.*, n° 299).

1459. La loi du 4 juin 1853 avait exclu du jury, pour cause d'incompatibilité, les *fonctionnaires ou préposés du service actif* des douanes, des contributions indirectes, des Postes de l'Etat, de l'administration des Télégraphes. Sous l'empire de cette loi, on a jugé que l'incompatibilité ne s'appliquait : 1° ni au *receveur principal des contributions indirectes*, dont l'emploi fait partie du service sédentaire (Crim. rej. 27 sept. 1860, aff. Chaillon, D. P. 60. 1. 172) ; 2° ni au *receveur principal entreposeur des tabacs* (Crim. rej. 16 mai 1863, aff. Verdet, D. P. 66. 5. 107) ; 3° ni au *receveur buraliste des contributions indirectes* (Crim. rej. 12 mars 1868, aff. Rivière, D. P. 69. 5. 97) ; 4° ni aux *préposés de l'administration des Ponts et Chaussées*, tels que les *conducteurs ;* ni aux *fonctionnaires de l'administration des Finances*, tels que les *receveurs particuliers* (Crim. rej. 10 oct. 1872, aff. Arnaudin, D. P. 72. 1. 330). La loi du 21 nov. 1872 a reproduit, à cet égard, les dispositions de la loi de 1853. — En vertu de ce principe qu'on ne peut étendre le cas d'incompatibilité en dehors des limites tracées par le législateur, il a été jugé depuis : 1° que la qualité d'*inspecteur principal*, appartenant à l'un des jurés, ne produit d'incompatibilité qu'autant qu'il est établi que ce fonctionnaire est préposé à un service actif (Crim. rej. 8 août 1873, aff. Ahmed-Bou-Mezrag-ben-el-Hadj-Ahmed-ben-Mokrani et autres, *Bull. crim.*, n° 224) ; — 2° Qu'un *garde forestier* ne doit plus être considéré comme faisant partie du service actif, lorsqu'il est attaché à une conservation comme employé sédentaire (Crim. rej. 30 juill. 1874, aff. Yacoub Messelati, *Bull. crim.* n° 218) ; — 3° Qu'il n'y a aucune incompatibilité entre les fonctions de juré et celles d'*administrateurs des circonscriptions cantonales*, créées par le gouver-

neur général de l'Algérie, en exécution du décret des 27 déc. 1866-15 janv. 1867 ; ces administrateurs ne remplissent, en effet, que des fonctions purement administratives et municipales (Crim. rej. 4 mai 1876, aff. El-Hadj, *Bull. crim.* n° 115 ; — 4° Que les fonctions de juré ne sont pas incompatibles avec celles de *percepteur des contributions directes* (Crim. rej. 15 juin 1876, aff. Allègre, *Bull. crim.* n° 132) ; — 5° Que les *contrôleurs des douanes* n'étant pas classés dans le service actif de leur administration, il n'existe pas d'incompatibilité entre leurs fonctions et celles de juré (Crim. rej. 10 févr. 1881, aff. Pigeot, *Bull. crim.*, n° 35) ; — 6° Que lorsqu'un juré est indiqué sur la liste notifiée comme employé aux contributions, il doit, en l'absence de toute preuve ou réclamation contraire, être présumé appartenir au service sédentaire, et par suite exercer des fonctions qui ne sont pas incompatibles avec celles de juré (Crim. rej. 27 mars 1884, aff. Ben-Djelloul-Mohamed-ben-Miloud-ben-Chanba et autres, *Bull. crim.*, n° 113) ; — 7° Qu'un individu désigné comme employé au télégraphe peut faire partie du jury, lorsqu'il n'est pas établi qu'il est employé, fonctionnaire ou préposé du service actif de l'administration du télégraphe de l'Etat (Crim. rej. 18 sept. 1884, aff. Cassilimou, *Bull. crim.*, n° 281) ; — 8° Que si l'un des membres du jury de jugement est indiqué sur la liste notifiée comme employé des contributions directes, il ne résulte pas de cette dénomination qu'il ait la qualité de fonctionnaire, de préposé d'un service actif, qui crée l'incapacité légale ; que, dès lors, il y a lieu de décider que ce juré appartient au service sédentaire et a la capacité de siéger (Crim. rej. 23 févr. 1888, aff. Tahan ou Bouzid, *Bull. crim.*, n° 78).

§ 2. — Des incompatibilités relatives (*Rép.* n°⁵ 1456 à 1488).

1460. Comme on l'a rappelé au *Rép.*, n°⁵ 1456 et 1457, sont frappées d'incompatibilité relative, en vertu de l'art. 392 c. instr. crim., les personnes qui ont rempli les fonctions d'*officier de police judiciaire*. Sous cette dénomination sont compris : 1° le *maire*, qui, sur l'ordre du parquet, a recueilli des renseignements sur l'état mental d'un accusé (Crim. cass. 4 juin 1874, aff. Lefebvre, D. P. 75. 1. 47) ; 2° le *suppléant du juge de paix*, qui a fait un acte d'instruction dans une affaire criminelle (Crim. cass. 4 sept. 1840, aff. Guégan, *Bull. crim.*, n° 284) ; 3° le *commissaire de surveillance auprès des chemins de fer*, quand il a été mêlé à une instruction criminelle (Crim. rej. 2 sept. 1875, aff. Si-ben-Ali-Ould-Si-l'Halib-ben-Mansour, D. P. 76. 1. 142 ; 24 déc. 1875, aff. Brion, D. P. 77. 1. 287). — Mais, au contraire, il a été jugé que l'accusé ne saurait se faire un grief de ce que l'un des jurés aurait tenu la plume dans quelques actes de l'instruction préliminaire, lorsque celui-ci n'a fait aucun acte de nature à faire prononcer sa radiation sur la liste des jurés et que, d'ailleurs, il n'a point fait partie du jury du jugement (Crim. rej. 16 sept. 1886, aff. Cayron, *Bull. crim.*, n° 328).

1461. Que faut-il décider en ce qui concerne le *greffier* ou le *commis greffier* qui a assisté le juge d'instruction ? A l'occasion de l'arrêt du 5 oct. 1849, cité au *Rép.*, n° 1459, M. Faustin Hélie, t. 7, n° 3182, tout en reconnaissant que la cour de cassation a par cette décision, comblé une véritable lacune de l'art. 392, se demande si elle n'a pas été trop loin en créant, comme elle l'a fait, une disposition nouvelle. « Les greffiers, dit-il, ne sont plus des officiers de police judiciaire qu'ils ne sont des juges ; et la jurisprudence qui a refusé de les comprendre dans l'art. 383 pourrait être facilement opposée à celle qui les comprend dans l'art. 392 ». M. Nou-

---

cette classe, on doit comprendre les commissaires spéciaux de police attachés aux chemins de fer, institués par la loi du 15 juill. 1845, l'ordonnance du 15 nov. 1846 et la loi du 27 févr. 1850, et préposés tant à la surveillance administrative de l'exploitation qu'à la constatation des accidents, infractions, crimes et délits survenus et commis dans l'enceinte des chemins de fer et de leurs dépendances ; — Que ces fonctionnaires, astreints au serment devant les tribunaux, sont investis par la loi de 1850 des pouvoirs d'officiers de police judiciaire et ont qualité pour dresser des procès-verbaux faisant foi en justice jusqu'à preuve du contraire ; — Attendu que B... inscrit sur la liste du jury de Loir-et-Cher, pour la session du quatrième trimestre de l'année

1876, exerce les fonctions de commissaire spécial de police de surveillance administrative, près le chemin de fer de Tours à Orléans, à la résidence de Blois, et qu'il justifie du serment par lui prêté en cette qualité ; qu'il rentre, dans la catégorie des incompatibilités prévues par l'art. 8 de la loi du 12 nov. 1872.

Par ces motifs, dit que le nom de B... sera extrait de la liste du jury de la présente session et retiré de l'urne, et qu'avis du présent arrêt sera donné à qui de droit pour être ensuite procédé ainsi qu'il appartiendra, etc.

Du 6 nov. 1876.-C. d'ass. du Loir-et-Cher.-MM. Binsheust, pr.-des Francs, subst.

guier, t. 1, n° 538, approuve, au contraire, cette solution; il considère le greffier comme un « officier de justice auxiliaire ». Par de plus récentes décisions, la cour de cassation a maintenu la même doctrine; ainsi elle a jugé: 1° que le greffier qui a tenu la plume dans une affaire jugée par contumace ne peut, à peine de nullité, si le même accusé est plus tard jugé contradictoirement, siéger parmi les membres du jury de jugement (Crim. cass. 13 août 1868, aff. Legat, D. P. 69. 1. 166); — 2° Que le citoyen qui a assisté le juge d'instruction en qualité de commis greffier dans les actes de la procédure préliminaire ne peut faire partie du jury de jugement (Crim. cass. 5 avr. 1883, aff. Pini, Bull. crim., n° 86).

1462. On a examiné au Rép., n°s 1460 à 1464, la question de savoir si un juré ayant siégé une première fois dans une affaire, pouvait siéger à nouveau dans la même affaire, renvoyée soit à une autre session, soit à la fin de la même session. Sur ce point, la cour suprême a varié : depuis la dernière décision indiquée loc. cit., la chambre criminelle a jugé que le juré qui a déjà connu de l'affaire, lors d'un premier débat suivi d'une ordonnance de renvoi à une autre session, n'est pas pour cela incapable de faire partie du nouveau jury, sauf à l'accusé à le récuser s'il le juge à propos (Crim. rej. 18 avr. 1881, aff. Paoli, D. P. 61. 5. 121). Elle a ensuite décidé, en sens contraire, que le juré, qui a déjà connu de l'affaire à l'occasion d'un premier débat suivi d'un renvoi à une autre session (prononcé, par exemple, à raison de l'arrestation d'un témoin, sous l'inculpation de faux témoignage), ne peut, à peine de nullité, faire partie du nouveau jury (Crim. cass. 27 juill. 1866, aff. Grimigni, D. P. 66. 1. 508; 18 mars 1881, aff. Mohamed-Saïdi-ben-Ahmed-ben-Youssef, D. P. 82. 1. 92). Enfin elle a jugé, revenant sur ses précédentes décisions, que les jurés qui ont siégé dans une affaire où la cour a prononcé le renvoi à la fin de la session, du consentement de l'accusé et du ministère public, peuvent également siéger dans la même affaire lorsqu'elle est rappelée à la fin de la session (Crim. rej. 19 janv. 1883, aff. Constant, Bull. crim., n° 13; V. Nouguier, t. 1, n° 556).

1463. Les témoins ne peuvent être jurés dans la même affaire (c. instr. crim. art. 392), ainsi qu'on l'a vu au Rép., n°s 1464 à 1467. Ainsi il a été jugé que la présence au nombre des jurés, parmi lesquels a été tiré le jury du jugement, d'un individu entendu comme témoin dans la procédure, vicie la liste des jurés, lorsqu'elle la réduit à moins de trente noms, et par suite le jury formé d'après cette liste; et que la nullité qui en résulte ne peut être couverte ni par le silence des parties, ni par la récusation exercée par le ministère public à l'égard du témoin dont il s'agit (Crim. cass. 29 sept. 1859, aff. Marcaillon, D. P. 59. 5. 110; 27 juin 1861, aff. Mandavi, Bull. crim., n° 130; 12 janv. 1874, aff. Thomas, ibid., p. 17; Crim. rej. 8 août 1873, aff. Ahmed-Bou-Mezrag-ben-El-Hadj, ibid., n° 224).

1464. Lorsqu'un accusé a cité comme témoins à l'audience des individus figurant sur la liste du jury. On a dit au Rép., n° 1466, que leurs noms doivent être rayés de la liste. Jugé, en conséquence, que la citation de jurés comme témoins dans une affaire, entraînant de droit leur retranchement de la liste pour le tirage du jury de jugement, le président a pu régulièrement opérer ce retranchement sans le concours de la cour d'assises (Crim. 20 mars 1863, aff. Houtte et Delay, D. P. 65. 5. 96). — Toutefois, ce principe souffre exception lorsque le cas où l'on surprend, de la part de l'accusé, l'intention de paralyser le cours de la justice. Ainsi, une cour d'assises a pu régulièrement maintenir, sur la liste, des jurés que l'accusé avait cités aux débats comme témoins, alors qu'il lui était démontré que cette citation (adressée dans l'espèce aux trente-deux jurés) n'était qu'une manœuvre destinée à entraver l'action de la justice (Crim. rej. 18 avr. 1861, aff. Paoli, D. P. 61. 5. 122). Jugé également qu'il n'y a pas nullité : 1° lorsque le nom d'un juré qui avait été cité en qualité de témoin par l'accusé a été laissé par erreur dans l'urne, si ce juré désigné par le sort a été récusé par la défense, et si d'ailleurs il est constaté que le tirage a eu lieu sur une liste de plus de trente jurés, non compris celui qui a été cité comme témoin, et que l'accusé n'a pas épuisé son droit de récusation (Crim. rej. 6 janv. 1881, aff. Édouard, D. P. 82. 1. 46); — 2° Lorsqu'un juré supplémentaire a été entendu

comme témoin dans l'instruction, si ce juré n'a pas figuré sur la liste, exclusivement composée de jurés titulaires qui a formé le jury de jugement (Crim. rej. 25 févr. 1887, aff. Charles Redon, Bull. crim., n° 78).

1465. On a vu au Rép., n°s 1467 à 1469, que ceux qui ont rempli les fonctions d'expert, au cours d'une instruction, ne peuvent être jurés. Mais il a été jugé : 1° que le directeur des contributions directes qui, en sa qualité, a délivré et signé un extrait du plan cadastral d'une commune dont il a été fait usage pour l'instruction d'un procès criminel, n'est pas incapable de siéger dans le jugement de cette affaire comme juré; que vainement on soutiendrait qu'il a agi comme expert ou comme témoin, si le plan ainsi délivré dans l'exercice de ses fonctions n'avait aucune relation avec les circonstances de l'affaire et les éléments légaux du crime dont le demandeur était accusé (Crim. rej. 19 juin 1862, aff. N..., D. P. 62. 5. 92) ; — 2° Qu'un juré ne fait pas acte d'expert et, par suite, n'encourt pas l'incapacité édictée par l'art. 392 c. instr. crim., en exprimant, au cours des débats, un avis personnel sur la nature de l'instrument qui a servi à frapper la victime du crime (Crim. rej. 24 nov. 1887, aff. Saradin, Bull. crim., n° 398).

1466. L'incompatibilité qui s'applique à la partie, et dont il est parlé au Rép., n°s 1473 à 1477, ne concerne : 1° ni le créancier de la faillite, ni l'actionnaire de la société dont l'accusé était gérant (Crim. cass. 24 sept. 1868, aff. Gréhen, D. P. 69. 1. 264) ; — 2° Ni le créancier de l'accusé qui ne s'est point porté partie civile, qui n'est ni plaignant, ni dénonciateur, et ne figure dans le procès à aucun titre personnel (Crim. rej. 28 déc. 1877, aff. Mondehure, D. P. 78. 1. 400).

1467. On a enseigné au Rép., n°s 1478 à 1482, que la parenté existant entre plusieurs jurés ne serait pas une cause d'incompatibilité. Jugé, en ce sens, que deux jurés parents au degré de frères peuvent faire partie d'un même jury de jugement (Crim. rej. 23 sept. 1862, aff. Lapeyre, Bull. crim., n° 325 ; 22 mars 1865, aff. Albavoi et Izard, D. P. 65. 5. 97; 18 avr. 1867, aff. Niloviès, Bull. crim. n° 92). — Quant à la parenté d'un juré avec un membre de la cour, on a vu au Rép., n° 1482, qu'elle n'engendre non plus aucune incompatibilité. Jugé, par application de ce principe, qu'il n'existe pas d'incompatibilité fondée sur la parenté entre les jurés et le greffier de la cour d'assises, et que le fils du greffier peut, en conséquence, siéger en qualité de juré (Crim. rej. 31 mars 1887, aff. De Molen, D. P. 88. 1. 239). Il faut décider de même en ce qui regarde la parenté ou l'alliance d'un juré avec l'accusé, ainsi qu'il a été dit au Rép. n°s 1483 et 1484 (Adde, Crim. rej. 27 sept. 1860, aff. Morans-Romaner, D. P. 60. 1. 472).

1468. Les principaux codes étrangers édictent des causes d'incompatibilité bien plus nombreuses que l'art. 392. Les codes d'Autriche (art. 306), d'Allemagne (art. 32 et 22), d'Italie (art. 37, L. 8 juin 1874) excluent du jury de jugement ceux qui sont lésés par le fait incriminé ; ceux qui, à des degrés déterminés par la législation de chaque pays, sont parents ou alliés de la victime ou de l'accusé, ou qui se rattachent à l'un ou à l'autre par les liens de l'adoption ou par des rapports de tutelle ; ceux qui, dans l'affaire, ont été avocats ou conseils de la partie lésée ou de l'accusé. La législation italienne comprend, en outre, dans les causes d'incompatibilité, la parenté ou l'alliance entre jurés jusqu'au deuxième degré.

Art. 4. — Des causes de dispense (Rép. n°s 1489 à 1494).

1469. Il faut se garder de confondre les causes de dispense avec les motifs d'incapacité. Si un juré venait à siéger sans invoquer une cause de dispense dont il aurait le droit de se prévaloir, le fait n'aurait aucune conséquence. C'est ce qui résulte des explications données au Répertoire, n° 1489. — Jugé que l'admission d'un septuagénaire dans le jury de jugement n'est pas une cause de nullité, alors d'ailleurs qu'elle n'a donné lieu à aucune réclamation (Crim. rej. 29 janv. 1863, aff. Druilhe, D. P. 63. 5. 101).

1470. La loi de 1872 a ajouté une cause de dispense à celles prévues par les lois antérieures. « Sont dispensés des fonctions de jurés, porte l'art. 5 :... 3° ceux qui ont rempli les-dites fonctions pendant l'année courante ou l'année précé-

dente ». En un mot, ce qui n'était qu'une excuse est devenu une cause de dispense. « La liste annuelle, disait le rapporteur, doit être sérieuse, d'autant plus sérieuse qu'elle est restreinte. A quoi bon y porter les noms d'hommes qui seront certainement excusés ? Ce serait en réalité la faire incomplète ». Or, il résulte des explications échangées lors de la discussion de la loi que, pour exécuter cette disposition, il n'est plus permis de porter sur les listes les jurés qui ont siégé dans l'année courante et dans l'année précédente, ce qui donne en même temps satisfaction au besoin légitime du renouvellement des listes. En conséquence, M. Barbier (p. 225) incline à penser que ce n'est point là une dispense proprement dite, une cause d'exception toute personnelle, dont on peut user ou ne pas user, mais une véritable incapacité temporaire, de nature à entraîner la nullité des déclarations de culpabilité auxquelles aurait pris part un juré porté sur la liste annuelle en violation de l'art. 5. Donc, si l'opinion de cet auteur était suivie, on ne pourrait plus décider, avec l'arrêt de rejet du 6 juin 1861 (aff. Humbert, D. P. 61. 5. 121), que le fait d'avoir déjà rempli, dans la même année, les fonctions de juré, ne constitue qu'une dispense facultative que le juré seul est admis à faire valoir, mais nullement une cause d'incapacité.

Art. 5. — *De l'effet, quant à la capacité des jurés, de l'insertion sur la liste (Rép. n°s 1495 à 1510).*

1471. Comme on l'a enseigné au *Rép.*, n°s 1495 à 1510, la *présomption légale* de capacité que la cour de cassation avait toujours reconnue en faveur du juré inscrit sur la liste du jury, sous l'ancienne législation, ne paraissait être maintenue, depuis la loi du 4 juin 1853, que sauf le droit pour l'accusé de faire la preuve contraire. C'est ainsi que, sous l'empire de cette dernière loi, et aussi depuis la loi du 21 nov. 1872, il a été décidé : 1° que l'inscription d'un citoyen sur la liste du jury établit, jusqu'à preuve contraire, qu'il réunit les conditions nécessaires pour être juré (Crim. rej. 6 févr. 1851, aff. Poulard, *Bull. crim.*, n° 50 ; 30 mars 1854, aff. Mothu, *ibid.*, n° 86) ; — 2° Que l'inscription d'un citoyen sur la liste du jury et des électeurs de son département établit en sa faveur une présomption de capacité qui ne peut tomber que devant l'offre ou la production d'une preuve contraire (Crim. rej. 8 janv. 1863, aff. Ramous, D. P. 65. 5. 96 ; 6 avr. 1866, aff. Harnois, *Bull. crim.*, n° 8 ; 23 déc. 1886, aff. Tard, *ibid.*, n° 431 ; 8 mars 1888, aff. Mohamed-ben-El-Arbi et autres, *ibid.*, n° 103 ; 12 avr. 1889, aff. Scherrer, *ibid.*, n° 152 ; 20 déc. 1889, aff. Durand, *ibid.*, n° 400 ; 24 juill. 1892, aff. Rupert, *ibid.*, n° 215) ; — 3° Que le citoyen porté comme juré sur la liste est, jusqu'à la preuve contraire, qui est à la charge de la partie qui allègue l'incapacité, présumé réunir les conditions d'aptitude exigées par la loi, et spécialement avoir son domicile dans l'arrondissement (Crim. rej. 22 sept. 1864, aff. Ehelin et autres, D. P. 67. 5. 110) ; — 4° Que l'inscription sur la liste annuelle établit, en faveur du juré, une présomption de capacité et, par suite, de la possession de la qualité de Français ; que, dès lors, le moyen tiré de ce que le juré n'aurait pas cette qualité ne peut être proposé devant la cour de cassation s'il n'est appuyé d'aucun document de nature à rendre vraisemblable l'extranéité alléguée (Crim. rej. 23 déc. 1865, aff. Ledroit, D. P. 66. 5. 108 ; 29 nov. 1866, aff. Fargeot, D. P. 67. 5. 110. V. aussi Crim. rej. 4 août 1892, aff. Morino, D. P. 94. 1. 56).

Art. 6. — *Des conséquences de l'incapacité d'un ou plusieurs jurés (Rép. n°s 1511 à 1513).*

1472. Il est d'abord certain que si le juré incapable a siégé dans le jury de jugement, sa présence entraîne la nullité de l'arrêt de condamnation (Crim. cass. 7 nov. 1878, aff. Caldaguès, D. P. 79. 1. 440 ; 19 déc. 1890, aff. Jaujac, *Bull. crim.*, n° 255). — Si le juré incapable n'a pas siégé dans le jury de jugement, la jurisprudence distingue : la nullité est encourue, si le juré incapable a figuré sur une liste de trente jurés entre lesquels le jury de jugement a été tiré au sort, alors même que ce juré n'aurait pas été désigné par le sort pour siéger ou aurait été récusé (Crim. cass. 29 sept. 1859, aff. Marcaillon, D. P. 59. 5. 110 ; 27 juin 1861,

aff. Mandary, D. P. 61. 5. 126 ; 3 juill. 1862, aff. Camoin, D. P. 62. 1. 548 ; 12 janv. 1871, aff. Thomas, D. P. 71. 1. 29 ; 7 nov. 1878, aff. Girod et Couturier, D. P. 79. 1. 44 ; 14 nov. 1878, aff. Michel Florent, *Bull. crim.*, n° 203 ; 16 janv. 1879, aff. Clouet et Valentin, *ibid.*, n° 23). Au contraire, la nullité ne saurait être invoquée, si le nom du juré incapable figurait sur une liste comprenant plus de trente jurés, et si, d'ailleurs, l'accusé n'a été nullement entravé dans l'exercice de son droit de récusation (*Rép.*, n° 1513 ; Crim. rej. 21 juin 1850, aff. Malet, D. P. 50. 5. 106 ; 13 mai 1852, aff. Bonnefond, *Bull. crim.*, n° 154 ; 24 mars 1870, aff. Brena, *ibid.*, n° 70 ; 13 févr. 1879, aff. Ali-ben-ban-Cherf, D. P. 79. 1. 187).

Sect. 2. — Des listes des jurés (*Rép.* n°s 1514 à 1610).

Art. 1er. — *Mode de formation de la liste générale, de la liste annuelle et de la liste de chaque session (Rép. n°s 1514 à 1540).*

§ 1er. — Composition de la liste générale du jury (*Rép.* n°s 1517 à 1521).

1473. Il suffit de rappeler que la liste générale du jury a été supprimée par la loi du 4 juin 1853.

§ 2. — Composition de la liste annuelle et de la liste supplémentaire (*Rép.* n°s 1522 à 1530).

1474. On a exposé au *Rép.*, n°s 1522 à 1527 et 1529 à 1530, les conditions de formation de la liste annuelle du jury, sous l'ancienne législation, et sous l'empire de la loi du 4 juin 1853. Ces conditions se trouvent, de nouveau, modifiées depuis la loi du 21 nov. 1872.

1475. — 1° *Nombre des jurés.* — *Répartition.* — Aux termes de cette loi, la liste annuelle comprend trois mille jurés, pour le département de la Seine; et, pour les autres départements, un juré par cinq cents habitants, sans que le nombre des jurés puisse être inférieur à quatre cents ni supérieur à six cents. — La liste ne peut comprendre que des citoyens ayant leur domicile dans le département (art. 6). — Le nombre des jurés pour la liste annuelle est réparti par arrondissement et par canton, proportionnellement au tableau officiel de la population. Cette répartition est faite par arrêté du préfet pris sur l'avis conforme de la commission départementale, et, pour le département de la Seine, sur l'avis conforme du bureau du conseil général, au mois de juillet de chaque année. A Paris, la répartition est faite entre les arrondissements et les quartiers (art. 7).

1476. La répartition qui doit fixer les contingents ne se fait plus, comme sous la loi de 1853, par arrêté du préfet pris en conseil de préfecture. D'après la loi de 1872, le préfet est tenu de prendre et de suivre l'avis, dans le département de la Seine, du bureau du conseil général ; dans les autres départements, de la commission départementale. Le fonctionnaire est donc lié par les représentants de l'élément électif.

1477. — 2° *Liste préparatoire.* — Dans chaque canton, une commission composée du juge de paix président, des suppléants du juge de paix, et des maires de toutes les communes du canton, est chargée de dresser une liste préparatoire de la liste annuelle. Cette liste doit contenir un nombre de noms double de celui fixé pour le contingent du canton. — Dans les cantons formés d'une seule commune, la commission est composée, indépendamment du juge de paix et de ses suppléants, du maire de la commune et de deux conseillers désignés par le conseil municipal. Dans les communes divisées en plusieurs cantons, il y a autant de commissions que de cantons. Chacune de ces commissions est composée, indépendamment du juge de paix et de ses suppléants, du maire de la ville ou d'un adjoint délégué par lui, de deux conseillers municipaux désignés par le conseil, et des maires des communes rurales comprises dans le canton (art. 8). — La commission, à Paris, a une organisation spéciale réglée par l'art. 9. — Les commissions chargées de dresser les listes préparatoires se réunissent, dans la première quinzaine du mois d'août, au chef-lieu de leur circonscription, sur la convocation spéciale du juge de paix, délivrée dans la forme administrative. Les listes sont alors dressées

en deux originaux, dont l'un reste déposé au greffe de la justice de paix, et l'autre est transmis au greffe du tribunal civil de l'arrondissement. Le public est admis à prendre connaissance des listes préparatoires pendant les quinze jours qui suivent le dépôt de ces listes au greffe de la justice de paix (art. 10). — Certains amendements proposaient de conférer la présidence de la commission cantonale au conseiller général du canton. C'était exagérer la part qui revient à l'élément électif; c'était, en même temps, s'exposer à l'ingérence de la politique. L'attribution de la présidence au juge de paix a prévalu.

1478. — 3° *Liste définitive.* — La liste annuelle est définitivement dressée, pour chaque arrondissement, par une commission composée du président du tribunal civil ou du magistrat qui en remplit les fonctions, président, des juges de paix et des conseillers généraux. En cas d'empêchement, le conseiller général d'un canton est remplacé par le conseiller d'arrondissement, ou, s'il y a deux conseillers d'arrondissement dans le canton, par le plus âgé des deux (art. 11). — A Paris, à Saint-Denis et à Sceaux, cette commission est l'objet d'une organisation spéciale réglée par les deux derniers paragraphes du même article. — Dans tous les cas prévus par la loi, le maire, s'il est empêché, est remplacé par un adjoint expressément désigné (art. 12). — La commission chargée de dresser la liste annuelle des jurés se réunit au chef-lieu judiciaire de l'arrondissement, au plus tard dans le courant de septembre, sur la convocation faite par le président du tribunal civil. Elle peut porter sur la liste des noms ne figurant pas sur les listes préparatoires, sans que le nombre de ces noms puisse excéder le quart de ceux portés pour le canton. Elle peut aussi élever ou abaisser, pour chaque canton, le contingent proportionnel fixé par le préfet, sans que la réduction ou l'augmentation puisse excéder le quart du contingent du canton, ni modifier le contingent de l'arrondissement. — Les décisions sont prises à la majorité des voix; en cas de partage, la voix du président est prépondérante (art. 13). — Une fois arrêtée, la liste de l'arrondissement est signée, séance tenante, et transmise, avant le 1er décembre, au greffe de la cour, ou au tribunal chargé de la tenue des assises (art. 14).

1479. — On le voit, la commission d'arrondissement est investie de pouvoirs considérables. C'est elle qui choisit et désigne définitivement ceux qu'elle juge les plus aptes à remplir les fonctions de juré; et, pour mieux atteindre ce but, elle a non seulement conservé le droit de modifier le contingent assigné à chaque canton par le préfet, mais encore elle a acquis celui de porter sur la liste définitive des noms écartés par la commission cantonale. C'est le seul moyen de remédier aux exclusions inspirées par les passions locales. Or, à qui cette haute mission est-elle dévolue? Ce n'est plus, comme sous la loi de 1853, au préfet ou au sous-préfet assisté des juges de paix de l'arrondissement, mais à une assemblée composée des juges de paix et des conseillers généraux sous la présidence du président du tribunal civil. Les adversaires du projet de loi voulaient supprimer l'intervention de ce magistrat et confier la présidence de la commission d'arrondissement à un conseiller général. Mais les orateurs du Gouvernement ont combattu énergiquement cette proposition, et la présidence a été confiée au magistrat le plus élevé de l'ordre judiciaire dans l'arrondissement.

1480. — 4° *Liste supplémentaire.* — On a vu au *Rép.,* n°s 1527 à 1531, comment se dressait la *liste supplémentaire* sous l'ancienne législation. Comme la loi du 4 juin 1853, celle du 21 nov. 1872 place également une liste de jurés supplémentaires à côté de la liste annuelle. Cette liste se compose des jurés de la ville où se tiennent les assises, et elle est aussi formée, chaque année, en dehors de la liste annuelle du jury. Elle comprend trois cents jurés pour Paris et cinquante pour les autres départements. Cette liste est dressée par la commission de l'arrondissement où se tiennent les assises. — A Paris, chaque commission d'arrondissement arrête une liste de quinze jurés supplémentaires (art. 15).

1481. — 5° *Liste annuelle.* — Le premier président de la cour d'appel ou le président du tribunal chef-lieu d'assises dresse, dans la première quinzaine de décembre, la liste annuelle du département, par ordre alphabétique, conformément aux listes d'arrondissements. Il dresse également

la liste spéciale des jurés supplémentaires (art. 16). Sous la loi de 1853, c'est le préfet qui était chargé de ce soin.

Le juge de paix de chaque canton (et non plus le préfet, comme le portait l'art. 15 de la loi de 1853) est tenu d'instruire immédiatement le premier président de la cour ou le président du tribunal chef-lieu d'assises des décès, des incapacités ou des incompatibilités légales qui frapperaient les membres dont les noms sont portés sur la liste annuelle. Dans ce cas, il est statué conformément à l'art. 390 c. instr. crim. (art. 17).

§ 3. — Composition de la liste du jury pour chaque session
(*Rép.* n°s 1531 à 1540).

1482. On a fait connaître au *Rép.,* n°s 1531 à 1540, de quelle manière se dressait la liste du jury pour chaque session, sous le décret du 7 août 1848 et la loi du 4 juin 1853. La loi du 21 nov. 1872 n'a fait que reproduire dans son art. 18 les dispositions de la loi de 1853; il est ainsi conçu : « Dix jours au moins avant l'ouverture des assises, le premier président de la cour d'appel ou le président du tribunal chef-lieu d'assises, dans les villes où il n'y a pas de cour d'appel, tire au sort, en audience publique, sur la liste annuelle, les noms des trente-six jurés qui forment la liste de session. Il tire, en outre, quatre jurés suppléants sur la liste spéciale. Mais la loi des 31 juill.-12 août 1875 a ajouté à cet article le paragraphe suivant : « Si les noms d'un ou de plusieurs jurés ayant rempli lesdites fonctions pendant l'année courante ou pendant l'année précédente viennent à sortir de l'urne, ils seront immédiatement remplacés sur la liste de session par les noms d'un ou de plusieurs autres jurés tirés au sort ». Cette dernière disposition s'imposait : aux termes de la loi du 21 nov. 1872, c'est en août et en septembre que se réunissent les commissions qu'elle a instituées pour la formation de la liste des jurés de l'année suivante. A la date où fonctionnent ces commissions, les noms des jurés qui seront appelés aux assises du quatrième trimestre de l'année courante sont encore inconnus, et les commissions sont dans l'impossibilité de prévoir les cas de dispense que créera un tirage au sort postérieur.

1483. Sous l'empire de la loi du 4 juin 1853, il a été décidé que la publicité du tirage au sort du jury de session, prescrite par la loi, constitue une formalité substantielle dont, par suite, l'omission est une cause de nullité (Crim. av. faire droit) 27 févr. 1857, aff. Curon dit Quintou, D. P. 57. 1. 110). Mais il a été jugé : 1° qu'il n'est exigé, à peine de nullité, que mention soit faite dans le procès-verbal de la formation du jury, non plus que dans le procès-verbal des débats, de l'indication de l'audience de la cour d'appel ou du tribunal à laquelle a eu lieu publiquement le tirage au sort du jury de la session (Crim. rej. 31 janv. 1857, aff. Aubert, D. P. 57. 1. 63); — 2° Que la mention au procès-verbal du tirage du jury de session, dans un cas où l'opération a été faite en dehors du siège de la cour impériale, qu'il a été procédé à cette opération par le vice-président, remplaçant le président empêché « en l'audience publique des vacations du tribunal de première instance », ne peut être critiquée par l'accusé comme n'établissant pas l'assistance des membres composant la chambre de vacations, alors qu'il n'allègue pas que la chambre ait été illégalement composée (Crim. rej. 16 déc. 1864, aff. Rudeau, D. P. 65. 5. 99); — 3° Que l'articulation par l'accusé, à l'appui de son pourvoi, que, lors du tirage du jury de session, les noms de deux jurés auraient été irrégulièrement remis dans l'urne, ne peut être accueillie, si elle est contraire aux énonciations du procès-verbal (Crim. rej. 29 nov. 1866, aff. Fargeot, D. P. 67. 5. 111); — 4° Que l'accusé qui ne formule aucun grief contre la régularité de l'opération du tirage de la liste du jury de session, n'est pas recevable à demander, à l'occasion de son pourvoi, l'apport au greffe de la cour de cassation du procès-verbal de ce tirage, dans le but de procéder à une vérification qu'il a pu faire, soit avant, soit après les débats et le jugement (Crim. rej. 28 avr. 1862, aff. Artaud, D. P. 62. 5. 95); — 5° Que la publicité de l'audience à laquelle s'est effectué le tirage de la liste du jury de session est suffisamment attestée, dans l'exploit de notification de cette liste à l'accusé, par la

mention portant que le tirage a eu lieu conformément à la loi (Crim. rej. 9 décembre 1869, aff. Léon, D. P. 70. 1. 375).

1464. Au point de vue du tirage au sort en lui-même, il a été décidé que le tirage du jury de session est entaché de nullité lorsque, dans la composition de ce jury, figurent, par suite d'un mélange accidentel de noms, des jurés appartenant à la liste de l'année précédente (Crim. cass. 27 févr. 1863, aff. Jury de Nantes, D. P. 63. 1. 207). Mais on a jugé : 1° que la décision par laquelle le tribunal a retranché de la liste de session, sans demande de leur part, les jurés ayant siégé pendant l'année courante et pendant l'année précédente, ne cause aucun préjudice à l'accusé, et ne peut dès lors être critiquée par lui à l'appui de son pourvoi en cassation (Crim. rej. 15 janv. 1863, aff. Gigan et autres, D. P. 63. 5. 100) ; — 2° Que, dans le tirage public de session, le président de la première chambre de la cour d'appel désigne suffisamment les jurés appelés par le sort, en faisant connaître leurs noms et leurs prénoms ainsi que le numéro d'ordre de leur inscription sur la liste générale ; qu'il n'est pas nécessaire qu'il fasse en même temps connaître leur profession et leur domicile (Crim. rej. 20 sept. 1866, aff. Mariotte, D. P. 66. 5. 110). — Sous l'empire des décrets transitoires du gouvernement de la Défense nationale, on jugeait : 1° que le tirage, pour la formation d'un jury de session en 1871, de quatre jurés supplémentaires au lieu de six, ne pouvait être considéré comme une violation du décret du gouvernement de la Défense nationale du 14 oct. 1870, qui a rétabli ce dernier nombre, alors que, dans le département, par suite de la présence d'une armée d'occupation, ce décret n'avait pu être promulgué ni même connu (Crim. rej. 12 août 1871, aff. Letant, D. P. 71. 1. 364-365) ; — 2° Que le décret du gouvernement de la Défense nationale du 25 nov. 1870, qui prescrivait de continuer à tirer, sur la liste générale de 1870, les jurys des assises de 1871, dans les départements où la présence de l'ennemi n'aurait pas permis de dresser une nouvelle liste annuelle, et jusqu'à ce que les opérations relatives au dressement de cette liste « auraient pu être reprises », a été à bon droit appliqué, même après la signature du traité de paix de Francfort, au tirage d'un jury de session dans un département demeuré occupé par l'ennemi, si cette occupation a empêché qu'on y procédât à la formation d'une nouvelle liste annuelle (Même arrêt) ; — 3° Que les parties, restées françaises, du département de la Moselle, d'abord réunies pour le service des assises au département des Ardennes, ayant été rattachées par la loi du 7 sept. 1871 au département de la Meurthe, appelé depuis Meurthe-et-Moselle, les citoyens du territoire rattaché étaient aptes à faire partie du jury de ce dernier département (Crim. cass. 15 mars 1872, aff. François Ruset, Bull. crim., n° 64).

1465. Depuis la loi du 21 nov. 1872, il a été jugé : 1° que l'indication inexacte de la loi en vertu de laquelle l'opération du tirage du jury de session a eu lieu n'emporte pas nullité, si, en réalité, cette opération s'est faite selon les prescriptions de la loi actuellement en vigueur; que tel est le cas où l'intitulé de la liste signifiée à l'accusé mentionne qu'elle a été formée en exécution des décrets abrogés du 7 août 1848 et du 14 oct. 1870, si le procès-verbal du tirage prouve qu'il s'est effectué en conformité de l'art. 18 de la loi du 21 nov. 1872 (Crim. rej. 15 juill. 1875, aff. Fredon, D. P. 76. 5. 144); — 2° Que l'accusé qui n'allègue aucun fait tendant à prouver que le tirage du jury de session n'a point été public, ne peut se plaindre de ce que la publicité de cette opération ne soit indiquée dans aucun acte joint à la procédure (Crim. rej. 28 déc. 1877, aff. Mondchare, D. P. 78. 1. 400 ; 10 janv. 1878, aff. Belkassem-ben-Messaoud, Bull. crim., n° 9 ; 18 févr. 1882, aff. El-Hani-ben-Miloud, ibid., n° 48) ; — 3° Que, lorsqu'il est constaté au procès-verbal du tirage au sort du jury de session que le premier président a annoncé à l'audience publique de la première chambre, en présence du ministère public, qu'il allait procéder, et qu'en effet il a procédé immédiatement au tirage au sort desdits jurés, il y a présomption légale que la chambre devant laquelle le tirage au sort a eu lieu était régulièrement composée du nombre de magistrats exigé par la loi, alors même que les noms des magistrats n'ont pas été mentionnés au procès-verbal de tirage (Crim. rej. 9 sept. 1880, aff. Richet, Bull. crim., n° 178).

1466. Que faudrait-il décider si une erreur avait été commise dans le tirage au sort de la liste de session; si, par exemple, le premier président avait extrait de l'urne moins de noms que la loi ne le prescrit? Il a été jugé que, en pareil cas, il n'y a pas lieu d'annuler la liste des jurés désignés par le sort, mais simplement de la compléter par un nouveau tirage : en effet, dans le silence de la loi, l'unité matérielle de l'opération ne saurait être considérée comme une condition essentielle de la validité et de la régularité de la liste (Chambéry, 29 oct. 1891, aff. X..., D. P. 93. 2. 301).

Art. 2. — Autorité des listes annuelles (Rép. nos 1541 à 1546).

1487. On a exposé au Rép., nos 1541 à 1544, que, sous les diverses législations qui se sont succédé, depuis 1791, jusques et y compris la loi du 4 juin 1853, la jurisprudence avait toujours considéré la formation de la liste du jury comme un acte administratif échappant, à ce titre, au contrôle des tribunaux. Aussi a-t-il été jugé que l'erreur qui aurait fait porter deux fois le même citoyen sur la liste annuelle du jury ne peut être relevée comme moyen de cassation, parce que cette liste est l'œuvre de l'autorité administrative et échappe au contrôle de l'autorité judiciaire (Crim. rej. 6 juin 1861, aff. Humbert, D. P. 61. 5. 124). Le principe est le même sous la loi actuelle ; mais la raison de décider a changé, puisque aujourd'hui la liste du jury n'est plus l'œuvre de l'autorité administrative. Jugé : 1° que la formation de la liste annuelle du jury est un acte exclusivement administratif; que, dès lors, les accusés ne peuvent se faire un moyen de cassation de ce que la commission chargée de dresser cette liste aurait été irrégulièrement composée, et notamment de ce que le conseiller d'arrondissement n'aurait pas été appelé à y remplacer le conseiller général empêché (Crim. rej. 22 mars 1873, aff. Ferret, D. P. 73. 1. 266 ; 18 févr. 1882, aff. El-Hani-ben-Miloud, Bull. crim., n° 48) ; — 2° Que, la confection de la liste annuelle étant un acte administratif, les irrégularités dont cet acte serait entaché, en la forme, ne peuvent devenir une cause de nullité (Crim. rej. 12 août 1880, aff. Lorand, Bull. crim., n° 161 ; 18 févr. 1882, ibid., n° 48 ; 14 avr. 1892, aff. Mermem bent-Amara et autres, D. P. 92. 1. 631).

Art. 3. — Durée des listes de session (Rép. nos 1547 à 1551).

1488. Ainsi qu'on l'a expliqué au Rép., nos 1547 à 1550, il a été admis par les diverses législations qui ont régi le jury, que les listes de jurés ne peuvent servir que pendant le trimestre pour lequel elles ont été dressées. — Quant aux conditions de périodicité dans lesquelles chaque citoyen peut être obligé à remplir les fonctions de juré, elles sont restées les mêmes que sous la loi de 1853; et l'on a expliqué supra, n° 1470, la portée qu'il convient d'attribuer à l'art. 5, § 3 de la loi de 1872. C'est en vue de l'exécution de cette disposition, que l'art. 7 de la même loi a emprunté à la loi de 1853 l'alinéa suivant : « En adressant au juge de paix l'arrêté de répartition, le préfet lui fait connaître les noms des jurés du canton désignés par le sort « pendant l'année courante et pendant l'année précédente ». D'où il résulte qu'on ne peut être reporté sur la liste du jury qu'après deux années.

Art. 4. — Conditions et formalités de la confection de la liste spéciale destinée à fournir, dans chaque affaire, le tableau des douze jurés (Rép. nos 1552 à 1582).

1489. Il est de principe, ainsi qu'on l'a rappelé au Rép., nos 1552 à 1571, et comme cela résulte d'ailleurs de l'art. 19 de la loi de 1872, qui a reproduit à cet égard les dispositions de la loi de 1853, que s'il y a moins de trente jurés au moment de l'appel, le nombre de trente doit être complété à l'aide des jurés suppléants. En cas d'insuffisance des jurés suppléants, ce nombre se complète par des jurés tirés au sort en audience publique. Mais cette mesure ne doit être prise que dans ce seul cas : aussi a-t-on jugé que l'adjonction d'un juré de la liste supplémentaire pour la formation du jury de jugement, alors que trente et un jurés titulaires étaient présents, entraîne la nullité des débats, alors même

que le droit de récusation n'avait pas été épuisé et que ce juré supplémentaire, n'ayant siégé que comme juré suppléant, serait resté étranger à la délibération et au verdict (Crim. cass. 21 déc. 1876, aff. Penhouët et Lorre, D. P. 78. 1. 48). — Ajoutons que l'on doit procéder au remplacement, bien que la cour ait seulement sursis à prononcer sur une excuse qui lui a été proposée (Crim. cass. 13 janv. 1827, aff. Roque, Bull crim., n° 4).

1490. La cour de cassation avait toujours considéré comme suffisante la preuve que le tirage avait été fait par le président. Mais un arrêt de cassation du 17 sept. 1858 (aff. Birsinger, D. P. 58. 5. 110) décide que le président ne peut valablement procéder au tirage au sort des jurés complémentaires qu'avec l'assistance de la cour d'assises; c'est là une condition substantielle imposée virtuellement par les mots « audience publique » dont se sert l'art. 19 de la loi de 1872.

1491. Pour procéder à cette opération, le président doit, à peine de nullité, mettre dans l'urne les noms des jurés supplémentaires suivant leur rang, et le procès-verbal énonce l'empêchement des premiers inscrits dont les noms n'auraient pas été mis dans l'urne (Crim. cass. 14 déc. 1872, aff. Bonet, Bull. crim., n° 323). Après le tirage au sort, le président est en droit de faire citer à comparaître, à l'heure même, le juré supplémentaire désigné le premier par le sort; en cas d'absence du premier, le deuxième, et ainsi de suite, en suivant l'ordre du tirage au sort, jusqu'à ce que le nombre de trente soit complété (Crim. rej. 19 mai 1881, aff. Resgui-ben-Tahar-ben-Mohamed, Bull. crim., n° 131).

Mais il est admis que les jurés supplémentaires doivent être inscrits sur la liste, non pas dans l'ordre où leurs noms sont sortis de l'urne, mais dans celui où, après convocation, ils se sont présentés à l'audience; en conséquence, le juré complémentaire qui s'est présenté le premier, figure valablement sur la liste du jury avant celui dont le nom était sorti de l'urne dans un meilleur rang, mais qui n'est arrivé à l'audience que postérieurement (Crim. rej. 6 août 1885, aff. Arcano, Logerlo et Rousso, D. P. 86. 1. 343). Il a été jugé, dans cet ordre d'idées, que, lorsque les procès-verbaux de tirage des jurés complémentaires constatent que, pour chacun de ces tirages, le président a ordonné aux huissiers de la cour de citer les jurés tirés au sort en suivant l'ordre du tirage jusqu'à ce que le juré nécessaire pour compléter le nombre légal soit trouvé et régulièrement cité, et que ces procès-verbaux ajoutent que, trois jurés dont les noms sont donnés s'étant présentés les premiers devant la cour, leurs noms ont été placés sur la liste de session et ont ainsi successivement complété le nombre de jurés exigé par la loi, il y a présomption légale que l'huissier a suivi, pour la convocation des jurés, l'ordre qui lui a été prescrit (Crim. rej. 31 août 1893, aff. Kaddour-ben-Adallah, Bull. crim., n° 250).

Quant à la publicité exigée par la loi pour le tirage au sort des jurés supplémentaires, elle s'entend non seulement du tirage au sort en lui-même, mais encore de la proclamation de ces jurés comme membres du jury et de leur inscription sur la liste de session, opérations qui ne sont que la suite nécessaire du tirage et qui fixent les résultats (Crim. cass. 2 juin 1893, aff. Beaujan et fille Siller, Bull. crim., n° 145; 17 juin 1893, aff. Bernardin, ibid., n° 157; même date, aff. Verhner et cons., ibid.).

1492. On s'est demandé à quel moment le président doit faire appel aux jurés de remplacement, et l'on a jugé, à cet égard, qu'il tire au sort, au fur et à mesure que l'exigent les besoins du service, le nombre des jurés nécessaires pour compléter la liste des trente, mais qu'il ne peut à l'avance procéder à ce tirage, en prévision des vides qui pourront, pendant le cours de la session, se produire sur ladite liste; qu'en conséquence, l'arrêt de la cour d'assises est nul lorsqu'un juré, régulièrement désigné par le sort pour compléter effectivement le nombre de trente jurés, et ultérieurement dispensé du service, est remplacé, sans nouveau tirage au sort, par un des jurés complémentaires désignés au delà du nombre nécessaire pour parfaire ladite liste (Crim. rej. 11 sept. 1873, aff. Aune, D. P. 74. 1. 194; 3 mai 1888, aff. Ginilly, Bull. crim., n° 161). Toutefois, les arrêts des 2 et 17 juin 1893 cités suprà, n° 1491, semblent admettre la régularité d'un tirage anticipé.

Mais on peut procéder au tirage au sort des jurés complémentaires avant le jour fixé pour le jugement d'une affaire, la veille par exemple, si, par suite de dispense ou excuse admise, on sait que le lendemain il sera nécessaire de compléter le jury (Crim. rej. 28 janv. 1886, aff. Hamou-ben-Mohamed, Bull. crim., n° 31; 27 juill. 1888, aff. Tassistro, ibid., n° 253).

1493. On a vu au Rép., n°s 1576 à 1578, que la jurisprudence a toujours admis, en l'absence d'une preuve contraire, la présomption légale que le tirage s'était effectué régulièrement. C'est ainsi qu'il a été jugé que l'accusé ou son défenseur, n'ayant fait aucune réclamation lors du tirage du jury de jugement, il y a présomption légale que les jurés complémentaires ont été appelés légalement (Crim. rej. 21 juill. 1887, aff. Salha-ben-Guétaf, Bull. crim., n° 281; 8 mars 1888, aff. Mohamed-ben-el-Ardi et autres, ibid., n° 103; 5 nov. 1891, aff. Hougron, ibid., n° 208); et que, dès lors, il n'y a pas lieu d'ordonner la production, devant la cour de cassation, des arrêts qui ont admis les excuses des jurés remplacés (Crim. rej. 8 sept. 1859, aff. Guettier, D. P. 59. 5. 111; 4 juill. 1872, aff. Carircol, Bull. crim., n° 162; 14 déc. 1872, aff. Degrèze, ibid., n° 324).

1494. Enfin, on enseigne au Rép., n° 1582, que le procès-verbal de tirage au sort ne doit pas être notifié à l'accusé. Jugé, en ce sens, que la liste de session devant seule être notifiée, l'accusé ne peut se faire un moyen de cassation du défaut de notification des jurés remplaçants qui, le jour de l'audience, ont été compris dans les trente sur lesquels ont été tirés les jurés de jugement (Crim. rej. 18 avr. 1861, aff. Paoli et autres, D. P. 61. 5. 123).

Art. 5. — *Classes de citoyens dans lesquelles doivent être pris les jurés de remplacement* (Rép. n°s 1583 à 1589).

1495. Ce point est réglementé par l'art. 19 de la loi de 1872, qui ne fait, d'ailleurs, que reproduire à cet égard les dispositions des législations précédentes. Il est ainsi conçu : « si, au jour indiqué par le jugement, le nombre des jurés est réduit à moins de trente par suite d'absence ou pour toute autre cause, ce nombre est complété par les jurés suppléants, suivant l'ordre de leur inscription; en cas d'insuffisance, par des jurés tirés au sort, en audience publique, parmi les jurés inscrits sur la liste spéciale; subsidiairement, parmi les jurés de la ville inscrits sur la liste annuelle. Dans le cas prévu par l'art. 90 du décret du 6 juill. 1810, le nombre des jurés titulaires est complété par un tirage au sort fait en audience publique, parmi les jurés de la ville inscrits sur la liste annuelle ».

Jugé, en conséquence: 1° que, lorsque au jour indiqué pour la formation du tableau du jury de jugement, il se trouve moins de trente jurés présents, ce nombre ne peut être complété que par des citoyens résidant dans la commune et portés sur la liste spéciale, sous peine de nullité (Crim. cass. 25 nov. 1843, aff. Raynal, Bull. crim., n° 292; 2 déc. 1843, aff. Peytoureau, ibid., n° 299; 7 déc. 1843, aff. Arthur, ibid., n°s 300 et 317); — 2° Que, lorsque la liste des jurés titulaires et supplémentaires se trouve réduite à vingt-huit, elle doit être complétée par des jurés complémentaires, et que les deux premiers trouvés à leur domicile concourent à la formation du jury de chaque affaire jusqu'à la fin de la session (Crim. rej. 8 nov. 1872, aff. Chémery, Bull. crim., n° 263); — 3° Que, dans le cas où le nombre des jurés titulaires est insuffisant pour le tirage du jury de jugement, le président doit le compléter en mettant dans l'urne les noms des jurés supplémentaires pris dans l'ordre de leur inscription, jusqu'à ce qu'il y ait trente noms de jurés, et que la circonstance que les noms de ces jurés supplémentaires ont été pris dans un ordre autre que celui de l'inscription, entache le tirage d'une nullité qui peut être relevée devant la cour de cassation, même d'office, s'il n'est pas établi au procès-verbal qu'il y ait eu nécessité de procéder ainsi par suite d'empêchements des jurés que leur ordre d'inscription aurait dû faire appeler (Crim. cass. 7 févr. 1865, aff. Jourdan, D. P. 65. 5. 98; 4 janv. 1872, aff. Belkarsem-ben-Djellout-Latrech, Bull. crim., n° 2; 14 déc. 1872, aff. Bonet, ibid., n° 323; 30 janv. 1873, aff. Mohamed-ben-Radi-Touati, ibid., n° 30).

ART. 6. — *Nombre des jurés qui doivent être portés sur la liste de remplacement* (Rép. n°ˢ 1590 à 1600).

1496. Il est certain que le président de la cour d'assises ne doit faire appel aux jurés complémentaires que pour atteindre le nombre de trente jurés, et non celui de trente-six. C'est ce qui a été enseigné au *Rép.*, n°ˢ 1596 et 1597. Jugé, en ce sens, que les jurés supplémentaires ou complémentaires n'ayant le caractère exigé pour remplir les fonctions de juré qu'autant qu'ils sont nécessaires pour compléter, jusqu'au nombre de trente, la liste des jurés titulaires, ceux d'entre eux, qui sont appelés au delà de ce nombre, sont sans qualité, et que leur participation à la déclaration du jury la frappe de nullité (Crim. cass. 21 déc. 1876, aff. Penhouet et Lorre, D. P. 78. 1. 48; 15 mars 1889, aff. Chevallier et femme Martini, D. P. 89. 1. 436; 13 mars 1890, aff. Marchand, *Bull. crim.*, n° 54).

ART. 7. — *Effet et durée des listes de remplacement* (Rép. n°ˢ 1601 à 1610).

1497. Il est de principe, ainsi qu'on l'a expliqué au *Rép.*, n°ˢ 1601 à 1606, que la mission du juré complémentaire n'est qu'accidentelle et temporaire. Aussi a-t-il été jugé que si, après que sa mission a pris fin par le retour ou le rétablissement sur la liste d'un juré titulaire ou supplémentaire, un nouvel incident réduit une seconde fois, dans le cours de la session, à moins que ce ne soit pour l'affaire qui vient immédiatement après, le nombre des jurés présents au-dessous de trente, il ne saurait être désigné d'office pour le remplacement à effectuer ; qu'en pareil cas, il y a lieu de procéder à un nouveau tirage parmi les jurés de la ville (Crim. cass. 13 févr. 1873, aff. Lannes et Lens, D. P. 73. 1. 176).

1498. Mais, jusqu'à ce que le juré titulaire ou suppléant absent ou excusé soit rétabli sur la liste, le juré complémentaire qui a, le premier, satisfait à la citation, et a pris part au jugement de l'affaire immédiatement appelée, complète la liste de service pour toutes les affaires de la session. En conséquence, il a été jugé: 1° qu'un autre juré ayant fait partie du tirage des jurés complémentaires ne peut lui être substitué pour le jugement des affaires subséquentes, le nom de ce juré fût-il sorti de l'urne avant celui du juré qui s'est présenté le premier (Crim. cass. 22 sept. 1881, aff. Tramontana, D. P. 82. 1. 95; 27 juill. 1888, aff. Tassistro, *Bull. crim.*, n° 253) ; — 2° Qu'un juré complémentaire appelé à remplacer un juré momentanément absent, doit continuer ses fonctions, quoique ce juré se représente, si, à ce moment, son concours est nécessaire par suite de l'absence d'un autre juré ; qu'il n'en est autrement que dans le cas où il y a eu intervalle entre le retour du premier juré et l'absence du second (Crim. cass. 21 août 1890, aff. Ottra, et Paras, D. P. 91. 1. 236) ; — 3° Que les jurés complémentaires sont appelés, non pour remplacer tel ou tel juré, mais pour compléter la liste du jury, et qu'ils doivent figurer sur cette liste dans l'ordre où ils sont appelés et y être maintenus tant que leur concours est nécessaire pour compléter le nombre légal des jurés de service (Crim. cass. 4 sept. 1890, aff. El-Mouloud et autres, *Bull. crim.*, n° 184 ; 15 janv. 1891, aff. Bhorosa, *ibid.*, n° 7).

SECT. 3. — DE LA NOTIFICATION DES LISTES DE JURÉS AUX ACCUSÉS (Rép. n°ˢ 1611 à 1729).

ART. 1ᵉʳ. — *Nécessité de la notification* (Rép. n°ˢ 1612 à 1621).

1499. La notification de la liste des jurés à l'accusé a toujours été considérée comme une formalité substantielle, ainsi qu'on l'a dit au *Rép.*, n°ˢ 1612 à 1615. Recherchant le motif qui a fondé, aux yeux du législateur, la nécessité de cette notification, Faustin Hélie, t. 7, n° 3217, s'exprime ainsi : « Cette formalité est substantielle à la défense de l'accusé, puisqu'il ne peut récuser ses juges s'il ne les connaît pas, puisque l'exercice de son droit dépend entièrement de la connaissance qui lui est donnée de leurs noms. On peut ajouter qu'elle est essentielle à la formation même du jury, car le jury n'existerait pas si le droit de récusation, librement et pleinement exercé, ne coopérait pas à sa com-

position : il ne suffit pas que les jurés soient désignés par le sort, il faut qu'ils soient acceptés comme juges par l'accusation et la défense ».

1500. Ces principes ont été, de tout temps, appliqués par la jurisprudence, qui considère qu'il y a nullité des débats et de l'arrêt, quand la liste des jurés n'a pas été notifiée à l'accusé. Aux arrêts cités au *Rép.*, *ibid.*, *adde:* Crim. cass. 12 août 1880, aff. Delaize, *Bull. crim.*, n° 162 ; 25 janv. 1883, aff. Mourlaix, *ibid.*, n° 19; 2 sept. 1886, aff. Berthola et autres, *ibid.*, n° 312. — Il en est de même en ce qui concerne les délits de presse déférés aux assises (V. *suprà*, v° *Presse*, n° 1765). *Adde:* Crim. cass. 8 nov. 1872, aff. Vignolle, D. P. 73. 1. 315).

Cette nullité est encourue dès qu'il n'appert d'aucun acte ou exploit régulier que la notification de la liste des jurés ait été faite à l'accusé (Crim. cass. 8 mai 1857, aff. Cheynet, *Bull. crim.*, n° 293; 6 oct. 1864, aff. Dufourneau, D. P. 65. 5. 229 ; 29 déc. 1882, aff. Aury, D. P. 83. 5. 262).

1501. On a dit au *Rép.*, n°ˢ 1615 à 1617, que la nullité résultant du défaut de notification ne peut se couvrir par le consentement de l'accusé. Ce point est constant en jurisprudence (V., outre les arrêts cités *ibid.*, Crim. cass. 6 juin 1890, aff. Molinier, D. P. 90. 1. 492).

1502. En principe, la notification est faite à la requête du ministère public. — Il en est, toutefois, autrement en cas de poursuites pour infractions à la loi de la presse exercées par une partie civile : c'est à cette partie qu'incombe alors le soin de faire la notification (V. *suprà*, v° *Presse*, n° 1771).

1503. On a exposé au *Rép.*, n° 1618, tout en formulant des réserves à ce sujet, qu'on ne viole aucune loi en ne traduisant pas la liste des jurés notifiée à des accusés qui ne parlent pas le français. Cette solution a été, depuis, consacrée par la cour de cassation (Crim. rej. 6 août 1885, aff. Arcano et autres, D. P. 86. 1. 343).

1504. L'art. 395 c. instr. crim. porte que l'absence de notification frappe de nullité « tout ce qui aura suivi ». Ces dernières expressions ne peuvent et ne doivent logiquement s'entendre que de toutes les opérations exigeant le concours et la présence des jurés, depuis la formation du tableau du jury de jugement jusqu'à l'arrêt de condamnation ; elles ne sauraient s'appliquer au jugement des exceptions préjudicielles lesquelles précèdent l'ouverture des débats sur le fond et doivent être appréciées par la cour seule, en dehors de toute intervention du jury (Crim. rej. 8 sept. 1892, aff. Martinet, D. P. 94. 1. 29). Il en est de même si le prévenu fait défaut car, dans ce cas, la cour d'assises statue également sans l'assistance du jury (Crim. cass. 24 févr. 1883, aff. Malinge, D. P. 83. 1. 228; 15 mars 1883, aff. Albertini, D. P. 84. 1. 430).

ART. 2. — *Quelle liste doit être notifiée ; liste des trente-six, et notification des noms des jurés appelés en remplacement* (Rép. n°ˢ 1622 à 1639).

1505. On s'est demandé quelle est la liste qui doit être notifiée à l'accusé: est-ce la liste des trente-six jurés titulaires et des quatre jurés supplémentaires formée pour la session ; ou bien la liste telle qu'elle a pu être modifiée depuis l'ouverture de la session, par suite des absences, excuses ou dispenses de certains jurés figurant sur la liste primitive et légalement remplacés ? Cette question, examinée au *Rép.*, n°ˢ 1623 et suiv., est l'une des plus débattues en doctrine et en jurisprudence. Nous avons fait ressortir, *ibid.*, l'inconvénient qu'il y a de ne tenir aucun compte, dans les notifications, des modifications subies par la liste originaire, et cela, à cause des entraves qui en résultent pour l'exercice du droit de récusation. M. Faustin Hélie (t. 7, n° 3218) s'élève également contre ce mode de procéder. Mais, en présence du texte de l'art. 395 c. instr. crim. qui vise « la liste des jurés » sans plus de précision, la cour de cassation admet que la notification est régulière, quelle que soit la liste signifiée, soit la liste originaire, soit la liste rectifiée au premier jour de la session, soit enfin la liste originaire augmentée des jurés appelés en remplacement (*Rép.*, n° 1630). Résumant cet état de la jurisprudence M. Faustin Hélie, *loc. cit.*, s'exprime ainsi : « si l'huissier n'a donné copie que de la liste primitive, sans mentionner le

modifications qu'elle a subies, la loi n'est point violée, car elle n'exige que la notification de la liste des jurés, sans spécifier cette liste, et elle est muette sur ses modifications. Si l'huissier donne copie, au contraire, de la liste modifiée, cette copie, on le reconnaît, remplit le vœu de la loi et rentre même dans son esprit. Enfin s'il donne à la fois copie de la liste primitive et des noms appelés en remplacement, il en résulte une garantie surabondante qui ne saurait vicier la procédure ».

Aux décisions, déjà nombreuses, citées au *Rép.*, *ibid.*, et d'après lesquelles il suffit de notifier à l'accusé la liste primitive, sans tenir compte des modifications survenues, par suite d'absence, excuse ou dispense de certains jurés, quand même le tirage au sort des jurés complémentaires aurait eu lieu antérieurement au jour où a été faite la notification, il y a lieu d'ajouter les arrêts suivants : Crim. rej. 17 févr. 1848, aff. Roche, D. P. 48. 5. 83 ; 27 juin 1850, aff. Délabrière, D. P. 50. 5. 108 ; 22 avr. 1852, aff. Guilleteau, D. P. 52. 5. 160 ; 15 janv. 1853, aff. Rigault, D. P. 53. 5. 127 ; 7 juill. 1853, aff. Péretri, *ibid.* ; 14 oct. 1853, aff. Rivelon, *Bull. crim.*, n° 509 ; 5 mai 1854, aff. N... D. P. 54. 5. 214 ; 11 janv. 1855, aff. Pécheur, D. P. 55. 5. 129 ; 23 mars 1855, aff. Langlade, *Bull. crim.*, n° 107 ; 25 août 1859, aff. Durruty, D. P. 59. 5. 111 ; 18 nov. 1859, aff. Labouré, D. P. 59. 5. 410 ; 18 avr. 1861, aff. Paoli, D. P. 61. 5. 123 ; 21 nov. 1861, aff. Moison, D. P. 62. 5. 92 ; 31 mars 1866, aff. Rogalle, D. P. 66. 5. 111 ; 7 déc. 1865, aff. Liardet, et 29 nov. 1866, aff. Fargeot, D. P. 67. 5. 111-112 ; 9 août 1867, aff. Yunk, *Bull. crim.*, n° 180 ; 18 janv. 1867, aff. Giovacchini, D. P. 67. 5. 113 ; 18 mars 1869, aff. Duhot, *Bull. crim.*, n° 67 ; 14 mai 1870, aff. Beaudoin, *ibid.*, n° 106 ; 23 juin 1870, aff. Dattichy, *ibid.*, n° 130 ; 7 sept. 1871, aff. Famarolli et Ollivier, *ibid.*, n° 111 ; 24 déc. 1873, aff. Duronnat, *ibid.*, n° 315 ; 8 oct. 1874, aff. Padovani, *ibid.*, n° 267 ; 3 avr. 1875, aff. Kauffmann. *ibid.*, n° 110 ; 23 déc. 1875, aff. Urban, *ibid.*, n° 358 ; 4 juin 1875, aff. Abd-el-Kader-ben-Boubeker et autres, *ibid.*, n° 178 ; 10 janv. 1878, aff. Belkassem-ben-Messaoud-ben-Djediah, *ibid.*, n° 9 ; 19 mai 1881, aff. Resgui-ben-Tahar-ben-Mohamed, *ibid.*, n° 131 ; 6 nov. 1885, aff. Bergé, D. P. 84. 1. 370 ; 18 avr. 1885, aff. Santini et autres, *Bull. crim.*, n° 113 ; 23 juill. 1885, aff. Leray, *ibid.*, n° 223 ; 17 sept. 1885, aff. Garbe, *ibid.*, n° 258 ; Crim. cass. 2 sept. 1886, aff. Berthola et autres, *ibid.*, n° 312 ; 10 févr. 1887, aff. Barbieri, *ibid.*, n° 53 ; 5 nov. 1891, aff. Hougron, D. P. 92. 1. 169 ; 17 avr. 1891, aff. Rolla, D. P. 91. 5. 152 ; 14 avr. 1892, aff. Meriem-bent-Amara D. P. 92. 1. 631 ; 10 mars 1893, aff. Ollivier, *Bull. crim.*, n° 69 ; 24 août 1893, aff. Rassel et Neckerlé, *Bull. crim.*, n° 243).

1506. D'après la jurisprudence mentionnée *suprà*, n° 1505, il n'est pas nécessaire que la notification de la liste des jurés à l'accusé contienne l'indication des jurés qui ont été excusés ou retranchés par arrêt de la cour. Mais si cette indication a été faite, l'accusé ne peut se faire un grief de ce qu'elle se trouverait incomplète, et, par exemple, de ce que, sur sept jurés dispensés de siéger, elle ne signalerait que les noms de quatre jurés (Crim. rej. 28 sept. 1854, aff. Lalande, D. P. 55. 5. 129. V. aussi Crim. rej. 31 mars 1866, aff. Rogalle, D. P. 66. 5. 111 ; 8 juill. 1865, aff. Joussiaume, D. P. *ibid.*).

Il a été jugé aussi que la circonstance qu'il a été notifié à l'accusé un nombre de jurés complémentaires supérieur à celui nécessaire pour parfaire le nombre de trente jurés n'est pas une cause de nullité, le tirage n'a été fait, en réalité, que sur une liste de trente jurés dans laquelle ne figuraient que les jurés complémentaires seuls retenus pour que la liste de service fût entière (Crim. rej. 8 nov. 1872, aff. Chémery, D. P. 73. 1. 392).

1507. Toutefois, l'inexactitude dans les indications devient une cause de nullité lorsqu'elle est de nature à induire l'accusé en erreur. Ainsi il a été jugé que le juré dont le nom sur la liste notifiée à l'accusé est accompagné d'une mention portant que « par arrêt de la cour d'assises il a été *exoiné* et ne fait plus partie du jury de la session », doit, dans le cas où cette mention se trouve être inexacte, être assimilé à un juré non notifié ; et par suite, sa participation au tirage et surtout à la formation du jury de jugement vicie la composition de ce jury (Crim. cass. 6 févr. 1862, aff. Marbotte, D. P. 62. 5. 93).

Ajoutons, conformément à ce qui précède et à ce qui a été dit au *Rép.*, n° 1632, que, pour remplir le vœu de la loi, il faut notifier la liste entière. Jugé, en conséquence, que la composition du jury de jugement et les débats doivent être annulés lorsque deux jurés du même nom sont portés comme ayant fait partie du jury de jugement, si la liste générale notifiée à l'inculpé ne contient qu'un seul juré de ce nom (Crim. cass. 16 déc. 1869, aff. Corneillet, *Bull. crim.*, n° 265 ; 6 nov. 1873, aff. Hénon, *ibid.*, n° 496).

1508. Enfin, lorsque la liste des trente-six jurés de la session a été signifiée à l'accusé en parlant à sa personne, si cet accusé ne se prévaut d'aucune irrégularité spéciale commise au préjudice de sa défense, et s'il ne produit pas d'ailleurs la copie qui lui a été laissée, il y a *présomption* que la liste dont il a reçu notification était exacte, complète et conforme à la liste de session (Crim. rej. 10 févr. 1887 ; aff. Barbiéri, *Bull. crim.*, n° 53).

Art. 3. — *Liste des trente jurés* (*Rép.* n° 1640 à 1653).

1509. V. *Rép.*, n° 1640 et suiv.

Art. 4. — *A qui et comment la liste doit être notifiée*
(*Rép.* n° 1654 à 1677).

1510. On a vu au *Rép.*, n° 1654 à 1659, que, la connaissance des noms des jurés étant nécessaire à l'exercice du droit de récusation, il faut que la liste du jury soit notifiée à chacun des accusés individuellement. Ainsi qu'on l'a exposé *ibid.*, n° 1659 et suiv., l'original seul de l'exploit de notification peut prouver que chaque accusé a reçu sa copie séparée (Aux arrêts cités *ibid.*, *adde* : Crim. cass. 6 nov. 1851 ; aff. Maison, *Bull. crim.*, n° 464 ; 8 sept. 1853, aff. Crotin, *ibid.*, n° 449). Jugé, dans cet ordre d'idées : 1° que, la loi ne prescrivant pas de formule pour la constatation de la remise à l'accusé de la copie de la liste des jurés, c'est par les énonciations mêmes de l'exploit de notification que l'on reconnaît si cette remise a réellement eu lieu ou non (Crim. rej. 28 nov. 1863, aff. Joseph Gardan, *Bull. crim.*, p. 464) ; — 2° Que, notamment, la constatation de la remise de la copie à l'accusé se trouve suffisamment établie lorsque l'original de notification porte que l'huissier a laissé copie à l'accusé en parlant à sa personne (Crim. rej. 3 mai 1888, aff. Giouly, *Bull. crim.*, n° 161 ; 2 août 1888, aff. El-Hadef-ben-Amor, *ibid.*, n° 259) ; — 3° Que, s'il y a doute sur le point de savoir si la liste des jurés a été notifiée à chaque accusé, le coût peut servir à prouver le nombre des copies distinctes qui ont été remises aux accusés (Arrêt précité du 28 nov. 1863 ; Crim. rej. 18 mars 1870, aff. Belleney, *Bull. crim.*, n° 66 ; 19 mars 1874, aff. Marsault, *ibid.*, n° 89 ; 20 déc. 1877, aff. Sarrazin, *ibid.*, n° 264 ; 3 févr. 1877, aff. Bou-Addi-ben-Guerrach et autres, *ibid.*, n° 44 ; 8 sept. 1887, aff. Herman, *ibid.*, n° 330) ; — 4° Que la remise d'un exploit de notification ne peut, à défaut de l'exploit lui-même ou d'une déclaration de l'accusé dans son interrogatoire, être établie par des certificats de l'huissier ou du receveur de l'enregistrement, ni par leurs registres ou répertoires, ni même par les déclarations ultérieures de l'accusé au cours de l'instance en cassation (Crim. cass. 11 janv. 1877, aff. Abraham, *Bull. crim.*, n° 7).

1511. Il n'est pas nécessaire que la liste du jury soit transcrite dans l'original de l'exploit de notification (Crim. rej. 18 sept. 1863, aff. Joseph Petit, D. P. 66. 5. 112 ; 9 oct. 1869, aff. Altmeyer, D. P. 70. 5. 97 ; 4 août 1893, aff. Dubernet, *Bull. crim.*, n° 231) ; mais il faut, à peine de nullité, qu'il soit constaté que la liste elle-même a été réellement notifiée à l'accusé et que copie lui en a été laissée (Crim. cass. 1er janv. 1886, aff. Tarrit, *Bull. crim.*, n° 4 ; 10 févr. 1887, aff. Barbieri, *ibid.*, n° 53 ; 30 août 1888, aff. Carrette, *ibid.*, n° 284 ; 27 mars 1890, aff. Aubert, *ibid.*, n° 73 ; arrêt précité du 4 août 1893). Lors donc que la liste et l'original de signification forment deux pièces distinctes, l'énonciation de l'exploit de signification portant qu'il a été laissé à l'accusé « copie du présent » est tenue comme se restreignant à la seule copie de l'exploit lui-même et il y a nullité de la notification (Crim. cass. 4 nov. 1853, aff. Riuscito, *ibid.*, n° 527 ; Nouguier, t. 1, n° 141). Lorsque, au contraire, la liste est transcrite en tête de l'exploit de si-

gnification, fait corps avec lui, l'acte est unique et la mention que « copie du présent » a été remise à l'accusé constaté aussi bien la remise de la copie de l'exploit de notification que celle de la copie de la liste elle-même des jurés (Crim. rej. 28 avr. 1887, aff. Ladhar-ould-Mohamed-bou-Alèm, *ibid.*, n° 159 ; 7 mars 1891, aff. Brügel, D. P. 91. 1. 237). On objecterait en vain, dans ce dernier cas, que la copie peut ne pas être conforme à l'original : la présomption est contraire, et c'est à l'accusé à la détruire, en prouvant le défaut de conformité à la production de la copie qui lui a été laissée (Arrêt précité du 10 févr. 1887).

1512. Au point de vue des diverses *énonciations* ou *constatations* que doit renfermer l'exploit de notification, il a été jugé : 1° que l'exploit n'est pas nul, bien que le *parlant à* ait été rempli d'avance, et qu'en outre il n'ait pas été écrit de la main de l'huissier lui-même, mais ait été, par exemple imprimé (Crim. rej. 4 avr. 1856, aff. Cervi, D. P. 56. 1. 232); — 2° Que la mention énonçant que copie de l'exploit de notification de la liste des jurés a été laissée à l'accusé désigné nominativement, bien que la formule imprimée du *parlant à* (destinée à être mise tantôt au pluriel, tantôt au singulier) présente l'omission du pronom *sa* devant le mot *personne*, satisfait suffisamment aux prescriptions de l'art. 393 c. instr. crim. (Crim. rej. 2 avr. 1863, aff. Leprince, D. P. 63. 5. 169); — 3° Qu'il n'est pas prescrit que la notification de la liste du jury à l'accusé soit faite entre deux guichets; que, dès lors, est régulière la notification que l'exploit constate seulement avoir été faite à l'accusé « parlant à sa personne » (Crim. rej. 31 mars 1866, aff. Rogalle, D. P. 66. 5. 112); — 4° Que l'exploit de notification de la liste du jury à plusieurs coaccusés, dans lequel l'huissier énonce que la notification a été faite « en parlant à leurs personnes *séparément* », contient preuve suffisante que chacun d'eux a reçu une copie distincte, bien que l'huissier reprenant irrégulièrement le singulier, ajoute en terminant : « et, afin que du contenu en ladite liste *le susnommé* n'ignore, je lui ai laissé copie en parlant comme dessus » (Crim. rej. 4 juill. 1872, aff. Ahmed-ben-Djéma, D. P. 72. 1. 331); — 5° Que le défaut d'indication, dans la copie laissée à l'accusé de la liste des jurés, du mois de la notification, n'est pas une cause de nullité, lorsque les énonciations portées en tête de cette copie ne laissent aucun doute sur la véritable date de la signification (Crim. rej. 4 mars 1853, aff. Breck, D. P. 53. 5. 126); — 6° Que, dans la notification à l'accusé de la liste du jury de la session, la publicité de l'audience où le tirage de ce jury a eu lieu est suffisamment constatée par la mention que ce tirage a été fait conformément à la loi (Crim. rej. 9 déc. 1869, aff. Léau, *Bull. crim.*, n° 256); — 7° Qu'il n'est pas indispensable que toutes les énonciations de la liste originale du jury de session soient portées sur l'expédition signifiée à l'accusé, si les mentions de la copie sont suffisantes pour permettre le libre exercice du droit de récusation (Crim. rej. 16 août 1873, aff. Reynaud, *Bull. crim.*, n° 232) ; — 8° Que l'exploit de notification de la liste du jury dans lequel l'huissier, après avoir énoncé avec un numérotage spécial les noms de tous les accusés, ajoute la mention *détenu* au singulier, et *parlant à* sa personne, constate suffisamment la notification individuelle à chaque accusé ; que, par suite, cet exploit est régulier (Crim. rej. 5 nov. 1874, aff. Si-Suddok-bel-Abbès et autres, *Bull. crim.*, n° 274); — 9° Qu'il ne résulte aucune nullité de ce que la signature de l'huissier au bas d'un exploit de notification est plus ou moins illisible, si son origine n'est pas contestée (Crim. rej. 4 nov. 1875, aff. Carra, *Bull. crim.*, n° 302) ; — 10° Que la mention inexacte et incorrecte, portant que la notification a été faite à plusieurs *accusés* parlant *à sa personne* (au singulier) peut être rectifiée à l'aide d'une autre mention de l'acte, d'où il résulte que l'huissier a laissé à chacun des accusés une copie de la liste du jury et de l'exploit de notification (Crim. rej. 10 août 1882, aff. Belkassem-ben-Ali-ben-Dreïdi, *Bull. crim.*, n° 200; Crim. cass. 6 juin 1882, aff. Deschamps et autres, *ibid.*, n° 7) ; — 11° Qu'il n'est pas prescrit d'énoncer dans la notification le jour fixé pour la formation du tableau du jury de jugement (Crim. rej. 16 juill. 1887, aff. Demange, *Bull. crim.*, n° 273). — Jugé, d'ailleurs, qu'il n'est pas nécessaire que l'huissier chargé de notifier à l'accusé la liste du jury soit un huissier audiencier (Crim. rej. 11 juin 1874, aff. Parrage, *Bull. crim.*, n° 165).

1513. Quant aux cas de nullité que peut présenter l'exploit de notification, il a été jugé : 1° que l'exploit de notification à l'accusé de la liste des jurés, dont le *parlant à* est resté en blanc, est nul, et que cette nullité emporte celle des débats et de la déclaration du jury (Crim. cass. 17 mars 1859, aff. Trillec, D. P. 60. 5. 155 ; 2 juill. 1857, aff. Brouillaud, *Bull. crim.*, n° 247 ; 31 janv. 1867, aff. Perez, D. P. 67.5.194 ; 5 janv. 1872, aff. Durand, *Bull. crim.*, n° 3; 12 août 1881, aff. Dabats, D. P. 81. 5. 104; 8 sept. 1881, aff. Rey, *Bull. crim.*, n°316 ; 17 août 1882, aff. Vaudrestin, *ibid.*, n° 210; 29 déc. 1882, aff. Serrant, *ibid.*, n° 297; 25 sept. 1884, aff. Ensigha-ben-Larbi, *ibid.*, n° 283; 30 juill. 1885, aff. Danet, *ibid.*, n° 235 ; 9 sept. 1886, aff. Leduc et autres, *ibid.*, n° 324); — 2° Que l'exploit de notification de la liste des jurés à l'accusé, dans lequel l'huissier se borne à énoncer qu'il a signifié et laissé copie de cette liste audit accusé, sans faire mention de la personne à laquelle il a parlé et à laquelle il a laissé la copie, est nul lorsque aucune énonciation du même acte ne vient suppléer à cette omission (Crim. cass. 9 avr. 1868, aff. Galatry, D. P. 69. 5. 101); — 3° Que la notification de la liste du jury à deux coaccusés, sans indication, dans l'exploit, que copie de la liste ait été laissée séparément à chacun, doit être déclarée nulle, même d'office, encore qu'elle ait été faite « parlant à tous deux », si la mention du coût de l'exploit, loin de permettre de suppléer cette constatation, n'indique que le prix d'une seule copie (Crim. cass. 16 févr. 1860, aff. Decugis, D. P. 63. 5. 108; 7 avr. 1864, aff. La Gougnec, *Bull. crim.*, n° 86; 6 oct. 1864, aff. Paillet, D. P. 65. 5. 165; 30 avr. 1869, aff. Icard de Palenca, *Bull. crim.*, n° 100); — 4° Que la notification de la liste du jury à l'accusé est nulle si l'exploit de notification n'est pas signé par l'huissier qui y a procédé (Crim. cass. 31 mars 1881, aff. Peretti, *Bull. crim.*, n° 88; 13 mars 1884, aff. Ali-ben-Salah-ben-Saâd et autres, *ibid.*, n° 79; 2 juill. 1885, aff. Gualtiero, *ibid.*, n° 192; 22 avr. 1887, aff. Duranteau, *ibid.*, n° 149); — 5° Qu'il y a nullité, lorsque la liste du jury de jugement qui a été notifiée à l'accusé n'est pas conforme à celle qui est relatée par le procès-verbal du tirage au sort du jury de jugement (Crim. cass. 1 avr. 1886, aff. Duc, *Bull. crim.*, n° 137) ; — 6° Que la nullité est également encourue lorsqu'il est établi, d'une part, qu'une seule copie de la liste des jurés a été laissée pour deux accusés et, d'autre part, que cette copie n'a pas été remise à l'un de ces accusés, mais à un autre détenu étranger à la poursuite (Crim. cass. 14 mai 1886, aff. Mène, *Bull. crim.*, n° 174).

Mais il a été jugé que la simple allégation que la liste des jurés n'a pas été signifiée à l'accusé par l'huissier en personne ne saurait prévaloir contre les énonciations des actes authentiques de notification faisant foi jusqu'à inscription de faux (Crim. rej. 23 sept. 1875, aff. Justin Conill, *Bull. crim.*, n° 294).

1514. Aucune nullité, a-t-on dit au *Rép.*, n°s 1664 et 1665, n'est encourue par le fait seul que la liste notifiée ne contiendrait pas les *prénoms* de l'accusé, ou en les reproduirait que d'une manière inexacte. Jugé, depuis la publication du *Répertoire* : 1° que l'accusé ne peut se faire un grief de ce que la notification de la liste des jurés indique inexactement ses nom et prénoms, ou les orthographie mal (Crim. rej. 23 sept. 1875, aff. Conill, *Bull. crim.*, n° 9 sept. 1886, aff. Cavaillé, *ibid.*, n° 327); — 2° Qu'une accusée ne peut se faire grief de ce que la notification de la liste des jurés lui aurait été faite sans indication de son nom de famille, lorsque la copie de l'exploit mentionne que cette notification a été faite à l'accusé parlant à sa personne, et que celle-ci n'a élevé devant la cour d'assises aucun débat sur son identité (Crim. rej. 7 mars 1889, aff. Carville et autres, *Bull. crim.*, n° 94).

1515. C'est à la *personne* même de l'accusé, est-il dit au *Rép.*, n°s 1666 et suiv., que l'exploit de notification doit être remis ; aussi y a-t-il nullité, lorsque la signification est faite à un accusé se trouvant à l'hospice, au moyen de la remise de la copie au concierge de cet établissement (Crim. cass. 14 déc. 1867, aff. Femme Molurier, D. P. 68. 5. 199).

1516. Quant à la *forme* de l'acte de notification, on a vu au *Rép.*, n° 1670 et suiv., qu'aucune règle n'est tracée, à cet égard, par la loi. La seule obligation, dont l'inobservation entraîne nullité, consiste dans la signature de

la copie de l'exploit par l'huissier; il ne suffirait pas qu'il eût signé l'original (Crim. cass. 25 sept. 1862, aff. Bolanneaux, D. P. 64. 5. 141; 27 mai 1869, aff. Sortis, *Bull. crim.*, n° 116; 25 juill. 1872, aff. Larbi-ben-Ahmed, *ibid.*, n° 190; 22 mars 1890, aff. Lair, *ibid.*, n° 70). — Mais il a été jugé : 1° que, l'art. 1037 c. proc. civ. n'étant pas applicable à la procédure criminelle, la notification de la liste des jurés est valablement faite un jour férié (Crim. rej. 10 mai 1849, aff. Danglard, *Bull. crim.*, n° 103; 6 déc. 1850, aff. Nefflzer, *ibid.*, n° 413; 24 févr. 1882, aff. Monnereau, *ibid.*, n° 53); — 2° Que, la notification de la liste du jury étant destinée à faire connaître à l'accusé les membres du jury de la session et non pas l'accusation portée contre lui, celui-ci ne saurait se faire un grief de ce que l'acte de notification indiquerait une qualification inexacte ou trop abrégée des faits incriminés, alors surtout que cette irrégularité n'est pas de nature à l'induire en erreur (Crim. rej. 10 déc. 1885, aff. Aubert, *Bull. crim.*, n° 342); — 3° Que la liste du jury imprimée en tête de l'exploit de notification est rendue suffisamment authentique par la signature de l'huissier au bas de l'exploit (Crim. rej. 18 mars 1869, aff. Duhot, *Bull. crim.*, n° 67; 29 avr. 1869, aff. Gancel, *ibid.*, n° 99); — 4° Qu'il en est de même de la copie de la liste du jury insérée en tête de cet exploit (Crim. rej. 26 mai 1887, aff. Armand, n° 205).

1517. On a vu au *Rép.*, n°s 1672 et 1699, que la non-approbation des *renvois, surcharges* ou *ratures* peut constituer une cause de nullité. — Jugé, à cet égard : 1° que la surcharge non approuvée de la date de l'exploit contenant notification de la liste des jurés emporte nullité de cette notification (Crim. cass. 13 mars 1846, aff. Simier, *Bull. crim.*, n° 70; 14 janv. 1847, aff. Guernier, *ibid.*, n° 7; 22 mars 1850, aff. Roblin, *ibid.*, n° 108; 21 mars 1889, aff. Labadie, *ibid.*, n° 119); — 2° Que la mention faite dans un exploit, au moyen d'un renvoi, non approuvé, de la notification à l'accusé de la liste des jurés ne constate pas régulièrement cette notification, dont l'absence entraîne la nullité du débat et de l'arrêt de condamnation (Crim. cass. 25 sept. 1851, aff. Card, D. P. 51. 5. 156); — 3° Que le fait par un huissier d'avoir, dans l'original de la notification de la liste du jury à l'accusé, écrit les nom, prénom, âge et profession d'un juré, sur des lignes raturées, sans approbation des ratures et surcharges, entraîne, en ce qu'il en résulte un défaut de preuve d'une notification régulière du nom de ce juré, la nullité de l'exploit et de tout ce qui a suivi (Crim. cass. 13 juin 1861, aff. Bergeron, D. P. 61. 5. 207; 10 avr. 1682, aff. Jussot, *ibid.*, n° 107; 23 déc. 1869, aff. Favre, *ibid.*, n° 270); — 4° Que, dans le cas où la copie de la liste du jury notifiée à l'accusé, bien que contenant trois ratures distinctes concernant les membres de trois jurés, n'énonce que l'approbation indéterminée de deux ratures, l'accusé a pu être induit en erreur sur les noms supprimés et, par suite, sur l'usage à faire de son droit de récusation; qu'en conséquence, il y a lieu à cassation, si l'un des jurés dont le nom a été rayé a été compris dans le tirage et a fait partie du jury de jugement (Crim. cass. 16 déc. 1864, aff. Janson, D. P. 65. 5. 167); — 5° Que, lorsque la liste du jury notifiée à l'accusé renferme des ratures et surcharges non approuvées dans les colonnes destinées à faire connaître la profession et le domicile d'un juré faisant partie du jury de jugement, il y a nullité, si l'omission qui en résulte a été de nature à entraver l'exercice du droit de récusation qui appartient à l'accusé (Crim. cass. 4 mars 1886, aff. Bernard Orso, *Bull. crim.*, n° 89); — 6° Que la notification faite à l'accusé de la liste du jury, qui porte une date recouverte par une surcharge non approuvée, est nulle et rend nuls les débats et la condamnation qui a suivi, alors que ni la mention de l'enregistrement qui se trouve avoir eu lieu le jour des débats, ni la formule finale indiquant, sans faire connaître le jour des débats, que la notification a eu lieu la veille, ne permettent de vérifier si le délai impérativement prescrit par l'art. 395 c. instr. crim. n'a pas été dépassé (11 mai 1854, aff. Élise Janny et Marie André, D. P. 54. 5. 213); — 7° Que les surcharges non approuvées doivent être réputées non avenues; que, par suite, un exploit de notification portant la date du 15, remplacée par celle du 14, au moyen d'une surcharge non approuvée, n'en doit pas moins être réputé avoir la date du 15 (Crim. cass. 14 févr. 1884, aff. Maset, *Bull. crim.*, n° 37); — 8° Qu'il y a lieu à cassa-

tion lorsque, la cour d'assises ayant ordonné la rectification du nom d'un juré, l'huissier chargé de notifier la liste du jury à l'accusé a, dans l'original de son exploit, rayé le nom mal orthographié de ce juré, et porté au-dessus en interligne son véritable nom, en se bornant à écrire au bas de cet acte : « rayé un mot nul », sans approuver le mot placé en interligne, et que, malgré cette omission, ledit juré a fait partie du jury de jugement (Crim. cass. 4 août 1892, aff. El-Khider-ben-Khessini, D. P. 93. 1. 582); — 9° Que, la liste du jury devant être notifiée à l'accusé la veille du jour de la formation du tableau, et les interlignes non approuvés étant réputés non avenus, il y a nullité de l'arrêt de condamnation prononcé par une cour d'assises, lorsque, sur la liste notifiée, le nom d'un juré ayant été rayé, la surcharge portant le véritable nom de ce juré n'a pas été approuvée, de telle sorte que le nombre réglementaire des jurés devant figurer sur la liste n'était pas complet (Crim. cass. 11 août 1892, aff. Abderahman-ben-Aissa, D. P. 93. 1. 560).

1518. Mais, d'autre part, il a été jugé, dans le sens des arrêts cités au *Rép.*, n°s 1672-1° et 2°, 1699-5° à 7° : 1° que des mots placés en *interligne* dans l'exploit de notification de la liste des jurés et non suivis d'approbation ne peuvent être une cause de nullité de la procédure qu'autant qu'ils portent sur la partie substantielle des dispositions de cet exploit (Crim. rej. 27 janv. 1853, aff. Dailly, *Bull. crim.*, n° 34); — 2° Que la surcharge du mot *leurs personnes*, dans le *parlant à* de la notification de la liste des jurés à deux accusés, est couverte par cette mention terminant l'exploit : « donné et laissé copie, en accusé de présentes, en parlant comme ci-dessus, à chacun séparément » (Crim. rej. 29 déc. 1854, aff. Gouin, *Bull. crim.*, n° 359); — 3° Que, lorsque sur la liste notifiée à l'accusé, en regard de la désignation d'un juré, dont les prénoms ont été rayés sans approbation de la rature, figurent d'autres prénoms dont la mention est l'objet d'une approbation signée de l'huissier, cette approbation s'applique implicitement à la rature (Crim. rej. 6 avr. 1865, aff. Casanova, D. P. 65. 5. 166); — 4° Que la surcharge d'une lettre dans le nom d'un juré n'entraîne pas nullité, quand les autres mentions relatives à sa personne sont exactes (Crim. rej. 29 avr. 1869, aff. Gancel, *Bull. crim.*, n° 99); — 5° Que, lorsque dans un exploit constatant notification à plusieurs accusés en parlant à leurs personnes, le mot *leurs* a été surchargé sans approbation, cette irrégularité n'empêche pas de tenir pour constant le fait de la notification personnelle à chacun des accusés, si cela ressort des autres mentions de l'acte (Crim. rej. 5 mars 1874, aff. Soutzo et autres, *Bull. crim.*, n° 71); — 6° Que le fait, par un huissier, de refaire à la plume sur l'original autographié de la liste du jury notifiée à l'accusé certaines lettres du nom d'un juré mal venues au tirage lithographique, ne constitue pas une violation de la loi, ce redressement ne pouvant tromper l'accusé sur l'identité du juré, ni le gêner dans l'exercice de son droit de récusation (Crim. rej. 27 mars 1884, aff. Ben-Djelloue et autres, *Bull. crim.*, n° 112); — 7° Que les renvois, surcharges, interlignes ou ratures non approuvés dans une liste notifiée n'emportent pas la nullité de la notification, toutes les fois qu'il ne peut en résulter aucun doute sur l'identité des jurés (Crim. rej. 28 nov. 1863, aff. Gardan, D. P. 64. 5. 141; 31 mai 1878, aff. Domecq et autres, *Bull. crim.*, n°s 120, 424, 123, 124, 125; 2 sept. 1880, aff. Grégoire Letizia, *ibid.*, n° 177; 4 avr. 1884, aff. Ahmed-ben-Ali-ben-Salha, *ibid.*, n° 127; 17 déc. 1886, aff. Deltheil, *ibid.*, n° 426); — 8° Que des surcharges non approuvées figurant sur la copie de la liste des jurés notifiée à l'accusé et portant sur les millésimes des dates de naissance de certains jurés ne peuvent créer un moyen de cassation, lorsqu'elles n'ont pas été de nature à rendre incertaine leur identité, et que l'accusé a pu exercer régulièrement son droit de récusation (Crim. rej. 9 av. 1891, aff. Pierre Merger, D. P. 92. 1. 144); — 9° Que la radiation, sur la copie de la liste des jurés notifiée à l'accusé, de mots qui n'étaient pas rayés dans l'acte de notification et sur lesquels n'a pas porté l'approuvé de l'huissier ne peut être un motif de cassation, lorsque cette radiation s'applique aux noms de jurés dispensés du service de la session, et que l'accusé n'avait aucun intérêt aux mentions qui les concernaient (Même arrêt).

1519. Mais, lorsque le demandeur en cassation prétend qu'un nom a été surchargé sur la liste du jury qui lui a été notifiée, il doit apporter la preuve de cette allégation et établir le fait de la surcharge, ce qui est conforme au principe rappelé au *Rép.*, n° 1675 (Crim. rej. 26 août 1875, aff. Houque, *Bull. crim.*, n° 278)..

1520. Ajoutons que les imperfections résultant d'un mauvais tirage de la liste autographiée qui a été notifiée n'entraînent aucune conséquence, si ces légères imperfections ont pu être aisément rectifiées par l'accusé (Crim. rej. 14 mai 1892, aff. Brouzet, *Bull. crim.*, n° 145).

ART. 5. — *Epoque à laquelle la liste doit être notifiée; justification (Rép. n° 1678 à 1700).*

1521. Ainsi qu'on l'a dit au *Rép.*, n° 1678, la liste du jury doit être notifiée la veille. du jour fixé pour la formation du jury de jugement. Cette formalité est substantielle et d'ordre public, et il y a nullité lorsque l'accusé n'a reçu ladite notification que le jour même du tirage au sort du jury (Crim. cass. 16 févr. 1882, aff. Mohamed-ben-Ali, *Bull. crim.*, n° 44; 31 mars 1887, aff. Ali-ben-Saul et autres, *ibid.*, n° 127. Comp. Crim. rej. 26 août 1842, aff. Beaufils de Saint-Vincent, *ibid.*, n° 221; 6 juin 1890, aff. Molinier, D. P. 90. 1. 492). — Et cette nullité, ainsi qu'on l'a vu au *Rép.*, n° 1687, ne peut être couverte par l'adhésion de l'accusé à l'inobservation du délai prescrit (Crim. cass. 30 janv. 1892, aff. Ali-ben-M'bark et aff. Mabroukabent-Gaïed, D. P. 92. 1. 493).

1522. Pour que la notification ait lieu en temps utile, il suffit, ainsi qu'on l'a vu au *Rép.*, n° 1692, de la faire la veille, sans qu'il soit nécessaire qu'elle précède d'au moins vingt-quatre heures l'ouverture de l'audience (Crim. rej. 25 juill. 1867, aff. Clerissé, D. P. 69. 5. 101; 3 mai 1888, aff. Ginilly, *Bull. crim.*, n° 161; 26 févr. 1892, aff. Long, D. P. 92. 5. 206).

1523. Si la notification a eu lieu *trop tôt*, on a vu au *Rép.*, n° 1679 à 1686, que cette circonstance, toute en faveur de l'accusé, ne peut être invoquée par lui comme moyen de cassation (*Adde :* Crim. rej. 13 janv. 1853, aff. Grandjean, D. P. 53. 5. 128; 17 janv. 1862, aff. Lecomte, D. P. 65. 5. 228; 28 sept. 1865, aff. Petit, D. P. 66. 5. 111; 15 mai 1886, aff. Grandjean, *Bull. crim.*, n° 182; Crim. cass. 18 nov. 1886, aff. Mercier, *ibid.*, n° 386; 27 juill. 1888, aff. Rocchini, *ibid.*, n° 250; 28 févr. 1889, aff. Piat D. P. 90. 1. 190; 28 mai 1892, aff. Martinet, *ibid.*, n° 161). Si, au contraire, la notification a eu lieu *trop tard*, on a toujours admis que ce retard entraîne la nullité du débat et de l'arrêt de condamnation (V. *Rép.*, n° 1686 et suiv.) sans que le consentement de l'accusé puisse couvrir cette nullité. Nouguier (t. 2, n° 743) professe la même doctrine, dans les termes suivants : « S'il est permis de notifier plus tôt la liste des jurés, il n'est jamais permis de la notifier *plus tard*. Le texte de la loi est impératif, et cette fois il devait l'être. Notifier, non la veille, mais le jour même, c'est contraindre l'accusé à exercer en aveugle son droit de récusation ; c'est, en un mot, anéantir ce droit en le dépouillant de toute son utilité. Un tel dommage, apporté à l'un des intérêts sérieux de la défense, n'était pas tolérable. La loi l'a soigneusement interdit et la jurisprudence a conservé intacte cette juste et libérale inhibition » (V. conf. Crim. cass. 20 juin 1844, aff. Petit, *Bull. crim.*, n° 222; 3 nov. 1870, aff. Masse, *ibid.*, p. 286; 1er déc. 1870, aff. Oulédi, *ibid.*, n° 187; 11 juill. 1872, aff. Nicolas Alexandre, *ibid.*, n° 171; 9 juin 1877, aff. Capon, D. P. 78. 1. 140; 30 janv. 1892, aff. Mabroukabent-Gaïeb, *Bull. crim.*, n° 34).

1524. D'un autre côté, il a été dit au *Rép.*, n° 1698, que, sous peine de nullité, la copie de la notification doit être *datée*. Jugé que la nullité est encourue, dans ce cas, alors même que la date serait indiquée sur l'original de l'exploit (Crim. cass. 9 avr. 1864, aff. Mittenhoff, D. P. 65. 5. 166). — Toutefois, il a été décidé : 1° que la mention finale portant que la notification a eu lieu la veille du jour fixé pour la formation du tableau suffit pour donner à l'exploit une date certaine (Crim. rej. 29 juill. 1852; aff. Chenevoy, D. P. 52. 5. 179) ; — 2° Que le défaut d'indication du mois de la notification n'est pas une cause

de nullité, lorsque les énonciations portées en tête de la copie ne laissent aucun doute sur la véritable date de la signification (Crim. rej. 4 mars 1853, aff. Brech, D. P. 53. 5. 126) ; — 3° Que la notification à l'accusé de la liste des jurés peut être déclarée avoir eu lieu en temps utile, bien qu'il résulte de l'original de l'exploit qu'elle a été faite tardivement, si l'erreur de date est rectifiée par le procès-verbal du tirage du jury (Crim. rej. 26 févr. 1857, aff. Desanlis, D. P. 57. 5. 94).

ART. 6. — *Erreurs commises dans la liste notifiée, sur les noms, prénoms, âge, profession, domicile des jurés (Rép. n° 1701 à 1721).*

§ 1er. — *Règles générales (Rép. n° 1702 à 1707).*

1525. Ainsi qu'on l'a vu au *Rép.*, n° 1702 et suiv., d'après le principe établi par la cour de cassation, la théorie des nullités, résultant des omissions ou erreurs commises dans la notification, repose sur la distinction suivante : lorsque l'accusé n'a pu être induit en erreur sur l'identité des jurés, et qu'il a pu exercer en connaissance de cause son droit de récusation, les erreurs matérielles ou les omissions portant sur les noms, prénoms, âge, qualité, profession ou domicile des jurés ne sont point des causes de nullité (Crim. rej. 5 oct. 1866, aff. Perrin, D. P. 67. 5. 112; 5 sept. 1872, aff. Durand, *Bull. crim.*, n° 238; 16 août 1873, aff. Reynaud, D. P. 73. 1. 448; 31 janv. 1878, aff. Antonio Mollia et autres, *Bull. crim.*, n° 29; 4 avr. 1878, aff. Bertal.-MM. de Carnières, pr.-Roussel, rap.; 31 mai 1878, aff. Bou-Becker; MM. de Carnières, pr.-Gast, rap.; 8 août 1878, aff. Nadau;-MM. de Carnières, pr.-Falconnet, rap.; 2 sept. 1880, aff. Grégoire;-MM. de Carnières, pr.-Vente, rap.; 14 mars 1885, aff. Audibert, *Bull. crim.*, n° 87; 14 mai 1892, aff. Brouzet, *ibid.*, n° 145). Si, au contraire, les erreurs ou omissions sont de nature à induire l'accusé en erreur ou à le mettre dans l'impossibilité d'exercer son droit de récusation, il y a alors nullité des débats et de l'arrêt de condamnation (Crim. cass. 29 avr. 1852, aff. Wiesecke, *Bull. crim.*, n° 135; 14 août 1856, aff. Migeot, *ibid.*, n° 288; 10 déc. 1857, aff. Souriau, D. P. 58. 1. 95; 23 mai 1873, aff. Saïd-Ben-Maklouf, *Bull. crim.*, n° 140; 10 janv. 1878, aff. Mohamed-ben-Hamandouch et autres, D. P. 79. 5. 113).

§ 2. — *Erreurs dans la désignation des noms (Rép. n° 1708 à 1711).*

1526. Suivant la doctrine exposée au *Rép.*, n° 1708, l'erreur sur le *nom* seulement d'un juré n'est pas une cause de nullité, si les autres indications de la liste éclairent suffisamment l'accusé sur l'identité de ce juré. Jugé, par suite, dans le sens de la jurisprudence rapportée *ibid.*, et n° 1709 : 1° que l'erreur dans la désignation du nom des jurés, sur la liste notifiée à l'accusé, ne vicie pas cette notification, quand elle est rectifiée par les autres énonciations de l'exploit (Crim. rej. 17 avr. 1852, aff. Veuve Reyagée, D. P. 52. 5. 158; 10 sept. 1891, aff. Verguiny et autres, *Bull. crim.*, n° 184); — 2° Qu'à plus forte raison l'inexactitude existant dans la désignation du nom d'un juré compris sur la liste des trente ne peut servir de grief aux accusés, si ce juré a été excusé pour toute la session (Crim. rej. 16 mars 1854, aff. Legentil, D. P. 54. 5. 212); — 3° Que l'inexactitude orthographique commise dans l'indication du nom d'un des jurés (Barrié au lieu de Barrier), portée sur la liste notifiée à l'accusé, n'emporte pas nullité, si les désignations d'âge, de domicile et de profession, jointes à l'indication du nom, rendaient impossible tout doute nuisible à l'exercice du droit de récusation (Crim. rej. 22 juin 1854, aff. Danel, D. P. 54. 5. 212; 11 déc. 1857, aff. Limon, *Bull. crim.*, n° 394; 14 nov. 1867, aff. Dudicourt, n° 227; 12 juin 1873, aff. Paraz, *ibid.*, n° 157; 31 mai 1867, aff. Laffond, *ibid.*, n° 130; 3 mai 1872, aff. Mohamed-Saïd-ben-Mohamed-Areski et autres, *ibid.*, n° 105); — 4° Qu'une légère différence dans l'écriture du nom de l'un des jurés sur la liste signifiée à l'accusé (Catoud au lieu de Catoul), ne suffit pas, alors qu'aucune inexactitude ne se rencontre dans les autres indications concernant le même juré, pour faire supposer que l'accusé a pu être induit en

erreur et gêné dans l'exercice de son droit de récusation (Crim. rej. 6 juin 1861, aff. Bellagny, D. P. 61. 5. 122) ; — 5° Que, à plus forte raison, l'erreur commise dans l'écriture du nom d'un juré ne peut être relevée comme cause de nullité, lorsqu'elle consiste seulement dans l'omission ou l'addition d'une lettre finale qui ne change pas la consonnance « Féno » au lieu de « Fénot » (Crim. rej. 19 févr. 1863, aff. Baron, D. P. 63. 5. 101) ; — 6° Qu'aucune nullité ne peut résulter de ce que le nom d'un juré n'aurait pas été précédé de la particule (Crim. rej. 13 déc. 1866, aff. Thomas, D. P. 67. 5. 112) ; — 7° Que l'erreur sur le nom d'un juré notifié est sans effet, quand les prénoms, l'âge, la profession et le domicile sont relatés exactement (Crim. rej. 18 mars 1869, aff. Duhot, Bull. crim., n° 67) ; — 8° Qu'il ne résulte aucune nullité de ce que les noms de plusieurs jurés ont été reproduits d'une façon incomplète et tronquée sur la copie de la liste notifiée à l'accusé, si, en fait, en raison des autres indications, aucun doute ne peut s'élever dans son esprit sur leur identité (Crim. rej. 3 sept. 1874, aff. Guéroult, Bull. crim., n° 255 ; 7 févr. 1878, aff. Kaddour-ould-Amor-ben-Dreflla et autres, ibid., n° 35) ; — 9° Que la circonstance que, sur la liste notifiée, des jurés auraient été désignés sous les noms de « Boitelle » au lieu de « Boitelle-Prann », « Dupont » au lieu de « Dupont-Régley », « comte de Sinéty » au lieu de « marquis de Sinéty », ne peut faire aucun grief, si aucun doute n'a pu s'élever sur l'identité de ces jurés (Crim. rej. 27 août 1875, aff. Yunck, Bull. crim., n° 285) ; — 10° Que l'accusé ne peut fonder un moyen de nullité sur ce qu'un juré connu sous deux noms (dans l'espèce Bernard dit Vétie) n'a été désigné que sous ce dernier nom, alors que la liste notifiée fournissait sur ledit juré des désignations telles qu'aucune incertitude n'était possible sur son individualité (Crim. rej. 31 mars 1887, aff. De Molen, D. P. 88. 1. 239) ; — 11° Que le défaut de concordance entre la signature apposée par le chef du jury au bas du verdict (Raynaud), et le nom qui lui est donné dans la notification de la liste des jurés (Reynaud) ne peut créer un moyen de nullité, lorsque, par l'indication des prénoms, de l'âge, de la qualité, du domicile, l'individualité du jury a été clairement déterminée, en sorte qu'aucune incertitude n'a pu entraver l'exercice du droit de récusation de l'accusé (Crim. rej. 4 août 1892, aff. Morino, D. P. 94. 1. 56) ; — 12° Que l'erreur commise dans le nom d'un juré par le procès-verbal du tirage au sort du jury de jugement, et par le président des assises, n'emporte pas nullité, si la différence entre le nom véritable, inscrit sur la liste notifiée, et celui qui a été mal orthographié à l'audience est peu caractérisée, et s'il n'a pu en ressortir aucune confusion susceptible de nuire à l'accusé dans l'exercice de son droit de récusation (Crim. rej. 16 janv. 1879, aff. Perrot, D. P. 79. 5. 112) ;

1527. Mais il y a nullité si l'accusé a pu être induit en erreur sur l'identité du juré dont le nom a été inexactement indiqué (Crim. cass. 23 mai 1850, aff. Dubuc-Rouan, Bull. crim., n° 165). Il en est ainsi, notamment, lorsqu'il existe entre le nom du juré porté sur la liste du jury de jugement et celui inscrit sur la notification de cette liste une différence telle que l'accusé n'a pu reconnaître la personnalité du juré, ni exercer son droit de récusation, par exemple, lorsqu'on a écrit « Grandparé (Jules) » au lieu de « Egiesquières (Jules-César) » (Crim. rej. 27 mars 1884, aff. Mohamed-ben-Saïd-ben-Hamoud Bull. crim., n° 110). — A plus forte raison, la circonstance que le nom d'un des trente jurés sur lesquels a été fait le tirage du jury de jugement n'a pas été porté sur la liste notifiée à l'accusé, ou en a été effacé par une rature non approuvée emporte nullité de ce tirage et de tout ce qui a suivi. (Crim. cass. 13 avr. 1854, aff. Rateau, D. P. 54. 5. 214).

§ 3. — Erreurs dans les prénoms (Rép. n°s 1712 et 1713).

1528. Ainsi qu'on l'a exposé au Rép., n°s 1712 et 1713, l'erreur commise dans la notification des prénoms n'entraîne pas nullité, lorsque les diverses énonciations ont pu éclairer l'accusé sur l'identité du juré (Crim. rej. 19 juill. 1832, aff. Benoit, Bull. crim., n° 271 ; 20 nov. 1873, aff. N..., D. P. 74. 5. 146 ; 28 nov. 1878, aff. Ternisien, Bull. crim., n° 225 ; 10 févr. 1881, aff. Tourbier, ibid., n° 33 ; 42 mars

1887, aff. Hémelot, ibid., n° 105). Jugé spécialement que l'énonciation, sur la liste notifiée à l'accusé, d'un prénom qui n'appartient pas au juré auquel on l'attribue n'est pas une cause de nullité, lorsque l'exploit de notification indique exactement le nom et les prénoms de ce juré (Crim. rej. 7 août 1851, aff. Doumerc, Bull. crim., n° 330). Il en est de même de l'omission, dans la notification de la liste des jurés, d'un des prénoms et du sobriquet avec lesquels un juré figurait dans la liste générale des jurés de l'arrondissement, lorsque, dans la liste notifiée, ce juré a été clairement désigné par son âge, sa qualité et sa résidence (Crim. rej. 4 août 1892, aff. Morino, D. P. 94. 1. 56). — Mais il a été jugé qu'il y a nullité si la liste du jury notifiée indique par leurs seules initiales les prénoms du juré (Crim. rej. 21 sept. 1848, aff. Gatineau, Bull. crim., n° 240).

§ 4. — Erreurs dans la mention de l'âge (Rép. n°s 1714 et 1715).

1529. Comme on l'a enseigné au Rép., n°s 1714 et 1715, l'erreur commise dans l'indication de l'âge n'est pas une cause de nullité, si, d'ailleurs, les autres données de l'exploit sont suffisantes pour enlever toute espèce de doute sur l'identité du juré. Addé : Crim. rej. 12 juill. 1833, aff. Lachassagne, Bull. crim., n° 268 ; 30 août 1849, aff. Ponsart, ibid., n° 226 ; 11 avr. 1850, aff. De Saint-Jean, D. P. 50. 5. 108 ; 13 mai 1852, aff. Bonnefond, D. P. 52. 5. 159 ; 4 déc. 1852, aff. Maigrot, Bull. crim., n° 391 ; 18 sept. 1873, aff. Gleize, Chiffre et autres, D. P. 73. 1. 490 ; 12 févr. 1874, aff. Barrière, Bull. crim., n° 45 ; 15 oct. 1874, aff. Mohamed-ben-Adda, ibid., n° 270 ; 8 mars 1877, aff. Belvaut, ibid., n° 81 ; 8 août 1878, aff. Nadau, ibid., n° 182 ; 25 août 1881, aff. Dauteau, ibid., n° 219 ; 14 juin 1883, aff. Marion, ibid., n° 145 ; 11 févr. 1886, aff. Barbier, ibid., n° 48 ; 17 déc. 1886, aff. Deltheil, ibid., n° 426.

1530. Jugé dans le même sens : 1° que l'âge de chaque juré transcrit sur la liste notifiée est légalement indiqué par la mention du nombre des années du juré, et que l'indication de la date de sa naissance n'est pas indispensable (Crim. rej. 3 mai 1851, aff. Michault, D. P. 51. 5. 138) ; — 2° Qu'il importe peu que le jour et le lieu de la naissance aient été inexactement indiqués, et que l'un des prénoms ait été omis dans la mention relative à un juré : si l'exploit fait connaître exactement l'année de la naissance, cette indication, jointe à celle du nom, du prénom et du domicile, suffit pleinement à établir l'identité (Crim. rej. 10 oct. 1863, aff. Regnault, D. P. 64. 5. 61).

1531. Mais, il a été jugé qu'il y a nullité, lorsque le père et le fils habitent la même commune, et que, sur la liste du jury notifiée à l'accusé, figure un individu auquel on attribue l'âge du fils et les prénoms du père, ou réciproquement (Crim. cass. 14 nov. 1850, aff. Brunet, Bull. crim., n° 379 ; 23 nov. 1850, aff. Carcault-Philippain, ibid., n° 394).

§ 5. — Erreurs dans la mention de la profession ou qualité (Rép. n°s 1716 à 1718).

1532. Selon ce qui a été dit au Rép., n°s 1716 et suiv., les erreurs relatives à la profession ne suffisent pas à faire annuler les débats et l'arrêt de condamnation, si aucun doute n'a pu exister sur l'identité du juré. Jugé, en conséquence : 1° que l'erreur dans l'indication de la profession d'un juré (marchand de bois, au lieu d'avoué) ne peut donner ouverture à cassation en l'absence de documents justificatifs, alors d'ailleurs qu'il n'est pas même allégué qu'une confusion ait pu en résulter par suite de l'existence d'individus du même nom dans la commune (Crim. rej. 6 juin 1861, aff. Humbert, D. P. 61. 5. 123) ; — 2° Que le défaut d'indication, sur la liste signifiée à l'accusé, d'une profession accessoire d'un juré, dont la connaissance aurait pu déterminer l'accusé à le récuser, n'est pas une cause de nullité, si l'ensemble des indications relatives à ce juré ne laisse aucun doute sur son identité (Crim. rej. 23 avr. 1863, aff. Regnault, D. P. 64. 5. 81) ; — 3° Que la circonstance que deux frères portés tous les deux sur la liste du jury ont été désignés comme maîtres de forges, alors que l'aîné seul est patenté en cette qualité, ne peut cependant être considérée comme ayant pu produire une confusion nuisible à l'exercice du droit de récusation de l'accusé, si, en fait, les

deux frères, habitant ensemble, s'occupent également de l'exploitation, et sont pour ce motif désignés l'un et l'autre dans le public comme maîtres de forges (Crim. rej. 10 déc. 1863, aff. Humbert, D. P. 64. 5. 81) ; — 4° Qu'aucune nullité ne peut résulter de ce que, dans la liste de session notifiée aux accusés, se trouve une indication erronée de la profession d'un juré, si cette erreur n'était pas de nature à jeter un doute sérieux sur l'identité de ce juré, et à mettre obstacle à l'exercice du droit de récusation (Crim. rej. 24 déc. 1874, aff. Lajus, Bull. crim., n° 318 ; 28 mai 1875, aff. Maillot et autres, D. P. 76. 1. 140-141 ; 20 janv. 1881, aff. Petit et Duloux, Bull. crim., n° 15 ; 24 sept. 1885, aff. Boutet, ibid., n° 206; 3 févr. 1887, aff. Charaval et autres, ibid., n° 39).

§ 6. — Erreurs dans l'indication du domicile (Rép. n°s 1719 à 1721).

1533. Ici encore, comme on l'a exposé au Rép., n°s 1719 et suiv., la nullité n'est pas encourue si l'identité du juré reste certaine d'après les autres indications de l'exploit de notification (Crim. rej. 3 févr. 1853, aff. Simon, Bull. crim., n° 45 ; 3 sept. 1863, aff. François, D. P. 63. 5. 101 ; 12 déc. 1867, aff. Terruil de Bernin, Bull. crim., n° 253 ; 15 juill. 1875, aff. Puech, ibid., n° 229 ; 8 nov. 1883, aff. Joineta ud, ibid., n° 244 ; 15 janv. 1885, aff. Lavigne et autres, ibid., n° 25 ; 29 déc. 1883, aff. Pinsat, ibid., n° 299). — Jugé spécialement : 1° qu'on ne peut tirer nullité de la désignation inexacte du domicile d'un des jurés notifiés à l'accusé, si le nom de ce juré n'est pas sorti de l'urne lors du tirage du jury de jugement, et si ce tirage a été fait sur une liste de trente jurés idoines, indépendamment de ce juré (Crim. rej. 24 déc. 1863, aff. Carlier, D. P. 64. 5. 81) ; — 2° Que la notification de la liste des jurés n'est pas viciée par l'erreur résultant de la fausse indication d'une ville où réside un juré qui exerce les fonctions de directeur des contributions du département (Crim. rej. 9 août 1867, aff. Yunk, Bull. crim., n° 186).

1534. Mais, il a été jugé, au contraire : 1° que la notification à l'accusé de la liste des jurés est nulle lorsque l'un d'eux est indiqué comme ayant son domicile dans une commune où il n'est réellement point domicilié, et qu'il se trouve, dans cette commune, un citoyen du même nom (Crim. cass. 15 nov. 1849, aff. Daru, Bull. crim., n° 301) ; — 2° Que de nombreuses erreurs se trouvant dans la liste notifiée relativement aux demeures des jurés sont une cause de nullité (Crim. rej. 23 mai 1850, aff. Duluc-Ronny, Bull. crim., n° 165).

Art. 7. — Omissions commises quant aux prénoms, âge, profession, domicile des jurés (Rép. n°s 1722 à 1729).

1535. L'omission, comme l'erreur, a-t-on dit au Rép., n°s 1722 et suiv., est une cause de nullité, si l'identité du juré en devient douteuse, mais dans ce cas seulement. Jugé, en conséquence, que le demandeur en cassation ne peut se prévaloir de l'absence d'indication de l'âge des jurés, lorsque cette omission n'a pu être d'aucune influence sur l'exercice du droit de récusation et que, d'ailleurs, il n'apparaît pas qu'aucun juré fût âgé de moins de trente ans (Crim. rej. 10 juill. 1873, aff. Houbre, Bull. crim., n° 186). Un autre arrêt (Crim. rej. 9 avr. 1892, aff. Anxionnaz, Bull. crim., n° 105) décide même, en thèse générale, que l'absence de l'indication de l'âge des jurés n'est pas opérante, la loi ne prononçant aucune nullité pour défaut d'énonciation de l'âge des jurés dans la signification de la liste aux accusés.

Sect. 4. — Du mode de formation du tableau des douze jurés (Rép. n°s 1730 à 1780).

Art. 1er. — De l'appel des jurés, de la nécessité, du mode et des effets du tirage au sort (Rép. n°s 1731 à 1750).

1536. Comme le Répertoire l'indique au n° 1731, la première formalité à remplir pour constituer le tableau des douze jurés consiste dans l'appel de tous les jurés en état de siéger. Cette formalité, prescrite par l'art. 399 c.

instr. crim., relative à la formation du jury de jugement, est substantielle et prescrite à peine de nullité (Crim. cass. 14 sept. 1829, aff. Suzini, Bull. crim., n° 211). Il y aurait également nullité si un juré venait à être omis lors des opérations de l'appel. Ainsi lorsque, par suite des dispenses ou excuses admises par une cour d'assises, le nombre des jurés titulaires s'est trouvé réduit à trente et un, et que cependant l'appel n'a porté que sur trente noms, il y a lieu de conclure de ces constatations que l'un des jurés retenus sur la liste a été omis ou éliminé sans cause légitime, et que cette omission, privant l'accusé d'un des jurés qui lui étaient définitivement acquis, est une cause de nullité (Crim. cass. 18 févr. 1886, aff. Cailloux, Bull. crim., n° 59).

1537. Conformément au principe exposé au Rép., n°s 1732 et suiv., il faut, pour que le tableau du jury de jugement soit légalement composé, qu'il y ait au minimum trente jurés présents. A cet égard, il a été jugé : 1° que le tableau du jury de jugement n'est pas nul, parce qu'il a été formé sur une liste de jurés parmi lesquels se trouvait un incapable, lorsque cette liste comprenait un nombre de jurés supérieur à trente, nombre strictement nécessaire (Crim. rej. 23 févr. 1821, aff. Bouclet, Bull. crim., n° 47 ; 19 déc. 1839, aff. Card, ibid., n° 384 ; 18 mai 1850, aff. Jouhaye, ibid., n° 362 ; 13 mai 1852, aff. Bonnefond, ibid., n° 154) ; — 2° Qu'un juré supplémentaire a pu être régulièrement appelé, bien que, par suite d'une erreur matérielle, le procès-verbal de tirage au sort du jury constate que ce tirage a eu lieu sur le nombre de trente jurés ordinaires, si le résultat des arrêts de la cour que le nombre des jurés ordinaires non excusés ni dispensés n'était que de vingt-neuf (Crim. rej. 12 oct. 1849, aff. Gérard, D. P. 51. 5. 137) ; — 3° Que, lorsque vingt-six jurés titulaires seulement se présentent au tirage au sort du jury de jugement, c'est à bon droit que les noms des quatre jurés supplémentaires sont mis dans l'urne, alors même qu'au jour de l'ouverture de la session vingt-sept titulaires auraient répondu (Crim. rej. 16 août 1872, aff. Zerroug-ben-Si-Belkassem, Bull. crim., n° 219) ; — 4° Qu'il n'y a pas lieu de remplacer séance tenante, par un juré supplémentaire, le juré dont le nom a été rayé pour cause de décès, lorsque, au jour du jugement, les jurés titulaires sont présents au nombre de plus de trente (Crim. rej. 29 nov. 1877, aff. Audouy, D. P. 78. 1. 443) ; — 5° Que, lorsque le nom d'un juré cité comme témoin, nom qui devait être retiré de l'urne, y a été laissé par inadvertance et est tombé au sort, ce juré ayant d'ailleurs été récusé par la défense, il n'y a pas là une cause de nullité, si d'une part le tirage au sort a été opéré sur une liste de trente-quatre jurés idoines, non compris le juré cité comme témoin, et si, d'autre part, aucune atteinte n'a pu être portée au droit de récusation, l'accusé n'ayant pas épuisé son droit (Crim. rej. 6 janv. 1881, aff. Edouard, Bull. crim., n° 2) ; — 6° Qu'aucune nullité ne résulte de ce que le défenseur désigné à l'accusé figure comme troisième juré supplémentaire sur la liste du jury de session, si le tirage au sort du jury de jugement a eu lieu sur une liste de trente-trois jurés titulaires présents (Crim. rej. 20 déc. 1883, aff. Vincent, Bull. crim., n° 287) ; — 7° Que, pour la validité de la formation du jury de jugement, il suffit que trente jurés capables soient inscrits sur la liste notifiée; qu'il n'est pas nécessaire que le magistrat, qui procède au tirage, énonce la cause d'absence ainsi que les dispenses et les excuses concernant les jurés absents, excusés ou dispensés (Crim. rej. 18 juill. 1885, aff. Martinaud, Bull. crim., n° 220) ; — 8° Que la loi n'exigeant, au moment du tirage, que la présence de trente jurés titulaires, et cet effet étant atteint, il n'appartient pas à l'accusé, du moment où ce nombre est atteint, de tirer grief de l'absence des autres (Crim. rej. 25 févr. 1887, aff. Redon, Bull. crim., n° 78) ; — 9° Que l'appel des jurés supplémentaires au moment du tirage du jury n'est point nécessaire, lorsqu'il est constaté qu'à ce moment il y avait plus de trente jurés ordinaires présents, non excusés, ni dispensés (Crim. rej. 26 févr. 1874, aff. Moulins et autres, Bull. crim., n° 62).

1538. Par contre, il a été jugé : 1° que le tirage au sort du jury de jugement ne peut se faire sur une liste de moins de trente jurés, sans entraîner une nullité qui ne peut être couverte ni par la demande de l'accusé, ni par le consentement du ministère public (Crim. cass. 11 janv. 1838, aff. Bousquet, Bull. crim., n° 10; 12 janv. 1871, aff. Thomas, ibid.,

n° 7 ; 21 avr. 1882, aff. Darbella, *ibid.*, n° 101) ; — 2° Que, lorsque deux jurés, faisant partie du nombre des trente et un jurés sur lequel a été formée la liste du jury de jugement, sont l'un âgé de moins de trente ans, l'autre revêtu des fonctions de juge de paix, le jury de jugement n'est pas valablement formé, la liste sur laquelle il a été pris se trouvant composée de moins de trente jurés capables (Crim. cass. 22 juin 1843, aff. Bochin, *Bull. crim.*, n° 153) ; — 3° Que le nombre de trente jurés ayant la capacité requise est nécessaire pour la formation de la liste du jury de jugement, et qu'il y a nullité lorsqu'un des trente jurés qui ont participé au tirage a déposé comme témoin dans l'instruction (Crim. cass. 5 mai 1887, aff. Mayer, *Bull. crim.*, n° 172) ; — 4° Que, lorsque dans les noms des trente jurés déposés dans l'urne pour le tirage du jury, il s'en trouve un qui n'appartient à aucun des jurés de la session, le tirage est radicalement nul comme ayant été effectué avec vingt-neuf jurés idoines seulement (Crim. cass. 19 mars 1887, aff. Bezzi, D. P. 88. 5. 148).

1539. C'est au président ou, en cas d'empêchement, au magistrat qui doit présider à sa place, qu'il appartient de procéder au tirage au sort du jury (*Rép.* n° 1744). Jugé qu'un magistrat qui a participé à l'arrêt de mise en accusation ne peut, dans la même affaire, s'occuper du tirage au sort du jury (Crim. 9 févr. 1882, aff. Mustapha ben Zahal, *Bull. crim.*, n° 39).

1540. Il a été dit au *Rép.*, n° 1746, que le tableau des douze jurés se forme par l'inscription que fait le greffier des douze premiers noms sortis de l'urne. Jugé, en conséquence : 1° que le membre du jury, dont le nom est tiré de l'urne après qu'il en est déjà sorti douze noms de jurés non récusés, n'a pas le caractère de juré et ne peut prendre part au jugement ; qu'ainsi il y a nullité des débats lorsque, en remplacement d'un juré sorti huitième et nominativement déclaré non récusé, on a admis un treizième pour prendre part aux débats et à la déclaration (Crim. cass. 14 sept. 1821, aff. Brocard, *Bull. crim.*, n° 149) ; — 2° Que l'indication, au moyen d'une surcharge faite sur un grattage, du nom de l'un des jurés appelés à composer le jury de jugement entraîne, à défaut d'un approuvé, la nullité de l'opération du tirage du jury et, par suite, celle des débats et de la condamnation (Crim. cass. 27 sept. 1855, aff. Veuve Papillard, D. P. 55. 5. 430).

1541. Bien que le tirage au sort doive se faire sans interruption, ainsi qu'on l'a exposé au *Rép.*, n° 1747, il a été jugé : 1° que la cour d'assises, lorsqu'elle s'aperçoit que le tirage, auquel elle procède, s'effectue sur une liste réduite à moins de trente, agit régulièrement en annulant l'opération commencée, la nullité ne pouvant être couverte par aucun moyen (Crim. rej. 18 avr. 1861, aff. Paoli, D. P. 61. 5. 126) ; — 2° Que la cour d'assises peut, sans excéder ses pouvoirs, ni violer aucun texte de loi, annuler le tirage du jury de jugement et ordonner un nouveau tirage, lorsqu'elle constate que sur le tableau du jury figure un juré cité comme témoin et incapable, à ce titre, d'exercer ses fonctions (Crim. rej. 18 avr. 1885, aff. Reboul, *Bull. crim.*, n° 113).

Art. 2. — *De la présence de l'accusé et de son défenseur*
(*Rép.* n°s 1751 à 1755).

1542. La présence de l'accusé est absolument obligatoire au moment de l'appel des jurés et du tirage au sort (V. *Rép.* n° 1751). Il a été jugé, en conséquence : 1° qu'il y a nullité de la formation du jury de jugement et de l'arrêt de condamnation, lorsqu'il n'est pas constaté que l'accusé a été présent au moment où les noms des jurés ont été mis dans l'urne ou lors de l'appel qui en a été fait ; et la nullité du tirage et des débats doit être prononcée lorsqu'il résulte du procès-verbal que les noms des jurés non excusés ni dispensés se trouvaient déjà dans l'urne lors de l'introduction de l'accusé dans la salle où le tirage s'est effectué (Crim. cass. 21 févr. 1878, aff. Sigayret, D. P. 78. 1. 477 ; 6 juin 1890, aff. Molinier, D. P. 90. 1. 492) ; — 2° Qu'il y a nullité, quand il est établi que l'accusé n'était pas présent à l'appel des jurés, alors même que, pendant l'appel, les portes seraient restées ouvertes et que l'accusé aurait pu entendre du dehors ce qui se passait à l'intérieur de la salle où était

fait l'appel (Crim. cass. 14 févr. 1884, aff. Maret, *Bull. crim.*, n° 37).

1543. Il résulte des explications fournies au *Rép.*, n°s 1753 à 1756, que, depuis la revision du code d'instruction criminelle en 1832, le conseil de l'accusé ayant été admis à exercer lui-même les récusations, sa présence au moment du tirage est permise, mais simplement facultative. Aussi a-t-il été jugé : 1° que l'absence du conseil de l'accusé, lors du tirage du jury de jugement n'entraîne pas la nullité de ce tirage (Crim. rej. 31 mars 1842, aff. Aldige, *Bull. crim.*, n° 75 ; 13 janv. 1853, aff. Rigault, *ibid.*, n° 14) ; — 2° Que le défenseur de l'accusé, celui nommé d'office notamment, a le droit d'assister celui-ci au tirage du jury, et d'exercer, concurremment avec lui, telles récusations qu'ils jugeront convenables ; mais que, l'exercice de ce droit étant entièrement facultatif, il ne peut résulter aucune nullité de l'abstention volontaire du conseil en ce point (Crim. rej. 9 déc. 1869, aff. Altemeyer, D. P. 70. 5. 97 ; 10 sept. 1891, aff. Frayard, *Bull. crim.*, n° 185).

1544. Quant à la personne citée comme civilement responsable, on a jugé que la loi ne prescrit par aucune de ses dispositions son assistance au tirage du jury, cette assistance étant d'ailleurs sans objet, puisque le droit de récusation n'est accordé qu'à l'accusé et au ministère public (Crim. rej. 29 janv. 1886, aff. Mivielle et autres, *Bull. crim.*, n° 35).

Art. 3. — *De la présence et du concours de la cour d'assises*
(*Rép.* n°s 1756 à 1762).

1545. La question de savoir si la cour d'assises doit assister aux opérations du tirage au sort des jurés devant composer le jury de jugement a fait l'objet d'une controverse sérieuse parmi les auteurs, controverse rappelée au *Rép.*, n°s 1756 et suiv. MM. Nouguier (t. 2, n° 1397) ; Le Sellyer (t. 1, n° 425) ; Garraud (p. 646) et Trébutien (t. 2, n° 548), enseignent la négative. M. Faustin Hélie (t. 7, n° 3238) estime au contraire qu'il est plus conforme à l'esprit et au texte du code que la cour d'assises entière préside à cette opération. Aujourd'hui, la jurisprudence de la cour de cassation consacre ce principe : d'une part, que la présence de la cour n'est pas indispensable, quand il n'y a pas de réclamations formulées contre les opérations de la formation du tableau ; d'autre part, que la présence des assesseurs ne saurait être une cause de nullité. Ainsi jugé : 1° que la présence, comme assesseur, à la formation du jury de jugement, d'un conseiller qui avait participé à l'arrêt de mise en accusation, ne saurait être une cause de nullité, quand, aucun incident ne s'étant élevé lors de cette formation, le concours de la cour d'assises, dont faisait partie ledit conseiller, n'est pas devenu nécessaire et que le président seul a procédé à cette opération (Crim. rej. 18 avr. 1845, aff. Antenet, *Bull. crim.*, n° 141) ; — 2° Que, bien que le président soit seul compétent pour ne pas comprendre dans le tirage du jury de jugement un juré qui a un motif d'incompatibilité pour une affaire dans laquelle il a été témoin et expert, cependant l'intervention de la cour d'assises présentant à l'accusé une garantie de plus, ce dernier ne peut s'en faire un moyen de cassation (Crim. rej. 7 juill. 1847, aff. Dermingat, *Bull. crim.*, n° 153) ; — 3° Que la citation de jurés comme témoins dans une affaire entraînant de droit leur retranchement de la liste pour le tirage du jury de jugement, le président peut régulièrement opérer ce retranchement sans le concours de la cour d'assises (Crim. rej. 20 mars 1863, aff. Heutte et Delay, D. P. 65. 5. 96) ; — 4° Qu'il n'est pas exigé que les assesseurs soient présents lors du tirage au sort des jurés de jugement ; que, par suite, le défaut d'assistance des assesseurs, à ce tirage, ne peut être relevé comme une irrégularité, alors qu'aucun incident n'a rendu nécessaire l'intervention de la cour d'assises (Crim. rej. 31 mai 1867, aff. Laffond, D. P. 68. 5. 112) ; — 5° Que, lorsqu'il y a lieu de compléter la liste des trente jurés en appelant les jurés supplémentaires dans l'ordre de leurs inscriptions sur la liste de la session, il peut être procédé à cette formalité par le président de la cour d'assises, sans l'assistance des assesseurs (Crim. rej. 24 déc. 1874, aff. Lajus, *Bull. crim.*, n° 318) ; — 6° Que la formation du jury de jugement peut être faite, non par la cour d'assises, mais par le président de la cour, en présence du ministère pu-

blic, du greffier et de l'accusé, et sans que la présence des assesseurs soit nécessaire (Crim. rej. 7 janv. 1886, aff. Vaissetter, *Bull. crim.*, n° 1).

Art. 4. — *De la publicité* (*Rép.* n°ˢ 1763 à 1767).

1546. Bien que l'art. 399 c. instr. crim. porte que l'appel des jurés et le tirage au sort doivent avoir lieu avant l'ouverture de l'audience, la jurisprudence de la cour de cassation, rappelée au *Rép.*, n°ˢ 1763 à 1766, a admis qu'il était facultatif de procéder à ces deux opérations en audience publique ou en chambre du conseil. D'où la conséquence : 1° que la publicité, qui est une condition essentielle de la régularité des débats, n'est pas nécessaire, à peine de nullité, pour l'opération du tirage au sort du jury de jugement (Crim. rej. 18 avr. 1867, aff. Ferey, D. P. 68. 1. 44-45 ; 26 janv. 1854, aff. Chaboy, D. P. 54. 5. 215) ; — 2° Que le tirage du jury effectué en audience publique constitue un acte d'administration judiciaire n'intéressant pas les droits de la défense, et non susceptible d'être soumis au contrôle de la cour de cassation (Crim. rej. 5 juill. 1888, aff. Calvet, *Bull. crim.*, n° 231). — Mais il a été jugé, d'un autre côté, qu'il ne résulte aucune nullité de ce que le tirage du jury a eu lieu à l'audience publique de la cour et non avant l'audience publique, selon le vœu de l'art. 399 c. instr. crim., et que l'accusé ne peut se plaindre de cette publicité qui lui assure une garantie de plus (Crim. rej. 14 sept. 1865, aff. Jouan, *Bull. crim.*, n° 182 ; 11 mai 1872, aff. Gilbert Montel, *ibid.*, n° 114 ; 27 mai 1875, aff. Bouriant, *ibid.*, n° 162 ; 4 nov. 1882, aff. Lafontaine, *ibid.*, n° 237).

Art. 5. — *De l'irrégularité de la désignation des jurés, et des différences entre les noms tirés au sort et ceux de la liste notifiée à l'accusé* (*Rép.* n°ˢ 1768 à 1780).

1547. L'irrégularité de la désignation des jurés peut porter, avons-nous dit au *Rép.*, n° 1768, soit sur les prénoms, soit sur les noms, soit sur les professions ou le domicile. Dans tous les cas, la nullité ne peut être encourue qu'autant que l'identité du juré est atteinte.

1548. — 1° *Prénoms* (*Rép.* n°ˢ 1769 et 1770). — Jugé que l'omission, dans le procès-verbal du tirage du jury de jugement, des prénoms, âge et domicile d'un juré qui a été désigné sous son nom patronymique, n'est pas une cause de nullité, lorsque l'accusé n'a pu être induit en erreur sur l'identité d'aucun des jurés présents, à l'appel desquels il a d'ailleurs assisté (Crim. rej. 3 avr. 1884, aff. Guichard, *Bull. crim.*, n° 126).

Décidé, au contraire, que l'on doit annuler l'arrêt de la cour d'assises, ainsi que les débats qui l'ont précédé et la déclaration du jury, lorsqu'il y a deux jurés portant le même nom et des prénoms différents, si, par suite d'une erreur relative à l'un d'eux, ils figurent sous le même prénom sur les bulletins destinés au tirage au sort du jury de jugement, ce qui rend incertaine l'identité du juré qui a siégé (Crim. cass. 28 nov. 1889, aff. Ahmed-ben-el-Hadj-Mohamed, *Bull. crim.*, n° 365).

1549. — 2° *Noms* (*Rép.* n°ˢ 1771 à 1776). — Il a été jugé : 1° que, lorsque deux jurés du même nom figurent sur la liste du jury de session et que l'un d'eux a été excusé, le procès-verbal du tirage du jury de jugement peut ne pas contenir des indications explicites sur celui des deux homonymes maintenu sur la liste ; l'appel fait avant le tirage suffisant pour mettre l'accusé à même d'exercer utilement son droit de récusation sur celui des deux homonymes maintenu sur la liste et ayant concouru seul au tirage (Crim. rej. 18 nov. 1859, aff. Labouré, *Bull. crim.*, n° 252) ; — 2° Que l'accusé ne peut se faire grief de ce que le nom d'un des jurés n'aurait pas été reproduit exactement sur le tableau du jury de jugement, tel qu'il figurait sur la liste de session dûment notifiée, si aucun doute n'a pu s'élever sur l'identité de ce juré et si, par suite, il n'a pu être porté atteinte à l'exercice du droit de récusation (Crim. rej. 2 janv. 1874, aff. Taurisson, *Bull. crim.*, n° 4 ; 16 janv. 1879, aff. Perrod, D. P. 79. 5. 112 ; 12 févr. 1880, aff. Bastien, *Bull. crim.*, p. 46).

Mais on a décidé : 1° que, lorsque deux jurés du même nom sont portés sur la liste de session, le procès-ver-

bal du tirage du jury doit, à peine de nullité, constater toutes les indications nécessaires à l'identité du juré désigné pour faire partie du jury de jugement, de manière que l'accusé ne puisse pas être induit en erreur dans l'exercice de son droit de récusation (Crim. cass. 17 mars 1854, aff. Gilbert, *Bull. crim.*, n° 74 ; 16 mars 1865, aff. Langlois, *ibid.*, n° 64 ; 11 mai 1866, aff. Glenadel, *ibid.*, n° 133 ; 6 juill. 1882, aff. Peyre et Pierrard, D. P. 83. 1. 184) ; — 2° Que le jury de jugement n'est pas valablement constitué, quand le procès-verbal qui en constate la formation laisse incertaine la personnalité d'un juré, en le désignant sous un nom qui ne se trouve sur aucune liste (Crim. cass. 9 nov. 1871, aff. Caullet, *Bull. crim.*, n° 144) ; — 3° Que, lorsque le procès-verbal du tirage au sort du jury de jugement désigne un des jurés tombé au sort sous le nom de *Peyreau*, nom qui ne figure pas sur la liste du jury de session, où se trouvent le nom d'un sieur *Perrault* celui d'un sieur *Peyneau*, l'incertitude qui en résulte sur l'identité du juré désigné par le sort emporte nullité (Crim. cass. 19 janv. 1883, aff. Simard et autres, *Bull. crim.*, n° 12) ; — 4° Qu'il y a nullité, lorsque le procès-verbal du tirage du jury de jugement indique un juré sous un nom qui ne figure pas sur la liste notifiée à l'accusé (Crim. cass. 1er avr. 1886, aff. Duc, *Bull. crim.*, n° 137).

1550. — 3° *Professions, qualités, domicile* (*Rép.* n°ˢ 1777 à 1780). — Il ne résulte aucune nullité de ce que la liste insérée au procès-verbal du tirage ne contient pas toutes les mentions de la copie signifiée à l'accusé, si le nom de famille et la résidence constatés au procès-verbal permettent à l'accusé d'exercer le contrôle indispensable pour son droit de récusation (Crim. rej. 5 juill. 1872, aff. Renoux, *Bull. crim.*, n° 164).

Sect. 5. — De la composition du tableau des douze jurés (*Rép.* n°ˢ 1781 à 1851).

Art. 1er. — *De la composition du tableau en général* (*Rép.* n°ˢ 1781 à 1794).

1551. Il a été dit au *Rép.*, n° 1784, que, pour être porté sur le tableau des douze jurés, tout juré doit au préalable avoir figuré sur la liste de session notifiée à l'accusé, ou être appelé en remplacement d'un juré manquant, à peine de nullité des débats et de la déclaration du jury. Ainsi, lorsque parmi les noms des trente jurés placés dans l'urne pour le tirage du jury il s'en trouve un qui n'appartient à aucun des jurés de la session, le tirage est radicalement nul comme ayant été effectué avec vingt-neuf jurés idoines seulement. La constitution du jury est également viciée lorsque, au lieu du juré étranger à la session dont le nom, introduit par hasard dans l'urne, est sorti au tirage, le président des assises appelle à figurer dans le jury de jugement celui des jurés de la session dont cet étranger paraît avoir pris la place. Ces irrégularités, portant sur des formations substantielles, ne peuvent être couvertes par le consentement du ministère public, des accusés ou de leurs défenseurs. La liste du jury s'étant trouvée dans ces circonstances entachée d'un vice radical au moment de sa formation, la nullité affecte tous les débats et l'arrêt qui en a été la conséquence, alors même que le juré irrégulièrement introduit dans la liste de service aurait été excusé au cours des débats et remplacé par un juré supplémentaire dont l'adjonction aurait été régulièrement ordonnée (Crim. cass. 19 mars 1887, aff. Bezzi, D. P. 88. 5. 146).

1552. Conformément aux principes adoptés au *Rép.*, n°ˢ 1788 et suiv., en ce qui concerne le droit qu'ont les jurés absents et excusés ou dispensés de figurer dans les jurys de jugement, il a été jugé : 1° que le juré condamné à l'amende pour n'avoir pas répondu à l'appel de son nom, et qui, présent au moment du tirage, a été, le même jour, compris sans réclamation dans le jury de jugement, a pu valablement faire partie de ce jury quoique n'ayant pas encore été relevé de l'amende, si l'arrêt prononçant cette amende n'avait ordonné ni la radiation dudit juré, ni son remplacement (Crim. rej. 8 sept. 1864, aff. Neau, D. P. 65. 1. 147) ; — 2° Que le nom d'un juré dont l'excuse aurait été admise par la cour a pu être mis dans l'urne s'il s'est représenté au moment du tirage au sort, la cour ayant d'ailleurs rapporté son arrêt (Crim. rej. 22 févr. 1872, aff. Giovenoni et autres,

Bull. crim., n° 43). — Il en serait autrement, bien entendu (*Rép.* n° 1790), si le nom du juré de remplacement avait seul été notifié à l'accusé.

1553. Quant au droit que peut avoir l'accusé de se pourvoir contre les opérations du tirage au sort, il a été jugé : 1° qu'un accusé ne peut, s'il n'attaque pas directement la régularité du tirage, demander le rapport au greffe de la cour de cassation du procès-verbal du tirage, dans le but de procéder à une vérification qu'il a pu faire, soit avant, soit après les débats et le jugement (Crim. cass. 28 avr. 1862, aff. Artaud, D. P. 62. 5. 93) ; — 2° Que, de même, l'accusé ne peut demander l'apport devant la cour de cassation de la liste des jurés, absente du dossier, qui a servi à former le tableau du jury de jugement, si cette liste est suppléée par l'original de l'exploit de notification de la liste du jury de session, dont il ne conteste pas avoir reçu une copie régulière qui lui a permis de vérifier la légalité de la composition du jury (Crim. rej. 17 janv. 1862, aff. Lecomte, D. P. 65. 5. 100) ; — 3° Que l'accusé acquitté est sans intérêt et, par suite, non recevable à alléguer la composition irrégulière du jury, sur son pourvoi contre l'arrêt le condamnant à des dommages-intérêts (Crim. rej. 16 avr. 1874, aff. Cournil, *Bull. crim.*, n° 115).

Art. 2. — *Du nombre des jurés* (*Rép.* n°⁵ 1795 à 1798).

1554. V. *Rép.* n°⁵ 1795 et suiv.

Art. 3. — *De l'irrévocabilité du tableau des jurés*
(*Rép.* n°⁵ 1799 à 1813).

1555. On a exposé au *Rép.*, n°⁵ 1799 et suiv. le principe de l'irrévocabilité du tableau des jurés, en vertu duquel les jurés désignés par le sort, sans opposition de la part de l'accusé ni du ministère public, sont définitivement acquis à l'accusé. Jugé, en ce sens : 1° que la composition du jury de jugement est substantielle, et que, dès que le jury est constitué par un tirage régulier, il l'est irrévocablement, et ne peut être annulé qu'autant qu'il y aurait impossibilité de réparer autrement une erreur commise (Crim. cass. 14 déc. 1854, aff. Pouderoux, *Bull. crim.*, n° 341; 16 juin 1855, aff. Everling, *ibid.*, n° 215; 18 juill. 1856, aff. Mageras, *ibid.*, n° 255) ; — 2° Que, dans le cas où, au milieu de l'opération du tirage du jury, commencée sur un nombre plus que suffisant de jurés présents, le président amène le nom d'un juré dispensé et absent qu'une erreur avait fait mettre dans l'urne, il y a lieu seulement de tenir ce nom pour non avenu et d'achever le tirage comme si l'incident ne s'était pas produit ; que, dès lors, si la cour d'assises fait à tort recommencer le tirage, il y a nullité de la composition du jury, l'accusé se trouvant privé de jurés qui lui étaient régulièrement acquis (Crim. cass. 20 juin 1867, aff. Lebraud, D. P. 67. 1. 443) ; — 3° Que, hors les cas d'incompatibilité ou d'incapacité prévus par la loi, ou de dispenses ou d'excuses proposées par eux, les jurés présents sont acquis, sauf le droit de récusation du ministère public et de l'accusé, et que la cour d'assises ne peut, sur les réquisitions du ministère public, retrancher du tirage des jurés qui seraient ou créanciers de la faillite de l'accusé ou administrateurs de la société dont il était le gérant (Crim. cass. 24 sept. 1868, aff. Gréhen, *Bull. crim.*, n° 213).

1556. Mais on a jugé que le fait du président d'avoir mal à propos annulé un tirage commencé, et d'avoir ensuite, pour réparer son erreur, repris dans l'urne les noms qu'il y avait remis, maintenant ainsi le commencement de ce tirage et le continuant jusqu'à la fin comme si l'incident n'avait pas eu lieu, n'a pu apporter aucun préjudice à la défense, ni au droit de récusation de l'accusé, et par suite ne peut donner lieu à cassation (Crim. cass. 19 juin 1862, aff. Afaux, D. P. 62. 5. 94).

1557. On a indiqué au *Rép.*, n°⁵ 1802 à 1813, les exceptions que comporte le principe de l'irrévocabilité du tableau des jurés. Faut-il ranger parmi les exceptions le cas où des débats commencés seraient repris pour faire disparaître des actes de procédure vicieuse? Dans cette hypothèse, y a-t-il lieu de constituer un nouveau jury, ou doit-on garder le jury primitivement formé? La cour de cassation, sauf dans un arrêt rapporté *ibid.*, n° 1812, a toujours décidé qu'il

n'y a pas lieu de constituer un nouveau jury. Jugé, en ce sens, que l'annulation pour une cause quelconque et même pour cause de composition irrégulière de la cour, des débats commencés devant la cour d'assises, ne peut porter atteinte à la formation du jury, lorsqu'elle a été régulièrement effectuée (Crim. rej. 8 sept. 1864, aff. Neau, D. P. 65. 1. 147).

Toutefois, la mesure prise par le président, pour réparer l'irrégularité résultant du défaut d'avertissement à l'accusé sur son droit de récusation, de recommencer le tirage du jury bien qu'il eût été effectué en entier, n'emporte pas nullité, si l'accusé et son conseil, loin de s'y opposer, y ont formellement consenti (Crim. rej. 10 janv. 1861, aff. Volant, D. P. 61. 1. 233).

1558. Dans le cas du renvoi de l'affaire à un autre jour de la session, que faut-il décider au point de vue de l'irrévocabilité du tableau des jurés? Un point certain, en doctrine et en jurisprudence, c'est qu'il n'est pas permis, si le tirage du jury de jugement a eu lieu avant le renvoi, d'indiquer l'affaire pour un autre jour de la même session, à moins que les parties n'y consentent. La cour doit alors, sous peine de nullité, renvoyer l'affaire à une session ultérieure. Si, au contraire, les parties consentent au renvoi de l'affaire à un autre jour de la session, ce renvoi devient régulier. — Mais que devient alors le tableau des douze jurés? M. Nougier (t. 2, n° 1430) répond ainsi à cette question : « Son remplacement est facultatif comme son maintien, et nul ne peut s'en plaindre puisque le choix fait, entre les deux partis à prendre, est le résultat de la volonté de tous. L'on peut donc considérer le jury comme définitivement formé, et, le jour de la nouvelle audience venu, faire prendre séance aux douze membres qui le composent, pour procéder avec eux aux débats et au jugement. On peut, au contraire, donner à l'ordonnance de renvoi une sorte de vertu rétroactive; en faire remonter l'effet jusqu'à la formation du tableau et procéder, lors de la nouvelle audience, à un second tirage, comme si le premier n'avait pas eu lieu. Ce dernier mode est celui plus généralement suivi, et c'est, selon moi, le mode à préférer ». (Conf. Le Sellyer, *Compétence et organisation*, t. 1, n° 313).

Art. 4. — *Du chef du jury* (*Rép.* n°⁵ 1814 à 1827).

1559. Il résulte des explications fournies au *Rép.*, n°⁵ 1819 et suiv., que le chef du jury, premier juré désigné par le sort, peut se faire remplacer par un autre juré, et que ce choix n'est assujetti à aucune formalité autre que le consentement du juré désigné par ses collègues. Jugé, en conséquence: 1° que, l'art. 342 c. instr. crim. ne déterminant ni le lieu ni le moment où les jurés pourront, dans la forme qu'il indique, remplacer le chef du jury désigné par le sort, les jurés ont pu procéder à ce remplacement en audience publique et avant le serment, au lieu d'y procéder en chambre du conseil; qu'au surplus, dût-on voir une irrégularité dans ce mode de procéder, il n'en résulterait pas, à défaut de sanction dans l'art. 342, une cause de nullité des débats (Crim. rej. 12 janv. 1860, aff. Lemoine, D. P. 60. 5. 93); — 2° Qu'il n'est pas nécessaire, à peine de nullité, que la déclaration du jury constate que le remplacement par l'un des jurés du chef du jury a eu lieu du consentement de ce dernier (Crim. rej. 8 juin 1849, aff. Bachelet, *Bull. crim.*, n° 132); — 3° Que la preuve que les fonctions de chef du jury ont été remplies par le juré désigné le premier par le sort résulte suffisamment de ce que le nom du juré indiqué par le procès-verbal comme ayant lu et signé la déclaration, en qualité de chef du jury, se trouve mentionné au procès-verbal du tirage comme sorti le premier de l'urne, et de ce qu'en même temps le procès-verbal des débats constatant que les jurés ont pris place dans l'ordre numérique établi par suite du tirage, ajoute que les questions ont été remises à *leur* chef par le président (Crim. rej. 1ᵉʳ déc. 1853, aff. Dubez, D. P. 54. 5. 213); — 4° Que, lorsque les fonctions de chef du jury ont été remplies par un autre juré que celui désigné le premier par le sort, il n'est pas nécessaire qu'il soit exprimé dans la déclaration que cette substitution a eu lieu du consentement du juré substitué et sur la désignation des autres jurés; qu'il suffit que le procès-verbal des débats en fasse mention (Crim. rej. 1ᵉʳ févr. 1866, aff. Potier et Guichard, D. P. 69.

5. 98); — 5° Et que même, à défaut de mention à cet égard dans le procès-verbal, il y a présomption légale et preuve suffisante que la substitution a eu lieu du consentement du juré substitué et sur la désignation du jury, lorsque la déclaration signée par le juré faisant fonctions de chef du jury a été lue et remise par lui au président des assises sans aucune réclamation (Même arrêt); — 6° Que la signature, la lecture et la remise au président des assises de la déclaration du jury par un juré remplaçant le chef du jury font présumer l'accomplissement régulier des formalités prescrites pour ce remplacement, lorsqu'il ne s'est élevé aucune réclamation (Crim. rej. 23 nov. 1882, aff. Kokasky, *Bull. crim.*, n° 253; 27 sept. 1883, aff. Bender, *ibid.*, n° 238).

Art. 5. — *Des jurés suppléants* (*Rép*, nos 1828 à 1851).

1560. Il a été dit au *Rép.*, n° 1832, que l'adjonction d'un ou de plusieurs jurés suppléants peut être ordonnée par la cour d'assises, sans que le conseil de l'accusé ni celui-ci ne soit mis en demeure de s'expliquer sur l'opportunité de cette mesure, laquelle peut même être prise en leur absence (*Adde:* Crim. rej. 31 mars 1842, aff. Adigi, *Bull. crim.*, n° 75; 20 févr. 1851, aff. Sicat, *ibid.*, n° 187; 28 juin 1855, aff. Métas, Becker et Finck, D. P. 55. 5. 127; 11 févr. 1860, aff. Gruet, *Bull. crim.*, n° 35; 10 juill. 1863, aff. Colongeon, D. P. 63. 5. 101; 17 févr. 1870, aff. Cortade, *ibid.*, n° 45; 14 nov. 1878, aff. Salvatgé, D. P. 79. 5. 113; 5 janv. 1882, aff. Jeanne Soutat, *Bull. crim.*, n° 5; 18 août 1882, aff. Barbier, *ibid.*, n° 214; 7 mars 1889, aff. Tayan, *ibid.*, n° 92). — On a vu, en outre, au *Rép.*, nos 1836 et suiv., que, pour ordonner l'adjonction d'un ou de plusieurs jurés suppléants, la présence de la cour d'assises est nécessaire, elle seule, et non le président, ayant le droit de prendre cette mesure. Jugé, en ce sens, que l'adjonction des jurés, lorsqu'il n'est pas établi que la prononciation par le président a été faite de concert avec les autres membres de la cour, rend nulles la composition du jury et les déclarations par lui rendues, dans le cas même où le concours des jurés adjoints à ces déclarations n'aurait pas eu lieu, ne s'étant pas trouvé nécessaire (Crim. cass. 6 oct. 1854, aff. Mauser, D. P. 54. 5. 208).

1561. La même décision doit intervenir pour le cas où l'appel d'un juré suppléant est rendu nécessaire, au cours des débats, par un empêchement subit d'un des jurés du jugement, comme l'avons expliqué au *Rép.*, n° 1847. Ainsi jugé: 1° que dans une affaire où un juré suppléant a été adjoint d'avance au jury, le président commet un excès de pouvoir en agréant de sa propre autorité les causes présentées par un juré à l'effet d'obtenir l'autorisation de se retirer et en le faisant remplacer par le juré suppléant; que la décision confirmatoire de la cour d'assises ne peut couvrir cette irrégularité, si, au lieu d'avoir été prise immédiatement après l'incident, elle n'est intervenue qu'à une époque ultérieure des débats (Crim. cass. 22 nov. 1860, aff. Pichon, D. P. 60. 5. 92); — 2° Que, lorsque pendant les débats d'une cour d'assises une disposition empêche un des jurés titulaires de continuer ses fonctions, il appartient à la cour d'ordonner que le premier des jurés suppléants adjoints, pour cette éventualité même, prendra siège pour compléter le nombre des douze jurés exigés par la loi (Crim. rej. 28 mars 1884, aff. Charles et Jean Bernard, D. P. 85. 1. 183).

1562. Quant à la composition de la cour d'assises qui ordonne l'adjonction d'un juré suppléant, on a jugé qu'il y aurait nullité si cette cour comprenait un magistrat ayant pris part à l'instruction, l'adjonction d'un juré suppléant ne pouvant pas être considérée comme un simple acte d'administration (Crim. cass. 3 av. 1873, aff. Pascal Jehanno, *Bull. crim.*, n° 89).

1563. Si l'intervention de la cour d'assises est nécessaire pour l'adjonction de jurés suppléants, il ne s'ensuit pas (*Rép.* n° 1839) que sa décision doive intervenir en forme d'arrêt distinct. Jugé, dans cet ordre d'idées: 1° que, lorsque l'adjonction d'un juré suppléant est ordonnée, il y a présomption légale que cette mesure est fondée sur la longueur présumée des débats, et que, par suite, il n'est pas nécessaire que ce motif soit explicitement consigné dans l'arrêt de la cour d'assises (Crim. rej. 25 juin 1846, aff. Trilier, D. P. 46. 4. 121); — 2° Que l'adjonction de jurés suppléants, motivée par le

longueur présumée des débats, est régulière, bien que le procès-verbal du tirage du jury ne porte pas qu'elle a été ordonnée par un arrêt de la cour d'assises, s'il est constant que l'accusé a été suffisamment averti de cette adjonction et de la limite qu'elle apportait à son droit de récusation (Crim. rej. 8 août 1878, aff. Courtade, D. P. 79. 1. 41); — 3° Qu'en tout cas il n'est pas nécessaire que l'arrêt qui a ordonné l'adjonction de jurés suppléants soit mentionné au moment du tirage; qu'il suffit que les énonciations du procès-verbal des débats, rapprochées de celles relatives au tirage, ne laissent aucun doute sur l'existence de cet arrêt (Même arrêt).

1564. La publicité de la décision ordonnant l'adjonction de jurés suppléants n'est ni prescrite, ni prohibée, ainsi qu'on l'a vu au *Rép.*, n° 1841. Jugé, en conséquence: 1° qu'il ne résulte aucune nullité de ce que l'arrêt par lequel la cour d'assises a ordonné l'adjonction d'un juré suppléant et le tirage au sort de ce juré suppléant n'a pas été rendu publiquement (Crim. rej. 3 sept 1840, aff. Guyot, *Bull. crim.*, n° 247; 31 mars 1842, aff. Aldigé, *ibid.*, n° 75; 22 mars 1845, aff. Lagarde, *ibid.*, n° 107; 13 janv. 1852, aff. Rigault, *ibid.*, n° 14); — 2° Que, s'il est régulier de prononcer en chambre du conseil l'arrêt qui ordonne l'adjonction d'un ou plusieurs jurés suppléants, il n'est pas interdit non plus de procéder, en pareil cas, par incident en audience publique (Crim. rej. 22 juin 1854, aff. Castel-Dugenest, D. P. 54. 5. 209); — 3° Que l'arrêt qui ordonne une adjonction de jurés suppléants peut être régulièrement rendu hors de l'audience publique (Crim. rej. 24 sept. 1874, aff. Moreau, *Bull. crim.*, n° 264); — 4° Que, l'adjonction d'un juré suppléant ayant le caractère d'une opération relative à la formation de la liste du jury de jugement, il ne peut résulter aucun moyen de nullité de ce que l'arrêt qui l'ordonne n'aurait pas été rendu en audience publique (Crim. rej. 14 nov. 1878, aff. Salvaty, D. P. 79. 5. 133).

1565. On s'est demandé si, d'après ces termes de l'art. 394, c. instr. crim.: « la cour pourra ordonner *avant le tirage de la liste des jurés...* », il y a nullité quand l'adjonction est ordonnée après le tirage. On trouve au *Rép.*, n° 1845, plusieurs arrêts qui ont décidé qu'il n'y a aucune nullité à tirer de cette circonstance. Jugé, de même: 1° que l'accusé ne peut se faire un moyen de nullité de ce que la cour d'assises a exempté un des jurés et ordonné son remplacement par le premier des deux jurés suppléants, qu'après avoir déjà entendu un grand nombre de témoins (Crim. rej. 26 août 1830, aff. Gilbert, *Bull. crim.*, n° 209); — 2° Qu'aucune nullité ne résulte de ce que l'adjonction d'un juré suppléant n'a été ordonnée par la cour d'assises qu'après le tirage des douze jurés de jugement, si la liste des trente jurés ne se trouvait pas épuisée, et si l'accusé a été admis à exercer son droit de récusation encore subsistant lors du tirage de ce juré suppléant (Crim. rej. 5 sept. 1861, aff. Garnoy et autres, D. P. 61. 5. 123); — 3° Qu'il n'est pas prescrit, à peine de nullité, que l'arrêt ordonnant l'adjonction d'un juré suppléant soit rendu préalablement à la formation de la liste du jury de jugement, et que la circonstance qu'un ordre différent aurait été suivi ne peut fournir un grief à l'accusé, s'il a été suffisamment averti de son droit de récusation, et si, par suite, les droits de sa défense n'ont pu en être compromis (Crim. rej. 14 nov. 1872, aff. Salvatgé, D. P. 73. 5. 113; 19 févr. 1880, aff. Bonnefoi, *Bull. crim.*, n° 41; 14 août 1890, aff. Colette et autres, D. P. 91. 1. 236).

1566. Il a été dit au *Rép.*, n° 1850, que les jurés suppléants n'ont pas le droit de participer à la délibération; mais, pendant cette délibération, comme après, ils sont libres d'occuper la place qu'ils veulent dans la salle d'audience. Jugé, en conséquence: 1° qu'il ne résulte aucune nullité de ce que le juré suppléant aurait, après la rentrée des autres jurés dans la salle d'audience, et au moment où le président leur demandait compte du résultat de leur délibération, repris auprès de ses collègues la place qu'il avait occupée depuis l'ouverture des débats (Crim. rej. 8 janv. 1846, aff. Brument, *Bull. crim.*, n° 11); — 2° Que, lorsque le juré suppléant n'a pas pris part à la délibération du jury, il ne résulte aucune nullité de ce qu'il n'aurait pas été présent au moment où le verdict a été remis au président des assises (Crim. rej. 24 janv. 1878, aff. Chanroux et Touzet, *Bull. crim.*, n° 23; 21 févr. 1878, aff. Louchard, *ibid.*, n° 50).

Sect. 6. — De la récusation des jurés
(Rép. n°⁵ 1852 à 1889).

Art. 1er. — Du droit de récusation (Rép. n°⁵ 1852 à 1869).

1567. On a vu au *Rép.*, n° 1291, et *suprà*, n° 1291, combien le droit de récusation est étendu en Angleterre : la législation anglaise admet la récusation en bloc, et aussi les récusations individuelles, tant motivées que péremptoires. Les autres États ne connaissent point la récusation *in universum*, mais les codes d'Autriche (V. *suprà*, n° 1305) et d'Italie (V. *suprà*, n° 1321) admettent les deux sortes de récusations individuelles consacrées par la loi anglaise. On a vu *suprà*, n° 1342, que dans le canton de Genève les récusations se font par écrit.

1568. Le *Répertoire* indique, au n° 1858, le mode d'après lequel, dans notre droit, les récusations s'exercent. Il en résulte que le juré doit être récusé au moment où son nom sort de l'urne, et avant que le président ait tiré le nom d'un autre juré. Conformément à ce principe, il a été jugé que le juré dont le nom a été extrait de l'urne et lu lors du tirage au sort du jury de jugement peut être récusé, soit par le ministère public, soit par l'accusé même, après que le président a invité ce juré à prendre place, et tant que le nom d'un autre juré n'a pas été proclamé (Crim. cass. 14 juin 1877, aff. Peretti, D. P. 77. 1. 406 ; Crim. rej. 29 nov. 1883, *Bull. crim.* n° 27). — Au surplus, la circonstance, que le procès-verbal de la formation du jury de jugement ne constate pas que les récusations n'aient été exercées qu'au moment où le nom du juré sortait de l'urne, ne peut donner lieu à cassation, si le procès-verbal énonce que le président a prévenu l'accusé du nombre des récusations qu'il avait le droit d'exercer et du mode d'après lequel il devait le faire, et s'il n'est pas allégué que les récusations aient été exercées contrairement aux prescriptions de l'art. 399 c. instr. crim. (Crim. rej. 28 sept. 1865, aff. Petit, D. P. 66. 5. 108).

1569. On a rappelé au *Rép.*, n° 1859, que les récusations ne peuvent être motivées. Il est facile de comprendre, dit M. Le Sellyer (*Compétence et organis.*, t. 1, n° 441), que l'accusé ne pouvait ni motiver, ni être obligé de motiver sa récusation. « De ces impressions dont un accusé n'est pas le maître, et qui, à tort ou à raison, peuvent lui faire craindre d'avoir tel juré pour juge. « Comme chacun sait, dit Blackstone (*Commentaire sur les lois anglaises*, t. 6, liv. 4, chap. 27), les impressions subites et les préjugés que nous pouvons recevoir sur les simples regards ou les gestes d'un autre, et combien il est nécessaire qu'un prisonnier qui est dans le cas de défendre sa vie ait une bonne opinion de ses jurés, faute de quoi il peut totalement se déconcerter, la loi ne veut pas qu'il soit examiné par un homme contre lequel il a conçu des soupçons, même dans le cas où il lui serait difficile de rendre compte du motif de sa récusation ». Toutefois, il a été jugé que le ministère public peut, sans violer la loi, donner au jury une explication, ayant un caractère général, sur les causes qui l'ont déterminé à étendre le cercle de ses récusations (Crim. rej. 17 oct. 1885, aff. Lamousse, *Bull. crim.*, n° 268).

1570. Il est certain, comme il a été dit au *Rép.*, n° 1862, que le juré ne peut se récuser lui-même. Mais il ne résulte pas une nullité de ce que des jurés auraient demandé eux-mêmes à être récusés par le ministère public (Crim. rej. 26 août 1842, aff. Beaufils de Saint-Vincent, *Bull. crim.*, n° 224. Conf. Le Sellyer, *Compétence et organis.*, t. 1, n° 442 ; Nouguier, t. 2, n° 1358). Mais il faut reconnaître avec M. Nouguier (t. 2, n° 1359) « que l'usage des récusations de pure complaisance est vicieux et qu'il serait désirable sinon qu'il cessât complètement, du moins qu'il fût

réduit à un cas vraiment digne d'exception. Il affecte le droit de récusation dans son caractère, le sort, dans son principe d'égalité, et la justice dans sa dignité ».

Art. 2. — Du nombre des récusations de l'accusé et du ministère public (Rép. n°⁵ 1870 à 1877).

1571. On a vu au *Rép.*, n° 1874, que le président n'est pas obligé d'avertir l'accusé du nombre des récusations qui peuvent être exercées soit par lui, soit par le ministère public. Jugé, dès lors, que si le procès-verbal mentionnait l'avertissement erroné donné à l'accusé qu'il a, comme le ministère public, le droit de récuser *trente* jurés, ce fait ne pourrait donner lieu à cassation, s'il n'était prouvé que l'accusé a été, par suite de cette fausse indication, entravé dans l'exercice de son droit de récusation ou que le ministère public a excédé le sien (Crim. rej. 3 août 1865, aff. Gazagnaire, D. P. 66. 1. 47 ; 17 oct. 1889, aff. Mante, *Bull. crim.*, n° 314).

1572. Ainsi qu'il a été dit au *Rép.*, n°⁵ 1875 et 1876, l'adjonction de jurés suppléants n'apporte aucune modification au droit de récusation. Aussi, a-t-il été jugé que si le tirage au sort du jury de jugement s'opère sur un contingent de trente et un jurés, dont treize doivent être appelés à siéger par suite de l'adjonction d'un juré ordonnée par la cour d'assises, le ministère public et l'accusé ne peuvent exercer chacun que neuf récusations, et qu'il y a nullité lorsque le ministère public récuse un dixième juré qui aurait dû concourir au jugement de l'affaire s'il avait été accepté par la défense (Crim. cass. 2 janv. 1879, aff. Rabatel, D. P. 80. 1. 96).

Art. 3. — Par qui la récusation peut être exercée (Rép. n°⁵ 1878 à 1880).

1573. Le droit de récusation, comme on l'a vu au *Rép.*, n° 1880, s'exerce par l'*accusé* ou par *son conseil*, depuis la révision de l'art. 399 c. instr. crim. Il résulte de ce principe que l'accusé doit être assisté d'un interprète pour le cas où il se trouverait dans l'impossibilité de faire lui-même ses récusations. Jugé, en conséquence : 1° que l'accusé sourd-muet doit, à peine de nullité, être assisté d'un interprète, lorsqu'il est dans l'impossibilité d'exercer lui-même son droit de récusation ou de se concerter avec son défenseur pour l'exercice de ce droit (Crim. cass. 10 oct. 1872, aff. Gréjault, D. P. 72. 1. 383) ; — 2° Qu'un interprète doit, à peine de nullité du tirage du jury de jugement, être nommé à l'accusé avant la formation du jury de jugement, lorsqu'il ne comprend pas la langue française (Crim. cass. 26 déc. 1872, aff. Paulo Vicentini, D. P. 74. 1. 297 ; 13 mars 1873, aff. François Pescia, D. P. 74. 1. 184). Mais il a été jugé qu'il n'y a aucune nullité, lorsqu'il est constant en fait que, même en l'absence de tout interprète assistant l'accusé qui ne connaît pas la langue française, le droit de récusation n'a subi aucune atteinte (Crim. cass. 19 juin 1879, *Bull. crim.*, n° 123).

Il résulte en outre de la rédaction actuelle de l'art. 399 que le tirage au sort ne peut être entravé par cette circonstance que l'accusé n'aurait pas indiqué à son conseil les récusations à exercer (C. d'ass. de la Seine, 28 juin 1886 (1).

1574. La partie civile peut-elle exercer le droit de récusation ? Évidemment non, puisque l'art. 399 c. instr. crim. ne confère ce droit qu'au procureur général et à l'accusé, et que la partie civile ne figure aux débats que dans un intérêt purement civil. Il a été jugé : 1° que la partie civile, même en matière de presse, ne peut exercer le droit de récusation devant la cour d'assises, lors du tirage du jury de jugement (C. d'ass. de Saône-et-Loire, 6 sept. 1872, aff. Ma-

<hr/>

(1) (Chaulon C. Ministère public.) — LA COUR ; — Considérant qu'aux termes de l'art. 399 c. instr. crim., les récusations sont exercées par l'accusé ou son conseil ; que, par conséquent, le conseil a le droit d'exercer les récusations alors même que l'accusé ne le veut pas ; que, s'il était admis que le tirage au sort ne peut avoir lieu parce que l'accusé n'a pas indiqué à son conseil les récusations à exercer, tous les accusés auraient le pouvoir d'empêcher indéfiniment leur jugement en refusant de conférer avec leur conseil ; — Considérant que la question de savoir si Chaulon est ou non

frappé d'aliénation mentale reste entière et non débattue à l'audience ; mais qu'il n'apparaît pas pour la cour des documents du procès que Chaulon soit dans un état mental l'empêchant de prendre part aux débats ;

Par ces motifs, déclare Chaulon mal fondé en ses conclusions, l'en déboute et ordonne qu'il sera procédé au tirage du jury.

Du 28 juin 1886. C. d'ass. de la Seine. MM. le conseiller Cartier, pr. Léon, av.

rais, D. P. 73. 2. 67 ; — 2° Que l'exercice illégal du droit de récusation par la partie civile entraîne nullité, alors même que le ministère public, après chaque récusation exercée par la partie civile, aurait déclaré s'y associer (Crim. cass. 8 déc. 1881, aff. Prax-Paris, D. P. 82. 1. 42 ; 23 mai 1884, aff. Tournier, *Bull. crim.*, n° 177). — Mais si, plusieurs individus étant accusés, l'un s'était porté partie civile contre l'autre, le premier pourrait, quoique partie civile, récuser en sa qualité d'accusé (Conf. Le Sellyer, *Compétence et organisation*, t. 1, n° 445). La raison en est simple, dit Nouguier (t. 2, n° 1373) : le droit de récusation dérive, pour cette partie civile, de ce qu'elle est prévenue ou accusée. Il faudrait donc, pour qu'elle fût privée de ce droit, que la qualité de partie civile qui ne peut l'attribuer, pût en faire déchoir ; mais il ne saurait en être et il n'en est pas ainsi.

Art. 4. — *De la récusation quand il y a plusieurs accusés* (*Rép.* n°ˢ 1881 à 1889).

1575. Quand il y a plusieurs accusés, ils peuvent se concerter pour exercer leur droit de récusation, ainsi qu'on l'a indiqué au *Rép.*, n° 1881. A cet égard, le président des assises doit avertir les accusés de leur droit de se concerter, mais on a vu *loc. cit.*, n°ˢ 1882 et suiv., que cet avertissement du président est purement officieux. Aussi a-t-on jugé que le président des assises n'est pas tenu de rappeler aux accusés qu'en cas de désaccord sur le mode d'exercice de leurs récusations, le sort réglera le rang dans lequel ils doivent user de ce droit (Crim. rej. 29 juill. 1853, aff. Teissèdre, *Bull. crim.*, n° 374).

Sect. 7. — Procès-verbal de la formation du tableau des jurés, et des récusations (*Rép.* n°ˢ 1890 à 1902).

1576. On a vu au *Rép.*, n° 1891, qu'il faut qu'un procès-verbal constate les opérations relatives à la formation du tableau des douze jurés et aux récusations.

1577. On s'est demandé si le procès-verbal du tirage des jurés doit ou non être distinct du procès-verbal de la séance. Comme on l'a dit au *Rép.*, n° 1892, la jurisprudence n'a jamais admis le système de l'indivisibilité forcée de deux procès-verbaux. Jugé, d'ailleurs, qu'il n'est pas nécessaire, à peine de nullité, que le tirage des jurés soit constaté par un procès-verbal séparé et distinct de celui des débats, et que, dans le cas où un seul procès-verbal réunit les deux opérations ; il suffit, pour leur validité, que ce procès-verbal soit signé par le président et le greffier (Crim. rej. 31 mars 1842, aff. Aldige, *Bull. crim.*, n° 75 ; 6 févr. 1851, aff. Poulard, *ibid.*, n° 50 ; 2 janv. 1874, aff. Taurisson, *ibid.*, n° 4).

1578. Ainsi qu'on l'a enseigné au *Rép.*, n°ˢ 1892 et 1893, la prohibition contenue dans l'art. 372 c. instr. crim. d'employer des feuilles imprimées pour la rédaction du procès-verbal des débats ne s'applique pas aux procès-verbaux du tirage du jury. *Adde :* Crim. rej. 18 sept. 1845, aff. Courtat, *Bull. crim.*, n° 293 ; 27 nov. 1845, aff. Hirsch, *ibid.*, n° 348 ; 28 févr. 1852, aff. Secocole, *ibid.*, n° 77 ; 24 déc. 1852, aff. Cordier, *ibid.*, n° 416 ; 19 juill. 1872, aff. Leblanc, D. P. 72. 1. 479 ; 12 juin 1873, aff. Rossat-Mignot, *ibid.*, n° 158 ; 14 nov. 1889, aff. Lenoir et autres, *ibid.*, n° 336. Jugé, dans cet ordre d'idées : 1° que l'oubli par le greffier de raturer, dans le procès-verbal de la constitution du jury, une formule imprimée relative au cas des jurés excusés, n'entraîne pas nullité, quand les autres mentions du procès-verbal affirment expressément que les trente-six jurés ont tous comparu et concouru au tirage du jury de jugement (Crim. rej. 3 juin 1869 ; aff. Hertzwiller et autres, *Bull. crim.*, n° 124) ; — 2° Qu'il ne résulte aucune nullité de ce qu'un procès-verbal de tirage au sort du jury a été transcrit au pied d'une formule imprimée avant 1872, et énonçant que le tirage a lieu en exécution de l'art. 7 de la loi du 4 juin 1853, les dispositions de cet article ayant été reproduites par l'art. 18 de la loi du 21 nov. 1872 qui a abrogé et remplacé la loi de 1853 (Crim. rej. 29 mai 1875, aff. Pelletier, *Bull. crim.*, n° 169) ; — 3° Que le procès-verbal du tirage au sort du jury de jugement peut, sans qu'il y ait là une cause de nullité, contenir des parties imprimées, si elles ne concernent que les formules banales et communes à toutes les affaires, et qu'il suffit que les indications essentielles et

spéciales à l'affaire soient manuscrites (Crim. rej. 18 nov. 1875, aff. Froidure, *Bull. crim.*, n° 321).

1579. Il a été dit au *Rép.*, n° 1896, que la *date* est une mention essentielle du procès-verbal du tirage du jury, qu'il soit ou non distinct du procès-verbal de la séance. Mais il a été jugé : 1° que l'erreur sur la date du procès-verbal du tirage du jury de jugement n'est pas une cause de nullité, lorsqu'elle se trouve rectifiée par la date donnée au procès-verbal des débats, à la déclaration du jury et à l'arrêt de condamnation (Crim. rej. 17 déc. 1857, aff. Vaugru, D. P. 58. 1. 137 ; 21 nov. 1872, aff. Bertheau et autres, *Bull. crim.*, n° 279 ; 2 sept. 1875, aff. Si-ben-Ali-ould-Si-Lhalib-ben-Mansour, *ibid.*, n° 289) ; — 2° Que l'omission du dernier chiffre du millésime de la date inscrite en tête du procès-verbal du tirage du jury est sans conséquence lorsque ce procès-verbal est suivi, sur la même feuille, du procès-verbal des débats, commençant par l'énonciation régulière et complète de la date (Crim. rej. 5 déc. 1867, aff. Farneau, D. P. 69. 5. 101) ; — 3° Que la date du procès-verbal constatant l'opération du tirage du jury, bien qu'elle soit incomplète en ce qu'elle ne donne pas l'indication du mois, n'entraîne pas nullité lorsque la date réelle peut être rétablie d'une façon certaine d'après les autres mentions du procès-verbal (Crim. rej. 18 févr. 1886, aff. Thévard, *Bull crim.*, n° 60).

1580. Une autre formalité essentielle du procès-verbal du tirage du jury consiste, comme on l'a dit au *Rép.*, n° 1897, dans la *double signature* du président des assises et du greffier. Jugé, en conséquence, que le tirage du jury de jugement est nul, s'il n'est pas revêtu de la signature du président et du greffier (Crim. cass. 14 mai 1847, aff. Boisset, *Bull. crim.*, n° 101 ; 12 janv. 1866, aff. Laurent, D. P. 66. 5. 110 ; 8 févr. 1872, aff. Laporte et Gerger, *ibid.*, n° 31 ; 17 févr. 1872, aff. Sanna Raphaël, *ibid.*, n° 78 ; 10 juill. 1873, aff. Letourneur, *ibid.*, n° 195 ; 10 juill. 1873, aff. Gilles, *ibid.*, n° 191 ; 16 déc. 1880, aff. Feippel, *ibid.*, n° 234 ; 6 sept. 1888, aff. Gannot, *ibid.*, n° 288 ; 31 juill. 1890, aff. Caumontat, *ibid.*, n° 164 ; 9 avr. 1891, aff. Mohersing, *ibid.*, n° 78). Toutefois, il a été jugé que le procès-verbal du tirage du jury est régulièrement et suffisamment signé lorsque, faisant corps avec le procès-verbal des débats, les signatures du président et du greffier sont apposées à la fin de ce dernier procès-verbal (Crim. rej. 2 janv. 1874, cité *suprà*, n° 1577). — Toute omission de signature entraîne la condamnation du greffier à une amende de 500 fr., conformément à l'art. 372, § 3, c. instr. crim. (Crim. cass. 27 avr. 1876, *Bull. crim.*, n° 110 ; 3 juill. 1884, aff. n° 224 ; 15 déc. 1892, aff. Graux, *ibid.*, n° 334).

1581. La signature du président ne peut être remplacée, même en cas de décès de ce magistrat, par celle d'un assesseur, celui-ci y fût-il autorisé dans les formes tracées par l'art. 38 du décret du 30 mars 1808 et eût-il assisté au tirage au sort du jury. La raison en est que cette opération est exclusivement confiée au président (Crim. cass. 7 févr. 1852, aff. Gruzel, *Bull. crim.*, n° 54 ; 16 déc. 1880, aff. Feippel, *ibid.*, n° 234). Conf. Nouguier, t. 2, n° 1464. — V. en sens contraire, Aix, 6 juill. 1864, aff. Martin, D. P. 64. 5. 84).

1582. Quant à la signature du greffier, elle doit émaner du membre du greffe présent à l'opération du tirage du jury (Crim. cass. 20 janv. 1877, aff. Beguery, Soleilland et Canus, D. P. 77. 1. 510 ; 6 janv. 1882, aff. Dupraz, *Bull. crim.*, n° 6 ; 3 juill. 1884, aff. Abdel-Kader-ben-Moktur et autres, *ibid.*, n° 224 ; 9 avr. 1891, aff. Mohersing, D. P. 91. 1. 237). Et lorsque le nom du greffier n'a pas été indiqué ou même est demeuré en blanc dans la formule imprimée du procès-verbal du tirage, il y a présomption, alors qu'aucune preuve du contraire n'est rapportée, que c'est le même greffier qui a assisté au tirage et signé le procès-verbal constatant l'opération (Crim. rej. 7 mars 1891, aff. Bruget, D. P. 91. 1. 237. Comp. Crim. rej. 6 janv. 1882, aff. Chaufou, *Bull. crim.*, n° 8).

1583. On a dit au *Rép.*, n° 1899, que le procès-verbal du tirage du jury de jugement doit contenir la mention de l'accomplissement des formalités prescrites par la loi à peine de nullité. Jugé, en conséquence : 1° que le défaut de mention sur le procès-verbal du tirage au sort du jury de jugement de la présence de l'accusé à cette opération, emporte nullité

des débats (Crim. cass. 19 janv. 1850, aff. Marion, D. P. 50. 5. 111); — 2° Que, lorsque deux jurés portant le même nom font partie du tableau dont doivent être extraits les douze jurés de jugement, si l'un d'eux est désigné pour figurer au nombre des jurés de jugement, il doit être désigné par ses noms et prénoms, pour prévenir toute confusion préjudiciable à l'exercice du droit de récusation (Crim. cass. 11 août 1853, aff. Zurcher, D. P. 53. 5. 124); — 3° Que, lorsque de deux jurés du même nom portés sur la liste de session, l'un a été appelé par le sort à faire partie du jury d'une affaire, le procès-verbal du tirage doit le désigner de manière à ne laisser aucun doute sur son identité; et que si rien n'indique que l'accusé n'a pas été induit en erreur dans l'exercice de son droit de récusation, la condamnation doit être annulée (Crim. cass. 17 mars 1854, aff. Gilbert, D. P. 54. 5. 210; 11 mai 1866, aff. Gledanel, D. P. 66. 5. 109); — 4° Qu'un accusé n'est pas fondé à prétendre que l'identité de noms existant entre deux jurés a gêné son droit de récusation, si le procès-verbal du tirage constate que dans l'appel de ces jurés on a fait suivre leurs noms des prénoms qui les distinguaient (Crim. rej. 8 avr. 1854, aff. Bouteille, D. P. 54. 5. 210); — 5° Que l'indication, au procès-verbal du tirage au sort des douze jurés de jugement, d'un nom de juré n'appartenant pas à la liste notifiée à l'accusé, ou ne présentant avec l'un des noms de cette liste qu'une ressemblance trop éloignée pour rendre impossible toute incertitude sur l'identité du juré que ce procès-verbal a pu vouloir désigner, entraîne la nullité de l'opération du tirage et des débats qui ont suivi (Crim. cass. 17 déc. 1863, aff. Beaufour, D. P. 64. 5. 210); — 6° Que, lorsque le procès-verbal du tirage du jury de jugement indique comme ayant siégé un sieur Vu, tandis que la liste notifiée à l'accusé, où ce nom ne figure pas, contient l'indication d'un sieur Vitu, si aucune mention accessoire du procès-verbal ne permet de constater que c'est bien celui-ci qui a été appelé, il y a lieu de déclarer nulle l'opération du tirage et tout ce qui a suivi (Crim. cass. 16 mars 1865, aff. Langlois, D. P. 65. 5. 99); — 7° Que l'omission, au procès-verbal de formation du jury, de la constatation des formalités essentielles du tirage, emporte nullité tout aussi bien que les omissions de ce genre qui existent au procès-verbal des débats; que, spécialement, le défaut de désignation du douzième juré appelé à faire partie du jury après les récusations respectivement exercées doit faire déclarer nulle la formation du jury, alors même que le procès-verbal des débats énoncerait que « douze noms de jurés, non récusés, étant sortis de l'urne, le président les a déclarés former le jury de jugement » (Crim. cass. 23 août 1866, aff. Vidal, D. P. 66. 1. 463; 22 janv. 1874, aff. Mohammed-ben-Moussa, Bull. crim., n° 40); — 8° Qu'il ne saurait y avoir présomption légale que l'ordre voulu a été suivi, si le procès-verbal constate que pour compléter le nombre des jurés titulaires présents, au nombre de vingt-sept, les noms des deuxième, troisième et quatrième jurés supplémentaires présents ont été mis dans l'urne, et si, néanmoins, le huitième juré supplémentaire a participé au jugement (Crim. cass. 4 janv. 1872, aff. Belkassem-ben-Djellout-Latrech, Bull. crim., n° 2); — 9° Qu'il y a nullité, si le procès-verbal du tirage du jury de jugement ne constate pas la nomination d'un interprète à l'accusé qui ne comprend pas la langue française (Crim. cass. 26 déc. 1872, aff. Paolo Vicentini, D. P. 74. 5. 297); — 10° Que, lorsqu'un arrêt de la cour d'assises, statuant sur les excuses invoquées par certains jurés, énonce que la liste se compose de trente et un titulaire, si ce nombre est réduit à trente dans le procès-verbal du tirage au sort, il en résulte qu'un juré a dû être éliminé ou omis sans cause justifiée; et cette omission, ayant pour effet de restreindre le droit de récusation de l'accusé, emporte nullité de l'arrêt de condamnation (Crim. cass. 19 juin 1873, aff. Goudon, Bull. crim., n° 166); — 11° Que le nombre de douze jurés étant nécessaire pour former un jury de jugement, l'arrêt de la cour d'assises doit être annulé lorsque le procès-verbal constatant le tirage au sort du jury ne désigne que onze jurés et laisse ignorer le nom du douzième; et qu'il ne saurait être suppléé à cette omission par les énonciations du procès-verbal des débats portant que les jurés qui ont pris part au jugement étaient au nombre de douze (Crim. cass. 7 févr. 1878, aff. Taïeb-ben-Zouina, D. P. 78. 1. 288); —

12° Qu'il y a nullité du tirage du jury et de tout ce qui a suivi, lorsque la liste de session contenant deux jurés portant les mêmes noms et prénoms, tous deux ont concouru au tirage d'un jury de jugement sans que le procès-verbal contienne aucun moyen de distinguer celui des deux qui a été compris parmi les douze jurés de jugement (Crim. cass. 6 juill. 1882, aff. Peyre et Pierrard, D. P. 83. 1. 184).

1584. Mais on a vu au Rép., n° 1900, que certaines énonciations de formalités peuvent ne pas être mentionnées au procès-verbal, sans qu'aucune nullité soit encourue. Dans le sens des arrêts cités ibid., il a été jugé : 1° qu'il n'est pas exigé, à peine de nullité, que mention soit faite dans le procès-verbal de la formation du jury, non plus que dans le procès-verbal des débats, de l'indication de l'audience de la cour d'appel à laquelle a eu lieu publiquement le tirage au sort du jury de la session (Crim. cass. 31 janv. 1857, aff. Aubert, D. P. 57. 1. 63); — 2° Que la mention au procès-verbal du tirage du jury de session qu'il a été procédé à cette opération par le vice-président, remplaçant le président empêché, « en l'audience publique des vacations du tribunal de première instance », ne peut être critiquée, comme n'établissant pas l'assistance des membres composant la chambre des vacations, alors qu'il n'est pas allégué que la chambre ait été illégalement composée (Crim. rej. 16 déc. 1864, aff. Rudeau, D. P. 65. 5. 98); — 3° Qu'il suffit que le procès-verbal du tirage du jury mentionne qu'on a fait l'appel des jurés titulaires non excusés ni dispensés, et des jurés supplémentaires indispensables pour compléter le nombre de trente, sans qu'il soit nécessaire de mentionner leur nombre (Crim. rej. 4 juill. 1872, aff. Gourcol, Bull. crim., n° 162); — 4° Que, lorsque le procès-verbal mentionne la présence de trente-trois jurés titulaires, il est inutile de mentionner celle des jurés supplémentaires (Crim. rej. 26 févr. 1874, aff. Moulin et autres, Bull. crim., n° 62); — 5° Qu'il suffit de mentionner au procès-verbal que le tirage au sort du jury a eu lieu en présence du ministère public, sans qu'il soit nécessaire d'énoncer le nom et le titre personnel du magistrat du parquet (Crim. rej. 27 déc. 1884, aff. Marchesseau, Bull. crim., n° 353); — 6° Qu'aucune disposition du code d'instruction criminelle n'exige que le procès-verbal du tirage du jury mentionne que les récusations qui ont été exercées; qu'il suffit qu'il soit constaté qu'à cet égard les droits de récusation de l'accusé ont été respectés (Crim. rej. 26 juin 1862, aff. Miesch, D. P. 62. 1. 547); — 7° Que la circonstance que le procès-verbal de la formation du jury de jugement ne constate pas que les récusations n'aient été exercées qu'au moment où le nom du juré sortait de l'urne, ne peut donner lieu à cassation, si le procès-verbal énonce que le président a prévenu l'accusé du nombre des récusations qu'il avait le droit d'exercer et du mode d'après lequel il devait le faire, et s'il n'est pas allégué que les récusations aient été exercées contrairement aux prescriptions de l'art. 399 c. instr. crim. (Crim. rej. 28 sept. 1865, aff. Petit, D. P. 66. 5. 108); — 8° Que le procès-verbal du tirage du jury de jugement constatant que le président a fait connaître aux accusés le droit de récuser et le nombre des récusations, sans reproduire formellement ce nombre, est régulier (Crim. rej. 12 juin 1869, aff. Pillot, Bull. crim., n° 140); — 9° Qu'aucune disposition de loi n'oblige le magistrat qui procède au tirage au sort du jury de jugement à faire connaître dans le procès-verbal de tirage ou dans tout autre document les dispenses ou excuses admises en faveur de quelques-uns des jurés, pourvu qu'il se trouve trente jurés capables inscrits sur la liste notifiée (Crim. rej. 18 juill. 1885, aff. Martinaud, Bull. crim., n° 220).

1585. Les surcharges, interlignes, ratures et renvois doivent être approuvés par le président et par le greffier. Jugé, en ce sens : 1° que les prénoms d'un juré sont réputés non écrits au procès-verbal du tirage du jury, lorsqu'ils n'y ont été écrits qu'au moyen d'un interligne non approuvé (Crim. cass. 11 août 1853, aff. Zurcher, D. P. 53. 5. 124); — 2° Que l'indication, au moyen d'une surcharge faite sur un grattage, du nom de l'un des jurés appelés à composer le jury de jugement, entraîne, à défaut d'un approuvé, la nullité de l'opération du tirage du jury, et par suite, celle des débats et de la condamnation qui serait intervenue (Crim. cass. 27 sept. 1855, aff. Papillard, D. P. 55. 5. 130); — 3° Que le jury de jugement est réputé avoir été incomplètement et;

par suite, illégalement constitué lorsque, dans le procès-verbal du tirage, plusieurs lettres du nom d'un juré ont été inscrites en surcharge sur un grattage non approuvé, et de manière à laisser de l'incertitude sur l'identité de ce juré (Crim. cass. 5 oct. 1876, aff. Turcan, D. P. 78. 1. 47; 22 juin 1882, aff. Quintance et Lacamara, *Bull. crim.*, n° 148). — Jugé, toutefois : 1° que le défaut d'approbation n'entraîne pas nullité de l'acte, lorsque toutes les formalités substantielles ou prescrites par la loi à peine de nullité y sont régulièrement constatées; spécialement, lorsque la surcharge ne porte que sur trois lettres insignifiantes et n'est que la rectification d'une erreur matérielle évidente (Crim. rej. 5 janv. 1882, aff. Pierre dit Frappier, *Bull. crim.*, n° 2. V. aussi Crim. rej. 24 févr. 1853, aff. Lamotte, D. P. 53. 5. 118).

Sect. 8. — Convocation des jurés; peines contre les défaillants; excuses (*Rép.* n°s 1903 à 1943).

Art. 1er. — *Convocation des jurés; peines contre les défaillants* (*Rép.* n°s 1903 à 1919).

1586. Il a été dit au *Rép.*, n° 1904, que l'art. 389 c. instr. crim. exige que la notification de l'extrait de la liste du jury soit faite à chaque juré. — Jugé, à cet égard : 1° que la notification à un juré de l'extrait de la liste constatant qu'il est compris dans le jury de la session est réputée faite à sa personne, lorsque la citation a été présentée à lui-même, bien qu'il l'ait refusée après en avoir pris connaissance ; et qu'il n'y a pas lieu, en pareil cas, de faire la notification à son domicile à celui du maire ou de l'adjoint (Crim. rej. 26 nov. 1868, aff. Suchet, D. P. 69. 1. 215); — 2° Que le juré auquel est présentée une citation le désignant par ses nom, âge, profession et domicile, ne peut s'autoriser d'une inexactitude portant exclusivement sur l'indication de l'un de ses prénoms, pour refuser cette citation comme ne lui étant pas applicable; et que le défaut d'obéissance à ladite citation le rend passible de l'amende prononcée par l'art. 396 c. instr. crim. (Même arrêt).

1587. Le défaut de notification à chaque juré de l'extrait de la liste qui le concerne n'est, d'ailleurs, pas une cause de nullité (*Rép.* n° 1907 ; Crim. rej. 12 août 1871, aff. Létant, D. P. 71. 1. 364); il n'a, en règle générale, d'autre effet que de rendre impossible la condamnation à l'amende du juré défaillant (Arrêt précité du 12 août 1871). En tout cas, la circonstance que des jurés, n'ayant pas reçu notification des résultats du tirage de la liste de session, ne se sont pas rendus aux assises pour faire partie du jury de jugement, n'autorise pas à considérer comme illégale la composition des jurys formés sans leur concours, si la notification a été empêchée par un obstacle de force majeure, tel que l'occupation du département par des troupes ennemies (Même arrêt du 12 août 1871). — Il est constant, d'ailleurs, que le juré qui n'a pas reçu la convocation peut néanmoins se présenter spontanément pour participer au tirage du jury de jugement (Crim. rej. 1er avr. 1892, aff. Resse, *Bull. crim.*, n° 98).

1588. Le juré doit être condamné comme défaillant, comme on l'a vu au *Rép.*, n° 1911, non seulement lorsqu'il est réellement absent, mais aussi lorsque, bien que présent, il s'est mis par sa faute dans l'impossibilité de siéger. Ainsi, il a été jugé que la pénalité édictée par l'art. 396 c. instr.

crim., est encourue, soit que le juré n'obéisse pas à la convocation ou qu'il se retire prématurément, soit que, s'étant rendu à son poste, il se mette dans l'impossibilité de remplir sa mission, notamment en refusant, sous prétexte qu'il ne croit pas en Dieu, de prêter le serment exigé par la loi à peine de nullité (Crim. rej. 13 févr. 1886, aff. De Redon, D. P. 86. 1. 430). — Ajoutons que l'accusé ne peut se faire un moyen de cassation de ce que l'arrêt prononçant l'amende contre un juré défaillant n'aurait pas été rendu en audience publique (Crim. rej. 1er avr. 1892, aff. Resse, *Bull. crim.*, n° 98).

1589. Comme l'avait fait la loi de 1853, celle du 21 nov. 1872 permet de réduire à 200 francs, l'amende de 500 francs prononcée par le deuxième paragraphe de l'art. 396 c. instr. crim., sans préjudice des autres dispositions de cet article.

Art. 2. — *Excuses et dispenses des jurés* (*Rép.* n°s 1920 à 1943).

1590. On a vu au *Rép.*, n° 1921, que la cour d'assises est souveraine pour apprécier les causes d'excuses ou de dispenses. Jugé, en conséquence : 1° que la cour d'assises qui excuse un juré pour cause de maladie n'a pas besoin de constater l'existence de ce motif par un certificat de médecin, la loi ne déterminant pas la forme de la preuve sur laquelle il est permis à la cour de baser sa conviction (Crim. rej. 24 sept. 1848, aff. Gatineau, *Bull. crim.*, n° 246) ; — 2° Que pour procéder, au cours des débats, au remplacement d'un juré qu'une indisposition empêche de continuer ses fonctions, la cour d'assises n'est tenue à aucun mode spécial de constatation de l'empêchement ; qu'ainsi elle peut se déterminer, surtout si elle a vérifié elle-même l'état de souffrance du juré, sur le vu d'un simple certificat d'un médecin commis par elle, sans qu'il soit besoin que ce médecin ait prêté le serment imposé aux experts et vienne faire un rapport à l'audience (Crim. rej. 23 mars 1854, aff. Fourneyron et autres, D. P. 54. 5. 212); — 3° Que la cour a le droit d'exonérer des jurés du service de la session hors de la présence des accusés, qui ne peuvent élever sur ce point de débat contentieux (Crim. rej. 9 août 1867, aff. Yunk, *Bull. crim.*, n° 186); — 4° Que la cour d'assises qui a déjà statué sur les excuses des jurés peut admettre encore de nouvelles excuses, tant qu'il n'a pas été procédé à l'appel des jurés de la session (Crim. rej. 18 avr. 1885, aff. Santini et autres, *Bull. crim.*, n° 113). — Il n'est pas sans intérêt de donner ici, à titre d'exemple, un arrêt de la cour d'assises du Gers, du 23 juill. 1886 (1) rejetant une demande de dispense formée par un juré, candidat aux élections du conseil général fixées au 1er août suivant, qui prétendait ne pas se trouver dans un état suffisant de liberté d'esprit. — V. aussi C. d'ass. du Loiret, 22 janv. 1894, aff. Boniface, D. P. 94. 2. 72.

1591. Quelque souveraine que soit la cour d'assises, encore faut-il que ses décisions soient motivées, quand elle admet des excuses ou des dispenses. Aussi a-t-on jugé que la décision par laquelle la cour d'assises élimine en masse un certain nombre de jurés titulaires demandant à être remplacés, sans qu'aucune cause personnelle d'excuse ait été invoquée par eux, et en vertu d'un motif vague et général tiré d'une prétendue impossibilité de siéger, est entaché d'abus; que, dès lors, est nulle la composition du jury constitué en pareil cas avec le concours de jurés supplémentaires

---

(1) La cour; — Ouï en sa demande et ses explications M. B..., juré tombé au sort pour le service de la session des assises du Gers, du troisième trimestre de 1886; — Ouï, en ses conclusions conformes au présent arrêt, M. le procureur de la République ; — Attendu que M. B... a demandé à être dispensé des fonctions de juré et a expliqué qu'étant candidat aux élections du conseil général qui doivent avoir lieu le 1er août prochain, il ne se trouvait pas dans un état de liberté d'esprit le garantissant contre des préoccupations étrangères à la haute mission juridique qu'il est appelé à remplir pendant une session qui doit durer deux semaines; — Attendu que la cour ne saurait trouver dans aucun texte de notre législation les éléments de sa décision ; — Qu'à proprement parler, n'est pas seulement candidat à une fonction élective celui qui appelle sur ses titres à leur confiance l'attention de ses concitoyens, mais le sont tous ceux qui sont dignes de cette confiance et ne se trouvent sous le coup d'au-

cune incompatibilité ou incapacité légales ; — Que la coïncidence d'une période électorale avec une session d'assises ne saurait suspendre le cours de cette dernière, ce qui arriverait si tous les jurés tombés au sort proclamaient ou laissaient proclamer leur candidature et que ce dût être une cause de dispense ; — Attendu, cependant, que la cour, ne s'inspirant que des intérêts supérieurs de la bonne administration de la justice, avait le devoir de se demander s'il peut résulter des coïncidences de qualités et de temps qui ont été signalées un trouble moral assez sérieux pour compromettre l'œuvre judiciaire ; — Qu'à ce point de vue elle n'est point arrivée à partager la crainte qu'a eue la loyauté d'exprimer l'honorable M. B..., par un scrupule de conscience qu'elle respecte, mais qu'elle est convaincue être exagéré ; — Par ces motifs, rejette la requête de M. B...
Du 23 juill. 1886.-C. d'ass. du Gers.-M. Gauja, cons. à la cour d'Agen.-pr.

(Crim. cass. 4 mars 1870, aff. Limpérani, D, P. 70. 1. 316). Mais, au contraire, lorsqu'il est authentiquement et régulièrement établi que des excuses et dispenses ont été accordées aux jurés, il n'y a pas lieu à cassation, quelque nombreuses et multipliées qu'elles soient, fût-ce même au point de réduire à trois jurés seulement la liste primitive des jurés notifiés à l'accusé (Crim. rej. 8 oct. 1874, aff. Sadovani, *Bull. crim.*, n° 267), D'ailleurs, il est certain que les erreurs de fait ou de droit commises par les cours d'assises, dans les éliminations qu'elles opèrent au début de chaque session pour arrêter la liste de service, sont sans effet sur la régularité des procédures (Crim. rej. 3 mars 1881, aff. Saïd-ben-Mŭktar et autres, *Bull. crim.*, n° 59).

1592. Du pouvoir absolu accordé aux cours d'assises, en matière d'excuses ou de dispenses découle l'impossibilité pour l'accusé d'attaquer leurs décisions de ce chef (*Rép.* n° 1924). Jugé, en ce sens : 1° que les arrêts par lesquels les cours d'assises statuent sur les causes d'exonérations ou les excuses des jurés sont des actes de simple administration et, dès lors, non susceptibles de recours en cassation de la part des accusés (Crim. rej. 27 déc. 1855, aff. Soufray et Blonvy, D. P. 55. 1. 160; 28 déc. 1860, aff. Labbé, D. P. 61. 1. 356; 14 déc. 1865, aff. Bernaras, D. P. 66. 1. 187; 30 avr. 1874, aff. Ahmed-ben-Saïd, *Bull. crim.*, n° 124; 11 mai 1877, aff. Fouilleul, D, P. 78. 5. 173; 3 mars 1881, aff. Saïd-ben-Moktar-Lounis-ben-Zean et autres, D. P. 82. 1. 188; 3 sept. 1885, aff. Royer, *Bull. crim.*, n° 251; Crim. rej. 14 févr. 1890, aff. *La Cocarde* et *L'Intransigeant*, D. P. 91. 1. 281; 22 janv. 1892, aff. Gugenheim, D, P. 92. 1. 630; — 2° Que l'accusé n'est pas fondé à se plaindre de l'irrégularité des opérations par lesquelles la cour d'assises a statué sur les excuses des jurés, si nombreuses qu'elles soient, à moins que, parmi les jurés composant le jury de jugement, il ne s'en trouve qui soient incapables aux termes de la loi (Crim. rej. 18 avr. 1885, aff. Santini et autres, *ibid.*, n° 113).

1593. Comme on l'a fait remarquer au *Rép.*, n° 1926, la cour d'assises seule est compétente pour statuer sur les excuses ou dispenses sollicitées par les jurés. Il a été jugé : 1° que, la cour d'assises étant seule investie du droit de statuer sur les excuses des jurés, le président commet un excès de pouvoir en écartant du tableau, sous le titre de récusation, un juré qui, en réalité, n'a été écarté qu'à titre d'excuse (Crim. cass. 17 févr. 1831, aff. Gouëbel, *Rép.*, n° 1759); — 2° Que, dans une affaire où un juré suppléant a été adjoint d'avance au jury, le président commet un excès de pouvoir en agréant de sa propre autorité les excuses présentées par un juré à l'effet d'obtenir l'autorisation de se retirer, et en le faisant remplacer par le juré suppléant ; et que la décision confirmative de la cour d'assises ne peut couvrir cette irrégularité si, au lieu d'avoir été prise immédiatement après l'incident, elle n'est intervenue qu'à une époque ultérieure des débats (Crim. rej. 22 nov. 1860, aff. Pichon, D. P. 60. 5. 92; 28 mars 1884, aff. Bernard, D, P. 85. 1. 183; 13 sept. 1888, aff. Villorette, *Bull. crim.*, n° 291). Mais un juré porté sur la liste d'une session peut être chargé par le président d'une expertise dans une affaire non encore appelée, faisant partie du rôle de la même session ; et l'on soutiendrait à tort que la dispense pour ce juré de prendre part dans ladite affaire au tirage du jury de jugement, laquelle est la conséquence nécessaire de l'acceptation du rôle qui lui est donné, excède les pouvoirs du président de la cour d'assises (Crim. rej. 24 janv. 1868, aff. Barbet, D. P. 68. 5. 111).

1594. Comme on l'a dit au *Rép.*, n° 1927, les décisions de la cour d'assises, en matière d'excuses ou de dispenses accordées aux jurés, ayant les caractères d'un incident, et ne touchant en rien le fond, peuvent être rendues avec le concours d'un magistrat qui a participé à la mise en accusation (*Adde*, Crim. rej. 17 oct. 1833, aff. Negroni, *Bull. crim.*, n° 445).

1595. Enfin, il faut tenir pour certain, avec les arrêts donnés au *Rép.*, n° 1943, *in fine*, que les jurés qui n'ont été excusés que momentanément et pour le temps nécessaire à l'expédition de leurs affaires, peuvent reprendre leurs fonctions, sans y être formellement autorisés par un arrêt de la cour d'assises (Crim. rej. 7 janv. 1825, aff. Caby, *Bull. crim.*, n° 1 ; 6 janv. 1853, aff. Mayras, D, P. 53. 5. 124).

SECT. 9. — DU SERMENT DES JURÉS (*Rép.* nos 1944 à 1958).

1596. Contrairement à l'opinion exprimée au *Rép.*, n° 1946, il est admis aujourd'hui que le juré qui refuse de prêter le serment exigé par l'art. 312 c. instr. crim., en alléguant, par exemple, qu'il ne croit pas en Dieu, se met dans l'impossibilité de remplir sa mission et encourt la pénalité fixée par les art. 396 et 398 du même code (Crim. rej. 13 févr. 1886, aff. De Redon, D. P. 86. 1. 430 ; 7 juill. 1892, aff. Gadeau de Kervilli, *Bull. crim.*, n° 201). M. Faustin Hélie, t. 7, n° 3269, accepte ce principe lorsqu'il dit : « Si un juré refusait de prêter serment, il serait incapable de siéger ; mais la cour aurait à examiner si les causes de ce refus pourraient donner lieu à l'application de l'art. 396 ».

1597. La condition du serment ne serait pas remplie, si le juré modifiait la formule légale, de manière à exclure l'idée de Dieu (C. d'ass. des Bouches-du-Rhône, 20 févr. 1882) (1). — Jugé, de même, que le serment des jurés doit être prêté dans les termes de la loi sans retranchements, réserves ou restrictions ; que, supprimer dans le discours contenu en l'art. 312 c. instr. crim. les mots : « devant Dieu », c'est altérer le serment dans son essence ; qu'il en est de même si un juré, mis en demeure de prêter serment, fait dans sa réponse précéder les mots : « Je le jure » de ceux-ci : « En protestant » ; que, lorsqu'un juré prête serment dans ces conditions, le nombre des jurés est en réalité réduit à onze, et que les débats et tout ce qui s'ensuit sont viciés de nullité (Crim. cass. 20 mai 1882, aff. Mohammed-Amokran-Oucaci, D. P. 82. 1. 388; même date, aff. Nusbaum, *ibid.*).

1598. Lorsque, sur le refus d'un juré de prêter serment, la cour d'assises a renvoyé l'affaire à une autre session, peut-elle, sur les conclusions prises par l'accusé après le prononcé de l'arrêt qui a ordonné ce renvoi, condamner le juré à des dommages-intérêts envers l'accusé, à raison du préjudice que lui cause l'ajournement des débats? La cour d'assises de la Seine, par arrêt du 16 mars 1882, s'est prononcée pour l'affirmative.

Mais cet arrêt ayant été déféré à la cour suprême, celle-ci a prononcé la cassation, non qu'elle ait nié le fondement de l'action en réparation, mais pour cause d'incompétence (Crim. cass. 20 mai 1882, aff. Lepron, D. P. 82. 1. 388). « Attendu, porte cet arrêt, que les tribunaux répressifs ne connaissent de l'action civile qu'accessoirement à l'action publique; qu'ils ne peuvent, en conséquence, statuer sur une demande en dommages-intérêts qu'autant que le préjudice allégué prend sa source dans le crime ou le délit dont ils sont saisis; que spécialement, le droit des cours d'assises à statuer soit sur les dommages prétendus par la

---

(1) (X...) — LA COUR; — Attendu que l'art. 312 c. instr. crim. impose au juré, à peine de nullité, l'obligation « de jurer et promettre devant Dieu et devant les hommes » qu'il remplira ses fonctions conformément aux instructions contenues dans ledit article; que la prestation du serment, avec son double caractère religieux et civil, forme la base légale de la fonction du juré; jusque-là il n'a que l'aptitude du citoyen, le serment seul devant lui attribuer la qualité de juge et la mission élevée qu'il est appelé à remplir; — Attendu que la loi a pris soin de dire que la prestation du serment doit elle donne la formule, est une formalité substantielle, et que son omission emporterait la nullité des débats; — Attendu qu'invité à prêter serment dont M. le président a lu la teneur, M. X... a répondu que, ne croyant pas en Dieu, sa conscience ne lui permettait pas de prêter ce

serment « devant Dieu », mais qu'il le prêtait « devant les hommes et devant la loi »; — Attendu que, prêté avec cette restriction, le serment est insuffisant, et ne saurait répondre aux injonctions formelles du législateur; qu'il en résulte une absence de capacité légale de ce juré, par suite de laquelle les débats seraient viciés dans leur principe; — Dit, que M. X... cessera de faire partie du jury de jugement dans la présente affaire; — Et attendu que les autres jurés de la session sont en ce moment absents, et qu'il y a dès lors impossibilité actuelle de constituer un nouveau jury dans le cas où le ministère public en ferait recevoir; — Renvoie l'affaire à l'audience suivante.

Du 20 févr. 1882.—C. d'ass. des Bouches-du-Rhône.—MM. Mougins de Rochefort, pr.-Thourel, av. gén.

partie lésée, comme réparation du crime ou du délit déféré au jury, soit sur les dommages prétendus par l'accusé acquitté envers son dénonciateur ou la partie civile, est limitativement fixé par les art. 51 c. pén., 358, 359 et 366 c. instr. crim. ; qu'en dehors de ces deux cas, les cours d'assises sont radicalement incompétentes pour prononcer sur des intérêts civils ; — Attendu que, dans l'espèce, il ne s'agissait ni d'une partie civile lésée par un crime et requérant la réparation du préjudice, ni d'un accusé acquitté réclamant des dommages-intérêts à son dénonciateur ou à une partie civile; qu'il s'agissait, au contraire, d'une demande de dommages-intérêts formée par un accusé non acquitté contre un tiers étranger au procès; que, dans ces conditions, la cour d'assises de la Seine n'était compétente à aucun titre pour y statuer ». L'action devrait donc être portée devant la juridiction civile. Mais n'en serait-il pas autrement si le ministère public, tenant pour non justifié le refus de serment exprimé par le juré, requérait contre lui, avant l'arrêt de renvoi à une autre session, l'application de l'art. 396? L'accusé ne serait-il pas, dans ce cas, recevable à intervenir par des conclusions et à formuler sa demande en dommages-intérêts? Malgré les termes absolus de l'arrêt de la cour de cassation, la question se présentant dans ces conditions serait, ce semble, beaucoup plus délicate.

1599. Le serment, a-t-il été dit au *Rép.*, n° 1950, est prescrit à peine de nullité. Est donc nul et ne peut servir de base à une condamnation, le verdict rendu par des jurés qui n'ont pas prêté le serment prescrit par l'art. 312 c. instr. crim., ou dont la prestation de serment n'est pas constatée au procès-verbal (Crim. cass. 18 juill. 1873, aff. Mathias, *Bull. crim.*, n° 203).

1600. Le procès-verbal de la séance doit constater la prestation de serment, de telle façon qu'aucun doute ne puisse exister sur l'accomplissement de cette formalité. Aux décisions rappelées à cet égard au *Rép.*, n° 1951, il y a lieu d'ajouter les suivantes: 1° dans une affaire où il y a eu adjonction d'un treizième juré, la mention au procès-verbal « que le président a adressé aux douze jurés le discours contenu dans l'art. 312 c. instr. crim., et que chacun des jurés, appelés individuellement par le président, a répondu : je le jure », laisse incertaine la question de savoir si le juré suppléant a été également habilité à siéger par la prestation du serment prescrit; dès lors, les opérations du jury, dont le juré suppléant a fait partie, sont entachées de nullité, même dans le cas où il n'aurait pas eu à prendre part à la délibération ni à la déclaration du jury (Crim. cass. 17 avr. 1873, aff. Collas, D. P. 73. 1. 270); — 2° Le silence du procès-verbal d'audience sur le serment que doivent prêter les jurés et qui est prescrit à peine de nullité par la loi entraîne l'annulation des débats et de l'arrêt de condamnation (Crim. cass. 2 janv. 1880, aff. Moiroux, D. P. 80.1. 144);—3° Lorsque, sur les conclusions du défenseur tendant à ce qu'il soit donné acte de ce que l'un des jurés n'a pas prêté le serment prescrit par la loi, la cour d'assises rend un arrêt par lequel elle constate, après interpellation du juré par le président, que ce juré a déclaré n'avoir pas levé la main ni dit : « je le jure », cette constatation, qui équivaut au donné acte de la non-prestation du serment, prévaut contre l'énonciation contraire du procès-verbal et entraîne la nullité de l'arrêt (Crim. cass. 29 sept. 1881, aff. Pierre Lantz, *Bull. crim.*, n° 225); — 4° Il y a nullité lorsque la prestation de serment des jurés a été constatée dans des termes inintelligibles, qui ne permettent pas de vérifier si le vœu de la loi a été rempli, spécialement lorsqu'il est dit au procès-verbal: « aucun de MM. les jurés appelés individuellement a répondu en levant la main : je le jure » (Crim. cass. 9 juin 1887, aff. Alliot, *Bull. crim.*, n° 209); — 5° Qu'une surcharge non approuvée, portant sur le chiffre de l'article du code d'instruction criminelle relatif au serment des jurés, est inopérante lorsqu'il est certain, d'après l'ensemble des constatations du procès-verbal, que les jurés ont prêté le serment prescrit par la loi (Crim. rej. 31 mars 1892, aff. Gros, D. P. 92.1. 630).

Mais, lorsqu'il est énoncé au procès-verbal des débats que deux jurés suppléants ont pris place avec les jurés titulaires, la mention que le président, après avoir adressé aux jurés le discours d'usage, a reçu le serment de *chacun d'eux*, constate suffisamment l'accomplissement de cette formalité aussi bien à l'égard des suppléants que des titulaires

(Crim. rej. 3 avr. 1873, aff. Ignacio Yturmendi et Bilbao, *Bull. crim.*, n° 88; 20 mars 1862, aff. Jeannin, D. P. 65. 5. 316; 20 mars 1863, aff. Heutt, D. P. 63. 5. 349; 11 août 1887, aff. Pranzini, D. P. 87. 1. 464; 3 janv. 1889, aff. Ben-Ayad-ould-Abd-el-kader, *Bull. crim.*, n° 2; 11 juill. 1889, aff. Hamza-ould-el-Hadj, *ibid.*, n° 250). — De même, lorsque le procès-verbal des débats constate que le président a lu aux jurés debout et découverts la formule du serment prescrite par l'art. 312 c. instr. crim.; que *chaque* juré, la main droite levée a répondu : « je le jure », ces énonciations constatent implicitement que le serment a été individuellement prêté dans les termes et dans la forme voulus par l'article précité (Crim. rej. 31 août 1893, aff. Kaddour-ben-Abdallah, *Bull. crim.*, n° 250).

1601. On a indiqué au *Rép.*, n° 1955, le mode suivant lequel les jurés doivent prêter le serment. A cet égard, il a été jugé qu'il ne saurait y avoir nullité, parce qu'un des jurés aurait prêté serment avec la main gantée (Crim. rej. 27 janv. 1853, aff. Dailly, *Bull. crim.*, n° 34).

1602. Dans ses séances des 2 et 26 fév. 1882, le Sénat a adopté avec quelques modifications une proposition votée par la Chambre des députés, qui modifie l'art. 312 c. instr. crim. par l'addition du paragraphe suivant : « Néanmoins, si l'un des jurés en avait fait la demande par écrit au président de la cour d'assises avant l'ouverture de l'audience, le président modifierait ainsi qu'il suit, en ce qui concerne ce juré, les termes du discours ci-dessus prescrit : « Vous jurez et promettez d'examiner avec l'attention la « plus scrupuleuse, etc... ». Dans le cas où l'auteur de cette demande deviendrait chef du jury, la déclaration de lui requise par l'art. 348 ci-après serait ainsi conçue : « Sur mon « honneur et ma conscience, la déclaration du jury est, etc. ». Cette proposition a été renvoyée le 21 nov. 1893 devant la Chambre des députés.

SECT. 10. — DROITS ET DEVOIRS DES JURÉS PENDANT LES DÉBATS (*Rép.* n° 1959 à 1998).

ART. 1er. — *Des droits et des devoirs des jurés en général* (*Rép.* n° 1959 à 1966).

1603. Parmi les droits que possèdent les jurés figure, ainsi qu'on l'a expliqué au *Rép.*, n° 1960, celui de faire poser ou de poser des questions aux témoins. A cet égard, il a été jugé que les règles prescrites par l'art. 319 c. instr. crim., notamment en ce qui concerne l'obligation pour les jurés de faire passer par l'intermédiaire du président les questions qu'ils veulent poser, ne sont pas prescrites à peine de nullité (Crim. rej. 25 févr. 1875, aff. Garro, *Bull. crim.*, n° 64; 2 janv. 1885, aff. Jolly, *ibid.*, n° 1 ; 21 oct. 1886, aff. Fernandez et autres, *ibid.*, p. 568).

1604. L'un des principaux devoirs du juré consiste à ne pas faire connaître son opinion avant la délibération du jury, et la contravention à cette obligation, comme on l'a vu au *Rép.*, n° 1965, 1977 et 1979 à 1981, entraînerait la nullité des débats, si on les continuait avec le juré qui a manifesté son opinion. La jurisprudence présente de nombreuses décisions indiquant dans quels cas il y a ou non manifestation d'opinion. La cour de cassation possède à cet égard un droit de contrôle incontestable; aussi, pour lui permettre l'exercice de ce droit, les cours d'assises ne sauraient-elles préciser avec trop de soin les circonstances de fait auxquelles le propos retenu par elles comme établi se rapporte. — Il a été jugé, dans le sens de l'affirmative : 1° que l'observation, exprimée par un membre du jury réuni pour se prononcer sur une accusation d'assassinat, au moment où le président venait de faire remarquer à l'accusé qu'il ne s'était jamais servi d'une arme à feu, « que cependant il n'avait pas manqué la victime » constitue une manifestation publique de son opinion sur la culpabilité de l'accusé, de nature à le rendre incapable de concourir au jugement de l'accusation (Crim. cass. 18 janv. 1855, aff. Telme, D. P. 55. 5. 128) ; — 2° Que ces mots prononcés par un juré, auquel on représente, comme pièces à conviction, des monnaies contrefaites : « oh ! ils auraient mieux fait plus tard », renferment une manifestation d'opinion qui doit entraîner la nullité des débats (Crim. rej. 14 oct. 1875, aff. Grandet, *Bull. crim.*, n° 299) ; — 3° Que l'exclamation suivante, pro-

férée par un juré, pendant l'audition d'un témoin entendu dans une accusation d'infanticide : « nous sommes en présence du père de l'enfant et de l'auteur du crime ! » contient une manifestation d'opinion qui doit entraîner l'annulation des débats et le renvoi de l'affaire à une autre session, si aucun juré suppléant n'a été adjoint au jury (Crim. cass., 12 oct. 1882, aff. Goyard, *Bull. crim.*, n° 234) ; — 4° Que ces mots, prononcés par un juré après l'audition d'un témoin : « Monsieur le président, ces faits me paraissent très concluants », renferment une manifestation d'opinion qui doit entraîner la nullité des débats (Crim. cass. 31 août 1893, aff. Deflubé, *Bull. crim.*, n° 249).

1605. Quand un juré a manifesté son opinion, que doit faire la cour d'assises ? Si aucun juré suppléant n'a été appelé, il y a nécessité pour la cour de prononcer le renvoi de l'affaire à une autre session, cette infraction entraînant pour son auteur, et par suite pour tout le jury de jugement, incapacité de statuer sur l'accusation (Crim. cass. 18 janv. 1855, cité *suprà*, n° 1604). Mais si des jurés suppléants ont été adjoints au jury, le juré frappé d'incapacité pour avoir manifesté son opinion au cours des débats doit être immédiatement exclu et remplacé par un des jurés de jugement adjoints. La cour d'assises ne peut se borner à donner acte de ce fait à la défense, en se réservant de prendre ultérieurement les mesures qu'elle jugera convenables ; elle doit, dès à présent, procéder au remplacement dont il s'agit, et ce, à peine de nullité de l'arrêt de condamnation qui serait ultérieurement rendu (Crim. cass. 16 juill. 1857, aff. Gipoulon, *Bull. crim.*, n° 268 ; 19 juill. 1866, aff. Philippe, D. P. 66. 1. 508 ; 19 juill. 1877, aff. Guilhot, D. P. 77. 1. 411).

1606. Au contraire, dans les espèces qui ont donné lieu aux décisions suivantes, la cour suprême s'est refusée à reconnaître que les faits allégués fussent constitutifs d'une manifestation d'opinion. Il a été jugé : 1° que le fait par un juré d'avoir, au milieu des débats, appelé l'attention du ministère public sur le trouble éprouvé par l'accusé à l'occasion d'une observation le concernant, ne constitue pas, tout irrégulier qu'il soit, et alors que l'incident n'avait pas trait directement à l'objet de l'accusation, une manifestation de son opinion sur la culpabilité de l'accusé (Crim. rej. 14 juin 1855, aff. Pinot, D. P. 55. 1. 304) ; — 2° Que la question adressée par un juré à un témoin, n'indiquant ni un parti pris à l'avance, ni une opinion prématurément arrêtée sur l'accusation, ne peut être considérée comme une communication illégale interdite par l'art. 312 c. instr. crim. (Crim. rej. 18 déc. 1856, aff. Leguay, *Bull. crim.*, n° 400 ; 7 mars 1889, aff. Tavan, *ibid.*, n° 92) ; — 3° Qu'il ne résulte de nullité ni de ce que le chef du jury aurait fait demander verbalement au président des assises d'ordonner que l'accusé fût placé de manière à ne pas intimider les témoins ;... ni de ce qu'un juré se serait fait remettre, pendant le résumé du président, un dessin représentant les traits de l'un des accusés ; qu'on prétendrait à tort que de tels faits constituent soit une manifestation d'opinion, soit une communication extérieure (Crim. rej. 10 déc. 1857, aff. Lemaire, D. P. 58. 1. 95) ; — 4° Que cette exclamation prononcée par un juré : « mais il y a alors préméditation ! » peut être considérée comme interrogative plutôt qu'affirmative, et comme rentrant, dès lors, dans l'exercice légitime de son droit d'interpellation, et non comme une communication illégale prohibée par la loi (Crim. rej. 15 déc. 1859, aff. Senat, *Bull. crim.*, n° 275) ; — 5° Que l'observation faite par un juré, demandant à lui poser une question à un témoin, que « cette question est importante », ne peut être considérée comme une manifestation d'opinion sur le fond de l'affaire (Crim. rej. 13 sept. 1866, aff. Sicard, D. P. 66. 5. 107) ; — 6° Qu'on ne peut voir une manifestation prohibée dans cette phrase, prononcée par l'un des jurés saisis d'une accusation de viol par un père sur sa fille, que l'accusé : « avait perdu le cœur, en même temps qu'il avait perdu le bulletin constatant le dépôt d'un de ses enfants aux Enfants-Trouvés », lorsque ces expressions, s'appliquant à un enfant que l'accusé n'avait pas vu depuis vingt ans, n'ont pas un trait direct aux faits spéciaux sur lesquels le jury doit statuer ; que, dès lors, il n'y a pas lieu, dans un pareil cas, de renvoyer l'affaire à une autre session (C. d'ass. de la Seine, 1 août 1868, aff. Mellet, D. P. 68. 2. 216) ; — 7° Que demander si la chambre de sûreté communique avec le public et s'il est vrai que l'accusé ait fait bravade de son crime, ce n'est pas, de la part d'un juré, manifester son opinion sur l'accusation (Crim. rej. 18 nov. 1869, aff. Nicot, D. P. 70. 1. 440) ; — 8° Qu'il n'y a pas manifestation d'opinion dans le fait d'un juré se livrant à l'exclamation suivante : « à son regard et à sa voix, il est impossible de ne pas reconnaître l'accusé ! » (Crim. rej. 16 janv. 1873, aff. Vulliard et autres, *Bull. crim.*, p. 25) ; — 9° Que, lorsque, en réponse à cette observation de la défense : « il n'est pas étonnant que le témoin reconnaisse telle pièce à conviction qui lui a été représentée plusieurs fois », un juré a laissé échapper cette réflexion : « surtout si elle lui a appartenu », la cour peut décider qu'il n'en résulte ni manifestation d'opinion, ni préjugé sur la culpabilité de l'accusé, et ordonne à bon droit la continuation des débats (Crim. rej. 7 mars 1873, aff. Abdallah-ben-Ali, *Bull. crim.*, p. 118) ; — 10° Que la déclaration, faite par le chef du jury, que la plaidoirie lui paraît longue et que l'affaire est bien comprise par le jury, ne constitue pas une manifestation d'opinion sur l'affaire, et n'entraîne pas la nullité des débats, alors qu'il n'en est résulté aucune entrave aux droits de la défense (Crim. rej. 14 mars 1873, aff. Bathlot, D. P. 74. 1. 134) ; — 11° Que l'exclamation d'un juré que « le mont-de-piété est fermé le dimanche », prononcée pendant la plaidoirie du défenseur, ne constitue pas une manifestation d'opinion de nature à annuler l'arrêt de la cour d'assises (Crim. rej. 9 avr. 1874, aff. Bouisson, D. P. 75. 5. 129) ; — 12° Qu'il n'y a pas manifestation d'opinion sur l'affaire en cause de la part d'un juré qui s'est borné à déclarer que, sa conscience n'étant pas libre, il ne pourrait voter qu'en blanc (Crim. rej. 14 déc. 1876, aff. Moreau, *Bull. crim.*, n° 249) ; — 13° Qu'il n'y a pas de manifestation d'opinion de nature à emporter nullité lorsqu'un juré, dans une accusation de banqueroute frauduleuse et à l'occasion d'une question posée par le président à un expert, sur le point de savoir si de deux billets à ordre transcrits par l'accusé l'un paraissait écrit d'une encre plus ancienne que celle de l'autre, s'est écrié : « un peu plus ancienne » (Crim. rej. 21 déc. 1876, aff. Anjard, *Bull. crim.*, n° 260) ; — 14° Qu'on ne doit pas voir la manifestation publique et illégale de l'opinion d'un juré dans l'observation qu'il a adressée au président des assises, à l'occasion des questions qui venaient d'être posées au jury, en disant « qu'il ne lui paraissait pas possible de résoudre la seconde question » (Crim. cass. 10 août 1877, aff. Chaminade, *Bull. crim.*, n° 189) ; — 15° Qu'une simple exclamation qu'un juré a laissé échapper pendant le réquisitoire du ministère public pour rectifier une erreur matérielle, une erreur de chiffre par exemple, sans y ajouter aucune observation et sans en tirer argument, ne constitue ni l'expression d'une opinion déjà formée sur la culpabilité de l'accusé, ni une atteinte au principe de l'impartialité qui est un des devoirs essentiels des jurés (Crim. rej. 24 janv. 1878, aff. Touzet et Chanroux, D. P. 78. 1. 447) ; — 16° Que le juré qui, au cours des débats, a prononcé ces mots : « maintenant où sont les billets faux ? » ne peut être considéré comme ayant manifesté son opinion, s'il résulte clairement des termes dans lesquels il a été donné acte de ces paroles que ce juré avait simplement pour but, en parlant ainsi, de s'éclairer sur la différence des billets argués de faux et des billets servant de pièces de comparaison (Crim. rej. 26 déc. 1878, aff. Brissaud, *Bull. crim.*, n° 250) ; — 17° Que, lorsque l'un des jurés auxquels on présentait la personne de l'accusé, afin de constater les traces de petite vérole que les témoins déclaraient exister sur son visage, a dit que les traces de boutons qu'il voyait étaient bien des marques de petite vérole, cette déclaration, quoique regrettable, ne constitue pas la manifestation d'une opinion prématurément arrêtée sur la culpabilité de l'accusé, et ne peut entraîner la nullité des débats auxquels le juré a continué de prendre part (Crim. rej. 16 juin 1881, aff. Moutanin, *Bull. crim.*, n° 264) ; — 18° Que le fait qu'un juré a dit, pendant la lecture d'un mémoire de l'accusé sur des condamnations antérieures, qu'il ferait mieux de laisser la parole à son avocat qui le défendrait plus utilement, ne constitue pas une manifestation d'opinion de nature à faire annuler le débat (Crim. rej. 24 juin 1881, aff. Simonnet, *Bull. crim.*, n° 162) ; — 19° Qu'on ne peut

voir une manifestation d'opinion dans le fait par un juré de frapper une de ses mains contre l'autre au moment de la déposition d'un témoin, alors surtout que, interpellé le lendemain sur la signification de ce geste, le juré a répondu qu'il avait été motivé par les péripéties de la déclaration du témoin qui, après avoir longtemps nié un fait sur lequel il était interrogé, en avait ensuite laissé échapper l'aveu involontaire; qu'en tout cas, c'est au moment où l'incident s'est produit que la cour devait en apprécier le caractère, et qu'elle n'a pu, après avoir donné acte à la défense des réserves par elle faites à l'occasion de cet incident, continuer les débats, et statuer le lendemain en ordonnant, sur la demande du ministère public, le remplacement par un juré suppléant du juré considéré par elle comme ayant manifesté son opinion (Crim. cass. 30 déc. 1881; aff. Sougaret, D. P. 82. 1. 237); — 20° Qu'il n'y a pas de manifestation d'opinion de nature à vicier le débat dans l'exclamation d'un juré qui, en posant une question à un témoin, a fait suivre cette question des mots : « c'est grave » (Crim. rej. 23 mars 1882, aff. Pierre Martinet et autres, Bull. crim., n° 81) ; — 21° Qu'une simple question sur un fait matériel qu'il importait d'éclaircir, posée à un témoin par un juré, ne peut être considérée comme une manifestation d'opinion (Crim. rej. 12 mars 1885, aff. Chervin et Mondière, D. P. 85. 1. 330); — 22° Que des paroles banales et d'une généralité insignifiante ne peuvent être considérées comme une manifestation de l'opinion d'un juré, par exemple celles-ci : « un plan n'est qu'un plan ! » (Crim. cass. 27 juill. 1882, aff. Mohamed-ben-Lakdar, Bull. crim., n° 188) ; — 23° Qu'il n'y a pas de manifestation d'opinion contraire à la loi dans ces mots, prononcés par un juré à la suite d'une réponse de l'accusé, et appliqués à ce dernier : « ce monomane ! » (Crim. rej. 6 juill. 1883, aff. Pluchon, Bull. crim., n° 174); — 24° Qu'il n'y a pas de manifestation d'opinion de nature à opérer nullité dans les mots prononcés par un juré qui, après avoir posé une question à laquelle le défenseur de l'accusé a répondu, ajoute : « c'est là qu'est la plaie! » (Crim. rej. 2 janv. 1885, aff. Jolly, Bull. crim., n° 1) ; — 25° Qu'il n'y a pas manifestation d'opinion dans cette question, posée par un juré : « depuis le premier attentat jusqu'à son retour de... le témoin aurait-il été l'objet d'autres attentats ? » que l'emploi du mot « attentat » n'implique pas une opinion préconçue sur la culpabilité de l'accusé, qu'il indique simplement le fait qui est ainsi qualifié dans l'acte d'accusation (Crim. rej. 4 juin 1885, aff. Authelet, Bull. crim., n° 157) ; — 26° Que la phrase suivante prononcée par un juré en parlant de l'accusé : « mais il avait pris un billet pour Marseille ! » ne constitue pas nécessairement par elle-même une manifestation d'opinion, étant donné surtout qu'elle avait trait à un incident qui ne se rattachait pas directement au crime faisant l'objet de l'accusation (Crim. rej. 17 déc. 1885, aff. James, Bull. crim., n° 356) ; — 27° Que lorsque, dans une poursuite pour attentat à la pudeur, un des témoins étant venu à déposer qu'il avait vu rentrer plusieurs fois la femme de l'accusé avec un individu qu'il supposait être son amant, un juré demande au témoin s'il ne s'agit pas du mari, et sur sa réponse négative ajoute : « vous n'étiez donc pas son ami ? » ces paroles, si elles peuvent être regrettables, n'impliquent point cependant la manifestation d'une opinion ou d'un préjugé sur l'accusation (Crim. rej. 27 mai 1886, aff. Baillot, Bull. crim., n° 190) ; — 28° Que les paroles suivantes, prononcées par un juré pendant la déposition d'un témoin : « comment se fait-il que le témoin, qui a fait mettre ses fils dans une maison de correction, puisse lui accorder sa confiance ? » ne constituent pas nécessairement une manifestation d'opinion, la cour d'assises pouvant ne voir dans cette interpellation qu'une demande d'explication sur les causes qui auraient déterminé le témoin à ne pas retirer sa confiance à son fils (Crim. rej. 25 févr. 1887, aff. Redon, Bull. crim., n° 78) ; — 29° Que, lorsqu'un juré, examinant l'une des blessures faites à la victime d'un assassinat, dit : « la blessure a certainement été faite avec un tiers-point », ces paroles n'impliquent pas une opinion préconçue sur l'objet de l'accusation, et ne constituent pas une manifestation illicite d'opinion de nature à entraîner la nullité des débats (Crim. rej. 24 nov. 1887, aff. Saradin, Bull. crim., n° 398) ; — 30° Qu'on ne saurait voir de la part d'un juré une manifestation d'opinion soit sur le fait incriminé, soit sur la culpabilité de l'accusé, dans le fait d'avoir demandé au président de poser une question à l'accusé pour « qu'il expliquât les motifs pour lesquels il se disait en division avec la famille de la partie civile, après avoir dit précédemment qu'il était son conseiller » (Crim. rej. 1er mars 1888, aff. Charnot, Bull. crim., n° 83); — 31° Que les paroles suivantes, prononcées par un juré dans le cours des débats : « je vous demande pardon, il a été tiré deux coups de fusil » ne comportent pas l'expression d'une opinion arrêtée sur la culpabilité et ne sont pas, dès lors, une cause de nullité, lorsqu'il est constant que ce juré, en tenant ce propos, n'a eu d'autre but que de provoquer un éclaircissement sur un point des débats (Crim. rej. 6 sept. 1888, aff. Corbet et Jumelin, Bull. crim., n° 286) ; — 32° Qu'il n'y a pas manifestation d'opinion dans le fait d'un mouvement de tête pouvant être considéré comme une dénégation, alors que le juré, interpellé au moment où l'incident était soulevé, a déclaré que le signe de tête incriminé n'était ni dans sa pensée aucune signification (Crim. rej. 29 mars 1888, aff. Durville, Bull. crim., n° 135) ; — 33° Qu'on ne peut considérer comme une manifestation d'opinion renfermant l'expression d'une opinion arrêtée sur la culpabilité de l'accusé, le propos d'un juré qui, présenté sous une forme purement hypothétique, a un sens conjectural et subordonné à l'appréciation des éléments acquis ou à acquérir dans les débats ; que, en conséquence, on ne saurait voir une manifestation illégale d'opinion dans le fait d'un juré qui, après qu'un accusé vient d'être interrogé sur un fait et qu'un second a répondu sur le même fait : « c'est la même chose », a dit : « c'est parce qu'ils s'entendent peut-être ensemble » (Crim. rej. 15 déc. 1892, aff. Peltier et autres, D. P. 93. 1. 429) ; — 34° Qu'en signalant à la cour les erreurs matérielles que le verdict peut contenir, le chef du jury ne manifeste nullement son opinion sur l'affaire (Crim. rej. 4 mai 1889, aff. Jean dit Desplats, Bull. crim., n° 169) — 35° Que des paroles prononcées par un juré au cours des débats et susceptibles d'être interprétées en deux sens contraires ne constituent pas une manifestation d'opinion de nature à entraîner la cassation de l'arrêt de condamnation (Crim. rej. 6 mai 1892, aff. Grandvillier, Bull. crim., n° 127).

1607. Il n'y a pas nullité lorsque des jurés ont manifesté leur opinion sur le compte de l'accusé pendant une suspension d'audience et hors du palais de justice, d'ailleurs qu'aucune mention de cette circonstance n'a été faite au procès-verbal (Crim. rej. 6 janv. 1876, aff. Gallon, Bull. crim., n° 7). Jugé, de même, que la manifestation d'opinion, de la part d'un juré, en dehors de l'audience ne pourrait être une cause de nullité qu'autant qu'elle aurait été constatée à l'aide d'une enquête, qu'il n'appartient à la cour de cassation d'ordonner (Crim. rej. 2 sept. 1880, aff. Grégoire).

1608. Il a été décidé, d'ailleurs : 1° que la décision par laquelle la cour d'assises donne acte de la position d'une question par un juré en des termes qu'elle affirme être, non pas précisément ceux dont il s'est servi, mais avoir une signification absolument identique, donne une suffisante satisfaction à l'accusé, encore qu'elle ajoute qu'en faisant une telle question, le juré n'a point manifesté d'opinion, mais a voulu simplement provoquer un éclaircissement (Crim. rej. 18 nov. 1869, aff. Nicot, D. P. 70. 1. 440) ; — 2° Que, lorsque la cour a refusé de donner acte des paroles attribuées à un juré par le motif qu'elle ne les a pas entendues, ces paroles ne peuvent pas constituer une manifestation d'opinion susceptible d'entraîner la cassation de l'arrêt (Crim. rej. 3 juin 1875, aff. Labauvoye, D. P. 76. 5. 142); — 3° Que c'est à bon droit que la cour refuse de donner acte d'un propos que l'un des jurés aurait tenu au cours des débats, lorsque le président, voyant ce juré se lever et craignant qu'il ne commette l'imprudence de manifester son opinion, l'a interrompu aussitôt, et que ni la cour ni aucun des autres jurés n'ont pu saisir le sens et la portée des quelques paroles qui avaient pu être déjà prononcées (Crim. rej. 7 janv. 1886, aff. Tarrit, Bull. crim., n° 4).

Art. 2. — De la défense de communiquer
(Rép. n°s 1967 à 1998).

1609. Ainsi qu'on l'a exposé au Rép., n°s 1967 et

suiv., la communication qui est interdite aux jurés peut avoir lieu ou *dans l'auditoire* ou *au dehors*. Pour l'un et l'autre cas, la règle de cette interdiction se résume dans la défense, faite aux jurés qui siègent, de conférer de l'affaire avec qui que ce soit. Mais il faut que le fait de la communication soit bien établi, et que cette communication, relative aux faits du procès, soit de nature à porter atteinte aux droits de la défense. Ainsi, il a été jugé : 1° que la circonstance qu'un des jurés qui s'est prononcé sur l'accusation aurait communiqué pendant les plaidoiries avec un juré non compris dans le jury de jugement, qui se trouvait assis derrière lui sur un banc, n'est pas de nature à entraîner nécessairement la nullité des réponses du jury, lorsqu'il n'est pas allégué que le colloque ait été relatif à l'accusation soumise aux débats (Crim. rej. 6 juill. 1854, aff. Besson, D. P. 54. 5. 209) ; — 2° Que le moyen fondé sur ce qu'un juré aurait communiqué par deux fois, au cours des débats, avec des personnes du public, manque en fait, lorsque la cour d'assises, dans l'arrêt sur l'incident, déclare qu'elle n'a pas été frappée de cette communication, et que, rien ne lui en rappelant la réalité, il ne saurait en être donné acte (Crim. cass. 19 juin 1862, aff. Afaux, D. P. 62. 5. 92) ; — 3° Que la présence du jury dans la salle d'audience, pendant que la cour d'assises délibérait en chambre du conseil sur le point de savoir s'il y aurait lieu de renvoyer le jury dans sa chambre pour y rectifier sa déclaration, ne constitue pas, quelque temps qu'elle ait duré, une communication avec le public, de nature à rendre nulle la délibération ultérieurement reprise, en exécution de l'arrêt de la cour, pour la rédaction d'une déclaration nouvelle (Crim. rej. 10 juill. 1868, aff. Mourgues, D. P. 69. 5. 96) ; — 4° Qu'il ne peut résulter aucune nullité de ce qu'un tiers a tenté de se mettre en communication avec un juré suppléant, si celui-ci est resté étranger à cette tentative dont le président a, d'ailleurs, empêché l'effet (Crim. rej. 20 avr. 1877, aff. Badel et Viau, *Bull. crim.*, n° 105) ; — 5° Que la communication d'un juré, même pendant le cours des débats, ne peut entraîner la nullité et justifier le remplacement de ce juré par un juré suppléant, qu'autant qu'elle a été relative à l'affaire soumise à la décision du jury ; qu'à plus forte raison en est-il ainsi alors que cette communication s'est produite pendant la suspension de l'audience (Crim. cass. 13 déc. 1888, aff. Levis, D. P. 89. 1. 391) ; — 6° Qu'il n'y a pas communication dans le fait, pour un juré de jugement, de faire passer par-dessus la balustrade de la tribune du jury et de remettre à un juré de la session ne siégeant pas dans l'affaire une pièce de monnaie fausse, si le président a fait instantanément rétablir cette pièce, sans qu'aucune parole ait été prononcée ni par la personne étrangère au jury de jugement, ni par aucun des jurés de l'affaire (Crim. rej. 17 oct. 1889, aff. Dechelle et autres, *Bull. crim.*, n° 313) ; — 7° Que, quelque stricte que soit la défense faite au jury de communiquer au dehors, une telle défense ne saurait être absolue et que les seules communications illégales sont celles qui, portant sur les faits du procès, seraient de nature à exercer sur l'opinion du juré une influence préjudiciable à la défense (Crim. rej. 25 sept. 1890, aff. Veyssier et Girard, *Bull. crim.*, n° 196).

1610. De même, encore, il est incontestable que les jurés peuvent avoir, avec les témoins, certains rapports à l'audience sans qu'aucune nullité soit encourue. Ainsi il a été jugé : 1° que l'infraction à la défense faite aux jurés, par les art. 312 et 353 c. instr. crim., de communiquer avec personne jusqu'après leur délibération, n'est une cause de nullité qu'autant que la communication serait de nature à exercer sur le jugement une prévention illégale et une influence nuisible à l'accusé ; que, par exemple, il n'y a pas nullité de ce que, après l'explication donnée par un témoin, docteur-médecin, sur une pure théorie de médecine, l'un des jurés officier de santé, qui avait fait présenter ce témoin à une question à cet égard, a prononcé ces mots : « Je n'entends pas contrarier cette théorie, tel est mon sentiment », alors que les termes du procès-verbal excluent, plutôt qu'ils n'impliquent, l'application de cette théorie à la culpabilité de l'accusé (Crim. rej. 22 mai 1856, aff. Senié, D. P. 56. 1. 371 ; 16 avr. 1857, aff. Anguetin, D. P. 57. 1. 266) ; — 2° Qu'aucun grief ne peut résulter de ce que les témoins, en désignant aux jurés, conformément aux ordres du pré-sident, un point sur un plan, auraient parlé à l'un d'eux à voix basse, si, d'une part, il est constaté que ce colloque a été immédiatement interrompu par le président, et si, d'autre part, rien n'établit que les témoins aient enfreint la recommandation qui leur avait été faite d'indiquer seulement le point qu'il s'agissait de déterminer, sans parler d'autre chose (Crim. rej. 14 oct. 1875, aff. Grandet, *Bull. crim.*, n° 299) ; — 3° Que les dispositions des art. 312 et 353 c. instr. crim., qui défendent aux jurés de communiquer avec des tiers, ne doivent s'entendre que des seules communications qui peuvent faire un grief préjudiciable à la défense, c'est-à-dire de celles qui ont porté sur des faits de nature à agir illégalement sur l'opinion du juré ; qu'il n'en est pas ainsi de la communication qu'un juré a eue avec un témoin, lorsque cette communication passagère et instantanée a eu pour objet, non les faits de l'accusation, mais une simple explication sur une circonstance qui ne pouvait avoir d'influence sur l'appréciation du juré (Crim. rej. 11 déc. 1885, aff. Guichard, *Bull. crim.*, n° 352) ; — 4° Que ces mêmes dispositions sont inapplicables au cas où un témoin, sur le désir manifesté par un juré de voir un livre sur lequel figurent certaines annotations visées dans sa déposition, se borne à remettre à ce juré le livre en question en lui indiquant la page à consulter (Crim. rej. 5 nov. 1891, aff. Hougron, D. P. 92. 1. 169).

1611. A plus forte raison, un renseignement demandé au président des assises dans la chambre du conseil par le chef du jury, au nom de ses collègues, et donné ensuite par le président en audience publique, ne constitue pas une communication illégale (Crim. rej. 21 juin 1872, aff. Toledano, *Bull. crim.*, n° 147).

1612. Un accusé avait cru trouver une violation de la loi dans le fait que le chef du jury donna une première fois lecture de la déclaration, alors que le représentant du ministère public était absent. La cour de cassation a rejeté le pourvoi par les motifs suivants : « Attendu qu'en admettant que le fait constaté par le procès-verbal des débats puisse être assimilé à une communication des jurés avec le public, les communications de ce genre n'entraînent la nullité qu'autant qu'elles ont été volontaires et ont exercé ou pu exercer sur la décision du jury une influence favorable ou contraire à l'accusé ; qu'il résulte des constatations du procès-verbal que le jury était sorti de sa chambre après avoir formé sa délibération, conformément à l'art. 343 c. instr. crim. ; que la lecture du verdict avant que l'avocat général eût repris séance a été suivie immédiatement de la lecture régulière en présence du ministère public et alors que ledit verdict n'était encore signé ni du président, ni du greffier en chef » (Crim. rej. 12 janv. 1893, aff. Quertier, *Bull. crim.*, n° 7).

1613. En ce qui concerne les communications *reçues* par les jurés, le principe est le même, à savoir qu'aucune nullité n'est encourue si cette communication n'est pas relative à l'affaire. Ainsi jugé que le fait que l'un des jurés a reçu pendant l'audience une lettre à laquelle il a répondu séance tenante avec l'assentiment du président, qui a pris connaissance de la réponse, ne peut constituer un moyen de cassation, lorsqu'il résulte de l'arrêt de donné acte que cette communication était étrangère à l'affaire (Crim. rej. 12 juin 1884, aff. Régis-Désirée, *Bull. crim.*, n° 186 ; 22 déc. 1887, aff. Gosset, *ibid.*, n° 440).

1614. Quant aux communications qui peuvent se faire *en dehors* de l'audience, il a été dit au *Rép.*, n°° 1982 et 1983, que, sur ce point, la cour de cassation a dû, forcément, se montrer d'une extrême facilité, devant la nécessité où se trouve souvent la cour d'assises de suspendre les débats, et même de les renvoyer au lendemain. Ainsi, il a été jugé : 1° que le fait d'un juré d'avoir eu, pendant une suspension d'audience, une communication avec un tiers, ne peut donner ouverture à cassation lorsqu'il est constaté, par l'arrêt qui en a donné acte à l'accusé, que cette communication, d'ailleurs passagère et instantanée, a porté sur des circonstances indifférentes et sur des faits totalement étrangers au procès (Crim. rej. 28 déc. 1860, aff. Larqué, D. P. 61. 5. 121) ; — 2° Que, bien que la cour d'assises ne soit pas tenue de donner acte d'un fait qui s'est passé en dehors de l'audience, alors surtout qu'il n'a été articulé qu'après lecture à l'accusé de la déclaration du jury, si cependant elle

a jugé utile de vérifier ce fait dans l'intérêt de la manifestation de la vérité, il y a lieu pour la cour de cassation de rechercher quelle influence ce fait a pu exercer sur les débats; que, s'il s'agit de la communication d'un juré avec un témoin pendant une suspension d'audience, la déclaration faite par le juré, immédiatement interpellé, que, dans sa conversation avec le témoin, il n'a pas été question de l'affaire, ne permet d'attacher aucune importance à cette communication (Crim. rej. 4 janv. 1866, aff. Plantéligne, D. P. 67. 5. 110); — 3° Qu'une simple question adressée pendant une suspension d'audience, par un témoin à un juré, et n'ayant aucun rapport avec l'accusation, ne constitue pas une des communications défendues par la loi (Crim. rej. 26 mars 1874, aff. Roussel, *Bull. crim.*, n° 99); — 4° Que la communication des jurés, pendant une suspension d'audience, avec des personnes étrangères aux débats, ne constitue pas une violation de la loi lorsqu'il est constaté qu'elle n'était pas relative à l'affaire en jugement (Crim. rej. 14 déc. 1876, aff. Moreau, D. P. 77. 1. 336); — 5° Qu'il ne résulte aucune nullité de ce que, pendant une suspension d'audience, les jurés se sont trouvés en communication avec le public et se sont entretenus avec d'autres jurés de la session (Crim. rej. 3 oct. 1878, aff. Citerne, *Bull. crim.*, n° 199); — 6° Que l'accusé qui, au lieu de demander le renvoi de l'affaire à une autre session, consent à ce qu'elle soit fixée à un autre jour de la même session, ne peut invoquer comme une cause de nullité la simple possibilité de communication qui a pu exister entre les jurés par l'effet des débats antérieurs (Crim. rej. 20 mars 1879, aff. Rochereau, *Bull. crim.*, n° 67); — 7° Qu'aucune nullité ne résulte de ce qu'un juré s'est absenté sans que l'audience soit suspendue régulièrement, s'il est constant que l'absence de ce juré ne s'est pas produite au cours des débats, mais pendant que les débats étaient suspendus de fait pour l'exécution d'une mesure ordonnée par le président, et si d'ailleurs le juré a affirmé n'avoir communiqué avec personne pendant sa courte absence (Crim. rej. 30 déc. 1886, aff. Simonet, *Bull. crim.*, n° 443); — 8° Que la communication d'un juré avec un tiers n'opère pas nullité lorsque cette communication n'a eu lieu que postérieurement à la déclaration du jury et que, dès lors, elle n'a pu exercer aucune influence sur le sort de l'accusé (Crim. rej. 17 mars 1887, aff. Records, *Bull. crim.*, n° 107).

Il a été jugé, au contraire : 1° que le fait par un juré d'avoir, dans un moment de suspension d'audience, recueilli de la bouche d'un magistrat trompé sur sa qualité, l'opinion que l'accusation était une de celles qui ne s'inventent pas, constitue une communication de nature à vicier le vote du jury (Crim. cass. 30 mars 1854, aff. Giraud, D. P. 54. 5. 210); — 2° Que le fait de la part d'un juré d'avoir communiqué en dehors de l'audience avec un témoin entraîne la nullité des débats, lorsque cette communication a porté sur l'affaire même qui était en discussion et qu'elle a pu exercer sur l'esprit du juré une influence illégale (Crim. cass. 16 avr. 1885, aff. Forgeaud, *Bull. crim.*, n° 110).

1615. Il a été dit au *Rép.*, n° 1991, que le transport des jurés sur les lieux du crime, en dehors de la cour et de l'accusé, pour s'y livrer à une enquête avec les témoins, constitue la communication interdite. Mais encore faut-il que ce fait soit établi; aussi a-t-il été jugé que les allégations, non justifiées, que, dans un transport sur les lieux, les jurés et les témoins auraient communiqué entre eux, sont sans influence légale (Crim. rej. 24 sept. 1857, aff. Antoine Lavallée, *Bull. crim.*, n° 350; 14 janv. 1870, aff. Prodo, femme Trémeaux, *ibid.*, n° 8).

1616. Du reste, toute communication interdite, soit au cours des débats, soit au dehors, ne peut servir de base à un recours en cassation, ainsi qu'on l'a exposé au *Rép.*, n° 1992 et suiv., qu'autant qu'elle est établie par les déclarations du procès-verbal de séance. Jugé, en conséquence : 1° que le demandeur en cassation ne peut se prévaloir de prétendues communications qui auraient eu lieu entre des témoins et certains jurés, lorsqu'il n'a pas été demandé acte à la cour d'assises de ce fait et qu'il ne s'en trouve aucune mention au procès-verbal (Crim. rej. 12 avr. 1883, aff. Noël et autres, *Bull. crim.*, n° 93; 11 août 1892, aff. Pasco, *ibid.*, n° 237); — 2° Que, lorsque l'accusé demande acte, après la déclaration du jury, d'une prétendue communication des jurés avec le public, c'est à tort que la cour rejette ses con-

clusions par le motif qu'elles sont tardives; que toutefois, cette irrégularité n'est point une cause de nullité, s'il résulte du procès-verbal des débats que le fait dont il était demandé acte n'avait pas le caractère d'une communication illicite (Crim. rej. 2 sept. 1886, aff. Albertolli, *Bull. crim.*, n° 319); — 3° Que l'accusé ne peut invoquer un moyen de nullité tiré de ce que l'un des jurés aurait, pendant une suspension d'audience, communiqué avec un tiers, lorsque le procès-verbal des débats est muet sur ce point, et que ni l'accusé ni son avocat n'ont signalé le fait à la cour d'assises et n'en ont demandé acte (Crim. rej. 10 févr. 1887, aff. Pozzo, *Bull. crim.*, n° 52; 17 oct. 1889, aff. Oulié, *ibid.*, n° 309); — 4° Que le moyen de cassation pris de ce qu'un juré ne siégeant pas dans l'affaire aurait communiqué avec le jury pendant une suspension d'audience, n'est pas recevable, alors que la cour d'assises a refusé de donner acte de cette communication et se fondant sur ce que le fait se serait passé loin de sa présence et sur ce qu'il n'était pas allégué que la communication aurait eu rapport à l'affaire (Crim. rej. 6 juill. 1893, aff. Duret, *Bull. crim.*, n° 185).

CHAP. 4. — Des débats jusqu'à la position des questions; attributions des juges et des jurés (*Rép.* n°ˢ 1999 à 2480).

Sect. 1re. — Du sursis ou renvoi (*Rép.* n°ˢ 1999 à 2065).

Art. 1er. — Du sursis ou renvoi avant l'ouverture des débats (*Rép.* n°ˢ 2000 à 2010).

1617. Au *Rép.*, n°ˢ 2001 et suiv., on a établi ce principe que, tant que la cour d'assises n'est pas encore saisie de fait, il appartient au président seul de prononcer tous sursis ou renvois soit d'office, soit sur la demande du ministère public ou de l'accusé. Cette règle a été confirmée par plusieurs décisions judiciaires (Ord. prés. C. d'ass. de Vaucluse, 29 oct. 1886; C. d'ass. Vaucluse, même date; Crim. rej. 2 déc. 1886, aff. Ginoux, D. P. 87. 1. 285).

1618. Après que le président a statué, la cour d'assises peut-elle à son tour être régulièrement saisie de la même question de sursis? Ce point a été examiné au *Rép.*, n° 2001, où se trouve rapporté un arrêt de rejet du 4 oct. 1832, aux termes duquel la cour d'assises avait, à bon droit, refusé de statuer, parce que le juge compétent s'était prononcé. Nouguier, t. 2, n°ˢ 938 et 939, approuve cette décision; mais Faustin Hélie, t. 7, n° 3380, la critique, non sans raison, suivant nous. « On suppose, dit ce dernier auteur, une sorte de chose jugée, comme si la chose jugée pouvait s'appliquer à des mesures purement préparatoires ».

1619. Le président seul peut aussi changer le jour fixé pour le jugement d'une affaire, choisir un jour subséquent ou bien l'un des jours qui précèdent celui primitivement désigné, ou encore renvoyer à une assise extraordinaire de la session. Son pouvoir, à cet égard, est absolu. Il n'y aurait cause de nullité qu'autant que le changement de jour entraînerait un préjudice quelconque aux droits de la défense (*Rép.* n° 2072; Faustin Hélie, t. 7, n° 3366; Nouguier, t. 2, n° 945; Crim. rej. 13 mai 1842, aff. Aigueperse, *Bull. crim.*, n° 119; 26 avr. 1844, aff. Coupé, *Bull. crim.*, n° 155; 13 janv. 1860, aff. Villatte, D. P. 60. 5. 99).

1620. Mais, après le tirage du jury, on ne peut renvoyer l'affaire à un autre jour qu'autant que le ministère public y consent et consent (Nouguier, t. 2, n° 945 et t. 4, vol. 2, n° 3515; Crim. cass. 7 nov. 1839, aff. Casabianco, *Rép.* n° 1802; 31 mars 1842, aff. Maisetti, *ibid.*, n° 1806; 12 déc. 1844, aff. Luidgi, *Bull. crim.*, n° 396; 17 févr. 1848, aff. Rocher, D. P. 48. 5. 92; 12 déc. 1850, aff. Femme Bournal, *Bull. crim.*, n° 416).

1621. Quant aux conditions de forme dans lesquelles l'ordonnance doit être rendue, il a été jugé, depuis la publication du *Répertoire*, que le renvoi à un autre jour est ordonné d'une manière irrégulière, lorsqu'il est prononcé en dehors de l'audience et par ordre purement verbal du président (Crim. cass. 23 sept. 1880, aff. Tandrayapadéatchy, D. P. 81. 1. 489). Mais, ajoute l'arrêt, si le renvoi « a été ordonné d'une manière irrégulière, cette irrégularité ne sau-

rait donner ouverture à cassation, aucun préjudice n'en étant résulté pour la défense de l'accusé ».

1622. Il a été jugé, conformément à la doctrine et à la jurisprudence rapportée au *Rép.*, n° 2005, que s'il est utile que l'ordonnance de renvoi soit communiquée à l'accusé, il n'y a cependant pas nécessité d'en faire la notification formelle (Crim. rej. 21 juill. 1859, aff. Marcel, D. P. 59. 1. 426).

1623. Enfin, sur la question de savoir jusqu'à quel moment le ministère public et l'accusé peuvent user de la faculté de demander le renvoi en vertu de l'art. 306, M. Faustin Hélie, t. 7, n° 3379, adopte l'opinion émise au *Rép.*, n°ˢ 2006 et 2007. C'est seulement à l'ouverture des débats que le droit des parties expire. Jusqu'au tirage du jury, le président statue ; une fois le tirage opéré, c'est la cour, puisqu'elle siège.

Art. 2. — *Du renvoi ordonné pendant les débats*
(Rép. n°ˢ 2011 à 2048).

§ 1er. — Du renvoi en général *(Rép.* n°ˢ 2011 à 2025).

1624. Ainsi qu'on l'a établi au *Rép.*, n° 2013, les deux cas spéciaux de renvoi prévus par la loi (art. 331 et 354 c. instr. crim.), et dont il sera traité au paragraphe 2 *(infrà*, n°ˢ 1638 et suiv.), ne sont pas les seuls à envisager. En effet, les articles précités sont purement énonciatifs, et il y a lieu à renvoi toutes les fois qu'il se produit un événement de nature à entraver la marche régulière de la justice, et la manifestation de la vérité (Conf. Faustin Hélie, t. 7, n° 3575; Nouguier, t. 4, vol. 2, n° 3524). — Cette doctrine a été, depuis la publication du *Répertoire*, confirmée par de nombreux arrêts qui vont être résumés.

1625. — 1° *Actes ou supplément d'instruction.* — Il a été jugé : 1° que le renvoi de l'affaire à une autre session peut être ordonné, non pas exclusivement lorsque survient un des incidents prévus par les art. 331 et 354 c. instr. crim., mais encore dans tous les cas où il y a lieu de recourir à un acte d'instruction ayant pour objet d'éclairer le jury sur les éléments constitutifs du crime soumis à son examen et à son appréciation ; que, spécialement, dans une accusation de banqueroute frauduleuse, la cour fait un légitime usage de son pouvoir, en renvoyant le jugement de l'affaire après la décision à intervenir, sur l'appel que l'accusé a interjeté d'un jugement qui reporte l'ouverture de sa faillite (Crim. rej. 15 mai 1863, aff. Petit, D. P. 63. 1. 266) ; — 2° Que la nécessité d'un supplément d'instruction est suffisamment affirmée, si le renvoi est motivé sur ce qu'il y a lieu, dans l'intérêt de la manifestation de la vérité, de faire vérifier un arrêt pour la première fois révélé à l'audience (Crim. rej. 11 mai 1865, aff. Mauriac, D. P. 65. 1. 240) ; — 3° Que le renvoi de l'affaire à une autre session est à bon droit prononcé, lorsque la cour d'assises estime qu'il y a lieu à une information supplémentaire à l'effet de découvrir la participation d'un présumé complice de l'accusé dans les faits qui lui sont reprochés (Crim. rej. 28 déc. 1865, aff. Garel, D. P. 65. 1. 504) ; — 4° Que la cour d'assises peut prononcer le renvoi à une autre session pour être procédé à une instruction supplémentaire, à l'effet de découvrir la participation d'un présumé complice de l'accusé, traduit devant elle, aux faits qui sont l'objet de l'accusation (Crim. rej. 31 mars 1877, aff. Turpault, D. P. 77. 1. 402) ; — 5° Qu'une cour d'assises qui croit trouver dans certains éléments du débat, la preuve de la participation d'un des témoins produits devant elle au crime dont elle est saisie, a le pouvoir de renvoyer l'affaire à une autre session, et d'ordonner, relativement à l'accusé, un supplément d'instruction par l'un de ses membres (Crim. cass. 28 mars 1884, aff. Pierre Gironde, D. P. 85. 1. 93) ; — 6° Qu'une cour d'assises peut renvoyer une affaire à une autre session à raison des charges qui résultent des débats contre des individus non impliqués dans la poursuite (Crim. rej. 10 avr. 1879, aff. Wolf et autres, *Bull. crim.*, n° 90) ; — 7° Qu'une cour d'assises use du droit d'appréciation qui lui appartient

en ordonnant le renvoi pour procéder à la vérification d'un fait contesté (Crim. rej. 8 déc. 1887, aff. Epoux Bastide, *Bull. crim.*, n° 419) ; — 8° Que la cour d'assises qui, reconnaissant au cours du débat qu'il y a lieu, dans l'intérêt de la manifestation de la vérité, d'ordonner une nouvelle expertise, prononce le renvoi de l'affaire à une autre session pour être procédé à cette expertise, ne fait en cela qu'user, dans la limite de ses droits, du pouvoir qui lui est attribué par les art. 330, 331, 354 et 406 c. instr. crim. ; ainsi est suffisamment motivé l'arrêt qui se fonde, pour ordonner le renvoi d'une affaire à une autre session, sur ce que l'expertise ordonnée au cours de l'instruction, dans une poursuite pour abus de confiance qualifié, est incomplète, qu'elle contient des erreurs manifestes, que les explications de l'expert à l'audience ont été insuffisantes pour permettre d'établir le bilan, même approximatif, de l'accusé au moment de son arrestation, que cependant il est impossible d'apprécier les détournements relevés par l'accusation sans connaître exactement la situation pécuniaire de l'accusé (Crim. rej. 16 avr. 1891, aff. Ehamo, D. P. 92. 1. 76).

1626. — 2° *Faits nouveaux.* — La cour d'assises a incontestablement le pouvoir, en présence de faits nouveaux révélés à son audience, d'ordonner le renvoi de l'affaire à une autre session, afin qu'une instruction soit faite sur ces faits et qu'ils puissent tous être déférés en même temps à la cour d'assises (Crim. règl. de juges, 14 juin 1883, aff. Lohier et autres, D. P. 84. 1. 141).

1627. — 3° *Suspicion légitime.* — La cour n'est tenue de surseoir au jugement et de renvoyer l'affaire à une autre session qu'autant que la demande en renvoi pour cause de suspicion légitime adressée à la cour de cassation a donné lieu à un arrêt de soit-communiqué (Crim. rej. 2 déc. 1886, aff. Ginoux, D. P. 87. 1. 285 ; V. *Rép.*, v°ˢ *Instruction criminelle*, n° 2014-3°; et *Renvoi*, n° 176).

1628. — 4° *Intérêt de la défense.* — Si le défaut de remise à l'accusé de la copie de la procédure n'entraîne pas nullité, l'omission de cette formalité autorise du moins l'accusé à demander le renvoi de l'affaire à une autre session (V. les arrêts cités *suprà*, n° 1443-2°).

1629. D'un autre côté, lorsqu'un accusé a été transféré tardivement dans la maison de justice, est à bon droit que la cour d'assises, pour donner toute latitude à la défense et permettre de régulariser la procédure, renvoie l'affaire à une autre session (Crim. rej. 13 août 1885, aff. Aubert, *Bull. crim.*, n° 249).

1630. — 5° *État mental de l'accusé.* — « Le trouble intellectuel et moral qui empêche un accusé de produire sa défense est au nombre des causes de renvoi qu'autorise l'art. 406 c. instr. crim. » (Crim. rej. 11 févr. 1875, aff. De Labrosse, D. P. 77. 1. 140). On a cité au *Rép.*, n° 2021, un arrêt portant que les cours d'assises peuvent user plusieurs fois, à l'égard du même accusé, de la faculté qu'elles ont de renvoyer l'affaire d'une session à l'autre. L'arrêt précité va plus loin ; il admet le sursis indéfini : « En déclarant, par une appréciation souveraine, ajoute-t-il, que le demandeur se trouvait dans cet état, la cour d'assises était obligée de prononcer un sursis indéfini, puisqu'elle ne pouvait prévoir la fin de l'obstacle qui rendait le sursis nécessaire ». On prétendait, à l'appui du pourvoi, que le tribunal criminel qui renvoie l'affaire dont il est saisi à une session indéterminée excède ses pouvoirs et commet un déni de justice (Crim. cass. 2 frim. an 3, rapporté au *Rép.*, v° *Déni de justice*, n° 11 ; 28 therm. an 3, *ibid.* ; 21 janv. 1811, *ibid.*, n° 12-8° ; 6 mai 1848, *Journal du droit criminel*, 1848, p. 208) ; et l'on ajoutait que, relativement aux arrêts rendus par les cours d'assises, ce principe trouve sa confirmation dans le texte de l'art. 406 c. instr. crim., qui, prévoyant le cas où quelque événement ferait obstacle à l'examen de l'accusé, n'autorise que le renvoi *à la session suivante*. Mais ces règles, exactes en elles-mêmes, souffrent nécessairement exception toutes les fois que le renvoi est commandé par une cause d'une durée indéterminée (V. en ce sens, C. d'ass. de la Loire, 23 mars 1888) (1).

---

(1) (Moreau.) — LA COUR ; — Considérant qu'à l'audience du 9 septembre dernier, plusieurs médecins, entendus à la requête de Moreau, ont affirmé que celui-ci était atteint de démence et ne pourrait être reconnu responsable des faits par lui commis

et ayant motivé son renvoi devant la cour d'assises ; qu'en présence de ces déclarations, l'organe du ministère public a conclu au renvoi de l'affaire à une autre session, afin que l'accusé pût être soumis à l'examen des médecins experts ; que la cour fai-

1631. — 6° *Annulation du tableau du jury.* — Si le tableau du jury est annulé au cours des débats, l'affaire peut être fixée à un autre jour de la même session, avec le consentement de l'accusé (Crim. rej. 20 mars 1879, aff. Rochereau, *Bull. crim.* n° 67. V. *Rép.*, n° 2015).

1632. — 7° *Entraves venant des jurés.* — Il a été jugé : 1° que la cour d'assises a le droit de prononcer, sur les réquisitions du ministère public, le renvoi d'une affaire à une autre session, par suite de l'état de maladie de l'un des douze jurés de jugement (Crim. rej. 4 avr. 1874, aff. Pécourt et autres, D. P. 74. 1. 400) ; — 2° Que lorsqu'un membre du jury de jugement a fait aux débats une manifestation publique de son opinion sur la culpabilité de l'accusé, il y a nécessité pour la cour de prononcer le renvoi de l'affaire à une autre session, cette infraction entraînant pour son auteur, et, par suite, pour tout le jury de jugement, incapacité de statuer sur l'accusation (Crim. cass. 18 janv. 1855, aff. Telme, D. P. 55. 5. 127).

1633. Il a été jugé, toutefois : 1° que lorsqu'un juré titulaire a publiquement manifesté son opinion, la cour d'assises peut régulièrement l'exclure du jury, et le remplacer par un des jurés suppléants qui ont été adjoints au jury en vue du cas où un remplacement deviendrait nécessaire dans le cours des débats (Crim. rej. 19 juill. 1866, aff. Philippe, D. P. 66. 1. 508) ; — 2° Que le juré frappé d'incapacité pour avoir manifesté son opinion au cours des débats, doit être immédiatement exclu et remplacé par un des jurés de jugement adjoints, s'il en a été tiré au sort; qu'en conséquence, la cour d'assises ne peut se borner à donner acte de ce fait à la défense, en se réservant de prendre ultérieurement les mesures qu'elle jugera convenables : elle doit, dès à présent, procéder au remplacement dont il s'agit, et ce, à peine de nullité de l'arrêt de condamnation qui serait ultérieurement rendu (Crim. cass. 19 juill. 1877, aff. Guilhot, D. P. 77. 1. 411) ; — 3° Que le juré qui, au cours des débats, refuse de continuer à siéger, est régulièrement remplacé par l'un des jurés supplémentaires désignés par le sort en vertu d'un arrêt antérieur à l'ouverture des débats; la cour n'est pas tenue, en pareil cas, de renvoyer l'affaire à une autre session (Crim. rej. 14 déc. 1876, aff. Moreau, D. P. 77. 1. 336) ; — 4° De même que lorsque, pendant les débats d'une cour d'assises, une indisposition empêche un des jurés titulaires de continuer ses fonctions, il appartient à la cour d'ordonner que le premier des jurés suppléants, adjoint pour cette éventualité même au jury de jugement, lors du tirage, prendra siège pour compléter le nombre des douze jurés exigés par la loi (Crim. rej. 28 mars 1884, aff. Bernard, D. P. 85. 1. 183).

1634. — 8° *Maladie de l'officier du ministère public.* — La cour a également le droit de renvoyer une affaire par suite de l'impossibilité absolue (grave indisposition) de continuer à siéger dans laquelle se trouve le magistrat remplissant les fonctions du ministère public (Crim. rej. 31 déc. 1892, aff. Flot, *Bull. crim.*, n° 261).

1635. On a exposé au *Rép.*, n°ˢ 2016 et suiv., que l'appréciation des causes qui ont déterminé la cour à ordonner

ou non le renvoi, échappe à la censure de la cour de cassation. Cette doctrine est approuvée par M. Nouguier, t. 4, vol. 2, n° 3523, et par Trébutien, t. 2, n° 584. Faustin Hélie, t. 7, n° 3579, ne l'admet qu'avec réserve : suivant cet auteur, il n'est pas inutile que la cour de cassation demeure saisie du droit de contrôler une mesure aussi grave.

Il a été jugé, conformément à l'opinion émise au *Répertoire* : 1° que la cour d'assises, lorsqu'elle renvoie, au cours des *débats*, l'affaire à une autre session pour une plus ample instruction jugée nécessaire, use d'un pouvoir souverain et discrétionnaire dont l'exercice échappe au contrôle de la cour de cassation (Crim. rej. 11 mai 1865, aff. Mauriac, D. P. 65. 1. 240); — 2° Que la cour d'assises est investie d'un pouvoir souverain pour prononcer le renvoi d'une affaire à une autre session; que, par suite, son refus d'obtempérer aux conclusions prises à cette fin par le défenseur de l'accusé, notamment à l'occasion de la production d'une nouvelle pièce à charge, ne peut donner ouverture à cassation (Crim. rej. 12 avr. 1889, aff. Scherrer, *Bull. crim.*, n° 152); qu'il en est ainsi, par exemple, lorsque la cour d'assises a motivé ce refus sur ce que, toute latitude ayant été laissée à l'accusé pour formuler le système qu'il produisait à l'audience, et tous les témoins par lui assignés ayant été entendus, l'instruction en cet état se trouvait complète (Crim. rej. 16 mars 1866, aff. Oursel, D. P. 66. 1. 359); — 3° Qu'il en serait de même du refus opposé à une demande de renvoi formée par l'accusé soit pour établir un alibi, soit pour tout autre motif (Crim. rej. 4 nov. 1880, aff. Dominguez, *Bull. crim.*, n° 193; 10 déc. 1885, aff. Aubert, *ibid.*, n° 342); — 4° Que c'est à bon droit que la cour d'assises repousse les conclusions prises par le défenseur de l'accusé et tendant au renvoi de l'affaire à une autre session pour l'examen mental de l'accusé, par le motif que les rapports et dépositions des médecins, les réponses de l'accusé, son attitude à l'audience, enfin les constatations de la procédure et celles des débats ne sont pas de nature à établir que ledit accusé ne jouissait pas de la plénitude de ses facultés (Crim. rej. 13 mai 1886, aff. Julien, *Bull. crim.*, n° 169); — 5° Qu'il n'y a violation du droit de la défense dans le rejet, prononcé par la cour d'assises, de la demande en sursis formée devant elle par l'accusé pour produire de nouveaux témoins, lorsque ce rejet est motivé sur ce que les dépositions de ces témoins, d'après les indications de l'accusé lui-même, seraient étrangères aux faits mentionnés dans l'acte d'accusation et à la moralité de cet accusé (Crim. rej. 29 janv. 1857, aff. Verger, D. P. 57. 1. 74); — 6° Que le refus opposé, par la cour d'assises, à la demande de l'accusé, d'un renvoi à une autre session, pour produire aux débats ultérieurs un nouveau témoin, est suffisamment motivé par la déclaration que la demande de cette mesure n'est nullement justifiée (Crim. rej. 6 avr. 1865, aff. Casanova, D. P. 65. 1. 105); — 7° Que la cour d'assises ayant un pouvoir souverain pour ordonner le renvoi à une autre session toutes les fois qu'il lui paraît exigé dans l'intérêt de la

---

sant droit aux réquisitions du ministère public, a ordonné que par MM. les docteurs Pierret, de Lyon, Paul Dulac et Rigodon, de Montbrison, l'état mental de Moreau serait examiné et que ceux-ci rapporteraient si, au moment où l'accusé aurait commis les crimes à lui reprochés et depuis cette époque, il a joui de la plénitude de ses facultés mentales et s'il peut être regardé comme responsable desdits actes; — Considérant que les susnommés ont déposé leur rapport et que ce document établit, d'abord, l'entière responsabilité de Moreau, au moment où il a perpétré les faits incriminés, et en second lieu que ce dernier, à la date où les conclusions du rapport ont été arrêtées, se trouvait en état de soutenir l'épreuve des débats, bien que ses facultés intellectuelles eussent subi un certain affaiblissement; — Mais considérant que deux des experts commis, MM. Dulac et Rigodon, en l'absence du docteur Perret cité régulièrement, mais légitimement empêché, ont formellement attesté à l'audience, sur interpellation de M. le président, à la demande de la défense, que depuis environ un mois, date à laquelle leur rapport avait été rédigé, l'état mental de Moreau s'était tellement aggravé que « à l'heure actuelle celui-ci n'avait plus conscience de ce qui se disait ou se faisait autour de lui, et qu'il était en état de démence absolue »; — Considérant, en outre, que deux médecins cités à la requête de Moreau, qui, après avoir vu plusieurs fois ce dernier, l'ont soumis hier à un long et minutieux

examen concurremment avec leurs collègues Dulac et Rigodon, ont émis une opinion en tout point conforme à l'avis de ces derniers; — Considérant enfin que la cour a pu se convaincre par l'air hébété de Moreau ainsi que par les réponses faites par ce dernier à M. le président aux questions que celui-ci lui a posées, soit dans son interrogatoire, soit pendant l'audition des témoins que l'accusé est actuellement privé de ses facultés intellectuelles; — Considérant, dès lors, que Moreau se trouve dans l'impossibilité de produire sa défense avec la latitude que la loi lui accorde et qu'il y a lieu, conformément à une doctrine et à une jurisprudence constantes, de surseoir au jugement de l'affaire; — Considérant que si l'article 64 du code pénal permet au jury d'apprécier et de déclarer si la démence existait au moment où l'acte a été accompli, la cour seule a qualité pour constater la démence actuelle et ordonner telles mesures que de droit; — Par ces motifs; — La cour, dit que Moreau est actuellement privé de ses facultés mentales et ne saurait soutenir les débats; — Faisant droit, en conséquence, aux réquisitions du ministère public; — Déclare qu'il sera sursis au jugement de l'affaire jusqu'à ce que, par des documents conformes aux dispositions légales, il sera justifié de la cessation de l'état de démence actuel de Moreau.

Du 23 mars 1888.-C. d'assises de la Loire.-M. le cons. Jacomet, pr.

manifestation de la vérité, l'accusé ne peut, après avoir été jugé dans la session à laquelle son affaire a été reportée, prétendre, à l'appui de son pourvoi, que ce renvoi n'était pas nécessaire et demander que la cour de cassation, avant faire droit, vérifie les termes, dans lesquels il a été ordonné (Crim. rej. 5 déc. 1867, aff. Proman, D. P. 68. 5. 115).

1636. La cour d'assises peut aussi ajourner après les débats sa décision sur une demande en renvoi formée par l'accusé et combattue par le ministère public, si elle estime que les débats peuvent donner satisfaction à la défense sur l'objet même de sa demande. Lors du jugement de l'incident, il n'est pas nécessaire que le ministère public soit entendu de nouveau (Crim. rej. 26 déc. 1873, aff. Daronnat, *Bull. crim.*, n° 315).

Elle peut également renvoyer à une prochaine session pour statuer sur la demande en dommages-intérêts formée contre l'accusé acquitté (Crim. rej. 14 juin 1873, aff. Veuve Auvray, *Bull. crim.*, n° 164).

1637. On a signalé au *Rép.*, n° 2024, un arrêt de rejet du 29 mars 1849, décidant que l'arrêt de renvoi à une autre session réunit tous les caractères non d'un jugement préparatoire ou d'instruction, mais d'un jugement définitif, susceptible de recours en cassation avant l'arrêt sur le fond. La cour de cassation a jugé, en effet : 1° que l'arrêt par lequel la cour d'assises, après le tirage du jury de jugement, et alors que les débats étaient déjà commencés, a décidé, sur les réquisitions du ministère public, que l'affaire serait renvoyée à une autre session, ne tranche pas une simple question de procédure, mais est définitif, et que, dès lors, le prévenu peut l'attaquer devant la cour de cassation sans attendre l'arrêt de condamnation (Crim. rej. 28 déc. 1865, aff. Garel, D. P. 65. 1. 504; 8 déc. 1887, aff. Époux Bastide, *Bull. crim.*, n° 419; 16 avr. 1891, aff. Ehanno, *ibid.*, n° 85); — 2° Que l'accusé qui a négligé de se pourvoir contre l'arrêt par lequel le jugement de son affaire a été renvoyé à une autre session, n'est pas recevable, à l'occasion du pourvoi contre l'arrêt de condamnation ultérieurement intervenu, à soutenir que la cour d'assises aurait excédé ses pouvoirs en prononçant le renvoi dont il s'agit (Crim. 14 nov. 1867, aff. Dudicourt, D. P. 68. 5. 115); — 3° Que le moyen tiré d'une prétendue irrégularité résultant d'une mention au procès-verbal des débats ayant eu pour objet d'expliquer la prononciation du renvoi de l'affaire à une autre session, ne peut être proposé que contre l'arrêt prononçant ce renvoi, et non sur le pourvoi contre l'arrêt définitif, encore bien que le premier arrêt et le procès-verbal s'y rattachant aient été compris dans les pièces soumises au jury (Crim. rej. 9 août 1860, aff. Joannon, D. P. 60. 5. 95).

§ 2. — *Du renvoi au cas de faux témoignage ou d'absence de témoins cités* (*Rép.* n° 2026 à 2048).

1638. Ainsi qu'on l'a fait au *Rép.*, n° 2032, les débats étant ouverts, c'est la cour d'assises, et non le président seul, qui peut ordonner le renvoi. Jugé, en ce sens, que la cour d'assises devant laquelle la défense a déposé des conclusions tendant au renvoi de l'affaire à un autre jour (par suite de l'absence d'un témoin, dans l'espèce), se trouve saisie d'un incident contentieux; qu'en conséquence, c'est à elle et non au président seul, qu'il appartient de statuer (Crim. cass. 23 sept. 1880, aff. Tandrayapadéatchy, D. P. 81. 1. 489).

1639. D'autre part, c'est un point constant que le renvoi n'est pas obligatoire, mais simplement facultatif. La jurisprudence n'a jamais varié sur ce point (*Rép.* n° 2033 et suiv. Aux arrêts cités *ibid.*, *adde* : Crim. 16 mai 1828, aff. Laforest, *Bull. crim.*, n° 147). Depuis la publication du *Répertoire*, il a été jugé, toujours dans le même sens : 1° que la question de savoir s'il y a lieu de renvoyer l'affaire à une autre session à raison du défaut de comparution d'un témoin à charge ou à décharge est résolue souverainement par la cour d'assises, seul juge de l'utilité du témoignage de ce témoin (Crim. rej. 13 févr. 1868, aff. Schumacher, D. P. 69. 1. 29; Crim. cass. 11 nov. 1892, aff. Mohamed-Salah-ben-Belkassen, D. P. 93. 1. 463; Crim. 2 déc. 1892, aff. Bertinetto, *Bull. crim.*, n° 311); — 2° Que l'arrêt qui ordonne qu'il sera passé outre aux débats, malgré l'ab-

sence d'un témoin cité à la requête de l'accusé, ne renferme aucune violation des droits de la défense (Crim. rej. 6 janv. 1881, aff. Edouard, D. P. 82. 1. 46) : « Attendu, porte cet arrêt, que si la cour d'assises a ordonné qu'il serait passé outre aux débats, malgré l'absence d'un témoin cité à la requête de l'accusé, elle n'a pris cette décision qu'avec l'assentiment du ministère public et de l'accusé, et en déclarant implicitement que la présence et l'audition de ce témoin n'étaient pas indispensables ». — Mais il y aurait violation de la règle du débat oral et des droits de la défense, si la cour d'assises refusait le renvoi à une autre session, sollicité à cause de l'absence d'un témoin, expert dans la cause, par le motif que le rapport de ce témoin pourra être lu au cours de l'audience, et que, dès lors, le jury pourra en connaître les appréciations (Crim. cass. 11 nov. 1892, aff. X..., D. P. 93. 1. 463).

1640. Il a été décidé, conformément à la doctrine de l'arrêt (Crim. rej. 14 déc. 1837) cité au *Rép.*, n° 2044, qu'au cas où des témoins font défaut, la continuation des débats peut valablement, le ministère public entendu, être ordonnée par la cour, sans qu'il soit nécessaire que l'accusé ait été préalablement interpellé de présenter ses observations sur l'incident; il n'y aurait nullité que si, malgré sa demande d'être entendu, la parole lui avait été refusée (Crim. rej. 22 févr. 1855, aff. Ducasse, D. P. 56. 5. 128).

1641. Enfin l'arrêt qui ordonne le renvoi d'une affaire à une autre session d'assises, à la suite de l'arrestation de témoins dont les dépositions paraissent fausses, constitue une simple mesure d'instruction et ne préjuge rien de la chose jugée, de même qu'il n'imprime pas un caractère préjudiciel au jugement à intervenir sur la poursuite du faux témoignage. Aussi rien ne s'oppose-t-il à ce que la cour d'assises, par un arrêt postérieur, ordonne la jonction de la procédure pour faux témoignage à la procédure primitive (Crim. rej. 22 déc. 1882, aff. Amar-ben-Salah, *Bull. crim.*, n° 288).

V. au surplus, sur les cas spéciaux de renvoi prévus par la loi : Faustin Hélie, t. 7, n° 3469 et suiv., et 3574; et Nouguier, t. 4, vol. 2, n° 3525 et suiv.

ART. 3. — *Du renvoi ordonné avant la clôture des débats*
(*Rép.* n° 2049 à 2065).

1642. Il s'agit ici de l'application de l'art. 352 c. instr. crim., relatif au cas où, l'accusé étant déclaré coupable, la cour est convaincue que les jurés se sont trompés au fond. « C'est, dit Faustin Hélie (t. 8, n° 3841), un recours suprême ouvert aux méprises dont l'accusé peut être victime. C'est l'application de cette vérité incontestable que la conscience humaine est plus profondément blessée d'une condamnation injuste que d'un acquittement ». On trouve une disposition identique dans tous les pays. En Espagne, la cour peut ordonner le renvoi devant un second jury, non seulement en cas de condamnation, mais même en cas d'acquittement, si elle est unanime à penser qu'il y a erreur (V. *suprà*, n° 1329).

1643. Nous ne pouvons que renvoyer aux développements donnés au *Rép.*, n° 2049 et suiv., sur les diverses questions qui se rattachent à cet ordre d'idées. Ajoutons, toutefois, que si plusieurs accusés sont déclarés coupables, et que la cour estime qu'il y a eu erreur à l'égard de quelques-uns seulement, le renvoi doit n'être prononcé qu'au profit de ces derniers (Crim. rej. 15 sept. 1843, aff. Bousquet, *Bull. crim.*, n° 245; 18 avr. 1845, aff. Antonet, *ibid.*, n° 141).

SECT. 2. — DE L'OUVERTURE DES DÉBATS
(*Rép.* n° 2066 à 2077).

1644. Ainsi qu'on l'a vu au *Rép.*, n° 2066 et suiv., la disposition de l'art. 405 c. instr. crim. portant que les débats doivent s'ouvrir immédiatement après la formation du tableau, n'est pas prescrite à peine de nullité. Aux arrêts cités en ce sens, *adde* : Crim. rej. 24 avr. 1818, *Rép.* n° 1683; 13 oct. 1843, aff. Constant, *Bull. crim.*, n° 265; 13 févr. 1846, aff. Cerani, *ibid.*, n° 49. Jugé également que la circonstance que le tirage du jury a eu lieu à onze heures du matin et la comparution de l'accusé seulement à trois heures, et que dans cet intervalle les débats d'une

affaire commencée la veille ont été repris et terminés, ne peut être considérée comme une interruption illégale des débats (Crim. rej. 3 juill. 1890, aff. Charles, *Bull. crim.*, n° 166).

1645. La perte du dossier d'une affaire criminelle avant la comparution de l'accusé ne fait pas obstacle à ce qu'il puisse régulièrement être procédé au jugement (Crim. rej. 3 sept. 1868, aff. Chaton, D. P. 69. 1. 435) : attendu, porte cet arrêt, que les pièces du procès « n'étaient pas essentiellement nécessaires au débat, puisque le débat en cour d'assises doit être oral et que ces pièces ne pouvaient y être invoquées qu'à titre de simple renseignement ».

1646. Au *Rép.*, n° 2072, on a formulé ce principe que les débats d'une affaire peuvent régulièrement être remis au lendemain, et l'on a cité quelques arrêts rendus en ce sens. Il a été jugé depuis, dans le même sens, que l'accusé ne peut se faire un moyen de cassation de ce qu'il n'aurait été jugé que le lendemain du jour auquel l'ouverture des débats avait été fixée par l'ordonnance du président et par les notifications qui l'ont suivie, s'il n'a pu en résulter pour lui aucun grief, et s'il n'a formulé aucune réclamation lorsque l'affaire a été jugée par la cour d'assises (Crim. rej. 5 mars 1868, aff. Zohra, D. P. 72. 5. 126.

Sect. 3. — Continuité et suspensions des débats (*Rép.* n° 2078 à 2105).

1647. Ainsi qu'on l'a dit au *Rép.* (n° 2078 et suiv.), les dispositions de l'art. 353 c. instr. crim., relatif à la continuité des débats, ne sont pas prescrites à peine de nullité ; aussi aucune limite ne marque-t-elle la durée des suspensions. Depuis la publication du *Répertoire*, il a été jugé, toujours dans le même sens, « qu'en accordant un repos de vingt-quatre heures dans une affaire dont les débats ont duré douze jours, le président était resté dans la limite du droit que lui confère l'art. 353. » (Crim. rej. 12 août 1858, aff. Minder, D. P. 58. 5. 106. Comp. Crim. rej. 10 déc. 1857, aff. Lemaire, D. P. 58. 1. 95).

1648. Le président a le droit, sans que la cour d'assises ait à intervenir, d'ordonner la suspension des débats, en vertu du pouvoir que lui confère l'art 353, lorsque la mesure par lui prescrite ne donne lieu à aucun incident contentieux (Crim. rej. 13 mai 1886, aff. Chalon, *Bull. crim.*, n° 173).

Jugé, dans le même ordre d'idées : 1° que la loi ne détermine pas le moment où les audiences des cours d'assises peuvent être suspendues, la suspension étant une mesure d'ordre qui rentre dans les pouvoirs du président (Crim. rej. 12 avr. 1883, aff. Jacques Noël, *Bull. crim.*, n° 93) ; 2° Que le président des assises a seul le droit de déterminer le moment et la durée des intervalles nécessaires pour le repos de ceux qui prennent part aux débats, et qu'il n'est nullement obligé de consulter l'accusé ni son défenseur sur l'opportunité d'une pareille mesure (Crim. rej. 3 oct. 1878, aff. Citerne, *Bull. crim.*, n° 199).

1649. L'art. 353 n'autorise les suspensions « que pendant les intervalles nécessaires pour le repos des juges, des jurés, des témoins et des accusés ». La jurisprudence les admet également pour compléter la preuve ; par exemple, pour appeler un témoin (V. *Rép.*, n° 2089 et suiv.). M. Faustin Hélie, t. 7, n° 3419, critique cette extension donnée aux dispositions de la loi. Il ne serait pas impossible, dit en substance cet auteur, de distinguer si les éléments nouveaux, à raison de leur importance et du délai nécessaire à la production, doivent ou non motiver un sursis. « Dans le premier cas, ajoute-t-il, il y a lieu de prononcer, conformément à l'art. 406, le renvoi à la session prochaine ; dans le second, il y a lieu d'appeler à l'audience ces éléments complémentaires, mais à la condition que les débats ne soient pas suspendus pour les attendre ». M. Nouguier, t. 4, vol. 1, n° 2598, estime, au contraire, que l'art. 353, en indiquant la nécessité du repos, est purement énonciatif.

1650. Conformément à l'opinion exprimée au *Rép.* (n° 2092), et aux arrêts qui y sont rapportés, il a été jugé : 1° que dans le cas de non-comparution d'un témoin, le président peut passer outre aux débats sans prendre l'avis de la cour, si le ministère public déclare renoncer à l'audition de ce témoin et si, l'accusé n'élevant aucune observation, il n'y a pas d'incident contentieux (Crim. rej. 20 mars 1862,

aff. Gresse, D. P. 62. 5. 94) ; — 2° Qu'il peut, au contraire, ordonner la suspension des débats pour attendre l'arrivée d'un témoin, et que l'intervention de la cour est inutile en l'absence de tout incident contentieux (Crim. rej. 13 mars 1886, aff. Chalon, *Bull. crim.*, n° 173).

1651. Sur la distinction à faire entre l'interruption et la simple suspension des débats (*Rép.* n° 2099 et suiv.), il a été jugé, comme précédemment, depuis la publication du *Répertoire*, que la cour d'assises peut, pendant une suspension d'audience, procéder au tirage des jurés de jugement d'une autre affaire, sans encourir le reproche d'interrompre illégalement les débats commencés. (Crim. rej. 16 juill. 1863, aff. Menussant, D. P. 63. 5. 99).

Sect. 4. — Publicité des débats (*Rép.* n° 2106 à 2139).

1652. On a exposé au *Rép.*, n° 2106 et suiv., et *ibid.*, v° *Jugement*, n° 807 et suiv., le principe de la publicité des débats et les origines de ce principe. Devant la cour d'assises, la publicité doit, à moins que le huis clos n'ait été prononcé, exister dans toutes les phases des débats (Crim. cass. 29 déc. 1881, aff. Théolin et Tancrède, D. P. 82. 1. 192 ; 28 juin 1883, aff. Louise Sapin, D. P. 84. 1. 47) ; et, lorsque la publicité de l'audience est déclarée dangereuse pour l'ordre et les mœurs, le huis clos doit être restreint aux seuls débats (Crim. cass. 20 août 1829, aff. Eynard, *Bull. crim.*, n° 191 ; 16 mai 1831, aff. Marès, *ibid.*, n° 118 ; 30 mars 1837, aff. Lombard, *ibid.*, n° 94 ; 22 juin 1839, aff. Carpentier, *ibid.*, n° 202 ; 17 mars 1842, aff. Barry, *ibid.*, n° 62 ; 18 juin 1868, aff. Sergent, *ibid.*, n° 147, et les autres arrêts cités *suprà*, v° *Jugement*, n° 654 et 655). Ainsi, après la clôture des débats qui ont eu lieu à huis clos, l'audience doit être continuée publiquement en ce qui touche l'accomplissement des formalités subséquentes (Crim. cass. 9 avr. 1891, aff. Mohamed-ould-Boubekeur-ben-Ali, D. P. 92. 1. 112).

1653. La cour de cassation, conformément à ses précédents arrêts (V. *Rép.* n° 2113-4°), a décidé que la lecture de l'acte d'accusation peut être comprise dans la mesure du huis clos (Crim. rej. 1er oct. 1857, aff. Guérin, D. P. 57. 1. 453).

1654. A l'égard de l'arrêt de renvoi, on a soutenu au *Rép.*, n° 2112, que le huis clos peut être ordonné avant que cette pièce ait été lue. La jurisprudence s'est toujours prononcée en ce sens. A l'arrêt du 28 janv. 1830, cité au *Rép.* v° *Jugement* n° 831-3°, *adde :* Crim. cass. 9 sept. 1830, aff. Carrier, *Bull. crim.*, n° 213, et Crim. rej. 4 août 1853, aff. Michel, D. P. 53. 5. 385. « Attendu, porte ce dernier arrêt, que le débat comprenant le développement des charges et des moyens de justification, la lecture de l'arrêt de renvoi et de l'acte d'accusation qui contient l'énonciation des faits incriminés, fait nécessairement partie des débats, et qu'il y a pu ainsi y être procédé à huis clos ». *Contrà*, Faustin Hélie, t. 7, n° 3402.

1655. Mais le huis clos, étant une mesure exceptionnelle, doit être rigoureusement renfermé dans les limites fixées par l'arrêt qui l'a ordonné. Un arrêt (Crim. rej., 22 janv. 1842) cité au *Rép.*, v° *Jugement*, n° 831-2°, a formulé cette doctrine. qu'un arrêt plus récent a confirmée : jugé que lorsqu'une cour d'assises a décidé que l'audition des témoins aurait lieu à huis clos, il y a nullité de la procédure si une autre partie des débats (dans l'espèce, le prononcé du réquisitoire et la plaidoirie) a eu lieu avant que la publicité de l'audience fût rétablie (Crim. cass. 11 mai 1882, aff. Martinez, D. P. 83. 1. 91. Conf. Nouguier, t. 4, vol. 2, n° 3502).

1656. Toutefois, la cour de cassation a pu, sans violer ce principe, décider que la cour d'assises saisie de plusieurs chefs d'accusation qui, au moment où allait commencer l'audition des témoins relatifs au dernier de ces chefs, ordonne le huis clos, peut le maintenir pendant les plaidoiries sur tous les chefs d'accusation, lorsque le huis clos n'a pas été limité à une partie des débats qui devaient suivre la prononciation du huis clos (Crim. rej. 25 août 1853, aff. Jouvin, D. P. 53. 5. 385).

1657. D'un autre côté, si, comme on l'a établi au *Rép.*, n° 2121 et *ibid.*, v° *Jugement*, n° 831, le huis clos peut être restreint quant à sa durée, rien ne s'oppose à ce qu'il vise

uniquement une catégorie déterminée de personnes, des enfants, par exemple. V. *suprà*, v° *Jugement*, n° 649.

1658. La publicité, qui est une condition essentielle de la régularité des débats, n'est pas exigée, à peine de nullité, pour l'opération du tirage au sort du jury de jugement. Et il a été jugé que le jué, par le président, d'adresser à un juré suppléant, à l'occasion de l'opération du tirage effectuée en chambre du conseil, l'invitation d'être attentif aux débats, ne viole en rien le principe de la publicité; qu'il ne peut surtout être invoqué comme faisant grief à l'accusé lorsque le juré auquel l'observation a été faite n'a pas eu à prendre part à la délibération (Crim. rej. 18 avr. 1867, aff. Ferey, D. P. 68. 1. 44).

1659. La cour de cassation continue à décider, comme précédemment (*Rép.* n° 2127 et *ibid.*, v° *Jugement*, n° 830), que le huis clos n'est pas subordonné au consentement de l'accusé ou de son défenseur, et qu'il peut être ordonné sans que ceux-ci soient consultés. (Aux arrêts cités *suprà*, v° *Jugement*, n° 647, *adde:* 2 sept. 1875, aff. Esterlin, *Bull. crim.*, n° 287. Il s'agit là, en effet, d'une mesure d'ordre public. Toutefois rien ne s'oppose à ce que la défense soit mise à même de la discuter (V. en ce sens, l'arrêt du 5 juill. 1866, *loc. cit.*). — Ajoutons que l'accusé est sans intérêt comme sans droit à élever aucune critique relativement à la mesure dans laquelle le huis clos ordonné a reçu son exécution; spécialement, il ne peut se faire un moyen de cassation de ce que malgré le huis clos, plusieurs personnes auraient assisté aux débats (Crim. rej. 12 oct. 1876, aff. Bazilet, *Bull crim.*, n° 208; 15 mai 1884, aff. Teyssèdre, *Bull. crim.*, n° 170).

1660. Bien que le huis clos soit une mesure instituée uniquement pour la sauvegarde de l'ordre et de la moralité publique, la cour d'assises peut, à une demande formée dans son propre intérêt par la partie civile, ordonner le huis clos des débats, lorsque les motifs invoqués sont relatifs en même temps à un intérêt d'ordre public. Il en est ainsi, spécialement, lorsque le fabricant au préjudice duquel le crime reproché a été commis demande le huis clos pour empêcher la vulgarisation de secrets constituant l'élément principal de son industrie, cette vulgarisation étant de nature à troubler l'ordre, en facilitant la reproduction de l'infraction et à aggraver ainsi le préjudice causé (C. d'ass. de la Seine, 25 juin, 1850, aff. Robert-Houdin, D. P. 52. 2. 78).

1661. Les arrêts qui ordonnent le huis clos doivent être notifiés, ainsi qu'il a été dit au *Rép.* n° 2124, et *ibid.*, v° *Jugement*, n° 828 et suiv. et 1079-5° et 6°. V. en outre les arrêts cités *suprà*, v° *Jugement*, n° 652. Ainsi l'arrêt qui ordonne le huis clos est nul, pour défaut de motifs, qui se borne à viser l'article de la constitution, sans déclarer expressément que les débats peuvent être dangereux pour l'ordre et les mœurs (Crim. cass. 29 févr. 1872, aff. Grosjean, *Bull. crim.*, n° 50; 2 mai 1873, aff. Sainte-Livière-Dassure, *ibid.*, n° 119).

1662. Mais l'arrêt d'une cour d'assises ordonnant le huis clos, en raison du danger que pourrait présenter la publicité des débats, est suffisamment motivé, sans qu'il soit nécessaire de préciser pour quel motif la publicité des débats serait dangereuse, lorsque cette disposition de l'arrêt est complétée par le visa et la reproduction de l'art. 81 de la constitution du 4 nov. 1848 (Crim. rej. 21 févr. 1878, aff. Plet, *Bull. crim.*, n° 51).

1663. Est-il indispensable que l'arrêt qui ordonne le huis clos soit rédigé en *minute*? La cour de cassation s'est prononcée une fois pour l'affirmative (Crim. cass. 9 nov. 1833, *Rép.* v° *Jugement*, n° 833) conformément à l'opinion exprimée au *Rép.*, v° *Jugement*, n°s 827 et 833. Mais, dans trois autres décisions, elle se contente de l'insertion ou de la constatation de l'arrêt au procès-verbal, et par suite, des signatures du président et du greffier (Crim. rej. 23 févr. 1821, aff. Boulet, *Bull. crim.*, n° 47; 16 janv. 1845, aff. Senil, *ibid.*, n° 12; 1er oct. 1857, aff. Guérin, D. P. 57. 1. 453).

1664. Il a toujours été admis que les arrêts incidents rendus au cours des débats à huis clos doivent être prononcés publiquement (V. les arrêts mentionnés au *Rép.* v° *Jugement*, n° 817). Jugé, dans le même sens, que si la cour d'assises rend un arrêt incident dans une affaire où

le huis clos a été ordonné, cet arrêt doit, à peine de nullité, être prononcé en audience publique (Crim. cass. 10 mars 1853, aff. Daumas, *Bull. crim.*, n° 84; 16 juin 1853, aff. Veuve Lagnon, D. P. 53. 5. 385; 18 mars 1858, aff. Chassaing et autres, D. P. 58. 5. 303; 26 août 1858, aff. Teulié, *ibid.*; 29 sept. 1859, aff. Abraham, D. P. 59. 1. 430; 18 juin 1868, aff. Sergent, *Bull. crim.*, n° 447; 12 févr. 1875, aff. Charles Mazé, D. P. 75. 1. 496; 9 avr. 1891, aff. Mohamed-ould-Boubekeur-ben-Ali, D. P. 92. 1. 112; Crim. rej. 4 sept. 1890, aff. Imbert, D. P. 91. 1. 192; 10 déc. 1892, aff. Michot, *Bull. crim.*, n° 329; Crim. cass. 5 janv. 1893, aff. Le Tertre, *ibid.*, n° 1). Sans doute, le huis clos prononcé pour les débats s'étend virtuellement à tous les incidents contentieux qui s'élèvent dans les débats de l'affaire (Arrêt précité du 4 sept. 1890), mais c'est à l'exception du prononcé des arrêts rendus sur ces incidents.

1665. On a donné *suprà*, v° *Jugement*, n° 655, de nombreux exemples d'arrêts incidents. On peut ajouter: 1° l'arrêt qui intervient sur l'incident soulevé par l'opposition à l'audition d'un proche parent de l'accusé, assigné comme témoin (Crim. cass. 19 déc. 1844, aff. Liautrey, *Bull. crim.*, n° 406; 5 oct. 1854, aff. Renaud, D. P. 54. 5. 619); — 2° L'arrêt motivé qui statue sur une opposition à l'audition d'un témoin (Crim. cass. 5 oct. 1854, aff. Ménard, *Bull. crim.*, n° 293); — 3° L'arrêt rendu sur la capacité d'un témoin (Crim. cass. 27 avr. 1851, aff. Cadio, *Bull. crim.*, n° 125); — 4° L'arrêt qui vide un incident contentieux au sujet de témoins défaillants (Crim. cass. 10 janv. 1890, aff. Vernet, *Bull. crim.*, n° 10).

1666. Doit également être rendu publiquement l'arrêt qui vide l'incident présentant la question de savoir s'il y a lieu, nonobstant l'absence de témoins ne répondant pas à l'appel de leur nom, de passer outre aux débats, alors même que l'accusé et son défenseur déclareraient n'élever aucune objection (Crim. cass. 19 déc. 1844, aff. Malnet, *Bull. crim.*, n° 407; 31 juill. 1856, aff. Lagardère, *ibid.*, n° 269 3 juin 1859, aff. Brindeau, D. P. 59. 5. 313, cité *suprà*, v° *Jugement*, n° 655-4°; 9 oct. 1879, cité *ibid.*, n° 655, *in fine*). — Jugé, toutefois, qu'il n'y a pas nullité si, par un arrêt de cette nature rendu sans publicité, l'intervention d'une partie civile a été admise, alors que ni le ministère public, ni l'accusé n'avaient fait aucune observation sur cette demande (Crim. rej. 12 juin 1856, aff. Godelle, cité *suprà*, v° *Jugement*, n° 636, et 8 déc. 1864, aff. Degouts, *Bull. crim.*, n° 278). « La garantie de la publicité, est-il dit dans ces deux décisions, n'est nécessaire qu'au cas où les arrêts intervenus, statuant sur un droit prétendu et contesté, vident un incident contentieux ». — *Contrà*, Crim. cass. 19 janv. 1844, *Rép.* v° *Jugement*, n° 817-6°. — Dans les espèces jugées par les arrêts précités de 1856, de 1859 et de 1879, il résultait du procès-verbal des débats qu'il ne s'était élevé aucune contestation sur le point de savoir s'il serait passé outre nonobstant l'absence d'un témoin, et il est, dès lors, certain qu'on aurait pu continuer l'affaire sans rendre aucun arrêt. Quoi qu'il en soit, la chambre criminelle a considéré que, même en l'absence de tout débat contradictoire, l'incident avait en lui-même le caractère contentieux, parce qu'il s'était agi de décider, sur la réquisition du ministère public, si la présence d'un témoin était ou non nécessaire à la manifestation de la vérité, ce qui touchait directement aux droits de l'accusation et de la défense. Il semble que cet argument serait susceptible d'être discuté, car ce qui peut donner à un incident le caractère contentieux, c'est beaucoup plus la contestation dont cet incident est l'objet que le point sur lequel il porte. Quoi qu'il en soit, la pratique doit, semble-t-il, considérer la question comme définitivement fixée: tout arrêt incident ordonnant, même en dehors de toute opposition de la défense, qu'il sera passé outre nonobstant l'absence d'un témoin, devra donc être prononcé publiquement si l'on veut éviter la cassation.

1667. Mais la nécessité de rouvrir la publicité des débats ne s'applique pas: 1° aux arrêts rendus pour l'apurement d'un simple incident, « s'il se rattache aux débats et en fait partie intégrante » (Crim. cass. 26 août 1858, aff. Teulié, D. P. 58. 5. 303. V. toutefois, *suprà*, v° *Jugement*, n° 656); — 2° A l'arrêt qui ordonne l'adjonction au jury d'un juré supplémentaire (Crim. rej. 7 août 1845, aff. Moron,

Bull. crim., n° 255) ; — 3° À l'arrêt qui statue sur l'incompatibilité existant, en la personne d'un des jurés, entre la qualité de juré et les fonctions d'expert et de témoin (Crim. rej. 23 mai 1846, aff. Martin, *Bull. crim.*, n° 1666).

1668. Il en est de même, ainsi qu'on l'a dit au *Rép.*, n° 2118, et *ibid.*, v° *Jugement*, n° 819, des ordonnances rendues par le président en vertu de son pouvoir discrétionnaire : ces actes, en effet, font partie des débats eux-mêmes. Aux arrêts rapportés au *Rép.*, v° *Jugement*, *loc. cit.*, *adde* Crim. rej. 28 févr. 1835, aff. Merbelin, *Bull. crim.*, n° 70, rendu dans l'espèce d'une expertise ordonnée. — Il a été jugé dans le même sens, depuis la publication du *Répertoire*, que l'on peut prononcer, sans que l'audience redevienne publique : 1° l'ordonnance qui place un témoin suspect sous la surveillance d'un agent de la force publique, ou qui fait cesser cette mesure (Crim. rej. 10 août 1854, aff. Renaud, cité *suprà*, v° *Jugement*, n° 656) ; — 2° L'ordonnance qui prescrit une expertise (Crim. rej. 6 avr. 1854, aff. Rassat, D. P. 54. 5. 619) ; — 3° Qu'à plus forte raison, l'obligation de rendre l'audience publique ne s'applique pas à la prestation de serment, ni à l'audition des experts ainsi nommés (Même arrêt).

1669. Mais s'il arrivait qu'un arrêt incident, assujetti à la publicité, eût été prononcé à huis clos, la cour aurait le droit d'annuler l'arrêt irrégulier et tout ce qui l'a suivi, pour procéder à de nouveaux débats (Crim. rej. 24 janv. 1844, aff. Georges, *Bull. crim.*, n° 26. Conf. Faustin Hélie, t. 7, n° 3404 ; Nouguier, t. 4, vol. 2, n° 3511).

1670. À l'égard des conditions de publicité à assurer en cas de transport hors de la salle d'audience (*Rép.* n° 2120), il a été jugé, depuis la publication du *Répertoire*, dans le même sens que précédemment, qu'il y a nullité si la cour, ayant ordonné son transport dans un local dépendant du palais de justice, ou dans la maison où le crime qui fait l'objet de l'accusation a été commis, le procès-verbal ne constate pas que cette opération s'est faite en présence du public, ayant eu la faculté d'accéder à l'intérieur de ce local (Crim. cass. 29 déc. 1881, aff. Théolin et Tancrède, D. P. 82. 1. 192 ; 28 juin 1883, aff. Sapin, D. P. 84. 1. 47).

1671. La publicité des débats doit, comme nous l'avons dit au *Rép.*, n° 2195, et *ibid.*, v° *Jugement*, n° 811, se concilier avec les droits conférés au président pour la police de l'audience. Ainsi, le président ne porte pas atteinte au principe de la publicité, lorsque, pour le maintien de l'ordre pendant l'audience, il fait fermer les portes de la salle, si d'ailleurs les places réservées au public demeurent occupées par les assistants pendant l'exécution de cette mesure (Crim. rej. 11 avr. 1867, aff. Niochau, cité *suprà*, v° *Jugement*, n° 635). Ne viole pas non plus le principe de la publicité des débats, le président qui, à plusieurs reprises, a invité le gendarme de garde à fermer la porte de la salle d'audience pour éviter une affluence excessive, alors qu'il résulte des constatations du procès-verbal que « la salle n'a pas cessé d'être comble » (Crim. rej. 5 juin 1890, aff. Moro, *Bull. crim.*, n° 116).

1672. Une question relative à cet ordre d'idées, celle des billets distribués par le président et exigés à l'entrée de la salle d'audience, cette question examinée au *Répertoire*, n° 2136, et *ibid.*, v° *Jugement*, n° 811, *in fine*, a été portée de nouveau devant la cour de cassation. Le demandeur alléguait que l'entrée de la salle n'avait pas été libre, en ce sens qu'on avait donné ordre de n'admettre que les personnes munies d'une carte du président. Mais le procès-verbal des débats ayant constaté la publicité de chaque audience, la cour a rejeté le pourvoi en s'appuyant sur les énonciations du procès-verbal, sans avoir à trancher la question soulevée (Crim. rej. 11 août 1887, aff. Pranzini, D. P. 87. 1. 464). — M. Faustin Hélie (t. 7, n° 3277) s'élève contre l'usage de distribuer des billets. La publicité est restreinte, dit-il en substance, si une partie de la salle est occupée par les porteurs de billets ; elle cesse d'exister, si toutes les places leur sont réservées. Nouguier (t. 3, n° 1487) n'y voit qu'une mesure d'ordre, indispensable dans les procès qui amènent à l'audience une grande affluence d'auditeurs. « On concilie toutes choses, ajoute-t-il, en réservant une partie des places, en laissant libre une autre partie, et en admettant indistinctement dans cette dernière tous ceux qui se présentent, tant que l'auditoire n'est pas au complet ». Quatre circulai-

res ministérielles en date des 7 juill. 1844, 14 mai 1852, 14 déc. 1859 et 21 oct. 1887, s'étaient déjà prononcées contre la pratique des places de faveur. Une circulaire plus récente, celle du 1er févr. 1891, a pour but d'y mettre définitivement un terme. « À l'avenir, y est-il dit, devront seuls être admis dans l'enceinte réservée : 1° les magistrats ; 2° les jurés de la session ; 3° les témoins, les experts, les interprètes ; 4° les membres du barreau ; 5° les membres de la presse chargés des comptes rendus judiciaires. Le reste de la salle sera livré au public, et les présidents ne délivreront à personne ni carte, ni autorisation y donnant droit à une place privilégiée, ou permettant de s'y introduire avant l'heure où les portes sont ouvertes à tous. Ces instructions sont également applicables aux audiences civiles et correctionnelles ».

1673. Toute formalité non constatée par le procès-verbal est réputée omise. Ainsi qu'on l'a dit au *Rép.*, n° 2130, et *ibid.*, v° *Jugement*, n° 821, cette règle s'applique à la publicité des débats (V. *suprà*, v° *Jugement*, n° 634).

1674. Jugé, en conséquence, depuis la publication du *Répertoire* : 1° que, dans une affaire criminelle dont les débats ont eu lieu à huis clos, il y a nullité si le procès-verbal ne mentionne pas que la publicité de l'audience a été rétablie après la clôture des débats ; il ne suffirait pas qu'il fût énoncé que la publicité était rétablie au moment où les jurés rapportaient leur déclaration (Crim. cass. 29 sept. 1859, cité *suprà*, v° *Jugement*, n° 654 ; 26 nov. 1874, aff. Brouhot, *Bull. crim.*, n° 300 ; 20 mai 1882, cité *suprà*, v° *Jugement*, n° 654 ; 5 avr. 1883, aff. Talbot, *ibid.*, n° 87 ; 9 avr. 1891, aff. Mohamed-ould-Boubekeur-ben-Ali, D. P. 92. 1. 112) ; — 2° Que, lorsque le huis clos a été ordonné, le procès-verbal des débats doit, à peine de nullité, constater que le huis clos a été levé et que l'audience a été rendue publique au moment où, les débats étant terminés, le président a pris la parole pour poser et lire les questions et donner aux jurés les avertissements prescrits par la loi (Crim. cass. 3 avr. 1884, aff. Lacour, *Bull. crim.*, n° 125).

1675. Jugé, d'autre part, que, lorsqu'une affaire a occupé plusieurs audiences et que le procès-verbal après avoir mentionné la publicité pour la première et pour la dernière, constate que chacune des autres a été la reprise de celle qui l'a précédée, il en résulte que ces audiences ont été tenues dans les mêmes conditions (Crim. cass. 4 janv. 1851, aff. Croisilhac, *Bull. crim.*, n° 9).

1676. Le fait de la publicité peut résulter du rapprochement du procès-verbal et de l'arrêt. Jugé, en ce sens : 1° que lorsque les débats d'une affaire ont occupé deux audiences de la cour d'assises, et que le procès-verbal de la première audience constate la publicité et le renvoi au lendemain, le procès-verbal de la seconde, qui, sans mentionner que la publicité ait été maintenue, se borne à énoncer que le président a prononcé l'arrêt de condamnation aux accusés, cet arrêt portant qu'il a été prononcé à l'audience publique, se confondant et se complétant l'un par l'autre, la publicité se trouve régulièrement constatée par le rapprochement du procès-verbal et de l'arrêt (Crim. rej. 11 mai 1882, cité *suprà*, v° *Jugement*, n° 644) ; — 2° Que lorsque le procès-verbal des débats mentionne, d'une part, la publicité de l'audience et, d'autre part, que l'arrêt a été prononcé par la cour dans les termes qu'il transcrit, cette double énonciation implique suffisamment que l'arrêt a été rendu légalement en la forme à l'audience (Crim. rej. 11 mai 1866, aff. Mohamed-bel-Hadj, D. P. 66. 5. 396).

1677. Le fait de la publicité peut également résulter des mentions de l'arrêt de condamnation. On s'est demandé quelle interprétation comporte cette mention : « fait et prononcé en audience publique ». Il a d'abord été décidé qu'elle ne peut être considérée comme établissant que la publicité avait été observée dans l'examen, le débat, la discussion qui l'avait suivie, et la déclaration de la cour qui avait servi de base à l'arrêt de condamnation (Crim. cass. 14 juin 1866, aff. Ahmed-ben-Ali, D. P. 66. 5. 396). Mais la cour de cassation paraît avoir abandonné cette interprétation ; car elle a ensuite décidé, à deux reprises, que la mention dont il s'agit constate suffisamment la publicité de l'audience, non seulement lorsque l'arrêt a été prononcé, mais encore pendant tout le cours des débats qui l'ont précédé (Crim. rej. 5 mars 1880, aff. Maroteaux, *Bull. crim.*, n° 55 ; 28 sept. 1882, aff. Joug et Nop, *ibid.*, n° 228).

1678. Un arrêt de *donné acte* peut aussi servir à apprécier s'il y a eu ou non publicité. Jugé, en ce sens, qu'il y a nullité lorsqu'il résulte d'un arrêt de donné acte que ce n'est qu'après la prestation de serment des jurés et la lecture de l'arrêt de renvoi et de l'acte d'accusation que le président des assises a ordonné d'ouvrir au public les portes de l'audience. Il en est ainsi alors même que, dès le tirage au sort du jury, un grand nombre de personnes étrangères à l'affaire auraient pu pénétrer dans la salle, cette publicité restreinte ne pouvant être considérée comme l'équivalent de la publicité pleine et entière qui doit exister pendant toute la durée des débats (Crim. cass. 1er juin 1883, aff. Baillache et Sabatier, *Bull. crim.*, n° 134).

1679. Enfin, dans un cas où une demande en inscription de faux contre le procès-verbal avait été accueillie, et où l'instruction établissait que, contrairement aux énonciations de ce procès-verbal constatant la prétendue publicité des débats, un arrêt ordonnant le huis clos avait reçu sa pleine et entière exécution, il a été jugé que l'impossibilité où l'on était de reconnaître si le huis clos avait été régulièrement ordonné, et si la publicité avait été rétablie à temps, entraînait la nullité des débats et de tout ce qui avait suivi (Crim. cass. 2 mai 1873, aff. Sainte-Livière-Daussure, *Bull. crim.*, n° 119).

Sect. 5. — Des pouvoirs de la cour d'assises pendant les débats en rapport avec ceux du président (*Rép.* n°s 2140 à 2153).

1680. On a indiqué au *Rép.*, n° 2140, la ligne de démarcation existant entre les pouvoirs qui appartiennent à la cour d'assises et ceux qui sont dévolus au président, et l'on a établi que tout empiétement de l'une des deux autorités sur les attributions de l'autre est une cause de nullité. (Conf. Faustin Hélie, t. 7, n° 3297; Nouguier, t. 3, n°s 2334 à 2338; Garraud, n° 586). — En ce qui concerne les pouvoirs du président, il a été jugé, depuis la publication du *Répertoire*: 1° que la cour d'assises qui déclare un témoin incapable de déposer sous la foi du serment ne peut, sans empiétement sur les pouvoirs du président, ordonner, dans son arrêt, que ce témoin sera entendu à titre de simple renseignement (Crim. cass. 5 oct. 1850, aff. Ristani, D. P. 50. 5. 100); — 2° Que le président peut, sans empiéter sur les attributions de la cour, faire droit à la demande de l'accusé tendant à la position d'une question d'excuse, alors que cette demande ne fait naître aucun incident contentieux; et qu'il en est ainsi même dans le cas où d'autres questions proposées également par l'accusé ont dû, comme ayant donné lieu à un débat, être soumises à la décision de la cour (Crim. rej. 24 juin 1858, aff. Piétri, D. P. 58. 5. 112); — 3° Que dans le cas où la demande de position d'une question subsidiaire formée par l'accusé est combattue par le ministère public, c'est à tort que la cour d'assises déclare n'avoir pas à statuer sur la contestation, sous prétexte qu'il appartient au président de poser, soit d'office, soit sur la provocation de l'accusation ou de la défense, les questions résultant des débats, non mentionnées dans l'acte d'accusation; et c'est incompétemment qu'à la suite de cet arrêt le président décide que les questions proposées, ne lui paraissant pas résulter des débats, ne seront pas posées au jury; l'incident, en pareil cas, ne peut être vidé par le président seul (Crim. cass. 23 déc. 1858, aff. Flaurent, D. P. 59. 5. 105); — 4° Que c'est au président, et non à la cour d'assises, qu'il appartient d'ordonner la lecture de la déposition d'un témoin non comparant; et que, bien qu'il résulte du procès-verbal des débats que ladite déposition a été lue en vertu du pouvoir discrétionnaire du président, et, par suite, qu'un arrêt incident ordonnant cette lecture est resté sans exécution, ledit arrêt incident n'en doit pas moins être annulé pour excès de pouvoir, dans l'intérêt de la loi, sur la demande du procureur général près la cour de cassation (Crim. cass. 19 févr. 1880, aff. Marianne Bà, D. P. 80. 1. 436). — Mais il a été jugé que le moyen tiré de ce que la cour d'assises aurait empiété sur le pouvoir discrétionnaire du président en ordonnant que les pièces à conviction, écartées des débats comme irrégulièrement saisies, seraient représentées à titre de renseignement, n'est pas fondé, du moment que la cour d'assises

s'est bornée à décider que les pièces à conviction seraient rejetées des débats « sauf l'exercice du pouvoir discrétionnaire du président pour y avoir recours, s'il y a lieu, à titre de renseignement », et qu'il résulte du procès-verbal des débats que c'est en vertu de son pouvoir propre, dans les termes de la loi, et non en exécution de l'arrêt de la cour d'assises, que le président a fait ultérieurement représenter ces pièces à l'accusé, au jury et aux témoins (Crim. rej. 13 avr. 1888, aff. Chaty, D. P. 89. 1. 267).

1681. Au reste, comme on l'a expliqué au *Rép.*, n° 2143, la cour d'assises peut, sans empiétement, ordonner, du consentement du président, une mesure que la loi peut rentrer dans les attributions de ce magistrat seul, pourvu toutefois que cette mesure ne relève en rien de l'exercice du pouvoir discrétionnaire. En un mot, le président « peut, selon l'expression de Nouguier, t. 3, n° 2359, au lieu d'agir seul, admettre le concours de la cour d'assises ». Et Faustin Hélie, qui partage cette opinion, la motive en disant (t. 7, n° 3307): « l'intervention de la cour ne fait qu'apporter une garantie nouvelle à la décision ». Mais cette intervention ne saurait avoir pour effet de modifier les conditions dans lesquelles la mesure doit s'exercer. Ainsi il a été jugé que la mesure par laquelle, sur la déclaration de l'accusé et de son défenseur qu'ils renoncent à l'audition de témoins par eux cités et non comparants, il est passé outre aux débats, conformément à l'opinion exprimée sur cet incident par le ministère public, ne comporte pas une décision motivée; et l'absence de motifs ne peut, dès lors, être relevée comme cause de nullité, même quand c'est la cour, au lieu du président agissant seul, qui a ordonné la mesure rendue nécessaire par la renonciation de l'accusé (Crim. rej. 10 oct. 1872, aff. Arnaudin, D. P. 72. 1. 330).

1682. La cour d'assises est compétente toutes les fois qu'il s'agit de statuer sur un incident contentieux (Nouguier, t. 3, n° 2355; Faustin Hélie, t. 7, n° 3309; Villey, p. 379; Garraud, n° 585; Trébutien, t. 2, n° 582 et suiv.). Aux arrêts cités au *Rép.*, n° 2141, lesquels confirment tous cette doctrine, viennent s'ajouter les suivants, qui ont décidé: 1° que lorsque, sur l'ordonnance du président portant que la déposition d'un témoin sera lue, la défense prend des conclusions tendant à empêcher cette lecture, c'est à la cour qu'il appartient de lever l'incident; le président ne peut se borner à ordonner la lecture de la déposition à titre de renseignement (Crim. rej. 5 févr. 1847, aff. Marchèse, D. P. 47. 4. 119); — 2° Qu'il appartient à la cour d'assises de décider, en cas de contestation, si la question que l'accusé ou son défenseur veut poser à un coaccusé ou à un témoin est utile ou inutile à sa défense (Crim. rej. 30 août 1866, aff. Laborderie, D. P. 66. 1. 462; 24 déc. 1875, aff. Brion, D. P. 77. 1. 287-288); — 3° Que le président de la cour d'assises peut, sans l'intervention de la cour, déclarer clos l'incident soulevé par le refus d'un témoin, fondé sur le secret professionnel, de faire connaître, sur la demande du défenseur de l'accusé, la source des renseignements par lui communiqués au jury, lorsque l'incident n'a eu aucun caractère contentieux (Crim. rej. 11 janv. 1884, aff. Cyvoct, D. P. 84. 1. 379). « La décision du président, porte cet arrêt, n'a été que l'usage du pouvoir qui lui appartient de diriger les débats ». Conf. Crim. cass. 23 déc. 1858, aff. Flaurent, D. P. 59. 5. 105.

1683. Mais, pour que la cour d'assises soit compétente, il ne suffit pas qu'il y ait eu contestation; il faut en outre, comme on l'a dit au *Rép.*, n° 2142, que la contestation porte sur un objet qui ne rentre point dans l'exercice du pouvoir discrétionnaire du président (V. Faustin Hélie, t. 7, n° 3310; Nouguier, t. 3, n°s 2338 et 2359 et suiv.; Garraud, n° 586; Villey, p. 379). Ainsi jugé: 1° que, lorsqu'une mesure requise par le ministère public ou l'accusé fait naître un incident contentieux, la cour d'assises, bien que cet incident suffise pour motiver son intervention, n'en doit pas moins examiner si la mesure dont il s'agit peut appartenir au pouvoir exclusif et discrétionnaire du président, ou si elle rentre dans les limites de ses propres attributions. Dans le premier cas, par exemple lorsqu'il s'agit d'une demande de jonction au dossier d'une pièce produite pour la première fois à l'audience, elle ne peut que donner acte des conclusions qui ont fait naître l'incident, et doit, à peine de nullité, s'abstenir d'y statuer (Crim. cass. 5 avr. 1861, aff.

Bonnard, D. P. 61. 1. 237); — 2° Que les parties ne peuvent saisir la cour d'une question relative à l'opportunité de la mesure que le président a ordonnée en vertu de son pouvoir discrétionnaire (C. cass. de Florence, 16 juin 1880) (1).

1684. Cependant la cour n'en est pas moins saisie par les conclusions prises, et elle a le devoir d'intervenir. Si l'acte qui lui est déféré rentre dans les limites du pouvoir discrétionnaire, elle ne statue que pour se déclarer incompétente (Crim. rej. 18 déc. 1817, aff. Mignot, *Bull. crim.*, n° 116; 17 août 1821, *Rép.* n° 2158; 5 avr. 1847, aff. Marchèse, *Bull. crim.*, n° 23; Crim. cass. 5 oct. 1850, aff. Ristani, *ibid.*, n° 345; 2 janv. 1851, aff. Thyrault, *ibid.*, n° 1; Crim. rej. 24 juin 1853, aff. Potin, D. P. 53. 5. 131; 29 juin 1854, aff. Baylet, *Bull. crim.*, n° 207; Crim. rej. 28 déc. 1860, aff. Vincent, D. P. 61. 5. 480; Crim. cass. 5 avr. 1861, aff. Bonnard, cité *suprà*, n° 1683; 22 déc. 1892, aff. Adenet, *Bull. crim.*, n° 342). — Aucune nullité ne résulterait cependant de ce que la cour, statuant sur les conclusions prises devant elle, a approuvé la décision du président, lorsque son arrêt se réfère à l'ordonnance rendue, qu'elle ne la modifie ni ne la rapporte; on ne saurait y voir aucune usurpation de pouvoir préjudiciable à l'accusation ou à la défense (Arrêt précité du 22 déc. 1892).

1685. Si, au contraire, l'incident contentieux vise un acte quelconque du président, étranger à l'exercice du pouvoir discrétionnaire, la cour d'assises est compétente, et cette attribution constitue un véritable droit de contrôle (Crim. cass. 8 févr. 1810, aff. Gardini, *Bull. crim.*, n° 25; 18 sept. 1824, aff. Morel, *Rép.*, v° *Témoins*, n° 272; Crim. rej. 22 sept. 1827, aff. Proust, *Rép.*, *ibid.*, n° 269; 1er oct. 1829, aff. Vannier, *Rép.*, *ibid.*, n° 271; 14 avr. 1837, aff. Gambier, *Rép.*, *ibid.*, n° 562; 4 sept. 1840, aff. Fournet de Marsilly, *Bull. crim.*, n° 231; 11 janv. 1851, aff. Bachelet et autres, *ibid.*, n° 21; 11 mars 1853, aff. Trabeau, *ibid.*, n° 88). Jugé, en ce sens, depuis la publication du *Répertoire*, que les mesures ordonnées par le président n'échappent au contrôle de la cour d'assises que lorsqu'elles dérivent du pouvoir discrétionnaire de ce magistrat, mais non lorsqu'elles constituent l'exercice d'une faculté à lui attribuée par une disposition spéciale, cas auquel la mesure ne peut être maintenue, s'il y a réclamation de l'accusé, que par décision de la cour d'assises; que, spécialement, la cour d'assises ne peut refuser de statuer sur la réclamation élevée par un accusé contre une ordonnance de jonction rendue dans son affaire par le président (Crim. rej. 28 janv. 1853, aff. Métas, D. P. 53. 5. 130).

1686. La cour serait également compétente s'il était allégué, dans les conclusions des parties, que la mesure ordonnée par le président en vertu de son pouvoir discrétionnaire implique l'omission d'un acte que la loi prescrit, l'accomplissement d'un fait qu'elle prohibe à peine de nullité, ou qu'elle excède les limites du pouvoir exceptionnel dont il s'agit. Dans ces hypothèses, il appartient à la cour de statuer sur le mérite de l'exception, et le président ne peut se refuser à lui soumettre l'incident soulevé (C. cass. de Florence, *suprà*, n° 1683).

1687. Mais lorsque, par des conclusions, l'accusé soulève des questions multiples dont l'une, ne faisant naître aucun incident contentieux, rentre dans la compétence du président, tandis que les autres, ayant donné lieu à un débat, doivent être soumises à la cour, c'est à bon droit que l'arrêt incident scinde lesdites questions, et laisse au président seul le soin de prononcer sur la première, en se bornant à statuer sur les autres (Crim. rej. 24 juin 1858, aff. Pietri, D. P. 58. 5. 112).

1688. La question de savoir à qui, de la cour d'assises ou du président, il appartient de défendre une lecture de pièces a été portée devant la cour de cassation. Le procureur du roi près la cour d'assises de la Nièvre avait voulu, dans un réquisitoire prononcé au cours d'un procès de presse, donner lecture de deux articles de journaux. La défense, s'étant opposée à cette lecture, avait pris des conclusions pour qu'elle fût interdite; et la cour, suivant arrêt du 3 mars 1847, avait adjugé ces conclusions, quant à l'un des articles en question. Cet arrêt était dénoncé par le garde des sceaux comme renfermant à la fois une restriction arbitraire des droits du ministère public et un excès de pouvoir; excès de pouvoir résultant de l'ingérance des assesseurs dans l'exercice du pouvoir discrétionnaire du président. M. le procureur général Dupin a émis, sur le second moyen d'annulation, une opinion contraire à celle du garde des sceaux. « L'art. 267, a-t-il dit, confère au président de la cour d'assises la police de l'audience, et l'art. 268 l'investit d'un pouvoir discrétionnaire en vertu duquel il pourra prendre sur lui tout ce qu'il croira utile pour découvrir la vérité. Mais lorsqu'il ne s'agit pas seulement d'un fait de police d'audience, lorsqu'il ne s'agit pas de se procurer un renseignement pour favoriser la manifestation de la vérité, mais d'un incident qui se rattache soit au droit que la loi attribue au ministère public quant aux moyens qu'il croit devoir employer pour établir l'accusation, soit à la libre et entière défense des accusés, et qu'il y a sur ces divers points conclusions posées, n'est-ce pas là un incident contentieux sur lequel la cour d'assises seule peut statuer? » La cour suprême, ayant cassé sur le premier moyen, n'a pas eu à statuer sur le second (Rép. D. P. 47. 1. 246). Nous ne saurions adopter la théorie du réquisitoire : comme il s'agissait, dans l'espèce, de l'exercice du pouvoir discrétionnaire (*Rép.* n°s 2155 et 2190, et *infrà*, n° 1708), la cour n'avait pas qualité pour vider l'incident.

1689. Enfin, à qui, du président ou de la cour d'assises, appartient-il de prononcer l'annulation des débats? Si l'incident a un caractère contentieux, c'est la cour d'assises qui statue; dans le cas contraire, c'est le président seul (Crim. rej. 5 août 1858, aff. Guichard, D. P. 58. 5. 111; 10 déc. 1859, aff. Knaupp, D. P. 61. 5. 117).

1690. Dans le cas où la cour d'assises, saisie d'un incident contentieux, par exemple d'une demande de donné acte, entendrait des témoins pour s'éclairer sur le fait contesté, elle ne serait assujettie par aucun texte à l'obligation d'entendre ces témoins sous serment (Crim. rej. 4 sept. 1890, aff. Imbert, *Bull. crim.*, n° 183).

1691. Les arrêts de la cour d'assises sur les incidents contentieux doivent, à peine de nullité, être prononcés, le ministère public entendu (Conf. Faustin Hélie, t. 7, n° 3309; Villey, p. 379; Crim. cass. 10 avr. 1841, aff. Bryère, *Bull. crim.*, n° 94; 22 janv. 1857, aff. Naudet, D. P. 57. 1. 131;

---

(1) (Tadiello.) — La cour; — Statuant sur le pourvoi formé par César Tadiello contre l'arrêt de la cour d'assises de Vérone qui l'a condamné pour crime de vol à main armée à dix ans de travaux forcés; — Considérant que le défenseur s'est opposé à l'audition de certains témoins cités par le président en vertu de son pouvoir discrétionnaire, par le motif qu'ils devaient être interrogés sur des faits étrangers au crime faisant l'objet de l'accusation; — Attendu que le président ayant persisté dans sa décision, et l'avocat de Tadiello ayant demandé que la question fût soumise à la cour d'assises, le président n'a pas consenti à lui soumettre la question; que, de ce chef, l'arrêt est attaqué pour violation et fausse application de l'art. 478 et 480, combinés avec l'art. 281-4° c. proc. pén.; — Considérant qu'en vertu de son pouvoir discrétionnaire le président est le maître d'ordonner, au cours des débats, toutes les mesures qu'il juge utiles à la manifestation de la vérité; que ce pouvoir ne cesse d'exister qu'à l'égard de ce qui est prescrit ou prohibé par la loi à peine de nullité; qu'en conséquence, les parties ne peuvent mettre en question devant la cour l'opportunité de la mesure ordonnée par le président en vertu de son pouvoir discrétionnaire, la loi laissant son honneur et sa conscience juges des mesures auxquelles il convient de recourir pour faire apparaître la vérité; — Considérant toutefois que cette règle n'est plus applicable en présence de conclusions préjudicielles où il est allégué que la mesure ordonnée implique l'omission d'une prescription légale, l'accomplissement d'un fait interdit par la loi à peine de nullité, ou qu'elle excède les bornes du pouvoir exceptionnel dévolu au président; qu'il appartient alors à la cour de se prononcer sur le mérite de l'exception; qu'en effet, s'il n'est pas permis à la cour d'entraver l'exercice du pouvoir discrétionnaire du président, de même celui-ci ne peut mettre obstacle à ce que la cour statue sur une question qui lui est soumise dans l'intérêt non seulement des parties, mais aussi de la saine interprétation et de l'exacte application de la loi; — Considérant que, pour refus de soumettre à la cour d'assises de Vérone l'incident soulevé par la défense, le président de ladite cour a violé les art. 478, 480 et 281 invoqués par le demandeur; que dès lors il y a lieu d'annuler la décision attaquée;

Casse, etc.

Du 16 juin 1880.-C. cass. de Florence.-M. Ubaldini, pr.

22 avr. 1880, aff. Taugavelon, *Bull. crim.*, n° 78; 21 oct. 1886, aff. Collinet, *ibid.*, n° 341; 28 oct. 1886, aff. Sauze, *ibid.*, n° 350; 9 avr. 1891, aff. Mohamed-ould-Boubekeur-ben-Ali, D. P. 92. 1. 112).

1692. La cour peut, notamment, quand le jugement de l'incident nécessite une appréciation des faits, surseoir à statuer jusqu'à l'arrêt sur le fond. Il suffit alors que les conclusions du ministère public se produisent avant l'arrêt. Ainsi il a été jugé que, lorsque les conclusions déposées au cours des débats par la défense (à l'effet, dans l'espèce, de faire déclarer non recevable dans son intervention une partie à laquelle il a été déjà donné acte, en l'absence d'opposition de l'accusé, de sa déclaration qu'elle se portait partie civile), soulèvent une appréciation de faits tenant au fond du procès, la cour peut, sans irrégularité, surseoir à statuer jusqu'à l'arrêt sur le fond. Dans ce cas, il n'est nécessaire que le ministère public s'explique sur l'incident que lors de l'arrêt qui statue sur la recevabilité de l'intervention et le chiffre des dommages-intérêts, et non pas avant que la partie civile soit admise à développer ses moyens d'intervention (Crim. rej. 5 mai 1884, aff. Viernay, D. P. 54. 5. 208).

Jugé, de même, que lorsque la cour d'assises, saisie d'un incident contentieux né à l'ouverture des débats dans lequel le ministère public a été entendu, a ajourné la solution de cet incident après les débats, une nouvelle audition du ministère public n'est pas nécessaire, encore que le président ait interpellé le défenseur pour savoir s'il persistait dans sa demande (Crim. rej. 26 déc. 1873, aff. Daronnat, *Bull. crim.*, n° 315). — Décidé encore que lorsque, sur des conclusions tendant à l'examen mental de l'accusé, la cour d'assises, après avoir entendu le défenseur et le ministère public, renvoie le prononcé de l'arrêt après l'interrogatoire de l'accusé et les dépositions des témoins, il n'y a en réalité qu'un seul incident contentieux; en conséquence, il n'est pas nécessaire que le ministère public soit entendu à nouveau lors du prononcé de l'arrêt (Crim. rej. 17 mars 1892, aff. Anastay, D. P. 92. 1. 522).

1693. La règle que les arrêts rendus sur les incidents contentieux doivent être précédés des conclusions du ministère public souffre-t-elle des exceptions? Il a été jugé: 1° que l'arrêt incident qui ordonne la radiation d'un témoin à charge signalé comme étant décédé, ou celui qui dispense de l'amende des témoins à décharge non comparants, et à l'audition desquels l'accusé a renoncé, sont valables, quoique rendus sans que le ministère public ait été entendu (Crim. rej. 25 janv. 1849, aff. Moretti, D. P. 49. 5. 279); — 2° qu'il n'est pas nécessaire que le ministère public émette son avis sur les conclusions par lesquelles l'accusé demande que la cour d'assises lui donne acte d'un fait qui ne soulève aucune question contentieuse, et, par exemple, de ce que le tirage du jury aurait eu lieu en audience publique. Par suite, l'accusé ne peut se faire un grief du silence gardé par le ministère public sur telles conclusions, alors, d'ailleurs, que la cour a fait droit à sa demande (Crim. rej. 16 mars 1854, aff. Legentil, D. P. 54. 1. 212. V. en ce sens, Faustin Hélie, t. 7, n° 3309). — Il a été décidé, au contraire, qu'il y a lieu à cassation lorsque, le défenseur ayant prié le président d'un tribunal criminel de poser une question à l'un des témoins et ce magistrat ayant refusé de la poser, il a été donné au défenseur acte de ce refus sans qu'il ait été constaté que le ministère public ait donné ses conclusions ou qu'il ait été mis en demeure de conclure sur cet incident (Crim. cass. 29 juin 1889, aff. Boubaker-ben-Brahim-Boukétir et autres, *Bull. crim.*, n° 235).

1694. Ajoutons que ces arrêts, comme tous les autres, ne peuvent être prononcés qu'après que l'accusé a été entendu, et en sa présence (Crim. cass. 22 mai 1857, aff. Legrand, D. P. 57. 1. 316; 1er mars 1889, aff. Salvat et autres, *Bull. crim.*, n° 87). Mais si la cour avait statué sans consulter la défense, elle pourrait, afin de réparer toute omission, rapporter l'arrêt, et si, après avoir donné la parole au défenseur, elle prononçait un arrêt identique au premier, il n'en résulterait aucun grief pour l'accusé (Crim. rej. 14 nov. 1890, *Bull. crim.*, n° 231).

1695. Enfin il appartient, en principe, à la cour, ainsi qu'il a été dit au *Rép.*, n° 2150, d'ordonner, même d'office, toutes les mesures d'instruction qui lui semblent nécessaires à la manifestation de la vérité. « Elle a le droit de s'éclairer, dit

M. Faustin Hélie (t. 7, n° 3308), puisqu'elle participe au jugement ». Il a été jugé en ce sens, depuis la publication du *Répertoire* : 1° que le pouvoir discrétionnaire conféré par la loi au président de la cour d'assises ne fait pas obstacle à l'exercice, de la part de cette cour, de la faculté appartenant à toute juridiction d'ordonner les actes d'instruction qui sont de droit commun; ce n'est qu'à l'égard des mesures qui dérogent aux règles spéciales de la procédure devant les cours d'assises que le président est investi d'un pouvoir exclusif. Et spécialement, la cour d'assises n'excède point la limite de sa compétence en ordonnant une expertise au cours des débats (Crim. rej. 12 mars 1857, aff. Fabre, D. P. 57. 1. 182); — 2° Que, si le président a seul le pouvoir, sous la garantie de son honneur et de sa conscience, de prendre les mesures extraordinaires qui peuvent favoriser la manifestation de la vérité, il appartient à la cour, comme au président, de prescrire toute mesure qui rentre dans les actes ordinaires d'instruction. Ainsi la cour a pu, sans empiéter sur les attributions du président, faire droit aux réquisitions prises par le ministère public en vue d'une distribution de copies autographiées d'un plan des lieux où le crime a été commis (Crim. rej. 27 déc. 1860, aff. Didier, D. P. 61. 5. 127). — Les pouvoirs de la cour d'assises sont nettement précisés dans les deux arrêts précédents. « Il faut distinguer, y est-il dit, entre les mesures qui dérogent aux règles spéciales de la procédure devant la cour d'assises et les actes ordinaires d'instruction ». S'agit-il « de la lecture d'une déposition écrite, contrairement au principe de l'obligation du débat oral, ou de l'introduction aux débats, malgré l'opposition de l'accusé, d'un témoin dont le nom ne lui a pas été notifié », ce sont là des « mesures extraordinaires, que le président seul peut prendre sur lui d'ordonner en vertu de son pouvoir discrétionnaire ». S'agit-il, au contraire, d'une « vérification par expert », ou encore de la « distribution faite aux magistrats, aux jurés et à l'accusé, de copies autographiées d'un plan des lieux », ce sont des « actes de droit commun, même devant la cour d'assises, que toute juridiction a le droit d'ordonner, par suite du principe qui confère aux juges la faculté de recourir à tous les moyens propres à les éclairer, dans la limite de ce qui n'est pas prohibé par la loi ».

Sect. 6. — Pouvoir discrétionnaire du président.
(*Rép.* n°s 2154 à 2195.)

1696. Il était de toute nécessité que le président des assises fût investi des pouvoirs indispensables à l'accomplissement de sa mission. C'est ce que toutes les législations ont compris et l'on peut se reporter au tableau qu'en a tracé, à cet égard, M. Marcy (*L'accusé devant la loi pénale en France*, p. 246, note); seulement les formules consacrées à la définition de ces pouvoirs sont plus ou moins extensives. Le code italien se sert, comme le code français, de l'expression « pouvoir discrétionnaire », mais il prend soin de l'expliquer : « Le président, dit-il, est investi d'un pouvoir discrétionnaire en vertu duquel, durant les débats, et *pour tout ce que la loi ne prescrit pas ou ne défend pas à peine de nullité*, il peut faire ce qu'il estime utile à la découverte de la vérité; et la loi laisse à son honneur et à sa conscience le choix des moyens qu'il croira propres à favoriser la manifestation de cette vérité » (art. 478).

Art. 1er. — Nature et objet du pouvoir discrétionnaire.
(*Rép.* n°s 2154 à 2170.)

1697. Au *Répertoire*, n°s 2154 et suiv., on a défini le caractère du pouvoir discrétionnaire du président. Ainsi qu'on l'a établi *ibid.*, ce pouvoir est loin d'être arbitraire et illimité. La doctrine que nous avons exposée sur ce point est confirmée par presque tous les auteurs. « Le président, dit Faustin Hélie, t. 7, n° 3290, peut prendre toutes les dispositions que la loi n'a pas prohibées, mais il doit s'arrêter là où il rencontre une prohibition formelle de la loi, là où expire sa compétence; il n'est point investi d'un pouvoir arbitraire, mais d'un pouvoir limité, et la limite qui le circonscrit de toute part n'est autre que l'ensemble des dispositions légales qui interdisent certains actes et établissent d'autres droits et d'autres compétences. » « Ce pouvoir,

dit d'autre part M. Garraud, n° 586, trouve d'abord une première limite dans les dispositions impératives ou prohibitives de la loi; une seconde dans son but même : il n'est accordé que pour la manifestation de la vérité. Les décisions prises par le président en vertu de ce pouvoir ne doivent donc avoir trait qu'aux éléments de preuve. Tous les actes faits pour un autre motif, tendant à un autre but pourraient constituer un excès de pouvoir et motiver l'annulation de la procédure » (V. aussi Nouguier, t. 3, n°s 2323, 2331 et suiv.; Trébutien, t. 2, n° 580; Villey, p. 378. V. toutefois Rodière, p. 182).

1698. Les mesures prises par le président dans l'exercice de son pouvoir discrétionnaire apportant aux débats non des preuves, mais de simples renseignements, ce magistrat a pour devoir, ainsi qu'il a été dit au *Rép.*, n° 2184, d'avertir les jurés de l'usage qu'il fait de ce pouvoir, et de leur rappeler que les auditions ou lectures auxquelles il a procédé en conséquence ne valent qu'à titre de simples renseignements. « Il faut, dit M. Faustin Hélie (t. 7, n° 3302), que la pensée des jurés soit sans cesse ramenée à cette règle que ce ne sont que de simples renseignements et non des preuves. La formalité de l'avertissement a donc une véritable importance ». Toutefois, la jurisprudence a toujours refusé de voir une nullité dans l'omission de cette formalité. Elle considère que le pouvoir discrétionnaire du président se manifeste régulièrement par son exercice V. outre les arrêts cités au *Rép.* C : rim. rej. 28 déc. 1860, aff. Labbé, D. P. 61. 1. 356; 28 juill. 1864, aff. Fille Rey, D. P. 65. 1. 324; 25 juill. 1867, aff. Clerissi, D. P. 69. 5. 380; 2 déc. 1871, aff. Brunet, D. P. 72. 1. 428).

1699. Il a même été jugé, dans cet ordre d'idées, que la lecture donnée par le ministère public, au cours de l'interrogatoire de l'accusé à l'audience, et avec le consentement tacite du président, de l'interrogatoire subi par cet accusé dans l'instruction, doit être considérée comme ayant été autorisée par le président en vertu de son pouvoir discrétionnaire (Crim. rej. 7 janv. 1886, aff. Tarrit, *Bull. crim.*, n° 4).

1700. A plus forte raison, les présidents des cours d'assises ne sont point tenus de motiver les décisions qu'ils prennent en vertu de leur pouvoir discrétionnaire; mais ils peuvent les motiver sans commettre une violation de la loi (Crim. rej. 3 fév. 1876, aff. fille Laporte, *Bull. crim.*, n° 36).

Art. 2. — *Actes qui peuvent être ordonnés, personnes qui peuvent être entendues en vertu du pouvoir discrétionnaire* (*Rép.* n°s 2171 à 2172).

§ 1er. — Expertises (*Rép.* n°s 2173 à 2177).

1701. Il a été jugé, conformément à la jurisprudence donnée au *Rép.*, n°s 2173 et suiv., que le président peut en vertu de son pouvoir discrétionnaire: 1° charger un expert cité comme témoin de procéder à une vérification d'audience (Crim. rej. 3 juill. 1884, aff. Thiébault, *Bull. crim.*, n° 222); — 2° Ordonner une expertise au cours des débats (Crim. rej. 31 déc. 1885, aff. Barbier, *Bull. crim.*, n° 374). En l'absence de toute contestation, il n'est pas nécessaire que la cour rende un arrêt (Arrêt précité du 31 déc. 1885).

1702. Aucun texte de loi ne prescrivant la publicité des expertises, l'accusé ne saurait se faire un grief de ce qu'il aurait été procédé à une expertise en son absence (Crim. rej. 31 déc. 1885, aff. Barbier, *Bull. crim.*, n° 374). Antérieurement déjà, un arrêt avait déclaré que le président de la cour d'assises, qui refuse d'admettre à une expertise qu'il a ordonnée les fondés de pouvoirs des accusés, agit dans les limites de son droit et du pouvoir discrétionnaire qui lui appartient (Crim. rej. 30 août 1844, aff. Jérôme, *Bull. crim.*, n° 305).

1703. D'un autre côté, lorsqu'une cour d'assises a ordonné une expertise supplémentaire, il n'est pas indispensable que le rapport des experts soit lu à l'audience ou communiqué à l'accusé, s'il est établi qu'après le dépôt de leur rapport, lesdits experts ont été entendus oralement à l'effet de fournir les explications nécessaires, et qu'après la déposition de chacun d'eux l'accusé a été invité à répondre, s'il le jugeait convenable (Crim. rej. 3 avr. 1879, aff. Girard, *Bull. crim.*, n° 84).

1704. Quant aux questions qui se rapportent au serment des experts, V. *infrà*, v° *Serment*.

§ 2. — Interrogatoire des accusés (*Rép.* n°s 2178 à 2181).

1705. V. *Rép.*, n°s 2178 et suiv.

§ 3. — Renseignements et témoignages (*Rép.* n°s 2182 à 2187).

1706. Tout ce qui se réfère à cet ordre d'idées sera exposé *infrà*, v° *Témoin*.

§ 4. — Actes divers (*Rép.* n°s 2188 à 2193).

1707. L'exercice du pouvoir discrétionnaire comporte, ainsi qu'on l'a vu au *Rép.*, n° 2188, les mesures les plus diverses. Aux espèces qu'y ont été indiquées, en matière de *lectures de pièces*, il convient d'ajouter les suivantes. Le président peut: 1° ordonner la lecture à l'audience de l'interrogatoire subi par un coaccusé décédé (Crim. cass. 14 nov. 1830, aff. Néther, *Bull. crim.*, n° 245); — 2° Nommer l'auteur d'une lettre adressée au magistrat de l'accusation et dont celui-ci a donné lecture dans en faire connaître la source en ajoutant qu'il existe au dossier des preuves de l'exactitude du contenu de cette lettre (Crim. rej. 29 juin 1833, aff. Gerboin, *Bull. crim.*, n° 249); — 3° Autoriser un témoin à suspendre sa déposition pour donner lecture d'une lettre à lui adressée (Crim. rej. 22 janv. 1841, aff. Raynal, *Bull. crim.*, n° 49); — 4° Faire lire des notes trouvées sur un témoin à décharge (Crim. rej. 17 mars 1842, aff. Lahille, *Bull. crim.*, n° 64); — 5° Donner lecture de pièces n'appartenant pas encore à la procédure, mais en ordonnant leur jonction au dossier et leur communication à la défense (Crim. 27 août 1852, aff. Mornac, D. P. 52. 5. 170); — 6° Lire et communiquer au jury un jugement du tribunal correctionnel, devant lequel l'accusé avait d'abord été cité (Crim. 8 déc. 1853, aff. Guillouf, *Bull. crim.*, n° 574); — 7° Donner lecture au jury de renseignements recueillis par le procureur général avant l'ouverture des débats (Crim. rej. 4 août 1854, aff. Langlois, D. P. 54. 5. 217); — 8° Lire des pièces étrangères à la procédure et inconnues à l'accusé (Crim. rej. 11 mai 1855, aff. Pianori, *Bull. crim.*, n° 164); — 9° Lire les lettres missives qui ne figuraient pas au dossier (Crim. rej. 3 juill. 1856, aff. Lallemant, D. P. 59. 5. 113; 21 juin 1860, aff. Claquecin, D. P. 60. 5. 94); — 10° Ordonner la lecture d'une note dont un témoin est porteur (Crim. rej. 6 juin 1861, aff. Troublé, *Bull. crim.*, n° 115); — 11° Ordonner la lecture d'une pièce non jointe au dossier, ni communiquée au défenseur (Crim. rej. 16 juill. 1863, aff. Mazères, *Bull. crim.*, n° 195); — 12° Donner lecture d'une lettre de l'accusé interceptée à la prison: une telle mesure ne peut surtout être critiquée lorsque le président a averti le jury que la lecture autorisée était donnée à titre de renseignement, et lorsqu'il a ordonné que la lettre, préalablement communiquée à l'accusé, resterait au dossier, où le défenseur a pu ainsi en prendre connaissance (Crim. rej. 16 mars 1866, aff. Oursel, D. P. 66. 1. 359); — 13° Ordonner la lecture d'un rapport d'experts non appelés à l'audience (Crim. cass. 7 oct. 1825, aff. Daumont, *Bull. crim.*, n° 200; Crim. rej. 23 janv. 1860, aff. Ferrudjia et Cassard, D. P. 68. 5. 112-113); — 14° Faire apporter dans le cours des débats des pièces nouvelles qui n'ont pas été préalablement communiquées à l'accusé, pourvu que la communication de ces pièces ne soit pas refusée (Crim. rej. 18 nov. 1875, aff. Vian, *Bull. crim.*, n° 318. Ces pièces peuvent, en outre, être remises au jury (Crim. rej. 7 janv. 1892, aff. Emonet et autres, *Bull. crim.*, n° 1); — 15° Donner lecture de l'interrogatoire qu'un des accusés, décédé avant l'ouverture des débats, a subi devant un juge de paix appelé comme témoin (Crim. rej. 13 mai 1886, aff. Chalon, *Bull. crim.*, n° 173); — 16° Donner lecture des lettres de l'accusé jointes à la procédure, alors même que celles-ci présentent un caractère confidentiel (Crim. rej. 22 oct. 1891, aff. Bessède, *Bull. crim.*, n° 198).

1708. En ce qui concerne les *refus relatifs aux lectures* dont il est question au *Rép.*, n° 2190, le président jouit de la même latitude que pour les autorisations. Il a été jugé que ce magistrat peut: 1° refuser à l'accusé d'ordonner la lecture de la déclaration d'un témoin non cité (Crim. rej. 22 sept. 1827, aff. Proust, *Rép.* v° *Témoin*, n° 660; 28 déc.

1860, aff. Vincent, D. P. 61. 5. 480); — 2° Ne pas permettre au défenseur de lire au jury des articles de journaux relatifs à des décisions rendues dans des circonstances semblables, mais étrangères à l'affaire pendante (Crim. rej. 28 août 1829, aff. Floriot, *Rép.* v° *Défense-défenseur*, n° 133); — 3° Refuser de laisser lire un certificat produit, au milieu des débats, par le défenseur de l'accusé (relatif, par exemple, à l'état mental de celui-ci), et ordonner que cette pièce, pouvant donner lieu à un examen ultérieur de la part du ministère public, sera déposée entre les mains du greffier (Crim. cass. 1er oct. 1857, aff. Lanet, D. P. 57. 1. 454).

1709. Faustin Hélie (t. 7, n° 3283) fait remarquer que le président doit apporter une grande réserve dans l'exercice du droit de rejeter des débats ce qui lui paraît inutile. A la vérité, dit-il en substance cet auteur, la loi s'en rapporte à sa sagesse et à sa conscience; mais si l'exercice de ce droit allait jusqu'à porter sérieusement atteinte à la défense, l'accusé pourrait, en certains cas, s'en faire un grief. M. Delpech (*La procédure et le droit criminel en cour d'assises*, p. 102) est du même avis. « L'expérience, ajoute-t-il, démontre que les concessions les plus larges doivent être faites aux demandes des parties, fût-ce même au prix de quelques longueurs, et qu'elles servent presque toujours à la découverte de la vérité ».

1710. Il a été jugé que le pouvoir discrétionnaire du président comporte le droit de saisir et de faire joindre à la procédure, après communication aux accusés, les lettres déposées par un témoin sur le bureau de la cour, pendant le débat oral (Crim. rej. 7 déc. 1888, aff. Prado, D. P. 89. 1. 47).

1711. Suivant un arrêt rapporté au *Rép.*, n° 2191, rien ne s'oppose à ce que le président fasse distribuer aux jurés des extraits de l'acte d'accusation. — Jugé, dans le même sens, que le président peut, sans qu'il en résulte nullité, faire distribuer à chacun des jurés de jugement : 1° soit une copie (Crim. rej. 10 déc. 1857, aff. Lemaire et autres, D. P. 58. 1. 95); — 2° Soit un exemplaire imprimé de l'acte d'accusation (Crim. rej. 12 août 1858, aff. Minder, dit Graft, et autres, D. P. 58. 5. 106). M. Morin, *Journ. crim.*, art. 6383, signale cette pratique comme un abus condamnable. L'acte d'accusation distribué, dit-il, « est plus qu'un simple éclaircissement de fait, c'est un résumé de l'instruction écrite, tandis que le débat doit être oral ; et c'est une sorte de mémoire à charge, auquel la défense ne peut répondre par un moyen analogue ».

1712. Le président peut également communiquer au jury un plan des lieux du crime dressé : 1° soit par un expert commis par le juge d'instruction (Crim. rej. 30 janv. 1851, aff. Gothland, D. P. 51. 1. 47 ; 2 sept. 1852, aff. Macaria, D. P. 52. 5. 166); — 2° Soit par les magistrats instructeurs à l'appui de leur procès-verbal du constat (Crim. rej. 17 sept. 1857, aff. Minder, D. P. 57. 1. 450); — 3° Soit par un expert commis postérieurement à l'arrêt de renvoi, les accusés et leurs conseils ayant d'ailleurs déclaré ne pas s'opposer à la communication de ce document (Crim. rej. 26 juin 1879, aff. Decelers, *Bull. crim.*, n° 131).

1713. De même, on ne saurait considérer comme illégale la distribution aux jurés, en même temps qu'aux défenseurs des accusés et au ministère public, d'un recueil autographié comprenant diverses lettres missives, la plupart écrites par l'accusé, et d'autres documents dont les originaux font partie de la procédure, alors que, dans ces pièces, ne figure aucune des dépositions des témoins entendus dans l'instruction, ni même aucun procès-verbal (Crim. rej. 7 déc. 1888, aff. Prado, D. P. 89. 1. 47). — Le président peut encore, dès que sa nomination est publiée et sans attendre l'ouverture du trimestre pour lequel il a été nommé, ordonner l'impression et la distribution d'un plan (Crim. rej. 13 nov. 1856, aff. Roulin, D. P. 56. 1. 469).

1714. Enfin, il a été jugé, conformément à la jurisprudence relatée au *Rép.*, n° 2192 et 2120-1°, que le président de la cour d'assises peut ordonner, en vertu de son pouvoir discrétionnaire, que le jurés et les accusés se transporteront sur le lieu du crime (Crim. rej. 3 oct. 1872, aff. Brilliet, *Bull. crim.*, n° 246).

1715. Ajoutons, dans le sens de l'arrêt (Crim. rej. 26 juin 1828) cité au *Rép.*, n° 2193-1°, que le président peut se livrer lui-même à une vérification de fait en se transpor-

tant sur les lieux. Dans ce cas, il n'est pas tenu de faire prêter serment aux personnes dont il emploie le concours, mais seulement à celles dont il reçoit le témoignage ; et la présence du ministère public à ces actes d'instruction n'est interdite par aucune disposition de la loi (Crim. rej. 5 mai 1854, aff. Viernay, D. P. 54. 5. 207).

Sect. 7. — Des fonctions du ministère public pendant les débats de la cour d'assises (*Rép.* n° 2196).

1716. De même qu'au *Répertoire*, les développements relatifs à cette section sont donnés *suprà*, v° *Ministère public*, n° 228 et suiv.

Sect. 8. — De la comparution, de l'examen et de l'interrogatoire de l'accusé (*Rép.* n° 2197 à 2262).

Art. 1er. — De la comparution de l'accusé (*Rép.* n° 2197 à 2216).

1717. Aucune disposition de la loi n'impose au ministère public l'obligation de faire délivrer une assignation préalable aux accusés avant leur comparution devant la cour d'assises (Crim. rej. 22 sept. 1881, aff. Martignon, *Bull. crim.*, n° 219 ; Crim. cass. 22 déc. 1881, aff. Griveau, *ibid.*, n° 267 ; Crim. rej. 12 avr. 1883, aff. Jacques Noël, *ibid.*, n° 93 ; 31 mai 1883, aff. Ahmed-Chabby-ben-Mohamed, *ibid.*, n° 131 ; 13 mai 1892, aff. Kern, *ibid.*, n° 136). Il en est de même lorsque la cour d'assises est saisie par un renvoi de la cour de cassation (Crim. rej. 20 août 1875, aff. Jodon, *Bull. crim.*, n° 277). Aussi lorsqu'une pareille citation est donnée surabondamment, les irrégularités que l'exploit peut contenir n'entraînent aucune nullité (Crim. rej. 31 mai 1883, précité). Le défaut de citation pourrait seulement, s'il avait entravé la défense, motiver une demande de renvoi à une autre session, mais il n'en résulterait aucun moyen de cassation (Crim. rej. 22 sept. 1881, précité).

1718. En ce qui concerne l'état de liberté dans lequel l'accusé doit comparaître (*Rép.* n° 2198), il a été jugé : 1° que la règle que l'accusé doit comparaître aux débats libre et seulement accompagné de gardes n'est pas prescrite à peine de nullité; et que, d'ailleurs, lorsque le procès-verbal d'une première audience constate que cette prescription a été observée, il y a présomption, à défaut de réclamations ou de circonstances contraires, qu'elle l'a été également aux audiences suivantes (Crim. rej. 10 juin 1875, aff. Rieubernet, *Bull. crim.*, n° 183); — 2° Que l'inobservation de la disposition de l'art. 310 c. instr. crim., portant que l'accusé doit comparaître libre aux débats, n'est pas nécessairement une cause de nullité, et ne pourrait le devenir qu'autant qu'il serait constaté que l'entrave corporelle à laquelle l'accusé aurait été soumis, aurait pu être de nature à compromettre la liberté physique et morale dont il a besoin pour sa défense ; spécialement, qu'il ne résulte pas de nullité de ce qu'un accusé a comparu devant le jury, chargé des fers qui lui avaient été mis aux pieds dans sa prison, par mesure de sûreté, alors qu'ils lui ont été enlevés par ordre du président des assises immédiatement après la lecture de l'acte d'accusation, et avant qu'il fût procédé à son interrogatoire, et que d'ailleurs il n'a élevé aucune réclamation à l'égard de ces fers, jusqu'au moment où il en a été délivré (Crim. rej. 2 janv. 1857, aff. Vosmarin, D. P. 57. 1. 77); — 3° Que les prescriptions de l'art. 310 c. instr. crim. relatives à la comparution libre de l'accusé, ne font pas obstacle à ce que des mesures de sûreté soient prises à son égard dans le trajet entre la prison et le lieu des séances de la cour d'assises. Elles ne s'opposent même pas à ce que de telles mesures soient prises à l'audience, si elles étaient nécessaires et si la défense de l'accusé ne devait pas en être entravée (Crim. rej. 20 mars 1862, aff. Klopfenstein, D. P. 62. 5. 99); — 4° Que le moyen tiré de la violation de l'art. 310 c. instr. crim., et consistant en ce que les menottes auraient été laissées à l'accusé lors de la visite des lieux ordonnée par la cour, est irrecevable (Crim. rej. 20 déc. 1889, aff. Durand, *Bull. crim.*, n° 400. Comp. les arrêts rapportés ou cités au *Rép.* n° 2199). Conf. Nouguier, t. 2, n° 1471 ; Trébutien, t. 2, n° 590; Delpech, p. 69. — *Contrà*, Faustin Hélie, t. 7, n° 3433. Cet auteur

estime, et c'est l'opinion qui a été exprimée au *Rép.*, n° 2198, que l'accusé doit demeurer libre de toute entrave corporelle. « On accorde, ajoute-t-il, qu'il y aurait nullité si l'entrave corporelle était de nature à compromettre la liberté physique et morale dont il a besoin pour se défendre; mais comment apprécier l'effet qu'elle a pu produire? »

1719. L'art. 310 c. instr. crim. ne visant que les entraves corporelles, l'accusé ne serait pas fondé à prétendre que ledit article a été violé par ce motif qu'on l'aurait fait comparaître à l'audience revêtu du costume des condamnés (Crim. rej. 17 juin 1875, aff. Dubois, *Bull. crim.*, n° 191; 13 févr. 1880, aff. Morel, *ibid.*, n° 32).

1720. Ainsi qu'il a été dit au *Rép.*, n° 2201, il n'est pas exigé à peine de nullité que le procès-verbal des débats mentionne que l'accusé a été amené libre à chacune des audiences. Il a encore été jugé, dans le même ordre d'idées, que lorsque le procès-verbal des débats constate que les accusés ont comparu libres à une première audience, il y a présomption, sauf énonciation contraire, qu'ils ont comparu dans les mêmes conditions aux audiences suivantes (Crim. rej. 12 oct. 1848, aff. Gayrard, *Bull. crim.*, n° 282).

1721. Quant à l'application de la loi du 9 sept. 1835 (art. 8, V. *Rép.* n° 2202), il a été jugé que la résistance de l'accusé à la sommation de comparaître à l'audience, qui lui est faite en vertu d'un arrêt de la cour d'assises, rend seule nécessaire le dressement d'un procès-verbal constatant l'accomplissement de cette sommation; qu'ainsi le défaut de rédaction du procès-verbal est sans intérêt, lorsque l'accusé, ayant obéi, a été jugé contradictoirement (Crim. rej. 21 juill. 1859, aff. Marcel, dit Chevalier, D. P. 59. 1. 426).

1722. L'accusé peut, aux termes de l'art. 10 de la même loi (*Rép.* n° 2208), être expulsé de l'audience et réintégré en prison, si, par ses clameurs, par tout autre moyen propre à causer du tumulte, il met obstacle à la marche de la justice. — C'est à la cour d'assises qu'il appartient de statuer; et l'irrégularité résultant de ce que cette mesure a été prise par le président seul ne peut être couverte ni par le défaut de protestation de l'accusé ni par le consentement du défenseur et du ministère public (Crim. cass. 9 nov. 1883, aff. Jean Rougeron, *Bull. crim.*, n° 247). — L'arrêt doit être motivé (Crim. cass. 12 janv. 1875, aff. Charles Mazé, D. P. 75. 1. 496).

Il a été jugé, dans cet ordre d'idées : 1° que l'accusé expulsé de l'audience en vertu de la loi du 9 sept. 1835 ne peut soutenir qu'il n'avait pas mis obstacle au libre cours de la justice, si le procès-verbal des débats et l'arrêt d'expulsion constatent que cette mesure a été nécessitée par les clameurs et les invectives que l'accusé a proférées, au mépris des observations réitérées du président, et de manière à interrompre le cours de la justice (Crim. rej. 25 août 1876, aff. Bonarme, *Bull. crim.*, n° 197); — 2° Que c'est à bon droit que la cour d'assises ordonne que l'accusé sera expulsé de l'audience, lorsque ce dernier met obstacle, par ses clameurs et ses menaces, au cours de la justice, alors d'ailleurs que cette expulsion est ordonnée sur les réquisitions du ministère public, l'accusé et son avocat ayant été entendus en leurs observations (Crim. rej. 10 févr. 1887, aff. Duval, *Bull. crim.*, n° 55).

1723. En cas d'expulsion de l'accusé, il n'est pas exigé, à peine de nullité, qu'il lui soit fait, avant la lecture du verdict et le prononcé de l'arrêt, une sommation de comparaître à l'audience; car il ne s'applique pas l'art. 8 de la loi de 1835 (Crim. rej. 29 janv. 1857, aff. Vergé, D. P. 57. 1. 74).

1724. Il n'est pas non plus exigé qu'il soit ramené à l'audience pour entendre la lecture de la déclaration du jury et le prononcé de l'arrêt (Même arrêt).

D'un autre côté, il n'est pas nécessaire qu'indépendamment de la lecture du procès-verbal des débats postérieurs à l'expulsion, qui doit être faite à l'accusé après l'audience, il lui en soit donné une première pendant la suspension d'audience résultant de la délibération du jury; il suffit d'une seule lecture à la fin de la séance (Même arrêt).

1725. Ajoutons que la procédure organisée par la loi de 1835 est inapplicable aux accusés évadés depuis l'ouverture des débats (Crim. cass. 19 janv. 1877, aff. Moutonnet et Gauthier, *Bull. crim.*, n° 17).

1726. Enfin, par application de la règle énoncée au *Rép.*,

n° 2213, que l'accusé doit toujours être présent aux débats, il a été jugé que toute décision rendue par une cour d'assises en l'absence de l'accusé, alors que cet accusé aurait pu avoir intérêt à être entendu, est nulle, nonobstant la présence de son défenseur. Ainsi, doit être annulé, comme violant le droit de la défense, l'arrêt d'une cour d'assises qui a statué, en l'absence de l'accusé, sur la demande du défenseur tendant à la remise d'une pièce au jury (Crim. cass. 22 mai 1857, aff. Legrand, D. P. 57. 1. 316; 1er mars 1889, aff. Salvat et Poudade, D. P. 89. 1. 391). En effet, la présence de l'accusé à toutes les phases du débat constitue, sauf les cas expressément déterminés par la loi, une formalité substantielle, et la présence du défenseur ne suffit pas pour rendre le débat contradictoire (Crim. cass. 26 juin 1885, aff. Aubert, *Bull. crim.*, n° 188).

1727. Le vœu de la loi est rempli lorsque, la cour d'assises se rendant sur les lieux où le crime a été commis, les accusés y sont conduits par une autre voie, si, à l'arrivée sur les lieux, il a été procédé immédiatement et publiquement aux investigations nécessaires, contradictoirement avec les accusés, en présence de leurs défenseurs et du jury, et si les accusés ont eu toute liberté de présenter des observations et ont toujours été entendus les derniers (Crim. rej. 23 juin 1892, aff. Martini, D. P. 93. 1. 367).

Art. 2. — *De l'examen et de ses premières formalités*
(*Rép.* n°s 2217 à 2238).

1728. Les questions que le président de la cour d'assises est tenu d'adresser à l'accusé, relativement à son état civil, avant l'ouverture des débats, doivent être strictement circonscrites dans les termes de la loi (Faustin Hélie, t. 7, n° 3456). A ce moment, en effet, le sujet de l'accusation n'est point encore connu, et les jurés n'ont pas encore prêté serment; il est donc essentiel que ces questions, qui ne constituent qu'une formalité préliminaire, aient pour objet unique la constatation de l'identité de l'accusé, et ne préjugent en aucun degré le procès qui va s'engager. Mais cet interrogatoire sommaire n'est soumis à aucune formule sacramentelle, et il peut comprendre toutes les questions servant à préciser l'individualité de l'accusé. Jugé, en ce sens, que le président de la cour d'assises peut, après avoir interrogé l'accusé sur son identité dans les termes textuels de l'art. 310 c. instr. crim., provoquer de sa part, d'autres réponses tendant elles-mêmes à la constatation complète de son individualité, si ces réponses sont sans portée et sans influence aucune sur le débat qui va s'ouvrir (Crim. rej. 10 févr. 1881, aff. Boudjemah-ben-Si-Mohamed, D. P. 82. 1. 45-46).

1729. Au sujet de la question d'identité, il a été jugé que l'accusé désigné dans l'arrêt de renvoi sous deux noms, dont le deuxième est précédé du mot *dit* (par exemple : Zappaterra *dit* Malvéry), ne saurait se faire un grief de ce que, malgré les conclusions prises par lui à l'effet d'être jugé sous ce dernier nom, en invoquant à cet égard une prétendue possession d'état, la cour d'assises, tout en réservant ses droits quant à la constatation de son état civil, a passé outre, aux débats, alors, d'ailleurs, que la question d'état ainsi soulevée n'était pas, dans l'espèce, une question préjudicielle (Crim. rej. 10 sept. 1885, aff. Zappaterra *dit* Malvéry, *Bull. crim.*, n° 253). — Il a même été jugé que les dispositions de l'art. 310 c. instr. crim. concernant la constatation de l'identité de l'accusé, ne sont pas prescrites à peine de nullité (Crim. rej. 31 mars 1892, aff. Martinet, *Bull. crim.*, n° 93).

1730. Il a été jugé, dans le sens des arrêts cités au *Rép.*, n° 2218, que, lorsqu'il y a plusieurs accusés, le président est seul juge de l'ordre dans lequel il convient qu'ils soient soumis aux débats, et n'est tenu, à cet égard, ni de se conformer aux indications de l'arrêt de mise en accusation, ni de prendre, en cas de réclamation d'un accusé, l'avis de la cour d'assises (Crim. rej. 1er sept. 1854, aff. Capdeville, D. P. 54. 5. 216).

1731. L'avertissement que le président doit, aux termes de l'art. 313 c. instr. crim., donner à l'accusé d'être attentif à la lecture de l'arrêt de renvoi et de l'acte d'accusation (*Rép.* n° 2222), ne constitue pas une formalité sub-

tantielle dont l'omission emporte nullité (Crim. rej. 20 févr. 1873, aff. Rambau, *Bull. crim.*, n° 56).

1732. En ce qui concerne la lecture de l'arrêt de renvoi et de l'acte d'accusation (*Rép.*, n° 226), la cour de cassation a jugé, conformément à sa jurisprudence antérieure : 1° que la disposition de l'art. 313 c. instr. crim., portant qu'il doit être donné lecture à l'audience de l'arrêt de renvoi et de l'acte d'accusation n'est pas prescrite à peine de nullité (Crim. rej. 10 déc. 1857, aff. Lemaire et autres, D. P. 58. 1. 95); — 2° Qu'en cas de perte du dossier, la lecture à l'audience de l'arrêt de renvoi et de l'acte d'accusation, qui d'ailleurs n'est pas prescrite à peine de nullité, peut être faite sur la copie notifiée à l'accusé et mise par lui, à cet effet, à la disposition de la cour (Crim. rej. 3 sept. 1868, aff. Chaton, D. P. 69. 1. 435); — 3° Que la lecture à l'audience de l'arrêt de renvoi n'est pas prescrite à peine de nullité; qu'en conséquence, l'accusé ne peut se faire de l'omission de cette lecture un moyen de cassation, alors qu'il ne l'a pas réclamée et que l'acte d'accusation lui par le greffier est terminé par la reproduction substantielle du dispositif de l'arrêt de renvoi (Crim. rej. 8 juin 1866, aff. Prinquet, D. P. 69. 5. 95). « Le véritable motif qui doit faire admettre cette solution, dit M. Faustin Hélie, t. 7, n° 3462, est que l'accusé a reçu la signification de l'arrêt de renvoi et de l'acte d'accusation; d'où il suit qu'à son égard la lecture de ces actes est surabondante. Ensuite l'allocution du président, prescrite par l'art. 314, et l'exposé du ministère public, prescrit par l'art. 315, peuvent suppléer complètement cette lecture, en formulant l'un et l'autre le sujet de l'accusation ».

A plus forte raison, il ne résulte aucune nullité de ce que le procès-verbal ne mentionne pas que le président a ordonné de lire l'arrêt de renvoi et de l'acte d'accusation, si d'ailleurs cette lecture a eu lieu (Crim. rej. 2 sept. 1870, aff. Béchard, *Bull. crim.*, n° 167).

1733. Il a été décidé de nouveau, dans le sens de l'arrêt (Crim. rej. 10 nov. 1849) cité au *Rép.*, n° 2223, que lorsqu'un procès a été renvoyé après cassation devant une autre cour d'assises, la loi n'exige pas que lecture de l'arrêt de cassation soit faite au jury (Crim. rej. 20 août 1875, aff. Jodon, *Bull. crim.*, n° 277).

1734. Conformément à la jurisprudence donnée au *Rép.*, n° 2226, il a été jugé que l'avertissement formulé en l'art. 314 c. instr. crim., que le président doit adresser à l'accusé après la lecture de l'acte d'accusation (*Rép.*, n° 2225), n'est pas prescrit à peine de nullité; qu'au surplus, cet avertissement est réputé avoir été donné lorsque le procès-verbal porte que le président s'est conformé à l'art. 314 c. instr. crim. (Crim. rej. 22 juin 1854, aff. Castel Dugenest, D. P. 54. 5. 204).

1735. Quant à l'exposé de l'accusation que doit faire le procureur général, aux termes de l'art. 315 c. instr. crim., la cour de cassation a toujours jugé (V. *Rép.*, n° 2227) que cet exposé n'est pas prescrit à peine de nullité, et que le ministère public peut s'en référer au contenu de l'acte d'accusation (*Adde*, dans le même sens : Crim. rej. 8 mars 1866, aff. Chavot, D. P. 66. 5. 112; 2 sept. 1870, aff. Béchard, *Bull. crim.*, n° 167).

1736. La cour de cassation a encore jugé, comme dans de précédents arrêts rapportés au *Rép.*, n° 2228, que le ministère public ne porte aucune atteinte au droit de la défense en donnant lecture, dans l'exposé de l'accusation, de certaines parties des interrogatoires subis par l'accusé au cours de l'instruction écrite, et en expliquant au jury le mécanisme d'états dressés par les experts appelés au débat (Crim. rej. 4 nov. 1876, aff. Bru, D. P. 78. 1. 43).

1737. Ainsi qu'on l'a dit au *Rép.*, n°s 2227 et 2228, cet exposé, réduit à ce qu'il doit être, est inutile dans la plupart des cas. De plus, il est dangereux, et même contraire à l'esprit de la loi et aux intérêts de la défense, si le ministère public, usant de la latitude que la jurisprudence lui accorde, se livre à des lectures ou à des discussions prématurées. Aussi tous les criminalistes sont-ils d'accord pour condamner la pratique de l'exposé, d'ailleurs généralement abandonnée (V. Garraud, n° 593 ; Villey, p. 379; Trébutien, t. 2, n° 591 ; Nouguier, t. 3, n° 1632; Faustin Hélie, t. 7, n° 3466). Du reste, nous estimons que la défense a le droit de répondre à l'exposé du procureur général. Tel est

aussi le sentiment de Nouguier et de Faustin Hélie (*loc. cit.*), qui approuvent, comme on l'a fait au *Rép.*, n° 2231, l'arrêt de rejet du 8 juin 1850, rendu en ce sens. Mais qu'en résulte-t-il, conclut ce dernier auteur. « Que la discussion, qui doit logiquement suivre le débat, le précède, ou plutôt qu'une double discussion se produit, avant l'audition des témoins et après cette audition; or cette marche, qui n'est que la déviation nécessaire du principe de l'exposé, n'est-elle pas directement contraire aux règles posées par les art. 315 et 335? »

1738. A propos de l'application de l'art. 319 c. instr. crim., qui prescrit au président de demander à l'accusé après chaque déposition s'il veut répondre à ce qui vient d'être dit (V. *Rép.*, n°s 2233 et suiv.), la cour de cassation décide toujours que les dispositions de cet article ne sont pas prescrites à peine de nullité (Crim. rej. 25 août 1887, *Bull. crim.*, n° 323 ; 6 janv. 1893, aff. Rambert et Ayachi, D. P. 93. 1. 102). Ce dernier arrêt décide, de plus, que l'article précité ne concerne pas les lectures de documents (Comp. Crim. rej. 28 avr. 1843, *Rép.* n° 2034).

1739. Régulièrement, il est certain que les témoins ne sont conduits dans la chambre qui leur est destinée (c. instr. crim. art. 316) qu'après la lecture de l'arrêt de renvoi et de l'acte d'accusation et qu'après l'exposé du procureur général. Ils assistent donc à cette lecture et à cet exposé, sans cependant que leur présence soit obligatoire (V. *Rép.* n° 2224). Certains codes étrangers consacrent, à cet égard, des règles toutes différentes ; ils renferment des dispositions spéciales en vue de soustraire le débat oral à l'influence du moindre préjugé. Aux termes de l'art. 244 c. proc. pén. autrichien, c'est seulement après que les témoins se sont retirés que le président fait procéder à la lecture de l'acte d'accusation, et, dans le cas où l'accusé a formé opposition à cet acte, la décision intervenue n'est lue qu'autant qu'elle écarte des chefs d'accusation. Ces dispositions se retrouvent dans le code spécial à la Bosnie et à l'Herzégovine (§ 260). De son côté, le code allemand dispose (art. 242-4°) que la lecture du décret qui a prescrit l'ouverture des débats et l'interrogatoire de l'accusé auront lieu en l'absence des témoins appelés à déposer dans l'affaire.

1740. Il est, d'ailleurs, de jurisprudence constante que la disposition de l'art. 316, aux termes de laquelle le président doit ordonner aux témoins de se retirer dans la chambre qui leur est destinée et de n'en sortir que pour déposer, n'est qu'une mesure de police non prescrite à peine de nullité (V. *infra*, v° Témoin). Il n'y aurait donc pas lieu à cassation, notamment, si un témoin était resté dans la salle des séances pendant l'interrogatoire de l'accusé (Crim. rej. 20 mars 1891, aff. Chervet et Bizouillier, D. P. 92. 1. 255; 3 juin 1893, aff. Brême, *Bull. crim.*, n° 149; 6 juill. 1893, aff. Veuve Jeanroch, *ibid.*, n° 185);… si, arrivé en retard, il avait séjourné un temps plus ou moins long dans la salle d'audience (Crim. rej. 18 août 1892, aff. Chatelard, *Bull. crim.*, n° 239).

Art. 3. — De l'interrogatoire de l'accusé
(*Rép.* n°s 2239 à 2262).

1741. Ainsi qu'on l'a vu, *supra*, n° 1295, la loi anglaise n'admet pas l'interrogatoire de l'accusé; si celui-ci plaide *non coupable*, l'accusation ne peut compter que sur les preuves qu'elle apporte. Partout ailleurs, l'interrogatoire est admis. Même, certains codes indiquent de quelle manière les magistrats doivent le faire subir. En Autriche (art. 245 c. proc. pén.), en Bosnie et en Herzégovine (§ 257, c. proc. pén.), si l'accusé déclare qu'il n'est pas coupable, le président doit l'avertir qu'il a le droit d'exposer, en réponse à l'accusation, l'ensemble de l'affaire et de formuler des observations sur chacune des preuves qui seront produites. Si l'accusé s'écarte de ses déclarations antérieures, il doit être interrogé sur les motifs qui ont pu déterminer ces divergences. Dans ce cas et dans celui où l'accusé refuse de répondre, le président peut faire donner lecture de tout ou partie du procès-verbal où sont consignées ses déclarations antérieures. Le président doit laisser l'accusé répondre librement aux questions qui lui sont adressées; toutefois, celui-ci ne peut se consulter avec son défenseur, après qu'une question lui a été posée, sur la réponse à faire. En Allemagne, l'interro-

gatoire est également prescrit par la loi; il y est procédé si l'accusé consent à s'y prêter. « L'interrogatoire, porte l'art. 136, devra fournir à l'inculpé l'occasion d'écarter les soupçons qui pèsent sur lui et de faire valoir les circonstances qui militent en sa faveur ».

1742. Notre code d'instruction criminelle vise bien, dans l'art. 319, l'interpellation que le président doit adresser à l'accusé après la déposition de chaque témoin et les éclaircissements qu'il peut toujours lui demander en vue de la manifestation de la vérité; il s'occupe aussi, en l'art. 327, de la faculté accordée au président d'examiner séparément les accusés sur quelques circonstances du procès; mais, selon la remarque qui en est faite au *Rép.*, n° 2240, il n'est question nulle part d'un interrogatoire général de l'accusé sur les faits de l'accusation. Seulement on ne comprendrait pas pourquoi l'interrogatoire, permis sur des points particuliers, serait interdit sur le tout. Aussi faut-il admettre, avec la généralité des auteurs, que l'interrogatoire d'ensemble auquel on procède dans la pratique dès le commencement des débats ne saurait être entaché d'illégalité. Sans doute, il n'a pas échappé à la critique; mais cette critique porte principalement sur la question d'utilité. M. Garraud (n° 594) émet l'avis que l'interrogatoire, « avec l'esprit qui anime la plupart de nos présidents d'assises, a plus d'inconvénients que d'avantages ». Au contraire, MM. Villey, p. 380; Nouguier, t. 3, n°ˢ 1693 et suiv.; Delpech, p. 78, et Faustin Hélie, t. 7, n° 3543, en sont partisans. Ce dernier auteur fait remarquer (*loc. cit.*) que, si l'interrogatoire est un dernier vestige de la procédure inquisitoriale, il n'en présente pas moins, à la fois, un moyen de défense et un moyen d'instruction. Enfin M. Delpech (*loc. cit.*), formule les recommandations suivantes : « Que le président, dit-il, se garde d'établir entre l'accusé et lui, un débat anticipé, une lutte d'arguments, une discussion de la cause qui, par une irrégulière intervention, précéderait ainsi les témoignages oraux qui doivent en fournir les principaux éléments. Le rôle du président, dans l'examen de l'accusé, n'est pas de le convaincre. S'il se fait d'avance l'organe de l'accusation, il risque de l'affaiblir, en oubliant les inspirations d'une haute impartialité ».

1743. Si légal, si utile qu'il soit, l'interrogatoire n'en est pas moins une mesure purement facultative (*Rép.*, n° 2240). Ainsi jugé, depuis la publication du *Répertoire* : 1° qu'aucune nullité ne résulte de ce que l'accusé n'a été interrogé ni au début, ni après chaque déposition; il suffit que le président se soit conformé aux art. 310, 314 et 335 c. instr. crim. (Crim. rej. 18 mars 1869, aff. Duhot, *Bull. crim.*, n° 67; 24 juill. 1890, aff. Ephraïm-ben-Hamou, *ibid.*, n° 159); — 2° Que le président n'est pas tenu de faire subir un interrogatoire à l'accusé avant d'entendre les témoins cités; et qu'il peut donner à cet interrogatoire la forme et l'étendue qui lui conviennent (Crim. rej. 24 août 1882, aff. Mivière, *Bull. crim.*, n° 210); — 3° Que, lorsqu'un accusé non atteint de surdité prétend souffrir d'une aphonie complète et se trouver dans l'impossibilité de répondre aux questions qui lui sont posées, il peut régulièrement être invité à écrire à la craie ses réponses sur un tableau mis à sa disposition; qu'il n'a aucun grief à faire valoir lorsqu'il a été ainsi procédé (Crim. rej. 22 avr. 1887, aff. Lemonnier, D. P. 87. 1. 506-507).

1744. D'autre part on a vu au *Rép.*, n° 2241, que l'accusé a le droit de ne pas répondre. Ce point est unanimement admis par la doctrine (Faustin Hélie, t. 7, n° 3543 ; Nouguier, t. 3, n° 1706 ; Garraud, n° 594). —

1745. Il y a lieu de rappeler aussi que l'accusé doit être interrogé publiquement (*Rép.*, n° 2244). Ainsi jugé que le président ne peut, sans violer la règle de la publicité des débats, interroger l'accusé, dans l'intervalle de deux séances, sur un fait relatif à l'accusation, et ordonner qu'un écrit saisi sur lui sera remis à des experts (Crim. rej. 2 oct. 1845, aff. Samson, D. P. 46. 4. 108, cité au *Rép.*, n° 2119). —

1746. Quant à l'ordre à suivre pour les interrogatoires et les dépositions, il est abandonné au pouvoir discrétionnaire du président. Jugé, en conséquence, qu'il n'y a rien d'irrégulier à ce que le président des assises ait procédé d'abord à l'audition d'un témoin, puis à l'interrogatoire des accusés, enfin à la reprise des dépositions (Crim. rej. 23 avr. 1863, aff. Regnault et autres, D. P. 68. 5. 110). Il a même

été jugé qu'il ne résulte aucune nullité de ce que l'accusé a été interrogé avant que les témoins aient reçu l'ordre de se retirer dans la chambre qui leur est assignée, la loi exigeant seulement que cette précaution soit prise aussitôt après la présentation de la liste des témoins par le ministère public et l'appel des noms de ceux-ci ; qu'au reste, les dispositions des art. 316 et 327 ne sont pas prescrites à peine de nullité (Crim. rej. 22 sept. 1864, aff. Ettlin et autres, D. P. 67. 5. 108).

Ajoutons que l'accusé a le droit de faire poser des questions à son coaccusé aussi bien qu'aux témoins (Crim. rej. 30 août 1866, aff. Laborderie, D. P. 66. 1. 462). — Toutefois l'accusé qui s'est dérobé par la fuite à l'exécution de l'arrêt qui le renvoyait devant la cour d'assises, simultanément avec un autre accusé, ne peut se faire un moyen de cassation contre la régularité des débats, de ce qu'il a été jugé séparément de son coaccusé (Crim. rej. 2 avr. 1853, aff. Paoli, D. P. 53. 5. 143).

1747. On a vu au *Rép.*, n° 2246, que le président est seul juge du point de savoir s'il convient de recourir à la mesure autorisée par l'art. 327, et consistant à interroger un ou plusieurs accusés hors de la présence des autres. Jugé, en ce sens, que le président n'est pas tenu de séparer les coaccusés lors des interrogatoires qu'il leur fait subir (Crim. rej. 4 août 1843, aff. Vey, *Bull. crim.* n° 196).

1748. D'autre part, l'obligation qui, aux termes du même article 327, prescrit au président de ne reprendre la suite des débats généraux qu'après avoir instruit chaque accusé de ce qui se sera fait en son absence, doit être observée à peine de nullité (*Rép.* n°ˢ 2249 et 2250). Décidé que, lorsque le président de la cour d'assises juge utile à la manifestation de la vérité de faire retirer de l'audience un des accusés, l'obligation de ne reprendre les débats qu'après avoir instruit cet accusé de ce qui s'est passé en son absence et de ce qui en résulté, contre lui ou en sa faveur des réponses de ses coaccusés, est substantielle et doit être observée à peine de nullité (Crim. cass. 16 janv. 1891, aff. Giacolletti, D. P. 92. 1. 108).

1749. Conformément à l'opinion exprimée au *Rép.*, n° 2247, et à la jurisprudence citée *ibid.*, n° 2248, il a été jugé « que la faculté accordée par l'art. 327 c. instr. crim. au magistrat président les assises de faire retirer un ou plusieurs accusés pendant ou après l'audition des témoins, n'est point limitative, le même article permettant d'examiner ces accusés séparément sur quelques circonstances du procès ; mais qu'en pareil cas le président doit se conformer à la disposition qui lui enjoint de rendre compte aux accusés, dès leur rentrée, de tout ce qui s'est passé en leur absence (Crim. rej. 16 nov. 1854, aff. Claireneau, D. P. 54. 5. 216).

1750. L'obligation de rendre compte à l'accusé de ce qui s'est passé en son absence étant substantielle du droit de défense (*Rép.*, n° 2250), l'accomplissement de cette obligation doit être constaté au procès-verbal des débats, à peine de nullité (*Rép.*, n° 2253). Aux arrêts rendus en ce sens et cités *ibid.*, *adde* : Crim. cass. 17 sept. 1829, aff. Massé, *Bull. crim.*, n° 221; 13 juill. 1893, aff. Virapin et autres, *ibid.*, n° 192.

1751. Le procès-verbal des débats peut aussi être utilement consulté à l'effet de constater s'il y avait ou non matière à compte-rendu. Lorsqu'en effet il résulte suffisamment du procès-verbal des débats de la cour d'assises ont été suspendus pendant qu'on emmenait l'accusé hors de la salle pour procéder à certaines constatations, celui-ci ne peut se faire grief devant la cour de cassation de n'avoir pas été instruit de ce qui s'est passé durant son absence. La preuve de la suspension et de la reprise de l'audience peut, à défaut de mention expresse, résulter implicitement des énonciations du procès-verbal (Crim. rej. 11 juin 1874, aff. Jean Giraud, *Bull. crim.*, n° 163).

1752. Du reste, aucun mode spécial de compte rendu n'est prescrit par l'art. 327 c. instr. crim. (*Rép.*, n°ˢ 2254 et 2255). Ainsi jugé, depuis la publication du *Répertoire* : 1° que cet article n'édicte pas dans quelle forme le compte rendu sera fait, et que la constatation qu'il a eu lieu suffit (Crim. rej. 16 mai 1863, aff. Epoux Verdet, *Bull. crim.*, n° 145); — 2° Que, lorsqu'un accusé a été écarté de l'audience pendant l'interrogatoire de son coaccusé, il suffit qu'après sa rentrée le président fasse connaître par les questions qu'il

lui adresse comme par celles posées de nouveau à ce coaccusé, ce qui s'est passé en son absence et ce que ce dernier a déclaré (Crim. rej. 23 avr. 1863, aff. Verdet, D. P. 68. 5. 110-111). Il a même été jugé, dans une espèce où le président avait procédé à un examen séparé en fin de débats, qu'il suffirait que chacun des accusés ait déclaré sur l'interpellation à lui faite avant la clôture des débats, qu'il n'avait plus rien à dire pour sa défense (Crim. rej. 8 janv. 1852, aff. Lacroix, *Bull. crim.*, n° 5).

1753. La loi ne détermine pas non plus l'instant où le compte rendu doit avoir lieu (*Rép.*, n° 2257). Jugé en conséquence : 1° que l'accusé éloigné momentanément de l'audience ne peut se plaindre de ce que le président ne lui a rendu compte de ce qui s'est passé en son absence qu'après l'avoir interrogé, pourvu que ce soit avant la reprise des débats (Crim. rej. 10 oct. 1844, aff. Roche, *Bull. crim.*, n° 386); — 2° Que la circonstance que le président des assises, après avoir fait retirer un accusé de l'audience pendant l'interrogatoire de son coaccusé, a prononcé la suspension des débats et leur remise au lendemain, sans que cet accusé eût été ramené à l'audience, n'emporte pas nullité, alors d'ailleurs qu'à l'audience du lendemain ce même accusé a été instruit de tout ce qui s'était passé en son absence (Crim. rej. 10 déc. 1857, aff. Lemaire et autres, D. P. 58. 1. 95); — 3° Que, lorsqu'un accusé a été éloigné momentanément de l'audience, le président est obligé de lui faire connaître ce qui s'est passé en son absence, avant la reprise de la suite des débats, c'est-à-dire avant que l'on reprenne ou commence l'audition des témoins, mais non avant l'interrogatoire de l'accusé (Crim. rej. 23 mars 1882, aff. Martinet et autres, *Bull. crim.*, n° 81 ; 30 mars 1882, aff. Jean Espédro, *ibid.*, n° 88).

SECT. 9. — PRÉSENTATION A L'ACCUSÉ ET AUX TÉMOINS DES PIÈCES A CONVICTION (*Rép.* n° 2263 à 2280).

1754. Il est de jurisprudence constante que, malgré les termes impératifs de l'art. 329 c. instr. crim., l'omission de représenter à l'accusé les pièces à conviction n'est pas une cause de nullité, surtout si aucune réclamation ne s'est produite. On ne saurait, en effet, prétendre dans ce cas qu'il a été porté atteinte aux droits de la défense (Aux arrêts cités en ce sens au *Rép.*, n° 2264 et suiv., *adde* : Crim. cass. 3 déc. 1852, aff. Ménétrier, D. P. 52. 5. 165 ; 30 mars 1854, aff. X..., D. P. 56. 5. 126 ; 28 sept. 1863, aff. Garrigues, *Bull. crim.*, n° 186 ; 2 janv. 1868, aff. Pourrailly, *ibid.*, n° 1 ; 2 juill. 1869, aff. d'Urm, *ibid.*, n° 167 ; 9 sept. 1869, aff. Delprat, *ibid.*, n° 208 ; Crim. cass. 23 nov. 1872, aff. Sabi, *ibid.*, n° 287 ; Crim. rej. 27 nov. 1873, aff. Roudepierre, *ibid.*, n° 288 ; Crim. cass. 13 oct. 1874, aff. Linas, *ibid.*, n° 272 ; 4 févr. 1875, aff. Laville, *ibid.*, n° 39 ; 8 juin 1877, aff. Toulza, *ibid.*, n° 133 ; 12 déc. 1878, aff. Prédal, *ibid.*, n° 238 ; 12 avr. 1883, aff. Adèle-Perrine Barreau, *ibid.*, n° 95 ; 14 juin 1883, aff. Giron, *ibid.*, n° 146 ; 10 déc. 1885, aff. Aubert, *ibid.*, n° 342 ; 23 déc. 1886, aff. Lafargue, *ibid.*, n° 432 ; 16 juin 1887, aff. Claveau, *ibid.*, n° 225 ; Crim. rej. 31 juill. 1890, aff. Charles, *ibid.*, n° 166 ; 20 mars 1891, aff. Chervet et Bizouillier, D. P. 92. 1. 255 ; 18 févr. 1892, aff. Besson, *Bull. crim.*, n° 47 ; 24 mars 1892, aff. Joubo, *ibid.*, n° 82 ; 6 mai 1892, aff. Grandvillier, *ibid.*, n° 127 ; 6 juill. 1893, aff. Duret, *ibid.*, n° 185).

Il ne pourrait y avoir lieu à nullité que si la représentation des pièces à conviction avait été demandée par l'accusé ou son défenseur, et s'il n'avait pas été fait droit à cette demande (Arrêts précités des 12 avril, 14 juin 1883 et 20 mars 1891). — De même, l'état défectueux dans lesquel ces pièces auraient été représentées ne peut entraîner nullité qu'autant que des conclusions ont été prises à cet égard avant la clôture des débats et que la cour d'assises a refusé ou négligé d'y faire droit (Crim. cass. 6 août 1891, aff. Baillet, D. P. 92. 1. 341).

1755. A plus forte raison l'absence, pendant une partie des débats, de quelques pièces à conviction ne saurait constituer une cause de nullité, quand, à la demande de l'accusé, les débats ont été suspendus pendant un jour, pour rechercher lesdites pièces, lesquelles d'ailleurs ont été retrouvées et apportées à l'audience (Crim. rej. 16 oct. 1850, aff. Dubosc, D. P. 50. 5. 101, cité au *Rép.*, n° 2094).

1756. Ainsi encore, dans une affaire de faux (jugée, dans l'espèce, sur renvoi après cassation), le président des assises a pu se dispenser d'ordonner l'apport de livres de l'accusé compris dans la procédure, et qui devaient pour ce motif être remis au jury avec les autres pièces, si l'accusé a déclaré renoncer à leur représentation et tenir pour exact le relevé joint au dossier en remplacement (Crim. rej. 10 oct. 1861, aff. Gianoli, D. P. 61. 1. 451).

1757. L'obligation d'interpeller l'accusé sur le point de savoir s'il reconnaît ou non les pièces à conviction qu'on lui représente n'est pas non plus prescrite à peine de nullité (*Rép.*, n° 2268). D'ailleurs, la représentation des pièces à conviction emporte présomption que l'accusé a été mis en demeure de répondre s'il les reconnaissait (Crim. cass. 23 nov. 1872, cité *suprà*, n° 1754).

1758. La représentation aux témoins des pièces à conviction étant, ainsi qu'il a été dit au *Rép.*, n° 2272, purement facultative, aucune nullité ne peut résulter de l'inaccomplissement de cette formalité, lorsque d'ailleurs l'accusé n'a pas soulevé de réclamation. Sur ce point encore, la jurisprudence n'a jamais varié. Aux arrêts indiqués *ibid.*, *adde* les suivants : Crim. cass. 1er mai 1852, aff. Tanchet, *Bull. crim.* n° 145 ; 3 déc. 1852, aff. Ménétrier, D. P. 52. 5. 165 ; 30 mars 1854, aff. X..., D. P. 56. 5. 126.

Mais il y aurait nullité si la représentation aux témoins et la reconnaissance avaient eu lieu avant la prestation de serment desdits témoins, car ces faits sont inséparables des dépositions mêmes (Crim. cass. 18 mars 1841, aff. Fourton, *Bull. crim.*, n° 71).

Jugé, d'ailleurs, que, si le procès-verbal des débats constate que les pièces à conviction ont été représentées à certains témoins, aux jurés et à l'accusé, il y a présomption que cette représentation a suffi aux exigences des débats, alors surtout que la défense n'a élevé aucune réclamation (Crim. rej. 23 avr. 1846, aff. Gay-Pavila, *Bull. crim.*, n° 99).

1759. La même solution est applicable à la non-représentation aux jurés des pièces à conviction (Crim. rej. 31 juill. 1862, aff. Lesage, D. P. 62. 1. 346 ; 1er oct. 1863, aff. Egron, D. P. 63. 5. 102 ; 21 févr. 1878, aff. Louchard, *Bull. crim.* n° 50). Ainsi la circonstance que les pièces de conviction n'auraient pas même été décachetées n'est pas une cause de nullité, lorsque l'accusé n'en a pas réclamé la représentation (Arrêt précité du 31 juill. 1862). De même, la circonstance que certaines des pièces à conviction sont restées sous leurs scellés particuliers, n'est pas une cause de nullité, si la représentation de ces pièces n'a pas été réclamée par l'accusation, et alors surtout qu'elles sont restées exposées aux regards (Crim. rej. 1er oct. 1863, aff. Egron, D. P. 63. 5. 102). Aucune nullité ne résulterait non plus de ce qu'une pièce à conviction (par exemple, une serpe) a servi à couper les liens attachant un autre objet avant d'être représentée une dernière fois aux jurés (Arrêt précité du 21 févr. 1878).

1760. On a expliqué au *Rép.*, n° 2273 et suiv., ce qu'il faut entendre par pièces à conviction : ce sont celles qui ont été saisies par la justice en vertu des art. 35 et suiv. c. instr. crim. (V. en ce sens : Nouguier, t. 3, n° 2516 ; Faustin Hélie, t. 7, n° 3546). D'où il suit que, la loi ayant laissé au juge d'instruction le choix des pièces de conviction, l'accusé n'est pas fondé à relever devant la cour de cassation le défaut de représentation d'un objet sur lequel il prétend que se seraient trouvés des indices de crime, si cet objet n'a pas été saisi (Crim. rej. 16 mars 1854, aff. Cœuret, D. P. 54. 5. 216).

1761. Mais, ainsi qu'il a été dit au *Rép.*, n° 2275, les pièces à conviction, en principe, n'ont de valeur qu'à la condition d'avoir été soumises aux formalités tutélaires édictées par les art. 35, 38 et 39 c. instr. crim. Toutefois il a été jugé, dans le sens de la jurisprudence inaugurée par l'arrêt du 25 mai 1839, rapporté *ibid.* : 1° qu'il n'y a cause de nullité dans le fait d'avoir procédé, hors de la présence de l'inculpé, à une perquisition dans son domicile et à une saisie d'objets représentés ensuite aux débats de la cour d'assises comme pièces à conviction, alors que cette représentation n'a provoqué aucune réclamation de la part de la défense (Crim. rej. 17 sept. 1840, aff. Pétetin, *Bull. crim.*, n° 273) ; — 2° Que l'omission des précautions prescrites pour la saisie des objets devant servir de pièces de conviction, n'autorise pas l'accusé

à demander que ces objets soient écartés des débats, alors surtout qu'il n'en conteste pas l'identité ; il peut seulement se prévaloir de cette omission pour contester la valeur judiciaire de la production desdites pièces (Crim. rej. 29 juin 1865, aff. Clerc, D. P. 65. 5. 101) ; — 3° Que le moyen de cassation tiré de ce que la caisse contenant les pièces à conviction a été apportée descellée à l'audience n'est pas fondé, lorsqu'il n'est pas allégué que cette négligence ait eu pour conséquence, soit de faire disparaître ou de dénaturer une quelconque des pièces contenues dans le scellé, soit de modifier les conditions de la défense (Crim. rej. 7 janv. 1892, aff. Veuve Chaillou et cons., Bull. crim., n° 1).

SECT. 10. — DES PIÈCES QUI DOIVENT OU PEUVENT ÊTRE LUES AUX DÉBATS (Rép. n°s 2281 à 2307).

1762. Comme il a été dit au Rép., n°s 2222 et suiv., 2281, et suprà, n°s 1732 et suiv., la loi ordonne la lecture de l'arrêt de renvoi et de l'acte d'accusation ; et c'est là une formalité obligatoire sans doute, mais non prescrite à peine de nullité. A plus forte raison, le président ne commet-il aucune irrégularité en ne faisant pas lire une ordonnance portant jonction de plusieurs affaires concernant le même accusé, puisque l'art. 307 c. instr. crim. ne parle même pas de la lecture de cette pièce (Crim. rej. 10 juill. 1851, aff. Lebobinnec, Bull. crim., n° 272).

1763. Mais la lecture de documents divers peut être utile au cours des débats ; aussi appartient-il, selon le cas, au président ou à la cour d'assises de l'ordonner. — Il a été jugé, à cet égard : 1° que l'art. 37 c. instr. crim. qui ordonne la saisie au domicile du prévenu des effets ou papiers pouvant servir à conviction ou à décharge, et l'art. 269 qui permet la lecture à l'audience de toute pièce de nature à répandre un jour utile sur un fait contesté, est généraux et applicables même aux lettres missives adressées par un fils à son père (Crim. rej. 27 mars 1833, aff. Charbonnel, Bull. crim., n° 116) ; — 2° Que le président des assises peut ordonner, en vertu de son pouvoir discrétionnaire, la communication au jury d'un plan des lieux du crime, dressé dans le cours de l'instruction, alors d'ailleurs que ce plan, qui faisait partie des pièces de la procédure, n'a pas été critiqué par l'accusé avant l'arrêt de renvoi (Crim. cass. 17 sept. 1857, aff. Maurin, D. P. 57. 1. 450) ; — 3° Que l'accusé ne peut se plaindre de ce que le président a permis de produire à l'audience des pièces (un plan des lieux et un état de punitions) qui n'étaient pas au dossier dont le défenseur a eu communication avant l'audience, si ces pièces n'ont été versées aux débats qu'après que celui-ci en a eu connaissance (Crim. rej. 23 déc. 1864, aff. Merlé, D. P. 65. 5. 100) ; — 4° Que le président a le droit d'ordonner la lecture d'une lettre tirée du dossier de la défense, lorsque l'accusé l'a spontanément placée sous les yeux de l'un des témoins, en l'interpellant de déclarer s'il en reconnaissait l'écriture (Crim. rej. 15 oct. 1847, aff. D'Ecquevilley, D. P. 47. 1. 338) ; — 5° Que l'accusé ne peut se prévaloir de ce qu'une pièce lue à l'audience par le ministère public n'aurait pas été jointe au dossier, malgré le prescrit d'un arrêt qui en ordonnait la jonction, si le dossier contient une copie certifiée de cette pièce, et surtout si ladite pièce ne pouvait nuire en rien à l'accusé (Crim. rej. 10 avr. 1873, aff. Aïssa-ben-Bakak, Bull. crim. n° 95). Jugé, d'ailleurs, qu'il n'est pas nécessaire qu'un plan des lieux qui a été joint à la procédure soit produit aux débats devant la cour d'assises : ce n'est pas là une pièce de conviction à laquelle l'art. 329 c. instr. crim. soit applicable, mais une pièce d'instruction dont il suffit que la remise soit faite aux jurés, en exécution de l'art. 341 même code (Crim. rej. 28 févr. 1857, aff. Hermel, D. P. 57. 1. 410).

1764. En ce qui concerne les dépositions de témoins, il convient d'ajouter aux arrêts cités au Rép., n°s 2294 et 2296, les arrêts suivants qui décident qu'il peut être donné lecture aux débats des dépositions écrites soit des témoins décédés ou absents (Crim. rej. 9 avr. 1818, aff. Couaix, Bull. crim., n° 50 ; 17 janv. 1889, aff. Monville, ibid., n° 15 ; 18 févr. 1892, aff. Besson, ibid., n° 47) ;... soit des témoins défaillants qui ne sont pas cités (Crim. rej. 3 juill. 1834, aff. Drouin-Lambert, Rép. v° Témoin, n° 668-2° ; 16 janv. 1836, aff. Bernuget, Bull. crim., n° 18 ; 26 avr. 1838, aff. Magnus,

ibid., n° 111) ;... soit de ceux qui, pour une raison ou pour une autre, ne peuvent être entendus à l'audience (Crim. 27 nov. 1890, aff. Malapert, Bull. crim., n° 236). Mais le défaut de lecture de dépositions de témoins non cités à l'audience ni par le ministère public, ni par la défense, n'est pas une cause de nullité, lorsque d'ailleurs il ne s'est pas produit de réclamation à ce sujet (Crim. rej. 24 déc. 1852, aff. Prugnard, D. P. 52. 5. 527 et Rép. v° Témoin, n° 662).

1765. S'agit-il de témoins présents à l'audience, il a été jugé, conformément à la doctrine exposée au Rép., n° 2298 : 1° qu'on peut produire aux débats, sans violer la loi, un procès-verbal dressé par le ministère public et constatant des explications fournies par un individu qui a été cité et entendu comme témoin (Crim. rej. 5 mars 1857, aff. Trézières, D. P. 57. 1. 178) ; — 2° Que la lecture des déclarations de témoins qui ont déposé à l'audience sous la foi du serment ne viole en rien le principe du débat oral (Crim. rej. 22 juill. 1871, aff. Deregard, Bull. crim., n° 69).

1766. Mais la lecture de la déposition écrite d'un témoin, faite, même en son absence de la salle d'audience avant qu'il ait été entendu, fût-ce à titre de simples renseignements, est une cause de nullité (Crim. cass. 12 déc. 1867, aff. Barrieu et Bascou, Bull. crim. n° 252) ;... quand même cette lecture n'aurait été que le résultat d'une erreur causée par une similitude de nom (Crim. cass. 24 mars 1892, aff. David et autres, Bull. crim. n° 84 ; 1er juill. 1892, aff. Mohamed ou Dahman, ibid., n° 199 ; Nouguier, t. 3, n° 2423 ; Faustin Hélie, t. 7, n° 2409).

Toutefois il a été jugé en sens contraire : 1° que le président de la cour d'assises a le droit d'ordonner, en vertu de son pouvoir discrétionnaire, la lecture des dépositions écrites de certains témoins présents à l'audience, même avant la déposition orale de ces témoins, alors surtout qu'aucune réclamation n'est élevée contre cette lecture par l'accusé (Crim. cass. 31 janv. 1857, aff. Femme Aubert, D. P. 57. 1. 63) ; — 2° Que, en l'absence de témoins cités devant la cour d'assises, le président a pu donner lecture de leurs dépositions écrites, au moment qui lui a paru le plus opportun, et que cette lecture n'a pu avoir aucune influence illégale sur leur déposition orale ; que cette lecture n'ôtait nullement la qualité de témoins aux individus cités, et que le président n'a pu se dispenser de les entendre oralement lorsqu'ils se sont présentés (Crim. rej. 28 févr. 1857, aff. Hermel, D. P. 57. 1. 410) ; — 3° Que le président de la cour d'assises peut donner lecture, au cours de l'interrogatoire de l'accusé, d'un rapport de police relatant la plainte, signé seulement de la part rédacteur et ne portant pas la mention qu'il en a été donné lecture au plaignant. Ce document ne saurait être considéré comme étant de nature à préparer la conviction des jurés avant l'audition du témoin auquel il s'applique (Crim. rej. 30 janv. 1890, aff. Jeantroux, n° 24). De plus, rien ne s'oppose, d'ailleurs, à ce que l'on donne lecture de dépositions appartenant soit à une procédure non encore close et étrangère à l'accusé (Crim. rej. 9 févr. 1855, aff. Bosviel, Bull. crim. n° 38) ;... soit à une procédure autre que celle qui fait l'objet des débats (Crim. rej. 18 févr. 1864, aff. Masson, Bull. crim., n° 43 ; 6 janv. 1893, aff. Rambert et Ayachi, D. P. 93. 1. 102).

1767. Mais il y aurait nullité si l'on donnait lecture aux jurés de la déclaration d'un témoin insérée au procès-verbal de débats antérieurs, annulés par la cour de cassation (Crim. cass. 10 juin 1841, aff. Barthon de Montbar, Rép. v° Témoin, n° 659).

1768. Quant aux rapports d'experts, il a été jugé, conformément à la jurisprudence citée au Rép., n° 2303, qu'il n'est pas nécessaire que les experts qui ont opéré dans l'information écrite soient entendus aux débats ; que le président peut se borner à faire lire, en vertu de son pouvoir discrétionnaire, les procès-verbaux dressés par eux pour la constatation du délit, et que c'est seulement dans le cas où les experts ont été cités que la lecture desdits procès-verbaux avant leur audition peut être relevée comme cause de nullité (Crim. rej. 23 janv. 1868, aff. Ferrudjia et Cassard, D. P. 68. 5. 112-113).

1769. Toutefois, si la lecture du rapport d'un expert, avant audition de sa déposition orale comme témoin, peut être une cause de nullité des débats, il n'en est point ainsi

lorsque, au cours de l'interrogatoire et pour mettre l'accusé en mesure de répondre aux charges qui s'élèvent contre lui, le président s'est borné à lui faire connaître à l'aide de ses notes les principales conclusions du rapport de l'expert (Crim. rej. 23 mars 1882, aff. Martinet, *Bull. crim.*, n° 81). De même, le principe d'après lequel le débat devant la cour d'assises doit être oral n'est pas violé lorsque le président donne lecture, avant la déposition d'un médecin légiste, en vertu de son pouvoir discrétionnaire, d'un procès-verbal de transport contenant une mention qui relate des renseignements fournis par ce médecin au juge d'instruction, si ces renseignements n'ont pas le caractère d'une déposition de témoin et s'ils ne relatent aucune circonstance essentielle de l'accusation (Crim. rej. 28 mars 1889, aff. Pamby, *Bull. crim.*, n° 132). Enfin lorsque le procès-verbal des débats constate qu'un rapport médical d'expert a été lu à une audience ultérieure à celle où les témoins ont été entendus, il en résulte la présomption légale que la lecture du rapport n'a eu lieu qu'après la déposition orale de l'expert comparaissant comme témoin (Crim. rej. 16 sept. 1875, aff. François Berger, *Bull. crim.*, n° 293).

Sect. 11. — Des interprètes (*Rép.* n°s 2308 à 2383).

Art. 1er. — *Dans quel cas et à quel moment un interprète doit être nommé* (*Rép.* n°s 2308 à 2333).

1770. En premier lieu, on doit, à peine de nullité, comme il a été dit au *Rép.*, n° 2308, nommer un interprète à tout accusé qui n'entend ou qui ne parle pas la langue française (Crim. cass. 10 oct. 1872, aff. Gréjault, D. P. 72. 1. 383; Crim. rej. 26 déc. 1872, aff. Vicentini et Morandi, D. P. 74. 5. 298; Crim. cass. 13 mars 1873, aff. Pescia, D. P. 74. 1. 184; 13 mai 1880, aff. Barberie, D. P. 82. 1. 91. Conf. Nouguier, t. 3, n° 1783 et Faustin Hélie, t. 7, n° 3434). Il importe, en effet, que l'accusé ait une pleine et entière connaissance de tout ce qui peut l'intéresser. C'est ce qu'exigent à la fois l'art. 332 c. instr. crim. et les intérêts de la défense. Mais l'ignorance de la langue française ne se présume pas, quelle que soit d'ailleurs la nationalité de l'accusé; il faut qu'elle soit constatée (*Rép.* n° 2310). Jugé, en ce sens, depuis la publication du *Répertoire*: 1° que l'accusé étranger ne peut se faire un moyen de cassation de ce qu'il a été jugé sans interprète, s'il n'en a réclamé ni dans l'instruction ni aux débats, alors, surtout, que ses réponses font supposer qu'il avait l'intelligence de la langue française (Crim. rej. 24 août 1854, aff. Oriols, D. P. 55. 1. 41); — 2° que lorsqu'il ne résulte ni d'une réclamation de l'accusé, ni du procès-verbal des débats, que celui-ci ne parle pas la langue française, l'y a présomption que le ministère d'un interprète n'a pas paru nécessaire (Crim. rej. 21 déc. 1854, aff. Wetzel, *Bull. crim.*, n° 350; 25 févr. 1875, aff. Garro, *ibid.*, n° 64; 1er juill. 1880, aff. Paxinta, *ibid.*, n° 136; 21 oct. 1886, aff. Fernandez, *ibid.*, n° 343); — 3° Que le président n'est pas tenu de nommer un interprète à l'accusé, lorsqu'il ne résulte ni des actes de la procédure ni du procès-verbal des débats que l'accusé ne parle pas la langue française, et à défaut de toute réclamation de sa part ou de celle de son défenseur (Crim. rej. 12 mai 1855, aff. Pianori, *Bull. crim.*, n° 164); — 4° Que la circonstance qu'un prévenu arabe n'a pas été pourvu d'interprète n'est pas une cause de nullité, alors qu'il ne s'est produit sur ce point, à l'audience, aucune réclamation de sa part ni de celle de son défenseur (Crim. rej. 11 mai 1876, aff. El-Hadj-el-Miloud-ben-Abderasag, D. P. 77. 1. 462); — 5° Qu'il y a présomption que l'assistance d'un interprète n'était pas nécessaire lorsque, dans l'instruction, dans l'interrogatoire préalable et durant les débats, l'accusé a répondu à toutes les questions qui lui ont été posées sans jamais alléguer son ignorance totale ou partielle de la langue française, et lorsque le défenseur n'a pas réclamé la nomination d'un interprète (Crim. rej. 3 janv. 1874, aff. Ahmed-Sghrir, *Bull. crim.*, n° 7; 12 août 1880, aff. Lovand-Frémond, *ibid.*, n° 161); — 6° Qu'un condamné ne peut utilement tirer un moyen de cassation de sa prétendue ignorance de la langue française, si, après avoir pris part aux débats sans réclamation, il n'a soulevé cette difficulté qu'après le verdict du jury (Crim. rej. 22 févr. 1872, aff. Giovanonni,

Bull. crim., n° 43); — 7° Qu'il y a présomption que l'accusé connaissait la langue française, si, sans réclamation de sa part, l'interprète nommé avant les débats ne l'a pas assisté à l'audience; et que, par suite, ce fait n'entraîne pas nullité (Crim. rej. 21 juin 1872, aff. Toledano, *Bull. crim.*, n° 147); — 8° Que l'accusé qui n'a élevé aucune réclamation contre l'audition d'un témoin étranger entendu sans l'assistance d'un interprète, n'est pas fondé à s'en faire un moyen de cassation; il y a présomption qu'il a considéré la nomination d'un interprète comme inutile et qu'il a suffisamment compris les déclarations du témoin (Crim. rej. 1er juill. 1880, aff. Couderc, *Bull. crim.*, n° 234); — 9° Que le fait que quelques-uns des témoins ont fait leur déposition en patois, et que l'appariteur présent à l'audience a donné quelques explications à la suite de ces dépositions, en traduisant en patois en français et du français en patois, ne prouve pas nécessairement que le concours d'un interprète ait été nécessaire, lorsqu'il est constaté par un arrêt de donné acte que tous les assistants aux débats comprenaient le patois, et que d'ailleurs l'accusé n'a élevé aucune réclamation (Crim. rej. 20 juin 1884, aff. Delmond, *Bull. crim.*, n° 201; 14 janv. 1886, aff. Antoinette Arnaud, *ibid.*, n° 15).

A plus forte raison, la nomination d'un interprète n'est-elle pas nécessaire lorsqu'il est constant que l'accusé entend et parle la langue française (Crim. rej. 12 août 1880, aff. Frémond, *Bull. crim.*, n° 164; 15 sept. 1892, aff. Stingl, *ibid.*, n° 249). Jugé de même : 1° que le moyen tiré du défaut de traduction des questions posées par le président des assises et de la déclaration du jury n'est pas fondé, lorsque la cour, répondant aux conclusions de la défense, a constaté que l'accusé avait répondu en langue française pendant toute la durée de l'information écrite et devant la cour jusqu'au moment où il a demandé la nomination d'un interprète (Crim. rej. 8 sept. 1887, aff. Guillaumet, *Bull. crim.*, n° 336); — 2° Que l'étranger qui a été entendu par le juge d'instruction sans le secours d'un interprète ne peut se faire de cette circonstance un moyen de cassation, lorsqu'il a écrit au juge d'instruction qu'il comprenait les questions qui lui étaient posées en langue française, et que par suite l'assistance d'un interprète lui était inutile (Crim. rej. 24 févr. 1883, aff. Pivert et Holden, D. P. 84. 1. 92).

1771. En second lieu, les art. 332 et 333 n'étant pas limitatifs, *Rép.* n° 2320, on doit encore recourir au ministère d'un interprète toutes les fois qu'une cause quelconque empêche les accusés ou les témoins soit de comprendre, soit de se faire comprendre (V. Faustin Hélie, t. 7, n° 3436 ; Nouguier, t. 3, n° 1786). La cour de cassation, fidèle à l'esprit de la jurisprudence antérieure rapportée *loc. cit.*, a même jugé que, lorsqu'il est constaté qu'un témoin est inintelligible pour les personnes qui ne conversent pas habituellement avec lui, le président décide, avec raison, que ce témoin aura pour interprète la personne qui a le plus d'habitude de converser avec lui (Crim. rej. 22 nov. 1855, aff. Lordet, D. P. 56. 5. 257; 16 déc. 1859, aff. Rolin, D. P. 59. 5. 230 ; 5 avr. 1861, aff. Bonnard, D. P. 61. 1. 237). « La nomination de cette personne pour interprète, porte ce dernier arrêt, est une mesure commandée par la nécessité » ; aussi n'y a-t-il pas à tenir compte des exclusions prononcées pour les cas ordinaires par l'art. 332 (Mêmes arrêts des 16 déc. 1859 et 5 avr. 1861). — Il a été jugé, d'autre part, que la présence de deux interprètes dans un procès criminel, l'un pour la langue arabe, seule parlée par l'accusé, l'autre pour la langue italienne, qui était celle d'un témoin, n'est pas une cause de nullité; on doit présumer, d'ailleurs, qu'elle a été rendue nécessaire par l'impossibilité de se procurer un interprète qui connût à la fois ces deux langues et la langue française (Crim. rej. 17 janv. 1889, aff. Mohamed-ben-Embareck-Bouktaïa, *Bull. crim.*, n° 17).

1772. Les interprètes, en principe, sont nommés par le président seul (*Rép.* n° 2322). Jugé, à cet égard, que la mention au procès-verbal des débats que « le président a invité le sieur N..., à prêter, en qualité d'interprète dans l'affaire, le serment prescrit par l'art. 332 c. instr. crim. », établit suffisamment que cet interprète a été nommé d'office pour le procès par le président, alors même que dans l'indication de sa profession il serait qualifié d'interprète

(Crim. rej. 18 mai 1860, aff. Soupanakin, D. P. 61. 5. 273).
— Il n'y aurait pas nullité si le procès-verbal des débats
mentionnait par erreur que la nomination a été faite en
vertu du pouvoir discrétionnaire du président, alors qu'elle
procède en réalité d'une attribution légale (Crim. rej.
10 août 1876, aff. Recoursé, *Bull. crim.*, n° 186). Mais
comme la nomination des interprètes n'est pas une mesure
qui rentre dans la catégorie des actes que le président doit
faire seul en vertu de son pouvoir discrétionnaire, ce magistrat peut faire procéder à cette nomination par la cour,
sans que l'accusé soit fondé à s'en plaindre ; et, si aucun
incident contentieux n'a été soulevé à cet égard, l'audition du ministère public n'est pas nécessaire (Crim. rej.
2 janv. 1890, aff. Saoud-ben-Soussan, *Bull. crim.*, n° 3).

En cas d'incident contentieux, sur le point de savoir s'il
y a lieu ou non de recourir au concours d'un interprète,
la cour d'assises aurait à vider l'incident, et elle pourrait
même alors procéder à la nomination (V. Nouguier, t. 3,
n° 1801 ; Faustin Hélie, t. 7, n° 3437).

1773. Du reste, la nomination des interprètes n'est
soumise à aucune forme déterminée ; le seul fait de la
prestation de serment entre les mains du président implique
la régularité de la nomination (Crim. rej. 18 févr. 1870, aff.
Cardinal, *Bull. crim.*, n° 46). — Quant au moment où l'interprète doit être nommé (*Rép.*, n°ˢ 2324 et suiv.), la cour
de cassation continue à décider que c'est lors de la formation du jury de jugement, à peine de nullité (Crim. cass.
17 janv. 1856, aff. John Sullivan, D. P. 56. 1. 142 ; 10 oct.
1872, aff. Gréjault, D. P. 72. 1. 383 ; 26 déc. 1872, aff.
Vicentini et Morandi, D. P. 74. 1. 297 ; 13 mars 1873, aff.
Pescia, D. P. 74. 1. 184). Et la circonstance que des
récusations auraient été faites au nom de l'accusé n'implique pas que cette assistance était inutile, si rien n'établit
qu'elles aient été concertées entre lui et son défenseur (Arrêt
précité du 10 oct. 1872). Mais il n'y aurait pas nullité si, la
nomination n'ayant eu lieu que lors de l'ouverture des débats, il était démontré que l'exercice du droit de récusation
n'avait en rien souffert de ce retard (Crim. rej. 10 oct.
1845, aff. Cercos, *Bull. crim.*, n° 331 ; 19 juin 1879, aff. Taïeb-
ben-El-Hadj-Srir, *Bull. crim.*, n° 123).

1774. De même, quand la nomination de l'interprète
n'est pas exigée par l'intérêt de l'accusé, si elle ne constitue
qu'une mesure d'instruction destinée à faciliter les débats,
elle peut, sans irrégularité, se produire après la formation
du jury. Jugé en ce sens : 1° que la nomination d'un interprète à un accusé parlant difficilement le français et s'exprimant habituellement en allemand, ne doit être considérée
que comme une mesure destinée à rendre plus rapide les
communications de l'audience et non comme une mesure
nécessaire, dont l'omission pendant une partie des débats
fût susceptible de constituer une nullité ; que, par suite, la
circonstance que l'accusé n'a été pourvu d'un interprète
qu'après le moment où il a été appelé à exercer son droit de
récusation, ne peut donner ouverture à cassation, alors qu'il est
constaté que l'accusé a répondu sans l'assistance d'un interprète à une partie des questions à lui adressées dans l'instruction (Crim. rej. 16 févr. 1860, aff. Wentzell, D. P. 60. 5.
207) ; — 2° Que l'accusé auquel le président des assises a
nommé un interprète au cours des débats, à cause de la difficulté qu'il éprouvait à s'exprimer et à se faire comprendre,
ne peut se prévaloir de cette circonstance pour arguer de
nullité l'opération du tirage du jury comme ayant eu lieu
sans qu'il fût assisté d'un interprète (Crim. rej. 8 août 1878,
aff. Courtade, D. P. 79. 8. 41).

1775. Enfin, le procès-verbal des débats doit constater
la nomination de l'interprète (*Rép.* n° 2331). Jugé, à cet
égard, que lorsqu'un premier procès-verbal a constaté que,
au jour indiqué pour l'ouverture des débats, un interprète a
été désigné à l'accusé pour l'assister, et que, cet interprète
ayant été récusé par l'accusé, un autre interprète a été
nommé par la cour et a immédiatement prêté serment, la
mention, insérée au procès-verbal d'appel et de tirage au
sort des jurés dressé le même jour, que cette opération a
eu lieu en présence de l'accusé assisté de son conseil et
d'un interprète, ne peut être considérée que comme se
rapportant à celui des deux interprètes définitivement
nommé (Crim. rej. 13 nov. 1862, aff. Deviva, D. P. 71.
5. 223).

Art. 2. — *Qui peut être nommé interprète : récusation*
(*Rép.* n°ˢ 2334 à 2344).

1776. — I. Age. — On a vu au *Rép.*, n° 2334, qu'il
n'est pas nécessaire que l'âge de l'interprète soit énoncé
dans le procès-verbal des débats, s'il est constaté qu'il a
plus de vingt et un ans (V. conf. Crim. rej. 4 nov. 1882, aff.
Lafontaine, *Bull. crim.*, n° 237).

1777. — II. Aptitude. — Il a été jugé, depuis la publication du *Répertoire* : 1° qu'il n'est pas indispensable que
l'interprète nommé à l'accusé ou prévenu qui n'entend
pas la langue française, parle la propre langue de celui-ci ;
il suffit qu'il parle une langue comprise par lui (Crim. rej.
8 oct. 1868, aff. Bentzen, D. P. 69. 5. 252) ; — 2° Que l'obligation de tenir les témoins hors de l'audience jusqu'au moment de leur déposition ne s'applique pas aux interprètes,
lesquels peuvent, sans irrégularité, assister à la partie des
débats qui précède l'accomplissement de leur mission
(Crim. rej. 3 août 1854, aff. Bonnet, D. P. 54. 5. 208).

1778. — III. Incompatibilités (*Rép.*, n°ˢ 2337 et suiv.).
— 1° *Président.* — Le président des assises peut traduire
lui-même, à un accusé qui déclare ne pas comprendre la
langue française, les réponses faites en cette langue par
un coaccusé dans son interrogatoire ; en pareil cas, il y a
nécessité de nommer un interprète (Crim. cass. 4 mars
1870, aff. Limpérani, D. P. 70. 1. 316). C'est l'application
littérale de l'art. 332 c. instr. crim., qui défend de cumuler
les fonctions de juge et d'interprète.

1779. — 2° *Juré.* — Un juré ne peut être considéré
comme ayant irrégulièrement rempli les fonctions d'interprète, par cela seul qu'ayant, après audition d'un témoin,
répété ce qu'il venait d'entendre, il aurait demandé si
c'était bien là ce que le témoin avait dit, à quoi celui-ci,
interpellé par le président, aurait répondu : « C'est bien
cela » (Crim. rej. 29 juin 1871, aff. Pertazé, D. P. 71. 5. 223).

1780. — 3° *Témoin.* — Un témoin ne peut, après avoir
été entendu à l'audience, figurer aux débats en qualité
d'interprète (Crim. cass. 30 déc. 1853, aff. Marie, *Bull.
crim.*, n° 608). M. Nouguier (t. 3, n° 1815) estime que les
témoins de l'information ne peuvent pas plus être interprètes que ceux de l'audience. Un arrêt (Crim. rej. 17 sept.
1863, aff. Verragou, *Bull. crim.*, n° 247), rendu dans une
espèce où un témoin entendu dans l'information avait été
choisi comme interprète, non seulement au cours de cette
information, mais pour le tirage du jury à une session où l'affaire n'avait pas été jugée, ne contredit en rien
cette doctrine. C'est qu'en effet, porte cet arrêt, la remise
d'une affaire d'une session à une autre « doit faire considérer comme non avenu et anéanti » ce qui a eu lieu à la
première session.

1781. L'incompatibilité s'étend aux personnes appelées
en vertu du pouvoir discrétionnaire du président et entendues à titre de simple renseignement (Crim. cass. 1er mai
1891, aff. Sicuambar, D. P. 92. 1. 254).

Mais il convient d'ajouter que la citation en qualité de témoin n'imprime pas nécessairement cette qualité aux personnes qui sont étrangères à l'affaire et qui n'ont rien à dire
pour ou contre l'accusé (V. Nouguier, t. 3, n° 1814). Jugé
en ce sens : 1° que l'interprète ne peut être réputé avoir
été pris parmi les témoins, bien que son nom ait été porté
sur la liste de ceux-ci, s'il est suivi de la qualité d'inter-
prète-traducteur, et bien que l'exploit d'assignation (une
formule imprimée, dans l'espèce) indique inexactement
qu'il a été cité pour faire sa déposition dans les formes prescrites, s'il s'y trouve ajouté que c'est en qualité d'interprète ; ... alors d'ailleurs qu'au début de l'audience, après
l'envoi des témoins dans leurs chambres respectives, le
président a annoncé à l'individu cité dans les termes dont
il s'agit, la mission d'interprète qui lui était confiée, et lui a
fait prêter serment en cette qualité, sans aucune objection
de l'accusé ou de son défenseur, et alors, en outre, qu'il
est constant que cet individu n'a été entendu comme témoin ni dans l'instruction, ni devant la cour d'assises (Crim.
rej. 13 janv. 1869, aff. Troppmann, D. P. 70. 1. 89) ; —
2° Qu'il n'y a pas lieu à cassation par le motif qu'un interprète aurait été pris parmi les témoins de l'affaire, lorsque
la personne qui a servi d'interprète devant la cour d'assises a été par erreur citée par un exploit de citation à té-

moin et portée sur la liste des témoins signifiée à l'accusé, pourvu que cette personne n'ait été en réalité produite aux débats qu'en qualité d'interprète (Crim. rej. 7 févr. 1894, aff. Carmine del Greco, *Bull. crim.*, n° 29).

1782. — *4° Greffier.* — L'art. 332 c. instr. crim., n'interdisant les fonctions d'interprète qu'aux témoins, aux juges et aux jurés, l'incompatibilité ne saurait être étendue au greffier (Crim. rej. 10 août 1876, aff. Recoursé. *Bull. crim.* n° 186, Conf. Faustin Hélie, t. 7, n° 3442. — *Contrà*, Nouguier, t. 3, n° 1817).

1783. Quant au droit de récusation, Nouguier (t. 3, n° 1806) et Faustin Hélie (t. 7, n° 3444) partagent l'opinion exprimée au *Rép.*, n° 2344 : la loi étant muette sur les causes de récusation, il appartient à la cour d'apprécier sonverainement les motifs invoqués devant elle.

1784. La partie civile peut-elle, comme le ministère public et l'accusé, récuser l'interprète? M. Faustin Hélie (*loc. cit.*) se prononce pour la négative, par argument *à contrario* tiré du texte de l'art. 332 c. instr. crim., qui ne parle point de la partie civile. M. Nouguier (*loc. cit.*, n° 1807) résiste à cette interprétation, parce qu'il ne voit pas de raison suffisante pour motiver une telle exclusion.

Art. 3. — *Serment de l'interprète* (*Rép.* n°s 2345 à 2361).

1785. Il a été jugé, depuis la publication du *Répertoire*, au sujet de la nécessité du serment, que, lorsque la traduction en arabe de la formule française du serment a été lue à un témoin en Algérie, non par le président ou l'un des membres de la cour d'assises, mais par un assesseur musulman, qui, aux termes mêmes du procès-verbal, ne faisait pas partie de la composition de la cour, il y a nullité, si l'accomplissement de cet acte, qui rentre dans les fonctions d'interprète, n'a pas été précédé du serment exigé des interprètes par l'art. 332 c. instr. crim. (Crim. cass. 4 juin 1863, aff. Aïssa et Hadj, D. P. 67. 5. 246).

1786. Le serment n'est obligatoire qu'autant que la personne employée remplit réellement les fonctions d'interprète. Jugé, en ce sens : 1° que l'interprète, présent à l'audience, que le président charge de répéter telles quelles, à un accusé qui entend difficilement, les questions à lui adressées et les déclarations des témoins, ne fait pas office d'interprète, et n'est pas tenue, dès lors, de prêter le serment spécifié en l'art. 332 c. instr. crim. (Crim. rej. 19 juin 1862, aff. Pillot, D. P. 62. 1. 394); — 2° Que le fait, par l'huissier de service, d'avoir expliqué au président des assises (qui seul parmi les assesseurs, les jurés, le greffier, les défenseurs et les accusés, ne comprenait pas très bien le patois du pays) quelques-unes des réponses faites dans cet idiome par un accusé avec une grande volubilité, ne constitue pas l'accomplissement des fonctions d'interprète, et ne peut être considéré comme entachant de nullité les débats pour cause de défaut de prestation préalable du serment prescrit par l'art. 332 c. instr. crim., alors surtout que ces explications ont été très courtes et très simples, et que la cour d'assises déclare, en fait, que l'huissier n'a pas rempli le rôle d'interprète (Crim. rej. 29 déc. 1871, aff. Ondet, D. P. 74. 1. 367); — 3° Que l'intervention de l'huissier de service qui, accidentellement, a transmis à l'accusé, en patois, une seule question du président posée dans le même patois, ne suffit pas pour faire admettre que l'huissier a rempli l'office d'un interprète et devait prêter serment (Crim. rej. 17 oct. 1889, aff. Oulié, *Bull. crim.*, n° 309).

1787. Le seul serment que doive prêter l'interprète est celui qui est prescrit par l'art. 332 c. instr. crim.; il n'est pas nécessaire qu'il prête en outre un second serment dans la forme indiquée par l'art. 317 du même code, lequel n'est relatif qu'au serment des témoins (Crim. rej. 4 nov. 1882, aff. Lafontaine, *Bull. crim.*, n° 237). Ainsi l'expert, déjà entendu comme témoin et ensuite chargé à l'audience de traduire en français quelques mots imprimés en langue étrangère, doit prêter le serment d'interprète, et non le serment d'expert ni celui des témoins, avant de procéder à cette traduction (Crim. rej. 10 sept. 1885, aff. Guinet, *Bull. crim.*, n° 253).

1788. Or, on s'est demandé si les termes dont se sert l'art. 332 c. instr. crim., sont ou non sacramentels. MM.

Faustin Hélie (t. 7, n° 3445) et Nouguier (t. 3, n° 1842) se prononcent pour l'affirmative; mais la cour de cassation a toujours décidé (*Rép.* n° 2347) qu'aucun article de loi n'interdit, à peine de nullité, l'emploi d'expressions équivalentes.

1789. Le serment prêté au commencement d'une affaire est valable pour toutes les opérations de cette même affaire, sans qu'il soit nécessaire de le renouveler (*Rép.* n°s 2352, 2353 et 2359. V. Faustin Hélie, t. 7, n° 3445 et Nouguier, t. 3, n° 1841). — Jugé en ce sens, depuis la publication du *Répertoire* : 1° que l'interprète qui est intervenu dans les opérations du tirage au sort du jury de jugement après avoir prêté le serment, n'est pas tenu de réitérer ce serment pour continuer son ministère au cours des débats, alors surtout que l'ouverture des débats a succédé sans intervalle à la formation du jury (Crim. rej. 15 oct. 1874, aff. Rueda, D. P. 75. 5. 396-397; 7 mai 1875, aff. Bodéré, *Bull. crim.*, n° 147 ; 31 janv. 1878, aff. Ant. Mollia, *ibid.*, n° 29); — 2° Que le serment prêté à l'origine des débats conserve sa force jusqu'à la fin de ces débats sans qu'il soit besoin de le répéter à chaque vacation (Crim. rej. 11 mai 1876, aff. El-Hadj-el-Miloud, D. P. 77. 1. 462). Si cependant la cour annule les débats et ordonne qu'ils seront recommencés, le serment de l'interprète se trouve lui-même annulé et doit être prêté de nouveau (Crim. cass. 30 janv. 1885, aff. Van Quyên, *Bull. crim.*, n° 42).

1790. Le procès-verbal des débats doit mentionner le fait de la prestation de serment (*Rép.* n° 2360). Cependant il a été jugé que le défaut de mention peut être suppléé par des pièces indiquant que l'interprète est non seulement assermenté près les tribunaux, mais qu'il a encore renouvelé le serment prescrit par la loi (en Algérie) lors du tirage au sort des assesseurs (Crim. rej. 5 août 1847, aff. Alzine, *Bull. crim.*, n° 173). — Jugé, dans le même sens, que si le procès-verbal du tirage constate que l'interprète a prêté serment et qu'il résulte, en outre, du procès-verbal des débats que le même interprète n'a cessé d'y assister, le procès-verbal de l'audience n'avait plus à mentionner une formalité déjà régulièrement constatée (Crim. rej. 7 mai 1875, cité *suprà*, n° 1789).

D'ailleurs, la prestation de serment de l'interprète est suffisamment constatée dans le procès-verbal d'interrogatoire par la mention suivante : le président a interrogé l'accusé par l'intermédiaire de X... « pris comme interprète assermenté pour la langue arabe » (Crim. rej. 22 déc. 1876, aff. Ali-ben-Mohamed, *Bull. crim.*, n° 263)

1791. La loi n'ayant établi qu'une seule formule pour la prestation de serment des interprètes, il s'ensuit que, lorsque le procès-verbal des débats d'une cour d'assises constate que l'interprète a prêté serment, il y a présomption que le serment prêté est celui prescrit (Crim. rej. 16 août 1872, aff. Safiani et autres, D. P. 72. 5. 406; 22 déc. 1876, cité *suprà*, n° 1790; 31 mai 1877, aff. Moussa-ben-Rouda, *Bull. crim.*, n° 130). A plus forte raison, est suffisante et régulière la mention insérée au procès-verbal que l'interprète a prêté « le serment prescrit par la loi » (Crim. rej. 8 déc. 1865, aff. Paccini, D. P. 66. 1. 143).

1792. L'assistance de l'interprète, lorsqu'elle est nécessaire, doit être établie par le procès-verbal des débats. Ainsi il a été jugé : 1° que l'assistance d'un interprète, lorsqu'elle a été reconnue nécessaire dès l'interrogatoire subi par l'accusé devant le président des assises, ou au moment du tirage au sort des jurés, doit être constatée à toutes les périodes du débat, à peine de nullité (Crim. rej. 6 juin 1878, aff. Sellamontou, D. P. 79. 1. 486 ; 11 août 1881, aff. Lâmquan-Thants, D. P. 82. 1. 328); — 2° Que, spécialement, lorsque les débats ont duré plusieurs jours, l'intervention de l'interprète doit être signalée par le procès-verbal, d'une manière expresse, à toutes les audiences (Arrêt précité du 6 juin 1878 ; Crim. cass. 3 juill. 1884, aff. Ahmed-ben-Silman, *Bull. crim.*, n° 223 ; 20 janv. 1887, aff. Amar-ben-Ali-M'barek, *ibid.*, n° 17); — 3° Que le défaut d'assistance d'un interprète au cours du débat devant le jury est une cause de nullité, lorsqu'il est constaté formellement que l'accusé ne parlait pas la langue française ; et que cette nullité est encourue, alors même que le procès-verbal du tirage du jury mentionne la nomination d'un interprète par le président, si le procès-verbal des débats ne constate point que cet interprète ait assisté à la séance

et fourni son ministère (Crim. cass. 13 mai 1880, aff. Barberis, D. P. 82. 1. 91).

Cependant il a été décidé : 1° que si l'affaire a occupé plusieurs séances, il n'est pas nécessaire que le procès-verbal constate la présence de l'interprète à chacune d'elles, le silence de la défense établissant une présomption suffisante en faveur de la présence de l'interprète (Crim. rej. 4 févr. 1819, aff. Mittelbrane, *Bull. crim.*, n° 14) ; — 2° Que si l'affaire n'a duré qu'une seule séance, la constatation de la présence de l'interprète à l'ouverture de l'audience s'étend à la séance entière, bien qu'elle ait été suspendue pendant deux heures (Crim. rej. 24 juill. 1845, aff. Burres, *Bull. crim.*, n° 240).

Art. 4. — *Exercice des fonctions d'interprète* (Rép. n° 2362 à 2375).

1793. Il suffit, d'ailleurs, comme on l'a dit au *Rép.*, n° 2362, que le procès-verbal des débats mentionne la nomination et la prestation de serment de l'interprète; il n'est pas nécessaire qu'il s'explique sur l'accomplissement de sa mission. Aussi a-t-il été jugé maintes fois, d'une manière générale, que l'interprète régulièrement nommé, et qui a prêté serment, est présumé avoir rempli les devoirs de son ministère toutes les fois que son intervention a été nécessaire (*Rép., ibid.*).

Décidé, en conséquence : 1° que, lorsque le procès-verbal constate que l'interprète s'est placé à côté de l'accusé, il y a présomption légale, en l'absence de toute réclamation et bien qu'il n'y ait pas de mention expresse à cet égard, qu'il a prêté son ministère toutes les fois qu'il a été nécessaire (Crim. rej. 27 janv. 1876, aff. Grossi, *Bull. crim.*, n° 29) ; — 2° Que le moyen dans lequel il est allégué que certaines parties essentielles des débats n'ont pas été traduites à l'accusé n'est pas admissible, s'il résulte du procès-verbal que l'interprète a été présent à l'audience pendant toute la durée des débats (Crim. rej. 18 mai 1860, aff. Soupanakin, D. P. 51. 5. 272) ; — 3° Que la mention au procès-verbal des débats que l'interprète a, pendant chaque séance de l'affaire, prêté son ministère toutes les fois qu'il a été utile, est suffisante; il n'est pas nécessaire de rappeler à chaque phase des débats l'usage qui a été fait du ministère de l'interprète (Crim. rej 14 juill. 1864, aff. El-Hadj, D. P. 65. 5. 235; 31 mai 1878, aff. Antonio Garcia Guillem, *Bull. crim.*, n° 123; 31 mai 1878, aff. Mohamed-ould-Ahmed, *ibid.*, n° 124; 31 mai 1878, aff. Mohamed-ould-Barka-ben-Barka, *ibid.*, n° 125; 15 avr. 1886, aff. Bloy, *ibid.*, n° 152) ; — 4° Qu'il ne résulte pas de nullité de ce que le procès-verbal ne constate l'assistance de l'interprète donné à un témoin sourd-muet, que pour l'accomplissement des formalités antérieures à la déposition, si c'est établi en même temps que cet interprète était présent et placé près du témoin, et par conséquent prêt à lui prêter son assistance pendant toute la durée de sa déposition (Crim. rej. 22 sept. 1864, aff. Micaelli, D. P. 66. 5. 264) ; — 5° Que, lorsqu'il résulte des mentions du procès-verbal des débats que l'interprète donné à un accusé a comparu dès le commencement de l'audience et n'a pas cessé d'assister celui-ci pendant les diverses phases du débat public, il y a preuve suffisante que lecture de pièces faite au cours des débats par le président a été traduite à l'accusé, surtout s'il est formellement énoncé que l'accusé, aidé de son interprète, a répondu aux questions lui adressées au sujet de ces pièces (Crim. rej. 13 oct. 1865, aff. Mikitschenkoff, D. P. 66. 1. 234) ; — 6° Que l'interprète qui, désigné au commencement de l'audience, a, d'après les constatations de l'arrêt de condamnation, prêté serment et accompli sa mission, est présumé avoir rempli son ministère pendant tout le cours de l'audience; et le prévenu auquel il a été nommé ne peut, devant la cour de cassation, se faire un grief d'une absence de cet interprète qui aurait duré un temps plus ou moins long, s'il a négligé de s'en faire donner acte (Crim. rej. 8 oct. 1868, aff. Bentzen, D. P. 69. 5. 252) ; — 7° Que la mention du procès-verbal des débats constatant que l'interprète a prêté son ministère toutes les fois qu'il a été utile, doit faire présumer qu'on a traduit aux accusés l'arrêt qui a repoussé leur demande en renvoi et ordonné qu'il serait passé outre aux débats (Crim. rej. 25 juill.

1872, aff. Tahar-ben-Saïd-ben-Zemouri, *Bull. crim.*, n° 189) ; — 8° Que ladite mention insérée au procès-verbal implique que les pièces lues à l'audience par le président ont été traduites à l'accusé (Crim. rej. 10 avr. 1873, aff. Aïssa-ben-Bakak, *Bull. crim.*, n° 95) ; — 9° Que cette constatation du procès-verbal : « l'interprète a prêté serment et rempli son ministère toutes les fois qu'il a été utile » emporte présomption que le vœu de la loi a été rempli; et la mention spéciale de l'intervention de l'interprète à certaines phases du débat ne saurait avoir pour conséquence de faire douter de son concours pour le surplus (Crim. rej. 8 août 1873, aff. El-Haoussin-ben-Bousaadia, *Bull. crim.*, n° 223) ; — 10° Qu'il y a présomption que l'interprète a traduit à l'accusé, tant les questions subsidiaires posées au jury comme résultant des débats, que les questions principales, lorsqu'il est énoncé au procès-verbal qu'il lui a prêté son concours toutes les fois qu'il a été utile (Crim. rej. 31 mai 1878 aff. Bou-Beker, *Bull. crim.*, n° 124 ; 27 mai 1892, aff. Tahar-ben-Braham, *ibid.*, n° 159) ; — 11° Que la même constatation emporte également présomption que l'interprète a assisté à toutes les phases du débat, conséquemment à l'interrogatoire de l'accusé et qu'il a traduit à celui-ci la déposition d'un témoin (Crim. rej. 9 févr. 1882, aff. Nguyen-Van-Taï, *Bull. crim.*, n° 40, p. 61) ; — 12° Que ladite constatation établit que la formalité de la traduction a été remplie toutes les fois qu'elle a été requise, et notamment que la déclaration du jury lue par le greffier a été traduite aux accusés (Crim. rej. 26 déc. 1879, aff. Chérif-ould-Mohamed-ben-Chenin, *Bull. crim.*, n° 231) ; — 13° Que lorsqu'il est énoncé dans le procès-verbal des débats « qu'après que le procureur général a requis l'application de la loi, traduction de ces réquisitions a été donnée à l'accusé par l'interprète, que demande lui a été faite par le président s'il n'avait aucune observation à présenter sur l'application de la peine, et que le prévenu n'a présenté aucune observation », cette mention suffit pour établir qu'il a été satisfait aux prescriptions de l'art. 363 c. instr. crim.; il en est ainsi, notamment, lorsque le même procès-verbal constate que l'accusé comprenait le français, qu'il a seulement demandé à ne répondre que dans sa langue maternelle qu'il parlait plus facilement que le français, et que c'est principalement pour traduire ses réponses qu'un interprète avait été désigné (Crim. rej. 19 nov. 1885, aff. Sinnapoullé Manuel de Coudinguy, *Bull. crim.*, n° 315) ; — 14° Qu'il y a présomption suffisante que l'interprète, nommé pour assister l'accusé et plusieurs témoins, a rempli les fonctions toutes les fois que son intervention a été nécessaire, lorsqu'il résulte des énonciations du procès-verbal que l'interprète, désigné par le président, dès l'ouverture des débats, a comparu à l'audience, a prêté le serment prescrit par la loi, et a été présent à toutes les phases du débat public, et spécialement lorsque le procès-verbal constate qu'après chaque déposition de témoin, les dispositions de l'art. 319 c. instr. crim. ont été observées à l'égard de tous les témoins, des accusés aidés des interprètes, et des conseils des accusés (Crim. rej. 11 mai 1882, aff. Altigadon, D. P. 83. 1. 91).

1794. Mais la déclaration générale du procès-verbal des débats, que l'interprète a prêté son ministère toutes les fois qu'il a été utile, ne saurait prévaloir sur l'indication spéciale contenue dans le même acte et de laquelle il résulte : 1° que la cour ne se rappelle pas si, à un moment donné, l'interprète a ou non rempli son office (Crim. cass. 16 août 1862, aff. Djelloul, D. P. 64. 5. 85) ; — 2° Que si la déposition d'un témoin étranger a été entendue par l'intermédiaire de l'interprète spécialement assermenté à cet effet, cette déposition n'a pas été traduite dans la langue de l'accusé (Crim. cass. 8 juin 1877, aff. Mohamed, *Bull. crim.*, n° 134; 31 janv. 1878, aff. El-Magdad-ben-Aïssa, D. P. 78. 1. 448). Ainsi une constatation spéciale infirme, en ce qui concerne la circonstance précisée, la mention générale qu'elle contredit; et, n'aurait-elle pour résultat que de faire naître le doute, cela suffirait pour entraîner la nullité, si l'omission portait sur un point substantiel.

1795. En principe, l'interprète doit traduire à l'accusé tout ce que ce dernier ne comprend pas. Mais, ainsi qu'il a été dit au *Rép.*, n° 2364 et suiv., toutes les omissions n'ont pas le même caractère de gravité, et il y a lieu de distinguer entre elles. « Il faut d'une part, dit M. Nouguier, t. 3,

n° 1823, interroger le plus ou moins d'utilité, pour la défense, des actes, des pièces, des paroles; et, d'autre part, se demander s'ils n'ont pas pu arriver autrement que par l'interprète à la connaissance de tous ceux qui y sont intéressés » (V. en ce sens, Faustin Hélie, t. 7, n° 3447). C'est, d'ailleurs, ce qu'a fait la jurisprudence.

Il a été jugé, d'une part : 1° que l'accusé auquel a été nommé un interprète ne peut se faire un moyen de nullité du défaut de traduction de certaines parties des débats où il pouvait être suppléé par son conseil, alors d'ailleurs qu'il n'a pas réclamé cette traduction; il en est ainsi, spécialement, du défaut de la *formule du serment prêté par les témoins* (Crim. rej. 12 mars 1874, aff. Gestal et autres, D. P. 74. 1. 453; ... soit *des déclarations de ceux-ci sur leurs nom, prénoms, âge, profession et domicile,* ces indications ayant été déjà notifiées à l'accusé (Arrêt précité du 12 mars 1874); — 2° Que le défaut de traduction à l'accusé *de pièces dont le ministère public a fait usage* dans son réquisitoire ne peut être relevé comme grief lorsque ces pièces faisaient partie du dossier, circonstance qui emporte présomption qu'elles ont été connues soit de l'accusé, soit de son conseil (Crim. rej. 13 nov. 1862, aff. Deviva, D. P. 67. 5. 248); — 3° Que la lecture de l'*arrêt de renvoi* et de l'*acte d'accusation,* n'étant pas prescrite à peine de nullité, l'accusé ne comprenant pas le français ne peut se faire un moyen de cassation de ce que ces actes lus à l'audience ne lui auraient pas été traduits, alors d'ailleurs qu'ils ont été notifiés et qu'il en a pris connaissance tant par lui que par son conseil (Arrêt précité du 13 nov. 1862; Crim. rej. 4 déc. 1862, aff. Vanhalwyn, D. P. 63. 5. 219; 21 oct. 1886, aff. Fernandez, Bull. crim., n° 343) ; — 4° Que le défaut de traduction à un prévenu étranger de l'*arrêt incident* qui a rejeté sa demande d'avoir un *interprète* parlant telle langue, qui est la sienne, et non telle autre, qu'il comprend cependant, n'est pas une cause de nullité, alors que le prévenu, s'étant déclaré prêt néanmoins à plaider au fond, a accepté en effet le débat sans réclamer ladite traduction, et a eu d'ailleurs connaissance de l'arrêt incident par un coprévenu de la même nationalité, parlant correctement la langue française (Crim. rej. 8 oct. 1868, aff. Bentzen, D. P. 69. 5. 252); — 5° Qu'il n'est pas nécessaire de traduire la *liste des jurés* notifiée à des accusés ne parlant pas le français (Crim. rej. 6 août 1885, aff. Arcano, Logerio et Rousso, D. P. 86. 1. 343); — 6° Que lorsque, après un premier arrêt refusant la nomination d'un interprète par le motif que l'accusé simulait le mutisme, la cour d'assises a désigné un interprète à la fin des débats pour une mission déterminée, elle ne reconnaît pas implicitement que cette désignation était nécessaire auparavant, et il n'y a pas lieu de faire traduire les dépositions antérieurement recueillies (Crim. rej. 1er sept. 1887, aff. Gillard, Bull. crim., n° 324).

Jugé, au contraire : 1° que l'arrêt de condamnation est nul lorsque l'interprète n'a pas traduit la *déposition orale d'un témoin* parlant une autre langue que l'accusé (Crim. cass. 8 juin 1877, aff. Mohamed-ben-Hamadouck et autres, Bull. crim., n° 134; 31 janv. 1878, aff. El-Mogdad-ben-Aïssa, D. P. 78. 1. 448; 28 févr. 1878, aff. Shadaya, 21 mars 1878, aff. Sangalavayen et autres, D. P. 79. 5. 230; 1er mars 1878, aff. Morazan, Bull. crim., n° 63); ... encore que l'arrêt déclare que cette déposition n'a rien révélé de spécial et qu'elle n'est que la reproduction de celle du témoin précédemment entendu (Crim. cass. 26 juin 1884, aff. Utello et Lorello, Bull. crim., n° 209); — 2° Que lorsque le président des assises fait lire, en présence d'un accusé ne comprenant pas le français, et pourvu d'un interprète, les *dépositions écrites de témoins défaillants,* il doit, à peine de nullité, encore que la lecture ait lieu en vertu de son pouvoir discrétionnaire, faire traduire ces dépositions à l'accusé (Crim. cass. 4 juill. 1872, aff. Aïssa-ben-Balach et autres, D. P. 72. 1. 335); — 3° Que l'accusé auquel a été nommé un interprète peut se faire un moyen de nullité du défaut de traduction des *questions posées comme résultant des débats*; et qu'on ne saurait prétendre que l'assistance du défenseur rendait superflue l'intervention de l'interprète, alors surtout que, par suite de la réponse du jury, la question posée comme résultant des débats a été la base unique de la condamnation prononcée (Crim. cass. 3 août 1882, aff. Juliano et Cavallero, D. P. 83. 1. 231); — 4° Qu'il y a nullité lorsqu'il ré-

sulte du procès-verbal des débats que l'interprète a traduit en leur idiome à des accusés arabes la déposition d'un témoin espagnol, mais qu'il ne l'a pas traduite en français pour la cour et le jury (Crim. cass. 17 juin 1880, aff. Mohammed-ould-Ahmed, Bull. crim., n° 123); — 5° Que lorsque l'interrogatoire d'accusés parlant les uns la langue wolove, les autres la langue arabe, a eu lieu à l'aide d'interprètes, sans que le procès-verbal constate que la réponse des accusés de langue arabe ait été traduite à ceux de la langue wolove et réciproquement, il y a nullité résultant de ce qu'il n'est pas possible de savoir si les interprètes ont rempli tout leur ministère et si, par suite, la défense a été complète (Crim. cass. 25 nov. 1880, aff. Abdoulaye, Bull. crim., n° 209).

1796. Que faut-il décider lorsque les *questions* posées au jury sont *conformes à l'arrêt de renvoi et à l'acte d'accusation?*. Deux arrêts de cassation, l'un du 13 nov. 1862 (aff. Deviva, D. P. 67. 5. 247); l'autre, du 3 août 1882 (aff. Juliano et Cavallero, D. P. 83. 1. 231) et un arrêt de rejet du 12 mars 1874 (aff. Gestal et autres, D. P. 74. 1. 453), ont d'abord déclaré, comme l'avait fait l'arrêt du 5 juin 1851, cité au *Rép.*, n° 2364, qu'en pareil cas, la traduction n'est pas obligatoire, la teneur des questions étant « légalement présumée connue de l'accusé : 1° par la notification à lui faite de l'arrêt de renvoi et de l'acte d'accusation; 2° par le rappel que le président fait à l'accusé du contenu de l'acte d'accusation » (Arrêt précité du 5 juin 1851). Un autre arrêt (Crim. cass. 2 mai 1878, aff. Dénis, D. P. 78. 1. 283), a décidé, au contraire, que « si parmi les accusés il en est qui n'entendent pas le français, la traduction des questions dans leur idiome doit être considérée comme substantielle, alors même que ces questions seraient exactement conformes à l'arrêt de renvoi et à l'acte d'accusation ». Mais un arrêt plus récent (Crim. rej. 7 juill. 1892, aff. Garbin et autres, Bull. crim., n° 203), revenant à la première jurisprudence, admet que lorsque les questions sont conformes à l'arrêt de renvoi et au résumé de l'acte d'accusation, et qu'elles n'ont été ni changées ni modifiées par les débats, leur lecture et, par suite, leur traduction n'est pas rigoureusement obligatoire.

1797. Quant au *réquisitoire du ministère public* et à la *plaidoirie du défenseur,* la cour de cassation n'a fait que persister dans sa jurisprudence relatée au *Rép.*, n° 2368. L'arrêt de rejet du 13 nov. 1862 (cité *supra,* n° 1795) et un autre arrêt (Crim. rej. 27 août 1881, aff. Riou) décident, en effet, qu'il n'y a pas obligation pour le président de les faire traduire à l'accusé. L'arrêt de 1881, comme plusieurs arrêts antérieurs, formule cette réserve : « surtout lorsqu'il est établi qu'aucune observation n'a été faite par lui à cet égard ». D'où l'on peut conclure que, si l'accusé le demande, le président serait tenu, à peine de méconnaître les droits de la défense, de faire traduire en substance les développements oraux fournis à l'audience. Tel est le sentiment de M. Faustin Hélie (t. 7, n° 3448). — *Contrà,* Nouguier, t. 3, n° 1828.

1798. Mais on peut, sans qu'il en résulte de nullité, refuser de faire traduire par un interprète, malgré les conclusions prises à cet égard,... soit des pièces qui, ne faisant pas partie des actes de l'information, n'ont été jointes à la procédure qu'à titre de renseignement; ... soit des documents qui, produits à l'audience par le prévenu, sont reconnus absolument étrangers à la procédure (Crim. rej. 8 oct. 1868, aff. Bentzen, D. P. 69. 5. 252-253), « Dans cet état des faits, dit l'arrêt, le juge a pu légalement décider qu'il n'était pas nécessaire, pour la manifestation de la vérité, d'ordonner la traduction des pièces susmentionnées ». Il en est de ce refus comme de celui d'entendre des témoins dont la déposition doit être étrangère à la cause.

1799. Conformément à l'arrêt (Crim. rej. 16 mars 1827) cité au *Rép.*, n° 2373, la cour de cassation a jugé de nouveau qu'il ne résulte aucune nullité de ce que l'interprète nommé à l'accusé a servi aux témoins, et cela sans prêter un nouveau serment (Crim. rej. 13 nov. 1862, aff. Deviva, Bull. crim., n° 246).

ART. 5. — *Interprète des sourds-muets*
(Rép. n°s 2376 à 2383).

1800. Il résulte de l'art. 333 c. instr. crim. que si le

témoin sourd-muet sait écrire, il peut prêter serment et répondre par écrit aux questions qui lui sont posées, sans que l'assistance d'un interprète lui soit nécessaire. Jugé qu'en pareil cas, il importe peu que le témoin ait raturé quelques mots inutiles, du moment que ces mots sacramentels : « Je le jure », écrits de sa main, apparaissent clairement (Crim. rej. 26 juin 1879, aff. Decelers, *Bull. crim.*, n° 131). — Décidé également qu'il ne pourrait résulter aucune nullité de ce que le président aurait pris la peine de lire lui-même au jury la série des réponses écrites par le témoin, au lieu de faire faire cette lecture par le greffier. Cette circonstance, en effet, ne diminuerait en rien les garanties assurées aux droits de la défense (Même arrêt).

1801. Quand le sourd-muet ne sait pas écrire on peut, s'il en est besoin, déroger pour le choix de l'interprète aux dispositions de l'art. 332 c. instr. crim. Ainsi l'interprète peut être choisi valablement parmi les témoins, lorsque l'accusé est un sourd-muet. Ce choix ne peut être critiqué, alors surtout qu'il a eu lieu sur la désignation de la défense elle-même (Crim. rej. 1er sept. 1887, aff. Gillard, *Bull. crim.*, n° 324). — Mais il est indispensable de constater la nécessité d'un tel choix (Conf. Nouguier, t. 3, n° 1821). — Jugé en ce sens que le défaut d'indication, au procès-verbal, du nom de l'interprète donné par le président à un témoin sourd-muet, et de la circonstance que cet interprète était la personne qui avait le plus l'habitude de converser avec lui, emporte nullité des débats, alors qu'il est allégué par l'accusé que l'interprète a été choisi, en violation de l'art. 332 c. instr. crim., parmi les témoins *à charge* (Crim. cass. 20 janv. 1858, aff. Autheville, D. P. 58. 3. 217).

Toutefois, il a été décidé, en sens contraire, que l'interprète donné à un sourd-muet, appelé en témoignage remplit suffisamment les conditions indiquées par l'art. 333 c. instr. crim., lorsque, pris parmi les autres témoins, il est du nombre des personnes ayant l'habitude de causer avec ce sourd-muet ; et qu'il n'y a pas irrégularité dans ce choix, parce que le procès-verbal n'énoncerait pas que cet interprète était la personne ayant *le plus* l'habitude de converser avec le sourd-muet, alors surtout qu'il s'agit de la propre sœur de celui-ci (Crim. rej. 22 sept. 1864, aff. Micaelli, D. P. 66. 5. 264).

Sect. 12. — De la clôture des débats et de l'interdiction de les résumer (*Rép.* n°s 2384 à 2404).

1802. Il n'existe pas de formule sacramentelle pour prononcer la clôture des débats (Crim. rej. 16 août 1872, aff. Bourrely, *Bull. crim.*, n° 224), et il appartient au président seul, en l'absence de tout incident contentieux, ainsi qu'il a été dit au *Rép.*, n° 2386, d'annuler, le cas échéant, l'ordonnance de clôture. Il n'y aurait lieu à un arrêt de la cour qu'en cas de contestation (Crim. rej. 12 févr. 1858, aff. Pernot, D. P. 58. 5. 112 ; 28 juill. 1864, aff. Fille Rey, D. P. 65. 1. 324 ; 17 mai 1889, aff. Numa Gilly, D. P. 89. 1. 317 ; Nouguier, t. 4, vol. 1, n°s 2608 et suiv. ; Faustin Hélie, t. 7, n° 3609). Mais le fait du défenseur d'avoir demandé acte des réquisitions prises par le ministère public pour la réouverture des débats, n'équivaut pas à une opposition rendant nécessaire l'intervention de la cour (Arrêt précité du 12 févr. 1858).

1803. La réouverture des débats est une mesure qui s'impose, comme on l'a expliqué au *Rép.*, n° 2385, toutes les fois qu'elle paraît nécessaire à la manifestation de la vérité ou qu'il s'agit de réparer une omission (V. en ce sens : Faustin Hélie, t. 7, n° 3608 ; Nouguier, t. 4, vol. 1, n° 2612). Jugé, en conséquence, qu'il est légal de rouvrir les débats : 1° s'il survient, avant que la cour soit dessaisie, des faits nouveaux de nature à exercer de l'influence sur la preuve des faits de l'accusation, ou sur la peine qu'ils doivent faire encourir (Crim. cass. 16 juin 1820, aff. Vieille, cité au *Rép.*, n° 3244-2°) ; — 2° Pour entendre un témoin qui demande à rectifier sa déposition (Crim. rej. 19 avr. 1838, aff. Jeannol, *Bull. crim.*, n° 103) ; — 3° Pour permettre au ministère public de répliquer à la défense (Crim. rej. 28 juill. 1864, aff. Fille Rey, D. P. 65. 1. 324) ; — Jugé aussi que le président des assises qui, après la plaidoirie du défenseur, a prononcé la clôture des débats, a fait connaître à l'accusé la question posée conformément au

dispositif de l'arrêt de renvoi et a donné au jury les avertissements prescrits par la loi, peut, en l'absence de tout incident contentieux, ordonner la réouverture des débats, pour réparer une omission ; et que sa décision n'a pas pour effet d'annuler la lecture de la question ni les avertissements donnés au jury (Crim. rej. 7 sept. 1882, aff. Marie Perrin, *Bull. crim.*, n° 223). Et cette mesure pourrait encore être prise quand même le jury serait déjà entré dans la chambre des délibérations (Crim. rej. 12 févr. 1858, cité *suprà*, n° 1802).

1804. Il a été jugé, depuis la publication du *Répertoire*, conformément à la jurisprudence qui y est rapportée (n° 2391), que l'art. 335 c. instr. crim., n'impose pas au président, à peine de nullité, l'obligation d'interpeller l'accusé avant la clôture des débats ou à la suite des incidents soulevés, pour savoir s'il n'a rien à ajouter. Cet article exige seulement que l'accusé et son conseil aient toujours la parole les derniers, et la nullité n'est encourue qu'autant que la parole a été refusée à l'accusé ou à son conseil qui la demandaient (Crim. rej. 11 déc. 1857, aff. Simon, *Bull. crim.*, n° 394 ; 17 juin 1858, aff. Jacquet, D. P. 58. 5. 110 ; 16 août 1860, aff. Cottin, *Bull. crim.*, n° 194 ; 13 mai 1862, aff. Belhote, *Bull. crim.*, n° 71 ; 28 juill. 1864, aff. Fille Rey, D. P. 65. 1. 324 ; 14 janv. 1870, aff. Louise Prodo, *Bull. crim.*, n° 8 ; 19 mai 1870, aff. Bayon, D. P. 73. 5. 145 ; 16 mai 1874, aff. Dubern, D. P. 74. 1. 323 ; 18 juin 1891, aff. Bonhomme, *Bull. crim.*, n° 136 ; Crim. cass. 22 déc. 1892, aff. Mivière et autres, *ibid.*, n° 341. V. *suprà*, v° *Défense-défenseur*, n°s 48 et suiv.).

1805. Toutefois, si l'art. 335 permet à l'accusé ou à son défenseur de parler le dernier, il ne lui confère ce droit qu'à l'égard du ministère public et de la partie civile, et non dans ses rapports avec les autres accusés ou leurs défenseurs. D'ailleurs l'interprétation contraire aboutirait à rendre la loi inapplicable, puisqu'il n'est pas possible, quand il y a plusieurs accusés, que chacun d'eux ait la parole le dernier. Aussi lorsque le défenseur d'un accusé demande à répondre aux moyens relevés par le défenseur d'un autre accusé, la cour peut rejeter ses conclusions sans contrevenir à la loi (Crim. rej. 6 févr. 1890, aff. Leroux, *Bull. crim.*, n° 34 ; 25 août 1892, aff. Bassand, D. P. 93. 1. 584).

1806. Le président des assises peut régulièrement, et sans aucune violation de l'art. 335, demander aux jurés, après la défense présentée et avant la clôture des débats, s'ils désirent quelques nouveaux renseignements (Crim. rej. 23 mars 1882, aff. Martinet, *Bull. crim.*, n° 81). Il n'y a même pas lieu de donner de nouveau la parole à l'accusé à l'occasion de la rectification d'une erreur matérielle, portant par exemple sur la date du verdict, à laquelle le chef du jury a procédé sur la demande du président ; ce n'est pas là, en effet, une réouverture des débats (Crim. rej. 20 mars 1891, aff. Chervet, *Bull. crim.*, n° 69).

1807. La clôture des débats une fois prononcée, le président devait, aux termes de l'art. 336 c. instr. crim., « résumer les moyens de l'accusation et de la défense » (*Rép.*, n° 2393 et suiv.). La loi des 19-20 juin 1881 a modifié cet article comme il suit : « Le président, après la clôture des débats, ne pourra, à peine de nullité, résumer les moyens de l'accusation et de la défense. Il rappellera aux jurés les fonctions qu'ils auront à remplir et il posera les questions, ainsi qu'il sera dit ci-après ».

Le législateur de 1881 a considéré le résumé comme étant à la fois inutile et dangereux. « Inutile, car si le président se borne, ainsi que le prescrit l'art. 336, à faire remarquer aux jurés les principales preuves pour ou contre l'accusé, il remplira une tâche oiseuse ; il serait aujourd'hui injurieux pour le jury de supposer qu'après l'interrogatoire de l'accusé, l'audition des témoins, le réquisitoire du ministère public, la défense du prévenu, l'intervention du président est nécessaire pour dégager les preuves qui militent en faveur de la condamnation ou de l'acquittement. Dangereux, car, quel que soit le désir du président de tenir la balance exacte, entre l'accusation et la défense, ne va-t-il pas laisser jamais percer son appréciation personnelle, il est impossible que, même involontairement, l'auteur du résumé ne sorte pas de l'impartialité qu'il s'est proposé d'observer ; comment pourrait-il se soustraire à la pression de sa conviction pour n'être que l'écho fidèle du ministère public et de l'avocat ?

Et si l'étude de la procédure écrite, la direction des débats oraux lui signalent un coupable dans cet accusé que la loi présume innocent, ne faudrait-il pas qu'il fût doué d'une nature surhumaine pour résister à la tentation d'assurer une condamnation, qu'il considérera comme le résultat nécessaire d'une vérité démontrée? Plus il aura la conviction qu'il a devant lui un coupable, moins il se préoccupera de se renfermer dans les limites étroites que la loi assigne à son intervention, couvert d'ailleurs, contre les conséquences d'un abus de pouvoir, par les inspirations et le témoignage de sa conscience » (Rapport de M. Agnel à la Chambre des députés, D. P. 82. 4. 20).

1808. Du reste, la question du résumé est délicate, et elle a été diversement tranchée par les législations étrangères. En Belgique, la suppression du résumé remonte au décret du 19 juill. 1831. En Suisse, les cantons de Vaud (c. proc. pén., 1ᵉʳ févr. 1850, modifié par la loi du 16 déc. 1852, art. 388), de Berne (c. proc. pén., 29 juin 1854, art. 426), d'Argovie (c. instr. crim., 3 mars 1858, art. 336) et de Neufchâtel (c. proc. pén., 31 mai 1875) ont également supprimé le résumé. Il en est de même du code de procédure pénale allemand de 1877, dont l'art. 300 est ainsi conçu: « Le président, sans entrer dans une appréciation des preuves, indiquera aux jurés les points de droit qu'ils devront prendre en considération dans l'accomplissement de leur mission. L'instruction donnée par le président ne pourra, d'autre part, être l'objet d'une discussion ».

Ont, au contraire, conservé le résumé : l'Espagne (L. 20 avr. 1888, art. 68) ; le Portugal (Processo criminal, 3ᵉ partie, sect. 3, § 177) ; les cantons de Genève (c. proc. pén., 25 oct. 1884) et de Fribourg (c. proc. pén. 21 mai 1873, art. 426) ; la Russie (art. 801 et 802, c. proc. crim.) ; l'Autriche (art. 325 c. instr. crim.) et l'Italie (art. 498 c. proc. pén.). En Autriche, toutefois, le résumé n'a été maintenu qu'après bien des hésitations; et, en Italie, la question semble toujours préoccuper l'opinion. « Dans aucun pays, observe très justement M. A. Amiaud (Note sur le résumé des présidents d'assises, dans les diverses législations européennes, Bulletin de la Société de législation comparée, t. 10, p. 427), le législateur n'a cru pouvoir conserver au magistrat chargé de diriger les débats le pouvoir discrétionnaire et presque souverain », qui était attribué au président français. En effet, ces divers codes recommandent formellement au président la brièveté et l'impartialité, avec injonction de ne jamais exprimer ou révéler son opinion personnelle. L'Angleterre, elle aussi, conserve le résumé. Il n'y a pas à s'en étonner, si l'on considère que, à l'inverse de ce qui se passe dans les autres pays, le président n'est point mêlé aux débats : il n'interroge ni l'accusé ni les témoins ; il n'a même pas le droit de poser de questions au jury (Mittermaier, p. 346, 350 et 510). D'ailleurs le résumé ne forme point un élément nécessaire de la procédure : les jurés, quand leur opinion est formée, peuvent inviter le président à s'abstenir (Mittermaier, p. 509 ; Glasson, t. 6, p. 791).

1809. L'accusé doit avoir la parole le dernier : tel est le principe fondamental dont le but unique est d'en vouloir assurer l'application rigoureuse (V. Rapport de M. Agnel à la Chambre des députés, loc. cit.). On n'a pas entendu porter atteinte au droit du président de fournir aux jurés, pendant le cours des débats, toutes les explications propres à guider leur verdict. D'une part, en effet, l'usage de ce droit incontestable, qui est en même temps un devoir pour le président, est nécessaire à la bonne administration de la justice ; d'autre part, il ne saurait offrir aucun inconvénient, puisque l'accusé et son défenseur peuvent répondre, s'ils le jugent utile. Jugé, en ce sens : 1° que le résumé des moyens de l'accusation et de la défense, après la clôture des débats, est seul interdit par la loi du 19 juin 1881 au président des assises ; qu'en conséquence, les explications que le président croit devoir, avant la clôture des débats, donner au jury sur les conséquences possibles de son verdict au point de vue de l'application de la peine, en mettant, d'ailleurs, le défenseur et l'accusé en demeure de répondre à ses observations, s'ils le jugent utile, ne constitue pas le résumé interdit ; qu'ainsi le président n'excède pas ses pouvoirs lorsque, pour rectifier les allégations de la défense relativement aux conséquences du verdict demandé aux jurés, il leur donne des explications sur la portée des ques-

tions qu'ils ont à résoudre et la nature de la condamnation que leur décision peut entraîner selon les termes dans lesquels ils la formuleront (Crim. rej. 22 mars 1883, aff. Menneguerre, D. P. 83. 1. 483) ; — 2° Qu'il n'y a pas violation de la disposition légale qui a supprimé le résumé du président, lorsque ce magistrat a fait, au commencement des débats, un exposé général de l'affaire (Crim. rej. 17 sept. 1885, aff. Garbe, Bull. crim., n° 258) ; — 3° Qu'on ne saurait considérer comme un résumé illégal des débats les paroles suivantes, adressées par le président à l'avocat de l'accusé qui venait d'achever sa plaidoirie : « Vous avez été sévère envers les victimes de votre client! » (Crim. rej. 31 mars 1887, aff. Bernard, Bull. crim., n° 125) ; — 4° Que le président de la cour d'assises n'excède pas ses pouvoirs et ne viole pas les droits de la défense, lorsque, en vertu des attributions que la loi lui confère, et notamment de l'art. 268 c. instr. crim., il appelle par des observations l'attention du jury sur les points qui lui paraissent avoir été inexactement présentés dans la plaidoirie du défenseur de l'accusé, alors d'ailleurs que le procès-verbal des débats constate que ce défenseur a eu de nouveau la parole pour répondre (Crim. rej. 23 juill. 1886, aff. Lardeau, D. P. 88. 1. 397) ; — 5° Que, si la loi prescrit au président des assises de ne pas procéder à un résumé après la clôture des débats, aucun texte ne lui interdit de faire, avant cette clôture, les observations qu'il juge utiles à la manifestation de la vérité (Crim. rej. 12 nov. 1891, aff. Limère, Bull crim., n° 214).

1810. Toutefois, le président des assises sort de ses fonctions et commet un excès de pouvoir qui porte atteinte aux droits de la défense, quand, ne se bornant pas à faire, en vertu de ses attributions, des remarques utiles à la manifestation de la vérité, il se substitue expressément au membre du ministère public, en alléguant l'état de fatigue de celui-ci, pour présenter des observations en fait et en droit sur la plaidoirie de l'avocat, avant la clôture des débats. L'arrêt de condamnation prononcé par la cour d'assises dans de pareilles circonstances doit être annulé avec la délibération du jury et les débats qui l'ont précédée (Crim. cass. 19 juill. 1888, aff. Femme Laurent, D. P. 88. 1. 397).

1811. Si, en thèse générale, les indications fournies avant la clôture des débats sont licites, il en est autrement de celles données au jury après clôture sans contradiction possible. Le législateur a entendu proscrire tout ce qui pourrait, à ce moment, exercer une influence quelconque sur l'opinion des jurés.

Jugé, en conséquence : 1° que l'interdiction du résumé du président de la cour d'assises, prononcée, à peine de nullité, par la loi du 19 juin 1881, s'applique aux explications données aux jurés sur l'économie de la loi applicable au fait poursuivi, par exemple, sur ce qui concerne la complicité en matière de délit de presse et la situation spéciale du prévenu par rapport à d'autres prévenus précédemment condamnés dans la même affaire (Crim. cass. 4 mars 1882, aff. Albertini, D. P. 82. 1. 236) ; — 2° Qu'aux termes de la loi du 19 juin 1881, le président de la cour d'assises, après la clôture des débats, doit se borner à rappeler aux jurés les fonctions qu'ils ont à remplir et à poser les questions qu'ils ont à résoudre ; qu'il ne peut, à peine de nullité, résumer les moyens de l'accusation et de la défense ; que cette prohibition est absolue ; qu'elle interdit tout ce qui peut, directement ou indirectement, sous forme d'explication ou d'appréciation, constituer un résumé, même partiel, des preuves pour ou contre l'accusé (Crim. cass. 15 mai 1885, aff. E. Royer, D. P. 86. 1. 94).

Cependant il a été jugé qu'il n'y a violation ni des art. 335 et 336 c. instr. crim., ni de la loi du 19 juin 1881, dans le fait du président d'avoir, après la clôture des débats et sans en prononcer la réouverture, rappelé la définition des fausses clefs donnée par l'art. 398 c. pén., et cela sans manifester d'opinion ni d'appréciation personnelle (Crim. rej. 24 févr. 1882, aff. Lebeurrier, Bull. crim., n° 53). Les arrêts précités des 4 mars 1882 et 15 mai 1885 nous semblent plus conformes à l'esprit de la loi de 1881. De simples lectures ne pourraient-elles pas en effet, dans certains cas, constituer une réfutation indirecte des moyens de la défense? Aussi les présidents d'assises agiraient-ils sagement en s'abstenant d'une telle pratique, et en rouvrant

les débats toutes les fois qu'ils auront une lecture à faire ou une observation à présenter.

Sect. 13. — Attributions respectives des jurés et de la cour d'assises (Rép. nᵒˢ 2405 à 2480).

Art. 1ᵉʳ. — Règles générales (Rép. nᵒˢ 2405 à 2428).

1812. Une question, examinée au Rép., nᵒˢ 2421 et suiv., avec les développements que sa gravité comporte, domine la matière : c'est celle de savoir si le jury, juge du fait, l'est aussi de son caractère légal. Elle a été résolue en faveur de la division des attributions entre le jury et la cour d'assises : au jury est donnée la connaissance exclusive du fait et de l'instruction, à la cour la mission de dire droit sur le fait reconnu constant. M. Garraud (nᵒ 585, p. 652 et suiv.), estime que « la déclaration de culpabilité est forcément inséparable de la constatation des éléments légaux de l'infraction, c'est-à-dire de la qualification. » Au contraire, MM. Faustin Hélie (t. 8, nᵒˢ 3615 et suiv.), Nouguier (t. 4-1ᵒ, nᵒˢ 2647 et suiv.), Trébutien (t. 2, nᵒ 617), Le Sellyer (t. 1, nᵒˢ 64, 204 et 491) et Villey (p. 384) embrassent, comme nous, la doctrine de la séparation du fait et du droit. Sans doute, il arrive parfois que le droit et le fait sont inséparables ; mais ce sont là des accidents qui ne peuvent en rien faire échec au principe. A ce propos, M. Villey (loc. cit.) formule la règle suivante : « Si le crime est défini par la loi, le jury ne doit être interrogé sur les éléments constitutifs, la cour ayant seule qualité pour apprécier leur rapport avec la définition légale ; s'il n'est pas défini, la vérification de l'accusation, par la force même des choses, appartiendra tout entière au jury ». On verra, du reste, que la cour suprême n'a pas cessé de consacrer la distinction que nous établissons, avec la majorité des auteurs.

1813. On a exposé au Rép., nᵒ 2427, que le jury n'a pas d'initiative, et qu'il doit se renfermer dans les questions posées. Jugé, en ce sens, que le jury commet un excès de pouvoir lorsqu'il se pose d'office une question et fait une réponse à cette question ainsi posée ; que toute réponse ainsi faite est nulle et non avenue, et ne saurait servir de base à une condamnation (Crim. cass. 8 déc. 1881, aff. Aparici y Escriva, D. P. 82. 1. 189).

Art. 2. — Attributions du jury (Rép. nᵒˢ 2429 à 2461).

1814. Le jury, ayant à se prononcer sur la culpabilité, doit nécessairement, ainsi qu'on l'a dit au Rép., nᵒ 2430, apprécier si l'accusé était ou non en état de démence au moment de la perpétration du crime. La cour de cassation a donc continué de juger que l'état de démence de l'accusé, étant exclusif de toute culpabilité, ne peut être compris au nombre des excuses, et qu'il n'y a pas lieu de poser une question de ce chef (Crim. rej. 13 mars 1873, Bull. crim., nᵒ 66 ; 16 sept. 1875, aff. Bergès, ibid., nᵒ 293). V. en ce sens : Faustin Hélie, t. 8, nᵒ 3642 ; Nouguier, t. 4-1ᵒ, nᵒ 2818 ; Morin, vᵒ Démence, nᵒ 2.

1815. Il en est de même de la légitime défense. Jugé que la cour d'assises est incompétente pour décider que la légitime défense ne résulte pas des débats, cette exception rentrant dans la question de culpabilité souverainement appréciée par le jury (Crim. rej. 24 déc. 1875, aff. Brion, Bull. crim., nᵒ 364).

1816. — I. Déclaration des faits et de leurs éléments. — Il a été établi au Rép., nᵒˢ 2421 et suiv. et 2433, et suprà, nᵒ 1812, que le jury est le juge unique du fait. Ce principe a été, depuis, consacré de nouveau par de nombreuses décisions. Jugé, à cet égard : 1ᵒ que la question posée au jury de savoir « si l'accusé est coupable d'avoir volontairement donné la mort à son enfant nouveau-né », n'est pas une question de droit, et que, dès lors, la réponse affirmative du jury à cette question, qui, d'ailleurs, contient tous les éléments constitutifs du crime d'infanticide, et est conforme à l'arrêt de renvoi non attaqué par l'accusé, suffit pour rendre irréfragable la décision relative à la culpabilité de cet accusé (Crim. rej. 13 mars 1856, aff. Olivier, D. P. 56. 1. 221) ; — 2ᵒ Qu'il y a lieu de soumettre au jury la circonstance que des énonciations mensongères introduites par le signataire lui-même dans un billet sous seing privé contenant reconnaissance de dettes, ne l'ont été qu'après l'acceptation du billet par le créancier et sa transmission à un tiers au moyen d'un endos, par le motif que de cette circonstance seule découle la possibilité d'un préjudice (Crim. rej. 22 juill. 1858, aff. Vaucase, D. P. 58. 1. 425) ; — 3ᵒ Que la cour d'assises empiète sur les attributions du jury lorsqu'elle prononce elle-même sur un point de fait ; que toutefois cette irrégularité ne saurait entraîner la nullité de la condamnation prononcée, lorsque le fait constaté se trouve surabondant et de nature à n'exercer aucune influence sur l'application de la peine (Crim. rej. 30 août 1855, aff. Renaud, D. P. 55. 1. 415) ; — 4ᵒ Qu'il y a empiétement sur les attributions du jury et nullité de l'arrêt d'une cour d'assises qui, dans l'application de la peine à un accusé déclaré coupable du crime d'incendie, tient compte de la circonstance que le bâtiment incendié était une maison habitée, sans que le jury ait été appelé à s'en expliquer (Crim. cass. 12 sept. 1861, aff. Duley, D. P. 62. 1. 96 et 97) ; — 5ᵒ Qu'il en est de même de l'arrêt qui, dans une condamnation pour fabrication d'une lettre contenant demande d'argent par un commerçant, tient compte de la circonstance que cette demande était relative au commerce de l'individu dont la signature a été imitée, et applique la peine du faux en écriture commerciale, sans que ladite circonstance ait été établie par la déclaration du jury (Crim. cass. 4 juin 1859, aff. Robinet, D. P. 59. 1. 384) ; — 6ᵒ Que lorsque la commercialité de l'écrit argué de faux ne résulte pas nécessairement des circonstances relevées dans la déclaration du jury, la cour d'assises peut, par son arrêt, suppléer à ce qu'il y a d'insuffisant et d'incomplet à cet égard dans les questions résolues (Crim. rej. 16 juin 1865, aff. Maurel, D. P. 65. 1. 497) ; — 7ᵒ Que la question de savoir si l'accusé est commerçant et s'il y a eu faillite soulève des points de fait qui doivent être résolus par le jury, et son verdict à cet égard échappe au contrôle de la cour de cassation (Crim. rej. 22 sept. 1864, aff. Hirtz, Bull. crim., nᵒ 235 ; 16 sept. 1869, aff. Leblond, ibid., nᵒ 213) ; — 8ᵒ Que dans une affaire de faux par antidate commis par un huissier dans un procès-verbal de saisie-brandon par lui dressé, la question de savoir si ce faux avait eu pour objet d'obtenir, en faveur du saisissant, un droit d'antériorité sur une précédente saisie, contient, non une question de droit, mais une appréciation de fait qui rentre dans les pouvoirs du jury (Crim. rej. 23 févr. 1853, aff. Lamosse, Bull. crim., nᵒ 67) ; — 9ᵒ Qu'un crime de faux, reconnu à la charge de l'accusé par la déclaration du jury, ne peut être légalement réprimé par la cour d'assises, comme faux en écriture de commerce, qu'autant que le caractère commercial de l'écrit falsifié (un billet à ordre, notamment) résulte des éléments des questions résolues par le jury (Crim. rej. 13 juin 1873, aff. Thomas, D. P. 73. 1. 318) ; — 10ᵒ Que lorsque la question posée au jury énonce, en matière de faux par exemple, les circonstances matérielles et morales constitutives du crime, on ne peut prétendre que le jury a été interrogé sur une question de droit et a été appelé à qualifier les faits, parce que cette question aurait en même temps qualifié les faits de faux en écriture authentique et publique (Crim. rej. 2 janv. 1874, aff. Jamet, Bull. crim., nᵒ 1) ; — 11ᵒ Que, lorsqu'une question posée au jury a qualifié le fait incriminé en le désignant comme un faux en écriture authentique, il ne s'ensuit pas que le jury ait été interrogé sur une question de droit, si la cour, au lieu de se référer à l'appréciation légale contenue dans la question, a pris soin de caractériser et de qualifier elle-même les faits (Crim. rej. 13 janv. 1876, aff. Guillaume Emmanuel, Bull. crim., nᵒ 16) ; — 12ᵒ Que ce n'est pas poser au jury une question de droit que de lui demander si un registre « copie de lettres » a été falsifié, alors que la question contient tous les éléments de fait qui devaient être soumis au jury pour la description complète dudit registre (Crim. rej. 20 mars 1891, aff. Chervet, Bull. crim., nᵒ 69).

1817. On a exposé au Rép., nᵒ 2435, que l'identité de l'accusé est un point de fait sur lequel le jury doit statuer. Il a été jugé, à cet égard, que lorsqu'un accusé a été régulièrement renvoyé devant la cour d'assises sous le nom qui lui a été attribué dans une procédure suivie contre lui

en son absence, le moyen tiré de la désignation inexacte de son nom dans l'arrêt de renvoi, formulé par lui pour la première fois après son arrestation, ne peut plus être utilement présenté qué devant la cour d'assises, pour être apprécié par le jury (Crim. rej. 28 mars 1889, aff. Frachon, D. P. 89. 1. 438).

1818. — II. MORALITÉ ET GRAVITÉ DU FAIT; CIRCONSTANCES. — 1° *Circonstances aggravantes.* — Ainsi qu'il a été dit au *Rép.*, n° 2441, le jury ne doit pas être interrogé seulement sur le fait principal, il doit l'être encore sur *toute circonstance de nature à modifier la peine.* Jugé, en conséquence : 1° que lorsqu'un accusé est traduit devant la cour d'assises à la fois pour un meurtre et pour un autre fait criminel (un incendie), la concomitance des deux crimes est une *circonstance aggravante* du meurtre, qui ne peut, à ce titre, être déclarée que par le jury, et au moyen d'une réponse à une question spéciale et distincte; que, par suite, un simple rapprochement entre les réponses du jury, duquel il résulte que les deux crimes ont été commis dans la même soirée, n'autorise pas la cour d'assises à tenir la concomitance pour établie, une telle énonciation étant d'une part insuffisante, et ne pouvant, d'autre part, avoir une telle portée sans faire considérer la déclaration du jury comme entachée du vice de complexité (Crim. rej. 13 juill. 1861, aff. Jacquet, D. P. 61. 1. 449); — 2° que la question de savoir si un bâtiment incendié était une dépendance d'une maison habitée est une question de fait qu'il appartient au jury d'apprécier souverainement, sans que la cour de cassation puisse être appelée à contrôler la déclaration du jury à cet égard (Crim. rej. 3 sept. 1874, aff. Guérard, *Bull. crim.*, n° 258); — 3° Qu'en matière de détournement de deniers publics, c'est au jury seul et non à la cour d'assises qu'il appartient de se prononcer sur la circonstance aggravante résultant de ce que la somme des détournements est supérieure à 3000 fr. (Crim. cass. 29 déc. 1877, aff. Servaille, D. P. 79. 1. 140).

1819. C'est également au jury qu'il appartient de reconnaître et de déclarer les circonstances atténuantes en matière criminelle (*Rép.* n° 2442). Il exerce aussi cette prérogative en matière de délits de presse, malgré le silence gardé à cet égard par la loi du 29 juill. 1881 (V. *suprà*, v^is *Peine*, n°s 549 et suiv., et *Presse-outrage-publication*, n° 1918).

1820. — 2° *Excuses.* — L'existence des faits d'excuse doit être déclarée par le jury (*Rép.* n°s 2445 et suiv.). *Adde* Crim. cass. 6 août 1812, aff. Rey, *Bull. crim.*, n° 180, cité au *Rép.*, v° *Peine*, n° 366; 16 juin 1815, aff. Lacoste, *Bull. crim.*, v° 39; 17 août 1820, *Rép.*, v° *Faux*, n° 64. — Conf. *suprà*, v° *Peine*, n° 535; Faustin Hélie, t. 8, n° 3638; Nouguier, t. 4, vol. 1, n°s 2842 et suiv.; Garraud, n°s 585, 599 et suiv.

1821. — 3° *Age de l'accusé.* — L'âge de l'accusé et la question de discernement sont également des faits sur lesquels le jury seul est appelé à se prononcer (*Rép.* n° 2447). Conf. Nouguier, *loc. cit.*, n° 2827; Garraud, n° 128; Chauveau et Faustin Hélie, *Théorie du code pénal*, t. 1, n° 333; Blanche, t. 2, n° 311. Jugé, en conséquence, que lorsqu'il y a doute sur le point de savoir si l'accusé avait moins de seize ans à l'époque du crime qui lui est imputé, le jury doit, à peine de nullité, être saisi de cette question préalable; et que, s'il décide que l'accusé avait moins de seize ans, c'est au jury seul qu'il appartient de trancher également la question de discernement (Crim. cass. 21 mai 1885, aff. Munigadou, *Bull. crim.*, n° 161).

1822. — 4° *Qualité de l'accusé.* — Quant à la *qualité de l'accusé*, les éléments de fait d'où cette qualité résulte doivent, ainsi qu'on l'a établi au *Rép.*, n°s 2448 et suiv., être soumis à l'appréciation du jury, à l'exclusion des questions de droit qui peuvent s'élever à cet égard, et dont la solution doit être réservée exclusivement à la cour d'assises. Conformément à cette distinction, il a été jugé : 1° qu'en matière de viol ou d'attentat à la pudeur sur un domestique, il appartient au jury de décider si l'accusé est le maître de la victime (Crim. rej. 26 juin 1846, aff. Fagot, *Bull. crim.*, n° 165); — 2° Que la question posée au jury de savoir si l'accusé d'un viol était, en sa qualité de père nourricier de la fille violée, de la classe de ceux qui avaient autorité sur celle-ci, est nulle, si elle ne porte pas en même temps sur les éléments de fait d'où résulterait

cette autorité (Crim. cass. 11 déc. 1856, aff. Richard, D. P. 57. 1. 72) — 3° Que le jury ne doit pas être interrogé d'une manière générale sur le point de savoir si l'individu accusé d'attentat à la pudeur était de la classe de ceux qui avaient autorité sur la victime, mais sur les faits et circonstances d'où pouvait résulter cette autorité; qu'à la cour seule il appartient de donner aux faits de l'accusation leur qualification légale (Crim. cass. 21 janv. 1858, aff. Delanoue, D. P. 58. 5. 26; 11 août 1871, aff. Mélay, donné en note *suprà*, v° *Attentat aux mœurs*, n° 56); — 4° Qu'aucune autorité de droit ne dérivant de la qualité d'oncle, la déclaration du jury doit affirmer, à peine de nullité, l'existence de rapports domestiques impliquant l'exercice d'une autorité de fait sur l'enfant contre lequel l'attentat a été commis (Crim. cass. 3 oct. 1862, aff. Cotte, D. P. 64. 5. 20); — 5° Que la circonstance aggravante d'autorité sur la victime ne résulte pas de la réponse affirmative du jury à la deuxième branche d'une question alternative et complexe ainsi posée : « N... était-elle domestique de l'accusé ou *de son père* ? », et que la cour ne peut en déduire le fait de l'autorité, même en y ajoutant des circonstances accessoires qui n'ont pas été soumises au jury (Crim. cass. 6 oct. 1864, aff. Pradier, D. P. 65. 1. 145, cité *suprà*, v° *Attentat aux mœurs*, n°s 50 et 56); — 6° Que dans une accusation de tentative de viol avec la circonstance aggravante que l'accusé était le serviteur à gages d'une personne ayant autorité sur la victime, le jury doit être interrogé non sur le point de savoir si la personne avait autorité, mais uniquement sur les faits et circonstances d'où cette autorité pouvait résulter (Crim. cass. 2 août 1878, aff. Cailleau, D. P. 79. 1. 47); — 7° Qu'il en est de même quand la victime d'un viol est la fille naturelle (reconnue ou non) de la femme de l'accusé (Crim. rej. 25 mars, 1843, aff. Rieux, *Rép.* v° *Attentat aux mœurs*, n° 119), ou de l'accusé lui-même (Crim. rej. 7 juin 1860, aff. Massin, D. P. 60. 1. 419); — 8° Que le jury ne doit être interrogé, en matière d'accusation de crime d'attentat à la pudeur par un fonctionnaire public (dans l'espèce, par un préposé du service actif des douanes), que sur la qualité de l'accusé; et c'est à la cour d'assises seule qu'il appartient de décider, en droit, si cette qualité confère à l'accusé le caractère de fonctionnaire public (Crim. cass. 22 nov. 1866, aff. Le Roi, D. P. 70. 5. 100-101).

1823. Il a été jugé également : 1° que dans une accusation de parricide, la filiation est une question de fait que le jury décide souverainement, sans qu'aucune nullité puisse résulter de ce que ni l'acte de naissance de l'accusé, ni un jugement pouvant en tenir lieu, n'auraient été produits aux débats (Crim. rej. 16 janv. 1879, aff. Perrot, D. P. 79. 5. 116). — 2° Que, bien que le jury ne doive pas être interrogé sur les conséquences de droit qui résultent d'un fait par lui constaté, et à supposer, spécialement, qu'il ne puisse résoudre le point de savoir si la qualité d'agent de la force publique est attachée au titre de garde forestier, sa réponse ne peut engendrer de nullité lorsque la cour d'assises s'est, à son tour, prononcée en des termes suffisamment explicites (Crim. rej. 18 juin 1858, aff. Godey, D. P. 58. 5. 109); — 3° Qu'il suffit que le jury ait déclaré en fait la qualité de l'accusé (il s'agissait dans l'espèce du directeur de la fabrication à la monnaie de Bordeaux), pour qu'il ne résulte aucune nullité de sa réponse affirmative à la question de savoir si cet accusé était comptable ou dépositaire public, lesdites question et réponse constituant une simple superfétation (Crim. rej. 21 mars 1879, aff. Delebecque, *Bull. crim.*, n° 70); — 4° Qu'en répondant à une question ainsi posée : « L'accusé est-il coupable d'avoir, dans les mêmes circonstances de temps et de lieu, étant fonctionnaire ou officier public, commis le crime de faux en écriture dans l'exercice de ses fonctions? » le jury a résolu un point de droit du domaine de la cour, et n'a pas tranché le point de fait qui rentrait exclusivement dans ses attributions, celui de savoir si l'accusé était, au moment du crime, adjoint à l'administrateur d'une commune mixte en Algérie (Crim. cass. 31 mars 1882, aff. Isnard, *Bull. crim.*, n° 91); — 5° Que si au jury qu'il appartient de décider, en fait, si l'accusé poursuivi (en Algérie) pour concussion est cadi, et la cour d'assises est seule compétente pour décider, en droit, s'il résulte de cette constatation que ledit accusé a le caractère de fonctionnaire

public (Crim. rej. 25 avr. 1879, aff. Mohamed-ben-Ali, D. P. 79. 1. 313).

1824. — III. Du faux. — C'est à l'occasion des questions de faux qu'ont surgi les questions les plus importantes en cette matière. Dans le sens des arrêts rapportés ou cités au *Rép.* nᵒˢ 2455 et suiv., il a été jugé : 1ᵒ que l'énonciation de faux en écriture de commerce, insérée dans la question posée au jury, ne saurait suppléer l'indication des faits constitutifs de l'écriture commerciale, et qu'elle appelle le jury à décider une question de droit, qui ne peut lui être dévolue (Crim. cass. 5 janv. 1833, aff. HaudebourgHurson, *Rép.* vᵒ *Faux*, nᵒ 328-7ᵒ); — 2ᵒ Que la question relative à l'authenticité des écritures peut être posée au jury sans qu'il y ait nullité, lorsque la question posée constate, en outre, les circonstances qui servent d'éléments à la qualification (Crim. rej. 16 déc. 1837, *Rép.* vᵒ *Faux*, nᵒ 173-4ᵒ); — 3ᵒ Que ce n'est pas poser au jury une question de droit excédant les limites de sa compétence que de lui demander si un registre « copie de lettres » a été falsifié, lorsque la question posée contient, en outre, tous les éléments de fait qui devaient être soumis au jury pour la description complète du registre, et qui ont permis à la cour de lui assigner justement le caractère légal d'écriture de commerce (Crim. rej. 20 mars 1891, aff. Chervet et Bizouillier, D. P. 92. 1. 255).

1825. Il a été jugé, conformément à l'arrêt de cassation du 22 janv. 1830, cité au *Rép.*, nᵒ 2457-7ᵒ : 1ᵒ que l'accusé qui n'a pas contesté l'existence d'une lettre de change ne peut frapper d'aucun recours le verdict du jury relatif à la question de savoir si le faux a été commis sur cette lettre de change (Crim. rej. 14 mars 1873, aff. Bouvier, D. P. 74. 1. 502); — 2ᵒ Que, lorsque l'existence d'une lettre de change n'est point contestée, le jury peut être valablement interrogé sur la question de savoir si un faux a été commis sur cette lettre de change par l'apposition d'une fausse acceptation et la souscription d'une fausse signature (Crim. rej. 4 avr. 1884, aff. Tungnaud, D. P. 86. 1. 481).

1826. Jugé aussi, dans le sens de l'arrêt (Crim. rej. 25 juin 1852) cité au *Rép.*, nᵒ 2460, que la question par laquelle il est demandé si la fausse mention d'une avance de somme d'argent *avait pour objet d'opérer obligation* à la charge d'une personne indiquée ne présente pas à juger une question de droit, qu'il s'agit seulement de constater s'il y a eu possibilité de préjudice, élément nécessaire de la criminalité du faux, et que, par suite, une pareille question a pu être régulièrement posée au jury (Crim. rej. 16 août 1858, aff. Letellier, D. P. 58. 5.414).

1827. Enfin la circonstance que la monnaie contrefaite *a cours légal en France* est constitutive du crime de fausse monnaie, et doit être soumise à l'appréciation du jury : ainsi qu'on l'a établi au *Rép.*, nᵒ 2461, ce n'est pas là une question de droit de la compétence de la cour d'assises (V. en ce sens, outre l'arrêt cité au *Rép. ibid.* : Crim. cass. 4 mai 1848, aff. Stwart, D. P. 48. 3. 198 ; Crim. rej. 22 févr. 1883, aff. Missonnier, D. P. 83. 5. 276).

Art. 3. — *Attributions de la cour d'assises* (*Rép.* nᵒˢ 2462 à 2480).

1828. — I. Questions de droit, en général. — La cour doit statuer sur tous les points de droit. C'est ce qui a été dit au *Rép.*, nᵒˢ 2463 et suiv., et rappelé *suprà*, nᵒ 1812 (*Adde*, en ce sens : Crim. cass. 22 nov. 1866 ; 25 avr. 1879 ; 31 mars 1882, cités *suprà*, nᵒ 1822-8ᵒ-13ᵒ-12ᵒ). Jugé aussi, en conséquence de ce principe : 1ᵒ que dans les accusations de viols ou d'attentats à la pudeur, c'est à la cour d'assises et non au jury de décider si l'accusé avait autorité sur la victime (Crim. cass. 2 oct. 1835, aff. Létard, *Bull. crim.*, nᵒ 381 ; Crim. rej. 25 mars 1843, aff. Rieux, *Rép.* vᵒ *Attentat aux mœurs*, nᵒ 119 ; 23 mars 1844, aff. Vaquez, *ibid.*, nᵒ 114 ; Crim. cass. 20 mars 1845, aff. Vasseur, *ibid.*, nᵒ 104 ; 28 juin 1855, aff. Meunier, D. P. 55. 1. 301) ; — 2ᵒ Que la question de savoir si l'accusé était ou non un officier public est une question de droit que la cour d'assises doit seule résoudre, à l'exclusion du jury (Crim. cass. 12 août 1875, aff. Liébault *Bull. crim.*, nᵒ 258) ; — 3ᵒ Que dans une accusation d'abus de confiance commis par un huissier, le jury ne peut être interrogé sur le

point de savoir si l'accusé est *officier public ou ministériel :* c'est là une question de droit dont la solution est réservée à la cour d'assises : il ne doit être interrogé que sur la qualité d'*huissier* attribué à l'accusé, ce qui constitue une simple question de fait (Crim. cass. 20 févr. 1879, aff. Blondin, D. P. 79. 1. 188-189).

Il a été jugé aussi, dans le même ordre d'idées, que la question posée au jury, et la réponse de celui-ci, sur le point de savoir si un maire, accusé de faux en écritures publiques dans des actes de ses fonctions, est en même temps coupable de forfaiture, doivent être tenues pour non avenues, comme portant sur un élément de droit étranger à la compétence du jury ; qu'en conséquence, la déclaration du jury, négative sur ce dernier point, ne saurait être considérée comme infirmant et viciant des réponses affirmatives quant aux faux commis par ledit accusé, alors même qu'il serait certain que la question posée sur la forfaiture vise identiquement les faits auxquels se rapportent les questions posées sur les crimes de faux (Crim. rej. 26 juin 1879, aff. Dumont, D. P. 80. 1. 138).

1829. — II. De la qualification légale des faits. — Il appartient à la cour d'assises, ainsi qu'il a été dit au *Rép.*, nᵒ 2467, d'assigner aux faits reconnus par le jury leur qualification légale et de décider s'ils tombent sous l'application de la loi (V. en ce sens : Crim. cass. 5 oct. 1838, aff. Chazeau, *Rép.*, vᵒ *Faux et fausse monnaie*, nᵒ 186 ; 21 janv. 1858, 11 août 1871, cités *suprà*, nᵒ 1822-3ᵒ et 2 août 1878, cité *suprà*, nᵒ 1822-6ᵒ. Jugé, dans le même sens : 1ᵒ que la détermination du caractère des faits reconnus par le jury, lorsqu'elle doit être faite d'après les dispositions d'une loi qui en a réglé les éléments constitutifs, constitue une question de droit étrangère aux attributions du jury ; qu'en conséquence, c'est à la cour d'assises, et non au jury, qu'il appartient de décider si les faits par lui reconnus constants constituent un faux en écriture authentique ou en écriture de commerce, ou simplement un faux en écriture privée (Crim. rej. 18 févr. 1830, aff. Sophie Couteau, *Bull. crim.*, nᵒ 47, cité au *Rép.*, vᵒ *Faux*, nᵒ 185 ; 31 juill. 1890, aff. Charles, *Bull. crim.*, nᵒ 166) ; — 2ᵒ Que la question de savoir si un effet prétendu contrefait a réellement le caractère commercial, et si conséquemment le faux qui a été commis sur cet effet doit être réputé faux en écriture de commerce, est de la compétence de la cour d'assises ; que, dès lors, l'accusé ne peut prétendre que les droits de la défense aient été méconnus, en ce que le président aurait interrompu son avocat dans les développements où il se proposait d'entrer devant le jury sur la question de commercialité de l'effet (Crim. cass. 26 sept. 1846, aff. Chebabi-Sirato, *Bull. crim.*, nᵒ 258) ; — 3ᵒ Qu'il n'appartient qu'à la cour d'assises de décider si le faux poursuivi constitue un faux en écriture de commerce (Crim. rej. 14 mars 1873, aff. Bouvier, D. P. 74. 1. 502) ; — 4ᵒ Que la cour d'assises ne doit pas poser au jury la question de savoir « si le billet faux imputé à l'accusé est faux en écriture privée ; qu'en effet, une question conçue en ces termes renferme une question de droit, qu'il n'appartient pas au jury de résoudre (Crim. cass. 2 mai 1873, aff. Boisson. D. P. 74. 1. 500) ; — 5ᵒ Que, dans une poursuite en faux, le jury ne doit être appelé à se prononcer que sur les circonstances de fait qui constituent l'écriture fausse; qu'en l'interrogeant sur la nature de l'écrit incriminé, le président des assises lui soumet une question de droit étrangère à sa compétence et dont la position emporte nullité; que, spécialement, en matière de faux en écriture publique, de commerce ou privée, il y a nullité quand le jury est interrogé sur le point de savoir si l'accusé a fabriqué ou fait fabriquer une lettre de change, en y apposant, ou faisant apposer une signature fausse (Crim. cass. 18 juill. 1884, aff. Femme Combes, D. P. 85. 1. 43) ; — 6ᵒ Que la cour d'assises n'a point à tenir compte de l'appréciation légale que le jury a pu faire des faits incriminés. C'est à elle qu'il appartient de qualifier ces faits conformément à la loi (Crim. rej. 13 janv. 1876, aff. Guillaume-Emmanuel, *Bull. crim.*, nᵒ 16).

1830. — III. Excuses. — Si la cour n'a pas qualité pour apprécier les faits constitutifs de l'excuse (V. *suprà*, nᵒ 1820), à elle seule il appartient, comme il a été expliqué au *Rép.* nᵒˢ 2478 et suiv., et comme on le verra encore *infrà*, nᵒˢ 1887 et suiv., de décider, en cas d'incident contentieux, si une

question dont la position est demandée constitue ou non une excuse.

1831. — IV. Exceptions extinctives de l'action publique. — Le *Répertoire* mentionne, n° 2466, un arrêt de la cour d'assises de la Seine, du 16 févr. 1834 portant que lorsque la cour d'assises se trouve saisie d'une poursuite en adultère par suite de la connexité de ce délit avec le crime de vol imputé au complice de la femme, c'est à la cour, et non au jury, qu'il appartient d'apprécier les faits de réconciliation que la femme oppose à l'action de son mari. La même cour d'assises a jugé implicitement, dans un arrêt du 9 mai 1885 (1), que l'exception tirée de l'art. 357, c. pén., qui prévoit le mariage du ravisseur avec la jeune fille enlevée, constitue une question de droit qui doit être résolue par la cour saisie du crime d'enlèvement de mineure, sans l'assistance du jury.

1832. — V. Récidive. — Il a été jugé, depuis la publication du *Répertoire*, conformément aux décisions qui y sont mentionnées, n° 2477, que la cour d'assises étant seule appelée à examiner en fait et en droit, pour l'application de la peine, si l'accusé est en état de récidive légale, il ne résulte aucun moyen de nullité de ce que l'état de récidive n'est signalé ni dans l'arrêt de renvoi, ni dans l'acte d'accusation (Crim. rej. 21 déc. 1871, aff. Benaben et Bez, D. P. 72. 1. 334; 20 sept. 1888, aff. Margotat, D. P. 89. 1. 121).

1833. — VI. Circonstances atténuantes. — Enfin, la cour seule, ainsi qu'on l'a vu *suprà*, v° *Peine*, n°s 551 à 553, a qualité pour accorder le bénéfice des circonstances atténuantes : 1° quand le fait incriminé ne constitue plus qu'un simple délit par suite de la déclaration du jury écartant les circonstances aggravantes ; 2° quand il s'agit d'un crime excusé ; 3° quand il s'agit d'un délit connexe à un crime.

CHAP. 5. — De la position des questions
(Rép. n°s 2481 à 2995).

1834. Un principe fondamental, en cette matière, que le *Répertoire* a énoncé à plusieurs reprises, notamment aux n°s 2490, 2717, 2798 et 3258, c'est que l'irrégularité des questions ne peut donner ouverture à cassation que de la part de l'accusé qu'autant que celui-ci a intérêt à s'en prévaloir (Crim. rej. 16 sept. 1831, aff. Jarron, *Bull. crim.*, n° 229 ; 20 déc. 1849, aff. Serre, ibid., n° 349 ; 19 avr. 1850, aff. Gauthier, *ibid.*, n° 132 ; 9 févr. 1854, aff. Decouvrant, D. P. 54. 5. 223 ; 18 mars 1869, aff. Puchot, *Bull. crim.*, n° 69 ; 12 juin 1873, aff. Rossat-Mignot, *ibid.*, n° 158). Jugé, en conséquence de ce principe : 1° que lorsque la peine appliquée est justifiée par la réponse affirmative du jury à une question régulièrement posée, il ne résulte aucune nullité de ce que le président a omis d'interroger le jury sur une circonstance aggravante relevée par l'arrêt de renvoi (Crim. cass. 17 sept. 1857, aff. Maurin, D. P. 57. 1. 450) ; — 2° Que, la circonstance de préméditation étant sans influence légale dans les accusations de parricide, l'accusé ne peut se faire un grief de ce que le président en aurait fait l'objet d'une question au jury pour se conformer à l'arrêt de renvoi, alors surtout que cette question a été résolue négativement (Crim. rej. 28 mars 1861, aff. Denis, D. P. 61. 5. 256) ; — 3° Que l'irrégularité dans la position des questions n'est point une cause de nullité quand la peine prononcée se trouve justifiée sur l'un des chefs (Crim. rej. 5 janv. 1865, aff. Marre, *Bull. crim.*, n° 1 ; 14 mai 1886, aff. Pourtalet, *ibid.*, n° 176) ; — 4° Que, lorsque dans une accusation de parricide contre deux accusés, le président a omis de poser au jury, en ce qui concerne l'un d'eux, la circonstance aggravante de la filiation, cet accusé n'est pas fondé

à tirer grief d'une irrégularité dont il bénéficie (Crim. rej. 8 sept. 1887, aff. Herman et Mélingue, *Bull. crim.*, n° 330).

Des difficultés peuvent s'élever au sujet de la position des questions, en cas de changement survenu dans la législation entre l'époque où le crime a été commis et celle où il est déféré à la cour d'assises. Il a été jugé, à cet égard, que la règle d'après laquelle un fait commis sous l'empire d'une loi pénale étrangère (par exemple dans un pays annexé depuis à la France) ne peut être réprimé par un tribunal français qu'autant que la loi française contient une disposition répressive du même fait, oblige le juge, lorsque la qualification du fait par la loi étrangère correspond dans la loi française à deux inculpations donnant lieu à l'application de deux peines différentes, à définir l'acte incriminé de telle sorte qu'on puisse déterminer laquelle de ces deux inculpations lui est applicable. Ainsi la déclaration d'un jury français établissant qu'un accusé est coupable d'avoir, en Savoie avant l'annexion, « abusé d'une femme en lui ôtant tous ses moyens de défense », doit, bien que faite dans les termes de la loi sarde et conformément à un arrêt d'accusation antérieur à l'annexion, être annulée comme entachée de complexité, en ce que le fait ainsi défini peut s'entendre, d'après le code pénal français, aussi bien d'un attentat à la pudeur que d'un viol (Crim. cass. 28 mars 1861, aff. Veuillen, D. P. 61. 1. 186). — Mais lorsque la loi étrangère sous l'empire de laquelle le fait incriminé a été commis comprend tous les éléments de la qualification française et, en outre, d'autres éléments auxquels la loi française ne s'explique pas, non seulement il est régulier, mais encore il est nécessaire, pour ne pas aggraver la position de l'accusé, d'interroger le jury dans les termes dont s'est servie la loi étrangère (V. Crim. cass. 4 janv. 1861, aff. Ailloud, D. P. 61. 1. 141).

Sect. 1re. — Questions qui doivent ou qui peuvent être soumises aux jurés (Rép. n°s 2481 à 2682).

Art. 1er. — *Nécessité de poser des questions sur tous les faits de l'accusation ; quelles questions peuvent ou doivent ne pas être posées (Rép. n°s 2486 à 2502).*

§ 1er. — *Nécessité de poser des questions sur tous les faits de l'accusation (Rép. n°s 2486 à 2491).*

1835. Le jury doit être interrogé sur tous les faits et sur toutes les circonstances de l'accusation (Rép. n°s 2486 et suiv.). Jugé, par application de ce principe : 1° que, lorsque dans l'acte d'accusation et dans les questions soumises au jury on a omis une circonstance contenue dans l'arrêt de renvoi, il y a lieu d'annuler l'acte d'accusation et tout ce qui a suivi (Crim. cass. 13 mars 1828, aff. Pagès, *Bull. crim.*, n° 72) ; — 2° Que, dans une poursuite pour cause d'incendie, lorsque le jury n'a pas été interrogé sur la circonstance de maison habitée appartenant à autrui, quoique cette circonstance résultât de l'arrêt de renvoi, on doit, cependant, la peine a été appliquée comme si cette circonstance eût été déclarée constante (Crim. cass. 12 sept. 1861, aff. Duley, D. P. 62. 1. 96) ; — 3° Que, pour satisfaire aux prescriptions de l'art. 337 c. instr. crim., il faut que les questions soumises au jury reproduisant le fait retenu par l'arrêt de renvoi, avec toutes les circonstances qui sont énoncées comme s'y rattachant (Crim. rej. 13 janv. 1881, aff. fille Delatour, dite Mariette, *suprà*, v° *Crimes et délits contre les personnes*, n°s 356 et 360) ; — 4° Que l'accusation n'est pas purgée lorsque, trois accusés ayant été renvoyés

(1) (Noirot C. Ministère public.) — La cour ; — Considérant que, par arrêt de la chambre des mises en accusation en date du 28 janv. 1881, Louis-Jules Noirot a été renvoyé devant la cour d'assises de la Seine pour y être jugé sur le crime de détournement de mineure à lui imputé ; que, n'ayant pu être saisi et ne s'étant pas présenté aux réquisitions de justice il a été condamné pour contumace à dix ans de travaux forcés par arrêt du 9 mars 1881 ; — Considérant que ledit Noirot, qui s'est constitué volontairement pour purger sa contumace, soutient qu'ayant épousé la fille par lui enlevée ou détournée, il ne peut plus être poursuivi aujourd'hui vu que sur la plainte des personnes qui, d'après le code civil, ont le droit de demander la nullité de son mariage et après que cette nullité aura été prononcée ; —

Considérant que Noirot produit une pièce régulièrement traduite et légalisée de laquelle il résulte qu'à la date du 18 oct. 1884, il a contracté mariage dans l'église Saint-André à Londres ; que cette pièce a d'ailleurs été transcrite sur les registres de l'état civil du dix-neuvième arrondissement à Paris ; — Considérant que le seul fait de la célébration de ce mariage, quelle qu'en soit d'ailleurs la valeur, soulève une question préjudicielle, dont l'appréciation échappe à la cour d'assises ;

Par ces motifs ;

Dit qu'il n'y a lieu à suivre contre Louis-Jules Noirot, etc.

Du 9 mai 1885.-C. d'ass. de la Seine.-MM. Dubard, pr.-Bernard, av. gén., c. conf.-Comby, av.

devant la cour d'assises comme coauteurs d'un seul et même fait qualifié de parricide, les questions posées au jury n'ont relevé à l'égard de deux d'entre eux que le crime d'homicide commis avec préméditation (Crim. cass. 27 sept. 1883, aff. Grandjean et autres, *Bull. crim.*, n° 240).

1836. Toutefois, si l'accusé ne comparaît devant la justice qu'après avoir été extradé, il n'est pas toujours possible d'interroger le jury sur tous les faits de l'accusation. Jugé que, lorsqu'un accusé paraît devant les assises par suite d'extradition, c'est à bon droit que le président n'interroge le jury que sur les faits compris dans la convention diplomatique, et disjoint quant aux autres chefs d'accusation, alors surtout que l'accusé, dans son interrogatoire, a fait des réserves expresses à cet égard (Crim. rej. 25 sept. 1873, aff. Huguet, D. P. 74. 1. 132).

§ 2. — *Des questions qui peuvent ou doivent ne pas être posées.* (*Rép.* n°s 2492 à 2503.)

1837. Il a été dit au *Rép.*, n° 2498, qu'on ne peut poser de questions au jury que sur les faits qui sont l'objet de l'accusation. Ainsi le complice ne peut être jugé et valablement condamné par la cour d'assises à raison d'un chef d'accusation pour lequel il n'a pas été renvoyé devant elle (Crim. cass. 19 févr. 1880, aff. Marianne Bâ, D. P. 80. 1. 436).

1838. Mais ces questions ne doivent pas comprendre les circonstances accessoires ou inutiles (*Rép.* n°s 2493 et suiv.). Jugé en ce sens : 1° qu'un président d'assises n'est pas obligé de comprendre, dans la position des questions au jury, tous les faits énoncés dans l'arrêt de renvoi, mais seulement ceux relevés d'une manière expresse dans la qualification donnée à ces faits (Crim. rej. 13 mars 1853, aff. Savina, *Bull. crim.*, n° 77) ; — 2° Qu'il n'y a pas lieu de faire spécifier par le jury si les faits constitutifs de l'attentat à la pudeur relativement à la victime, seraient dus, en ce qui concerne l'accusé, à une intention d'impudicité, ces faits ne changeant pas de caractère dans le cas où ils auraient pour cause un mouvement de brutalité ou tout autre sentiment de malveillance (Crim. rej. 23 déc. 1859, aff. Defert, D. P. 60. 5. 95).

Art. 2. — *Questions sur les faits nouveaux résultant des débats et qui ne peuvent être soumises aux jurés* (*Rép.* n°s 2503 à 2509).

1839. Les législations étrangères se sont préoccupées du cas où la physionomie du fait incriminé se modifierait au cours des débats. Le code autrichien (art. 320) exige le consentement de l'accusé pour la position de questions par suite desquelles le fait mis à sa charge pourra être considéré comme un fait frappé d'une peine plus grave. S'il refuse son consentement, ou si la cour trouve qu'une instruction préparatoire plus approfondie doit précéder les débats, elle peut réserver à l'accusateur le droit de poursuivre les faits dont il s'agit, pourvu que celui-ci le demande au plus tard avant le commencement de la délibération du jury. Le consentement de l'accusé est inutile, quand il n'est pas exposé à encourir une peine plus sévère que celle résultant des dispositions visées dans l'acte d'accusation, que le fait incriminé dégénère en simple tentative, ou que l'accusé semble avoir été non un auteur principal, mais seulement un participant ou complice (*Mitschuldiger oder Theilnehmer*). — Le code allemand pose en pareille (art. 263) que le jugement a pour objet le fait indiqué par l'accusation, tel qu'il résulte des débats. Si donc ils révèlent des circonstances propres à faire apprécier le fait incriminé autrement qu'il ne l'a été dans le décret relatif à l'ouverture de la procédure principale, une question supplémentaire (*Hülfsfrage*) est posée à cet égard (art. 294). L'accusé doit en être averti et mis en demeure de préparer sa défense. S'il conteste, en affirmant que sa défense n'est pas suffisamment préparée, l'existence de circonstances nouvellement alléguées qui l'exposent à l'application d'une disposition pénale plus rigoureuse que celle visée par le décret, la cour doit, sur sa demande, prononcer la remise des débats. Elle peut même la prononcer d'office (art. 264). — La loi italienne ne parle pas des questions résultant des débats. Le ministre, dans son rapport au roi, donne la raison de ce silence : il était à craindre que l'accusé ne pût voir sa peine augmentée à l'improviste d'une façon difficile à calculer (V. Marcy, *Code de procédure pénale du royaume d'Italie*, t. 1, p. 379).

1840. Les auteurs les plus récents ont reproduit la distinction établie au *Rép.*, n° 2503, au sujet des faits nouveaux révélés par les débats. Si ces faits ne sont ni une modification, ni une dépendance des faits incriminés, « ils ne peuvent, sous aucun prétexte, dit Faustin Hélie, t. 8, n° 3655, faire l'objet d'une question subsidiaire ; ils constituent une accusation nouvelle, et cette accusation, qui n'a été préparée par aucune instruction préalable et qui surprend l'accusé dépourvu de tous moyens de défense, ne peut être jugée immédiatement » (V. aussi Nouguier, t. 4, vol. 1, n°s 2760 et suiv.; Garraud, n° 598).

Jugé en ce sens : 1° que la tentative d'avortement ne peut être considérée, par la cour d'assises, comme une circonstance ou une modification du crime d'infanticide, et ne peut dès lors être posée au jury comme résultant des débats dans une accusation d'infanticide (Crim. rej. 16 oct. 1817, *Rép.*, v° *Avortement*, n° 11); — 2° Que, dans une accusation d'infanticide, on ne peut poser, comme résultant des débats, la question de suppression d'enfant, encore que l'une et l'autre accusation reposent sur le même fait (Crim. cass. 17 juin 1853, aff. Cornette, D. P. 54. 1. 15, cité *suprà*, v° *Crimes et délits contre les personnes*, n° 75) ; — 3° Même décision à l'égard du crime de suppression d'état, qui consiste surtout dans un attentat contre l'état civil de l'enfant, et qui ne peut être considéré comme une modification du crime d'infanticide qui est le meurtre d'un enfant nouveau-né (Crim. cass. 8 janv. 1892, aff. Mesnil, D. P. 92. 1. 550); — 4° Qu'un fait non compris dans l'arrêt de renvoi, et ne pouvant être considéré comme une circonstance modificative du fait principal, ne saurait faire l'objet d'une question subsidiaire et servir de base à une condamnation (Crim. cass. 25 janv. 1872, aff. Milelli, *Bull. crim.*, n° 23).

Art. 3. — *Questions sur les faits nouveaux résultant des débats, et qui peuvent ou doivent être soumises aux jurés* (*Rép.* n°s 2510 à 2549).

1841. Si les faits nouveaux résultant des débats ne sont que la modification ou l'accessoire de l'accusation elle-même, ou si, sans en être l'accessoire, ils s'y rattachent étroitement et ne sont qu'une circonstance de fait incriminé, ces faits peuvent et doivent alors, ainsi qu'il a été dit au *Rép.*, n°s 2510 et suiv., être soumis au jury sous forme de questions subsidiaires (V. conf. Faustin Hélie, t. 8, n°s 3652 et suiv.; Nouguier, t. 4, vol. 1, n°s 2760 et suiv.; Garraud, n° 598).

1842. — 1° *Addition d'alternatives.* — Il s'agit ici, bien entendu, d'alternatives admises par la jurisprudence (*Rép.* n°s 2811 et suiv.). — Jugé que, dans une accusation de contrefaçon de monnaie, le jury a pu être alternativement interrogé sur la question de savoir si l'accusé est coupable de contrefaçon ou d'altération de monnaie, alors même que l'acte d'accusation ne contiendrait que la première de ces qualifications : la question relative à la seconde qualification (celle d'altération) est présumée de droit être résultée des débats (Crim. rej. 18 avr. 1844, aff. Flontenilles, D. P. 45. 4. 274). De même, bien qu'un accusé ait été renvoyé devant la cour d'assises à raison d'un attentat à la pudeur sans violence, présenté seulement comme ayant été *commis* sur un enfant de moins de treize ans, le président a pu, dans la question posée au jury, demander si cet attentat a été *commis ou tenté* sur la personne désignée ; une telle addition serait à tort considérée comme modifiant l'accusation ; et il n'est, d'ailleurs, pas exigé que la question de tentative soit, en cette matière, posée dans les termes de l'art. 2 c. pén. (Crim. rej. 31 déc. 1869, aff. Lassiège, D. P. 70. 1. 434).

1843. — 2° *Indication ou changement de la date des faits incriminés.* — Du droit, pour le président de la cour d'assises, de soumettre au jury des questions résultant des débats découle celui de préciser, dans les questions qu'il pose, l'époque à laquelle a été commis le crime objet de l'accusation, quand même l'arrêt de renvoi ne s'en explique pas, et pourvu que la nature de l'accusation ne s'en trouve pas modifiée (Crim. rej. 4 déc. 1856, aff. Berthe de Villers, D. P. 57. 1. 77). — De même, le président des assises peut vala-

blement interroger le jury par des questions subsidiaires comme résultant des débats sur les mêmes faits qui sont compris dans les questions principales, mais avec modification de la date à laquelle ces faits auraient été commis (Crim. cass. 17 janv. 1884, aff. Delmond, *Bull. crim.*, n° 15 V. en ce sens, *Rép.* n° 2515-4°).

1844. — 3° *Fait écarté ou omis par la chambre d'accusation.* — Il est admis que le droit de soumettre au jury les circonstances qui résultent des débats peut s'exercer non seulement quand l'arrêt de renvoi ne les a pas mentionnées, mais encore quand cet arrêt a admis des faits qui semblent contredire leur existence, ou même quand il les a expressément écartées, pourvu que ce ne soit pas par des raisons de droit (V. Faustin Hélie, t. 8, n° 3636. Comp. *Rép.* n°s 2514 et suiv.). Jugé, en conséquence : 1° que, en matière d'avortement, bien que l'arrêt de renvoi n'ait pas relevé la qualité de sage-femme, dans la personne de l'accusée, pour en former une circonstance aggravante, cette qualité peut devenir l'objet d'une question accessoire posée au jury comme résultant des débats (Crim. rej. 23 mai 1844, aff. Femme Mauclère, *Bull. crim.*, n° 179) ; — 2° Que les modifications apportées par les débats à l'accusation peuvent être l'objet de questions au jury, dans le cas même où ces modifications ont déjà été rejetées par la chambre d'accusation (Crim. rej. 24 déc. 1847, aff. Cossenet, D. P. 47. 4. 301) ; — 3° Qu'une question posée sur une circonstance indûment ajoutée par l'acte d'accusation à celles retenues par l'arrêt de renvoi, ne peut être attaquée comme irrégulière, si elle a été formulée par le président, non pas exclusivement en conformité avec l'acte d'accusation, mais aussi comme résultant des débats (Crim. rej. 28 déc. 1860, aff. Larqué, D. P. 61. 5. 430) ; — 4° Que le président peut poser, comme résultant des débats, une question sur un fait écarté par l'arrêt de renvoi de la chambre d'accusation (Crim. rej. 24 déc. 1863, aff. Javary, *Bull. crim.*, n° 307) ; — 5° Que le président des assises a pu relever, dans une question posée comme résultant des débats, une circonstance aggravante omise dans l'acte d'accusation et tenant, par exemple, à la qualité de l'accusé, bien que cette circonstance ait été connue avant l'arrêt de renvoi, alors surtout que cet arrêt ne l'a pas examinée et n'a pas entendu l'écarter en ne s'en expliquant pas (Crim. rej. 31 déc. 1869, aff. Russo, D. P. 70. 1. 376).

1845. — 4° *Coopération. — Complicité.* — Les circonstances de nature à déterminer la coopération ou la complicité peuvent, selon la doctrine du *Rép.*, n° 2535, faire l'objet de questions subsidiaires résultant des révélations des débats. Ainsi : 1° le président peut poser au jury comme résultant des débats, une question subsidiaire de coauteur relativement à un accusé qui a été renvoyé devant la cour d'assises comme complice du fait incriminé (Crim. cass. 19 juin 1829, aff. Tixier, *Bull. crim.*, n° 137) ; — 2° Il peut proposer au jury, comme résultant des débats, une question subsidiaire de complicité à l'égard d'un individu qui avait été mis en accusation comme auteur principal du crime (Crim. rej. 12 juill. 1832, aff. Lafargue, *Bull. crim.*, n° 253 ; 22 janv. 1841, aff. Pragnal et Puel, *ibid.*, n° 19) ; — 3° Et il en est ainsi alors même que l'arrêt de la chambre d'accusation, qui réformait en ce point l'ordonnance de mise en prévention, a écarté le chef de complicité prévu par l'art. 60 c. pén., si des faits nouveaux se sont produits à l'audience de la cour d'assises (C. d'ass. de Niort, 15 mars 1849, aff. Kermarec, D. P. 50. 2. 48).

Les mêmes principes sont applicables en matière de presse (V. *suprà*, v° *Presse*, n° 1907). Jugé, à cet égard, que le prévenu ou l'accusé renvoyé par la chambre des mises en accusation, pour complicité de délit de presse, n'en conserve pas moins le droit de prétendre devant la cour d'assises qu'il n'est pas seulement complice, mais qu'il est l'auteur principal des faits incriminés ; et, dans ce cas, le président de la cour d'assises a le droit de poser au jury comme résultant des débats une question subsidiaire de ce chef (Crim. rej. 21 nov. 1891, aff. Martinet, D. P. 92. 1. 33 et la note).

1846. Le recélé rentrant dans la complicité (*Rép.* n° 2538), le président peut également, dans une accusation dirigée contre un accusé comme auteur principal d'un vol, poser une question subsidiaire sur le point de savoir si l'accusé a du moins recélé tout ou partie des objets provenant de ce vol : ce n'est pas là un fait étranger à l'accusation princi-

pale (Crim. rej. 7 avr. 1860, aff. Puyau, D. P. 61. 5. 134).

1847. — 5° *Tentative.* — Ce qui est vrai de la coopération et de la complicité l'est à plus forte raison de la tentative, que la loi assimile au crime même (*Rép.* n°s 2540 et suiv.). Ainsi jugé : 1° que le président de la cour d'assises peut, dans une accusation d'attentat à la pudeur commis avec violence, soumettre au jury, comme résultant des débats, une question sur la tentative avec violence, qui n'est qu'une modification de cet attentat (Crim. rej. 10 juin 1830, *Rép.*, v° *Attentat aux mœurs*, n° 92) ; — 2° Que la question de tentative de meurtre, n'étant qu'une modification du meurtre qui fait l'objet de l'accusation, peut être soumise au jury comme résultant des débats, après décision de la cour, nonobstant l'opposition de l'accusé à la position de la question (Crim. rej. 25 janv. 1849, aff. Moretti, *Bull. crim.*, n° 19) ; — 3° Que la tentative de viol, réunissant les caractères de la tentative légale, et passible de la même peine que le crime de viol, peut être subsidiairement l'objet d'une question posée au jury (Crim. rej. 8 janv. 1852, aff. Lacroix, *Bull. crim.*, n° 5) ; — 4° Que la question subsidiaire de tentative du crime relevé par l'arrêt de renvoi ne constitue pas une accusation nouvelle ; elle contient seulement une qualification différente du même fait (Crim. rej. 31 mai 1877, aff. Rich, *Bull. crim.*, n° 129).

1848. — 6° *Faits présentant un autre caractère pénal.* — Le président peut, selon les principes exposés au *Rép.*, n°s 2532 et suiv., poser comme résultant des débats toute question qui, quoique formulant une accusation distincte, en ce sens qu'elle est prévue par une autre disposition de loi, n'est toutefois que la reproduction du fait primitif envisagé sous un autre point de vue et présentant un autre caractère pénal. Jugé, en conséquence : 1° que, lorsque, dans les termes mêmes de l'acte d'accusation, une femme est accusée d'avoir fait disparaître l'enfant dont elle était accouchée, le président peut poser au jury la question subsidiaire de suppression d'enfant. Ce n'est pas, de sa part, porter une nouvelle accusation sur un autre fait ; et cette question subsidiaire, bien qu'elle constitue, si elle est résolue affirmativement, un crime différent de celui qui était l'objet du crime principal, ne présente cependant qu'une modification du fait complexe qui était l'objet de l'accusation (Crim. rej. 7 juill. 1837, aff. Jeanne Veillon, *Rép.* n° 2495-2°) ; — 2° Que les présidents d'assises ont le droit de poser, comme résultant des débats, toute question qui, bien que formulant une accusation différente de la première, en ce sens qu'elle est prévue par une autre disposition de la loi, n'est toutefois que la reproduction du fait primitif, envisagé sous un autre point de vue et présentant un autre caractère pénal (Crim. rej. 11 mai 1838, aff. Franciol, *Bull. crim.*, n° 124) ; — 3° Que le président a pu poser comme résultant des débats, dans une accusation de viol, la question d'attentat à la pudeur consommé ou tenté, avec ou sans violence, sur la même jeune fille, ce dernier crime ne constituant qu'une modification du premier (Crim. rej. 8 févr. 1849, aff. Truphine, D. P. 49. 5. 23 ; 18 déc. 1858, aff. Pascal, *Bull. crim.*, n° 313) ; — 4° Qu'une question posée au jury sur un crime de meurtre, précédé d'un vol concomitant avec ce meurtre, ne fait pas obstacle à ce que le président de la cour d'assises pose, comme question subsidiaire résultant des débats, la circonstance aggravante que ce vol aurait été commis avec des violences ayant laissé des traces de blessures sur la même personne qui est signalée comme ayant été victime de la tentative de meurtre (Crim. rej. 22 juin 1855, aff. Poncet, *Bull. crim.*, n° 224) ; — 5° Que dans une accusation de complicité du crime de parricide par empoisonnement, le président peut poser comme résultant des débats la question subsidiaire de savoir si l'accusé est coupable d'avoir attenté volontairement à la vie de la victime par l'effet de substances propres à donner la mort (Crim. rej. 27 avr. 1876, aff. Garrigue, D. P. 77. 1. 92).

1849. La question résultant des débats peut et doit être posée, alors même qu'il a été dit au *Rép.*, n°s 2530 et suiv., alors même qu'elle convertirait en un simple délit le fait incriminé. Jugé, en ce sens : 1° que dans une accusation de tentative d'infanticide et de complicité de ce crime, une question subsidiaire relative à un délit d'exposition consommé à l'égard du même enfant, qui viendrait à se révéler aux débats, est légalement posée au jury, lorsque le délit,

dans les circonstances de la cause, peut être considéré comme se rattachant au crime objet de l'accusation (Crim. cass. 31 août 1855, aff. Bossé, D. P. 55. 1. 444) ; — 2° Que, dans une accusation de vol avec violences et port d'armes, le président peut poser au jury, comme résultant des débats, une question de coups et blessures ayant entraîné une incapacité de travail de plus de vingt jours (Crim. rej. 24 déc. 1863, aff. Javary, Bull. crim., n° 307) ; — 3° Que le président peut poser au jury, comme modification de l'accusation principale, une question subsidiaire de violences et voies de fait volontaires, lorsque les faits qualifiés d'attentat à la pudeur paraissent avoir perdu à la suite des débats le caractère lubrique que leur attribuait l'accusation et constituer simplement le délit prévu et puni par l'art. 311 c. pén. (Crim. rej. 25 nov. 1886, aff. Broset, Bull. crim., n° 396) ; — 4° Que le président de la cour d'assises qui, après avoir posé et lu les questions de tentative d'homicide volontaire et de préméditation résultant de l'acte d'accusation, pose comme résultant des débats les questions de voies de fait volontaires commises avec préméditation, loin de violer la loi, se conforme à son véritable esprit (Crim. rej. 17 janv. 1889, aff. Femme Beux, Bull. crim., n° 15).

1850. — 7° *Question principale posée cumulativement avec la question originaire.* — Enfin des modifications peuvent être soumises au jury à titre, non de question subsidiaire, mais de question principale posée cumulativement avec la question originaire. Spécialement, dans une accusation d'attentat à la pudeur, le président peut, à raison de la circonstance de publicité établie au cours des débats, poser une seconde question relativement à l'accusation d'outrage public à la pudeur (C. d'ass. de la Vienne, 23 mai 1860, aff. Janot, D. P. 60. 2. 132).

1851. Le président des assises doit, à peine de nullité, avertir l'accusé des questions qui vont être posées au jury, comme résultant des débats. « Il est nécessaire et substantiel aux intérêts légitimes de la défense, dit M. Nouguier (t. 4, vol. 1, n° 2804), que l'accusé connaisse cette mesure qui aboutit à une aggravation ou à une modification du titre primitif de l'accusation » (Conf. Faustin Hélie, t. 8, n° 3634). — A défaut de réclamation de l'accusé, il y a présomption que l'avertissement lui a été donné. Mais cette présomption tombe devant les énonciations du procès-verbal desquelles il résulte virtuellement que l'avertissement n'a pas eu lieu (Crim. cass. 11 sept. 1856, aff. Rodenbrunner et Nessler, D. P. 56. 1. 416).

1852. Enfin l'avertissement peut résulter de la simple lecture faite publiquement et à haute voix de toutes les questions posées au jury. Cela suffit pour donner l'éveil à la défense et la mettre en mesure de produire, s'il y a lieu, toutes contestations ou observations utiles (V. Nouguier, *loc. cit.*, n° 2805 et les arrêts qu'il cite ; Crim. rej. 18 mai 1865, aff. Arnault et Pourtois, D. P. 69. 1. 166). Jugé que le président peut, sur les réquisitions du ministère public, poser au jury des questions subsidiaires résultant des débats sans avoir besoin de donner un avertissement spécial à l'accusé avant la clôture des débats, du moment que ces questions ont été lues après la clôture des débats et où l'accusé a été mis ainsi en situation de réclamer la parole et de demander, s'il le croyait utile, la réouverture des débats (Crim. rej. 27 mai 1892, aff. Tahar-ben-Braham, Bull. crim., n° 159). Toutefois il est préférable que le président annonce avant la clôture des débats la question qu'il se propose de poser (Faustin Hélie, t. 8, n° 3720).

ART. 4. — *Preuve ou présomption que les faits nouveaux résultent des débats* (Rép. n°s 2550 à 2559).

1853. La preuve que les faits nouveaux résultent des débats n'étant soumise par la loi à aucune forme particulière, la jurisprudence a établi par de nombreux arrêts cités au Rép., n°s 2552 et suiv., cette présomption que toute question qui ne résulte pas de l'accusation primitive a été inspirée par les révélations des débats. Jugé, de même : 1° que les questions posées au jury en addition à celles formulées conformément à l'arrêt d'accusation sont présumées l'avoir été d'après le résultat des débats, alors surtout que, sur la feuille des questions, elles sont précédées d'une mention, de la main du président, qui les désigne

comme « questions résultant des débats » (Crim. rej. 18 mai 1865, aff. Arnault et Pourtois, D. P. 69. 1. 166-167); — 2° Que la question de guet-apens posée dans une affaire où l'accusé était seulement accusé de meurtre avec préméditation est présumée avoir été posée comme résultant des débats, lorsque le procès-verbal constate qu'elle a été lue en présence de l'accusé et de son conseil, qui n'ont élevé aucune réclamation (Crim. rej. 27 août 1868, aff. Duranger, D. P. 69. 5. 103-104) ; — 3° Que le fait de la position d'une question non comprise dans le résumé de l'acte d'accusation est la démonstration suffisante que cette question résultait des débats ; il en est ainsi surtout lorsque ladite question a été posée sans réclamation de la part de l'accusé et de son défenseur (Crim. rej. 24 juill. 1891, aff. Amar-ben-Mohamed-ben-Dahman, D. P. 91. 1. 494).

1854. Dans le même ordre d'idées, il a été décidé que lorsque le président, en soumettant aux jurés comme résultant des débats une question sur une qualité qui appartient à l'accusé, les a prévenus qu'ils auraient à former leur décision tant sur le fait principal que sur la circonstance aggravante, l'accusé ne peut soutenir que des doutes ont dû s'élever dans l'esprit des jurés sur la portée d'une question ainsi posée (Crim. rej. 13 nov. 1856, aff. Roulin, D. P. 56. 1. 469).

1855. Il appartient à la cour d'assises de décider, en cas d'incident contentieux, si la question à poser résulte ou non des débats (Rép. n° 2546) ; et son appréciation échappe à la censure de la cour suprême (Rép. n° 2559). Jugé, à cet égard : 1° qu'il ne peut résulter une nullité de ce que la question de savoir si un accusé de complicité était coauteur aurait été posée sur la demande d'un juré, quand la cour d'assises a déclaré que le fait qui y donnait lieu était résulté du débat (Crim. cass. 19 juin 1829, aff. Texier, Bull. crim., n° 137) ; — 2° Qu'une cour d'assises a pu, dans une accusation d'homicide volontaire avec préméditation, refuser à l'accusé de poser au jury la question subsidiaire de blessures volontaires ayant occasionné la mort sans intention de la donner, en jugeant que cette question ne résultait pas des débats (Crim. rej. 29 juin 1854, aff. Villebrun, D. P. 54. 5. 223).

ART. 5. — *Des questions sur les faits destructifs de la criminalité : violence, légitime défense, défaut d'intention, démence, âge* (Rép. n° 2560).

§ 1er. — Absence d'intention et de connaissance.
(Rép. n°s 2561 à 2564.)

1856. V. sur ce point *infrà*, n° 1874.

§ 2. — Violence irrésistible ; légitime défense.
(Rép. n°s 2565 à 2567.)

1857. Il a été jugé, depuis la publication du *Répertoire*, conformément à la jurisprudence qui y est rapportée (n° 2567), que la légitime défense constituant, aux termes de l'art. 328 c. pén., un moyen de justification péremptoire qui exclut la criminalité de tout acte de violence, il n'est pas nécessaire d'en faire l'objet d'une réponse distincte, puisqu'elle se trouve implicitement résolue par la déclaration relative à la culpabilité (Crim. rej. 24 déc. 1875, aff. Stricker, Bull. crim., n° 364 ; 25 mars 1886, supra, v° *Crimes et délits contre les personnes*, n° 301). Conf. Nouguier, t. 4, vol. 1, n° 2820 ; Faustin Hélie, t. 8, n° 3642 ; Garraud, t. 1, n° 238.

§ 3. — Démence (Rép. n°s 2568 à 2569).

1858. Dans le sens des arrêts rapportés ou cités au *Rép.*, n° 2569, il a été décidé que, la démence anéantissant la culpabilité et, par conséquent, tout délit, il n'y a pas lieu d'en faire l'objet d'une question spéciale, par assimilation avec les excuses admises par la loi (Crim. rej. 1er mars 1855, aff. Duplessis, D. P. 55. 5. 201; 16 sept. 1875, aff. Bergès, Bull. crim., n° 293 ; Chauveau et Faustin Hélie, t. 1, n° 364 ; Trébutien, t. 1, n° 527 ; Blanche, t. 2, n° 184 ; Le Sellyer, *Traité de la criminalité*, t. 1, n° 69). Cependant ces auteurs

admettent généralement que la question de démence posée au jury ne constituerait pas une violation de la loi.

§ 4. — Défaut de discernement (*Rép.* n°s 2570 à 2579).

1859. Il y a nullité, en cas de condamnation, ainsi qu'on l'a dit au *Rép.*, n° 2570, lorsque la question de discernement n'a pas été posée pour tout accusé âgé de moins de seize ans. Or la question principale doit préciser suffisamment la date du fait incriminé pour permettre de reconnaître si l'accusé, lorsqu'il a commis le fait qui lui est reproché, était ou non majeur de seize ans et s'il y avait lieu, dès lors, d'appliquer les textes de loi concernant les majeurs ou bien les dispositions des articles 66 à 68 c. pén. (Crim. cass. 17 mars 1887, aff. Longuefosse, *Bull. crim.*, n° 108).

1860. Lorsque au cours des débats devant la cour d'assises il s'élève un doute sur la question de savoir si l'accusé est âgé de moins de seize ans, à plus forte raison lorsque cette question est soulevée par la défense et donne lieu à un incident contentieux, le président est tenu de poser cette question au jury, et de l'interroger subsidiairement sur le défaut de discernement; et il importerait peu, en cet état des faits, que l'acte de naissance de l'accusé ne pût être produit, l'absence de ce document ne pouvant constituer la présomption légale que l'accusé avait dépassé l'âge de seize ans (Nouguier, t. 4, r° 2827; Faustin Hélie et Chauveau, t. 1, n° 332; Garraud; t. 1, n° 208-3°, Le Sellyer, *loc. cit.*, t. 1, n° 112). Jugé, en ce sens: 1° que le bénéfice de l'art. 66 c. pén., aux termes duquel l'accusé âgé de moins de seize ans qui est reconnu avoir agi sans discernement doit être acquitté, n'est pas subordonné à la production d'un acte de naissance. En conséquence, lorsqu'il résulte des énonciations de l'arrêt de mise en accusation où des débats, qu'il y a incertitude sur la question de savoir si l'accusé était âgé de moins de seize ans, cette question doit être posée au jury avec une question subsidiaire sur le discernement (Crim. cass. 26 sept. 1850, aff. Peyssel, D. P. 50. 1. 331; 5 mai 1870, aff. Blancherie et autres, *Bull. crim.*, n° 97); — 2° Que, lorsqu'il n'est pas certain si l'accusé avait plus ou moins de seize ans à l'époque du crime, le jury doit, à peine de nullité, être consulté sur cette question préalable, et, s'il décide que l'accusé avait moins de seize ans, il doit également être interrogé sur la question de discernement que lui seul a le droit de trancher (Crim. cass. 21 mai 1885, aff. Munigadou, *Bull. crim.*, n° 151).

1861. Mais lorsque aucune incertitude ne s'est manifestée, à aucune des phases de la procédure, sur l'âge d'un accusé, il n'y a point lieu, pour le président de la cour d'assises, d'interroger le jury sur la question de savoir s'il était âgé de moins de seize ans au moment où le crime a été commis, et, éventuellement, s'il aurait agi avec discernement; et l'accusé est non recevable à produire pour la première fois, devant la cour de cassation, une pièce (un acte de notoriété, dans l'espèce), destinée à établir qu'à l'époque du fait incriminé il était âgé de moins de seize ans accomplis (Crim. rej. 3 mars 1881, Saïd-ben-Mokar et autres, D. P. 82. 1. 188, V. Nouguier, t. 4, vol. 1, n° 2831).

1862. Enfin, il a été jugé depuis la publication du *Répertoire*, conformément à l'opinion qui y est adoptée (n° 2579), que lorsqu'un mineur âgé de moins de seize ans, est traduit devant la cour d'assises sous l'accusation de plusieurs crimes, la question de discernement doit, à peine de nullité, être posée séparément pour chaque chef d'accusation (Crim. cass. 9 févr. 1854, aff. Teissier, D. P. 54. 1. 88). Conf. Nouguier, t. 4, vol. 1, n° 2834.

Art. 6. — *Des questions sur les faits constitutifs du crime.*
(*Rép.* n°s 2580 à 2598.)

1863. — I. Faits constitutifs proprement dits. — On a établi au *Rép.*, n°s 2580 et suiv., que les questions doivent comprendre non seulement le fait de l'accusation, mais encore toutes les circonstances constitutives du crime (V. Faustin Hélie, t. 8, n° 3675; Nouguier, t. 4, vol. 1, n° 2665 et suiv.; Garraud, n° 600). Ce principe a trouvé son application dans les arrêts suivants, qui s'occupent moins du libellé des questions que des éléments qui, en droit, doivent les constituer.

1864. — 1° *Banqueroute frauduleuse.* — Pour que les peines de la banqueroute frauduleuse puissent être appliquées à un accusé déclaré coupable de ce crime, il faut que la réponse du jury ou les questions qui lui sont posées attribuent formellement à cet accusé la qualité de commerçant failli (Crim. cass. 28 déc. 1837, aff. Auger, *Bull. crim.*, n° 444). Conf. Chauveau et Faustin Hélie, t. 5, n° 2145 et suiv.

1865. — 2° *Coups et blessures.* — Dans une accusation de coups portés volontairement par un fils à son père, la volonté n'est pas seulement une circonstance aggravante du fait principal; elle est constitutive de ce fait et le jury doit, dès lors, être appelé à en constater l'existence (Crim. cass. 24 janv. 1822, aff. Rapet, *Bull. crim.*, n° 13).

1866. — 3° *Crimes et délits commis dans les faillites par d'autres que par les faillis.* — Le fait d'avoir présenté frauduleusement dans une faillite une créance supposée n'est passible des peines de la banqueroute frauduleuse, établies par l'art. 593 c. com., qu'autant qu'il est constaté que cette créance a été affirmée. En conséquence, à défaut de mention de cette affirmation dans la question posée au jury, la déclaration de culpabilité intervenue contre l'accusé ne peut servir de base à l'application de la disposition pénale de l'art. 593 c. com. (Crim. rej. 13 mars 1851, aff. Bontin, D. P. 51. 5. 251).

1867. — 4° *Enlèvement de mineur.* — Même dans le cas où l'enlèvement de mineur sur lequel la cour d'assises est appelée à prononcer est un rapt de séduction, la question posée au jury doit faire connaître, à peine de nullité de la réponse, le lieu d'où le mineur a été enlevé ou détourné, et la personne à l'autorité ou direction de laquelle il se trouvait soumis ou confié (Crim. cass. 22 juin 1872, aff. Mandrat, D. P. 72. 1. 207). V. *Rép.* n° 2587-2°; Chauveau et Faustin Hélie, t. 4, n° 1569.

1868. — 5° *Extorsion de signature.* — L'extorsion de signature, isolée des circonstances de force, violence ou contrainte, qui sont un élément essentiel de ce crime, n'est pas punissable. En conséquence, lorsque le président de la cour d'assises, envisageant à tort ces circonstances comme aggravantes du fait principal d'extorsion, a posé, sur l'extorsion et la violence, deux questions distinctes, la solution négative de celle relative à la violence emporte acquittement de l'accusé, nonobstant la réponse affirmative faite à celle concernant l'extorsion (Crim. cass. 19 août 1852, aff. Picault, D. P. 52. 5. 263). V. Blanche, t. 6, n° 59; Chauveau et Faustin Hélie, t. 5, n° 2129.

1869. — 6° *Fausse monnaie.* — Pour qu'un accusé puisse être condamné comme coupable du crime d'émission de fausse monnaie, il faut, à peine de nullité, que le jury ait été interrogé sur le point de savoir si les pièces émises étaient contrefaites, et que le jury ait résolu affirmativement la question (Crim. cass. 8 avr. 1825, aff. Mozé, *Bull. crim.*, n° 66). De même, la déclaration du jury constatant qu'un individu a participé sciemment à l'émission de pièces fausses ou altérées, sans qu'il soit énoncé que ces pièces de monnaie avaient cours légal en France ou dans les colonies, ne peut servir de base à une condamnation (Crim. cass. 4 mai 1848, aff. Stwart, D. P. 48. 5. 198; 4 sept. 1862, aff. Séguin, D. P. 63. 5. 200). V. Blanche, t. 3, n°s 30 et 31; Chauveau et Faustin Hélie, t. 2, n° 586.

1870. — 7° *Faux.* — Le crime de faux n'est pas légalement constaté par la déclaration du jury qu'un faux a été commis dans un certificat, lorsque cette déclaration ne fait pas mention soit de la fabrication du certificat, soit de la fausseté des faits qu'il constate (Crim. cass. 3 déc. 1847, aff. Delbos, D. P. 48. 5. 199); — 2° Dans une accusation de faux en écriture authentique et publique, la question posée au jury doit, à peine de nullité, mentionner la nature de l'acte et le préjudice qu'il pouvait causer à autrui : il ne suffit pas que cette question porte que l'acte paraît être rédigé par un officier public, et qu'il en a été fait usage, de telles énonciations ne renfermant pas la double condition constitutive du crime qui fait l'objet de l'accusation (Crim. cass. 24 avr. 1851, aff. Jasseau, D. P. 51. 5. 265); — 3° Dans une accusation, formée contre un ouvrier, d'avoir commis des altérations de chiffres dans des notes relatives à des livraisons faites pour le compte de son maître, en vue de se faire payer plus qu'il ne lui est dû, la circonstance que ces notes avaient été re-

mises au maître qui en avait reconnu l'exactitude et qu'elles étaient ainsi devenues un élément de compte de façons à régler, est constitutive du crime de faux. En conséquence, si le jury n'a pas été interrogé sur cette circonstance, la déclaration par laquelle il a reconnu l'existence de l'altération est insuffisante et il y a lieu d'annuler la condamnation à laquelle elle aurait servi de base (Crim. cass. 31 mai 1855, aff. Petit, D. P. 55. 1. 299).

Toutefois, en matière de faux, il n'est pas nécessaire d'interroger le jury sur la possibilité du préjudice, quand cette éventualité de préjudice résulte de la nature même de la pièce incriminée (Crim. rej. 20 févr. 1879, aff. Bel-Kassen-Ould-si-Abd-el-Kader-ben-Saïd, D. P. 79. 1. 189). V. Rép., v° Faux, n°s 169 ; Nouguier, t. 4, vol. 1, n° 2711 ; Chauveau et Faustin Hélie, t. 2, n° 676.

1871. — 8° Incendie. — Le crime d'incendie de bois ou récoltes abattues n'existe qu'autant que les objets incendiés ont le caractère de récoltes, et n'est, dès lors, régulièrement constaté qu'autant que le jury a été interrogé sur cet élément constitutif du crime (Crim. rej. 30 juin 1853, aff. Damois, D. P. 53. 5. 254). V. Blanche, t. 6, n° 526 ; Chauveau et Faustin Hélie, t. 6, n° 2541.

1872. — 9° Subornation de témoin. — Le crime de subornation de témoin n'est punissable qu'autant qu'il est constaté que le témoin suborné a déposé contre l'accusé ou en sa faveur. Et il importe peu que les questions relatives à l'accusé de faux témoignage énoncent cette circonstance, si celle relative au suborneur ne la mentionne pas, soit par elle-même, soit en se référant à ces questions (Crim. cass. 22 mars 1850, aff. Roques, D. P. 50. 5. 439). V. Blanche, t. 5, n°s 391 et suiv.; Chauveau et Faustin Hélie, t. 4, n° 1822.

1873. — 10° Violences envers les personnes par un fonctionnaire. — Lorsqu'un agent ou préposé du Gouvernement est accusé de violences envers les personnes, le jury doit être interrogé, à peine de nullité, sur les deux questions de savoir s'il a agi dans l'exercice de ses fonctions, et s'il a agi sans motifs légitimes. Ces deux questions doivent être posées d'office, lorsque la réquisition n'en a été faite ni par l'accusé, ni par son défenseur (Crim. cass. 14 oct. 1825, aff. Girod, Rép., v° Crimes et délits contre les personnes, n° 226 ; 14 janv. 1869, aff. Vittori, D. P. 69. 1. 184). V. Blanche, t. 3, n°s 461 et suiv.; Chauveau et Faustin Hélie, t. 3, n° 882.

1874. — II. Intention ou connaissance. — On a expliqué au Rép., n°s 2589 et suiv., que, pour certains crimes, la circonstance de volonté ou de connaissance est un élément formel de la criminalité. Dans ce cas, l'expression : « l'accusé est-il coupable ? » ne suffit pas ; il faut demander, en outre, au jury si le crime a été commis volontairement ou sciemment (V. Nouguier, t. 4, vol. 1, n° 2814 ; Faustin Hélie, t. 8, n° 3670). Jugé, par application de ce principe : 1° que les coups et blessures n'étant punissables qu'autant qu'ils ont été portés ou qu'elles ont été faites volontairement, l'arrêt qui condamne un fils pour coups et blessures envers sa mère doit être annulé, si le jury n'a pas été interrogé sur la circonstance de volonté (Crim. cass. 10 mars 1826, Rép. v° Crimes et délits contre les personnes, n° 153-1°) ; — 2° Que les coups et blessures ne sont passibles des peines de l'art. 309 c. pén. que lorsqu'ils ont été volontaires ; en conséquence, est incomplète et nulle la réponse par laquelle le jury déclare l'accusé coupable d'avoir porté des coups et fait des blessures qui ont occasionné une incapacité de travail de plus de vingt jours, sans exprimer qu'il a agi volontairement (Crim. cass. 27 févr. 1824, Rép. v° Crimes et délits contre les personnes, n° 153 ; 22 juin 1850, aff. Lesueur, D. P. 50. 5. 465) ; — 3° Que la question posée au jury sur une accusation de coups et blessures doit, à peine de nullité, mettre le jury en demeure de s'expliquer sur l'intention, élément essentiel du crime (Crim. cass. 3 sept. 1868, suprà, v° Crimes et délits contre les personnes, n° 139. 18 févr. 1876, aff. Sabaut, D. P. 77. 1. 413; 17 déc. 1886, suprà, v° Crimes et délits contre les personnes, n° 139); V. Blanche, t. 4, n° 564 ; Chauveau et Faustin Hélie, t. 4, n° 1336 ; — 4° Que la connaissance de la fausseté des monnaies ou pièces contrefaites, de la part de celui qui en fait usage, est un élément essentiel et constitutif de la criminalité; que, par suite, dans le cas d'accusation d'émission de fausse monnaie, la question posée au

jury doit, à peine de nullité, énoncer que l'auteur de l'émission des pièces fausses avait connaissance de leur contrefaçon (Crim. cass. 18 févr. 1875, aff. Le Ret, et 18 nov. 1875, aff. Oudin, D. P. 76. 1. 281 ; 16 déc. 1880, aff. Vergnes, D. P. 81. 1. 138 ; 16 mars 1882, aff. Zéclana, Bull. crim., n° 74; 23 févr. 1883, aff. Amoretti et Curiel, D. P. 83. 1. 486 ; V. Blanche, Études, t. 3, n° 24. — Contrà, Faustin Hélie, t. 8, n° 3688) ; — 5° Que le recel d'objets volés n'étant punissable que s'il a été commis sciemment, cette dernière circonstance doit, à peine de nullité, figurer dans la question posée au jury (Crim. cass. 5 janv. 1871, aff. Jouey, D. P. 71. 1. 190 ; 4 avr. 1878, aff. Creps, D. P. 78. 1. 392); spécialement, qu'il ne suffit pas de demander au jury si la somme recélée provenait de détournements commis par l'accusé principal au préjudice de la maison de banque dont il était l'employé, la réponse affirmative à cette question n'impliquant pas nécessairement que cette provenance frauduleuse fût à la connaissance de l'accusé de recel (Arrêt précité du 4 avr. 1878) ; — 6° Que l'aide et l'assistance ne constituant la complicité que lorsqu'elles sont prêtées avec connaissance, le jury doit être interrogé sur cette dernière circonstance ; à défaut d'une déclaration expresse à cet égard, la réponse est nulle, et aucune peine ne peut être prononcée (Crim. cass. 26 sept. 1822, Rép. v° Complice, n° 140 ; 24 sept. 1852, aff. Andriès, D. P. 52. 5. 133) ; — 7° Qu'il ne suffit pas, pour l'application des peines du meurtre, qu'il soit déclaré que l'homicide a été commis sans préméditation, il faut encore qu'il soit constaté qu'il a été volontaire (Crim. cass. 18 janv. 1816, Rép. v° Tentative, n° 63 ; 19 sept. 1828, aff. Heulander, Bull. crim., n° 269) ; — 8° Que, dans une accusation d'incendie, il y a nullité si le jury est interrogé sur le fait purement matériel d'incendie, sans que la question spécifie que l'acte incriminé a été volontaire (Crim. cass. 13 avr. 1868, aff. Giraud, D. P. 69. 5. 103) ; — 9° Que le fait, par un individu, d'avoir communiqué l'incendie à l'édifice d'autrui, en mettant le feu à des objets appartenant à lui ou à autrui, et placés de manière à communiquer cet incendie, n'est punissable qu'autant que la réponse du jury établit que ce fait a eu lieu volontairement (Crim. cass. 13 juin 1850, aff. Jaubert, D. P. 50. 5. 281) ; — 10° Que les peines portées contre ceux qui ont fait usage d'un écrit faux n'étant applicables qu'autant que l'auteur de cet usage a connu la fausseté de l'écrit, il est indispensable, pour baser une condamnation, que cette circonstance, essentiellement constitutive de la criminalité, résulte des questions adressées aux jurés et de leurs réponses (Crim. cass. 26 juin 1834, aff. Paoli, Rép. v° Faux, n° 418).

1875. Ajoutons, en thèse générale, que lorsqu'une infraction quelconque imputée à l'accusé n'est relevée par l'accusation que comme circonstance aggravante d'un crime, il n'est pas absolument nécessaire de la désigner, dans les questions posées au jury, par une indication spéciale des circonstances matérielles qui la constituent ;... et, par exemple, il n'y aurait pas nullité, parce qu'on se serait borné à demander, en termes généraux, à la suite des questions relatives à un meurtre, si ce crime avait eu pour but de faciliter la perpétration d'un délit de vol (Crim. cass. 12 juill. 1855, aff. Scotto di Perto, D. P. 55. 1. 352).

1876. Enfin une question résolue affirmativement par le jury peut servir de base à une condamnation, bien qu'elle ne relate pas tous les éléments constitutifs du crime poursuivi, si elle se réfère à une autre question, même résolue négativement, dont elle les renferme elle-même (Crim. rej. 19 févr. 1857, aff. Delaunay, D. P. 57. 1. 135).

Art. 7. — Questions sur tous les faits en général qui peuvent modifier la peine (Rép. n°s 2599 à 2607).

1877. En ce qui concerne l'obligation d'interroger le jury sur tous les faits qui sont de nature à modifier la peine (Rép. n°s 2599 et suiv.), il a été jugé, conformément à la jurisprudence rapportée au Rép. ibid. : 1° que les jurés doivent être interrogés non seulement sur le crime principal qui fait l'objet de l'accusation, mais encore sur toutes les circonstances accessoires qui peuvent en modifier la peine (Crim. cass. 4 janv. 1822, aff. Guy, Bull. crim., n° 7) ; — 2° Que, dans une accusation de vol, la circons-

tance que le vol a été commis la nuit, par plusieurs, en maison habitée, avec escalade et effraction, ne donne lieu à l'application de la peine des travaux forcés à perpétuité qu'autant que la déclaration du jury constate, en outre, qu'il y a eu violence ou il résulte des questions et des déclarations du jury qu'il y a eu concomitance entre les deux crimes (Crim. cass. 20 avr. 1854, aff. Brun, D. P. 54. 1. 164).

1878. En matière de coups et blessures, la circonstance que les coups ont été portés et les blessures faites dans un duel ne constituant ni un élément du crime ni une circonstance de nature à en modifier la gravité, il n'y a pas lieu de la mentionner dans les questions posées (Crim. rej. 23 janv. 1890, aff. Belz, dit de Villars, D. P. 90. 1. 332).

1879. Enfin, ainsi qu'on l'a vu au *Rép.,* n° 2600, l'état de récidive de l'inculpé ne peut être l'objet d'une question au jury. D'une part, en effet, il s'agit là d'une question de droit de la compétence de la cour (V. *suprà,* n° 1832) ; d'autre part, la récidive n'est pas une circonstance qui change quoique ce soit au crime, mais, simplement, pour emprunter les termes mêmes d'un arrêt (Crim. cass. 13 mai 1852, aff. Lelouet, D. P. 52. 1. 517), « un état de la personne, un antécédent judiciaire du prévenu, de nature à motiver une aggravation de la peine ».

ART. 8. — *Questions sur les circonstances aggravantes*
(Rép. n°s 2608 à 2630).

1880. Les jurés doivent, selon ce qui a été dit au *Rép.,* n°s 2608 et suiv., être interrogés sur toutes les circonstances qui aggravent la peine et sur les faits caractéristiques de chacune de ces circonstances (Conf. Nouguier, t. 4, vol. 1, n°s 2727 et suiv. ; Faustin Hélie, t. 8, n°s 3691 et suiv. ; Garraud, n° 600). Jugé, en principe, que les circonstances aggravantes d'un crime ne peuvent servir de base légale à l'application de la peine, lorsque la question qui y est relative n'a été ni posée, ni résolue (Crim. cass. 20 mai 1842, aff. Jean, *Bull. crim.,* n° 126). — D'autre côté, l'omission, dans les questions posées au jury, d'une circonstance aggravante comprise dans le résumé de l'acte d'accusation, ne saurait, ainsi qu'on l'a vu au *Rép.* n°s 2621, 2606 et 2607, être invoquée comme moyen de cassation par l'accusé, lorsqu'il n'en résulte pour lui aucun grief. C'est ce qu'il faut décider notamment, dans le cas où, le résumé de l'acte d'accusation présentant un vol comme ayant été commis en réunion de deux ou plusieurs personnes, le président des assises a omis d'interroger le jury sur cette circonstance aggravante, si la peine prononcée se trouve justifiée par les réponses du jury sur les autres circonstances aggravantes de nuit, de maison habitée et d'escalade, énoncées dans l'acte d'accusation (Crim. rej. 14 oct. 1880, aff. Coniac, D. P. 81. 1. 137. Conf. Faustin Hélie, *loc. cit.,* n°s 3998 et 4010 ; Nouguier, t. 4, vol. 2, n°s 3750, 4060 et 4083 ; Boitard, n° 817).

1881. — 1° *Abus de confiance.* — 1° La circonstance aggravante de l'abus de confiance résultant de ce que le détournement a été commis par un *officier public ou ministériel* n'est légalement caractérisée qu'autant qu'il est déclaré que les sommes ou valeurs détournées avaient été remises à l'accusé en raison même de sa qualité : la déclaration du jury que l'accusé était notaire ou huissier au moment où il a commis l'abus de confiance est donc insuffisante pour justifier l'aggravation de peine (Crim. cass. 7 août 1874, aff. Bassin, *Bull. crim.,* n° 223 ; 17 juin 1875, aff. Bassin, *ibid.,* n° 192 ; 12 août 1875, aff. Liébaelt, *ibid.,* n° 258 ; 20 févr. 1879, aff. Blondin, D. P. 79. 1. 188-189 ; Crim. rej. 2 avr. 1885, aff. Sergent, *Bull. crim.,* n° 106 ; Crim. cass. 10 déc. 1886, aff. Vicq, *ibid.,* n° 343 ; V. Blanche, *Études sur le code pénal,* t. 6, n° 262 ; Chauveau et Faustin Hélie,

Théorie du code pénal, t. 5, n° 2308) ; — 2° Dans une accusation d'abus de confiance qualifié, commis par un *serviteur à gages,* la question posée au jury doit, à peine de nullité, énoncer que l'accusé avait la qualité de serviteur à gages à l'époque où le détournement a été commis (Crim. cass. 29 juill. 1886, aff. Le Goaec, *Bull. crim.,* n° 281 ; V. Blanche *loc. cit.,* n° 269 ; Chauveau et Faustin Hélie, *loc. cit.,* n° 2310).

1882. — 2° *Attentat aux mœurs.* — Le jury doit être interrogé sur les faits et circonstances d'où résulte l'autorité que l'auteur du crime aurait eue sur sa victime (Crim. cass. 21 janv. 1858, aff. Delanoue, D. P. 58. 5. 26 ; 7 juin 1860, aff. Massin, D. P. 60. 1. 419 ; 1er août 1874, *suprà,* v° *Attentat aux mœurs,* n° 56 ; V. Blanche, t. 5 n° 138 ; Chauveau et Faustin Hélie, t. 4, n° 159 et suiv.). — Spécialement : 1° la question posée au jury de savoir si l'accusé d'un viol était, en sa qualité de *père nourricier* de la fille violée, de la classe de ceux qui avaient autorité sur celle-ci, est nulle, si elle ne porte pas en même temps sur les éléments de fait d'où résulterait cette autorité (Crim. cass. 11 déc. 1856, aff. Richard, D. P. 57. 1. 72) ; — 2° Dans une accusation d'attentat à la pudeur par le *mari de la mère d'une jeune fille mineure* sur cette jeune fille, la minorité de la victime est constitutive de la circonstance aggravante de l'autorité, prévue par l'art. 333 c. pén. ; elle doit donc, à peine de nullité, être mentionnée dans la question au jury (Crim. cass. 7 juin 1860, aff. Massin, D. P. 60. 1. 419) ; — 3° Qu'aucune autorité de droit ne dérivant de la qualité d'*oncle,* l'accusé déclaré coupable d'un attentat à la pudeur, avec cette circonstance qu'il était l'oncle de la victime, est illégalement condamné à l'aggravation de peine prononcée par l'art. 333 c. pén., si la déclaration du jury n'affirme pas, en outre, l'existence de rapports domestiques impliquant l'exercice d'une autorité de fait sur l'enfant contre lequel l'attentat a été commis (Crim. cass. 3 oct. 1862, aff. Cotte, D. P. 64. 5. 20) ; — 4° Que la question au jury de savoir si, à l'époque où un attentat à la pudeur a été commis par l'accusé sur une fille dénommée, cette fille qui, depuis la mort de sa mère, était restée au domicile de l'accusé, se trouvait, en fait, placée sous la direction de celui-ci, est insuffisante pour établir l'existence de la circonstance aggravante d'autorité ; et une telle question ne purge pas l'accusation s'il était question, dans l'arrêt de renvoi, d'une fille *mineure,* recueillie par l'accusé après la mort de sa mère (Crim. cass. 24 nov. 1866, aff. Leprince, D. P. 67. 5. 115) ;

1883. — 3° *Vol.* — Il a été jugé : 1° que le vol commis par un *ouvrier au préjudice du maître* chez lequel il travaillait habituellement n'est passible de la peine prononcée par le paragraphe 3 de l'art. 386 c. pén., qu'autant que, dans la question soumise aux jurés et dans leur réponse, il est énoncé qu'il a été commis dans la maison, l'atelier ou le magasin du maître (Crim. cass. 29 oct. 1830, *Rép.* v° *Vol,* n° 234-5° ; 18 oct. 1888, aff. Vinges, D. P. 89. 1. 320 ; V. aussi Crim. cass. 22 juill. 1847, aff. Vigneaux, D. P. 47. 4. 127. Conf. Blanche, t. 5, n° 568 et 569 ; Chauveau et Faustin Hélie, t. 5, n°s 1986 et suiv.) ; — 2° Que la circonstance de *nuit* ne devient circonstance aggravante qu'autant que le vol a été commis par deux ou plusieurs personnes, ou qu'il l'a été dans un lieu habité ou servant à l'habitation. Ainsi, lorsque de deux individus accusés de vol dans un enclos, pendant la nuit, l'un est acquitté et l'autre déclaré coupable de vol pendant la nuit, le fait ne constitue qu'un vol simple, si la déclaration du jury n'exprime pas que le vol a été commis par deux ou plusieurs personnes ou dans une maison habitée (Crim. cass. 2 déc. 1824, *Rép.* v° *Vol,* n° 462 ; V. Blanche, t. 5, n° 550 ; Chauveau et Faustin Hélie, t. 5, n° 2016) ; — 3° Pour qu'un vol commis avec *fausses clefs* soit passible des peines portées par l'art. 384 c. pén., il faut qu'il ait eu lieu dans un édifice, parc ou enclos, et que cette circonstance ait été déclarée par le jury (Crim. cass. 27 juill. 1820, *Rép.* v° *Vol*-3° ; 20 août 1829, *Rép. ibid.,* n° 570-1° ; 24 déc. 1829, *Rép. ibid.,* n° 570-2° ; 12 juill. 1838, *Rép. ibid.,* n° 570-4° ; 6 juin 1839, *Rép. ibid.,* n° 570-2° ; 1er juin 1854, aff. Clermont, D. P. 55. 1. 413 ; 19 avr. 1860, aff. Marti, D. P. 60. 5. 434 ; V. Blanche, t. 5, n° 539 ; Chauveau et Faustin Hélie, t. 5, n° 2107). Aussi la cour, dans l'application de la peine, ne devrait-elle tenir aucun compte de cette circonstance

que le vol aurait été commis à l'aide d'une fausse clef employée sur une voiture (C. d'ass. de l'Hérault, 10 août 1889, aff. Barbier, D. P. 90. 2. 72); — 4° Que la déclaration du jury portant que l'accusé a commis un vol dans un parc clos et fermé n'établit pas suffisamment que ce vol a été commis à l'aide d'*escalade*, d'*effraction* ou de *fausses clefs*: il faut que l'une de ces circonstances soit positivement déclarée constante pour que la peine portée par l'art. 384 c. pén. puisse être appliquée (Crim. cass. 16 févr. 1846, *Rép.* v° *Vol*, n° 514); — 5° Que la question posée au jury relativement à un vol commis avec *escalade* caractérise suffisamment la circonstance aggravante dont parle le paragraphe 4 de l'art. 381 c. pén. (Crim. rej. 11 juill. 1851, aff. Lombard, D. P. 53. 5. 487); — 6° Que lorsque le jury n'a point été interrogé sur le point de savoir si c'est dans un des bâtiments habités ou lieux clos désignés dans l'art. 384 c. pén., qu'a eu lieu un vol commis avec *effraction*, l'existence de cette circonstance aggravante n'est point légalement constatée, et ne peut servir de base à l'application de la peine (Crim. cass. 28 juill. 1826, aff. Loiselet, *Rép.* v° *Vol*, n° 506-7° ; 23 janv. 1840, aff. Verrière, *Rép.*, *ibid.*, n° 509-1° ; V. Blanche, t. 5, n° 539 ; Chauveau et Faustin Hélie, t. 5, n° 2083); — 7° Que la peine du vol avec la circonstance aggravante de l'effraction ne peut être prononcée contre l'accusé, lorsque le jury n'a pas été appelé à se prononcer sur les circonstances constitutives de l'effraction, et, par exemple, lorsque la question lui ayant été posée en ces termes : « le vol a-t-il été commis à l'aide d'effraction ? » la culpabilité de l'accusé a été déclarée par la réponse affirmative du jury à cette question (Crim. cass. 9 avr. 1846, aff. Génin fils, D. P. 46. 4. 547); — 8° Que l'aggravation de peine pour vol par *effraction* ne peut être légalement prononcée, lorsqu'il s'agit de la soustraction d'effets contenus dans des caisses, boîtes ou autres meubles fermés, qui auraient été enlevés d'une cour dépendant d'une maison habitée, qu'autant que le jury a été appelé à constater, et a effectivement constaté, soit l'effraction pratiquée sur le meuble fermé, soit l'existence de serrures, cadenas ou autres ustensiles servant à fermer, dont la rupture ou le forcement devient la conséquence nécessaire de l'enlèvement des effets qui se trouvaient dans le meuble. Ainsi le seul fait déclaré constant par le jury, que l'accusé s'est rendu coupable du vol d'une somme d'argent contenue dans une boîte fermée, par lui enlevée d'une cour dépendant d'un édifice, ne justifie pas l'application des peines portées contre le vol commis par effraction (Crim. cass. 9 sept. 1852, aff. Morel, D. P. 52. 5. 376); — 9° Que lorsque l'accusation a pour objet un vol commis sur un chemin public, la question posée doit laisser au jury le soin de se prononcer sur la publicité du chemin, et le jury doit être uniquement interpellé sur le point de savoir si le chemin, lieu du crime, était ou non un chemin public ; en conséquence, l'application de l'art. 383 c. pén. n'est pas justifiée par la réponse affirmative du jury à la question de savoir si un vol a été commis sur un chemin qui, bien qu'enclavé dans une propriété particulière, est considéré dans le pays comme un chemin public, les étrangers à ladite propriété y ayant accès et droit de passage de nuit et de jour (Crim. cas. 23 nov. 1889, aff. Rini, D. P. 90. 1. 406).

1884. La circonstance aggravante résultant des débats doit, ainsi qu'il a été dit au *Rép.*, n° 2623, faire l'objet d'une question au jury, soit qu'elle constitue par elle-même une infraction, soit qu'elle n'ait pas ce caractère. Ainsi, lorsqu'il paraît résulter des débats qu'un individu accusé de meurtre aurait commis sur sa victime le crime de viol ou tout autre attentat à la pudeur, ce fait, considéré uniquement comme circonstance aggravante du meurtre, doit faire l'objet d'une question au jury (Crim. rej. 3 avr. 1845, aff. Lachanelle, *supra*, v° *Crimes et délits contre les personnes*, n° 21. Conf. Nouguier, t. 4, vol. 1, n° 2774 ; Faustin Hélie, t. 8, n° 3637).

Art. 9. — *Questions sur les circonstances atténuantes* (*Rép.* n°s 2631 à 2655).

1885. Le droit du jury, en ce qui concerne les circonstances atténuantes, a été constaté *supra*, n° 1820. Nous traiterons *infra*, n°s 2183 et suiv., du mode d'exercice de

ce droit. — Il suffira de rappeler ici que, sous la législation actuelle, selon ce qui a été dit au *Rép.*, n°s 2634 et suiv., il n'y a pas à poser de question au sujet des circonstances atténuantes, et que le président doit, sous peine de violer la loi, se borner à l'avertissement prescrit par l'art. 341 c. instr. crim. Le jury, quelles qu'aient été les réquisitions du ministère public, apprécie souverainement s'il existe dans la cause des circonstances atténuantes ; sa déclaration ou son silence sur ce point particulier, après qu'il a reçu l'avertissement exigé par l'art. 341 c. instr. crim., a un caractère irréfragable (Crim. rej. 2 déc. 1892, aff. Bertinetto, *Bull. crim.*, n° 311).

1886. En Autriche (art. 322 c. instr. crim.), les circonstances atténuantes sont l'objet d'une question au jury quand l'existence de circonstances de ce genre entraîne, d'après la loi, une modification dans la durée ou dans la nature de la peine. — En Allemagne (art. 297 c. proc. pén.), toutes les lois que la loi édicte, à raison de l'existence de circonstances atténuantes, une peine moins sévère, une question spéciale est posée à ce sujet, si le ministère public ou l'accusé en fait la demande, ou si le tribunal juge convenable de poser la question d'office.

Art. 10. — *Questions d'excuse* (*Rép.* n°s 2656 à 2681).

1887. — 1° *Généralités*. — La qualification d'excuse, dit Faustin Hélie (t. 8, n° 3645), « s'étend en général à tout fait qui, lorsqu'il est déclaré constant, emporte soit l'exemption, soit la mitigation de la peine ». Depuis la revision de 1832, le président doit, à peine de nullité, ainsi qu'il a été dit au *Rép.*, n° 2663, lorsque l'accusé propose pour excuse un fait admis comme tel par la loi », une question ainsi conçue : « tel fait est-il constant ? » (c. instr. crim. art. 339) (Crim. cass. 28 mars 1851, aff. Laurent, D. P. 51. 5. 263. — V. Nouguier, *loc. cit.*, n° 2840 ; Faustin Hélie, *loc. cit.*, n° 3639 ; Blanche, *loc. cit.*, n° 229 ; Trébutien, t. 2, n° 622 ; Le Sellyer, *op. cit.*, t. 1, n° 307).

1888. C'est le président ou la cour d'assises, selon la distinction fondamentale établie *supra*, n°s 1680 et suiv., qui décide s'il y a lieu ou non de poser la question d'excuse. (V. Nouguier, *loc. cit.*, n° 2846). Mais l'accusé ne saurait se faire un grief de ce que la position de cette question aurait eu lieu par ordre de la cour, et non du président (Crim. rej. 8 déc. 1865, aff. Paccini, D. P. 66. 1. 143).

1889. La simple allégation par l'accusé d'un fait constitutif d'une excuse ne suffit pas pour obliger le président ou la cour à interroger le jury à cet égard ; il faut qu'une question soit expressément proposée : en l'absence de conclusions, l'omission de statuer, ou le défaut de motifs en ce qui concerne l'excuse ne peut déterminer l'annulation de l'arrêt (Crim. rej. 9 mars 1854, aff. Barbier, D. P. 54. 5. 378 ; 3 août 1854, aff. Bonnet, D. P. 54. 5. 221 ; 1er mars 1855, aff. Duplessis, D. P. 55. 5. 133 ; 25 avr. 1872, aff. Ruault-Lalande, *Bull. crim.*, n° 94).

1890. D'autre part, le juge compétent le droit d'examiner au préalable si le fait, tel qu'il est articulé par l'accusé, rentre dans les cas d'excuse prévus et définis par la loi, et de refuser, s'il lui paraît qu'il n'y rentre pas, d'en faire l'objet d'une question (Crim. rej. 7 mai 1846, aff. Simon, *Bull. crim.*, n° 113 ; 25 avr. 1857, aff. Brun, D. P. 57. 1. 268. Conf. Blanche, *loc. cit.*, n° 228 ; Faustin Hélie, *loc. cit.*, n°s 3644 et suiv.).

1891. Enfin, pour que le juge soit tenu de soumettre au jury une question d'excuse proposée par l'accusé ou son conseil, il ne suffit pas que cette question soit formulée dans les termes de l'article dont l'accusé invoque le bénéfice ; il faut, en outre, qu'elle se réfère à des faits réellement prévus par cet article : par suite, lorsque les faits à propos desquels la position de la question est demandée ne paraissent pas réaliser le cas d'excuse prévu par la loi, le juge peut, ou substituer à la formule de la loi l'énoncé des faits présentés comme excuse, sauf, en cas de réponse affirmative du jury, à décider qu'ils sont sans effet légal ; ou poser d'abord ce point de droit dans sa décision, et refuser, par voie de conséquence, la position de la question (Crim. rej. 30 août 1855, aff. Hortense Leroy, D. P. 55. 1. 427. Conf. Faustin Hélie, *loc. cit.*, n° 3647). — Mais la cour d'assises ne peut refuser de poser une question sur

un moyen d'excuse prévu par la loi, s'il est proposé par le défenseur de l'accusé dans des conclusions expresses ; et cela, alors même qu'il lui paraît que le fait ne résulte ni de l'instruction ni des débats, le jury étant seul compétent pour faire cette appréciation (Crim. rej. 27 mai 1853, aff. Bertès, D. P. 53. 5. 224 ; Crim. cass. 2 oct. 1862, aff. Lecallier, D. P. 63. 5. 161). Elle commettrait un excès de pouvoir si elle s'arrogeait le droit de vérifier, non pas si le fait proposé comme excuse rentre dans les prévisions de la loi, mais si la preuve de l'existence de ce fait résulte de la procédure ou des débats (Crim. cass. 14 mars 1890, aff. Sliman-N'Ali-N'Saïd, Bull. crim., n° 57).

Jugé aussi que la cour d'assises, en accordant la position d'une question d'excuse proposée dans les termes de la loi, n'a pas à rechercher si le défenseur a articulé dans sa plaidoirie des faits pouvant donner lieu à la position de cette question ; en exprimant son appréciation sur ce point dans son arrêt elle empiète sur les attributions du jury (Crim. cass. 2 juill. 1863, aff. Chasles, D. P. 63. 5. 162).

1892. L'excuse peut être proposée même après la clôture des débats, et quoiqu'il n'en soit pas parlé dans l'acte d'accusation (Crim. cass. 28 mars 1851, aff. Laurent, D. P. 51. 5. 263). Dans ce cas, la nécessité d'autoriser la réouverture des débats peut s'imposer (Nouguier, t. 4, vol. 1, n° 2849). Mais le moyen serait tardivement produit devant la cour de cassation (Crim. rej. 26 janv. 1855, aff. Establie, D. P. 55. 1. 89).

1893. Le ministère public, selon la doctrine adoptée par le Rép., n° 2679, demander la position d'une question d'excuse. Mais si ses réquisitions sont rejetées, il n'y a point là une cause de nullité, l'art. 339 c. instr. crim. n'étant édicté qu'en faveur de l'accusé (Nouguier, loc. cit., n° 2845 ; Blanche, t. 2, n°s 232 et suiv. ; Faustin Hélie, loc. cit., n° 3640 ; Le Sellyer, t. 1, n° 312). Ainsi il a été jugé que la cour d'assises peut refuser de poser une question d'excuse requise par le ministère public, si l'accusé, loin d'y adhérer, s'y est au contraire formellement opposé, et alors, d'ailleurs, qu'elle fonde son refus sur ce que les circonstances et les faits du procès n'indiquent ni la nécessité ni l'opportunité d'une semblable question (Crim. rej. 16 mars 1844, aff. Lafond. Rép. v° Peine, n° 364).

1894. En l'absence de conclusions soit de l'accusé, soit du ministère public, la question d'excuse peut, ainsi qu'on l'a admis au Rép., n° 2678, être posée d'office, si elle résulte des débats. Le président, dit M. Blanche (loc. cit., n° 236), « est chargé en effet de pourvoir à ce qu'il soit donné pleine et entière satisfaction à la vérité d'abord, et ensuite à la défense de l'accusé » (Conf. Nouguier, loc. cit., n° 2846 ; Faustin Hélie, loc. cit., n° 3640 ; Le Sellyer, op. cit., t. 1, n° 314. Crim. cass. 15 janv. 1848, aff. Pilate, Bull. crim., n° 12).

1895. De quelle manière les questions d'excuse doivent-elles être posées ? La cour d'assises, n'étant pas tenue de poser d'office les questions d'excuse qui peuvent résulter des débats, procède régulièrement en les formulant dans les termes proposés par la défense ; en conséquence, le défaut de conformité des énonciations des questions ainsi posées avec les énonciations de la loi ne peut être relevé

par l'accusé comme moyen de cassation (Crim. rej. 20 avr. 1860, aff. Goyffon, D. P. 60. 1. 290 ; 29 nov. 1872, aff. Bournigal et autres, Bull. crim., n° 296. V. Nouguier, loc. cit., n° 2846). — Toutefois, il n'y a pas obligation de libeller ces questions dans les termes mêmes des conclusions prises par l'accusé : les droits de la défense sont sauvegardés, si le fait constitutif de l'excuse invoquée est exactement relaté dans la question posée au jury (Crim. rej. 21 juill. 1887, aff. Pierre Stuto, Bull. crim., n° 280).

1896. — 2° Provocation en matière de meurtre, de coups ou de blessures. — Au nombre des faits d'excuse formellement prévus par la loi figure ainsi qu'il a été dit au Rép., n° 2673, la provocation en matière d'homicide volontaire. Si donc, dans une accusation de meurtre, la défense prend des conclusions pour invoquer l'excuse de provocation, on doit poser, à peine de nullité, une question spéciale sur ce point (Crim. cass. 14 déc. 1850, aff. Lucien, Bull. crim., n° 421. Conf. Chauveau et Faustin Hélie, t. 4, n° 1443).

1897. La cour ne peut refuser de poser au jury, dans les termes de la loi, la question de savoir si l'accusé a été provoqué par des coups et violences graves envers sa personne ; elle estimerait à tort n'y être obligée qu'autant que les faits dont l'accusé entend se prévaloir lui paraîtraient en droit constituer des coups et violences graves, une telle appréciation n'étant pas de sa compétence (Crim. cass. 15 juin 1855, aff. Groguet, D. P. 55. 5. 132). D'un autre côté, le fait de poursuivre avec un couteau diverses personnes en les menaçant de mort constituant légalement les violences graves, visées par l'art. 321 c. pén., comme pouvant servir d'excuse à un meurtre, on doit annuler l'arrêt par lequel une cour d'assises refuse de poser ledit fait comme question d'excuse, sous le prétexte qu'il ne constituerait que des menaces, et non les violences graves exigées par la loi (Crim. cass. 23 déc. 1880, aff. Bouchault, D. P. 81.1.191).

1898. Au contraire, la cour d'assises peut, conformément aux principes exposés au Rép., n° 2674, refuser de poser une question d'excuse de provocation, lorsqu'elle est fondée, seulement sur « les coups » portés à l'accusé ; puisque, aux termes de l'art. 321 c. pén., il est nécessaire que les coups aussi bien que les violences alléguées aient le caractère de gravité dont parle cet article (Crim. rej. 30 juin 1859, aff. Berthon, D. P. 59. 1. 327).

1899. S'agit-il d'une accusation de meurtre sur un agent de la force publique dans l'exercice ou à l'occasion de l'exercice de ses fonctions, bien que la jurisprudence décide actuellement que l'excuse de provocation résultant de l'art. 321 c. pén. n'est établie que pour les crimes et délits envers les particuliers, la cour d'assises ne peut refuser de poser au jury la question de provocation réclamée par l'accusé, sous le prétexte que la provocation ne doit pas être admise comme excuse d'un tel crime, la réponse du jury pouvant être négative sur la circonstance aggravante puisée dans la qualité de la victime, et faire ainsi rentrer le crime dans la catégorie des meurtres commis sur de simples particuliers (Crim. cass. 26 déc. 1856, aff. Basta, D. P. 57. 1. 96 ; C. d'ass. de Constantine, 29 juin 1880 (1). Conf. Nouguier, t. 4, vol. 1, n° 2859 ; Blanche, t. 5, n° 37).

(1) (Philippini.) — La cour. — Attendu que l'accusé Philippini demande que la question d'excuse, résultant de la provocation par coups ou violences graves envers les personnes, soit posée au jury ; que le ministère public s'y oppose, parce que le sieur Bogueski, sur lequel aurait été commise la tentative d'homicide volontaire incriminée, était, au moment du fait, garde champêtre de la commune de Chéraïa, et que ce serait à raison de cette qualité et à l'occasion d'un procès-verbal par lui dressé contre Philippini que se seraient passés les actes qui amènent l'accusé devant la cour d'assises ; — Attendu que, s'il est exact que l'excuse légale résultant de la provocation ne puisse être posée au jury que lorsqu'il s'agit de crimes commis contre des particuliers et que l'arrêt de renvoi considère que le fait actuellement poursuivi a été commis, à raison de l'exercice par le sieur Bogueski de son ministère de garde champêtre, il n'est pas moins vrai aussi que la question d'excuse résultant de coups ou violences graves envers les personnes est une question qui doit toujours être soumise au jury, lorsque l'accusé formule sa demande dans les termes légaux de l'art. 321 c. pén ; — Que le jury étant souverain maître d'écarter ou d'admettre la question qui lui sera spécialement posée pour qu'il décide si c'est à raison

de l'exercice de son ministère de garde champêtre que Bogueski a été victime de la tentative qui fait l'objet de la poursuite actuelle, on ne saurait, quant à présent, admettre ou rejeter d'une façon définitive la question d'excuse dont l'accusé demande la position ; qu'il convient de la poser, pour le cas où le jury répondrait négativement sur la question relative à l'exercice du ministère de garde champêtre qui aurait été la cause déterminante de la tentative incriminée ; que cette question deviendrait, en ce cas, d'une utilité incontestable pour l'accusé, et que ce serait avec raison qu'il en réclame le bénéfice si le jury ne doit pas reconnaître que la tentative d'homicide volontaire a été commise à l'occasion de l'exercice du ministère de garde champêtre ; — Mais que le jury sera prévenu qu'en cas de réponse affirmative sur cette question de ministère d'agent de la force publique, il n'aura pas à répondre sur la question d'excuse ainsi posée conditionnellement en quelque sorte, et que sa réponse, en ce cas, serait considérée par la cour comme inutile et inopérante ;

Ordonne, etc.

Du 29 juin 1880.-C. d'ass. de Constantine.-MM. Lourdau, pr.; Boeruer, proc.-Forcioli, av.

Dans le cas inverse, c'est-à-dire dans celui d'un meurtre imputé à un agent de la force publique dans l'exercice ou à l'occasion de l'exercice de ses fonctions, l'obligation de poser une question sur le point de savoir si le meurtre a été commis « sans motif légitime » ne dispense pas d'interroger le jury sur une excuse de provocation, subsidiairement proposée par l'accusé. Cette question, en effet, a son utilité si le verdict n'admet pas la légitimité du motif (Crim. cass. 14 janv. 1869, aff. Vittori, D. P. 69. 1. 114. Conf, Nouguier, *loc. cit.*, n° 2860).

1900. — 3° *Réception comme bonnes de monnaies fausses.* — Lorsque l'accusé de participation à l'émission de monnaies contrefaites ou altérées soutient qu'il avait reçu pour bonnes ces mêmes monnaies, et conclut à ce qu'il soit demandé au jury s'il est seulement coupable d'avoir rendu à la circulation une pièce reçue pour bonne et dont il avait vérifié le vice, ce fait constitue une excuse légale et doit, dès lors, être l'objet d'une question à poser au jury à peine de nullité. La cour ne peut se refuser de poser cette question sous prétexte qu'il s'agirait d'une question subsidiaire et que le fait ne résulterait pas des débats (V. les arrêts et les auteurs cités *suprà*, v° *Faux et fausse monnaie*, n° 49). Les droits de la défense seraient également méconnus si le président ne posait la question qu'en supprimant la circonstance de réception des pièces pour bonnes ; en agissant ainsi, il éliminerait de la question proposée l'élément qui en faisait une question d'excuse, et il importerait peu, dès lors, qu'après avoir répondu affirmativement à la question principale, le jury répondît affirmativement à la question subsidiaire, ou même la laissât sans réponse (Crim. cass. 23 nov. 1872, aff. Sabi, D. P. 73. 1. 43, cité *suprà*, *ibid.*).

1901. Mais si l'accusé prétend avoir reçu pour bonnes et remis en circulation comme telles les pièces falsifiées, on se trouve dans le cas prévu par le premier paragraphe de l'art. 135 c. pén. Le défenseur ne peut proposer comme excuse la question de savoir si l'accusé a reçu pour bonnes les pièces fausses que l'accusation lui reproche d'avoir émises : cela impliquerait contradiction avec la question principale, où la connaissance de la contrefaçon est même expressément formulée (V. *suprà*, v° *Faux et fausse monnaie*, n° 48).

1902. Ajoutons que ce qui est vrai de l'émission l'est également de l'introduction en France de monnaies étrangères contrefaites (V. *suprà*, v° *Faux et fausse monnaie*, *Adde* : Nouguier, t. 4, vol. 1, n° 2857; Chauveau et Faustin Hélie, *loc. cit.*, n° 594.

1903. — 4° *Révélation des crimes mentionnés aux art.* 132 *et* 133 *c. pén., et des auteurs de ces crimes.* — Lorsque l'accusé demande qu'il soit posé au jury une question d'excuse fondée sur ce qu'il aurait procuré l'arrestation d'un de ses coaccusés, aux termes de l'art. 138 c. pén., il y a nullité si la cour d'assises refuse de la poser au jury (Crim. cass. 22 juill. 1847, aff. Caharel, *Bull. crim.*, n° 156; 24 sept. 1857, aff. Caillat, Guillaumont et autres, *ibid.*, n° 349. Conf. Blanche, t. 3, n° 76; Nouguier, *loc. cit.*, n° 2857; Chauveau et Faustin Hélie, t. 2, n° 601; Garraud, t. 3, n° 87).

Mais cette excuse ne peut être proposée devant la cour d'assises après la déclaration de culpabilité rendue par le jury. La cour n'aurait alors qu'à se déclarer incompétente (Crim. rej. 13 janv. 1853, aff. Rostaing, D. P. 53. 5. 126; Conf. Nouguier, *loc. cit.*, n° 2857, *in fine*; Blanche, *loc. cit.*, n° 77).

1904. — 5° *Faits non prévus par la loi.* — Les faits non prévus par la loi ne peuvent, ainsi qu'il a été dit au *Rép.*, n° 2668, être admis comme excuses, et l'on a vu *suprà*, n° 1890, qu'ils ne doivent même pas faire l'objet de questions (Conf. Faustin Hélie, t. 8, n° 3646; Nouguier, t. 4, vol. 1, n°s 2890 et suiv.; Blanche, t. 2, n°s 166 et suiv.; Trébutien, t. 1, n°s 522 et suiv.; Garraud, n°s 129 et suiv.; Le Sellyer, *Traité de la criminalité*, t. 1, n° 308). Depuis la publication du *Répertoire*, ce principe a reçu, dans la jurisprudence, de nombreuses applications. Il a été jugé, notamment: 1° que, dans une accusation d'infanticide, l'allégation que l'enfant était né mort ne rend pas nécessaire la position d'une question spéciale au jury sur ce point; c'est là un moyen de défense, et non une excuse (Crim. rej. 26 janv. 1855, aff. Establie, D. P. 55. 1. 89); — 2° Que, l'état de *démence* d'un accusé

à l'époque du crime étant exclusif de toute criminalité, il n'y a pas lieu d'en faire l'objet d'une question spéciale par assimilation avec les excuses admises par la loi (Crim. rej. 1er mars 1855, aff. Duplessis, D. P. 55. 5. 201; 13 mars 1873, aff. Risso, *Bull. crim.*, n° 66; 16 sept. 1875, aff. Berger, *ibid.*, n° 293); — 3° Que, l'*ivresse* n'étant pas une excuse, ni le président d'office, ni la cour en cas de conclusions formelles, ne doivent poser de question sur l'état d'ivresse de l'accusé au moment du crime (Crim. rej. 27 août 1868, aff. Duranger, *Bull. crim.*, n° 196); — 4° Qu'une tentative de meurtre ne peut être excusée sur le motif qu'elle a été le résultat du *désir manifeste par la victime* et que, d'ailleurs, elle a été réciproque (Crim. rej. 21 août 1851, aff. Demain, D. P. 51. 5. 237. V. dans le même sens, Crim. cass. 13 août 1813, aff. Mongenat, rendu en matière de coups et blessures volontaires, *Rép.* v° *Crimes et délits contre les personnes*, n° 155-1°); — 5° Que, dans une accusation de faux en écriture authentique (mandat du Trésor), un président d'assises peut ne pas proposer au jury, comme question d'excuse, le fait que l'*accusé* se prétendait *créancier* de la somme qu'il avait ajoutée à un mandat argué de faux (Crim. rej. 6 oct. 1853, aff. Edward, *Bull. crim.*, n° 495).

Sect. 2. — Mode de position des questions
(*Rép.* n°s 2682 à 2905).

Art. 1er. — *Position des questions sous le code de brumaire an 4* (*Rép.* n° 2682 à 2690).

1905. On consultera sur ce point: Esmein, *Histoire de la procédure criminelle en France*, p. 441 et suiv., et Faustin Hélie, t. 8, n° 3660.

Art. 2. — *Latitude laissée par le code d'instruction criminelle à la position des questions* (*Rép.* n°s 2691 à 2708).

1906. En ce qui concerne le principe, exposé au *Rép.* n°s 2691 et suiv., et appliqué par la jurisprudence, que les art. 337 et 338 c. instr. crim., ne sont qu'indicatifs de la manière dont les questions doivent être posées, et ne sont pas prescrits à peine de nullité, V. Faustin Hélie, t. 8, n° 3662 et Nouguier, t. 4, vol. 1, n°s 2875 et suiv.

Art. 3. — *Conformité des questions avec l'arrêt de renvoi ou avec l'acte d'accusation* (*Rép.* n° 2709 à 2734).

1907. Ainsi qu'on l'a expliqué au *Rép.*, n°s 2709 et suiv., les questions doivent être conformes à l'arrêt de renvoi, « le régulateur, selon l'expression de Treilhard, des questions à poser au jury » (Conf. Faustin Hélie, t. 8, n° 3661; Nouguier, t. 4, vol. 1, n° 2875, Trébutien, t. 2, n° 616; Garraud, n° 598; Villey, p. 385). Jugé, en conséquence: 1° que le président doit poser au jury les questions telles qu'elles résultent de l'arrêt de renvoi, et non de l'acte d'accusation; cet acte devant être conforme à l'arrêt, le président ne peut être tenu d'insérer dans la question une erreur qui se serait glissée dans son résumé (Crim. rej. 18 déc. 1858, aff. Bourrin, *Bull. crim.*, n° 312); — 2° Que lorsqu'une question relative à la culpabilité de l'auteur principal ou d'un coauteur est posée conformément à l'arrêt de renvoi contre lequel il n'y a pas eu de pourvoi, on ne peut en contester la régularité, sous prétexte que la question de complicité aurait dû être posée (Crim. rej. 26 mars 1874, aff. Grauby, Rouzard et autres, *Bull. crim.*, n° 97); — 3° Qu'aucune critique ne peut être élevée contre des questions qui ont été posées conformément à l'arrêt de renvoi et à l'acte d'accusation, sans protestation du ministère public ni de l'accusé (Crim. rej. 27 déc. 1877, aff. Montlezun, *Bull. crim.*, n° 272).

1908. Il a encore été jugé, par application du même principe: 1° que lorsque la réponse affirmative à une question n'a pu servir de base à une condamnation, faute d'énonciation de l'un des éléments constitutifs, il y a lieu, si cet élément était relevé dans l'arrêt d'accusation, à cassation avec renvoi de l'affaire à un nouveau jury (Crim. cass.

19 avr. 1860, aff. Marti, D. P. 60. 5. 434); — 2° Que, dans le cas où le fait d'avoir, par l'un des moyens énoncés en l'art. 60 c. pén., déterminé un individu à faire en justice un faux témoignage, a été désigné dans les questions du jury par la qualification incomplète de provocation au faux témoignage, la cassation de la condamnation intervenue ne peut pas donner lieu au renvoi de l'accusé devant une autre cour d'assises, si la même qualification avait été admise par l'arrêt de mise en accusation (Crim. cass. 22 févr. 1855, aff. Brugière, D. P. 55. 1. 174). Il en serait autrement si ce dernier arrêt s'était servi de la qualification de subornation de témoin (Crim. cass. 1ᵉʳ mars 1855, aff. Brismoutier, D. P. 55. 1. 174; 10 mai 1861, aff. Arnaudet, D. P. 61. 5. 478); — 3° Qu'une cour d'assises est tenue de se conformer au dispositif de l'arrêt de la cour de cassation qui renvoie devant elle pour qu'il soit procédé à une nouvelle position de questions conformément à l'arrêt de mise en accusation. Ainsi, la cour d'assises de renvoi doit poser au jury les questions telles qu'elles résultent de l'arrêt de mise en accusation, alors même que l'accusé aurait été acquitté par le premier jury sur toute l'accusation, et n'aurait été condamné que pour un crime résultant des débats; il n'y a pas violation de l'autorité de la chose jugée, surtout si le crime résultant des débats n'est qu'une dégénérescence du crime objet de l'arrêt de mise en accusation (Crim. rej. 15 mai 1856, aff. Sullivan, D. P. 56. 1. 383).

1909. S'il existe des différences entre le résumé de l'acte d'accusation et l'arrêt de renvoi, c'est à l'arrêt de renvoi, selon ce qui a été exposé au Rép., n° 2724, que le président doit se référer pour la rédaction des questions (Aux arrêts rapportés ou cités au Rép., ibid., adde : Crim. cass. 26 sept. 1822, aff. Duhamel, Rép., v° Cassation, n° 2192; 10 oct. 1822, aff. Denis, Bull. crim., n° 141; Crim. rej. 12 oct. 1843, aff. Chipponi, ibid., n° 263; 4 juin 1874, aff. Périaux, ibid., n° 150).

1910. On a examiné au Rép., n° 2728, l'hypothèse où des dissemblances existeraient entre le narré et le résumé de l'acte d'accusation. On a vu que le président doit choisir alors l'interprétation qui établit l'accord avec l'arrêt de renvoi. Mais si la contradiction n'existe qu'entre l'intitulé de l'acte et l'acte même, elle ne constitue pas une fausse énonciation suffisante pour induire le jury en erreur sur la qualification du crime et entraîner la nullité de son verdict (Crim. rej. 29 janv. 1852, aff. Fourneau, Bull. crim., n° 42).

1911. Ainsi qu'on l'a exposé au Rép., n° 2714, l'obligation de se conformer à l'arrêt de renvoi n'astreint pas le président, à reproduire, dans les questions qu'il pose au jury, les termes mêmes de cet arrêt et de l'acte d'accusation. Il peut se servir de termes équipollents, pourvu que l'accusation n'en soit en rien altérée dans sa substance. Aux arrêts rapportés en ce sens par le Répertoire, ibid., adde : Crim. rej. 12 janv. 1855, aff. Galimont, D. P. 55. 5. 491; 22 juill. 1858, aff. Géraud, D. P. 58. 5. 115; Crim. cass. 5 juill. 1861, aff. Gianoli, Bull. crim., n° 143; Crim. rej. 17 sept. 1863, aff. Verragon, ibid., n° 247; 18 avr. 1872, aff. Benoist, ibid., n° 87; 11 mai 1872, aff. Lendet, ibid., n° 112; 19 sept. 1872, aff. Ferrien, ibid., n° 240; 24 avr. 1873, aff. Pecquet, D. P. 73. 1. 319; 26 mars 1874, aff. Landais, ibid., n° 98; 6 janv. 1876, aff. Saux, D. P. 77. 1. 234; 18 avr. 1878, aff. Héritier, Bull. crim., n° 102; 22 janv. 1892, aff. Gugenheim, D. P. 92. 1. 630; Conf. Faustin Hélie, t. 8, n° 3663; Nouguier, t. 4, vol. 1, n° 2875; Trébutien, n° 616; Garraud, n° 598; Villey, p. 385.

Jugé spécialement, sur ce point : 1° que, le vol impliquant nécessairement la soustraction frauduleuse, il ne saurait y avoir nullité de la déclaration du jury parce que, dans les questions, le mot vol aurait été substitué aux mots soustraction frauduleuse (Arrêt précité du 12 janv. 1855); — 2° Qu'en matière d'intelligences avec l'ennemi en vue de lui procurer des vivres et munitions dans un département et autres lieux circonvoisins, le président peut supprimer les mots munitions et lieux circonvoisins, et ajouter le mot manœuvres (Arrêt précité du 18 avr. 1872); — 3° Que le président des assises ne substitue pas une question à une autre et ne donne aucune ouverture à cassation, en posant la question au jury dans les termes de l'art. 60 c. pén., au lieu de reproduire les expressions de l'acte d'accusation, alors que la question posée impute à l'accusé les mêmes actes de complicité (Arrêt précité du 11 mai 1872); — 4° Que la substitution, dans une question relative au crime d'incendie d'une maison, des mots destiné à l'habitation à ceux de servant à l'habitation, qui étaient employés par l'arrêt de renvoi, n'a pas pour effet, la loi ayant elle-même considéré ces expressions comme équivalentes, de modifier l'accusation et de soustraire le fait à l'application de l'art. 434 c. pén. (Arrêt précité du 24 avr. 1873); — 5° Qu'une question posée au jury ne peut être attaquée comme non conforme à la qualification résultant du résumé de l'acte d'accusation, parce que, dans cet acte, les faits sont qualifiés en droit, tandis que, dans la question, ils ne sont qu'énoncés dans leur matérialité (Arrêt précité du 26 mars 1874). V. sur ce point : Faustin Hélie, t. 8, n° 3664; Nouguier, t. 4, vol. 1, n°ˢ 2885 et 2886; — 6° Que, dans une accusation de banqueroute frauduleuse, le président de la cour d'assises a pu, dans la question posée au jury, substituer à ces mots contenus dans l'arrêt de renvoi : « L'accusé est-il coupable d'avoir, étant commerçant failli... », les mots suivants : « alors qu'il était commerçant failli... » (Arrêt précité du 6 janv. 1876).

1912. D'une façon plus générale, le président peut, selon la doctrine énoncée au Rép., n°ˢ 2709, 2713, 2718, faire subir aux questions les changements qu'il juge convenables, modifier même la qualification, pourvu, bien entendu, que les caractères du fait incriminé ne soient pas modifiés (Crim. rej. 10 mai 1843, aff. Jenny, Bull. crim., n° 101; 25 janv. 1849, aff. Blanchet, D. P. 49. 5. 88; 31 déc. 1868, aff. Labor dit Régis, ibid., n° 328). Jugé, dans cet ordre d'idées : 1° qu'en Algérie, dans le jugement d'une accusation imputant à l'accusé un meurtre avec préméditation et guet-apens, la cour a pu rétablir, d'après les débats, la qualification légale qui appartient aux faits déclarés à la charge du prévenu, et, par exemple, le condamner comme coupable de meurtre commis sur un agent de la force publique agissant dans l'exercice de ses fonctions (Crim. rej. 9 oct. 1846, aff. Soliman-ben-Mohammed, D. P. 46. 4. 113); — 2° Que, lorsque l'arrêt de la chambre d'accusation déclare que l'individu accusé d'attentat à la pudeur a été aidé par un tiers, cette énonciation caractérise clairement l'assistance réelle, constitutive de l'aggravation de peine de l'art. 333 c. pén., et qui ne permet aucune confusion avec la simple complicité de l'art. 60. Dès lors, le président de la cour d'assises peut, sans changer en rien l'accusation primitive, ajouter dans la question soumise au jury : « L'accusé a-t-il été aidé dans son crime par... ? » (Crim. rej. 17 avr. 1857, aff. Gibert et Georges, Bull. crim., n° 155); — 3° Que, dans une accusation d'attentat à la pudeur avec violence sur une fille mineure, le président peut régulièrement, à l'indication de l'arrêt de renvoi portant que cette fille est âgée de moins de treize ans, substituer l'indication « âgée de moins de quinze ans », qui est celle de la loi; en procédant ainsi il ne change pas la nature de l'accusation (Crim. rej. 8 sept. 1864, aff. Duez, D. P. 66. 5. 115); — 4° Que le président des assises peut, sans irrégularité, ajouter, dans une accusation de faux fondée sur l'art. 147 c. pén., les mots « par supposition de personne », ou substituer les mots « au profit de l'accusé » à ceux-ci : « au préjudice de N... » si l'identité de ces termes résulte de l'arrêt de renvoi et de l'acte d'accusation (Crim. cass. 31 déc. 1868, aff. Gamou, Bull. crim., n° 476); — 5° Que, dans une accusation d'attentat à la pudeur, le président peut ajouter à la question posée au jury l'indication de la tentative, alors que l'arrêt de renvoi ne parle que de l'attentat consommé (Crim. rej. 31 déc. 1869, aff. Lassiège, D. P. 70. 1. 434; 7 mai 1875, aff. Dansos, Bull. crim., n° 145); — 6° Que, en matière de concussion par un fonctionnaire public, l'accusation n'est pas modifiée lorsque le jury a été interrogé sur le point de savoir si l'accusé avait, en sa qualité, exigé ou reçu des sommes qu'il savait n'être pas dues, alors même que l'arrêt de renvoi portait : qu'il avait exigé des sommes ou excéder ce qui était dû (Crim. rej. 25 avr. 1879, aff. Mohamed-ben-Ali, D. P. 79. 1. 313); — 7° Que, dans la question par laquelle le président des assises demande au jury si l'accusé « est coupable d'avoir exigé ou reçu, en qualité de fonctionnaire public, des sommes qu'il savait n'être pas dues ou excéder

ce qui était dû, pour droits, taxes, contributions ou revenus, pour salaires ou traitements », l'accusation n'a pas été modifiée, bien que le mot « pour » ait été substitué au mot « ou », inscrit dans l'arrêt de renvoi avant le mot « salaires », alors que chacune des perceptions reprochées, qui a été présentée au jury par des questions distinctes, se référait soit à des droits ou taxes, soit à des salaires ou traitements (Crim. rej. 29 mai 1875, aff. Hamoud-Bel-Abbas, *Bull. crim.*, n° 168).

1913. Le pouvoir de modifier les questions posées par l'arrêt de renvoi et l'acte d'accusation trouve son application, ainsi qu'a été dit au *Rép.*, n°ˢ 2718, 2731 et suiv., notamment en cas d'irrégularités ou d'obscurités, d'omissions ou d'erreurs.

1914. — 1° *Irrégularités, obscurités.* — Il a été jugé : 1° qu'un huissier se rendant coupable de concussion lorsqu'il exige ou reçoit ce qu'il sait ne pas lui être dû ou excéder ce qui lui est dû pour taxe ou salaire, la circonstance qu'un officier public savait que les droits exigés par lui excédaient ceux qui lui étaient dus doit être soumise au jury, quoique cette circonstance n'ait pas été explicitement énoncée dans l'arrêt de renvoi et n'en résulte qu'implicitement (Crim. rej. 15 mars 1821, aff. Gallet, *Rép.* v° *Forfaiture*, n° 75); — 2° Que le président peut introduire dans les questions posées au jury une expression qui ne se trouve pas dans l'arrêt de renvoi, et qui ne résulte pas non plus des débats, si cette expression n'a pour objet que de mieux spécifier les éléments de fait du crime, objet de l'accusation, qui se réfèrent à l'arrêt de renvoi et à l'égard desquels la cour d'assises doit ensuite apprécier les réponses du jury pour déterminer le caractère légal du fait incriminé ; qu'ainsi, dans une accusation de faux en écriture de commerce, le président de la cour d'assises ne commet aucun excès de pouvoir en ajoutant aux chefs de faux la circonstance que les faux auraient eu pour but une spéculation commerciale, quoique cette circonstance ne soit pas mentionnée dans l'arrêt de renvoi et ne résulte pas des débats (Crim. rej. 24 janv. 1856, aff. Meaurin, D. P. 56. 1. 110) ; — 3° Que le président a le droit d'introduire dans une question de complicité par aide et assistance les mots « avec connaissance », quoique l'arrêt de renvoi ne contienne pas la déclaration que la complice avait agi avec connaissance (Crim. rej. 15 juill. 1875, aff. Marie-Mélanie Puech, *ibid.*, n° 229) ; — 4° Que le président des assises ne fait qu'user d'un droit qui lui appartient quand il complète la formule du dispositif de l'arrêt de renvoi au moyen des énonciations contenues dans l'exposé des faits qui précède ce dispositif (Crim. rej. 17 févr. 1876, aff. Goethal et autres, *Bull. crim.*, n° 53) ; — 5° Que, lorsque le dispositif de l'arrêt de renvoi ne spécifie pas la nature de mandats revêtus de signatures fausses, le président de la cour d'assises a pu déterminer le caractère de ces mandats, et les qualifier *lettres de change* dans les questions posées au jury, alors surtout que l'accusé n'a fait entendre aucune protestation contre la position des questions (Crim. rej. 18 juin 1885, aff. Sicault, D. P. 87. 1. 96).

1915. — 2° *Omissions.* — Il a été jugé, 1° que l'accusé ne peut se plaindre de l'énonciation, dans les questions, d'une circonstance non mentionnée dans l'arrêt de renvoi, alors que cette énonciation n'ajoutait rien à la criminalité du fait, non plus qu'à la gravité de la peine (Crim. rej. 16 sept. 1831, aff. Jarron, *Bull. crim.*, n° 229) ; — 2° Que dans le cas où la chambre des mises en accusation a *omis* de statuer sur *une circonstance aggravante* ou l'a *faussement qualifiée*, il appartient au président de la cour d'assises de la soumettre au jury, si elle résulte des débats (Crim. cass. 11 juin 1841, aff. Migeot, *Rép.* v° *Attentat aux mœurs*, n° 116) ; — 3° Qu'un président d'assises peut, sans excès de pouvoir, pour rendre plus claires les questions qu'il pose au jury, faire des additions aux énonciations contenues dans l'arrêt de renvoi, pourvu qu'il reproduise dans les questions posées les éléments légaux du dispositif de l'arrêt (Crim. rej. 7 mai 1853, aff. Barthe, *Bull. crim.*, n° 156) ; — 4° Que le président de la cour d'assises doit rédiger les questions de façon à purger l'accusation dans toutes ses parties ; il doit, notamment, si le dispositif de l'arrêt de renvoi est incomplet sur la circonstance aggravante d'effraction extérieure, rechercher dans son énoncé et, s'il les y rencontre, poser les éléments de faits précisant le lieu de cette effraction (Crim.

cass. 4 déc. 1873, aff. Mercier, *Bull. crim.*, n° 296) ; — 5° Que le jury doit être interrogé, non seulement sur toutes les circonstances aggravantes ou constitutives du crime comprises dans l'arrêt du renvoi, mais même sur celles qui, bien qu'énoncées dans les motifs, ont été omises dans le dispositif de cet arrêt (Crim. rej. 14 nov. 1873, aff. Sylvestre, *Bull. crim.*, n° 275 ; Crim. cass. 9 août 1877, aff. Magne, *ibid.*, n° 186) ; — 6° Que le jury a pu être régulièrement interrogé sur une circonstance aggravante non comprise dans le dispositif de l'arrêt de renvoi, mais relevée dans l'exposé qui précède et reproduite dans le résumé de l'acte d'accusation. Il n'est pas nécessaire, dans de telles circonstances, que la question soit posée au jury comme résultant des débats (Crim. cass. 26 juin 1884, aff. Utello et Lorello, *Bull. crim.*, n° 209).

1916. — 3° *Erreurs.* — Jugé à cet égard : 1° que l'erreur du dispositif de l'arrêt de renvoi peut être réparée par le président d'office ou par la cour statuant sur un incident contentieux, à l'aide de questions additionnelles devant purger l'accusation qui résulte de l'ensemble des énonciations de l'arrêt, et non de la formule du dispositif (Crim. rej. 29 nov. 1866, aff. Goubet, *Bull. crim.*, n° 250); — 2° Que le président, lorsque la disposition applicable a été mal citée par l'arrêt de renvoi, n'est pas tenu de poser la question de culpabilité dans les termes de cette disposition, et procède régulièrement en reproduisant dans ladite question les éléments constitutifs du fait tels qu'ils ont été retenus par l'arrêt (Crim. rej. 16 juill. 1868, aff. Amans, D. P. 70. 5. 98) ; — 3° Que le titre de l'accusation, son étendue et sa portée légale ne sont pas enfermés dans la formule du dispositif de l'arrêt de renvoi et du résumé de l'acte d'accusation ; que, toutes les énonciations comprises dans l'exposé sommaire des faits, dans leur qualification et dans la citation de la loi pénale, s'éclairant et se complétant mutuellement, constituent dans leur ensemble l'accusation sur laquelle les jurés doivent être interrogés ; que, spécialement, bien que l'arrêt de renvoi ne vise que les art. 150, 151, 164 c. pén. relatifs au faux en écriture privée, s'il résulte des énonciations de cet arrêt qu'il s'agissait d'un faux en écriture de commerce, l'arrêt de la cour d'assises qui ne condamne l'accusé qu'aux peines de faux en écriture privée ne purge pas l'accusation, et doit, dès lors, être cassé, mais dans l'intérêt de la loi seulement (Crim. cass. 23 avr. 1887, aff. Georges Fraisse, D. P. 88. 1. 332) ; — 4° Que le président, en posant au jury soit une question résultant du débat, soit la question prévue par l'arrêt de renvoi, a le droit de rectifier la date erronée attribuée au crime, surtout si la rectification est d'accord avec l'exposé même de l'arrêt et de l'acte d'accusation (Crim. rej. 19 mars 1853, aff. De Lescaze, *Bull. crim.*, n° 105; 23 déc. 1865, aff. Georges, *ibid.*, n° 228; 15 juill. 1882, aff. Perrot, D. P. 83. 1. 181 ; 29 juin 1889, aff. Solinger et autres, *Bull. crim.*, n° 238).

1917. Mais il y a nullité, comme on l'a enseigné au *Rép.*, n°ˢ 2709 et suiv., et 2717, si les questions posées au jury diffèrent, dans leur substance, de l'arrêt de renvoi et du résumé de l'acte d'accusation. Ainsi jugé : 1° que lorsqu'un arrêt de mise en accusation, dans une affaire d'incendie d'une grange, mentionne expressément la circonstance aggravante que cette grange était une dépendance d'une maison habitée, le président des assises ne peut substituer, dans la question qu'il pose au jury sur cette circonstance aggravante, les mots *attenante à une maison habitée*, à ceux-ci : *dépendant d'une maison habitée* (Crim. cass. 15 mai 1851, aff. Chalmandrier, *Bull. crim.*, n° 182) ; — 2° Que dans une accusation de banqueroute frauduleuse, la substitution du mot *dissipé* au mot *dissimulé* de l'art. 591 c. com. entraîne nullité (Crim. cass. 13 janv. 1854, aff. Jean-Baptiste, D. P. 54. 1. 134) ; — 3° Que le président des assises ne peut, sans nullité, substituer, dans la question posée au jury, l'accusation de fausse monnaie d'or ayant cours légal en France à l'accusation de fausse monnaie étrangère (Crim. cass. 26 sept. 1872, aff. Arambur et Jansana, *Bull. crim.*, n° 244) ; — 4° Qu'il y a violation de la loi de la part du président qui, en posant les questions au jury, substitue à la spécification précise des faits une formule générale ne concordant point avec les énonciations de l'arrêt de renvoi, qui altère ainsi en l'étendant la substance de l'accusation, et oblige le jury à juger un point de droit qui n'est pas de

sa compétence (Crim. rej. 14 mai 1886, aff. Pourtalet, *Bull. crim.*, n° 176).

Art. 4. — *Position de la question de culpabilité, de volonté d'intention* (*Rép.* n° 2735 à 2746).

1918. Le *Répertoire* expose (n° 2739 et suiv.) qu'à la différence du code de brumaire, an 4, le code d'instruction criminelle réunit dans une seule et même question : « l'accusé est-il coupable…? » l'élément intentionnel et l'élément matériel (V. sur ce point : Faustin Hélie, t. 8, n° 3666 et suiv.; Nouguier, t. 4, vol. 1; n° 2809; Garraud, n° 599; Trébutien, t. 11, n° 611).

Par application de ce principe, il a été jugé, dans le sens des arrêts cités au *Rép.*, *ibid.* : 1° que, dans une accusation de *banqueroute frauduleuse*, il n'est pas nécessaire que le caractère frauduleux des détournements et dissimulations dont un commerçant failli a été reconnu coupable soit expressément énoncé dans la question au jury, lorsque ce caractère ressort nécessairement de la qualification donnée au fait par le texte même de la loi, et de l'expression *coupable* dont se sert explicitement la question (Crim. rej. 21 déc. 1854, aff. Foillard, *Bull. crim.*, n° 352; 16 janv. 1878, aff. Saux, D. P. 77. 1. 234); — 2° Que la question par laquelle il est demandé au jury si un accusé failli est coupable d'avoir *dissimulé* ou *détourné une partie de son actif*, bien qu'elle n'indique pas que ce soit *frauduleusement*, est complète en ce qu'elle est posée dans les termes de l'art. 591 c. com., et en ce qu'elle implique d'ailleurs nécessairement l'existence d'une intention frauduleuse ; que, par suite, la réponse affirmative du jury à cette question ne peut être arguée d'insuffisance, ni en ce qui concerne l'accusé principal, ni même en ce qui concerne les complices de la dissimulation ou du détournement (Crim. rej. 26 juin 1862, aff. Miesch, D. P. 62. 1. 347); — 3° Que la question posée à propos d'une accusation de *faux* n'a pas besoin de spécifier l'intention *frauduleuse* de l'accusé, cet élément intentionnel étant compris dans la formule de la question : *est-il coupable…* (Crim. rej. 27 juin 1884, *supra*, v° *Faux et fausse monnaie*, n° 266).

1919. Toutefois, le fait de mentionner spécialement l'intention, la volonté ou la connaissance, quand cette mention n'est pas indispensable, ne saurait constituer une irrégularité. Ainsi il a été jugé que, sur une accusation d'empoisonnement, le président a pu sans irrégularité introduire dans la question le mot *volontairement*, quoique l'élément de volonté se trouve implicitement compris dans le mot *attentat* dont se sert l'art. 301 c. pén. pour définir ce crime (Crim. rej. 20 mars 1862, aff. Gresse, D. P. 62. 5. 95).

Art. 5. — *Énoncé des faits constitutifs dans la position des questions* (*Rép.* n° 2747 à 2769).

1920. C'est une règle fondamentale, en cette matière, que la question doit spécifier, ainsi qu'il a été dit au *Rép.*, n° 2748, toutes les circonstance constitutives du crime (Faustin Hélie, t. 8, n° 3675; Nouguier, t. 4, vol 1, n° 2873; Garraud, n° 600). Ainsi la question au jury qui énonce l'attentat volontaire à la vie au moyen de violences de nature à donner la mort ne contient ni les éléments constitutifs du *meurtre* consommé, puisqu'elle ne mentionne pas la circonstance de mort donnée, ni ceux de la tentative du même crime, puisqu'elle omet les caractères légaux de la tentative punissable ; et elle ne peut, par suite, servir de base à une condamnation pour complicité d'homicide volontaire (Crim. cass. 14 févr. 1873, aff. Deguzan, *supra*, v° *Crimes et délits contre les personnes*, n° 5).

Cette règle a reçu, dans la jurisprudence, de nombreuses applications. L'énumération qui suit, dans laquelle les décisions sont classées par natures de crimes, complète celle qui a déjà été faite au *Répertoire*. Ces décisions portent, plus spécialement, sur la forme à donner aux questions; mais il convient de les rapprocher de celles qui déterminent, en droit, ce que les questions doivent contenir (V. *supra*, n° 1863 et suiv.).

1921. — I. Abus d'autorité contre les particuliers. — Dans une accusation de violences commises par un fonctionnaire public dans l'exercice de ses fonctions, il est né-

cessaire, à peine de nullité, que la déclaration du jury portant que l'accusé est coupable exprime que les violences (quelle qu'en soit la nature et quel qu'en ait été le résultat) ont été commises sans motif légitime ; il ne suffit pas que le jury ait déclaré que l'accusé n'avait pas été provoqué par des coups et blessures (Crim. cass. 15 mars 1821, aff. Barçon, *Bull. crim.*, n° 37 ; 5 déc. 1822, aff. Louvry, int. de la loi, *ibid.*, n° 172; Conf. Blanche, t. 3, n° 464; Garraud, t. 3, n° 310; Chauveau et Faustin Hélie, t. 3, n° 883). La provocation ne peut, en effet, être considérée, à l'égard d'un fonctionnaire qui agit pour l'exécution de la loi, comme un motif légitime de commettre un homicide. La question relative à la provocation ne peut donc remplacer celle qui a pour objet de savoir si le fonctionnaire a agi sans motifs légitimes, et ce n'est qu'au cas où cette dernière question est résolue affirmativement qu'une question de provocation peut être subsidiairement posée (Arrêt du 5 déc. 1822 précité). Comp. *supra*, n° 1899.

1922. — II. Abus de confiance. — La déclaration affirmative du jury sur un fait de détournement de lettres et dépêches confiées à titre de mandat doit porter expressément que ces lettres et dépêches contenaient obligation ou décharge ; sinon elle ne saurait entraîner l'application des peines édictées par la loi (Crim. rej. 21 avril 1840, aff. Ducauroy, *Rép.* v° *Abus de confiance*, n° 84). — Jugé, d'autre part, que les éléments constitutifs d'un abus de confiance qualifié sont suffisamment précisés par l'arrêt qui constate : 1° que l'auteur principal, employé préposé à la vente dans une maison de commerce, a livré des marchandises dont il s'est approprié le prix ; 2° que les complices, par suite d'une entente concertée, se sont fait remettre, sous l'apparence de ventes fermes, des marchandises qui ont été frauduleusement converties en consignations de marchandises ; et 3° que cette opération, constituant la violation du mandat conféré à l'auteur principal par son patron, a frustré ce dernier d'une partie de ses marchandises (Crim. rej. 29 sept. 1887, aff. Meurer et Sinn, *Bull. crim.*, n° 344).

1923. — III. Attentat à la pudeur. — En matière d'attentat à la pudeur avec violence, il n'est pas de nécessaire que le jury soit interrogé sur les faits de lubricité qui constituent ce crime (Crim. rej. 23 déc. 1859, aff. Defert, D. P. 60. 5. 95. Conf. Blanche, t. 5, n° 108; Chauveau et Faustin Hélie, t. 4, n° 1571 et suiv.). — Quant à la violence, elle est une circonstance de fait, rentrant dans l'entière appréciation du jury, sans qu'il y ait lieu de distinguer entre l'emploi de la force physique et la violence morale; en conséquence, le vœu de la loi est satisfait lorsque le jury est interpellé, d'une façon générale, sur le point de savoir si l'accusé est coupable d'attentat à la pudeur consommé ou tenté *avec violence* (Crim. rej. 19 juin 1884, aff. Dumay, *Bull. crim.*, n° 196). Cette décision est remarquable, car jusqu'alors la jurisprudence semblait ne tenir compte de la violence morale qu'autant qu'elle résultait du jeune âge de la victime, et, en certains cas, de son état de minorité (V. *supra*, v° *Attentat aux mœurs*, n° 43).

À l'égard de la circonstance aggravante d'autorité, il a été jugé que, dans la question relative au crime d'attentat à la pudeur sur sa fille mineure, sous l'accusation duquel un ascendant est renvoyé devant le jury, l'indication que la victime était, au moment du crime, âgée de moins de quinze ans « et *par conséquent* non émancipée par mariage » est à tort critiquée, comme étant de nature à induire le jury en erreur et à lui faire penser qu'il n'avait pas à se préoccuper du fait de la non-émancipation (Crim. rej. 4 janv. 1865, aff. Planteligne, D. P. 67. 5. 114). — Si l'auteur du crime est le *serviteur à gages* d'une personne ayant autorité sur la victime, cette circonstance aggravante n'est suffisamment établie qu'autant que le jury a été appelé à préciser les faits et circonstances d'où résulte cette autorité (Crim. cass. 2 août 1878, aff. Cailleau, D. P. 79. 1. 47. Conf. Chauveau et Faustin Hélie, t. 4, n° 1429; Blanche, t. 5, n° 138). — Enfin, si l'auteur du crime est *fonctionnaire public*, l'aggravation prononcée par l'art. 333 c. pén. n'étant subordonnée ni aux relations que les fonctions ont pu établir entre le coupable et la victime, ni au lieu où le crime avait été commis, et la qualité de fonctionnaire étant le seul élément constitutif de la circons-

tance aggravante prévue par l'article précité, il suffit, pour que la condamnation soit justifiée, que le jury ait résolu affirmativement la question de savoir si cette qualité appartenait à l'accusé lors du crime (Crim. rej. 5 mai 1859, aff. Beaumont, D. P. 59. 5. 36; 22 nov. 1866, aff. Le Roi, D. P. 70. 5. 100. Conf. Blanche, t. 5, n° 134; Chauveau et Faustin Hélie, t. 4, n°s 1599 et 1600).

1924. — IV. Avortement. — La grossesse de la femme avortée est constitutive du crime; par suite, il y a nullité lorsque le président de la cour d'assises a omis d'énoncer dans la question au jury le fait de la grossesse (Crim. cass. 6 janv. 1859, aff. Olivier, D. P. 59. 1. 336). — D'autre part les peines prononcées par l'art. 317 c. pén. ne s'appliquent pas à celui qui a simplement provoqué l'avortement d'une femme enceinte; il faut que l'avortement ait été *procuré*. En conséquence, est nul l'arrêt qui applique les peines portées par l'art. 317 à l'accusé déclaré coupable par le jury d'une simple provocation d'avortement, cette dernière expression n'indiquant pas que l'avortement ait été effectué, ou que le crime tenté n'ait manqué son effet que par des circonstances indépendantes de la volonté de son auteur (Crim. cass. 16 juin 1853, aff. Lagnon, D. P. 53. 5. 43. Conf. Blanche, t. 4, n° 618; Faustin Hélie, t. 4, n° 1373. — La encore été jugé que, le crime d'avortement portant en lui-même sa qualification légale, abstraction faite des moyens qui peuvent avoir été employés pour l'obtenir, il n'est pas nécessaire que le moyen spécial à l'aide duquel un avortement a été opéré soit indiqué dans les questions soumises au jury (Crim. cass. 26 janv. 1839, aff. Mauge, Bull. crim., n° 28). — Enfin, il a été décidé que la question ainsi posée au jury : « L'accusé est-il coupable d'avoir administré à la fille N..., qui était enceinte, des moyens propres à lui procurer l'avortement, lequel avortement a été en effet le résultat de l'emploi desdits moyens » ? est régulière et renferme toutes les conditions de criminalité exigées par les paragraphes 1 et 3 de l'art. 317 c. pén. (Crim. rej. 9 févr. 1830, aff. Alibran, D. P. 50. 5. 42-43).

1925. — V. Banqueroute. — La banqueroute frauduleuse est un fait moral qui ne peut se constituer que par l'un ou plusieurs des faits déterminés par le code de commerce. En conséquence, il ne suffit pas, en cette matière, que les jurés soient seulement appelés à décider si l'accusé est coupable de banqueroute frauduleuse; il faut qu'ils soient interrogés et qu'ils répondent sur les faits et les circonstances caractéristiques de ce crime (Crim. cass. 11 juill. 1816, aff. Davoust, Rép., v° Faillite et banqueroute, n° 1459-3° et Bull. crim., n° 41; Crim. rej. 3 juin 1825, aff. Traizet, Rép., ibid., n° 1460. Conf. Blanche, t. 6, n°s 105 et suiv.; Chauveau et Faustin Hélie, t. 5, n° 2177).

1926. Les agents de change ou courtiers étant, par le seul fait de la faillite, passibles des peines édictées par l'art. 404 c. pén., la condamnation est justifiée dès lors qu'il résulte de la position des questions et de la réponse du jury que l'accusé était agent de change et qu'il a fait faillite; il importe peu, d'ailleurs, que le jury ait été interrogé également sur le point de savoir si l'accusé était ou non en état de banqueroute (Crim. rej. 24 sept. 1885, aff. Barraia et Colonna, Bull. crim., n° 261. V. Blanche, loc. cit., n°s 154 et 155).

1927. — VI. Corruption de fonctionnaires publics. — En cette matière, le jury doit, à peine de nullité, être interrogé sur le point de savoir si le prévenu a enfreint ses devoirs et a agi au préjudice des droits de l'administration à laquelle il est attaché (Crim. cass. 23 janv. 1840, aff. Lamy, Rép., v° Forfaiture, n° 122; Blanche, t. 3, n° 421; Chauveau et Faustin Hélie, t. 2, n°s 835 et suiv.; Garraud, t. 3, n°s 273 et suiv.).

1928. — VII. Coups et blessures. — Dans une accusation de coups portés volontairement, et qui ont occasionné la mort, la question de savoir si l'homicide a été volontaire ne doit pas être posée au jury; il suffit de demander si les coups ont été portés volontairement, la mort causée par des coups volontaires constituant le meurtre (Crim. cass. 6 mars 1823, aff. Tisserand, Bull. crim., n° 31).

Du reste, le mot « volontairement » n'a rien de sacramentel : la volonté de l'accusé peut résulter de toute autre expression équivalente, et notamment de la circonstance que les coups auraient été portés à diverses reprises, ou encore qu'ils auraient été fréquents et portés depuis un an (Crim. cass. 19 sept. 1828, aff. Neulander, Bull. crim., n° 269; Crim. rej. 20 févr. 1841, Rép., v° Crimes et délits contre les personnes, n°s 154 et 187. Conf. Blanche, t. 4, n° 562; Chauveau et Faustin Hélie, t. 4, n° 1337).

1929. Il a encore été jugé que l'art. 309, § 2, c. pén. n'a pas subordonné l'application de ses dispositions au cas où la mort aurait lieu dans un délai déterminé. La question de savoir si les coups et blessures ont été la cause de la mort demeure abandonnée à la conscience du jury, et il n'est point nécessaire de l'interroger sur l'époque de la mort (Crim. rej. 9 juin 1833, aff. Lenormand, D. P. 53. 1. 318. Conf. Blanche, loc. cit., n° 580. — Contrà, Chauveau et Faustin Hélie, t. 4, n° 1351).

1930. — VIII. Crimes commis dans l'intérieur des prisons. — Les dispositions de la loi du 25 déc. 1880 (D. P. 81. 4. 53) ne sont applicables qu'aux crimes réalisant la double condition d'être accomplis dans l'intérieur d'une prison et d'avoir pour auteur un individu qui y était détenu. Par suite, l'application qui est faite à l'accusé de la pénalité spéciale édictée par cette loi manque de base légale, lorsque le jury, qui avait seul qualité pour se prononcer sur les deux faits sus-indiqués, n'a pas été mis en demeure par deux questions distinctes d'en déclarer l'existence (Crim. cass. 14 janv. 1887, aff. Chérif-ben-Belkassem, Bull. crim., n° 15).

1931. — IX. Détournements de deniers publics. — D'une part, il suffit, pour l'application de l'art. 169 c. pén., que le jury ait déclaré que le détournement par lui reconnu constant était d'une valeur supérieure à 3000g fr., alors même qu'il n'aurait pas précisé le quantum de cette valeur (Crim. rej. 17 avr. 1847, aff. Laogaudin, Bull. crim., n° 78). Ainsi qu'on l'a vu suprà, v° Forfaiture, n° 22, les expressions de la loi : en vertu de ses fonctions employées par l'art. 169 c. pén. ne sont pas sacramentelles; le président des assises peut dans la question qu'il pose au jury, se servir de termes équivalents, et notamment de ceux-ci : en sa qualité d'agent comptable (Crim. rej. 19 juin 1863, aff. Chaspoul, D. P. 63. 5. 188).

1932. — X. Détournement de mineure. — Le détournement, par un majeur, d'une mineure de seize ans est punissable, nonobstant l'abandon volontaire de la victime; les circonstances de fraude et de violences ne doivent donc pas, en pareil cas, être soumises à l'appréciation du jury (Crim. rej. 14 juin 1873, aff. François, suprà, v° Crimes et délits contre les personnes, n° 418. Conf. Blanche, t. 5, n° 315; Chauveau et Faustin Hélie, t. 4, n°s 1749 et suiv.).

1933. — XI. Empoisonnement. — Le mot empoisonner emporte virtuellement et nécessairement l'idée d'un attentat à la vie; par suite, est régulière la question posée au jury dans les termes suivants : l'accusé est-il coupable d'avoir tenté d'empoisonner... par l'effet de substances pouvant donner la mort... (Crim. rej. 17 déc. 1874, aff. Busnel, Bull. crim., n° 309).

1934. — XII. Escroquerie. — Dans une question sur un fait d'escroquerie considéré comme délit connexe ou comme résultant des débats, il ne suffit pas d'interroger le jury d'une manière générale sur l'existence des manœuvres frauduleuses; il faut de plus spécifier, à peine de nullité, les faits constitutifs de ces manœuvres (Crim. rej. 34 mai 1870, aff. Reynaud, Bull. crim., n° 100; Crim. cass, 28 mars 1878, aff. Massal, ibid., n° 84).

1935. — XIII. Extorsion de signature. — Le crime d'extorsion de signature ou de remise d'un écrit par force, violence ou contrainte, constitue un crime spécial, et non point un vol avec la circonstance aggravante de violence. Par suite, il y a lieu de comprendre dans l'unique question à poser, les faits de violence ou de contrainte qui ont accompagné l'extorsion (Crim. rej. 15 mai 1847, aff. Renoncet, D. P. 47. 4. 455; 14 août 1852, aff. Picault, D. P. 52. 5. 263. Conf. Rép. v° Vol et escroquerie, n°s 612 et 613; Blanche, t. 6, n°s 67 et 68).

1936. — XIV. Fausse monnaie. — Dans les affaires de fausse monnaie, il faut, à peine de nullité, que le jury ait été interrogé sur le point de savoir si les pièces émises étaient contrefaites, et qu'il ait résolu affirmativement la question (Crim. cass. 8 avr. 1825, cité suprà, n° 1869 — Conf. Blanche, t. 3, n° 30; suprà, v° Faux et fausse monnaie,

n° 31). Les questions doivent également, à peine de nullité, énoncer que les pièces contrefaites ont cours légal en France, ou dans les colonies françaises si la contrefaçon a été faite dans les colonies (Crim. cass. 10 août 1839, aff. Louis, *Bull. crim.*, n° 256 ; 4 mai 1848, aff. Steward, D. P. 48. 5. 198. Conf. Blanche, t. 3, n° 31 ; Chauveau et Faustin Hélie, t. 2, n° 586 ; Garraud, t. 3, n° 79 ; *suprà*, v° *Faux et fausse monnaie*, n° 31 ; *Rép.*, v° *Faux et fausse monnaie*, n° 28). Mais lorsqu'un individu est accusé d'avoir introduit en France des monnaies *étrangères* contrefaites, le jury ne doit pas être appelé à se prononcer sur la question de savoir si ces monnaies avaient ou non cours forcé (Crim. rej. 9 juin 1887, *suprà*, v° *Faux et fausse monnaie*, n° 40).

1937. — XV. Faux. — 1° *Généralités.* — Dans une accusation de faux, les questions posées au jury doivent le mettre à même de déclarer si le faux a été commis de l'une des manières indiquées, soit par l'art. 145 c. pén., soit par l'un des articles suivants. Ainsi, lorsqu'il s'agit d'un faux en écriture authentique et publique, ou en écriture de commerce ou de banque, on doit demander au jury s'il a été commis, soit par contrefaçon ou altération d'écritures ou de signatures, soit par fabrication de conventions, dispositions, obligations ou décharges, ou par leur insertion après coup dans les actes, soit par addition ou altération de clauses, de déclarations ou de faits que ces actes avaient pour objet de recevoir ou de constater (Crim. cass. 12 avr. 1849, aff. Fillonneau, D. P. 49. 5. 196. Conf. Blanche, t. 3, n°s 229 et suiv.). Quant à l'existence ou à la possibilité d'un préjudice, il n'est pas nécessaire d'en faire l'objet d'une question lorsqu'elle résulte des faits énoncés dans la question ou de la nature de la pièce faussé (Crim. rej. 22 sept. 1859, aff. Baudy, D. P. 59. 1. 430; 9 janv. 1875, aff. Schiffmacker, *Bull. crim.*, n° 10 ; 28 déc. 1877, aff. Morin, *ibid.*, n° 277 ; 22 juin 1882, aff. Venon, *ibid.*, n° 48; 27 oct. 1887, *suprà*, v° *Faux et fausse monnaie*, n° 198).

1938. — 2° *Faux en écriture publique et authentique.* — Dans une accusation de faux en écriture publique portée contre un agent de change, la question ayant pour objet de faire constater que le registre altéré par le faux était tenu par l'accusé en sa qualité d'agent de change, en établit suffisamment le caractère public, encore qu'il ne soit pas ajouté que ce registre était celui spécifié dans l'art. 184 c. com. (Crim. rej. 19 juill. 1860, aff. Colomiès, D. P. 61. 1. 407).

1939. Lorsqu'un accusé est traduit devant la cour d'assises pour crime de faux en écriture publique par apposition d'une fausse mention d'enregistrement sur un acte sous seing privé, la déclaration du jury doit énoncer, à peine de nullité, que cette mention a été suivie d'une fausse signature (Crim. cass. 27 nov. 1886, aff. Dantier et autres, *Bull. crim.*, n° 401 ; 13 mai 1887, *suprà*, v° *Faux et fausse monnaie*, n°s 256 et 203, où cet arrêt est donné en note). Mais si, dans les questions posées au jury, il est constaté que les actes faux ont été reçus par l'accusé en sa qualité de notaire dans l'exercice de ses fonctions et comme actes authentiques, il est inutile d'interroger le jury sur le point de savoir si ces actes ont été signés par cet officier public (Crim. rej. 27 oct. 1887, cité *suprà*, n° 1937).

1940. — 3° *Faux en écritures de commerce ou de banque.* — Est nulle la question qui ne spécifie pas tous les éléments constitutifs de l'écriture commerciale prétendue falsifiée (Crim. cass. 10 oct. 1856, aff. Biny, D. P. 56. 1. 467). Ainsi, lorsque l'accusé est renvoyé devant la cour d'assises pour faux en écriture de commerce résultant d'altérations d'écritures commises sur le grand-livre, sur le carnet d'échéances d'une société commerciale, il y a nullité dans le cas où le président se borne à demander au jury si l'accusé « est coupable d'avoir commis un faux en écritures », sans préciser si les écritures falsifiées étaient ou non des écritures de commerce, et si les registres sur lesquels les falsifications ont été commises étaient ou non les registres d'une société commerciale (Crim. cass. 25 nov. 1886. V. *suprà*, v° *Faux et fausse monnaie*, n° 310).— Toutefois, une question résolue affirmativement par le jury peut servir de base à une condamnation, bien qu'elle ne relate pas tous les éléments constitutifs du crime poursuivi, si elle se réfère à une autre question, même résolue négativement, qui

les renferme elle-même (Crim. cass. 19 févr. 1857, aff. Delaunay, D. P. 57. 1. 135).

Jugé encore dans cet ordre d'idées que la question posée au jury sur le point de savoir si l'accusé s'est rendu coupable de falsification d'un compte étant réputé en vue d'une spéculation sur des achats d'actions et de créances, spécifie suffisamment les éléments de commercialité du compte (Crim. rej. 24 janv. 1856, aff. Meaurin, D. P. 56. 1. 110).

1941. Le caractère commercial de l'écriture peut, d'ailleurs, résulter de la nature des faits soumis au jury. Ainsi il a été jugé: 1° que le billet souscrit par un commerçant au profit d'un autre commerçant étant réputé avoir une cause commerciale, il n'est pas nécessaire, pour que la cour d'assises puisse réprimer comme faux en écriture de commerce la falsification d'un tel billet, que le jury ait spécialement reconnu le caractère commercial de l'opération (Crim. rej. 3 juill. 1856, aff. Lallemand, D. P. 56. 5. 187) ; — 2° Que, dans une accusation de faux en écriture de commerce, la question au jury portant que la fausse signature apposée frauduleusement par l'accusé au bas d'un effet à ordre est celle du sieur N..., *maître carrier*, imprime suffisamment à cet individu la qualité d'entrepreneur d'exploitation de carrières, qui constitue nécessairement l'exercice habituel d'une profession commerciale (Crim. rej. 12 févr. 1857, aff. Mathieu, D. P. 57. 1. 111) ; — 3° Que la question posée au jury constate suffisamment le caractère commercial du faux, lorsqu'elle énonce que la quittance arguée de faux se rattachait directement à un compte à établir entre l'accusé et un maître maçon, à raison d'une construction dont le premier était entrepreneur et dont le second était sous-entrepreneur par partie (Crim. rej. 12 juin 1874, aff. Prévaut, *Bull. crim.*, n° 167, donné en note *suprà*, v° *Faux et fausse monnaie*, n° 307). — Mais l'énonciation « valeur en marchandises », portée sur les billets à ordre, n'implique pas par elle-même une opération commerciale et, dès lors, n'est pas suffisante dans les questions posées au jury relativement à un faux en écriture de commerce (Crim. cass. 25 août 1892, aff. Lakdarould-el-Hadj-Sliman, D. P. 93. 1. 584).

1942. — 4° *Faux en écriture privée.* — Le crime de faux, prévu et défini par les art. 147 et 150 c. pén., est suffisamment caractérisé par la déclaration du jury portant que l'accusé est coupable d'avoir frauduleusement, soit sur le registre dit grand-livre d'une succursale de caisse d'épargne, soit sur un bordereau de versement, soit sur un état de situation, porté des sommes moindres que celles qui avaient été versées, et altéré sciemment les déclarations ou les faits que ces actes avaient pour objet de recevoir et de constater (Crim. rej. 20 mai 1853, aff. Suret, *Bull. crim.*, n° 179).

1943. Dans une accusation de faux, il n'est pas exigé que la déclaration du jury énonce expressément que le fait a porté ou pu porter préjudice, lorsque l'acte incriminé est par lui-même préjudiciable, comme une obligation, une vente ou une quittance (Crim. rej. 13 nov. 1857, aff. Duhamel, D. P. 58. 1. 43). Mais quand l'acte entaché de faux est un simple écrit ou une lettre missive, la déclaration doit, à peine de nullité, constater que le faux a porté ou pu porter préjudice (Crim. rej. 13 nov. 1857, aff. Duhamel, D. P. 58. 1. 43) ; en pareil cas, cet élément ne résulte point de la nature de la pièce incriminée (*Rép.*, v° *Faux et fausse monnaie*, n°s 169 et 170, et *suprà*, eod. v°, n° 198). Il en est de même dans le cas d'altérations commises frauduleusement dans un mémoire de travaux et fournitures (Crim. cass. 20 janv. 1848, aff. Occelli, D. P. 48. 4. 102).

1944. — 5° *Usage.* — L'usage d'une pièce fausse ne peut donner lieu à l'application de la loi qu'autant qu'il a été reconnu et déclaré, contradictoirement avec celui à qui cet usage est imputé, que la pièce avait les caractères de fausseté déterminés par la loi (Crim. cass. 12 avr. 1849, aff. Fillonneau, D. P. 49. 5. 196. V. aussi Crim. cass. 20 janv. 1848, aff. Occelli, D. P. 48. 4. 202). Conf. Blanche, t. 3, n° 245 ; Chauveau et Faustin Hélie, t. 2, n° 729 ; *suprà*, v° *Faux et fausse monnaie*, n° 377).

1945. Bien que les éléments constitutifs du crime d'usage d'une pièce fausse ne soient pas rappelés dans les questions portant sur les faits d'usage, il suffit que les questions posées au jury aient clairement indiqué la relation existant entre les faits de fabrication et les faits d'usage des pièces

fausses, et que de cette relation ressorte l'existence de tous les éléments constitutifs de la criminalité, pour que la réponse affirmative du jury sur les faits d'usage de faux puissent servir de base à une condamnation, alors même que le jury a répondu négativement aux questions posées sur les faits de fabrication de pièces fausses (Crim. rej. 7 juin 1883, aff. Lugnier, D. P. 84. 1. 426. Conf. Blanche, t. 3, n° 246).

1946. — XVI. Homicide. — La volonté, qui forme un élément nécessaire et constitutif du crime de meurtre, peut être exprimée dans les questions relatives à ce crime, au moyen de toute expression exprimant la même idée que le mot *volontaire*, lequel n'est pas sacramentel. Jugé, spécialement, qu'une cour d'assises a pu se borner à demander au jury si l'accusé était *coupable d'avoir tenté* de donner la mort à telle personne indiquée, laquelle tentative manifestée par un commencement d'exécution n'a manqué son effet que par des circonstances indépendantes de la volonté de son auteur (Crim. rej. 14 mars 1861, aff. Louet, D. P. 61. 5. 255; Blanche, t. 4, n° 470; Chauveau et Faustin Hélie, t. 3, n° 1191).

1947. Si à l'accusation d'homicide s'ajoute une des concomitances prévues et punies par l'art. 304 c. pén., il n'est pas nécessaire que cette concomitance soit qualifiée de circonstance aggravante; il suffit que la question qui y est relative soit posée conformément aux prescriptions du code d'instruction criminelle: la loi n'exige pas, en effet, que le jury soit prévenu par le libellé de la question que le fait qui y est relaté peut devenir une cause d'aggravation d'un autre fait auquel il se rattache (Crim. rej. 27 avr. 1893, aff. Sahli et autres, *Bull. crim.*, n° 107).

1948. — XVII. Incendie. — La définition des mots *maison habitée*, contenue dans l'art. 390 c. pén., est applicable au cas d'incendie comme au cas de vol. Par suite, la question de savoir si la maison incendiée était destinée à l'habitation, établit suffisamment la circonstance aggravante d'habitation, et justifie l'application de l'art. 434, § 1, c. pén. (Crim. cass. 11 mars 1858, aff. Rivet, D. P. 58. 5. 208; Crim. rej. 24 août 1873, aff. Ahmed-bou-Mezrag, *Bull. crim.* n° 224; Conf. Blanche, t. 6, n° 490. — *Contrà*: Chauveau et Faustin Hélie, t. 6, n°s 2525 et suiv.). Jugé d'autre part, que la déclaration portant que le prévenu est coupable d'avoir tenté de mettre volontairement le feu (dans une colonie française)à la case qu'il occupait mentionne suffisamment la circonstance de l'habitation (Crim. rej. 12 juill. 1850, aff. Isery, D. P. 50. 1. 254. Conf. Blanche, *loc. cit.*, n° 509). — Ajoutons qu'en matière d'incendie d'édifices non habités, le jury doit être interrogé sur le point de savoir si ces édifices appartenaient ou non à l'accusé (Crim. cass. 28 janv. 1841, aff. Camboulives et Gaillard, *Rép.* v° *Dommage-destruction-dégradation*, n° 91-4°; Crim. rej. 4 févr. 1843, aff. Leduc, *Rép. ibid.*, n° 89-2°; Crim. cass. 19 déc. 1872, aff. Bougeron, *Bull. crim.*, n° 327); ou si, étant la propriété de l'accusé, il est résulté de l'incendie un dommage quelconque pour des tiers (Arrêt précité du 28 janv. 1841; Conf. Crim. cass. 30 juill. 1857, aff. Valette, *Bull. crim.*, n° 289; 3 sept. 1863, aff. Labatut, D. P. 64. 1. 52. Conf. Blanche, t. 6, n° 500; Chauveau et Faustin Hélie, t. 6, n°s 2542 et 2552. — V. *suprà*, v°, *Dommage-destruction*, n° 43). Au reste, la déclaration du jury qui, en reconnaissant un accusé coupable d'avoir volontairement mis le feu à un bâtiment lui appartenant, énonce que ces bâtiments étaient assurés, exprime suffisamment qu'il a agi avec l'intention de causer un préjudice à autrui, son action ne pouvant s'expliquer que par le désir de réaliser un gain illicite (Crim. rej. 6 juill. 1884, aff. Geneste, D. P. 54. 5. 429). De même, dans une accusation dirigée contre un individu pour avoir mis volontairement le feu à sa maison assurée, il n'est pas nécessaire de demander au jury si l'accusé avait l'intention de se faire payer le prix de l'assurance (Crim. rej. 23 avr. 1829, aff. Equillebey, *Rép. ibid.*, n° 27-3°).

1949. Le fait de mettre le feu à un tas de bois ou à une meule de paille n'est passible de la peine portée par l'art. 434 c. pén. qu'autant qu'il est constaté, par la réponse du jury, que ces objets avaient conservé leur caractère de récoltes, ou qu'ils étaient placés de manière à communiquer le feu à un des objets énumérés audit article. En conséquence, sont insuffisants et nuls, dans une accusation d'in-

cendie, l'arrêt de mise en accusation où la question posée au jury, qui se bornant à présenter l'inculpé soit comme suffisamment prévenu, soit comme coupable d'avoir mis le feu à une meule de paille ou à des fagots mis en tas, sans autre explication (Crim. cass. 3 mars 1853, aff. Dessert; 7 avr. 1853, aff. Joly, D. P. 53. 5. 255; Conf. Blanche, t. 6, n° 525). Mais la question, posée au jury, de savoir si l'accusé a mis le feu à une meule de blé, constate suffisamment que le feu a été mis à des récoltes (Crim. rej. 30 juin 1853, aff. Damais, D. P. 53. 5. 254).

1950. — XVIII. Infanticide. — Dans une affaire d'infanticide, le jury doit, à peine de nullité, être interrogé sur la question de savoir si le meurtre imputé à l'accusé est celui d'un enfant « nouveau-né » (Crim. cass. 13 mars 1845, aff. Jarreau, D. P. 45. 4. 125, cité au *Rép.*, n° 2587-4°). Mais cette expression n'est pas sacramentelle : en demandant s'il y a eu meurtre d'un enfant dont l'accusée était « nouvellement accouchée », le président ne commettrait aucune irrégularité (Crim. rej. 11 mars 1870, *suprà*, v° *Crimes et délits contre les personnes*, n° 82).

1951. — XIX. Rébellion. — Les expressions *violences* et *voies de fait* doivent, surtout dans le langage du droit criminel, être considérées comme synonymes : dès lors, en matière d'accusation du crime de rébellion, prévu par l'art. 209 c. pén., il n'est pas indispensable de demander au jury si l'accusé est coupable de violences *et* de voies de fait ; la question : si l'accusé est coupable de violences *ou* de voies de fait suffisamment le vœu de la loi (Crim. rej. 25 févr. 1843, *Rép.*, v° *Rébellion*, n° 19, Conf. Blanche, t. 4, n° 25; Chauveau et Faustin Hélie, t. 3, n° 936; Garraud, t. 3, n° 377).

1952. — XX. Suppression d'enfant. — Dans une accusation de suppression d'enfant, il n'est pas nécessaire que la question au jury énonce que l'enfant était né vivant, le crime de suppression impliquant nécessairement l'existence de l'enfant supprimé (Crim. rej. 25 sept. 1862, aff. Jalouneix, cité *suprà*, v° *Crimes et délits contre les personnes*, n° 361. Conf. Blanche, t. 5, n° 230).

Dans tous les cas, les mots *nouveau-né* constateraient suffisamment l'existence de l'enfant (Crim. rej. 4 mars 1875, aff. Clément, D. P. 76. 1. 508).

1953. L'intention de supprimer l'état civil d'un enfant n'est pas un élément constitutif du crime de suppression d'enfant; aussi la question au jury n'a-t-elle point à relever cette intention de la part de l'accusé (Crim. rej. 2 sept. 1880, aff. Michel, D. P. 81. 1. 48; 14 janv. 1886, aff. Rivière, *Bull. crim.*, n° 16. Conf. *suprà*, v° *Crimes et délits contre les personnes*, n°s 366 et suiv.).

1954. — XXI. Suppression de titres. — Jugé que, d'une accusation de suppression d'un billet à ordre souscrit par un maître serrurier, il ne suffit pas de demander au jury si l'accusé s'est rendu coupable de destruction volontaire d'un *effet de commerce contenant à sa charge une obligation de...*; la réponse affirmative à cette question ne peut servir de base légale à une condamnation, car elle n'implique pas nécessairement qu'il s'agit d'un billet à ordre et que le souscripteur soit commerçant (Crim. cass. 20 août 1846, aff. Noret, D. P. 46. 4. 152. Conf. Blanche, t. 6, n° 577).

1955. — XXII. Témoignage faux. — 1° *Provocation à un faux témoignage*. — La déclaration affirmative du jury sur la question de savoir si l'accusé a provoqué un faux témoignage dans son intérêt, et *a obtenu ce faux témoignage*, énonce suffisamment que le faux témoignage a été porté en *faveur* de cet accusé (Crim. rej. 16 sept. 1853, aff. Mayranne, D. P. 53. 5. 440).

1956. — 2° *Subornation de témoins*. — La question posée au jury doit le mettre en demeure de déclarer s'il est constant qu'une déposition mensongère a été faite à l'audience contre l'accusé, ou en sa faveur (Crim. cass. 16 janv. 1835, aff. Chapelier, *Rép.* v° *Témoignage faux*, n° 58-3° ; Crim. rej. 12 juill. 1838, aff. Femme Bonnefoi, *Bull. crim.*, n° 209 ; Crim. cass. 16 janv. 1845, aff. Gazaille, *Rép. ibid.*, *Bull. crim.*, n° 13 ; 5 févr. 1846, aff. Gachier, *Rép. ibid.*, et *Bull. crim.*, n° 36 ; Crim. rej. 22 mai 1846, aff. Gachier, D. P. 52. 5. 525 ; Crim. cass. 22 mai 1850, aff. Roques, D. P. 50. 5.439 ; Crim. rej. 6 sept. 1853, aff. Meyrenne, D. P. 53. 5. 440. Conf. Blanche, t. 5, n° 391 ; Chauveau et Faustin Hélie, t. 4, n° 1825). — Quant à la question de savoir si le

témoignage obtenu par la subornation a été *pour* ou *contre* le prévenu, elle peut être posée au jury à l'aide d'équipollents(Crim. rej.13 juill. 1861,aff. Arnaudet, D. P. 61. 5. 479).

Le crime de subornation étant un crime *sui generis*, il n'est pas besoin, comme dans le cas de provocation à commettre un faux témoignage, d'énoncer dans la question au jury les circonstances constitutives de la complicité de l'art. 60 c. pén. (Crim. rej. 9 mai 1851, aff. Sainte-Marie, D. P. 51. 5. 510; 16 sept. 1853, aff. Meyrenne, D. P. 53. 5. 440; 13 avr. 1854, aff. Marchand, D. P. 54. 5. 737; 6 janv. 1859, aff. Artar, D. P. 60. 5. 378; 13 juill. 1861, aff. Arnaudet, D. P. 61. 5. 478). Ainsi il n'est pas nécessaire que le juge spécifie les moyens de corruption, dont l'emploi est reproché à l'accusé (Arrêts précités des 9 mai 1851 et 13 avr. 1854. V. Chauveau et Faustin Hélie, t. 4, n° 1828).

Toutefois, si le président avait cru pouvoir indiquer dans la question au jury l'aide desquels la subornation a eu lieu, cette addition surabondante ne vicierait rien : elle ne changerait pas le caractère des faits déclarés constants par le jury, et elle n'enlèverait pas non plus au mot *subornation* le sens légal que lui attribue l'art. 365 c. pén. (Crim. cass. 2 juill. 1857, aff. Languereau, *Bull. crim.*, n° 249 ; Crim. rej. 17 juill. 1857, aff. Veuve Robert et Candé, *ibid.*, n° 273).

1957. — XXIII. Violences envers des dépositaires de l'autorité et de la force publique. — Les questions relatives à une accusation de violences dirigées contre un individu, dans l'exercice de ses fonctions, doivent constater la nature des fonctions que cet individu exerçait (Crim. cass. 12 juin 1851, aff. Néant, D. P. 51. 5. 272. Conf. Garraud, t. 3, n° 442).

1958. — XXIV. Vol. — 1° *Généralités.* — Le mot *vol* impliquant l'idée de soustraction frauduleuse, il n'y a pas irrégularité à ce qu'après une question demandant si l'accusé principal s'est rendu coupable d'une *soustraction frauduleuse*, dans des circonstances déterminées, il soit demandé, relativement à son coaccusé, s'il s'est rendu complice de ce *vol*(Crim. rej. 12 janv. 1855, aff. Galimont, D. P. 55. 5. 491).

1959. — 2° *Vol domestique.* — La question par laquelle il est demandé au jury si un domestique est coupable d'avoir commis un vol dans le domaine de son maître ne précise pas suffisamment si le vol a été commis dans la maison de ce dernier, et, dès lors, la réponse affirmative du jury ne peut servir de base à l'application des peines du vol domestique (Crim. cass. 24 mai 1832, *Rép. v° Vol*, n° 225. – Conf. Blanche, t. 5,n° 571).

1960. — 3° *Vol avec effraction.* — L'effraction ne peut constituer la circonstance aggravante du vol, aux termes des art. 395 et 396 c. pén., et justifier les peines des art. 381, n° 4, et 384 qu'autant qu'il est constaté que cette effraction, soit intérieure, soit extérieure, a été exécutée dans les circonstances prévues par les premiers articles ci-dessus rappelés. Ainsi, la déclaration du jury qui reconnaît l'accusé coupable de vol d'une malle sur un chemin public, avec effraction intérieure et extérieure, sans que cette déclaration fasse connaître dans quelles circonstances cette effraction a eu lieu, est insuffisante pour justifier l'application de la peine des travaux forcés (Crim. rej. 2 mai 1857, aff. Guillia, D. P. 57. 1. 319 ; Crim. cass. 7 janv. 1858, aff. Perrin, D. P. 58. 5. 388). Il faut que la question posée et la déclaration du jury établissent que la malle a été fracturée postérieurement à son enlèvement, ou tout au moins qu'elle était fermée de manière à ne pouvoir être ouverte que par le forcement ou la rupture des serrures, cadenas ou autres ustensiles servant à la fermer (Arrêt précité du 2 mai 1857).

1961. — 4° *Vol commis par deux ou plusieurs personnes.* — La question par laquelle il est demandé au jury si un vol a été commis « en réunion de deux personnes » est suffisamment claire, et implique, non pas la coopération de deux personnes venant s'adjoindre à l'auteur principal, mais seulement le concours de deux personnes, y compris celui-ci, ce qui suffit pour établir la circonstance aggravante résultant de l'art. 386, n° 1, c. pén. : on estimerait à tort que les termes de ladite question sont de nature à induire le jury en erreur, alors qu'ils sont en concordance avec ceux de l'arrêt de renvoi sur le nombre des délinquants (Crim. rej. 30 sept. 1869, aff. Ischée, D. P. 70. 1. 95 ; Bourguignon, t. 3, p. 386 ; Chauveau et Faustin Hélie, t. 5, n° 2076; Blanche, *loc. cit.*, n° 510).

1962. — XXV. Tentative. — Lorsque l'incrimination porte sur un fait consommé, la question posée au jury ne peut comprendre que des circonstances certaines, actuelles ou concomitantes au fait principal. Il en est autrement quand c'est une simple tentative qui fait l'objet de l'accusation, une partie de l'exécution restant nécessairement alors en dehors du fait déclaré constant : en pareil cas, il suffit de faire constater par le jury l'intention où était l'accusé d'accomplir ultérieurement les faits qui devaient compléter l'exécution. Par exemple, la question demandant au jury si l'accusé a tenté d'extorquer par force, violence ou contrainte, la signature d'une pièce qui *devait* contenir obligation, tentative manifestée par un commencement d'exécution qui n'a manqué son effet que par des circonstances indépendantes de la volonté de son auteur, renferme tous les éléments légaux de la tentative du crime prévu par l'art. 400 c. pén. (Crim. rej. 27 mars 1856, aff. Bouthier, D. P. 56. 1. 229; 16 avr. 1857, aff. Berrier et Legris, D. P. 57. 1. 267).

1963. La question doit comprendre, selon la doctrine du *Rép.*, n° 2760, tous les éléments constitutifs de la tentative, tels que les définit l'art. 2 c. pén. (Blanche, t.1, n°s 14, 15, 18; Chauveau et Hélie, t. 1, n° 259 ; Garraud, t. 1, n° 180 ; Le Sellyer, *Traité de la criminalité*, t. 1, n°s 30 et 31).Toutefois, la tentative d'attentat à la pudeur constituant par elle-même un crime, ainsi qu'il a été dit du *Rép.*, n° 2759, il suffit que la question soit posée au jury dans les termes des art. 331 et 332 c. pén. (Crim. rej. 3 août 1853, aff. Michel, D. P. 53. 5. 32 ; 31 déc. 1869, aff. Lassiège, D. P. 70. 1. 434. Conf. Chauveau et Faustin Hélie, t. 4, n° 1574; Blanche, t. 5, n°s 88 et 106; Le Sellyer, *loc. cit.*, n° 38).

1964. Jugé que la question portant : « L'accusé est-il coupable d'avoir commis volontairement une tentative d'homicide sur la personne, etc..., tentative manifestée par un commencement d'exécution *qui a manqué son effet par des circonstances indépendantes de sa volonté* », au lieu des expressions restrictives « qui n'a manqué son effet que par des circonstances, etc. », est nulle et entraîne la nullité de la déclaration affirmative du jury (Crim. cass. 1er sept. 1853, aff. Wattebault, D. P. 53. 1. 279, 4 avr. 1872, aff. Moussa-ben-Djellaul, D. P. 72. 1. 275-276). De même, la condamnation prononcée pour tentative de faux doit être annulée lorsque la question posée au jury n'indique pas que cette tentative s'est manifestée par un commencement d'exécution (Crim. rej. 22 déc. 1882, aff. Gingat, *Bull. crim.*, n° 287). Jugé, dans le même ordre d'idées, qu'une condamnation ne peut être prononcée pour tentative de vol, lorsque la question posée au jury n'énonce point que la tentative a été manifestée par un commencement d'exécution et n'a manqué son effet que par des circonstances indépendantes de la volonté de son auteur (Crim. cass. 29 janv. 1885, aff. Mohamed-ben-Addi, *Bull. crim.*, n° 41). — Mais la tentative est légalement caractérisée lorsqu'il est dit, dans la question soumise au jury, qu'elle a été à la fois manifestée par un commencement d'exécution, et qu'elle n'a manqué son effet que par des circonstances indépendantes de la volonté de son auteur; l'omission des mots *si elle n'a été suspendue...* n'a pu, en pareil cas, rendre incomplète la définition de la tentative (Crim. rej. 10 juill. 1845, aff. Chassaing, D. P. 45. 4. 125).

1965. — XXVI. Complicité. — 1° *Fait principal.* — La complicité, ainsi qu'on l'a rappelé *suprà*, v° *Complice-complicité*,n° 66, suppose toujours l'existence d'un fait principal. Il ne peut y avoir de déclaration légale de complicité que d'après une déclaration explicite ou implicite d'un fait principal criminel (Conf. Blanche, t. 2, n° 43; Chauveau et Faustin Hélie, t. 1, n°s 299 et suiv.; Garraud, t. 2, n°s 239 et suiv.). Jugé en conséquence : 1° que l'accusé déclaré coupable de s'être entendu avec un commerçant pour soustraire aux créanciers légitimes de celui-ci ses marchandises et ses biens immeubles ne peut être puni comme complice de banqueroute frauduleuse, cette déclaration ne constatant pas le fait principal de la banqueroute (Crim. cass. 14 janv. 1820, aff. Barthelot, *Bull. crim.*, n° 7) ; — 2° Qu'un accusé ne peut être condamné comme coupable de complicité de banqueroute frauduleuse lorsque la déclaration du jury ne

constate pas que l'auteur principal de la banqueroute frauduleuse fût commerçant failli (Crim. cass. 21 déc. 1837, aff. Barthès, *Bull. crim.*, n° 436; 18 oct. 1842, aff. Manneville, *Rép.*, v° *Faillite*, n° 1392); — 3° Que, l'incendie par une personne de sa propre maison ne constituant ni crime ni délit, lorsqu'elle n'était pas habitée, qu'elle ne servait pas à l'habitation, et qu'il n'en est résulté aucun préjudice pour autrui, doit être annulé le verdict du jury qui déclare un individu coupable de s'être rendu complice de l'incendie de sa maison, sans constater toutes les circonstances ci-dessus (Crim. cas. 13 oct. 1853, aff. Giraud, *Bull. crim.*, n° 504); — 4° Que les peines de l'art. 356 c. pén. ne peuvent être appliquées contre le complice qu'autant que s'il n'est énoncé dans la question posée au jury que l'auteur principal du détournement (Crim. cass. 12 avr. 1861, aff. Mallet, D. P. 66. 5. 161); — 5° Qu'en matière de complicité de tentative d'avortement, la question est incomplète si elle n'énonce pas que la tentative a été commise par une autre personne que la sage-femme elle-même (Crim. cass. 3 mars 1864, aff. Rolland, D. P. 64. 1. 406); — 6° Qu'un accusé ne peut être condamné pour complicité d'usage de pièces fausses que s'il est énoncé dans la question posée au jury que l'auteur principal connaissait la fausseté des pièces dont il a fait usage (Crim. cass. 26 févr. 1874, aff. Moulin et autres, *Bull. crim.*, n° 62); — 7° Que, pour servir de base à la condamnation du complice, la question relative à l'auteur principal doit énoncer les éléments constitutifs du crime, et spécialement le caractère frauduleux de la soustraction. Il ne suffit pas que cette énonciation soit faite dans une question relative à la circonstance aggravante de nuit, laquelle serait alors entachée de complexité (Crim. cass. 2 avr. 1874, aff. Aubert, *Bull. crim.*, n° 101).

1966. — 2° *Éléments constitutifs.* — La question relative à la complicité doit contenir tous les éléments constitutifs de la complicité définis par les art. 60 à 63 c. pén., sinon elle est nulle et l'accusation n'est pas purgée (Crim. cass. 6 oct. 1864, aff. Novel, *Bull. crim.*, n° 238 ; 11 sept. 1890, aff. Michelangeli et autres, *ibid.*, n° 189. V. Blanche, *loc. cit.*, n° 107 ; Chauveau et Faustin Hélie, t. 1, n° 294 ; Garraud, t. 2, n° 242). Jugé, par application de ce principe : 1° que l'art. 593 c. com. n'ayant prévu qu'un seul cas de complicité de banqueroute frauduleuse, celui de recelé, les autres modes de complicité rentrent dans les prescriptions du droit commun, et que le jury doit être interrogé sur ces crimes de complicité suivant les termes de l'art. 60 c. pén., sans qu'il soit nécessaire, comme au cas de complicité par recelé, que la question au jury énonce qu'elle a eu lieu dans l'intérêt du failli (Crim. rej. 21 déc. 1854, aff. Foillogt, *Bull. crim.*, n° 352) ; — 2° Que la question de complicité posée au jury à l'égard du journaliste qui aurait rédigé et fourni au gérant d'un journal un article délictueux, doit énoncer, à peine de nullité, que l'accusé avait connaissance de l'usage qui devait être fait de l'article rédigé par lui (Crim. cass. 21 mai 1885, aff. Aucerville, *Bull. crim.*, n° 150) ; — 3° Que la complicité de banqueroute frauduleuse n'existant qu'autant que l'accusé a aidé ou assisté, *avec connaissance*, le commerçant failli dans les faits qui ont préparé, facilité ou consommé le détournement opéré par celui-ci d'une partie de son actif, l'omission des mots : *avec connaissance*, dans la question résolue affirmativement par le jury, enlève au fait incriminé l'un des éléments constitutifs de la complicité criminelle (Crim. cass. 14 oct. 1847, aff. Fille Coidat, D. P. 47. 1. 323).

1967. — 3° *Instructions données.* — L'art. 60 c. pén. n'exige pas que la personne qui a reçu les instructions soit dénommée (Crim. rej. 3 mars 1870, aff. Lagouarde, *Bull. crim.*, n° 50).

1968. — 4° *Aide et assistance.* — Est incomplète et ne peut servir de base légale à condamnation la déclaration qui n'établit pas que le complice par assistance a agi *avec connaissance*, lorsque la nature du fait n'implique pas cette connaissance (Crim. rej. 9 juin 1866, aff. Leroy et autres, *Bull crim.*, n° 149 ; Crim. cass. 18 août 1871, aff. Saad-ben-Ahmed et autres, *ibid.*, n° 92 ; Crim. rej. 12 avr. 1873, aff. Roché, D. P. 73. 1. 223 ; Crim. cass. 24 juin 1887, aff. Ragavelou et Koklapin, *Bull. crim.*, n° 244). Toutefois les mots : *avec connaissance*, peuvent être remplacés par des expressions équivalentes (Arrêts précités des 18 août 1871

et 12 avr. 1873. Conf. Blanche, t. 2, n°s 102 et 103 ; Chauveau et Faustin Hélie, t. 1, n° 298 ; Garraud, t. 2, n° 238). — Jugé, d'ailleurs, que la disposition de l'art. 63 c. pén. qui prescrit, à l'égard des complices par recel, la position séparée d'une question de connaissance des circonstances aggravantes ou constitutives des crimes que la loi punit de mort ou d'une peine perpétuelle, ne s'applique pas aux complices ordinaires par aide et assistance ; et cela, même lorsqu'il s'agit de la circonstance de préméditation aggravante du crime de meurtre (Crim. rej. 5 janv. 1854, aff. Guincestre et autres, D. P. 54. 1. 84).

1969. — 5° *Provocation.* — Il a été jugé : 1° que la question de complicité par provocation, posée dans les termes du paragraphe 1 de l'art. 60 c. pén., est régulière, et la réponse affirmative qui y est faite peut servir de base légale à la condamnation de l'accusé, bien que cette question ne mentionne pas que la provocation a été exercée envers celui ou ceux par qui le crime a été commis (Crim. rej. 3 oct. 1857, aff. Doineau, D. P. 57. 1. 455. Conf. Blanche, *loc. cit.*, n° 90); — 2° Que la question de complicité de faux témoignage par provocation à commettre ce faux témoignage doit comprendre les caractères constitutifs de la complicité définis par les art. 59 et 60 c. pén., et déterminer à l'aide de quels moyens la provocation a eu lieu (Crim. cass. 22 févr. 1855, aff. Brugière, D. P. 55. 1. 174 ; 1er mars 1855, aff. Brismoutier, *ibid.* ; 10 mai 1861, aff. Arnaudet, D. P. 61. 5. 478). Cette détermination est suffisante lorsque la question porte que l'accusé est coupable d'avoir provoqué, en donnant des instructions, à faire le faux témoignage (Crim. cass. 20 sept. 1855, aff. Sicard, *Bull. crim.*, n° 325. Conf. Blanche, *loc. cit.*, n° 87 ; Chauveau et Faustin Hélie, t. 4, n° 1828) ; — 3° Qu'il n'est pas exigé, à peine de nullité, que la question posée au jury, au sujet de savoir s'il y a eu provocation par instructions de la part d'un individu poursuivi comme complice d'un crime (celui de faux témoignage), porte que ces instructions ont été données pour commettre un crime, sachant qu'elles devaient y servir, cette circonstance résultant suffisamment des instructions elles-mêmes (Crim. rej. 19 juin 1857, aff. Bazerque, D. P. 57. 1. 372).

1970. — 6° *Recel.* — Le recel n'étant punissable que s'il a été commis sciemment, la question posée au jury doit, à peine de nullité, relever cette circonstance. Une omission, à cet égard, empêche que l'accusation, telle qu'elle résulte de l'arrêt de renvoi, soit purgée, et entraîne la cassation pour le tout (Crim. cass. 5 janv. 1871, aff. Jouey, D. P. 71. 1. 190. Conf. Blanche, *loc. cit.*, n°s 153 et suiv. ; Garraud, t. 2, n° 262 ; Chauveau et Faustin Hélie, t. 1, n° 308).

1971. Lorsqu'un accusé est condamné pour vol qualifié à la peine des travaux forcés à perpétuité, il faut, pour que le complice par recel soit condamné à la même peine, que le jury ait été interrogé sur le point de savoir si le receleur avait, au moment du recel, connaissance des circonstances aggravantes (Crim. cass. 11 mars 1886, aff. Ben-Saïd-ben-Bousseta, *Bull. crim.*, n° 102. Comp. *supra*, v° *Complice-complicité*, n° 227 ; Conf. Blanche, *loc. cit.*, n° 161 ; Garraud, t. 2, n° 281 ; Chauveau et Faustin Hélie, t. 1, n° 314). Mais en dehors des cas prévus par l'art. 63 c. pén., le jury ne doit pas être interpellé sur la question de savoir si le receleur a eu connaissance des circonstances aggravantes du crime (Crim. rej. 14 sept. 1865, aff. Epp et Sérié, *Bull. crim.*, n° 181 ; 8 mars 1866, aff. Chavot, D. P. 66. 5. 116 ; 18 déc. 1875, aff. Bonnet et autres, *ibid.*, n° 558).

1972. — XXVII. DÉSIGNATION DES AUTRES ACCUSÉS. — Lorsqu'on demande au jury si l'accusé est complice de tel ou tel accusé, les noms des accusés désignés sont purement indicatifs et non limitatifs de l'accusation de complicité, qui s'étend à tous autres auteurs ou coauteurs du crime, pourvu que la preuve de la complicité soit acquise (Crim. cass. 31 mai 1827, aff. Rivière, *Bull. crim.*, n° 130).

1973. — XXVIII. COMPLICES JUGÉS SÉPARÉMENT. — Lorsque l'auteur d'un crime est en fuite et que le complice comparaît seul, il est de toute nécessité que le jury soit interrogé, non sur la culpabilité de l'auteur, mais abstraction faite de toute criminalité de sa part, sur l'existence du fait criminel dont il aurait été l'auteur et dont sa qualité serait une circonstance constitutive ou aggravante (Crim. rej. 1er mars 1866, aff.

Chamon, *Bull. crim.*, n° 50). Si l'auteur principal a été condamné, il est également régulier de faire constater à nouveau par le jury, par réponse à une première question, l'existence du crime et sa perpétration par l'auteur principal (la culpabilité de celui ci restant définitivement déclarée par le jury antérieur), et de l'interroger ensuite sur la complicité par une demande se référant à cette première question (Crim. cass. 31 août 1854, aff. Garos, D. P. 67. 5. 52 ; Crim. rej. 19 juin 1873, aff. Montérola, D. P. 73. 1. 319). — Il en serait de même en cas d'acquittement du principal accusé ; et le complice ne pourrait se faire un moyen de cassation de ce que, dans les questions posées au jury relativement aux faits de complicité, le nom de ce principal accusé aurait été remplacé par l'expression vague « un individu » (Crim. rej. 9 avr. 1818, aff. Couaix, *Bull. crim.*, n° 50).

En l'absence de questions relatives à l'auteur principal jugé séparément, les questions concernant le complice doivent contenir à la fois les éléments constitutifs du délit et ceux de la complicité (Crim. cass. 7 sept. 1850, aff. Tardy, *Bull. crim.*, n° 296 ; Crim. rej. 15 juill. 1875, aff. Marie-Mélanie Puech, femme Plenecassagne, *ibid.*, n° 229 ; Crim. cass. 4 mars 1882, aff. Albertini, D. P. 82. 1. 236). Ainsi, en matière de délit de presse, la déclaration du jury doit constater, en même temps que les éléments de complicité, les circonstances constitutives de la publicité (Arrêts précités des 7 sept. 1850 et 4 mars 1882) ;... à moins que le président ne juge préférable de poser préalablement au jury une question distincte relative à l'existence du délit (Arrêt précité du 4 mars 1882. Conf. Blanche, *loc. cit.*, n° 112 ; Nouguier, t. 4, vol. 1, n°s 2984 et 2985 ; Faustin Hélie, t. 8, n° 3678 ; *suprà*, v° *Complice-complicité*, n° 181).

1974. — XXIX. Complices jugés en même temps que l'auteur principal. — Dans le cas où les auteurs principaux d'un crime sont connus et renvoyés devant la cour d'assises simultanément avec les complices, le président peut, sans qu'il en résulte de nullité, faire d'abord constater par le jury, abstractivement, l'existence du crime et de chacune des circonstances aggravantes, puis l'interroger séparément sur le point de savoir si chacun des individus poursuivis comme coauteur est coupable de ce crime, suivant le même mode de position des questions qui est suivi à l'égard des accusés de complicité ; alors d'ailleurs qu'il n'en résulte aucune altération de la substance de l'accusation (Crim. rej. 18 avr. 1873, aff. Rateau et Bonal, D. P. 73. 1. 164).

1975. — XXX. Référence aux questions sur les faits principaux. — Lorsque le président a posé distinctement les questions principales relatives à l'individu accusé du fait principal de vol, il n'est pas tenu, en posant la question de complicité, de répéter la décomposition des circonstances constitutives (Crim. rej. 25 févr. 1843, aff. Ruelle, *Bull. crim.*, n° 46). Les questions qui impliquent, soit par leur relation avec celles qui précèdent, soit par elles-mêmes, la préexistence des faits principaux renferment donc les caractères légaux de la complicité (Crim. rej. 19 déc. 1839, aff. Card, *Bull. crim.*, n° 384 ; 18 déc. 1856, aff. Berthelot, *ibid.*, n° 399 ; 1er juill. 1869, aff. Dumont et Cléton, D. P. 70. 1. 380 ; 27 mai 1870, aff. Cloup, *Bull. crim.*, n° 116 ; 18 avr. 1873, aff. Rateau et Bonal, D. P. 73. 1. 164 ; 6 nov. 1874, aff. Mareschal, D. P. 76. 5. 143 ; 24 avr. 1884, aff. Morel, *Bull. crim.*, n° 142 ; 29 sept. 1887, aff. Milon, *ibid.*, n° 348. Conf. Blanche, *loc. cit.*, n° 113 ; Nouguier, *loc. cit.*, n° 2978 ; Faustin Hélie, t. 8, n° 3677). — D'ailleurs, la question qui est posée au jury à l'égard du complice, et qui se réfère formellement à la question relative à l'auteur principal (dans laquelle se trouvent indiquées toutes les circonstances constitutives du délit à raison duquel ils sont l'un et l'autre poursuivis), peut, lors même que la question relative à l'auteur principal a été résolue négativement, servir de base légale à la condamnation du complice ; dans ce cas, la déclaration par laquelle le jury répond affirmativement à la question relative au complice implique la préexistence du fait principal, et n'est pas entachée de complexité (Crim. rej. 3 juill. 1886, aff. Dubut de Laforest, D. P. 86. 1. 473. Conf. Faustin Hélie, *loc. cit.*, Blanche, *loc. cit.*).

1976. Au contraire, la condamnation manque de base légale, lorsque la relation entre les questions n'est pas formellement indiquée (Crim. cass. 20 mars 1850, aff. Roques,

D. P. 50. 5. 439 ; 4 sept. 1862, aff. Seguin, D. P. 65. 5. 200), ou qu'il peut exister un doute sur celle des questions auxquelles le jury doit se reporter. Est nulle, par exemple, la question de « complicité par recel au vol ci-dessus spécifié », lorsque les questions précédentes sont relatives à plusieurs vols distincts (Crim. cass. 2 janv. 1885, aff. Eugénie-Marie-Rose Chevalier, femme Leroy, *Bull. crim.*, n° 2).

A plus forte raison, doit-on déclarer irrégulière la question subsidiaire de complicité qui ne contient pas de référence aux questions concernant le fait principal (Crim. cass. 27 janv. 1865, aff. Sarry, D. P. 67. 5. 116) ;... et qui ne permet pas d'apprécier si le jury a voté par scrutins séparés, pour chaque accusé, sur le fait principal et sur la circonstance aggravante (Crim. cass. 27 sept. 1883, aff. Grandjean et autres, *Bull. crim.*, n° 240). — Mais il n'y a ni ambiguïté ni complexité quand, à la suite d'une question imputant à l'auteur principal d'avoir détourné plusieurs sommes d'argent, on pose, à l'égard du receleur, une question de complicité *du détournement*, et non *des détournements* ci-dessus spécifiés (Crim. rej. 10 sept. 1869, aff. Tailfer et Pic, D. P. 70. 1. 141).

Art. 6. — *Enoncé, dans la position des questions, de la date, du lieu et des circonstances accessoires (Rép. n°s 2770 à 2786).*

1977. — 1° *Date du crime.* — L'omission de la date du crime dans la question au jury, même quand elle porte sur l'année, n'entraîne, selon ce qui a été dit au *Rép.*, n° 2774, aucune nullité, la présomption étant, lorsque les demandeurs n'ont soulevé aucune objection au cours des débats, que la question s'en réfère aux dates qui sont énoncées dans l'arrêt de renvoi et qui excluent toute exception de prescription (Crim. rej. 7 mars 1873, aff. Abdallah-ben-Ali, *Bull. crim.*, n° 63).

1978. Quant à l'erreur sur la date, elle ne peut être utilement relevée à l'appui du pourvoi en cassation, lorsqu'elle ne laisse planer aucun doute sur l'existence du fait soumis à l'appréciation du jury et que par suite aucun préjudice n'a pu en résulter pour l'accusé (Crim. rej. 4 sept. 1862, aff. Duvoisin, D. P. 62. 5. 93 ; 10 juin 1880, aff. Joyeux, *Bull. crim.*, n° 114 ; 2 févr. 1882, aff. Chouata, *Bull. crim.*, n° 33).

Peu importerait donc, dans ces conditions, que la date fût fausse ou surchargée (Crim. rej. 7 mars 1873, aff. Abdallah-ben-Ali, *Bull. crim.*, n° 63). Mais MM. Faustin Hélie, t. 8, n° 3672 et Nouguier, t. 4, vol. 1, n° 2893, font remarquer avec raison que l'indication exacte de la date du crime est rigoureusement nécessaire, lorsque cette date peut constituer « une circonstance essentielle soit de la criminalité, soit de la responsabilité pénale », notamment, quand l'accusé invoque la prescription, ou prétend qu'il a agi sans discernement.

1979. — 2° *Lieu du crime.* — Jugé, conformément à la jurisprudence adoptée au *Rép.*, n° 2780, que le défaut de mention du lieu du crime dans la question relative à une accusation de fabrication et d'usage de faux billets, n'est pas une cause de nullité, alors d'ailleurs que l'accusé n'a pas réclamé contre la rédaction de la question (Crim. rej. 22 mai 1862, aff. Giraud, D. P. 63. 5. 103). « Toutefois, fait remarquer M. Nouguier, *loc. cit.*, n° 2896, si le lieu constitue une exception à la poursuite, par exemple, un moyen d'incompétence tiré de ce que le fait aurait eu lieu à l'étranger, ou une circonstance constitutive ou aggravante du crime, il faut qu'il soit expressément énoncé dans les questions » (V. en ce sens, Faustin Hélie, *loc. cit.*, n° 3673, et l'arrêt du 25 flor. an 6 mentionné au *Rép.*, n° 2781).

1980. — 3° *Désignation de l'accusé.* — On a vu au *Rép.*, n° 2783, qu'il est nécessaire de désigner clairement la personne de l'accusé ; mais toute erreur ou omission ne saurait servir de fondement à un pourvoi : il faut, pour vicier une procédure, qu'un doute sérieux ait pu résulter de l'omission ou de l'erreur (Conf. Nouguier, *loc. cit.*, n° 2892 ; Crim rej. 19 févr. 1857 et 10 août 1866, cités par cet auteur). Jugé, en ce sens, que lorsque la question posée au jury désigne l'accusé par un prénom qui ne lui appartient pas, cette erreur est sans conséquence, si elle n'affecte pas l'identité du prévenu qui, d'ailleurs, n'est

point contestée (Crim. rej. 29 déc. 1883, aff. Pinsart, *Bull crim.*, n° 299).

1981. — 4° *Désignation de la victime.* — Une distinction est nécessaire (Faustin Hélie, *loc. cit.*, n° 3672; Nouguier, *loc. cit.*, n° 2897). Dans le cas où elle n'a d'autre objet que de déterminer le fait, la désignation de la victime n'est pas indispensable. La question soumise au jury peut donc, sans violer aucune loi, garder le silence sur les personnes à l'égard desquelles les fausses pièces auraient été émises (Crim. rej. 11 janv. 1850, aff. Pons, *Bull. crim.*, n° 13). A plus forte raison, la question posée relativement à une tentative de vol qui a eu pour objet la soustraction de l'argent déposé dans le tronc d'une église, désigne-t-elle suffisamment quel aurait été le propriétaire de cet argent, si elle présente ladite soustraction comme tentée au préjudice des pauvres de la commune (Crim. rej. 18 janv. 1877, aff. Parrain, D. P. 77. 1. 331).

1982. Quand, au contraire, la désignation de la victime a pour but de caractériser le fait ou de l'aggraver, elle devient indispensable. Mais les erreurs ou les omissions n'ont de portée qu'autant qu'elles peuvent entraîner un doute ou une confusion. Ainsi jugé : 1° que, bien qu'une affaire d'assassinat comprenne plusieurs victimes du même nom, il ne résulte aucune nullité de ce que le prénom de l'une d'elles n'est pas relevé dans la question posée au jury, s'il n'y a aucune incertitude sur son identité (Crim. rej. 7 mars 1873, aff. Abdallah-ben-Ali, *Bull. crim.*, n° 63) ; — 2° Que l'erreur commise dans les questions posées au jury sur le nom de la victime d'un attentat à la pudeur (Thibaut au lieu de Thiébaut) ne peut opérer nullité lorsqu'il résulte de différents actes de la procédure et des débats qu'il n'a pu exister aucun doute sur l'âge et l'identité de cette personne (Crim. rej. 1er mars 1877 ; aff. Lacuisine, *Bull. crim.*, n° 70) ; — 3° Que l'accusé ne peut se faire un grief de ce que, dans l'une des questions posées au jury, le nom de la victime du crime a été inexactement reproduit lorsque, malgré cette erreur, il ne peut exister aucune incertitude à cet égard dans la pensée du jury (Crim. rej. 7 janv. 1886, aff. Vaissettes, *Bull. crim.*, n° 1).

1983. — 5° *Détails du crime.* — Il n'est pas nécessaire, ainsi qu'on l'a établi au *Rép.*, n°s 2785 et 2876, de spécifier dans les questions les détails ou les circonstances accessoires du crime. Jugé, en conséquence : 1° que, dans une accusation de concussion, il n'est pas nécessaire, à peine de nullité, que la déclaration du jury fixe le montant des sommes indûment perçues par l'accusé ; il suffit que le jury ait déclaré l'existence des perceptions illicites pour que la cour d'assises ait le droit de les arbitrer dans la fixation de l'amende (Crim. rej. 26 août 1824, aff. Villée, *Rép.*, v° *Forfaiture*, n° 80) ; — 2° Qu'en matière de contravention d'achat et de vente de suffrages électoraux, il n'est pas nécessaire que le jury soit interrogé sur la quotité des sommes données et retenues (Crim. rej. 10 avr. 1847, aff. Drouillard, D. P. 47. 1. 91) ; — 3° Que la question soumise au jury peut, sans qu'il y ait violation de l'art. 132 c. pén., garder le silence sur la valeur des fausses pièces qui auraient été émises, ainsi que sur leur type et l'époque de leur fabrication (Crim. rej. 11 janv. 1850, aff. Pons, *Bull. crim.*, n° 13) ; — 4° Que, en matière d'attentat à la pudeur sur des enfants de moins de onze ans (treize ans, depuis la loi du 13 mai 1863), le retranchement dans la question posée au jury des mots « sans violence » ne peut nuire à la défense de l'accusé (Crim. rej. 29 nov. 1850, aff. Bertauld, D.P.50.5. 36) ; — 5° Que, dans une accusation de suppression d'enfant, il n'est pas nécessaire que la question mentionne le point de savoir si l'enfant avait vécu : il suffit que la question soit posée dans les termes de l'art. 345 c. pén., alors surtout que cette question est posée subsidiairement à une question d'infanticide, c'est-à-dire à la question d'homicide volontaire d'un enfant nouveau-né (C. d'ass. de la Loire-Infér., 19 mai 1853, aff. Cornette, D. P. 54. 1. 15) ; — 6° Que, dans le cas d'attentat à la pudeur commis par un mari sur sa femme, pas plus que dans les cas ordinaires, il n'est nécessaire que la question posée au jury spécifie les actes desquels l'accusation fait résulter le crime..., la loi ayant laissé au jury, en s'abstenant de toute définition, le droit et le devoir d'apprécier les circonstances de fait établissant la culpabilité de l'accusé (Crim. rej. 18 mai 1854, aff. Lévêque,

D. P. 54. 1. 262) ; — 7° Que l'affirmation frauduleuse d'une créance dans une faillite étant réprimée par l'art. 593 c. com. comme crime spécial et non comme complicité du crime de banqueroute frauduleuse, il n'y a pas lieu de s'expliquer, dans les questions relatives à ce crime, sur le point de savoir si le prétendu créancier a agi dans son propre intérêt ou dans l'intérêt du failli (Crim. rej. 19 nov. 1859, aff. Redouté, D. P. 60. 1. 50) ; — 8° Qu'il n'y a pas nullité parce que, dans les questions au jury, les édifices incendiés n'ont pas été déterminés quant à leur nombre, s'ils ont été suffisamment désignés par le lieu de leur situation et par le nom du propriétaire (Crim. rej. 8 août 1873, aff. Ahmedbou-Mezrag, *Bull. crim.*, n° 224) ; — 9° Que, bien que les motifs d'un arrêt de renvoi énoncent que les coups et blessures volontaires poursuivis ont été portés en duel, cette mention ne doit pas figurer dans les questions posées au jury, car elle ne s'applique ni à un élément du crime, ni à une circonstance de nature à en modifier la gravité (Crim. rej. 23 janv. 1890, aff. Belz, dit de Villas, D. P. 90. 1. 332). — Mais il ne résulterait aucune nullité de ce qu'une circonstance inutile ait été énoncée dans une question au jury : par exemple, l'âge, en dehors du cas où il constitue une circonstance aggravante (Crim. rej. 16 janv. 1852, aff. Péron, D. P. 52. 5. 234) ; la préméditation, en matière de parricide (Crim. rej. 28 mars 1861, aff. Denis, D. P. 61. 5. 256).

Art. 7. — *Division ou réunion des questions comprenant plusieurs faits* (*Rép.* n°s 2787 à 2905).

1984. Il n'y a pas lieu de revenir sur ce qui a été dit au *Rép.*, n°s 2787 à 2790, touchant l'historique et la théorie de la complexité (V. sur ce point : Faustin Hélie, t. 8, n°s 3702 et suiv.; Nouguier, t. 4, vol. 1, n°s 2898 et suiv. ; Garraud, n° 599 ; Trébutien, t. 2, n°s 611 et 612 ; Villey, p. 389). Rappelons seulement, avec un arrêt (Crim rej. 6 avr. 1883, aff. Dreyfus, *Bull. crim.*, n° 91), que la seule complexité prohibée est celle qui consiste à comprendre dans une seule et même question deux chefs d'accusation distincts ; par exemple, un fait principal et une circonstance aggravante ou plusieurs circonstances aggravantes. Ainsi, la mention du lieu du crime dans la question relative au fait principal n'entache pas cette question du vice de complexité (Crim. rej. 27 sept. 1860, aff. Morans Romann, D. P. 63. 5. 102).

§ 1er. — Règles diverses relatives à la complexité et à la division des questions (*Rép.* n°s 2791 à 2802).

1985. — I. Circonstances constitutives du crime. — Toutes les circonstances constitutives d'un crime peuvent, ainsi que le *Répertoire* l'a enseigné, n° 2796, être comprises dans la même question, sans que cette question soit entachée du vice de complexité. Ce principe a été appliqué dans diverses matières.

1986. — 1° *Diffamation.* — N'est point complexe la question posée au jury, laquelle, dans une accusation de diffamation commise par la voie de la presse, comprend, non plusieurs faits distincts qui auraient pu séparément constituer la diffamation, mais seulement la spécification de plusieurs énonciations principales contenues dans l'article incriminé, et desquelles la prévention faisait résulter le délit (Crim. rej. 3 déc. 1846, aff. Macé, *Bull. crim.*, n° 300. Conf. Fabreguettes, t. 2, n° 2080 ; G. Barbier, n° 956).

1987. — 2° *Faux.* — Les éléments du crime de faux étant indivisibles, la question qui les renferme tous ne présente pas de complexité ; et, quand la possibilité du préjudice est la conséquence naturelle de la falsification, le jury ne doit pas être spécialement interpellé sur ce point (Crim. rej. 22 sept. 1859, aff. Baudry, D. P. 59. 1. 430; 5 oct. 1865, aff. Létocard, D. P. 65. 5. 226 ; 12 févr. 1874, aff. Lafosse, D. P. 76. 5. 144). N'est pas complexe la question qui porte à la fois sur le fait d'avoir fabriqué un faux billet et d'y avoir apposé une fausse signature (Crim. rej. 20 févr. 1873, aff. Vulliard, *Bull. crim.*, n° 57). Il n'y a pas non plus complexité dans la question soumise au jury de savoir si l'accusé s'est rendu coupable d'un faux, et si ce faux a été commis en écriture publique (Crim. rej. 16 déc. 1837, aff. Plouevez, *Bull. crim.*, n° 432. Conf. Blanche, t. 3, n° 230). — D'un autre côté, le

fait d'avoir pris un nom supposé au cours d'une poursuite : 1° dans un procès-verbal de gendarmerie ; 2° dans l'interrogatoire du juge d'instruction et 3° devant le tribunal, ne constitue qu'un tout homogène et ne renferme que les éléments d'un seul crime de faux : aussi le président des assises peut-il réunir tous ces éléments dans une seule question sans complexité (Crim. rej. 5 sept. 1872, aff. Durand, *Bull. crim.*, n° 238 ; 26 févr. 1874, aff. Moulin, *ibid.*, n° 62). Ainsi encore, ne peut être arguée de complexité la question posée au jury sur un fait de faux, dans laquelle, en vertu du fait de falsification d'un registre, sont énoncées des altérations frauduleuses de lettres et leur remplacement par des lettres supposées, lorsque ces particularités n'apparaissent que comme les moyens employés pour opérer la falsification du registre, en sorte que la question posée ne reproduit en réalité que le fait principal de l'accusation, tel qu'il ressort de l'arrêt de renvoi et de l'acte d'accusation (Crim. rej. 20 mars 1891, aff. Chervet et Bizouiller, D. P. 92. 1. 255).

1988. — 3° *Homicide.* — Le fait d'avoir tué, par erreur, une certaine personne, alors que l'agent voulait et croyait tuer une autre personne, ne constitue qu'un seul attentat et n'offre nullement les caractères de deux crimes distincts, qui consisteraient, l'un dans des violences ayant entraîné la mort sans intention de la donner, et l'autre une tentative d'homicide volontaire sur la personne que l'agent se proposait de tuer ; il ne saurait dès lors y avoir complexité dans la question unique soumise au jury sur le fait ainsi spécifié (Crim. rej. 12 juin 1879, aff. Ali-Naït-Baïch, *supra*, v° *Crimes et délits contre les personnes*, n° 39).

1989. — 4° *Parricide.* — Dans une accusation de parricide, le fait de l'homicide et la qualité de la victime, qui est un des éléments constitutifs du crime, ont pu être réunis dans une même question (Crim. rej. 6 janv. 1870, aff. Bellière, D. P. 70. 1. 381. Conf. *supra*, v° *Crimes et délits contre les personnes*, n° 60 et suiv.).

1990. — 5° *Vol.* — Il n'y a aucune complexité dans la question au jury indiquant à la fois que le vol a été commis avec effraction et dans un édifice, puisque ces deux éléments sont nécessaires pour constituer la circonstance aggravante d'effraction intérieure (Crim. rej. 12 sept. 1861, aff. Ben-Aouda-ould-Mohamed, D. P. 61. 5. 133 ; 7 mai 1868, aff. Bathoun et autres, *Bull. crim.*, n° 121).

1991. — II. Division facultative. — Comme on l'a vu au *Rép.*, n° 2799 et suiv., la réunion, dans une même question, de tous les éléments du crime n'est pas obligatoire. Le président peut, au contraire, le juge utile, séparer ces éléments et les faire figurer dans des questions distinctes (Crim. rej. 24 sept. 1885, aff. Barraïa et Colonna, *Bull. crim.*, n° 261. — Conf. Faustin Hélie, t. 8, n° 3712). — C'est du reste ce qui a été jugé dans les espèces suivantes.

1992. — 1° *Attentat à la pudeur.* — Aucune disposition de la loi n'interdit au président de diviser en plusieurs questions les éléments constitutifs d'un crime, par exemple, d'un attentat à la pudeur sans violence sur un enfant de moins de treize ans, pourvu qu'il ne résulte de la division ni changement de l'accusation, ni préjudice pour l'accusé (Crim. rej. 1er déc. 1866, aff. Colombatti, *Bull. crim.*, n° 251).

1993. — 2° *Diffamation.* — Il ne résulte aucune nullité de ce que, au lieu de poser pour chaque chef de prévention une question unique, comprenant tout à la fois le fait diffamatoire et la qualité de la personne diffamée, le président de la cour d'assises a posé deux questions distinctes, l'une sur le fait même de la diffamation, l'autre sur la qualité de la personne diffamée (Crim. rej. 20 janv. 1883, aff. Alype et Meurs, D. P. 84. 1. 137. Conf. Fabreguettes, t. 2, n° 2077 ; G. Barbier, n° 956).

1994. — 3° *Homicide.* — Lorsqu'un accusé a été renvoyé devant la cour d'assises sous l'accusation d'homicide volontaire, le président des assises peut, sans violer la loi, diviser l'accusation en trois questions séparées, portant la première sur le fait de coups et blessures, la seconde sur la mort de la victime, et la troisième sur l'intention de donner la mort, ces trois questions renfermant en substance tous les éléments du crime d'homicide volontaire (Crim. rej. 27 juill. 1883, aff. Arrighi, *Bull. crim.*, n° 191).

1995. — 4° *Incendie.* — Lorsqu'il s'agit de l'incendie d'une maison habitée appartenant à l'accusé, la circonstance d'habi-

tation, étant constitutrice du crime, peut être réunie au fait principal dans une seule et même question. Mais aucune nullité ne résulte de ce que le président a posé une question spéciale sur le point de savoir si l'édifice était habité ; la division des questions ne peut, en effet, causer aucun préjudice à l'accusé (Crim. rej. 23 janv. 1890, aff. Durand, *Bull. crim.*, n° 19).

1996. — 5° *Parricide.* — En matière de parricide, la circonstance de filiation, bien qu'elle soit constitutive et non pas seulement aggravante du crime, peut être l'objet d'une question séparée (Crim. rej. 24 mars 1853, aff. Lucta, D. P. 53. 1. 115 ; 6 août 1863, aff. Duvivier, D. P. 64. 5. 86 ; 6 janv. 1870, aff. Bellière, D. P. 70. 1. 381 ; Conf. *supra*, v° *Crimes et délits contre les personnes*, n° 60 et suiv.).

1997. — 6° *Suppression d'enfant.* — Lorsqu'une accusée est renvoyée en cour d'assises, sous l'accusation « d'avoir supprimé son enfant nouveau-né, lequel avait vécu », le président des assises peut poser au jury deux questions distinctes, l'une sur le fait de la suppression d'un enfant nouveau-né, l'autre sur la circonstance que cet enfant a vécu (Crim. rej. 13 janv. 1881, aff. Delatour, *supra*, v° *Crimes et délits contre les personnes*, n°s 336 et 360).

1998. — III. Circonstances aggravantes. — V. *infra*, n°s 2030 et suiv.

1999. — IV. Complexité corrigée par le jury. — Il a été jugé, selon la doctrine exposée au *Rép.*, n° 2802, que la déclaration du jury peut corriger la complexité qui résulte de la position des questions ; spécialement, que si une question posée au jury relativement à une circonstance aggravante s'applique à plusieurs accusés, le jury a le droit de faire une réponse distincte en ce qui concerne chacun des accusés (Crim. rej. 27 mai 1886, aff. Louner et autres, D. P. 86. 1. 425).

§ 2. — Questions alternatives (*Rép.* n°s 2803 à 2816).

2000. Les questions alternatives sont une des formes de la complexité. Aussi la doctrine est-elle presque unanime pour en interdire l'emploi. « N'est-ce pas le droit de la défense, dit Faustin Hélie, t. 8, n° 3715, d'exiger que le fait qui fait la base de la condamnation soit déterminé ? Ne semble-t-il pas qu'une réponse faite par oui ou par non à plusieurs termes alternatifs soit dénuée de précision ? La loi, à la vérité, s'est servie, dans quelques cas, de cette locution abréviative : « quiconque fait ou fait faire, quiconque a fait ou « tenté de faire telle chose » ; mais la loi parle aux juges, et non pas aux jurés ; elle simplifie ses textes et ne les impose pas comme une formule de questions. En proscrivant les questions complexes, elle a, par la même raison, proscrit les questions alternatives, car ces questions, par cela même qu'elles réunissent deux ou plusieurs faits distincts, sont essentiellement complexes... ». Trébutien, t. 2, n° 614, partage le même sentiment : « Supposons, dit-il, qu'on pose cumulativement la question de complicité pour avoir donné des instructions pour commettre le crime, et la question de complicité par aide et assistance ; quatre jurés sont d'avis que l'accusé a donné des instructions, quatre qu'il a été l'agent coupable, quatre qu'il est innocent ; s'il n'y a qu'une question, il sera condamné par huit voix contre quatre ; s'il y en a deux, il sera acquitté. Il faut donc maintenir dans toute sa rigueur la règle de la division des questions sur chaque fait principal, et prohiber toute question alternative ». M. Garraud (n° 599, p. 672) fait un raisonnement identique et formule la même conclusion. M. Nouguier, au contraire, estime (t. 4, vol. 1, n° 2952) que « les questions alternatives ne doivent pas être systématiquement proscrites ». En droit, leur légitimité ressortirait, d'après cet auteur, des termes de l'art. 337 c. instr. crim. qui prescrit de poser la question avec toutes les circonstances comprises dans le résumé de l'acte d'accusation. En fait, ajoute-t-il, elles ont, bien souvent, « une haute utilité ». Dans l'exemple choisi par Trébutien, « le morcellement qui entraîne l'acquittement est la négation flagrante de la volonté souveraine du jury, tandis que la réunion, sous forme alternative, réalise, et sans y rien ajouter, son vœu unanime ». Cette argumentation ne saurait nous convaincre ; ce qui domine ici, ce n'est pas l'art. 337, mais bien la règle des scrutins distincts établie par la

loi de 1836 ; et l'observation de cette règle a pour avantage de présenter au jury des questions simples, claires, nettes, qui réveillent dans l'esprit de chaque juré le sentiment de sa responsabilité, et diminuent en même temps les chances de méprise. La dignité et la sécurité des décisions judiciaires sont à ce prix ». Tel est, en résumé, l'état de la doctrine. On trouvera dans les numéros suivants les solutions de la jurisprudence sur cette question.

2001. — I. ALTERNATIVES PROHIBÉES. — Dans le sens des arrêts rapportés au *Rép.*, n°s 2803 à 2810, il a été jugé : 1° que la contrefaçon ou altération de monnaies ayant cours légal en France, la participation à l'émission desdites monnaies contrefaites et leur introduction sur le territoire français, constituent trois crimes distincts, qui peuvent exister indépendamment les uns des autres ; qu'en conséquence, il y a complexité, et, dès lors, nullité, si la question alternative et unique, posée au jury, comprend à la fois ces trois faits (Crim. cass. 24 juin 1880, aff. Ghirardini, Baldelli, Caroli, D. P. 80. 1. 398 ; 23 févr. 1883. Amoretti et Curiel, D. P. 83. 1. 486. Conf. Blanche, t. 3, n° 33) ; — 2° que la question posée au jury qui comprend sous forme alternative deux circonstances aggravantes résultant de la concomitance d'un homicide avec deux crimes distincts, tels qu'un vol qualifié et une tentative de vol qualifié, est complexe (Crim. cass. 5 juill. 1883, aff. Fernand, *Bull. crim.*, n° 169 ; V. Blanche, t. 4, n° 531 et *supra*, v° *Crimes et délits contre les personnes*, n° 23).

2002. En ce qui concerne l'alternative de la complicité ordinaire et du recelé, il a été jugé que le recelé, bien que puni par certains comme la complicité du vol, se distingue de celle-ci par la nature toute différente des éléments qui le constituent ; que, dès lors, le jury ne peut être interrogé être interrogé par une question alternative sur le point de savoir si un accusé s'est rendu coupable de complicité d'un vol ou du recel des objets en provenant (Crim. cass. 22 juill. 1847, aff. Schérer et Rhin, D. P. 47. 4. 139 ; 19 avr. 1860, aff. Lemoing, D. P. 60. 1. 248 ; 15 sept. 1864, aff. Picard, D. P. 65. 1. 246 ; 27 déc. 1873, aff. Levin, D. P. 75. 1. 95). « Le recelé, porte l'arrêt de 1864, tel qu'il est défini et réprimé par les art. 62 et 63 c. proc., ne suppose pas nécessairement une participation directe au vol au moyen duquel les objets recelés ont été obtenus, puisqu'il est de l'essence du recelé de suivre le crime, et que, dès lors, il ne peut être un mode de participation directe à un crime déjà consommé ; si le recelé, par ses relations avec le vol et comme devenant en quelque sorte le complément de ce crime, a été assimilé par la loi à la complicité définie par les art. 59 et 60, le législateur a en même temps tenu compte des différences qui, dans l'ordre moral, distinguent ces deux modes de complicité, puisqu'il n'admet pas que le recelé ait dans tous les cas la même criminalité, et que, par l'art. 63, il élève ou abaisse la peine, selon les circonstances au milieu desquelles le recelé a été commis. Il suit de là que les faits qui constituent le crime de recelé ne peuvent être confondus avec ceux qui constituent la complicité ordinaire ; dès lors, ils ne sont point compris cumulativement dans une seule question et résolus par un vote unique du jury, qu'en violation de la loi sur la complexité, du 13 mai 1836 » (Conf. Nouguier, t. 4, vol. 1, n° 2950 ; Blanche, t. 2, n° 117). — Il faudrait évidemment décider de même dans le cas d'alternative entre le vol et le recelé, contrairement à la doctrine d'un arrêt de rejet du 15 juill. 1815, qui a, d'ailleurs, été critiqué au *Rép.*, n° 2814 (V. Nouguier, t. 4, vol. 1, n° 2941 ; *Rép.* n°s 2805 et suiv. et *supra*, v° *Complice-complicité*, n° 220).

2003. — II. ALTERNATIVES ADMISES. — La jurisprudence admet les questions alternatives dans un certain nombre de cas examinés au *Rép.*, n°s 2811 à 2816. Avant de revenir sur ces divers cas, il y a lieu d'observer que chacune des alternatives insérées dans la question doit réunir les caractères légaux de criminalité nécessaires pour servir de base à une condamnation (Crim. rej. 4 févr. 1860, aff. Paget, D. P. 61. 5. 232).

2004. — 1° *Faits punis de la même peine ou confondus dans une même disposition pénale* (*Rép.* n° 2811 et 2816). — Il a été jugé : 1° que l'accusé n'est pas fondé à se plaindre de ce qu'une seule question a été posée, lorsque les deux faits, objet de l'alternative, sont punis de la même

peine (Crim. rej. 9 févr. 1854, aff. Decouvrant, D. P. 54. 5. 223) ; — 2° Que, dans le cas de faux, il est permis de poser au jury une question unique sur le point de savoir si l'accusé a inscrit ou fait inscrire les énonciations fausses sur la pièce falsifiée (Crim. rej. 12 févr. 1874, aff. Lafosse, D. P. 76. 5. 144. Conf. Nouguier, t. 4, vol. 1, n° 2946 ; Blanche, t. 3, n° 233 ; Garraud, t. 3, n° 235).

La même solution est applicable à la matière des attentats à la pudeur, dont il est parlé au *Rép.*, n° 2816. La question peut donc comprendre sous forme alternative et la tentative et la consommation (Nouguier, *loc. cit.*, n° 2947 ; Blanche, t. 5, n°s 93 et 110). M. Faustin Hélie remarque (t. 8, n° 3715) que c'est « le seul cas où cette forme est indiquée par la loi elle-même ».

2005. — 2° *Réunion des divers modes de perpétration du crime* (*Rép.* n° 2812). — Décidé, à cet égard : 1° que la question posée au jury, dans les termes de l'art. 362 c. pén., de savoir si l'accusé est coupable de faux témoignage soit en faveur de l'accusé, soit contre lui, n'est pas entachée de complexité (Crim. rej. 30 nov. 1850, aff. Bolo, D. P. 50. 5. 439) ; — 2° Que l'alternative contenue dans la question par laquelle le jury est appelé à décider si les violences imputées à un accusé ont été « dirigées contre un agent de la force publique pendant qu'il exerçait son ministère ou à cette occasion », ne peut, comme étant consacrée par le texte même de la disposition pénale dont l'application est requise, donner lieu à aucune critique, notamment au reproche de complexité (Crim. rej. 9 févr. 1854, cité *supra*, n° 2004) ; — 3° Que la question par laquelle le président de la cour d'assises demande au jury, en matière de concussion, « si l'accusé est coupable d'avoir exigé *ou* reçu, en qualité de fonctionnaire public, des sommes qu'il savait n'être pas dues ou excéder ce qui était dû... » n'est pas entachée de complexité (Crim. rej. 29 mai 1873, cité *supra*, n° 1912-7°) ; — 4° Que la question qui comprend alternativement la dissimulation et le détournement d'actif, alors que cette question ne s'applique, conformément à l'arrêt de renvoi, qu'à un seul chef d'accusation, celui de banqueroute frauduleuse, n'est pas complexe (Crim. rej. 6 avr. 1883, aff. Dreyfus, *Bull. crim.*, n° 91) ; — 5° Que l'abus de confiance résultant au même titre d'un abus de mandat ou d'un abus de dépôt, le jury peut être interrogé, par une même question alternative, sur le point de savoir si les sommes détournées avaient été remises à titre de dépôt ou de mandat (Crim. rej. 2 avr. 1885, aff. Sirgent, *Bull. crim.*, n° 106) ; — 6° Que le jury peut être interrogé valablement sur la question alternative de savoir si un meurtre a « préparé, facilité ou suivi » un vol (Crim. rej. 25 févr. 1887, aff. Redon, *Bull. crim.*, n° 78. — V. dans le même sens, sur ces divers points : Nouguier, t. 4, vol. 1, n° 2948 ; Blanche, t. 3, n° 393, t. 4, n° 540, t. 5, n° 373, t. 6, n°s 116 et 269).

2006. — 3° *Réunion des faits par lesquels se manifeste la complicité* (*Rép.* n° 2813). — Jugé : 1° que lorsque chacun des différents caractères de complicité sur lesquels est interrogé le jury, constituant une criminalité d'un degré égal, détermine l'application d'une peine identique, la question qui réunit d'une manière alternative tous ces différents caractères n'est point entachée de complexité (Crim. rej. 19 déc. 1839, aff. Card, *Bull. crim.*, n° 384 ; 30 sept. 1842, aff. Epin et Auzilleau, *ibid.*, n° 253 ; 21 août 1845, aff. Menghy d'Arville, *ibid.*, n° 264) ; — 2° Que les questions soumises au jury sont régulières lorsqu'elles énumèrent tous les faits de complicité qui se trouvent compris dans l'art. 60 c. pén., au lieu de distinguer et de spécifier ceux dont les accusés se seraient rendus coupables (Arrêt précité du 21 août 1845 ; Crim. cass. 22 juill. 1847, aff. Schérer et Rhin, D. P. 47. 4. 139. Conf. Nouguier, t. 4, vol. 1, n° 2949 ; Blanche, t. 2, n° 117).

§ 3. — Questions relatives à la tentative et à la complicité
(Rép. n°s 2817 à 2825).

2007. — 1° *Tentative.* — Il a été jugé, dans le sens des arrêts cités au *Rép.*, n° 2819, que le commencement d'exécution d'une tentative de crime, et l'interruption de cette tentative par des circonstances indépendantes de la volonté de son auteur, ne sont pas des circonstances aggra-

vantes de la tentative, mais en forment les éléments constitutifs nécessaires pour qu'elle existe et puisse être assimilée au crime ; que, dès lors, ils ne doivent pas être objet d'une question distincte et séparée posée au jury (Crim. rej. 23 avr. 1846, aff. Gay-Pavila, *Bull. crim.*, n° 99. Conf. Faustin Hélie, t. 8, n° 3676 ; Nouguier, t. 4, vol. 1, n° 2960 ; Blanche, t. 1, n° 18).

2008. — 2° *Complicité.* — Jusqu'ici la jurisprudence admettait que la question relative à la complicité pouvait contenir, avec les caractères de la complicité, les éléments constitutifs du fait principal ; la question unique contenant ces deux éléments n'était donc pas complexe (Crim. rej. 13 juill. 1849, aff. Miot, *Bull. crim.*, n° 160 ; Crim. cass. 5 oct. 1871, aff. Tiers, *ibid.*, n° 129. Conf. Nouguier, *loc. cit.*, n° 2976 ; Faustin Hélie, *loc. cit.*, n° 3677 ; Blanche, t. 2, n° 116). Mais il était bien entendu que le président pouvait toujours, en vue de faciliter la délibération (V. *suprà*, n° 1991), diviser en questions distinctes les circonstances d'un même crime, comme le fait principal et la complicité (Crim. rej. 1er mars 1866, aff. Chamon, *Bull. crim.*, n° 50). Un arrêt de cassation du 31 août 1893 (aff. Cirelli, D. P. 94. 1re partie) décide, au contraire, « qu'il n'est pas permis de poser, pour le complice, une question unique comprenant le fait principal et l'accusation de complicité », et il en donne pour raison que la formule d'une telle question « serait nécessairement complexe ».

2009. En second lieu, on a vu au *Rép.*, n° 2822, et *suprà*, n° 2006, que les questions de complicité peuvent être posées dans les termes de l'art. 60 c. pén., sans qu'on puisse voir un vice de complexité dans l'énumération des divers modes de perpétration de la complicité caractérisés par cet article (Crim. rej. 6 avr. 1854, aff. Rassat, D. P. 54. 5. 222 ; 11 janv. 1884, aff. Cyvoct, D. P. 84. 1. 379 ; 20 juin 1889 (motifs), aff. Perrin, D. P. 89. 5. 155).

2010. Quant aux questions relatives à la tentative et à la complicité lorsqu'elles portent sur plusieurs chefs d'accusation ou sur plusieurs objets d'un même chef, il en sera traité *infrà*, n°s 2017, 2018, 2024 et 2025.

§ 4. — Questions portant sur plusieurs chefs d'accusation ou plusieurs objets d'un même chef (*Rép.* n°s 2826 à 2841).

2011. — I. PRINCIPE. — Il est de règle, comme on l'a expliqué au *Rép.*, n°s 2826 et 2831, que chaque chef distinct d'accusation doit faire l'objet d'une question séparée (V. sur ce point : Faustin Hélie, t. 8, n° 3704 ; Nouguier, t. 4, vol. 1, n°s 2904 et suiv. ; Garraud, n° 599 ; A. Trébutien, t. 2, n° 612 ; Villey, p. 390). Jugé, à cet égard, depuis la publication du *Répertoire* : 1° que, pour relever des chefs complexes ou alternatifs d'accusation, il est nécessaire de poser et de préciser les questions (Crim. rej. 1er févr. 1866, aff. Protoy, *Bull. crim.*, n° 30) ; — 2° Qu'au cas d'une double accusation d'abus de confiance et en écriture de commerce, il y a lieu à des questions séparées, chacun de ces faits ayant ses éléments propres : on ne peut opposer que le faux aurait été un moyen d'exécution de l'abus de confiance (Crim. rej. 2 janv. 1874, aff. Laurent Palaysi, D. P. 76. 5. 142-143) ; — 3° Que la question unique posée au jury qui comprend à la fois le délit de provocation aux crimes de meurtre, pillage, incendie ou sédition, et celui de provocation à la désobéissance des militaires envers leurs chefs est complexe (Crim. cass. 24 avr. 1884, aff. Robert, *Bull. crim.*, n° 114). Ce principe est également applicable, ainsi qu'il a été dit au *Rép.*, n° 2835, alors que l'accusation comprend plusieurs infractions de même nature, mais constituant des faits distincts et indépendants les uns des autres. — L'application en a été faite dans les espèces suivantes.

2012. — 1° *Fausse monnaie.* — Les faits de contrefaçon ou d'altération de monnaies ayant cours légal en France, ceux de participation à l'émission et à l'introduction en France desdites monnaies, constituant des crimes distincts, différents par leur nature et par les moyens employés pour les commettre, et pouvant exister indépendamment les uns des autres, doivent, sous peine de complexité, faire l'objet de questions distinctes posées au jury (Crim. cass. 24 juin 1880, aff. Ghirardini, et autres, D. P. 80. 1. 398 ; 23 févr. 1883, aff. Amoretti et Curiel, D. P. 83. 1. 486. Conf. Blan-

che, t. 3, n° 33). Il a aussi été jugé que la question unique posée au jury sur le point de savoir si l'accusé « a frauduleusement contrefait et fabriqué un certain nombre de pièces de 5 fr. et de 2 fr., monnaies d'argent ayant cours légal en France » est entachée de complexité, comme renfermant des faits distincts de contrefaçon (Crim. cass. 21 juill. 1881, donné en note *suprà*, v° *Faux et fausse monnaie*, n° 33).

2013. — 2° *Faux.* — Dans le cas où l'accusation de faux porte sur la fabrication de plusieurs pièces et sur des faits différents d'usage de ces pièces, il y a lieu de poser une question spéciale pour chacun des faits de fabrication et d'usage des pièces fabriquées (Crim. cass. 6 août 1857, aff. Bruzaud, D. P. 59. 5. 111 ; 13 sept. 1866, aff. Arnaud, *Bull. crim.*, n° 218 ; 29 sept. 1887, aff. Berthaudin, *ibid.*, n° 346. — Conf. Blanche, t. 3, n°s 241 et 250 ; *suprà*, v° *Faux et fausse monnaie*, n° 374). Il en est de même si l'accusation comprend, par exemple, la fabrication d'un faux effet de commerce et de trois faux endossements sur le même billet (Arrêt précité du 13 sept. 1866) ;... le fait d'avoir apposé sur une lettre de change une signature fausse, et celui d'avoir créé sur cette lettre de change une fausse acceptation en y apposant une autre signature fausse (Crim. cass. 18 juill. 1878, aff. Poudou, *Bull. crim.*, n° 156) ;... deux faux distincts : un faux endossement et un faux acquit (Crim. cass. 15 juin 1883, *suprà*, v° *Faux et fausse monnaie*, n° 289) ;... deux faits de fabrication : l'un d'une fausse acceptation, l'autre d'un faux endossement (Crim. cass. 27 nov. 1886, aff. Dautier, et autres, *Bull. crim.*, n° 401).

2014. — 3° *Incendie.* — Lorsqu'un individu est renvoyé devant la cour d'assises comme accusé d'avoir mis le feu à une maison habitée, à lui appartenant et qu'il avait fait assurer, il y a nécessité d'interroger distinctement le jury : 1° sur le fait d'incendie, par l'accusé, de sa propre maison, qu'il avait fait assurer ; 2° sur le fait d'incendie d'une maison habitée : il y a complexité si le jury n'a été interrogé sur ces deux faits que par une seule question (Crim. cass. 29 sept. 1854, aff. Holveck, D. P. 54. 5. 429 ; 15 mars 1866, aff. Collard, D. P. 67. 5. 115). De même, la question demandant au jury si l'accusé est coupable « d'avoir volontairement mis le feu à une maison habitée appartenant, soit à lui, soit à sa femme », est entachée d'un double vice de complexité, soit en ce que la question confond deux crimes d'une inégale gravité, soit en ce que, dans la partie de l'interrogatoire concernant l'incendie de la maison d'autrui (la femme de l'accusé), elle comprend la circonstance aggravante de l'habitation avec le fait principal (Crim. cass. 9 juill. 1868, aff. Ducoux, D. P. 69. 5. 105. V. aussi Crim. rej. 15 sept. 1894, aff. Delline, D. P. 94. 1. 110. — Conf. Blanche, t. 6, n° 502).

2015. — 4° *Infanticide.* — Il y a vice de complexité, et par suite nullité, lorsque, dans une accusation de meurtre sur deux enfants jumeaux nouveau-nés, le président de la cour d'assises n'a posé qu'une seule question, comprenant ce double infanticide, qui constituait deux faits distincts (Crim. cass. 18 juill. 1856, *suprà*, v° *Crimes et délits contre les personnes*, n° 84).

2016. — 5° *Subornation de témoins.* — Chaque fait de subornation de témoins constituant un élément spécial de la complicité de faux témoignage attribuée au suborneur, doit faire l'objet d'une question distincte et séparée. En conséquence, doit être annulée la déclaration affirmative du jury sur une question qui comprend à la fois deux faits de subornation pratiqués sur deux témoins dont l'un a été déclaré coupable de faux témoignage, et l'autre acquitté de cette accusation (Crim. cass. 4 août 1843, aff. Mussot, *Bull. crim.*, n° 197). De même, lorsqu'un individu est accusé de deux faits de subornation à l'égard de deux personnes différentes, et que ces deux actes peuvent exister indépendamment l'un de l'autre, il y a lieu de poser, à raison de ces deux faits, deux questions principales (Crim. cass. 25 avr. 1851, aff. Jeannet, *Bull. crim.*, n° 154 ; 2 juill. 1857, aff. Languereau, *ibid.*, n° 249 ; 26 juin 1862, aff. Pouy, D. P. 63. 5. 369. — Conf. Blanche, t. 5, n° 396).

2017. — 6° *Tentative.* — La question unique qui comprend plusieurs tentatives de soustraction frauduleuse est entachée du vice de complexité, et la réponse faite à la question ainsi posée ne peut servir de base légale à une con-

damnation (Crim. cass. 3 août 1882, aff. Juliano et Cavallero, D. P. 83. 1. 231).

2018. — 7° *Complicité.* — La nécessité d'une délibération séparée sur chaque chef d'accusation s'applique au complice ou au receleur comme à l'accusé principal. Ainsi, il y a nullité dans le cas où le président, après avoir posé au jury plusieurs questions distinctes sur divers faits imputés à l'accusé principal et constituant des crimes distincts, n'a interrogé le jury, à l'égard de l'individu accusé de complicité de ces mêmes faits ou de recel, que par une seule question embrassant tous ces faits (Crim. cass. 30 mai 1856, aff. Herbin, D. P. 56. 1. 288 ; 20 févr. 1873, aff. Monterola, D. P. 73. 1. 467 ; 21 mars 1878, aff. Saillard et Glautenay, D. P. 79. 1. 386 ; 7 nov. 1878, aff. Veuve Barreau et autres, D. P. 79. 1. 314 ; 25 août 1887, aff. Dinet, *Bull. crim.*, n° 322 ; 29 déc. 1887, aff. Ginily, *ibid.*, n° 432. — Conf. Blanche, t. 2, n°s 114, 113 et 157 ; Nouguier, *loc. cit.*, n° 2906 ; Faustin Hélie, *loc. cit.*). De même, on ne peut, sans tomber dans le vice de complicité, réunir dans une même question les éléments de la complicité prévue par l'art. 60 c. pén., avec ceux de la complicité de recel prévue par l'art. 62 du même code (Crim. cass. 27 déc. 1873, aff. Levin, D. P. 75. 1. 95-96 ; 20 juin 1889, aff. Perrin, D. P. 89. 5. 155 ; 11 sept. 1890, aff. Michelangeli, *Bull. crim.*, n° 189).

2019. — 8° *Excuse.* — Une excuse se rattachant à plusieurs faits constitue autant de chefs d'accusation, et doit, comme chacun de ces faits, être l'objet d'une question distincte et séparée (Crim. cass. 23 avr. 1857, aff. Hamed-ben-Ammeur, *Bull. crim.*, n° 164 ; 29 mai 1857, aff. Planchon, D. P. 57. 1. 318 ; Crim. rej. 21 août 1873, aff. Leroy-Degranval, D. P. 73. 1. 491 ; Crim. rej. 7 juill. 1882, aff. Charlet, D. P. 83. 1. 138 ; 12 avr. 1889, aff. El-Hachemi-ben-Khelifa, *Bull. crim.*, n° 158 ; 25 sept. 1891, aff. Massol, *ibid.*, n° 192. Conf. Nouguier, *loc. cit.*, n° 2930 ; *supra*, v° *Faux et fausse monnaie*, n° 58).

2020. — 9° *Mode de division des questions ; références.* — Lorsque le jury doit être saisi d'une série de questions presque identiques dans leur forme, le président peut, pour éviter des répétitions inutiles, se référer dans certaines de ces questions aux énonciations de celles déjà posées, pourvu que le jury puisse s'y référer avec clarté et précision (Crim. rej. 10 sept. 1869, aff. Tailfer et Pic, D. P. 70. 1. 141). Spécialement, dans une accusation de subornation de plusieurs témoins, le président peut, après une question commune, se borner à énoncer séparément le nom de chacun des témoins qui ont fait un faux témoignage, de telle sorte que le jury réponde aussi séparément sur chaque nom (Crim. rej. 13 avr. 1854, aff. Marchand, D. P. 54. 5. 222).

2021. — II. Exceptions au principe. — La règle posée *suprà*, n° 2011, doit, ainsi qu'on l'a vu au *Rép.*, n° 2837 et suiv., être renfermée dans certaines limites (Nouguier, t. 4, vol. 1, n°s 2908 et suiv. ; Faustin Hélie, t. 8, n° 3705). — V. les numéros suivants.

2022. — 1° *Actes successifs* (*Rép.* n° 2837). — S'agit-il d'une série d'actes successifs, ayant le même caractère, pratiqués à l'égard de la même personne et ne constituant en réalité qu'un seul chef d'accusation, une question unique peut les comprendre tous. Jugé spécialement : 1° que dans le jugement d'une accusation concernant des *attentats à la pudeur* ou des *viols* successifs, d'un même caractère, qui ont été commis par l'accusé sur la même personne et dans des circonstances identiques, il n'y a pas irrégularité, alors surtout que les divers instants où les faits incriminés ont eu lieu ne paraissent pas susceptibles d'être précisés exactement, à comprendre ces attentats dans une question unique indiquant les limites de l'époque dans laquelle ils se sont succédé (Crim. rej. 5 mars 1857, aff. Fromage, *ibid.*, n° 91 ; 17 janv. 1862, aff. Lecomte, D. P. 64. 5. 86 ; 5 mai 1870, aff. Dever, D. P. 70. 1. 288 ; 9 juill. 1875, aff. Hatton, *Bull. crim.*, n° 217 ; 2 mars 1882, aff. Pollet, *ibid.*, n° 59 ; 20 juill. 1882, aff. Gaultier de Biouzat, *ibid.*, n° 180) ; — 2° Que, dans une accusation d'*avortement*, une seule question peut comprendre le fait d'avoir, à l'aide de breuvages et de médicaments administrés à une même personne pendant une période de temps déterminée, procuré volontairement, à une ou plusieurs reprises, l'avortement de cette personne (Crim. rej. 13 mai 1886, aff. Chalon, *Bull. crim.*, n° 173) ; — 3° Que lorsqu'une accusation comprend plusieurs chefs de

faux ayant les mêmes caractères et les mêmes conséquences pénales, et dont les dates différentes n'ont pu être précisées, une seule question peut être posée au jury sans qu'il y ait complexité (Crim. rej. 26 févr. 1874, aff. Moulin et autres, *Bull. crim.*, n° 62) ; — 4° Qu'il n'y a pas, non plus, complexité dans la question qui comprend des *détournements* successifs commis par un accusé au préjudice de la même personne, alors que l'accusation n'a pu, à leur égard, qu'indiquer la limite de temps dans laquelle ils se sont accomplis, sans parvenir à les distinguer les uns des autres par l'assignation d'une date précise (Crim. rej. 8 nov. 1860, aff. Decolange, D. P. 61. 1. 46 ; 19 juin 1874, aff. Lebeau, *Bull. crim.*, n° 181) ; — 5° Que le jury, dans le cas où l'accusation comprend des actes multiples de *contrefaçon de billets de banque* ou *d'usage de faux billets*, ne doit pas nécessairement être interrogé par des questions séparées sur chacun de ces actes : une seule question suffit pour chacun des accusés principaux, alors que les faits incriminés ont tous le même caractère, et qu'il n'est pas possible de préciser la date à laquelle ils ont été commis (Crim. cass. 7 nov. 1878, aff. Veuve Barreau et consorts, D. P. 79. 1. 314).

2023. — 2° *Crime unique* (*Rép.* n°s 2838 et suiv.). — S'agit-il d'un crime unique, on peut comprendre dans la même question les divers faits qui ont constitué ce crime. Ainsi jugé : 1° que dans une accusation de *coups* portés par l'inculpé à son père et à sa mère, le président de la cour d'assises peut poser au jury une seule question relative à chacun d'eux ; il n'est pas nécessaire qu'il y ait autant de questions qu'il y a eu d'actes distincts, tous ces actes formant les éléments d'un seul et même crime (Crim. rej. 3 juin 1859, *suprà*, v° *Crimes et délits contre les personnes*, n° 221) ; — 2° Que divers chefs de *faux*, portant sur plusieurs créances ou obligations distinctes, peuvent faire l'objet d'une question unique au jury, s'ils ne sont que les éléments du crime de falsification d'un arrêté de compte (Crim. rej. 24 janv. 1856, aff. Meaurin, D. P. 56. 1. 110) ; — 3° Que le fait d'avoir pris un nom supposé au cours d'une même affaire, 1° dans un procès-verbal de gendarmerie ; 2° dans l'interrogatoire du juge d'instruction, et 3° devant le tribunal, ne renferme que les éléments d'un seul crime de faux, et que le président de la cour d'assises a pu, dès lors, faire l'objet d'une question unique sans qu'il y ait vice de complexité (Crim. rej. 1872, aff. Durand, *Bull. crim.*, n° 238) ; — 4° Qu'il n'y a pas complexité dans la question qui, ayant pour objet de faire décider par le jury si l'accusé, dans un jour et en un fait déterminé, avait, au moyen d'émargements frauduleux sur des listes électorales, commis le crime de faux, réunit dans un seul contexte des actes d'émargement relatifs à plusieurs citoyens, ces divers actes étant les éléments d'un seul et même crime (Crim. rej. 2 janv. 1874, aff. Pierre Jamet, D. P. 75. 5. 142) ; — 5° Que lorsque le faux a consisté dans l'apposition sur un billet d'une fausse signature destinée à faire croire à l'existence d'une obligation solidaire, c'est à bon droit qu'il est posé, pour chaque fait de faux, une question unique portant à la fois sur la création du billet, sur la solidarité de l'obligation et sur l'apposition de la fausse signature (Crim. rej. 3 sept. 1874, aff. Ravaut, *Bull. crim.*, n° 257) ; — 6° Que la question unique portant à la fois sur la fabrication d'un billet à ordre et sur l'apposition d'une fausse signature n'est pas complexe, ces deux circonstances étant les éléments du même crime (Crim. rej. 28 déc. 1877, *suprà*, v° *Faux et fausse monnaie*, n° 198) ; — 7° Que, dans une poursuite pour *diffamation*, le président peut, sans complexité, viser dans une même question deux numéros d'un journal contenant les articles incriminés, lorsqu'il résulte de la question même que ces articles constituaient les éléments d'un seul et même délit de diffamation (Crim. rej. 8 juin 1850, aff. Meynard, D. P. 50. 1. 173 ; 29 janv. 1886, aff. Mivielle et autres, *Bull. crim.*, n° 35).

Jugé encore, conformément à l'opinion émise et à la jurisprudence donnée au *Rép.*, n°s 2840 et 2841, qu'une seule question peut être posée relativement au *vol de plusieurs objets*, lorsque la soustraction de ces objets a été commise au même lieu, dans le même moment, par les mêmes personnes et dans un but commun, et que, d'ailleurs, cette soustraction n'a fait l'objet que d'un seul chef d'accusation

dans l'arrêt de renvoi (Crim. rej. 13 mai 1840, aff Saja-loli, *Bull. crim.*, n° 133 ; 8 août 1878, aff. Nadau, *Bull. crim.*, n° 182).

2024. — 3° *Complicité par recel.* — Lorsque des questions posées séparément sur des vols, à l'égard de deux accusés principaux, l'ont été en termes identiques et se rapportent à une seule série de vols commis par les deux accusés conjointement, on doit ne poser qu'une seule et unique question à l'égard du complice par recel; on estimerait à tort qu'il faut, en pareil cas, constater séparément la complicité avec l'un et avec l'autre des accusés principaux : la raison en est qu'il s'agit « d'un même et semblable fait, ou au moins d'un seul ensemble de faits » (Crim. rej. 6 mai 1864, aff. Grain, D. P. 69. 5. 102). De même, il n'y a pas vice de complexité dans la question qui porte simultanément sur divers faits de recel accomplis dans des lieux différents, lorsque le recel se rattache à un seul et même vol (Crim. rej. 22 juin 1882, aff. Eugène Yon, D. P 82 1. 436; 17 févr. 1893, aff. Wyzogrocki, D. P. 94. 1. 32).

2025. — 4° *Tentative.* — Les moyens multiples et successifs employés par un accusé pendant un temps plus ou moins long, pour occasionner la mort d'une seule et même personne, peuvent, sans qu'il en résulte de complexité, être énoncés dans la même question, si, par leur ensemble, ces actes ne constituent, d'après l'accusation, qu'une seule et même tentative d'homicide, et non des éléments de crimes divers (Crim. rej. 1er juill. 1869, aff. Dumont et Cléton, D. P. 70. 1. 381).

§ 5. — Questions relatives à des crimes commis par plusieurs accusés, ou à l'égard de plusieurs personnes (*Rép.* n°s 2842 à 2849).

2026. — I. Pluralité d'accusés. — On a exposé au *Rép.*, n° 2842, la règle qui exige que des questions distinctes soient posées pour chaque accusé (V. sur ce point : Faustin Hélie, t. 8, n°s 3706 ; Nouguier, t. 4, vol. 1, n°s 2932 et suiv.; Trébutien, t. 2, n° 615 ; Garraud, n° 599-B; Villey, p. 389). Aux arrêts cités au *Rép.*, n° 2845, *adde:* Crim. rej. 11 déc. 1845, aff. Gruet, *Bull. crim.*, n° 360; 9 juin 1866, aff. Leroy, *ibid.*, n° 149 ; Crim. cass. 23 mai 1873, aff. Rommeveaux, *ibid.*, n° 141). — Mais la défense d'interroger le jury par une même question sur la culpabilité de plusieurs accusés ne met obstacle à ce que la question relative à l'un des accusés énonce le fait matériel de la coopération d'un coaccusé, dans le but, non d'appeler le jury à statuer sur la culpabilité de ce coaccusé, mais d'arriver à la qualification légale du crime (Crim. rej. 24 mars 1853, aff. Lucta, D. P. 53. 1. 115). C'est ce qui avait déjà été jugé par l'arrêt (Crim. rej. 11 sept. 1831) cité au *Rép.*, n° 2846 (Conf. Nouguier, *loc. cit.*, n° 2933).

2027. — II. Pluralité de victimes. — S'il y a plusieurs victimes, une distinction est nécessaire : les faits incriminés constituent-ils des crimes distincts (*Rép.* n° 2836), il faut poser autant de questions qu'il y a de victimes; dans le cas contraire (*Rép.* n° 2847), une seule question suffit (Conf. Nouguier, *loc. cit.*, n° 2937; Faustin Hélie, *loc. cit.*, n° 3705).

Il a été décidé, dans la première hypothèse : 1° que dans une accusation de tentative d'homicide volontaire sur plusieurs personnes, il y a nécessité, à peine de nullité, encore que les faits se seraient accomplis dans une même scène, de poser à l'égard de chaque accusé une question séparée au sujet de chaque victime, alors surtout que l'arrêt d'accusation a formulé autant de chefs distincts (Crim. cass. 31 mai 1867, aff. Raffa-ben-Missoun, D. P. 69. 5. 104); — 2° Qu'il y a nullité lorsqu'une question unique a été posée relativement à plusieurs vols commis à des époques différentes et au préjudice de personnes distinctes (Crim. cass. 6 nov. 1874, aff. Vandernotte, D. P. 76. 5. 143); — 3° Que, bien que le dispositif de l'arrêt de renvoi et le résumé de l'acte d'accusation considèrent un fait principal comme ne constituant qu'un seul chef et un crime unique d'abus de confiance envers des adjudicataires dont les noms ne sont pas indiqués, le président de la cour d'assises n'en a pas moins pour devoir de diviser l'accusation en plusieurs chefs principaux et distincts et d'interroger le jury par autant de questions qu'il y a d'adjudicataires (Crim. rej. 17 août 1876, aff. G..., D. P. 77. 1. 48); — 4° Que la

question unique posée au jury relativement à divers abus de confiance commis par l'accusé au préjudice de personnes différentes, est nulle comme entachée de complexité (Crim. cass. 26 nov. 1874, aff. Girard, D. P. 76. 5. 143) ; — 5° Que lorsque des attentats à la pudeur imputés à l'accusé ont été commis sur six victimes différentes, le président des assises doit nécessairement poser au jury six questions distinctes (Crim. rej. 20 juill. 1882, aff. Gauthier de Biauzat, *Bull. crim.*, n° 180).

2028. Jugé, dans la seconde hypothèse : 1° que le président ne contrevient à aucune loi en réunissant dans la question soumise au jury, comme les éléments d'un seul et même crime de faux, les signatures fabriquées et apposées en grand nombre au bas d'une pétition à l'Assemblée nationale (Crim. rej. 2 janv. 1851, aff. Giry, *Bull. crim.*, n° 4) ; — 2° Que, bien qu'une accusation de vol qualifié comprenne des objets appartenant à divers propriétaires, une seule question peut être posée au jury sur le fait principal, s'il s'agit d'objets qui ont été soustraits dans le même trait de temps, dans le même lieu, et avec les mêmes circonstances aggravantes, par exemple, d'objets qui ont été dérobés dans une même chambre, au même moment, et après introduction à l'aide de fausses clefs, alors, d'ailleurs, que l'arrêt de renvoi n'a relevé qu'un chef unique d'accusation (Crim. rej. 17 juin 1869, aff. Rhamani-ben-Kouider et autres, D. P. 70. 1. 48); — 3° Que malgré la pluralité des victimes, des faits identiques, inspirés par les mêmes mobiles, commis dans le même lieu et par les mêmes moyens, constituent un seul crime, celui de séquestration (Crim. rej. 26 janv. 1872, aff. Tavernier et Cohen, *Bull. crim.*, n° 25) ; — 4° Qu'en matière de diffamation envers un corps constitué, on ne peut prétendre qu'une question au jury serait complexe, parce qu'elle énoncerait les noms de chacune des personnes faisant partie de ce corps (Crim. rej. 6 févr. 1875, aff. Levaillant, *Bull. crim.*, n° 43) ; — 5° Que, lorsque l'arrêt de renvoi a compris tous les détournements imputés à l'accusé en un chef unique d'accusation, qui consiste dans le détournement d'une somme formant le total des détournements partiels commis au préjudice de plusieurs personnes, une seule question peut être posée au jury sans qu'il y ait complexité (Crim. cass. 31 mars 1882, aff. Inard, *Bull. crim.*, n° 91).

2029. Il convient de remarquer, toutefois, qu'il n'y a jamais irrégularité à poser autant de questions qu'il y a de victimes (Crim. rej. 13 mai 1840, aff. Sajaloli, *Bull. crim.*, n° 133).

§ 6. — Questions relatives aux circonstances aggravantes.
(*Rép.* n°s 2850 à 2905.)

N° 1. — Réunion du fait principal avec une ou plusieurs circonstances aggravantes, ou de plusieurs circonstances aggravantes (*Rép.* n°s 2851 à 2864).

2030. Au *Rép.*, n° 2858, on a établi que le jury doit être interrogé par des questions distinctes sur le fait principal et sur chacune des circonstances aggravantes ; cette règle résulte de la loi de 1836, qui prescrit au jury de voter par scrutins distincts et successifs (Conf. Nouguier, t. 4, vol. 1, n° 2910 ; Faustin Hélie, t. 8, n° 3707, 3710 ; Garraud, n° 299-C.; Trébutien, t. 2, n° 612, 614, 619; Villey, p. 389).

2031. — I. Réunion du fait principal avec une ou plusieurs circonstances aggravantes (*Rép.* n°s 2859 à 2861). — Aux arrêts qui décident, en thèse générale (*loc. cit.*), qu'il y a nullité lorsque le fait principal et une circonstance aggravante ont été compris dans une question unique soumise au jury, *adde:* Crim cass. 18 oct. 1839, aff. Foulon, *Bull. crim.*, n° 324; 22 mai 1841, aff. Brunel, *ibid.*, n° 152; 24 sept. 1842, aff. Dodin, *ibid.*, n° 248; 4 mai 1843, aff. Tribondeau, *ibid.*, n° 95; 25 févr. 1881, aff. Abd-el-Kader-ould-ben-Ozza et autres, *ibid.*, n° 54. Mais la complexité qui résulte de la réunion d'un fait principal et d'une circonstance aggravante, n'en entraîne pas la nullité, si cette circonstance, à tort mentionnée dans la question relative au fait principal, a été, en outre, l'objet d'une question séparée (Crim. rej. 18 juin 1858, aff. Crapet, D. P. 58. 5. 107).

2032. — 1° *Abus de confiance.* — Dans une accusation d'abus de confiance, la circonstance que l'auteur du délit

était attaché au service de la personne qui en a été victime, doit, à peine de nullité, comme étant aggravante, faire l'objet d'une question distincte (Crim. cass. 1er déc. 1854, aff. Leroux, D. P. 54. 5. 220). Conf. Blanche, t. 6, n° 269.

2033. — 2° *Attentat aux mœurs.* — Le jury doit être interrogé par des questions distinctes et séparées sur le fait principal et sur chacune des circonstances qui s'y rattachent : il y a, en conséquence, nullité, si, dans une accusation de viol, le fait principal et les circonstances aggravantes sont comprises dans une question unique (Crim. cass. 28 sept. 1837, *Rép.* v° *Attentat aux mœurs*, n° 105).

Spécialement, dans le cas de viol ou d'attentat à la pudeur avec violence, l'âge de la victime, étant une circonstance aggravante, ne peut être réuni au fait principal, et doit, par suite, faire l'objet d'une question distincte et séparée (Crim. cass. 9 sept. 1841, *Rép.* v° *Attentat aux mœurs*, n° 96; 2 juin 1848, aff. Larnaudie, *Bull. crim.*, n° 165; 17 janv. 1850, aff. Bierret, D. P. 50. 5. 117; 28 août 1856, aff. Compagny, *Bull. crim.*, n° 301; 14 juill. 1864, aff. Legros, D. P. 65. 5. 104; 2 janv. 1874, aff. Girod, D. P. 75. 5, 129-130; 15 mai 1884, aff. Pauchet, *Bull. crim.*, 168; 5 mars 1885, aff. Schtecklin, *ibid.*, n° 75; 1er sept. 1887, aff. Grenier, *ibid.*, n° 327; 26 mars 1891, aff. Manoro, *ibid.*, n° 72. Conf. Blanche, t. 5, n° 139).

De même, la qualité d'ascendant de la victime d'un viol ou d'un attentat à la pudeur avec violence étant une circonstance aggravante du crime, deux questions séparées doivent être posées au jury (Crim. cass. 27 avr. 1848, aff. Cadio, *Bull. crim.*, n° 125; 5 mars 1858, aff. Das, D. P. 58. 5. 109; 1er sept. 1887, précité. Conf. Blanche, *loc. cit.*). — Il faut en dire autant de la qualité de ministre d'un culte (Crim. cass. 18 juill. 1856, aff. Roulin, *Bull. crim.*, n° 256. Conf. Blanche, *loc. cit.*).

2034. Mais, dans une espèce où un ascendant était accusé de deux catégories de crimes d'attentat à la pudeur sur sa descendante, les uns commis sans violence sur la personne de la victime, quand elle était âgée de moins de treize ans, et les autres commis sur la même victime depuis l'âge de treize ans, il a été jugé que, bien que la qualité d'ascendant soit une circonstance aggravante, pour la première série de questions et un élément constitutif de crime pour la seconde, le président des assises avait pu, sans complexité, faire de cette qualité d'ascendant l'objet d'une interrogation unique venant après les deux séries de questions et conçue en ces termes : « l'accusé est-il l'ascendant de la victime des attentats ci-dessus spécifiés ? » (Crim. rej. 21 juill. 1887, aff. Montet, *Bull. crim.*, n° 278).

2035. — 3° *Avortement.* — La question qui renferme à la fois le fait principal d'avoir provoqué un avortement et la circonstance aggravante résultant de la qualité de médecin, chirurgien, officier de santé, pharmacien ou sage-femme, appartenant à l'auteur de cette provocation, est entachée de complexité (Crim. cass. 26 janv. 1839, aff. Marie Mauge femme Verdun, *Rép.*, v° *Avortement*, n° 16; 16 juin 1853, aff. Lagnon, D. P. 53. 5. 134; 13 janv. 1854, aff. Femme Vasselin, *Bull. crim.*, n° 8. Conf. Blanche, t. 4, n° 625; Chauveau et Faustin Hélie, t. 4, n° 1375).

2036. — 4° *Coups et blessures.* — Est complexe la question qui comprend sous un même contexte le fait principal de coups et blessures et la circonstance aggravante résultant de ce que la victime est le père de l'auteur (Crim. cass. 10 juill. 1879, aff. Tillot, *Bull. crim.*, n° 142; Crim. rej. 23 déc. 1886, aff. Courtil, *suprà*, v° *Crimes et délits contre les personnes*, n° 221. — Conf. Blanche, t. 4, n° 602). En matière de coups et blessures volontaires ayant occasionné la mort sans intention de la donner, il doit, à peine de nullité, être posé une question distincte sur le résultat des coups et blessures, lequel n'est, dans ce cas, qu'une circonstance aggravante (Crim. cass. 25 août 1843, aff. Lebas, *Bull. crim.*, n° 218; 10 juin 1852, aff. Desbarres, D. P. 52. 5. 172; 24 mars 1870, aff. Moïse-ben-ès-Saïd, *Bull. crim.*, n° 71; 25 août 1871, aff. Maïssa-Daff, *suprà* v° *Crimes et délits contre les personnes*, n° 151; 30 nov. 1871, aff. Perrot et autres, *ibid.*; 25 avr. 1872, aff. Raynal, *Bull. crim.*, n° 95. Conf. Blanche, *loc. cit.*, n° 581).

2037. — 5° *Détournements par un dépositaire public.* — Dans une poursuite pour détournement de deniers par un

comptable public, la question par laquelle le jury est interrogé tout à la fois sur le fait du détournement et sur la circonstance que la somme détournée dépasserait 3000 fr. est entachée du vice de complexité (Crim. cass. 11 mars 1880, aff. Foissac, D. P. 80. 1. 439. Conf. Blanche, t. 2, n° 364; Garraud, t. 3, n° 250; Chauveau et Faustin Hélie, t. 2, n° 598).

2038. — 6° *Homicide.* — S'agit-il d'un meurtre précédé, accompagné ou suivi de soustraction frauduleuse, les circonstances aggravantes qui impriment à cette soustraction le caractère de crime, nécessaire pour donner lieu à l'application du premier paragraphe de l'art. 304 c. pén., et sa concomitance avec le meurtre, n'ont pu, sans complexité, être réunies dans une question unique au fait principal de soustraction (Crim. cass. 1er oct. 1863, aff. Maurice, D. P. 66. 5. 102. — Conf. Blanche, t. 4, n°s 530 et 532; Chauveau et Faustin Hélie, t. 3, n° 1308).

2039. — 7° *Incendie.* — En matière d'accusation du crime d'incendie, la question portant à la fois sur le fait principal de l'incendie d'une maison appartenant à autrui, et sur la circonstance aggravante dérivant de ce que cette maison était habitée ou servait à l'habitation, est nulle comme entachée de complexité (Crim. cass. 27 avr. 1838, aff. Droulez, *Bull crim.*, n° 114; 17 sept. 1847, aff. Bourrée, D. P. 47. 4. 142; 6 juin 1850, aff. Lambert, D. P. 50. 5. 120; 13 janv. 1859, aff. Batilla, D. P. 59. 5. 224; 24 juin 1860, aff. Villard, D. P. 60. 5. 98; 7 juin 1860, aff. Doury, *ibid.*; 13 avr. 1868, aff. Giraud, D. P. 69. 5. 103; 5 oct. 1871, aff. Louradour, *Bull. crim.*, n° 125; 4 janv. 1872, aff. Quiniou, *ibid.*, n° 1; 10 avr. 1873, aff. Michaud, D. P. 75. 1. 93; 8 janv. 1874, aff. Victor Moreau, *ibid.*; 11 juill. 1879, aff. Perrochon, D. P. 80. 1. 94; Crim. rej. 27 janv. 1881, aff. Alibert, *Bull. crim.*, n° 20; Crim. cass. 9 mars 1881, aff. Marie-Henriette Quégnaux, *ibid.*, n° 76; 17 janv. 1884, aff. Delmont, *ibid.*, n° 15. Conf. Blanche, t. 6, n° 502).

2040. — 8° *Meurtre dans l'intérieur d'une prison.* — Lorsque le jury est appelé à statuer sur une accusation de meurtre commis dans l'intérieur d'une prison, il doit, à peine de nullité, être interrogé par deux questions distinctes sur le fait principal et sur la circonstance aggravante résultant de ce que le crime a été accompli dans l'intérieur de la prison par un individu qui y était détenu (Crim. cass. 14 janv. 1887, cité *suprà*, n° 1930).

2041. — 9° *Témoignage faux.* — Dans l'accusation de subornation de témoins par dons ou promesses, on doit interroger séparément le jury sur le fait principal d'obtention du faux témoignage et sur la circonstance aggravante de réception des dons par le témoin suborné (Crim. cass. 24 août 1854, aff. Dumas, D. P. 54. 5. 737. Conf. Blanche, t. 5, n° 398).

2042. — 10° *Violences envers des dépositaires de l'autorité et de la force publique.* — Dans une accusation de violences suivies d'effusion de sang et avec intention de donner la mort, envers des agents de la force publique dans l'exercice de leurs fonctions, le jury doit être interrogé séparément et sur le fait principal de violences, et sur chacune des circonstances aggravantes, savoir que les violences ont été suivies d'effusion de sang, qu'elles ont été faites avec l'intention de donner la mort, enfin qu'elles ont été commises envers des agents de la force publique dans l'exercice de leurs fonctions (Crim. cass. 17 nov. 1870, aff. Fauchet et Sidera, D. P. 71. 1. 190). De même, le jury ne peut être interrogé par une question unique sur l'accusation portée contre un prévenu d'avoir volontairement frappé son gardien dans l'exercice de ses fonctions (Crim. cass. 14 juin 1855, aff. Maget, D. P. 55. 5. 472; 25 mars 1880, aff. Hurel, D. P. 80. 1. 439. Conf. Blanche, t. 4, n° 147).

2043. — 11° *Vol.* — Est nulle, comme entachée de vice de complexité, la question qui comprend dans un seul contexte le fait principal de vol et la circonstance aggravante que ce vol aurait eu lieu sur un chemin public (Crim. cass. 28 nov. 1850, aff. Mielbar, *Bull. crim.*, n° 400);... ou dans une maison habitée (Crim. cass. 3 juin 1864, aff. Laigle, D. P. 65. 5. 103);... ou conjointement avec un individu demeuré inconnu (Crim. cass. 27 juin 1878, aff. Paraire, *Bull. crim.*, n° 135);... ou par un serviteur à gages (Crim. cass. 13 déc. 1877, aff. Valérie Janvier, femme Gillard, *Bull.*

crim., n° 257);... ou par un capitaine de navire ou subré-cargue (Crim. cass. 10 oct. 1861, aff. Priou, *Bull. crim.*, n° 216). Il en est de même de la réunion au fait principal de vol par un marin à bord, de la circonstance aggravante résultant de la valeur des objets volés (Crim. cass. 16 déc. 1864, aff. Euthyme, *Bull. crim.*, n° 293. — Conf. Blanche, t. 5, n°s 535, 548, 589).

2044. D'un autre côté, l'usage de fausses clefs ne consti-tuant une circonstance aggravante du vol qu'autant que ce vol a été commis dans un lieu clos, ce dernier fait ne peut, sous peine de complexité, être réuni, dans une même ques-tion, au fait principal du vol (Crim. cass. 11 avr. 1851, aff. Bragié, D. P. 51. 5. 152). La même solution est applicable au fait d'édifices, parcs ou enclos, constitutif de la circons-tance aggravante d'effraction (Crim. cass. 24 févr. 1853, aff. Collet, *Bull. crim.*, n° 65; 15 déc. 1853, aff. Mordoy, D. P. 53. 5. 486);... ou au fait de maison, d'atelier ou de magasin, constitutif de la circonstance aggravante que le vol a été commis par un ouvrier, compagnon ou apprenti (Crim. cass. 15 févr. 1860, aff. Viard, D. P. 60. 5. 435; 1er juin 1865, aff. Touron, D. P. 66. 1. 355; Crim. rej. 28 mai 1875, aff. Mail-lot, Georges, Tauvin et autres, D. P. 76. 1. 140).

2045. — II. RÉUNION DE PLUSIEURS CIRCONSTANCES AGGRA-VANTES (*Rép.*, n°s 2862 à 2864). — Depuis que la cour de cas-sation, revenant sur ses précédentes décisions, a jugé que l'on ne peut interroger le jury par une seule et même ques-tion sur les circonstances de préméditation et de guet-apens (V. *Rép.* n° 2864 et *supra*, v° *Crimes et délits contre les per-sonnes*, n° 49), la règle qui s'oppose à la réunion de plusieurs circonstances aggravantes est devenue absolue (V. dans le sens de la nouvelle jurisprudence : Faustin Hélie, t. 8, n° 3740; Nouguier, t. 4, vol. 1, n° 2927. — *Contrà*, Blan-che, t. 4, n° 482).

2046. — 1° *Attentat aux mœurs.* — Dans une accusa-tion pour attentat à la pudeur commis avec violence sur une mineure de quinze ans par un ascendant, le jury doit, à peine de nullité, être interrogé distinctement sur les trois questions d'attentat avec violence, de minorité de la victime et de qualité d'ascendant; deux de ces questions ne peuvent être réunies en une seule (Crim. cass. 1er sept. 1887, aff. Grenier, cité *supra*, 26 mars 1891, aff. Manoro, D. P. 91. 5. 153, Conf. Blanche, t. 5, n° 140).

2047. — 2° *Coups et blessures.* — L'accusation d'avoir, volontairement et avec préméditation, fait une blessure qui a causé la mort, sans qu'il y eût cependant intention de la donner, comprenant, outre le fait principal d'avoir volontai-rement fait une blessure : 1° la circonstance que cette bles-sure aurait occasionné la mort, quoiqu'il n'y eût pas inten-tion de la donner; 2° la circonstance qu'elle aurait été faite avec préméditation; il est indispensable de poser au jury trois questions distinctes (Crim. cass. 25 avril 1843, aff. Le-bas, *Bull. crim.*, n° 218. Conf. Blanche, t. 4, n° 586).

2048. — 3° *Homicide.* — De même, dans une accusation comprenant trois meurtres concomitants, le jury doit, à peine de nullité pour cause de complexité de la réponse, être interrogé par des questions distinctes et séparées sur la double circonstance aggravante résultant, pour chaque fait principal, de sa concomitance avec chacun des deux autres (Crim. cass. 24 févr. 1876, aff. Ahmed-ben-Zian et autres, D. P. 77. 1. 409; 27 janv. 1881, aff. Resgui-ben-Tahar-ben-Mohamed, D. P. 81. 1. 232. Conf. Blanche, t. 4, n° 531). D'un autre côté, lorsqu'un accusé a été reconnu coupable de meur-tre et que le jury est interrogé sur le point de savoir si l'ac-cusé a commis cet homicide pour assurer l'impunité de divers vols qualifiés à raison desquels il était également renvoyé devant la cour d'assises, la question unique posée au jury sur ce point est complexe si elle porte à la fois sur des vols différents qui ont fait l'objet de questions séparées (Crim. cass. 7 juill. 1881, aff. Barral, *Bull. crim.*, n° 170).

2049. — 4° *Vol.* — En matière de vol, l'emploi de la violence et le fait que cette violence a laissé des traces de blessures ou de contusions constituent deux circonstances distinctes sur lesquelles le jury doit être interrogé séparé-ment, à peine de nullité (*Rép.* n° 2904; Crim. cass. 18 août 1870, aff. Caron et Germain, *Bull. crim.*, n° 268; 19 mai 1871, aff. Bou-Médin-Bel-Kadi, *ibid.*, n° 42; 2 sept. 1880, aff. Feippel, *ibid.*, n° 175; 20 mars 1884, aff. Marti Vicenti, *ibid.*, n° 94; 16 janv. 1892, aff. Chatel, D. P. 92. 1. 312. Conf.

Blanche, t. 5, n° 523; Nouguier, n° 2927). De même, dans une accusation de vol domestique, le fait que le vol a été commis dans une maison habitée est une circonstance aggravante distincte qui doit faire l'objet d'une question spéciale au jury (Crim. cass. 19 juin 1879, aff. Dabert, *Bull. crim.*, n° 121).

N° 2. — Des questions sur les circonstances aggravantes, quand il y a plusieurs accusés ou des complices (*Rép.* n°s 2865 à 2871).

2050. Du principe exposé au *Rép.*, v° *Complice-compli-cité*, n° 38 et *supra*, eod. v°, n°s 24 et suiv., que le complice est passible de la peine applicable au fait princi-pal avec l'aggravation résultant des circonstances qui en augmentent la criminalité, soit qu'il les ait connues, soit qu'il les ait ignorées, découle cette conséquence que les cir-constances aggravantes déclarées à l'égard de l'auteur prin-cipal s'étendent au complice, sans qu'il y ait nécessité qu'elles soient à l'égard de ce dernier l'objet d'une question distincte. Il en est de même, en ce qui concerne le coauteur, des cir-constances aggravantes déclarées à l'égard d'un coaccusé (*supra*, v° *Complice-complicité*, n° 175). Aux arrêts rapportés au *Rép.*, n°s 2868 et suiv., *adde* : Crim. rej. 10 févr. 1844, aff. Duraile, *Bull. crim.*, n° 46; 31 juill. 1847, aff. Favre, *ibid.*, n° 169; 23 nov. 1854, aff. Lequin, D. P. 54. 5. 428; 7 déc. 1854, aff. Bourgeois, *Bull. crim.*, n° 333; 16 juill. 1857, aff. Cessac, *ibid.*, n° 266; 4 avr. 1863, aff. Gaillardie, D. P. 63. 5. 99; 19 mai 1865, aff. Hamon-Ould-el-Hadj et autres, *Bull. crim.*, n° 116; 5 mars 1868, aff. Zakra, D. P. 68. 5. 113; 11 juin 1868, aff. Bekassen-Ould-bel-Hadj, Ould-ben-Sala et autres, *Bull. crim.*, n° 142; 30 juill. 1868, aff. Ahmed-ben-Mabrouck et autres, *ibid.*, n° 182; 3 juin 1869, aff. Nicolau, *ibid.*, n° 125; 11 mars 1870, aff. Catel, *ibid.*, n° 61; 29 janv. 1874, aff. Daëf-ben-Moussa et autres, *ibid.*, n° 31; 23 avr. 1874, aff. Wolf-Jackson, *ibid.*, n° 121; 29 avr. 1875, aff. Ben-Moussa-ben-Djelloul, *ibid.*, n° 138; 24 févr. 1876, aff. Ahmed-ben-Zian, Ben-Zina; Amza-Ould-Kaddour, D. P. 77. 1. 409; 29 juin 1876, aff. Gardette, *Bull. crim.*, n° 150; 29 mars 1877, aff. Adèle-Marie Prayer femme Borel, *ibid.*, n° 90; 7 juin 1877, aff. Déon, Roux et Lamouroux, D. P. 77. 1. 409; 10 avr. 1879, aff. Mathieu et autres, *Bull. crim.*, n° 91; Crim. cass. 5 janv. 1882, aff. Charlet, *ibid.*, n° 3; 16 févr. 1882, aff. Ahmed-Ould-Mohamed-Bouchtati, D. P. 82. 1. 279; 19 déc. 1890, aff. Marie Ringuet, D. P. 91. 5. 153; Crim. rej. 27 avr. 1882, aff. Anaïs Sirben, *Bull. crim.*, n° 102; Crim. cass. 6 mars 1885, aff. Doung-Van-Thi, *ibid.*, n° 79; Crim. rej. 3 juill. 1885, aff. Jean-Jacob, *ibid.*, n° 198; Crim. cass. 18 mars 1886, aff. Miniard, *ibid.*, n° 116; Crim. rej. 19 déc. 1890, aff. Ringuet, *ibid.*, n° 259; 11 août 1892, aff. Soleri, *ibid.*, n° 238.

2051. Toutefois, dans les cas prévus par l'art. 63 c. pén., c'est-à-dire quand le crime est puni des peines de mort, des travaux forcés à perpétuité ou de la déportation, le receleur ne peut être condamné à l'une ou à l'autre de ces deux dernières peines qu'autant qu'il a été con-vaincu, par une réponse affirmative à une question spé-ciale, d'avoir eu connaissance, au temps du recelé, des cir-constances auxquelles la loi attache les peines de mort, des travaux forcés à perpétuité ou de la déportation (V. *supra*, v° *Complice-complicité*, n° 227; Nouguier, t. 4, vol. 1, n° 2981; Faustin Hélie, t. 8, n° 3693).

2052. Toutes les décisions mentionnées *supra*, n° 2050 concernent des circonstances aggravantes qui se rattachent au mode matériel de perpétration du crime. Et il a été jugé, comme on l'a vu *supra*, v° *Complice-complicité*, n° 29, que l'emploi de la violence rentre dans ce mode de perpétration (V. en ce sens, les arrêts des 5 janv. 1882 et 6 mars 1885, cités *supra*, n° 2050).

Mais quand les circonstances aggravantes résultent de faits de l'ordre moral, comme la préméditation ou le guet-apens, il faut, ainsi qu'on l'a établi *supra*, v° *Crimes et dé-lits contre les personnes*, n°s 43 et 44, distinguer entre les coauteurs et les complices. Ces derniers encourent l'ag-gravation de peine par cela seul qu'ils sont déclarés com-plices, la règle générale conserve son empire, et il suffit que la circonstance aggravante soit décidée contre l'auteur principal. Aux arrêts cités *ibid.*, n° 44, *adde* : Crim. rej. 30 mai 1879, aff. Papavoine et autres, *Bull. crim.*, n° 112).

Il en est autrement à l'égard des coauteurs : comme les faits qui relèvent de l'ordre moral sont essentiellement personnels, une question spéciale à chaque coauteur doit être posée quant à la préméditation ou au guet-apens (Aux arrêts, cités *ibid.*, n° 43, *adde* Crim. cass. 12 déc. 1889, aff. Bernard, *Bull. crim.*, n° 384).

2053. Cependant, lorsqu'il y a plusieurs accusés, la nullité résultant de la complexité des questions sur les circonstances aggravantes disparaît si un seul des accusés est déclaré coupable du fait principal, la réponse affirmative du jury sur les circonstances aggravantes s'appliquant indubitablement à ce seul accusé (Crim. cass. 24 févr. 1876, aff. Ahmed-ben-Ziam, D. P. 77. 1. 409).

2054. La question de savoir si la concomitance de deux infractions constitue un fait intentionnel ou un fait matériel, et si, par suite, les jurés doivent ou non être interrogés et répondre séparément pour chaque coauteur sur cette circonstance aggravante, a été déférée par deux fois à la cour suprême. Un premier arrêt (Crim. rej. 16 févr. 1882, aff. Ahmed-ould-Mohamed-Bouchtati, D. P. 82. 1. 279) décide, conformément aux motifs d'un arrêt de cassation du 24 févr. 1876 (D. P. 77. 1. 409), que la concomitance constitue un fait matériel commun à tous les coauteurs accusés ; un second arrêt (Crim. cass. 27 mai 1886, aff. Lounès et autres, D. P. 86. 1. 425) y voit, au contraire, un fait moral. Cette dernière décision pourrait être contestée, et, de même que, pour la circonstance aggravante de violence ayant laissé des traces, accompagnant un vol commis par plusieurs, le jury ne doit être interrogé qu'une seule fois (V. *suprà*, n°s 2050 et 2052), de même la simultanéité de deux crimes ou d'un crime et d'un délit, l'un accompli pour faciliter l'autre, semblerait être une circonstance toute matérielle, inhérente au fait, et pouvant former pour tous les accusés l'objet d'une question et d'une réponse unique. Toutefois, la division des questions a l'avantage de laisser au jury une plus grande liberté d'action, et il vaut mieux, à cet égard, étendre que trop restreindre la catégorie des circonstances morales.

2055. Rappelons au surplus (V. *suprà*, v^le *Complice-complicité*, n°s 26 et suiv., et *Crimes et délits contre les personnes*, n° 45) que le fait d'interroger le jury sur les circonstances aggravantes à l'égard des complices peut amener des décisions contradictoires, si, par exemple, les réponses sont affirmatives quant à l'auteur principal, et négatives en ce qui concerne le complice.

2056. Enfin, lorsque le jury a répondu négativement à l'égard de l'individu accusé comme auteur principal, tant sur le fait que sur la circonstance aggravante, la réponse affirmative donnée dans cette situation, en ce qui concerne le complice, à une question se référant aux deux précédentes, est entachée de complexité en ce qu'elle suppose une délibération cumulative sur deux points qui exigent une décision séparée (Crim. cass. 8 avr. 1869, aff. Bernaudon, D. P. 71. 1. 75 ; 29 avr. 1880, aff. Letriche, *Bull. crim.*, n° 85 ; 19 juill. 1883, aff. Langlais, *ibid.*, n° 179). — Comp. *Rép.* n° 2871.

N° 3. — Des circonstances constitutives et non aggravantes.
(*Rép.* n°s 2872 à 2887.)

2057. On a fait ressortir au *Rép.*, n° 2872, l'intérêt qu'il y a, pour la position des questions, à distinguer les circonstances constitutives des circonstances aggravantes. Lorsqu'une circonstance est constitutive, on la comprend dans la question relative au fait principal ; il n'est pas nécessaire d'en faire l'objet d'une question spéciale (Crim. rej. 20 déc. 1849, aff. Serre, *Bull. crim.*, n° 349), bien que ce mode d'interrogation ne soit pas interdit (*suprà*, n°s 1991 et suiv.). — Cette règle a été appliquée par la jurisprudence à des matières diverses.

2058. — 1° *Association de malfaiteurs.* — Le crime d'association de malfaiteurs impliquant nécessairement la circonstance d'une bande organisée, cette dernière circonstance se trouve comprise dans la question principale, sans qu'il soit besoin d'en faire l'objet d'une question distincte (Crim. rej. 6 janv. 1876, aff. Lévy et autres, *Bull. crim.*, n° 6. Conf. Blanche, t. 4, n° 289 ; Chauveau et Faustin Hélie, t. 3, n° 1085, V. aussi *suprà*, v° *Association de malfaiteurs*).

2059. — 2° *Attentat aux mœurs.* — L'âge de la victime est une circonstance, constitutive, et non une circonstance aggravante du crime d'attentat *sans violence* à la pudeur d'enfants âgés de moins de onze ans (treize ans, depuis la loi du 13 mai 1863), que prévoit l'art. 331 c. pén., et, dès lors, il est régulier d'interroger le jury par une même question, et sur le fait en lui-même et sur l'âge de l'enfant (Crim. cass. 9 sept. 1841, *Rép.* n° 96 (motif) ; Crim. rej. 2 avr. 1863, aff. Juteau, D. P. 64. 5. 86 ; 10 nov. 1864, aff. Vallet, D. P. 66. 5. 116. Conf. *Rép.*, n° 2873 ; Blanche, t. 5, n° 90 ; Nouguier, t. 4, vol. 1, n° 2913 ; Faustin Hélie, t. 8, n° 3708 ; Chauveau et Faustin Hélie, t. 4, n° 1564). — S'agit-il, au contraire, d'un attentat à la pudeur avec violence, la violence est un élément constitutif du crime même lorsque la victime est un enfant de moins de quinze ans, et elle est, dès lors, régulièrement comprise dans la question sur le fait principal ; il n'est nécessaire de poser une question séparée que relativement à l'âge de la victime (Crim. rej. 11 déc. 1856, aff. Dionet, D. P. 57. 1. 73 ; Crim. cass. 11 nov. 1858, aff. Weyé, *Bull. crim.*, n° 265 ; Crim. rej. 8 sept. 1864, aff. Duez, D. P. 66. 5. 115 ; 23 mars 1865, aff. Rouganiou, D. P. 67. 5. 113. Conf. *Rép.*, n° 2874 ; *suprà*, v° *Attentat aux mœurs*, n°s 40 et 41 ; Blanche, t. 5, n° 104 ; Faustin Hélie, *loc. cit.*, Nouguier, *loc. cit.* ; Chauveau et Faustin Hélie, n° 1573).

2060. — 3° *Banqueroute frauduleuse.* — En matière de banqueroute frauduleuse, il n'est pas nécessaire que le jury soit interrogé, par une question préalable et séparée, sur la qualité de commerçant failli attribuée à l'accusé ; cet élément du crime peut régulièrement être compris dans la question posée relativement au détournement de valeurs appartenant à la faillite (Crim. rej. 6 juill. 1872, aff. Buissan, D. P. 73. 1. 43. Conf. Blanche, t. 6, n° 116 ; Faustin Hélie, *loc. cit.*, n° 3688 ; Chauveau et Faustin Hélie, t. 5, n° 2151).

2061. — 4° *Détournement par un comptable public.* — Dans l'accusation dirigée contre un comptable public à raison d'un détournement de valeurs excédant 3000 fr., le chiffre du détournement constitue seul une circonstance aggravante et doit seul, par suite, faire l'objet d'une question séparée ; il n'en est pas de même de la qualité de fonctionnaire ou comptable public, attribuée à l'accusé, laquelle peut, comme élément constitutif du crime, être énoncée dans la question principale (Crim. rej. 15 juin 1860, aff. Peltey, D. P. 60. 1. 467. Conf. Blanche, t. 3, n° 364 ; Nouguier, *loc. cit.*, n° 2909).

2062. — 5° *Diffamation, injures, outrages publics.* — En matière de diffamation, la circonstance que les imputations diffamatoires ont été dirigées contre un fonctionnaire à raison de ses fonctions ou de sa qualité est un élément constitutif du délit et non une circonstance aggravante ; en conséquence, le jury a pu être régulièrement interrogé par une question unique sur le point de savoir si le prévenu était coupable d'avoir diffamé publiquement une personne « en sa qualité d'adjoint au maire et de citoyen chargé d'un service public » (Crim. rej. 6 déc. 1883, aff. Bergé, D. P. 84. 1. 370. Conf. Fabreguettes, t. 2, n° 2077 ; G. Barbier, n° 936).

2063. — 6° *Enlèvement de pièces dans un dépôt public.* — Le crime mentionné dans l'art. 254 c. pén. se compose de deux éléments : la soustraction frauduleuse d'une part, et, de l'autre, la violation d'un dépôt public ; il en résulte que le jury, sur un fait de ce genre, doit être interrogé par une question unique , et non par deux questions relatives, l'une à la soustraction, l'autre à la publicité du dépôt (Crim. rej. 22 mars 1844, aff. Bertinet, *Bull. crim.*, n° 114. Conf. Blanche, t. 4, n°s 215 et suiv. ; Nouguier, *loc. cit.*, n° 2909).

2064. — 7° *Exposition ou délaissement d'enfant.* — Dans une accusation de meurtre d'un enfant par l'effet de son abandon dans un lieu solitaire, la circonstance relative à la nature du lieu constitue l'un des éléments essentiels du crime, et peut dès lors, sans complexité, être soumise au jury cumulativement avec le fait de l'abandon ; il y a lieu, dans ce cas, de faire résoudre, par une réponse à une question séparée, que la circonstance de la mort de l'enfant, suite de l'exposition (Crim. rej. 28 déc. 1860, aff. Larqué, D. P. 61. 5. 132. Conf. *suprà*, v° *Crimes et délits contre les personnes*, n° 403 ; Nouguier, *loc. cit.*, n° 2909 ; Blanche, t. 5, n° 293).

2065. — 8° *Faux.* — En thèse générale, chacune des diverses natures de faux prévues par les art. 147, 148 et

150 c. pén., constitue un crime particulier, dont les éléments ne peuvent dès lors, ainsi qu'il a été dit au Rép., n° 2879, être considérés comme des circonstances aggravantes du crime de faux, envisagé à un point de vue général (Crim. rej. 24 janv. 1856, aff. Meaurin, D. P. 56, 1, 110. Conf. Blanche, t. 3, n°s 229, 230, 233, 238, 254, 259 ; Faustin Hélie, loc. cit., n° 3687 ; Garraud, t. 3, n° 231 ; suprà, v° Faux et Fausse monnaie, n°s 360 et suiv.). Ainsi, dans une accusation de faux en écritures publiques, résultant de la fabrication de pièces fausses (d'anciennes sentences) introduites subrepticement dans les archives d'un département, cette introduction subreptice constitue, non une circonstance aggravante, mais une circonstance constitutive du crime spécial prévu par l'art. 146 c. pén. (Crim. rej. 8 août 1851, aff. Berthe de Villiers-Bocage, D. P. 51. 5. 264. Conf. Blanche, loc. cit., n°s 145, 229, 231, 232). De même, la circonstance que le faux pour lequel un accusé est traduit en cour d'assises a été commis par celui-ci dans l'exercice de ses fonctions d'officier public, n'a pas besoin d'être soumise au jury par une question séparée, même dans le cas où elle a fait l'objet d'une contestation : une telle circonstance est constitutive, et non pas aggravante, ne doit pas faire l'objet d'une question distincte de celle portant sur l'existence du faux ; c'en est une circonstance constitutive (Crim. rej. 18 déc. 1862, aff. Valais, D. P. 63. 5. 183. Conf. Rép. n° 2879-3° ; Blanche, loc. cit., n°s 235 et 230 ; Nouguier, loc. cit., n° 2909 ; Faustin Hélie, loc. cit., n° 3687 ; Garraud, loc. cit., n° 234).

2066. — 9° Incendie. — Quand l'édifice incendié appartient à l'accusé, la circonstance d'habitation est constitutive du crime ; elle ne doit donc pas faire l'objet d'une question séparée. Aux arrêts cités en ce sens au Rép., n° 2883-2°, adde : Crim. rej. 26 févr. 1857, aff. Desaulis, Bull. crim., n° 78 ; 16 juill. 1857, aff. Cessac, ibid., n° 266 ; 7 janv. 1860, aff. Loury, D. P. 60, 5. 98 ; 30 janv. 1860, aff. Devergie, D. P. 60. 5. 99 ; 19 déc. 1872, aff. Bougeron, Bull. crim., n° 327 ; 21 juin 1877, aff. Mercadier, ibid., n° 148. Conf. Blanche, loc. cit., n° 500 ; Nouguier, Faustin Hélie, loc. cit. Il en est autrement lorsque cet édifice appartient à autrui, en pareil cas, la circonstance d'habitation n'est qu'aggravante (V. infrà, n° 2078). Dans le cas où le bâtiment incendié appartenait par indivis à l'accusé et à un tiers, il a été jugé que la question sur le fait principal d'incendie ne peut être divisée ; mais qu'il y a lieu de poser une seconde question sur le point de savoir si le bâtiment incendié était habité. Ce mode de procéder est régulier soit que l'on considère le bâtiment incendié comme appartenant à autrui, soit qu'on le considère comme appartenant à l'accusé lui-même (Crim. rej. 12 août 1858, aff. Perdriset, D. P. 58. 5. 114. Conf. Blanche, t. 6, n° 502).

2067. — 10° Infanticide. — Jugé, conformément à l'arrêt cité au Rép., n° 2878-4°, que la circonstance d'enfant nouveau-né, qui est constitutive et non aggravante du crime d'infanticide, peut être comprise dans une question unique au jury sans toutefois que la division soit prohibée (Crim. rej. 11 mars 1870, aff. Duchemin, suprà v° Crimes et délits contre les personnes, n° 82).

2068. — 11° Parricide. — En matière d'accusation de parricide, on peut réunir dans une même question le fait de l'homicide et la qualité de la victime, qui est un des éléments constitutifs du crime. Mais on peut aussi, lorsque, par exemple, la paternité de la victime a été mise en doute dans le débat, la soumettre au jury par une question séparée pour faciliter la délibération (Conf. suprà, v° Crimes et délits contre les personnes, n°s 60 et 61).

2069. — 12° Pillage en réunion ou bandes. — Dans une accusation de pillage commis en bande et à force ouverte, ces deux circonstances sont constitutives, et non pas seule-

ment aggravantes, du crime prévu par l'art. 440 c. pén. ; par suite, il n'est pas nécessaire qu'elles fassent l'objet de questions séparées (Crim. rej. 10 avr. 1873, aff. Aïssa-ben-Bakak, Bull. crim., n° 95. Conf. Blanche, t. 6, n° 589).

2070. — 13° Suppression d'enfant. — On a examiné suprà, v° Crimes et délits contre les personnes, n° 360, le point de savoir si la circonstance que l'enfant enlevé, recelé ou supprimé est né vivant, forme ou non un élément constitutif du crime, et l'on s'est prononcé pour l'affirmative avec la doctrine et la presque totalité des arrêts.

2071. — 14° Vol. — Le fait que des effets appartenant à l'Etat ont été volés par un militaire qui n'en était pas comptable est un élément constitutif, et non pas une circonstance aggravante, du délit prévu par l'art. 248 c. just. mil. Cette particularité ne doit donc faire l'objet d'une question spéciale, ni à l'égard de l'accusé principal, ni à l'égard du complice non militaire (Crim. cass. 22 août 1872, aff. Deguelte, Bull. crim., n° 225).

N° 4. — Des circonstances qui ont le caractère d'aggravantes.
(Rép. n°s 2888 à 2905.)

2072. A la différence des circonstances constitutives qui, dans notre législation, peuvent indifféremment être groupées dans une seule question ou faire l'objet de questions distinctes, les circonstances aggravantes doivent toujours, à peine de nullité, comme il a été dit au Rép., n° 2888, être déférées au jury sous forme de questions spéciales. D'où la nécessité de bien distinguer ces sortes de circonstances (V. Faustin Hélie, t. 8, n° 3708 ; Nouguier, t. 4, vol. 4, n°s 2910 et suiv. ; Trébutien, t. 2, n°s 620 et suiv. ; Garraud, n° 245 ; Villey, p. 136 et suiv., 172 et suiv. ; Garraud, t. 2, n°s 120 et suiv.).

Il est à remarquer d'abord qu'on ne viole aucune loi en énonçant, dans la même question, tous les éléments dont la réunion constitue une circonstance aggravante ; ainsi, en matière de viol, il a pu être demandé au jury, par une seule question, si la fille violée était enfant naturel de l'épouse légitime de l'accusé, mineure de vingt et un ans, et si depuis le mariage de la mère elle n'a pas toujours habité et vécu dans la maison des deux époux (Crim. rej. 12 août 1859, aff. Vallot, D. P. 62. 5. 95. Conf. Nouguier, cit., n° 2928 ; Faustin Hélie, t. 8, n° 3710 ; Blanche, t. 5, n° 519). — Ce dernier auteur ne considère pas non plus comme une irrégularité la division des éléments constitutifs d'une circonstance aggravante ; mais il déclare qu'il est plus régulier de les réunir, « puisque le fait légal ne résulte que de leur réunion ». Au surplus, deux arrêts de rejet des 18 juin et 12 août 1858 (D. P. 58. 5. 113, n° 26) admettent la division.

2073. — 1° Attentat aux mœurs. — On a vu suprà, n° 2053, qu'en matière d'attentat à la pudeur avec violence, si le fait de la violence est constitutif du crime, l'âge de la victime, quand il s'agit d'un enfant mineur de quinze ans, forme, au contraire, une circonstance aggravante. Aux arrêts donnés au Rép., n° 2891, adde : Crim. cass. 11 nov. 1858, aff. Weyé, Bull. crim., n° 265 ; 14 juill. 1864, aff. Legros, D. P. 65. 5. 104 ; 10 nov. 1864, aff. Vallet, D. P. 65. 5. 116 ; Crim. rej. 23 mars 1865, aff. Rougamin, D. P. 67. 5. 113 ; Crim. cass. 6 janv. 1881, aff. Sénac, Bull. crim., n° 3 ; 1er sept. 1887, aff. Grenier, ibid., n° 327). Il en est de même de la qualité d'ascendant (Arrêt précité du 1er sept. 1887. Conf. suprà, v° Attentat aux mœurs ; Blanche, t. 5, n°s 109, 112, 139, 140 ; Faustin Hélie, t. 8, n° 3685 ; Nouguier, loc. cit., n° 2913 ; Chauveau et Faustin Hélie, t. 4, n°s 1588 et suiv.).

2074. — 2° Coups et blessures. — Dans l'accusation de coups et blessures volontaires envers un ascendant, la qualité de la victime est, selon la jurisprudence rapportée au Rép., n° 2896 et suprà, v° Crimes et délits contre les personnes, n° 221, une circonstance aggravante et non une circonstance constitutive.

2075. — 3° Détournement par un dépositaire public. — Le chiffre du détournement, s'il est supérieur à 3000 fr. constitue une circonstance aggravante, ainsi qu'on l'a établi suprà, n° 2061.

2076. — 4° Détournement de mineure. — En matière de détournement d'une fille mineure de seize ans, la circon-

stance que le ravisseur est âgé de plus de vingt et un ans est une circonstance aggravante, qui, à peine de nullité, doit faire l'objet d'une question au jury distincte et séparée (Crim. cass. 24 juill. 1873, *suprà*, v° *Crimes et délits contre les personnes*, n° 418. Conf. Blanche, t. 5, n° 318; Chauveau et Faustin Hélie, t. 4, n° 1752).

2077. — 5° *Exposition ou délaissement d'enfant.* — Suivant la distinction établie *suprà*, v° *Crimes et délits contre les personnes*, n° 403, lorsqu'il y a eu meurtre de l'enfant par l'effet de son abandon dans un lieu solitaire, la circonstance relative à la nature du lieu étant constitutive du crime, il n'y a d'aggravant que le fait de la mort de l'enfant, suite de l'exposition; lorsque au contraire il n'y a pas eu mort de l'enfant, la circonstance que l'exposition aurait eu lieu dans un lieu solitaire doit nécessairement, comme étant aggravante du délit consommé par le seul fait de l'abandon, former devant le jury l'objet d'une question séparée. Toutefois M. Blanche, t. 5, n° 284, considère la nature solitaire du lieu comme étant un des éléments constitutifs de ce délit.

2078. — 6° *Incendie.* — Quand l'édifice incendié n'appartenait pas à l'accusé, ou que, lui appartenant, il était assuré, la circonstance d'habitation est aggravante, ainsi qu'il résulte d'une jurisprudence constante analysée au *Rép.*, n°s 2897 et 2899. Conf. Blanche, t. 6, n° 500; Nouguier, *loc. cit.*, n° 2912; Faustin Hélie, *loc. cit.*, n° 3689). D'où il suit que, dans ce cas, une question spéciale doit nécessairement être posée. Aussi a-t-il été jugé que si l'arrêt de renvoi et l'acte d'accusation ne s'expliquent pas sur la propriété, la déclaration portant tout à la fois sur le fait d'incendie et sur la circonstance de l'habitation est entachée de complexité (Crim. cass. 13 janv. 1860, aff. Devergie, D. P. 60. 5. 99). — Est également aggravante et doit, à ce titre, faire l'objet d'une question spéciale, la circonstance que l'incendie a occasionné la mort d'une ou de plusieurs personnes (Crim. rej. 29 janv. 1874, aff. Daïf-ben-Moussa, *Bull. crim.*, n° 31. Conf. Blanche, t. 6, n° 536).

2079. — 7° *Rébellion.* — Si la rébellion a eu lieu avec violence et voies de fait, le nombre des assaillants constitue une circonstance aggravante (Crim cass. 25 févr. 1843, aff. Bartez, *Bull. crim.*, n° 44. Conf. Blanche, t. 4, n° 56; Garraud, t. 3, n°s 383 et suiv. et 401.

2080. — 8° *Violences envers les dépositaires de l'autorité et de la force publique.* — Jugé conformément à la doctrine de l'arrêt cité au *Rép.*, n° 2896-2°, que, dans une accusation de violences exercées sur un agent de la force publique, la circonstance que les coups ont été portés à cet agent dans l'exercice de ses fonctions est une circonstance aggravante, à l'égard de laquelle il doit être posé au jury une question distincte et séparée (Crim. cass. 8 mars 1855, aff. Petit, D. P. 53. 1. 111; 10 janv, 1856, aff. Auffret, D. P. 56. 5. 490; 8 août 1861, aff. Charnel, D. P. 61. 5. 133; 10 janv. 1862, aff. Esnon, D. P. 62. 5. 343. Conf. Blanche, t. 4, n°s 138, 128, 95).

Sect. 3. — Réclamations sur la position des questions.
(*Rép.* n°s 2906 à 2925.)

Art. 1er. — *Admissibilité et rejet des réclamations.*
(*Rép.* n°s 2906 à 2912.)

2081. Ainsi qu'on l'a dit au *Rép.*, n°s 2906 et suiv., le droit de formuler des réclamations sur la position des questions ne saurait être contesté. Mais il n'est pas exigé, à cet égard, qu'un avertissement spécial soit donné à l'accusé : il a été jugé que le président, en donnant publiquement lecture de questions posées au jury comme résultant des débats, met suffisamment l'accusé à même de produire les observations qu'elles pourraient faire naître (Crim. rej. 4 déc. 1856, aff. Berthe de Villers, D. P. 57. 1. 77).

2082. La réclamation une fois produite, il appartient à la cour d'assises, après examen, de l'accueillir ou de la rejeter. Ainsi une cour d'assises a pu, dans une accusation d'homicide volontaire avec préméditation, refuser à l'accusé de poser au jury la question subsidiaire de blessures volontaires ayant occasionné la mort sans intention de la donner, en jugeant que cette question ne résultait pas des débats (Crim. rej. 29 juin 1854, aff. Villebrun, D. P. 54.

5. 223). Jugé encore que la cour d'assises a un pouvoir souverain pour refuser la position d'une question subsidiaire ne portant pas sur une excuse légale et ne modifiant pas le fait servant de base à l'accusation (Crim. rej. 17 sept. 1851, aff. Alvez dos Santos, *Bull. crim.*, n° 263). — Ajoutons que l'arrêt de condamnation rendu sur une réponse affirmative à des questions conformes à l'arrêt de renvoi ne peut être attaqué sous prétexte que les faits constitueraient un crime ou un délit différent de celui relevé dans l'arrêt de renvoi, si l'accusé ne s'est pas pourvu contre cet arrêt, et si, lors des débats, il n'a pas réclamé contre la position des questions, notamment pour obtenir la position d'une question subsidiaire (Crim. rej. 1er oct. 1852, aff. Galerne, D. P. 52. 5. 290).

Art. 2. — *Par qui et comment les réclamations sont jugées.*
(*Rép.* n°s 2913 à 2921.)

2083. Selon la distinction faite au *Rép.*, n°s 2913, et reproduite *suprà*, n° 1680 et suiv., le président procède seul à la position des questions ; la cour d'assises n'est appelée à intervenir qu'en cas d'incident contentieux (Crim. cass. 16 juin 1815, aff. Lacoste, *Bull. crim.*, n° 39; Crim. rej. 27 sept. 1827, aff. Terrasse, *ibid.*, n° 247; Crim. cass. 6 nov. 1834, aff. Julien, *ibid.*, n° 361; Crim. rej. 25 janv. 1849, aff. Moretti, *ibid.*, n° 19; Crim. cass. 23 déc. 1858, aff. Flaurant, D. P. 69. 5. 105; 27 févr. 1885, aff. Martinaud, D. P. 85. 1. 336; 17 mai 1889, aff. Numa Gilly, D. P. 89. 1. 317. Conf. Faustin Hélie, t. 8, n° 3722; Nouguier, t. 4, vol. 1, n°s 3012 et 3013). — Quand la cour vide un litige de cette nature, elle peut, sans empiéter sur les pouvoirs du président d'assises et sans entraver le droit de la défense, substituer une troisième rédaction à celles sur lesquelles s'était élevé le débat (Crim. 23 févr. 1853, aff. Lemosse, *Bull. crim.*, n° 67. Conf. Nouguier, *loc. cit.*, n° 3045; Faustin Hélie, *loc. cit.*).

2084. La modification ou la rectification d'une question ne peut valablement être faite hors la présence de l'accusé, à laquelle ne supplée pas la présence du défenseur (Crim. cass. 29 déc. 1877, aff. Serveille, D. P. 79. 1. 140).

2085. Enfin, la décision qui intervient doit, conformément à la jurisprudence rapportée au *Rép.*, n° 2919, être motivée comme tout autre arrêt (Crim. cass. 8 av. 1826, aff. Agatte-Vivier, *Rép.*, v° *Jugement*, n° 1081; 14 avr. 1826, aff. Fourgeot, *Rép.*, *ibid.*; 14 oct. 1828, aff. Chaussat, *Rép.*, *ibid.*; 8 août 1833, aff. Savart, *Rép.*, *ibid.*; 10 avr. 1841, aff. Bruyère, *Rép.*, *ibid.*, n° 1093; 8 févr. 1850, aff. Alexandre, D. P. 1850. 5. 349; 25 févr. 1869, aff. Sarahaoui-ben-Djijali, D. P. 69. 1. 436-437). Ainsi, lorsque dans une accusation d'homicide volontaire le défenseur a conclu à la position d'une question subsidiaire de coups et blessures, la cour d'assises ne peut rejeter ces conclusions en se bornant à déclarer, sans autre motif, qu'il n'y a pas lieu de poser cette question subsidiaire (Crim. cass. 8 sept. 1881, aff. Salah-ben-El-Hadj et autres, *Bull. crim.*, n° 213).

Art. 3. — *Quand les réclamations doivent être présentées.*
(*Rép.* n°s 2922 à 2925.)

2086. V. *Rép.*, n°s 2922 et suiv.

Sect. 4. — De la remise aux jurés des questions posées et des pièces du procès ; des avertissements que le président doit donner aux jurés (*Rép.* n° 2926.)

2087. En Autriche (art. 316 c. instr. crim.) et en Allemagne (art. 290 c. proc. pén.), les questions à résoudre par le jury lui sont lues, non après la clôture des débats, comme le prescrit notre code d'instruction criminelle en l'art. 336, mais immédiatement après l'administration de la preuve. Le président les communique en copie aux jurés, au ministère public et à l'accusé toutes les fois qu'une demande est déposée à cet effet. En Allemagne, cette communication peut être faite d'office. Si le ministère public, l'accusé ou l'un des jurés en fait la demande, les débats sont suspendus pour quelques instants afin de permettre d'examiner les questions. Les parties ont le droit de signaler les défectuosités qu'elles constatent et de demander que

les questions soient modifiées ou complétées. Ce droit est également reconnu aux jurés. Il en est de même en Russie. — En Italie, le droit de présenter des observations appartient aux parties seulement (c. proc. pén. art. 498).

ART. 1er. — *De la position et de la lecture des questions* (Rép. nos 2927 à 2929).

2088. Comme c'est au président qu'il appartient de poser les questions (c. instr. crim. art. 336; Rép. n° 2927), par voie de conséquence, il lui appartient également d'y apporter, sans l'intervention de la cour, les rectifications qui lui paraissent nécessaires (Crim. rej. 17 mai 1889, aff. Numa Gilly et autres, Bull. crim., n° 186).

2089. Le droit, pour l'accusé, de réclamer sur la position des questions implique la nécessité de lui en donner connaissance. C'est là une règle essentielle, inhérente à la liberté même de la défense (Faustin Hélie, t. 8, n° 3718; Nouguier, t. 4, vol. 4, nos 3001 et suiv.; Garraud, n° 601; Trébutien, t. 2, n° 623; Villey, p. 392; Delpech, p. 144 et 145; A. Pain, n° 329). La jurisprudence l'a consacrée par de nombreux arrêts, et elle exige que l'observation en soit constatée par le procès-verbal des débats. Ainsi il a été jugé : 1° que l'obligation imposée par l'art. 336 c. instr. crim. au président de la cour d'assises de poser les questions à résoudre par le jury, est distincte de celle de la remise de ces questions aux jurés, et implique, à peine de nullité, la nécessité d'une lecture publique, ou tout au moins d'une connaissance des questions, donnée à l'accusé, et que l'accomplissement de cette formalité doit, à peine de nullité, être constatée par le procès-verbal des débats (Crim. cass. 5 févr. 1857, aff. Départ, D. P. 57. 1. 132; 1er mars 1860, aff. Marmoury, D. P. 60. 5. 96; 28 mars 1872, aff. Abdallah-ben-Azouz et autres, Bull. crim., n° 77; 2 mai 1878, aff. Denis, D. P. 78. 1. 283; 28 déc. 1883, aff. Embarek-ben-Brahim et autres, Bull. crim., n° 298; 27 oct. 1887, ibid., n° 358; 24 déc. 1891, aff. Hugla, D. P. 92. 1. 198; Crim. rej. 31 mars 1892, aff. Gros, D. P. 92. 1. 600); — 2° Que l'obligation imposée au président de faire connaître quelles questions sont posées au jury s'applique aux questions posées comme résultant des débats (Crim. cass. 11 sept. 1856, aff. Rodenbrumer, D. P. 56. 1. 416; Crim. rej. 6 juin 1861, aff. Ballagny, D. P. 61. 5. 132); et que mention de cette communication à l'accusé des questions soumises au jury comme résultant des débats, doit également être faite au procès-verbal (Même arrêt du 6 juin 1861); — 3° Qu'il y a nullité lorsque le président s'est abstenu d'avertir l'accusé de son intention de poser au jury des questions subsidiaires comme résultant des débats, et que l'omission de cet avertissement doit être présumée, lorsque le procès-verbal porte seulement que « le président a posé et lu les questions résultant de l'acte d'accusation » (Crim. cass. 3 juin 1869, aff. Laffargue, D. P. 70. 1. 43; 30 août 1883, aff. Masson, Bull. crim., n° 230); — 4° Que le défaut de constatation au procès-verbal d'une lecture des questions en présence de l'accusé avant leur remise au jury, emporte nullité, et qu'il en est de même d'une constatation par un renvoi non approuvé (Crim. rej. 5 mai 1859, aff. Beaumont, D. P. 60. 5. 97).

Mais, d'autre part, il a été décidé : 1° que la lecture par le président d'une question de complicité résultant des débats est suffisamment constatée par le procès-verbal, lorsqu'il est énoncé audit procès-verbal qu'avant de donner la parole au ministère public pour développer l'accusation, le président de la cour d'assises a annoncé qu'il poserait, comme résultant des débats, la question de complicité, et lorsque ce même document constate qu'après avoir prononcé la clôture des débats, ce magistrat a posé et lu à haute voix les questions à résoudre (Crim. rej. 29 sept. 1887, aff. Milon, Bull. crim., n° 348); — 2° Que les prescriptions de l'art. 336 c. instr. crim. sont suffisamment observées lorsque le procès-verbal des débats constate que le président des assises a donné lecture aux jurés tant des questions posées d'après l'arrêt de renvoi et l'acte d'accusation, que des questions résultant des débats, et que cette lecture a eu lieu en audience publique, en présence de l'accusé, de son conseil et du ministère public (Crim. rej. 9 oct. 1879, aff. Housset, Bull. crim., n° 184); — 3° Que la mention au procès-verbal des débats que le président a posé les ques-

tions à résoudre est suffisante, en ce qu'elle fait légalement présumer, soit que les questions ont été lues à l'accusé, soit qu'il lui en a été donné connaissance de manière à lui permettre de les débattre contradictoirement, alors d'ailleurs qu'il n'est produit aucune preuve tendant à établir que les questions n'ont pas été lues en séance publique (Crim. rej. 22 mai 1868, aff. Ahmed-El-ould-El-Hadj-Amar, Bull. crim., n° 134; 16 juill. 1868, aff. Amans, D. P. 69. 5. 103).

2090. Il a, d'ailleurs, été jugé que si, aux termes des art. 336, 337, 338 et 341 c. instr. crim., les questions doivent être posées par le président et être, par lui, remises au chef du jury, leur lecture n'est cependant pas rigoureusement obligatoire lorsqu'elles sont conformes à l'arrêt de renvoi et au résumé de l'acte d'accusation, et qu'elles n'ont été ni changées, ni modifiées par les débats. Dans ce cas, la teneur des questions est également présumée connue de l'accusé par la notification de l'arrêt de renvoi et par le rappel que le président fait à l'accusé du contenu de l'acte d'accusation (Crim. rej. 7 juill. 1892, aff. Garbin et autres, Bull. crim., n° 203).

2091. Il convient de remarquer, au surplus, que le président des assises, en donnant publiquement lecture de questions posées au jury comme résultant des débats, met suffisamment l'accusé à même de produire les observations qu'elles pourraient faire naître : il n'est pas exigé, à peine de nullité, qu'un avertissement spécial soit donné à l'accusé (Crim. rej. 4 déc. 1856, aff. Berthe de Villers, D. P. 57. 1. 77; 23 avr. 1859, aff. Ferrand, D. P. 59. 5. 112).

2092. Il a été jugé encore qu'il n'est pas nécessaire qu'avant la clôture des débats le président fasse connaître qu'il posera des questions subsidiaires; il suffit qu'il en donne lecture au moment de la remise au jury de la feuille des questions, sauf le droit de l'accusé de demander la réouverture des débats, à l'effet de présenter ses moyens de fait et de droit contre lesdites questions subsidiaires (Crim. rej. 23 avr. 1859, aff. Ferrand, D. P. 59. 5. 112; 18 mai 1863, aff. Arnault et Pourtois, D. P. 69. 1. 166-167).

2093. La lecture des questions doit être faite publiquement (Conf. Faustin Hélie, loc. cit.; Nouguier, loc. cit., n° 3003). Mais, lorsque le procès-verbal des débats porte, d'une part, que les débats et le jugement ont eu lieu publiquement, et, d'autre part, que le président a donné lecture des questions, il résulte nécessairement de l'ensemble de ces constatations que cette lecture a été publique (Crim. rej. 15 mai 1886, aff. Grandjean, Bull. crim., n° 182).

2094. Enfin le président peut, en cas de fatigue, se faire suppléer par un assesseur pour la lecture des questions avant leur remise au jury (Crim. rej. 12 août 1858, aff. Minder, dit Graft, D. P. 58. 5. 114. Conf. Faustin Hélie, loc. cit.; Nouguier, loc. cit., n° 3004). Cette lecture peut également être faite par le greffier, sans même qu'il soit nécessaire de constater l'empêchement du président, ce dernier n'étant tenu que de poser et de signer les questions (Crim. rej. 30 mars 1882, aff. Espedro et autres, Bull. crim., n° 88).

Art. 2. — *Avertissements que le président doit donner aux jurés* (Rép. nos 2930 à 2951).

2095. Le président doit, comme on l'a dit au Rép., nos 2631 et suiv., et 2930 et suiv., donner aux jurés, conformément à l'art. 341 c. instr. crim., deux avertissements : l'un, relatif aux circonstances atténuantes; l'autre, au vote secret (V. Faustin Hélie, t. 8, nos 3723 et suiv., Nouguier, t. 4, vol. 4, nos 3020 et suiv.; Garraud, n° 602; Villey, p. 392). Il s'agit là de formalités substantielles dont l'omission ou le défaut de constatation au procès-verbal entraîne nullité de la déclaration du jury (Crim. cass. 13 mai 1848, aff. Fauché, Bull. crim., n° 148; 15 juin 1848, aff. Wagner, ibid., n° 179; 1er mars 1849, aff. Vachard et Juston, D. P. 49. 5. 72; 26 sept. 1850, aff. Genot, Bull. crim., n° 330; 7 déc. 1851, aff. Chiche, D. P. 55. 5. 125; 18 mars 1852, aff. Lafont de Mascoras, Bull. crim., n° 96; 31 mars 1854, aff. Moulin, D. P. 54. 5. 202; 15 déc. 1854, aff. Cahier, Bull. crim. n° 344; 16 janv. 1858, aff. Cazes, D. P. 58. 5. 106; 15 déc. 1859, aff. Lefèvre, D. P. 59. 5. 107; 22 mai 1863, aff. Dapien, D. P. 63. 1. 268; 25 mars 1880, aff. Jamin, Bull. crim., n° 69).

2096. La loi ne prescrit pas de forme sacramentelle

pour ces avertissements (Crim. rej. 7 janv. 1886, aff. Vaissettes, dit Platine, *Bull. crim.*, n° 1); mais il faut, tout au moins, que les termes du procès-verbal permettent d'induire avec certitude qu'ils ont été donnés (Crim. cass. 20 sept. 1855, aff. Lécard, *Bull. crim.*, n° 325). Ainsi l'accomplissement des formalités en question n'est pas suffisamment constaté lorsque le procès-verbal se borne à mentionner, en termes généraux, que le président a rappelé aux jurés les fonctions qu'ils avaient à remplir et qu'il les leur a expliquées (Crim. cass. 29 juin 1848, aff. Chanudet, *Bull. crim.*, n° 191; 16 juill. 1885, aff. Guillemette-le-Moing, *ibid.*, n° 214).

Mais le vœu de la loi est rempli lorsque le procès-verbal mentionne : 1° que les dispositions de l'art. 341 ont été rappelées et expliquées par le président aux jurés (Crim. rej. 9 oct. 1845, aff. Mulot, *Bull. crim.*, n° 319); — 2° Que le président a rappelé aux jurés les devoirs qu'ils ont à remplir et leur a *expliqué* les dispositions des art. 341, 347 c. instr. crim., 3 de la loi du 13 mai 1836, modifié par la loi du 9 juin 1853 (Crim. rej. 8 juin 1854, aff. Buglet, D. P. 54. 5. 217; 22 juin 1854, aff. Castel-Dugenest, D. P. *ibid.*; — 3° Que le président a donné aux jurés les avertissements prescrits par l'art. 341, sans indication de leur objet ou des termes dont le président s'est servi (Crim. rej. 23 déc. 1865, aff. Georges, *Bull. crim.*, n° 228); — 4° Que le président a fait connaître les termes mêmes des art. 341 et 347 c. instr. crim. (Crim. rej. 29 nov. 1872, aff. Bournigal et autres, *Bull. crim.*, n° 296). — Jugé encore, dans cet ordre d'idées, que la mention du procès-verbal des débats que le président a rappelé et a expliqué au jury les articles susvisés, implique qu'il s'agit des textes modifiés par les dernières lois (Crim. rej. 29 avr. 1869 aff. Marie Goncel, *Bull. crim.*, n° 99).

2097. D'un autre côté, lorsque le procès-verbal des débats constate que les avertissements au jury ont été donnés dans les termes des art. 341, 345 et 347 c. instr. crim., il ne saurait résulter aucune nullité de ce que le président n'aurait pas indiqué au jury la manière de répondre au cas de verdict négatif, les avertissements ayant été donnés dans les termes de la loi (Crim. rej. 10 déc. 1885, aff. Gurnot, *Bull. crim.*, n° 341). Mais le fait de la part du président de la cour d'assises d'avoir dit aux jurés que la loi leur fait un devoir de répondre par oui ou par non aux questions posées, et leur interdit de déposer dans l'urne un bulletin blanc, contient une fausse interprétation de la loi et un excès de pouvoir : la loi en effet, loin de contenir pareille prohibition, prévoit au contraire le cas où des bulletins blancs seraient trouvés dans l'urne et attribue à ces bulletins la valeur d'un vote favorable à l'accusé (Crim. cass. 17 juill. 1890, aff. Marde Coupoussamy, D. P. 91. 1. 190).

2098. Enfin les erreurs commises dans la citation des textes de loi n'entraîneraient nullité qu'autant que les termes du procès-verbal ne permettraient pas de constater l'accomplissement des formalités prescrites, ou qu'il aurait pu résulter de ces erreurs un préjudice quelconque pour l'accusé. Ainsi jugé : 1° que, quelque irrégulière et inexacte que soit la constatation du procès-verbal des débats sur les avertissements au jury donnés par le président de la cour d'assises, conformément à l'art. 341 c. instr. crim., tel qu'il a été modifié par la loi du 9 sept. 1843 (au lieu de 1835) les décrets des 6 mars et 18 oct. 1848 (aujourd'hui abrogés par la loi du 9 juin 1853), la conséquence de la nullité ne peut cependant y être attachée, lorsque les lois nouvelles n'ont pas innové quant au vote au scrutin secret et aux circonstances atténuantes, et que, dès lors, il n'y a eu aucun préjudice pour l'accusé; qu'il en est de même quant à la majorité, qui, loin d'être préjudiciable à l'accusé, lui aurait, au contraire, été favorable, puisque, dans les décrets à tort cités, la majorité pour la condamnation est supérieure à celle de la loi nouvelle (Crim. rej. 21 déc. 1854, aff. Wetzel, *Bull. crim.*, n° 350); — 2° Que la citation inexacte de l'art. 345 ou de l'art. 314, au lieu de l'art. 341, ne saurait engendrer de nullité si les autres mentions du procès-verbal démontrent qu'il y a erreur de rédaction et que l'avertissement a effectivement été donné au jury (Crim. rej. 11 juin 1857, aff. Bertin, D. P. 59. 1. 108; 31 mai 1878, aff. Bou-Beker-ould-Sahradni, *Bull. crim.*, n° 121).

2099. C'est un avertissement oral que la loi exige. Il ne peut y être suppléé ni par la transcription de l'art. 341 en tête des questions soumises au jury, ni par l'affiche de ses dispositions dans la salle de ses délibérations (Crim. cass, 15 déc. 1859, aff. Lefèvre, D. P. 59. 5. 107). Une mention imprimée sur la feuille des questions serait également insuffisante (Crim. cass. 25 mars 1880, aff. Jamin, *Bull. crim.*, n° 69).

2100. Faustin Hélie (*loc. cit.*, n° 3726) et Nouguier (*loc. cit.*, n° 3048) considèrent, contrairement à l'opinion émise au *Rép.*, n° 2950, que le président doit toujours avertir le jury que sa décision, tant contre l'accusé que sur les circonstances atténuantes, se forme à la majorité des voix. Il importe, en effet, disent-ils, que les jurés sachent exactement quel est le nombre de voix nécessaire pour que leur décision soit valable. Mais le premier de ces auteurs reconnaît, en même temps, que l'omission de cet avertissement ne peut produire aucun effet : « car si toutes les questions sont résolues à la majorité et que cette majorité soit régulièrement constatée, il n'y a point de nullité, puisqu'il n'y a point de préjudice et que la loi n'a point été violée ; et si, au contraire, il n'a point été énoncé que les questions aient été répondues à la majorité, la déclaration est entachée de nullité ; mais c'est à raison du défaut de constatation de cette majorité et non à raison du défaut d'avertissement ».

2101. Il a, d'ailleurs, été jugé, dans cet ordre d'idées, conformément à la jurisprudence rapportée au *Rép.*, n° 2935, que le défaut d'avertissement quant à la majorité légale ou aux circonstances atténuantes est réputé n'avoir fait aucun grief à l'accusé, et ne peut, par suite, entraîner nullité lorsque les réponses du jury constatent cette majorité et reconnaissent qu'il y a lieu à atténuation de la peine (Crim. cass. 7 déc. 1851, aff. Chiche, D. P. 55. 5. 125 ; 31 mars 1854, aff. Moulin, D. P. 54. 5. 202 ; Crim. rej. 31 août 1854, aff. Larcher, D. P. 54. 5. 202 ; 15 déc. 1854, aff. Cahier, D. P. 55. 5. 125 ; 23 déc. 1865, aff. Georges, *Bull. crim.*, n° 228. Conf. Nouguier, *loc. cit.*, n° 3046 et 3049 ; Faustin Hélie, *loc. cit.*, n° 3727).

2102. Depuis la publication du *Répertoire*, la cour de cassation a continué de juger (V. *Rép.* n° 2941) que le président n'est pas tenu d'avertir le jury du droit qui lui appartient de discuter avant le vote (Crim. rej. 3 oct. 1866, aff. Perrin, D. P. 66. 5. 409 ; 18 déc. 1884, aff. Birée, *Bull. crim.*, n° 341. V. Faustin Hélie, *loc. cit.*, n° 3731 ; Nouguier, *loc. cit.*, n° 3059). Mais elle décide aussi que l'avertissement donné à cet égard ne saurait être critiqué (Crim. rej. 27 nov. 1886, aff. Dantier et autres, *Bull. crim.*, n° 401).

2103. Ainsi qu'on l'a vu au *Rép.*, n° 2931, le président a la faculté de présenter au jury tous les avis et observations qu'il croit utiles à l'accomplissement de sa mission. Conf. Faustin Hélie, *loc. cit.*, n° 3732 ; Nouguier, *loc. cit.*, n° 3021. Jugé en conséquence que le président de la cour d'assises n'excède pas ses pouvoirs lorsqu'il appelle par des observations l'attention du jury sur les points qui lui paraissent avoir été inexactement présentés dans la plaidoirie du défenseur (Crim. rej. 22 mars 1883, aff. Menneguerre, D. P. 83. 1. 483 ; 23 juill. 1886, aff. Lardeau, D. P. 88. 1. 397).

Art. 3. — *De la remise des questions aux jurés*
(Rép. n° 2952 à 2958).

2104. La loi, comme le *Répertoire* l'a rappelé au n° 2953, ne contient aucune disposition sur la contexture matérielle de l'écrit renfermant les questions. Aussi a-t-il été jugé : 1° que les questions au jury et les réponses peuvent, sans qu'il en résulte nullité, être inscrites sur deux feuilles séparées, non reliées ensemble, et dont une seule est cotée et mentionnée à l'inventaire, lorsque le président des assises a réuni le tout en un seul contexte en inscrivant en tête de chaque feuille, 1° et 2°, avec la garantie de sa signature, et qu'aucun doute n'existe et ne peut exister sur l'authenticité de leur contenu (Crim. rej. 20 mars 1873, aff. Tartin, et autres, *Bull. crim.*, n° 73); — 2° Que le demandeur en cassation ne peut se faire grief de ce que les feuilles des questions posées au jury, étant au nombre de trois, n'auraient pas été visées, numérotées et parafées par le président, alors qu'il est constaté que ces feuilles ne forment qu'un seul contexte, et constituent un ensemble unique signé conformément à la loi (Crim. rej. 15 juill. 1880, aff. Ali-ben-Ahmed-ben-Yaya et autres, *Bull. crim.*, n° 146). On a vu également au *Rép.*, n° 2956, que, dans le silence de la loi, le

défaut de signature du président n'emporte pas nullité (*Adde:* Crim. rej. 30 mars 1854, aff. Giraud, D. P. 54. 5. 221. Conf. Nouguier, t. 4, vol. 1, n° 2995; Faustin Hélie, t. 8, n°3717).

2105. Quant à la signature du greffier, il n'est pas nécessaire qu'elle figure à la suite des questions posées (*Rép.* n° 2957; Crim. rej. 15 sept. 1843, aff. Bousquet, *Bull. crim.*, n° 245; 4 nov. 1880, aff. Dominguez, *ibid.*, n° 193). C'est seulement en ce qui concerne la déclaration du jury qu'elle doit accompagner celle du président (Crim. rej. 10 mai 1843, aff. Jenny, *Bull. crim.*, n° 101. Conf. Faustin Hélie, loc. cit.; Nouguier, *loc. cit.*, n° 2996).

2106. Il n'est pas exigé que la feuille de questions soit datée (*Rép.*, n° 2957. Conf. Nouguier, loc. cit., n°2997;Faustin Hélie, *loc. cit.*). Par suite,l'indication erronée, l'omission ou la surcharge de la date ne peut avoir aucune conséquence (Crim. rej. 12 janv. 1854, aff. Verget, D. P. 54. 5. 220; 2 mars 1882, aff. Pollet, *Bull. crim.*, n° 59).

2107. Quant aux changements apportés à la rédaction primitive des questions, aux renvois, ratures, surcharges, interlignes, il est indispensable qu'ils soient approuvés par le président (Crim. rej. 9 avr. 1868, aff. Binet, *Bull. crim.*, n° 97; 5 janv. 1872, aff. Muzier, *ibid.*, n°165. Conf. Faustin Hélie, *loc. cit.*; Nouguier, *loc. cit.*, n° 2998). Mais la signature du greffier n'est pas nécessaire (Arrêts des 10 mai 1843 et 4 nov. 1880, cités *suprà*, n° 2105).

2108. Au reste, le défaut d'approbation n'entraîne nullité qu'autant qu'il en résulte une altération affectant une énonciation substantielle. (Conf. Nouguier, *loc. cit.*, n° 3000). — *Jugé*, par application de ce principe : 1° que la modification des questions, à l'aide d'une surcharge, dans les questions posées au jury, de l'indication du jour de la perpétration du crime reproché à l'accusé, n'emporte pas nullité, si elle laisse intacte l'indication du mois et de l'année; en pareil cas, l'indication altérée ne touche pas à une circonstance constitutive du crime (Crim. rej. 7 sept. 1854, aff. Goumaux, D. P. 54. 5. 221; 7 mars 1873, aff. Abdallahben-Ali, *ibid.*, n°63); — 2° Que l'aggravation de peine dont est passible l'individu reconnu coupable d'abus de confiance, lorsqu'il se trouve employé au service de la personne victime du délit, n'étant applicable qu'autant que la déclaration des jurés établit clairement le rapport qui existait entre lui et cette personne, est illégalement prononcée par la cour d'assises, si le nom de la victime du délit n'est désigné, dans la question à laquelle le jury a répondu, qu'en interligne, sans approbation (Crim. cass. 13 juill. 1854, aff. Secheyroux, D. P. 54. 5. 204); — 3° Que la mention, en marge de la feuille des questions posées au jury, de certaines indications qualifiant le crime en droit, par exemple des mots « faux en écriture publique », doit être considérée comme non écrite et demeure sans effet lorsque cette indication marginale n'est rattachée par aucun signe à la question et qu'elle n'est ni signée ni paraffée (Crim. rej. 13 janv. 1876, aff. De Borger, *Bull. crim.*, n° 16); — 4° Que la réponse affirmative du jury sur une question de concomitance d'un crime de meurtre et d'un crime de vol est nulle, lorsque le numéro qui indique la référence à la question relative au vol a été surchargé ou raturé sans approbation (Crim. cass. 29 mars 1877, aff. Aouf-ben-Sliman, *Bull. crim.*, n° 92).

Il convient d'ajouter que l'existence de ratures ou surcharges non approuvées sur l'expédition de la feuille des questions soumises au jury ne peut entraîner nullité, si la minute ne présente la trace d'aucune altération (Crim. cass. 10 juin 1875, aff. Brulé, *Bull. crim.*, n° 182).

2109. Enfin le président, en donnant au jury des explications à l'audience sur le mode à suivre pour la solution des questions qu'il vient de lui remettre, n'outrepasse pas la limite de ses pouvoirs, ces explications ainsi données en présence de l'accusé et de son défenseur ne pouvant qu'offrir une garantie plus grande pour la liberté de la défense (Crim. rej. 17 mars 1859, aff. Brillée, D. P. 61. 5. 124).

ART. 4. — *De la remise aux jurés des pièces du procès* (*Rép.* nos 2959 à 2995).

§ 1er. — De la remise de pièces ordonnée par la loi (*Rép.* nos 2959 à 2980).

2110. Au nombre des pièces que le président doit remettre aux jurés (*Rép.*, n° 2959), il faut comprendre : 1° l'acte d'accusation tel qu'il a été dressé par le procureur général, quand bien même il rapporterait la déposition écrite de plusieurs témoins (Crim. rej. 3 févr. 1843, aff. Sandrier, *Bull. crim.*, n° 24; 4 févr. 1843, aff. Debay, *ibid.*, n° 25); — 2° Le procès-verbal de débats antérieurs, dans lequel est inséré un arrêt incident ordonnant le renvoi de l'affaire à une autre session, avec la mention des rétractions d'un accusé qui ont motivé ce renvoi (Crim. rej. 9 août 1860, aff. Joannon et autres, *Bull. crim.*, n° 187); — 3° L'interrogatoire subi par l'accusé dans la maison de justice (Crim. rej. 20 août 1875, aff. Jodon, *Bull. crim.*, n° 277).

2111. Ainsi qu'il a été dit au *Rép.*, nos 2960 et suiv., le défaut de remise des pièces n'entraînerait pas nullité (Crim. rej. 3 sept. 1868, aff. Chaton, D. P. 69. 1. 435; 22 déc. 1887, aff. Siadous, *ibid.*, n° 441. Conf. Faustin Hélie, t. 8, n°3738; Nouguier, t. 4, vol. 1, n° 3063; Garraud, n° 603). L'accusé ne pourrait donc se faire un grief de ce que les interrogatoires par lui subis dans le cours de l'instruction écrite n'ont pas été remis au chef du jury en même temps que les questions posées et les autres pièces énoncées en l'art. 341 c. instr. crim. (Crim. rej. 11 janv. 1855, aff. Guillard, D. P. 55. 5. 130). Il ne pourrait pas non plus, en cas de perte du dossier, par exemple, se faire un moyen de cassation de ce que la remise des pièces au jury n'a pu avoir lieu (Arrêt précité du 3 sept. 1868).

D'ailleurs l'observation de l'art. 341 est suffisamment constatée par cette énonciation du procès-verbal « qu'il a été remis au chef du jury les pièces du procès autres que l'information écrite » (Crim. rej. 10 août 1860, aff. Poiret et Chamberlant, D. P. 60. 5. 94; 2 juill. 1874, aff. Ruscassié, *Bull. crim.*, n° 188).

2112. Comme on l'a vu au *Rép.*, nos 2971 et suiv., c'est au président, ou, en cas de contestation, à la cour d'assises qu'il appartient de décider ce qu'il faut entendre par *pièces du procès*, et par suite ce qu'il faut communiquer au jury. — Jugé, à cet égard, qu'on peut régulièrement remettre aux jurés : 1° un plan qui, suivant l'arrêt de la cour, est demeuré pendant les débats à la disposition de tout le monde, et a été communiqué au jury et à la cour sans opposition de la part de l'accusé (Crim. rej. 10 nov. 1849, aff. Tourette, *Bull. crim.*, n° 298); — 2° Un plan dressé par un expert commis postérieurement à l'arrêt de renvoi, surtout lorsque l'accusé et son défenseur ne se sont pas opposés à la communication de ce document et qu'ils n'en ont pas contesté l'exactitude (Crim. rej. 26 juin 1879, aff. Decelers, *Bull. crim.*, n° 134); — 3° Un plan dressé par un témoin et produit par lui au cours de sa déposition, quand le président en a ordonné la jonction aux pièces de la procédure (Crim. rej. 5 janv. 1855, aff. Campargne, D. P. 55. 5. 137); — 4° L'arrêt de condamnation rendu par contumace contre l'accusé (Crim. rej. 10 mai 1843, aff. Jenny, *Bull. crim.*, n° 101); — 5° Un procès-verbal constatant les aveux de l'accusé, et une liasse de pièces jointes au dossier et présumée avoir été communiquée à la défense (Crim. rej. 13 janv. 1870, aff. Tropmann, D. P. 70. 4. 89); — 6° Des rapports d'experts, alors même que ces experts ont été appelés comme témoins aux débats (Crim. rej. 18 août 1882, aff. Barbier, *Bull. crim.*, n° 214); — 7° Un procès-verbal renfermant les renseignements recueillis sur l'ordre du juge d'instruction (Crim. cass. 25 mars 1868, aff. Appolit, *Bull. crim.* n° 123); — 8° Un procès-verbal de gendarmerie contenant, à titre de renseignements, les déclarations de personnes à qui l'accusé a avoué le crime relevé à sa charge, de pareilles déclarations recueillies sans la signature et sans le serment de celui qui les a faites ne pouvant être considérées comme des dépositions de témoins (Crim. rej. 22 déc. 1887, aff. Siadous, *Bull. crim.*, n° 441); — 9° Des interrogatoires subis, à une époque où ils étaient compris dans la même prévention que l'accusé, par des individus qui, lors des débats, n'ont plus figuré au procès que comme témoins (Crim. rej. 18 janv. 1855, aff. Telme, D. P. 55. 5. 130).

2113. Il a, d'ailleurs, été jugé : 1° qu'il ne peut résulter aucune nullité de ce que des mentions auraient été portées sur un plan distribué aux jurés, lorsque ces mentions, apposées à titre de légende et pour faciliter l'intelligence

de ce plan, n'étaient point, à raison même de leur but, de nature à préjuger la culpabilité de l'accusé, lorsque d'ailleurs cette pièce a été soumise à l'épreuve du débat contradictoire, et que toutes les constatations ou énonciations qu'elle contient ont pu être discutées par l'accusé et son conseil (Crim. rej. 7 janv. 1886, aff. Tarrit, *Bull. crim.*, n° 4) ; — 2° Qu'aucun moyen de nullité ne saurait être tiré de ce qu'un procès-verbal aurait été introduit au débat et remis aux jurés sans avoir été copié et communiqué à la défense ni lu à l'audience, lorsqu'il est établi que ce document, appartenant au dossier de l'affaire, était à la disposition de la défense qui avait pu en prendre communication ; il en est ainsi à plus forte raison lorsque le rédacteur dudit procès-verbal a été entendu à l'audience au sujet des faits constatés par lui (Crim. rej. 22 déc. 1887, aff. Siadous, *Bull. crim.*, n° 441). — Mais il y aurait atteinte aux droits de la défense, et par suite nullité des débats et de l'arrêt de condamnation, si un procès-verbal d'information supplémentaire, dressé pendant les débats en vertu d'une commission rogatoire du président, avait été joint au dossier et remis aux jurés sans communication préalable à l'accusé (Crim. cass. 29 avr. 1853, aff. Despin, D. P. 53. 5. 144).

2114. Ainsi qu'on l'a exposé au *Rép.*, n°s 2974 et 2975 la remise au jury des pièces de la procédure antérieure à l'arrêt de renvoi n'ayant lieu qu'à titre de simples renseignements, il n'y a pas à distinguer entre celles qui sont régulières et celles qui ne le sont pas (Crim. rej. 25 mars 1886, aff. Meigle, *Bull. crim.*, n° 125. Conf. Nouguier, t. 4, n° 3073 ; Faustin Hélie, t. 5, n° 3735. Aux arrêts cités au *Rép. ibid., adde :* Crim. rej. 10 nov. 1849, aff. Tourrette, *Bull. crim.*, n° 298 ; Crim. cass. 25 mars 1886, aff. Appolit, *ibid.*, n° 123). — Mais si les pièces sont postérieures à l'arrêt de renvoi, leur irrégularité peut, ainsi qu'on l'a vu au *Rép.*, n° 2972, autoriser la cour à décider qu'elles ne seront pas remises au jury (Conf. Nouguier, *loc. cit.*, n° 3074). Une ordonnance du président est d'ailleurs nécessaire, à peine de nullité, pour qu'une pièce irrégulière puisse être soumise au jury. Ainsi il a été jugé qu'il y a atteinte aux droits de la défense lorsque le procès-verbal d'une expertise ordonnée par le ministère public, en usurpant les fonctions du président de la cour d'assises, a été communiqué au jury sans qu'une ordonnance du président l'ait joint à la procédure comme renseignement (Crim. cass. 2 sept. 1847, aff. Boucher, D. P. 47. 4. 132 ; 22 déc. 1881, aff. Griveau, D. P. 82. 1. 192).

2115. En ce qui concerne les lettres missives émanées de tierces personnes (*Rép.* n° 2977), il a été jugé qu'il ne résulte aucune nullité de ce que des lettres de cette nature auraient été communiquées au jury, dans la chambre de ses délibérations, sans avoir été soumises à un débat public et contradictoire, alors que, l'auteur de ces lettres ayant été entendu aux débats sous la foi du serment, l'accusé a pu produire contre son témoignage toutes les objections que nécessitait sa défense (Crim. rej. 26 juin 1846, aff. Fagot, *Bull. crim.*, n° 165. V. encore, en ce sens, Crim. rej. 21 juin 1860, aff. Claquecin, D. P. 60. 5. 93).

Quant aux lettres anonymes, un arrêt (Crim. rej. 7 janv. 1836, *Rép.*, n° 2978) en admet la remise aux jurés (V. aussi, dans le même sens, Crim. rej. 29 juin 1833, *Rép.*, n° 2993-2°). Mais cette remise serait une cause de nullité, si la lettre anonyme n'avait été ni communiquée à l'accusé, ni même portée à sa connaissance (Crim. cass. 30 nov. 1848, aff. Nicolaï, *Bull. crim.*, n° 296. Conf. Nouguier, *loc. cit.*, n° 3070 ; Faustin Hélie, *loc. cit.*, n° 3735). D'un autre côté, il a été jugé qu'aucun moyen ne saurait être tiré de ce qu'une lettre, émanant d'un autre détenu portant le même nom que l'accusé, étrangère à l'affaire et classée par erreur au dossier, aurait été remise au jury avec les pièces de la procédure, lorsqu'il est constant qu'elle n'a pu l'induire en erreur ni exercer aucune influence sur sa décision (Crim. rej. 15 mai 1886, aff. Granjean, *Bull. crim.*, n° 182).

2116. De même, on ne saurait se prévaloir, à l'appui d'un pourvoi en cassation, de ce que les pièces de la procédure relatives à la mise en accusation, écrites, en langue étrangère, auraient été remises aux jurés sans constatation au procès-verbal de leur traduction : d'une part, la nullité de la procédure est couverte par le défaut de pourvoi contre l'arrêt de renvoi, et, d'autre part, la communication aux

jurés de pièces même irrégulières n'emporte pas nullité ; les droits de la défense sont, d'ailleurs, sauvegardés par le versement des pièces au dossier et leur communication au conseil de l'accusé (Crim. rej. 1er août 1872, aff. Garcia et Ximener, *Bull. crim.*, n° 199. Conf. Faustin Hélie, *loc. cit.*; Nouguier, *loc. cit.*, n° 3076).

2117. Si, en principe, le défaut de remise des pièces visées par l'art. 341 c. instr. crim., n'entraîne pas nullité (V. *suprà*, n° 2111), il en est autrement lorsque l'accusé a pris des conclusions pour réclamer l'observation de cet article et que sa demande a été rejetée : dans ce cas, en effet, aux termes de l'art. 408 c. instr. crim., et bien que la peine de nullité ne soit pas textuellement attachée à l'absence de la formalité dont l'exécution a été demandée, l'inobservation de cette formalité constitue une violation du droit de la défense et doit entraîner l'annulation de l'arrêt de condamnation sans qu'il y ait lieu de distinguer entre les pièces dont il a été donné lecture au cours des débats et celles dont il n'a pas été donné lecture (Crim. cass. 20 nov. 1891, aff. Mezian-ben-Belaïd et Ali-ben-Ali-ben-Saada, D. P. 92. 1. 439).

2118. En cas d'incident contentieux à l'occasion de la remise d'une pièce au jury, la cour d'assise, ne peut statuer en l'absence de l'accusé, à peine de nullité (Crim. cass. 22 mai 1857, aff. Legrand, D. P. 57. 1. 316).

2119. Enfin la cour d'assises n'est pas tenue de rectifier les erreurs matérielles contenues dans les conclusions de l'accusé. Spécialement, si l'accusé demande acte de la remise au jury d'un procès-verbal en date du 9 août, au lieu du 7 août, il ne peut se plaindre de ce que la cour réponde qu'aucun procès-verbal en date du 9 août n'a été remis au jury (Crim. rej. 22 déc. 1887, aff. Siadous, *Bull. crim.*, n° 441).

§ 2. — De la défense de remettre aux jurés des déclarations écrites de témoins (*Rép.* n°s 2981 à 2995).

2120. Ainsi qu'on l'a vu au *Rép.*, n°s 2981 et suiv., la prohibition édictée par l'art. 441 c. instr. crim. étant dépourvue de sanction, la jurisprudence en a conclu que le fait de remettre aux jurés des déclarations écrites de témoins ne constitue pas une cause de nullité. Aux arrêts cités par le *Répertoire, ibid., adde :* Crim. rej. 26 juin 1846, aff. Fagot, *Bull. crim.*, n° 165 ; Crim cass. 21 sept. 1848, aff. Gatineau, *ibid.*, n° 246 ; Crim. rej. 21 juin 1860, aff. Claquecin, D. P. 60. 5. 93. — Conf. Nouguier, *loc. cit.*, n° 3078 ; Faustin Hélie, *loc. cit.*, n° 3739). « La cour de cassation, dit ce dernier auteur, a pensé que dans la pratique les jurés cherchaient peu les éléments de leur conviction dans les pièces qui leur sont remises, et qu'il ne fallait pas dès lors faire dépendre le sort des procédures du hasard ou de la négligence qui aurait laissé quelque déclaration écrite parmi les pièces soumises au jury ».

On ne saurait, d'ailleurs, considérer comme dépositions écrites de témoins des déclarations consignées sans signature au serment dans un procès-verbal (Arrêts des 22 déc. 1887, cité *suprà*, n° 2112, et 20 nov. 1891, cité *suprà*, n° 2117) ; ou des interrogatoires subis par des individus impliqués d'abord dans les poursuites, puis appelés comme témoins (Arrêt du 18 janv. 1855, cité *suprà*, n° 2112).

CHAP. 6. — De la délibération et de la déclaration des jurés (*Rép.* n°s 2996 à 3543).

SECT. 1re. — De la délibération des jurés (*Rép.* n°s 2996 à 3053).

ART. 1er. — Formalités de la délibération et du vote (*Rép.* n°s 2996 à 3020).

2121. On a vu au *Rép.*, n° 2996, que, lorsque les questions ont été posées, que le président a donné les avertissements prescrits par la loi, et que les questions ont été remises aux jurés, ceux-ci se rendent dans leur chambre pour en délibérer. En général, tout cela se fait sans désemparer. Toutefois, il a été jugé qu'il ne résulte aucune nul-

lité de ce que la délibération du jury n'a eu lieu que le lendemain du jour où les questions ont été posées par le président de la cour d'assises (Crim. rej. 14 sept. 1848, aff. d'Allas, *Bull. crim.*, n° 242).

2122. L'art. 341 c. instr. crim. ordonne de faire retirer les accusés de l'auditoire après les avertissements donnés au jury. Toutefois, cette disposition n'est pas prescrite à peine de nullité, et il n'y aurait pas lieu à cassation quand même certains accusés seraient restés dans l'auditoire, tandis que les autres en auraient été écartés (Crim. rej. 23 janv. 1890, aff. Belz, dit de Villas, D. P. 90. 1. 332).

2123. Quant aux conditions dans lesquelles le vote doit avoir lieu (*Rép.*, n°s 3008 et suiv.), l'allégation par l'accusé que la table sur laquelle les jurés inscrivaient leurs votes n'était pas disposée de manière à assurer le secret de ces votes ne saurait constituer un moyen de cassation (Crim. rej. 14 janv. 1870, aff. Trémoyet, D. P. 70. 5. 102).

Art. 2. — *Secret des délibérations* (*Rép.* n°s 3021 à 3046).

2124. — 1° *Défense faite au jury collectivement de sortir avant d'avoir formé la déclaration, et de recevoir personne sans autorisation du président.* — La prohibition édictée par l'art. 343, art. 1, ne fait pas obstacle à ce que, dans le cas où, après l'entrée du jury dans sa chambre, le président de la cour d'assises s'aperçoit qu'il s'est glissé une erreur dans la position des questions, la cour rappelle le jury à l'audience pour attendre qu'il ait résolu aucune de ces questions, et opère la rectification de cette erreur (Crim. rej. 26 déc. 1856, aff. Batonnet, D. P. 57. 1. 73 ; 12 févr. 1858, aff. Pernot, D. P. 58. 5. 112 ; 17 mai 1889, aff. Numa Gilly, D. P. 89. 1. 317).

2125. De la défense faite aux jurés de sortir avant d'avoir formé leur déclaration, à conclu avec raison, comme il est dit au *Rép.*, n° 3024, que la délibération ne peut avoir lieu ailleurs que dans la chambre qui y est affectée. Mais on ne saurait considérer, comme constituant un fait de délibération du jury à l'audience, la déclaration d'un des jurés durant l'audience de la cour d'assises et les gestes que plusieurs de ses collègues auraient faits en réponse à une interpellation du président (Crim. rej. 28 août 1884, aff. Djellali-ben-Resk-Albah et autres, D. P. 85. 1. 184).

2126. Il a été jugé que le fait, par la cour d'assises, de donner acte à la défense de ce que les jurés auraient délibéré dans un lieu accessible au public n'emporte pas la preuve qu'elle ait reconnu l'exactitude de cette allégation, alors que le procès-verbal des débats constate, d'ailleurs, que les prescriptions de la loi ont été observées (Crim. rej. 25 août 1881, aff. Maurel, D. P. 82. 1. 43).

2127. Si la déclaration écrite du jury est entachée d'une omission ou d'une erreur, cette irrégularité ne peut, ainsi qu'on l'a vu au *Rép.*, n°s 3032, être rectifiée que dans les formes prescrites pour le délibéré. Spécialement, si la réponse contraire à l'accusé n'est pas suivie des mots « à la majorité », cette mention, sous peine de nullité, ne peut être écrite sur le bureau, à l'audience, par le chef du jury ; mais les jurés doivent être renvoyés dans la chambre de leurs délibérations (Crim. cass. 12 août 1871, aff. Decupper, *Bull. crim.*, n° 91). Cependant l'accusé est non recevable, faute d'intérêt, à relever devant la cour de cassation l'irrégularité résultant de ce que le chef du jury, autorisé par ses collègues, a inscrit à l'audience même une réponse négative au cas d'une question laissée sans réponse (Crim. rej. 9 juin 1866, aff. Leroy et autres, *Bull. crim.*, n° 149).

2128. Une rectification purement matérielle, non susceptible de discussion, peut avoir lieu à l'audience. C'est ce qui a été jugé à l'occasion d'une erreur de date (Crim. rej. 18 avr. 1867, aff. Ferry, D. P. 68. 1. 44-45 ; 27 déc. 1873, aff. Gendre, D. P. 74. 1. 231) ; ... d'une rature non approuvée (Même arrêt du 18 avr. 1867). Mais le renvoi dans la chambre des délibérations, indûment prononcé, ne peut devenir une cause de nullité s'il n'en est résulté aucun préjudice pour l'accusé ; il en est ainsi dans le cas où le jury a modifié sa déclaration première en substituant une réponse négative à sa réponse affirmative sur la question de complicité de banqueroute frauduleuse, et en supprimant la mention des circonstances atténuantes, alors que l'accusé n'était plus reconnu coupable que d'un simple délit.

2129. Enfin, lorsque après examen du verdict rapporté par le jury, la cour juge nécessaire de rectifier la position des questions, la reprise des délibérations des jurés rentrés dans leur chambre n'est pas viciée par le fait que, pendant le long délibéré de la cour avant son arrêt, ils sont restés dans la salle d'audience en communication avec le public (Crim. rej. 10 juill. 1868, aff. Mourgues, D. P. 69. 5. 96).

2130. Aux termes de l'art. 343, al. 2, nul ne peut, pendant la délibération, entrer dans la salle sans une permission écrite du président (*Rép.* n° 3035). Ainsi lorsque les douze jurés de jugement prennent part à la délibération, l'entrée d'un juré supplémentaire dans la chambre de leurs délibérations entraine nullité (Crim. rej. 10 juin 1830, aff. Roullet, *Bull. crim.*, n° 164). — Mais il a été jugé, conformément à la jurisprudence rapportée *ibid.*, qu'il n'y a pas violation du secret des délibérations si un huissier, sur l'appel des jurés, pénètre auprès d'eux afin de recevoir une communication pour le président (Crim. rej. 4 août 1871, aff. Bélot, D. P. 71. 5. 104) ; ... ou s'il entre momentanément dans la chambre des jurés, pendant la délibération, sur l'ordre verbal du président, et exclusivement pour cause de nécessité de son service matériel (Crim. rej. 7 févr. 1867, aff. Œillet, *Bull. crim.*, n° 32).

2131. Quant au président, la cour de cassation, conformément à sa jurisprudence antérieure (*Rép.*, n° 3036) décide qu'il peut, sur l'invitation des jurés, se rendre auprès d'eux dans la chambre des délibérations pour leur donner des éclaircissements ; et que l'usage qu'il aurait fait de cette faculté ne saurait être relevé comme moyen de cassation, sous prétexte qu'il aurait ainsi connu la décision des jurés avant qu'ils fussent sortis de la chambre de leurs délibérations (Crim. rej. 25 juill. 1867, aff. Clérissé, D. P. 69. 5. 100 ; 15 juin 1876, aff. Prévôt, *Bull. crim.*, n° 133). — Il n'est pas nécessaire que l'accusé ou son défenseur soient appelés (Arrêt précité du 15 juin 1876). Jugé aussi que le moyen tiré des paroles que le président aurait prononcées dans la chambre des jurés n'est pas recevable, lorsque les circonstances invoquées ne sont pas établies par le procès-verbal des débats et se révèlent pour la première fois devant la cour de cassation à l'état de simples allégations (Crim. rej. 25 févr. 1893, aff. Oshée et cons., *Bull. crim.*, n° 54). — M. Faustin Hélie (t. 8, n° 3745) s'élève avec raison contre cette jurisprudence. « On pourrait sans doute, dit cet auteur, admettre que le président peut être consulté quand les jurés sont embarrassés sur les formes qu'ils doivent suivre, mais non quand leur embarras provient du sujet même de leur délibération. Les éclaircissements dans ce dernier cas, quand ils sont nécessaires, ne doivent être donnés qu'en audience publique. Rien ne s'oppose à ce que le président, sur la demande des jurés, les fasse rentrer dans la salle d'audience et leur donne, en présence des parties, les renseignements dont ils ont besoin pour délibérer. Ces explications, ainsi contradictoirement données et contrôlées par la défense, n'exercent aucune influence détournée sur la délibération. Mais une communication particulière et secrète du président avec les jurés ne semble-t-elle pas menacer l'indépendance de ceux-ci ?... et quand ce magistrat maintiendrait les explications dans les termes d'une stricte impartialité, ne suffit-il pas que l'accusé puisse suspecter une telle communication et s'inquiéter de l'indépendance de ses juges pour qu'elle doive être interdite ?... ».

Aux termes de l'art. 327 c. instr. crim. autrichien, le président doit être accompagné du greffier, de l'accusateur et de l'accusé. Le code de procédure pénale italien (art. 499) présente les mêmes garanties ; seulement, c'est en chambre du conseil, en présence de la cour, du ministère public, du défenseur de l'accusé et de la partie civile que la communication a lieu. En Portugal (*Procédure criminelle*, tit. 4, secc. 4°, § 139), en Allemagne (art. 306 c. proc. pén.), en Russie (art. 762 c. proc. pén.), en Espagne (L. du 20 avr. 1888, art. 82), il y est procédé dans la salle d'audience. C'est également en audience publique qu'en Angleterre toutes explications sur le point de fait doivent être données aux jurés par le président (Richard Phillips, *Pouvoirs et obligations des jurys anglais*, p. 421).

2132. — 2° *Défense faite aux jurés individuellement de*

communiquer au dehors pendant la délibération. — Il a été dit au *Rép.*, n° 3040, que l'inobservation de l'art. 343 c. instr. crim. qui interdit aux jurés de sortir de la salle des délibérations, n'entraîne pas nullité, et ne donne lieu qu'à une amende contre le juré contrevenant. Conf. Faustin Hélie, t. 8, n° 3743 ; Nouguier, t. 4, vol. 2, n° 3127). — Il n'y aurait nullité qu'autant qu'il se serait produit une communication de nature à exercer une influence illégale sur l'opinion du jury. Ainsi il a été jugé, conformément à l'arrêt rapporté au *Rép.*, n° 3041 : 1° que le fait par un juré de rentrer, avant le commencement de la délibération, dans la salle d'audience, pour y prendre des bulletins nécessaires au vote qui doit suivre cette délibération, ne constitue point une violation de l'art. 343, lorsque d'ailleurs rien n'indique qu'il y ait eu de la part de ce juré communication au sujet de l'affaire soumise à sa décision (Crim. rej. 30 juill. 1840, aff. Faux, *Bull. crim.*, n° 249) ; — 2° Que le fait par un des jurés d'avoir, la déclaration du jury étant formée, demandé à l'huissier s'il était nécessaire d'approuver les mots rayés, à quoi le greffier, qui passait près de la porte des délibérations, aurait répondu : « mais oui », ne constitue pas une infraction à la défense de communiquer (Crim. rej. 29 juin 1871, aff. Pertaze, D. P. 71. 5. 102) ; — 3° Qu'il ne résulte aucune nullité de ce qu'un juré est sorti de la salle des délibérations, pendant que le jury délibérait, s'il est constaté que cette sortie a été la conséquence d'un cas de force majeure, que ledit juré a été accompagné par un gendarme pendant la durée de son absence, et qu'il n'a communiqué avec personne (Crim. rej. 14 août 1890, aff. Gérin, *Bull. crim.*, n° 176).

2133. Ajoutons que la cour de cassation n'a pas à tenir compte du fait de communication reproché à un juré, lorsque ce fait n'est pas consigné au procès-verbal, et qu'il n'a donné lieu à aucune réclamation pendant les débats (Crim. rej. 30 juin 1863, aff. Hubert, *Bull. crim.*, n° 187).

2134. En cas d'incident, aucune disposition de loi ne prescrit de faire prêter serment aux personnes appelées à renseigner la cour d'assises sur de prétendues communications entre les jurés et des tiers, et sur les circonstances dans lesquelles un juré peut avoir été obligé de sortir momentanément de la salle des délibérations (Crim. rej. 14 août 1890, cité, *suprà*, n° 2132).

2135. — 3° *De l'ordre de garder les issues de la salle des délibérations.* — Ainsi qu'on l'a dit au *Rép.*, n° 3044, il est de doctrine et de jurisprudence que l'inobservation de la disposition du troisième paragraphe de l'art. 343, d'après laquelle le président est tenu de donner au chef de la gendarmerie l'ordre écrit de faire garder les issues de la chambre des délibérations du jury, n'est pas en elle-même une cause de nullité (*Adde :* Crim. rej. 22 mars 1855, aff. Arnoux, *Bull. crim.*, n° 102 ; 20 sept. 1866, aff. Mariotte, D. P. 66. 5. 109 ; 26 déc. 1874, aff. Demeufve et autres, D. P. 75. 1. 287 ; 14 déc. 1876, aff. Dufayes, *Bull. crim.*, n° 248) ;... surtout lorsqu'il n'est point allégué ou établi que les jurés aient communiqué avec le dehors (Crim. rej. 28 avr. 1838, aff. Magnus, *Bull. crim.*, n° 111 ; 24 déc. 1863, aff. Carlier, D. P. 64. 5. 82. Conf. Faustin Hélie, t. 8, n° 3746 ; Nouguier, t. 4, 2° vol., n° 3125). A plus forte raison, le fait d'avoir, dans la rédaction de l'ordre, visé par erreur l'art. 348 au lieu de l'art. 343, n'entraînerait-il aucune conséquence (Arrêt précité du 24 déc. 1863).

2136. D'ailleurs, l'ordre donné au chef de la gendarmerie n'est point un acte de procédure destiné à être joint au dossier (Crim. rej. 19 juin, 1818, *Rép.*, n° 3045-3° ; 21 sept. 1848, aff. Gatineau, *Bull. crim.*, n° 246). Il suffit de constater que cet ordre a été délivré. Et l'accomplissement de cette formalité est du reste suffisamment constaté par une simple mention au procès-verbal portant que le président a donné l'ordre prescrit par l'art. 343 c. instr. crim. (Crim. rej. 14 déc. 1876, cité *suprà*, n° 2135).

Art. 3. — *Nombre de voix nécessaire pour former la délibération* (*Rép.* n°s 3047 à 3053).

2137. On a exposé au *Rép.*, n°s 3047 et suiv., les variations qu'a subies la question du nombre de voix nécessaire pour former la délibération du jury. La loi actuellement en vigueur, à cet égard, est celle du 9 juin 1853, aux termes de laquelle la déclaration du jury se forme, dans tous

les cas, et pour tous les faits et circonstances, à la simple majorité. Les législations étrangères sont, en général, plus favorables à l'accusé. La loi anglaise exige l'unanimité (V. *suprà*, n° 1299) ; les codes autrichien (art. 329) et allemand (art. 262 et 307), les deux tiers au moins des voix pour toute décision défavorable à l'accusé. En Autriche, la décision, dans tous les autres cas, est prise à la majorité. En Allemagne, les circonstances atténuantes ne peuvent être refusées que par une majorité de plus de six voix (mêmes articles). Le code italien dispose que les décisions des jurés contre l'accusé doivent être rendues à la majorité de sept voix au moins (art. 505). En Belgique, dans le cas où la déclaration affirmative ne réunit que la simple majorité, la condamnation n'est encourue qu'autant que la majorité de la cour adopte l'avis exprimé par la majorité du jury (V. *suprà*, n° 1333). C'est ce qui avait lieu, en France, sous le régime de la loi du 25 mai 1821 (V. *Rép.* n° 3275).

Sect. 2. — FORMES DE LA DÉCLARATION DU JURY ; RÈGLES SUR LA DÉCLARATION DES CIRCONSTANCES ATTÉNUANTES (*Rép.* n°s 3054 à 3233).

Art. 1er. — *Rédaction par écrit et date de la déclaration* (*Rép.* n°s 3056 à 3071).

2138. — 1° *Indication du lieu.* — Aucune loi n'exige que la déclaration du jury contienne l'indication du lieu où le juge a siégé. Ce lieu est suffisamment spécifié par les énonciations du procès-verbal (Crim. rej. 25 sept. 1845, aff. Gourneil, *Bull. crim.*, n° 302).

2139. — 2° *Date de la déclaration.* — Jugé, conformément à la jurisprudence exposée au *Répertoire*, n°s 3068 et suiv. : 1° qu'aucune nullité ne peut résulter de ce que la déclaration du jury n'est pas datée ; que cependant l'accusé n'a ni intérêt ni droit à se plaindre de ce que le jury a été renvoyé dans la salle des délibérations pour ajouter la date à la déclaration des circonstances atténuantes (Crim. rej. 5 mai 1881, aff. Bésard, *Bull. crim.*, n° 114) ; — 2° Que la loi n'exigeant pas que la déclaration du jury soit datée, il ne saurait résulter de nullité de ce qu'en la datant surabondamment la déclaration, le chef du jury aurait indiqué un mois pour un autre, si les mentions du procès-verbal et de l'arrêt de condamnation ne permettent aucun doute sur l'identité de la déclaration du jury qui a servi de base à la condamnation prononcée (Crim. rej. 8 juin 1866, aff. Prinquet, D. P. 69. 5. 98) ; — 3° Que la loi n'exigeant pas que la déclaration du jury soit datée, la surcharge de la date ne saurait donner ouverture à cassation (Crim. rej. 15 nov. 1888, aff. Bordet, D. P. 89. 1. 320) ; — 4° Que l'erreur dans la date du verdict peut être rectifiée à l'audience, sans renvoi du jury dans la chambre de ses délibérations (Crim. rej. 20 mars 1891, aff. Chervet et Bizouiller, D. P. 92. 1. 255).

Art. 2. — *Lecture de la déclaration, formes* (*Rép.* n°s 3072 à 3097).

2140. On a vu au *Répertoire*, n° 3072, que, lorsque les jurés sont rentrés dans l'auditoire et qu'ils ont repris leurs places, le président leur demande quel est le résultat de leur délibération. Il a été jugé qu'aucune nullité ne peut résulter de ce que le président n'a pas adressé aux jurés cette interpellation, si en fait il est constaté que la lecture du verdict a eu lieu (Crim. rej. 14 juin 1883, aff. Giron, *Bull. crim.*, n° 146).

2141. Cette lecture est faite, comme on l'a dit au *Rép.*, n°s 3078 et suiv., par le chef du jury. Mais ce dernier peut, en cas d'empêchement, être suppléé par un de ses collègues, non seulement pour cette partie de ses fonctions, mais aussi pour les actes qui s'accomplissent dans la salle des délibérations (Aux arrêts cités *ibid.*, *adde* : Crim. rej. 28 janv. 1848, aff. Marquès, dit Girgot, *Bull. crim.*, n° 26 ; 13 janv. 1854, aff. Reynal, D. P. 54. 5. 205. Conf. Faustin Hélie, t. 8, n° 3763 ; Nouguier, t. 4, vol. 2, n° 3188).

2142. Les dispositions de l'art. 342 c. instr. crim. concernant les formalités à remplir pour le remplacement du chef du jury, ne sont pas prescrites à peine de nullité (Crim. rej. 27 sept. 1883, aff. Bender, *Bull. crim.*, n° 238). Jugé en conséquence : 1° que la lecture de la déclara-

tion du jury, faite par un juré autre que le chef du jury, est régulière, si elle a eu lieu sans réclamation de la part des jurés ; ... alors surtout que le juré qui a donné lecture de la déclaration a signé comme chef du jury, avec l'énonciation qu'il remplaçait son collègue sur sa propre demande (Crim. rej. 6 avr. 1854, aff. Auffray, D. P. 54. 5. 205) ; — 2° Que la signature, la lecture et la remise au président des assises de la déclaration du jury par un juré remplaçant le chef du jury font présumer l'accomplissement régulier des formalités prescrites pour ce remplacement, lorsqu'il ne s'est élevé aucune réclamation (Crim. rej. 23 nov. 1882, aff. Victorine Kokasky, *Bull. crim.*, n° 253) ; — 3° Qu'il y a présomption légale que le chef du jury désigné par le sort a été légalement remplacé, lorsque la signature et la lecture du verdict ont été données par le juré remplissant les fonctions de chef, en présence de ses collègues et sans réclamation de la part du premier juré désigné par le sort (Arrêt précité du 27 sept. 1883 ; Crim. rej. 6 juin 1889, aff. Lecomte, *Bull. crim.*, n° 206).

Ajoutons, à cet égard, que la loi ne prescrit point, à peine de nullité, de lire la mention relative au remplacement du chef du jury ; mais le président peut faire réparer l'omission résultant du défaut de cette lecture ; il agit ainsi en vertu de ses pouvoirs propres et fait un acte d'administration qui ne peut soulever aucune difficulté contentieuse (Crim. rej. 20 sept. 1877, aff. Ducourtioux, *Bull. crim.*, n° 218).

2143. La lecture textuelle, par le chef du jury, des réponses constituant la déclaration du jury n'est point prescrite à peine de nullité ; il suffit qu'il ait été donné lecture de cette déclaration en présence de l'accusé et dans une forme qui ne mette point en péril les intérêts de la défense. En conséquence, il importe peu que les mots « à la majorité » aient été omis dans la lecture faite par le chef du jury hors de la présence de l'accusé, s'il est constaté par le procès-verbal des débats que la déclaration écrite du jury, contenant les réponses régulières et affirmatives à la majorité, a été portée d'une manière complète à la connaissance dudit accusé (Crim. rej. 27 mai 1880, aff. Ben-Youssef et autres, D. P. 82. 1. 94).

2144. D'un autre côté, l'accusé ne peut se faire un moyen de cassation de ce que le chef du jury aurait seulement indiqué les réponses faites aux questions (au nombre de 57 dans l'espèce) désignées chacune par son numéro d'ordre, si le procès-verbal des débats constate que le greffier a fait ensuite en présence de l'accusé une lecture complète comprenant les questions et les réponses (Crim. rej. 1er févr. 1866, aff. Potier et Guichard, D. P. 69. 5. 98). — Il n'y aurait pas non plus matière à pourvoi, si, comme le chef du jury, le greffier avait déclaré que, sur toutes les questions, la réponse du jury était affirmative, à la majorité de plus de sept voix, sans lire séparément chaque question et chaque réponse (Crim. rej. 15 juin 1850, aff. Guillon, *Bull. crim.*, n° 200).

2145. Au reste, lorsque le jury a été renvoyé dans la chambre des délibérations pour y compléter ou rectifier sa déclaration, la nouvelle lecture de la déclaration par le chef du jury peut, sans irrégularité, ne porter que sur les questions et les réponses auxquelles se rapportent les rectifications qui ont été provoquées (Crim. rej. 2 mai 1867, aff. Vuillemin, D. P. 68. 5. 109).

2146. Quant à l'attitude que doit prendre le chef du jury, il a été jugé depuis la publication du *Répertoire* (n° 3087), comme précédemment, qu'il ne s'agit pas là d'une prescription dont l'inobservation entraîne nullité (Crim. rej. 6 juill. 1876 aff. Mouton, *Bull. crim.*, n° 159. Conf. Faustin Hélie, *loc. cit.*, n° 3764; Nouguier, *loc. cit.*, n° 3187). Cependant ce dernier auteur présente sur ce point les observations suivantes : « En mettant la déclaration qu'il va lire en présence de Dieu et des hommes, sous la foi de son honneur et de sa conscience, il place la main droite sur son cœur. A ce moment suprême, où le sort de l'accusé est proclamé, ces formes solennelles produisent une salutaire impression et ajoutent à la majesté de la justice. Un chef du jury intelligent aura garde de ne pas les accomplir ; et, s'il les omettait, le président, d'office ou sur la réquisition du ministère public ou du conseil de l'accusé, le rappellerait à leur observation ».

2147. Comme on l'a enseigné au *Rép.*, n° 3072, la lecture du verdict doit être faite en présence de tous les membres de la cour. C'est là une formalité substantielle, dont la violation entraînerait nullité. Toutefois, il n'y aurait pas lieu à cassation si la lecture de la déclaration du jury, donnée avant que l'avocat général eût repris séance, avait été suivie immédiatement de la lecture régulière, en présence du ministère public et alors que ledit verdict n'était encore signé ni du président, ni du greffier (Crim. rej. 12 janv. 1893, aff. Quertier, *Bull. crim.*, n° 7).

2148. La présence de tous les jurés à la lecture de la déclaration est, ainsi qu'on l'a vu au *Rép.*, n° 3076, également considérée comme substantielle ; et l'on admet en conséquence que, bien que l'art. 348 c. instr. crim. ne prononce pas la nullité, elle serait néanmoins encourue si un ou plusieurs des jurés avaient été absents à ce moment (Conf. Faustin Hélie, *loc. cit.*, n° 3764; Nouguier, *loc. cit.*, n° 3194).

Mais on ne peut fonder un moyen de nullité sur l'absence de l'un des jurés à cette formalité, lorsque le procès-verbal des débats constate qu'un juré suppléant, étant rentré dans l'auditoire en même temps que les douze autres jurés, y a repris sa place, cette constatation important la présomption légale de sa présence au moment où le chef du jury a remis au président de la cour la déclaration du jury (Crim. rej. 24 janv. 1878, aff. Touzet et Chauroux, D. P. 78. 1. 447).

— Jugé, de même, qu'il n'y a aucune cause de nullité lorsque la déclaration du jury a été lue devant onze jurés seulement, et qu'il résulte du procès-verbal des débats que, l'absence d'un juré ayant été remarquée, le ministère public a requis et la cour a ordonné, en présence et du consentement de l'accusé, que la lecture serait recommencée devant les douze jurés (Crim. rej. 3 juin 1880, aff. Pradaud, *Bull. crim.*, n° 110).

2149. L'accusé n'assiste pas à la lecture de la déclaration faite par le chef du jury ; mais aucune nullité ne résulterait de sa présence dans la salle d'audience au moment de cette lecture. En effet, la sortie de l'accusé de l'auditoire pendant la délibération du jury, son absence pendant la lecture de la délibération par le chef du jury et sa rentrée au moment précis déterminé par la loi, n'étant point des formalités substantielles au droit de la défense, ne sont pas prescrites à peine de nullité (Crim. rej. 24 mars 1831, aff. Ernul, *Bull. crim.*, n° 59; 20 mars 1856, aff. Galopin, D. P. 56. 1. 230 ; 17 févr. 1876, aff. Goethals et autres, *Bull. crim.*, n° 53 ; 24 août 1882, aff. Mivière, *ibid.*, n° 218. Conf. Nouguier, *loc. cit.*, n° 3193; Faustin Hélie, *loc. cit.*, n° 3765).

— Aussi a-t-il été jugé que l'éloignement de l'auditoire d'un des accusés lors de la lecture du verdict par le chef du jury, alors que ses coaccusés ont été laissés à l'audience, ne crée aucun moyen de nullité (Crim. rej. 23 janv. 1890, aff. Belz, dit de Villars, D. P. 90. 1. 332).

2150. Il est de doctrine et de jurisprudence que la lecture de la déclaration par le chef du jury est une formalité substantielle dont le procès-verbal doit, à peine de nullité, ainsi qu'il a été dit au *Rép.*, n° 3073, constater l'accomplissement. Conf. Faustin Hélie, *loc. cit.*, n° 3762; Nouguier, *loc. cit.*, n° 3184 ; Crim. cass. 2 sept. 1875, aff. Jallat, *Bull. crim.*, n° 288. Mais il a été jugé : 1° que la mention que, les jurés étant rentrés dans l'auditoire, leur chef a lu, en présence des jurés, la déclaration dans les formes prescrites par l'art. 348 c. instr. crim., prouve suffisamment que la déclaration a été lue en entier (Crim. rej. 16 juill. 1818, aff. Dufour, *Bull. crim.*, n° 111) ; — 2° Que la mention que la déclaration du jury a été lue en présence des jurés peut, dans le cas où cette lecture ne serait pas suffisamment constatée par les énonciations spéciales du procès-verbal, être suppléée par cette autre énonciation que « les jurés rentrés en audience publique et ayant repris leurs places, M. le président leur a demandé quel était le résultat de leur délibération » (Crim. rej. 26 mars 1874, aff. Landais, *Bull. crim.*, n° 98) ; — 3° Que lorsque dans le passage du procès-verbal relatif à la lecture du verdict, après ces mots : « le chef du jury a lu », les mots « la déclaration du jury » ont été omis, cette omission n'entraîne aucune nullité, parce qu'à raison des énonciations qui précèdent et qui suivent, il n'en résulte aucune incertitude sur le fait de la lecture du verdict par le chef du jury (Crim. rej. 8 mai 1884, aff. François Alonzo, *Bull. crim.*, n° 159).

2151. Quant à la lecture de la déclaration du jury, qui doit être faite par le greffier à l'accusé ramené dans l'auditoire, elle constitue, selon la doctrine du *Rép.*, nᵒˢ 3089 et suiv., une formalité substantielle dont l'accomplissement doit, à peine de nullité, être expressément constaté au procès-verbal. Conf. Faustin Hélie, *loc. cit.*, nᵒ 3765 ; Nouguier, *loc. cit.*, nᵒ 3462. Il faut, en effet, que l'accusé soit mis en mesure de contrôler la déclaration de culpabilité, de demander, s'il y a lieu, le renvoi des jurés dans la chambre de leurs délibérations et de combattre les réquisitions du ministère public. Aux arrêts rapportés au *Répertoire*, *ibid.* *adde* : Crim. cass. 4 juill. 1850, aff. Leguet, D. P. 50. 5. 100 ; 5 mai 1839, aff. Beaumont, D. P. 60. 5. 97 ; 29 sept. 1870, aff. Bouchacourt, *Bull. crim.*, nᵒ 173 ; 16 août 1872, aff. Ameur-ben-Taïeb et autres, *ibid.*, nᵒ 220 ; 11 oct. 1872, aff. Vaunotte et autres, *ibid.*, nᵒ 256 ; 26 févr. 1874, aff. Neutre, D. P. 75. 5. 130 ; 5 avr. 1883, aff. Ben-Ali-Mebkout, *Bull. crim.*, nᵒ 85 ; 29 janv. 1886, aff. Gilly, *ibid.*, nᵒ 33 ; 6 juin 1889, aff. Kouider-ben-Aïssa, *ibid.*, nᵒ 208 ; 23 avr. 1891, aff. Mayence, D. P. 91. 5. 155. — Et la nullité ne serait pas couverte par l'interpellation du président à l'accusé sur l'application de la peine, quand bien même l'accusé ou son défenseur auraient présenté des observations à cet égard (Arrêts précités des 11 oct. 1872 ; 26 févr. 1874 ; 5 avr. 1883 ; 29 janv. 1886 ; 6 juin 1889). Mais si l'accusé refuse de comparaître, on peut, aux termes des art. 8 et 9 de la loi du 9 sept. 1835, procéder en son absence ; seulement il faut, en ce cas, que le président constate explicitement le refus de l'accusé de se présenter à l'audience (Arrêt précité du 4 juill. 1850). Conf. Nouguier, *loc. cit.*, nᵒ 3465 ; Faustin Hélie, *loc. cit.*, nᵒ 3765.

2152. S'il y a plusieurs accusés, il suffit de lire à chacun d'eux la partie de la déclaration du jury qui le concerne (Crim. rej. 24 sept. 1852, aff. Fille Andriès, *Bull. crim.*, nᵒ 330).

Art. 3.— *Formule : « sur mon honneur et ma conscience »* (*Rép.* nᵒˢ 3098 à 3107).

2153. Il a toujours été de doctrine et de jurisprudence, sous la législation actuelle, ainsi qu'on l'a vu au *Rép.*, nᵒ 3098, que la formule indiquée par l'art. 348 c. instr. crim., n'est pas prescrite à peine de nullité (V. Faustin Hélie, t. 8, nᵒ 3764 ; Nouguier, t. 4, vol. 2, nᵒ 3187 ; Trébutien, t. 2, nᵒ 633 ; Crim. rej. 26 août 1842, aff. Beaufils de Saint-Vincent, *Bull. crim.*, nᵒ 221 ; 26 août 1875, aff. Foucque, *ibid.*, nᵒ 278 ; 6 juill. 1876, aff. Mouton, *ibid.*, nᵒ 159). A plus forte raison, si regrettable qu'elle soit, la prononciation incomplète, par le chef du jury, de la formule « sur mon honneur et ma conscience, etc. » n'est pas une cause de nullité (Crim. rej. 11 juin 1857, aff. Bertin, D. P. 59. 5. 109).

Art. 4. — *Signature de la déclaration, et remise au président* (*Rép.* nᵒˢ 3108 à 3128).

2154. La déclaration du jury doit, ainsi qu'il a été dit au *Rép.*, nᵒˢ 3113 et 3125, être signée à peine de nullité, par le chef du jury (Crim. cass. 27 sept. 1855, aff. Fille Schmitt, *Bull. crim.*, nᵒ 334 ; 12 sept. 1861, aff. Trousselier, D. P. 61. 5. 120 ; Crim. rej. 21 janv. 1864, aff. Hébrard, D. P. 65. 5. 95 ; 11 févr. 1864, aff. Moutardier, *ibid.* ; Crim. cass. 8 août 1872, aff. Ellena, *Bull. crim.*, nᵒ 210 ; 13 juill. 1882, aff. Daras, D. P. 82. 5. 145 ; 8 janv. 1885, aff. Théodore, *Bull. crim.*, nᵒ 13 ; 10 juin 1886, aff. Bertout, *ibid.*, nᵒ 210) ; ... par le président des assises (Crim. cass. 7 nov. 1861, aff. Bernardino, D. P. 64. 5. 80 ; 10 juill. 1873, aff. Letourneur, *Bull. crim.*, nᵒ 190 ; 29 mai 1879, aff. Mohamed-Chakroun-ben-Amar-ben-Rafa, *ibid.*, nᵒ 109 ; 17 sept. 1885, aff. Julien Prosper, *ibid.*, nᵒ 260) ;... et par le greffier (Arrêts précités des 10 juill. 1873 et 29 mai 1879 ; Crim. cass. 11 mars 1880, aff. Fayot, *Bull. crim.*, nᵒ 60). L'absence d'une de ces trois signatures opère nullité (Crim. cass. 1ᵉʳ déc. 1853, aff. Corriget, *Bull. crim.*, nᵒ 563). Par contre, la validité de la déclaration du jury ne peut être contestée quand elle porte les trois signatures en question (Crim. rej. 5 juill. 1872, aff. Muzier et autres, *Bull. crim.*, nᵒ 165). Conf. Faustin Hélie,

t. 8, nᵒˢ 3756 et 3757 ; Nouguier, t. 4, vol. 2, nᵒˢ 3201 et suiv., et 3211.

2155. La signature du chef du jury doit précéder celles du président et du greffier qui sont destinées à lui donner l'authenticité (Crim. rej. 8 mai 1884, aff. Abdel-Kader-ben-Rabah, *Bull. crim.*, nᵒ 156 ; 21 déc. 1882, aff. Mohamed-Areski, D. P. 84. 1. 475, motif).

2156. Cette signature est valable bien qu'une surcharge non approuvée apparaisse dans quelques-uns des caractères du mot « fils » dont le chef du jury aurait fait suivre son nom, si d'ailleurs le nom lui-même ne présente aucune surcharge (Crim. cass. 15 sept. 1843, aff. Bouquet, *Bull. crim.*, nᵒ 245).

Il en est de même dans le cas où la signature est illisible, alors qu'il résulte du procès-verbal des débats que « la déclaration du jury a été signée par le chef du jury et remise par lui au président de la cour d'assises, le tout en présence des jurés et du public, que le président l'a signée et l'a fait signer par le greffier », surtout s'il n'est pas même allégué que la signature illisible n'émane pas du chef du jury (Crim. rej. 11 févr. 1886, aff. Gervaisot, *Bull. crim.*, nᵒ 47).

2157. Il ne suffit pas que la déclaration du jury soit signée ; il faut, en outre, à peine de nullité, comme on l'a vu au *Rép.*, nᵒ 3109, que la signature du chef du jury soit apposée en présence des jurés (Conf. Nouguier, *loc. cit.*, nᵒ 3208 ; Faustin Hélie, *loc. cit.*, nᵒ 3756 ; Crim. cass. 24 août 1876, aff. Maxant, *Bull. crim.*, nᵒ 194 ; 10 janv. 1878, aff. Montancer et Chauvet, D. P. 79. 1. 95)

Jugé, à cet égard : 1ᵒ que la mention portée au procès-verbal que la déclaration signée par le chef du jury a été remise par lui au président, en présence des autres jurés, implique la présence des jurés à la signature aussi bien qu'à la remise de la déclaration (Crim. rej. 21 févr. 1878, aff. Louchard, *Bull. crim.*, nᵒ 50) ; — 2ᵒ Que le procès-verbal des débats qui mentionne, d'une part, que les douze jurés de jugement ne se sont pas séparés depuis le moment où ils sont entrés dans la salle de leurs délibérations avec la feuille des questions à résoudre jusqu'au moment où cette feuille a été remise par leur chef au président de la cour d'assises, et, d'autre part, que leur déclaration était alors revêtue de la signature du chef du jury, constate par cela même que cette signature a été apposée en présence des onze autres jurés (Crim. rej. 9 oct. 1879, aff. Housset, *Bull. crim.*, nᵒ 184) ; — 3ᵒ Que lorsqu'il ressort des énonciations du procès-verbal que la signature du chef du jury a précédé l'apposition de celles du président et du greffier, la régularité de cette signature ne peut être contestée sous le prétexte que le procès-verbal n'énoncerait pas que la déclaration a été signée par le chef du jury en présence des autres jurés (Crim. rej. 21 déc. 1882, aff. Mohamed-Areski, D. P. 84. 1. 475).

Par contre, il y a présomption légale que cette formalité substantielle n'a pas été remplie dans les conditions exigées par la loi, lorsque le procès-verbal d'audience ne constate pas que la déclaration du jury ait été signée par le chef du jury et remise par lui au président en présence des jurés (Arrêt précité du 10 janv. 1878).

2158. Quant à la place que la signature du chef du jury occupe sur la feuille contenant le verdict, elle est, comme on l'a dit au *Rép.*, nᵒ 3122, sans conséquence, pourvu que cette signature s'applique avec certitude à l'ensemble de la déclaration (Crim. rej. 28 févr. 1876, aff. Delamotte, *Bull. crim.*, nᵒ 50 ; 4 sept. 1873, aff. Daude et Lainé, *ibid.*, nᵒ 244 ; 11 juin 1874, aff. Parrage, *ibid.*, nᵒ 165 ; 18 déc. 1884, aff. Birée, *ibid.*, nᵒ 344 ; 21 juill. 1887, aff. Salah-ben-Guétaf, *ibid.*, nᵒ 281). Jugé, à cet égard : 1ᵒ que le chef du jury n'a pas besoin de signer chacune des réponses : il suffit qu'il appose sa signature à la suite de la totalité des réponses dont l'ensemble forme la déclaration du jury (Crim. rej. 23 janv. 1851, aff. Dumont, *Bull. crim.*, nᵒ 31) ; — 2ᵒ Que la signature apposée dans la colonne relative aux circonstances atténuantes et au-dessous de ces circonstances, mais à la suite des réponses du jury tant sur les faits principaux que sur les circonstances, est valable (Crim. rej. 12 août 1858, aff. Bouquet, D. P. 59. 5. 110 ; 21 janv. 1864, aff. Hébrard, D. P. 65. 5. 95 ; 11 févr. 1864, aff. Moutardier, D. P. *ibid.*) ; — 3ᵒ Qu'une seule signature du chef du jury ap-

posée à la suite de toutes les réponses, dont l'ensemble forme le verdict, valide même la déclaration de circonstances atténuantes placée dans une colonne distincte et séparée des autres réponses (Crim. rej. 27 août 1868, aff. Jonchéry, *Bull. crim.*, n° 198); — 4° Qu'aucun grief ne peut résulter de ce que cette signature se trouve au-dessous des questions, au lieu d'être placée à la suite des réponses (Crim. rej. 22 juin 1882, aff. Yon, D. P. 82. 1, 436; 21 juill. 1887, aff. Salaben-Guétaf, *Bull. crim.*, n° 281).

Mais la déclaration du jury qui porterait la signature du chef du jury avant les réponses complètes du jury aux questions posées serait irrégulière et nulle : ainsi lorsqu'une question commence au bas du *recto* d'une feuille et qu'elle ne se termine qu'au *verso*, il y a nullité si, les réponses se trouvant au verso, la signature du chef du jury a été apposée au bas du recto (Crim. cass. 30 juill. 1857, aff. Michel Arson, *Bull. crim.*, n° 288).

2159. La déclaration du jury peut, ainsi qu'il a été dit au *Rép.*, n° 3111, être valablement signée, soit dans la chambre des délibérations (Crim. rej. 21 déc. 1882, aff. Mohamed-Areski-ben-Mohamed, D. P. 84. 1. 475; 8 mai 1884, aff. Abdel-Kader-ben-Rabah, cité *suprà*, n° 2155);... soit à l'audience, après avoir été lues (Crim. rej. 10 févr. 1843, aff. Capponi, *Bull. crim.*, n° 32. Conf. Nouguier, *loc. cit.*, n° 3209). — Faustin Hélie, *loc. cit.*, n° 3756, estime cependant qu'il est préférable que la signature soit apposée dans la salle des délibérations, au moment où le chef du jury achève de consigner le résultat des décisions des jurés.

Si le jury, renvoyé dans la chambre de ses délibérations pour expliquer sa réponse, a inscrit l'explication demandée immédiatement au-dessous de sa déclaration primitive, il n'est pas nécessaire que cette explication soit revêtue d'une nouvelle signature du chef du jury, la première s'appliquant à la déclaration entière (Crim. cass. 8 avr. 1830, aff. Boudon, *Bull. crim.*, n° 96).

2160. En ce qui concerne les signatures du président et du greffier, il a été jugé : 1° que la déclaration du jury qui ne porte pas la signature du président de la cour d'assises, au bas des réponses, est entachée de nullité, alors même que le procès-verbal des débats énoncerait qu'elle a été signée par ce magistrat et par le greffier (Crim. rej. 7 nov. 1861, aff. Bernardino, D. P. 64. 5. 80; Crim. cass. 23 nov. 1889, aff. Rini, *Bull. crim.*, n° 362); — 2° Que la signature, purement facultative, apposée par le président au pied de la colonne des questions ne remplit pas le vœu de la loi (Crim. cass. 8 janv. 1870, aff. Poulain, *Bull. crim.*, n° 5; 26 sept. 1889, aff. Maillot-Léonard, D. P. 89. 5. 156-157; 23 nov. 1889, aff. Rini, *Bull. crim.*, n° 406). — Mais les signatures du président et du greffier apposées dans la colonne des réponses du jury, à la suite d'une approbation de surcharge par le chef du jury, se réfèrent nécessairement à toutes les parties et à l'ensemble de la déclaration du jury (Crim. rej. 27 juin 1878, aff. Dequaire, *Bull. crim.*, n° 136).

2161. La nullité qu'entraîne l'omission de la signature du président ou de celle du greffier résulte d'une faute grave du greffier ; en conséquence, les frais de la procédure à recommencer doivent être mis à sa charge (Crim. cass. 10 juill. 1873, aff. Letourneur, *Bull. crim.*, n° 190; 11 mars 1880, aff. Fayot, *ibid.*, n° 60).

2162. La déclaration du jury, étant la seule base légale de l'arrêt de condamnation, doit être complète et régulière, et spécialement, être revêtue des signatures du président et du greffier, avant le prononcé de cet arrêt (Crim. cass. 6 mai 1870, aff. Brasseur et autres, D. P. 72. 1. 151).

Ces deux signatures, comme aussi celle du chef du jury, doivent même, d'après la jurisprudence la plus récente, être apposées avant la lecture du verdict aux accusés ; et ce, à peine de nullité (Crim. cass. 6 juill. 1876, aff. Marin, D. P. 77. 1. 191; 24 août 1876, aff. Maxant, *Bull. crim.*, n° 194; 10 janv. 1878, aff. Montanet et Chauvet, D. P. 79. 1. 95). — Mais lorsqu'il est dit au procès-verbal : « le président et le greffier ont signé la déclaration...; le président a fait comparaître l'accusé et le greffier a lu à haute voix la déclaration du jury en sa présence... », l'ordre de ces différentes mentions indique suffisamment que ces signatures ont été apposées sur la déclaration avant la lecture du verdict à l'accusé (Crim. rej. 18 juill. 1878, aff. Jacotte, *Bull. crim.*, n° 157).

2163. Il y a nullité par cela seul que le procès-verbal ne constate pas l'accomplissement de ces formalités, alors même que les trois signatures figureraient effectivement au bas de la déclaration (Crim. cass. 6 juill. et 24 août 1876, cités *suprà*, n° 2162). Ainsi il y a présomption légale que les formalités en question n'ont pas été remplies dans les conditions exigées par la loi, lorsque le procès-verbal d'audience ne constate pas que le président ait signé la déclaration et l'ait fait signer par le greffier (Crim. cass. 10 janv. 1878, cité *suprà*, n° 2162).

Art. 5. — *Des ratures, renvois, interlignes et surcharges dans la déclaration du jury* (Rép. n°* 3129 à 3147).

2164. — 1° *Ratures.* — Les ratures qui existent dans le verdict sont légalement régularisées par une approbation signée du chef du jury. Ni le président, ni le greffier ne sont tenus d'ajouter leurs signatures à la suite de chaque approbation (Crim. rej. 3 oct. 1867, aff. Veysseyre, *Bull. crim.*, n° 217; 17 août 1877, aff. Colligny, *ibid.*, n° 196. Conf. Faustin Hélie, t. 8, n° 3761).

2165. La signature complète du chef du jury n'est pas exigée; ses initiales accompagnées de son parafe suffisent, surtout si les signatures du président et du greffier suivent immédiatement (Crim. rej. 8 avr. 1859, aff. Langlois, D. P. 59. 5. 109).

2166. Quant à la forme de l'approbation, il a été jugé que la rature du mot *non* dans la déclaration du jury n'a pas besoin d'être expliquée par ces mots : « approuvé la rature sur un mot *non* »; elle l'est suffisamment par ceux-ci : « approuvé un mot rayé nul », lorsqu'il n'existe pas d'autre mot raturé dans la déclaration (Crim. rej. 1er déc. 1853, aff. Rettel, D. P. 54. 5. 205).

2167. En principe, les ratures qui ne sont pas approuvées sont censées non avenues, ainsi qu'il a été dit au *Rép.*, n° 3133. Il suit de là que, lorsque la déclaration du jury contient, en regard des questions, une réponse négative raturée et une réponse affirmative intacte, les deux réponses sont valables; mais, comme elles sont inconciliables, la déclaration du jury ne peut servir de base à une condamnation (Crim. cass. 15 avr. 1853, aff. Besson, D. P. 54. 5. 205; 20 déc. 1855, aff. Laurence, D. P. 56. 5. 124). — Toutefois, cette règle cesse d'être applicable, lorsque la rature porte sur le mot qui forme la déclaration du jury. Jugé, en conséquence, que la réponse du jury dans laquelle le mot *oui* est raturé, sans que la rature soit approuvée par le chef du jury, est nulle (Crim. cass. 27 mars 1856, aff. Vassieux, *Bull. crim.*, n° 122).

2168. Il a été jugé, sur le même point, que le défaut d'approbation d'une rature n'entraîne pas nullité: 1° alors que, en supposant la non-existence de cette rature, le sens de la phrase n'en est pas moins clair, et que la réponse ne perd rien de son caractère probant (Crim. rej. 22 mars 1849, aff. Delvallez, *Bull. crim.*, n° 62); — 2° Alors que la réponse irrégulière a été remplacée par une réponse identique (Crim. rej. 18 avr. 1867, aff. Ferey, D. P. 68. 1. 44-45); — 3° Lorsque le jury, approuvant une rature sur la feuille des questions, a indiqué comme rayés un nombre de mots un peu différent de celui qui a été réellement rayé, si d'ailleurs il ne peut subsister aucun doute sur l'intention du jury (Crim. rej. 5 mars 1874, aff. Gauthier, *Bull. crim.*, n° 72).

2169. — 2° *Renvois.* — La mention que la déclaration du jury a été rendue à la majorité étant substantielle, il y a nullité si le renvoi qui l'exprime n'a pas été approuvé : ce renvoi est réputé non avenu (Crim. cass. 5 mars 1869, aff. Lussaud, D. P. 69. 5. 99; 11 déc. 1872, aff. Millien, *Bull. crim.*, n° 318).

2170. — 3° *Interlignes.* — Les interlignes non approuvés doivent également être réputés non avenus; il y a, par suite, nullité lorsqu'ils portent sur des énonciations substantielles de la déclaration du jury (Crim. cass. 13 juill. 1853, aff. Sécheyroux, D. P. 54. 5. 204; 29 mai 1855, aff. Marie Odet, D. P. 55. 5. 127; 2 janv. 1857, aff. Racoilliet, D. P. 57. 5. 93; 2 juill. 1857, aff. Languereau, *Bull. crim.*, n° 249; 26 déc. 1861, aff. Mercuri, *ibid.*, n° 284). Ainsi, la déclaration du jury dans laquelle les mots *à la majorité* ont été substitués par interligne et sans approbation aux mots *à l'unanimité* qui s'y trouvaient originairement est nulle

(Crim. cass. 30 août 1888, aff. Pocyland, D. P. 89. 1. 172). Mais le défaut d'approbation d'interligne ne saurait servir de grief à un accusé, lorsque le mot interligné ne fait que compléter la déclaration des circonstances atténuantes admises en sa faveur (Crim. rej. 22 mars 1845, aff. Lagande, *Bull. crim.*, n° 107). — Jugé encore que lorsque le jury a modifié une de ses réponses, l'approbation de la rature ne couvre pas, en principe, la nullité résultant de la substitution en interligne sans approbation spéciale; mais que l'arrêt n'est pas nul si l'application de la peine est justifiée par les réponses régulières à d'autres questions (Crim. rej. 4 mars 1869, aff. Bertrand, *Bull. crim.*, n° 54).

2171. — *4° Surcharges.* — Les surcharges doivent aussi être approuvées, à peine de nullité, si elles portent sur une énonciation substantielle de la déclaration du jury (Crim. cass. 8 févr. 1840, aff. Leroux, *Bull. crim.*, n° 49; 2 juill. 1857 et 26 déc. 1861, cités *suprà*, n° 2170). Jugé, en conséquence : 1° qu'il y a nullité lorsque, dans une accusation de faux témoignage, la surcharge non approuvée porte sur le mot *subornation* (Arrêt précité du 2 juill. 1857) ; — 2° Que la réponse du jury dans laquelle le mot *oui* a été substitué au mot *non*, au moyen d'une surcharge non approuvée, est irrégulière et nulle (Crim. cass. 17 févr. 1854, aff. Mairson, D. P. 55. 5. 206; 8 avr. 1859, aff. Gille, *Bull. crim.*, n° 92; 24 févr. 1871, aff. Mazé, *ibid.*, n° 31; 21 janv. 1872, aff. Monté et autres, *ibid.*, n° 148; 2 sept. 1886, aff. Ricouard, *ibid.*, n° 314);... et cela, bien que l'indication *à la majorité* et l'admission des circonstances atténuantes qui suivent cette réponse portent à penser que l'accusé a été reconnu coupable (Crim. cass. 12 déc. 1861, aff. Rossi, D. P. 62. 5. 91) ; — 3° Que la réponse *non*, inscrite sur le mot *oui*, à la suite d'une question (sur une circonstance aggravante), à l'aide d'une surcharge que le chef du jury a négligé d'approuver, est une réponse nulle, dont, par suite, la cour d'assises n'a pu régulièrement faire état, quelles que soient, d'ailleurs, les indications données sur cette réponse dans le procès-verbal des débats (Crim. cass. 19 janv. 1871, aff. Antissier, D. P. 71. 1. 68) ; — 4° Que la décision du jury dans laquelle la surcharge des mots *à la majorité* n'a point été approuvée est nulle (Crim. cass. 2 août 1877, aff. Haas, D. P. 78. 1. 143).

2172. Au contraire, l'absence d'approbation de la surcharge n'entraînerait aucune conséquence, par exemple : 1° lorsque, malgré la surcharge non approuvée du mot *oui* dans la partie de la déclaration du jury relative aux circonstances atténuantes et dès lors favorable à l'accusé, il ne s'élève aucun doute sur le sens de cette déclaration (Crim. rej. 6 sept. 1849, aff. Leiney et aff. Lerouge, D. P. 49. 5. 87; — 2° Lorsque la déclaration du jury est régulière sur une question qui justifie l'application de la peine (Crim. rej. 3 août 1848, aff. Roger, *Bull. crim.*, n° 213; 2 sept. 1869, aff. Canu, *ibid.*, n° 206); — 3° Lorsque les surcharges non approuvées existent sur une réponse négative du jury et que, par suite, elles ne portent point grief à l'accusé (Crim. rej. 19 juin 1879, aff. Hennecy, *Bull. crim.*, n° 120); ou qu'elles existent sur l'admission de circonstances atténuantes en sa faveur (Crim. rej. 13 mars 1851, aff. Guillaume, dit Lepot, D. P. 51. 5. 157).

2173. — *5° Incorrections.* — Les incorrections de plume, telles que des traits de plume inutiles, dans la déclaration du jury, doivent être distinguées des ratures ou surcharges, et n'entraînent aucune nullité (Crim. rej. 31 mai 1878, aff. Mohamed-ould-Ahmed, *Bull. crim.*, n° 124). Il en serait de même d'une légère incorrection d'écriture dans le tracé graphique du mot « majorité », alors que la pensée du jury n'est en rien altérée (Crim. rej. 4 oct. 1877, aff. Baconnait, D. P. 78. 1. 143-144).

Art. 6. — *Mention de la majorité qui a formé les déclarations du jury* (Rép. n° 3148).

§ 1er. — Nécessité de mentionner, dans la déclaration, l'existence de la majorité (Rép. n°s 3149 à 3158).

2174. Sous le régime de la loi actuellement en vigueur, celle du 9 juin 1853, ainsi qu'on l'a vu au *Rép.*, n°s 3148 et 3183, les décisions du jury contre l'accusé se forment à la majorité, et la déclaration doit, à peine de nullité, mentionner que cette prescription de la loi a été remplie (Crim. cass. 16

août 1855, aff. Communi, D. P. 55. 5. 125 ; 31 janv. 1857, aff. Martinier, *Bull. crim.*, n° 43 ; 20 janv. 1860, aff. Gérard, D. P. 60. 1. 246 ; 21 août 1862, aff. Héau, D. P. 62. 5. 91 ; 11 déc. 1879, aff. Moreau, *Bull. crim.*, n° 223 ; 12 nov. 1891, aff. Amar, *ibid.*, n° 215). A défaut de cette mention, il y a lieu d'annuler tant la déclaration du jury que l'arrêt de condamnation et les débats, à partir de la notification de l'arrêt de renvoi et de l'acte d'accusation, mais seulement en ce qui concerne la question qui a été suivie d'une réponse irrégulière (Crim. cass. 27 mai 1875, aff. Bailly, *Bull. crim.*, n° 161).

2175. L'obligation de mentionner l'existence de la majorité est applicable aux questions relatives à des faits d'excuse (Crim. cass. 14 sept. 1854, aff. Goutevant, D. P. 54. 5. 204 ; 24 août 1854, aff. Frigole, D. P. 55. 5. 126 ; 13 mars 1856, aff. Barbot, *Bull. crim.*, n° 102 ; 19 mars 1857, aff. Planchon, *ibid.*, n° 112 ; 27 août 1857, aff. Lacroix, *ibid.*, n° 322 ; 20 juin 1861, aff. Paoli, D. P. 61. 5. 119 ; 18 déc. 1862, aff. Pinet, D. P. 65. 5. 95 ; 4 juin 1863, aff. Norbet, D. P. 64. 5. 80 ; 2 juill. 1863, aff. Chasles, *ibid.* ; 19 nov. 1863, aff. Debat, *ibid.* ; 20 déc. 1866, aff. Goujon, D. P. 67. 5. 108 ; 1er juin 1867, aff. Astier-Perret, *Bull. crim.*, n° 134 ; 10 mars 1870, aff. Demoulin, *ibid.*, n° 58 ; 24 déc. 1870, aff. Saugas, D. P. 71. 1. 128 ; 22 juill. 1871, aff. Auger, *Bull. crim.*, n° 73 ; 18 août 1871, aff. Ahmed-ben-Embarek et autres, *ibid.*, n° 92 ; 27 juin 1872, aff. Rivet, *ibid.*, n° 153 ; 3 avr. 1873, aff. Serre dit Laserre, D. P. 73. 1. 392 ; 1er mai 1873, aff. Abdel-Kader-ben-Mendez, *Bull. crim.*, n° 120 ; 13 mars 1874, aff. Popineau, *ibid.*, n° 83 ; 29 mars 1877, aff. Bay, D. P. 77. 1. 332 ; 3 mai 1877, aff. Aïssa-ben-el-Hady-Bechir, D. P. 78. 5. 176 ; 26 sept. 1878, aff. Prédal, *Bull. crim.*, n° 197 ; 7 août 1879, aff. Hamou-Degui-y-Sempéré, D. P. 80. 1. 239 ; 12 oct. 1882, aff. Aury, D. P. 83. 1. 280 ; 31 mai 1883, aff. Bâton, *Bull. crim.*, n° 132 ; 22 avr. 1886, aff. Mohamed-ben-Salah, *ibid.*, n° 160 ; 15 sept. 1892, aff. Estier, D. P. 94. 1. 140); et le défaut de constatation de la majorité sur la question d'excuse a pour effet de rendre également nulle la réponse à la question relative au fait principal ou aux faits connexes (Arrêts précités des 24 août et 14 sept. 1854, 10 mars 1870, 3 avr. 1873, 13 mars 1874, 29 mars et 3 mai 1877, 26 sept. 1878, 7 août 1879, 12 oct. 1882, 31 mai 1883, 22 avr. 1886).

2176. La même obligation s'étend aux circonstances aggravantes (Crim. cass. 17 janv. 1856, aff. Brousse, D. P. 56. 5. 122 ; 15 févr. 1861, aff. Pinet, D. P. 61. 5. 118 ; 10 août 1865, aff. Guérin, D. P. 66. 5. 104 ; 21 nov. 1872, aff. Dimey, D. P. 73. 1. 400 ; 11 janv. 1877, aff. Duport, D. P. 78. 1. 192) et aux circonstances atténuantes, ainsi qu'on le verra *infrà*, n° 2184.

2177. Comme il s'agit ici d'une formalité substantielle, cette mention n'est régulière qu'autant qu'elle est faite sans abréviations ni surcharges (Crim. cass. 17 avr. 1862, aff. Corivenne, D. P. 62. 5. 91 ; Crim. rej. 4 oct. 1877, aff. Baconnait, D. P. 78. 1. 143 ; Crim. cass. 19 août 1886, aff. Antoni Georges, *Bull. crim.*, n° 305). Mais une légère incorrection d'écriture, quant au tracé graphique du mot *majorité* dans quelques-unes des réponses du jury, n'opère pas nullité, lorsqu'il est certain que ce mot a été entièrement écrit de la main du chef du jury (Arrêt précité du 4 oct. 1877).

2178. Ajoutons, dans le même ordre d'idées, qu'il ne résulterait aucune nullité de ce que le mot « majorité » ait été mal orthographié (Crim. cass. 2 août 1877, aff. Joseph Haas, D. P. 78. 1. 143 ; Crim. rej. 2 juin 1881, aff. Addabel-Larbi, *Bull. crim.*, n° 141 ; 28 août 1890, aff. Hervé, *ibid*, n° 180 ; 14 avr. 1892, aff. Meriem-bent-Amara, D. P. 92. 1. 631 ; 18 août 1892, aff. Chatelard, *Bull. crim.*, n° 239). Ne donne pas lieu non plus à cassation l'apposition irrégulière d'un tréma au lieu d'un point sur la dernière lettre du mot « oui » dans la réponse faite par le jury aux questions posées, le sens affirmatif de ce mot résultant à la fois de sa place en face de chaque question et des expressions « à la majorité » qui le suivent immédiatement (Crim. rej. 16 janv. 1890, aff. Ahmed-Lamali et cons. *Bull. crim.*, n° 11).

§ 2. — Défense de mentionner le nombre de voix (Rép. n°s 3159 à 3167).

2179. Il a été jugé, depuis la publication du *Répertoire*,

qu'il importe peu que le chef du jury ait indiqué verbalement le nombre de voix, si la déclaration écrite ne le mentionne pas et est régulière (Crim. rej. 10 mars 1870, aff. Herbureau, *Bull. crim.*, n° 59).

§ 3. — Nécessité de mentionner la majorité simple dans les cas où le jury déclarerait, à cette majorité, la culpabilité sur le fait principal (*Rép.* n°s 3168 à 3183).

2180. V. *Rép.*, n°s 3168 et suiv.

ART. 7. — *Formes de la déclaration comparativement à la position des questions (Rép. n°s 3184 à 3214).*

2181. Sur le principe énoncé au *Rép.*, n°s 3202 et suiv., que les réponses du jury doivent être distinctes pour chacune des questions, il a été jugé, conformément à la jurisprudence qui y est rapportée, que la déclaration du jury dans laquelle, après deux questions séparées sur le fait principal et sur une circonstance aggravante, ne figure qu'une seule réponse (affirmative dans l'espèce) est nulle, soit en ce qu'il n'a pas été répondu à la question sur le fait principal, soit, dans l'interprétation contraire, en ce que la réponse unique s'appliquerait cumulativement à deux questions (Crim. cass. 1er oct. 1863, aff. Maurice, D. P. 66. 5. 104-105).

2182. Si, au contraire, la question posée réunit des éléments divers, le jury peut décomposer cette question en y répondant : il ne fait, en cela, que se conformer à la loi de 1836. — Jugé, à cet égard, que le jury consulté sur un faux en écriture de commerce, par une question dans laquelle l'individu dont la signature a été contrefaite est présenté comme commerçant, peut répondre affirmativement sur la partie de la question relative au faux, et négativement sur la partie relative à la qualité de commerçant attribuée à celui dont la signature a été contrefaite (Crim. rej. 26 avr. 1855, aff. Demarteau, *Bull. crim.*, n° 140).

ART. 8. — *Règles sur la déclaration des circonstances atténuantes (Rép. n°s 3215 à 3233).*

2183. Les jurés, comme on l'a vu au *Rép.*, n° 3223, ne doivent pas donner de réponse négative sur les circonstances atténuantes. S'ils le font, ils commettent une irrégularité que la cour doit faire rectifier, mais qui ne saurait toutefois, à défaut de cette rectification, entraîner la nullité de la condamnation (Crim. rej. 2 oct. 1857 ; aff. Juge, *Bull. crim.*, n° 358 ; 18 déc. 1868, aff. Thivert, D. P. 59. 1. 144).

2184. En cas d'admission des circonstances atténuantes, il y a nullité si la déclaration n'indique pas qu'elle a été prise à la majorité (Crim. cass. 25 févr. 1875, aff. Picardat, *Bull. crim.*, n° 66 ; 19 déc. 1878, aff. Begasseau, *ibid.*, n° 244). De plus, le nombre de voix ne doit pas être exprimé. Par suite, si la déclaration du jury mentionne que la décision accordant des circonstances atténuantes a été prise à l'unanimité (cas. 25 févr. 1875), il y a lieu, pour la cour d'assises, de renvoyer le jury à délibérer sur ce point (Crim. rej. 29 nov. 1877, aff. Audouy, D. P. 78. 1. 445 ; 23 nov. 1882, aff. Boigre, *Bull. crim.*, n° 251). — Quant au libellé de la déclaration, l'omission du mot « atténuantes » dans le verdict du jury, portant seulement qu' « il y a des circonstances en faveur de l'accusé », ne peut fournir un grief en faveur de l'accusé, alors que la cour d'assises a interprété cette déclaration en ce sens que le bénéfice des circonstances atténuantes était concédé à l'accusé, et a, en conséquence, abaissé la peine d'un degré (Crim. rej. 5 janv. 1871, aff. Wyk, D. P. 71. 1. 68).

2185. On a exposé au *Rép.*, n° 3228, la nécessité d'un scrutin séparé sur les circonstances atténuantes. Jugé, par application de ce principe, que la déclaration du jury portant, en réponse à la question qui fait l'objet de l'accusation : « oui, à la majorité, avec des circonstances atténuantes, à la majorité » implique suffisamment qu'il y a eu deux décisions distinctes par scrutins successifs sur le fait principal et sur les circonstances atténuantes, et, dès lors, n'est pas entachée du vice de complexité (Crim. rej. 8 déc. 1870, aff. Dumas, D. P. 71. 1. 191-192). Au contraire, la déclaration du jury est entachée de complexité lorsqu'elle

porte à la fois, dans une réponse unique, à la question : l'accusé est-il coupable...? « oui, à la majorité, avec circonstances atténuantes », parce qu'elle implique qu'il n'y a eu qu'un seul scrutin (Crim. cass. 13 sept. 1888, *Bull. crim.*, n° 293 ; 9 avr. 1892, aff. Palmas, D. P. 92. 1. 581 ; 7 mai 1892, aff. Crozier, D. P. 92. 1. 581-582).

2186. Si l'accusé est déclaré coupable de plusieurs faits principaux, il suffit d'une seule décision s'appliquant collectivement à ces divers faits (Crim. cass. 27 févr. 1846, aff. Vigneau, *Bull. crim.*, n° 57).

2187. D'autre part, il n'est pas nécessaire de mentionner que les circonstances atténuantes accordées s'appliquent à l'accusé, s'il est seul (Crim. rej. 21 août 1843, aff. Meugy d'Arville, *Bull. crim.*, n° 264 ; 5 mai 1881, aff. Bérard, *ibid.*, n° 114).

Si, au contraire, il y a plusieurs accusés, le jury ne peut voter d'une manière collective sur l'existence des circonstances atténuantes à l'égard de chacun d'eux (*Rép.*, n° 3230). Mais l'irrégularité de la déclaration du jury accordant collectivement le bénéfice des circonstances atténuantes à plusieurs accusés ne peut, comme on l'a vu au *Rép.*, n° 3231, fournir un moyen de cassation à ces accusés, si d'ailleurs chacun d'eux en a joui individuellement (Aux arrêts cités en ce sens au *Rép. ibid.*, *adde* : Crim. rej. 5 févr. 1854, aff. Guincêtre, D. P. 54. 5. 203 ; 30 mars 1854, aff. Tomasini, *ibid.*; 29 janv. 1863, aff. Druilhe, D. P. 65. 5. 96 ; 6 mai 1864, aff. Duval et Benardeau, D. P. 65. 5. 95 ; 12 août 1880, aff. Jeannin, D. P. 81. 1. 144). A plus forte raison ne peut-elle servir de fondement, ainsi qu'on l'a vu au *Rép.*, n° 3232, au pourvoi de coaccusés non compris dans cette déclaration (Arrêt précité du 6 mai 1864). — L'irrégularité dont il s'agit est également inopérante lorsque les réponses du jury réduisent le fait incriminé aux proportions d'un simple délit, puisque, dans ce cas, la cour est seule compétente pour statuer sur les circonstances atténuantes (Crim. cass. 29 juin 1882, aff. Anna Ordiani, D. P. 83. 1. 144 ; 16 juill. 1886, aff. Fabre, *Bull. crim.*, n° 264).

2188. Enfin le jury peut, dans une affaire comprenant plusieurs chefs d'accusation, reconnaître limitativement des circonstances atténuantes à l'égard d'un des chefs et les refuser pour les autres (Crim. rej. 16 janv. 1862, aff. Durieux, *Bull. crim.*, n° 20).

SECT. 3. — ÉTENDUE ET EFFETS DE LA DÉCLARATION DU JURY (*Rép.* n° 3234).

ART. 1er. — *Effets d'une déclaration illégale (Rép. n°s 3235 à 3240).*

2189. La cour, ainsi qu'on l'a vu au *Rép.*, n°s 3235 et suiv., ne peut valablement prendre pour base d'un arrêt une déclaration irrégulière du jury. Jugé, en ce sens, que la déclaration du jury, lorsqu'elle laisse sans réponse une ou plusieurs des questions qui lui étaient soumises, est incomplète et ne peut servir de base à une condamnation, à moins que ces questions ne se trouvent implicitement résolues par les réponses faites aux autres questions, ou ne soient devenues sans objet (Crim. cass. 31 janv. 1857, aff. Aubert, D. P. 57. 1. 63).

2190. — On a exposé au *Rép.*, n° 3239, que lorsque des liens de dépendances relient deux déclarations, la validité de l'une est attachée à la validité de l'autre. Jugé, par application de ce principe : 1° que la déclaration portant à la fois et par forme de réponse complexe sur le fait principal et sur une circonstance aggravante est absolument nulle pour le tout, et que la partie de cette déclaration relative au fait principal ne saurait survivre à cette annulation pour justifier, en se joignant à la réponse distincte concernant une autre circonstance aggravante, l'application d'une peine ; en pareil cas, cette dernière réponse subsistant seule, sans déclaration valable relative au fait principal, ne saurait motiver aucune condamnation (Crim. cass. 3 sept. 1847, aff. Hérault, D. P. 47. 4. 142) ; — 2° Que la nullité de la question résolue à l'égard de l'accusé principal, en ce qu'elle ne contiendrait pas les éléments constitutifs du crime, entraîne la nullité de celle résolue à l'égard du complice, lorsqu'il y a de l'une à l'autre une relation nécessaire (Crim. cass.

13 janv. 1854, aff. Jean-Baptiste, D. P. 54. 1. 134); — 3° Que la nullité dont se trouve entachée, pour cause d'omission d'un élément essentiel dans la question, la réponse affirmative du jury à l'égard de l'accusé principal d'une tentative de crime, atteint par voie de conséquence la réponse, également affirmative, admise à l'égard de l'accusé de complicité de cette tentative, alors même que, relativement à ce dernier, la question aurait reproduit l'élément omis (Crim. cass. 4 avr. 1872, aff. Moussa-ben-Djellaul, D. P. 72. 1. 276); — 4° Que lorsqu'une question d'excuse est proposée par l'accusé, il y a indivisibilité entre le fait invoqué comme excuse et le fait principal, en ce sens que la nullité affectant la réponse relative à la question d'excuse doit motiver l'annulation même de la réponse à la question sur le fait principal (Crim. cass. 20 juin 1861, aff. Paoli, D. P. 61. 5. 132); — 5° Que la nullité d'une réponse sur un chef d'accusation entraîne, en raison de l'indivisibilité de l'accusation, la nullité des réponses régulières sur les chefs d'accusation concomitants ou connexes au premier (Crim. cass. 12 déc. 1861, aff. Rossi, D. P. 62. 5. 90); — 6° Que lorsqu'une question portant sur l'apposition d'une fausse signature est entachée de complexité, la nullité de cette question entraîne celle de la seconde question, relative à l'usage de cette fausse signature (Crim. cass. 18 juill. 1878, supra, v° Faux et fausse monnaie, n° 309); — 7° Que la nullité d'une déclaration affirmative du jury sur une accusation de complicité de recel entraîne, par voie de conséquence, la nullité des réponses négatives sur la complicité par aide et assistance, lorsque les faits constitutifs de ces deux complicités ont été accomplis dans le même lieu et dans le même temps (Crim. cass. 27 mai 1881, aff. Héron et autres, Bull. crim., n° 137).

2191. Il en est autrement, comme on l'a vu au Rép., n° 3240, quand il n'existe pas un lien nécessaire entre la partie de la déclaration annulée et la partie régulière. Ainsi il a été jugé : 1° que la nullité de la déclaration sur un chef d'accusation pour défaut de réponse à une question concernant une circonstance aggravante, ne s'étend pas à un autre chef d'accusation écarté par une réponse distincte et régulière (Crim. cass. 26 juill. 1860, aff. Etior, D. P. 60. 5. 90); — 2° Que lorsque le jury s'est prononcé négativement sur une question principale et affirmativement sur une question subsidiaire, la nullité de la réponse sur la question subsidiaire n'entraîne pas celle de la réponse sur la question principale, qui reste acquise à l'accusé, à moins que ces deux questions ne se rattachent l'une à l'autre par un lien indivisible (Crim. cass. 28 mars 1878, aff. Massal, Bull. crim., n° 84). — Ajoutons que l'irrégularité de la réponse du jury sur une circonstance aggravante est sans intérêt lorsque, cette circonstance étant écartée, le fait admis par le jury n'en reste pas moins passible de la peine qui a été appliquée (Crim. rej. 18 avr. 1867, aff. Ferey, D. P. 68. 1. 44-45).

ART. 2. — Etendue, effets, interprétation d'une déclaration régulière (Rép. n°s 3241 à 3257).

2192. Toute déclaration du jury, claire, précise, concordante, régulière, est, comme on l'a expliqué au Rép., n° 3241, définitive et souveraine, et ne peut être soumise à aucun recours (Crim. rej. 2 juin 1853, aff. Descqueville, D. P. 53. 5. 12; 20 mars 1891, aff. Chervet et Bizouiller, D. P. 92. 1. 255). Mais il n'en est ainsi, bien entendu, qu'autant que la déclaration est régulière et complète. En conséquence, lorsque le jury, après avoir été renvoyé par la cour d'assises dans la salle de ses délibérations pour régulariser sa déclaration, en ce qu'elle ne faisait pas connaître si les circonstances atténuantes avaient été admises à la majorité, a rapporté une nouvelle déclaration constatant qu'il n'existait pas de circonstances atténuantes, l'accusé ne peut, se fondant sur ce que la première déclaration lui aurait été irrévocablement acquise, se faire un moyen de cassation de ce que la cour d'assises n'en a pas tenu compte dans la condamnation qu'elle a prononcée contre lui (Crim. rej. 17 déc. 1857, aff. Vaugru, D. P. 58. 1. 137). — Réciproquement, si, le jury ayant rapporté une déclaration de culpabilité régulière, la cour d'assises, considérant par erreur les réponses du jury comme contradictoires et ambiguës, renvoie le jury à délibérer, et que le jury revienne avec une

réponse négative sur toutes les questions, la première réponse du jury est seule valable ; il y a lieu, par suite, d'annuler l'arrêt incident de renvoi dans la chambre des délibérations, ainsi que la seconde déclaration du jury et l'ordonnance d'acquittement qui a suivi (Crim. cass. 27 nov. 1884, aff. Latour, Bull. crim., n° 322).

2193. Les déclarations régulières étant irréfragables, l'allégation d'un ou de plusieurs jurés, au moment de la prononciation de l'arrêt de condamnation, que la déclaration lue à la cour et rappelée dans l'arrêt se trouve entachée d'erreur, ne peut porter atteinte à l'autorité de cette déclaration, qui est acquise à la cause; et c'est avec raison que la cour d'assises refuse d'avoir égard à l'incident (Crim. rej. 2 sept. 1869, aff. Canu, D. P. 71. 1. 67; 28 août 1884, aff. Djellali-ben-Resk et autres, D. P. 85. 1. 184).

A quel moment la déclaration du jury acquiert-elle ce caractère d'irrévocabilité? Il faut répondre, avec la jurisprudence actuelle, que c'est après que cette déclaration a été lue à l'accusé (Crim. rej. 10 juin 1882, aff. Elie Aribeau, Bull. crim., n° 142; 28 août 1884, précité, motifs. Comp. Rép., n° 3244).

2194. En ce qui concerne l'interprétation des décisions du jury (Rép. n°s 3251 et suiv.), il a été jugé : 1° que la déclaration du jury portant que des coups et blessures ont occasionné une incapacité de travail de plus de vingt jours doit s'entendre d'un travail personnel à l'individu blessé, bien que le mot personnel ne se trouve pas dans la déclaration du jury (Crim. cass. 2 juill. 1835, aff. Boubignac, Rép. v° Crimes et délits contre les personnes, n° 157); — 2° Que la déclaration de culpabilité sur le fait de viol implique que ce crime a été commis avec tous ses éléments constitutifs, et par conséquent sur une personne vivante (Crim. rej. 30 août 1877, aff. Welker, Bull. crim., n° 212); — 3° Que lorsque le jury est interrogé sur le point de savoir si l'accusé est coupable d'avoir extorqué par force, violence ou contrainte, un écrit « contenant une obligation », la réponse affirmative du jury implique nécessairement que l'écrit extorqué n'était pas un blanc-seing (Crim. rej. 13 avr. 1880, aff. Martin, Bull. crim., n° 75).

Jugé, dans le même ordre d'idées, que les questions au jury, qu'elles soient négatives ou affirmatives, s'interprètent les unes par les autres. Ainsi, en matière de banqueroute frauduleuse, la constatation des caractères constitutifs de ce crime relativement au complice ne saurait être considérée comme insuffisante, parce que, dans la question de complicité, le jury aurait été simplement interrogé sur l'aide et l'assistance données à l'auteur de l'action, sans qu'il fût indiqué que les détournements eussent été commis par le failli lui-même, lorsqu'il résulte des autres questions soumises au jury, même celles résolues négativement, que l'auteur de l'action n'était autre que le failli (Crim. rej. 9 févr. 1855, aff. Bosviel, Bull. crim., n° 38).

2195. Conformément à ce qui a été dit au Rép., n° 3256, il a été jugé que l'arrêt qui étend à toutes les questions de culpabilité le bénéfice de la déclaration de circonstances atténuantes formellement restreinte par le jury à l'une des questions qui lui avaient été posées est sujet à cassation (Crim. cass. 10 mars 1836, aff. Lévy, Bull. crim., n° 74; 24 avr. 1884, aff. Michoux, ibid., n° 143).

ART. 3. — Effets de la déclaration quant au recours en cassation et au renvoi devant d'autres assises (Rép. n°s 3258 à 3274).

2196. Il est de principe, comme on l'a vu au Rép., n° 3258, que le défaut d'intérêt doit faire écarter le pourvoi en cassation. Jugé, en conséquence : 1° que le vice de complexité dans la déclaration du jury sur l'un des chefs de l'accusation, n'entraîne pas la cassation de l'arrêt, si la condamnation prononcée est justifiée par une réponse régulière aux questions concernant un autre chef d'accusation (Crim. cass. 7 juin 1860, aff. Doury, D. P. 60. 5. 91); — 2° Qu'il n'y a pas lieu d'annuler un arrêt de condamnation, malgré l'irrégularité d'une des réponses du jury, si la peine est justifiée par les autres réponses régulières (Crim. rej. 13 mars 1874, aff. Ménéray, Bull. crim., n° 82).

2197. Un autre principe, exposé au Rép., n°s 3261 et suiv., c'est que les points résolus régulièrement par le jury

ne peuvent être remis en question devant la cour suprême. Jugé, à cet égard : 1° que l'individu déclaré coupable de complicité d'un crime d'incendie d'un bâtiment appartenant à autrui, pour avoir, par dons ou promesses, provoqué les auteurs de ce crime à le commettre, n'est pas recevable à exciper, en contradiction avec cette déclaration, de la qualité de propriétaire du bâtiment incendié qu'il prétendrait lui appartenir, s'il n'en a fait l'objet ni d'un pourvoi contre l'arrêt de mise en accusation, ni d'une demande de position d'une question subsidiaire au jury (Crim. rej. 8 févr. 1862, aff. Héricotte et Marcotte, D. P. 62. 1. 253-254); — 2° Que lorsque le jury a reconnu l'existence de faits de faux revêtus des caractères constitutifs de ce crime, il n'est plus permis de soutenir devant la cour de cassation qu'il n'y a pas de faux criminel, sous prétexte qu'il n'y aurait pas eu de préjudice causé (Crim. rej. 3 sept. 1874, aff. Ravaut, Bull. crim., n° 257 ; 20 mars 1891, aff. Chervet et autres, ibid., n° 69); — 3° Que la question de savoir si un bâtiment incendié était une dépendance d'une maison habitée, étant une question de fait, la déclaration du jury à cet égard ne peut être critiquée devant la cour de cassation (Crim. rej. 3 sept. 1874, aff. Guérard, Bull. crim., n° 258) ; — 4° Que la loi n'ayant point défini le commencement d'exécution qui constitue la tentative punissable, la déclaration du jury est souveraine à cet égard (Crim. rej. 17 sept. 1874, aff. Alvez dos Santos, Bull. crim., n° 263); — 5° Que la déclaration du jury en ce qui concerne la date des faits incriminés est souveraine et qu'on ne peut la contester, à l'effet d'opposer le moyen de prescription (Crim. cass. 23 sept. 1875, aff. Ageron, Bull. crim., n° 295) ; — 6° Que la déclaration du jury portant que le vol a été commis dans une maison habitée ou dans une dépendance d'un lieu habité est irréfragable et ne tombe pas sous le contrôle de la cour de cassation (Crim. rej. 15 juin 1876, aff. Prévôt, Bull. crim., n° 133); — 7° Que la déclaration du jury portant que l'accusé est coupable d'avoir fabriqué ou fait fabriquer des pièces fausses est irréfragable, et ne peut être critiquée devant la cour de cassation sous prétexte que le fait incriminé ne constituerait qu'un usage de pièces fausses (Crim. rej. 15 févr. 1877, aff. Boyer, Bull. crim., n° 50).

2198. Ainsi qu'on l'a exposé au Rép., n° 3263, la nullité d'une réponse n'entraîne pas celle d'autres réponses régulières, si ces réponses se rapportent à des faits indépendants les uns des autres. Ainsi jugé que la nullité (pour défaut de motifs) d'un arrêt incident de la cour d'assises ordonnant la rectification d'une question irrégulièrement posée au jury (sur un fait de recèlement), n'entraîne pas celle de la réponse du jury à une autre question distincte (sur un fait de vol), posée régulièrement, et à laquelle cet arrêt est étranger (Crim. rej. 26 déc. 1856, aff. Batonnet, D. P. 57. 1. 73).

2199. Enfin, bien qu'en principe les déclarations favorables à l'accusé aient un effet définitif, comme on l'a vu au Rép., n° 3269, il n'y en a pas moins lieu à cassation et à renvoi pour le tout quand il existe un lien de dépendance entre les questions (V. suprà, v° Cassation, n° 468). C'est ce qui a été jugé dans le cas d'une réponse négative sur le fait principal et affirmative sur la question subsidiaire ; les éléments de criminalité de ce dernier chef n'étaient qu'une modification du fait principal, de sorte que la réponse négative n'avait pas entièrement innocenté l'accusé (Crim. cass. 5 oct. 1876, aff. Turcan, D. P. 78. 1. 47). Jugé encore que lorsqu'un jury a répondu négativement sur la question de savoir si les accusés sont les coauteurs d'un parricide, et les a déclarés complices de ce crime, la cassation sur ce dernier chef doit entraîner le renvoi de l'ensemble de l'accusation devant la cour d'assises de renvoi (Crim. cass. 27 sept. 1883, aff. Grandjean; Bull. crim., n° 240).

2200. D'un autre côté, il est des cas dans lesquels la cassation n'atteint en rien la déclaration du jury (suprà, v° Cassation, n° 492). C'est ce qui a lieu notamment en cas de fausse application de la peine ; le renvoi doit alors être prononcé pour l'application de la peine seulement, la déclaration des faits restant maintenue (Crim. cass. 3 mai 1872, suprà, v° Crimes et délits contre les personnes, n° 24).

SECT. 4. — DES CAS OU LA COUR D'ASSISES DOIT DÉLIBÉRER SUR LA DÉCLARATION DU JURY (Rép. n°s 3275 à 3279).

2201. V. Rép. n°s 3275 et suiv.

SECT. 5. — DES CAS OU LA COUR D'ASSISES PEUT RENVOYER LES JURÉS DANS LEUR CHAMBRE POUR DONNER UNE NOUVELLE DÉCLARATION (Rép. n°s 3280 à 3382).

ART. 1er. — Règles générales (Rép. n°s 3280 à 3300).

2202. Pour qu'il y ait lieu à renvoi des jurés dans leur chambre de délibération, il faut, comme on l'a vu au Rép., n° 3280, que la déclaration soit irrégulière, incomplète, obscure ou contradictoire (Adde : Crim. cass. 29 août 1839, aff. Bile, Bull. crim., n° 289; 29 avr. 1880, aff. Etiennette Letreiche, ibid., n° 85; 25 févr. 1881, aff. Abdel-Kader-ould-ben-Azza et autres, ibid., n° 54). Si donc les réponses du jury sont complètes, claires, concordantes et si elles ne présentent aucune irrégularité, la cour d'assises commettrait un excès de pouvoir en ordonnant une nouvelle délibération (Crim. rej. 27 mai 1886, aff. Lounès et autres, D. P. 80. 1. 426).

2203. On s'est demandé au Rép., n° 3285, si la cour doit ou non maintenir la déclaration du jury, dans le cas où les jurés déclarent qu'il y a erreur dans la réponse qu'ils viennent d'entendre lire. L'affirmative résultait d'un arrêt (Crim. rej. 18 juill. 1839, cité ibid.). Un autre arrêt avait déjà jugé que la cour d'assises ne commet aucun excès de pouvoir en renvoyant le jury dans la chambre de ses délibérations pour rectifier sa première déclaration lorsque le chef du jury, à l'instant où il en a donné lecture, a affirmé qu'il avait constaté d'une manière inexacte le résultat du scrutin dans la réponse à l'une des questions proposées ; que cette assertion a été confirmée par les onze autres jurés, et que l'erreur est prouvée par la déclaration du jury elle-même (Crim. rej. 14 juin 1838, aff. Laplanche, Bull. crim., n° 468). Mais il a été jugé depuis que l'observation faite par le chef du jury, après la lecture de la déclaration revêtue des signatures qui en assurent l'authenticité, qu'il a omis d'appeler la délibération sur les circonstances atténuantes, ne donne pas lieu au renvoi du jury dans la chambre des délibérations (Crim. rej. 15 sept. 1853, aff. Tabouvriech, D. P. 53. 5. 119).

Il n'y a pas non plus lieu à renvoi lorsque les jurés ont ajouté à leur déclaration claire et précise sur le fait de l'accusation une circonstance dont l'appréciation rentre exclusivement dans les attributions de la cour d'assises; cette dernière partie de la déclaration doit seulement être considérée comme non avenue (Crim. cass. 20 juill. 1827, aff. Suzanne Bladier, Bull. crim., n°s 190).

2204. Le renvoi du jury dans la salle des délibérations, lors même qu'il a été prononcé irrégulièrement, n'entraîne pas nullité, lorsqu'il n'a pas eu pour effet d'aggraver la situation de l'accusé ni ne lui a porté aucun préjudice (Crim. rej. 2 mars 1882, aff. Pollet, Bull. crim., n° 59); notamment, si le jury n'a point modifié son verdict dans sa seconde délibération (Crim. rej. 27 mai 1886, aff. Lounès et autres, D. P. 86. 1. 426. Conf. Faustin Hélie, t. 8, n° 3784; Nouguier, t. 4, vol. 2, n° 3354).

2205. L'arrêt qui ordonne le renvoi doit-il être précédé des conclusions des parties? Ce n'est pas indispensable, puisque la cour, à qui il appartient d'apprécier la déclaration sur laquelle doit se baser son arrêt, a le droit de l'ordonner d'office (Conf. Faustin Hélie, t. 8, n° 3788; Nouguier, loc. cit., n° 3443). Jugé en ce sens : 1° qu'il n'est pas nécessaire d'entendre préalablement le défenseur de l'accusé (Crim. rej. 13 févr. 1851, aff. Gisclard, Bull. crim., n° 62 ; 7 oct. 1852, aff. Lombard, ibid., n° 341); — 2° Que la cour d'assises peut ordonner par arrêt le renvoi du jury dans la salle de ses délibérations pour y régulariser sa déclaration, sans avoir à consulter l'accusé, à ce moment légalement absent de l'audience ; et sans qu'il soit nécessaire, non plus d'entendre préalablement le ministère public et le défenseur de l'accusé, alors d'ailleurs qu'ils ne demandent pas à s'expliquer sur la mesure (Crim. rej. 27 déc. 1855, aff. Henry, D. P. 56. 1. 184 ; Crim. cass. 12 avr. 1861, aff. Mallet, D. P. 64. 5. 82; Crim. rej. 26 août 1869, aff. Murillo, D. P. 70. 1.

446); — 3° Que la cour d'assises peut renvoyer le jury dans la salle de ses délibérations pour rectifier ou compléter sa déclaration, sans avoir entendu préalablement, soit le ministère public, soit l'accusé, lorsque cette mesure n'a soulevé aucun incident contentieux (Crim. rej. 26 déc. 1878, aff. Giet, D. P. 79. 1. 186-187); — 4° Que l'accusé ne peut se faire un moyen de cassation de ce que le renvoi du jury dans la chambre de ses délibérations aurait été ordonné par le président sans que le ministère public eût été entendu, si cette mesure n'avait pour objet qu'une simple rectification matérielle ne présentant aucun caractère contentieux (par exemple, une indication plus précise de celui des accusés auquel était accordé le bénéfice des circonstances atténuantes), et si elle n'a donné lieu à aucune observation du ministère public, des accusés et de leurs défenseurs (Crim. rej. 26 sept. 1861, aff. Nachtigall, D. P. 61. 5. 125).

2206. Mais s'il s'élève un incident contentieux, si, par exemple, la défense conteste qu'il y ait lieu à renvoi, le ministère public et le défenseur doivent être entendus (Crim. cass. 12 juill. 1855, aff. Grandpierre, D. P. 55. 5. 129; 24 mai 1859, aff. Devicque, D. P. 61. 5. 125; Crim. rej. 16 déc. 1881, aff. Burret-Darré, *Bull. crim.*, n° 266). Quant à l'accusé, il n'est pas nécessaire de le ramener à l'audience, la présence de son défenseur suffit (Crim. rej. 2 mai 1867, aff. Vuillemin, D. P. 68. 5. 116; 16 déc. 1881, précité). Ajoutons que le défenseur de l'accusé use d'un droit légitime en contestant l'irrégularité de la déclaration du jury alléguée par la cour d'assises pour renvoyer le jury dans la chambre de ses délibérations, et qu'il est encore recevable à invoquer comme acquise à l'accusé cette première déclaration, dans le cas même où il ne s'est pas opposé à ce que le jury procédât à une nouvelle délibération (Arrêt précité du 24 mai 1859).

2207. Au reste, pour qu'il y ait incident contentieux, il faut que des conclusions écrites aient été déposées. Si donc, après la lecture du verdict, quand la cour va délibérer sur le point de savoir s'il y a lieu de renvoyer les jurés afin de réparer un vice de forme existant dans leur déclaration, le défenseur demande verbalement la réouverture des débats, il appartient au président seul d'apprécier si la clôture des débats doit ou non être maintenue, alors qu'il prévient d'ailleurs les jurés du droit qui leur appartient de modifier leur déclaration (Crim. rej. 11 sept. 1890, aff. Bruguet, *Bull. crim.*, n° 191).

2208. L'arrêt doit être motivé (Conf. Faustin Hélie, t. 8, n° 3787; Nouguier, *loc. cit.*, n° 3446 et suiv.). Il doit énoncer, à peine de nullité, les causes d'irrégularité sur lesquelles se fonde le renvoi (Crim. cass. 24 déc. 1852, aff. Mortmier, *Bull. crim.*, n° 414).

Est suffisamment motivé l'arrêt qui déclare adopter en leur entier les conclusions du ministère public, si ces conclusions, relatées dans le procès-verbal des débats, contiennent elles-mêmes des motifs suffisants (Crim. cass. 23 juin 1832, aff. Véron, *Bull. crim.*, n° 227; Crim. rej. 28 janv. 1848, aff. Marquès, *ibid.*, n° 26). — Il y aurait, au contraire, insuffisance de motifs si l'on se bornait à mentionner que l'irrégularité commise est relative aux circonstances aggravantes; il faut préciser cette irrégularité, ainsi que les circonstances aggravantes auxquelles elle s'applique (Crim. cass. 7 déc. 1871, aff. Brulé, *Bull. crim.*, n° 173). Sans cette précision, il deviendrait impossible de justifier de la légalité du renvoi. Aussi a-t-il été jugé que lorsque la cour d'assises se trouve, à l'occasion des débats sur l'application de la peine, saisie de conclusions du défenseur, tendant à faire déclarer complète et régulière la première déclaration, il y a nécessité, à peine de nullité, que cette cour, à défaut par elle de l'avoir fait dans le premier arrêt, précise dans son nouvel arrêt si elle rejette lesdites conclusions, les questions auxquelles il avait été répondu et celles qui étaient restées sans réponse, afin d'établir en quoi une déclaration nouvelle était indispensable pour purger l'accusation (Crim. cass. 24 mai 1859, aff. Devicque, D. P. 61. 5. 125). — Jugé, toutefois, que l'arrêt qui renvoie le jury dans la chambre des délibérations est suffisamment motivé s'il constate que plusieurs questions sont restées sans réponse; il en est ainsi alors même que cet arrêt n'indique pas les questions auxquelles il n'a point été répondu, cette omission pouvant être suppléée par l'examen

de la feuille des questions sur laquelle aucune modification n'a été relevée (Crim. rej. 14 avr. 1881, aff. Laborde et autres, *Bull. crim.*, n° 104).

2209. L'arrêt qui a renvoyé les jurés dans la chambre des délibérations, pour rectifier leur déclaration, doit être inséré au procès-verbal; toutefois, le défaut d'insertion ne peut donner lieu à cassation, si les mentions du procès-verbal, rapprochées de la déclaration, établissent que la rectification de la déclaration du jury a eu lieu dans les formes légales (Crim. rej. 3 déc. 1859, aff. Lafont, D. P. 59. 5. 109); ... si l'on y trouve, notamment, l'indication explicite des causes qui ont motivé la mesure (Crim. cass. 7 déc. 1871, cité *suprà*, n° 2208).

2210. En cas de renvoi des jurés dans la salle de leurs délibérations, le président, ainsi qu'il a été dit au *Rép.*, n° 3290, n'est point tenu de leur remettre une nouvelle feuille de questions (Crim. rej. 26 déc. 1878, aff. Giet, D. P. 79. 1. 186-187). Il n'a pas non plus (*Rép.*, n° 3291) à leur adresser de nouveaux avertissements. Jugé, en ce sens, qu'aucune disposition de loi n'impose au président l'obligation, lorsque le jury est renvoyé dans la chambre de ses délibérations pour régulariser ou compléter sa déclaration, de l'avertir qu'il a le droit de délibérer de nouveau sans tenir compte de la réponse précédemment faite (Crim. cass. 13 nov. 1862, aff. Deviva, D. P. 64. 5. 82).

— Enfin, aucune nullité ne résulterait de ce que le président, en renvoyant le jury dans la chambre de ses délibérations pour une simple rectification matérielle, aurait indiqué l'irrégularité et le moyen de la réparer, par exemple l'opportunité d'ajouter au nom d'un accusé son prénom pour mieux le désigner (Crim. rej. 26 sept. 1861, aff. Nachtigall, D. P. 61. 5. 124).

2211. Il est de doctrine et de jurisprudence (V. *Rép.*, n° 3293) qu'en cas de renvoi dans leur salle de délibérations, les jurés reprennent la plénitude de leur liberté, au point de pouvoir modifier complètement leur verdict (V. Faustin Hélie, t. 8, n° 3791; Nouguier, *loc. cit.*, n° 3451; Crim. rej. 24 déc. 1852, aff. Cordier, n° 416; 17 déc. 1858, aff. Vaugru, D. P. 58. 1. 137; 3 sept. 1858, aff. Beaufrère et autres, D. P. 64. 5. 83; Crim. cass. 13 nov. 1862, cité *suprà*, n° 2210; 30 déc. 1881, aff. Thiébault, *Bull. crim.*, n° 273). Mais la cour n'est pas tenue de les en avertir, et elle ne violerait la loi qu'autant qu'elle leur dénierait expressément cette liberté (Crim. rej. 30 mars 1893, aff. Bréhal, *Bull. crim.*, n° 97). Toutefois, M. Garraud, n° 608, propose une distinction : « ou bien, dit cet auteur, les irrégularités du verdict portent sur sa forme extrinsèque, ou bien elles touchent au fond de la déclaration. Dans le premier cas, les jurés doivent, en conservant le résultat de la première délibération, se borner à faire disparaître l'imperfection matérielle dont elle est entachée. Dans le second, ils doivent ouvrir une nouvelle délibération, pour laquelle ils reprennent la plénitude de leur liberté ». D'autre part, M. Villey (p. 396) ne reconnaît au jury le droit de revenir sur sa première décision qu'autant qu'il s'agit « d'accusation connexes, qui ne peuvent pas être séparées ».

2212. Lors de son renvoi dans la salle d'audience, il suffit, comme il a été dit au *Rép.*, n° 3295, que le chef du jury donne lecture des déclarations rectifiées (Crim. cass. 24 août 1882, aff. Mivière, *Bull. crim.*, n° 218. Conf. Nouguier, *loc. cit.*, n°s 3198 et 3459).

2213. Dans le cas où une seconde déclaration intervient, c'est sur celle-ci, et non sur l'autre, ainsi qu'on l'a vu au *Rép.*, n° 3296, que l'arrêt de la cour doit s'appuyer (Conf. Faustin Hélie, *loc. cit.*, n° 3793; Nouguier, *loc. cit.*, n° 3454; *adde*, Crim. cass. 6 août 1840, aff. Chenu, *Bull. crim.*, n° 221).

Art. 2. — *Renvoi des jurés dans leur chambre pour cause d'irrégularité dans leur déclaration* (*Rép.* n°s 3301 à 3309).

2214. L'omission de l'existence de la majorité, a-t-on dit au *Rép.*, n° 3305, ne peut être rectifiée à l'audience ; et même le consentement du ministère public, de l'accusé et de son défenseur ne couvrirait pas la nullité (Crim. rej. 6 déc. 1867, aff. Lagiet et Portalier, D. P. 68. 1. 360;

Crim. cass. 16 févr. 1884, aff. Gabriel Imbert, D. P. 84. 1. 480). — Décidé aussi que le renvoi des jurés dans la chambre des délibérations est justifié quand il a été constaté que les résultats du vote n'étaient pas revêtus de la signature du chef du jury et avaient été consignés au-dessous des questions posées, au lieu de l'être en marge ou à la suite de chaque question résolue (Crim. rej. 10 juin 1882, aff. Aribeau, *Bull. crim.*, n° 142). — Il a encore été jugé que la cour, en ordonnant le renvoi du jury dans la salle de ses délibérations pour rectifier une erreur dont le chef du jury s'est aperçu avant de terminer la lecture du verdict, ne commet aucun excès de pouvoir et ne viole aucune loi (Crim. rej. 4 mai 1889, aff. Jean, dit Desplats, *Bull. crim.*, n° 169). Cependant s'il s'agissait de la rectification d'une simple erreur matérielle, portant, par exemple, sur la date du verdict, cette vérification pourrait s'opérer à l'audience sans qu'il fût nécessaire de renvoyer le jury dans la salle de ses délibérations (Crim. rej. 20 mars 1891, aff. Chervet, *Bull. crim.*, n° 69).

2215. Ajoutons que si, en rectifiant leur verdict, les jurés laissaient subsister quelque vestige de l'ancienne irrégularité, le fait serait dénué d'importance. Jugé, en ce sens : 1° que dans le cas où le jury, après avoir été renvoyé dans sa chambre des délibérations pour y rectifier une déclaration contenant la réponse complexe « oui, à la majorité sur toutes les questions », revient avec une déclaration nouvelle contenant une réponse spéciale à chaque question, mais dans laquelle subsiste encore en regard de la première question la réponse primitive, le défaut de retranchement des mots « sur toutes les questions » que le jury aurait dû opérer, ne peut, en ce que ces mots ne sont plus qu'une superfétation inutile, vicier la réponse dont ils font partie (Crim. rej. 6 juin 1861, aff. Poislée, D. P. 61. 5. 119) ; — 2° Que lorsque le jury a été renvoyé dans sa chambre des délibérations pour rectifier ses déclarations portant la mention d'unanimité, la rectification est suffisante et l'irrégularité disparaît si, au moyen de ratures dûment approuvées, le mot « unanimité » ont été remplacés par les mots : « à la majorité » ; peu importe qu'une mention irrégulière ait été maintenue, si cette mention faisait double emploi avec une autre qui a été rectifiée (Crim. rej. 23 nov. 1882, aff. Boigre, *Bull. crim.*, n° 251).

ART. 3. — *Renvoi des jurés dans leur chambre pour cause de contradiction dans leur déclaration* (Rép. n°s 3310 à 3332).

2216. Il y a lieu à renvoi des jurés dans leur chambre de délibérations, comme on l'a vu au *Rép.*, n°s 3310 et suiv., quand les réponses sont contradictoires entre elles (Conf. Faustin Hélie, t. 8, n°s 3777 et suiv. ; Nouguier, t. 4, vol. 2, n°s 3277 et suiv.). Jugé spécialement, à cet égard : 1° que, la déclaration du jury étant entachée de contradiction lorsqu'elle reconnaît l'accusé à la fois auteur et complice d'un fait qui aurait été l'œuvre d'une seule personne, c'est avec raison que la cour d'assises renvoie le jury dans la chambre de ses délibérations pour y rectifier sa réponse ; vainement on soutiendrait que la déclaration, telle quelle, est acquise à l'accusé, dès qu'elle a été lue à l'audience (Crim. cass. 12 avr. 1861, aff. Mallet, D. P. 64. 5. 83) ; — 2° Que c'est à bon droit qu'une cour d'assises ordonne le renvoi des jurés dans la chambre de leurs délibérations lorsque leur verdict renferme deux réponses contradictoires, l'une déclarant que l'accusé n'est pas coupable, l'autre qu'il existe en sa faveur des circonstances atténuantes (Crim. rej. 5 août 1886, aff. Moreau, *Bull. crim.*, n° 28. V. aussi Crim. rej. 3 sept. 1878, aff. Beaufrère et autres, D. P. 64. 5. 83 ; Crim. cass. 30 nov. 1876, aff. Viateur, *Bull. crim.*, n° 234). Mais c'est à tort que la cour d'assises renvoie le jury dans sa chambre de délibération pour faire disparaître une contradiction prétendue qui existerait entre sa réponse négative sur la circonstance de maison habitée dans une accusation de vol, et sa réponse affirmative sur la circonstance d'effraction extérieure, car il n'y a pas contradiction entre ces deux réponses (V. *infra*, n° 2263-3° ; Crim. cass. 4 déc. 1873, aff. Mercier, D. P. 74. 1. 232).

ART. 4. — *Renvoi des jurés dans leur chambre pour cause d'insuffisance ou d'ambiguïté dans leur déclaration* (Rép. n°s 3333 à 3360).

2217. Les règles générales sur ce point sont suffisamment exposées au *Rép.*, n°s 3333 et suiv. (V. aussi Faustin Hélie, t. 8, n°s 3770 et suiv. ; Nouguier, t. 4, vol. 2, n°s 3252 et suiv., 3325 et suiv.). On se bornera à relater les principales applications qui en ont été faites par la jurisprudence, depuis la publication du *Répertoire*.

2218. — I. DÉCLARATIONS INCOMPLÈTES. — 1° *Circonstances aggravantes.* — La cour d'assises doit renvoyer le jury dans la chambre des délibérations lorsque sa réponse est incomplète et insuffisante et ne s'explique pas clairement sur l'existence d'une circonstance aggravante (Crim. cass. 2 oct. 1884, aff. Aimery, *Bull. crim.*, n° 288). — Lorsque le jury a déclaré un accusé non coupable d'un vol à titre d'auteur principal, mais l'a en même temps reconnu complice par recel du même fait, il ne peut se dispenser de statuer sur les circonstances aggravantes du vol. Jugé, en conséquence, qu'il doit être renvoyé dans la chambre de ses délibérations, s'il a gardé le silence sur ce point ou déclaré qu'il était inutile de répondre (Crim. rej. 2 août 1873, aff. Bou-Azza-Ould-Allel, *Bull. crim.* n° 247).

2219. — 2° *Questions subsidiaires.* — Lorsqu'un accusé a été compris dans le même acte d'accusation, avec d'autres coaccusés, comme coauteur du fait incriminé, et qu'en outre il a été posé à son égard une question subsidiaire de complicité, le jury doit nécessairement, et quoique cet accusé n'est pas auteur du crime, délibérer et répondre sur la question de complicité (Crim. rej. 17 mai 1821, aff. Sabardin et autres, *Bull. crim.*, n° 84).

2220. — 3° *Excuse.* — Lorsque, sur la demande du défenseur d'un individu accusé d'émission de fausse monnaie, le président de la cour d'assises a posé au jury une question sur le fait d'excuse légale résultant de ce que l'accusé aurait reçu pour bonnes les pièces de monnaie dont il a fait usage après en avoir vérifié les vices, la déclaration du jury est incomplète si elle ne contient pas de réponse à la question posée sur le fait d'excuse, et si le jury s'est borné à répondre affirmativement à la question d'émission de fausse monnaie ; le jury doit, en conséquence, être renvoyé dans la chambre de ses délibérations pour statuer sur la question laissée sans réponse (Crim. cass. 7 juill. 1882, aff. Charlet, D. P. 83. 1. 138 ; 16 juill. 1891, aff. Massol, *Bull. crim.*, n° 150). — De même, lorsque le président des assises a, dans une poursuite pour homicide volontaire, ajouté comme résultant des débats une question de provocation, il y a nullité si le jury n'a fait aucune réponse à cette question d'excuse légale et si la cour, au lieu de renvoyer les jurés dans la salle de leurs délibérations pour réparer cette omission, a admis les réponses affirmatives du jury sur les autres questions (Crim. cass. 28 janv. 1886, aff. Abdesselem-ben-Tahar, *Bull. crim.*, n° 32).

2221. — II. DÉCLARATIONS AMBIGUËS. — Il a été jugé, qu'il y a lieu à renvoi : 1° au cas où il y a doute sur le point de savoir si les circonstances atténuantes ont été accordées pour tous les chefs d'accusation ou pour l'un d'eux seulement (Crim. cass. 27 févr. 1846, aff. Vigneau, *Bull. crim.*, n° 57) ; — 2° Lorsque le jury, dans une accusation de blessures volontaires, a répondu négativement sur la question principale de blessures volontaires, et affirmativement sur deux autres questions se rattachant à ce fait principal, l'une sur le point de savoir si cette blessure, faite volontairement sans intention de donner la mort, l'avait pourtant occasionnée, l'autre, si cette blessure avait été provoquée par des coups et violences graves envers les personnes (Crim. rej. 10 juill. 1856, aff. Casile, *Bull. crim.*, n° 247) ; — 3° Lorsque le jury, aux deux questions qui lui ont été posées, l'une sur le point de savoir si l'accusé était coupable de coups et blessures volontaires, l'autre sur le fait que ces coups ou ces blessures auraient occasionné la mort sans intention de la donner, a répondu négativement sur la première, affirmativement sur la seconde, et a ensuite admis des circonstances atténuantes (Crim. rej. 18 janv. 1884, aff. Passeler, *Bull. crim.*, n° 17).

ART. 5. — *Jusqu'à quel moment le renvoi des jurés peut être ordonné* (*Rép.* nos 3361 à 3374).

2222. La jurisprudence a varié sur ce point. La cour de cassation a d'abord décidé, comme on l'a vu au *Rép.*, nº 3365, que le droit de renvoyer existe tant que la déclaration n'a pas été lue à l'accusé (*Adde :* Crim. rej. 10 juin 1882, aff. Aribeau, *Bull. crim.* nº 142). Mais elle a ensuite admis l'exercice de ce droit, même après la lecture de la déclaration (Crim. rej. 7 nov. 1850, aff. Lebouille, D. P. 50. 5. 104 ; 11 janv. 1877, aff. Duport, D. P. 78. 1. 192) ;... tant que la cour n'a pas prononcé son arrêt (Crim. rej. 26 déc. 1878, aff. Giet, D. P. 79. 1. 186 ; 23 nov. 1882, aff. Joseph Boigre, *Bull. crim.*, nº 251 ; motifs, 28 août 1884, aff. Djellali-ben-Resk et autres, D. P. 85. 1. 184). « Il nous paraît, dit M. Faustin Hélie, t. 8, nº 3790, que pendant tout le temps que le renvoi est possible il peut être ordonné. Or, il est possible jusqu'à la prononciation de l'arrêt, puisque l'arrêt seul épuise les pouvoirs de la juridiction ».

ART. 6. — *Par qui le renvoi peut être ordonné* (*Rép.* nos 3375 à 3382).

2223. La cour d'assises est seule compétente, à l'exclusion du président (*Rép.*, nos 3376 et suiv.), pour ordonner le renvoi du jury dans la salle des délibérations, toutes les fois qu'elle juge que sa déclaration est incomplète, irrégulière ou nulle (Aux arrêts énumérés *loc. cit. adde :* Crim. cass. 12 juill. 1855, aff. Grandpréon, D. P. 55. 5. 126 ; 23 sept. 1858, aff. Godey, D. P. 58. 5. 108 ; 10 déc. 1868, aff. Valade, D. P. 69. 1. 436 ; 11 sept. 1873, aff. Léonetti, D. P. 73. 1. 491 ; 11 janv. 1877, aff. Duport, D. P. 78. 1. 192 ; 28 juin 1877, aff. Pascal, D. P. 78. 1. 139 ; Crim. rej. 29 nov. 1877, aff. Audouy, D. P. 78. 1. 445 ; 25 janv. 1878, aff. Capelle, D. P. 78. 1. 447-448 ; 3 juin 1880, aff. Brunel, D. P. 81. 1. 143 ; Crim. cass. 2 juin 1881, aff. Hortei, D. P. 81. 1. 446-447 ; 4 nov. 1882, aff. Paul Maffre, D. P. 83. 1. 432 ; 6 sept. 1883, aff. Etienne Rochon, *ibid.*, nº 234 ; 16 févr. 1884, aff. Gabriel Imbert, D. P. 84. 1. 480). Le président ne peut donc, à peine de nullité, prononcer seul le renvoi, même avec le consentement du ministère public et de la défense (Arrêts précités des 11 sept. 1873 et 2 juin 1881. Conf. Faustin Hélie, t. 8, nº 3786 ; Nouguier, t. 4, vol. 2, nos 3438 et suiv. ; Villey, p. 395 ; Garraud, nº 608).

2224. Mais le renvoi indûment ordonné par le président n'est pas une cause de nullité lorsqu'il n'a pu en résulter pour l'accusé aucun préjudice, le jury ayant maintenu, après le renvoi, ses premières déclarations (Crim. rej. 1er févr. 1866, aff. Potier et Guichard, D. P. 69. 5. 100 ; 27 nov. 1877, aff. Audouy, D. P. 78. 1. 445 ; 25 janv. 1878, aff. Capelle, D. P. 78. 1. 447-448 ; 8 mai 1884, aff. Lambert, *Bull. crim.*, nº 158).

Il en serait de même dans le cas où le président aurait renvoyé seul le jury dans la chambre des délibérations pour rectifier une déclaration de circonstances atténuantes collectives à deux accusés, puisque, soit complexe, soit divisé, le verdict qui lui est favorable ou qui ne le concerne pas ne donne point ouverture à une réclamation de la part de l'accusé (Crim. rej. 28 sept. 1865, aff. Garriguet, *Bull. crim.*, nº 186).

SECT. 6. — DES DÉCLARATIONS CONTENANT PLUS OU MOINS QUE LES QUESTIONS POSÉES OU QUE L'ACTE D'ACCUSATION (*Rép.* nos 3383 à 3427).

ART. 1er. — *Déclarations contenant plus que les questions* (*Rép.* nos 3383 à 3400).

2225. Ainsi qu'on l'a exposé au *Rép.*, nº 3383, le jury doit se borner à répondre aux questions qui lui sont posées. Toute déclaration par lui faite en dehors de ces questions est nulle et ne peut servir de base à l'application d'une peine. Jugé, par application de ce principe, que le jury commet un excès de pouvoir lorsqu'il se pose d'office une question et fait une réponse à cette question ainsi posée. Il en est ainsi, par exemple, quand le jury déclare d'office coupable de complicité l'accusé qu'il déclare non coupable

du crime qui lui est imputé : une réponse ainsi faite est nulle et non avenue, et ne saurait servir de base à une condamnation (Crim. cass. 8 déc. 1881, aff. Aparici y Escriva, D. P. 82. 1. 189).

ART. 2. — *Déclarations contenant moins que les questions* (*Rép.* nos 3401 à 3422).

2226. Le jury doit, comme il a été dit au *Rép.*, nos 3401 et suiv., répondre à toutes les questions qui lui sont posées. Si une déclaration est incomplète, il doit être appelé à délibérer de nouveau : un verdict incomplet ne purgerait pas l'accusation (Nouguier, t. 4, vol. 2, nos 3252 et suiv.; Faustin Hélie, t. 8, nos 3770 et suiv.).

2227. — 1º *Faits distincts* (*Rép.* nº 3404). — Dans une accusation de faux et d'usage de la pièce fausse, la réponse négative du jury sur la première question, relative au faux seulement, ne purge pas l'accusation relativement à l'usage de la pièce fausse, cette réponse n'excluant pas nécessairement le fait de faux, et, dès lors, celui d'usage de la pièce fausse. En conséquence, l'ordonnance d'acquittement rendue sur une telle déclaration est nulle quant à ce second chef d'accusation (Crim. cass. 7 mai 1851, aff. Rochas, D. P. 52. 5. 279).

2228. — 2º *Circonstances aggravantes* (*Rép.* nos 3412 et suiv.). — Lorsque, sur la question de savoir si l'accusé est coupable d'attentat à la pudeur avec violence, le jury répond que l'accusé est coupable, mais sans violence physique, cette réponse ne décide pas la circonstance de la violence, et dès lors il y a lieu de provoquer une nouvelle délibération du jury (Crim. cass. 9 mars 1821, aff. Paris, *Rép.*, vº *Attentat aux mœurs*, nº 87). — Jugé encore que la déclaration du jury qui, affirmative sur le fait principal, est restée muette sur la circonstance aggravante, doit être cassée comme incomplète, alors surtout que la peine a été appliquée comme s'il y avait eu réponse affirmative sur les deux points (Crim. cass. 26 juill. 1860, aff. Etior, D. P. 60. 5. 90).

2229. — 3º *Excuses.* — Il y a nullité lorsque le jury, après avoir résolu affirmativement les questions relatives à l'émission de la fausse monnaie, s'est abstenu de répondre à la question d'excuse résultant de ce que l'accusé aurait reçu pour bonnes les pièces de monnaie dont il a fait usage; ce verdict incomplet ne peut servir de base à une condamnation (Crim. cass. 26 juin 1845, aff. Barns, *Rép.*, vº *Faux* nº 57 ; Crim. rej. 26 juin 1845, aff. Ryan, D. P. 46. 4. 293 ; Crim. cass. 26 mars 1846, aff. Bauer, D. P. *ibid.*; 23 avr. 1857, aff. Hamed-ben-Ammeur, *Bull. crim.*, nº 164; 28 juill. 1864, aff. Perrin et Latil; D. P. 68. 5. 114; 7 juill. 1882, aff. Charlet, D. P. 83. 1. 138). Et l'absence de réponse, si elle n'a pas été réparée par une nouvelle déclaration, entraîne nullité non seulement des questions sur l'accusation d'émission résolue affirmativement, mais encore de celle sur la fabrication de fausse monnaie résolue négativement (Arrêt précité du 23 avr. 1857).

2230. — 4º *Omissions justifiées* (*Rép.* nos 3418 et suiv.). — Lorsque la question principale a été résolue affirmativement par le jury, c'est à bon droit qu'il s'abstient de répondre aux questions subsidiaires posées pour le cas de réponse négative à la question principale (Crim. cass. 4 janv. 1849, aff. Barrot, D. P. 49. 5. 97; Crim. rej. 27 janv. 1876, aff. Grossi, *Bull. crim.*, nº 29). C'est également avec raison que le jury garde le silence sur les circonstances aggravantes après avoir écarté le chef principal (Crim. rej. 12 juin 1873, aff. Rossat-Mignot, *Bull. crim.*, nº 158).

ART. 3. — *Déclarations qui contiennent moins que l'accusation* (*Rép.* nos 3423 à 3427).

2231. V. *Rép.* nos 3423 et suiv.

SECT. 7. — DÉCLARATIONS INCERTAINES, COMPLEXES, AMBIGUES OU CONFUSES (*Rép.* nos 3428 à 3479).

2232. — I. EXEMPLES DE DÉCLARATIONS ENTACHÉES D'INCERTITUDE, ETC. — Par application des règles établies au *Rép.*, nos 3428 et suiv., il a été jugé que quand le jury a répondu négativement aux questions distinctes sur le fait et la circonstance aggravante, posées à l'égard de l'auteur principal, la question

unique relative au complice, qui se réfère expressément aux deux questions précédentes et qui devient la seule base de la condamnation est viciée par la complexité résultant de la réunion de deux éléments sur lesquels le jury doit statuer séparément (Crim. cass. 18 déc. 1856, aff. Auquetin, D. P. 57. 5. 99; 8 avr. 1869, aff. Bernaudon, D. P. 71. 1. 75.

Mais après avoir déclaré un accusé non coupable comme auteur principal d'un meurtre accompagné de circonstances aggravantes, le jury peut répondre affirmativement à la question de complicité posée comme résultant des débats, et s'en référer, sans qu'il en résulte complexité, aux circonstances aggravantes déjà distinctement et séparément examinées et résolues affirmativement (Crim. rej. 2 janv. 1873, aff. Mohamed-ben-el-ben-Gadi et autres, suprà, v° Crimes et délits contre les personnes, n° 22).

2233. Ajoutons que le vice de complexité, dans la déclaration du jury sur l'un des chefs de l'accusation, ne nécessite pas la cassation de l'arrêt, si la condamnation prononcée est justifiée par une réponse régulière du jury concernant un autre chef d'accusation (Crim. rej. 7 juin 1860, aff. Doury, D. P. 60. 5. 91).

2234. D'une manière générale, toute déclaration comprenant dans une seule réponse, ensemble et cumulativement, la solution de plusieurs de questions à résoudre, doit être annulée comme étant le résultat d'un vote illégal. Ainsi une réponse ainsi conçue : « oui, à la majorité, avec circonstances atténuantes », contient tout à la fois une déclaration sur la culpabilité et une autre déclaration sur les circonstances; elle implique qu'il n'a été procédé qu'à un seul scrutin; elle est entachée du vice de complexité, et dès lors, l'art. 1 de la loi du 13 mai 1836 a été violé (Crim. cass. 9 avr. 1892, aff. Calanca et cons., Bull. crim., n° 107; 7 mai 1892, aff. Crozier et autres, ibid., n° 131).

2235. — II. EMPLOI, DANS LA DÉCLARATION, DU MOT « COUPABLE ». — La question posée au jury doit toujours renfermer, ainsi qu'on l'a vu au Rép., n° 3462 et suiv., sinon le mot « coupable », du moins une expression impliquant la culpabilité de l'accusé. Spécialement est nulle la déclaration du jury rendue sur une question ainsi posée : « l'accusé a-t-il volontairement donné la mort à son père légitime ? » L'expression volontairement, qui n'exclut pas les excuses péremptoires telles que le cas de légitime défense, n'établit pas d'une manière suffisante la criminalité (Crim. cass. 29 mai 1879, aff. Guessoum-ben-Guereich et autres, D. P. 80. 1. 189; 13 janv. 1881, aff. Délatour, Bull. crim., n° 6, Conf. Villey, p. 388; Garraud, n° 600; Nouguier, t. 4, vol. 1, n° 2811). Jugé également que la question posée au jury en ces termes : « un tel est-il... d'avoir, au même lieu et à la même époque, soustrait frauduleusement une certaine somme au préjudice d'un tel?... » est nulle par suite de l'omission matérielle du mot « coupable » (Crim. rej. 16 août 1881, aff. Mohamed-Srir-ben-Abdallah, Bull. crim., n° 189). « Entre toutes les formules exprimant la culpabilité, fait remarquer M. Nouguier (loc. cit., n° 2812), la plus simple, la plus claire, la plus naturelle, c'est celle qui est indiquée par la loi. Pourquoi le président, qui trouve toute faite cette rédaction : « l'accusé est-il coupable d'avoir... » prendrait-il des circonlocutions pour rendre la même idée, et choisirait-il d'autres mots qu'il considère comme équipollents et qui peuvent, sans qu'il s'en aperçoive, avoir une autre signification? En copiant l'expression légale, il est certain que ses questions auront toute régularité; en agissant autrement, il affronte témérairement un danger inutile ». Faustin Hélie, t. 8, n° 3668, estime que la formule employée par la loi est sacramentelle. — Quoi qu'il en soit, on doit tenir pour certain que l'énonciation de la culpabilité n'est exigée que dans la question, et que la réponse du jury s'y réfère nécessairement.

2236. La loi ne faisant point spécialement de la volonté, en matière de complicité par provocation, un élément essentiel de la criminalité, la question posée au jury en ces termes : « L'accusé est-il coupable?... » (dans l'espèce, un accusé de complicité de faux par provocation) exprime suffisamment l'élément intentionnel constitutif du crime; par conséquent, il n'est pas nécessaire que la question indique

d'une manière spéciale cet élément (Crim. cass. 23 sept. 1880, aff. Tandrayapadeatchy, D. P. 81. 1. 489). Jugé de même en matière d'abus de confiance (Crim. rej. 29 juin 1889, aff. Aussel, Bull. crim., n° 236).

Sect. 8. — Déclarations contradictoires
(Rép. n°s 3480 à 3561).

Art. 1er. — Règles générales (Rép. n°s 3480 à 3490).

2237. Deux principes dominent la matière. En premier lieu, la contradiction dans les réponses du jury n'est pas un motif de nullité, lorsqu'elle ne porte que sur des circonstances indifférentes qui ne laissent aucun doute sur la culpabilité, sur la nature du crime et la peine à appliquer; il en est ainsi, spécialement, de la contradiction résultant de ce que le jury, après avoir déclaré deux accusés coupables d'avoir commis ou tenté de commettre un homicide, de concert entre eux et avec un troisième accusé, a résolu négativement la question relative à la culpabilité de ce dernier; la condamnation prononcée contre les deux premiers n'en reste pas moins régulière, le concours de plusieurs agents n'étant pas nécessaire pour constituer le meurtre, et ne donnant lieu à aucune aggravation de peine (Crim. cass. 24 févr. 1876, aff. Ahmed-ben-Zian et autres, D. P. 77. 1. 409). En second lieu, l'arrêt ne doit pas être annulé même en présence de déclarations contradictoires, si une réponse régulière sur un autre chef justifie la peine appliquée (Crim. rej. 1er févr. 1866, aff. Pothier et autres, Bull. crim., n° 31; 16 janv. 1868, aff. Coda-Zabetta et autres, ibid., n° 43; 7 mars 1873, aff. Abdallah-ben-Ali, ibid., n° 63; 26 févr. 1874, aff. Moulin et autres, ibid., n° 62).

Art. 2. — Exemples de déclarations contradictoires.
(Rép. n° 3491.)

§ 1er. — Contradiction dans les réponses sur la question d'intention (Rép. n°s 3492 à 3493).

2238. Il a été jugé, depuis la publication du Répertoire, que la déclaration du jury, affirmative sur la question posée conformément à l'arrêt de renvoi, de savoir si l'accusé est coupable d'avoir volontairement mis le feu à des bâtiments lui appartenant, dans le but de porter préjudice à la compagnie par laquelle ces bâtiments se trouvaient assurés, et négative sur la question, posée par le président comme résultant des débats, de savoir si l'accusé a, par cet incendie, causé volontairement un préjudice quelconque à la compagnie, n'est pas entachée de contradiction, le préjudice causé à autrui, en cas d'incendie d'objets assurés, résultant du fait lui-même, sans qu'il soit nécessaire que le jury le déclare expressément, et, dès lors, les deux questions important identité de qualification du fait incriminé; en conséquence, la cour d'assises ne peut faire d'une telle déclaration la base légale d'une condamnation; elle se fonderait vainement sur ce que, dans la question posée comme résultant des débats, le jury n'avait résolu négativement que la question de préjudice né et actuel, laissant intacte la déclaration relative à la possibilité et à l'éventualité du préjudice, résolue par la première question (Crim. cass. 24 sept. 1857, aff. Simonet, D. P. 57. 1. 453).

§ 2. — Contradiction dans les réponses sur les faits caractéristiques du crime et des circonstances (Rép. n°s 3494 à 3508).

2239. — I. FAITS CARACTÉRISTIQUES. — 1° Extorsion de titre. — Dans une poursuite pour extorsion de titre, il y a contradiction entre les réponses du jury quand, d'une part, sur la question principale, le jury déclare que l'accusé n'a pas extorqué un billet à ordre par menaces, violence ou contrainte, et quand il affirme d'autre part, sur une question posée comme résultant des débats, que l'accusé s'est fait remettre, à l'aide de manœuvres frauduleuses, l'effet dont il s'agit par son souscripteur, en attirant, notamment, celui-ci dans une chambre et en le menaçant avec le concours d'un tiers dont la survenance avait été ménagée, de ne pas le laisser sortir jusqu'à ce qu'il eût signé ledit billet (Crim. cass. 23 sept. 1880, aff. Luc, D. P. 81. 1. 47).

2240. — 2° *Incendie.* — Il y a contradiction lorsque le jury a répondu affirmativement sur la question de savoir si l'accusé avait volontairement mis le feu à une écurie dépendant d'une maison habitée à lui appartenant pour partie, et négativement sur une autre question ainsi conçue : « ladite écurie dépendait-elle d'une maison habitée ? » (Crim. cass. 12 sept. 1878, aff. Dizy, *Bull. crim.*, n° 194).

2241. — 3° *Infanticide, suppression d'enfant.* — Le même individu ne peut être condamné à la fois pour crime d'infanticide et *délit* de suppression d'enfant : les réponses du jury qui déclarent cette double culpabilité sont contradictoires, puisque le crime d'infanticide exige comme premier élément que l'enfant soit né vivant, et que le délit de suppression d'enfant n'existe qu'autant qu'il n'est pas établi que l'enfant ait vécu ou qu'il est établi qu'il n'a pas vécu (Crim. cass. 16 janv. 1892, aff. Bodin, D. P. 92. 1. 308). Au contraire, il n'y aurait pas contradiction si les déclarations du jury admettaient simultanément l'existence d'un crime d'infanticide et d'un *crime* de suppression d'enfant (V. la note sur l'arrêt précité).

2242. — 4° *Vol.* — Sont manifestement contradictoires et inconciliables, et ne peuvent servir de base légale à une condamnation, les réponses du jury qui affirment la culpabilité de l'accusé sur des chefs de vol, et qui, à l'occasion de questions subsidiaires tendant à établir tout au moins la complicité du même accusé, nient l'existence même des faits dont l'accusé vient d'être reconnu coupable (Crim. cass. 17 juin 1880, aff. Guelfe de Civry, *Bull. crim.*, n° 122).

2243. — II. Circonstances. — 1° *Attentat à la pudeur.* — Lorsque le jury a résolu négativement la question de savoir si l'accusé était coupable d'avoir commis un attentat à la pudeur avec violence sur une jeune fille mineure de quinze ans, et a ensuite répondu affirmativement à la question, posée subsidiairement comme résultant des débats, de savoir si l'accusé était coupable d'avoir, à la même époque et au même lieu, commis un attentat à la pudeur sur la même jeune fille, alors âgée de moins de treize ans, cette double déclaration contient, quant à l'âge de la victime, une contradiction qui ne peut servir de base légale à un arrêt de condamnation (Crim. cass. 21 janv. 1886, aff. Plantard, *Bull. crim.*, n° 23).

2244. — 2° *Banqueroute.* — Il y a contradiction entre les déclarations du jury répondant négativement aux questions de savoir si l'accusé a commis divers faits constitutifs du délit de banqueroute simple et s'il était, alors, agent de change, et affirmativement à des questions relatives à des détournements de valeurs reçues par lui, aux mêmes époques, en qualité d'agent de change, ou au délit d'avoir, étant agent de change, fait pour son compte des opérations de commerce et de banque ; et la contrariété de ces réponses entraîne la cassation (Crim. cass. 12 juin 1885, aff. Pécoud, D. P. 86. 1. 431).

2245. — 3° *Homicide.* — A l'égard de la circonstance de *concomitance*, il a été jugé que la déclaration dans laquelle le jury, après avoir affirmé qu'une tentative de meurtre a précédé d'autres crimes spécifiés dans les questions suivantes, constate plus loin, au sujet de ces mêmes crimes, qu'il n'ont pas suivi la tentative de meurtre dont il s'agit, est entachée de contradiction et ne peut, par suite, servir de base à une condamnation (Crim. cass. 17 nov. 1870, aff. Fauchet et Sidera, D. P. 71. 1. 190 ; 2 sept. 1886, aff. Pasquet, *Bull. crim.*, n° 313). — Quant aux circonstances de *préméditation* et de *guet-apens*, décidé, conformément à la jurisprudence rapportée au *Rép.*, n° 3502, que le guet-apens, en matière d'accusation d'homicide volontaire, impliquant nécessairement la préméditation, la déclaration du jury, affirmative sur le guet-apens et négative sur la préméditation, est contradictoire et nulle (Crim. cass. 26 sept. 1867, aff. Cochet et Durbet, D. P. 68. 5. 110 ; 29 mars 1877, aff. Lavillaureix, D. P. 77. 1. 335).

2246. — 4° *Subornation de témoins.* — La subornation de témoins n'étant, à certains égards, qu'un genre spécial de complicité du faux témoignage, sa perpétration comprend les différents modes énoncés dans l'art. 60 c. pén., relatif à la complicité ordinaire. Par suite, il y a contradiction dans la déclaration du jury qui reconnaît que le même fait constitue un crime de provocation au faux témoignage par dons ou promesses ou par instructions données pour le com-

mettre, et ne constitue pas le crime de subornation avec dons ou promesses (Crim. cass. 19 juin 1857, aff. Bazerque, D. P. 57. 1. 372).

2247. — 5° *Vol.* — Si le jury, interrogé régulièrement sur un crime de vol commis avec effraction, déclare, sur le fait principal, que le vol a eu lieu dans une maison, et, sur la circonstance aggravante, qu'il a été commis à l'aide d'effraction extérieure, mais non dans une maison servant à l'habitation, ces deux réponses une contradiction et un vice de complexité qui doit entraîner l'annulation de la déclaration entière du jury, et, par suite, de l'arrêt de la cour d'assises (Crim. cass. 30 avr. 1852, aff. Moreau, *Bull. crim.*, n° 142). De même, lorsque le jury, après une réponse négative à une question concernant le point de savoir si le vol a été commis dans les dépendances d'une maison habitée, résout affirmativement une question subséquente concernant l'emploi de fausses clefs pour s'introduire dans de telles dépendances, il y a contradiction emportant nullité de la déclaration (Crim. cass. 26 juill. 1860, aff. Fabre, D. 60. 5. 91). — Jugé encore que la déclaration du jury, qui affirme que le vol a été commis dans l'intérieur d'une ville, exclut la possibilité de l'existence légale de la circonstance aggravante de chemin public ; qu'en conséquence, la réponse affirmative du jury sur cette circonstance doit être réputée non avenue par la cour d'assises (Crim. cass. 24 juin 1880, aff. Demons et autres, D. P. 80. 1. 397. Comp. *supra*, n° 1828).

2248. Est également contradictoire et nulle la déclaration du jury qui, affirmative à l'égard de deux accusés reconnus coupables du même vol, est négative sur la circonstance aggravante de réunion (Crim. cass. 25 nov. 1852, aff. Roussat, *Bull. crim.*, n° 378 ; 21 mars 1872, aff. Forrero, *ibid.*, n° 70). — Jugé aussi que la déclaration du jury qui, en réponse à la question principale, nie l'existence des circonstances aggravantes, et l'affirme au contraire en répondant à une question subsidiaire (de recel ou de complicité), est contradictoire (Crim. cass. 8 avr. 1886, aff. Aussorgues, *Bull. crim.*, n° 141 ; 8 sept. 1887, aff. Navals, *ibid.*, n° 329).

§ 3. — Contradiction dans les réponses relatives à la complicité.
(*Rép.* n°s 3504 à 3507.)

2249. Jugé, conformément aux arrêts cités au *Rép.*, n° 3503-2°, qu'il y a contradiction dans les réponses du jury qui affirment la culpabilité de l'accusé à la fois comme seul auteur principal et comme complice du même crime (Crim. cass. 23 mai 1846, aff. Fortabat, *Bull. crim.*, n° 128 ; 29 juin 1848, aff. Poncet, *ibid.*, n° 192 ; 8 août 1872, aff. Racine, *ibid.*, n° 213 ; Crim. rej. 26 févr. 1874, aff. Moulin, *ibid.*, n° 62 ; Crim. cass. 18 juill. 1885, aff. Tran-van-Tau et autres, *ibid.*, n° 221).

§ 4. — Contradiction dans les réponses sur la tentative.
(*Rép.* n° 3508.)

2250. La tentative d'homicide volontaire impliquant nécessairement l'intention de donner la mort, il y a contradiction dans la déclaration du jury, qui, après avoir résolu affirmativement une question de tentative d'homicide, répond négativement à une question de coups portés sans intention de donner la mort, relative au même individu et au même fait (Crim. cass. 26 nov. 1857, aff. Descombes, D. P. 58. 1. 44). Est également contradictoire la déclaration du jury qui répond affirmativement à une question de tentative de vol commise conjointement avec un individu resté inconnu, et négativement à une question de vol en réunion de plusieurs personnes (Crim. cass. 27 juin 1878, aff. Paraire, *Bull. crim.*, n° 135).

Art. 3. — *Exemples de déclarations non contradictoires.*
(*Rép.* n°s 3509 à 3542.)

2251. Lorsque l'accusation renferme deux infractions distinctes, ces infractions peuvent, ainsi qu'on l'a vu au *Rép.*, n° 3517, être l'objet de déclarations différentes. Constituent des crimes ou des délits distincts, à l'égard desquels des déclarations différentes n'impliquent pas contradiction : 1° le fait par un commerçant failli d'avoir « dissimulé *n*, et celui d'avoir

« détourné » une partie de son actif (Crim. rej. 6 oct. 1853, aff. Jalousée, D. P. 53. 5. 247 ; 14 nov. 1873, aff. Hugues, D. P. 74. 1. 136) ; — 2° La contrefaçon du sceau d'une autorité publique, et l'usage fait sciemment du sceau ainsi contrefait (Crim. rej. 29 avr. 1853, aff. Duchesne, D. P. 53. 5. 229) ; — 3° La contrefaçon de monnaies ayant cours légal en France, et l'émission de la monnaie contrefaite (Crim. rej. 22 mai 1856, aff. Brocco, D. P. 56. 5. 124) ; — 4° La fabrication d'une pièce fausse, et l'usage qui en a été fait sciemment (Crim. rej. 26 déc. 1845, aff. Chassy, D. P. 46. 4. 294) ; ... ou la fabrication et l'émission d'une pièce fausse (Crim. rej. 9 juin 1887, suprá, v° Faux et fausse monnaie, n° 22 ; — 5° L'attentat à la pudeur avec violence, et la tentative de viol (Crim. rej. 9 sept. 1853, aff. Ruelle, D. P. 53. 5. 27) ; — 6° La subornation de témoins, et la provocation au faux témoignage (Crim. rej. 6 janv. 1859 aff. Artar, D. P. 60. 5. 378) ; ... ou de faux témoignage (Crim. rej. 31 juill. 1841, aff. Berruyer, Bull. crim., n° 225) ; — 7° L'incendie d'un édifice appartenant à l'accusé et assuré à une compagnie d'assurance, et l'incendie d'un édifice habité (Crim. rej. 20 sept. 1877, aff. Ducourtioux, Bull. crim., n° 218) ; — 8° Le crime de faux sur les listes électorales et le délit d'addition de bulletin de vote par un scrutateur (Crim. rej. 2 janv. 1874, aff. Jamet, D. P. 76. 5. 251) ; — 9° Le faux commis frauduleusement par un notaire en changeant les conditions de l'acte dicté par les parties, et le faux commis dans l'expédition du même acte (Crim. rej. 13 mars 1853, aff. Savina, Bull. crim., n° 77) ; — 10° Le faux et l'usage de la pièce fausse (Crim. rej. 29 avr. 1853, aff. Duchesne, D. P. 53. 5. 229) ; — 11° La complicité d'assassinat, et l'assassinat (Crim. rej. 12 mai 1849, aff. Tramoni, Bull. crim., n° 106) ; — 12° Le vol domestique, et le faux en écriture publique (Crim. rej. 6 mars 1851, aff. Sastre, Bull. crim., n° 86) ; — 13° L'outrage à un fonctionnaire à raison de ses fonctions, et l'injure envers ce fonctionnaire (Crim. rej. 28 janv. 1876, aff. Larbaud, Bull. crim., n° 31).

2252. De même, les éléments distincts d'un même crime peuvent, comme il a été dit au Rép., n° 3521, être l'objet de déclarations différentes. Ainsi lorsque les questions soumises au jury, tout en portant sur un crime unique (de banqueroute frauduleuse, par exemple), se réfèrent à des éléments distincts de ce crime (à divers détournements) compris dans deux actes d'accusation dont la jonction a été ordonnée, la réponse du jury peut, sans contradiction, être affirmative sur les faits résultant de l'un de ces actes d'accusation, et négative sur ceux résultant de l'autre (Crim. rej. 19 sept. 1856, aff. Olivier, D. P. 56. 1. 418).

2253. Il est de règle également (Rép., n° 3520) qu'il n'y a pas contradiction dans les réponses du jury qui, en reconnaissant le fait constant, déclarent l'accusé non coupable. Jugé, dans cet ordre d'idées, que la déclaration négative du jury sur une première question concernant la culpabilité de l'accusé comme auteur d'un homicide volontaire qui n'était imputé qu'à lui, ne présente pas de contradiction avec la déclaration affirmative sur les questions relatives aux circonstances aggravantes de préméditation et de guetapens qui ont accompagné ledit homicide ; de ces déclarations il résulte seulement qu'un crime a été commis avec les circonstances aggravantes indiquées, mais que l'accusé n'en est pas l'auteur (Crim. rej. 13 févr. 1879, aff. Ali-ben-Cherf, D. P. 79. 1. 187).

2254. — 1° Complicité. — Jugé, conformément à la jurisprudence rapportée au Rép., n° 3522 : 1° que le jury peut, sans contradiction, après avoir répondu négativement aux questions ayant pour objet de faire déclarer l'accusé coupable comme auteur principal d'un meurtre commis avec préméditation, répondre affirmativement aux questions subsidiaires tendant à le faire déclarer coupable de complicité de ce même meurtre semblablement qualifié. En pareil cas, si la question relative à la circonstance de préméditation se trouve d'une part déniée et de l'autre affirmée, comme elle est réputée avoir été envisagée par le jury, non d'une manière absolue, mais seulement dans ses relations avec chacun des deux chefs d'accusation dont elle est le complément, il n'y a pas plus incompatibilité entre les réponses opposées relatives à ladite circonstance, qu'il n'y en a entre celles relatives aux faits différents qui font l'objet de l'accusation principale et de l'accusation subsidiaire (Crim. rej. 31 juill.

1862, aff. Lesage, D. P. 62. 1. 546 ; 18 mai 1865, aff. Arnault et Pourtois, D. P. 69. 1. 166 ; 13 févr. 1879, aff. Ali-ben-banCherf, D. P. 79. 1. 187 ; 2 sept. 1886, aff. Albertolli, Bull. crim. n° 319) ; — 2° Que, lorsque sur une accusation de complicité du crime de parricide par empoisonnement, le président a posé comme résultant des débats la question subsidiaire de savoir si l'accusé est coupable d'avoir attenté volontairement à la vie de la victime par l'effet de substances propres à donner la mort, le jury, après avoir écarté l'accusation de complicité de parricide, a pu sans contradiction répondre affirmativement à la question subsidiaire, et déclarer l'accusé coupable d'empoisonnement (Crim. rej. 27 avr. 1876, aff. Garrigue, D. P. 77. 1. 92) ; — 3° Qu'il ne résulte aucune contradiction, dans la déclaration du jury, de ce qu'elle est négative sur la question de savoir si l'accusé d'attentat à la pudeur a commis ce crime étant aidé par une ou plusieurs personnes, et affirmative sur celle de savoir si un autre accusé est coupable de l'avoir aidé ou assisté dans les faits qui ont facilité ou consommé le crime (Crim. rej. 27 nov. 1856, aff. Leprévost, D. P. 57. 1. 24).

2255. Jugé encore, selon la doctrine du Rép., n° 3526 : 1° que les réponses du jury peuvent être négatives sur la question de complicité par instructions et provocation, et, au contraire, affirmatives sur la question de complicité par aide et assistance, aucun lien de droit ne rattachant l'un à l'autre ces deux modes de complicité (Crim. rej. 17 août 1877, aff. Colligny, Bull. crim., n° 196) ; — 2° Que le jury ne commet pas de contradiction en déclarant l'accusé non coupable du chef de complicité de banqueroute par aide et assistance, mais coupable de complicité par recel (Crim. rej. 8 déc. 1870, aff. Dubreuil, D. P. 71. 1. 191) et réciproquement (Crim. rej. 6 oct. 1853, aff. Colin, D. P. 53. 5. 217).

2256. — 2° Connexité. — La connexité entre un crime et un délit ou entre deux crimes ne fait pas qu'il y ait contradiction dans la déclaration du jury qui a résolu affirmativement l'une des questions et l'autre négativement (Crim. rej. 2 janv. 1874, aff. Jamet, Bull. crim., n° 1).

2257. — 3° Coups et blessures ; violences et voies de fait. — La déclaration du jury portant que l'accusé n'a pas volontairement porté de coups à telle personne n'est pas contradictoire avec celle portant que le même accusé a atteint cette personne en voulant en frapper une autre ; il y a, en cas pareil, diversité, mais non contradiction, entre les deux déclarations (Crim. rej. 7 avr. 1853, aff. Gabarrou, D. P. 53. 1. 174). De même, le jury n'ayant pas le pouvoir d'apprécier les conséquences pénales de ses réponses, peut, sans commettre une contradiction (dans une accusation de coups et blessures ayant occasionné la mort sans intention de la donner), répondre successivement d'une manière affirmative à la question générale de savoir si l'accusé est coupable des faits incriminés, et à la question distincte de savoir s'il a agi avec motif légitime. Et il ne résulte non plus aucune contradiction dans la déclaration du jury, ni de ce qu'après avoir reconnu l'existence d'un motif légitime, il a surabondamment résolu par l'affirmative la question de provocation ; ni de ce qu'il a, malgré cette double réponse, déclaré l'existence de circonstances atténuantes (Crim. rej. 18 juin 1857, aff. Schenck, D. P. 57. 1. 372).

2258. — 4° Faux. — Il n'y a pas contradiction entre la déclaration du jury, portant que l'accusé est coupable d'avoir fabriqué des pièces fausses qu'il a introduites subrepticement dans les dossiers des archives d'un département, et celle portant que le même accusé n'est pas coupable d'avoir fait usage des pièces en les intercalant parmi les dossiers, et en demandant expédition, cette seconde déclaration n'étant pas exclusive du fait matériel de l'introduction ou de l'intercalation qui résulte de la première (Crim. rej. 8 août 1851, aff. Berthe de Villers-Bocage, D. P. 51. 5. 267). Il n'y a pas non plus contradiction entre la déclaration du jury qui reconnaît un accusé non coupable d'avoir apposé une fausse signature sur l'interrogatoire subi devant un juge d'instruction et celle qui le déclare coupable d'avoir pris un faux nom devant ce magistrat (Crim. rej. 21 mars 1872, aff. Sibille, Bull. crim., n° 74).

2259. — 5° Homicide. — La déclaration par laquelle le jury, après avoir résolu contre l'accusé une question principale de tentative de meurtre, admet également l'accusation subsidiaire de coups et blessures volontaires, ne présente

pas de contradiction : en effet, les coups et blessures se trouvent implicitement renfermés dans le fait plus grave de tentative de meurtre. Par suite, la cour d'assises a pu, avec raison, malgré les conclusions du défenseur, refuser de renvoyer le jury à un nouveau délibéré (Crim. rej. 24 juin 1858, aff. Pietri, D. P. 58. 5. 107). Jugé, dans le même sens, que lorsque le jury a répondu affirmativement sur une question d'homicide volontaire, et affirmativement aussi sur une question de coups et blessures volontaires posée comme résultant des débats, il n'y a pas contradiction, alors que le jury a laissé sans réponse une autre question demandant si les coups et blessures volontaires avait occasionné la mort sans intention de la donner (Crim. cass. 17 janv. 1884, aff. Pavillet, *Bull. crim.*, n° 14).

2260. Dans le cas de concomitance entre les crimes de meurtre et de vol, il a été jugé : 1° qu'il n'y a ni contradiction, ni inconciliabilité entre la réponse affirmative du jury sur la circonstance aggravante de préméditation et la réponse affirmative sur cette autre circonstance aggravante que le meurtre a été commis, soit pour faciliter la fuite du coupable, soit pour assurer l'impunité du délit dont il était l'auteur (Crim. rej. 10 mars 1859, aff. Lehoux, D. P. 59. 5. 215); — 2° Que, dans une accusation de vol accompagné de meurtre, le jury peut, sans contradiction, déclarer que le meurtre avait pour but de préparer, faciliter et assurer l'exécution du vol, et néanmoins répondre négativement sur la question de préméditation (Crim. rej. 25 févr. 1887, aff. Redon, *Bull. crim.*, n° 78); — 3° Dans une accusation de meurtre et de vol, le premier crime ayant eu pour objet de faciliter le second, le jury peut sans contradiction ne retenir que le chef de vol (Crim. rej. 12 juin 1873, aff. Rossat-Mignot, *Bull. crim.*, n° 158); — 4° Qu'il n'y a aucune contradiction entre les réponses du jury qui déclarent un accusé coupable de meurtre et non coupable de vol, et la réponse qui déclare que le meurtre a eu cependant pour objet de préparer, faciliter ou consommer le vol, de favoriser la fuite ou d'assurer l'impunité de ses auteurs (Crim. rej. 28 déc. 1877, aff. Huart, *Bull. crim.*, n° 274).

2261. A l'égard de la concomitance entre les crimes de meurtre et de viol, il a été jugé qu'il n'existe pas de contradiction dans la déclaration du jury portant que l'accusé est coupable de viol et d'homicide volontaire sur la même personne, et que l'homicide a précédé, accompagné ou suivi le viol; la déclaration doit être entendue en ce sens que l'homicide a suivi le viol, puisque le viol suppose nécessairement que la victime est vivante (Crim. rej. 30 août 1877, aff. Welker, *Bull. crim.*, n° 212).

2262. — 6° *Incendie.* — Il a été jugé : 1° qu'il n'y a ni ambiguïté ni contradiction dans la réponse du jury qui déclare un accusé non coupable d'avoir incendié des maisons habitées appartenant à autrui, et celle qui le déclare coupable d'avoir mis le feu à l'une de ces maisons non habitées (Crim. rej. 19 avr. 1850, aff. Gauthier, *Bull. crim.*, n° 132); — 2° Que le jury peut, sans contradiction, déclarer que l'accusé n'est pas coupable d'avoir mis volontairement le feu à une grange dépendant d'une maison habitée lui appartenant, et le déclarer coupable d'avoir mis le feu à un édifice lui appartenant et d'avoir ainsi volontairement causé un préjudice à autrui (Crim. rej. 10 avr. 1884, aff. Rougeron, *Bull. crim.*, n° 133).

2263. 7° *Vol.* — Il n'y a pas contradiction : 1° entre une première réponse du jury, de laquelle il résulte que le fait incriminé (un vol) a été accompli dans une maison habitée, et sa réponse négative à la question de savoir si ce fait a eu lieu la nuit dans la maison habitée par la victime, cette dernière réponse devant être considérée comme se référant uniquement à la circonstance de nuit, et la déclaration, dans son ensemble, devant, dès lors, être entendue en ce sens que le fait a eu lieu dans une maison habitée, mais non pendant la nuit (Crim. rej. 10 avr. 1856, aff. Planès, D. P. 56. 5. 124); — 2° Dans la déclaration du jury, d'après laquelle un accusé est reconnu coupable de vol commis en réunion, tandis que ses coaccusés présents sont acquittés (Crim. rej. 22 août 1861, aff. Constant, D. P. 69. 5. 99); — 3° Entre la réponse du jury négative sur la question de maison habitée et la réponse affirmative sur la question d'effraction extérieure; en conséquence, l'arrêt qui renvoie le jury dans la salle de ses délibérations pour ren-

dre une nouvelle déclaration est nul (Crim. cass. 4 déc. 1873, aff. Mercier, D. P. 74. 1. 232); — 4° Lorsque, un individu étant traduit devant la cour d'assises sous l'accusation de deux vols qualifiés, le jury écarte les circonstances aggravantes à l'égard de l'un et les restreint à l'égard de l'autre, ces deux vols eussent-ils été commis dans un même trait de temps (Crim. rej. 2 oct. 1873, aff. Mathieu, *Bull. crim.* n° 255).

2264. Il a encore été jugé que l'irrégularité de la réponse affirmative à une question sur une circonstance aggravante n'équivaut pas à la négation de cette circonstance; par suite, il ne résulte aucune contradiction de ce que le jury, après avoir admis qu'un vol a été commis conjointement par deux accusés, a irrégulièrement répondu à la question posée sur la pluralité des délinquants, si d'ailleurs cette réponse est affirmative (Crim. rej. 6 déc. 1867, aff. Laget et Portalier, D. P. 68. 1. 360).

2265. Enfin, l'erreur par laquelle une date inexacte a été assignée, dans les questions, à un vol poursuivi comme concomitant à une tentative de meurtre, ne peut être présentée devant la cour de cassation comme contredisant l'existence de cette concomitance affirmée par l'accusation et admise par la déclaration du jury, si rien n'indique au procès-verbal qu'il soit sorti des débats une accusation relative à un vol réellement commis à la date indiquée, et alors, d'ailleurs, que la contradiction prétendue n'a pas été relevée par l'accusé ou son défenseur devant la cour d'assises (Crim. rej. 3 nov. 1855, aff. Dumon, D. P. 56. 5. 122).

Art. 4. — *Contradiction ou non-contradiction dans les déclarations lorsqu'il y a des complices ou plusieurs accusés* (*Rép.* n°s 3543 à 3561).

2266. — 1° *Complices.* — Ainsi qu'on l'a dit au *Rép.*, n° 3544, l'acquittement de l'accusé principal n'excluant pas la criminalité de l'action, il n'y a pas contradiction, dans la déclaration du jury, entre la réponse négative au profit de l'auteur principal, et la réponse affirmative à la charge du complice (Crim. rej. 9 oct. 1851, aff. Gauzence, D. P. 51. 5. 331; 7 oct. 1858, aff. Marty, D. P. 58. 1. 474; Crim. cass. 27 mars 1863, aff. Reynaud, *Bull. crim.*, n° 99; 3 sept. 1863, aff. Veuve François, D. P. 63. 5. 100; Crim. rej. 17 sept. 1863, aff. Varragou, *Bull. crim.*, n° 247; 14 janv. 1864, aff. Thevenin, D. P. 66. 5. 89; 23 janv. 1863, aff. Chaslot, D. P. 74. 5. 128; 9 mars 1876, aff. Faicourt, D. P. 77. 1. 238; Crim. cass. 8 déc. 1881, aff. Prax-Paris, D. P. 82. 1. 42; Crim. rej. 18 sept. 1890, aff. Martin et Tennevin, D. P. 91. 1. 186. Conf. Faustin Hélie, t. 8, n° 3779; Nouguier, t. 4, vol. 2, n° 3360).

2267. Ce principe s'applique à la subornation de témoins, qui est un mode de complicité du crime de faux témoignage (V. *suprà*, n° 2246). Ainsi, lorsqu'un individu accusé de faux témoignage est déclaré non coupable, son complice, accusé de subornation de témoins, peut être condamné sans qu'il y ait contradiction; mais il faut qu'il résulte des réponses du jury qu'il y a eu, de la part de l'accusé principal, abstraction faite de sa culpabilité, déposition contraire à la vérité (Aux arrêts cités en ce sens au n° 3546, *adde :* Crim. cass. 11 oct. 1839, aff. Vérité, *Rép.*, v° *Témoignage faux*, n° 58-4°; 29 août 1844, aff. Advenier, D. P. 45. 4. 498; 27 juin 1846, aff. Naffréchoux, D. P. 46. 1. 324; Conf. Faustin Hélie, *loc. cit.*; Nouguier, t. 4, vol. 1, n° 2990. Il en est de même, selon ce qui a été dit au *Rép.*, n° 3548, en matière de banqueroute frauduleuse (Crim. rej. 9 févr. 1855, aff. Bosviel, *Bull. crim.*, n° 38; 19 sept. 1856, aff. Olivier, D. P. 56. 1. 418; 25 juin 1857, aff. Bacquié, *Bull. crim.*, n° 241; Crim. cass. 19 févr. 1859, aff. Mariani, D. P. 59. 5. 178; Crim. rej. 9 mars 1876, aff. Faicourt, D. P. 77. 1. 238; 3 juill. 1886, aff. Dubut de Laforest. D. P. 86. 1. 473. Conf. Nouguier, t. 4, vol. 1, n° 2988). Mais un individu ne peut être déclaré complice de détournements frauduleux commis par un failli au préjudice de ses créanciers, lorsque la question relative à ces détournements est résolue négativement et qu'il résulte de cette question que les détournements n'avaient pu être commis que par le failli (Crim. cass. 19 avr. 1849, aff. Leguet, D. P. 49. 5. 188; Conf. Faustin Hélie, *loc. cit.*).

2268. D'autre part, l'ignorance dans laquelle le jury est resté sur l'auteur principal d'un crime ne peut faire annuler

lequel il affirme la culpabilité du complice (29 janv. 1852, aff. Albertolli, *Bull. crim.*, Conf. Nouguier, *loc. cit.*, n° 2984).

2269. Il n'y a non plus aucune contradiction dans la réponse du jury qui déclare coupable un des accusés de complicité et en acquitte un autre (Crim. rej. 18 déc. 1875, aff. Bonnet et autres, *Bull. crim.*, n° 355).

2270. En ce qui concerne les circonstances aggravantes, il est de principe qu'elles ne sauraient, sans contradiction, être écartées à l'égard du complice lorsqu'elles ont été l'objet de réponses affirmatives quant à l'auteur principal. En effet, le complice est puni de la même peine que l'auteur principal, et il suffit, comme on l'a établi *suprà*, n° 2050, que la question des circonstances aggravantes soit résolue contre ce dernier. — Mais s'il arrivait qu'elles fussent l'objet de questions concernant le complice, il faudrait qu'il y eût harmonie entre les réponses faites sur ces circonstances tant à l'égard du complice qu'à l'égard de l'auteur principal. C'est ce qui a été jugé pour la préméditation et le guet-apens (Crim. cass. 20 juin 1861, aff. Paoli, D. P. 61. 5. 131; 4 avr. 1872, aff. Moussa-ben-Djelleul, D. P. 72. 1. 275; 20 juill. 1877, aff. Lebel, D. P. 78. 1. 444); ... pour la circonstance de blessures ou de contusions résultant de violences employées pour commettre un vol (Crim. cass. 23 mai 1879, aff. Rhalem-ben-Hamida et Kaddour-ben-Malek, D. P. 79. 1. 481); ... pour les circonstances d'effraction extérieure, d'introduction dans une maison habitée, de port d'armes apparentes ou cachées et de violences ayant laissé des traces (Crim. cass. 21 mars 1857, aff. Schuty, D. P. 57. 1. 225); ... pour la circonstance d'escalade (Crim. cass. 28 mars 1861, aff. Reygondaud, D. P. 61. 1. 189); ... pour la circonstance de dons ou promesses en matière de subornation de témoins (Crim. cass. 27 août 1891, aff. Manigault, D. P. 92. 1. 340; Conf. Faustin Hélie, *loc. cit.*).

Toutefois un arrêt décide qu'il n'y a aucune contradiction dans la réponse du jury qui déclare un accusé coupable de vol avec la circonstance qu'il travaillait habituellement dans la maison où il avait volé et qui cependant déclare en même temps un autre accusé complice de ce crime par recel, mais sans la circonstance aggravante (Crim. cass. 1828, aff. Buckel, *Bull. crim.*, n° 16). Le complice a pu, en effet, ignorer cette circonstance au moment du recel; mais il n'en est pas moins, comme complice, passible de la même peine que l'auteur principal.

2271. Quant à l'excuse de provocation, elle peut exister à l'égard du complice seulement. Jugé en conséquence, qu'il n'y a pas de contradiction entre la réponse du jury qui déclare l'auteur principal coupable d'homicide volontaire sans provocation et celle qui admet cette excuse en faveur du complice (Crim. cass. 7 sept. 1871, aff. Fumarolle et Ollivier, *Bull. crim.*, n° 111).

2272. — 2° *Coauteurs.* — Il n'y a point contradiction lorsque le jury déclare un accusé coupable de faits commis au profit exclusif de son coaccusé et acquitte cependant celui-ci; le jury, en effet, a pu, tout en reconnaissant que ce coaccusé devait être l'unique bénéficiaire des faux incriminés, considérer sa complicité comme n'ayant pas été légalement établie aux débats (Crim. rej. 31 juill. 1890, aff. Charles, *Bull. crim.*, n° 166).

Mais il y a contradiction et, par suite, ouverture à cassation lorsque le jury, après avoir déclaré successivement deux individus coupables d'une soustraction frauduleuse, répond négativement à la question de savoir « si cette soustraction a été commise par deux ou plusieurs personnes » (Crim. cass. 25 août 1892, aff. Mivière, *Bull. crim.*, n° 241).

2273. A l'égard des coauteurs, il faut, ainsi qu'on l'a vu *suprà*, n° 2052, distinguer entre les circonstances aggravantes réelles et les circonstances aggravantes personnelles. Celles-ci, par cela seul qu'elles sont spéciales à chaque agent, peuvent s'accommoder de réponses différentes. Les premières, au contraire, dominant et caractérisant le fait incriminé, atteignent forcément tous les coauteurs et ne permettent à aucun d'eux d'échapper à l'influence qu'elles exercent sur la pénalité; aussi y a-t-il contradiction si la réponse du jury écarte pour les uns telles de ces circonstances qu'il a admises pour les autres. Ainsi jugé, pour le port ostensible d'armes ou de bâtons, en matière de rébellion

(Crim. cass. 10 oct. 1861, aff. Rolais, D. P. 61. 1. 502); ... pour la circonstance de violences ayant laissé des traces, en matière de vol (Crim. cass. 5 janv. 1882, aff. Charlet, *Bull. crim.*, n° 3; 6 mars 1885, aff. Doung-van-Thi, *ibid.*, n° 79); ... pour les circonstances de nuit, d'escalade, d'effraction, de maison habitée (Crim. cass. 23 avr. 1874, aff. Métrier, D. P. 74. 1. 455; 30 nov. 1876, aff. Viateur, *Bull. crim.*, n° 234; Crim. rej. 26 juin 1879, aff. Bardeaux, D. P. 80. 1. 192; Crim. cass. 24 juin 1887, aff. Saïd-ben-Kélifa, *Bull. crim.*, n° 224); pour la circonstance de fausses clefs (Crim. cass. 9 juill. 1885, aff. Saïd-ben-Ahmed-ben-Himan, D. P. 86. 1. 276); ... pour la circonstance de dons et promesses en matière de subornation de témoins (Crim. cass. 27 août 1891, aff. Manigault, D. P. 92. 1. 340. Conf. Faustin Hélie, *loc. cit.*; Nouguier, t. 4, vol. 2, n°ˢ 3286 et suiv.). — Toutefois, il n'y a pas nécessairement contradiction dans la déclaration du jury par laquelle un des accusés est reconnu coupable d'un vol commis la nuit par deux ou plusieurs personnes, dans une maison habitée, alors que la circonstance de maison habitée est écartée pour son coaccusé; il est possible d'admettre en effet que deux vols distincts ont été commis au préjudice de la même personne (Crim. rej. 19 juin 1879, aff. Hennecy, *Bull. crim.*, n° 120).

2274. Quant à la question sur la concomitance considérée comme une circonstance aggravante réelle, elle peut, dans certains cas, ainsi qu'il a été dit *suprà*, v° *Crimes et délits contre les personnes*, n° 25, être résolue affirmativement à l'égard d'un accusé et négativement à l'égard d'un autre (Crim. rej. 14 oct. 1858, *suprà*, eod. v°).

2275. — 3° *Coauteurs et complices.* — Il a été jugé, conformément à l'opinion émise et aux arrêts rapportés au *Rép.*, n°ˢ 3329, 3550 et 3551, que deux ou plusieurs accusés peuvent, sans qu'il y ait contradiction, être déclarés en même temps auteurs d'un crime et complices de ce même crime, notamment soit par aide et assistance, soit par recel (Crim. rej. 3 juill. 1856, aff. Beaumaire, et Rault, *Bull. crim.*, n° 242. Conf. Faustin Hélie, *loc. cit.*; Nouguier, t. 4, vol. 2, n° 3378).

CHAP. 7. — Arrêts de la cour d'assises.
(*Rép.* n°ˢ 3562 à 3632.)

2276. L'art. 362 c. instr. crim. exige spécialement que, lorsque l'accusé a été reconnu coupable, le procureur général fasse ses réquisitions sur l'application de la peine. Cette règle d'ordre public intéresse la défense aussi bien que l'accusation; elle constitue une formalité substantielle, dont l'inobservation entraîne la nullité de l'arrêt qui a statué (Crim. rej. 3 juin 1893, aff. Pascal Avril, *Bull. crim.*, n° 148). Mais aucune disposition de loi ne précise la forme des réquisitions, et n'exige, notamment, que le ministère public indique les numéros des articles de loi à appliquer (Crim. rej. 25 janv. 1883, aff. Rostoucher et autres, *Bull. crim.*, n° 22).

2277. Ainsi qu'on l'a exposé au *Rép.*, n° 3562, la cour ne peut prononcer que d'après les faits reconnus par la déclaration du jury et conformément à ce qui résulte de l'acte d'accusation et des débats. Jugé, dans ce sens: 1° qu'il y a nullité de l'arrêt de la cour d'assises qui, sans tenir compte de la réponse négative du jury, relève comme constante une circonstance aggravante, bien que, par suite de l'admission des circonstances atténuantes, la cour ait prononcé une peine qui aurait pu être la même dans le cas où elle aurait appliqué la déclaration du jury, si, dans cette dernière hypothèse, le minimum avait pu être inférieur (Crim. cass. 17 janv. 1873, aff. Delpuech et Bertellier, D. P. 74. 5. 145); — 2° Que la cour d'assises ne peut prendre pour base de la peine qu'elle applique que les circonstances sur lesquelles le jury a été interrogé et qu'il a retenues par son verdict; elle usurpe donc une attribution qui ne lui est pas accordée par la loi lorsqu'elle déclare elle-même la culpabilité d'un accusé relativement aux circonstances aggravantes d'un délit de complicité sur lesquelles le jury n'a pas été interrogé, et lorsqu'elle fait de cette déclaration la base de la condamnation à l'emprisonnement qu'elle prononce (Crim. cass. 14 avr. 1892, aff. Lecarpentier et Baudon, D. P. 92. 1. 577); — 3° Que lorsque le verdict, faisant dégénérer en simple délit le fait déféré

à l'appréciation du jury, ne contient pas les indications nécessaires pour que la cour puisse vérifier si le fait dégénéré en délit était ou non prescrit au moment où les poursuites criminelles ont été commencées, elle doit d'office prononcer l'absolution de l'accusé (C. d'ass. de la Haute-Vienne, 10 août 1890, aff. D..., D. P. 91. 2. 71).

2278. Ajoutons que le visa de la loi pénale, dans l'arrêt de renvoi et dans l'acte d'accusation, n'étant pas prescrit à peine de nullité, ne saurait lier la cour d'assises ; cette cour, lorsqu'il y a omission ou erreur dans l'indication des textes applicables, a tout pouvoir pour faire, lors de l'application de la peine, les rectifications nécessaires (Crim. cass. 21 déc. 1871, aff. Benaben et Bez, D. P. 72. 1. 334).

Sect. 1re. — Interpellation du président a l'accusé déclaré coupable par le jury (*Rép.* nos 3563 à 3587).

2279. On a vu au *Rép.*, nos 3563 et suiv. que la plupart des arrêts considèrent comme une formalité essentielle à la défense, dont l'omission entraîne nullité, l'interpellation prescrite par l'art. 363 c. instr. crim. concernant l'application de la peine. C'est ce qui a été jugé de nouveau par les arrêts de cassation des 4 août 1881, aff. Denseulnaër, D. P. 82. 1. 238 ; 25 janv. 1889, aff. Forestier, *Bull. crim.*, n° 39 ; 9 avr. 1891, aff. Mansour-ould-Cheik, D. P. 92. 1. 170). V. en ce sens Nouguier, t. 4, vol. 2, nos 3702 et suiv.; Faustin Hélie, t. 8, n° 3801 ; Trébutien, t. 2, n° 641 ; Garraud, n° 611 ; Villey, p. 399. — Mais l'omission serait sans conséquence si la cour avait appliqué le minimum de la peine (Arrêt précité du 4 août 1881);... ou si la peine à prononcer était fixée par la loi d'une manière invariable (Crim. rej. 13 mars 1862, aff. Belhote, D. P. 62. 5. 91; Crim. cass. 9 avr. 1891, précité. Conf. Nouguier, Faustin Hélie et Trébutien, *loc. cit.*).

2280. Il suffit, ainsi qu'on l'a vu au *Rép.*, n° 3576 et suiv., que l'interpellation soit adressée au défenseur en présence de l'accusé, sans l'être à l'accusé lui-même (Crim. rej. 17 juin 1858, aff. Jacquet, D. P. 58. 5. 110). Si elle est adressée à l'accusé, la présence du défenseur n'est pas obligatoire (Crim. rej. 16 août 1860, aff. Cottin, D. P. 60. 1. 518. Conf. Faustin Hélie, *loc. cit.*, Nouguier, *loc. cit.*, nos 3712 et suiv).

2281. La loi, a-t-on dit au *Rép.*, n° 3570, n'a pas prescrit de termes sacramentels. Jugé, dans cet ordre d'idées : 1° qu'un président d'assises satisfait au vœu de l'art. 363 c. instr. crim., lorsque, après les réquisitions du ministère public sur l'application de la peine, il demande à l'accusé s'il a quelque observation à faire sur lesdites réquisitions, et le met ainsi en situation d'exercer le droit que la loi lui accorde (Crim. rej. 11 déc. 1845, aff. Daniel, *Bull. crim.*, n° 361); — 2° Que l'interpellation au défenseur de l'accusé et à l'accusé lui-même sur l'application de la peine, faite par un simple geste, est suffisante, lorsque ce geste est la suite d'un incident dans le cours duquel le président a ajourné, jusqu'après les réquisitions du ministère public, le moment où l'accusé pouvait prendre la parole (Crim. rej. 13 mars 1862, aff. Belhote, D. P. 62. 5. 91. Conf. Nouguier, *loc. cit.*, nos 3708 et suiv.).

Il n'y a pas non plus nullité lorsque le président, après avoir adressé à tous les accusés une interpellation collective sur l'application de la peine, a renouvelé, avant de prononcer l'arrêt de condamnation, la même interpellation à chacun des accusés individuellement (Crim. rej. 17 févr. 1854, aff. Goethal et autres, *Bull. crim.*, n° 53).

2282. Le moment où l'interpellation a lieu importe peu, selon ce qui a été dit au *Rép.*, n° 3573; ce qui importe seulement, c'est qu'elle ait été faite et qu'une délibération l'ait suivie. Aux arrêts cités en ce sens, *ibid, adde* : Crim. rej. 15 nov. 1832, aff. Rousselle, *Bull. crim.*, n° 445. Conf. Nouguier, *loc. cit.*, n° 3716 et suiv. Il n'est, d'ailleurs, pas nécessaire d'interpeller à nouveau l'accusé sur l'application de la peine lorsque, cette formalité ayant été remplie après la déclaration du jury, le président de la cour d'assises fait, avant de prononcer la condamnation, rectifier par le chef du jury une erreur matérielle par lui commise dans la date du verdict (Crim. rej. 20 mars 1891, aff. Chervet et Bizouiller, D. P. 92. 1. 255).

2283. Enfin, s'il arrive que des conclusions aient été prises par la défense concernant l'application de il ne peut résulter aucune nullité de ce que la cour d'assises a délibéré et a rendu son arrêt après avoir entendu le ministère public sur ces conclusions, lorsque rien n'indique que l'accusé ou son conseil ait demandé de répliquer (Crim. cass. 9 nov. 1843, aff. Fouquet, *Bull. crim.*, n° 275. Conf. Nouguier, *loc. cit.*, n° 3718 et Crim. rej. 18 juin 1891, aff. Volant, *Bull. crim.*, n° 436).

Sect. 2. — Délibération et prononciation de l'arrêt (*Rép.* nos 3588 à 3606).

2284. — 1° *Délibération.* — Il a été jugé, depuis la publication du *Répertoire*, que la mention, au procès-verbal des débats, que la cour d'assises a délibéré sur le siège pour l'application de la peine, ne fait pas présumer que cette délibération n'aurait pas eu lieu conformément à la loi (Crim. rej. 17 mars 1859, aff. Crillé, D. P. 60. 5. 210). — D'ailleurs la circonstance que les juges n'auraient pas opiné en secret ne pourrait donner ouverture à cassation, qu'autant qu'il en serait résulté un préjudice pour l'accusé (Crim. rej. 23 déc. 1859, aff. X..., D. P. 60. 5. 210).

2285. — 2° *Prononciation de l'arrêt.* — Ainsi qu'on l'a dit au *Rép.*, nos 3597 et suiv., l'arrêt, conformément aux principes généraux, doit être rendu publiquement et doit être motivé. On reviendra sur le second point *infrà*, nos 2295 et suiv. — Il faut aussi qu'il soit rendu en présence du ministère public; or, il y a présomption légale que le ministère public était présent lors du prononcé, quand il résulte du procès-verbal qu'il était présent à l'ouverture des débats, qu'il a exposé les faits de l'accusation, qu'il a conclu à l'application de la peine, et qu'aucune conclusion contraire n'a été prise à cet égard devant la cour (Crim. rej. 17 sept. 1872, aff. Lantoine, *Bull. crim.*, n° 241).

2286. L'art. 369 c. instr. crim. impose au président le devoir de lire le texte de loi sur lequel l'arrêt est fondé. Mais la cour de cassation a toujours décidé (V. *Rép.*, n° 3599) que cette lecture n'est pas prescrite à peine de nullité (Crim. rej. 31 mars 1866, aff. Rogalle, D. P. 66. 5. 271; 27 juin 1867, aff. Drouaillet, *Bull. crim.*, n° 147; 5 mars 1868, aff. Zara, *ibid.*, n° 63 ; 27 août 1868, aff. Duranger, D. P. 69. 5. 255; 5 nov. 1868, aff. El-Bakti-ben-al-Kemali et autres, *Bull. crim.*, n° 215; 6 nov. 1868, aff. Ahmed-ben-Kaddour, *ibid.*, n° 222; 9 sept. 1869, aff. Delprat, *ibid.*, n° 208 ; 6 févr. 1875, aff. Julien, *ibid.*, n° 44; 17 juin 1875, aff. Bazeille, *ibid.*, n° 190; 27 avr. 1893, aff. Sahli et cons., *ibid.*, n° 107. — Conf. Faustin Hélie, t. 8, n° 3862; Nouguier, t. 4, vol. 2, n° 3972). — A plus forte raison a-t-il été jugé : 1° que l'arrêt de cour d'assises qui a visé un texte pénal abrogé n'est pas nul, si la nouvelle loi édicte la même peine pour le même crime (Crim. rej. 26 juill. 1866, aff. Dusselin, D. P. 66. 5. 271) ; — 2° Que satisfaction serait donnée à la loi par la lecture d'un seul des deux textes emportant la même peine et simultanément applicables au condamné (Arrêt précité du 6 nov. 1868).

2287. D'ailleurs la loi ne prescrit pas de donner lecture de tous les articles du code pénal applicables aux faits reconnus constants par le jury, et de transcrire dans l'arrêt le texte de ces articles ; il suffit, comme on l'a vu au *Rép.*, n° 3600, qu'il ait été donné lecture et fait transcription des articles qui justifient la peine appliquée (Crim. rej. 16 mai 1878, aff. Bouché, *Bull. crim.*, n° 113).

Jugé, en conséquence, que l'obligation pour le président de lire le texte de la loi pénale applicable ne comprend le texte ni des articles sur la récidive (Crim. rej. 31 mars 1866, cité *suprà*, n° 2286); ... ni des articles sur la complicité (Crim. rej. 27 juin 1867, aff. Drouaillet, *Bull. crim.*, n° 147; 5 mars 1868, aff. Zara, *ibid.*, n° 63); ... ni de l'art. 365 c. instr. crim. ni des articles relatifs à la contrainte par corps (Crim. rej. 19 sept. 1872, aff. Ferrien, *Bull. crim.*, n° 240); ... ni des articles relatifs au mode d'exécution des peines (Crim. rej. 1er févr. 1866, aff. Potier et Guichard, D. P. 69. 5. 256. Conf. Nouguier, *loc. cit.*, n° 3969; Faustin Hélie, *loc. cit.*).

2288. La lecture dont il s'agit est suffisamment constatée par le procès-verbal des débats qui affirme la lecture de l'arrêt de condamnation dans lequel se trouve la mention : *Vu et lu les articles* (Crim. rej. 27 août 1868, cité

suprà, n° 2286. Conf. Nouguier, *loc. cit.*, n° 3973).

2289. A quel moment précis la cour a-t-elle épuisé ses pouvoirs sur l'affaire qui vient d'être jugée? Est-ce dès que l'arrêt a été prononcé; ou bien quand le président a fait un acte étranger au prononcé, tel que les avertissements prescrits par l'art. 374 c. instr. crim., ou la levée de l'audience; ou seulement lorsqu'il a été procédé à l'examen d'une autre affaire? La doctrine est divisée à cet égard (V. *Rép.* n° 3604; Nouguier, t. 4, vol. 2, n° 3974; Faustin Hélie, t. 8, n° 3861). Jugé, depuis la publication du *Répertoire*: 1° que la cour d'assises, lorsqu'elle a rendu son arrêt dans une affaire et, par exemple, prononcé une condamnation, a épuisé ses pouvoirs, et que, dès lors, c'est avec raison qu'elle se déclare incompétente pour connaître d'une exception de prescription soulevée par le condamné plusieurs jours après (Crim. rej. 1er mars 1855, aff. Dumont, D. P. 55. 1. 192); — 2° Que la cour d'assises ne peut donner acte à l'accusé, plusieurs jours après l'arrêt de condamnation, d'un fait qui aurait porté atteinte à la libre délibération du jury, ni ordonner une enquête à l'effet d'établir la réalité de ce fait (Crim. rej. 27 déc. 1873, aff. Jeanne Madre, D. P. 74. 1. 234); — 3° Que lorsque le président des assises, après l'arrêt de condamnation, a levé la séance, la cour n'a plus qualité pour statuer sur la demande tardive de l'accusé tendant à ce qu'il soit donné acte d'une prétendue irrégularité (Crim. rej. 9 mars 1882, aff. Duclaux, *Bull. crim.*, n° 63); — 4° Que la cour d'assises, après avoir rendu un arrêt de condamnation, ne peut, pour rectifier une erreur commise dans l'application de la peine, rapporter cet arrêt et en rendre un autre (Crim. cass. 1er juin 1885, aff. Lantrun, *Bull. crim.*, n° 167).

2290. En ce qui concerne la clôture des sessions, il a été jugé, conformément à ce qui a été dit au *Rép.* n° 3606: 1° que l'épuisement du rôle des affaires contradictoires ne clôt pas la session des assises lorsqu'il reste à juger des affaires par contumace; que, par suite, la cour d'assises, encore réunie pour le jugement des affaires de cette dernière sorte, a pu compétemment statuer sur l'opposition d'un juré condamné pour avoir pas répondu à la citation à lui adressée (Crim. rej. 26 nov. 1868, aff. Suchet, D. P. 69. 1. 245); — 2° Qu'une session de cour d'assises peut se continuer au delà du trimestre pour lequel elle a été constituée, pour le jugement des affaires qui étaient en état lors de son ouverture (Crim. rej. 24 déc. 1882, aff. Mohamed-Areski-ben-Mohamed, D. P. 84. 1. 475).

SECT. 3. — DE LA RÉDACTION DE L'ARRÊT.
(*Rép.* n°ˢ 3607 à 3618.)

2291. Il importe avant tout, ainsi qu'on l'a dit au *Rép.*, n° 3608, que l'accusé soit désigné dans l'arrêt de condamnation de manière à ne laisser planer aucun doute sur son identité. Toutefois, il a été jugé, dans le sens de l'arrêt (Crim. rej. 17 août 1846) cité *ibid.*, que la comparution d'un accusé devant la cour d'assises, sous des prénoms autres que ceux qui seraient les siens, sans qu'il ait, de ce chef, formulé aucune réclamation, le rend non recevable à en exciper devant la cour de cassation (Crim. rej. 6 juill. 1889, aff. Buquet, *Bull. crim.*, n° 245).

2292. Il n'est pas indispensable que l'arrêt précise la date du crime, qui résulte d'ailleurs du verdict du jury (Crim. rej. 26 juill. 1866, aff. Dusséhu, *Bull. crim.*, n° 494; 24 mars 1872, aff. Rouette, *ibid.*, n° 74).

2293. Le texte de la loi pénale appliquée doit, comme on l'a dit au *Rép.*, n° 3609, être transcrit dans l'arrêt (c. instr. crim. art. 309). Mais il n'est pas nécessaire de transcrire les articles relatifs au mode d'exécution des peines (Crim. rej. 1er févr. 1866, aff. Potier et Guichard, D. P. 69. 3. 256. Conf. Nouguier, t. 4, vol. 2, n° 3969; Faustin Hélie, t. 8, n° 3867). Jugé de même que l'arrêt qui condamne pour vol avec effraction peut se borner à viser l'art. 384 c. pén., sans mentionner l'art. 381, auquel renvoie le premier article (Crim. rej. 22 août 1867, aff. Constant, *Bull. crim.*, n° 204). Il faut en dire autant de l'art. 365 c. instr. crim., qui n'édicte aucune disposition pénale, mais réglemente seulement, au cas de conviction de plusieurs crimes ou délits, quelle peine doit être prononcée (Crim. rej. 10 déc. 1852, aff. Desrivières-Gers, *Bull. crim.*, n° 401). — Du reste, l'omis-

sion de la transcription du texte de la loi, ainsi qu'on l'a vu au *Rép. ibid.*, n'entraîne pas nullité (Crim. cass. 9 sept. 1869, aff. Delprat, *Bull. crim.*, n° 208; Crim. rej. 6 févr. 1875, aff. Julien, *ibid.*, n° 44; 29 juin 1876, aff. Gardette, *ibid.*, n° 150. Conf. Faustin Hélie, *loc. cit.*; Nouguier, *loc. cit.*, n° 3972).

2294. Il ne résulte pas non plus nullité de ce que l'arrêt de condamnation contient une erreur dans la citation du texte de loi, alors que la peine prononcée est bien celle qui devait être réellement appliquée (Crim. rej. 25 sept. 1890, aff. Veyssier et cons., *Bull. crim.*, n° 196). Mais il en serait autrement de l'omission de la citation de ce texte, si cette lacune pouvait être considérée comme un défaut de motifs suffisants (Crim. rej. (motifs) 23 sept. 1843, *Rép.*, v° *Jugement*, n° 794).

2295. Enfin, il est indispensable que l'arrêt, selon ce qui a été dit au *Rép.*, n° 3612, soit motivé (Conf. Nouguier, *loc. cit.*, n°ˢ 3682 et suiv.; Faustin Hélie, *loc. cit.*, n°ˢ 3862 et suiv.). Des applications de cette règle ont été indiquées *suprà*, v° *Jugement*. Jugé, en outre : 1° qu'il y a lieu d'annuler, pour violation de l'art. 7 de la loi du 20 avr. 1810, l'arrêt par lequel une cour d'assises condamne un accusé sans s'expliquer sur les conclusions par lui prises sur l'interpellation à lui adressée par le président, en exécution de l'art. 363 c. instr. crim., et tendant à faire déclarer par la cour que certains faits constatés par les réponses affirmatives du jury ne constituaient pas le crime pour lequel il était poursuivi (Crim. cass. 29 sept. 1853, aff. Charlicanne, D. P. 53. 5. 314); — 2° Que la condamnation au payement d'une somme déterminée de dommages-intérêts basée uniquement sur une déclaration du jury portant, sans fixer d'ailleurs cette somme, que l'accusé s'est rendu coupable d'avoir soustrait frauduleusement une « certaine somme » d'argent, n'est pas suffisamment motivée (Crim. cass. 22 déc. 1892, aff. Mivière et Durif, D. P. 93. 1. 102).

2296. En vertu du même principe, l'aggravation de peine appliquée par l'art. 304 c. pén. au crime de *meurtre* précédé, accompagné ou suivi d'un autre crime, ne peut être prononcée qu'autant que l'arrêt de condamnation constate la nature et les éléments constitutifs de ce dernier crime : il ne suffit pas, pour autoriser cette aggravation, qu'il soit simplement déclaré que le meurtre a été précédé d'un autre crime (Crim. cass. 21 mars 1850, aff. Jouveaux, D. P. 50. 5. 275; 27 mars 1851, aff. Barka-bel-Hadj-ben-Yahia, D. P. 51. 1. 60. V. *suprà*, v° *Crimes et délits contre les personnes*, n°ˢ 24 et suiv.).

2297. Mais l'arrêt de la cour d'assises a été considéré comme suffisamment motivé dans les cas suivants : 1° lorsque, après avoir visé les réquisitions du ministère public et les conclusions de l'accusé tendant à ce qu'il ne fût prononcé aucune peine, cet arrêt décide que le fait déclaré constant par le jury constitue le crime prévu et puni par l'art. 134 c. pén. (Crim. rej. 29 sept. 1853, aff. Marti, *Bull. crim.*, n° 486); — 2° Lorsqu'il répond, dans un seul motif, aussi bien aux conclusions principales qu'aux conclusions subsidiaires de l'accusé (Crim. rej. 16 janv. 1863, aff. Herbet et autres, *Bull. crim.*, n° 20); — 3° Lorsque, après avoir rapporté les réponses affirmatives aux questions sur les points de fait, l'arrêt ajoute que le fait déclaré constant constitue le crime prévu par un article déterminé du code pénal (Crim. rej. 14 mai 1868, aff. Fumas, *Bull. crim.*, n° 127; 14 mars 1874, aff. Sallée, *ibid.*, n° 86); — 4° Lorsque l'arrêt déclare que les faits déclarés constants par le jury constituent le crime de faux, surtout s'il contient en outre la transcription textuelle de la déclaration du jury et la citation des textes appliqués (Crim. rej. 26 mars 1874, aff. Landais, *Bull. crim.*, n° 98); — 5° Lorsque l'arrêt vise les questions posées au jury, les réponses faites à ces questions et le texte de la loi applicable, alors même que, dans les développements dont il a fait suivre ce visa, il aurait omis de rappeler un élément constitutif de la circonstance aggravante (Crim. rej. 29 juin 1876, aff. Gardette, *Bull. crim.*, n° 150); — 6° Lorsque la déclaration du jury, non reproduite dans son texte exact, l'est seulement dans sa substance, surtout si l'arrêt ajoute que le fait déclaré constant par le jury constitue le crime prévu par la disposition pénale appliquée (Crim. rej. 23 janv. 1890, aff. Belz, dit de Villas, D. P. 90. 1. 332).

2298. Les arrêts incidents doivent, comme les autres, être motivés ; il n'existe d'exception que pour ceux de ces arrêts « qui sont des actes de simple instruction, de pure administration, plutôt que des arrêts en forme, ou qui, statuant sur l'accomplissement d'une formalité que le président aurait pu seul ordonner, n'ont, par conséquent, pas le caractère d'arrêts intervenus sur une contestation contentieuse » (Nouguier, *loc. cit.*, nᵒˢ 3610 et suiv.). — Conf. Faustin Hélie, *loc. cit.*, nᵒ 3868. Comp. *Rép.*, vᵒ *Jugement*, nᵒ 1071). Jugé, notamment, qu'il n'est pas nécessaire de motiver l'arrêt qui donne acte à la défense d'un fait allégué dans ses conclusions (Crim. rej. 17 févr. 1876, aff. Goethal, *Bull. crim.*, nᵒ 53).

Sect. 4. — Signature de l'arrêt (*Rép.* nᵒˢ 3619 à 3632).

2299. La jurisprudence rapportée au *Rép.*, nᵒˢ 3619 et suiv., établit une distinction entre l'arrêt définitif et les arrêts incidents. L'arrêt définitif doit être signé par tous les juges qui l'ont rendu (c. instr. crim. art. 370), tandis que, les signatures du président et du greffier étant suffisantes pour les arrêts incidents (art. 277 du même code), on peut, sans irrégularité, se borner à insérer ces arrêts dans le procès-verbal des débats ; les signatures du président et du greffier apposées au bas de ce procès-verbal valent, en effet, comme signatures de l'arrêt lui-même. C'est ce qui a encore été jugé, depuis la publication du *Répertoire*, par les décisions suivantes : Crim. rej. 20 mars 1862, aff. Jeannin, D. P. 63. 5. 223 ; 26 nov. 1869, aff. Présent, D. P. 70. 1. 443 ; 1ᵉʳ mai 1873, aff. Jean-Adolphe, *Bull. crim.*, nᵒ 121 ; 25 août 1887, aff. Bouis, *ibid.*, nᵒ323. Conf. Nouguier, t. 4, vol. 2, nᵒ 3616; Faustin Hélie, t. 8, nᵒ 3868.

2300. Conformément à ce qui a été dit au *Rép.*, nᵒ 3627, il y a nullité si l'arrêt est signé par un magistrat dont la présence aux débats n'est pas constatée par le procès-verbal des débats (Crim. cass. 14 avr. 1848, aff. Gauthier, *Bull. crim.*, nᵒ 118 ; 10 août 1848, aff. Revert, *ibid.*, nᵒ 218).

2301. D'autre part, les ratures et les surcharges non approuvées, lorsqu'elles portent sur des énonciations essentielles et nécessaires à l'articulation et à la qualification de l'infraction, entraînent la nullité de l'arrêt de condamnation (Crim. cass. 7 sept. 1850, aff. Tardy, *Bull. crim.*, nᵒ 296).

CHAP. 8. — Procès-verbal des séances de la cour d'assises (*Rép.* nᵒ 3633).

Sect. 1ʳᵉ. — Règles générales (*Rép.* nᵒˢ 3634 à 3646).

2302. Un seul et même procès-verbal peut constater les débats d'une affaire qui a occupé plusieurs audiences (Crim. rej. 6 févr. 1851, aff. Poulard, nᵒ 50. Conf. Nouguier, t. 4, vol. 2, nᵒ 3992 ; Faustin Hélie, t. 8, nᵒ 3844).

2303. Le procès-verbal des débats peut, comme on l'a vu au *Rép.*, nᵒ 3637, être écrit par un autre que le greffier qui a tenu la plume à l'audience, pourvu que celui-ci en certifie l'authenticité par sa signature. Spécialement, lorsque le greffier en chef et le commis greffier ont assisté ensemble aux débats, il n'y a pas irrégularité à ce que le procès-verbal soit rédigé par le premier et signé par le second (Crim. rej. 16 nov. 1854, aff. Clairvaux, D. P. 54. 5. 218).

Sect. 2. — Impression et prohibition d'impression du procès-verbal (*Rép.* nᵒˢ 3647 à 3650).

2304. D'après un arrêt (Crim. cass. 22 avr. 1841) rapporté au *Rép.*, nᵒ 3650, l'art. 372 c. instr. crim. qui prohibe, sous peine de nullité, les procès-verbaux imprimés, s'applique de même aux procès-verbaux écrits à l'avance (*Adde* ; Crim. cass. 14 sept. 1854, aff. Harrut, *Bull. crim.*, nᵒ281.— Conf. Faustin Hélie. t. 8, nᵒ 3846 ; Nouguier, t. 4, vol. 2, nᵒ 3999). — Mais la circonstance que le procès-verbal des débats aurait été rédigé immédiatement après celui du tirage du jury rédigé sur une formule imprimée à l'avance, de manière à ne former qu'un seul contexte, ne peut, ainsi qu'il a été dit au *Rép.*, nᵒˢ 1892 et 3648, donner lieu au reproche d'emploi d'une formule imprimée, si les mentions imprimées ne se trouvent que dans la partie rendant compte de l'opération du tirage (Crim. rej. 6 nov. 1868, aff. Bloch

et Trécourt, D. P. 69. 5. 95 ; 19 juill. 1872, aff. Leblanc, D. P. 72. 1. 479. Conf. Nouguier, *loc. cit.*, nᵒ 4001 ; Faustin Hélie, *loc. cit.*).

Sect. 3. — Quand, ou et comment le procès-verbal doit être rédigé (*Rép.* nᵒˢ 3651 à 3653).

2305. Il a été jugé, depuis la publication du *Répertoire*, conformément à la jurisprudence qui y est rapportée (nᵒ 3651), que l'art. 372 c. instr. crim. ne fixe pas de délai pour la clôture du procès-verbal des séances de la cour d'assises ; et que, par suite, la circonstance que ce procès-verbal aurait été rédigé plus de deux mois après la séance ne donnerait pas ouverture à cassation (Crim. rej. 3 mai 1872, aff. Saïdben-Mohamed, D. P. 74. 1. 48. — Conf. Nouguier, t. 4, vol. 2, nᵒ 4005). — M. Faustin Hélie (t. 8, nᵒ 3849) critique cette jurisprudence, comme contraire à l'esprit de la loi. « Pourquoi, dit cet auteur, a-t-elle interdit les procès-verbaux imprimés ou écrits à l'avance? C'est qu'elle a voulu que les formes fussent constatées au fur et à mesure qu'elles s'accomplissent et séance par séance. Or, où est la différence entre le procès-verbal qui est préparé à l'avance et le procès-verbal qui n'est rédigé que plusieurs jours ou plusieurs semaines après? N'est-il pas visible que, dans l'un comme dans l'autre cas, on substitue des formules convenues à une constatation instantanée ?... Ensuite si l'accusé doit former son pourvoi dans les trois jours et déposer sa requête dans les dix jours, comment admettre qu'il soit privé du droit de faire valoir les moyens de nullité que le procès-verbal peut lui fournir ?... ».

2306. Quant aux mentions contenues au procès-verbal, on a vu au *Rép.*, nᵒ 3652, qu'elles ne sont pas soumises à des formules sacramentelles. Ainsi, la simple mention que telle formalité a été accomplie, sans que le procès-verbal indique la manière dont cet accomplissement a eu lieu, est la plupart du temps suffisante. Ainsi encore, le procès-verbal des débats qui constate l'accomplissement de plusieurs prescriptions du code d'instruction criminelle, en déclarant seulement que l'on s'est conformé aux divers articles y énoncés qui édictent lesdites prescriptions, atteste suffisamment l'exécution de la loi (Crim. rej. 5 oct. 1866, aff. Perrin, D. P. 66. 5. 113).

2307. Il a été décidé, conformément à un arrêt cité au *Rép.*, nᵒ 3653, qu'aucune disposition de loi n'interdit de constater par un seul et même procès-verbal les opérations relatives au tirage du jury de jugement et les formalités de l'audience (Crim. rej. 2 janv. 1874, aff. Taurisson, *Bull. crim.*, nᵒ 4. Conf. Nouguier, *loc. cit.*, nᵒ 4003).

Sect. 4. — Date et signature du procès-verbal (*Rép.* nᵒˢ 3654 à 3666).

2308. — 1ᵒ *Date*. — Le procès-verbal, comme tout acte authentique, doit être daté. Mais, selon la doctrine exposée au *Rép.*, nᵒ 3654, il peut être suppléé d'autres énonciations à l'omission ou à l'erreur de la date (Conf. Faustin Hélie, t. 8, nᵒ 3845 ; Nouguier, t. 4, vol. 2, nᵒ 3994). Jugé, en conséquence : 1ᵒ que le procès-verbal des débats peut être daté par référence au procès-verbal du tirage du jury, spécialement lorsqu'il porte en tête ces mots : « les jour, mois et an que dessus » ; qu'il en est ainsi alors même que le procès-verbal du tirage du jury est en partie imprimé, pourvu que les énonciations relatives à la date soient manuscrites (Crim. rej. 18 nov. 1875, aff. Froidure, *Bull. crim.*, nᵒ 321); — 2ᵒ Que l'omission de la date sur le procès-verbal des débats peut être suppléée soit par des énonciations tirées de la pièce elle-même, soit par les autres pièces du procès ; qu'il en est ainsi, spécialement, quand le tirage du jury de jugement et l'arrêt de condamnation datent du même jour et que tous les actes visés par le procès-verbal des débats portent une date unique (Crim. rej. 1ᵉʳ avr. 1886, aff. Mohamed-ben-Moktar, *Bull. crim.*, nᵒ 138); — 3ᵒ Que lorsque le procès-verbal des débats porte une date incomplète par suite de l'omission du mois où il a été dressé, cette omission regrettable n'entraîne cependant pas ;nullité, si aucun doute ne peut subsister à cet égard, à raison des autres mentions du procès-verbal (Crim. rej. 18 févr. 1886, aff. Thévard, *Bull. crim.*, nᵒ 60).

2309. — *2° Signature.* — L'art. 372 c. instr. crim. prescrit, à peine de nullité, comme on l'a vu au *Rép.* n° 3658, que le procès-verbal soit signé par le président et par le greffier. — En cas d'empêchement du président, on a admis au *Rép.*, n° 3659, que la signature de ce magistrat est suppléée par celle du plus ancien des juges qui ont siégé avec lui dans l'affaire, conformément à l'art. 37 du décret du 30 mars 1808. M. Nouguier estime, au contraire (*loc. cit.*, n° 3987), qu'une délégation de la cour est nécessaire pour investir le premier des assesseurs du droit de signer à la place du président (art. 38 du même décret). La jurisprudence de la cour suprême ne paraît pas bien fixée sur ce point. D'un côté, en effet, un arrêt de cassation du 12 janv. 1871 (aff. Bellevue, D. P. 71. 1. 73) juge que le procès-verbal des débats ne peut, en cas d'empêchement du président des assises par accident extraordinaire, être signé avec le greffier, par l'un des assesseurs, que sur une délégation de la cour d'appel; et que cette signature ne saurait, à aucun moment, être donnée de droit par l'assesseur le plus ancien. « Attendu, porte cet arrêt, que l'art. 37 de ce décret n'autorise le plus ancien des juges qui ont concouru à un jugement à signer la feuille d'audience pour le président qui serait dans l'impossibilité de le faire que pendant un délai de vingt-quatre heures qui suit un premier délai de vingt-quatre heures, à partir de la prononciation du jugement, accordé au président pour y apposer lui-même sa signature, et que, aux termes de l'art. 38 du même décret, si une feuille d'audience n'a pas été signée dans ce double délai de vingt-quatre heures, il doit en être référé à la chambre de la cour d'appel que tient le premier président, laquelle peut, suivant les circonstances et sur les conclusions par écrit du procureur général, autoriser un des juges qui ont concouru au jugement à le signer. — Attendu qu'aucun délai n'étant imparti pour la rédaction des procès-verbaux des séances des cours d'assises, le double délai de vingt-quatre heures établi par l'art. 37 n'a pas de point de départ en ce qui touche ces procès-verbaux, et ne peut, dès lors, jamais courir au profit du plus ancien des assesseurs; qu'il suit de là, que les procès-verbaux ne peuvent être valablement signés, quand le président est dans l'impossibilité de les signer lui-même, que par un juge commis par la cour d'appel, dans les termes de l'art. 38, pour les authentiquer par sa signature. » (V. en ce sens, Aix, 6 juill. 1864, aff. Martin, D. P. 64. 5. 85). D'un autre côté, un arrêt du 16 déc. 1880 (*Bull. crim.*, n° 234) déclare dans ses motifs que le décret du 30 mars 1808 qui autorise le plus ancien des juges à signer les feuilles d'audience pour le président, lorsque ce dernier est décédé ou empêché par accident extraordinaire, s'applique aux procès-verbaux des séances d'assises.

2310. En ce qui concerne la signature du greffier, il a été jugé, depuis la publication du *Répertoire*, conformément à la jurisprudence antérieure (V. n° 3660), que l'arrêt d'une cour d'assises doit être annulé avec tout ce qui l'a précédé, lorsque le procès-verbal des débats n'a été signé que par le président, sans l'avoir été par le greffier qui tenait la plume à l'audience; et que, dans ce cas, il y a lieu de condamner ce dernier à l'amende de 500 fr. (Crim. cass. 19 nov. 1865, aff. Daignac et Baniès, D. P. 65. 5. 102; 16 mai 1872, aff. Ahmed-ben-Douya, *Bull. crim.*, n° 117; 27 avr. 1882, aff. Pauliac, *ibid.*, n° 105). — Mais il a été jugé que, lorsque le commis greffier tenant la plume à l'audience à la cour d'assises a dû, par suite d'une indisposition subite, être remplacé par le greffier en chef, la circonstance que ce dernier a seul signé avec le président le procès-verbal des débats rédigé en un seul contexte ne permet pas d'en contester l'authenticité; en pareil cas, la signature du président suffit pour authentiquer le procès-verbal quant à la relation des actes accomplis avant le remplacement du commis greffier, encore bien que l'impossibilité de signer, où s'est trouvé ce commis greffier, n'aurait pas été de nouveau attestée par le président au moyen d'une mention placée auprès de sa signature (Crim. rej. 14 juill. 1864, aff. El-Hadj, D. P. 66. 5. 114).

2311. Dans le cas où plusieurs audiences de la cour d'assises ont été employées au jugement d'une affaire, il suffit qu'un seul procès-verbal soit rédigé et terminé par la signature du président et du greffier (Crim. rej. 6 févr. 1851, aff. Poulard, *Bull. crim.*, n° 50; Crim. cass. 3 avr. 1875, aff.

Deshay, D. P. 76. 1. 43; Crim. rej. 11 oct. 1877, aff. Albert, *Bull. crim.*, n° 223; 2 avr. 1885, aff. Gamahut, *ibid.*, n° 107; 13 janv. 1887, aff. Ménétrier, *ibid.*, n° 14; 9 avr. 1887, aff. Demongeot, *ibid.*, n° 140). Mais si le greffier a dressé un procès-verbal distinct pour chaque séance, l'omission de la signature du président au bas du procès-verbal de la première entraîne la nullité, et par suite celle de l'arrêt de condamnation. Et cette omission ne peut être considérée comme réparée par les signatures du président et du greffier régulièrement apposées au bas du procès-verbal de la dernière séance, bien que les deux procès-verbaux aient été inscrits sur une même feuille à la suite l'un de l'autre (Crim. cass. 22 janv. 1857, aff. Naudet, D. P. 57. 1. 131; 1er févr. 1866, aff. Berger, D. P. 66. 5. 113; Crim. cass. 3 avr. 1875, précité; 1er avr. 1882, aff. Mottin et Lartigue, *Bull. crim.*, n° 95. Conf. Nouguier, *loc. cit.*, n°s 3992 et 3993; Faustin Hélie, *loc. cit.*, n° 3844). Il en serait de même si la signature omise au bas du procès-verbal de la première séance était celle du greffier (Crim. cass. 8 mai 1891, aff. Amboucano, D. P. 91. 5. 156).

2312. Enfin, il a été jugé que la signature du président doit être considérée comme non avenue lorsqu'elle a été apposée en surcharge sur celle du commis greffier effacée à l'aide d'un grattage, et que cette surcharge n'a pas été approuvée (Crim. cass. 8 mai 1891, aff. Amboucano, D. P. 91. 5. 156). En pareil cas, il y a lieu de condamner le greffier à l'amende de 500 fr. et aux frais de la procédure à recommencer (Crim. cass. 27 avr. 1882, *Bull. crim.*, n° 105; 8 mai 1891, précité).

2313. — I. MENTIONS PROHIBÉES. — *1° Réponses des accusés* (*Rép.* n°s 3670 et suiv.). — La mention au procès-verbal de la cour d'assises que l'accusé, interpellé s'il avait des observations à présenter sur l'application de la peine, « a protesté de son innocence » (Crim. rej. 6 mai 1854, aff. Wattier, D. P. 54. 5. 219; Crim. cass. 14 mars 1856, aff. Heu, D. P. 56. 5. 126);... ou « de celle de son coaccusé » (Crim. cass. 14 sept. 1854, aff. Orhaut, D. P. 54. 5. 219), emporte nullité de la condamnation comme constituant une infraction à la prohibition portée par l'art. 372 c. instr. crim. de reproduire les réponses des accusés. Toutefois, dans le second cas, cette nullité ne peut être prononcée qu'au profit de celui des condamnés qui s'est pourvu. — Il en est de même de la réponse négative de l'accusé à cette interpellation (Crim. rej. 16 juin 1854, aff. Moron, D. P. 54. 5. 218; 6 juin 1861, aff. Ballagny, D. P. 61. 5. 130; 12 avr. 1861, aff. Mallet, D. P. 66. 5. 114. — Conf. Faustin Hélie, t. 8, n° 3856; Nouguier, t. 4, vol. 2, n° 4009).

2314. La même solution s'étend au cas où le procès-verbal mentionne la déclaration faite par un accusé en l'absence de son coaccusé retiré momentanément de l'audience, avec les aveux partiels recueillis de sa bouche; et la nullité de la condamnation peut être invoquée non seulement par l'accusé qui a fait les réponses, mais encore par tous les accusés sans distinction, car il est impossible de mesurer l'influence que peut avoir sur le sort de chacun des accusés la déclaration de tel ou tel autre (Crim. cass. 16 janv. 1891, aff. Giacolette, D. P. 92. 1. 108).

2315. Jugé, dans cet ordre d'idées : 1° que la prohibition, édictée à peine de nullité, de faire, au procès-verbal des débats de la cour d'assises, mention des réponses des accusés, s'applique à la réponse que les accusés auraient faite à l'interpellation du président relativement à leurs aveux et à l'intention qu'ils pouvaient avoir de solliciter, en cas de condamnation, le bénéfice des circonstances atténuantes (Crim. cass. 10 janv. 1889, aff. Bourie, D. P. 89. 1. 386); — 2° Que la mention dans le procès-verbal des débats de la cour d'assises que l'accusé a reconnu, pour être celle qu'il portait, une blouse qui constituait une des charges de l'accusation, entraîne nullité du procès-verbal et de l'arrêt de condamnation; et il importe peu que cette pièce de conviction n'ait été versée aux débats qu'à titre de simple renseignement, le pouvoir du président de la cour d'assises ne pouvant couvrir la nullité qui résulte d'une mention faite en violation de la loi (Crim. cass. 21 févr. 1891, aff. Loison, D. P. 93. 1. 101); — « 3° Que l'art. 372 c. instr. crim. s'op-

pose à ce qu'il soit tenu note, dans le procès-verbal des débats de la cour d'assises, des variations apportées par un accusé dans son système de défense et des contradictions qui peuvent exister entre ses déclarations à l'audience et celles qu'il a faites dans l'instruction; l'art. 318 c. instr. crim. ne s'applique, en effet, qu'aux dépositions des témoins, et non aux réponses des accusés (Crim. cass. 6 mars 1891, aff. Rassa-Rattinom et Periassa, D. P. 91. 5. 155).

D'ailleurs, la constatation, au procès-verbal des débats, des déclarations faites par un accusé est une cause de nullité, alors même que ces déclarations ont été spontanées (Crim. cass. 10 juin 1875, aff. Perreau, Bull. crim., n° 184).

2316. Mais le procès-verbal des débats peut, sans qu'il en résulte nullité: mentionner la réponse faite par l'accusé à la question du président, ayant pour objet de constater son identité (Crim. rej. 18 nov. 1875, aff. Froidure, Bull. crim., n° 321; 29 déc. 1883, aff. Puisat, ibid., n° 299); ... ou vérifier s'il reconnaît la fausseté des titres servant de pièces de conviction (Crim. rej. 13 avr. 1843, aff. Constant, Bull. crim., n° 265); ... ou constater que l'accusé a déclaré s'être servi du fusil qui lui était représenté pour commettre le crime à lui imputé, lorsque cette mention, ainsi que les énonciations d'un arrêt incident, ont été rendues nécessaires par les conclusions du défenseur et par la nécessité d'établir, en réponse à ses conclusions, que le fusil, saisi comme pièce à conviction, avait été représenté à l'accusé (Crim. rej. 27 sept. 1883, aff. Bender, Bull. crim., n° 238). — Il peut aussi contenir la mention, à propos d'un incident d'audience, de réponses nouvelles et de rétractation des accusés, lorsque cette mention a pour objet d'expliquer la décision sur l'incident, et, par exemple, la prononciation du renvoi de l'affaire à une autre session en considération de ces réponses nouvelles et de ces rétractations (Crim. rej. 29 juin 1854, aff. Boucher, Bull. crim., n° 208; 9 août 1860, aff. Joannon, D. P. 60. 5. 95; 15 déc. 1871, aff. Moniez, Bull. crim., n° 180; Crim. cass. (motifs) 10 janv. 1889, aff. Bourie, D. P. 89. 1. 386); ou, plus généralement, enregistrer toute réponse n'impliquant pas un aveu de culpabilité (Crim. rej. 28 janv. 1876, aff. Larbaud, Bull. crim., n° 31; 7 avr. 1881, aff. Avérous, ibid., n° 96. — Conf. Faustin Hélie, loc. cit.; Nouguier, t. 4, n° 4010).

2317. — 2° Déposition des témoins. — La cour de cassation fait, en cette matière, une distinction entre les réponses qui se rapportent à la culpabilité de l'accusé et celles concernant des renseignements sans intérêt (Conf. Faustin Hélie, loc. cit., n° 3855; Nouguier, loc. cit., n° 4013 et suiv.). La reproduction des premières entraîne seule la nullité des débats sauf l'application de l'art. 318 c. instr. crim., lorsque les dépositions orales diffèrent des précédentes déclarations (Crim. cass. 1er oct. 1857, aff. Lanet, D. P. 57. 1. 454; 11 mars 1864, aff. Alysar, D. P. 65. 5. 102; Crim. rej. 13 déc. 1871, aff. Moniez, Bull. crim., n° 180; 17 avr. 1873, aff. Mano, D. P. 73. 1. 94). — Ainsi qu'on l'a vu au Rép., n° 3674, la mention au procès-verbal de la substance de dépositions de témoins, non entendus dans l'instruction écrite, est également une cause de nullité (Conf. Crim. cass. 27 juill. 1857, aff. Bolo, D. P. 57. 1. 382). — Mais le procès-verbal des débats qui, sans mentionner le contenu d'une déposition, se borne à donner acte du fait de la déposition d'un témoin, n'est pas entaché de nullité (Crim. rej. 6 janv. 1893, aff. Rambert et Ayachi, D. P. 93. 1. 102).

2318. D'autre part, l'accusé ne peut se plaindre devant la cour de cassation de la relation au procès-verbal des débats de la substance d'une déposition de témoins, lorsque c'est sur sa demande que cette mesure a été ordonnée (Crim. rej. 7 janv. 1858, aff. Bolo, Bull. crim., n° 3). — De même, lorsque, pour mieux faire ressortir les variations d'un témoin, il a paru utile au président de rapprocher les déclarations de ce témoin de celles d'autres témoins, il n'y a pas irrégularité à ce que ces diverses déclarations soient consignées par le greffier dans un même procès-verbal (Crim. rej. 13 août 1863, aff. Montlaur, D. P. 63. 5. 374). La cour de cassation n'a pas non plus considéré comme pouvant motiver l'annulation: ... la reproduction des réponses des témoins aux questions que le président de la cour d'assises leur a adressées sur leur individualité (Crim. rej. 17 avr. 1863, aff. Grihoux, D. P. 63. 5. 102; 12 juin 1873, aff. Rossat-Mignot, Bull. crim., n° 158; 17 juin 1876, aff. Pascal, D. P. 77. 1. 460); ... ni la mention de certaines

circonstances de fait qui se sont produites à la suite de la déposition d'un témoin et qui expliquent les mesures prises par le président, en vertu de son pouvoir discrétionnaire, à la suite de ces faits (Crim. rej. 3 févr. 1876, aff. Pésine Joséphine, Bull. crim., n° 36).

2319. Il n'y a pas non plus nullité, et l'art. 372 c. instr. crim. n'est pas violé par l'exercice du droit, qui appartient au ministère public, de faire constater au procès-verbal toute déposition qui lui paraît, même en dehors du cas de variations, devoir être retenue comme pouvant servir de base à une poursuite ultérieure, notamment pour faux témoignage (Crim. rej. 13 déc. 1860, aff. Battesini, D. P. 61. 5. 129; 6 janv. 1893, aff. Ayachi, D. P. 93. 1. 102); ni par la mention au procès-verbal des débats de la déposition d'un témoin, quand elle n'a pour but et pour effet que d'expliquer les réquisitions du ministère public tendant à faire écarter un chef d'accusation démenti par ce témoignage (Crim. rej. 15 déc. 1871, cité suprà, n° 2317).

2320. — 3° Déclarations des experts. — Les déclarations des experts ne doivent pas plus être mentionnées au procès-verbal des débats que les déclarations des témoins, en dehors des cas de changements, variations ou contradictions; par suite, constitue une nullité substantielle la mention au procès-verbal des débats, dans une affaire de tentative de meurtre, que les plombs dont la victime a été atteinte sont exactement semblables, pour le numéro, aux plombs des cartouches de chasse saisies sur l'accusé (Crim. cass. 22 mars 1873, aff. Ferret, D. P. 73. 1. 267). — Mais la mention que l'un des experts entendus à l'audience aurait déclaré qu'ils étaient unanimes, n'a pas été considérée comme une cause de nullité (Crim. rej. 1er sept. 1859, aff. Lourse, Bull. crim., n° 220).

2321. — II. Mentions obligatoires. — Rappelons que le procès-verbal doit constater l'accomplissement de toutes les formalités substantielles (Rép. n° 3678; Faustin Hélie, loc. cit., n° 3851; Nouguier, loc. cit., n° 4023; Garraud, n° 614; Villey, p. 399; Trébutien, t. 2, n° 642), et recherchons comment la jurisprudence entend l'application de ce principe.

2322. — 1° Composition de la cour (Rép. n°s 3687 et suiv.). — Il est inutile que le procès-verbal des débats réproduise les ordonnances qui ont nommé le président des assises et les assesseurs; il suffit que les noms des magistrats y soient exactement indiqués, alors, d'ailleurs, que l'accusé n'a élevé aucune réclamation concernant la composition de la cour (Crim. rej. 20 févr. 1874, aff. Julien, Bull. crim., n° 60; 15 déc. 1892, aff. Ali ou El-Hadj-ben-Amar, D. P. 93. 1. 303). Il y a du reste présomption légale que la cour d'assises a été légalement constituée, et notamment que les assesseurs ont été nommés par une ordonnance régulière (Crim. rej. 2 janv. 1879, aff. Deloffre, D. P. 79. 1. 378). — Jugé aussi que, lorsque la cour d'assises a désigné un conseiller suppléant pour remplacer au besoin celui des conseillers assesseurs qui se trouverait légalement empêché, ce conseiller suppléant est légalement présumé n'avoir pas participé aux délibérations de la cour, par cela même que le procès-verbal des débats ne contient pas une énonciation contraire (Crim. rej. 15 janv. 1891, aff. Eyraud, Bull. crim., n° 8).

2323. Mais lorsqu'il y a divergence entre le procès-verbal des débats et l'arrêt, quant à la composition de la cour, ces énonciations contradictoires s'entre-détruisent et entraînent la nullité de l'arrêt (Crim. cass. 7 janv. 1886, aff. Nunez, Bull. crim., n° 5; 6 janv. 1887, aff. Renaud, ibid., n° 3; 10 févr. 1887, aff. Guillot, ibid., n° 54). Toutefois l'erreur matérielle contenue dans le procès-verbal, concernant le nom d'un des magistrats, n'emporte pas nullité de l'arrêt, si cette erreur peut être rectifiée par les énonciations certaines de l'arrêt de condamnation et par les signatures qui y sont apposées (Crim. rej. 5 mai 1881, aff. Martin, Bull. crim., n° 115; 10 mai 1884, aff. Desonnais, ibid., n° 167). Il y a aussi nullité lorsque, des énonciations contraires inscrites au procès-verbal d'audience, il résulte une incertitude complète sur la composition de la cour (Crim. cass. 9 oct. 1848, aff. Maurel, Bull. crim., n° 269).

2324. Quant à l'officier du ministère public, le procès-verbal peut ne pas indiquer son nom, si la présence de ce magistrat est suffisamment constatée par les autres données

du procès-verbal et spécialement par une mention énonçant que le ministère public a exercé son droit de récusation (Crim. rej. 6 janv. 1882, aff. Champommier, *Bull. crim.*, n° 8).

2325. — 2° *Expertise; pouvoir discrétionnaire; pièces de comparaison.* — Un président d'assises peut, en vertu du pouvoir discrétionnaire qui lui est conféré par l'art. 269 c. instr. crim., ordonner une expertise, sans qu'il soit nécessaire que le procès-verbal d'audience constate les pièces qui ont servi de point de comparaison (Crim. rej. 4 juill. 1851, aff. Agnel, *Bull. crim.*, n° 267).

2326. — 3° *Formalités relatives à l'audition des témoins* (Rép. n° 3702). — Le procès-verbal des débats établit suffisamment l'accomplissement des formalités prescrites par les art. 317, 319, 348 et 372 c. instr. crim., lorsqu'il constate que les témoins ont déposé oralement, qu'avant de déposer ils ont prêté serment dans les termes prescrits par l'art. 317 c. instr. crim. et satisfait aux autres indications de cet article, que les formalités de l'art. 319 ont été remplies par le président à l'égard des témoins et de l'accusé, et qu'enfin, en ce qui concerne les prescriptions de l'art. 348, chacune d'elles a été observée (Crim. rej. 15 mai 1886, aff. Grandjean, *Bull. crim.*, n° 482). De même, la mention que les témoins appelés devant la cour d'assises ont prêté serment, conformément à la loi, est suffisante pour établir que le serment a été prêté dans la forme prescrite par l'art. 317 c. instr. crim. (Crim. rej. 20 avr. 1882, aff. Chalmé, *Bull. crim.*, n° 99). — Mais la mention que les témoins ont rempli les formalités prescrites par l'art. 317 c. instr. crim. ne peut faire disparaître la nullité de l'arrêt résultant de l'omission, dans le procès-verbal, d'une partie de la formule du serment (Crim. cass. 8 juill. 1852, aff. Berthonneau, *Bull. crim.*, n° 231; 20 déc. 1877, aff. Plet, *ibid.*, n° 263). D'un autre côté, lorsque le procès-verbal constate d'une façon formelle que deux témoins n'ont pas prêté serment et que le président des assises a averti le jury que ces témoins étaient entendus à titre de simple renseignement, il ajoute ensuite que toutes les formalités prescrites par l'art. 317 c. instr. crim. ont été remplies, cette référence ne peut s'appliquer qu'aux formalités prescrites par la deuxième partie de l'article précité (Crim. rej. 30 déc. 1886, aff. Catherine Baudet, *Bull. crim.*, n° 440).

2327. — Enfin, il n'est prescrit ni par l'art. 315 c. instr. crim., ni par aucune autre disposition de loi, que le procès-verbal des débats devra constater que les nom, profession et résidence des témoins ont été notifiés à l'accusé vingt-quatre heures avant l'ouverture de l'audience (Crim. rej. 19 mai 1892, aff. Faure, *Bull. crim.*, n° 147).

2328. — 4° *Position, lecture et remise des questions* (Rép. n° 3707). — Lorsque le procès-verbal des débats constate que les questions ont été posées au jury par le président, il y a présomption, d'après l'expression même « ont été posées », que ces questions ont été lues à l'audience (Crim. rej. 8 janv. 1852, aff. Lacroix, *Bull. crim.*, n° 5).

Il n'est pas indispensable que le procès-verbal constate que l'accusé a été averti qu'une question serait posée au jury comme résultant des débats, si ce document établit, d'ailleurs, que les questions ont été lues à l'audience, et si la question dont il s'agit est accompagnée de la mention qu'elle est posée comme résultant des débats (Crim. rej. 23 mai 1846, aff. Rousseau).

2329. — 5° *Avertissement au jury* (Rép. n° 3706). — Lorsque le procès-verbal des débats ne fait pas mention de l'avertissement que le président doit donner au jury sur l'obligation de voter au scrutin secret, il y a présomption que cette formalité n'a pas été observée, et cette présomption entraîne la nullité des débats (Crim. cass. 15 mars 1852, aff. Lafont de Mascaras, *Bull. crim.*, n° 96. V. aussi Crim. cass. 20 sept. 1855, aff. Lécard, *Bull. crim.*, n° 325). La nullité est également encourue lorsque la constatation du procès-verbal des débats sur les avertissements dressés au jury par le président est irrégulière ou inexacte (Crim. cass. 2 avr. 1853, aff. Moeglin, *Bull. crim.*, n° 120); ... à moins qu'il n'en puisse résulter aucun préjudice pour l'accusé (Crim. rej. 21 déc. 1854, aff. Wetzel, *Bull. crim.*, n° 350). — Il y a aussi nullité lorsque le procès-verbal ne constate pas l'avertissement donné par le président au jury au sujet des circonstances atténuantes (Arrêt précité du 18 mars 1852, aff. Lafont de Mascaras, *Bull. crim.*, n° 96).

Mais les avertissements que le président doit donner aux jurés sont suffisamment constatés lorsque le procès-verbal mentionne que les dispositions de l'art. 341 c. instr. crim. ont été rappelées et expliquées par ce magistrat (Crim. rej. 9 oct. 1845, aff. Mulot, *Bull. crim.*, n° 319). — Jugé, dans le même sens, qu'il n'est pas nécessaire que le procès-verbal des débats de la cour d'assises rappelle les termes mêmes dont s'est servi le président pour donner au jury, conformément aux art. 341 et 347 c. instr. crim., les avertissements relatifs à la déclaration des circonstances atténuantes et au vote au scrutin secret ; il suffit que le procès-verbal soit rédigé de façon à ne laisser aucun doute sur l'accomplissement de ces formalités substantielles (Crim. rej. 12 mars 1887, aff. Hémelot, *Bull. crim.*, n° 105).

2330. — 6° *Délibération et vote du jury.* — Le procès-verbal des débats constatant que le président a donné l'ordre spécifié par l'art. 343 c. instr. crim. implique l'entier accomplissement des formalités prescrites par cet article, qui, du reste, ne sont pas prescrites à peine de nullité (Crim. rej. 24 déc. 1852, aff. Cordier, *Bull. crim.*, n° 416).

2331. — 7° *Remise du verdict au président.* — La mention, portée au procès-verbal, que la déclaration signée par le chef du jury a été remise par lui au président, en présence des autres jurés, implique suffisamment la présence des jurés à la signature, tout aussi bien qu'à la remise de la déclaration (Crim. rej. 21 févr. 1878, aff. Louchard, D. P. 78. 1. 391). — De même, lorsque le procès-verbal des débats ne constate pas que la déclaration du jury a été signée par le chef du jury en présence des jurés, il n'y a pas lieu à cassation s'il résulte du rapprochement des énonciations du procès-verbal que la signature du chef du jury avait été, en fait, apposée en présence des jurés, dans la chambre des délibérations ou à l'audience, en avant précédé celles du président et du greffier (Crim. rej. 16 janv. 1890, aff. Ahmed-Lamali et autres, *Bull. crim.*, n° 11).

2332. — 8° *Prescriptions de l'art. 335 c. instr. crim.* — Le procès-verbal des débats constate suffisamment que les prescriptions de l'art. 335 c. instr. crim. ont été observées lorsqu'il énonce qu'« après le réquisitoire, le conseil de l'accusé a répondu au ministère public et a eu la parole le dernier », et que « c'est seulement lorsqu'il n'y a plus rien eu à dire pour la défense que le président a déclaré les débats terminés » (Crim. rej. 15 mai 1886, aff. Granjean, *Bull. crim.*, n° 182). — Il en est de même si le procès-verbal porte que la cour a rendu l'arrêt « après avoir entendu le ministère public, les accusés et leurs défenseurs » ; car, en admettant qu'il ne résulte pas de ces expressions preuve suffisante que les accusés ou leurs conseils ont parlé les derniers, il suffit qu'ils aient pu prendre la parole après le ministère public ; la violation du droit de la défense consisterait, en effet, à refuser la parole à l'accusé qui la demande pour répondre à l'accusation (Crim. rej. 6 janv. 1893, aff. Rambert et Ayachi, D. P. 93. 1. 102-103).

2333. — 9° *Lecture de la déclaration du jury à l'accusé.* — Le défaut de mention au procès-verbal des débats que la déclaration du jury a été lue en présence de l'accusé entraîne la nullité de l'arrêt de condamnation, encore bien que ledit procès-verbal constate que le président a enjoint au greffier de lire cette déclaration (Crim. cass. 14 sept. 1848, aff. Gauthey, *Bull. crim.*, n° 243 ; 23 avr. 1891, aff. Mayence, *ibid.*, n° 95).

2334. — 10° *Affaire continuée plusieurs jours ; références* (Rép. n° 3685 et suiv.). — Lorsqu'une affaire a été continuée plusieurs jours, si la présence des jurés, des accusés et des défenseurs est formellement constatée dans le procès-verbal d'une première audience, il n'est pas nécessaire que cette mention soit renouvelée d'une manière expresse dans les procès-verbaux des audiences qui ont suivi (Crim. rej. 17 avr. 1873, aff. Duseutre, *Bull. crim.*, n° 103. *Adde* dans le même sens, en ce qui concerne la présence des jurés : Crim. rej. 27 nov. 1873, aff. Rondepierre, *Bull. crim.*, n° 288 ; 30 mars 1882, aff. Espedra, *ibid.*, n° 88 ; 26 déc. 1885, aff. Vigiès, n° 370). — Jugé de même, en ce qui concerne la cour, qu'il y a présomption légale que sa composition est demeurée aux audiences subséquentes ce qu'elle était à la première (Crim. rej. 23 févr. 1871, aff. Sabathé, D. P. 71. 1. 32).

2335. — 11° *Date des débats.* — Le procès-verbal des

débats fait suffisamment connaître la date du jour où s'est terminée l'affaire, lorsqu'il énonce que l'audience, ouverte tel jour, a été suspendue à six heures du soir, reprise à huit heures, et s'est continuée sans interruption jusqu'à la fin, même quand elle n'aurait été levée qu'après minuit (Crim. rej. 17 mai 1872, aff. Couanon, *Bull. crim.*, n° 124).

2336. — 12° *Prononcé de l'arrêt.* — Le président des assises est censé avoir prononcé lui-même l'arrêt, quoique le procès-verbal porte que la cour, après en avoir délibéré, a rendu un arrêt de condamnation (Crim. rej. 23 sept. 1842, aff. Gateau, *Bull. crim.*, n° 247).

2337. — 13° *Publicité des débats* (Rép. n° 3700). — Lorsque le procès-verbal des débats mentionne, d'une part, la publicité de l'audience et, d'autre part, que l'arrêt y a été prononcé par la cour dans les termes qu'il transcrit, cette double énonciation implique suffisamment que l'arrêt a été rendu légalement en la forme, à l'audience (Crim. rej. 11 mai 1866, aff. Mohamed-bel-Hadj, D. P. 66. 5. 396). Mais l'énonciation que l'arrêt de condamnation a été prononcé « en présence du public et des accusés » et la mention finale « fait et prononcé en audience publique », ne peuvent être considérées comme établissant que la publicité a été observée dans l'examen, le débat, la discussion qui a suivi et la déclaration de la cour qui a servi de base à la condamnation (Crim. cass. 14 juin 1866, aff. Amed-ben-Ali, D. P. 66. 5. 396). — Si plusieurs audiences distinctes ont été consacrées à une affaire, il faut même que le procès-verbal des débats contienne une mention de laquelle on puisse induire que chacune de ces audiences a été publique (Crim. cass. 10 avr. 1891, aff. Prat, *Bull. crim.*, n° 81). Le procès-verbal doit également mentionner que lecture du verdict du jury a été donnée publiquement à l'accusé, après le retour de celui-ci dans l'auditoire (Crim. cass. 18 avr. 1889, aff. Chaptal, *Bull. crim.*, n° 162; 24 déc. 1891, aff. Florian, *ibid.*, n° 257).

2338. — III. Foi due. — Ainsi qu'il a été dit au Rép., n°s 3679 et suiv., le procès-verbal des débats fait foi jusqu'à inscription de faux des constatations relatives aux formalités substantielles (Conf. Faustin Hélie, *loc. cit.*, n° 3858; Nouguier, *loc. cit.*, n°s 4034 et suiv.; Trébutien, *loc. cit.*, n° 244; Crim. rej. 18 févr. 1841, aff. Genin, *Bull. crim.*, n° 44; 12 déc. 1851, aff. Grenon, D. P. 52. 5. 504; 24 juill. 1851, aff. Picot, *Bull. crim.*, n° 305; 26 mars 1874, aff. Grauby et autres, *ibid.*, n° 97; 15 avr. 1875, aff. Franceline Roch, *ibid.*, n° 124); ... alors, d'ailleurs, qu'il n'y a eu ni arrêt incident à leur égard, ni conclusions ou oppositions de l'accusé (Crim. 26 mars 1874, aff. Grauby et autres, *Bull. crim.*, n° 97). — Ajoutons, avec M. Nouguier (*loc. cit.*, n° 4035), que « le silence du procès-verbal a tout autant d'énergie et de puissance que ses affirmations. Ce qu'il ne dit pas est réputé n'avoir pas été fait » (Conf. Faustin Hélie, *loc. cit.*, n° 3857. Aux arrêts cités au Rép., n° 3684, *adde :* Crim. cass. 24 août 1876, aff. Manant, *Bull. crim.*, n° 194; 29 déc. 1881, aff. Théolin et autres, D. P. 82. 1. 192).

2339. Il a été jugé, dans le même ordre d'idées : 1° que les déclarations extrajudiciaires, même par-devant notaire, d'un fait que l'on n'est point constaté par le procès-verbal des débats, et dont il n'apparaît pas qu'il ait été demandé acte à la cour d'assises, ne peuvent suppléer au défaut d'une constatation légale, et, par suite, être invoquées devant la cour de cassation (Crim. rej. 3 déc. 1846, aff. Macé, *Bull. crim.*, n° 299); — 2° Que les certificats et déclarations donnés, postérieurement aux débats, par des personnes ayant assisté à ces débats, et par plusieurs jurés, sur l'existence de propos tenus par l'un de ces derniers, ne peuvent infirmer l'arrêt de la cour d'assises qui déclare que les magistrats n'ont pas entendu les propos et qui refuse d'en donner acte (Crim. rej. 22 mars 1845, aff. Lagarde, *Bull. crim.*, n° 107); — 3° Que la cour d'assises n'est pas tenue de donner acte de faits allégués après l'arrêt de condamnation, et qui, ayant eu lieu hors de l'audience, n'ont pu être vérifiés ni constatés par elle; qu'aucune disposition de loi n'autorise la cour de cassation à ouvrir des enquêtes sur des allégations en dehors des faits constatés au procès-verbal des débats (Crim. rej. 23 nov. 1848, aff. Noirot, *Bull. crim.*, n° 287).

2340. Ainsi qu'on l'a vu au Rép., n° 3681, il n'y a pas lieu d'accorder au condamné l'autorisation de s'inscrire en faux contre certaines mentions du procès-verbal, lorsque les faits articulés ne présentent pas un caractère de vraisemblance suffisant (Crim. rej. 22 janv. 1841, aff. Raynal, *Bull. crim.*, n° 19; 3 juill. 1886, aff. Dubut de Laforest, *ibid.*, n° 241); ... ou que, n'ayant rien de contraire aux énonciations du procès-verbal, ils ne sont ni pertinents ni admissibles (Crim. rej. 11 avr. 1867, aff. Niochau, D. P. 67. 1. 360).

2341. Bien que le procès-verbal des débats, signé et rédigé conformément aux prescriptions de l'art. 372 c. instr. crim., fasse foi jusqu'à inscription de faux, son autorité ne saurait prévaloir sur les arrêts rendus par la cour dans le cas où une disposition spéciale de la loi l'appelle à prononcer, et dans ceux où les conclusions du ministère public ou la demande de l'accusé soulèvent une question contentieuse qu'il n'appartient pas au président seul de juger. La déclaration de la cour infirme l'énonciation contraire portée dans l'acte dressé par le greffier et signé par le président. — Jugé, en conséquence, que lorsque, par exemple, la cour s'approprie, par un arrêt rendu sur les conclusions de la défense, l'aveu fait par un juré que, tout en levant la main pour la prestation du serment, il n'en a pas prononcé la formule sacramentelle, le défaut de prestation du serment doit être tenu pour constant, malgré les énonciations du procès-verbal constatant que, sur l'interpellation du président, les jurés ont individuellement prêté le serment prescrit par l'art. 312 c. instr. crim. (Crim. cass. 29 sept. 1881, aff. Lantz, D. P. 82. 1. 96. Conf. Faustin Hélie, *loc. cit.*, n° 3859; Nouguier, t. 4, n° 4037).

De même, quand l'arrêt de condamnation constate l'audition de l'accusé et de son défenseur sur l'application de la peine, peu importe que le procès-verbal des débats ne mentionne pas l'avertissement du président à l'accusé d'avoir à produire ses moyens (Crim. rej. 12 juin 1869, aff. Pillet, *Bull. crim.*, n° 140). De même aussi, lorsque le procès-verbal des débats ne mentionne pas que le ministère public ait été entendu sur les conclusions en dommages-intérêts prises par la partie civile, cette omission n'opère pas nullité s'il résulte des énonciations de l'arrêt que les prescriptions de l'art. 358 c. instr. crim. ont été régulièrement observées (Crim. rej. 18 févr. 1886, aff. Thévard, *Bull. crim.*, n° 60).

2342. On s'est demandé si un simple doute résultant des déclarations d'un arrêt suffisait pour infirmer les énonciations du procès-verbal. La jurisprudence de la cour de cassation a varié sur ce point. Il a d'abord été jugé : 1° que l'énonciation contenue au procès-verbal que tous les témoins entendus ont prêté serment ne suffit pas pour constater la prestation de serment d'un témoin, si un arrêt de la cour d'assises, qui refuse de donner acte de ce défaut de serment au défenseur de l'accusé, est conçu dans des termes permettant de douter que le témoin ait réellement prêté serment (Crim. cass. 20 mars 1846, aff. Cohade, D. P. 46. 1. 455); — 2° Que la déclaration, par laquelle la cour d'assises donne acte de ce qu'elle ne se souvient pas si une formalité (la traduction d'une déposition par un interprète) a été remplie, enlève toute autorité à la mention qui est faite de l'accomplissement de celle-ci, dans le procès-verbal des débats; que, dès lors, si, après audition de témoins, pour ou contre, sur le fait contesté, la cour d'assises n'a tiré de son enquête aucune conclusion, il y a lieu pour la cour de cassation de tenir l'accomplissement de la formalité pour non établi, et d'annuler en conséquence les débats, alors que ladite formalité est essentielle (Crim. cass. 16 août 1862, aff. Djelloul, D. P. 64. 5. 85). — Mais il a été jugé, en sens contraire, que la foi due au procès-verbal des débats n'est pas ébranlée lorsque la cour, en réponse à des conclusions de la défense, déclare ne pas se souvenir qu'un témoin n'ait pas prêté serment (Crim. rej. 18 mai 1865, aff. Houdebine, *Bull. crim.*, n° 115). Nouguier, *loc. cit.*, se prononce en faveur de cette dernière solution.

2343. Le procès-verbal des débats n'étant pas indivisible quant aux formalités dont il constate l'accomplissement, s'il est reconnu erroné en quelques-unes de ses constatations, il n'en conserve pas moins sa force probante en ce qui concerne les autres (Crim. rej. 25 févr. 1887, aff. Redon, *Bull. crim.*, n° 78).

SECT. 6. — ERREURS D'ÉCRITURE ET IRRÉGULARITÉS DANS LA RÉDACTION DU PROCÈS-VERBAL, SURCHARGES, RENVOIS, INTERLIGNES, RATURES (*Rép.* n⁰ˢ 3714 à 3723).

2344. Les interlignes, ratures ou renvois, non approuvés dans un procès-verbal des débats d'assises, sont réputés non avenus, comme il a été dit au *Rép.*, n⁰ˢ 3715 et suiv. Mais ils n'annulent pas nécessairement l'acte tout entier; il n'en résulterait une nullité que si, par suite de l'annulation d'un ou plusieurs mots, la mention d'une formalité prescrite à peine de nullité se trouvait omise (Crim. cass. 20 juill. 1848, aff. Veuve Charpentier, *Bull. crim.*, n° 202; Crim. rej. 16 sept. 1875, aff. Bergès, *ibid.*, n° 293). Il en est de même des grattages et des interlignes non approuvés (Crim. cass. 8 mai 1891, aff. Amboucano, D. P. 91. 5. 156). En outre, alors même que ces irrégularités existeraient dans une mention du procès-verbal des débats relative à l'accomplissement d'une formalité prescrite à peine de nullité, elles ne pourraient fournir un moyen de cassation, si la partie subsistante du mot ou de la phrase, combinée avec les autres énonciations du procès-verbal, suffisait pour établir que la formalité a été régulièrement remplie (Crim. cass. 16 août 1873, aff. Reynaud, D. P. 73. 1. 448; 16 sept. 1875 précité). Il a été jugé que si des mentions indispensables (notamment celles relatives à la publicité des débats et à la seconde lecture du verdict) ont été intercalées au procès-verbal par une main étrangère et non approuvées, elles ne sauraient entraîner la cassation, alors qu'elles ont été insérées dans le corps même du procès-verbal, sans interligne, et régularisées par la signature du président et du greffier (Crim. rej. 10 mars 1893, aff. Ollivier, *Bull. crim.*, n° 69).

2345. Jugé, d'autre part, que l'omission d'un mot dans la relation d'un procès-verbal des séances d'une cour d'assises ne peut être relevée devant la cour de cassation, lorsqu'elle n'est pas de nature à laisser la moindre incertitude sur le fait relaté (Crim. rej. 31 mars 1854, aff. Mercier, D. P. 54. 5. 218).

2346. Enfin, l'erreur, dans le procès-verbal des débats, sur le nom du président de la cour d'assises, ne peut entraîner la nullité de l'arrêt, lorsqu'il résulte des diverses autres énonciations de ce procès-verbal, de celles du procès-verbal du tirage du jury et de l'arrêt de condamnation, que le magistrat qui l'a signé est bien celui qui a présidé, et sans incertitude ne peut exister à cet égard (Crim. rej. 1ᵉʳ juill. 1858, aff. Bourrez, *Bull. crim.*, n° 186).

CHAP. 9. — De l'acquittement ou de l'absolution de l'accusé (*Rép.* n⁰ˢ 3724 à 3773).

2347. — 1° *Acquittement et absolution.* — On a expliqué au *Rép.*, n⁰ˢ 3724, 3738 et 3739, la différence qui existe entre l'absolution et l'acquittement. — Il appartient au président seul de prononcer l'acquittement de l'accusé et d'ordonner sa mise en liberté; aussi la cour d'assises ne peut-elle exercer ce droit sans commettre un excès de pouvoir (Crim. cass. 12 déc. 1873, aff. Canlau, D. P. 74. 1. 230).

2348. L'annulation de l'ordonnance d'acquittement ne peut être poursuivie par le ministère public que dans l'intérêt de la loi, et sans préjudicier à la partie acquittée; toutefois, cette règle ne trouve son application que dans le cas où l'acquittement a été prononcé à la suite d'un verdict régulier, déclarant l'accusé non coupable sur tous les chefs d'accusation (Crim. cass. 27 nov. 1884, aff. Latour, *Bull. crim.*, n° 322. Conf. *Rép.*, n⁰ˢ 3729 et suiv.; Nouguier, t. 4, vol. 2, n° 3655).

2349. S'agit-il d'absolution, c'est la cour qui statue. Au *Rép.*, n° 3738, on a énuméré les cas d'absolution, et l'on a examiné la question de savoir ce qu'il faut décider lorsque, par l'effet de la prescription acquise, la loi pénale ne doit pas être appliquée. Conformément à un arrêt de cassation du 22 août 1830, on a émis l'avis qu'il y a lieu à renvoi : en effet, on ne saurait dire, en pareil cas, qu'il y ait mauvaise soit à acquittement, soit à absolution, dans l'acception rigoureuse de ces mots. Un autre arrêt de la cour suprême du 2 juin 1831, rapporté *ibid.*, décide, au contraire, qu'il y a lieu à absolution. Il a été jugé, dans le sens de ce dernier arrêt,

que lorsque le verdict, faisant dégénérer en simple délit le fait déféré à l'appréciation du jury, ne contient pas les indications nécessaires pour que la cour puisse vérifier si le fait dégénéré en délit était ou non prescrit au moment où les poursuites criminelles ont été commencées, elle doit d'office prononcer l'absolution de l'accusé (C. d'ass. de la Haute-Vienne, 10 août 1890, aff. D..., D. P. 91. 2. 71). Mais comme, en définitive, il n'y a d'éliminé que la circonstance aggravante, et que l'accusé a succombé sur le fait principal, ce qui justifie la poursuite, l'accusé absous doit être condamné au remboursement des frais avancés par l'État à son occasion (Même arrêt. Comp. *Rép.* n° 3762, et *supra*, v° *Frais et dépens*, n° 565).

2350. — 2° *Dommages-intérêts.* — La compétence des cours d'assises, concernant les dommages-intérêts respectivement prétendus par les parties, a été étudiée *supra*, v° *Compétence criminelle*, n⁰ˢ 338 et suiv. Aux termes de l'art. 358 c. instr. crim., l'accusé déclaré non coupable peut former devant la cour d'assises, avant le jugement, une demande en dommages-intérêts contre son dénonciateur. Mais ce droit n'est pas susceptible d'extension, et l'on ne saurait reconnaître au ministère public, en cas d'acquittement de l'accusé, la faculté de prendre contre le dénonciateur, présent à l'audience comme témoin à charge, des conclusions tendant à l'application des peines de la dénonciation calomnieuse (Crim. cass. 16 déc. 1858, aff. Ramachandirapadeachy, D. P. 59. 1. 377).

2351. En ce qui concerne spécialement les dommages-intérêts demandés par la partie civile à l'accusé, on a vu, *loc. cit.*, n⁰ˢ 340 et suiv., et *supra*, vⁱˢ *Chose jugée*, n⁰ˢ 454 et suiv., et *Compétence criminelle*, n⁰ˢ 343 et suiv., à quelles conditions il peut en être accordé, au cas d'acquittement. — Jugé, sur le même point : 1° que la cour d'assises peut, après l'acquittement de l'accusé sur le chef de faux et usage de faux, prononcer une condamnation civile à des dommages-intérêts contre l'accusé, en déclarant que le billet incriminé était matériellement faux, que le prévenu avait commis une faute en en poursuivant le recouvrement, et qu'il avait ainsi causé à la partie civile un préjudice dont il lui devait réparation (Crim. rej. 25 mars 1887, aff. Harchoux, *Bull. crim.*, n° 118) ; — 2° Que l'accusé acquitté par la cour d'assises peut néanmoins être condamné à des dommages-intérêts envers la partie civile lorsque, d'une part, cette condamnation a pour base les faits mêmes qui étaient l'objet de la poursuite, et que, d'autre part, les constatations de l'arrêt établissent à la charge de cet accusé l'existence d'une faute caractérisée (Crim. rej. 2 déc. 1887, aff. Tabourel, *Bull. crim.*, n° 415) ;...pourvu que, dans la constatation de cette faute, la cour ne fasse pas revivre l'accusation purgée par le verdict du jury et par l'ordonnance d'acquittement (Crim. rej. 23 oct. 1890, aff. Ettori, *Bull. crim.*, n° 202; Crim. cass. 21 juill. 1892, aff. Brahimben-Haïssa, *ibid.*, n° 214). — Ajoutons qu'en statuant sur les intérêts civils, la cour d'assises n'empiète pas sur les attributions du jury lorsque, dans une accusation de concussion contre un fonctionnaire, elle ordonne la confiscation de l'immeuble reçu en don, bien que cet immeuble ne fût pas mentionné au procès-verbal dans la déclaration du jury (Crim. rej. 10 août 1854, aff. Feyeux, *Bull. crim.*, n° 254). — Jugé encore que la cour peut, toujours en matière de concussion, condamner au payement d'une somme déterminée à titre de restitution en se fondant, non seulement sur les perceptions frauduleuses qui ont formé la base de la déclaration de culpabilité, mais encore sur celles qui, sans avoir un caractère criminel, ont pu être faites par négligence ou défaut d'ordre, et qui, à ce titre, ont été écartées par le jury. En effet, l'ensemble des faits relatifs à l'exercice du fonctionnaire formait l'objet de l'accusation; les réponses négatives sur quelques-uns d'entre eux ne les rendant pas pour cela étrangers à l'accusation et, par suite, n'enlevaient pas à la cour d'assises le droit de statuer sur les restitutions et dommages-intérêts auxquels ils pouvaient donner lieu (Crim. rej. 21 mars 1889, aff. Sordes, *Bull. crim.*, n° 121).

2352. Il importe aussi de remarquer que l'accusé devant la cour d'assises est lié par l'instance en dommages-intérêts introduite par la partie civile au cours des débats : il ne peut pas faire défaut, même après son acquittement, et l'arrêt intervenu sur les intérêts civils doit être considéré comme

contradictoire (Crim. rej. 27 nov. 1857, aff. Parot, D. P. 58. 1. 46). D'un autre côté, lorsque les conclusions de l'accusé, pour repousser la demande en dommages-intérêts, ne portent pas formellement sur l'incompétence de la cour d'assises, celle-ci n'est pas tenue de rendre deux arrêts distincts : l'un sur l'exception, l'autre sur le fond ; elle peut statuer sur le tout par un seul et même arrêt (Arrêt précité du 27 nov. 1857).

2353. La présence du ministère public est exigée à peine de nullité, aussi bien lorsque la cour statue sur l'action civile que lorsqu'elle statue sur l'action publique (Crim. cass. 7 nov. 1853, aff. Houdit, Bull. crim., n° 499).

2354. Enfin, les cours d'assises, comme toutes les juridictions de répression, sont incompétentes pour connaître de l'exécution des réparations civiles par elles ordonnées et cette incompétence est d'ordre public (Crim. cass. 25 mars 1892, aff. Gueit, Bull. crim., n° 90).

2355. — 3° *Restitution des pièces à conviction.* — L'art. 366 c. instr. crim., enjoint à la cour de s'expliquer sur la restitution des objets saisis. Si la question de propriété ne soulève aucun doute, la cour ordonne la restitution de ces objets à leur propriétaire, encore qu'il ne soit pas présent ou qu'il ne réclame pas formellement cette restitution (*Rép.*, v° *Compétence criminelle*, n° 631 et *suprà*, eod. v°, n°s 356 et suiv.). Si, au contraire, la propriété lui paraît incertaine ou litigieuse, elle peut, surtout en l'absence d'une revendication et d'un débat contradictoire, renvoyer les ayants droit à se pourvoir à fins civiles (C. d'ass. de la Creuse, 15 juill. 1889, aff. Rapinat, D. P. 90. 2. 10). C'est, en pareil cas, la seule manière de se conformer à l'art. 366, il serait étrange, en effet, que l'acquittement ou l'absolution eût pour conséquence de faire attribuer à l'accusé la propriété d'une chose qui ne lui appartient pas, au préjudice du vrai propriétaire (Nouguier, t. 4, 2e partie, n°s 3949 et suiv.).

2356. — 4° *Intervention de la partie civile.* — En ce qui concerne les délais dans lesquels la partie civile doit inter-

venir et former sa demande, V. *suprà*, n°s 696 et suiv.

2357. Lorsque, en l'absence d'incident contentieux, le président des assises se borne à donner, au nom de la cour, acte de la déclaration de la partie civile, l'audition du ministère public n'est pas nécessaire (Crim. rej. 22 mars 1877, aff. Godefroy, Bull. crim., n° 86). L'arrêt rendu dans les mêmes conditions par la cour d'assises n'ayant pas plus d'effet que la simple déclaration du président donnant acte à la partie civile de son intervention, il n'est pas non plus nécessaire que le ministère public ou l'accusé aient été entendus, et le défaut de motifs de cet arrêt n'opère pas une nullité substantielle (Crim. rej. 18 févr. 1886, aff. Thénard, Bull. crim., n° 60).

2358. Enfin, lorsque la partie civile déclare qu'elle renonce à sa demande de dommages-intérêts, il n'est pas nécessaire que le président interpelle l'accusé et son défenseur pour les inviter à s'expliquer à ce sujet (Crim. rej. 20 janv. 1883, aff. Alype et autres, Bull. crim., n° 15).

2359. — 5° *Décision sur l'action civile.* — Ainsi qu'on l'a vu *suprà*, v° *Compétence criminelle*, n° 348, la cour d'assises n'est pas tenue de statuer sur les dommages-intérêts à l'audience même où elle statue sur l'action publique, et elle n'est assujettie à aucun délai pour rendre cette décision (Comp. Crim. rej. 23 mai 1849, cité au *Rép.*, n° 3606). Jugé, dans le même sens, que la cour d'assises qui n'a pas statué sur les conclusions de la partie civile prises dans le cours des débats en demeure néanmoins saisie, et qu'il lui appartient de prononcer sur ces conclusions à une audience ultérieure (Crim. rej. 23 janv. 1890, aff. Belz, D. P. 90. 1. 332). Et l'accusé n'est pas fondé à prétendre qu'il n'a pas été représenté à cette seconde audience, lorsque l'arrêt constate qu'il a été rendu en présence et sur les conclusions de son avoué après la plaidoirie de son avocat, alors surtout qu'il n'appert d'aucune pièce et d'aucune conclusion qu'il ait eu la volonté d'y assister en personne (Même arrêt).

Table sommaire
des matières contenues dans le Supplément et le Répertoire.

(Les chiffres précédés de la lettre S renvoient au Supplément; les chiffres précédés de la lettre R renvoient au Répertoire, t. 28, v° *Instruction criminelle*.)

gravante, compétence correctionnelle S. 1108.
— fermier, délit, préjudice S. 152.
— préjudice, responsabilité S. 55.
Chemin de fer
— accident, partie, action civile S. 193 s.
— amende, responsabilité pénale S. 137.
— compagnie, action civile, exercice S. 215.
— police, contravention, compagnie, partie civile S. 132.
— taxe illégale, manœuvres frauduleuses, restitution S. 168.
Chose jugée
— action civile S. 873 s.; R. 227.
— action publique S. 345; R. 211 s.
Circonstances aggravantes
— auteur principal (complice, complexité) S. 2055 s.; (complice, déclarations contradictoires) S. 2270; R. 3549.
— circonstances analogues, question au jury R. 2864.
— circonstances constitutives (déclaration ambiguë, nouvelle délibération) R. 3348; (président, erreur) R. 2888.
— coaccusés (complexité) S. 2053; (question au jury) S. 2050; R. 2865 s.; (réponses distinctes) R. 3331.
— coauteurs (déclarations contradictoires) R. 2273; (question séparée) S. 2052.
— complices, question au jury S. 2050 s.; R. 2627 s.
— cour d'assises, attributions R. 2475 s.
— crimes différents, déclaration non contradictoire R. 3510.
— déclaration (incomplète, nouvelle délibération) R. 3350; (suffisante, irrévocabilité) R. 3359 s.
— éléments constitutifs, question au jury S. 2072; R. 2880.
— fait principal (question au jury) R. 2768; (réponses distinctes) R. 3203, 3207.
— faits, indication précise, question au jury R. 2889.
— infractions concomitantes, questions séparées S. 2054.
— jury, attributions S. 1818; R. 2440 s.
— pluralité, questions au jury S. 2045 s.; R. 2859 s.
— préméditation, guet-apens, déclaration contradictoire R. 3502.
— questions au jury S. 1880 s., 2030 s.; R. 2608 s., 2850 s.; (chefs distincts) R. 2630; (distinctes, déclaration incertaine) R. 3460 (formule) R. 2764; (historique) R. 2850; (omission) S. 1880; (omis-

sion partielle) R. 2621 s.
— réponse (irrégulière, déclaration non contradictoire) S. 2264; (omission, nouvelle délibération) R. 3850.
— réunion au fait principal, question au jury S. 2031 s.; R. 2859 s.
— verdict (déclarations contradictoires) R. 3482 s.; (fait principal, complexité) R. 3435; (insuffisant, nouvelle délibération) S. 2218; (majorité) S. 2176 s.; R. 4155; (majorité, mention) R. 3176 s., 3180 s.; (réponses incomplètes) S. 2228; R. 3412 s.
Circonstances atténuantes
— admission, majorité S. 2184; R. 3320 s.
— appréciation du jury, pouvoir discrétionnaire S. 2648 s.
— avertissement du président R. 2638 s.; (formule, équivalent) R. 2640 s.; (majorité) R. 2643 s.; (omission, nullité) R. 2637 s.; (opinion personnelle) R. 2647.
— chefs divers, réponses distinctes S. 2189.
— coaccusés, réponses distinctes R. 3217, 3220 s.
— cour d'assises, attributions S. 1833; R. 2480.
— culpabilité, question, position R. 2218.
— déclaration, omission, ambiguïté, nouvelle délibération, délai R. 3372 s.
— délibération, omission, nouvelle délibération R. 3351 s.
— faits multiples, décision unique S. 2186; R. 3229.
— jury, attributions S. 1819; R. 2442 s.
— majorité requise R. 2633 s.
— questions au jury S. 1885 s.; R. 2631 s.
— verdict S. 2183 s.; R. 3215 s.; (ambiguïté, nouvelle délibération) S. 2221; (appréciation souveraine) R. 3215 s.; (complexité) S. 2185; (étendue) R. 3256; (étendue, pouvoir) S. 2195 R. 2256; (libellé) S. 2184; (négatif) S. 2183 R. 3219, 3223; (scrutin séparé) S. 2185; R. 3229 s.
Commissaire de police
— attributions R. 246.
— crime, partie civile, action civile S. 111.
— lieux publics, visites S. 633.
— mort violente, inhumation S. 503; R. 386.
— plainte, dépôt, refus S. 667.
Commissaire de police-police judiciaire R. 250 s.
— attributions (ordinaires) S. 412;

280; (spéciales) S. 415 s.; R. 281.
— commissaires spéciaux, juridiction S. 417.
— compétence territoriale S. 417; R. 282 s., 294 s.
— crimes et délits, constatation S. 413.
— délits ruraux et forestiers S. 414; R. 283.
— enfants, professions ambulantes, contravention S. 416.
— établissement industriel, contravention, constatation S. 415.
— suppléant, désignation S. 417; R. 283.
Commissaire-priseur
— courtier, action civile S. 172.
— police judiciaire R. 261.
Commission rogatoire S. 707 s.
— caractère obligatoire R. 570 s.
— commissaire de police, délégation S. 799 s.; R. 583.
— conseil de guerre, rapporteur R. 585.
— délégation (caractère) S. 808; (erreur) R. 587; (juge décédé) R. 588; (personnes déléguées) S. 799 s.; R. 582 s.; (refus) S. 802; R. 592; (subdélégation) S. 801; R. 594.
— délivrance, compétence territoriale S. 799; R. 583 s.
— historique R. 570 s.
— magistrat étranger, délégation S. 805; R. 591.
— maire, délégation S. 800.
— mandat, délégation S. 797 s.; R. 578.
— ministère public, communication R. 589 s.
— perquisition S. 797; R. 573.
— pouvoir discrétionnaire R. 574.
— prévenu, interrogatoire R. 577.
— rédaction R. 586.
— retour S. 597.
— témoin, audition S. 797.
Commune
— arrêté municipal, contravention, action civile S. 210.
— délit forestier, responsabilité civile S. 241.
— maire, action civile R. 244.
— responsabilité civile, autorisation préalable S. 240.
Complice
— action civile, exercice S. 225.
— auteur principal, décès, action publique S. 343; R. 208.
Complicité
— accusé principal, verdict, déclarations contradictoires R. 3544 s.
— acquittement, condamnation, déclaration non contradictoire S. 2264; R. 3544 s.
— actes divers, déclarations non contradictoires R. 3526.
— aide et assistance,

connaissance, question au jury S. 1988; R. 2763.
— arrêt de renvoi, question au jury, preuves équivalentes S. 1911.
— auteur principal (éléments constitutifs, question au jury) S. 1965; (jugement commun, question au jury) S. 1974.
— auteur principal en fuite (jugements séparés, question au jury) S. 1973.
— chefs distincts, questions séparées S. 2018.
— circonstances aggravantes (déclaration incertaine) S. 2232; R. 3440; (questions séparées) R. 2871.
— coaccusés (auteur et complice, déclaration non contradictoire) R. 3524; (désignation, question au jury) S. 1972.
— coauteurs (questions distinctes) R. 3450 s.; (verdict) R. 3253.
— complexité, pouvoir du président S. 2009; R. 2822.
— déclarations contradictoires S. 2249; R. 3504 s.; (auteur principal) R. 2249; (faits élémentaires) R. 3504.
— déclarations incertaines R. 3440.
— déclarations non contradictoires S. 2254 s.; R. 3523 s.
— éléments constitutifs (complexité) S. 2008; R. 2524; 2825; (question au jury) S. 1966; R. 2765 s.
— fait principal, question au jury S. 1965; R. 2782.
— faits caractéristiques, circonstances, déclaration R. 3433.
— faits connexes, déclaration non contradictoire R. 3525.
— instruction, auteur, question au jury S. 1967.
— restriction et provocation, aide et assistance, déclaration non contradictoire S. 2253; R. 3526.
— préméditation, guet-apens, question au jury S. 2052.
— provocation (déclaration insuffisante, nouvelle délibération) R. 3355; (intention criminelle) S. 2236; (question au jury) S. 1969.
— question alternative S. 2006; R. 2805 s.; 2813.
— question au jury S. 1965 s.; R. 2761 s.; (lecture, procès-verbal) S. 2089.
— recel (connaissance, question au jury) S. 2031; (corrélation, question au jury) S. 1076; (question au jury) S. 1965; 1970 s.; (verdict négatif, effet) S. 2190.
— tentative, verdict, effet S. 2190.

— verdict (déclarations alternatives) R. 3474; (effet et étendue) R. 3254; (réponse incomplète) R. 3407.
— V. Questions au jury.
Complot
— non-révélation, question au jury R. 2517.
Concussion
— Fonctionnaire public.
Confiscation
— décès du prévenu, action publique S. 342; R. 207, 212.
Congrégation religieuse
— action civile, exercice S. 219 s.
— partie civile, plainte, action publique S. 102
Conseil de guerre
— décès du condamné, époque antérieure, rétractation S. 341.
Conseil judiciaire
— partie civile, dommages-intérêts S. 239; R. 117.
— prodigue, action civile S. 178.
Consul
— police judiciaire R. 261.
Contrainte par corps
— action civile S. 312; R. 164.
Contravention-preuve S. 1045 s.; R. 889 s.
— action civile R. 31.
— aveu de l'inculpé, pouvoir du juge S. 1055.
— connaissance personnelle du juge, nullité S. 1068.
— débat oral-et contradictoire S. 1060 s.; R. 897.
— expertise S. 1056 s.; (pouvoir d'appréciation) S. 1058; (pouvoir du juge) S. 1056; (refus) S. 1057.
— notes d'audience S. 1054.
— notoriété publique S. 1065, 1066.
— plainte, défaut (action publique) S. 810; (poursuite d'office) S. 252.
— pouvoir du juge S. 1045; R. 890, 893.
— procès-verbal S. 1047 s.; R. 890 s.; (aveu) S. 1050; (force probante) S. 1047 s.; R. 891; (témoins) S. 1050 s.; R. 891; 1050
— renseignements étrangers aux débats, nullité S. 1061 s., 1064 s.
— témoins S. 1052 s.; R. 893 s.; (audition, défaut) R. 1065; (serment préalable) S. 1053.
— visite des lieux S. 1059; R. 896 s.; (compétence territoriale) R. 903 (ministère public) R. 904 s.; (lecture, procès-verbal) S. 2089.
Contributions indirectes
— acquittement, partie civile, dommages-intérêts S. 763.
— action publique S. 74 s.; R. 49 s.; (ministère public) S. 73 s.
— agent, compétence territoriale S. 405.

— appel, notification S. 1191.
— compétence correctionnelle S. 1106.
— contraventions, caractère mixte, action publique S. 79.
— flagrant délit, arrestation S. 602.
— transaction S. 50; (action publique) R. 128, 215 s.
— partie civile, contravention R. 519.
— perquisition S. 616 s.; (lieux assujettis) S. 616; (lieux non assujettis, droit de suite) S. 622; (lieux non assujettis, conditions) S. 617 s.; (officier de police judiciaire, assistance) S. 619 s.; (ordre écrit) S. 621, 624; (préposé en chef d'octroi, autorisation) S. 623.
— police judiciaire, préposés R. 261.
— préposé, violences, action civile R. 97.
— prévenu, appel en garantie S. 147.
Contumax
— décès du condamné, action civile S. 365 s.; R. 232.
— décès, rétractation d'arrêt S. 340; R. 204.
Corps constitués
— action civile, exercice S. 212.
Coups et blessures
— agent de la force publique, réponse surabondante R. 3385.
— ascendant (circonstance aggravante) S. 2074; 2896 (question au jury) S. 1865; R. 2590 (question au jury 2023.
— circonstances aggravantes (pluralité, questions séparées) S. 2047; (question au jury) S. 2036; R. 2619, 2859, 2895; (verdict, majorité, mention) R. 3178.
— coaccusés, déclaration non contradictoire R. 3560.
— homicide (intention, déclaration non contradictoire) R. 3536; (volontaire, question au jury) R. 3712, 2714.
— injure, acquittement, dommages-intérêts à pourvoi S. 306.
— intention criminelle, mort, question au jury S. 1874; R. 2591.
— intention, question au jury R. 2564.
— mort (défaut d'intention, déclaration non contradictoire) R. 2257; (intention, question au jury) S. 1920; R. 1928 s.; (volonté, imprudence, déclaration contradictoire) R. 3499.
— parents et proches, plainte, action publique R. 185.
— provocation, excuse, question au jury S. 1897 s.; R. 2674.
— travail personnel, incapacité, interpré-

Table des articles du code d'instruction criminelle, du code pénal, du code civil, du code de procédure civile, du décret du 7 août 1848 et des lois du 4 juin 1853 et 21 nov. 1872.

1573 s., R. 1731
s., 1751 s., 1795
s., 1856 s.
—60. R. 1870 s.
—401. R. 1870 s.
—402. R. 1881 s.
—403. R. 1896 s.
—404. R. 1886 s.
—405. S. 1641; R.
1802, 2066 s.,
2217 s.
—406. S. 1625,
1630, 1649; R.
1802, 1890, 2013,
—408. S. 1040,
1069, 1250, 1259,
2117; R. 1110,
1302, 2910.
—413. S. 1040,
1069, 1250.
—415. S. 520.
—420. S. 739; R.
539.
—421. S. 865, 882,
885, 919.
—427. S. 358, 907;
R. 915.
—420. R. 1084.
—431. R. 455, 1084.
—432. S. 1242; R.
1007.
—433. R. 580,
1085, 1184.
—441. S. 2120.
—452. R. 850.
—454. R. 850.
—460. R. 1086.
—462. R. 591, 605.
—464. S. 381, 504;
R. 250 s., 425,
576.
—466. R. 198.
—470. S. 71, 107,
109, 111, 281,
491, 527; R. 254,
489, 1087.
—480. S. 410, 492.

—481. S. 525; R.
419.
—482. S. 333.
—483. S. 70, 107,
109 s., 251, 362,
421, 491, 528 s.;
R. 1087.
—484. S. 110, 381,
492, 526, 608,
811, 873; R. 250
s., 425, 576.
—485. S. 529.
—486. R. 826.
—488. S. 504; R.
580-7e.
—497. S. 504; R.
580-8e.
—499. R. 590, 597.
—504. R. 251.
505.
505. S. 114; R.
595.
—509. R. 251.
—511. S. 504; R.
580-9e 582.
—512. R. 590, 597.
—513. R. 582.
—514. R. 580-9e.
—516. R. 590, 597.
—521. R. 1164.
—525. R. 592.
—526. R. 915.
—539. S. 576, 581,
771, 828, 968;
R. 850.
—540. R. 1086,
1098.
—542. S. 518, 771;
R. 915.
—604. S. 844.
—607. R. 690.
—609. S. 859; R.
371, 674.
—613. S. 846; R.
092 s.
—615. S. 469; R.
691 s.

—616. S. 469, 501;
R. 844.
—618. S. 846; R.
692.
—637. R. 301; R.
210.
—638. R. 301.
—640. S. 301.
—641. S. 365.

Code pénal.

Art. 2. S. 462,
1842, 1903.
—3. S. 452.
—11. S. 342; R.
207.
—29. S. 177.
—51. S. 678, 1596.
—52. R. 164.
—55. S. 1600.
—59. S. 1959, 2002.
—60. S. 225, 1908,
1910, 1966 s.,
1969, 2002, 2006,
2009, 2018, 2245;
R. 115 s.
—62. 2002.
—63. S. 1986, 1968,
1971, 2002.
—66. S. 1859.
—67. S. 1859.
—68. S. 944, 1859;
R. 810, 850.
—73. R. 115 s.
—74. S. 209; R.
115 s.
—114. S. 088.
—132. S. 1903.
—133. S. 1903.
—134. S. 1442.
—135. S. 1901.
—138. S. 1903.
—142. S. 1442.
—143. S. 1442.
—145. S. 1937.

—146. S. 2065.
—147. S. 1912,
1942, 2045.
—148. S. 2065.
—150. S. 1916,
1942, 2065.
—151. S. 1916.
—164. S. 1916.
—169. S. 1931.
—174. S. 1442.
—184. S. 438.
—209. S. 1951.
—222. S. 980,
1283.
—234. S. 403.
—251. S. 1442.
—254. S. 2003.
—273. S. 736.
—301. S. 1919.
—304. S. 1877.
1947, 2038.
—305. S. 1442.
—309. S. 1874,
1929.
—317. S. 1024.
—321. S. 1897 s.
—327. S. 943, 1252,
1857.
—330. S. 1442.
—331. S. 1963,
2050.
—332. S. 1968.
—333. S. 1882.
—334. S. 1442.
—336. R. 183-1e.
—387. S. 824, 849,
852,
—388. S. 1140.
—339. S. 852.
—343. S. 1442,
1968.
—356. S. 1965.
—357. S. 1821; R.
183-2e.
—362. S. 1442,
2005.
—363. S. 1442.

—364. S. 1442.
—365. S. 1442.
1957.
—366. S. 1442.
—370. R. 708.
—373. S. 646, 747
s., 750, 752, 755.
—375. R. 533, 545.
—378. S. 475.
—380. S. 298, 943;
R. 28.
—381. S. 1960.
—383. S. 1883.
—384. S. 1883.
1960.
—386. S. 1883.
1961.
—887. S. 1442.
—895. S. 1960.
—396. S. 1960.
—398. S. 1442.
—400. S. 1442.
—401. S. 1106,
1138.
—416. S. 159.
—418. S. 1442.
—423. S. 1442.
—430. R. 183-2e.
—434. S. 1911,
1949.
—440. S. 2069.
—454. S. 1136.
—455. R. 4109.
—460. S. 50, 57,
1282; R. 660.
—471. S. 46, 58,
210, 429.
—475. S. 403.
—479. S. 225,
1005.
—480. S. 225.

Code civil.

Art. 3. S. 814. R.
106.
—16. R. 90.

—31. S. 365.
—33. S. 177.
—210. S. 235 s.,
1013.
—306. S. 59.
—308. R. 151-3e.
—313. S. 59.
—320. S. 237. R.
116.
—727. S. 59.
—756. S. 200.
—877. R. 222.
—1166. S. 201; R.
105.
—1167. R. 105.
—1351. S. 232. R.
151.
—1282. S. 199,
847.
—1383. R. 533.
—1384. R. 115.
—1937. R. 872.
—2042. R. 775.
—2043. S. 348; R.
183.
—2106. R. 761, 776.

Code de procé-
dure civile.

Art. 61. S. 719.
—68. S. 857, 861,
1282; R. 660.
—69. S. 857, 861,
1115, 1282; R.
680.
—90. R. 251.
—91. R. 251.
—92. R. 251.
—166. R. 90.
—171. S. 282; R.
151.
—178. S. 717, 1115.
—239. R. 198.
—240. R. 198.

—249. S. 372; R.
169.
—250. S. 286; R.
152-1e, 198.
—402. S. 721.
—403. S. 729.
—505. S. 99, 410,
520, 650 s.
—509. S. 547.
—1037. S. 441, 468,
1516; R. 301.

Décr. 7 août
1848.

Art. 1er. R. 1368,
1389 s., 1401.
—2. R. 1497 s.
—3. R. 1410, 1414,
1416 s.
—4. R. 1424 s.,
—5. R. 1489.
—6. R. 1517.
—7. R. 1520.
—8. R. 1520 s.
—9. R. 1522, 1527.
—10. R. 1523.
—11. R. 1524.
—12. R. 1524.
—13. R. 1524.
—14. R. 1524.
—15. R. 1524.
—16. R. 1525.
—17. R. 1524.
—18. R. 1526, 1528.
—19. R. 1534.
—20. R. 1531, 1552,
1565, 1583.
—21. R. 1522, 1551.

Loi du 4 juin
1853.

Art. 1er. R. 1368 s.,
1401.
—2. R. 1410 s.

1418, 1422, 1445.
—3. R. 1424 s.,
1465.
—4. R. 1404, 1407
s.
—5. R. 1489.
—6. R. 1529.
—7. R. 1522, 1551.
—8. R. 1520.
—9. R. 1530.
—10. R. 1530.
—11. R. 1530.
—12. R. 1530.
—13. R. 1530.
—14. R. 1530.
—15. R. 1509, 1534.
—16. R. 1424 s.
—17. R. 1531.
—18. R. 1552, 1583.
—19. R. 1909.

Loi du 21 nov.
1872.

Art. 1er. S. 1337.
—2. S. 1337, 1640.
—3. S. 1446, 1458.
—4. S. 1434 s.
—5. S. 1470, 1488.
—6. S. 1475.
—7. S. 1475, 1488.
—8. S. 1477.
—9. S. 1477.
—10. S. 1477.
—11. S. 1478.
—12. S. 1478.
—13. S. 1478.
—14. S. 1480.
—15. S. 1480.
—16. S. 1461.
—17. S. 1481.
—18. S. 1482.
—19. S. 1489 s.
1495.
—21. S. 1427.

Table chronologique des Lois, Arrêts, etc.

1788

6 mai. Edit. 847 c.

1790

10 août, Décr. 472
c.

1791

19 juill. Loi. 442
c., 469 c., 623 c.
6 oct. Loi. 625 c.,
1093 c.

1792

14 sept. Décr. 469 c.

An 3

2 frim. Crim. 1630
c.
28 therm. Crim.
1630 c.

An 6

9 brum. Loi. 628 c.
3 germ. Loi. 441
c., 469 c.
5 flor. Crim. 1979
c.

An 7

9 germ. Crim. 1086
c.

An 8

2 frim. Constit.
107 c., 327 c.,
411 c., 459 c.,
858 c.

An 9

7 pluv. Loi. 378 c.,
630 c.
6 mai. Crim. 1089
c.

An 10

18 germ. Loi. 332 c.

An 11

21 germ. Loi. 632 c.

An 12

5 vent. Loi. 616 c.
5 germ. Arrêté. 80
c.

An 13

1er germ. Loi. 713
c., 1093 c.

1806

12 nov. Cons. d'Et.
1197 c.

1807

16 avr. Crim. 1430
c.
18 juin. Crim. 1430
c.
23 juill. Crim. 1430
c.
5 sept. Loi. 829 c.

1808

3 févr. Crim. 45 c.
18 mars. Crim. 1430
c.
24 mars. Crim. 1430
c.

30 mars. Décr. 1068
c., 1381 c., 2309
c.
27 oct. Crim. 1430
c.
28 oct. Crim. 1430
c.
17 nov. Crim. 1128
c.

1809

16 mars. Crim. 1035
c.
20 sept. Cons. d'Et.
278 c.
5 oct. Crim. 1430
c.

1810

6 févr. Crim. 1685
c.
20 avr. Loi. 70 c., 71
c., 107 c., 108
c., 111 c., 113
c., 243 c., 281
c., 454 c., 491
c., 527 c., 528
c., 580 c., 884
c., 892 c., 958
c., 1250 c., 1266
c., 1267 c., 1268
c., 2295 c.
21 avr. Loi. 137 c.
6 juill. Décr. 70 c.,
107 c., 1336 c.,
1391 c., 1496 c.
18 août. Décr. 454
c.
30 août. Crim. 1430
c.

1811

19 janv. Décr. 745
c.

31 janv. Crim. 1430 c.
21 mars. Rome.
769 c.
11 avr. Crim. 1430
c.
18 juin. Décr. 209
c., 504 c., 728
c., 739 c., 741
c., 742 c., 744
c., 795 c., 829
c., 1039 c., 1354
c.
13 sept. Crim. 1430
c.
16 déc. Loi. 482 c.

1812

18 juin. Crim. 555
c., 1892 c.
6 août. Crim. 1820
c.
23 sept. Circ. min.
just. 1691 c.

1813

13 août. Crim. 1904
c.
12 nov. Crim. 748
c.
30 déc. Crim. 755 c.

1814

3 févr. Crim. 180 c.
9 déc. Ordonn. 626
c.
17 déc. Loi. 625 c.

1815

5 mai. Crim. 198 c.
16 juin. Crim. 1820
c., 2083 c.
15 juill. Crim. 2002
c.
17 août. Crim. 1885
c.

18 sept. Crim. 138
c.

1816

18 janv. Crim. 1874
c.
16 févr. Crim. 1863
c.
28 avr. Loi. 80 c.,
83 c., 482 c.,
433 c., 602 c.,
616 c., 617 c.,
625 c., 713 c.
31 mai. Crim. 758
c., 760 c.
11 juill. Crim. 1925
c.
17 août. Crim. 2291
c.
25 août. Crim. 755 c.

1817

31 janv. Crim. 1385
c.
16 juin. Crim. 1803
c.
19 mars. Ordonn.
432 c.
29 mai. Crim. 1385
c.
5 sept. Crim. 840
c.
16 oct. Crim. 1840
c.
6 nov. Crim. 177 c.
16 déc. Crim. 1685
c.

1818

9 avr. Crim. 1764
c., 1973 c.
23 avr. Crim. 278 c.
24 avr. Crim. 1644
c., 1921 c.
23 mars. Crim. 755
c.
17 mai. Crim. 2219
c.
25 mai. Loi. 2137 c.

13 juill. Paris. 767
c.
16 juill. Crim. 2150
c.

1819

4 févr. Crim. 1792
c.
10 févr. Circ. min.
827 c.
12 févr. Crim. 1211
c.
13 févr. Crim. 404
c.
17 mai. Loi. 1111
c., 1442 c.
26 mai. Loi. 818 c.,
1259 c.
17 juill. Loi. 629 c.

1820

14 janv. Grim.
1965 c.
16 juin. Crim. 1803
c.
27 juill. Crim. 1885
c.
17 août. Crim. 1820
c.
1er déc. Crim. 1385
c.

1821

3 janv. Ordonn.
80 c.
16 févr. Crim. 451
c.
23 févr. Crim. 1537
c., 1663 c.
9 mars. Crim. 2228
c.
13 mars. Crim. 1914
c., 1921 c.
23 mars. Crim. 755
c.
17 mai. Crim. 2219
c.
24 sept. Crim. 245
c.

1er juin. Crim. 1450
c.
7 juin. Crim. 555
c.
1er août. Ordonn.
629 c.
17 août. Crim. 1084
c.
14 sept. Crim. 1540
c.
19 oct. Crim. 917 c.

1822

24 janv. Crim. 1865
c.
17 mai. Loi. 1111
c., 1442 c.
25 mars. Loi. 318
c., 980 c.
26 sept. Crim. 1874
c., 1909 c.
10 oct. Crim. 1909.
5 déc. Crim. 1921
c.
7 déc. Crim. 709 c.

1823

23 janv. Crim. 99 c.
6 mars. Crim. 1928
c.
26 mai. Paris. 861
c.
20 nov. Crim. 1007
c., 1091 c.

1824

3 janv. Ordonn.
80 c.
27 févr. Crim. 1874
c.
26 mars. Crim. 296
c.
25 juill. Loi. 211 c.
26 août. Crim. 1983
c.
18 sept. Crim. 1685
c.
24 sept. Crim. 245
c.

23 nov. Liège. 759
c.
2 déc. Crim. 1883
c.
10 déc. Crim. 1251
c.

1825

7 janv. Crim. 126
c., 1595 c.
11 févr. Crim. 405
c.
19 mars. Crim. 1151
c.
8 avr. Crim. 1869
c., 1926 c.
3 juin. Crim. 1925
c.
1er juill. Bourges.
998 c.
7 oct. Crim. 1707
c.
14 oct. Crim. 1873
c.
21 nov. Crim. 259 c.
10 déc. Crim. 126 c.

1826

10 mars. Crim. 1874
c.
8 avr. Crim. 2085
c.
14 avr. Crim. 2085
c.
15 avr. Crim. 404 c.
20 juin. Grenoble.
577 c.
6 juill. Crim. 1077
c.
28 juill. Crim. 1883
c.
22 sept. Crim. 1421
c.
30 sept. Instr. min.
740 c.
14 oct. Crim. 2085
c.
8 déc. Crim. 101
c.

637 c., 638 c.,
1223 c.
5 août.Crim.1790
c.
20 août. Crim. 94
c., 255.
25 août.Crim.1412
c.
2 sept.Crim.1412
c.,1413 c.,2114
c.
3 sept. Crim.2190
c.
11 sept.Crim.2039
c.
20 sept. Crim. 637
c.
28 sept.Crim.1358
c.
2 oct.Crim.241 c.
14 oct. Crim. 1965
c.
15 oct. Crim. 1763
c.
9 nov. Donai. 468
c.
13 nov.Crim.245 c.
3 déc. Crim.1870
c.
9 déc. Nancy. 258
c.
10 déc.Crim. 1393
c.
11 déc.Nancy. 355
c.
17 déc.Crim.245 c.
24 déc. Crim. 1844
c.

1848

15 janv.Crim.1894
c.
20 janv.Crim.1948
c., 1944 c.
28 janv.Crim.2114
c.,2208 c.
4 févr.Crim.726c.
6 févr.Crim.1876
c.
12 févr. Crim. 245
c., 1620 c.
25 févr.Crim.229 c.
6 mars.Décr.2098
c.
18 mars.Crim. 997
c.
22 mars. Décr. 279
c.
23 mars. Décr. 906
c.
24 mars.Crim. 990
c.
3 avr. Montpel-
lier. 301 c.
6 avr. Crim. 1401
c.
14 avr.Crim. 2300
c.
27 avr. Crim. 2038
c.
4 mai. Crim.1827
c., 1869 c.,1986
c.
6 mai. Crim.1630
c.
13 mai.Crim. 2095
c.
19 mai.Crim.367 c.
2 juin.Crim.2033
c.
15 juin. Crim.2095
c.
19 juin.Crim.1258
c.
29 juin. Crim. 824
c., 1408 c.,2096
c., 2249 c.
20 juill.Crim. 2344
c.
28 juill.Paris.1252
c.
3 août.Crim.2172
c.
7 août.Décr. 1285
c., 1424 c.,1425
c., 1427 c.,1484
c., 1457 c.,1458
c., 1482 c.,1483
c. V. en outre
la table des ar-
ticles.

10 août. Crim.
23300 c.
2 sept.Crim.1412
c., 2333 c.
14 sept.Crim.2122
c., 2333 c.
21 sept.Crim.1528
c., 1490 c.,2120
c., 2136 c.
9 oct. Crim. 2333
c.
12 oct. Crim. 1720
c.
18 oct. Crim. 2098
c.
3 nov. Crim. 1885
c.
4 nov. Crim.1053
c.
4 nov. Constitu-
tion 1662 c.
9 nov. Crim.1862
c.
23 nov. Crim.2339
c.
24 nov.Crim.140 c.
30 nov.Crim. 2115
c.
2 déc.Crim.404 c.
9 déc.Crim.338 c.

1849

4 janv.Crim.1380
c., 2230 c.
11 janv. Montpel-
lier. 1234 c.
13 janv.Crim. 404
c.
22 janv. Crim. 272
c., 799 c., 1693
c.,1847 c., 1912
c., 2083 c.
8 févr. Crim.1848
c.
8 févr. Loi. 160 c.
9 févr. Crim. 361
c., 367 c.
15 févr. Crim. 128
c.
1er mars. Crim.
2095 c.
8 mars. Crim.
1428 c.
15 mars. C. d'ass.
de Niort1845 c.
15 mars. Loi.112 c.
16 mars. Crim. 962
c.
22 mars.Crim.3168
c.
29 mars.Crim. 239
c., 1037 c.
12 avr. Crim. 1937
c., 4944 c.
19 avr. Crim. 2267
c.
40 mai.Crim. 1516
c.
12 mai. Crim. 2251
c.
23 mai. Crim. 2359
c.
31 mai. Crim. 1406
c.
7 juin. Crim.4052
c.
8 juin. Crim. 201
c., 1359 c.
14 juin.Crim.1048
c.
21 juin. Ch. Crim.
1268 c.
5 juill. Montpel-
lier.1224 c.
12 juill.Crim.2008
c.
26 juill. Rennes.
774 c.
4 août.Crim.1061
c.
17 août.Crim.1262
c.
30 août.Crim.1529
c.
9 sept.Crim.2172
c.
8 sept. Caen. 937
c.
5 oct. Crim. 1461
c.
12 oct.Crim.1587
c.

8 nov. Crim.1050
c.
10 nov. Crim.4733
c., 2142 c.,2114
c.
13 nov. Crim. 1534
c.
17 nov. Crim. 1024
c.
13 déc. Orléans.
451 c.
20 déc. Crim. 1885
c., 2057 c.
27 déc.Crim.960 c.

1850

11 janv.Crim.1981
c., 1983 c.
17 janv. Crim.
2033 c.
19 janv.Crim.1583
c.
23 janv. Rouen.
258 c., 276 c.
25 janv.Crim.1076
c.
5 févr. Crim.2085
c.
9 févr. Crim.1924
c.
14 févr.Crim.1404
c.
5 mars. Clv. 60 c.
15 mars.Crim. 716
c.
20 mars. Crim.
1976 c.
21 mars. Crim.
2298 c.
22 mars. Crim.
1257 c.,1517 c.
11 avr. Crim.1529
c., 2311 c.
18 avr. Crim. 1251
c.
19 avr. Crim. 1404
c., 1834 c.,2262
c.
5 mai. C.ass.Var.
704 c.
14 mai. Crim. 1537
c.
22 mai. Crim. 1956
c.
23 mai. Crim.
1527 c., 1534 c.
6 juin. Crim.
2039 c.
8 juin. Crim. 1737
c.
13 juin. Crim. 709
c., 1874.
13 juin. Crim. 2145
c.
25 juin. C.d'ass.de
la Seine 1660 c.
27 juin.Crim.1505
c.
4 juill. Crim.2151
c.
12 juill. Crim.
1948 c.
13 juill.Crim.1075
c.
3 août. Crim. 890
c.
20 août.Crim.1404
c.
22 août.Crim.1075
c.
24 août.Crim.1075
c.
6 sept. Crim. 999
c.
7 sept. Crim. 270
c., 1973 c.,2301
c.
26 sept.Crim.1404
c.,1660 c.,2095
c.
4 oct.Crim.960 c.
5 oct. Crim. 1680
c., 1684 c.
12 oct. Crim.4075
c.
16 oct. Crim. 1755
c.
18 oct. Crim. 1370
c.
7 nov. Crim.2222
c.

14 nov.Crim.1531
c.
19 nov. Crim. 1094
c.
23 nov. Crim. 1531
c.
26 nov. Crim. 2043
c.
29 nov.Crim. 1094
c.
29 nov. Paris. 275
c.
30 nov.Crim.2005
c.
5 déc. Crim.1516
c.
7 déc. Crim.1404
c.
12 déc. Crim. 205
c.
14 déc.Crim.1895
c.

1851

2 janv. Crim.
1275 c.,1684 c.,
2028 c.
4 janv. Crim.1675
c.
11 janv. Crim.1685
c.
30 janv. Agen. 336
c.
22 janv. Loi. 1127
c.
23 janv.Crim.2158
c.
30 janv.Crim.1712
c.
31 janv. Rouen.
1118 c.
6 févr.Crim.1471
c.,1577 c., 2302
c.
13 févr. Crim. 1417
c., 2205 c.
20 févr. Crim.1560
c.
6 mars.Crim.2251
c.
8 mars.Crim.1251
c.
13 mars.Crim.1866
c., 2172 c.
24 mars. Montpel-
lier. 243 c.
27 mars. Loi. 1442
c.
28 mars.Crim.1887
c., 1802 c.,
4 avr. Crim. 1053
c.
11 avr. Crim. 2044
c.
24 avr. Crim.1870
c.
25 avr.Crim. 2016
c.
27 avr.Crim. 1465
c.
30 avr. Orléans.
103 c.
6 mai. Crim.1530
c.
7 mai. Crim. 2227
c.
9 mai. Crim.1956
c.
13 mai. Crim.1917
c.
30 mai.Loi. 141 c.
31 mai. Crim. 1119
c.
5 juin. Crim.1796
c.
7 juin. Cons.d'Et.
405 c.
12 juin.Crim. 1987
c.
3 juill. Crim.1877
c.
4 juill. Crim. 1009
c., 2325 c.
10 juill. Crim. 1762
c.
11 juill. Crim. 1883
c.
24 juill. Crim.2338
c.
1er août. Rennes.
620 c.

7 août.Crim.1055
c., 1528 c.
8 août.Crim.2065
c., 2258 c.
12 août. Orléans.
269 c., 694 c.,
1125 c.
21 août.Crim. 358
c., 1904 c.
27 août.Crim.1232
c.
30 août.Crim.1076
c.
4 sept. Crim.1395
c.
11 sept. Crim.2098
c.
25 sept. Crim.1517
c.
4 oct.Crim.270 c.
9 oct. Crim. 2266
c.
5 nov. Crim.1510
c.
7 nov. Crim.1428
c.
8 nov. Crim.1428
c.
29 nov. Crim. 824
c., 1050 c.
5 déc.Crim.150 c.
7 déc. Crim.2095
c.
12 déc. Crim. 2338
c.
27 déc. Décr. 432
c., 433 c.
28 déc. Crim.1390
c.

1852

3 janv. Crim.1752
c.
7 janv. Crim.
1847 c., 2328
c.
9 janv. Décr. 396
c.
10 janv. Crim. 114
c.
16 janv.Crim.1223
c., 1388 c.,1983
c.
20 janv. Paris. 270
c., 322 c.
24 janv. Crim. 997
c., 1075 c.
27 janv. Paris. 861
c.
29 janv.Crim.1910
c., 2268 c.
30 janv. Paris.172
c.
2 févr. Décr. 330
c., 1436 c.

1853

6 janv. Crim. 824
c., 1595 c.
13 janv.Crim.1385
c., 1528 c., 1543
c.,1564 c., 4008
c.
15 janv. Crim.1150
c., 1505 c.
20 janv. Crim. 1419
c.
21 janv. Bourges.
267 c.
27 janv.Crim.1387
c., 1390 c., 1515
c., 1604 c.
28 janv. Crim. 680
c.
8 févr. Crim.1533
c.
10 févr. Crim. 697
c.
23 févr. Crim.1816
c., 2083 c.
24 févr. Crim. 1585
c., 2044 c.
25 févr. Angers.
833 c.
3 mars. Crim. 258
c., 1241 c., 1949
c.
4 mars.Crim.1512
c., 1524 c.
10 mars.Crim.1664
c.
11 mars.Crim.1685
c., 2086 c.
13 mars.Crim.1888
c., 2251 c.

21 juin.Crim.1472
c.
25 juin. Limoges.
310 c.
26 juin.Crim.1826
c.
3 juill.Crim.92 c.,
c.
8 juill.Crim.2326
c.
10 juill. Haute
Cour.278 c.
10 juill. Crim. 173
c., 218 c.
28 juill. Clv. 60 c.
29 juill.Crim.1524
c.
14 août. Crim. 997
c., 1035 c.
19 août.Crim.1868
c.
27 août.Crim.1707
c.
2 sept. Crim.1712
c.
3 sept. Crim. 763
c.
9 sept.Crim.1683
c.
24 sept.Crim.1874
c., 2152 c.
1er oct. Crim. 2082
c.
2 oct. Cons.d'Et.
209 c., 270 c.
7 oct. Crim. 1404
c., 2205 c.
15 oct. Crim. 3050
c.
18 nov. Crim. 1041
c.
25 nov. Crim.2248
c.
27 nov. Crim.1239
c.
29 nov. Crim.1055
c.
3 déc. Crim.1754
c., 1758 c.
4 déc. Crim.1367
c., 1390 c.,1529
c.
10 déc. Crim.2293
c.
16 déc. Crim.1360
c.
21 déc. Crim.2155
c.
24 déc. Crim. 1578
c., 1765 c.,2208
c., 2211 c., 2320
c.

18 mars. Crim. 153
c.
19 mars.Crim.1916
c.
24 mars.Crim.1996
c., 2026 c.
2 avr. Crim. 1747
c., 2339 c.
7 avr. Crim. 2287
c.
15 avr. Crim. 2167
c.
22 avr.Paris.296 c.
20 avr. Crim. 1392
c., 2113 c., 2251
c.
7 mai. Crim. 1915
c.
11 mai. Riom. 461
c., 499 c.
19 mai. C. d'ass.
Loire-Inférieu-
re. 1983 c.
26 mai. Crim.1942
c.
27 mai. Crim. 1891
c.
2 juin. Crim. 1388
c., 2192 c.
4 juin.Loi.1285c.,
1424 c., 1425 c.,
1437 c., 1434 c.,
1439 c., 1440 c.,
1446 c., 1447 c.,
1449 c., 1453 c.,
1454 c., 1456 c.,
1457 c., 1458 c.,
1459 c., 1473 c.,
1474 c., 1476 c.,
1479 c., 1480 c.,
1481 c., 1482 c.,
1488 c., 1487 c.,
1488 c., 1489 c.,
1578 c., 1589 c.,
V. en outre la
table des arti-
cles.
6 juin. Crim.1929
c.
9 juin. Loi. 2137
c.,2174 c., 2096
c., 2098 c.
10 juin. Crim. 1098
c., 1099 c.
16 juin. Crim. 1664
c., 1924 c.,2085
c.
17 juin.Crim.1862
c., 1840 c.
24 juin. Crim. 1684
c.
30 juin. Crim.1396
c., 1871 c.,1949
c.
1er juill. Crim. 358
c., 726 c.
2 juill. Crim. 270
c., 323 c., 784 c.
7 juill. Crim. 1585
c., 146 c.
22 juill.Crim.97c.,
1053 c.
25 juill. Crim. 472
c.
29 juill.Crim.1053
c., 1575 c.
30 juill. Crim. 1135
c.
3 août.Crim.1963
c.
4 août.Crim. 1653
c.
11 août.Crim.1583
c., 1585 c.
12 août. Crim. 74
c., 81 c.
13 août. Crim. 919
c.
6 sept. Crim.1956
c.
8 sept. Crim. 1510
c.
9 sept. Crim. 460
c.
15 sept. Crim. 2203
c.
16 sept.Crim.97 c.,
1955 c., 1956
c.

23 sept.Crim.1467
c.
29 sept.Crim.1366
c., 2295 c., 2297
c.
6 oct. Crim. 1904
c., 2251 c.,2255
c.
13 oct.Crim.943 c.,
1282 c., 1965 c.
14 oct. Crim. 1505
c.
4 nov. Crim.1511
c.
7 nov. Crim.2258
c.
21 nov. Crim. 390
c.
21 nov. Ch. réun.
383 c., 885 c.,
890 c., 472 c.
1er déc. Crim. 1559
c., 2154 c.
8 déc.Caen.228 c.
3 déc. Crim. 1154
c.
8 déc. Crim.1707
c.
15 déc. Crim. 2044
c.
22 déc. Crim. 1183
c.
28 déc. Crim. 97 c.
29 déc. Crim. 1008
c.
30 déc. Crim. 1780
c.

1854

5 janv.Crim.1968
c.
12 janv.Crim.2106
c.
18 janv.Crim.4917
c., 2085 c.,2141
c., 2190 c.
15 janv. Angers.
694 c.
20 janv.Crim.1008
c.
26 janv.Crim.1546
c.
27 janv. Angers.
833 c.
5 févr.Crim.2187
c.
7 févr. Crim. 489
c.
9 févr. Crim. 1834
c., 1862 c., 2004
c., 2005 c.
16 févr. Crim.1077
c.
17 févr. Crim.2171
c.
23 févr. Crim. 1363
c., 1378 c.
24 févr.Crim.59 c.,
146 c.
1er mars. Décr. 401
c., 425 c., 468
c., 602 c. 634
c., 853 c., 856
c.
3 mars.Crim.1077
c.
5 mars.Crim.1889
c.
16 mars.Crim.1388
c., 1390 c.,1326
c., 1693 c.,1760
c.
17 mars Crim.1549
c., 1588 c.
17 mars.Pau.94 c.,
255 c.
18 mars.Crim.1045
c., 1055 c.
23 mars.Crim.1590
c.
30 mars.Crim.1356
c., 1429 c.,1471
c., 1614 c.,1754
c., 1758 c.,2187
c.
31 mars Crim.2095
c., 2101 c.,2345
c.
1er avr.Crim.1075
c.
6 avr. Crim. 1668
c., 2009 c., 2142
c.

5 août. Par. 534 c., 1282 c.

12 août. Crim.2072 c.

13 août. Crim.1240 c., 1846 c.

19 août. Crim.1058 c.

25 août. Crim.1505 c.

26 août. Crim. 143 c.

1er sept. Crim. 2220 c.

8 sept. Crim. 1202 c., 1493 c.

22 sept. Crim. 1255 c., 1937 c., 1987 c.

29 sept. Crim.1463 c., 1472 c., 1664 c., 1674 c.

6 oct. Crim. 1367 c.

3 nov. Crim. 1055 c.

4 nov. Crim. 1033 c.

18 nov. Crim. 1505 c., 1549 c.

19 nov. Crim.1963 c.

1er déc. Crim. 1253 c.

3 déc. Crim. 2209 c.

10 déc. Crim. 1089 c.

14 déc. Circ. min. 1672 c.

15 déc. Crim.1606 c., 2095 c., 2099 c.

16 déc. Crim. 245 c., 1033 c., 1036 c., 1142 c., 1154 c., 1771 c.

17 déc. Crim. 1111 c.

23 déc. Crim. 1628 c., 1923 c., 2284 c.

31 déc. Crim. 1053 c.

1860

6 janv. Paris. 861 c.

7 janv. Crim.2066 0.

11 janv. Crim. 838 0.

12 janv. Crim.1559 c.

13 janv. Crim.1519 c., 2075 c.

16 janv. C. d'ass. Seine. 1452 c.

17 janv. Crim. 863 c.

20 janv. Crim.2174 c.

21 janv. Crim.1033 c.

27 janv. Besançon. 310 c.

30 janv. Crim.2066 c., 1418 c.

31 janv. Paris. 409 c., 281 c.

8 févr. Paris. 861 c.

4 févr. Crim.2003 c.

11 févr. Crim.1022 c., 1050 c., 1560 c.

15 févr. Crim.2044 c.

16 févr. Crim. 1513 c., 1774 c.

17 févr. Crim. 1022 c., 1050 c.

23 févr. Crim.1253 c.

1er mars. Crim.2089 c.

5 mars. Crim. 268 c.

8 mars. Crim. 270 c., 1282 c.

29 mars. Crim. 1251 c., 1379 c.

7 avr. Crim. 1142 c., 1846 c.

14 avr. Crim. 295 c., 1031 c., 1077 c.

19 avr. Crim. 1888 c., 1908 c., 2002 c.

20 avr. Crim. 1895 c.

26 avr. Crim. 1033 c.

18 mai. Crim.1772 c.

19 mai. Crim.1143 c.

23 mai. C. d'ass. de la Vienne. 1850 c.

7 juin. Crim.1822 c., 1882 c., 2030 c. 2196 c., 2233 c.

15 juin. Crim. 2061 c.

30 juin. Crim. 444 c.

5 juill. Crim.1253 c.

10 juill. Douai. 209 c.

19 juill. Crim. 1988 c.

21 juill. Crim.1262 c.

26 juill. Crim. 2191 c., 2228 c., 2247 c.

28 juill. Limoges. 957 c.

3 août. Crim.1252 c.

9 août. Crim.1258 c., 1410 c., 1687 c., 2110 c., 2316 c.

10 août. Crim. 204 c., 1375 c., 2111 c.

16 août. Crim.1385 c., 1447 c., 1804 c., 2280 c.

18 août. Crim. 171 c., 1033 c., 1036 c.

21 août. Paris. 275 c.

20 sept. Crim. 969 c.

26 sept. Crim. règl. de juge. 572 c.

27 sept. Crim.1459 c., 1984 c.

8 nov. Crim.2022 c.

10 nov. Crim. 1031 c., 1062 c.

15 nov. Crim.380 c.

17 nov. Crim. 443 c.

23 nov. Crim.1075 c., 1561 c. 1593 c.

29 nov. Crim.468 c.

6 déc. Crim. 1030 c.

7 déc. Crim. 1055 c., 1418 c.

12 déc. Crim. 1000 c., 1063 c.

27 déc. Crim.1695 c.

28 déc. Crim.1592 c., 1614 c., 1684 c., 1698 c., 1708 c., 1844 c., 2064 c.

10 oct. Crim. 1756 c., 2043 c., 2278 c.

1861

4 janv. Crim.1834 c.

15 janv. Crim.1557 c.

17 janv. Crim. 534 c.

16 janv. Crim. 84 c.

24 janv. Crim.1031 c., 1032 c., 1030 c., 1055 c.

24 janv. Lyon. 458 c.

31 janv. Crim. 261 c., 1031 c., 1077 c.

2 févr. Crim.97 c., 468 c., 1033 c.

14 févr. Crim. 702 c.

15 févr. Crim.1253 c., 2176 c.

20 févr. Trib. corr. Seine. 300 c.

22 févr. Crim.1131 c.

28 févr. Angers. 60 c.

13 mars. Aix.171 c.

14 mars. Crim. 1946 c.

1253 c.

28 mars. Crim. 1834 c., 1983 c., 2370 c.

30 mars. Crim. 1415 c.

4 avr. Crim. 1136 c.

5 avr. Crim. 1683 c., 1684 c., 1771 c.

11 avr. Crim. 680 c., 701 c.

12 avr. Crim. 1965 c., 2205 c., 2316 c.

14 avr. Crim. 2318 c.

15 avr. Rouen. 172 c.

18 avr. Crim. 1404 c., 1494 c.

1505 c., 1541 c.

2 mai. Crim. 1253 c.

10 mai. Crim. 1908 c.

1er juin. Cons. d'Ét. 50 c.

6 juin. Crim. 1470 c., 1487 c.

1526 c., 1532 c., 1707 c.

2089 c., 2215 c.

12 juin. Crim. 1517 c.

20 juin. Crim. 2175 c., 2190 c.

2270 c.

27 juin. Crim. 1463 c., 1472 c.

5 juill. Crim. 1911 c.

13 juill. Crim. 1267 c.

18 juill. Crim.1618 c., 1956 c.

1er août. Crim. 249 c.

3 août. Crim.2080 c.

23 août. Crim.1404 c.

5 sept. Crim. 1565 c., 318 c., 1022 c., 1759 c., 2254 c.

12 sept. Crim. 548 c., 1411 c., 1815 c., 1835 c., 1990 c., 2154 c.

16 août. Crim. 388 c., 390 c., 472 c., 1794 c., 2242 c.

21 août. Crim.2174 c.

22 août. Crim.4121 c.

28 août. Crim.1362 c.

9 nov. Crim. 1075 c.

15 nov. Crim.52 c., 62 c., 156 c.

19 nov. Crim.283 c.

21 nov. Crim.1505 c.

2 déc. Crim.756 c.

6 déc. Crim.97 c.

12 déc. Crim.2171 c., 2190 c.

12 déc. Rennes. 184.

14 déc. Crim. 1061 c.

21 déc. Crim. 1378 c.

26 déc. Crim. 699 c., 2170 c., 2171 c.

1862

10 janv. Crim. 2080 c.

15 janv. Req. 104 c., 810 c.

16 janv. Crim. 570 c., 2185 c.

17 janv. Crim.1523 c., 1533 c., 2022 c.

6 févr. Crim. 1506 c.

8 févr. Crim. 1253 c., 2197 c.

20 févr. Crim. 1022 c.

4 mars. Crim. 1252 c.

7 mars. Crim. 1009 c., 1010 c.

13 mars. Crim. 2279 c., 2281 c.

14 mars. Aix.171 c.

20 mars. Crim. 1600 c., 1650 c., 1715 c., 1810 c.

28 mars. Crim. 1051 c., 1063 c.

3 avr. Crim. 107 c., 170 c.

4 avr. Crim. 1253 c.

10 avr. Crim.876 c., 1517 c. (et non 1882).

11 avr. Crim. 2176 c.

21 avr. Douai. 281 c.

28 avr. Crim. 1483 c., 1553 c.

29 avr. Décr. 87 c.

13 mai. Crim. 1804 c.

16 mai. Décr. 394 c.

22 mai. Crim. 1979 c.

31 mai. Crim.170 c.

9 juin. Besançon. 1246 c.

19 juin. Crim. 1465 c., 1556 c., 1609 c., 1786 c.

26 juin. Crim.1584 c., 1918 c., 2016 c.

8 juill. Crim.1436 c., 1472 c.

9 juill. Trib. Seine.159 c.

18 juill. Crim. 1061 c.

31 juill. Crim. 252 c., 318 c., 1022 c., 1759 c., 2254 c.

1er août. Crim.1061 c., 1068 c., 1181 c.

16 août. Crim. 388 c., 390 c., 472 c., 1794 c., 2242 c.

22 août. Crim.2095 c.

23 août. Crim.1050 c., 1411 c.

25 août. Crim. 1362 c.

4 sept. Crim. 1976 c., 1978 c.

25 sept. Crim.1516 c., 1952 c.

2 oct. Crim. 1894 c.

3 oct. Crim. 1822 c., 1882 c.

11 nov. Toulouse. 189 c., 204 c.

13 nov. Crim.1775 c., 1795 c., 1796 c., 1797 c., 1799 c., 2210 c., 2211 c.

18 nov. Civ. 172 c.

21 nov. Loi. 1435 c.

4 déc. Crim. 1022 c., 1033 c., 1457 c., 1795 c.

18 déc. Crim. 338 c., 363 c., 1135 c., 2065 c., 2175 c.

1863

8 janv. Crim. 1471 c., 859 c., 868 c.

15 janv. Crim. 338 c.

16 janv. Amiens. 171 c., 2297 c.

29 janv. Crim. 1469 c., 2187 c.

6 févr. Crim. 338 c., 386 c., 359 c., 368 c.

11 févr. Civ.172 c.

12 févr. Grenoble. 340 c.

13 févr. Colmar. 581 c.

19 févr. Crim.1996 c., 1626 c.

20 févr. Crim. 192 c., 702 c., 703 c.

24 févr. Crim.1375 c.

26 févr. Crim. 1022 c., 1484 c.

27 févr. Crim. 1033 c., 1484 c.

30 mars. Crim. 1626 c., 1345 c., 1800 c.

29 mars. Crim. 994 c.

27 mars. Crim. 2265 c.

2 avr. Crim. 1512 c., 2030 c.

4 avr. Crim. 2030 c.

11 avr. Crim. 218 c., 44 c.

17 avr. Crim. 2318 c.

23 avr. Crim. 1532 c., 1746 c., 1752 c.

1er mai. Crim. 1142 c.

13 mai. Loi. 1949 c., 1989 c., 2059 c.

15 mai. Crim. 1625 c.

16 mai. Crim. 1459 c., 1752 c.

20 mai. Loi. 461 c., 499 c., 509 c., 604 c., 605 c., 608 c., 831 c., 843 c., 972 c., 973 c., 974 c., 976 c., 977 c., 978 c., 979 c., 980 c., 983 c., 986 c., 988 c., 1084 c., 1088 c., 1108 c., 1159 c., 1165 c., 1169 c., 1173 c., 1177 c., 1181 c.

22 mai. Crim.2095 c.

23 mai. Crim. 1050 c., 1411 c.

25 mai. Crim. 1362 c.

4 juin. Crim. 1785 c., 2175 c.

4 juin. Crim. Loi. 1474 c.

10 juin. Crim. 306 c.

13 juin. Crim. 1931 c.

22 juin. Angers. 978 c., 1170 c.

23 juin. Crim. 1037 c.

25 juin. Rennes. 978 c., 1170 c.

2 juill. Crim. 1891 c., 2175 c.

3 juill. Crim. 1075 c.

10 juill. Crim. 1038 c., 1154 c., 1500 c.

16 juill. Crim. 1651 c., 1797 c.

22 juill. Décr. 178 c.

23 juill. Crim. 1390 c.

30 juill. Crim. 1433 c.

3 août. Trib. Saint-Claude. 977 c.

6 août. Crim. 1996 c.

18 août. Crim. 637 c., 1221 c., 1223 c., 1225 c., 1234 c., 2248 c.

13 août. Bourges. 167.

14 août. Crim. 1251 c.

27 août. Crim. 264 c.

3 sept. Crim. 1533 c., 1948 c., 2266 c.

10 sept. Crim. 1447 c.

17 sept. Crim. 1780 c., 1911 c., 2266 c.

26 sept. Crim. 1022 c.

27 sept. Crim. 1467 c., 2039 c.

1er oct. Crim. 1759 c., 2038 c., 2181 c.

10 oct. Crim. 1580 c., 1801 c., 1816 c.

5 nov. Crim. 1061 c.

18 nov. Crim.97 c., 1033 c.

19 nov. Crim. 2175 c.

19 nov. Paris. 647 c.

28 nov. Crim. 1510 c., 1518 c.

10 déc. Crim. 1542 c.

11 déc. Crim. 1037 c.

17 déc. Crim. 1583 c.

17 déc. Aix. 718 c.

24 déc. Crim. 1538 c., 1844 c., 1849 c., 2185 c.

1864

2 janv. Crim. 1414 c.

14 janv. Crim. 2265 c.

15 janv. Crim. 1136 c.

21 janv. Crim.1858 c., 1403 c.

30 janv. Alger. 980 c.

11 févr. Crim.2154 c., 2158 c.

18 févr. Crim. 1766 c.

8 mars. Crim. 1043 c., 1365 c.

11 mars. Crim. 2317 c.

30 mars. Crim.2104 c., 1411 c.

7 avr. Crim. 1513 c., 2175 c.

9 avr. Crim. 1474 c.

10 nov. Crim.258 c., 259 c.

9 mars. Crim. 1401 c.

2 mai. Req. 336 c.

6 mai. Crim. 2024 c., 2187 c.

12 mai. Crim. 267 c., 270 c., 1050 c.

3 juin. Crim. 1578 c., 2043 c.

4 juin. Crim. 1896 c.

10 juin. Crim. 258 c., 259 c.

16 juin. Crim. 1227 c., 1229 c.

24 juin. Crim. 245 c., 1022 c., 1038 c.

30 juin. Crim. 1879 c.

1er juill. Crim.997 c.

5 juill. Gand. 451 c.

6 juill. Aix. 1581 c., 2309 c.

9 juill. Crim. 1038 c.

14 juill. Crim. 1798 c., 2033 c., 2073 c., 2310 c.

23 juill. Crim. 1442 c.

28 juill. Crim. 1698 c., 1751 c.

31 juill. Trib.corr. Bagnère. 977 c.

11 août. Crim. 1404 c.

18 août. Crim. 1032 c.

19 août. Crim. 1480 c.

8 sept. Crim. 1552 c., 1557 c., 1912 c.

15 sept. Crim. 2002 c.

22 sept. Crim. 1471 c., 1746 c., 1793 c.

6 oct. Crim. 1500 c., 1513 c., 1822 c., 1966 c.

3 nov. Crim. 1142 c.

10 nov. Crim. 1058 c., 2059 c., 2073 c.

7 déc. Paris. 474 c., 793 c.

8 déc. Crim. 1666 c.

10 déc. Crim. 1031 c.

16 déc. Crim. 1483 c., 1517 c., 2048 c.

22 déc. Crim. 975 c.

23 déc. Crim. 1290 c.

24 déc. Crim.97 c., 1091 c.

1865

5 janv. Crim. 1834 c.

5 janv. Loi. 88 c.

8 janv. Crim. 1439 c., 404 c.

27 janv. Crim. 1976 c.

7 févr. Crim. 1493 c.

9 févr. Crim. 1362 c.

18 févr. Crim. 1053 c.

27 févr. Ch. réun. 733 c.

8 mars. Crim. 402 c.

1549 c., 1583 c.

22 mars. Crim. 1467 c.

28 mars. Crim. 1008 c., 2089 c., 2073 c.

31 mars. Crim. 1024 c.

1er avr. Crim. 283 c.

6 avr. Crim. 1032 c., 1518 c., 1635 c.

10 avr. Besançon. 109 c.

11 mai. Crim. 1025 c., 1635 c.

18 mai. Crim. 1652 c., 1853 c., 2092 c., 2254 c., 2342 c.

19 mai. Crim. 2050 c.

31 mai. Loi. 635 c.

1er juin. Crim. 2044 c.

2 juin. Crim. 696 c., 1043 c.

15 juin. Crim. 1816 c.

29 juin. Crim. 549 c., 1393 c., 1411 c.

8 juill. Crim. 547 c., 1411 c., 1505 c.

10 juill. Crim.401 c.

14 juill. Loi.639 c., 788 c., 808 c., 818 c., 814 c., 815 c., 816 c., 826 c., 837 c., 838 c., 840 c., 845 c., 864 c., 866 c., 867 c., 869 c., 875 c., 880 c., 904 c., 906 c., 916 c., 922 c., 4084 c., 1169 c., 1181 c., 1482 c.

17 juill. Crim.409 c.

20 juill. Crim. 1053 c.

24 juill. Paris. 283 c.

3 août. Crim. 1571 c.

10 août. Crim. 2176 c.

17 août. Crim. 97 c.

14 sept. Crim. 1846 c., 1971 c.

28 sept. Crim. 1272 c., 1511 c., 1523 c., 1568 c., 1584 c., 1754 c., 2224 c.

5 oct. Crim.498 c.

18 oct. Crim. 1866 c., 1793 c.

14 oct. Loi. 911 c.

14 oct. Circ. min. just. 839 c., 841 c., 875 c., 900 c., 940 c., 918 c., 928 c.

4 nov. Crim. 1061 c.

19 nov. Crim. 2310 c.

7 déc. Crim. 1505 c.

8 déc. Crim.680 c., 1791 c., 1888 c.

13 déc. Douai.1169 c.

14 déc. Crim. 1458 c., 1592 c.

15 déc. Crim.111 c., 1049 c., 1474 c., 1916 c., 2096 c., 2101 c.

28 déc. Crim. 1625 c., 1627 c.

1866

4 janv. Crim.1377 c., 1614 c., 1928 c.

5 janv. Crim.1280 c.

20 févr. Crim. 1187 c.	17 mars. Loi. 318 c.	9 mai. Paris. 1198 c.	17 juin. Crim. 1491 c., 1492 c.	20 juill. Toulouse. 635 c.	7 sept. Crim. 1206 c.	12 déc. Loi. 889 c.	22 janv. C. d'ass. Loiret. 1438 c.
25 févr. Crim. 2131 c.	23 mars. Crim. 152 c.	12 mai. Crim. 723 c.	23 juin. Paris. 1115 c.	29 juill. Montpellier. 159 c.	15 sept. Crim. 1770 c.	16 déc. Crim. 158 c.	1590 c.
3 mars. Crim. 74 c., 82 c., 83 c.	30 mars. Crim. 2211 c.	13 mai. Crim. 745 c.	24 juin. Crim. 1207 c., 1210 c.	3 août. Crim. 281 c.	26 sept. Crim. 1125 c.	21 déc. Crim. 1101 c.	26 janv. Crim. 44 c., 46 c., 210 c.
6 mars. Loi. 318 c.	13 avr. Crim. 1202 c.	19 mai. Crim. 383 c.	29 juin. Crim. 452 c., 176 c.	4 août. Crim. 1511 c.	8 nov. Nancy. 697	23 déc. Décr. 418 c.	2 févr. Crim. 1215
9 mars. Crim. 1152 c.	14 avr. Crim. 130 c.	1er juin. Crim. 743 c., 745 c.	6 juill. Crim. 1616 c., 1740 c., 1754	24 août. Crim. 1508 c.	**1894**	5 nov. Crim. 175 c.	15 févr. Crim. 1031 c.
10 mars. Crim. c., 2344 c.	27 avr. Crim. 1947 c., 2286 c.	2 juin. Crim. 1491 c.	18 juill. Crim. 1214 c., 1281 c., 1750	31 août. Crim. 1491 c., 1600 c., 1604 c., 2003 c.	15 nov. Décr. 894 c. 21 nov. Décr. règl. adm. publ. 480 c. c. 795 c.	12 janv. Crim. 549 c.	2 mars. Crim. 993
16 mars. Crim. 189 c.	29 avr. Crim. 299 c.	3 juin. Crim. 1418 c., 1740c., 2276c. 15 juin. Crim. 70 c.			1er déc. Crim. 299 c. 9 déc. 551 c.	13 janv. Crim. 1138 c.	8 mars (1894 et non1895). Crim. 1133 c.

PROCÉDURE DEVANT LES CONSEILS DE GUERRE, V. *suprà*, v° *Organisation militaire*, n°s 495 et suiv., et *Rép.* eod. v°, n°s 903 et suiv.

PROCÉDURE DEVANT LES TRIBUNAUX DE COMMERCE.

1. L'objet de cet article n'est pas de traiter d'une façon complète de la procédure devant les tribunaux de commerce, mais seulement de résumer les particularités qu'offre cette procédure, et dont la plupart sont d'ailleurs exposées dans les différents traités relatifs à la procédure en général.

Division.

§ 1. — Caractères généraux de la procédure commerciale (n° 2).
§ 2. — Compétence commerciale (n° 8).
§ 3. — De l'ajournement devant les tribunaux de commerce. — Délai de l'ajournement; assignation à bref délai; mentions de l'exploit, etc. (n° 16).
§ 4. — Saisie conservatoire (n° 36).
§ 5. — Comparution des parties (n° 37).
§ 6. — Instruction en matière commerciale (n° 42).
§ 7. — Des incidents soulevés devant les tribunaux de commerce (n° 44).
§ 8. — Des jugements rendus par les tribunaux de commerce (n° 51).
§ 9. — Du référé en matière commerciale (n° 58).

§ 1er. — Caractères généraux de la procédure commerciale.

2. La procédure devant la juridiction commerciale présente ce caractère général d'être plus rapide et plus expéditive que la procédure ordinaire, et même que la procédure sommaire. Cela tient à ce que les transactions commerciales s'accommoderaient mal des lenteurs de la procédure ordinaire (Maret, *Exposé des motifs du livre IV du code de commerce*, dans Locré, t. 20, p. 222; Garsonnet, *Traité théorique et pratique de procédure*, t. 3, § 416, p. 44).

3. On n'exige pas de conclusions écrites dans la procédure commerciale (Garsonnet, *loc. cit.*).

4. La communication au ministère public n'a pas lieu dans les affaires commerciales (V. *suprà*, v° *Ministère public*, n° 163). Il en est autrement, suivant l'opinion qui a prévalu, à l'égard des affaires qui sont portées devant les tribunaux civils de première instance jugeant commercialement (V. *suprà*, *ibid.* — *Contrà* : Garsonnet, t. 1, § 88; t. 3, § 424, p. 66).

5. Il n'y a pas de préliminaire de conciliation en matière commerciale (V. *suprà*, v° *Conciliation*, n° 41; Garsonnet, t. 2, § 235 et 236; t. 3, § 421, p. 56; Lyon-Caen et Renault, *Précis de droit commercial*, t. 2, p. 973, n° 3204).

6. Le ministère des avoués n'est pas admis devant les tribunaux de commerce (V. sur ce point, *suprà*, v° *Défense-défenseur*, n° 76).

7. La procédure commerciale fait l'objet des art. 414 à 442 c. proc. civ. et des art. 641 à 648 c. com. Mais il faut, en outre, appliquer à cette procédure les règles générales de la procédure devant les tribunaux ordinaires, en tant que ces règles ne sont pas incompatibles avec l'esprit et les caractères de la procédure commerciale (Lyon-Caen et Renault, t. 2, p. 973, n° 3203; Bioche, *Dictionnaire de procédure*, v° *Tribunal de commerce*, n° 39; Carré et Chauveau, *Lois de la procédure*, t. 3, p. 502; Garsonnet, t. 3, § 416, p. 45).

§ 2. — Compétence commerciale.

8. La matière est traitée *suprà*, v° *Compétence commerciale*. On mentionnera seulement ici quelques décisions qui n'ont pas trouvé place dans ce traité.

9. Il a été jugé que l'art. 420 c. proc. civ. s'applique à tous les contrats commerciaux, notamment : 1° au mandat donné à un agréé par un commerçant pour les faits de son commerce (Bordeaux, 9 août 1888, aff. Lussaud, D. P. 90. 2. 150); — 2° Au louage de service. Par suite, le tribunal de commerce dans le ressort duquel le préposé d'un entrepreneur de travaux publics a dirigé des travaux importants, moyennant des appointements stipulés payables dans le lieu de l'exécution des travaux, est compétent pour connaître de l'action en payement d'appointements et en délivrance d'un certificat pour les travaux exécutés, intentée par ce préposé contre son commettant (Orléans, 21 févr. 1889, aff. Consorts Morin, D. P. 90. 2. 164). — Comp. ce qui a été dit à cet égard, *suprà*, v° *Compétence commerciale*, n° 126).

10. C'est le tribunal du domicile du défendeur qui est compétent en principe, et en vertu de la règle générale de l'art. 59 c. proc. civ., pour connaître de la demande tendant à l'apurement d'un compte courant et au payement du solde provenant de la balance, sans qu'il y ait à faire acception, pour la compétence, du lieu où ont été réalisées les opérations commerciales comprises dans ledit compte courant (Req. 1er mars 1887, aff. Macarry, D. P. 87. 1. 161).

En conséquence, quand une demande de cette nature se trouve portée tout à la fois devant le tribunal du domicile du défendeur et devant celui du demandeur pris comme lieu de la réalisation des opérations commerciales comprises dans le compte courant, la cour de cassation, statuant par voie de règlement de juges, doit dessaisir le second tribunal, et renvoyer la cause et les parties devant le premier (Même arrêt).

11. L'attribution de compétence faite en matière commerciale au tribunal du lieu où la promesse a été faite et la marchandise livrée ou à celui du lieu du payement doit recevoir son application, quoique le marché soit contesté, si cette contestation n'est pas sérieuse (Req. 17 déc. 1889, aff. Lévy, D. P. 90. 5. 113. Comp. *suprà*, v° *Compétence commerciale*, n°s 132 et suiv.).

12. Comme il a été dit *suprà*, v° *Compétence commerciale*, n° 132, lorsque la promesse a été faite en un lieu et la marchandise livrée en un autre, le demandeur ne peut invoquer le bénéfice de la seconde disposition de l'art. 420 c. proc. civ. (Req. 1er août 1888, aff. Manteaux, D. P. 89. 1. 252).

13. Lorsque, en vertu de l'art. 14 c. civ., un Français assigne un étranger devant la juridiction française, c'est la nature de la contestation qui détermine le tribunal compétent; en conséquence, la compétence établie en matière commerciale par l'art. 420-2° c. proc. civ. est applicable, comme elle le serait entre plaideurs Français l'un et l'autre; et le demandeur français assigne valablement le défendeur étranger devant le tribunal dans l'arrondissement duquel la promesse a été faite et la marchandise livrée (Bordeaux, 20 janv. 1891, aff. Morinaud, D. P. 91. 2. 265. Comp. *suprà* v° *Compétence commerciale*, n° 158).

14. Conformément aux règles exposées *suprà*, v° *Compé-*

tence commerciale, n⁰ˢ 142 et suiv., il a été décidé : 1° que l'action en dommages-intérêts dirigée par le consignataire de la cargaison d'un navire contre l'armateur ou le fréteur de ce bâtiment, à raison du retard subi dans le départ, peut être portée devant le tribunal de commerce du lieu où, d'après la charte-partie, le payement du fret devait s'effectuer (Req. 24 oct. 1888, aff. Flornoy et fils, D. P. 89. 1. 312) ; — 2° Que le lieu du payement peut être tacitement fixé par la commune intention des parties, telle qu'elle résulte de leur correspondance, et qu'en pareil cas, le tribunal de ce lieu reste compétent, même si le payement se fait dans une autre localité, lorsque ce changement n'est intervenu que par suite d'un refus de garantie réclamée par le vendeur dans son intérêt exclusif, et non pour apporter aux conditions du marché un changement qui lui serait défavorable (Req. 1ᵉʳ août 1888, aff. Manteaux, D. P. 89. 1. 252) ; — 3° Que l'indication d'un lieu pour le payement dans la facture est obligatoire pour le débiteur, à moins qu'il ne proteste ; et que la création de traites ne change rien à cette situation (Même arrêt. Comp. Req. 30 juill. 1888, aff. Jouve, D. P. 89. 1. 191 ; — 4° Que l'énonciation d'une facture imprimée, portant que le montant en sera payable au domicile du vendeur, ne peut être invoquée qu'à défaut de convention contraire ; qu'en conséquence, le tribunal du domicile de l'acheteur devient compétent s'il a été convenu que le payement serait effectué au moyen de traites tirées sur l'acheteur (Besançon, 31 oct. 1888, aff. Logny, D. P. 89. 2. 241).

15. Il n'appartient pas au juge de modifier les limites de sa compétence sous le prétexte que la demande exclusive de cette compétence ne serait pas *sérieuse* et n'apparaîtrait que comme un moyen moratoire (Civ. cass. 1ᵉʳ avr. 1889, aff. Epoux Rollin, D. P. 89. 1. 462). Jugé, spécialement, qu'un tribunal de commerce, saisi d'une instance engagée contre la fille d'un commerçant, ne peut rejeter les conclusions d'incompétence *ratione materiæ* prises par la défenderesse qui dénie sa qualité d'héritière, sous le prétexte que la renonciation qui sert de base à l'exception de qualité n'est pas sérieuse et ne peut être considérée que comme un simple moyen moratoire (Même arrêt).

§ 3. — De l'ajournement devant les tribunaux de commerce. — Délai de l'ajournement ; assignation à bref délai ; mentions de l'exploit ; etc.

16. Tandis que le délai ordinaire de l'ajournement est de huitaine, ce délai, aux termes de l'art. 416, 2° al., c. proc. civ., est seulement d'un jour franc en matière commerciale (Bioche, v⁰ *Tribunal de commerce*, n⁰ 44 ; Chauveau sur Carré, t. 3, quest. 1492 ; Boitard, Colmet-Daâge et Glasson, *Leçons de procédure civile*, t. 1, n⁰ 643 ; Rodière, *Traité de compétence et de procédure en matière civile*, t. 2, p. 3 ; Bonnier, *Éléments de procédure civile*, n⁰ 936 ; Camberlin, *Manuel pratique des tribunaux de commerce*, n⁰ 233 ; Garsonnet, t. 3, § 417, p. 46 ; Lyon-Caen et Renault, t. 2, § 3204 *ter*, p. 974).

17. Sur le calcul des délais, V. *suprà*, v⁰ *Délai*, n⁰ˢ 7 et suiv.

18. Lorsque le défendeur est domicilié en Corse, en Algérie, aux colonies ou à l'étranger, il a droit aux délais fixés par l'art. 73 c. proc. civ. (Garsonnet, *loc. cit.* ; Chauveau et Carré, t. 3, quest. 1489. — Sur le délai de l'art. 73 c. proc. civ., V. *suprà*, v⁰ *Exploit*, n⁰ˢ 193 à 195).

19. Dans le cas où le défendeur est domicilié en France, hors du lieu où siège le tribunal, le délai pour comparaître est d'un jour franc, augmenté d'un jour par cinq myriamètres de distance entre le siège du tribunal et le domicile du défendeur (Bioche, v⁰ *Tribunal de commerce*, n⁰ˢ 45 et suiv. ; Chauveau et Carré, t. 3, quest. 1491 ; Lyon-Caen et Renault, t. 2, § 3204 *ter*, p. 974 ; Garsonnet, t. 3, § 417, p. 46, texte et note 4). — Sur cette augmentation de délai à raison des distances, V. *suprà*, v⁰ *Délai*, n⁰ˢ 42 et suiv.).

20. Pour le payement d'effets de commerce négociables, lettres de change, billets à ordre etc., il faut remplacer le domicile du défendeur par le lieu où l'effet est payable. En effet, le porteur d'un effet de commerce ne connaît pas, en général, le domicile du défendeur (Garsonnet, t. 3, § 417,

texte et note 6, p. 46 ; Bioche, v⁰ *Tribunal de commerce*, n⁰ 46 ; Chauveau et Carré, t. 3, quest. 1491). Mais si le demandeur connaît en fait le domicile du défendeur, le délai devra alors être calculé d'après la distance qui sépare ce domicile du siège du tribunal (Garsonnet et Bioche, *op. et loc. cit.*).

21. Le défendeur, en matière commerciale, doit être assigné à jour fixe, avec indication du jour et de l'heure de la comparution. Il ne suffirait pas de l'assigner à un jour franc, à huitaine, à quinzaine, à un mois, comme devant les tribunaux civils. Cette règle tient à ce que le défendeur n'est pas légalement représenté devant les tribunaux de commerce (Garsonnet, t. 3, § 417, p. 46 et 47 ; Camberlin, p. 234).

22. Toutefois, le délai de l'ajournement est parfois inférieur à un jour. Aux termes de l'art. 417 c. proc. civ. « dans les cas qui requerront célérité, le président du tribunal pourra permettre d'assigner, même de jour à jour et d'heure à heure. ... Ses ordonnances seront exécutoires nonobstant opposition ou appel ». Ainsi le président du tribunal peut permettre d'assigner pour le lendemain et même pour la même journée, le matin pour le soir (Garsonnet, *op. cit.*, t. 3, § 418, p. 48).

23. Ce droit appartient au président du tribunal de commerce où la demande doit être portée (Garsonnet, *op. et loc. cit.* ; Rodière, t. 2, p. 3) ; ... ou au plus ancien juge (Carré et Chauveau, t. 3, quest. 1498 ; Rodière et Garsonnet, *loc. cit.*). Comp. ce qui a été dit, en matière civile, *suprà*, v⁰ *Délai*, n⁰ 54.

24. Lorsque le président abrège le délai de l'ajournement, il peut en même temps, par une disposition expresse, supprimer l'augmentation à raison de la distance (Carré et Chauveau, *op. cit.*, t. 3, quest. 1494 ; Garsonnet, *op. cit.*, t. 3, § 417, p. 47, note 10).

Mais on discute la question de savoir si, dans le silence de l'ordonnance abrégeant le délai de l'ajournement, l'augmentation de délai à raison de la distance doit être considérée comme maintenue. Des auteurs la résolvent négativement, en se fondant sur ce que l'intention du président a dû être, dans ce cas, de supprimer les délais de distance (Garsonnet, *op. et loc. cit.* ; Bourbeau, *Théorie de la procédure civile*, t. 6, p. 136. — V. toutefois, en sens contraire, Bioche, v⁰ *Tribunal de commerce*, n⁰ 50).

25. C'est également une question controversée que celle de savoir, dans le cas où le président abrège le délai de l'ajournement, si le demandeur est tenu, à peine de nullité, de donner copie de l'ordonnance en tête de l'assignation à bref délai (V. dans le sens de la négative : Garsonnet, t. 3, § 417, p. 47, note 10 *in fine* ; Carré et Chauveau, suppl., quest. 1492 *ter*. Comp., en matière ordinaire, *suprà*, v⁰ *Exploit*, n⁰ 200).

26. Il n'est pas nécessaire que l'assignation à bref délai soit signifiée par un huissier spécialement commis par le président (Carré et Chauveau, suppl., quest. 1492 *quinquies* ; Garsonnet, *op. cit.*, t. 3, § 417, p. 48, note 10 *in fine*).

27. L'ordonnance du président du tribunal permettant d'assigner à bref délai est exécutoire par provision. Elle est susceptible d'appel ou d'opposition (V. ce qui sera dit sur ce point *infrà*, v⁰ *Saisie conservatoire*, au sujet de l'ordonnance du président du tribunal de commerce autorisant une saisie conservatoire en vertu de l'art. 417 c. proc. civ.).

28. Dans certains cas particulièrement urgents, la loi abrège elle-même le délai de la comparution. « Dans les affaires maritimes où il existe des parties non domiciliées, et dans celles où il s'agit d'agrès, victuailles, équipages et radoubs de vaisseaux prêts à mettre à la voile, et autres matières urgentes et provisoires, l'assignation de jour à jour ou d'heure à heure pourra être donnée sans ordonnance » (c. proc. civ. art. 418).

29. Par *parties non domiciliées*, l'art. 418 entend non pas les personnes qui n'ont ni leur domicile, ni leur résidence dans la ville où siège le tribunal compétent, mais bien les personnes qui n'ont en France ni domicile ni résidence (Garsonnet, *op. cit.*, t. 3, § 419, p. 49 ; Bourbeau, t. 6, p. 134 ; Bonnier, n⁰ 938).

30. Les expressions agrès, victuailles, équipages et radoubs qui figurent dans l'art. 418 servent à désigner les

parties de l'armement d'un navire, les provisions de bouche, le salaire des matelots et les travaux de réparation (Garsonnet, *loc. cit.*; Carré et Chauveau, t. 3, quest. 1499).

31. Les matières urgentes et provisoires, que vise le texte en question, sont celles qui exigent un prompt jugement, les demandes en chargement ou en délivrance de marchandises, en payement de fret ou d'avaries, etc. (Garsonnet, *op. et loc. cit.*; Carré et Chauveau, t. 3, quest. 1500, p. 513, note 1).

32. La règle établie par l'art. 418 c. proc. civ. ne s'applique qu'en matière maritime (Bioche, *op. cit.*, v° *Tribunal de commerce*, n° 52; Carré et Chauveau, *op. cit.*, t. 3, quest. 1495 et 1500; Bourbeau, t. 6, p. 135, note 3; Boitard et Colmet Daage, t. 1, n° 646; Rodière, t. 2, p. 4; Garsonnet, *op. cit.*, t. 3, § 419, p. 49 et 50).

33. Sur l'art. 419 c. proc. civ. permettant d'assigner à bord les gens de mer, V. *Rép.*, v° *Exploit*, n° 243.

34. Aux termes de l'art. 415, toute demande doit être formée par exploit d'ajournement, suivant les formalités prescrites au titre des ajournements. Par application de cet article, il a été jugé qu'en matière commerciale, l'intervention doit être formée par exploit d'ajournement, et qu'il en est notamment ainsi en cas d'intervention d'un créancier dans une faillite (Bruxelles, 18 janv. 1888, aff. Basville, D. P. 89. 2. 175).

35. Quant aux mentions que l'exploit d'ajournement doit contenir, ce sont, en principe, toutes celles qu'exigent les art. 61 et suiv., c. proc. civ. (V. *suprà*, v° *Exploit*, n° 17 et suiv.). Seulement il n'y a pas lieu : 1° de mentionner une constitution d'avoué, puisque, en matière commerciale, le ministère des avoués n'est pas admis ; 2° de faire une élection de domicile ; 3° de donner copie d'un procès-verbal de non-conciliation devant le juge de paix, puisque le préliminaire de conciliation n'existe point en matière commerciale (Lyon-Caen et Renault, t. 2, p. 973, n° 3204 *bis*).

§ 4. — Saisie conservatoire.

36. Dans les cas qui requièrent célérité, le président du tribunal de commerce peut permettre la saisie des meubles du débiteur (c. proc. civ. art. 417). — V. sur ce point, *infra*, v° *Saisie conservatoire*.

§ 5. — Comparution des parties.

37. Comme il a été dit au *Rép.*, v° *Défense-défenseur*, n° 277, la partie qui comparaît par le ministère d'un fondé de pouvoirs doit lui donner une procuration spéciale ; une procuration générale ne suffirait pas (Garsonnet, t. 3, § 421, p. 57 ; Metz, 16 avr. 1870, aff. Jacob Franck, D. P. 70. 2. 193 ; Aix, 28 nov. 1870, aff. Vincent, D. P. 71. 5. 393).

38. Cette procuration est généralement donnée par le de-

mandeur au bas de l'original, par le défendeur au bas de la copie de la citation. Mais le pouvoir pourrait valablement être donné par acte séparé, et même par lettre missive (Garsonnet, t. 3, § 421, p. 57 ; Carré et Chauveau, t. 3, quest. 1515 ; Bourbeau, t. 6, p. 131 ; Bioche, v° *Tribunal de commerce*, n° 59 ; Rodière, t. 2, p. 5).

39. Dans le cas où les parties ne sont pas présentes à l'audience, le tribunal de commerce peut exiger du mandataire la légalisation de la signature du mandant apposée au pouvoir sous seing privé (Garsonnet, t. 3, § 421, p. 58 à 60 ; Camberlin, p. 300 et suiv.; Lyon-Caen et Renault, *Précis de droit commercial*, t. 2, p. 976, n° 3207 ; Paris, 11 juin 1880, aff. Esnard, D. P. 81. 2. 99 et 6 mars 1880, aff. Jannin, D. P. *ibid.* ; et, sur pourvoi, Civ. rej. 1er mars 1883, D. P. 83. 1. 441). Ces arrêts se fondent sur ce qu'il résulte de l'art. 627 c. com., que la loi a conféré aux tribunaux de commerce, soit dans l'intérêt des justiciables, soit dans un intérêt supérieur d'ordre public, le droit de contrôler les pouvoirs produits par ceux qui demandent à représenter les parties, et de s'assurer de la sincérité de ces pouvoirs. D'autre part, d'après les mêmes arrêts, la loi, n'ayant point déterminé le mode suivant lequel ce droit d'examen peut être exercé, s'en est remis à cet égard à la sagesse des juges, en leur permettant d'avoir recours à tous les moyens de procédure rentrant dans les limites de leur compétence (V. la note sous l'arrêt précité du 1er mars 1883, et les conclusions de M. l'avocat-général Desjardins). Toutefois, un tribunal de commerce ne pourrait pas décider, par voie de disposition générale et réglementaire, que tout pouvoir sous seing privé donné à l'effet de représenter un plaideur doit être légalisé. Une pareille décision serait contraire à l'art. 5 c. civ. (Arrêts précités des 11 juin et 6 mars 1880, et 1er mars 1883 ; sol. implic.).

40. Si le tribunal n'a pas exigé la légalisation du pouvoir sous seing privé, il est certain que la partie a été régulièrement représentée, malgré le défaut de légalisation (Garsonnet, t. 3, § 421, p. 58, note 19 ; Carré et Chauveau, *Lois de la procédure*, t. 3, quest. 1515 ; Bioche, v° *Tribunal de commerce*, n° 57 et 58).

41. Sur l'art. 422 c. proc. civ., et l'élection de domicile qu'il prescrit, V. *suprà*, v° *Exploit*, n° 228 ; et *Domicile élu*, n° 11 et suiv.

§ 6. — Instruction en matière commerciale.

42. L'instruction devant les tribunaux de commerce est beaucoup plus simple que devant les tribunaux civils (Comp. *suprà*, v° *Instruction civile*) (1). — L'affaire est mise au rôle par le demandeur et inscrite avec un numéro d'ordre. Elle est ensuite appelée à son tour par l'huissier audiencier à l'audience fixée par l'assignation. À la différence de la procédure civile, la procédure devant les tribunaux de com-

---

(1) Nous croyons utile de reproduire ici le règlement intérieur du tribunal de commerce de la Seine, délibéré par ce tribunal le 7 févr. 1885 et exécutoire à partir du 1er mars suivant. Il est ainsi conçu :

Art. 1. — *Placement des causes au greffe.* — Les justiciables demandeurs se présentent en personne peuvent, le jour même de l'audience, jusqu'à neuf heures et demie, faire le placement de leurs causes, à la différence des agréés et mandataires qui sont tenus de les placer la veille de l'audience.

Art. 2. — *Remise des copies d'assignation à l'appariteur.* — À la suspension de l'audience, soit vers onze heures, les défendeurs qui n'ont pas répondu à l'appel de leur nom doivent, pour éviter un jugement par défaut, remettre immédiatement leur copie à l'appariteur. Pendant cette suspension, un employé du greffe, ayant une place réservée dans la salle d'audience, sera à la disposition des parties pour leur donner tous renseignements utiles sur l'appel des causes.

Art. 4. — *Affaires non placées par les demandeurs* (remise des copies par l'appariteur avant la reprise de l'audience). — À midi précis, c'est-à-dire avant la reprise de l'audience, l'appariteur fera l'appel de toutes les causes qui n'auront point été placées par les demandeurs ; il rendra les copies aux défendeurs assignés qui pourront aussitôt quitter le tribunal. Ces défendeurs, s'ils le préfèrent, peuvent, après s'être adressés au greffier d'audience, requérir défaut-congé de la demande formée contre eux ; ce défaut-congé sera prononcé dès la reprise de l'audience.

Art. 5. — *Reprise de l'audience* (ordre des appels des parties).

— Seront appelées aussitôt la reprise de l'audience : 1° toutes les affaires du jour concernant les parties qui se présentent en personne, soit en demandant, soit en défendant ; 2° toutes les demandes du jour dans lesquelles les défendeurs ne sont ni présents, ni représentés, pour permettre aux demandeurs de se retirer de suite avec le bénéfice du défaut qui aura été prononcé à l'appel du matin ; 3° les affaires venant d'un autre jour intéressant toujours les parties se présentant en personne. Enfin, les mardis et vendredis, il sera fait, après les causes du jour et celles venant d'une autre audience concernant les parties non représentées par des mandataires, un appel des causes inscrites au rôle. Cet appel ne comprendra aussi que les affaires dans lesquelles les justiciables se présentent seuls à la barre. Après ces différents appels, et lorsque toutes les affaires concernant les parties ont reçu la solution qu'elles comportent, les justiciables demandeurs se présentant en personne seront avertis par M. le président de l'audience qu'ils peuvent se retirer. Seules, les parties dont les affaires auraient été retenues pour être plaidées dans l'après-midi, si elles peuvent arriver en ordre utile, seront tenues de rester à l'audience.

Art. 6. — *Audiences des mercredis, jeudis et samedis.* — En ce qui concerne ces trois jours d'audience, et bien que l'affaire ait été continuée à quinzaine avec inscription au rôle, les parties doivent se présenter à dix heures à l'audience à laquelle leur affaire est inscrite. La décision concernant ces affaires est prise à l'appel du matin ; dès que cette décision est intervenue, les justiciables peuvent se retirer.

merce ne comporte ni avenir pour voir mettre l'affaire au rôle, ni sommation d'audience pour le jour où l'affaire doit être appelée (Garsonnet, t. 3, § 424, p. 65 et 66 ; Chauveau sur Carré, t. 3, quest. 1517 *ter ;* Bourbeau, t. 6, p. 132 et suiv. ; Chamberlin, p. 234). — Le défendeur formule ses conclusions soit verbalement, soit par écrit ; dans le premier cas, il les dicte au greffier, qui les relate au procès-verbal de l'audience ; dans le second cas, les conclusions sont remises au greffier, visées par lui et annexées à l'exploit d'ajournement (Camberlin, *loc. cit.;* Garsonnet, t. 3, § 424, p. 66). — Quant aux plaidoiries, elles doivent être aussi courtes que possible ; c'est au président qu'il appartient de faire observer cette règle (Garsonnet, *loc. cit.* ; Camberlin, p. 237). — Tantôt le jugement est rendu séance tenante, tantôt l'affaire est renvoyée à une autre audience pour continuer les débats ou rendre le jugement (Garsonnet, *op. cit.*, t. 3, § 424, p. 67 ; Bourbeau, *op. cit.*, t. 6, p. 225).

43. Devant le tribunal de commerce de la Seine, la procédure subit certaines modifications (V. le règlement intérieur rapporté *supra*, n° 42, note). Lorsque les parties ne se présentent pas en personne, l'affaire doit être mise au rôle la veille de l'audience où elle sera appelée (Camberlin, p. 234). Suivant son importance, l'affaire est inscrite soit au grand rôle qui ne s'expédie que le lundi, soit au petit rôle qui comprend les affaires courantes et s'expédie les autres jours (V. sur ces divers points, Garsonnet, *loc. cit.*).

§ 7. — Des incidents soulevés devant les tribunaux de commerce.

44. — I. EXCEPTION D'INCOMPÉTENCE. — V. *suprà*, v^{is} *Exceptions et fins de non-recevoir*, n°s 43 et suiv., et *Compétence commerciale*, n°s 3 à 14. On mentionnera seulement ici quelques solutions de jurisprudence qui n'ont pas trouvé place dans ces traités.

45. Il a été décidé que les juges consulaires étant incompétents *ratione materiæ* pour apprécier si l'acte invoqué par une partie, afin de faire décider, après la mort de celui qui l'a rédigé, que le défunt lui a transmis ses droits d'associé dans une société commerciale, constitue ou non un testament dont l'effet a pu être détruit par une révocation postérieure, le tribunal de commerce devant lequel s'élève une pareille contestation doit se dessaisir, même d'office, de l'action tendant à faire exécuter l'acte litigieux, alors au moins que cet acte présente, dans sa forme extérieure, les caractères d'un testament olographe (Rouen, 6 déc. 1877, aff. Deparis, D. P. 78. 2. 146. Comp. *suprà*, v° *Exceptions* n°s 65 et suiv.).

46. Lorsqu'un tribunal de commerce statue par un jugement spécial sur l'exception d'incompétence qu'il rejette, l'appel relevé contre ce jugement est suspensif, et le jugement que le tribunal rend plus tard sur le fond est lui-même atteint par cet effet suspensif, sans qu'il soit nécessaire d'interjeter un second appel (Toulouse, 20 janv. 1891, aff. Dorbus, D. P. 92. 2. 71). L'arrêt de la cour qui infirme ensuite le jugement de compétence fait tomber par cela même aussi le jugement sur le fond et replace les parties dans l'état où elles se trouvaient avant la demande (Même arrêt). — Comp. *suprà*, v° *Exceptions*, n° 117.

47. — II. EXPERTISE EN MATIÈRE COMMERCIALE. — V. *suprà*, v° *Expert-expertise*, n°s 107 et suiv.

48. — III. ENQUÊTE DANS LES TRIBUNAUX DE COMMERCE. — V. *suprà*, v° *Enquête*, n°s 267 et suiv.

49. — IV. CAUTION « JUDICATUM SOLVI ». — On a dit *suprà*, v° *Exceptions et fins de non-recevoir*, que la caution *judicatum solvi* n'est pas due en matière commerciale. Mais, dans sa séance du 10 mars 1893, la Chambre des députés a voté une proposition de loi, actuellement soumise au Sénat, et d'après laquelle l'étranger demandeur en France est obligé de fournir la caution *judicatum solvi*, même en matière commerciale.

50. — V. COMMUNICATION DE PIÈCES. — La faculté reconnue aux parties par le code de procédure civile, de demander réciproquement communication des pièces qui leur sont opposées, rentre dans les attributs essentiels de la défense, et à ce titre, elle peut être invoquée devant la juridiction commerciale aussi bien que devant les tribunaux civils (Civ. cass. 14 mai 1821, *Rép.*, v° *Exceptions et fins de non-recevoir*, n°s 487 et 499 ; Trib. com. de la Seine, 6 nov. 1885, *Le Droit* du 5 déc. 1885 ; Grenoble, 3 déc. 1892, aff. Rousset, D. P. 93. 2. 574). — Dans quelle forme cette communication doit-elle avoir lieu devant les tribunaux de commerce ? L'art. 188 c. proc. civ. indique deux modes de procéder : la communication par récépissé et celle par la voie du dépôt au greffe. Le premier ne peut être employé, car il suppose le ministère des avoués, qui n'a pas lieu devant les tribunaux de commerce. Mais la communication peut se faire, comme en matière civile, par la voie du greffe (Rennes, 4 oct. 1811, *Rép.*, v° *Exceptions*, n° 513 ; Grenoble, 3 déc. 1892, précité. — V. toutefois, Aix 17 juin 1826, *Rép.*, v° *Commerçant*, n° 261). Et quand ce mode de communication par la voie du greffe a été choisi, d'un commun accord, par les parties, devant le tribunal de commerce, il ne saurait appartenir au tribunal de lui substituer arbitrairement un autre mode de communication, par exemple, d'ordonner le dépôt des pièces sur la barre du tribunal à l'audience des plaidoiries (Même arrêt du 3 déc. 1892).

§ 8. — Des jugements rendus par les tribunaux de commerce.

51. Les jugements rendus par un tribunal de commerce contiennent les mêmes mentions que les jugements civils, sauf deux différences (V. à cet égard, *suprà*, v° *Jugement*, n°s 153 et suiv., 337 et suiv.).

52. En ce qui concerne les frais et dépens devant les tribunaux de commerce, V. *suprà*, v° *Frais et dépens*, n°s 318 à 324.

53. La distraction des dépens ne pouvant être accordée qu'aux avoués (V. *suprà*, v° *Frais et dépens*, n° 102), il ne peut en être question en matière commerciale (Camberlin, *Manuel des tribunaux de commerce*, p. 291 et suiv. ; Lyon-Caen et Renault, *Précis de droit commercial*, t. 2, n° 3222, p. 984).

54. Sur les jugements par défaut rendus par les tribunaux de commerce et l'opposition dont ils sont susceptibles, V. *suprà*, v° *Jugement par défaut*, n°s 24 et suiv. ; n°s 102 et suiv.

55. En matière commerciale, l'exécution provisoire des jugements est de droit (V. à cet égard, *suprà*, v° *Jugement*, n°s 542 à 557).

56. Les jugements des tribunaux de commerce peuvent, comme ceux des tribunaux civils, être l'objet d'un appel (V. *suprà*, v^{is} *Appel civil*, n° 154, et *Exploit*, n° 229).

57. D'après l'art. 442 c. proc. civ., les tribunaux de commerce ne connaissent pas de l'exécution de leurs jugements (V. *suprà*, v° *Compétence commerciale*, n°s 116 et suiv.). En interdisant aux tribunaux de commerce de connaître des contestations élevées sur l'exécution de leurs jugements, les art. 442 et 553 c. proc. civ. ont seulement voulu défendre à ces tribunaux de juger les difficultés naissant des actes de poursuite exercés en vertu de leurs jugements. En conséquence, les tribunaux de commerce sont compétents pour décider si leurs jugements par défaut frappés d'opposition sont périmés, faute d'exécution dans les six mois ; à plus forte raison, les cours saisies sur l'appel de ces jugements ont-elles la même compétence, puisqu'elles jouissent de la plénitude de juridiction (Req. 12 févr. 1890, aff. Costa, D. P. 91. 1. 23).

§ 9. — Du référé en matière commerciale.

58. V. *infrà*, v° *Référé*.

Table sommaire

des matières contenues dans le Supplément.

Table chronologique des Lois, Arrêts, etc.

PROCÉDURE DEVANT LES TRIBUNAUX MARITIMES. — V. *suprà*, v° *Organisation maritime*, n°s 283 et suiv., et *Rép.* eod. v°, n°s 1015 et suiv.

PROCÈS-VERBAL.

1. Le procès-verbal a été défini au *Rép.*, n° 1, « l'acte par lequel tout officier ou agent de l'autorité rend compte de ce qu'il a fait dans l'exercice de ses fonctions, et de ce qui a été fait ou dit en sa présence ». Les agents qui ont qualité pour rédiger des procès-verbaux, les circonstances qui donnent lieu à cette rédaction, les faits qui sont constatés par ces documents, les matières auxquelles ils se rapportent sont trop nombreux et trop variés pour qu'on puisse grouper sous cette rubrique toutes les explications utiles, et épuiser le sujet. Conformément au plan adopté au *Répertoire*, on étudiera exclusivement ici les règles applicables aux procès-verbaux qui, servant de base à toute procédure ou instruction criminelle, sont dressées pour assurer l'exécution des lois répressives.

Division.

CHAP. 1. — Historique et législation (n° 2).

CHAP. 2. — Dispositions communes à tous les procès-verbaux (n° 4).

SECT. 1. — Règles générales applicables aux actes des fonctionnaires qui ont le droit de verbaliser. — Preuves diverses (n° 4).

SECT. 2. — Qualités des fonctionnaires, formes générales des procès-verbaux (n° 9).

SECT. 3. — Formes spéciales : Écriture ; — Signature ; — Date ; — Délai dans lequel le procès-verbal doit être dressé ; — Affirmation ; — Enregistrement (n° 21).

SECT. 4. — De la foi due aux procès-verbaux (n° 31).

ART. 1. — Règles générales (n° 31).

ART. 2. — Faits dont les procès-verbaux font foi ; faits matériels ; aveux (n° 52).

ART. 3. — De l'inscription de faux contre les procès-verbaux (n° 57).

CHAP. 3. — Dispositions spéciales à certains procès-verbaux (n° 62).

SECT. 1. — Procès-verbaux des officiers de police judiciaire en matière criminelle. — Renvoi (n° 62).

SECT. 2. — Procès-verbaux des maires et adjoints (n° 63).

SECT. 3. — Procès-verbaux des commissaires de police, appariteurs, sergents de ville, agents de police (n° 64).

SECT. 4. — Procès-verbaux des gardes champêtres (n° 73).

SECT. 5. — Procès-verbaux des gendarmes (n° 89).

SECT. 6. — Des procès-verbaux en matière de douanes. — Généralités. — Différentes espèces de procès-verbaux. — Visites domiciliaires (n° 96).

ART. 1. — Des procès-verbaux en matière ordinaire de douanes, c'est-à-dire en matière de contraventions autres que celles prévues par les art. 59 et suiv. de la loi du 28 avr. 1816. — Copie et affiché. — Saisie dans une maison ; saisie sur des navires pontés. — Enregistrement. — Visa. — Affirmation. — Foi due. — Inscription de faux (n° 99).

ART. 2. — Des procès-verbaux de saisie des cotons filés et des tissus de fabrique étrangère prohibés (n° 107).

SECT. 7. — Des procès-verbaux en matière de contributions indirectes (n° 108).

ART. 1. — Des procès-verbaux en général et des personnes qui peuvent les dresser (n° 108).

ART. 2. — Foi due aux procès-verbaux dressés par les préposés des contributions indirectes (n° 111).

ART. 3. — Formes des procès-verbaux ; nombre des préposés ; énonciations spéciales ; mesures qui se rattachent à la saisie ; lecture de l'acte et délivrance de la copie ; affiche ou notification ; affirmation. — Effets de la nullité des procès-verbaux (n° 117).

ART. 4. — Procès-verbaux pour refus d'exercice et pour contraventions aux lois sur les tabacs, les cartes à jouer, les voitures, les sels, les poudres et salpêtres, les allumettes chimiques (n° 127).

SECT. 8. — Des procès-verbaux constatant les infractions aux lois sur la garantie des matières d'or et d'argent (n° 131).

SECT. 9. — Des procès-verbaux en matière d'octroi (n° 137).

SECT. 10. — Des procès-verbaux en matière de navigation intérieure, canaux et droits de bac (n° 145).

SECT. 11. — Des procès-verbaux en matière forestière (n° 146).

ART. 1. — Compétence, capacité et droits des fonctionnaires appelés à verbaliser (n° 146).

ART. 2. — Des visites domiciliaires, de la saisie et du séquestre (n° 153).

ART. 3. — Formes générales des procès-verbaux (n° 157).

ART. 4. — Formes particulières aux procès-verbaux forestiers : écriture, signature, date, affirmation et enregistrement (n° 159).

ART. 5. — Notification du procès-verbal et de l'acte d'affirmation (n° 168).

CHAP. 1er. — Historique et législation.

(*Rép.* n°s 2 à 6.)

2. On a fait connaître au *Rép.*, n°s 2 et suiv., dans un historique détaillé, quelle a été l'origine des procès-verbaux, et par quelles phases successives a passé cette institution depuis la féodalité, qui l'a créée, jusqu'à la législation moderne qui en a développé et précisé l'usage. Le vœu qu'on exprimait alors de voir disparaître peu à peu les trop nombreuses anomalies qui se rencontrent en cette matière n'a pas reçu satisfaction. Il n'y a qu'une loi nouvelle à citer comme se rapportant directement à notre étude : c'est la loi des 24-29 mai 1858, portant que les gardes de batterie seront, comme les gardes du génie et de l'artillerie, chargés de constater les contraventions aux lois sur le domaine militaire de l'Etat et sur les servitudes militaires (D. P. 58. 4. 57).

3. Depuis la publication du *Répertoire*, la matière des procès-verbaux, dans son ensemble, n'a fait l'objet d'aucune étude nouvelle. Les ouvrages consacrés à l'étude du code d'instruction criminelle, en général, notamment le *Traité d'instruction criminelle* de Faustin Hélie, et la monographie de Mangin, *Traité des procès-verbaux*, sont les sources principales de la doctrine relatives à notre sujet. On consultera à un point de vue plus exclusivement pratique : Massabiau, *Manuel du ministère public*, t. 2, n°s 2253 à 2296 ; Le Poitevin, *Dictionnaire formulaire des parquets*, v° *Procès-verbal* ; Vallet et Montagnon, *Manuel des magistrats du parquet*, t. 1, n°s 97 et suiv. Pour les matières spéciales, on doit se reporter aux auteurs qui les ont étudiées (V. notamment : Olibo, *Code des contributions indirectes* ; Meaume, *Commentaire du code forestier*. V. aussi la bibliographie rapportée *suprà*, v° *Chasse*, n° 1).

CHAP. 2. — Dispositions communes à tous les procès-verbaux (*Rép.* n°s 7 à 214).

Sect. 1re. — Règles générales applicables aux actes des fonctionnaires qui ont le droit de verbaliser. — Preuves diverses (*Rép.* n°s 7 à 36).

4. On a établi au *Rép.*, n° 7, que deux catégories d'agents ont qualité pour rédiger des procès-verbaux à l'effet de constater les infractions aux lois répressives. La première catégorie comprend les officiers de police judiciaire énumérés dans l'art. 9 c. instr. crim., auxquels il faut ajouter : les préfets des départements et le préfet de police à Paris

(art. 10, c. instr. crim.). Les gardes-pêche, les gardes du génie et de l'artillerie, et, en vertu de la loi du 29 mai 1858 (V. *suprà*, n° 2), les gardiens de batterie, assimilés aux gardes du génie et de l'artillerie, font également partie de ce groupe, la loi leur ayant conféré la qualité d'officiers de police judiciaire. La seconde catégorie se compose des préposés des diverses administrations civiles et militaires, à qui la qualité d'officiers de police judiciaire n'appartient pas.

5. L'objet et l'utilité du procès-verbal sont exposés au *Rép.*, n° 8. L'existence et la validité de cet acte ne sont pas une condition nécessaire de l'exercice de l'action publique ou de l'action civile : le procès-verbal n'est qu'un mode de preuve. Il peut corroborer la preuve testimoniale, ou suppléer au défaut de cette preuve ; mais la preuve testimoniale demeure comme moyen principal et habituel d'établir les infractions et trouve dans tous les cas où le procès-verbal fait défaut, est irrégulier ou insuffisant.

Ce principe souffre des exceptions. Elles sont limitativement déterminées par les textes rapportés *ibid.*, et relatifs à quelques matières spéciales : douanes, garantie des ouvrages d'or et d'argent; contributions indirectes; vérification des poids et mesures. Le procès-verbal est la base indispensable de toute poursuite à raison d'infractions de cette nature.

6. Quand la poursuite est engagée à raison d'une infraction constatée par un procès-verbal régulier, la lecture de cet acte à l'audience n'est pas une formalité nécessaire. Jugé, en ce sens, qu'en matière de simple police le défaut de lecture du procès-verbal qui relate la contravention n'a pas pour conséquence la nullité du jugement, l'art. 153 c. instr. crim. ne prescrivant pas cette lecture à peine de nullité (Crim. rej. 31 déc. 1885, aff. Rellier) (1).

7. De nombreuses décisions de jurisprudence ont consacré la règle d'après laquelle tous les moyens de preuve admissibles en matière criminelle peuvent suppléer au défaut d'un procès-verbal régulier. Aux documents fournis au *Rép.*, n°s 9 et suiv., il convient d'ajouter une série d'arrêts plus récents, aux termes desquels : 1° la répression d'une contravention est à tort considérée par le juge de police comme subordonnée à l'existence ou à la régularité d'un procès-verbal; la preuve de cette contravention peut, à défaut de procès-verbal, être puisée dans les explications du prévenu; et il y a nullité du jugement prononçant le renvoi d'un prévenu qui reconnaît avoir commis le fait à lui imputé par la poursuite, si le juge se fonde, non pas sur ce que cet aveu ne serait pas suffisamment explicite, mais sur ce qu'il ne pourrait suppléer au défaut de procès-verbal (Crim. cass. 20 nov. 1863, aff. Gallais et autres, D. P. 66. 5. 384); — 2° En matière de simple police, l'aveu de l'inculpé suffit à la preuve de la contravention et laisse subsister au silence ou aux irrégularités du procès-verbal (Crim. cass. 24 janv. 1861, aff. Ball, D. P. 61. 1. 405; 26 mai 1882, aff. Thomas, Mailloux et Pierre André, D. P. 82. 1. 438); — 3° La répression d'une contravention n'étant pas subordonnée à sa constatation par un procès-verbal, le juge peut puiser les éléments de sa conviction dans tous les autres modes de preuve admis par la législation, et notamment dans les déclarations du prévenu, si elles lui paraissent constituer un aveu (Crim. cass. 4 sept. 1856, aff. Pasquier, D. P. 56. 1. 415); — 4° L'annulation du procès-verbal n'épuise pas nécessairement la poursuite et laisse intact le droit des parties d'avoir recours à tous les autres moyens de preuve; par suite, le tribunal de police, nonobstant cette annulation, retient avec raison la connaissance de la contravention, si le ministère public offre d'en prouver l'existence par témoins (Crim. cass. 12 mai 1864, aff. Cochin, D. P. 64. 5. 301); — 5° Si le rédacteur du procès-verbal n'a pas qualité pour verbaliser, le ministère public peut offrir et le juge de police doit admettre la preuve testimoniale d'où résulte l'existence

___

(1) (Ministère public C. Rellier.) — La cour ; — Sur le moyen tiré de la violation de l'art. 153 c. instr. crim., en ce qu'il n'a point été donné lecture du procès-verbal servant de base à la poursuite; — Attendu que la lecture du procès-verbal d'enquête, non réclamée par le prévenu, n'était point prescrite à peine de nullité par l'art. 153; qu'elle n'était pas d'ailleurs substantielle

au droit de la défense, alors que le sieur Rellier, qui connaissait suffisamment le contenu de cette pièce, ne contestait aucun des faits qui s'y trouvaient énoncés, et se bornait à prétendre qu'il avait agi suivant son droit; — Rejette.
Du 31 déc. 1885.-Ch. crim.-MM. Ronjat, pr.-Hérisson, rap.-Loubers, av. gén.-Dareste, av.

de la contravention poursuivie; et le jugement qui, sur l'audition des témoins, prononce une condamnation, ne peut être attaqué (Crim. rej. 11 avr. 1863, aff. Veuve Dinan, D. P. 64. 5. 300; Crim. cass. 5 nov. 1863, aff. Duhamel, *ibid.*); — 6° La nullité du procès-verbal, tirée de ce que l'agent rédacteur n'avait pas qualité, ne peut être relevée à l'appui du pourvoi contre le jugement qui a tenu la contravention pour établie, si ce jugement se fonde sur la déposition de l'agent rédacteur régulièrement entendu comme témoin à l'appui de son procès-verbal (Crim. rej. 20 déc. 1866, aff. Degrave, D. P. 56. 5. 384). Aucune disposition de loi, en effet, n'exclut la déposition de l'agent (dans l'espèce, un garde champêtre) rédacteur d'un procès-verbal nul ou insuffisant; et les conclusions du ministère public tendant à l'audition de cet agent ne peuvent être repoussées par ce motif que le témoin serait le même que le rédacteur du procès-verbal (Crim. cass. 22 janv. 1887, aff. Perfelli, D. P. 87. 1. 365).

8. La portée de l'exception suivant laquelle l'existence d'un procès-verbal régulier est, en certaines matières, une condition nécessaire de l'exercice de l'action publique ou de l'action civile, a été précisée au *Rép.*, n° 16 et suiv. On y a établi la distinction à observer entre l'action en confiscation et l'action en condamnation du prévenu aux peines, soit corporelles, soit pécuniaires, édictées par la loi. La première de ces deux actions, a-t-on dit, à la condition qu'il y ait eu saisie, peut se passer d'un procès-verbal, et néanmoins aboutir à la confiscation, en matière de douanes, de contributions indirectes et de garantie des ouvrages d'or et d'argent. La seconde est, au contraire, subordonnée à l'existence d'un procès-verbal régulier. Mais ces deux règles subissent un certain nombre de restrictions exposées *ibid.* (V. au surplus, *supra*, v° *Douanes*, n° 610, 620 et suiv.; *Rép.* eod. v°, n° 874 et suiv.; *ibid.*, v° *Impôts indirects*, n° 508 et suiv.; *supra*, v° *Matières d'or et d'argent*, n° 108 et suiv.; *Rép.* eod. v°, n° 136 et suiv., 148 et suiv., 159 et suiv.).

SECT. 2. — QUALITÉS DES FONCTIONNAIRES, FORMES GÉNÉRALES DES PROCÈS-VERBAUX (*Rép.* n° 37 à 67).

9. Un procès-verbal n'est valable qu'autant qu'il émane d'un fonctionnaire ayant qualité pour le rédiger (V. *Rép.* n° 37; *supra*, v° *Fonctionnaire public*, n° 13 et suiv.; *Rép.* eod. v°, n° 85 et suiv.).

Il doit, en outre, contenir la preuve de l'accomplissement des diverses formalités auxquelles il est soumis.

10. Sur la question de savoir quelle est la sanction de l'inobservation des formalités prescrites dans les cas où la loi ne s'en explique pas formellement, — question qui a fait dans le principe l'objet d'une controverse, exposée au *Rép.*, n° 39 et suiv. — la jurisprudence ne s'est pas modifiée depuis l'arrêt (Crim. cass. 17 juin 1836) rapporté *ibid.*, n° 40, aux termes duquel il y a lieu de rechercher, à l'occasion de chaque espèce, si la formalité négligée est ou non substantielle; l'inobservation des seules formalités substantielles ayant pour conséquence la nullité du procès-verbal.

11. Au nombre des formalités substantielles auxquelles tous les procès-verbaux sont soumis, la cour de cassation a rangé la rédaction de l'acte en français. Ainsi, est nul le procès-verbal destiné à constater une contravention de police, lorsqu'il a été rédigé en langue italienne; par suite, la contravention ne peut pas, en l'absence de toute autre preuve, être établie que par l'aveu du prévenu (Crim. rej. 15 janv. 1875, aff. Renucci, D. P. 75. 1. 240). Le principe de cette règle a été posé dans une ordonnance de 1539. Elle est commandée actuellement par le décret du 2 therm. an 2 et par l'arrêté du 24 prair. an 11, dont l'art. 2 permet cependant aux officiers publics des lieux où l'on ne parle pas le français, d'écrire à mi-marge de la minute française la traduction en idiome du pays, lorsqu'ils en sont requis par les parties (V. au surplus, *Rép.*, v° *Acte*, n° 21).

12. Le principe énoncé *supra*, n° 10, reçoit exception quand l'omission d'une formalité, même substantielle, résulte du fait personnel du prévenu ou d'un cas de force majeure (V. *Rép.* n° 44).

13. Ainsi qu'on l'a exposé au *Rép.*, n° 45 et 46, le moyen tiré de la nullité du procès-verbal peut être proposé par le ministère public et les parties au procès, en tout état de cause, même en instance d'appel ou devant la cour de cassation.

14. Certains agents sont investis, à titre auxiliaire, du droit de dresser procès-verbal en des matières qui sont du domaine propre d'agents spéciaux. Ces auxiliaires, d'après une jurisprudence exposée au *Rép.*, n° 47 à 52, n'ont pas à observer d'autres règles, dans la rédaction de leur acte, que celles auxquelles ils sont tenus quand ils exercent leurs fonctions personnelles; mais, d'autre part, alors même qu'ils n'auraient pas observé toutes les formalités auxquelles ils sont soumis au point de vue de leurs propres attributions, leurs procès-verbaux n'en seraient pas moins valables, s'ils étaient établis conformément aux règles de la matière sur laquelle ils verbalisent.

15. La parenté qui peut exister entre l'auteur du procès-verbal et le prévenu n'est pas une cause de nullité du procès-verbal (*Rép.*, n° 52 et suiv.). C'est ainsi notamment qu'un garde-champêtre, et tout officier de police judiciaire, peut constater, dans son propre intérêt ou dans celui de sa famille, un délit commis dans la circonscription de sa compétence territoriale, soit à son préjudice, soit au préjudice de l'un de ses parents. Le motif péremptoire de cette solution, consacrée par la jurisprudence, se déduit de cette considération que des nullités ne sauraient être créées par voie d'analogie (V. Conf. dissertation de M. Loiseau, D. P. 46. 3. 27, et les autorités qui y sont citées).

16. Le port du costume distinctif de la fonction est-il nécessaire au moment où l'agent rédige son procès-verbal? Sous certaines réserves, cette question se résout négativement par la jurisprudence (V. *Rép.*, n° 56 à 58).

17. Les agents investis de la mission de rechercher les délits afférents à certaines matières sont parfois tenus d'effectuer des visites domiciliaires avec l'assistance d'un magistrat indiqué par la loi. Quelle est la conséquence du défaut d'assistance du magistrat compétent, au point de vue de la validité du procès-verbal qui est dressé ensuite de la visite domiciliaire? La question n'a pas été résolue sans hésitations, tant par la doctrine que par la jurisprudence. L'opinion adoptée au *Rép.*, n° 59, établit une distinction: si le prévenu a donné un consentement, soit exprès, soit même tacite, à la mesure prise contre lui, dans les conditions où elle s'est pratiquée, le procès-verbal conserve son efficacité. Il est nul, au contraire, s'il a subi, par contrainte morale ou physique, la visite domiciliaire. La cour de cassation a jugé en ce sens, que, même dans le cas où aucun fonctionnaire n'a assisté à la perquisition effectuée par les gardes forestiers comme suite d'une opération commencée en forêt, le procès-verbal dressé à cette occasion n'est pas nul, si le délinquant ne s'est pas opposé à la visite de son domicile (Crim. rej. 17 juill. 1858, aff. Stracka, D. P. 58. 1. 383). — Dans le même sens, il a été décidé que les gendarmes n'ayant pas le droit de poursuivre un chasseur jusque dans le domicile où il s'est réfugié, encore bien qu'ils ne l'auraient pas perdu de vue, leur introduction dans ce domicile, en dehors des formes légales, a pour effet, comme constituant un abus d'autorité, d'entacher d'une nullité absolue les constatations qui ont suivi; mais que, toutefois, si les gendarmes n'ont rencontré ni opposition ni protestation, leur introduction n'est plus qu'une simple irrégularité, couverte par le consentement tacite de la partie intéressée; et, dans ce cas, leur procès-verbal fait foi jusqu'à preuve contraire (Limoges, 3 avr. 1887, aff. Vergne, D. P. 59. 2. 205).

18. Le refus opposé par le fonctionnaire désigné par la loi d'assister à la visite, quand il en est requis par les agents chargés de verbaliser, soulève une autre difficulté; elle est résolue au *Rép.*, n° 62.

19. On a exposé, *ibid.*, n° 63 et suiv., les règles à observer, tant au point de vue du temps où la visite peut s'effectuer, qu'au point de vue des substitutions qui peuvent s'effectuer dans les fonctionnaires dont l'assistance est nécessaire. Jugé, à cet égard: 1° le procès-verbal dressé par des gardes forestiers à la suite d'une perquisition effectuée avec l'assistance d'un fonctionnaire qui n'était pas compétent, n'en est pas moins valable, s'ils ont dû croire que ledit fonctionnaire était revêtu d'une qualité lui donnant le droit d'assister à la perquisition (Crim. rej.

29 juin 1872, aff. Clément, D. P. 72. 1. 287) ; — 2° Qu'en l'absence du maire et de l'adjoint, les conseillers municipaux ont, à défaut de désignation par le conseil, qualité pour les remplacer dans l'ordre du tableau, et que le conseiller municipal qui a agi, dans ces conditions est légalement présumé se trouver investi de la délégation légale (Crim. cass. 10 juill. 1885, aff. Renou, D. P. 86. 1. 275).

20. Sur les énonciations que doivent contenir les procès-verbaux et la manière dont ils doivent être rédigés, V. *Rép.* n° 67. V. aussi Vallet et Montagnon, *Manuel des magistrats du parquet*, t. 1, n° 120. Rappelons seulement les dispositions spéciales de la loi du 20 sept. 1792, tit. 3, portant : « Art. 9. En cas d'exposition d'enfant, l'officier de police qui en aura été instruit sera tenu de se rendre sur le lieu de l'exposition, de dresser procès-verbal de l'état de l'enfant, de son âge apparent, des marques extérieures, vêtements et autres indices qui peuvent éclairer sa naissance : il recevra aussi les déclarations de ceux qui auraient quelques connaissances relatives à l'exposition de l'enfant. — Art. 10. Le juge de paix ou l'officier de police sera tenu de remettre dans les vingt-quatre heures à l'officier public, une expédition du procès-verbal, qui sera transcrit sur les registres doubles de l'acte de naissance ».

Sect. 3. — Formes spéciales : Écriture; — Signature; — Date; — Délai dans lequel le procès-verbal doit être dressé; — Affirmation; — Enregistrement (*Rép.*, n°ˢ 68 à 130).

21. — 1° *Écriture.* — Il n'est pas nécessaire, en général, et sauf prescription contraire, que les procès-verbaux soient écrits par l'officier même qui le dresse (V. *Rép.* n° 69). Il a été jugé, notamment, que les maires ne sont pas tenus d'écrire eux-mêmes les procès-verbaux qu'ils dressent en leur qualité d'officiers de police judiciaire. En cette matière, comme en toute autre, il suffit que ces actes, de quelque main qu'ils émanent, portent la signature du fonctionnaire qui les a dressés (Crim. cass. 8 févr. 1878, aff. Bourquin et Vautherin, D. P. 78. 1. 446).

22. Il y a lieu de faire remarquer, enfin, au sujet des formes générales des procès-verbaux, que la loi ne prescrit nulle part aux agents chargés de la constatation des infractions, d'avertir les contrevenants qu'ils dressent contre eux procès-verbal (Crim. cass. 25 nov. 1882 (1). V. Conf. Mangin, *Traités des procès-verbaux*. n° 111).

23. Sur la valeur des renvois, ratures, surcharges ou interlignes et les conditions auxquelles leur régularité est subordonnée, V. *Rép.* n°ˢ 71 et suiv.

24. — 2° *Signature.* — La signature de l'auteur du procès-verbal doit être apposée sur l'acte, à peine de nullité (V. sur ce point *Rép.* n°ˢ 77 à 84).

25. — 3° *Date.* — La date n'est pas, en toutes matières, une condition essentielle de validité du procès-verbal. Mais elle est expressément exigée dans plusieurs cas, et d'autres dispositions la supposent nécessaire. Quand elle ne se trouve pas explicitement ou implicitement commandée par la loi, son omission n'a pas pour conséquence nécessaire la nullité de l'acte, et, alors même que le défaut ou l'erreur de date devrait entraîner la nullité du procès-verbal, le vice dont il est entaché, de ce chef, peut être en certains cas réparé par les énonciations de l'acte lui-même. La jurisprudence fournit de nombreuses applications de ce principe (V. *Rép.*, n° 91 et suiv.). — En ce qui concerne l'absence ou l'irrégularité de la date des procès-verbaux, il a été jugé, depuis la publication du *Répertoire*, 1° que la circonstance qu'un procès-verbal n'est pas daté, n'est pas de nature à le faire déclarer irrégulier, alors qu'il contient dans ses énonciations l'indication du jour où il a été dressé (Cons. d'Et. 29 mars 1889, aff. Frétigny D. P. 90. 3. 70) ; — 2° Que l'erreur relative à l'indication, dans un procès-verbal pour contravention à un règlement local sur la police des marchés, du jour où l'infraction a été commise, ne peut fournir un motif d'acquittement, sous prétexte qu'au

jour indiqué il n'y a pas eu marché dans la localité, si le procès-verbal rectifiant cette indication inexacte présentait le fait comme ayant été commis un jour de marché, et si le prévenu, dans ses explications, était d'accord sur ce point avec le procès-verbal (Crim. cass. 9 nov. 1865, aff. Verdun, D. P. 66. 5. 381) ; — 3° Que le désaccord qui existe entre la citation et le procès-verbal sur la date de la contravention, et qui porterait par exemple sur l'indication du mois, ne peut fournir un motif d'acquittement, sous prétexte qu'au jour indiqué dans la citation le prévenu n'a pas commis la contravention à lui imputée ; en pareil cas, le juge est tenu de s'expliquer sur le point de savoir si cette contravention n'a pas été commise au jour indiqué dans le procès-verbal qui a été lu à l'audience et qui est ainsi la base de la prévention (Crim. cass. 29 déc. 1865, aff. Capoue, D. P. 66. 5. 380).

26. — 4° *Délai dans lequel l'acte doit être dressé.* — Il suffira, sur ce point, de se reporter au *Rép.*, n°ˢ 95 et suiv., où sont exposés les divers cas dans lesquels des lois spéciales prescrivent l'observation de délais déterminés pour la rédaction de l'acte, et la sanction attachée à l'inobservation de ces délais.

27. — 5° *Affirmation.* — L'affirmation est définie au *Rép.*, n° 101, « la déclaration *avec serment* que les énonciations du procès-verbal sont sincères ». Le tableau des procès-verbaux assujettis à l'affirmation est présenté par MM. Vallet et Montagnon, *Manuel des magistrats du parquet*, t. 1, n° 127. — Les diverses règles à observer relativement à cet acte sont indiquées au *Rép.*, n°ˢ 101 et suiv. On y a notamment fait connaître que, d'après la jurisprudence, les erreurs ou omissions dont un acte d'affirmation est entaché peuvent être réparées grâce à d'autres énonciations du procès-verbal. Il a été de nouveau jugé, dans le même sens, qu'une erreur évidente dans l'indication du millésime de la date de l'affirmation, est à tort considérée comme entraînant la nullité du procès-verbal, si elle est rectifiée par la relation qui existe entre cette date et celles de la rédaction et de l'enregistrement (Crim. cass. 11 févr. 1860, aff. Fleury, D. P. 60. 5. 300).

28. L'acte d'affirmation n'est valable qu'autant qu'il est signé tout à la fois par le magistrat devant lequel le procès-verbal a été affirmé, et par l'agent rédacteur. On a soutenu au *Rép.*, n° 279, que cette règle devait souffrir exception à l'égard des affirmations faites par les gardes champêtres, et que leur signature, n'était pas exigée pour leurs procès-verbaux, ne devait pas l'être pour l'affirmation. Cette opinion confirmée par un arrêt de la cour suprême de Bruxelles, rapporté *ibid.*, paraît cependant contredite par les termes absolus d'un arrêt de la chambre criminelle, aux termes duquel le procès-verbal d'un garde champêtre qui n'a pas signé l'acte d'affirmation est nul, et que la nullité résultant de l'absence de sa signature entraîne la nullité du procès-verbal (Crim. cass. 9 mars 1866, aff. Antoniolli, Tornasi et autres, D. P. 66. 1. 285).

29. — 6° *Enregistrement.* — En principe, l'observation du délai de quatre jours, fixé par l'art. 20 du décret du 22 frim. an 7, pour l'enregistrement, et la formalité de l'enregistrement en elle-même, ne sont pas prescrits à peine de nullité (V. *Rép.* n°ˢ 120 et suiv.). Jugé que le défaut d'enregistrement n'entraîne pas la nullité du procès-verbal, notamment du procès-verbal constatant un délit de vente de denrées corrompues (Crim. rej. 9 mars 1861, aff. Cochet et autres, D. P. 61. 5. 389). Toutefois, la nullité du procès-verbal est attachée au défaut d'enregistrement, quand un texte formel l'ordonne, et, en outre, — d'après une jurisprudence qui paraît établie, — quand il s'agit de procès-verbaux faisant foi jusqu'à l'inscription de faux (V. *Rép.* n°ˢ 124 et suiv.).

30. L'enregistrement des procès-verbaux s'effectue généralement *en debet* (V. *Rép.* n° 127). Une circulaire du garde des sceaux du 14 août 1876 (*Bulletin officiel du ministère de la justice*, 1876, p. 137 et suiv.), a dans un tableau officiel comprenant tous les actes judiciaires, fixé les règles relatives au timbre et à l'enregistrement. On s'y reportera,

---

(1) (Min. public près le trib. de simple police de Nérac C. Jean Horé, dit Sylvain.) — La cour ; — Attendu qu'aucune disposition de loi n'impose à l'agent rédacteur d'un procès-verbal l'obligation d'en faire au contrevenant une déclaration préa-

lable; qu'aux termes de l'art. 154 c. instr. crim. tout moyen de preuve est admis, même en l'absence de tout procès-verbal;... — Casse.
Du 25 nov. 1882.-Ch. crim.-MM. Bertrand, rap.-Tapple, av. gén.

pour résoudre la double question de savoir, d'une part, quels sont les procès-verbaux dispensés de ces formalités et quels sont ceux que la loi y assujettit d'autre part, quel est le mode de timbre et d'enregistrement (en debet, ou au comptant) applicable à chaque espèce de procès-verbaux de la dernière catégorie.

SECT. 4. — DE LA FOI DUE AUX PROCÈS-VERBAUX.
(Rép. n°s 131 à 214.)

ART. 1er. — *Règles générales (Rép. n°s 131 à 181.)*

31. Les procès-verbaux, au point de vue de la foi qui y est attachée, se distinguent en trois catégories : les uns font foi jusqu'à inscription de faux; d'autres jusqu'à preuve contraire ; d'autres valent comme simples renseignements (art. 154 c. instr. crim.) (V. *Rép.* n°s 131 et suiv.). On a indiqué *ibid.*, n° 133, le seul fondement plausible de cette distinction, en disant que « l'autorité plus ou moins étendue des procès-verbaux a pour base unique la matière dans laquelle ils interviennent ».

Les procès-verbaux, quels qu'ils soient, ne font foi jusqu'à inscription de faux, ou jusqu'à preuve contraire que des faits qui se rapportent à la matière qui en fait l'objet (V. *Rép.* n°s 142 à 147).

32. On a fait ressortir au *Rép.*, n°s 147 et 148, deux points importants : 1° quand un agent est investi, en une matière spéciale, du droit de dresser des procès-verbaux faisant foi jusqu'à inscription de faux, il ne donne pas le même caractère aux procès-verbaux qu'il rédige à raison d'autres délits; — 2° D'autre part, un agent, dont les actes habituels n'ont qu'une force probante de second degré peut se trouver investi du droit de constater certains délits spéciaux, faisant régulièrement l'objet de procès-verbaux valables jusqu'à inscription de faux. Les actes dressés par cet agent dans l'exercice de ces fonctions exceptionnelles, ont la force attachée par la loi aux procès-verbaux concernant la matière dont s'agit, et rédigés par les agents spéciaux.

33. — 1° *Procès-verbaux qui font foi jusqu'à inscription de faux.* — La liste des fonctionnaires à qui il appartient de dresser des procès-verbaux faisant foi jusqu'à inscription de faux a été donnée au *Rép.*, n° 151. On doit en retrancher aujourd'hui les agents de surveillance du Rhin, qui ont cessé d'exister par suite du démembrement du territoire (V. au surplus MM. Vallet et Montagnon, *Manuel des magistrats du parquet*, n° 138).

Les procès-verbaux faisant foi jusqu'à inscription de faux sont ceux-là seuls auxquels la loi a conféré expressément ce privilège (V. *Rép.* n° 152).

34. Le juge, pour s'éclairer sur l'existence, la nature ou l'importance d'une contravention, constatée par un procès-verbal faisant foi jusqu'à inscription de faux, peut, en cas d'obscurité ou d'insuffisance de l'acte, entendre son auteur. Ce principe, toutefois, pour demeurer exact, doit être précisé et restreint de la manière indiquée par les arrêts rapportés au *Rép.*, n° 154. La cour de cassation, dans les motifs d'un arrêt du 23 nov. 1877 (Crim. rej. aff. Magloire, D. P. 78. 1. 332), a même proclamé, en termes très généraux, qu' « il est de principe que les rédacteurs d'un procès-verbal faisant foi jusqu'à inscription de faux ne peuvent être entendus comme témoins soit pour réparer les omissions du procès-verbal, soit pour le compléter ». Mais cette solution doit être restreinte aux cas où le procès-verbal est le fondement indispensable de la poursuite, comme il arrive dans la matière des contributions indirectes, qui a donné lieu à la décision précitée (V. *Rép.* n° 158. V. Conf. Faustin Hélie, *Traité de l'instruction criminelle*, n°s 1471, *in fine* et 1472).

35. Il est de règle, même dans les matières où le procès-verbal fait foi jusqu'à inscription de faux, qu'on peut fournir la preuve de faits justificatifs étrangers à l'acte, en vue de détruire la prévention (*Rép.* n°s 155 et suiv.; Crim. rej. 23 nov. 1877, cité *suprà*, n° 34). Toutefois, l'individu, poursuivi à raison d'une contravention constatée par un procès-verbal faisant foi jusqu'à inscription de faux, ne peut être admis à prouver par témoins même des faits justificatifs qui ne seraient pas en contradiction avec les constatations du procès-verbal, qu'à la condition que ces faits soient net-

tement précisés, afin qu'il ne puisse être porté aucune atteinte à la foi due au procès-verbal (Même arrêt du 23 nov. 1877).

36. — 2° *Procès-verbaux qui font foi jusqu'à preuve contraire.* — Ce sont, d'une façon générale, les procès-verbaux établis par les agents que la loi a investis du droit de constater des infractions par des actes de cette nature, sous réserve de ceux qu'elle a revêtus d'une force probante supérieure. Les fonctionnaires ayant qualité pour dresser des procès-verbaux de cette seconde catégorie sont énumérés dans le *Manuel des magistrats du parquet* de MM. Vallet et Montagnon, n° 138.

37. Un procès-verbal de cet ordre suffit pour établir les faits qu'il relate. Mais le prévenu peut opposer à cette preuve une preuve contraire, en usant des moyens reconnus par la loi, à l'effet d'écarter la prévention. Le juge, en renvoyant le prévenu des fins de la poursuite, doit faire connaître que la preuve contraire a été administrée, et s'expliquer sur le mode de preuve. Ces principes ont été consacrés par de nombreux arrêts rapportés ou cités au *Rép.*, n°s 162 et suiv. Jugé dans le même sens : 1° qu'en l'absence de toute preuve contraire, le juge de police est obligé de tenir pour constante une contravention qui résulte des faits constatés par un procès-verbal régulier (Crim. cass. 3 mai 1877, aff. Roussel, D. P. 77. 1. 458) ; — 2° Que lorsqu'un procès-verbal régulier, faisant foi jusqu'à preuve contraire, contient la constatation d'un délit, le juge ne peut fonder sur de simples doutes le renvoi du prévenu (Crim. cass. 26 nov. 1885, aff. Bodard, D. P. 86. 1. 344) ; — 3° Qu'en matière de contravention de police, le ministère public n'a pas à rapporter la preuve des faits et circonstances qui donnent lieu aux poursuites, lorsqu'ils sont établis par un procès-verbal auquel le prévenu n'oppose aucune preuve contraire; dès lors, est nul l'acquittement motivé sur ce que le ministère public n'offrait pas de prouver les faits énoncés au procès-verbal (Crim. cass. 5 mars 1863, aff. Eldin, D. P. 64. 5. 300); — 4° Que le jugement qui a acquitté un prévenu, en se fondant uniquement sur ce que le rédacteur du procès-verbal avait inexactement affirmé avoir été témoin de la contravention, est nul, s'il ressort de ses énonciations que le fait dénoncé n'était pas contesté par le prévenu, ce qui suffisait pour obliger le juge à examiner s'il était susceptible de répression (Crim. cass. 19 nov. 1864, aff. Destenaves et aff. Lagrave, D. P. 45. 5. 316).

38. Les décisions suivantes confirment plus particulièrement cette règle, qu'il est de toute nécessité que la preuve contraire ait été offerte et administrée, pour qu'on puisse écarter des constatations consignées au procès-verbal : 1° le juge de police saisi d'une contravention constatée par un procès-verbal régulier ne peut s'abstenir de la réprimer, tant qu'aucune preuve contraire n'est rapportée contre les énonciations de ce procès-verbal (Crim. cass. 28 mai 1880, aff. Sorel, D. P. 82. 1. 48) ; — 2° Le juge de police ne peut relaxer le prévenu d'une contravention constatée par un procès-verbal régulier, en tenant pour justifiée la simple allégation de celui-ci et sans qu'il ait été fourni aucune preuve contraire, l'excuse sur laquelle il motive l'acquittement (Crim. cass. 30 mai 1856, aff. Hygadère, D. P. 56. 5. 367; 13 juill. 1861, aff. Menaud, D. P. 61. 5. 391) ; — 3° Le juge de police ne peut, sur les seules explications du prévenu, admettre qu'un fait, qualifié par le procès-verbal du garde champêtre d'enlèvement de terreaux sur un chemin public, a été, au contraire, un travail de nettoyage et d'embellissement plutôt utile que nuisible, pour en induire qu'il n'avait envisagé le travail dénoncé ne constitue pas une contravention (Crim. cass. 23 juill. 1868, aff. Mollet, D. P. 69. 5. 318) ; — 4° Il ne peut pas, alors qu'un procès-verbal régulier constate qu'un berger a fait paître des moutons dans une pièce de blé non encore dépouillée de sa récolte, écarter la contravention en se fondant sur cette circonstance que le propriétaire du champ, qui a lui-même avoué, n'y avait laissé quelques gerbes de blé que pour faire croire à une récolte non achevée, et se soustraire ainsi à la servitude de vaine pâture ; en l'absence de toute preuve légale, et sans avoir entendu aucun témoin, le juge ne peut s'écarter de la foi due au procès-verbal, et admettre que la récolte était faite, quand cet acte dit le contraire (Crim. cass. 13 juill. 1861, aff. Gautier et Oudin, D. P. 55. 5. 359); —

5° De même, le juge ne peut renvoyer un prévenu des fins de la poursuite à raison du fait qu'une chèvre laissée par lui à l'abandon a été trouvée sur la propriété d'autrui, en se fondant sur ce que l'animal aurait été effrayé et aurait échappé à son propriétaire, si l'articulation qui en est faite par le prévenu est en désaccord avec le procès-verbal, non débattu par la preuve contraire, qui constate le fait d'abandon, et surtout si elle est contredite par les termes mêmes de l'aveu de la contravention que le juge de police relève dans son jugement (Crim. cass. 28 juin 1861, aff. Veuve Scaglia, D. P. 66. 5. 382); — 6° Dans une poursuite pour contravention de maraudage, est nul le jugement qui prononce l'acquittement du prévenu sur sa seule déclaration, alors qu'il y ait eu preuve contraire, ledit jugement méconnaît le fait retenu au procès-verbal (Crim. cass. 29 déc. 1866, aff. Montalti, D. P. 66. 5. 382) ; — 7° De même, dans une poursuite pour encombrement d'un chemin public par un riverain, est nul le jugement dans lequel le tribunal de police admet, en contradiction avec les constatations du procès-verbal, et sans vérification à l'aide de l'un des modes de preuve autorisés par l'art. 154 c. instr. crim., l'excuse tirée par le prévenu de l'existence d'un éboulement constitutif d'une force majeure (Crim. cass. 6 janv. 1866, aff. Tavera, D. P. 66. 5. 383) ; — 8° Le juge de police ne peut admettre l'exception de force majeure en opposition aux constatations du procès-verbal qu'après avoir établi, par un des moyens de preuve autorisés par la loi, les faits constitutifs de la force majeure alléguée (Crim. cass. 4 déc. 1856, aff. Marion, D. P. 57. 5. 265 ; 28 avr. 1865, aff. Dame Bellouil, sœur Louise, D. P. 65. 1. 245) ; — 9° L'individu, contre lequel procès-verbal a été dressé pour avoir laissé courir sur la voie publique un cheval non monté et débridé, ne peut être relaxé en considération de ce qu'il y aurait eu force majeure, si la preuve de cette force majeure n'est pas rapportée dans les termes de l'art. 154 c. instr. crim. (Crim. cass. 5 mai 1859, aff. Battu, D. P. 59. 5. 309) ; — 10° Le juge de police, saisi d'un procès-verbal régulier attestant que le prévenu a été vu faisant de l'herbe sur un terrain appartenant à autrui, ne peut admettre, sans une preuve contraire recueillie en la forme légale, que le fait a eu lieu sous les yeux et avec la permission expresse du propriétaire (Crim. cass. 17 déc. 1869, aff. Legros, D. P. 70. 1. 439). Cette décision n'est pas aussi certaine que les précédentes; lorsqu'il s'agit de la justification tirée de l'existence d'un événement de force majeure, la jurisprudence de la cour de cassation, exprimée notamment dans les deux derniers arrêts cités, exige que la preuve de cet événement soit produite dans la forme imposée à toute preuve contraire au procès-verbal. Mais, dans l'espèce, il s'agissait d'un débat engagé sur un élément de la contravention à l'égard duquel le procès-verbal ne contenait aucune constatation; ce n'était pas le cas, ce semble, d'exiger que le fait justificatif fût établi dans les conditions prescrites pour la production d'une preuve contraire, puisque l'admission de ce fait n'impliquait pas le refus du juge d'ajouter foi aux énonciations du procès-verbal ; — 11° Le juge de police méconnaît la foi due au procès-verbal constatant une contravention à un arrêté qui défend de réparer ou rétablir les lavoirs construits en saillie sur la rivière, lorsque, sur les seules allégations du prévenu, il admet que les planches que celui-ci aurait, suivant le procès-verbal, fixées avec des clous pour reconstruire le tablier de son lavoir, étaient mobiles et ne faisaient pas obstacle à l'écoulement des eaux (Crim. rej. 3 août 1872, aff. Brazier, D. P. 72. 5. 309); — 12° Lorsqu'un procès-verbal relève contre un boulanger le fait de détention en boutique, malgré l'inexactitude de leur poids, de pains entiers qu'un règlement local ne permet de mettre en vente qu'autant que le poids est conforme à l'indication résultant de la forme, le juge de police ne peut, en accueillant sans preuve contraire et sur de simples présomptions l'explication du prévenu, tenir pour établi que ces pains étaient des pains de luxe non soumis aux dispositions du règlement (Crim. cass. 13 juill. 1860, aff. Humbert, D. P. 61. 5. 392) ; — 13° L'individu poursuivi à raison d'un délit de chasse constaté par un procès-verbal régulier ne peut être relaxé, si la force probante de ce procès-verbal n'a pas été détruite par la preuve contraire, et par cela seul que le juge éprouve des doutes sur la culpabilité du prévenu; et il y a lieu d'an-

nuler, pour défaut de motifs, le jugement qui, en prononçant l'acquittement du prévenu, laisse incertaine la question de savoir si l'acquittement repose sur une appréciation de fait ou sur des considérations de droit, et, par suite, ne permet pas à la cour de cassation son contrôle sur la qualification des délits (Crim. cass. 25 janv. 1878, aff. Corret, D. P. 78. 1. 45); — 14° Des individus, contre lesquels un procès-verbal a été dressé pour séjour dans un cabaret au delà de l'heure réglementaire, ne peuvent, alors que sur ce point le procès-verbal n'a pas été débattu par la preuve contraire, être relaxés de la poursuite, par le motif qu'il était « incontestable que l'horloge de la mairie se dérangeait depuis quelque temps d'une manière assez sensible, et que, par conséquent, le procès-verbal n'affirmait pas d'une manière certaine l'heure du constat » (Crim. cass. 21 févr. 1863, aff. Sergent, D. P. 63. 5. 304); — 15° Dans une poursuite pour contravention à un arrêté préfectoral enjoignant aux propriétaires de puisards de les entourer d'un garde-fou d'une hauteur déterminée, le juge de police ne peut admettre l'excuse tirée de ce que le prévenu serait propriétaire d'un réservoir ne rentrant pas dans les prévisions de l'arrêté, et non pas d'un puisard, si l'affirmation du procès-verbal du commissaire de police sur ce point n'a pas été débattue par la preuve contraire (Crim. cass. 31 mai 1862, aff. Gal, D. P. 63. 5. 314); — 16° Le juge de police ne peut, en l'absence de toute preuve contraire, et alors que le procès-verbal désigne comme privé le chemin sur lequel a eu lieu le fait dénoncé comme contravention, prétendre rechercher d'office si ce même chemin n'est pas une voie publique (Crim. cass. 3 mai 1861, aff. Watremet-Leriche, D. P. 61. 1. 360); — 17° Lorsqu'un procès-verbal régulier, non débattu par la preuve contraire, constate qu'il a été trouvé une fausse mesure chez le prévenu, le juge de police ne peut relaxer celui-ci en se fondant sur ce que l'objet saisi ne serait pas une mesure, et en substituant ainsi son appréciation personnelle à la constatation du procès-verbal (Crim. cass. 7 déc. 1855, aff. Masclaux et aff. Salques, D. P. 56. 5. 366).

39. Les preuves par lesquelles le prévenu peut combattre la foi due au procès-verbal sont les preuves admises par la loi, régulièrement administrées. Jugé, en ce sens, que le juge de police ne peut écarter les faits constatés par un procès-verbal faisant foi jusqu'à preuve contraire qu'autant que cette preuve est résultée d'une information, d'une enquête ou d'une vérification à laquelle il a procédé (Crim. cass. 10 avr. 1856, aff. Gérard, D. P. 57. 1. 25). — Sur le caractère juridique et la portée légale des preuves, la cour de cassation exerce son droit de contrôle souverain. Décidé, en conséquence, que le juge de police qui, alors que le procès-verbal n'a pas été débattu à l'audience par la preuve contraire, décide néanmoins qu'il résulte des débats et des documents du procès que le fait s'est passé autrement que ne l'indique le procès-verbal, doit, à peine de nullité, spécifier la nature et la force probante de ces documents pour que la cour de cassation puisse vérifier, en cas de pourvoi, s'ils ont effectivement la portée légale qui leur a été attribuée (Crim. cass. 7 févr. 1863, aff. Blanchard, D. P. 63. 1. 153).

40. La visite des lieux est un des moyens de preuve dont le juge peut faire usage. Jugé, en ce sens : 1° que la foi due au procès-verbal ne fait pas obstacle à ce que, sur la demande du prévenu et contradictoirement avec le ministère public, le juge de police ordonne la visite des lieux en vue d'une preuve contraire (Crim. rej. 19 mars 1858, aff. Duclos, D. P. 58. 5. 295); — 2° Que, dans le cas où le prévenu demande à combattre par la preuve contraire un procès-verbal qui ne fait pas foi jusqu'à inscription de faux, le juge de police peut ordonner, à cet effet, toute mesure interlocutoire que sollicite la partie, et qui lui paraît propre à éclairer sa religion, telle qu'expertise ou visite des lieux; on dirait à tort qu'il ne peut admettre que des témoignages directs de visu (Crim. rej. 3 janv. 1856, aff. Grandjean, D. P. 56. 1. 409); — 3° Que le juge de simple police, même quand il est saisi en vertu d'un procès-verbal faisant foi jusqu'à preuve contraire, a non seulement le droit, mais encore le devoir de prendre, même d'office, toutes les mesures et d'ordonner toutes les preuves propres à éclairer

sa religion, telles que rapports, expertises et visites de lieux ; par suite, est régulier l'acquittement prononcé par un juge de simple police à la suite d'une visite des lieux qui lui a démontré l'exactitude des dénégations opposées par le prévenu au procès-verbal, encore que ce procès-verbal fît foi jusqu'à preuve contraire (Crim. rej. 20 déc. 1866, aff. Pascal, D. P. 69. 5. 318).

41. On a fait observer, au *Rép.*, n° 169, que, dans les cas où le juge admet la preuve testimoniale, il doit se conformer aux prescriptions de l'art. 155 c. instr. crim. C'est ainsi qu'il a été décidé : 1° que la preuve contraire, de nature à dispenser d'ajouter foi au procès-verbal, ne peut résulter ni d'une déposition reçue sous la garantie d'un serment incomplet et illégal, ni d'un certificat du maire, même déposé par lui à l'audience, ce certificat ne pouvant avoir la valeur d'une déclaration faite après prestation du serment imposé aux témoins (Crim. cass. 30 déc. 1864, aff. Jacquette et Gilbert, D. P. 65. 5. 313) ; — 2° Que le juge de police ne peut admettre, comme preuve contraire aux constatations d'un procès-verbal, les déclarations d'un individu entendu à l'audience, sans prestation de serment (Crim. cass. 16 mars 1867, aff. Pagan, D. P. 67. 5. 336) ; — 3° Que la preuve contraire ne peut résulter que de dépositions de témoins entendus après avoir prêté serment, ou de preuves écrites ayant un caractère authentique ; que, spécialement, elle ne peut être puisée dans des renseignements fournis en dehors de l'audience, même par le rédacteur du procès-verbal (le brigadier de gendarmerie, dans l'espèce), à moins qu'il n'ait déposé devant le tribunal sous la foi du serment (Crim. cas. 28 mai 1880, aff. Sorel, D. P. 82. 1. 48).

42. Dans le même ordre d'idées, il a encore été jugé : 1° que le commissaire de police, qui a constaté la contravention, ne peut, s'il se trouve chargé de requérir comme officier du ministère public, atténuer, dans l'exercice de cette fonction spéciale, la force probante que la loi assure, jusqu'à preuve contraire, à son procès-verbal, ni dessaisir le tribunal de police par un désistement ; que, par suite, le tribunal croirait à tort pouvoir, en l'absence d'une preuve contraire, s'arrêter aux allégations du prévenu, par cela seul que le commissaire de police, siégeant comme ministère public, n'aurait opposé aucune contradiction formelle pour la défense de son procès-verbal (Crim. cass. 4 juin 1858, aff. Warlier, D. P. 58. 1. 380) ; — 2° Que les explications données à l'audience, sur un procès-verbal qu'il a rédigé, par un commissaire de police siégeant comme organe du ministère public, ne peuvent altérer la foi due à ce procès-verbal ; que par suite, il y a lieu d'annuler le jugement qui se fonde sur ces explications pour prononcer le renvoi du prévenu, alors surtout que, dans son pourvoi, le ministère public déclare que lesdites explications ont été mal interprétées (Crim. cass. 3 mars 1859, aff. Duplan, D. P. 60. 5. 302).

43. La même obligation de suivre les formes légales et de fournir dans le jugement toutes indications utiles pour en vérifier l'observation s'applique à tous autres moyens de preuve. Décidé, notamment : 1° que le tribunal de police ne peut légalement tenir compte des déclarations faites à l'audience par un expert, en contradiction aux énonciations du procès-verbal, que dans le cas où cet expert a été entendu sous la foi du serment ; et que, lorsque l'accomplissement de la formalité n'est pas constaté dans le jugement, l'admission de cette preuve doit être déclarée irrégulière (Crim. cass. 17 mars 1866, aff. Dangla, D. P. 66. 1. 280) ; — 2° Que, lorsqu'un arrêté municipal a décidé qu'un abattoir ne serait ouvert les dimanches et jours fériés qu'à certaines heures déterminées, à moins d'une autorisation spéciale du maire, le juge de police saisi d'un procès-verbal constatant une infraction aux dispositions de cet arrêté ne peut relaxer le prévenu, en se fondant sur un certificat du maire délivré postérieurement à la rédaction du procès-verbal, et attestant que l'inculpé avait été autorisé à pénétrer dans l'abattoir en dehors des heures réglementaires (Crim. cass. 16 févr. 1878, aff. Bourgeon, D. P. 79. 1. 234) ; — 3° Qu'il y a lieu de prononcer la nullité du jugement par lequel le tribunal de police admet, comme preuves contraires aux énonciations d'un procès-verbal dressé par un agent compétent (en matière de voirie, dans l'espèce), soit des renseignements dont il n'indique pas la source, soit une inspection des lieux effectuée d'office sans que le ministère public et le prévenu y aient été appe-

lés (Crim. cass. 27 juill. 1872, aff. Fabre, D. P. 72. 1. 279).

44. Il a été jugé, au surplus, que l'audition des témoins n'affranchit pas par elle-même le juge de l'obligation de réprimer la contravention dénoncée par un procès-verbal faisant foi jusqu'à preuve contraire ; il faut encore que le juge établisse que la preuve produite fait disparaître la contravention, et qu'il spécifie notamment comment la foi due au procès-verbal s'en est trouvée ébranlée (Crim. cass. 21 déc. 1850, aff. Grandjean, D. P. 61. 3. 391 ; 17 nov. 1859, aff. Bergaut, D. P. 60. 5. 302). Dès lors, est nul l'acquittement fondé simplement sur ce qu'après l'audition des témoins des doutes auraient surgi dans l'esprit du juge sur l'exactitude de certaines affirmations du procès-verbal (Arrêt précité du 21 déc. 1850). De même, il importe peu que le prévenu prouve par témoins que les faits se sont passés autrement que ne l'indique le procès-verbal si, tels qu'ils sont établis, ils constituent encore la contravention dénoncée (Arrêt précité du 17 nov. 1859). — Décidé, dans le même sens : 1° que le renvoi des fins d'un procès-verbal de contravention, dressé par un agent ayant qualité, n'est régulièrement prononcé, nonobstant la production d'une preuve contraire, qu'autant que le jugement énonce clairement en quoi cette preuve lui paraît ébranler la foi due au procès-verbal, ou enlever au fait le caractère de contravention. Il en est ainsi surtout dans le cas où le fait est établi surabondamment par un aveu relevé dans le jugement lui-même (Crim. cass. 26 mars 1858, aff. Noizet, D. P. 58. 1. 231) ; — 2° Que les énonciations d'un procès-verbal constituant la preuve légale d'une contravention peuvent être détruites par des témoignages régulièrement entendus ; mais un simple *doute* éprouvé par le tribunal, à la suite des déclarations des témoins, sur la réalité du fait constaté par le procès-verbal, n'est pas de nature à en ébranler l'autorité (Crim. cass. 19 janv. 1889, aff. Hermand et Lesourd, D. P. 89. 1. 224).

45. Quand la preuve est légalement administrée, l'appréciation qu'en fait le juge, au point de vue de sa suffisance et de sa portée, est souveraine. C'est ce qui résulte des décisions citées au *Rép.*, n° 171. Jugé, en outre : 1° que le jugement de simple police qui, statuant sur un procès-verbal, décide, après audition régulière de témoins à l'audience, que la contravention n'est pas établie, fait une appréciation souveraine qui ne viole pas la foi due au procès-verbal et échappe au contrôle de la cour de cassation (Crim. rej. 27 mars 1856, aff. Verlié, D. P. 56. 5. 366 ; 16 nov. 1860, aff. Blanchet et Courault, D. P. 62. 5. 263 ; 11 févr. 1888, aff. Voisin et demoiselle Leboucher, D. P. 88. 5. 398 ; 19 déc. 1891, aff. Gigini, D. P. 92. 1. 524) ; — 2° Que la déclaration du juge de police, qu'il tient pour non démontrée l'énonciation contenue dans un procès-verbal, rentre dans son pouvoir souverain d'appréciation, lorsque le procès-verbal a été débattu par la preuve contraire (Crim. rej. 26 juill. 1860, aff. Liotard, D. P. 60. 5. 304) ; — 3° Quelle juge de police ne méconnaît pas la foi due au procès-verbal lorsque, pour déclarer que la contravention dénoncée n'est pas établie, il s'appuie non sur de simples dénégations du prévenu, mais sur les résultats d'une enquête faite à l'audience, dont l'appréciation lui appartient souverainement (Crim. rej. 13 déc. 1862, aff. Deschilders, D. P. 65. 5. 343) ; — 4° Qu'il suffit que le procès-verbal pris pour base de la prévention ait été contredit, même par un seul témoin, pour que le juge saisi de la poursuite ait pu régulièrement apprécier les faits d'après l'instruction (Crim. rej. 23 janv. 1873, aff. Pillon de Saint-Philbert, D. P. 73. 1. 162).

46. On a dit au *Rép.*, n° 174, qu'en aucun cas il n'est permis au juge d'infirmer les énonciations d'un procès-verbal à raison de la connaissance personnelle des faits, s'il l'a puisée en dehors des débats. De nombreuses décisions sont venues s'ajouter à celles qui ont été rapportées *ibid.* Il a été jugé : 1° que, pour refuser de tenir comme constante la contravention relevée au procès-verbal qui lui est déféré, le juge de police ne peut s'appuyer sur des renseignements officiels qu'il a pris spontanément en dehors de l'audience (Crim. cass. 3 nov. 1889, aff. Casanova, D. P. 89. 5. 310) ; — 2° Que le jugement dans lequel le juge de police, pour s'abstenir de réprimer les faits constatés par un procès-verbal, se fonde non seulement sur les débats,

mais aussi sur des renseignements qui lui ont été fournis, est entaché de nullité (Crim. cass. 19 nov. 1858, aff. Moineau et Texereau, D. P. 58. 5. 296 ; 26 nov. 1858, aff. Fourneau et Parisot-Danrée, *ibid.*); — 3° Que des renseignements extrajudiciaires et non débattus par la preuve contraire ne peuvent être pris en considération par le juge de simple police pour relaxer un prévenu d'une poursuite fondée sur un procès-verbal faisant foi jusqu'à preuve contraire, et notamment d'une poursuite pour cris et bruits nocturnes qui, au dire du rédacteur du procès-verbal, ont troublé la tranquillité des habitants (Crim. cass. 3 mars 1866, aff. Roussel, D. P. 67. 5. 335) ; — 4° Que le juge de police ne peut, pour refuser de réprimer une contravention dénoncée par un procès-verbal faisant foi jusqu'à preuve contraire, tenir compte, soit des explications du prévenu, soit de documents extrinsèques au procès (Crim. cass. 19 août 1869, aff. Martin, D. P. 70. 1. 96) ; — 5° Que la preuve contraire aux énonciations d'un procès-verbal, constatant l'aveu de la contravention par le prévenu, ne peut être puisée dans les résultats d'une enquête faite devant un tribunal saisi précédemment de la même poursuite et dont la décision a été annulée, alors surtout que cette enquête est entachée de nullité pour insuffisance du serment prêté par les témoins (Crim. cass. 27 avr. 1858, aff. Janaud, D. P. 58. 5. 297).

47. Mais le juge, sans méconnaître la foi due au procès-verbal, peut apprécier si les faits qu'il énonce démontrent suffisamment la culpabilité de la partie poursuivie, tout en tenant pour constants les faits qui s'y trouvent énoncés et pour lesquels la preuve contraire n'a pas été administrée. Il a été décidé en ce sens : 1° qu'en l'absence de toute preuve contraire, le juge correctionnel peut tirer des faits matériels que le rédacteur d'un procès-verbal a personnellement vérifiés les conséquences légales qui établissent la culpabilité du prévenu. Spécialement, lorsque le commissaire de police a constaté chez un boucher qu'un des garçons avait devant lui retiré du plateau d'une balance une feuille de papier d'un certain poids et qu'une autre balance était faussée par l'addition de ronds de papier superposés, le tribunal correctionnel a pu conclure de ces constatations que la fraude ainsi organisée constituait une tentative de tromperie sur la quantité de la marchandise vendue, et que le boucher était l'auteur de cette tentative (Crim. rej. 31 janv. 1879, aff. Moisson, D. P. 79. 1. 392) ; — 2° Que, dans une prévention concernant le fait de n'avoir pas évacué à l'heure réglementaire de fermeture le café dépendant d'un hôtel, le juge de police a pu, sans méconnaître la foi due au procès-verbal, acquitter l'un des prévenus en se fondant sur ce qu'il se trouvait à l'hôtel comme voyageur y ayant gîte, alors que le procès-verbal lui-même constate que ce prévenu est étranger à la commune (Crim. rej. 17 mai 1861, aff. Boileau, Frémy et autres, D. P. 62. 5. 264) ; — 3° Que, lorsque le procès-verbal ne s'explique pas sur tous les éléments de la contravention, le juge peut décider, sans même recourir à la preuve contraire, que le fait incriminé ne se trouvait pas dans les conditions prévues par le règlement (Crim. rej. 6 mai 1858, aff. Richard, D. P. 58. 5. 296) ; — 4° Que lorsque le procès-verbal ne s'explique pas sur tous les éléments constitutifs de la contravention, c'est au ministère public à compléter la preuve, et non au prévenu à prouver que l'élément de culpabilité non relevé contre lui n'existe pas (Crim. cass. 19 août 1859, aff. Py et Besson, D. P. 59. 1. 477). En tout cas, pour admettre la non-existence de l'élément de culpabilité, sur lequel le procès-verbal ne s'explique pas, le juge peut se contenter des allégations du prévenu, car ce n'est pas là un cas d'articulations contraires au procès-verbal ; — 5° Que le juge de police, saisi d'un procès-verbal qui constate l'existence d'un amas d'eau à l'intérieur d'une habitation, sans s'expliquer sur les causes qui en ont amené la formation, ne viole pas la foi due au procès-verbal en admettant, d'après les documents du procès et les explications de l'inculpé, que cet amas d'eau a une origine qui ne permet pas d'en déclarer l'inculpé responsable, et de lui faire application du règlement pour violation duquel il est poursuivi (Crim. rej. 25 juin 1869, aff. Revil-Signorat, D. P. 70. 1. 379) ; — 6° Que les contraventions peuvent être excusées par la force majeure, lorsqu'elle est établie par la preuve contraire au procès-verbal (Crim. rej. 15 nov. 1856, aff. Rougedemontant,

D. P. 56. 5. 366). Mais la force majeure ne peut être admise comme excuse des contraventions, si elle ne résulte pas d'une preuve contraire au procès-verbal faite à l'audience (Crim. cass. 22 nov. 1856, aff. Roy, D. P. 56. 5. 367). D'ailleurs le juge de police peut, sans recourir à une enquête, admettre comme excuse la force majeure résultant de faits (des événements de guerre) établis par la notoriété publique, alors que ces faits ne sont pas en contradiction avec ceux constatés par le procès-verbal (Crim. rej. 2 déc. 1871, aff. Mandat de Grancey, D. P. 71. 1. 366).

48. Le ministère public, pour corroborer le procès-verbal qui sert de base à la poursuite et combattre les moyens du prévenu qui offre la preuve contraire, peut, à son tour, demander à produire des preuves nouvelles. En principe, le juge est tenu de faire droit à ses réquisitions. Plusieurs arrêts, rapportés au *Rép.*, n° 177, ont été rendus en ce sens. Il a encore été jugé : 1° que le juge de police ne peut dénier au ministère public le droit de faire entendre à l'appui du procès-verbal, à une prochaine audience, des témoins et l'agent rédacteur lui-même, lorsqu'il s'agit d'établir l'existence de la contravention ; que, par suite, est nul le jugement qui, sans tenir compte de cette offre de preuve, renvoie le prévenu des fins du procès-verbal, alors surtout qu'il n'a d'autre base que les dénégations de ce prévenu (Crim. cass. 11 févr. 1860, aff. Nicolas, D. P. 60. 5. 302) ; — 2° Que le juge qui accuse d'insuffisance ou d'obscurité les énonciations d'un procès-verbal (spécialement celles d'un procès-verbal du syndic des gens de mer) ne peut rejeter l'offre de preuves supplétives présentée subsidiairement par le ministère public ; et qu'il y a nullité, pour défaut de motifs, si le juge acquitte en pareille circonstance, sans expliquer le rejet qu'il fait implicitement de cette offre subsidiaire (Crim. cass. 6 déc. 1860, aff. Alicot, D. P. 61. 1. 95) ; — 3° Que lorsque les poursuites contre un propriétaire prévenu d'avoir fait circuler sans plaque sur une route nationale une voiture contenant un chargement de denrées sont intentées en vertu d'un procès-verbal qui ne s'explique pas sur la destination qu'avait la voiture au moment où elle a été rencontrée, le tribunal ne peut, si le prévenu se prévaut de l'exemption accordée aux voitures d'agriculture, refuser la preuve par témoins offerte par le ministère public pour compléter le procès-verbal et pour établir que le prévenu ne se trouvait pas dans le cas donnant droit à l'exemption (Crim. cass. 14 juin 1864, aff. Hervé et Moreau, D. P. 65. 1. 321) ; — 4° Que le juge de police méconnaît les droits du ministère public lorsque, nonobstant l'offre faite par celui-ci de citer des témoins à l'appui d'un procès-verbal dont l'insuffisance a été signalée à l'audience, il relaxe incontinent le prévenu, en se fondant sur cette insuffisance elle-même et sur le défaut de présentation de témoins à charge (Crim. cass. 29 mai 1873, aff. Couvet et autres, D. P. 73. 1. 447) ; — 5° Que le juge de simple police devant lequel le ministère public demande à prouver par témoins l'existence d'une contravention constatée seulement par un procès-verbal ne faisant pas foi jusqu'à preuve contraire, et non avouée par le prévenu, ne peut refuser d'ordonner cette preuve et relaxer celui-ci, sous prétexte que la demande du ministère public ne serait qu'un moyen dilatoire (Crim. cass. 1er déc. 1855, aff. Potent, D. P. 56. 5. 368).

49. Il importe de préciser jusqu'à quel point va l'obligation du juge d'accueillir le supplément de preuve qui doit compléter le procès-verbal.

Il est certain que, devant le tribunal de simple police, le ministère public, au cas où l'irrégularité du procès-verbal a motivé le renvoi du prévenu, ne peut plus user du droit de faire entendre des témoins à l'appui de la prévention, s'il a laissé acquérir au jugement l'autorité de la chose jugée (Crim. rej. 20 juill. 1854, aff. Cauhen et Le Thier, D. P. 56. 5. 368). Il a encore été jugé que si, en principe, le juge de police ne peut refuser l'audition d'un témoin, demandée par le ministère public, pour compléter la preuve résultant du procès-verbal qui constate la contravention, il cesse d'en être ainsi dans le cas où la preuve supplétive offerte serait frustratoire, comme, par exemple, le témoin, annoncé à l'avance par le ministère public, devrait déposer seulement de ouï-dire qui ne pourraient en rien infirmer les résultats acquis au procès ; ainsi le juge de police qui, après avoir ordonné, sur la demande du prévenu, une expertise, à l'effet

de débattre la preuve résultant du procès-verbal qui constate la contravention, refuse d'admettre une preuve supplétive offerte par le ministère public, et prononce le relaxe en se fondant sur le résultat de l'expertise, fait une appréciation souveraine et qui échappe, dès lors, au contrôle de la cour de cassation (Crim. rej. 12 janv. 1856, aff. Grandjean, D. P. 56. 1. 109). D'autre part, le juge de police n'est pas tenu, lorsque aucune preuve supplétive n'est offerte, d'ordonner d'office une instruction pour rechercher si la contravention dénoncée par le procès-verbal, insuffisant ou nul, a été commise; l'acquittement prononcé en pareil cas est à l'abri de critique (Crim. rej. 7 juill. 1854, aff. Dronico et Beltru, D. P. 71. 5. 312). Dès lors, le ministère public ne peut invoquer comme moyen de cassation le défaut d'audition par le juge de police de témoins qu'il aurait demandé à appeler, si la décision attaquée ne mentionne dans ses qualités aucune demande d'audition de témoins, et s'il ne justifie pas avoir pris des conclusions à cet effet (Crim. rej. 19 janv. 1873, aff. Hébert, D. P. 73. 1. 163).

50. L'art. 154 c. instr. crim. porte en termes exprès que les contraventions pourront être prouvées par témoins à l'appui des procès-verbaux. Aucune distinction n'étant faite par la loi, quant au mode de procéder, on doit tenir pour constant que le ministère public, pour citer des témoins, n'est nullement forcé d'attendre que les énonciations du procès-verbal, d'ailleurs régulier en la forme, soient contestées. Il peut y avoir un intérêt, dont la partie poursuivante reste juge, à ce que la production de la preuve ne se prolonge pas plusieurs séances; et il doit, dès lors, être loisible à celle-ci, afin de parer à la nécessité d'une remise, de faire assigner, pour la première audience elle-même, les témoins qui peuvent être éventuellement utiles, selon la tournure que prendra le débat. Son appréciation doit être libre sur ce point, et, en fait, il en est ainsi dans la pratique. Ce n'est là que l'application exacte du texte de l'art. 154. Tel est également l'esprit de la jurisprudence en cette matière. Les termes employés par tous les arrêts, décidant qu'en cas de contestation et de doute sur le procès-verbal, le juge ne peut se refuser à entendre les témoignages proposés par le ministère public, impliquent, en effet, que le droit d'appeler des témoins à l'appui d'une poursuite est absolu, de la part de la partie publique, en première instance, et n'est soumis à d'autre condition que celle de sa propre détermination (V. *infrà*, v° *Témoins*). Jugé, notamment, que dans une poursuite pour contravention, le ministère public près le tribunal de simple police a le droit de faire citer des témoins à l'appui d'un procès-verbal faisant foi jusqu'à preuve contraire, sans attendre que les énonciations de cet acte aient été contestées (Crim. cass. 11 juill. 1879, aff. Michaulier, D. P. 80. 1. 139).

51. — 3° *Procès-verbaux qui ne valent que comme dénonciations.* — Ce sont : les procès-verbaux dressés par la gendarmerie en dehors des matières pour lesquelles la loi lui a conféré une délégation spéciale; les procès-verbaux des agents de police, à quelque objet qu'ils se rapportent; enfin, les procès-verbaux de tous fonctionnaires dépourvus de qualité pour constater les infractions auxquelles se réfèrent ces actes. De tels procès-verbaux ne lient pas les juges, qui peuvent leur dénier toute autorité, alors même qu'ils ne sont combattus par aucune preuve contraire (V. *Rép.* n°s 178 à 181).

Art. 2. — *Faits dont les procès-verbaux font foi; faits matériels; aveux (Rép. n°s 182 à 199).*

52. On a exposé au *Rép.*, n° 182, le principe qui domine la matière des procès-verbaux, — sans distinction entre ceux qui font foi jusqu'à inscription de faux et ceux qui font foi jusqu'à preuve contraire, — et en vertu duquel ces actes ne font la preuve que des faits matériels qu'ils relatent. Tout ce qui n'est pas une constatation de fait émanée du rédacteur ne participe pas de l'autorité dont la loi revêt l'œuvre de l'agent. De nombreuses décisions de jurisprudence ont appliqué cette règle. Il a été jugé : 1° que le procès-verbal dans lequel le commissaire de police dénonce un fait, non parce qu'il en a vu personnellement la perpétration, mais uniquement parce qu'il lui a été rapporté, ne lie pas le juge saisi de la prévention, jusqu'à preuve

contraire (Crim. rej. 7 août 1862, aff. Thiercelin, D. P. 63. 5. 304); — 2° Que lorsque le fait consigné dans un procès-verbal résulte, non d'une constatation personnelle de l'officier public rédacteur, mais de simples déclarations recueillies au cours de l'instruction, les juges ont pu s'abstenir d'en tenir compte, un tel procès-verbal n'ayant pas autorité jusqu'à preuve contraire (Crim. rej. 12 mai 1876, aff. Moriccio et Pompani, D. P. 79. 5. 337); — 3° Que le procès-verbal rédigé simplement d'après les déclarations du plaignant, et dans lequel ont été recueillies des explications émanées non du prévenu, mais de sa mère, ne lie pas le juge, jusqu'à preuve contraire (Crim. rej. 5 mars 1870, aff. Lebret, D. P. 71. 5. 312); — 4° Que le procès-verbal du commissaire de police cesse de faire foi jusqu'à preuve contraire du fait qu'il constate comme constituant une contravention (par exemple, de la cuisson insuffisante de pains saisis chez un boulanger), si le commissaire de police a eu recours à une expertise pour corroborer son propre fait. Mais si, en pareil cas, le ministère public offre à l'audience de prouver ce même fait par l'audition des experts, le juge de police ne peut, sans s'expliquer sur cette offre de preuve et sans procéder à un débat contradictoire sur les énonciations du procès-verbal, acquitter le prévenu sous le prétexte que la contravention n'est pas établie par une expertise régulière et légalement faite (Crim. cass. 2 mai 1887, aff. Pulleu, Massy et autres, D. P. 57. 1. 271); — 5° Que l'énonciation, dans un procès-verbal dressé à l'occasion d'un fait de passage sur un terrain ensemencé, que le propriétaire de ce terrain a déclaré n'avoir pas donné de permission de passage, fait bien foi du fait matériel de la déclaration, mais permet néanmoins d'en contester la véracité. Par suite, le juge de police peut, sans méconnaître l'autorité du procès-verbal, et en se fondant sur une nouvelle déclaration du propriétaire, reconnaître que le passage avait eu lieu avec permission (Crim. rej. 14 nov. 1861, aff. Pillois, D. P. 62. 1. 547).

53. La force probante des procès-verbaux ne s'étend pas aux appréciations dont l'agent accompagne ses constatations matérielles. Il n'est pas, d'ailleurs, sans difficulté de distinguer les simples constatations des appréciations. La cour de cassation a vu, non pas une appréciation, mais une constatation matérielle, dans le fait d'un agent de déterminer à quelle espèce appartient un chien; elle a jugé que, dans une poursuite pour contravention à un arrêté défendant la divagation des chiens de garde, le procès-verbal dressé par un agent ayant qualité faisait foi quant à la désignation de l'espèce du chien trouvé en état de divagation, en sorte que le juge n'avait pu, sur les seules allégations du propriétaire, tenir pour constant, contrairement au procès-verbal, que le chien n'appartenait pas à la catégorie des chiens de garde (Crim. cass. 30 nov. 1861, aff. Tessier et Aubry, D. P. 63. 5. 304).

54. En est-il de même de l'indication qu'un chemin est un chemin public? La jurisprudence de la cour de cassation a varié sur ce point. Elle a, en effet, jugé d'abord : 1° que le propriétaire auquel un procès-verbal impute le fait d'avoir intercepté un chemin public rural est tenu, s'il nie la publicité et jusqu'à l'existence même du chemin, de rapporter la preuve de son allégation; et qu'à tort, en pareil cas, alors que le procès-verbal n'a pas encore été débattu par la preuve contraire, le juge de police met à la preuve de la publicité du chemin à la charge du ministère public (Crim. cass. 3 févr. 1865, aff. Foubard, D. P. 65. 1. 322); — 2° Que, lorsqu'un procès-verbal faisant foi jusqu'à preuve contraire constate que le chemin sur lequel la contravention prétendue a été commise est public, le juge de police ne peut, sans que ce procès-verbal ait été débattu par la preuve contraire, fonder le relaxe du prévenu sur le motif que le chemin n'est pas classé et n'a pas le caractère de chemin public : les faits constatés par un procès-verbal faisant foi jusqu'à preuve contraire ne peuvent, en effet, être écartés par le juge qu'autant que cette preuve contraire est résultée d'une information, d'une enquête ou d'une vérification à laquelle il a procédé (Crim. cass. 10 avr. 1856, aff. Gérard, D. P. 57. 1. 25); — 3° Que le juge de police ne peut, de même, en l'absence de toute preuve contraire, et alors que le procès-verbal désigne comme privé le chemin sur lequel a eu lieu le fait dénoncé comme contravention, re-

chercher d'office si ce même chemin n'est pas une voie publique (Crim. cass. 3 mai 1861, aff. Watremez-Leriche, D. P. 61. 1. 360).

Mais il a été décidé que le juge de police avait pu, à bon droit, ordonner un transport sur les lieux à l'effet de vérifier si le chemin qualifié public par le procès-verbal avait réellement ce caractère, et faire résulter de son examen et du fait par lui constaté la circonstance de non-publicité du chemin (Crim. rej. 15 nov. 1860, aff. Demars et Bouchaud, D. P. 63. 5. 408). Jugé, d'ailleurs, qu'en l'absence de toute preuve résultant d'un acte administratif, et alors que le procès-verbal lui-même ne s'en explique pas, le juge de police a pu décider, d'après les éléments du débat, qu'un sentier que le prévenu avait embarrassé n'était pas un chemin public, mais un sentier privé et de pure tolérance (Crim. rej. 22 juill. 1858, aff. Costel, D. P. 58. 5. 385). — Dans d'autres arrêts, qu'on peut citer dans le même sens, la cour de cassation semble accorder au procès-verbal autorité jusqu'à preuve contraire sur le caractère rural ou urbain de la voie sur laquelle a eu lieu le fait poursuivi, ou encore sur le caractère de rue ouverte et non simplement projetée qui appartiendrait à cette voie (Crim. cass. 8 août 1862, aff. Cloup, 23 juin 1859, aff. Pic et Coury, 16 mars 1867, aff. Casanova, D. P. 67. 5. 471).

Il a été jugé, depuis, en sens contraire, que le procès-verbal d'un garde champêtre constatant un fait de dégradation d'un chemin rural, qu'il désigne comme public, ne fait pas foi de la publicité de ce chemin ; dès lors, c'est à bon droit, lorsque cette publicité est déniée par le prévenu, que le juge de police en met la preuve à la charge de la partie poursuivante (Crim. rej. 30 juill. 1869, aff. Delsart et veuve Camaret, D. P. 70. 1. 47). La distinction que cet arrêt établit relativement à la force probante du procès-verbal, entre le fait de la dégradation et le caractère du chemin, est en harmonie avec celle que la cour de cassation a également établie, en matière d'encombrement de la voie publique, entre le fait de l'embarras et à prétendue nécessité (Rép. vᵒ Voirie par terre, nᵒ 1885-2ᵒ). — Jugé, de même, que l'indication fournie dans un procès-verbal d'établissement indu d'un barrage sur un chemin, que ce chemin est public, n'établit nullement cette publicité (Crim. rej. 5 août 1880) (1).

55. Dans le même ordre d'idées, il a été jugé que la qualification donnée dans un procès-verbal des agents de la douane à des faits de contrebande, ne lie pas la juridiction saisie, et qu'il appartient à celle-ci d'en vérifier l'exactitude, soit pour reconnaître sa propre compétence, soit pour appliquer la loi, s'il y a lieu (Crim. rej. 23 févr. 1861, aff. Lecapelain et autres, D. P. 61. 1. 191). Cette solution se justifie tant par cette considération que la qualification donnée aux faits consignés dans un procès-verbal est une appréciation de ces faits, qui n'a par elle-même aucune force probante, que par le principe général en vertu duquel le juge saisi de la connaissance d'une infraction doit déclarer sa compétence ou son incompétence, non pas d'après la qualification donnée au fait dénoncé, mais d'après celle qu'il reconnaît lui appartenir réellement.

56. La question de savoir si les aveux des inculpés consignés dans les procès-verbaux rentrent dans la catégorie des faits matériels auxquels s'attache la force probante attribuée à ces actes ne paraît plus soulever aujourd'hui les mêmes difficultés qu'à l'époque de la rédaction du Répertoire (V. nᵒ 183). La doctrine, d'accord avec la jurisprudence, admet que le procès-verbal d'un officier de police judiciaire fait foi des aveux qu'il constate, tout aussi bien que des circonstances matérielles attestées de visu. Mais les juges ont le droit et le devoir d'apprécier si les

déclarations de l'inculpé impliquent un aveu de l'infraction qui lui est imputée : il ne suffit pas que l'agent ait cru recevoir un aveu pour qu'il soit nécessaire de recourir à la preuve contraire. Et la cour de cassation a qualité pour fixer le caractère des déclarations relevées au procès-verbal. C'est ainsi qu'il a été décidé que le procès-verbal rédigé par un agent compétent, non d'après une constatation de visu des faits qui constituent la contravention, mais sur l'aveu de ces faits par celui à qui ils sont imputés, n'en fait pas moins foi de la contravention jusqu'à preuve contraire (Crim. cass. 4 nov. 1869, aff. Rouher, D. P. 70. 1. 189). Mais il appartient au juge d'examiner si les déclarations du prévenu, rapprochées des circonstances de la cause, renferment ou non un aveu suffisant des faits qui lui sont imputés (Crim. rej. 26 janv. 1860, aff. Menneret, D. P. 64. 5. 393). En conséquence, un juge de police a pu, sans recourir à la preuve contraire, renvoyer un prévenu des fins d'un procès-verbal par lequel le commissaire de police mentionnait seulement des déclarations de ce prévenu dans une enquête relative au fait incriminé, alors que ces déclarations ne constituaient pas un aveu formel de la contravention et n'avaient pas été confirmées à l'audience (Crim. rej. 13 avr. 1861, aff. Leclercq et autres, D. P. 61. 1. 235). V. au surplus, Rép. nᵒˢ 185 et suiv.

Art. 3. — De l'inscription de faux contre les procès-verbaux. (Rép. nᵒˢ 200 à 214.)

57. Le prévenu qui attaque un procès-verbal faisant foi jusqu'à inscription de faux doit user de la procédure de faux incident. Les règles relatives à cette procédure ont été retracées suprà, vᵒ Faux incident, nᵒˢ 123 et suiv.; Rép. eod. vᵒ, nᵒˢ 273 et suiv.

58. Conformément au principe général rappelé suprà, nᵒ 52, la voie de l'inscription de faux n'est nécessaire, et par suite n'est autorisée, qu'autant que le procès-verbal est argué de fausseté dans les faits matériels qu'il constate. S'il s'agit d'appréciations de l'agent, elles ne participent pas de la force probante de l'acte, et peuvent être combattues par la preuve contraire (V. Rép. nᵒ 204).

59. Il va de soi que les moyens de faux, proposés par les prévenus contre les procès-verbaux faisant foi jusqu'à inscription de faux, ne peuvent être admis en preuve qu'autant qu'ils tendent à détruire les faits établis par ces procès-verbaux (Rép., nᵒˢ 205 et 206). La loi s'est, d'ailleurs, formellement expliquée à cet égard dans l'art. 42 de la loi du 1ᵉʳ germ. an 13, aux termes duquel « les moyens de faux proposés contre les procès-verbaux de la régie des droits réunis ne seront admis qu'autant qu'ils tendront à justifier les prévenus de la fraude ou des contraventions qui leur seront imputées ». Il faut, par conséquent, que les moyens de faux invoqués soient tels que la preuve qui en résulterait serait en contradiction absolue avec les faits attestés par l'acte contre lequel l'inscription de faux est dirigée, et exclurait invinciblement l'existence de ces faits; ce n'est qu'à cette condition que les moyens de faux peuvent être légalement justificatifs. Jugé, en ce sens, que l'inscription de faux formée contre un procès-verbal dressé par deux employés de l'octroi ne peut être accueillie qu'autant que les faits articulés sont de nature à justifier le prévenu de toutes les contraventions relevées dans le procès-verbal, titre de la poursuite. En conséquence, elle doit être rejetée lorsque aucun des moyens de faux invoqués ne tend à infirmer une déclaration, consignée dans le procès-verbal, constituant par elle-même un aveu (Crim. cass. 24 janv. 1889, aff. Brenier, D. P. 89. 1. 433).

60. Au Rép., nᵒ 209, on a résolu la question de savoir si

---

(1) (Demeure et Leclercq). — La cour; — Sur le premier moyen, pris de la violation de l'art. 154 c. instr. crim. : — Attendu que le procès-verbal dressé le 5 mai 1880 par le commissaire de police à la résidence de Maubeuge désignait comme étant public le sentier de l'Ouvrage, situé sur le territoire de cette commune, et sur lequel avait été placé le barrage qui a motivé la poursuite; mais qu'en cette partie le procès-verbal ne renfermait que l'expression de la pensée du rédacteur, et non la constatation d'un fait matériel dont il aurait personnellement reconnu l'existence; que conséquemment le procès-verbal ne faisait pas foi de cette publicité, et que le juge de police pouvait

substituer son appréciation, d'après le résultat du débat, à celle indiquée dans cet acte, sans méconnaître les dispositions de l'art. 154 précité; — Attendu, d'ailleurs, qu'aucun acte administratif n'a classé parmi les chemins ruraux de la commune de Maubeuge le sentier dit de l'Ouvrage; que, par suite, le juge de police, en déclarant que ce sentier n'était pas public, sans avoir à rechercher quel était le propriétaire du sol, n'a pas excédé les limites de sa compétence; Rejette, etc.

Du 5 août 1880.-Ch. crim.-MM. de Carnières, pr.-Saint-Luc-Courborieu, rap.-Ronjat, av. gén.

l'inscription de faux formée par l'un ou plusieurs d'entre les prévenus, qui font l'objet du même procès-verbal, profite également aux autres, quand elle porte sur un fait commun à tous et indivisible, dans le sens de l'affirmative. Cette solution n'a pas été modifiée par la jurisprudence.

61. Sur la procédure du faux incident, V. *suprà*, v° *Faux incident*, n°ˢ 52 et suiv.; *Rép.* eod. v°, n°ˢ 105 et suiv.

CHAP. 3 — Dispositions spéciales à certains procès-verbaux (*Rép.* n°ˢ 215 à 803).

Sect. 1ᵉ. — Procès-verbaux des officiers de police judiciaire en matière criminelle. — Renvoi (*Rép.* n°ˢ 215 à 217).

62. V. *Rép.* n°ˢ 215 à 218. V. aussi *Rép.*, v° *Instruction criminelle*, n°ˢ 230 et suiv., et *suprà*, v° *Procédure criminelle*, n°ˢ 378 et suiv.

Sect. 2. — Procès-verbaux des maires et adjoints (*Rép.* n°ˢ 218 à 225).

63. Sur la mission des maires et adjoints, comme rédacteurs de procès-verbaux, V. *Rép.*, n°ˢ 218 et suiv. V. en outre *Rép.*, v° *Commissaire de police*, n° 45; v° *Instruction criminelle*, n°ˢ 285 et suiv.; 380, et *suprà*, v° *Procédure criminelle*, n°ˢ 419 et suiv.

Sect. 3. — Procès-verbaux des commissaires de police, appariteurs, sergents de ville, agents de police (*Rép.* n°ˢ 226 à 243).

64. Les commissaires de police ont qualité d'auxiliaires du procureur de la République (V. *Rép.*, n° 226; *suprà*, v° *Commissaire de police*, n° 30; *Rép.*, eod. v°, n°ˢ 46 et suiv.; *Rép.*, v¹ᵃ *Instruction criminelle*, n°ˢ 280 et suiv.; *Ministère public*, n°ˢ 33 et suiv., 243; et *suprà*, v° *Procédure criminelle*, n°ˢ 411 et suiv.). L'art. 11 c. inst. crim. leur confère la mission spéciale de constater les contraventions de simple police.

65. Les procès-verbaux des commissaires de police ne sont assujettis à aucune forme ou condition dont l'observation soit prescrite à peine de nullité. Il a été jugé, notamment, que l'injonction que l'art. 15 c. instr. crim. fait à certains fonctionnaires de transmettre au ministère public, dans les trois jours au plus tard, les procès-verbaux des infractions qu'ils constatent, ne s'applique pas aux commissaires de police; le même arrêt ajoute qu'au surplus elle n'est pas édictée à peine de nullité (Crim. cass. 23 nov. 1860, aff. Olleris, D. P. 60. 5. 304).

66. Les procès-verbaux d'un commissaire de police ne valent, comme tels, qu'autant que leur rédacteur est régulièrement investi de sa qualité et qu'il a prêté serment (V *Rép.* n° 230. V. aussi *infrà*, v° *Serment*; *Rép.*, eod. v°, n°ˢ 62 et suiv.).

Au reste, la question de savoir si le rédacteur du procès-verbal, sur la production duquel un prévenu a été condamné, avait la qualité de commissaire de police, que le prévenu lui conteste, ou n'était qu'un agent supérieur de la police municipale, est sans intérêt si le juge de police était autorisé par la loi à fonder sa décision même sur de simples rapports et sur les éléments du débat (Crim. rej. 18 mai 1872, aff. Audibert, D. P. 72. 1. 143).

67. Les constatations matérielles des commissaires de police, consignées dans leurs procès-verbaux, peuvent être combattues par la preuve contraire. Le juge de police qui, statuant sur un procès-verbal dressé par le commissaire de police et constatant *de visu* les faits qui y sont rapportés, décide, après audition régulière de témoins à l'audience, que la contravention n'existe pas, use de son pouvoir souverain d'appréciation et ne peut être réputé avoir méconnu la foi due aux procès-verbaux (Crim. rej. 23 mars 1878, aff. Delacroix, D. P. 79. 1. 94; V. *Rép.* n°ˢ 232 à 235).

68. Conformément aux principes généraux, le procès-verbal rédigé par un commissaire de police ne fait foi que des faits qu'il a personnellement constatés, mais non de la sincérité des déclarations qu'il a recueillies (Crim. rej. 12 mai 1876, aff. Moriccio et Pompeani, D. P. 78. 1. 394). — V. *Rép.* n° 237, et *suprà*, v° *Commissaire de police*, n° 32.

69. Le personnel d'agents placés sous l'autorité et la surveillance des commissaires de police, quelle que soit leur dénomination, ne rédige pas de procès-verbaux proprement dits, mais de simples rapports auxquels ne s'attache aucune force probante. — La même solution a été admise à l'égard des agents du balayage public. Il a été jugé que, même à Paris, ils n'ont aucun caractère légal. Et l'on estimerait à tort que leurs rapports doivent avoir l'autorité d'un procès-verbal, au moins dans le cas où l'exactitude des déclarations y contenues est affirmée par eux sous serment à l'appui de la prévention, lors de leur comparution comme témoins devant le tribunal de police (Crim. rej. 13 mars 1862, aff. Delétang, D. P. 62. 1. 394).

70. Il suit de là que les procès-verbaux des agents de police et fonctionnaires assimilés sont non seulement, ce qui va de soi, susceptibles d'être infirmés par une preuve contraire, telle que celle résultant d'une enquête faite à l'audience (Crim. rej. 10 févr. 1882, aff. Welche, D. P. 84. 5. 410); mais qu'ils peuvent être écartés sans qu'une preuve semblable ait été fournie. Jugé, en ce sens : 1° que dans le cas de contravention à un arrêté municipal sur la police des marchés, les rapports d'un agent assermenté du fermier des droits ne font pas foi en justice jusqu'à preuve contraire; par conséquent, le juge de police peut renvoyer les inculpés de la poursuite, après leurs explications et une descente de lieux contradictoire (Crim. rej. 20 avr. 1872, aff. Salab-ben-Mohamed, D. P. 74. 5. 407); — 2° Que les sergents de ville ne sont pas des officiers publics; ils n'ont que le droit de rechercher et dénoncer les contraventions et non celui de les constater, en sorte que leurs rapports sont de simples renseignements, n'ayant par eux-mêmes aucune force probante. En conséquence, le ministère public n'est pas fondé à se pourvoir contre le jugement par lequel le juge de police a refusé sans énoncer de preuve contraire, de tenir pour établie la contravention dénoncée par le rapport d'un sergent de ville, alors même qu'il en induirait que ce juge s'est déterminé d'après le résultat d'une visite des lieux irrégulièrement faite, s'il ne l'articule qu'en forme de conjecture, sans s'appuyer sur la procédure ou le jugement (Crim. rej. 3 mars 1865, aff. Maisonville, D. P. 68. 1. 235); — 3° Que le rapport fait par un agent de police au commissaire de police de son arrondissement municipal ne peut obtenir foi en justice jusqu'à preuve contraire (Crim. rej. 13 déc. 1862, aff. Deschildert, D. P. 63. 5. 313); — 4° Que lorsque le fait constitutif d'une prétendue contravention n'est dénoncé que par un procès-verbal émané d'un agent de police, la déclaration du juge que ce fait n'est pas établi, encore bien que ne serait pas appuyée sur une preuve contraire, ne viole pas l'art. 154 c. instr. crim. (Crim. cass. 17 juill. 1863, aff. Fleury, D. P. 64. 1. 45. — V. aussi Crim. rej. 13 mars 1862, cité *suprà*, n° 69).

71. Le fait qu'un commissaire de police aurait rédigé l'acte, d'après le rapport d'un de ses agents, ne modifie pas le caractère du procès-verbal. Il a été décidé, en ce sens : 1° que lorsque le procès-verbal d'un commissaire de police (sur un fait de fermeture d'un café après l'heure réglementaire) ne constate pas que ce fonctionnaire ait par lui-même vérifié les faits, et qu'il a été dressé que sur le rapport d'agents de la police administrative, il ne fait pas foi jusqu'à preuve contraire; et que le juge de police peut, dès lors, relaxer le prévenu, sans encourir le reproche de méconnaître l'autorité de ce procès-verbal (Crim. cass., rejet du moyen, 27 juin 1867, aff. Verrier, D. P. 69. 5. 318); — 2° Que le procès-verbal par lequel le commissaire de police atteste, sur le rapport d'un simple agent, qu'une fille désignée se livre à la prostitution, ne vaut que comme renseignement et est dépourvu de force probante (Crim. rej. 25 avr. 1873, aff. Isabelle J..., D. P. 73. 1. 314); — 3° Que la déclaration, contenue dans un procès-verbal, par laquelle le commissaire de police atteste, sans l'avoir constaté par lui-même, mais sur le rapport d'un agent, qu'une voiture a été abandonnée sur la voie publique sans nécessité, ne vaut que comme renseignement et ne fait pas foi jusqu'à preuve contraire; que, par suite, le juge de police peut se fonder sur les circonstances de la cause, telles qu'elles résultent des débats, pour décider que l'embarras de la voie publique n'a pas eu lieu sans nécessité (Crim. rej. 13 juill. 1878, aff. Durand, D. P. 78. 1. 394); — 4° Que le procès-verbal dressé sur le

rapport d'un agent par un commissaire de police qui n'a rien constaté *de visu* n'ayant pas force probante, le tribunal de police peut, alors même que la preuve contraire n'a pas été administrée et en se fondant uniquement sur les explications du prévenu, décider que les faits relatés dans ce procès-verbal ne sont pas matériellement établis (Crim. rej. 20 nov. 1880, aff. Bousquet et autres, D. P. 81. 1. 277).

72. Mais, du moins, les rapports des agents de police valent comme dénonciations et renseignements. Corroborés pas d'autres éléments de preuve, ils peuvent servir de base à une condamnation. Ainsi, il a été jugé qu'en matière correctionnelle, et principalement en matière de poursuites pour société secrète, le juge peut retenir comme simples renseignements les rapports d'un officier de paix; et il ne saurait en résulter aucun moyen de nullité contre sa décision, alors surtout qu'en dehors de ces rapports le juge a trouvé les éléments de ses opinions dans les autres documents du procès, et spécialement dans la correspondance et les aveux des prévenus, ainsi que dans les dépositions des témoins (Crim. rej. 18 déc. 1862, aff. Miot et autres, D. P. 68. 5. 333). De même, le juge de police peut légalement prononcer une condamnation sur le vu d'un procès-verbal rédigé d'après les déclarations d'un simple agent de police, si le prévenu ne nie pas la contravention et, par exemple, se borne à demander la mise en cause d'un tiers (Crim. rej. 7 déc. 1872, aff. Tarrieu, D.P. 72. 1. 427).

SECT. 4. — PROCÈS-VERBAUX DES GARDES CHAMPÊTRES.
(*Rép.* nᵒˢ 244 à 281.)

73. Les gardes champêtres ont pour mission principale de rechercher les délits ruraux. Des lois spéciales les ont également investis du droit de constater certaines autres infractions (V. *Rép.* nᵒˢ 244 à 247. V. aussi *suprà*, vᵒ *Garde champêtre*, nᵒˢ 22 et suiv.; *Rép.* eod. vᵒ, nᵒˢ 22 et suiv.; *Rép.*, vᵒ *Instruction criminelle*, nᵒˢ 290 et suiv.; et *suprà*, vᵒ *Procédure criminelle*, nᵒˢ 427 et suiv.).

74. La compétence des gardes champêtres est limitée à la commune pour laquelle ils ont été assermentés. Mais, aux termes d'un arrêt, les renseignements recueillis par un garde champêtre dans une commune voisine de celle à laquelle il appartient ne font pas disparaître sa compétence relativement aux contraventions constatées sur le territoire même de sa commune (Crim. rej. 25 févr. 1887, aff. Femmes Mignon et Germain, D. P. 88. 5. 396).

75. Leur compétence est, d'autre part, restreinte aux infractions qui leur sont assignées. En toutes autres matières, leurs procès-verbaux ne font pas foi jusqu'à preuve contraire, mais ne valent plus qu'à titre de renseignements ou dénonciations. On a cité ce sens, au *Rép.*, nᵒ 250, plusieurs décisions d'espèces. Il y faut joindre un certain nombre d'arrêts postérieurs, qu'il est utile de rapporter comme applications du principe, mais dont les solutions ne seraient plus indistinctement les mêmes depuis que l'art. 20 de la loi du 24 juill. 1867, sur les conseils municipaux (D. P. 67. 4. 89), reproduit par la loi du 15 avr. 1884, sur l'organisation municipale (art. 102, § dernier) (D. P. 84. 4. 55), a étendu les attributions de ces agents, chargés désormais « de rechercher, chacun dans le territoire pour lequel il est assermenté, les contraventions aux règlements et arrêtés de police municipale ». D'après cette nouvelle législation, les procès-verbaux des gardes champêtres, établis pour constater des contraventions aux règlements de police municipale, font foi jusqu'à preuve contraire (V. *suprà*, vᵒ *Garde champêtre*, nᵒˢ 25 et suiv.). C'est sous le bénéfice de cette observation qu'on doit recueillir les décisions suivantes, antérieures à 1867, aux termes desquelles : 1ᵒ les gardes champêtres n'ayant pas qualité pour constater jusqu'à preuve contraire les contraventions de police urbaine, les procès-verbaux qu'ils dressent en cette matière ne peuvent lier le juge quant à la constatation du fait dénoncé (Crim. rej. 6 mai 1858, aff. Malfroy, D. P. 58. 5. 294); — 2ᵒ Dès lors, le refus de décider d'après les constatations de ces procès-verbaux ne peut donner lieu à cassation (Crim. rej. 21 juin 1855, aff. Colin et autres, D. P. 55. 5. 361); — 3ᵒ Spécialement, les gardes champêtres n'ont pas qualité pour verbaliser en matière de police des débits de boissons (Crim. rej. 17 févr. 1859, aff. Crochetet

et autres, D. P. 59. 1. 384); — 4ᵒ Il en est ainsi alors même que lesdits règlements leur donneraient mission de faire cette constatation; dès lors, c'est à tort que le ministère public déférerait à la cour de cassation un jugement refusant de réprimer, comme non suffisamment établie, une contravention à la police des cabarets dénoncée seulement par un garde champêtre, si aucune preuve supplétive n'a été proposée (Crim. rej. 13 juin 1865, aff. Lacoste et autres, D. P. 65. 1. 454). A l'inverse des précédents, l'arrêt de la chambre criminelle du 3 juill. 1874, aff. Lagoguey, D. P. 75. 5. 360, doit être retenu comme conforme à la législation actuelle. Cet arrêt porte que le procès-verbal d'un garde champêtre, constatant l'embarras de la voie publique, n'a que le caractère d'un simple renseignement et ne fait pas foi jusqu'à preuve contraire; attendu que, s'agissant dans la cause d'une contravention de police urbaine, prévue et punie par l'art. 471, § 4, c. pén., l'embarras de la voie publique, et non d'une infraction à un arrêté de police municipale de la nature de celles que la loi du 24 juill. 1867 (art. 20) charge les gardes champêtres de constater dans leurs territoires respectifs, le procès-verbal dressé par le garde champêtre n'avait que le caractère d'un simple renseignement, et ne faisait pas foi jusqu'à preuve contraire.

76. — 1ᵒ *Foi due à l'acte.* — Les procès-verbaux des gardes champêtres, rédigés dans la sphère de leurs attributions, font foi jusqu'à preuve contraire (V. *Rép.* nᵒˢ 253 à 255). Mais, conformément aux principes généraux, le procès-verbal d'un garde champêtre qui constate une contravention, non d'après ce qu'il a vu personnellement, mais d'après la déclaration d'un tiers, cesse de faire foi jusqu'à preuve contraire (Crim. rej. 15 mars 1878, aff. Cointepas et autres, D. 79. 5. 336).

77. — 2ᵒ *Formes des procès-verbaux.* — Les procès-verbaux des gardes champêtres ne sont pas soumis à des formes particulières. Ils doivent, du moins, relater toutes les circonstances du délit qu'il importe au juge de connaître; mais l'oubli de l'une ou de plusieurs de ces circonstances n'a point, par lui-même, pour effet d'annuler l'acte, qui fait foi pour les énonciations qu'il contient. Aux décisions relatives à ce point, énumérées au *Rép.*, nᵒˢ 257 et 258, il faut joindre un arrêt aux termes duquel le procès-verbal d'un garde champêtre n'est pas nul parce qu'il n'indique pas le temps et le lieu où la contravention a été commise, alors, d'ailleurs, que les éléments réellement constitutifs de cette contravention y sont suffisamment indiqués (Crim. cass. 24 janv. 1861, aff. Ball, D.P. 61. 1. 405).

78. La rédaction du procès-verbal doit avoir lieu le plus rapidement possible après la constatation de l'infraction, dans l'intérêt même de la preuve, et pour permettre une poursuite prompte et efficace. Mais aucun délai n'est imparti à l'agent, à peine de nullité, ainsi que la jurisprudence l'a proclamé dans les arrêts suivants, aux termes desquels : 1ᵒ le procès-verbal ou rapport d'un garde champêtre, dressé plus de vingt-quatre heures après la reconnaissance de la contravention, ne peut pour ce fait être déclaré nul; le retard peut seulement engager la responsabilité du garde quant à la réparation du dommage (Crim. cass. 27 avr. 1860, aff. Alberti, D. P. 60. 5. 303); — 2ᵒ Aucune loi n'exige, à peine de nullité, que les procès-verbaux des gardes champêtres soient dressés dans les vingt-quatre heures du dommage qu'ils ont constaté (Crim. rej. 25 févr. 1887, aff. Femmes Mignon et Germain, D. P. 88. 5. 398); — 3ᵒ Il en est de même du procès-verbal rédigé, en matière de délit rural, sept jours après la constatation de l'infraction, un tel retard n'ayant pour effet, d'après le code rural de 1791, que d'entraîner la responsabilité du garde champêtre quant à la réparation du dommage (Crim. cass. 20 juin 1861, aff. Greffier dit Garon, D. P. 61. 5. 390. V. toutefois en sens contraire : Faustin Hélie, *Instruction criminelle*, t. 4, p. 475 et 476; Trébutien, *Cours élémentaire de droit criminel*, t. 2, p. 180); — 4ᵒ La rédaction des procès-verbaux des gardes champêtres n'est assujettie à aucun délai de rigueur; c'est à tort déclaré nul le procès-verbal rédigé par un garde champêtre dix-neuf jours après la reconnaissance du fait (Crim. cass. 17 mai 1861, aff. Galinier, D. P. 61. 1. 240).

79. Ainsi qu'on l'a vu au *Rép.*, nᵒ 259, les procès-verbaux des gardes champêtres, à la différence de ceux des

gardes forestiers, ne sont pas, à peine de nullité, soumis à la formalité de l'enregistrement dans les quatre jours.

80. — 3° *Écriture, signature, affirmation.* — A. *Écriture.* — La loi n'exige pas des gardes champêtres qu'ils écrivent eux-mêmes leurs procès-verbaux. Ils ne doivent toutefois les faire écrire, s'ils ne le font eux-mêmes, que par des fonctionnaires limitativement désignés par la loi, et qui sont : les juges de paix, leurs suppléants; les greffiers des juges de paix; les commissaires de police; les maires et les adjoints. Ils ne peuvent, à peine de nullité, faire rédiger leurs procès-verbaux par l'instituteur communal, lequel n'a, pour cet office, aucun caractère reconnu par la loi (Crim. cass. 24 janv. 1861, aff. Ball, D. P. 61. 1. 405). — Contrairement à cette solution, il a été jugé que, dans le cas même où le procès-verbal a été écrit par un individu sans qualité, il n'est pas susceptible d'annulation, s'il énonce, d'autre part, qu'il n'a été affirmé qu'après lecture préalable au garde de son contenu, par le magistrat qui en a reçu l'affirmation (Crim. cass. 9 mars 1866, aff. Antoniolli et autres, D. P. 66. 1. 285; Crim. rej. 25 févr. 1887, aff. Mignon et Germain, D. P. 88. 5. 396). Le second de ces arrêts étend aux gardes champêtres la règle écrite en l'art. 165 c. for. et relative aux gardes forestiers. Aux termes du premier arrêt (Crim. cass. 9 mars 1866), le procès-verbal d'un garde champêtre ne peut être annulé, à raison de ce que l'écriture n'est pas de sa main, qu'autant qu'il est établi qu'elle n'est pas non plus de la main de l'un des magistrats ou fonctionnaires autorisés à recevoir les déclarations des gardes qui ne rédigent pas leurs procès-verbaux (Conf. Crim. cass. 22 janv. 1887, aff. Perfetti, D. P. 87. 1. 365). Et le jugement qui énonce qu'un procès-verbal n'est pas écrit par le garde verbalisant, alors que le nom de ce garde se trouve écrit au bas du procès-verbal, doit faire connaître les motifs qui ont déterminé, à cet égard, la conviction du juge (Même arrêt du 22 janv. 1887).

81. — B. *Signature.* — V. *Rép.* n°s 266 et 267.

82. — C. *Affirmation.* — La loi désigne, pour recevoir l'affirmation que les gardes champêtres doivent faire de leurs procès-verbaux, les juges de paix et leurs suppléants, et, en cas d'empêchement de ceux-ci, les maires, que remplacent, à leur défaut, leurs adjoints (*Rép.* n°s 268 et suiv.). Sur ce point encore, la jurisprudence a étendu aux procès-verbaux des gardes champêtres l'application des règles moins rigoureuses édictées par les procès-verbaux des gardes forestiers : en matière forestière, les procès-verbaux peuvent être indifféremment affirmés devant les juges de paix ou leurs suppléants, les maires et leurs adjoints, sans qu'il soit nécessaire, quand l'affirmation est reçue par un maire, d'énoncer l'absence ou l'empêchement du juge de paix ou de ses suppléants (c. for. art. 165) (Crim. cass. 22 janv. 1887, aff. Perfetti, D. P. 87. 1. 365). — En ce qui concerne les procès-verbaux des gardes champêtres, il a été jugé que, lorsqu'un maire reçoit l'affirmation d'un procès-verbal dressé par un garde champêtre, même dans une commune habitée par le juge de paix ou ses suppléants, l'absence de ces magistrats est réputée de droit exister, sans qu'il soit indispensable de la constater (Crim. cass. 9 mars 1866, aff. Antoniolli et autres, D. P. 66. 1. 285; 22 janv. 1887, aff. Perfetti, D. P. 87. 1. 365). Et même, aux termes de l'arrêt du 9 mars 1866, l'affirmation du procès-verbal d'un garde champêtre est valablement reçue par le maire, s'il s'agit de contraventions commises dans sa commune, non seulement lorsque le juge de paix et ses suppléants n'y ont pas leur résidence, mais même lorsqu'ils s'y sont établis, l'art. 165 c. for. ayant fait cesser l'obligation pour le maire de ne recevoir l'affirmation dans ce dernier cas qu'autant que ces magistrats se trouveraient empêchés. Mais il est bien certain qu'un commissaire de police n'a pas qualité pour recevoir l'affirmation du procès-verbal dressé par un garde champêtre ; cette affirmation ne peut avoir lieu, à peine de nullité, que soit devant le juge de paix ou son suppléant, soit devant le maire ou son adjoint (Crim. cass. 10 févr. 1862, aff. Terrier, D. P. 62. 1. 230). D'ailleurs, le procès-verbal rédigé par un commissaire de police sur la déclaration d'un garde champêtre, suivie de l'affirmation du même garde devant cet officier de police, et de sa signature, doit être considéré comme étant l'acte du commissaire de police lui-même, lorsque ce fonctionnaire a confirmé, par une constatation

personnelle, l'exactitude de la déclaration du garde champêtre ; dès lors, il importe peu que la régularité de l'affirmation puisse être contestée, le procès-verbal n'étant pas soumis à cette formalité en tant qu'il émane du commissaire de police (Crim. cass. 12 mai 1864, aff. Cochin, D. P. 64. 5. 300).

83. L'affirmation doit émaner de l'agent qui a rédigé ou dicté le procès-verbal. En conséquence : 1° l'acte est nul si l'accomplissement de cette formalité n'est constaté en ces termes : « affirmé par nous, maire, etc... » (Crim. cass. 9 mars 1866, aff. Antoniolli et autres, D. P. 66. 1. 285; Crim. rej. 17 avr. 1890, aff. Rasse, D. P. 90. 1. 491) ; — 2° La mention *vu et approuvé*, apposée par le maire au bas du procès-verbal d'un garde champêtre, n'implique nullement que la formalité substantielle de l'affirmation ait été remplie. Par suite, un tel procès-verbal manquant de force probante, le juge de police a pu, sans recourir à la preuve contraire, apprécier les faits dénoncés autrement que le procès-verbal et faire dégénérer, par exemple, en un seul fait de passage, à travers la propriété d'autrui, de bestiaux conduits par leur gardien, l'imputation de dégâts sur cette propriété par les mêmes bestiaux laissés à l'abandon (Crim. rej. 24 févr. 1865, aff. Tavera et autres, D. P. 65. 1. 401) ; — 3° La mention : *certifié conforme au registre*, apposée par le maire au bas du procès-verbal d'un garde champêtre, ne peut suppléer à l'affirmation de l'agent rédacteur de ce procès-verbal, qui, dès lors, n'en reste pas moins dépourvu de toute force probante (Crim. rej. 20 mars 1874, aff. Orsini et Pizzini, D. P. 75. 1. 400).

84. Il a été jugé que la lecture préalable du procès-verbal à l'agent, qui affirme la sincérité et l'exactitude de son contenu, n'est exigée qu'à l'égard des gardes forestiers et dans le cas où ils se sont bornés à signer ; elle n'est pas prescrite pour l'affirmation du procès-verbal d'un garde champêtre (Crim. cass. 24 janv. 1861, aff. Ball, D. P. 61. 1. 405).

85. On a indiqué au *Rép.*, n° 274, en quel sens doit s'interpréter la prescription légale qui veut que l'affirmation soit faite dans le plus bref délai (L. 6 oct. 1791, tit. 1, sect. 7, art. 6). C'est un délai de vingt-quatre heures, calculé *de horâ ad horam*, à partir de la clôture du procès-verbal. Ainsi décidé par un arrêt aux termes duquel le délai de vingt-quatre heures fixé pour l'affirmation ne court que du moment où sont terminées toutes les opérations nécessaires pour la constatation du délit, c'est-à-dire du moment de la clôture et de la signature du procès-verbal (L. 28 sept.-6 oct. 1791, art. 7, tit. 4 ; Crim. rej. 25 févr. 1887, aff. Mignon et Germain, D. P. 88. 5. 396). — Il a été jugé qu'en matière de chasse, le procès-verbal que l'agent rédacteur a affirmé en dehors des vingt-quatre heures du délit est nul, alors même que la clôture de ce procès-verbal a été retardée pour cause de renseignements, si le garde n'y constate aucun cas de force majeure qui l'ait empêché de le compléter et de l'affirmer dans le délai légal ; et, en pareil cas, la déclaration du juge, que le délit poursuivi n'est pas établi par les dépositions des témoins entendus, échappe à la censure de la cour de cassation comme constituant une appréciation de fait souveraine (Crim. rej. 28 août 1868, aff. Forêts et autres, D. P. 68. 1. 510). — Mais si le maire, requis par un garde champêtre de recevoir l'affirmation de son procès-verbal, refuse de faire droit à cette requête, en alléguant notamment que les faits relatés dans l'acte ne constituent pas une infraction, ce refus doit être considéré comme un cas de force majeure, qui fait courir un nouveau délai pour l'affirmation. L'affirmation ne doit pas, en ce cas, avoir lieu devant l'adjoint, comme s'il y avait empêchement du maire, mais bien devant le juge de paix du canton (Crim. cass. 29 févr. 1884, aff. Chenouard, D. P. 84. 1. 358).

86. Le défaut d'affirmation dans les formes légales et devant le fonctionnaire compétent a pour conséquence la nullité du procès-verbal comme tel. Jugé, en ce sens, que le procès-verbal du garde champêtre, étant soumis à l'affirmation, dans le cas où cette formalité n'a pas été remplie, ne peut être considéré que comme un renseignement susceptible d'être combattu par la simple allégation du prévenu (Crim. rej. 8 févr. 1878, aff. Martin, Célestin et autres, D. P. 79. 1. 139. — V. *Rép.* n° 278). — La nullité d'un procès-

verbal qui ne contient pas l'affirmation exigée par la loi est d'ordre public et peut, en conséquence, être proposée en tout état de cause, même pour la première fois devant la cour de cassation. Jugé que, si la partie poursuivante peut, pour établir le délit (dans l'espèce un délit de chasse), suppléer à la preuve écrite par la preuve testimoniale et faire entendre comme témoins le garde dont le procès-verbal est irrégulier, l'arrêt qui déclare le prévenu coupable de délit manque de base légale, lorsqu'il s'appuie non seulement sur la déposition du garde, mais sur le procès-verbal vicié de nullité et qu'il considérait comme valable, et que, par conséquent, ce procès-verbal a pu exercer une influence sur la détermination du juge (Crim. rej. 17 avr. 1890, aff. Rasse, D. P. 90. 1. 491).

87. — 4° *Remise des procès-verbaux.* — V. *Rép.*, n° 280.

88. — 5° *Gardes champêtres particuliers.* — Ils ont les mêmes attributions et sont assujettis aux mêmes obligations que les gardes des communes. — V. *Rép.*, n°⁵ 281; *suprà*, v° *Garde champêtre*, n°⁵ 42 et suiv. et *Rép.*, eod. v°, n°⁵ 37 et suiv.

SECT. 5. — PROCÈS-VERBAUX DES GENDARMES
(*Rép.* n°⁵ 282 à 298).

89. La présente section traite uniquement des procès-verbaux des gendarmes, mais les règles que nous aurons à retracer relativement à cet objet sont applicables aux officiers de gendarmerie aussi bien qu'aux simples gendarmes (*Rép.* n° 282).

90. La compétence territoriale des gendarmes est générale. Dans l'exercice de leurs fonctions, ils peuvent dresser procès-verbal dans toute l'étendue du territoire de la République (V. *Rép.* n° 283).

91. La question de savoir quelle est la force probante des procès-verbaux des gendarmes a été, à l'origine, diversement résolue par la jurisprudence. L'art. 498 du décret du 1er mars 1854 (D. P. 54. 4. 40) porte expressément que ces actes font foi jusqu'à preuve contraire; il n'y a donc pas lieu de recourir à l'inscription de faux pour en contredire la teneur. C'est ce qu'ont reconnu deux arrêts aux termes desquels : 1° le procès-verbal d'un gendarme ne faisant foi que jusqu'à preuve contraire, l'inscription de faux est pour le combattre une voie inutile, et partant non recevable. En conséquence, c'est à tort que le tribunal de police, appelé à connaître d'un tel procès-verbal, s'arrête à la déclaration du prévenu qu'il s'inscrit en faux, et renvoie, sous prétexte d'incompétence, les parties à se pourvoir devant qui de droit (Crim. cass. 18 juill. 1861, aff. Châtel, D. P. 61. 1. 353); — 2° Est nul le jugement du tribunal de simple police qui refuse d'admettre la preuve contraire contre un procès-verbal des gendarmes constatant une contravention de stationnement sur la voie publique de voitures non éclairées pendant la nuit (Crim. cass. 20 août 1875, aff. Arnaud et Jaume, D. P. 76. 1. 144).

92. Les infractions pour lesquelles la loi a confié à la gendarmerie le droit de rédiger des procès-verbaux faisant foi jusqu'à preuve contraire, sont énumérées au *Rép.*, n°⁵ 286 et suiv. V. aussi *suprà* v° *Chasse*, n° 1153; *Rép.* eod. v°, n° 368, *suprà* v° *Gendarmerie*, n°⁵ 14 et suiv., *Rép.* eod. v°, n° 23 à 35; *Rép.* v° *Instruction criminelle*, n° 262-21°; *suprà* v° *Pêche fluviale*, *Rép.* eod. v°, n° 176; *suprà* v° *Postes*, *Rép.* eod. v°, n° 62; *suprà* v° *Procédure criminelle*, n° 401; *infrà* v° *Voitures publiques*, *Rép.* eod. v°, n° 214.

93. On a exposé au *Rép.*, n° 291 et suiv., la controverse qui s'est élevée sur la compétence des gendarmes à l'effet de dresser des procès-verbaux faisant foi en justice, en matière de contraventions de simple police. Déjà, à cette époque, leur droit semblait reconnu par la jurisprudence. Cette solution ne saurait plus faire doute. Il a été jugé, en ce sens, que, la gendarmerie ayant mission de dresser des procès-verbaux des contraventions qu'elle découvre et qui portent atteinte à l'ordre public, et étant d'ailleurs spécialement investie de fonctions de surveillance sur les cabarets et autres lieux publics, a qualité pour constater, jusqu'à preuve contraire, les contraventions aux règlements sur la police des débits de boissons (Crim. cass. 10 juill. 1865, aff. Salducci, D. P. 66.5.381). — Toutefois, il est encore affirmé, dans les motifs d'un arrêt de la même année, que le procès-

verbal de gendarmes, constatant un fait de dégâts causés sur une propriété d'autrui par des bestiaux laissés à l'abandon, ne fait pas foi en justice jusqu'à preuve contraire (Crim. cass. 24 févr. 1865, aff. Ciamborrani, D. P. 65. 1. 402). Mais il ne faudrait pas interpréter comme une nouvelle dérogation de la cour suprême à sa jurisprudence en cette matière, l'arrêt de cassation du 2 janv. 1869 (aff. Cavet, D. P. 69. 5. 317), aux termes duquel l'individu trouvé en état d'ivresse sur la voie publique par le gendarmerie a pu, sans preuve contraire, être relaxé d'une poursuite pour tapage injurieux résultant de ce que, sous l'influence de la boisson, il aurait troublé l'ordre en frappant ou injuriant des membres de sa famille, si les rédacteurs du procès-verbal n'ont pu constater ces faits par eux-mêmes, et ont seulement vu le prévenu suivre lesdites personnes, qui s'étaient réfugiées dans une maison voisine, ce qui avait attiré la curiosité d'une grande partie des habitants du quartier. Cette solution, tout au contraire, confirme la théorie à laquelle nous nous sommes ralliés, et se fonde exclusivement sur la distinction qu'on a pris soin d'établir entre les constatations faites personnellement par le rédacteur du procès-verbal, qui sont revêtues de la force probante attachée à ses actes réguliers, et les inductions ou les appréciations auxquelles se livre l'agent, lesquelles n'ont d'autre valeur que celle que le juge, d'après les éléments de la cause, croit devoir leur attribuer (V. *suprà*, n° 53).

Conformément à la règle générale exposée *suprà*, n° 52, il a été jugé que les procès-verbaux de gendarmerie ne faisant foi en justice que des faits qui ont été constatés personnellement par les agents rédacteurs, le jugement de simple police qui condamne un prévenu, malgré ses dénégations, manque de base légale, alors que la condamnation repose exclusivement sur un procès-verbal qui ne relate que des déclarations du plaignant ou de témoins (c. instr. crim. art. 154) (Crim. cass. 20 janv. 1893, aff. Lucas, D. P. 90.1.55).

94. Les procès-verbaux des gendarmes ne sont assujettis à aucunes formalités particulières, sous réserve, toutefois, des lois spéciales qui dérogeraient expressément à cette règle pour certaines matières. Ils échappent notamment à la nécessité de l'affirmation. Le décret des 17-23 juill. 1856 (D. P. 56. 4. 117) les en exempte formellement (V. conf. Cons. d'Et. 8 août 1882, aff. De Bourdonnet, D. P. 84. 3. 19. V. aussi *suprà* v° *Gendarme*, n°⁵ 20 et suiv.).

95. Des instructions ont été données à la gendarmerie, aux termes desquelles les gendarmes doivent, dans la rédaction de leurs procès-verbaux, s'abstenir de toute appréciation sur la conséquence des faits qu'ils sont appelés à constater. Elles disposent, d'autre part, que le peu d'importance que l'affaire lui paraîtrait avoir ne saurait justifier le fait d'un agent de n'avoir pas transmis son procès-verbal dans les délais prescrits par les règlements (Circ. min. de la guerre, 15 sept. 1862, D. P. 62. 3. 72).

SECT. 6. — DES PROCÈS-VERBAUX EN MATIÈRE DE DOUANES. — GÉNÉRALITÉS. — DIFFÉRENTES ESPÈCES DE PROCÈS-VERBAUX. — VISITES DOMICILIAIRES (*Rép.* n°⁵ 299 à 305).

96. En matière de douanes, le procès-verbal sert de base à la poursuite, si bien que, dans la plupart des cas, la nullité de l'acte rend toute peine inapplicable, et ne laisse subsister que la possibilité de la confiscation des objets saisis (V. au surplus *suprà*, v° *Douanes*, n°⁵ 620 et suiv.; *Rép.* eod. v°, n° 159; *suprà*, v° *Peine*, *Rép.* eod. v°, n° 838).

97. Les procès-verbaux relatifs à la matière des douanes font, en général, foi jusqu'à inscription de faux. Mais il n'en est pas ainsi des procès-verbaux rédigés ensuite des recherches faites, dans l'intérieur, des marchandises soustraites aux douanes (V. *Rép.* n°⁵ 301-302. V. aussi *suprà*, v° *Douanes*, n°⁵ 613 et suiv.; *Rép.*, eod. v°, n°⁵ 875 et suiv.).

98. — *Visites domiciliaires.* — Les agents des douanes sont autorisés à pratiquer des visites domiciliaires, en vue de réprimer des délits commis de contrebande. Elles ne s'effectuent régulièrement que moyennant l'assistance de certains fonctionnaires, et l'observation de formes déterminées par les lois spéciales (V. *Rép.* n°⁵ 303 à 305. — V. en outre, *suprà*, v° *Douanes*, n°⁵ 567 et suiv.; *Rép.*, eod. v°, n°⁵ 825 et suiv.).

ART. 1er. — *Des procès-verbaux en matière ordinaire de doua-nes, c'est-à-dire en matière de contraventions autres que celles prévues par les art. 59 et suiv. de la loi du 28 avr. 1816. — Copie et affiche. — Saisie dans une maison; saisie sur des navires pontés. — Enregistrement. — Visa. — Affirmation. — Foi due. — Inscription de faux* (Rép. nos 306 à 373).

99. Dans des cas exceptionnels, les soldats de la ligne, et même de simples particuliers ont qualité pour rechercher et constater les délits de contrebande. Mais les agents des douanes sont les rédacteurs habituels des procès-verbaux. La validité de ces actes est, en tout cas, subordonnée à l'observation des mêmes formalités que lorsqu'ils émanent des douaniers, et ce n'est qu'à l'administration des Douanes qu'appartient la poursuite en justice des délinquants, en certains cas et dans certaines limites (*Rép.* no 306. V. aussi *suprà*, vo *Douanes*, nos 51 et suiv., 603 et suiv.; *Rép.*, eod. vo, nos 57 à 60; 860 et suiv.).

100. On a énoncé au *Rép.*, no 307, que les prescriptions de la loi du 9 flor. an 7, tit. 4, art. 1 à 10, relatives aux formes spéciales des procès-verbaux en matière ordinaire de douanes, doivent être observées à peine de nullité de ces actes.

101. Aux termes de l'art. 1 de cette loi, il faut que les constatations émanent de deux personnes. Mais, en même temps, cette condition est suffisante, alors même qu'un plus grand nombre de personnes auraient participé à la saisie (V. *Rép.*, nos 308 à 312).

102. D'après l'art. 2 de la même loi, les objets saisis doivent être conduits en un bureau de douanes, et les agents doivent y rédiger de suite (c'est-à-dire, d'après l'interprétation que la jurisprudence a fournie à ce texte, sans procéder à d'autres opérations) leur procès-verbal (V. *Rép.*, nos 312 à 319).

103. — 1o *Énonciations que les procès-verbaux doivent contenir.* — Elles sont énumérées en l'art. 3 de la loi du 9 flor. an 7. Il convient de renouveler ici l'observation déjà formulée au *Rép.*, no 319, que l'indication du tribunal qui a reçu le serment des rédacteurs du procès-verbal n'est pas exigée à peine de nullité. Sous le bénéfice de cette réserve, l'omission de l'une des mentions que doit porter l'acte rend nul ce procès-verbal.

104. En ce qui concerne la mention de l'heure et du lieu de la clôture du procès-verbal (*Rép.*, no 325), il a été jugé qu'un procès-verbal, constatant la saisie de marchandises chargées sur un navire en contravention aux lois des douanes, forme, quand il est dressé en plusieurs séances, un acte unique et indivisible; qu'en conséquence, il suffit qu'il renferme l'indication du lieu où il a été terminé, clos et signé, sans qu'il soit nécessaire qu'il désigne, en outre, le lieu de la rédaction et de la clôture de chacun des contextes (Req. 14 août 1852, aff. Baas, D. P. 52. 1. 238).

105. — 2o *Foi due aux procès-verbaux.* — Conformément à la règle générale en matière de procès-verbaux (V. *suprà*, no 52), ce sont les constatations matérielles faites par les préposés des douanes eux-mêmes qui seules sont prouvées jusqu'à inscription de faux par leurs procès-verbaux régulièrement établis. (V. sur ce point, *Rép.* nos 356 à 358. V. aussi *suprà*, vo *Douanes*, nos 613 et suiv.; *Rép.* eod. vo, nos 875 et suiv.). On a pu décider, sans s'écarter de ce principe, qu'en l'absence d'inscription de faux, aucune preuve, aucune vérification ne peuvent être admises contre le contenu des procès-verbaux des préposés des douanes, aussi bien sous le rapport du fait matériel de l'identité des prévenus, expressément constatée, que sous le rapport de l'existence de la contravention (Crim. cass. 3 mars 1888, aff. Broutin, D. P. 89. 1. 45. V. Conf. *Rép.* no 359 à 367).

106. — 3o *Inscription de faux contre les procès-verbaux en matière de douanes.* — V. *Rép.* no 373. V. aussi *suprà*, vo *Faux incident*, nos 123 à 127; *Rép.* eod. vo, nos 273 à 297.

ART. 2. — *Des procès-verbaux de saisie des cotons filés et des tissus de fabrique étrangère prohibés* (Rép. nos 374 à 381).

107. On a exposé au *Rép.*, nos 374 à 381, les règles qui se rapportent à la saisie des cotons filés et des tissus de fabrique étrangère prohibés, et qui découlent des art. 59 et suiv. de la loi du 28 avr. 1816. V. aussi *suprà*, vo *Douanes*, no 555; *Rép.* eod. vo, nos 787 à 800.

SECT. 7. — DES PROCÈS-VERBAUX EN MATIÈRE DE CONTRIBUTIONS INDIRECTES (*Rép.* no 382).

ART. 1er. — *Des procès-verbaux en général et des personnes qui peuvent les dresser* (Rép. nos 383 à 394).

108. Comme on l'a vu au *Rép.*, nos 384 et suiv., plusieurs agents sont, aux termes des art. 169 et 223 de la loi du 28 avr. 1816, associés, pour la recherche des infractions aux lois touchant les contributions indirectes, aux préposés de l'Administration. Ces agents sont: les douaniers, les gendarmes, les gardes champêtres, les gardes forestiers, les employés assermentés pour constater la fraude et la contrebande sur les cartes à jouer, les tabacs, les employés des octrois et des bureaux de garantie des ouvrages d'or et d'argent.

109. On a fait observer au *Rép.*, no 387, que les agents des contributions indirectes, contrairement à la règle générale, ont qualité pour rédiger leurs procès-verbaux en dehors du territoire qui leur est assigné dans l'acte de leur nomination ou de leur prestation de serment.

110. Sur les visites que les agents de la Régie peuvent effectuer et les règles auxquelles ils doivent se conformer de ce chef, V. *Rép.*, vo *Impôts indirects*, nos 416 et suiv.; *infrà*, vo *Vins et boissons*. Nous signalerons seulement un arrêt qui se rapporte à la fois à la question de la validité des procès-verbaux de visite et à la force probante des actes des préposés des contributions indirectes. Aux termes de cet arrêt, les énonciations d'un procès-verbal constatant, en matière de contributions indirectes, que les agents ont dû, par suite de l'absence du maire et de l'adjoint, se faire assister d'un conseiller municipal dans une perquisition par eux opérée, ne peuvent être détruites que par une inscription de faux; en conséquence, le juge ne peut annuler ce procès-verbal sous prétexte que l'absence des chefs de la municipalité ne serait pas suffisamment constatée (Crim. cass. 10 juill. 1885, aff. Renou, D. P. 86. 1. 275).

ART. 2. — *Foi due aux procès-verbaux dressés par les préposés des contributions indirectes* (Rép. nos 395 à 419).

111. Les diverses lois qui déterminent la force probante attachée aux procès-verbaux des préposés des contributions indirectes sont énoncées au *Rép.* no 395. Les procès-verbaux réguliers des agents font foi jusqu'à inscription de faux. Et il en est de même des actes inscrits aux registres portatifs. Il a été jugé, de ce chef, que les actes inscrits aux registres portatifs des employés des contributions indirectes prouvant les faits énoncés jusqu'à inscription de faux (L. 28 avr. 1816, art. 242), c'est méconnaître la foi due à ces registres que d'écarter des résultats qui y sont établis, sous prétexte que le recensement qu'ils constatent n'aurait été que purement fictif (Civ. cass. 9 mars 1852, aff. Branger, D. P. 52. 1. 84).

112. En matière de contributions indirectes, il est dérogé au principe énoncé *suprà*, no 7, en vertu duquel la nullité des procès-verbaux ne s'oppose pas à la poursuite des infractions qu'ils constatent, et qui peuvent être établies par la preuve testimoniale. La nullité de l'acte des agents de la Régie fait obstacle à la condamnation des prévenus à l'amende; il ne peut plus y avoir lieu qu'à la confiscation des objets saisis (V. *Rép.* no 396 à 398. V. aussi *infrà*, vo *Vins et boissons*).

113. Les procès-verbaux des employés de l'administration des Contributions indirectes sont soumis aux principes généraux qui régissent les actes faisant foi jusqu'à inscription de faux. La jurisprudence en fournit des applications nombreuses. Elles sont, pour la plupart, citées au *Rép.* nos 399 et suiv. Jugé encore, sur ce point, que les procès-verbaux de la Régie, ne faisant foi jusqu'à inscription de faux que des faits matériels qu'ils constatent, les simples appréciations des agents sont susceptibles d'être combattues par la preuve contraire. Spécialement, l'affirmation, dans

un procès-verbal des préposés de l'octroi, que du bois introduit sans le payement des droits est du bois de chauffage, et non de construction, constitue une simple appréciation, dont le bien fondé peut être l'objet d'une expertise (Crim. rej. 24 avr. 1880, aff. Commune et octroi de Fougères, D. P. 80. 1. 360).

114. Le procès-verbal des agents de la Régie, en tant qu'il constaterait un fait étranger à la perception des contributions indirectes, et notamment des injures, outrages, acte de rébellion, pourvu qu'ils ne fussent pas constitutifs de délits spéciaux dans la matière, n'en fait pas la preuve jusqu'à inscription de faux (V. *Rép.* n° 407 et suiv.).

115. Dès qu'un procès-verbal régulier des employés de la Régie établit le fait matériel d'où résulte l'infraction poursuivie, le juge doit condamner, sans s'arrêter au moyen tiré de la bonne foi du délinquant. Néanmoins les erreurs manifestes de date, de compte, de calcul, ne lient pas le tribunal, qui doit établir les énonciations exactes et se fonder sur les faits rectifiés (V. *Rép.* n°s 412 à 415).

116. Conformément aux principes généraux relatifs aux aveux contenus dans les procès-verbaux, il a été jugé que les procès-verbaux de la Régie ne font foi des aveux et déclarations qui y sont rapportés qu'en ce qui touche leur réalité, et non en ce qui concerne leur exactitude. En conséquence, la déclaration, par le conducteur d'une voiture de bois appartenant à un tiers, que son chargement consiste en vieux matériaux destinés à faire du bois de chauffage, ne constitue pas un aveu excluant, à défaut d'inscription de faux contre le procès-verbal qui la constate, toute vérification ultérieure (Crim. rej. 24 avr. 1880, cité *suprà*, n° 113.) V. au surplus, *Rép.* n°s 417 à 419).

ART. 3. — *Formes des procès-verbaux ; nombre des préposés ; énonciations spéciales ; mesures qui se rattachent à la saisie ; lecture de l'acte et délivrance de la copie ; affiche ou notification ; affirmation. — Effets de la nullité des procès-verbaux* (*Rép.* n° 420 à 487).

117. Les formalités à observer dans l'établissement des procès-verbaux, en matière de contributions indirectes, sont énumérées dans les art. 21 à 25 du décret du 1er germ. an 13, et dans l'art. 68 de la loi du 28 avr. 1816. Elles sont prescrites à peine de nullité.

118. — 1° *Nombre des préposés* (*Rép.*; n°s 421 à 423). — Les procès-verbaux doivent être signés de deux agents, et les diverses formalités auxquelles ils sont assujettis doivent également être accomplis par deux agents compétents (L. 5 vent. an 12, art. 84; Décr. 1er germ. an 13, art. 2. — V. sur ce point, *Rép.* n°s 421 à 423).

119. Aux termes de l'art. 5 de la loi du 21 juin 1873 (D. P. 73. 4. 88), le procès-verbal constatant une contravention à la circulation des boissons ne fait foi que jusqu'à preuve contraire, lorsqu'il a été dressé par un seul agent des contributions indirectes. Il a été jugé, à ce sujet, que lorsque, des énonciations du procès-verbal il résulte qu'un seul agent était à la suite de la fraude, le juge peut à bon droit refuser de faire état de la visite opérée par cet agent accompagné d'un de ses collègues et du commissaire de police requis par lui pour une perquisition, alors surtout que le procès-verbal n'énonce pas que le premier agent ait vu décharger les fûts dont le transport a provoqué la poursuite, et qu'on ne peut invoquer, pour établir l'identité, non reconnue, de ces fûts, que des circonstances accessoires dont le caractère probant est démenti par le commissaire de police (Crim. rej. 24 janv. 1889, aff. Auger et autres, D. P. 90. 1. 142); mais c'est à tort que le juge s'est refusé à l'application de la peine lorsque le procès-verbal, non débattu par la preuve contraire, établit que le prévenu (débitant) n'a pu, sous prétexte qu'il avait été emporté par le voiturier, représenter le titre de mouvement afférent à un fût que l'agent affirme avoir vu décharger avec le concours du prévenu (Même arrêt. — V. au surplus, *infrà*, v° *Vins et boissons*).

120. — 2° *Énonciations spéciales.* — Sur les énonciations qui doivent figurer dans les procès-verbaux, et qui sont énumérées dans l'art. 21 du décret du 1er germ. an 13, V. *Rép.*, n°s 424 à 446.

121. — 3° *Mesures qui se rattachent à la saisie.* — V.

Rép. n°s 447 et suiv. V. aussi, *Rép.* v° *Impôts indirects*, n°s 507-508 ; *infrà*, v° *Vins et boissons.* — On a résumé au *Rép.*, n°s 447 et suiv., les principes généraux que la saisie, en tant qu'ils s'appliquent à la matière qui fait l'objet de la présente section, et rapporté les décisions de jurisprudence qui les consacrent. Il suffira de rappeler ici que la saisie est indispensable pour que la Régie puisse demander la confiscation ; que son absence n'enlève pas toujours, au contraire, à l'Administration le droit de poursuivre la condamnation du prévenu à l'amende. La saisie, au surplus, n'est pas nécessairement matérielle : elle peut n'être que déclarée et non exécutée. La saisie des moyens de transport doit être, à peine de nullité, sauf le cas de force majeure, accompagnée de l'offre de mainlevée, moyennant cautionnement ou consignation d'une somme équivalente, au maximum, à l'amende la plus forte qu'a encourue le contrevenant.

122. — 4° *Lecture, copie, affiche ou notification du procès-verbal, suivant qu'il y a présence ou absence du prévenu.* (V. *Rép.* n°s 457 à 471). — Les règles à suivre se résument ainsi : lecture doit être donnée et copie doit être laissée au prévenu du procès-verbal, quand le prévenu est présent, avant la clôture dudit procès-verbal. L'acte doit faire mention de l'accomplissement de ces formalités. Si ce prévenu est absent, ces deux formalités sont remplacées par l'affiche du procès-verbal, opérée dans les vingt-quatre heures qui suivent la clôture, — ou par une formalité plus efficace, adoptée par la pratique et consacrée par la jurisprudence, qui est, la notification à la personne ou au domicile du prévenu, — ou encore de préférence, par la délivrance de la copie, faite postérieurement à la clôture du procès-verbal, entre les mains du prévenu au lieu où il peut être trouvé. — Il a été jugé, à ce sujet, qu'aucune disposition de loi n'exige que la copie de l'acte d'affirmation soit jointe à la notification qui doit être faite au prévenu du procès-verbal dressé en matière de contributions indirectes (Crim. rej. 26 mars 1887, aff. Sorignet, D. P. 88. 1. 95). La notification de l'acte d'affirmation est, d'ailleurs, si peu dans l'esprit de la loi que, lorsque le prévenu est présent à la rédaction du procès-verbal, la copie du procès-verbal doit, comme on vient de le rappeler, lui être remise immédiatement, par conséquent avant l'affirmation.

123. La notification ou la remise de la copie, qui remplacent l'affiche du procès-verbal, doivent avoir lieu dans le même délai de vingt-quatre heures. Mais il a été jugé que l'erreur contenue dans la notification d'un procès-verbal dressé pour contravention aux lois sur les contributions indirectes, qui laisse incertaine l'heure à laquelle cette notification a été faite, n'entache pas de nullité le procès-verbal lui-même, s'il résulte de l'ensemble des constatations que la notification a été faite le jour même où le procès-verbal a été rédigé (Crim. rej. 5 juill. 1877, aff. Mas, D. P. 78. 1. 95). Il est à remarquer que l'arrêt précité applique aux notifications de procès-verbaux dressés par l'agent de la Régie la jurisprudence admise en matière de signification d'exploits d'huissier (V. *suprà*, v° *Exploit*, n° 32). — Il a été jugé cependant, en matière de contraventions aux lois sur l'octroi, que, lorsque la date de l'original du procès-verbal ne concorde pas avec celle de la copie, le procès-verbal peut être annulé comme étant sans date certaine, quand bien même les employés auraient signalé, au moment de l'affirmation, l'erreur par eux commise (Crim. cass. 22 juill. 1808, *Rép.* n° 59).

124. Il a toujours été reconnu que la disposition de l'art. 28 du décret du 1er germ. an 13, prescrivant que l'assignation doit être donnée, au plus tard, dans la huitaine de la date du procès-verbal, n'est pas sanctionnée par la nullité de l'acte (*Rép.*, n° 466. V. aussi *ibid.*, v° *Impôts indirects*, n° 493 ; *infrà*, v° *Vins et boissons*).

125. — 5° *Affirmation.* — L'affirmation doit émaner des deux rédacteurs, et se produire devant le juge de paix ou son suppléant, dans les trois jours qui suivent la clôture du procès-verbal (*Rép.* n°s 472 à 481).

126. — 6° *Effets de la nullité des procès-verbaux.* — On a exposé au *Rép.*, n°s 482 à 487, que la nullité du procès-verbal laisse subsister la poursuite à fin de confiscation, s'il y a eu saisie régulière : le procès-verbal ne démontre pas, en ce cas, par lui-même, l'existence du délit ; mais la Régie

doit être admise à en fournir les preuves, subordonnées à l'appréciation du juge. La condamnation à l'amende ne peut pas, au contraire, être prononcée quand le procès-verbal est nul.

Art. 4. — *Procès-verbaux pour refus d'exercice et pour contravention aux lois sur les tabacs, les cartes à jouer, les voitures, les sels, les poudres et salpêtres, les allumettes chimiques* (Rép. n°s 488 à 498).

127. — 1° *Refus d'exercice de la part des débitants de boissons.* — V. Rép. n° 488. V. aussi, Rép. v° *Impôts indirects*, n° 256, et *infrà*, v° *Vins et boissons.*

128. — 2° *Contraventions aux lois sur les tabacs, les cartes à jouer, les sels, les poudres et salpêtres.* — V. Rép. n°s 489 à 492. V. aussi, pour les tabacs, *supra*, v° *Impôts indirects*, n° 49 à 57, Rép. eod. v°, n°s 591 à 604 ; pour les cartes à jouer, *supra*, v° *Impôts indirects*, n°s 94 à 101 ; Rép., eod. v°, n°s 611 à 629 ; pour les sels, Rép. v° *Sel*, n° 110 ; pour les poudres, *supra*, v° *Poudres et salpêtres*, Rép. eod. v°, n° 46.

129. En ce qui concerne les infractions à la législation sur les tabacs, la loi du 29 févr. 1872 (D. P. 72. 4. 47) a prescrit que les procès-verbaux établis par un préposé unique seraient tenus pour valables ; mais ces actes ne font foi que jusqu'à preuve contraire.

130. — 3° *Contraventions aux lois sur le monopole des allumettes chimiques.* — La loi du 4 sept. 1871 (D. P. 71. 4. 82 et *supra*, v° *Impôts indirects*, n°s 62 et suiv.) a pour la première fois frappé d'un impôt la fabrication des allumettes chimiques. Elle a été bientôt suivie de la loi du 2 août 1872 (rapportée *ibid.*), qui a établi le principe du monopole dans un intérêt fiscal. Des textes postérieurs nombreux ont réglementé et protégé l'exercice du monopole. Cette législation est étudiée *supra*, v° *Impôts indirects*, n°s 62 à 94. Les infractions aux lois sur le monopole des allumettes peuvent être constatées par les employés de la Régie, par les agents de la police judiciaire, enfin par les préposés des douanes et ceux des octrois (L. 28 janv. 1875, art. 3, D. P. 75. 4. 89). Les agents ont le droit de procéder à l'arrestation des individus surpris en flagrant délit de vente ou de colportage d'allumettes frauduleuses. Les préposés des contributions indirectes peuvent, en outre, exercer des visites chez les particuliers. Les conditions dans lesquelles elles s'opèrent ne sont autres que celles édictées par l'art. 237 de la loi du 28 avr. 1816. (V. *supra*, n° 110). D'ailleurs la visite n'est plus assujettie à des conditions particulières quand il s'agit de pénétrer dans un local accessible au public. — Les procès-verbaux sont, quant à leur forme, soumis au régime applicable aux contributions indirectes en général. Ils font foi, à condition d'être régulièrement établis, jusqu'à inscription de faux.

Sect. 8. — Des procès-verbaux constatant les infractions aux lois sur la garantie des matières d'or et d'argent (Rép. n°s 493 à 513).

131. Les règles auxquelles sont soumis les procès-verbaux constatant les contraventions aux lois sur les matières d'or et d'argent sont exposées *supra*, v° *Matières d'or et d'argent*, et Rép., eod v°. V. aussi Rép., v° *Procès-verbal*, n°s 493 et suiv.

132. — 1° *Force probante des procès-verbaux.* — Les procès-verbaux régulièrement établis font foi jusqu'à inscription de faux. On a vu au Rép., n° 495, que cette solution, bien que fréquemment contestée, avait été consacrée, par la jurisprudence d'une manière constante (V. les arrêts cités *ibid.*). Jugé en outre : 1° que les procès-verbaux des employés de la garantie font foi jusqu'à inscription de faux, non seulement des faits matériels, mais encore des aveux qu'ils constatent (Crim. cass. 3 mai 1855, aff. Delattre, D. P. 56. 1. 112) ; — 2° Qu'il en est de même des procès-verbaux des préposés des contributions indirectes dressés à l'occasion des contraventions aux lois sur la garantie des ouvrages d'or et d'argent (Ch. réun. cass. 28 févr. 1856, même affaire, D. P. 56. 1. 323).

133. — 2° *Employés ayant le droit de verbaliser.* — Les agents du bureau de garantie et ceux de la régie des contributions indirectes ont seuls qualité pour rédiger des pro-

cès-verbaux. Il est nécessaire que deux agents (qui peuvent appartenir à l'une et à l'autre de ces administrations) concourent à l'accomplissement des formalités utiles. Les agents du bureau de garantie doivent être nécessairement un receveur et un contrôleur. Si le procès-verbal émane d'un préposé à la garantie et d'un agent de la régie, le premier doit être un receveur (V. Rép. n°s 501 et 502. V. aussi *supra*, v° *Matières d'or et d'argent*, n°s 97 et suiv.).

134. Sur les droits qui appartiennent aux maires, adjoints et commissaires de police, en certaines hypothèses, V. Rép. n° 503. V. aussi *supra*, v° *Matières d'or et d'argent*, n°s 99 et suiv.; Rép. eod. v°, n°s 111 et 153.

135. — 3° *Effets de l'inobservation des formalités relatives à la rédaction des procès-verbaux.* — En l'absence de dispositions légales ordonnant que l'inobservation des formes aura pour conséquence la nullité du procès-verbal, il faut suivre la règle générale qui distingue entre les formalités essentielles et constitutives de l'acte, dont l'inobservation a pour conséquence la nullité, et les formalités réglementaires dont l'omission n'emporte pas la même sanction. La jurisprudence a précisé, par de nombreuses décisions d'espèces, le caractère des diverses formalités à suivre (V. Rép. n°s 505 à 509).

136. — 4° *Effets de la nullité ou de l'insuffisance des procès-verbaux en matière de garantie.* — Après controverse, et sous réserve de quelques arrêts contraires, il a été admis que, pour les contraventions aux lois sur les matières d'or et d'argent, comme pour les contraventions aux lois sur les contributions indirectes, la nullité ou l'insuffisance du procès-verbal laisse subsister l'action en confiscation des objets saisis, mais s'oppose à la poursuite de l'amende contre le prévenu (V. Rép. n°s 510 à 512. V. aussi *supra*, v° *Matières d'or et d'argent*, n° 110 ; Rép. eod. v°, n° 161).

Sect. 9. — Des procès-verbaux en matière d'octroi. (Rép. n°s 514 à 536.)

137. Les art. 8, L. 27 frim. an 8 ; 60, 75, 76 et 77, Ord. 9 déc. 1814, déterminent les formes auxquelles sont soumis les procès-verbaux relatifs aux contraventions en matière d'octroi (Rép. n° 514. V. aussi *supra*, v° *Octroi*, n°s 267 et suiv.; Rép. eod. v°, n°s 370 et suiv.).

138. Quelle est la sanction attachée à l'inobservation des formes légales ? On a résolu cette question au Rép., n° 515, par une distinction entre les formalités substantielles et celles qui n'ont pas le même caractère de nécessité. L'inobservation des premières seules a pour conséquence la nullité de l'acte. La jurisprudence a fait application du principe dans les espèces rapportées au Rép., n°s 516 et 517.

139. Une disposition expresse de la loi déclare nuls les procès-verbaux qui n'auront pas été régulièrement affirmés par les rédacteurs, dans les vingt-quatre heures de leur date, devant le juge de paix de leur domicile (L. 27 frim. an 8, art. 8) ; et l'on a soutenu au Rép., n° 518, que le juge de paix doit, sous la même sanction de la nullité de l'acte, donner lecture du procès-verbal aux agents, préalablement à leur affirmation ; cette opinion ne paraît pas avoir été contredite par la jurisprudence.

140. On a rappelé au Rép., n° 519, que les préposés de l'octroi ont qualité pour dresser procès-verbal des infractions aux lois sur le transport des lettres. Leurs procès-verbaux, quant à la forme et à la foi qui s'y attache, sont soumis, en ce cas, aux règles sur la matière (V. Rép., v° *Postes*, n° 123).

141. En matière d'octroi, les solutions proposées au Rép., n°s 520 et suiv., doivent encore être suivies ; les employés peuvent faire écrire leurs procès-verbaux par un tiers, à condition qu'il les signe, et il suffit d'un seul agent pour les établir et les affirmer.

142. On a fait ressortir au Rép., n°s 523 et 524, les différences qui distinguent les procès-verbaux dressés en matière d'octroi des procès-verbaux dressés en matière de contributions indirectes : 1° en matière d'octroi, l'affirmation doit, à peine de nullité, avoir lieu dans les vingt-quatre heures ; en matière de contributions indirectes, dans les trois jours de leur date ; — 2° Les procès-verbaux de la première espèce doivent mentionner l'évaluation approximative des objets saisis et l'acceptation du gardien, ceux de la seconde catégorie en sont dispensés ; — 3° La procédure à suivre varie

quand le prévenu n'est pas présent lors de la rédaction du procès-verbal. En matière d'octroi, si le prévenu a domicile ou résidence connus, notification lui est faite de l'acte en ce lieu, dans les vingt-quatre heures de la clôture; et il n'est procédé par voie d'affiche qu'en l'absence de domicile et de résidence connus. L'affiche est apposée à la porte de la mairie du lieu de la saisie (Ord. 9 déc. 1814, art. 77).— Il a été jugé, à ce sujet, que les procès-verbaux en matière d'octroi, régulièrement dressés, affirmés dans le délai de vingt-quatre heures et notifiés aux contrevenants qui n'ont pas été présents à leur rédaction, sont valables et font foi jusqu'à inscription de faux, alors même que la date de l'affirmation aurait été omise dans la copie notifiée, la notification de l'acte d'affirmation au contrevenant n'étant exigée par aucune disposition légale (Lyon, 8 févr. 1882, aff. Octroi de Roanue, D. P. 83. 2. 248).

143. En matière d'octroi, le prévenu se trouve placé sous l'empire de la règle générale aux termes de laquelle la preuve testimoniale de l'infraction peut être rapportée, en cas d'insuffisance ou de nullité du procès-verbal, et en l'absence de saisie (V. *Rép.* n° 325. V. aussi *suprà* v° *Octroi,* n° 269; *Rép. cod.* v°, n° 372).

144. Les procès-verbaux font foi jusqu'à inscription de faux, sous les conditions et pour les énonciations spécifiées au chap. 2, sect. 4 (V. *Rép.* n°s 526 à 533. V. aussi *suprà,* v° *Octroi,* n° 270; *Rép. eod.* v°, n° 373).

SECT. 10. — DES PROCÈS-VERBAUX EN MATIÈRE DE NAVIGATION INTÉRIEURE, CANAUX ET DROITS DE BAC (*Rép.* n°s 534 à 537).

145. Il suffira de résumer brièvement les dispositions des art. 46, Décr. 1er germ. an 13; 26, L. 14 brum. an 7 et 21, L. 9 juill. 1836, qui régissent la matière : La seule formalité prescrite à peine de nullité est l'affirmation du procès-verbal, qu'un seul employé peut valablement rédiger. La saisie des bateaux et marchandises, pour la sûreté des amendes, n'est pas autorisée. Enfin, les contraventions relatives à la perception des droits sont constatées jusqu'à inscription de faux par les procès-verbaux ; mais ils font foi jusqu'à preuve contraire seulement des violences à l'encontre des préposés (V. *Rép.* n°s 534 à 537. V. aussi *infrà,* v° *Voirie par eau; Rép. eod.* v°, n°s 363 et suiv.).

SECT. 11. — DES PROCÈS-VERBAUX EN MATIÈRE FORESTIÈRE (*Rép.* n° 538).

ART. 1er. — *Compétence, capacité et droits des fonctionnaires appelés à verbaliser.* (*Rép.* n°s 539 à 560.)

146. Dans une dissertation citée au *Rép.*, n° 539, et publiée D. P. 45. 3. 81, M. Loiseau a examiné les difficultés que soulève l'interprétation de l'art. 16 c. instr. crim. Il pourrait sembler d'abord que ce texte confond les gardes champêtres et les gardes forestiers au point de vue de leurs attributions, en ce sens que, si les uns et les autres demeuraient investis de la surveillance d'une catégorie de délits à titre principal, ils pourraient, en outre, se substituer les uns aux autres, dans la mission dont ils ne sont pas spécialement chargés. Il suffira de rappeler les principes qui se dégagent de cette étude, et qui sont les suivants : les gardes champêtres peuvent dresser des procès-verbaux pour les délits forestiers comme pour les délits ruraux ; ils le peuvent soit dans les bois des particuliers, soit dans les bois soumis au régime forestier et même dans les forêts de l'Etat. Mais le procès-verbal dressé par un garde champêtre pour délit forestier n'a pas la même force que celui d'un garde forestier. Les gardes forestiers ne peuvent verbaliser pour délits ruraux ; leurs procès-verbaux seraient nuls et ne constitueraient pas des actes émanés de fonctionnaires publics dans l'exercice de leurs fonctions. — Tout garde d'un bois *soumis au régime forestier* peut verbaliser dans un bois *soumis au même régime,* lors même que ce bois ne serait pas placé dans son service habituel. — Le garde d'un bois soumis au régime forestier n'est point apte à rechercher et à constater les délits dans les bois des particuliers, et réciproquement pour le garde particulier.

147. Les agents forestiers ont été distingués au *Rép.,* n° 541, en deux catégories. Les uns, agents supérieurs, n'ont pas la qualité d'officiers de police judiciaire : ce sont les

conservateurs, inspecteurs, sous-inspecteurs, gardes généraux et gardes généraux adjoints. Les autres agents, brigadiers et gardes, tiennent au contraire de la loi (art. 9 et 16 c. instr. crim.) cette qualité. Il n'est pas, toutefois, interdit aux premiers de rechercher et constater les délits forestiers : mais ils le font sans prendre qualité d'officiers de police judiciaire.

148. Les attributions des gardes forestiers sont restreintes aux matières forestières. Leurs procès-verbaux ayant un autre objet, et notamment se rapportant à des délits de chasse, sont sans valeur (V. *Rép.* n°s 544, 545). La loi les investit cependant du droit de constater les délits de pêche (L. 15 avr. 1829, art. 36), et les fraudes commises sur les tabacs et les cartes à jouer (L. 28 avr. 1816, art. 169, 223, et 224). V. *Rép.* n° 550.

149. Leur compétence, au point de vue territorial, est limitée à la circonscription du tribunal devant lequel ils ont prêté serment (V. *Rép.* n°s 546 et suiv.). Le serment est, en effet, une condition de leur qualité et de la validité de leurs procès-verbaux. Il n'y a pas lieu, d'ailleurs, au renouvellement de la prestation de serment d'un agent qui passe, en la même qualité, dans un autre ressort; mais il faut, du moins, que la commission et l'acte de prestation de serment de l'agent soient enregistrés au greffe des tribunaux dans la circonscription desquels ils exerceront, préalablement à tout acte accompli dans cette circonscription. L'acte, à défaut de cette formalité, serait nul (V. *Rép.* n°s 554 à 557).

150. La validité des actes est enfin subordonnée à la capacité de l'agent (V. *Rép.* n°s 558 à 560).

151. Concurremment avec les agents forestiers, les maires et commissaires de police peuvent constater les contraventions forestières (V. *Rép.* n°s 558 à 559).

152. Enfin, il a été rappelé au *Rép.,* n° 560, que les gardes-vente peuvent constater certaines infractions d'ordre forestier, en suivant les formalités prescrites aux gardes forestiers pour la rédaction de leurs procès-verbaux. Les actes des gardes-vente ne font jamais foi, d'ailleurs, que jusqu'à preuve contraire (V. *Rép.* v° *Forêts,* n°s 1120 et suiv.; *infrà,* v° *Régime forestier.*

ART. 2. — *Des visites domiciliaires, de la saisie et du séquestre.* (*Rép.* n°s 561 à 571.)

153. Les agents et gardes forestiers tiennent de la loi (art. 161, § 2, et 164 c. for.) le droit de procéder à des visites domiciliaires, pour assurer la répression des infractions forestières. Ces visites doivent avoir lieu en présence du juge de paix ou de son suppléant, du maire ou d'un adjoint, ou du commissaire de police. L'irrégularité de la visite n'entraîne cependant la nullité du procès-verbal qui la constate qu'autant que cette visite s'est effectuée contre le gré du propriétaire (V. *suprà,* n° 17, et *Rép.* n°s 561 à 564).

154. Les bois coupés en délit, même trouvés au domicile du délinquant, et les instruments du délit doivent être saisis ; la saisie peut, toutefois, n'être pas effective (art. 146, 161, 198 c. for.). D'autres objets sont soumis à une saisie facultative: bestiaux trouvés en délit, voitures, attelages. La saisie a pour corollaire le séquestre. « Dans les cas où le procès-verbal portera saisie, il sera, art. 167 c. for. ordonne qu' « il en sera fait, aussitôt après l'affirmation, une expédition qui sera déposée dans les vingt-quatre heures au greffe de la justice de paix pour qu'il en puisse être donné communication à ceux qui réclameraient les objets saisis ». L'inobservation de cette formalité n'entraîne pas, cependant, la nullité du procès-verbal (V. *Rép.* n°s 565 à 568).

155. Le refus du fonctionnaire, requis par les agents forestiers d'assister à une perquisition domiciliaire à laquelle ils auraient à procéder, devra être mentionné dans leur procès-verbal (art. 162 c. for.). Les sanctions édictées contre le fonctionnaire récalcitrant sont exposées au *Rép.,* n° 569.

156. Il suffira de se reporter aux art. 168 et 169 c. for., et au *Rép.* n°s 570-571, en ce qui concerne les suites de la saisie et du séquestre.

ART. 3. — *Formes générales des procès-verbaux.* (*Rép.* n°s 572 à 580.)

157. Les procès-verbaux, en matière forestière, doivent

contenir les indications prescrites à titre universel par l'art. 16 c. instr. crim. Le défaut ou l'insuffisance de l'une ou de plusieurs de ces énonciations rend nul le procès-verbal ou le laisse, au contraire, subsister, selon que la formalité omise est essentielle ou purement réglementaire. Les applications de ce principe général à notre matière ont été précisées dans un grand nombre d'arrêts cités au *Rép.*, n°ˢ 574 et suiv.

158. Ainsi qu'on l'a exposé au *Rép.*, n° 577, les articles du code forestier qui concernent la rédaction des procès-verbaux des gardes forestiers ne déterminent pas le délai dans lequel ces procès-verbaux doivent être dressés, et la seule règle établie sur ce point se trouve écrite dans l'art. 181 de l'ordonnance d'exécution du 1ᵉʳ août 1827, où on lit : « Les agents et gardes dresseront, *jour par jour*, des procès-verbaux des délits et contraventions qu'ils auront reconnus ; ils se conformeront, pour la rédaction et la remise de ces procès-verbaux, aux art. 16 et 18 c. instr. crim. ». Ce dernier article prescrit aux gardes forestiers de remettre leurs procès-verbaux au conservateur, dans les trois jours, y compris celui où le garde aura reconnu le fait sur lequel il aura procédé. En présence de ces diverses dispositions, M. Meaume (*Commentaire du code forestier*, t. 3, p. 383), tout en reconnaissant qu'en principe les gardes forestiers ne sont pas tenus, à peine de nullité, de dresser leurs procès-verbaux dans un délai fixé, soumet cependant l'application de ce principe à certaines restrictions, qui lui paraissent commandées par la nécessité de ne pas laisser aux agents le pouvoir de reculer arbitrairement le point de départ de la prescription de l'action résultant du délit forestier. Mais la jurisprudence repousse toutes distinctions, qui, en effet, tendraient, en certains cas, à suppléer un moyen de nullité non établi par la loi.

Art. 4. — *Formes particulières aux procès-verbaux forestiers : écriture, signature, date, affirmation et enregistrement* (*Rép.* n° 581 à 636).

159. — 1° *Écriture du procès-verbal.* — Les gardes doivent écrire eux-mêmes leurs procès-verbaux. En cas d'empêchement, ils peuvent toutefois faire écrire l'acte par une main étrangère, mais, en ce cas, l'officier public, qui en reçoit l'affirmation, est tenu d'en donner lecture préalable à l'agent et de faire mention de cette formalité (art. 165 c. for.) (V. *Rép.* n°ˢ 582 à 584).

160. C'est une question controversée que de savoir si l'obligation d'écrire personnellement les procès-verbaux s'impose aux agents supérieurs de l'administration des Forêts comme aux simples gardes. On a soutenu l'affirmative au *Rép.*, n° 585, contre l'autorité d'un arrêt de la cour de Bordeaux, demeuré unique, sur la difficulté que nous venons de signaler.

161. Dans l'état actuel de la législation, il n'est pas douteux que l'agent forestier, rédacteur du procès-verbal, qui se trouve dans l'empêchement de l'écrire lui-même, n'a pas à s'adresser à certains fonctionnaires spécialement déterminés, mais qu'il peut employer à cet effet une personne quelconque (V. *Rép.* n°ˢ 586 à 588). — La circonstance que le procès-verbal a été écrit par une autre personne que le garde qui constate le délit entraîne la nécessité d'une formalité spéciale, qui est la lecture de l'acte faite à l'agent par le fonctionnaire qui reçoit l'affirmation et la mention de cette lecture dans l'acte d'affirmation. Il a été jugé sur ce point qu'en matière forestière, la lecture du procès-verbal que doit faire au garde l'officier qui reçoit l'affirmation supplée à l'écriture tant du garde que des fonctionnaires autorisés à recevoir sa déclaration, et que, à cette condition, les gardes peuvent faire écrire leurs rapports par toute personne investie de leur confiance (art. 165 c. for.). (Crim. cass. 22 janv. 1887, aff. Perfetti, D. P. 87. 1. 365). — V. au surplus, sur différentes questions de détail résolues par la jurisprudence, *Rép.* n°ˢ 591 à 595.

Il est certain, d'ailleurs, que le procès-verbal dressé et signé par deux gardes forestiers, et écrit par l'un d'eux, n'est pas soumis, comme le procès-verbal écrit par un tiers, à la formalité d'une lecture préalable aux signataires par l'officier public qui en reçoit l'affirmation (Grenoble, 25 août 1858, aff. Plumel, D. P. 65. 5. 313).

162. — 2° *Signature du procès-verbal.* — Même écrit par un tiers, le procès-verbal doit être signé par l'agent dont il émane, à peine de nullité (V. *Rép.* n° 596).

163. — 3° *Date du procès-verbal.*§ — Si le procès-verbal a été rédigé par parties, la date de clôture sert de point de départ aux délais impartis pour l'accomplissement de certaines formalités. Il n'est pas nécessaire de relater dans l'acte l'heure du délit : exception est faite à cette règle en matière de chasse, pour le cas où l'affirmation doit se produire dans les vingt-quatre heures du délit (L. 3 mai V. *Rép.* n°ˢ 597 à 602.

164. — 4° *Affirmation du procès-verbal.* — Sont dispensés d'affirmation les procès-verbaux en matière forestière qui émanent des agents forestiers, des gardes généraux et des gardes généraux adjoints (lesquels ont remplacé les gardes à cheval), soit que ces agents rédigent leurs procès-verbaux isolément, soit qu'ils agissent avec le concours d'un garde (art. 166 c. for.) (V. *Rép.* n°ˢ 603 à 622).

165. Les procès-verbaux des gardes sont, au contraire, soumis à l'affirmation, faite au plus tard le lendemain de la clôture, soit devant le juge de paix du canton ou l'un de ses suppléants, soit devant le maire ou l'adjoint de la commune. Les fonctionnaires compétents à raison du lieu sont ceux de la résidence des gardes rédacteurs du lieu où le délit a été commis et du lieu où il a été constaté (art. 165 c. for.). Chacun des fonctionnaires désignés par la loi est également compétent pour recevoir l'affirmation. L'intervention de l'un n'est pas subordonnée à l'empêchement de l'autre. Mais en cas d'empêchement du maire et de l'adjoint, l'affirmation peut être faite devant le conseiller municipal qui les remplace (V. *Rép.* n°ˢ 607 à 621).

166. Sur le refus opposé par l'un des fonctionnaires compétents aux gardes qui requièrent l'affirmation de leur procès-verbal, V. *Rép.* n°ˢ 621-622.

167. — 5° *Enregistrement du procès-verbal.* — Cette formalité est commandée par l'art. 170 c. for. Elle peut être accomplie au lieu qu'il convient aux rédacteurs de choisir (V. au surplus *Rép.*, n°ˢ 629 à 636).

Art. 5. — *Notification du procès-verbal et de l'acte d'affirmation.* (*Rép.* n°ˢ 637 à 641.)

168. L'art. 172 c. for. prescrit que l'acte de citation doit, à peine de nullité, contenir la copie du procès-verbal et de l'acte d'affirmation. Il suffira, pour apprécier les motifs de cette formalité, sa portée et sa sanction, de se reporter aux observations fournies au *Rép.*, n°ˢ 637 à 641.

Art. 6. — *De la foi due aux procès-verbaux* (*Rép.* n° 642.)

169. On a insisté au *Rép.*, n° 642, sur une remarque préliminaire très importante, qu'il n'est pas inutile de renouveler. En matière forestière, le procès-verbal est un mode de preuve de l'infraction qu'il constate. Il l'établit jusqu'à preuve contraire ou jusqu'à inscription de faux, selon les distinctions qui seront faites ci-après. Mais ce n'est pas la preuve unique qu'on puisse invoquer. Le procès-verbal n'est pas une base indispensable à la poursuite, et, s'il fait défaut, l'action publique peut se fonder sur la preuve testimoniale des faits, conformément à la règle générale. Il y a, de ce chef, une différence essentielle entre les matières forestières et les matières de douanes ou de contributions indirectes.

§ 1ᵉʳ. — À quels procès-verbaux foi est due jusqu'à inscription de faux. (*Rép.* n°ˢ 643 à 664.)

170. L'art. 176 c. for. énonce les conditions sous lesquelles les procès-verbaux établis en matière forestière font foi jusqu'à inscription de faux. Ils doivent être revêtus de toutes les formalités prescrites, dressés et signés par deux agents ou gardes forestiers. Toutefois des procès-verbaux réguliers dressés par un seul garde font également foi jusqu'à inscription de faux, si les condamnations encourues tant pour amende que pour dommages-intérêts n'excèdent pas 100 fr. (V. *infra*, n° 176). — Ces règles sont exclusivement applicables aux délits forestiers et aux délits spéciaux à raison desquels l'administration des Forêts est investie

du droit d'exercer l'action publique. Les délits de chasse y demeurent étrangers (V. *Rép.* n°s 645-646. V. aussi *ibid.*, v° *Chasse*, n°s 369 et suiv.).

171. Pour l'exposé des principes généraux auxquels sont soumis les procès-verbaux faisant foi jusqu'à inscription de faux, V. *suprà*, chap. 2, sect. 4, n°s 32 et suiv., et pour les applications qui en ont été faites à la matière qui nous occupe, *Rép.* n°s 651 à 658.

172. Les causes de récusation établies à l'égard des témoins en matière criminelle par les art. 156, 189 et 322 c. instr. crim. peuvent être invoquées à l'encontre des gardes rédacteurs. La récusation a pour conséquence de rendre possible l'audition de témoins contre et outre le contenu de l'acte (art. 176, § 2, c. for.). Si l'un de deux gardes rédacteurs est récusable, le procès-verbal est considéré comme émané de l'autre agissant seul, et la foi qui lui est due se règle sur la circonstance qu'il est l'œuvre d'un seul garde (V. *Rép.* n°s 659 et 660).

173. Sur le caractère de certains procès-verbaux des préposés des forêts (procès-verbaux d'assiette, de balivage, de martelage d'une coupe, procès-verbaux de délimitation des forêts domaniales et communales), et sur les conséquences de ce caractère, V. *Rép.* n°s 663 et 664.

§ 2. — Des cas de force majeure (*Rép.* n°s 665 à 668).

174. Les procès-verbaux, en matière forestière, n'échappent pas au principe général d'après lequel la force majeure supprime le caractère délictueux du fait constaté, non plus qu'à la règle qui autorise la preuve par témoins des faits de force majeure. Toutefois, si le fait de nécessité, allégué comme excuse absolutoire, est contradictoire aux énonciations d'un procès-verbal faisant foi jusqu'à inscription de faux, la preuve cesse d'être admissible (V. *Rép.* n°s 665 à 668).

§ 3. — De quels faits les procès-verbaux font foi : aveux ; pâturage ; âge des bois ; identité (rapatronage) ; défrichement ; dimensions des arbres ; délits des adjudicataires ; faux chemins, etc. (*Rép.* n°s 669 à 694).

175. La force probante des procès-verbaux ne s'étend pas au delà des faits matériels qu'ils constatent ; cette règle, conforme aux principes du droit est expressément consacrée par l'art. 176 c. for. Sur les applications qui en ont été faites par la jurisprudence, V. *Rép.* n°s 669 et suiv.

En dehors des solutions relatives à cet objet et de celles qui se rapportent à la question des aveux, les décisions rapportées *ibid.* se réfèrent aux points particuliers dont l'énumération suit : *Pâturage*, V. *Rép.* n°s 674 à 676 ; *Age du bois*, V. *ibid.* n° 677 ; *Identité du bois ; rapatronage*, V. *ibid.*, n°s 678 à 683 ; *Défrichement de bois*, V. *ibid.*, n° 684 ; *Coupe d'arbres, dimensions, mesurage*, V. *ibid.*, n°s 685 et 686 ; *Délits commis par les adjudicataires de coupes*, V. *ibid.*, n°s 687 à 689 ; *Faux chemin par les voituriers dans les coupes*, V. *ibid.*, n° 690.

§ 4. — Foi due aux procès-verbaux dressés par un seul agent ou garde (*Rép* n°s 695 à 706).

176. On a étudié sous cette rubrique, au *Rép.*, n°s 695 et suiv., le principe établi par l'art. 177 c. for., portant que les procès-verbaux, régulièrement dressés par un seul agent, feront foi jusqu'à inscription de faux, quand le délit ou la contravention n'entraînera pas une condamnation supérieure à 100 fr. tant pour amende que pour dommages-intérêts. Il en est ainsi, aux termes mêmes de la loi, quand le procès-verbal constate à la fois contre divers individus des infractions séparées, dont chacune est réprimée par une condamnation qui n'excède pas 100 fr. Les confiscations, restitutions et frais n'entrent jamais en compte dans la somme de 100 fr. qui détermine la foi due au procès-verbal. On n'y comprend pas, non plus, la valeur représentative des objets soumis à confiscation et qui ne sont pas effectivement confisqués. Si l'infraction constatée expose son auteur à une condamnation à l'emprisonnement, le procès-verbal rédigé par un seul agent peut être combattu par la preuve contraire (V. *Rép.* n° 701). — On a résolu *ibid.*,

n° 702, la question de savoir sur quelles bases doit se fonder l'appréciation du chiffre des condamnations encourues. En ce qui concerne l'amende ; si elle est fixe, on se réfère à la condamnation demandée ; si elle est variable, au maximum que peut prononcer le juge. Quant aux dommages-intérêts, c'est le chiffre de la demande qui doit être retenu.

177. Le procès-verbal qui émane d'un seul garde, et qui constate un délit passible d'une condamnation supérieure à 100 fr., fait foi jusqu'à preuve contraire. Il en est de même du procès-verbal dressé par deux agents, au cas d'omission de l'une des formalités légales, ou encore si l'un des agents est récusable (V. *Rép.* n°s 703 à 706).

§ 5. — Des procès-verbaux dressé par les gardes des particuliers et des communes (*Rép.* n°s 707 à 716).

178. Les principes relatifs à la constatation et à la poursuite des infractions commises dans les bois des particuliers sont exposés au *Rép.* v° *Forêts*, n°s 1689 et suiv., et *infrà*, v° *Régime forestier*. On a toutefois retracé sommairement, au *Répertoire* (n°s 707 et suiv.), les règles spécialemen applicables aux procès-verbaux des gardes institués pour la constatation des délits commis dans les bois et forêts des particuliers. Il suffira de rappeler qu'aux termes de l'art. 198 c. for., les procès-verbaux font foi jusqu'à preuve contraire des faits constatés dans l'étendue des bois pour la surveillance desquels les gardes ont été commissionnés et ont prêté serment. — Quant à leur forme, ils sont soumis aux mêmes conditions que les procès-verbaux des gardes de l'Administration. — Les règles à observer, au point de vue de la recherche des délits, de la saisie, du séquestre, sont les mêmes pour les gardes des bois des particuliers ou des forêts domaniales, sauf quelques restrictions peu importantes, qui sont les suivantes : les gardes particuliers n'ont pas le droit de requérir directement la force publique ; ils doivent s'adresser à une autorité compétente pour la mettre en mouvement. D'autre part, ils ne peuvent citer le prévenu à comparaître, en substituant leur ministère à celui des huissiers. L'enregistrement de leurs procès-verbaux ne se fait pas en *debet*. Enfin, l'art. 191 c. for. leur impartit un délai d'un mois, au lieu de trois jours, pour la remise de leurs procès-verbaux au magistrat compétent.

Sect. 12. — Des procès-verbaux en matière de pêche fluviale et de chasse (*Rép.* n°s 717 à 735).

179. On a exposé les règles afférentes tant à la qualité et aux attributions des agents rédacteurs de procès-verbaux, qu'aux moyens dont ils disposent, *suprà*, v° *Pêche fluviale*, *Rép.*, eod. v°. D'une manière générale, les gardes-pêche sont assimilés par la loi elle-même aux gardes forestiers (L. 15 avr. 1829, art. 30) ; tout ce qui a été dit *suprà*, n°s 146 et suiv., est donc applicable à la matière qui fait l'objet de cette section.

180. — 1° *Serment.*— La compétence des gardes-pêche, a-t-on dit au *Rép.*, n° 719, se restreint à l'arrondissement du tribunal devant lequel ils ont prêté serment. C'est un point qu'a précisé un arrêt de la cour d'Aix, aux termes duquel le procès-verbal dressé par un garde-pêche hors des limites de l'arrondissement du tribunal près duquel il est assermenté est radicalement nul (Aix, 25 août 1864, aff. Merle, D. P. 64. 2. 202).

181. — 2° *Arrestation.*—L'arrestation des délinquants en matière de pêche ne peut être opérée par les agents de l'Administration que dans les cas exceptionnels où la peine d'emprisonnement est encourue (V. *Rép.* n° 720).

182. — 3° *Visites domiciliaires.*—Les visites domiciliaires pour rechercher les engins prohibés sont interdites (V. *Rép.* n° 721).

183. — 4° *Saisies.*— Sur les cas de saisie et les formes à observer, V. *suprà*, v° *Pêche ; Rép.* eod. v°, n° 179.

184. — 5° En ce qui concerne les *délais de rédaction, la date, l'écriture, l'enregistrement, l'affirmation* du procès-verbal, on suit de tous points, en matière de pêche, les règles applicables aux procès-verbaux des gardes forestiers (V. *Rép.* n°s 723 à 727).

185. — 6° *Citations.*—Les exploits pour délits d'eaux et

forêts sont valablement signifiés par les gardes forestiers, que la poursuite soit intentée par le ministère public ou l'Administration (*Rép.* n° 728).

186. — 7° *Preuve testimoniale.* — La preuve testimoniale à défaut d'acte ou en cas soit d'insuffisance, soit de nullité du procès-verbal, peut être invoquée pour établir les infractions aux lois sur la pêche (*Rép.* n° 729).

187. — 8° *Foi due aux procès-verbaux en matière de pêche.* — Les procès-verbaux des agents de l'Administration font foi, selon les distinctions qui ont été établies *supra*, n°s 169 et suiv. en matière forestière, soit jusqu'à inscription de faux, soit jusqu'à preuve contraire. Il y a donc à examiner si l'acte émane de deux gardes ou d'un seul; et, dans cette dernière hypothèse, on doit se préoccuper du taux de la condamnation encourue, tant pour les dommages-intérêts que pour l'amende. Mais le taux, à partir duquel le procès-verbal dressé par un garde unique cesse de faire foi jusqu'à inscription de faux, n'est pas celui qu'a admis le code forestier. La loi sur la pêche fluviale a adopté le taux de 50 fr. au lieu du taux de 100 fr. (L. 15 avr. 1829, art. 54). C'est d'ailleurs la seule différence à relever entre les procès-verbaux pour délits forestiers et les procès-verbaux pour délits de pêche, au point de vue de la foi due à l'acte. — Quant aux procès-verbaux émanés des gardes particuliers, de même qu'en matière forestière, ils ne font foi que jusqu'à preuve contraire, sans aucune distinction (L. 15 avr. 1829, art. 66). — V. au surplus *Rép.*, n°s 730 à 735.

SECT. 13. — DES PROCÈS-VERBAUX EN MATIÈRE DE CONTRAVENTIONS A LA POLICE DE LA VOIRIE ET DU ROULAGE (*Rép.* n°s 736 à 773).

188. — I. PROCÈS-VERBAUX EN MATIÈRE DE GRANDE VOIRIE. — Les dispositions légales qui régissent les contraventions de grande voirie sont rapportées au *Rép.*, n° 736. Des art. 1 et 2 de la loi du 29 flor. an 10 et du décret du 16 août 1810, il ressort que les contraventions de grande voirie sont constatées par voie administrative; les mêmes dispositions indiquent quels sont les agents qui ont qualité pour dresser procès-verbal. — Ces agents doivent avoir prêté serment; ceux qui n'ont pas prêté serment en justice doivent le prêter, à cet effet, devant le préfet du département où ils doivent exercer. Il a été jugé, à cet égard, que, pour avoir qualité à l'effet de constater les contraventions de grande voirie dans l'étendue du parcours soumis à leur surveillance, il suffit que les fonctionnaires et agents commissionnés par l'Administration, tels que les gardes de navigation, aient prêté serment devant le juge de paix de l'une des localités comprises dans ce parcours ou devant le préfet; il n'est pas exigé que ce serment soit renouvelé devant le juge de paix de chaque ressort, même lorsque les localités sur lesquelles s'étend la commission appartiennent à plusieurs départements (Cons. d'Et. 11 févr. 1857, aff. Fichaux, D. P. 58. 3. 58).

189. Les procès-verbaux en matière de grande voirie sont affranchis, dans un intérêt public, des conditions multiples auxquelles d'autres actes de même nature sont soumis. Ils demeurent valables s'il n'y a pas omission de formalités générales essentielles. Plusieurs décisions en ce sens ont été citées au *Rép.*, n° 738. Jugé, en outre : 1° qu'aucun texte n'ayant imparti aux agents, qui ont le droit de constater par des procès-verbaux les contraventions de grande voirie, un délai à compter du jour où le fait a été constaté, pour la rédaction de l'acte, un procès-verbal a pu être valablement dressé quatre jours après la contravention (Cons. d'Et. 21 avr. 1804, aff. Granger et Edoux, *Rec. Cons. d'Etat*, p. 388); — 2° Que l'omission dans un procès-verbal de contravention de grande voirie des formalités d'enregistrement et de visa pour timbre n'entraîne pas la nullité de ce procès-verbal (Même arrêt; Cons. d'Et. 8 août 1882, aff. De Tourdonnet, D. P. 84. 3. 33).

190. Les procès-verbaux, en matière de grande voirie, font foi jusqu'à preuve contraire (V. *Rép.* n°s 740 et suiv.). Conformément aux principes généraux, il a été jugé : 1° que les procès-verbaux dressés en matière de grande voirie ne font foi jusqu'à preuve contraire que des faits dont leurs rédacteurs ont été personnellement témoins. Quant à ceux

énoncés d'après la déclaration d'agents sans qualité, rien n'empêche que ces procès-verbaux soient admis à titre de renseignements, sauf au juge administratif à apprécier la valeur qu'il convient d'ajouter à la dénonciation faite dans ces conditions (Cons. d'Et. 27 juin 1865, aff. Compagnie des bateaux à vapeur du Haut-Rhône, D. P. 66. 3. 60) ; — 2° Qu'un procès-verbal de contravention de grande voirie, dressé par un agent des ponts et chaussées, ne fait foi jusqu'à preuve contraire que des faits que cet agent a constatés personnellement (Cons. d'Et. 26 juill. 1878, aff. Tolédano, D. P. 79. 5. 337) ; — 3° Qu'un procès-verbal en matière de contravention de grande voirie ne fait pas foi jusqu'à preuve contraire d'un fait que l'agent n'a pas relevé au moment où il s'est accompli (Cons. d'Et. 29 mars 1889, aff. Frétigny et fils, D. P. 90. 3. 70).

191. — On a exposé au *Rép.*, n° 745, que les procès-verbaux des agents de la grande voirie sont soumis, quel que soit le grade du rédacteur, à la formalité de l'affirmation, tandis que ceux des agents de la petite voirie en sont tous également dispensés. C'est ainsi qu'il a été jugé que les procès-verbaux relatifs aux contraventions de grande voirie, pour faire foi et motiver une condamnation, doivent être affirmés dans les trois jours devant le juge de paix ou le maire, même lorsqu'ils émanent des ingénieurs (Décr. 18 août 1810, art. 2; Décr. 16 déc. 1811, art. 112; Cons. d'Et. 6 mars 1858, aff. Grand et Bordères, D. P. 58. 3. 43). — Il est à remarquer que la solution de cet arrêt ne s'applique pas aux gendarmes qui sont appelés à concourir à la constatation des contraventions de grande voirie; cela résulte de la loi du 16 juill. 1856, qui supprime pour eux, d'une manière générale, la formalité de l'affirmation (V. *supra*, n° 94). Les ingénieurs se trouvent ainsi moins favorablement traités par la législation que des agents qui leur sont inférieurs. Cet état de choses a été critiqué avec raison (V. *Rép. ibid.*).

192. Certaines divergences avaient été signalées au *Rép.*, n°s 746 et suiv., entre les décisions du conseil d'Etat et celles de la cour de cassation sur l'interprétation qui doit être donnée du mot *affirmation*, en notre matière, et sur les conditions auxquelles est soumise l'affirmation. Le conseil d'Etat a maintenu sa jurisprudence, et décidé, notamment : 1° qu'aucune disposition de loi ou de règlement n'exige que l'affirmation des procès-verbaux, destinés à constater les contraventions en matière de grande voirie, soit signée par les agents qui les ont dressés ; que cette affirmation est suffisamment constatée par la mention qui en est faite à la suite desdits procès-verbaux par l'officier public compétent devant qui elle a lieu (Cons. d'Et. 5 févr. 1867, aff. Delord, D. P. 67. 5. 335) ; — 2° Que l'affirmation d'un procès-verbal, en matière de contravention de grande voirie, est suffisamment constatée par la mention de cette affirmation signée par l'officier public devant qui elle a eu lieu, et qu'il n'est pas nécessaire qu'elle soit signée par l'agent qui a dressé le procès-verbal (Cons. d'Et. 22 juin 1883, aff. Rédarès, D. P. 85. 3. 18).

193. On a exposé au *Rép.*, n° 751, que le délai pour l'affirmation des procès-verbaux en matière de grande voirie est de trois jours, et cité plusieurs arrêts du conseil d'Etat rendus en ce sens. Jugé que les procès-verbaux des agents auxquels il appartient de constater les contraventions de grande voirie doivent être affirmés dans les trois jours de leur rédaction; qu'en conséquence, est nul le procès-verbal dont l'affirmation porte une date antérieure à celle de sa rédaction (Cons. d'Et. 7 janv. 1864, aff. Roux-Guy, D. P. 64. 3. 18). Mais les décisions les plus récentes portent qu'aucune disposition de loi ne prescrit que l'affirmation des procès-verbaux ait lieu dans les trois jours, à peine de nullité, lorsque ces procès-verbaux ont pour objet de constater des contraventions de grande voirie (Cons. d'Et. 11 févr. 1881, aff. Arlot, D. P. 82. 3. 65; 22 juin 1883, aff. Rédarès, cité *supra*, n° 192). A laquelle de ces deux doctrines opposées doit-on donner la préférence? Un certain nombre de textes exigent, pour les contraventions de la compétence des conseils de préfecture, que l'affirmation du procès-verbal ait lieu dans les trois jours ; c'est ce qui avait été prescrit notamment par les art. 26 de la loi du 14 brum. an 7 et 26 de l'arrêté du 8 prair. an 11, en matière de taxe d'entretien des routes et des droits de navigation (V. *Rép.*,

vº *Voirie par eau*, nº 501). Les dispositions de l'art. 24 de la loi du 15 juill. 1845 sur la police des chemins de fer, et de l'art. 15 de la loi du 30 mai 1851 sur la police du roulage, qui exigent l'affirmation dans le délai de trois jours, sont applicables aux procès-verbaux de la compétence des conseils de préfecture, comme à ceux qui sont déférés aux tribunaux. De ces différents textes, la jurisprudence avait tiré cette conséquence, que le délai de trois jours était le délai de droit commun pour l'affirmation des procès-verbaux portés au conseil de préfecture, et elle imposait l'observation de ce délai, à peine de nullité, même dans les cas où la loi, en exigeant l'affirmation, n'indiquait aucun délai pour l'accomplissement de cette formalité. Mais, comme on l'a fait remarquer, c'était *par extension* que le conseil d'Etat exigeait l'affirmation dans les trois jours (Féraud-Giraud, *Traité de la grande voirie*, p. 107; Dufour, *Traité de droit administratif*, t. 7, p. 370). Or les déchéances ne peuvent s'établir par voie d'analogie. C'est donc avec raison, semble-t-il, que le conseil d'Etat, abandonnant sa jurisprudence antérieure, a décidé que la déchéance n'était pas applicable, en se fondant sur ce qu'elle n'était point édictée par aucune disposition de loi (V. au surplus la note sur l'arrêt précité, D. P. 82. 3. 65).

194. L'affirmation des procès-verbaux se produit régulièrement devant le juge de paix ou son suppléant, devant le maire ou l'adjoint du lieu de la contravention, soit de la résidence du rédacteur (Décr. 18 août 1810, art. 2 ; 16 déc. 1811, art. 112. — V. *Rép.* nº 752).

195. — II. Procès-verbaux en matière de contraventions aux lois sur la police de roulage. — Ils sont, en principe, soumis aux mêmes règles que tous autres procès-verbaux relatifs à la grande voirie. On trouvera exposées au *Rép.*, nºˢ 755 et suiv., un certain nombre de solutions qui leur sont particulières.

196. La jurisprudence a eu à s'occuper, depuis la publication du *Répertoire*, de fonctionnaires d'un ordre nouveau, dont les pouvoirs ont dû être précisés : ce sont les inspecteurs de la Compagnie générale des omnibus à Paris. Ces fonctionnaires, au nombre de trente-cinq, ont été créés en vertu de l'art. 16 du cahier des charges annexé au décret du 18 oct. 1873, relatif à l'établissement des tramways dans le département de la Seine (*Bulletin des lois*, 1874, p. 603). Ils sont nommés par la Compagnie, agréés par le préfet de police, et prêtent serment devant le procureur de la République. L'art. 16 précité leur confère le pouvoir de dresser des procès-verbaux pour les contraventions commises sur les voies ferrées, à traction de chevaux, exploitées par la Compagnie. Aux termes des instructions de la Compagnie, « ces procès-verbaux feront foi en justice jusqu'à preuve contraire, mais ils devront, sous peine de nullité, être affirmés dans les trois jours devant le magistrat qui leur sera désigné par la Compagnie ». Mais il est certain que ces inspecteurs, d'après le but même de leur institution, n'ont pas qualité légale pour dresser des procès-verbaux faisant foi, quand il s'agit de toute autre contravention commise sur la voie publique en général. Aussi a-t-il été jugé que ces agents sont sans qualité pour dresser, contre le concessionnaire d'un service d'omnibus desservant les gares, des procès-verbaux faisant foi par eux-mêmes en justice, en raison de contraventions consistant à déposer sur la voie publique, dans le trajet, des voyageurs montés pendant le parcours; qu'en conséquence, le juge de simple police, devant lequel les procès-verbaux dont il s'agit sont seuls produits à l'appui de la prévention, peut relaxer le prévenu sur ses simples explications et sans preuve supplétive (Crim. rej. 7 août 1885, aff. Marceau, D. P. 86. 1. 44).

197. On a rappelé au *Rép.*, nº 763, que les procès-verbaux dressés par les agents compétents en matière de roulage font foi jusqu'à preuve contraire. Mais il a été jugé que le procès-verbal dressé en matière de police de roulage qui constate des faits que l'agent verbalisateur n'a pas vus, mais qui lui ont été simplement rapportés, ne vaut que comme renseignement et ne fait pas foi jusqu'à preuve contraire ; par suite, si l'auteur de la contravention qui donne lieu aux poursuites dénie les faits articulés, il doit être renvoyé des fins du procès-verbal (Cons. préf. Seine, 6 mars 1877, aff. Chennevières, D. P. 79. 3. 337).

198. — III. Procès-verbaux en matière de contraventions aux lois de police des chemins de fer (*Rép.* nºˢ 767 à 770). — La matière des chemins de fer fait l'objet d'une législation spéciale qui est exposée vº *Voirie par chemins de fer*. — V. notamment, en ce qui concerne les agents chargés de constater les crimes, délits et contraventions commis sur les chemins de fer, *Rép.*, vº cit., nºˢ 640 et suiv.

Aux officiers de police judiciaire sont adjoints (ainsi qu'on l'a exposé au *Rép.*, nºˢ 768, pour la constatation des délits et contraventions, les ingénieurs des ponts et chaussées et des mines, les conducteurs, les gardes-mines, les agents de surveillance et gardes assermentés. Leurs procès-verbaux sont visés pour timbre et enregistrés en débet; ils font foi jusqu'à preuve contraire. Ceux des agents de surveillance et gardes assermentés doivent être affirmés dans les trois jours devant le juge de paix ou le maire, soit du lieu de l'infraction, soit de la résidence de l'agent. — Il en est autrement des procès-verbaux dressés par les commissaires de surveillance de police administrative, auxquels la loi du 27 févr. 1850 a donné les pouvoirs d'officiers de police judiciaire pour la constatation des contraventions commises dans l'enceinte des chemins de fer et de leur dépendance. Il a été plusieurs fois jugé que ces procès-verbaux ne sont pas soumis à la formalité de l'affirmation (Cons. d'Et. 6 avr. 1870, aff. Adonis et Mulot; D. P. 71. 3. 32; 20 juill. 1877, aff. Renaud, D. P. 78. 5. 94; 4 mars 1881, aff. Filoque, D. P. 82. 3. 84).

199. — IV. Des procès-verbaux en matière de petite voirie. — Les maires et les commissaires de police sont les agents rédacteurs des actes qui constatent les contraventions de petite voirie, et le tribunal de simple police juge ces contraventions. Les procès-verbaux font foi jusqu'à preuve contraire devant le tribunal (*Rép.* nº 771). Notamment, lorsqu'un procès-verbal constate qu'un chemin rural, sur le quel des dégradations ont été commises, est un chemin public, le juge de police saisi de la contravention ne peut, sans que ce procès-verbal ait été débattu par la preuve contraire, prononcer le relaxe par l'unique motif, que le chemin n'étant pas classé n'a pas le caractère de chemin public (Crim. cass. 10 avr. 1856, aff. Gérard, D. P. 57. 1. 25).

200. Il a été jugé que les agents voyers n'ont pas qualité pour constater, par des procès-verbaux faisant foi jusqu'à preuve contraire, les contraventions en matière de voirie urbaine (Crim. rej. 20 mai 1839, aff. Mouls et Fauvel, D. P. 39. 1. 713). En conséquence, le procès-verbal d'un commissaire de police, qui se borne à s'en référer au rapport d'un tel agent, ne fait pas foi jusqu'à preuve contraire, et le juge de police peut relaxer le prévenu des fins de ce procès-verbal, en se fondant uniquement sur les explications et les renseignements recueillis à l'audience (Crim. cass. 1er févr. 1856, aff. Sauvaire Jourdan, D. P. 56. 1. 177). Toutefois, la contravention dénoncée par un agent voyer est légalement réprimée si, cet agent ayant été entendu sous la foi du serment à l'appui de son rapport, et le prévenu n'ayant pas méconnu le fait pour lequel il est poursuivi, le juge de police a considéré ce fait comme établi à la fois par le rapport et le résultat des débats (Arrêt précité du 20 mai 1839).

201. Relativement aux chemins vicinaux, il a été jugé, conformément à la solution exposée au *Rép.*, nº 722, que les procès-verbaux des agents voyers en matière d'anticipation sur le sol des chemins vicinaux ne sont pas assujettis à la formalité de l'affirmation (Cons. d'Et. 1er août 1884, aff. Héritiers Chauve, D. P. 86. 3. 21). — V. *Rép.* nº 772.

202. Dans l'ancien droit, aux termes notamment de la déclaration du roi du 8 août 1730, le pouvoir de constater les contraventions commises en matière de petite voirie et d'en dresser des procès-verbaux appartenait expressément aux commissaires de la voirie. Sous le régime nouveau, les commissaires voyers ont hérité des attributions des commissaires de la voirie, et les anciens règlements intervenus en cette matière ont reçu de la loi du 19 juill. 1791 et de l'art. 484 c. pén. une double consécration. Les commissaires voyers trouvent dans le caractère de leur institution et dans le rapprochement de ces textes, le pouvoir de dresser des procès-verbaux en matière de voirie (Comp. *Rép.*, nºˢ 754). En ce sens, il a été jugé que les commissaires voyers de la Ville de Paris, institués pour remplir l'office attribué avant 1789 aux commissaires de la voirie, ont le

pouvoir de constater les contraventions commises dans les matières spéciales qui rentrent dans leurs attributions; et qu'ils ont, dès lors, le droit de dresser, en matière de petite voirie, des procès-verbaux faisant foi en justice jusqu'à preuve contraire (Crim. rej. 8 déc. 1888, aff. Brenot, D. P. 89. 1. 41).

Sect. 14. — **Des procès-verbaux relatifs a quelques infractions spéciales : Administration militaire, Enregistrement, Timbre, Poids et mesures, Postes, Canaux et rivières, Chaussées et digues, Pêche maritime, Travail des enfants et des filles mineures employés dans l'industrie** (*Rép.* nᵒˢ 773 à 803).

203. — 1º *Procès-verbaux dressés par les agents de l'Administration militaire* (*Rép.* nᵒˢ 773 à 783). — Les agents militaires ayant qualité pour constater certaines contraventions spéciales par des procès-verbaux ont été énumérés au *Rép.*, nº 773. Ce sont : les commandants d'armes, les gardes du génie et de l'artillerie, les portiers-concierges et les intendants militaires. Il y faut joindre les gardiens de batterie, assimilés aux gardes du génie et de l'artillerie, par la loi des 21-29 mai 1858 (V. *supra*, nº 2).

204. — 2º *Enregistrement et timbre.* — Les principes sont exposés au *Rép.*, nᵒˢ 784 et suiv. On a fait connaître *ibid.* sur quels objets les agents de l'Administration ont le droit de verbaliser, et on a rapporté des décisions de jurisprudence qui déclarent que leurs actes ne sont soumis à l'accomplissement d'aucune formalité spéciale.

205. La question de savoir quelle est la foi due aux procès-verbaux des préposés de l'enregistrement a fait l'objet de décisions contradictoires. Sur cette importante question de principe, il a été proposé trois solutions différentes. L'une refuse toute force probante aux procès-verbaux des employés de l'administration de l'Enregistrement ; mais, appuyée seulement sur deux jugements des tribunaux de Clermont, du 20 juin 1816, et de Guéret, du 5 mars 1834 (cités par M. Garnier, au *Répertoire de l'enregistrement*, nº 693-2º), elle paraît à peu près abandonnée. Le débat subsiste entre les deux autres, sur le point de savoir si c'est jusqu'à inscription, ou seulement jusqu'à preuve contraire, que foi doit être accordée à ces procès-verbaux. (V. les indications données à cet égard, relativement à la jurisprudence, *Rép.* nº 788.) — La question n'est pas sans difficulté. Si, dans notre ancien droit, la force probante jusqu'à inscription de faux avait été admise en cette matière, il ne faut pas oublier qu'elle avait été admise également pour toutes sortes de procès-verbaux, même pour ceux dressés en matière de délit de chasse, et que les lois postérieures à 1789 ont réagi contre cet abus. Mais, d'autre part, le maintien implicite des anciennes déclarations sur le sujet dont il s'agit fait naître des doutes sérieux. La cour suprême n'a pas été appelée à se prononcer sur la question. Une seule décision est venue s'ajouter à celles qui ont été citées au *Répertoire* : il a été jugé que les procès-verbaux, dressés par les employés de l'administration de l'Enregistrement, pour la dénonciation des contraventions qu'ils ont mission de constater, ne font foi que jusqu'à preuve contraire, et non jusqu'à inscription de faux. Il en est ainsi, spécialement, des procès-verbaux constatant des faits de vente aux enchères publiques sans le ministère d'un officier public (Trib. civ. de Verviers (Belgique), 18 janv. 1865, aff. Delvenne, D. P. 68. 3. 30).

206. — 3º *Procès-verbaux dressés par les vérificateurs des poids et mesures.* — La matière est régie par la loi du 4 juill. 1837, art. 7 et 8, et l'ordonnance du 17 avr. 1839, art. 1, 2, 3, 5, 34 à 44. Les attributions des agents sont précisées *supra*, vᵒ *Poids et mesures* nº 31; *Rép.* eod. vᵒ, nᵒˢ 42 et suiv. — Les décisions de jurisprudence spécialement relatives aux procès-verbaux des vérificateurs sont rapportées au *Rép.*, nᵒˢ 790 et suiv. On y ajoutera la suivante, aux termes de

laquelle le procès-verbal d'un vérificateur des poids et mesures, étant soumis à l'affirmation, est, dans le cas où cette formalité n'a pas été remplie, dépourvu de toute force probante ; dès lors, à défaut par le ministère public de fournir ou d'offrir une autre preuve de la contravention, l'acquittement est régulièrement prononcé (Crim. rej. 26 janv. 1860, aff. Menneret, D. P. 61. 5. 388).

207. — 4º *Des procès-verbaux en matière de poste.* — V. *Rép.*, nᵒˢ 792 à 795. V. aussi *Rép.*, vᵒ *Postes*, nᵒˢ 123 et suiv.

208. — 5º*Procès-verbaux des gardes-canaux.* — Les principes sont exposés au *Rép.*, nᵒˢ 796 et suiv. Il y a lieu seulement d'enregistrer deux décisions de jurisprudence résultant d'un même arrêt du conseil d'Etat. Il a été jugé : 1º que la notification du procès-verbal de contravention dans le délai de cinq jours n'est pas prescrite à peine de nullité (Décr. 19 déc. 1868, art. 8 ; Cons. d'Et. 7 août 1883, aff. Bonnet, syndic de la zone de Sidi-Khaled, D. P. 85. 3. 67). Cette décision a été rendue au sujet de canaux d'irrigations établis en Algérie. Mais la jurisprudence est la même pour l'inobservation, dans la métropole, des prescriptions de l'art. 8 du décret du 12 juill. 1865 (Cons. d'Et. 27 nov. et 18 déc. 1874, aff. Dayol et autres, D. P. 75. 3. 76) ; — 2º Que les procès-verbaux dressés par les gardes d'un syndicat d'irrigation ne font foi que jusqu'à preuve contraire (Même arrêt).

209. — 6º *Procès-verbaux des gardes-rivières.* — V. *Rép.* nᵒˢ 799-800.

210. — 7º *Procès-verbaux des gardes des chaussées et des digues.* — V. *Rép.*, nº 801.

211. — 8º*Procès-verbaux dressés en matière de pêche maritime.* — V. *Rép.* nᵒˢ 802-803. V. aussi *Rép.* vᵒ *Instruction criminelle*, nº 261-8º ; *supra*, vᵒ *Pêche maritime*; *Rép.*, cod. vᵒ, nᵒˢ 19 et suiv.

212. — 9º *Procès-verbaux en matière d'infractions aux lois sur le travail des enfants et des filles mineures et des femmes employés dans les établissements industriels et sur la protection des enfants dans les professions ambulantes.* — Des lois récentes ont réglementé le travail des enfants employés dans les professions ambulantes, ainsi que des femmes et des enfants employés dans l'industrie. Elles seront exposées et commentées *infra*, vᵒ *Travail*. Les infractions à ces lois sont constatées par des agents spéciaux créés par les lois du 19 mai 1874 (art. 16, D. P. 74. 4. 88) et du 2 nov. 1892 (art. 17 à 20) (D. P. 93. 4. 25), et désignés sous le nom d'inspecteurs divisionnaires, d'inspecteurs et inspectrices départementaux. — Ces fonctionnaires prêtent serment entre les mains du préfet du département où ils résident. Leurs procès-verbaux ne sont soumis par la loi à aucune formalité particulière ; ils sont notamment exempts de l'affirmation. Une prescription d'ordre exclusivement administratif veut qu'ils soient rédigés en double exemplaire, dont l'un sera envoyé au préfet du département et l'autre déposé au parquet (L. 19 mai 1874, art. 18, et L. 2 nov. 1892, art. 20). — Les procès-verbaux des inspecteurs du travail font foi jusqu'à preuve contraire (Mêmes articles). Pour les corroborer ou les expliquer, les agents peuvent être appelés devant les tribunaux chargés de la répression. Mais il est recommandé formellement aux officiers du ministère public de ne les appeler à témoigner qu'autant que leur déposition paraît indispensable (Circ. du garde des sceaux, 7 avr. 1884).

213. Le droit conféré aux inspecteurs divisionnaires, ou départementaux, en ce qui concerne les contraventions aux lois sur le travail des enfants et des filles mineures, n'est pas exclusif de celui des agents chargés en général de constater les infractions. Aux termes du dernier paragraphe de l'art. 18 précité de la loi du 19 mai 1874, et de l'art. 20, de la loi du 2 nov. 1892, il n'est pas dérogé « aux règles du droit commun quant à la constatation et à la poursuite des infractions commises à la présente loi ». La chancellerie a toutefois recommandé aux magistrats du parquet de laisser toute initiative aux inspecteurs, et de ne pas soumettre leurs déclarations au contrôle des agents de la police judiciaire (Circ. du garde des sceaux, 1ᵉʳ mars 1876).

Table sommaire

des matières contenues dans le Supplément et le Répertoire.

(Les chiffres précédés de la lettre S renvoient au Supplément; les chiffres précédés de la lettre R renvoient au Répertoire.)

Table chronologique des Lois, Arrêts, etc.

1839	27 mars. Crim. 48 c.	25 juin.Crim.47 c.	**1863**	29 déc.Crim,25 c., 38 c.	29 mai. Crim. 48 c.	13 juill.Crim.71 c.	7 août. Crim. 196 c.
17 avr. Ordon. 206 c.	10 avr. Crim. 39 c., 54 c., 199 c.	19 août.Crim.47 c.			21 juin. Loi. 119 c.	26 juill. Cons.d'Et. 190 c.	26 nov. Crim. 87 c.
	30 mai. Crim.38 c.	3 nov.Crim. 46 c. 17 nov.Crim. 44 c.	7 févr.Crim. 39 c. 21 févr. Crim. 38 c.	**1867**	**1874**	**1879**	31 déc. Crim. 6.
1844	16 juill. Loi. 191 c.		5 mars.Crim.37 c.	16 mars. Crim. 41 c., 54 c.	20 mars. Crim. 88	11 juill.Crim. 50 c.	**1887**
3 mai. Loi. 168 c.	17 juill.Décr. 94 c. 4 sept.Crim. 7 c.	**1860**	11 avr. Crim. 7 c. 6 nov. Crim. 7 c.	27 juin.Crim.71 c.	19 mai.Loi.212 c., 213 c.	**1880**	22 janv.Crim. 7 c., 80 c., 82 c.,
1845	15 nov. Crim.47 c. 22 nov. Crim. 27	26 janv. Crim. 56 c., 206 c.	20 nov. Crim. 7 c.	24 juill. Loi. 75 c.	3 juill.Crim. 75 c.	24 avr. Crim. 113 c., 110 c.	161 c.
15 juill. Loi. 193 c.	4 déc.Crim. 38 c.	11 févr. Crim. 27 c., 48 c.	**1864**	**1868**	27 nov. Cons. d'Et. 208 c.	28 mai. Crim. 38 c., 41 c.	29 févr. Crim. 74 c., 78 c., 80 c., 85 c.,
1850	**1857**	27 avr.Crim. 78 c. 13 juill.Crim.38 c.	7 janv.Cons.d'Et.	23 juill. Crim.38 c.	18 déc.Cons.d'Et. 208 c.	5 août. Crim. 54.	26 mars. Crim. 182 c.
27 févr. Loi.198 c. 21 déc.Crim. 44 c.	3 févr.Cons.d'Et. 192 c.	26 juill.Crim. 45 c. 15 nov.Crim.45 c.,	192 c. 12 mai. Crim. 7 c.,	28 août. Crim. 85 c. 19 déc.Décr. 208 c.	**1875**	20 nov. Crim. 71 c.	**1888**
1851	11 févr. Cons.d'Et. 188 c.	54 c. 23 nov.Crim. 65 c. 6 déc. Crim. 48 c.	62 c. 14 juin.Crim. 48 c. 25 août.Aix.180 c.	**1869**	15 janv.Crim.11 c. 28 janv.Loi. 130 c.	**1881**	3 mars. Crim. 105 c.
30 mai. Loi. 193 c.	3 avr. Limoges. 17 c.	**1861**	19 nov.Crim.37 c. 30 déc. Crim. 41 c.	2 janv. Crim. 93 c. 30 juill.Crim.34 c.	20 août.Crim. 91 c.	11 févr.Cons. d'Et. 193 c. 4 mars. Cons. d'Et. 108 c.	8 déc.Crim. 202 c.
1852	2 mai.Crim. 52 c.	24 janv.Crim.7 c., 78 c., 80 c., 84 c.	**1865**	10 août.Crim.46 c. 4 nov. Crim. 56 c. 17 déc. Crim. 93 c.	**1876**		**1889**
9 mars. Civ. 111 c.	**1858**	23 nov.Crim.55 c. 9 mars. Crim. 29 c.	18 janv. Trib. civ. Verviers. 205 c.	**1870**	1er mars. Circ. garde des sceaux. 218 c.	**1882**	19 janv. Crim.44 c.
3 août.Req.104 c.	6 mars.Cons.d'Et. 191 c.	13 avr. Crim. 56 c. 3 mai.Crim.38 c.,	3 févr. Crim.54 c.	5 mars. Crim. 52 c.	13 mai.Crim.52 c., 65 c.	8 févr. Lyon. 142 c. 10 févr.Crim. 70 c.	24 janv. Crim. 59 c., 119 c.
1854	19 mars. Crim. 40 c.	54 c. 17 mai.Crim.47 c.,	3 mars. Crim. 70 c.	6 avr. Cons. d'Et. 198 c.		8 août.Cons.d'Et. 94 c., 189 c.	29 mars. Cons. d'Et, 25 c., 190
1er mars. Décr. 91 c.	26 mars. Crim. 44 c.	78 c. 20 juin.Crim.78 c.	28 avr. Crim. 38 c.	**1871**	**1877**	25 nov. Crim. 22.	c.
7 juill.Crim.49 c.	27 avr. Crim.46 c. 6 mai.Crim.47 c.,	10 juill. Crim. 88 c.	13 juin.Crim. 77 c. 27 juin.Cons. d'Et.	4 sept.Loi. 130 c.	3 janv. Crim. 47 c. 6 mars. Cons. préf. Seine. 197	**1883**	**1890**
20 juill.Crim. 49 c.	75 c.	18 juill.Crim.91 c.	190 c.	2 déc. Crim. 47 c.	c.	22 juin.Cons.d'Et.	17 avr. Crim.88 c.,
1855	31 mai. Loi. 203 c. 4 juin.Crim. 42 c. 17 juill.Crim.17 c.	28 juill.Crim.38 c. 14 nov.Crim.52 c. 30 nov.Crim. 53 c.	10 juill.Crim. 93 c. 12 juill. Décr. 208 c.	**1872**	3 mai. Crim. 37 c. 5 juill.Crim. 423 c.	192 c., 193 c. 7 août.Crim.37 c. 208 c.	86 c.
3 mai. Crim. 182 c.	22 juill.Crim 54 c. 25 août. Grenoble.	**1862**	9 nov. Crim. 25 c.	29 févr. Crim. 129 c. 20 avr. Crim. 70 c.	20 juill. Cons.d'Et. 198 c.	**1884**	**1891**
21 juin.Crim. 75 c. 1er déc.Crim. 48 c.	161 c. 19 nov. Crim.48 c.	10 févr.Crim.82 c.	**1866**	16 mai. Crim. 60 c. 30 juin. Crim.19 c.	23 nov. Crim.36 c.	7 avr. Circ. garde des sceaux. 212	19 déc. Crim. 45 c.
7 déc.Crim. 38 c.	26 nov. Crim.46 c.	13 mars. Crim. 69 c., 70 c.	6 janv. Crim. 36 c.	27 juill. Crim. 48 c. 2 août.Loi. 130 c.	**1878**	c.	**1892**
1856	**1859**	21 mai. Crim. 38 c. 7 août.Crim. 52 c.	3 mars. Crim. 36 c.	3 août. Crim.38 c. 7 déc. Crim. 72 c.	31 janv.Crim.38 c. 8 févr. Crim. 21	15 avr. Loi. 75 c. 1er août.Cons.d'Et.	2 nov.Loi.212 c., 213 c.
13 janv.Crim. 40 c.		6 août.Crim.54 c.	9 mars. Crim. 26 c.		c., 86 c.	201 c.	
13 janv.Crim.40 c.	17 févr.Crim.75 c.	15 sept. Girq. min.	c., 80 c., 82 c.,	**1873**	16 févr. Crim. 43 c.		**1893**
1er févr. Crim. 200 c.	3 mars. Crim. 42 c.	guerre. 95 c.	83 c.	19 janv.Crim.49 c.		**1885**	
28 févr. Ch. réun. 132 c.	20 mai.Crim.200 c. 23 juin.Crim. 54 c.	13 déc.Crim.45 c. 70 c. 18 déc. Crim. 72 c.	17 mars.Crim.48 c. 20 déc. Crim. 7 c., 40 c.	23 janv. Crim. 43 c. 25 avr. Crim. 71 c.	18 mars.Crim.76 c. 23 mars. Crim. 67 c.	10 juill. Crim. 49 c., 110 c.	20 janv.Crim.93 c.

PROCESSION. — V. suprà, v^{is} Commune, n°s 653 et suiv., et Rép. eod. v°, n°s 1058 et suiv.; Culte, n°s 42, 95 et suiv., 616, et Rép. eod. v°, n°s 93, 155 et suiv., 645.

PROCÈS-VERBAL DE CARENCE. — V. supra, v^{is} Jugement par défaut, n°s 117 et suiv., 171 et suiv.; — et infrà, v^{is} Trésor public, et Rép. eod. v°, n° 996; Vente publique d'immeubles, et Rép. eod. v°, n° 128.

PROCURATION. — V. outre les renvois indiqués au Répertoire, supra, v^{is} Adultère, n° 18; Appel civil, n° 103; Enregistrement, n°s 270 et suiv., 303, 373, 561, 651 et 1794; Faux incident, n° 63; Obligations, n°s 1496 et suiv.; et infrà, v^{is} Responsabilité, et Rép. eod. v°, n°s 264, 413 et 466; Saisie-arrêt, et Rép. eod. v°, n° 328; Scellés et Inventaire, et Rép. eod. v°, n° 235; Transcription hypothécaire, et Rép. eod. v°, n°s 103 et suiv.; Vente, et Rép. eod. v°, n° 1759; Vente publique d'immeubles, et Rép. eod. v°, n°s 329, 368 et 429.

PROCUREUR DE LA RÉPUBLIQUE. — V. outre les renvois indiqués au Répertoire, supra, v^{is} Contumace-contumax, n° 13; Droit politique, n° 158; Exploit, n° 136; Ministère public, n°s 7 et suiv.; Organisation judiciaire, n°s 419 et suiv.; Procédure criminelle, n°s 453 et suiv. et infrà, v^{is} Uniforme-costume, et Rép. eod. v°, n° 40; Ville de Paris et département de la Seine, et Rép. eod. v°, n° 6.

PROCUREUR GÉNÉRAL. — V. outre les renvois indiqués au Répertoire, supra, v^{is} Appel en matière criminelle, n°s 10 et suiv., 42 et suiv.; Avocat, n°s 66 et suiv., 178 et suiv.; Cassation, n°s 199 et suiv.; Contumace-contumax, n° 39; Cour des comptes, n°s 14 et 23; Dénonciation calomnieuse, n°s 33 et 37; Discipline judiciaire, n°s 130 et 134; Gendarme-gendarmerie, n° 28; Haute cour de justice, n° 12; Ministère public, n°s 5 et suiv.; Procédure criminelle, n°s 127, 381, 1219 et suiv.; Organisation judiciaire, n°s 419 et suiv.; — et infrà, v^{is} Uniforme-costume, et Rép. eod. v°, n° 40.

PRODIGUE. — V. outre les renvois indiqués au Répertoire, supra, v^{is} Commerçant, n° 77; Conciliation, n° 25; Désistement, n° 8; Domicile élu, n° 3; Exploit, n° 40; Expropriation pour cause d'utilité publique, n°s 77, 299 et 369; Faillites et banqueroutes, n° 207; Interdiction-conseil judiciaire, n° 3, 144, 191 et suiv., 209 et suiv.; Notaire-notariat, n° 119; Obligations, n° 1288; Péremption d'instance, n° 24; Prescription civile, n° 464; Presse-outrage-publication, n° 1505; Privilèges et hypothèques, n° 732; — et infrà, v^{is} Responsabilité, et Rép. eod. v° n° 141; Transaction, et Rép. eod. v° n°s 41 et 47; Vente, et Rép. eod. v°, n° 403: Volonté-intention-connaissance, et Rép. eod. v°, n° 53.

PROFESSEUR. — V. outre les renvois indiqués au Répertoire, supra, v^{is} Domicile, n° 16; Organisation de l'instruction publique; Patente, n° 587; Privilèges et hypothèques, n°s 64 et 69; — et infrà, v^{is} Traitement, et Rép. eod. v°, n°s 77, 94, 98, 111, 116, 200 et suiv.; Uniforme-costume, n°s 13, 16 et suiv., 44.

PROFIT-JOINT. — V. supra, v° Jugement par défaut, n°s 48 et suiv., et Rép. eod. v°, n°s 52 et suiv.

PROMESSE DE MARIAGE. — V. outre les renvois indiqués au Répertoire, supra, v^{is} Enregistrement, n° 590; Faux et fausse monnaie, n° 249; Mariage, n° 46 et suiv.; — et infrà, v° Responsabilité, et Rép. eod. v°, n° 160.

PROMESSE DE VENTE. — V. outre les renvois indiqués au Répertoire, supra, v^{is} Echange, n° 20; Enregistrement, n°s 166, 616, 1081, 1095 et suiv., 1147, 1168, 1586 et 2439; Jugement, n° 777; Louage, n° 326; — et infrà, v^{is} Saisie-gagerie, et Rép. eod. v°, n° 10; Transcription hypothécaire, et Rép. eod. v°, n° 79 et suiv.; Vente, et Rép. eod. v°, n°s 285 et suiv., 306 et suiv., 334 et suiv.; Vol et escroquerie, et Rép. eod. v°, n° 778.

PROMULGATION. — V. *suprà*, v^{is} *Droit constitu-*
tionnel, n°s 74 et 79 ; *Lois*, n°s 54 et suiv., 75 et suiv., 110 et
suiv. ; — et *infrà*, v^{is} *Traité international*, et *Rép. eod.* v^{o},
n°s 134 et suiv.

PROPRIÉTAIRE. — V. outre les renvois indiqués au
Répertoire, *suprà*, v^{is} *Acte de commerce*, n°s 67, 102 et suiv.,
136 et suiv., 153 et suiv., 209, 338 et suiv. ; *Acte de l'état*
civil, n° 61 ; *Action*, n° 53 ; *Affiche-afficheur*, n°s 29, 57 et
suiv. ; *Associations illicites*, n° 30 ; *Associations syndicales*,
n° 96 ; *Assurances terrestres*, n°s 40, 203, 227 et 236 ; *Atten-*
tat aux mœurs, n° 73 ; *Biens*, n°s 16 et suiv., 28, 31 et suiv.,
44, 54 et suiv. ; *Borne-bornage*, n° 13 ; *Chasse-louveterie*,
Dépôt-séquestre, n°s 57 et suiv. ; *Domicile*, n°s 16 et
suiv., 83 ; *Dommage-destruction-dégradation*, n°s 172 et
176 ; *Exploit*, n° 78 ; *Expropriation pour cause d'utilité pu-*
blique, n°s 38, 64 et suiv., 137 et suiv., 153,261,272 et suiv.,
285 et suiv., 348, 364, 374, 715, 733, 803 et 838 ; *Impôts di-*
rects, n°s 107 et suiv. ; *Impôts indirects*, n°s 26 et suiv., 57 ;
Louage, n° 155 ; *Louage d'ouvrage et d'industrie*, n°s 84 et
suiv., 125 ; *Mines*, n°s 370 et suiv.,399 et suiv., 449 et suiv.,
486 ; *Octroi*, n° 285 ; *Patente*, n°s 592 et suiv., 828 et suiv. ;
Poids et mesures, n° 24 ; — et *infrà*, v^{is} *Question préjudicielle-*
sursis, et *Rép. eod.* v^{o}, n°s 44, 99 et 117 ; *Responsabilité* ;
Saisie-brandon, et *Rép. eod.* v^{o}, n°s 15 et 28 ; *Saisie-exécu-*
tion, et *Rép. eod.* v^{o}, n° 296 ; *Saisie-gagerie*, et *Rép. eod.* v^{o},
n°s 3 et suiv. ; *Saisie-revendication*, et *Rép. eod.* v^{o}, n° 6 ; *Sol*,
et *Rép. eod.* v^{o}, n° 97 ; *Servitude*, et *Rép. eod.* v^{o}, n° 962 et
suiv., 1146 et suiv., 1170 et suiv. ; *Substitution* ; *Succession* ;
Taxes, et *Rép. eod.* v^{o}, n° 33 ; *Théâtre-spectacle*, et *Rép.*
eod. v^{o}, n° 342 ; *Usage-usage forestier*, et *Rép. eod.* v^{o},
n° 438 ; *Voirie par terre*, et *Rép. eod.* v^{o}, n° 2338 ; *Vol*
et escroquerie, et *Rép. eod.* v^{o}, n° 152 ; *Wattringues et*
Moeres, et *Rép. eod.* v^{o}, n° 41.

PROPRIÉTAIRE APPARENT. — V. outre les ren-
vois indiqués au *Répertoire*, *suprà*, v^{is} *Enregistrement*,
n°s 1032, 2302 et suiv., 2163 ; — et *infrà*, v^{o} *Tierce opposition*,
et *Rép. eod.* v^{o}, n° 138 ; *Usage-usage forestier*, et *Rép. eod.*
v^{o}, n° 184.

PROPRIÉTÉ.

Division.

CHAP. 1er. — **Fondement du droit de propriété. —**
Historique et Législation. — Droit comparé (*Rép.*
n°s 1 à 48).

1. La question du fondement du droit de propriété et de
sa légitimité au point de vue philosophique a été suffisamment étudiée (*Rép.* n°s 2 à 11) pour qu'il soit inutile d'y revenir. Il en est de même de celle de l'origine et de l'histoire
de la propriété dans les diverses civilisations anciennes (*Rép.*
n°s 18 et suiv.).

2. Les diverses constitutions politiques qui ont régi la
France depuis 1804 ont toujours affirmé, implicitement ou
explicitement, le principe de l'inviolabilité de la propriété.
Celle de 1875 n'en a pas parlé spécialement ; mais ce silence
se comprend puisque ce document législatif n'avait en vue
que l'établissement et le fonctionnement des pouvoirs publics, toutes les questions de propriété et d'intérêt privé
restant naturellement sous l'empire du code civil.

3. — I. LÉGISLATION. — Il y a fort peu de monuments législatifs à signaler en matière de propriété. D'une part, le législateur n'a modifié aucun des articles compris dans le code
civil au titre de la propriété, et de l'autre, il s'est présenté
très peu de circonstances exceptionnelles de nature à l'obliger à édicter des mesures spéciales, soit à titre temporaire,
soit à titre définitif. Les événements politiques, en particulier la révolution de 1848, et les désordres causés par la
Commune en 1871, ont nécessité toutefois l'intervention du
législateur. — Dans cet ordre d'idées, nous mentionnerons un
décret des 27 févr.-1er mars 1848 (D. P. 48. 4. 37), concer-

nant la protection des propriétés publiques et privées, et un autre des 24 déc. 1851-16 janv. 1852 (D. P. 52. 4. 24), qui a eu pour but d'ouvrir un crédit de 5 600 000 fr. destinés à accorder des indemnités aux particuliers dont les propriétés avaient souffert des dommages matériels par suite des événements de février et juin 1848.

4. La loi des 12-19 mai 1871 (D. P. 71. 4. 32), rendue à l'occasion des événements insurrectionnels de la même année, déclare inaliénables les propriétés publiques et privées, saisies ou soustraites à Paris depuis le 18 mars 1871.

En vertu de l'art. 1, sont déclarés inaliénables, jusqu'au retour entre les mains du propriétaire légitime, tous les biens meubles et immeubles de l'Etat ou des particuliers soustraits, saisis, ou mis sous séquestre, ou enfin détenus d'une manière quelconque, au nom ou par les ordres du pouvoir insurrectionnel, ou qui auraient été saisis par des individus quelconques sans que ce pouvoir s'y fût opposé.

D'après l'art. 2, les aliénations frappées de nullité ne pourront, pour les immeubles, servir de base à la prescription de dix à vingt ans, ni pour les meubles donner lieu à l'application des art. 2279 et 2280 c. civ. De plus, les véritables propriétaires pourront les revendiquer sans avoir à verser aucune indemnité aux détenteurs actuels, lui ne pourront jamais exciper de leur bonne foi. Ces actions en revendication pourront s'exercer pendant trente années à partir du jour de la cessation officielle constatée de l'insurrection de Paris. Dès qu'il sera prouvé qu'un tiers revendiquant détenait à un titre quelconque un immeuble avant le 18 mars 1871, ce bien devra lui être rendu, alors même que sa possession antérieure aurait été entachée de vices. — En stipulant que le défendeur ne peut réclamer aucune indemnité, le législateur n'a eu en vue, croyons-nous, que la restitution éventuelle d'un prix d'achat; aussi le défendeur pourrait-il, à notre avis, se prévaloir des droits conférés par l'art. 555 c. civ. au possesseur de mauvaise foi, et réclamer au demandeur des dommages-intérêts pour les impenses nécessaires faites par lui et à ses frais sur la chose revendiquée. La même solution doit s'appliquer pour le cas de nouvelles constructions élevées sur le terrain en litige. Néanmoins, si en réclamant une somme trop considérable, le défendeur mettait le véritable propriétaire dans l'impossibilité de satisfaire à une pareille prétention, surtout si les dépenses avaient été faites précisément dans ce but, les juges pourraient ou réduire ce chiffre, ou même débouter le défendeur de la totalité de ses prétentions, en vertu de la maxime : *malitiis non est indulgendum*. — On conçoit, d'ailleurs, que le législateur n'ait pas admis en faveur du défendeur l'excuse de la bonne foi, car, comme l'a très bien dit le rapporteur, M. Berthauld, « la loi sans cela eût manqué son but. L'inaliénabilité serait illusoire et presque une lettre morte, si elle n'avait d'effet que contre les spoliateurs et leurs représentants à titre universel. Elle ne sera efficace qu'à la condition d'être opposable aux représentants à titre particulier, aux ayants cause à titre onéreux ou gracieux aux donataires et acheteurs même de bonne foi. Si l'exception de bonne foi pouvait paralyser le titre des spoliés, comme la bonne foi doit toujours être présumée, que la preuve est imposée à ceux qui veulent détruire cette présomption, les spéculations de mauvais aloi, que l'on voulait éviter deviendraient pour eux de chances de réussite ».

Les art. 3 et 4 s'occupent des peines correctionnelles qu'encourront tous ceux qui sciemment se seront emparés ou auront facilité le vol des biens de l'Etat ou des particuliers. Ces peines seront celles édictées par l'art. 401 c. pén. De plus, tomberont sous le coup des dispositions des art. 255 et 256 du même code tous ceux qui auront détruit ou altéré, en tout ou en partie, ou détourné les actes de l'état civil, les bulletins du casier judiciaire, les minutes et dépôts de tous offices ministériels, les archives de toute nature et tous autres dépôts d'intérêt public, et leurs complices. L'art. 463 c. pén., relatif aux circonstances atténuantes, est déclaré applicable aux crimes et délits prévus par ladite loi.

Relativement à cette loi, il importe de remarquer que la prescription de l'action civile est la prescription ordinaire de trente ans, tandis que l'action pénale est prescrite par le délai de trois ou dix ans, suivant qu'il s'agit d'un crime ou d'un délit. Les deux actions sont donc absolument indépendantes l'une de l'autre (Rapport de M. Berthauld). Quant à la date de

la cessation de l'insurrection, elle a été officiellement fixée au 7 juin 1871, date du rétablissement de la justice dans le département de la Seine (*Journ. off.* du 8 juill. 1871). C'est donc de ce jour que doit se compter le délai de la prescription trentenaire. En lisant le texte de la loi, on serait peut-être tenté de lui attribuer une portée rétroactive, puisque, promulguée au mois de mai 1871, elle déclare inaliénables tous les biens vendus depuis le 18 mars de la même année. Cette interprétation serait inexacte : pour s'en convaincre, il suffit de se reporter au rapport de M. Berthauld, où il est dit formellement que la loi n'a aucun effet rétroactif, et qu'en conséquence elle ne s'applique qu'aux ventes effectuées postérieurement à sa promulgation. Toutefois, et c'est un point capital, si la date du 18 mars 1871 n'a pas pour objet d'indiquer quand cette loi spéciale sera applicable, elle fixe le point de départ en ce qui concerne l'origine des objets qui seront transmis, quelle que soit la date de transmission. Ainsi supposons des objets volés depuis le 18 mars, et vendus par le voleur postérieurement au 19 mai 1871; la loi sera-t-elle applicable? Certainement. l'ayant cause du voleur tombe sous le coup de ses dispositions, puisque la double condition imposée est remplie, à savoir, d'une part, que le vol soit postérieur au 18 mars et, d'autre part, la vente postérieure à la date de la promulgation de la loi.

5. — II. DROIT COMPARÉ. — 1° *Angleterre*. — A l'exposé qui a été fait au *Rép.*, n° 47 et suiv., du système de la législation anglaise en matière de propriété, il y a lieu d'ajouter certains documents législatifs relatifs à cette matière, notamment les lois du 7 sept. 1880 sur la protection contre les dégâts causés par le gibier (*Annuaire de législation étrangère*, 10° année, p. 32); du 22 août 1881, sur le transfert de la propriété immobilière (*Ann. lég., comp.*, t. 11, p. 39); du 18 août 1882, sur la protection des monuments anciens (*Ibid.*, 11° année, p. 324); du 2 août 1883, sur la pêche maritime en Irlande (*Ibid.*, 13° année, p. 25); du 24 déc. 1888, sur l'acquisition des terres par les tenanciers en Irlande (*Ibid.*, 18° année, p. 19).

6. — 2° *Hollande* (*Rép.* n° 46). — La législation complétée par les lois suivantes: L. 23 juill. 1885, sur les épaves (*Ann. lég. étr.*, 15° année, p. 385); L. 14 juin 1890, sur la pêche maritime (*Ibid.*, 20° année, p. 532).

7. — 3° *Belgique*. — Il y a lieu d'ajouter aux documents législatifs relatifs à la matière de la propriété (*Rép.* n° 45) les suivants: L. 28 févr. 1882, sur la chasse (*Ann. lég. étr.*, 12° année, p. 739); L. 27 mars 1882, contre les délits commis à la pêche à la mer (*Ibid.*, 12° année, p. 752); L. 19 janv. 1883, sur la pêche fluviale (*Ibid.*, 13° année, p. 493); L. 8 janv. 1884, sur la pêche dans la mer du Nord (*Ibid.*, 14° année, p. 467); L. 8 mai 1888, sur les passages d'eau particuliers (*Ibid.*, 18° année, p. 588).

8. — 4° *Italie*. — Les rédacteurs du code civil italien, en vigueur depuis le 1er janv. 1866, ont reproduit, quant à l'organisation de la propriété, les dispositions de la loi française (V. Huc et Orsier: *Le code civil italien*, traduit). — Parmi les dispositions législatives d'un caractère spécial, il y a lieu de mentionner les règlements du 13 juin 1880, 15 mai et 30 nov. 1884, sur la pêche (*Ann. lég. étr.*, 10° année, p. 310; 14° année, p. 389); du 20 juin 1889, sur le cadastre (*Ibid.*, 19° année, p. 395).

9. — 5° *Autriche-Hongrie*. — Les principales dispositions du code civil autrichien sur la propriété ont été exposées au *Rép.*, n° 48. Ajoutons que, de même qu'en Prusse, le consentement des parties ne suffit pas pour la transmission de la propriété immobilière; l'inscription sur le registre terrier est, en outre, nécessaire. — V. aussi les lois du 25 avr. 1885, sur la pêche (*Ann. lég. étr.*, 15° année, p. 226); du 14 juin 1889, sur le régime des eaux en Hongrie (*Ibid.*, 15° année, p. 256); du 7 juin 1883, sur la réunion d'immeubles ruraux (*Ibid.*, 13° année, p. 298); du 25 mars et 13 avr. 1883, sur la chasse en Hongrie (*Ibid.*, 13° année, p. 381 et 392).

10. — 6° *Russie*. — Le droit de propriété, tant sur les immeubles que sur les meubles, a été reconnu et garanti de tout temps par la législation russe. Le plus ancien monument législatif qui soit parvenu jusqu'à nous, le *Pravda Roussкaia*, d'Iaroslav, contient des dispositions précises à ce sujet. La propriété en principe peut porter

sur tous les objets que la loi n'a pas mis expressément hors du commerce. Les choses de cette dernière catégorie, biens de la couronne ou du domaine public, sont régies par des statuts spéciaux. — La loi reconnaît les modes d'acquisition suivants : l'occupation, l'accession, l'acquisition des fruits d'une chose, les conventions, la prescription et les successions. En matière d'occupation, les règles sont en général conformes aux dispositions de la loi française. Le trésor appartient, en Russie, au propriétaire de l'immeuble, qu'il ait été découvert par celui-ci ou par toute autre personne. En Pologne, la législation est la même qu'en France. Dans les provinces baltiques, si le trésor est trouvé dans un terrain sur lequel il existe un droit de propriété directe et un droit utile, la loi décide que le trésor devra appartenir au titulaire du domaine utile. — L'occupation, quant aux immeubles, s'applique à ceux d'entre eux qui n'appartiennent à personne.

En ce qui regarde l'accession, le code russe consacre d'une façon générale, ce principe que les accessoires et accroissements profitent au propriétaire de la chose (art. 425). A la différence du code civil français, il attribue aux riverains, et non à l'Etat, la propriété des îles qui se forment dans les cours d'eau navigables et flottables, comme de celles qui prennent naissance dans les rivières non navigables ni flottables. Le propriétaire riverain a droit aux relais et aux arbres croissant sur la rive. Si un cours d'eau change de lit, le lit ancien appartient aux riverains. Les règles de l'avulsion sont les mêmes qu'en France.

Quant à l'accession d'objets mobiliers à un immeuble, on considère en principe comme faisant partie du fonds tout bâtiment qui y adhère par ses fondations. Lorsqu'un tiers de mauvaise foi a bâti, avec des matériaux qui lui appartiennent, sur le fonds d'autrui, il ne peut réclamer d'indemnité au véritable propriétaire, que s'il s'agit d'ouvrages nécessaires ; si les réparations ne constituent que des travaux utiles ou de pur agrément, il n'a qu'un seul droit, c'est de les enlever, s'il peut le faire sans préjudice pour le fonds. Si le constructeur était de bonne foi, il peut refuser de déguerpir tant que le propriétaire du sol lui dénie une indemnité équitable pour les travaux qu'il conserve. Si le propriétaire du sol emploie de bonne foi, pour une construction, des matériaux appartenant à autrui, le code baltique ne lui impose l'obligation d'en rembourser la valeur que jusqu'à la concurrence de ce dont il s'est enrichi; il n'en doit la valeur exacte que s'il était de mauvaise foi. Les arbres plantés sur le terrain d'autrui n'appartiennent au propriétaire du sol que du jour où ils ont pris racine; si, après avoir pris racine, ces arbres sont ensuite arrachés, ils retombent pas dans le domaine de leur ancien propriétaire, mais continuent d'appartenir au propriétaire du sol, jusqu'à ce qu'ils aient été replantés ailleurs et y aient pris racine. Si un tiers a planté sur son terrain des arbres appartenant à autrui, et s'il est de bonne foi, il ne doit rembourser que la valeur de ce dont il s'est enrichi; s'il est de mauvaise foi, au contraire, il doit rembourser la valeur intégrale des arbres. — La matière de l'accession d'un meuble à un autre meuble est réglementée pour tout l'empire par une loi spéciale du 2 juill. 1862 (V. Ernest Lehr, *Éléments de droit russe*, t. 1, nᵒˢ 245 à 254).

En ce qui concerne l'acquisition des fruits, la loi russe diffère sur certains points de la loi française. Pour les fruits industriels, celui qui y a droit les fait siens dès que les ouvrages nécessaires pour les produire sont achevés ; les fruits civils s'acquièrent au moment de leurs échéances.

La possession est soumise à des règles différentes suivant qu'elle est de bonne ou de mauvaise foi. En général, la bonne foi doit se présumer, jusqu'au jour d'une demande en justice introduite contre le possesseur. — Le possesseur de mauvaise foi qui a joui indûment de la chose d'autrui est tenu : 1ᵒ à indemniser le propriétaire lésé de tous les dommages causés à l'immeuble, pendant qu'il le détenait ; 2ᵒ de lui faire état de tous les revenus qu'il a perçus depuis le moment de son entrée en jouissance ; 3ᵒ enfin de l'indemniser du préjudice qu'il lui a causé en le privant de l'exercice de son droit. L'immeuble lui-même doit être restitué dans l'état où il se trouvait au moment de la prise de possession. S'il a aliéné certaines parties de l'immeuble, le possesseur de mauvaise foi est obligé de rembourser au propriétaire, au choix de ce dernier, soit le prix de vente, soit la valeur estimative de la propriété. Sa responsabilité s'étend non seulement aux dommages qu'il a causés volontairement, mais encore à ceux qui sont le fait de sa négligence, et qu'il aurait dû prévoir et empêcher ; il ne répond pas toutefois des événements de force majeure. Il doit enfin au propriétaire le remboursement de tous les frais du procès en revendication et des dépenses occasionnées par sa réintégration. En déduction des restitutions à faire par le possesseur de mauvaise foi, il y a lieu de compter les dépenses payées par lui et afférentes à la gestion de l'immeuble, celles faites pour son bon entretien, les sommes dépensées pour achat de matériel, si ce matériel est encore existant au jour de la revendication, et si le propriétaire veut le garder. Enfin il doit l'intérêt à 9 pour 100 des capitaux qu'il a indûment perçus, alors même qu'il justifierait que ces sommes sont restées improductives. — Le possesseur de bonne foi, au contraire, fait les fruits siens, et il a droit à récompense pour toutes les constructions qu'il a élevées dans l'intérêt de l'exploitation, et pour les améliorations qu'il a apportées aux bâtiments déjà existants, si ces améliorations subsistent et si le légitime propriétaire veut en profiter. Il peut également réclamer une indemnité pour les travaux extraordinaires indispensables qu'il a dû exécuter pour la conservation de l'immeuble. Il répond des destructions qu'il a causées volontairement et de tout ce qu'il a détaché de l'immeuble par voie de cession, à l'exception de choses ayant le caractère de fruits ou de revenus ; enfin des revenus qu'il aurait pu toucher par anticipation. En restituant le domaine, le possesseur doit, dans tous les cas, y laisser ce qui sera reconnu nécessaire pour les semailles et l'entretien du bétail jusqu'à la prochaine récolte. S'il y a difficulté sur la fixation des indemnités, la solution en est confiée à l'arbitrage des trois voisins les plus compétents.

Quant à la nature du droit du propriétaire sur sa chose, ce droit est plein et entier, et il peut en tirer, comme bon lui semble, tous les profits dont elle est susceptible, alors même que, pour l'exercice de son droit, il causerait indirectement un dommage à autrui. — Le droit de propriété comporte la propriété du dessus et du dessous, sauf les exceptions limitativement édictées par les lois.

Pour faire sanctionner son droit, le propriétaire russe a l'action en revendication qu'il peut intenter contre tout détenteur, possédât-il, au nom d'un tiers. Si le défendeur, tout en détenant la chose, déclare ou bien qu'il ne la possède pas ou qu'il ne la possède que pour le compte d'un tiers, le demandeur doit être mis en possession, sans avoir besoin d'établir au préalable son droit de propriété. — La revendication peut porter soit sur une chose isolée, soit sur une universalité de choses corporelles, mais non sur une universalité comprenant à la fois des meubles et des immeubles. S'il s'agit d'un meuble, l'action en revendication du propriétaire n'est pas recevable, lorsqu'il a lui-même confié la chose à une autre personne à titre de prêt, de dépôt ou de gage, et que cette personne, abusant de la confiance qui lui avait été témoignée, livre la chose à un tiers. Dans ce cas, le propriétaire ne peut attaquer que celui à qui il avait confié sa chose (V. en outre les lois du 22 mars 1883, sur les formalités pour l'achat des terres, *Ann. lég. étr.*, 13ᵉ année, p. 687, et du 2 avr. 1883, sur la protection des monuments anciens, *ibid.*, 13ᵉ année, p. 689).

11. — 7ᵒ *Allemagne.* — Parmi les documents législatifs ayant trait à la propriété, il y a lieu de signaler : 1ᵒ en Prusse, les lois du 14 mars 1882 sur les immeubles (*Ann. lég. étr.*, 12ᵉ année, p. 375) ; du 20 mai 1885 sur l'aliénation des immeubles en pays rhénan (*Ibid.*, 15ᵉ année, p. 129) ; — 2ᵒ En Alsace-Lorraine, les lois du 31 mars 1884 sur le cadastre (*Ibid.*, 14ᵉ année, p. 262) et 24 juill. 1889, sur la propriété foncière (*Ibid.*, 19ᵉ année, p. 305) ; — 3ᵒ Dans le duché de Brunswick, les lois du 8 mars 1878 et 5 déc. 1888, sur l'acquisition de la propriété immobilière (*Ibid.*, 18ᵉ année, p. 386) ; 19 déc. 1889, sur la pêche (*Ibid*, 19ᵉ année, p. 285) ; — 4ᵒ A Brême, la loi du 3 août 1883, sur les bâtiments (*Ibid.*, 13ᵉ année) ; — 5ᵒ A *Lubeck* les lois du 18 mars 1884, sur la propriété foncière (*Ibid.*, 19ᵉ année, p. 286) ; du 1ᵉʳ févr. 1888 sur les registres terriers (*Ibid.*, 18ᵉ année, p. 371).

12. — 8ᵒ *Suisse.* — Il y a lieu de citer, parmi les dispositions législatives concernant la propriété : 1ᵒ dans le can-

ton de *Glaris*, les articles du code civil (*Ann. lég. étr.*, 10e année, p. 537); la loi du 3 mai 1885, sur les acquisitions d'immeubles (*Ibid.*, 15e année, p. 466); 11 juin 1890; 2e dans le canton de *Vaud*, les lois du 30 août 1882 sur le cadastre (*Ibid.*, 13e année, p. 650); du 9 mars 1884, sur le cadastre (*Ibid.*, 14e année, p. 592); 3e dans le canton d'*Argovie*, la loi sur le droit des choses, 28 mars 1887 (*Ibid.*, 17e année, p. 656).

13. — 9e *États-Unis.* — La transmission de la propriété s'opère par le seul consentement; mais l'inscription de la mutation au bureau de l'enregistrement est nécessaire pour rendre cette transmission opposable aux tiers (*Ann. lég. étr.*, 2e année, p. 72). — On peut citer parmi les lois spéciales: celles du 2 juin 1884 (Massachusetts), sur la vente des objets mobiliers, et du 2 juin 1884 sur la chasse (*Ibid.*, 14e année, p. 785 et 794); et celles du 18 juin 1885 sur les épaves (*Ibid.*, 15e année, p. 630).

14. — 10e *Espagne.* — Un décret du 17 avr. 1884 a trait aux registres de propriété (*Ann. lég. étr.*, 14e année, p. 403).

15. — 11e *Norvège.* — Il y a lieu de citer une loi du 4 juill. 1884, sur le cadastre (*Ann. lég. étr.*, 14e année, p. 628).

16. — 12e *Danemark.* — V. L. 12 mars 1889, sur les bâtiments (*Ann. lég. étr.*, 19e année, p. 723).

17. — 13e *Roumanie.* — V. L. 6 avr. 1889, sur la vente des biens de l'État (*Ann. lég. étr.*, 19e année, p. 843); 31 mars 1882, sur la propriété foncière en Dobrodja (*Ibid.*, 12e année, p. 893).

CHAP. 2. — De la nature et des éléments du droit de propriété (*Rép.* nos 49 à 76).

18. — I. NATURE DU DROIT DE PROPRIÉTÉ (*Rép.* nos 49 à 53). — La propriété confère à celui qui en est investi un droit absolu et exclusif (*Rép.* n° 49). — V. sur ce principe fondamental: Demolombe, *Cours de droit civil*, t. 9, n° 535; Laurent, *Principes de droit civil*, t. 6, n° 87; Aubry et Rau, *Cours de droit civil français*, t. 2, § 190, p. 17. Comp. aussi, Civ. cass. 23 juin 1857, aff. Clausse, D. P. 1. 233.

19. De la nature du droit de propriété découle cette conséquence que jamais les tribunaux ne peuvent transformer ce droit réel (*Rép.* n° 50) en une simple créance d'indemnité

Il a été décidé, par application de ce principe, que, dans le cas même où l'assiette de la propriété ne serait pas précisée, comme dans l'hypothèse où il s'agirait d'un droit de propriété portant sur une part d'immeuble et dont la délivrance en nature ne serait pas possible, le juge ne serait pas autorisé, malgré les circonstances, à transformer ce droit de propriété en une indemnité pécuniaire (Civ. cass. 7 juill. 1879) (1).

20. La propriété est, en général, pleine et entière (*Rép.* n° 53); mais elle peut être affectée de diverses modalités. Ainsi, elle peut être affectée d'un terme extinctif. Dans ce dernier cas, notamment, le titulaire est un véritable propriétaire jouissant de tous les avantages afférant à son titre; il peut, en principe, aliéner sa chose (Civ. rej. 3 févr. 1886, aff. Société lyonnaise des eaux et de l'éclairage, D. P. 86. 1. 190). — Il est, d'ailleurs, bien entendu que le droit de l'acquéreur sera renfermé dans les mêmes limites.

21. — II. ÉLÉMENTS DU DROIT DE PROPRIÉTÉ (*Rép.* nos 54 à 76). — Tout propriétaire a le droit d'user de sa chose, d'en transformer la destination et de s'approprier les fruits qu'elle produit (*Rép.* n° 54). Du droit de recueillir les fruits découle celui de chasse, de pêche dans les terrains ou les eaux dont il est propriétaire. Il jouit de même du produit des carrières, tourbières, et des sources existant dans son tréfonds. De même, il peut dénaturer sa chose: ainsi, à la place d'un champ, établir un étang en utilisant à cet effet les sources qui prennent naissance sur son fonds, ou les eaux pluviales qui y tombent, ainsi que celles qui découlent des fonds supérieurs ou de la voie publique (Aubry et Rau, t. 2, § 191, p. 175; Demolombe, t. 10, n° 27; Garnier, *Régime des eaux*, n° 103).

22. Le propriétaire peut même mésuser de sa chose (*Rép.* n° 55), la détruire ou en diminuer la valeur; mais il ne jouit de ces droits qu'à la condition de ne point porter atteinte à la propriété d'autrui (Colmar, 2 mai 1855, aff. Doerr, D. P. 56. 2. 9; Lyon, 18 avr. 1856, aff. Badoit, D. P. 56. 2. 199; Dijon, 13 déc. 1867) (2).

23. Il ne faut pas confondre l'hypothèse précédente, où il y a atteinte à la propriété d'autrui, avec celle où un propriétaire, en se renfermant dans le pur exercice de son droit de propriété, aurait, par cela même, privé un tiers de quelque avantage dont il jouissait auparavant. Dans ce dernier cas, le propriétaire est à l'abri de tout recours. C'est

<hr/>

(1) (Jacquin C. Société des Orphelinats agricoles indigènes de l'Algérie.) — LA COUR; — Sur le moyen unique de pourvoi; — Vu l'art. 545 c. civ.; — Attendu que l'arrêt attaqué constate que la société des Orphelinats agricoles en Algérie, ayant, par suite d'une erreur, revendiqué 14 hectares 37 ares de terrain qu'elle supposait compris dans la ferme saisie sur le sieur Jacquin, un jugement du 7 déc. 1875 a ordonné qu'il serait sursis à la vente de cette portion d'immeuble et procédé seulement à l'adjudication du surplus, et que, par suite, l'adjudication prononcée au profit de la société des Orphelinats a porté effectivement sur une contenance réduite de 103 hectares à 88 hectares 74 ares 50 centiares; — Attendu que, tout en déclarant expressément que la demande en distraction, formée par la société des Orphelinats n'était pas fondée, et qu'il y aurait lieu de reconnaître purement et simplement que les 14 hectares 39 ares non vendus sont la propriété de Jacquin, et d'ordonner qu'il lui en serait fait délivrance sur la société des Orphelinats, l'arrêt attaqué a néanmoins décidé que celle-ci conserverait les 103 hectares formant la contenance intégrale de la ferme saisie, sauf à tenir compte à Jacquin d'une somme d'argent représentant la valeur des 14 hectares 39 ares non adjugés; — Attendu que l'arrêt attaqué se fonde, pour justifier cette décision, sur ce que, l'assiette des 14 hectares 39 ares n'étant pas précisée, la délivrance de cette part d'immeuble en nature serait impossible; que cette difficulté d'exécution ne pouvait autoriser les juges, alors d'ailleurs qu'il n'appert d'aucun accord des parties sur ce point, à convertir un droit de propriété reconnu en une simple indemnité pécuniaire; — D'où suit qu'en décidant le contraire, l'arrêt attaqué a violé la disposition de l'art. 545 susvisé; Casse, etc.

Du 7 juill. 1879.-Ch. civ.-MM. Mercier, 1er pr.-Baudoin, rap.-Desjardins, av. gén.-Duboq et Sabatier, av.

(2) (Villemot C. Sauvageot.) — LA COUR; — Considérant que si l'art. 544 c. civ. reconnaît au propriétaire le droit de jouir et de disposer de sa chose de la manière la plus absolue, c'est à la condition qu'il n'en fasse pas un usage prohibé par les lois et règlements; — Que l'art. 651 du même code assujettit les pro-

priétaires à différentes obligations l'un à l'égard de l'autre, indépendamment de toute convention; — Que parmi ces engagements formés involontairement aux termes de l'art. 1370, les premiers sont ceux qui existent entre propriétaires voisins; — Que quelque liberté que chacun ait de faire ce que bon lui semble sur son héritage, il n'y peut rien faire qui puisse nuire à l'héritage contigu; — Que ces principes, tirés de la loi romaine et admis dans l'ancien droit, ont été conservés par le droit nouveau; — Considérant que si Villemot avait le droit de rectifier le cours du ruisseau de Basserotte coulant sur sa prairie, et par suite creuser un canal au pied du talus qui soutenait les terres des consorts Sauvageot, il ne pouvait cependant opérer ce changement dans la constitution même des lieux qu'en prenant les mesures nécessaires pour ne pas enlever à son voisin la solidité du sol supérieur; — Que le terrain des intimés, placé sur un niveau plus élevé que la prairie de l'appelant, n'a pour point d'appui que le talus en pente d'une hauteur de deux mètres appartenant à Villemot; — Qu'il dérivait donc de la situation naturelle des lieux une obligation pour celui-ci de ne point modifier l'état des choses primitif, sous peine de répondre de son fait personnel aux termes de l'art. 1382 c. civ. et des éboulements résultant de l'excavation opérée par sa seule volonté; — Qu'il ne s'agit point ici pour les intimés d'une simple incommodité ou la privation d'un avantage par suite du libre exercice du droit de l'appelant; qu'il s'agit d'un dommage réel et direct causé par l'abus de ce droit vis-à-vis d'un tiers; — Qu'il n'était, en effet permis à Villemot d'améliorer sa situation que dans les limites déterminées par les lois, et en ne pratiquant aucuns travaux de nature à entraîner les accidents de terrain qui ont eu lieu; — Que dans ces circonstances, il est tenu de réparer le préjudice causé;

Par ces motifs, dit que Villemot sera tenu de restituer les lieux dans leur état primitif, si mieux, il n'aime, à ses risques et périls, exécuter les travaux nécessaires pour préparer et prévenir, les éboulements semblables à ceux qui ont eu lieu au préjudice des consorts Sauvageot, etc.

Du 13 déc. 1867.-C. de Dijon, 1re ch.-MM. Neveu-Lemaire 1er pr.-Boignot et Lacomme, av.

ainsi qu'un propriétaire, qui bouche la vue à son voisin en élevant un bâtiment sur son fonds, alors qu'il n'existe en faveur du voisin aucune servitude active, ne peut être actionné en dommages-intérêts (Aubry et Rau, t. 2, § 191, p. 176). La jurisprudence va plus loin encore, et décide que le propriétaire riverain d'un cours d'eau a le droit, pour garantir son fonds contre la corrosion des eaux, de faire des travaux de défense, à la seule condition de ne pas empiéter sur le lit du cours d'eau et de se conformer aux règlements, alors même que ces travaux pourraient entraîner des inconvénients pour les riverains d'en face, ceux-ci pouvant se défendre à leur tour d'une manière analogue (Cons. d'Et. 13 déc. 1860, aff. Marchand, *Rec. Cons. d'Etat*, p. 767; Req. 11 juill. 1860, aff. Duverney, D. P. 61. 1. 111; Demolombe, t. 11, nᵒ 30, Garnier, *Des rivières*, t. 3, nᵒ 677). .

24. La libre disposition des biens entre les mains de leur propriétaire est un attribut essentiel du droit de propriété, et l'ordre public s'oppose à ce qu'il y soit dérogé hors des cas spécialement autorisés par la loi. La condition d'inaliénabilité, insérée dans un acte juridique quelconque, doit donc être considée comme illicite (Civ. cass. 6 juin 1853, aff. Worms, D. P. 53. 1. 191; Demolombe, t. 6, nᵒ 103 ; Laurent, t. 6, nᵒ 103. V. aussi *suprà*, vᵒ *Disposition entre vifs et testamentaires*, nᵒ 54). Mais comme on l'a dit *ibid.*, la condition d'inaliénabilité, qui porte directement sur les biens et tend à leur attribuer un caractère juridique que la loi ne leur reconnaît pas, ne doit pas être confondue avec la prohibition d'aliéner, insérée dans un acte d'aliénation, laquelle ne s'adresse qu'à la personne de l'acquéreur. C'est surtout en matière de disposition à titre gratuit soit par acte entre vifs, soit par testament, que la question s'est élevée de savoir si une semblable prohibition était valable, ou si elle devait être réputée nulle comme constituant une condition illicite. Ainsi qu'on l'a vu *suprà*, vᵒ *Disposition entre vifs et testamentaires*, nᵒ 54 et suiv., bien que la nullité de la clause dont il s'agit soit admise en principe, la doctrine et la jurisprudence ont apporté à cette solution divers tempéraments.

25. On a vu au *Rép.*, nᵒ 65, que la propriété est susceptible d'être démembrée, c'est-à-dire qu'au lieu de se trouver réunis sur une même tête, ses différents attributs peuvent être répartis entre divers bénéficiaires. La loi a énuméré et réglementé certains de ces démembrements, l'usufruit par exemple. Mais, en dehors de ceux-là, un propriétaire a-t-il le droit de démembrer son bien d'une façon spéciale non prévue par le code? On a examiné cette question au *Rép.*, nᵒ 65, et il suffit d'ajouter qu'actuellement, tous les auteurs reconnaissent la légitimité de ces démembrements conventionnels. — En outre, la faculté dont il s'agit a toujours été considérée comme étant d'ordre public; d'où la conséquence qu'une renonciation à l'exercer, consentie par un propriétaire quelconque, serait nulle et non avenue (Civ. cass. 6 juin 1853, aff. Worms, D. P. 53. 1. 191 ; Aubry et Rau, t. 2, § 191, p. 176).

26. Non seulement un propriétaire peut démembrer sa propriété, mais il peut encore l'abandonner purement et simplement et pour la totalité, sans qu'elle passe, par le fait même, dans les mains d'un autre propriétaire ; elle devient alors une *res nullius*, si l'esprit d'abandon a été absolu de la part de l'ancien propriétaire (Aubry et Rau, t. 2, § 191, p. 176).

27. Parmi les variétés du droit de propriété figure le droit de superficie (*Rép.* nᵒ 76). Ce droit, qui remonte à la législation romaine (Demolombe, t. 9, nᵒ 483), d'où il est passé dans notre ancien droit, n'a pas disparu sous le régime du code civil, mais il n'y fait l'objet d'aucune disposition spéciale. En Belgique, au contraire, il existe une loi spéciale à ce sujet (Laurent, t. 8, nᵒ 409). — A Rome, le droit de superficie ne constituait pas un droit de propriété, mais un simple droit réel sur la chose d'autrui (Aubry et Rau, t. 2, § 223-2ᵒ, p. 438). Il en était autrement dans l'ancien droit, où le superficiaire ou *domanier* était un véritable propriétaire, et c'est encore le caractère que lui reconnaissent aujourd'hui la doctrine et la jurisprudence (Troplong : *Du louage*, t. 1, nᵒ 30; Demolombe, *eod. loc.*; Aubry et Rau, *eod. loc.*; Besançon, 12 déc. 1864, aff. Commune d'Orchamps-Vennes, D. P. 65. 2. 1.; Req. 5 nov. 1866, aff. Commune d'Orchamps, D. P. 67. 1. 32; Comp. Req. 6 mars 1861, aff. Syndic Vollot,

D. P. 61. 1. 418; Amiens 13 mars 1890, aff. De Monclos, D. P. 92. 1. 219 ; Req. 27 avr. 1891, aff. De Monclos, D. P. 92. 1. 219). — Comme le droit de propriété, celui de superficie est un droit perpétuel et permanent, et il se conserve également par le fait seul de l'intention. Jugé ainsi que ce droit ne s'éteint pas, comme l'usufruit, par le délai de trente ans, ni même, s'il a été constitué avant le code civil, par celui de cent ans (Req. 27 avr. 1891, précité).

CHAP. 3. — De l'objet du droit de propriété (*Rép.* nᵒˢ 77 à 133).

SECT. 1ʳᵉ. — DES CHOSES QUI NE SONT PAS SUSCEPTIBLES DE PROPRIÉTÉ PRIVÉE (*Rép.* nᵒˢ 77 à 132).

28. Une première classe de choses qui échappent à l'appropriation privée est celle des *choses communes* (*Rép.* nᵒ 78). La mer rentre dans cette catégorie (V. *Rép.* vᵒ *Domaine public*, nᵒ 26; Laurent, t. 6, nᵒ 5); mais il faut admettre que la mer territoriale appartient, en toute propriété, à l'Etat, dont elle baigne les côtes et sur laquelle il exerce les droits de pêche et de douane (Comp. *suprà*, vᵒ *Organisation maritime*, nᵒˢ 216 et 217). Jugé, à l'égard des choses communes, que l'autorité administrative excéderait ses pouvoirs en faisant, quant à leur usage, des concessions privilégiées, dont l'effet serait de restreindre l'exercice d'une faculté, qui appartient à tous (Cons. d'Et. 30 avr. 1863, aff. Bourgeois, D. P. 63. 3. 183 ; Caen, 21 août 1866, aff. Commune de Langrune, D. P. 67. 2. 221).

29. L'air est également chose commune (*Rép.* nᵒ 78); mais à certains égards, celui qui se trouve au-dessus de la surface d'un fonds est à considérer comme appartenant au propriétaire de ce fonds (Aubry et Rau, t. 2, § 168, p. 34). D'ailleurs, quoique non susceptibles de propriété, les choses de cette nature n'en tombent pas moins sous l'empire de la loi, pour le règlement de leur usage, qui ne saurait être abandonné d'une manière absolue à la discrétion de tous.

30. Une seconde catégorie de choses non susceptibles de propriété privée est celle des biens du domaine public. Ce dernier se divise en domaine national, départemental et communal, et c'est à l'Etat, au département ou à la commune qu'en incombent la surveillance et l'entretien. Le domaine national comprend les objets suivants : les routes et rues à la charge de l'Etat, les fleuves et les rivières navigables et flottables, les chemins de fer, canaux de navigation et leurs francs-bords, les rivages de la mer, ports, havres, rades, églises métropoles et cathédrales, bibliothèques et musées nationaux, les portes, murs et remparts des places de guerre, les arsenaux, casernes, bâtiments nationaux, Sénat, Corps législatif, Conseil d'Etat, etc. (Aubry et Rau, t. 2, § 169, p. 38 et suiv.). — Comp. *Rép.*, vᵒ *Domaine public*, nᵒˢ 12 et suiv.

31. Le domaine public du département comprend entre autres les routes départementales, les édifices et les bâtiments affectés aux services publics du département. Celui de la commune se compose notamment des rues ordinaires, des promenades, des cimetières, chemins vicinaux, des eaux affectées à des services publics, des canaux qui les amènent, des fontaines qui les distribuent, des hôtels de ville, églises paroissiales, écoles, halles, abattoirs, hospices..., etc. (Aubry et Rau, t. 2, § 169, p. 42; Paris, 18 févr. 1851, aff. Strapart, D. P. 51. 2. 73 ; Riom, 19 mai 1854, aff. Sibert, Pacros, D. P. 57. 2. 38). Les arrêts précités décident que les dépendances, et même les contreforts d'une église, font partie du domaine public de la commune; mais d'après un arrêt, il n'en est pas de même du terrain compris entre lesdits contreforts d'une église, et, par conséquent, ce terrain doit rentrer dans le domaine privé de la commune (Civ. rej. 7 nov. 1860, aff. Paroisse de Bolbec, D. P. 61. 1. 484. — V. au surplus, *suprà*, vᵒ *Domaine public*, nᵒˢ 5 et 8).

En ce qui concerne la propriété des chemins vicinaux ou ruraux, V. *suprà*, vᵒ *Domaine public*, nᵒ 6, et *infrà*, vᵒ *Voirie par terre*.

32. On a vu que les rivages de la mer échappent à toute appropriation privée (*Rép.* nᵒ 84). Suivant le droit Romain, les rivages de la mer constituaient des *res communes*; mais actuellement, et depuis l'ordonnance de 1681,

ils sont une dépendance du domaine de l'Etat, et il faut reconnaître que cela est plus rationnel, car si la mer elle-même n'est à aucun degré susceptible d'appropriation, il n'en est pas ainsi des rivages de la mer, qui sont à la portée des riverains et de l'Etat, dont ils constituent la limite (Laurent, t. 6, n° 6. Comp. *suprà*, v° *Domaine public*, n° 9 et suiv.).

33. On ne doit considérer comme compris dans le rivage et faisant, à ce titre, partie du domaine de l'Etat que les terrains qui touchent régulièrement à la mer. Jugé ainsi que des terrains non limitrophes de la mer, et accidentellement couverts par les eaux, ne forment pas une dépendance du domaine de l'Etat, alors même que des travaux exécutés par l'Etat auraient rendu plus fréquente l'immersion de ces terrains (Civ. rej. 17 mars 1857, aff. Préfet du Pas-de-Calais, D. P. 57. 1. 123). — Il faut, de même, distinguer les rivages de la mer, d'une part, et les bords des fleuves aux abords de la mer, d'autre part. (V. sur ce point, *suprà*, v° *Domaine public*, n° 13).

34. Malgré le silence de la loi, les lais et relais de la mer doivent être rangés dans le domaine privé de l'Etat (*Rép.* n° 85; Aubry et Rau, t. 2, p. 43, § 170 ; Garnier, *Régime des eaux*, t. 1, p. 39 ; Foucard, *Droit administratif*, t. 2, p. 798; Demolombe, t. 9, n° 458 ; Laurent, t. 6, n° 42). En vertu de l'art. 41 de la loi du 16 sept. 1807, l'Etat peut disposer des lais et relais de la mer par simple concession, et aux conditions qu'il juge convenables.

35. Tant que les flots recouvrent périodiquement les terrains du rivage, il n'y a pas encore de relais, et la rive reste dans le domaine public de l'Etat, et en conséquence imprescriptible (Req. 17 nov. 1852, aff. Favier, D. P. 53. 1. 105; Civ. cass. 21 juin 1859, aff. Trosselman, D. P. 59. 1. 252). — Mais le relai existe-t-il dès que les terrains cessent d'être périodiquement recouverts, ou bien un acte émanant de l'Administration est-il nécessaire pour donner l'existence légale aux lais et relais, qui ne constituent d'abord qu'une partie des rivages de la mer ? La question est d'un intérêt pratique considérable, puisque les lais deviennent prescriptibles, dès qu'ils font partie du domaine privé de l'Etat. D'après Laurent (t. 6, n° 43), il y aurait lieu de distinguer, suivant les circonstances qui ont produit les lais et relais. Si ces derniers ne sont que le résultat du simple travail de la mer, ils font partie du domaine privé dès leur formation ; si, au contraire, ils n'ont été produits qu'à la suite d'entreprises de l'homme, un décret fixera leur étendue et la date de leur incorporation au domaine privé (Civ. cass. 27 nov. 1867, aff. Treuille, D. P. 67. 1. 449).

36. La cour de cassation a eu à statuer sur une espèce intéressante qui s'est présentée dans la pratique : un relai concédé par l'Etat avait été, par la suite, périodiquement recouvert par la mer, pendant un temps assez long. Après vingt-trois ans de ce nouvel état de choses, les terrains autrefois concédés avaient été de nouveau mis à sec par les travaux d'un entrepreneur. Dans cette situation, l'ancien concessionnaire pouvait-il revendiquer les relais, qui lui avaient été originairement concédés ? Le droit du premier concessionnaire a été reconnu avec raison : en effet, rien n'avait pu lui faire perdre son droit de propriété, un simple cas fortuit l'ayant empêché d'en jouir pendant un certain délai. On objecterait en vain qu'il y avait, dans l'espèce, destruction complète de la propriété primitive : dès que les relais restaient légalement, ils sont régis, quant à leur propriété, par les règles de droit commun (Comp. en ce sens : Req. 28 déc. 1864, aff. Société de Polders, D. P. 65. 1. 139).

37. Bien que les lais et relais soient des dépendances du domaine de l'Etat, celui-ci peut néanmoins les aliéner sous certaines conditions, lorsque l'intérêt général n'en exige pas la conservation. Jugé qu'une aliénation de ce genre constitue un titre de propriété incommutable, alors même que la superficie du sol concédé serait soumise temporairement à l'action du flot (Req. 4 juill. 1882, aff. Pallix, D. P. 82. 1. 353).

38. En principe, les relais des fleuves appartiennent non à l'Etat, mais aux riverains (*Rép.* n° 106). Toutefois il existe, pour l'Escaut, un décret du 11 janv. 1811, qui apporte une exception à la règle générale (Laurent, t. 6, n° 43). Bien que ce décret soit illégal et dépasse le domaine de la simple

réglementation, les tribunaux l'ont considéré comme obligatoire, par le motif qu'il n'a pas été déféré au Sénat, dans le délai légal, comme entaché d'inconstitutionnalité (Bruxelles, 12 août 1856, *Pasicrisie belge*, 1857. 2. 25).

39. Les objets qui, en droit romain, rentraient dans la classe des *res divini juris* échappent encore aujourd'hui à toute appropriation privée (*Rép.* n° 108). Quant aux tombeaux, ils appartiennent aux familles dont les membres y sont inhumés (V. *suprà*, v° *Culte*, n° 939).

40. On a vu (*Rép.* n° 112) que les dépendances du domaine public, comme les routes..., etc., ne sont point non plus susceptibles de propriété privée. — Il a été décidé que, sous l'ancienne coutume de Bretagne, les chemins allant de village à village, quoique soumis à une servitude de droit public, n'en restaient pas moins la propriété du seigneur chargé de les garder, réparer et déborner, et qu'ils n'appartenaient pas à la communauté des habitants (Req. 4 mai 1885, aff. Commune de Donges, D. P. 85. 1. 294).

41. Les rivières navigables et flottables font également partie du domaine public. Ce point, déjà examiné au *Rép.*, n° 116, n'a jamais fait de difficulté ; mais il en est autrement des rivières non navigables ni flottables au sujet desquelles la controverse ancienne (*Rép.* n° 115) subsiste toujours. La question a été exposée dans tous ses détails au *Rép.* v° *Eaux*, n° 208 et suiv. et *suprà*, eod. v° n° 167 et suiv.

Il suffira de constater ici que la jurisprudence semble définitivement fixée en ce sens que les cours d'eau dont il s'agit constituent de véritables choses communes, dont la propriété n'est à personne, et dont l'usage est à tous (V. les arrêts cités *ibid. Adde*, Civ. rej. 22 déc. 1886, aff. Lasserre, D. P. 87. 1. 53). Aux termes de cet arrêt, les fleuves et rivières non navigables ni flottables ne doivent être rangés dans la catégorie des choses qui n'appartiennent à personne et dont l'usage est commun à tous, que tant que l'eau et le lit sur lequel elle coule sont réunis pour former l'ensemble qui constitue un cours d'eau proprement dit ; mais que cette règle cesse d'être applicable lorsque, soit par des causes naturelles, soit par suite de travaux d'endiguement exécutés par l'Etat (dans l'espèce, des travaux d'endiguement exécutés par l'Etat), l'eau cesse de recouvrir une partie du lit primitif de la rivière contiguë à la rive. En pareil cas, la propriété de la partie asséchée de ce lit doit être attribuée aux riverains, tant en vertu des dispositions générales de l'art. 551, que des dispositions plus spéciales de l'art. 561 c. civ. relatives aux atterrissements, qui se forment dans les cours d'eau.

42. Lorsqu'une rivière n'est qu'en partie navigable, d'Aguesseau (t. 7, p. 176) soutenait qu'elle devait faire entièrement partie du domaine public. Aujourd'hui, cette opinion n'est plus admise : c'est seulement à partir du point où elle devient navigable qu'elle entre dans le domaine de l'Etat (V. *suprà*, v° *Eaux*, n° 34). Dans ce cas, toutefois, l'Etat a toujours le droit de réglementer les prises d'eau effectuées par les particuliers dans la partie non navigable.

43. Les bras d'une rivière navigable ou flottable faisant partie du domaine public au même titre que la rivière elle-même (V. *suprà*, v° *Eaux*, n° 35), sont en conséquence inaliénables et imprescriptibles (Besançon, 14 mars 1888, aff. Forges d'Audincourt, D. P. 90. 2. 29).

44. Les rivières simplement flottables, à bûches perdues, rentrent dans la classe des rivières non navigables ; c'est la tradition de la jurisprudence de nos anciens parlements (Comp. *suprà*, v° *Eaux*, n° 50).

45. On a exposé au *Rép.*, n° 121, que les canaux de navigation intérieure ne sont pas la propriété de particuliers, mais de l'Etat ; toutefois des exceptions peuvent résulter de lois et concessions spéciales ; il en est ainsi notamment du canal du Midi (V. *suprà*, v° *Eaux*, n° 135).

46. Bien que ne faisant pas, à proprement parler, partie du domaine public, les canaux de navigation concédés par l'Etat sont néanmoins en dehors des règles ordinaires de la propriété, car ils doivent être toujours affectés à la navigation ; c'est une servitude perpétuelle. Ils peuvent, d'ailleurs, être concédés aussi bien à des compagnies qu'à de simples particuliers (Civ. rej. 3 févr. 1886, aff. Société lyonnaise des eaux et de l'éclairage, D. P. 86. 1. 190 ; Civ. rej. 1er avr. 1884, aff. Compagnie générale des canaux, D. P. 84. 1. 345).

47. Dans les anciennes provinces belges, les canaux

étaient, en règle générale, des propriétés privées appartenant au concessionnaire. En Hollande, la coutume allait encore plus loin ; il y avait une présomption légale en ce sens. Dans ces deux pays, il existe encore actuellement un certain nombre de canaux particuliers (Gand, 27 juill. 1865, *Pasicrisie belge*, 1867. 2. 364 ; Laurent, t. 6, n° 14).

48. D'après l'opinion générale, rapportée au *Rép.*, n° 122, le propriétaire d'une usine est réputé être également propriétaire du canal d'amenée des eaux servant à son usine, et de celui de fuite. Actuellement, la majorité des auteurs et des arrêts admettent encore la même solution ; aussi décide-t-on, par application de l'art. 546 c. civ., qu'en l'absence de titre, ce canal est, jusqu'à preuve contraire, présumé appartenir au propriétaire de l'usine, dont il n'est en réalité qu'une dépendance (V. *suprà*, v° *Eaux*, n°s 289 et suiv.). Mais il a été jugé que la présomption de propriété ne peut être invoquée par le propriétaire d'un moulin construit sur une rivière, et qui a fait dans le lit même de cette rivière des travaux pour élever le niveau de l'eau (Besançon, 14 mars 1888, aff. Forges d'Audincourt, D. P. 90. 2. 29).

Quant à la nature de la preuve contraire propre à détruire l'effet de la présomption de propriété du canal en faveur du propriétaire de l'usine, la cour de cassation admet qu'elle pourra résulter non seulement de titres, mais encore de présomptions dont le caractère de gravité serait supérieur à celui de la présomption posée par la loi (Req. 5 avr. 1869, aff. De Montailleur, D. P. 69. 1. 514 cité *suprà*, v° *Eaux*, n° 300). Au contraire, M. Laurent estime que cette preuve ne pourra être administrée que suivant les principes du droit commun (art. art. 1353), et que notamment les présomptions ne seront admissibles qu'autant que la preuve testimoniale le sera elle-même (t. 6, p. 260).

49. L'existence d'un canal quelconque présuppose, par la force même des choses, celle de francs-bords, c'est-à-dire de bandes latérales de terrain, dont le propriétaire de l'usine se sert pour la surveillance, l'entretien et le curage du canal. Ces francs-bords sont naturellement susceptibles d'appropriation privée ; mais il y a doute sur le point de savoir à qui ils doivent appartenir, en l'absence d'un titre formel. On a vu au *Rép.*, n° 123, que la question était controversée, et il en est encore de même aujourd'hui. La majorité des auteurs et des arrêts reconnaît, toutefois, qu'en l'absence de titres, le propriétaire du canal doit être présumé être également propriétaire des francs-bords, qui le bordent (En ce sens : Civ. cass. 13 août 1850, aff. Mathon, D. P. 50. 1. 265 ; Nîmes, 6. déc. 1852, aff. De Villèle, D. P. 54. 2. 209 ; Civ. rej. 16 août 1858, aff. De Valori, D. P. 58. 1. 357 ; Besançon, 18 nov. 1867, aff. Lebrun, D. P. 67. 2. 244 ; Req. 6 avr. 1869, aff. De Montailleur, D. P. 69. 1. 514 ; 8 nov. 1869, aff. Barbe, D. P. 70. 1. 163 ; Toulouse, 16 déc. 1869, aff. Commune de Bonnac, D. P. 70. 2. 84 ; Nancy, 19 mars 1870, aff. Henry, D. P. 70. 2. 193 ; Dijon, 17 déc. 1873, aff. Colas, D. P. 74. 2. 179 ; Req. 18 mai 1874, aff. Bouthors, D. P. 76. 1. 77 ; Civ. rej. 4 déc. 1888, aff. Léotard, D. P. 89. 1. 193. V. aussi pour : Poitiers, 7 juill. 1862, aff. Perrot, D. P. 63. 2. 487 ; Curasson : *Compétence de justice de paix*, t. 2, n° 289 ; Troplong, *De la prescription*, t. 2, n° 243). Tous ces arrêts et ces auteurs reconnaissent, d'ailleurs, qu'il n'y a là, en faveur du propriétaire de l'usine, qu'une présomption simple qui cède à la preuve contraire, consistant soit en un titre d'acquisition, soit même en une simple présomption tirée des faits et des circonstances de la cause (*Contrà* : Laurent, t. 6, n°s 190 et suiv. Comp. *suprà*, v° *Eaux*, n° 300).

50. Il faut remarquer que, dans l'un et l'autre des systèmes, la présomption de propriété des francs-bords n'a lieu que dans le cas où il s'agit d'un canal artificiel creusé de main d'homme. C'est ainsi qu'elle ne serait applicable ni à un cours d'eau naturel, dont la direction aurait été changée dans l'intérêt commun des riverains et de l'usine (Civ. rej. 26 avr. 1854, aff. Ville de Vernon, D. P. 54. 1. 139) ;... ni à un canal établi par les anciens seigneurs dans l'intérêt de la contrée ; ni enfin à la partie du ruisseau alimentaire du moulin, située en amont du bief du moulin, et où se produit seulement un remous causé par la retenue des eaux, sans qu'aucun travail d'art puisse la faire considérer comme

une dépendance du moulin (Req. 26 mai 1869, aff. Billotte, D. P. 69. 1. 320).

Comme on le voit il faut, ici, comme en ce qui concerne la propriété du canal lui-même, que l'ouvrage ait été entrepris *principalement* dans l'intérêt de l'usine qu'il doit desservir. Jugé ainsi que le canal destiné à recevoir le trop-plein du bief d'un moulin, et dont les eaux, manœuvrées à l'aide de vannes par les riverains, servent à l'irrigation de leurs héritages, peut être considéré comme étant la propriété de ces riverains et non celle du propriétaire du moulin, un tel canal constituant un simple canal d'irrigation, auquel il n'y a pas lieu d'appliquer la présomption de propriété établie en faveur des propriétaires de moulins à l'égard des canaux d'amenée et de fuite (Req. 8 nov. 1869, aff. Barbe, D. P. 70. 1. 163).

51. MM. Aubry et Rau estiment que, même dans le cas où les francs-bords n'appartiennent pas au propriétaire du canal, ce dernier a néanmoins le droit de circuler sur le bord du canal, pour en surveiller l'entretien, en opérer le curage, et même y déposer momentanément les déblais en provenant, sauf réparation du préjudice causé aux riverains (t. 2, § 192, p. 184) (Civ. cass. 21 mai 1860, aff. Guyon, D. P. 60. 1. 226 ; Civ. rej. 10 avr. 1865, aff. Falret, D. P. 66. 1. 148). La raison sur laquelle s'appuie ce système est que les riverains ne peuvent avoir eu l'intention d'acquérir les berges du canal qu'à charge de ce passage, qui est absolument nécessaire, et que, d'un autre côté, si le propriétaire du canal a vendu les berges, il est censé s'être réservé ce droit de servitude particulier. Conformément à son système général qui consiste à ne jamais admettre de servitude sans un texte formel, Laurent refuse ce droit aux usiniers, en l'absence d'un titre, et n'admet même pas qu'ils puissent l'acquérir par la prescription, puisqu'il s'agit d'une servitude discontinue non susceptible d'être acquise par ce mode de droit commun (t. 6, n° 261).

52. Tout ce qui a été dit plus haut pour le canal d'amenée d'une usine s'applique également au canal de fuite (Comp. *suprà*, v° *Eaux*, n° 298).

53. Si un canal alimentant une usine appartient exceptionnellement à l'État, ce canal ne fait pas partie du domaine public, mais simplement du domaine privé (Aubry et Rau, t. 2, § 169, p. 41 ; Civ. rej. 1er août 1855, aff. Chabert, D. P. 55. 1. 370).

54. Enfin il a été jugé que, même dans le cas où les eaux d'un canal de fuite appartiennent en commun à deux propriétaires d'usines situées sur ce canal, si les francs-bords sont déclarés appartenir exclusivement à l'un de ces propriétaires, l'autre n'a pas le droit d'y appuyer des ouvrages pour l'utilité de son usine (Civ. cass. 11 avr. 1853, aff. De Tersac-Montberaud, D. P. 53. 1. 140).

55. On n'est pas d'accord sur la question de savoir à qui appartiennent les chemins de fer concédés par l'État et exploités par les compagnies. Suivant la cour de cassation, la propriété des lignes ferrées reste à l'État, et la compagnie concessionnaire n'est, à proprement parler, que chargée d'une entreprise de travaux publics, dont elle est indemnisée par la concession d'un privilège d'exploitation (Civ. cass. 15 mai 1861, aff. Mancel, D. P. 61. 1. 225 ; Req. 5 nov. 1867, aff. Clertau, D. P. 68. 1. 117). Ce n'est pas le lieu d'entrer ici dans la discussion approfondie du droit des concessionnaires (V. *infrà*, v° *Voirie par chemins de fer*) ; il suffit d'établir qu'aux yeux de la jurisprudence les voies de fer échappent à toute appropriation privée.

56. Parmi les biens du domaine privé de la commune, il y a lieu de mentionner spécialement, d'après la jurisprudence, les *charrières* ou terrains vagues situés dans les villages autour des habitations, chaque fois que les particuliers ne les possèdent pas en vertu d'un titre ou d'une prescription utile. Toutefois, si ces charrières servaient d'assiette à des chemins ou à des places publiques, ils feraient partie du domaine public de la commune et deviendraient par le fait même inaliénables et imprescriptibles (Bordeaux, 14 juin 1877, aff. Bussière, D. P. 78. 2. 56).

57. D'ailleurs, et dans tous les cas, il est à remarquer que les biens du domaine public redeviennent prescriptibles du jour où cesse leur destination d'utilité publique, soit par un acte de l'autorité, soit à la suite de circonstances de

nature à l'établir d'une façon non équivoque (Aubry et Rau, t. 2, § 171, p. 47).

58. Quant aux biens des particuliers qui cessent d'appartenir à leurs propriétaires pour faire partie intégrante du domaine public, ils ne sortent du commerce que lorsque cette incorporation a été définitive. Jugé ainsi que des terrains, désignés par des plans généraux d'alignement comme devant faire partie à une époque indéterminée de rues projetées, n'en restent pas moins dans le commerce (Civ. cass. 30 avr. 1862, aff. De Kerveguen, D. P. 62. 1. 227).

Sect. 2. — Des choses auxquelles s'applique le droit de propriété privée (*Rép.* n⁰ˢ 133 à 143).

59. Les principes généraux exposés au *Répertoire*, dans cette section n'exigent aucun complément.

CHAP. 4. — Des limitations du droit de propriété. — Intérêt public. — Intérêt privé. — Droits des voisins ou des tiers (*Rép.* n⁰ˢ 144 à 176).

60. Malgré l'étendue des droits qui appartiennent au propriétaire sur sa chose, et malgré leur légitimité, on conçoit néanmoins que dans certaines circonstances le législateur ait été obligé de les restreindre, soit dans l'intérêt général, soit même dans un intérêt privé supérieur (*Rép.* n⁰ 144). Toutefois il est un principe qu'il ne faut pas perdre de vue dans l'application, c'est celui qui n'admet de restrictions à la propriété, qu'autant qu'elles résultent formellement d'une loi, ou d'une ordonnance émanant de l'autorité compétente. — Pour justifier ces restrictions, les publicistes ont été amenés à établir ce que l'on a appelé le système du domaine éminent et du domaine du droit civil; mais il ne faut pas se méprendre sur le sens de cette expression, afin d'éviter toute confusion avec ce qu'on entendait par *domaine éminent* dans l'ancien droit. Aujourd'hui, lorsque l'on dit que l'État a un domaine éminent sur toute l'étendue du territoire on n'entend point par là que l'État a le droit de disposer, dans une mesure quelconque, des choses qui appartiennent à des particuliers ou à des personnes morales, mais seulement qu'il a le droit de soumettre l'exercice du droit de propriété aux restrictions commandées par l'intérêt général (Aubry et Rau, t. 2, § 190, p. 173). Réduite à ces termes, la théorie du domaine éminent de l'État est acceptable et explique facilement et logiquement les restrictions à la jouissance de la propriété exclusive; mais on ne saurait aller plus loin et reconnaître à l'État un droit de propriété primordiale sur tous les biens compris sur son territoire. C'est ce qu'avait admis, à l'occasion d'une difficulté relative aux droits de mutation, un arrêt de la cour de Paris du 13 mars 1855, aff. Claussel, D. P. 55. 2. 299). Mais ce système a été condamné par la cour de cassation, dans un important arrêt, rendu sur le rapport de M. le conseiller Labori (Civ. cass. 23 juin 1857, aff. Claussel, D. P. 57. 1. 233).

61. Le principe d'après lequel le droit de propriété comporte des restrictions dans son application est, d'ailleurs, posé par le code civil lui-même dans son art. 544, *in fine*. « La propriété est le droit de jouir... pourvu qu'on n'en fasse pas un usage prohibé par les lois ou par les règlements ». On complétera, dans les numéros suivants, ce qui a été dit à ce sujet au *Rép.* n⁰ˢ 144 et suiv.

62. Il y a lieu de signaler en premier lieu les restrictions résultant du droit qui appartient au maire de prendre tous les règlements commandés par la sûreté, la salubrité ou l'intérêt général dans les limites tracées par la loi organique du 5 avr. 1884, soit relativement à la police rurale, soit en ce qui concerne la police municipale. Tout ce qui concerne ce pouvoir de réglementation est exposé *suprà*, v⁰ *Commune*, n⁰ˢ 524 et suiv., 555 et suiv. V. aussi *infrà*, v⁰ *Règlement administratif*.

63. L'exercice actif des servitudes constitue également une restriction au droit de propriété de celui qui les subit, (*Rép.* n⁰ 147); mais il n'y a là qu'une diminution, et non une privation totale de ce droit. — Cette dernière hypothèse se rencontre dans le cas d'expropriation pour cause d'utilité publique, laquelle d'ailleurs, ne peut avoir lieu que moyen-

nant une juste et préalable indemnité. Il ne faut pas confondre ce cas avec celui où il ne s'agit que de l'établissement d'une simple servitude légale, et où le propriétaire lésé n'a droit à aucune indemnité. Jugé, spécialement, qu'il n'est pas dû d'indemnité, en cas de translation d'un nouveau cimetière hors d'une commune pour la servitude de n'élever aucune habitation et de ne creuser aucun puits, à moins de cent mètres dudit cimetière; et qu'il n'y a pas à distinguer entre le cas où le nouveau cimetière appartient à la commune sur le territoire de laquelle il est créé et est affecté à l'inhumation des morts de cette commune et le cas où il est destiné à l'inhumation des morts d'une autre commune (Req. 8 mai 1876; aff. Baraduc, D. P. 76. 1. 252).

64. Il faut remarquer, d'ailleurs, que l'expropriation pour cause d'utilité publique ne peut porter que sur les immeubles corporels, aucune disposition ne permettant de l'appliquer aux objets incorporels, tels que la propriété littéraire, artistique ou industrielle (Aubry et Rau, t. 2, § 193, p. 192, note 19; Demolombe, t. 9, n⁰ 559).

65. Outre les restrictions signalées au *Rép.*, n⁰ 150, dans l'intérêt public, il y a lieu de mentionner, notamment, les suivantes : 1⁰ prescriptions relatives à la réparation ou à la démolition des bâtiments menaçant ruine (L. 16-24 août 1790, tit. 11, art. 3) ; — 2⁰ Prescriptions relatives aux ouvrages ou dépôts de nature à compromettre la sécurité de la circulation sur les chemins de fer (L. 15 juill. 1845, tit. 1 ; L. 12 juill. 1865, art. 4) ; — 3⁰ Autorisations exigées pour les établissements insalubres (Décr. 21 mai 1862, 26 août 1863, 18 avr. 1866, 31 déc. 1866) ; — 4⁰ Dispositions relatives aux logements insalubres (L. 13 janv. 1 7 mars et 13 avr. 1850, et 23 mai 1864) ; — 5⁰ Prohibition de bâtir ou de creuser des puits dans un rayon de cent mètres autour des cimetières (Décr. 7 mars 1808 et 4 avr. 1861) ; — 6⁰ Restrictions au droit de défrichement des forêts (L. 18 juin 1859; Décr. 22 nov. 1859 et 31 juill. 1861) ; — 7⁰ Restrictions spéciales portant sur la propriété privée des monuments historiques classés (L. 30 mars 1887 et Décr. réglement. 3 jany. 1889) ; — 8⁰ Conditions particulières sur le reboisement et le gazonnement des montagnes (L. 28 juill. 1860 et 8 juin 1864; Décr. 1⁰ʳ nov. 1864) ; — 9⁰ Propriété des sources et puits d'eau salée (L. 17 juin 1840 et ordonn. 26 juin 1841) ; — 10⁰ Interdiction de faire des fouilles, sans autorisation préalable, dans le périmètre des sources d'eaux minérales déclarées d'utilité publique; — 11⁰ Droits attribués aux agents de l'administration des Poudres sur les bois de bourdaine (Arrêté 25 fruct. an 11; Décr. 16 flor. an 13) ; — 12⁰ Droit de martelage au profit du service de la marine sur les coupes de bois soumis au régime forestier (c. for. art. 12) ; — 13⁰ Droit de préemption en faveur de l'État sur les papiers, cartes, plans et mémoires militaires trouvés dans la succession d'un officier supérieur (Poitiers, 15 mars 1880, aff. Masse, D. P. 80. 2. 153).

66. Une restriction d'un autre ordre, apportée au droit de propriété, a pour objet de sauvegarder les intérêts privés (*Rép.* n⁰ 160). Pothier définissait la propriété : le droit de disposer d'une chose comme bon semble, *sans donner atteinte aux droits d'autrui*, ni aux lois. Le code civil n'a pas reproduit textuellement cette proposition; mais, comme le fait remarquer Laurent (t. 6, p. 136), on ne saurait conclure que le législateur moderne ait entendu exclure la limitation qui en résulte.

67. Si le principe est certain, l'application en est délicate, car il faut tenir compte aussi de cette autre règle que formule l'adage : *malitiis non est indulgendum*. En présence de cette dernière règle, doit-on admettre qu'un propriétaire puisse user de son droit dans le but exclusif de nuire à son voisin, sans que celui-ci soit fondé à se plaindre? La doctrine est divisée sur ce point. D'après Demolombe (t. 12, n⁰ 648), le propriétaire peut toujours user de son droit, alors même qu'il ne le faisant il n'aurait en vue que de nuire à son voisin, l'art. 544 étant formel : « le propriétaire doit jouir de sa chose de la manière la plus absolue ». En droit, on ne saurait donc, d'après cet auteur, demander au propriétaire aucun compte des motifs qui l'ont fait agir. S'il était permis de rechercher ces motifs, il y aurait là une source intarissable de difficultés et de procès. Se figure-t-on, ajoute Demolombe, un propriétaire condamné judiciairement à laisser peindre le mur de sa maison par le voisin

d'en face? Non, la loi ne l'admet pas, et cependant on l'a soutenu (Pardessus, t. 1, n° 142), en disant qu'il est d'équité que l'on accorde aux voisins, sur sa propre chose, ce qui peut leur être utile, lorsqu'on n'en éprouve soi-même aucun dommage. Ce principe est inexact : le voisin qui s'y refusera sans motif pourra sans doute être un mauvais voisin, il pourra violer les préceptes de la loi naturelle et de la charité, mais il sera dans son droit aux yeux du législateur, tout aussi bien que celui qui refuserait de laisser étendre sur son pré, dont il ne fait rien, les toiles et les tourbes de son voisin ». — La jurisprudence est néanmoins fixée en sens contraire, et elle tempère par l'équité l'application stricte et rigoureuse de l'art. 644 (*Rép.* n° 166, Laurent, t. 6, n° 140). Il a été décidé, en ce sens, que le droit pour chacun d'user de sa propriété a pour limite la satisfaction d'un intérêt sérieux et légitime, qu'il ne saurait autoriser l'accomplissement d'actions malveillantes ne se justifiant par aucune utilité personnelle et portant préjudice à autrui; que, spécialement, le propriétaire d'une maison, qui élève une fausse cheminée sur son toit, en face de la fenêtre de son voisin, dans l'unique but de nuire à celui-ci, peut être contraint à la démolition de cette cheminée (Colmar, 2 mai 1855, aff. Doerr, D. P. 56. 2. 9). Il a été également jugé que le fait, par un propriétaire d'un fonds, d'y pratiquer des travaux qui n'ont d'autre objet que de nuire au fonds voisin en anéantissant ou amoindrissant un bien naturel qu'il renferme, et qui en fait la principale valeur, par exemple, en diminuant le volume d'une source d'eaux minérales qui jaillit sur ce fonds, ne saurait être considéré comme le légitime exercice du droit de propriété, mais constitue un véritable quasi-délit, soumettant dès lors le propriétaire à la réparation du dommage par lui causé (Lyon, 18 avr. 1856, aff. Badoit, D. P. 56. 2. 199).

Toutefois, aux termes de ce dernier arrêt, de ce que le propriétaire d'un fonds est responsable du dommage causé au voisin par les travaux que, dans le but de nuire à celui, il a fait exécuter sur ce fonds, il ne s'ensuit pas que le juge ait le droit de l'assujettir à faire des modifications spécifiées à ces travaux : ce serait là une restriction illégalement apportée au droit de propriété;... sauf au propriétaire du fonds, au préjudice duquel ces travaux ont été exécutés, le droit de réclamer ultérieurement de nouveaux dommages-intérêts en cas de renouvellement de ce préjudice.

68. La jurisprudence a également fait une application importante de ce principe aux maisons dites de tolérance, en décidant que les voisins de ces établissements auraient droit de réclamer des dommages-intérêts à raison de la dépréciation causée par ce voisin (V. sur ce point *infrà*, v° *Prostitution*).

69. Si un propriétaire, par l'exercice même de son droit de propriété, cause un réel préjudice à ses voisins, au lieu d'une simple gène ou d'inconvénients comme dans les hypothèse précédentes, ces derniers peuvent alors exercer une action en dommages-intérêts contre ce propriétaire. C'est ainsi que la jurisprudence a décidé qu'un propriétaire qui enverrait aux maisons voisines, d'une façon habituelle, de la fumée en excès ou des odeurs fétides, qui les rendraient inhabitables ou malsaines, serait obligé à réparer le préjudice par lui causé de cette façon (Civ. rej. 8 juin 1857, aff. Barthélemy, D. P. 57. 1. 293; Agen, 7 févr. 1855, aff. Albareil, D. P. 55. 2. 302; Aubry et Rau, t. 2, § 194, p. 196). De même, si les bruits produits par la marche d'une usine sont tellement continus et intenses qu'ils deviennent intolérables et excédent la mesure ordinaire des inconvénients du voisinage, le propriétaire de cette usine doit réparation à ses voisins (Demolombe, t. 12, n° 658; Aubry et Rau, t. 2, § 194, p. 197; Metz, 25 août 1863, aff. Bertrand, D. P. 64. 2. 111; Dijon, 10 mars 1865, aff. Gagey-Séguin, D. P. 65. 2. 144; 24 avr. 1865, aff. Bourgeois, D. P 66. 1. 35).

70. La question s'est posée de savoir si les voisins peuvent réclamer des dommages-intérêts pour la dépréciation causée à leurs propriétés par la proximité d'établissements insalubres dont la construction aurait été autorisée par l'administration compétente. Ainsi qu'on l'a vu *supra*, v° *Manufactures et ateliers insalubres*, n° 83, elle est depuis longtemps résolue affirmativement, tant par la doctrine que par la jurisprudence.

71. Que décider dans le cas où un propriétaire cause à

ses voisins un préjudice par le seul fait du défaut d'entretien de sa propriété, par exemple, si un propriétaire laisse dépérir son fonds riverain d'un cours d'eau, qui est insensiblement emporté par l'action du courant, et s'il en résulte l'écroulement d'une maison sise sur le terrain voisin? Dans une espèce de ce genre, il a été décidé que ce propriétaire ne pouvait être recherché en dommages et intérêts par cette raison qu'un propriétaire a le droit d'abuser de sa chose, et même de la laisser périr. Le voisin, en semblable matière ne peut qu'exécuter des travaux défensifs (Gand, 3 mars 1854, *Pasicrisie belge*, 854. 2. 238; Laurent, t. 6, n° 141).

72 Un propriétaire a en principe le droit de jouir de sa chose tout entière, et, s'il possède un immeuble, de l'occuper jusqu'à son extrême limite, sans que le voisin puisse se plaindre. C'est en faisant application de cette règle que la jurisprudence a décidé qu'un propriétaire, qui veut se clore par un fossé, peut établir ce fossé à l'extrême limite de sa propriété s'il n'existe dans la localité aucune ancienne coutume ou aucun usage qui l'astreigne à laisser une certaine distance entre son fossé et la propriété du voisin (Req. 3 janv. 1854, aff. Bacquelin-Goy, D. P. 54. 1. 61. Comp. Aubry et Rau, t. 2, § 194, p. 177; Demolombe, t. 11, n° 283 et 12, n° 638. V. au surplus sur le droit de se clore, *infrà*, v° *Servitude*).

CHAP. 5. — **Comment s'acquiert le domaine de propriété** (*Rép.* n°s 170 à 176).

73. Il n'y a pas lieu de revenir sur les principes généraux qui font l'objet de ce chapitre au *Répertoire*.

CHAP. 6. — **De l'occupation et de l'invention.** — **Cas divers.** — **Trésor, chose perdue, crû de la mer, etc.** (*Rép.* n°s 177 à 208).

74. — DE L'OCCUPATION. — Le premier mode d'acquisition de la propriété, dont il est traité au *Répertoire*, n°s 177 et suiv., est l'occupation qui consiste dans l'appréhension d'une chose n'appartenant à personne, avec l'intention d'en devenir propriétaire (Aubry et Rau, t. 2, § 201, p. 235; Demolombe, t. 13, n° 19). Elle s'applique : 1° aux *res nullius*, c'est-à-dire, aux choses qui n'appartiennent à personne et qui n'y ont jamais appartenu; 2° aux *res derelictæ* ou choses abandonnées par leur dernier propriétaire dans l'intention de les laisser acquérir par ceux qui s'en empareraient, 3° enfin à certaines choses qui sont assimilées aux *res derelictæ*, par suite de l'impossibilité d'en connaître le propriétaire.

75. Une des hypothèses les plus fréquentes de prise de possession par occupation consiste dans la chasse et la pêche (V. *supra*, v°s *Chasse*, *Pêche fluviale*, *Pêche maritime*); Toutefois, il faut à ce sujet étendre les termes de l'art. 715, qui ne vise expressément que l'acquisition du gibier et du poisson, alors que tous les animaux sauvages sans exception peuvent devenir la propriété du premier occupant (Laurent, t. 8, n° 440). Il a été jugé, à ce sujet, que les abeilles doivent être considérées comme des animaux sauvages, et non comme des animaux domestiques; qu'en conséquence le fait de jeter de l'eau bouillante sur des ruches d'abeilles constitue le délit d'atteinte à la propriété mobilière d'autrui, et non celui de destruction d'animaux domestiques (Toulouse, 3 mars 1876, aff. Taillefer, D. P. 76. 2. 145).

76. Il est inutile de revenir ici sur l'explication de la contradiction apparente des art. 713 et 539 c. civ. (*Rép.* n° 179), qui aujourd'hui ne soulève plus aucune difficulté. Aux auteurs cités *ibid.*, *adde* : Demolombe, t. 13, n°s 17 *ter* et suiv.

SECT. 1re — DU TRÉSOR (*Rép.* n°s 186 à 207).

77. Tout trésor doit nécessairement consister en une chose mobilière, puisque les objets mobiliers sont seuls susceptibles d'être enfouis ou cachés (*Rép.* n° 180). Jugé, en ce sens, que l'on ne saurait considérer comme un trésor, dans l'acception juridique du mot, une mosaïque de prix trouvée sous la terre, alors qu'il est établi qu'elle a fait partie d'un ancien édifice romain, qu'au moment où elle a été découverte, elle était renfermée dans des murs épais, et qu'elle présentait, par son adhérence au sol et à la construction dont elle formait le pavé au rez-de-chaussée, tous les

caractères d'un immeuble par nature ; que, par suite, une telle mosaïque découverte dans le sol d'autrui par un ouvrier appartient entièrement au propriétaire du fonds, à l'exclusion de tout droit de la part de l'inventeur (Req. 13 déc. 1881, aff. Moley, D. P. 82. 1. 55). — Cette décision paraît indiscutable en l'espèce, car si, en principe, une mosaïque peut constituer un objet mobilier, lorsque par exemple elle figure un tableau et qu'elle est simplement suspendue à un mur, ou posée sur une table, il est également hors de doute qu'elle ne peut constituer qu'un immeuble, quand au contraire elle forme dallage ou carrelage et qu'elle tient au sol. Le caractère immobilier de la mosaïque dont il s'agissait en l'espèce ressortait d'une façon indiscutable du jugement et des constatations faites par le tribunal du Havre ; mais le demandeur au pourvoi s'appuyait sur cette circonstance que l'édifice romain n'existait plus à proprement parler, qu'il était complètement en ruine, et que dès lors les matériaux, en se désagrégeant les uns d'avec les autres, avaient repris leur caractère original d'objets mobiliers. L'objection eût été fondée s'il s'était agi de matériaux complètement détachés, n'ayant plus d'adhérence au sol ; mais l'on ne pouvait assimiler à ce cas celui d'une mosaïque, tenant encore aux murs qui lui servaient originairement de limites et encore adhérente à l'endroit même où elle avait été construite.

78. De même, il a été décidé qu'un objet mobilier devenu immeuble par destination ne pourrait jamais être considéré comme un trésor et que, spécialement, une statue découverte fortuitement pendant des travaux de démolition dans les murs d'un hôtel n'est pas un trésor, si elle se trouvait placée dans une niche paraissant disposée dès l'origine pour la recevoir et fermée simplement à l'aide de plâtre...; que cet accessoire immobilier appartient, au même titre que l'hôtel lui-même, au propriétaire de l'immeuble (Paris, 20 nov. 1877, aff. Princesse de la Moskowa, D. P. 78. 2. 197; Demolombe, t. 13, n° 36).

79. Une seconde condition essentielle pour que l'on puisse appliquer à une découverte les règles édictées en matière de trésor est la nécessité de l'enfouissement de l'objet trouvé soit en terre, soit dans un autre meuble (Rép. n° 187). Si l'objet est trouvé à la surface du sol, il constitue une simple épave (V. infrà, n°s 93 et suiv.).

80. On a rapporté au Rép., n° 189, un arrêt en vertu duquel une troisième condition serait exigée, à savoir que l'objet caché ait, par lui-même, une véritable valeur commerciale. C'est ainsi, d'après ce système, que des tombeaux antiques ne pourraient en aucun cas être assimilés à des trésors. Un arrêt plus récent (Lyon 19 févr. 1856 (1), s'est prononcé dans le même sens : (V. aussi conf. Latour Revue de législation, 1852, t. 2, p. 53). Cette doctrine est-elle exacte ? Tout d'abord, il faut remarquer que le code civil

est muet sur cette nouvelle condition, et que nulle part le législateur n'a fait une allusion à cette prétendue nécessité de la valeur commerciale de l'objet enfoui. C'est là un motif suffisant pour repousser ce système. D'ailleurs, les décisions judiciaires qui l'ont consacré ont été rendues en matière de sépulture, et l'on conçoit qu'en pareille hypothèse, quelque hésitation ait pu se produire, dans l'esprit des juges, au sujet de l'application de la loi. En dehors de cette hypothèse, elle ne nous paraît pas fondée.

81. D'après les termes de l'art. 716 c. civ., il semble nécessaire, au premier abord, que le trésor soit enfoui dans un immeuble (Rép. n° 190). C'est, en effet, le cas qui se présentera le plus souvent. Cependant il est admis par la majorité des auteurs que le trésor conserverait sa nature, alors même qu'il serait renfermé dans un meuble, une armoire, par exemple. (V. en ce sens : Aubry et Rau, t. 2, § 204, p. 241; Duranton, t. 4, n° 34 ; Marcadé, sur l'art. 316, n° 2; Demolombe, t. 13, n° 34). M. Laurent, seul, paraît s'en tenir à la lettre de la loi, et exige que le trésor soit enfoui dans un immeuble (t. 8, n° 453).

82. Il faut, pour qu'il y ait trésor, qu'on ne puisse reconnaître à quel propriétaire appartient l'objet trouvé; mais il n'y a pas à s'occuper de la question de savoir si le dépôt est ancien ou récent. Cette doctrine, déjà enseignée au Rép., n° 194, est admise unanimement (Aubry et Rau, t. 2, § 201, p. 241; Proudhon, Du domaine privé, t. 1, n° 398; Demolombe, t. 13, n° 40; Orléans, 6 sept. 1853, aff. Fouchart, arg. a contr., D. P. 55. 2. 102). Ainsi un objet enfoui très récemment peut constituer un trésor, si des circonstances spéciales ont fait perdre le souvenir du propriétaire ; le cas s'est présenté plusieurs fois à la suite de la guerre de 1870-1871. — Il a toutefois été décidé que des objets trouvés dans une mare (des couverts d'argent en l'espèce), mais dont les marques dont ils sont revêtus attestent une origine récente, n'ont pas le caractère de trésor, mais constituent simplement des choses perdues dont la trace ne se représente pas (Trib. corr. d'Orléans, 25 août 1853, aff. Fouchart, D. P. 55. 2. 102).

83. Celui qui se prétend propriétaire de l'objet enfoui est recevable à prouver son droit par tous les modes ordinaires de preuve, et même par la preuve testimoniale. Cette doctrine, déjà enseignée au Rép., n° 194, est encore celle des auteurs récents, qui admettent aussi, conformément aux principes généraux (c. civ. art. 1353), la preuve au moyen de simples présomptions (Aubry et Rau, t. 2, § 201, p. 243 ; Demolombe, t. 13, n° 39; Zachariæ, § 200, note 7; Laurent, t. 8, n° 456).

84. L'action du véritable propriétaire en restitution du trésor se prescrit par trente ans du jour de la découverte ; ici ne s'applique pas l'art. 2279 c. civ., puisqu'il s'agit, non d'une action en revendication, mais d'une action person-

_____

(1) (Dupont de Chavagneux.) — La cour; — ... En ce qui touche le tombeau de famille; — Considérant que, par une clause de son testament, Dupont de Chavagneux père a déclaré transmettre à Alphonse-Dupont de Chagneux, son second fils, son tombeau de famille dans le cimetière public de Loyasse à Lyon, d'après les droits résultant d'un acte de concession de terrain pour sépulture, en date du 27 nov. 1821, et l'art. 7 de la délibération du conseil municipal de Lyon du 28 janv. 1841, article transcrit en tête de l'acte de concession; — Considérant que l'art. 7 de la délibération précitée énonce en ces termes les conditions de la concession : — «En ce qui concerne les tombeaux de famille, le concessionnaire et après lui le chef de la famille ou celui auquel le tombeau aura été transmis par disposition de dernière volonté, pourra seul prononcer sur l'y être inhumé et accorder même pour un étranger à la famille. Ces parties du sol, une fois aliénées, ne pourront être vendues par qui que ce soit, ni changer de destination, et les monuments ou caveaux qui y auront été construits demeureront à jamais fermés lorsque la famille de l'acquéreur du sol sera éteinte, sans avoir transmis son droit à tout autre.» — Considérant que les tombeaux constituent des fondations pieuses qui échappent à l'empire des règles ordinaires du droit de propriété, et pour lesquelles la législation de tous les temps a consacré un droit exceptionnel ; — Considérant, en l'espèce, qu'il s'agit d'un terrain concédé pour sépulture dans un cimetière public, et qu'il faut se référer à l'acte de concession pour déterminer la nature et les conditions du tombeau ou droit de sépulture concédé; — Considérant que, d'après la loi de la concession, le tombeau de famille est un bien placé extra commercium et qu'il ne peut être vendu ni

partagé, ni licité, ni déduit dans un contrat quelconque translatif de propriété; que le concessionnaire ne peut en disposer, sa vie durant; qu'il a simplement le droit de prononcer sur les inhumations à y faire, et que ce droit passe après lui à celui qu'il a désigné par acte de dernière volonté, ou, à défaut, à celui qui peut être considéré comme chef de famille; — Qu'il suit de là que le tombeau dont il s'agit n'est pas un bien qui ait une valeur appréciable, et fasse partie du patrimoine; qu'il ne se trouve dès lors, point dans la masse de l'hérédité; que loin qu'il puisse être la propriété commune des héritiers, la concession qui le fonde l'attribue, lorsqu'il n'y a pas de désignation testamentaire, au nouveau chef de la famille, à un seul héritier, à l'exclusion des autres; — Que, d'après toutes ces considérations, on doit voir dans le tombeau litigieux entre les parties, non l'objet d'un droit précis de propriété, mais uniquement une fondation pieuse, à perpétuité, qui s'exécute conformément à la loi du titre de concession; — Considérant que, par conséquent, Aman Dupont de Chavagneux est mal fondé à attaquer la disposition du testament relative au tombeau de famille, comme renfermant un legs fait en excès de la quotité disponible, et à demander que le tombeau soit compris dans la masse partageable de la succession; — Par ces motifs déclare valable la désignation faite par Dupont de Chavagneux père, dans son testament, d'Alphonse Dupont de Chavagneux pour exercer, au sujet du tombeau de famille, le droit ouvert par l'acte de concession du 27 nov. 1821 d'un terrain dans le cimetière public de la ville de Lyon; démet à ce sujet Aman Dupont de Chavagneux de sa demande, etc. — Du 19 févr. 1856.-C. de Lyon.-1re ch.-MM. Gilargin, p. p. pr.-d'Aigny, av. gén.-Peyronni, Pérégaud et Philip, av.

nelle en restitution fondée sur l'inefficacité du prétendu titre en vertu duquel le possesseur de cette chose s'est cru autorisé à s'en attribuer la propriété (Aubry et Rau, *loc. cit.*; Demolombe, t. 13, n° 38 *bis* ; Laurent, t. 8, n° 456; Angers, 15 juill. 1851, aff. Bergeret, D. P. 52. 2. 36). Il serait, d'ailleurs, impossible de prétendre que l'action est née d'un délit ou d'un quasi-délit, et qu'il y a lieu, en conséquence de lui appliquer la prescription établie pour les délits, c'est-à-dire celle de trois ans (Trib. Nîmes, 10 mars 1880) (1).

85. La propriété du trésor appartient à celui qui le trouve dans son propre fonds. S'il est découvert dans le fonds d'autrui, il appartient pour moitié à celui qui l'a découvert, et pour moitié au propriétaire du fonds (*Rép.* n° 196).— Il faut remarquer que l'inventeur acquiert son droit sur le trésor par une sorte d'occupation. Mais ce genre d'occupation, au lieu d'avoir sa source dans le droit naturel est une pure création de la loi positive. L'attribution au propriétaire du fonds, *en cette seule qualité*, de la moitié du trésor, n'est d'ailleurs pas considérée comme étant une prérogative de la jouissance; il faut en conclure que ni l'usufruitier, ni l'usager, ni le fermier, n'y auront droit, s'ils ne l'ont eux-mêmes découvert (Proudhon, *Droits d'usage*, t. 1, n° 147 ; Demolombe, t. 13, n° 47; Laurent, t. 8, n° 448). — Il faut en dire autant de celui qui a un droit de superficie sur le sol ou le trésor a été découvert par un tiers (Demolombe, *eod. loc.*). En Belgique, au contraire, le superficiaire exerce les mêmes droits que le propriétaire lui-même (Laurent, t. 8, n° 428). De même, en France, ce droit est refusé au preneur à bail emphytéotique non perpétuel (Duranton, t. 4, n° 314), et au locataire ordinaire. Jugé ainsi que le locataire d'un immeuble n'a aucun droit sur le trésor trouvé au cours d'un travail de curage d'une fosse d'aisances, même accompli sous ses ordres (Trib. Nîmes, 10 mars 1880, *suprà*, n° 84).

86. La doctrine admet également que le possesseur de bonne foi doit restituer la partie du trésor trouvée sur le fonds possédé par lui, et qui lui avait été attribuée à titre de propriétaire (Aubry et Rau, t. 2, § 201, p. 241, note 33 ; Demolombe, *eod. loc.* ; Duranton, t. 4, n° 350).

87. L'acheteur à réméré a droit au trésor, mais il serait obligé de le restituer à son vendeur, si ce dernier exerçait à temps le réméré (Demolombe, *eod. loc.* ; Marcadé, *Explication du code civil*, sur l'art. 1673, n° 2).

88. Si plusieurs ouvriers travaillent ensemble et que l'un d'entre eux découvre un trésor, on admet que ce trésor appartiendra exclusivement à l'ouvrier qui l'aura trouvé (*Rép.* n° 197. Conf. Aubry et Rau, t. 2, § 201, p. 241 ; Demolombe, t. 13, n° 55; Laurent, t. 8, n° 451). Il en serait ainsi même dans le cas où les ouvriers formeraient entre eux une véritable association de travailleurs (Mêmes auteurs).

89. La découverte du trésor doit toujours être le résultat du pur hasard (*Rép.* n° 199, *adde*, en ce sens : Aubry et Rau, t. 2, § 201, p. 242; Demolombe, t. 13, n° 50; Marcadé, sur l'art. 716). Si elle a lieu à la suite de travaux dirigés dans ce sens, le trésor appartient en entier à celui qui les a entrepris (*Rép.* n° 199. *Adde* : mêmes auteurs, *eod. loc.*).

90. Celui qui a entrepris des recherches sur un fonds ne lui appartenant pas, et sans l'autorisation du propriétaire, n'a aucun droit sur le trésor qu'il trouve (Pothier, n° 65 ; Demolombe, t. 13, n° 51; Aubry et Rau, t. 2, § 201, p. 241 ; Laurent, t. 8, n° 499).

91. D'après l'opinon générale, celui qui s'empare frauduleusement de la totalité du trésor qu'il a trouvé sur le fonds d'autrui commet un vol de la partie du trésor appartenant au propriétaire du fonds (Civ. cass. 18 mai 1827, *Rép.*, v° *Vol*, n° 121 ; Aubry et Rau, t. 2, § 201, p. 241, note 37; Demolombe, t. 13, n° 49 ; Laurent, t. 8, n° 452). Toutefois Rauter (*Droit criminel*, t. 2, n° 507) estime que ce fait ne constitue pas un vol à proprement parler, parce que l'on ne rencontre pas ici un élément essentiel du vol, c'est-à-dire le déplacement ou la mainmise au détriment du possesseur actuel. — Jugé à l'égard de celui qui s'approprie frauduleusement la totalité du trésor trouvé par lui, qu'il n'est pas pour cela déchu de son droit de partage. C'est également l'avis des auteurs, une telle pénalité ne résultant d'aucun texte de loi (Rouen, 3 janv. 1853, aff. Beautain, D. P. 54. 2. 117; Paris, 17 mai 1859, aff. Dalmas, D. P. 59. 2. 114; Demolombe, t. 13, n° 49; Laurent, t. 6, n° 452: Aubry et Rau, t. 2, § 201, p. 242).

92. Est réputé inventeur d'un trésor celui qui l'a le premier rendu visible, et non celui qui le premier l'a appréhendé ou vu (*Rép.* n° 204); c'est encore l'opinion unanime de la doctrine et de la jurisprudence (Paris, 9 juill. 1872, aff. Castex (2) ; Demante, *Cours analytique*, t. 3, n° 12 *bis* ; Boileux, *Commentaire du code civil*, t. 3, sur l'art. 716; Demolombe, t. 13, n° 54; Massé et Vergé, sur Zachariæ, t. 2, p. 101, § 200, note 8 ; Aubry et Rau, t. 2, § 201, p. 240; Laurent, t. 8, n° 451). En conséquence, pour être réputé *inventeur*, il n'est pas nécessaire d'avoir appréhendé le trésor, ni même de savoir que l'objet mis à jour en était un (Aubry et Rau, *loc. cit.*).

Sect. 2. — Des choses perdues ou égarées.
(*Rép.* n°s 208 à 228.)

93. Sans revenir sur la différence qui existe entre l'appropriation des épaves et des *res nullius* (*Rép.* n°s 208 et 209), on rappellera que le mot épave désigne tous objets perdus et égarés (Conf. Aubry et Rau, t. 2, § 201,

---

(1) (X... *C.* Delorme.) — Le tribunal : — Attendu que, de l'enquête, il résulte la preuve certaine qu'en octobre 1870 il a été trouvé dans la fosse d'aisances de la maison de la demanderesse, rue Saint-Castor, un certain nombre de pièces d'or à l'effigie de François Ier, de Charles IX, rois de France, et de Conradin, duc de Gênes ; que ces pièces, recueillies par les ouvriers Soulier, Millet et Reux, furent remises à Delorme, locataire de ladite maison, pesées par lui, et partagées entre lui et les ouvriers ; — Considérant que, l'importance de la somme trouvée...; — Considérant que les seuls inventeurs du trésor étaient les ouvriers; qu'aux termes de l'art. 716 c. civ., la moitié leur appartient, tandis que l'autre moitié revient au propriétaire ; que Delorme n'avait, à aucun titre, le droit de se l'attribuer ; — Considérant que l'action en restitution dirigée contre lui ne naît pas d'un fait délictueux; que, même à ce point de vue, on pourrait dire qu'il ne s'agit pas d'un simple délit, mais d'un crime prévu et puni par l'art. 386 c. pén. ; — Considérant qu'en réalité l'action dérive du mandat conféré à Delorme, tout à la fois par son bail et par l'autorisation qu'il avait obtenue de faire procéder à la vidange de la fosse; qu'elle repose encore sur le quasi-contrat naissant de l'art. 716 c. civ. ; que, par suite, l'action n'est point éteinte par le laps de temps écoulé depuis octobre 1870 ; — Condamne Delorme à payer à la demanderesse la somme de 2665 fr. formant la moitié de la somme trouvée dans la fosse de la maison de la rue Saint-Castor, avec les intérêts du jour de la demande.

Du 10 mars 1880.-Trib. civ. de Nîmes.-MM. Massé, pr.-Toulon, subst.-Balmelle et Roux, av.

(2) (Castex *C.* Guay.) — Le 30 juin 1871, le tribunal civil de la Seine a rendu un jugement ainsi conçu : — « Attendu que l'inventeur d'un trésor, celui qui le découvre, n'est pas celui qui le premier l'a vu ou touché, mais bien celui qui l'a fait apparaître, celui qui, comme le mot l'exprime, l'a mis à découvert ; — Attendu que, s'agissant d'une collection de monnaies ou médailles, extraites d'une fouille, l'auteur de cette découverte ne peut être que celui qui a pratiqué cette fouille; — Attendu qu'il est constant que le travail a été exécuté par Guay; que seulement, Castex qui se trouvait, soit au bord de la tranchée, soit sur la banquette réservée entre le sol naturel et le fond de cette tranchée, prétend avoir vu et appréhendé les médailles, et les avoir rejetées sur la banquette avec la terre extraite; — Attendu que ce fait, fût-il justifié, ne saurait dépouiller Guay du titre et du droit d'inventeur ; — Attendu que, sans doute, dans l'hypothèse où les pièces extraites seraient restées inaperçues pour tous, et où les terres tirées de la fouille se seraient accumulées de manière à produire en quelque sorte un nouvel enfouissement, la constatation ultérieure de leur existence au sein des déblais entassés aurait pu être qualifiée de découverte; — Mais attendu qu'en fait, l'extraction et la manifestation des médailles ont été simultanées ou immédiatement successives; que la constatation de leur présence a suivi sans intervalle leur extraction; qu'il n'y a pas d'enfouissement nouveau; que c'est donc bien par le travail de Guay qu'elles ont été définitivement découvertes; — Par ces motifs, la part attribuée à l'inventeur dans le trésor par l'art. 716 c. civ. sera remise à Guay, etc.

La cour; — Adoptant les motifs des premiers juges ; — Confirme.

Du 9 juill. 1872.-C. de Paris, 1re ch.-MM. Gilardin, 1er pr.-Aubépin, av. gén.-Allou et Mathieu, av.

p. 242). On les divise en épaves de terre, maritimes, de fleuves ou de rivières (*Rép.* n° 211).

94. — 1° *Épaves de terre et choses assimilées aux épaves.* — Les prescriptions qui suivent ne sont applicables qu'aux objets perdus ou égarés, c'est-à-dire aux objets, dont on ne connaît actuellement plus le maître et qui ne sont plus en sa possession. — Jugé, à ce sujet, que des objets égarés dans une maison d'habitation, notamment des billets de banque trouvés sur le parquet d'un appartement, ne sont pas des objets perdus ; et que dans cet état ils n'en sont pas moins censés en la possession du maître de la maison (Crim. cass. 7 sept. 1855, aff. Lavoye, D. P. 55. 1. 384).

95. La matière des épaves est régie, à défaut de loi, par une circulaire du ministre des finances en date du 3 août 1825. On a beaucoup discuté sur la valeur et la force obligatoire de cette circulaire, et un certain nombre d'auteurs lui ont dénié toute autorité, en se fondant sur ce qu'une circulaire ministérielle ne s'adresse qu'aux agents de l'administration ressortissant au ministère d'où émane la circulaire, qu'elle ne constitue en définitive qu'une instruction disciplinaire, n'ayant en rien le caractère d'une loi, et partant aucune force obligatoire (*Rép.* n° 212). L'objection, on doit le reconnaître, ne manque pas de force ; néanmoins la majorité des auteurs actuels reconnaissent qu'il est préférable de s'en tenir à ce document en l'absence de tout texte législatif (Aubry et Rau, t. 2, § 201, p. 244 ; Garnier, *Des rivières*, t. 1, p. 143 ; Marcadé, sur l'art. 717, n° 2 ; Du Caurroy, t. 2, n° 394 ; Demolombe, t. 13, n° 71 ; Zachariæ, t. 2, § 200, note 4 ; Laurent, t. 8, n° 463 ; Maleville, *Analyse raisonnée du code civil*, sur l'art. 717).

96. On admet, d'une façon unanime, que le propriétaire du fonds sur lequel les épaves sont trouvées n'a aucun droit sur ces épaves. Dans l'opinion des auteurs qui refusent toute force obligatoire à la circulaire de 1825, les épaves ainsi trouvées doivent appartenir à l'État, soit en vertu des prescriptions de l'art. 713 c. civ., soit conformément aux anciennes coutumes, qui en conféraient la propriété aux seigneurs hauts justiciers, dont l'État peut être considéré comme le successeur (Favart, *Répertoire*, v° *Propriété*, sect. 1, n° 11 ; Merlin, *Répertoire*, v° *Épaves*). — Pour réfuter cette opinion, il suffit de faire observer que les anciennes coutumes n'ont plus aujourd'hui aucune force légale, et que d'ailleurs une telle interprétation conduit à enlever à l'art. 717, 2° al., tout sens raisonnable. Quant à l'art. 713, il vise non les choses perdues, mais les objets réellement abandonnés ou n'ayant jamais appartenu à personne. Il faut donc admettre que les épaves appartiennent à l'inventeur dans les conditions fixées par la circulaire précitée (Laurent, t. 8, n° 463 ; Baudry-Lacantinerie, *Précis de droit civil*, t. 2, n° 14).

97. Celui qui, ayant trouvé une épave, n'en fait pas la déclaration à la police locale, ne peut être poursuivi pour vol Aubry et Rau, t. 2, § 191, p. 244-245 ; Demolombe, t. 13, n° 73 ; Laurent, t. 8, n° 464). Mais il en serait autrement du détenteur d'un objet perdu qui le conserverait dans le but de se l'approprier frauduleusement il y aurait alors un véritable vol (Aubry et Rau, t. 2, § 191, p. 245, note 48;

Demolombe, t. 13, n° 74 ; Laurent, t. 8, n° 465 ; Chauveau et Faustin Hélie, *Théorie du code pénal*, t. 6, n° 579 (Orléans, 6 sept. 1853, aff. Fouchart, D. P. 55. 2. 103 ; Paris, 9 nov. 1855, aff. Duruffé et autres, D. P. 56. 2. 151 ; Crim. rej. 30 janv. 1862, aff. Joudard, D. P. 62. 1. 442. *Contra :* Rauter, *Droit criminel*, t. 2, n° 507 ; Carnot, *Commentaire du code pénal*, sur l'art. 12, et sur l'art. 383 ; Bourguignon, *Jurisprudence des codes criminels*, t. 3, p. 361).

98. Le propriétaire d'une chose perdue a trente ans pour agir en restitution, l'art. 2279 étant inapplicable, puisque le seul fait de l'invention suffit à rendre son auteur de mauvaise foi (*Rép.* n° 216). C'est encore l'opinion des auteurs (Duranton, t. 6, n° 330 ; Laurent, t. 8, n° 463 et 468 ; Aubry et Rau, t. 2, § 201, p. 225 ; Demolombe, t. 13, n° 71 ; Baudry-Lacantinerie, t. 2, n° 14). D'ailleurs, alors même que, malgré toutes les présomptions contraires, l'inventeur serait de bonne foi, il ne pourrait pas se prévaloir de l'art. 2279 pour repousser la demande du propriétaire, puisque cet article ne vise que l'action en revendication formée contre le tiers possesseur de l'objet perdu, mais n'est pas opposable à l'action personnelle en restitution dirigée contre l'inventeur lui-même (Demante, t. 3, n° 14 *bis* ; Demolombe, t. 13, n° 71 ; Aubry et Rau, t. 2, § 201, p. 246, note 49). — Si l'inventeur s'était dessaisi de l'objet trouvé, le tiers acquéreur ne pourrait plus être recherché par le propriétaire, après l'expiration du délai de trois ans, s'il était de bonne foi (art. 2279) et de trente ans, s'il était de mauvaise foi (*Rép.* n° 216).

99. Il arrive souvent que la personne qui a perdu un objet fait promettre, par la voie de l'affiche ou de la presse, une récompense à la personne qui le retrouvera et le lui rapportera. La jurisprudence et les auteurs sont d'accord pour reconnaître la force obligatoire de cette promesse, si elle n'a pas été révoquée avant la découverte de l'objet perdu (Demolombe, t. 13, n° 72 ; *Rép.* v° *Obligation*, n° 48).

100. — 2° *Épaves maritimes* (*Rép.* n°s 222 et suiv.). — Relativement aux épaves tirées du fond de la mer, on reconnaît que l'ordonnance de 1681, qui est la loi organique sur la matière, oblige même les marins français ayant trouvé des épaves maritimes étrangères dans les eaux territoriales étrangères. — Jugé ainsi que le fait, par un patron de pêche français, qui a trouvé des épaves d'origine étrangère, même dans les eaux territoriales étrangères, de n'en avoir pas fait la déclaration à l'autorité maritime dans le délai réglementaire, constitue un délit rentrant dans les prévisions de l'art. 19, titre 9, livre 4, de l'ordonnance de 1681 (Douai, 18 déc. 1882, aff. Agez, D. P. 84. 2. 49).

101. Les prescriptions de l'ordonnance de 1681 relatives aux épaves ont une portée générale, et il a été reconnu qu'elles ne s'appliquent pas seulement aux objets naufragés ; que notamment, l'inventeur de poteaux arrachés de terre par le flot et recueillis en mer est tenu de faire la déclaration (Poitiers, 28 mars 1884) (1).

102. Quant aux épaves trouvées sur les grèves, V. *Rép.* n° 225). — Il faut d'ailleurs remarquer que les plantes et les herbes qui croissent sur le rivage de la mer ne sont pas

(1) (Robichon). — La cour. — Attendu que, pour mettre un terme à l'industrie de la rapine en mer, l'ordonnance de 1681 a permis de recueillir tous les objets provenant de navires, du fond du crû de la mer, soit qu'on les trouve sur les flots, soit qu'ils aient été rejetés sur le rivage, à la charge d'en faire, dans les vingt-quatre heures, la déclaration aux officiers de l'amirauté ; — Attendu que la formalité de la déclaration est la condition essentielle de cette autorisation, car, sans son accomplissement, l'autorité ne pourrait exercer son contrôle, le propriétaire produire sa revendication, et l'inventeur faire valoir ses droits à raison du sauvetage accompli ; — Attendu que, s'il est vrai que le texte des art. 19 et 20, qui prescrivent la déclaration, ne semble s'appliquer qu'aux cas de jet, bris et naufrage, il est constant néanmoins, à raison des précautions prises pour soustraire tous les objets recueillis en mer à une appropriation furtive, que l'ordonnance n'a pu limiter aux objets qu'elle détermine l'obligation de révéler la découverte à l'autorité maritime ; que, si ces articles ne comprenaient, en effet, que les choses qui y sont dénommées, il faudrait décider, en violant l'esprit même de l'ordonnance, et en consacrant les abus qu'elle a voulu détruire, qu'en dehors des cas de bris ou de naufrage, tous les objets flottants ou poussés à la côte sont soumis au pillage, et constituent

de bonnes prises, sur lesquelles le propriétaire ne peut faire valoir ses légitimes revendications ; ou bien, interprétant dans un sens opposé, il faudrait reconnaître, contrairement aux dispositions de l'ordonnance, qui provoque et stimule les sauvetages par l'appât des récompenses, qu'à l'exception des objets dont l'origine est spécifiée dans les articles précités, il n'est permis de recueillir aucune des choses que le flot emporte ou qu'il rejette sur les grèves ; — Attendu qu'on ne saurait faire rentrer ces objets dans les dispositions générales de nos lois civiles, car ils en ont été formellement exclus par l'art. 717 c. civ., qui les place pour leur réglementation sous l'application des lois particulières qui les régissent ; — Attendu qu'il n'existe pas d'autres dispositions légales applicables aux épaves maritimes que l'ordonnance de 1681, et qu'on ne saurait lui emprunter ses prescriptions sans se soumettre aux obligations qu'elle crée, et aux mesures qu'elle édicte pour sauvegarder les droits exercés par l'autorité souveraine sur son domaine de la mer, sur les côtes et pour permettre aux propriétaires des objets perdus de produire leurs réclamations ; — Attendu que, dans la promulgation de cette ordonnance, l'administration de la Marine, généralisant le texte des art. 19 et 20, a toujours exigé la formalité de la déclaration pour tous les objets, sans distinction de provenance ou

de véritables épaves au sens juridique du mot, mais des produits du domaine public, dont l'État fait l'abandon sous certaines conditions (c. civ. art. 558).

103. — 3° *Épaves de fleuves et rivières* (*Rép.* n° 228). D'après les dispositions des art. 16 et 17 titre 3 de l'ordonnance d'août 1669, toujours en vigueur sur ce point, les épaves trouvées dans le lit des cours d'eau navigables ou flottables appartiennent à l'État, lorsque ces épaves, ou le prix provenant de leur vente, n'ont pas été réclamés par les propriétaires dans le délai déterminé par l'ordonnance (V. *Rép.* n° 228). Suivant Garnier (*Régime des eaux*, t. 1, n° 428), ces prescriptions ne seraient applicables qu'aux objets trouvés flottant sur l'eau. Mais cette opinion est repoussée par les termes généraux de l'ordonnance qui n'admettent aucune distinction (Comp. Plocque, *Cours d'eau navigables et flottables*, t. 2, n° 398). Jugé, en ce sens, que les bois entraînés, contre le gré des propriétaires, par la violence des eaux d'une rivière navigable ou flottable, et déposés sur les rives, constituent des épaves fluviales et appartiennent à l'État, si les propriétaires ne les ont pas réclamés, ou n'ont pas fait valoir leurs droits sur le prix provenant de la vente de ces bois dans les délais légaux; qu'en conséquence, la convention par laquelle les riverains se distribueraient les bois dont il s'agit doit être annulée comme portant sur des objets n'appartenant pas aux parties contractantes et dépendant du domaine de l'État (Toulouse, 10 févr. 1877, aff. Massol, D. P. 77. 2. 175). — Toutefois, il a été décidé que les bois qui, dans les flottages, ont plongé sous l'eau ou ont échoué, ne cessent pas d'être la propriété des marchands flotteurs, et par conséquent ne constituent pas des épaves (Limoges, 29 mai 1857)(1).

Sect. 3. — **Des choses abandonnées** (*Rép.* n°ˢ 229 à 233).

104. Il n'y a rien à ajouter à ce qui a été dit à ce sujet au *Répertoire*.

Sect. 4. — **Des choses du cru de la mer** (*Rép.* n°ˢ 234 à 237).

105. Aucun document nouveau n'est à signaler dans cette section.

Sect. 5. — **De ce qui est pris sur l'ennemi** (*Rép.* n°ˢ 238 à 246).

106. Certains auteurs considèrent encore comme une cause légale d'acquisition le butin fait sur l'ennemi, en cas de guerre (V. notamment: Aubry et Rau, t. 2, § 201,

p. 239. Demolombe, t. 13, n° 78). Ce serait là un cas d'*occupation*. Mais cette théorie paraît contraire aux idées qui ont prévalu dans le droit des gens moderne (V. *suprà*, v° *Droit naturel et des gens*, n° 91. *Adde*: Laurent, t. 8, n° 438).

107. En ce qui concerne les prises maritimes, V. *suprà*, v° *Prises maritimes*.

Sect. 6. — **De certains cas distincts des précédents dans lesquels l'on devient encore propriétaire par occupation.**

108. V. *Rép.* n°ˢ 247 à 249.

CHAP. 7. — De l'accession. — Idées générales. — Fruits ou produits et incorporation de la chose (*Rép.* n°ˢ 250 à 253).

109. Sans revenir ici sur la controverse relative à la question de savoir si l'accession constitue ou non, en théorie, un véritable mode d'acquisition de la propriété (*Rép.* n° 252), on constatera simplement que tous les auteurs modernes n'admettent pas cette idée, et que, pour quelques-uns, les fruits d'une chose n'appartiennent au propriétaire que par voie de conséquence du droit de propriété lui-même (Laurent, t. 6, n° 182; Marcadé, sur l'art. 546, n° 1; Demolombe, *Distinction des biens*, t. 1, n° 572; Demante, t. 2, n° 38-*bis*).

Sect. 1ʳᵉ. — **De l'acquisition des fruits ou produits de la chose en vertu du droit d'accession.**

Art. 1ᵉʳ. — *De l'acquisition des fruits ou produits par le propriétaire de la chose* (*Rép.* n°ˢ 254 à 270).

110. On a indiqué au *Rép.*, n° 254, la distinction qui doit être faite entre les *fruits* et les *produits*. Ainsi que le fait remarquer M. Laurent (t. 6, n°ˢ 196 et suiv.), le législateur ne s'est occupé de cette distinction importante entre les fruits et les produits qu'au titre de l'usufruit, où l'intérêt de cette classification apparaît, tandis que, dans la matière qui fait l'objet du présent article, elle n'a aucune utilité, toutes les productions d'une chose appartenant au propriétaire par voie d'accession. L'intérêt apparaît, d'ailleurs, également lorsqu'il s'agit du possesseur de bonne ou de mauvaise foi (V. *infrà*, n°ˢ 116 et suiv.).

111. Les fruits, ainsi qu'on l'a exposé au *Rép.*, n° 255, les fruits proprement dits se divisent en fruits naturels, civils ou industriels. — Relativement au croît des animaux,

---

d'origine, et les populations riveraines de la mer ne paraissent pas avoir entendu d'une façon différente l'exercice du droit qui leur était concédé; — Attendu que, de son côté, l'autorité royale, lorsqu'elle a publié, le 17 juill. 1816, un règlement sur l'administration de la comptabilité des invalides de la marine, a révélé que sa concession n'avait pas été limitée aux seuls cas de naufrage, bris ou échouements, car, après les avoir énumérés, elle ajoute *et cætera*, indiquant par cette abréviation que tous les objets sont compris dans cette formule comme devant être soumis aux mêmes formalités; — En fait : — Attendu qu'il résulte du procès-verbal du syndic des gens de mer et des dépositions des témoins que, dans l'un des derniers mois de l'année 1883, le sieur Robichon, marin d'Esnaudes, a transporté dans son domicile, sans en faire, dans les délais prescrits, la déclaration à l'administration de la Marine ou à la Douane, deux poteaux en chêne arrachés de terre par le flot et qu'il avait recueillis en mer. — Attendu que ce défaut de déclaration est puni, par l'art. 19 de l'ordonnance de 1681, de la peine applicable aux receleurs; — Par ces motifs; — Déclare Robichon coupable de n'avoir pas, en 1883, dans les vingt-quatre heures de son débarquement, déclaré à l'autorité maritime, les objets qu'il avait retirés de la mer, et, lui faisant application des art. 19, tit. 9, liv. 4 de l'ordonnance de 1681; 62, 401 et 463 c. pén., et 194 c. instr. crim.; le condamne, etc. Du 28 mars 1884.-C. de Poitiers, ch. corr.-MM. Bottard, pr. Chauvin, av.

(1) (N...) — La cour; — Attendu que les bois de flottage plongeant sous l'eau ou échoués sur la rive, vulgairement appelés *canards*, ne cessent pas pour cela d'être la propriété des marchands flotteurs, qui seuls ont le droit de les rechercher et de les recueillir; que les accidents de submersion ou d'échouement, qui sont inévitables dans le transport de bois par eau, ne

sauraient faire considérer les bûches dites *canardées* comme des épaves qui seraient délaissées par les propriétaires au premier occupant; — Attendu que vainement les prévenus invoquent, pour justifier leur bonne foi, un prétendu usage immémorial et une sorte de tolérance ou consentement tacite de la part des flotteurs; qu'un semblable usage, qui ne serait, dans tous les cas, qu'un abus impuissant à fonder un droit d'appropriation en leur faveur, est bien loin d'être établi; qu'il est d'abord déraisonnable d'admettre, de la part des marchands flotteurs, un pareil abandon de leur propriété, et la concession d'une faculté aussi exorbitante, qui pourrait servir de prétexte aux fraudes plus graves; — Qu'ils sont, au contraire, dans l'usage de repêcher, autant qu'ils le peuvent, les bois *canards* pour les rejeter ensuite en flottage, et de traiter avec les riverains, moyennant un salaire convenu, pour qu'ils ramassent ces bois et qu'ils les empilent sur les bords, sans qu'ils puissent y prétendre aucun droit de propriété; que, bien loin, d'y donner aucune adhésion quelconque, les flotteurs n'ont cessé de réclamer contre les actes d'appropriation exercés sans droit par les riverains, ainsi qu'il résulte de nombreuses décisions judiciaires rendues par les arrondissements de Bourganeuf et de Limoges; — Attendu que, plus les habitudes alléguées par les prévenus seraient anciennes et générales, plus il importerait à la sécurité des flottages de réprimer, par l'application des peines correctionnelles, les faits de soustractions et de pillage auxquels les bois en rivière sont journellement exposés; — Attendu que, si les marchands et propriétaires flotteurs ont souvent gardé le silence sur de pareils abus, soit par ménagement envers les personnes trouvées en délit, soit par impuissance de les atteindre, il n'en saurait résulter aucune cause d'impunité en faveur des prévenus; qu'un pareil moyen de défense est d'autant plus inadmissible, dans l'affaire actuelle, que le garde Blanchard, d'après les ordres des parties

il faut noter que, si le mâle et la femelle appartiennent à des maîtres différents, il appartiendra au propriétaire de la femelle, sauf l'indemnité due par ce dernier au propriétaire de l'étalon pour prix de la saillie, s'il y a lieu (Laurent, t. 6, n° 204; Demolombe, t. 9, n° 580).

112. Parmi les fruits civils il faut comprendre, en outre de ceux énumérés au *Rép.*, n° 235, les redevances dues par le concessionnaire de mines aux propriétaires de la surface (*Rép.*, v° *Mines*, n° 297, *suprà*, eod. v°, n° 370), et les arrérages de rentes viagères. — MM. Aubry et Rau, t. 2, § 192, p. 187 et 188, divisent les fruits civils en fruits civils proprement dits, qui sont ceux dont on a parlé *loc. cit.*, et les fruits civils *irréguliers*: tels sont, par exemple, les rétributions dues pour mouture dans un moulin, ou pour sciage dans une scierie ; ces rétributions appartiennent à ceux qui ont fait ou exécuté les conventions successives à raison desquelles elles sont dues, sans qu'il y ait lieu de les totaliser par année pour les répartir entre les ayants droit en proportion de la durée de la jouissance de chacun d'eux (V. aussi Demolombe, t. 10, n° 280; Proudhon, *De l'usufruit*, t. 2, n° 905).

113. Le droit du propriétaire s'applique non seulement aux fruits et produits ordinaires, mais encore à certains produits exceptionnels nés à l'occasion de sa chose. C'est ainsi, par exemple, qu'une société de musique est propriétaire des récompenses qu'elle a pu gagner dans des concours. Jugé également que les médailles obtenues par une société commerciale à une exposition constituent à son profit une propriété intransmissible, et que dès lors les associés sont fondés à s'opposer à ce que l'un d'eux continue à s'en prévaloir seul sur ses prospectus et cartes de voyage (Orléans, 3 févr. 1869, aff. Breton, D. P. 69. 2. 109).

114. Le propriétaire a droit aux fruits de sa chose, alors même que ce serait un tiers, qui en aurait fait les frais de semence et de culture, sauf le droit pour ce dernier d'en obtenir indemnité (*Rép.* n° 265). Et cette règle s'applique aussi bien à l'hypothèse où les fruits sont pendants par branches ou racines au moment de la rentrée en possession du propriétaire, qu'à celle où ce dernier réclame la restitution des fruits perçus par le possesseur (Aubry et Rau, t. 2, § 192, p. 192, note 13).

Il n'y a pas à distinguer, d'ailleurs, pour l'application de l'art. 548, suivant que le possesseur est de bonne ou de mauvaise foi (*Rép.* n° 266). Aux auteurs cités *ibid.*, adde Aubry et Rau, t. 2, § 192.

115. L'art. 548 ne vise que le cas où les fruits sont restitués en nature au propriétaire, car s'ils ont été réalisés en argent, outre les sommes dues pour travaux, semence et culture, le tiers-possesseur évincé aurait encore droit aux frais de toute nature, occasionnés par la réalisation même de la valeur des fruits, comme frais de transport, d'octroi, etc. (Civ. cass. 15 janv. 1839, *Rép.*, v° *Obligations*, n° 1422-1°; Demolombe, t. 9, n° 588).

Art. 2. — *Des fruits considérés comme pouvant appartenir à un autre que le propriétaire, et, spécialement, de la distinction qui doit être faite à cet égard entre le possesseur de mauvaise foi et le possesseur de bonne foi* (Rép. n°s 271 à 293).

116. La règle qui veut que les fruits appartiennent au propriétaire de la chose reçoit une exception dans le cas où la chose frugifère est possédée par un tiers de bonne foi (*Rép.* n° 271). Au contraire, si le possesseur est de mauvaise foi, il n'a aucun droit aux fruits (Lyon, 12 juill. 1878 et Req.

5 mai 1879, aff. Consorts Ovizo, D. P. 80. 1. 145; Nîmes, 25 juill. 1887, aff. Montagnard, D. P. 89. 2. 79).

117. Pour que le possesseur de bonne foi fasse les fruits siens, il faut qu'il s'agisse d'un véritable possesseur, c'est-à-dire d'une personne possédant *animo domini*. C'est ainsi, notamment, que celui qui détient une chose à titre provisoire, avec le consentement exprès ou tacite d'un tiers et à charge de lui en rendre compte, n'exerce pas, au point de vue de la perception des fruits, une possession efficace (Toulouse, 27 mai 1878, aff. Calmettes, D. P. 79. 2. 141).

118. Non seulement le possesseur de mauvaise foi n'a pas droit aux fruits qu'il a perçus, mais il est encore tenu de rendre compte au propriétaire de ceux qu'il n'a pas perçus, et qu'un propriétaire vigilant aurait certainement récoltés (*Rép.* n° 272). S'il en est ainsi, c'est parce que le possesseur a nui au propriétaire, et que, vis-à-vis de ce dernier, il est tenu en vertu d'un véritable quasi-délit (Laurent, t. 6, n° 230; Civ. cass. 9 févr. 1864, aff. Héritiers Duparchy, D. P. 64. 1. 75; Civ. cass. 2 avr. 1878 et Req. 4 juill. 1882, aff. Pallix, D. P. 82. 1. 353). — Quant à la quotité de l'indemnité due, de ce chef, par le possesseur de mauvaise foi au propriétaire, c'est un point qui a soulevé des difficultés (*Rép.*, n° 276).

119. Le propriétaire a-t-il le droit de réclamer au possesseur de mauvaise foi les intérêts des fruits qu'il doit lui restituer ? Suivant une jurisprudence ancienne de la cour de cassation rapportée au *Rép.*, n° 274, les intérêts ne seraient dus par le possesseur de mauvaise foi que du jour de la demande en justice. C'est encore l'opinion généralement admise (Civ. cass. 8 févr. 1864, aff. Héritiers Duparchy, D. P. 64. 1. 72). Toutefois, la cour de cassation a admis, dans ce dernier arrêt, que les juges pourraient accorder au propriétaire, *à titre de dommages-intérêts*, les intérêts des fruits réclamés, à partir non du jour de la demande en justice, mais bien de celui de leurs perceptions successives, pourvu que le demandeur ait prouvé le préjudice que lui avaient causé ces perceptions illégales. Quant aux intérêts échus depuis le jour de la demande, ils sont dus de plein droit, par le seul effet de la demande, et sans que le propriétaire soit tenu de prouver aucune perte (art. 1153 et 1155 c. civ.). Laurent n'admet pas ce dernier système; selon lui, le possesseur de mauvaise foi sera, dans tous les cas, tenu des intérêts des sommes qu'il doit au propriétaire, du jour même où sa mauvaise foi aura commencé. Cet auteur fait remarquer que l'on se trouve ici en présence non d'une convention, mais d'un quasi-délit, et dès que le propriétaire a subi un préjudice il lui en est dû complète réparation, en capital et intérêts (t. 6, n° 231).

120. Si un possesseur de mauvaise foi a vendu la chose d'autrui à un tiers de bonne foi, et que le propriétaire véritable en ait ensuite obtenu la restitution, ce possesseur de mauvaise foi est tenu, à l'égard du propriétaire, non seulement des fruits perçus par lui-même pendant son indue possession, mais encore de ceux perçus de bonne foi par son cessionnaire; et il est, en outre, responsable de la restitution des fruits, dont ce cessionnaire pourrait être tenu à dater du jour où le vice de sa possession lui aurait été révélé (Civ. cass. 8 févr. 1864, aff. Héritiers Duparchy, D. P. 64. 1. 72; Laurent, t. 6, n° 231).

121. L'obligation dont est tenu le possesseur de mauvaise foi, étant née d'un quasi-délit, est personnelle, en ce sens que, s'il vient à mourir, ses héritiers ne seront tenus que des dommages-intérêts dus au jour du décès, sans qu'ils puissent être tenus pour l'époque ultérieure. C'est ainsi que, s'ils sont de bonne foi, ces héritiers pourront conserver les fruits par eux perçus depuis le jour du décès (Civ. cass.

---

civiles, a parcouru, dès le mois de mai 1856, les rives du Taurion et de ses affluents pour prévenir les habitants que défense était faite de s'emparer des bois *canards*, sous peine de poursuites correctionnelles; que si cet avis a été donné d'une manière générale aux populations riveraines, il l'a été néanmoins avec une telle publicité qu'il est impossible d'admettre de la part des prévenus aucun prétexte d'ignorance; — Attendu, dès lors, que ceux qui ramassent et s'approprient frauduleusement et de mauvaise foi, sans l'autorisation du propriétaire, des bois de flottage appelés *canards* se rendent coupables de vol, tout aussi bien que s'ils s'emparaient de bûches flottantes; — Attendu qu'il résulte de l'instruction et des débats qu'au mois de

septembre 1856, il a été trouvé au domicile de... une certaine quantité de bois flottés et *canards* aux marques de...; qu'ils ne justifient d'aucune autorisation ou consentement de la part des propriétaires, et que toutes les circonstances de la cause établissent que c'est de mauvaise foi qu'ils ont soustrait des choses qu'ils savaient appartenir à autrui; — Attendu, toutefois, qu'il existe en leur faveur des circonstances atténuantes, tirées notamment de l'ancienneté et de la généralité des abus qu'il s'agit aujourd'hui de réprimer :

Par ces motifs, condamne chacun des prévenus à 5 fr. d'amende, etc.

Du 29 mai 1857.-C. de Limoges, ch. corr.-M. Larombière, pr.

24 mai 1848, aff. Parent de Chassy, D. P. 48. 1. 200; Orléans, 11 janv. 1849, aff. Parent de Chassy, D. P. 49. 2. 172; Demante, t. 2, n° 385-*bis*, 8; Aubry et Rau, t. 2, § 206, p. 274; Laurent, t. 6, n° 221). Jugé en ce sens, relativement aux fruits indûment perçus par le légataire universel du possesseur de mauvaise foi, après le décès de son auteur, que ce légataire n'en doit la restitution qu'à partir de la demande en justice, s'il ne démontre qu'il ait connu, avant l'instance, le vice de la possession de son auteur, et si, investi par un testament régulier de l'ensemble de la succession, il a possédé de bonne foi, à partir du décès, tous les biens du *de cujus*, y compris ceux indûment possédés par ce dernier (Dijon, 12 août 1874, aff. Consorts Geoffroy, D.P. 76. 2. 92. Conf. Marcadé, sur l'art. 550, n° 2; Demolombe, t. 9, n° 612; Aubry et Rau, t. 2, § 206, p. 274; Chaviot, *De la propriété mobilière*, t. 2, n° 479; Duranton, t. 4, n° 357).

122. On s'accorde à refuser au possesseur de mauvaise foi le droit d'invoquer le bénéfice de la prescription établie par l'art. 2277 c. civ. en vue de se soustraire à la restitution des fruits perçus par lui depuis plus de cinq ans : on ne se trouve pas dans l'hypothèse prévue par cet article; en effet, il ne s'agit ici ni d'une dette contractuelle, ni d'une dette se payant par terme (Aubry et Rau, t. 2,§ 206, p. 394, note 25; Demante, t. 2, n° 384-*bis*; Duranton, t. 4, n° 463; Chavot, t. 2, n° 500; Demolombe, t. 9, n° 639; Zachariæ, t. 2,§201, note 10).

123. Il faut remarquer que, dans certains cas, le possesseur évincé d'une chose qu'il détenait indûment peut être condamné à la restitution des fruits ou des intérêts, alors même que sa mauvaise foi n'est pas établie, si cette condamnation n'est prononcée qu'à titre de dommages-intérêts (Req.10 mai 1859, aff. Hospices de Bordeaux, D. P. 59. 1. 422).

124. L'art. 549 s'applique à tous les possesseurs de mauvaise foi, qu'ils soient de simples particuliers ou qu'ils constituent des établissements publics. Ainsi jugé dans une espèce où une disposition testamentaire avait été faite, par personne interposée, à un établissement public reconnu, et où cette disposition a été déclarée nulle, par application de l'art. 911 c. civ. (V. Conf. Req. 17 nov. 1852, *Rép.*, v° *Dispositions entre vifs et testamentaires*, n° 461. V. aussi, *ibid.*, n° 438-2°), sans que cette nullité ait pu être couverte par aucun acte de ratification ou d'exécution (Conf. Civ. cass. 24 juill. 1854, *Rép. ibid.*, n°1496; Toulouse, 11 juin 1874)(1).

125. La règle d'après laquelle le possesseur de mauvaise foi est tenu de restituer tous les fruits et produits de la chose subit une restriction en ce qui concerne les productions dues à l'industrie personnelle du possesseur, et que dans aucun cas le véritable propriétaire n'aurait perçues, même s'il avait été en possession de sa chose (Pau,

29 juill. 1868, aff. Bardal, D. P. 68. 2. 237; Demolombe, t. 9, n° 587; Massé, *Droit commercial*, t. 2, n° 1404; Massé et Vergé, sur Zachariæ, t. 2, § 295, p. 105, note 6).

126. Si le possesseur de mauvaise foi est resté en possession pendant plus de trente ans, on ne peut plus lui réclamer les fruits, puisque, par la prescription, il aura acquis tout à la fois et la propriété du fonds et les fruits qu'il a produits (*Rép.* n° 280. *Adde* en ce sens : Laurent, t. 6, n° 233).

§ 1er. — Généralités sur le droit du possesseur de bonne foi (*Rép.* n°s 289 à 293.)

127. On a exposé au *Rép.*, n° 290, que le bénéfice de l'art. 549, d'après lequel le possesseur de bonne foi fait les fruits siens, s'applique tout aussi bien au possesseur d'un bien à titre particulier qu'au possesseur à titre universel. C'est un point constant en doctrine et en jurisprudence (Aubry et Rau, t. 2, § 206, p. 268, note 1; Civ. cass. 22 janv. 1852, aff. Nettancourt, D. P. 52. 1. 56; Req. 10 mai 1859, aff. Hospices de Bordeaux, D. P. 59. 1. 422; Civ. cass. 11 juill. 1866, aff. Ceby, D. P. 66. 1. 325).

§ 2. — Quels sont les éléments constitutifs de la bonne foi (*Rép.* n°s 294 à 340).

128. On a indiqué au *Rép.*, n° 294, les conditions que doit remplir la possession pour être réputée de bonne foi. Il faut, comme le disent MM. Aubry et Rau, t. 2, § 206, p. 270, que ce possesseur soit de bonne foi sous tous les rapports, c'est-à-dire qu'il croie non seulement être le véritable propriétaire, mais encore que son titre n'a aucun vice.

129. La question de savoir si une personne est de bonne foi est une question de fait, dont la solution variera nécessairement suivant les circonstances; mais la condition personnelle du possesseur sera toujours, pour les juges, un élément très sérieux d'appréciation (Aubry et Rau, *loc. cit.*).

130. Bien que le partage ait, dans le droit actuel, un caractère purement déclaratif, il peut servir de titre suffisant pour admettre la bonne foi du possesseur (*Rép.* n° 302. *Adde* en ce sens : Laurent, t. 6, n° 210; Req. 2 août 1849, aff. Dubarry, D. P. 51. 5. 287).

131. Il en est de même du titre héréditaire (Req. 7 août 1849, aff. Lemerle, D. P. 51. 5. 287; Colmar, 18 janv. 1850, aff. Le Domaine, D. P. 51. 2. 161), et du partage d'ascendant (Civ. cass. 11 juill. 1866, aff. Ceby, D. P. 66. 1. 325; Demolombe, t. 23, n° 240; Regnier, *Traité des partages d'ascendants*, n° 206 *bis*).

132. Quant aux actes constitutifs d'un droit d'usufruit ou d'usage, ils doivent être assimilés, à ce point de vue, aux titres translatifs de propriété (Aubry et Rau, t. 2, § 206, p. 268). De même encore, il a été décidé qu'un arrêt du

---

(1) (Raynal *C.* Grimals et autres.)—La cour; — Attendu que, devant la cour de Toulouse, les intimés n'ont pas proposé le moyen de rejet qui avait été accueilli par la cour de Montpellier et se bornent à soutenir le bien-jugé au fond de la décision attaquée; — Attendu que, par testament en date du 2 juill. 1839, Françoise Raynal institua pour son légataire universel Gabriel Grimal, son beau-frère; que la question est de savoir si Gabriel Grimal n'est pas personne interposée avec charge de rendre à la fabrique de Lentin, qui serait le véritable destinataire; — ... (L'arrêt examine ensuite et discute les faits d'où résulte le fidéicommis); — Attendu que, l'interposition étant démontrée et le véritable destinataire étant cependant capable de recevoir, il faut induire de ces deux circonstances que le déguisement auquel on a eu recours a eu pour but d'éluder la nécessité de l'autorisation administrative; que c'est la seule explication plausible de la double dissimulation du testament et de la cession; que les héritiers de Françoise Raynal étaient pauvres et que la fabrique a dû craindre que l'autorité administrative n'autorisât pas une libéralité qui exhérédait cette famille; — Que la conséquence de droit de cette interposition, c'est la nullité de la disposition déguisée; que l'art. 911, il est vrai, ne déclare nulles les dispositions déguisées que lorsqu'elles ont été faites au profit d'un incapable; que les personnes morales légalement reconnues sont capables, mais qu'elles n'ont qu'une capacité subordonnée à la condition de l'autorisation; qu'elles deviennent incapables si la forme donnée à l'acte qui les investit rend impossible l'exercice du droit d'autorisation; que l'effet de la donation déguisée étant d'empêcher l'autorisation et le contrôle de l'État, ce déguisement doit produire l'incapacité du donataire et qu'il est vrai de dire qu'une disposition faite sous cette

forme s'adresse à un incapable; que l'art. 911 doit être appliqué avec d'autant plus de rigueur qu'il est fondé sur des raisons d'intérêt général, et que le déguisement qui fait obstacle à l'application de ces règles salutaires constitue une fraude à la loi; qu'il suit de là que le testament et la cession de 1839 sont radicalement nuls et ne peuvent produire aucun effet; — Attendu, quant à la ratification que le tribunal fait résulter de l'exécution, par François Raynal, du testament et de la cession susdits, que la loi exige pour la ratification deux conditions essentielles : la connaissance du vice qui infecte l'acte et la volonté de le purger; — ... (L'arrêt relate diverses circonstances d'où il induit que le sieur Raymond n'avait pas connaissance, lors de l'exécution, du vice dont le testament du 2 juill. 1839 était entaché); — Attendu qu'en admettant même que les actes dont se prévaut la fabrique eussent été faits avec la connaissance acquise du vice qui infectait les dispositions fidéicommissaires, ces agissements ne rendaient pas Raynal non recevable à demander la nullité du testament; que la nécessité de l'autorisation pour les établissements capables de recevoir, étant une règle d'ordre public, les parties ne pouvaient y déroger par des conventions particulières; que ce qu'on ne pourrait pas faire par une convention expresse, on ne peut pas le faire davantage par des actes d'exécution, quelques graves et significatifs qu'ils soient; — Attendu, sur la demande en restitution de fruits et intérêts formulée, que la fabrique possède en vertu d'une fraude à la loi et est de mauvaise foi; qu'aux termes de l'art. 549 elle doit restituer les fruits et intérêts qu'elle a perçus; — Par ces motifs, infirme.

Du 11 juin 1874.-C. de Toulouse.-MM. de Saint-Gresse, 1er pr. Bellet, av. gén.-Pujos, Fauré et de Laportelière, av.

conseil portant cantonnement entre le propriétaire d'une forêt et des usagers constitue un véritable titre translatif de propriété suffisant pour que celui qui possède en vertu de ce seul titre fasse les fruits siens (Orléans, 11 janv. 1849, aff. Parent de Chassy, D. P. 49. 2. 172).

133. En conformité des principes qui précèdent, il a été jugé : 1° que la rescision d'une cession de droits successifs basée sur l'absence de risques pour le cohéritier acquéreur n'entraîne la restitution des fruits qu'à partir de la demande en justice, si l'acquéreur est de bonne foi (Req. 7 août 1849, aff. Lemerle, D. P. 51. 5. 287) ; — 2° Que lorsqu'une vente à réméré est annulée comme constituant un contrat pignoratif, le donataire de l'acquéreur, qui possède avec juste titre et de bonne foi les biens compris dans la vente, ne peut être condamné à la restitution des fruits (Chambéry, 3 janv. 1873, et Req. 22 déc. 1873, aff. Grisard, D. P. 74. 1. 241).

134. Par contre, mais dans d'autres circonstances, il a été décidé : 1° que les intérêts des sommes payées en vertu de billets à ordre souscrits en augmentation du prix ostensible d'une cession d'office et répétés par le cédant, courent, après le décès du vendeur contre les héritiers de celui-ci, nonobstant leur bonne foi personnelle, et qu'à ce cas n'est pas applicable la maxime que le possesseur de bonne foi fait les fruits siens (Civ. cass. 8 juin 1864, aff. Ruel, D. P. 64. 1. 273 ; Paris, 14 janv. 1865, aff. Lesourd, D. P. 65. 2. 108 ; Civ. rej. 17 mai 1865, aff. Consorts Morin, D. P. 65. 1. 273) ; — 2° Que l'acheteur, qui ne paye pas son prix, doit être considéré comme un possesseur de mauvaise foi, et que, par suite, il est tenu de restituer les fruits par lui perçus (Rouen, 28 déc. 1857, aff. Viorney, D. P. 58. 2. 111 ; Toullier, t. 6, n° 563 ; Troplong, t. 2, n° 652 ; Marcadé, sur l'art. 1654, n° 4 ; Duvergier, t. 1, n° 452 ; Laurent, t. 6, n° 243).

135. On a examiné au *Rép.*, n° 310, la question de savoir si, pour faire les fruits siens, la croyance à un titre translatif de propriété suffit, alors même qu'en réalité ce juste titre n'aurait jamais existé, et l'on a admis que, le juste titre n'étant pas un élément essentiel de la bonne foi (*Rép.* n° 295), le titre putatif suffit, si d'ailleurs la bonne foi est certaine. Cette opinion est encore celle de la majorité des auteurs et de la jurisprudence (Colmar, 18 janv. 1850, aff. Ranner, D. P. 51. 2. 161 ; Demolombe, t. 9, n°s 601 et 602 ; Aubry et Rau, t. 2, § 206, p. 272). — Laurent, toutefois, ne croit pas que le titre putatif soit suffisant, car, d'après lui, la bonne foi présuppose nécessairement l'existence d'un titre, et le titre putatif ne constitue pas un titre vicié, mais l'absence même de tout titre (t. 6, n° 209).

136. Le vice du titre de possesseur peut résulter de ce que celui dont il tient la chose n'en était pas propriétaire (*Rép.* n° 313). Dans ce cas également, si la bonne foi existe, le possesseur fera les fruits siens, sans qu'il y ait à distinguer si l'acte envisagé est à titre onéreux ou à titre gratuit (Req. 22 déc. 1873, aff. Jean Grisard, D. P. 74. 1. 241 ; Laurent, t. 6, n° 216).

137. Le titre peut encore être vicié si l'aliénation a été consentie par un incapable ; dans ce cas, le possesseur fera les fruits siens s'il était de bonne foi, c'est-à-dire s'il ignorait cette incapacité, comme par exemple s'il s'agit d'un mineur approchant de sa majorité, d'un interdit se trouvant dans un moment lucide ; en un mot si l'erreur est absolument excusable (*Rép.* n° 314). Les auteurs sont fixés dans le même sens (Laurent, t. 6, n° 214 ; Aubry et Rau, t. 2, § 206, p. 270). La jurisprudence a été plus loin en décidant que, même dans le cas où l'acquéreur aurait connu l'incapacité du mineur, il pourrait être déclaré de bonne foi et, en conséquence, acquérir les fruits, si le vendeur lui avait promis de faire ratifier la vente, dès que la loi le lui permettrait (Laurent, *loc. cit.* ; Amiens, 18 juin 1814, *Rép.*, v° *Contrat de mariage*, n° 2493).

138. Si une vente est entachée du vice de lésion de plus des sept douzièmes, on est encore d'accord pour décider que le possesseur fera les fruits siens, s'il est de bonne foi (*Rép.* n° 315 ; Aubry et Rau, t. 2, § 206, p. 269).

139. On doit encore assimiler au cas du possesseur de bonne foi celui d'un tiers acheteur ou donataire, dont l'acte d'acquisition disparaît rétroactivement par suite de l'annulation de son titre, une semblable annulation enlevant

rétroactivement à celui auquel la chose productive d'intérêts avait été livrée en vertu de cet acte, tout droit non seulement à la propriété, mais encore à la jouissance de cette chose, et le réduisant à la simple condition de possesseur de la chose d'autrui (Aubry et Rau, t. 2, § 206, p. 269, note 2).

140. La doctrine refuse, en général, d'appliquer les règles de la possession à l'acheteur d'un bien aliéné sous condition résolutoire, dans le cas où la condition se réalise. En effet, comme le disent MM. Aubry et Rau, t. 2, § 206, note 4, p. 68, « la résolution d'un acte translatif de propriété opère bien, en général, avec effet rétroactif, en ce sens que l'acquéreur est à considérer, quant aux droits réels qu'il aurait concédés sur la chose, comme n'en ayant jamais été propriétaire ; mais elle ne peut faire disparaître rétroactivement le droit d'administration et de jouissance qui lui appartenait en vertu de son titre. En pareille circonstance, il ne saurait être question de restitution de fruits, mais seulement, le cas échéant, de dommages-intérêts » (Demolombe, t. 9, n° 609 *bis*. — *Contrà* : Troplong, *De la vente*, t. 2, n° 652 ; Rouen, 28 déc. 1857, aff. Viorney, D. P. 53. 2. 111).

141. La loi a entouré de précautions spéciales et de formalités minutieuses les aliénations des biens appartenant à des incapables. On s'est demandé s'il est possible à un acquéreur, qui connaît la qualité de l'incapable, d'être de bonne foi alors que les formalités ne sont pas remplies lors de la cession. La jurisprudence ancienne était divisée sur ce point (*Rép.* n° 318) ; mais aujourd'hui la majorité des auteurs décident que, dans ces hypothèses, l'acquéreur ne peut jamais être considéré comme étant de bonne foi, et qu'en conséquence il devra restituer les fruits par lui perçus durant son indue possession (Duranton, t. 4, n° 353 ; Troplong, *Prescription*, t. 2 ; Demolombe, t. 9, n° 605 ; Aubry et Rau, t. 2, § 206, p. 270 ; Laurent, t. 6, n° 212). Toutefois il est fait exception à ce principe dans le cas où l'acquisition consentie a tourné d'une façon évidente au profit de l'incapable (Aubry et Rau, *eod. loc.*).

142. Lorsque le vendeur est tout à la fois incapable et non-propriétaire de la chose aliénée, on admet que, dans ce cas, pour que le possesseur puisse garder les fruits, il faut que sa bonne foi existe à l'égard de chaque vice pris séparément (*Rép.* n° 324. Conf. Laurent, t. 6, n° 214).

143. On reconnaît que la bonne foi peut exister quand la chose vendue était inaliénable, comme par exemple un bien dotal (*Rép.* n° 325. *Adde* : Aubry et Rau, t. 2, § 206, p. 270 ; Laurent, t. 6, n° 215 ; Marcadé, sur l'art. 555 ; Pau, 27 juin 1867, aff. Berdal, D. P. 68. 2. 232).

144. On a établi au *Rép.*, n° 328, qu'un titre nul pour vice de forme peut servir de base à la possession de bonne foi, au point de vue de l'acquisition des fruits. S'il en est autrement, en ce qui concerne la prescription de dix à vingt ans, c'est parce que, en cette matière, le titre constitue une condition distincte de la bonne foi (V. *supra*, v° *Prescription civile*, n° 346). Cette doctrine, exposée au *Rép.*, n° 328, est admise sans difficulté par les auteurs et la jurisprudence (V. Aubry et Rau, t. 2, § 206, p. 271 ; Duranton, t. 4, n° 353 ; Troplong, *De la prescription*, t. 2, n° 917 ; Civ. cass. 19 déc. 1864, aff. Hérit. Daudé, D. P. 65. 1. 116 ; Rouen, 24 mai 1865, même affaire, D. P. 65. 2. 146).

145. Le titre translatif de propriété peut également être vicié par suite d'erreur, de dol ou de violence. Dans ces circonstances, on admet encore que le possesseur acquiert les fruits s'il est de bonne foi (*Rép.* n° 327. *Adde* : Aubry et Rau, t. 2, § 206, p. 270 ; Laurent, t. 6, n° 214 ; Taulier, t. 2, p. 264).

146. En ce qui concerne l'erreur, on admet généralement qu'il n'y a pas à distinguer entre l'erreur de fait et l'erreur de droit. En tous cas, celle-ci n'est pas considérée comme constituant nécessairement le possesseur de mauvaise foi ; c'est aux tribunaux qu'il appartient de se prononcer à cet égard, suivant les circonstances. Il n'y a donc pas lieu d'appliquer ici, d'une façon générale, la maxime *nemo legem ignorare censetur*. — Toutefois, suivant MM. Aubry et Rau, le possesseur dont l'acquisition reposerait sur un titre nul comme contraire à une prohibition d'ordre public, ne serait pas admis à s'en prévaloir, en pareil cas, de l'art. 549, la question d'acquisition des fruits étant dominée par un principe supérieur. En attachant un avantage quelconque à des titres de

la nature de ceux dont il est question ici, on se mettrait tout au moins indirectement et partiellement en opposition avec la prohibition de la loi (t. 2, § 206, p. 271, texte et note 14). La jurisprudence est assez hésitante sur la question, quoiqu'elle semble cependant admettre le système de MM. Aubry et Rau (V. en ce sens : Civ. cass. 19 déc. 1864, aff. Daudé, D. P. 65. 1. 116; Rouen, 24 mai 1865, aff. Daudé, D. P. 65. 2. 146. Comp. aussi Lyon, 12 juill. 1878 et Req. 5 mai 1879, aff. Ovize, D. P. 80. 1. 145. V. Req. 11 janv. 1887, aff. Huertas, D. P. 88. 5. 269). Dans tous les cas, ici plus qu'ailleurs, les tribunaux devront se montrer sévères pour l'appréciation de la prétendue bonne foi du possesseur, et nous croyons qu'il y aurait lieu d'intervertir le principe général, que la bonne foi se suppose toujours, et en conséquence de considérer *à priori* ce possesseur comme étant de mauvaise foi, tant qu'il n'aura pas apporté la preuve du contraire (Paris, 10 janv. 1863, aff. Daudé, D. P. 63. 2. 111; Toulouse, 27 mai 1878, aff. Calmettes, D. P. 79. 2. 141).

§ 3. — A quelle époque doit exister la bonne foi de la part du possesseur (*Rép.* nos 341 à 344).

147. La bonne foi du possesseur, pour qu'il puisse faire siens les fruits, doit exister au moment de chaque perception (*Rép.* n° 344. V. en ce sens : Aubry et Rau, t. 2, § 206, note 22 ; Laurent, t. 6, n° 220).

148. On a examiné au *Rép.*, n° 342, la question de savoir si l'héritier de bonne foi d'un possesseur de mauvaise foi pourrait acquérir les fruits des biens litigieux dont il a hérité, et l'on a reconnu que, s'il était obligé de rendre ceux perçus par son auteur jusqu'au jour de son décès, il pourrait, au contraire, conserver ceux que lui-même aurait récoltés depuis cette époque. Ce système est encore généralement suivi, et il se résume dans cette proposition que la bonne ou la mauvaise foi doit être appréciée *exclusivement* dans la personne du possesseur actuel sans qu'il y ait à s'occuper de celle de son auteur (Aubry et Rau, t. 2, § 206, p. 271 ; Demante, t. 2, n° 385 *bis*, t. 8 ; Laurent, t. 6, n° 221). Jugé en ce sens que le légataire universel d'un possesseur de mauvaise foi est obligé de restituer les fruits perçus par son auteur pendant son indue possession, mais qu'il n'est tenu de restituer ceux qu'il a personnellement perçus qu'à compter du jour où a été de mauvaise foi, ayant acquis la certitude de l'indue possession de son auteur (Dijon, 12 août 1874, aff. Geoffroy, D. P. 76. 2. 92 ; Aubry et Rau, t. 2, § 206, p. 272 ; Demolombe, t. 9, n° 612; Marcadé, sur l'art. 550, n° 2 ; Demante, t. 2, n° 385 *bis*-8°). — L'opinion contraire a pourtant rencontré des partisans. Dans ce système, on prétend que la possession du défunt se continue, avec le vice de mauvaise foi, dans la personne du successeur universel (L. 2 *De fruct. et lit. exp. cod.* 7, 51) ; que d'ailleurs, en admettant le successeur universel gagnât les fruits à raison de sa bonne foi, il n'en serait pas moins obligé de les restituer comme tenu de tous les faits de son auteur, et spécialement d'obligations, qui incombaient à ce dernier à raison de son indue possession (Delvincourt, t. 2, part. 2, p. 10 et 11; Proudhon, *Du domaine privé*, t. 2, n° 551 ; Civ. cass. 8 juin 1864, aff. Ruel, D. P. 64. 1. 388).

§ 4. — De la preuve de la bonne ou mauvaise foi. (*Rép.* nos 345 et 346.)

149. Comme on l'a déjà dit au *Rép.*, n° 345, la bonne foi se présume toujours ; le possesseur est couvert par cette présomption, qui ne tombera que devant la preuve contraire fournie par son adversaire. La jurisprudence a fait de nombreuses applications de ce principe (Civ. cass. 7 janv. 1861, aff. Bodin, D. P. 61. 1. 384 ; 11 juill. 1866, aff. Ceby, D. P. 66. 1 325 ; 7 juill. 1868, aff. Bourlier, D. P. 68. 1. 446 ; Pau, 29 juill. 1868, aff. Bordal, D. P. 68. 2. 237 ; Civ. cass. 3 mai 1869, aff. Baillet, D. P. 69. 1. 254 ; Civ. cass. 8 janv. 1872, aff. Société de secours mutuels de Bourg, D. P. 73. 1. 57 ; Req. 11 janv. 1887, aff. Huertas, D. P. 88. 5. 269).

150. Toutefois, il y aurait lieu, semble-t-il, d'apporter une exception à cette règle, pour le cas où le titre invoqué par le possesseur devrait être considéré comme nul, comme contraire à la morale ou à l'ordre public (V. *suprà*, n° 146).

151. De ce que la bonne foi se présume toujours, il s'ensuit que les tribunaux, pour pouvoir ordonner la restitution des fruits perçus par un possesseur, sont obligés de déclarer, expressément et d'une façon non équivoque, la mauvaise foi dont la possession était entachée (Civ. cass. 7 janv. 1861 ; 3 mai 1869, cités *suprà*, n° 149 ; Demolombe, t. 9, n° 617 ; Marcadé sur l'art. 549, n° 1 ; Laurent, t. 6, nos 241 et 242. V. aussi, Civ. cass. 16 févr. 1857, aff. d'Espinay, D. P. 57. 1. 120). — Au reste il n'est pas nécessaire que la mauvaise foi soit constatée en termes sacramentels (Civ. rej. 30 avr. 1851, aff. Huchet, D. P. 51. 1. 149).

152. Quant au mode de preuve, la mauvaise foi peut être établie par tous les moyens possibles (*Rép.* n° 346). Cependant il y a lieu de rappeler que la mauvaise foi du possesseur doit, en certains cas, se présumer (*suprà*, n° 146). Dans cette dernière hypothèse, la preuve à apporter par le possesseur, à l'appui de sa bonne foi, pourra résulter non seulement d'actes écrits, mais encore de témoignages et de présomptions reconnues par les juges, graves, précises et concordantes (Civ. rej. 7 juill. 1868, aff. Bourlier, D. P. 68. 1. 446 ; Rouen, 24 mai 1865, aff. Daudé, D. P. 65. 2. 146).

§ 5. — Quand cesse la bonne foi (*Rép.* nos 347 à 356).

153. La bonne foi du possesseur est réputée prendre fin dès qu'il a connaissance des vices de sa possession, soit par lui-même, soit à la suite d'un acte émanant du véritable propriétaire (*Rép.* n° 347. V. en ce sens : Aubry et Rau, t. 2, § 206, p. 273 ; Demante, t. 2, n° 385 *bis*-8° ; Marcadé, sur l'art. 550, n° 2 ; Demolombe, t. 9, n° 613 ; Laurent, t. 6, n° 221). Jugé, en ce sens, que la présomption de bonne foi édictée en faveur du possesseur cesse du moment où il est informé du vice de son titre, notamment par la demande en revendication intentée contre lui, et l'indication contenue dans l'exploit d'assignation des titres sur lesquels reposent le droit de propriété du demandeur ; qu'en conséquence, il cesse, dès cette époque, d'avoir droit aux fruits de l'immeuble qu'il détient (Req. 11 janv. 1887, aff. Huertas, D. P. 88. 5. 268. V. aussi, Bourges, 3 févr. 1851, aff. Pavie-Blondel, D. P. 53. 2. 15 ; Paris, 30 avr. 1859, aff. Bardey, D. P. 60. 2. 178).

§ 6. — Quels sont les produits de la chose que le possesseur de bonne foi fait siens (*Rép.* nos 357 à 362).

154. Comme on l'a vu au *Rép.*, nos 357 et suiv., le possesseur de bonne foi a droit à tous les fruits produits par la chose qu'il possède. On s'accorde encore maintenant pour lui reconnaître le droit d'exploiter les carrières ouvertes avant sa possession, où les bois mis en coupes réglées avant la même époque, tout en lui refusant le droit aux produits des carrières non ouvertes, ou des bois non ménagés à cette date (*Adde:* Aubry et Rau, t. 2, § 206, p. 276, notes 31 à 33 ; Laurent, t. 6, n° 205. — V. toutefois, Marcadé, sur l'art. 549, n° 2). En un mot, le possesseur a droit à tous les fruits et à ceux produits, dont jouit un usufruitier ordinaire (Aubry et Rau, *loc. cit.*). C'est ainsi que l'on décide généralement que le possesseur de bonne foi ne peut conserver, à l'encontre du véritable propriétaire, la partie du trésor attribuée à ce dernier par l'art. 716 c. civ. (Aubry et Rau, *eod. loc.* p. 278, et *suprà*, n° 86 ; — *Contrà* : Marcadé, *loc. cit.*).

155. Le possesseur de bonne foi d'un usufruit fait-il siens les fruits eux-mêmes qu'il a recueillis, ou au contraire ne peut-il conserver que les intérêts qu'il aurait retirés de leur vente ? La question, déjà posée au *Rép.*, n° 361, a été résolue en ce sens que le possesseur peut conserver les fruits perçus, et c'est encore la solution admise aujourd'hui (Aubry et Rau, t. 2, § 206, p. 278). — La décision doit être identique dans le cas où la possession a porté sur une rente viagère (Aubry et Rau, *eod. loc.*). Mais la jurisprudence semble avoir admis un système différent en cas de rente foncière (Req. 4 août 1859, aff. De Favier, D. P. 59. 1. 362).

§ 7. — De quelle manière le possesseur de bonne foi acquiert les fruits (*Rép.* nos 363 à 366).

156. Le possesseur de bonne foi acquiert, par la perception, les fruits naturels et industriels; il n'existe à ce sujet aucune difficulté (*Rép.* n° 363. *Adde:* Laurent, t. 6, n° 206). Quant aux fruits civils, on a admis (*Rép.* n° 364) qu'ils ne s'acquièrent que par leur perception *effective*. La question est toutefois encore discutée actuellement, et, tandis que MM. Aubry et Rau admettent l'opinion enseignée au *Répertoire* (t. 2, § 206, p. 275, note 29), Laurent, au contraire, t. 6, n° 207, soutient que le possesseur de bonne foi acquiert les fruits civils jour par jour, sans qu'il y ait à considérer l'époque à laquelle la perception a été opérée, par application de ce principe que toutes les règles de l'usufruit doivent être appliquées au possesseur de bonne foi (V. en ce sens: Trib. de paix de Dalhem, 10 mai 1881) (1). On ne reviendra pas ici sur la réfutation de ce système (V. *Rép.* n° 354).

157. D'autre part, le possesseur de bonne foi n'a droit qu'aux fruits naturels ou civils qui ont été perçus ou ont couru pendant la durée de la possession. Ainsi il ne pourra retenir ni les fruits civils échus avant son entrée en possession et qu'il aurait perçus en vertu d'une cession à lui passée par un possesseur de mauvaise foi, ni les fruits civils qui n'ont couru que depuis la demande en revendication formée contre lui et qu'il aurait perçus par anticipation. — Toutefois on reconnaît que, si les débiteurs de fruits civils s'en étaient reconnus redevables envers le possesseur, ou s'il les avait cédés à un tiers, on devrait considérer ces fruits comme ayant été réellement perçus par le possesseur et il ne pourrait dès lors être question de les lui enlever (Aubry et Rau, t. 2, § 206, p. 275-276; Demolombe, t. 9, n° 268).

158. Relativement au possesseur de bonne foi d'une hérédité, on reconnaît que l'héritier, qui a appréhendé de bonne foi une succession, est censé avoir été en possession du jour même du décès, et avoir ainsi acquis tous les fruits échus depuis cette date, alors même qu'il ne les aurait pas perçus lui-même. L'exception à la règle n'est toutefois qu'apparente, car, en droit, et par suite d'une fiction légale, l'acceptation d'une succession est réputée remonter au jour même de son ouverture et, par conséquent, l'héritier apparent est censé avoir perçu lui-même les fruits de la succession, à partir de la même époque (Aubry et Rau, t. 2, § 206, p. 276, note 28).

§ 8. — De la liquidation et du mode de restitution des fruits. (*Rép.* nos 367 à 378.)

159. La liquidation du compte du possesseur à l'égard du propriétaire doit se faire, comme on l'a dit au *Rép.*, nos 367 et suiv., suivant les prescriptions des art. 129 et 526 c. proc. civ. Toutefois, et si les parties se sont entendues à cet effet, on peut dresser un compte à l'amiable sans s'astreindre aux formalités prescrites par les articles précités. Jugé, en ce sens, que l'estimation, sans compte préalable, de la valeur des fruits à restituer, notamment par un possesseur de mauvaise foi, ne peut être critiquée pour inobservation des art. 129 et 526 c. proc., par les parties dont

les conclusions ont investi le juge du droit d'arbitrer directement le montant de la somme qui pouvait être due pour cette restitution de fruits (Civ. rej. 22 août 1865, aff. Vidase, D. P. 65. 1. 358. V. aussi: Req. 8 déc. 1862, aff. Gougeon, D. P. 63. 1. 142). Les juges eux-mêmes peuvent dresser le compte et fixer le montant des restitutions à opérer, quand ils en ont reçu le pouvoir (Civ. rej. 17 août 1853, aff. Mounier, D. P. 54. 1. 382).

160. La jurisprudence admet encore (Conf. *Rép.* n° 370) qu'en matière de restitution de fruits à évaluer en argent, l'expertise n'est prescrite qu'autant qu'elle est reconnue nécessaire, et que les juges ne sont pas obligés de l'ordonner, lorsqu'ils ont des documents suffisants pour déterminer la valeur des fruits à restituer. L'expertise est, en effet, purement facultative pour le juge, sauf dans les cas où elle est déclarée obligatoire par une disposition formelle et expresse de la loi (Req. 6 juill. 1857, aff. Regnier, D. P. 57. 1. 383). De même, les juges ne sont pas davantage astreints à recourir aux mercuriales, si les documents de la cause leur fournissent des éléments suffisants d'appréciation (Req. 23 févr. 1859, aff. Gauthier-Morel, D. P. 59. 1. 386; Civ. cass. 16 nov. 1874, aff. Laurent, D. P. 76. 1. 393).

161. Le possesseur condamné est tenu de restituer les fruits du jour de la demande en justice, alors même qu'il avait primitivement obtenu gain de cause et qu'il n'est condamné au délaissement qu'après une cassation ou un recours par voie de requête civile (Aubry et Rau, t. 2, § 206, p. 274; Demolombe, t. 9, n° 633). Toutefois, dans ce dernier cas, Demolombe (*loc. cit.*, n° 634) estime qu'il pourra conserver les fruits jusqu'à la décision définitive, à moins que la rétractation de la décision primitive ne soit fondée sur son dol personnel.

162. S'il y a eu, contre le possesseur, deux demandes en justice successives, et si la première a été abandonnée ou périmée, le possesseur condamné à la suite de la seconde ne doit restituer les fruits qu'à partir du jour de la seconde demande, s'il est resté de bonne foi entre les deux instances (Aubry et Rau, t. 2, § 206, p. 274; Demolombe, t. 9, n° 633).

163. Il importe de remarquer que l'art. 129 c. proc. civ., qui règle la manière dont s'opèrent les restitutions de fruits ordonnées par jugement, ne s'applique pas aux restitutions de fruits demandées et obtenues à titre de dommages-intérêts (Req. 16 avr. 1855, aff. Lafanechéré, D. P. 55. 1. 203); ... ni dans le cas où cette restitution est prononcée par un jugement intervenu sur une demande en payement (Req. 23 févr. 1859, aff. Gauthier-Morel, D. P. 59. 1. 386).

Sect. 2. De l'accession sur ce qui s'unit et s'incorpore aux choses immobilières (*Rép.* nos 379 à 380).

Art. 1er. — *Du droit d'accession relativement aux constructions, plantations et ouvrages au-dessus et au-dessous du sol* (*Rép.* n° 381).

§ 1er. — Observations générales sur le principe que la propriété du sol emporte la propriété du dessus et du dessous (*Rép.* nos 382 à 406).

164. Le principe, qui reconnaît au propriétaire de la surface la propriété du dessus et du dessous (*Rép.* nos 382 et

---

(1) (Fabritius C. Marlet et la fabrique de l'église de Warsage.) — Le Tribunal; — Attendu que, par exploit du 13 sept. 1880, le demandeur, ancien desservant de l'église de Warsage, a fait assigner le défendeur en payement d'une somme de 160 fr., montant d'une année de loyer, échue le 13 mars 1880, d'une prairie qu'il tenait en location; que, sans contester l'existence du bail verbal qui sert de base à l'action du demandeur, le défendeur a, par exploit du 5 octobre dernier, mis en cause la fabrique de l'église de Warsage, à l'effet d'entendre dire qu'au cas où il serait condamné aux fins de l'exploit introductif d'instance, il ne lui serait rien dû du chef de fermage sur lequel elle a formé opposition; — Attendu qu'il a été posé en fait vrai par le demandeur et non dénié par les défendeurs que les immeubles dont le fermage fait l'objet du litige, ont, de temps immémorial, été exploités par les desservants de l'église de Warsage, comme dépendance du presbytère et du jardin auxquels ils sont attenants, ou loués en nom personnel à titre d'usufruitiers par ces desservants à des tiers qui leur en payaient location; que ces faits de possession et de jouissance sont implicitement

reconnus par la fabrique intervenante; qu'elle réserve, en effet, tous ses droits à la revendication des fruits de ces immeubles qu'elle soutient avoir été indûment perçus par les titulaires; — Attendu que la fabrique de Warsage prétend, pour justifier son intervention et son opposition au payement de la location réclamée par le demandeur à charge de son locataire, que ces immeubles sont sa propriété, qu'ayant été nationalisés, ils ne peuvent légalement faire partie du jardin du presbytère, ni tomber sous l'application de l'art. 72 du décret du 18 germ. an 10; que les faits qui divisent les parties étant ainsi fixés tant par les débats que par les pièces versées au procès, il s'agit de décider si le système développé dans l'intérêt de la fabrique est fondé; — Attendu qu'aux termes de l'art. 549 c. civ., le possesseur fait les fruits siens dans le cas où il possède de bonne foi; que la bonne foi du demandeur apparaît d'une évidence indiscutable, si l'on considère que, depuis un temps immémorial, les desservants de l'église de Warsage ont possédé à titre d'usufruitiers, comme dépendances du presbytère, les biens litigieux et en ont joui, soit en les exploitant eux-mêmes, soit en les louant à des

suiv.), est rappelé dans un grand nombre de décisions judiciaires postérieures à la publication du *Répertoire* (V. en ce sens : Civ. cass. 30 nov. 1853, aff. Olleris, D. P. 54. 1. 17; Civ. rej. 21 avr. 1858, aff. Chevreux, D. P. 58. 1. 182; Req. 22 août 1859, aff. Pestel, D. P. 60. 1. 221; 4 déc. 1860, aff. Commune de Varennes-les-Nevers, D. P. 61. 1. 149; Civ. rej. 7 avr. 1862, aff. Ménard, D. P. 62. 1. 281; Req. 24 nov. 1869, aff. Abonnet, D. P. 70. 1. 274; Bordeaux, 17 déc. 1874, aff. Epoux Tardy, D. P. 76. 2. 31; 25 oct. 1886, aff. Otto, D. P. 87. 1. 426; Req. 25 avr. 1882, aff. Minot, D. P. 82. 1. 248).

Mais il ne faut pas exagérer la portée de cette règle générale, et c'est ainsi que l'on s'accorde à reconnaître qu'elle ne doit pas être regardée comme d'ordre public. Décidé, en ce sens, que si les constructions élevées sur un terrain sont censées, quel qu'en soit l'auteur, appartenir au propriétaire du sol en vertu du droit d'accession, cette règle n'est point d'ordre public, et que le propriétaire peut, par convention, renoncer au bénéfice de l'accession (Grenoble, 23 juin 1891, aff. Agnel, D. P. 92. 2. 309. V. aussi Lyon, 18 mars 1871, aff. Turge, D. P. 71. 2. 191; Paris, 23 févr. 1872, aff. Chevreaux, D. P. 74. 2. 21; 4 nov. 1886, aff. Faillite Mouchet, D. P. 88. 2. 4).

165. D'ailleurs, ainsi qu'on l'a dit au *Rép.*, n° 382, la règle dont il s'agit ne constitue qu'une simple présomption, qui peut tomber devant la preuve contraire résultant de la convention ou de la loi elle-même (Req. 28 juill. 1851, aff. Jacob, D. P. 51. 1. 184; Civ. cass. 30 nov. 1853, aff. Olleris, D. P. 54. 1. 17; Req. 11 janv. 1864, aff. Trusuf, D. P. 65. 1. 114; Bordeaux, 17 déc. 1874, aff. Epoux Tardy, D. P. 76. 2. 31; Req. 14 févr. 1882, aff. Epoux Lions, D. P. 83. 1. 197. V. aussi Civ. cass. 30 nov. 1853, aff. Olleris, D. P. 54. 1. 17; 11 janv. 1864, aff. Ernouf, D. P. 65. 1. 114; 24 nov. 1869, aff. Abonnet, D. P. 70. 1. 274; Laurent, t. 6, n° 246). Décidé notamment, en ce sens, que l'art. 552 c. civ., qui attribue au propriétaire du sol la propriété du tréfonds, n'établit qu'une simple présomption qui cède à la preuve contraire, et que cette preuve peut résulter, contre le propriétaire de la superficie, du titre de propriété qu'il invoque, si l'acte d'acquisition dont il se prévaut révèle que le tréfonds ne lui a pas été vendu (Civ. cass. 14 nov. 1888, aff. Société Beaumont et fils, D. P. 89. 1. 469. V. aussi Req. 25 oct. 1886, aff. Otto, D. P. 87. 1. 426).

Il a été jugé également, par application du même principe, que lorsque, de deux maisons contiguës adjugées en même temps à deux acquéreurs différents, l'une a été désignée dans le cahier des charges comme ne se composant que d'un rez-de-chaussée et d'un premier étage, et qu'en effet les étages supérieurs, sans communication avec la partie inférieure de cette maison, communiquent au contraire, par des ouvertures, avec les étages correspondants de la maison voisine, cet état des lieux prouve, contrairement à la présomption tirée de la propriété du sol que c'est bien de cette maison que dépendent, en cette partie, les bâtiments objets de la contestation (Arrêt précité du 30 nov. 1853). Mais il a été décidé que, lorsque le propriétaire de deux maisons contiguës, en vendant l'une d'elles, comprend dans la vente une dépendance de l'autre, attenant à celle vendue, par exemple une écurie, le sous-sol de cette écurie doit, dans le silence des titres, en vertu de l'intention présumée des parties, être réputée commun entre elles proportionnellement aux bâtiments qui leur appartiennent au-dessus de ce sous-sol (Civ. cass. 21 avr. 1858, aff. Chevreux, D. P. 58. 1. 182).

166. Au sujet de la nature intrinsèque du droit de propriété sur l'espace aérien situé au-dessus du fonds d'un propriétaire, le tribunal correctionnel de Douai (13 déc. 1879, aff. Catoire, D. P. 80. 3. 103) a rendu une décision d'où il ressort que l'espace aérien situé au-dessus d'un fonds n'est pas la propriété exclusive du propriétaire du fonds, et qu'en conséquence ne commet pas le délit de chasse sur le terrain d'autrui sans le consentement du propriétaire, le chasseur qui fait lever sur son fonds une pièce de gibier, et qui la tire au moment où, ayant pris son vol, elle se trouve au-dessus de la propriété d'autrui. — Cette décision paraît contestable. Anciennement déjà, on admettait la maxime : *qui dominus est soli, dominus est cœli et inferorum*, et elle est confirmée par le code civil. En déclarant, d'une manière générale et sans restriction, que la propriété du sol emporte la propriété du dessus, l'art. 552 semble bien admettre que cette propriété du dessus embrasse l'espace aérien situé au-dessus du sol. D'ailleurs, quel serait le fondement du droit qu'a le propriétaire d'élever sur son terrain des constructions, à quelque hauteur qu'il lui plaît et d'y faire des plantations, s'il n'était pas propriétaire de l'espace aérien que doivent occuper ces constructions ou ces plantations? Dira-t-on qu'en faisant ces constructions ou plantations, il prend possession d'une portion de cet espace aérien, qui auparavant n'appartenait à personne, et qu'ainsi l'occupation est le fondement de son droit? Mais alors il faudrait également décider que le propriétaire du fonds voisin peut s'emparer de la même façon de cet espace aérien, au-dessus de bâtiments ou de constructions se projetant au-dessus du premier terrain, et ce résultat est formellement repoussé par les art. 552 et 672 c. civ. Prétendra-t-on que la faculté de faire des constructions ou des plantations sur son terrain dérive de l'accession? S'il en était ainsi, l'accession autoriserait pareillement les empiétements du voisin au-dessus de ce même terrain par des constructions ou plantations qui y feraient saillie sans y reposer. Ajoutons que le droit qu'a tout propriétaire de faire démolir les constructions et de couper les branches du voisin, qui se projettent au-dessus de son fonds, ne peut s'expliquer que par le motif qu'il est propriétaire de l'espace aérien situé au-dessus de ce fonds (V. dans le même sens : Laurent, t. 6, p. 327).

167. Une nouvelle exception au principe de l'art. 552 se rencontre dans le cas où les différents étages d'une même maison sont les propriétés de propriétaires distincts (*Rép.* n° 385). Il a été jugé qu'en pareil cas chacun des copropriétaires a le droit de faire, pour le service de son étage, tous les travaux utiles sur les portions communes de l'immeuble, pourvu qu'il n'en dénature pas la destination et qu'il ne cause aucun préjudice aux autres propriétaires (Trib. civ. de Bergerac, 17 févr. 1863, aff. Ferriez, D. P. 63. 3. 43).

168. Le droit de superficie constitue également une exception au principe général de l'art. 552. Il consiste dans le droit de propriété qu'un tiers exerce sur les constructions ou les plantations adhérant à la surface d'un fonds dont le dessous ou tréfonds appartient à un autre propriétaire (Aubry et Rau, t. 2, § 223, n° 2, p. 440; Demolombe, t. 11, n° 483 *ter* et *quater*). — Ce droit, qui existe rarement aujourd'hui, peut être intégral ou partiel suivant qu'il s'applique à tous les objets qui se trouvent à la surface du sol ou qu'il est restreint à quelques-uns d'entre eux (Besançon, 12 déc. 1862, aff. Commune d'Orchamps-Vennes, D. P. 65. 2. 1). Si le droit de superficie est général, son titulaire jouit de tous

---

tiers; qué le demandeur, succédant, dans l'administration de la cure, à un desservant qui pendant une longue série d'années avait joui des immeubles litigieux comme formant la dotation de la cure, a nécessairement dû croire qu'il était en droit d'en jouir légitimement au même titre; — Attendu que la bonne foi du demandeur étant admise, il en résulte qu'il a acquis les fruits tant naturels que civils perçus pendant le temps de son occupation, que la perception des droits civils résulte du fait légal de l'échéance quotidienne; que, sous ce rapport, le possesseur de bonne foi doit être assimilé à l'usufruitier qui, aux termes de l'art. 586 c. civ. acquiert les fruits jour par jour, que cette règle était déjà suivie dans l'ancien droit, comme l'enseigne Domat, liv. 3, tit 5, sect. 3 à 8 ; e Si, dit-il, les revenus d'un fonds possédé par un détenteur de bonne foi viennent successivement et de jour en jour, comme les loyers d'une mai-

son, le revenu d'un moulin, d'un lac, d'un péage, et les autres semblables, et, qu'il soit évincé, il aura ce qui se trouve échu, jusqu'à la demande et rendra le reste »; — Attendu que le libellé de l'assignation borne l'objet du litige aux fruits des immeubles que le demandeur soutient avoir acquis de bonne foi, à titre de desservant de la cure de Warsage; — Par ces motifs; — Statuant sur la demande principale : — Condamne le défendeur, Marlet, à payer au demandeur la somme de 160 fr., montant d'une année de loyer échue le 15 mars 1880, d'une prairie qu'il détenait en location verbale du demandeur; — Et statuant sur la demande et garantie; — Dit que le sieur Marlet ne doit rien à la fabrique de Warsage du chef des fermages sur lesquels elle a mis opposition.

Du 10 mai 1881. Just. de paix de Dalhem.-MM. Lekens, juge de paix.-Decamp et Gust. Kleyer, av.

les droits de la propriété sur le dessus du fond; c'est ainsi qu'il pourra changer la culture du fonds, la nature même de l'exploitation, construire... etc. (Aubry et Rau, t. 2, § 223, n° 2, p. 441). — Le droit de superficie peut s'établir soit par la convention des parties, soit même par prescription et possession trentenaire (Civ. cass. 18 mai 1858, aff. Duclerfays, D. P. 58. 1. 218; Req. 23 déc. 1861, aff. Commune de Louzac, D. P. 62. 1. 129). — S'il y a doute sur l'existence ou l'étendue de ce droit, la question sera résolue souverainement par les tribunaux (Req. 5 nov. 1866, aff. Commune d'Orchamps-Vennes, D. P. 67. 1. 32).

169. Indépendamment du bail à convenant ou à domaine congéable mentionné au *Rép.*, n° 384, il y a lieu de signaler, comme un autre cas où ne s'applique pas le principe de l'art. 552, une variété particulière de droit de superficie en usage dans la Bresse et relatif aux étangs qui sont périodiquement en eau ou asséchés. Il arrive souvent, dans cette région, que l'étang en eau appartient à un propriétaire, alors qu'il appartient à un autre pendant les périodes d'assèchement. La jurisprudence et la loi du 21 juill. 1856 (D. P. 56. 4, 120) ont consacré la légalité de ces usages, même en autorisant expressément les demandes en partage chaque fois que l'*évolage*, ou propriété de l'étang en eau et l'*assec*, ou propriété de l'étang desséché ne sont pas réunies dans la même main. Le partage est même obligatoire dans les cas où le dessèchement ordonné par la loi des 11-19 sept. 1792 n'est pas exécuté volontairement par les communistes (Décr. 28 oct. 1857, sur la licitation des marais du département de l'Ain, D. P. 57. 4. 200. V. Aubry et Rau, t. 2, § 233, p. 442).

170. La règle d'après laquelle la propriété du sol emporte la propriété du dessous et du dessus (c. civ. art. 552) ne met pas obstacle à ce que le dessous puisse être détaché du sol par fractions susceptibles de devenir, avec où sans le consentement du maître du sol, la propriété d'un tiers. Ainsi, le sous-sol d'une propriété immobilière peut être détaché et exproprié séparément de la surface pour cause d'utilité publique (Civ. cass. 1er août 1866, aff. Delamarre, D. P. 66. 1. 305). V. *supra*, v° *Expropriation pour cause d'utilité publique*, n° 24.

171. Une des conséquences de la propriété du dessous est le droit, pour le propriétaire, d'exécuter, dans le tréfonds de son terrain, les fouilles qu'il lui convient de faire, à condition de respecter les droits de ses voisins, à l'égard desquels sa responsabilité est toujours engagée en vertu de l'art. 1382 c. civ. (*Rép.* n°s 390 et 391). La jurisprudence a eu souvent à appliquer ces principes (V. notamment Colmar, 25 juill. 1861, aff. Grosheintz, D. P. 61. 2. 212; Dijon, 13 déc. 1867, *supra*, n° 22; Aubry et Rau, t. 2, § 194, p. 194). Il a même été jugé qu'un propriétaire inférieur est responsable du préjudice résultant pour le propriétaire supérieur de l'affaissement et de l'éboulement du sol appartenant à celui-ci, encore bien que ces accidents aient été déterminés par un cas de force majeure, tel qu'une pluie d'orage, si ces accidents ont pour cause originaire les fouilles et tranchées exécutées imprudemment par ce propriétaire sur son propre terrain (Civ. cass. 17 nov. 1868, aff. Ardoni, D. P. 72. 69. 1. 102.

172. Aux termes de l'art. 553, toutes les constructions, plantations ou ouvrages sur un terrain ou dans l'intérieur du sol, sont présumés faits par le propriétaire du sol et à ses frais, si le contraire n'est prouvé (*Rép.* n° 393). Cet article a une portée générale et absolue : la présomption qu'il établit doit être appliquée quelle que soit la valeur des constructions, et alors même qu'elle dépasserait de beaucoup la valeur du sol lui-même (Laurent, t. 6, n° 252).

173. L'art. 553 est opposable à tous, notamment au fermier et au locataire pour les constructions faites par eux sur le terrain du propriétaire (Laurent t. 6, n° 255). Jugé ainsi que les constructions élevées par un preneur sur un terrain loué appartiennent au bailleur, à moins qu'il ne résulte des stipulations du bail ou des agissements des parties que ce dernier a répudié cette propriété et renoncé à son droit d'accession (Civ. cass. 27 mai 1873, aff. Pigeary, D. P. 73. 1. 410. V. également : Civ. cass. 8 juill. 1851, aff. Javal, D. P. 51. 1. 198; Paris, 15 déc. 1865, aff. Lauridan, D. P. 66. 5. 287; Rouen, 26 févr. 1869, aff. Moynet, D. P. 69. 2. 141). — Toutefois, il peut intervenir entre les parties, et

par dérogation à l'art. 553, des conventions par lesquelles le propriétaire du sol renonce à son droit d'accession sur les constructions ou plantations élevées sur son terrain (Civ. rej. 7 avr. 1862, aff. Ménard, D. P. 62. 1. 282; Paris, 30 mai 1864, aff. Lamadou, D. P. 66. 2. 174).

174. La jurisprudence admet que des arbres plantés sur le fonds d'autrui sont également susceptibles d'une possession immobilière séparément des fonds où ils existent, possession de nature à entraîner l'acquisition de la propriété de ces arbres par prescription (Civ. cass. 18 mai 1858, aff. Duclerfays, D. P. 58. 1. 218 ; Civ. rej. 7 nov. 1860, aff. Ville de Douai, D. P. 60. 1. 486; Req. 23 déc. 1861, aff. Commune de Louzac, D. P. 62. 1. 129; Trib. de Montbéliard, 20 nov. 1867, aff. Huitzy, D. P. 69. 3. 46). — De ce dernier arrêt, notamment, il résulte que des plantations d'arbres ou de vignes peuvent être acquises séparément du sol sur lequel elles sont établies, et que, spécialement, celui qui prouve avoir joui *animo domini*, depuis plus de trente ans, de ceps de vigne adossés à sa maison, mais plantés dans le fonds du voisin, est en droit de réclamer des dommages-intérêts à celui-ci pour le fait de les avoir abusivement supprimés.

Il a été également jugé que des arbres plantés sur un chemin public sont susceptibles d'une appropriation particulière indépendante de la propriété du sol auquel ils sont attachés (Civ. cass. 18 mai 1858, précité ; 1er déc. 1874, aff. Martin, D. P. 75. 1. 333; 21 nov. 1877, aff. Commune de Baynes, D. P. 78. 1. 301. La même solution est applicable aux arbres situés sur le côté des rues ou des places publiques (Civ. cass. 8 nov. 1880, aff. Vassel, D. P. 81. 1. 28). — Quant à ceux plantés sur les chemins vicinaux ou communaux par les riverains, ils n'appartiennent pas à la commune, mais aux riverains de ces chemins. C'est une nouvelle dérogation au principe de l'art. 552 (V. *infra*, v° *Voirie par terre*). Toutefois, comme on le verra *ibid.*, il y a difficulté sur le point de savoir si cette solution ne doit pas être restreinte aux arbres plantés antérieurement à la loi du 28 août 1792.

175. On a exposé au *Rép.*, n° 405, que la présomption établie par l'art. 553 c. civ. est susceptible d'être détruite par la preuve contraire, qui pourra résulter soit d'actes écrits, soit même de dépositions de témoins (*Rép.* n° 405). Cette opinion est encore celle de la jurisprudence et de la majorité des auteurs (Aubry et Rau, t. 2, p. 180, texte et note 4; Demolombe, t. 9, n° 697 *bis*; Civ. cass. 27 juill. 1859, aff. Duême, D. P. 59. 1. 398; Civ. rej. 23 mai 1860, aff. De Gaudechart, D. P. 60. 1. 384; Paris, 16 févr. 1869, aff. Abonnet, D. P. 70. 1. 274 et Req. 24 nov. 1869, *ibid.*). — Toutefois, Laurent n'admet la preuve testimoniale, au-dessus de 150 fr., que si elle porte sur un *pur fait*, tel que d'avoir construit, par exemple, et non sur une question de propriété fondée en titre (t. 6, n° 254).

§ 2. — Du cas où le propriétaire du sol a fait des constructions, plantations et ouvrages avec les matériaux d'autrui (*Rép.* n°s 407 à 417).

176. Si un propriétaire, pour élever des constructions sur son sol, se sert de matériaux appartenant à autrui, il n'en est pas moins pour cela seul propriétaire de la construction, tout en étant tenu à indemniser le propriétaire à qui les matériaux employés appartenaient (*Rép.* n° 407). En disposant ainsi, l'art. 554 c. civ. suppose que le constructeur n'était pas devenu propriétaire en vertu de l'art. 2279. Il faut avoir soin de remarquer, d'ailleurs, que cette règle ne s'applique qu'aux objets mobiliers, qui, par leur incorporation même, sont devenus immeubles par nature, et non à ceux qui ont simplement revêtu le caractère d'immeubles par destination. De même, il ne vise pas le cas d'objets mobiliers attachés par le propriétaire à perpétuelle demeure, ce qui n'est au fond qu'une immobilisation par destination, ces différentes situations restant réglées par les dispositions des art. 2279 et 2280 c. civ. (Marcadé, sur l'art. 554 ; Demolombe, t. 9, n°s 665 et 666 ; Aubry et Rau, t. 2, § 204, p. 259 ; Zacharie, § 203, note 1 ; Laurent, t. 6, n° 261). C'est ainsi que les machines placées dans une fabrique pourraient être revendiquées par leur propriétaire contre le propriétaire de l'usine. — Comme on

l'a vu au *Rép.*, n° 407, il n'y a pas à distinguer, pour l'application de l'art. 554, si le constructeur est de bonne ou de mauvaise foi (*Adde* : Aubry et Rau, *loc. cit.*, p. 258).

177. Si la construction pour laquelle le propriétaire du sol a employé les matériaux d'autrui vient à être démolie, on a enseigné (*Rép.* n° 408) qu'à la différence de ce qui était admis en droit romain le propriétaire de ces matériaux ne peut les revendiquer. Laurent s'est prononcé dans le même sens (t. 6, n° 260); mais un certain nombre d'auteurs accordent à ce propriétaire lésé le bénéfice de la revendication, dans le cas où la démolition a précédé le règlement de l'indemnité (Aubry et Rau, t. 2, § 204, p. 259; Demante, *Cours analytique*, 391 *bis*; Marcadé, sur l'art. 554). Toutefois, on s'accorde à refuser la revendication dans tous les cas, lorsqu'il s'agit d'arbres arrachés (Mêmes auteurs, *eod. loc.*).

178. On admet généralement, suivant l'opinion émise au *Rép.*, n°⁵ 409 à 411, que la restitution, tant que la démolition n'a pas eu lieu, doit avoir lieu en deniers, et non en nature au moyen de matériaux équivalents (Aubry et Rau, t. 2, § 204, p. 259).

179. Lorsque le propriétaire du sol y a planté des arbres qui ne lui appartenaient pas, il en devient propriétaire par accession, du jour même de leur incorporation, sans que l'on ait à s'occuper du point de savoir s'ils ont pris ou non racine (*Rép.* n° 412). La doctrine est encore généralement fixée en ce sens (Marcadé, sur l'art. 554; Aubry et Rau, t. 2, § 204, p. 258; Massé et Vergé, sur Zachariæ, t. 2, § 297, note 1. — V. néanmoins en sens contraire : Neveu-Desrotie, *Lois rurales*, p. 29; Perrin et Rendu, *Dictionnaire des constructions*, n° 180).

§ 3. — *Du cas où les constructions, plantations et ouvrages ont été faits par un tiers avec ses matériaux sur le fonds d'autrui* (*Rép.* n°⁵ 418 à 460).

180. L'hypothèse dont il s'agit ici est prévue par l'art. 555 c. civ., dont on a déjà suffisamment fait connaître l'historique et les motifs (*Rép.* n°⁵ 418 et suiv.). — L'art. 555 c. civ. ne reçoit son application qu'autant que les constructions élevées sans droit existent encore au moment de la contestation entre les parties; si au contraire ces constructions ont déjà été démolies à cette époque, l'art. 555 sera inapplicable et le litige se réglera par une indemnité due à raison des dégâts causés au sol, réserve faite pour les cas où le constructeur aurait été de bonne foi (Civ. rej. 16 févr. 1857, aff. d'Espinay-Saint-Luc, D. P. 57. 1. 120; Aubry et Rau, t. 2, § 204, p. 260, note 9).

181. Par suite de la présomption posée par l'art. 553 c. civ. en faveur du propriétaire du sol relativement à tout ce qui s'élève à sa surface, il appartiendra aux tiers, qui auront ainsi construit à leurs frais, d'en fournir la preuve, à l'effet d'écarter la présomption établie par cet article. Cette preuve, d'ailleurs, pourra se faire par tous les moyens possibles, par témoins notamment, puisque la preuve ne porte que sur un simple fait matériel (Aubry et Rau, *eod. loc.*, p. 259, note 8; Laurent, t. 6, p. 359; Civ. cass. 30 nov. 1853, aff. Olleris, D. P. 54. 1. 17; Civ. rej. 16 févr. 1857, aff. D'Espinay Saint-Luc, D. P. 57. 1. 120; Civ. rej. 23 mai 1860, aff. De Gaudechart, D. P. 60. 1. 384).

182. Ainsi qu'on l'a vu au *Rép.*, n° 427, l'art. 555 c. civ. est applicable, sans qu'il y ait lieu de distinguer si les matériaux employés appartenaient ou non à celui qui s'en est servi pour construire sur le terrain d'autrui (*Rép.* n° 427) (*Adde* en ce sens : Aubry et Rau, t. 2, § 204, p. 259, texte et note 10). Comme le disent les auteurs, la circonstance que les matériaux appartenaient à un tiers ne peut aucunement influer sur les rapports de ce constructeur et du propriétaire du sol (V. conf. Demante, *Cours, analytique*, t. 2, n° 392-*bis*).

183. Le législateur a fait, en cette matière comme dans celle de l'acquisition des fruits, une distinction importante suivant que le constructeur est de bonne foi ou de mauvaise foi (*Rép.* n° 422). Ici encore la bonne foi doit toujours se présumer, et ce sera au propriétaire à établir la mauvaise foi de son adversaire. Quant à l'époque à laquelle on devra se placer pour apprécier cette bonne foi, on admet encore (*Rép.* n° 426) que l'on devra l'envisager non au jour

de la prise de possession de l'immeuble, mais à celui de l'exécution des travaux (Laurent, t. 6, n° 263; Aubry et Rau, t. 2, § 204, p. 261).

184. Lorsque le possesseur était de mauvaise foi, le propriétaire qui préfère conserver les constructions doit rembourser à ce possesseur la valeur des matériaux et le prix de la main-d'œuvre; l'art. 555 ne lui donne pas, comme dans le cas où le possesseur était de bonne foi, la faculté d'opter pour le remboursement de la plus-value. — Il a été jugé cependant que le possesseur de mauvaise foi a droit à la plus-value qu'il a donnée à l'immeuble (Bordeaux, 10 juill. 1860, aff. Ballon, D. P. 62. 2. 41. Comp. aussi Limoges, 2 juill. 1888, aff. Teyssier, D. P. 92. 1. 285). Cette décision manque d'exactitude; mais la question en somme a peu d'intérêt, puisque le propriétaire peut toujours, s'il y a intérêt, considérer le possesseur comme étant de bonne foi (*Rép.* n° 425. *Adde* Aubry et Rau, t. 2, § 204, p. 259, note 11).

Si le propriétaire préfère garder les constructions élevées par un possesseur de mauvaise foi, la valeur des matériaux et le prix de la main-d'œuvre dont il doit le remboursement seront fixés d'après la dépense faite au jour même de la construction (*Rép.* n° 428; Laurent, t. 6, n° 267; Pau, 29 juill. 1868, aff. Berdal, D. P. 68. 2. 239). Mais il ne devra pas les intérêts des sommes dépensées à cet effet (Laurent, t. 6, n° 280).

185. La suppression des travaux faits par le possesseur de mauvaise foi ne pourrait être demandée par le propriétaire, si celui-ci n'y avait aucun intérêt. C'est du moins ce qui résulte d'un arrêt rendu dans une espèce où un propriétaire, construisant sur son terrain, avait établi une partie de ses fondations sous le sol d'une venelle (ou ruelle) appartenant au propriétaire voisin, dont elles étaient devenues la propriété par voie d'accession : il a été jugé que, si l'empiétement des fondations ne dépassait pas le niveau du sol, il devait être considéré comme inexistant; que, la venelle gardant toute sa largeur, la substruction ne causait aucun préjudice actuel à son propriétaire et que celui-ci était, dès lors, sans intérêt à en demander la suppression (Limoges, 8 juill. 1888, aff. Teyssier, D. P. 92. 1. 285).

186. Les constructions élevées sur le terrain d'autrui ont, tant que le véritable propriétaire n'en a pas exercé la revendication, un caractère immobilier, qui les rend susceptibles d'hypothèque. Il en est ainsi surtout lorsque le propriétaire du sol en a reconnu la propriété au constructeur et a ainsi renoncé, à son profit, au droit d'accession (Paris, 23 févr. 1872, aff. Chevreau et autres, D. P. 74. 2. 21 et suiv.).

187. Le possesseur de mauvaise foi, qui construit sur le terrain d'autrui, a-t-il le droit de compenser la valeur des fruits par lui perçus et qu'il doit restituer, avec les intérêts des sommes que le propriétaire lui doit, si ce dernier a opté pour la conservation des constructions ? Au *Rép.*, n° 429, on a admis que cette compensation n'était point légale; toutefois, d'après MM. Aubry et Rau (t. 2, § 204, p. 261), le possesseur de mauvaise foi, obligé à la restitution des fruits, pourrait, quand ses travaux ont eu pour résultat de procurer une augmentation de revenu, retenir jusqu'à concurrence de cette augmentation les intérêts des sommes qu'il a déboursées.

188. Quant au possesseur de bonne foi, on admet encore (*Rép.* n° 430) aujourd'hui d'une façon générale que le demandeur ne peut opérer la compensation de ce qu'il lui doit, à raison de la plus-value apportée à ses propriétés avec les fruits que ce possesseur a perçus (Laurent, t. 6, p. 361; Aubry et Rau, t. 2, § 204, p. 262). Jugé ainsi que le possesseur de bonne foi a droit à la valeur des améliorations ou plantations qu'il a faites sur l'immeuble pendant la durée de sa possession, sans que l'on puisse compenser ces améliorations ou plantations avec les fruits qu'il a perçus; et il importe peu, d'ailleurs, que ce soient les fruits perçus par le possesseur qui aient été employés en améliorations : le possesseur de bonne foi n'a pas moins le droit de réclamer la valeur de celles-ci (Pau, 29 juill. 1868, aff. Berdal, D. P. 68. 2. 237. — *Contrà* : Troplong, *Privilèges et hypothèques*, t. 3, n° 839).

189. Lorsque le propriétaire du sol, placé vis-à-vis d'un possesseur de bonne foi, offre de l'indemniser jusqu'à con-

currence de la plus-value, on a enseigné (*Rép.* n° 431) que cette indemnité devait être égale non seulement à la plus-value vénale de l'immeuble, mais encore que les juges avaient tout pouvoir pour augmenter ce chiffre en prenant en considération la plus-value intrinsèque donnée à la chose par le possesseur et l'utilité des nouvelles constructions (*Adde* : Demolombe, t. 9, n° 681). Décidé également, en ce sens, que, dans le cas où un propriétaire sur le terrain duquel un possesseur de bonne foi a élevé des constructions opte pour le payement de la plus-value, on doit apprécier cette plus-value non seulement en comparant les revenus de l'époque antérieure aux améliorations, alors d'ailleurs qu'il s'agit d'un bâtiment industriel dont le revenu est soumis à des variations considérables, mais en combinant cet élément du revenu avec la valeur des ouvrages (Pau, 29 juill. 1868, cité *suprà*, n° 188). Au contraire, suivant l'opinion de Laurent, qui s'en tient à l'interprétation étroite de la loi, la plus-value vénale doit seule entrer en ligne de compte pour la fixation de l'indemnité (t. 6, n° 264). Le possesseur de bonne foi ne peut, d'ailleurs, répéter ses dépenses d'entretien, ces dépenses étant une charge qui doit se compenser avec la jouissance des fruits (Pau, 29 juill. 1868, précité).

190. C'est au jour de la restitution qu'il faut se placer pour fixer la quotité de la plus-value (*Rép.* n° 434. *Adde*, en ce sens : Laurent, t. 6, n° 266). — Toutefois, Laurent (*loc. cit.*) fait remarquer que cette règle ne s'applique pas dans le cas de plantations, les plantations augmentant de valeur à mesure qu'elles croissent; il pourrait arriver, si l'on appliquait le principe précédent, que le possesseur recevrait plus qu'il n'a dépensé, ce qui serait manifestement contraire au vœu du législateur (Paris, 22 déc. 1851, aff. Collas, D. P. 54. 5. 573). Dans ce cas spécial, la valeur ou la plus-value devra être fixée au jour de la plantation (Pau, 29 juill. 1868, aff. Berdal, D. P. 68. 2. 237).

191. C'est contre le propriétaire revendiquant que le possesseur doit réclamer l'indemnité à laquelle il a droit. Mais si ce propriétaire a vendu l'immeuble pendant la possession, contre qui, dans ce cas, le possesseur devra-t-il diriger son action en payement? Laurent (t. 6, n° 359) estime que c'est l'acquéreur qui devra être attaqué, car ce dernier se trouve tenu *propter rem*, tandis qu'il n'existe entre le possesseur et le vendeur aucun lien personnel d'obligation. Dans cette hypothèse, l'acheteur aura, bien entendu, un recours en garantie contre son vendeur, qu'il pourra, d'ailleurs, faire mettre en cause. La jurisprudence est également en ce sens (Req. 11 janv. 1887, aff. Huertas, D. P. 88. 5. 398. V. aussi Civ. rej. 23 mai 1860, aff. De Gaudechart, D. P. 60. 1. 384 ; — *Contrà :* Cologne, 14 mars 1853, aff. Witz, D. P. 53. 5. 381).

192. Si les constructions élevées par un possesseur de bonne foi ont péri avant la revendication intentée par le propriétaire, on a admis au *Rép.*, n° 433, que le possesseur avait encore, même dans ce cas, une action contre le propriétaire. Toutefois, Laurent (t. 6, n° 278) est d'un avis opposé : d'après lui, cette action n'est plus possible, puisque pour l'exercer le possesseur devrait estimer la plus-value au jour où l'action est intentée, c'est-à-dire à une époque où il n'y en existe plus aucune.

193. Lorsque les constructions élevées par un possesseur de bonne foi ont été détruites volontairement par lui, et alors qu'il se croyait le véritable propriétaire, ce dernier ne saurait jamais l'inquiéter à raison de cette destruction, à l'inverse de ce qui pourrait arriver si le possesseur était de mauvaise foi. En sens contraire, on a soutenu que les plantations ou constructions faites sur un immeuble par un possesseur *animo domini* deviennent, par voie d'accession, la propriété immédiate de celui auquel appartient cet immeuble et que, dès lors, le possesseur qui les a abattues ou démolies a fait périr la chose d'autrui; qu'en conséquence, il est tenu d'en rembourser la valeur au propriétaire, sauf à réclamer à son tour le remboursement des dépenses. Ce raisonnement et le système auquel il conduit n'ont pas été accueillis par la cour de cassation; et c'est avec raison, car le propriétaire d'un immeuble ne peut se dire propriétaire de ce qui a été incorporé par l'œuvre d'un tiers, qu'autant que l'incorporation subsiste encore à l'époque de l'éviction de ce tiers.

Cela est en effet certain à l'égard des constructions ou plantations faites par un possesseur de mauvaise foi, car il faut, pour que l'évinçant soit regardé comme propriétaire de ces constructions, qu'il ait déclaré vouloir les conserver, et une telle faculté ne peut être exercée que pour des choses encore inhérentes au sol lors de l'éviction. A plus forte raison, doit-il en être de même s'il s'agit d'un possesseur de bonne foi. Ce possesseur ne peut, à la vérité, être forcé d'enlever les travaux qu'il a établis sur le fonds par lui possédé; mais c'est là un bénéfice qui lui est accordé, et il n'est pas permis d'en argumenter contre lui pour le faire considérer comme destructeur de la chose d'autrui, si, durant sa jouissance, il a abattu ce qu'il avait construit ou planté. Comme le dit très justement un arrêt de la cour de cassation (16 févr. 1857, aff. D'Espinay Saint-Luc, D. P. 57. 1. 120), possédant comme propriétaire, le possesseur de bonne foi peut élever des constructions, faire des plantations, les remplacer par d'autres ou les détruire entièrement, sa seule obligation étant de restituer le fonds tel qu'il l'a reçu. Tout ce qui est l'œuvre du possesseur de bonne foi n'est que la propriété éventuelle de l'évinçant. La condition de l'acquisition de cette propriété, ou en d'autres termes de l'accession qui l'a produite, c'est la persistance de l'incorporation jusqu'à l'époque où cessera la jouissance du possesseur et où sera déterminée l'étendue de la restitution qu'il doit faire à charge d'indemnité. Si cette condition ne s'accomplit pas, l'accession est réputée n'avoir jamais eu lieu et, dès lors, l'évinçant ne saurait être admis à demander la valeur d'une chose qui n'a jamais été dans son patrimoine, parce qu'il n'avait sur elle qu'un droit conditionnel évanoui (Laurent, t. 6, n° 279).

194. On a examiné au *Rép.*, n° 435, la question de savoir si un possesseur, qui a fait des dépenses sur la chose d'autrui, a le droit de ne restituer ce fonds qu'autant qu'il aura été remboursé de ses débours dans la proportion fixée par la loi, en d'autres termes, si ce possesseur jouit du droit de rétention. La doctrine, qui était alors déjà divisée sur ce point, est encore très indécise et semble en contradiction avec la jurisprudence. La majorité des décisions judiciaires admet au profit du seul possesseur de bonne foi le droit de rétention (V. en ce sens : Req. 25 mai 1852, aff. Daillier, D. P. 52. 1. 279; Montpellier, 25 nov. 1852, aff. Graves, D. P. 56. 2. 20 ; Rouen, 18 déc. 1856, aff. Desmarets, D. P. 57. 2. 109 ; Bastia, 9 juill. 1856, aff. Murelli, D. P. 45. 2. 262 ; Grenoble, 10 juill. 1860, aff. Bellon, D. P. 62. 2. 41 ; Req. 22 déc. 1873, aff. Jean Ginard, D. P. 74. 1. 241 ; Liège, 20 juill. 1880, aff. Hospice civil d'Hasselt, D. P. 81. 2. 41 ; Douai, 12 janv. 1891, aff. Barbier, D. P. 91. 2. 221). Quant aux auteurs, la plupart refusent tout droit de rétention même au possesseur de bonne foi, parce que le droit de rétention constitue, pour celui qui en bénéficie, un véritable privilège, et que de semblables faveurs ne doivent pas être accordées en dehors des cas formellement prévus par le législateur (Laurent, t. 6, n° 181 ; Aubry et Rau, t. 2, § 204, p. 261). Ces derniers auteurs admettent, toutefois, qu'en cas d'insolvabilité du revendiquant, le juge pourra subordonner l'exécution de la condamnation au délaissement ou au payement préalable de l'indemnité de plus-value. Ce dernier système revient à peu près à celui qui avait été admis au *Rép.*, n° 437.

195. L'art. 555 c. civ. vise l'hypothèse où un possesseur a élevé des constructions nouvelles sur le terrain d'autrui. Que faut-il décider dans le cas où il n'a exécuté que des réparations? S'il s'agit de réparations nécessaires, on reconnaît encore (*Rép.* n° 442 et suiv.) qu'il n'y a pas à s'occuper du point de savoir si le possesseur est de bonne ou de mauvaise foi; on ne se trouve plus dans le cas de l'art. 555 c. civ., mais en face d'une véritable gestion d'affaires, qui oblige le propriétaire au payement intégral des dépenses effectuées. Si, au contraire, le possesseur n'a fait que de simples améliorations, le propriétaire ne lui devra que la plus-value qui en est résultée (Laurent, t. 6, n° 268). Il faut, d'ailleurs, remarquer que l'option accordée par la loi au propriétaire revendiquant contre le possesseur de mauvaise foi et grâce à laquelle il peut le forcer à démolir ne s'applique que dans les seules hypothèses prévues par l'art. 555 c. civ., c'est-à-dire en cas de construction nouvelle, et non pas de simples travaux utiles ou d'améliora-

tion (Aubry et Rau, t. 2, § 204, p. 262 ; Demante, *Cours*, t. 2, n° 392 *bis*, t. 1 et 2 ; Laurent, t. 6, n°s 269 et 270; Civ. rej. 22 août 1865, aff. Visade, D. P. 65. 1. 358; Req. 11 janv. 1887, aff. Huertas, D. P. 88. 5. 398).

196. L'art. 555 c. civ., par ses termes mêmes, vise le cas où un possesseur, agissant pour son propre compte, a élevé des constructions sur le terrain d'autrui ; d'où l'on a conclu (*Rép.* n°s 446 et suiv.) que cette disposition n'est applicable ni à ceux qui agissent au nom d'autrui, comme les mandataires, ni aux propriétaires sous condition résolutoire qui, *pendente conditione*, ont élevé des constructions sur le terrain par eux acheté (V. en ce sens : Laurent, t. 6, n° 272 ; Aubry et Rau, t. 2, § 204, p. 262, texte et note 18). Jugé ainsi que l'art. 555 n'est pas applicable au cas où un fils, du consentement de ses père et mère, sous leurs yeux et dans un intérêt commun, a réparé ou reconstruit des immeubles appartenant à ceux-ci ; il a droit à la valeur des matériaux et de la main-d'œuvre, ou à une somme égale à la plus-value du fonds (Pau, 29 nov. 1874) (1).

197. L'art. 555 ne s'applique, de même, ni à des cohéritiers, ni à des associés, ni aux époux communistes, relativement à leurs biens indivis (*Rép.* n° 448. *Adde :* Laurent, t. 6. n° 274 ; Aubry et Rau, t. 2, § 204, p. 262 et 263). Dans ces hypothèses, les relations entre les parties doivent être réglées par les lois spéciales de la société, de la communauté ou des régimes matrimoniaux.

198. La question est plus discutée en ce qui touche les constructions élevées par l'usufruitier. Tandis que Laurent (t. 6, n° 275) et Duranton (t. 4, n° 379) n'admettent pas que l'art. 555 puisse être étendu à cette hypothèse, la plupart des auteurs estiment, au contraire, que l'art. 555 est complètement applicable (Aubry et Rau, t. 2, § 204, p. 163, note 23 ; Marcadé sur l'art. 555, n° 6. V. au surplus, *infrà*, v° *Usufruit*).

199. Il existe en doctrine une grande incertitude sur le point de savoir si l'art. 555 s'applique aux constructions élevées par l'acquéreur d'un immeuble, dans le cas où l'aliénation vient d'être résolue par l'événement d'une condition résolutoire. D'après plusieurs auteurs (Laurent, t. 6, n° 272 et 24, n° 357; Aubry et Rau, t. 2, § 204, p. 261), l'art. 555 est inapplicable à la matière, qui est régie exclusivement par les dispositions de l'art. 1183. « L'acheteur, dit Laurent, *loc. cit.*, est censé n'avoir jamais acheté, il n'a donc jamais eu de titre, partant on ne peut dire qu'il soit de bonne foi ou de mauvaise foi. Puisque le possesseur est censé n'avoir jamais possédé, puisque le propriétaire est censé être toujours resté propriétaire, il faut décider que les deux parties doivent être remises dans la même position où elles étaient avant d'avoir contracté. De là la conséquence que les constructions faites par le possesseur doivent être démolies, sans distinction entre le possesseur de bonne foi et le possesseur de mauvaise foi ». Quant à Demolombe, il propose de distinguer, selon les hypothèses (t. 9, n° 691 *bis*), tandis que M. Larombière soutient que tous les cas doivent être régis par l'art. 555, avec ses distinctions suivant que le constructeur a été de bonne ou de mauvaise foi (*Théorie des obligations*, t. 3, art. 1183, n° 58). C'est à cette dernière opinion que paraît s'être rattachée la cour de cassation dans un arrêt de la chambre des requêtes du 8 mars 1886 (aff. Joulet, D. P. 87. 1. 298). La cour d'appel avait accordé au vendeur, qui obtenait la résolution de la vente, l'option entre le droit d'exiger l'enlèvement des constructions et celui de les conserver, moyennant indemnité à l'acheteur pour la valeur des matériaux et de la main-d'œuvre. L'arrêt de rejet déclare que cette solution trouve sa base légale dans la combinaison de l'art. 555 avec l'art. 1183.

200. Mais le bénéfice de l'art. 555 a été refusé à l'adjudicataire évincé par suite de folle enchère. Il a été jugé que le nouvel adjudicataire n'est pas tenu de lui rembourser soit la valeur des matériaux, soit le montant de la plus-value, mais peut l'obliger à enlever les constructions qu'il a édifiées sur l'immeuble adjugé (Bordeaux, 17 janv. 1843) (2).

Au contraire, lorsqu'une vente d'immeubles est résolue à raison de vices cachés, l'acheteur, qui opte pour la restitution de la chose vendue, a droit à la restitution des impenses faites par lui jusqu'à concurrence de la plus-value (Civ. cass. 29 mars 1852, aff Baccuet, D. P. 52. 1. 65. V. *Rép.* v° *Vice rédhibitoire*, n° 155).

201. Il a été également décidé que l'adjudicataire sur saisie de constructions élevées par le saisi sur le terrain d'autrui, avec le consentement du propriétaire, est subrogé aux droits du saisi, et qu'il a le droit d'invoquer le bénéfice de la disposition finale de l'art. 555; qu'en conséquence, le propriétaire du sol ne peut le contraindre à démolir ces constructions, et n'a que l'option entre le remboursement de la valeur des matériaux et de la main-d'œuvre, et celui de la plus-value (Dijon, 23 janv. 1874 (1). V. aussi : Douai, 12 janv. 1891, aff. Barbier, D. P. 91. 2. 221).

202. Si, lors d'une vente sur expropriation forcée de

---

(1) (Syndic Touyas.) — La cour; — Attendu qu'aux termes de l'art. 555 c. civ., le propriétaire du fonds sur lequel des constructions ont été élevées a le droit d'en demander la suppression aux frais de celui qui les a faites, si celui-ci n'a pas agi de bonne foi ; — Mais qu'aux termes du même article, si le tiers qui a élevé les constructions a agi de bonne foi, le propriétaire ne pourra en demander la destruction, mais qu'il aura le choix ou de rembourser la valeur des matériaux et de la main-d'œuvre ou de rembourser une somme égale à celle dont le fonds a augmenté de valeur; — Attendu que dans l'espèce on ne peut exciper de la mauvaise foi de Touyas fils; qu'il résulte des circonstances et des documents versés au procès que les constructions élevées par ledit Touyas et les réparations qu'il a faites l'ont été du consentement de ses père et mère, sous leurs yeux, dans un intérêt commun, et que tous en ont profité ; — Attendu que, dans ces conditions, les dispositions des paragraphes 1 et 2 dudit art. 555, ne peuvent être appliquées ; — Qu'il y a donc lieu de réformer la décision des premiers juges sur ce chef; qu'il est de toute justice d'ordonner que les mariés Touyas seront tenus de payer à Périga ès qualités qu'il agit le prix des matériaux et de la main-d'œuvre ou de la plus-value donnée par Touyas fils sur les immeubles de sa mère la dame Touyas ; — Que, pour apprécier ces prix et plus-value, il convient de nommer un expert qui sera chargé de les déterminer ; — Par ces motifs, réforme le jugement rendu par le tribunal de première instance de Bagnères, le 23 févr. 1874, sur le chef relatif aux constructions et travaux exécutés par Touyas fils sur les fonds de sa mère, ordonne, en conséquence, que les mariés Touyas seront tenus de payer à Peyriga, syndic de la faillite Touyas ès qualités qu'il agit le prix des matériaux et de la main-d'œuvre ou de la plus-value donnée par ces travaux aux immeubles de la dame Touyas.

Du 29 nov. 1874.-C. de Pau, ch. civ.-MM. d'Aleman, pr.-Lespinasse, 1er av. gén.-Forest et Soulé, av.

(2) (Segons et Collet C. Calvé.) — Le sieur Segons et la dame Collet s'étant rendus adjudicataires d'un immeuble appartenant aux mineurs Laparre, ont élevé un hangar sur cet immeuble. Les adjudicataires n'ayant pas payé leur prix, la revente sur folle enchère a été poursuivie par le sieur Calvé, créancier des mineurs Laparre, à qui l'immeuble a été définitivement adjugé. Calvé prétend alors l'enlèvement de la construction élevée par les premiers adjudicataires. Ceux-ci ont prétendu qu'ils devaient être traités comme des possesseurs de bonne foi, qu'en conséquence le nouveau propriétaire était tenu de conserver la construction, en leur remboursant à son choix la valeur des matériaux et le prix de la main-d'œuvre, ou le montant de la plus-value. Le 30 juill. 1841, jugement qui fait droit à cette demande.

Appel par le sieur Segons et la demoiselle Collet.

La cour; — Attendu que la revente sur folle enchère a rendu sans effet et non avenue l'adjudication qui avait eu lieu en faveur des appelants; — Attendu que la résiliation de l'adjudication n'a eu lieu que parce qu'ils ont manqué à l'obligation par eux contractée d'en payer le prix; qu'ils ne peuvent se plaindre des conséquences qui sont le résultat de leur propre fait ; — Attendu qu'ils ne peuvent, dans cette situation, arguer des dispositions de l'art. 555 c. civ., et se considérer comme des tiers évincés qui auraient été de bonne foi ; — Infirme, etc.

Du 17 janv. 1843.-C. de Bordeaux, 1re ch.-MM. Roullet, 1er pr.-Lassime et Goux-Duportail, av.

(1) (Petit.) — La cour... — Sur l'appel principal de Petit ; — Considérant, au fond, que la veuve Belin possède à Champdôtre un terrain de 6 ares 73 centiares, sur lequel elle a élevé une petite maison, composée d'une chambre avec cabinet, grenier au-dessus d'un poulailler ; — Qu'elle reconnaît avoir autorisé sa fille unique et Joseph Prévost, son gendre, à construire sur son terrain, en continuation de sa maison, un bâtiment composé de deux chambres, d'une grange et d'une écurie à la suite; — Que, pour faire face aux dépenses de cette construction, les mariés Prévost ont contracté divers emprunts, à la garantie desquels ils ont eu le tort d'hypothéquer la totalité des constructions et du

l'immeuble sur lequel des constructions ont été élevées par un tiers avec ses matériaux, les créanciers inscrits sur cet immeuble n'ont pas obligé l'adjudicataire à en souffrir l'enlèvement, il a été jugé que, par ce fait même, ces créanciers sont réputés avoir consommé l'option qui leur était réservée par l'art. 555 au lieu et place de leur débiteur, et que, par suite, ils ne peuvent plus que rembourser au constructeur le prix des matériaux et la valeur de la main-d'œuvre (Rouen, 18 févr. 1854, aff. Clostre, D. P. 54. 2. 242).

203. On a examiné au *Rép.*, n° 430, l'hypothèse où un tiers, en élevant une construction sur son propre terrain, a dépassé les limites de sa propriété et a fait porter une partie de sa construction sur le terrain du voisin, et l'on a exprimé l'avis qu'en pareil cas l'art. 555 était également applicable. Cette doctrine a été adoptée par Demolombe, t. 9, n° 691; mais les auteurs plus récents ne l'admettent pas : suivant eux, l'art. 555 ne vise que le cas où les constructions sont élevées entièrement sur le terrain d'autrui. En conséquence, ils accordent, dans tous les cas, au propriétaire voisin lésé le droit d'obliger le constructeur à démolir la partie du bâtiment qui repose sur son terrain, quelque léger que soit le préjudice que cette construction lui a occasionné, et quelque considérable que soit le dommage causé au constructeur par cette démolition forcée. (Aubry et Rau, t. 2, § 204, p. 265, note 25). Toutefois, le propriétaire ne pourrait exiger la démolition dans le cas où il aurait autorisé la construction soit expressément, soit tacitement (Pau, 29 nov. 1874, *supra*, n° 195; Limoges, 30 avr. 1888, aff. Grandbarbe de Rigoulème, D. P. 91. 1. 181).

204. L'art. 555 s'applique-t-il non seulement aux tiers possesseurs *animo domini*, mais encore aux tiers qui possèdent en vertu d'un titre précaire, dont ils connaissent eux-mêmes la précarité, notamment au locataire ou au fermier, qui construiraient sur le terrain du bailleur? La question (*Rép.* n° 453) est encore aujourd'hui discutée. Dans le sens de la négative, on fait remarquer qu'il existe, dans ces hypothèses, entre les parties, une véritable obligation personnelle résultant d'un contrat, et que c'est uniquement d'après les règles établies par la loi pour les contrats de cette nature que doit être réglée la situation juridique des parties. MM. Aubry et Rau font une distinction : d'après eux, l'art. 555 est inapplicable quand les travaux et constructions ont été opérés par les preneurs en vertu du bail; en ce cas, la situation ne pourra être réglée que d'après les termes de la convention. Au contraire, si les constructions ont été élevées à l'insu du propriétaire, celui-ci, à la fin du bail, aura l'option entre la démolition qu'il pourra imposer à ses preneurs, en vertu des art. 1730 et 1731 c. civ., ou la

conservation de ces bâtiments; dans ce dernier cas, les mêmes auteurs admettent que l'on devra appliquer au locataire, par analogie, les dispositions de l'art. 555-3°, ce qui revient à dire qu'on devra le traiter comme un possesseur de mauvaise foi (t. 2, § 204, p. 263). C'est déjà l'opinion que l'on avait admise au *Rép.*, n° 453. — La jurisprudence paraît également fixée en ce sens (Req. 1er juill. 1851, aff. Casimir Perier, D. P. 51. 1. 249; Req. 1er août 1859, aff. Dechanel, D. P. 59. 1. 353; Pau, 29 nov. 1874, *supra*, n° 196; Req. 8 mai 1877, aff. Rossignol, D. P. 77. 1. 308). V. aussi Demante, *Cours analytique*, t. 2, n° 392 *bis*). Décidé, toutefois, que, pendant tout le cours du bail, le locataire conserve le droit d'enlever, si bon lui semble, les ouvrages qu'il a fait édifier sur l'immeuble loué (Req. 22 nov. 1804, aff. Loiseau, D. P. 65. 1. 110). — Il a été jugé, d'ailleurs, que si, en principe, d'après l'art. 555 c. civ., le propriétaire a la faculté d'obliger le locataire qui a fait des constructions ou des plantations sur son terrain à les enlever sans être tenu de lui en rembourser la valeur, il peut être dérogé à cette disposition de la loi par les conventions des parties. Spécialement, lorsque l'administration de la Guerre a donné en location des terrains à charge d'y construire et d'y planter, la décision ministérielle portant que le seul cas de résiliation sans indemnité sera celui où les besoins des services militaires viendraient à exiger la reprise des terrains, implique l'obligation pour l'Administration de rembourser la valeur des constructions et plantations, si le renouvellement des baux est refusé en dehors de cette cause prévue (Req. 22 janv. 1894, aff. De Roussen, D. P. 94. 1. 160).

205. Lorsque des constructions ont été élevées dans des conditions prévues par l'art. 555, la jurisprudence décide que ces constructions ou plantations doivent être, tant que dure la possession, considérées comme des immeubles par nature entre les mains du possesseur, qui a sur elles également un véritable droit immobilier. On en a conclu que le possesseur peut consentir sur elles des hypothèques conditionnelles, et qu'elles peuvent être saisies immobilièrement par les créanciers du possesseur. Au contraire, pendant la durée de cette possession, le véritable propriétaire ne pourrait lui-même les donner en gage à ses créanciers. Quand la possession cédera devant l'action en revendication, et si le propriétaire opte pour la conservation des constructions, alors seulement le propriétaire pourra les hypothéquer pour son propre compte (En ce sens : Civ. rej. 7 avr. 1862, aff. Menard, D. P. 62. 1. 284; Paris, 30 mai 1854, aff. Lamadou, D. P. 66. 2. 174; Bordeaux, 22 déc. 1868, aff. Thézé, D. P. 71. 2. 190; Lyon, 18 mars 1871, aff. Turge, D. P. 71. 2. 191; Req. 13 févr. 1872, aff. Hospices de Lyon, D. P. 72. 1. 256. V. conf. Marcadé sur l'art. 555;

---

terrain au milieu duquel elles se trouvent, et que n'ayant pu faire honneur à leurs engagements, ces immeubles ont été saisis immobilièrement sur eux le 23 juill. 1872 et adjugés à Petit le 30 décembre suivant, à l'audience des criées du tribunal de Dijon, sans aucune opposition de la part de la veuve Belin; — Que celle-ci ayant demandé au tribunal : 1° la nullité de cette adjudication pour la totalité du terrain et pour la petite maison construite par elle; 2° la démolition, dans la quinzaine de la signification du jugement, des constructions élevées par les mariés Prévost sur son terrain, ainsi que les travaux de consolidation nécessaires à la satisfaction de cette nullité, le tout aux frais de Petit et avec dommages-intérêts, le tribunal a justement prononcé cette nullité, Petit ayant reconnu et reconnaissant encore que le terrain de 6 ares 73 centiares ainsi que la petite maison construite par la veuve Belin et lui appartenaient avaient été mal à propos compris dans l'adjudication; que, d'ailleurs, l'appel ne porte point sur ce chef; — Relativement aux bâtiments construits par les mariés Prévost sur le terrain de la veuve Belin, compris dans la saisie comme dans l'adjudication et dont l'intimée demande la démolition : — Que la nullité de leur vente n'ayant été ni demandée, ni prononcée, l'adjudicataire se trouve naturellement subrogé au jugement, de leur saisie sur ces constructions; — Que la veuve Belin ne pourrait évidemment exiger d'eux la démolition de ces bâtiments, puisque, incorporés et faisant suite à la petite maison qu'elle habite et qu'ils soutiennent, ils ont été effectués sur le mur même de son habitation, sous ses yeux, de son consentement sans intérêt; que non seulement elle a été dispensée d'élever un pignon pour se clore, mais a trouvé dans ces constructions des aisances nouvelles et, avec son gendre et sa fille, la continuation d'une vie commune et de soins réciproques; — Que les mariés Prévost ne peuvent donc à aucun titre être considérés comme des construc-

teurs de mauvaise foi sur le terrain d'autrui; — Que si la loi donne aux propriétaires du fonds sur lequel un tiers a bâti le droit de retenir les matériaux ou d'obliger le tiers à les enlever à ses frais, sans aucune indemnité et même avec des dommages-intérêts, pour le préjudice que peut avoir éprouvé le propriétaire du fonds, ce n'est que dans le cas où le tiers a agi de mauvaise foi, sans autorisation et de sa pleine autorité; — Qu'en rendant hommage au droit de propriété, l'art. 555 c. civ. a voulu le préserver des atteintes qui pourraient lui être portées hors des cas prévus et déterminés par le législateur lui-même; — Mais qu'il n'en est pas ainsi lorsque le tiers est de bonne foi, qu'il a construit du consentement du propriétaire du fonds, dans l'intérêt et la propriété et pour lui assurer la satisfaction de ses désirs ou de ses affections domestiques; — Que, dans ces conditions, le propriétaire du fonds n'a plus la faculté de demander la suppression des ouvrages qu'il a autorisés ou même encouragés; que son droit a été scrupuleusement respecté, et qu'il n'a plus que l'option ou de rembourser la valeur des matériaux et du prix de la main-d'œuvre ou de rembourser une somme égale à celle dont le fonds a augmenté de valeur; — Qu'ayant causé des époux Prévost, l'adjudicataire ne peut donc être tenu de démolir les constructions que ceux-ci ont élevées du consentement de leur mère et belle-mère et dans son intérêt même; — Que, de ce chef, la décision des premiers juges doit être infirmée; — Par ces motifs; — Statuant sur l'appel interjeté par Petit du jugement rendu par le tribunal civil de Dijon; — Déclare ledit appel recevable; — Et faisant droit au fond, réforme en ce que les premiers juges ont ordonné la démolition des constructions élevées par les mariés Prévost sur le terrain de la veuve Belin.

Du 23 janv. 1874.-C. de Dijon, 1re ch.-MM. Neveu-Lemaire, 1er pr.-Ally et François, av.

Pont, *Privilèges et hypothèques*, n° 634 ; Duvergier, sur Toulier, t. 3, n° 11, note 2.; Aubry et Rau, t. 2, § 164, notes 6 et 7. — *Contrà :* Championnière et Rigaux, *Traité des droits d'enregistrement*, t. 4, n°s 3175 et suiv. ; Demolombe, t. 9, n°s 166 et suiv. ; Laurent, t. 6, n° 415 ; Trib. Troyes, 24 févr. 1869, aff. Bertourelle, D. P. 71. 1. 172; Trib. Seine, 17 févr. 1870, aff. Syndic Maige, D. P. 71. 3. 33).

Art. 2. — *Du droit d'accession relativement aux accroissements qui peuvent résulter pour le sol du voisinage d'un cours d'eau : alluvions, atterrissements, îles, îlots, lit abandonné (Rép. n° 461).*

§ 1er. — Alluvions et atterrissements.

206. On a donné au *Rép.*, n° 462, la définition de l'alluvion d'après le code civil, définition qui d'ailleurs n'est que la reproduction de celle du droit romain. A Rome, comme les cours d'eau et leurs dépendances n'appartenaient jamais à l'Etat, l'alluvion restait la propriété exclusive des riverains, et, dans quelques très rares cas seulement, était dévolue au premier occupant. L'intérêt public était toutefois sauvegardé, car, si les héritages riverains étaient censés s'avancer jusqu'à la ligne médiane du fleuve, la partie de ces héritages que l'eau recouvrait était provisoirement indisponible et assujettie au service public de la navigation. Le droit de propriété des riverains sur le lit des fleuves était intact, leur jouissance seule était suspendue, jusqu'au moment où l'eau se retirait des berges (Ayral, *De l'alluvion*, n° 98). On voit donc qu'à Rome la théorie de l'appropriation reposait sur un principe vrai, et qu'il n'était que la conséquence de la règle plus générale de la propriété des cours d'eau.

207. Pour compléter ce qui a été dit au *Rép.*, n° 467, relativement au régime de l'alluvion au moyen âge, on mentionnera la multiplicité et la variété des législations à ce sujet. Les coutumes de Normandie (art. 195), d'Auxerre (art. 208), de Sens (art. 154) et de Metz avaient suivi les règles du droit romain. Ailleurs, on ne reconnaissait pas aux riverains le droit de propriété sur les alluvions, et on décidait que le propriétaire, au terrain duquel l'alluvion a été arrachée, jouissait d'un droit de suite sur ces parcelles, et qu'il pouvait aller les rechercher, là où elles s'étaient fixées, à la seule condition de ne pas empiéter sur la propriété des autres riverains (Vic-en-Auvergne, Franche-Comté, Bar). — Lorsque l'action royale se fut étendue à la presque universalité du royaume, par suite de la théorie de la *directe générale* pour les rivières navigables, les agents du fisc émirent la prétention que les alluvions étaient, comme les cours d'eau au milieu desquels elles se forment, la propriété du roi; et, comme le montre M. Ayral (n°s 99 et suiv.), les seigneurs s'attribuèrent les mêmes droits sur les cours d'eau non navigables et non flottables, en vertu de la fiction par laquelle ils étaient censés représenter le roi (Bacquet, *Des droits de justice*, chap. 30, n° 15 ; Loysel, *Institutes coutumières*, liv. 2, tit. 2, art. 5 à 9 ; Loyseau, *Traité des seigneuries*, chap. 12, n° 120). Pour justifier ce système, on invoquait le droit romain et l'on soutenait que, toutes les propriétés ayant été, au moins à l'origine, délimitées d'une façon certaine lors de leur concession, elles devaient rentrer dans les *agri limitati*, et que, par conséquent, la théorie de l'alluvion ne leur était pas applicable. De nombreuses ordonnances royales furent rendues en ce sens (Ordon. de 1669, tit. 27, art. 41, Edit d'avril 1683, etc.). — Toutefois, ces rigueurs s'atténuèrent et, en vertu de l'édit du 15 déc. 1693, il fut décidé que les alluvions qui se formeraient le long des rivières appartiendraient aux tenanciers de ces rives, à la seule condition que la possession de leurs auteurs fût antérieure à 1566, et à charge de payer au roi deux années de revenu, ou le dixième de la valeur desdits biens. — Les parlements suivirent la doctrine royale, et ce n'est que sous Louis XVI que les lettres patentes du 14 mars 1786 établirent l'attribution légale des alluvions aux riverains dans tous les cours d'eau du royaume.

208. Les rédacteurs du code civil sont revenus en grande partie à la jurisprudence romaine ; mais comme, pour justifier leur théorie, ils ne pouvaient plus se fonder sur le droit de propriété des riverains sur le lit des cours d'eau, puisque ce lit, au moins pour les fleuves et rivières

navigables, appartient à l'Etat (c. civ. art. 538), ils s'appuyèrent uniquement sur l'équité, en proclamant que le profit du voisinage d'une rivière doit être attribué aux riverains, qui sont exposés à en supporter le dommage, s'il y a lieu. « Il existe pour ainsi dire, écrit Portalis, une sorte de contrat aléatoire entre le propriétaire du fonds riverain et la nature, dont la marche peut à chaque instant ravager ou accroître ce fonds » (Exposés des motifs, t. 4, p. 42). D'ailleurs, le système adopté par le législateur de 1804 peut trouver une autre explication dans ces paroles de Portalis : « Tout ce qui est susceptible de propriété privée le devient. Le rôle de l'Etat n'est assurément pas de posséder le sol et d'en recueillir par lui-même les revenus ; la propriété collective n'a sa raison d'être que lorsqu'il existe un intérêt général à ce qu'elle ne soit pas privée. C'est une exception qu'il faut restreindre le plus possible... » (Comp. Ayral, *Du droit d'alluvion*, n°s 108 et suiv.).

209. L'alluvion s'acquiert *ipso facto*, dès qu'elle est formée, sans qu'il y ait besoin d'aucune prise de possession de la part du riverain. C'est à tort, selon nous, que Proudhon (*Domaine privé*, n°s 1015 et 1047) a enseigné que le riverain n'acquérait le terrain d'alluvion, qu'autant qu'il en avait pris effectivement possession, sous prétexte que ce terrain était une partie naturelle et matérielle du lit de la rivière, et qu'il devait continuer à en faire partie, tant que la propriété n'en a pas été détachée par l'exercice du droit d'occupation. Il ne s'agit pas ici, en effet, d'un cas d'acquisition de la propriété par occupation, mais par accession, c'est-à-dire précisément d'un mode d'acquisition indépendant du fait de l'homme ; on se trouve donc en présence d'un fonds modifié, augmenté par la seule réalisation de l'alluvion et par la toute-puissance de la loi. — En principe, il n'est nullement besoin de demander à l'Administration la délivrance des terrains nouvellement formés, mais il est peut-être plus prudent, pour éviter toute difficulté, de recourir à cette formalité (Laurent, t. 6, n° 294 ; Ayral, n° 248 bis ; Chauveau, *Journal du droit administratif*, 1856, p. 216 et 217 ; Demolombe, t. 10, n°s 73 et 74 ; Daviel, *Des cours d'eau*, t. 1, n° 188). De plus, le riverain acquiert l'alluvion sans aucune obligation de garantie, ni de responsabilité envers les autres riverains, à raison des pertes et dommages, qui pourraient en résulter pour eux (Ayral, *eod. loc.*, n° 249).

210. Il est un cas dans lequel un propriétaire non riverain peut acquérir indirectement l'alluvion formée contre la propriété d'un riverain ; c'est celui où ce propriétaire a acquis l'alluvion par prescription, soit que la prescription n'ait porté que sur l'alluvion seule, soit qu'elle ait eu pour objet principal le terrain riverain lui-même, dont l'alluvion est devenue l'accessoire (Garnier, *Régime des eaux*, t. 1, n° 421 ; Demolombe, t. 10, n° 97). Dans ce dernier cas, le temps nécessaire à la prescription du terrain suffira aussi pour l'acquisition des alluvions, alors même que celles-ci se seraient formées peu de temps avant l'expiration du délai nécessaire à la prescription de l'objet principal (Laurent, t. 6, n° 293 ; Demolombe, t. 10, n° 88).

211. On a vu au *Rép.* n° 468 que pour qu'il y ait alluvion, il faut que les particules de terre qui se sont attachées à la rive aient été amenées par les eaux successivement et imperceptiblement ; mais il faut éviter une confusion à ce sujet et avoir soin de distinguer la *formation* proprement dite de l'alluvion, qui doit revêtir les caractères indiqués ci-dessus, et son *apparition* au-dessus de l'eau, qui elle n'a pas besoin d'être ni successive, ni imperceptible. C'est ainsi qu'une alluvion formée peu à peu sous l'eau peut apparaître à la surface subitement à la suite d'une inondation, et constituer néanmoins une alluvion véritable (Laurent, t. 6, n° 288).

212. Une question importante est celle de savoir quand on pourra considérer l'alluvion comme formée au sens de la loi, et quand, par conséquent, aura pris naissance le droit du riverain sur ce terrain. Les auteurs sont d'accord pour reconnaître qu'une alluvion sera formée et aura acquis une individualité légale, quand les particules qui la composent auront atteint et dépassé le niveau de l'eau de la rivière. Mais que faut-il entendre par ce niveau de l'eau ? Dans l'ancien droit, on regardait comme faisant partie de la rivière, le terrain couvert par les eaux sans déborde-

ment extraordinaire. Un arrêt (Rouen, 16 déc. 1842, *Rép.*, v° *Prescription civile*, n° 191) avait admis que le lit du cours d'eau s'arrête au point de la limite de hauteur des eaux moyennes; mais cette opinion n'a pas prévalu, et actuellement la majorité des auteurs et des arrêts admettent que l'alluvion sera formée quand elle dépassera le niveau de l'eau à l'époque de l'année où son débit est le plus considérable, abstraction faite de crue ou d'inondation extraordinaires (Orléans, 28 févr. 1850, aff. Poulain, D. P. 50. 2. 65; Toulouse, 22 juin 1860, aff. De Beaufort, D. P. 60. 2. 128; Req. 8 déc. 1863, aff. Petit, D. P. 64. 1. 115; Paris, 7 avr. 1868, aff. Labrey et Morel, D. P. 68. 2. 115; Aubry et Rau, t. 2, § 203, p.251; Laurent, t. 6, n° 285 *in fine*; Demolombe, t. 10, n° 52; Ayral, n° 237; Daviel, t. 1, p. 46).

213. En pratique, la fixation de la limite des plus hautes eaux, sans débordement, est difficile, et, à ce sujet, l'Administration a émis cette prétention que le niveau de l'eau était le même que celui de la berge la plus élevée du fleuve ou de la rivière. M. Ayral (n° 241) combat ce système; d'après lui, le niveau de l'eau doit être déterminé en prenant, au-dessus de l'étiage, c'est-à-dire de la limite des eaux les plus basses, une certaine hauteur obtenue expérimen-

talement et qui devra être uniforme pour toute la partie du cours où le volume de l'eau restera sensiblement le même. La cour de Lyon, dans un arrêt du 26 mai 1847 (aff. Combalot, D. P. 47. 4. 90) avait indiqué un *criterium* qui a sa valeur pratique, c'est la végétation, en reconnaissant que si les herbes et les arbres poussent régulièrement sur un terrain, c'est qu'il a échappé à la domination du fleuve. Cela est vrai; mais ce *criterium* n'est pas absolu, car il peut y avoir des alluvions situées plus haut que le niveau des grandes eaux, qui restent stériles, et doivent néanmoins être considérées comme telles.

214. Les auteurs et la jurisprudence exigent également (*Rép.*, n° 471) qu'il y ait adhérence absolue entre l'alluvion et le terrain qui borde la rivière, et en concluent que la simple proximité ne pourrait suffire en aucun cas. Jugé, en ce sens, que pour qu'une alluvion soit attribuée au riverain, il faut qu'elle adhère solidement à la rive, et qu'en outre, quelle que soit sa position verticale ou inclinée vers le fleuve, une véritable incorporation existe avec la motte ferme, dont il ne soit plus possible de la distinguer (Grenoble, 25 juill. 1866 (1); Aubry et Rau, t. 2, § 203, p. 249 et 250; Ayral, n° 180). C'est également ainsi que

---

(1) (De Barin C. l'État.) — LA COUR; — Attendu, en droit, qu'il appartient à l'autorité administrative de déterminer souverainement, dans un intérêt général, les limites des fleuves et rivières navigables, et que, par suite, les terrains compris entre les deux lignes de délimitation se trouvent incorporés inévitablement au domaine public; mais que c'est aux tribunaux civils que sont dévolues toutes les questions de propriété soulevées par les riverains qui se prétendent propriétaires à un titre quelconque de terrains compris dans la délimitation administrative, non pour en obtenir le délaissement, mais pour se faire attribuer une légitime indemnité; — Attendu, dans la cause, que l'arrêté du préfet de l'Isère du 6 avr. 1861, portant délimitation du Bras-des-Claires, a incorporé au domaine public tous les terrains compris dans cette délimitation; que l'action en délaissement introduite par l'État contre la dame de Barin est donc fondée, sauf à celle-ci à justifier de son droit de propriété sur les parcelles pour lesquelles elle demande une indemnité, et d'une possession trentenaire pour l'îlot AB, qu'elle soutient avoir prescrit; — En ce qui touche l'îlot AB — Attendu qu'il résulte du rapport de l'expert Durozoy que la hauteur du plateau de l'îlot AB dépasse la hauteur des plus fortes eaux; que, dès lors, cet îlot, ayant cessé de faire partie du domaine public pour devenir la propriété de l'État, a pu être prescrit; que la dame de Barin offre de prouver qu'elle a possédé sans trouble pendant trente ans; mais qu'en l'admettant, comme les premiers juges, à rapporter cette preuve, il convient de préciser que l'enquête portera sur l'époque où le terrain de l'îlot a acquis la hauteur et la solidité nécessaire pour se trouver à l'abri des plus fortes eaux dans les crues normales du fleuve, parce que c'est à partir de cette époque seulement que l'îlot est devenu prescriptible;

Sur les atterrissements situés, soit le long de la berge continentale, soit le long de l'île de la Mauge; — Attendu que si, d'après le rapport de l'expert, le Rhône, dans une crue violente, a déplacé partiellement son lit à l'entrée du Bras-des-Claires, et provoqué ainsi, le long de la rive continentale, des atterrissements qui se sont accrus d'une manière successive, mais que l'Administration a continué à comprendre, en 1861, dans les limites du fleuve, cet état de choses ne saurait être légalement assimilé au cas prévu par l'art. 563 c. civ., applicable seulement lorsqu'un fleuve s'est formé un nouveau cours en abandonnant son ancien lit; — Attendu que l'art. 563 peut encore moins être invoqué par la dame de Barin pour revendiquer les atterrissements placés le long de l'île de la Mauge, lesquels, d'après le rapport des experts, se sont formés d'une manière successive, et qu'il importe peu que l'île ait cessé de ce côté du Rhône, par une érosion continue, ce qu'elle semblait gagner du côté du Bras-des-Claires, cette sorte de compensation étant inadmissible et tout à fait en dehors du cas spécial prévu par l'art. 563; que la décision des premiers juges doit donc être réformée sur ce point, et la question du procès posée en d'autres termes; — Attendu que, d'après l'art. 560 c. civ., les atterrissements qui se forment dans le lit d'un fleuve navigable sont la propriété de l'État, s'il n'y a titre ou prescription contraire; — Attendu, d'autre part, qu'aux termes de l'art. 556 c. civ., les atterrissements et accroissements qui se forment successivement et imperceptiblement aux fonds riverains d'un fleuve profitent à ce propriétaire riverain; — Attendu qu'il s'agit de déterminer, dans la cause, si les terrains revendiqués par l'État, par application de l'art. 560 c. civ., constituent dès ce moment de véritables alluvions au profit du propriétaire riverain, ou de simples atterrissements demeurés encore la propriété de l'État; — Attendu que,

pour qu'un atterrissement puisse être considéré comme une alluvion, il ne suffit isolément ni de sa hauteur, dépassât-elle les plus hautes eaux, ni d'une simple adhérence à la rive, ni de la solidité de l'atterrissement, s'il n'y a eu, à la suite de l'accroissement successif et imperceptible, prévu par l'art. 356 c. civ., une véritable incorporation à la motte ferme de laquelle il n'est plus possible de le distinguer, quelle que soit d'ailleurs, sa forme verticale ou inclinée vers le fleuve; qu'il s'agit de rechercher si les atterrissements en litige présentent ces conditions bien caractérisées; — Attendu qu'il résulte de la description des lieux par l'expert, que les atterrissements, litigieux, couverts d'une vigoureuse saulée et formant un niveau irrégulier, sont, en général à la hauteur d'un mètre ou d'un mètre et demi au-dessus du Bras-des-Claires en temps ordinaires; que les berges de l'île joignant ces atterrissements, partout où elles existent, sont presque verticales et ont une hauteur de quatre mètres; que ces berges, sur beaucoup de points, s'état affaissées sous l'action des grandes crues, et présentant par places des dépressions qui sont au-dessous des grosses eaux; — Qu'il importe peu que les atterrissements adhèrent à la rive là où elle est affaissée et au-dessous des grandes eaux, la motte ferme ayant été enlevée en cet endroit, s'ils se trouvent en contre-bas de deux mètres des berges demeurées intactes; que ces berges, presque verticales, marquent la limite de la motte ferme, et qu'il n'est pas possible de considérer, dès lors, les atterrissements placés au-dessous comme incorporés à la rive et faisant partie de la motte ferme; que ces atterrissements qui, s'élèvent rapidement, auront plus tard, peut-être, tous les caractères de l'alluvion, mais qu'ils ne constituent encore aujourd'hui que de simples atterrissements, et qu'il convient d'autant plus d'examiner avec rigueur, dans la cause, si les conditions légales de l'alluvion existent au profit de la dame de Barin; — Que l'Administration, en renouvelant, en 1861, la délimitation des rives du Bras-des-Claires qui tendait à s'atterrir, a fait acte de vigilance conservatrice vis-à-vis des propriétaires riverains, toujours impatients de s'agrandir aux dépens du lit d'un fleuve; — Mais attendu qu'il résulte du rapport des experts que le piquetage pratiqué, lors de la délimitation de 1861, a été, sur plusieurs points, porté en arrière du sommet de la berge, à raison, sans doute, des affaissements qui existent par places, et que les terrains affaissés ne sont, compris entre la ligne idéale formée par la berge restée debout et la ligne marquée par le piquetage, faisant partie de la motte ferme propriété de la dame de Barin, on ne saurait contester à cette dernière, puisque ces terrains ont été incorporés au lit du fleuve par la délimitation de 1861, son droit à une légitime indemnité, qui sera fixée par la cour après estimation préalable; — Dit que la demande en revendication de l'État n'est fondée en ce qui touche tous les atterrissements en litige, et en ordonne le délaissement par la dame Barin; dit que la dame de Barin était propriétaire du terrain composant la motte ferme qui se trouve compris entre la crête de la berge de l'île et les piquets qui marquent la délimitation administrative de 1861, et qu'elle a droit à une légitime indemnité; permet à la dame de Barin de faire la preuve devant M. le juge de paix de Roussillon, à ces fins commis, qu'elle possède l'îlot AB depuis plus de trente ans, avec cette précision que l'enquête portera sur l'époque où le terrain de l'État a acquis la hauteur et la consistance nécessaires pour se trouver à l'abri des plus fortes eaux dans les crues normales, et former un atterrissement définitivement conquis, en même temps que sur les dates et la durée de possession, etc.

Du 25 juill. 1866.-C. de Grenoble, 1re ch.-MM. Bonafous, 1er pr.-Gautier, 1er av. gén.-Michales-Cautel, av.

l'on décide que l'existence d'un îlot dans une rivière navigable, entre la terre ferme et un atterrissement qui s'est formé de l'autre côté de cet îlot, constitue une solution de continuité entre la propriété du riverain et l'atterrissement, laquelle fait obstacle à l'acquisition par accession de cet atterrissement au profit du riverain (Grenoble, 23 déc. 1879, aff. Grange, D. P. 80. 2. 84; Laurent, t. 6, n° 285). Il en serait de même si l'alluvion était séparée de la rive par un bras d'eau (Aubry et Rau, t. 2, § 203, p. 256).

215. Si l'adhérence de l'alluvion à la rive est une condition essentielle de son existence, il ne faudrait pas exagérer la portée de cette règle, et il est généralement admis, suivant l'opinion exprimée au *Rép.*, n° 473, qu'il suffit que l'adhérence de ces terrains à la propriété riveraine soit habituelle, bien qu'à certaines époques de l'année ils en soient séparés par un filet d'eau (Laurent, t. 6, n° 285; Aubry et Rau, t. 2, § 203, note 13), pourvu que l'adhérence ait lieu au fond de l'eau, et que le filet d'eau ne sépare l'alluvion de la rive que superficiellement (V. aussi Perrin et Rendu, n° 314; Bourguignat, *Droit rural*, n° 70; Massé et Vergé, t. 2, § 297, note 14; Ayral, n° 180). — Il y aura encore contiguïté, si l'on peut de la rive aller sur l'alluvion en tout temps, sauf le cas de débordement, sans se servir de pont.

En Hollande, il n'y a pas solution de continuité au sens de la loi, si le riverain peut toucher l'alluvion du bout d'une épée tendue à la main (Ayral, *eod. loc.*).

216. On a examiné au *Rép.*, n°⁵ 474 et suiv., différentes hypothèses, où la question de contiguïté pourrait paraître plus ou moins douteuse. On n'y reviendra pas, et l'on se contentera de dire ici que les solutions données sont encore celles admises par la grande majorité des auteurs. C'est ainsi que l'on s'accorde à reconnaître que la circonstance qu'un héritage est borné par un mur ne fait pas obstacle à l'acquisition par le propriétaire de ce clos, de l'alluvion formée contre ce mur (Ayral, n° 183; Aubry et Rau, t. 2, § 203, p. 250; Laurent, t. 6, n° 285; Demolombe, t. 10, n° 48).

217. Il en serait de même si le terrain riverain était bordé, sur le fleuve, par des roches ou des falaises (*Rép.* n° 476. V. en ce sens Aubry et Rau, *eod. loc.*).

218. Quant aux alluvions formées au-dessus ou à côté d'une digue, elles appartiennent non au propriétaire de la digue, mais à celui du sol contre lequel elle s'appuie (*Rép.* n° 480. *Adde*, Chardon, n° 122).

219. Il existe un certain nombre de cas où la règle précédente subit des exceptions au moins apparentes, mais, qui, au fond, ne sont, au contraire, que l'application du principe général. C'est ainsi que, si les terrains riverains sont séparés du fleuve par un chemin public, on décide que les alluvions qui se formeront contre ce chemin appartiendront au propriétaire de cette voie de communication, c'est-à-dire soit à l'État, soit au département, soit à la commune, suivant la nature du chemin (*Rép.* n° 487. *Adde* en ce sens : Hennequin, *Traité de législation*, t. 1, p. 292; Dumont, *Organisation législative des cours d'eau*, n° 58; Aubry et Rau, t. 2, § 203, p. 249; Laurent, t. 6, n° 292). Jugé, à cet égard que, sous l'ancienne coutume de Bretagne, les chemins allant de village à village, tout en étant soumis à une servitude de droit public, n'en restaient pas moins la propriété du seigneur chargé de les garder, réparer et déborner et n'appartenaient point à la communauté des habitants; qu'en conséquence, l'alluvion formée par un fleuve qui longeait un ancien chemin de cette nature devenait par accession la propriété du seigneur, si elle était contiguë au sol dudit chemin, et que le seigneur pouvait, dès lors, à bon droit la concéder en affouagement à un particulier; qu'il est d'ailleurs indifférent, au point de vue de la validité dudit affouagement, de décider si le chemin appartenait au seigneur ou à la commune quand il n'est pas prouvé ni que le chemin fût antérieur à l'alluvion et que celle-ci fût contiguë au sol même dudit chemin; que, dans ces conditions, l'affouagement de l'alluvion au profit d'un particulier a été valable, comme portant sur une terre vaine et vague, qui était présumée, jusqu'à preuve contraire, appartenir au seigneur sur le territoire féodal duquel elle était située (Rennes, 13 mai 1884, et Req. 4 mai 1885, aff. Commune de Donges, D. P. 85. 1. 294).

220. Il ne faudrait pas confondre avec les alluvions qui se forment le long des chemins publics, celles qui se déposent le long des chemins de halage destinés à faciliter la traction des bateaux. Comme on l'a dit au *Rép.*, n° 490, ces dernières alluvions doivent appartenir aux riverains, car ce sont précisément eux qui sont propriétaires du sol des chemins de halage, le halage ne constituant à leur égard qu'une simple servitude (V. en ce sens Ayral, n° 188; d'Aigneaux, *De l'accession*, p. 118; Aubry et Rau, t. 2, § 203, p. 249; Solon, *Servitude*, n° 102; Laurent, t. 6, n° 292). Toutefois, ici même, et par application de la règle générale, les alluvions n'appartiendraient pas aux riverains, si le chemin de halage constituait une dépendance immédiate du cours d'eau (Aubry et Rau, *eod. loc.*).

221. Quant aux alluvions qui se déposent le long des francs-bords des canaux de navigation, la jurisprudence et la doctrine, adoptant l'opinion émise au *Rép.* n° 491, admettent que ces alluvions appartiennent aux propriétaires des francs-bords, c'est-à-dire en définitive aux propriétaires des canaux, à l'exclusion des riverains, qui n'y ont aucun droit (Req. 19 janv. 1875, aff. Masson, D. P. 75. 1. 256; Aubry et Rau, t. 2, § 203, p. 249, note 3; Laurent, t. 6, n° 290; Garnier, t. 1, n°⁵ 255 et 256). Toutefois, il peut arriver que le propriétaire des francs-bords ne le soit pas du canal (V. *supra*, n° 49); et qu'ainsi l'accession ne lui appartienne pas.

222. Le système admis relativement aux rivières canalisées, qui consiste à attribuer aux riverains les alluvions formées dans les parties de la rivière non modifiées par le travail de l'homme, et à leur refuser celles déposées le long des berges des parties canalisées (*Rép.* n° 491), n'a pas rencontré de contradicteur (V. en ce sens : Laurent, t. 6, n° 289; Aubry et Rau, t. 2, § 203, p. 248, note 3; Req. 19 janv. 1875, cité *supra*, n° 221). On doit assimiler aux canaux les biefs inférieurs et supérieurs des moulins, et en conclure que les alluvions appartiennent aux propriétaires de ces biefs (*Rép.* n° 492. *Adde* : Ayral, n° 139; Laurent, t. 6, n° 289).

223. On a parlé au *Rép.*, n°⁵ 495 et suiv., des *alluvions artificielles;* mais il est nécessaire, en raison de l'importance de la matière, d'entrer ici dans de nouveaux détails à ce sujet. Par cette expression, il faut entendre les alluvions qui ne doivent pas leur existence au seul travail de la nature, mais proviennent de travaux exécutés de main d'homme en amont de la rivière. Le code civil ne semble pas, au premier abord, s'être occupé de ces alluvions, et c'est ce qui explique les hésitations qui se sont produites au début dans la jurisprudence et la pratique administrative, alors que la question prenait une importance spéciale, à la suite des grands travaux entrepris par l'État pour faciliter la navigation intérieure. La difficulté ne s'élève, d'ailleurs, que relativement aux alluvions déposées dans des rivières navigables ou flottables, car les art. 556 et 561 c. civ. attribuent formellement aux riverains tous les atterrissements formés sur les rivières non navigables ni flottables (Civ. rej. 22 déc. 1886, aff. Lasserre, D. P. 87. 1. 111; Aubry et Rau, t. 2, § 203, p. 251; Demolombe, t. 10, n° 61).

224. Les amoncellements de terre ou de sable formés contre les berges à la suite des travaux entrepris par l'État dans les fleuves et rivières, peuvent constituer des alluvions proprement dites ou des atterrissements. Ils forment des alluvions proprement dites, chaque fois que l'apport par les eaux aura été insensible, imperceptible et successif. Dans cette hypothèse, l'État a revendiqué pour lui seul la propriété totale de ces alluvions, en s'appuyant sur les termes des art. 560, 539 et 713 c. civ., et sur cette considération d'équité qu'il serait injuste que des particuliers pussent profiter et s'enrichir des dépenses onéreuses consenties par l'État dans un but d'intérêt général. — Cette doctrine n'a point prévalu et, en effet, les arguments qui lui servaient de base étaient peu solides. L'art. 560 c. civ. ne vise que le cas où l'atterrissement s'est formé, non sur les bords, mais dans le lit même du fleuve, et on ne voit pas pourquoi l'on pourrait traiter différemment les alluvions naturelles et les alluvions artificielles, alors que la loi les a assimilées les unes aux autres par son silence même sur l'existence de deux catégories différentes d'allu-

vions. Quant au motif d'équité que l'on faisait valoir, il n'a également aucune force, car l'État est armé, par l'art. 30 de la loi du 16 sept. 1807, du droit de réclamer aux riverains une indemnité, lorsque, par suite des travaux entrepris, leurs propriétés ont reçu une notable plus-value. Enfin l'argument tiré des art. 539 et 713 c. civ. n'a aucune valeur, dès qu'il est prouvé que l'art. 560 n'est pas applicable aux alluvions artificielles, et que, par conséquent, ces dernières ne rentrent pas dans la classe des biens sans maître. En conséquence, on décide généralement que les alluvions artificielles proprement dites appartiennent aux riverains, comme des alluvions naturelles (Agen, 2 mai 1876, aff. Neuville, D. P. 78. 5. 386 ; Laurent, t. 6, n° 283 ; Aubry et Rau, t. 2, § 203, p. 250 ; Ayral, n°s 219 et suiv.). La même solution s'applique aux alluvions résultant de travaux entrepris par des particuliers dans la partie supérieure du cours de la rivière (V. les auteurs précités).

225. Cette attribution de propriété aux riverains a lieu dès que les alluvions artificielles sont formées, et sans qu'il soit besoin d'aucune concession ultérieure de l'État à cette occasion (Rouen, 11 avr. 1865, aff. Préfet de l'Eure, D. P. 68. 1. 195). La cour de cassation a pourtant décidé que lorsque l'État, avant d'entreprendre des travaux de canalisation ou d'amélioration d'une rivière navigable, a fait opérer la délimitation du lit de cette rivière et a déclaré qu'il entendait réclamer des propriétaires riverains, conformément à l'art. 30 de la loi du 16 sept. 1807, une portion de la plus-value qu'acquerraient leurs fonds, les atterrissements qui se forment ultérieurement le long desdites propriétés par l'effet des travaux ne constituent pas des alluvions dont la propriété puisse être revendiquée par les riverains en vertu de l'art. 556 c. civ. ; qu'en conséquence, ces atterrissements demeurent la propriété de l'État, qui, par suite, a le droit exclusif de percevoir les produits qu'ils peuvent donner, et qu'ils n'appartiendront aux riverains que lorsque l'État leur en aura fait l'abandon dans les formes et conditions établies par l'art. 30 de la loi précitée (Civ. cass. 17 avr. 1868, aff. Héritiers de Condé, D. P. 68. 1. 195). Cet arrêt, qui, au premier abord, paraît contraire à la doctrine que l'on vient d'exposer, s'explique par cette circonstance spéciale que le terrain appartenant à l'État ayant été l'objet d'une délimitation précise, on ne se trouvait pas en présence de cette incertitude qui est un des fondements de l'art. 556, mais d'une propriété publique parfaitement connue et déterminée.

226. Si les alluvions résultant de travaux entrepris par l'État dans des rivières navigables et flottables se sont formées subitement et d'une façon apparente, on se trouve alors en présence d'atterrissements véritables. Dans cette hypothèse, on reconnaît généralement que la propriété de ces dépôts doit revenir à l'État, en vertu des dispositions de l'art. 560 c. civ. C'est le cas de *relais* subits et artificiels (art. 539 et 713 c. civ.) (Aubry et Rau, t. 2, § 203, p. 250 ; Laurent, t. 6, n° 283 ; Rivière, *Jurisprudence de la cour de cassation*, n° 153 ; Gaudry, *Traité du domaine*, t. 1, n° 154 ; Demolombe, t. 10, n° 69 ; Paris, 1er déc. 1855, aff. Grolleron, D. P. 55. 5. 365 ; Req. 8 déc. 1863, aff. Petit, D. P. 64. 1. 114 ; Dijon, 5 mai 1865) (1). — L'opinion contraire, soutenue autrefois par Chardon (*Du droit d'alluvion*, n° 29), l'est encore aujourd'hui par M. Ayral (n° 231 et suiv.). Suivant cet auteur, la propriété de ces relais artificiels doit être attribuée aux propriétaires riverains, même dans les rivières navigables ou flottables. Cette doctrine s'appuie sur l'assimilation faite par la loi entre les alluvions naturelles et artificielles et sur cette circonstance qu'il n'y a aucune raison de refuser aux riverains les relais artificiels, quand on leur accorde les alluvions artificielles proprement dites formées dans des conditions analogues. M. Ayral demande qu'au moins on accorde aux riverains un droit de préemption sur ces atterrissements, conformément à la loi du 24 mai 1842, art. 3. C'est ce qu'a décidé l'arrêt précité du 5 mai 1865, mais sans que la cour ait motivé sa sentence. « Il y a longtemps, ajoute le même auteur, que l'on a appelé les cours d'eau des routes qui marchent, et les motifs qui justifient le droit de préemption à l'égard des parties délaissées des routes s'appliquent également aux fleuves et aux rivières » (n° 234).

227. On a vu au *Rép.*, n° 505, que l'alluvion n'appartient pas aux riverains de la mer. Ces relais de mer sont dévolus à l'État, dans le domaine public duquel rentrent également les rivages eux-mêmes. — V. *Domaine public*.

228. Mais à défaut d'acquisition directe, les particuliers

---

(1) (Cordelier C. Préfet de la Côte-d'Or.) — LA COUR ; — Considérant que le terrain réclamé par Cordelier à titre d'alluvion et en vertu de son droit de riverain, est également revendiqué par l'État, comme faisant partie du domaine public, et qu'il y a lieu de rechercher la nature de ce terrain ; — Considérant, en droit, que si l'alluvion profite au propriétaire riverain, même sur le bord des fleuves et des rivières navigables, c'est à la condition de réunir les caractères déterminés par la loi ; — Qu'aux termes de l'art. 556 c. civ., on n'entend par alluvion que les atterrissements et accroissements qui se forment successivement et imperceptiblement aux fonds riverains du fleuve ou de la rivière, c'est-à-dire les terrains de création artificielle qui sont l'œuvre lente et continue du temps et de la nature ; — Qu'il en est de même des relais que forme l'eau courante, en se retirant insensiblement de l'une de ses rives, soit en poussant sur l'autre (art. 557) ; mais qu'on ne peut appliquer ce principe aux atterrissements qui se forment tout à coup, d'une manière définitive et permanente, dans le lit d'une rivière, par suite des travaux d'art qui en resserrent le cours dans l'intérêt de la navigation, et mettent ainsi brusquement à découvert une partie du lit primitif ; — Que cette étendue de terrain reconnaissable, et conquise d'un seul jet par l'action de l'homme sur la rivière elle-même, ne cesse pas d'être une dépendance du domaine public, et appartient à l'État ; — Que l'État peut dès lors, conformément à l'art. 541, et selon les formes voulues par la loi du 24 mai 1842, la rendre susceptible d'une propriété privée et l'aliéner valablement, sauf le droit de préemption des propriétaires riverains d'acquérir, chacun en droit soi, les parcelles attenantes à leurs propriétés ; — Considérant, en fait, qu'après avoir fait établir en 1845 ou 1846, par l'administration des Ponts-et-Chaussées, une digue de halage pour le service de la navigation de la Saône, en face de la prairie des consorts Cordelier et dans le lit même de la rivière, l'État a fait border ce terrain, le 28 nov. 1854, et a offert de le céder aux propriétaires riverains en 1855, que si Chevreul a consenti à se rendre acquéreur de la partie qui le touche, les consorts Cordelier ont constamment refusé de profiter de la même faculté ; que remise du terrain distrait de la rivière a été faite alors à l'administration des Domaines par un arrêté administratif du 17 sept. 1858, et que, Cordelier n'ayant pas voulu exercer son droit de préemption, l'État a pu valablement aliéner la parcelle qui l'avoisine à Veau et à Berthelet, propriétaires à Pouilly-sur-Saône ; — Qu'ainsi sous ce rapport, et conformément à l'arrêté du préfet de la Côte-d'Or, du 13 sept. 1857, portant délimitation, et contre lequel aucun recours n'a été formé, il est constant que le terrain litigieux faisait partie du lit de la Saône ; — Que Cordelier soutient cependant que ce terrain ne constitue pas moins une alluvion véritable, parce qu'il s'élève au-dessus des plus hautes eaux de la rivière, sans débordement ; — Qu'à cet égard encore, le rapport des experts, en date du 8 juill. 1864, ne peut laisser le moindre doute dans les esprits ; qu'il constate, d'une part « que si l'on applique la cote de 3 mètres 50 centimètres au-dessus de l'étiage ancien pour le niveau des hautes eaux, tous les points de la plage sont inférieurs à cette élévation, et que l'eau couvre, non seulement le terrain litigieux, mais encore le dépasse » ; — Et d'autre part « qu'en recherchant les points d'affleurement de la rivière à pleins bords en face du terrain contesté, on trouve que les bornes sont plantées suivant la ligne d'affleurement, et que par conséquent la parcelle aliénée est entièrement recouverte » ; — Que, sans doute, il peut se faire que, malgré certains débordements partiels qui s'opèrent en avant et en aval du terrain concédé, une partie de l'ancienne rive soit à découvert ; mais qu'il faut reconnaître, avec les experts et la jurisprudence, que le lit des fleuves et des rivières comprend tout le terrain qu'atteignent et couvrent, dans les grandes eaux, le fleuve ou la rivière coulant à pleins bords ; que la hauteur même des rives qui doivent les contenir prouve que telles sont les limites fixées par la nature et en dehors desquelles se produit l'inondation ; qu'on ne peut tenir compte des débordements partiels qui ont lieu dans les dépressions de terrain par les noues comme dans l'espèce, et dans des conditions variables, anormales, et qu'il faut nécessairement s'en référer aux lignes régulières qui déterminent le domaine du fleuve dans sa plus grande élévation ; — Que la parcelle revendiquée par Cordelier faisait donc, lors de l'aliénation en 1860, et ferait encore aujourd'hui partie du domaine public et qu'appartenant à l'État, l'État a pu valablement en disposer ; — Par ces motifs, confirme, etc.

Du 5 mai 1865. — C. de Dijon, ch. civ. — MM. Neveu-Lemaire, pr. — Maltrejean, av. gén. — Goujet et Capmas, av.

peuvent devenir propriétaires des lais et relais de la mer par prescription, puisque ces biens rentrent dans le domaine privé de l'État. — L'État peut, d'ailleurs, concéder d'une façon formelle les lais et relais de la mer; mais une question se pose lorsqu'il n'a été parlé dans l'acte de concession que des relais existant au moment de la passation du contrat, et que de nouveaux relais viennent à se former contre les anciens; ces derniers accroissements du rivage devront-ils faire partie des terres adjugées pour la première concession? Dans le silence de l'acte, il nous semble, malgré la difficulté pratique d'opérer la séparation, que les accroissements dont il s'agit devront appartenir à l'État, qui n'a pu aliéner ces biens d'une façon quelconque, alors que leur existence était problématique (Aubry et Rau, t. 2, § 203, p. 252; Demolombe, t. 10, nos 22 et 23. — *Contrà :* Laurent, t. 6, no 291; Troplong, t. 1, no 122).

229. L'alluvion appartenant, le long des fleuves, aux riverains, tandis que les relais de la mer sont dévolus à l'État, il importe de savoir quel est le point où, au sens de la loi, un fleuve doit finir, et celui où l'on doit dire que le rivage de la mer commence. Plusieurs systèmes ont été proposés pour résoudre cette difficulté (V. *suprà,* vo *Domaine public,* nos 13 et suiv.).

230. L'alluvion, comme on l'a vu au *Rép.,* no 507, n'a pas lieu pour les dépôts qui peuvent se former sur les bords des lacs et des étangs. Quant à celles formées le long des bords d'un lac salé communiquant avec la mer, et qui, de ce chef, appartient à l'État comme dépendance de la mer, elles constituent de vrais relais, et sont en conséquence attribuées à l'État.

231. Aux termes de l'art. 558 c. civ. le propriétaire d'un étang conserve toujours le terrain que couvre l'eau de l'étang, quand elle est à hauteur de la décharge. De ce principe on a conclu que, pour fixer l'étendue ou la contenance d'un étang, il faut s'attacher plutôt à la hauteur du déversoir qu'aux indications des titres, si elle était consacrée par leur possession trentenaire (Daviel, t. 2, no 813; Demolombe, t. 10, no 30). Mais cette règle ne s'appliquera qu'autant que les déversoirs primitifs existeront encore tels qu'ils ont été établis, et qu'ils n'auront pas subi de modification (Garnier, *Régime des eaux,* p. 25).

232. Si l'étang n'a pas de déversoir artificiel, il a été jugé que c'est d'après la hauteur normale de l'eau que l'on doit en fixer les limites (Civ. rej. 14 avr. 1852, aff. Bellot, D. P. 52. 1. 169; Demolombe, t. 10, no 29).

233. De l'art. 558 c. civ, on a tiré cette conséquence importante que le terrain que l'eau d'un étang recouvre, quand elle est à la hauteur de la décharge, ne saurait, alors même qu'il est mis à sec par le retrait des eaux ou par la diminution de leur volume, devenir, de la part des propriétaires riverains, l'objet d'une possession utile à l'effet de prescrire, lorsque cette possession, d'ailleurs, n'affecte pas l'usage spécial de l'immeuble à l'état d'étang. Cette imprescriptibilité particulière cesse aussitôt que l'étang a changé de destination d'une façon certaine et définitive (V. *suprà,* vo *Eaux,* no 222).

234. La présomption de propriété établie par l'art. 558 c. civ. ne s'applique, d'ailleurs, qu'autant que les limites de l'étang sont fixes et invariables, c'est-à-dire qu'autant que le déversoir fonctionne toujours mécaniquement d'une façon automatique et qu'il y ait besoin de l'intervention de l'homme (V. *suprà,* no 221).

Quant au caractère de cette présomption, on s'accorde à reconnaître que ce n'est qu'une présomption simple tombant devant la preuve contraire (Laurent, t. 7, no 245).

235. En ce qui concerne le point de savoir si l'étendue d'un étang doit être fixée invariablement et d'une façon absolue par le niveau supérieur de son déversoir fixe, ou au contraire si l'on doit s'attacher, pour cette délimitation, au niveau des plus hautes eaux d'hiver, sans débordement, V. *suprà,* vo *Eaux,* no 220.

236. Par réciprocité, les riverains d'un étang ne perdent pas la propriété de ceux de leurs terrains recouverts par une inondation de l'étang, et de plus, on admet que, s'ils ont à subir du fait du voisinage de l'étang un préjudice certain, ces propriétaires ont, contre le propriétaire de l'étang, une action en dommages-intérêts fondée sur l'art. 1382 c. civ. (Ayral, no 134). Cet auteur estime

qu'il faut, pour apprécier la responsabilité des propriétaires, s'en tenir à l'art. 1382 c. civ. et rechercher, dans tous les cas, s'il y a eu faute de la part du propriétaire, ou non. C'est ainsi qu'il encourrait une action en dommages-intérêts, s'il avait pu facilement empêcher une inondation en levant son barrage, alors qu'il n'a pas pris cette précaution élémentaire..., etc.

237. Les riverains d'un étang ont naturellement le droit d'élever sur leurs terrains tels travaux qui leur paraîtront utiles pour les préserver des dommages causés par le voisinage de cet étang; mais il n'y a là pour eux, semble-t-il, qu'une faculté, et non pas une obligation dont l'inexécution puisse les exposer à se voir privés ou dépossédés des terrains à eux appartenant, et que l'eau de l'étang aurait un jour recouverts. La cour de Pau a cependant rendu une décision en sens contraire (31 janv. 1858, aff. Dubéru, D. P. 58. 2. 204); mais cet arrêt est généralement critiqué (V. *suprà,* vo *Eaux,* no 225. *Adde,* Laurent, t. 7, no 247).

238. Dès que l'alluvion existe légalement, elle acquiert une individualité propre, et elle appartient, dès lors, au riverain, même si plus tard elle vient à être détachée accidentellement de l'ancienne rive. Jugé, en ce sens, que les atterrissements formés successivement autour d'une île située dans un fleuve continuent d'appartenir au propriétaire de l'île, alors même qu'ils en ont été séparés par le déplacement des eaux (Grenoble, 12 févr. 1872, aff. Bernard, D. P. 73. 5. 381).

239. Suivant l'opinion émise au *Rép.,* no 510, l'alluvion ne peut avoir lieu à l'égard des torrents. C'est encore la doctrine généralement suivie (V. toutefois en sens contraire: Laurent, t. 6, no 282). Mais, d'après Demolombe, t. 10, no 17) et MM. Aubry et Rau (t. 2, § 203, p. 248), l'alluvion est possible, s'il s'agit d'un torrent continu, dont le volume d'eau est assez important pour servir de limite entre deux fonds et empêcher toute action en bornage.

240. On a déjà signalé au *Rép.,* no 512, une lacune de la loi, au sujet des relais soudains qui peuvent se former dans les cours d'eau. L'accord ne s'est pas fait sur le point de savoir à qui doivent appartenir ces atterrissements. La question, il importe de le remarquer, ne présente d'intérêt que si l'atterrissement subit s'est formé dans une rivière navigable ou flottable. Si, en effet, le dépôt s'est opéré dans une rivière non navigable, il ne peut y avoir de doute sur son attribution aux riverains, puisque dans ces circonstances, non seulement l'alluvion, mais encore les îles leur appartiennent, et que, par conséquent, une solution identique s'impose pour les atterrissements subits; car si l'on refuse aux riverains la propriété de ces dépôts, sous prétexte que les art. 556 et 557 c. civ. ne sont applicables puisqu'il ne s'agit pas d'alluvions proprement dites, ces riverains, pour en devenir propriétaires, n'auront qu'à invoquer les termes de l'art. 561 c. civ. (V. Demolombe, t. 10, no 61). L'intérêt de la question apparaît, au contraire, d'une façon manifeste, lorsqu'il s'agit de rivières navigables ou flottables, car il faut alors décider si l'on doit assimiler ces atterrissements à des alluvions, et les attribuer aux riverains, ou aux atterrissements et îlots, et en conséquence en ordonner la dévolution à l'État. — Depuis la publication du *Répertoire,* la difficulté s'est présentée plusieurs fois devant les tribunaux et elle a été résolue en ce sens que les dépôts dont il s'agit devaient être attribués à l'État, en vertu des dispositions des art. 560 et 713 c. civ. « Attendu, dit notamment un arrêt de la cour de cassation, que l'art. 556 c. civ. ne comprend sous la dénomination d'alluvions que les atterrissements et les accroissements qui se forment successivement et imperceptiblement aux fonds riverains d'un fleuve ou d'une rivière; qu'il suit de là que les atterrissements brusquement formés par le retrait subit des eaux ne s'incorporent pas aux fonds riverains quoiqu'ils y soient adhérents et appartiennent à l'État sur les bords des fleuves et rivières navigables; attendu que cette conséquence, logiquement tirée de l'art. 556 c. civ., trouve sa confirmation dans l'art. 560 c. civ., qui attribue à l'État, s'il n'y a titre ou conventions contraires, indépendamment des îles et îlots, les atterrissements qui se forment dans le lit des rivières navigables; qu'en effet, dans cet article, l'atterrissement se distingue nécessairement des îles et îlots et ne peut raisonnablement s'entendre que de l'atterrissement qui se produit en dehors des conditions exigées par la loi pour constituer ou caractériser l'alluvion » (Req.

8 déc. 1863, aff. Petit, D. P. 64. 1. 114. *Adde*, dans le même sens : Paris, 1er déc. 1855, aff. Grolleron, D. P. 55. 5. 365 ; Laurent, t. 6, n° 287 ; Aubry et Rau, t. 2, § 203, p. 21 ; Fournel, *Lois rurales de la France*, t. 1, p. 15 ; Dubreuil, *Législation des eaux*, t. 1, n° 70 ; Perrin et Rendu, n° 309). Toutefois Demolombe, t. 10, n° 62, s'est prononcé en sens contraire, et estime que ces atterrissements doivent, même dans ces cas, appartenir aux riverains. Suivant cet auteur, il est évident que l'art. 560 n'attribue à l'État que les îles ou îlots qui se forment dans le lit même du fleuve sans adhérence aux rives. La preuve en résulte, dit-il : « 1° du rapprochement de l'art. 560 avec l'art. 561, qui certainement ne s'applique qu'aux atterrissements qui se forment dans le lit des cours d'eau non navigables ni flottables sans jonction avec le fonds riverain ; or ces deux articles, 560 et 561, sont corrélatifs, et ils prévoient la même hypothèse pour les deux espèces de cours d'eau ; 2° des paroles mêmes de Treilhard, qui a déclaré, au conseil d'État, que l'art. 560 s'applique aux morceaux de terre qui se placent au milieu du cours d'eau ». Quant à l'art. 713, le même auteur écarte l'argument qu'on prétend en tirer, en faisant remarquer que ce texte ne vise que les biens sans maître, et que l'on ne saurait étendre ainsi à une hypothèse, où, d'après les principes généraux du droit, ces biens doivent précisément appartenir aux riverains (Conf. Ayral n°s 495 et suiv. ; Hennequin, t. 1, p. 302 ; Lefèvre de la Planche, *Du domaine*, ch. 13 ; Daviel, t. 1, n° 128). C'est l'opinion déjà admise au *Rép.*, n° 512.

241. — *De l'avulsion.* — L'avulsion constitue une espèce différente de l'alluvion (*Rép.* n°s 514 et suiv.). C'est le cas où une partie reconnaissable de la rive se détache de l'endroit qu'elle occupait pour aller se souder en aval le long d'un héritage riverain quelconque. La loi, dans cette hypothèse, donne au propriétaire lésé le droit de reprendre son terrain en nature. Mais, comme on l'a vu au *Rép.*, n° 516, ce propriétaire ne peut qu'enlever cette parcelle ; il n'a pas le droit de la laisser à sa nouvelle situation, et d'exercer sur elle, en cet endroit, son droit de propriété (Laurent, t. 6, n° 297 ; Proudhon, *Domaine public*, t. 4, n° 1282 ; Aubry et Rau, t. 2, § 203, p. 253 ; Ayral, n° 300 ; Demolombe, t. 10, n° 104. V. cependant en sens contraire : Zachariæ, § 203, texte et note 12 ; Demante, *Cours analytique*, t. 2, n° 395 *bis*-2°).

De même que pour l'alluvion, il n'y a pas à distinguer suivant que l'avulsion s'est formée dans une rivière navigable, ou dans une rivière non navigable ; la solution est identique dans les deux cas.

242. Le code civil ne semble pas avoir prévu le cas où l'avulsion se produirait par superposition, c'est-à-dire où la parcelle de terrain, au lieu de se coller le long de l'héritage riverain, serait venue s'échouer à sa surface. Nous avons cru devoir assimiler les deux situations (*Rép.* n° 519), et c'est encore l'avis unanime des auteurs (Proudhon, *Domaine public*, t. 4, n° 1282 et *Usufruit*, t. 2, n° 527 ; Demolombe, t. 10, n° 99 ; Aubry et Rau, t. 2, § 203, p. 250 ; Laurent, t. 6, n° 300 ; Ayral, n° 299).

243. Le cas le plus fréquent d'avulsion est celui où des arbres plantés sur un terrain riverain auront été entraînés, avec la motte qui les soutenait, par les eaux ; mais, aux termes mêmes de l'art. 559 c. civ., il faut que les parties enlevées aient été considérables, pour que les dispositions de la loi soient applicables (*Rép.* n° 517). A ce propos, Laurent fait remarquer que cette exigence est peu juridique, et il ajoute que dans le cas où la partie arrachée serait peu importante, tout en renfermant des objets précieux ou individualisés, on pourrait alors avoir recours à la procédure indiquée par l'art. 2279 c. civ. au cas d'objets égarés (*loc. cit.*).

244. Le propriétaire lésé doit réclamer la portion à lui enlevée dans le délai d'un an (*Rép.* n° 520), si le propriétaire riverain contre le terrain duquel elle est venue se fixer en a pris possession ; sinon il le peut, au delà de ce terme, jusqu'au jour où la possession aura été effective. Toutefois, s'il y a possession, on convient que le délai d'un an court non pas du jour où elle a commencé, mais de celui où l'avulsion s'est produite (Demolombe, t. 10, n°s 106 et suiv. ; Aubry et Rau, t. 2, § 203, p. 254).

245. Lorsque le propriétaire réclame la partie de son immeuble qui lui a été enlevée, on a enseigné au *Rép.*, n° 521, qu'il doit réparer le dommage que l'avulsion a pu causer au riverain contre le terrain duquel elle s'était fixée. C'est encore l'opinion de Demolombe, t. 10, n° 112 ; mais d'après MM. Aubry et Rau, t. 2, § 203, p. 254, note 13, le propriétaire revendiquant ne doit ni la réparation des dégradations que peut causer le fait de l'enlèvement de la parcelle soudée à la rive, ni celle des dégâts qui ont pu avoir été occasionnés par l'avulsion elle-même. Pour appuyer cette opinion, ces auteurs font simplement remarquer que l'action en dommages-intérêts manquerait de fondement, puisque l'art. 1382 c. civ. n'est pas applicable en l'espèce. D'une part, en effet, en agissant ainsi et en reprenant le terrain à lui enlevé, le propriétaire d'amont ne fait qu'exercer un droit que la loi lui accorde formellement, et, d'autre part, l'avulsion elle-même est un cas de force majeure, dont il ne peut jamais, en vertu même des principes généraux, être rendu responsable (V. également en ce sens : Laurent, t. 6, n° 299 ; Ayral, n° 301). — Si le propriétaire lésé n'exerce pas son droit de reprendre la parcelle enlevée, tout le monde reconnaît que, dans ce cas, il ne doit aucune indemnité au propriétaire d'aval (Mêmes auteurs *loc. cit.* ; Demolombe, t. 10, n° 111).

246. Si le propriétaire opte pour la reprise de son terrain, il doit l'enlever tout entier ; et il n'est pas libre d'en prendre une partie et de laisser l'autre (*Rép.* n° 521). La doctrine est encore fixée en ce sens (V. notamment Demolombe, t. 10, n° 112).

247. On a admis au *Rép.*, n° 522, que le propriétaire sur le terrain duquel s'est produite l'avulsion par juxtaposition n'est pas obligé d'attendre l'expiration du délai d'un an laissé à l'intéressé pour se décider, et qu'il peut immédiatement mettre le propriétaire lésé en demeure de se prononcer. La doctrine actuelle paraît fixée en ce sens (Ayral, n° 303 ; Demolombe, t. 10, n° 110). Toutefois, d'après MM. Aubry et Rau, cette faculté n'existerait que dans le cas d'avulsion par superposition, hypothèse où l'avulsion rend une partie du champ incultivable, et qu'au contraire elle ne serait pas possible dans la simple avulsion par juxtaposition, la culture restant parfaitement praticable en semblable cas (t. 2, § 203, p. 253, note 27). M. Laurent n'admet pas que le propriétaire lésé soit tenu d'opter avant l'expiration de l'année qui lui est accordée par la loi. C'est là un bénéfice que, selon lui, les tribunaux ne peuvent enlever à l'intéressé (t. 6, n° 298).

248. Si la partie *reconnaissable* et importante d'un terrain enlevée par les eaux s'est fixée au milieu du cours, on a admis au *Rép.*, n° 525, que, par analogie avec l'hypothèse précitée prévue par l'art. 559, elle peut être réclamée dans l'année par son propriétaire (Voir dans le même sens : Ayral, n° 306).

249. Il ne faut pas confondre toutes les hypothèses précédentes d'alluvions ou de relais avec le cas où il y a eu simplement *inondation*, et où des terrains, après avoir été momentanément recouverts par les eaux, se trouvent ensuite à sec par suite de leur retrait. On a admis au *Rép.*, n° 526, que les propriétaires des terrains inondés conservent leur droit de propriété sur ces terrains, alors même qu'il n'y aurait plus eu, au-dessus de l'eau, aucune motte ferme et apparente. La jouissance du droit de propriété est simplement paralysée, et le titulaire en bénéficie à nouveau d'une manière complète, dès qu'elle redevient possible. C'est encore en ce sens qu'est fixée la doctrine des auteurs (Ayral, n°s 344 et suiv. ; Garnier, *Rég. des eaux*, t. 1, n° 240 ; Demolombe, t. 10, n° 174 ; Aubry et Rau, t. 2, § 203, p. 252) et la jurisprudence (Req. 10 févr. 1869, aff. Compagnie des forges de Terre-Noire, D. P. 70. 1. 148 ; Req. 29 juill. 1872, aff. Pellapra, D. P. 74. 1. 176 ; Grenoble, 11 déc. 1872, aff. Mollière, D. P. 74. 5. 409).

Mais il en serait autrement dans le cas où la rivière, après une inondation, se serait creusé un nouveau lit dans une partie des terrains, qui primitivement n'étaient qu'inondés (Grenoble, 11 déc. 1872, précité).

250. Pour qu'un fonds inondé soit susceptible de revendication, il n'est nullement besoin qu'il soit reconnaissable et qu'il ait conservé son ancienne forme (*Rép.*, n° 529). C'est ainsi qu'il a été décidé que le propriétaire d'un ter-

rain d'alluvion en conserve la propriété, alors même que ce terrain a été envahi et occupé, pendant un temps plus ou moins long, par le fleuve qui le borde, et dont les oscillations périodiques l'ont successivement restreint ou augmenté, si, en fait, il n'a pas été anéanti et a subsisté, tout au moins à l'état de vasière se découvrant à marée basse, avant de reparaître complètement au-dessus de la surface des eaux et de reprendre sa végétation (Req. 4 mai 1885, aff. Commune de Donges, D. P. 85, 1. 294). — Voir toutefois en sens opposé, Ayral, n° 349 : cet auteur soutient que, pour que la revendication soit possible, il faut que le terrain ait au moins conservé sa forme primitive.

§ 2. — Iles et îlots, lit abandonné (Rép. n° 532 à 554).

254. Il faut distinguer, quant à leur attribution, les îles formées dans une rivière navigable, et celles apparues dans un cours d'eau non navigable ni flottable. Les îles qui se forment dans les rivières navigables appartiennent à l'État (Rép. n° 532) ; elles font, d'ailleurs, partie du domaine privé de l'État et, en conséquence, elles sont prescriptibles et aliénables (Laurent, t. 6, n° 303 ; Aubry et Rau, t. 2, § 203, p. 256 ; Dufour, t. 2, n° 1103 ; Ayral, n° 312). Toutefois la prescription ne sera possible contre l'État que lorsque ces îles auront émergé au-dessus du niveau le plus élevé du fleuve, car ce n'est qu'à partir de ce moment qu'elles passent du domaine public au domaine privé de l'État (Grenoble, 25 juill. 1866, suprà, n° 214 ; Lyon, 19 juill. 1877, aff. Habitants de Leschaux, D. P. 78, 2, 254 ; Aubry et Rau, eod. loc. ; Laurent, t. 6, n° 303).

252. Dans le cas où l'État, d'une part, en vertu de l'art. 560 c. civ., et un particulier, d'autre part, en vertu de la prescription, réclament chacun la propriété d'une île, c'est l'autorité judiciaire qui est seule compétente pour trancher le débat, sans avoir besoin de surseoir jusqu'à ce que l'Administration ait fait délimiter le lit du fleuve (Cons. d'Ét. 30 nov. 1869, aff. De Barrin, Rec. Cons. d'Etat, p. 953 ; 14 déc. 1870, aff. Préfet de l'Isère, D. P. 72. 3, 48). — Mais il a été jugé que l'arrêté préfectoral, approuvé par le ministre, qui déclare la domanialité d'un îlot situé dans le lit d'une rivière navigable, est un acte de pure administration non susceptible d'opposition ni de tierce opposition, et que, dès lors, le tribunal saisi d'une demande en revendication formée par l'État contre le tiers possesseur de ce terrain ne peut refuser d'appliquer cet arrêt et surseoir à statuer sur le mérite du défendeur y a formé tierce opposition (Paris, 8 janv. 1864) (1).

253. On a indiqué (Rép. n° 536) le moyen de reconnaître, en pratique, si un amoncellement de matériaux dans une rivière constitue une île ou une alluvion ; c'est, en définitive, une question de fait à résoudre par l'examen de visu du dépôt ; mais si, malgré toutes les recherches, il y avait doute, M. Ayral (n° 320), suivant en cela l'opinion de

Proudhon (Domaine public, n° 1284), décide que l'on devra considérer l'atterrissement comme constituant une alluvion plutôt qu'une île.

254. Si les îles ou îlots se forment dans des rivières non navigables ni flottables, ces îles appartiennent aux riverains (Rép. n° 545). Les autres rivières n'appartiennent à l'État qu'à partir du point où elles sont navigables ; d'où l'on doit conclure que les îles formées dans les parties supérieures des rivières navigables appartiennent aux riverains, jusqu'au point où la navigation, ou au moins le flottage, devient possible. Mais il en est autrement des îles formées dans les bras non navigables des rivières navigables, quand ces cours secondaires sont situés plus bas que le point où commence la navigabilité.

255. Lorsque l'île formée dans un cours d'eau s'étend devant plusieurs propriétés riveraines, le partage s'en effectue de suite, par l'effet même de la loi, et sans qu'il soit besoin de l'intervention des intéressés (c. civ., art. 561). C'est un véritable partage légal, de telle sorte qu'il n'y a jamais eu indivision entre les différents ayants droit sur l'île (Duranton, n° 421 ; Prudhon, Domaine public, n° 1288).

256. Jugé au sujet de la propriété des îles, que l'art. 561 c. civ., qui attribue la propriété des îlots formés dans les rivières non navigables ni flottables au propriétaire riverain du côté où l'îlot s'est formé, ne peut être invoqué que par celui qui était déjà propriétaire riverain du cours d'eau au moment de la formation dudit îlot (Orléans, 15 janv. 1886, aff. Consorts Billault, D. P. 86. 2. 230). En effet, l'art. 561 c. civ. ne peut être un titre que pour le propriétaire du terrain riverain qui a cette qualité au moment où l'îlot émerge des eaux. Que l'on suppose, en effet (c'était le cas dans l'espèce précitée), qu'après la formation de l'île, le propriétaire riverain aliène l'héritage latéral qui l'avoisine et conserve la propriété de l'îlot. Évidemment l'acquéreur de cet héritage ne saurait se fonder sur l'art. 561 pour prétendre qu'il est propriétaire de l'île ; il lui faut un titre régulier d'acquisition pour établir son droit de propriété sur l'atterrissement, qui demeure, en l'absence de ce titre, entre les mains du vendeur ou de l'aliénateur.

257. A la différence de ce qui a lieu pour l'alluvion (infrà, n° 268), l'île constitue, non pas un accroissement du fonds primitif, mais un véritable fonds distinct, ayant son individualité juridique propre. On en a conclu que l'usufruitier du terrain riverain n'a aucun droit de jouissance sur l'île, dont le nu propriétaire devient seul propriétaire (V. Rép., v° Usufruit, n° 331. Aux auteurs cités en ce sens, adde Ayral, Laurent, t. 6, n° 373). — Contrà, Laurent, t. 6, n° 322. — De même que M. Demolombe, cité au Rép., ibid., M. Ayral admet que l'usufruitier universel a un titre universel aurait le droit d'exercer sa jouissance sur les biens de cette nature, puisque son droit s'étend à tous les biens en germe dans la succession.

De même, le fermier, l'usager, le preneur emphytéotique et l'acquéreur à réméré n'ont en principe, et sauf conven-

(1) L'État C. Worms de Romilly et Dugenait.) — LA COUR ; — Vu les lois des 22 déc. 1789, 29 flor. an 10 et 12-20 août 1790 ; — Considérant que le préfet de l'Aube, après avoir reconnu et déclaré, par arrêté du 12 oct. 1855, que l'îlot existant dans la Seine et nommé la Bosse-du-Meunier est une dépendance du domaine public, en a poursuivi le délaissement contre Dugenait qui l'avait acheté des héritiers Worms de Romilly, et qui a appelé ses vendeurs en garantie ; — Que l'arrêté du préfet ayant été approuvé par le ministre, les héritiers Worms de Romilly, qui l'avaient attaqué par la voie de la tierce opposition, en ont excipé pour réclamer un sursis, et que le tribunal a décidé, en effet, conformément à leurs conclusions, qu'il y avait lieu d'attendre, avant de procéder au jugement, soit de la demande principale, soit de la demande en garantie, que le préfet eût statué sur le mérite de cette tierce opposition ; — Considérant que les îles, îlots et atterrissements qui se produisent dans le lit des fleuves et des rivières navigables ou flottables peuvent appartenir, suivant leur degré de maturité et d'élévation, à deux périodes différentes de formation et de développement ; que, dans l'une, ils se confondent encore avec le lit lui-même, en font partie intégrante, et constituent ainsi une dépendance du domaine public ; que, dans l'autre, sortis de ce domaine et régis par l'art. 560 c. civ, ils se distinguent essentiellement du cours d'eau et deviennent la propriété privée de l'État, ou de simples particuliers ; — Que s'il surgit des doutes

ou s'élève un différend sur leur domanialité, le préfet seul est compétent pour trancher la question, puisque c'est à l'administration départementale, dont il est aujourd'hui le représentant, que les lois de la matière confient le soin de la conservation des cours d'eau navigables ou flottables, en confèrent le droit, sous l'approbation ministérielle, d'en fixer les limites ; — Que néanmoins l'arrêté qui déclare la domanialité n'a point les caractères du jugement ; qu'il n'y a ni litige ni partie en cause ; que c'est une mesure prise uniquement dans l'intérêt public, un acte de pure administration, qui n'est point susceptible, comme les décisions judiciaires, d'opposition ni de tierce opposition ; et que, du moment où les dispositions qu'il renferme sont claires et précises, il n'y a plus pour les tribunaux qu'à les appliquer, sauf à prononcer sur les réclamations de propriété et les indemnités de dépossession, le cas échéant ; — D'où il suit que c'est à tort que l'exception dilatoire présentée par les garants a été admise par le jugement attaqué ; — Considérant toutefois que la matière n'est pas disposée à recevoir une décision définitive ; que, d'un autre côté, le tribunal, en ordonnant un sursis, ne s'est point dessaisi du litige ; qu'il s'en est, au contraire, implicitement réservé la connaissance, et que rien dès lors ne s'oppose, malgré l'infirmation du jugement, au renvoi de l'affaire devant la même juridiction ; — Par ces motifs, réformant, etc. — Du 8 janv. 1864.-C. de Paris, 1re ch.-MM. Devienne, 1er pr.-Goureau, subst.-Gressier, Sorel et Berquier, av.

tions contraires, aucun droit sur les îles, qui se forment devant les terrains, dont ils jouissent.

258. Par contre, l'opinion soutenue au *Rép.*, n° 548, d'après laquelle l'hypothèque assise sur le fonds riverain ne s'étend pas à l'île semble aujourd'hui abandonnée ; la majorité des auteurs décident le contraire, par application de l'art. 2133 c. civ. (En ce sens : Ayral, n° 327 ; Laurent, t. 30, n° 204 ; Troplong, t. 2, n° 553 ; P. Pont, t. 1, n° 406 ; Grenier, t. 1, n° 448).

259. Les propriétaires qui se sont partagé l'île formée devant leurs terrains jouissent du droit d'alluvion pour les dépôts qui se forment contre cette île, alors même que primitivement l'île ne se serait formée que d'un côté de la ligne médiane de la rivière, et qu'elle se serait étendue au delà de ce dernier point par suite de ces alluvions elles-mêmes. Les propriétaires vis-à-vis desquels l'île se serait ainsi rapprochée n'auraient aucun droit à en partager la superficie avec les propriétaires primitifs (Aubry et Rau, t. 2, § 203, p. 257 ; Demolombe, t. 10, n° 127 ; Proudhon, *Domaine public*, t. 4, n° 1286).

260. Quant à la question de savoir à quel moment l'on peut considérer une île comme définitivement formée, la doctrine et la jurisprudence admettent encore la règle posée au *Rép.*, n° 550, à savoir que l'île n'aura d'existence légale, qu'autant qu'elle s'élèvera au-dessus du niveau des crues ordinaires de la rivière au milieu de laquelle elle s'est formée (Ayral, n° 319 ; Grenoble, 25 juill. 1866, *supra*, n° 244 ; Lyon, 19 juill. 1877, aff. Habitants de Leschaux, D. P. 78, 2. 254).

§ 3. — Spécialités sur les droits des riverains et les conséquences du droit d'alluvion (*Rép.* n° 555 à 592).

261. On s'est demandé, entre autres questions traitées dans ce paragraphe (*Rép.* n° 558), si l'alluvion a lieu à l'égard des simples ruisseaux, et l'on a admis l'affirmative. C'est encore le système généralement suivi ; il se justifie par le motif que la loi ne fait qu'une seule distinction, entre les cours d'eau navigables d'une part, et, d'autre part, ceux qui ne le sont pas : ce serait établir une division arbitraire que de mettre dans une troisième catégorie les ruisseaux (Laurent, t. 6, n° 22 ; Aubry et Rau, t. 2, § 3, n° 168, p. 37, note 10 ; Batbie, *Droit administratif*, t. 5, n° 352 ; Foucart, *Droit administratif*, t. 3, n° 1400 *in fine* ; Championnière, n° 432, p. 765 ; Ayral, n° 153 ; Dumont, *Origine des cours d'eau*, n° 56), V. toutefois *supra*, v° *Eau*, n° 169. — Il en est autrement en ce qui concerne les torrents, ainsi qu'on l'a vu *supra*, n° 239.

Quant à la façon dont on pourra, en pratique, distinguer un ruisseau d'un torrent, il faudra pour cela s'attacher au régime ordinaire et habituel des cours d'eau, et résoudre la question d'après l'apparence régulière de son débit.

262. Comme on l'a déjà dit au *Rép.*, n° 561, un riverain ne pourrait, sous prétexte d'alluvion, exercer ses droits de façon à entraver la navigation. Mais si les alluvions à la propriété desquelles il prétend sont déjà entièrement formées, et si elles occasionnent une gêne, l'Administration ne peut s'en emparer qu'en suivant les formalités édictées par la loi du 3 mai 1841 sur l'expropriation, et qu'après en avoir payé la valeur au riverain dépossédé.

263. Quant à la compétence (*Rép.* n° 567), c'est aux tribunaux judiciaires seuls qu'il appartient de prononcer sur la nature et le mode de formation des alluvions ou atterrissements et sur les difficultés relatives au point de savoir à qui en appartient la propriété. L'autorité administrative n'est compétente que dans les questions intéressant l'utilité publique ou la police de la navigation ou de la voirie, comme, par exemple, la détermination de la largeur normale du lit d'un cours d'eau (Dupin, *Encyclopédie*, v° *Alluvion*, n° 40 et 41).

264. Une question très importante en pratique est celle de savoir si un riverain peut, par des travaux quelconques, favoriser la formation d'alluvions le long de sa propriété. On a admis en principe au *Rép.*, n° 568 et suiv., que cette faculté lui appartient. Cette opinion est encore suivie aujourd'hui, mais elle comporte certaines restrictions imposées soit par l'intérêt général de la navigation, soit par les droits

équivalents des riverains du côté opposé ou des voisins (Laurent, t. 6, n° 283 ; Garnier, t. 1, n° 234 ; Dubreuil, *Législation des eaux*, n° 67). En règle générale, on ne doit considérer comme permis que les travaux d'un caractère défensif et ayant pour but la préservation des berges contre les affouillements des eaux, car chacun a le droit de prendre, pour la conservation de sa chose, toutes les précautions possibles. Par contre, il y aurait lieu d'interdire et de faire enlever tous les travaux qui n'auraient pour but que d'étendre la rive vers le milieu du cours d'eau, au préjudice de la navigation ou des tiers sur les terrains desquels le courant serait ainsi renvoyé (Ayral, n° 208). Et il appartient à l'Administration d'apprécier souverainement si la navigation peut avoir à souffrir des travaux entrepris (Ordon. de 1669, tit. 27, art. 42 ; Arrêtés du Directoire du 19 vent. an 7 ; L. 16 sept. 1807, art. 33).

265. Comme l'a très bien exposé M. Ayral (*loc. cit.*), le riverain jouit d'un véritable droit de légitime défense, c'est-à-dire de la faculté naturelle de se garantir contre une aggression ; mais encore faut-il que les moyens employés ne soient pas en disproportion avec l'attaque, sans quoi la défense cesserait d'être légitime ; il y aurait abus, et tout abus est une faute. Il y a donc là une question de fait à résoudre conformément au principe général consacré par l'art. 1382 c. civ. Il y aurait ainsi lieu d'autoriser la consolidation de la rive de façon à amortir le choc de l'eau, et à la maintenir dans son lit, à moins que la construction ne fût trop considérable et n'empêchât l'écoulement des eaux en cas de crues anormales (Aubry et Rau, t. 2, § 203, p. 250, note 7 ; Demolombe, t. 10, n° 67).

266. Les agents de l'Administration ont la mission de délimiter les rivières navigables et flottables ; mais quelle sera l'autorité de ces arrêts de délimitation et quelle sera la juridiction compétente pour statuer sur les griefs que les riverains pourront avoir à invoquer contre ces décisions administratives ? Ces questions ont été examinées *supra*, v° *Compétence administrative*, n° 218 et suiv., où l'on a exposé les divergences auxquelles elles ont donné lieu entre la jurisprudence de la cour de cassation et des cours d'appel, et, d'autre part, celle du conseil d'État. En dernier lieu, le tribunal des conflits les a résolues en ce sens que si, en principe, l'autorité administrative a seule pouvoir pour délimiter le domaine public, elle ne peut cependant empiéter sur la propriété privée ; sinon les parties intéressées auront le droit soit de déférer l'arrêté au conseil d'État comme entaché d'excès de pouvoir, soit de s'adresser aux tribunaux judiciaires, qui pourront leur allouer une indemnité, mais non les remettre en possession (V. *supra*, eod. v° n° 223 et suiv.).

267. L'Administration a toujours le droit de procéder au curage des rivières navigables ou non navigables (*Rép.*, n° 573), sans que les riverains puissent réclamer dans le cas d'enlèvement d'alluvions en formation. Mais il en serait autrement s'il s'agissait d'alluvions anciennes devenues la propriété des riverains ; ceux-ci ne pourraient alors être dépossédés sans indemnité (Laurent, t. 6, n° 293).

268. L'alluvion, à la différence des îles (*supra*, n° 257), s'identifie d'une façon complète avec le fonds contre lequel elle s'est formée (*Rép.*, n° 580) et c'est par une conséquence de ce principe que l'alluvion, en voie de formation, profite à l'acquéreur, alors même que la contenance de la propriété a été mentionnée au contrat, sans tenir compte de l'alluvion (Garnier, t. 1, n° 242 ; Laurent, t. 6, n° 295 ; Dubreuil, t. 4, n° 65). De même, l'accroissement produit par l'alluvion *après* la vente n'est pas un obstacle à ce que l'acquéreur, qui ne trouve pas la contenance exprimée au contrat, réclame le supplément, l'alluvion ne comptant pas et ne pouvant servir à compléter la contenance trop faible du terrain (Garnier, t. 1, n° 247). Toutefois si, lors de la vente, il existait des alluvions *anciennement formées*, ces alluvions ne seraient pas réputées de plein droit faire partie du fonds ; elles resteraient donc la propriété des vendeurs, à moins que l'intention contraire des parties ne résultât de l'acte, au moins implicitement,

269. Il a été jugé que, dans le cas où un terrain est vendu avec des alluvions en voie de formation et dont il pourra s'accroître ultérieurement, ces alluvions constituent un élément de valeur sur laquelle on doit faire porter l'esti-

mation de l'immeuble pour déterminer l'importance des droits de mutation (Req. 7 juin 1868; 17 avr. 1872, aff. Rivals, D. P. 72. 1. 324).

270. Lorsque l'aliénation du fonds riverain est résolue ou rescindée, le fonds, en principe, est repris par l'ancien propriétaire avec les accroissements qui y sont survenus par alluvions (V. *Rép.*, n° 587). En ce qui concerne spécialement le cas de vente à réméré, V. *infrà*, v° *Vente*; *Rép.* eod. v°, n° 1543.

271. Au *Rép.*, n° 583, on a enseigné que la prescription d'un terrain d'un cours d'eau acquise au profit d'un tiers s'étendait de plein droit aux alluvions formées durant le cours de cette prescription. M. Ayral, n° 287, distingue cependant, suivant qu'il s'agit d'alluvions proprement dites, hypothèse où l'on admet l'opinion indiquée ci-dessus, ou de relais soudains. Dans ce dernier cas, et s'il est possible de déterminer le moment précis où l'atterrissement s'est formé, cet auteur admet deux prescriptions indépendantes l'une de l'autre, d'une part pour le terrain riverain et d'autre part pour le relai (V. aussi Demolombe, t. 10, n° 88). D'après Laurent, au contraire, il faudrait décider, en vertu de la maxime : *tantum præscriptum quantum possessum*, que les deux prescriptions sont toujours indépendantes, et que, à l'égard de chacune d'elles, il faudra considérer le point de départ pour en fixer la durée (t. 31, n° 347).

272. De ce que l'alluvion s'identifie complètement avec le fonds riverain, on conclut que le preneur emphytéotique en jouit sans augmentation de loyer (Troplong, *Du louage*, n° 37; Demolombe, t. 10, n° 87 *bis*). — Relativement aux droits du fermier ordinaire sur l'alluvion, les auteurs sont divisés : Laurent, t. 25, n° 171, refuse absolument tout droit au fermier sur l'alluvion : l'alluvion, dit-il, ne lui a pas été louée, et il ne peut rien réclamer qui n'ait été spécifié en son bail. De plus, comme dans ce contrat les risques incombent au propriétaire, il n'est que juste, par compensation, qu'il bénéficie des avantages. Cette opinion, qui était celle de Pothier, est à peu près complètement abandonnée. On attribue généralement la jouissance de l'alluvion au fermier, qui en aura la jouissance sans augmentation de loyer, car il est, dit-on, impossible de réclamer un supplément de prix correspondant à l'augmentation de chaque heure de la durée du bail. *Accessorium sequitur principale* (V. *Rép.*, v° *Louage*, n° 149; Ayral n° 284). — D'après quelques autres auteurs, le premier ne jouira de l'alluvion qu'à la condition de payer un supplément de prix (Chardon, n° 157; Garnier, *Régime des eaux*, t. 1, n° 242). — Enfin MM. Aubry et Rau, se fondant plutôt sur l'équité que sur la loi, enseignent que le fermier jouira toujours de l'alluvion, et qu'il ne devra un supplément de prix qu'autant que l'alluvion aurait une certaine importance (Demolombe, t. 10, n° 95. V. *Rép.* n° 590).

§ 4. — Partage des alluvions ou atterrissements des îles et îlots et du lit abandonné (*Rép.* n°ˢ 593 à 614).

273. — 1° *Alluvions.* — On a vu au *Rép.*, n° 593, que le code civil, à l'exemple du droit romain et de Pothier, n'a édicté aucune règle précise sur le partage des alluvions. Il n'a fait que poser le principe que l'alluvion appartient aux riverains. Si cette règle est simple en théorie, elle soulève dans la pratique, les plus sérieuses difficultés. Peut-on poser à cet égard une règle générale? Au *Répertoire*, on avait adopté le système enseigné par Chardon (n° 964), qui consiste à prolonger sur les alluvions à partager les lignes qui séparent entre eux les héritages voisins, alors même que ces lignes seraient obliques par rapport à la ligne médiane du fleuve. Ce système ne compte plus guère de partisans aujourd'hui. On lui reproche d'aboutir à un résultat injuste, en ce qu'il distribue très inégalement entre les coriverains les alluvions, chaque fois que les lignes séparatives ne sont pas perpendiculaires à la rive, et en ce qu'il aboutit à priver certains héritages de la contiguïté du cours d'eau. Chardon répondait, il est vrai, que cette contiguïté n'était pas un droit pour les riverains, qu'aucune loi ne leur garantit cette sorte de privilège de fait, et que le code lui-même prévoit, dans l'art. 563, un cas de dépossession de ce genre. Mais on répond que, pour

qu'un riverain pût être exproprié de sa situation, il faudrait un texte formel, et que, de plus, l'art. 563 prévoit un cas où la dépossession est le résultat, non de la volonté du législateur, mais d'un cas de force majeure, devant lequel chacun est obligé de s'incliner, malgré le dommage qui peut en résulter.

274. Dans un second système, on soutient que les droits des riverains sur l'alluvion doivent être déterminés d'après l'étendue du front que chacune des propriétés riveraines présente au lit de la rivière, sans avoir égard à la direction des lignes latérales séparatives de ces propriétés (Proudhon, n° 1287; Estrangier, sur Dubreuil, *Régime des eaux*, t. 1, p. 85; Duranton, t. 4, n° 421).

275. Dupin (*Encyclopédie du droit*, v° *Alluvion*) a proposé un autre mode de partage. D'après lui, il faudrait attribuer à tous les riverains des parts d'alluvions qui seraient déterminées d'après la largeur de leurs terrains, au point qui aboutit sur l'ancienne rive comparée à l'étendue de la nouvelle, et cela en divisant cette dernière étendue en autant de parties proportionnelles qu'il y a de propriétés aboutissant à l'ancienne rive, et en joignant ces points de division par des lignes droites aux divisions correspondantes marquées sur l'ancienne rive.

276. Enfin, suivant l'opinion admise aujourd'hui par la majorité des auteurs modernes et par la jurisprudence, on doit partager l'alluvion proportionnellement à la largeur que chacun de ces héritages présente sur l'ancienne rive, *sans tenir compte de la direction des lignes* qui divisent ces héritages. Ce partage ne présente aucune difficulté, si l'axe du cours d'eau forme une ligne droite dans toute l'étendue de l'alluvion, il suffit alors d'abaisser, de chacun des points séparatifs des différents héritages sur la rive, des perpendiculaires sur cet axe, et d'attribuer à chaque propriétaire la portion d'alluvion ou de relai comprise entre les points extrêmes de son fonds. Lorsque le cours d'eau forme, dans l'étendue de l'alluvion, des sinuosités qui cependant n'en changent pas la direction générale, c'est sur la ligne fictive représentant cette direction que doivent être abaissées les perpendiculaires à tirer des points extrêmes de séparation des fonds riverains. Que si, dans l'étendue de l'alluvion, le cours d'eau changeait complètement de direction, en formant des angles rentrants ou saillants, son axe se déterminerait au moyen de lignes brisées à chacun de ses angles, et c'est sur ces diverses lignes brisées que s'abaisseraient les perpendiculaires destinées à opérer le partage (Aubry et Rau, t. 2, § 203, p. 253; Demolombe, t. 10, n° 76 ; Laurent, t. 6, n° 294 ; Agen, 25 janv. 1854, aff. Neuville, D. P. 54. 2. 229).

277. Une question importante, tant pour le partage des alluvions que pour celui des îles et îlots, est celle de savoir comment il sera possible d'établir la ligne médiane du cours d'eau. La loi romaine s'était déjà occupée de cette matière, et, selon nous, il y a lieu d'adopter, pour la solution de cette question, la méthode proposée par M. Rittinghausen (*Revue de législation*, t. 4, p. 302 et suiv.), qui consiste à joindre par des lignes droites les points correspondants des deux rives, de distance en distance, à prendre le milieu de chacune de ces lignes, et à tracer la courbe passant par tous ces points milieux. On obtient ainsi une ligne médiane le plus souvent sinueuse et irrégulière (V. en ce sens, Ayral, n° 263).

278. — 2° *Partage des îles et îlots.* — Les îles et îlots formés dans les rivières non navigables ni flottables appartiennent aux riverains, et il faut suivre, pour leur attribution, les règles exposées ci-dessus pour les alluvions (*Rép.* n° 595). — Quant aux alluvions formées le long des îles appartenant à des particuliers, elles sont attribuées à ces propriétaires par voie d'accession (Aubry et Rau, t. 2, § 203, p. 255). Il en serait encore ainsi dans le cas où l'île, formée d'un seul côté de la rivière, se serait étendue de l'autre côté au delà du milieu de la rivière, et dans le cas où, dans les mêmes circonstances, l'île se serait prolongée d'un seul côté en face de fonds appartenant à d'autres riverains (Aubry et Rau, *loc. cit.*; Demolombe, t. 10, n° 127; Grenoble, 12 févr. 1872, aff. Bernard, D. P. 73. 5. 381).

279. — 3° *Partage du lit abandonné.* — En droit coutumier, la majorité des auteurs et la jurisprudence distinguaient, pour l'attribution du lit abandonné, si le cours

d'eau était navigable ou non ; dans le premier cas, le lit abandonné était attribué au roi, et dans le second aux seigneurs hauts-justiciers. Seul le parlement de Bordeaux continuait à appliquer les règles du droit romain et à donner le lit du cours abandonné aux riverains (Boutaric, *Inst. liv.* 2, titre 2, § 23). On a vu au *Rép.*, n° 539, que le code civil, rompant ici avec la tradition romaine, a décidé que le lit abandonné appartiendrait aux propriétaires des fonds nouvellement occupés, chacun en recevant une part proportionnelle au terrain qui lui est enlevé. Actuellement, il n'y a plus à s'occuper de la question de savoir si le cours d'eau qui a changé de lit était navigable ou non, la solution étant identique dans les deux cas.

280. Il ne faut pas confondre le changement de lit avec le relai soudain, qui est, comme on l'a déjà fait remarquer, l'effet produit sur une berge par le retrait brusque de l'eau, qui se porte tout d'un coup sur la rive opposée. Le relai, quelle que soit son importance, reste toujours soumis à l'art. 557 c. civ.; cette hypothèse ne peut jamais être régie par l'art. 563, qui exige, pour son application, qu'il y ait un nouveau cours absolument indépendant de l'ancien (Ayral, n° 336).

281. Pour que l'art. 563 c. civ. s'applique, il est de toute nécessité que le changement du cours d'eau soit produit par la seule force de la nature, et que le nouveau cours ne soit pas le résultat de travaux entrepris par l'Etat ou les particuliers (Metz, 27 nov. 1866, aff. Chemin de fer de l'Est, D. P. 66. 2. 231; Req. 6 nov. 1867, aff. Rabier, D. P. 74. 1. 245; Paris, 2 févr. 1872, aff. Belot des Ferreux, D. P. 74. 5. 408 ; Aubry et Rau, t. 2, § 203, p. 257).

282. L'ancien lit, aux termes de la loi, doit être attribué aux propriétaires dépossédés par le fleuve (*Rép.* n° 612); mais que faut-il entendre par *ancien lit*, et quels terrains cet ancien lit devra-t-il comprendre? Ici la solution sera la même que celle que nous avons adoptée relativement à la formation de l'alluvion : on devra considérer comme faisant partie de l'ancien lit tous les terrains qui étaient recouverts par l'eau à son plus haut niveau, toute hypothèse de crue extraordinaire mise à part (Laurent, t. 6, n° 307; Toulouse, 22 juin 1860, aff. De Beaufort, D. P. 60. 2. 128).

283. Si, dans le cours de l'ancien lit, se trouvaient, au moment du partage, des alluvions ou des îlots *en formation*, ces dépôts appartiendraient aux propriétaires dépossédés, comme tout le reste du lit ancien ; mais si, au contraire, ces alluvions et ces îles étaient déjà formées au moment du changement de lit, que devrait-on décider quant à leur propriété? Marcadé (t. 2, sur l'art. 563, n° 4) a soutenu que ces alluvions et ces îles devraient, encore dans ce cas, appartenir aux propriétaires dépossédés; il se fonde sur ce que l'art. 563 statue en termes généraux, et attribue à ces derniers le cours ancien de la rivière avec toutes ses dépendances. C'est l'opinion contraire qui prévaut : on décide avec raison que les propriétaires de ces alluvions et de ces îlots ne sauraient être ainsi expropriés au profit de ceux à qui la loi n'attribue que l'ancien lit (Laurent, t. 6, n° 306; Demolombe, t. 10, n° 166 ; Aubry et Rau, t. 2, § 203, p. 257; Grenoble, 25 juill. 1866, *supra*, n° 214).

284. Il a été jugé que l'art. 563 c. civ. ne s'applique pas au cas où, par suite du déplacement de l'un des courants, qui longent une île, des atterrissements se sont formés d'une manière successive sur la rive de l'île et sur la rive continentale, l'art. 563 c. civ. ne prévoyant que le cas d'un changement de lit (Grenoble, 25 juill. 1866, *supra*, n° 214).

285. On a vu au *Rép.*, n° 611, que l'ancien lit abandonné est cédé aux propriétaires lésés libre de toutes les servitudes ou charges réelles auxquelles il pouvait être assujetti. Mais cet ancien lit se trouvera-t-il grevé des charges qui pesaient sur les terrains actuellement envahis par les eaux, et qui forment le lit nouveau? La question est discutée. En ce qui concerne l'hypothèque, on admet généralement qu'elle ne porte pas de plein droit sur le lit ancien (Demolombe, t. 10, n° 169 ; Zachariæ, t. 1, p. 428 ; Ayral, n° 342. — *Contrà* : Persil, *Régime hypothécaire*, sur l'art. 2133, n° 4). M. Ayral estime que la solution doit être identique dans le cas d'usufruit, parce que, dit-il (n° 342), le lit est acquis non pas par accession, *mais à titre d'indemnité*

(Req. 21 déc. 1874, aff. Serratrice, D. P. 76. 1. 431), et qu'en l'absence d'un texte, on ne saurait étendre à un fonds distinct du premier une charge quelconque. La majorité des auteurs, au contraire, admettent que l'usufruitier devra avoir la jouissance de l'ancien lit (*Rép.*, v° *Usufruit*, n° 350).

286. Si le nouveau lit est abandonné à son tour, et si le fleuve revient à son ancien cours, il n'y aura qu'à faire une nouvelle application de l'art. 563 c. civ., sans avoir à s'occuper de cette circonstance, que le fleuve ne fait que revenir à un emplacement qu'il avait déjà occupé (Laurent, t. 6, n° 309; Demolombe, t. 10, n° 170 ; Ayral, n° 343. — *Contrà* : Taulier, t. 2, p. 287).

287. Dans le cas où il s'élèverait des difficultés sur le partage du lit abandonné, on admet que chaque intéressé pourra demander la licitation de ce lit, pour faire reporter son droit sur la somme à provenir de l'adjudication (*Rép.* n° 614; Aubry et Rau, t. 2, § 203, p. 258; Demolombe, t. 10, n° 165).

Chaque fois que, dans l'hypothèse prévue par l'art. 563 c. civ., la discussion portera sur une question de propriété du sol compris dans l'ancien lit d'un cours d'eau navigable, l'autorité judiciaire sera seule compétente pour trancher le débat. Mais lorsque au contraire la difficulté porte sur le point de savoir si le terrain qu'on prétend constituer un ancien lit mis à sec a été réellement abandonné par les eaux, la compétence appartient à l'autorité administrative, qui a seule qualité pour déterminer les limites du domaine public (Cons. d'Et. 26 août 1867, aff. Fournel, *Rec. Cons. d'Et.*, p. 821).

ART. 3. — *Du droit d'accession relativement à certains animaux qui, par l'habitude qu'ils contractent de demeurer dans un fonds, en deviennent en quelque sorte l'accessoire* (*Rép.* n°s 615 à 621).

288. Il s'agit ici d'animaux de nature mixte, qui ne sont ni sauvages ni tout à fait domestiques, et en particulier des pigeons, des lapins de garenne et des poissons. Il est à remarquer que le législateur a placé ce mode d'acquisition dans la section qui traite du droit d'accession relativement aux choses immobilières, parce que, à ses yeux, les animaux de cette catégorie doivent être considérés comme immeubles par destination (c. civ., art. 524).

289. La propriété de ces animaux s'acquiert lorsque ces derniers se sont fixés sur le fonds, soit de leur propre mouvement, soit qu'ils y aient été attirés, pourvu que ce ne soit ni par fraude, ni par mauvaise foi. — L'appréciation du moyen employé pour attirer ces animaux est laissée à l'appréciation souveraine des tribunaux. Jugé, à cet égard, que le fait, par le propriétaire d'un bois entouré d'une clôture, d'établir dans cette clôture des trappes mobiles, donnant accès au gibier et empêchant le retour sur les terres contiguës qu'il a quittées, constitue, de la part de ce propriétaire, l'exercice légitime de son droit de propriété, et ne peut en conséquence ouvrir aux propriétaires voisins une action en dommages-intérêts ni pour fait de chasse, ni pour fait illicite, l'acte dont il s'agit n'ayant ni l'un ni l'autre de ces caractères (Req. 22 juill. 1861, aff. De Hauregart, D. P. 61. 1. 475). De même, il a été décidé que le fait du propriétaire riverain, qui attire le poisson dans son réservoir au moyen d'une écluse, et en profitant du courant qui s'établit soit au moment des marées, soit lors des grandes pluies, ne constitue pas un acte abusif ou illicite à l'égard des voisins, mais n'est que l'exercice légitime du droit de propriété (Bordeaux, 20 févr. 1888, aff. Lapeyre, D. P. 89. 2. 161).

290. S'il y a eu fraude de la part du propriétaire qui a attiré chez lui les animaux, on admet (*Rép.* n° 616) qu'il n'en acquiert pas la propriété, à l'encontre de ce que soutenait Pothier, et que, dès lors, le propriétaire lésé aura le droit d'exercer la revendication, s'il peut justifier de l'identité des animaux qu'il réclame. Dans ce dernier cas, il pourra les reprendre en nature; mais ce droit sera souvent illusoire en pratique, par suite de la difficulté de la preuve à fournir (Laurent, t. 6, n° 311 ; Aubry et Rau, t. 2, § 202, p. 248; Hennequin, t. 4, n° 331; Taulier, t. 1, p. 287; Demolombe, t. 10, n° 178; Chavot, *De la propriété mobilière*,

t. 2, n° 538. — *Contrà:* Duranton, t. 4, n° 428; du Caurroy, t. 2, n° 129).

291. Si les animaux ont été attirés sans fraude, le propriétaire de l'immeuble dans lequel ils se sont établis en devient propriétaire par accession, et sans qu'il ait à tenir compte de leur valeur à leur ancien propriétaire (Laurent, t. 6, n° 311; Demolombe, t. 10, n° 179; Aubry et Rau, t. 2, § 202, p. 248).

292. Il faut noter, d'autre part, que chacun a le droit de tuer sur son terrain les pigeons qui s'y trouvent aux époques, où, d'après les règlements locaux, ils doivent être enfermés dans les colombiers, ou même si, en l'absence de règlements, ils causent des dommages aux récoltes ou aux semences (L. 4 août-15 sept. 1789, art. 2; Demolombe, t. 10, n° 180).

293. L'art. 564 c. civ. ne parle pas des abeilles; mais on a vu au *Rép.*, n° 621, qu'elles doivent être certainement comprises dans la catégorie d'animaux que vise l'art. 564, la disposition de ce texte n'ayant pas un caractère limitatif. (Marcadé, sur l'art. 564, n° 1. V. aussi, *Rép.*, v° *Droit rural*, n° 123).

SECT. 3. — DU DROIT D'ACCESSION, RELATIVEMENT AUX CHOSES MOBILIÈRES. — ADJONCTION. — SPÉCIFICATION. — MÉLANGE OU CONFUSION (*Rép.* n°s 622 à 652).

294. Les règles comprises dans cette section étaient très développées en droit romain; mais aujourd'hui elles ont bien peu d'importance, ainsi qu'on l'a dit au *Rép.*, n° 623, par suite de l'art. 2279 c. civ. et de la maxime qu'en fait de meubles, possession vaut titre! Ce n'est, en effet, que dans les cas où l'art. 2279 ne s'applique pas qu'il faut recourir aux dispositions des art. 565 et suiv. Ces articles ne s'appliquent pas non plus quand la réunion de deux objets mobiliers a été le résultat de la volonté des deux propriétaires (Demolombe, t. 10, n° 182; Aubry et Rau, t. 2, § 205, p. 266; Laurent, t. 6, n° 213).

295. La loi, en ces matières, a laissé aux juges le pouvoir d'apprécier selon les circonstances et de se prononcer en équité; mais, pour cela, il faut que l'on se trouve dans une hypothèse qui n'a pas été prévue par le code. Cette restriction est universellement admise (Demolombe, t. 10, n° 181; Aubry et Rau, t. 2, § 205, p. 268; Laurent, t. 6, n° 312).

296. *1° Adjonction.* — Il n'y a à mentionner qu'une seule décision, aux termes de laquelle le locataire d'un magasin, qui incorpore dans les appareils à gaz à son usage un conduit existant sur la voie publique au-devant dudit magasin, et appartenant à un précédent locataire, réalise l'accession spécifiée en l'art. 566 c. civ., lorsque, au moment de l'union de ce conduit à sa propre chose, il peut le considérer de bonne foi comme abandonné; qu'en conséquence se rend passible de dommages-intérêts l'ancien propriétaire dudit conduit qui le coupe nuitamment dans l'intention de nuire, et sans observer les règlements sur la voirie (Req. 13 août 1874, aff. Blanc, D. P. 75. 1. 315). — Cette décision appelle une double observation. En premier lieu, elle est fondée sur la bonne foi de celui qui avait uni la chose d'autrui à sa propre chose, et elle semble ainsi faire de la bonne foi de celui qui a opéré cette union une condition nécessaire de l'accession spécifiée en l'art. 566 c. civ. Or la doctrine enseigne généralement que la règle édictée par l'art. 566 n'est applicable que quand l'union des choses a été faite de mauvaise foi, car lorsqu'elle a eu lieu de bonne foi, c'est l'art. 2279 seul qui doit être appliqué (Demolombe, t. 2, n° 182). En second lieu, le tribunal de Lyon, laissant de côté le point de savoir si la propriété s'était transmise par accession, avait décidé que l'ancien propriétaire du tuyau de branchement, alors même qu'il en serait demeuré propriétaire, n'avait pas eu le droit de le couper sans avertissement, ni sommation préalables. A ce système, le pourvoi objectait qu'en reprenant possession de sa chose, le propriétaire n'avait pu encourir aucune responsabilité, et que si son adversaire en avait éprouvé un préjudice, il ne pouvait s'en prendre qu'à lui-même et à son usurpation. Pour échapper à cette objection, l'arrêt a tranché la question de propriété en faveur du possesseur, en se basant à la fois sur la bonne foi de celui-ci, qui avait pu croire abandonnée la chose, dont il s'est emparé, et sur l'art. 566 c. civ.

297. — *2° De la spécification et du mélange.* — Il n'y a rien à ajouter à ce qui a été dit à ce sujet au *Rép.*, n°s 636 à 652.

CHAP. 8. — **Comment se perd le droit de propriété.** (*Rép.* n°s 653 à 656.)

298. La propriété s'éteint d'une façon absolue, à l'égard du propriétaire, soit par les aliénations volontaires, soit par la destruction de l'objet sur lequel elle portait (*Rép.* n°s 653 et suiv.). En outre, la propriété peut également être anéantie par la mise hors du commerce de son objet. Quant aux animaux sauvages, la propriété se perd sur eux s'ils viennent à recouvrer la liberté, ils redeviennent alors *res nullius*.

299. La propriété est, de sa nature, perpétuelle et irrévocable, sauf dans les cas où elle n'est transférée qu'à terme ou sous condition (Aubry et Rau, t. 2, § 220 *bis*, p. 400 et suiv.).

300. En principe, le droit de propriété ne se perd point par le seul non-usage, si un tiers n'en prend pas possession, et ne la prescrit utilement à son profit. Jugé, en ce sens, que le droit de propriété, une fois acquis et établi par un titre, n'est pas susceptible de se perdre par le non-usage, et que le propriétaire, quelle que soit l'ancienneté de son titre, conserve, par l'intention seule, sa possession primitive (Req. 25 avr. 1855, aff. Thoret, D. P. 55. 1. 160; 13 juin 1865, aff. Primard, D. P. 65. 1. 447). — Décidé, de même, que le jugement qui reconnaît que le demandeur en revendication a été propriétaire de l'immeuble par lui revendiqué, mais qui décide, sur le fondement de simples présomptions, qu'il a dû se dessaisir par la suite de cette propriété, viole à la fois le droit de propriété et les principes en matière de preuve (Civ. cass. 15 mai 1876, aff. Cannaud, D. P. 76. 1. 268).

De même, il a été décidé qu'un droit qui est de pure faculté pour le propriétaire, comme le droit de cultiver son terrain, l'ameublir et d'en changer la consistance, est imprescriptible et ne peut se perdre par le non-usage pendant trente ans (Req. 28 juill. 1874, aff. Barbe, D. P. 75. 1. 317. V. aussi: Req. 11 mai 1868, aff. De Béarn, D. P. 68. 1. 468; Paris, 4 juin 1873, aff. De Monville, D. P. 74. 5. 451).

CHAP. 9. — **De la sanction du droit de propriété ou de la revendication.** — **Preuve.** — **Compétence.** (*Rép.* n°s 657 à 685).

301. Comme le fait remarquer Laurent (t. 6, p. 211), le code civil ne s'est pas occupé spécialement des actions comme l'avait fait le droit romain, car, dans le droit moderne, les actions se confondent avec les droits que l'on fait valoir en justice. L'action qui naît du droit de propriété s'appelle la revendication (*Rép.* n° 657).

302. A Rome, la revendication existait déjà comme action distincte; mais à côté d'elle il y avait encore l'action publicienne, par laquelle une personne, ayant obtenu une chose par tradition et en vertu d'une juste cause, pouvait, si elle était dépossédée, la revendiquer avec ses accessoires, comme si l'usucapion était déjà accomplie, bien qu'elle ne fût que en voie de s'accomplir. — La question de savoir si l'action publicienne existe encore aujourd'hui en droit français est discutée. D'après lui, cette action existerait encore au profit du possesseur de bonne foi qui aurait perdu la possession avant d'avoir accompli la prescription; cette action lui serait accordée, non contre le véritable propriétaire, mais contre le nouveau détenteur ou possesseur (Demolombe, t. 9, n° 481; Troplong, *De la prescription*, t. 1, n° 230; Duranton, t. 4, n° 23; Molitor, *De la possession*, n° 82; Pothier, *Du domaine de propriété*, n° 292, *De la possession*, n° 83; Zachariæ, t. 1, p. 470). Laurent, au contraire, estime que la publicienne n'existe plus actuellement, car, dit-il à ce propos, il suffit de lire la définition de cette action pour se convaincre qu'elle repose sur une simple fiction, et il n'appartient pas à l'interprète de créer une propriété fictive et de la munir d'une action (t. 6, n° 156. Comp. Aubry et Rau, t. 2, p. 369).

303. Outre la revendication, qui protège la propriété aussi bien que ses démembrements (*Rép.* n° 661), le proprié-

taire, s'il est dans les conditions prescrites par la loi, dispose encore des actions possessoires, qui, pour lui, peuvent avoir un avantage considérable, la preuve à fournir dans ce cas étant bien plus facile, et ne portant que sur le simple fait d'une possession caractérisée ayant duré un temps fixé par la loi.

304. Il ne faut, d'ailleurs, pas confondre avec la revendication les actions dérivant des art. 1926 et 2102 c. civ., et des art. 574 et suiv., c. comm., qui ne sont en réalité que des actions personnelles en restitution. Quant à celle établie par l'art. 2102, n° 3, c'est à la vérité une action réelle, mais qui dérive d'un droit de gage, et non d'un droit de propriété.

305. De sa nature, la revendication est applicable aussi bien aux meubles qu'aux immeubles; mais la loi française, par des raisons spéciales dont il ne peut être question ici, ne l'applique qu'aux immeubles, l'art. 2279 c. civ. réglant le recours du propriétaire relativement aux meubles, dont il aurait été dépossédé (V. *supra*, v° *Prescription*, n°s 127 et suiv.).

306. Pour exercer la revendication, le demandeur doit réunir certaines conditions, qui ont été exposées au *Rép.*, n°s 662 et suiv.). — La première condition pour pouvoir intenter la revendication, c'est d'être propriétaire de la chose que l'on revendique. Celui qui a cessé d'être propriétaire ne peut donc exercer l'action en revendication. Décidé, par application de ce principe, qu'à partir de la vente, le vendeur est sans qualité pour agir en revendication contre les tiers détenteurs de l'immeuble aliéné; qu'en conséquence, la demande qu'il a formée depuis lors doit être rejetée comme non recevable, alors même qu'il aurait été chargé, par une clause insérée au contrat de vente de poursuivre la restitution de cet immeuble (Poitiers, 8 juill. 1878, aff. Prince de Rohan-Guéménée, D. P. 79, 2. 36). — Cet arrêt décide même que le demandeur en revendication n'est pas admis à se prévaloir du droit de propriété qu'il a pu acquérir depuis l'introduction de la demande, s'il n'avait pas la qualité de propriétaire au moment où il a intenté l'action en revendication; qu'il importerait peu que le vendeur eût recouvré, depuis l'introduction de l'instance, les droits qu'il avait cédés avant le procès. Telle était, il est vrai, la règle admise en droit romain; mais elle était une conséquence des restrictions apportées par la procédure romaine aux pouvoirs du juge, et spécialement de l'obligation qui lui était imposée d'envisager les droits des parties en se plaçant exclusivement au moment de la *litis contestatio*, sans pouvoir tenir compte des changements qui se seraient produits depuis lors dans leurs situations respectives. Ces principes sont étrangers à notre procédure, et il n'y a aucune raison, suivant nous, pour que le nouveau titre acquis par le demandeur, au cours de l'instance, ne puisse être pris en considération par le juge. La solution contraire n'aurait que l'inconvénient de prolonger inutilement le débat et d'augmenter les frais, car le demandeur, après avoir échoué dans son action, pourrait recommencer le procès, sans que l'exception de chose jugée lui fût opposable.

307. Il a été jugé qu'une action en revendication est réputée fondée en titre, quoiqu'il résulte des pièces produites que le terrain revendiqué a été l'objet d'une réintégration législative prononcée contre le demandeur ou ses auteurs, au profit de certaines classes de personnes, s'il n'est pas démontré que le possesseur soit aux droits de ces personnes; que, par suite, le défendeur ne peut, en pareil cas, prétendre que les titres invoqués établissent la propriété d'un tiers, et non celle du demandeur, pour faire rejeter action à défaut de *qualité*, comme étant intentée par un autre que par le véritable propriétaire (Civ. cass. 10 nov. 1856, aff. Préfet du Morbihan, D. P. 56. 1. 440).

308. Si le propriétaire peut intenter la revendication, son héritier le pourra également, puisqu'il représente et continue la personne juridique du défunt. Décidé ainsi que la qualité d'héritier fait suffisamment preuve, par elle seule, du droit à la propriété des biens délaissés par le *de cujus*, et qu'en conséquence la demande en licitation d'un immeuble dépendant d'une succession, formée par quelques-uns des héritiers, ne peut être repoussée par cette seule raison que leur qualité d'héritier ne les dispensait pas d'administrer la preuve incombant à tout demandeur quel qu'il fût, qu'ils

avaient un droit de propriété sur l'immeuble (Civ. cass. 14 mai 1888, aff. Bel-Rachi, D. P. 88. 1. 324).

309. L'action en revendication ne peut s'exercer que contre celui qui possède (*Rép.* n° 665). Si la personne contre laquelle on exerce la revendication n'est qu'un possesseur apparent, où si elle ne possède que pour un tiers, c'est contre ce dernier ou contre le véritable possesseur, que l'action doit être dirigée. Toutefois, pour qu'il en soit ainsi, il faut que le détenteur attaqué excipe de sa situation avant le prononcé du jugement; car, s'il gardait le silence, la condamnation serait exécutoire contre lui, sans qu'il pût à ce moment se prévaloir de ce qu'il ne possède pas juridiquement. (Merlin, *Répertoire de l'enregistrement*, § 3, p. 66; et v° *Revendication*, n° 4; Molitor, *De la possession*, t. 1, p. 248). Jugé, en ce sens, que la partie condamnée au délaissement d'un immeuble, comme s'en étant indûment mise en possession, ne peut se soustraire à cette condamnation, sous prétexte qu'elle n'aurait jamais eu la qualité de possesseur qui l'a motivée, et que la possession appartenait à un tiers; qu'elle doit, dans ce cas, restituer l'immeuble, ou, si la restitution est impossible, payer des dommages-intérêts (Civ. cass. 14 févr. 1860, aff. Caillon, D. P. 60. 1. 108).

310. En général, le demandeur n'a pas à s'occuper du titre en vertu duquel le défendeur possède; aussi en a-t-on conclu que l'action en revendication est interruptive de la prescription quelle que soit la personne contre laquelle cette interruption doive réfléchir (Aubry et Rau, t. 2, § 219, p. 392, note 4).

311. Si le défendeur condamné à restituer n'a plus la chose revendiquée en sa possession, la condamnation se résoudra en dommages-intérêts, qui seront arbitrés souverainement par les tribunaux (*Rép.* n° 671. *Adde* : Civ. cass. 14 févr. 1860, aff. Caillon, D. P. 60. 1. 108, et Trib. de comm. de Nantes, 1er sept. 1866, aff. Guérin, D. P. 67. 3. 30).

312. Le revendiquant qui triomphe a droit non seulement à la restitution de sa chose, mais encore à tous ses accessoires, avec la bonification des produits et la réparation des dommages que le propriétaire aurait pu éviter, s'il avait possédé lui-même (Aubry et Rau, t. 2, § 219, p. 394). — Une distinction importante doit être faite, au sujet des restitutions de fruits, entre le possesseur de bonne et celui de mauvaise foi (*supra*, n°s 116 et suiv.). Quant aux fruits perçus depuis le jour de la demande en justice, ils sont dus même par le possesseur de bonne foi.

313. Le revendiquant peut être tenu vis-à-vis du défendeur à certaines prestations (*Rép.* n° 672). Il devra le remboursement de toutes les dépenses nécessaires, même si l'utilité de ces travaux a disparu depuis par cas fortuit. Quant aux dépenses d'entretien, elles ne sont pas dues au possesseur de bonne foi, qui a joui des fruits; et quant aux dépenses utiles, le demandeur ne les doit qu'en raison de la plus-value encore existante au jour de la demande (Aubry et Rau, t. 2, § 219, p. 397; Demolombe, t. 9, n° 687 et *supra*, n° 194). — Le sort des constructions élevées par le possesseur est réglé par les dispositions de l'art. 555 c. civ. (*supra*, n°s 180 et suiv.).

314. Dans le cas où le possesseur aurait acquis l'immeuble revendiqué, soit à l'amiable, soit par voie d'adjudication publique, le revendiquant est-il tenu de lui rembourser le prix de cette acquisition? La négative est certaine (Aubry et Rau, t. 2, § 219, p. 397). Comme le remarquent ces auteurs, la disposition tout exceptionnelle de l'art. 2280 est étrangère à la revendication en matière immobilière. La seule ressource du possesseur sera d'intenter contre son vendeur une action en garantie et en restitution du prix, avec dommages et intérêts.

315. Relativement aux baux consentis par le possesseur sur l'immeuble revendiqué avant l'ouverture du procès, il a été décidé que le revendiquant n'est pas obligé de les respecter (Bruxelles, 14 mars 1833, *Pasicrisie belge*, 1833. 2. 190. Conf. Laurent, t. 6, n° 179).

316. Le propriétaire qui triomphe et qui doit au défendeur évincé certaines prestations doit s'en acquitter pour tout le temps qu'a duré l'indue possession, sans jamais pouvoir opposer au possesseur la prescription de cinq ans édictée par l'art. 2277 (Aubry et Rau, t. 2, § 219, p. 396; Demolombe, t. 9, n° 639. — *Contrà*, Delvincourt, t. 2, p. 8).

317. Comme on l'a dit au *Rép.*, nº 673, en matière de revendication, le fardeau de la preuve incombe au demandeur, qui doit établir qu'il est le véritable propriétaire ; et il ne suffirait pas à celui-ci .d'établir que la propriété de la chose revendiquée n'appartient pas au défendeur (Req. 2 févr. 1857, aff. Davoust, D. P. 57. 1. 253; Req. 22 mai 1865, aff. Commune de Salley, D. P. 65. 1. 473; 26 mars 1879, aff. Vallet. D. P. 81. 1. 83; Civ. cass. 9 nov. 1886, aff. Mohamed-ben-Tahar, D. P. 87. 1. 247; Limoges, 29 juill. 1891, aff. Commune de Couzeix, D. P. 92. 2. 402).
— Il a été jugé que cette règle demeure applicable même au cas où le défendeur, au lieu de se borner à exciper de sa situation de possesseur, a invoqué la prescription sans établir qu'elle lui fût acquise ; il suffit que l'existence de la possession du défendeur au moment de la demande soit constatée (Req. 8 juin 1868, aff. Commune de Sartène, et 20 avr. 1868, aff. Commune de Bolquéra, D. P. 69. 1. 85).

318. On s'est demandé si le revendiquant peut se prévaloir contre le défendeur d'un acte où ce dernier n'aurait pas été partie. Si le titre invoqué est authentique, il n'y a pas de doute possible : il sera opposable au défendeur. La cour de Caen avait pourtant décidé le contraire, en confondant les effets de la transmission de propriété avec ceux des obligations (art. 1165); mais la cour de cassation a rectifié

l'erreur (Civ. cass. 22 juin 1864, aff. Lepère, D. P. 64. 1. 412). — La même solution est adm... par la jurisprudence pour les simples actes sous seing privé (Civ. cass. 27 déc. 1865, aff. Tercinet, D. P. 66. 1. 5 ; Nancy, 20 juin 1867, aff. Rapin, D. P. 68. 2. 166; Req. 31 mars 1868, aff. Pellette, D. P. 68. 1. 418; 18 nov. 1868, aff. Commune de Chantenges, D. P. 69. 1. 128; Civ. cass. 13 juill. 1870, aff. Javal, D. P. 70. 1. 343; Pau, 8 mai 1872, aff. Camentron, D. P. 73. 2. 231 ; Aix, 29 févr. et 15 mars 1872, aff. Laugier, D. P. 74. 2. 185 ; Bordeaux, 21 mars 1873, aff. Jacques-Jean, D. P. 76. 2. 194 ; Civ. cass. 8 juill. 1874, aff. Lepinay, D. P. 74. 1. 336 ; Bordeaux, 6 avr. 1883) (1). — Mais il a été jugé que si le jugement ou arrêt reconnaissant et consacrant un droit de propriété ou un droit réel constitue, en faveur de celui qui l'a obtenu, un titre opposable aux tiers, néanmoins, soit qu'ils l'attaquent directement ou par voie de tierce opposition pour en paralyser les effets à leur égard, peuvent le combattre ou le renverser en tout ou en partie, au moyen d'un autre titre, ou d'une possession légalement préférable; qu'en cela il ne saurait y avoir violation de la foi due à un acte authentique (Req. 20 juill. 1874) (2).

319. La matière de la preuve en cas d'action en revendication est régie par les règles générales posées dans les art. 1315 et suiv., c. civ. Le meilleur moyen de preuve sera,

---

(1) (Lamonnerie C. Laurent.) — La cour; — Attendu de principe que les stipulations des actes, constituant des droits réels, absolus de leur nature, sont opposables aux tiers qui n'ont point été parties dans ces actes, la règle établie par l'art. 1165 c. civ. ne s'appliquant qu'aux conventions d'où découlent les obligations simplement personnelles; qu'ainsi la preuve de propriété résultant d'un titre opposé à des tiers ne peut être détruite que par la preuve contraire, ou par une possession antérieure à l'acte, ou par une possession postérieure ayant la durée et les caractères exigés pour fonder la présomption acquisitive; — Attendu que, suivant contrat public du 27 août 1839, au rapport de Mᵉ Vadaud-Desaix, notaire à Javalhac, la dame Duvoisin-Mazorie vendit au sieur Picaraud, duquel les consorts Laurent tiennent leurs droits, le pré entouré par la haie litigieuse; qu'en se réservant la mitoyenneté de la haie, sur d'autres points la venderesse déclara que la haie séparant le terrain aliéné de la propriété de Vadaud, aujourd'hui propriété de la veuve Lamonnerie, appartiendrait à Picaraud; que cette stipulation, rapprochée de la réserve faite dans la clause précédente, ne permet pas de douter que la dame Duvoisin a compris dans la vente la propriété de la haie sur toute la ligne séparant le fonds aliéné du terrain acquis plus tard par la famille Lamonnerie; — Attendu que l'appelante ne produit aucun titre contraire à celui du 27 août 1839 ; qu'elle n'invoque pas une possession de nature à détruire les concessions de l'acte; qu'elle ne se prévaut pas non plus d'une possession exercée depuis 1839, et suffisante pour l'acquisition par la prescription d'une propriété exclusive; qu'ainsi, le titre des consorts Laurent conserve toute sa force, et établit leur droit de propriété sur la haie en litige; que ce droit serait, au besoin, fortifié par les enquêtes...; — Par ces motifs; — Confirme; etc.
Du 6 avr. 1883.-C. de Bordeaux, 4ᵉ ch.-MM. Dulamon, pr.-Calmon, av. gén., Bréjean et Bretenet, av.

(2) (Javal C. Gaucher.) — A la suite de la cassation prononcée par l'arrêt de la chambre civile du 13 juill. 1870 (D. P. 70. 1. 344), le sieur Javal a assigné devant la cour de renvoi le sieur Perron et la dame Fayn, ayants droit du sieur Page, et le sieur Gaucher comme curateur de la succession vacante de ce dernier. Le 23 juill. 1873, arrêt de la cour d'Aix ainsi conçu : — « Attendu que l'action de Javal, demandeur au pétitoire, a pour but de faire reconnaître qu'il a seul droit, pendant cinq jours sur douze, à la jouissance des eaux traversant sa propriété; — Attendu qu'il ne fonde cette prétention que sur l'arrêt de la cour d'appel d'Alger du 14 févr. 1859, qui a, en effet, déclaré que la jouissance des eaux litigieuses devait être partagée avec les indigènes de la tribu d'Amoussa, dans la proportion de cinq jours pour Javal, et de sept jours pour les indigènes; — Attendu, sans doute, que cet arrêt, sans avoir vis-à-vis de Page l'autorité de la chose jugée, constitue cependant au profit de Javal un véritable titre opposable à Page; mais qu'il appartient à ce dernier de discuter ce titre, d'en rechercher le sens et d'en faire établir la portée; — Attendu que, des documents divers qui ont été versés au procès et notamment de l'acte d'acquisition de Javal lui-même en date du 17 oct. 1854, de l'ensemble des concessions de terrains faites à Pilhau les 20 mars 1852, 20 oct. 1857 et 31 oct. 1858 et de la manière dont le domaine a été possédé, résulte la preuve: 1° que les terrains achetés par Javal et ceux concédés à Pilhau, auteur de Page, ne formaient autrefois qu'un seul domaine appartenant à un propriétaire unique; 2° que, dès 1852,

et bien antérieurement, ce domaine avait droit à l'eau des sources qui le dominent conjointement avec la tribu d'Amoussa; 3° qu'il s'est divisé à la suite du décès de son propriétaire et qu'il appartient aujourd'hui à Javal et à Page dans la proportion des 3/5 pour l'un et des 2/5 pour l'autre; — Attendu, d'autre part, qu'il est évident que, dans le procès soutenu en 1859 contre la tribu d'Amoussa, Javal a réclamé les droits qui appartenaient au domaine entier, par opposition à ceux qui appartennent aux Arabes; — Qu'il suit, dès lors, que les cinq jours d'eau qui ont été attribués à Javal l'ont été, en réalité, au domaine entier dans l'intérêt duquel il plaidait; que l'arrêt du 14 févr. 1859 ne peut pas avoir un autre sens; qu'il ne se prononce pas sur la division à faire entre les copropriétaires du domaine; qu'ainsi compris, il n'est pas un obstacle à cette division; que d'ailleurs la propriété de Page préexistant à l'arrêt, constitue, à son profit, un titre préférable à celui de Javal et que cet arrêt n'a pas pu le détruire;... — Dit que les cinq jours d'eau attribués au domaine de Zaouïa-Sidi-Mohamed-ben-Cherif seront partagés entre Javal et Page ou ses représentants dans la proportion de trois jours pour Javal et de deux jours pour Page, etc. ».
Pourvoi en cassation par le sieur Javal pour violation des art. 1315, 1319, 1341, 1350 et 1351, en ce que l'arrêt attaqué, sous prétexte d'interprétation, a méconnu la chose jugée par l'arrêt du 14 févr. 1859, ainsi que l'autorité que la loi attache aux actes authentiques.
La cour. — Sur le moyen pris de la violation des art. 1315, 1319, 1341, 1350 et 1351 c. civ. — Attendu que si l'arrêt qui reconnaît et consacre un droit de propriété ou un droit réel constitue, en faveur de celui qui l'a obtenu, un titre opposable aux tiers, ceux-ci, néanmoins, soit qu'ils l'attaquent directement ou par voie de tierce opposition, pour en paralyser les effets à leur égard, peuvent le combattre et le renverser en tout ou partie au moyen d'un autre titre ou d'une possession légalement préférable, et qu'en cela il ne saurait y avoir violation, ni de la foi due à un acte authentique, puisque l'arrêt ainsi écarté ne fait que céder le pas à une cause de droit acquis d'un caractère prépondérant et supérieur, ni à l'autorité de la chose jugée, puisque la chose jugée n'a lieu qu'entre les mêmes parties et non entre parties différentes; — Attendu que, dans l'espèce, et suivant les faits établis par l'arrêt dénoncé, que Javal, lors du procès qu'il a gagné, en 1859, contre la tribu d'Amoussa, agissait comme propriétaire unique du haouch de la Zaouïa-Sidi-Mohamed-ben-Cherif; que c'est, en sa personne, à ce domaine tout entier que l'arrêt attribue et déclare afférents, dans la jouissance des ruisseaux qui le traversent, les cinq jours d'eau sur douze qui lui étaient contestés par la tribu; mais qu'il résulte des titres respectivement produits par les parties dans le procès actuel, que le haouch, s'étant divisé à la suite du décès de son ancien propriétaire, a passé entre les mains de Javal et de Page dans la proportion de 3/5 pour l'un et de 2/3 pour l'autre; et que les défendeurs éventuels conséquemment, comme représentants de Page, leur auteur, sont fondés à réclamer deux jours d'eau sur cinq dans la répartition des eaux affectées à la totalité du domaine; — D'où il suit que l'arrêt dénoncé, en confirmant le jugement qui avait décidé ainsi, et en déboutant Javal de son appel, n'a fait qu'une légitime application de titres à la question qui lui était soumise, sans violer aucun des principes invoqués à l'appui du pourvoi; — Rejette, etc.
Du 20 juill. 1874.-Ch. req.-MM. de Raynal, pr.-Guillemard; rap.-Reverchon, av. gén., c. conf.-Bozérian, av.

pour le demandeur, de fournir un titre formel et établissant son droit. Un titre ne peut, en principe, être combattu que par un autre titre valable et préférable, ou par la prescription, mais jamais par de simples présomptions (Pau, 8 mai 1872, aff. Camentron, D. P. 73. 2. 231. — Les jugements constituent de véritables titres de propriété (Req. 22 mars 1865, aff. Commune de Lalley, D. P. 65. 1. 473; Civ. cass. 27 déc. 1865, aff. Terrinet, D. P. 66. 1. 5; Aix, 18 févr. 1892, aff. Maire d'Aubagne, D. P. 92. 2. 483). Il en est de même des actes de partage (Pau, 8 mai 1872, précité. V. Conf. Laurent, t. 6, n° 163; Aubry et Rau, t. 2, § 219, p. 391).

320. Il a été jugé, d'ailleurs, que le seul fait de la détention des titres de propriété relatifs à un immeuble, par une personne qui se prétend propriétaire de cet immeuble en vertu d'un contrat de vente, ne constitue pas une présomption légale suffisante pour établir la transmission de l'immeuble à son profit (Civ. rej. 2 mai 1877, aff. Hamidou-Ben-Mohamed, D. P. 77. 1. 478). L'art. 1282 c. civ. établit, en effet, une présomption de libération au profit du débiteur pour le cas où il lui a été fait remise du titre de créance sous seing privé; mais aucune présomption de ce genre n'est attachée à la possession des titres de propriété. Par suite, celui qui prétend être propriétaire d'un immeuble ne peut se borner à alléguer, à l'appui de cette prétention, qu'il est détenteur des titres de propriété; il doit encore, pour établir ses droits, prouver que la remise de ces titres lui a été faite en vertu d'un acte translatif de propriété.

321. Si le défendeur a lui-même un titre de propriété, comment le conflit devra-t-il se régler? On admet généralement la distinction suivante: si les deux titres émanent de la même personne, c'est l'antériorité des transcriptions, ou, selon les cas, des titres eux-mêmes, qui décidera de la préférence. Si les titres émanent de deux personnes différentes, le défendeur sera maintenu en possession, à moins que le demandeur ne prouve que le titre de son auteur l'eût emporté sur celui du défendeur, dans le cas où la contestation se fût élevée entre ces derniers (Aubry et Rau, t. 2, § 219, p. 391 et 392).

322. La production d'un titre par le demandeur ne suffit pas, dans tous les cas, pour le faire triompher, alors même que le défendeur ne peut invoquer que sa possession. Le demandeur triomphera, si son titre est antérieur en date à la possession du défendeur (Aubry et Rau, t. 2, § 219, p. 391). — Jugé, en ce sens: 1° que l'action en revendication, même fondée sur un titre étranger au défendeur, doit être accueillie, lorsque celui-ci n'oppose à cette action que sa possession actuelle, sans qu'il ait été démontré qu'elle fût antérieure au titre produit par le demandeur, ou qu'elle réunît les caractères et les conditions de durée de la prescription (Civ. cass. 22 juin 1864, aff. Lepère, D. P. 64. 1. 412; Rouen, 1er févr. 1865, même affaire, D. P. 66. 2. 171); — 2° Que le demandeur en revendication prouve sa propriété d'une manière suffisante au moyen d'un titre antérieur à la possession du possesseur actuel, qui ne produit pas de titre préférable (Aix, 29 févr. 1872, aff. Laugier, et 15 mars 1872, aff. Chartinat, D. P. 74. 2. 185); — 3° Que le propriétaire d'un terrain qui oppose une exception d'imprescriptibilité à la prescription acquisitive invoquée contre lui, peut recourir à tous les modes de preuve pour interpréter les actes qu'il produit, si ces actes remontent à une époque où la possession du défendeur n'avait pas encore commencé (Civ. rej. 17 févr. 1886, aff. Commune de Bazas, D. P. 86. 1. 250). — Mais, dans le cas contraire, il sera tenu de prouver le droit de propriété de son auteur au moyen d'une justification analogue à celle qui vient d'être indiquée, c'est-à-dire en produisant le titre de ce dernier, et en prouvant que ce titre est d'une date antérieure à la possession du défendeur (Aubry et Rau, loc. cit.).

323. A défaut de titre, le demandeur devra également triompher, dans son action en revendication, s'il est en mesure d'invoquer le bénéfice de la prescription acquisitive, qui se serait accomplie antérieurement à son profit (Req. 20 avr. 1868, aff. Commune de Bolquera, D. P. 69. 1. 85; Bordeaux, 14 juin 1877, aff. Bussière, D. P. 79. 2. 56; Paris, 17 mars 1890, aff. Auclair, et 18 févr. 1892, aff. Maire d'Aubagne, D. P. 92. 2. 483). En effet, comme on l'a dit au *Rép.*, n° 677, la prescription est un titre d'acquisition véritable; dès lors, celui qui en bénéficie peut, non seulement, s'il est défendeur, repousser l'action intentée contre lui, mais aussi, s'en prévaloir pour agir en revendication (Conf. Aubry et Rau, t. 2, § 219, p. 391).

324. Si le demandeur ne produit aucun titre et ne s'appuie que de simples présomptions, le défendeur triomphera s'il a un titre ou une possession véritable caractérisée et qualifiée. Jugé que la présomption de propriété qui existe en faveur du possesseur d'un immeuble ne peut être détruite que par un titre de propriété ou par la prescription, et ne doit pas, par exemple, céder à de simples présomptions, quelque modique que soit la valeur de cet immeuble (Civ. cass. 10 janv. 1860, aff. Brémont, D. P. 60. 1. 74). Au contraire, s'il n'a pas lui-même une possession au sens légal du mot, il appartiendra aux juges de se prononcer dans le sens qui leur paraîtra le plus équitable, d'après les éléments de la cause (Civ. cass. 8 nov. 1834, *Rép.* n° 681-2°; Req. 29 janv. 1840, *Rép.* v° *Propriété*, n° 675; Civ. rej. 16 avr. 1860, aff. Brun, D. P. 60. 1. 251; Req. 11 nov. 1861, aff. Mullier, D. P. 62. 1. 94; 7 mars 1877, aff. Rivoire, D. P. 78. 1. 216; Civ. rej. 10 août 1880, aff. El-hadj-Mohamed-Ould-Ali, D. P. 80. 1. 369; Req. 19 janv. 1884, aff. Commune d'House, D. P. 84. 1. 314; Orléans, 9 févr. 1884, aff. Pezon, D. P. 86. 2. 11 Riom, 20 janv. 1891, aff. Desserre, D. P. 92. 2. 127; Req. 22 déc. 1891, aff. Ragon, D. P. 92. 1. 512. V. Conf Aubry et Rau, t. 2, § 219, p. 392). Ainsi les juges peuvent, en pareil cas, accueillir l'action en revendication en se fondant sur de simples présomptions tirées, par exemple, de la possession mieux caractérisée du revendiquant, des énonciations du cadastre, du payement de l'impôt, des déclarations des témoins, de la topographie des lieux et de plans d'experts (Arrêt précité du 16 avr. 1860);... Déclarer propriétaire d'un bois celle des parties dont les coupes avaient été plus régulières et l'exploitation mieux caractérisée (Arrêt précité du 7 mars 1877);... Faire résulter le droit de propriété du demandeur en revendication tant de faits de possession, et particulièrement de culture, accomplis dans les années qui ont suivi la concession que ce demandeur prétend lui avoir été faite, en Algérie, de la pièce de terrain revendiquée, que des énonciations de la matrice cadastrale et de renseignements émanés de l'administration des Domaines (Arrêt précité du 10 août 1880). Par application de la même règle, il a été jugé que lorsque le terrain dont la propriété est revendiquée ne constitue pas un immeuble déterminé, mais représente l'excédent des contenances assignées par les titres à deux immeubles contigus, appartenant aux deux parties en cause, l'arrêt qui constate que les deux propriétaires avaient joui simultanément de ce terrain, et qu'aucun d'eux n'en avait eu une possession exclusive, de nature à lui faire acquérir la prescription, décide à bon droit qu'ils ont un titre égal à la propriété dudit excédent, et que leur limite doit être placée au milieu de l'espace litigieux;... alors, d'ailleurs, que cet arrêt se fonde sur une présomption tirée de l'établissement d'un chemin commun créé dans l'intérêt des deux propriétés, et dont celle du défendeur aurait perdu l'accès, si la prétention du demandeur eût été admise (Req. 8 juill. 1886, aff. Bernard, D. P. 87. 1. 304). — Ces mêmes principes sont encore applicables au cas où des titres sont produits de part et d'autre, mais où aucun de ces titres ne fournit la justification d'un droit de propriété réellement transmis par le véritable propriétaire de l'immeuble litigieux. Chacun de ces titres ne peut alors valoir que comme constituant une présomption en faveur de la partie qui l'invoque (Riom, 20 janv. 1891, aff. Desserre, D. P. 91. 2. 127).

325. Parmi les présomptions qui peuvent venir à l'appui des prétentions des parties, il faut distinguer, suivant qu'il s'agit de présomptions légales *juris et de jure*, c'est-à-dire qui sont souveraines et contre lesquelles aucune preuve contraire n'est possible, ou de présomptions simples, c'est-à-dire dont l'effet n'est utile qu'autant que l'adversaire ne l'a pas détruit par la preuve contraire. Jugé, à cet égard, que la présomption, d'après laquelle celui qui plante des arbres sur son fonds est propriétaire du terrain qu'il doit laisser entre ses plantations et l'héritage contigu, est une présomption simple abandonnée par l'art. 1353 c. civ. aux lumières et à la prudence des magis-

trats; que spécialement cette présomption a pu être détruite par la présomption contraire résultant, au profit du voisin, de l'art. 558 c. civ. qui attribue au propriétaire d'un étang le terrain couvert par les eaux de cet étang, quand elles sont à leur hauteur normale (Civ. rej. 14 avr. 1852, aff. Belot, D. P. 52. 1. 169. V. aussi : Req. 12 août 1851, aff. Rogère-Préban, D. P. 51. 1. 242; Paris, 4 déc. 1866, aff. Arrezau, D. P. 66. 5. 386; Req. 28 févr. 1872, aff. Guillemat, D. P. 72. 1. 144). Jugé également que la possession confère à celui en faveur duquel elle est reconnue un droit qui ne peut être détruit au pétitoire par de simples présomptions, mais qui doit céder devant un titre de la partie adverse; et que la présomption de droit aux termes de laquelle le propriétaire du fonds l'est également des plantations qui s'y rencontrent constitue au profit de ce propriétaire un titre légal (Req. 25 avr. 1882, aff. Menot, D. P. 82. 1. 248.

326. Parmi les présomptions les plus fréquemment invoquées, sont celles résultant des mentions du cadastre. Les indications du cadastre ont une importance très variable, suivant la situation juridique de celui à qui on les oppose. Elles ne peuvent valoir contre des titres clairs et précis ou contre une possession certaine, paisible et utile à prescrire; mais, dans le cas où il n'existe, de part et d'autre, ni titre, ni possession, ces indications peuvent être prises en considération par le juge pour statuer sur la question de propriété (Lyon, 2 mars 1887, aff. Martel, D. P. 88. 2. 66. V. également en ce sens : Aix, 15 mars 1872, aff. Chassinat, D. P. 74. 2. 185; Paris, 17 mars 1890, aff. Auclair, D. P. 92. 2. 483; 28 févr. 1890, aff. Ragon, D. P. 92.1. 512; Grenoble, 13 févr. 1891, aff. Dunes, D. P. 93. 2. 90; Limoges, 29 juill. 1891, aff. Commune de Couzeix, D. P. 92. 2. 402).

327. Quant aux présomptions sont admissibles, il en est de même de la preuve testimoniale; les juges peuvent, dans un pareil cas, résoudre la question de propriété d'après les résultats fournis par une enquête (Req. 22 déc. 1891, aff. Ragon, D. P. 92. 1. 512; 25 avr. 1882, aff. Menot, D. P. 82. 1. 248; Civ. cass. 9 nov. 1886, aff. Mohamed-ben-Tahar, D. P. 87. 1. 246).

328. Lorsqu'il s'agit, non pas d'établir le droit de propriété lui-même, mais de fixer l'étendue du fonds auquel s'appliquent les titres produits, le juge peut toujours chercher la base de sa décision dans les présomptions fournies par les éléments de la cause. La jurisprudence est constante en ce sens. Jugé : 1° que lorsque le droit de la propriété d'un immeuble se trouve établi par un titre et qu'il y a seulement lieu de rechercher la consistance du domaine auquel s'applique ce titre, c'est-à-dire de déterminer le point où il finit et où commence la propriété voisine, les juges peuvent s'aider de l'état matériel des lieux remontant à de longues années, et de tous les faits de nature à les éclairer sur cette question de limites : ce n'est pas là faire résulter la preuve du droit de propriété de simples présomptions. Et lorsqu'il s'agit, notamment, des limites respectives d'un parc et de prés contigus, les juges peuvent, même en présence de titres énonçant que les prés joignent le parc, faire résulter de la vérification des lieux la preuve qu'un certain espace de terrain situé entre les murs du parc et les prés du voisin, fait partie du parc et non des prés, et, par exemple, qu'il constitue un tour d'échelle existant, non comme servitude, mais comme dépendance du parc. Ces énonciations de limites n'étant pas exclusives de l'existence d'un tour d'échelle (Req. 17 déc. 1866, aff. Dubois, D. P. 67. 1. 495); — 2° Qu'il appartient aux juges du fond de constater souverainement que la possession exercée par le demandeur en revendication est conforme aux indications fournies par le cadastre, et que celles-ci correspondent exactement aux confronts mentionnés dans les actes produits à l'appui de la demande. Ces constatations constituent, non pas de simples présomptions, mais une preuve régulière par titres, et suffisent pour établir le droit de propriété du demandeur sur la totalité du terrain qu'il possède et dont une partie lui est disputée (Req. 18 déc. 1878, aff.

Gavot, D. P. 78. 1. 23. V. aussi Req. 17 févr. 1886, aff. Commune de Bazas, D. P. 86. 1. 250). Mais cette solution doit être restreinte au cas où le titre lui-même n'est pas suffisamment explicite. Ainsi il a été décidé que les indications fournies par un procès-verbal de bornage ne peuvent prévaloir, au point de vue de la contenance de l'immeuble, contre les termes du procès-verbal d'adjudication, qui constitue le titre de propriété (Req. 22 déc. 1890, aff. De Mimont, D. P. 91. 1. 297).

329. En principe, un tiers revendiquant n'est admis à se prévaloir des vices de la possession du défendeur qu'autant que l'absence de ces vices aurait pour résultat de lui faire attribuer la propriété revendiquée. Ainsi, il a été jugé que l'héritier qui revendique contre les membres d'une congrégation religieuse non autorisée des immeubles qu'il prétend avoir appartenu à son auteur, doit être déclaré mal fondé dans son action, s'il est établi que les immeubles n'ont pas été la propriété de l'auteur du revendiquant, mais qu'ils ont été acquis à titre gratuit ou à titre onéreux par ledit auteur du revendiquant pour le compte de la congrégation, sans que cet héritier puisse exciper du vice dont le titre d'acquisition de la défenderesse se trouve entaché (Civ. rej. 30 mai 1870, aff. Lacordaire, D. P. 70. 1. 277).

330. Le défendeur, protégé par le seul fait de la possession, n'a aucune preuve à fournir en principe; mais s'il verse des pièces au débat, ces pièces pourront être employées : aussi bien par son adversaire que par lui-même. Jugé ainsi que les actes qui ont été introduits dans un procès appartiennent à toutes les parties, et que, spécialement, la partie qui revendique une part indivise d'un immeuble peut invoquer, à l'appui de sa demande, les titres d'acquisition de son adversaire, alors même qu'ils ont été produits par ce dernier (Req. 20 mars 1888, aff. Le Bagousse, D. P. 89. 1. 277. V. en ce sens également : Civ. rej. 22 mai 1865, aff. Commune de Lalley, D. P. 65. 1. 473; 31 mars 1868, aff. Pillette, D. P. 68. 1. 418).

331. Mais si le défendeur n'est pas en principe obligé de faire la preuve de son droit, il le peut néanmoins. C'est ainsi qu'il a été décidé que le jugement qui admet, conformément à son offre, le défendeur d'une action en revendication à faire la preuve de son droit exclusif sur l'immeuble revendiqué, ne lui fait pas perdre le bénéfice de sa qualité de défendeur, non plus que celui de sa possession non contestée; que, par suite, si le résultat des enquêtes et contre-enquête reste incertain, c'est le demandeur originaire qui doit être débouté de sa demande faute de l'avoir justifiée (Limoges, 29 juill. 1871, aff. Commune de Couzeix, D. P. 92. 2. 402).

332. Outre la revendication, il existe une action qui se lie intimement à l'exercice du droit de propriété : c'est l'action négatoire, qui consiste, pour un propriétaire, à faire déclarer franc et libre de toute servitude un immeuble qui lui appartient, et en conséquence à faire interdire à un tiers, qui s'en prévaut, l'exercice d'une servitude. Le demandeur doit, comme dans l'action en revendication, prouver qu'il est le véritable propriétaire, et c'est au défendeur, qui prétend être titulaire d'une servitude, à en prouver l'existence, alors même qu'il y aurait été maintenu au possessoire dans l'exercice de cette servitude. Cette solution, qui était très discutée sous l'empire du droit romain, est généralement admise aujourd'hui (V. Rép. v° Servitudes, n° 1277).

333. Les biens revendiqués rentrent dans les mains de leur véritable propriétaire libres et francs de toute charge ou servitude réelle, que le détenteur aurait pu consentir (Nîmes, 25 juill. 1887, aff. Montagard, D. P. 89. 2. 79).

334. Comme on l'a dit au Rép. n° 682, les tribunaux judiciaires sont seuls compétents pour trancher toutes les difficultés relatives à l'existence de la propriété. C'est devant eux que devront être intentées toutes les actions en revendication (V. supra, v° Compétence administrative, n°s 191 et suiv.; Civ. cass. 30 juill. 1890, aff. D. P. 91. 1. 199).

Table sommaire
des matières contenues dans le Supplément et le Répertoire.

(Les chiffres précédés de la lettre S renvoient au Supplément; les chiffres précédés de la lettre R renvoient au Répertoire.)

— héritage, accessoires R. 670.
— immeubles S. 308; R. 659.
— indivision, titrés d'acquisition S. 320.
— plantations, présomption S. 325.
— possesseur S. 309 s.; R. 665 s.; (animus domini) R. 665; (aliénation, dommages-intérêts) S. 311; R. 674; (apparent) S. 309 (baux antérieurs) S. 315; (héritier) R. 667; (immeuble, acquisition) S. 314; (meubles) R. 676; (précaire) S. 309; (prescription, interruption) S. 310; (présomption) S. 325; (preuve) R. 666.
— prescription S. 323;
— présomptions S. 324; R. 679 s.
— prestations S. 313; R. 672; (prescription) S. 316.
— preuve S. 317 s.; R. 673 s.; (acte authentique) S. 318; (acte privé) S. 318.
— preuve testimoniale S. 327.
— propriétaire S. 306 s.; R. 652 s.; (défendeur, défaut dé-

qualité) S. 307; (fondé de pouvoirs) R. 664; (héritier) S. 308; (vente, tiers détenteur) S. 306.
— séquestre R. 669.
— servitudes S. 333.
— titre S. 320 s.; R. 678; (défaut, pouvoir du juge) R. 681; (détention) S. 320; (présomption) S. 319, 328.
Rivages de la mer S. 32 s.; R. 34 s.
— caractère R. 33.
— étang salé R. 86.
— fleuve, délimitation S. 229.
— imprescriptibilité S. 91 s.
— lais et relais S. 34 s.; R. 100 s.; (aliénation) S. 87; (alluvion) R. 108; (concession, inondation) S. 36; (domaine public) R. 100 s.; (existence légale) S. 35; (mer, embouchure) R. 107.
— limites R. 85.
— marchepied R. 97 s.
— pêcheries, salines R. 89.
— plantations, constructions R. 67 s.
— sables, poissons R. 95.
Rivières S. 41 s.; R. 112 s.

— fleuves, lais et relais S. 38; R. 106 s.
— flottaible à bûches perdues, caractère S. 44.
— navigabilité partielle S. 42; R. 118.
— navigables ou flottaibles (chemin de halage) R. 113 s.; (délimitation, recours) S. 266; (domaine public) S. 41; R. 112, 116; (inaliénabilité, imprescriptibilité) S. 43; (marchepied) R. 113.
— non navigables ni flottaibles, caractère S. 41; R. 115.
Servitude
— caractère S. 63; R. 147 s.
— passage R. 148.
Spécification R. 636
— caractère R. 636.
— droit romain R. 637.
— main-d'œuvre, importance, rétention R. 639, 641.
— matière première, propriétaires différents R. 643.
— matières volées R. 640.

Substitution
— grevé, bonne foi, fruits S. 132.
Superficie S. 27, 164 s.; R. 76, 382 s.
— caractère S. 27; R. 76; (modalités) S. 168.
— espace aérien, accession S. 166 s.
— prescription acquisitive R. 402.
Surenchère
— titre translatif, bonne foi R. 308.

Testament
— titre translatif, bonne foi R. 394.
Tombeau
— propriété privée S. 39.
— V. Trésor.
Tréfonds S. 164 s.; R. 382 s.
— caractère, étendue R. 386.
— fouilles, droits des tiers, responsabilité S. 171; R.393 s.
— prescription acquisitive R. 402.
Trésor S. 77 s.; R. 166 s.
— action en restitution, prescription S. 84.
— appropriation frauduleuse, vol S. 91.
— bonne foi, restitution S. 86.

— caractère R. 186; (caractère mobilier) S. 77; R. 180; (enfouissement) S. 79 s.; R. 187 s., 190.
— communauté conjugale R. 202.
— découverte (Etat, commune) R. 201; (fortuite) S. 89; R. 199; (préméditation) R. 203.
— dépôt ancien ou récent S. 82.
— fonds d'autrui, propriété, inventeur S. 85, 88; R. 196 s.
— immeuble par destination, statue S. 78.
— inventeur, caractère S. 92; R. 194 s.
— maison, vente, répartition R. 200.
— monnaie (découverte, preuve testimoniale) R. 194; (enfouissement, présomption) R. 191 s.
— mosaïque S. 77.
— propriété, preuve S. 83; R. 194.
— recherches, autorisation S. 90.
— rémérés (effets) R. 207; (restitution) S. 87.
— tombeaux antiques S. 79; R. 189.
— usufruitier R. 206.

— vente, condition suspensive R. 207.
Usage
— acte constitutif, bonne foi S. 132.
Usine
— voisinage, dommages intérêts S. 69.
— V. Canaux.
Usufruit -usufruitier
— acte constitutif, bonne foi S. 132.
— fruits, bonne foi, perception S. 155; R. 361.

Vente
— biens de mineurs, formalités, bonne foi R. 320 s.
— chose d'autrui, bonne foi, fruits S. 136, 142; R. 313, 324, 330.
— condition résolutoire, rétroactivité, bonne foi S. 140.
— incapable, formalités, défaut, bonne foi R. 320.
— lésion, bonne foi, fruits S. 138; R. 313.
— prix, non-payement, restitution S. 134.
— réméré, annulation, bonne foi S. 133.
Voiture publique
— épaves, prescription R. 218, 220.

Table des articles du code civil.

Art. 33. R. 179.
—138, R. 290, 359, 368 s.
—244. S. 61.
—351. R. 171.
—518. R. 394.
—519. R. 76.
—520. R. 256.
—524. S. 268.
—526. R. 73.
—533. S. 254.
—537. R. 143 s.
—538. S. 208; R. 100 s.
—539. S. 76, 224, 226; R.179, 212.
—540. R. 125.
—543. R. 56 s.; 73.

—544. S. 36; R. 38 s., 73, 142 s.
—545. R. 149 s.
—546. S. 48, 109; R. 351 s.
—547. R. 254 s.
—548. S. 114 s.; R. 266 s.
—549. S. 124, 127; R. 271 s., 557.
—550. R. 294 s.
—551. S. 41; R. 379 s.
—552. S. 166 s., 170, 182; R. 381 s.
—553. R. 172 s., 175, 181; R. 393 s.

—554. S. 176; R. 407 s.
—555. S. 4, 180, 182, 194 s., 202 s.; R. 418 s.
—556. S. 222, 225, 240; R. 462 s., 510 s.
—557. S. 260; R. 103, 462s., 505s.
—558. S. 231, 233 s., 325; R.507s.
—559. S. 243; R. 514 s.
—560. S. 224, 226, 240; R.486,532s.
—561. S. 41, 223, 240, 255 s.; R. 545 s.
—562. S. 280, 284.

—286 s.; R. 554.
599 s.
—564. S. 293; R. 615 s.
—565. S. 281; R. 622 s.
—566. S. 240, 295; R. 626 s.
—587. S. 240; R. 631 s.
—570. R. 638 s.
—571. R. 639 s.
—572. S. 172; R. 646.
—573. R. 646 s.
—575. R. 650.
—576. R. 651.
—577. R. 411, 652.

—578. R. 558.
—583. R. 255.
—584. R. 265.
—586. R. 364.
—591. R. 254, 358.
—596. R. 580.
—598. R. 358.
—599. S. 248.
—640. R. 163.
—644. S. 67.
—650.R.113s.,147.
—664. R. 76, 385.
—671. R. 103.
—673.S.166;R.163.
—681. R. 163.
—688. R. 73.
—690. R. 165.
—711. R. 174 s.
—712. R. 174 s., 250, 677.

713. S. 76, 96, 224,240; R.179, 212.
—715. S. 75 s.
—716. S. 81, 154; R. 186 s.
—717. S. 96; R. 209, 222 s.
—728. R. 179.
—747. R. 171.
—766. R. 171.
—857. R. 476.
—900. R. 171.
—908. R. 171.
—1010. R. 171.
—1014. R. 171.
—1097 R. 331.
—1149. R. 653.
—1153. S. 119; R. 429.

—1155. S. 119.
—1165. S. 316.
—1163. S. 198.
—1184. R. 436.
—1282. S. 320.
—1315. S. 319.
—1353. S. 48, 325.
—1381. R. 441.
—1382.S.171,236.
245, 265; R. 163, 244, 652.
—1613. R. 436.
—1654. R. 436.
—1673. R. 436.
—1722. R. 589.
—1730. S. 204.
—1731. S. 204.
—1749. R. 436.
—1948. R. 436.

—1926. S. 304
—1948. R. 436.
—1986. R. 331.
—2078. R. 440.
—2102. S. 304; R. 269.
—2115. R. 73.
—2133. S. 258.
—2153. R. 584.
—2219. R. 677.
—2233. R. 677.
—2234. R. 677.
—2228. R. 60.
—2229. S. 233.
—2232. S. 233.
—2262. S. 99; R. 214, 345.
—2265. R. 205.
—2277. S.122,316.
—2280. S. 4, 176.

Table chronologique des Lois, Arrêts, etc.

1669	1792	1811	1840	1849	22 déc.Paris.190 c. 24 déc. Décr. 3 c.	1854	1856
.... Ordonn. 103 c., 207 c., 264 c.	28 août.Loi.174c. 11 sept.Loi. 169 c.	11 janv. Décr. 38 c.	29 janv.Req.324c. 17 juin. Loi 65 c.	11 janv. Orléans. 121 c., 132 c. 2 août. Req. 130 c.	1852	3 janv. Req. 72 c. 25 janv. Agen.269 c. 18 fév.Rouen. 202 c.	19 fév. Lyon. 80 c. 18 avr.Lyon.22 c., 67 c. 9 juill.Bastia.194
1681	1814	1841		7 août. Req. 131 c., 133 c.	22 janv.Civ. 127 c. 29 mars. Civ. 200 c. 14 avr. Civ. 232 c., 325 c.	3 mars. Gand. 71 c.	12 août.Bruxelles. 38 c.
.... Ordonn.100 c.	19 vent.Arrêté.264 c.	18 juin. Amiens. 137 c.	26 juin. Ordonn. 65 c.	1850	26 avr. Civ. 50 c. 19 mai.Riom.31 c. 30 mai.Paris 205c.	18 déc.Rouen. 194 c.
1683	An 11	1825	1842	18 janv. Colmar. 131 c., 135 c. 19 janv. Loi. 65 c. 28 fév. Orléans. 212 c.	25 nov. Montpellier. 194 c. 6 déc.Nîmes 49 c.	24 juill. Civ. 124 c.	1857
.. avr. Edit. 207 c.	25 fruct. Arrêté.65 c.	5 août. Circ. min. fin. 95 c.	24 mai.Loi. 226 c.				2 fév.Req.317 c. 16 fév. Civ.151 c., 180 c., 181 c., 193 c. 17 mars.Civ.33 c. 29 mai. Limoges.
1693	An 13	1827	1843		1853	1855	
15 déc.Edit.207 c.	16 flor. Décr. 65 c.	18 mai. Civ. 91 c.	17 janv.Bordeaux. 200.	7 mars. Loi. 65 c. 13 avr. Loi. 65 c. 13 août. Civ. 49 c.	3 janv. Rouen. 91 c. 14 mars. Cologne. 191 c.	7 fév.Agen.69 c. 22 mars.Loi.318 c.	8 juin. Civ. 69 c. 23 juin. Civ. 18 c., 69 c.
1786	1805	1833	1845		22 avr. Civ. 54 c. 6 juin. Civ.24 c., 25 c.	16 avr.Req.300 c. 2 mai. Colmar.	6 juill.Req.160 c. 28 déc.Décr.169 c.
14 mars. Lett. patentes. 207 c.	10 avr. Civ. 51 c.	14 mars.Bruxelles. 315 c.	15 juill. Loi. 65 c.	1851	17 août.Civ. 159 c. 25 août.Trib. cor. Orléans. 82 c. 6 sept. Orléans. 82 c.; 97 c. 30 nov.Civ. 164c., 165 c.	22 c., 67 c. 5 mai. Dijon. 269 c. 7 sept. Crim.94 c. 9 nov.Paris.97 c. 1er déc. Paris. 226 c., 240 c.	22 c., 67 c. 18 déc.Rouen. 134 c.
1789	1807	1834	1847	3 fév. Bourges. 25 c. 18 fév.Paris.31 c. 1er juill.Req.204c. 8 juill.Civ.173 c.			1858
4 août. Loi.292 c.	16 sept.Loi. 34 c., 264 c.	20 nov. Civ. 324 c.	26 mai. Lyon. 218 c.				21 avr. Civ. 164c., 165 c.
1790	1808	1839	1848	15 juill. Angers. 84 c.			
16 août. Loi. 65 c.	7 mars.Décr. 65 c.	15 janv.Civ. 113 c.	27 fév. Décr. 34 c. 24 mai. Civ. 121 c.	28 juill.Req.165 c. 12 août.Req.325 c.			

18 mai.Civ.168 c., 174 c.
16 août. Civ. 49 c.

1859

23 févr.Req.160 c., 168 c.
30 avr.Paris.153 c.
10 mai. Req.123 c.,
127 c.
17 mai.Paris.91 c.
18 juin. Loi. 65 c.
21 juin. Civ. 85 c.
27 juill. Civ. 175 c.
1er août.Req.204 c.
4 août.Req.135 c.
22 août.Req.164 c.
22 nov. Déc. 65 c.

1860

12 janv. Civ. 324 c.
14 févr.Civ.309 c.,
311 c.
16 avr. Civ. 324 c.
21 mai. Civ. 51 c.
23 mai. Civ. 175 c.,
181 c., 191 c.
22 juin. Toulouse.
212 c., 262 c.
30 juill. Bordeaux.
184 c.
10 juill. Grenoble.
194 c.
11 juill. Req.23 c.
28 juill. Loi. 65 c.
7 nov. Civ. 31 c.,
474 c.
4 déc. Req.164 c.
13 déc. Cons. d'Et.
23 c.

1861

7 janv. Civ. 149 c.
6 mars.Req.27 c.
4 avr. Décr. 65 c.
15 mai. Civ. 65 c.
22 juill.Req.269 c.
25 juill. Colmar.
171 c.
31 juill.Décr.65 c.
11 nov.Req.324 c.
23 déc.Req.168 c.,
174 c.

1862

30 janv.Crim.97 c.
7 avr.Civ. 164 c.,
173 c., 205 c.

30 avr. Civ. 55 c.
21 mai.Décr. 65 c.
7 juill. Poitiers.
49 c.
8 déc. Req.159 c.
12 déc. Besançon.
168 c.

1863

10 janv. Paris. 140
c.
17 févr. Trib. civ.
Borgerac.167 c.
30 avr. Cons. d'Et.
25 août.Metz.69 c.
8 déc.Req.212 c.,
226 c., 240 c.

1864

8 janv. Paris. 252
c.
11 janv.Req.165 c.
8 févr.Civ.119 c.,
120 c.
9 févr.Civ.118 c.
30 mai. Paris. 173
c.
8 juin. Civ. 65 c.
12 juin. Civ. 322 c.
1er nov. Décr. 65 c.
22 nov. Req.204 c.
13 déc.Besançon.
27 c.
26 déc.Civ.144 c.,
146 c.
28 déc. Req. 36 c.

1865

14 janv. Paris. 134
c.
1er févr.Rouen.322
c.
10 mars. Dijon. 69
c.
22 mars. Req. 319
c.
24 avr. Req. 69 c.
17 mai.Civ.134 c.
22 mai.Req.317 c.
24 mai.Rouen.144
c.,146 c.,153 c.
13 juin.Req.300 c.

12 juill. Loi. 65 c.
22 juill.Gand.47 c.
22 août.Civ.159 c.,
175 c.
26 août.Décr.65 c.
19 nov.Civ.307 c.
15 déc.Paris. 173

27 déc.Civ. 318 c.

1866

10 avr. Décr. 65 c.
11 juill.Civ.127 c.,
131 c., 149 c.
24 juill. Grenoble.
251 c.
25 juill. Grenoble.
214, 260 c.,
284 c.
21 août.Civ.170 c.
21 août.Caen.28 c.
1er sept.Trib. com.
Nantes 311 c.
5 nov.Req.27 c.,
168 c.
17 nov.Metz.281 c.
4 déc. Paris. 325
c.
17 déc.Req.828 c.
31 déc. Décr. 65 c.

1867

20 juin.Nancy.318
c.
26 août.Cons.d'Et.
287 c.
5 nov. Req. 55 c.
18 nov. Besançon.
49 c.
20 nov.Trib.Mont-
bélard. 174 c.
27 nov.Civ.35 c.
13 déc. Dijon. 22.
174.

1868

31 mars. Req. 318
c.
22 mars.Civ.330 c.
7 avr. Civ. 225 c.
7 avr.Paris.212 c.
20 avr.Req. 323 c.
11 mai.Req.300 c.
7 juill.Civ.149 c.
152 c.
13 juill.Pau. 125

c., 149 c., 164
c., 166 c., 189
c., 199 c.
17 nov.Civ.171.
18 nov.Req. 318 c.
22 déc. Bordeaux.
205 c.

1869

8 févr. Orléans.
113 c.
10 févr.Req.249 c.
16 févr. Paris. 175
c.
24 févr. Trib.
Troyes. 205 c.
27 févr.Rouen.173
c.
5 avr. Req. 48 c.
6 avr. Req. 49 c.
8 mai.Civ.149 c.,
451 c.
26 mai. Req. 50 c.
30 mai.Req.27 c.,
50 c.
24 nov. Civ. 165 c.
30 nov. Cons. d'Et.
252 c.
16 déc. Toulouse.
49 c.

1870

17 févr. Trib. Sei-
ne. 205 c.
18 mars.Nancy.49
c.
30 mai. Civ. 329 c.
13 juill. Civ. 314 c.
14 déc. Cons. d'Et.
252 c.

1871

18 mars.Lyon.164
c., 205 c.
12 mai. Loi. 4 c.
20 juill. Limoges.
331 c.

1872

6 janv.Civ.149 c.
2 févr. Paris. 281
c.
13 févr. Grenoble.
338 c., 278 c.
13 févr.Req.205 c.

23 févr. Paris. 164
c., 166 c.
25 févr.Req.325 c.
29 févr.Aix.316 c.,
322 c.
15 mars. Aix. 316
c., 322 c., 326 c.
17 avr. Req. 269 c.
8 mai.Pau.318 c.,
319 c.
4 juin. Paris. 300

9 juill. Paris. 92.
29 juill.Req.249 c.
11 déc. Grenoble.
249 c.

1873

3 janv.Chambéry.
168 c.
21 mars.Bordeaux.
318 c.
27 mai. Civ. 173 c.
4 juin.Paris.300 c.
17 déc. Dijon.40 c.
22 déc Req.133 c.,
136 c., 194 c.

1874

23 janv. Dijon.201.
18 mai. Req. 49 c.
3 juin. Req. 49 c.
124.
8 juill. Civ. 316 c.
28 juill.Req. 318.
12 août.Dijon.121
c., 148 c.
18 août.Req.296 c.
20 juill.Liège. 194
29 nov. Pau. 196,
203 c., 204 c.
17 déc. Bordeaux.
164 c., 165 c.
21 déc.Req.285 c.

1875

19 janv. Req. 221
c., 222 c.

1876

8 mai. Req. 63 c.

1877

10 févr. Toulouse.
103 c.

7 mars. Req. 324
c.
2 mai. Civ. 320 c.
8 mai. Req.204 c.
14 juin.Bordeaux.
56 c., 323 c.
19 juill. Lyon. 251
c., 260 c.
20 nov.Paris. 78 c.
21 nov. Civ.174 c.

1878

1er avr. Civ. 46 c.
27 mai. Toulouse.
117 c., 146 c.
3 juill. Poitiers.
306 c.
12 juill. Lyon. 116
c., 146 c.
22 juill. Lyon, 187

18 déc.Req.326 c.,
328 c.

1879

5 mai.Req.116 c.,
146 c., 187 c.
7 juill. Civ. 19.
18 déc. Trib. corr.
Douai. 165 c.
23 déc. Grenoble.
214 c.

1880

10 mars. Trib. Ni-
mes. 84; 85 c.
15 mars. Poitiers.
65 c.
20 juill.Civ. 324 c.
8 nov. Civ.174 c.

1881

10 mai. Trib.paix.
Dalhem. 150.
13 déc. Req. 77 c.

1882

14 févr.Req.165 c.
25 avr. Req. 164 ;
323 c.
4 juill. Req.37 c.,
118 c.

1883

c.
6 avr. Bordeaux.
318.

1884

29 janv.Req.324 c.
9 févr. Orléans.
324 c.
28 mars. Poitiers.
101.

1885

4 mai. Req. 40 c.,
219 c.
9 déc. Req. 164 c.

1886

14 janv. Orléans.
256 c.
12 févr. Civ. 20 c.,
46 c.
17 févr. Req. 328.

1887

11 janv. Req. 146
c., 149 c., 153
c., 191 c.,495 c.
30 mars. Loi. 63 c.
25 juill. Nîmes.
146 c., 334 c.

1888

29 févr. Bordeaux.
289 c.

14 mars.Besançon.
44 c., 48 c.
20 mars. Req. 330
c.
30 avr. Limoges.
203 c.
4 mai. Req. 250
c.
11 mai. Civ. 308 c.
2 juill. Limoges.
165 c., 184 c.,
185 c.
26 nov. Civ. 165 c.
4 déc. Civ. 49 c.

1889

3 janv.Décr. 65 c.

1890

28 févr. Paris. 325
c.
13 mars. Amiens.
27 c.
17 mars. Paris.323
c., 326 c.
30 juill. Civ. 335 c.
22 déc. Req. 328 c.

1891

12 janv. Douai.194
c., 201 c.
20 janv. Riom. 324
c.
13 févr. Grenoble.
326 c.
20 avr. Req. 27 c.
28 juin. Grenoble.
164 c.
20 juill. Limoge.
317 c., 326 c.
22 déc. Req.
c., 327 c.

1892

18 févr. Aix. 319 c.
18 févr. Paris. 328
c.

1893

30 nov. Civ. 481 c.

1894

22 janv. Req. 204

PROPRIÉTÉ DOMANIALE. — V. suprà, v° *Domaine de l'Etat*, n°s 8 et suiv. ; *Domaines engagés et échangés*, n° 1 ; *Impôts directs*, n°s 30 et suiv.

PROPRIÉTÉ ECCLÉSIASTIQUE. — V. suprà, v° *Culte*, n°s 360 et suiv. ; et *Rép.* cod. v°, n°s 472 et suiv.

PROPRIÉTÉ FÉODALE.

Division.

CHAP. 1. — Système et historique du régime féodal. — Lois abolitives de la féodalité. — Droit comparé (n° 1).

CHAP. 2. — Des droits personnels (n° 14).

CHAP. 3. — Des droits réels (n° 19).

Sect. 1. — Principes généraux de la propriété foncière sous l'ancien régime (n° 19).

Sect. 2. — De la qualification des rentes, redevances et contrats (n° 25).

Sect. 3. — Du bail à cens, des rentes dites censuelles, gros-cens, surcens, arrière-cens, servis, albergue, tenure en main-ferme, rente colongère (n° 29).

Sect. 4. — Des champarts, arages, terrages, agriers et percières, tierces, bordelage, dîmes, emphy-téoses, complants (n° 38).

Sect. 5. — Des clauses et stipulations constitutives des rentes. — Domaine direct, domaine utile. — Baux héréditaires et perpétuels, baux temporaires (n° 46).

CHAP. 4. — Des droits sur le sol. — Des banalités (n° 52).

CHAP. 5. — Des titres, aveux et preuves des droits féodaux (n° 61).

CHAP. 6. — Des droits seigneuriaux relatifs aux eaux cou-rantes et des concessions de leurs bénéfices (n° 63).

CHAP. 1er. — **Système et historique du régime féodal. — Lois abolitives de la féodalité. — Droit comparé** (*Rép.* n°s 4 à 45).

1. — I. HISTORIQUE. — Comme on l'a indiqué au *Rép.*, n° 1, l'expression *Propriété féodale* peut, en raison de ses analogies avec les autres modes de propriété, comprendre tout ce qui se rattache à la féodalité. C'est pourquoi l'article consacré à cette matière dans le *Répertoire*, en exposant l'ensemble de l'ancienne législation sur les droits seigneuriaux, s'est appli-qué à faire connaître les principes généraux du droit féodal et du système politique qui a porté ce nom chez nous à partir du 10e siècle, avec les liens qui l'unissent au système actuel, à fixer les dispositions des lois qui ont aboli la féo-dalité à la fin du 18e siècle et, après avoir rapporté la ju-risprudence interprétative de ces lois, à déterminer l'in-fluence qu'elles ont exercée sur les règles modernes du code civil.

Mais ce travail n'a pu échapper à l'action du temps, depuis la date de sa rédaction (1856), à la doctrine qui l'avait inspiré et qui avait été développée par M. Cham-

pionnière, dans son *Traité des eaux courantes*, ont succédé des théories nouvelles appuyées, sur des recherches historiques postérieures et des textes récemment découverts ou mieux connus; les progrès de la science ont élucidé plus d'une question demeurée obscure et rendu plus complète l'intelligence du moyen âge; en un mot, le tableau du régime féodal s'est élargi, et les couleurs en ont été quelque peu modifiées. On comprend que l'ouvrage actuel, destiné surtout aux études juridiques et pratiques, ne puisse entrer dans les controverses purement théoriques qui se sont produites sur le terrain de l'histoire et qu'il se borne à renvoyer le lecteur, désireux de les connaître, aux principaux ouvrages qui ont reflétées depuis ces derniers temps. A ceux qui sont mentionnés aux nᵒˢ 4 à 11 du *Répertoire*, on se contentera donc d'ajouter : l'*Histoire du droit et des institutions de la France*, par M. Glasson ; les *Recherches sur quelques problèmes d'histoire, l'alleu et le domaine rural, les Origines du régime féodal*, de M. Fustel de Coulanges ; les *Etudes sur la propriété au moyen âge*, de M. Thévenin ; l'*Histoire du droit civil français* et l'*Histoire des institutions politiques et administratives de la France*, par M. Paul Viollet, avec les *Etablissements de saint Louis*, du même ; l'*Histoire des locations perpétuelles* et *des baux à longue durée*, par M. E. Garsonnet ; les *Origines de l'ancienne France*, par M. Jacques Flach ; les *Démembrements de la propriété foncière*, par M. E. Chénon ; l'*Histoire du droit coutumier français* (*Introduction à l'étude historique du droit coutumier, la condition des personnes, la condition des biens, les contrats*), par Henri Beaune; la *Condition de la propriété dans le nord de la France*, par J. Lefort ; le *Cours élémentaire d'histoire du droit français*, par M. Esmein ; l'*Etude sur l'ancien droit en Bourgogne*, de M. J. Simonnet ; *Louis VII, le Gros*, et le *Manuel des institutions françaises*, par A. Luchaire ; l'*Etude sur les origines du régime féodal*, par M. Ed. Beaudouin ; les *Esclaves serfs et mainmortables*, par M. Allard ; l'*Etude sur l'histoire des alleux en France*, par E. Chénon ; les *Etudes sur la condition de la classe agricole en Normandie au moyen âge*, par M. L. Delisle ; *Les paysans de l'Alsace au moyen âge*, par Hanauer ; l'*Etude sur l'état économique de la France pendant la première partie du moyen âge*, par Lamprecht ; l'*Etude sur le domaine congéable*, de Le Cerf ; le *Régime féodal en Bourgogne*, par M. Seignobos ; les *Recherches sur les anciennes juridictions de l'Anjou et du Maine*, par M. Beautemps-Beaupré ; les *Etudes sur les contrats dans le très ancien droit français*, par M. A. Esmein ; l'*Essai sur la féodalité*, de Secrétan ; *Les bénéfices et la vassalité*, par Fauqeron ; *Des origines et de l'établissement du régime féodal*, par M. Boutaric, dans la *Revue des questions historiques*; *La justice dans la société féodale*, par M. Fustel de Coulanges, dans la *Revue des Deux Mondes*; *Du cens féodal*, par M. Serrigny, dans la *Revue critique*; *Des censives et droits seigneuriaux*, par Buche, dans la *Nouvelle Revue historique*; *La révolution française et la féodalité*, par M. Doniol ; *Les droits féodaux et la Révolution*, par M. H. de Loménie, dans le *Correspondant*; etc.

2. La théorie qui se dégage de ces travaux, récents pour la plupart, est, pour la France et plus généralement pour l'Occident, la suivante : la féodalité, considérée comme forme d'organisation sociale et politique, a deux éléments constitutifs, le fief et le point de départ du groupe féodal. On appelle fief la terre ou le droit immobilier (quelquefois même mobilier) concédé à charge de certains services par un seigneur à un vassal, qui lui promet fidélité, service de guerre, service de cour ou de justice, et, dans un petit nombre de cas, assistance pécuniaire ou de conseil, l'aide. En échange, le seigneur doit au vassal protection, loyauté et justice. C'est un contrat d'assurance mutuelle, auquel l'Etat est étranger, et qui s'étend à tous les vassaux du même seigneur, auxquels se rattachent les vilains et les serfs qui ont reçu des concessions de terres à un autre titre que celui du fief, moyennant des prestations en nature ou en argent. La terre est le lien commun des membres du groupe, car chacun la tient de quelqu'un à raison d'une concession. Bien que le groupe se suffise à lui-même, il n'est pas isolé, car il relève nominalement et hiérarchiquement du roi, le *souverain fieffeux du royaume*. La seigneurie, qui varie quant au territoire, est un démembrement de la souveraineté qui, soit par octroi royal, soit par usurpation, s'est consolidé dans la propriété privée, ou

peut même former une propriété distincte d'un fonds, mais qui revêt toujours un caractère féodal, parce qu'on la tient en fief. Le seigneur haut justicier est l'expression la plus élevée de cette puissance démembrée de l'autorité souveraine, car il possède ce qu'on appelle la justice et le fisc, le droit de juger et de lever des impôts.

3. Le *fief*, tenure viagère et inaliénable à l'origine, c'est-à-dire essentiellement personnelle, n'est pas sorti du régime féodal ; il lui a, au contraire, donné naissance. Issu lui-même du séniorat et du patrocinat (V. *Rép.* nᵒ 18), de la recommandation et de l'immunité, surtout du bénéfice, qui était lui-même un avantage précaire et révocable chez les Barbares, le fief ne demeura pas longtemps l'accessoire d'un contrat personnel entre le seigneur et le vassal : une loi économique le rendit promptement héréditaire et plus tard aliénable, et, par la même raison, les fonctions publiques, les délégations du pouvoir, tendirent à se transformer en fiefs héréditaires. Mais le caractère viager primitif de la concession laissa des vestiges manifestes dans les droits de relief ou de rachat et dans l'acte de *foi* et *hommage* exigé du vassal. Comme la *commise*, les règles relatives à l'aliénation et à l'abrègement du fief, l'obligation qui pèse sur les fiefs *jurables et rendables* sont les marques persistantes des droits primitifs du suzerain concédant. Ainsi devenu patrimonial entre les mains de son détenteur, la concession fut pour lui une véritable propriété ; mais elle comporta deux droits distincts, l'un au profit du seigneur, l'autre à celui du vassal. Le premier s'appela le *domaine direct* ou plus tard *éminent*, l'autre le *domaine utile*. Tous les deux se retrouvent dans les tenures roturières, *censives*, et, autres, détenues par les membres inférieurs du groupe féodal et qui, à cet égard, copiaient le fief.

4. Le fief par lui-même n'impliquait pas le droit de justice; mais, dès son origine, à la concession territoriale se joignait souvent une relation de personne à personne qui entraînait le droit de juger, et, en fait, ce droit fut très fréquemment réuni au fief (V. *Rép.* nᵒˢ 25 et suiv.). Il appartenait aussi souvent au propriétaire d'*alleu*, c'est-à-dire d'une terre absolument libre, hors de tout rapport féodal. Toutefois, il ne faut pas confondre chez le possesseur du fief, la propriété et la souveraineté. Si la première fut un moyen d'acquérir la seconde, la confusion des deux n'a pas été nécessaire pour faire naître les droits seigneuriaux (Flach, *Les origines de l'ancienne France*, t. 1, p. 382).

5. D'où naquirent ces droits? D'après le système exposé par M. Championnière (*De la propriété des eaux courantes*), et reproduit en grande partie par Secrétan (*Essai sur la féodalité*), les uns, dérivant de la propriété, ont en pour cause originaire l'établissement du régime féodal, les autres, procédant de la souveraineté, ont survécu au régime administratif romain dont ils sont issus ; tandis que les premiers sortent du contrat de fief, les seconds sont nés de la fonction, de *l'honor* (V. *Rép.* nᵒˢ 15 et suiv.). Ils auraient été le simple résultat de l'appropriation par les fonctionnaires carlovingiens des impôts directs et indirects perçus à l'époque gallo-romaine par le fisc impérial.

Ce système est aujourd'hui abandonné. La plupart des droits seigneuriaux, considérés dans leur ensemble, n'avaient rien de commun avec la fonction : ils naquirent spontanément d'un contrat ou d'un acte arbitraire, et, si les impôts romains en francs se conservèrent au profit des comtes devenus indépendants, ce fut seulement par exception. Les immunistes et les propriétaires d'alleux exigèrent des redevances ou des corvées de leurs tenanciers, ajoutèrent abusivement des exactions nouvelles sans se préoccuper du *jus fisci*, et leurs agents les imitèrent pour leur propre compte, jusqu'à ce que l'usage (*mos pagi*) ou la convention, provoquée par le besoin de protection qu'éprouvaient leurs hommes, eût transformé en droit cet abus. De là le nom de *consuetudines* ou de *coutumes*, donné aux obligations qui pesaient sur les tenanciers d'un seigneur (V. Glasson, *op. cit.*, t. 4, p. 440).

6. *Fief et justice* n'avaient rien de commun. Cette maxime, professée par les coutumes et par les juristes des derniers siècles, a été expliquée au *Rép.*, nᵒ 25 et suiv., et, sous une rédaction un peu absolue, exprimait une idée rigoureusement vraie au point de vue historique, idée qui, le *Répertoire* l'a déjà fait remarquer *loc. cit.*, peut seule donner une

notion exacte du droit seigneurial et éclairer les lois abolitives de la féodalité. Le fief et la justice étaient absolument
distincts, car le premier ne comportait point par lui-même
et en toute circonstance un droit de justice, bien que celu-
ci fût en fait souvent réuni au fief noble (Beaumanoir, *Coutumes du Beauvoisis*, chap. 10, § 2, édit. Beugnot, t. 1,
p. 150 ; t. 2, p. 338), et appartient aussi fréquemment au
propriétaire d'alleu (Flach, *op. cit.*, p. 204 ; P. Viollet,
Histoire du droit français, p. 646).

Pour bien comprendre la portée de ce principe, que les
faits confirment, puisqu'ils nous montrent, au rebours de
nombreux exemples, un certain nombre de fiefs privés
de droits de justice, il faut se rappeler que, du 10e au
11e siècle, le pouvoir judiciaire se démembra et s'altéra
dans la société féodale, et qu'au lieu de s'incorporer de
plus en plus au sol, il se fractionna avec lui, se désagrégeant parfois au profit d'une juridiction personnelle.
Il commença d'abord par se partager entre la royauté,
l'Eglise et certaines villes privilégiées, et donna ainsi naissance aux tribunaux royaux, ecclésiastiques et municipaux ;
puis il devint, entre les mains des seigneurs, une source
de lucre, parce que, si leur rôle consistait alors surtout
à protéger leurs hommes contre les poursuites ou les
exactions dont ils étaient menacés, ils se faisaient payer une
protection sous forme de redevances de toute nature dont
le nom même trahit l'origine, *justitia, placitum generale, pla-
cita*, etc., et qui, avec le temps, se changeront en *consuetudines*, en redevances coutumières, dues par tous les habitants du territoire sur lequel s'étendait la seigneurie. Enfin,
exclusivement considéré comme un attribut de cette seigneurie, le pouvoir de juridiction se présente sous deux
formes très distinctes, qu'il importe de ne jamais confondre,
sous peine de s'égarer : la *justice seigneuriale* et la *justice
féodale*.

7. La première était un démembrement de la puissance
publique, autrefois concentrée dans la personne du roi, mais
détachée du trône soit par une concession directe à titre de
fief, soit par une usurpation, soit quelquefois par une lente
transformation de la justice domestique. Elle était une propriété comme la terre, dont elle formait l'accessoire, et conférait au justicier le droit de juger tous ceux qui résidaient
dans le rayon ou le *détroit* de sa juridiction, « tous les hommes couchants et levants dans la seigneurerie » (Beaumanoir,
op. cit., chap. 58), bien que sa compétence variât en étendue. Elle était exercée par le seigneur au moyen d'un délégué, *præpositus*, prévôt ou bailli ; mais d'ordinaire ce préposé ne jugeait pas seul ; il était assisté de jurés : « Li
seigneur ne jugent pas en lor cours, mais lor home jugent »,
disent plusieurs coutumiers (Fontaines, *Conseil à un ami*,
chap. 21).

La seconde découlait, au contraire, non de l'autorité publique, mais de contrats féodaux et des rapports qu'ils
avaient établis entre les seigneurs et leurs vassaux par
suite des tenures concédées. *Eo quod aliquis est homo
meus ligius*, dit Guill. Duranti, dans son *Speculum*, tit. *De
feudis*, n° 17, *hoc ipso est jurisdictioni meæ subjectus et
sum ejus judex. Et omnia bona ejus, quæ non habet alio in
feudum non ligium, sunt mihi subjecta ratione jurisdictio-
nis*. L'hommage lige était la source et la raison de cette
compétence générale et absolue du seigneur féodal. Quant
à celle qui lui appartient vis-à-vis de ses tenanciers, elle ne
s'appliqua qu'aux litiges nés à l'occasion de la tenure féoda-
dale. Le possesseur de fief fut juge, dans sa cour *garnie de
vassaux*, de toutes les actions intentées contre le vassal à
raison du fief, mais de celles-ci seulement (*Grand Coutumier
de Normandie*, chap. 29 et 30), comme le seigneur censier
connaissait des causes concernant la censive (*Coutumier
d'Artois*, tit. 2, § 17), à l'exclusion des actions foncières qui
ne dérivaient pas du lien créé par la tenure (*Grand Coutumier de Normandie*, chap. 53).

Grâce à cette distinction, qui n'a pas toujours été faite,
il est permis de comprendre et d'appliquer la maxime :
fief et justice n'ont rien de commun. La possession du fief
entraînait à l'origine, invariablement presque, la *justice
féodale*, mais elle ne supposait pas nécessairement la *justice seigneuriale*, sauf en quelques lieux, tels que le
Beauvoisis. Ces deux justices si différentes par la nature,
par l'importance et par la procédure, ne se rapprochaient

qu'en un point : toutes deux étaient souveraines en droit
pur ; elles statuaient en dernier ressort dans les premiers
temps, et elles n'admirent le droit d'appel, sauf en cas de
défaute de droit ou de *faux jugement*, qu'à la longue, sous
l'effort de la jurisprudence et de l'extension des tribunaux
royaux (Esmein, *Cours élémentaire d'histoire du droit français*, p. 248 et suiv.). On distinguait, d'ailleurs, à cet égard,
les pays placés en l'obéissance du roi de ceux qui étaient
hors cette obéissance : dans les premiers, l'appel au roi ou
à sa cour était de droit, tandis qu'il n'en fut pas de même
tout d'abord dans les seconds.

8. — II. Droit comparé. — Minée depuis des siècles, la
féodalité, qui avait conservé chez nous moins de force
réelle que d'apparence, tendit également à disparaître dans
les autres nations européennes, au sein desquelles elle s'était
peut-être implantée plus solidement.

Dès le 13e siècle, l'empereur Frédéric II avait tenté de
la détruire, sinon en Italie, du moins en Sicile (V. *Const.
Siciliæ*, lib. 1, tit. 49; lib. 2, tit. 5 et 9, dans Huillard-
Bréholles, *Hist. diplom. Frid. secundi*, t. 4, pars
1, p. 53), et dans la Péninsule même, elle était depuis longtemps en décadence (Pertile, *Storia del diritto italiano*, t. 4,
part. 2, p. 789 et suiv.), lorsque, en 1771 et en 1773, le roi
de Sardaigne ordonna la suppression de tous les droits
féodaux dans ses Etats, en prescrivant d'ailleurs des règles
de rachat et de remboursement qui parurent équitables à
ceux-là même dont ils dénaturaient la propriété. Cette suppression fut maintenue par ses successeurs. Par son édit du
7 mars 1797, art. 1, Charles-Emmanuel réduisit à l'allodialité tous les biens et droits féodaux existant dans ses
Etats. Les restrictions apportées à cette mesure par les articles suivants, notamment par l'art. 4, qui exceptait de la
réduction à l'allodialité « les fours, moulins, péages et
autres droits semblables annexés à quelques-unes des juridictions », furent supprimées par un nouvel édit du même
prince, en date du 29 juill. 1797 (art. 4, 5 et 6). Un édit du
21 mai 1814, loin d'apporter aucune modification aux dispositions qui viennent d'être rappelées, les confirme implicitement. C'est ce qui résulte de l'art. 1 de ce décret, ainsi
conçu : « Sans aucun égard à aucune autre loi, on observe-
vera, à dater du présent édit, les constitutions royales de
1770, et les autres dispositions législatives édictées jusqu'au
23 juin 1800 par nos royaux prédécesseurs ». Il a été jugé
en conséquence que les droits féodaux, abolis dans l'ancien
comté de Nice par le fait même de sa réunion à la France
en 1792, et supprimés d'ailleurs dans les Etats des rois de
Sardaigne par les édits de 1797, n'ont pas été rétablis par
celui du 21 mai 1814, et que, par suite, un ancien seigneur
ne saurait être admis à invoquer des droits d'origine et de
nature féodale contre une commune située sur le territoire
de l'ancien comté de Nice, même pour le temps qui s'est
écoulé depuis 1814 jusqu'à la nouvelle annexion de ce territoire à la France (Civ. rej. 29 juill. 1872, aff. De Roubion,
D. P. 72. 1. 301).

9. En Angleterre, où la propriété foncière était constituée
selon un mode très original qui n'eut guère d'équivalent
dans un autre pays, un statut de Charles II supprima au
17e siècle le *knight-service* et ordonna que cette tenure ne
ferait plus désormais qu'une avec le socage (*free and common
socage*) sorte de fief héréditaire et aliénable, ne comportant pas la cérémonie de l'hommage, mais le devoir de
fidélité. Il affranchit en même temps ce dernier de la plupart des charges féodales auxquelles il était soumis, telles
que les aides, les droits de mutation, etc. Le *knight-service*
et le *free socage* se confondirent ainsi dans le *freehold*, propriété franche sous la seule réserve du domaine éminent de
la couronne et de la perception d'un droit de relief (Garsonnet, *op. cit.*, p. 450 et suiv.). De même le *copyhold*, tenure
servile à l'origine, puis tenure irrévocable possédée par un
vilain à charge de services rustiques ou de redevances, de
droits de mutation et du *heriot*, c'est-à-dire du droit appartenant au propriétaire du manoir, *manor*, de prélever, à la
mort du tenancier ou *copyholder*, à son choix, un objet dans
sa succession, le *copyhold*, disons-nous, se rapprocha du
freehold en participant, dans son dernier état, de la propriété
libre et de la tenure, en d'autres termes du droit qu'on a
sur sa propre chose et du droit qu'on a sur celle d'autrui.
Mais cette évolution fut plus récente, elle ne s'accomplit dé-

finitivement qu'avec la faculté de rachat concédée au *copy-holder* par une série de lois dont la première date de 1841, les dernières de 1852 à 1858, et d'après lesquelles, si le tenancier offre de racheter les droits du seigneur, celui-ci ne peut se refuser au rachat, moyennant un prix arbitré par une commission spéciale.

10. En Allemagne, malgré l'extrême diversité des tenures féodales, on peut remarquer entre elles un signe commun, le groupement des domaines ruraux, *Bauerhoefe*, autour de la propriété seigneuriale, *Fronhof* qui, au 13e siècle, s'appelle *curtis nobilis*, et dont le détenteur a la seigneurie foncière, *Grundherrschaft*, distincte de la seigneurie politique, *Landesherrliche Vogtei*, donnant droit à des redevances en nature ou en argent qui sont le prix de la protection seigneuriale. Le mouvement de réaction contre ce système féodal est plus récent. Il se produisit dans le grand-duché de Hesse, en 1836, date à laquelle une loi chargea l'État de rembourser les propriétaires de droits féodaux en leur versant une somme égale à dix-huit fois la valeur des charges annuelles qui étaient imposées aux tenanciers. Ceux-ci durent alors souscrire une obligation à intérêt fixe, dont les trois quarts étaient affectés au service des annuités, et le quatrième à la création d'un fonds d'amortissement qui éteignait la dette au bout de quarante-sept ans. La Prusse adopta, en 1850, ce procédé de rachat, dont l'intermédiaire fut une banque publique de district, à laquelle les tenanciers emprunteurs qui désiraient se libérer envers leur seigneur payèrent un intérêt de 4 et demi ou de 5 pour 100, de façon à amortir leur dette en quarante et un ou quarante-six ans (V. Doniol, *La révolution française et la féodalité*, 2e édit.).

En résumé, il reste peu de chose du droit féodal germanique depuis les constitutions postérieures à 1848, tout au plus quelques droits de police et des règles de succession favorables à la conservation des biens dans la famille. Le fief, qui existe encore aujourd'hui dans l'ordre civil, n'a plus de vitalité, car les lois ont défendu d'en créer de nouveaux, et les anciens sont rachetables en Bavière, en Saxe, dans le grand-duché de Bade. Les charges féodales qui grèvent la propriété immobilière ont également disparu : celles qui emportaient la suzeraineté ont été abolies, et les autres ont été ou supprimées moyennant indemnité, ou soumises au rachat (*Annuaire de législation étrangère*, 1874, p. 133).

11. En Danemark, les trente-deux fiefs créés depuis 1660 existaient encore en 1870 (*Reports respecting the tenury of land*, t. 1, p. 189).

12. La féodalité a commencé à décliner en Espagne aux 17e et 18e siècles. Un grand nombre de fiefs furent alors réunis à la couronne, et il fut admis que les biens de l'État vendus à des particuliers pourraient être repris contre remboursement du prix. Les cortez de Cadix abolirent depuis la féodalité par la loi du 6 août 1811, en incorporant les seigneuries à juridiction au domaine de l'État, avec les charges réelles et personnelles qui ne dérivaient pas de contrats et y étaient attachées, et en transformant en propriétés privées les seigneuries dépouillées de justice (De Cardenas, *Ensayo sobre la historia de la propiedad territorial en España*, t. 2, p. 464). Le servage personnel avait, d'ailleurs, presque complètement disparu au commencement du 17e siècle (*Ibid.*, t. 2, p. 412).

13. La Russie était, avant l'affranchissement des serfs, un pays de servage plutôt qu'un pays de féodalité (Doniol, *Comptes rendus de l'académie des sciences morales et politiques*, 1875, p. 309). C'était du moins un État despotique, qui laissait peu de place au régime féodal. L'ukase du 3 mars 1861, étendu depuis à la Pologne, a non seulement donné la liberté personnelle aux serfs, mais leur a ouvert la propriété foncière, en leur permettant de racheter à leur ancien seigneur leur maison avec un enclos et des terres suffisantes pour nourrir leur famille. Jusqu'à ce rachat, ils continuent à payer l'*obrok* ou redevance seigneuriale et à fournir la corvée, d'après des règlements locaux. L'État leur avance une partie des sommes nécessaires au rachat, qui sont remboursables en quarante-neuf ans (A. Leroy-Beaulieu, *Le paysan russe*, dans la *Revue des Deux Mondes*, 1er août 1876, p. 664). L'ukase du 5 mars 1864 a complété celui de 1861, en donnant aux paysans polonais la pleine propriété des terres dont ils avaient seulement l'usufruit.

CHAP. 2. — **Des droits personnels** (*Rép.* nos 46 à 126).

14. Sur les distinctions honorifiques proprement dites, V. *Rép.* nos 46 à 61.

15. Sur les droits de supériorité féodale, de police et de commandement, V. *Rép.* nos 62 à 87.

16. Sur la servitude personnelle et les droits en dérivant, V. *Rép.* nos 88 à 115, et P. Viollet, *Histoire du droit civil français*, 2e édit., p. 311 à 328; Esmein, *Cours élémentaire d'histoire du droit français*, p. 225 à 233.

17. On a vu au *Rép.*, nos 88 et 89, que la loi des 15-28 mars 1790, avait aboli sans indemnité la mainmorte personnelle, réelle et mixte, la servitude d'origine, la servitude personnelle du possesseur des héritages tenus en mainmorte réelle, celle de corps et de poursuite, les droits de taille personnelle, de corvées personnelles, d'échute et de videmain, le droit prohibitif des aliénations et dispositions à titre de vente, donations entre vifs et testamentaires, et tous les autres effets de la mainmorte personnelle, réelle ou mixte; puis, que les lois du 25 août 1792 et du 17 juill. 1793 y ajoutèrent les charges, tailles, redevances ou corvées réelles, qui avaient d'abord été maintenues. Dans les numéros suivants, le *Répertoire* a défini et expliqué ces termes dont la signification importe encore aujourd'hui, car sous ces dénominations peut se cacher un état ou une charge qui n'avait rien de féodal, malgré l'apparence. — Pour compléter, s'il y a lieu, les explications fournies, on recourra utilement sur ces matières, aux ouvrages suivants : Glasson, *op. cit.*, t. 4, p. 439 et suiv.; Garsonnet, *Histoire des locations perpétuelles*, p. 478 et suiv.; H. Beaune, *La condition des personnes*, p. 214 et suiv.; la condition des biens, p. 261 et suiv.; *Sens du mot « quitte »* dans les actes féodaux de la Bresse et du Bugey, du même auteur, dans le *Bulletin du comité des travaux historiques*, 1892; Grandmaison, *Le livre des serfs de Marmoutier*; Dupré, *Études et documents sur le servage dans le Blaisois*; Yanoski, *De l'abolition de l'esclavage ancien au moyen âge*, etc.

Ce qu'il importe de remarquer, c'est que le serf était attaché, non à une parcelle de terre déterminée, comme l'ancien colon, mais au territoire d'une seigneurie, et que, le lien féodal étant plus ou moins étroit, il y avait plusieurs catégories de serfs, deux notamment, les serfs *de corps ou de poursuite* (V. *Rép.* nos 96 et 97), parmi lesquels quelques-uns étaient tenus d'une servitude purement personnelle (Beaumanoir, *Cout. du Beauvoisis*, ch. 45, § 36), et les serfs *de mainmorte* (V. *Rép.* nos 92, 98 et suiv.), qui pouvaient, en abandonnant leur tenure, dépouiller leur condition servile et désavouer leur seigneur. — Les serfs étaient soumis à trois principales redevances qui ont été indiquées au *Rép.*, nos 100 et suiv., le *chevage*, *capitalicium*, *chevagium*, *census capitis*, somme fixe qu'ils payaient tous les ans au seigneur à une date déterminée, la *taille*, impôt direct levé par le seigneur sur les épargnes du serf, et la *corvée*, journées de travail dues gratuitement au seigneur dans des conditions fixées par l'usage des lieux. Deux incapacités pesaient en outre sur eux, le *formariage* et la *mainmorte* (V. *Rép.* no 100). Tous ces droits ont été abolis en termes généraux et absolus par l'art. 11 de la loi des 15-28 mars 1790 (V. *Rép.* no 111), parce qu'ils découlaient de la féodalité, comme ceux qui sont énumérés au même *Rép.*, nos 112 et suiv., lorsqu'ils avaient le caractère seigneurial. C'est uniquement à distinguer ce caractère que le juge doit s'appliquer aujourd'hui, s'il est encore appelé à interpréter un contrat qui les mentionne.

18. Sur le droit de juridiction, V. *Rép.* nos 116 à 126.

CHAP. 3. — **Des droits réels** (*Rép.* nos 127 à 426).

SECT. 1re. — PRINCIPES GÉNÉRAUX DE LA PROPRIÉTÉ FONCIÈRE SOUS L'ANCIEN RÉGIME (*Rép.* nos 127 à 147).

19. Au *Rép.*, no 128, on a distingué au 18e siècle quatre sortes principales de propriétés en France, la propriété *mainmortable*, la propriété *censuelle*, la propriété *féodale* et la propriété *allodiale*. On pourrait écarter la première, qui se rattache à la troisième et qui, comme celle-ci, a été complètement abolie par les lois de 1789. Il semble plus rationnel de ne distinguer, outre le domaine royal, qui doit être placé à part, que les *alleux*, les *censives* et les *fiefs*.

20. Les *alleux*, *francs-alleux* ou terres allodiales (V. *Rép.*

n° 132), ne relevaient de personne ; ils n'avaient aucun privilège, mais ne dépendaient d'aucun seigneur, ni en fief, ni en censive, et ne devaient ni foi, ni hommage, ni autres devoirs seigneuriaux. Leur détenteur transmettait et aliénait librement sa propriété sans avoir besoin de demander aucun consentement et sans payer de droits à personne. Le domaine demeurait intégral entre ses mains ; il n'y avait pas lieu à le diviser, comme pour le fief et la censive, en domaine direct et en domaine utile (Esmein, *op. cit.*, p. 216). Quelques auteur ont cru découvrir l'origine de l'alleu dans l'ancienne propriété romaine respectée par les barbares. « Après la conquête des Gaules, dit Basnage (*Des fiefs*, art. 102), les terres furent partagées en deux manières à l'égard des particuliers, en bénéfices et en *alodes* ou *aleuds*. Les bénéfices consistaient en terres que le prince avait données, pour un temps ou à vie, à ses gens de guerre, et les *aleuds* étaient les terres que l'on avait laissées aux anciens possesseurs ». « Les provinces du royaume, écrit Henrion de Pansey (*Dissertation féodale*, v° *Alleu*, § 16), qui, de temps immémorial, jouissent de l'exemption du cens, sont le Languedoc, le Dauphiné, le Lyonnais et quelques pays adjacents. Or ces provinces sont précisément celles auxquelles les Romains avaient communiqué le privilège des terres de l'Italie ». « La franchise de l'alleu, ajoute M. Championnière (*De la propriété des eaux courantes*), fut tellement la condition générale de toutes les terres situées dans les provinces jouissant du droit italique, qu'en Italie toute possession libre du lien féodal fut un alleu ». Enfin, dit M. Laferrière (*Essai sur l'histoire du droit français*, t. 1, p. 96), « il n'avait pas été enlevé dans le Midi autant de terres que dans le Nord aux anciens possesseurs ; moins de domaines y étaient incorporés au fisc ou franc. La propriété avait conservé le plus qu'ailleurs le caractère que lui avaient imprimé la société romaine et le droit romain ».

21. L'alleu était en dehors de la hiérarchie féodale ; il y rentra cependant par un certain côté. Comme on l'a fait remarquer au *Rép.*, n° 141, on distinguait l'alleu noble de l'alleu roturier, même dans les coutumes allodiales. « Franc alleu auquel il y a justice censive ou fief mouvant de lui, se partit comme fief noble. Mais où il n'y a fief mouvant de lui, justice ou censive, il se partit roturièrement » (*Coutume de Paris*, art. 68). « Les héritages allodiaux, dit Bacquet (*Du droit de franc fief*, ch. 2, n° 22), sont en deux espèces : les *aucuns* sont tenus en franc alleu noble, desquels il y a justice censive ou fief mouvant, et le détenteur de tels héritages allodiaux n'est tenu de foi, d'hommage, de service, ou d'autres droits seigneuriaux à quelques personnes que ce soit. Les autres sont tenus en franc alleu roturier, desquels n'y a aucun fief mouvant, justice ni censive, et le détenteur d'iceux ne doit cens, rentes, lods, ventes, vestures ni autres redevances ». Tandis que le noble obtenait les franchises de son domaine et de sa personne, *in integritate*, *in integra immunitate*, les concessions faites aux serfs ou aux communautés de mainmorte gardaient la tache indélébile de l'état social du concessionnaire. Une formule de Marculfe fait connaître l'étendue des premières : *In integra emunitate, absque ullius introitu judicum, de quaslibet causas freda exigentium, perpetualiter habeat concessa.* Et Cujas (*ad leg. 1, Cod., De jure emphyteut.*) définit les secondes : *Nihil omnino pensitant, nec fidem, nec hominum, sed tantum jurisdictionem agnoscunt.* Mais, cette nuance établie, au point de vue des règles de la dévolution héréditaire de ces propriétés, l'alleu roturier n'en conservait pas moins toutes ses franchises.

22. Le *fief* a été décrit au *Rép.*, n°ˢ 19 et suiv., 174 et suiv., et nous ne reviendrons pas sur sa définition, si ce n'est pour renvoyer aux ouvrages suivants qui peuvent le compléter (Esmein, *op. cit.*, p. 185 et suiv. ; Glasson, *op. cit.*, t. 4, p. 273 et suiv. ; P. Viollet, *op. cit.*, p. 251, 254, 626 et suiv., 709 et suiv. ; H. Beaune, *La condition des biens*, p. 172 et suiv.).

23. La propriété *censuelle* ou *censive* a été également définie au *Rép.*, n°ˢ 130, 255 et suiv., ainsi que par les auteurs qui précèdent, notamment Esmein, *op. cit.*, p. 212 et suiv. ; Viollet, *op. cit.*, p. 675 et suiv. ; H. Beaune, *op. cit.*, p. 250 et suiv. ; Glasson, *op. cit.*, p. 386 et suiv. Dans cette forme de propriété se confondaient les modalités diverses du bail à cens connues sous les noms de *champarts*, *terrage*, *agriers*,

etc., dont il sera parlé spécialement, *infrà*, n°ˢ 39 et suiv.

À ce mode de propriété, comme au fief lui-même, se rattachaient et s'appliquaient les deux maximes contradictoires : *Nulle terre sans seigneur* et *nul seigneur sans titre*, qui ont été expliquées au *Rép.*, n° 135 et suiv., et qui, dans les pays où elles étaient en vigueur, créaient la première une présomption légale en faveur de l'inféodation ou de l'accensement des terres, et la seconde une présomption de même nature en faveur de leur allodialité, c'est-à-dire de leur liberté. — On a vu plus haut et au *Rép.*, n° 137, que les pays de droit écrit avaient adopté la seconde maxime. Son effet y était toutefois atténué par une restriction : si la terre était enclavée parmi d'autres sur lesquelles un seigneur avait non seulement droit de juridiction, mais encore le domaine direct, ce seigneur était fondé à lui imposer, sans titre et jusqu'à preuve contraire, les devoirs féodaux (V. *Rép.* n°ˢ 134 et 137 ; Dominicy, De *prærogativa allodiorum in provinciis quæ jure scripto reguntur*, cap. 20, n° 6).

24. La jurisprudence, qui a dû depuis 1789 interpréter les lois abolitives de la féodalité, a été obligée de rechercher avec soin les caractères distinctifs de ces divers modes de propriété, pour savoir s'ils tombaient sous l'application des dispositions législatives intervenues pendant la Révolution, et, par suite, elle a été tenue de bien connaître les principes qui les régissaient antérieurement. C'est pourquoi, malgré les explications détaillées déjà fournies à cet égard par le *Répertoire*, *loc. cit.*, il a paru nécessaire de revenir ici sur ce point en renvoyant aux principaux ouvrages modernes qui ont exposé les règles juridiques de la propriété dans l'ancien régime.

Conformément à ces règles, il a été jugé que, lorsqu'une coutume est allodiale, la présomption de propriété existe au profit de la commune en possession d'alleux roturiers, et la charge de la preuve incombe au seigneur qui se prétend propriétaire ; dans ce cas la maxime « nul seigneur sans titre » l'emporte sur la maxime contraire « nulle terre sans seigneur » (Dijon, 10 août 1864, aff. Commune de Bourbonne-les-Bains, D. P. 65. 2. 33) ; — Qu'en admettant que la disposition d'une ancienne coutume, qui porte que « les habitants, communautés, ni autres particuliers, ne peuvent prétendre droit d'usage ni pâturage en justice et seigneurie d'aucuns seigneurs hauts justiciers, sans avoir titres d'aucuns seigneurs, ni leur avoir payé redevance », crée, en faveur des seigneurs, une présomption de propriété à l'égard des fonds et bois compris dans leurs seigneuries, cette présomption reposant sur la maxime féodale « nulle terre sans seigneur » a été abolie par la loi du 25 août 1792 (Req. 7 mai 1866, même affaire, D. P. 66. 1. 476) ; — Qu'en conséquence les représentants de l'ancien seigneur ne peuvent revendiquer, en se fondant sur la présomption dont il s'agit, les bois possédés par une commune depuis un temps immémorial ; leur action est subordonnée à la preuve de la précarité de cette possession (Même arrêt). En effet, dans les coutumes allodiales, la règle féodale « nulle terre sans seigneur » ne pouvait prévaloir contre les présomptions favorables aux biens possédés même en roture. Dumoulin nous l'apprend : *Falsum est non posse quempiam in hoc regno terram tenere sine domino, et hoc intelligendum, sine domino, scilicet directo, quem sit necesse in dominium directum recognoscere ; sed hoc intelligendum sine domino, id est, quin subsit dominationi et jurisdictioni vel subalterni domini sub eo, est verissimum.* Et Duaren ajoute : *Nec verum est quod dicitur neminem tenere posse alodium sine domino, nisi contraria sit in aliquibus locis consuetudo ; ideo hâc ratione intelligenda sunt hæc verba, sine domino, id est jurisdictione alicujus* (*Disputat. feud.*, cap. 21, n° 10).

SECT. 2. — DE LA QUALIFICATION DES RENTES, REDEVANCES ET CONTRATS (*Rép.* n°ˢ 170 à 182).

25. On a vu au *Rép.*, n°ˢ 147 et suiv., que les qualités et la qualification des parties ne peuvent déterminer la nature des contrats, qui se fixe seulement par la substance des clauses y renfermées. Il en est de même, en matière féodale, de la qualification donnée aux droits stipulés (V. *Rép.* n° 170). Ainsi, dans l'espèce citée *suprà*, n° 24, il a été décidé que la

dénomination dans les actes (chartes-contrats ou décisions judiciaires) de *bois d'usages, usages communaux*, donnée aux bois de la commune, ainsi que celle d'*usagers*, appliquée aux habitants, n'implique pas la non-propriété de la commune ; cette dénomination sert à définir des droits des habitants, considérés individuellement, par rapport au corps moral de la commune, considérée comme propriétaire (Dijon, 10 août 1864, cité *supra*, n° 24).

26. On appelait autrefois *taxe de nouveaux acquêts* un impôt prélevé sur les communautés à raison des biens qu'elles possédaient et qui n'étaient pas soumis au droit d'amortissement perçu sur les gens de mainmorte ou personnes morales (Bacquet, *Domaine de la Couronne*, ch. 46, 3° part.). C'était une charge imposée sur la propriété roturière, comme compensation des devoirs et services féodaux auxquels elle n'était pas assujettie comme les terres nobles. C'était, de plus, une sorte de récompense payée au souverain, pour lui tenir compte des droits de déshérence, qui ne pouvaient en aucun cas lui advenir, puisque les communautés ne sauraient mourir, et se transmettent de siècle en siècle une propriété impérissable. Bacquet (3° part., ch. 21) dit à ce sujet : « Si les héritages appartiennent à gens de mainmorte sont tenus en franc alleu, et situés en haute justice du roi, ledit seigneur est privé de tout droit de confiscation et de déshérence qui lui pourroit advenir et appartient esdits héritages. Davantage il est certain que les seigneurs des héritages féodaux situés en France sont tenus d'aller aux expéditions militaires et guerres que nos rois soutiennent pour la défense du royaume et la conservation des habitants d'icelui, ce que les personnes ecclésiastiques et autres gens de mainmorte ne peuvent faire ». La circonstance qu'une commune aurait payé la taxe de nouveaux acquêts ne suffirait pas à établir que cette commune n'était qu'une simple usagère. De ce que les communiers sont soumis à la taxe de nouveaux acquêts, on ne doit pas en conclure qu'ils ne sont pas propriétaires ; cette taxe s'applique aux biens roturiers qui n'ont pas été amortis, à quelque titre qu'on les possède (Dijon, 10 août 1864, cité *supra*, n° 24).

27. Les lois abolitives de la féodalité ayant brisé tous les liens qui unissaient les seigneurs et les communes, on ne saurait maintenir des conventions, même portant concession de droits d'usage, lorsque ces conventions supposent la formation d'un lien féodal postérieur à l'abolition des droits seigneuriaux. Ainsi, la concession de droits d'usage, faite par un seigneur féodal aux communes dont les habitants lui fourniraient en échange des prestations de diverses natures, doit être restreinte aux maisons construites avant la loi du 4 août 1789, abolitive de la féodalité (Req. 28 juill. 1852, aff. Radonvilliers, D. P. 52. 5. 280).

28. En Dauphiné, tous les héritages indistinctement étaient réputés francs et libres jusqu'à la preuve spéciale du contraire. Par suite, les anciens seigneurs de cette province, qui étaient aux droits du roi et de l'Etat, et en cette qualité, exerçaient la directe universelle, la haute, moyenne et basse justice, n'ont pu acquérir, en vertu de ces droits seuls, le domaine utile sur les terres faisant partie de leur juridiction : ils ne sont fondés à revendiquer ces terres contre les communes qu'en prouvant, par titre exprès ou par possession, qu'ils sont propriétaires et que les communes sont usurpatrices. Il ne suffirait pas qu'ils justifiassent d'une concession du domaine utile faite à leur profit d'une manière générale et à titre universel : ils doivent, à défaut de possession, rapporter un titre d'acquisition spécial (Grenoble, 19 févr. 1853, aff. De Belmont, D. P. 55. 5. 227).

Sect. 3. — Du bail à cens, des rentes dites censuelles, gros-cens, surcens, arrière-cens, servis, albergue, tenure en main-ferme, rente colongère (Rép. n°s 183 à 198).

29. Au *Rép.*, n° 183, on a défini le *bail à cens ou censive*, un contrat par lequel le propriétaire d'un héritage ou d'un autre droit immobilier l'aliénait sous la réserve de la seigneurie

directe et d'une redevance annuelle, nommée *cens*, qui lui était payée par le preneur ou ses successeurs en signe recognitif de ladite seigneurie (V. P. Viollet, *Histoire du droit civil français*, p. 687 ; Garsonnet, *op. cit.*, p. 402 et suiv.). Dans les pays où était appliquée la maxime : *nulle terre sans seigneur*, toute terre qui n'était pas prouvée alleu ou fief était censive. Mais il fallait tenir noblement une terre pour l'accenser ; ni le possesseur d'un alleu roturier, ni un censitaire ne pouvait bailler à cens son domaine. Le cens n'était point par lui-même une redevance féodale. Lorsque les Romains appelaient *census* l'impôt établi sur le patrimoine mobilier et immobilier, ou la redevance d'un colon, ils n'attachaient pas à ce mot une idée de supériorité d'un fonds sur un autre ou d'une personne sur une autre. — L'origine du cens seigneurial ne se rencontre ni dans la *terra censilis* du *Polyptyque d'Irminon*, comme l'a cru M. Guérard (*Polyptyque d'Irminon*, t. 1, *Prolégomènes*, § 254), ni dans le revenu réel du domaine accensé, comme l'ont pensé Argou (*Institut. au droit français*, t. 1, p. 159) et Troplong (*Louage*, t. 1, n° 34), ni dans les combinaisons du jeu de fief, ainsi que l'a supposé Pépin le Halleur (*Histoire de l'emphytéose*, p. 247). Elle semble plutôt reposer dans les redevances justicières payées au seigneur (V. *Rép.* n° 185). Mais le mot cens pouvait aussi s'appliquer à des redevances ou rentes foncières qui n'avaient rien de seigneurial, ce qui fit distinguer dans les derniers siècles un bail à cens seigneurial, qui réservait au bailleur la seigneurie directe, et un bail à cens non seigneurial ou simplement un bail à rente, qui était exclusivement une charge de l'héritage et n'avait aucun caractère féodal (P. Viollet, *op. cit.*, p. 686). La qualification du contrat ne suffirait donc pas, à elle seule, pour constituer la féodalité et, par suite, pour entraîner l'abolition du cens (V. *Rép.* n° 190).

30. A côté de ce cens récognitif de la seigneurie, et consistant en quelques deniers, d'où le nom de *droit cens* ou *menu cens* qui lui était donné, il existait le plus souvent une redevance plus forte, *surcens, gros cens, cens costier, croît de cens* qui constituait une véritable rente foncière, représentant le revenu du fonds. Elle était distincte du premier cens, prescriptible à la différence de celui-ci, mais seigneuriale comme lui, lorsqu'elle était jointe de façon à ne pouvoir en être distinguée (V. *Rép.* n° 191). Il suffisait même, dans les pays de droit écrit, que le bail à cens fût seigneurial pour que les deux redevances eussent ce caractère (Garsonnet, *op. cit.*, p. 409). Pour s'assurer si le surcens a été ou non atteint par les lois abolitives de la féodalité, il faut donc constater qu'il ne se confondait pas avec le cens ou qu'il n'était pas originairement payé au seigneur (V. *Rép.* loc. *cit.*).

31. Une autre règle féodale qui se rattache au bail à cens seigneurial et qui a été exposée au *Rép.*, n° 152, c'est que le censitaire ne pouvait, sans l'autorisation du « sire du treffons », accenser lui-même le fonds qu'il tenait déjà à cens. *Cens sur cens n'a lieu* (Beaumanoir, édit. Beugnot, t. 1, p. 350). En effet, le censitaire était incapable de retenir une seigneurie directe dont il n'avait aucun élément entre les mains, son droit de propriété étant purement utile et non seigneurial. Cependant de nombreux sous-accensements eurent lieu au mépris de la règle, et obligent la jurisprudence à rechercher aujourd'hui s'ils ont constitué de véritables cens ou seulement des rentes foncières, qui ne tombent pas sous la proscription des charges féodales. Il a été ainsi jugé que l'on ne peut considérer ni comme féodale, ni comme mélangée de féodalité, et par conséquent comme abolie par la loi du 17 juill. 1793, la rente seconde foncière moyennant laquelle le preneur à cens a sous-aliéné l'héritage accensé, encore bien qu'il ait imposé à l'acquéreur l'obligation de servir à son acquit les cens, rentes et redevances par lui dues au seigneur direct, alors d'ailleurs qu'il n'a stipulé à son profit aucun devoir seigneurial (Poitiers, 28 août 1862) (1).

---

(1) (Laurence C. Saulnier et autres.) — La cour ; — Vu les art. 1 et 2 de la loi du 17 juill. 1793, ainsi conçus : « Art. 1. Toutes redevances ci-devant féodales, droits féodaux, censuels, fixes et casuels, même ceux conservés par le décret du 25 août 1792, sont supprimés sans indemnité. — Art. 2. Sont exceptées

des dispositions de l'article précédent, les rentes ou prestations purement foncières et non féodales » ; — Attendu que, de ce double texte de loi, ressort cette différence essentielle entre le décret du 17 juill. 1793, et celui du 25 août 1792, que ce dernier, tout en prononçant l'abolition de tous les droits présentant, sous une

32. Outre le cens et le surcens, le censitaire devait au seigneur censier des redevances casuelles, appelées profits censuels, et au nombre de deux. L'une était due en cas de mutation par décès et connue, selon les pays, sous les noms de *double cens, acapte* ou *arrière-acapte, marciage, plait, plait seigneurial, mainmorte, milods, remuage, esporle, relevoisons* (V. *Rép.* nos 155, 313, 349). L'autre, que l'on nommait *accordements, honneurs, capsos,* mais plus généralement *lods et ventes* (V. *Rép.* nos 155, 157, 160, 316), était due en cas de vente de l'héritage accensé, et fixé à Paris et Orléans au douzième du prix de vente (H. Beaune, *La condition des biens,* p. 261). — Les lods et ventes payés par l'acheteur dans un délai de vingt à quarante jours peuvent servir à caractériser la nature du contrat de bail à cens. Ainsi, la cession d'un terrain faite à un particulier, par un ancien seigneur, à titre de cens foncier et seigneurial, emportant lods et ventes, et moyennant une redevance annuelle, peut être considérée comme un bail à cens, quoiqu'elle contienne des clauses propres au bail à domaine congéable, et, par exemple, la faculté pour le cédant, ses héritiers ou ayants cause, de rentrer dans la propriété du bien cédé, sauf au preneur à conserver ses constructions. En conséquence, ce preneur, investi du domaine utile auquel s'est ensuite réuni le do-

maine direct par suite de l'abolition de la féodalité, est devenu, en vertu de cette réunion, propriétaire exclusif du fonds à lui cédé (Req. 24 avr. 1860, aff. Derchen, D. P. 61. 1. 179. V. en ce sens *Rép.* n° 486).

33. Sur le *servis,* redevance purement nominale et recognitive de la seigneurie, V. *Rép.* n° 192; Laurière sur Ragueau, *Gloss.,* v° *Servis;* Garsonnet, *op. cit.,* p. 409.

34. L'*albergement, albergeage,* défini au *Rép.,* n° 193, était usité en Savoie et en Bugey, outre la Provence, le Languedoc et le Dauphiné. Mais il n'avait point partout les mêmes effets. En Bugey, notamment, il ne conférait au preneur qu'un droit de jouissance (Civ. cass. 11 août 1851)(1). Ailleurs, en Savoie et en Dauphiné, il transférait le domaine utile et constituait alors une variété du bail à cens seigneurial (Aubry et Rau, *Cours de droit français,* 4e édit., t. 2, p. 447). A ce titre, il a été aboli sous la Révolution et les redevances que le contrat imposait n'existent plus, étant entachées de féodalité (V. *Rép., ibid.*). Mais si les conditions du contrat primitif n'affectent que le mode d'exploitation et de jouissance du fonds, sans toucher à la propriété, elles pourraient encore être considérées comme licites. Ainsi, la convention par laquelle les copropriétaires de bois et pâturages en Savoie ont subordonné la jouis-

qualification quelconque, le caractère de la féodalité, exceptant pourtant de l'abolition par lui prononcée les redevances qui, sur la représentation du titre primordial, seraient justifiées avoir pour cause une concession de fonds, tandis que celui de 1793, outrant les rigueurs du décret précédent, frappe et embrasse dans la même proscription jusqu'aux rentes et redevances auxquelles une concession de fonds a donné lieu, si elles ne sont pas *pures foncières,* c'est-à-dire complètement dégagées de tout élément féodal ; d'où la nécessité, dans l'appréciation des rentes anciennes, et pour savoir si elles ont ou non survécu au décret de 1793, de rechercher les conditions de leur origine, et de vérifier si elles sont, ou non, dans le sens du décret, ce qu'il a entendu désigner sous la qualification de rentes pures foncières ; — Attendu que si, pour s'aider dans cette appréciation tout à la fois de droit et de fait, on s'inspire d'abord des enseignements de la doctrine et de ceux fournis par les monuments nombreux de jurisprudence auxquels les questions de cette nature ont donné lieu, on en peut déduire comme règle certaine : d'une part, que toute rente, même foncière, si elle a été établie par le même acte que le cens ou devient récognitif de la directe seigneuriale, doit, par cela seul, être réputée féodale, ou, tout au moins, mélangée *de féodalité,* et par conséquent supprimée ; qu'il en est de même d'une rente créée par un acte récognitif du droit seigneurial au profit de celui qui la stipule, quoique la directe seigneurie sur les biens formant l'objet de la concession ne lui appartienne pas ; mais d'autre part aussi, que lorsqu'une rente est stipulée dans un autre acte que le titre primordial, par une personne qui n'a ni ne prétend avoir la seigneurie des biens, qu'elle sous-aliène, cette rente est purement foncière, et ne tombe pas, par conséquent, sous le coup des lois révolutionnaires, bien que les redevances féodales existant au profit du seigneur direct soient mentionnées et rappelées dans l'acte de sous-aliénation ; — Attendu, ces principes posés, qu'il ne s'agit plus que de faire l'application à la rente objet du litige, et de rechercher, à l'aide des stipulations établies dans l'acte qui la constitue, quels sont, des caractères sus-indiqués, ceux qui lui appartiennent réellement, et en doivent faire déterminer la nature ; — Attendu (suit l'examen et l'application des divers actes représentés) ; — Attendu que, du rapprochement des dispositions qui viennent d'être relatées à la suite l'une de l'autre, pour en mieux faire saisir les rapports, naissent également, incontestables, les déductions suivantes : 1° que, depuis l'acte du 28 janv. 1571, jusqu'au procès actuel, c'est bien toujours le même moulin, le moulin Vicq, dont il est question ; lequel moulin, à la suite de transmissions multipliées, se trouve aujourd'hui passé après trois siècles, des mains de l'évêque de Poitiers, premier bailleur, dans celle des intimés ; 2° que pour prix et conditions des aliénations et transports dont il a été successivement l'objet pendant cette longue période de temps, ce moulin a servi d'assiette à deux espèces de rentes, et de nature comme d'origine fort distinctes, quoique l'une et l'autre foncières : la première de cinquante-six boisseaux mi-partie froment et de méture, de quatre chapons, de vingt-quatre anguilles et de quarante sols, stipulés directement à son profit par l'évêque de Poitiers, emportant reconnaissance expresse de sa seigneurie sur la baronnie d'Angles, essentiellement féodale, par conséquent et qui, après avoir été servie sans interruption pendant plus de deux cents ans, par les détenteurs dudit moulin à ladite baronnie d'Angles, dans la personne de l'évêque de Poitiers, premier cédant, et de ses successeurs, est venue s'éteindre de plein droit sous l'application de la loi du 25 août 1792 ; la seconde de deux cents dix livres tournois et un gâteau ; celle-ci, d'origine

moins ancienne, ne datant pas, comme la précédente, du 28 janv. 1571, n'ayant pour auteur l'évêque de Poitiers, mais émanant tout simplement de l'un des successeurs de son primitif concessionnaire, et prenant sa source seulement dans l'acte du 10 déc. 1694 ; d'où la conséquence que cette seconde rente, n'étant pas créée par le même titre que la première, s'en détachant au contraire complètement, et n'étant que le prix d'une sous-aliénation consentie par un héritier du premier preneur à cens, elle doit, par cela même, être reconnue n'avoir absolument rien de féodal ; et cela, bien que, dans le titre où elle est stipulée, se trouve en même temps relatée la redevance due à la baronnie d'Angles, cette relation exigée par la loi de l'époque à peine de commise ou de résolution du premier arrentement, n'ayant été faite, de la part du bailleur stipulant dans cet acte que comme reconnaissance d'un droit de sa charge, dont il ne revendiquait absolument rien pour lui-même, et qu'il imposait seulement l'obligation de servir désormais à son acquit ; — Qu'il faut donc conclure finalement, de tout ce qui précède, que la rente, objet du procès, n'étant autre que celle établie par l'acte du 10 déc. 1694, et ne se confondant nullement avec la redevance seigneuriale stipulée dans l'acte primordial du 28 janv. 1591, est une pure rente seconde foncière, totalement exempte du caractère féodal, que le tribunal d'où vient l'appel a conséquemment eu tort de déclarer abolie ; — Par tous ces motifs, dit qu'il a été mal jugé, etc.

Du 28 août 1862.-C. de Poitiers.-MM. Merveilleux-Duvignaud, pr.-Decous, av. gén.-Albert Pervenquière et Lepetit, av.

(1) (Commune de Montréal C. Héritiers Douglas.) — LA COUR ; — Attendu qu'en Bugey, pays de franc-alleu, les expressions « albergeage » et « albergement » signifient généralement la possession précaire d'un droit seigneurial accordé à un particulier ou à une communauté d'habitants, sous la condition d'une rente ou redevance ; — Que, dans la même province, l'emphytéose n'avait pas le caractère et les effets de l'emphytéose proprement dite, et que, comme l'albergement, elle comprenait seulement la concession précaire de droits incorporels ; qu'ainsi, un acte qui concédait dans cette province, à titre d'albergeage et d'emphytéose perpétuelle, l'usage d'une forêt, n'avait pas nécessairement pour résultat de transmettre la pleine et entière propriété de ladite forêt ; — Attendu que, si les lettres patentes du 3 nov. 1498, accordées par le duc de Savoie, alors souverain du Bugey, aux habitants de la commune de Montréal, mentionnent que la concession qu'elles avaient pour objet était faite *in albergamentum et in emphyteusim perpetuam,* c'est avec raison que l'arrêt attaqué a refusé d'y voir un abandon des droits de propriété dans son sens absolu ; — Qu'en effet, l'acte susmentionné indique clairement que c'est pour l'usage et le besoin des habitants de Montréal, et pour la réparation de leurs maisons, granges et autres édifices, et les fortifications de leur ville, que le droit litigieux leur a été concédé par le duc de Savoie, avec défense expresse de couper des bois pour les vendre, et de porter atteinte au fonds des forêts ; — Que de pareilles restrictions ne peuvent se concilier avec une transmission réelle de la propriété de ces forêts ; — Qu'ainsi l'arrêt attaqué, en réduisant les droits de la commune à de simples usages, loin d'avoir violé les lettres patentes du duc de Savoie du 3 nov. 1498, et les principes relatifs au contrat d'emphytéose, en a fait une juste application ;

Rejette, etc.

Du 11 août 1851.-Ch. req.-MM. Mesnard, pr.-Taillandier, rap.-Rouland, av.-gén., concl.-Moreau, av.

sance en commun desdits bois et pâturages à certaines conditions de domicile, de résidence, de possession de terre et d'héritage, constitue une société d'indivision ayant pour objet un droit de parcours réciproquement consenti par chacun des copropriétaires sur sa part indivise du fonds commun ; et cette convention, n'étant contraire ni aux lois ni à l'ordre public, doit être observée tant que la dissolution de la société n'a pas été prononcée ; alors même que les conditions sus-rappelées auraient été celles d'un ancien albergement dont les intéressés se seraient affranchis par un rachat antérieurement à 1789, et auraient été, au besoin, dégagés par les lois abolitives de la féodalité : cette convention peut résulter des règlements arrêtés dans l'assemblée générale des anciens albergataires, devenus copropriétaires par indivis (Civ. rej. 6 févr. 1872, aff. Consorts Monnet, D. P. 72. 1. 101).

35. L'engrogne et la *main-ferme* étaient également des variétés du bail à cens seigneurial (V. *Rép.*, n°s 195 et 196 ; Garsonnet, *op. cit.*, p. 410). Quant à l'*hostise*, considérée par Warnkoenig (*Histoire de la Flandre*, t. 2, § 157) comme une espèce de censive, elle avait ce caractère selon les circonstances, mais pouvait être aussi un bail à rente. Elle était plutôt une condition de la personne de l'*hôte* payant, suivant les cas, un cens, une rente ou un champart (Garsonnet, *op. cit.*, p. 409 et 425, notes).

36. Sur les *rentes colongères*, usitées non seulement en Alsace, mais en Allemagne, où elles naquirent du *Fronhof* et des *Bauernhœfe* qui en dépendaient, V. *Rép.* n° 197 ; Garsonnet, *op. cit.*, p. 440 et suiv. avec le renvoi ; Lefort, *Histoire des contrats de location perpétuelle*, p. 273 et suiv. ; Grimm, *Weisthümer*, t. 1, p. 650. Elles tenaient à la fois du bail à cens et de l'emphytéose, et ne différaient pas beaucoup des redevances serviles.

37. Dans l'Artois, le Hainaut et la Belgique, on pratiquait, sous le nom d'*échevinage*, un mode de tenure qui ressemblait au bourgage, sans en avoir toujours le même caractère, car il y avait des échevinages tenus en bourgage, des échevinages allodiaux, et des échevinages en main-ferme qui ne différaient pas du bail à cens seigneurial (Merlin, *Répertoire*, v° *Main-ferme*).

SECT. 4. — DES CHAMPARTS, ARAGES, TERRAGES, AGRIERS ET PERCIÈRES, TIERCES, BORDELAGE, DIMES, EMPHYTÉOSES, COMPLANTS (*Rép.* n°s 199 à 229).

38. On a analysé au *Répertoire* ces diverses variétés du bail à cens ou à rente foncière sur lesquelles nous ne reviendrons ici que pour en préciser le caractère, qui dépendait surtout des circonstances et des clauses du contrat, et pour renvoyer aux ouvrages qui l'ont défini.

39. Le bail à *champart* (V. *Rép.* n°s 200 à 208) était un contrat donnant naissance à une redevance en nature, purement foncière, tant que les clauses de la convention ne lui imprimaient pas le caractère féodal, et sous la réserve de laquelle le bail transférait la propriété du fonds au preneur (Henrion de Pansey, *Dissertations féodales*, v° *Champart*, § 2, t. 1, p. 326 ; Chabrol, *Coutumes générales et locales de la province d'Auvergne*, t. 3, p. 69 ; Garsonnet, *op. cit.*, p. 425. — *Contra*, Lefort, *op. cit.*, p. 221). Toutefois, le domaine utile transféré au preneur n'était pas aussi considérable que celui qui appartenait au censitaire, car le champartier ne pouvait dégrader l'immeuble, ni changer la forme de l'héritage, à moins d'indemniser le seigneur ou d'obtenir son consentement, et il était tenu d'exploiter selon la coutume du pays (Chénon, *op. cit.*, p. 48). On trouve la preuve que le champart n'était pas considéré comme un bail à cens seigneurial dans beaucoup de cas, mais comme une rente purement foncière, dans une circulaire adressée en 1791 aux administrateurs de la Somme aux habitants de ce département, et où il est dit : « Tenez pour certain que la perception du droit de champart doit être continuée comme par le passé ». Mais, ainsi qu'il a été observé plus haut, il pouvait être également seigneurial (V. *Rép.*, n° 207).

40. L'*arage*, l'*agrier*, le *terrage*, étaient des variétés du champart (V. Warnkoenig, *op. cit.*, t. 2, § 161). Le *Cartulaire de Saint-Père de Chartres* emploie indifféremment les mots de *campiparo* (p. 119), d'*agraria* (p. 431, 462), et de *terragium*

(p. 433, 437, 439. V. *Rép.* n°s 205 à 208, 223). La *percière* d'Auvergne était une redevance purement foncière (V. *Rép.* n° 209. — *Contra* : Doniol, *De l'abolition de la féodalité en France*, dans les *Comptes rendus de l'académie des sciences morales et politiques*, 1870, p. 219).

41. A ces redevances en nature, on peut ajouter les *tierces*, usitées en Bourgogne et que maintenaient généralement les seigneurs en affranchissant leurs mainmortables (V. J. Garnier, *Chartes de commune et d'affranchissement en Bourgogne*, t. 1, 2 et 3). Les tierces ou *tertiæ*, que l'on trouve notamment réservées dans les coutumes de Châtillon-sur-Seine de 1370, et qui existaient encore au 17e siècle, consistaient en une quotité de grains versée par le tenancier au propriétaire du sol labouré, quotité qui variait d'une gerbe sur 9, 10, 11 et plus. Peut-être dérivaient-elles des *tertiæ* burgondes qui figurent dans la loi gombette, tit. 79, et ont exercé la sagacité des historiens, bien que Gaupp (*Die germanischen Ansiedelungen*, etc.) regarde cette origine comme douteuse. On sait que, dans le partage fait entre les Romains et les Burgondes, ceux-ci avaient reçu le tiers des esclaves et les deux tiers des terres, l'autre tiers restant aux Romains (V. Loi précitée, tit. 54). Cependant la redevance du tiers se retrouve ailleurs qu'en Bourgogne (V. *Cartulaire de l'abbaye de Beaulieu en Limousin*, p. 124). Elle ne paraît pas avoir eu un caractère féodal, et semble équivaloir à un simple prix de fermage. Cultiver *au tiers* est encore aujourd'hui cultiver une terre à la charge de donner au propriétaire du sol le tiers de la récolte en grains. C'est en ce sens qu'ont été rendus les arrêts mentionnés au *Rép.*, n°s 205 et 206.

42. Le *bordelage* ou *bourdelage*, décrit au *Rép.*, n° 213, était une tenure dont le nom provient, d'après Guy Coquille, du mot *borda*, borde, qui désignait autrefois « un domaine aux champs destiné pour le ménage, labourage et culture », mais qui fut plus tard appliqué aux maisons, même dans les villes, telles que Nevers. Le bordelage emportait « directe seigneurie », selon la coutume du Nivernais, art. 2, ce qui le fit considérer par quelques auteurs (Argou, *Institut. au droit français*, t. 2, p. 179 ; Merlin, *Répertoire*, v° *Bordelage*) comme une tenure en censive ; mais cette opinion n'est pas exacte, car elle était soumise à des conditions plus rigoureuses que le bail à cens : ainsi le bordier ne pouvait démembrer son fonds, l'aliéner en partie sans l'exprès consentement du seigneur bordelier (*Coutume du Nivernais*, art. 11), et cela, sous peine de commise (*Ibid.*, art. 12, 13). Sur les caractères du bordelage, V. H. Beaune, *La condition des biens*, p. 281, et Garsonnet, *op. cit.*, p. 441. — On ne présumait pas l'existence d'un contrat si dur, et il finit par être converti, pour les maisons du Nivernais, en bail à rente ou à cens, selon qu'il portait sur des biens roturiers ou sur des biens nobles (*Coutume du Nivernais*, ch. 6, art. 30 ; Guy Coquille, *Commentaire sur cette coutume*, p. 109 et suiv.). C'était une véritable emphytéose servile et coutumière, qui transférait le domaine utile, et supposait la directe seigneuriale. On a vu néanmoins au *Répertoire*, *ibid.*, que la jurisprudence a exigé, pour la juger atteinte par les lois abolitives de la féodalité, que cette directe fût exprimée dans le contrat. Le bordelage existait non seulement dans le Nivernais, le Bourbonnais, les parties voisines du bas Berry, mais en Provence et en Aquitaine.

43. Au *Rép.*, n° 214 et suiv., on a donné la définition des dîmes, qui se divisaient en *dîmes ecclésiastiques* et *dîmes inféodées*. — Sur l'origine de la dîme, dont l'usage dérive incontestablement de l'Ancien Testament (V. Richter, *Lehrbuch des Kirchenrechts*, édit. Dove, p. 41). — Sur le développement de cette institution, on peut consulter Thomassin, *Vetus et nova Ecclesiæ disciplina*, part. 3, lib. 1, cap. 4 et 6. — « Le premier acte du pouvoir royal sanctionnant la dîme paraît être une lettre de Pépin le Bref à l'archevêque de Mayence » (Esmein, *op. cit.*, p. 160, note 2).

44. L'*emphytéose* (V. *Rép.* n°s 158 et suiv., 224, 225, 266 et suiv., 294, 319 et suiv.), qui soulève tant de discussions aujourd'hui, n'en provoquait pas moins autrefois, parce que ce mot a été pris dans des sens différents, et qu'on donnait ce nom tantôt à la véritable emphytéose romaine avec translation du domaine utile, obligation d'améliorer, lods et ventes, redevance récognitive dite *pension* ou *canon*, et com-

mise, tantôt à une location perpétuelle soit à prix d'argent, soit à charge de service militaire ou noble, au moins dans les premiers temps (Du Cange, *Gloss.*, v° *Emphyteota*). Les anciens auteurs, qui ne s'accordaient pas sur sa nature et sur son origine, n'étaient unanimes que sur un point : elle démembrait la propriété, elle transférait le domaine utile au preneur, le domaine direct restant au bailleur (Argou, *op. cit.*, t. 2, p. 305 et suiv.; Despeisses, *Droits seigneuriaux*, tit. 4, art. 1, n° 2, dans *Œuvres*, t. 3, p. 42, édit. de 1758; Sudre sur Boutaric, *Traité des droits seigneuriaux*, p. 428. — *Contrà*, Lefort, *op. cit.*, p. 289). — Mais cette directe n'avait rien de seigneurial, puisque la hiérarchie des terres n'existait pas à Rome comme pendant la féodalité ; il ne s'y rattachait aucune espèce de puissance; c'était la directe emphytéotique, dont il est parlé au *Rép.*, n° 286, une directe privée, bien différente de la directe censuelle, qui était seigneuriale (Merlin, *Répertoire*, v° *Fief*, sect. 2, § 7). Toutefois, cette distinction, facile à comprendre, ne servit qu'à accroître la confusion pour les emphytéoses perpétuelles, qui étaient distinctes des emphytéoses temporaires. Quand un possesseur de fief ou de censive donnait sa terre à bail emphytéotique, il ne pouvait se réserver la directe privée, parce qu'il n'était pas plein propriétaire, et que le vassal devait respecter le droit de son suzerain, comme le censitaire n'ayant que le domaine utile de sa censive n'avait rien à se réserver quant au domaine direct appartenant au seigneur censier. Un propriétaire d'alleu avait seul le droit de consentir un bail emphytéotique perpétuel : c'est ce qui explique pourquoi les baux de cette nature, nombreux dans le Midi, pays de droit écrit, où les alleux s'étaient plus conservés que dans le Nord. — Le vassal qui constituait une emphytéose ne faisait qu'un bail à cens seigneurial, et le censitaire qui l'imitait ne créait qu'un bail à rente foncière lui donnant un simple droit réel (Garsonnet, *op. cit.*, p. 416). L'emphytéose créée par un possesseur de fief ou de censive n'avait donc de l'emphytéose que le nom (V. *Rép.*, n° 289). C'était, seulement dans le cas où elle était consentie par le propriétaire d'un alleu noble qu'elle conservait son vrai caractère, le canon emphytéotique stipulé comme redevance se confondant avec le cens ou la rente seigneuriale, ou bien lorsqu'elle était constituée par le propriétaire d'un alleu roturier, cas auquel il se réservait la directe emphytéotique, dont les attributs, affaiblis par les coutumes et la jurisprudence, se rapprochèrent singulièrement de ceux qui existaient dans le bail à rente foncière (Chénon, *op. cit.*, p. 54. — V. *Rép.*, n°s 147 et 288).

Aussi pour distinguer aujourd'hui si l'emphytéose était seigneuriale ou non, on doit moins s'attacher aux expressions de l'acte, comme l'a fait remarquer le *Rép.*, n° 290, qu'aux conditions imposées à l'emphytéote, au caractère du concédant et de la terre concédée (V. *Rép.*, n° 315). La jurisprudence exposée *ibid.*, n°s 318 et suiv., a notamment tenu grand compte de la stipulation des lods et ventes dans les contrats pour en conclure à la féodalité. Il a été décidé en ce sens qu'un titre ancien renfermant concession par un seigneur aux habitants d'une commune à titre d'emphytéose perpétuelle des herbages et de tout droit de faire paître des bestiaux de toute espèce, moyennant une redevance annuelle et sous la réserve de la directe des droits de lods et ventes et de *fores capit* pour toujours, est entaché de féodalité (Montpellier, 30 août 1871, aff. De Darnius, D. P. 75. 1. 197). En tout cas, si l'on admet qu'un pareil acte participe du droit de propriété privée et de famille, si la concession par emphytéose perpétuelle desdits herbages n'avait réservé que la directe au profit du seigneur, la possession paisible, publique et non interrompue que les successeurs des concessionnaires auraient eue pendant plus de trente ans depuis 1789, rendrait non recevable à leur égard toute revendication (Civ. rej. 24 mars 1875, même affaire, D. P. 75. 1. 197). — Il importe de remarquer que dans l'arrêt précédent le mot *fores capit* indiquait bien une concession féodale. Selon Brussel, *Usage général des fiefs*, liv. 3, chap. 11, « l'*acapit* était le transport fait par bail emphytéotique à une personne non noble, d'un bien noble qui n'était point un château ni une autre seigneurie, et auquel il n'y avait point de justice attachée. Le mot *acapitum* signifie la même chose que *feodum sine capite*, c'est-à-dire fief sans mouvance ni haute justice ». Merlin critique cette définition dans son *Répertoire*,

v° *Acapit* ; mais il admet que le mot *acapit* désignait une tenure censuelle de la même classe que l'emphytéose, un droit seigneurial que payaient les possesseurs de biens de roture lorsque le seigneur venait à mourir (V. *Rép.* n° 349).

45. Le *bail à complant*, fort répandu dans le ressort des coutumes d'Anjou, de Maine, de Saintonge, de la Rochelle, de Poitou, de Nivernais et du Dauphiné, était, comme l'a dit le *Rép.*, n° 226, un contrat par lequel le propriétaire de terres en rapport ou en friche les cédait à un fermier qui s'engageait à les planter, généralement, en vignes (Merlin, *Répertoire*, v° *Bail à complant* ; *Rép.*, v° *Louage à complant*, n°s 1 et suiv.), ou à les cultiver si elles étaient déjà plantées, et à remettre au propriétaire en son pressoir une certaine quantité de fruits; à défaut de quoi le bail était résolu de plein droit. Souvent on ajoutait au contrat une clause qu'après cinq ou sept ans la moitié du terrain planté reviendrait au bailleur. En l'absence de cette stipulation, le bail était perpétuel (Garsonnet, *op. cit.*, p. 393 ; Chénon, *op. cit.*, p. 75 ; H. Beaune, *La condition des biens*, p. 306). — Dans le ressort de la coutume de la Rochelle, le preneur à complant devenait propriétaire de la terre. Mais, dans les pays qui forment aujourd'hui le département de la Loire-Inférieure, la propriété du fonds demeurait au bailleur. Ainsi l'a décidé un avis du conseil d'État du 4 therm. an 8, mentionné au *Rép.*, n° 227, et *ibid.*, v° *Louage à complant*, n° 4, d'où la conséquence que le bail à complant n'y est pas rachetable. Cet avis s'écarte à la fois des décrets des 15-18 mars 1790 et 12 juill. 1793, qui déclarent rachetables « les champarts de toute espèce et de toute nature » et des règles posées par Merlin sur le rachat, puisque, si le bail à complant n'était point translatif de propriété par sa nature, il le devenait par sa perpétuité (Aubry et Rau, *Cours de droit civil français*, 4e édit., t. 2, p. 430). Néanmoins, l'avis de l'an 8 a force de loi (*Ibid.*, t. 1, p. 8). Quant aux pays formant actuellement les départemens de la Vendée et de Maine-et-Loire, on discute encore la question de savoir si le fonds donné à complant appartient au bailleur ou au preneur (Dans le premier sens, V, Hérold, *Question pratique sur les baux à complant*, dans *Revue pratique du droit français*, 1857, p. 364 et suiv.; et, dans le second, Merlin, *Répertoire*, v° *Vignes*, § 2 ; Troplong, *Louage*, t. 1, n° 53, et les arrêts cités au *Rép.*, v° *Action possessoire*, n°s 503 et 538).

De ce qui précède, il résulte que le complant ne doit pas être absolument confondu avec le champart, comme l'énonce le *Rép.*, n° 226, d'après Merlin, *op. et loc. cit.* (V. aussi *Rép.* n° 274). Pour comprendre le véritable sens de l'avis du conseil d'État de l'an 8, qui fut suivi d'un autre le 21 vent. an 10, il convient de se reporter au rapport présenté au conseil des Cinq-Cents par M. Boulay-Paty, au sujet de la question tranchée par l'avis (V. Duvergier, *Lois*, t. 1, n° 190), et dans lequel l'auteur distingue entre les baux translatifs et les baux non translatifs de propriété, les premiers devant seuls être soumis au rachat. Selon M. Boulay-Paty, il ne faut pas s'attacher, comme Merlin, à la durée du bail pour caractériser celui-ci, mais au fait de la propriété, accusé surtout par la circonstance que le preneur paye ou ne paye pas les impôts afférents au fonds. Il est probable que le conseil d'État a voulu simplement adopter ces conclusions (Chénon, *op. cit.*, p. 138).

SECT. 5. — DES CLAUSES ET STIPULATIONS CONSTITUTIVES DES RENTES. — DOMAINE DIRECT, DOMAINE UTILE. — BAUX HÉRÉDITAIRES ET PERPÉTUELS, BAUX TEMPORAIRES (*Rép.* n°s 235 à 355).

46. Le travail de la jurisprudence postérieure aux lois de 1789-1793 ayant surtout consisté à distinguer les redevances purement foncières de celles qui avaient un caractère féodal, le *Répertoire* a dû analyser en détail les divers éléments et les différentes conditions des conventions qui y avaient donné naissance et pouvaient être entachées de féodalité. C'est ce qu'on a fait aux n°s 230 à 355, en passant successivement en revue ces conventions. Nous ne reviendrons pas ici sur ce travail rétrospectif, et nous bornerons à remarquer que les assemblées législatives de la fin du dernier siècle n'ont pas voulu, de leur aveu même, rendre propriétaire le tenancier qui ne l'était pas, mais seulement

permettre au propriétaire grevé de rente et au titulaire du domaine utile de s'affranchir de redevances jusque-là irra-chetables (V. *Rép.* nᵒˢ 142, 257, 279). En conséquence, les lois abolitives du régime féodal n'ont rien changé aux con-trats qui n'opéraient point translation de la propriété (Gar-sonnet, *op. cit.*, p. 540).

47. En définissant, avec Raynaldus, Dumoulin et Pothier, le *fief* une concession gratuite, libre et perpétuelle d'une chose immobilière ou réputée telle, avec translation du do-maine utile et réserve de la propriété (directe) à charge de fidélité et de prestation de services, on a fait observer au *Rép.*, nᵒˢ 173 et suiv., 236 et suiv., 253, que, depuis le 16ᵉ siècle, le fief ne conférait plus au seigneur aucun droit de souveraineté sur son vassal, qu'il ne comportait même, en soi, aucune part de la puissance publique, et que, si sa forme était restée la même qu'auparavant, elle avait été dé-tournée de sa signification ancienne (Garsonnet, *op. cit.*, p. 378). La foi et l'hommage ne contenaient plus qu'une reconnaissance solennelle de la tenure (Pothier, *Des fiefs*, nᵒ 9). — Sur ces formalités, V. *Rép.* nᵒˢ 303 et suiv. Quant aux prestations de services, aux *profits de fief*, V. *Rép.*, nᵒˢ 312 et suiv. — Enfin, on a indiqué que bien que les lois révolution-naires aient regardé les rentes féodales comme résultant toutes d'une concession immobilière, il a existé, au moins par exception, des redevances, dont l'origine remontait à la con-cession de meubles, et que ces redevances ont été, quand elles avaient un caractère seigneurial, atteintes par l'aboli-tion de la féodalité (V. *Rép.* nᵒ 253). Ces observations sont nécessaires pour donner une interprétation exacte des lois de 1789 à 1793.

48. Au *Rép.*, nᵒ 242, on a expliqué ce que l'on entendait autrefois par *franche aumône*, tenure qui, ayant un caractère féodal, a été atteinte par les lois abolitives de la féodalité. Cette tenure, très fréquente en Angleterre, plus rare en France, où l'on ne la rencontre guère qu'en Normandie, en Poitou et en Saintonge, peut être définie un franc alleu noble ecclésiastique, né avec son titre, parce que la terre ainsi concédée était libre et que son détenteur était exonéré de toute charge, de tout service temporel et terrestre, son unique obligation consistant à dire des prières ou des messes pour le concédant. Celui-ci renonçait à la juridiction sur l'immeuble, au moins quand il avait fait sa libéralité à titre de *franche aumône*, car le roi conservait son droit de justice lorsque l'aumône était *simple* (Glasson, *op. cit.*, t. 4, p. 485; P. Viollet, *Histoire du droit français*, p. 702 et suiv.). Plus tard, dès le 13ᵉ siècle, le donateur en pure aumône eut un droit de patronage sur le bien donné (*Grand Coutumier de Normandie*, art. 32). — La franche aumône ne pouvait être constituée qu'au profit de clercs séculiers ou réguliers, d'églises ou de monastères. Si elle était cédée à un laïque, elle perdait son privilège et redevenait un fief. D'après l'an-cienne coutume de Normandie, toute terre possédée allodia-lement par l'Eglise pendant trente ans était présumée franche aumône ; d'après la nouvelle, cette présomption n'existait qu'après quarante ans (art. 111). — Cette espèce de tenure qu'il ne faut pas confondre avec la *tenure en service divin* (V. Glasson, *Histoire du droit et des institutions de l'Angle-terre*, t. 2, p. 220 et suiv.), fut combattue par les légistes du moyen âge qui cherchèrent à en réduire le nom-bre et même à la faire disparaître en lui appliquant la maxime : *Nulle terre sans seigneur* (Loysel, *Opuscules*, p. 128).

49. Les concessions seigneuriales étaient essentiellement translatives de la propriété ; d'où la conséquence que toute concession qui ne comportait pas au profit du concession-naire l'attribution de la propriété n'était pas et ne le pouvait pas être féodale (V. *Rép.* nᵒ 254). Mais, comme l'a montré au *Rép.*, nᵒˢ 253 et suiv., 283 et suiv., au 13ᵉ siècle, s'était élaboré chez les féodistes un système qui décom-posait la propriété en deux domaines, le domaine *direct* et le domaine *utile* et qui, au siècle suivant, prévalut définitivement dans la doctrine, après avoir été for-mulée dans le *Landrecht* de Wurtemberg (V. Chénon, *op. cit.*, p. 27). Or, la retenue du domaine *direct* ou de la *directe* au profit du concédant, qui était un signe féodal essentiel (V. *Rép.* nᵒ 283), se rencontre aussi dans d'autres contrats qui n'avaient rien de féodal, comme l'emphytéose (V. *Rép.* nᵒ 285), comme le bail à longue durée, à vie, comme le contrat de superficie (V. Chénon,

op. cit., p. 48). On distinguait donc la *directe seigneuriale*, la *directe censuelle*, la *directe emphytéotique*, ou, dans un sens plus général, la *directe privée*, c'est-à-dire celle qui n'avait aucun caractère seigneurial(V. *Rép.* nᵒ 283). — Déjà délicate dans l'ancien droit, où il semble que la première n'ait dif-féré de la dernière qu'en un point, le droit à foi et à hom-mage (Garsonnet, *op. cit.*, p. 376; arrêts cités au *Rép.* nᵒ 197), cette distinction le devient encore plus dans le nouveau, en ce qui concerne l'application des lois abolitives de la féoda-lité. La directe féodale et la directe censuelle, qui tenaient une si grande place dans l'ancien droit, ont définitivement disparu du droit moderne depuis ces lois (V. *Rép.* nᵒˢ 285, 297; Garsonnet, *op. cit.*, p. 540; Doniol, *op. cit.*, p. 153); mais la question n'est pas aussi facilement résolue à l'égard de la directe emphytéotique ou de la directe privée (V. *Rép.*, nᵒˢ 286 et suiv.). Si l'on peut conclure du silence du décret du 17 juill. 1793 (V. *Rép.*, p. 149) qu'il ne l'a pas abolie et qu'elle a subsisté jusqu'en l'an 3 (V. Chénon, *op. cit.*, p. 132), les lois du 9 mess. an 3 et du 11 brum. an 7, qui indiquent l'emphytéose parmi les droits réels susceptibles d'hypothèque, semblent lui avoir retiré le caractère de do-maine utile (Aubry et Rau, *op. cit.*, t. 2, p. 453; Demo-lombe, t. 9, nᵒ 491; Garsonnet, *op. cit.*, p. 540. *Contra*: Merlin, *Questions de droit*, vᵒ *Emphytéose*, § 5, nᵒ 8; Proudhon, *Du domaine de propriété*, t. 2, p. 710) et l'avoir transformée en *jus servitutis* (Chénon, *op. et loc. cit.*).

50. On a vu au *Rép.*, nᵒ 265, que les lois relatives au ra-chat et à l'abolition des droits seigneuriaux ne devaient pas s'appliquer aux baux translatifs du domaine utile, mais temporaires, puisque l'on ne pouvait attribuer une propriété perpétuelle à celui qui l'avait reçue seulement pour un temps. Cependant, Merlin et Tronchet avait fait adopter l'opinion, contraire aux principes de l'ancien droit, qu'un bail perpétuel est nécessairement translatif de propriété (V. *Rép.* nᵒ 279), on appliqua la faculté de rachat à la *loca-tairie perpétuelle* du Languedoc, qui ne transférait pas autre-fois la propriété (V. Garsonnet, *op. cit.*, p. 391), et au *bail à métairie perpétuelle*, qui était dans les mêmes conditions (*Ibid.*). Pour échapper au rachat, il fallut que le bail fût à la fois temporaire et non translatif de propriété, ce que ne suppose pas la loi du 2 prair. an 2 (V. *Rép.* nᵒ 279). — Sur la jurisprudence qui a ainsi interprété les lois de la Révolu-tion, V. *Rép.* nᵒˢ 207, 227, et vᵒ *Louage à colonage perpé-tuel*, nᵒ 4; *Louage héréditaire*, nᵒ 3.

51. En Alsace, il existait deux tenures spéciales fort uti-lisées : 1ᵒ le bail héréditaire, *Erbpacht*, dont le *Rép.*, nᵒˢ 271 et 272, a défini le caractère, et qui était une véritable em-phytéose perpétuelle où le preneur acquérait le domaine utile transmissible à ses descendants mâles seulement, à la charge de payer un canon très faible, purement récognitif de la directe seigneuriale. Ce preneur pouvait aliéner en son nom et sans le consentement du seigneur. S'il passait trois ans sans payer la redevance, il encourait de plein droit la commise, selon la règle donnée par Justinien pour l'em-phytéose (Chénon, *op. cit.*, p. 71) ; — 2ᵒ La *Landsiedelei*, où le preneur n'avait pas le domaine utile, mais un simple droit réel, pourvu que le bail fût stipulé pour plus de neuf ans. Ce bail était renouvelable par période, et le canon pouvait être augmenté à chaque renouvellement, à moins de clause contraire. Le preneur ne pouvait aliéner qu'au nom et comme mandataire du bailleur ; mais la résolution n'était prononcée qu'en justice. L'usage s'était établi, parmi les paysans, de transformer cette jouissance temporaire en pos-session héréditaire, quand ils en avaient joui pendant trente ans en payant un canon uniforme (Chénon, *op. cit.*, p. 71 et 72. — V. arrêt du conseil souverain d'Alsace, du 16 mars 1773, dans Chauffour, *Quelques mots sur les cours colongères d'Alsace*, p. 79). — Un arrêt de la cour de cassation, cham-bres réunies, du 24 nov. 1837, rapporté au *Rép.*, vᵒ *En-registrement*, nᵒ 3058, et analysé au *Rép.*, nᵒ 272, déclarait le bail héréditaire d'Alsace exempt de rachat. Mais la cham-bre civile est revenue plus tard sur cette jurisprudence et, le 15 juin 1852, l'a reconnu rachetable (aff. Eglise protestante de Zutzendorff, D. P. 52. 1. 284); elle a, par conséquent, justifié les réserves faites au *Rép.*, *ibid.*, sur l'arrêt de 1837. De même, le rachat a été appliqué au bail héréditaire du Luxembourg, qui est translatif de propriété (Metz, 22 juill. 1856, aff. Giraud, D. P. 57. 5. 207).

CHAP. 4. — Des droits sur le sol. — Des banalités.
(*Rép.* nos 358 à 426.)

52. Jusqu'à présent, nous n'avons parlé, ainsi que le *Répertoire*, que de la propriété et des démembrements que la féodalité avait opérés dans son sein en leur imprimant, au moins pour la plupart, un caractère seigneurial qui n'existait pas auparavant. Mais la souveraineté s'était morcelée également, et divers droits qui y étaient attachés à l'origine étaient entrés dans le commerce, étaient devenus des valeurs de patrimoine, avaient été, en un mot, l'objet d'appropriations privées de la part des seigneurs possesseurs du sol, et, lorsque plus tard, la royauté leur reprit en partie ce que les Carlovingiens leur avaient laissé s'attribuer, ils retinrent les profits pécuniaires à titre de droits réels.

Ces droits fonciers, *jura in re*, susceptibles d'actions en justice au pétitoire et au possessoire, ne peuvent être regardés comme des démembrements de la propriété, puisqu'ils ne découlaient pas du sol, et qu'ils étaient souvent distincts du domaine propre au seigneur; ils s'en rapprochaient pourtant, à ce point qu'ils furent parfois confondus avec lui, quoique Pothier (*De la communauté*, n° 68) ne soit pas tombé dans cette erreur. Tels étaient les droits d'aubaine, de deshérence, d'épave, de trésor, de biens vacants, etc., telles étaient les corvées et les banalités diverses. Au *Rép.*, nos 360 et suiv., on y a même compris la commise, qui permettait au seigneur de rentrer éventuellement dans la pleine propriété de ce que le concédant primitif du fief ou de la censive avait détaché de son héritage. Mais, comme on l'a remarqué *ibid.*, n° 360, la commise n'étant que l'exercice de la clause résolutoire du contrat d'inféodation ou d'accensement en cas d'inexécution de ce contrat par le concessionnaire, il est difficile de voir en elle autre chose qu'une conséquence et une sanction de la convention, une punition de la violation du lien féodal. Il est superflu d'ajouter que tous ces droits *in re* ont disparu depuis les lois abolitives de la féodalité.

53. — I. DROIT SUR LES COURS D'EAU ET LES CHEMINS. — Parmi les droits régaliens dont les seigneurs justiciers s'emparèrent au moyen âge, le *Rép.*, n° 376, a mentionné le droit sur les cours d'eau et sur les chemins autres que les grands chemins ou chemins royaux qui, au moins dans les derniers temps, furent attribués au roi (V. Loysel, *Instit. coutum.*, liv. 2, tit. 2, règle 5; Beaumanoir, ch. 25, § 4, et *Rép.*, v° *Domaine public*, 4). Ils avaient la propriété et la surveillance de ces chemins, surveillance qui s'appelait la *voyerie*, du terme *viarius* servant à désigner, chez les Romains, le fonctionnaire chargé de veiller à leur entretien (Championnière, *Eaux courantes*, p. 539). L'art. 184 de la coutume d'Amiens disait : « Les hauts et moyens justiciers sont seigneurs voyers ès frocs, flegards, *chemins et voiries* étant au-devant de leurs tènements ou héritages, soit par eau, soit par terre ». — Est-ce par suite de la perception des droits de circulation sur les routes, *strataticum, pulveraticum* (V. *Rép.* n° 78), *pedaticum, vultaticum, rotaticum*, des droits de passage sur les ponts, *pontaticum*, qui étaient dus au fisc royal sous l'administration franque, et que les comtes et leurs vicaires s'approprièrent ensuite sous le nom générique de *teloneum*, péage, comme étant un droit de justice (V. Dipl. de Pépin de 759 et de Charles le Chauve de 842, dans Dom Bouquet, t. 5, p. 703, et 8, p. 433), est-ce, disons-nous, par suite de la perception de ces droits que les seigneurs justiciers se prétendirent propriétaires des chemins, ou, au contraire, par suite de leur droit de propriété sur les chemins qu'ils perçurent les péages? La première solution, admise par le *Rép.*, *ibid.*, paraît la plus probable. Quoi qu'il en soit, il était reconnu que les justiciers avaient la propriété seigneuriale des routes de leurs justices, ce principe ne pouvant être détruit que par des titres précis opposés par ceux qui contestaient la règle générale à cet égard (Merlin, *Rép.*, v° *Chemin public*, n° 1). Sous l'ancienne coutume de Bretagne, art. 49, notamment, les chemins allant de village à village, tout en étant soumis à une servitude de droit public, n'en restaient pas moins la propriété du seigneur chargé de les garder, réparer et déborner, et n'appartenaient pas à la communauté des habitants. En conséquence, l'alluvion formée par un fleuve qui longeait un ancien chemin de cette nature, devenait par accession la propriété du seigneur, si ladite alluvion était contiguë au sol du chemin, et le seigneur pouvait à bon droit la concéder en afféagement (en arrière-fief ou en roture) à un particulier (Rennes, 13 mai 1884, aff. Commune de Donges, D. P. 85. 1. 295). En tout cas, l'afféagement de l'alluvion, au profit d'un particulier, a été valablement effectué comme portant sur une terre vaine et vague, qui était présumée jusqu'à preuve contraire appartenir au seigneur sur le territoire féodal duquel elle était située (Même arrêt). — Sur le droit de propriété des seigneurs à l'égard des terres vaines et vagues V. *Rép.*, n° 374; *ibid.* vis *Commune*, nos 1803, 1942, 2060, et *Propriété*, n° 180.

54. — II. BANALITÉS. — Au *Rép.*, n° 390 et suiv., on a décrit l'origine et la nature des droits connus au moyen âge sous le nom de *banalités*. D'après Renaudon (*Traité historique et pratique des droits seigneuriaux*, p. 249 et suiv.), ces droits n'auraient d'abord existé qu'au profit du roi, et auraient été ensuite usurpés par les seigneurs. Cette opinion ne compte plus aujourd'hui de partisans. Selon M. Paul Viollet (*Etablissements de saint Louis*, t. 1, p. 104 et suiv.; *Histoire du droit civil français*, 2e édit., p. 710), les banalités seraient un dernier vestige de l'antique communauté des terres qui aurait survécu à l'établissement de la propriété individuelle. L'esclave n'avait pas autrefois d'autre moulin ou d'autre four que celui de son maître. Quand il devint libre, il fut astreint par le seigneur du lieu à cuire son pain au four seigneurial (V. aussi *De la communauté des moulins et des fours au moyen âge*, du même auteur, dans la *Revue historique*, 1886, p. 869). Il paraît plus exact de dire que les fours et moulins n'ont été qu'exceptionnellement des biens communs; que, le plus souvent, à l'époque franque, ils étaient l'objet de la propriété d'un individu, mais que, servant à tous les habitants d'un domaine, ils ont été soumis de bonne heure à des règlements administratifs spéciaux, faits par le roi sur son domaine, par les seigneurs sur leurs terres, en vertu du droit de police attaché à leur justice, car pour avoir droit à la banalité, il fallait être seigneur justicier et posséder un bourg ou communauté d'habitants (V. en ce sens, Glasson, *op. cit.*, t. 4, p. 455 et suiv.). — Si la banalité conférait des prérogatives importantes au seigneur, elle lui imposait des charges, telle que celle de réparer le dommage causé par le meunier ou le fournier aux hommes de la seigneurie.

Quelques coutumes avaient établi des banalités de pressoir, de taureaux ou étalons, de *banvin*, par laquelle il était défendu aux particuliers de vendre leur vin pendant un certain temps afin de permettre au seigneur d'épuiser sa récolte (V. Flach, *op. cit.*, t. 1, p. 325); les bans de vendange, de moisson ou de fauchaison étaient très communs et existaient dans tout le royaume. — Aux banalités se rattachent, comme origine, d'autres droits féodaux, tels que le *préage* et le *faultrage* admis en Touraine, et qui donnaient au seigneur le droit de mener ses chevaux et ses bœufs paître dans les prés de ses tenanciers.

Il faut remarquer que les nobles n'étaient pas soumis aux banalités. On avait au moyen âge discuté la question de savoir si les roturiers, possesseurs de fiefs en tierce foi, y étaient assujettis, et, après controverse, la négative l'avait emporté (*Livre des droits et commandements*, t. 1, p. 110). — La convention et la prescription trentenaire relevaient de l'obligation d'aller au moulin ou au four banal.

D'après M. Flach, *op. cit.*, p. 331, le droit de banalité s'était séparé presque entièrement du *bannum*, considéré comme un attribut de la puissance souveraine et qui, dans la théorie de M. Championnière, avait été la source des banalités; il était devenu un droit seigneurial dont l'intérêt public était d'ordinaire absent.

55. — *Banalités de moulins, fours et pressoirs.* — On a vu au *Rép.*, n° 406, que la loi du 15 mars 1790 a prononcé, en principe, dans son art. 23, l'abolition des droits de banalité de fours, moulins, pressoirs, etc. Mais l'art. 24 de la même loi excepta de cette suppression et déclara simplement rachetables : « 1° les banalités qui seraient prouvées avoir été établies par une convention souscrite entre une communauté d'habitants et un particulier non seigneur; 2°, 3°, etc... ». Comme l'a dit le *Rép.*, n° 407, cette disposition avait été adoptée sur les observations de Merlin, dont il ressort qu'une banalité créée dans ces conditions n'avait rien de féodal, n'étant pas établie en faveur du seigneur, mais seule-

ment au profit d'un particulier qui en avait certainement donné la contre-partie utile à la communauté d'habitants (V. Merlin, *Répertoire*, v° *Banalité*). Quoi qu'il en soit, des doutes s'élevèrent plus tard sur le point de savoir si l'art. 24 était resté en vigueur, en présence des textes généraux abolissant les anciens droits, et insérés dans les lois des 25 août 1792 et 17 juill. 1793. Le conseil d'Etat inclina même vers la pensée de la suppression intégrale (V. *Rép.* n° 416). Mais la cour de cassation, dès l'an 13, sur les conclusions de Merlin, proclama que l'art. 24 subsistait et que les droits de banalité consentis en faveur d'un non seigneur par voie contractuelle devaient, jusqu'à rachat, être considérés comme maintenus. Cette jurisprudence, depuis lors affirmée dans un grand nombre d'arrêts émanés, soit de la chambre des requêtes, soit de la chambre civile (V. *Rép.*, n°s 410 à 415), a été confirmée par la chambre des requêtes dans son arrêt du 24 avr. 1882, aff. Chabas et Vial, D. P. 84. 1. 225, qui a décidé que les lois abolitives de la féodalité ont laissé subsister les banalités établies par une convention passée entre une communauté d'habitants et un particulier, non seigneur du lieu assujetti. — Merlin (*Répertoire*, v° *Banalité*, n° 13), examinant le cas où un droit de banalité appartenant au seigneur est cédé par celui-ci à la communauté, enseigne que ce droit subsiste avec son caractère féodal si la communauté l'a acquis pour le corps moral qu'elle personnifie, pour le domaine municipal, et, au contraire, que ce droit est absolument éteint, personne n'y étant plus assujetti, si la communauté en a fait l'acquisition au nom et dans l'intérêt de tous et chacun des habitants considérés *ut singuli*. Quand donc il résulte des faits constatés que la banalité de moulin a originairement existé au profit d'un seigneur, mais que la communauté des habitants en a fait depuis, mais anciennement, acquisition au nom de tous et de chacun des assujettis, il y a lieu de décider que cette acquisition a éteint le droit. C'est ce qu'a jugé l'arrêt de la chambre des requêtes précité du 24 avr. 1882. Mais, en même temps, cet arrêt décide que la banalité du moulin est conventionnelle, lorsqu'elle résulte d'une vente faite par une communauté d'habitants à un particulier non seigneur, alors même que le moulin aurait été, à une époque antérieure, le siège d'une banalité d'origine féodale, et cet ancien droit s'était trouvé éteint au moyen du rachat dudit moulin, opéré par la communauté, pour le compte et avec le concours des habitants stipulant dans leur intérêt personnel. Il n'existe aucune contradiction entre ces deux solutions. Mourgues, dans ses *Commentaires sur les statuts de Provence* (p. 372), explique qu'au sein des communautés l'usage avait parfois prévalu de créer d'un consentement commun, et par une sorte d'association municipale étrangère à tout caractère féodal, une banalité de four ou de moulin, afin évidemment d'assurer, grâce à la rémunération de chacun, le bon entretien d'un établissement nécessaire à tous. On conçoit dès lors que, dans le même lieu, un droit de banalité, originairement seigneurial, ait pu être éteint en passant à la communauté, puis rétabli, avec une nature différente, par la volonté des habitants, comme œuvre d'utilité mutuelle, et enfin concédé à titre onéreux, par voie de convention, à un particulier non seigneur, de manière à être exempt entre ses mains de tout caractère féodal.

56. Les auteurs ne déterminent pas uniformément les conditions et les formalités auxquelles on subordonnait autrefois la validité des actes par lesquels les communautés cédaient un droit de banalité à un particulier non seigneur (V. Merlin, *Répertoire*, v° *Banalité* ; Henrion de Pansey, *Dissertations féodales*, eod. v° ; Julien, *Statuts de Provence*, p. 417), ce qui s'explique facilement parce que les usages variaient d'un lieu à un autre. C'est pourquoi, dans les arrêts cités au *Rép.*, n°s 410 à 415, la cour de cassation s'est montrée fort large à cet égard. *In antiquis omnia præsumuntur solemniter facta*. Conformément à cette maxime, il a été jugé que l'acte par lequel une communauté de Provence a fait vente d'un moulin et d'un droit de banalité à un particulier, doit être considéré comme régulier du moment où il a été précédé d'une délibération du conseil général de la communauté et consenti par les consuls en charge et les députés de ladite assemblée, le tout en vertu d'une ordonnance de l'intendant, et en exécution d'un arrêt du conseil du roi

portant vérification des dettes de la communauté qu'il s'agissait d'éteindre au moyen du prix de vente (Req. 24 avr. 1882, cité *suprà*, n° 55).

57. Les anciens auteurs étaient d'accord pour reconnaître que l'existence d'une banalité de moulin entraînait, pour les habitants du territoire assujetti, défense de faire moudre le grain destiné à la consommation intérieure ailleurs qu'au moulin banal, et, pour les meuniers du dehors, défense de venir chasser sur le territoire banier, c'est-à-dire d'aller chercher les grains à moudre chez les particuliers de ce territoire et d'y apporter les farines produites par ces grains (Comp. les auteurs cités *suprà*, n° 56). Mais était-il défendu à un meunier étranger, et en général à un vendeur quelconque, d'introduire et de vendre pour la consommation locale dans le territoire banier, sans payer aucune indemnité au moulin banal, des farines toutes moulurées et ne provenant pas de grains emportés du lieu assujetti ? A cet égard il y avait des divergences. Tandis qu'un arrêt du parlement de Paris, du 18 sept. 1564, connu en la matière sous le nom d'arrêt de Gonesse (V. Henrion de Pansey, *loc. cit.*), semble interdire cette introduction libre des farines étrangères, Guyot (*Traité des fiefs*, p. 439), et Pocquet de Livonière (*Traité des fiefs*, p. 608) sont moins rigoureux ; le dernier dit expressément : « Le sujet qui a acheté du bled hors de l'étendue du fief de son seigneur, peut le faire moudre impunément où bon lui semble avant que de l'amener dans sa maison ». Suivant certains usages et notamment ceux reçus en Provence, le droit de banalité du moulin avait pour conséquence d'assujettir au payement d'une redevance de mouture les farines qui, des territoires voisins, pénétraient sur le territoire banier pour y être consommées (Req. 24 avr. 1882, cité *suprà*, n° 55). C'est ce que constatent, pour cette province, Julien (*op. cit.*, t. 2, p. 418, § 16 et 18) ; Mourgues (*op. cit.*, p. 373 et suiv.) ; de Cormis (*Recueils de consultations*, p. 889), Boniface (*Arrêts de Provence*, t. 4, liv. 3, tit. 8, chap. 1). Il en était si bien ainsi que, d'après la jurisprudence constante du parlement d'Aix, les forains (étrangers au territoire banier) qui possédaient des héritages dans ce territoire et venaient les cultiver en apportant leurs vivres, « étoient soumis à la banalité du moulin à bled et au droit de mouture, et à ceux du four et au droit de fournage, pour tout le pain qu'eux, leurs valets, locataire et famille consommoient en cultivant les fonds, en cueillant les fruits, en y allant et faisant séjour » (Julien, *loc. cit.* conf. de Cormis, *loc. cit.*, etc.). Par suite, il appartient au juge du fond de constater, par une interprétation souveraine, qu'une semblable portée avait été donnée par les parties à la banalité établie contractuellement dans les conditions indiquées dans l'arrêt rapporté plus haut ; et ce juge en conclut, dès lors, à juste titre, que le propriétaire actuel du moulin banal peut faire condamner à des dommages-intérêts ceux qui, sans tenir compte du droit de banalité, ont introduit dans le territoire banier, pour y être consommées, des farines moulurées en dehors de ce territoire (Req. 24 avr. 1882, précité).

Sur le mode de rachat des banalités conventionnelles, V. *Rép.* n° 429. — Conformément à la jurisprudence exposée *ibid.*, il a été jugé que le prix du rachat de la banalité d'un moulin doit être fixé, non en raison du préjudice qu'éprouvera le propriétaire de ce moulin, mais d'après la somme qui a été payée pour l'établissement de la banalité (Grenoble, 27 janv. 1863, aff. Denis, D. P. 63. 2. 143).

58. — III. De la chasse et de la pêche. — Si le droit de chasse et le droit de pêche ont été de bonne heure des droits communs à tous, on a expliqué au *Rép.*, n° 394, comment le plaisir de la chasse se rapprochant de l'exercice de la guerre, les seigneurs usèrent promptement du *bannum* (ou plus exactement de leur droit seigneurial) pour se réserver ce plaisir dans les limites de leurs seigneuries. Cependant la liberté de chasser et de pêcher était parfois concédée par eux aux habitants d'un territoire qu'ils voulaient favoriser. Ainsi l'art. 8 de la loi de Beaumont, accordée en 1182 par Guillaume de Champagne, dit aux Blanches Mains, à ceux de Beaumont-en-Argonne, et étendue à de nombreux villages du nord-est de la France, leur reconnaît l'usage libre de l'eau et des bois, ce qui impliquait la faculté de chasser et de pêcher. Au *Rép.*, v° *Chasse*, n°s 4 et suiv., on

a fait connaître qu'à la fin du quatorzième siècle, une ordonnance de janvier 1396 restreignit le droit de chasse aux seuls nobles et que ce droit cessa, dès lors, d'être un attribut spécial de la seigneurie, jusqu'au moment où l'ordonnance sur les eaux et forêts de 1669 le considéra comme exclusivement seigneurial et prononça contre le vilain qui chassait dans les garennes des seigneurs des peines très graves, telles que les galères (Sur la chasse et la pêche dans l'ancien droit, V. H. Beaune, *La condition des biens*, p. 81 et 84).

59. On a vu au *Rép.*, n⁰ˢ 401 et suiv., que les deux privilèges exclusifs de chasse et de pêche furent abolis avec les autres droits féodaux tant par le décret des 4 août-3 nov. 1789 que par ceux du 6 juillet et du 30 juill. 1793. La jurisprudence a plus d'une fois fait application de ces décrets. Ainsi, les droits exclusifs de chasse et de pêche sur un étang, concédés anciennement par un seigneur aux habitants d'une commune, à la charge de « payer les droits seigneuriaux accoutumés, suivant les règlements et proclamations observés en la pêche », ont un caractère essentiellement seigneurial, et, dès lors, tombent sous l'application des décrets de juillet 1793 portant suppression de tous droits entachés de féodalité (Civ. cass. 4 avr. 1865, aff. Préfet de l'Hérault, D. P. 66, 1. 29; Civ. rej. 28 mai 1873, même affaire, D. P. 73. 1. 303). Et l'exercice plus que trentenaire de ces droits exclusifs de pêche et de chasse, depuis les décrets de 1793, ne peut être invoqué que par la commune, qui n'établit pas avoir interverti son titre de possession (Mêmes arrêts). L'arrêt qui a reconnu que des droits de chasse et de pêche concédés à une commune avaient été supprimés par les lois abolitives de la féodalité, rejette avec raison, comme frustratoire, l'offre faite par la commune de prouver que l'étang sur lequel ces droits étaient exercés ne dépendait pas du domaine public maritime (Même arrêt du 28 mai 1873). Du reste, la décision qui a maintenu les habitants d'une communauté dans les facultés de pêche, chasse et autres à eux concédées par des titres antérieurs, n'a l'autorité de la chose jugée ni quant à l'étendue, ni quant au caractère de ces facultés, et ne fait pas obstacle, en conséquence, à ce qu'il soit ultérieurement déclaré que les droits dont elle a reconnu l'existence n'appartenaient pas exclusivement aux habitants de ladite communauté, et que, d'ailleurs, ils étaient entachés de féodalité (Même arrêt de 1873). L'arrêt qui repousse l'exception de la chose jugée par des motifs tirés du jugement même d'où l'on prétend la faire résulter, n'est pas tenu de répondre, en outre, aux arguments puisés dans un autre document (un avis du conseil d'État, par exemple) que la même partie invoque pour expliquer et appuyer le jugement sur lequel elle fonde son exception (Même arrêt de 1873). Par contre, les anciennes ordonnances, et, entre autres, l'ordonnance sur les eaux et forêts du 6 août 1669, qui réservaient exclusivement le droit de chasse aux personnes nobles et aux roturiers possédant fief, et en privaient les personnes non privilégiées, nonobstant toutes concessions contraires, n'ont pas frappé de nullité les concessions remontant à une époque où elles pouvaient avoir lieu valablement, mais ont eu seulement l'effet d'en suspendre l'exercice (Req. 4 janv. 1860, aff. Thierry-Delanoue, D. P. 60. 1. 14). En conséquence, ces concessions ont recouvré toute leur valeur à partir de la loi du 4 août 1789, abolitive des privilèges féodaux ; et de telles concessions faites par des seigneurs à leurs vassaux n'ayant aucun caractère féodal ne sont pas comprises dans les droits féodaux supprimés par cette loi (Même arrêt de 1860). — Il a été jugé, cependant, que sous l'empire de l'ancienne législation, un seigneur ne pouvait valablement concéder à ses vassaux le droit de chasser à perpétuité sur ses domaines, en échange de redevances et de services féodaux ; qu'en tout cas, une concession de l'espèce serait tombée sous l'application des lois de 1789 et de 1793, qui ont supprimé tous les droits entachés de féodalité (Metz, 17 août 1865, *Revue des eaux et forêts*, t. 3, n⁰ 511). On ne saurait, d'ailleurs, considérer comme attributive du droit de chasse au profit des habitants d'une commune sur les terres de leur ancien seigneur, la disposition d'une ancienne charte féodale par laquelle le seigneur permet auxdits habitants d'assembler leurs meutes et d'aller à la poursuite de la grosse bête dans toute l'étendue de sa seigneurie (Même arrêt).

60. — IV. Droit de colombier. — Le droit de colombier figurait aussi, sous l'ancien régime, parmi les droits accessoires du fief noble. C'était un débris du droit commun qui s'était transformé en privilège. Les dévastations causées aux récoltes par les pigeons ne donnant pas lieu à des dommages-intérêts, chacun pouvait avoir un colombier au treizième siècle. Cependant, en 1276, dans la Normandie, on défendit d'en établir en dehors des terres nobles (Delisle, *Études sur la condition de la classe agricole en Normandie*, p. 734). La Bretagne, le Dauphiné, l'Ile-de-France adoptèrent la même règle (V. Salvaing, *Traité de l'usage des fiefs*, p. 199; *Revue historique*, t. 12, p. 205). — Les art. 69 et 70 de la coutume de Paris n'accordaient le droit de colombier qu'aux seigneurs hauts justiciers et aux seigneurs non hauts justiciers ayant des terres d'une étendue de 50 arpents au moins. En Flandre, les premiers pouvaient seuls avoir un colombier à pied bâti en forme de tour. Ceux qui tuaient les pigeons seigneuriaux étaient passibles de peines sévères. — Le droit de colombier a été supprimé par le décret des 4-6-7-8-11 août-21 sept. et 3 nov. 1789, art. 2.

CHAP. 5. — Des titres, aveux et preuves des droits féodaux (*Rép.*, n⁰ˢ 427 à 467).

61. On a vu au *Rép.*, n⁰ 427, que deux sortes de titres servaient de preuves à l'existence des inféodations ou des accensements, le titre *primitif* et le titre *récognitif*, appelé *aveu et dénombrement*, qui était la description détaillée de tout ce qui composait le fief ou la censive avec son étendue et ses charges. A l'origine, le vassal se bornait à avouer en termes généraux ce qu'il reconnaissait tenir de son seigneur. Mais on ne tarda pas à juger ce procédé insuffisant. Le capitulaire de 812, art. 5 et 7, dans Pertz, *Leges*, t. 1, p. 174, montre que Charlemagne exigeait déjà des descriptions précises des biens tenus en bénéfice par ses vassaux. Plus tard, les *monstrées de fief* sont prévues par les *Établissements de saint Louis*, édit. Viollet, t. 1, p. 69 ; t. 3, p. 323. En général, l'aveu et dénombrement devait être fait dans les quarante jours à partir de l'époque où le suzerain avait reçu le vassal à foi et hommage ; mais celui-ci pouvait accorder un délai plus long (*Grand Coutumier de France*, liv. 2, ch. 25, p. 274). Le dénombrement fourni valait aveu contre le vassal qui l'avait donné, mais n'était opposable ni au seigneur, ni aux tiers, sauf à ceux qui auraient laissé prescrire pendant une longue suite d'années (Glasson, *op. cit.*, t. 4, p. 311). On appelait *terrier* la collection des aveux (V. *Rép.* n⁰ 428).

62. On sait que la loi du 17 juill. 1793 avait ordonné la mise au feu de tous les titres constitutifs ou récognitifs de droits seigneuriaux (V. *Rép.* n⁰ˢ 344 et 433). Mais la loi du 8 pluv. an 2 (V. *Rép.* n⁰ 345) suspendit cette mesure et ordonna aux municipalités de conserver jusqu'à nouvel ordre les titres féodaux qui avaient dû leur être remis pour être brûlés. Le décret du 11 mess. an 2 (V. *Rép.* p. 350) ajourna à une date indéterminée l'exécution de la prescription de 1793, quoiqu'un décret du 2 octobre de la même année eût refusé tout sursis, même pour les titres mixtes, c'est-à-dire contenant l'indication de rentes féodales et de rentes purement foncières, signe de féodalité. Plusieurs arrêts ont depuis constaté que la loi du 17 juill. 1793 a été abrogée en cette partie (V. *Rép.* n⁰ 433). Un autre a déclaré que les terriers, étant des titres non seulement pour les anciens seigneurs mais pour la généralité des habitants, ne peuvent aujourd'hui rester entre les mains de ceux qui les détiennent ; ils doivent être déposés, dans l'intérêt de toutes les parties, aux archives de la préfecture et non à celles de la commune (Bourges, 11 déc. 1850, aff. Poignon, D. P. 54. 5. 381. — V. *Rép.* n⁰ 429).

CHAP. 6. — Des droits seigneuriaux relatifs aux eaux courantes et des concessions de leurs bénéfices (*Rép.* n⁰ˢ 483 à 486).

63. On a indiqué au *Rép.*, n⁰ 483, la controverse qui s'était élevée sous l'ancien régime sur le droit des seigneurs aux cours d'eau et aux petites rivières qui traversaient leur territoire, et fait connaître le sort réservé par la jurisprudence moderne aux concessions faites par ces seigneurs à

des particuliers sur les cours d'eau. Aux arrêts cités n°s 485 et 486, adde : Civ. cass. 4 déc. 1849, aff. Mercader, D. P. 49. 1.305, cité au Répertoire, v° Eaux minérales, n° 13. Enfin, à l'arrêt (Civ. cass. 24 nov. 1852) mentionné au Rép., n° 486, et d'après lequel est nulle, comme entachée de féodalité, la concession faite par un seigneur d'un moulin dépendant de sa seigneurie, à titre de fief et inféodation, moyennant diverses charges, et entre autres, une rente qualifiée foncière et seigneuriale, avec la clause que le preneur fournira une grosse exécutoire devant servir de premier aveu à la seigneurie, en exemption de tous les droits de treizième, pour cette fois seulement, il faut joindre l'arrêt de la cour de Paris, rendu le 6 févr. 1854, sur renvoi dans la même affaire. Ce dernier arrêt, en adoptant la décision précédente, déclare qu'en tout cas, la nullité de l'acte dont il s'agit, étant d'ordre public, ne saurait être couverte par l'exécution qu'il a reçue, et qu'on ne saurait non plus faire résulter l'obligation, pour le preneur, de maintenir les ponts, de ce seul fait que des changements avaient été apportés à l'état de la rivière, antérieurement à la concession par le seigneur de qui elle est émanée.

64. On a vu au Rép., n° 484, que la loi des 15-28 mars 1790 a excepté les moulins de la suppression prononcée par elle des droits féodaux, mais n'a pas maintenu les proprié-

taires de ces moulins dans le droit appartenant aux anciens seigneurs de jouir privativement et exclusivement de toutes les eaux nécessaires en tout temps à ces usines. Cette loi leur a moins encore attribué le droit de faire passer les eaux sur les terres voisines. La législation féodale n'avait jamais, en effet, accordé au seigneur soit féodal, soit justicier, surtout dans les pays de droit écrit, le droit exorbitant de détourner les eaux sur le sol appartenant à des tenanciers, et de les faire traverser la terre d'autrui. Même dans les pays non allodiaux, où régnait la maxime *nulle terre sans seigneur*, la faculté de détourner les eaux était restreinte, à l'égard des seigneurs, au cas où elle s'exerçait sans dommage pour les voisins, *sine injuria accolarum*, d'où cette conséquence que les seigneurs n'étaient maîtres de la direction à donner à un cours d'eau que quand il traversait leur propre domaine. Par suite, le canal de fuite d'un moulin est présumé, ainsi que ses francs-bords, appartenir au propriétaire de l'usine pour le service de laquelle il a été creusé, et si cette présomption cède à la preuve contraire résultant des titres ou des faits qui ont accompagné la création du moulin, ladite preuve contraire ne saurait s'induire, en faveur des propriétaires riverains, de la seule circonstance que le moulin aurait été établi par l'ancien seigneur (Toulouse, 16 déc. 1869, aff. Commune de Bonnac, D. P. 70. 2. 84).

Table sommaire

des matières contenues dans le Supplément et le Répertoire.

(Les chiffres précédés de la lettre S renvoient au Supplément; les chiffres précédés de la lettre R renvoient au Répertoire.)

Table chronologique des Lois, Arrêts, etc.

Col. 1	Col. 2	Col. 3	Col. 4	Col. 5	Col. 6	Col. 7	Col. 8
1396 .. janv. Ordonn. 58 c. **1564** 18 sept. Parlem. de Paris. 57 c. **1669** 6 aout. Ordonn. eaux et forêts. 58 c. **1773** 16 mars. Cons. souv. d'Alsace. 51 c.	**1789** 4 aout. Loi.27 c., 58 c., 59 c., 60 c. **1790** 15 mars. Loi. 17 c., 45 c., 55 c., 64 c. **1792** 25 août. Loi.17 c., 24 c., 55 c. **1793** 6 juill. Loi. 59 c.	12 juill. Loi. 45 c. 17 juill. Loi. 17 c., 31 c., 55 c., 62 c. 30 juill. Loi. 59 c. 2 oct. Loi. 62 c. **An 2** 8 pluv. Loi. 62 c. 2 prair. Loi. 50 c. 11 mess. Décr. 61 c. **An 3** 9 mess. Loi. 49 c.	**An 7** 11 brum. Loi. 49 c. **An 8** 4 therm.Av.Cons. d'Et. 45 c. **An 10** 21 vent. Av. Cons. d'Et. 45 c. **1837** 24 nov. Cb. réun. 51 c. **1849** 4 déc. Civ. 63 c.	**1850** 11 déc. Bourges.62 c. **1851** 11 août. Civ. 34. **1852** 15 juin. Civ. 51 c. 28 juill. Req. 27 c. 24 nov. Civ. 63 c. **1853** 19 févr. Grenoble. 28 c. **1854** 6 févr. Paris. 63 c.	**1856** 22 juill. Metz.51 c. **1860** 4 janv. Req. 58c. 24 avr. Req. 32 c. **1862** 28 août. Poitiers. 31. **1863** 27 janv. Grenoble. 57 c. **1864** 10 août. Dijon. 24 c., 25 c., 26 c.	**1865** 4 avr. Civ. 58 c. 17 aout. Metz. 58 c. **1866** 7 mai. Req. 24 c. **1869** 16 déc. Toulouse. 64 c. **1871** 30 août. Montpellier. 44 c. **1872** 6 févr. Civ. 34 c.	29 juill. Civ. 8 c. **1873** 28 mai. Civ. 58 c. **1875** 24 mars. Civ. 44 c. **1882** 24 avr. Req. 55 c., 55 c., 57 c. **1884** 13 mai. Rennes. 53 c.

PROPRIÉTÉ INDIVISE. — V. suprà, vis *Enregistrement*, n° 78 ; *Louage*, nos 30 et 40 ; — et infrà, v° *Responsabilité*, et Rép. eod. v°, nos 608 et suiv., 753.

PROPRIÉTÉ INDUSTRIELLE. — V. outre les renvois indiqués au *Répertoire*, suprà, vis *Contrat de mariage*, n° 950 ; *Droits civils*, n° 135 ; *Expropriation pour cause d'utilité publique*, n° 19 ; *Industrie et commerce*, nos 159 et suiv., 193 et suiv., 211 et suiv., 303 et suiv., 492 et suiv., 503 et suiv. ; *Organisation économique*, n° 54 ; — et infrà, vis *Timbre*,et Rép. eod. v°, n° 82 ; *Traité international*, et Rép. eod. v°, nos 69 et 259 ;*Vices rédibitoires*, et Rép. eod. v°, n° 116.

PROPRIÉTÉ LITTÉRAIRE ET ARTISTIQUE.

Division.

CHAP. 1. — Législation, bibliographie (n° 1).

CHAP. 2. — Législation étrangère. — Droit international (n° 3).

CHAP. 3. — Nature, caractère et durée de la propriété littéraire et artistique (n° 27).

CHAP. 4. — Règles spéciales à la propriété des œuvres purement littéraires (n° 44).

CHAP. 5. — Règles spéciales à la propriété des œuvres dramatiques et musicales et des œuvres d'art (n° 56).

§ 1. — Œuvres dramatiques et musicales (n° 56).

§ 2. — Œuvres d'art (n° 76).

CHAP. 6. — De la cession (nos 87).

§ 1. — Œuvres littéraires (n° 87).

§ 2. — Œuvres artistiques (n° 97).

CHAP. 7. — De la contrefaçon (nos 104).

CHAP. 8. — Des actions qui dérivent de la propriété littéraire et artistique. — Des conditions d'exercice de ces actions (nos 115).

CHAP. 9. — Des peines, des dommages-intérêts et de la prescription (nos 134).

CHAP. 1er. — Législation. — Bibliographie
(Rép. nos 1 à 21).

1. La propriété littéraire et artistique est encore actuellement régie par la loi du 19 juill. 1793 (Rép. p. 444). A la suite des tentatives rappelées au Rép., nos 15 et suiv., une commission a été nommée, dès le 28 déc. 1861 (D. P. 62. 4. 11), « à l'effet de préparer un projet de loi pour réglementer la propriété littéraire et artistique et coordonner, dans un code unique, la législation spéciale » ; mais ce code n'a pas encore paru. Nous ne pouvons que rappeler ici les dispositions législatives qui, depuis la publication du Répertoire, sont intervenues sur divers points. La plus importante est la loi du 14 juill. 1866 (D. P. 66. 4. 96) sur les droits des héritiers et des ayants cause des auteurs (V. infrà, nos 38 et suiv.). Le 16 mai 1866 (D. P. 66. 4. 49), une loi avait statué sur le cas très spécial des instruments de musique mécaniques (V. infrà, n° 111). Enfin un décret du 19 nov.

1859 (D. P. 59. 4. 120), a réglementé à nouveau les parts d'auteur dans le produit brut des recettes du Théâtre-Français.

2. Il a paru peu d'ouvrages nouveaux sur la matière. Le *Traité théorique et pratique de la contrefaçon en tous genres*, de Gastambide (1837), le *Traité des droits d'auteur*, de Renouard (1838), le *Traité pratique du droit industriel, etc.*, de Rendu (1855), le *Traité de la contrefaçon en tous genres*, d'Etienne Blanc (4e éd., 1856), le *Traité de la propriété et de la contrefaçon des œuvres de l'intelligence*, de Calmels (1856), bien qu'antérieurs à la publication du *Répertoire*, n'ont rien perdu de leur autorité. A ces ouvrages de doctrine est venu s'ajouter, en 1879, le *Traité théorique et pratique de la propriété littéraire et artistique et du droit de représentation* de M. Pouillet. MM. Ch. Lyon-Caen et Delalain ont réuni, en 1889, les *Lois françaises et étrangères sur la propriété littéraire et artistique*. Enfin, plus récemment (1891), MM. Huard et Mack ont donné un *Répertoire de législation, de doctrine et de jurisprudence en matière de propriété littéraire et artistique*. Quant au texte des décisions rendues sur la matière, il se trouve surtout dans les *Annales de la propriété industrielle, artistique et littéraire*, fondé par M. Pataille.

CHAP. 2. — Législation étrangère. — Droit international (Rép. nos 22 à 71).

3. Nous rappellerons ci-après, suivant l'ordre du *Répertoire*, les dispositions de droit soit interne, soit international, qui concernent les différents pays, en renvoyant, pour plus amples détails, à l'exposé très complet que contient sur ces points l'ouvrage de MM. Huard et Mack (p. 581 et suiv.). D'une façon générale, il convient de signaler tout d'abord l'importante convention de Berne pour la protection des œuvres littéraires et artistiques, signée le 9 sept. 1886 (D. P. 88. 4. 4) entre la France, l'Allemagne, la Belgique, l'Espagne, la Grande-Bretagne, Haïti, l'Italie, Libéria, la Suisse et la Tunisie, et à laquelle ont ultérieurement adhéré le grand-duché de Luxembourg (23 mars 1888) et la principauté de Monaco (30 mai 1889).

4. En *Angleterre* (Rép. nos 23 à 25), la matière continue d'être régie par la loi du 1er juill. 1842. La convention de Berne du 9 sept. 1886 a remplacé les conventions antérieures des 3 nov. 1851 et 11 août 1875. Mais il a été décidé que cette convention ne dispense pas les auteurs et artistes étrangers de la formalité de l'enregistrement, à laquelle leurs œuvres sont assujetties en Angleterre (Haute-cour de justice de Londres, 4 févr. 1891, aff. Fishburn, D. P. 93. 2.171).

5. Dans les *Pays-Bas* (Rép. nos 26 à 28), la loi du 28 juin 1881 protège pendant cinquante ans du jour de la publication, et, en tous cas, pendant la vie de l'auteur, les ouvrages publiés dans le royaume. L'auteur jouit du droit exclusif de traduction pendant cinq ans, pourvu qu'il se soit réservé ce droit, spécialement pour chaque langue, par une mention sur l'ouvrage, et qu'il l'ait exercé dans les trois ans de la publication. Le droit de représentation, s'il y a lieu, est limité à la vie de l'auteur, et, pour ses héritiers, à trente

ans après sa mort, si l'œuvre n'est pas imprimée, à dix ans seulement du jour du dépôt, s'il s'agit d'une œuvre publiée, le dépôt devant avoir lieu dans le mois de la publication. Les relations avec la France sont réglées par les conventions des 29 mars 1855 et 27 avr. 1860 (D. P. 60. 4. 49).

6. En *Belgique* (*Rép.* nᵒˢ 26 à 28), la loi spéciale est du 22 mars 1886. Le droit de l'auteur dure pendant toute sa vie et cinquante ans après sa mort (art. 25); le droit de traduction a la même durée (art. 38). Une convention du 31 oct. 1881 (D. P. 83. 4. 33) règle les droits des Français, qui, d'ailleurs, jouissent, pour leurs œuvres publiées en France, du traitement de la nation la plus favorisée; mais elle se trouve modifiée par la loi de 1886 qui assimile les étrangers aux nationaux, sans nulle condition de réciprocité. V. en outre la convention de Berne (*suprà*, nᵒ 3).

7. En *Allemagne* (*Rép.* nᵒˢ 29 et 30), aux termes des lois des 11 juin 1870 (écrits, dessins, œuvres musicales et dramatiques), 9 janv. 1876 (arts figuratifs) et 10 janv. 1876 (photographie), le droit de reproduire existe pendant la vie de l'auteur, et, après sa mort, pendant cinq ans pour les œuvres photographiques, et trente ans pour toutes les autres. Les œuvres d'architecture ne sont pas protégées. Les droits des Français sont régis par la convention du 19 avr. 1883 (D. P. 83. 4. 93), et par la convention de Berne.

8. En *Autriche* (*Rép.* nᵒ 32. V. pour la *Hongrie*, *infrà*, nᵒ 21), la loi de 1846 est encore en vigueur. Une convention du 11 déc. 1866 (D. P. 67. 4. 12) assimile les ouvrages des Français à ceux des nationaux. Les traductions sont protégées comme l'ouvrage lui-même, pourvu que ce droit particulier soit réservé par une mention placée en tête de l'œuvre.

9. En *Danemark* (*Rép.* nᵒ 35), la matière est régie par les lois, fort complexes, des 23 févr. 1866, 24 févr. 1868; 24 mai 1879 et 12 avr. 1889. La durée du droit s'étend, d'après cette dernière loi, à la vie de l'auteur et cinquante ans après sa mort. Aucune convention ne règle les droits des Français. Il est vrai qu'il suffit d'une ordonnance royale pour rendre les lois nationales applicables aux étrangers, sous condition de réciprocité; mais aucune ordonnance de ce genre n'a été rendue en ce qui touche la France.

10. En *Suède* (*Rép.* nᵒ 36), les œuvres littéraires sont protégées par la loi du 10 août 1877. L'auteur a le droit exclusif de reproduire ses écrits par l'impression, soit qu'ils aient déjà été publiés antérieurement, soit qu'ils se trouvent encore en manuscrit (art. 1). — Le droit de l'auteur dure pendant toute sa vie et cinquante ans après (art. 7). Ce dernier délai est réduit à cinq ans pour le droit de représentation sur la scène. Les œuvres artistiques, réglementées par une loi particulière du 3 mai 1867, sont protégées pendant la vie de l'artiste et dix ans après sa mort. Les Français jouissent, avec réciprocité, du traitement national, aux termes des conventions du 30 déc. 1881 (D. P. 83. 4. 35) et 15 févr. 1884 (D. P. 85. 4. 14).

11. L'*Italie* (*Rép.* nᵒˢ 37 à 40) compte plusieurs lois (25 juin 1865, 10 août 1875, 18 mai 1882), coordonnées par les décret et règlement du 19 sept. 1882. Le droit de représentation dure quatre-vingts ans à compter de la première représentation ou publication. Quant au droit d'édition (qui dure, en tout cas, pendant la vie de l'auteur), ce même délai de quatre-vingts ans existe avec le même point de départ, mais il se subdivise en deux périodes: pendant les quarante premières années, il constitue un droit exclusif; pendant les quarante autres, il se transforme en un droit à une redevance de 5 pour 100 sur le prix fort de la reproduction.

Le dépôt est exigé, même pour les œuvres d'art; il peut alors consister en une copie faite au moyen de la photographie ou de tout autre mode de reproduction. Faute de dépôt dans les dix ans, le droit d'auteur est éteint. Il existe avec la France une convention, en date du 9 juill. 1884 (D. P. 85. 4. 83). V. en outre la convention de Berne.

12. En *Espagne* (*Rép.* nᵒ 41), la loi du 10 janv. 1879 protège la *propriété intellectuelle* (œuvres littéraires, artistiques et scientifiques) pendant la vie de l'auteur, et, pour ses héritiers, jusqu'à l'expiration d'une période de quatre-vingts ans. Une convention conclue avec la France le 16 juin 1880 (D. P. 81. 4. 64-65) assimile les étrangers aux nationaux, sauf que le délai de quatre-vingts ans est réduit à cinquante; elle contient la clause de la nation la plus fa-

vorisée. V. en outre la convention de Berne (*suprà*, nᵒ 3).

13. Le *Portugal* (*Rép.* nᵒˢ 42 à 45) a inséré la loi spéciale, qui est du 1ᵉʳ juill. 1867, dans le code civil (2ᵉ part., tit. 5). La durée du droit est la même qu'en France. Aux termes de l'art. 578, qui pose le principe de la réciprocité, les Français sont assimilés aux nationaux, même pour le droit de traduction, qui cependant est limité à dix années pour les étrangers en général. Toutefois l'effet protecteur de la loi est subordonné à un enregistrement de l'œuvre dans les deux pays.

14. En *Russie* (*Rép.* nᵒˢ 46 à 59), la loi de 1886 établit le même délai qu'en France. Il existait une convention, en date du 6 avr. 1861, mais elle a cessé d'être en vigueur le 14 juill. 1887, ayant été dénoncée par la Russie (V. Lyon-Caen et Delalain, t. 2, p. 347).

15. La législation des *Etats-Unis* (*Rép.* nᵒ 60) est assez compliquée. Le droit d'auteur, consacré notamment par les lois des 8 juill. 1870 et 8 juin 1874, dure pendant quarante-deux ans, à partir de l'enregistrement du titre de l'ouvrage, pourvu que cet enregistrement soit renouvelé avant la fin de la vingt-huitième année. A défaut de convention, une loi du 14 mars 1891 (V. Huard et Mack, p. 595) assure aux étrangers en général une certaine protection.

16. Au *Mexique* (*Rép.* nᵒ 61), la propriété est perpétuelle; toutefois le droit de représentation s'éteint trente ans après la mort de l'auteur (V. Pataille, 1876, p. 264). Le dépôt est de rigueur. Les Français jouissent du traitement de la nation la plus favorisée, aux termes de deux conventions des 9 mars 1839 (*Rép.* vᵒ *Traité international*, nᵒˢ 11 et 39) et 27 nov. 1886 (D. P. 88. 4. 35). D'ailleurs, la loi mexicaine assimile les étrangers aux nationaux, mais à charge de réciprocité.

17. La législation du *Chili* n'a point changé depuis le *Répertoire* (V. nᵒ 62).

18. Au *Venezuela* (*Rép.* nᵒ 63), la propriété est perpétuelle, comme au Mexique (*suprà*, nᵒ 16) et au Guatemala (*infrà*, nᵒ 20) (V. Lyon-Caen et Delalain, t. 2, p. 165 et 179).

19. La législation des pays qui suivent n'a point figuré au *Répertoire*.

En *Bolivie*, une déclaration du 8 sept. 1887 (D. P. 91. 4. 89) assimile les Français aux nationaux, et réciproquement.

20. Au *Guatemala*, la propriété littéraire et artistique est perpétuelle, de même qu'au Mexique (*suprà*, nᵒ 16) et au Venezuela (*suprà*, nᵒ 18) V. Lyon-Caen et Delalain, t. 2, p. 117.

21. En *Hongrie*, la loi du 26 avr. 1884 est, quant à la durée du droit d'auteur, identique à la loi française, sauf pour les œuvres photographiques, qui ne sont protégées que pendant cinq ans. Les œuvres d'architecture ne sont pas protégées, non plus que les produits des arts figuratifs appliqués à des objets industriels. Les étrangers ne sont protégés que s'ils résident en Hongrie depuis au moins deux ans, ou s'ils ont été édités par des nationaux.

22. Au *Japon*, la durée dure pendant la vie de l'auteur, plus cinq ans, et, en tous cas, pendant trente-cinq ans à partir de l'enregistrement de l'œuvre au ministère de l'intérieur. Ce délai est réduit à dix ans pour les photographies. Le droit de représentation est identique au droit d'édition. Même dans le cas où le droit privatif n'existerait pas, il est interdit de dénaturer l'œuvre ou le nom de l'auteur.

23. Dans la principauté de *Monaco*, une ordonnance souveraine du 27 févr. 1889 admet la réciprocité avec la loi du pays de l'auteur ou de l'éditeur, sans que les droits de l'étranger puissent excéder ceux dont jouirait un Monégasque. La principauté a d'ailleurs adhéré à la convention de Berne.

24. En *Norvège*, le délai est le même que celui de la loi française (sauf pour les photographies, qui ne sont protégées que pendant cinq ans); toutefois, le droit d'édition s'éteint lorsque, pendant cinq ans, il a été impossible de se procurer des exemplaires de la dernière édition. Les relations avec la France sont régies par la convention du 30 déc. 1881 (D. P. 83. 4. 35).

25. En *Suisse*, d'après la loi du 23 avr. 1883 (Pataille, 1886, p. 289 et suiv.), le droit s'éteint trente ans après la mort de l'auteur, et trente ans après la publication, lorsqu'il s'agit d'une œuvre posthume. Ce délai est réduit à cinq ans pour les photographies. Il existait avec la France une convention du 23 févr. 1882 (D. P. 83. 4. 37); mais elle a été

dénoncée par la Suisse, et n'a pas été remplacée. V. d'ailleurs la convention de Berne (*suprà*, n° 3).

26. Avec le *Salvador*, il existe une convention du 9 juin 1880 (D. P. 83. 4. 44).

CHAP. 3. — **Nature, caractère et durée de la propriété littéraire et artistique** (*Rép.* n°ˢ 72 à 83).

27. — I. NATURE DU DROIT D'AUTEUR. — La controverse analysée au *Rép.*, n° 72, relativement au caractère juridique de la propriété littéraire et artistique, subsiste, encore, bien que l'accord semble près de se faire. Au *Congrès littéraire international* tenu à Paris en 1878 (V. *Comptes rendus* in extenso *et documents*), il fut à peu près unanimement reconnu que le droit des auteurs ne pouvait être juridiquement qualifié de droit de propriété (V. en ce sens la dissertation insérée D. P. 67. 1. 369). Le principal motif, sur lequel insiste notamment M. Sarrut, dans une dissertation insérée D. P. 88. 1. 5, c'est que « ce droit, essentiellement temporaire, d'après la législation de tous les pays (V. cependant *suprà*, n° 16, 18 et 20), manque, par là même, de l'un des éléments caractéristiques et essentiels de la propriété, la perpétuité ». Pour emprunter le langage de l'exposé des motifs de la loi de 1866, « toutes les combinaisons proposées par ceux-là même qui voyaient dans le droit en question une propriété, sont la négation même de ce droit exclusif, perpétuel et sans condition. On ne perd pas la propriété du sol quand même on le laisserait trente ans en friche ; on ne voit pas la loi dire que celui qui a joui de son champ pendant cinquante ans doit ensuite le laisser cultiver par le premier venu ». — Quant aux considérations d'ordre historique qui militent à l'appui de ce système, elles ont été mises en relief, devant la chambre des requêtes, par M. le conseiller Lepelletier, dans une affaire concernant quelques œuvres du compositeur Verdi (D. P. 88. 1. 8) : « Dégageons-nous, dit le rapport de ce magistrat, de cette idée fausse que la propriété d'une œuvre artistique ou littéraire serait, dans l'état actuel de la législation, une propriété ordinaire, comme celle que le code civil a organisée pour les biens, meubles ou immeubles ; ne nous laissons pas abuser par les mots, et comprenons bien que, si la loi de 1866 et les textes qui l'ont précédée ont pour titre *Propriété littéraire*, *Droits de propriété*, leurs dispositions n'ont en réalité pour but que d'assurer et, en même temps, de limiter les droits qui ont pour objets les œuvres de l'esprit. Si les textes eux-mêmes ne le démontraient pas, on en trouverait la preuve dans la discussion à laquelle a donné lieu la loi de 1866. Dans l'exposé des motifs, M. le conseiller d'Etat Riché prenait soin d'expliquer lui-même que le droit qu'il s'agissait alors de réglementer n'était pas une propriété. « Le droit, disait-il, qu'on appelle en Allemagne et en Angleterre droit de copie, d'édition, de multiplication, a reçu en France le nom de propriété littéraire. Des écrits de quelques auteurs du 18ᵉ siècle, tels que Linguet, cette expression, en harmonie avec le goût de notre langue moderne pour les mots ambitieux et abstraits, a pénétré dans le style officiel, et les lois ont prononcé ce mot, mais toujours en face d'un droit temporaire ». ... Dégageant la chose de la fausse logique du mot, interrogeant la nature et l'histoire de ce droit *sui generis*, la majorité des auteurs, des jurisconsultes et des économistes n'y ont vu qu'une concession de la loi, concession juste, mais volontaire, devant concilier, par la restriction même de sa durée, la récompense due à l'auteur avec l'intérêt du public. — M. Perras, rapporteur du projet, s'exprimait au Corps législatif dans des termes non moins faits pour dissiper l'illusion et l'équivoque. Après avoir rappelé les querelles qui se sont produites sur la dénomination du droit qu'il s'agit d'organiser : « Ce sont, dit-il, des querelles de mots, et il suffit de s'entendre sur le sens des expressions à introduire dans le dictionnaire légal.... Les lois antérieures n'ont pas créé pour les œuvres de l'esprit une propriété dans le sens du droit commun. Le chef de l'Etat propose d'étendre encore les dispositions progressivement bienveillantes des lois antérieures et d'élargir leur cadre élastique sans le briser ». — Cette manière de voir compte aujourd'hui une autorité de plus, celle de la cour de cassation : en effet, la chambre des requêtes, dans l'affaire précitée (aff. Grus, 25 juill. 1887, D. P. 88. 1. 5), a

formellement déclaré « que les droits d'auteur sont désignés à tort, soit dans le langage usuel, soit dans le langage juridique, sous le nom de *propriété*; que, loin de constituer une propriété comme celle que le code civil a définie et organisée, pour les biens meubles et immeubles, ils donnent seulement à ceux qui en sont investis le privilège exclusif d'une exploitation temporaire ».

28. Quelle est donc la nature de ce droit, qui n'est pas un droit de propriété ? La cour de Paris a jugé (13 mars 1880, aff. Michel Masson, D. P. 80. 2. 169) que le droit de l'auteur sur son œuvre, s'appliquant à un objet purement mobilier, doit, aux termes de l'art. 517 c. civ., être considéré comme valeur mobilière ; qu'à ce titre, ce droit lui-même, envisagé dans son principe et comme source de produit, fait partie de l'actif de la communauté. C'est l'opinion généralement admise. On l'appuie sur les travaux préparatoires et le texte de la loi du 14 juill. 1866. En effet, l'exposé des motifs de cette loi déclare que la nature mobilière reconnue au droit d'auteur « fait entrer dans la communauté conjugale, non seulement les produits du droit, mais le droit lui-même ». De plus, le rapporteur de la commission, à propos d'un amendement tendant à attribuer le droit d'auteur à la communauté ou à la société d'acquêts stipulée par les époux, faisait observer que cette solution, déjà admise par la doctrine, était consacrée par le projet de loi. Enfin, d'après MM. Aubry et Rau (*Cours de droit civil français*, 4ᵉ édit., t. 5, § 527, p. 284, n° 11) et Flourens (*Essai sur la loi du 14 juill.* 1866, p. 103 et suiv.), la question aurait été définitivement tranchée par l'art. 1 de la loi de 1866, qui réserve au conjoint survivant, pendant cinquante années, la jouissance des droits dont l'auteur prédécédé n'a pas disposé par acte entre vifs ou par testament, *indépendamment des droits qui peuvent résulter, en faveur de ce conjoint, du régime de la communauté*. De ces dernières expressions, il semble bien résulter que le conjoint survivant, outre son usufruit légal, a un droit spécial qu'il puise dans sa qualité d'époux commun en biens (V. Rodière et Pont, *Traité du contrat de mariage*, 2ᵉ éd., t. 1, n° 440 ; Demolombe, *Cours de code civil*, t. 9, n° 439 ; Louis Puech, *Revue du notariat et de l'enregistrement*, n° 6071). — Ce système n'est pourtant pas unanime ; il est notamment combattu par M. Pouillet (*Traité de la propriété littéraire et artistique*, n°ˢ 185 et suiv.), qui n'admet pas l'argument tiré de la loi de 1866. D'après cet auteur, le législateur a voulu décider seulement que l'usufruit qu'il constitue en faveur du conjoint survivant est un droit spécial, indépendant de tel ou tel régime matrimonial, indépendant même de la communauté, à la différence de ce qui avait lieu sous l'empire du décret de 1810. Mais la solution de la cour de Paris a été approuvée par la chambre des requêtes (16 août 1880, D. P. 81. 1. 25). Aux termes de l'arrêt rendu à cette date, une composition littéraire matérialisée par la publication constitue un bien susceptible de propriété et mobilier dans sa valeur principale comme dans ses produits ; par suite, le droit de l'auteur sur cette œuvre tombe dans la communauté légale et fait partie de l'actif de cette communauté, dans le cas où elle est dissoute par le décès de la femme comme dans celui où elle prend fin par le décès du mari ; aucune dérogation n'a été apportée sur ce point aux principes du droit commun par les lois spéciales qui régissent la propriété littéraire.

29. En tout cas, le doute qui existe sur le droit lui-même ne concerne en rien les produits de ce droit, qui sont de véritables fruits. En effet, on entend par fruits les objets qu'une chose produit et reproduit à des intervalles plus ou moins éloignés, sans altération ou diminution de sa substance, ainsi que les revenus périodiques qu'on peut retirer de la cession de sa jouissance (Aubry et Rau, *Cours de droit civil français*, 4ᵉ édit., t. 2, § 192, p. 183). Or les différentes éditions d'une œuvre littéraire sont précisément des produits qui se renouvellent sans altérer ou diminuer la substance du droit de propriété, la cession d'une édition ne portant aucun préjudice à la cession des éditions ultérieures (V. Pouillet, *op. cit.*, n° 197). C'est donc avec raison que la cour de Paris a jugé (18 mai 1877, aff. Michelet, D. P. 80. 2. 64), que les bénéfices pécuniaires qui peuvent résulter de l'exploitation de la propriété littéraire doivent être rangés dans la classe des fruits et revenus, et que, par suite, en cas de mariage sous le régime d'exclusion de la communauté,

les sommes provenant de la cession d'œuvres composées par la femme en collaboration avec son mari doivent être attribuées au mari, à titre de fruits, sans que, à la dissolution du mariage, la femme ait droit à la reprise desdites sommes.

30. En résumé, sauf la question de durée, il faut traiter la propriété littéraire suivant le droit commun (Paris, 18 juin 1883, aff. De Ponson du Terrail, D. P. 85. 2. 47). La cour de Paris, par cet arrêt, a eu l'occasion de faire application de cette règle au sujet d'un prétendu droit de retour qui serait spécial à la propriété littéraire. C'est un principe général de la matière des successions qu'un bien entré dans un patrimoine, quelle que soit sa nature ou son origine, se confond avec lui et passe aux héritiers suivant l'ordre tracé par la loi. Le droit de retour conventionnel ou légal déroge à ce principe; mais il ne peut résulter que de dispositions formelles. Or on a soutenu qu'il existe une disposition de ce genre en faveur du conjoint survivant, et que celui-ci peut saisir, au décès de l'héritier réservataire, la part de jouissance qui lui a échappé. On s'appuie sur l'art. 1, § 3, de la loi du 14 juill. 1866 (D. P. 66. 4. 96), ainsi conçu: « Toutefois, si l'auteur laisse des héritiers à réserve, cette jouissance (du conjoint survivant) est réduite, au profit de ces héritiers, suivant les proportions et distinctions établies par les art. 913 et 915 c. civ. ». La réduction existe donc, a-t-on dit, *au profit des héritiers à réserve*: ces héritiers disparaissant, la réduction n'a plus de raison d'être, et le conjoint doit recueillir un avantage dont il n'avait été privé que momentanément, à raison de la qualité d'un représentant du défunt. Cette interprétation a été repoussée par la cour de Paris (Arrêt précité du 18 juin 1883) qui a jugé que, lorsqu'une succession comprend un droit de propriété littéraire, les héritiers réservataires recueillent en pleine propriété la quotité qui leur est attribuée; que, aucune disposition légale n'établissant un droit de retour au profit du conjoint survivant, en cas de décès de ces héritiers, la pleine propriété recueillie par eux passe à leurs héritiers, en sorte que le conjoint survivant ne peut prétendre faire porter son usufruit sur cette quotité. La combinaison de cet arrêt avec l'arrêt de la chambre des requêtes du 16 août 1880 (cité *suprà*, n° 28) montre que la propriété littéraire est, en principe, un bien comme un autre, ne présentant pas de caractère spécial qui comporte dérogation aux règles du droit commun.

31. — II. CARACTÈRES DU DROIT D'AUTEUR. — La nature du droit de propriété littéraire et artistique étant ainsi définie, il convient de déterminer quels en sont les effets, quel est, suivant les expressions de la chambre des requêtes (Arrêt du 25 juill. 1887, cité *suprà*, n° 27), le privilège dont l'auteur est investi. Ce privilège est complexe. D'abord, l'auteur est le maître absolu de son œuvre, en ce sens qu'il la fait telle qu'il lui plaît et peut s'opposer à toute modification, à moins qu'il n'ait enchaîné sa liberté par quelque convention exceptionnelle. Ainsi l'artiste chargé de l'illustration d'un ouvrage jouit, pour la traduction du livre par le crayon, de la latitude indispensable à l'essor de son imagination, et ne saurait être astreint à la reproduction servile et minutieuse de tous les détails décrits par l'écrivain (Paris, 18 juin 1883, aff. Bonhoure, D. P. 85. 2. 192).

32. Mais c'est surtout pour l'exploitation de son droit que l'auteur a un privilège (Req. 25 juill. 1887 précité). Ce privilège est double : 1° privilège pour la reproduction, commun à toutes les œuvres littéraires et artistiques. Celui-là comprend le droit exclusif de publier, vendre et distribuer l'œuvre; il comprend, en outre, lorsqu'il s'agit d'une œuvre littéraire, le droit exclusif de la traduire (Bruxelles, 17 mai 1880, aff. Zola, D. P. 81. 2. 117), et de l'*adapter*, pour prendre une expression usitée dans le monde des lettres. Ainsi, l'auteur d'un roman peut empêcher un tiers d'y puiser une pièce de théâtre; par suite, l'écrivain autorisé par l'héritier de l'auteur d'un roman (dans l'espèce le roman *Madame Bovary*), à extraire de ce roman une pièce de théâtre, est sans droit de faire représenter la pièce qu'il a composée, si l'autorisation n'avait été donnée que sous réserve de changements, de corrections à apporter à la pièce, si les parties n'ont pu se mettre d'accord quant aux changements et corrections, et si la pièce est défectueuse au point de vue du style, alors, d'ailleurs, que la résistance de l'héritier de l'auteur du roman tient au légitime souci des devoirs qui lui sont imposés envers la mémoire du dé-

funt et qu'il n'est pas établi qu'il se propose de profiter du manuscrit, dont il a reçu communication, pour faciliter une autre œuvre d'adaptation et de mise à la scène du roman (Paris, 4 nov. 1890, aff. Taylor, D. P. 91. 2. 303); — 2° Privilège pour la représentation ou l'exhibition, spécial aux ouvrages dramatiques, aux œuvres musicales et aux œuvres d'art. L'analyse de ce double droit fera l'objet de deux chapitres distincts (chapitres 4 et 5).

33. Le droit de propriété littéraire et artistique (auquel nous conserverons ce nom impropre, mais consacré par l'usage) repose en principe sur la tête de l'auteur (et, par extension, sur celle de sa veuve et de ses héritiers, ainsi qu'on le verra *infrà*, n° 38). Il existe entier chez l'auteur, et ne peut se trouver restreint que par l'effet d'une cession, ou par celui de la collaboration. La cession fera l'objet d'un chapitre spécial (chap. 6). Nous nous bornerons ici à quelques remarques relatives à la collaboration.

34. La collaboration altère gravement le droit de chaque collaborateur: Il résulte bien de l'indivisibilité de l'œuvre que le droit de chacun des collaborateurs s'étend à l'œuvre toute entière; mais l'exercice de ce droit est subordonné, pour chacun, à l'obligation de tenir compte des droits de ceux qu'il s'est associé pour son travail. À cette situation s'appliquent naturellement les principes d'équité posés par l'art. 1859 c. civ. Chaque associé peut se servir des choses appartenant à la société, pourvu qu'il ne s'en serve pas contre l'intérêt de la société, et de manière à empêcher ses associés d'en user selon leurs droits. Aussi ne saurait-on approuver un arrêt de la cour de Paris (1er déc. 1876, aff. De Wailly, D. P. 78. 2. 73) suivant lequel l'auteur d'un ouvrage écrit en collaboration et déjà publié aurait le droit de l'éditer de nouveau dans le recueil de ses œuvres personnelles, sans être tenu d'obtenir le consentement de son collaborateur, et pourrait toucher à son profit exclusif le montant des droits d'auteur afférents à cet ouvrage, alors que son collaborateur n'offre point de participer aux frais de publication. Cela est au moins très contestable. En effet, l'auteur qui insère l'œuvre commune dans le corps de ses œuvres personnelles en fait un usage ordinairement nuisible aux intérêts moraux et matériels de son coauteur : à ses intérêts moraux, puisque la personnalité de celui-ci tend ainsi à s'effacer devant celle de son collaborateur, que le public pourra facilement considérer comme l'auteur unique de l'ouvrage ; à ses intérêts matériels, car la publication nouvelle, vulgarise l'œuvre commune et en rend la réimpression séparée inutile, ou moins fructueuse.

35. Il est d'autant plus permis de réprouver cette décision isolée que la jurisprudence se prononce en sens contraire dans les cas mêmes où il ne s'agit pas, comme ici, d'une collaboration effective, mais d'une sorte de collaboration tacite. La cour de Paris a, en effet, jugé (31 janv. 1881, aff. Veuve Scribe, D. P. 83. 2. 62) que l'auteur qui s'est chargé de rédiger une biographie à l'aide de documents intimes qui lui ont été confiés, et en s'interdisant de publier cette œuvre sans l'approbation expresse de la personne pour laquelle il l'a entreprise, ne peut être considéré comme ayant la propriété exclusive de cette biographie. En effet, d'après cet arrêt, la remise des documents constitue en quelque sorte la collaboration de celui qui les a confiés; par suite, si l'auteur de la biographie a livré son manuscrit, il ne peut, dans le cas où la personne qui a remis les documents refuse de le faire imprimer, en demander la restitution pour le publier suivant sa convenance personnelle. Cette solution paraît exacte, car la collaboration ne suppose pas nécessairement un travail littéraire (V. Pouillet, *Traité de la propriété littéraire et artistique*, n° 106), et le simple fait d'avoir fourni les éléments matériels de l'œuvre suffit pour la constituer (V. Trib. de la Seine, 29 avr. 1891, *La Loi*, 1891, p. 431).

36. Deux autres arrêts de la cour de Paris, dans une espèce différente, quoique assez voisine, montrent le droit de l'auteur restreint par une circonstance qui n'est pas non plus la collaboration véritable. D'après un arrêt du 6 juin 1883 (aff. Henry, D. P. 85. 2. 219), dans les ouvrages collectifs, composés de morceaux écrits et signés par un certain nombre de collaborateurs, la qualité de véritable et principal auteur appartient à celui qui a conçu et dirigé l'ensemble du travail; c'est en sa personne que réside le privilège, comme auteur de l'ensemble et comme coauteur

des différentes parties dans leur rapport avec l'ensemble ; le droit de l'auteur de chaque article se trouve donc, par ce fait, restreint. Il s'ensuit, notamment, que l'auteur signataire d'articles destinés à faire partie d'une œuvre collective (d'un recueil encyclopédique) est, en l'absence de conventions contraires, soumis au contrôle du directeur de cette œuvre, en ce sens que celui-ci, pour maintenir à la publication l'unité de vues et de doctrines, a le droit de modifier les articles qui lui sont remis, à la condition toutefois de ne point altérer les doctrines et la pensée de l'auteur, et de ne diminuer en rien la valeur scientifique de son œuvre (Paris, 20 déc. 1855, aff. De Saint-Priest, D. P. 56. 2. 70). Il s'ensuit encore que le rédacteur en chef d'une œuvre collective a le droit de donner le bon à tirer pour les articles signés par ses collaborateurs ; car ce n'est pas là violer le droit de ces derniers, surtout si tel est l'usage déjà établi pour la publication de cette œuvre (Même arrêt). Il s'ensuit enfin, conformément à ce qu'on a vu au *Rép.*, n° 205, que le directeur ou rédacteur en chef de l'ouvrage collectif n'est pas tenu, en l'absence de conventions spéciales, de demander l'autorisation des auteurs pour publier des réimpressions de cet ouvrage, ni même pour en publier des abrégés, extraits ou résumés, faits sur la généralité de l'ouvrage, et reproduisant la pensée fondamentale qui sert de base à toutes les parties ; et que, spécialement, le fondateur d'un recueil périodique constituant une véritable encyclopédie ne commet pas le délit de contrefaçon en publiant, sous un titre distinct et spécial, un volume contenant des œuvres qu'un auteur avait composées pour ce recueil, alors que ces publications indiquent qu'elles en font partie (Paris, 6 juin 1883, précité).

37. Mais il ne faut pas exagérer cette solution ; il faut, au contraire, la restreindre au cas où il s'agit d'un travail d'ensemble, combiné dans un but unique. Mais, par exemple, le directeur d'une revue ne peut, pas plus que ne le pourrait un éditeur, modifier, sans l'agrément de l'auteur, l'article qui lui est remis par ce dernier pour être inséré, alors d'ailleurs que cet article est présenté aux lecteurs de la revue, non pas comme l'œuvre personnelle ou collective de la rédaction, mais comme l'œuvre individuelle et exclusive de son auteur dont il porte la signature ; et il en est ainsi, alors même que les corrections ou coupures pratiquées n'auraient pas pour résultat d'altérer d'une façon sensible la pensée de l'auteur. — La cour de Paris (16 mars 1865, aff. Delprat, D. P. 65. 2. 213) avait jugé le contraire en décidant que l'écrivain attaché à la rédaction d'une revue périodique n'est pas fondé à se plaindre des suppressions et modifications que le directeur de cette revue a faites, sans son aveu, à l'un de ses articles, et à exiger en conséquence, à titre de réparation, l'insertion d'une lettre par laquelle il désavoue l'œuvre ainsi modifiée ; la cour, d'ailleurs, constatait en fait, dans cette espèce, que les suppressions, dictées par le besoin de réduire l'étendue trop considérable de l'article pour la place qui lui était réservée, n'avaient porté que sur des passages sans importance, et que les corrections en petit nombre qui y avaient été faites avaient un caractère encore plus insignifiant. Mais cet arrêt a été cassé (Civ. cass. 21 août 1867, D. P. 67. 1. 369), et la cour de renvoi (Orléans, 15 mai 1868, D. P. 68. 2. 128) a décidé, conformément à l'arrêt de cassation, que le directeur de la revue ne peut modifier les articles qui lui sont remis qu'à la condition de prévenir l'auteur et d'obtenir son assentiment, et

que l'auteur dont l'article a été, à son insu et sans son consentement, remanié ou modifié, a le droit de réclamer, à titre de réparation du préjudice que les remaniements ont pu lui causer, l'insertion dans la revue même d'une lettre où il explique et désavoue les changements opérés dans l'article publié sous son nom.

38. — III. *Durée du droit d'auteur.* — Le droit d'auteur étant temporaire, sa durée est fixée par la loi d'une façon tout arbitraire. La jouissance de l'auteur lui-même n'a pas changé ; dès la loi du 13 janv. 1791, elle était viagère (*Rép.* n° 79), ce qui implique, au surplus, perpétuité lorsque l'auteur est une personne morale non susceptible de périr, tel que l'Etat (Paris, 5 mai 1877, *infrà*, n° 48). Viager aussi fut le droit de la veuve, à partir du décret de 1810, confirmé sur ce point par la loi de 1854 (*Rép.* n°s 74 à 79). Enfin, par la loi du 14 juill. 1866 (D. P. 66. 4. 96), le droit des héritiers, que la loi de 1854 avait limité à trente ans à partir, soit du décès de l'auteur, soit de l'extinction des droits de la veuve, est porté à cinquante ans à partir du décès de l'auteur (art. 1). Pendant cette période de cinquante ans, le conjoint survivant, quel que soit le régime matrimonial, et indépendamment des droits qui peuvent résulter en faveur de ce conjoint du régime de la communauté, a la simple jouissance des droits dont l'auteur prédécédé n'a pas disposé par acte entre vifs ou par testament. Toutefois, si l'auteur laisse des héritiers à réserve, cette jouissance est réduite, au profit de ces héritiers, suivant les proportions et distinctions établies par les art. 913 et 915 c. civ. Cette jouissance n'a pas lieu lorsqu'il existe, au moment du décès, une séparation de corps prononcée contre ce conjoint ; elle cesse au cas où le conjoint contracte un nouveau mariage. Les droits des héritiers à réserve et des autres héritiers ou successeurs, pendant cette période de cinquante ans, restent d'ailleurs réglés conformément aux prescriptions du code civil. Lorsque la succession est dévolue à l'Etat, le droit exclusif s'éteint, sans préjudice des droits des créanciers et de l'exécution des traités de cession qui ont pu être consentis par l'auteur ou par ses représentants.

39. On voit que, d'après la loi de 1866, la date à laquelle l'œuvre tombe dans le domaine public varie suivant l'époque de la mort de l'auteur. Que faut-il décider, lorsqu'il existe plusieurs auteurs ? La question est controversée. D'après un arrêt de la cour de Paris (21 juin 1858, aff. Maillet, D. P. 71. 5. 319), bien que, dans les ouvrages faits en collaboration, chaque collaborateur ait sur la totalité de l'œuvre un droit indivis de propriété, ce droit n'en a pas moins une existence séparée, et s'éteint de la même manière que le droit de propriété établi sur l'œuvre ayant un auteur unique. On soutiendrait à tort, dit-on dans ce système, que les droits transmis aux héritiers du collaborateur prédécédé se prolongent tant que subsistent les droits du collaborateur survivant, ou bien que celui-ci, par suite de l'extinction des droits de son collaborateur ou des héritiers de celui-ci, est appelé à recueillir la totalité des bénéfices de l'œuvre commune. Mais le système contraire, soutenu par de nombreux auteurs (V. Lacan et Paulmier, *Jurisprudence des théâtres*, t. 2, n° 582 ; Renouard, *Droits d'auteurs*, n°s 148 et 151 ; Gastambide, *Des contrefaçons*, n° 139 ; Ballot, *Revue pratique*, t. 1, p. 466 ; Rendu et Delorme, *Droit industriel*, n° 769), a été consacré par un plus récent arrêt de la même cour (Paris, 27 juin 1866) (1).

---

(1) (Gérard et comp. *C.* Choudens.) — Le 29 nov. 1865, jugement du tribunal civil de la Seine ainsi conçu : « Attendu que si une œuvre musicale qui se compose à la fois de paroles et de musique constitue une propriété commune indivisible entre le musicien et l'écrivain, à ce point que si les droits de propriété du musicien, à la suite de son décès, viennent à périr par l'expiration des délais fixés par la loi, les droits de l'auteur des paroles continuent à subsister, ces principes ne doivent pas recevoir leur application au sujet des *Joyeuses Commères de Windsor*, opéra comique (d'après Shakspeare), paroles de Mosenthal, traduites en français par Louis Danglas, musique de Nicolaï ; — Attendu en effet que le tribunal, dont le devoir est d'apprécier les faits qui constituent la contrefaçon, ne peut, dans l'espèce du procès actuel, considérer Mosenthal comme l'auteur du poème qui a servi de thème à la musique de Nicolaï ; — Attendu que cette musique ne lui a été réellement inspirée que par la pièce de Shakspeare, *Les Joyeuses Commères de Windsor* ; — Attendu que Mosenthal a seulement arrangé et disposé pour le théâtre la

pièce de Shakspeare ; — Que ce travail constitue, sans doute, à son profit une propriété privée susceptible d'être protégée par l'action en contrefaçon ; mais que la musique composée par Nicolaï sur l'œuvre originale de Shakspeare modifiée pour le théâtre par Mosenthal, n'a pu faire revivre, avec de nouveaux droits privatifs de propriété, la pièce *Les Joyeuses Commères de Windsor*, de Shakspeare tombée depuis longtemps dans le domaine public ; — Attendu, d'une autre part, que la musique de Nicolaï décédé en 1849, est aussi tombée, aux termes de la législation française, dans le domaine public ; — Attendu, dès lors, que la pièce *Les Joyeuses Commères de Windsor*, opéra comique en trois actes, musique de Nicolaï, arrangé par Jules Barbier pour le théâtre sur le drame de Shakspeare comme celle de Mosenthal, n'est pas une contrefaçon de l'œuvre de ce dernier, dont elle diffère d'ailleurs d'une façon remarquable par les personnages, leurs caractères et diverses situations qui ne s'y rencontrent pas ; — Par ces motifs, etc. — Appel par les sieurs Gérard et comp.

40. Quelle est la durée de la propriété littéraire en cas de cession du droit ? En principe, c'est la même que si le droit n'avait pas été cédé. Toutefois, une question se pose, lorsque depuis la cession, la durée légale s'est trouvée prorogée par une des lois précitées : à qui profite cette prorogation ? au cédant ou au cessionnaire ? La jurisprudence persiste dans la solution adoptée par la cour de Paris dès le 12 juill. 1852 (V. *Rép.* n° 267). Il est aujourd'hui constant, du moins en principe et à défaut de conventions particulières, que la durée du droit à la propriété d'une œuvre artistique se mesure, pour le cessionnaire mis à la place de l'auteur, sur la durée du droit appartenant à ce dernier ou à ses héritiers, telle que la fixait la législation existant à l'époque de la cession, et que si, avant que le droit du cessionnaire fût éteint, une loi nouvelle a prorogé le droit de propriété de l'artiste ou de ses héritiers, cette prorogation, non prévue lors de la cession, ne peut profiter au cessionnaire (Douai, 8 août 1865, aff. Colombier, cité par Huard et Mack, n° 388 ; Crim. cass. 28 mai 1875, aff. Pradier, D. P. 75. 1. 334, et sur renvoi, Rouen, 25 févr. 1876, D. P. 76. 2. 100 ; Paris, 19 mai 1876, aff. Degoree-Cadot, D. P. 76. 2. 127, et sur pourvoi, Req. 20 nov. 1877, D. P. 78. 1. 309 ; Paris, 18 août 1879, aff. Vernet, D. P. 81. 2. 61, et sur pourvoi, Civ. rej. 20 févr. 1882, D. P. 82. 1. 465). Ce principe a été appliqué tant en matière littéraire qu'en matière artistique.

Jugé, en matière littéraire, que les lois du 8 avr. 1854 et du 14 juill. 1866, qui ont successivement prorogé la durée du droit des héritiers à trente et à cinquante ans, n'ont accordé cette prorogation qu'en faveur des auteurs et de leurs héritiers, mais non de leurs cessionnaires antérieurs à ces lois ; qu'en conséquence lorsqu'un *écrivain* a cédé la propriété de ses ouvrages sous l'empire de la loi du 19 juill. 1793 et du décret du 5 févr. 1810, le droit du cessionnaire doit être réglé tant par ces textes que par son titre individuel ; et ce dernier ne peut pas réclamer le bénéfice de la prorogation résultant des lois de 1854 et de 1866, si les parties n'ont pas eu l'intention de traiter de l'extension du droit, en sorte que le droit de l'éditeur qui, en 1823, a acheté à un écrivain la propriété absolue de ses ouvrages avec faculté de vente et de réimpression en tout format, prend fin vingt ans après la mort de la veuve de l'auteur, décédé en 1850 (Paris, 19 mai 1876, précité).

Jugé, en matière artistique : 1° que les lois du 8 avr. 1854 et du 14 juill. 1866, qui ont successivement appelé la veuve, puis le conjoint survivant de l'auteur, à jouir durant leur vie du droit de reproduction et prorogé la durée du droit des héritiers à trente et à cinquante ans, n'ont accordé cette prorogation qu'en faveur des auteurs, compositeurs ou artistes et de leurs héritiers, mais non de leurs cessionnaires antérieurs à ces lois ; qu'en conséquence, lorsqu'un artiste a cédé son droit de reproduction sous l'empire de la loi du 19 juill. 1793, le droit du cessionnaire doit être réglé tant par cette loi que par son titre individuel, et

ce dernier ne peut pas réclamer le bénéfice de la prorogation résultant des lois de 1854 et de 1866, si les parties n'ont pas eu l'intention de traiter de l'extension du droit ; qu'ainsi celui qui, en 1842, a acheté à un *statuaire* les modèles de ses œuvres, avec droit de reproduction par tous les moyens et procédés quelconques, ne conserve plus, après l'expiration des dix années qui suivent la mort de l'artiste, décédé en 1852, que la faculté de vendre les reproductions loyalement faites avant cette époque, mais qu'il commet le délit de contrefaçon au préjudice des héritiers du statuaire, s'il continue à reproduire ses œuvres et à mettre en vente ces reproductions nouvelles (Crim. cass. 28 mai 1875, précité) ; — 2° Que la convention par laquelle un *peintre* cède pleinement et sans aucune réserve, avec les droits d'auteur, le droit de faire graver un tableau, doit, malgré la généralité de ses termes, et en l'absence de toute preuve et présomption contraire, être entendue en ce sens que la cession a porté uniquement sur le droit de reproduction par la gravure, tel qu'il était réglé quant à sa durée par la loi alors existante, et qu'en conséquence, dans le cas où une loi postérieure vient à prolonger la durée du droit de reproduction, le bénéfice résultant de cette extension profite, non au cessionnaire, mais au peintre ou à ses héritiers (Paris, 18 août 1879, précité).

41. Toutefois ces solutions supposent établi ce point de fait essentiel, à savoir que la cession n'avait porté que sur le droit d'auteur tel qu'il était réglé par la loi alors existante. C'est là une constatation qui rentre dans le pouvoir souverain des juges du fait. Ainsi, les juges du fait statuent dans les limites de leurs attributions souveraines, lorsqu'ils déclarent qu'un auteur et un éditeur n'ont entendu traiter que des droits d'auteur tels qu'ils étaient réglés par la législation alors existante, et qu'ils déterminent le sens que les parties ont attaché à ces termes : « propriété absolue », par elles employés pour indiquer l'objet de leur traité (Req. 20 nov. 1877, aff. Barba, D. P. 78. 1. 309. Comp. Crim. rej. 29 avr. 1876, aff. Sussé, D. P. 76. 1. 409 ; Civ. cass. 20 févr. 1882, aff. Goupil, D. P. 82. 1. 465). Mais s'il ressortait, au contraire, des conventions des parties la preuve que l'auteur ou ses représentants ont renoncé sans réserve tant à la propriété des œuvres par eux cédées, telle qu'elle était réglée par les lois existantes, qu'aux éventualités qui pourraient être réalisées à leur profit par une législation nouvelle, c'est évidemment au cessionnaire que profiterait ce changement législatif (Trib. civ. de la Seine, 29 nov. 1878, aff. Calmann-Lévy, cité par Huard et Mack, n° 390).

42. Si, du successeur à titre particulier, comme le cessionnaire, on passe au successeur à titre universel, la solution change. Soit l'enfant d'un auteur : il décède avant la loi de 1866, laissant un légataire universel : ce légataire a recueilli tout le patrimoine du testateur, tel que celui-ci l'eût possédé lui-même, s'il eût vécu, c'est-à-dire que la prérogative résultant de la loi de 1866, qui eût profité au testateur en cas de survie, profite à son légataire universel en

---

LA COUR ; — Considérant que le poème et la musique d'un opéra ne constituent point deux propriétés distinctes et indépendantes ; — Que, de même qu'ils ne font par leur association qu'un seul ouvrage dont le double élément a été composé l'un pour l'autre, au sein d'un mutuel échange d'idées et d'inspirations, de même ils ne forment ensemble qu'une seule propriété, indivisible dans ses conditions légales d'existence et de durée ; — D'où la conséquence qu'il suffit que l'un des deux auteurs de cette œuvre commune soit vivant pour maintenir l'œuvre tout entière dans le domaine privé ; — Considérant que l'opéra intitulé *Les Joyeuses Commères de Windsor* a été écrit à Berlin, pour les paroles par Mosenthal, d'après Shakspeare, et pour la musique par Nicolaï ; — Que Nicolaï est décédé en 1849, mais que Mosenthal existe encore ; — Que Bolt et Boock, éditeurs allemands, qui les représentent en vertu de traités réguliers, qui les sont à leur tour représentés en France aujourd'hui par Gérard et comp., leurs cessionnaires, ont eu soin, après avoir fait traduire le livret en français par Danglas, et avoir fait arranger la musique pour piano et chant par Reissler, d'opérer en 1857 le dépôt prescrit par l'art. 4 du décret du 28 mars 1852 ; — Qu'aux termes de ce décret, les œuvres littéraires et les œuvres d'art sont assimilées, en matière de contrefaçon, à celles qui paraissent en France, sans aucune différence pour le droit des auteurs ; — Qu'il n'a donc plus été permis, depuis ce dépôt, de reproduire en France sans l'autorisation de Bolt et Boock, ou de leurs cessionnaires, ni la musique ni les paroles des *Joyeuses Commères de Windsor* ; —

Que cela étant, il est impossible de ne pas reconnaître qu'il y a eu double contrefaçon de la part de Choudens qui n'a jamais eu cette autorisation, dans le fait d'avoir publié, en 1863, la partition de Nicolaï sur les paroles françaises de Jules Barbier ; — Qu'en premier lieu la contrefaçon de la musique est incontestable, puisque dans l'ouverture comme pour toutes les parties du chant, l'édition de Choudens reproduit littéralement l'œuvre de Nicolaï avec la réduction de Reissler ; — Que Choudens, pour écarter de ce chef la contrefaçon, soutient à la vérité que c'est Shakspeare, et non Mosenthal qui a inspiré la musique de Nicolaï, et que, par conséquent, le droit privatif de l'auteur du livret sur son poème n'a pu empêcher la composition musicale de tomber dans le domaine public, par suite du décès de Nicolaï, sans femme ni enfants, plus de dix années avant l'édition de Choudens ; — Mais que si Shakspeare a fourni le titre de la fable de l'opéra, il est constant toutefois que l'auteur du livret, travaillant d'après les lois et les parties essentiellement différentes de celles de la comédie, a dû, pour approprier son sujet aux exigences du drame lyrique, simplifier l'action, retrancher des personnages, supprimer des intrigues, imaginer des scènes nouvelles et créer la plupart des situations musicales de sa pièce ; que cette pièce est donc bien à lui, et qu'il n'est pas moins avéré que c'est sur le livret de Mosenthal, et non sur la comédie de Shakspeare, que Nicolaï a composé son opéra ; — Qu'en second lieu, il n'y a besoin que de comparer l'ouvrage de Mosenthal avec celui de Barbier pour constater également la

cas de mort. C'est ce qu'a jugé la cour de Paris le 3 août 1877 (1).

43. Les règles qui précèdent ne concernent pas les éditeurs d'œuvres posthumes. Le régime auquel sont aujourd'hui soumis ces éditeurs, leurs veuves et leurs héritiers, en vertu du décret du 1ᵉʳ germ. an 13 (*Rép.* n° 80), est celui qui existait alors pour les auteurs, leurs veuves et leurs héritiers : il n'a subi aucune modification par l'effet des lois ultérieures. Il a été en effet jugé par la cour de cassation que le décret du 1ᵉʳ germ. an 13, en disposant que les propriétaires, par succession ou à d'autres titres, d'un ouvrage posthume, ont les mêmes droits que l'auteur, et que les dispositions des lois sur la propriété exclusive des auteurs leur sont applicables, n'établit pas une assimilation complète et absolue entre le propriétaire d'un ouvrage posthume et l'auteur de cet ouvrage, et n'appelle pas d'avance ce propriétaire à profiter de l'extension des droits que la législation postérieure à ce décret a établis au profit des auteurs; qu'il résulte, au contraire, des considérants de ce décret qu'il n'a eu d'autre but que de faire profiter celui qui publie un ouvrage posthume des droits que la législation alors existante, à laquelle il se réfère expressément, c'est-à-dire la loi du 19 juill. 1793, accordait aux auteurs mêmes; que les lois postérieures des 5 févr. 1810, 8 avr. 1854 et 14 juill. 1866, qui ont étendu au profit des auteurs, de leurs veuves et de leurs héritiers, les droits de propriété littéraire, ne s'appliquent ni par leur texte ni par leur esprit aux publicateurs d'ouvrages posthumes ou à leurs cessionnaires (Civ. rej. 28 déc. 1880, aff. Charpentier, D. P. 81. 1. 202).

CHAP. 4. — **Règles spéciales à la propriété des œuvres purement littéraires** (*Rép.* n°ˢ 84 à 159).

44. Les œuvres littéraires n'étant susceptibles d'être livrées au public que par voie de copie, manuscrite ou imprimée, il résulte que le seul droit qui compète à leurs auteurs est le droit d'*édition*. Ce droit est reconnu par la loi au profit des auteurs d'*écrits en tous genres* (*Rép.* n° 84). C'est assurément là une expression des plus générales; il n'est pourtant pas sans difficulté de déterminer ce qu'il faut entendre par un écrit. Ce point ne peut guère être éclairé que par des exemples.

45. Ce qui est certain, tout d'abord, c'est qu'il ne faut considérer ni l'importance littéraire de l'ouvrage (Trib. de la Seine, 6 avr. 1842, aff. Teyssèdre, cité par M. Blanc, *Traité de la contrefaçon en tous genres*, p. 68), ni sa longueur (Paris, 3 déc. 1867, *Annales*, 1867, p. 404; Huard et Mack, n° 4). Ainsi une simple *notice* peut constituer un ouvrage protégé par la loi (Trib. cass. de la Seine, 29 janv. 1836, *Gazette des tribunaux*, 30 janv. 1836).

46. Une publication qui consiste dans l'augmentation ou le remaniement d'un ancien ouvrage déjà tombé dans le domaine public est, aussi bien qu'une publication entièrement nouvelle, susceptible d'une propriété exclusive. Il en est ainsi dans le cas surtout où le nouveau travail (s'appliquant, par exemple, à une ancienne méthode de piano) est le produit d'une conception propre à son auteur, et exige, de sa part, la connaissance des règles de l'art. L'auteur de remaniements opérés à un ouvrage tombé dans le domaine public n'est pas tenu, pour conserver sa propriété privilégiée, de séparer du texte ancien ses additions ou changements, sous peine de les voir, par une sorte d'accession, devenir propriété publique; ici ne s'applique pas le décret du 1ᵉʳ germ. an 13 sur le droit des héritiers relativement aux œuvres posthumes de leur auteur (Crim. rej. 27 févr. 1845, aff. Richault, D. P. 45. 1. 130).

47. Une *compilation* constitue ou non une propriété, suivant qu'elle révèle ou non un travail personnel (Nancy, 18 avr. 1893, aff. Aiman, D. P. 93. 2. 418). Ainsi, les almanachs ou annuaires étant généralement composés suivant un plan en quelque sorte nécessaire et dans un ordre

---

contrefaçon du poème; — Que c'est dans tous les deux le même plan, avec les mêmes intrigues, les mêmes aventures et les mêmes situations musicales; — Que si, dans le dialogue, où sa plume est plus libre, Barbier emprunte autant à Shakspeare qu'au librettiste allemand, on remarque au contraire que, dans les parties capitales, celles du chant, où il est astreint à suivre l'œuvre du musicien, il reprend chaque morceau du poème, il en reproduit dans sa version le rythme, le sentiment et l'idée; — Que, sans doute, avant le traité entre la France et la Prusse sur les œuvres d'esprit et d'art, tout écrivain français eût pu traduire Mosenthal, en séparant le poème et la musique, parce que le droit de traduction s'applique même aux paroles d'un opéra; mais que ce droit n'autorise point, si l'opéra est dans le domaine privé, à réunir dans la traduction la musique aux paroles, et encore moins, sous prétexte de changements et d'additions, à s'approprier les paroles, en les donnant comme siennes et en supprimant le nom de l'auteur; — Infirme, déclare Choudens coupable de contrefaçon par le fait de la publication et de la vente de l'œuvre dont il s'agit, etc.

. Du 27 juin 1866.-C. de Paris, 2ᵉ ch.-MM. Guillemard, pr.-Hémar, av. gén., c. conf.-Noudier et Chaudey, av.

(1) (Etienne et Theuveny C. Pagès.) — Le 14 janv. 1876, jugement du tribunal civil de la Seine ainsi conçu : — « Attendu que les petits-enfants d'Etienne, auteur de plusieurs pièces de théâtre, demandent qu'il soit déclaré que seuls ils ont qualité pour recueillir, à l'exclusion de tous autres, et notamment de Pagès, veuf et légataire universel de leur tante, fille d'Etienne, les droits d'auteur provenant des œuvres dramatiques de celui-ci; qu'en conséquence, il soit fait mainlevée pure et simple de la défense signifiée par Pagès à l'agent général des auteurs dramatiques, de leur payer la totalité de ces droits; — Attendu que le décret du 13 janv. 1791 porte, dans son art. 5, que « les héritiers ou ces-« sionnaires des auteurs seront propriétaires des ouvrages de ces « derniers »; — Que celui du 19 juill. 1793, art. 1, dispose que « les auteurs d'écrits en tous genres jouiront du droit exclusif d'en « céder la propriété; — Attendu que la nature du droit ainsi constitué est certaine; qu'il s'agit incontestablement d'une propriété régie par les principes de la loi générale, et qu'il n'y aura pas été dérogé par des textes spéciaux; — Attendu que les seules dérogations qui résultent de ces textes sont relatives au caractère temporaire du droit et à l'interversion, au profit de la femme de l'auteur, de l'ordre successoral ordinaire; — Attendu que, par conséquent, l'art. 711 c. civ. demeure pleinement applicable à la propriété littéraire, laquelle est, conformément à cet article, transmissible par succession, par donations entre vifs ou testa-

mentaires et par l'effet des obligations; — Attendu que l'application du droit commun est si peu contraire à la nature de la propriété littéraire que la loi des 14-19 juill. 1866, relative aux droits des héritiers et ayants cause des auteurs, déclare que ces droits resteront réglés conformément aux prescriptions du code civil; — Attendu que Pagès, légataire universel de sa femme, a trouvé dans la succession de celle-ci la moitié indivise de la propriété des œuvres d'Etienne; — Qu'il a recueilli cette part au même titre que les autres valeurs héréditaires; — Que, saisi de plein droit, en l'absence d'héritiers réservataires, des biens de la testatrice, il s'est trouvé, à l'égard de chacun de ces biens, le continuateur de sa personne; — Qu'il doit donc exercer le droit de propriété littéraire dans la même étendue et dans les mêmes conditions que la testatrice qu'il représente; — Attendu qu'il a été objecté que, jusqu'à la loi de 1866, la durée de l'exercice des droits accordés par le décret du 19 juill. 1793 aux héritiers ou cessionnaires n'aurait été étendue qu'au profit des enfants; que, notamment, ce serait en faveur de ces derniers seuls qu'aurait disposé la loi du 8 avr. 1854, sous l'empire de laquelle s'est ouverte la succession de la dame Pagès; qu'en conséquence, le droit de Pagès devrait être restreint à un terme de dix ans; — Mais attendu que les lois antérieures à 1866, et spécialement celle du 8 avr. 1854, ont conféré aux enfants la jouissance édictée à leur profit, sans aucune restriction, des œuvres de leurs auteurs; — Qu'elle a donc laissé la libre disposition, conformément au droit commun, et par suite, la possibilité de transmettre cette jouissance dans les conditions de durée qui leur était accordée à eux-mêmes; — Attendu, au surplus, que l'application du décret du 19 juill. 1793, si elle pouvait avoir lieu, aurait pour conséquence l'extinction du droit de Pagès, et non un accroissement au profit des demandeurs, accroissement que repoussent, soit les principes généraux, soit surtout celui des lois spéciales; — Qu'en effet, les limitations apportées à la durée du droit des auteurs ou de leurs ayants cause l'ont été dans l'intérêt public et non dans un intérêt privé; — Qu'elles ne tendent pas à organiser une succession de jouissances particulières, mais à hâter le moment de la jouissance de tous; — Qu'ainsi les demandeurs seraient sans intérêt et, dès lors, sans droit à invoquer une déchéance dont ils ne sauraient profiter; — Par ces motifs : — Déclare les consorts Etienne et Theuveny mal fondés dans leurs demandes contre Pagès, les en déboute; — Déclare Pagès, en sa qualité de légataire universel de sa femme, propriétaire pour moitié, pendant tout le temps accordé par la loi du 8 avr. 1854, du droit de publication et de reproduction des œuvres littéraires et politiques d'Etienne, si ce droit n'a pas été antérieurement cédé à des tiers, comme aussi des droits perçus par suite

consacré par l'usage, les parties essentielles de ces ouvrages ne sauraient constituer la propriété personnelle d'aucun éditeur (Aix, 10 févr. 1866 (1); Rouen, 5 août 1873, *suprà* v° *Industrie et commerce*, n° 504).

Jugé de même qu'un *programme de courses* ne peut constituer une œuvre personnelle susceptible d'une appropriation privée, lorsqu'il ne contient que des renseignements qui, par leur nature, sont dans le domaine public (Req. 14 janv. 1885, aff. Champon, D. P. 85. 1. 285). La cour de Bruxelles (29 nov. 1866. aff. Parent, D. P. 67. 5. 344) avait autrefois posé en principe qu'un programme de courses ne saurait constituer un travail littéraire. La chambre des requêtes, par son arrêt du 14 janv. 1885, prend soin de réfuter ce prétendu principe, ou du moins d'en restreindre la portée au cas où les matériaux composant le programme relèvent du domaine public. Même solution dans l'arrêt suivant. — Les compilations faites avec des éléments qui appartiennent au domaine public, tels, que des *textes de lois*, ne peuvent être l'objet d'une propriété privée, protégée contre la contrefaçon, que dans le cas seulement où elles dénotent une conception de l'esprit, un labeur véritable, en un mot une création; — il n'en saurait être ainsi d'un livret dans lequel, aux lois réglementaires, on aurait simplement ajouté quelques lois qui intéressent les ouvriers, alors que le choix de ces documents ne révèle pas un travail réel; et, dès lors, la reproduction, même servile, de cette compilation, n'est pas passible des peines de la contrefaçon (Colmar, 17 août 1858, aff. Garnier, D. P. 59. 2. 13). — On ne saurait considérer comme une conception de l'esprit, un labeur véritable, pour prendre les expressions de l'arrêt qui précède, le seul fait d'avoir classé les éléments de la compilation suivant l'ordre logique, ou l'ordre alphabétique, etc., c'est-à-dire par un procédé qui relève moins de l'instruction propre de l'auteur que de l'intelligence en général (Aix, 10 févr. 1866, précité). Ainsi, le libraire qui, le premier, a fait application, dans la ville où il est établi, de l'idée, déjà mise en pratique ailleurs, de publier, par rues et par numéros de maison, la classification des habitants de la localité, ne peut prétendre au droit exclusif d'y exploiter ce genre de publications (Lyon, 24 mars 1870, aff. Labaume, D. P. 70. 2. 209).

48. Tout au contraire, *une compilation formée d'éléments empruntés à des publications antérieures ou relevant du domaine public* est, tout aussi bien qu'une création entièrement originale, susceptible de propriété littéraire, si ces éléments ont été choisis avec discernement, disposés dans un ordre nouveau, revêtus d'une forme nouvelle et appropriés avec intelligence à un usage plus ou moins général (Crim. rej. 27 nov. 1869, aff. Prudhomme, D. P. 70. 1. 186; Nancy, 18 avr. 1893, aff. Aiman, D. P. 93. 2. 418). Jugé en ce sens : 1° que, si les principes de l'art musical appartiennent en général au domaine public, les exercices de musique combinés par un auteur de méthode pour préparer l'élève qui s'essaye et le rompre à l'exécution, sont susceptibles d'une propriété privative, comme toute autre œuvre de l'esprit (Crim. rej. 11 juill. 1862, aff. Collet, D. P. 63. 1. 204); — 2° Que si les actes officiels émanés de l'administration municipale, ainsi que les documents qui leur sont annexés, tombent dans le domaine public, en sorte qu'une ville (spécialement, la ville de Paris) ne peut revendiquer la propriété des éléments de la série des prix annexés aux cahiers des charges des travaux qu'elle met en adjudication, cela n'empêche que l'éditeur qui a imaginé de réunir les éléments de la série des prix de la ville de Paris sous forme de tableaux synoptiques, peut revendiquer le droit exclusif de reproduction accordé aux auteurs d'écrits en tous genres (Req. 15 mai 1878, aff. Cosse Marchal, D. P. 79. 1. 20). — De même le *catalogue d'un musée*, rédigé par le conservateur avec la collaboration d'un tiers, peut, à raison de son importance, des recherches qu'il a nécessitées, des appréciations qu'il contient sur les œuvres artistiques et sur le talent de leur auteur, à raison aussi des détails historiques ou biographiques qui y abondent, constituer un ouvrage littéraire susceptible de propriété privée (Bordeaux, 24 août 1863, aff. Delpit, D. P. 64. 2. 77). Il en est de même du

(1) (Jacquetty C. Blanc.) — Le sieur Ferdinand Blanc ayant publié à Marseille un annuaire intitulé le *Guide Blanc*, a été poursuivi en contrefaçon, à la requête du sieur Jacquetty, représentant la succession du sieur Blanc père. Le poursuivant prétendait que cette publication était la reproduction d'un ouvrage de même nature qui avait été publié pendant vingt-cinq ans par le sieur Blanc père sous le titre d'*Indicateur marseillais*. Par jugement du 5 janv. 1866, le tribunal de Marseille a acquitté le prévenu.

Appel par le sieur Jacquetty.

LA COUR : — Attendu que le reproche de contrefaçon porte non sur la forme, mais sur le fond même de l'annuaire édicté par le prévenu sous le titre de *Guide Blanc*; — Attendu que la contrefaçon est la reproduction totale ou partielle de l'œuvre d'autrui; — Attendu que l'individualité de cette œuvre peut résulter des éléments qui la composent, ou du système de leur agrégation, ou de l'initiative que l'auteur a prise dans cette composition; — Attendu que les développements auxquels les appelants se sont inutilement livrés pour établir, par une identité des termes, des fautes et même des corrections, que le *Guide Blanc* était en divers endroits la copie littérale de l'*Indicateur marseillais*, tendent à établir seulement une identité matérielle de la reproduction; mais que les éléments d'un annuaire sont dans le domaine public; que chacun a le droit de s'en emparer, et que, dès lors, la seconde condition du délit manque toujours, que cette copie ne constitue pas la reproduction de l'œuvre d'autrui; — Attendu que les mêmes motifs repoussent encore la plainte en tant qu'elle est exagérée au second point de vue; on voit, quant au système d'agrégation, qu'en dehors de méthodes exceptionnelles dont il n'est pas question dans la cause, la contrefaçon ne peut exister lorsqu'il s'agit de distribution par ordre alphabétique ou par ordre de matières, en un mot, de méthodes qui sont fournies par la pratique ou qui relèvent de l'intelligence en général et non de l'initiative de l'auteur; — Attendu qu'il en serait autrement si, les appelants avaient signalé, à côté des indications générales qui sont également dans le domaine de la publicité, des articles ou notices dus aux recherches ou au travail personnel de l'auteur, et qui auraient par cela même constitué une véritable œuvre; mais que leur silence à cet endroit, mis en regard des nombreuses citations qu'ils avaient faites quant au texte, prouve suffisamment que cette base manque complètement à leurs poursuites;

Confirme, etc.

Du 10 févr. 1866.-C. d'Aix, 4e ch.-MM. Poilroux, pr.-Lescouvé, av. gén.-Lyon et Coutencin, av.

de la représentation des œuvres dramatiques dudit Etienne, et ce, à partir du décès de la dame Pagès ».

Appel par Etienne fils et la dame Theuveny et appel incident par Pagès.

LA COUR : — Sur l'appel principal : — Considérant que le testament du 24 juin 1862, de la femme Pagès, est conçu dans les termes les plus nets; qu'il contient une institution de légataire universel à charge de legs particulier; qu'il ne fait aucune mention particulière des œuvres littéraires d'Etienne père, et qu'il suit que cette propriété est dans sa succession au même titre que les autres biens mobiliers; — Adoptant, au surplus, les motifs des premiers juges en ce qu'ils ne sont pas contraires à ceux qui précèdent;

Sur l'appel incident et les conclusions additionnelles et rectificatives : — Considérant que Pagès conclut à ce que la cour répare une omission du jugement; qu'il expose qu'il a demandé que la justice reconnût sa propriété à la moitié des œuvres d'Etienne, en invoquant les lois de 1854 et 1866; que cependant les premiers juges ont admis sa propriété pendant le temps édicté par la loi de 1854, en ce qu'elle Pagès était décédée sous l'empire de cette loi, et ne reconnaissent la faculté au testateur que pour la condition de durée qui lui est accordée par lui-même par la législation existante; — Considérant que Pagès était, par le testament de sa femme, investi du droit que les anciennes lois conféraient aux enfants de l'auteur littéraire sur ses œuvres; — Que ce droit, devenu sa propriété, a été modifié quant à sa durée par une disposition législative, avant qu'il perdît de sa valeur entre ses mains; — Que, légataire universel et ayant à ce titre la propriété comme l'aurait eue sa femme qu'il continuait, il a profité de l'extension que la loi de 1866 accordait, sans aucune modification des droits acquis; — Qu'en effet, l'art. 1 de ladite loi ne fait que porter de trente à cinquante ans la durée de la concession telle que l'existe pour les enfants; — Qu'ainsi c'est à bon droit que Pagès demande que le jugement soit, complété en ce sens, et qu'il y a lieu de le modifier sur ce point; — Par ces motifs : — Met le jugement à néant en ce qu'il n'a pas dit que la durée du droit de Pagès était fixée tant par la loi de 1854 que par la loi de 1866; — Emendant.quant à ce : — Confirme la sentence, et y ajoutant, dit-que le temps pendant lequel Pagès est déclaré propriétaire pour moitié est celui accordé par la loi du 14. juill. 1866; le jugement sortissant effet pour le surplus; — Sur les autres fins, moyens et conclusions des parties, les met hors de cause, etc.

Du 3 août 1877.-C. de Paris, 1re ch.-MM. Rohault de Fleury, pr.-Manuel, av. gén.-Huard et Cléry, av.

catalogue d'une exposition, telle qu'une exposition d'électricité (Trib. de la Seine, 9 mai 1884 et 15 mai 1885, aff. Lahure, cité par Huard et Mack, n° 32)..., ou l'exposition annuelle de peinture (Paris, 5 mai 1882, aff. De Mourgues, *Annales*, 1883, p. 111)..., ou même du catalogue des marchandises mises en vente par un commerçant (Nancy, 18 avr. 1893, aff. Aiman, D. P. 93. 2. 418) encore bien que ce catalogue ne soit pas destiné à être vendu (Même arrêt). — La même solution est applicable aux cartes et plans (*Rép.* n° 386). Ainsi le plan d'une ville, alors même qu'il n'a pas exigé de grands efforts et des préparatifs longs, difficiles et coûteux, n'en est pas moins une œuvre personnelle à son auteur, et constitue une propriété qui doit être reconnue et sauvegardée par les tribunaux (Pau, 6 déc. 1878, aff. Latour, D. P. 80. 2. 80 ; Huard et Mack, n° 1072) ; et il en est ainsi, lors même que l'auteur de la carte contrefaite serait l'Etat (Paris, 5 mai 1877) (1). — V. aussi, en ce qui concerne les dictionnaires, Trib. Seine, 12 janv. 1893, aff. Hollier...; Les notices ou sommaires qui accompagnent, dans les recueils de jurisprudence, les jugements et arrêts, Paris, 6 août 1884, aff. Fuzier-Herman, D. P. 93. 1. 177.

49. L'objet le plus habituel de la propriété littéraire, c'est le *livre*. La propriété porte d'abord sur le titre du livre (Huard et Mack, n° 1415 et suiv.), car c'est là, suivant l'expression de Merlin, « ce qui appartient le plus essentiellement à l'auteur » (*Rép.* n° 103). Il n'est qu'un seul cas où le titre ne soit pas susceptible de constituer une propriété privative: c'est lorsqu'il consiste dans une dénomination générique (*Rép.* n° 104 ; Crim. cass. 16 juill. 1853, aff. Michaud, D. P. 53. 1. 309), et, pour ainsi dire, nécessaire (Huard et Mack, n°s 1429 et suiv.). Mais encore faut-il alors qu'il ne soit pas de nature à créer une confusion. La possibilité d'une confusion, voilà le *criterium* auquel il y a lieu de se référer (Comp. Rouen, 5 août 1873, cité *suprà*, n° 47). Ainsi, il a été jugé que l'auteur qui donne à l'ouvrage qu'il publie un titre sous lequel a paru précédemment un ouvrage publié sur le même sujet par un autre écrivain et qui fait orner la couverture de son livre d'une gravure rappelant la vignette qui se trouvait sur le précédent ouvrage, prépare et rend presque inévitable la confusion entre les deux livres et commet, par suite, un acte de concurrence illicite (Paris, 24 nov. 1886, aff. Amic, D. P. 87. 2. 194). Il s'agissait, dans l'espèce d'un livre intitulé *Les vingt-huit jours d'un réserviste*, ce qui ne pouvait passer pour une dénomination générique.

50. Comme le titre, les épisodes appartiennent à celui qui en a le premier publié le récit. Il y a contrefaçon dans le fait de publier un livre qui, au point de vue de l'invention, est la reproduction complète d'une œuvre antérieure, et dans lequel le lieu de l'action, les personnages principaux et les épisodes sont identiques (Paris, 20 févr. 1872, aff. Delagrave, D. P. 72. 2. 123).

51. A côté du livre, il faut placer le *journal*, pour lequel, d'ailleurs, les règles sont à peu près identiques. — Le *titre du journal* est une propriété à laquelle nul ne peut porter atteinte directement ou indirectement (*Rép.* n°s 108 et 110; Trib. com. Seine, 28 déc. 1868, aff. Panckoucke, D. P. 69. 3. 6 ; Caen, 15 janv. 1878, *infrà*, n° 53; Req. 13 juill. 1880, aff. Vigier, D. P. 81. 1. 24). La cour de Caen (25 mars 1886, aff. De Boissieu, D. P. 87. 2. 139), en reproduisant ce principe, ajoute que la propriété du titre appartient à celui qui le premier en a fait le dépôt. Ceci contient une erreur. Le dépôt du titre d'un journal, exigé par la loi, est une mesure d'ordre public qui ne peut être attributive de propriété de ce titre au profit du déposant; la prise de possession d'un titre de journal ne résulte que de la publication de ce journal (Req. 8 juill. 1879, aff. Crotte, D. P. 82. 5. 340, Trib. com. Seine, 14 oct. 1881, aff. Guitton, D. P. 82. 3. 96; Blanc, *Code de la propriété industrielle littéraire et artistique*, p. 373; Pouillet, *Traité des marques de fabrique et de la concurrence déloyale*, n°s 649 et suiv.). C'est ici bien l'usage qui consacre le droit au titre que le non-usage éteint ce droit. Les tribunaux peuvent apprécier si celui qui a ainsi acquis la propriété du titre y a renoncé tacitement et l'a laissé tomber dans le domaine par la cessation ou l'intermittence de publication pendant un long temps (Caen, 25 mars 1886, précité). Spécialement, un titre de journal ne peut être revendiqué par celui qui en a fait pour la première fois usage, lorsqu'il a laissé s'écouler une période de plusieurs années sans faire aucune protestation contre l'emploi de ce titre par un autre éditeur, et lorsque la première publication avait d'ailleurs cessé au bout de quelques jours (Trib. com. de la Seine, 31 mars 1881, aff. *Le Citoyen*, de Marseille, D. P. 82. 3. 95). En résumé, c'est la possession du titre qui donne naissance à la propriété de ce titre (Paris, 23 mars 1885) (2).

52. Lorsqu'un titre de journal a été usurpé, il appartient aux tribunaux de prescrire les mesures nécessaires pour éviter toute confusion (Trib. com. de la Seine, 31 mars

(1) (L'Etat *C.* Peigné-Delacour.) — Le tribunal civil de la Seine a rendu, le 3 févr. 1875, le jugement suivant : — LE TRIBUNAL: — Attendu que, par procès-verbal de Joniot, huissier, du 2 déc. 1872, le ministre de la guerre a fait saisir contre Peigné-Delacour, dans l'établissement de Dujardin, à Paris, un certain nombre de planches gravées, clichés et épreuves sur papier, destinés, suivant le demandeur, à la reproduction pure et simple, par voie de réduction, de la carte de France, dite de l'état-major, reproduction qui constituerait une violation des droits que tient l'Etat du décret du 20 févr. 1809, soit du décret du 19 juill. 1793 ;.... — Attendu que Peigné-Delacour soutient qu'il n'a besoin d'aucune autorisation pour reproduire la carte de l'état-major, l'Etat n'ayant pas sur cette carte un droit exclusif garanti et protégé par la loi; — En ce qui concerne l'application à la cause du décret du 20 févr. 1809, invoqué par le ministre de la guerre et relatif à la propriété des manuscrits se trouvant notamment dans l'établissement de l'Etat; — Attendu qu'il est constant que le ministre de la guerre a fait éditer la carte de l'état-major; que la publication d'un manuscrit donne à l'œuvre le caractère particulier à toute reproduction de l'intelligence et qui est publiée, c'est-à-dire à ne laisser subsister sur l'ouvrage, au profit de l'auteur, que le droit spécial de propriété littéraire; qu'ainsi l'Etat ne peut invoquer d'autre droit sur la carte de l'état-major; — En ce qui concerne l'application du décret du 19 juill. 1793 : — Attendu que le droit consacré par l'art. 1 dudit décret appartient d'une manière générale aux auteurs d'écrits en tout genre ou compositions; que l'Etat, qui a conçu le plan de la carte de l'état-major, en a prescrit et dirigé l'exécution, en a couvert les dépenses, en est incontestablement l'auteur et peut, en conséquence, dans les termes de la loi et est fondé à en invoquer la disposition; — Attendu que le défendeur oppose vainement que, le droit des auteurs étant essentiellement temporaire, la loi n'a pu entendre le conférer à l'Etat, qui ne périt pas, et qui serait ainsi forcément nanti d'un droit perpétuel; — Que le décret du 19 juill. 1793, en reconnaissant aux auteurs un droit exclusif sur leurs œuvres, n'a fait que consacrer un principe supérieur de raison et de justice; — Que, pour enlever à l'Etat le bénéfice du droit commun de la matière, une simple induction ne saurait suffire; — Qu'une disposition spéciale serait nécessaire, et que cette disposition ne se rencontre dans aucune loi; — Qu'enfin, l'intérêt général en vue duquel la propriété littéraire subit des restrictions, quant à sa durée, est suffisamment garanti par la qualité même de l'Etat, gardien supérieur de cet intérêt, qui reste libre d'abandonner son droit exclusif au profit du domaine public, quand il le juge bon; — Attendu que vainement encore le défendeur soutient que, la carte de l'état-major ayant été faite avec les deniers publics, l'Etat ne saurait y avoir un droit privatif; — Que l'Etat a acquis ainsi un droit faisant partie de son patrimoine propre, mais n'a pas créé une chose du domaine public dont il aurait été loisible à chacun de faire usage; — Qu'à défaut d'autre motif, la destination de la carte résisterait à cette idée; — Par ces motifs : — Dit que la reproduction de la carte de l'état-major, dans les conditions où Peigné-Delacour l'a fait effectuer, et telles qu'elles sont constatées par la saisie, constitue une contrefaçon à l'égard de l'Etat; — Fait défense à Peigné Delacour de continuer l'opération dans ces conditions; — Autorise le ministre de la guerre à faire saisir en tous lieux, tous dessins, gravures, cartes, clichés, planches ou autres éléments servant à la reproduction pure et simple par le défendeur de la carte de l'état-major, et ce, même avec l'assistance de la force armée, si besoin est, etc.

Appel par Peigné-Delacour.

LA COUR; — Adoptant les motifs des premiers juges; — Confirme.

Du 5 mai 1877.-C. de Paris, 1re ch.-MM. Larombière, 1er pr.-Benoist, av. gén.-Gréhen et Armand, av.

(2) (Laromiguière-Lafon *C.* Société des Publications périodiques.) — LA COUR: — Statuant sur l'appel interjeté par Laromiguière-Lafon du jugement rendu par le tribunal de commerce de la Seine, le 31 janv. 1884: — En ce qui touche le titre du journal : — Considérant que la société intimée a, par une possession presque centenaire, acquis un droit privatif au titre du

1881, cité *suprà*, n° 51-; 7 avr. 1881, aff. *Le Capitaliste*, D. P. 82. 3. 95 ; 18 juin 1881, aff. *L'Indépendant français, ibid.*). Et ces mesures peuvent être ordonnées alors même que ces journaux sont publiés dans des villes éloignées l'une de l'autre (spécialement Paris et Marseille), si la confusion est possible à raison de la facilité des relations postales (Trib. com. de la Seine, 31 mars et 18 juin 1881 précités).

La même solution a été donnée dans une espèce où les deux journaux présentent de grandes différences de caractères et de dimensions (Paris, 23 mars 1885, *suprà*, n° 51); ainsi le *Moniteur universel*, journal politique quotidien, a obtenu qu'on fît modifier le titre du *Moniteur universel des voyageurs*, feuille hebdomadaire (Même arrêt); mais c'est là une décision qui semble bien rigoureuse (V. *infrà*, n° 53).

53. En effet, ici encore, c'est la possibilité d'une confusion qui doit servir de guide. Par exemple, le droit de propriétaire du titre d'un journal ne subit aucune atteinte, lorsqu'il résulte des circonstances de la cause que ce titre n'a été placé en tête d'un autre journal qu'avec la désignation spéciale du département dans lequel ce journal était publié, que les deux journaux n'ont ni le même format ni le même centre d'action, ni la même clientèle, qu'ils paraissent dans des départements différents, et que, dès lors, aucune confusion n'a pu se produire entre eux (Caen, 25 mars 1886, aff. De Boissieu, D. P. 87. 2. 139). Ainsi il a été jugé que le journal *Le Petit Normand*, publié à Rouen, ne pouvait se plaindre du titre *Le Petit Normand de l'Orne*, pris par un journal publié à Alençon (Même arrêt), et que *Le Figaro*, journal parisien, ne pouvait s'opposer à la publication, en Algérie, d'une feuille intitulée *Le Figaro algérien* (Trib. com. d'Alger, 20 juin 1881, aff. *Le Figaro*, D. P. 82. 3. 96). Cette solution n'est pas contraire à celle du tribunal de la Seine du 31 mars 1881, citée *suprà*, n° 51, et qui a prescrit au profit du journal *Le Citoyen*, de Marseille, la modification du titre du journal *Le Citoyen*, de Paris : dans cette espèce, en effet, les deux titres étaient absolument identiques. Jugé de même que le propriétaire d'un journal ayant pour titre *Le Granvillais*, et portant en sous-titre : *Courrier d'Avranches, de Coutances et de la côte*, ne peut s'opposer à la publication d'un journal s'intitulant *Le Courrier d'Avranches* (Caen, 15 janv. 1878)(1).

54. Quant au *texte* même du journal, il faut distinguer. Tout ce qui est article de politique, littérature, etc., constitue

une propriété littéraire (Huard et Mack, n°s 49 et suiv.). Ainsi, un journal commet un acte illicite lorsque, après avoir annoncé dans des prospectus distribués à profusion qu'il peut remplacer tous les journaux, emprunte à un autre journal, malgré la défense de celui-ci, des articles accusant une empreinte personnelle, et, recueillant ces articles au moment où ils sortent des presses il les publie assez à temps pour que, à Paris et dans la banlieue, ainsi que dans les départements, ils puissent, dans les deux feuilles, être distribués au public à la même heure (Paris, 16 nov. 1893, aff. *L'Eclair*, D. P. 94. 2. 17). Il en est ainsi encore bien que le journal ait pris soin, en reproduisant ces articles, de désigner la feuille à laquelle il les a empruntés (Même arrêt).

Il en est autrement des simples nouvelles. Spécialement, les dépêches télégraphiques portant à la connaissance du public des nouvelles politiques, scientifiques et littéraires ne peuvent être considérées comme des œuvres de l'esprit, et ne sont pas, dès lors, susceptibles de propriété littéraire. En conséquence, une agence créée dans le but de communiquer aux journaux qui traitent avec elle les dépêches télégraphiques dont la transmission lui est faite de divers pays par des correspondants salariés, n'a pas le droit de s'opposer à ce que d'autres journaux reproduisent les mêmes dépêches, après leur publication dans ce journal abonné; et un tel fait ne peut, non plus, être qualifié de concurrence déloyale, donnant lieu à des dommages-intérêts, alors que les journaux non abonnés qui ont ainsi profité gratuitement des dépêches publiées par le journal abonné, n'ont, pour obtenir cet avantage, employé aucune manœuvre et n'ont, par exemple, ni avancé ni retardé les époques ordinaires de leur tirage et de leur publication (Req. 8 août 1861, aff. Havas, D. P. 62. 1. 136).

55. Enfin, parmi les ouvrages qui sont susceptibles de propriété littéraire, il en est qu'il faut mentionner à part, parce qu'ils sont soumis à un régime tout spécial : ce sont les *livres d'église* (Rép. n° 136). Les évêques ont un droit de propriété sur les livres d'église composés par une commission qu'ils ont nommée à cet effet, et cela encore bien que la composition de ces livres ne consiste que dans une compilation, si elle a exigé du discernement et un travail d'esprit, tel qu'une traduction (Toulouse, 2 juill. 1857, aff. Rodière, D. P. 57. 2. 205 ; Lyon, 15 juill. 1891) (2). Une permission de l'évêque est exigée par l'art. 1 du dé-

---

Moniteur universel, appliqué à un journal politique; — Que l'appelant a porté le ce droit une atteinte qui peut bien être atténuée, mais non rendue légitime, par ces circonstances que sa feuille était dénommée *Moniteur universel des voyageurs*, qu'elle n'était qu'hebdomadaire, et qu'elle présentait au regard de celle de M. Dalloz des différences de caractère et de dimension; — Que c'est à bon droit que les premiers juges ont admis la revendication de la société intimée; — Par ces motifs, etc.

Du 23 mars 1885.-C. de Paris, 3e ch.-MM. Cotelle, pr.-Sarrut, subst.-Lucien Henry et Carraby, av.

(1) (Durand C. Cagnant). — LA COUR; — Attendu que le *titre ou dénomination* d'un journal est une propriété privée, à laquelle il ne doit être porté aucune atteinte directe ou indirecte par la création postérieure d'autres feuilles périodiques; mais que, par *titre ou dénomination* d'un journal, il faut entendre uniquement le nom sous lequel il est connu et désigné, c'est-à-dire les mots écrits en très grands caractères en tête de la première page, et non les qualifications qui suivent, imprimées en caractères beaucoup moins grands, en seconde et troisième ligne; — Qu'en effet, ces qualifications, destinées soit à indiquer la ligne politique que le journal suivra, soit la circonscription pour laquelle il est spécialement créé, à laquelle il s'adresse et dont il donnera les nouvelles locales, sont dans le domaine public, et que d'autres feuilles peuvent reproduire les mêmes qualifications, au même faire de l'une à elles leur titre; — Attendu que le journal dont Cagnant est propriétaire porte les mots : *Le Granvillais*, en très grands caractères en tête de sa première page et qu'ils remplissent la première ligne; que c'est là le titre unique de cette feuille périodique, titre sous lequel seulement il est connu et dénommé; — Qu'à la vérité, au-dessous des mots *Le Granvillais*, en deuxième et troisième lignes, se trouvent imprimés, en caractères infiniment moins gros, les mots *Courrier d'Avranches, de Coutances et de la côte*; que ces expressions ne font pas partie du titre du journal *Le Granvillais*, mais qu'elles indiquent le rayon pour lequel il est établi et dont il rapportera les lecteurs les nouvelles locales; que, dès lors, Durand, en intitulant son journal *Le Courrier d'Avranches*, a pris des mots qui

étaient dans le domaine public, et qu'il n'a commis aucune usurpation de titre au préjudice du *Granvillais*; — Par ces motifs, infirme le jugement rendu par le tribunal de commerce de Granville le 11 oct. 1877

Du 15 janv. 1878.-C. de Caen, 1re ch.-MM. Champin, 1er pr.-Soret de Boisbrunet, av. gén.-Carel et Laisné-Deshayes, av.

(2) (Zech et Beaumont C. Vitte, Pérussel et cardinal Foulon). — LA COUR; — Considérant qu'aux termes du décret du 7 germ. an 13, les livres d'église, heures et prières ne peuvent être imprimés ou réimprimés que d'après permission donnée par les évêques, lesquels, suivant l'art. 9 de la loi du 18 germ. an 10, ont la direction du culte dans leur diocèse; que cette permission doit être textuellement rapportée en tête de chaque exemplaire et que, à défaut de l'avoir obtenue, les libraires ou imprimeurs sont poursuivis conformément à la loi du 19 juill. 1793, relative à la propriété littéraire; — Considérant que cette disposition confère aux évêques un droit absolu de surveillance et de censure sur les livres nécessaires au culte; que ce droit est assimilé quant à ses effets à sa sanction, au droit de propriété des auteurs; qu'il n'est soumis à aucun contrôle ni à aucune restriction, soit en ce qui concerne le libre choix des imprimeurs, soit en ce qui concerne les conditions auxquelles l'impression peut être autorisée; — Considérant, d'autre part, qu'indépendamment de ce droit de surveillance et de censure, qui est par sa nature inaliénable et inaliénable, les évêques ont incontestablement la propriété des ouvrages dont ils sont les auteurs, et spécialement de ceux qui sont relatifs au propre de leur diocèse, soit qu'ils les aient eux-mêmes composés, soit qu'ils aient été faits sous leur direction par une commission ecclésiastique dont ils se sont approprié le travail; que ce droit de propriété leur est garanti par la loi, et que rien ne peut en faire présumer l'abandon; qu'il ne saurait disparaître par le fait de l'approbation qui est donnée au propre diocésain par le souverain pontife et la congrégation des rites ; que cette approbation, purement doctrinale, loin de changer la nature du droit civil des évêques, en est au contraire la reconnaissance et n'a pour effet que d'en autoriser exceptionnellement l'usage; — Considérant que c'est

cret du 7 germ. an 13, pour l'impression des livres d'église ; elle doit être spéciale pour chaque livre et personnelle à chaque individu qui veut en imprimer ; l'autorisation accordée à un seul individu pour tel livre ne suffit point pour donner à tout autre le droit d'imprimer ce livre. En conséquence, l'individu qui réimprimerait un tel livre, au mépris de la cession faite par l'évêque à un autre individu du privilège exclusif d'imprimer ce livre, se rendrait coupable de contrefaçon (Mêmes arrêts). Cette règle est d'autant plus sévère que le libraire qui a obtenu de l'évêque l'autorisation de publier seul un livre d'église ne peut être forcé par un autre libraire de lui en livrer un certain nombre d'exemplaires, quand même ce dernier offrirait d'en payer le prix comptant (Dijon, 23 mai 1859, aff. Royer, D. P. 60. 5. 307).

CHAP. 5. — Règles spéciales à la propriété des œuvres dramatiques et des œuvres d'art (*Rép.* n°s 160 à 188).

§ 1er. — Œuvres dramatiques et musicales.

56. Les œuvres dramatiques et musicales se distinguent, quant à la propriété, des œuvres littéraires proprement dites, en ce qu'elles comportent un double droit pour l'auteur : droit d'*édition*, commun à toutes les œuvres ; droit de *représentation*, spécial à celles-ci. « Il est évident, disait M. l'avocat général Fourchy devant la cour de Paris (25 juin 1878, aff. Castellano, D. P. 79. 2. 51), il est évident que l'auteur qui cède à un directeur de théâtre le droit de représenter son œuvre ne lui cède pas, à moins de convention contraire, le droit de l'éditer, et que, réciproquement, l'édi-

teur qui n'est qu'éditeur ne peut, à ce titre, consentir à la représentation de l'œuvre dramatique. La distinction est certaine ; elle résulte de la nature même des choses ». Ces deux droits sont si bien distincts qu'ils peuvent, à divers points de vue, se trouver soumis à des régimes différents. Ainsi le décret du 28 mars 1852, qui interdit et punit la contrefaçon, sur le territoire français, d'ouvrages *publiés* à l'étranger et mentionnés en l'art. 425 c. pén., ne protège que le droit d'*édition* et de *publication*, et ne s'applique pas, dès lors, à la *représentation* des œuvres théâtrales (Req. 14 déc. 1857, aff. Verdi, D. P. 58. 1. 161). Autre exemple : dans le canton de Genève, où le décret des 19-24 juill. 1793 est encore en vigueur, le dépôt préalable que doivent faire les compositeurs d'œuvres musicales pour s'assurer la propriété de ces œuvres n'est exigé que par rapport aux droits d'*édition*, d'impression, de vente ou de distribution, mais non par rapport à l'*exécution publique* (C. d'appel de Genève, 27 juin 1881, aff. Bernard, D. P. 82. 2. 90). Cette diversité de régime se rencontre même dans notre droit interne. Ainsi le droit de l'auteur d'un ouvrage dramatique d'empêcher la représentation des imitations de cet ouvrage qui n'en sont que la reproduction, est indépendant du droit de pour suivre la contrefaçon par la voie de l'impression, et, dès lors, ce droit d'interdiction continue de subsister, malgré la prescription de l'action en contrefaçon (Req. 15 janv. 1867, aff. Veuve Scribe, D. P. 67. 1. 181).

57. Le droit d'*édition* appartient à l'auteur, non seulement lorsqu'il a publié son œuvre séparément, mais encore lorsqu'il l'a insérée dans un recueil d'œuvres semblables, tel qu'une revue (Rennes, 5 janv. 1892) (1) ; il résulte, en effet, des principes rappelés *suprà*, n° 37, que, dans ce cas, il ne cesse

---

dans ces conditions que le nouveau propre du diocèse de Lyon a été établi en 1864 par Mgr de Bonald, par suite d'un changement qui a été opéré dans la liturgie ; que sa composition a été le résultat d'un travail considérable de compilation et de choix, qui a conservé une partie de l'ancienne liturgie lyonnaise, et qu'à ce titre elle a été légalement constitutive de propriété au profit de son auteur ; qu'il suit de là que Mgr de Bonald et ses successeurs et ayants cause ont pu faire valablement des traités soit avec l'imprimeur Pélagaud, soit avec Vitte et Pérussel qui sont devenus ses cessionnaires, pour leur maintenir le droit exclusif de reproduire les livres liturgiques proprement dits, soit par extraits dans leur paroissien ou livre d'heures ; que Zech et fils et Beaumont ont reproduit d'une manière textuelle ce propre dans leur paroissien *romano-lyonnais* sans avoir obtenu ni la permission de l'archevêque ni le consentement formel et par écrit des auteurs ou de leurs cessionnaires ; qu'ils ont donc commis à la fois le délit d'impression sans autorisation et le délit de contrefaçon ; — Considérant que dans ces circonstances on ne saurait contester à Mgr le cardinal Foulon, soit en sa qualité d'archevêque de Lyon, soit en sa qualité de successeur ou de cessionnaire des droits de Mgr de Bonald, le droit de poursuivre la répression de la double atteinte qui a été portée à son autorité épiscopale et à ses droits de propriété ; que cette action lui appartient, soit en vertu de la loi du 19 juill. 1793, qui accorde formellement le droit de poursuite aux parties intéressées, soit en vertu des art. 1, 2, 3 c. instr. crim., et 1382 c. civ., qui confèrent à toute partie lésée par un délit, même dans un intérêt purement moral, une action directe en réparation du dommage qui lui a été causé, action qu'elle est libre d'intenter à son choix devant le tribunal correctionnel ou devant le tribunal civil ; que Mgr le cardinal Foulon est manifestement fondé à invoquer comme base de cette action les intérêts religieux dont la loi du 18 germ. an 10 lui a confié la garde spécialement la garde, en le chargeant de veiller au maintien de la foi et de la discipline ; que ces intérêts, dont il peut seul être juge, ne sauraient être confondus avec l'intérêt public d'ordre purement civil dont la garde appartient exclusivement au ministère public ; qu'ils suffiraient donc pour justifier pleinement l'intervention de l'archevêque dans le procès actuel, s'il n'était pas en outre fondé à se prévaloir d'intérêts plus particuliers et plus directs, à raison des ses droits de propriété et de la garantie des traités passés avec ses imprimeurs ; — Considérant que l'action de Vitte et Pérussel n'est pas moins justifiée à raison du délit que Zech et fils et Beaumont ont commis à leur préjudice ; qu'ils ont le droit de se prévaloir des cessions régulières qu'ils ont obtenues soit de Mgr de Bonald, soit de ses successeurs et ayants cause, relativement au paroissien du diocèse de Lyon ; qu'ils ont été exclusivement autorisés à le reproduire dans leur paroissien ; qu'ils sont donc incontestablement fondés à poursuivre la reproduction identique qui en a été faite par Zech et fils et Beaumont, dans leur paroissien intitulé *Nouvelles Heures de Lyon selon le rite romano-lyonnais*, et qui

constitue à leur égard une contrefaçon ; que le dommage qui leur a été ainsi causé est d'autant plus manifeste que la publication du propre diocésain est l'élément essentiel et distinctif des deux paroissiens et qu'elle établit entre eux la plus complète similitude au point de vue du public particulier auquel ils s'adressent et de l'usage auquel ils sont destinés ; — Considérant, dès lors, qu'il est inutile de rechercher, ainsi que l'ont fait les premiers juges, si Zech et Beaumont ont en outre contrefait les autres parties de l'œuvre de Vitte et Pérussel, eu s'ils ont fait seulement acte de concurrence déloyale en affirmant dans le titre de leur paroissien qu'il était entièrement conforme à celui prescrit par l'archevêque pour être seul en usage dans le diocèse de Lyon ; que les motifs qui précèdent suffisent pour justifier l'application qui leur a été faite de la loi du 19 juill. 1793 et de l'art. 1382 c. civ. ; — Par ces motifs et ceux des premiers juges en ce qu'ils n'ont rien de contraire : — Faisant droit, tant sur l'action de Vitte et Pérussel que sur l'intervention de Mgr le cardinal Foulon ; — Dit qu'il a été bien jugé par le jugement du tribunal civil de Lyon en date du 13 mars 1890, en ce qu'il a déclaré Zech et fils et Beaumont contrefacteurs du paroissien dit *Heures de Lyon selon le rite romano-lyonnais*, que Vitte et Pérussel ont seuls le droit d'imprimer et de vendre, et en ce qu'il les a condamnés solidairement à des dommages et intérêts à établir par état ; — Confirme en conséquence ledit jugement et ordonne qu'il sortira son plein et entier effet ; — Dit toutefois que la publication ordonnée par les premiers juges sera limitée aux motifs et au dispositif du présent arrêt et que le coût en sera fixé à la somme de 1000 fr. ; — Condamne solidairement Zech et fils et Beaumont à l'amende et aux dépens.

Du 15 juill. 1891.-C. de Lyon, 1re ch.-MM. Fourcade, 1er pr.-Faugier, Thévenet, Garraud et Fouquier, av.

(1) (Oudin C. Journal *L'Union agricole* de Quimperlé). — Le 3 nov. 1891, jugement du tribunal correctionnel de Quimperlé, ainsi conçu : — « Attendu qu'Adrien Oudin a cité la société anonyme *l'Union agricole et maritime*, en la personne de son directeur, Louis Terrier, gérant actuel, et Jules Osmer, ancien gérant du journal *L'Union agricole et maritime*, se plaignant à Quimperlé, à comparaître devant le tribunal pour avoir reproduit, sans son autorisation, dans leur journal, un article dont il est l'auteur et extrait de la *Revue Britannique*, recueil littéraire mensuel se publiant à Paris, sous la direction de M. Pichot, ce qui constituerait le délit de contrefaçon prévu et puni par les art. 425 et 427 c. pén. ; que, par la citation, Adrien Oudin conclut à ce que les prévenus soient condamnés à lui payer une somme de 2000 fr. de dommages-intérêts et à l'insertion *in extenso* du jugement à intervenir dans leur journal, sous peine de lui payer une somme de 100 fr. de dommages-intérêts par numéro de retard, dans le cas où l'insertion ne serait pas faite dans la quinzaine de la notification du jugement, sans préjudice des peines qui pourront être requises par le ministère public ; — Attendu qu'en règle générale, l'intention criminelle est un des

pas d'être, à l'exclusion du directeur de la revue, le seul titulaire du droit de propriété littéraire.

58. En ce qui touche le droit d'édition, les œuvres dramatiques sont soumises aux mêmes règles que les autres ouvrages littéraires, et régies par les mêmes textes: loi de 1793, décret du 5 févr. 1810, instituant le droit de la veuve et des héritiers, etc., lois ultérieures augmentant la durée de ce droit. On a douté qu'il en fût de même quant aux œuvres musicales, et soutenu que le décret de 1810, notamment, leur était étranger et que, par conséquent, la veuve et les enfants étaient sans droit quant à l'édition des ouvrages de musique (V. *Rép.* n° 78; Gastambide, *Traité des contrefaçons*, n° 255; Lacan et Paulmier, *Législation des théâtres*, t. 2, n° 688; Comp. Renouard, *Traité des droits d'auteur*, t. 2, n° 117). Mais on a vu au *Rép. ibid.*) que la cour de Paris s'était prononcée en sens contraire, le 8 avr. 1854; elle a persisté dans cette jurisprudence, le 7 mai 1872 (1) en déclarant que la durée du droit d'édition des œuvres

éléments constitutifs du délit; qu'il n'a pas été dérogé à cette règle dans les art. 425 et 427 c. pén., qui punissent le délit de contrefaçon littéraire; qu'il y a donc lieu de rechercher si les circonstances du procès établissent la preuve de l'intention de nuire à Adrien Oudin de la part des frères Terrier et de Osmer; — Attendu qu'il résulte d'une lettre de M. X..., publiciste breton, que c'est lui-même qui, croyant rendre à M. Adrien Oudin un service de vulgarisation, pria M. Louis Terrier d'insérer dans son journal l'article intitulé : « La basse Bretagne conteuse et légendaire » paru dans la *Revue britannique*, pensant que cet article pouvait intéresser ses lecteurs; que c'est lui-même, M. X..., qui a remis à M. Louis Terrier les feuilles imprimées arrachées du numéro de la *Revue britannique*, à laquelle n'est pas abonné le journal *L'Union agricole et maritime*; que M. Louis Terrier ignorait l'interdiction de reproduction des articles paraissant dans cette revue, et pensait aussi peut-être que M. Adrien Oudin faisait partie de la Société des gens de lettres, avec laquelle il a un traité pour la reproduction des œuvres des membres titulaires de cette société; — Attendu en outre que le journal *L'Union agricole et maritime* a indiqué en termes élogieux que l'article qu'il reproduisait était emprunté à la *Revue britannique*, ainsi qu'il est prouvé par le numéro du journal en date du 12 juill. 1891, où on lit ce qui suit : « Nous trouvons dans la *Revue britannique* une intéressante étude due à la plume de M. Adrien Oudin sur la Bretagne conteuse et légendaire; nous croyons devoir la reproduire suivant notre habitude »; qu'un numéro du même journal du 2 août 1891, contenant le dernier fragment de l'article emprunté à la *Revue britannique* porte la signature de l'auteur « Adrien Oudin »; — Attendu que ces faits établissent que les inculpés n'ont pas eu l'intention de nuire à Adrien Oudin, de s'approprier son œuvre et de tirer profit d'une reproduction qui n'a été pour eux l'objet d'aucune spéculation; que leur bonne foi est évidente; — Attendu encore que les inculpés ont offert à Adrien Oudin de l'indemniser sur le taux habituel de ces reproductions, par procès-verbal d'offres du 28 oct. 1891, de M. Morin, huissier à Paris, et précédemment par lettre de M. Harry Alis du 11 août 1891; que ces offres ont été refusées; — Attendu que les inculpés ne sont donc pas coupables du délit de contrefaçon prévu et puni par les art. 425 et 427 c. pén.; — Attendu qu'il est de principe et de jurisprudence que les tribunaux correctionnels ne peuvent statuer sur les dommages-intérêts réclamés par la partie civile lorsque le fait dommageable ne constitue pas un délit; — Par ces motifs, — Annule les citations données aux prévenus par exploits en date du 12 oct. 1891 du ministère de Le Quéré, huissier audiencier; renvoie la société *L'Union agricole et maritime* et ses directeur et gérants des fins des poursuites dirigées contre eux; condamne la partie civile aux dépens.

Appel par Oudin.

LA COUR; — Attendu que le sieur Oudin avait publié dans la *Revue britannique* (livraison de juin 1891) une étude intitulée : « La basse Bretagne conteuse et légendaire », dont il était l'auteur; que des exemplaires de la revue avaient été déposés conformément à la loi; — Attendu qu'il est constant et qu'il n'est pas du reste contesté que le journal *L'Union agricole*, dont le sieur Terrier est le directeur, et dont le sieur Osmer est gérant-imprimeur, a, dans sept de ses numéros, du 12 juill. au 7 août 1891, reproduit cette étude sans autorisation; — Attendu que, l'auteur d'un écrit ayant seul le droit de le vendre, faire vendre ou distribuer, la reproduction de son œuvre sans son assentiment est une atteinte à l'exercice de son droit de propriété littéraire et constitue le délit de contrefaçon; — Attendu qu'un délit ne pouvant exister sans intention frauduleuse de la part de celui qui l'a commis, la bonne foi de ce dernier peut enlever au fait le caractère délictueux, mais qu'en matière de contrefaçon par reproduction d'écrit, c'est au prévenu qu'il incombe d'établir sa bonne foi; — Attendu que, dans l'espèce, la bonne foi consisterait uniquement à s'être cru un droit sérieux à la reproduction de l'écrit; qu'il n'est pas nécessaire que le reproducteur ait eu l'intention directe de nuire à l'auteur, mais qu'une imprudence grave, une légèreté blâmable apportées à se renseigner sur le droit de reproduction sont ici assimilables à la mauvaise foi; — Attendu qu'aucune autorisation de reproduire n'a été donnée à *L'Union agricole* par Oudin; qu'en admettant, comme le prétendent les prévenus, que les feuilles de la *Revue britannique* contenant l'écrit leur aient été remises détachées par un tiers, ils devaient savoir que ce tiers n'avait aucun mandat ou autorisation d'Oudin pour permettre la reproduction; que si, comme l'indiquait une vulgaire prudence, ils s'étaient fait représenter le numéro de la revue, ils auraient vu, sur la couverture, une mention expresse portant interdiction aux journaux français de reproduire les articles qu'elle contenait; que, si les prévenus, comme ils l'allèguent, ont cru qu'Oudin faisait partie de la Société des gens de lettres, ils n'ont fait aucune démarche pour se procurer à ce sujet un assentiment qu'il était aisé d'obtenir; qu'ils paraissent s'être facilement laissé entraîner par l'avantage résultant pour leur journal, vendu à bon marché, de publier une étude intéressante surtout pour des lecteurs bretons; — Attendu que, pour constituer le délit de contrefaçon, quant à la propriété littéraire, il doit exister pour l'auteur un préjudice réalisé ou une possibilité de préjudice; que, dans la cause, l'existence d'un préjudice immédiat ou futur est justifiée; que le sieur Oudin a renfermé dans un volume distinct, destiné à être vendu, l'article publié d'abord par lui dans la *Revue britannique*; que la vente de ce volume, d'un prix relativement élevé, sera entravée ou diminuée dans un arrondissement où un certain nombre d'habitants ont déjà pu lire le contenu de l'ouvrage dans un journal publié et acheté par eux à un prix modique; — Attendu que, le ministère public n'ayant point relevé appel de l'acquittement prononcé par le tribunal, la cour ne se trouve saisie que des conclusions de la partie civile tendant à des réparations pécuniaires;

Par ces motifs; — Infirme et met à néant la décision des premiers juges; — Dit les prévenus Terrier et Osmer coupables de contrefaçon en matière de propriété littéraire pour avoir, dans plusieurs numéros du journal *L'Union agricole*, du 12 juill. au 7 août 1891, publié et reproduit un article ayant pour auteur le sieur Oudin, sans l'autorisation de celui-ci; — Et, par application des art. 5 et 6 du décret des 19-24 juill. 1793; 425, 52 et 55 du Code pénal; 1382 du Code civil; 194 du Code d'instruction criminelle; 9 de la loi du 22 juill. 1867; 157 du décret de 1871; — Condamne les sieurs Osmer et Terrier, solidairement et par corps, à payer au sieur Oudin une somme de 50 fr. à titre de dommages-intérêts; — Dit que, dans les vingt jours du prononcé de l'arrêt, ils seront tenus de publier dans le journal *L'Union agricole* un extrait du présent arrêt, à peine de 5 fr. par chaque numéro en retard; — Condamne la partie civile aux dépens de première instance et d'appel, sauf son recours par corps et solidarité contre les condamnés; — Fixe à l'égard de ceux-ci la durée de la contrainte par corps au minimum déterminé par la loi.

Du 5 janv. 1892.-C. de Rennes, ch. corr.-MM. Souiller, pr.-Frémont, av. gén.; c. conf.-Norbert-Saulner et Hallays (celui-ci du barreau de Paris) av.

(1) (Richault C. Enoch.) — Le tribunal civil de la Seine a rendu le jugement suivant : — « Attendu que le *Gradus ad Parnassum*, de Clementi, est une œuvre musicale; — Attendu que le droit de propriété relatif à cette œuvre est réglé par la loi de 1793, et non par le décret de 1810, qui n'est applicable qu'aux œuvres littéraires; — Attendu que la loi de 1793 n'accorde le droit privatif de propriété dont s'agit que pendant dix ans après la mort de l'auteur; — Attendu que Clementi est mort en 1832; — Que les droits de Richault ont expiré en 1842; — Que Richault n'a donc aucun droit privatif sur ledit ouvrage; — Attendu, dès lors, que la saisie dont s'agit est nulle, et qu'il y a lieu d'en prononcer la nullité; — Par ces motifs, etc. ».

Appel par Richault.

LA COUR; — Considérant qu'en principe la propriété des œuvres de l'esprit est identique, quel que soit le sujet sur lequel l'esprit s'est exercé, qu'il s'agisse d'une composition littéraire ou d'une composition musicale; — Que c'est en considération de ce principe que la loi du 19 juill. 1793, réglant le droit des auteurs de publier leurs œuvres par la voie de l'imprimerie ou de la gravure, a compris dans les mêmes dispositions les œuvres littéraires et les œuvres musicales; — Considérant que le décret du 5 févr. 1810 a eu pour objet de statuer organiquement sur la même matière; — Qu'il s'applique, selon son article 40, aux auteurs de tout ouvrage imprimé ou gravé; — Que, dans les termes généraux d'*auteurs* et *ouvrages*, qui reproduisent ceux de la loi du 19 juill. 1793, et par la spécification qu'il fait des produits de l'imprimerie et de la gravure, il a en vue, comme la loi de 1793, le droit de publication de tous les ouvrages de l'esprit, et il repose de même sur le principe qui identifie la propriété littéraire à la propriété artistique; — Que le décret du 5 févr. 1810 doit donc recevoir son application aux compositions

musicales était celle déterminée par le décret de 1810, et cette décision a été maintenue par la chambre des requêtes (11 mars 1873, aff. Enoch, D. P. 73. 1. 246). Cet arrêt est relatif à un cessionnaire, qui se trouve ainsi profiter du droit nouveau créé par le décret de 1810; mais il n'y a rien là qui soit contraire à la jurisprudence rappelée *supra*, n° 40, car, la cession dont il s'agit étant postérieure à ce décret, la situation était tout autre.

59. L'auteur d'une œuvre dramatique ou musicale étant, comme nous venons de le voir, investi, au point de vue de l'édition, des mêmes droits que s'il était l'auteur d'une œuvre littéraire proprement dite, il s'ensuit que lui seul (ou ses ayants droit) a la faculté d'autoriser la reproduction de son œuvre, par quelque procédé que ce soit, et notamment par voie de copie. Mais ici se pose une question délicate. Il est d'usage, dans les théâtres, de faire copier les rôles destinés aux différents acteurs et les parties d'orchestre. Est-ce là un empiétement sur les droits de l'auteur, une contrefaçon? On a proposé au *Rép.*, n° 363, une distinction qui a été approuvée par tous les auteurs, et que MM. Vivien et Blanc, en particulier, formulent nettement (*Législation des théâtres*, n°s 474 et 475): « N° 474. L'auteur d'un ouvrage dramatique ou son cessionnaire ne pourraient poursuivre le directeur de théâtre qui, pour la facilité des études des comédiens de sa troupe, aurait fait copier à la main les rôles destinés à chacun d'eux; cette copie ne serait point une édition, et la propriété littéraire ne s'étend pas jusqu'à interdire la faculté de copier un ouvrage pour son usage personnel. — N° 475. Mais, si un correspondant dramatique entreprenait des copies manuscrites de rôles qu'il vendrait aux diverses troupes des départements, nous pensons qu'il pourrait être poursuivi comme contrefacteur ». M. Renouard (*Traité des droits d'auteur*, t. 2, n°s 18 et suiv.), sans répondre *in terminis* à la question, s'inspire des mêmes principes : « Un ouvrage imprimé, dit-il, sera contrefait s'il a été reproduit par des copies à la main, par l'autographie, par la lithographie ou de toute autre manière... Il serait injuste de décider en termes absolus que toute copie à la main d'un ouvrage d'esprit de domaine privé, d'un écrit, d'un livre, d'un tableau sera nécessairement une contrefaçon... Si les copies sont faites pour se créer une exploitation commerciale, il sera bien évident que ce commerce, préjudiciable à l'auteur, aura le caractère de contrefaçon ». Enfin M. Lacan (*Législation des théâtres*, t. 2, p. 275) s'exprime, à cet égard, en termes décisifs: « La copie manuscrite d'une œuvre dramatique constitue-t-elle une contrefaçon? Il peut arriver qu'un directeur de théâtre, pour la facilité des répétitions, fasse copier à la main les rôles destinés à chacun de ses acteurs. Ce fait ne peut soulever de difficulté vis-à-vis de l'auteur, puisque, dans tous les cas, la pièce ne saurait être représentée sans son autorisation et, quand il consent à ce que

la pièce soit jouée, il consent, par cela seul, à ce que chacun des acteurs soit mis en possession de la copie de son rôle. Mais, si cet auteur a vendu à un éditeur le droit de faire imprimer et publier sa pièce, cet éditeur sera-t-il fondé à se plaindre du directeur de théâtre qui aura fait faire des copies de l'édition cédée? Cette plainte serait sans fondement. Il ne faudrait voir là qu'un acte intérieur, qu'un procédé de représentation, dont les conséquences sont bornées, qui ne peut faire une concurrence sérieuse à l'éditeur, et qui, compris dans le droit de représentation, a été réservé par lui. Il en serait autrement si un directeur ou un compositeur dramatique entreprenait des copies manuscrites ou autographiées de rôles qu'il vendrait ensuite aux diverses troupes de département. Il pourrait et devrait être poursuivi en contrefaçon ». Cette distinction est passée dans la jurisprudence. D'une part, il a été jugé, conformément à un arrêt de la cour de Paris du 29 juin 1827 (*Rép.* n° 360), qu'il y a délit de contrefaçon dans le fait de reproduire, fût-ce dans une forme manuscrite, une œuvre musicale pour en faire, dans un intérêt mercantile, un emploi autre que celui autorisé par le propriétaire, et que le fait de donner en location à plusieurs directeurs de théâtre une partition d'orchestre contrefaite en constitue le débit (Crim. rej. 28 janv. 1888, aff. Bathelot, D. P. 88. 1. 400). — Jugé, d'autre part : 1° que le directeur de théâtre qui a conclu un traité avec la Société des auteurs, compositeurs et éditeurs de musique pour la représentation des œuvres faisant partie du répertoire de cette société, peut, sans commettre le délit de contrefaçon, faire faire, pour les besoins des artistes et des musiciens de l'orchestre, des copies manuscrites des partitions ou morceaux de partition achetés chez un éditeur, membre de la société (Paris, 25 janv. 1878, aff. Castellano, D. P. 79. 2. 51); — 2° que le directeur de théâtre qui fait faire, pour l'usage exclusif de son théâtre, des copies manuscrites d'une partition musicale sur l'exemplaire de cette partition vendue à son prédécesseur par l'éditeur propriétaire, ne peut être considéré comme ayant fait une édition de cette œuvre et ne commet pas le délit de contrefaçon (Angers, 3 juin 1878, aff. Choudens, D. P. 79. 2. 51); — 3° Que, en cas de cession du droit de faire jouer une certaine musique sur un théâtre déterminé, « avec défense de copier, prêter, ou céder cette musique pour le reste de la France et l'étranger », il n'y a pas contravention à cette clause dans le fait de copier les parties d'orchestre pour les besoins de la représentation (Trib. corr. de Besançon, 20 nov. 1890, *La Loi*, 1891, p. 346). V. aussi dans le même sens : Besançon, 6 juill. 1892, aff. Goud, D. P. 93. 2. 379; Civ. rej. 25 janv. 1893, aff. Dupin, D. P. 93. 1. 144.

60. Passons au droit de *représentation*, qui est, comme le droit d'édition, absolument réservé à l'auteur ou à ses ayants droit (Rouen, 9 mars 1866 (1); C. d'appel de Genève, 27 juin 1881, aff. Bernard, D. P. 82. 2. 90). Mais il faut se

---

musicales; — Considérant que l'avis du conseil d'État, en date du 23 avr. 1814, n'est pas contraire à cette interprétation; — Que cet avis était uniquement relatif au droit de représentation théâtrale, droit distinct de celui de publication et régi par une législation différente, consistant alors dans les lois des 13 janv. et 19 juill. 1791, et le décret du 8 juin 1806; — Que l'avis du conseil d'État, développant sous ce rapport le sens du décret du 5 févr. 1810, a simplement décidé que ce décret n'innovait rien quant au droit de représentation théâtrale appartenant aux auteurs dramatiques; — Que le droit distinct de publication est resté en dehors des termes et de la partie interprétative de cet avis; — Considérant qu'il résulte de ces principes que Richault, cessionnaire du droit de propriété sur l'œuvre musicale de Clementi, intitulée *Gradus ad Parnassum*, peut invoquer les dispositions du décret du 5 févr. 1810, quant à la durée et quant à la capacité de l'exercice de ce droit; — Que, d'après l'art. 39 du décret, la propriété est garantie à la veuve pendant sa vie, si ses conventions matrimoniales lui en donnent le droit, et ensuite aux enfants pendant vingt ans; — Que la veuve Clementi est décédée en 1864, laissant des enfants de son mariage, et que, par conséquent, le droit privatif de publication du *Gradus ad Parnassum* ne doit expirer qu'en 1884; — Que vainement il est objecté que la dame Clementi, mariée sans contrat, n'a pu jouir du bénéfice de l'art. 39 du décret; — Considérant que Clementi était sujet français quand, en 1811, il s'est marié; — Que, les époux n'ayant pas fait de contrat, leur association conjugale s'est trouvée soumise, selon l'art. 1400 du code civil, au régime de la communauté; — Qu'il n'importe que la communauté ait été tacite ou expresse entre les époux; — Que, dans les deux cas,

les suites juridiques sont les mêmes; — Que la propriété qui appartenait au mari sur son œuvre musicale était un droit mobilier, faisant partie de la communauté où ont été versés ses produits; — Que, à la dissolution de la communauté, la dame Clementi a recueilli ce droit, avec sa nature spéciale de droit indivisible, réservé à la veuve, et viager, qui est déterminé par les art. 39 et 40 du décret du 5 févr. 1810; — Considérant que Richault, cessionnaire reconnu du droit de propriété sur le *Gradus ad Parnassum*, est ainsi fondé à arguer d'atteinte à son droit et de contrefaçon la mise en vente, par Enoch père et fils, des cent trois exemplaires saisis d'une édition du *Gradus ad Parnassum*, faite en Allemagne; — Que la saisie pratiquée à sa requête, conformément à l'art. 3 de la loi du 19 juill. 1793, a bien procédé; — Par ces motifs, infirme, déclare valable la saisie, etc.
Du 7 mai 1872.-C. de Paris, 1re ch.-MM. Gilardin, 1er pr.-Celliez et Rousse, av.

(1) (Briet C. Carré.) — Le sieur Carré, directeur du Théâtre-Français à Rouen, a fait défense au sieur Briet, directeur du Théâtre-des-Arts, dans la même ville, de faire représenter une pièce intitulée : *Une Corneille qui abat des noix*, prétendant avoir le droit exclusif de faire représenter cette pièce, en vertu de l'autorisation qui lui avait été donnée par les auteurs, les sieurs Lambert Thiboust et Barrière. Briet, n'ayant pas tenu compte de cette défense, a été assigné devant le tribunal correctionnel par Carré, qui demandait l'application des art. 428 et 429 c. pén. et. la condamnation du prévenu à des dommages-intérêts. Les sieurs Lambert Thiboust et Barrière sont interve-

garder d'étendre outre mesure cette expression d'ayants droit. Ainsi, les auteurs dramatiques ont fondé une société portant leur nom, et dont le but est la perception des droits d'auteur et la mise en commun d'une partie de ces droits: il faut de considérer cette société comme ayant acquis la propriété des œuvres de ceux qui en sont membres, et de conclure des traités pour la représentation de ces pièces; ces droits demeurent entiers chez l'auteur sociétaire (Rouen, 9 mars 1866, précité).

61. Le droit de l'auteur ne consiste pas seulement à exiger une rémunération pécuniaire de celui qui ferait représenter son œuvre; il lui est loisible d'empêcher la représentation. Par suite, un individu ne peut se croire en droit de faire exécuter en public une œuvre musicale, sous la seule condition d'offrir après coup à l'auteur la somme qui sera estimée être un dédommagement suffisant; il est tenu de se munir d'une autorisation préalable, que l'auteur peut refuser ou accorder, sous des conditions qu'il lui appartient de fixer (Crim. cass. 11 mai 1860, aff. Fleury, D. P. 60. 1. 293; 9 août 1872, aff. Linoff, D. P. 72. 1. 332). Au surplus, le droit, pour l'auteur d'un ouvrage dramatique, d'en empêcher la représentation publique, sans son consentement formel et par écrit, est indépendant de tout préjudice matériel, préjudice qui résulte, d'ailleurs, de cela seul que l'auteur pouvait subordonner la représentation de son ouvrage à une rétribution (Req. 13 janv. 1867, aff. Veuve Scribe, D. P. 67. 1. 181).

62. Ce droit privatif de l'auteur est indépendant de la valeur de l'œuvre. Ainsi la loi du 13 janv. 1791 est applicable à tout ouvrage susceptible d'être représenté, exécuté, déclamé ou chanté en public, quelles que soient d'ailleurs la nature, la forme et l'importance de cet ouvrage, et notamment aux paroles qui accompagnent une symphonie, ou tout autre ouvrage musical; par suite, l'auteur de ces paroles a le droit absolu de s'opposer à la représentation publique de son ouvrage, encore bien que ce refus puisse empêcher la représentation de l'œuvre musicale (Paris, 19 avr. 1845, aff. Colin, D. P. 45. 2. 85. Comp. Nancy, 13 août 1867, aff. Epron, D. P. 68. 2. 95). — Jugé de même que les airs de romances ou chansonnettes et autres œuvres musicales

de petites dimensions, sont, comme tout produit intellectuel, susceptibles de propriété, en ce sens spécialement qu'ils ne peuvent être adaptés à des couplets de vaudeville, sans que l'exécution de ces airs sur le théâtre ait été préalablement autorisée par leur auteur (Paris, 11 avr. 1853, aff. Desforges, D. P. 53. 2. 130; Trib. civ. de la Seine, 14 janv. 1852, aff. Henrichs, D. P. 53. 5. 382).

63. Le droit exclusif de représentation s'applique aussi bien aux traductions et adaptations qu'à l'œuvre originale. Ainsi, la traduction (en italien, par exemple) qu'un directeur de théâtre a fait faire d'un opéra français pour l'approprier au genre de représentations qu'il exploite en France, ne le dispense pas de l'obligation de se procurer l'autorisation préalable des auteurs des paroles originales, et, à plus forte raison, de l'auteur de la musique; pour les représentations faites sans cette autorisation, le payement des droits d'auteurs peut être exigé, et le montant de l'indemnité réclamée à cet effet est suffisamment justifié, s'il est égal à celui de l'indemnité payée par le directeur du théâtre sur lequel l'opéra a été représenté avec les paroles françaises (Paris, 26 janv. 1852, aff. Lumley, D. P. 52. 2. 184. V. Rép. n° 353). —Jugé de même que la défense de représenter, sur un théâtre public, un ouvrage dramatique sans le consentement formel et par écrit de son auteur, s'applique à l'imitation en langue étrangère de cet ouvrage, alors que, par la disposition et la marche générale des scènes, cette imitation reproduit l'œuvre originale aussi exactement que le permettaient les convenances et les intérêts de l'imitateur (Req. 15 janv. 1867, aff. Veuve Scribe, D. P. 67. 1. 181).

64. Mais que faut-il entendre par la représentation d'un ouvrage dramatique? C'est seulement l'exécution en public. Un écrivain peut donner communication à sa famille et à ses amis, dans l'intimité, d'une œuvre qui ne lui est pas personnelle; mais il ne peut la produire dans une assemblée où il appelle des étrangers, des personnes qui ne se connaissent pas, des représentants de la presse, en un mot lorsqu'il s'agit, non plus d'une distraction domestique, mais d'une véritable épreuve de l'œuvre, en partie, publique (Paris, 4 nov. 1890, aff. Taylor, D. P. 91. 2. 303).

La lecture publique de pièces de vers ou de prose peut-

nus dans la cause pour soutenir le droit du sieur Carré, leur cessionnaire. Le sieur Briet a opposé d'abord une fin de non-recevoir à l'action de Carré, prétendant que celui-ci n'était pas un véritable cessionnaire et, dès lors, n'avait pas qualité pour agir. Il a soutenu, en outre, que Lambert Thiboust et Barrière n'étaient pas recevables à intervenir dans le concours de la Société des auteurs dramatiques dont ils étaient membres; il s'est, en outre, prévalu d'une autorisation générale qui lui avait été donnée par ladite société.

Le tribunal de Rouen a rendu le jugement suivant : — « Attendu, en fait, que Briet reconnaît avoir fait représenter, le 13 oct. 1865, sur le Théâtre-des-Arts de Rouen, dont il est directeur, une pièce dont Théodore Barrière et Lambert Thiboust sont les auteurs, et intitulée: Une Corneille qui abat des noix; — Attendu que cette représentation a eu lieu au mépris de la défense signifiée le 10 octobre précédent par Carré, se disant cessionnaire de Barrière et Thiboust, membres de la société des auteurs dramatiques; — Attendu que Carré, en sadite qualité, a fait procéder le même jour, 13 oct. 1865, à la saisie de la recette du Théâtre-des-Arts; — Attendu, en droit, qu'aux termes des art. 3 du décret du 13 janv. 1791 et 1 du décret du 19 juill. 1793, les ouvrages des auteurs vivants ne peuvent être représentés sur aucun théâtre sans le consentement formel, et de l'auteur ou de ses concessionnaires; — Que si, par une tolérance reconnue par l'usage, les théâtres de province font journellement représenter sans autorisation formelle, les pièces jouées sur les théâtres de Paris, et émanées des membres de la société des auteurs dramatiques, à la condition de solder à cette société les droits d'auteurs fixés par les traités, cette tolérance ne peut résulter que du consentement tacite des auteurs, qui ne peut être admise en présence d'une défense signifiée par eux, ou par leurs cessionnaires; — Attendu que Briet prétend en vain avoir reçu à cet égard une autorisation suffisante de la part du président de la société des auteurs dramatiques; que la lettre qu'il apporte au débats contient une réserve expresse du droit accordé à chaque auteur par les lois de 1791 et 1793; — Attendu d'ailleurs qu'il résulte de l'acte même constitutif de la société des auteurs dramatiques que l'objet de cette société est la perception des droits d'auteur et la mise en commun d'une partie de ces droits, mais sous la réserve de la propriété littéraire appartenant à chacun d'eux; — Qu'en effet, aux termes de l'art. 18 dudit acte, les auteurs se

sont implicitement réservé le droit de faire avec les administrations théâtrales ayant un traité général avec la société des conventions particulières à des conditions pécunières supérieures à celles établies par les traités généraux; — Attendu qu'aucune disposition de l'acte de société ne prive les auteurs dramatiques de la faculté d'accorder aux directeurs de théâtre, le droit exclusif de représenter leurs œuvres; qu'il faudrait, pour les déclarer déchus de ce droit, une convention expresse et formelle, puisqu'ils seraient ainsi exposés à voir leurs ouvrages livrés à des artistes sans talent qui pourraient en dénaturer la forme et la portée; qu'il résulte au contraire de ce qui précède que les sociétaires n'ont jamais entendu aliéner un droit de cette importance; — Attendu que les auteurs dramatiques peuvent céder, soit complètement, soit d'une manière partielle, les droits de propriété littéraire résultant à leur profit des décrets de 1791 et autres lois subséquentes; que l'autorisation donnée à Carré par Théodore Barrière et Lambert Thiboust de représenter à Rouen pendant deux années, à l'exclusion de toute autre administration théâtrale, les pièces dramatiques dont ils sont les auteurs, renferme une cession temporaire et spéciale pour la ville de Rouen des leurs droits de propriété sur lesdites pièces; — Attendu, dès lors, que le fait avoué par Briet d'avoir représenté sur le Théâtre-des-Arts une œuvre desdits auteurs, malgré la défense formelle signifiée par Carré, leur cessionnaire, constitue le délit prévu et puni par les art. 428 et 429 du code pénal; — Par ces motifs, etc. — Appel par le sieur Briet.

LA COUR; — Sur la fin de non-recevoir tirée du défaut de qualité de Carré; — Et considérant d'ailleurs que Lambert Thiboust et Barrière sont eux-mêmes en cause; — Sur la fin de non-recevoir opposée à ceux-ci : — Considérant qu'aucun article des statuts de la société des auteurs et compositeurs dramatiques n'a dépouillé les auteurs sociétaires du droit de poursuivre personnellement l'exécution des traités particuliers que l'art. 18 leur réserve la faculté de réaliser; que l'art. 16 de ces mêmes statuts stipule au contraire en termes exprès qu'à défaut par la société de poursuivre, les auteurs pourront eux-mêmes intenter les actions à leurs risques et périls; — Au fond, adoptant les motifs des premiers juges; — Confirme (sauf les dommages-intérêts), etc.

Du 9 mars 1866.-C. de Rouen, 3e ch.-MM. de Tourville, pr.-Martin, av. gén., c. conf.-Vauquier du Traversain et Desmarest (du barreau de Paris), av.

elle être assimilée à une représentation publique d'ouvrages dramatiques, en sorte que, si elle a eu lieu sans le consentement des auteurs, il puisse y avoir lieu à une poursuite correctionnelle? La question s'est posée devant la cour de Douai (11 juill. 1882, aff. Ernst, D. P. 83. 2. 153), sans être résolue. Dans le sens de la négative, l'organisateur de cette lecture avait produit des consultations délibérées par Mes Laroze, Liouville, Rousse, Sénard, Champetier de Ribes, Huard, Oscar Falateuf et Bozérian et une lettre de M. Laboulaye, qui paraissent conformes aux véritables principes. Les dispositions que l'on invoquait pour justifier les poursuites visent uniquement la représentation, sur un théâtre, d'ouvrages dramatiques sans l'autorisation des auteurs. En matière d'œuvres musicales, la cour de cassation a étendu l'application de ces dispositions à toutes les œuvres sans distinction, qu'elles soient exécutées au théâtre ou ailleurs (V. infrà, nos 68 et suiv.). Cette extension s'explique par la nature des compositions musicales, dont l'exécution constitue toujours une sorte de représentation. Mais il en est autrement des productions littéraires. M. Laboulaye fait observer avec raison que, ce que le législateur a voulu empêcher, c'est la reproduction matérielle de l'œuvre littéraire ou artistique : « Pour un musicien, c'est à la fois la réimpression et l'exécution de sa musique ; pour un écrivain dramatique, c'est la réimpression et la représentation ». La seule représentation prévue par la loi, c'est celle des œuvres théâtrales. S'il s'agit d'écrits autres que des ouvrages dramatiques, l'art. 428 c. pén. est inapplicable (Gastambide, Traité des contrefaçons, nos 207 et suiv. ; Le Senne, Droits d'auteur, n° 48) ; d'un autre côté, la lecture publique, alors même qu'il s'agirait d'une œuvre dramatique, ne saurait être assimilée à une représentation (Renouard, Droits d'auteur, t. 2, n° 26 ; Rép. n° 177). M. Pouillet a soutenu, à la vérité, qu'en punissant la représentation non autorisée des ouvrages dramatiques, la loi a prévu le cas le plus général, et qu'il y a lieu d'en étendre l'application à la lecture en public d'une œuvre quelconque, fût-ce une œuvre historique ou même scientifique (Traité de la propriété littéraire et du droit de représentation, n° 813). Mais il semble impossible d'admettre cette extension, par voie d'analogie, de dispositions pénales qui sont, comme telles, de droit étroit. La lecture publique d'une œuvre littéraire n'est prévue ni par le décret de 1791, ni par l'art. 428 c. pén. ; s'il en résulte un préjudice pour l'auteur, il peut en demander la réparation aux tribunaux civils en vertu de l'art. 1382 c. civ. ; mais il ne saurait, dans le silence de la loi, saisir de sa demande la juridiction répressive.

65. La question de l'autorisation devient souvent délicate, lorsque l'œuvre compte plusieurs auteurs. Il a été autrefois jugé (Rép. n° 181) que, dans ce cas, il appartient à la justice de départager les collaborateurs, s'ils sont en désaccord. Mais cette jurisprudence s'est modifiée. Aujourd'hui, le principe, c'est que l'exécution est impossible, si tous n'y ont pas consenti. A moins de conventions spéciales, et sans qu'il y ait lieu de rechercher quelle a été la mesure du concours apporté à l'œuvre commune par un collaborateur, la collaboration assure à chacun des auteurs un droit égal et indivisible sur l'ouvrage auquel ils ont pris part, et donne à chacun d'eux le droit de s'opposer à la représentation de cet ouvrage contre son gré (Paris, 13 mai

1884, aff. De Corvin, cité par Huard et Mack, n° 793). C'est surtout en ce qui concerne les œuvres à la fois dramatiques et musicales que ce problème se pose, en cas de désaccord entre l'auteur des paroles et l'auteur de la musique. La jurisprudence fait ici la même réponse que dans le cas précédent (Rép. n° 182). Jugé en ce sens : 1° que le consentement de l'auteur des paroles est nécessaire pour que l'œuvre puisse être représentée (Paris, 19 avr. 1845, aff. Colin, D. P. 45. 2. 85) ; — 2° Qu'un directeur de théâtre n'a pas le droit de faire représenter sans l'autorisation collective des auteurs une pièce que ces derniers ont régulièrement retirée du répertoire du théâtre ; que, spécialement, l'auteur des paroles d'une opérette retirée du répertoire d'un théâtre peut s'opposer à toute représentation nouvelle, alors même qu'il n'agit pas avec le concours du compositeur de la musique (Paris, 19 déc. 1878, aff. Millaud, D. P. 80. 2. 62). — La cour de Paris, qui s'est ainsi, à trois reprises, prononcée dans ce sens, a pourtant une fois donné une solution contraire. Le tribunal de la Seine avait jugé, le 19 juin 1872 (aff. Sauvage, D. P. 74. 5. 414), que l'auteur des paroles et le compositeur ont, respectivement le droit de s'opposer à la représentation de l'opéra qui est leur œuvre indivisible, sauf le droit, pour l'auteur lésé par l'opposition non justifiée de son collaborateur, de lui réclamer des dommages-intérêts. Ce jugement fut infirmé le 21 févr. 1873, par la cour de Paris (1) qui autorisa la représentation malgré le refus de l'un des auteurs (le compositeur, dans l'espèce). Mais cette décision s'appuie sur des motifs de fait qui ne lui laissent que peu de valeur doctrinale. Il était établi que chacun des auteurs avait aliéné, entre les mains du directeur, son droit de représentation. On était donc précisément en dehors de l'hypothèse qui nous occupe, celle où l'auteur, demeuré pleinement investi de son droit, en fait usage pour interdire la représentation.

66. Bien que la règle soit, ainsi que nous venons de le voir, que, à défaut d'autorisation, la représentation soit impossible, il peut arriver, en fait, que la représentation ait eu lieu sans le consentement de l'un des auteurs ; dans ce cas, celui-ci conserve du moins intact son droit à une réclamation pécuniaire. Jugé en ce sens que, lorsqu'une œuvre dramatique est due à la collaboration de deux auteurs, l'autorisation de représenter accordée par l'un d'eux ne peut rien enlever à l'autre de l'intégrité de ses droits, et, par exemple, le priver de l'indemnité qui lui est due pour les représentations exécutées en vertu de cette autorisation incomplète (Paris, 26 janv. 1852, aff. Lumley, D. P. 52. 2. 184).

67. Pour échapper à la nécessité d'une double autorisation, le directeur de théâtre pourrait-il supprimer l'une des deux parties de l'œuvre, et faire exécuter, par exemple, la musique sans les paroles, et réciproquement ? Il a été autrefois jugé (Paris, 12 juill. 1855, aff. Henrichs, D. P. 55. 2. 256-257) que l'exécution des parties purement musicales d'un opéra, et par exemple, de l'ouverture, ne peut avoir lieu sans l'autorisation, non seulement de l'auteur de la musique, mais encore de celui du poème, parce que, dans un opéra, la combinaison de la pensée du poète et de celle du compositeur produit un tout tellement indivisible, que chacun des deux auteurs est nécessairement fondé à revendiquer un droit de collaboration sur chacune des parties de l'œuvre. La cour de Nancy (13 août 1867, aff.

---

(1) (Sauvage C. Thomas.) — LA COUR ; — Considérant qu'un opéra est une œuvre qui n'a d'existence que par la connexion intime et inséparable de ses deux éléments, le poème et la musique, fondus dans une seule, unité d'art, sous la double inspiration du poète et du musicien ; — Que cette œuvre, produit de leur création commune, constitue pour eux une propriété indivisible, tant qu'ils la destinent à la représentation et qu'ils ne sont pas convenus de reprendre chacun d'eux des parts séparées sur le poème et sur la partition musicale ; — Que, les auteurs ayant offert à une entreprise théâtrale l'œuvre dont ils sont ainsi copropriétaires, le contrat synallagmatique qui se forme par la réception du drame entre le directeur de théâtre et eux engendre pour toutes les parties des droits et des obligations nettement déterminés ; — Que, d'une part les auteurs s'étant interdit de pouvoir empêcher en aucun cas l'administration théâtrale de représenter le drame, leur droit de représentation se trouve aliéné vis-à-vis de celle-ci ; — Que, d'autre part, l'administration théâtrale a contracté envers eux l'obligation de faire représenter

l'œuvre reçue ; — Que cette obligation est indivisible ; — Que l'effet d'une pareille obligation, suivant l'art. 1224 c. civ., est de conférer à chacun des costipulants le droit d'en exiger l'exécution ; que l'un des auteurs de l'œuvre à représenter peut donc, à lui seul, user du droit d'en réclamer la représentation, nonobstant la volonté contraire de l'autre auteur qui ne voudrait pas faire usage du même droit ; — Que l'on ne comprendrait pas que, après avoir aliéné pour sa part le droit de représentation dans la convention intervenue entre lui et le directeur, Thomas pût avoir retenu une faculté quelconque d'empêcher cette représentation, et que, forcé de la subir vis-à-vis du théâtre, il pût y mettre obstacle vis-à-vis de Sauvage, son cointéressé ; — Que ce serait là anéantir pour son cointéressé tout droit utile dans l'exploitation d'une œuvre scénique qui est leur copropriété, et blesser le droit de propriété la plus sacrée, la plus directe, l'effort créateur de l'intelligence, etc.

Du 21 févr. 1873.-C. de Paris, 1re ch.-MM. Gilardin, pr.-Hémar, av. gén.-Carraby et Nicolet, av.

Epron, D. P. 68. 2. 95) a reproduit cette solution dans le cas d'un opéra, en même temps qu'elle adoptait la solution inverse dans l'hypothèse d'un vaudeville. Suivant cet arrêt, un directeur de théâtre peut, dans la représentation d'un vaudeville, supprimer, soit le morceau de musique qui sert habituellement d'ouverture à la pièce, soit des couplets auxquels ont été adaptés des airs déjà connus, ou en tout cas des airs ne formant pas avec la pièce un tout indivisible, pour se soustraire au payement des droits de l'auteur de l'introduction musicale ou de la musique des couplets ; il n'y a pas là atteinte à la propriété de cet auteur, qui ne peut alors réclamer ses droits d'auteur, et sans le consentement duquel le vaudeville peut être joué. Il en serait autrement, suivant le même arrêt, dans le cas où il s'agirait d'un opéra, dont le livret et la musique, procédant d'une inspiration commune, ne peuvent être joués, même séparément, sans le consentement commun des deux auteurs ou de leurs représentants. La première de ces solutions a été confirmée par la cour de cassation : il a été, en effet, jugé que les couplets intercalés dans un vaudeville et en tête desquels se trouve l'indication de l'air sur lequel ils peuvent se chanter, ne forment pas un tout indivisible avec la pièce, et que, par suite, le directeur d'un café-concert peut faire jouer ce vaudeville avec le consentement de l'auteur, en supprimant les couplets, sans être tenu de payer une rétribution à l'auteur de la musique adaptée aux couplets (Crim. rej. 4 févr. 1881, aff. Billet, D. P. 81. 1. 329).

68. Le principe de la nécessité d'une autorisation préalable reçoit surtout de fréquentes applications en matière musicale, si minime que soit l'air exécuté, et quel que soit le lieu de l'exécution, pourvu qu'il soit public. Les tribunaux approuvent alors la réparation qu'ils ordonnent tant sur l'art. 3 de la loi du 13 janv. 1791 que sur l'art. 428 c. pén. L'applicabilité de ce dernier texte est contestable, car l'expression : *ouvrages dramatiques*, qu'il emploie ne paraît guère susceptible d'être étendue, surtout dans un texte pénal, à un ouvrage purement musical. Quant à la loi de 1791, il n'est point douteux qu'elle comprenne les œuvres musicales sous cette expression générique : *ouvrages des auteurs*. Quoi qu'il en soit, cette double solution est constante en jurisprudence (V. les arrêts cités dans les numéros qui suivent). — Pour être soumis à la nécessité de l'autorisation, il n'est pas besoin de s'adonner, par métier, aux représentations ou exécutions musicales. On doit interpréter *lato sensu* les mots : *entrepreneur de spectacles* de l'art. 428 c. pén., et appliquer cette dénomination, non seulement aux industriels qui font d'une entreprise théâtrale une profession spéciale, mais aussi à ceux qui n'entreprennent que d'une façon tout accidentelle de faire jouir le public d'auditions musicales ou littéraires (Lyon, 4 janv. 1884, aff. Devaux et Balloux, D. P. 84. 2. 159). — D'autre part, il n'est pas nécessaire que l'exécution ait été, pour celui qui l'a organisée, une source de gain. L'action qui appartient aux auteurs dont les œuvres sont représentées sans leur consentement préalable naît du dommage causé par le fait de la représentation, et, dès lors, atteint les entrepreneurs de spectacles, lors même qu'ils auraient offert les divertissements gratuitement ou n'auraient recueilli aucun bénéfice de la représentation (Crim. cass. 22 janv. 1859, aff. Champagne, D. P. 69. 1. 324 ; 28 janv. 1881, aff. Pseffer, D. P. 81. 1. 329 ; Crim. rej. 1er avr. 1882, aff. Jullian, D. P. 82. 1. 325 ; Lyon, 4 janv. 1884, aff. Devaux et Balloux, D. P. 84. 2. 159 ; V. en outre le rapport de M. le conseiller Réquier, reproduit *infrà*, n° 73).

69. Passons aux applications qu'ont reçues en jurisprudence les règles que nous venons de signaler. Elles concernent, tout d'abord, les exécutions en *concert public*. C'est ce qui ressort des arrêts suivants, aux termes desquels : 1° l'exécution d'œuvres musicales par une société d'artistes ou d'amateurs devant des abonnés tenus au payement d'une cotisation annuelle, et surtout devant des invités étrangers admis moyennant une rétribution, ne peut, sous les peines portées en l'art. 428 c. pén., avoir lieu que du consentement préalable des auteurs, lesquels sont fondés à exiger à cet effet le payement d'un droit de représentation ; et cela, encore bien que le montant des cotisations et des perceptions fournisse exclusivement aux frais des concerts (Crim. cass. 16 déc. 1854, aff. Henrichs, D. P. 55. 1. 43) ; — 2° La dé-

fense faite aux entrepreneurs de spectacles et aux associations d'artistes, par l'art. 428 c. pén., d'exécuter des ouvrages dramatiques sur leur théâtre sans le consentement des auteurs, a un caractère général et s'applique à toute exécution publique d'ouvrages destinés à satisfaire des goûts littéraires et artistiques ; il en est ainsi, spécialement, de l'exécution de compositions musicales dans des concerts publics organisés dans un établissement d'eaux thermales (Riom, 23 févr. 1859, aff. Roussel, D. P. 59. 1. 430) ; — 3° L'exécution d'œuvres musicales, dans les concerts d'une société philharmonique, devant des abonnés contribuant aux frais de ces concerts pour eux et leur famille au moyen d'une cotisation, et en outre devant des personnes étrangères invitées gratuitement, doit être considérée comme une exécution publique, constituant, en l'absence d'un consentement préalable des auteurs, le délit réprimé par l'art. 428 c. pén. (Crim. cass. 11 mai 1860, aff. Fleury, D. P. 60. 1. 293) ; — 4° Un concert donné au profit des pauvres dans les salons de la mairie, par voie de souscription publique et sous le patronage de l'administration municipale, rend la commune passible de dommages-intérêts envers les compositeurs de musique dont les œuvres non tombées dans le domaine public ont été exécutées sans leur autorisation (Orléans, 24 févr. 1872, aff. Ville d'Amboise, D. P. 73. 1. 233) ; — 5° Des œuvres musicales non tombées dans le domaine public ne peuvent être, même accidentellement, l'objet d'une exécution publique sans le consentement des auteurs ou de leurs ayants droit, encore bien que la représentation soit gratuite, et qu'elle n'ait pas eu lieu sur un théâtre. Spécialement, peut être considérée comme une infraction à la loi des 13-19 janv. 1791 et à l'art. 428 c. pén. l'exécution d'œuvres musicales par les membres d'une société de secours mutuels dans un concert donné même gratuitement, lorsque à ce concert assistaient, non seulement les sociétaires, mais encore leurs familles et leurs patrons invités nominativement (Crim. cass. 28 janv. 1881, aff. Pseffer, D. P. 81. 1. 329) ; — 6° L'exécution d'œuvres musicales, dans un cercle, en présence non seulement des sociétaires, mais de personnes qui, quoique nominativement invitées, ne font pas partie du cercle, constitue une infraction à la loi des 13-19 janv. 1791 et à l'art. 428 c. pén. (Crim. rej. 1er avr. 1882, aff. Jullian, D. P. 82. 1. 325). — Toutefois la cour de cassation avait antérieurement jugé, à l'inverse de cet arrêt, qu'une séance musicale d'une société chorale, tenue en présence des familles des sociétaires et de quelques personnes nominativement invitées et gratuitement admises, ne saurait, alors surtout qu'elle n'est que le complément des cours professés dans l'établissement, être assimilée à un concert public ou à une représentation théâtrale, et que, dès lors, le défaut d'autorisation préalable des auteurs ne rend pas illicite l'exécution des morceaux de musique chantés dans une séance de cette sorte par les membres de la société (Crim. rej. 7 août 1863, aff. Étienne, D. P. 63. 1. 485). — Jugé aussi que les courses de chevaux données dans un hippodrome doivent être assimilées à un spectacle public ; qu'en conséquence, le directeur de la société des courses, en laissant exécuter sur l'hippodrome des morceaux de musique sans le consentement des auteurs, commet le délit puni par l'art. 428 c. pén. (Rennes, 19 févr. 1892, aff. Mullot, D. P. 93. 2. 268).

70. Même interdiction, lorsqu'il s'agit d'une exécution musicale par des *artistes ambulants*. Exemples : 1° des chanteurs ambulants, en exécutant dans un café, sans le consentement des auteurs ou de leurs ayants droit, des compositions musicales non tombées dans le domaine public, se rendent coupables du délit prévu par les art. 3 de la loi 13-19 janv. 1791 et 428 c. pén. (Crim. rej. 4 févr. 1881, aff. Billet, D. P. 81. 1. 329) ; — 2° Le directeur d'un théâtre forain qui fait exécuter publiquement par les musiciens composant son orchestre, sur l'extérieur de son théâtre et au moment de la parade, des morceaux de musique sans le consentement des auteurs, commet le délit prévu et puni par les art. 3 de la loi des 13-19 janv. 1791, 1 de la loi du 19 juill. 1793 et 428 c. pén. Le délit existe même dans le cas où il s'agit d'artistes ambulants, où aucun théâtre n'a été dressé, et où le prévenu n'a pas agi dans un but de spéculation, aucune de ces circonstances n'étant admise comme excuse par la loi (Rouen, 21 févr. 1880, aff. Corvi,

D. P. 80. 2. 170). Le prévenu soutenait, dans l'espèce, que les morceaux avaient été exécutés gratuitement et en dehors de la salle où les représentations avaient lieu; mais cette excuse ne pouvait être admise, le but de cette exécution étant d'attirer la foule et constituant un des moyens destinés à accroître la recette ; d'ailleurs, l'idée de spéculation n'est pas un élément nécessaire pour l'existence du délit résultant de l'exécution publique d'œuvres musicales sans le consentement des auteurs (V. Crim. cass. 22 janv. 1869, aff. Champagne, D. P. 69. 1. 384).

71. La question s'est encore posée, dans des conditions assez singulières. Il s'agissait de l'exécution d'airs de musique au moyen d'un orgue mécanique dans un *manège de chevaux de bois* ouvert au public. Il se présentait ici une difficulté particulière, c'est qu'il s'agissait d'airs de musique du domaine privé, sans doute, mais exécutés par un instrument purement mécanique, l'orgue à cylindre, sur lequel ces airs avaient été notés lors de sa fabrication. Or, aux termes de la loi spéciale du 16 mai 1866 (D. P. 66. 4. 49), « la fabrication et la vente des instruments servant à reproduire mécaniquement des airs de musique qui sont du domaine privé ne constituent pas le fait de contrefaçon musicale prévu et puni par la loi du 19 juill. 1791, combinée avec les art. 425 et suiv. c. pén. ». Le directeur du manège, propriétaire de l'orgue mécanique, pouvait-il invoquer la loi de 1866 pour légitimer l'usage public qu'il avait fait de cet instrument ? Il suffit d'analyser ce texte législatif pour décider la négative. La loi du 16 mai 1866, rendue à la sollicitation du gouvernement suisse, constitue en elle-même une dérogation à la plénitude du droit de propriété des auteurs, puisqu'elle autorise, en dehors de leur consentement, un mode spécial de notation, c'est-à-dire la reproduction de leur œuvre. Le caractère d'exception qui forme le fond de cette loi doit donc être une raison pour ne l'appliquer exclusivement qu'au cas même prévu par elle. Suivant son texte, c'est seulement la fabrication et la vente de la boîte à musique, notée comme il est dit ci-dessus, qui peuvent avoir lieu sans contrefaçon. Quant à l'usage que l'acheteur fera de cet objet devenu sa propriété, il doit demeurer soumis aux principes du droit commun de la matière. Si l'usage a lieu non publiquement, il échappera à toute critique. Mais si l'usage a lieu publiquement, il en résultera nécessairement une exécution publique d'un morceau de musique du domaine privé. La cour de Paris, par arrêt du 22 avr. 1881, avait cependant, dans ces conditions, relaxé le propriétaire du manège ; mais son arrêt fut cassé (Crim. cass. 24 juill. 1881, aff. Huguet, D. P. 84. 1. 394), et sa doctrine condamnée à nouveau par la cour de renvoi (Amiens, 24 déc. 1881) (1).

72. Enfin, parmi les exécutions publiques qui ne peuvent avoir lieu sans le consentement des auteurs, il faut ranger les exécutions d'airs de danse dans les *bals* (Lyon, 4 janv. 1884, aff. Devaux et Balloux, D. P. 84. 2. 159). Bien entendu il ne s'agit ici que de bals publics (Crim. rej. 9 mai 1891, aff. Souchon, D. P. 91. 1. 494). L'exécution, dans un bal, d'airs de danse non tombés dans le domaine public n'est pas subordonnée à l'obtention du consentement préalable

des auteurs, lorsque ce bal n'est pas public (Crim. rej. 22 janv. 1869, aff. Landereau, D. P. 69. 1. 383 ; Nancy, 18 juin 1870, aff. Ville de Nancy, D. P. 72. 2. 73 ; Req. 3 mars 1873, aff. Ville d'Amboise, D. P. 73. 1. 253). A cet égard, le tribunal de Nancy (3 janv. 1869, aff. Ville de Nancy, D. P. 71. 5. 318 et 321) a jugé qu'un bal organisé par souscriptions dans un but de bienfaisance ne revêt pas ce caractère public, bien que les listes de souscriptions n'aient été présentées qu'à des personnes choisies, si un appel a été fait au public pour le succès de cette fête, donnée dans les salles mêmes de l'hôtel de ville, et si toute personne honorable a pu, sur sa demande, y être admise. Mais ce système n'a pas prévalu. Il a été décidé en effet : 1° qu'il y a lieu de considérer comme bal particulier, quoiqu'il ait été tenu dans la salle d'un hôtel, le bal organisé par une société et à ses frais, dans lequel n'ont été admises que des personnes invitées réellement à l'avance, sur présentation de cartes à elles adressées et sans rétribution (Crim. rej. 22 janv. 1869, aff. Landereau, D. P. 69. 1. 383) ; — 2° Qu'il en est de même du bal de bienfaisance dans lequel n'ont été admises que les personnes auxquelles avait été présentée la liste de souscription et munies d'une carte nominative, quoique ce bal ait été tenu dans les salons d'un hôtel de ville (Arrêts précités des 18 juin 1870 et 3 mars 1873).

73. Lorsqu'on se trouve en présence d'une contravention à la règle de l'autorisation préalable, à raison de l'exécution d'airs de musique soit dans un concert (V. *suprà*, n° 69), soit dans un spectacle (V. *suprà*, n° 70 et 71), soit dans un bal (V. *suprà*, n° 72), quelle est la personne qui se trouve exposée aux réparations soit pénales, soit pécuniaires ? Ce ne sont pas les musiciens qui exécutent l'air litigieux, ni même le chef d'orchestre qui dirige cette exécution, car ils n'agissent que sur l'ordre et sous la direction des organisateurs du concert, du spectacle ou du bal (Lyon, 4 janv. 1884, aff. Devaux et Balloux, D. P. 84. 2. 159). Ce sont les organisateurs eux-mêmes qui sont les coupables et qui doivent être poursuivis. C'est ce qui résulte de nombreux arrêts, qui ont relaxé ceux qui n'avaient fait que prêter leur salle pour l'organisation d'un concert ou d'un bal auxquels ils étaient eux-mêmes demeurés étrangers : 1° le cafetier qui a permis à des musiciens ambulants de se placer, durant la foire, à la porte et en dehors de son établissement, sans leur rien demander et sans en rien recevoir, est à tort actionné comme exploitant de café-concert coupable d'avoir fait exécuter des œuvres de musique sans le consentement préalable de leurs auteurs (Crim. rej. 17 janv. 1863, aff. Campenas, D. P. 63. 5. 307) ; — 2° Il n'y a pas contravention à la loi du 13 janv. 1791, ni à l'art. 428 c. pén., de la part du maître d'un hôtel qui a gratuitement prêté l'usage de sa salle aux organisateurs d'un bal, et est resté étranger tant à l'organisation du bal qu'au choix et à l'exécution des morceaux de musique (Crim. rej. 22 janv. 1869, aff. Landereau, D. P. 69. 1. 383) ; — 3° Le propriétaire d'une salle publique de concerts n'est pas responsable de l'infraction à l'art. 428 c. pén. commise par un artiste auquel il a loué cette salle, s'il n'est pas établi qu'il ait coopéré à l'organisation du concert, alors même que les compositeurs de musique envers lesquels la contravention a été commise lui auraient antérieu-

(1) (Société des auteurs dramatiques C. Huguet.) — La cour; — Considérant qu'il résulte des débats et des documents de la cause que, le 7 nov. 1880, sur une place publique d'Auteuil, Huguet, propriétaire d'un manège de chevaux de bois, a exécuté ou fait exécuter, à l'aide d'un orgue mécanique, dans l'enceinte dudit manège, alors que les chevaux de bois étaient en mouvement, une valse tirée de l'opérette de *Chilpéric* ; — Considérant que ce morceau appartient au répertoire du sieur Rougé, dit Hervé, et que l'exécution n'en avait été autorisée, ni par lui, ni par ses ayants droit ; — Considérant qu'on ne saurait voir dans l'exploitation d'un manège de chevaux de bois et dans l'exécution concomitante d'une œuvre musicale deux faits indépendants l'un de l'autre, l'annexion au manège d'un orgue mécanique réalisant une combinaison dont le but est d'assurer ou d'accroître la recette ; — Considérant que, dans les circonstances ci-dessus spécifiées, rapprochées des termes et de l'esprit de l'art. 428 c. pén., Huguet était un véritable entrepreneur de spectacle, faisant entendre au public, dans un but de spéculation, un morceau détaché d'une œuvre dramatique ; que l'existence d'un théâtre proprement dit ne forme pas, dans la pensée de la loi, un élément nécessaire du délit dont s'occupe le texte précité ; — Considérant que si, aux termes de la loi du 16-25 mars 1866,

la fabrication et la vente des instruments servant à reproduire mécaniquement des airs de musique qui sont du domaine privé ne constitue pas une contrefaçon musicale, l'usage de ces instruments est resté soumis aux restrictions et prohibitions établies par les lois et règlements relatifs à la propriété des auteurs ; — Considérant que les documents du procès rendent inadmissible la bonne foi dont se prévaut Huguet; que, n'en fût-il pas ainsi, le prévenu, en organisant un divertissement public pour en tirer bénéfice, devait s'enquérir des obligations légales auxquelles l'assujettissait ce genre d'industrie, et ne pourrait, s'il avait omis de le faire, trouver dans sa négligence et dans l'ignorance, par lui alléguée, des dispositions de la loi, un moyen de justification ; — Considérant qu'Huguet s'est ainsi rendu coupable du délit prévu et réprimé par les art. 428 et 429 c. pén., combinés avec l'art. 3 de la loi du 19 janv. 1791 ; — Considérant qu'en commettant ce délit, le prévenu a causé aux parties civiles un préjudice dont il leur doit réparation ; — Par ces motifs ; — Statuant dans les termes de l'arrêt de la cour de cassation du 24 juill. 1881, sur l'appel du jugement rendu par le tribunal correctionnel de la Seine le 18 déc. 1880, infirme ledit jugement ; — Déclare Huguet coupable du délit prévu par les art. 428 et 429 c. pén.
Du 24 déc. 1881.-C. d'Amiens, ch. corr.

rement fait défense, par une circulaire conçue en termes généraux, de laisser exécuter leurs œuvres dans son établissement (Paris, 2 mars 1876, aff. Sax, D. P. 77. 2. 128); — 4° Le cafetier qui a autorisé des chanteurs ambulants à chanter sans rien recevoir d'eux, sans exiger des consommateurs un supplément de prix, et sans s'occuper du choix des chansonnettes qui ont été chantées, ne peut être considéré comme coauteur ou complice de ce délit (Crim. rej. 4 févr. 1881, aff. Mathieu, D. P. 81. 1. 329).

Même solution, à plus forte raison, en ce qui touche les villes ou communes qui se bornent à prêter les bâtiments municipaux pour un bal ou un concert. Jugé en ce sens que : 1° la commune qui a prêté les salons de l'hôtel de ville pour un bal de bienfaisance ne peut être poursuivie comme civilement responsable du délit commis par les organisateurs de ce bal, à raison du défaut d'autorisation des auteurs des airs de danse qui y ont été exécutés; il en est ainsi alors surtout que l'administration municipale est restée étrangère à l'organisation du bal, qu'une commission privée s'est seule occupée de recueillir les souscriptions, de régler les dépenses et de verser le produit dans la caisse du bureau de bienfaisance (Nancy, 18 juin 1870, aff. Ville de Nancy, D. P. 72. 2. 73); — 2° La commune qui prête les salons de la mairie pour un bal donné par une société de jeunes gens n'est pas civilement responsable du délit résultant de l'exécution d'airs de danse sans l'autorisation des leurs auteurs, alors que l'administration municipale est restée étrangère à l'organisation du bal, au versement des souscriptions et au règlement des dépenses (Req. 3 mars 1873, aff. Ville d'Amboise, D. P. 73. 1. 253); — 3° Le maire d'une

ville, qui met gratuitement une salle à la disposition d'un artiste pour y donner un concert, n'est pas complice de l'infraction à l'art. 428 c. pén. commise par cet artiste, s'il ignorait le projet de ce dernier de violer les droits de propriété appartenant à des compositeurs de musique (Crim. rej. 7 nov. 1873, aff. Lemengnonnet, D. P. 74. 1. 136). Cet arrêt a été rendu sur le rapport de M. le conseiller Réquier (1), qui contient un exposé complet de la question).

74. Cependant la jurisprudence offre quelques exemples d'une solution contraire, au moins relativement aux cafetiers, etc., qui attirent des musiciens dans leur établissement. — C'est d'abord, bien entendu, dans le cas où cet industriel se serait fait lui-même l'organisateur de la représentation, et serait ainsi l'auteur principal du délit, Jugé en ce sens : 1° que les propriétaires de cafés-concerts ou cafés-chantants qui font jouer ou chanter dans leurs établissements des morceaux de musique, sans l'autorisation de l'auteur, sont passibles de la peine établie par l'art. 428 c. pén. (Crim. rej. 24 juin 1852, aff. Connevat, D. P. 52. 1. 221); — 2° Que l'exécution, dans un café-concert, des œuvres musicales d'un auteur vivant, sans le consentement préalable et par écrit de cet auteur, et surtout au mépris de la défense par lui signifiée, constitue le délit prévu et puni par la loi du 19 janv. 1791 et l'art. 428 c. pén., alors même que le maître du café aurait, avant la représentation, fait l'offre des droits qui pourraient être dus à l'auteur (Toulouse, 17 nov. 1862, aff. Daubize, D. P. 63. 2. 128).

75. Mais c'est comme complice que la plupart des arrêts retiennent le cafetier, et ce par divers arguments généralement assez spécieux. La jurisprudence, en effet, a, dans cette

---

(1) (Société des auteurs et compositeurs de musique C. Lemengnonnet.) — Le sieur Barudet avait donné, dans la salle du casino de Grandville, mise à sa disposition par le sieur Lemengnonnet, salle de cette ville, un concert dans lequel furent exécutés des morceaux de musique appartenant à la société des compositeurs de musique. Sur la plainte de cette société, le sieur Lemengnonnet a été poursuivi comme complice d'une contravention à l'art. 428 c. pén. Mais, par arrêt du 26 mars 1872, la cour de Caen a déclaré ces poursuites mal fondées. Pourvoi en cassation par la société des compositeurs de musique. — M. le conseiller Réquier, chargé du rapport devant la chambre criminelle, a présenté les observations suivantes : « Celui qui a mis son local à la disposition d'un artiste pour donner un concert, dans lequel on a exécuté des œuvres musicales non tombées dans le domaine public, peut-il bien être déclaré complice du délit commis par l'entrepreneur du concert, quoiqu'il n'ait personnellement retiré aucun profit de cette représentation. C'est ce que vous avez jugé par un arrêt du 19 mai 1859, au rapport de M. Senéca (D. P. 59. 1. 430). Par un autre arrêt du 22 janv. 1869, au rapport de M. Guyho (D. P. 69. 1. 384), vous avez également jugé que le cafetier, qui reçoit dans son café des artistes ambulants, peut être déclaré complice de la contravention commise par les artistes, bien qu'il ait agi sans aucun esprit de spéculation, attendu, dit le premier de ces arrêts, que le profit personnel du complice n'est pas un élément nécessaire de la criminalité à son égard. C'est donc avec raison que vous avez cassé les arrêts qui s'étaient fondés, pour acquitter le prévenu de complicité, sur le seul motif qu'il avait fourni gratuitement la salle où le concert s'était donné, et qu'il n'avait retiré aucun bénéfice de la contravention commise par le directeur de ce concert.

« Mais s'il n'est pas nécessaire, pour constituer la complicité légale, que celui qui a prêté son concours au délit ait retiré de cette participation un profit quelconque, il faut du moins, suivant la disposition formelle de l'art. 60 c. pén., qu'il ait agi sciemment. Aussi, les deux arrêts que nous venons de citer ont soin de constater, dans leurs motifs, qu'il résultait, soit des termes de la citation, soit de ceux mêmes de la décision attaquée, que le prévenu de complicité avait sciemment concouru au délit. Ici, au contraire, l'arrêt attaqué ne se borne pas à déclarer que le prévenu n'a retiré aucun profit du concert; il ajoute que Lemengnonnet ignorait que Barnolt eût l'intention de porter atteinte aux droits de la Société des auteurs et compositeurs de musique; d'où il conclut que, si le prévenu a procuré à Barnolt les moyens de commettre le délit, il ne l'a pas fait sciemment et en connaissance de cause. Cette déclaration, suivant les demandeurs, ne suffit pas pour justifier la décision de la cour. M. Lemengnonnet, disent-ils, était directeur du casino de Granville. Il avait été averti par une signification faite à la requête de la Société des artistes, qu'il lui était interdit de laisser ou de faire chanter dans cet établissement les œuvres musicales dont elle est propriétaire, sans l'autorisation des auteurs. En livrant la salle du casino pour un concert, sans s'être assuré que l'entre-

preneur de concert s'était muni du consentement de la société, il s'est rendu, par cela seul, complice du délit commis par cet entrepreneur. Il ne pourrait être affranchi de toute responsabilité qu'autant qu'il aurait été trompé sur l'usage auquel la salle devait être employée. Ce raisonnement serait juste, si la Société des artistes avait le monopole des concerts, de telle sorte que toute personne qui veut donner un concert fût obligée de se munir de l'autorisation de cette société. On pourrait dire alors à M. Lemengnonnet : En permettant à Barnolt de donner un concert dans la salle du casino, sans exiger qu'il vous représentât l'autorisation nécessaire, vous vous êtes rendu responsable de la contravention qu'il a commise. Mais la Société des compositeurs n'a pas le monopole des concerts; son autorisation n'est nécessaire qu'autant qu'on se propose d'exécuter des œuvres dont elle est propriétaire. Celui qui prête son salon pour un concert n'a donc pas à s'enquérir si l'autorisation de la société a été obtenue, à moins qu'il ne soit informé qu'on doit y exécuter des œuvres qui ne sont pas encore tombées dans le domaine public. S'il l'a ignoré, il ne peut être déclaré complice de la contravention commise par les exécutants; pas plus qu'il ne serait responsable des délits que ceux-ci pourraient commettre en chantant des chansons séditieuses ou contraires aux bonnes mœurs, s'il n'avait pas connu leur intention d'enfreindre la loi, lorsqu'il a mis son salon à leur disposition. La culpabilité, en effet, pour le complice comme pour l'auteur principal, ne peut exister que par le concours du fait et de l'intention criminelle et l'intention criminelle de celui qui a procuré les moyens de commettre un délit résulte uniquement de la connaissance qu'il avait que ces moyens devaient servir à le commettre. Il ne suffirait même pas, comme le dit votre arrêt du 18 mai 1844 (aff. Duvigneau, D. P. 45. 1. 18), que celui qui a fourni ces moyens ait su qu'ils *pouvaient* servir à commettre un crime ou un délit; l'art. 60 c. pén. exige qu'il les ait fournis sachant qu'ils *devaient* servir à une action ainsi qualifiée. — Or, l'arrêt attaqué déclare qu'il n'est pas établi que M. Lemengnonnet, au moment où il a permis à Barnolt de donner un concert dans le casino, savait que cet artiste se préparait à violer les droits de propriété appartenant à la Société des compositeurs et éditeurs de musique. Peut-on dire alors que la cour de Caen a violé la loi en refusant d'appliquer l'art. 60 c. pén. aux faits ainsi constatés? L'arrêt de 1869, qu'invoque le demandeur, est contraire à la thèse que soutient le pourvoi. Cet arrêt casse, il est vrai, la décision de la cour de Pau qui avait acquitté le maître du café dans lequel la contravention avait été commise; mais il relève avec soin, dans ses motifs, cette circonstance de fait que le prévenu connaissait la composition du concert, dont le programme était resté déposé sur son comptoir, et de cette circonstance il conclut avec raison que le prévenu avait sciemment et personnellement concouru au délit. Ici, au contraire, il n'est pas même allégué que M. Lemengnonnet ait connu le programme du concert, lorsqu'il a permis à Barnolt de le donner dans la salle du casino ». — Arrêt.

LA COUR. — ... (V. le texte, D. P. 74. 1. 136).
Du 7 nov. 1873.

matière, tendance à la condamnation, bien que les règles du droit semblent lui dicter la décision inverse ; comme les artistes ambulants qui exécutent sans autorisation des œuvres du domaine privé peuvent être souvent difficiles à saisir, les tribunaux admettent facilement la responsabilité des maîtres de café ou établissements analogues qui mettent leurs locaux à la disposition de ces artistes. La première hypothèse où le cafetier a été assimilé à l'organisation du concert, c'est le cas où, sans avoir lui-même fixé le programme, il en a eu connaissance, en sorte qu'il se trouvait en état d'assurer le respect de la loi. Jugé en ce sens que le maître d'un café qui, connaissant d'avance les œuvres comprises dans le programme d'artistes, a mis son établissement à leur disposition pour l'exécution de ces œuvres devant les consommateurs, est à bon droit poursuivi devant le tribunal correctionnel par les auteurs intéressés, encore bien que le concert aurait été donné par lesdits artistes ambulants exclusivement à leur bénéfice, et qu'aucun théâtre n'aurait été dressé (Crim. cass. 22 janv. 1869, aff. Champagne, D. P. 69. 1. 384. V. dans le même sens Crim. cass. 19 mai 1859, aff. Roussel, D. P. 59. 1. 430 ; 28 janv. 1881, aff. Pseffer, D. P. 81. 1. 329 ; Lyon, 28 juill. 1859, *Annales de la propriété industrielle, artistique et littéraire*, 1860, p. 27 ; Toulouse, 4 juin 1869, *ibid.*, 1869, p. 410 ; Trib. corr. de la Seine, 23 mars 1872, *ibid.*, p. 345). C'est à ce système que se range M. Pouillet (*Traité théorique et pratique de la propriété littéraire et artistique*, n° 823). La connaissance du programme, voilà quelle est ici la condition essentielle de la publicité. Plusieurs arrêts, au contraire, négligent cette condition, et retiennent le cafetier comme complice, par cela seul que, s'occupant ou non de programme exécuté par les artistes, il a coutume de les faire ou laisser chanter dans son café (V. Lyon, 9 mai 1865, *Annales de la propriété industrielle, artistique et littéraire*, 1866, p. 102 ; Nîmes, 22 mars 1866, *ibid.*, p. 396 ; Paris, 2 févr. 1866, *ibid.*, p. 104 ; C. de Genève, 23 mai 1889, *ibid.*, 1889, p. 244), solution qui même a été étendue au cas où il s'agissait d'un concert accidentellement donné dans un café, mais annoncé à l'avance (V. Crim. cass. 22 janv. 1869, et Paris, 2 févr. 1866, précités. Conf. Trib. corr. de la Seine, 8 janv. 1880, *Annales*, 1882, p. 42). Enfin, plus récemment, la cour de Riom (14 mai 1890, aff. Chatel, D. P. 91. 2. 5) a décidé que le cafetier qui autorise des artistes ambulants à chanter ces œuvres dans son café, malgré l'avertissement à lui donné par la société des auteurs et compositeurs de musique, d'avoir à renoncer à son habitude de donner de telles autorisations, se rend complice du délit prévu par les art. 3 de la loi des 13-19 janv. 1791, 60 et 428 c. pén., alors même qu'il n'exige des chanteurs aucune rétribution, ni des consommateurs aucun supplé-

ment de prix et qu'il ne s'occupe point du choix des morceaux exécutés. Cet arrêt participe de plusieurs des systèmes précédents, mais il va plus loin encore, car il n'admet pas que le cafetier puisse se retrancher derrière son ignorance du programme, lorsqu'il évite d'en prendre connaissance, dans le seul but d'éluder la responsabilité qui pourrait s'ensuivre et parce qu'il sait très bien que ce programme doit contenir des morceaux dont l'exécution est illicite. Nous laisserons de côté un arrêt de cassation (Crim. cass. 19 mai 1859, aff. Roussel, D. P. 59. 1. 430), d'après lequel, le directeur d'un établissement d'eaux thermales, qui a laissé donner dans les salons de son établissement des concerts publics dans lesquels des compositions musicales ont été exécutées en violation du droit de propriété de leurs auteurs, et qui est poursuivi comme complice du délit commis par les organisateurs de ces concerts, ne saurait être relaxé par le seul motif que son concours aurait été entièrement gratuit. Il semble, en effet, que cet arrêt s'est uniquement fondé sur un défaut de motifs, et soit, comme tel, dépourvu de portée théorique.

§ 2. — Œuvres d'art.

76. Toute œuvre d'art peut-elle être l'objet d'une propriété au profit de son auteur? La loi du 19 juill. 1793 (*Rép.* p. 444) qui a institué la propriété artistique ne nomme que « les peintres ou dessinateurs qui feront graver des tableaux ou dessins » ; mais tout le monde est d'accord pour reconnaître que ces expressions ne sont pas limitatives. Toute création, dit la chambre civile (28 juill. 1856, aff. Ricroch, D. P. 56. 1. 276), soit des arts proprements dits, soit des arts appliqués à l'industrie, est protégée contre la contrefaçon par la loi du 19 juill. 1793, quelle que soit d'ailleurs la nature usuelle du produit.

Il ne faut pas cependant exagérer cette formule ; la loi des 19-24 juill. 1793 ne protège contre la contrefaçon que les œuvres appartenant aux beaux-arts, et qui, par elles-mêmes, indépendamment de toute alliance avec d'autres objets, deviennent pour le public la source de jouissances intellectuelles (Paris, 19 mai 1879, aff. Pautrot, D. P. 83. 1. 119). On conçoit qu'il y a là avant tout une question de fait, que la cour de cassation, ainsi que nous allons le voir (n°s 77, 78, 80, 83), abandonne à l'arbitrage du juge de fait. Par exemple, en matière de *peinture et dessin*, il a été jugé qu'on ne peut considérer comme œuvre d'art le dessin d'une affiche dépourvu de tout caractère de nouveauté et d'originalité (Trib. corr. de la Seine, 20 juin 1891) (1).

77. Les mêmes principes s'appliquent à la *sculpture*. Si

---

(1) (Parrot et comp. C. Lévy.) — LE TRIBUNAL : — Attendu que Parrot et comp. ont cité X... pour lui voir faire application des art. 425 et 427 c. pén. et de la loi du 17 juill. 1793, se voir condamner à 3000 fr. de dommages-intérêts, et ordonner la confiscation de la planche saisie et dix insertions ; — Attendu qu'en 1888, Blanc, directeur du Nouveau-Cirque, propriétaire de la pantomime *Les Noces de chocolat*, a chargé Ador, agent de publicité, de lui faire un certain nombre d'affiches pour annoncer au public la pièce dont s'agit ; — Qu'Ador a donné mandat à Parrot et comp. d'imprimer lesdites affiches, que ces derniers lui ont livrées moyennant le prix de 1140 fr., qui leur a été payé ; — Attendu que Donval, successeur de Blanc comme directeur du Nouveau-Cirque, voulant donner une reprise de *Les Noces de chocolat*, a remis, en 1890, à Emile Lévy, imprimeur, une des affiches imprimées par la maison Parrot en 1888, en le chargeant d'en imprimer une certaine quantité ; — Que ces nouvelles affiches ont été placardées à Paris, et que Parrot et comp., se disant propriétaires du dessin qu'elles contenaient, ont fait, le 11 nov. 1890, pratiquer une saisie par un commissaire de police, par application de la loi du 19 juill. 1793 ; — Que dans ces conditions, le tribunal doit rechercher en droit, si les affiches dont s'agit constituent au profit de Parrot et comp., quand ils les ont livrées et qu'elles ont été payées, un droit privatif qui leur permet d'exercer la poursuite de contrefaçon en conformité de la loi ; — Attendu que la loi de 1793 n'a été faite que pour protéger les œuvres d'art qui ont exigé de la part de l'artiste un travail de l'esprit et de l'intelligence et qui possèdent un certain caractère de nouveauté et d'originalité ; — Que le rapporteur en précisa bien le but en disant dans son rapport qu'elle s'applique aux œuvres qui peuvent servir à l'instruction, au charme, à l'ornement et à la gloire d'une nation ; — Que cette loi ne protège donc point les œuvres qui ne sont point le résultat d'un labeur de l'esprit, alors même qu'elles auraient exigé certains soins particuliers, ces soins ne pouvant élever l'objet auquel ils s'appliquent au rang des créations de l'intelligence et du génie ; — Attendu que, si tels sont les principes, ils ne peuvent en aucun façon s'appliquer aux droits réclamés par Parrot et comp. ; — Attendu que ces derniers soutiennent être cependant les auteurs du dessin de l'affiche et par conséquent qu'ils sont les créateurs d'une œuvre artistique ; — Mais attendu, tout d'abord, que le dessin de l'affiche n'est point une œuvre d'art, une création de l'imagination et du génie, comme l'exige la loi de 1793 ; — Que l'affiche représentait, en effet, un nègre donnant le bras à une femme blanche vêtue d'un costume blanc dans une attitude plus ou moins excentrique, mais qui n'a rien d'ingénieux, ni de bien nouveau ; — Attendu, en outre, à supposer que l'art eût une part quelconque dans cette création, que l'idée du dessin a été révélée à Parrot et comp. par le livret de *Les Noces de chocolat*, et les renseignements qui leur ont été fournis, et qu'ils n'ont été, en leur qualité d'imprimeurs, que l'instrument qui a servi à l'exécution ; — Attendu que la propriété artistique appartient non à celui qui a exécuté l'œuvre, mais à celui qui l'a inspirée et commandée ; — Attendu que Parrot et comp., après avoir pris connaissance du livret de la pantomime, après avoir reçu les ordres du Nouveau-Cirque ou de son mandataire, ont exécuté la commande qui leur a été faite, et que la convention intervenue entre les parties, qui n'est autre que le louage d'industrie, a été remplie par la livraison et le payement desdites affiches ; — Attendu que vainement les plaignants prétendent que leurs factures contiennent la mention suivante : « La maison ne délivre ni composition, ni planche à moins de convention contraire » ; — Que cette mention ne pourrait leur profiter qu'autant que la propriété du dessin leur appartien-

l'art. 1 de la loi du 19 juill. 1793, qui réserve aux peintres, dessinateurs et autres compositeurs, la propriété exclusive de leurs œuvres pendant leur vie, ne dénomme pas les sculpteurs, la jurisprudence et la doctrine s'accordent à reconnaître qu'ils doivent, par une analogie dont on ne saurait contester l'exactitude, être rangés dans la même catégorie (Metz, 5 mai 1858, aff. Thomas-Lejay, D. P. 58. 2. 174). Telle est la règle ; mais il appartient aux juges du fait de décider, par une appréciation souveraine, que des objets sculptés constituent des produits industriels et non des œuvres d'art protégées par la loi des 19-24 juill. 1793 (Civ. rej. 17 janv. 1882, aff. Pautrot, D. P. 83. 1. 119. Comp., en matière de peinture et de dessin, *suprà*, n° 76).

78. Parmi les applications innombrables de ce principe en matière de sculpture, il en est quelques-unes qui méritent de fixer particulièrement l'attention, parce qu'elles ont donné lieu à de fréquentes difficultés. D'abord les *moulages* constituent-ils des produits artistiques? La négative est généralement enseignée (*Rép.* n° 391), et la cour de Paris a jugé (19 mai 1879, aff. Pautrot, D. P. 83. 1. 119) que la protection de la loi de 1793 ne peut s'étendre à des surmoulages de modèles originaux livrés par grandes quantités au commerce pour des destinations industrielles, qui se présentent comme simples accessoires d'objets usuels, tels que des encriers, des coupes, des plateaux, etc. — Plusieurs auteurs soutiennent cependant que, dans l'opération du moulage, il existe un élément personnel devant à l'auteur conférer un droit privatif (Pouillet, *Traité de la propriété littéraire et artistique*, n° 89; Rendu et Delorme, *Traité pratique de droit industriel*, n° 913), et il semble bien, en effet, qu'on puisse appliquer ici l'argumentation que nous verrons *infrà*, n° 83, en matière de photographie.

La même remarque paraît bien devoir encore s'appliquer à une opération voisine du moulage, la *réduction* d'une statue par un procédé mécanique. Il a été jugé que des réductions de sculpture qu'un industriel a obtenues à l'aide du travail mécanique d'un appareil tombé dans le domaine public (l'appareil Sauvage et Collas) ne constituaient aucunement une création de l'esprit, encore bien qu'elles présentassent une grande perfection et qu'elles eussent été l'objet de retouche de la part de l'industriel qui les avait obtenues, si d'une part, cette perfection était due tout entière au travail mécanique de l'appareil, et, d'autre part, si les retouches se réduisaient à des soins particuliers insuffisants par eux-mêmes pour donner une valeur véritablement artistique aux produits qui en sont l'objet; et la chambre criminelle a refusé de casser cette décision, par la raison que, la loi n'ayant pas défini les caractères qui constituent, pour un produit artistique, une création de l'esprit ou du génie, il appartient aux juges du fait de déclarer, par une constatation nécessairement souveraine, si le produit déféré à leur appréciation rentre par sa nature dans la catégorie des œuvres d'art protégées par la loi du 19 juill. 1793 (Crim. rej. 16 juin 1862, aff. Barbedienne, D. P. 63. 1. 111). Il n'y a pas à critiquer ici l'usage fait par les juges du fond de leur pouvoir d'appréciation ; mais il faudrait se garder de poser en principe qu'une opération de ce genre ne pût jamais présenter le caractère artistique.

79. Dans d'autres espèces, la difficulté portait, non sur le procédé d'exécution, mais sur le sujet reproduit. Ainsi on a soutenu qu'un objet aussi simple qu'un modèle de main sculptée ne pouvait constituer une œuvre d'art. Mais l'opinion contraire a triomphé avec raison, dans le cas même où ce modèle avait reçu une utilisation industrielle, ayant été, par exemple, employé comme marteau de porte (Lyon, 9 déc. 1891) (1). Jugé encore que si l'art. 1 de la loi du 19 juill. 1793 protège les œuvres de sculpture comme les autres productions de l'art, il faut au moins que ces œuvres aient le caractère d'objets d'art, appliqués ou non à l'industrie, et qu'elles constituent des œuvres originales, nées de la conception personnelle de l'auteur ; par suite, il ne peut protéger le monument funéraire qui, loin d'être une œuvre originale et personnelle, n'est que l'imitation ou la copie de divers monuments de ce genre tombés dans le domaine public (Dijon, 5 févr. 1894, aff. Bergeret frères, D. P. 94. 2. 175).

80. La question s'est surtout posée relativement aux *sculptures religieuses*. Sont-elles susceptibles de propriété artistique? Le doute provient de ce que la plupart des statues religieuses faites en fabrique présentent de grandes ressemblances entre elles, par suite du programme très précis sur lequel elles sont composées. La cour de Caen, dans un arrêt cité au *Rép.*, n° 395, et la cour de Paris (13 févr. 1858) ont refusé le droit de propriété artistique à l'auteur d'une semblable statue ; mais ce système absolu a été condamné par la cour de cassation. Aux termes d'un arrêt du 13 févr. 1857 (aff. Foutana, D. P. 57. 1. 111), cassant l'arrêt précité de la cour de Paris, il ne suffit pas qu'une œuvre d'art (une statuette) soit la copie d'un type commun, pour qu'elle ne soit pas susceptible de contrefaçon, et qu'elle puisse, dès lors, être reproduite impunément, la fidélité de traits observée par l'artiste n'excluant pas les modifications qui peuvent donner un caractère spécial à son œuvre et en faire sa propriété exclusive. L'œuvre dont il s'agit ne pourrait être déclarée non susceptible de contrefaçon qu'autant que, dans son exécution, elle n'offrirait rien qui fût propre à son auteur, et pût lui assurer un droit exclusif.

Ce dernier point, étant tout de fait est laissé à l'appréciation des juges du fond (Crim. rej. 27 déc. 1884) (2). Les arrêts qui suivent présentent des exemples de ce pou-

---

drait, mais qu'il n'en est rien comme il a été dit plus haut ; — Attendu, enfin, que Parrot et comp. ont soutenu que si le dessin dont s'agit ne constituait point une œuvre d'art, il était tout au moins un dessin de fabrique, protégé par la loi de 1806 et l'ordonnance de 1825 ; — Mais attendu que, sans qu'il soit besoin d'examiner si ladite loi est applicable à ces sortes de dessins, Parrot et comp. n'en ont point fait le dépôt au conseil des prud'hommes, et que dès lors leur action est irrecevable ; — Attendu, au surplus, qu'Emile Lévy excipe de sa bonne foi et que cette bonne foi ne fait aucun doute : — Qu'en effet, il a reçu de Donval la commande des affiches, et qu'il devait présumer que ce dernier en était le légitime propriétaire, d'autant qu'il ressort des débats et des documents produits que les imprimeurs, d'une façon générale, ne prétendent jamais à un droit privatif sur leurs productions ; — Qu'ainsi donc, à tous égards, la poursuite en contrefaçon dirigée par Parrot et comp. contre Emile Lévy doit être rejetée ;

Par ces motifs, renvoie les prévenus des fins de la poursuite, sans dépens.

Du 20 juin 1891.-Trib. corr. de la Seine.-MM. Bidault de l'Isle, pr.-Flach, subst.-Gontard et Benoît Lévy, av.

(1) (Bézault *C.* Sagnon.) — LA COUR ; — Attendu qu'il est certain et non dénié du reste que le modèle de la main surmoulée plus tard par Sagnon est l'œuvre du sculpteur Teissier, qui l'a cédé à Rivaux et Bézault et a autorisé ces derniers à le reproduire ; — Attendu que la propriété de cette œuvre des beaux-arts est régie par la loi du 19 juill. 1793, aussi bien pour Teissier, l'auteur, que pour Bézault, son cessionnaire ; — Qu'il importe peu que Bézault ait donné au modèle, pour les applications qu'il en a faites, un caractère industriel et commercial, l'œuvre n'en gardant pas moins son caractère premier d'œuvre appartenant aux beaux-arts ; — Que Bézault n'avait donc pas besoin, pour être protégé, de faire les déclarations et dépôts exigés par la loi de 1806 qui ne peut s'appliquer qu'à un fabricant et à des dessins ou modèles de son invention ; — Que c'est donc en violation des droits de propriété de Bézault, que Sagnon a surmoulé le modèle de main établi par Teissier et a mis en vente et vendu les objets ainsi surmoulés ; — Qu'il a, par cette faute, causé à Bézault un préjudice dont il doit réparation ; — Que la cour trouve dans la cause des éléments lui permettant d'apprécier l'importance de ce préjudice ; — Par ces motifs, — Infirme le jugement rendu par le tribunal de commerce de Lyon le 31 juill. 1890, et par nouveau jugé ; — Dit que le modèle de main établi par Teissier et cédé à Bézault, appartenant au domaine des beaux-arts, est la propriété de Bézault indépendamment de tout dépôt ; — Dit que c'est en violation des droits de Bézault que Sagnon a surmoulé ledit modèle et a mis en vente et vendu les objets surmoulés ; — Et pour le préjudice causé, condamne Sagnon à payer à Bézault la somme de 500 francs.

Du 9 déc. 1891.-C. de Lyon, 2e ch.-M. Bartholomat, pr.

(2) (De Bondt *C.* Verrebout.) — Le tribunal de la Seine a rendu, le 28 juin 1884, le jugement suivant : — « Attendu qu'il résulte d'un procès-verbal dressé par le commissaire de police du quartier de l'École militaire, le 28 mars 1883, que Verrebout, se prétendant propriétaire de modèles de statue et d'un modèle de crèches qui auraient été contrefaits par les prévenus, a fait saisir, tant dans les magasins que dans les ateliers de ces derniers, sis à Paris, rue du Vieux-Colombier, n° 76, un certain nombre d'exemplaires de différentes grandeurs des statues reli-

voir d'appréciation : 1° bien que la plupart des statues religieuses faites en fabriques présentent de grandes ressemblances entre elles par suite du programme très précis sur lequel elles sont composées, néanmoins la statue qui diffère du type commun par une plus grande étude de détails, par des arrangements de plis plus heureux et par une certaine délicatesse d'exécution constitue une propriété artistique (Paris, 25 janv. 1887, aff. Lagarde, D. P. 87. 2. 132) ; — 2° La protection que l'art. 1 de la loi du 19 juill. 1793 accorde aux auteurs des œuvres littéraires et artistiques à leurs ayants droit s'étend aux sculptures destinées à être reproduites à un grand nombre d'exemplaires et vendues dans le commerce ; et le bénéfice de cette loi peut être invoqué, alors même que les sculptures reproduiraient des types religieux existant de temps immémorial, si elles se distinguent par des poses, des attitudes et des physionomies spéciales qui les différencient des œuvres antérieurement exécutées et leur donnent le caractère de productions nouvelles (Douai, 13 mai 1891, aff. Bertagna, D. P. 92. 2. 182).

81. La loi de 1793 protège également les œuvres d'archi-

tecture (*Rép.* n° 413), bien que son texte ne les mentionne pas. Il a été jugé avec raison que les œuvres d'architecture peuvent et doivent, dans certains cas, à raison de l'élévation de la pensée qui a présidé à leur conception et du mérite de leur exécution, être considérées comme des œuvres d'art ; et l'architecte qui a produit une telle œuvre est alors fondé à revendiquer les avantages accordés à tout artiste par la loi du 19 juill. 1793, c'est-à-dire le droit de propriété de l'œuvre et le droit de reproduction de cette œuvre (Trib. Seine, 30 avr. 1855, aff. Lesourd, D. P. 57. 2. 28).

82. La même protection s'étend aux œuvres de *gravure*, soit originales, soit copies (*Rép.* n° 397). Ce dernier point a été contesté, et il a même été jugé par la cour de Paris (18 août 1879, aff. Delaroche, D. P. 81. 2. 61) que les art. 39 et 40 du décret du 5 févr. 1810 qui garantissaient le droit de propriété de l'auteur et de sa veuve pendant leur vie et de leurs enfants pendant vingt ans, ne s'appliquent pas aux œuvres de peinture reproduits par la gravure. Mais cet arrêt a été cassé sur ce point. La cour de cassation a décidé, au contraire, que les dispositions des art. 39 et 40 du décret du 5 févr. 1810, qui garantissaient le droit de propriété de l'au-

---

gieuses ci-après : Notre-Dame du Sacré-Cœur, saint Benoît Labre, le Christ au Sacré-Cœur, sainte Madeleine, saint Antoine de Padoue, saint Gilles, et, en outre, plusieurs exemplaires, également de différentes dimensions, d'une crèche et de deux bergers destinés à servir de personnages pour cette crèche; que Verrebout a fait, ensuite de cette saisie, assigner les prévenus comme coupables, dans les termes de la loi du 19 juill. 1793 et des art. 15 et suivants du décret du 18 mars 1806, du délit de contrefaçon puni par les art. 425 et suivants c. pén.; — Attendu, en effet, que Verrebout déclare que, pour confirmer le droit de propriété des modèles dont il s'agit, qui lui est garanti par la loi de 1793, en tant que production de l'esprit et du génie, il a fait, à différentes époques, dépôt au conseil des prud'hommes, à Paris, soit des modèles, soit des photographies des modèles de ces statues et de la crèche dont s'agit, conformément au décret de 1806; — Mais attendu qu'il n'est pas besoin de s'occuper des dépôts qui auraient été ainsi effectués; qu'en effet, ces objets constituent bien des œuvres d'art, et rentrent par leur nature dans la catégorie des productions de l'esprit appartenant aux beaux-arts protégés par la loi de 1793; que la reproduction industrielle en vue de la vente au public de ces productions n'a pu leur faire perdre ce caractère, et n'a pu enlever à Verrebout les droits qui lui appartiennent sur les œuvres originales; — Attendu que les prévenus n'élèvent pas de difficultés sérieuses au sujet des droits de propriété de Verrebout sur les statues dont s'agit; qu'ils se bornent à prétendre seulement, d'une manière générale, que les statues dont s'agit sont des statues religieuses, auxquelles une forme déterminée et des attributs obligatoires sont imposés, ce qui entraîne inévitablement une ressemblance entre les divers modèles de statues représentant les mêmes sujets, et explique les analogies qu'on peut relever entre les modèles de Verrebout et ceux qui ont été saisis; qu'ils soutiennent, en outre, que la statue du Sacré-Cœur, saisie chez eux, ne serait autre chose que la reproduction d'une statue qui existerait dans l'église de Saint-Rémy (Côte-d'Or), qu'ils avaient eu le droit de reproduire; qu'enfin, d'après eux, la statue de saint Antoine ne serait que la reproduction d'un tableau de Murillo qui existerait en Espagne; — Mais attendu, sur ce dernier point, que les prévenus n'apportent aucune justification à l'appui de leurs allégations; — Attendu, en ce qui concerne la statue du Sacré-Cœur, que le demandeur établit, par une déclaration du curé de l'église de Saint-Rémy (Côte-d'Or), que la statue dont s'agit a été exécutée par ses ordres, qu'il s'est réservé la propriété de l'œuvre originale qu'il a fait placer dans son église, et que Verrebout a été seul autorisé à l'exécuter, à la reproduire, à la mettre dans le commerce et à poursuivre toute contrefaçon; — Attendu que, s'il est vrai dans une certaine mesure de dire que les statues religieuses, par les exigences auxquelles elles doivent satisfaire, par les attributs dont elles doivent être accompagnées, et aussi par les traditions auxquelles elles doivent répondre, permettent d'ordinaire à l'artiste qui les exécute moins de variété et de fantaisie que les œuvres d'art ordinaires, il n'en résulte pas qu'elles doivent affecter exactement les mêmes dispositions et le même aspect, et que le même sujet doive toujours être la reproduction servile d'un modèle unique, sans que des différences appréciables et souvent importantes fassent de chaque modèle différent une œuvre personnelle et distincte ; qu'au contraire, quant on compare les divers modèles de statues de Verrebout à ceux qui ont été saisis chez le sieur de Bondt, on ne peut pas ne pas être frappé de la similitude qui existe entre elles, et cela à un si haut degré, que plusieurs des modèles des prévenus semblent, dans certaines parties, le surmoulage de celles de Verrebout; qu'à la vérité, il existe entre les unes et les autres

des différences ; mais que ces différences, qui ne portent que sur des détails insignifiants, ne modifient pas l'aspect général du modèle primitif, et ne semble même avoir d'autre but que de tâcher de dissimuler une contrefaçon qui n'en apparaît que plus évidente ; — Attendu que c'est ainsi que, dans la statue dite Notre-Dame du Sacré-Cœur, les draperies, sur le modèle des prévenus, recouvrent un peu plus les jambes de l'Enfant Jésus que dans celui de Verrebout ; mais que cette différence de détail ne modifie en rien l'aspect général du groupe, où l'on retrouve l'Enfant Jésus assis les bras écartés, sur la main gauche de la Vierge, avec de légères différences sans importance, le serpent dont la queue est contre le pied droit de la Vierge, et dont la tête, tenant une pomme, se trouve contre le pied gauche ; que, si de légères différences existent dans les draperies, ces différences ont été combinées de telle sorte que l'aspect général ne se trouve pas modifié ; qu'enfin, le piédestal est orné en avant, dans le modèle saisi comme dans celui de Verrebout, d'une banderole formant cartouche, enroulée aux deux extrémités et ayant le même aspect ; — Attendu qu'il en est de même de la statue de saint Labre, dans laquelle on remarque certaines différences, par exemple : le pied gauche y est porté en avant dans le modèle saisi, tandis que c'est le pied droit qui est en avant dans le modèle du demandeur ; l'attitude de la tête, la place respective de la gourde et du chapeau pendus aux côtés du saint, qui se trouvent le premier à droite et l'autre à gauche dans le modèle de Verrebout, et qui ont été changés de côté dans le modèle saisi, mais en conservant la même forme ; mais d'autre part on trouve dans les deux modèles une similitude absolue, non seulement dans l'aspect général, mais en outre dans la plupart des détails ; que c'est ainsi que non seulement la forme des vêtements est semblable, mais qu'on retrouve à ce vêtement les mêmes marques de déchirures et de pièces placées de même ; que le saint tient de la main gauche un crucifix placé de même sur la poitrine, pendant que la main droite, croisée en dessous sur la poitrine, tient un chapelet qui tombe de même dans les deux modèles ; qu'enfin, derrière les pieds du saint, qui est chaussé de même dans les deux statuettes, on retrouve un fragment de colonne qui offre le même aspect ; — Attendu que si, dans la statue du Christ au Sacré-Cœur, on trouve également quelques différences, par exemple dans les pieds dont le droit est en avant dans le modèle saisi, tandis que c'est le gauche qui occupe cette position dans le modèle du demandeur, dans les plis des vêtements et dans la disposition des attributs de la Passion, qui se trouvent aux pieds du Christ et où le fouet et le cilice se trouvent transposés, ces différences n'ont pas pour effet de modifier l'aspect général du modèle, qui est le même dans les deux statues ; — Attendu que l'intention de copier et d'imiter le modèle de Verrebout apparaît aussi évidente dans la statue de sainte Madeleine, quand on voit que, à côté de différences dans la disposition des draperies et l'expression de la tête, les prévenus ont fait représenter la sainte comme dans le modèle du demandeur, tenant sur sa main droite, du côté gauche du corps, et maintenant de la main gauche, par le haut, une urne de forme presque semblable à celle qui figure dans le modèle de Verrebout, ce qui caractérise de même les deux modèles ; — Attendu qu'il en est de même pour le saint Antoine de Padoue, dans lequel l'Enfant Jésus se trouve, dans les deux modèles, debout sur le livre ouvert que tient le saint de la main droite, le pied gauche en avant, les pieds écartés et dans la même position ; qu'à la vérité, il y a quelques différences, soit dans la forme de la robe de l'enfant, dans la position des pieds du saint, dans l'expression de la figure, mais que l'ensemble, la position et le geste du saint et de l'enfant, et même les détails d'exécution, comme la corde

teur et de sa veuve pendant leur vie, et de leurs enfants pendant vingt ans, s'appliquent à tout ouvrage gravé, quel que soit l'objet que la gravure est destinée à reproduire, et notamment aux estampes et gravures qui reproduisent un tableau ou tout autre ouvrage de peinture (Civ. cass. 20 févr. 1882, aff. Goupil, D. P. 82. 1. 465).

83. La défaveur qui accueille souvent les inventions nouvelles a longtemps fait refuser à la *photographie* le caractère artistique. C'est ainsi que le tribunal de commerce et le tribunal civil de la Seine (7 mars 1861, aff. Soulier, D. P. 61. 3. 32 ; 9 janv. 1862, aff. Meyer et Pierson, D. P. 62. 3. 8) ont successivement décidé que les produits de la photographie ne sont pas des produits artistiques : « Attendu, dit le tribunal civil (Jugement précité du 9 janv. 1862), que la photographie est l'art de fixer l'image des objets extérieurs, au moyen de la chambre obscure et de divers

procédés chimiques ; que c'est là une opération purement manuelle, exigeant sans doute de l'habitude et une grande habileté, mais ne ressemblant à rien à l'œuvre du peintre ou du dessinateur, qui crée, avec les ressources de son imagination, des compositions et des sujets, ou reproduit avec son sentiment propre des images d'après nature ; qu'en effet la photographie n'invente et ne crée pas ; qu'elle se borne à obtenir des clichés et à tirer ensuite des épreuves reproduisant servilement les images soumises à l'objectif ; que ces ouvrages, produits à l'aide de moyens mécaniques, ne peuvent en aucun cas être assimilés aux œuvres de l'intelligence et conférer à l'industrie qui les fabrique une propriété semblable à celle de l'artiste qui invente et crée ». Mais cette défaveur n'a pas longtemps persisté, et dès le 10 avr. 1862, la cour de Paris (1), sur appel de ce jugement, reconnaissait qu'un dessin photographique ne doit

---

et le chapelet qui sont à la taille du moine, et aussi la forme du capuchon, démontrent que l'imitation est presque servile ; — Attendu que le saint Gilles est également identique dans son aspect général et même dans certains détails, comme dans la forme du capuchon et la forme du livre, bien que le saint tienne le livre de la main droite au lieu de le tenir de la main gauche, comme dans le modèle de Verrebout ; — Attendu que la ressemblance est évidente aussi dans les deux statues de bergers, l'un debout et l'autre à genoux ; qu'à la vérité, dans le modèle saisi, le berger debout a les cheveux courts et n'est pas accompagné d'un chien, et a la main droite sur la musette placée au-dessus de la main gauche ; mais que ces différences ne changent rien à l'aspect de la statuette, où l'on retrouve la forme anormale du vêtement et la position générale du corps, avec la jambe droite légèrement recourbée en avant, pendant que le corps se soutient sur la jambe gauche ; que, de même, pour le modèle du vieux berger à genoux, malgré la différence dans l'aspect du tissu du vêtement, malgré la présence de cheveux, tandis que le modèle de Verrebout est représenté chauve, on retrouve dans le modèle saisi le même aspect, la même position de mains jointes, dans l'attitude de la prière, la même forme de vêtement, le même cornet suspendu au côté, la même barbe, et enfin le même panier rempli de poissons à tête que dans le modèle de Verrebout ; — Attendu que les mêmes similitudes, avec de semblables différences de détail, mais sans influence sur l'aspect général, se retrouve dans le modèle de la crèche qui a été saisi ; qu'en effet, les deux modèles consistent dans une maison de même forme et proportion, ouverte d'un côté et couverte par deux versants de toits, au fond de laquelle se trouvent un bœuf et un âne, à droite et à gauche d'une auge remplie d'eau et au-dessous d'un râtelier rempli de fourrage ; qu'à la vérité, on a eu soin de mettre dans le modèle saisi l'âne à gauche et le bœuf à droite, tandis que les animaux sont en sens contraire dans le modèle de Verrebout ; mais que cette interversion a d'autant moins d'importance qu'on a eu soin, tandis que dans le modèle du demandeur, le bœuf placé à gauche a la tête levée et mange au râtelier, pendant que l'âne, placé à droite, a la tête baissée, de donner, dans le modèle saisi, à l'âne placé à gauche l'attitude d'un animal qui mange la tête levée, tandis que le bœuf placé à droite a la même attitude que, dans le modèle imité, l'âne dont il occupe la place, d'où la conséquence que, malgré l'interversion signalée, le groupe des animaux a dans les deux crèches le même aspect général ; qu'en outre, on retrouve dans les deux modèles deux anges couchés, dans la direction des deux côtés du toit, tenant une banderole, sur laquelle se trouve la même inscription, surmontée d'une étoile ; — Attendu que de l'ensemble des observations qui précèdent, il résulte que c'est de mauvaise foi et dans l'intention de nuire que les modèles de statues et de crèches appartenant à Verrebout, ainsi que cela a été ci-dessus établi, et ce en vertu de la loi du 19 juill. 1793, ont été ainsi copiés et contrefaits ; qu'il y a lieu par suite de faire aux sieurs de Bondt frères, qui ont contrefait lesdits modèles de Verrebout et ont vendu sciemment en 1883, à Paris, les modèles contrefaits, application des dispositions des art. 427 et 429, c. pén. ; — Faisant application du paragraphe 2 de l'art. 427 ; — Par ces motifs, etc. ».

Appel par de Bondt, et arrêt confirmatif de la cour de Paris, du 13 févr. 1884 : — La cour ; — Considérant que la loi du 19 juill. 1793 protège l'auteur de toute œuvre de statuaire, soit qu'elle ait un caractère purement artistique, soit que, comme dans l'industrie de l'imagerie religieuse, son œuvre soit destinée à être reproduite par voie de fabrication industrielle, et quelle que soit d'ailleurs sa valeur esthétique ; qu'à la vérité, les productions de l'imagerie religieuse, représentant des types légendaires ou hiératiques, sont obligées de suivre certaines données conventionnelles qui personnifient chaque type ; que, sans doute, les données propres à chacun de ces types sont dans le domaine public ; mais que, en dehors de leurs parties communes, les représentations d'un même type sont susceptibles d'appropriation pri-

vée, lorsque le travail personnel de l'artiste les a nettement individualisées ; que tel est le cas des œuvres soumises par le plaignant à l'appréciation de la cour ; qu'il est, d'ailleurs, constant que les œuvres dont s'agit sont la création de Verrebout ou de ses auteurs ; que les frères de Bondt n'ont pas méconnu que Verrebout ait sur eux l'avantage de l'antériorité pour l'exécution desdites œuvres ; que, dans ces circonstances, et sans qu'il soit nécessaire de recourir à une expertise, il suffit de rapprocher de chacune des œuvres de Verrebout l'œuvre similaire des frères de Bondt pour constater que le caractère de l'œuvre, son profil, son attitude, sa physionomie, ont été imités avec une exactitude telle que, au premier aspect, il est difficile de distinguer l'une de l'autre ; qu'enfin, l'obligation pour chacune d'elles de suivre les données traditionnelles qui lui sont propres ne suffit pas à expliquer cette similitude ; — Adoptant au surplus les motifs des premiers juges ; — Confirme, etc.

Pourvoi en cassation, par de Bondt.

LA COUR : — Attendu qu'il résulte de la combinaison des art. 1, 3, 6 et 7 de la loi du 19 juill. 1793 que la propriété littéraire et artistique, dont cette loi reconnaît et protège le droit privatif, est celle qui a pour objet une production de l'esprit ou du génie qui appartient aux beaux-arts ; que, la loi n'ayant pas défini les caractères qui constituent pour un produit artistique une création de l'esprit ou du génie, il appartient aux juges du fait de déclarer, par une constatation nécessairement souveraine, si le produit déféré à leur appréciation rentre par sa nature dans les œuvres d'art protégées par la loi du 19 juill. 1793 ; — Attendu que le jugement du tribunal correctionnel de la Seine, dont l'arrêt attaqué s'est approprié les motifs, constate expressément « que les œuvres de Verrebout constituent des œuvres d'art et rentrent, par leur nature, dans la catégorie des productions de l'esprit appartenant aux beaux-arts et protégées par la loi du 19 juill. 1793 » ; qu'il ajoute « que la reproduction industrielle en vue de la vente au public de ces œuvres n'a pu leur faire perdre ce caractère, et n'a pu enlever à Verrebout les droits qui lui appartiennent sur les œuvres originales » ; que les autres motifs de l'arrêt attaqué ne sont que le commentaire et le développement de cette constatation de fait, laquelle est souveraine et échappe au contrôle de la cour de cassation ; — D'où il suit que le moyen proposé n'est pas fondé ; — Rejette, etc.

Du 27 déc. 1884. - Ch. crim. - MM. Ronjat, pr. - Sevestre, rap. - Rousselier, av. gén. - Choppart, av.

(1) (Mayer et Pierson C. Thiébault et autres). — LA COUR ; ... — En ce qui touche Thiébault : — Considérant qu'il est resté étranger aux faits imputés à Bethder et Schwabbé ; — Considérant, en effet, qu'avant l'époque où les deux portraits saisis ont été exécutés, il avait cédé son établissement à Bethder ; — En ce qui touche Schwabbé et Bethder : — Sur la fin de non-recevoir opposée par Bethder à l'action de Mayer et Pierson, tirée de ce que les plaignants ne pourraient avoir d'action attendu qu'ils justifieraient avoir acquis du comte de Cavour le droit exclusif de reproduire son portrait ; — Considérant que les demandeurs sont les auteurs du portrait du comte de Cavour ; qu'il est établi qu'ils ont obtenu le droit de le reproduire et de le mettre en vente ; — Considérant, au surplus, que le défendeur est non recevable à se prévaloir d'un droit qui ne pourrait appartenir qu'au comte de Cavour ou à sa famille, et qu'il a lui-même méconnu ; — Au fond : — Considérant que la loi du 19 juill. 1793 interdit toute reproduction, au préjudice du droit des auteurs, des œuvres qui sont le produit de l'esprit ou du génie, notamment de la gravure et du dessin ; — Considérant que les dessins photographiques ne doivent pas être nécessairement et dans tous les cas considérés comme destinés de tout caractère artistique, ni rangés au nombre des œuvres purement matérielles ; — Qu'en effet, ces dessins, quoique obtenus à l'aide de la chambre noire et sous l'influence de la lumière, peuvent, dans un certain degré, être le produit de la pensée, de l'esprit, du génie et de l'intelligence de

pas être nécessairement dans tous les cas considéré comme dénué de caractère artistique. L'année suivante, la même cour (12 juin 1863, aff. Ledot) faisant la part des agents physiques et mécaniques et celle de la création artistique dans les produits de la photographie, ajoutait « que, si c'est la lumière qui fixe l'image sur la plaque rendue sensible, c'est l'opérateur qui détermine l'aspect sous lequel le type de cette image doit être offert aux rayons lumineux, qui agence les lignes, si leur combinaison n'est pas, de sa nature, inflexible, et obéit à de certaines lois de perspective et d'optique dont l'observation plus ou moins intelligente fixe la perfection du résultat obtenu; qu'il fait donc ainsi preuve, dans une certaine mesure, de goût, de discernement, d'habileté; que l'œuvre qui, sans l'exercice de ses facultés, ne serait pas née, doit donc être justement dite une œuvre de son esprit et protégée, à ce titre, par la loi de 1793 »; et la chambre criminelle (15 janv. 1864, D. P. 65. 5. 317) saisie d'un pourvoi contre cet arrêt, déclarait que, en reconnaissant ainsi que les produits photographiques constituent des œuvres d'art, l'arrêt attaqué n'avait pas violé la loi de 1793, laquelle ne définit pas les œuvres d'art, et s'était renfermé dans une appréciation de fait qui échappait à la censure de la cour de cassation. Telle est, en effet, la solution qui est aujourd'hui constante en jurisprudence : c'est qu'il appartient au juge du fait de décider si le produit photographique qui lui est soumis revêt ou non le caractère artistique (V. outre les jugements et arrêts qui précèdent : Paris, 29 avr. 1864, aff. Duroni, Annales, 1864, p. 235 ; 6 mai 1864, aff. Masson, ibid., p. 232; Trib. civ. de la Seine, 21 nov. 1866, aff. Mayer, ibid., 1866, p. 394; Trib. corr. de la Seine, 17 avr. 1885, aff. Chalot, La Loi, numéro du 23 avr. 1885 ; Lyon, 8 juill. 1887, aff. Roger, D. P. 88. 2. 180; V. encore sur les mérites artistiques de la photographie, les conclusions de M. le premier avocat général Oscar de Vallée devant la cour de Paris, 5 déc. 1864, aff. Bernard, D. P. 64. 2. 213, et la plaidoirie de M. Rendu devant la chambre civile, 28 nov. 1862, aff. Mayer et Pierson, D. P. 63. 1. 52).

84. Ayant ainsi défini ce qu'il faut entendre par une œuvre d'art, susceptible de propriété artistique, il nous reste à déterminer quels sont les droits qui découlent de cette propriété. Il y en a deux (Comp. ce qui a été dit supra, n° 56), le droit d'exposition, analogue au droit de représentation pour les œuvres dramatiques ou musicales, et le droit de reproduction.

Le droit d'exposition est réservé à l'artiste (Rép. n° 412). En cas de cession de l'objet d'art, il passe au cessionnaire, sous cette réserve toutefois que l'exposition ne peut même alors avoir lieu que sous le nom de l'artiste. Tout acquéreur d'un objet d'art (par exemple, d'un tableau), portant la signature d'un auteur, contracte implicitement l'obligation de ne l'exposer et mettre en vente que sous la signature de l'artiste à l'œuvre duquel il est dû, et cette obligation se transmet, par la nature même de la convention et de la chose qui en est l'objet, à tous les acquéreurs successifs; en conséquence, l'auteur de cet objet d'art a le droit de s'adresser à son détenteur actuel, pour le faire condamner à lui laisser apposer sa signature au lieu et place de celle qu'il prétend avoir été substituée frauduleusement à la sienne, sans être tenu d'établir que ce détenteur a participé à cette substitution (Paris, 14 janv. 1885, aff. Trouillebert, D. P. 86. 2. 21).

85. Le droit de reproduction est également réservé à l'artiste seul, à moins d'une cession (V. sur ce dernier point, infra, n°s 88 et suiv.). C'est une règle dont il a été fait application pour les œuvres d'art de tout ordre : — A. Peinture. 1° La reproduction non autorisée d'un tableau, par exemple, au moyen de la chromolithographie sur des éventails, constitue une contrefaçon punissable (Paris, 26 janv. 1887, aff. Hugot, D. P. 88. 2. 309); — 2° La reproduction d'un tableau ou dessin, sous une forme nouvelle et non autorisée, est une contrefaçon; il en est ainsi spécialement du fait de colorier les photographies d'un tableau et de les coller sur des boîtes à bonbons (Paris, 9 janv. 1891, aff. Chevalier, D. P. 92. 2. 38).

B. Sculpture. — La reproduction d'une statue (par exemple, en photographie) sans autorisation de l'auteur, constitue une contrefaçon (Trib. civ. de la Seine, 16 avr. 1879, aff. Meniane Franck, D. P. 80. 3. 31).

C. Gravure. Il n'est pas permis de reproduire par la photographie des gravures sur lesquelles les artistes ou leurs cessionnaires ont encore des droits protégés par la loi du 19 juill. 1793 (Paris, 5 déc. 1864, aff. Bernard, D. P. 64. 2. 213).

D. Architecture. — L'architecte jouit, comme tout artiste, du droit exclusif de reproduction de son œuvre, c'est-à-dire de ses plans, coupes, élévations, etc. (V. la note D. P. 70. 2. 101, in fine). Ce droit n'exclut pas, bien entendu, le droit, pour le propriétaire, de faire, par exemple, photographier l'aspect de sa maison (Rép. n° 414); ceci ne rentre point dans la reproduction, au sens juridique du mot, et l'architecte ne peut pas plus s'y opposer qu'il ne peut, en l'absence de convention expresse, et par cela seul qu'il s'est réservé le droit d'inscrire son nom sur la façade de la maison dont il a donné les plans et dirigé la construction, s'opposer par exemple, à ce que le propriétaire place sur cette façade des statues qui en modifieraient le caractère (Aix, 18 juin 1868, aff. Saint-Paul, D. P. 70. 2. 101).

E. Photographie. — Un photographe, s'il ne peut contester à d'autres le droit de reproduire directement par la photographie l'image des mêmes personnes et objets, est cependant fondé à s'opposer à la reproduction des portraits et images qu'il a obtenus, et dont il a fait sa propriété spéciale en leur donnant une valeur artistique ; la reproduction d'un portrait photographique au mépris des droits de son auteur, ne cesse pas d'être une contrefaçon, parce que certains accessoires auraient été modifiés, et la décision qui repousse, par cette considération de droit, la prétention du reproducteur d'avoir créé un portrait nouveau, reconnaît virtuellement l'insuffisance des modifications dont celui-ci se prévaut pour échapper au reproche de contrefaçon (Civ. rej. 28 nov. 1862, aff. Mayer et Pierson, D. P. 63. 1. 52).

86. Deux circonstances viennent toutefois annuler ou restreindre chez l'artiste le droit de reproduction. D'une part, ce droit n'existe pas pour l'artiste, lorsqu'il a exécuté son œuvre pour le compte d'un tiers. Par exemple, l'architecte ou constructeur d'un monument exécuté pour l'État et sous sa direction, en vue d'un service public, ne peut revendiquer le droit exclusif de reproduction de ce monument, si un droit ne lui a pas été formellement transmis par l'État (Paris, 5 juin 1855, aff. Lesourd. D. P. 57. 2. 28). — De même, lorsqu'un photographe a fait un portrait pour le

l'opérateur; — Que leur perfection, indépendamment de l'habileté de la main, dépend en grande partie, dans la reproduction des paysages, du choix du point de vue, de la combinaison des effets de lumière et d'ombre, et, en outre, dans les portraits, de la pose du sujet, de l'agencement des costumes et des accessoires, toutes choses abandonnées au sentiment artistique et qui donnent à l'œuvre du photographe l'empreinte de sa personnalité; — Considérant que, dans l'espèce, les portraits du comte de Cavour et de lord Palmerston, par ces divers caractères, peuvent être considérés comme des productions artistiques et qu'ils doivent jouir de la protection accordée par la loi de 1793 aux œuvres de l'esprit; — Considérant que si les procédés inventés par Daguerre appartiennent au domaine public, et si, dès lors, chacun peut les employer, il n'en résulte nullement que les produits réalisés à l'aide de ces procédés par l'art et l'intelligence du photographe doivent également tomber dans le domaine public; — Considérant en fait que Bethder a fait sciemment la reproduc-

tion du portrait du comte de Cavour d'après le portrait photographique appartenant aux plaignants; que la modification de certains accessoires ne pourrait faire disparaître le délit; — Considérant que Schwabbe a sciemment débité le portrait photographique de lord Palmerston, contrefait d'après le cliché de Mayer et Pierson sans aucune modification; — Que Bethder et Schwabbé ont ainsi porté atteinte à la propriété des demandeurs, et qu'ils ont causé un préjudice dont il leur est dû réparation; que la nature des éléments suffisants pour l'apprécier; — Considérant, en ce qui touche l'action publique, qu'il n'y a pas appel du ministère public; — Par ces motifs, à l'égard de Thiébault, confirme le jugement dont est appel; à l'égard de Bethder et Schwabbé, infirme; — Les condamne à payer à Mayer et Pierson, à titre de dommages-intérêts...; — Dit qu'il n'y a lieu de statuer sur l'action publique, etc.
Du 10 avr. 1862, C. de Paris, ch. corr.-MM. de Gaujal, pr.-Roussel, av. gén., c. conf.-Marie et Huard, av.

compte et sous la direction d'un artiste (qui l'a fait exécuter, par exemple, pour s'en servir dans la composition du sujet d'un tableau), c'est à ce dernier qu'appartient le droit de reproduction, et que le cliché doit, par suite, être remis, alors même que ce serait par le photographe qu'aurait été remplie la formalité du dépôt en vue d'assurer la poursuite des contrefaçons; en pareil cas, le photographe a seulement droit à une rétribution pour la location de ses services (Paris, 29 nov. 1869, aff. Placet, D. P. 71. 2. 59).

D'autre part, lorsqu'il s'agit d'un portrait, le droit de l'artiste est limité par la volonté du modèle. Suivant les expressions de la chambre criminelle (15 janv. 1864, aff. Ledot, D. P. 65. 5. 318), si, en principe, la propriété des œuvres d'art et le droit exclusif de les reproduire appartiennent à leurs auteurs, ce droit, quand il s'agit de portraits, fléchit devant celui des personnes dont l'artiste reproduit l'image; ainsi, par exemple, un photographe ne peut exposer ou mettre en vente, sans l'autorisation de son modèle, le portrait d'un acteur (Paris, 8 juill. 1887, aff. Romain, cité par Huard et Mack, n° 1125) ou d'une actrice (Trib. Seine, 27 avr. 1860, aff. Delaporte, ibid., n° 1124). Il en est de même pour le portrait des personnes décédées. Ainsi: 1° nul ne peut, sans le consentement formel de la famille, reproduire et livrer à la publicité les traits d'une personne sur son lit de mort, quelle qu'ait été la célébrité de la personne et le plus ou moins de publicité qui se soit attachée aux actes de sa vie; par suite, la famille d'un individu décédé est fondée à faire procéder à la saisie et à demander la destruction des épreuves et des clichés d'un dessin destiné à la publicité, représentant cette personne sur son lit de mort, lorsque, loin d'être une œuvre originale, il n'est que la reproduction, au moins dans les parties essentielles, d'une photographie qu'un membre de la famille a fait faire en s'en réservant la propriété (Trib. civ. de la Seine, 16 juin 1858, aff. Félix, D. P. 58. 3. 62); — 2° La famille d'une personne morte peut s'opposer à ce qu'un photographe expose dans le tableau-enseigne de son établissement, le portrait photographique de celle-ci, alors même que l'artiste alléguerait que cette personne a posé par complaisance et non pour un portrait dont elle aurait fait les frais (Ordonn. de réf. du trib. de la Seine, 13 mai 1859, aff. N..., D. P. 66. 5. 386); — 3° La famille de toute personne décédée a le droit de s'opposer à ce que le portrait de cette personne puisse être, à aucun titre, l'objet d'une publicité quelconque, et notamment, dans le cas où le portrait a été exposé contre le gré formel de la famille, celle-ci peut demander qu'il lui soit fait renvoi tant du portrait que des clichés (Trib. Seine, 11 nov. 1859, cité par Huard et Mack, n° 1127). — À cet égard, une situation particulière se rencontre souvent, lorsqu'il s'agit de personnes connues. Celles-ci ont, dans l'usage, invitées les photographes, à poser devant eux, et reçoivent gratuitement un certain nombre d'épreuves. Elles sont alors réputées avoir autorisé l'exposition et la vente de leur portrait (Paris, 25 mai 1867) (1). Mais cette autorisation est toujours révocable (Trib. Seine, 27 avr. 1860, et Paris, 25 mai 1867, précités), à charge toutefois d'indemniser le photographe (Mêmes

arrêts), ce qui constitue une restriction notable au droit privatif du modèle. — Ce droit, pour le modèle, de défendre l'exhibition ou la reproduction du portrait est bien plus restreint encore, lorsqu'il s'agit d'un portrait collectif, d'un groupe (par exemple, d'un groupe d'artistes représentant une scène de théâtre) : dans ce cas, la suppression du portrait ne peut être demandée par le modèle (Paris, 8 juill. 1887, aff. Romain, cité par Huard et Mack, n° 1125), ni par sa famille en cas de mort (Trib. Seine, 11 nov. 1854, ibid., n° 1127).

CHAP. 6. — De la cession (Rép. n° 189 à 329).

§ 1er. — Œuvres littéraires.

87. L'auteur a deux moyens de tirer parti de son œuvre : il peut la faire éditer pour son compte; ou bien il peut la céder.

En principe, lorsqu'un auteur apporte un ouvrage à un éditeur, et que ce dernier se charge de le publier sans qu'aucune stipulation de prix intervienne entre les parties, il n'y a pas cession de la propriété de l'ouvrage, mais simple mandat de l'éditer (Paris, 11 janv. 1889, aff. D'Osmond, cité par Huard et Mack, n° 219). De même, lorsqu'un auteur concède à un éditeur le dépôt exclusif d'une édition (Trib. Seine 29 nov. 1889, aff. Lemerre, ibid., n° 220). — Quelle est la nature de ce contrat d'édition ? Est-il personnel à l'éditeur lui-même ? On a vu au Rép., n° 305, que l'affirmative a été autrefois consacrée par un jugement, du tribunal de la Seine du 12 mars 1834 : d'après ce jugement, si l'éditeur vient à décéder ou à céder ses droits à un tiers, avant que la publication de l'ouvrage soit achevée, ses héritiers ou ayants cause ne peuvent contraindre l'auteur à laisser subsister le traité. Mais cette théorie absolue est généralement repoussée. « L'éditeur, dit fort bien M. Lardeur (Du contrat d'édition en matière littéraire, p. 212), joue dans le contrat un rôle personnel moins important que l'auteur. Il peut céder son droit à son successeur. Le décès de l'éditeur n'amène pas nécessairement la liquidation de sa maison. Il reste quelqu'un pour exécuter le contrat. Mais il est possible en fait que l'auteur ne trouve plus, chez les héritiers de l'éditeur ou ses successeurs, qui ont acheté son fonds de commerce, les mêmes garanties de capacité et d'honnêteté qui l'ont fait s'adresser à l'éditeur lui-même. Dans ce cas, l'auteur obtiendra la résolution du contrat, à la charge de justifier de la légitimité de ses craintes » (V. encore Rendu et Delorme, Traité pratique du droit industriel, t. 2, n° 794. Comp. Renouard, Traité des droits d'auteurs, t. 2, n° 184). Il y a donc ici avant tout une question de fait. Le contrat intervenu entre un auteur et un éditeur n'est pas dans tous les cas et nécessairement consenti intuitu personæ, de telle façon que si l'éditeur contractant vient à disparaître personnellement, le traité passé avec lui ne puisse produire effet au regard de son successeur; le contrat a un caractère personnel ou impersonnel suivant les termes dans lesquels il est conçu et les circonstances dans

----

(1) (Dumas C. Liébert.) — Le sieur Alexandre Dumas père a actionné le sieur Liébert, photographe, à l'effet de lui faire interdire de continuer à exposer et vendre des photographies qui représentaient le demandeur soit seul, soit formant groupe avec la demoiselle Adah Meuken. Le 31 mai 1867, jugement du tribunal de la Seine, qui rejette cette demande comme mal fondée.

Appel par Alexandre Dumas.

La cour; — Considérant que, par une convention tacite qui naissait des faits intervenus entre les parties, Liébert a dû se croire autorisé à publier les photographies dont il s'agit dans la cause, à charge par lui de ne point réclamer à Alexandre Dumas le prix des exemplaires qu'il lui avait livrés; — Considérant que cette concession résultait pour lui, d'un usage établi dans le commerce de la photographie; mais que cet usage même veut, dans ce cas, que la présomption cesse lorsque celui qui les a autorisées par son silence déclare formellement retirer son autorisation et offre le prix de la photographie; — Considérant qu'en effet on ne peut voir raisonnablement, dans le consentement tacite, une concession définitive et perpétuelle du droit de publier des portraits photographiques; il faudrait, pour établir une telle aliénation, une convention formelle et non une

tolérance, dont la mesure reste toujours à la disposition de celui qui la consent; — Considérant que mille circonstances peuvent rendre impossible la continuation de cette tolérance; que l'effet même de la publication peut avertir celui qui l'a permise qu'il a oublié, en l'autorisant, le soin de sa dignité, lui rappeler que si la vie privée doit être murée dans l'intérêt des individus, elle doit l'être aussi, souvent, dans l'intérêt des mœurs et du respect que chacun doit à l'opinion publique; — Considérant qu'ainsi Alexandre Dumas a usé à bon droit de la faculté qu'il avait de faire cesser la publication dont il s'agit, en offrant de payer le prix des photographies; mais qu'il n'a fait l'offre de ce prix que devant la cour; — Considérant que la cour a des éléments suffisants pour déterminer le montant de cette indemnité; — Infirme; donne acte à Liébert de l'offre faite par l'appelant de lui payer le prix des photographies dont il s'agit dans la cause; fixe le montant de ce prix à la somme de 100 fr.; dit que, ledit payement étant effectué, il est, dès à présent interdit à Liébert de vendre et de publier lesdites photographies, sous peine de tous dommages-intérêts; dit que les clichés seront remis à Alexandre Dumas, etc.

Du 25 mai 1867. — C. de Paris, 1re ch. — MM. Devienne, 1er pr. Oscar de Vallée, 1er av. gén., c. conf. Duverdy et Peronne, av.

lesquelles il a été passé (Paris, 20 avr. 1894, aff. Daly, D. P. 94. 2. 241). Si rien dans la cause ne révèle chez les parties la pensée de faire un contrat purement personnel, la convention passée par l'auteur avec l'éditeur le lie également envers les ayants droit de celui-ci (Pouillet, n° 347). Inversement, le traité entre un auteur et un éditeur pour la publication d'un livre doit être considéré comme personnel à l'éditeur et par suite ne peut avoir effet vis-à-vis de son successeur, lorsque, d'une part, il est stipulé que la publication sera faite de compte à demi entre l'auteur et l'éditeur, ce qui fait de l'auteur un véritable associé de l'éditeur pour une opération spéciale, et que, d'autre part, il est établi que la personnalité et la compétence particulière de l'éditeur ont été les raisons déterminantes de la convention (Paris, 20 avr. 1894, précité).

88. Les droits de propriété littéraire et artistique sont, en principe et à moins de stipulations contraires, essentiellement cessibles, comme tous autres droits de propriété (*Rép.* n°s 247 et suiv.; Nancy, 31 mai 1890, aff. Grenn, D. P. 93. 1. 201). — La cession ne peut résulter que d'un contrat exprès et formel; mais la preuve du contrat est soumise aux règles du droit commun : un acte solennel n'est pas nécessaire; une simple lettre peut suffire (Douai, 8 août 1865, aff. Colombier, *Annales*, 1869, p. 248).

89. Comme tout contrat, la cession d'un ouvrage littéraire peut présenter souvent des difficultés d'interprétation. C'est aux juges du fait à les trancher, d'après les circonstances (*Rép.* n° 255). Nous n'en citerons que quelques exemples, puisés dans la jurisprudence. Il a été jugé: 1° que, lorsqu'un éditeur a cédé le droit de publier un roman en feuilleton dans un journal et s'est interdit de faire paraître,

pendant cette publication, une édition à un prix moindre que celui de l'édition en cours lors du contrat, il ne peut vendre à un autre journal le droit de reproduire ce roman à un prix moindre que celui fixé par les usages de la librairie, pour permettre à ce journal de le donner à ses abonnés en prime gratuite (Paris, 9 mars 1867) (1); — 2° Qu'on ne peut réputer nulle comme dolosive la vente d'un ouvrage par celui qui avait acquis par acte notarié le droit d'exploiter temporairement cet ouvrage, si le cédant déclare vendre « sous la garantie de tous troubles et revendications généralement quelconques, la propriété pleine et entière de l'ouvrage..., suivant l'acquisition qu'il en a faite par l'acte notarié », et laissant, d'ailleurs en blanc la date de cet acte et le nom du notaire (Trib. corr. Seine, 5 sept. 1874) (2); — 3° Que la vente faite à un éditeur par un auteur ou par ses représentants, de la propriété littéraire d'une œuvre, ne transfère à l'acquéreur que le droit d'édition et d'impression, et non la propriété matérielle du manuscrit, et que l'engagement même pris par l'auteur de livrer le manuscrit doit être entendu comme ayant pour objet, non pas les feuillets mêmes sur lesquels l'auteur a écrit, mais une copie quelconque qui permette d'éditer complètement l'ouvrage vendu (Paris, 29 mars 1878, aff. Chénier, D. P. 78. 2. 137); — 4° Que celui qui cède le droit de vendre ou de laisser à un théâtre une partition musicale, ne cède pas par là le droit de représentation (Trib. civ. Bruxelles, 3 août 1880) (3); — 5° Que, lorsqu'il appert du contrat contenant cession du droit de reproduction que les parties ont eu en vue la publication intégrale de l'ouvrage, le cessionnaire (propriétaire d'un journal) ne peut arrêter la reproduction quand bon lui semble, en se bornant à offrir le payement de la partie publiée

---

(1) (Millaud et comp. *C.* Lacroix, et comp.) — La cour; — Considérant que les intimés, éditeurs du roman *Les Travailleurs de la mer*, ont, moyennant certaines charges, cédé aux appelants le droit de publier ce roman, à compter du 1er avr. 1866, en feuilletons dans le journal *Le Soleil*; — Que, pour assurer aux appelants les bénéfices de ce mode de publication, les intimés se sont interdit, non seulement d'autoriser la même reproduction dans tout autre journal français, tant que durerait celle du *Soleil*, mais en outre de publier et même d'annoncer en France pendant le même laps de temps, aucune édition à un prix inférieur à celui de l'édition en cours au moment de la convention; — Considérant que les intimés conservaient incontestablement le droit de continuer, dans les conditions normales, le débit de cette édition; mais qu'ils l'ont vendue à Villemessant et Dumont à un prix de beaucoup inférieur à celui qui est déterminé par les usages de la librairie, pour permettre auxdits Villemessant et Dumont de délivrer l'ouvrage à titre de prime gratuite aux personnes qui prendraient un abonnement de six mois au journal *L'Événement*; — Considérant qu'en agissant ainsi, contrairement à l'intention commune des contractants, les intimés ont fait indirectement, par l'intermédiaire de leurs acquéreurs, ce qu'ils s'étaient obligés à ne point faire directement; qu'ils ont éludé l'exécution de l'engagement par eux pris envers les appelants; — Qu'ils ont causé un préjudice notable à la spéculation basée sur cet engagement, en favorisant sciemment la concurrence d'une combinaison rivale, et doivent réparation du dommage résultant de leur fait personnel; — Infirme; — Condamne Lacroix, Verboeckhoven et comp. à restituer à Millaud et comp. le prix payé par ces derniers ensuite de la convention relative aux *Travailleurs de la mer*.
Du 9 mars 1867.-C. de Paris, 1re ch.-MM. Devienne, 1er pr.-de Vallée, 1er av.-gén.-Nicolet et Lecanu, av.

(2) (C. *C.* K.) — Le tribunal; — Sur la nullité des conventions : — Attendu qu'aux dates des 31 oct. et 14 nov. 1866, Moncharville, syndic de la faillite du Dupray de la Mahérie, a fait procéder à la vente aux enchères publiques, par-devant Me R..., notaire à Paris, du droit de propriété littéraire, pour une période déterminée, du *Dictionnaire encyclopédique* format in-4°, par Décembre-Allonnier, tel que ce droit résultait d'un traité existant entre l'auteur et Dupray de la Mahérie, ainsi que des exemplaires en magasin, des clichés, bois gravés, galvanos et autres accessoires faisant partie de cette opération; — Attendu que cette adjudication ayant été prononcée au profit de K..., celui-ci, après avoir exploité ledit ouvrage jusqu'en 1872, en a fait alors la rétrocession à C..., étant stipulé qu'il cédait ce dont il était possesseur, tel qu'il le détenait du sieur Dupray de la Mahérie; — Attendu que C... soutient que le défendeur, en lui consentant cette vente, lui aurait dissimulé l'existence de l'acte d'adjudication, et lui aurait garanti la jouissance sans restriction de la chose vendue; que, contrairement à cet engagement, les droits de propriété transmis n'étaient que temporaires

et sont aujourd'hui expirés; qu'il prétend donc que son consentement aurait été surpris par suite de manœuvres frauduleuses de la part du vendeur; — Attendu que K... oppose à cette accusation une dénégation absolue, et soutient avoir agi de bonne foi et n'avoir nullement dissimulé au demandeur l'acte incriminé; — Attendu que la fraude ne se présume pas; qu'elle doit être prouvée; — Que C... ne fournit aucune preuve à l'appui de ses allégations; — Que, s'il est vrai que la date du procès-verbal d'adjudication, ainsi que le nom de l'officier ministériel devant lequel cette vente avait eu lieu, aient pu momentanément être laissés en blanc sur un des doubles du traité relatif à la cession faite par K... à C..., il est énoncé audit traité que cette acquisition avait été faite par K... en vertu d'un acte notarié; — Qu'il est donc justifié que K... a agi de bonne foi et n'a transmis à C... qu'un droit d'exploitation temporaire dudit ouvrage; — Que, c'est donc sans fondement que C... demande que les conventions soient déclarées nulles; — Que cette nullité ne saurait être prononcée; — Sur les dommages-intérêts; — Attendu qu'il résulte de ce qui précède que C... doit aussi être déclaré mal fondé sur ce chef de demande; — Par ces motifs, jugeant en premier ressort, déclare C... mal fondé en sa demande, l'en déboute, etc.
Du 5 sept. 1874.-Trib. corr. de la Seine.

(3) (Verdi, Vuitter et du Locle *C.* Stoumon, Calabrési et Escudier.) — Le tribunal; — ... Attendu qu'il ne résulte pas des débats que les défendeurs de Locle et Vuitter aient donné, soit aux demandeurs, soit aux défendeurs en garantie Escudier, l'autorisation de représenter l'opéra *Aïda*; — Attendu que si, par convention verbale en date du 8 juin 1876, le défendeur Verdi a cédé au défendeur Escudier « le droit exclusif de vendre ou de louer aux théâtres français la traduction en langue française de la partition » de cet opéra, cette convention n'a pas donné à Escudier le droit de faire représenter cette œuvre ni d'en autoriser la représentation au lieu et place des auteurs; — Attendu que, pour soutenir le contraire, le défendeur Escudier allègue vainement que le droit de vendre ou de louer à un théâtre une partition musicale entraîne nécessairement le droit de représentation; qu'en effet, en pratique, afin d'assurer une rémunération complète de son travail, le compositeur de musique a intérêt à tirer profit de son œuvre de diverses manières, suivant les modes de vulgarisation dont elle est susceptible; qu'ainsi il est amené à concéder séparément le droit de représentation et le droit de publication, en subdivisant même celui-ci, selon qu'il s'applique à la partition complète telle qu'elle est nécessaire aux entreprises théâtrales, ou à la partition, piano et chant, et aux morceaux détachés plus spécialement destinés à l'usage direct du public; qu'il se conçoit donc aisément que, dans l'espèce, sans concéder à Escudier le droit de représentation, sans lui accorder même d'une façon absolue le droit d'éditer la partition, le compositeur Verdi l'ait autorisé seulement à vendre ou louer aux théâtres français la traduction en langue française de l'opéra *Aïda*; — Attendu que les entreprises théâtrales après avoir obtenu

(Trib. corr. de la Seine, 3 nov. 1891) (1); — 6° Que la cession ne comprend que les œuvres sur lesquelles elle a expressément porté; qu'ainsi l'éditeur qui a eu communication de l'ensemble de l'œuvre d'un auteur, et qui a reçu copie de toutes les parties qu'il a indiquées, est sans droit pour réclamer ultérieurement la remise des fragments qu'il avait d'abord rejetés, alors surtout que ces fragments ne forment pas un ensemble de compositions pouvant, par elles-mêmes, faire l'objet d'une édition séparée (Paris, 29 mars 1878, aff. Chénier, D. P. 78, 2. 137).

90. La cession, une fois parfaite est définitive, et l'auteur (ou son héritier) ne peut, sans s'exposer à des dommages-intérêts, en entraver les effets, par exemple, en interdisant la représentation de l'œuvre cédée (Trib. civ. de la Seine, 16 déc. 1891) (2).

91. Quelles œuvres peuvent être l'objet d'une cession ? Il a été enseigné au *Rép.*, n° 250, qu'il était permis de céder même des œuvres futures, et cette solution a été consacrée par la jurisprudence. La cour de Paris a jugé qu'un auteur peut céder valablement à un tiers les droits devant résulter

l'autorisation de faire représenter une œuvre dramatique, doivent encore, se procurer les moyens matériels nécessaires à l'exécution, se pourvoir de la partition complète, et sont réduites ainsi à subir toutes les exigences de ceux à qui la disposition de cette partition a été accordée par l'auteur; que cette considération explique parfaitement qu'Escudier ait pu payer à Verdi une somme de 8000 fr., pour pouvoir disposer de la traduction française de la partition d'*Aïda*, sans que ce prix implique, de la part de Verdi, la cession du droit de représentation lui-même; — Attendu qu'Escudier n'a donc pu conférer aux demandeurs un droit qu'il ne possédait pas lui-même, et que les demandeurs ne sont pas fondés à soutenir avoir été expressément autorisés à représenter l'opéra *Aïda*; — Attendu qu'ils invoquent en vain, pour prétendre à l'existence d'une autorisation tacite, ou d'une ratification de la part des auteurs, ce fait que certaines exceptions ont été faites à raison des représentations, sur le pied du tarif contenu en l'art. 4 de la convention du 1er mai 1861, puisqu'il est acquis aux débats que ces perceptions ont été faites sous toutes réserves au nom des défendeurs; — Attendu que les défendeurs ont principal étaient donc fondés, les 9 et 12 févr. 1878, à faire signifier, par exploit de l'huissier Fischer, aux demandeurs de représenter *Aïda* tant que les demandeurs doivent succomber dans leur action autant qu'elle est dirigée contre les défendeurs Verdi, du Locle et Vuitter; — Attendu que, par convention verbale du 19 juin 1876, le défendeur Escudier, se disant « seul propriétaire pour les théâtres de France et de Belgique de la partition française d'*Aïda*, musique de Verdi, paroles de MM. du Locle et Vuitter, ainsi que du droit de la faire représenter », a vendu ladite partition pour le théâtre de la Monnaie, aux demandeurs, au prix de 8000 fr., avec cette stipulation que les demandeurs auront à payer les droits d'auteurs selon les traités en usage en Belgique; — Attendu que le défendeur méconnaît que cette convention avait pour but d'assurer aux demandeurs le droit de représentation de l'opéra *Aïda*; que c'est dans cet ordre d'idées qu'il a soutenu en conclusion avoir été réellement investi lui-même du droit, par la convention du 8 juin 1876; que cette volonté commune ressort de cette circonstance que, dans cette convention, le défendeur Escudier a expressément fait valoir le droit de représentation qu'il prétendait lui appartenir, au lieu de transmettre simplement le droit à la partition dans les termes qu'il l'avait reçu de Verdi; — Attendu que les considérations ci-dessus développées démontrent qu'Escudier a cédé ainsi aux demandeurs un droit qu'il ne possédait pas; qu'il doit donc garantie de ce chef, à raison du préjudice que subissent les demandeurs par l'effet des prétentions justifiées des défendeurs Verdi, du Locle et Vuitter; — Attendu qu'Escudier tente vainement d'échapper à cette responsabilité en soutenant qu'en prenant à la charge le payement des droits d'auteurs, selon les traités en usage en Belgique, les demandeurs se seraient obligés à subir toutes les exigences légales des défendeurs Verdi, du Locle et Vuitter; qu'en effet, cette clause de la convention du 19 juin 1876 visait manifestement les perceptions aux tarif de l'art. 4 de la convention du 1er mai 1861; que les demandeurs ont dû croire qu'en traitant avec le défendeur Escudier, suivant l'usage dont celui-ci allègue l'existence, les auteurs avaient réservé cette perception en leur faveur; qu'au surplus, la thèse du défendeur Escudier, sur ce point, est contraire aux prétentions et à l'esprit de la convention du 19 juin 1876, puisqu'il ne se comprendrait pas que les demandeurs aient pu encore avoir à subir des exigences de la part des auteurs, alors que le défendeur Escudier, traitant au lieu et place de ceux-ci, avait déjà concédé le droit de représentation; — Attendu que si, par une erreur de droit, le défendeur Escudier a pensé que les prétentions des auteurs français en Belgique ne pouvaient excéder le tarif du 1er mai 1861, et si, sur la foi de cette erreur, il a concédé aux demandeurs le droit de représentation qu'il ne possédait pas lui-même, en imposant à ces contractants le payement des sommes fixées par ce tarif, payement qui, selon lui, mettait toutes les parties à l'abri des réclamations ultérieures, il a commis une véritable faute à raison de laquelle il doit être déclaré responsable du préjudice causé aux demandeurs; — En conséquence; — Condamne les directeurs du théâtre de la Monnaie à payer à MM. Verdi, de Locle et Vuitter une somme de 100 fr. à raison de chacune des représentations de l'opéra *Aïda* données au théâtre de la Monnaie; leur fait défense de représenter à

l'avenir cet opéra sans l'autorisation écrite des auteurs, et condamne le sieur Escudier à tenir les sieurs Stoumon et Calabrési indemnes des condamnations prononcées au profit des auteurs d'*Aïda*, etc.

Du 3 août 1880.-Trib. civ. de Bruxelles, 5e ch.-MM. Bidard, pr.-Wiéner, min. publ., c. conf.

(1). (Société des Gens de lettres *C. Paris-Journal.*) LE TRIBUNAL ; — Attendu que *Paris-Journal* soutient qu'il aurait le droit de cesser la publicité qu'il a commencée de la reproduction des œuvres *Fatale Passion* et *La Veilleuse de Monseigneur*; qu'en tous cas, il ne devrait que le prix des lignes effectivement parues et non point du nombre total des lignes contenues dans l'intégralité des œuvres partiellement reproduites; que la demande serait mal fondée et devrait être repoussée; — Attendu qu'il est établi que *Paris-Journal* a déjà reproduit une notable partie des œuvres ci-dessus mentionnées; — Qu'il ne saurait prétendre en suspendre définitivement la reproduction à son gré de la publication; — Qu'une telle prétention est contraire à l'esprit du contrat de reproduction intervenu entre les parties et que cette interprétation serait une dérogation à l'art. 7 du contrat dont s'agit, lequel est ainsi conçu : « Toute reproduction devra être absolument conforme au texte, sans addition, changement ni suppression; les titres et alinéas devront être exactement conservés »; — Que ces précautions prises par la Société des gens de lettres révèlent le souci que ladite société, dans les traités qu'elle consent, prend de la défense intellectuelle et morale des œuvres que les membres adhérents ont confiées à sa garde; — Qu'en signant ledit contrat, *Paris-Journal* a pris l'obligation de respecter ces droits moraux et matériels; — Attendu qu'il est manifeste qu'une interruption définitive de publication arrivée, comme dans l'espèce, à un point avancé (si elle n'a pas exactement le sens qu'attache la Société des gens de lettres au mot suppression contenu dans l'art. 7 sus-visé) constituerait néanmoins une violation du contrat; — Que cette interruption en effet de nature à préjudicier aux intérêts de l'auteur adhérent; — Qu'il suit de là que *Paris-Journal* n'a point le droit, ainsi qu'il le prétend, d'arrêter à son gré la publication des œuvres commencées; — Attendu toutefois que la Société des gens de lettres ne justifiant d'aucune mise en demeure ne saurait dès à présent demander le payement de la somme de 570 fr. 05 cent., représentant le prix du nombre total de lignes y contenues; — Qu'elle ne saurait davantage, en vertu du même principe, demander dès aujourd'hui la résiliation du contrat, laquelle ne saurait être prononcée qu'au cas de violation dudit contrat, violation qui n'est point constatée; — Qu'il convient donc d'obliger, quant à présent, *Paris-Journal* au payement des lignes parues dont le prix est justifié s'élever à la somme de 384 fr., en déclarant prématurée la demande quant au surplus; — Par ces motifs; — Condamne *Paris-Journal* à payer à la Société des gens de lettres la somme de 384 fr., avec les intérêts de droit; — Déclare la Société des gens de lettres mal fondée en sa demande en résiliation de convention, l'en déboute, et condamne *Paris-Journal* aux dépens.

Du 3 nov. 1891.-Trib. com. de la Seine, MM. Hugot, pr.-Girard et Meignan, av.

(2) (Syndic faillite Verdhurt *C.* héritiers de César Franck.) LE TRIBUNAL; — Sur la fin de non-recevoir : Attendu que la demande de Verdhurt et Boussard ès qualités a pour base les mêmes faits que la demande principale des consorts Franck; qu'elle tend à obtenir la réparation du préjudice causé par la saisie à laquelle il a été procédé le 29 nov. 1890, au Théâtre Lyrique, de partitions et parties de musique et à leur mise sous scellés et sous séquestre, alors que la demande principale introduite aux fins de restitution desdites partitions et parties de musique avait pour objet de faire sanctionner les mesures prises à leur sujet; que la demande reconventionnelle ainsi formée constitue une demande accessoire à la demande principale et a pu régulièrement, à ce titre, être formée par simples conclusions;

Au fond : — Attendu qu'il est justifié que Verdhurt, directeur du théâtre lyrique de l'Eden, tenait de la Société des auteurs, compositeurs et éditeurs de musique, avec laquelle avait traité César Franck, le droit de représenter et faire entendre les œuvres de celui-ci; qu'il est en outre établi, par correspondance versée aux débats, que, Verdhurt ayant annoncé aux ayants

à son profit de traités intervenus entre lui et un éditeur ou un directeur de théâtre au sujet d'œuvres littéraires même simplement projetées par lui et non encore composées (Paris, 27 nov. 1854, aff. Dumas, D. P. 56. 2. 253).

92. Quels sont les droits du cessionnaire ? *Combien* peut-il faire *d'éditions, et quelles éditions ?* — Sur le premier point, il a été jugé que le droit de publier un livre, sous la seule réserve des droits de l'auteur pour les éditions d'œuvres complètes, confère au cessionnaire la faculté de publier un nombre illimité d'éditions et d'exemplaires (Paris, 9 août 1871, aff. De Balzac, D. P. 72. 2. 165). Cette solution paraît exacte. Comme on l'a vu au *Rép.*, n° 262, en principe, la cession de la propriété d'un livre faite en termes généraux ne doit pas être présumée restreinte à l'aliénation d'une édition seulement, dans le cas au moins où il existe un acte écrit. Cette présomption acquiert une force nouvelle lorsque, comme dans l'espèce soumise à la cour de Paris, l'auteur a stipulé une réserve pour un seul cas déterminé.

93. Quant à la *forme de l'édition*, ce doit être celle qui résulte de la convention. Si rien n'a été précisé, l'éditeur est libre. Par exemple, celui qui a acquis sans réserve la propriété d'un livre est libre d'en faire une édition populaire (Trib. Seine, 9 févr. 1870, aff. Subervic, D. P. 70. 3. 31). Mais l'éditeur qui a acquis le droit de publier un ouvrage avec illustrations n'a pas le droit d'en faire une édition sans gravure (Paris, 9 août 1871, aff. De Balzac, D. P. 72. 2. 165), pas plus que l'acquéreur d'une édition sans gravures ne peut y substituer une édition illustrée (*Rép.* n° 316).

94. A plus forte raison, l'éditeur ne peut-il changer le fond de l'œuvre qui lui a été cédée (*Rép.* n° 309; Renouard *Droits d'auteur*, t. 2, n° 102; Blanc, *De la contrefaçon*, 4e édit., p. 97; Rendu et Delorme, *Droit industriel*, n° 795). —Ainsi, le libraire qui édite un ouvrage tombé dans le domaine public du vivant de l'auteur ne peut y faire des remaniements ou des suppressions; et, dans le cas où, pour pouvoir abaisser le prix de l'ouvrage, il en a donné une édition altérée, l'auteur est recevable à en poursuivre la suppression avec dommages-intérêts (Trib. Seine, 14 mars 1860, aff. Peigné, D. P. 60. 3. 16). — De même, le libraire qui a acquis d'un auteur le droit d'exploiter un ouvrage signé par celui-ci (tel qu'un recueil de droit) ne peut, pour en faciliter le débit, y faire des additions auxquelles l'auteur est étranger, alors surtout qu'elles sont placées de manière à être considérées comme son œuvre; il en est ainsi, dans le cas même où le libraire se serait réservé la faculté de changer le titre du livre, un tel droit ne pouvant être invoqué pour légitimer des changements de nature à faire encourir à l'auteur la responsabilité littéraire des œuvres d'autrui ; et le fait

d'avoir opéré des changements de cette espèce, étant une infraction aux conditions qui sont de l'essence du marché conclu entre le libraire et l'auteur, peut, sur la demande de celui-ci, donner lieu à la résiliation, avec des dommages-intérêts consistant, par exemple, dans l'attribution des exemplaires et des clichés qu'il a fait saisir (Trib. Seine, 14 déc. 1859, aff. Picot, D. P. 60 3. 16).

95. Parmi les conventions intervenues entre un auteur et un éditeur pour la publication d'une édition, il en est une qui est sous-entendue. Le nombre des exemplaires qui doivent être tirés est généralement fixé, mais l'usage permet, cependant, à l'éditeur de tirer, en sus, sous le nom de *mains de passe*, un certain nombre d'exemplaires qui sont la compensation des exemplaires que l'on suppose devoir être altérés ou donnés (Pouillet, *Traité de la propriété littéraire*, n° 346). Ces mains de passe sont, d'après l'usage constant du commerce de la librairie, et à moins de conventions contraires entre l'auteur et son éditeur, réservées à ce dernier, à raison de 10 pour 100 des volumes de l'édition, sans qu'il soit tenu d'en rendre compte (Paris, 20 déc. 1880, aff. Darras, D. P. 82. 2. 72).

96. A propos de cession d'œuvres littéraires, il est impossible de passer sous silence les traités que la plupart des auteurs passent avec une société bien connue, dite Société des gens de lettres. L'interprétation de ces traités a donné lieu à de fréquentes difficultés, notamment sur le point de savoir si, par le fait du traité, ladite Société acquérait de ses adhérents la propriété de leurs œuvres. La cour de Paris a jugé (2 août 1872, aff. Roussel, D. P. 72. 2. 226) que l'adhésion donnée par un auteur aux statuts par lesquels la Société des gens de lettres se réserve le droit d'autoriser les reproductions, à titre onéreux, des ouvrages de ses membres, n'emporte pas cession à celle-ci de la propriété desdits ouvrages, alors que chaque auteur conserve, d'après les mêmes statuts, la faculté d'autoriser les reproductions gratuites, et doit toucher, sauf une retenue, le produit des autorisations à titre onéreux consenties par la Société, et alors surtout que les autorisations consenties en dehors de la Société sont seulement déclarées passibles d'amende; la cour de Paris, dans l'arrêt précité, en a conclu que l'annulation de ces autorisations est à tort poursuivie par la Société, sous prétexte qu'elles constituent des cessions déjà cédées à elle-même. Le pourvoi formé contre cet arrêt a été rejeté : d'après l'arrêt de la chambre des requêtes du 6 août 1873 (Même affaire, D. P. 73. 1. 404), l'arrêt décidant, par interprétation des dispositions des statuts de la Société des gens de lettres, que les auteurs qui en font partie n'ont pas abandonné à la société la propriété du droit

---

cause de César Franck, après son décès, l'intention de donner, à la fin de novembre 1890, une audition de ses œuvres, non seulement lesdits ayants cause n'ont pas protesté contre ce projet, mais encore y ont donné leur agrément; — Attendu, cependant, que le 28 nov. 1890, les consorts Franck ont contesté, devant le magistrat tenant l'audience des référés, le droit de Verdhurt de donner l'audition dont il s'agit et ont obtenu une ordonnance permettant de s'opposer à une exécution; puis, tant en vertu de cette ordonnance que par application des lois relatives à la contrefaçon littéraire, ils ont, le 29 nov. 1890, à l'heure de la représentation, empêché celle-ci, en faisant, sous l'assistance du commissaire de police, procéder à la saisie des partitions : — Attendu que, pour justifier le procédé auquel ils ont ainsi recouru, les consorts Franck soutiennent que Verdhurt n'avait point accompli les conditions auxquelles était subordonnée l'autorisation de représenter l'œuvre de leur auteur; qu'ils excipent tout d'abord de ce qu'ils n'auraient pas été appelés aux répétitions; mais que les lettres échangées contredisent sur ce point leurs prétentions; que le droit d'assister à l'ensemble des répétitions leur a été expressément reconnu et qu'il n'incombait pas à Verdhurt d'aller au delà et de leur adresser pour chacune des dix répétitions une invitation particulière et spéciale; que les consorts Franck ne sont pas mieux fondés à prétendre que leurs démarches étaient à bon droit motivées par la hâte de la préparation de l'audition annoncée et l'insuffisance des répétitions; que leurs allégations à cet égard sont dénuées de justification et que l'articulation qu'ils formulent est démentie par les faits et documents de la cause; qu'il appert notamment de l'ordonnance de référé sus-visée que la permission de s'opposer à la représentation qui devait avoir lieu était fondée sur les dénégations, par les consorts Franck, des droit concédés à cet effet à Verdhurt et non sur l'expression de craintes quant aux défectuosités de l'inter-

prétation; — Attendu que, en revenant intempestivement et sans motif légitime sur l'autorisation accordée à Verdhurt, les consorts Franck ont commis envers celui-ci une faute et lui ont causé un préjudice dont ils lui doivent réparation; — Attendu que, pour modérer les dommages-intérêts au chiffre ci-après fixé, d'après les éléments d'appréciation que possède le tribunal, il y a lieu de tenir compte de cette circonstance que, au moment où se sont accomplis les faits qui donnent naissance au procès, la situation commerciale de Verdhurt était déjà fort compromise, qu'il n'apparaît pas que l'exécution de l'œuvre de Franck eût pu procurer un bénéfice pécuniaire suffisant pour le sauver de la faillite qui était imminente; que Verdhurt lui-même le reconnaissait et désertait la lutte, en négligeant de comparaître et de défendre devant le juge des référés, malgré une remise de la cause prononcée d'office pour lui en fournir les moyens;

Par ces motifs; — Donne acte à Boussard ès qualités de son intervention et de la reprise par lui de l'instance; — Et statuant tant sur la demande principale des consorts Franck que sur la demande reconventionnelle des parties de Jacob, avoué; — Sans s'arrêter à la fin de non-recevoir élevée contre cette dernière demande; — Déclare les consorts Franck mal fondés dans leurs conclusions tendant à obliger Verdhurt et Boussard ès qualité de accepter purement et simplement le désistement desdits consorts Franck de leur demande principale en restitution des partitions saisies le 29 nov. 1890 et placées sous scellés et séquestre, les en déboute; — Condamne les consorts Franck à payer à Verdhurt et Boussard ès qualités la somme de 1000 francs à titre de réparation du préjudice causé par ladite saisie, ensemble aux intérêts de ladite somme du jour de la demande; — Condamne, en outre, les consorts Franck aux dépens.

Du 16 déc. 1891, Trib. Civ. de la Seine.-MM. Aubépin, pr.-Lombard, subst.-Moysen et Auffray, av.

de reproduction qui leur appartient, mais qu'ils lui ont seulement donné mandat d'autoriser pour eux ladite reproduction et de toucher, dans leur intérêt, et pour qu'il leur en soit tenu compte ultérieurement, les bénéfices en résultant, fait une appréciation souveraine qui échappe au contrôle de la cour de cassation; aussi, la chambre des requêtes déclare-t-elle que cet arrêt a pu avec raison, à titre de conséquence de ladite interprétation, refuser de considérer comme vente de la chose d'autrui et de déclarer nulle la cession du droit de reproduction consentie à un tiers de bonne foi par un auteur faisant partie de la société.

§ 2. — Œuvres artistiques.

97. Pas plus en matière artistique qu'en matière littéraire (Comp. *suprà*, n° 88), la cession n'est assujettie à des formes solennelles : il n'est pas besoin d'acte notarié, ni même d'acte ayant date certaine (Trib. corr. Seine, 15 janv. 1868, et Paris, 25 févr. 1888, cité par Huard et Mack, n° 1184).

98. La cession peut porter sur une œuvre future. Cette règle, formellement énoncée par la cour de Paris en matière littéraire (V. *suprà*, n° 91), résulte implicitement, en matière artistique, d'un arrêt de la même cour (3 mai 1878, aff. Clesinger, D. P. 79. 2. 11), d'après lequel un commerçant qui a passé avec un sculpteur un traité aux termes duquel ce dernier s'engage à lui livrer les œuvres nouvelles qu'il viendrait à créer, sauf certaines exceptions, ne peut refuser les modèles nouveaux sous le prétexte qu'ils ne seraient que des copies ou des imitations, soit des productions antérieures du sculpteur, soit même des productions d'autres artistes, s'il existe entre ces modèles nouveaux et les œuvres qui leur sont comparées des différences de nature à faire écarter toute idée de contrefaçon ou de concurrence illicite; dès lors, le cessionnaire n'est pas non plus fondé à refuser les modèles nouveaux sous prétexte qu'ils sont défectueux, si ces modèles, signés de l'artiste, ne sont pas inférieurs à son talent ordinaire et ont les mêmes mérites que ses autres productions (Même arrêt).

99. Quelle est l'étendue du droit acquis par le cessionnaire? Cela dépend bien évidemment de la convention. Ainsi l'artiste peut, en vendant son œuvre, se réserver le droit de reproduction. Dans ce cas, point de doute (V. Paris, 29 juin 1878, aff. Lepic, D. P. 80. 2. 71).[1] — Mais que décidera-t-on en cas de vente sans réserve? C'est une ques-

tion qu'il convient d'examiner séparément pour les divers arts. — On s'est demandé au *Rép.*, n° 281, si l'acquéreur d'une œuvre de *peinture* acquiert *ipso facto* le droit de reproduction. La négative a été longtemps jugée (Huard et Mack, n° 1169 à 1172). Cette opinion paraît définitivement abandonnée par la jurisprudence, depuis l'arrêt solennel rendu par la cour de cassation le 27 mai 1842 (*Rép., ibid.*); ainsi il a été jugé que le droit de reproduction d'un tableau ne constituant pas une propriété distincte de la propriété de cette œuvre, la vente, sans exception ni réserve, d'un tableau confère à l'acquéreur le droit exclusif de reproduction (Paris, 18 août 1879, aff. Hor. Vernet, D. P. 81. 2. 61). Toutefois la doctrine reste fidèle à l'opinion première, pour laquelle on s'est énergiquement prononcé au *Répertoire*. V. Troplong, *De la vente*, t. 3, n° 808, p. 37; Blanc, *op. cit.*, p. 269 et les autorités citées.

100. En matière de *sculpture*, même hésitation dans la jurisprudence (Trib. corr. Seine, 13 déc. 1834, cité par Huard et Mack, n° 1175) et même solution définitive : le sculpteur qui a vendu son œuvre sans réserve perd son droit de reproduction (Trib. Seine, 12 déc. 1866 et 27 juill. 1883, jugements cités par Huard et Mack, n° 1176-1177).

101. En matière de *gravure*, la question est particulièrement délicate. La planche gravée étant l'instrument même de la gravure, faut-il décider que l'acquéreur de cette planche devient, par cela même, titulaire du droit de reproduction? On a vu au *Rép.*, n° 272-2°, que la cour de Paris a autrefois (2 févr. 1842) jugé la négative, conformément à la tendance générale signalée sous les deux numéros qui précèdent. Mais, ici encore, il y a eu revirement; et il est aujourd'hui constant en jurisprudence que la vente de la planche comprend le droit de reproduire la gravure, soit qu'il s'agisse de gravure au burin (Paris, 5 déc. 1864, aff. Bernard, D. P. 64. 2. 213), soit qu'il s'agisse de gravure lithographique (Paris, 11 avr. 1866) (1).

102. Il semble toutefois résulter d'un arrêt de la cour de cassation du 12 juin 1868 (2), rendu en matière de sculpture, que la règle énoncée sous les trois numéros précédents ne constitue qu'une présomption. Cet arrêt statue dans un cas où un sculpteur, ayant vendu ses œuvres sans réserve, exerçait pourtant personnellement des poursuites contre un contrefacteur, tandis que le cessionnaire de l'œuvre gardait le silence : le contrefacteur ayant tiré de ce chef une fin de non-recevoir, en soutenant que le cessionnaire, par le fait

---

(1) (Bourgeois *C.* Lepetit.) — Le tribunal de commerce de la Seine a rendu le jugement suivant : — « Attendu qu'il résulte des explications données à la barre, que Lepetit s'est rendu acquéreur, en vente publique, de pierres lithographiques, provenant de la maison Bourgeois, ainsi que d'une certaine quantité d'épreuves en cours d'exécution; — Attendu que Bourgeois base sa demande actuelle sur ce que Lepetit aurait été sans droit pour se servir des pierres lithographiques dont s'agit avant d'avoir effacé les dessins qui s'y trouvaient, et d'avoir, dans les modèles émanant de chez lui, laissé figurer son nom tant sur les épreuves achetées en cours d'exécution que sur celles tirées à nouveau, et en outre sur ce que Lepetit se serait révélé au public comme étant son successeur; — Sur le premier moyen : — Attendu que les pierres lithographiques dont s'agit ont été vendues en vente publique, couvertes de dessins; qu'aucune réserve n'a été faite pour les dessins; qu'en conséquence l'acquéreur est en droit d'en user comme bon lui semble; qu'il n'y a donc pas lieu d'admettre ce premier moyen; — Sur le deuxième moyen : — Attendu que le nom de Bourgeois figurait sur les marchandises en cours d'exécution; qu'il était impossible de l'effacer sans altérer ladite marchandise; qu'il n'y a lieu également de s'arrêter à ce chef de conclusions; — Sur le troisième moyen : — Attendu qu'en se rendant acquéreur des pierres lithographiques, Lepetit n'a pas acheté le droit de se servir du nom de Bourgeois lequel n'a été vendu à personne; qu'il y a donc lieu de faire défense à Lepetit de faire figurer sur les devants de cheminée qu'il fabrique le nom de Bourgeois; — Par ces motifs, etc ». Appel par le sieur Bourgeois.

La cour ; — Adoptant les motifs des premiers juges; — Confirme, etc.

Du 11 avr. 1866.-C. de Paris, 2e. ch.-MM. Guillemard, pr.-Calusels et Marray, av.

(2) (Mathias et Sauvalet *C.* Carpeaux). — Le 20 févr. 1868, arrêt de la cour de Paris ainsi conçu : — « A l'égard des deux fins de non-recevoir opposées par Mathias et Sauvalet, et tirées : 1° de ce que Carpeaux, ayant fait la statue du prince

impérial sur la commande de l'empereur, c'est à Sa Majesté seule, qu'est présumée appartenir le droit de propriété de cette dernière; — 2° De ce que Carpeaux ne justifie pas qu'il s'est conformé à la loi de 1793 pour la conservation de son droit; — Sur le premier moyen : — Attendu qu'il est certain et non contesté que Carpeaux est l'auteur de la statue du prince impérial et du buste qu'il a exécuté sur cette statuette; — Que, sans qu'il soit besoin de rechercher si Sa Majesté s'est réservée la propriété exclusive de cette œuvre, ou si les reproductions faites par Carpeaux sans opposition établissent suffisamment le droit dont il excipe, il suffit, pour repousser l'exception opposée par Mathias et Sauvalet de constater que ceux-ci n'ont pas qualité pour discuter la propriété d'un droit qu'ils ont méconnu et qui, à aucun titre, ne saurait leur appartenir; — Sur le deuxième moyen : — Considérant que la loi de 1793 a compris les œuvres de la sculpture dans ces termes généraux : « toute production appartenant aux beaux-arts » mais qu'elle n'a pas prescrit pour ces produits la nécessité de la formalité du dépôt; et qu'en effet leur nature en rendait impossible l'accomplissement; — Considérant que ces deux fins de non-recevoir ne sont pas fondées; — Au fond… ;

Par ces motifs, etc. — Pourvoi en cassation par les sieurs Mathias et Sauvalet.

La cour ; — Vu l'art. 1 de la loi du 19 juill. 1793 et les art. 425 et 427 c. pén.; — Sur le moyen unique pris de leur violation : — Attendu qu'il est constaté par l'arrêt attaqué et reconnu par les demandeurs que Carpeaux est l'auteur de la statue de S. A. le prince impérial, commandée par Sa Majesté et exécutée d'après nature au palais des Tuileries, que c'est cet artiste a fait, également, sur le même ordre, d'après cette statuette, un buste qui est la reproduction exacte de la tête du prince; — Attendu que l'art. 1 de la loi du 19 juill. 1793, reconnaît à l'auteur d'une œuvre d'art le droit exclusif d'en jouir, de la vendre, de la faire vendre, et d'en céder la propriété en tout ou en partie, d'où il suit que si l'auteur l'a vendue sans aucune réserve, l'acquéreur peut revendiquer contre lui le droit exclusif de reproduction implicitement compris dans l'abandon qui a été fait,

de la vente sans réserve, était le seul qui eût désormais des droits sur l'œuvre, la chambre criminelle a jugé que son silence devait faire considérer qu'il n'avait pu entendre faire produire à la vente cet effet.

103. En toute matière, le cessionnaire du droit de reproduction doit se cantonner dans le procédé pour lequel il a traité. On a vu au *Rép.*, n° 401, que le peintre qui a cédé le droit de graver son tableau peut interdire que la gravure soit coloriée. La même solution a été donnée pour la photographie d'un tableau : il n'est pas permis de le mettre en couleur. Un fabricant de bonbons n'a pas le droit de reproduire un tableau sur ses boîtes (*Rép.* n° 406) au moyen de photographies coloriées, encore bien que ces photographies aient été achetées par ce fabricant, qui en a ainsi modifié l'aspect et la destination, à un photographe auquel l'auteur du tableau avait cédé le droit de reproduction en noir ; en effet, la vente desdites photographies n'implique pas le droit d'en user industriellement en les coloriant, c'est-à-dire sous une forme autre que celle dans laquelle elles avaient été livrées (Paris, 9 janv. 1891, aff. Chevalier, D. P. 92. 2. 38).

CHAP. 7. — De la contrefaçon
(*Rép.* n°s 330 à 424).

104. On a vu *suprà* (chap. 4 et 5) quelles œuvres sont, en tant que littéraires et artistiques, susceptibles de contrefaçon. Il reste à préciser comment ce délit se consomme. C'est une question délicate, où il entre à la fois du fait et du droit. En matière de contrefaçon, la cour de cassation a le droit et le devoir de rechercher si les faits constatés rentrent ou non dans la définition légale du délit ; mais les juges du fond n'en sont pas moins investis d'un pouvoir souverain pour constater l'existence matérielle des similitudes ou des différences existant entre l'ouvrage du demandeur et l'ouvrage argué de contrefaçon (Req. 8 déc. 1869, aff. Peytroux, D. P. 71. 1. 47).

105. Au point de vue du droit, le principe, c'est que le délit de contrefaçon, prévu et puni par la loi des 19-24 juill. 1793 et par les art. 425 et 426 c. pén., est soumis, comme tous les autres délits, à la double condition d'un fait matériel préjudiciable et d'une pensée coupable (Nancy, 11 déc. 1890, aff. Christophe, D. P. 91. 2. 375). Le fait matériel de la reproduction ne suffit pas ; il faut l'absence de bonne foi chez celui qui l'exécute (Crim. cass. 13 janv. 1866, aff. Bourdin, D. P. 66. 1. 235 ; Crim. rej. 23 juin 1893, aff. Maquet, D. P. 93. 1. 616). Il suit de là qu'une condamnation pour contrefaçon littéraire ou artistique n'est pas suffisamment motivée, si elle ne relève pas la mauvaise foi du prévenu. Ainsi, dans le cas où la poursuite en contrefaçon exercée contre un journaliste pour reproduction non autorisée d'un dessin appartenant à un tiers a été déclarée mal fondée à raison de la bonne foi du prévenu, le juge d'appel ne peut, pour infirmer cette décision, se borner à dire « que la contrefaçon est établie, et que, d'ailleurs, elle n'est pas contestée » (Crim. cass. 13 janv. 1866, précité). — Mais la mauvaise foi est suffisamment caractérisée par une négligence grave, une indifférence fâcheuse pour le respect des droits d'autrui (Rennes, 2 févr. 1892, aff. Mullot. D. P. 93. 2. 268 ; Besançon, 6 juill. 1892, aff. Goud, D. P. 93. 2. 579).

106. Si la mauvaise foi du prévenu doit être constatée par le jugement, il faut dire en revanche qu'elle est présumée, en sorte que c'est à lui de rapporter la preuve contraire

(Nancy, 11 déc. 1890, cité *suprà*, n° 105 ; Douai, 13 mai 1891, aff. Bertagna, D. P. 92. 2. 182 ; Rennes, 5 janv. 1892, aff. Oudin, *suprà*, n° 57). En effet, comme on l'a vu au *Rép.*, n° 336, le fait matériel de la contrefaçon élève par lui-même contre son auteur une présomption de mauvaise foi, et entraîne condamnation si le prévenu ne fournit pas la preuve de sa bonne foi. — Voici quelques exemples des cas où, cette preuve n'ayant pas été rapportée, il est intervenu une condamnation : 1° le contrefacteur d'un objet d'art ne peut alléguer comme excuse qu'il a acheté une épreuve sur laquelle il en a moulé d'autres, lorsque, en raison de la grande réputation de l'objet d'art copié, il n'a pu ignorer que cette épreuve était une contrefaçon (Paris, 6 avr. 1850, aff. Clesinger, D. P. 52. 2. 159. Comp., dans des conditions de fait différentes, Paris, 26 févr. 1825, *Rép.* n° 334-1°) ; — 2° L'exception de bonne foi ne peut être admise de la part du détenteur dont l'attitude et les réticences, lors de la saisie, indiquaient suffisamment qu'il agissait sciemment en mettant en vente un objet contrefait (Paris, 29 juin 1878, aff. Lepic, D. P. 80. 2. 71) ; — 3° Il n'y a pas lieu d'admettre l'exception de bonne foi présentée par un commissionnaire poursuivi pour débit d'objets d'art, et spécialement d'éventails, contrefaits à l'étranger, lorsqu'il est constant que cet individu (qui connaissait le véritable propriétaire du modèle) prenait soin de n'accepter de commissions en France qu'à la condition que les marchandises fabriquées hors de France ne seraient destinées qu'aux pays d'outre-mer (Paris, 26 janv. 1887, aff. Hugot, D. P. 88. 2. 309-310) ; — 4° L'ignorance de la loi ne saurait constituer la bonne foi (Crim. rej. 23 juin 1893, aff. Maquet, D. P. 93. 1. 616).

107. Puisque le délit de contrefaçon suppose la mauvaise foi du prévenu, il s'ensuit que la critique et la parodie d'œuvres d'art, aussi bien que d'œuvres littéraires ne peuvent être considérées comme des contrefaçons (Trib. Seine, 12 juill. 1879, aff. Duval, D. P. 80. 3. 31-32 ; *Rép.* n° 351). Aussi, une peinture grossièrement faite sur un décor, qui rappelle le sujet d'un tableau, sans qu'il y ait toutefois similitude entière, ne constitue pas une contrefaçon, lorsqu'elle est présentée au public par le directeur d'un théâtre, non pour faire une concurrence déloyale au propriétaire de ce tableau, mais simplement à titre de critique du genre artistique adopté par le peintre (Même jugement). C'est par un motif semblable qu'il a été jugé qu'on ne doit pas considérer comme dépassant les limites du droit de discussion le fait, par l'auteur d'un traité scientifique, d'avoir présenté, dans le cours de son ouvrage, un exposé succinct et analytique, mais sans en reproduire le texte littéral, d'un système emprunté au livre d'un autre auteur, lorsque cet exposé est amené d'une manière naturelle par les exigences de l'ouvrage (qui diffère, du reste, d'une manière essentielle par son format, son étendue et son objet), dans le but principal de discuter le système analysé et de faire apprécier les modifications dont il paraît susceptible, et qu'enfin l'auteur renvoie, pour les explications, au livre même dans lequel ce système se trouve développé ; par suite, il n'y a pas lieu d'accorder des dommages-intérêts à l'auteur du livre analysé, alors, d'ailleurs, qu'il ne justifie pas que la publication de l'ouvrage dont il se plaint lui ait causé un préjudice appréciable (Paris, 26 avr. 1851, aff. Collot, D. P. 52. 2. 178).

108. Dans quel cas y aura-t-il contrefaçon ? En matière littéraire, la contrefaçon résultera, tout d'abord, d'une reproduction servile et textuelle de l'ouvrage composé par le plaignant (Paris, 1er mars 1830, *Rép.* n° 332), alors même

---

d'une manière absolue, de l'œuvre elle-même ; mais que ce qui est vrai dans les relations de l'auteur avec un cessionnaire à qui il a transmis plus ou moins complètement sa propriété, dans des conditions que la convention détermine, cesse de l'être lorsqu'il s'agit, comme dans l'espèce, d'un contrefacteur ; — Que celui-ci n'est tiers étranger à la cession et qui, n'étant ni le représentant de l'auteur, ni celui de l'acquéreur, ne peut exciper des droits de ce dernier, alors surtout qu'il garde le silence, et qu'il fait, par là, présumer que, tout en s'assurant la propriété de l'œuvre primitive, il a entendu laisser dans le domaine de l'auteur le droit exclusif de reproduction ; — Attendu que telle est, en effet, dans l'espèce, la situation des parties ; qu'il est constaté par l'arrêt que Carpeaux « sans aucune réclamation de la part de Sa Majesté, a

tiré en bronze diverses éditions de différentes grandeurs de la statuette et du buste de S. A. le prince impérial ; — Que c'est vainement que les demandeurs voudraient se substituer à Sa Majesté pour dénier à l'auteur de ces œuvres un droit qu'il n'a, suivant l'arrêt, cédé à qui que ce soit ; et que, par suite, c'est avec raison, que la cour impériale de Paris a déclaré, dans de telles circonstances, Mathias et Sauvalet, mals appelés pour contester la propriété de Carpeaux ; — Attendu, au surplus, que le jugement de première instance, dont l'arrêt a adopté les motifs, reconnaît expressément au profit de cet artiste le droit exclusif de reproduction ; — Rejette, etc.
Du 12 juin 1868.-Ch. crim. MM. le cons. Legagneur, pr.-Gabyo, rap.-Bédarrides, av. gén.-Buzerian, av.

qu'elle ne porterait que sur une partie de l'ouvrage (Trib. de Niort, 17 févr. 1891) (1).

Il n'est même pas nécessaire que le texte de l'ouvrage soit reproduit : il suffit que le sujet soit emprunté à l'œuvre primitive, avec ses accessoires et ses épisodes. Ainsi il y a contrefaçon dans le fait de publier un livre qui, au point de vue de l'invention, est la reproduction complète d'une œuvre antérieure, et dans lequel le lieu de l'action, les personnages principaux et les épisodes sont identiques, alors surtout que les dissemblances et les développements donnés à certaines situations n'ont eu pour but que de dissimuler le plagiat (Paris, 20 févr. 1872, aff. Delagrave, D. P. 72. 2. 173).

109. Mêmes questions en matière artistique. — Tout d'abord, il est évident qu'il y a contrefaçon dans la repro-duction servile d'une œuvre d'art par un procédé identique. Ainsi la reproduction, dans un volume illustré, de gravures tirées d'un autre ouvrage, constitue une atteinte à la propriété artistique de l'auteur et peut motiver une condamnation à des dommages-intérêts (Req. 6 nov. 1872, aff. Garnier, D. P. 74. 1. 493).

Il en serait encore ainsi d'une reproduction par un procédé différent. En effet, en matière de propriété artistique, la contrefaçon est indépendante du moyen employé pour la fabrication, et, par exemple, la reproduction, non autorisée d'un tableau à l'huile par la gravure, qui est elle-même un art spécial, est punissable. Il en est de même de la reproduction par la photographie, où l'opérateur recourt à des procédés mécaniques plutôt qu'il ne fait acte d'artiste à proprement parler. A plus forte raison, l'emploi de la chro-

(1) (D'Autichamp C. d'Availles.) — LE TRIBUNAL ; — Attendu que la possession d'un manuscrit n'emporte pas nécessairement le droit à la propriété de l'œuvre littéraire, qu'il s'agisse d'une œuvre déjà publiée ou d'une œuvre posthume; que la loi du 1er germ. an 13 n'a fait qu'étendre aux propriétaires des œuvres posthumes la protection accordée aux auteurs ou à leurs héritiers ; — Attendu qu'il n'est pas contesté que les documents historiques sur la campagne de 1815 dans la Vendée, extraits des mémoires inédits du comte Ch. d'Autichamp, aient été la propriété de celui-ci, qu'ils aient été ou non écrits de la main d'un sieur Collinet, son secrétaire salarié ; — Attendu que, s'il était exact que l'exemplaire qui se trouve aux mains d'Availles vînt de Collinet, il faudrait reconnaître que la possession de Collinet, à raison de sa situation auprès du général d'Autichamp, eût été précaire, et qu'il semble invraisemblable que le général d'Autichamp ait chargé verbalement son secrétaire de faire une publication dont l'opportunité, ainsi qu'il le rapporte dans ces mémoires, le préoccupait d'une façon toute spéciale; — Attendu que, s'il a destiné ses mémoires à la publicité, le général d'Autichamp n'avait certainement prévu qu'une publication intégrale, attachant une importance particulière à la discussion des ouvrages précédents sur les événements de la Vendée; — Attendu que la possession d'Availles n'est pas de contrefaçon; mais que celui-ci n'établit pas que le général d'Autichamp ou les héritiers d'Autichamp aient abandonné à son profit la propriété des mémoires, ni même qu'ils l'aient jamais autorisé à en faire une publication soit intégrale, soit partielle; que les documents produits ne comportent point semblable autorisation ; que la marquise d'Autichamp n'avait pas, d'ailleurs, qualité pour l'accorder ; — Attendu que d'Availles et Clouzot ont, au contraire, par actes des 2 et 6 mai 1889, reçu défense formelle de publier les mémoires d'Autichamp ; — Attendu que, malgré cette opposition, d'Availles a publié, à la fin de 1889 ou au commencement de 1890, une brochure éditée par Clouzot, intitulée : Notes biographiques sur le général d'Autichamp d'après des documents inédits; que des saisies-descriptions ont lieu à la requête des consorts d'Autichamp, les 28 avr. et 6 mai 1890 ; — Attendu que cette brochure, loin qu'elle ne soit que favorable à la mémoire du général d'Autichamp, est une contrefaçon de l'œuvre de celui-ci, en ce qui concerne les événements de 1815 et de 1832; — Attendu que la reproduction totale ou partielle de l'œuvre d'autrui au mépris des droits consacrés par les lois au profit de l'auteur, de ses héritiers ou ayants droit, constitue une contrefaçon; qu'il y a contrefaçon, même quand le nom de l'auteur est cité; que des changements ou des différences n'excluent pas la contrefaçon, quand il est constant qu'il y a eu copie de l'œuvre originale; — Attendu que la première partie des notes biographiques se rattachant aux époques de 1793, 1796, 1799, est étrangère au manuscrit d'Autichamp, mais que, à partir de la page 37 jusqu'à la fin du volume, qui comprend 176 pages, d'Availles a emprunté les récits, les détails, les pièces et très souvent les expressions mêmes dont s'était servi le général d'Autichamp, qu'il copie servilement dans un grand nombre de passages, tantôt en indiquant, tantôt en dissimulant l'origine des citations; — Attendu que d'Availles, qui n'aurait pas pu s'emparer de la brochure parue en 1817, fait, pour les événements de 1815 et de 1832, une relation absolument conforme à celle que le général a développée dans de longs mémoires où il a consacré de nombreuses pages à des justifications ou à des explications personnelles; — Attendu que d'Availles n'a fait qu'un résumé succinct de ces mémoires, prenant fréquemment le style du général d'Autichamp; qu'on peut suivre pas à pas, malgré quelques rares transpositions, le travail de rédaction auquel il s'est livré; — Attendu qu'il devient inutile de rechercher si les lettres, ordres du jour et proclamations produits appartiennent exclusivement au général d'Autichamp ou s'ils doivent être considérés comme des documents historiques appartenant à tous; — Que d'Availles n'a point fait acte d'historien; qu'il ne s'agit point d'un travail historique dans lequel l'auteur aurait intercalé, pour une discussion sérieuse, soit des citations, soit des documents puisés dans des mémoires historiques; — Que les mémoires d'Autichamp étant inédits, d'Availles n'aurait sans doute pas eu le droit d'en reproduire textuellement, sans discrétion, des passages entiers; — Attendu qu'il est impossible de considérer ses Notes biographiques comme une œuvre personnelle, et qu'il est permis de dire, sans aucune exagération, que, sans les mémoires d'Autichamp, son ouvrage ne pourrait exister; — Attendu que d'Availles et Clouzot ont bien du reste entendu livrer au public l'œuvre même du général d'Autichamp, ainsi qu'ils l'ont expliqué dans l'introduction de la brochure d'Availles et aux pages 59 et 77 de cette brochure, comme dans le prospectus rédigé à l'occasion de sa publication; que « les Notes biographiques résument, disent-ils, toute la substance des mémoires originaux et donnent fidèlement les appréciations du général »; que les déclarations sur le véritable caractère et l'intérêt des mémoires du général d'Autichamp, exagérées d'ailleurs et de nature à égarer, ne font pas disparaître la contrefaçon; — Attendu que le tribunal a les éléments nécessaires pour évaluer le préjudice causé aux consorts d'Autichamp;

En ce qui concerne les saisies; — Attendu que, en vertu des droits qu'il tient de l'art. 54 du décret du 30 mars 1808, le président peut autoriser d'urgence la description détaillée des objets argués de contrefaçon; — Mais attendu que le président n'a pas une compétence plus étendue que le tribunal; qu'aucun des défendeurs n'étant domicilié dans le département de la Seine, le président du tribunal de la Seine n'avait pas qualité pour autoriser les saisies-descriptions opérées; que ces saisies sont nulles; — Attendu qu'elles ne semblent pas avoir causé à d'Availles et Clouzot un préjudice matériel très appréciable; que Clouzot a même vendu certains exemplaires postérieurement à la saisie du 28 avr. 1890; que le tribunal tiendra compte de ce principe de dommages-intérêts dans l'appréciation des dommages-intérêts qui seront accordés au demandeur ;

En ce qui concerne la confiscation et les insertions demandées; — Attendu que, de même que la confiscation doit être prononcée, même en cas d'acquittement, par la juridiction correctionnelle, la juridiction civile peut l'ordonner; qu'il y a lieu, en tous cas, dans l'espèce, d'attribuer aux consorts d'Autichamp, comme réparation civile et au besoin à titre de dommages et intérêts, les exemplaires de l'ouvrage qui constitue la contrefaçon, la brochure d'Availles telle qu'elle a été éditée formant un ensemble dont la partie principale est la partie contrefaite; — Attendu que cette décision ne doit s'appliquer qu'aux exemplaires trouvés aux mains de Clouzot et d'Availles, parties en cause, les droits des consorts d'Autichamp vis-à-vis des tiers étant d'ailleurs réservés; — Attendu que, la brochure ayant été vendue et livrée au public, il convient d'autoriser les insertions sollicitées;

Par ces motifs ; — Dit que la publication de l'ouvrage intitulé : Guerres de Vendée, Notes biographiques sur le général d'Autichamp, publié par d'Availles, chez Clouzot, éditeur, a été faite en violation des droits des consorts d'Autichamp; — Ordonne, à titre de réparation civile et au besoin de dommages-intérêts, que tous les exemplaires qui se trouvaient, lors des saisies, en la possession de d'Availles et Clouzot, seront remis par d'Availles et Clouzot aux consorts d'Autichamp; — Dit que, à défaut de cette remise, d'Availles et Clouzot seront solidairement tenus de verser aux demandeurs la somme de 10 fr. par exemplaire manquant ; — Dit que tous les exemplaires qui pourraient être ultérieurement découverts en la possession de Clouzot ou d'Availles seront remis aux consorts d'Autichamp ; — Autorise les consorts d'Autichamp à faire insérer le présent jugement soit in extenso, soit par extraits, dans six journaux de leur choix, aux frais de Clouzot et d'Availles, qui en seront solidairement tenus à titre de dommages et intérêts, sans que cependant les frais de ces insertions puissent dépasser 500 fr. ; — Dit qu'il n'y a lieu d'ordonner le dépôt au greffe des manuscrits produits; — Déboute les parties de toutes autres demandes, fins et conclusions, etc...

Du 17 févr. 1891.-Trib. de Niort.-MM. Geoffrion, pr.-Renaux proc. de la Rép.-Le Senne, Cossé, et de Lacoste, av.

molithographie, en vue de propager l'œuvre originale, ne saurait-il être exempt de pénalité (Pouillet, *Traité de la propriété littéraire et artistique*, nᵒˢ 574 et suiv.). Jugé en ce sens qu'il y a contrefaçon dans le fait de reproduire un tableau sur un éventail au moyen de la chromolithographie (Paris, 26 janv. 1887, aff. Hugot, D. P. 88. 2. 309), ou sur un couvercle de boîte au moyen d'une photographie coloriée (Paris, 9 janv. 1891, *La Loi*, 1891, p. 50). — Mais il faut aller plus loin encore et reconnaître, en matière artistique comme en matière littéraire (V. *suprà*, nᵒ 108), qu'il peut y avoir contrefaçon même en dehors d'une copie proprement dite. Si un artiste a le droit de s'inspirer d'une idée et d'adopter un sujet déjà traité par un autre, il ne peut du moins porter atteinte à ce qui caractérise l'expression particulière et originale que l'artiste antérieur a donnée à sa pensée (Paris, 16 nov. 1893, aff. Masse, D. P. 94. 2. 64). Ainsi, en matière de sculpture, il y a contrefaçon quand même la dimension des personnages, la couleur du métal employé et la nature du socle de la statue seraient différents (Même arrêt). Bien plus, il y a délit de contrefaçon dans la reproduction de la forme générale et des détails caractéristiques d'une œuvre d'art, quelle que soit la matière employée pour cette reproduction ; et spécialement, le fait de reproduire en porcelaine ou en faïence, sans l'autorisation de l'auteur, une coupe dont l'original a été exécuté en or ou ciselé avec sujets mis sur émail, constitue une contrefaçon (Paris, 29 juin 1878, aff. Lepec, D. P. 80. 2. 71). — Il en serait encore ainsi, lors même que l'œuvre copiée présenterait quelques différences avec le modèle primitif, dès lors que ces différences, loin de constituer une création nouvelle, indiquent la préoccupation, chez l'imitateur, de modifier l'œuvre originale dans le but de faire illusion au public et d'échapper à la loi pénale (Paris, 16 nov. 1893 précité).

110. Une question analogue et fort délicate s'est posée en matière musicale, à propos des instruments mécaniques (orgues de Barbarie, serinettes, etc.). Si ces instruments reproduisent automatiquement les airs de musique, c'est au moyen d'organes intérieurs (tels, par exemple, que des chevilles) disposés en certain ordre et qui constituent une véritable notation de l'air à exécuter. Construire un de ces instruments, c'est-à-dire établir une de ces notations, est-ce contrefaire l'œuvre musicale dont on prépare ainsi l'exécution ? La cour de Rouen (31 juill. 1862, aff. Debari, D. P. 62. 2. 195) a jugé la négative. Mais cette solution a été condamnée par la cour de cassation. Aux termes d'un arrêt du 13 févr. 1863 (Même affaire, D. P. 63. 1. 202), la chambre criminelle a jugé que, en qualifiant contrefaçon toute *édition* d'écrit, de composition musicale, de dessin, de peinture ou de toute autre production *imprimée* ou *gravée*, l'art. 425 c. pén. s'est exprimé en termes simplement énonciatifs, qui ne s'appliquent pas seulement aux éditions proprement dites, obtenues par l'impression et la gravure, mais, d'une manière générale, à tous les modes de publication et de mise au jour de l'œuvre qui constitue la propriété privative de son auteur et que, spécialement, il y a lieu de considérer comme contrefaçon la reproduction d'airs de musique au moyen du piquage sur les cylindres de boîtes à musique, lorsqu'elle a été effectuée sans le consentement des auteurs qui les ont composés, et surtout lorsqu'elle l'a été au mépris de la cession qu'ils avaient faite à un autre industriel du droit d'exploiter exclusivement ce mode particulier de reproduction desdits airs. Le même système a été suivi par la cour de renvoi (Orléans, 22 avr. 1863, même affaire, D. P. 63. 2. 88). Cette jurisprudence n'a plus aujourd'hui qu'un intérêt historique, car, à la suite de ces arrêts, et sur les pressantes instances du gouvernement helvétique, dont les nationaux comptent parmi les principaux producteurs d'instruments mécaniques, une loi fut votée le 16 mai 1866 (D. P. 66. 4. 49), qui décida que la fabrication et la vente des instruments servant à reproduire mécaniquement les airs de musique qui sont du domaine privé ne constituent pas le fait de contrefaçon musicale prévu et puni par la loi du 19 juill. 1793, combinée avec les art. 425 et suiv. c. pén. Cette loi rencontra au Sénat une vive résistance, manifestée notamment dans le rapport de M. Mérimée (*ibid.*) ; il est incontestable, en effet, qu'elle porte (pour prendre les expressions de ce rapport) une atteinte, légère, il est vrai,

mais fâcheuse, à la propriété des auteurs. Cette atteinte, résultant de la libre fabrication des instruments mécaniques, ne peut être palliée qu'autant que l'usage public de ces instruments demeure assujetti à l'autorisation des auteurs : nous avons vu *suprà*, nᵒ 71, que c'est, en effet, en ce sens, que s'est prononcée la jurisprudence.

111. Reste à déterminer qui peut être poursuivi comme contrefacteur. La loi (c. pén. art. 426) désigne à cet égard deux personnes : l'éditeur et le débitant d'objets contrefaits. Par éditeur, il faut entendre celui qui organise l'édition, et non celui qui y concourt matériellement sous les ordres d'un tiers, qui est le véritable contrefacteur. Ainsi les ouvriers employés à une contrefaçon ne doivent pas être compris dans les poursuites, parce qu'ils sont présumés avoir ignoré qu'ils contrefaisaient une œuvre dont leur maître n'avait pas la disposition (Paris, 6 avr. 1850, aff. Clesinger, D. P. 52. 2. 159. V. aussi Nancy, 11 déc. 1890, aff. Christophe, D. P. 91. 2. 375).

112. Au sujet du contrefacteur proprement dit, la question s'est posée de savoir si un auteur, un artiste, peut être poursuivi comme contrefacteur de son propre ouvrage. L'affirmative, soutenue au *Rép.*, nᵒ 445, a été consacrée par la jurisprudence. Jugé, en effet : 1ᵒ qu'on doit voir un acte de concurrence illicite et une contrefaçon dans le fait par un auteur, qui a cédé à un éditeur la totalité de ses droits sur un ouvrage, de publier une œuvre similaire ayant le même sujet et le même objet, s'adressant au même public, et reproduisant intégralement de nombreux passages de l'œuvre cédée, ainsi que les renseignements historiques et autres documents qui y sont insérés (Paris, 12 avr. 1892, aff. Letouzey, D. P. 93. 2. 550) ; — 2ᵒ Qu'un sculpteur n'a le droit de se répéter dans ses productions que s'il est resté le seul et unique propriétaire de son œuvre ; mais que, lorsqu'il a aliéné son droit de propriété et de reproduction, et surtout quand il a cédé son œuvre à un commerçant avec réserve d'une part d'intérêts, toute reproduction servile de l'original pouvant se confondre artistiquement ou industriellement avec lui constitue une contrefaçon ou tout au moins un fait de concurrence illicite (Paris, 3 mai 1878, aff. Clesinger, D. P. 79. 2. 11). Toutefois, le sculpteur qui a conclu un pareil traité ne commet ni contrefaçon, ni acte de concurrence illicite, lorsque, en reproduisant un sujet ou un type déjà créé, il en varie l'expression, les attributs et les formes caractéristiques ; il en est ainsi, notamment, lorsque les différences dans la conception de l'œuvre, les dissemblances d'attitude, de geste ou de costume, ne permettent pas d'établir entre les productions une confusion susceptible de déprécier la valeur de la première œuvre originale ou d'écarter l'acheteur des magasins du commerçant cessionnaire (Même arrêt).

113. Ainsi qu'on l'a vu au *Rép.* nᵒ 366, la publicité, c'est-à-dire la vente ou la mise en vente n'est pas nécessaire pour qu'il y ait contrefaçon ; le seul fait de l'impression suffit pour constituer le délit (Conf. Pouillet, *op. cit.*, nᵒˢ 523 et 524 ; Blanc, *De la contrefaçon en tous genres*, 4ᵉ édit., p. 169 ; Chauveau et Hélie, *Théorie du code pénal*, éd. Villey, t. 6, nᵒ 2474. Suivant certains auteurs, il suffirait, pour que le délit existât, que l'ouvrage fût composé chez l'imprimeur (Rendu et Delorme, *Traité pratique du droit industriel*, nᵒ 804) ; mais cette opinion est généralement repoussée (V. Pouillet, *op. cit.*, nᵒ 525). Il a été jugé, dans cet ordre d'idées, que la contrefaçon littéraire, consistant dans le fait de s'approprier indûment tout ou partie de l'œuvre sur laquelle un tiers a une propriété privative, ne peut être établie que par une comparaison qui rend indispensable la production de l'écrit argué de contrefaçon ; que, dès lors, une action en contrefaçon ne saurait être intentée en ce qui concerne les parties d'un livre non encore parues et seulement en préparation chez l'éditeur (Paris, 5 août 1884, aff. Fuzier-Herman, D. P. 93. 2. 177).

114. En second lieu, le débit de l'ouvrage contrefait est lui-même un délit (*Rép.* nᵒ 367), et la cour de Paris (6 avr. 1850, aff. Clesinger, D. P. 52. 2. 159) a considéré comme débit non seulement la vente, mais l'exposition en vente d'objets contrefaits. Cette cour est allée plus loin encore : elle a jugé que le fait, par un commissionnaire en France, d'offrir en vente des objets contrefaits à l'étranger, constitue

le débit punissable d'ouvrages contrefaits, alors même que les objets vendus doivent être expédiés de l'étranger dans des pays autres que la France (Paris, 26 janv. 1887, aff. Hugot, D. P. 88. 2. 309-310). Dans cette dernière affaire, quand bien même l'intermédiaire n'aurait pas été considéré comme *débitant* le produit, il y aurait eu tout au moins de sa part, pour l'échantillon saisi, introduction sur le territoire français d'une œuvre, française à l'origine, et contrefaite à l'étranger : or l'art. 426 place ce délit sur la même ligne que l'autre. Au surplus, la contrefaçon destinée à l'étranger est punie à l'égal de celle qui doit écouler ses produits dans le pays même (Pouillet, *op. cit.*, n° 474).

CHAP. 8. — Des actions qui dérivent de la propriété littéraire et artistique. — Des conditions d'exercice de ces actions (*Rép.* n°s 425 à 429).

115. Les actions qui dérivent de la propriété littéraire ou artistique ne peuvent être exercées que par la personne en qui réside ce droit d'auteur. Pour déterminer cette personne, il faut distinguer suivant qu'il s'agit ou non d'œuvres posthumes. — Quant à celles-ci, le droit d'auteur réside chez l'éditeur (Décr. 5 germ. an 13 ; *Rép.* n°s 146 et suiv.) ; aussi a-t-il été jugé que la qualité de détenteur du manuscrit suffisait à l'exercice de ce droit (Req. 31 mars 1858, aff. Saint-Simon, D. P. 58. 1. 145. V° toutefois Trib. civ. de Niort, 17 févr. 1891, *suprà*, n° 108). Ce privilège de l'éditeur est, d'ailleurs, soumis à des règles tout exceptionnelles ; il est subordonné à cette condition irritante que les œuvres posthumes soient publiées séparément. Parmi les nombreuses difficultés auxquelles a donné lieu cette règle, nous signalerons celle-ci, tranchée par la chambre des requêtes (31 mars 1858, aff. De Saint-Simon, D. P. 58. 1. 145). Le décret du 1er germ. an 13, qui attribue aux propriétaires d'un ouvrage posthume les mêmes droits qu'à l'auteur, à la charge de publier les œuvres posthumes séparément, et sans les joindre à une nouvelle édition des ouvrages déjà publiés et devenus propriété publique, n'exige cette séparation que pour le cas où les écrits publiés et les écrits posthumes constituent des ouvrages distincts ; par suite, le propriétaire de l'œuvre posthume en conserve la propriété, quoiqu'il l'ait jointe à des écrits déjà publiés du même auteur, si cette œuvre et ces écrits ont le caractère d'une œuvre unique (les *Mémoires du duc de Saint-Simon*), formant un seul tout qui ne pourrait être divisé sans grave dommage.

116. Quant aux œuvres autres que les œuvres posthumes, les actions qui dérivent de la propriété littéraire peuvent être exercées, soit par l'auteur (ou ses ayants cause), soit par le cessionnaire de l'auteur (*Rép.* n° 425). En ce qui touche l'auteur, aucune difficulté, s'il n'a pas cédé son droit. Aucune difficulté encore, si, en vendant son œuvre, il s'est réservé le droit de reproduction : il est alors évidemment fondé à poursuivre la contrefaçon (Paris, 29 juin 1878, aff. Lepec, D. P. 80. 2. 74).

117. Au contraire, une question fort délicate s'est posée dans un cas où l'artiste (un statuaire) avait cédé à la fois et son œuvre et ses droits d'auteur. Avait-il par là perdu tout droit de poursuivre la contrefaçon, si elle se produisait dans des conditions « diffamatoires », pour emprunter les expressions d'un plaignant dans cette espèce. M. Pouillet (*Propriété littéraire et artistique*, n° 633) enseigne que l'action en contrefaçon lui demeure ouverte. La cour de Paris (6 avr. 1850, aff. Clesinger, D. P. 52. 2. 159), au contraire, a formellement rejeté cette action ; mais il importe de préciser dans quels termes. Suivant cet arrêt, lorsqu'un artiste (et, par exemple, un sculpteur) a cédé son œuvre et ses droits d'auteur, ce n'est plus à lui, mais au cessionnaire seul qu'appartient désormais le droit d'exercer des poursuites en contrefaçon ; et la circonstance que, dans la reproduction faite par un tiers, l'œuvre vendue aurait été dénaturée de manière à nuire à la réputation de l'artiste, ne donne pas même à celui-ci le droit de se porter partie civile dans l'instance en contrefaçon engagée sur la poursuite du ministère public et du cessionnaire, *le préjudice dont l'artiste peut avoir à se plaindre en pareil cas ne dérivant pas du fait même de la contrefaçon dont il n'est pas recevable à demander la répression*. Cette rédaction manque de clarté :

on y trouve cependant la trace d'une solution intermédiaire, qui paraît équitable. Il n'est pas possible de rendre à l'artiste l'action en contrefaçon dont il s'est dépouillé par la vente sans réserve. D'autre part, il n'est pas admissible de laisser sa réputation artistique sans défense contre le fait illicite qui consiste à lui imputer une œuvre indigne de lui. Une action lui sera donc ouverte, en vertu de l'art. 1382 c. civ. ; mais ce ne sera pas l'action en contrefaçon. C'est assurément là ce qu'a voulu juger la cour de Paris ; cela résulte des expressions mêmes qu'elle emploie pour rejeter la demande, lorsqu'elle déclare que, l'action étant fondée sur la contrefaçon, la cour *n'a pas à statuer* sur la réparation réclamée : n'est-ce pas dire que, si la demande est rejetée, c'est qu'elle est mal engagée ? L'artiste ne se trouve donc pas, dans ce système, dénué de tout recours ; il lui reste une action, indépendante de la poursuite en contrefaçon, mais dont la jurisprudence offre quelques exemples. Ainsi l'auteur d'un ouvrage même tombé dans le domaine public a le droit de former une action en dommages-intérêts contre le libraire qui éditerait sans son nom ledit ouvrage avec des remaniements, suppressions et altérations (Trib. Seine, 14 mars 1860, aff. Peigné, D. P. 60. 3. 16. Comp. *suprà*, n° 94). Ce jugement montre bien que, dans ce cas, l'action est indépendante de la propriété de l'ouvrage, puisqu'il s'agit d'une œuvre tombée dans le domaine public. Donc, même dépouillé de la propriété de son œuvre, l'auteur conserve une action pour empêcher qu'on ne lui impute des œuvres qui ne sont pas les siennes ; mais ce n'est pas l'action en contrefaçon. On trouve des solutions analogues dans les jugements et arrêts suivants qui ont décidé : 1° qu'il y a un acte dommageable de nature à justifier l'allocation de dommages-intérêts, dans le fait, par un entrepreneur de spectacles, de désigner l'un de ses artistes sur ses affiches de manière à le faire confondre avec un autre artiste plus en renom, appartenant à la même spécialité (Paris, 30 déc. 1868, aff. Blondin, D. P. 69. 2. 224) ; — 2° Que le libraire qui, éditeur de l'ouvrage d'un auteur portant le même nom patronymique qu'un autre auteur plus en renom, insère sciemment dans son catalogue une mention destinée à établir une confusion préjudiciable à ce dernier, se rend passible envers lui de dommages-intérêts, dans lesquels il y a lieu de comprendre la suppression du catalogue et l'insertion du jugement dans les journaux (Trib. Seine, 19 févr. 1869, aff. Erckmann, D. P. 69. 3. 90).

118. Quant au cessionnaire, en cas de vente sans réserve, c'est à lui seul que compète, ainsi qu'on vient de le voir, l'action en contrefaçon. Et même, le cessionnaire d'une œuvre d'art peut poursuivre en contrefaçon les tiers qui l'ont contrefaite, quoiqu'il ne s'en soit pas rendu acquéreur dans un but de spéculation, et que, notamment, il se soit interdit de reproduire cette œuvre par le moulage ou autrement (Paris, 6 avr. 1850, aff. Clesinger, D. P. 52. 2. 159). — Mais ce droit suppose une cession véritable, et il a été jugé, par exemple que l'autorisation donnée par le préfet de la Seine, à titre purement gracieux, de reproduire une œuvre d'art dont la Ville de Paris est propriétaire, ne peut être assimilée à une cession du droit exclusif à la reproduction de cette œuvre, en sorte que la personne à laquelle a été accordée cette autorisation est sans qualité pour poursuivre les reproducteurs non autorisés de cette œuvre, et n'est pas fondée à soutenir que ces derniers se sont rendus coupables à son détriment du délit de contrefaçon (Paris, 11 mai 1886, aff. Sornin, D. P. 86. 2. 287).

119. On ne saurait omettre ici la mention de certaines sociétés qui ont été fondées précisément dans le but de faciliter aux auteurs l'exercice de leurs droits et la répression des contrefaçons et autres abus susceptibles d'y porter préjudice. Telles sont la Société des gens de lettres, la Société des auteurs et compositeurs dramatiques, la Société des auteurs, compositeurs et éditeurs de musique, etc. Ces sociétés, comme nous l'avons vu (*suprà*, n° 96), ne sont point les cessionnaires des auteurs ; elles (ou du moins leurs conseils d'administration, dénommés syndicats) n'en sont que les mandataires. Ainsi, pour prendre comme exemple la dernière des sociétés susnommées, aux termes de l'art. 16 des statuts, chacun de ses sociétaires donne, par le fait de son adhésion, aux membres du syndicat, un mandat spécial à l'effet d'introduire, en son nom personnel et à sa requête, mais aux

frais de la société : 1° tout procès qu'il pourrait personnellement avoir vis-à-vis des tiers, à raison de l'audition de ses
œuvres ou propriétés musicales et des droits résultant de
ladite audition ; 2° tout procès intéressant la généralité des
sociétaires et qu'il serait utile d'intenter à la requête de tous
ou plusieurs. C'est donc la société, ou du moins le syndicat
directeur, qui exerce les poursuites. Mais, comme les sociétés
civiles non reconnues d'utilité publique ne peuvent ester en
justice, et qu'en conséquence les actions qu'elles ont à exercer devraient être intentées au nom personnel de chacun de
leurs membres, il est advenu que, dans le but d'éviter une
formalité absolument impraticable pour les sociétés ayant un
nombre considérable de sociétaires, sans violer d'autre part
le principe : « Nul en France ne plaide par procureur, hor-
mis le roi », l'usage s'est établi, non réprouvé par la jurisprudence, et d'ailleurs conforme au droit, de conférer aux
administrateurs de la société mandat d'agir au nom personnel de ceux des associés du chef desquels la société tirerait
des droits et d'intenter les actions de la société à la requête
individuelle de ses associés, le nom des administrateurs ne
figurant dans l'instance que secondairement et avec la mention du mandat de la diligente (Douai, 11 juill. 1882, aff.
Ernst, D. P. 83. 2. 153). La poursuite est ainsi régulière.
Il faut seulement que la société se confine dans son mandat, et c'est ainsi que la cour de Douai (Arrêt précité) a justement jugé qu'une société ayant pour objet unique, d'après
ses statuts, la défense de ses membres vis-à-vis des entrepreneurs d'établissements publics qui exécutent les œuvres
musicales, est non recevable à poursuivre devant les tribunaux correctionnels une infraction prétendue à l'art. 428
c. pén. résultant de lectures publiques de morceaux de
prose ou de poésie sans accompagnement de musique, alors
d'ailleurs que, dans aucun de ces morceaux, les paroles ne
sont inséparables de la musique qui a pu y être adaptée.
C'était là affaire d'interprétation des statuts et du contrat
de mandat qui y est compris. En conséquence, en décidant,
d'après les termes des statuts d'une société, que, dans l'intention commune des parties, cette société a reçu de ses
membres le mandat exclusif de faire réprimer l'exécution
illicite de leurs œuvres musicales avec ou sans paroles, et
qu'elle n'a reçu d'eux aucun mandat relatif à la représentation sans musique ou à la simple lecture d'œuvres purement
littéraires, l'arrêt précité a fait une interprétation souveraine
de la volonté des parties, interprétation qui, fût-elle erronée,
ne viole en rien les règles du mandat et, par suite, ne peut
être révisée par la cour de cassation (Crim. rej. 16 févr.
1884, même affaire, D. P. 85. 1. 95).

120. Lorsque les personnes que nous venons de désigner
veulent poursuivre un contrefacteur, elles ont à prouver
deux choses : 1° leur droit privatif sur l'œuvre ; 2° la contrefaçon. Le droit privatif s'établit, en ces matières, d'une
façon tout à fait spéciale (Rép. n° 436). L'art. 6 de la loi
de 1793 prescrit à tout auteur qui met au jour un ouvrage
de littérature ou de gravure, s'il veut s'assurer la poursuite
des contrefaçons, d'en déposer deux exemplaires à la Bibliothèque nationale ou au cabinet des estampes. On a vu au
Rép., n° 446, et suiv., quels sont les ouvrages auxquels
s'applique la formalité du dépôt. Nous nous bornerons à
compléter ces indications par celles que fournit la jurisprudence la plus récente.

121. En *littérature*, sont soumis à la nécessité du dépôt
tous les ouvrages *mis au jour* (Rép. n° 446), ce qui exclut les
manuscrits et les épreuves d'ouvrages non encore publiés
(Paris, 18 févr. 1836, 9 mars 1842, Trib. Seine, 21 mars
1877, cités par Huard et Mack, n° 404). Mais, sous cette réserve, tous les ouvrages littéraires doivent être déposés.

122. Le dépôt ne s'impose pas seulement aux auteurs
français, mais encore aux auteurs étrangers qui veulent
s'assurer en France le bénéfice de nos lois (Trib. Seine,
4 févr. 1891, Journal La Loi, 1891, p. 35). Il est même
indispensable, pour assurer le respect de la propriété littéraire dans un pays étranger, lorsque cette condition
résulte des traités diplomatiques, ce qui est le cas, notamment, de l'Angleterre (Trib. com. de la Seine, 15 juill.1891) (2).

---

(2) (Lady Osborne C. Ollendorff.) — LE TRIBUNAL ; — Attendu
que lady Osborne, tant en son nom personnel que comme étant
aux droits de son fils décédé, demande au tribunal de prononcer la nullité de la vente du droit exclusif de traduire en
anglais le roman Le Maître de Forges qui a été consentie par
Ollendorff, éditeur, propriétaire de l'ouvrage, la résiliation de la
vente du même droit en ce qui concerne le roman La Comtesse
Sarah, le remboursement des dépenses qu'elle a dû exposer pour
faire respecter les traités et le payement de dommages-intérêts ;
En ce qui touche Le Maître de Forges : — Sur la nullité de la
vente : — Attendu qu'il est établi que, en janvier 1884, Ollendorff
a cédé à lady Osborne et à son fils le droit exclusif de traduire
en anglais Le Maître de Forges, moyennant payement d'une
somme de 400 fr.; que les faits de la cause et les documents
versés aux débats établissent de la façon la plus formelle que les
parties entendaient l'une vendre, l'autre acheter, non seulement
le droit exclusif de traduire, mais le droit exclusif de mettre en
vente la traduction anglaise de l'ouvrage précité ; — Qu'il appartenait incontestablement à Ollendorff, éditeur, propriétaire en
France de cet ouvrage, d'en sauvegarder le droit de reproduction en Angleterre, dès lors qu'il avait l'intention de le céder
dans ce pays, en se conformant aux prescriptions de la convention internationale ayant pour objet la garantie de la propriété
littéraire intervenue entre la France et l'Angleterre en 1852, et
encore en vigueur en 1884 ; — Attendu que ladite convention exige,
comme conditions essentielles de la protection, le dépôt de l'ouvrage dans l'un des deux pays dans un délai de trois mois à partir
du jour de la première publication dans l'autre pays, et la publication, en totalité ou en partie, de la traduction dans un délai d'un
an à compter de la date de l'enregistrement et du dépôt ; —
Attendu que, si Ollendorff a effectivement opéré le dépôt du
Maître de Forges à Londres, le 19 janv. 1882, il a négligé de
faire paraître la traduction ou le commencement de la traduction anglaise dans un délai d'un an après ladite date, c'est-à-
dire avant le 19 janv. 1883 ; d'où il suit que, en cédant en janvier
1884 le droit exclusif de traduire cet ouvrage, il a cédé un droit
qui n'avait plus de sanction et, qui, depuis un an, n'était plus couvert par la convention protectrice intervenue entre la France et
l'Angleterre ; — Qu'en fait, de ce droit, l'objet de la vente avait donc
cessé de lui appartenir, et, en tombant dans le domaine public,
était devenu la propriété de quiconque voulait en user ; — En
conséquence l'exclusivité par lui concédée est nulle et qu'il convient, en la déclarant telle, de l'obliger à rembourser le prix moyennant lequel il l'a cédé ;
Sur le remboursement des frais réclamés par lady Osborne :

— Attendu que, si la nullité du traité peut avoir pour effet de
rendre Ollendorff responsable du préjudice qui en est résulté
pour lady Osborne, elle ne peut autoriser celle-ci à réclamer le
remboursement des frais qu'elle a cru devoir exposer pour
revendiquer en justice contre d'autres traducteurs l'exclusivité
dont elle se prévalait, et dont son habitude professionnelle, en ce
qui concerne les traductions, aurait dû l'engager à vérifier la
légitimité ; — Qu'il convient donc de rejeter sa demande de ce
chef ;
Sur les dommages-intérêts : — Attendu que la nullité de la
vente du fait d'Ollendorff a causé à lady Osborne un préjudice
dont réparation lui est due ; que le tribunal trouve dans les faits
de la cause des éléments suffisants pour en fixer l'importance à
2500 fr., somme au payement de laquelle Ollendorff doit être
contrainte ;
En ce qui touche La Comtesse Sarah : — Attendu qu'Ollendorff
a également vendu à lady Osborne, le 4 févr. 1884, le droit
exclusif de traduire en anglais La Comtesse Sarah; que le dépôt
de l'ouvrage avait été fait à Londres le 26 avril précédent; que
le délai pour faire paraître tout au moins partie de la traduction n'expirait donc que le 26 avr. 1884, c'est-à-dire plus de
deux mois après la vente ; — Qu'il appartenait à lady Osborne,
qui connaissait les formalités à remplir pour s'assurer le profit
de l'exclusivité qu'elle avait achetée, et qui, par le fait de la vente,
se trouvait substituée à tous les droits et obligations de son
vendeur à l'égard de la chose vendue, de faire toutes diligences
pour faire paraître partie de sa traduction dans la période utile ;
que cependant sa traduction n'a paru qu'au mois d'octobre suivant, alors que son droit était périmé et que l'autorisation de
traduire appartenait à tous; — Qu'elle ne peut donc s'en prendre
qu'à elle-même des conséquences de sa propre négligence, et
qu'elle n'est point fondée, par suite, à réclamer la résiliation de la
vente, le remboursement des frais qu'elle prétend avoir exposés
et des dommages-intérêts à raison du préjudice qu'elle a pu
éprouver ;
Par ces motifs ; — Déclare nulle la vente du droit exclusif de
traduire en anglais le roman Le Maître de Forges consentie par
Ollendorff à lady Osborne ; — Condamne Ollendorff à rembourser à lady Osborne le prix de la vente, soit 400 fr., avec les intérêts de droit ; — Le condamne en outre à lui payer 2500 fr. de
dommages-intérêts ; — Déclare lady Osborne mal fondée en la
surplus de sa demande, et l'en déboute ; — Condamne Ollendorff
aux dépens.
Du 15 juill. 1891.-Trib. com. de la Seine.-MM. Gay, pr.-Couteau,
av.

123. Les *ouvrages dramatiques* n'ont besoin d'être déposés que si l'on veut protéger leur impression. Pour assurer le droit exclusif de représentation, cette formalité n'est pas nécessaire (*Rép.* nᵒ 452 ; Huard et Mack, nᵒˢ 405, 850 et suiv.). Jugé en ce sens que l'obligation, imposée à l'auteur, de déposer son œuvre pour s'en assurer la propriété, n'existe que lorsqu'il s'agit d'œuvres susceptibles d'être gravées ou imprimées ; mais qu'il n'en est pas de même, lorsqu'il s'agit seulement pour l'auteur de faire jouer son œuvre, spécialement, lorsqu'il s'agit d'un ballet-pantomime (Trib. com. Rouen, 12 nov. 1873, aff. Paul, D. P. 75. 5. 364). La règle est la même dans le canton de Genève, où les lois de 1791 et 1793 sont en vigueur (C. de Genève, 27 juin 1881, aff. Bernard, D. P. 82. 2. 90).

124. Les *œuvres musicales*, avec ou sans texte, sont assimilées aux écrits, et, si le dépôt n'est pas nécessaire pour garantir le droit de représentation (V. le numéro précédent), il l'est pour le droit d'édition (Trib. Seine, 14 déc. 1887, aff. Enoch, *Le Droit*, numéro du 15 déc. 1887).

125. En matière artistique, les œuvres de *peinture* ne sont pas astreintes au dépôt, alors même qu'elles sont cédées pour être reproduites industriellement, par exemple, sur des éventails (Trib. corr. Seine, 12 déc. 1876, *Annales*, 1880, p. 199). Cette solution découle de la règle plus générale posée par la cour de Paris (9 févr. 1832, *Rép.* nᵒ 447), d'après laquelle la formalité du dépôt ne s'applique pas aux ouvrages exécutés sur toute matière solide et compacte, qui ne sont point, de leur nature, susceptibles d'être déposés et classés dans la bibliothèque.

126. Les ouvrages de *sculpture* sont également exempts du dépôt (*Rép.* nᵒ 446 ; Huard et Mack, nᵒ 1215 ; Douai, 3 juin 1850, aff. Damann, D. P. 52. 2. 144 ; 13 mai 1891, aff. Bertagna, D. P. 92. 2. 182). Il est vrai que quelques jugements et arrêts ont décidé que cette dispense ne devait pas être étendue aux sculptures présentant un caractère industriel, et que, par exemple : 1ᵒ lorsqu'il s'agit d'œuvres de sculpture purement industrielles, ces œuvres, à la différence des précédentes, ne peuvent être considérées comme la propriété de l'inventeur que si le dépôt préalable en a été fait suivant la règle écrite dans l'art. 6 de la loi du 19 juill. 1793, et les formes tracées par l'art. 15 de la loi du 18 mars 1806 (Civ. rej. 28 juill. 1856, aff. Ricroch, D. P. 56. 1. 276) ; — 2ᵒ un modèle artistique livré à l'industrie pour être reproduit, en un nombre illimité d'exemplaires, au moyen de procédés mécaniques, est moins une œuvre d'art qu'un produit de l'industrie ; dès lors, à défaut d'un dépôt préalable, le propriétaire du modèle est sans droit pour poursuivre les contrefacteurs ; il en est ainsi spécialement d'une statuette reproduite par un fabricant d'objets de porcelaine (Trib. com. de la Seine, 13 oct. 1859, aff. Gilles, D. P. 60. 3. 39) ; — 3ᵒ L'auteur de modèles d'industrie sculptés n'en conserve la jouissance exclusive qu'à la condition de manifester et de réserver son droit par le dépôt d'un exemplaire, conformément à l'art. 6 de la loi du 19 juill. 1793, ou par le dépôt des dessins, en exécution de l'art. 15 de la loi du 18 mars 1806 ; à défaut de ce dépôt, le surmoulage de ces modèles ne constitue ni une contrefaçon, ni une concurrence déloyale (Paris, 13 juill. 1865, aff. Bauchot, D. P. 66. 5. 391). — Mais cette solution est loin d'être unanime, et elle est contredite par la cour de cassation elle-même (Civ. cass. 3 avril 1854, aff. Vivaux, D. P. 54. 1.295 ; *Adde :* Metz, 5 mai 1858, aff. Rhonus, D. P. 58. 2. 174, et les nombreux arrêts cités par Huard et Mack, nᵒ 1218), et par la grande majorité de la doctrine (V. *Rép.* nᵒ 394, et les auteurs cités).

127. Les *photographies* doivent être déposées (*Rép.* nᵒ 449 ; Pouillet, *op. cit.*, nᵒ 438 ; Huard et Mack, nᵒ 1221 et suiv. ; Trib. Seine, 22 déc. 1863, aff. Tolra, *Annales*, 1863, p. 408).

128. Il en est de même des ouvrages de *gravure*. Ainsi l'action en réparation du préjudice, résultant de la contrefaçon du plan d'une ville, ne peut être admise en justice qu'autant qu'il est justifié du dépôt de ce plan à la Bibliothèque nationale (Pau, 31 mai 1878, aff. Latour, D. P. 80. 2. 80).

129. Qui doit faire le dépôt ? En principe, c'est l'auteur lui-même. Toutefois il a été jugé, après controverse, que le dépôt fait par l'imprimeur, conformément à la loi du 21 oct. 1814, suffisait pour conserver les droits de l'auteur (Huard et Mack, nᵒ 399 ; Crim. rej. 20 août 1852, aff. Bourret, D. P. 52. 1. 335 ; Req. 6 nov. 1872, aff. Garnier, D. P. 74. 1. 493).

130. Quand le dépôt doit-il être effectué ? Il a été jugé que ce pouvait être même au cours de l'instance en contrefaçon (Pau, 31 mai 1878, aff. Latour, D. P. 80. 2. 80). En effet, il est généralement admis que, si le dépôt est effectué, les faits antérieurs peuvent être poursuivis (Pouillet, *op. cit.*, nᵒ 438 ; Rendu et Delorme, *op. cit.*, nᵒ 761). On peut conclure de cette solution que le dépôt opéré au cours des poursuites est régulier, puisqu'il serait inutile d'annuler une procédure qui pourra être recommencée. Néanmoins, M. Pouillet (*op. cit.*, nᵒ 440) soutient qu'un pareil dépôt ne saurait réparer la nullité encourue. « D'abord, dit cet auteur, et cela suffit, cette nullité est la sanction de la disposition légale qui exige le dépôt. Ensuite, il se peut que les preuves que le plaignant espérait faire valoir contre le prévenu viennent, dans l'intervalle des deux poursuites, à disparaître. Ce seront, si l'on veut, des témoins qui viendront à mourir. Si mince que soit l'intérêt du prévenu, il a le droit de le faire valoir ».

131. Quel est l'effet du dépôt ? Il ne crée pas le droit au profit de l'auteur ; il habilite seulement celui-ci à l'exercer (*Rép.* nᵒ 455). En outre, il crée une sorte de présomption de propriété. La cour de cassation a jugé, en effet, que le dépôt d'une œuvre artistique ou littéraire constitue, au profit du déposant, sinon la preuve même de son droit de propriété, du moins une présomption que le juge est fondé à accueillir en l'absence d'une preuve ou présomption contraire (Crim. rej. 19 mars 1858, aff. Hache, D. P. 58. 1. 190. Comp. Douai, 23 mai 1891, aff. Ernst, D. P. 92. 2. 182). Mais le dépôt ne produit des effets qu'en ce qui concerne l'objet du dépôt lui-même, tel qu'il se comporte, et non autre chose. Par exemple, le dépôt légal de la brochure contenant l'exposé d'un système de comptabilité assure à l'auteur la propriété littéraire de l'ouvrage, mais ne lui confère pas le droit d'interdire l'usage de sa méthode au public (Paris, 2 août 1870, aff. Balnus, D. P. 71. 2. 16).

132. Comment se prouve le dépôt ? Régulièrement, il est constaté par le récépissé détaillé qui en est délivré au déposant ; mais, à défaut du récépissé, le fait du dépôt peut être établi par tous les moyens de preuve, dont l'appréciation souveraine appartient aux juges du fond (Req. 6 nov. 1872, aff. Garnier, D. P. 74. 1. 493. V. aussi Pouillet, *op. cit.*, nᵒ 431). Toutefois, l'autorisation de mise en vente d'une gravure ne remplace le récépissé ; cette autorisation ne se réfère pas au dépôt, elle a pour unique objet d'assurer le respect des bonnes mœurs et de l'ordre public (*Rép.* vᵒ *Presse-outrage*, nᵒˢ 417 et suiv.). Jugé en ce sens que la preuve du dépôt ne saurait résulter de la production d'une autorisation du ministre de l'intérieur, prise en exécution de l'art. 22 du décret du 17 févr. 1852, et permettant à l'imprimeur de mettre le plan en vente (Pau, 31 mai 1878, aff. Latour, D. P. 80. 2. 80). Mais elle résulterait fort bien, pour un livre, d'une mention insérée au *Journal de la librairie* (Req. 6 nov. 1872, précité).

133. La personne lésée par la contrefaçon, doit engager son action par la saisie de l'objet contrefait. Cette saisie doit, à peine de nullité, être opérée par le fonctionnaire compétent, c'est-à-dire le commissaire de police ou le juge de paix (*Rép.* nᵒ 460). Effectuée par un autre elle serait nulle (*Ibid.* nᵒ 463). Toutefois, la production d'un procès-verbal de saisie dressé par un garde champêtre ne peut entraîner la nullité d'une condamnation en matière de contrefaçon littéraire et artistique, si ce procès-verbal, destiné seulement à constater la vente des œuvres contrefaites, n'a été produit aux débats que comme simple document, et que le titre de l'action ait été un procès-verbal de perquisition émanant d'une autorité compétente, spécialement d'un commissaire de police, inspecteur de l'imprimerie et de la librairie de Paris (Crim. rej. 4 déc. 1875, aff. Robineau, D. P. 77. 1. 95). — La description détaillée des objets argués de contrefaçon peut, d'ailleurs, être autorisée d'urgence par le président du tribunal dans le ressort duquel les personnes poursuivies sont domiciliées (Trib. Niort, 17 févr. 1891, *suprà*; nᵒ 108).

CHAP. 9. — Des peines, des dommages-intérêts et de la prescription (*Rép.* nᵒˢ 470 à 509).

134. La jurisprudence ne présente rien de nouveau en ce qui concerne les peines applicables au délit de contre-

façon (*Rép.*, nᵒˢ 481 à 502), sauf toutefois la peine de la confiscation : sur ce dernier point, elle a eu l'occasion de trancher deux questions controversées. — Et d'abord, on s'est demandé si le prévenu de contrefaçon devait, en cas d'acquittement, subir la confiscation. L'affirmative est soutenue par quelques auteurs et consacrée par quelques arrêts (Mangin, *Traité de l'action publique et de l'action civile*, 3ᵉ édit., par M. Sorel, t. 2, nᵒ 280 ; Paris, 21 nov. 1867 ; *Annales*, 1867, p. 359 ; Paris, 31 janv. et 7 févr. 1868, *ibid.*, p. 56 et 63 ; Paris, 25 juin 1870, *ibid.*, p. 264 ; Trib. Niort, 17 févr. 1891, *supra*, nᵒ 108). Elle est surtout soutenue par M. Pouillet (*op. cit.*, nᵒ 699). « On ne peut nier d'abord, dit cet auteur, que l'objet contrefait ne soit prohibé en lui-même et à raison de sa nature ; on ne peut nier que là loi n'en condamne l'existence, et que, dans quelque main qu'il se trouve, il ne constitue une offense directe à la loi. Comment, dès lors, admettre que la mort du prévenu de contrefaçon, survenue par exemple avant le jugement, ou que l'absence de toute mauvaise foi de sa part rende licite et légitime la possession de cet objet ? Est-ce que sa nature n'est pas demeurée la même ? Est-ce que son existence n'en continue pas moins d'être une offense à la loi ? Qu'importe donc que la loi n'ait pas dit d'une manière formelle que la confiscation devait être prononcée même en cas d'acquittement, même en dehors de toute culpabilité du détenteur de l'objet contrefait ! En prohibant la contrefaçon, en interdisant le commerce de tout objet contrefait, elle a dit d'une manière implicite ce qu'elle dit ailleurs d'une façon expresse (L. 5 juill. 1844, art. 49) ». Mais cette opinion a un grave défaut qui apparaît à la simple lecture de cette dernière phrase : en matière répressive, il n'est pas de prescriptions implicites ; les lois pénales sont, de toutes, celles qui exigent la plus stricte interprétation. Que, dans certaines lois fiscales, par exemple, telles que la loi du 28 avr. 1816 sur les tabacs, la loi du 28 juill. 1875 sur les allumettes, le législateur ait édicté une prohibition générale et absolue de détenir des feuilles de tabac qui ne proviennent pas de la Régie, ou des allumettes qui n'ont pas été fabriquées par la compagnie privilégiée ; que, dans un intérêt d'ordre public, la loi du 24 mai 1834 punisse le seul fait de détenir des armes, des munitions ou de la poudre de guerre ; que l'art. 423 c. pén. ordonne de briser les faux poids et les fausses mesures ; qu'en matière de brevets d'invention, la loi du 5 juill. 1844 prononce d'une façon formelle, vis-à-vis de tous ceux que désigne l'art. 49, la confiscation des objets contrefaits, ce sont là des cas spéciaux pour lesquels il existe une disposition expresse de la loi. On ne trouve pas de disposition analogue dans les lois qui protègent la propriété littéraire et artistique. Il faut donc, en cette matière, s'en tenir aux règles du droit commun. Or la règle du droit commun est écrite dans l'art. 11 c. pén. La confiscation est une peine, et elle ne doit être prononcée que quand la propriété du corps du délit appartient au condamné, ce qui suppose évidemment une condamnation. C'est en ce sens que l'on s'est prononcé au *Rép.* nᵒ 490, et cette opinion, consacrée par plusieurs décisions (Trib. corr. de Besançon, 20 nov. 1890, *La Loi*, 1891, p. 346 ; Paris, 29 juin 1878, aff. Lepse, D. P. 80. 2. 71 ; 15 mars 1882, aff. Sicard, V. l'arrêt suivant), a reçu la sanction de la cour de cassation (Crim. rej. 29 déc. 1882, aff. Sicard, D. P. 84. 1. 369). La chambre criminelle, devant laquelle on invoquait la loi de 1844, à l'exemple de M. Pouillet (*loc. cit.*), répond en termes formels « que si, aux termes de l'art. 49 de la loi du

5 juill. 1844, la confiscation des objets reconnus contrefaits doit être prononcée, même en cas d'acquittement, contre le contrefacteur, le receleur, l'introducteur ou le débitant, c'est là une disposition exceptionnelle, qui ne s'applique qu'en matière de brevet d'invention et doit être restreinte aux cas expressément prévus par cette loi ; mais que, lorsqu'il s'agit de la contrefaçon artistique ou littéraire, réprimée et punie par la loi du 19 juill. 1793 et par les art. 425 et suiv. c. pén., ce sont les principes et les règles du droit commun qui doivent être observés ». Or ces principes sont nets et précis : la première condition exigée par la loi pour qu'une peine puisse être prononcée, c'est que le prévenu soit déclaré coupable du délit qui lui est imputé ; la confiscation, d'après l'art. 11 c. pén., étant une peine, ne saurait être ordonnée dans le cas où l'auteur et le complice du délit sont renvoyés des poursuites, l'action publique et l'action civile étant déclarées éteintes par la prescription.

135. On s'est demandé, en second lieu, si, dans le cas de contrefaçon partielle la confiscation devait atteindre l'objet tout entier ou seulement la partie contrefaite. L'opinion émise au *Rép.* nᵒ 489, a, cette fois encore, été consacrée par la cour de cassation. Revenant sur la jurisprudence de 1812 (*Ibid.*, nᵒ 488), la chambre criminelle a décidé que la confiscation des dessins contrefaits emporte nécessairement celle des objets, des vases, par exemple, sur lesquels ces dessins ont été abusivement reproduits, même dans le cas où il y aurait offre de les faire disparaître (Crim. rej. 19 mai 1858, aff. Hache, D. P. 58. 1. 190).

136. Quant aux dommages-intérêts, qui doivent être appréciés *ex æquo et bono* (*Rép.* nᵒ 483), ils peuvent être mis solidairement à la charge de l'auteur et de l'éditeur (Paris, 20 févr. 1872, aff. Delagrave, D. P. 72. 2. 173).

137. Le délit de contrefaçon se prescrit, conformément au droit commun, par trois ans du jour où il a été perpétré (*Rép.* nᵒ 503 ; Crim. rej. 12 mars 1858, aff. Vieillat, D. P. 58. 1. 339). Ce jour est quelquefois difficile à déterminer ; mais certains faits peuvent en fournir la date approximative ; par exemple, la mise en vente, et surtout le dépôt légal de l'œuvre contrefaite (*Rép.* nᵒ 506). Est-ce à dire que, faute de ce dépôt ou de cette mise en vente, la prescription ne coure pas au profit du contrefacteur ? Assurément non : ce sont là des faits saillants qui, à défaut d'autres, fournissent la date approximative du délit, mais on prétendrait à tort que la prescription ne peut être opposée par le contrefacteur que dans le cas où il a déposé l'ouvrage contrefait, et que ce dépôt seul doit servir du point de départ au délai (Crim. rej. 12 mars 1858, précité).

138. Au surplus, la prescription du délit de contrefaçon ne laisse pas désarmé le propriétaire de l'œuvre contrefaite (Blanc, 4ᵉ éd., p. 208). A côté de ce délit, il en existe un autre, le délit d'objets contrefaits, qui constitue un délit particulier. La prescription de ce dernier délit, qui court à partir de la publication de l'œuvre contrefaite, n'entraîne donc pas la prescription du premier, qui a son point de départ dans chaque fait de vente (Renouard, *Droit d'auteur*, t. 2, nᵒ 67 ; Rendu et Delorme, *Droit industriel*, nᵒ 842, et *Rép.* nᵒ 506). Par suite, une action civile pour contrefaçon d'une œuvre littéraire n'est pas prescrite, quoique les faits de contrefaçon et de publication articulés remontent à plus de trois ans, si le débit des exemplaires contrefaits, qui en est même temps poursuivi, s'est continué dans les trois années antérieures à cette action (Req. 11 août 1862, aff. Rose, D. P. 62. 1. 453).

Table sommaire

des matières contenues dans le Supplément et le Répertoire.

(Les chiffres précédés de la lettre S renvoient au Supplément ; les chiffres précédés de la lettre R renvoient au Répertoire.)

Table chronologique des Lois, Arrêts, etc.

6 nov.Req.110 c., 129 c., 132 c. **1873** 21 févr. Paris. 65. 3 mars. Req. 72 c., 73 c. 11 mars.Req. 56 c. 5 août. Rouen. 47 c. 6 août.Req.96 c. 7 nov. Crim. 73. 12 nov. Trib. com. Rouen. 123 c. **1874** 5 sept. Trib. corr. Seine. 89. **1875** 28 mai. Crim. 40 c. 28 juill. Loi. 134 c. 4 déc. Crim.133 c. **1876** 2 mars.Paris.73c. 29 avr. Req. 41 c. 19 mai. Paris. 44 c. 1er déc. Paris.34 c.	12 déc. Trib. corr. Seine. 125 c. **1877** 21 mars. Trib. Seine. 121 c. 5 mai. Paris. 48. 15 mai.Paris. 29 c. 20 nov. Req. 40 c., 41 c. **1878** 15 janv. Caen. 51 c. 53. 25 janv.Paris.59 c. 29 mars. Paris. 43 c., 89 c. 5 mai.Paris.98 c., 113 c. 15 mai. Req. 48 c. 81 mai.Pau.128 c., 130 c., 132 c. 3 juin. Angers.59 c. 25 juin.Paris.56 c. 29 juin.Paris.99 c., 105 c., 110 c., 116 c., 134 c. 29 nov. Trib. Seine. 41 c.	6 déc. Pau. 48 c. 19 déc.Paris.65 c. **1879** 16 avr. Trib. civ. Seine. 85 c. 19 mai.Paris.76 c., 78 c. 12 juin. Trib. Seine. 107 c. 8 juill. Req. 51 c. 18 août. Paris. 40 c., 82 c., 99 c. **1880** 8 janv.Trib.corr. Alger. 75 c. 21 févr. Rouen. 70 c. 13 mars. Paris. 28 c. 17 mai. Bruxelles. 32 c. 13 juill. Req. 51 c. 3 août. Trib. Bruxelles.89. 16 août.Req.28 c., 30 c. 20 déc. Paris.95 c. 28 déc.Civ.43 c.	**1881** 28 janv. Crim. 68 c., 69 c., 75 c. 31 janv.Paris.85 c. 4 févr. Crim.67 c., 70 c., 78 c. 31 mars.Trib.com. Seine. 51 c., 52 c., 53 c. 7 avr. Trib. com. Seine. 52 c. 22 avr. Paris.71 c. 18 juin. Trib. Seine. 52 c. 20 juin.Trib.corr. Alger. 53 c. 27 juin. Genève. 56 c., 60 c., 123 c. 14 oct. Trib. com. Seine. 51 c. 24 déc.Amiens.71. **1882** 17 janv. Civ. 77 c. 20 févr.Civ.40 c., 41 c., 52 c. 15 mars. Paris.134 c. 1er avr. Crim.68 c., 69 c.	5 mai. Paris. 48 c. 11 juill. Douai. 64 c., 110 c. 29 déc.Crim 134 c. **1883** 6 juin.Paris.36 c. 18 juin. Paris. 30 c., 31 c. 27 juill. Trib. Seine. 100 c. **1884** 4 janv. Lyon. 68 c., 72 c., 73 c. 16 févr.Crim.119 c. 9 mai. Trib.Seine. 48 c. 18 mai.Paris.65 c. 5 août. Paris.48c. 27 déc. Crim. 80. **1885** 14 janv. Req.47 c. 14 janv.Paris.84 c. 23 mars. Paris.51., 52 c. 17 avr. Trib. corr. Seine. 83 c. 15 mai.Trib.Seine. 48 c.	**1886** 25 mars. Caen. 51 c., 53 c. 11 mai. Paris. 118 c. 24 nov. Paris.49 c. **1887** 25 janv. Paris. 80 c. 26 janv. Paris. 85 c., 106 c., 110 c., 114 c. 8 juill. Lyon.83 c. 25 juill.Req.27 c., 31 c., 32 c. 14 déc.Trib.Seine. 124 c. **1888** 28 janv.Crim.59 c. 25 févr.Paris.97 c. **1889** 11 janv.Paris.88 c. 28 mai.C.Genève. 75 c. 29 nov. Trib. Seine. 88 c.	**1890** 13 mai. Douai. 106 c. 14 mai. Riom. 75 c. 4 nov.Paris.32 c., 64 c. 20 nov. Trib. corr. Besançon. 59 c., 134 c. 11 déc.Nancy.105 c., 106 c., 112 c. **1891** 9 janv. Paris. 85 c.,102 c.,110 c. 4 févr. Haute-cour just. Londres 4 c. 4 févr. Trib. Seine. 122 c. 17 févr.Trib.Niort. 108,115 c. 129 c. 23 mars.Douai.131 c. 29 avr. Trib.Seine. 35 c. 9 mai. Crim.72 c' 13 mai. Douai. 80 c., 126 c. 20 juin. Trib. corr. Seine. 76.	15 juill. Lyon. 55. 15 juill. Trib. com Seine..122. 3 nov. Trib. corr. Seine. 89. 6 déc. Trib. civ. Seine. 90 c. 9 déc. Lyon. 79. 16 déc. Trib. Seine. 90. **1892** 5 janv. Rennes. 12 avr. Paris. 113 c. **1893** 12 janv. Trib. Seine 48 c. 18 avr. Nancy. 47 c. 23 juin. Crim. 105 c. 19 juill.Loi.43 c., 134 c. 16 nov. Paris. 43c. **1894** 5 févr. Dijon. 79 c. 20 avr. Paris. 87 c.

PROROGATION. — V. outre les renvois indiqués au *Répertoire*, *suprà*, v^is *Appel civil*, n°s 168 et suiv. ; *Arbitrage*, *Arbitre*, n°s 69 et suiv. ; *Conclusions*, n° 36 ; *Effets de commerce*, n° 344 ; *Enquête*, n°s 129 et suiv.

PROROGATION DE JURIDICTION. — V. outre les renvois indiqués au *Répertoire*, *suprà*, v^is *Compétence civile des tribunaux d'arrondissement et des cours d'appel*, n°s 136 et suiv. ; *Compétence civile des tribunaux de paix*, n°s 128 et suiv. ; *Compétence criminelle*, n°s 10, 107 et suiv. ; et *Rép.* eod. v°, n° 148 ; — et *infrà*, v^is *Prud'homme*, et *Rép.* eod. v°, n° 87, *Signature*, et *Rép.* eod. v°, n°s 26 et 32 ; *Tiers ayant cause*, et *Rép.* eod. v°, n° 6.

PROSPECTUS. — V. *infrà*, v^is *Eaux minérales et thermales*, n° 59 ; et *Rép.* v°, *Propriété littéraire et artistique*, n° 441.

PROSTITUTION-PROXÉNÉTISME.

Division.

ART. 1. — Historique. — Législation. — Droit comparé.(n° 1).
ART. 2. — Caractère des faits de prostitution. — Inscription et radiation des filles publiques (n° 33).
ART. 3. — Réglementation de l'exercice de la prostitution (n° 58).
§ 1. — Ordonnance du 6 nov. 1778 (n° 58).
§ 2. — Arrêtés pris par l'autorité municipale (n° 68).
A. — Filles publiques isolées (n° 74).
B. — Maisons de tolérance (n° 76).
§ 3. — Mesures de police. — Discipline. — Visites sanitaires. — Taxes (n° 92).
ART. 4. — De la prostitution des filles mineures (n° 107).

ART. 1er. — *Historique.* — *Législation.* — *Droit comparé.*

1. — I. HISTORIQUE. — Nous ne nous occuperons pas de l'historique de la prostitution dans l'antiquité, qui n'a pas été étudié au *Répertoire* et qui n'offre effectivement aucun intérêt au point de vue auquel doit se placer le présent recueil.
2. Quant à l'historique de la prostitution dans l'ancien droit français, on a vu au *Rép.*, n°s 2 et 3, qu'on peut l'enfermer entre un capitulaire de Charlemagne daté de l'an 800 et l'ordonnance du 6 nov. 1778. On trouve dans la *Collection des lois, ordonnances et règlements de police*, publiée par Peuchot en 1818, les diverses sentences et ordonnances dont cette ordonnance de 1778 renouvelle simplement les prohibitions, notamment la sentence de police du 10 juin 1735 (2e sér., t. 4, p. 193), l'ordonnance de police du 17 sept. 1744 (2e sér. t. 5, p. 277) et la sentence de police du 23 nov. 1759 (2e sér., t. 6, p. 403). — V. aussi Sabatier, *Histoire de la*

législation sur les femmes publiques et les lieux de débauche, p. 96 et 116-117. Il importe d'ailleurs de remarquer spécialement que, si le lieutenant général de police avait le droit de condamner à une détention plus ou moins longue les filles et femmes de débauche, la condamnation ne pouvait être prononcée que par un jugement public, rendu dans la chambre de police au Châtelet, conformément à la déclaration du roi du 26 juill. 1713 et à l'arrêt d'enregistrement de cette déclaration du 9 août 1713 : sur appel, les parties procédaient en la grand'chambre du Parlement, suivant la manière accoutumée, « encore que la suite de la procédure eût obligé le lieutenant général de police à ordonner que les filles (traduites devant lui) seraient enfermées pour un temps dans la maison de force de l'Hôpital général » (Peuchot, *op. cit.*, 2e sér., t. 2, p. 319-326, et t. 6, préface, p. 8). Sans doute, au témoignage de Malesherbes, « dans beaucoup de villes, les magistrats chargés de la police punissent par la prison ceux qui troublent la société, sans procédure et sans appel : à Paris, le ministère public et le magistrat de la police (c'est-à-dire le lieutenant général), au lieu de donner des ordres en leur nom, obtiennent des ordres du roi » (c'est-à-dire des lettres de cachet). Mais il résulte des anciens rapports de police et des archives de la Bastille que les lettres de cachet, sauf quand elles étaient sollicitées par les familles, n'étaient guère employées pour fait de prostitution (V. Peuchot, *Mémoires tirés des archives de la police de Paris, pour servir à l'histoire de la morale et de la police depuis Louis XIV jusqu'à nos jours*, 1838, 6 vol. ; *Rapports inédits du lieutenant de police René d'Argenson*, publiés avec introduction et notes par M. Paul Cottin, 1891, 1 vol. ; *Inventaire des archives de la Bastille*, t. 9 du catalogue des manuscrits de la bibliothèque de l'Arsenal, 1892, 1 vol. V. aussi Frégier, *Histoire de l'administration de la police de Paris, depuis Philippe-Auguste jusqu'aux états généraux de 1789, 1850*, 2 vol.).
3. — II. LÉGISLATION. — Quoique le message adressé le 17 niv. an 4 par le Directoire exécutif au conseil des Cinq-Cents ait signalé l'urgence de mesures législatives sur la prostitution, ces mesures n'ont pas encore été édictées, et la prostitution reste presque exclusivement régie par les anciennes ordonnances (V. *infrà*, n°s 58 à 67) et par les règlements de police locaux (V. *infrà*, n°s 68 à 106), tant au point de vue de la répression des individus qui la favorisent qu'au point de vue de la surveillance à exercer sur les femmes qui s'y livrent et du régime disciplinaire à leur imposer.
4. Cependant, le proxénétisme, que l'on peut définir « le fait de favoriser, d'une manière habituelle et dans un but lucratif, la débauche d'autrui » (Garraud, *Traité théorique et pratique du droit pénal français*, t. 4, n° 442, p. 443), constitue aujourd'hui un délit distinct du délit d'excitation des

mineurs à la débauche, étudié *suprà*, v° *Attentat aux mœurs*, n°ˢ 62 à 80, et ne tombe plus seulement sous l'application de l'art. 334 c. pén., mais aussi sous l'application de la disposition finale de l'art. 4 *in fine* de la loi du 27 mai 1885, sur les récidivistes, ainsi conçue : « Sont considérés comme gens sans aveu, et seront punis des peines édictées contre le vagabondage, tous individus qui, soit qu'ils aient ou non un domicile certain, ne tirent habituellement leur subsistance que du fait de pratiquer ou faciliter sur la voie publique l'exercice de jeux illicites, ou la prostitution d'autrui sur la voie publique ». Pour le commentaire de cette disposition, V. *infrà*, v° *Vagabondage*, et Garraud, *op. cit.*, t. 4, n°ˢ 108 et 109, p. 102-104. V. aussi D. P. 85. 4. 51, en note, n° 9, et *infra*, n° 5 *in fine*.

5. D'autre part, à la date du 31 oct. 1891, M. le garde des sceaux Fallières a déposé à la Chambre des députés un projet de loi concernant les logeurs, débitants de boissons et autres individus qui facilitent la prostitution des femmes et filles de débauche (Chambre des députés, sess. extr. 1891), annexe n° 1691 (*Journ. off.* 1891, *Chambre des députés, Documents parlementaires*, p. 2584). Les premières lignes de l'exposé des motifs décrivent de la manière suivante la situation à laquelle le projet de loi a pour but de remédier : « Depuis quelques années, la prostitution sur la voie publique a pris, dans le département de la Seine et dans les grandes agglomérations des autres départements, un développement inquiétant. Il n'est pas douteux que l'augmentation du nombre des individus qui vivent ou tirent profit de la prostitution d'autrui ne soit une des causes de cette aggravation. Ce sont, d'une part, les logeurs tenant maison meublée ou chambres garnies qui donnent asile aux femmes qui racolent sur la voie publique ; ce sont aussi les cabaretiers ou débitants qui reçoivent dans leurs établissements des filles de débauche auxquelles ils procurent les moyens de s'y prostituer. Ce sont enfin les individus qui tirent leur subsistance de l'inconduite de filles qu'ils poussent et contraignent, au besoin, à se livrer à la prostitution sur la voie publique ». L'exposé des motifs indique ensuite qu'en ce qui concerne les logeurs, la législation existante ne permet qu'une répression insuffisante, soit que les poursuites aient lieu pour infraction aux arrêtés pris par l'autorité municipale, soit qu'elles aient lieu pour infraction à l'ordonnance de police du 6 nov. 1778, puisque, d'après la jurisprudence de la cour de cassation, les infractions à ces ordonnances ne peuvent être punies que de peines de simple police (V. *infrà*, n° 65) ; qu'en ce qui concerne les cabaretiers ou débitants qui abusent de la liberté à eux concédée par la loi du 17 juill. 1880, portant abrogation du décret du 29 déc. 1851 (D. P. 80. 4. 93), et qui exploitent de véritables maisons de tolérance sous le couvert de débits de boissons, la police judiciaire et la police administrative se trouvent l'une et l'autre désarmées ; qu'enfin, en ce qui concerne les individus qui tirent leur subsistance de l'inconduite de filles qu'ils contraignent à se prostituer, la répression est entravée par les conditions restrictives à la réunion desquelles la loi du 27 mai 1885 subordonne l'existence du délit qu'elle entend punir, puisque, pour tomber sous le coup des dispositions de cette loi, un individu doit, d'une part, accomplir sur la voie publique les faits par lesquels il facilite la prostitution d'autrui et, d'autre part, ne tirer habituellement sa subsistance que de la prostitution d'autrui.

Le projet de loi est ainsi conçu : « Art. 1ᵉʳ. Tout logeur tenant maison meublée ou chambres garnies, qui aura sciemment favorisé ou facilité la débauche en recevant chez lui des femmes ou filles qui s'y livrent à la prostitution, sera puni d'un emprisonnement de trois mois à deux ans et d'une amende de 100 à 1000 fr. — Art. 2. Seront punis des mêmes peines tous les cafetiers, cabaretiers et autres débitants de boissons à consommer sur place, qui fourniront à des femmes ou filles de débauche, employées ou non dans leurs établissements, les moyens de s'y livrer à la prostitution. — Art. 3. Le débitant condamné à un emprisonnement d'un mois au moins, pour le délit ci-dessus prévu, ne pourra, pendant cinq ans après l'expiration de sa peine, exploiter soit par lui-même, soit par un gérant, un débit de boissons. L'incapacité sera perpétuelle si, pendant ces cinq années, le condamné a encouru une condamnation correctionnelle à l'emprisonnement. Le débitant interdit ne pourra être

employé à quelque titre que ce soit dans l'établissement qu'il exploitait, ni dans l'établissement exploité par son conjoint même séparé. Toute infraction aux interdictions qui précèdent sera punie d'un emprisonnement de six jours à un mois et d'une amende de 50 à 500 fr. — Art. 4. Sont considérés comme gens sans aveu, et seront punis des peines portées en l'art. 277 c. pén., tous individus, ayant ou non un domicile certain, qui tirent habituellement profit du fait de faciliter la prostitution d'autrui sur la voie publique. Les individus condamnés en vertu des dispositions du présent article seront en outre, et même en cas de circonstances atténuantes, soumis après l'expiration de leur peine, pendant cinq ans au moins et dix ans au plus, à l'interdiction de séjour édictée par l'art. 19 de la loi du 27 mai 1885. — Art. 5. L'art. 463 c. pén. est applicable aux infractions prévues par les articles ci-dessus. — Art. 6. Toutes dispositions contraires à la présente loi sont abrogées ». Ce projet de loi n'est pas encore venu en discussion.

6. Enfin, à la date du 27 avr. 1894, M. Bérenger a déposé au Sénat une proposition de loi sur la prostitution et les outrages aux bonnes mœurs (*Journ. off.*, 1894, *Sénat, Débats parlementaires*, p. 289. V. l'exposé des motifs et le texte de cette proposition de loi ; Sénat, session ordinaire, 1894, annexe n° 81, *Journ. off.*, 1894, *Sénat, Documents parlementaires*). Cette proposition transforme d'abord en délit, et punit des peines édictées par l'art. 330 c. pén. (V. *suprà*, v° *Attentat aux mœurs*, n°ˢ 2 et 8), le fait, exclusivement réprimé jusqu'à ce jour par mesure administrative, de se livrer au racolage sur la voie publique ou dans les lieux publics : aux termes mêmes de l'exposé des motifs, il ne s'agit pas d'atteindre l'acte isolé, ni l'entraînement accidentel, mais l'acte manifestement scandaleux, irrécusable et habituel, la prostitution avouée, patente, en quelque sorte professionnelle. En outre, le racolage constituant un délit, la participation à ses profits, aussi bien que l'assistance prêtée pour le commettre, rentrerait dans les conditions ordinaires de la complicité, et les souteneurs seraient ainsi atteints plus sûrement dans leur honteux métier que par l'art. 4, *in fine*, cité *suprà*, n° 4, de la loi du 27 mai 1885, sur les récidivistes. Les dispositions qui précèdent résultent de l'art. 1 de la proposition de loi, ainsi conçu : « Quiconque se livre au racolage sur la voie publique ou dans les lieux publics sera puni des peines édictées par l'art. 330 c. pén. Seront considérés comme complices et punis comme tels ceux qui auront aidé ou soutenu l'auteur principal dans l'accomplissement du délit, ou qui en auront partagé les profits. — Les condamnations prononcées en vertu du présent article seront assimilées au vagabondage, en ce qui touche l'application de la loi du 27 mai 1885 sur les récidivistes ». Les art. 2, 3 et 5, qui ont pour but de réprimer la prostitution clandestine dans les maisons meublées, chambres garnies et établissements publics, sont la reproduction textuelle des art. 1, 2 et 3 du projet de loi rapporté, *suprà*, n° 5. En outre, en vertu de l'art. 4, la fermeture des établissements pourrait être ordonnée par le jugement de condamnation dans les deux cas visés par les deux premiers articles. Aux termes de l'art. 6 : « l'embauchage par violence ou par fraude dans une maison de débauche, sera puni d'un emprisonnement de six mois à deux ans », Les art. 7 et 8 sont relatifs à l'outrage aux bonnes mœurs commis par la parole ou par des écrits autres que le livre et contiennent des modifications et des additions à la loi du 29 juill. 1881, sur la liberté de la presse, et à la loi du 2 août 1882, ayant pour objet la répression des outrages aux bonnes mœurs (V. *suprà*, v° *Presse*, n°ˢ 664 et 665, 667, 690 à 714). Il importe de signaler encore l'art. 9, qui s'applique aux deux catégories de dispositions contenues dans la proposition de loi (prostitution et outrage aux bonnes mœurs), et qui est ainsi conçu : « Les peines pourront être portées au double si le délit a été commis à l'égard de mineurs de l'un ou de l'autre sexe ».

7. A Paris, la prostitution est actuellement régie par une instruction réglementaire, en date du 15 oct. 1878, concernant les diverses opérations du service des mœurs, et portant modification de l'instruction réglementaire du 16 nov. 1843 (*Collection officielle des ordonnances de police*, Paris, 1881, t. 2, p. 673 et suiv.).

8. Pour les règlements sur la prostitution dans les autres villes de France, notamment à Bordeaux, à Brest, à Lyon,

à Marseille, à Nantes et en Algérie, nous nous contenterons de renvoyer aux notices annexées à la troisième édition de l'ouvrage, cité *infrà*, n° 10, de Parent-Duchâtelet (t. 2, p. 395 à 558), et aux ouvrages cités *infrà, ibid.*, en signalant spécialement l'importance de l'ouvrage de M. le docteur Mireur sur *La prostitution à Marseille*. Dans cette ville, le règlement qui régit actuellement la prostitution (Règlement général du service des mœurs) porte la date du 30 oct. 1878.

9. A raison même de l'absence signalée *suprà*, n° 3, de dispositions législatives sur la prostitution en France, les traités généraux de droit pénal français parus ou réédités depuis la publication du *Répertoire* ne consacrent que peu de développements à la prostitution. Seul parmi les auteurs de ces traités, M. Garraud en parle autrement que d'une façon incidente (V. *Traité théorique et pratique du droit pénal français*, t. 4, p. 446, n° 443).

10. Nombreux sont, au contraire, les ouvrages spéciaux qui ont pour objet la prostitution, envisagée soit dans son ensemble, soit au point de vue juridique, ou au point de vue administratif, ou surtout au point de vue sanitaire et hygiénique. Nous nous bornerons à citer les ouvrages suivants : Parent-Duchâtelet, *De la prostitution dans la ville de Paris, considérée sous le rapport de l'hygiène publique, de la morale et de l'administration*, 3e édit., complétée par MM. Trébuchet et Poirat-Duval, suivie d'un précis hygiénique, statistique et administratif sur la prostitution dans les principales villes de l'Europe, Paris, 1857, 2 vol. in-8° ; Sabatier, *Histoire de la législation sur les femmes publiques et les lieux de débauche*, nouvelle édition, Paris, 1830, in-8° ; Lecour, *De la prostitution, de ses causes, de ses conséquences et de sa réglementation*, Paris, 1883, 1 broch. in-8° ; Docteur Armand Després, *La prostitution en France, études morales et démographiques*, avec une statistique générale de la prostitution en France, Paris, 1883, in-8° ; Docteur Jeannel, *De la prostitution dans les grandes villes au 19e siècle et de l'extinction des maladies vénériennes*, 2e édit., Paris, 1874, in-12 ; Docteur Mireur, *La syphilis et la prostitution dans leurs rapports avec l'hygiène, la morale et la loi*, Paris, 1875, in-8° ; Docteur Reuss, *La prostitution au point de vue de l'hygiène et de l'administration en France et à l'étranger*, Paris, 1889, in-8° ; Docteur O. Commenge, *Recherches sur les maladies vénériennes à Paris, dans leurs rapports avec la prostitution clandestine et la prostitution réglementaire*, de 1878 à 1887, Paris, 1890, in-8° ; Docteur O. Commenge, *Syphilis et prostitution dans les insoumises mineures, de 1878 à 1887*, Paris, 1893, in-8° ; V. aussi : Lecour, *La prostitution à Paris et à Londres, 1789-1877*, 3e édit., Paris, 1877, in-12 ; Docteur Martineau, *La prostitution clandestine*, Paris, 1885, in-18 ; Docteur Corlieu, *La prostitution à Paris*, Paris, 1887, in-16 ; Emile Richard, *La prostitution à Paris*, Paris, 1890, in-16 ; Docteur Mireur, *La prostitution à Marseille*, histoire, administration et police, hygiène, Paris, 1882, in-8° ; Yves Guyot, *Études de physiologie sociale ; la prostitution*, Paris, 1882, in-12. — V. aussi les rapports présentés au Conseil municipal de Paris au nom de la commission spéciale de la police des mœurs par le docteur Fiaux en 1883 et au nom de la commission sanitaire par M. Emile Richard en 1890.

11. On trouvera *infrà*, n°s 14 et suiv., à propos de chaque pays, l'indication des ouvrages et des documents relatifs à la prostitution en pays étrangers.

12. — III. DROIT COMPARÉ. — Si la prostitution est réglementée dans tous les États, le fait de se prostituer n'est considéré, en lui-même, comme une infraction à la loi pénale que dans les cantons suisses (V. *infrà*, n° 24). En tous autres pays, la loi pénale n'intervient qu'indirectement en ce qui concerne la prostitution, pour sanctionner par des peines plus ou moins sévères les contraventions aux règlements de police sur la matière (V. Garraud, *op. cit.*, t. 4, p. 447, n° 443 *in fine*).

13. Au point de vue de la répression du proxénétisme, on peut diviser les législations étrangères en deux grandes catégories : celles qui, par des dispositions analogues à l'art. 334 c. pén., frappent seulement les individus favorisant la prostitution des mineures ; celles qui frappent les individus favorisant la prostitution des femmes de tout âge. Dans la première catégorie rentrent les législations italienne, belge, hollandaise, espagnole, et celles des cantons de Vaud

et du Tessin ; dans la deuxième catégorie, les législations allemande, autrichienne, hongroise, et celles de presque tous les cantons de la Suisse, y compris celui de Genève depuis une loi du 26 sept. 1888.

14. — 1° *Italie*. — Le code pénal d'Italie, promulgué le 30 juin 1889, distingue et punit séparément d'une part l'excitation à la corruption pour servir aux passions du coupable, en tant seulement que la victime est une personne, de l'un ou de l'autre sexe, mineure de seize ans (art. 335), et d'autre part, sous le nom de *lenocinio*, le trafic qui provoque à la débauche pour servir aux passions d'autrui (art. 345 à 348). Les art. 345 et 346 sont ainsi conçus : « Art. 345. Quiconque, pour servir les passions d'autrui, favorise la débauche d'une personne mineure ou l'excite à la corruption, est puni de la réclusion de trois à trente mois et d'une amende de cent à trois mille livres. — La réclusion est d'un an à six ans, et l'amende ne peut être inférieure à cinq cents livres, si le délit est commis : 1° sur une personne qui n'a pas accompli douze ans ; 2° par supercherie ; 3° par des ascendants, des alliés dans la ligne directe ascendante, le père ou la mère adoptifs, le mari, le tuteur ou bien toute autre personne à qui le mineur est confié pour raison de soins, d'éducation, d'instruction, de surveillance ou de garde, même temporaire ; 4° habituellement ou dans un but de lucre. — Au cas de concours de deux ou d'un plus grand nombre de circonstances susénoncées prévues sous les numéros différents, la réclusion est de deux à sept ans et l'amende ne peut être inférieure à mille livres. — Art. 346. Quiconque, pour servir les passions d'autrui, favorise ou facilite la prostitution ou la corruption d'une personne mineure, suivant les modes ou dans les cas indiqués au premier paragraphe de l'article précédent, est puni de la réclusion de trois mois à deux ans et d'une amende de cent à cinq mille livres ; dans le cas prévu au second paragraphe, la réclusion est de six mois à trois ans et l'amende de cinq cents à six mille livres » (*Code pénal d'Italie*, 30 juin 1889, traduit et annoté par M. J. Lacointa, Paris, 1890, p. 155-156).

Au point de vue administratif, à la réglementation introduite en 1860, sous le ministère Cavour, et qui était conforme, dans ses grandes lignes, aux règles suivies à Paris pour la surveillance de la prostitution, a succédé, sous le premier ministère Crispi, un régime différent, consacré par deux règlements du 29 mars 1888, l'un sur la prostitution, l'autre sur la prophylaxie et le traitement des maladies syphilitiques (ce dernier remplaçant les « sifilicomes » par des sections spéciales créées dans les hôpitaux civils). Ces deux règlements sont entrés en vigueur dans sept provinces à dater du 1er août 1888, puis ont été étendus aux autres provinces par des décrets successifs (V. *Nuove leggi e regolamenti sulla prostituzione e abolizione dei sifilicomi*, Roma, 1888, et la traduction française de ces règlements dans la *Gazette hebdomadaire de médecine et de chirurgie*, n° du 28 déc. 1888, p. 833 à 836). La réforme qui ne tendait assurément pas à « abolir la prostitution en Italie », ni même à supprimer toute réglementation de la prostitution, mais, suivant les termes mêmes employés par l'un de ses promoteurs, à substituer à la garantie que peut procurer la surveillance de l'autorité administrative une garantie plus efficace, « dérivant de la solidarité des intérêts et des responsabilités individuelles » ; a incontestablement échoué, d'ailleurs pour des raisons et dans des limites qui sont très discutées (V. *Expériences d'abolition de la prostitution en Italie*, rapport fait à la Société russe de syphiligraphie et de dermatologie, par le docteur Tarnowsky, *Gazette hebdomadaire de médecine et de chirurgie*, des 17 et 24 déc. 1892, p. 607 à 609, 649 à 622 ; *L'avortement d'une réforme, à propos d'un rapport du professeur Tarnowski sur la prostitution en Italie*, par le professeur Celzo Pellizzari, *Gazette hebdomadaire de médecine et de chirurgie*, n°s des 20 et 27 janv. 1894, p. 29 à 33, 43 à 47). Par un règlement sur la prostitution (*Regolamento sub meretricio*), en date du 27 oct. 1891, signé par M. Nicotera, ministre de l'intérieur, les bases fondamentales de la réglementation de 1860 ont été rétablies : inscription de toutes les femmes faisant métier de la prostitution ; examen médical périodique des prostituées, tant isolées qu'en maison ; traitement obligatoire pour les prostituées malades.

15. — 2° *Belgique.* — Le code pénal belge du 8 juin 1867 traite, dans le chapitre 6 du tit. 7, « de la prostitution ou corruption de la jeunesse » (art. 379 à 382). Aux termes de l'art. 379, « quiconque aura attenté aux mœurs, en excitant, facilitant ou favorisant habituellement, pour satisfaire les passions d'autrui, la débauche ou la corruption des mineurs de l'un ou de l'autre sexe, sera puni d'un emprisonnement de trois mois à deux ans, si les mineurs sont âgés de plus de quatorze ans accomplis, et de deux ans à cinq ans d'emprisonnement, si les mineurs n'ont pas atteint cet âge ». Aux termes de l'art. 380, « le fait énoncé à l'article précédent sera puni de la réclusion, s'il a été commis envers un enfant qui n'avait pas accompli sa onzième année. La tentative de ce crime ne sera pas punissable ». Ces dispositions, et les autres du même chapitre, existent dans la législation belge depuis la loi du 15 juin 1846.

À Bruxelles, le règlement sur la prostitution date de 1843. Toutes les questions relatives à la réglementation de la prostitution ont été discutées par l'Académie de médecine de Belgique du 31 juill. 1886 au 28 mai 1887 (V. O. Commenge, *La prostitution devant l'académie de médecine de Belgique*, Paris, 1888).

16. — 3° *Pays-Bas.* — Le code pénal des Pays-Bas, voté et promulgué le 3 mars 1881, mais mis en vigueur seulement à partir du 1er sept. 1886, contient la disposition suivante : « Art. 250. Est puni, comme entremetteur : 1° d'un emprisonnement de quatre ans au plus, le père, la mère, le tuteur ou subrogé-tuteur qui excite ou favorise volontairement la débauche de son enfant mineur, ou du mineur placé sous sa tutelle ou subrogée tutelle, avec un tiers ; 2° d'un emprisonnement de trois ans au plus, toute autre personne qui, en vue d'un lucre et avec intention, excite ou favorise la débauche d'un mineur avec un tiers, ou qui fait métier d'exciter ou de favoriser, avec intention, la débauche d'un mineur avec un tiers » (*Code pénal des Pays-Bas*, traduit et annoté par M. W.-J. Wintgens, Paris, 1883, p. 67).

17. Au point de vue administratif, V. *De la prostitution en Hollande*, par les docteurs Schneevoogt, van Trigt et van Oordt (Parent-Duchâtelet, *op. cit.*, t. 2, p. 829 à 847).

18. — 4° *Espagne.* — Aux termes de l'art. 459 c. pén. espagnol de 1870, qui reproduit presque textuellement l'art. 367 c. pén. de 1850, mais en aggravant la pénalité au cas où il y a eu abus d'autorité, « celui qui, habituellement ou par abus d'autorité ou de confiance, excitera ou facilitera la prostitution ou la corruption des mineurs pour satisfaire les désirs d'autrui, sera puni de la peine de la prison correctionnelle, etc... » (*Codigo Penal reformado de 1870, concordado y comentado por Salvador Viada y Vilaseca*, Madrid, 1885, p. 580-583).

19. Au point de vue administratif, V. *De la prostitution en Espagne*, par le docteur Guardia (Parent-Duchâtelet, *op. cit.*, t. 2, p. 763-804).

20. — 5° *Empire allemand.* — Le code pénal qui portait le titre de code pénal de la confédération de l'Allemagne du Nord, lors de sa promulgation le 31 mai 1870, et qui a été rendu applicable à l'Empire allemand par la loi du 15 mai 1871, prévoit, lui aussi, non seulement l'attentat aux mœurs, dans l'art. 176, mais encore le proxénétisme, dans les art. 180 et 181, ainsi conçus : « Art. 180. Quiconque, habituellement ou pour en tirer profit, facilite la débauche, soit en s'entremettant, soit en favorisant ou en procurant les occasions, sera puni d'emprisonnement comme proxénète, et pourra en outre être privé des droits civiques et renvoyé sous la surveillance de la police. — Art. 181. Le proxénétisme sera puni de la réclusion pendant cinq ans au plus, lors même qu'il n'aurait pas été exercé habituellement ou pour en tirer profit : 1° si, pour faciliter la débauche, il a été pratiqué des manœuvres frauduleuses ; 2° si le proxénète appartient à la classe des personnes ayant autorité sur la victime, telles que ses père, mère, tuteurs, ecclésiastiques, instituteurs ou précepteurs. — En outre de la peine de la réclusion, le coupable sera privé des droits civiques, et renvoyé sous la surveillance de la police » (Traduction de M. Alexandre Ribot, *Annuaire de législ. étrang.*, 1872, p. 129). Lors de la revision portant la date du 26 févr. 1876, les art. 180 et 181 n'ont pas été modifiés (V. *Annuaire de législ. étr.*, 1877, p. 148).

21. Au point de vue administratif, V. *Notice sur la pros-* titution à Berlin, d'après l'ouvrage du docteur Behrend, publié en 1850, complétée par les décrets, ordonnances et règlements de police (Parent-Duchâtelet, *op. cit.*, t. 2, p. 669 à 693) ; *De la prostitution à Hambourg*, notice extraite de l'ouvrage du docteur Lippert, publié en 1848, *ibid.* (t. 2, p. 805 à 828).

22. — 6° *Suisse.* — Les cantons suisses sont restés, depuis l'acte de médiation de 1803, souverains en matière de législation pénale. Mais on a vu *supra*, v° *Peine*, n° 40, qu'un mouvement s'est dessiné et que des travaux préparatoires ont été entrepris en Suisse en vue d'amener l'unification du droit pénal (V., sur les origines du mouvement les obstacles qu'il a rencontrés, un article, cité *ibid.*, de M. Correvon, membre du tribunal cantonal vaudois, sur la « Société suisse pour la réforme pénitentiaire et l'unification du droit pénal en Suisse » dans la *Revue pénitentiaire, Bulletin de la société générale des prisons*, 1893, p. 54 et suiv.). On a indiqué, *supra*, *ibid.*, comme le plus important de ces travaux préparatoires l'ouvrage qui a paru sous les auspices du conseil fédéral avec le titre suivant : *Les codes pénaux suisses rangés par ordre de matières*, par Carl Stóos, Bâle et Genève, 1890 (publié pour partie en allemand, pour partie en français et pour partie en italien). Cet ouvrage renferme le texte des dispositions pénales édictées dans les divers cantons contre le proxénétisme et la prostitution. V. une autre publication sur le droit criminel suisse confiée au même auteur sous le même but : *Die Grundzüge des Schweizerischen Strafrechts im Auftrage des Bundesrathes vergleichend dargestellt*, par Carl Stóos, erster Band, 1892, *zweiter Band* 1893. V. aussi : *Das Strafrecht der Schweiz*, par H. Pfenninger, Berlin, 1890, et, comme se rapportant plus spécialement à notre sujet : *Les délits contre les mœurs dans les codes pénaux suisses*, étude de législation comparée par M. E. Picot (*Revue pénale suisse*, 1889, t. 2, p. 51 à 67).

23. Quant au proxénétisme, nous signalerons seulement que, tandis que l'art. 199 c. pén. du canton du Valais, en vigueur depuis le 1er janv. 1859, l'art. 124 c. pén. du canton de Zurich, en vigueur depuis le 1er févr. 1871, et l'art. 396 c. pén. du canton de Fribourg, en vigueur depuis le 1er janv. 1874, punissent les actes de proxénétisme sans tenir compte de l'âge de la victime, au contraire l'art. 198 c. pén. du canton de Vaud, en vigueur depuis le 1er janv. 1844, réprime la corruption « des jeunes gens de l'un ou de l'autre sexe », l'art. 262 c. pén. du canton du Tessin, en vigueur depuis le 1er mai 1873, exige que la victime du délit soit mineure de vingt ans, et l'art. 213 c. pén. du canton de Genève, en vigueur depuis le 30 oct. 1874, punit l'excitation habituelle à la débauche ou à la corruption de « mineurs de l'un ou de l'autre sexe ». Mais, dans ce dernier canton, une loi du 26 sept. 1888, concernant les délits et contraventions contre la morale publique, punit en outre « tous individus qui tirent habituellement un profit ou leurs moyens de vivre du fait d'exciter ou de provoquer dans un lieu public à la prostitution d'autrui » (Carl Stóos, *op. cit.*, p. 472-473).

24. Quant au fait même de se prostituer, les divers codes pénaux des cantons le punissent d'un emprisonnement qui, en général, ne peut excéder six mois, et presque tous réservent de plus au pouvoir exécutif le droit d'expulser par mesure de police les personnes étrangères au canton dont la conduite est contraire aux mœurs. V. notamment, sur ces points, art. 197 c. pén. du canton de Vaud, art. 147 et 148 c. pén. du canton de Neuchâtel, art. 198 c. pén. du canton du Valais, art. 395 c. pén. du canton de Fribourg, art. 2 de la loi du 26 sept. 1888, concernant les délits et contraventions contre la morale publique dans le canton de Genève.

25. Le projet de code pénal pour le canton de Neuchâtel, voté le 12 févr. 1891 par le grand conseil et cité *supra*, v° *Peine*, n° 40, comme l'expression la plus parfaite des principes de la science criminelle, contient les dispositions suivantes : « Art. 291 (projeté). La femme qui fait métier de la prostitution et qui se livre à des provocations sur la voie publique ou dans un lieu public sera, pour la première infraction signalée, conduite à la préfecture et admonestée. En cas de nouvelle infraction, elle sera condamnée à l'emprisonnement jusqu'à six mois. Si la femme est neuchâteloise, l'internement d'un an au moins et de trois ans

au plus dans une maison de travail et de correction pourra remplacer l'emprisonnement. La poursuite pour le délit de prostitution n'a lieu que sur la dénonciation de l'autorité de police. — Art. 292 (projeté). Quiconque, pour satisfaire les passions d'autrui, aura attenté aux mœurs en excitant, favorisant ou facilitant la débauche ou la corruption de personnes de l'un ou de l'autre sexe, sera puni de la réclusion jusqu'à deux ans et de l'amende jusqu'à 5000 fr. La réclusion pourra être portée jusqu'à quatre ans et l'amende jusqu'à 10 000 fr., si les personnes corrompues ou prostituées sont âgées de moins de vingt ans, ou si des femmes honnêtes ont été conduites, à leur insu, par ceux qui font métier d'exploiter la débauche, dans un lieu de prostitution ». Le second de ces articles n'élève pas seulement les pénalités par rapport à l'art. 146 c. pén. actuel, en vigueur depuis le 1er janv. 1862, il est aussi plus compréhensif, en ce sens notamment qu'il n'exige point l'habitude comme condition de l'existence du délit prévu.

26. Au point de vue administratif, V. : De la prostitution à Berne, par le docteur d'Erlach (Parent-Duchâtelet, op. cit., t. 2, p. 694 à 712); Règlement du 13 janv. 1885 concernant les visites sanitaires, pour la ville de Genève (Rapport présenté par M. Emile Richard au conseil municipal de Paris, 1890, annexe, n° 10, p. 141-142); Arrêté du 10 juill. 1885 contre le racolage, par les femmes, sur la voie publique, pour la ville de Berne, (Ibid., annexe [n° 11, p. 143-144).

27. — 7° Autriche. — Le code pénal actuellement en vigueur en Autriche, et qui date du 27 mai 1852, frappe spécialement les individus que le projet de loi déposé en France par le garde des sceaux le 31 oct. 1891 a pour but d'atteindre. D'une part, l'art. 512 est ainsi conçu : « Se rend coupable de proxénétisme 1° celui qui loge ordinairement des filles publiques ou les reçoit pour se prostituer; 2° celui qui fait métier de procurer à autrui de semblables personnes ; 3° celui qui sert d'intermédiaire dans des intelligences illicites de ce genre. Ils sont passibles de cinq à six mois d'arrêt et d'un châtiment corporel ». D'autre part, l'art. 515 porte que « les aubergistes et cabaretiers qui se prêtent à la débauche sont punis, pour la première fois, d'une amende de 25 à 200 florins, et la seconde fois, de la fermeture de leur établissement » (V. le texte original dans Das allgemeine Strafgesetz vom 27 ten May 1852, Vienne, 1876, p. 196-197).

28. Au point de vue administratif, V. Dr J. Schrank, Die Prostitution in Wien in historischer, administrativer und hygienischer Beziehung, 1886, 2 vol. in-8°, et une notice sur le régime de la prostitution à Vienne, par M. Kohn-Abrest (rapport précité de M. Emile Richard, annexe n° 7, p. 130-135).

29. — 8° Hongrie. — Le code pénal hongrois des crimes et des délits, promulgué dans les deux chambres de la Diète le 28 mai 1878, s'il n'exige pas la condition de minorité, ne prévoit le proxénétisme que de la part des parents ou de ceux qui ont autorité sur la victime. L'art. 247 est ainsi conçu : « Les père et mère qui excitent leurs filles légitimes ou naturelles à avoir commerce sexuel avec un tiers, ou leurs enfants légitimes ou naturels à des actes impudiques de leur sexe ou à des actes contre nature avec des tiers, commettent le crime de proxénétisme, et seront punis au maximum de cinq ans de maison de force. La même peine est applicable à ceux qui déterminent à de pareils actes les personnes dont la tutelle, la curatelle, la surveillance, l'éducation ou l'instruction leur ont été confiées » (Code pénal hongrois des crimes et des délits, traduit et annoté par MM. Martinet et Pierre Dareste, Paris, 1885, p. 101).

30. Au point de vue administratif, V. une notice sur le régime de la prostitution à Budapest, par M. Kohn-Abrest (Rapport précité de M. Emile Richard, annexe n° 8, p. 136-138).

31. — 9° Grande-Bretagne. — Le Criminal Law Amendment Act, en date du 14 août 1885, qui tend principalement à protéger les filles mineures contre les individus qui les débauchent, et, d'une manière plus spéciale, contre ceux qui les entraînent en pays étrangers, contient accessoirement des dispositions destinées à réglementer la prostitution et prononce la suppression des maisons de tolérance (V. le texte original de cet act, dans The public general statutes... Queen Victoria, décembre 1884-1885, p. 358 à 364, et la tra-

duction française des principales dispositions dans l'Annuaire de législation étrangère, 1886, p. 56 et suiv.). Votées à la chambre des Lords dès 1883 (V. suprà, v° Attentat aux mœurs, n° 5), mais longtemps repoussées à la chambre des Communes, ces dispositions n'y ont été votées qu'à la faveur de l'émotion produite par les révélations scandaleuses de la Pall Mall Gazette en juillet 1885 (V. sur ce point la notice de M. Paul Fuzier, Annuaire de législation étrangère, 1886, p. 54-56).

32. Au point de vue administratif, V. La prostitution en Angleterre et en Ecosse, par le docteur Richelot (Parent-Duchâtelet, op. cit., t. 2, p. 829 à 847).

ART. 2. — Caractère des faits de prostitution. — Inscription et radiation des filles publiques.

33. — I. CARACTÈRE DES FAITS DE PROSTITUTION. — En se conformant à la définition d'Ulpien, recueillie au Digeste (L. 43, pr. § 1, De ritu nuptiarum, liv. 23, tit. 2), on peut dire que doit être réputée prostituée la femme qui fait métier de se livrer à tous venants et sans choix, moyennant une rémunération pécuniaire, que ce soit dans un lieu public de débauche ou dans un local particulier. Cette définition laisse à dessein en dehors de la prostitution non seulement les femmes entretenues, mais aussi toutes les femmes qui, spécialement dans les grandes villes, sont entraînées, à cause de l'insuffisance manifeste du salaire qui leur est attribué en échange de leur travail, à se procurer par l'inconduite des ressources accessoires qui dépassent souvent de beaucoup la rémunération de ce travail.

34. Il est inutile d'insister sur l'importance de cette définition, puisque les prostituées ne peuvent être assujetties à des règles spéciales dont on ne saurait contester, en même temps que la nécessité, le caractère flétrissant (V. infrà, n° 37, 92 et suiv.).

35. — II. INSCRIPTION DES FILLES PUBLIQUES. — A Paris le préfet de police et dans la plupart des grandes villes l'autorité municipale, pour rendre efficace leur droit de surveillance sur la prostitution, prescrivent aux filles publiques de se faire inscrire sur un registre spécial, Rép. n° 16. Les filles ainsi inscrites obtiennent une tolérance relative pour l'exercice de leur profession. Elles sont soumises à certaines obligations, dont la plus importante consiste à subir des visites sanitaires périodiques, mais ces obligations tiennent à leur qualité de femmes prostituées, et non point au fait même de leur inscription (V. infrà, n° 92).

36. L'inscription peut être volontaire, c'est-à-dire faite sur la demande de l'intéressée, ou accomplie d'office par mesure administrative; dans l'un et l'autre cas, les filles qui sont inscrites sur les contrôles du service des mœurs reçoivent la qualification de filles soumises.

37. L'autorité municipale a le droit d'ordonner l'inscription d'office, sur le registre des filles publiques, de toute femme se livrant clandestinement à la prostitution, et de l'obliger ainsi à se soumettre aux dispositions du règlement local sur la prostitution, notamment à celle qui impose des visites sanitaires, Rép. nos 16 et 17. Ce droit, pour l'autorité municipale, de procéder à des inscriptions d'office, implicitement consacré par tous les arrêts cités infrà, nos 46 et suiv., a été formellement reconnu par un arrêt rendu depuis la publication du Répertoire (Crim. cass. 14 nov. 1861, aff. Boussion, D. P. 61. 5. 397-398).

38. L'inscription d'une fille sur le registre des prostituées peut être valablement faite par le commissaire de police, lorsque l'arrêté municipal portant règlement du service des mœurs, tout en prescrivant que ce registre sera tenu à la mairie, n'impose pas au maire personnellement l'obligation de le tenir et d'y inscrire les filles qui se livrent à la prostitution, et charge même, au contraire, le commissaire de police de surveiller et d'assurer l'exécution des mesures prescrites (Crim. rej. 21 nov. 1874, aff. fille B..., D. P. 76. 1. 95). Il en est ainsi, à plus forte raison, dans le cas où le maire a ratifié l'inscription en ordonnant le transfert d'une fille, ainsi inscrite comme fille publique, dans un hôpital aux frais de la ville pour maladie vénérienne (Même arrêt). Il y a lieu de décider que, même s'il n'y a pas de disposition expresse en ce sens dans le règlement sur le service des mœurs, même en l'absence de toute ratification expresse

ou tacite de la part du maire, le commissaire de police, qui est, en ce qui concerne la police municipale, l'auxiliaire du maire (V. *suprà*, v° *Commissaire de police*, n° 31 ; *Rép.* eod. v°, n° 45), devrait être réputé avoir valablement procédé à l'inscription des filles publiques, et cette attribution ne cesserait de lui appartenir que si elle lui avait été enlevée par une disposition expresse de l'arrêté réglementant le service des mœurs.

39. En fait, à Paris, l'inscription d'office n'est plus ordonnée par la même autorité que l'inscription volontaire des filles majeures. Depuis 1879, et en vertu d'une addition au règlement du 15 oct. 1878, « lorsqu'il s'agit de procéder à l'inscription d'une fille insoumise majeure qui refuse de se soumettre aux obligations sanitaires et administratives..., au lieu de se borner, comme on l'a fait jusqu'ici, à un exposé écrit des faits, la décision est réservée à une commission composée du préfet ou de son délégué, du chef de la première division et du commissaire interrogateur. Cette commission entendra la femme arrêtée et les agents ». D'autre part, d'après une « note administrative sur les mesures dont les filles publiques sont l'objet à Paris », portant la date de 1864, et qui résume la pratique de la préfecture de police, l'inscription n'est opérée d'office qu'à l'égard des femmes livrées manifestement à la débauche et déjà arrêtées plusieurs fois pour faits de prostitution, ou atteintes de maladies contagieuses.

Les critiques que l'état actuel des choses continue à soulever ne paraissent donc plus justifiées, au moins en ce qui concerne Paris, et on ne saurait plus répéter, comme l'ont fait encore récemment certains auteurs, que l'inscription d'une femme arrêtée pour fait prétendu de prostitution dépend uniquement d'un inspecteur du service des mœurs, des conclusions de son rapport et, en somme, de sa seule appréciation, puisque l'interrogatoire de la fille arrêtée par ce fonctionnaire et l'instruction complémentaire dirigée par lui ne constituent plus les uniques éléments de la décision. Il convient de signaler, cependant, la proposition tendant à organiser une sorte de tribunal spécial, ou plutôt de commission, qui aurait à prononcer sur l'opportunité des inscriptions et, sans doute aussi, des radiations ; les membres de cette commission, dont les fonctions seraient purement gratuites, seraient choisis par le préfet du département, ou par le maire et, à Paris, par le préfet de police, ou encore par le conseil municipal, et pourraient comprendre un magistrat en activité ou en retraite, un conseiller municipal, un docteur en médecine, un avocat et un commissaire de police ; l'inspecteur des mœurs remplirait auprès de cette commission le rôle de ministère public, et un avocat chargé de la défense serait délégué par l'assistance judiciaire (Docteur Mireur, *La prostitution à Marseille*, p. 149).

40. A Lyon, les filles insoumises sont traitées différemment, au point de vue de l'inscription d'office, suivant qu'elles sont reconnues atteintes de maladies vénériennes ou qu'elles sont reconnues saines : lorsqu'elles sont reconnues atteintes de maladies vénériennes, elles sont envoyées en traitement à l'hospice et inscrites d'office sur les contrôles, mais *à titre provisoire*, pour un laps de temps qui ne dépasse pas trois mois à dater de la sortie de l'hospice ; et, dès que ce délai, pendant lequel les visites sanitaires sont de rigueur, est écoulé, elles sont inscrites définitivement ou dispensées des visites ; lorsqu'elles sont reconnues saines, elles sont relaxées, mais restent soumises à une surveillance spéciale, sans être astreintes aux visites, jusqu'à ce qu'il ait été statué définitivement sur leur situation après enquête.

41. L'arrêté en vertu duquel l'inscription a été effectuée doit être notifié à l'intéressée. En conséquence, il a été jugé qu'un arrêté d'inscription n'est pas exécutoire contre une fille publique lorsqu'il n'a pas été notifié à celle-ci avec remise de copie (Crim. rej. 20 oct. 1893, aff. Gabrielle Dasset, *Bull. crim.*, n° 277, p. 419) : « Attendu, en droit, porte cet arrêt, que l'arrêté municipal qui ordonne l'inscription d'une fille publique sur les registres de la prostitution, et la soumet à certaines prescriptions dans l'intérêt de la salubrité publique, doit être notifié à celle-ci avec remise de copie ; que cette notification constitue une formalité substantielle dont l'inobserva-

tion ne permet pas de poursuivre légalement les infractions audit arrêté ; que la preuve n'en peut résulter, en cas de contestation, que du récépissé délivré par la partie intéressée ou, à son défaut, que de l'original même de la notification ». — Mais il a été jugé que la notification à une fille, signalée comme se livrant à la prostitution, de la décision municipale qui l'inscrit au nombre des filles soumises suffit pour rendre obligatoires à son égard les dispositions du règlement local sur la prostitution, et qu'il n'est pas nécessaire d'y joindre la notification du règlement lui-même, si, d'ailleurs, lors de sa mise à exécution, ce règlement a reçu une publicité suffisante en rapport avec la nature de son objet (Crim. cass. 14 nov. 1861, aff. Boussion, D. P. 61. 5. 397-398).

42. Sur le caractère de l'arrêté d'inscription d'une fille publique, et la question de savoir si cette inscription constitue une simple *note de police* ou un véritable *acte administratif*, V. *suprà*, v° *Commune*, n° 668, et *infrà*, n° 53.

43. Mais, en admettant même, suivant l'opinion dominante, que l'inscription d'une fille publique sur les registres de la police constitue un acte administratif, il est certain que cette mesure prise par l'Administration a uniquement pour but la santé publique et ne constitue pas, lorsqu'elle concerne des mineures, une autorisation donnée à la prostitution de ces mineures qui soit susceptible de devenir une excuse au délit prévu par l'art. 334 c. pén. (V. *Rép.* v^{is} *Attentat aux mœurs*, n° 149, et *Prostitution*, n° 23). Il a été jugé en conséquence : 1° qu'il y a délit, de la part du tenancier d'une maison de tolérance, à admettre dans son établissement une fille mineure, alors même que cette fille est inscrite par la police sur la liste des filles publiques (Crim. cass. 17 nov. 1826, aff. Ozac, D. P. 27. 1. 345 et *Rép.*, v° *Attentat aux mœurs*, n° 149, en note ; Douai, 5 févr. 1830, aff. Clément, D. P. 31. 2. 190 et *Rép.* eod. v°, *ibid.*) ; — 2° Qu'un propriétaire qui loue dans sa maison, entièrement habitée par des filles de mauvaise vie, une chambre meublée à une mineure, la sachant inscrite elle-même comme fille publique sur les registres de la police, commet le délit prévu par l'art. 334 c. pén., le seul fait de la location accomplie dans de telles conditions ayant pour résultat nécessaire de fournir à cette mineure le moyen de se livrer à la prostitution (Crim. cass. 10 nov. 1854, aff. Femme Guilleux, D. P. 55. 1. 44) ; — 3° Que le fait de recevoir habituellement chez soi des filles mineures et de leur fournir, à prix d'argent, des chambres pour s'y livrer à la prostitution, constitue le délit d'excitation de mineures à la débauche, même dans le cas où ces mineures seraient inscrites comme filles publiques sur les registres de la police (Bordeaux, 14 févr. 1866, aff. Femme Gourgues, D. P. 71. 5. 33 ; 17 nov. 1871, aff. Thomas et Montbrun, D. P. 72. 5. 37).

44. Il a lieu de déterminer quels sont, par rapport à l'arrêté d'inscription d'une fille sur le registre des prostituées, les pouvoirs respectifs de l'Administration et de l'autorité judiciaire.

45. En ce qui touche les pouvoirs de l'Administration, il est certain que la réformation de l'arrêté d'inscription peut être demandée, non seulement par la voie gracieuse au préfet et ensuite au ministre de l'intérieur, mais, de plus, par la voie contentieuse au conseil d'État. Il y a même lieu de reconnaître que la théorie du conseil d'État sur les recours pour excès de pouvoir (V. *suprà*, v° *Conseil d'État*, n°s 111 et suiv. ; Aucoc, *Conférences sur le droit administratif*, 3e édit., t. 1, p. 458 et suiv., n°s 295 et suiv. ; Laferrière, *Traité de la juridiction administrative*, t. 2, p. 376 et suiv.) permet de considérer comme entachée d'excès de pouvoir la décision qui aurait ordonné à tort l'inscription d'une femme sur le registre des prostituées, et de poursuivre en conséquence directement l'annulation de cette décision devant le conseil d'État, à la condition d'admettre, suivant la doctrine aujourd'hui dominante, la recevabilité des recours pour excès de pouvoir non seulement dans les cas où il n'y a pour les citoyens aucun autre moyen de se faire rendre justice, soit devant la juridiction administrative, soit devant l'autorité judiciaire, mais aussi dans tous les cas où une juridiction autre que le conseil d'État ne peut être saisie qu'*indirectement* par une poursuite (V. *suprà*, v° *Conseil d'État*, n° 138 ; Aucoc, *op. cit.*, t. 1, n° 299 ; Laferrière, *op. cit.*, t. 2, p. 450 et suiv.).

46. Relativement aux pouvoirs de l'autorité judiciaire, il est également constant que l'inscription d'office du nom d'une personne sur le registre des filles publiques n'établit qu'une simple présomption, et, par suite, ne fait pas obstacle, dans le cas de poursuite pour contravention à un arrêté réglementant la police des filles publiques, à ce que la fille inscrite demande à prouver qu'elle n'était point une prostituée. Cette solution, qui résultait déjà d'un arrêt de cassation du 4 juin 1836, cité au *Rép.* n° 16, a été consacrée par de nombreux arrêts (Crim. rej. 17 janv. 1862, aff. Dufourneau, D. P. 62. 1. 445 ; 24 nov. 1865, aff. fille Gauron, D. P. 66. 1. 140 ; Crim. cass. 8 mars 1866, aff. fille Antonetti, D. P. 66. 1. 140 ; Crim. rej. 22 mars 1872, aff. fille Eugénie Viennot, D. P. 72. 1. 155 ; 25 avr. 1873, aff. fille Isabelle J..., D. P. 73. 1. 314 ; 14 juill. 1879, aff. fille Aymonin, D. P. 80. 1. 95 ; 6 déc. 1888, aff. Sophie-Joséphine Neveu, *Bull. crim.*, n° 359, p. 553 ; 26 nov. 1892, aff. Ingremeau, D. P. 93. 1. 462. — Conf. Crim. rej. 21 nov. 1874, cité *suprà*, n° 38).

47. A plus forte raison, la femme inscrite sur le registre des filles publiques peut-elle prouver qu'elle ne se livrait plus à la prostitution à l'époque où elle a été inculpée d'avoir manqué à une visite sanitaire légalement prescrite aux filles publiques (Crim. rej. 28 août 1874, aff. Louise Leduc, *Bull. crim.*, n° 247, p. 462). Et le tribunal de simple police peut, après avoir entendu la déposition d'un témoin, déclarer, par une appréciation souveraine de cette déposition, que l'inculpée ne se livre plus à la prostitution, alors surtout qu'il n'est pas contesté qu'elle avait formé une demande en radiation de son nom du registre des filles publiques, et que le jugement constate en outre qu'elle élève son enfant et gagne honnêtement sa vie (Crim. rej. 8 févr. 1883, aff. Marie Donné, femme Penget, *Bull. crim.*, n° 39, p. 61).

48. Mais, si l'inscription du nom d'une personne sur le registre des filles publiques n'a pas pour effet de conférer à la femme qui en est l'objet la qualification définitive de prostituée, la présomption créée en ce sens par ladite inscription ne peut être détruite que par la preuve contraire, et subsiste tant que cette preuve n'est pas faite (Crim. cass. 8 mars 1866, cité *suprà*, n° 46 ; 18 (et non 16) nov. 1876, aff. fille R..., D. P. 77. 1. 331 ; 15 déc. 1876, aff. filles X..., D. P. 77. 1. 509). En conséquence, le juge de police excède ses pouvoirs quand, en l'absence de toute instruction préalable, et sans avoir recueilli aucun témoignage ni aucune autre preuve légale de nature à infirmer cette présomption, il déclare que la fille inscrite ne se livre pas à la prostitution, et la renvoie par ce motif des poursuites dirigées contre elle pour refus de subir les visites sanitaires imposées aux filles publiques (Crim. cass. 18 nov. 1876, précité).

49. Il est donc indispensable qu'à l'audience une information précède le jugement. Une fois qu'elle a eu lieu, c'est au tribunal de simple police, juge souverain du fait, qu'il appartient de décider en toute matière comme en toute autre, quelle preuve en est ressortie (V. *suprà*, v° *Cassation*, n° 417) ; et il a été jugé en ce sens qu'en décidant, en fait, après enquête régulière, que les actes attestés par les témoins relativement à une femme inscrite sur le registre des filles publiques n'offraient aucun des caractères de la prostitution, le tribunal n'avait pas violé les règles de compétence et avait rendu, au point de vue du fait, une décision qui échappait au contrôle de la cour de cassation (Crim. 24 nov. 1865, cité *suprà*, n° 46). Au contraire, la décision du juge de police manque de base légale et encourt la censure de la cour de cassation lorsque, sans qu'une enquête ait été faite, il se borne, pour dénier la qualité de prostituée attribuée à la prévenue par l'arrêté du maire ordonnant l'inscription, à alléguer que « des éléments du procès ne résulte pas la preuve que l'inculpée appartient à la catégorie des filles publiques » (Crim. cass. 8 mars 1866, cité *suprà*, n° 46). V. par analogie les nombreux arrêts cités *suprà*, v° *Jugement*, n° 814. *Adde* : Crim. cass. 7 févr. 1863, aff. Blanchard, D. P. 63. 1. 155 : il résulte de cet arrêt que le juge de police qui, alors que le procès-verbal dressé pour contravention à un arrêté municipal n'a pas été débattu à l'audience, allègue néanmoins « qu'il résulte des débats et des documents de la cause » que le fait s'est passé autrement que ne l'indique le procès-verbal, doit, à peine de nullité, spécifier la nature et la force probante des documents pour que la cour de cassation puisse vérifier, en cas de pourvoi, s'ils ont effectivement la portée légale qui leur a été attribuée.

50. Lorsque la qualité de prostituée n'est pas contestée et est d'ailleurs prouvée par l'acceptation d'un livret, le juge de police ne saurait s'abstenir de réprimer les infractions au règlement sur les filles publiques, sous le prétexte que les faits qui auraient pu soumettre aux prescriptions de ce règlement la fille inscrite ne seraient pas suffisamment établis (Crim. cass. 3 déc. 1847, aff. Corbin, D. P. 47. 1. 360).

51. Si l'arrêté d'inscription émané de l'autorité municipale ne fait pas obstacle à ce que la femme poursuivie devant le tribunal de police pour infraction aux règlements sur les filles publiques demande à prouver et à ce que le tribunal de police décide, après avoir apprécié les preuves fournies, que la qualité de prostituée lui a été attribuée à tort, et la renvoie en conséquence des fins de la poursuite (V. *suprà*, n° 46), il n'en résulte pas que le tribunal de police soit autorisé à *annuler* l'arrêté d'inscription : en effet, d'une manière générale, l'autorité judiciaire ne peut ordonner des actes d'administration (V. *suprà*, v° *Compétence administrative*, n° 170) ; à plus forte raison, ne peut-elle prononcer directement l'annulation d'un acte administratif (V. *suprà*, eod. v°, n° 281), et il convient toujours, sur cette question de l'étendue des droits de l'autorité judiciaire, de s'en tenir aux principes formulés par M. Reverchon, D. P. 77. 1. 9, note : « ... Il appartient à l'autorité judiciaire de vérifier la légalité des actes administratifs invoqués dans les litiges dont le jugement lui est attribué ; *elle ne la vérifiera pas pour prononcer l'annulation de ces actes ; elle décidera seulement s'ils sont de nature à faire légalement obstacle au droit à l'encontre duquel il en sera excipé, ou bien à servir de base légale aux obligations pour l'exécution desquelles l'intervention et la sanction judiciaires seront réclamées* (V. dans ce sens, *suprà*, v° *Compétence administrative*, n° 283 et suiv., et Laferrière, *Traité de la juridiction administrative*, t. 1er, p. 432, 448-449 et 580).

52. Il a été jugé, par application de ces principes, que le juge de police excède ses pouvoirs et empiète sur les attributions de l'autorité administrative lorsqu'il ordonne la radiation, par les soins et à la diligence du ministère public, d'une fille inscrite par ordre du mari sur le registre des prostituées (Crim. cass. 18 nov. 1876, cité *suprà*, n° 48, et conclusions de M. l'avocat général Desjardins, *in fine*).

53. De même, lorsque ce n'est pas par la voie détournée d'une exception proposée devant un tribunal de répression que la fille inscrite conteste la légalité de l'arrêté d'inscription, et que c'est au tribunal civil qu'elle demande directement l'annulation dudit arrêté, ce tribunal n'est pas compétent pour la prononcer (*Contrà* : Agen, 27 juin 1873, aff. Joséphine L..., D. P. 74. 2. 169). Pour adopter la solution contraire, la cour d'Agen se fonde, d'une part, sur ce que le fait de porter devant les tribunaux civils une demande à fin de radiation « n'implique pas immixtion des tribunaux civils dans un acte administratif ou une décision administrative, mais que c'est plutôt un recours contre une note de police préjudiciable à la personne qui en demande la réformation », et, d'autre part, elle fait valoir « que c'est l'application du principe tutélaire qui place les droits et l'honneur des citoyens sous la garantie des tribunaux ordinaires ; que l'art. 29 de la loi de 1838 sur les aliénés contient une disposition tutélaire de même ordre que celle-ci ». Mais, sur le premier point, il est certain que l'arrêté qui ordonne l'inscription d'une fille sur le registre des prostituées constitue un *acte administratif*, et non une *note de police*, puisque, loin de se borner à préparer une décision future, il est lui-même une décision et impose des obligations, qu'il est pris par une autorité administrative en exécution des règlements généraux qui ont organisé le service des mœurs, et qu'enfin, au moyen de la notification qui en est faite, il est porté directement à la connaissance de la personne à qui il s'adresse. Sur le second point, et quant à l'argument tiré de l'art. 29 de la loi du 30 juin 1838, il y a lieu d'observer, non seulement qu'un argument d'analogie est ici dépourvu de toute valeur, mais aussi que l'article précité, s'il permet au tribunal de ne pas avoir égard à la décision préfectorale qui a ordonné le placement ou le maintien d'une personne dans un établissement d'aliénés, ne l'autorise pas à prononcer directement et expressément l'an-

nulation de cette décision (V. sur ces deux points la dissertation de M. Cazalens sous l'arrêt précité, D. P. 74. 2. 169-170, en note).

54. Il convient, d'ailleurs, de remarquer que, si, comme dans l'espèce soumise à la cour d'Agen, la demande portée devant les tribunaux civils se compose de deux chefs, l'un relatif à l'inscription, l'autre relatif à l'obtention de dommages-intérêts contre le maire et le commissaire de police, le tribunal doit, non pas se déclarer incompétent, mais retenir la cause en tant qu'elle a pour objet la condamnation des défendeurs à des dommages-intérêts, et surseoir à statuer sur la demande ainsi restreinte jusqu'à ce que la validité de l'inscription ait été appréciée par l'autorité administrative (V. supra, n° 45). V. dans ce sens, outre la dissertation précitée *in fine*, *supra*, v° *Compétence administrative*, n°ˢ 66 et 260; *Rép.* eod. v°, n°ˢ 164 et suiv., et les arrêts cités *ibid.*, notamment Trib. des confl., 30 juill. 1873, aff. Pelletier, D. P. 74. 3. 5.

55. — III. Radiation. — Sans recourir contre l'arrêté qui a ordonné son inscription sur le registre des filles publiques, une femme inscrite comme fille publique et qui, déjà condamnée en cette qualité, est de nouveau poursuivie pour s'être refusée à subir la visite sanitaire, est recevable à prouver que, postérieurement à la première condamnation, elle a cessé de se livrer à la prostitution (Crim. rej. 6 avr. 1866, aff. Raymond, *Bull. crim*, n° 95).

56. Mais, en cette matière comme en toute autre, l'appréciation de la preuve administrée rentre dans les pouvoirs souverains du juge du fond. D'autre part, le juge correctionnel qui, pour déclarer qu'une fille inscrite n'a pas réalisé sa réhabilitation et qu'elle est restée une prostituée comme à l'époque de son inscription, se fonde tant sur les dépositions des témoins entendus devant le juge de police que sur les débats qui se sont produits à sa propre audience, et sur un procès-verbal de commissaire de police, motive complètement et légalement sa décision, et ne viole en conséquence ni l'art. 7 de la loi du 20 avr. 1810, ni les art. 153 et 154 c. instr. crim. (Crim. rej. 21 nov. 1874, aff. fille B..., D. P. 76. 1. 95).

57. A partir de quelle date une femme inscrite sur le registre des filles publiques, puis rayée de ce registre en vertu d'un nouvel arrêté, peut-elle se prévaloir de sa radiation? Il semble à la fois logique et équitable de décider que la radiation date du jour de l'arrêté pris à cet effet, et non pas seulement de la signification de cet arrêté, soit à la fille elle-même, soit au commissaire de police: la signification de l'arrêté de radiation faite par le maire au commissaire de police ne constitue, en effet, qu'une simple mesure d'administration intérieure. A plus forte raison, l'arrêté prononçant la radiation doit-il produire effet avant d'avoir été signifié au commissaire de police lorsque, par exception, l'inscription a eu lieu sans arrêté préalable, au moyen d'une simple mention portée sur le registre des filles publiques. Il a été jugé, cependant, en sens contraire, que la radiation prononcée ne peut couvrir la contravention que le commissaire de police a constatée à la charge d'une fille inscrite, avant que celui-ci ait reçu la signification de l'arrêté de radiation (Crim. rej. 21 nov. 1874, aff. fille B..., D. P. 76. 1. 95).

Art. 3. — *Réglementation de l'exercice de la prostitution.*

§ 1ᵉʳ — Ordonnance du 6 nov. 1778.

58. — I. Force légale de l'ordonnance du 6 nov. 1778. — Contrairement à la doctrine dominante au moment de la publication du *Répertoire* (V. *Rép.* vⁱˢ *Attentats aux mœurs*, n° 22, *Commune*, n° 1205, et *Prostitution*, n° 3), il est aujourd'hui constant que l'ordonnance du lieutenant général de police Lenoir du 6 nov. 1778, régulièrement rendue en vertu des pouvoirs conférés aux lieutenants de police par l'édit du 15 mars 1667, est restée en vigueur. D'une part, elle n'a été expressément abrogée par aucun texte légal, et elle se trouve, au contraire, maintenue par la disposition générale de l'art. 484 c. pén., aux termes duquel « dans toutes les matières qui n'ont pas été réglées par le présent code et qui sont régies par des lois et règlements particuliers, les cours et les tribunaux continueront de les observer »

(V. *supra*, v° *Peine*, n°ˢ 83 et 84). D'autre part, l'abrogation d'un règlement intervenu dans un intérêt public ne peut résulter ni de son défaut d'exécution pendant un temps plus ou moins long, ni de la tolérance plus ou moins prolongée d'un usage dérogatoire à ses prescriptions ou à ses prohibitions (V. *supra*, v° *Lois*, n°ˢ 432 à 455, et, outre les arrêts cités *ibid.*, Crim. cass. 27 févr. 1875, aff. Boussinescq, *Bull. crim.*, n° 76, p. 144), et, du reste, il n'est pas exact en fait que l'ordonnance du 6 nov. 1778 soit demeurée oubliée et inappliquée : le préfet de police, aux mains duquel ont passé les fonctions du lieutenant général de police, a rappelé les dispositions de cette ordonnance en 1806, puis par une circulaire du 25 juill. 1818, sur la répression de la prostitution publique ou clandestine (*Recueil officiel des circulaires émanées de la préfecture de police*, Paris, 1882, t. 1, p. 68-70), et par l'art. 8 de l'ordonnance du 15 juin 1832, concernant les étrangers à la ville de Paris, les aubergistes, maîtres d'hôtels garnis et logeurs, etc... (*Collection officielle des ordonnances de police*, Paris, 1880, t. 1, p. 542). L'arrêt cité en ce sens au *Rép.* v° *Commune*, n° 1205 (Paris, 18 févr. 1846, aff. Moriencourt, D. P. 46. 4. 33), est le premier monument d'une longue jurisprudence (Paris, 15 nov. 1865, aff. Veuve Mésenge et aff. Coyaud (deux arrêts), D. P. 66. 2. 37 ; Crim. cass. 1ᵉʳ déc. 1866, aff. Saint-Blancat, D. P. 67. 1. 142, et, sur renvoi, Orléans, 28 janv. 1867, D. P. 67. 2. 205 ; Trib. corr. Seine, 19 déc. 1866, aff. Drevet, D. P. 67. 3. 21 ; Crim. cass. (intérêt de la loi), 19 mars 1875, rapporté *supra*, v° *Commune*, n° 489, en note ; Crim. cass. 11 juill. 1884, aff. X..., D. P. 85. 1. 333).

59. Tous les arrêts précités se réfèrent aux art. 2, 3, 4 et 5 de l'ordonnance du 6 nov. 1778, dont les termes ont été souvent reproduits d'une manière inexacte et qui sont ainsi conçus (V. *Collection officielle des ordonnances de police*, appendice, 1ʳᵉ partie, p. 127) : « Art. 2. Défendons à tous propriétaires et principaux locataires des maisons de cette ville et faubourgs d'y louer, ni sous-louer les maisons dont ils sont propriétaires ou locataires qu'à des personnes de bonnes vie et mœurs, et bien famées, et de souffrir en icelles aucun lieu de débauche, à peine de cinq cents livres d'amende. — Art. 3. Enjoignons auxdits propriétaires et locataires des maisons où il aura été introduit des femmes de débauche de faire, dans les vingt-quatre heures, leur déclaration par-devant le commissaire du quartier, contre les particuliers et particulières qui les auront surpris, à l'effet, par les commissaires, de faire leurs rapports contre les délinquants, qui seront condamnés en quatre cents livres d'amende, et même poursuivis extraordinairement.... — Art. 4. Défendons à toutes personnes, de quelque état et condition qu'elles soient, de sous-louer, jour par jour, à la huitaine, quinzaine, au mois ou autrement, des chambres et lieux garnis à des femmes ou filles de débauche, ni de s'entremettre directement ou indirectement auxdites locations, sous la même peine de quatre cents livres d'amende. — Art. 5. Enjoignons à toutes personnes tenant hôtels, maisons et chambres garnis au mois, à la quinzaine, à la huitaine, à la journée, etc., d'écrire de suite par jour et sans aucun blanc, les personnes logées chez elles, par noms, surnoms, qualités, pays de naissance et lieux de domicile ordinaire, sur les registres de police qu'ils doivent tenir à cet effet, cotés et paraphés par le commissaire du quartier, et de ne souffrir dans leurs hôtels, maisons et chambres aucuns gens sans aveu, femmes ni filles de débauche, se livrant à la prostitution, de mettre les hommes et les femmes dans des chambres séparées, et de ne souffrir dans des chambres particulières des hommes et des femmes prétendus mariés qu'en présentant, par eux, les actes en forme de leur mariage, ou en le faisant certifier, par écrit, par des gens notables et dignes de foi ; le tout à peine de deux cents livres d'amende ».

60. Il résulte implicitement d'un desdits arrêts (Paris, 15 nov. 1865, aff. Veuve Mésenge, cité *supra*, n° 58) que la disposition de l'art. 2 est applicable au cas même où les filles auxquelles un logement a été loué ou sous-loué ont reçu l'autorisation de se livrer à la prostitution.

61. Vainement objecterait-on que cette disposition porte atteinte aux droits de propriété, car « ce n'est pas toucher aux droits de la propriété que de soumettre un propriétaire à des obligations que commande l'honnêteté publique et qui

ont pour but d'empêcher les désordres inséparables de la prostitution » (Crim. cass. 11 juill. 1884, cité *supra*, n° 58). D'ailleurs, on verra *infrà*, n° 74, qu'en dehors même de l'ordonnance du 6 nov. 1778 la jurisprudence a consacré le droit du pouvoir municipal et, à Paris, pour le préfet de police, d'imposer aux propriétaires, au nom de l'ordre et de l'honnêteté publique, certaines restrictions affectant leur droit de propriété.

62. Les articles rapportés *supra*, n° 59, sont-ils les seuls articles de l'ordonnance du 6 nov. 1778 qui soient encore en vigueur? L'article 1 de cette ordonnance était ainsi conçu : « Faisons très expresses inhibitions et défenses à toutes femmes et filles de débauche de raccrocher dans les rues, sur les quais, places et promenades publiques, et sur les boulevards de cette ville de Paris, même par les fenêtres, le tout sous peine d'être rasées et enfermées à l'hôpital ; même, en cas de récidive, de punition corporelle conformément aux (dites) ordonnances, arrêts et règlements ». Les raisons données *supra*, n° 58, pour établir que les autres articles sont restés en vigueur, présentent un caractère général et doivent faire admettre qu'il en est de même pour l'art. 1er. Quant à l'argument tiré, en sens contraire, de l'impossibilité d'appliquer les peines prononcées par ce texte (V. notamment *Rép.* v° *Attentat aux mœurs*, n° 22) il repose sur une confusion manifeste entre la question de savoir si les dispositions de l'ordonnance précitée ont conservé leur force légale et la question de savoir quelle est la sanction qui doit y être attachée ; or, ainsi que l'énonce encore l'arrêt du 11 juill. 1884, déjà cité à plusieurs reprises, « si les pénalités prononcées par l'ordonnance sont actuellement inapplicables, il ne s'ensuit pas que ses prescriptions elles-mêmes aient cessé d'être en vigueur ».

63. D'une manière générale, les anciens règlements ne peuvent être étendus au delà du ressort de celui de l'autorité dont ils émanaient (Faustin Hélie, *Traité de l'instruction criminelle*, t. 6, p. 51-52, n° 2467 *in fine*). C'est ainsi qu'il a été jugé que les ordonnances du lieutenant général de police de Paris des 4 nov. 1778 et 8 nov. 1780, relatives aux brocanteurs, fripiers, revendeurs, etc., ne sont pas exécutoires en dehors du ressort de l'ancien Châtelet de Paris (Crim. règl. de juges, 28 avr. 1832, *Rép.* v° *Commune*, n° 696-1°). Il y aurait lieu de rendre une décision semblable relativement à l'ordonnance du 6 nov. 1778.

64. — II. Sanction des dispositions de l'ordonnance du 6 nov. 1778. — Il est de principe que, parmi les peines portées par les règlements anciens qui ne sont pas abrogés, celles qui, par leur nature, répugnent à nos usages nouveaux sont nécessairement inapplicables (V. *supra*, v° *Peine*, n° 87). En vertu de ce principe, il y aurait lieu de décider que, si les infractions à la disposition de l'art. 1er de l'ordonnance étaient poursuivies, ce ne seraient pas les peines édictées par ce texte qui pourraient être prononcées (V. par analogie, pour des peines également incompatibles avec les principes de notre droit criminel moderne, Crim. cass. 14 févr. 1856, aff. Mathieu, D. P. 56. 1. 346). Mais il ne paraît pas que les tribunaux de répression aient été jamais saisis de poursuites visant l'art. 1er de l'ordonnance.

65. Quant aux quatre autres articles, le doute s'est élevé sur la sanction qu'ils comportent. Plusieurs arrêts de cours d'appel avaient jugé que les pénalités que prononcent ces articles sont toujours applicables, sauf la faculté pour les tribunaux de modérer lesdites pénalités suivant les circonstances en vertu de l'art. 463 c. pén. (Paris, 18 févr. 1846, aff. Moriencourt (solut. implicite), cité *supra*, n° 58 ; Paris, 15 nov. 1865, aff. Veuve Mésenge et aff. Coyaud, *ibid.* ; Paris, 21 avr. 1866, aff. Saint-Blancat, D. P. 66. 2. 215). Mais ce dernier arrêt a été cassé par l'arrêt de la chambre criminelle du 1er déc. 1866, cité *supra*, *ibid.*, qui a jugé que l'ordonnance de police du 6 nov. 1778, statuant en matière confiée par la loi des 16-24 août 1790 à la vigilance et à l'autorité des corps municipaux, n'a plus pour sanction que l'amende de simple police prononcée par l'art. 471 n° 15 c. pén. L'arrêt cassé se fondait, au moins en partie, sur ce que « les objets réglés par l'ordonnance du 6 nov. 1778 sortent des limites tracées aux corps municipaux pour les règlements de police qu'ils peuvent prendre en vertu du titre 11 de la loi des 16-24 août 1790 ». M. l'avocat général Bédarrides a démontré, dans ses conclusions rapportées

D. P. 67. 1. 142, l'erreur de cette proposition : « L'ordonnance, dans son ensemble, concerne les femmes et les filles de débauche ; son objet rentre donc essentiellement dans les attributions municipales. Elle a la valeur d'un arrêté municipal que l'autorité compétente peut rappeler, comme l'a fait le préfet de police dans son ordonnance du 15 juin 1832, et même modifier suivant les circonstances ». D'autre part, un texte formel de la loi précitée des 16-24 août 1790, l'art. 5 du titre 11, suffit à justifier la doctrine de la cour suprême : cette loi, après avoir, dans l'art. 1er de ce titre, chargé les corps municipaux de veiller et de tenir la main, dans l'étendue de chaque municipalité, à l'exécution des lois et des règlements de police, et après avoir, dans l'art. 2, chargé le procureur de la commune de poursuivre les contraventions à ces lois et à ces règlements, dispose, dans l'art. 5, que *les contraventions à la police ne pourront être punies que »* des peines que cet article détermine, remplacées d'abord par celles des art. 600 et 606 du code du 3 brum. an 4, puis par celles de l'art. 471 c. pén. ; or, les « contraventions à la police » dont parle l'art. 5 sont nécessairement celles que prévoyaient les anciens règlements, puisque ce n'est que par l'art. 46, tit. 1, de la loi des 19-22 juill. 1791 que les corps municipaux ont été investis du droit de faire eux-mêmes des règlements de cette nature (V. *infrà*, n° 69), et, en déclarant que ces contraventions ne pourront plus être punies que des peines qu'il prononce, cet art. 5 a formellement abrogé toutes les pénalités des lois et règlements anciens, pour les remplacer uniformément par des peines de simple police. « L'art. 484 c. pén. n'a modifié en rien cet état légal, ajoute la cour suprême dans son arrêt, et, en prescrivant aux cours et tribunaux de continuer d'observer les lois et règlements qui régissent des matières non réglées par ledit code, il n'a entendu maintenir les lois et règlements, en ce qui concerne les matières de police, que quant à leurs prescriptions et prohibitions, sans vouloir nullement faire revivre leurs pénalités, abrogées par l'art. 5 précité de la loi de 1790 ». Ces principes ont été encore appliqués à l'ordonnance du 6 nov. 1778 par des arrêts postérieurs (V. sur renvoi, Orléans, 28 janv. 1867, aff. Saint-Blancat, D. P. 67. 2. 205 ; Trib. corr. Seine, 19 déc. 1866, aff. Drevet, D. P. 67. 3. 21 ; V. aussi, en leurs motifs, les arrêts de cassation de la chambre criminelle du 19 mars 1875 et du 11 juill. 1884, cités *supra*, n° 58. Mais, en sens contraire, Berriat-Saint-Prix, *op. et loc. infrà cit.*). La question générale de savoir si les peines prononcées par les règlements anciens relativement à des matières qui rentrent dans les attributions de l'autorité municipale ou de toute autre autorité administrative sont toujours applicables aux individus qui contreviennent à leurs dispositions, les variations de la jurisprudence sont rapportées au *Rép.* v° *Revendeur*, n° 3 (V., dans le sens de la non-application de ces peines, outre les arrêts rapportés *ibid.*, Crim. cass. 11 oct. 1851, aff. Chiffre, Clavel, etc., D. P. 51. 1. 312 ; Crim. cass. 9 juin 1877, aff. Delaya, D. P. 78. 1. 187, avec le rapport de M. le conseiller Thiriot, et, sur renvoi, Nîmes, 1er sept. 1877, D. P. 78. 2. 87 ; Crim. rej. (motifs) 1er févr. 1878, aff. Delion, D. P. 78. 1. 489 ; Merlin, *Questions de droit*, v° *Tribunal de police*, § 4 ; n° 5 ; Faustin Hélie, *Traité de l'instruction criminelle*, t. 6, p. 52 et suiv., n° 2468 ; Blanche, *Études sur le code pénal*, t. 7, art. 484, n°s 530 et suiv. ; les conclusions de M. l'avocat général Lacointa, sur Crim. rej. 1er févr. 1878, précité. V. aussi *supra*, v° *Peine*, n° 87. V. pour l'exposé des deux opinions, avec les autorités en chaque sens, Berriat-Saint-Prix, *Traité de la procédure des tribunaux criminels*, 1re partie, *Tribunaux de simple police*, p. 47-50, n°s 64 à 66).

66. Si les principes juridiques ont imposé à la doctrine et à la jurisprudence la solution, aujourd'hui incontestée, en vertu de laquelle l'ordonnance de police du 6 nov. 1778 n'est plus en vigueur quant à sa sanction, il faut reconnaître que, dans cette opinion, la répression devient manifestement insuffisante et qu'il en résulte de graves inconvénients pour la police des mœurs : en particulier, les logeurs, dont les agissements facilitent beaucoup le développement de la prostitution clandestine, ne peuvent être entravés dans ces agissements par des pénalités telles que celles de l'art. 471 c. pén. Mais il y a lieu de remarquer, en sens contraire, qu'il y aurait contradiction à ce que les faits prévus par les art. 2

à 5 de l'ordonnance du 6 nov. 1778 fussent punis, à Paris et dans le reste du ressort de l'ancien Châtelet de Paris, d'une peine de 200, 300, 400 ou 500 fr. d'amende, et qu'ils ne fussent punis que de peines de simple police dans une autre commune où le maire aurait, en vertu de ses pouvoirs réglementaires, pris un arrêté spécial afin d'interdire ces faits. C'est à rendre la répression plus efficace, et en même temps uniforme, que tend précisément le projet de loi déposé à la Chambre des députés, à la date du 31 oct. 1891, par M. le garde des sceaux Fallières (V. *suprà*, n° 5) et la proposition de loi déposée au Sénat, à la date du 27 avr. 1894, par M. Béranger (V. *suprà*, n° 6).

67. Puisque l'ordonnance du 6 nov. 1778 n'a plus pour sanction que l'amende de simple police prononcée par l'art. 471 n° 15 c. pén., c'est au tribunal de simple police, et non au tribunal correctionnel, qu'il appartient de connaître des infractions aux prohibitions de cette ordonnance (Crim. cass. 1er déc. 1866, et, sur renvoi, Orléans, 28 janv. 1867 ; Trib. corr. Seine, 19 déc. 1866, cités *suprà*, n° 65) ; et l'incompétence de la juridiction correctionnelle peut être invoquée par le prévenu, par le ministère public ou par la partie civile poursuivante (Même jugement du 19 déc. 1866, précité).

§ 2. — Arrêtés pris par l'autorité municipale.

68. Ainsi que nous l'avons dit *suprà*, n° 63, si l'ordonnance du 6 nov. 1778 est toujours en vigueur, elle n'est exécutoire que dans le ressort de l'ancien Châtelet de Paris. Mais, dans toute la France, sauf à Paris et dans l'agglomération lyonnaise, l'autorité municipale, à Paris le préfet de police et dans l'agglomération lyonnaise le préfet du Rhône ont le droit d'édicter les mesures convenables pour la surveillance et la réglementation de la prostitution.

69. Ce droit appartient à l'autorité municipale, comme s'exerçant dans la limite des attributions de police qui étaient énumérées dans l'art. 3, n°s 1, 2 et 3, tit. 11, de la loi des 16-24 août 1790, mais ne lui appartient qu'en vertu de l'art. 46, tit. 1, de la loi des 19-22 juill. 1791. Aux termes dudit art. 46, le pouvoir municipal a qualité pour faire des arrêtés en vue d' « ordonner les précautions locales sur les objets confiés à sa vigilance et à son autorité par les art. 3 et 4 du tit. 11 du décret du 16 août 1790 sur l'*organisation judiciaire* » et pour « publier de nouveau les lois et règlements de police, pour rappeler les citoyens à leur observation » (V. *Rép.*, v° *Commune*, n° 741). L'art. 11 de la loi du 18 juill. 1837, sur l'organisation municipale, contenait une disposition semblable, et, sous l'empire de cette loi, il était constant que les arrêtés pris par l'autorité municipale en vertu de l'un ou de l'autre de ces textes pour surveiller et réglementer la prostitution étaient aussi obligatoires pour les citoyens que pour le tribunal de simple police, qui avait mission d'assurer leur pleine exécution (V. notamment Crim. cass. 19 juin 1846 et 14 nov. 1861, cités *infrà*, n° 74). La loi du 5 avr. 1884, après avoir reproduit textuellement, dans son art. 94, la disposition précitée de l'art. 11 de la loi du 18 juill. 1837, reproduit presque textuellement, dans son art. 97, l'énumération contenue en l'art. 3, tit. 11, du *décret* des 16-24 août 1790, mais en la faisant précéder de la disposition générale suivante, empruntée au *décret* du 14 déc. 1789 : « La police municipale a pour objet d'assurer le bon ordre, la sûreté et la salubrité publiques » (V. *suprà*, v° *Commune*, n° 511). Depuis lors, la plupart des arrêtés municipaux ayant trait à la réglementation de la prostitution s'appuient exclusivement sur la loi du 5 avr. 1884, qui a d'ailleurs expressément abrogé, en son art. 168, l'art. 3, tit. 11, de la loi des 16-24 août 1790.

70. Nous avons dit *suprà*, n° 68, qu'à Paris et dans l'agglomération lyonnaise, ce n'est pas à l'autorité municipale qu'il appartient de réglementer la prostitution. Dans l'agglomération lyonnaise, aux termes de l'art. 104 de la loi du 5 avr. 1884, « le préfet du Rhône exerce... les mêmes attributions que celles qu'exerce le préfet de police dans les communes suburbaines de la Seine ». Et il a été jugé que l'art. 105 de ladite loi, qui énumère les pouvoirs de police dont les maires des communes de l'agglomération lyonnaise demeurent investis, n'a apporté aucune restriction, au point de vue de la surveillance des maisons de tolérance, à la

règle édictée par l'art. 104 (Cons. d'Et. 10 mars 1893, aff. Maire de Lyon, D. P. 94. 3. 40) : la police de ces maisons et, d'une manière plus générale, toutes les questions se rattachant à la prostitution intéressent, en effet, l'ordre public et rentrent dans le domaine de la police générale, qui est placée, dans les communes de l'agglomération lyonnaise, sous l'autorité du préfet du Rhône (V. en ce sens, *Revue générale d'administration*, année 1893, t. 2, p. 65).

71. D'autre part, sous l'empire de la loi du 5 mai 1855, sur l'organisation municipale, et jusqu'à la loi du 24 juill. 1867, les préfets ont été investis « dans les communes, chefs-lieux de département, dont la population excède 40.000 âmes » des attributions du préfet de police, telles qu'elles sont réglées par les dispositions de l'arrêté des consuls du 12 mess. an 8 (art. 50 de la loi du 5 mai 1855). Il avait été jugé, en conséquence : 1° que, dans une ville de cette catégorie, le préfet avait agi compétemment en prenant un arrêté relatif à l'exercice de la prostitution (Crim. cass. 12 mai 1871, aff. fille P... et autres, D. P. 71.1.264) ; — 2° Mais qu'un préfet n'avait pas pu faire un règlement sur la prostitution pour une ville dont la population n'atteignait pas ce chiffre (Crim. rej. 25 avr. 1873, aff. fille Isabelle J..., D. P. 73. 1. 314), et qu'un règlement de ce genre fait par un préfet pour une ville dont la population excédait 40 000 âmes n'avait pas pu être rendu exécutoire, dans une ville d'une population moindre du même département, par un simple visa du maire de cette ville, alors surtout que la signature du maire n'était apposée qu'à l'aide d'une griffe (Même arrêt). — La loi du 24 juill. 1867, sur les conseils municipaux, qui, dans son art. 23, abroge expressément l'art. 50 de la loi du 5 mai 1855, a retiré implicitement aux préfets ce droit de réglementer dans certaines villes la prostitution (V. sur les termes de l'art. 23 dans le projet de la commission et sur les discussions auxquelles a donné lieu ledit article, D. P. 67. 4. 97, note 1). L'art. 103 de la loi du 5 avr. 1884 porte seulement que, dans les villes ayant plus de 40 000 habitants, *qu'elles soient ou non chefs-lieux de département*, « l'organisation du personnel chargé du service de la police est réglée, sur l'avis du conseil municipal, par décret du président de la République ».

72. Mais il résulte d'une double règle, formulée par l'art. 99 de la loi du 5 avr. 1884, d'une part que les pouvoirs conférés au maire par l'art. 91 de la même loi ne font pas obstacle au droit du préfet de prendre pour toutes les communes du département, ou pour plusieurs d'entre elles, et dans les cas où il n'y aurait pas été pourvu par les autorités municipales, toutes mesures relatives au maintien de la salubrité, de la sûreté et de la tranquillité publiques, et, d'autre part, que le préfet est autorisé à exercer ce pouvoir réglementaire même à l'égard d'une seule commune après une mise en demeure au maire restée sans résultats (V. *suprà*, v° *Commune*, n°s 457 à 462, et *Organisation administrative*, n° 57).

73. Ayant ainsi indiqué les bases et déterminé les limites du droit de l'autorité municipale en ce qui concerne la réglementation de la prostitution, nous étudierons successivement les arrêtés relatifs aux filles publiques isolées et les arrêtés relatifs aux maisons de tolérance.

A. — Filles publiques isolées.

74. Chargés d'assurer l'exécution des arrêtés pris par l'autorité municipale pour réglementer la prostitution, les tribunaux ont sanctionné non seulement un arrêté municipal enjoignant à toutes les personnes qui logent des femmes publiques d'en faire la déclaration au maire (Crim. cass. 30 mai 1844, aff. Samson, *Rép.* v° *Commune*, n° 1204, en note), et un autre arrêté faisant défense de loger sciemment des filles publiques en garni sans obtenir une autorisation préalable (Crim. cass. 18 févr. 1860, aff. Richard, D. P. 60. 5. 308), mais aussi des arrêtés municipaux défendant d'une manière absolue à tous les propriétaires ou locataires de louer aucune chambre à des femmes de débauche et de les loger ou recueillir chez eux (Crim. cass. 19 juin 1846, aff. Maucolin, D. P. 46. 4. 36 ; 14 nov. 1861, aff. Delille, D. P. 61. 5. 397 ; 30 nov. 1861, aff. Louhat, *ibid.* ; Crim. rej. 17 août 1882, aff. Couturier, *Bull. crim.*, n° 208, p. 353). *Contrà* : Morin, *Journal du droit criminel*, 1860, p. 55 et 56. Il faut

citer aussi comme rendu en sens contraire un arrêt (Crim. rej. 18 juill. 1887, aff. Louiller, D. P. 87. 1. 382), aux termes duquel il n'y a aucune contravention de la part d'un propriétaire, dans le fait seul de louer un appartement à une fille publique nonobstant la défense adressée à cet égard à toute personne par un arrêté municipal, alors qu'il est constant que ce propriétaire ignorait que sa locataire fût fille publique, et qu'aussitôt que la police lui a signalée comme telle il s'est empressé de la congédier. On a soutenu que c'était là une solution d'espèce, motivée par la réunion des deux circonstances qui viennent d'être indiquées (V. les conclusions de M. le procureur général Barbier rapportées D. P. 85. 1. 334). Mais cette opinion paraît contredite par les termes dans lesquels l'arrêt pose en principe, que, « si l'autorité municipale a le droit de réglementer la prostitution dans ses rapports avec le bon ordre, la morale publique et la police des lieux publics, ce droit ne saurait s'étendre jusqu'à interdire d'une manière absolue à tout propriétaire, même non aubergiste, cafetier ou loueur en garni, de louer aucun appartement aux femmes de mauvaise vie ou filles publiques, de les loger ou de les recueillir chez eux »; et qu'il y a lieu de distinguer, à cet égard, « entre le fait de location et celui de l'exercice, dans les lieux loués, d'une profession soumise par sa nature à la surveillance spéciale de l'autorité ». En réalité, suivant la doctrine de cet arrêt qui n'a pas fait jurisprudence, un propriétaire ne pourrait être déclaré en contravention qu'autant que, sachant que la femme à laquelle il a loué un logement est une fille publique, il l'y laisserait exercer son honteux métier, et non pas au cas où elle se livrerait à la prostitution exclusivement en dehors de son logement, tandis que, d'après les autres arrêts, notamment d'après celui du 18 févr. 1860 précité, une location sciemment consentie à une femme de débauche impliquerait, de la part du bailleur, acquiescement à l'exercice dans ce lieu loué d'une profession astreinte à la surveillance de la police, et soumettrait nécessairement le bailleur aux conséquences légales de cette situation.

75. Serait, au contraire, incontestablement illégal l'arrêté municipal qui, en vue d'assurer la surveillance de la prostitution, imposerait indistinctement à toutes les femmes ou filles venant s'établir dans la commune l'obligation de justifier d'une bonne conduite antérieure et de moyens suffisants d'existence, et qui défendrait aux hôteliers de les recevoir sans attestations (Crim. rej. 17 nov. 1865, aff. Guillon et autres, D. P. 66. 1. 41).

76. Il est, d'ailleurs, manifeste que la portée des règlements municipaux est déterminée par les termes mêmes dans lesquels ils sont rédigés. C'est ainsi qu'il a été jugé que, dans une ville où un règlement local oblige les filles publiques isolées à se munir, avant de prendre un logement, d'une autorisation de la police et défend « aux hôteliers, aubergistes, logeurs, loueurs de maisons ou de chambres garnies » de les recevoir chez eux à titre de locataires si elles ne leur remettent pas préalablement cette autorisation, il n'y a point contravention de la part d'un propriétaire louant des logements non garnis qui a omis d'exiger cette justification en louant un logement à une fille publique (Crim. rej. 13 avr. 1866, aff. Lévy et aff. Stienes (deux arrêts), D. P. 66. 5. 393. V. supra, v° Commune, n° 747). Il a été également jugé que, si un arrêté municipal interdit « aux propriétaires, principaux locataires, locataires ou logeurs, de louer directement ou indirectement à des filles publiques », ne saurait poursuivre, comme ayant contrevenu audit arrêté, le propriétaire dans l'immeuble duquel une chambre a été louée à des filles soumises se livrant à la prostitution, alors qu'il est seulement constaté que cette location a été faite par un des locataires de l'immeuble (Crim. cass. 17 nov. 1893, aff. Fabre, Bull. crim., n° 315, p. 476). A l'inverse, il a été jugé : 1° que la disposition d'un arrêté municipal qui défend, d'une manière absolue et générale, à toute personne de loger des femmes ou filles publiques sans une autorisation préalable de l'autorité s'applique aux locataires qui sous-louent une partie de leur logement à l'une de ces femmes comme aux propriétaires (Crim. cass. 18 févr. 1860, aff. Richard, D. P. 60. 5. 309); — 2° Que l'arrêté interdisant l'établissement de toute femme publique dans l'intérieur de la ville, et notamment dans telles rues

qu'il désigne, n'est pas censé limiter à ces rues la prohibition qu'il renferme (Même arrêt).

77. En ce qui concerne les dispositions règlementaires qui imposent aux filles publiques isolées certaines mesures de discipline, V. infrà, n°s 92 et suiv.

B. — Maisons de tolérance.

78. C'est à un double titre qu'il appartient à l'autorité municipale de surveiller les maisons de tolérance : d'une part, à cause du pouvoir général de réglementer la prostitution dont il a été parlé supra, n° 69; d'autre part, à raison des dispositions spéciales auxquelles sont soumises expressément ou implicitement, en vertu du tit. 1 de la loi des 19-22 juill. 1791, les « lieux livrés notoirement à la débauche. » Sont notamment toujours en vigueur les règles, exposées au Rép. n° 8, sur le droit des officiers de police d'entrer en tout temps dans les lieux livrés notoirement à la débauche et sur l'obligation, pour les tenanciers des maisons de tolérance, de tenir, comme les aubergistes, maîtres d'hôtels garnis et logeurs, un registre sur lequel l'autorité administrative peut en principe exiger l'inscription de toute personne qui couche dans l'établissement, même une seule nuit.

79. Les maires ont le droit d'édicter, par arrêté, qu'à l'avenir aucune maison de tolérance ne pourra être ouverte dans la ville ni dans ses faubourgs sans l'autorisation préalable de l'administration municipale. Et il a été jugé qu'un arrêté semblable s'applique même aux maisons de tolérance ouvertes au moment de sa mise en vigueur, en sorte que le fait de continuer à les tenir constitue, à défaut de l'autorisation exigée, une contravention passible des peines édictées par l'art. 471 n° 15 c. pén. (Crim. cass. 25 févr. 1838, aff. Gallon, D. P. 58. 5. 302. V. supra, v° Commune, n° 665; Rép. v° Tolérance (Maisons de) n° 1).

80. L'établissement d'une maison de tolérance est un fait contraire aux bonnes mœurs; l'autorisation donnée par l'administration municipale n'en change pas le caractère immoral, et intervient moins pour légitimer l'existence de ces maisons que pour en assurer la surveillance (V. supra, v° Commune, n° 666; Req. 8 juill. 1884, cité infrà, n° 88).

81. Il résulte de ce principe que toute convention qui a pour objet la cession ou l'exploitation d'une maison de tolérance doit être annulée comme ayant une cause immorale, et l'exécution de pareilles conventions ne saurait être poursuivie devant les tribunaux (Paris, 30 nov. 1839, aff. Pillot, Rép. v° Obligations, n° 647; Trib. civ. Seine, 5 févr. 1867, aff. Fiévé et Raoult, D. P. 67. 3. 61; Civ. rej. 15 déc. 1873, aff. Vilmain, D. P. 74. 1. 227; Caen, 29 juill. 1874, aff. Mary, D. P. 75. 2. 127; Rouen, 31 juill. 1883, aff. Raymond, Recueil de Rouen, 1884, p. 47; Bourges, 13 juin 1889, aff. Keller et Doré, D. P. 89. 5. 329; Paris, 14 déc. 1889, aff. Massy et Jossu, D. P. 90. 2. 189; Larombière, Théorie et pratique des obligations, édit. de 1885, t. 1, p. 285, art. 1131, n° 4; Laurent, Principes du droit civil, t. 16, n° 152; Guillouard, Traité du contrat de louage, t. 1, n° 72, p. 78-80. V. aussi supra, v°s Louage, n° 32, et Obligations, n° 188). Mais il n'en est pas nécessairement de même quant à la vente de l'immeuble servant à l'exploitation du brevet ou de la licence de tolérance : en principe, cette vente a un objet licite, et il n'en serait autrement que si l'immeuble avait été considéré par les parties comme un accessoire obligatoire et inséparable de la licence (V. D. P. 90. 2. 189, note 1 et 2). La même solution doit être appliquée à la vente du mobilier (V. cette note, mais en sens contraire l'arrêté précité).

82. C'est la juridiction civile, et non la juridiction commerciale, qui est compétente pour prononcer la nullité des conventions relatives à la cession ou à l'exploitation d'une maison de tolérance, par la raison qu'une maison de ce genre ne saurait être considérée comme un fonds de commerce (Orléans, 26 nov. 1861, aff. Dubarry, D. P. 62. 2. 7. V. Trib. civ. Seine, 5 févr. 1867, cité supra, n° 81. V. aussi supra, v° Acte de commerce, n° 39).

83. Il résulte encore du principe posé supra, n° 80, et il a été jugé : 1° que le prix des débauches et des consommations faites dans une maison de tolérance ne peut être demandé en justice, même par voie de compensation (Trib.

de paix de Poitiers, 23 janv. 1860, aff. Petit, D. P. 60. 3. 40); — 2° Que la demande en restitution d'effets et objets mobiliers formée par une fille publique contre le chef de maison dont elle était pensionnaire est irrecevable lorsque le juge ne pourrait trancher le litige sans connaître de conventions ou de faits ayant une cause immorale (Limoges, 30 avr. 1888, aff. Leroy, D. P. 89. 2. 38); — 3° Que les créances qui ont pour cause des services de domesticité rendus dans une maison de tolérance, en vue de l'exploitation de cet établissement, sont à bon droit éliminées d'un ordre ouvert entre créanciers, comme étant fondées sur une cause contraire aux bonnes mœurs (Req. 11 nov. 1890, aff. Lapsolu et Pourageaud, D. P. 91. 1. 484).

84. Mais, « en présence d'un contrat dont la cause juridique est déterminée et licite, on ne saurait faire dépendre la validité de l'obligation ni du motif de la convention, ni de l'usage qui aurait été fait de la somme empruntée », et l'arrêt qui a formulé cette règle incontestable a décidé qu'en conséquence le prêteur d'une somme d'argent peut exiger son remboursement, alors même qu'il aurait prêté pour permettre à l'emprunteur d'acheter une maison de tolérance (Paris, 13 févr. 1877, aff. Bizot, *suprà*, v° *Obligations*, n° 189). Pareillement, l'obligation contractée pour achat de fournitures, consistant en étoffes de soie et objets de lingerie, destinées à l'exploitation d'une maison de tolérance est valable, le motif seul, et non la cause de cette obligation, étant immoral (Bordeaux, 6 févr. 1885, aff. Cagot, *suprà*, eod. v°, *ibid.*).

85. Il résulte, en troisième lieu, du principe posé *suprà*, n° 80, que l'installation d'un établissement de prostitution à l'un des étages d'une maison peut justifier une demande en résiliation de bail, soit de la part des autres locataires vis-à-vis du propriétaire qui a consenti à louer une partie de sa maison pour une pareille destination (V. en ce sens, *suprà*, v° *Louage*, n° 128; *Rép.* eod. v°, n° 225; Troplong, *Du louage*, n° 185; Guillouard, *Traité du contrat de louage*, t. 1, n° 135, p. 141), soit de la part du propriétaire lui-même vis-à-vis de celui qui a établi dans les lieux loués une maison de tolérance (V. en ce sens, Lyon, 6 févr. 1833, aff. Brossier, D. P. 33. 2. 104 et *Rép.*, v° *Louage*, n° 273, en note; Paris, 19 avr. 1834 et, sur pourvoi, Req. 19 mars 1835, aff. Fremont, D. P. 35. 1. 370 et *Rép.* eod. v°, *ibid.*; V. aussi Nouveau Denisart, v° *Bail*, § 4, n° 6; Toullier (continué par Duvergier), *Droit civil français*, t. 18, n° 402; Troplong, *Du louage*, n° 302; Massé et Vergé, sur Zachariæ, t. 4, § 702, note 3; Guillouard, *Traité du contrat de louage*, t. 1, n° 197, p. 200; *Rép.*, v° *Louage*, n°s 273 à 275). Dans l'un et l'autre cas, il y a violation des obligations conventionnelles : dans le premier cas, violation de l'obligation du bailleur de garantir de tout trouble la jouissance des preneurs; dans le second cas, violation, par l'un des preneurs, de son obligation de jouir de la chose louée suivant sa destination naturelle et présumée.

86. Il résulte enfin du principe posé *suprà*, n° 80, que l'établissement d'une maison de tolérance peut donner lieu à une action en dommages-intérêts de la part des tiers autres que les colocataires auxquels cet établissement cause un préjudice, notamment de la part des propriétaires des maisons voisines, et ce même lorsque l'établissement a été autorisé par l'Administration : les maisons de tolérance sont, en effet, comme le mot lui-même l'indique énergiquement, l'objet d'une simple permission, d'une simple tolérance, qui ne fait que les mettre en règle avec la police et qui, dès lors, laisse intacts les droits des tiers et ceux de l'autorité judiciaire en matière de quasi-délits. Depuis la publication du *Répertoire*, de nombreux arrêts se sont prononcés en ce sens (V. Besançon, 3 août 1859, aff. Cuenot et consorts, D. P. 60. 2. 4, et, sur pourvoi, Req. 3 déc. 1860, D. P. 61. 1. 331; Chambéry, 3 août 1858 (et non 25 avr. 1861, comme on l'a indiqué *suprà*, v°s *Commune*, n° 666, et *Compétence administrative*, n° 190), aff. Pertuiset et Dubuisson C. Joly et autres, et, sur pourvoi, Civ. rej. 27 août 1861, D. P. 61. 1. 334; Req. 5 juin 1882, aff. Veuve Linossier, D. P. 83. 1. 291; Cons. d'Et. 9 juin 1859, cité *infrà*, n° 89; Besançon, 25 avr. 1861, aff. Pertuiset et Dubuisson C. Besson et cons., D. P. 61. 2. 128; Aix, 14 août 1861, aff. Sicard, D. P. 62. 2. 156; Lyon, 16 déc. 1862, aff. Morand de Jouffray, D. P. 64. 2. 163; Aix, 19 nov. 1878, aff. Liotardi,

D. P. 79. 2. 219). On a rapporté D. P. 61. 1. 331-334, la discussion à laquelle a donné lieu la question lorsqu'elle a été portée pour la première fois devant la cour de cassation, lors de l'arrêt de la chambre des requêtes du 3 déc. 1860. La doctrine se prononce dans le même sens que la jurisprudence (V. les auteurs cités *suprà*, v° *Commune*, n° 666, notamment Demolombe, *Traité des servitudes*, t. 2, n° 654; Aubry et Rau, *Cours de droit civil français*, t. 2, § 194, p. 196).

87. La dépréciation causée aux immeubles voisins de celui où a été établie une maison de tolérance autorise la condamnation à des dommages-intérêts tant du patron de l'établissement que du propriétaire de l'immeuble dans lequel cet établissement est installé (Besançon, 3 août 1859, et, sur pourvoi, Req. 3 déc. 1860; Civ. rej. 27 août 1861; Aix, 19 nov. 1878, cités *suprà*, n° 86). V. dans le même sens, *Rép.*, v° *Tolérance (Maisons de)*, n° 5). Sur la question de savoir si le propriétaire de l'immeuble et le tenancier de la maison de tolérance doivent chacun pour sa part et portion ou *in solidum* les dommages-intérêts ainsi encourus par eux, V. D. P. 79. 2. 220, note 3, sous l'arrêt précité d'Aix, 19 nov. 1878. V. aussi *suprà*, v° *Obligations*, n° 594, avec les arrêts cités, et *Rép.*, v°s *Obligations*, n° 1483, et *Responsabilité*, n°s 243 et suiv.

88. Comme en toute autre matière, la charge de la preuve du préjudice éprouvé incombe au demandeur ; et il a été jugé, en conséquence, que l'action en dommages-intérêts doit être repoussée lorsque, par une appréciation souveraine des faits de la cause, les juges du fond constatent que le demandeur n'a, quant à présent, justifié d'aucun préjudice éprouvé (Req. 8 juill. 1884, aff. Frémont, D. P. 85. 1. 231).

89. Les tribunaux ordinaires sont compétents pour statuer sur une demande en dommages-intérêts de cette nature (Besançon, 9 févr. 1859, aff. Cuenot, D. P. 59. 2. 73, et, sur arrêté de conflit du préfet du département du Doubs, Cons. d'Et. 9 juin 1859, D. P. 59. 3. 33. V. aussi *ibid.*, note 4. *Adde* : Civ. rej. 27 août 1861, cité *suprà*, n° 87, sur le premier moyen tiré d'un excès de pouvoir et de la violation de la loi sarde). Mais ils n'ont pas le droit d'ordonner la suppression d'une maison de tolérance qui existe en vertu de la permission de l'autorité administrative (Chambéry, 3 août 1858, et, sur pourvoi, en ses motifs, Civ. rej. 27 août 1861, cités *suprà*, n° 86; Caen, 11 déc. 1862, *suprà*, v° *Compétence administrative*, n° 190).

90. Pour les obligations dont sont tenues les maîtresses de maisons de tolérance, V. *Rép.* n° 13.

91. Dans le cas de contravention aux règlements, ou si l'établissement a donné lieu à quelque plainte, l'autorité administrative peut fermer provisoirement ces maisons, qui ne sont que *tolérées*, ou même en ordonner la suppression définitive si elle le juge nécessaire (*Rép.* n° 14).

§ 3. — Mesures de police. — Discipline. — Visites sanitaires. — Taxes.

92. Qu'elles soient isolées ou qu'elles vivent *en maison*, qu'elles soient inscrites comme filles publiques sur les contrôles du service des mœurs ou qu'elles soient insoumises, les prostituées sont assujetties à certaines mesures de police et de discipline (V. *suprà*, v° *Commune*, n° 670; *Rép.* eod. v°, n° 1080, et v° *Prostitution*, n°s 22 et suiv.). A Paris, et dans la plupart des grandes villes, ces mesures sont, pour les filles inscrites, résumées sur la carte qui leur est remise lors de leur inscription.

93. Les filles publiques sont tenues de se présenter à des visites sanitaires (*Rép.* n°s 24 et 26). Le règlement municipal qui assujettit les filles publiques à subir ces visites à des époques déterminées et à les faire constater sur leur livret est légal et obligatoire (Crim. cass. 3 déc. 1847, aff. Corbin, D. P. 47. 1. 306; Crim. rej. 24 nov. 1865, aff. fille Gauron, D. P. 66. 1. 140; Crim. cass. 8 mars 1866, aff. fille Antonetti, D. P. 66. 1. 140). Par suite, et ainsi que cela résulte formellement du premier de ces arrêts, déjà cité au *Rép.* n° 26, en cas de refus, par une fille publique inscrite, de se soumettre à la visite sanitaire aux époques fixées par le règlement, cette fille ne peut être relaxée des poursuites

sous prétexte que les faits qui auraient pu la soumettre à la visite sanitaire ne seraient point suffisamment établis.

94. Le juge de police peut admettre au profit de la fille publique poursuivie pour ne s'être pas présentée aux visites sanitaires le moyen tiré d'un empêchement par maladie ou autre obstacle de force majeure, mais au cas seulement où cet empêchement est établi à l'aide de l'un des modes de preuve qui sont autorisés par la loi (Crim. cass. 3 mars 1865, aff. Renaud, D. P. 66. 5. 394). Au contraire, ne peuvent être considérés comme motifs d'acquittement, même quand il en est rapporté une preuve régulière, ni le jeune âge de l'inculpée, l'absence de toute plainte contre elle pour inconduite, la date récente de son inscription, l'absence d'emploi habituel, de sa part, de provocations à la débauche, ni enfin la promesse par elle faite à l'audience de se soumettre régulièrement à l'avenir à la mesure sanitaire prescrite (Même arrêt).

95. Il est manifeste que le juge de police prononce à bon droit le relaxe d'une femme prévenue d'avoir négligé de se présenter à la visite sanitaire que les filles publiques doivent subir périodiquement en vertu d'un arrêté municipal, s'il n'est point établi que cette femme est une fille publique et qu'en cette qualité son nom est inscrit sur le registre spécial des filles publiques (Crim. rej. 15 janv.1875, aff. Eugénie Lardenet, *Bull. crim.*, n° 20, p. 38).

96. Mais l'autorité municipale a le droit de soumettre à des visites sanitaires non seulement les filles inscrites, mais aussi les filles insoumises : ce droit, qu'elle tire des pouvoirs généraux qui lui appartiennent à l'effet d' « assurer le bon ordre, la sûreté et la salubrité publiques » (V. *supra*, n° 69), résulte encore d'une disposition plus spéciale de l'art. 97 de la loi du 5 avr. 1884, aux termes de laquelle la police municipale « comprend notamment... 6° le soin de prévenir, par des précautions convenables, et celui de faire cesser, par la distribution des secours nécessaires, les accidents et les fléaux calamiteux, tels que... les maladies épidémiques ou contagieuses... en provoquant, s'il y a lieu, l'intervention de l'Administration supérieure ». Or la syphilis et tous les accidents syphilitiques rentrent dans la catégorie des maladies contagieuses, et la plupart des maladies vénériennes sont également contagieuses.

97. Le droit de soumettre les filles publiques à des visites sanitaires emporte, comme conséquence, le droit d'imposer aux femmes qui sont reconnues atteintes de maladies syphiliques ou vénériennes l'internement dans des hôpitaux spéciaux. Mais, à Paris, les filles publiques reconnues malades sont dirigées sur la *prison de Saint-Lazare, en voitures cellulaires*, alors qu'on n'a aucun délit à leur reprocher, mais simplement à les soigner pour une affection contagieuse, et leur hospitalisation dans une soi-disant infirmerie a tous les caractères d'un emprisonnement. Il est certain, que cette pratique constitue non seulement une injustice, mais aussi un danger pour la santé publique, la crainte d'être internées à Saint-Lazare déterminant les prostituées à se soustraire à toute surveillance sanitaire.

98. Les filles publiques atteintes de syphilis sont, en outre, tenues, après leur sortie de Saint-Lazare, de se présenter tous les cinq jours au dispensaire, en raison d'un retour possible de la maladie dont elles paraissent guéries.

99. Si l'obligation, pour les filles publiques, de subir périodiquement une visite sanitaire est la plus importante conséquence de leur état de prostituées, en ce qu'elle constitue un moyen très efficace d'assainissement, ce n'est ni la première en date des obligations qui aient été imposées aux filles publiques, ni, quoi qu'on en ait dit, la seule qui doive subsister. Il y a donc lieu d'imposer aux filles publiques des prescriptions en vue du maintien du bon ordre et de l'observation de la décence dans les rues et dans les locaux qui sont visibles de la rue, et le droit de punir les infractions aux prescriptions de cette nature aussi bien que les manquements aux visites sanitaires ne saurait être contesté en principe (V. cependant en sens contraire le rapport précité de M. Émile Richard, p. 56 à 59).

100. En fait, les « obligations et défenses imposées aux femmes publiques » à Paris sont restées formulées en termes presque identiques à ceux qui ont été indiqués au Rép. n° 22 (V. le texte actuel dans le rapport précité, p. 36, note 2).

101. Dans presque toutes les villes, l'autorité municipale interdit aux prostituées de stationner sur la voie publique pendant le jour, et de sortir de leurs demeures après certaines heures. La légalité des arrêtés pris en ce sens a été reconnue par un arrêt déjà ancien de la chambre criminelle de la cour de cassation, cassant le jugement d'un tribunal de police qui s'était prononcé en sens contraire en se fondant sur ce qu' « aucune autorité n'a le droit d'empêcher qui que ce soit d'user de la faculté de sortir de chez lui pour pourvoir à ses besoins ou pour toute autre cause licite » (Crim. cass. 23 avr. 1842, aff. filles Rousseau et Lecomte, D. P. 42. 1. 224).

102. Il a été également jugé : 1° que le règlement municipal qui prohibe la circulation, à partir d'une certaine heure, dans les rues et promenades de la ville de toutes les personnes inscrites sur les listes des prostituées, est obligatoire même pour les filles domiciliées ailleurs, lorsqu'elles sont inscrites sur les registres de la ville où le règlement a été pris, et que le juge de police ne peut, sans violer ce règlement, renvoyer l'inculpée des fins de la poursuite par le seul motif qu'elle n'est pas domiciliée dans la ville (Crim. cass. 17 nov. 1866, aff. Lambinet, D. P. 67. 1. 44) ; — 2° Que le règlement qui défend aux filles publiques, sous la responsabilité du maître ou de la maîtresse de la maison de tolérance qu'elles habitent, de sortir le soir et de se produire dans les lieux publics, doit être entendu en ce sens que la responsabilité édictée à l'égard du maître ou de la maîtresse de la maison, pour le cas de contravention à cette défense par des filles publiques, est une responsabilité pénale, et non pas seulement civile (Crim. cass. 12 mai 1871, aff. fille P... et autres, D. P. 71. 1. 263).

103. En vertu du régime administratif auquel est soumis actuellement en France l'exercice de la prostitution, et qui a été l'objet de très vives critiques, les prescriptions contenues dans les règlements qui édictent à l'égard des prostituées des mesures de police et de discipline ont pour sanction, en fait, à Paris, à l'exclusion des peines que pourraient légalement prononcer les tribunaux de simple police en vertu de l'art. 471, n° 15, c. pén., des punitions disciplinaires infligées administrativement.

Ces punitions sont prononcées à Paris par le préfet de police, sur la proposition du commissaire-interrogateur, chef du bureau des mœurs, et sur le vu des procès-verbaux dressés par les inspecteurs chargés de cette partie du service. Toutefois, dans le cas où une fille inscrite réclame contre la punition qui lui est infligée, sa réclamation est portée sans délai devant une commission composée du préfet de police ou de son délégué, assisté de deux commissaires de police de la ville de Paris appelés à tour de rôle : cette commission statue, après avoir entendu la personne arrêtée ainsi que les agents, s'il y a lieu et, lorsque la commission n'est pas présidée par le préfet personnellement, la décision doit être ratifiée par lui (V. instruction réglementaire du 15 oct. 1878).

104. A Lyon, une distinction est faite entre l'infraction à l'obligation de se présenter périodiquement aux visites sanitaires, qui donne lieu à une poursuite devant le tribunal de simple police, et toutes les autres infractions au règlement sur la police des mœurs, qui sont punies administrativement. C'est le secrétaire général de la police, au nom du préfet, et sur la proposition du chef de la sûreté, qui inflige les punitions administratives : elles consistent, à l'égard des filles, dans la séquestration variant depuis un jusqu'à vingt jours, et, à l'égard des maîtresses de maisons de tolérance, dans la fermeture temporaire ou définitive de leurs établissements. Lorsqu'une fille inscrite réclame contre la punition qui lui est infligée, sa réclamation est portée immédiatement à la connaissance du secrétaire général pour la police et du chef de la sûreté, qui statuent à nouveau, après avoir entendu la réclamante, ainsi que les agents s'il y a lieu.

105. L'emprisonnement prononcé par voie administrative est subi dans les chambres de dépôt établies dans chaque commune, et, à Paris, dans la prison de Saint-Lazare, où sont enfermées également les filles détenues à raison de condamnations prononcées par les tribunaux de simple police pour des contraventions étrangères à l'exercice de la prostitution. La détention par voie administrative pour

infraction aux règlements sur la prostitution est prononcée pour une durée qui ne peut dépasser deux mois et qui est généralement de quatre, six, huit, dix, douze ou quinze jours.

106. La taxe est une sorte de contribution imposée aux filles publiques et aux maîtres et maîtresses de maisons de tolérance, et qui est destinée à faire supporter au personnel de la prostitution les dépenses administratives et sanitaires qu'il occasionne. Vivement combattue dans son principe même comme un impôt immoral (V. Parent-Duchâtelet, *op. cit.*, t. 2, p. 212 et suiv. ; Mireur, *La prostitution à Marseille*, p. 246 à 252), la taxe a incontestablement en fait un double inconvénient : là où cette contribution existe, d'une part, l'Administration chargée du service des mœurs est toujours soupçonnée de chercher à augmenter le nombre des prostituées pour se créer des revenus, et, d'autre part, l'action disciplinaire de l'autorité est affaiblie à l'égard des filles publiques, qui se croient complètement en règle dès qu'elles ont payé. Si la taxe est abolie à Paris depuis le 1er janv. 1829 (*Rép.* n° 24), elle a été maintenue plus ou moins ouvertement dans d'autres villes de France, notamment à Bordeaux et à Marseille, et dans plusieurs villes de l'étranger, à Berlin, à Bruxelles, à Madrid, à Turin. A Lyon, les visites sont toujours payantes pour les filles de maison et gratuites ou payantes pour les filles isolées suivant que celles-ci se présentent à telle ou telle heure du jour fixé.

ART. 4. — *De la prostitution des filles mineures.*

107. Le développement de la prostitution des filles mineures dans les grandes villes, et surtout à Paris, a pris depuis plusieurs années des proportions d'autant plus inquiétantes au point de vue sanitaire qu'il est constant que c'est dans cette catégorie de prostituées que se rencontre la proportion la plus forte de vénériennes et surtout de syphilitiques (V. à cet égard le résultat des constatations faites par M. le docteur Commenge, médecin en chef adjoint du dispensaire de salubrité, dans son ouvrage intitulé *Syphilis et prostitution chez les insoumises mineures de 1878 à 1887*). Si le projet de loi déposé le 31 oct. 1891 et cité *suprà*, n° 5 ne tend pas spécialement à remédier à cet état de choses, cette question de la prostitution du jeune âge a attiré l'attention de tous ceux qui se préoccupent de la protection de l'enfance (V. notamment les publications de l'*Union française pour le sauvetage de l'enfance*, fondée en 1888, et surtout du *Patronage de l'enfance et de l'adolescence*, fondé en 1890 par M. Rollet, avocat à la cour d'appel de Paris ; V. aussi les rapports présentés au *Comité de défense des enfants arrêtés ou traduits en justice*, fondé à Paris en 1890, et au comité semblable fondé à Marseille en 1893).

108. Le problème ne comporte manifestement que l'une ou l'autre des deux solutions suivantes : ou il faut tolérer la prostitution sans distinction d'âge et procéder à l'inscription des filles mineures comme des filles majeures ; ou bien il faut reconnaître à la puissance publique le droit et lui procurer les moyens de prendre à l'égard de toutes les prostituées mineures des mesures de protection et de tutelle, pour « empêcher d'aller à la prostitution des enfants impuissants au point de vue physique, incapables au point de vue moral de résister à de funestes suggestions et d'en mesurer les conséquences » (V. *Les enfants en prison*, études anecdotiques sur l'enfance criminelle, par MM. Guy Tomel et Henri Rollet, Paris, 1892, p. 147, et *infrà*, n° 112). Or, l'inscription des filles mineures sur les contrôles de la prostitution soulève, non seulement au point de vue moral, mais aussi au point de vue légal, d'évidentes objections : l'adhésion à un acte aussi grave paraît, en effet, nécessiter la maturité d'âge qui est exigée par la loi pour la validité des contrats relatifs aux objets de la plus minime importance.

En fait, à Paris, l'âge minimum exigé pour l'inscription a varié suivant le gré des fonctionnaires qui se sont succédé à la tête de la préfecture de police : fixé à la majorité révolue par M. Delavau, reporté à dix-huit ans par le même préfet, puis à dix-sept ans par M. Debelleyme, il est aujourd'hui fixé à seize ans. A Lyon, les filles mineures peuvent être inscrites sur les contrôles à partir de seize ans, et, même avant cet âge, sont admises sur leur demande aux visites sanitaires.

109. Au point de vue de la procédure, depuis 1879, et en vertu d'une addition déjà citée au règlement du 15 oct. 1878, l'inscription des filles mineures, même quand elle est volontaire, est prononcée par la même commission que l'inscription d'office, et non plus par le préfet de police seul (V. *suprà*, n° 39).

110. Pendant longtemps, à tous ceux qui, pour justifier l'inscription des mineures, invoquaient la nécessité de soumettre aux règlements des jeunes filles qui prétendent ne pas avoir d'autres moyens d'existence que la prostitution, on s'est contenté de répondre que cette nécessité disparaîtrait seulement lorsque des œuvres suffisamment nombreuses d'assistance seraient créées en faveur des prostituées mineures (V. notamment Mireur, *La prostitution à Marseille*, p. 147). Mais, dans la proposition de loi *sur la protection des enfants abandonnés, délaissés ou maltraités*, qu'il déposa au Sénat le 27 janv. 1881, M. Théophile Roussel a cherché à entraver d'une manière à la fois plus prompte et plus énergique la prostitution du jeune âge : s'inspirant d'un *act* du Parlement anglais du 2 août 1880, aux termes duquel « toute mineure logeant, vivant ou résidant avec des prostituées notoires, ou fréquentant leur compagnie, est placée pour ce fait sous le régime des écoles industrielles », il proposait d'assimiler à la mineure délaissée, et de disposer que peut être conduite comme telle devant le juge de paix, qui décidera si elle doit être placée sous la protection de la loi, la mineure « qui est rencontrée se livrant à la prostitution ou logeant, résidant ou vivant habituellement avec des prostituées ». Réunie au projet de loi présenté, sur le même objet, par le Gouvernement à la date du 8 déc. 1881, adoptée en deuxième lecture par le Sénat le 10 juill. 1883 (V. notamment le texte de l'art. 3), cette proposition de loi a traversé ensuite des phases sur lesquelles nous n'avons pas à insister ici (V. *infrà*, v° *Puissance paternelle*), et le Gouvernement, estimant que les dispositions les plus urgentes étaient celles qui prévoyaient et précisaient « les cas de déchéance de la puissance paternelle » et aussi celles qui édictaient « les moyens à employer pour assurer juridiquement la protection des enfants délaissés », présenta, le 22 déc. 1888, à la Chambre des députés un projet de loi ainsi limité, dont le texte avait été soumis concurremment au conseil d'État et au conseil supérieur de l'Assistance publique (V. *infrà*, v° *Protection de l'enfance*, n°s 6 et 7). Dans ce nouveau projet, qui est devenu la loi du 24 juill. 1889, *sur la protection des enfants maltraités ou moralement abandonnés* (D. P. 90. 4. 15), aucun article ne vise directement la protection des prostituées mineures, mais deux dispositions relatives à la déchéance de la puissance paternelle, l'art. 1 et l'art. 2, § 6, peuvent fournir le moyen de parer, au moins en partie, à la prostitution de certaines filles mineures (V. *infrà*, n° 114).

111. Nous avons vu *suprà*, n° 110, que, si les prostituées mineures de seize ans peuvent être arrêtées, visitées et soignées d'office, l'Administration ne se reconnaît pas le droit de les inscrire sur les contrôles du service des mœurs : elle est obligée, quand elles sont saines ou dès qu'elles le sont devenues, de les remettre en liberté sans les astreindre périodiquement à de nouvelles visites sanitaires.

Jusqu'en 1889, le sort de ces petites prostituées dépendait uniquement, en fait, de leurs père et mère, qui étaient convoqués et interrogés à la préfecture de police ou consultés par les autorités locales s'ils habitaient la province ; or, les parents ne répondaient souvent pas à l'appel de l'Administration, ou bien ne reprenaient leurs filles que pour tirer parti de leur inconduite. En juillet 1889, une prostituée mineure de seize ans, qui avait été arrêtée à Paris pour être soumise à la visite sanitaire et qui allait être remise en liberté, ayant manifesté l'intention de se bien conduire « si elle était surveillée », fut, sur les instances de M. Rollet, avocat à la cour d'appel de Paris, amenée de la préfecture de police au parquet du tribunal de la Seine (service du *petit parquet*), traduite sur sa demande en police correctionnelle comme étant en état de vagabondage, acquittée comme ayant agi sans discernement et, par application de l'art. 66 c. pén., envoyée jusqu'à l'âge de vingt ans, sauf application du principe de la libération provisoire, *en correction*, ou plutôt, pour employer une formule plus exacte, sinon aussi juridique, placée *sous la tutelle pénitentiaire* (Trib. corr. Seine, 11e ch.,

19 juill. 1889, aff. Mathilde D..., analysé dans *La Gazette des tribunaux*, n° du 20 juill. 1889). Entraînée par cet exemple et par plusieurs autres, la préfecture de police a décidé, à partir du 15 oct. 1889, qu'elle soumettrait au petit parquet les dossiers des prostituées mineures de seize ans, toutes les fois qu'il serait possible de les considérer comme n'ayant ni domicile fixe, ni moyen d'existence avouable, et qu'elles auraient quitté le domicile paternel depuis plus d'un mois ; du 1er juill. au 31 déc. 1889, sur trente-huit mineures de seize ans arrêtées pour prostitution, douze ont été traduites au petit parquet ; en 1890, on en a traduit onze sur cinquante et une arrêtées ; en 1891, vingt-deux sur soixante-huit ; du 1er janv. au 1er nov. 1892, vingt-quatre sur trente-neuf arrêtées. La jurisprudence du tribunal de la Seine a été consacrée par un arrêt de la cour d'appel de Paris du 10 mars 1893 (1).

112. Dans un rapport présenté, à la date du 1er mars 1893, au *Comité de défense des enfants arrêtés ou traduits en justice* de Paris, sur les moyens de réprimer la prostitution des mineures de seize ans, M. Rollet a préconisé l'emploi de ce procédé dans toutes les autres villes de France, et soumis à l'approbation du comité le vœu que, toutes les fois qu'une fille mineure de seize ans est arrêtée pour prostitution, le procès-verbal d'arrestation soit transmis à l'autorité judiciaire. — Déjà, d'autre part, depuis le mois de juin 1890, les mineurs et mineures de seize ans ne sont plus, à Paris, cités directement devant la juridiction correctionnelle, et il n'est plus procédé contre eux dans les formes édictées par la loi du 20 mai 1863, sur les flagrants délits. V. un rapport présenté au comité précité par M. Flandin, vice-président au tribunal de la Seine, et qui résume « l'ensemble des règles de la procédure criminelle actuellement suivie dans le département de la Seine en ce qui concerne les enfants au-dessous de seize ans arrêtés ou traduits en justice » (*Le Droit*, numéros des 18, 19, 24 et 26 juill. 1891). V. aussi la circulaire du procureur de la République de la Seine, en date du 31 oct. 1891, concernant les enfants traduits en justice (*Le Droit*, numéro du 4 déc. 1891. V. *infra*, v° *Protection de l'enfance*, n° 31).

113. La jurisprudence qui assimile la petite prostituée à une vagabonde a été combattue par l'argument suivant : on a dit que cette enfant a nécessairement un domicile qui est celui de ses parents (V. *Revue pénitentiaire, Bulletin de la Société générale des prisons*, 1893, p. 478) ; mais cet argument, qui, s'il était juste, ne tendrait à rien moins qu'à prouver, contrairement au texte même de l'art. 271, § 2, c. pén., que le vagabondage n'existe pour aucun mineur de seize ans, n'est pas fondé, car il est constant « que la loi ne se contente pas, pour écarter la prévention de vagabondage, d'un domicile légal, au sens civil du mot, et qu'un

mineur, domicilié de droit chez ses père et mère, un enfant trouvé, ayant sous la tutelle de l'Assistance publique, ayant par conséquent son domicile dans l'établissement ou chez le maître auquel il est confié..., peuvent, néanmoins, être inculpés de vagabondage, quand ils n'ont pas de domicile actuel, d'habitation effective » (Garraud, *Traité théorique et pratique du droit pénal français*, t. 4, n° 104, p. 98-99. — V. dans le même sens, Paris, 10 mars 1893, *supra*, n° 111).

On a proposé, cependant, pour donner une base encore plus solide à la nouvelle jurisprudence, de modifier l'art. 274, § 2, c. pén. (V. *infra*, v° *Vagabondage*).

114. L'autorité judiciaire, ainsi saisie du dossier des filles mineures de seize ans arrêtées pour prostitution, n'a pas seulement le pouvoir de placer sous le régime de la tutelle pénitentiaire, grâce à la jurisprudence précitée, les filles qui se sont prostituées hors du domicile paternel. Elle peut aussi, au cas où les parents eux-mêmes sont coupables de l'inconduite de leur enfant, les condamner pour délit d'excitation habituelle de mineurs à la débauche par application de l'art. 334, § 2 c. pén. (V. *supra*, v° *Attentat aux mœurs*, n°® 78 et suiv. ; *Rép. eod.* v°, n°® 157 et suiv.), et prononcer contre eux la déchéance de la puissance paternelle par application de l'art. 1 de la loi du 24 juill. 1889, ou encore appliquer l'art. 2, § 6, de cette même loi, aux termes duquel « peuvent être déchus des mêmes droits... 6° en dehors de toute condamnation, les père et mère qui, par leur ivrognerie habituelle, leur inconduite notoire et scandaleuse, ou par de mauvais traitements, compromettent soit la santé, soit la sécurité, soit la moralité de leurs enfants » (V. *infra*, v° *Puissance paternelle* ; dans l'une et l'autre de ces deux hypothèses, c'est l'Assistance publique du département intéressé qui, à défaut de la mère et dans le cas où il est impossible d'organiser une tutelle de droit commun, est investie de la tutelle, par assimilation des enfants de parents déchus de la puissance paternelle aux enfants assistés, conformément à la loi du 15 pluv. an 13 et, à Paris, à celle du 10 janv. 1849 (art. 11 de la loi du 24 juill. 1889). L'Assistance publique peut exercer elle-même ses droits de tutelle ou en confier l'exercice à des sociétés autorisées conformément à la loi du 24 juill. 1889, de manière à tenter, grâce au principe de l'éducation forcée, d'amender ces petites prostituées.

115. Restent les prostituées âgées de seize à vingt et un ans, pour lesquelles, dans l'état actuel de la législation, il est possible de faire prononcer la déchéance de la puissance paternelle de parents indignes, mais qui ne peuvent, à cause des termes restrictifs de l'art. 17 de la loi du 24 juill. 1889, bénéficier de la protection organisée par le tit. 2 de cette loi en faveur des enfants à la garde et à l'éducation

---

(1) (Fille S...) — La cour ; — Considérant en fait que la jeune S... avait moins de seize ans lorsqu'elle a été arrêtée dans le bois de Vincennes se livrant à la prostitution ; — Considérant que la fille S... avait quitté sa mère depuis plusieurs mois, que celle-ci, au cours de l'instruction, a refusé de reprendre sa fille, que la jeune S... n'a pu donner le nom des hôtels où elle aurait logé, qu'elle a avoué n'avoir, en réalité, d'autres ressources pour vivre que la prostitution ; — Considérant qu'à raison de ces faits, la jeune S... a été traduite devant le tribunal correctionnel sous prévention de vagabondage, qu'elle a été acquittée comme ayant agi sans discernement, qu'elle a été renvoyée dans une maison de correction jusqu'à sa vingtième année ; — Considérant qu'à l'appui de l'appel porté de ce jugement on prétend que la fille S... ne se trouve pas en état de vagabondage dans les conditions prévues par l'art. 270 du code pénal ; qu'en effet, étant mineure, elle aurait, aux termes de l'art. 108 du code civil, un domicile certain, celui de sa mère ; que, d'autre part, elle trouverait les ressources nécessaires à son existence dans l'obligation alimentaire imposée par la loi à ses parents ; qu'enfin, si elle ne justifiait pas d'un travail régulier, elle trouvait au moins dans la prostitution des moyens d'existence ; — Considérant que la mineure S... a un domicile légal, aux termes de la loi civile, chez ses parents ou chez son tuteur, ce domicile n'a pour but que d'assurer les relations de sa personnalité juridique avec le pouvoir social, mais que la loi pénale (art. 270 du code pénal) impose aux citoyens, dans un intérêt de sécurité publique, un séjour habituel et certain dans un lieu déterminé ; que, sans doute, le mineur a un domicile naturel chez ses parents, mais que, par un acte de sa volonté plus ou moins éclairée et consciente, il peut se soustraire à ce domicile ; que cette volonté

persistante de fuir une existence régulière, d'échapper à la surveillance et à l'autorité de ses parents, le constitue en état de vagabondage ; que, libre de commettre tous les délits prévus par la loi pénale et responsable à cet égard de ses actes, il est difficile de comprendre qu'il ne puisse légalement commettre le délit de vagabondage ; qu'enfin l'art. 271 c. pén., article non abrogé, prévoit textuellement le délit de vagabondage commis par les mineurs de seize ans et lui applique une peine spéciale ; — Considérant, en second lieu, que l'obligation alimentaire existant au profit des enfants à l'égard des parents ne saurait par elle-même constituer à l'enfant des ressources suffisantes pour assurer son existence ; qu'en effet, cette obligation alimentaire est toujours subordonnée à la fortune des parents et à la possibilité pour eux d'y satisfaire ; que, dans l'espèce, la mère de la jeune S... ne paraît pas en état de subvenir d'une manière suffisante aux besoins de sa fille ; que, d'autre part, cette obligation ayant un caractère général et indéterminé ne saurait constituer une ressource réelle pouvant soustraire l'enfant à l'état de vagabondage ; — Considérant que la prostitution publique ne saurait davantage procurer à une fille mineure de seize ans des moyens d'existence lui permettant d'échapper à l'application de l'art. 270 et 271 ; qu'en effet, la corruption et la débauche d'un enfant ne sauraient lui constituer un moyen de se soustraire à l'obligation que la loi impose à tous les citoyens d'avoir un domicile certain et de se livrer à un travail régulier dans la limite de leurs facultés ;

Par ces motifs, confirme le jugement dont est appel, dit qu'il sera exécuté dans sa forme et teneur, condamne l'appelante aux dépens.

Du 10 mars 1893.-C. de Paris, ch. corr.-M. Dupont, pr.

desquels leurs parents sont dans l'impossibilité de veiller. Si l'on veut faire cesser le scandale de l'inscription de ces mineures tout en évitant de les rejeter dans les rangs de la prostitution clandestine, il est indispensable, ainsi que nous l'avons dit *suprà*, n° 108, d'accorder autorité sur elles à la puissance publique et de voter une disposition analogue à celle que M. Théophile Roussel propose de rédiger ainsi : « Toute mineure de plus de seize ans, rencontrée dans un état habituel de prostitution, est conduite devant le juge de paix qui décide, suivant les circonstances, si elle doit être : soit remise en liberté, soit rendue à ses parents, soit placée, par les soins de l'Administration, dans un établissement approprié à sa réformation morale, soit, à raison de son état de santé, soumise à telles autres mesures qui seraient reconnues nécessaires dans l'intérêt de la santé publique ». Cette disposition concilierait avec le respect de la liberté individuelle l'intérêt de la santé publique, et on devrait d'autant moins hésiter à l'admettre que la mainmise de l'autorité publique sur les mineures prostituées de plus de seize ans, loin d'être une peine, ne serait en réalité qu'une mesure de protection, de tutelle et d'éducation ; il ne s'agirait point d'imposer un régime répressif aux prostituées mineures, mais bien de les soumettre à un traitement sanitaire et moral destiné à sauver toutes celles chez lesquelles subsistent encore de bons sentiments. Le conseil municipal de Paris s'est inspiré du même esprit en votant, à la suite de la lecture du rapport présenté par M. Emile Richard au nom de la commission sanitaire en 1890 et déjà cité *suprà*, n° 10 *in fine*, la résolution suivante : « Il y a lieu de fonder pour les filles mineures en état de vagabondage immoral, originaires du département de la Seine, un établissement spécial où elles pourront être retenues jusqu'à leur majorité ». Enfin, dès le 9 juill. 1886, le conseil général de la Seine avait été saisi d'une proposition de M. Strauss, tendant à créer à l'école d'Yzeure une troisième section spécialement réservée aux mineures en état de vagabondage immoral.

116. Il est aujourd'hui constant que l'art. 334 c. pén., qui punit l'attentat aux mœurs consistant à exciter, à favoriser ou à faciliter habituellement la débauche ou la corruption de la jeunesse de l'un ou l'autre sexe au-dessous de l'âge de vingt et un ans, permet de réprimer tous les actes tendant à favoriser la prostitution d'une fille mineure (V.

suprà, v° *Attentat aux mœurs*, n° 72). Cet article est applicable même à l'égard des mineures déjà inscrites comme filles publiques sur les registres de la police (V. *suprà*, n° 43). Il est applicable même lorsqu'un règlement municipal autorise l'admission de filles mineures dans les maisons de tolérance comme prostituées ; il a été jugé en ce sens qu'un règlement de l'autorité municipale n'a pas le pouvoir de restreindre les prohibitions de l'art. 334 c. pén.; en conséquence il y a délit à favoriser la débauche d'une fille mineure, par exemple à l'admettre dans une maison de tolérance de la commune comme prostituée, alors même qu'un règlement de police du maire ne prohiberait l'admission dans les maisons de tolérance de la commune que des jeunes filles ayant moins de seize ans (Crim. cass. 12 déc. 1863, aff. Marionneau, D. P. 66. 5. 34) ; l'exception tirée de ce que le prévenu a pu de bonne foi se croire en droit d'user du bénéfice de ce règlement est rejetée avec des motifs suffisamment explicites lorsque, dans sa décision, le juge du fait relève les nombreux actes de corruption de mineures reconnus à la charge du prévenu et ses pratiques frauduleuses, en ajoutant que des arrêtés municipaux pris dans quelques localités ne sauraient prévaloir contre la loi (Même arrêt).

117. Il y a lieu de remarquer en fait que, si, des deux pénalités édictées par l'art. 334 c. pén., l'une est inférieure aux peines portées par l'art. 1 du projet de loi cité *suprà*, n° 5, et par l'art. 2 de la proposition de loi cité *suprà*, n° 6, l'autre est supérieure à ces peines : en effet, l'emprisonnement que prononce l'art. 334 c. pén. est au minimum de six mois, alors que, d'après ce projet et cette proposition, il serait au minimum de trois mois, tandis que le taux de l'amende, qui, aux termes de l'art. 334 c. pén., varie seulement de 50 fr. à 500 fr., varierait, aux termes du même projet et de la même proposition, de 100 fr. à 1000 fr. Par conséquent, la législation actuellement existante permet déjà de poursuivre et de frapper d'une peine d'emprisonnement relativement élevée les individus qui facilitent ou favorisent habituellement la prostitution des filles mineures ; rien n'empêche, en particulier, d'atteindre, en leur appliquant l'art. 334 c. pén., les logeurs en garni qui, plus que tous autres, rentrent souvent dans la catégorie de ces individus, et on ne peut que se rallier à cet égard aux conclusions de M. le docteur Commenge, *op. suprà cit.*, p. 105 à 107).

Table sommaire
des matières contenues dans le Supplément et le Répertoire.

Table chronologique des Lois, Arrêts, etc.

1667
15 mars. Édit. 58 c.

1713
26 juill. Décl. roy 2 c.
9 août.Arr.enreg. 2 c.

1735
10 juin. Sent. pol. 2 c.

1744
17 sept. Ordonn. pol. 2 c.

1759
23 nov.Sent.pol. 2 c.

1778
4 nov. Ordonn. 63 c.
6 nov. Ordonn. 2 c., 3 c., 58 c., 59 c., 62 c., 63 c., 65 c., 66 c., 67 c., 68 c.

1780
8 nov. Ordonn.63 c.

1790
16 août.Loi. 65 c., 69 c.

1791
19 juill.Loi. 65 c., 69 c., 78 c.

An 8
12 mess.Arr.Cons. 71 c.

An 13
15 pluv.Loi.114 c.

1810
20 avr.Loi.56 c.

1812
22 mars. Crim. 46 c.

1818
25 juill.Circ.préf. pol. 58 c.

1826
17 nov. Crim.43 c.

1830
5 févr.Douai.43 c.

1832
28 avr.Crim. régl. de juges. 63 c.
15 juin.Ordonn.58 c., 65 c.

1833
6 févr.Lyon. 85 c.

1834
19 avr.Paris. 85 c.

1835
19 mars.Req. 35 c.

1836
4 juin. Crim. 46 c.

1837
18 juill. Loi. 69 c.

1838
30 juin,Loi.53 c.

1839
30 nov.Paris.81 c.

1842
23 avr,Crim,101 c.

1843
16 nov.Instr. régl. 7 c.

1844
30 mai.Crim. 74 c.

1846
18 févr.Paris.58 c., 65 c.
15 juin.Crim.69 c., 74 c.

1847
3 déc.Crim.50 c., 93 c.

1849
10 janv.Loi. 114 c.

1851
11 oct.Crim. 65 c.
20 déc.Décr. 5 c.

1854
10 nov. Crim.43 c.

1855
5 mai.Loi.71 c.

1856
14 févr.Crim.64 c.

1857
18 juill.Crim. 74 c.

1858
25 févr.Crim. 79 c.
3 août. Chambéry.86 c.,89 c.

1859
9 févr. Besançon. 89 c.
9 juin.Cons. d'Et. 86 c.,89 c.
8 août.Besançon. 86 c., 87 c.

1860
18 févr.Crim.74 c., 76 c.
21 avr.Paris.65 c.
17 nov.Crim.102 c.
1er déc. Crim.59 c., 65 c., 67 c.

1861
25 avr. Besançon. 86 c.

1862
17 anv.Crim.46 c.
11 déc.Caen. 89 c.
16 déc.Lyon. 86 c.

1863
7 févr.Crim.49 c.
20 mai.Loi. 112 c.
12 déc Crim.116 c.

1865
3 mars. Crim. 94 c.
15 nov.Paris.58 c., 60 c., 65 c.
17 nov.Crim. 75 c.
24 nov.Crim.46 c., 93 c.

1866
14 févr. Bordeaux. 43 c.
8 mars. Crim. 46 c.; 48 c., 93 c.
6 avr. Crim.35 c.

1867
14 août. Aix. 86 c.
27 août. Civ. 86 c.
14 nov.Crim.37 c., 41 c., 74 c.
26 nov.Orléans. 82 c.
30 nov.Crim.74 c.
18 nov.Crim 48 c., 52 c.
24 nov. Crim.49 c.
15 déc. Crim.48 c.

1871
12 mai.Crim.71 c., 102 c.
17 nov. Bordeaux. 43 c.

1872
30 oct. Régl. gén. 8 c.
19 nov. Aix.86 c., 87 c.

1873
25 avr. Crim. 46c., 71 c.
27 juin.Agen.53 c.
30 juill.Trib.confl. 54 c.
15 déc. Civ. 81 c.

1874
29 juill. Caen.81 c.
28 août. Crim. 47 c.
21 nov.Crim.38 c., 46 c., 56 c., 57 c.

1875
15 janv.Crim. 95c.
27 nov. Crim. 95 c.
19 mars. Crim. 58 c., 55 c.

1876
19 déc. Trib. corr. Seine. 58 c., 65 c., 67 c.

1877
5 févr. Trib. Seine. 81 c., 82 c.
24 juill. Loi. 71 c.

1878
1er févr. Crim. 65 c.
15 oct. Instr. régl. 7 c., 39 c., 103 c.

1879
14 juill.Crim.46 c.

1880
15 déc. Civ. 81 c.

1881
29 juill. Loi. 6 c.

1882
5 juin. Req. 86 c.
2 août. Loi. 6 c.
17 août. Crim. 74c.

1883
8 févr Crim.47c.
31 juill. Rouen. 81 c.

1884
5 avr.Loi. 69 c.

70 c., 71c., 72 c., 96 c.
8 juill.Req. 80 c., 68 c.
11 juill.Crim.58 c., 61 c., 62 c., 65 c.

1885
6 févr. Bordeaux. 84 c.
27 mai, Loi. 4 c., 5 c., 6 c.

1888
30 avr. Limoges. 83 c.
6 déc. Crim. 46 87 c.

1889
13 juin. Bourges. 81 c.
19 juill. Trib. corr. Seine. 111 c.
24 juill.Loi.110 c., 114 c., 115 c.
14 déc.Paris. 81 c.

1890
11 nov. Req. 68 c.

1892
31 oct. Circ. proc. Rép. 112 c.
26 nov. Crim. 46 c.

1893
10 mars. Paris. 111, 113 c.
20 oct. Crim.41 c.
17 nov.Crim.76 c.

PROTECTION DE L'ENFANCE.

Division.

CHAP. 1. — Historique et législation. — Droit comparé. — Bibliographie (n° 4).

CHAP. 2. — Protection des enfants arrêtés et traduits en justice (n° 22).

ART. 1. — L'enfant après l'arrestation (n° 24).
ART. 2. — L'enfant pendant la période de l'instruction (n° 31).
ART. 3. — L'enfant lors du jugement et après le jugement devenu définitif (n° 34).

CHAP. 3. — Protection des enfants moralement abandonnés (n° 47).

1. Le législateur moderne protège et a toujours protégé l'enfant, à raison de son âge, soit par les lois civiles, soit par les lois pénales, tant au point de vue moral qu'au point de vue physique (V. suprà, v° Enfant, n° 5; Rép. eod. v°). On a indiqué suprà, eod. v°, n° 5 à 7, les diverses dispositions protectrices de l'enfance, en indiquant les renvois aux articles du Supplément où ces dispositions sont étudiées. Adde : au point de vue civil, suprà, v° Minorité-tutelle-émancipation, n° 25 et suiv., 58 et suiv., et Obligations, n° 1289 et suiv., 1297 et suiv.; au point de vue pénal, suprà, v° Peine, n° 433 à 485.

2. D'autre part, certaines catégories d'enfants sont, depuis longtemps aussi, l'objet de mesures spéciales de protection (V. suprà, v° Enfant, n° 8 à 10). Tels sont : les enfants trouvés ou abandonnés; les enfants du premier âge et en particulier les nourrissons (V. suprà, v° Nourrices, n° 3 et suiv.; Rép. eod. v°, n° 13 et suiv.); les enfants employés dans les ateliers et manufactures; les enfants employés dans les professions ambulantes. Ajoutons que, comme on l'a indiqué suprà, v° Industrie et commerce, n° 1, les lois sur le travail des enfants dans les établissements industriels, notamment la loi du 19 mai 1874 (D. P. 74. 4. 38), qui, aujourd'hui abrogée, ne présente plus qu'un intérêt historique; et la loi du 2 nov. 1892 (D. P. 93, 4. 25), exécutoire à dater du 1er janv. 1893, seront étudiées infrà, v° Travail.

3. Mais, à côté et en dehors de cette législation protectrice de l'enfance ou de certaines catégories d'enfants, les questions relatives à la protection de l'enfance abandonnée, malheureuse, vicieuse ou coupable, prennent depuis plusieurs années, non seulement en France, mais dans toute l'Europe et dans les Etats-Unis d'Amérique, une importance de plus en plus grande, dont il convient de signaler ici, en dehors du mouvement législatif qui sera étudié infrà, n° 4 et suiv., une manifestation remarquable. Tandis que les congrès pénitentiaires internationaux qui ont déjà eu lieu se divisaient seulement en trois sections : 1° législation pénale; 2° institutions pénitentiaires; 3° institutions préventives, et que les questions intéressant l'enfance et les mineurs étaient, suivant leur nature, réparties entre l'une ou l'autre de ces sections, la commission pénitentiaire internationale, dans sa session tenue à Genève le 25 sept. 1893, a décidé, sur la proposition du délégué de la Russie, appuyée par les délégués de la France, qu'au Congrès pénitentiaire interna-

tional qui doit se réunir à Paris en juin 1895 une quatrième section serait organisée sous la rubrique « Questions
relatives aux enfants et aux mineurs » (*Revue pénitentiaire,
Bulletin de la Société générale des prisons*, 1893, p. 1154, et
1894, p. 260. V. le règlement et le programme arrêtés par
la commission réunie à Genève, *ibid.*, 1893, p. 1155 et suiv.).
D'autres manifestations du même mouvement en faveur de
la protection de l'enfance ont été indiquées par M. Félix
Voisin à la séance de la Société générale des prisons du
24 janv. 1894 (*Revue pénitentiaire*, 1894, p. 139. V. aussi le
programme du Congrès international pour l'enfance qui a
lieu à Florence, en 1895, sous les auspices du Comité central de l'Alliance universelle pour l'enfance, *ibid.*, 1894,
p. 384).

CHAP. 1er. — Historique et législation. — Droit comparé. — Bibliographie.

4. — I. HISTORIQUE ET LÉGISLATION. — Après avoir présenté à l'Assemblée nationale le projet de loi sur le régime
des prisons départementales qui est devenu la loi du 5 juin
1875 (V. le commentaire de cette loi *suprà*, v° *Prisons*, n° 7
et n°s 16 à 20), la commission d'enquête sur le régime des
établissements pénitentiaires, poursuivant son œuvre, avait
préparé deux autres projets relatifs à l'éducation et au patronage des jeunes détenus. Le premier projet, qui portait
modification des art. 66, 67, 69 et 271 § 2 c. pén., avait
pour objet d'établir une distinction entre les *maisons de
réforme*, où devaient être élevés et détenus les mineurs
acquittés comme ayant agi sans discernement, et les *maisons correctionnelles*, où seraient enfermés les mineurs condamnés aux peines privatives de la liberté ; de dire que ces
derniers, à l'expiration de leur peine, pourraient être détenus et élevés jusqu'à l'époque de leur majorité dans les
quartiers d'éducation correctionnelle ; de porter de la vingtième à la vingt et unième année accomplie le terme facultatif du séjour dans les maisons de réforme ou les établissements correctionnels ; enfin, de supprimer pour les jeunes
vagabonds la peine de la surveillance de la haute police. Le
second projet qui apportait d'importantes modifications,
inspirées par l'expérience, à la loi du 5 août 1850 sur l'éducation et le patronage des jeunes détenus (V. le commentaire de cette loi *suprà*, v° *Prisons*, n°s 23 à 30 ; *Rép. eod.*
v°, n°s 50 à 57) organisait, à côté de l'éducation agricole,
l'éducation industrielle et maritime, appliquait d'une façon
plus étendue et réglementait la libération provisoire, apportait des entraves aux abus possibles de la puissance paternelle, réorganisait les commissions de surveillance et prévoyait la formation nécessaire de sociétés de patronage pour
les jeunes libérés. Ces deux projets étaient accompagnés
d'un rapport dû à M. Félix Voisin et qui est resté le document fondamental pour toute étude sur la protection de l'enfance abandonnée ou coupable.

5. Soumis au conseil supérieur des prisons dès sa première session (juillet 1876), ces deux projets ont été discutés
par la Société générale des prisons dans ses séances de
février, mars, avril, mai, juin 1879, en même temps que
cette société mettait à son ordre du jour la question des
écoles industrielles et, d'une manière générale, les questions
relatives aux enfants qui ne sont encore rendus coupables
d'aucun fait réprimé par la loi pénale, mais qui sont exposés,
par leurs mauvais instincts ou par l'abandon dans lequel ils
vivent, à commettre des crimes ou des délits (V. le rapport
de M. le pasteur Robin sur les écoles industrielles et la protection des enfants insoumis et abandonnés, *Bulletin de la
Société générale des prisons*, 1878, p. 6 à 24, 211 à 244, 643
à 683. V. aussi le rapport de M. le docteur Théophile Roussel, *ibid.*, 1879, p. 136 à 150, 399 à 628, et les discussions
dans les séances de juin et décembre 1879, janvier, février,
mars, avril, mai, juin 1880).

6. De ces travaux et de ces discussions sont sorties :
1° deux propositions de loi présentées au Sénat le 28 juill.
1879 par MM. Théophile Roussel, Bérenger, Dufaure et l'amiral Fourichon, ayant pour objet l'une la revision des art. 50, 66,
67, 69 et 271 c. pén. relatifs aux mineurs de seize ans,
l'autre la revision de la loi du 5 août 1850 sur l'éducation
et le patronage des jeunes détenus (Sénat, session ordin.
de 1879, annexe n° 491, *Journ. off.* du 18 oct. 1879, p. 9703

à 9705) ; — 2° Une proposition de loi présentée au Sénat le
27 janv. 1881 par MM. Théophile Roussel, Bérenger, Dufaure,
amiral Fourichon, V. Schœlcher et Jules Simon, *ayant pour
objet la protection des enfants abandonnés, délaissés ou maltraités* et dont le but essentiel était, aux termes de l'exposé
des motifs, « d'étendre à ceux de ces enfants qui seraient
recueillis pour recevoir une éducation préventive la garantie
contre l'intervention abusive des parents que l'art. 66 c. pén.
assure aux détenus soumis à l'éducation correctionnelle »
(Sénat, session ordin. de 1881, annexe n° 5, *Journ. off.* 1881,
Sénat, Annexes, p. 34 à 44).

7. Peu de temps avant la présentation de cette dernière
proposition de loi, un arrêté du ministre de la justice, en
date du 5 déc. 1880, avait institué une commission extra-
parlementaire chargée d'étudier les dispositions qui pourraient être proposées aux Chambres relativement aux cas
de déchéance de la puissance paternelle, ainsi que la situation légale des enfants indigents ou abandonnés (V., sur les
premiers travaux de cette commission, l'exposé des motifs
précité *in fine, loc. suprà cit.*, p. 44). La première séance
eut lieu le 26 janv. 1881, et la commission se partagea en
trois sections chargées : 1° de délimiter les cas de déchéance
des droits de puissance paternelle ; 2° d'étudier la situation
légale de l'enfant, une fois la déchéance prononcée ; 3° de
régler le sort des enfants que l'on appelait déjà les enfants
moralement abandonnés. Le travail des trois sections, sanctionné en séance plénière par la commission, fut réuni en
un projet de loi *sur la protection de l'enfance*, que le Gouvernement présenta au Sénat le 8 déc. 1881 (Sénat, session
extraordin. de 1881, annexe n° 67, *Journ. off.* 1881, *Sénat,
Annexes*, p. 865).

Dans l'intervalle, la première commission d'initiative parlementaire avait conclu à la prise en considération de la
proposition déposée le 27 janv. 1881, en sorte que la commission sénatoriale nommée le 8 déc. 1881 se trouvait saisie
de deux projets. Le 25 juill. 1882, M. Théophile Roussel
présenta au nom de cette commission un long et remarquable rapport (Sénat, session ordin. de 1882, annexe
n° 451, *Journ. off.* 1883, *Sénat, Annexes*, p. 133 à 198, 269
à 467, 581 à 727), conformément aux conclusions duquel le
Sénat discuta et vota, en première lecture, le 1er mai en
12 juin 1883, puis, après le rejet d'un contre-projet présenté
par M. Bérenger le 14 juin 1883 (V. l'exposé des motifs et
le texte de ce contre-projet, Sénat, session ordin. de 1883,
annexe n° 232, *Journ. off.* 1883, *Sénat, Annexes*, p. 827-828),
en seconde lecture les 3, 5, 7 et 10 juill. 1883, un projet
qui assurait une égale protection de l'autorité publique :
1° au mineur *abandonné*, dont les père et mère sont morts
ou disparus ou inconnus, ou qui, n'ayant ni tuteur, ni parents légalement tenus de l'obligation de lui fournir des
aliments, ni amis qui prennent soin de sa personne, trouve
généralement un refuge, en vertu du décret du 19 janv.
1811, dans les services départementaux d'enfants assistés ;
2° au mineur *délaissé*, c'est-à-dire à celui que son père, sa
mère, son tuteur ou les personnes auxquelles il est confié laissent
habituellement dans un état d'oisiveté, de vagabondage ou
de mendicité, ou dont les parents ou tuteur sont reconnus
dans l'incapacité ou l'impossibilité de pourvoir à sa garde
et à son éducation ; 3° au mineur *maltraité*, c'est-à-dire à
celui dont les parents, le tuteur ou les personnes auxquelles
il est confié mettent en péril la vie, la santé ou la moralité
par des sévices ou des mauvais traitements, par leur ivrognerie
habituelle, leur inconduite notoire, ou bien ont été condamnés pour certains crimes ou délits prévus et énumérés par
le texte du projet.

8. On verra *infrà*, v° *Puissance paternelle*, à la suite de
quelles phases traversées et de quelles métamorphoses subies
par ce projet, tant à la Chambre des députés qu'au conseil
supérieur de l'Assistance publique et au conseil d'État, le
Gouvernement, estimant que, « pour combler les lacunes
depuis longtemps signalées dans notre législation, il convenait de réaliser actuellement les mesures les plus urgentes, c'est-à-dire celles qui prévoient et précisent les cas de
déchéance de la puissance paternelle et aussi celles qui
édictent les moyens à employer pour assurer juridiquement
la protection des enfants délaissés », présenta à la Chambre
des députés, le 22 déc. 1888, un nouveau projet de loi ayant
seulement pour objet *la protection des enfants maltraités ou*

moralement abandonnés (Chambre des députés, session extraordinaire de 1888, annexe n° 3389, *Journ. off.* 1889, *Chambre des députés, Annexes*, p. 706 à 729). Ce projet est devenu la loi du 24 juill. 1889 (D. P. 90. 4. 15), dont les deux titres seront respectivement étudiés *infra*, v^ts *Puissance paternelle* et *Secours publics*.

9. D'autre part, le 18 févr. 1892, le Gouvernement a présenté au Sénat un projet de loi *sur le service des enfants assistés*, qui rattache à ce service, tel qu'il est actuellement composé, les enfants *moralement abandonnés*, sans d'ailleurs les qualifier ainsi (V. l'exposé des motifs et le texte de ce projet de loi, Sénat, session ordinaire de 1892, annexe n° 27, *Journ. off.* 1892, Sénat, *Annexes*, p. 94 à 111). Ce projet a été préparé, discuté et voté par le conseil supérieur de l'Assistance publique dans ses sessions de janvier et mars 1890, janvier 1891 (*Journ. off., ibid.*, p. 130 à 185. V. aussi *Bulletin de la Société générale des prisons*, 1891, p. 195 à 201). Il sera étudié en détail *infra*, v° *Secours publics*.

10. Ce n'est point ici le lieu d'énumérer toutes les sociétés qui se sont formées et tous les groupements qui se sont constitués en vue d'assurer à l'enfance abandonnée ou coupable une plus grande protection. Nous citerons seulement: la *Société générale de protection pour l'enfance abandonnée ou coupable*, fondée en 1880 et sous les auspices de laquelle a été réuni à Paris, au mois de juin 1883, le *Congrès international de la protection de l'enfance*; l'*Union française pour le sauvetage de l'enfance*, fondée en 1888 et reconnue d'utilité publique par décret du 28 févr. 1891; le *Patronage de l'enfance et de l'adolescence*, fondé en 1890. D'autre part, un *Comité de défense des enfants arrêtés ou traduits en justice* a été fondé à Paris, en 1890, « dans la pensée de contribuer par ses études, ses vœux, sa propagande, à organiser d'une façon pratique, avec le concours des corps judiciaires et l'appui des pouvoirs publics, la défense des enfants arrêtés; d'étudier et de signaler les différents problèmes pouvant se rattacher à la protection et à l'éducation des enfants », A Marseille, à Nancy, à Besançon, des *Comités* semblables ont été fondés. Enfin, il est impossible de ne pas signaler la part que prend à la discussion de toutes les questions relatives à la protection de l'enfance la *Société générale des prisons*, autorisée par arrêté du préfet de police du 22 mai 1877 et reconnue d'utilité publique par décret du 2 avr. 1889; le *Bulletin* de cette société, dont le premier numéro est daté du 25 août 1877, porte, depuis le mois de février 1892, le titre de *Revue pénitentiaire*, en gardant comme sous-titre l'ancien titre.

11. — II. DROIT COMPARÉ. — 1° *Grande-Bretagne.* — Le régime de l'éducation correctionnelle des jeunes délinquants ou criminels et le régime de l'éducation préventive des enfants abandonnés, maltraités ou insoumis, ont été simultanément, mais distinctement réglés par deux lois du 10 août 1866. La première loi, *Act to consolidate and amend the Acts relating to reformatory schools in Great Britain* (29-30 Vict., ch. 117), organise, sous le nom d'*écoles de réforme*, le régime de l'éducation correctionnelle pour les jeunes délinquants ou criminels. La seconde loi, *Act to consolidate and amend the Acts relating to industrial schools in Great Britain* (29-30 Vict., ch. 118), organise, sous le nom d'*écoles industrielles*, le régime de l'éducation préventive pour diverses catégories d'enfants malheureux, qui ne sont ni protégés ni élevés par leurs soutiens naturels. Des établissements de deux sortes, créés par l'initiative privée, placés sous la direction de personnes indépendantes qui assument librement la responsabilité de cette charge, sont ainsi, moyennant des conditions déterminées par la loi, placés sous le contrôle du Gouvernement, qui les autorise et les surveille; ils sont appelés les uns et les autres à participer aux subventions de l'État, des paroisses et des associations diverses pour la protection des enfants dénués de ressources. Un des traits essentiels de cette législation, c'est le droit de garde et de tutelle qu'elle confère aux établissements d'éducation préventive, qui met les enfants à l'abri des abus de la puissance paternelle et qui peut s'exercer sans l'intervention d'une procédure compliquée ou d'une condamnation par un tribunal correctionnel.

12. La loi du 26 août 1889, ayant pour objet de prévenir les mauvais traitements envers les enfants et de leur assurer une meilleure protection, *Act for the Prevention of cruelty to, and better Protection of Children* (52-53 Vict., ch. 44), permet de soustraire les enfants à la garde des personnes qui, ayant la charge ou la direction de ces enfants, abusent de leur faiblesse, et de les confier à une autre personne désignée à cet effet jusqu'à ce qu'ils aient atteint quatorze ans, s'il s'agit de garçons, ou seize ans, s'il s'agit de filles (art. 5-1°). L'expression *parent* employée dans cet *Act* comprend le tuteur et en général toute personne légalement tenue de la charge ou de la direction de l'enfant (V. *Annuaire de législation étrangère*, 1890, p. 28 à 33).

13. L'art. 1 de la loi du 30 août 1889, relative à l'autorité exercée par les *guardians* des Unions sur les enfants abandonnés par leur *parent, Poor law Act* (52-53 Vict., ch. 56), porte: « I. Si un enfant assisté par les administrateurs d'une Union venait à être délaissé par son *parent*, ces administrateurs peuvent, à toute époque, décider que cet enfant sera placé sous leur surveillance jusqu'à l'âge de seize ans pour les garçons et de dix-huit ans pour les filles. Tant que l'enfant n'a pas atteint cet âge, les *guardians* demeurent investis de tous les droits et pouvoirs du *parent* tels qu'ils sont énumérés au présent *act*. Ces administrateurs ont toujours le droit d'annuler leur première décision s'ils le jugent avantageux pour l'enfant; ils peuvent aussi permettre que cet enfant reste d'une manière permanente ou temporaire sous la direction de son *parent*, d'une personne de sa famille ou d'un ami. — II... — III. En vertu du présent *act* l'enfant peut, selon que les administrateurs l'estiment nécessaire, être placé par eux: dans un *workhouse*, une école de district, une école privée (*separate school*), un hôpital privé, une maison de santé, un hôpital affecté aux maladies contagieuses, une institution en faveur des sourds-muets, aveugles ou idiots, une école autorisée (*certified school*) conformément à l'act 25-26 Vict., ch. 43, ou enfin être confié à des particuliers soit dans les limites, soit au dehors de l'Union... ». V. *Annuaire de législ. étr.*, 1890, p. 33.

14. Il importe enfin de signaler la loi du 26 mars 1891, ayant pour objet d'amender la loi relative à la garde des enfants, *Custody of children act*, 1891 (54-55 Vict., ch. 3), et la loi du 3 juill. 1891, destinée à faciliter aux administrateurs des écoles de réforme et des écoles industrielles le placement avantageux des enfants confiés à leurs soins, *Reformatory and industrial schools act*, 1891 (54-55 Vict., ch. 23). Cette dernière loi décide: « Si un jeune délinquant ou enfant enfermé dans un *certified reformatory*, ou une *industrial school*, ou placé au dehors par l'établissement, se conduit bien, les administrateurs de cette école peuvent, avec son consentement, le consacrer à l'apprentissage d'un commerce ou d'un métier, le mettre en service, le faire émigrer. Tant que la période de détention de l'enfant n'est pas expirée, la mise en apprentissage ou la mesure prise à son égard a autant de valeur que si les administrateurs étaient ses parents. Néanmoins, s'il s'agit d'émigration, et dans le cas où l'enfant n'est pas renfermé pour douze mois, l'autorisation du secrétaire d'État est de plus requise pour l'exercice des pouvoirs conférés par le présent *act* » (V. *Annuaire de législ. étr.*, 1892, p. 14 et 15).

15. — 2° *Prusse.* — La loi du 13 mars 1878, sur le placement des enfants laissés sans surveillance (*Gesetz betreffend die Unterbringung verwahrloster Kinder*), organise un système d'éducation forcée (*Zwangserziehung*) pour suppléer à la famille indigne ou incapable de remplir sa charge: c'est un système mixte entre la détention dans une maison de correction et les établissements scolaires ordinaires (V. la traduction de cette loi dans l'*Annuaire de législation étrangère*, 1879, p. 143 à 150, et dans le *Bulletin de la Société générale des prisons*, 1880, p. 393 et suiv.).

16. Cette loi, qui a produit les plus heureux résultats (V. sur son application le *Bulletin* précité, 1884, p. 981) a été encore améliorée sur certains points par la loi du 23 juin 1884, qui a notamment reculé la limite d'âge jusqu'à laquelle le régime de l'éducation forcée peut être maintenu: ledit régime dure en principe, en vertu de la loi précitée, jusqu'à l'âge de dix-huit ans accomplis (au lieu de seize ans), sauf à être prolongé « dans des cas extraordinaires » jusqu'à l'âge de la majorité par décision du tribunal de tutelle (V. *Annuaire de législ. étr.*, 1888, p. 208 à 212).

17. — 3° *Grand-Duché de Bade.* — *Ville libre de Ham-*

bourg. — *Alsace-Lorraine.* — Les deux lois prussiennes précitées ont inspiré la loi du 4 mai 1886 dans le grand-duché de Bade, la loi du 6 avr. 1887, relative à l'éducation forcée des enfants moralement abandonnés, dans la ville libre de Hambourg (*Annuaire de législ. étr.*, 1888, p. 374), enfin la loi sur le placement des enfants abandonnés votée le 18 juill. 1890 par la délégation d'Alsace-Lorraine (*Annuaire de législ. étr.*, 1891, p. 317). V. aussi sur les deux premières lois, *Bulletin de la Société générale des prisons*, 1891, p. 200 à 209, et, sur la troisième, *Revue pénitentiaire*, 1892, p. 88 à 91.

18. — 4° *Belgique.* — Un projet de loi s'inspirant de la loi française du 24 juill. 1889 a été déposé, le 10 août 1889, à la chambre des Représentants par M. Le Jeune, ministre de la justice (V. le texte de ce projet dans la *Revue pénitentiaire*, 1892, p. 452 à 460).

19. — 5° *Suisse.* — En vertu d'un projet de loi élaboré par le conseil d'État du canton de Neuchâtel, et tendant à la répression des actes punissables à l'école et hors de l'école, une commission de discipline, composée de trois membres nommés sur la présentation des commissions scolaires, serait instituée dans chaque district : elle agirait à la demande des parents ou tuteurs, ou sur la plainte d'un conseil communal, ou d'une commission scolaire, et pourrait infliger les arrêts de jour et de nuit, jusqu'à huit jours, aux enfants âgés de huit ans au moins et de seize ans au plus, pour acte d'indiscipline dans la famille ou dans l'école, ou de désordre public hors de l'école. Indépendamment de ces cas, le procureur général pourrait encore renvoyer devant la commission de discipline les enfants de huit à seize ans qui auraient commis un vol peu important, ou un autre délit ne nécessitant pas le renvoi dans une maison de correction. Les attributions de la commission de discipline existeraient sans préjudice de l'application, dans les cas plus graves, des peines prévues par le code pénal et des punitions énumérées dans les règlements disciplinaires des écoles publiques.

20. — 6° *Etats-Unis d'Amérique.* — C'est en Amérique surtout que le mouvement en faveur de la protection de l'enfance s'est produit en dehors du domaine législatif. — V. notamment des détails intéressants sur l'une des principales sociétés fondées aux Etats-Unis pour la défense des enfants maltraités, *The New-York Society for the prevention of cruelty to children*, dans l'ouvrage de M. Paul Nourrisson, *De la participation des particuliers à la poursuite des crimes et des délits*, p. 202-203.

Il y a lieu de signaler, spécialement pour l'Etat de New-York : 1° la loi du 6 avr. 1878, qui décide, d'une part, que lorsqu'un enfant a été *légalement commis* aux soins d'une société bienfaisante, soit par ses parents, soit par son tuteur, soit par la maire de la ville du juge du comté, qui sont, à défaut de parents, les tuteurs d'office des enfants, le directeur de cette société a une compétence souveraine pour l'engager et le mettre en apprentissage, et, d'autre part, que, lorsque des enfants qui sont demeurés complètement à la charge de la ville de New-York peuvent être considérés comme abandonnés, un juge de la cour a le droit, sur la demande du directeur de l'orphelinat où ces enfants sont placés, de chercher à les faire adopter par des personnes convenables ou par des sociétés de bienfaisance (*Annuaire de législ. étr.*, 1879, p. 709) ; 2° le chapitre 58 des lois de 1889, approuvé le 13 mars, qui modifie de la manière suivante l'art. 11 du chap. 830 des lois de 1873, relatif à l'adoption des enfants mineurs : « Les parents qui abandonnent un enfant perdent tout droit aux réclamations qu'ils pourraient élever par la suite relativement à la garde de cet enfant. Toute personne qui recueillera l'enfant ainsi abandonné et se chargera de le nourrir et de l'entretenir pourra l'adopter comme si le consentement des parents avait été obtenu » (*Annuaire de législ. étr.*, 1890, p. 922).

21. — III. BIBLIOGRAPHIE. — *Enquête parlementaire sur le régime des établissements pénitentiaires*, t. 8, *Rapport sur le projet de loi relatif à l'éducation et au patronage des jeunes détenus*, par M. Félix Voisin (1876) ; E. Robin, *Des écoles industrielles et de la protection des enfants insoumis ou abandonnés* (1878) ; Henri Prudhomme, *De l'éducation correctionnelle* (1878) ; Théophile Roussel, *De l'éducation correctionnelle et de l'éducation préventive*, étude sur les modifications à apporter à notre législation concernant les jeunes détenus et les mineurs abandonnés ou maltraités (1879) ; Maurice de Joinville, *L'éducation correctionnelle des jeunes détenus et la loi du 5 août 1850* (1880) ; René Quérenet, *Etude sur la condition des mineurs devant les lois pénales françaises* (1881) ; Léon Lallemand, *Histoire des enfants abandonnés et délaissés*, Etudes sur la protection de l'enfance aux diverses époques de la civilisation (1885) ; Adolphe Guillot, *Paris qui souffre, Les prisons de Paris et les prisonniers* (1890) ; Raux, *Etude sur l'enfance coupable avant, pendant et après son séjour au quartier correctionnel* (1890) ; Adolphe Guillot, *Observations pratiques au sujet des enfants traduits en justice* (1890) ; Emmanuel Lasserre, *L'enfant devant la justice répressive* (1891) ; Guy Tomel et Henri Rollet, *Les enfants en prison*, études anecdotiques sur l'enfance criminelle (1892) ; Amédée Rouvin, *Mémoire sur l'éducation correctionnelle en province* (1892) ; Jacques Bonzon, *La législation de l'enfance*, 1789-1894 (1894). — V. aussi, *Compte-rendu* (publié par M. Maurice Bonjean) *des travaux du congrès international de la protection de l'enfance tenu au palais du Trocadéro en juin 1883* (2 vol. in-8°, 1884-1886) ; *Comptes rendus du congrès international d'Anvers* (1890) ; *Compte rendu sténographique des travaux du premier congrès national du patronage des libérés*, tenu à Paris en mai 1892 (1894).

CHAP. 2. — **Protection des enfants arrêtés et traduits en justice.**

22. Nous ne nous occuperons pas ici des enfants internés par voie de correction paternelle et des critiques et projets de revision des art. 375 à 383 c. civ. ; toutes les questions qui se rattachent à la législation de la correction paternelle seront étudiées *infrà*, v° *Puissance paternelle*. Nous nous contenterons de signaler une réforme introduite, en ce qui concerne les « pupilles de l'Assistance », qui sont sous la tutelle de l'Etat, dans le projet de loi sur le service des enfants assistés cité *suprà*, n° 8 : tandis que, d'après les art. 377 et 379 c. civ., ce n'est que pour six mois au plus que le père peut « requérir la détention de son enfant depuis l'âge de seize ans commencés », et ce n'est que « si, après sa sortie, l'enfant tombe dans de nouveaux écarts » que « la détention pourra être de nouveau ordonnée », l'art. 26 projeté ne rend plus obligatoire l'épreuve, souvent dangereuse, de la mise en liberté et permet de prolonger pour chaque pupille l'éducation correctionnelle dans la mesure reconnue nécessaire ; cet article est ainsi conçu : « Est réputé vicieux le pupille qui, par des actes d'immoralité, d'improbité ou de cruauté, donne des sujets de mécontentement graves. — Lorsque l'application à un pupille vicieux de l'art. 468 c. civ. a eu lieu pour la seconde fois, le président du tribunal civil de la résidence de l'enfant peut, à la requête du tuteur présentée après avis conforme du conseil de famille, décider que l'enfant sera maintenu dans l'établissement correctionnel pendant une période qui ne pourra excéder six mois. — A l'expiration du délai, le président du tribunal peut ordonner le maintien pendant une période de six mois : la décision intervient à la requête du tuteur, après avis conforme du conseil de famille, sur la vu d'un rapport du directeur de l'établissement et, si elle est jugée utile, après la comparution de l'enfant. — En vertu de décisions semestrielles prises dans les mêmes formes, la maintenue peut être prolongée jusqu'à la majorité du pupille. — Le pupille détenu peut toujours réclamer contre son internement dans les conditions du deuxième paragraphe de l'art. 382 c. civ. ». V., dans un sens favorable à la généralisation de ces mesures, un article de M. Brueyre, intitulé « De l'internement par voie de correction paternelle ». Nécessité de reviser la législation » (*Revue pénitentiaire*, 1893, p. 468) et un rapport présenté par M. Henri Joly sur le même sujet à la Société générale des prisons (*Revue pénitentiaire*, 1894, p. 2 à 28).

23. Conformément à la division adoptée par le *Comité de défense des enfants arrêtés ou traduits en justice* pour son programme d'études, nous examinerons successivement les questions intéressant ces enfants : 1° après l'arrestation ; 2° pendant la période de l'instruction ; 3° lors du jugement et après le jugement devenu définitif.

Art. 1er. — L'enfant après l'arrestation.

24. Peut seul être *arrêté* le mineur au-dessous de seize ans auquel est reproché un délit tombant sous l'application de la loi pénale. En conséquence, ne sont considérés à proprement parler comme arrêtés, même quand ils sont conduits au commissariat de police par les agents de la force publique, ni les enfants estropiés, infirmes ou incapables pour toute autre cause de subvenir à leurs besoins, et réduits à la misère par suite du décès ou de l'éloignement des personnes à la garde desquelles ils étaient confiés, ni les enfants moralement abandonnés (V. *infra*, nos 47 et suiv.).

25. On a examiné *supra*, vo *Peine*, no 434, la question de savoir s'il convient de fixer un âge au-dessous duquel il y aurait pour le mineur irresponsabilité pénale et au-dessous duquel les enfants ne pourraient pas être arrêtés ni poursuivis (V. à cet égard, outre les ouvrages, les articles et les comptes rendus de discussions cités *ibid.*, Fernand Thiry, *Cours de droit criminel*, no 87, p. 62 à 65). Nous rapporterons encore ici la disposition inscrite dans l'art. 57 du projet de la commission de révision du code pénal instituée en 1887 : « Le mineur de dix ans ne peut être l'objet d'aucune poursuite. S'il a commis un fait qualifié crime ou délit par la loi et entraînant l'emprisonnement, la détention ou une peine supérieure, le tribunal civil peut, à la requête du ministère public, ordonner qu'il soit placé dans un établissement d'éducation et de réforme jusqu'à l'âge de vingt et un ans au plus ».

26. Sur la question de savoir s'il y a lieu de reculer la majorité pénale jusqu'au delà de l'âge de seize ans, V. le rapport présenté par M. Lefuel, le 3 mai 1893, au *Comité de défense des enfants arrêtés ou traduits en justice* (*Revue pénitentiaire*, 1893, p. 760 à 767), et la discussion de ce rapport, suivie d'un vœu portant « qu'il y a lieu de prolonger d'une manière générale jusqu'à l'âge de dix-huit ans accomplis le bénéfice de l'art. 66 c. pén. » (*Ibid.*, 1893, p. 965).

27. Le commissaire de police devant lequel sont amenés des enfants délinquants cherche à préciser les circonstances et les motifs de l'arrestation. Il convoque les père et mère, et les interroge sur les habitudes, la conduite, les antécédents de l'enfant arrêté. Il se renseigne aussi sur la moralité des parents, sur leurs moyens d'existence, et sur les efforts par eux accomplis pour donner à l'enfant des soins et une éducation en rapport avec leur position.

28. Lorsque le fait reproché au mineur au-dessous de seize ans est peu important, et que ce mineur est arrêté pour la première fois, le commissaire de police peut, soit rendre l'enfant à sa famille, soit le confier à l'administration de l'Assistance publique, à qui seront délégués, conformément à l'art. 17 de la loi du 24 juill. 1889, les droits de puissance paternelle abandonnés par les parents (V. *infra*, no 51, et *infra*, vo *Puissance paternelle*), si les parents refusent de reprendre l'enfant, ou si leur conduite est telle qu'il y ait danger moral pour lui à ce qu'il leur soit remis.

29. Lorsque le mineur au-dessous de seize ans est perverti et qu'il a été déjà arrêté plusieurs fois, le commissaire de police l'envoie dans le plus bref délai possible, à Paris, au dépôt de la préfecture de police, avec le procès-verbal d'enquête rédigé par ses soins, et auquel sont alors joints tous les renseignements que la préfecture de police elle-même peut avoir déjà recueillis sur les parents et sur l'enfant.

30. Un substitut du procureur de la République interroge l'enfant. Il apprécie s'il ne convient pas de signaler au père la faculté qui lui appartient de faire interner l'enfant par voie de correction paternelle en vertu des art. 375 et suiv. c. civ. Il examine, lui aussi, s'il n'y a pas lieu de rendre l'enfant à sa famille ou de le confier à l'Assistance publique. En dehors des hypothèses, toujours exceptionnelles, où l'un de ces divers partis est adopté, il donne à l'enquête une suite judiciaire.

Art. 2. — L'enfant pendant la période de l'instruction.

31. Dans le ressort du tribunal de la Seine, les mineurs de seize ans prévenus d'un délit ne sont plus, depuis le mois de juin 1890, cités directement devant la juridiction correctionnelle, et il n'est plus procédé contre eux dans les formes

édictées par la loi du 20 mai 1863 sur les flagrants délits : le substitut du procureur de la République saisit un juge d'instruction. V. une circulaire du procureur de la République de la Seine, en date du 31 oct. 1891, concernant les enfants traduits en justice (*Le Droit*, numéro du 4 déc. 1891). V. aussi un rapport présenté, le 1er juill. 1891, au *Comité de défense des enfants arrêtés ou traduits en justice* par M. Flandin, vice-président au tribunal de la Seine, qui résume « l'ensemble des règles de la procédure criminelle actuellement suivie dans le département de la Seine en ce qui concerne les enfants au-dessous de seize ans arrêtés ou traduits en justice » (*Le Droit*, numéros des 16, 19, 24 et 26 juill. 1891) : la plupart des indications qui suivent sont empruntées à ce rapport.

32. Le juge d'instruction saisi par le substitut, après avoir demandé au bâtonnier de l'ordre des avocats de désigner un avocat d'office, fait subir au mineur un interrogatoire détaillé, puis envoie au commissaire de police une commission rogatoire à l'effet de procéder à une enquête sur la cause de l'inconduite de l'enfant et lui adresse en même temps la liste des renseignements à fournir sur les parents et sur l'enfant. Il peut ensuite rendre celui-ci à sa famille, ou le remettre à l'Assistance publique, ou le confier à un patronage, à une institution charitable, à un patron, à un particulier. Il peut également, depuis le mois de juin 1892, s'il hésite à renvoyer à l'audience un jeune détenu qu'il croit susceptible d'amendement, mais dont il n'a pas immédiatement réussi à connaître la valeur morale, demander à l'Assistance publique de le prendre « en observation » pendant quelques semaines, le mettre en liberté provisoire et, sans clore l'information, donner mainlevée du mandat de dépôt (*Revue pénitentiaire*, 1893, p. 69 et 209; 1894, p. 99-100). Au cas où l'épreuve a été favorable et les parents consentent à cette solution, l'enfant est admis par l'Assistance publique dans le service des enfants moralement abandonnés (V. *infra*, nos 53 et suiv.) ou placé dans un établissement de bienfaisance, et la procédure se termine par une ordonnance de non-lieu. Au cas contraire, l'enfant est ramené au dépôt de la Préfecture de police, à la disposition du juge d'instruction, qui continue son information (V. des indications statistiques sur le fonctionnement, jusqu'au 30 juin 1893, de cet asile temporaire dans le *Rapport au préfet de la Seine sur le service des enfants maltraités ou moralement abandonnés pendant l'année 1892*, p. 17).

33. Dans cette information, il est doublement nécessaire que le juge d'instruction se préoccupe de la moralité des parents : d'une part, comme à l'audience, les parents pourront demander que leur enfant leur soit rendu, uniquement peut-être pour ne pas se priver des avantages que leur procure le travail plus ou moins avouable de cet enfant, il importe que le juge du crime ou du délit soit pleinement édifié sur la question de savoir si cette remise de l'enfant aux parents présente ou non des dangers; d'autre part, les renseignements réunis sur les parents permettront ultérieurement au parquet de suivre contre eux, s'il y a lieu, une instance en déchéance des droits de puissance paternelle en vertu de l'art. 2, § 5 ou de l'art. 2, § 6 de la loi du 24 juill. 1889 (V. *infra*, vo *Puissance paternelle*).

Art. 3. — L'enfant lors du jugement et après le jugement devenu définitif.

34. Après qu'il a été saisi, le juge du crime ou du délit peut prendre l'un des quatre partis suivants : 1o déclarer le mineur au-dessous de seize ans coupable du fait qui lui est reproché, décider qu'il a agi avec discernement, prononcer contre lui une peine d'emprisonnement s'il a commis un crime (art. 67 c. pén.), une amende ou même une courte peine d'emprisonnement s'il a commis un délit (art. 69 c. pén.), avec la faculté de décider en même temps, dans le cas où le mineur n'a jamais subi de condamnation antérieure à la prison pour crime ou délit de droit commun, qu'il sera sursis pendant cinq ans à l'exécution de la peine, par application de l'art. 4 de la loi du 26 mars 1891 sur l'atténuation et l'aggravation des peines (V. *supra*, vo *Peine*, nos 245 et suiv.); — 2o Déclarer le mineur au-dessous de seize ans coupable du fait qui lui est reproché, mais décider qu'il a agi sans discernement, l'acquitter et le

remettre à ses parents (art. 66 c. pén.); — 3° Le déclarer coupable du fait qui lui est reproché, mais décider qu'il a agi sans discernement, l'acquitter et décider qu'il sera conduit dans une maison de correction, pour y être élevé et détenu pendant tel nombre d'années que le jugement déterminera, et qui, toutefois, ne pourra excéder l'époque où il aura accompli sa vingtième année (art. 66 c. pén.); — 4° Déclarer que la prévention n'est pas établie, et acquitter purement et simplement le mineur au-dessous de seize ans.

35. En fait, les tribunaux prenaient souvent, jusqu'à un arrêt récent de la cour de cassation (Crim. cass. 20 juill. 1893, aff. Mercier, *Bull. crim.*, n° 196), un cinquième parti : lorsqu'ils déclaraient le mineur au-dessous de seize ans coupable du fait qui lui était reproché, mais l'acquittaient comme ayant agi sans discernement, ils ordonnaient, non pas que l'enfant serait remis à ses parents ou conduit dans une maison de correction, mais qu'il serait remis soit à l'Assistance publique, soit à un établissement de bienfaisance, à un patronage ou à un particulier jouissant de ses droits civils, si l'organe du ministère public ou le défenseur avaient, au cours des débats, fait connaître au tribunal que l'Assistance publique, une société de bienfaisance ou un particulier notoirement connu comme méritant toute confiance se chargeraient de prendre le mineur sous leur protection (V. *suprà*, v° *Peine*, n° 462. Conf. dans le même sens, Garraud, *Traité théorique et pratique du droit pénal français*, t. 1, n° 204; *Le Droit*, numéro du 24 juill. 1894, en note). Mais, par l'arrêt précité du 20 juill. 1893, la cour de cassation a jugé que les tribunaux qui acquittent un mineur de seize ans comme ayant agi sans discernement ne peuvent ordonner qu'il sera remis à une maison de patronage d'ordre purement privé.

36. La doctrine de cet arrêt ne saurait, d'ailleurs, mettre obstacle à ce que, dans le cas où un jugement du tribunal civil a, au cours de l'instance criminelle ou correctionnelle, délégué à l'Assistance publique les droits de puissance paternelle abandonnés par les parents de l'enfant inculpé, celui-ci soit remis à l'administration de l'Assistance publique, qui pourra à son tour le confier à une association de bienfaisance ou à un particulier jouissant de ses droits civils; il résulte seulement de l'arrêt précité qu'il n'appartient pas au juge criminel ou correctionnel de substituer à la « maison de correction » visée par l'art. 66 c. pén. un établissement de patronage d'ordre purement privé, ni surtout de désigner nommément cet établissement.

37. La disposition légale qui prescrit au juge de la culpabilité de décider si l'inculpé ayant moins de seize ans accomplis au temps de l'action et reconnu *coupable* a agi *avec discernement* ou *sans discernement* a été vivement critiquée, dans ses résultats plus encore que dans son principe. En l'état de choses actuel, les mineurs au-dessous de seize ans, quand ils sont déclarés coupables et condamnés comme ayant agi *avec discernement*, ne peuvent être condamnés, sauf dans le cas de récidive, qu'à un emprisonnement d'une durée de deux ans et demi au maximum, tandis que, quand ils sont déclarés coupables et acquittés comme ayant agi *sans discernement*, ils peuvent être détenus dans une maison de correction jusqu'à leur vingtième année accomplie. Ainsi la privation de liberté infligée au mineur acquitté pour avoir agi sans discernement peut être et est presque toujours plus longue que celle qui est infligée au mineur condamné pour avoir agi avec discernement. Sans doute, les deux mesures sont absolument différentes : la première est une mesure de pure éducation, et l'enfant visà-vis duquel on la prononce n'en reste pas moins acquitté; la seconde est une peine, et l'enfant contre lequel on la prononce est condamné. Mais ces distinctions ne sont généralement pas comprises par les enfants poursuivis, ni par leurs parents : les uns et les autres n'envisagent que la privation de liberté qui existe dans les deux hypothèses, et qu'ils apprécient d'après sa durée, non point d'après son caractère, à tel point que beaucoup d'enfants s'efforcent de convaincre le juge d'instruction et les juges de la culpabilité qu'ils ont agi avec un plein discernement.

38. Pour remédier à cet état de choses, on conçoit deux systèmes différents. Le législateur pourrait décider que l'enfant qui est reconnu avoir agi *avec discernement* sera, à l'expiration de la peine prononcée contre lui, conduit dans une maison de correction jusqu'à l'âge de vingt (ou vingt et un) ans : l'existence même du discernement, c'est-à-dire la connaissance de la nature et de la portée de l'action commise témoigne, en effet, d'une perversité plus certaine et de tendances plus dangereuses; il serait donc doublement utile d'organiser, pour ce cas, un système d'éducation correctionnelle à côté et à la suite des mesures pénales (V. Garraud, *Traité théorique et pratique du droit pénal français*, t. 1, n° 205; Fernand Thiry, *Cours de droit criminel*, n° 88, p. 65). Le législateur pourrait, en second lieu, supprimer la distinction entre le mineur qui a agi avec discernement, et celui qui a agi sans discernement, décider que les mineurs au-dessous de seize ans seront tous acquittés par le seul bénéfice de l'âge et, selon les circonstances, remis à leurs parents ou envoyés dans un établissement d'éducation correctionnelle jusqu'à leur vingtième (ou vingt et unième) année. On a proposé d'appliquer ce second système aux mineurs de seize ans n'ayant commis qu'un délit et de réserver le premier système aux mineurs de seize ans ayant commis un crime, ceux-ci, s'ils sont reconnus avoir agi *avec discernement*, étant condamnés conformément aux dispositions des art. 67 et 68 c. pén., mais devant, dans le cas où la peine prononcée serait accomplie avant leur vingtième (ou vingt et unième) année, demeurer jusqu'à cette époque dans une maison de correction. V. Rapport présenté par M. Puibaraud au *Comité de défense des enfants arrêtés ou traduits en justice*, sur la responsabilité des enfants (*Revue pénitentiaire*, 1893, p. 449 et suiv.). Le projet de la commission de révision du code pénal consacre le premier système par l'art. 59; dans cet article est employée pour les mineurs condamnés l'expression « maison de correction », qui, actuellement inscrite dans l'art. 66 c. pén. pour les mineurs au-dessous de seize ans acquittés comme ayant agi sans discernement, est remplacée dans le projet de la commission, tant pour ceux-ci (art. 58) que pour les mineurs au-dessous de dix ans (art. 57), par l'expression « établissement d'éducation et de réforme » (V. *suprà*, v° *Peine*, n°s 471 *in fine* et 472 *in fine*). Le *comité de défense des enfants arrêtés ou traduits en justice* s'est prononcé dans le même sens, en adoptant, dans sa séance du 3 mai 1893, lors de la discussion des conclusions du rapport précité de M. Puibaraud, le texte suivant : « Toutes les fois que le mineur de seize ans aura été condamné soit pour délit, soit pour crime, comme ayant agi avec discernement, si la peine prononcée est accomplie avant la vingt et unième année, il demeurera, jusqu'à cette époque, dans une maison de correction » (*Revue pénitentiaire*, 1893, p. 812. V. aussi *suprà*, n° 4).

39. Comme tous autres jugements rendus en premier ressort, la décision du tribunal correctionnel relativement à un mineur au-dessous de seize ans prévenu d'un délit peut être frappée d'appel, soit par l'enfant, soit par le ministère public. En fait, ce n'est souvent qu'après le jugement rendu en premier ressort que le mineur trouve l'occasion de profiter d'un placement avantageux, ou qu'il bénéficie d'un retour de ses parents à des sentiments de miséricorde qu'ils n'avaient pas encore manifestés. En appel, la cour donne alors satisfaction aux intéressés en acquittant le mineur; mais on a vu *suprà*, n° 35, qu'elle ne peut, sans violer la loi, désigner l'établissement de bienfaisance ou de patronage dans lequel l'enfant sera envoyé.

40. Lorsque le mineur de seize ans a été déclaré coupable et condamné, comme ayant agi avec discernement, à une peine d'emprisonnement, sans sursis à l'exécution, cette peine est subie dans des établissements différents suivant sa durée : les mineurs condamnés à un emprisonnement de plus de deux ans sont envoyés dans les quartiers spéciaux, appelés *quartiers correctionnels*, créés dans certaines prisons départementales pour tenir lieu des *colonies correctionnelles* prévues par l'art. 10 de la loi du 5 août 1850, sur l'éducation et le patronage des jeunes détenus; les mineurs condamnés à un emprisonnement de plus de six mois et qui n'excède pas deux ans sont, en vertu de l'art. 4 de la même loi, envoyés dans des *colonies pénitentiaires*; enfin, les mineurs condamnés à un emprisonnement qui n'excède pas six mois sont, en vertu de la même disposition et aux termes de l'art. 29-2° du décret du 11 nov. 1885 (D. P. 86. 4. 75), « détenus dans des chambres ou quartiers spéciaux des maisons d'arrêt, de justice

où de correction, soit à l'isolement individuel, soit plus de deux ensemble, s'il y a impossibilité de les laisser seuls » (V. *supra*, v^{is} *Peine*, n° 477, et *Prisons*, n° 25).

41. Dans les quartiers correctionnels des prisons départementales, où reçoit, en outre, les mineurs enfermés par mesure de correction paternelle et les jeunes détenus qui, envoyés en correction, n'ont pu être maintenus dans les colonies pénitentiaires dont il sera parlé, *infrà*, n° 44, et ont été reconnus insubordonnés.

42. Lorsque le mineur de seize ans a été déclaré coupable, mais acquitté comme ayant agi sans discernement et renvoyé en correction, il est, en vertu de l'art. 3 de la loi du 5 août 1850, dirigé sur un des établissements publics ou privés d'éducation correctionnelle créés en exécution de cette loi. Mais, ainsi qu'on l'a indiqué *supra*, v° *Peine*, n° 466 *in fine*, il a été jugé que la loi du 5 août 1850, dans son art. 3, contient une disposition purement administrative, qui, ni dans son esprit, ni dans son texte, n'apporte aucune modification au principe de répression édicté par le code pénal, que des lors l'application de cette loi appartient exclusivement à l'administration pénitentiaire, et qu'il n'appartient pas aux juges correctionnels d'ordonner que le mineur sera conduit, non dans une *maison de correction*, mais dans une *colonie pénitentiaire* (Paris, 26 janv. 1865, aff. Mesure, rapporté *supra*, v° *Peine*, sous le n° 466). On peut rapprocher cette décision et l'arrêt de la cour de cassation du 20 juill. 1893, cité *supra*, n° 35, qui, pour l'application de textes différents, s'inspirent l'une et l'autre des mêmes principes.

43. L'envoi en correction n'étant pas une peine, mais une simple mesure de protection et d'éducation (V. *supra*, n° 37), il en résulte, au point de vue de l'application de la loi du 26 mars 1891, sur l'atténuation et l'aggravation des peines, les deux conséquences suivantes : d'une part, le jugement qui prononce cet envoi en correction ne peut pas suspendre l'exécution de la mesure qu'il ordonne ; d'autre part, l'envoi en correction ordonné après une première poursuite ne fait pas ultérieurement obstacle au sursis en cas de seconde poursuite suivie de condamnation (V. *supra*, v° *Peine*, n° 465).

44. On a indiqué *supra*, v° *Prisons*, n°s 25 et 26, la nature, le régime et le nombre, en 1893, des établissements d'éducation correctionnelle, visés *supra*, n° 42, qui sont des *colonies pénitentiaires* pour les garçons et des *maisons pénitentiaires* pour les filles. Il y a actuellement (1894) pour les garçons six colonies publiques, dix colonies ou maisons privées, soumises aux règlements, à l'inspection et au contrôle de l'administration pénitentiaire, enfin deux *écoles de réforme*, où sont reçus les détenus âgés de moins de douze ans ; il n'y a, pour les filles, qu'une maison pénitentiaire publique et cinq maisons pénitentiaires privées.

45. On a également indiqué *supra*, v° *Prisons*, n° 28, qu'aux termes de l'art. 9 de la loi du 5 août 1850, « les jeunes détenus des colonies pénitentiaires peuvent obtenir, à titre d'épreuve, et sous les conditions déterminées par le règlement d'administration publique, d'être placés provisoirement hors de la colonie.». Cette règle est applicable aux jeunes filles détenues dans les maisons pénitentiaires (art. 15 de la même loi).

46. Aujourd'hui étendue aux adultes par la loi du 14 août 1885 (V. *supra*, v° *Peine*, n°s 304 à 329), la libération conditionnelle comporte, pour les jeunes détenus, la remise aux parents ou le placement chez un particulier ou chez un patron. Cette mesure est toujours prononcée par décision ministérielle, après enquête de l'administration pénitentiaire supérieure sur la situation qui doit être faite aux jeunes détenus, sur les conditions de surveillance et sur les avantages, au point de vue de l'apprentissage, du travail qui leur est proposé.

CHAP. 3. — Protection des enfants moralement abandonnés.

47. Aucune définition légale n'existe pour les enfants moralement abandonnés, qui ne sont pas des délinquants. Le congrès international d'Anvers de 1890 a adopté pour cette catégorie d'enfants la définition suivante : « On entend par *enfants moralement abandonnés* ceux qui, par suite des infirmités, de la négligence, des vices de leurs parents ou d'autres causes, se trouvent livrés à eux-mêmes et privés d'éducation ».

48. Il résulte de cette définition que les enfants moralement abandonnés peuvent se répartir en deux catégories : 1° ceux qui sont en état d'abandon moral par la faute ou les vices de leurs parents ; 2° ceux dont les parents sont dans l'impossibilité, par suite d'infirmités, de misère extrême, à raison de la nature de leur profession ou pour toute autre cause, d'exercer vis-à-vis d'eux leurs devoirs de surveillance et d'éducation.

49. La loi du 24 juill. 1889, qui a donné la vie civile aux enfants moralement abandonnés en organisant la déchéance et la délégation de la puissance paternelle, consacre un titre spécial aux mesures protectrices à prendre pour chacune de ces deux catégories d'enfants : en réalité, elle se compose de deux lois distinctes, dont la première a surtout un caractère pénal et dont la seconde est exclusivement une loi d'assistance.

50. Pour la première catégorie d'enfants, ceux qui sont maltraités, ou qui vivent à l'état de mendicité ou de vagabondage par la faute de leurs parents, la loi s'inspire de l'idée qu'il y a lieu de frapper de déchéance des parents indignes et ne fait en somme qu'étendre à tous les cas où la protection de l'enfance l'exige, et dans la mesure où elle l'exige, le principe de la disposition inscrite dans l'art. 335-2° c. pén. ; c'est l'objet de l'art. 1, qui édicte la déchéance de plein droit pour les faits les plus graves, et de l'art. 2, qui édicte la déchéance facultative pour les faits moins graves (V., pour le commentaire de ces dispositions, *infrà*, v° *Puissance paternelle*). Dans les différentes hypothèses prévues par ces deux articles, il y a coercition et emploi de l'autorité publique pour enlever la puissance paternelle aux parents et consacrer une sorte d'expropriation de cette autorité.

51. Pour la seconde catégorie d'enfants, la loi du 24 juill. 1889 s'inspire de la nécessité de remédier à l'incapacité dans laquelle les parents ou tuteurs se trouvent de remplir leurs devoirs de surveillance et d'éducation. L'art. 17 prévoit et règle le cas où les enfants ont été confiés par leurs parents ou tuteurs à des administrations d'assistance publique, à des associations de bienfaisance régulièrement autorisées à cet effet ou à des particuliers jouissant de leurs droits civils. Les art. 19 et 20 prévoient et règlent le cas où les enfants ont été recueillis sans l'intervention de leurs parents ou tuteurs par des administrations d'assistance publique, des associations de bienfaisance ou des particuliers. Dans les différentes hypothèses prévues par ces articles, il n'y a pas *déchéance*, il y a *délégation* de la puissance paternelle, soit que l'enfant ait été confié directement par ses parents (V. notamment Trib. de Dinan, 24 avr. 1891 (1), soit qu'il ait été recueilli sans leur intervention parce que les parents étaient décédés, ou avaient disparu, ou l'avaient délaissé sans se préoccuper de son sort.

52. Dès avant la loi du 24 juill. 1889, les enfants moralement abandonnés étaient souvent recueillis par des éta-

---

(1) (Le Ouez.) — Le tribunal : — Vu la requête présentée par Jean-Marie Le Ouez, aux termes de laquelle il déclare abandonner à l'Assistance publique ses droits de puissance paternelle sur Jean-François-Marie Le Ouez, son fils, né à Dinan le 25 avr. 1884 ; — Attendu que la Société l'*Union française pour le sauvetage de l'enfance*, régulièrement autorisée, accepte la charge de ce mineur âgé de dix ans ; — Attendu que Le Ouez, à raison de sa qualité, se trouve dans l'impossibilité la plus complète de surveiller et de diriger cet enfant ; qu'il y a intérêt majeur pour le jeune Le Ouez à être confié à la société humanitaire présidée par M. Jules Simon ; — Constate l'abandon, fait par Le Ouez père, de ses droits de puissance paternelle sur Jean-François-Marie Le Ouez, son fils mineur, et remet l'exercice desdits droits à l'*Union française pour le sauvetage de l'enfance*, établie à Paris, rue Pasquier, n° 10, et reconnue d'utilité publique par décret du 28 févr. 1891 ;

Dit qu'en conformité de la loi du 24 juill. 1889 la requête présentée par Le Ouez et le présent jugement seront visés pour timbre et enregistrés gratis.

Du 24 avr. 1891.-Trib. civ. de Dinan.

blissements de bienfaisance, des particuliers et, à Paris, par l'administration de l'Assistance publique (V. sur ce dernier point, *infrà*, n° 53). Mais il arrivait fréquemment que les parents ou tuteurs, après avoir consenti à toutes les mesures prises en faveur de l'enfant pendant la période où l'éducation de celui-ci constituait une charge, réclamaient qu'il leur fût remis au moment où il commençait à gagner de l'argent par son travail et où il aurait eu tout avantage à rester sous le patronage de l'établissement, de la personne ou de l'administration qui l'avait recueilli : ce sont ces calculs, de la part des parents ou tuteurs, auxquels les dispositions du titre 2 de la loi du 24 juill. 1889 ont pour but de mettre obstacle.

53. Depuis le 1er janv. 1881, le service des enfants moralement abandonnés est organisé et fonctionne, à côté du service des enfants assistés, à l'administration de l'Assistance publique de Paris : c'est un service départemental, dont la création est due à l'initiative du conseil général de la Seine. Dès le 6 déc. 1879, son rapport sur les propositions budgétaires relatives au service des enfants assistés, M. Thulié avait formulé et fait adopter par le conseil général de la Seine un vœu invitant l'administration de l'Assistance publique de Paris à étudier et à soumettre au conseil en 1880 un projet d'organisation pour recueillir les enfants moralement abandonnés (V. *Conseil général du département de la Seine, 3e et 4e sessions de 1879, Procès-verbaux*, p. 962 à 965). Pour répondre au vœu, en même temps qu'à d'autres propositions antérieures, présentées tant au conseil municipal de Paris qu'au conseil général de la Seine, et qui, diverses quant aux voies et moyens, avaient toutes pour but d'améliorer les services protecteurs de l'enfance, M. Ch. Quentin, directeur de l'Assistance publique, présenta au préfet de la Seine et au conseil général un rapport dans lequel sont posées les bases de l'organisation du service d'assistance aux enfants moralement abandonnés (V. le texte de ce rapport, *Bulletin de la Société générale des prisons*, 1880, p. 728 à 748); le conseil général adopta les conclusions de ce rapport, et, dès le mois de janvier 1881, le service commença à fonctionner. Il est, en vertu d'un vote du conseil général de la Seine du 16 déc. 1889, assimilé au service des enfants assistés au point de vue de l'application de l'art. 25 de la loi du 24 juill. 1889. On peut consulter, sur les développements de ce service, les rapports annuels présentés au préfet de la Seine de 1880 à 1893 par le directeur de l'Assistance publique à Paris (*Administration générale de l'Assistance publique à Paris*, 14 brochures

in-4e) et les rapports présentés, à partir de 1881, au conseil général de la Seine, notamment le rapport général présenté sur le service par M. Rousselle en mars 1894 et dans lequel se trouvent de nombreux documents statistiques. Au 31 déc. 1892, le nombre des pupilles du département de la Seine appartenant à ce service était de 3558 enfants (2460 garçons et 1098 filles), parmi lesquels 2703 avaient été recueillis par l'Administration dans les circonstances prévues par l'art. 17 de la loi du 24 juill. 1889.

54. Lorsque l'Administration a de graves sujets de plainte contre ses pupilles moralement abandonnés, elle agit par voie de correction paternelle et envoie les garçons à la Petite-Roquette, les filles à Fouilleuse. Quant aux pupilles qui n'ont pu rester placés dans des familles, ni rester soumis au régime ordinaire des écoles professionnelles applicable à la majorité des enfants, mais qui sont considérés cependant comme réformables, l'Administration les envoie pour quelques mois au dépôt de Moulins, lorsqu'il s'agit de garçons, et dans une section de l'hospice de la Salpêtrière (depuis la suppression de l'école de réforme d'Yzeure), lorsqu'il s'agit de filles.

55. En dehors des cas, extrêmement rares, où la tutelle des enfants moralement abandonnés qui sont enlevés à leurs parents, indignes ou incapables de les élever, peut être constituée dans les termes du droit commun, la loi du 24 juill. 1889 dispose que cette tutelle est dévolue aux inspecteurs départementaux des enfants assistés et, à Paris, au directeur de l'Assistance publique (art. 11 et 24).

56. Cette disposition a été vivement critiquée : d'une part, un tuteur qui a plusieurs milliers de pupilles, qui vit loin d'eux, qui les voit une fois à peine dans une année entière, ne peut ni exercer une surveillance utile sur leur éducation, ni surtout entretenir avec eux des relations affectueuses; d'autre part, l'absence de subrogée tutelle et de conseil de famille et, par suite, de contrôle peut être considérée comme une grave lacune. S'inspirant de ces griefs, le conseil général de la Seine a, déjà à plusieurs reprises, émis le vœu : que les représentants de l'Assistance publique ne gardent la tutelle que des pupilles non pourvus de tuteurs; que les particuliers honorables et les femmes soient admis de préférence à la tutelle des enfants moralement abandonnés ; que ces tuteurs ou tutrices soient choisis sur les lieux où les pupilles sont placés; que les fonctions de conseil de famille soient confiées, dans toute commune où sont placés des pupilles, à une commission nommée par le conseil municipal.

Table sommaire
des matières contenues dans le Supplément.

Table chronologique des Lois, Arrêts, etc.

PROTECTORAT. — V. *suprà*, v^is *Compétence criminelle*, n° 65 ; *Droits civils*, n° 64 ; *Prises maritimes*, n° 299 ; — et *infrà*, v^is *Traité international* et *Organisation des colonies*.

PROTESTANT-PROTESTANTISME. — V. outre les renvois indiqués au *Répertoire*, *suprà*, v° *Culte*, n°s 694 et suiv.

PROTESTATION. — V. outre les renvois indiqués au *Répertoire*, *suprà*, v^is *Droit maritime*, n°s 2250 et suiv. ; *Droit politique*, n°s 409 et suiv. ; — et *infrà*, v^is *Prud'homme*, et *Rép*. eod. v°, n° 46 ; *Servitude*, et *Rép*. eod. v°, n° 1241.

PROTÊT. — V. outre les renvois indiqués au *Répertoire*, *suprà*, v^is *Bourse de commerce*, n° 96 ; *Degrés de juridiction*, n° 71 ; *Désaveu*, n° 5 ; *Effets de commerce*, n°s 313 et suiv. ; *Enregistrement*, n°s 18, 477, 481, 1975 et 3023 ; *Faillites et banqueroutes*, n°s 335, 338 et 524 ; *Huissier*, n° 15 ; *Notaire-notariat*, n° 72 ; — et *infrà*, v^is *Rébellion*, et *Rép*. eod. v° n° 34 ; *Responsabilité*, et *Rép*. eod. v°, n°s 471-5° ; *Signification*, et *Rép*. eod. v°, n° 44 ; *Termes sacramentels*, *Équivalents*, et *Rép*. eod. v°, n° 28 ; *Warrants et chèques*, et *Rép*. eod. v°, n° 48.

PROTUTEUR. — V. *suprà*, v^is *Minorité, tutelle, émancipation*, n°s 193 et suiv. ; et *infrà*, v° *Organisation des colonies*.

PROVISEUR. — V. *suprà*, v^is *Organisation de l'instruction publique* et *Professeur*.

PROVISION. — V. outre les renvois indiqués au *Répertoire*, *suprà*, v^is *Acte de commerce*, n° 297 ; *Agréé*, n° 26 ; *Compte*, n°s 17 et 29 ; *Conseil d'État*, n° 306 ; *Contrat de mariage*, n° 632 ; *Divorce et séparation de corps*, n°s 319 et suiv., et *Rép*. eod. v°, n°s 147 et suiv., 296 et suiv. ; — et *infrà*, v^is *Récusation*, et *Rép*. eod. v°, n° 78 ; *Société*, et *Rép*. eod. v°, n° 774 ; *Vente*, et *Rép*. eod. v°, n° 1213 ; *Warrants et chèques*, et *Rép*. eod. v°, n° 46.

PROVISION ALIMENTAIRE. — V. *suprà*, v^is *Pension alimentaire*, et les renvois qui y sont indiqués ; *Mariage*, n° 404, et *Rép*. eod. v°, n°s 737 et suiv. ; *Minorité, tutelle, émancipation*, n° 513 ; — et *infrà*, v^is *Référé*, et *Rép*. eod. v°, n°s 122 et suiv. ; *Saisie-arrêt*, et *Rép*. eod. v°, n°s 182 et suiv. ; *Saisie-exécution*, et *Rép*. eod. v°, n° 19 ; *Succession*, et *Rép*. eod. v°, n°s 300 et suiv.

PROVOCATION. — V. outre les renvois indiqués au *Répertoire*, *suprà*, v^is *Associations illicites*, n°s 27 et suiv. ; *Attroupement*, n°s 20 et 24 ; *Complice-complicité*, n°s 20 et suiv., 46, 78, 91 et suiv., 100 et suiv., 115, 142 et 150 ; *Délit politique*, n° 20 ; *Divorce et séparation de corps*, n° 402, et *Rép*. eod. v°, n°s 198 et suiv., 433, 465 et suiv. ; *Duel*, n°s 41, 66 et suiv., 79 et suiv., 83 ; *Dommage-destruction-dégradation*, n° 122 et suiv. ; *Peine*, n°s 509 et suiv. ; *Presse-outrage-publication*, n°s 550 et suiv., 1030 et suiv., 1536 ; — et *infrà*, v^is *Rébellion*, et *Rép*. eod. v°, n° 64 ; *Responsabilité*, et *Rép*. eod. v°, n°s 717, 719 et 725 ; *Témoignage faux*, et *Rép*. eod. v°, n°s 66 et suiv. ; *Tranquillité et sûreté publique*, et *Rép*. eod. v°, n° 22 ; *Volonté, Intention, Connaissance*, et *Rép*. eod. v°, n° 92.

PROXÉNÈTE-PROXÉNÉTISME.—V. outre les renvois indiqués au *Répertoire*, *suprà*, v^is *Attentat aux mœurs*, n°s 62 et 71 ; *Prostitution*, n° 4 ; — et *infrà*, v° *Puissance paternelle et usufruit légal*, et *Rép*. eod. v°, n°s 65 et 162.

PRIVILÈGES ET HYPOTHÈQUES. — Additions complémentaires.

TITRE 2.

C^hap. 1er, S^ect. 1re. — (Frais quelconques de dernière maladie).

51. La loi du 30 nov. 1892, sur l'exercice de la médecine (art. 11, D. P. 93. 4. 13) a mis fin à la controverse qui existait sur le point de savoir si les frais de la dernière maladie, déclarés privilégiés par l'art. 2101-3° c. civ., doivent s'entendre exclusivement des frais de la maladie dont le débiteur est mort. Cet article consacre l'opinion contraire à celle qui vait prévalu dans la jurisprudence ; il est ainsi conçu : « L'art. 2102 c. civ., relatif aux privilèges généraux sur les meubles, est modifié ainsi qu'il suit dans son paragraphe 3 : « ... les frais quelconques de la dernière maladie, quelle qu'en ait été la terminaison, concurremment « entre ceux à qui ils sont dus ».
L'art. 11 de la même loi a modifié le texte de l'art. 2272 c. civ. Cette dernière disposition déclarait prescriptible par un an « l'action des médecins, chirurgiens et apothicaires, pour leurs visites, opérations et médicaments » (*Rép*. v° *Prescription civile*, n° 992). Le nouvel article porte (dernier alinéa) : « L'action des médecins, chirurgiens, chirurgiens-dentistes, sages-femmes et pharmaciens, pour leurs visites, opérations et médicaments, se prescrit par deux ans ». Le texte du projet, adopté par la Chambre des députés, portait à cinq ans la durée de la prescription dont il s'agit. Le Sénat a jugé que ce délai était trop long ; qu'après un intervalle de plus de deux ans, le client pourrait difficilement contrôler la réclamation, et serait quelquefois victime d'erreurs qu'on ne pourrait vérifier ; qu'en outre, il ne convenait pas d'assimiler les créances dont il s'agit, lesquelles n'ont rien de périodique, à celles que vise l'art. 2277 c. civ. et qui ont toutes pour objet des sommes payables par années ou à des termes périodiques plus courts (D. P. 93. 4. 13, note 2). — Comme on l'a vu *suprà*, v° *Prescription civile*, n° 578, il y avait désaccord sur le point de savoir si l'on devait appliquer aux sages-femmes la prescription d'un an, ou celle de six mois édictée par l'art. 2271. Le nouveau texte de l'art. 2272 comprend expressément les créances des sages-femmes parmi celles qui sont prescriptibles par deux ans.

TITRE 2.

C^hap. 2, S^ect. 2. — (Privilèges résultant de lois ou règlements spéciaux en faveur de particuliers).

274 bis. Il y a lieu de mentionner, en matière de travaux publics, un autre privilège, établi par l'art. 18 de la loi du 29 déc. 1892, sur les dommages causés à la propriété privée par l'exécution des travaux publics (D. P. 93. 4. 59). Cet article est ainsi conçu : « Les propriétaires des terrains occupés ou fouillés et les autres ayants droit ont, pour le recouvrement des indemnités qui leur sont dues, privilège et préférence à tous les créanciers sur les fonds déposés dans les caisses publiques pour être délivrés aux entrepreneurs ou autres personnes auxquelles l'Administration a délégué ses droits, dans les conditions de la loi du 25 juill. 1894 ».

ERRATA

Page 68, 1re col., no 364, avant-dernière ligne. *Au lieu de :* (Riom, 1er juill. 1852), *Lire :* (1er juin 1859 et rectifier de même la table chronologique).

Page 473, 1re col., no 1070, 20e ligne. *Au lieu de :* (Crim. rej. aff. Gigini), *Lire :* (Crim. rej. 19 déc. 1891, aff. Gigini).

Page 482, 2e col., 5e ligne, *in fine. Au lieu de :* (3 mars 1895), *Lire :* (3 mars 1894).

Page 523, 1re col., no 1431, avant-dernière ligne. *Au lieu de :* Crim. cass. 1856, aff. Mageras), *Lire :* (Crim. cass. 18 juill. (1856, aff. Mayeras).

Page 535, 1re col., no 1517, 21e ligne, *in fine. Au lieu de :* (10 avr. 1682), *Lire :* (10 avr. 1862).

Page 535, 1re col., no 1517, 22e ligne. *Au lieu de :* (aff. Jussot, *ibid.,* no 107), *Lire :* (*Bull. crim.,* no 107).

FIN DU QUATORZIÈME VOLUME

PARIS. — IMP. P. MOUILLOT, 13, QUAI VOLTAIRE.

www.ingramcontent.com/pod-product-compliance
Lightning Source LLC
Chambersburg PA
CBHW061940220326
41599CB00014BA/1714